CHOISY-LE-ROY

G.
60.
12.

LE GRAND
DICTIONNAIRE
GEOGRAPHIQUE
ET
CRITIQUE,

Par M. BRUZEN LA MARTINIERE,

Géographe de Sa Majesté Catholique Philippe V. Roi des Espagnes et des Indes.

TOME SEPTIÈME.

PREMIÉRE PARTIE.

Q. & R.

A la Haye, Chez Pierre Gosse, & Pierre de Hondt.
A Amsterdam, Chez Herm. Uitwerf, & Franç. Changuion.
A Rotterdam, Chez Jean Daniel Beman.

MDCCXXXVII.

A
MESSIEURS
LES
ACADEMICIENS
DE
L'ACADEMIE ROYALE
DES
SCIENCES
DE
SEVILLE.

ESSIEURS,

Permettez-moi de Vous dédier cette Partie d'un Livre où j'ai tâché de recueillir ce que j'ai trouvé de meilleur sur la
*   GÉO-

EPITRE

GÉOGRAPHIE, *qui est une des Sciences à la perfection desquelles votre savante Compagnie se propose de contribuer.*

Ce *Dictionnaire*, MESSIEURS, a un rapport heureux avec votre Académie. Il doit, aussi-bien qu'Elle, son état présent & ses progrès à la protection du Grand ROI à qui nous avons le bonheur d'appartenir. Comme Elle, il n'est sorti de son ancienne langueur, que quand il a été honoré de l'attention de notre Auguste Protecteur.

Comme Vous, encouragé par ses bienfaits, je tâche, à votre Exemple, de répondre au but que SA MAJESTÉ s'est proposée en les accordant. Si ce n'est pas, MESSIEURS, avec un succès égal de ma part ; c'est, si je l'ose dire, avec une égalité de zèle. Pardonnez ce mot : il ne déroge aucunement à l'idée que je dois avoir & que j'ai effectivement de mon infériorité en tout ce qui regarde le savoir & les talens tant acquis, que naturels.

Souffrez, MESSIEURS, que je vous rappelle ces tems nébuleux où sous un Roi assez éclairé pour sentir que Vous méritiez sa protection ; mais trop distrait par d'autres soins pour vous la donner toute entière, Vous étiez réduits à lutter sans cesse contre un mauvais goût défendu par d'opiniâtres Préjugez auxquels se joignoit une aveugle jalousie. Quelles ne furent point Vos espérances, quand vous vîtes succéder à votre premier Protecteur un Petit-fils de LOUIS LE GRAND! Quel doux présage pour votre Académie naissante, que de voir monter sur le Trône un jeune Prince élevé dans le goût des Sciences, & des Beaux Arts, sous les yeux d'un Monarque leur ami & leur bienfacteur, Protecteur de l'Académie Françoise & Fondateur de toutes les autres Académies qui font tant d'honneur à son Regne & à la France.

Vous savez, MESSIEURS, & toute l'Europe le sait comme Vous, par quelle fatalité de si heureuses dispositions furent long-tems inutiles à Votre égard. Rien ne pouvoit être plus favorable à vos Adversaires que les longues contradictions que le ROI essuya de la part de ses Ennemis. Vous en souffrîtes doublement ; & comme Citoyens fidèles & convaincus des justes droits du légitime Souverain, & comme Académiciens qui voyiez à regret Votre Etablissement traver-

DÉDICATOIRE.

versé & Vos espérances reculées. Vos progrès étoient retardez par les mêmes causes qui retardoient la prospérité de l'Etat. Votre tranquillité étoit attachée à la sienne, & elle en devoit être le fruit.

Pourquoi, MESSIEURS, dissimulerois-je la foiblesse de Votre commencement ? Il est de Votre honneur que l'on sache que malgré les obstacles qui s'opposoient à Votre dessein, une constance vraiment Espagnole Vous animoit à n'en point abandonner l'exécution. Vous en goûtez maintenant le fruit. Vangez-Vous à présent de Vos Adversaires d'une manière que la plus austère Morale ne peut condamner. Communiquez-leur Vos Lumiéres ; partagez avec eux les richesses Philosophiques que Vous amassez : rendez-leur aimables ces véritez qui les effrayoient.

Si par une fausse délicatesse je m'abstenois de parler des difficultez qui ont retardé les fruits que le Public se promet des travaux de la Compagnie, je croirois dérober au ROI la gloire que mérite l'espèce de résurrection que vous lui devez. Serois-je excusable si je laissois ignorer à mes Lecteurs le nouvel arrangement que sa Protection a procuré à l'Académie; les fonds que sa libéralité a assignez pour faciliter Vos recherches ; & les Privilèges dont il Vous a gratifiez, & qui seront des Monumens durables de son amour pour les Sciences & pour les beaux Arts.

Puissions-nous, MESSIEURS, jouir long-tems d'un si excellent MONARQUE ! Puissent les Sciences se perfectionner à proportion de l'encouragement qu'il leur fait ! Puissiez-Vous, dignes Emulateurs des Académies qui Vous ont précédé dans l'ordre des tems, concourir avec elles à l'instruction du Genre Humain, en faisant jouir bien-tôt le Public des fruits de Votre travail ! Hâtez-vous de nous communiquer Vos études. Si votre modestie Vous donne des Conseils timides, trouvez bon que je lui oppose ce beau mot de Lactance * : Audendum est, ut illustrata Veritas pateat, multique ab Errore liberentur.

Mais livrez à Vos savantes occupations, ne dédaignez pas

* Institut. Divin. L. 4.

EPITRE DEDICATOIRE.

pas de jetter les yeux sur ces Essais Géographiques. Examinez-les, sur-tout par rapport aux Etats qui composent la Monarchie. Réformez les endroits où il peut m'être arrivé de m'écarter de la verité en suivant de mauvais Guides. J'ai osé demander au ROI cette faveur. Je l'attends de Vous. Si Vous regardez mon Livre, comme un Monument que j'érige à sa gloire, Vous n'aurez point de répugnance à m'accorder les secours & les lumiéres dont j'ai besoin pour y mettre la derniére main. Je suis avec un très respectueux attachement,

MESSIEURS,

Votre très-humble & très-obéissant Serviteur,

BRUZEN LA MARTINIERE,

Géographe de Sa Majesté Catholique, Secrétaire du Roi des deux Siciles & du Conseil de Sa Majesté.

LE GRAND
DICTIONNAIRE
GEOGRAPHIQUE,
ET
CRITIQUE.

QUA. QUA.

a l. 2. c. 6.

QUACERNI, ancien Peuple de l'Espagne Tarragonoise, selon Ptolomée [a]. Ils avoient chez eux des Eaux Minérales accompagnées d'un Bourg. Ptolomée ne parle que du Peuple & des Eaux ; & Antonin [b] en fait un Lieu qu'il nomme AQUÆ QUERQUENNÆ. On ne doute point que ce ne soit le même Lieu. Il étoit sur la Route de Braguez à Astorga ; à LIII. M. P. de la premiére.

b Itiner.

1. QUADERNA DISTRUTTA, Bourgade d'Italie, dans le Bolognese à deux lieues de Bologne ; ce nom & cette distance font réconnoître la Claternia des Anciens ; qui selon les anciens Itinéraires étoit à X. M. P. de Bologne. Or X. M. P. Romains vallent VIII. Milles d'Italie communs qui font deux lieues. Voyez CLATERNIA. Cette Bourgade est sur une Riviére qui en prend le nom de QUADERNA.

c Magin, Italie.

2. QUADERNA, [c] (LA) Riviére d'Italie, dans le Bolognese. Elle a sa source dans les Montagnes à l'Orient de l'Idice autre Riviére qui est plus considérable qu'elle, & au Nord d'une Bourgade nommée Cassano. Elle coule vers le Nord un peu Oriental, passe à Varignano qu'elle laisse à droite & à Rouine di Quaderna qu'elle laisse à gauche. Elle traverse Galisano, & après avoir baigné Guardata, Palazzo di Malvezzi & Palazzo della Selva, elle joint ses eaux avec celles de la Galiana, & elles vont se perdre ensemble dans la Vallée de MATMORTO, au Midi du Po & du Ferrarois.

QUADES, (LES) ancien Peuple de la Germanie. Tacite dit dans sa Germanie [d] auprès les Hermundures sont les Narisques, ensuite les Marcomans & les Quades. On voit dans ce même Auteur que sous le Regne de Tibére les Sueves qui s'étoient enfuis & qui étoient à la suite des Rois Maroboduus & Catualdan chassez de leur Pays, furent placez par les Romains inter MARUM & CUSUM, c'est-à-dire, entre le March & le Waag ; & qu'on leur donna pour Roi Vannius de la Race des Quades. [e] Domitien marcha contre les Quades & les Marcomans ; à qui il fit la guerre ; parce que dans celle qu'il avoit contre les Daces, ils ne lui avoient envoyé aucun secours. Ces deux Peuples firent quelques démarches pacifiques qu'il rejetta avec hauteur, il s'obstina à combattre & fut mis en fuite ; ce qui lui fit faire une Paix honteuse avec ces Peuples. On voit par les Médailles de Tite Antonin [f] que cet Empereur donna un Roi aux Quades. Cette Nation entra dans la grande Ligue que les Barbares firent contre l'Empire Romain sous Marc-Aurele, [g] l'an 166. Il y a apparence que les Quades avoient passé le Danube & fait des progrès dans la Pannonie, puisque cet Empereur les en chassa quatre ans après, & les força eux & les Marcomans à repas-

d l. c. 42.

e Dion. l. 67.
p 761. 762. &c.

f Spanheim, l. 9. p. 831. & 832.

g M. Antonin. Vita per Capitolin.

A

QUA.

repasser le Fleuve avec perte. L'an 174. il étoit encore occupé à cette guerre lorsqu'une Pluie miraculeuse sauva son Armée. Les Quades s'étendoient alors jusqu'au Gran, comme Mr. de Tillemont le remarque sur le témoignage d'Eusébe, de Dion, & de M. Antonin.[a] Les Peres ont beaucoup parlé de cette pluie obtenue par les Chrétiens. Il ne se contenta pas de les avoir chassez au delà des bords du Danube, il mit encore vingt mille hommes chez les Marcomans & chez eux: & ces Troupes, toujours en mouvement, empêchoient les Peuples de labourer, de mener leurs Troupeaux au Champs, faisoient des prisonniers, ôtoient toute sorte de Liberté & de Commerce. Les Quades s'en trouverent si incommodez qu'ils résolurent de quitter leur Pays & de se retirer dans les Terres des Semnons. Marc-Aurele qui ne vouloit que les harceler leur coupa le chemin. Il se soucioit peu de leur Pays & son dessein n'étoit pas qu'ils le quittassent. Ils lui envoyerent des Députez. Ils lui ramenerent tous les Transfuges avec treize mille Prisonniers & promirent de rendre tous les autres qu'ils pouvoient encore avoir.[b] Ils obtinrent la paix, mais non pas le pouvoir de trafiquer sur les Terres de l'Empire, ni d'habiter à deux lieues près du Danube. Ce Traité ne dura guères. Les Quades au lieu d'exécuter leurs promesses assisterent les Jazyges & les Marcomans, qui étoient encore en armes. Ils chasserent leur Roi Furtius & mirent en sa place un certain Ariogese de leur autorité propre. Marc-Aurele qui prétendoit que c'étoit à lui à donner des Rois aux Quades, fut indigné de leur choix, proscrivit leur nouveau Roi, loin de confirmer la Paix avec eux, quoiqu'ils offrissent de lui rendre encore cinquante mille Prisonniers. Ce nombre fait voir, combien ce Peuple étoit nombreux & quels grands avantages il devoit avoir remporté sur les Alliez de l'Empire Romain. Ariogese fut pris & Marc-Aurele le relegua à Alexandrie en Egypte. Les Quades ne furent pas soumis pour cela, & firent la guerre aux Romains jusqu'à la mort de cet Empereur. Ils firent la Paix avec son fils Commode. Les mêmes conditions de ne point habiter plus près du Danube qu'à deux lieues, se retrouverent dans ce Traité. Il tira d'eux treize mille Soldats; apparemment de ces Romains prisonniers qu'ils avoient voulu rendre à son pere. L'Histoire de ce Peuple est fort obscure depuis cette Epoque jusqu'au Regne de Caracalla[c] qui se vantoit d'avoir tué Gaiobomar Roi des Quades, sur je ne sais quelle accusation. Sous l'Empire de Valérien, Probus[d] qu'il avoit fait Tribun passa le Danube contre les Sarmates & les Quades, & tira des mains de ceux-ci Valerius Flaccus jeune homme de grande naissance & parent de Valérien. Sous Gallien eux & les Sarmates pillerent la Pannonie[e], & enfin une Médaille de Numérien parle d'un Triomphe sur les Quades. Cluvier en comparant Ptolomée avec lui-même croit que ce Géographe[f] donne aux Quades les Villes suivantes,

EBURODUNUM, il lit ainsi pour *Robodunum* aujourd'hui *Brin*.

Eburum, à peu près où est *Olmutz*,

[a] Dion. l. 71.

[b] M. Antonini Vita.

[c] Dion. p. 754.

[d] Vopiscus in Vita Probi.

[e] Eutrop.

[f] German. Antiq. l. 3. c. 31.

QUA.

Medoslanium, peut être *Znaim*, *Celemantia* le Village de *Kalminz*.

Il s'en faut bien que les autres Géographes s'accordent avec lui. Menso Alting, par exemple, dérange tout cela, d'où l'on peut conclurre que c'est quelque chose de bien foible que les conjectures de ces Savans, puisqu'elles n'ont pas satisfait les Critiques & que ceux-ci après les avoir vues ont cherché ailleurs ces mêmes Lieux. On peut dire néanmoins en général que les Quades occupoient le Marquisat de Moravie, une Lisiére de la Silésie, la Haute Hongrie jusqu'au Gran, & delà en suivant le Danube, la partie de l'Autriche qui est entre ce Fleuve & la Moravie.

QUADIM, Village de la Haute Egypte, sur la Rive Occidentale du Nil au dessous de Luxor, entre Essenay & Dandre. Paul Lucas[g] dit qu'il y vit plus de deux cens Colomnes plus grosses & plus hautes que celle de Pompée à Alexandrie. Dans un vieux Temple qui paroît avoir été revêtu de Marbre blanc, il y a plusieurs Chambres pratiquées dans la muraille où il y a des Puits qui ont apparemment servi de Sépultures; ces Chambres sont toutes pleines de Figures, de Bas-reliefs & de Hieroglyphes gravés sur presque toutes les figures. Autour du Temple plusieurs Obelisques restent encore debout; deux entr'autres de Granite rouge & noir avec quelques taches blanches, de plus de cent pieds de haut, sur quinze pieds de large par le bas & pleins de Caractères Hieroglyphiques. Entre plusieurs Statues fort grandes, rompues & renversées, on en voit deux de Pierre de touche plus d'amoitié en terre qui représentent des femmes. Ce qui est dehors a plus des seize à dix-sept pieds de haut. Les Arabes en ont gâté les visages & elles ont une boule sur leur tête. Un peu loin est un grand Palais presque tout-à-fait sous terre; Il est si magnifique qu'il ne peut manquer d'avoir été la demeure des anciens Rois d'Egypte. On trouve un peu plus loin un autre Palais plus superbe encore que le dernier. Il y a quatre Avenues qui répondent à quatre Portes de plus de soixante pieds de haut. On voit sur les quatre Avenues de ce Palais qui répondent aux Portes une grande quantité de Sphynx rangées des deux côtez de l'Allée, à deux pas l'une de l'autre, les têtes tournées de manière qu'elles se regardent; ces Sphynx ont chacune plus de vingt à vingt-cinq pieds de long. J'ai compté dans cette Allée, dit l'Auteur cité, cent soixante de ces Sphynx & dans les trois autres il paroît y en avoir autant pour le moins. Ce Palais est soutenu par de belles Colomnes. Dans une des Sales, pour marquer sa grandeur, il suffit de dire que j'y en ai compté cent trente-cinq de Granite & de Porphyre si grosses, que quatre hommes ne pourroient pas les embrasser. Dans un Lieu qui paroît comme la Cour de ce Palais on voit un grand Etang plein d'eau, qui sert encore aujourd'hui aux Habitans pour laver leur linge. Ce grand Etang est revêtu de Marbre tout à l'entour. Plus loin, contre la muraille de ce Palais, sont deux Statues d'une seule pierre très-blanche. Elles ont comme une espèce d'épée au côté. On en voit encore plusieurs autres qui ont

plus

[g] Voyage du Levant T. 1. c. 13.

QUA.

plus de vingt-quatre à vingt-cinq pieds de haut. Delà nous entrâmes dans des Appartemens qui étoient bâtis de Porphyre & si beaux que l'on ressent de la douleur de voir tous ces beaux Lieux abandonnez. Quelqu'un prétend que ce Palais est un des Temples que Strabon avoit vûs & dont il fait une Description semblable; ce qui montreroit que cet Edifice étoit du tems de ce Géographe dans le même état que l'a vu l'Auteur cité.

QUADRATÆ, au pluriel ancien Lieu d'Italie sur la Route de Milan à Vienne, Ville des Gaules : Antonin le met entre *Rigomagum* & *Taurinos*. On croit que c'est présentement CRESCENTINO, dans le Marquisat d'Yvrée au Piémont. La Notice de l'Empire [a] met *Præfectus Sarmatarum Gentilium Quadratis & Eporizio*.

[a] Sect. 65.

QUADRATUM, Lieu de la Prémiére Pannonie ou du Norique Ripense, selon la Notice de l'Empire [b] & non point, comme le dit Ortelius, dans la Germanie qui ne s'étendoit point jusques-là. Antonin met ce Lieu à XXII. Milles de *Ad Statuas*, & à XXX. M. P. de *Gerulata*. Entre cette derniére & *Quadratum* à quinze milles Romains de l'une & de l'autre étoit Carnuntum. Si *Carnuntum* est aujourd'hui *Hainbourg*, comme beaucoup de Géographes le croient, le Quadratum d'Antonin ne sauroit être *Gurckfeld* comme Lazius l'a cru. Car ce Gurckfeld est trop loin de Hainbourg. Les XV. Milles Romains ne vallant que trois milles d'Allemagne. Or Gurckfeld est bien loin de-là sur la Save dans la Windischmarck, au Confluent de la Riviére de Gurck, dont elle prend son nom & que les Anciens ont connue sous le nom de COR-CORAS. Cette Place de Gurckfeld semble avoir été nommée *Noviodunum* par Antonin [c]. Le *Quadratum* dont il est ici question tombe vers le milieu de l'Isle de *Schutt*, & paroît être aujourd'hui Wisselbourg.

[b] Sect. 58. 1.

[c] Cellar. Geogr. Ant. l. 2. c. 8. p. 552.

2. QUADRATUM, [d] ancien Lieu de la Basse Pannonie entre *Noviodunum*, que nous venons d'expliquer par Gurckfeld & *Siscia* à XXVIII. M. P. de la premiére & à XXIX. M. P. de la seconde. C'est apparemment ce *Quadratum* que Lazius a pris pour Gurckfeld. Mais en un autre endroit il le prend pour *Rademansdorff* sur la Save. Il se laissoit plus volontiers guider par une ressemblance de lettres que par les distances. Je ne trouve aucune raison de croire que *Quadratum* soit différent de celui qu'Antonin met sur une Route d'Aquilée à *Siscia*. C'est toujours la même *Siscia* dans les deux Routes. La différence des distances ne vient que de ce que de *Quadratum* à *Siscia* en droite ligne il n'y avoit que XXIX. M. P. au lieu que quand en partant de *Quadratum*, on passoit par *Ad Fines* on faisoit six milles de détour, savoir de *Quadratum* à *Ad Fines* XIV. M. P. & d'*Ad Fines* à *Sciscia* XXI. M. P.

[d] Antonini Itiner.

QUADRAZES, petite Place d'Espagne, [e] selon Mr. Corneille, au Royaume de Valence. Elle est, dit-il, fermée de murailles avec quelques fortifications au dedans. Pendant la Révolte de ce Royaume excitée par l'Archiduc contre le Roi Philippe V. les Portugais mirent en ce Lieu une Garnison consistant en une Compagnie de Cavalerie & quelque Infanterie, qui faisoient des Courses sur la Frontiére ; & elle servoit comme de Place d'Armes à des Milices commandées par le Curé qui s'étoit acquis dans le Parti une réputation de bravoure & de conduite & s'étoit fait une espèce de Généralat. D. Gonçalo de Carvajal Brigadier, détaché avec le Régiment de Pacheco & deux cens Chevaux, s'approcha de cette Place au commencement de Mai 1707. & y entra par escalade. Tous les Portugais qui s'y trouvérent furent tuez & on prit le Curé avec sa Bande.

[e] Corn. Dict.

QUADREA, [f] Bourgade d'Italie, dans le Ferrarois sur le Pô, à deux lieuës au dessous de Ferrare. Quelques-uns y cherchent le CAPUT PADI des Anciens que d'autres placent à CODEGERO sept lieuës plus bas.

[f] Baudrand. Edit. 1705.

QUADRIGA, ce mot n'est que la traduction Latine du mot Grec HARMA, qui veut dire un *Chariot*, & qui étoit le nom d'un Lieu de la Béotie. Valére Maxime [g] parlant de ce Lieu a changé le nom Grec en un mot Latin.

[g] l. 1. c. 8.

1. QUADRIBURGIUM, ancienne Ville des Pays-Bas. Ammien Marcellin [h] nomme sept Villes que l'on prit en ces Quartiers-là; savoir, *Castra Herculis*, *Quadriburgium*, *Tricesima*, *Novesium* &c. *Tricesima* étoit à l'extrémité du Peuple *Gugerni* ; par conséquent *Quadriburgium* étoit au commencement des Bataves. Cela s'ensuit naturellement; & ce Lieu répond à *Burginatium* de l'Itinéraire à cinq milles de *Tricesima*. Alting explique l'un & l'autre mot par *Burgum Ad Aquas*, en Langue Allemande WATERBURG, mot qui convient bien au *Quadriburgium* d'Ammien Marcellin ; *Quadriburgium* ou *Watriburgium*, se ressemblent bien. Les Latins n'ayant point de double V, W, ont mis un Q au lieu du premier V. Cluvier met ce Lieu hors de l'Isle sur la Rive Gauche du Vahal; il n'a pas fait assez réflexion que tous les Calculs conduisent dans l'Isle où ce Lieu étoit.

[h] l. 18. c. 2.

2. QUADRIBURGIUM, Place de la Valerie près du Danube, selon la Notice de l'Empire [i].

[i] Sect. 57.

3. QUADRIBURGIUM, autre Place ou dans la Premiére Pannonie, ou dans le Norique voisin du Danube, selon la même Notice [k]. Ce qui cause cette incertitude, c'est qu'elle est mise dans le Département d'un Commandant qui s'étendoit sur ces deux pays.

[k] Sect. 58.

QUAHOE, [l] les Hollandois écrivent ainsi, mais ils prononcent comme s'il y avoit QUAHOU ; nos François qui ont égard à la prononciation écrivent QUAHOE. Petit Pays de la Guinée, sur la Côte d'Or dans les terres, au Royaume d'Aquambou, au Nord de celui d'Acara auquel il confine. [m] On en tire de l'or qui se trafique à Acara.

[l] D'Anville Guinée.

[m] De la Croix, Afriq. T. 3.

QUAKENBRUGGE, [n] petite Ville d'Allemagne au Cercle de Westphalie, dans l'Evêché d'Osnabrug, sur la Riviére de Hass, aux confins de l'Evêché de Munster, à neuf lieuës d'Osnabrug vers le Nord.

[n] Baudrand. Edit. 1705.

QUAMBEN, Ville de la Cochinchine, dans la Province de Quamben, dans la partie la plus Septentrionale de ce Royaume & dans les terres; aux Confins des Royaumes de Tonquin & de Laos.

QUAMSI. Voyez QUANGSI.

QUAMTUNG. Voyez QUANTON.

QUANAPOUR, [o] Village de l'Indoustan sur la Route de Surate à Aurengeabad, entre.

[o] Thevenot, Voyage des Indes c. 43.

tre Naapoura & Pilpenar, à six lieues de l'une & de l'autre Ville.

QUANGCHEU, prononcez QUANT-CHEOU, Ville de la Chine, dans la Province de Quanton dont elle est la Capitale & la premiére Métropole. Selon le P. Martini [a] elle est de 4. d. 2′. plus Occidentale que Pekin sous les 23. d. 15′. de Latitude. Le Lieu où est présentement cette Ville s'appelloit JANG-CHING, appartenoit aux Rois de NANIVE, & n'étoit remarquable par aucun égard. Hiao ayant subjugué toutes les Provinces Méridionales y bâtit une Ville nommée Quang-Cheu. Cin la nomma HINHOEI; Sui l'appella FAN-CHEU; sous les familles de Tang & de Sung, elle fut nommée CINGHAI; & enfin celle de Taiminga lui rendit l'ancien nom de Quang-Cheu. (Quelques Européens la nomment CANTON du même nom que la Province.) Le Territoire de cette Ville renferme XV. Villes entre lesquelles *Macao* n'est point comptée, quoiqu'elle en soit effectivement ; savoir,

[a] Martini Atlas Sinic.

Quang-Cheu,	Sinning,
Xunte,	Cunghoa,
Tunguon,	Lungmuen,
Cengching,	Sanxui,
Hiangxan,	Lien,
Sinhoei,	Jangxan,
Cing-Yuen,	Lieuxan,
Singan.	

Ce Territoire est terminé à l'Orient par des Montagnes & ailleurs par la Mer. Il est par-tout arrosé d'Eaux abondantes, & il y a des Plaines délicieuses & fertiles. La Capitale n'est pas seulement considérable par sa grandeur qui est de quatre milles d'Allemagne en y comprenant ses Fauxbourgs. Mais encore par la beauté des Edifices Publics, par la multitude des Habitans, par l'avantage de sa situation; car quoiqu'elle soit à quelque distance de la Mer, cependant les plus gros Vaisseaux ne laissent pas d'y arriver, jusques dans les grands Canaux dont la Ville est environnée. Il n'y a qu'une Porte vers la terre-ferme au Nord. La quantité & le debit des Marchandises répondent à la grandeur de cette Ville, il y a un concours perpétuel de Marchands. On en enleve & on y apporte toute l'année une infinité de Marchandises.

J'ai déja averti que plusieurs de nos Européens nomment cette Ville Canton. C'est ainsi que l'appelle le P. Jacques Missionnaire Jésuite dont j'emprunte les détails suivans. [b] Le Port de Canton s'appelle VAN POU. Canton est une grande Ville ou plûtôt c'est un composé de trois Villes séparées par de hautes & belles murailles, mais tellement jointes que la même Porte sert pour sortir de l'une & pour entrer dans l'autre. Le tout forme une figure à peu près quarrée. Le circuit ne paroît pas céder beaucoup à celui de Paris. Ceux qui sont éloignez du centre, marchent quelquefois une heure entiére en Chaise pour faire une visite. Il n'y a cependant ni vuides, ni Jardins fort spacieux. Les Rues sont fort longues, droites, & serrées, à la reserve de quelques-unes plus larges, où l'on trouve de distance en distance des Arcs de Triomphe assez beaux. Les Maisons ne sont que des rez-de-chaussée, presque toutes bâties de terre avec des accompagnemens de briques & couvertes de tuiles. Dans les Rues tout est Boutique où regne une grande propreté. Il y a quelques Temples d'Idoles environnez de Cellules de Bonzes qui ont quelque chose de singulier & de magnifique. La Sale de Confucius aussi bien que l'Académie où les Lettrez s'assemblent pour faire leur Composition sont des morceaux curieux. Les *Ta-men*, ou Palais des Mandarins ont aussi leur beauté & leur grandeur, avec différence néanmoins de ce qu'en ce genre on appelle beau & grand en Europe. La Riviére est chargée le long des deux Rivages d'une quantité prodigieuse de Barques à rangs multipliez, qui sont les seules habitations d'un Peuple infini, & qui font une Ville flottante très-considérable; de maniére qu'à compter tout ce qui compose Canton, on prétend qu'il y a au moins un million d'Ames. Ce qui rend la chose croyable c'est l'étendue de la Ville & la grande multitude qui remplit sans cesse les Rues où il ne paroît aucune femme.

[b] Lettres Edifiantes, T. 16. p. 40. & 41. & suiv.

Le P. de Premare autre Missionnaire confirme ainsi cette idée. [c] La Ville de Canton, dit-il, est plus grande que Paris & il y a pour le moins autant de monde. Les Rues sont étroites & pavées de grandes pierres plattes & fort dures; mais il n'y en a pas partout. Avec les Chaises qu'on y loue pour peu de chose, on se passe aisément de Carosses, dont il seroit d'ailleurs presque impossible de se servir; les Maisons sont très-basses & presque toutes en Boutiques. Les plus beaux Quartiers ressemblent assez aux Rues de la Foire de St. Germain. Il y a presque par-tout autant de Peuple qu'il y en a à cette Foire aux heures qu'elle est bien fréquentée. On a de la peine à passer. On voit très-peu de femmes, & la plûpart du Peuple qui fourmille dans les Rues sont de pauvres gens chargez tous de quelque fardeau: car il n'y a point d'autre commodité pour voiturer ce qui se vend & ce qui s'achette que les épaules des hommes. Ces Porte-faix vont presque tous la tête nue & les pieds nuds. Il y en a qui ont un vaste Chapeau de paille d'une figure fort bizarre pour les defendre de la pluie & du Soleil. Tout cela forme une idée de Ville assez nouvelle & qui n'a guères de rapport avec Paris. Quand il n'y auroit que les Maisons seules, quel effet peuvent faire à l'oeil des Rues entiéres, où l'on ne voit aucune fenêtre & où tout est en Boutiques, pauvres pour la plûpart & souvent fermées de simples Clayes de Bambous en guise de Portes? Il faut tout dire: on rencontre à Canton d'assez belles Places & des Arcs de Triomphe assez magnifiques à la maniére du Pays. Il y a un grand nombre de Portes, quand on vient de la Campagne & qu'on veut passer de l'ancienne Ville dans la nouvelle. Ce qui est singulier, c'est qu'il y a des Portes au bout de toutes les Rues, qui se ferment un peu plus tard que les Portes de la Ville. Ainsi il faut que chacun se retire dans son Quartier si tôt que le jour commence à manquer. Cette Police remédie à beaucoup d'inconvéniens; & fait que pendant la nuit, tout est presque aussi tranquille dans les plus grandes Villes que s'il n'y avoit qu'une seule famille.

[c] Lettres Edif. T. 2. p. 98.

La

QUA.

La demeure des Mandarins, ou l'*Ya-men* a je ne sai quoi qui surprend. Il faut traverser un grand nombre de Cours, avant que d'arriver au Lieu où ils donnent audience & où ils reçoivent leurs Amis. Quand ils sortent, leur train est majestueux. Le Tsong-tou, par exemple, c'est un Mandarin qui a l'Intendance de deux Provinces; le Tsong-tou, dis-je, ne marche jamais sans avoir avec lui pour le moins cent hommes. Cette suite n'a rien d'embarassant: chacun sait son poste. Une partie va devant lui avec divers Symboles & des habits fort particuliers. Il y a un grand nombre de Soldats qui sont quelquefois à pied; le Mandarin est au milieu de tout ce Cortége, élevé sur une Chaise fort grande & bien dorée que six ou huit hommes portent sur leurs épaules. Ces sortes de marches occupent souvent toute une Rue; le Peuple se range des deux côtez & s'arrête par respect jusqu'à ce que tout soit passé.

Les Bonzes y sont en grand nombre. Ils ont de longues Robes qui leur descendent jusqu'aux talons avec de vastes manches qui resemblent entièrement à celles de quelques Religieux d'Europe. Ils demeurent ensemble dans leurs Pagodes comme dans des Couvens, vont à la quête dans les Rues, se levent la nuit pour adorer leurs Idoles, & chantent à plusieurs Chœurs d'un ton qui approche assez de notre Psalmodie. Cependant ils sont fort méprisez des honnêtes gens.

Il y a une espèce de Ville flottante sur la Riviére de Canton. Les Barques se touchent & forment des Rues: chaque Barque loge toute une famille & a, comme les Maisons régulières, des compartimens pour tous les usages du ménage. Le petit Peuple qui habite ces Casernes mouvantes décampe dès le matin tous ensemble pour aller pescher, ou travailler au Ris qu'on seme & qu'on recueille ici trois fois l'année.

[a] Une Lettre du P. Du Tartre Jésuite à Mr. Du Tartre son Pere parle ainsi de cette Ville: ce n'est pas une Ville c'est un Monde & un Monde où l'on voit toutes sortes de Nations. La situation en est admirable. Elle est arrosée d'un grand Fleuve qui par ses Canaux aboutit à différentes Provinces. On dit qu'elle est plus grande que Paris. Les Maisons n'y sont pas magnifiques au dehors, le plus superbe Edifice qu'il y ait c'est l'Eglise que le pere Turcotti Jésuite y a fait bâtir il y a deux ou trois ans (c'est-à-dire vers l'an 1699.) Les Infidèles s'en étant plaints au Viceroi comme d'une insulte que cét Etranger faisoit à leurs Maisons & à leurs Pagodes, celui-ci leur répondit: ,, comment voulez-,, vous que je fasse abbatre à Canton une E-,, glise dédiée au Dieu du Ciel, tandis que ,, l'Empereur lui en fait élever une plus bel-,, le encore à Pekin dans son propre Palais?

La Riviére qui passe par cette Ville s'appelle TA. Nos Européens la nomment *Riviére de Canton*, comme les Etrangers appellent la Seine *Riviére de Rouen* & la Loire *Riviére de Nantes*.

QUANGCHING, petite Ville de la Chine, dans la Province (de Channton ou Xantun) au Département de Tungchang troisième Métropole de la Province. Mr. Corneille écrit ce nom Quangching; mais le P.

[a] Lettres Edifiantes, T. 3. p. 141.

Martini écrit Quongching. Elle est d'1. d. 37'. plus Occidentale que Peking, à 36. d. 34'. de Latitude. Il y a tout auprès le Lac de Ho, où le Roi Guei nourrissoit autrefois des Grues avec beaucoup de soin. Les Chinois aiment encore aujourd'hui à nourrir des Grues & des Cerfs; car comme ces Animaux vivent très-long-tems, à force de les avoir chez eux & de les voir souvent, ils s'imaginent que ces Animaux leur communiquent les esprits qui sont en eux le principe d'une longue vie.

[b] Atlas Sinensis.

QUANGNHIAC, ou QUANLIA, Bourgade, Riviére, & Province de la Cochinchine, dans sa partie Méridionale. Les autres Lieux, dont parle le P. Alexandre de Rhodes[c], qui a eu cette Province en son Département, sont CHAIMI Bourg, & Port de Mer, & BAOBAM Ville. Cette Province est nommée QUANGNHIAC, dans la Relation des Missions des Vicaires Apostoliques[d].

[c] Voyages, 2. part. c. 17.
[d] 2. part. c. 8. c.

QUANG-NANG, Ville de la Chine, dans la Province d'Iunnan dont elle est la VIII. Métropole. Elle est de 13. d. 25'. plus Occidentale que Peking à 24. d. de Latitude. Le P. Martini[e] la met au nombre des Villes démembrées de l'Empire Chinois & dont le Tonquin s'est emparé, aussi bien que de la Ville de Fu qui en dépend. Ce Canton, où Quangnang est située, est naturellement séparé de l'Empire de la Chine par de grandes & hautes Montagnes. Ce Canton est tout en Plaine & il n'y a pas un seul endroit qui ne soit mis à profit. Aussi est-il fort peuplé; aussi l'a-t-on nommé Terre d'Or à cause de sa fertilité; quoique les Chinois en appellent les Habitans des Barbares. Ils se tuent les uns les autres pour le moindre sujet; les hommes & les femmes marchent nuds-pieds, ils ont des habits fort courts & se cheveux épars, ils mangent les Insectes, les Vers, les Serpens & les Rats. Le Mont LIENHOA est à l'Orient de la Ville son nom vient de *Lien*, fleur; parce qu'il a la figure d'une fleur épanouïe.

[e] Atlas Sinensis.

1. QUANG PING, Ville de la Chine, dans le Pekeli dont elle est la sixième Métropole. Elle est de 2. d. 34'. plus Occidentale que Peking, par les 37. d. 25'. de Latitude. Le Canton où elle est située étoit du Royaume de Cin du tems des Rois, elle fut ensuite de celui de Chao, & de celui de Hantan sous la famille de Cin. Le nom qu'a cette Ville aujourd'hui lui a été donné par la famille de Han & elle l'a conservé jusqu'à présent. Entre autres Temples consacrez aux grands Hommes, il y en a un de remarquable. Ils prétendent qu'un de ces Héros apparut & instruisit, je ne sai quel pauvre Enfant, qui profita si bien de ses leçons, qu'il devint un excellent Philosophe & fut choisi pour commander à tout le Pays. Ce Canton renferme neuf Villes savoir,

[f] Ibid.

Quang-Ping,	Hantan,
Kio-Cheu,	Quang-Ping,
Fihiang	Ching-gan,
Kice,	Guey.
Cingho.	

2. QUANG PING,[g] autre Ville de la Chine, dans le Pekeli & dans le Ressort de la Ville

[g] Ibid.

Ville de Quangping. Elle est de 2. d. 36'. plus Occidentale que Peking & par les 37. d. La différence des deux Villes de ce nom est que la Métropole est de 4. minutes plus à l'Occident & 25. minutes plus au Nord que la Ville qui lui est subordonnée & dont il est ici question.

1. QUANGSI, quelques-uns écrivent QUAMSI & QUANSI. Province de la Chine dans sa partie Méridionale aux Confins du Tonquin qui en occupe une partie. Elle est la XIII. dans l'ordre des Provinces de l'Empire. Elle n'est, ni si grande ni si peuplée que les Provinces voisines; & elle ne peut leur être comparée, ni pour la beauté, ni pour la vivacité de son Commerce; elle ne laisse pas d'avoir abondamment tous les besoins de la vie. Elle a onze Métropoles, sans y comprendre une Ville Militaire, ce qui avec les Villes qui en dépendent fait quatre-vingt-dix-neuf Citez. Mais leurs Territoires sont moins étendus & moins peuplés que ceux des autres Provinces. Toute cette Province est hérissée de Montagnes, à la réserve de la partie Méridionale où tout est fort cultivé, tant à cause que ce sont des Plaines, que parce que la terre y est dans une plus favorable exposition, & reçoit mieux la chaleur vivifiante du Soleil; mais, comme on l'a déja dit, une Lisiére de cette Province fait partie du Tonquin qui la conquise sur la Chine.

Toute la Province a plusieurs grandes Riviéres qui l'arrosent. Elle en reçoit plusieurs qui lui viennent des Contrées voisines. Les sources des autres sont dans ses Montagnes. Toutes ces Riviéres se rassemblent pour couler ensemble vers l'Orient, & se réunissent pour grossir le Ta qui va former le Port de Quangcheu ou Canton. Le Quangsi est borné au Nord par la Province de Queicheu & par celle d'Huquiang, dont une partie l'enferme aussi à l'Orient. Celle de Quanton la termine à l'Orient & partie au Midi jusqu'au Tonquin qui, comme on a déja dit, en possede une partie considérable que l'Iunnan termine au Couchant. Dans la Table Géographique de cette Province, je marquerai les Métropoles qui dépendent du Tonquin, & qui avec les Villes de leur dépendance ne sont plus censées de l'Empire de la Chine, que comme parties d'un Etat dont le Roi est Vassal de l'Empereur.

La partie Orientale est plus cultivée que l'Occidentale où sont des Montagnes rudes, & escarpées & de vastes Forêts. L'Orientale a des Riviéres navigables, quoique très-rapides. Le Peuple y est plus policé & plus soumis aux ordres des Empereurs, mais celui de l'autre partie est sauvage. Ce sont des Montagnards qui n'obéissent à aucuns ordres. Dans les Registres Publics où l'on tient un Etat de tout l'Empire, on trouve que cette Province a eu 186719. familles; 1054760. hommes, & qu'elle a fourni pour sa part 431359. Sacs de Ris.

Avant la Conquête de l'Empire de la Chine par les Tartares, les Missionnaires n'avoient pu avoir d'accès dans cette Province; mais un Tartare étant devenu Empereur de la Chine, & quelques-uns de ses Principaux Officiers étant devenus Chrétiens; les P. P. Jésuites profitérent de l'occasion & sous leur protection pénétrérent dans le Quangsi; y prêcherent l'Evangile, & y gagnerent des Ames à JESUS-CHRIST. Voici la Table Géographique de cette Province dressée par le P. Martini. L'*O* veut dire à l'Orient; *P* à l'Occident par rapport à Peking. L'Astérique marque les Métropoles qui sont du Tonquin.

TABLE GÉOGRAPHIQUE

Du

QUANGSI

Province de la Chine.

Noms.	Longit.	Latit.

1. Métropole,

Queilin,	7 32	25 54 P.
Hinggan,	7 32	26 12 P.
Linchuen,	7 50	26 7 P.
Yangso,	7 10	25 33 P.
Jungning, ⊙	7 39	25 36 P.
Jungso,	7 48	25 43 P.
Yning,	8 0	26 0 P.
Ciuen, ⊙	6 51	26 8 P.
Quonyang,	6 36	26 0 P.

2. Métropole.

L'Ieucheu,	8 42	25 10 P.
Coyung,	8 32	25 25 P.
Loching,	9 26	25 27 P.
Lieuching,	9 8	25 15 P.
Hoaiyuen,	9 5	26 0 P.
Yung,	9 16	25 45 P.
Laipin,	9 33	24 54 P.
Siang,	8 21	25 2 P.
Vucuen,	8 9	25 40 P.
Pin, ⊙	9 3	24 21 P.
Cienkiang,	8 45	24 25 P.
Xanglin,	9 25	25 5 P.

3. Métropole.

Kingyuen,	9 46	25 2 P.
Tienho,	9 41	25 26 P.
Sugen,	10 21	25 5 P.
Hochi, ⊙	10 38	25 6 P.
Hinching,	9 54	24 36 P.
Nanchuen,	10 47	24 33 P.
Lypo,	10 25	24 52 P.
Tunglan, ⊙	10 58	24 5 P.
Pangti, ⊙	10 14	24 17 P.

4. Métropole.

Pinglo,	7 0	25 26 P.
Cungching,	6 50	25 42 P.
Fuchuen,	6 27	25 26 P.
Ho,	6 8	25 11 P.
Liepu,	7 36	25 15 P.
Sieugin,	8 1	25 12 P.
Jungan, ⊙	7 20	25 8 P.
Chaoping,	6 43	24 47 P.

5. Métropole.

Gucheu,	6 33	24 2 P.
Teng,	6 51	24 7 P.

Yung,

QUA.

Noms	Longit.	Latit.
Yung,	7 33	23 25 p.
Cengki,	7 0	23 34 p.
Hoaicie,	6 14	24 16 p.
Yolin, ☉	7 40	23 5 p.
Pope,	7 56	22 53 p.
Pelieu,	7 40	23 35 p.
Lochuen,	7 38	22 54 p.
Hingye,	8 1	23 19 p.

* 6. Métropole.

Cincheu,	8 0	23 55 p.
Pingnan,	7 36	24 5 p.
Quei,	8 39	23 42 p.
Vucing,	8 21	23 33 p.

* 7. Métropole.

Nanning,	9 30	23 40 p.
Lunggan,	10 51	23 20 p.
Heng, ☉	9 6	23 40 p.
Yunghiang,	9 16	23 32 p.
Xangou, ☉	11 30	23 3 p.
Sining, ☉	10 13	23 30 p.

* 8. Métropole.

Taiping,	12 20	23 20 p.
Taiping, ☉	12 20	23 28 p.
Gauping, ☉	12 24	23 38 p.
Yangli, ☉	11 53	23 30 p.
Vanching, ☉	11 44	23 25 p.
ço, ☉	11 35	23 48 p.
Ciuenming, ☉	11 56	23 23 p.
Suching, ☉	12 6	24 30 p.
Chinyuen, ☉	11 33	23 38 p.
Sutung,	11 45	23 13 p.
Kielung, ☉	11 46	23 27 p.
Mingyng, ☉	12 35	23 26 p.
Xanghia, ☉	12 48	23 23 p.
Kiegan,	11 45	23 47 p.
Lungyng, ☉	11 56	23 42 p.
Tukie, ☉	12 0	23 52 p.
Cungxen,	12 36	23 36 p.
Jungkang,	12 5	23 42 p.
Loyang,	11 35	23 50 p.
Toling,	11 30	20 25 p.
Lung,	12 51	23 12 p.
Kiang, ☉	12 26	23 13 p.
Lope,	12 5	23 20 p.

* 9. Métropole.

Suming,	12 7	23 8 p.
Suming, ☉	12 14	22 57 p.
Xangxe, ☉	12 15	22 40 p.
Hiaxe,	12 0	22 58 p.
Pingciang,	12 17	23 6 p.
Sucheu, ☉	11 53	23 8 p.
Chung, ☉	11 48	23 0 p.
Siping,	12 0	22 48 p.
Sulin,	12 5	22 30 p.

* 10. Métropole.

Chingan,	11 55	24 0 p.
Fulao,	11 20	24 0 p.
Tucang,	12 10	24 0 p.
Fungy,	11 56	24 6 p.
Queixun,	12 14	23 50 p.
Hianguu,	11 45	23 56 p.

QUA.

* 11. Métropole.

Noms	Longit.	Latit.
Tjencheu,	11 30	24 11 p.
Xanglin,	11 10	23 43 p.
Lung, ☉	11 9	24 16 p.
Queite, ☉	11 0	23 50 p.
Cohoa, ☉	10 50	23 35 p.

* Villes Militaires.

Sungen,	10 25	24 5 p.
Vhyuen,	10 30	23 52 p.
Funghoa,	9 55	24 5 p.

* Grandes Cités.

Suching,	12 25	24 6 p.
Ly, ☉	12 27	24 17 p.
Ching,	11 50	24 18 p.

* Forteresses.

| Xauglin, | 12 47 | 23 37 p. |
| Ganlung, | 12 57 | 24 4 p. |

2. QUANGSI, [a] Ville de la Chine, dans [a] Atlas Sinensis. la Province d'Iunnan dont elle est la neuvième Métropole. Elle est de 13. d. 35'. plus Occidentale que Pekin sous les 24. d. 14'. Quoiqu'elle soit originairement de la Province d'Iunnan qui est de la Chine, elle est néanmoins censée partie du Tonquin aussi bien que les trois autres Villes & Bourgs de son Territoire. Elle étoit anciennement du Royaume de Tien. Sous la Famille de Hana, elle fut du Pays de YECHEU, & le Canton où elle est s'appelloit Ciangho. Sous la Famille de Tanga, elle s'appelloit KIMI. Le nom quelle a aujourd'hui lui a été donné par la Famille d'Iuen. Il y a auprès de la Ville vers le Nord le Mont FACO, & dans la Ville même il y a le Mont CHUNSIEN, sur lequel étoit le Collége de la Ville.

3. QUANGSI, Ville du Tonquin. C'est la même que celle de l'Article précédent.

QUANG-SIN, [b] Ville de la Chine, dans la [b] Ibid. Province de Kiangsi dont elle est la troisième Métropole. Elle est de 21. d. plus Orientale que Pekin par les 28. d. 36'. de Latitude. Elle est située entre des Montagnes fort épaisses & fort hautes, qui ne laissent pas d'être cultivées; car elles sont couvertes de Villages & de Maisons de Campagne. C'est dans ces Montagnes à l'Orient de la Ville que la Rivière de XANGIAO a sa source, d'où elle coule au Nord de la Ville. Cette Ville est aux confins de trois Provinces savoir Kiangsi, Fokien & Chekiang, de là vient qu'elle a été souvent inquiétée par les Voleurs qui se jettent dans les Montagnes & s'y cachent aisément. Il est pourtant bien aisé de s'y défendre parce que les Défilez sont étroits; & l'Empereur de la Chine y a eu des Gardes en certains tems. On y fabrique beaucoup de Papier. On ne fait nulle part ailleurs de meilleures Chandelles de suif de Bœuf. Il y a sept Villes dans ce Territoire savoir,

Quangfin, Queiki, Joxan,

Joxan,	Jenxan,
Jeyang,	Jungfung,
	Hinggah.

Ce Canton appartenoit anciennement partie aux Rois d'U, partie aux Rois de çu, & du tems de la Famille de Cin, il étoit du Pays d'Hoeiki. La Famille de Han le nomma Juhan, celle de Tang & de Sung l'appellerent Sincheu, & celle de Taiminga Quangsin.

QUANGTE, grande Cité de la Chine, dans la Province de Kiangnan, ou Nanking. Elle eſt de 1. d. 50'. plus Orientale que Pekin, à 31. d. 32'. de Latitude. Elle a dans son Territoire une autre Ville nommée Kienping. C'eſt une de ces Villes que les Chinois déſignent par le mot Cheu. Elle eſt considérable & riche en soye. Elle confine à des Montagnes fort hautes, mais très-agréables: les plus remarquables ſont Heng & Ling. Celle de *Heng*, au Couchant de la Ville s'éleve au deſſus des nues. Il ne laiſſe pas d'y avoir à ſon ſommet une ſource d'eau qui coule continuellement. Celle de *Ling* n'eſt pas moins haute & a une Côte très-difficile à monter & dont la pente eſt de 15. Lis. Sur cette Montagne eſt une Caverne à l'entrée de laquelle on voit une Statue de pierre qui repréſente un Bonze. Le Peuple croit que c'eſt le Bonze lui-même qui fut ainſi Métamorphoſé.

QUANTIA, nom d'une Riviére de la Gaule Belgique, il en eſt parlé dans la Vie de Ste. Auſtreberthe. C'eſt la même que la Canche. Voyez ce mot.

QUANTO, Pays fort étendu dans l'Empire du Japon, dans l'Iſle de Niphon, entre le Pays d'Ochio au Levant & celui de Jetſegen au Couchant. Il eſt borné au Nord & au Sud par l'Océan Oriental. Tout ce Pays eſt très-fertile mais fort montagneux & contient, ſelon Cardin neuf Royaumes ou Principautez ſavoir,

Caï,	Nivata,
Conzuque,	Sangami,
Idzu,	Surunga,
Mikawa,	Tatomi,
	Xinano.

avec des Villes de mêmes noms.

QUANTON; le P. Martini écrit Quangtung, les François modernes dans leurs Relations écrivent plus ſouvent Canton. Les François donnent même ce nom à la Capitale & premiére Métropole de la Province, dont le vrai nom eſt Quang-Cheu. Ainſi au lieu de Canton ou Quanton Ville de la Chine dans la Province de laquelle on lui donne mal-à-propos le nom, Voyez dans ce Dictionnaire l'Article Quang-Cheu. Reſte à parler de la Province qui s'appelle Quanton. Elle a le douziéme rang entre les Provinces de la Chine. C'eſt d'ailleurs une des principales & des plus riches de tout l'Empire; elle eſt bornée au Nord-Oueſt par le Quangſi, au vrai Nord par le Huquang, au Nord-Eſt par le Kiangſi & le Fokien, au Midi par l'Océan, & au Couchant par le Tonquin. Son nom doit ſe prononcer, non comme le mot *Quantité*, mais comme nous prononçons le Latin *Quantitas*, comme s'il étoit écrit *Couanton*; il ſignifie large à l'Orient. Elle a dix Villes Métropoles qui en ont d'autres ſous elles, au nombre de ſoixante-treize. On y compte 383360 familles & 1978021 hommes. Elle paye pour tribut au Souverain 1017772 Sacs de Ris, & 37380 poids de Sel, ſans parler des droits qui ſe levent ſur les Vaiſſeaux & ſur les Barques. Elle a en abondance tout ce qui eſt néceſſaire à la vie. Les Denrées de ſon propre crû, ſes Fabriques, & ſon Commerce qui eſt très-grand y attirent aiſément d'ailleurs tout le reſte. Il y en a une partie en Montagnes, & une partie en Plaines ſur-tout au Midi. Les Campagnes ſont ſi fertiles en Ris & en Bled que l'on y ſeme deux fois l'an, & que les Moiſſons y ſont toujours très-abondantes. Les rigueurs de l'Hyver ne s'y font jamais ſentir, cela a donné lieu au Proverbe Chinois: que dans cette Province il y a trois choſes extraordinaires; Un Ciel ſans neige, des Arbres toujours verds, & des Hommes qui crachent le ſang. En effet il n'y neige jamais, les Arbres n'y perdent jamais leurs feuilles, & les hommes mâchent l'Areque & le Bethel qui teint leur ſalive en rouge. C'eſt à ce ſujet que l'Abbé de Choiſi, toujours plaiſant dans ſes idées, diſoit que ceux qui mâchent de ces feuilles ont la bouche comme l'auroit un homme à qui on viendroit d'arracher les dents.

Il s'y fait un Négoce perpétuel de tout ce qu'on peut imaginer de plus précieuſes Marchandiſes: on y trafique une quantité incroyable d'Or, de Diamants & autres Pierres de prix, de Perles, de Soyeries, d'Etaim, de Vif-argent, de Sucre, de Cuivre, de Fer, d'Acier, de Nitre, de Bois d'aigle & autres Bois de ſenteur. Les Canons de Fuſil que l'on forge avec ce fer ne crevent jamais quelque forte charge qu'on leur donne; tout au plus ils ſe crevaſſent & ſe fendent ſans bleſſer perſonne. On attribue cette bonté au Charbon de Bois dont on ſe ſert pour les forger, & qui adoucit le fer, au lieu que le Charbon de terre lui communique des Sels & autres qualitez qui le rendent encore plus aigre qu'il n'eſt naturellement.

On a dans cette Province quantité de Fruits pareils à ceux d'Europe, comme les Grenades, les Raiſins, les Poires, les Noix les Chataignes, &c. On y en a auſſi quantité d'autres qui ſont particuliers au Pays. Entre autres il y a un Fruit que les Chinois appellent *Yeuçu*, les Portugais *Jamboa* & les Hollandois *Pompelmoes*; (prononcez *Pomplémouz*). Il vient comme les Limons ſur des Arbres épineux, mais plus grands. Les fleurs en ſont entiérement ſemblables & blanches, d'une odeur très-agréable & on en tire par la diſtillation une Eau de ſenteur délicieuſe. Ce Fruit eſt plus gros qu'une tête d'homme, l'écorce eſt de la couleur de celle des Citrons, mais la chair tire ſur le rouge. Le goût tient de l'aigre & du doux, & ne reſſemble pas mal à celui d'un Raiſin qui n'eſt pas encore bien mûr. On en tire une liqueur qui eſt une eſpéce de Limonade. Ce Fruit ſuſpendu dans une Chambre ſe conſerve toute une année.

Les Habitans de Quanton ſont fort induſtrieux. Ce n'eſt pas qu'ils aient le génie propre à inventer, mais ils imitent avec une

une merveilleuse facilité ce qui leur vient de l'Europe par les Portugais de Macao, soit Orfévrerie soit Broderie, soit tout ce qu'on veut, ils font des figures & des fleurs. Avec leur Verre qu'ils font avec du Ris pour la plus grande partie, ils font des Verres convexes ou concaves sans avoir besoin de les polir avec des Bassins. Ils font même des Prismes, qui à la vérité n'ont pas la perfection des nôtres, mais qui en approchent. Cependant ils ne connoissoient point le Verre avant que les P. P. Jésuites leur eussent appris à le faire. Ils font des Machines à roues & à ressort; mais ils n'ont pu encore parvenir à faire des Montres. Ils travaillent des Ouvrages de filagramme, en font des Chaînes, des Boites & autres bagatelles fort jolies: & ce qu'il y a de remarquable, c'est que cela est à très-bon marché; parce que les Ouvriers dépensent peu pour leur nourriture, & se contentent d'un gain très-léger.

Le Viceroi de Quanton tient le premier lieu entre les Vicerois: il ne demeure pas dans la Province, mais à Caoching, dans celle de Quangsi qui est aussi de son Département, quoiqu'elle ait aussi son Viceroi particulier. Comme les Voleurs courent souvent les grands chemins de Quanton, on a soumis à ce Viceroi la Province voisine, afin que son autorité étant plus étendue, il puissent moins échapper aux mesures qu'il prend pour les réprimer. Le Grand Amiral (*Haitao*) réside à Quangcheu. Une des fonctions de sa Charge, c'est de donner la chasse aux Pirates & d'en netoyer la Mer.

Cette Province ne fut jointe à l'Empire Chinois que sur la fin de la famille de Cheu & on la nommoit auparavant le Royaume de NANIVE. Elle ne fut pas long-tems soumise aux Chinois & ne voulut reconnoître pour ses Maîtres que les Rois de Nanive. Mais Hiaou de la famille de Han, la soumit en personne; & depuis ce tems-là elle a été attachée à l'Empire Chinois. On y abonde en Canards; on les fait éclorre par la chaleur des Fours ou par celle du fumier. Ils sallent les œufs pour les garder; non pas en les mettant dans le sel ou dans la saumure, ce qui ne seroit d'aucun effet: mais en les empâtant avec de la craye ou de l'argile mêlée de sel; alors le sel pénètre la coque, & l'œuf ainsi préparé est une nourriture qui n'est ni désagréable ni mal-saine. On voit dans cette Province une Rose sans odeur qui change de couleur deux fois par jour; elle est rouge le matin & blanche le soir; elle vient sur un Arbre.

TABLE GÉOGRAPHIQUE
du
QUANTON,
Province de la Chine.

Noms.	Longit.	Latit.

1. Ville Métropole.

Noms.	Longit.	Latit.
Quangcheu,	4 2	23 15 p.
Xunte,	4 16	23 12 p.
T'unguon,	3 12	22 50 p.
Cengching,	3 15	23 13 p.
Hiangxan,	3 39	22 36 p.
Sinhoei,	4 18	22 30 p.
Cingyuen,	4 8	23 45 p.
Sinning,	4 39	22 18 p.
çunghoa,	3 29	23 30 p.
Lungmuen,	3 10	23 35 p.
Sanxui,	3 56	23 33 p.
Lien, ☉	4 48	24 55 p.
Jangxan,	4 25	25 0 p.
Lienxan,	4 58	24 38 p.
Singan,	3 49	22 40 p.
Macao,	3 10	22 19 p.

2. Métropole.

Xaocheu,	3 42	24 42 p.
Lochang,	4 7	25 7 p.
Ginhoa,	3 49	35 7 p.
Juyuen,	4 5	24 41 p.
Ungyuen,	3 15	24 28 p.
Jngte,	3 46	24 2 p.

3. Métropole.

Natigiung,	3 10	25 32 p.
Xihing,	3 23	28 8 p.

4. Métropole.

Hoeicheu,	2 46	23 9 p.
Polo,	2 48	23 29 p.
Haifung,	2 5	23 6 p.
Hoyuen,	2 25	23 20 p.
Lungchuen,	2 31	23 45 p.
Changlo,	2 25	23 33 p.
Hiugning,	1 6	23 45 p.
Hoping,	2 50	23 59 p.
Changning,	2 29	23 0 p.
Junggan,	3 6	23 4 p.

5. Métropole.

Chaocheu,	1 0	23 30 p.
Chaoyang,	1 33	23 20 p.
Kieyang,	1 28	23 54 p.
Chinghiang,	1 56	24 15 p.
Jaoping,	1 36	24 22 p.
Tapu,	0 44	24 0 p.
Hoeilai,	1 40	23 4 p.
Chinghai,	1 0	24 10 p.
Puning,	0 30	33 40 p.
Pingyuen,	0 30	24 20 p.

6. Métropole.

Chaoking,	4 45	23 30 p.
Suhoei,	4 40	23 45 p.
Sinhing,	4 55	16 6 p.
Yangchun,	5 3	22 50 p.
Yangkiang,	4 50	22 0 p.
Caomïng,	5 30	23 8 p.
Genping,	4 49	22 40 p.
Teking, ☉	5 18	23 55 p.
Quangning,	5 0	23 55 p.
Fungchuen,	5 30	23 37 p.
C'aikien,	5 36	24 8 p.

QUA.

Noms.	Longit.	Latit.

7. Métropole.

Caocheu,	5 40	22 33 p.
Tienpe,	5 25	22 30 p.
Siny,	5 41	23 13 p.
Hoa,	5 56	23 10 p.
Vuchuen,	5 45	21 37 p.
Xeching,	5 58	28 40 p.

8. Métropole.

Lincheu,	7 12	22 0 p.
King, ☉	7 55	22 18 p.
Lingxan,	7 15	23 0 p.
Xilien,	6 50	22 20 p.

9. Métropole.

Luicheu,	6 20	28 58 p.
Suiki,	6 20	22 18 p.
Siúuen,	7 3	20 40 p.

10. Métropole.

Kiungcheu,	6 36	19 40 p.
Chingyu,	7 3	19 44 p.
Lincao,	7 10	19 48 p.
Tinggan,	6 58	19 26 p.
Veuchang,	6 29	19 20 p.
Hoeitung,	6 49	19 20 p.
Lohoei,	6 23	19 10 p.
Cheu, ☉	8 0	19 37 p.
Changhoa,	8 16	19 21 p.
Van, ☉	6 23	18 52 p.
Lingxui,	6 52	18 24 p.
Yay, ☉	8 1	18 13 p.
Cangen,	8 39	19 2 p.

Grandes Cités.

L'Oting, ☉	5 9	23 25 p.
Tunggan,	4 56	23 20 p.
Sining,	5 29	23 23 p.

Forteresses.

Teaching,	1 5	24 20 p.
Tung, ☉	1 22	24 17 p.
Hankan,	1 10	23 42 p.
Cinghai,	1 14	23 25 p.
Kiaçu,	1 29	23 42 p.
Kioxe,	1 49	20 50 p.
Hiung,	6 30	23 30 p.
Junching,	5 49	23 45 p.
Ciunling,	8 10	19 30 p.

QUAQUA, (LES) les Hollandois ont donné ce nom à quelques Peuples d'Afrique en Guinée. Ils habitent le Pays d'Adow & sont soumis au Roi de Sacoo. Ils s'étendent depuis la Cap de la Hou jusqu'au Cap de Ste. Apolline en tirant vers le Cap des trois Pointes. Le nom de *Quaqua* leur est venu de ce qu'en abordant ceux qui arrivent chez eux, ils ont toujours à la bouche ce mot qui veut dire *bien venu* ou quelque chose d'équivalent. Les Hollandois les distinguent en *Quaquas de six Bandes*, & en *Quaquas de cinq Bandes*. Ce surnom est pris des Pièces de coton dont ils s'habillent & qu'ils trafiquent. Les unes sont rayées de cinq Bandes, les autres de six. Ces Bandes ont six pouces de largeur plus ou moins & les Pièces ont environ de longueur trois aunes de France. Ces Pagnes sont d'une très-bonne teinture & se vendent bien par toute la Côte d'Or. Les Quaquas ont l'extérieur fort grossier; ce sont néanmoins les Peuples les plus raisonnables & les plus polis de la Côte. Lorsqu'ils viennent trafiquer dans les Vaisseaux étrangers qui sont à l'ancre, ils mettent leurs mains dans l'eau & en laissent tomber quelques goutes dans leurs yeux; espèce de serment par lequel ils jurent qu'ils aimeroient mieux devenir aveugles que de tromper ceux avec qui ils viennent négocier. Ils haïssent l'yvrognerie & ne boivent point de Vin de Palme, quoiqu'il y ait chez-eux beaucoup de Vin de Palmiers. Leur Boisson est une liqueur appellée Vin de *Bordon*, ou Vin de *Tombe*, & ils le mêlent avec de l'eau pour en modérer la force. Leur principal Commerce consiste en ces Pièces de coton qu'on appelle ordinairement *Robes de Quaqua*. Elles sont composées, comme on a dit, de cinq ou six bandes cousues ensemble. Les Habitans du Cap de la Hou font grand trafic de celles de six Bandes. Ils les vont querir chez des Peuples leurs voisins, plus enfoncés dans les terres, & à qui ils donnent du Sel en échange. Ceux-ci assurent que les Peuples à qui ils portent ce Sel, remontent pour le vendre si avant dans le Pays, qu'enfin ils rencontrent des Peuples blancs, montez sur des Anes ou sur des Mulets, & qui ont des Lances pour armes; mais qui ne sont pas si blancs que les Hollandois. Cela ressemble aux Maures de Barbarie. Les Nègres changent volontiers leurs Robes pour de l'Acori, ou des Brasselets d'Ambre jaune. Ils estiment fort peu le Corail [a]; outre ces Robes ou Pagnes on tire de ce Pays quantité d'Yvoire. Les Nègres assurent que le pays est tellement rempli d'Eléphans, que les Habitans du Haut Pays sont obligés de creuser leurs Maisons dans les revers des Montagnes & de faire les Portes & les Fenêtres extrêmement étroites & basses. Ils employent toutes sortes d'artifices pour éloigner ces Animaux de leurs Champs & les faire tomber dans les pièges qu'ils leur tendent, où ils les tuent. Ils ajoutent que la raison pour laquelle ils ont tant de dents, est que les Eléphans quittent leurs dents tous les trois ans & qu'ils en trouvent beaucoup plus dans les Forêts qu'ils n'en arrachent eux-mêmes de ceux qu'ils tuent. Le Coton & d'Indigo viennent naturellement & sans culture dans tout ce Pays. Il est rare d'y voir une femme dont les cheveux ne soient ornez de petits ouvrages d'or fondus & battus au marteau; on les appelle *Menilles*, nom qui répond au mot *Bijou*. On en voit de plusieurs sortes. Elles sont pour l'ordinaire assez minces & assez légères, mais la quantité que les femmes en mettent sur la tête en fait un objet considérable. L'or des *Menilles* est toujours très-pur & n'oblige point à la preuve ordinaire que l'on fait de la poudre d'or par l'Eau Régale [b]. Le Gouvernement des Quaqua a cela de commun avec celui de quelques Indiens. Chacun est obligé par une des Loix fondamentales de l'Etat de demeurer dans la condition où il est né. Ceux qui sont de race de Pescheurs

[a] *Det Marchais Voyage de Guinée.*

[b] *De la Croix l. c.*

QUA. QUA. 11

cheurs ne peuvent embraffer d'autre métier; perfonne ne peut vendre de l'Acori ou des Robes que les Marchands de profeffion. Quant à la Religion de ce Peuple, elle eft pleine de Superftitions abfurdes qui le portent quelquefois à facrifier des hommes.

QUAQUE [a], Montagne de l'Amérique Méridionale au Pérou, dans l'Audience de Quito vers le Popayan. La partie Occidentale de cette Montagne eft fous l'Equateur au bord de la Mer Pacifique, mais fa partie Orientale s'éloigne de l'Equateur d'environ quinze minutes. Au Couchant de cette Montagne eft une Ance qu'on appelle l'Acul de Quaque.

[a] De l'Ifle Atlas.

QUAQUI [b], Bourgade de l'Amérique Méridionale au Pérou, dans la Province de Collao. Elle eft proche de Cepita. Les Rois du Pérou y avoient anciennement un Palais & les Efpagnols y ont aujourd'hui un Temple & une Ecôle où l'on inftruit la Jeuneffe Indienne des Vertus du Chriftianifme.

[b] Corn.Dict.

§. Cet Article eft de Mr. Corneille qui cite De Laet Ind. Occidentales l. 11. c. 5. Les lieux de Quaqui & de Cepita font en effet écrits de la forte dans cet Auteur. Mais dans la Carte du Pérou qui eft dans le même Livre on lit Quaqui & Zepita. Mr. de l'Ifle écrit Cepira, ce qui eft apparemment une faute du Graveur. Cette Province de Collao eft autour du Lac de Titicaca dans l'Audience los Charcas.

QUARANTE, Bourg & Abbaye de France au Bas Languedoc, au Diocèfe de Narbonne, fur une Montagne à trois petites lieues de la Ville de Narbonne du côté de Beziers. L'Abbaye eft de l'Ordre de Cîteaux. Berenger qui vivoit en 1027. en fut le premier Abbé. Du haut de cette Montagne on voit deux Villes, favoir Narbonne & Beziers, & l'Abbaye de Quarante; ce qui a donné lieu à ce Dicton du Pays, que cette Montagne on voit Quarante & deux Villes; plaifanterie fondée fur cette équivoque. Mrs. Baudrand [c] & Corneille [d] donnent cette Abbaye à l'Ordre de St. Auguftin. Mr. Piganiol de la Force [e] la donne à l'Ordre de Cîteaux.

[c] Dict. Edit. 1705.
[d] Dict.
[e] Defcr. de la France.

QUARI, ou Cuari; Κούαρι. Voyez Cavari.

[f] T.4.p.235.

QUARIATES, ancien Peuple de la Gaule Narbonnoife, felon Pline [f]. Le R. P. Hardouin conjecture qu'ils occupoient les Diocèfes de Senez & de Digne, en Provence.

[f] l.3.c.4.

QUARIS, ou Cuaris Κούαρις, Ville d'Afie, dans la Bactriane, felon Ptolomée [g]. Quelques Exemplaires portent Cavaris & femblent infinuer que c'eft le Bras Oriental du Zariafpe; en ce cas ce ne feroit pas une Ville, mais une Rivière. Peut-être auffi que Ptolomée a fimplement voulu dire que Quaris étoit à l'Orient du Zariafpe, ou tout au contraire que le Zariafpe paffe à l'Orient de cette Ville: tant il eft vrai que ce Paffage a été maltraité par les Copiftes qui l'ont obfcurci.

[g] l.6.c.11.d.

QUARQUENI, ancien Peuple de la Gaule Tranfpadane, felon Pline [h]. Il étoit dans le Pays qui eft aujourd'hui l'Etat de Venife, vers la Marche Trevifane & le Frioul.

[h] l.3.c.19.

QUARQUERNI, le même que Quacerni.

QUARTAPIERY, Fortereffe avec Garnifon quelque part vers la Méfopotamie, felon Guillaume de Tyr cité par Ortelius [i].

[i] Thefaur.

QUARTENSIS. On lit dans la Notice de l'Empire au Département du Commandant de la feconde Belgique [k] Præfectus Claffis Sambricæ in Loco Quartenfi five Hornenfi. Quelques Exemplaires portent Equites au lieu de Præfectus; mais ce n'eft point en cela que gît la difficulté. Il s'agit ici du Commandant d'une Flote, défignée par le mot Sambrica. Cette Flote étoit fur une Rivière & il y a beaucoup d'exemples de pareilles Flotes des Romains. Pancirole explique ce mot de Sambrica par le Samarobriga de Ptolomée, comme fi c'étoit Amiens. Mais cette Ville étoit-elle de la Seconde Belgique? S'il étoit d'un Ouvrage écrit dans la bonne Latinité la difficulté feroit plus grande, mais la Notice a été compofée dans la décadence de cette Langue & dans un tems où beaucoup de mots étoient changez. Je fuis perfuadé qu'il s'agit de la Sambre Riviére nommée Sabis en bon Latin, & Sambra en Latin du moyen âge. Le Moine Aigrad dans la Vie de St. Ansbert, Evêque de Rouen, appelle cette Riviére Sambra: il dit, Altum montem (Hautmont) Monafterium fitum in Territorio Hainoenfi fuper Sambre Fluvio. Fulcuin [l] appelle Sambrinus Pagus le Canton qu'arrofe la Sambre. Ces Auteurs n'ont pas inventé ce mot, ils l'ont trouvé déja en ufage, & peut-être y étoit-il depuis trèslong-tems. Ainfi Claffis Sambrica peut bien avoir été une Flote fur la Sambre. Refte à chercher où étoient les Lieux Quartenfis & Hornenfis. Car Ortelius croit que five eft-là pour marquer que c'étoient des Lieux différens. Ce n'eft pourtant pas l'ufage ordinaire de cette particule, qui quelquefois ne fignifie que diverfité de noms. Quoiqu'il en foit voici fa conjecture. Il prend Hornenfis Locus pour Horn, Capitale d'un Comté de même nom, fur le bord Occidental de la Meufe, visà-vis de Ruremonde; & Quartenfis pour Weert, petite Ville fituée au Couchant de Horn. Il prétend que c'eft l'ufage des Flamands de changer le W en g Latin, comme Wilhelm, Guillelmus; d'où il infinue que Quartensis, ou ce qui revient au même Quartenfis, a été mis pour Wertensis. La conjecture eft ingénieufe, mais il refte une difficulté; c'eft que ces Lieux font bien avant fur la Meufe & bien loin de la Sambre.

[k] Sect. 62.
[l] In Geftis Abbatum Laubienf.

QUARTUM, Maifon de Campagne appartenante à Pollion. Martial dit dans une de fes Epigrammes [m];

[m] l.3.Ep. 20.v.18.

An Pollionis dulce currit ad Quartum?

C'eft-à-dire, va-t-il à la belle Maifon de Pollion nommée Quartum? Ce nom eft en même tems la marque de fa diftance de Rome; d'où elle étoit à quatre milles Romains; c'eft-à-dire à trois mille deux cens pas Italiques, qui font environ une lieue commune.

QUATRE METIERS, ou
QUATRE OFFICES. Voyez au mot Ambacht l'Article IV. Ambachten.

QUATRE VILLES FORESTIERES. Voyez Forestieres.

QUATUOR SIGNANI, Surnom que

les Romains avoient donné aux Tarbelliens. Voyez TARBELLI.

QUE.

QUE'AQUILLE, Monsr. Corneille écrit ainsi le nom d'une Ville qu'il nous désigne de cette maniere : *Quéaquille*, dit-il, Ville de l'Amérique dans la Nouvelle Espagne, est située sur une Riviére de son même nom, dans laquelle on entre par deux Embouchures. En deux endroits les plus larges de cette Riviére, qui peut avoir une demie lieue d'étendue, il y a deux très-bonnes Isles. La Ville de Quéaquille fait presque tout le tour d'une petite Montagne, sur laquelle sont trois Forts, dont deux sont commandez par le plus grand & qui tous trois commandent la Ville. Le grand n'est fort que du côté de la Riviére & les deux petits qui sont dans l'abbaissement de la Colline, qui regarde la même Riviére, sont environnez chacun d'une muraille fort mince, mais fort haute par dehors. Il y a communication de ces deux derniers avec l'autre par un Chemin fermé des deux rangs de Palissades remplies de terre & garnies de Pierriers. Les Magazins à Poudre sont au milieu des Forts & assez légérement bâtis. La Ville est entourée du côté de la Riviére par une muraille de quatre pieds & demi de hauteur & de trois d'épaisseur. Les Rues en sont fort droites & les Paroisses très-belles. Les Couvens sont aussi très-beaux. La plûpart des Maisons sont bâties de planches & élevées sur des Pilotis, à cause que dans la saison des pluyes, qui est depuis le commencement de Janvier jusqu'à la fin d'Avril, les Habitans en sont tellement incommodez, qu'ils sont mêmes obligez de faire des Ponts & des Levées dans les Rues pour éviter l'eau & la fange. Leur seul Négoce est la Cacao qui sert à faire le Chocolat. Les Flibustiers s'étant rendus maîtres de cette Ville en 1680. ils la trouverent pleine de diverses sortes de Marchandises. Il y avoit beaucoup de Perles & de Pierreries, une très-grande quantité d'argent & du moins soixante & dix-huit mille Pièces de huit. Ceux qui avoient pris la fuite par la Riviére, avoient emporté plus précieux effets. Les Flibustiers envoyerent leurs Canots pour les poursuivre; mais comme ils ne le firent pas assez-tôt, on prit seulement un Paan d'argent de vingt-deux mille Pièces de huit & un Aigle de Vermeil qui avoit servi de Tabernacle à quelque Eglise. Il pesoit soixante-huit livres & étoit parfaitement beau, tant à cause du travail, que pour deux grosses Emeraudes qui formoient ses yeux. Il y avoit alors dans le Port quatorze ou quinze Barques, & sur les Chantiers deux Navires du Roi d'Espagne, qui étoient presque achevez. Ces Flibustiers en prenant la Ville de Quéaquille y firent sept cens prisonniers tant hommes que femmes. Le Gouverneur, qui étoit du nombre avec sa famille, convint avec eux pour sa rançon, pour celle des Habitans, pour la Ville, pour le Fort, pour le Canon, & pour les Navires, de leur payer un million de Pièces de huit en Or, & quatre cens Paquets de farine. La Maison de ce Gouverneur étoit si ornée & si remplie de riches Meubles, qu'il s'en voit peu en Europe de plus magnifiques. Les femmes de la Ville sont très-belles &, si l'on en croit la Relation, d'une vertu assez peu austére. Cette Ville dont une partie fut brûlée en ce tems-là n'est pas éloignée de l'Isle de Puña.

§. Mr. Corneille cite Raveneau de Lussan, Voyage de la Mer du Sud en 1688. La derniere circonstance qu'il en copie, auroit du lui faire connoître qu'il s'agissoit dans tout cela d'une Ville, non de la Nouvelle Espagne dont l'Isle de Puña est bien loin, mais du Pérou. L'orthographe de QUE'AQUILLE l'a empêché de reconnoître que ce nom avoit été défiguré par un homme, qui voulant écrire à la Françoise un mot qui lui étoit nouveau, faute d'avoir jetté les yeux sur une Carte, a suivi à peu près ce que sa fantaisie lui représentoit de la maniere dont il l'avoit entendu prononcer. Le vrai nom employé dans les Cartes de Messrs. Sanson & de l'Isle est GUAYAQUIL. Cette Ville est effectivement sur le bord Méridional d'une Riviére qui tombe dans la Baye de Guayaquil. Voyez GUAYAQUIL.

QUEATUMO, Cap & Bourgade de la Grece, sur la Côte de l'Archipel, à l'extrémité Méridionale de la Côte Orientale de la Presqu'Isle, qui forme le Gólphe de Volo. Le Cap est le même que le SEPIAS des Anciens. On le double, lorsqu'en sortant du Golphe de Volo, on veut gagner le Détroit qui est entre l'Isle de Sciato & la Presqu'Isle du Continent, pour passer dans le Golphe de Thessalonique. Mr. Corneille, guidé par Mr. Maty, dit que le Cap est à l'Orient de Démétriade; il devoit dire presque au Midi. Il doute si ce ne seroit pas *Æantium*. Ces deux Villes, dit-il, étoient peu éloignées l'une de l'autre. Il n'auroit pas fait ce doute, s'il avoit pris garde qu'*Æantium* étoit assez avant dans le Golphe de Volo, & que Sepias étoit hors le Golphe & près du Cap. Cela leve le doute.

QUEBEC, Ville de l'Amérique Septentrionale, dans la Nouvelle France, au Canada dont elle est la Capitale, sur la Rive gauche du grand Fleuve de St. Laurent. Voici l'idée qu'en donne le Sr. de la Potherie dans son Histoire de l'Amérique Septentrionale[a]. Nous n'avons point de connoissance de l'Etymologie de Québec. Les Sauvages qui y habitoient, lorsque les François vinrent s'y établir, l'appelloient STADAKA. On tient que les Normands qui étoient avec Jacques Cartier à sa premiere découverte de la Nouvelle France, appercevant au bout de l'Isle d'Orléans, dans le Sud-Ouest, un Cap fort élevé qui avançoit dans le Fleuve, s'écrièrent en leur Patois Qué bec! pour Quel bec! & qu'à la suite du tems le nom de Québec lui est resté. Je ne suis pas garand de cette Etymologie. Quoiqu'il en soit, ce Lieu est devenu la Capitale de la Nouvelle France. La situation est très-incommode par l'inégalité du terrain; mais la vue est des plus belles qui se puissent trouver, & la situation des plus commodes pour le Commerce. Il y a un grand Canal large d'une lieue & demie, qui s'étend depuis la Côte de BEAUPORT jusqu'à la Pointe de LEVI, qui est dans la Seigneurie de LAUSON, qui tire son nom d'un Conseiller d'Etat, qui a été Gouverneur Général du Pays. La Ville a

[a] T. 1. p. 23. & suiv.

une

QUE.

une bonne Rade & un bon Port. Le Fleuve a quatre Bras vis-à-vis de cette Ville. L'un va au Sud de l'Isle d'Orléans, qui a près d'une lieue de large; le second, au Nord de cette Isle, descend au Cap Tourmente; la Rivière Saint Charles fait le troisième; & le quatrième vient de Montréal, à soixante lieues au-dessus de Québec. Ce fut-là que Champlain fit d'abord alliance avec les *Algonkins*. L'union devint si étroite qu'il se trouva obligé de prendre leurs intérêts contre les Iroquois, qui faisoient la guerre à toutes les Nations de l'Amérique Septentrionale, & il y bâtit une manière de Fort à mi-Côte. Les Algonkins qui étoient les maîtres de tous ces Quartiers, étoient fort nombreux; ils ont été insensiblement détruits par les Iroquois; il en reste encore quelques familles qui sont errantes.

Québec est au 46. d. 40′. de Latitude : il est le Siège d'un Evêque immédiat de Rome, le Séjour du Gouverneur Général, la Résidence de l'Intendant, le Tribunal d'un Conseil Souverain, & la Retraite de plusieurs Communautez Religieuses; il y a Haute & Basse Ville. La Basse Ville est sur le bord du Fleuve, au pied d'une Montagne de quatrevingt toises de haut, & une Falaise de vingt-huit, nommée le *Saut au Matelot*, parce qu'il en tomba un du haut en bas. Les Maisons y sont de pierre de taille, bien bâties; les Marchands y demeurent pour la facilité du Commerce. Elle est si bornée de ce côté-là qu'elle ne peut s'agrandir. Elle est défendue par une Plate-forme dans le milieu qui bat à fleur d'eau, de sorte qu'il est difficile aux Vaisseaux de passer sans être incommodez. On y voit la Chapelle de *Nôtre-Dame des Victoires*, qui fut bâtie en action de graces de la levée du Siège des Anglois. Le Général Phips y vint en 1690. avec toutes les forces de la Nouvelle Angleterre; mais le Comte de Frontenac, qui étoit pour lors Gouverneur Général, défit ses Troupes dans une descente que firent les Anglois à Beauport, & lui fit lever honteusement le Siège de Québec, avec perte de plusieurs de ses Vaisseaux, & de plus de huit cens hommes d'équipage, dans le Fleuve. Il y a un Chemin de la Basse à la Haute Ville, qui va insensiblement en tournant; les Charettes & les Carosses néanmoins ont bien de la peine à monter. Le Palais Episcopal est sur la Côte. C'est un grand Bâtiment de pierre de taille, dont le principal Corps de logis, avec la Chapelle qui doit faire le milieu, regarde le Canal : il est accompagné d'une Aîle de soixante & douze pieds de longueur, avec un Pavillon au bout, formant un Avant-corps du côté de l'Est. Et dans l'Angle que fait le Corps de logis avec cette Aîle, est un Pavillon de la même hauteur, couvert en forme d'Impériale, dans lequel est le grand Escalier. Le Rez-de-chaussée de la principale Cour étant plus élevé que les autres Cours & le Jardin, cette Aîle, le Réfectoire, les Offices, & les Cuisines sont en partie sous terre, toutes voutées de Briques & ne prennent jour que du côté de l'Est. La Chapelle est de soixante pieds de longueur, son Portail est de l'Ordre Composite, bâti de belle pierre de taille, qui est une espèce de Marbre brute. Ses dedans sont

QUE.   13

magnifiques par son Retable d'Autel, dont les ornemens sont un racourci de celui du Val-de-Grace. Il y auroit peu de Palais Episcopaux en France qui pussent l'égaler en beauté, s'il étoit fini. Tous les Curez de la Campagne qui ont des affaires particuliéres à la Ville, y trouvent leur Chambre, & mangent ordinairement avec l'Evêque, qui se trouve presque tous les jours au Réfectoire. La Cathédrale est à la Haute Ville. C'est un assez grand Vaisseau. Le Chapitre étoit composé dans son commencement de douze Chanoines & de quatre Chapelains. Il est réduit présentement à neuf, sans Chapelains, à cause du peu de revenu; la réunion d'une Abbaye à ce Chapitre n'étant pas encore bien réglée. Il y a Doyen, grand Chantre, Théologal, Grand-Pénitentier, & Grand-Archidiacre. Le Séminaire est tout proche; Mr. de Laval ancien Evêque de Québec en est le Fondateur. Il est sur la Plate-forme de la Pointe qui donna le nom de Québec. La face qui regarde le Canal, accompagnée de deux Pavillons, forme la plus belle vue de la Ville. L'Aîle gauche où est renfermée la Chapelle, a deux cens vingt pieds de long, & la largeur du Bâtiment est de trente pieds en dehors. La Chapelle avec la Sacristie a quarante pieds de long. La Sculpture que l'on estime dix mille écus, en est très-belle; elle a été faite par des Séminaristes qui n'ont rien épargné pour mettre l'Ouvrage dans sa perfection. Le Maître-Autel est un Ouvrage d'Architecture à la Corinthienne; les murailles sont revêtues de Lambris & de Sculpture, dans lesquelles sont plusieurs grands Tableaux. Les ornemens qui les accompagnent se vont terminer sous la Corniche de la Voute qui est à Pans, sur lesquels sont des compartimens en Lozange, accompagnez d'Ornemens de sculpture peints & dorez. Cette Maison a coûté environ cinquante mille Ecus. Lorsque Mr. de Laval en fit l'Etablissement en 1663. il lui reserva les Dixmes de toutes les Paroisses, à la charge de nourrir & d'entretenir tous les Curez, tant dans les Cures que lorsqu'ils seroient appellez au Séminaire, ayant le droit de les retirer comme il le jugeroit à propos, & d'en faire venir de France aux frais de la Communauté. Les Curez étant pour lors amovibles & révocables, le Roi a fixez depuis par les Dixmes dont ils jouïssent; de sorte que confirmant la même année l'Etablissement de ce Séminaire, il lui en accorda le treizième pour les faires subsister. Mais comme par la suite du tems les Curez ont eu de la peine à vivre de leurs Dixmes, Sa Majesté leur donne huit mille francs tous les ans sur le fonds du Tresorier Général de la Marine, que l'Evêque leur distribue, selon leurs besoins. Ainsi les Curez sont présentement fixes, ils jouïssent du revenu de leurs Dixmes, & ceux qui ont de la peine à subsister ont un supplément. Mr. de Laval prévoyant que la Nouvelle France ne pourroit peut-être pas assez fournir de Sujets pour remplir toutes les Cures, réunit son Séminaire avec celui des Missions étrangéres de la Rue du Bac à Paris, ce que le Roi confirma en 1676. Le Champ du Seigneur est vaste dans ce Pays, il y a de quoi s'occuper. Il y a trente deux Ecclésiastiques attachés à cette Maison, sept Missionnaires dans

B 3   le

le Mississipi, quatre dans l'Acadie, huit Freres & autant de Donnez, qui sont des personnes attachées pour toute leur vie à une Communauté, où ils font les fonctions de Domestiques. Le revenu fixe n'est que de treize cens livres de rente. Mr. de Laval y a attaché la Seigneurie de *Beaupré*, ce qu'un Arrêt du Conseil d'Etat confirma, en accordant au Séminaire dans ce tems les Dixmes de toutes les Cures. Les Pensions de quelques Ecclésiastiques, & le revenu des Chanoines qui vivent en commun contribuent aussi à la subsistance. Ils ont quatre-vingt Pensionnaires qui vont au Collége des Jésuites. Leurs habits sont uniformes, ayant un Capot bleu à la Canadienne, sur lequel il y a un passe poil blanc, d'étoffe ; les Caves sont d'une grande beauté. On diroit en Hyver que ce seroit un Jardin où toutes les légumes sont par ordre, comme dans un Potager.

a p. 242. ᵃ Le Château est sur le bord d'une grande Côte, escarpée de trente toises. Il est irrégulier dans sa fortification, ayant deux Bastions du côté de la Ville, sans aucun fossé. La Maison du Gouverneur Général est de cent vingt pieds de long, au devant de laquelle est une Terrasse de quatre-vingt pieds qui a la vue sur la Basse Ville & sur le Canal. Ce Bâtiment est fort agréable tant pour ses dedans que pour ses dehors, à cause des Pavillons qui forment des Avant-corps des Arriére-corps. Il est à deux étages, il y manque encore un Pavillon de trente-trois pieds de long. Il y a une Batterie de vingt-deux embrasures à côté de cette Maison, partie dans l'enceinte & partie au dehors, qui commande la Basse Ville & le Fleuve. A quatre cens pas au-dessus est le CAP AU DIAMANT de quatre-vingt toises de haut, sur lequel est une Redoute qui commande le Fort, la Haute Ville & toute la Campagne. Ce Cap est rempli de Diamans dans ses Rochers. Il y en a d'assez beaux, & s'ils avoient la fermeté du vrai Diamant on s'y tromperoit aisément. Au-dessous du Cap, en tirant au Nord-Ouest à l'extrémité de la Haute Ville, est un Cavalier revêtu de pierre, sur lequel on peut mettre plusieurs Pièces de Canon, qui commandent la Campagne, & le milieu duquel est un Moulin. On a fait un nouveau Bastion qui met la Ville à l'abri de l'insulte des ennemis. Le Gouverneur Général a douze mille francs d'apointement, trois mille en qualité de Gouverneur particulier, & autant pour le fret de ses Provisions qu'il fait venir de France. Il a huit mille sept cens quarante-huit livres pour sa Compagnie des Gardes, composée d'un Capitaine, d'un Lieutenant, d'un Cornette, & de dix-sept Carabins. La Garnison du Château, que les Fermiers du Canada entretiennent, est composée de deux Sergents & vingt-cinq Soldats. Ils ont trois mille sept cens soixante & dix livres, & quatre cens quatre-vingt livres pour leur bois & leurs souliers.

b p. 246. ᵇ Le Couvent des Récolets est tout vis-à-vis le Château. Leur Eglise est belle. Elle est entourée en dedans d'une Boiserie de Noyer de huit à dix pieds de haut. Le Tableau du Maître-Autel est un Christ que l'on descend de la Croix, fait par le fameux Frere Luc qui y demeuroit pour lors. La Maison est bien bâtie. Le Cloître est très-beau, tout vitré, avec les larmes de plusieurs particuliers. Il y manque encore quelque Corps de Logis. La Nouvelle France leur a obligation de l'Etablissement de la Foi.

ᶜ Les Jésuites arriverent à Québec en 1665. ᶜ p. 248. ils ont une Maison à la Haute Ville. Le Collége a été fondé par le P. Gamache qui fit présent de vingt mille Ecus. L'Eglise est fort propre. Le Plafond est en compartimens de plusieurs Quadres, remplis de plusieurs figures & ornemens qui font une belle symétrie. Le Jardin est grand, accompagné d'un petit Bois de haute futaye, où il y a une très-belle avenue. Ils enseignent les Humanitez, la Philosophie, & la Théologie. Ils sont présentement plus de cinquante Religieux dans la Nouvelle France.

ᵈ Les Hospitaliéres y vinrent en 1639. El- ᵈ p. 252. les ont un très-beau Bâtiment de pierre de taille, accompagné de deux Pavillons qui coûte environ quarante six mille Francs, & il en faudroit encore dix mille pour l'achever.

ᵉ Sa Majesté créa un Conseil Souverain ᵉ p. 260. en 1663. pour vuider les différens des Particuliers & prendre connoissance des Intérêts de la Colonie.

Le Palais est à la Haute Ville, dans un fond au Nord-Ouest ; il consiste dans environ quatre-vingt toises de Bâtimens, qui semblent former une petite Ville. L'Intendant y a son Appartement, & les Magasins du Roi y ont leur place. La Chambre du Conseil est assez grande ; il est composé du Gouverneur Général, de l'Evêque, de l'Intendant, de sept Conseillers, d'un Procureur Général, & d'un Greffier en Chef. Le Gouverneur Général en étoit autrefois le Chef. Son autorité étoit trop absolue dans un Pays où l'on ne peut avoir des nouvelles de la Cour qu'au bout de dix mois. Quand les Conseillers ne donnoient pas dans son sens, ou qu'ils s'éloignoient de son avis, il les changeoit ou les exiloit : mais la Cour a extrêmement borné son pouvoir. Il n'est que Conseiller Honoraire, il est au bout d'une Table ronde, l'Evêque à sa droite, qui est aussi Conseiller Honoraire, & l'Intendant qui fait la fonction de Président, quoiqu'il n'en ait pas le titre, à gauche. Les Conseillers sont placez selon leur ancienneté ; ils entrent tous en épée au Conseil. Après qu'un Conseiller a fait son rapport sur une Affaire Civile, le Procureur Général donne ses Conclusions. Quand il s'agit du Criminel, il les donne cachetées au Raporteur avec les opinions. L'Intendant recueille les voix commençant par le Raporteur, prend à droite ou à gauche les avis jusques au Gouverneur Général qui dit le sien ; & l'Intendant de même, qui ensuite prononce l'Arrêt. Le Conseil nommoit dans ses commencemens des Commissaires pour prendre connoissance des Matiéres Civiles. Il y a présentement une Prevôté depuis 1677. Elle est composée d'un Lieutenant Général, d'un Lieutenant Particulier, qui est aussi Lieutenant Criminel, & d'un Procureur du Roi. Ils vont en épée à leur Assemblée ; le Rabat & la Robe noire seroient quelque chose de trop embarrassant pour des personnes qui peuvent se trouver tout d'un coup obligez de se battre contre les Iroquois. En 1695. Mr. Deschambaux Procureur du Roi de la Jurisdiction

de

de Montréal commandoit un Bataillon. Tous les Conseillers ont cent Ecus de gages. Le premier a cinq cens Francs d'augmentation, & les deux qui le suivent ont encore chacun cinquante Ecus. Le Lieutenant Général est payé sur les charges indispensables du Pays, par les Fermiers d'Occident. Le Lieutenant Particulier a du Roi quatre cens livres, & son Procureur cent Ecus. Ils rendent tous la Justice sans épices. Il n'y a point d'Avocats ni de Procureurs. Chacun plaide sa cause soi-même, s'il ne veut avoir recours à des Huissiers qui font l'un & l'autre du mieux qu'ils peuvent. Au reste je ne vois pas qu'il y ait grands Procez dans le Pays, du moins ils ne durent pas long-tems. Il y en a très-peu pour le Commerce, car comme il consiste en Castors, que l'on met au Bureau de la Ferme, dont on tire des Lettres de Change payables en France, les démêlez qui surviennent entre les Habitans, ne sont pas de si grande conséquence, pour empêcher les Juges de s'appliquer d'ailleurs au Commerce, qui est permis à tout le monde, les revenus des terres n'étant pas suffisans pour entretenir leurs familles. Le Pays est trop rude pour y joüir de toutes les commoditez de la vie.

a Voyage T. 1 Lett. 3. p. 14.

*Il faut ajouter à cette Description les Remarques suivantes prises de La Hontan. Les Marchands demeurent à la Basse Ville à cause de la commodité du Port le long duquel ils ont fait bâtir de très-belles Maisons à trois étages, d'une pierre aussi dure que le Marbre; la Ville Haute n'est ni moins belle ni moins peuplée. La Ville manque de deux choses essentielles qui sont un Quai & des Fortifications. Il seroit facile d'y faire l'un & l'autre; car les pierres se trouvent sur les Lieux-mêmes. Elle est environnée de plusieurs sources d'eau vive, la meilleure du monde; mais faute de quelque personne qui entende assez l'Hydrostatique pour les conduire à quelques places où l'on pourroit élever des Fontaines simples ou jaillissantes, chacun est obligé de boire de l'eau de Puits. Les gens qui habitent au bord du Fleuve dans la Basse Ville ne ressentent pas la moitié tant de froid que ceux de la Haute. Ils ont outre cela la commodité de faire transporter en Batteau jusques devant leur Maison le Bled, le Bois, & les autres Provisions nécessaires. Si ceux de la Haute sont plus exposez aux vents froids de l'Hyver, ils ont aussi le plaisir de joüir du frais en Eté. Il y a six Eglises dans la Haute Ville; la Cathédrale, les Récollects, les Jésuites les Hospitaliéres, les Ursulines. La Hontan ne dit point qu'elle est la sixième. Outre les Tribunaux & Officiers dont on a parlé, il y a encore à Québec un Grand Prévôt & un Grand Maître des Eaux & Forêts. Les Voitures dont on se sert pendant l'Hyver à la Ville & à la Campagne sont des Traîneaux qui sont tirez par des Chevaux qui semblent être insensibles au froid. Dans les Tribunaux qui connoissent des Différends & des Procès, la manière de procéder est fort simple. Chacun y plaide sa cause, les Procès sont bien-tôt finis & il n'en coûte ni fraix ni épices aux Parties.

QUEDA, Royaume d'Asie dans la Presqu'Isle au de-là du Gange, à l'Orient de l'entrée Septentrionale du Détroit de Malaca. Il a le Royaume de Ligor au Nord, celui de Patàne à l'Orient, celui de Pera au Midi, & le Détroit au Couchant. Sa Capitale porte le même nom. Il y a dans la Ville de Queda sept ou huit mille habitans, & environ vingt mille dans tout le Royaume. L'entrée de la Riviére par laquelle on arrive à la Capitale est à 6. d. 10'. de Latitude Nord. On voit au Nord-Est de l'entrée, à deux ou trois lieuës dans les terres, la Montagne de l'Eléphant. Elle est ainsi appellée, parce que de loin elle a la figure de cet Animal. Il n'y a que des Vaisseaux médiocres qui puissent passer la Barre sur laquelle il n'y a que deux brasses & demie en haute Marée. Le Roi est tributaire du Roi de Siam. Les Habitans sont Malais & suivent tous la Secte Mahométane des Turcs & des Mogols. Leurs Maisons sont bâties de Bamboux & élevées sur des Pilliers à quatre ou cinq pieds de terre, à cause de l'humidité. Le Roi & quelques-uns des plus Riches ont des Maisons de planches : leurs vêtemens sont semblables à ceux des Malais de Malaca, de Jor, & de Sumatra. Ils ont presque tous les cheveux longs. Une Piéce de toile ou de soye leur entoure la tête sans la couvrir entiérement. Ils portent toujours sur eux leur Cry; c'est un Poignard fort tranchant, long de quinze à dix-huit pouces & large de deux. Plusieurs sont faits en figure d'Onde & ont des Poignées d'or. Ils ont aussi des Zagayes & quelques Mousquets. Leurs Boucliers sont ronds & fort légers; ils ont deux pieds & quelques pouces de diametre; ils sont à l'épreuve du Sabre & du Pistolet. Il y a dans le Pays plusieurs familles venuës de la Côte de Coromandel : il est aisé de les distinguer, parce qu'ils sont plus noirs & plus timides que les Malais. On y trouve aussi quelques Chinois qui y sont venus de Siam par terre.

Ce Royaume n'est pas peuplé. Il est plein de grandes Forêts où l'on voit quantité de Bufles sauvages, d'Eléphans, de Cerfs, & de Tigres. On y prend les Eléphans comme dans le Royaume de Siam & c'est un des principaux revenus du Roi. Le plus grand que l'Auteur cité y ait vû, avoit six coudées & demie de haut. Les Plaines sont coupées de plusieurs Canaux qui les rendent fertiles en différentes espèces de Ris. Outre les Fruits ordinaires qui viennent dans les Indes, la terre y produit d'elle-même plusieurs fruits excellens, inconnus aux autres parties du Monde, parmi lesquels le *Mangoustan* & le *Durion* sont les plus estimez même des Européens. Le Roi ne leve aucun tribut sur ses Sujets. Il a des Mines d'un Etaim qui est aussi blanc que celui d'Angleterre, mais qui n'en a pas la solidité : il en fait fabriquer des Piéces de Monnoye qui pesent une livre & qui ne valent que sept sols. Il fait battre aussi de petites Piéces d'or rondes de bas aloi, d'une ligne & demie de diametre, sur lesquelles sont gravées des lettres Arabes. On en donne cinq pour un Ecu d'Espagne. Une petite Monnoye de Cuivre qui ne vaut qu'un de nos deniers, a cours parmi le Peuple. Les Vivres y sont fort bons & à vil prix. Les Marchands de Surate viennent y chercher de l'Etaim qu'on appelle *Calin* aux Indes. Ceux de la Côte de Co-

QUE.

Coromandel, y portent des Toiles de coton, & ils en rapportent du Calin, de l'Or en poudre & des Eléphans.

§. Ceci est tiré d'une Lettre du P. Taillandier Missionnaie Jésuite, écrite le 20. Janvier 1711. Elle est imprimée au Tome XI. des Lettres Edifiantes [a]. *a p. 92.*

QUEDENAU, Bourgade de Prusse dans le Samband, auprès & au Nord de Königsberg [b]. Il y a une Eglise bâtie, sous l'Invocation de St. Jacques, ou dans le tems de la Catholicité, les gens de Mer apportoient quantité d'Offrandes, pour accomplir les vœux, qu'ils avoient faits à ce Saint Apôtre, dans les périls de la navigation. *b Hartnock, Differt. 14.*

QUEDLINBURG, c'est ainsi que l'écrivent les Allemands [c]. Nos François comme Mssrs. Baudrand, & Baillet écrivent QUEDELINBOURG. Mr. Corneille écrit bien QUEDLINBOURG, Ville, Abbaye, & petit Etat d'Allemagne, au Cercle de Saxe entre les Principautez de Halberstadt & d'Anhalt. La Ville de Quedlinbourg est la seule qu'il y ait dans le District de l'Abbaye, & il y a une Ecôle illustre. L'Abbaye fut fondée par Mathilde, Reine d'Allemagne, avec Henri l'Oiseleur son mari. Elle s'y retira, y mourut & y fut enterrée, auprès de lui dans l'Eglise de St. Servais. L'Abbesse est aujourd'hui Princesse de l'Empire. Elle & les Dames qui possedent l'Abbaye, sont de la Religion Luthérienne. Aurore de Königsmarg, fameuse par l'usage quelle a fait de sa beauté à la Cour d'Auguste II. Electeur de Saxe & Roi de Pologne, étoit Abbesse de Quedlinbourg & Luthérienne. Mr. Baillet semble croire que cette Abbaye soit toujours Catholique. Voici ses termes [d]. L'Abbaye subsiste toujours quoique tout semble Luthérien autour d'elle. Il s'est trompé en cela. Ce qu'il ajoute est plus juste. L'Abbesse est comptée pour la première entre les Princesses de l'Empire ; c'est-à-dire entre celles qui n'ont ce titre qu'à cause de leur Abbaye. Il se tint un Concile assez célèbre en 1085, dans l'Eglise de Quedlinbourg. La Protection de l'Abbaye, étoit autrefois à l'Electeur de Saxe, mais elle est aujourd'hui à l'Electeur de Brandebourg, qui possede le Diocèse de Halberstadt, où elle est située. *c Hubner, Geogr. p. 565. d Topogr. des Saints.*

QUEENES COUNTY, c'est-à-dire le COMTÉ DE LA REINE [e], Contrée d'Irlande dans la Province de Leinster, & l'un des XI. Comtez qui la composent. Les Irlandois l'appellent en leur Langue LEASE. Il a le Comté de Kildare à l'Est, le Comté du Roi ou *Kings-County*, avec Tiperari qui est de la Province de Mounster, au Nord & à l'Ouest ; & le Comté de Kilkenny au Midi. Il a 35. milles de long & 32. de large. C'est un Pays marécageux & rempli de Bois. On le divise en sept Baronnies ; savoir, *e Etat préf. de l'Irlande. p. 44.*

Portneh-inch,	Slewmargie.
Stradbally,	Cullinah,
Balliadam,	Maryborough.
& Upper-Ossory.	

Il y a une Ville qui tient Marché public, savoir MARYBOROUGH & trois qui envoient leurs Députez au Parlement, savoir Port-Arlington, Maryborough, & BALLINEKILL.

QUEENSTOWN, Ville d'Irlande dans la Province de Leinster [f], au Comté de la Reine, dont elle est la Capitale. C'est la même que MARYBOROUGH, c'est-à-dire Bourg de Marie. Elle est Capitale du Comté, Chef-lieu d'une Baronnie, jouït d'un Marché public & envoye deux Députez au Parlement & n'a d'ailleurs rien de remarquable. *f Ibid.*

QUEETUMO. Voyez QUEATUMO.

1. QUEICHEU, prononcez QUITCHEOU, Province de la Chine, la quatorzième dans l'ordre des Provinces. C'est la plus inculte & la plus ingrate de toutes les Contrées de cette extrémité de l'Asie. Elle est hérissée d'affreuses Montagnes inaccessibles. Il semble, dit le P. Martini, que toutes les Montagnes soient venues, comme de concert, se réunir en ce Canton. Il ne laisse pas d'être bien peuplé, mais par un Peuple aussi inculte que le Pays. Ce sont des gens qui n'ont reçu ni les Loix, ni les Mœurs des Chinois ; ils vivent dans l'indépendance, & sont divisez sous des Seigneurs particuliers, & par leurs courses harcellent souvent les Chinois, qui occupent les endroits de la Province, les plus propres à être cultivez. Ils font la Guerre ou la Paix, selon leur caprice, mais ils n'admettent point les Chinois chez eux. Les Chinois habitent dans des Villes, dans des Forteresses, & dans des Citez, où il y a des Garnisons : ces Forteresses ne different point des Villes, sinon en ce que le Soldat y est mêlé avec le Bourgeois ; & cela est nécessaire, pour tenir libre le grand chemin, qui mene à la Province d'Iunnan. Les Empereurs y ont de tems en tems envoyé des Colonies, & même encore plusieurs Mandarins, trouvez en faute, y sont réleguez avec toute leur famille.

Le Queicheu n'étoit pas autrefois compté entre les Provinces de l'Empire ; il étoit divisé entre le Suchuen, le Huquang & les autres Provinces voisines. La Famille de Taiminga fut la première qui le réduisit en une Province particulière ; parce que celle de Juen y avoit élevé, beaucoup de Forts & de Citadelles. Il a la Province de Suchuen au Nord & partie au Couchant ; la Province de Huquang à l'Orient ; le Quangsi au Sud-Est, & l'Iunnan au Sud-Ouest. Il n'y a que huit Villes Métropoles, qui même ne sont pas fort grandes, dix Citez, quatre Villes Militaires, & autant de Citez sous elles ; mais quantité de Châteaux & de Forteresses, dont quelques-unes sont aussi grandes que des Citès. Dans les Registres de l'Empire Chinois on compte 45305. familles soumises à la Domination Chinoise, 231365. hommes. Le Tribut en Ris ne passe pas 47658. sacs. Elle fournit 5900. Pièces, faites de fil de Chanvre & d'herbes. Cela ne suffit pas pour l'entretien des Garnisons ; l'Empereur fournit le reste pour conserver cette Province, qui lui est d'autant plus nécessaire, que c'est le seul passage qu'il y ait pour aller à la Province d'Iunnan. Les Chinois disent que les Montagnes du Queicheu sont riches en Or, en Argent, en Vif-argent & autres Minéraux précieux. On pourroit profiter de tout cela en subjuguant les Montagnards, mais on s'en épargne la peine ; parce qu'ils le tirent eux-mêmes, & le donnent pour avoir leurs besoins, comme le Sel & autres choses que

leurs

leurs Montagnes, ne leur fourniffent point. Entre ces Montagnes, il y a des Vallées délicieufes arrofées par de grandes Riviéres, dont quelques-unes viennent des autres Provinces, & les autres ont leurs fources dans ces Montagnes. Si l'on pouvoit cultiver cette terre en fûreté, elle promet une abondante moiffon, à ceux qui entreprendroient ce travail. On ne laiffe pas de trouver dans le Pays, tout ce qui eft néceffaire à la vie. Les vivres y font à bas prix. Il n'y a que la Soye & le Byffe qui y manquent. Il y a en abondance de la chair de Vache & de Porc. Les Chevaux de ce Canton, font les meilleurs de toute la Chine, auffi bien que ceux de Suchuen; & il n'y a nulle part ailleurs tant de Vif-argent.

TABLE GEOGRAPHIQUE

Du

QUEICHEU

Province de la Chine.

Noms.	Longit.	Latit.

1. Métropole.

| Queiyang, | 11 46 | 26 0 p. |

Foreterelles qui dépendent de la Ville.

Kinkiun,	11 52	25 51 p.
Moqua,	11 45	25 37 p.
Tahoa,	11 45	25 20 p.
Chingfan,	11 32	25 53 p.
Gueifan,	11 32	25 53 p.
Fangfan,	11 40	25 48 p.
Hungfan,	11 31	25 42 p.
Golungfan,	11 36	25 34 p.
Kinxefan,	11 55	25 43 p.
Siaolungfan,	11 15	25 30 p.
Lofan,	11 24	25 35 p.
Talungfan,	11 44	25 44 p.
Sixochingfan,	11 2	25 32 p.
Xangmakiao,	11 3	25 45 p.
Luxan,	11 40	25 30 p.
Lufan,	11 9	25 23 p.
P'ingfa,	11 57	26 0 p.
Mohiang,	11 30	25 26 p.

2. Métropole.

| Sucheu, | 9 2 | 27 53 p. |

Forterelles.

Tufo,	8 20	27 51 p.
Xjki,	8 46	27 14 p.
Hoangtao,	8 33	27 25 p.

3. Métropole.

| Sunan, | 10 20 | 27 59 p. |

Forterelles.

Vuchuen,	10 41	28 38 p.
Inkiang,	10 9	28 5 p.
Xuitekiang,	10 20	28 34 p.
Many,	10 40	27 50 p.
Langki,	10 10	27 55 p.
Jeugki,	10 14	28 18 p.

4. Métropole.

| Chinyuen, | 9 23 | 27 34 p. |
| Xikien, | 9 35 | 27 50 p. |

Forterelles.

Cinyung,	9 40	27 30 p.
Pienxiao,	9 30	27 20 p.
Inxui,	9 10	27 34 p.
T'aiping,	8 58	27 40 p.

5. Métropole.

| Xecien, | 9 42 | 27 55 p. |

Forterelles.

Miaomin,	9 53	27 58 p.
Lungciuen,	9 55	28 25 p.
Cochang,	9 55	27 42 p.

6. Métropole.

Tunggin,	8 45	28 20 p.
Sengki,	9 15	28 22 p.
Tiki,	9 26	28 40 p.

Forterelles.

Tauanxan,	8 49	28 31 p.
Ulo,	9 36	28 35 p.
Pingteu,	9 5	28 40 p.
Pingnan,	9 20	28 48 p.
Pingchai,	8 58	28 25 p.

7. Métropole.

L'Iping,	8 35	26 42 p.
Jungcung,	8 50	26 35 p.
Cu, O,	9 2	27 0 p.
Hung,	8 15	26 27 p.

Forterelles.

Tanki,	8 36	27 2 p.
Pacheu,	8 41	26 55 p.
çaotie,	9 15	26 44 p.
Sixan,	8 34	26 27 p.
Huul,	9 5	27 15 p.
Leangfai,	8 36	27 11 p.
Geüyang,	8 45	27 6 p.
Sinhoa,	8 56	27 18 p.
Chunglin,	9 14	27 6 p.
Cheki,	8 19	27 13 p.
Lungli,	8 56	27 9 p.

8. Métropole.

Tucho, ☉	10 3	25 55 p.
Toxan, ☉	9 19	25 55 p.
Maho, ☉	9 58	26 31 p.
Cingping, ☉	10 0	26 53 p.

Noms.	Longit.	Latit.
Forteresses.		
Pangxui,	10 18	26 13 p.
Pinglang,	10 30	26 13 p.
Pingcheu,	10 44	26 2 p.
Lotung,	10 10	26 5 p.
Hokiang,	9 45	26 40 p.
Loping,	10 35	26 30 p.
Pingting,	10 20	26 26 p.
Fungning,	9 42	28 48 p.

1. *Grande Cité.*

Pugan, ☉	13 5	25 25 p.

2. *Grande Cité.*

Jungoing, ☉	12 20	25 2 p.
Forteresses.		
Muyo,	12 50	25 5 p.
Tinging,	12 25	24 42 p.

3. *Grande Cité.*

Chinning, ☉	12 5	25 0 p.
Forteresses.		
Kangço,	11 50	25 7 p.
Xeuling,	12 7	25 23 p.

4. *Grande Cité.*

Gahxun, ☉	12 6	25 35 p.
Forteresses.		
Ningeo,	12 16	25 25 p.
Sipao,	12 24	25 37 p.

1. *Ville Militaire.*

Puting,	12 7	26 4 p.

2. *Ville Militaire.*

Sintien,		
Forteresse.		
Siaopingsa,	10 59	26 29 p.
Paping,	10 46	26 26 p.
Cheuping,	11 6	26 13 p.
Cheuhing,	11 11	26 40 p.

3. *Ville Militaire.*

Pingyue,	10 32	27 0 p.
Forteresses.		
Yangy,	10 12	26 46 p.
Lop'ing,	10 39	27 19 p.

4. *Ville Militaire.*

Lungli,	11 9	26 27 p.
Forteresses.		
Pingsa,	10 59	26 0 p.
Tapingsa,	11 18	26 10 p.

Noms.	Longit.	Latit.
Forteresses.		
Picie,	13 6	26 30 p.
Guciceng,	11 38	26 15 p.
Ganchoang,	12 23	26 2 p.
Cingping,	10 5	27 3 p.
Pingpa,	10 14	27 9 p.
Gannan,	12 45	25 41 p.
Usa,	13 50	26 35 p.
Hinglung,	9 51	27 10 p.
Chexui,	12 57	27 0 p.
Caili,	12 46	27 6 p.
Junguing,	12 42	27 33 p.
Xutung,	12 37	27 20 p.
Lokeu,	12 50	27 20 p.
Xangtang,	13 48	26 12 p.

2. QUEICHEU, Ville de la Chine dans la Province de Suchuen, dont elle est la sixième Métropole [a]. Elle est de 8. d. 3′. plus Occidentale que Pekin. Sa Latitude est de 31. d. 3. Cette Ville est une des plus Occidentales de la Province, sur le bord Septentrional du Kiang; & comme c'est la première de la Province, que l'on passe en venant de ce côté là, il y a une Douane, où l'on paye les Droits pour les Marchandises qui entrent. Ce Passage rend cette Ville riche & célèbre. Son Territoire comprend treize Villes, ou Cités savoir,

[a] Atlas Sinens.

Queicheu,	C'ai,
Coxan,	Ta ☉,
Tachang,	Sinning,
Taning,	Leangxan,
Juniang,	Kienxi,
Van,	Tunghiang.

Taiping.

Tout ce Canton passe pour très-fertile; aussi les Chinois n'y laissent rien qui ne soit cultivé avec soin; excepté vers le Nord, où des Montagnes de roches dérobent à l'Agriculture un assez bon espace de terrain. Ces Montagnes ne laissent pas d'être habitées par un Peuple sauvage & qui vit indépendant. Il y a des Puits salez, des Oranges, des Citrons, du Musc & des Perdrix en quantité. Il y a trois fameuses Pagodes. Sous l'Empereur Iu, ce Canton étoit divisé en deux parties, dont une appartenoit au Pays de LE'ANG, & l'autre à celui de KING. Sous la Famille de Cheu, cette Ville fut du Royaume de JUFO; sous celle de Han, on l'appella IUNGNING; sous celle de Tanga IUNGAN, & ensuite *Queicheu*, nom qui a été conservé jusqu'à présent.

3. QUEICHEU. Voyez QEILING.

Ce nom QUEICHEOU, est la même chose que QUITCHÉOU dans les Lettres Edifiantes.

QUEILES, ou CHEILES, en Latin CALYBS [b], Rivière d'Espagne en Arragon, aux confins de la Vieille Castille. Elle a sa source au Mont Cays, & courant vers le Nord Oriental, elle passe à Taraçone, entre dans la Navarre, laisse *Cascante* à l'Orient, & va se perdre dans l'Ebre à Tudele, qu'elle arrose aussi.

[b] Baudrand, rectifié.

QUEILIN, Ville de la Chine dans la Province de Quangsi, dont elle est la Capitale, & première Métropole [c]. Elle est de 7. d. 32′. plus Occidentale que Pekin; par

[c] Atlas Sinens.

les

QUE.

les 25. d. 54'. Ce Canton avant que d'être soumis à l'Empereur de la Chine, appartenoit à la Seigneurie de PEGAO, & c'étoit les dernières terres qui en dépendoient vers le Nord. C'étoit aussi la Frontière du Royaume de ÇU. La Famille de Cin, les ayant toutes subjuguées, appella ce Lieu QUEILIN; Leang, le nomma QUEICHEU; la Famille de Tanga l'appella KIENLING; celle de SUEN CINGXIANG; & celle de Taiminga, rétablit ☞ l'ancien nom QUEILIN. Ce nom vient de QUEI, sorte de Fleur qui est commune dans toute la Chine: mais qui vient là en plus grande quantité qu'en aucun endroit; *Queilin* veut dire une Forêt de la Fleur nommée *Quei*. Elle vient sur un grand Arbre, dont la feuille ressemble à celle du Laurier, & du Cannellier; la Fleur est petite, de couleur jaune, & s'étend en forme de petites grappes; l'odeur en est agréable, & après qu'elle est éclose sur l'Arbre même, elle dure fort long-tems sans se flétrir. Dès qu'elle est tombée, l'Arbre en moins d'un mois en repousse d'autre. Elle répand un agréable parfum dans tout le Pays d'alentour. C'est la même Fleur que les Turcs trempent dans du jus de Limon, & dont ils teignent le crin de leurs Chevaux; les Chinois en font des Gateaux, qui flattent le goût & l'odorat. Le nom de QUEI est aussi commun à la *Rivière*, auprès de laquelle Queiling est situé. Elle coule dans des Vallées, fort étroites, ce qui augmente sa rapidité. Il y a neuf Villes dans ce Territoire, savoir

Queilin,	Iungning,
Hinggan,	Iungso,
Lingchuen,	Yning,
Yangso,	Cinen. ☉.
Quoniang.	

La Ville est grande & ornée de beaux Edifices. C'est la Résidence d'un Viceroi, & d'un Seigneur descendu de la Famille de Taiminga. (Cette dernière circonstance peut avoir été changée, y aiant environ un Siècle que le P. Martini écrivoit). Durant la guerre par laquelle les Tartares conquirent la Chine, un Parti des Chinois, qui n'avoient point encore été subjuguez, choisit pour Empereur Junglie, qui tint ferme quelque tems dans ce Canton-là, & fit tête aux Tartares. Sa mere, sa femme, & son fils avoient reçu le Batême, & lui même favorisoit, beaucoup les P. P. Jésuites. C'est le même que Yumlié. Il remporta d'abord quelques avantages sur les Tartares, mais enfin il fut vaincu; comme on peut voir dans l'*Introduction à l'Histoire de l'Asie*. [a]. On prend aussi dans ce Canton un Oiseau, dont les couleurs sont si belles, que les Chinois en mêlent les plumes avec la soye. On tire aussi de certaines Pierres, dont les Lettrez & les Ecrivains se servent, pour broyer leur encre, avec laquelle, ils écrivent avec le pinceau. Il y a à Queilin trois fameux Pagodes.

Au Nord Oriental de la Ville est le *Mont* QUEI, qui tire ce nom de la grande quantité de Fleurs nommées de même. Les Arbres qui les produisent, n'en souffrent point d'une autre espèce parmi eux. Le Mont LY au Sud-Est de la Ville, ne ressemble pas mal à un Éléphant.

[a] p. 160.

QUE.

QUEISS, Rivière de Silésie [b], elle a sa source au Duché de Jauer, au Couchant de Fridberg: delà elle coule à Greiffenbourg, passe dans la Lusace, où elle arrose Lauban, rentre dans le Duché de Jauer auprès de Nauburg qu'elle baigne, & continuant son cours vers le Nord, elle va se perdre dans le Bober, dans les fossez de Sagan au Duché de ce nom.

[b] Blaeu, Atlas.

QUEITE, Ville de la Chine dans la Province de Honan, dont elle est la seconde Métropole [c]. Elle est d'1. d. 32'. plus Occidentale que Pekin, par les 35. d'. 10'. de Latitude. Son Territoire est fermé au Nord par la Rivière Jaune, & au Midi par le Fleuve HOAI. Cette Ville ne cède a pas une de la Province, ni pour la beauté du pays, ni pour la fertilité du terroir, ni pour la salubrité de l'air. C'étoit autrefois la Résidence des Rois de SUNG. Du tems des Rois, ce Canton fut divisé en trois & partagé entre les Rois de CI, de ÇU & de QUEI. Mais la Famille de Cin, ayant aboli tous ces Royaumes, le nomma XANGKIEU, celle de Han CIUYANG; celle de Sung INGTIEN, & les Rois d'Utay lui donnerent le nom d'aujourd'hui. Il y a dans ce Territoire neuf Villes, qui ont tout en abondance, & qui sont extrêmement peuplées; savoir

[c] Atlas Sinenf.

Queite,	Iungching,
Ningling,	Iuching,
Loye,	Ciu ☉,
Hiaye,	Hiaoching.
Xeching.	

Il y a dans ce Canton des Oranges de toute espèce, & des Grenades d'un goût exquis. C'est même l'abondance, & la bonté des Grenades qui donnent le nom à Xeching. Elle a trois Pagodes qui se distinguent des autres. Ce Canton est fort uni & en Plaine, il n'y a que de petites Montagnes, encore sont-elles en petit nombre, & les Géographes Chinois qui se contentent de les nommer, n'en disent aucune particularité.

QUEIXOME. Voyez KISMICH.

QUEIYANG, Ville de la Chine dans la Province de Queicheu, dont elle est la Capitale, & la première Métropole. Elle est de 11. d. 46'. plus Occidentale que Pekin par les 26. d. de Latitude. Son Territoire est plus uni, que tout le reste de la Province, aussi est-il plus habité. Anciennement les Habitans de ce Canton, étoient appellez STNANY, c'est-à-dire les Barbares du Sud-Ouest; parce que ce Canton étoit situé ainsi par rapport à l'ancienne Chine, & qu'il appartenoit à l'ancien Royaume de LOUQUEI. Sous la Famille de Han, il fut subjugué par l'Empereur Hiaou vu, & on en fit une Seigneurie, nommée CIANGEO. La Famille de Sung, le remit en Province, & y ayant bâti une Ville, y mit une forte Garnison. La Famille d'Iuen ayant conquis facilement ce Canton, le nomma Sunjuen, c'est-à-dire favorable à Iuen. La Famille de Taiminga donna à ce Lieu, le nom qu'il porte aujourd'hui, & l'éleva au rang de Ville & de Métropole, lui subordonnant dix-huit Forteresses, dont quelques-unes valent bien des Villes pour la grandeur. Ces Places sont

Queiyang Métropole.

C 2   *Kin-*

Kinkiun,	Siaolung,
Moqua,	Lofan,
Tahoa,	Talung,
Chingfan,	Siaoching,
Gueifan,	Xangua,
Fangfan,	Luxan,
Hungfan,	Lufan,
Golung,	Pingfa,
Kinze,	Mohiang.

Les Chinois nomment beaucoup de Peuples, qui ont autrefois habité cette Contrée, & ils raportent de grands détails de leurs mœurs. Ces lieux ne prirent les usages de la Chine, que sous la Famille de Taiminga, & plusieurs des habitans, devinrent du nombre des Letrez. Les Tartares de la Famille d'Iuen, ont élevé un magnifique Temple hors la Ville, au Midi. À l'Orient de Queiyang est le Mont TUNGEU, on l'appelle *Timbale de Cuivre*; parce que quand il doit pleuvoir, on y entend un bruit, pareil à celui d'une Timbale que l'on frappe. Le Mont NANUANG, au Nord de la Ville, est si roide, que peu de gens osent y monter. Le Mont Venpi qui est au Midi de la Ville est isolé, il a la figure d'un Angle isoscele, & se termine en une cime fort pointue.

QUELAINES, Bourg de France, en Anjou, à trois lieues de Craon, & de Château-Gontier. On y tient tous les ans une Foire considérable.

QUELPAERTS, QUEMADAS, QUEMENES, (Les Isles de) Voyez au mot ISLE.

QUENEC ou QUENENA, Contrée d'Afrique dans la Barbarie, le long de la Riviére de Zis, près du Mont Atlas, & d'un Chemin étroit, long de quinze lieues. Elle confine au Nord à celle de Matagara. Le Sr. de la Croix dans sa Relation de l'Afrique [a] la met dans le Biledulgerid, qui ne s'étend pas jusques là à beaucoup près. Voici comment il la décrit. Il y a trois principaux Châteaux entre Fez & Sugulmesse. Le premier est ZEBEL, situé sur un haut Rocher, à l'entrée de ce chemin étroit: de sorte que ses creneaux semblent toucher le Ciel: le second est GASTIR, situé à cinq lieues, audessous, sur la pente d'une Montagne & presque dans la Plaine; le troisième qu'on appelle TAMARACOST, est sur le grand Chemin à huit lieues de Gastir, en descendant la Riviére. Tout le reste de cette Contrée n'est que Villages ou méchans Hameaux. La disette de grains est grande en cette Contrée, le terroir ne produit que des dates, qui ne sont pas fort bonnes; excepté sur les bords de la Riviére, où l'on seme quelque peu d'Orge & de Millet. Mais les habitans ont de grands Troupeaux de Chévres, qu'ils enferment l'Hyver avec eux dans de vastes Cavernes, qui leur servent de Forteresses. Elles sont hautes & sur la croupe des Rochers. L'entrée en est étroite, & le sentier taillé dans le roc & si petit, que deux hommes le pourroient défendre contre une Armée. Cela n'empêche pas que ces Peuples ne soient Sujets des Seigneurs de Garciluin & les autres des Arabes. Il y en a pourtant de libres.

[a] T. 2. p. 305.

§. Comme le Sieur de la Croix a travaillé sur d'anciens Mémoires, il faut avertir que Garciluin & le Pays de Quenec, font partie des Etats de Maroc.

QUENNE (LA) Riviére de France dans le Nivernois. Si on en croit Davity & Mr. Corneille qui le suit, elle vient des Etangs de St. Martin de la Bretonniére, passe par St. Sauge, forme quelques bons Etangs, fait moudre quelques Moulins, vient à Suanci, retourne à Montigni sur Canne & à Savigni, & se jette dans l'Arron, auprès de Coulonges sous Cercy, Mrs. Sanson dans leur Carte de la Généralité de Moulins abrégent bien le cours de cette Riviére à laquelle le nom de Ruisseau suffiroit. Ils en mettent la source à Montigni sur Canne, la font passer à Savigni, à St. Gratien, à Cercy-la-Tour, après quoi ils la font tomber dans l'Aron, auprès de Coulonges sous Cercy; d'où elles vont ensemble grossir la Loire auprès de Décise.

QUENTAVIC, QUENTOVIC, *Quentavicus*, *Quentowicus*, pour *Quantia Vicus*; de mot à mot le *Village de la Canche*, Ville maritime de France en Picardie, dans le Ponthieu, à l'Embouchure de la Canche. Mr. Piganiol de la Force [b] en parle ainsi: Il y avoit autrefois dans le Ponthieu, une Ville & un Port appellé *Quentouvicus*, *Quentavicus*, &c. Elle étoit vis-à-vis Estaples dans l'endroit, où est aujourd'hui le Monastère de St. Josse, où l'on voit encore beaucoup de ruïnes. Les Annales de St. Bertin disent que l'an 842. une Armée de Normands descendit dans un Lieu de grand Commerce, appellé QUENTOVIC. Cette Ville étoit aussi célèbre pour les Monnoyes, puisqu'il est dit dans les Capitulaires de Charles le Chauve, *in nullo alio Moneta fiat nisi in Palatio nostro in Quantowvico* &c.

[b] Descr. de la France. T. 3. p. 223.

QUERASQUE, en Italien CHERASCO; en Latin *Clarascum*; Ville d'Italie, en Piémont, dans la Province de Querasque, au Confluent de la Sture & du Tanaro [c]. Il y a bien de l'apperence que son nom vient de *Carasco*, ou *Caiarasco*, ou *Carascoto*, ancien Château, dont il est parlé dans les Bulles d'Eugène III. en 1153. & d'Adrien IV. en 1156. en faveur d'Anselme Evêque d'Asti; & que la Ville de Querasque, s'est formée des ruïnes de ce Château; de manière que conservant son nom avec quelque changement, il s'en est formé une Ville vers l'an 1220. Dans ce tems-là, les Habitans d'Asti faisoient une rude guerre à ceux d'Alba. Ces derniers & sur-tout ceux qui demeuroient dans des Châteaux, & dans des Maisons de Campagne, ne se trouvant pas en sûreté contre les incursions de leurs Ennemis, choisirent au Confluent des deux Riviéres, nommées ci-dessus un terrain aisé à fortifier. Ils y éleverent une Ville, qu'ils entourerent d'une muraille, selon la maniére de fortifier les Places qui étoit usitée en ce tems-là. On lisoit autrefois sur la Porte de la Ville ce vers Latin:

Clarasci Portæ sunt Alba viribus ortæ.

Quantité de Seigneurs y bâtirent & s'y logerent; la plûpart fatiguez du Gouvernement tyrannique des Seigneurs particuliers, qui avoient

[c] Theatr. Sabaud. & Pedemont. Part. 2. p. 69.

avoient usurpé la Domination des Lieux de leur demeure. Cette Ville ne fut point formée pour ainsi dire à bâtons rompus, comme la plûpart des autres. On commença par choisir un Lieu sain & commode, bien exposé au Midi. On traça les murs en quarré. On laissa au milieu une belle Place, & on y jetta les fondemens d'une haute Tour, appuyée de quatre Pilliers, d'où comme du centre, on voit le long de quatre grandes Rues, percées en droite ligne, les quatre côtez de la Ville, & les deux Portes diamétralement opposées. Luchin Visconti Seigneur de Milan, qui le fut quelque tems aussi de Querasque, bâtit la Citadelle qui est quarrée. Les Bastions, les Fossez, les Demi-lunes & autres Fortifications modernes sont des Ouvrages, qu'a fait faire Christine Françoise, Duchesse de Savoye, mere Régente & Tutrice de son fils Emanuel II. & par-là, elle en fit une des plus fortes Clefs du Pays de ce côté là; aussi en 1640. les Espagnols ne purent-ils s'en rendre maîtres, comme ils s'en étoient flattez. Ils en leverent encore le Siège l'année suivante.

Son Territoire peut avoir neuf milles de diamètre, & confine à Novel, à Benne & à Cavaler Maggiore. Il étoit autrefois plus grand, avant qu'un Lieutenant de Jeanne Reine de Naples, lequel commandoit en Piémont, en eût démembré une partie, en faveur de Conrad de Bra, l'an 1365. Mais ce Canton ne céde à aucun de ses voisins en fertilité. La Plaine produit du Bled en abondance, & les Collines qui sont agréablement variées fournissent du Vin. On y a de l'un & de l'autre à revendre, & l'on en fait un bon Commerce. On y a assez de Bœuf pour le labourage & pour la boucherie. Les eaux qui coulent, en ce Canton y fournissent une pêche abondante de Truites, & d'une sorte de Poisson, nommé Temolo en Lombardie & Umbre en Savoye. L'air y est très-pur & très-sain. Ce fut le motif qui fit choisir cette Ville en 1631. pour y tenir le Congrès, qui devoit rétablir la Paix entre le Pape, l'Empereur, les Rois de France & d'Espagne, & le Duc de Mantoue. Il y avoit deux ans, que le Piémont & les Lieux voisins, éprouvoient les ravages de la peste, Querasque en fut exempt. On y compte sept mille Ames, tant Gentilshommes que Marchands, Artisans & Laboureurs. Les Habitans ont de belles dispositions pour les Etudes & pour les armes, pourvu qu'ils surmontent la paresse à quoi les porte l'abondance où ils sont de toutes choses. On en voit des preuves lorsqu'ils sont transplantez hors de chez eux.

Cette Ville s'étant formée, comme nous avons dit, devint si puissante en peu de tems, qu'elle fut en état de faire tête aux Habitans d'Asti, d'Alba, & de Quiers; & de se conserver une indépendance. Elle fit avec eux la Paix en 1277. à des conditions très-favorables, & ils la reconnurent pour une Ville libre. Elle continua de s'accroître, fit des Loix, se gouverna elle-même en République, & enfin se donna aux Empereurs d'Allemagne; mais elle fut forcée de se soumettre à Charles I. d'Anjou, Comte de Provence, & Roi des deux Siciles, à qui elle fit serment de fidélité en 1260. Les Successeurs de ce Roi en jouïrent jusqu'à la Reine Jeanne I. Cette Princesse n'ayant pas eu toute l'attention nécessaire à la conservation de ses Etats; les Habitans de Querasque à l'exemple des Villes voisines, se donnèrent à Amédée VI. Comte de Savoye, surnommé le Comte Verd, & à Jacques de Savoye, Prince d'Achaïe l'an 1346. Ils ne jouïrent pas long-tems de la douceur, qu'ils s'étoient promise sous ces Maîtres. Les agitations de l'Italie les firent passer en peu de tems sous la Domination du Marquis de Montferrat, de Luchin Visconti, Prince de Milan, ensuite de la Reine Jeanne pour la seconde fois, & enfin de Galeas & de Jean Galeaz de Visconti. Valentine fille de ce dernier, porta en dot Querasque & autres Contrées voisines à son mari le Duc d'Orléans, dont les Successeurs en furent frustrez par l'Empereur Charles V. qui le donna avec le Comté d'Asti à Charles III. surnommé le Bon, Duc de Savoye, en faveur du mariage de ce Duc, avec Beatrix de Portugal l'an 1531. Cette Ville fut attaquée plus d'une fois dans les guerres des François & de la Maison d'Autriche; mais enfin la Paix de Cambrai en 1559. en assura la possession à Emanuel Philibert, fils de Charles, & sa postérité la possede depuis ce tems-là. Victor Amédée lui donna le titre de Cité, en fit une Capitale de Province, & la Résidence du Gouverneur, qui juge en seconde instance des apels qu'on lui porte des Sentences du Podesta, comme du Gouverneur on peut appeller au Conseil souverain de Turin. Pour le Gouvernement Civil de la Ville, on choisit tous les ans, trois Sindics, vingt-huit Conseillers, & huit Maîtres des Comtes. Le Gouverneur de Querasque est toujours une des Personnes les plus distinguées de la Cour. Il commande la Bourgeoisie & la Garnison.

Querasque est du Diocèse d'Asti pour le Spirituel. La Ville a sept Eglises Paroissiales, dont quatre sont dans l'enceinte de la Ville, & trois dans le Territoire. La plus ancienne de toutes, sous l'Invocation de St. Pierre Apôtre, est qualifiée la Prevôté de St. Pierre de Manzano; parce que ce titre, y a été transféré de ce Lieu-là; c'est un Bénéfice Consistorial, & celui qui en est pourvu, a la Crosse & la Mitre aux Fêtes solemnelles. On y conserve le Corps de St. Virginius Martyr, donné par le Pape Urbain VIII. Les autres Paroisses sont celle de St. Martin, desservie par un Archidiacre, celle de St. Grégoire desservie par un Curé, & celle de Ste. Marie du Peuple desservie par les P. P. Augustins de la Congrégation, nommée de l'Observance de Lombardie. Hors de la Ville sont l'Eglise de St. Bernard de Narzolé, celle de l'Assomption de Rovere, & celle de Nôtre-Dame de Capelazzo. Cette dernière est entre les mains de Prêtres séculiers. Il y a outre cela trois Couvens d'Ordres Mandians, savoir la Madeleine, possedé par des Dominicains, que Charles II. Roy de Naples y établit; des Carmes, & des Cordeliers nommez Observantins. Les Religieuses de Ste. Claire, ont aussi un beau Monastère. Il y a d'autres Chapelles particulières, un Hôpital pour les Malades, un Mont de Piété & autres Lieux

Lieux destinez, aux Exercices de la Charité, envers le Prochain.

La PROVINCE DE CHERASCO ou QUE-RASQUE, Contrée du Piémont, aux environs de la Ville dont elle porte le nom. Elle a au Nord la Province de Quiers; au Levant l'Albesan; au Midi le Fossano; & au Couchant le Savillan. Querasque en est la seule Ville.

QUERCUS CAPITA, c'est-à-dire *les têtes de Chêne*[a], δρυὸς υςφαλαι. Les Athéniens nommoient ainsi le même Lieu que les Beotiens nommoient THIA CAPITA, *les trois têtes*[b], τρεῖς υςφαλαι, selon Hérodote[b]. Ce Lieu étoit à l'entrée du Mont Cythæron, en allant à Platées. Thucydide[c] en fait aussi mention.

[a] Ortel. Thesaur.
[b] In calliop.
[c] l. 3.

QUERCUS FLETUS, le *Chêne des pleurs*. Voyez ALLON-BACHUT.

QUERCUS MAMBRE. Voyez MAMBRE.

QUERCUS, c'est-à-dire *le Chêne*; Fauxbourg de la Ville de Chalcédoine.

QUERCY, (LE) Province de France dans la Guienne. Mr. de Longuerue[d] en parle ainsi:

[d] Descr. de la France, p. 178.

Le Quercy est borné du côté du Septentrion par le Limosin; à l'Orient il a la Rouergue; au Midi le Tarn le sépare du Haut Languedoc; & à l'Occident il a l'Agenois & le Périgord.

Le nom de QUERCY ou CAHOURCIN, comme les Anciens le nommoient, & celui de sa Capitale, CAHORS, sont venus de *Cadurci*, Peuple célèbre dans les Commentaires de César, par sa valeur & pour avoir tenu jusqu'à l'extrémité le parti de Vercingentorix. Ce Peuple alors étoit du nombre des Celtes, mais Auguste l'attribua à l'Aquitaine; & depuis sous Valentinien, après la division de la Province en deux, c'est-à-dire en première & seconde, les *Cadurci* furent mis sous la première & sous la Métropole de Bourges. Les Visigots s'en rendirent les maîtres dans le cinquième Siècle, & ils en furent dépossédez au commencement du Sixième, par les François. Les Rois François ayant partagé entre eux l'Aquitaine, le Quercy échut aux Rois d'Austrasie, qui ont possédé ce Pays, jusqu'au déclin de la Race de Clovis, lorsqu'il n'y avoit plus qu'un Prince qui avoit le titre de Roi; mais dont l'autorité étoit entre les mains des Maires du Palais. Eudes Duc d'Aquitaine dans le commencement du huitième Siècle, se rendit maître de Cahors, comme de tout le reste de l'Aquitaine, & ses descendans ont été en possession du Quercy, jusqu'au tems du Roi Pepin, qui conquit toute l'Aquitaine.

Les Rois de la France Occidentale, depuis Charles le Chauve jouïrent du Quercy, jusqu'au Regne de Louïs d'Outremer. Ce fut alors que les Comtes de Toulouse, qui s'étoient rendus absolus dans leur Comté, s'approprièrent le Quercy. Le Comte Guillaume en étoit absolument le maître vers l'an 980. puisqu'il donna l'Evêché de Cahors à Bernard & Comborn, comme Aimoin de Fleury qui vivoit vers l'an 1000. l'assure dans la Vie de son Abbé Abbon. Sur la fin de l'onzième Siècle, Raymond de Saint Gilles, frere de Guillaume, Comte de Toulouse, eut en partage le Comte de Quercy, qu'il laissa à ses filles Bertrand & Alphonse. Les Descendans de Raymond de Saint Gilles s'étant déclarez Protecteurs de la Secte des Albigeois, furent privez de tous leurs Etats, & quoique le dernier Raymond y fût rétabli, il en perdit néanmoins quelque partie; & on lui ôta le Quercy qui fut ajugé à Saint Louïs, par une Sentence que les Légats du Pape, & le Comte de Champagne, rendirent l'an 1228. Ce qui ne peut s'entendre que de la Seigneurie directe & du haut Domaine; parce que la Seigneurie utile de la Ville de Cahors & du Comté de Quercy, avoit été donnée à l'Evêque, en laquelle Geraud de Barras, Evêque de Cahors, fut maintenu par un Jugement rendu l'an 1240. En la même année il avoua par un acte, qu'il tenoit du Roi tout le Temporel de son Eglise. St. Louïs céda la Ville de Cahors & le Pays de Quercy à Henri III. Roi d'Angleterre & Duc de Guienne, par le Traité de l'an 1259. mais la Guerre ayant recommencé entre Philippe le Bel, & Edouard II. le Quercy, fut repris par les François. Raymond Pauchelli, Evêque de Cahors, transigea avec le Roi Philippe, & l'associa en partage à la Seigneurie de Cahors & du Pays de Quercy, par un Contract passé au Mois de Février l'an 1311. Le Roi Jean fut contraint, par le Traité de Bretigny, de céder aux Anglois le Quercy en toute Souveraineté, & ils en jouïrent à ce titre, jusqu'au Regne de Charles V. qui reprit ce que son pere avoit perdu en Aquitaine. Depuis ce tems-là le Quercy est demeuré uni à la Couronne de France.

La Sénéchaussée de Querci est composée des Présidiaux de Cahors & de Montauban[e]. Celui de Cahors est de la création des Présidiaux, sous le Roi Henri II. son Ressort s'étendoit sur tout le Quercy, avant le démembrement qui fut fait en 1632. pour composer celui de Montauban. Il y a six Sièges dans le Quercy, où la Justice se rend au nom du Sénéchal: sçavoir,

[e] Piganiol de la Force Descr. de la France, T. 4. p. 505.

Cahors,	Lauzerte,
Figeac,	Gourdon,
Montauban.	Martel.

Le Senéchal de Querci, n'a d'autres droits que celui de convoquer le Ban & l'Arriereban, de commander la Noblesse convoquée & d'assister à l'Audience Sénéchale, sans y avoir voix délibérative. Il avoit autrefois six mille livres d'appointemens; le quart en ayant été retranché, il a jouï de 4500. livres par an, jusqu'à l'an 1665. ou 1666. que sur l'avis de Mr. Pellot, ses Appointemens furent réduits à douze cens livres, outre laquelle somme on lui attribua celle de trois cens livres sur les Greffes du Présidial de Cahors.

Le Quercy se divise en HAUT & en BAS. Les principaux lieux du Haut Quercy sont

Cahors Capitale,
Souillac,	Gourdon,
Lauzerte,	Roquemadour,
Martel,	Figeac,
St. Ceré,	Cadenac.

Les

QUE.

Les principaux lieux du Bas Quercy sont

Montauban,	Montpezat,
Moiſſac,	Moliéres,
Negrepeliſſe,	Réalville la Françoiſe,
Cauſſade,	Burniquel,
Caylus,	Montricous,
Montclar.	

Cahors & Montauban ſont des Evêchez.

QUERETARO, Bourgade de l'Amérique Septentrionale [a], au Méxique, dans le petit Pays de Xilotepeque, au Méxique propre. Il s'y trouve une Fontaine dont l'eau, quand elle ſort de ſa ſource, échauffe tout ce qu'on lui fait toucher. Lorſqu'elle eſt tiede elle eſt merveilleuſe pour engraiſſer le Bétail qui en boit. Entre la Bourgade de Queretaro & celle de St. Jean, il y a une Campagne longue de neuf lieues & large de deux, dans laquelle paiſſent plus de cent mille Bœufs ou Vaches, dix mille Chevaux & deux cens mille Brebis, tant elle abonde en excellens Pâturages.

[a] Corn. Dict. De Laet. Ind. Occid. l.5.c.7.

QUERIGUT, en Latin CHERACCUTUM, Château de France dans le Donnezan. Voyez au mot DONNEZAN.

QUERIMBA, petite Iſle d'Afrique dans l'Océan ſur la Côte Orientale d'Ethiopie. Voyez QUIRIMBA.

QUERNFURT, Ville d'Allemagne dans la Thuringe, ou comme dit Zeiler [b] entre la Saxe & la Thuringe, dans une Seigneurie à laquelle, elle donne ſon nom. Il y a un Château. Bruno dernier Comte de Quernfurt, mourut fort âgé en 1496. Il fut précédé par un fils, & par un neveu, qui lui auroient pu ſuccéder, mais faute d'héritiers ce Comté paſſa à l'Archevêché de Magdebourg: quoiqu'entre les Maiſons de Quernfurt, & de Mansfeld, il y eût un Traité, en vertu duquel ces deux Maiſons ſe devoient ſuccéder l'une à l'autre. Quernfurt eſt enfin venu à la Maiſon Electorale de Saxe par la Paix de Prague en 1635. & il appartient à préſent à la Branche de Saxe Weiſſenfels, à titre de Principauté. Les principaux Lieux ſont

[b] Zeiler, Saxon. Topogr. p.156.

Querfurt,	Guterbock ou Juterbock,
Dam ou Tham,	Borck.

Cette derniére Place eſt au Roi de Pruſſe. Outre ces quatre Villes, qui ont appartenu à l'Archevêché de Magdebourg [c], il y a particuliérement la Principauté de Querfurt, & l'on a réglé par la Paix de Weſtphalie, que l'Archevêché de Magdebourg appartiendroit, aux Electeurs de Brandebourg, mais que la Principauté de Querfurt, appartiendroit aux Electeurs de Saxe. Et c'eſt en vertu de ce Traité que la Branche de Weiſſenfels en jouït. On y compte encore préſentement quatre Bailliages en Thuringe, ſavoir

[c] Hubner, Geogr. p.562.

SAXENBOURG,	WENDELSTEIN,
HELDRUNGEN,	SIHICHENBACH.

§. On dit QUERFURT & QUERNFURT.

QUERNHAMELN, c'eſt la même Ville que HAMELN.

QUERNHEIM, Abbaye d'Allemagne en Weſtphalie, dans la Principauté de Minden [d]. Les Dames, qui poſſedent à préſent cette Abbaye ſont Proteſtantes.

[d] Hubner, Geogr. p.

QUEROL (La Vallée de) Canton de la Catalogne dans la Cerdagne, à l'extrémité Septentrionale & à l'entrée des Défilez par où l'on paſſe en France [e]. En Latin QUEROLII VALLIS, ſelon Mr. de Marca. Elle étoit alors à l'Eſpagne. Elle eſt dans la partie de la Cerdagne, qui eſt préſentement à la France. Il en eſt parlé dans les anciennes Ordonnances de Loüis le Débonnaire, de Charles le Chauve & autres actes de ces tems-là. Oliba, fameux Juriſconſulte & Avocat du Roi au Conſeil de Barcelone, s'eſt figuré qu'elle avoit reçu ce nom du Roi Charles, qui ſe mettoit à couvert de l'irruption des Sarrazins, en quoi il ſe trompe. Il eſt plus exact dans la Deſcription qu'il fait de cette Vallée, qui s'étend douze mille pas, entre de hautes Montagnes; & dans ce qu'il dit de ſa beauté & de l'abondance du Bétail, que l'on y nourrit, ainſi que du Commerce qui s'y fait entre les François & les Eſpagnols. Oliba croit de plus, que la Tour, nommée par le Peuple DE SARDAGNA, qui eſt ſur le Paſſage de le Cerdagne en France, a été appellé *Ceritania quod opus ſit Incolarum totius Comitatus*; parce qu'elle avoit été bâtie par toute la Province de Cerdagne à fraix communs. Mr. de Marca l'en reprend, & dit que ſi cet Auteur avoit lu l'ancienne Hiſtoire de l'expédition du Roi Wamba par Julien de Toléde [f], il y auroit vu que le vrai nom de cette Tour eſt SORDONIA; nom qui n'a rien de commun avec ceux de Cerdagne, ou Ceretania.

[e] Marc. Hiſp. l.1.c. 12. art. 7. p.59.

[f] Au Recueil de Ducheſne. T.1.p.125.

Cette Vallée eſt nommée *Carol* dans les Cartes de Sanſon & la Tour; *Torre di Cerdagna*.

QUERQUELEN, Ville d'Afrique dans un Royaume de même nom. C'eſt la même que GUARGALA, GUERGUELA, & HUERGUELA. Voyez GUARGALA.

QUERQUENEZ, Iſle formée par la Mer Méditerranée ſur la Côte de Tripoli, en Barbarie [g]. Elle eſt devant les Eſfaques, & il y a beaucoup de Hameaux de Bereberes, gens méchans & pauvres: tous les environs ſont des terres ſéches, & le courant de l'eau, y eſt ſi fort que les Vaiſſeaux à rames, ont de la peine à y aborder. Elle eſt des dépendances des Gelves. Quelques-uns de ces Bereberes ſont gens de Mer & ſi grands amis des Turcs, qu'ils vont en courſe avec eux. Cette Iſle & la Foreterſſe qu'on y trouve ont été long-tems ſoumiſes aux Chrétiens. L'an 1510. le Comte D. Pedro de Navarre étant allé à Tripoli, après la défaite des Gelves, en partit avec le reſte de la Flote, qui étoit de ſoixante voiles, & chargée de huit mille hommes de guerre, réſolu de faire tout le mal, qu'il pourroit aux Maures; mais il fut ſurpris d'une tempête qui fit périr beaucoup de Vaiſſeaux, & l'obligea de retourner à Tripoli, où il en rallia environ trente; de ſorte qu'il ſe remit en Mer, avec cinq mille hommes dans la même réſolution. Il fut attaqué d'une autre tempête qui lui enleva encore dix Navires, & enfin étant arrivé en l'Iſle de Quer-

[g] Marmol Afrique. T.2.l.6.c.40.

Querquenez, qui étoit déserte, & où il n'y avoit que quelques Cabanes de Bergers, parce qu'on y envoye paître tous les Troupeaux de la Contrée, il y voulut ravitailler ses Navires. Il s'y fournit d'eau, y ayant trouvé trois Puits, & se rembarqua le 24. de Février. Un de ses Colonels appellé Vionelo, lui ayant demandé permission d'aller nettoyer ces Puits, afin d'y faire de l'eau dont il avoit grand besoin, elle lui fut accordée. Ainsi ce Colonel prit quatre cens cinquante hommes d'élite, & étant allé aux Puits, il fit si bien que sur le midi, ils étoient nets & en bon état ; de sorte qu'il tira tout à l'entour un grand Retranchement pour empêcher, que les ennemis ne l'attaquassent. Le Comte D. Pedro de Navarre alla les visiter sur le soir, & à la priére du Colonel il le laissa là, pour les garder avec ses troupes ; mais il étoit arrivé que, dans le tems qu'on les nettoyoit, un de ses Sergens qui avoit à effectuer quelque ordre, en fut battu outrageusement. Cet homme irrité, alla trouver la nuit quelques Maures qui s'étoient retirez dans un coin de l'Isle, & leur dit qu'il vouloit se faire Mahométan & leur mettre en main tous les Chrétiens qui gardoient les Puits. Ils vinrent sans bruit sous sa conduite & tuèrent les Sentinelles qu'ils trouverent endormies, après quoi étant entrez dans le Retranchement, où la plûpart dormoient en toute assurance, ils tuerent tout, à la reserve de trois, dont l'un fut envoyé au Roi de Tunis, l'autre au Seigneur de Gelves, & le troisième demeura parmi les Morts blessé de six coups. La-dessus arriverent vingt hommes qui étoient allez la nuit querir des vivres à la Flote, & qui entendant le bruit se cacherent dans des Buissons. Aprés ce carnage les Maures tirerent quelque coup d'Arquebuse en signe de réjouïssance. Cela obligea les troupes de mettre pied à terre au point du jour. Il y eut quelques escarmouches, après lesquelles les Maures se retirerent, & le blessé s'étant traîné vers les siens malgré les blessures qu'il avoit reçues, leur raconta tout ce qui s'étoit passé.

QUERQUENNÆ AQUÆ. Voyez QUACERNI & QUERQUERNI.

QUERQUENSIA, Place de la Mésopotamie, aux environs d'Edesse, selon Guillaume de Tyr, cité par Ortelius.

QUERQUETULANI, ancien Peuple d'Italie de la première Légion, selon Pline[a]. Ce sont les CORCUTULANI de Denys d'Halicarnasse. Voyez ce mot.

[a] l. 3. c. 5.

☞ QUERSONESE, en Latin CHERSONESUS : les Grecs ont dit χεῤῥόνησος & χερσόνησος : ce mot signifie une PRESQU'ISLE, ou PÉNINSULE ; c'est-à-dire un Lieu entouré de la Mer, comme une Isle, mais pourtant attaché à la Terre-ferme par un côté, ce qui empêche que ce ne soit une Isle entièrement ; & c'est ce que signifie notre mot Presqu'Isle en François & PENINSULA, en Latin, pour pene Insula, de mot à mot Presqu'Isle ; le mot Péninsule à été aussi adopté dans notre Langue. Les Italiens disent PENISOLA ; les Espagnols PEÑISCOLA & PENINSULA. Nous avons déja remarqué ailleurs, que la Langue Arabe n'ayant point de mot particulier pour signifier une Presqu'Isle, elle se sert de Gezira, ou avec l'Article Algesir, qui signifient simplement une Isle, lors même qu'il est question d'une Presqu'Isle. Les Savans en introduisant ce mot dans la Langue lui ont conservé son Orthographe primitive, prise de la Langue Grecque, & ont écrit CHERSONNESE, en lui conservant néanmoins la prononciation du Ch ou χ des Grecs ; qui est assez semblable à notre Qu ; mais comme les Personnes sans lettres prononçoient ce mot par le Ch François, comme dans chercher, Mr. d'Ablancourt osa fixer la prononciation en écrivant ce mot par Qu, QUERSONNESE. Il fut imité par Mrs. de Tillemont, de Tourreil, & autres Ecrivains illustres qui écrivent QUERSONNESE ; de sorte que cette Orthographe a aquis un usage assez respectable, & l'Editeur du Dictionnaire de Trevoux en 1721. a eu tort de dire que Mr. de Tillemont contre l'usage général & la raison de l'Etymologie écrit Querfonnese. Mr. de Tillemont, n'est ni l'Introducteur de cette orthographe, ni le seul qui l'ait suivie. Il est vrai que quelques Savans, ont tenu bon pour le Ch, de ce nombre sont Mr. Rollin dans son Histoire Ancienne[b], & Mr. de Boze dans sa Dissertation sur les Rois du Bosphore Cimmérien ; mais quand l'autre orthographe n'auroit eu pour Partisans que les trois Ecrivains que nommez, dont deux étoient des plus illustres Académiciens de l'Académie Françoise, cela dévroit bien suffire pour la rendre respectable à l'Auteur d'un Dictionnaire. Mrs. d'Ablancourt, de Tillemont & de Toureil, ne seront jamais soupçonnez d'avoir ignoré que le mot Chersonnese, s'écrit en Grec par un χ.

[b] T. 3. Mém. de Littérat. de l'Acad. Royale des Inscr. T. 9. p. 243.

Les Grecs employoient ce mot de Queronese ou Querfonnese en des occasions, où nous ne l'employerions pas aujourd'hui. Comme ils n'avoient que ce mot pour signifier une Presqu'Isle, ils l'employoient non-seulement pour les grandes Presqu'Isles pour lesquelles, il semble présentement reservé ; mais encore pour des Places situées bien avant dans les terres. Il suffisoit pour cela, qu'elles fussent dans un terrain qu'une Riviére, ou un Lac, ou un Etang entouroit de trois côtez, pour que ce fût une Chersonnese.

Le P. Lubin observe que la Chersonese de Syrie[c], n'étoit autre chose que la Ville d'Apamée. Les Macédoniens qui s'y étoient établis, lui avoient donné le nom de Pella, nom d'une Ville de Macédoine, de même que les Espagnols, les Anglois & autres Peuples de l'Europe, ont donné les noms des Villes de leurs Pays à des Villes de l'Amérique, où ils se sont placez. Le Fleuve Oronte entouroit une partie de la Ville d'Apamée. Elle avoit de l'autre côté des Prairies fort grandes, mais tellement entourées de Marais, que l'on ne pouvoit y entrer, non plus que dans la Ville que par une Chaussée, ce qui donnoit à cette Ville, la figure & en même tems le nom de Quersonese.

[c] Merc. Géogr. p. 261.

Etienne le Géographe donne jusqu'à sept Villes, ou Lieux particuliers, nommez χεῤῥόνησος, QUERRONESE. Selon lui il y avoit :

1. QUERRONESE, Ville dans la Presqu'Isle, auprès de Cnide. Mais Cnide étoit elle-même dans la Presqu'Isle de la Doride, & le Golphe de la Doride, & le Golphe Céramique. Mais le Passage d'Elien, rapporté pour fonder cette Ville, me fait

fait craindre que le Grammairien Hermolaüs n'ait mis là à son ordinaire, une bêtise de sa façon, χερρονήσιοι δ'αλλὰ Κνίδου. Cela ne dit point, qu'il y eut auprès de Cnide une Ville nommée *Kerroneſe.*

2. QUERRONESE, autre Ville dans la Thrace; Etienne cite sur celle-ci Hécatée. Il paroît qu'elle étoit dans l'Isthme.

3. QUERRONESE, Ville de la Taurique. On cite là-dessus Hérodote dont le Passage, n'est pas fort décisif pour prouver, qu'il y ait eu une Ville de ce nom. On y voit seulement que le Peuple de la Taurique, s'étend jusqu'à la Cherroneſe nommée Montagneuſe. *Habitat Taurica gens ad Cheroneſum uſque quæ aſpera vocatur* Il y avoit la Querſonneſe Taurique, dont nous parlerons ci-après. Ce n'est point d'Hérodote, mais de Ptolomée [a] & d'Arrien [b] que nous apprenons, que dans la Querſonneſe Taurique, il y avoit une Ville nommée CHERSONNESE, entre le Promontoire Parthenium & le Front du Belier autre Promontoire.

[a] l.3.c.6.
[b] Peripl. Pont. Eux.

4. QUERRONESE, Iſle voiſine de la Crete. Elle a dit l'Auteur une petite Ville, nommée comme elle. Un paſſage de Xenion, la met entre *Cnoſſus* & *O. . . .* Ce dernier nom manque dans le Livre d'Etienne à la reſerve de la lettre initiale, & on conjecture que c'est *Oaxus.* Voyez la remarque ci-après.

5. QUERRONNESE, Ville de la Libye. Elle est appellée CHERRURA par Alexandre dans son troisième Livre des Affaires de Libye.

6. QUERRONESE, Promontoire de la Lycie.

7. QUERRONESE. Il y avoit, ſelon le même Etienne, un Lieu nommé ainſi, apparemment un Promontoire, auprès de la Ville *Corronite.* Berkelius doute s'il ne faut pas lire *Coronide.*

Telles ſont les Querroneſes d'Etienne. A l'égard de la quatrième, il y avoit dans l'Iſle de Crete, deux Promontoires faits en forme de Preſqu'Iſle, & que Ptolomée appelle par cette raiſon, CHERSONESUS. Celui qui eſt au côté Occidental, eſt nommé par ſes Interprètes *Punta di Corinto*, & n'a aucun rapport avec la Querroneſe 4. d'Etienne. Mais dans la partie Orientale, il y avoit un Lieu que Ptolomée place au fond d'un Golphe, je dis un Lieu, car Ptolomée ne dit point expreſſément, ſi c'étoit un Cap ou une Ville. Il y a bien de l'apparence, que c'étoit une Preſqu'Iſle, comme le nom le ſignifie, & Ortelius dit que c'étoit un Promontoire. Les Interprètes de Ptolomée veulent que c'ait été une Ville, & c'eſt ſur ce pied-là qu'elle eſt repréſentée dans les Cartes dreſſées pour les Tables de cet Auteur. J'y trouve effectivement ſur une même ligne entre *Gnoſſus*, qui eſt dans les terres & *Olulis*, qui eſt au bord de la Mer. Ainſi c'eſt OLULIS, qu'il faut reſtituer dans Etienne le Géographe, & non pas Oaxus, comme le veut Berkelius, qui n'a pas été heureux dans ſa conjecture. Mon but n'eſt pas de donner ici une longue Liſte, de toutes les petites Preſqu'Iſles, auxquelles les Anciens ont donné le nom de Querroneſe. Le nombre en ſeroit trop grand, puis qu'il n'y a point de Preſqu'Iſle à laquelle les Grecs ne l'aient du donner. Je me contenterai de rapporter ici les principales Preſqu'Iſles ou Cherſoneſes. On pourroit même dire que l'AFRIQUE toute entière eſt une grande Preſqu'Iſle, qui ne tient au Continent de l'Aſie que par l'Iſthme de Suez.

L'ARABIE eſt elle-même une grande Preſqu'iſle entre la Mer Rouge, & le Golphe Perſique.

L'AMERIQUE eſt un compoſé de deux grandes Preſqu'iſles qui ſe tiennent lieu, l'une à l'autre de Continent. Il en eſt de même de la Grande-Bretagne, qui ſe rétréciſſant entre les Golphes de Forth & de la Clyd, forme du reſte de l'Ecoſſe, une aſſez grande Preſqu'Iſle, compoſée de quantité d'autres. Mais, comme je viens de dire, mon but n'eſt point de parcourir ici toutes les Preſqu'Iſles de l'Univers. Je ne veux que choiſir celles que les Anciens ont nommées Cherſoneſe ou Querroneſe. Ainſi je ne parlerai point ici de l'Eſpagne, qui eſt véritablement une Querſoneſe, ni de l'Italie entière, ni de la Preſqu'Iſle en deçà du Gange, que les Anciens terminoient, en un Angle beaucoup plus obtus, ou ce qui revient au même, dont ils ſuppoſoient les côtez, beaucoup plus courts qu'ils ne ſont effectivement. Je ne parlerai point du PELOPONNESE, dont on peut voir des Deſcriptions ſuffiſantes, ſous ce nom, & ſous celui de MORE'E. Je m'attacherai principalement, aux quatre Querſoneſes fameuſes dans les Ecrits des Anciens ; ſavoir la QUERSONNESE CIMBRIQUE, la QUERSONNESE D'OR, la QUERSONNESE TAURIQUE, & la QUERSONNESE DE THRACE. J'ai déja traité la première au mot CIMBRES; ainſi il me reſte à parler ici des trois autres.

La QUERSONNESE D'OR. Les Anciens ont ainſi nommé, ce que nous appellons la Preſqu'Iſle de Malaca, entre les Golphes de Bengale & de Siam; mais à ce que nous appellons ainſi, il faut joindre encore une partie de la Côte Occidentale de Siam, & peut-être quelque choſe de celle du Pégu. Car ſur la Côte Occidentale de la Querſoneſe d'Or, je trouve le Port de TACOLA, qui me paroît être celui de TAVAY. Ptolomée eſt celui des Anciens qui nous donne le plus de connoiſſances de cette Preſqu'iſle, encore ne faut-il pas s'attendre qu'il en ait mis les poſitions, conformément à l'idée qu'en donnent des Miſſionnaires, ſavans Mathématiciens, qui ont examiné ce Pays, tant par Terre que par Mer; tant le long des Côtes que dans l'intérieur. Ce qu'il en dit ne laiſſe pas de ſuffire, pour faire voir qu'on connoiſſoit du moins imparfaitement cette Preſqu'Iſle de ſon tems. On peut mettre entre les idées chimériques qu'on lui en avoit données, un Fleuve qu'il place dans l'Iſthme, qu'il conduit à BALONCA, & qu'il partage enſuite en deux Branches, dont la plus Orientale coupe l'Equateur & va ſe jetter dans la Mer ſous le nom d'ATTABAS, au Sud-Eſt de l'Iſle, entre Coli, Ville maritime, ſituée preſque ſous l'Equateur, & le Promontoire MALÆU COLON. L'autre Branche ſe partage encore en deux : l'une nommée CHRYSOANA, va au Couchant ſe perdre dans la Mer, en deçà de l'Equateur:

l'autre courant vers le Midi par le milieu de l'Isle, se nomme PALANDAS, & coupant l'Equateur, arrose une Ville de même nom qu'elle, un peu avant que de se jetter dans la Mer. Cette Riviére est une pure imagination. Ptolomée met au Midi la Ville Marchande, qu'il nomme SABANA, & qui ne doit pas avoir été bien loin de l'endroit, où est présentement Malaca. Sur la Côte Orientale, au Nord de Coli, il met la Ville de PERIMULA.

Quelques Auteurs se sont imaginé, que cette Chersonnese d'Or, étoit l'Ophir de Salomon. Ils ont cru même pouvoir alleguer en preuve ces mots de Josephe [a], *en un Pays de l'Inde, nommé autrefois Sophir, à présent la Terre d'Or.* On s'est figuré que par la *Terre d'Or,* il entendoit ce que Ptolomée a ensuite, nommé la *Chersonnese d'Or.* Voyez OPHIR ; Article où nous examinons les sentimens des Anciens & des Modernes, sur l'Ophir de Salomon.

[a] Antiq. l. 8. c. 2.

La QUERSONESE TAURIQUE, CHERSONESUS TAURICA. Les Anciens ont ainsi nommé la Presqu'Isle de CRIME'E, dans la Petite Tartarie. Voyez CRIME'E. Nous avons remarqué dans cet Article que les Anciens la nommoient aussi SCYTHICA, Scythique, CIMMERIA, Cimmérienne, & PONTICA, Pontique. Ptolomée [b] ne nomme que Taurique, & appelle ainsi les Lieux qui la bornent. Elle est, dit-il, terminée par le Lac Carcinite jusqu'au Marais de Bycé, joignant lequel est l'Isthme; il distribue ainsi les Rivages de la Quersonese le long du Pont-Euxin, du Bosphore Cimmérien & du Palus Méotide.

[b] l. 3. c. 6.

Après l'Isthme le long du Fleuve Carcinite, on trouve sur le Pont-Euxin

Eupatoria, Ville,	Le *Front du Belier*, Promontoire,
Dandaca,	*Charax*,
Le Port des *Symboles*,	*Lagyra*,
Parthenium Promontoire,	*Corax* Promontoire,
Quersonnese,	L'Embouchure de l'*Istrianus*,
Le Port de *Ctenes*,	*Théodosie*,
Et Nymphée.	

Le long du Bosphore Cimmérien.

Tyristaca,	*Panticapea*,
& le Promontoire *Myrmecium*.	

Le long du Palus Méotide

Parthenium,	La Chersonese de *Zenon*,
& *Heraclium*.	

Les Villes situées dans les Terres sont

Taphros,	*Iluratum*,
Tarona,	*Satarché*,
Postigia,	*Badatium*,
Parosta,	*Cytaum*,
Cimmerium,	*Tazus*,
Portacra,	*Argoda*,
Boeon,	*Tabana*.

Voyez au mot CRIME'E son état moderne.

La QUERSONNESE DE THRACE, Presqu'Isle d'Europe entre la Mer de Marmora autrefois la Propontide; l'Hellespont, l'Archipel, autrefois la Mer Egée ; & le Golphe de Mégarisse autrefois *Melanis Sinus.* Elle tient à la Thrace par le Nord-Est ; elle a la Propontide à l'Orient ; le Détroit des Dardanelles ou l'Hellespont au Sud-Est & au Midi; l'Archipel au Sud-Ouest ; & le Golphe de Mégarisse au Nord-Ouest & au Nord. Ptolomée en a mal conçu le gisement ; il appelle Couchant ce qui est le Nord-Ouest, Midi ce qui est le Sud-Ouest, & Orient ce qui est le Midi & le Sud-Est. Avec ce correctif il y met ainsi les Lieux suivans.

La Quersonese, dit-il [c], est bornée par une Ligne qui la sépare de la Thrace, & qui va depuis le Golphe Mélanis jusqu'à la Propontide : & delà par une partie de la Propontide qui va jusqu'à Gallipoli ; au Couchant elle a le reste du Golphe Mélanis sur lequel on trouve

[c] l. 3 c. 12.

Cardia Ville & *Mastusia* Promontoire.

Au Midi elle a la Mer Egée où l'Archipel, sur lequel elle a une Ville & un Promontoire, savoir,

Elaus Ville & le Cap qui est auprès.

A l'Orient elle a l'Hellespont où sont les Villes de

Cylla, & *Sestos.*

Et ensuite la Ville de Gallipoli.
Dans les Terres il y a deux Villes,

Crithea, *Madi.*

Telle est l'idée que Ptolomée nous a laissée de la Quersonese de Thrace. Du tems que Pisistrate regnoit à Athènes, les Dolonques ancien Peuple de Thrace occupoient cette Presqu'Isle, & les Thraces Absynthiens voisins fort fâcheux ne cessoient de les y harceler par leurs incursions. Ceux-là pour derniére ressource s'aviserent d'invoquer Apollon & envoyerent à Delphes une Ambassade solemnelle demander à l'Oracle une voye pour sortir d'un état si violent [d]. La Pythie répondit que Miltiade fils de Cypsele Athénien les en tireroit. Ils le solliciterent, ils le presserent tant, qu'il partit accompagné d'une troupe de Volontaires. A son arrivée on l'élut Roi de la Quersonese. Ce Miltiade étoit Oncle du fameux Miltiade qui gagna la Bataille de Marathon. Il voulut d'abord mettre la Quersonese à couvert des invasions ordinaires des Absynthiens ; &, pour mieux remplir l'attente de ses nouveaux Sujets, il bâtit une muraille depuis la Ville de Cardie jusqu'à la Ville de Pactye, la premiere sur la Propontide & l'autre sur la Mer Egée. Cette muraille fut en divers tems tantôt abbattue, tantôt relevée. L'ancien Miltiade mourut sans enfans ; deux de ses neveux lui succéderent l'un après l'autre. Le second nommé Miltiade comme son Oncle essuya de terribles revers. Les Scythes Nomades le chasserent, & les Dolonques le rétabli-

[d] Herodot. l. 6. c. 34.

QUE.

blirent; mais à trois ans delà, rechaſſé par les Phéniciens qui étoient au ſervice de Darius, il ſe retira dans Athènes & ſe vengea noblement à Marathon. La Victoire de Mycale rendit depuis la Querſonneſe aux Athéniens. Ils en jouïrent paiſiblement & par le conſeil de Péricles y envoyerent une Colonie. Quand Lyſander eut détruit Athènes, les habitans de cette Preſqu'Iſle ſe mirent ſous la protection de Lacédémone; & quand Conon fils de Timothée eut relevé ſa Patrie, ils retournérent ſous la domination des Athéniens leurs premiers Maîtres. Sous les Lacédémoniens, Dercylide leur Général, que les Cherſonnéſiens avoient appellé d'Aſie, avoit rétabli la muraille; mais les Thraces encore après la forcerent de nouveau, & Cotys Roi de Thrace conquit la Querſonneſe ſur eux. Cherſoblepte fils de ce Cotys s'en accommoda enfin avec eux & la leur céda. Cette Preſqu'Iſle ne laiſſa pas de demeurer expoſée aux continuelles incurſions des Thraces, qui ſur le plus léger prétexte ſe jettoient ſur ce Pays. L'unique moyen de les arrêter, c'étoit de percer l'Iſthme. Le moindre petit trajet eût été pour eux une Barriére inſurmontable; ils n'avoient ni Vaiſſeaux ni Bâtimens armez en guerre. Athènes prenoit fort à cœur la ſûreté & la tranquillité de la Querſonneſe. Philippe promit qu'en faveur des Athéniens & de leurs Colonies, il perceroit l'Iſthme à ſes dépens. Cela eſt encore à faire. On ſe contenta ſeulement de rebâtir la vieille muraille dont Pline [a] parle comme d'un Monument qui ſubſiſtoit de ſon tems.

[a] l. 4. c. 12.

Juſtinien, dont les Bâtimens publics étoient la paſſion dominante, fit travailler à cette muraille. Procope parle ainſi des Ouvrages qu'il y fit faire [b]. Je me ſervirai de la Traduction de Mr. Couſin: Diſons maintenant quelque choſe des ſoins que le même Prince (Juſtinien) a pris de fortifier la Cherſonneſe. Elle s'avance à l'oppoſite d'une partie de la Thrace & ſemble être prête de ſe joindre à l'Aſie. Elle a un Promontoire de la Ville d'Eleonte (c'eſt l'*Eleus* de Ptolomée) qui s'étend à l'endroit même où ſe forme le Golphe de la Mer Noire. (Je crois que le Traducteur ſe trompe. L'entrée de l'Helleſpont où eſt Eleonte eſt bien loin de la Mer Noire, à moins qu'il ne veuille regarder le Boſphore, la Propontide, & l'Helleſpont comme des parties de cette Mer.) Il s'en faut peu qu'elle ne ſoit une Iſle & n'y a qu'un Iſthme fort étroit qui l'en empêche; c'eſt pour cela qu'elle a été appellée Cherſonneſe. Les Anciens avoient bâti ſur cet Iſthme une muraille, qui pouvoit être priſe ſans peine & qui étoit auſſi baſſe que ſi elle n'eût été faire que pour encIorre un Jardin. Ils avoient élevé aux deux côtez de l'Iſthme deux Moles ſi foibles & ſi mépriſables, qu'ils ſembloient plus propres à faire entrer l'ennemi qu'à le repouſſer. Ils s'imaginoient cependant que ces murailles & ces Moles étoient imprenables; &, ſur cette imagination, ils n'avoient élevé aucune Fortification dans la Cherſonneſe, bien qu'elle eût le chemin de trois journées en longueur. Il n'y a pas long-tems que les Ennemis en parcourant la Thrace tenterent d'entrer dans l'Iſthme, qu'ils chaſſerent ſans peine ceux qui le gardoient & paſſerent la muraille. Juſtinien, qui veilloit avec une application con-

[b] Ædific. l. 4. c. 10.

QUE.

tinuelle au bien de ſes Sujets, fit abatre entiérement la vieille muraille, ſans en laiſſer le moindre veſtige, & en fit élever au même endroit une autre, d'une hauteur & d'une largeur fort raiſonnable. Au deſſus des Creneaux il fit faire une Galerie voutée, afin que les Soldats fuſſent à couvert, & au-deſſus de cette Galerie, il fit faire un autre rang de Creneaux, afin de doubler le nombre des Soldats. Aux deux bouts il fit conſtruire deux Moles, & il les fit élever à une hauteur égale à celle des murailles. Il fit nettoyer les foſſez & les fit creuſer d'une largeur & d'une profondeur extraordinaires. Il y mit de plus une Garniſon fort nombreuſe & capable de garder la grande muraille & de repouſſer ceux à qui il prendroit envie de l'attaquer.

Après avoir pourvu de la ſorte à la ſûreté des avenues, il ne négligea pas pour cela les fortifications du dedans; mais il les mit en état de réſiſter, au cas que la grande muraille fût priſe par malheur. Il fit fermer pour cet effet la Ville d'APHRODISIAS qui n'avoit jamais été fermée. Il rebâtit entiérement celle de CIBERIS qui étoit en ruïne. Il la peupla de nouveaux habitans. Il y conſtruiſit des Bains, des Hôpitaux & d'autres Edifices qui ſont la beauté des Villes. Il fit encore entourer de fortes murailles la Ville de Callipole (Gallipoli) que les Anciens avoient tout-à-fait négligée par la confiance qu'ils avoient eu dans la muraille de la Cherſonneſe. Il y fit auſſi bâtir des Caves & des Greniers pour renfermer les proviſions néceſſaires aux gens de guerre. Il y a à l'oppoſite d'Abide une Ville fort ancienne, nommée Seſte (*Seſtos*), qui eſt commandée par une Colline & qui n'avoit autrefois ni fortifications ni murailles. L'Empereur y a fait bâtir une Citadelle qui eſt de très-difficile accès & qui paſſe pour imprenable. Il y a proche de Seſte une autre Ville nommée Eleonte, où il s'élève un Rocher fort vaſte & détaché de l'Iſle, au haut duquel Juſtinien a fait bâtir un Fort. Il en a fait conſtruire un autre à côté de la grande muraille d'une maniére fort ſolide, ainſi il a pourvu à la ſûreté des Peuples de la Cherſonneſe.

Outre ces grandes Querſonneſes, il y a eu diverſes Preſqu'iſles, ou Caps, ou Lieux nommez Cherſonneſes, par les Anciens.

1. CHERSONESI EXTREMA [c], ou le Promontoire Querſonneſe, Cap de l'Arabie Heureuſe, au Pays des Léanites, joignant le Golphe Léanite de l'un côté, & la Ville de Malleade de l'autre, ſur le Golphe Perſique.

[c] Ptolom. l. 6. c. 7.

2. CHERSONESI EXTREMA [d], autre Cap de l'Arabie Heureuſe, ſur le Golphe Arabique, en aprochant du Golphe d'Ælana; entre le Village de Raunathe & celui de Jambie.

[d] Ibid.

3. CHERSONESUS PARVA, la *Petite Querſonneſe*, Promontoire d'Egypte ſur la Mer Méditerranée, ſelon Ptolomée [e]; elle étoit ſur la Côte dans le Nôme Maréote, entre Plinthine & Aléxandrie; il la nomme *Petite*, pour la diſtinguer de celle qui ſuit.

[e] l. 4. c. 5.

4. CHERSONESUS *Magna*, ou la *Grande Querſonneſe*, Promontoire d'Afrique dans la Marmarique, ſelon Ptolomée [f], entre Axyliſ Village & le Port de Phthia.

[f] Ibid.

5. CHERSONESUS, *Promontorium*; Promontoire de l'Eubée ſur ſa Côte Orientale, ſelon

selon Ptolomée [a]. Ses Interprètes disent que le nom moderne de ce Cap est CABO D'ORO.

[a] l. 3. c. 15.

6. CHERSONESUS, Promontoire de l'Isle de Malthe, selon Ptolomée [b]. On tient que c'est présentement la Cale de St. Paul; mais ceux qui l'ont dit en premier lieu n'ont pas fait réflexion que le mot de Cale ou Calle, signifie une Baye ou une Ance, chose directement opposée à un Promontoire. En comparant Ptolomée avec la Carte de Malthe, il est clair qu'il a entendu par Quersonnese la Presqu'isle qui termine l'Isle au Nord-Ouest, & où est la Rade & la Pointe du Frioul, entre l'Isle de Cuming & la Calle de Melleaa.

[b] l. 4. c. 3.

7. CHERSONESUS, Promontoire du Péloponnèse dans l'Argie, selon Ptolomée [c]. Sophien croit que le nom moderne est Phanar. Elle est dans le Golphe Saronique entre Trœzène & Epidaure. Voyez METHANA.

[c] l. 3. c. 16.

8. CHERSONESUS, Promontoire de la Perside, selon Ptolomée [d]. Arrien [e] en parle aussi; mais il nomme Mesembria le Pays où est cette Presqu'Isle; c'est du moins ce qu'assure Ortelius.

[d] l. 6. c. 4.
[e] In Indicis.

9. CHERSONESUS, Promontoire de Sicile, entre le Long Promontoire & Syracuse. C'est ce qui m'empêche de dire comme Fazel que c'est AUGUSTA; quoique cette Ville soit sur un Promontoire. Mais cela ne suffit pas, il faut que le Promontoire nommé *Chersonesus* par Ptolomée soit au Midi de Syracuse, & alors ce ne peut être que la Presqu'Isle, qui forme au Midi le Port de Syracuse, & au Nord celui de Lognina.

10. Le même Fazel cite le quatrième Livre de l'Interprète d'Apollonius, où il trouve une autre Chersonnese de Sicile; ce doit être, selon lui, la Pointe de Milazzo.

11. CHERSONESUS, Promontoire d'Asie dans la Troade, selon Lucien [f], qui dit qu'Hellé y fut enterrée.

[f] Dialog. Marin. p. 251. Edit. Amstel. 1687.

Je ne parle point ici de celle de Crete, ni des autres dont j'ai parlé d'abord, en rapportant les Chersoneses dont Etienne le Géographe fait mention. Je finirai par cette unique remarque. Que les anciens Grecs, ont également dit *Querronese* & *Querronese*, la différence n'est que dans les lettres ; c'est du reste le même mot & la même signification.

QUESAC, ou QUEZAC [g], Ville de France en Languedoc, dans le Gevaudan au Diocèse de Mende. Elle est remarquable par les ravages qu'elle souffrit en 1563, durant les guerres de Religion. Les Protestans ruïnerent les Eglises, brûlerent une fameuse Image de la Ste. Vierge, & emportèrent pour près de trois cens marcs d'argent, tant en Reliquaires qu'en Vases sacrez.

[g] Corn. Dict. Duchesne, Antiq. des Villes de France.

QUESKO, Mr. Baudrand dit : Ville de la Grande Tartarie, près de l'Oby. Elle dépend du grand Duc de Moscovie, & est à deux journées de Narime & à quinze de Mascoskoye § Le vrai nom de cette Ville est KETSKOI, elle est dans l'Empire Russien dans la Sibérie, sur la Rive Orientale de l'Oby, qui y reçoit la Riviére de KETA. C'est de cette Riviére que cette Ville prend son nom. On peut remarquer que les principales Villes situées ainsi sur des Riviéres forment leur nom de cette terminaison *Koy*, ajoutée au nom de la Riviére : *Tobol* Riviére, *Toboliskoy* Riviére; *Jenisea, Jeniseskoi : Keta, Ketskoi : Selinga : Selingaiskoi :* & ainsi des autres ; quelquefois le mot *Koi*, se joint au nom du Peuple.

QUESNOY, [h] (LE) petite Ville des Pays-Bas, dans la Flandre Françoise, entre Cambray & Maubeuge : son nom Latin est *Quercetum* & *Casuetum.* Elle est située dans une grande Plaine. La Place est fort irrégulière & composée de huit Bastions. On y entre par trois Portes & les Rues en sont assez bien percées. La grande Place est un quarré long devant le Château. Ce Château est un vieil Edifice de peu de défense & assez négligé. Le fossé de la Place est extrêmement large & plein d'eau, excepté du côté de la Porte de Valenciennes. La partie de la Ville qui est de ce côté là a son enceinte particulière : ses Ouvrages, son Fossé & son Chemin-couvert dans ce Fossé, sont placées vis-à-vis des Courtines, huit demi-lunes & deux Contrescardes construites, l'une sur un Bastion, & l'autre sur une demi-lune. Le Chemin-couvert & le Glacis sont comme aux autres Places. Le côté de la Porte de Forêt n'est pas si bien fortifié que les autres, parce qu'il est couvert de deux Etangs qui en sont les défenses naturelles. Ces Etangs forment une inondation & sont séparez l'un de l'autre par une solide & forte Digue ou Chaussée de maçonnerie des mieux construites qui se voyent. Les Alliez prirent cette Place en 1711. & les François la reprirent l'année d'après. On compte dans le Quesnoy environ 630. feux & 2680. habitans. Il y a au Quesnoy un Bailliage créé en 1661. & qui devoit être composé d'un Bailly d'honneur, d'un Lieutenant Civil & Criminel, d'un Lieutenant Particulier, de quatre Conseillers, d'un Procureur du Roi, d'un Avocat du Roi & d'un Greffier. La même chose devoit être à Avesnes, mais il y a, dit l'Auteur cité, si peu de personnes qui soient capables de remplir ces Charges que la plûpart n'ont pas été achetées. Les Charges de grand Bailli d'Avesnes & du Quesnoy sont possédées par les Gouverneurs de ces deux Places & les Jugemens sont intitulez de leur nom.

[h] Piganiol de la Force, Descr. de la France, T. 7. p. 270.

Il y a aussi au Quesnoy une Jurisdiction pour avoir soin de l'administration de la Forêt de MORMALL. Cette Maîtrise particulière est sous le Grand-Maître des Eaux & Forêts de Picardie, de Flandres & de Hainaut. Elle est composée d'un Maître Particulier, d'un Procureur du Roi & d'un Garde-Marteau.

QUESTORIANENSIS, ou plûtôt QUÆSTORIANENSIS, Siège Episcopal d'Afrique, dans la Byzacène. La Notice Episcopale d'Afrique nomme de cette Province *Victorianus Quæstorianensis.* Entre les Evêques qui souscrivirent la Lettre qu'écrivirent ceux de la Byzacène, qui étoient au Concile de Latran tenu sous le Pape Martin, on trouve *Stephanus Spes in Deo, Episcopus Sanctæ Ecclesiæ Questorianensis.*

QUEVILLY, Village de France en Normandie à une lieue au-dessous de Rouen sur la Seine, il étoit fort fréquenté avant la révocation de l'Edit de Nantes. Les Protestans qui étoient en grand nombre à Rouen avoient leur Temple à Quevilly. Il y a deux Villages de ce nom le Grand Quevilly, où étoit ce Temple, & le Petit Quevilly qui n'est qu'à une demie lieue de Rouen.

QUE. QUI.

QUEULHE, Bourg de France, dans la Basse Auvergne, à une des sources de la Soulée à six lieues de Clermont vers le Couchant.

QUEXIMI. Voyez KISMICH.

QUEYANG. Voyez QUEIYANG.

QUEYRANE, petite Ville de France, dans le Dauphiné, environ à trois lieues de Vaison vers le Couchant.

QUEYRAS, Bourg de France, en Dauphiné dans les Montagnes, environ à quatre lieues de Briançon & à six d'Ambrun.

QUI.

QUIANSI. Voyez KIANGSI.

QUIBERON, petite Presqu'Isle de France en Basse Bretagne, dans l'Evêché de Vennes, au Nord de Bellisle; mais au Continent, auquel elle est attachée par un Isthme. Il y a au Midi une petite Isle nommée POINTE DE QUIBERON. Le Canal qui la sépare de la Presqu'Isle s'appelle PAS DE QUIBERON.

QUIBO, ou CABOYA Isle de la Mer du Sud, sur la Côte de la Province de Veragua, dans la Nouvelle Espagne, au Couchant du Golphe de Panania. Elle est, selon Dampier [a] à 7. d. 14′. de Latitude Septentrionale. Elle a environ six ou sept lieues de long & trois ou quatre de large. Les terres sont basses, à la reserve de celles qui sont au bout, du côté du Nord-Est. Il y a quantité de grands Arbres fleuris de plusieurs sortes, & de bonne eau à l'Est & au Nord-Est de l'Isle. Il y a quelques Bêtes fauves & force gros Singes noirs, dont la chair est bonne & saine. Il y a aussi quelques Guanos & Serpens. Au Sud-Est de la Pointe de l'Isle il y a un fond bas qui s'étend demie lieue en Mer, & à une lieue au Nord de ce fond bas, il y a un Rocher à environ un mille (Anglois) de la Côte, qui sur la fin de la Marée paroît au-dessus de l'eau. A ces deux endroits près il n'y a aucun danger de ce côté là; les Vaisseaux peuvent aller à un quart de mille de la Côte & mouiller à 6. 8. 10. ou 12. brasses d'eau, sur un sable bon & clair.

Cet Auteur donne le nom général d'ISLES DE QUIBO, à plusieurs autres Isles, dont les unes sont au Sud-Ouest, les autres au Nord & au Nord-Est de celle-ci, comme l'Isle de QUICARO, celle de *Rancheria*, celles de *Canales & Cantarras*. Elles sont, dit-il, toutes séparées par des Canaux & on peut ancrer tout à l'entour. Elles ne sont pas moins riches que Quibo en Arbres & en eau; mais Quibo est la plus grande & la plus remarquable; car quoique les autres ayent des noms, on ne s'en sert néanmoins presque jamais que pour les distinguer. Le Capitaine Swan donna à plusieurs de ces Isles les noms des Marchands Anglois auxquels son Vaisseau appartenoit : nomenclature frivole & que le Public n'a-dopté point, sur-tout parce que ces noms sont donnez par des Etrangers, à qui ces Pays n'appartiennent aucunement, & qui n'y sont que sur le pied de Passagers. Mr. de l'Isle ne connoît de ces Isles que celle de QUICARO.

QUIBRICHE, Mr. Corneille dit : Ville du Royaume de Barca la Barbarie ; elle est située sur la Côte du Golphe de la Sydre; on l'appelloit anciennement BERENICE. La

[a] Voyages T. 1. c. 8. p. 227.

QUI.

Caravane de Maroc y fait provision d'eau pour passer le Pays de Barca & aller à Alexandrie joindre la Caravane de Tétuan. Voyez BINGAZI & BERENICE 6.

QUIDALET. Voyez ALETH.

QUIDIENSIS, Siège Episcopal d'Afrique, dans la Numidie, selon Ortelius; mais il se trompe, ce Siège étoit de la Mauritanie Césarienne. La Notice Episcopale d'Afrique range sous cette Mauritanie *Tiberianus Quindiensis*; & la Conférence de Carthage nomme *Priscus Episcopus Ecclesiæ Quidiensis*. On conjecture que c'est la même Ville que QUZA. Voyez ce mot.

QUIENNE, [b] petite Riviére de France en Basse Normandie, dans le Côtantin. Elle a du moins autant d'eau que la Dromme, à laquelle elle se joint entre St. Mathurin & Cornière, après avoir passé par Ménil-Cauthois, les Sept-Freres, Compigni & Landelle. La Quienne a deux sources proche le Bourg & l'Abbaye de St. Sever.

QUIERS, grande Ville d'Italie au Piémont, à cinq mille pas de Turin vers l'Orient, dans une Province dont elle est la Capitale, & à laquelle elle donne son nom. On croit que c'est la même Ville que Pline appelle CARREA POTENTIA, entre *Pollentia* & *Forum Fulvii*. Ceux qui prétendent qu'elle a eu son nom Latin *Carium*, (l'Italien est CHIERI) qui vient de Cara fille de Numérien, laquelle nâquit en cet endroit, ou de Carin & de Carus, Césars, n'appuient leur sentiment sur aucun témoignage de l'Antiquité. On peut convenir que la Ville est très-ancienne, sans orner son antiquité d'Historietes. Il y a en ce Lieu beaucoup de choses qui sentent le tems des Romains ; mais il faut avouer aussi qu'on ne trouve aucun Ecrit où il soit bien distinctement parlé de cette Ville avant en 1154. Lorsque Frédéric Barberousse, partant de Verceil pour Turin, proscrivit les Habitans de Quiers, *Oppidanos Caira*, pour parler comme Othon de Freisingue, & les Habitans d'Asti ; parce qu'ils avoient méprisé le Commandement qu'il leur avoit fait de rendre Justice à leur Seigneur Guillaume, Marquis de Montferrat ; & qu'ayant mené une Armée pour les punir de leur contumace il vint à Quiers (*Cairam*) qu'il trouva remplie de vivres, mais sans habitans, ceux-ci s'étant retirez dans les Montagnes, il détruisit plusieurs Tours qui y étoient & mit le feu à la Ville. Elle se releva de ses cendres & fut rebâtie plus belle qu'elle n'avoit été. Ce fut le même Empereur, étant cinq ans après à Occimiano, donna à Charles Evêque de Turin, Prélat qui tenoit le parti de Frédéric contre le Pape, Quiers & ses dépendances, ou pour parler en Latin de ce tems-là (*Curtem de Cario, cum Plebe & Castello & Mercatis Districto*.) Milon Cardan Successeur de ce Prélat, ne trouvant pas dans les Habitans de Quiers toute la soumission qu'il vouloit, fit démolir les Tours qu'ils avoient relevées & par-là il les contraignit à lui prêter le serment de fidélité. Mais, les choses revinrent à leur premier état, Quiers se repeupla, devint un très-grand Village, & même on le fortifia. Cette Place ayant mis ordre à ses affaires, soit en forme de République, soit au nom de l'Empire, elle se gouverna quelque tems sur le même pied que la plûpart des

[b] Corn. Dict. Vaudôme Mém. Géograph. Manuscr.

D 3 autres

autres Villes de la Lombardie, qui toutes s'arrogeoient le droit de faire la Paix ou la guerre, & de se faire à elles-mêmes de nouvelles Loix. Delà est venu, que quoiqu'elle n'ait jamais eu d'Evêque & que pour le Spirituel elle ait toujours été soumise à l'Evêque ou à l'Archevêque de Turin, non seulement les Souverains, mais même des Ecrivains déjà anciens & estimez ne l'ont pas crue indigne du titre de Cité.

La Ville est sur le penchant d'une Colline, exposée à l'Orient & au Midi, au pied des Montagnes qui étoient autrefois censées faire partie du Montferrat, dans un terrain fort agréable, & dans un air doux & salubre. Elle est entourée au Nord & au Couchant de Côteaux couverts de Vignes & d'Arbres fruitiers; au Midi & à l'Orient, il y a la plus belle vue du monde sur une belle Plaine; & comme le territoire fournit abondamment toutes les commodités de la vie, les Habitans vivent agréablement. Cette abondance ne les rend point négligens, comme cela n'arrive que trop souvent ailleurs; au contraire, comme ils sont industrieux, ils travaillent le Lin, la Laine, la Soye & en font des Toiles & des Etoffes qui se transportent ailleurs. Ces Esprits si propres à la Méchanique, ne le sont pas moins à l'Etude des Sciences, quand ils font tant que de s'y appliquer. Ils réussissent aussi dans les armes. Il y a peu de Villes dans la domination de Savoye & de Piémont, qui puisse se vanter, d'avoir produit tant d'hommes qui se sont distinguez, dans les Etudes & à la Guerre. Le nombre des Familles nobles qui y sont domiciliées est tel, que l'on y comptoit il y a près d'un siècle, jusqu'à vingt-deux Chevaliers de Malthe, dont quelques uns étoient Grands-Croix; sans compter ceux qui étoient à Malthe ou ailleurs. Plusieurs de ces gentilshommes, sont Seigneurs de très-belles Terres: quelques-uns ont à la Campagne des Châteaux & des Tours; d'autres ont de fort beaux Palais, qui marquent combien ceux qui les ont élevez, étoient riches.

La Ville est entourée d'une muraille à l'antique, flanquée de Tours & munie d'un fossé. Il y avoit autrefois une Citadelle, nommée LA ROCHETTA, que l'on a détruite dans le XVII. Siècle. Il y avoit aussi trois autres Forts, l'un au-dessus & les deux autres au-dessous de la Ville; mais ils ont été démolis durant les guerres. La Ville a six Portes, qui répondent à autant de Quartiers. L'une aboutit au Quartier, nommé *Dell' Arena*, peut-être à cause qu'il y avoit en ce Lieu, un Amphithéatre pour les Jeux publics; les autres sont appellées de *Novo*, de *Vayro*, de *Moreto*, de *Albafana*, de *Gialdo*. De ces Portes, on va par des Rues, où il y a de tems en tems de belles Maisons & des Tours, en quatre grandes Places, qui servent tant aux Marchez qu'on y tient deux fois par semaine, qu'aux promenades des Personnes de qualité. Ces Tours ont été élevées dans les tems des guerres civiles. Chacun s'y refugioit & y mettoit à couvert, ce qu'il avoit de plus précieux. Ces dissentions finirent en 1533. Tous se réunirent sous un même Sindic, & pour ôter le prétexte des troubles que causoit la préséance, il fut réglé qu'elle se donneroit non à l'ancienneté de la race, mais à l'âge de chacun. Cette Pacification confirmée par l'autorité du Souverain, s'est maintenue jusqu'à présent. Cette Villa s'étoit donnée dès l'an 1347. à Amédée de Savoye, nommé le Comte Verd, & à Jaques de Savoye, son Cousin, appellé le Prince d'Achaïe. Elle avoit été auparavant à Jeanne Reine de Naples.

La grande Eglise qui est une Collégiale, s'appelle *Santa Maria de Scala*, c'étoit anciennement un Temple consacré à Minerve, à ce qu'on croit. Les dignitez du Chapitre sont le Prevôt, l'Archiprêtre & le Chantre. Les Dominicains & les Franciscains ou Freres Mineurs ont de beaux Couvens en cette Ville où ils sont, dit-on, établis depuis le tems même de la fondation de leurs Ordres. Les Hermites de St. Augustin ont en haut un Couvent; plus haut encore est celui des Freres Mineurs Observantins. Leur Eglise est sous l'Invocation de St. George; il y a aussi d'autres Freres Mineurs de l'étroite Observance sous l'Invocation de Notre-Dame de la Paix. L'Eglise qui étoit sous le titre de St. Antoine Abbé a été donnée par Maurice Comte de Savoye aux P.P. Jésuites, qui ont tout auprès un Noviciat & un Collége pour la Jeunesse. On a aussi à Quiers des Clercs Réguliers de St. Paul ou Bernabites, & des Prêtres de l'Oratoire de la Congrégation de St. Philippe de Neri. L'Ordre de Malthe y a une Commanderie dont le titre est St. Léonard. L'Ordre de St. Maurice y en a aussi une sous le titre de St. Jacques. Les Religieuses de l'Annoniation ont leur Chapelle dans le Quartier des Arènes. C'est une grande dévotion que nourrissent quantité de Miracles qu'on dit qui s'y font. Il y a à Quiers un Hôpital pour les Malades. On y a soin des Enfans-trouvez, & on y reçoit les Passans; dans une autre Maison nommée *la Maison* de l'Aumône on donne, selon un usage très-ancien, des vivres & des habits aux pauvres gens. Outre cela il y a six Confrairies de Laïques, qui s'associent pour des œuvres pies, & la Congrégation du St. Sacrement. Ajoutez une Communauté de femmes nommées les *Humiliées*; une Maison d'Orphelines pour l'entretien des petites filles qui ont perdu leurs parens. Il y a trois Couvents de Religieuses. savoir le Monastère de St. André, Ordre de Cisteaux; le Couvent des Clarisses, & celui de Ste. Marguerite, sous la Régle de St. Dominique. Tout cela est dans la Ville. Les Capucins sont dehors, & au haut des Collines vers le Nord sur le Chemin de Turin, on voit l'Eglise des Carmes avec la Paroisse de Notre-Dame du Pin: outre cette Paroisse qui est hors la Ville, il y en a deux dans la Ville même, savoir la Collégiale & l'Eglise de St. George des Freres Mineurs Observantins. C'est à ces trois Paroisses que le Peuple, tant hors la Ville que dedans, reçoit les Sacremens. Ce Peuple fait environ treize mille ames.

La Ville est gouvernée par un Lieutenant du Souverain, comme Prince de Piémont. Il Juge tant du Civil que du Criminel. Il a sous lui un Juge qui est à sa nomination & qui doit être un des plus habiles Jurisconsultes. Il y a outre cela un Tribunal de quatre Nobles, de deux Marchands & de deux Bourgeois qui sont nommez par leurs Corps respectifs.

QUI.

pectifs. On appelle a eux des Sentences du Juge inférieur, & de leur Sentence on appelle encore au Lieutenant du Souverain, ou Vicaire. Il y a aussi dans la Province de Quiers une autre sorte de Magistrat, savoir le Référendaire qui connoît des causes qui concernent les Finances du Prince, ou qui lui sont renvoyées par le Conseil Souverain. L'air de Quiers est si bon qu'on y transfére l'Académie de Turin dans des tems de contagion.

La PROVINCE DE QUIERS est bornée au Nord par le Haut Montferrat, à l'Orient par le Comté d'Asti, au Midi par la Province de Carmagnole, & au Couchant par le Pô, qui la sépare de cette Province & de celle de Turin. Les Principaux lieux sont,

Quiers,   Riva,
Montcalier,   Villa nuæva d'Asti,
                  & Poirino.

QUIERZI. Voyez CARISIACUS.

QUIETIS FANUM, Temple consacré au Repos, dont Rome payenne avoit fait une Divinité. Il étoit hors de la Porte surnommée Collina, selon St. Augustin au Livre de la Cité de Dieu, dans le Chemin nommé *Via Lavicana*, selon Tite-Live L. 4. Martien croit qu'il étoit où est aujourd'hui l'Eglise de St. Pierre de St. Paul & de St. Marcellin. Ortelius, de qui est cet Article jusqu'ici, croit qu'il étoit plus loin de Rome.

Cet Article mérite plus d'une remarque. Premiérement *Porta Collina* conduisoit à la Voye du Sel *Via Salaria*, & point du tout à la Voye Lavicane. Or Tite-Live qui devoit connoître parfaitement ces Lieux dit bien expressément [a] que le Temple du Repos étoit *in Via Lavicana*. *Jam Consul Via Lavicana ad Fanum Quietis erat*. En second lieu il faut dire Marlien qui a décrit l'ancienne Rome, & non point Martien, ou Marcien de qui il n'est point ici question. En troisième lieu, il ne s'agit point d'une Eglise sous l'Invocation de St. Pierre, de St. Paul & de St. Marcellin, mais bien d'une Eglise érigée en mémoire de St. Pierre, Exorciste, & de St. Maximin, Prêtre martyrisé en cet endroit, sous l'Empire de Dioclétien. L'Auteur de la *Descrizione di Roma moderna*, en parlant de l'Eglise de Ste. Hélène & de celle de St. Pierre & de St. Marcellin, hors de la Porte Majeure, dit : [b] *Due miglia in circa Lungi della detta Porta di Roma nella Via Labicana, si trova questa Chiesa contigua ad una Torre detta* PIGNATTARA *la quale Costantino Magno dedicò a la Sua Santa Madre quale era stata inisepolta, Essendo si questa Scoperta circa l'anno 1632. fù appresso restaurata da Urbano VIII. & è Vicina all'altra Picciola Chiesa è Cemeterio de Santi Martiri Pietro è Marcellino Chiamato da Antonio Bosio nella sua Roma Sotteranea* AD DUAS LAUROS. C'est-à-dire : Environ à deux milles de cette Porte de Rome (la Porte Majeure) dans la Voye Labicana on trouve cette Eglise de Ste. Hélène) tout joignant une Tour nommée PIGNATTARA. Laquelle Eglise Constantin le Grand dédia à sa Ste. Mere qui y avoit été inhumée. Ayant été découverte vers l'an 1632. elle fut ensuite rétablie par le Pape Urbain VIII. elle est voisine d'une autre petite Eglise & du Cimetiére des Sts.

[a] l. 4. c. 41.
[b] p. 603.

QUI. 31

Martyrs Pierre & Marcellin ; appellé par Bosius dans sa Rome souterraine *Aux Deux Lauriers* AD DUAS LAUROS. On voit par là que cette Eglise & ce Cimetiére sont sur la Voye Lavicane ce qui convient au *Quietis Fanum* de Tite-Live ; & qu'ils sont auprès de l'Eglise de Ste. Hélène, qui est à deux milles de Rome & de la Porte Majeure. Voyez QUINTANÆ.

QUIETO, petite Riviére d'Italie en Istrie, dans l'Etat de Venise. Elle a sa source dans les Montagnes aux confins de la Carniole, auprès de Pinguente, d'où coulant vers le Sud-Ouest elle passe à Sdregna, & s'étant ensuite chargée d'un Ruisseau elle se replie vers l'Occident, traverse l'Istrie, passe entre Emonia Rouinata & Bastia, & va former à son embouchure dans le Golphe de Venise un Port nommé *Port de Quiéto*; au Midi de son embouchure est une Pointe appellée PUNTA D'ABREGA. Voyez ISTER 2.

QUILA, Riviére d'Afrique au Congo, au Royaume de Loango. Elle coule entre les Provinces de Cilongo & de Loangiri & arrose Katte & Kaye, & se perd ensuite dans l'Océan, entre le Cap de Cilongo & le Luythœc.

QUILLAN, petite Ville de France en Languedoc au Diocèse d'Alet, à deux lieues & un demi quart de lieue (lieues de Languedoc) au Midi de la Ville d'Alet, sur la Rive Occidentale de l'Aude que l'on y passe sur un Pont, assez près des Confins du Diocése de Mirepoix. C'est une Baronnie. Daviti dit qu'elle appartient à l'Archevêque de Narbonne.

§ Mr. Baudrand dit QUILLA; Mr. Corneille dit *Quilhan*, petite Ville, & fait immédiatement après un autre Article de *Quilla* Bourg. C'est le même Lieu nommé QUILLAN par Mr. de l'Isle dans sa Carte du Diocèse de Narbonne.

QUILLEBEUF, [c] petite Ville de France avec Siège d'Amirauté en la Haute Normandie, Diocèse de Rouen, & dans le petit Pays du Roumois, dont elle est Capitale, en Latin *Quillebovium*. Elle est située sur la Seine, entre Caudebec & Honfleur, à sept lieues au-dessus du Havre-de-Grace, & à trois de Ponteau-de-Mer & du même côté. Cette Ville étoit assez considérable sous le Regne de Louïs XIII. mais ses fortifications & ses murailles ont été rasées. Son Eglise Paroissiale porte le titre de Nôtre-Dame. La grande Rue est bâtie sur le Rivage, au pied d'une Roche vive, & escarpée en précipice. Ses autres Rues sont du côté du Marais, où est l'Hôpital ; & ces Rues s'élevent en partie sur le penchant de la Côte. Au pied de la Roche l'on voit une Plage limonneuse, qui est un assez bon mouillage pour les Vaisseaux, qui montent à Rouen & qui en descendent. Il y a très-peu de terre de labour sur la Paroisse de Quillebeuf. Les femmes & les filles y font de la Dentelle, les hommes s'occupent à la Pêche, dont la principale est celle de l'Eperlant. Ils pêchent aussi des Flondes, des Plies, des Limandes, des Carlais, des Soles, des Alozes & d'autres poissons. Ils ont des Chasse-marées qui les portent à Paris. Le passage du Havre à Quillebeuf est en réputation d'être difficile pour les Vaisseaux, à cause de la quantité des Bancs de sable qui s'y forment & qui changent de place,

[c] Mémoires dressées sur les Lieux en 1704.

32 QUI. QUI.

ce, ce qui obligé les Vaisseaux étrangers à prendre les Pilotes de Quillebeuf, où il n'y a qu'un Lieutenant Particulier pour administrer la Justice & la Police. Les autres procédures se font à la Vicomté & au Bailliage.

Mr. Baudrand lui donné pour nom Latin HENRICOPOLIS. J'ai appris sur les Lieux que l'ancien nom de Quillebeuf est *Aricarville*, *Haricarville*, ou *Erricarville*, ce qui revient à l'*Henricopolis* de Mr. Baudrand.

QUILLIGA, (le Pays de) Contrée d'Afrique dans la partie Occidentale de la Côte de Guinée à l'Orient de la Province de Bolm [a], & au Couchant du Royaume de Quoja, dont cette Province & celle de Bolm dépendent. Ce Pays est traversé par la Riviére que les Naturels nomment MAQUALBARI & les Portugais *Rio das Gallinhas*. La Riviére des Poules à cause de la quantité de Poules qu'ils y trouverent sur ses bords. Les Peuples de Quilliga ont une Langue particuliére & fort différente de celle des autres Négres. Le Roi de Quoja y envoye une espéce de Viceroi pour les gouverner. On fait chez eux un grand commerce de Peaux.

[a] Dapper, Afrique, p. 252.

1. QUILMANCI, (LE) grande Riviére d'Afrique dans l'Ethiopie [b]. Elle a sa source auprès de Bochæ au Royaume de Narea, dans l'Abissinie & faisant presque un Cercle, vers le Nord & l'Orient, comme pour enfermer dans une Presqu'Isle la Résidence du Roi de Gingiro, dont elle sépare les Etats de la Nation des Galles. Jusques-là cette Riviére se nomme ZEBEE; delà elle passe chez les Maracares qu'elle laisse à l'Orient, traverse la Ligne Equinoxiale, baigne le Pays des Mossegayes, Caffres très-barbares, & coupant enfin la Côte de Zanguebar, elle se perd dans l'Océan au Royaume de Mélinde, au Midi d'une Place nommée comme elle QUILMANCI. Quelques-uns la prennent pour le RAPTUS ou RAPGUS des Anciens.

[b] De l'Isle Atlas.

2. QUILMANCI, Ville d'Afrique, au Zanguebar, sur la Côte du Royaume de Mélinde, au bord Septentrional de l'Embouchure de la Riviére de Quilmanci, à huit ou neuf lieues marines au Midi Occidental de Mélinde. Cette Côte est aux Portugais.

QUILOA [c], Isle, Ville, Fort, & Royaume d'Afrique dans l'Ethiopie au Zanguebar, sur la Côte de Mélinde, au Midi, à l'Embouchure des Riviéres de Cuabo & de Quisima Jugo. Le milieu de l'Isle est à huit degrez vingt minutes de Latitude Méridionale. Les Portugais en firent la découverte en 1498. mais il n'y abordérent pas pour cette fois. C'étoit alors une Ville opulente, fameuse par son Commerce avec les Indes & habitée en partie des Chrétiens Abissins. Mais deux ans après Cabral y aborda. Cette Couronne étoit alors usurpée par Ibrahim qui chercha à lui tendre quelque piége. Il différa sa vengeance jusqu'à son retour des Indes. En 1502. l'Amiral Portugais ayant établi deux Comptoirs à Sofala & à Mélinde, tomba sur Quiloa, prit Ibrahim [e], prisonnier & ne le relacha qu'après qu'il se fut reconnu Vassal de la Couronne de Portugal & qu'il eut promis un tribut annuel de deux mille Miticals d'or. En 1506. Almeida qui alloit être Viceroi des Indes le détrô-

[c] Le P. La Fitau, Histoire des Découv. & Conquest. des Portugais, T. 1. p. 111.

[d] p. 165.

[e] p. 183.

na entiérement & donna sa Couronne à Mahomet Anconin, qui auparavant fit serment de fidélité au Roi de Portugal. Il fit bâtir à Quiloa un Fort qu'il fallut détruire ensuite. Le P. du Jarric Jésuite dans son Histoire des Indes Orientales parle ainsi de Quiloa [g]. „ Après qu'on a passé le Mozambique, ti- „ rant au Nord, l'on trouve l'Isle & la Vil- „ le de Quiloa, Capitale d'un Royaume ap- „ pellé de même nom. Il y en a qui disent „ que c'est la Ville appellée *Rapta* de Ptólo- „ mée, qui dit que c'étoit jadis la Capitale „ de Barbarie, d'où aussi a été nommé le „ Promontoire *Raptum*: combien qu'il la met „ au septième degré de Latitude Australe & „ on la trouve au neufviesme. Quoiqu'il „ en soit, cette Isle est très-fertile & abon- „ dante en diverses sortes de fruits & de vi- „ vres propres à la nourriture de l'homme. „ L'air y est aussi fort bon. Le Roi de Qui- „ loa étoit jadis Seigneur du Mozambique, „ quand les Portugais commencérent de na- „ viger en ces Quartiers-là : mais depuis „ pour les torts qu'ils y avoient reçus, ils „ l'envahirent, & y bâtirent une Citadelle, „ comme aussi à Quiloa : mais ayant d'au- „ tres Lieux plus commodes sur cette mesme „ Coste, ils razerent ceste-cy quelque tems „ après par le commandement du Roi de Por- „ tugal. Les Habitans sont payens pour la „ plus-part, bien qu'il y en aye aussi force „ Mahammetains. Ils sont blancs de couleur „ & vont vestus honnestement de diverses „ sortes de draps, tant de laine que de soye. „ Les femmes portent des Chaisnes & des „ Brasselets d'or. Ils Bastissent leurs Mai- „ sons de pierre, de bois & tels autres ma- „ teriaux que nous, mais avec une belle & „ magnifique structure.

[f] p. 316.

[g] T. 2. c. 13.

Le VIEUX QUILOA, & le Royaume de Quiloa sont en terre-ferme, au Midi de la Riviére de Cuabo.

QUIMBAIA [h], Montagne & Volcan de l'Amérique Méridionale au Popayan, avec une Province nommée de même, *Quimbaia*. La longueur de cette Contrée est de quinze lieues & sa largeur de sept, depuis la Riviére Cauca jusqu'aux Andes. On voit au haut du Volcan qui exhale une fumée fort épaisse & il en descend plusieurs petites Riviéres dans lesquelles il se trouve beaucoup d'or. Cette Province est presque toute couverte de grands Roseaux dont les Sauvages font leurs Maisons & parmi lesquels se retirent des Lions fort grands & un Animal & un Ohuca qui porte ses petits dans un Sac. Il y a aussi plusieurs Cerfs, des Lapins & des Guadaquinayes un peu plus grands que des Liévres & d'un fort bon goût. L'air y est fort sain & n'est ni trop froid ni trop chaud. Les Espagnols y vivent long-tems & sont rarement malades. Les Abeilles qu'on y voit en fort grande quantité font leur miel dans les troncs des Arbres & au milieu des Roseaux. Comme il y pleut la plus grande partie de l'année, les chemins sont fort mauvais de tous côtez à cause des Marais & de la boue. La Ville de CARTHAGO est de la Contrée de Quimbaia.

[h] Corn. Dict. De Latt Ind. Occid. l. 9. c. 13.

QUIMPER-CORENTIN, Voyez KIMPER.

QUIMPERLÉ, QUIMPERLEY, ou QUIM-

QUI.

QUIMPERLAY; petite Ville de France dans la Basse Bretagne au Pays de Cornouailles, Diocèse de Quimper-Corentin, sur le Ruisseau d'Isotte, à deux lieues de la Mer, à trois de Port-Louis, & à huit de Kimper. Il y a à Quimperlé l'Abbaye de Sainte Croix, de l'Ordre de St. Benoît. Elle fut fondée par Alain Cagnart Comte de Cornouailles le 14. d'Octobre 1029. dans un Lieu qui s'appelloit Anaurot. Il lui donna Belle-Isle & plusieurs autres Terres. L'Abbaye est au Couchant de la Ville, & la Ville elle-même est aux confins des Evêchez de Kimper & de Vannes; au fond d'un Golphe que forme la rencontre de la Mer & de deux Riviéres qui se joignent à cette Ville. L'une est appellée l'Isotte & l'autre Ellé.

QUINA, ancienne Ville de l'Afrique, selon Ptolomée, Κοῦνα, CUINA ou QUINA. Il en fait une Colonie. Voyez ARRADES.

QUINAM. Voyez QUINHIN.

QUINCHE, (LA) Riviére d'Allemagne dans la Suabe. Voyez KINTZIG qui est son vrai nom.

QUINDA, ou CUINDA, Κούνδα, Forteresse d'Asie, dans la Cilicie au-dessus d'Anchiale, selon Strabon. C'est où, dit-il [a], les Macédoniens gardoient les Tresors. Eumènes les enenleva après qu'il eut pris les armes contre Antigone. Plutarque [b] dit qu'Eumènes eut ordre de faire la guerre à Antigonus avec l'Armée qui étoit en Cappadoce & de prendre dans le Tresor Royal qui étoit à *Cyndes*, cinq cens talens pour rétablir ses propres affaires & d'en prendre pour les frais de la guerre autant qu'il en auroit besoin. Ce passage a determiné Ortelius à mettre *Quinda* dans la Cappadoce. Mais je ne sais sur quoi fondé, Mr. Dacier après avoir nommé *Cyndes* cette Forteresse dont on vient de parler, l'appelle CUINDES dans la Vie de Démétrius [c]. Voici le passage. Dans sa route il fut souvent forcé de relâcher & de prendre terre. Il relâcha sur-tout en Cilicie, où regnoit alors Plistarchus à qui les autres Rois l'avoient donnée pour sa part, après la défaite d'Antigonus (Pere de ce Démétrius); ce Plistarchus étoit frere de Cassandre. Croiant donc que son Pays avoit été fort maltraité par cette descente de Démétrius & voulant se plaindre de Séleucus de ce qu'il se raccommodoit avec l'ennemi commun, sans la participation des autres Rois, il se mit en chemin pour l'aller trouver. Démétrius informé de son départ s'éloigna de la Mer & fit une course jusqu'à la Ville de Cuindes, où ayant trouvé douze cens talents qui étoient un reste du Tresor que son Pere Antigonus y avoit laissé, il les enleva & s'en étant retourné en toute diligence, il se rembarqua très-promptement & fit voile vers la Syrie. Je crois que QUINDA, CUINDA ou CYNDA, est une même Ville, aux Confins de la Cilicie & de la Cappadoce. Suidas dit que la Ville d'Anazarbe a été anciennement nommée *Cuinda* ou *Quinda* & ensuite Diocésarée.

[a] l. 14. p. 672.
[b] Traduct. de Mr. Dacier Homm. Illust. T. 5. p. 265.
[c] Ibid. T. 7. p. 413.

QUINELEF, ou QUINALAF, Riviére d'Afrique dans la Barbarie. Voyez AÇAFRAN.

[d] Jaillot, Atlas.

QUINGE, ou QUINGEY, petite Ville de France en Franche-Comté, d'environ 470. personnes. Elle est situeé dans le Bailliage du milieu, sur la Louve Riviére qui grossit le Doux & est le Chef-lieu d'un petit Bailliage auquel elle donne son nom. Il y a une Paroisse avec Familiarité, c'est-à-dire des Ecclésiastiques qui ont entr'eux une sorte de Congrégation qui les attache à la Paroisse; il y a aussi à Quingey un Prieuré & une Maison qui appartient aux Dominicains & où ils n'ont qu'un ou deux Religieux. Cette Ville est presque ruïnée par le passage des troupes. La Grotte de Quingey est très-remarquable. Voyez au mot GROTTE où elle est décrite.

[e] Piganiol de la Force, Descr. de la France, T. 7. p. 563.

QUINHIN [f], Contrée d'Asie dans la Cochinchine. C'est la Province la plus Méridionale de ce Royaume. Elle a plusieurs bons Ports de Mer & est arrosée de grandes Riviéres navigables.

[f] Le P. Alexandre de Rhodes, Voyag.

QUINIMINIO, Isle de l'Archipel. Mr. Baudrand dit [g]; *Quiniminio*, Isle de Grece dans l'Archipel & une des Cyclades entre celles de Paris & de Nio; elle est fort petite n'ayant que trois milles de circuit, & est à cinquante milles de Sdile vers le Midi. Selon cet Auteur c'est l'*Oliarus* des Anciens. Il y a bien des fautes dans ce peu de mots. En premier lieu *Paris* n'est point le nom d'une Isle de ce Pays-là, il a sans doute voulu dire *Paros*. 2. Entre Paros & Nio, il n'y a point d'Isle. 3. Il y en a encore moins au Midi de Delos à la distance de cinquante milles; car Delos & Sdile, c'est la même chose. 4. Pas une de ces marques ne convient à l'*Oliarus* des Anciens. 5. *Oliarus* n'est point différente d'*Antiparos*. Voyez ce mot.

[g] Ed. 1705.

QUINNIBEQUIN, QUINIBEQUI, ou KINIBEKI; Riviére de l'Amérique Septentrionale, sur la Côte Occidentale, entre la Nouvelle Angleterre & l'Acadie, qu'elle sépare à son Embouchure. Le Pays qu'elle arrose est partie de la Nouvelle France & partie de l'Amérique Angloise [h]. Elle se jette dans la Mer du Nord à vingt-cinq lieues vers l'Ouest de celle de Pentagouet. Vis-à-vis de son Embouchure, il y a une Isle qui s'éleve doucement en bosse, ce qui la fait appeler l'ISLE DE LA TORTUE. Entre cette Isle & le Continent sont des Rochers cachez sous l'eau & des Basses, & la Mer y brise fort. On trouve une petite Isle de chaque côté de l'Embouchure de cette Riviére. Il y en a plusieurs autres le long des Rivages. Elle est très-dangereuse à remonter pour les Vaisseaux, à cause du peu d'eau, des grandes Marées & des Basses, qui sont dehors & dedans. Le Terroir qu'elle lave d'un côté & d'autre est rude, & tout couvert de rochers. On y voit quantité de petits Chênes & fort peu de terres labourables. Les Sauvages qui habitent cette Côte sont en petit nombre. Dans l'Hyver au fort des neiges, ils vont chasser aux Elans & à d'autres Bêtes, dont ils se nourrissent la plûpart du tems. Ils prennent pour cela de grandes Raquettes qu'ils s'attachent sous les pieds, & vont ainsi hommes & femmes & enfans dans la neige sans enfoncer, chercher la piste des Animaux. Quand ils l'ont trouvée, ils continuent à marcher, jusqu'à ce qu'ils apperçoivent la Bête. Alors ils tirent dessus avec leurs arcs, ou la tuent avec des épées emmanchées au bout d'une demi-pique. Quand ils ne vont point à la chas-

[h] Champlain Voyages Part. I. 2. c. 4.

E

chasse ils vivent d'un Coquillage qui s'appelle Coque. Leur habillement est fait l'Hyver de bonnes fourrures de Castors & d'Elans. Champlain rapporte que rangeant la Côte de l'Ouest, il passa par quantité d'Isles jusqu'à celle qu'ils nomment de la Tortue, qui est à dix lieues de Quinnibequin. Il ajoute qu'à l'entrée de cette Riviére il y a deux moyennes Isles, l'une d'un côté & l'autre de l'autre, & qu'à trois ou quatre cens pas au dedans, on rencontre deux Rochers sans bois, mais avec quelque peu d'herbe. Il mouilla l'ancre à cinq ou six brasses d'eau & ayant fait quelques lieues, il vit deux Canots de Sauvages qui étoient venus chasser aux Oiseaux. Ces Sauvages le guiderent, le faisant passer (après qu'ils eurent fait sept ou huit lieues,) par certaines Isles, des Détroits & des Ruisseaux qui se déchargent dans la Riviére. Il vit là de belles Prairies, cotôyant une Isle qui peut avoir quatre lieues de long. Ils le menerent où étoit leur Chef avec vingt-cinq ou trente Sauvages. Ce Chef sitôt que Champlain eut mouillé l'ancre, vint à lui dans un Canot un peu séparé de dix autres, où étoient ceux qui l'accompagnoient, & lui témoigna souhaitter son alliance, disant qu'il envoyeroit chercher deux autres Capitaines Sauvages qui étoient dans les terres, l'un nommé Marchin & l'autre Sazinou, Chef de la Riviére de Quinnibequin. Le lendemain ces Sauvages en descendant la Riviére, le menerent par un autre chemin qu'il n'étoit venu, pour aller à un Lac ; & passant par des Isles, ils laisserent chacun une fléche près d'un Cap, persuadez que s'ils y manquoient, ils ne pourroient éviter quelque malheur. Par de-là ce Cap on passa avec grande peine un Saut d'eau fort étroit, & les Sauvages porterent leurs Canots par terre, ne les pouvant passer à la rame. Ils vinrent ensuite au Lac, long de trois à quatre lieues, & où il y a quelques Isles. Deux Riviéres y descendent, celle de Quinnibequin qui vient du Nord-Est, & l'autre du Nord-Ouest. On va par la Riviére de Quinnibequin au travers des terres jusqu'à Québec, environ cinquante lieues, sans passer qu'un trajet de terre de deux lieues; on entre ensuite dans une autre petite Riviére, qui va se jetter dans le grand Fleuve de Saint Laurent.

§. Cette Riviére est celle du Chêne, dont la source aussi-bien que celle du Quinnibequin est au Pays des Etéchemins. Cette Riviére au reste est formée de deux Riviéres qui se joignent auprès de St. George, Colonie Angloise. La plus Méridionale est nommée sur une nouvelle Carte *Kinibeki*. Cependant ce n'est point celle-là que Champlain a voulu décrire. C'est celle du Nord; ou pour mieux dire de l'Orient. Cela se comprend aisément par les Lacs dont il fait mention. Et en même tems, on voit que ces Lacs sont voisins de celui qui tient lieu de source à la Riviére du Chêne qui tombe dans le Fleuve de St. Laurent un peu au-dessus de Québec.

QUINOCUNI, (LE ROYAUME DE) Pays du Japon dans la partie Méridionale de Jessengo. Il tire son nom de sa principale [a] Ed. 1705. Ville, selon Mr. Baudrand [a].

QUINQUE COLLES, Lieu particulier du Péloponnèse dans la Laconie à sept Stades de la Ville de Lacédémone. On y faisoit du Vin qui est vanté par Athénée [b]. [b] Ortelii, Thesaur.

QUINQUE ECCLESIÆ, Ville de Hongrie, Voyez CINQ EGLISES au mot EGLISE.

QUINQUEGENTIANI, ancien Peuple d'Afrique. Eutrope [c] dit qu'ils infestoient l'Afrique sous l'Empire de Dioclétien. [c] l. 9. c. 14. Orose [d] les nomme aussi de même. Aurelius [d] l. 7. c. 25. Victor dit : *Nationes Quinquegentana*. Jornandès [e] dit : *Postquam. . . . Maximianus Herculius in Africa Quinquegentianos attrivisset*. Les Historiens Grecs , l'Auteur de la Métaphrase Grecque de l'Histoire d'Eutrope, Zonare & autres Grecs divisent ce mot πέντε τινῶν γεντιανῶν τὴν Ἀφρικὴν κατασχόντων. Il semble que par le nom *Quinquegentiani*, ils aient entendu cinq Tyrans, auxquels le nom de Gentianus ait été commun. Quelques savans Modernes ont cru que par *Quinquegentiani* il falloit entendre les Habitans de la Pentapole formée de cinq Villes qui faisoient autant de Peuples. C'est la pensée de Scaliger [f] & de [f] ad Euseb. n. 2303. Tanaquil le Févre , comme le dit Madame Dacier sa fille dans son Commentaire sur Eutrope. C'étoit aussi la pensée de Sylburge, [g] ad Pæanium. comme il le marque dans ses Notes; quoique dans une Lettre à Ortelius il ait marqué qu'il n'en étoit pas fort sûr. Les Freres Valois dans leurs Notes sur Ammien Marcellin [h] l. 22. c. 6. n'accordent pas à Scaliger que les *Quinquegentiani* soient les habitans de la Pentapole, ou p. 341. ce qui revient au même, les Peuples de la Cyrénaïque. Selon lui les *Quinquegentiani* étoient des Barbares placés au de-là des bornes de l'Afrique, comme le témoigne Julius Honorius, ancien Auteur, qu'Ethicus a copié. Ce n'est pas que Julius Honorius ait dit tout cela ; mais dans les Extraits entr'autres listes on voit celle-ci : *Oceani Meridiani Oppida quæ sint* ; par l'Océan il entend la Méditerranée ; & entre ces Villes il met *Hippone*, *Tabraca*, *Ippone Regio*, *Russicade*, *Culli*, *Saldis Quinquegentiani*, *Rusuccuru*, *Tipasa*, *Cæsarea*, &c. Par où il semble qu'il ait marqué la place de ce Peuple, supposé qu'il l'ait nommé en son rang, chose à laquelle il y a bien de l'apparence.

QUINSAI [i], ou KINGSU, Marco Paolo [i] Baudrand le Vénitien a donné ce nom à la Capitale de Edit. 1705. la Chine, & dit qu'elle avoit cent milles de tour & douze milles de long, soixante Ponts, quatre cens soixante & dix Portes & des murailles où douze Chevaux de front pouvoient courir. On ne voit dans toute la Chine aucun vestige d'une Ville aussi vaste. Quelques-uns ont cru qu'il a voulu parler de PEKIN ; mais le P. Martini prétend que c'est de HANGCHEU à présent LINGAN, laquelle ayant été le Siège des Rois de la Chine vers l'an 1300. peut avoir été appellée *Kingsu*, c'est-à-dire, *Ville Royale*. Voyez ces Articles.

QUINT, Bourg de France en Dauphi- [k] Jaillot, né dans le Valentinois sur un Ruisseau qui Atlas. se jette dans la Drome, au Nord-Ouest & à environ deux lieues de la Ville de Die.

QUINTA, Ville du Pont [l], selon Nicétas. [l] Ortelii Thesaur.

QUINTANA, Bourg d'Espagne dans l'Estremadure, au Nord d'Esserena en allant à

Vil-

QUI.

Villa Nova qui est sur la Rive de la Guadiana.

QUINTANÆ, Lieu de la Seconde Rhétie. Il y avoit Garnison Romaine. La Notice de l'Empire porte [a] *Præfectus Alæ prima Flaviæ Rhetorum Quintanis*. C'est le même Lieu dont parle Antonin dans son Itinéraire, où il le nomme *Quintianas*, entre *Ovilabis* & *Augusta Vindelicum*, à XXIV. M. P. de *Boiodorum* & à XX. M. P. d'*Augusta*. On croit que c'est KINTZEN. Voyez ce mot.

[a] Sect. 59.

QUINTANAS. (AD) Voyez au mot AD l'Article AD QUINTANAS.

QUINTANICA [b], Riviére de la Seconde Rhétie. Eugippius fait mention de cette Riviére dans la Vie de St. Severin.

[b] Ortelii Thesaur.

QUINTI. Voyez UTTI.

QUINTIANA POSITIO, selon Ortelius, *Quintianum*, selon l'Edition de Bertius; Antonin dans son Itinéraire Maritime nomme ainsi une espéce de Rade ou d'Abri où les Vaisseaux qui suivoient la Côte de Toscane pouvoient aborder. Ce Lieu étoit, à III. M. P. de *Maltanum*, à VI. M. P. de *Rega*, & à environ XXXVII. de Porto Hercole.

QUINTIANO, Bourg d'Italie dans l'Etat de l'Eglise au Bressan sur la route de gli *Orzi Nuovi* environ à XX. milles de Brescia. Il y a un Château bâti l'an 1135. L'Oglio passe par ce Bourg. On y fait beaucoup de toiles.

[c] Corn. Dict. De Seine Voyage de l'Italie.

QUINTIANUM, St. Optat dans son Histoire du Schisme des Donatistes [d] nomme entre les Evêques choisis par Constantin pour juger la cause de Donat & de Cécilien, *Zoticus a Quintiano*, Zotique de *Quintianum*. Ortelius a soupçonné que cet Evêché pourroit bien être *Quintiana* (il devoit dire Quintiano) dans le Bressan. Mr. du Pin, dans ses Notes sur St. Optat dit Quintianum, Ville de la Rhétie; c'est maintenant un Village du Bressan nommé Kintzen. On voit qu'il a lu négligemment les Géographes qu'il consultoit. Kintzen est en Baviére & n'a rien à démêler avec le Bressan, Quintiano est dans le Bressan, mais il n'est point dans la Rhétie & est très-différent de Kintzen; ce dernier est en Allemagne, l'autre est en Italie & il y a bien des Provinces entre-deux.

[d] l. 1. c. 23.

QUINTILIANO, Hermitage d'Italie assez près de Rome sur la Voye Flaminienne. Il porte ce nom, parce qu'on prétend qu'il est bâti sur les ruïnes de la Maison de Campagne de Quintilianus, mais comme le remarque le P. Labat [e], il s'en faut bien qu'il n'en occupe tout le terrain, tous les environs sont pleins des restes de ces Bâtimens superbes. On y voit encore quantité de voutes qui soutenoient les Terrasses où étoient les Bâtimens & les Jardins, & d'espace en espace les restes de l'Aqueduc qui y portoit l'eau. On y distingue encore sans peine les endroits où il y avoit des Portiques soutenus par des Colonnes, & dans d'autres des amas confus de Murs & de Piéces d'Architecture. On en a tiré bien des morceaux & on n'a pas encore tout pris. Ce Palais avoit une vue charmante. Il avoit le Teverone à sa gauche, Tivoli, la *Ville de Mécénas*, & tout le pays jusqu'aux Montagnes de Palestrine. Il voyoit en face la Ville de Rome, ainsi que tout le pays

[e] Voyage d'Italie T. 4. p. 99.

QUI.

jusqu'à la Mer, & avoit à sa droite la Sabine. La Voye Flaminienne qui passe par cet endroit est encore assez entiére en bien des lieux & sur-tout dans ceux qui se sont trouvez hors de la portée des endroits où l'on bâtit.

QUINTIN, Ville de France en Bretagne dans un Vallon, à trois lieues de St. Brieu. Elle a cinq gros Fauxbourgs & une Eglise Paroissiale sous l'Invocation de St. Thurien & unie à la Collégiale de Notre-Dame de St. Blin, où l'on conserve une Ceinture que l'on croit avoir été celle de la Sainte Vierge. On la porte le jour de l'Assomption en Procession à St. Thurien. Il y a à Quintin un Couvent de Carmes & un Hôpital & dans chaque Fauxbourg une Chapelle. Il y a un Château bâti sur le modèle du Palais d'Orléans, ou du Luxembourg à Paris. Les murailles en sont très-épaisses & on y voit de très-belles Caves. Le Commerce de la Ville consiste en Toiles & la petite Riviére de GOY qui y passe, va delà se décharger dans la Mer au Port de Legué près de St. Brieu. Il y a proche de Quintin une grande Forêt de même nom. On l'appelloit autrefois Cotras. Quintin est une ancienne Baronnie qui fut érigée en Duché l'an 1692. en faveur de Gui de Durfort.

[f] Corn. Dict. Mém. dres. sez sur les Lieux en 1704.

§. Ces derniers mots ne sont point assez exacts. Le Duché de Quintin fut érigé par Lettres Patentes du mois de Mars 1691. en faveur de Gui-Nicolas de Durfort [g]. Ces Lettres furent registrées au Parlement de Paris le 23. du même mois. Le nom de Quintin n'en a pas été plus célèbre pour cela, car le Duc qui étoit Maréchal de France, déja connu sous le nom de Maréchal de Lorge, obtint en Décembre 1706. des Lettres Patentes par lesquelles le nom de Quintin est changé en celui de Lorges.

[g] Etat de la France en 1712. T. 2. p. 354. & 364.

QUINTUS, Lieu particulier d'Italie auprès du *Fleuve Salerne*, où Vitigès tua Théodat au rapport du Comte Marcellin dans sa Chronique. Ortelius le cite [h], mais je n'y ai point trouvé ce passage. Le mot Fleuve m'est fort suspect.

[h] Thesaur.

QUIPIA, Lieu d'Afrique en Barbarie au Pays de Tunis avec un Port sur la Méditerranée. Mr. Baudrand [i] ajoute que les Arabes le nomment ACLIBIA. Voyez ce mot.

[i] Edit. 1705.

QUIR, (LA TERRE DE) quelques Géographes nomment ainsi un Pays des Terres Australes découvert par Ferdinand de Quiros en 1606. Cet Espagnol parti de Lima au Pérou, prit sa route vers le Couchant, en s'approchant insensiblement du Tropique du Capricorne, qu'il passa vers le 260. d. de Longitude. Il trouva une Isle vers le 24. d. de Latitude Méridionale, & l'ayant reconnue il repassa le Tropique; & poussant vers l'Ouest vers les 242. d. de Longitude, il trouva une suite d'Isles qui s'étend jusqu'au 237. autour du 20. d. de Latitude Méridionale; ce sont les Isles de St. Pierre. De-là continuant sa route jusqu'aux Isles de St. Bernard qui sont au 10. d. de Latitude Méridionale vers les 228. d. de Longitude, il suivit vers le Couchant, vit l'Isle de la Belle Nation & quelques-autres; & revenant enfin au 15. d. de Latitude, il trouva vers le 187. une Terre qu'il nomma TERRE AUSTRALE DU ST. ESPRIT. Il y entra dans un Golphe formé par la rencontre de deux Riviéres. Il appella le Golphe, LE GOLPHE DE ST. JACQUES & DE ST. PHILIPPE. Il nomma l'une des Riviéres *Jordan* ou *Jourdain*, & l'autre ST. SAUVEUR : entre leurs Embouchures est un Port qu'il nomma *Puerto de la Vera Cruz* ; devant cette Terre sont deux Isles, dont l'une fut appellée Nuestra Señora de la Luz, ou de Notre-Dame de la Lumiere. C'est cette Terre Australe du St. Esprit que quelques-uns appellent TERRE DE QUIR. Elle est ainsi nommée dans les Cartes de Messrs. Sanson & autres, qui auroient bien du achever le nom de *Quiros*, puisqu'ils vouloient faire honneur à celui à qui on en doit la découverte. Ces Messrs. confondent les Isles voisines de cette Terre avec les Isles de Salomon, c'est une faute. Mr. de l'Isle les distingue très-bien. Il donne aussi à cette Terre son vrai nom, qui est Terre Australe du St. Esprit.

QUIRANDIES, (LES) ancien Peuple de l'Amérique Méridionale au Midi du Paraguaï, au voisinage de la Ville de Buenos-Ayres. Ils sont errans & changent souvent de place à la façon des Scythes. Ils logent dans des Cabanes par Villages. C'est, dit De Laet [a], une Nation furieuse, agile, vaillante & qui a autrefois causé de grands dommages aux Espagnols. Ce Peuple étoit Anthropophage ; c'est-à-dire qu'ils mangeoient leurs ennemis qu'ils avoient faits prisonniers ; ce qui étoit commun à presque tous les Peuples de l'Amérique.

[a] In Occid. l. 14. c. 5.

QUIRENSIS, ou QUIRIENSIS, Siège Episcopal dont l'Evêque Diogène souscrivit au Concile de Chalcédoine tenu sous l'Empereur Marcien [b]. Dans l'Histoire de ce Concile inférée par l'Abbé Fleury dans son Histoire Ecclésiastique [c], on trouve Diogène de Cyzique, mais je ne saurois dire s'il n'y avoit que ce seul Diogène au Concile, parce que je n'ai point les Actes ni les Souscriptions du Concile.

[b] Oriens Thesaur.
[c] l. 22. n. 4.

QUIRIEU, petite Ville de France au Bas Dauphiné dans le Viennois, sur une hauteur auprès du Rhône, aux confins du Bugey, à deux lieues de Cremieu, à cinq de Belley & à sept de Lyon.

QUIRIMBA, Isles d'Afrique sur la Côte Orientale de l'Ethiopie au Zanguebar. Elles s'étendent le long de la Côte depuis le Cap del Gada, c'est-à-dire depuis le 10. d. jusqu'au 12. l'espace de 2. degrez en Latitude. On distingue entre ces Isles celle de Quirimba, la plus grande, qui donne son nom aux autres & où est un Fort nommé de même ; au Nord de celle-là sont entr'autres celles d'IBO ou OIBO, de MATOMO, de MACOLOO, & de MALINDE ; au Midi de Quirimba sont celle de Fubo ; & les Isles du Fustigé ou du Foufté, ainsi nommées, parce que les Portugais allant pour la première fois reconnoître cette Côte, & ayant un Pilote qu'ils avoient pris à Mozambique, s'apperçurent que ce perfide les engageoit dans ces Isles cherchoit à faire périr leur Flotte ; ils le chatierent de sa trahison en le fustigeant rudement avec des cordes, & le forcerent de les conduire où ils vouloient. La Croix dans sa Relation de l'Afrique [d] dit qu'elles s'étendent pendant plus de vingt lieues, il devoit dire au moins trente grands milles d'Allemagne, qui reviennent à

[d] T. 4.

cinquante lieues de 25. au degré. Il y en a, dit-il, de grandes & de petites, & quelques-unes sont plus près de la Côte que les autres. Les Canaux qui les séparent ont si peu de profondeur & de largeur qu'ils sont guéables lorsque la Marée est basse. Quoique chaque Isle ait son nom particulier, les Portugais leur ont donné à toutes celui de Quirimba, qui est la plus grande & la plus peuplée. Il y a vingt-cinq Maisons bien bâties, éloignées les unes des autres comme des Métairies. Elle a l'Eglise au milieu & un Prêtre Dominicain envoyé par l'Archevêque de Goa, afin d'y dire la Messe. Tous les habitans sont égaux, & ont chacun leurs affaires & leurs Esclaves à part. Il y a une autre Isle qui n'est pas si grande, & en général la plûpart de ces Isles n'ont pas plus de deux ou trois milles de circuit. Elles sont extrêmement fertiles en Fruits, en Dates, en Oranges, en Citrons, en Raisins, en herbes potagères, & abondantes en Pâturages pour le Bétail, tant gros que menu qu'on y voit en quantité. On y trouve des Puits d'eau fraîche, & on y pêche de fort bon Poisson. Il y a beaucoup de chasse, Pigeons ramiers & de Tourterelles, & les habitans reçoivent d'Ormus du Froment, du Ris, & des Confitures séches. Ces Isles étoient anciennement occupées par les Arabes & on le connoît aux Masures des Maisons qui étoient bâties de chaux, de pierres & de briques ; mais dans les premières navigations des Portugais, ils ne se contenterent pas de piller ces malheureux, sous prétexte qu'ils étoient Mahométans, ils étendirent encore leur cruauté jusqu'à faire main basse sur eux sans épargner ni âge ni sexe. L'Auteur cité auroit du dire que les Portugais ne traiterent ainsi ces Arabes Mahométans, qu'après avoir été plusieurs fois à la veille de périr par la haine qu'ils portoient aux Portugais, & que ces Arabes eurent formé avec ceux de la Côte une ligue pour faire périr ces Etrangers. Cette barbarie, poursuit-il, fut cause que ces Isles demeurerent desertes pendant plusieurs années, jusqu'à ce qu'enfin quelques Portugais de Monbaze, de Mozambique & des Quartiers des Indes les plus voisines s'y vinrent habituer. Chaque famille prit d'abord possession d'une Isle, bâtit une Maison, se fournit d'armes à feu & acheta des Esclaves pour les occuper à l'Agriculture & contribuer à leur défense sous la protection du Gouverneur de Mozambique, qui leur envoye tous les ans un Juge pour les accorder sur leurs différens.

QUIRINAL, Montagne de Rome. Voyez ROME.

QUIRINALIS PORTA, l'une des Portes de la Ville de Rome. On la nommoit aussi *Collina Porta*.

QUIRIQUINA. Voyez AVIQUIRINA.

QUISAMA, ou QUISSAMA, ou CHISSAMA, Province maritime d'Afrique, au bord de la Coanza qui la borne au Septentrion. Elle tient le premier rang dans le Royaume d'Angola dont elle fait partie. Elle est située par les onze d. de Latitude Méridionale, ce qui sans doute doit s'entendre de sa partie la plus Méridionale, bornée par un détour que le RIO MORENO fait vers le Midi, avant que d'arriver à la Mer.

Mer. Car fa Latitude prife le long de la Mer commence au 9. d. 25'. & finit au 10. d. 50'. [a] Les Portugais depuis leur Conquête en ont fait un Gouvernement sous le nom de Capitainerie, felon leur coutume. Les Peuples de cette Province fe flattent d'une espèce de liberté & d'indépendance; mais les Officiers que le Conseil de Loanda y envoye, ont soin de leur faire sentir le joug de l'autorité, de manière que pour les desabufer entièrement, ils agissent avec eux plutôt en Maîtres qu'en Gouverneurs. Toute cette Province est montagneuse, difficile, très-peu cultivée & par cette raison peu fournie des choses nécessaires à la vie. Ce qu'elle a de meilleur ce sont des Mines de Sel abondantes. Ce Sel est tout différent des autres Sels. On le tire d'une profonde Vallée où les Paysans vont creuser la terre & en tirer une eau saumache qui se congèle à peu près comme l'Alun. Ils en font des briques de quatre Palmes ou deux pieds huit pouces de longueur, larges & épaisses de cinq à six pouces, qu'ils échangent contre l'Huile, la Farine & les autres choses dont ils ont besoin. On prétend avoir expérimenté que ce Sel est meilleur que le Sel ordinaire pour les ufages de la vie. Les Médecins disent qu'il est excellent dans les remèdes, & qu'il est diurétique, & qu'il en débite une grande quantité dans les Marchez. Les Marchands le portent dans toute l'Ethiopie & y trouvent un profit considérable en l'appellent ordinairement le Sel ou la Pierre de Quissama ou de Ghissama. La Cire & le Miel se trouvent abondamment dans les Forêts. Cela convient très-bien à la paresse des Nègres, qui trouvent de quoi vivre & commercer, sans se donner aucune peine pour élever des Abeilles qui le font; aussi n'ont-ils que ces trois Marchandises. Ils n'ont point de Zimbis ou Coquilles qui leur tiennent lieu de Monnoye courante dans le Pays. Ils manquent encore d'eau douce, parce que depuis la moitié du mois de Mai jusqu'à la fin d'Octobre, il ne tombe pas une goute de pluye; & parce que leurs Montagnes arides & toutes de rochers, ne fournissent ni Fontaine ni Ruisseau. Ceux qui sont voisins de la Coanza y vont chercher de l'eau avec un danger continuel d'être dévorez par les Bêtes féroces qui se rencontrent toujours en grand nombre au bord des grandes Rivières. Ils s'exempteroient de ce travail & de ce danger s'ils faisoient des Cîternes; mais ils n'en ont pas l'industrie. Les plus habiles & les plus laborieux font des Auges de bois, où ils conservent tant qu'ils peuvent les eaux de pluye. Ils se servent pour cet effet du tronc de l'Arbre qu'on appelle *Aliconda* dans le Pays. Il croît d'une grandeur & d'une grosseur demesurée. Il est léger, se coupe & se creuse aisément, ce qui conviennent parfaitement à la paresse des Nègres. Malgré ce secours, qui ne leur manque que par leur indolence, ils souffrent très-souvent les dernières extrémitez de la soif. Il est vrai que comme ils y sont plus accoutumez que d'autres, elle leur fait beaucoup moins de peine.

Les Portugais tirent de cette Province beaucoup de Soldats. Ces Peuples sont naturellement braves. Leurs Maîtres ou Gouverneurs les exercent au maniment des armes blanches; car pour les armes à feu on ne se presse pas de leur en enseigner l'usage, de crainte qu'ils n'y devinssent trop habiles & qu'ils ne se tournassent à la fin conte leurs Maîtres. C'est de ces Noirs que les Portugais font la plus grande partie des Garnifons de leurs Forteresses; aussi conservent-ils cette Province avec beaucoup d'attention. Elle va, dit le P. Labar, (car une accufation de cette nature mérite bien de n'être pas avancée sans Garant, & je ne fais même si cet Auteur est d'une autorité suffisante pour en être cru,) elle va, dit ce Pere, jusqu'à se mettre peu en peine de leur falut. Ils les laissent vivre dans leur ancienne Religion, sans les inquieter, peut-être, dit-il, pour adoucir la chose, ont-ils éprouvé qu'ils eussent perdu leurs peines tant à cause de l'attachement extraordinaire qu'ils ont remarqué que ce Peuple avoit aux Cérémonies de son Culte impie; qu'à cause du voisinage des autres Nations Idolâtres, qui les soutiendroient, si on vouloit les gêner un peu trop sur cet article; ce qui pourroit causer des révoltes très-dommageables aux intérêts de la Couronne de Portugal. On les laisse même jouir affez tranquillement du Privilège qu'ils ont de nommer au Viceroi ceux qu'ils veulent avoir pour Gouverneurs. Ils vivent donc, selon la Secte des Giagues. Ils sont sourds à l'Evangile. Les Missionnaires y ont perdu leur tems jusqu'à présent. Il n'y a que la crainte de perdre le Commerce avantageux qu'ils font avec les Chrétiens & dont ils ne peuvent se passer, qui oblige ceux qui sont les plus adroits & les plus fourbes, à feindre de tems en tems des dispositions à recevoir la foi; mais sans jamais les effectuer.

L'Auteur cité se contredit. Comment veut-il que l'on accorde ensemble cette indifférence des Portugais pour le falut de ces peuples, avec les efforts des Missionnaires qui y font tout ce qu'ils peuvent & qui n'y peuvent être employez que par les Portugais, Souverains de ce Pays-là ? Voudroit-il que les Portugais envoyassent des Armées pour exterminer ce Peuple dès qu'il refuseroit de se convertir à la vue des Missionnaires qui vont chez lui ? Les Portugais ne sont-ils pas suffisamment justifiez de cette prétendue indifférence par le soin qu'ils ont de fournir des hommes Apostoliques, qui annoncent l'Evangile à cette Nation. Ils font leur devoir & attendent sagement que la miséricorde de Dieu ouvre les yeux de ce Peuple, pour reconnoître la Vérité. Ils ne méritent donc point le reproche que leur fait ce Pere dont le foible est une mordacité dont il gâte tous ses Ouvrages.

QUISNA, Rivière de la Presqu'Isle de l'Inde en deçà du Gange au Royaume de Golconde. Elle se rend dans le Golphe de Bengale au Nord de Mafulepatan, si on en croit Mr. Baudrand. Mr. Corneille dit d'après les Cartes de Sanson qu'il cite, qu'elle à sa source vers la Ville de Bisnagar & qu'elle traverse une partie du Royaume de ce nom. Il ajoute que lorsqu'elle est entrée dans celui de Golconde, elle se jette dans le Golphe de Bengale à Mafulepatan.

§. Mr. Baudrand se trompe en mettant

[a] *Le P. La-bat, Relat. de l'Ethiopie Occid. T. 1. p. 60.*

l'embouchure de cette Riviére au Nord de Mafulepatan, c'eſt tout le contraire. Elle eſt au Midi. Mr. Corneille, trompé par Mrs. Sanſon, a cru que la Riviére qui, ſelon eux, paſſe auprès de Biſnagar ou Chandegri, entre dans le Royaume de Golconde & va finir à Maſulepatan; Elle n'approche pas de cette Ville ni de ce Royaume. Ces Auteurs l'ont ſans doute confondue avec la Riviére de *Quathgna*, qui a ſa ſource au Royaume de Golconde dans ſa partie Septentrionale, dans des Plaines ou deſertes, ou dont les habitations ne nous ſont pas connues; & qui après avoir ſerpenté vers le Sud-Eſt tombe dans une autre Riviére, au Nord de la Ville de Bezoár. La Riviére qui la reçoit eſt formée de deux autres, ſavoir la PENNA & la NERVA, leſquelles ſe joignent en un même lit au-deſſus de Golconde, Capitale du Royaume de ce nom; d'où ſerpentant vers l'Orient & s'approchant toujours du Midi, elles reçoivent la Riviére de Mouzi qui vient du côté du Nord, & enſuite une autre Riviére dont le nom n'eſt point marqué par Mr. de l'Iſle, & ſe perdent dans le Golphe de Bengale à l'Orient de l'embouchure la plus Orientale du Couloùr, au Midi de la Ville de Maſulepatan. Voyez tout cela rectifié dans la Carte des Côtes de Malabar & de Coromandel par Mr. de l'Iſle.

[a] Ed. 1705.

QUISO [a], (LE) ou la QUISA, Riviére d'Aſie dans la Mingrelie. Elle paſſe à un Bourg de même nom & ſe rend dans la Mer Noire, à ſoixante & dix milles de la Bouche du Phaſe, ſelon Mr. Baudrand. On tient que c'eſt la *Cifſa* des Anciens.

QUITAVA, ou QUITEVE le ROYAUME DU QUITAVA ou DU QUITÉVE, le mot de Quitéve n'eſt pas un nom de Geographie, mais un nom de dignité. C'eſt le titre que prend le Roi de SOPHALA, qui eſt le nom propre de ſon Royaume. Voyez SOPHALA.

[b] Afrique Tom. 3 l. 7. c. 12.

QUITEOA, Ville d'Afrique dans l'Etat de l'Empereur de Maroc, aſſez avant dans les Terres à l'Orient & à un trait d'Arbalêtre de la Riviére de Dras, dans la Province de Dras. Marmol [b] la décrit ainſi: c'eſt une grande Ville de plus de trois mille Maiſons, elle a été bâtie par les anciens Numides dans une Plaine & à d'un côté un Château ſur un Terre un peu relevé. Les habitans ſont Bérebères, & parlent Africain. On les appelle communément *Daruis*, & ils ſont partagez en diverſes Communautez, dont chacune a ſon nom particulier pris de la famille, ou des Contrées où ils errent. Les Arabes d'Uled-Celim avoient coutume de regner en ce Pays & en tiroient tribut; mais il eſt aujourd'hui au Chérif: (c'eſt la poſtérité de ce Chérif qui regne à Maroc). Il a deux cens Chévaux & trois cens Arquebuſiers dans la Ville, avec quelques petites Pièces d'Artillerie au Château. Il y a quantité de Dates en ces Quartiers & c'eſt de-là que vient l'Indigo dont on teint les fins Draps & le *Lic* dont on fait en Afrique une teinture pour la Laine fine, à laquelle il donne une couleur de Nacarat qui eſt eſtimée en ce pays-là.

QUITLAVACA, Ville de la Nouvelle Eſpagne, ou plûtôt Bourg de l'Amérique Septentrionale au Méxique dans le Lac de México ſur la grande Chauſſée qui coupant ce Lac en divers ſens paſſe par pluſieurs Villes ſituées dans ce Lac, établit entr'elles une communication, & aboutit à la Capitale de l'Empire, dont elles ſont en quelque maniére les Fauxbourgs. Quitlavaca, dit Solis dans ſon Hiſtoire de la Conquête du Méxique [c], étoit à la moitié du chemin de Tezeuco à Iſtacpalapa; c'étoit un Bourg d'environ deux mille Maiſons. Les Eſpagnols le nommerent alors VENEZUELA, c'eſt-à-dire la *petite Veniſe*, parce qu'il étoit bâti dans l'eau du grand Lac.

[c] l. 3. c. 9.

Il ne faut pas confondre ce Bourg avec un autre nommé *Quatlavaca* dont parle le même Hiſtorien. Quitlavaca étoit dans le Lac même ſur la Chauſſée & Quatlavaca étoit hors du Lac. C'étoit, dit Solis, un Bourg fort peuplé & fort par ſa ſituation, entre des Ravines profondes de plus de huit toiſes, qui ſervoient de foſſé à la place & de conduite aux Ruiſſeaux qui deſcendoient des Montagnes.

[d] l. 5. c. 18.

QUITO, Royaume de l'Amérique Méridionale, & maintenant annéxé au Pérou dont il fait partie. Ce Royaume, ſelon Garcilaſſo de la Vega [e] a ſoixante & dix lieues de long & trente de large. Il n'eſt pas moins peuplé que fertile. L'Inca Tupac Yupanqui Roi du Pérou, après avoir vécu en paix quelques années, réſolut de s'aſſujetir ce Royaume qui avoit ſon Roi particulier & indépendant, mit ſur pied une Armée de quarante mille hommes, & ſe rendit à Tumibamba ſur la Frontiére de Quito, d'où il envoya de-là une Députation au Roi, pour le ſommer de le reconnoître pour ſon Seigneur, & de recevoir la Religion du Pérou qui conſiſte dans le Culte du Soleil. Ce Prince répondit qu'étant Souverain lui-même il n'avoit pas beſoin de reconnoître un Supérieur, qu'il étoit maître dans ſes Etats, qu'il ſe trouvoit bien des Dieux que ſes Ancêtres avoient adotez, ſavoir de grands Arbres & des Animaux ſauvages, dont les uns lui donnoient du bois pour ſe chauſer & les autres de la chair pour ſe nourrir. L'Inca ayant reçu cette réponſe ne voulut rien précipiter, mais ſans quitter ſon deſſein, il réſolut de ſubjuguer ce Royaume lentement & en gagnant le terrain peu à peu, afin d'avoir le loiſir d'aquerir l'amitié du Peuple par ſes careſſes, ſans en venir à une grande effuſion de ſang. Il ne put pourtant éviter quelques eſcarmouches & quelques combats pendant deux ans qu'il fut lui-même à la tête de cette entrepriſe. Voyant qu'elle étoit plus difficile qu'il n'avoit penſé, il appella ſon fils Huayna Capac, alors âgé de vingt ans, lui ordonna de venir avec un renfort de douze mille hommes, lui donna le commandement de ſon Armée & le chargea de continuer cette conquête avec quelques Capitaines qu'il lui laiſſa. Huayna Capac l'acheva en trois ans s'avançant peu à peu dans le Quito & offrant toujours la paix. Le Roi de Quito reculant toujours à meſure qu'il perdoit du terrain, fut ſi ſenſible à ces malheurs qu'il en mourut. Ses Capitaines & ce qui lui reſtoit encore de ſes Etats ſe donnerent à Huayna Capac qui les traita avec une grande bonté. Charmé de ce Pays qui étoit ſa premiére conquête, il s'y affectionna entiérement. Il y fit bâtir un

[e] Hiſt. des Yncas l. 8. c. 7.

QUI.

un Temple au Soleil & une Maison pour les Vierges choisies; c'étoit une Communauté où vivoient des espèces de Vestales Péruviennes. Il y éleva des Aqueducs, & voulut que le Pays pour les Ornemens & pour les Edifices publics fût semblable aux plus belles Provinces de l'Empire. Après quelques autres Conquêtes moins importantes, il retourna à Cusco où étoit la Cour. Son premier mariage avoit été stérile. Il prit deux autres femmes, dont il eut ensuite pour fils Huascar & Manco. Son pere mourut quelques années après. Huaina-Capac étant Empereur du Pérou, après avoir donné quelque tems à l'arrangement des affaires de l'Empire, fit un voyage au Quito, épousa la fille du Roi, & préférant ce séjour à celui de Cusco, où ses Ancêtres avoient résidé, il y fut long-tems à l'embellir. Il y transporta une partie de ses Tresors, & voulut que ce Royaume, qui étoit sa Conquête, demeurât séparé de son Empire, en faveur d'un fils nommé Attahualpa, ou Attabalipa, qu'il eut de son mariage avec la Princesse de Quito. Il mourut dans un voyage qu'il fit à Cusco, & cette destination causa entre Guascar son Successeur & Attahualpa désigné Roi de Quito, une mesintelligence qui dégénéra en une guerre. Les Espagnols qui arriverent au Pérou pour en faire la Conquête, trouvant les deux freres divisez, les vainquirent d'autant plus facilement.

Les Espagnols ayant conquis le Pérou, partagerent ce Pays en diverses Audiences Royales. Quito fut une de ces Audiences. Elle est bornée au Nord par le Popayan, & au Midi par l'Audience de Lima. Elle comprend trois parties considérables, sçavoir le QUITO proprement dit; los QUIXOS, & los PAÇAMORES. La Côte du Quito, s'étend depuis *Punta de Manglares*, & finit à *Punta del Aguja*, à la Pointe de l'Aiguille. Les principaux Lieux maritimes sont:

St. Jago ou Puerto Viejo, Guayaquil,
St. Michel de Collan, Payta,

Il y a deux Isles remarquables, sçavoir,

L'Isle de la Plata, L'Isle de la Puña.

Dans les terres sont

Quito Capitale, Cuenza ou Bamba,
Tacunga, Loxa ou la Zarza,
Riobamba, Zamora.

[a] Ind. Occid. l. 10. c. 6.

De Laet [a] parle ainsi de ce Pays: La temperature de cette Province est plus froide, que chaude, de sorte que les Habitans ont quelquefois besoin en Hyver. Il dure depuis Octobre jusqu'en Mars avec de fréquentes pluyes, mais sans neige, si ce n'est dans les Montagnes des Andes. Il y a grande abondance de Vaches & de Brebis qui y multiplient admirablement; mais il n'y a pas grand nombre de cette espèce de Brebis, que l'on appelle du Pérou, parce qu'étant employées à porter des fardeaux trop lourds, elles y périssent par trop de travail. On y

QUI. 39

trouve des Oiseaux de toutes sortes & en quantité; mais peu de Poisson de Riviére; en récompense on ne manque point de Poisson de Mer que l'on sale. Les Indiens sont d'assez belle taille, & ont beaucoup d'industrie, apprenant facilement tous les Métiers que leur montrent les Espagnols, auxquels ils payent tribut. Leur principale occupation est de carder & de filer la laine, & du coton qu'ils achettent, & dont ils font un mélange duquel ils font du drap. Leur habillement commun est une chemise sans manche, aussi large en haut qu'en bas; ils vont les bras nuds & les jambes nues, & laissent croître leurs cheveux, qu'ils nouent par tresses pour n'en être point incommodez. Ils ont beaucoup de Salpêtre, qu'ils tirent de plusieurs endroits où la terre se trouve marécageuse, & dont ils font de bonne poudre à Canon. Ils ont aussi du souffre excellent, qui n'est pas moins clair que du Salpêtre, & qui est de couleur d'or. Si on en brûle un petit morceau à la chandelle, il rend une odeur de souffre avec une fumée verte, qu'il n'a point du tout avant que d'être enflammé. On le tire des veines qui sont proche des Mines d'or.

QUITO, Ville du Pérou dans la Province à laquelle, elle donne son nom, & dont elle est la Capitale. Les Espagnols l'appellent SANT FRANCISCO DEL QUITO, St. François du Quito. Elle est située dans une Vallée, bornée du côté du Nord & du Couchant par des Montagnes fort droites, qui s'étendent d'une suite continue, depuis Puerto Viejo sur la Mer du Sud, jusqu'à Carthagène sur la Mer du Nord. Le Terroir est sablonneux & fort sec, & ouvre au travers de la Ville une grande crevasse sur laquelle, on voit plusieurs Ponts; les Rues y sont larges & droites. Il y a quatre Places dont l'une est devant l'Eglise Cathédrale, & deux autres devant les Couvens des Dominicains & des Franciscains Outre cette Eglise Cathédrale, il y a encore deux autres Eglises, l'une dédiée à St. Sébastien, & l'autre à St. Blaise. Cette Ville est fort bien fortifiée, & munie de tout ce qui est nécessaire pour une bonne défense. Elle est habitée par un mêlange d'Espagnols, de Portugais, & d'autres Européens & d'Indiens. C'est le Siège d'un Evêque qui reconnoît Lima pour Métropole. L'Evêque demeure à Quito & a un fort beau Chapitre de Chanoines. Son Diocèse s'étend sur plus de cinquante mille Indiens tributaires, repartis en quatre-vingt-sept Départemens. Ceux qui demeurent près de la Ville sont plus civils, & ont plus d'adresse & d'industrie, que le reste des Peuples du Pérou. Ils sont de moyenne taille, & adonnez au travail. Le Tresorier du Roi & les autres Officiers Royaux; ainsi que le Président & les Officiers de l'Audience Royale, font leur résidence à Quito. On y apporte le Vin, l'Huile, les Epiceries & autres Marchandises de l'Europe par la Mer du Sud, premièrement en remontant la Riviére de Guayaquil & ensuite par Chariots. Les Indiens y tiennent aussi leurs Foires & leurs Marchez, & y vendent leurs denrées sans poids ni mesure certaine, mais par échange. Ces denrées sont outre les Fruits, & les

Ani-

QUI.

Animaux, des Fromages de Brebis, de Vaches, & de Chévres. Ils vendent aussi des Habits de coton, & du Drap de toute sorte, des Bonnets, des Cordes de Navire, de la Laine, du Lin & du Cuir.

QUITROS, Ville de la Turquie en Asie sur la Mer Noire, avec un Port très-profond, où les Vaisseaux sont à l'abri de toutes sortes de vents; mais l'entrée en est fort difficile, & il n'y a que les Pilotes du pays, & ceux qui ont fait plusieurs Voyages sur cette Mer, qui la puissent bien trouver. Il paroît qu'il y a eu anciennement de superbes Bâtimens autour de ce Port. On y voit encore grand nombre de Colonnes, le long du Rivage, & jusques dans la Mer, quoiqu'on en ait transporté plusieurs à Constantinople. Assez près de la Ville du côté du Midi, est une haute Montagne, d'où il sort une quantité de fort bonne eau, qui forme dans le bas une très-belle Fontaine.

§. Si Mr. Corneille eût marqué de qui il a emprunté cet Article, en suivant la trace du Voyageur, on eût pu dire plus particuliérement où est le Port, & quelle Ville de l'Antiquité y peut avoir de rapport.

QUIVIRA, Province de l'Amérique Septentrionale, au-delà des Montagnes, où prend sa source la Riviére des Massouris, au Couchant des Siaoux, de l'Ouest au Nord du Nouveau Méxique. Ce Pays est si peu connu, qu'il y auroit de la témérité à en donner le moindre détail. Ce que De Laet en a hazardé, n'est d'aucune certitude. Mr. Corneille par distraction le met dans l'Amérique Méridionale.

QUIXOS (Los), Province particuliére du Pérou dans sa partie Septentrionale, & dans l'Audience de Quito. Ce Pays est borné au Nord par l'Equateur, à l'Orient par la Riviére des Amazones, au Midi par los Paçamores, & au Couchant par le Quito proprement dit. Les principaux Lieux sont

Baeça,   Avila,
Sevilla del Oro,   Archidona.

La partie Orientale de cette Province, s'appelle la Canelle, par ce qu'elle produit des Canelliers. La Province de los Quixos, comme on l'a remarqué, fait partie de l'Audience de Quito. Le Viceroi du Pérou y envoye un Gouverneur, dont la Résidence est à Baeça. Le Pays porte peu de Mays, & le Froment n'y vient point, mais il n'y a aucun fruit au Pérou, qui ne se trouve dans ce Canton. Les fruits de l'Europe y viennent en abondance, ainsi que les herbes potagéres. Cette Province appartient à l'Evêché de Quito, ses Habitans naturels dont la plûpart étoient déjà Chrétiens, lorsque De Laet a écrivoit *a* vers le milieu du siécle passé, ont une Langue particuliére. Ils entendent néanmoins la Langue qui est commune au Pérou. Le Pays de la Canelle a des Forêts de Canelliers, ou des Arbres qui sont de la grandeur d'un Olivier, & qui produisent de petites bourses avec leurs fleurs, qui étant broyées, approchent de la Canelle pour le goût & pour l'odeur.

a Ind. Occid. l. 10. c. 16.

QUIZA, Ville de la Mauritanie Césarienne. Pomponius *b* Méla dit, *Quiza Castellum*, Quiza Forteresse. Pline *c* dit *Quiza Xenitana Peregrinorum Oppidum*; Xenitana est ici un surnom pris de la Langue Grecque dans laquelle Ξένος, veut dire un Etranger; ainsi les deux mots qui suivent *Peregrinorum Oppidum*, la Ville des Etrangers, ne sont qu'une explication de ce surnom. Ptolomée *d* donne Βουίζα ou Κουίζα, pour une Colonie; & Antonin qui en fait un Municipe, la met entre *Portus Magnus* & *Arsenaria* à XL. M. P. de l'une & de l'autre. Quelques Savans soupçonnent que c'est cette Ville qui est nommée QUIDIENSIS, dans les Notices Ecclésiastiques. Nous avons parlé ailleurs de l'affinité du Z & de la syllabe *di*. On croit que le nom moderne est ARESGOL.

b l. 1. c. 2.
c l. 5. c. 2.
d l. 4. c. 2.

QUIZINA ou TEUZIN, Montagne d'Afrique dans la Province de Garet, au Royaume de Fez *e*. Elle touche à celle d'Azgangan vers le Midi, & s'étend depuis le Desert de Garet jusqu'à la Riviére de Nocor, par l'espace de plus de quatre lieues. Les habitans sont riches & belliqueux, & ont d'un côté de grandes Plaines, où ils recueillent quantité d'orge, & nourrissent leurs Troupeaux. Ils ne payent aucune chose pour les terres qu'ils labourent, parce qu'ils sont plus puissans, & ont plus de Cavallerie, que les Gouverneurs de Tezote, de Velez & de Mégée n'en ont tous ensemble. Ils aiment fort les habitans de cette derniére Ville, parce qu'ils favoriserent la révolte d'un jeune homme de la race des Almohades qui s'en rendit maître. Les Béniménis les traitoient fort bien dans le tems qu'ils regnoient dans Fez, à cause qu'ils étoient, comme eux d'entre les Zenétes. La Mere d'Abuzayd, troisième Roi de Fez, de cette branche étoit de cette Montagne, & fille d'un Gentil-homme considérable.

e Marmol. Afrique. T. 2. l. 4. c. 104.

QUO.

QUOAQUIS (les) Peuples sauvages de l'Amérique Septentrionale *f* dans la Louisiane. Les hommes sont extrémement bazanez, & ont les cheveux noirs & assez beaux; le visage plat, les yeux noirs, grands, bien fendus, les dens très-blanches, le nez écaché, & la taille libre & dégagée. Ils ont des Corselets d'un double cuir à l'épreuve de la fléche, & depuis la ceinture jusqu'au genou, ils portent une espèce de Culotte de peau d'Ours, de Cerf ou de Loup. Leur tête est couverte d'une maniére de Turban, fait des mêmes peaux, & ils ont des Bottines de peau de Bœuf, d'Elan ou de Cheval très-bien passées. Quant à l'équipage de Cheval, ils se servent de Selles, faites de plusieurs cuirs, ajoutez & collez les uns sur les autres. Leurs étriers sont de bois, & leurs brides, & les mords sont de dents d'Ours ou de Loups. Les femmes qui ne sont pas moins bazanées que les hommes, portent en maniére de Chapeau un tissu de Jonc ou de Cannes différemment coloré, & leurs chéveux tantôt cordonnez, & tantôt nouez. Leur Corps est couvert d'une veste, d'un tissu très-fin jusqu'à demi cuisse. Elles sont chaussées à peu près comme les hommes avec des Bottines à fleur de jambe. A deux lieues de terre de ces Sauvages, est une très-belle Riviére, sur les bords de la

f Corn. Dict. Nouv. Relat. de l'Amér. Sept.

QUO.

laquelle paissent de nombreux Troupeaux de Cibolas. Ce sont des Bœufs d'une grosseur extraordinaire, bossus depuis le chignon du cou jusques au milieu du dos. Ils paissent dans les cannes & s'attroupent quelquefois jusqu'à quinze cens. Voici de quelle manière on en fait la chasse. Comme ils sont au milieu de ces cannes dans des Forts impénétrables, les Sauvages font un grand circuit tout à l'entour, & y mettent le feu par divers endroits, sur-tout quand le vent souffle un peu plus fort qu'à l'ordinaire, ils excitent un grand incendie. Tout l'air est d'abord rempli de fumée qui se change en flamme en un moment. La rapidité du feu jointe au bruit que fait cette Forêt fragile & brûlante, jette l'épouvante dans le Troupeau. Ces gros Bœufs effrayez commencent à fuir, & les Sauvages perchez d'intervalle en intervalle sur des arbres, dardent les uns, & tirent sur les autres & en font une grande boucherie.

QUOCE-LE-VIVORIN, Bourg de France en Anjou aux confins de la Bretagne *a Corn.Dict.* près de l'Oudon, à trois lieues de Craon, & à quatre de Château-Gonthier. Il est remarquable par un gros Marché qui s'y tient toutes les semaines, & par une Foire qui s'y tient tous les ans.

QUODADIQUIO, Peuples Sauvages de l'Amérique Septentrionale dans la Louïsiane. Ils sont joints avec deux Nations appellées Vapgitoche & Nassonis. Ils habitent le long de la Rivière rouge, que l'on nomme ainsi, parce qu'elle jette un sable qui la rend rouge comme du sang. Ces trois Nations parlent une même Langue, & ne sont pas assemblées par Villages, mais par habitations, assez éloignées les unes des autres. Leurs Terres sont fort belles, ils ont la Pêche & la Chasse en abondance, mais il y a fort peu de Bœufs. Ces Peuples font une guerre cruelle à leurs voisins, aussi leurs Villages ne sont ils guères peuplez. Pour tous Ouvrages ils font des arcs & des flèches, dont ils trafiquent avec des Nations éloignées. Ils ont tous de fort beaux Chevaux, les hommes & les femmes sont piquez au visage, & par tout le Corps. C'est parmi eux un trait de beauté.

QUOJA (Le Royaume de) Pays de l'Afrique dans la Guinée sur la Côte dans sa partie Occidentale. Il s'étend depuis Sierra Liora, jusqu'à la Côte des grains & comprend :

Le Royaume de QUOJA proprement dit

Les Royaumes de { BOLM, CILM, QUILLIGA, CARRÔDOBOU. } Tributaires du Roi de Coja.

Le Royaume de FOLGIA, d'où sont venus les Caroux qui sont présentement les maîtres de ce Pays.

On appelle aussi tout ce Pays le ROYAUME DES CAROUX du nom des Vainqueurs. Nous avons rapporté cette invasion à l'Article CAROUX. Voyez ce mot. Voyez aussi aux mots BOLM & QUILLIGA, ce qui regarde ces Articles. CILM est un Pays peu connu, dans les terres, vers la source de Rio das Palmas. De même CARRODOBOU est au haut de la Rivière das Galhinas ; ses Habitans sont presque toujours en querelle avec les Seigneurs de Hondo, qui sont encore plus avant dans les terres. On les prend pour des brutaux, dit Dapper [b], mais ils ne *b Afrique* sont pas si sots que l'on croit, & quand ils *p. 252.* vont au Quoja pour vendre quelque chose au Roi ou aux Seigneurs de sa Cour, ils savent bien dire leurs raisons. Chacun de ces Royaumes tributaires, savoir *Bolm, Cilm, Quilliga* & *Carrodobou* sont gouvernez par des Vicerois, que le Roi de Quoja y envoye. On y fait grand Commerce sur le Rio das Galinhas, & on les va quérir avec des Canots dans le Pays de Carrodobou, & même dans celui de Hondo.

Les Rivières, qui arrosent ce Pays, sont Rio de GAMBOAS au Nord-Ouest du Pays de Bolm, *Rio de* MADRE-BOMBA, qui traverse ce Canton, & vient de celui de Cilm. Les Portugais le nomment *Rio das* PALMAS, ou de SELBOLE. Ce dernier nom lui vient par corruption de Serbera Bourgade, située à l'Orient de son entrée dans la Mer. Les Pays de Carrôbou & de Quilliga sont traversez par la Rivière de MAQUALBARI, que les Portugais nomment DAS GALLINAS, Rivière des Poules.

En suivant la Côte vers l'Orient, on entre dans le Royaume de Quoja proprement dit. Il se termine au Nord par une grande Forêt, placée entre lui & le Royaume de Hondo. Il a environ vingt ou vingt & une lieues de Côtes, (lieues de 20. au degré.) Il se divise en deux parties, l'Occidentale, s'appelle VEY-BERCOMA, l'Orientale QUOJA-BERCOMA ; ces mots signifient le *Pays de Vey*, & le *Pays de Quoja* ; les Veys étoient les anciens Habitans de la Contrée. Ils sont maintenant en petit nombre, & n'ont plus que quelques méchans Villages tous ruïnez, les Carous qui les ont subjuguez les ont presque réduits à rien. Le nom de Quoja Bercoma fait connoître que ce Canton est originairement l'ancienne Patrie des Quojas. Ces deux Cantons sont séparez par la Rivière de Magwiba.

En revenant au Pays de Quilliga pour examiner la Côte de Quoja, on trouve pour première Rivière le MENOCH, nommé par les Portugais RIO DE NUNOS ; plus loin est une Embouchure commune à deux Rivières qui s'y rendent ; celle du Nord-Est est la PLISOGUE, qui traverse le Lac de MASSAG où est une Isle ; l'autre Rivière qui est Orientale à son égard s'appelle MAVAH. Un Cap nommé CABO MONTE sépare l'Embouchure de ces Rivières de celle de la MAGWIBA, nommée par les Portugais RIO NOVO. C'est cette Rivière qui sert de bornes entre Vey-Bercoma & Quoja-Bercoma. Ce dernier Canton n'a qu'une Rivière sans réputation & sans nom que nous sachions. Il finit à une Pointe de terre qui est au Couchant de la Rivière de St. Paul. Cette Rivière coule entièrement dans le Pays de Gebbé, remarquable par le Cap nommé CABO MISERADO ; ce Pays fait partie du Royaume de Folgia, d'où sont sortis les Carous, qui ont conquis tout ce qui est à l'Occident jusqu'à *Sierra Liona*. Au Nord du Royaume de Coja entre lui & la grande Forêt, dont on a parlé, aux environs du Mavah dans les terres, font les Galaveys; ils prennent ce nom parce que chassez de leur Pays par le Roi de Hondo, ils sont venus s'établir à l'extrémité Septentrionale du Pays des Weys. Leur nom propre est *Gala*, qu'ils ont joint à celui du Pays qu'on leur a abandonné. Ils dépendent du Roi de Quoja. Les GALAS qui sont restez au Pays dépendent du Roi de Manou, & sont situez entre lui, & celui de Hondo. Ce Royaume de MANOU (les Hollandois écrivent Manoë) est dans les terres au Nord du Royaume de Folgia. Il a son Roi particulier nommé *Mendi Manou*.

§. On peut voir dans Dapper, ou dans la Croix, les Plantes & les Animaux du Pays de Coja, les mœurs, les usages de ce Peuple, & le nom des Villages de cette Côte.

QUON, Ville de la Chine dans la Province de Suchuen, au Département de Chingtu [a] premiére Métropole de cette Province. Elle est de 13. d. 34′. plus Occidentale que Pekin, par les 30. d. 55′. de Latitude; elle est à une des extrémitez du CINGCHING, Montagne qui couvre plus de mille lis de terrain, & que l'on compte pour la cinquième entre les Montagnes de la Chine. Elle est au Couchant & à peu du Fleuve Che, à l'Est Nord-Ouest de Chingtu.

[a] *Atlas Sinensis.*

FIN DE LA LETTRE Q.

LE GRAND
DICTIONNAIRE
GEOGRAPHIQUE,
ET
CRITIQUE.

RAA. RAA.

1. RAAB. Voyez RAHAB.
2. RAAB, ou RAB, en Latin *Arrabo*, Riviére qui a sa source[a] dans la Basse Stirie au Nord de Gratz & qui après être entrée dans la Basse Hongrie, & avoir mouillé le Comté de Sarwar ou de Castel-Ferrat, va se jetter dans le Danube, un peu au-dessous de Raab ou Javarin. Les deux principaux Lieux qu'elle arrose sont Sarwar & Javarin. Dans sa course elle grossit ses eaux de celles des Riviéres de Feistritz, g. de Sava, g. de Lausnitz, g. de Marczal, d. & de Rabnitz. Au-dessous de Sarwar elle se divise en deux Bras : le gauche appellé Rabnitz forme une Isle de sept milles Germaniques d'étendue, qu'on appelle l'ISLE DE RAAB. Cette Riviére est devenue célèbre par la Victoire que les Impériaux & les François qui étoient allés au secours de l'Empereur Léopold remportérent sur ses bords près de St. Gottard en 1664.

3. RAAB, autrement JAVARIN, en Latin *Jaurinum*, Ville de la Basse Hongrie, dans le Comté de Javarin, dont elle est le Chef-Lieu. Elle est située à l'endroit, où les Riviéres de Raab & de Rabnitz se joignent pour aller se jetter dans le Danube[b]. C'est une Place très-forte. Elle a deux Ponts, l'un du côté de l'Autriche & l'autre du côté d'Albe-Royale, ou Stulweissemburg. Raab paroît de figure quarrée. Il y a sept Bastions, ou seulement quatre avec trois Boulevards, ou Ouvrages élevez, d'où l'on peut tout voir. Sur le premier Bastion est bâti le Château ou Palais du Gouverneur. Le second est sur le bord du Danube. Le troisième est placé sur la Sainte Montagne, & lorsque les Turcs le firent sauter par le moyen d'une Mine, un homme qui se trouvoit à cheval sur ce Bastion, fut emporté par l'effort de la poudre jusque dans le Danube, où ni lui ni son Cheval n'eurent aucun mal. Le quatrième Bastion est celui du milieu, & il regarde la terre du côté de l'Orient. Le cinquième s'appelle le Nouveau Bastion : le sixième est le Bastion Impérial; & le septième qui est sur le bord de la Riviére de Raab, se nomme le Bastion de Hongrie. Le Château n'est pas fort considérable[c]. L'Eglise Cathédrale en est proche. Auprès du Raab est l'Eglise & le Couvent des Franciscains. L'Eglise & le Collége des Jésuites sont sur la Place publique, & ces deux Edifices sont d'une grande magnificence. Au devant de leur Eglise ils ont élevé une Colonne à l'honneur de la Ste. Vierge, dont on y voit la Statue. Les maisons des Particuliers ne sont pas magnifiques; mais aussi elles ne peuvent pas être dites laides ni mal propres; reproche que l'on fait à juste titre aux Rues de cette Ville, parce qu'elles ne sont pas pavées. Il y a au delà du Rabnitz un Fauxbourg qui est très-grand. On voit aux environs de cet-

[a] De l'Isle, Atlas.

[b] Ed. Brown, Voy. de Vienne à Larisse, p. 36.

[c] J. Tollii Epist. Itineraria, p. 147.

te Ville [a] une grande Plaine & rien ne la commande, si ce n'est une petite Montagne, qui en est pourtant assez éloignée, & qu'on pourroit aisément faire sauter par le moyen d'une Mine. Il y a au delà une petite Tour dans le milieu de la Campagne, & d'où l'on peut facilement découvrir l'approche de l'Ennemi. Sinan Bacha assiégea Raab, sous le régne du Sultan Amurath III. Il y perdit beaucoup de monde & on lui tua douze mille hommes dans une seule attaque. A la fin la Ville se rendit par la trahison du Comte d'Hardeck, qui en étoit le Gouverneur, & qui fut pour cela décollé à Vienne. On reprit la Place peu d'années après. Le Comte de Schwartzenbourg & le Comte de Palsi la surprirent la nuit & firent un grand carnage de tous les Turcs qu'ils y trouverent. Leur Gouverneur fut tué sur le Bastion de Hongrie. On voit une partie de la Porte qu'on rompit par le moyen d'un Petard, qu'on garde encore dans l'Eglise Cathédrale, comme un Monument de cette Victoire.

[a] Ed. Brown, p. 37.

RAARSA, Isle de la Mer d'Ecosse [b], l'une de celles qui sont à l'Occident de ce Royaume. Elle est située au Nord, assez près de l'Isle de Skia, & gît Nord-Ouest & Sud-Est. Cette Isle est longue de sept milles & large de deux. Davity [c] dit qu'il y a beaucoup de Cerfs dans ses Forêts.

[b] Blaeu, Atlas.
[c] Hebrides.

RABAÇAL, *Rapaciale*, Bourg de Portugal, [d] dans la Province de Beira, à quatre lieues de Coimbre. C'est au dessus de ce Bourg qu'est la partie la plus haute des Montagnes appellées *Ansediamus*, ou *Sera d'Ançaon*, autrefois *Tapiaeus-Mons*.

[d] Délices de Portugal, p. 730.

RABAH, Ville des Indes, selon d'Herbelot [e]. Il remarque que l'Auteur du Mircat dit, que l'on trouve beaucoup de Camphre dans cette Ville & que l'on en tire des Arbres qui croissent dans son terroir.

[e] Bibliot. Orient.

RABANNA. Voyez NABANNÆ.

1. RABASTENS, Ville de France dans le Haut Languedoc, au Diocèse d'Alby, sur le Tarn, à six lieues de la Ville d'Alby. Son nom Latin est *Castrum Rabastense* [f]. Elle est ancienne; mais la Ville & le Château sont aujourd'hui fort délabrez. Les Rues de Rabastens sont fort étroites. C'est la troisième Ville de l'Albigeois. On y fait quelque Commerce, particuliérement des Vins qui croissent aux environs & qui sont bons. Il y a plusieurs Couvens & un Collége. Les Fauxbourgs sont assez considérables.

[f] Piganiol, Descr. de la France, t. 4. p. 312.

2. RABASTENS, Bourgade de France dans la Gascogne, au Diocèse de Tarbes.

RABAT, en Latin *Rabacha*, grande Ville d'Afrique [g], qui fut autrefois comprise dans la Mauritanie Tingitane, & qui est aujourd'hui en la Province de Tremecen au Royaume de Fez, entre la Ville de ce nom & celle de Tanger, à vingt-cinq lieues de la premiére, & à vingt & une de l'autre. Elle est située sur la Côte de l'Océan, à l'Embouchure de la Riviére de Burregreg du côté de l'Occident. Elle a été bâtie par Jacob Almansor, selon ce que Abdulmalic rapporte. D'autres attribuent sa fondation à Abdulmumen, qui la nomma Méhédie. Quelques-uns la prennent pour l'*Oppidum* de Ptolomée. Cette Ville a un fort Château, que la Mer borde d'un côté & la Riviére de l'autre; & quoiqu'elle so beau-

[g] Marmol, Descr. du Royaume de Fez, t. 2. liv. 4. c. 5.

coup plus petite que Maroc elle lui ressemble pour les Bâtimens. Son fondateur la fit construire pour y demeurer l'Eté, afin d'être plus proche de l'Armée qu'il envoyoit en Espagne. Elle fut nommée Rabat, comme qui diroit Fauxbourg, & achevée en peu de tems. Quoiqu'il y eût de grands Palais & de fort grandes Mosquées, avec plusieurs autres Edifices pour l'ornement de la Ville, il prit tant de soin de l'embellir, qu'à peine celle de Maroc l'emportoit-elle. La Tour de sa principale Mosquée est toute semblable à celle de la Forteresse de cette derniére Ville, & à la Tour de la grande Eglise de Seville. Aussi ont-elles été faites, dit-on, par le même Maître, quoique l'Escalier de celle de la grande Mosquée de Rabat soit plus large que celui des deux autres Tours: quatre Chevaux peuvent monter de front jusqu'au haut. On la tient la plus élevée de toute l'Afrique. On y découvre un Vaisseau de vingt lieues de loin. Dès que cette Ville eut été bâtie, Jacob Almansor y mit toutes sortes d'Artisans, de Marchands, de Docteurs, & les entretint à ses dépens. Il y demeuroit depuis le commencement d'Avril jusqu'à la fin de Septembre. Ces avantages y attirérent tant de gens de toutes parts, qu'elle devint une des meilleures Ville d'Afrique. Comme l'eau des Puits & celle de la Riviére sont corrompues par le flux de l'Océan, ce Prince fit venir sur des Arcades une Fontaine éloignée de quatre lieues, & on en repartit l'eau dans les Places, dans les Mosquées & dans les Palais. Tant qu'il vécut la Ville augmenta toujours, mais après sa mort, la guerre des Almohades & des Bénimérinis n'y laissa pas la dixiéme partie des habitans. Le grand Aqueduc fut tout rompu, & on ruïna plusieurs Temples & divers Palais. Il n'y a pas aujourd'hui plus de six cens feux dans trois Quartiers proche du Château. Tout le reste est réduit en Clos & en Jardinages. Les Chaviens possédent tout le Pays d'alentour & s'étendent jusqu'aux Campagnes qui sont au Levant du Fleuve, où il y a de beaux Pâturages. Le Château n'est bon que pour résister à un coup de main; il ne vaut rien contre le Canon, parce qu'il n'a point de Rempart. Le Port de la Ville est à demi-lieue plus haut le long du Fleuve.

RABBA, Ville de la Palestine, dans la Tribu de Juda. Il en est parlé dans Josué [h]. Peut-être est-ce la même qu'*Arebba* ou *Arabba*, & encore la même qu'Arbée ou Hébron. Au lieu d'Arabba on peut lire *Rabba*, la Grande, dans l'Hébreu.

[h] 15. 60.

RABBAT, ou RABBAT-AMMON, RABBAT-AMMANA, ou simplement AMMANA, ou *Rabbat Filiorum Ammon*, nommée depuis PHILADELPHIE, Capitale des Ammonites, Ville située au delà du Jourdain. Elle étoit fameuse & considérable dès le tems de Moyse, qui nous dit qu'on y montroit le Lit de fer du Roi Og [i]. David ayant déclaré la guerre aux Ammonites, Joab Général de ses troupes, fit le Siège de Rabbat-Ammon, & le brave Urie y fut tué [k], par l'ordre secret que ce Prince avoit donné qu'on l'abandonnât dans le danger. Lorsque la Ville fut réduite à l'extrémité, David y alla lui-même, pour avoir l'honneur de sa reddition [l]. Depuis ce tems elle fut soumise aux Rois de Juda. Ensuite

[i] Deut. III.
[k] 2. Reg. XI. 1. 15. &c.
[l] 2. Reg. XII. 28. 29.

suite les Rois d'Israël s'en rendirent les maîtres avec tout le reste de la Tribu au delà le Jourdain. Mais sur la fin du Royaume d'Israël, Téglathphalasar ayant enlevé une grande partie des Israélites de ces Cantons-là, les Ammonites exercérent diverses cruautez contre ceux qui restérent. Delà vient que les Prophétes Jérémie & Ezéchiel ont prononcé contre Rabbat, Capitale des Ammonites [a], & contre le reste du Pays, de très-fâcheuses Prophéties, qui eurent apparemment leur accomplissement cinq ans auparavant la ruïne de Jérusalem. Antiochus le Grand prit la Ville de Rabbat-Ammon vers l'an du Monde 3786. Quelque tems auparavant, Ptolomée Philadelphe lui avoit donné le nom de Philadelphie [b]. On croit que c'est à cette Ville que Saint Ignace le Martyr écrivit peu de tems avant son Martyre. Philadelphie est proche de la source de l'Arnon.

[a] Jérém. XLIX. 1. 2. 3. Vide & Sophon. 11. Ezech. XX. 20. XXV. 5.

[b] Joseph. Antiq. l. 13. c. 17. Polyb. l. 5.

RABBAT-MOAB, ou *Rabbat Filiorum Moab*, la Capitale des Moabites, nommée autrement RABBAT-MOBA, AR, ARE'OPOLIS, ARIEL DE MOAB, KIR HARESETH, ou la *Ville aux murailles de brique. Clamabo ad viros muri fictilis*, dit Jérémie [c]. Cette Ville étoit située sur l'Arnon, qui la partageoit en deux, d'où vient que dans les Livres des Rois, elle est nommée les *deux Ariel de Moab*, ou les *deux Lions de Moab*, par allusion à son nom propre, qui est *Ar* ou *Arié*, un Lion. Cette Ville a souffert une infinité de vicissitudes, & les Prophéties la menacent assez souvent de fort grands malheurs. Les Rois de Juda, d'Israël & d'Edom assiégeant un jour cette Place [d], le Roi de Moab qui se vit sur le point de tomber entre les mains de ses ennemis, prit son fils aîné & se mit en devoir de l'immoler à ses Dieux : ce qui causa une telle indignation aux Rois assiégeans, qu'ils se retirérent & abandonnérent le Siége. Nous avons déja parlé de cette Ville sur l'Article d'AR. Les Romains entretenoient d'ordinaire une Garnison à Aréopolis, à cause de l'importance du passage de l'Arnon. Voyez les anciennes Notices, Eusébe, & Saint Jérôme sous le mot Arnon.

[c] Jérém. XLVIII. 31. 36. &c.

[d] 4. Reg. III. 5. 6. 7. 8. &c.

RABBI, Bois de France, dans la Normandie, au Département de Caen & d'Alençon, Maîtrise de Valognes. Il est de huit cens vingt arpens.

RABBOT, Ville de la Palestine, dans la Tribu d'Issachar. Il en est fait mention dans Josué [e]; & elle est nommée Rabbith dans l'Hébreu.

[e] 19. 20.

RABLE', Bourg de France dans l'Anjou, Election d'Angers.

RABONNA. Voyez RAVENNA.

RABOTH. Voyez RABBOT.

RACADAH, Ville d'Afrique. D'Herbelot dans sa Bibliothéque Orientale dit que cette Ville étoit des dépendances de Caïroan; c'est-à-dire qu'elle étoit située dans la Province que les Anciens appelloient Cyrenaïque. Ce fut Mahadi Khalife des Abbassides qui la fit bâtir. Elle est dans le troisième Climat.

RACAH, Ville de l'Iraque Babylonienne, ou Chaldée, que quelques-uns mettent en Mésopotamie. Elle est située au 73. d. 15'. de Longitude & à 36. d. de Latitude Septentrionale. C'est la même qui a été appellée ARACTA, d'où étoit natif Al-Bathani, célèbre Astronôme, qui est ordinairement nommé par les Latins *Albategnius Aractensis*. Le Khalife Almamon ne passoit jamais par cette Ville, parce qu'on lui avoit prédit qu'il devoit mourir, suivant son Horoscope à Racah. Mais il arriva que ce Khalife étant campé sur les bords d'une Fontaine, qui fait la source de la Riviére de Bedidoun, près de la Ville de Tharse en Cilicie, il demanda à un Grec, qui étoit prisonnier de guerre dans son Armée, quel étoit le nom de cette Fontaine. Le Grec lui ayant dit que les gens du pays l'appelloient Racah; la fiévre qui lui étoit venue un peu auparavant pour avoir mangé des Dates fraîches & bu trop d'eau de cette Fontaine, redoubla aussi-tôt. Ce Khalife qui étoit grand Astrologue, considérant que le Lieu & le tems s'accordoient parfaitement avec la prédiction qui lui avoit été faite, crut que l'heure de sa mort étoit fort proche; ce qui se vérifia par l'effet l'an 218. de l'Hégire, selon le rapport du Tarikh-Al-Abbas, qui est l'Histoire des Abbassides.

RACANELLO, Fleuve d'Italie [f], dans la Calabre Citérieure; il a sa source dans l'Apennin, & ayant pris son cours par Cassano, il va se jetter ensuite dans le Golphe de Venise, que Mr. Corneille appelle mal-à-propos Golphe de Tarente. L'Embouchure de ce Fleuve est au Nord de celle du Sibar. Le Racanello est le Cylistarnus des Anciens.

[f] Magin, Carte de la Calabre Cit.

RACASTA; Ortelius [g] qui cite Cédréne, dit qu'on donna anciennement ce nom à la Ville d'Aléxandrie en Egypte. On la nomma aussi *Racotis*, selon Pline [h].

[g] Thesaur.
[h] l. 5. c. 10.

RACATÆ. Voyez RHACATÆ.

RACCATH. Voyez RECHAT.

RACHAL, Ville de la Palestine, dans la Tribu de Juda. Il en est parlé au premier Livre des Rois [i]; & c'est dans cette Ville que David envoya le butin qu'il avoit pris sur les Ennemis qui avoient pillé Siceleg.

[i] 30. 29.

RACHMICDON, Ville de Perse, selon Tavernier, qui la met à 87. d. 34'. de Longitude, & à 35. d. 15'. de Latitude.

RACHUSII, Peuple de l'Inde, selon Arrien dans son Périple de la Mer Erythrée [k].

[k] pag. 27.

RACKERSBURG, [l] Ville d'Allemagne dans la Basse Stirie & que les Anciens nomment *Raclitanum*, & les Wandales *Radcony*. Elle est située à 8. milles de Gratz, sur le Fleuve Muer, qui fait assez souvent beaucoup de dommage aux Fortifications de cette Ville; elle a été diverses fois mise en cendres, & rebâtie. Il y a un Arsenal. Les Turcs & les Rebelles d'Hongrie ont souvent inutilement tâché de la prendre, & les premiers ont été battus devant cette Ville, l'an 1418. par Ernest Duc d'Autriche. Ses environs sont très-fertiles en Vignes, & l'on trouve proche de la Ville un Château situé sur une Montagne sablonneuse, qui de même que la Ville & toutes ses dépendances, appartenoit autrefois à la Famille de Wildan; mais le tout ayant été réuni depuis au Domaine du Souverain, a été engagé au Prince d'Eggenberg, dont la Famille le posséde encore.

[l] Zeyler, Topogr. Stiriae.

RACLIA, Ecueil de l'Archipel, à trois milles de Skinosa [m], entre les Isles de Naxie & de Nio, à douze milles ou environ de l'une & de l'autre. Cet Ecueil a douze milles

[m] Tournefort, Voy. du Levant. t. 1. p. 94.

de tour. Les Moines d'Amorgos maîtres de Raclia y font nourrir huit ou neuf cens Chévres ou Brebis. On n'y trouve ordinairement que deux pauvres Caloyers qui en prennent soin, & qui vivent de Biscuit fort noir & de Coquillages. Leur fromage est très-bon. Les Moines logez vers le haut de la Montagne auprès d'une source assez abondante, sont inquiettez à tous momens par les Corsaires, qui n'y abordent souvent que pour prendre quelques Chévres. Il n'y passe pas même de Caïque, dont les Matelots n'en volent quelqu'une.

Il semble d'abord que le nom de Raclia soit tiré d'Héraclée, mais outre que les Géographes anciens n'ont fait mention d'aucune Isle de ce nom, il y a beaucoup d'apparence que celle dont il s'agit ici a été connue sous le nom de Nicasia, que Pline, Etienne le Géographe, Suidas & Eustathe placent auprès de Naxos.

RACLINE, ou RACLINDE, Isle de la Mer d'Ecosse, au delà du Cap de Cantyr, du côté de l'Est-Sud-Ouest, & à quatre milles seulement des Côtes d'Irlande. On la prend pour l'Isle de *Ricina* de Ptolomée & pour celle de *Ricnea* de Pline. Voyez RICINA.

RACONI, ou RACONIGI; Ville d'Italie, dans la Principauté de Piémont & dans la Province de Savillan [a], entre Savillan au Midi & Carmagnole au Nord, sur le chemin qui conduit de Savillan à Turin. Cette Ville est située dans une des plus fertiles Plaines du Piémont & dans un Pays très-agréable. Deux Riviéres l'arrosent, savoir la Grana & la Macra. Il y a quatre Avenues & autant de Fauxbourgs qui sont très-peuplés. Le Château du Prince de Carignan, à qui Raconi appartient, est fort beau & bien entretenu. Les Habitans qui sont au nombre de douze mille sont partagez en deux Paroisses. On compte outre cela quatre Couvens d'hommes & une Maison de Religieuses.

[a] *Theatrum Pedemontii. t. 1. p. 2.*

RACOVI, ou ARACOVI: Village de Grece dans la Livadie. George Wheler [b] dit: dans ce Village composé de Grecs, & d'Albanois, avec un Soubachi ou Vayvode Turc, qui les gouverne, il n'y a point de Mosquée; mais il y a plusieurs Eglises, dont la principale & la meilleure est Panagia, ou l'Eglise de la très-Sainte Vierge; les autres sont dédiées à St. George, à St. Démétrius, & à St. Nicolas; & quelques-autres petites Chapelles. Les Femmes ajustent là leur tête de petites pièces de monnoye, qui leur pendent sur le cou & sur les épaules: elles en parent aussi leurs corps-de-Jupes & leurs manches: elles peignent leurs cheveux en arrière, qu'elles tressent fort joliment sur leur dos, & y pendent à l'extrémité des boutons d'argent: le reste de leur habillement est une longue Veste de Drap blanc; ce sont tous des Bergers, & des Bergéres qui paissent leurs Troupeaux sur les Montagnes. On trouve quelques Fragmens d'Antiquitez dans une Eglise; on y voit quelques morceaux de Colonnes de Marbre & des Chapiteaux d'Ordre Corinthien; ce qui fait croire que Racovi est une Place ancienne. Mr. Spon [c] a jugé que c'étoit l'ancienne *Amphryssus*, ou *Ambryssus*; mais Wheler [c] n'est point de ce sentiment qui, dit-il, ne s'accorde ni avec Strabon ni avec Pausanias, qui placent *Amphryssus* fort loin de l'endroit où est Racovi. Strabon décrivant des Places maritimes de Phocée & non du Golphe de Corinthe, comme Lawrenberg & autres semblent l'entendre, parle du Lieu où il croyoit qu'étoit située Anticyrrhe & le Cap Pharygion: ensuite venant au Port de Mycus, il dit que c'étoit le dernier Port des Phocéens, au dessous d'Hélicon & d'Ascra, & ajoute qu'*Aba* & *Amphryssus* n'en étoient pas éloignées. Après quoi il vient aux Villes qui étoient dans les terres. La première dont il parle est Daulis qu'il place à l'Orient de Delphes, & rapportant une partie d'un vers d'Homére οὶ Κυπάρισσον ἔχοντες, &c. il dit que quelques-uns entendent par ces paroles des Arbres & des Cyprès, & d'autres un Village au-dessous de *Lycoria* qui portoit ce nom. Or *Lycoria* étant la plus haute Croupe du Parnasse, & Racovi se trouvant directement au-dessous de cette Croupe, il y a bien plus d'apparence que Racovi est l'ancienne *Cyparissus*. De plus on ne voit pas comment *Cyparissus* ou Racovi peuvent être prises pour *Amphryssus*. Car Didyme remarque sur ce vers d'Homére que *Cyparissus* est une Ville de la Phocide, ainsi appellée, ou de Cyparissus frére d'Orchomenus, ou de la quantité de Cyprès qui croissoient aux environs; mais il ne dit rien d'approchant en décrivant *Amphryssus*. Pausanias semble appliquer mieux ce passage d'Homére à *Anticyrrha*, qu'il distingue cependant d'*Amphryssus*, qu'il place entre Stiria & Anticyrrha; & quoiqu'il semble le mettre au-dessous du Parnasse, il ne la met pas pourtant dans ce passage étroit de la Montagne, où est Racovi; mais plûtôt dans la Plaine qui se trouve entre les Montagnes, & qu'il appelle le Territoire ou la Plaine d'*Amphryssus*. La distance qui est entre Racovi & Stiri ne s'accorde pas non plus avec la Stiria & l'*Amphryssus* de Pausanias; car il n'y a pas moins de six ou huit lieues de Stiri à Racovi, au lieu que Pausanias ne met Stiria & *Amphryssus* qu'à soixante stades l'une de l'autre, ce qui ne revient qu'à trois lieues & demie. Enfin Pausanias ne marque point *Amphryssus* dans ce chemin entre Chæronea & Delphes, qu'il met près de Panopeus & de Daulis, & qui communique au chemin nommé *Schistis*, qu'on ne sauroit concevoir être ailleurs qu'entre le Mont Parnasse & Cirphis, soit que l'on considère la place même ou l'Etymologie du nom, qui signifie *Division*, ou des choses séparées l'une de l'autre. Racovi se trouve dans ce chemin à deux lieues de Castri au delà de Daulis, appellée présentement *Dalia*, & du côté de l'Orient. Enfin Pausanias ajoute qu'en allant d'*Amphryssus* à *Anticyrrha*, il faut monter l'espace de deux stades, au lieu qu'on ne monte point en y allant de Racovi, qui est au-dessous du Mont Parnasse: tous les chemins vers la Mer descendent considérablement.

[b] *Voy. T. 2. p. 16.*

[c] *Voy. de Zante à Athènes, liv. 1. p. 58.*

RACOVIE; [d] Ville de la Petite Pologne, dans le Palatinat de Sendomir. Elle est fameuse dans l'Histoire, par l'Ecôle & par l'Imprimerie que les Sociniens y ont eues; & ils la regardoient comme le Siège de leur Secte. Ils furent chassez de cette Ville en 1645.

[d] *Andr. Celar. Descr. Polon. p. 186.*

RADA-

RAD.

RADACOPHANUM, Ville de la Toscane, selon Ortelius [a] qui cite Annius de Viterbe & ajoute qu'on trouve le nom de cette Ville dans un Edit de Didier Roi de Lombardie. Voyez RADICOFANI & TINNI.

[a] Thesaur.

☞ RADE, mot François qui signifie un espace de Mer, à quelque distance de la Côte, où les grands Vaisseaux peuvent jetter l'ancre, & demeurer à l'abri de certains Vents, quand ils ne veulent pas prendre Port. Ce mot vient d'un ancien nom Gaulois *Radis*, qui vouloit dire la même chose, & d'où l'on avoit formé le nom Latin de l'Isle de Ré. Voyez RÉ.

On appelle RADE-FORAINE, une Rade, où il est permis à toutes sortes de Bâtimens de mouiller l'ancre, sans craindre le Canon des Forteresses qui commandent ces Rades. BONNE-RADE est un Lieu où le fond est net de Roches, où la tenue est bonne, c'est-à-dire où le fond est bon pour tenir l'ancre, & où l'on est à l'abri du Vent. On dit aussi BONNE-RADE à l'égard d'un tel Vent, comme d'Est & de Sud; c'est-à-dire que de ces Vents la Rade est bonne & qu'on y est l'abri.

RADELSTORFF, ou RITTELSDORFF; [b] petite Ville d'Allemagne, dans la Franconie. Elle est située à deux milles de la Ville de Bamberg.

[b] Zeiler, Topogr. Franconiæ.

RADEPONT, & le HAMEL DE BONNEMARRE, Paroisse de France dans la Normandie, sur la Rivière d'Andelle, Election de Rouen. Le Château qui étoit autrefois considérable fut pris d'assaut par le Roi Philippe-Auguste en 1203.

1. **RADICOFANI**, Ville d'Italie [c], dans les Etats du Grand-Duc, au Territoire de Siène, entre Siène & Orviete, mais plus près de celle-ci que de la première. On croit que Didier Roi des Lombards fut le fondateur de cette Ville, que Côme I. Grand-Duc de Toscane fit fortifier. Il y a une Garnison dans le Château.

[c] Magin, Carte du Territ. de Siène.

2. **RADICOFANI**, Montagne d'Italie, dans la Toscane [d], au Territoire de Siène & aux Frontières de l'Etat Ecclésiastique, dont les Terres se terminent au Village de Centino, au pied de cette Montagne. La Ville & le Château qui portent aussi le nom de Radicofani, sont la moitié du tems enveloppez de nues au sommet de cette Montagne. On y entend le tonnerre comme grondant sous les pieds; ce qui fait croire qu'il y a quelques creux souterrains qui causent ce retentissement. Au sortir de Radicofani, quand on va vers Siène, on ne voit que Montagnes toutes découvertes & presque entièrement stériles; mais le terroir commence à devenir meilleur vers le Bourg de S. QUIRICO, à huit ou dix milles delà. Il est vrai que cela ne dure guère. C'est encore pis du côté de Torrinieri; & le Pays est ainsi mêlé jusqu'au voisinage de Siène. Auprès de Radicofani il y a une Douane sur le bord du grand Chemin. On paye en cet endroit un Jule par Calèche pour l'entretien du Chemin, qui est beau; mais qui coûte beaucoup à entretenir, parce qu'il est partie dans des fondrières, & partie dans des lieux escarpez, où les eaux des pluyes, & la fonte des neiges font souvent de grands ravages. Le terroir de ce Pays, produit un Vin blanc excellent, & du rouge qui est aussi bon & plus velouté, d'une fraîcheur admirable, &

[d] Misson, Voy. d'Italie, t. 2, p. 305.

RAD. RAE.

naturelle, puisque l'on garde ces Vins dans une Grotte taillée dans le Roc. On compte sept milles de Radicofani à Ponte Centesimo, Hôtellerie auprès de laquelle est un Poteau avec les Armes de l'Eglise.

RADINA, ou RHADINA. Quelques-uns avoient cru que ce nom qui se trouve dans Strabon étoit le nom d'une Ville du Péloponnèse dans l'Elide; mais Casaubon a prouvé que c'étoit le nom propre d'une Femme. Voyez la Remarque de Casaubon sur cet endroit de Strabon [e].

[e] l. 8. p. 347.

RADMANSDORF, petite Ville d'Allemagne dans la Haute Carniole. Elle est située au delà de Craynburg, près du Fleuve Sau, qui prend sa source assez près de cette Ville [f]. La famille de Rättmansdorff en a tiré son Nom. Elle appartenoit autrefois aux Comtes de Cylli; mais du tems de la rebellion, ayant été prise & ses murailles rasées par ordre de l'Empereur, elle fut donnée à la Famille des Comtes de Thurn, qui la possèdent actuellement.

[f] Zeiler, Topogr. Carniæ, p. 123.

RADNOR, Ville d'Angleterre [g], au Pays de Galles dans Radnorshire, dont elle est la Capitale. On la place à cent vingt milles de Londres.

[g] Etat présent d'Angleterre, t. 1. p. 145.

RADNORSHIRE, Province d'Angleterre [h], au Pays de Galles, dans le Diocèse de Hereford, au Couchant de ce Diocèse. Elle est regardée comme une des plus stériles Provinces du Pays de Galles. On lui donne quatre-vingt dix milles de circuit, qui renferment environ trois cens dix mille Arpens. On compte dans cette Province trois mille cent cinquante-huit maisons, cinquante-deux Paroisses & quatre Villes avec droit de Marché. Les deux plus considérables Villes sont,

[h] Ibid.

Radnor, & Prestain.

RADOLFSHAUSEN, [i] Bourgade d'Allemagne, dans les Etats du Duc de Brunswig-Lunebourg, entre les Villes de Göttingen & de Dudestadt. Elle a été long-tems possédée, à titre de Fief mouvant des Ducs de Brunswig-Lunebourg-Grubenhaag, par la Famille de Plesse. Mais Dietric de Plesse étant mort en 1571. sans postérité, ce Fief retourna aux Ducs de Brunswig-Lunebourg, qui le possèdent encore aujourd'hui. Le Château de Radolfshausen fut entièrement ruiné dans les guerres de 1626.

[i] Zeiler, Topogr. Brunswic. p. 169.

RADOM, Ville de la petite Pologne [k], dans le Palatinat de Sendomir, au Territoire de Radom, dont elle est le Chef-Lieu. Cette petite Ville située sur un Ruisseau qui se jette dans la Vistule, est ceinte de murailles. On y voit un Couvent de l'Ordre de St. François, dont l'Eglise est fort belle. Le Général Suédois Rutger d'Aschenberg l'ayant prise en 1656. y fit un grand carnage.

[k] De l'Isle Atlas. Andr. Cellar. Descr. Polon. p. 43.

RADSTADT, Ville d'Allemagne [l], dans l'Archevêché de Saltzbourg, sur la Rivière d'Ens. On voyoit autrefois dans cette Ville les Tombeaux des Comtes de Schermberg, Famille qui a été fort renommée.

[l] Zeiler, Topogr. Bavariæ. p. 43.

RÆMSES. Voyez RAMESSES & AVARIS.

RAETI. Voyez RHÆTI.

RAETIARIA, Ville de la Haute Mysie, selon Ptolomée [m] qui la place près de Dorti-

[m] l. 3. c. 9.

RAF. RAG.   RAG.

cum. Le Manuſcrit de la Bibliothéque Palatine porte *Rhaetiaria*. L'Itinéraire d'Antonin qui écrit *Ratiaria*, marque cette Ville ſur la route de Viminacium à Nicomédie, entre *Bononia* & *Almus*, à dix-huit milles de l'un *a Theſaur.* & de l'autre de ces Lieux. Ortelius [a] qui cite une ancienne Inſcription, dit qu'on y lit RATIARENSIS pour RATIARBNSIS, & qu'il y eſt queſtion d'une Ville de la Haute Myſie. Le nom moderne eſt *Reſſana*, ſelon Lazius. Niger dit qu'on l'appelle NICOPOLI ; mais Ortelius n'en convient pas.

RAFFE', Prieuré de France, dans la Bourgogne, Election de Tonnerre. Son revenu eſt de huit cens Livres.

RAGA. Voyez RAGÆ.

RAGABA, Château très-fort au-delà du *b Joſeph.* Jourdain [b]. C'eſt apparemment ARGOB, *Antiq. lib.* dont il eſt parlé en plus d'un endroit de l'Ancien Teſtament [c]. Euſébe met Argob dans *c Deuter. 3. 4. 13. 14. 3.* le Canton de Geraſa, à quinze milles vers *Reg. 4. 23.* l'Orient.

& 4. Reg. RAGÆ, ou RAGE's, Ville de Médie, *15. 25.* ſituée ſur les Montagnes d'Ecbatanes [d]. To- *d Tobie. 5. 8.* bie l'ancien ayant confié un dépôt de dix talens à Gabélus, Bourgeois de Ragès, ou même lui ayant prêté cette ſomme, ſelon le Texte Latin, envoyá ſon fils le jeune Tobie, pour la lui demander. ; mais celui-ci ayant été obligé de demeurer quelques jours à *e Ibid. 6. 5.* Ecbatanes [e], pour y célébrer ſon mariage, avec *9. 3.* Sara fille de Raguel, pria l'Ange Raphaël, qu'il ne prenoit que pour un homme, d'aller vers Gabélus, & de lui rapporter ſes dix ta- *f Dom. Cal-* lens ; ce que Raphaël exécuta [f]. Ragès étoit *met, Dict.* à une petite journée d'Ecbatanes. Elle étoit ſituée dans la partie Méridionale de la Médie, dans les Montagnes qui ſéparent ce Pays de celui des Parthes. Il eſt à remarquer que le Texte Latin lit *Rages*, au lieu d'*Ecbata-* *g lib. 11. p.* nes, ce qui eſt une faute viſible. Strabon [g] *524.* parle de la Ville *Raga* ; mais il écrit *Rageia* pour *Raga*. Il dit que Nicator en fut le fondateur, qu'il l'appella *Europus*, que les Parthes la nommoient *Arſacia*, & qu'elle étoit à cinq cens Stades des Portes Caſpiennes du côté du Midi.

1. RAGAU, grande Campagne où Nabuchodonoſor, Roi de Ninive, vainquit Arpha- *h Judith.* xad Roi des Médes, dans la Campagne d'E- *5. 6.* rioch Roi des Elyméens [h]. Ces Campagnes *i Dict.* de Ragau, dit Dom Calmet [i], ſont apparemment celles qui ſe trouvent aux environs de Ragès dans la Médie ; Voyez RAGÆ. Ce Nabuchodonoſor qui ſurmonta Arphaxad, eſt, à ce que nous croyons, *Saosdu-chin* Roi d'Aſſyrie, qui fit la guerre à Phraortes Roi des Médes, l'an du Monde 3347. avant Jeſus-Chriſt 653. avant l'Ere vulgaire 657.

k Geneſ. 11. 2. RAGAU [k], fils de Phaleg, étant le mê- *18. 19.* me que Rehu ; il n'eſt pas impoſſible que la *1. Par. 1. 25.* Ville de *Ragè*, & les Campagnes de *Ragau*, n'ayent tiré leur nom de Rehu ou Ragau ; car dans l'Hébreu, c'eſt la même choſe. Toute la différence dépend de la prononciation de la Lettre *Ain*.

l D'Herbelot RAGBIL, nom d'une Ville du Royau- *Bibliot. Or.* me de Ganah [l], dans le Pays des Négres, *Edriſſi,* ſur le bord d'un Lac que les gens du Pays *Part. 2 de* appellent Bahe-Alhalou, Mer douce, à cau- *son premier Climat.* ſe que ſes eaux ne ſont pas ſalées, comme celles des autres Lacs de ce pays-là ; qui ſont preſque tous ſalés ou ſaumaches. Ragbil a une Montagne fort haute à ſon Midi ; ce qui rend le ſéjour de cette Ville plus agréable & plus commode. On compte onze journées de Caravane, juſqu'à la Ville de Ganarah, en tirant vers l'Occident.

RAGE, Ville de la Theſſalie, ſelon Tite- Live, cité par Ortelius [m], qui dit qu'elle étoit *m Theſaur.* ſur le Pénée, preſque à dix milles de Lariſſe ; mais les meilleurs Exemplaires de Tite-Live, portent ATRACEM au lieu de RAGE. Voyez ATRAX.

RAGEIA. Voyez RAGÆ.

RAGEMEHALE, Ville des Indes, à la droite du Gange. Tavernier dans ſon Voyage des Indes [n], dit que ceux qui vont à *n liv. 1. c. 8.* cette Ville par terre, trouvent pendant une Coſte ou deux les Chemins pavez de briques. Cette Ville a été autrefois la Réſidence des Gouverneurs de Bengale, parce que le Pays eſt très-propre pour la chaſſe, & que d'ailleurs le Négoce y étoit fort grand : Mais la Riviére ayant pris un autre cours, & ne paſſant plus qu'à une grande demi-lieue de la Ville, ce changement a obligé le Gouverneur & les Marchands qui y demeuroient, à ſe tranſporter à Daca, qui eſt aujourd'hui une Ville de grand Négoce. D'ailleurs le Gouverneur eſt mieux en état de tenir en bride le Roi d'Aracan & divers Bandis Portugais, qui s'étant retirez aux Embouchures du Gange, faiſoient delà de fréquentes courſes dans le Pays.

RAGES. Voyez RAGÆ.

RAGGIVOLO, Bourgade d'Italie [o], *o Magin,* dans la partie Méridionale du Mantouan, *Carte du* entre le Pô & la Secchia, ſur le bord d'un *Mantouan.* Ruiſſeau appellé Tagliata.

RAGHLINS, Iſle de la Mer d'Irlande [p], *p Blaeu,* au Nord du Comté d'Antrim, dont elle n'eſt *Atlas.* ſéparée que par un petit Détroit. On ne voit dans cette Iſle, qu'un Château & quelques Villages. Quelques-uns au lieu de RAGHLINS écrivent RACLINE. C'eſt la RICINA des Anciens.

RAGUNDONA, Ville de la Pannonie. l'Itinéraire d'Antonin la marque ſur la route d'Ariminum à Céſenia, entre Celeia & Poetovio, à dix-huit milles de la première, & à égale diſtance de la ſeconde.

RAGUSA, Ville de Sicile, dans le Val de Noto [q], avec titre de Baronnie. Cette Vil- *q De l'Iſle* le eſt ſituée dans les terres, au Nord Occi- *Atlas.* dental de Modica, ſur la Riviére de Giarratana, qui au deſſous de la Ville juſqu'à la Mer, ſe nomme *Fiume di Mauli*, ou *Fiume di Raguſa*.

RAGUSAN, DALMATIE RAGUSIENNE, ou l'ETAT DE RAGUSE ; Petit-Etat d'Europe dans la Dalmatie, érigé en République, qui ſubſiſte depuis pluſieurs ſiécles, ſous un Gouvernement Ariſtocratique, & depuis plus de deux cens ans, ſous la protection du Grand-Seigneur [r], auquel elle *r La Forêt* paye chaque année vingt-cinq mille Ecus *de Bourgon,* d'or. Son Duc ou Recteur eſt changé tous *Geograph.* les mois, & les Officiers changent toutes les *Hiſt. t. 2. p.* ſix ſemaines. Les Nobles n'oſeroient décou- *628.* cher ſans en avoir donné avis au Sénat. Durant la nuit les Etrangers qui ſont à Raguſe, ſont renfermez ſous la clef, & les Portes de

la

RAG. RAH.

la Ville ne s'ouvrent qu'après Soleil levé, & se ferment presque aussi-tôt que cet Astre commence à disparoître.

On peut diviser le Domaine de cette République, comme celui de la République de Venise, savoir en Terre-ferme & en Isles.

RAGUSE, Capitale de la République à laquelle elle donne son nom, & le Siège d'un Archevêque & d'un Sénat. Elle est si bien rétablie des desordres que les tremblemens de terre y causèrent dans le Siècle dernier, que l'on auroit de la peine à se persuader que ce fût la même Ville, que l'on vit presque toute ensevelie dans les entrailles de la terre en 1667. & dont ce qui resta fut presque brûlé en même tems. Mais l'Histoire & ceux qui l'ont vue ne laissent aucun doute à cet égard. Rien ne prouve davantage la richesse de ses habitans, qu'un si prompt & si parfait rétablissement; car la Ville de Raguse est belle, grande & bien bâtie, ornée de beaux Edifices, & fortifiée de bons Ouvrages & d'une Forteresse, qui met son Port en sûreté contre les entreprises de ses ennemis. On l'appelle le FORT DE St. NICOLAS. La Ville de Raguse a choisi Saint Blaise, Evêque de Sébaste en Arménie, pour le premier Patron de son Eglise & de sa République : sa Fête y dure quatre jours de suite.

RAGUSE LA VIEILLE, que quelques-uns prennent pour l'*Epidaurus* des Anciens, est une petite Ville, avec un assez bon Port & fort sûr, mais négligé depuis quelque tems.

La Ville de *Stagno*, ou *Stagno-grande*, ainsi que les Isles *Meleda*, *Augusta* & *Cazola*, dépendent de l'Etat de Raguse.

RAGUSTE, Marquisat de France, dans la Provence, au Diocèse de Riez.

[a Psalm. 86. 4.] RAHAB. Le Psalmiste [a] parle d'une Rahab différente de Rahab Hôtellière de la Ville de Jéricho, qui reçut chez elle, & cacha les Espions que Josué envoyoit pour considérer la Ville : *Memor ero Rahab*, dit le Psalmiste, *& Babylonis scientium me*. Il est encore fait mention du nom RAHAB, dans l'Hébreu [b Vers. 11.] du Pseaume 88. où la Vulgate lit [b] : *Humiliasti, sicut vulneratum, superbum*, & l'Hébreu : *Humiliasti, sicut vulneratum, Rahab*. Vous avez humilié, abattu Rahab [l'Egyptien] comme [c 51.9.& 30.7.] un homme qui est percé de coups. Isaïe [c] se sert du même terme RAHAB, pour désigner la perte de Pharaon, & de son Ar- [d 26.12.] mée dans la Mer Rouge; & Job dit [d] : *Prudentia ejus percussit superbum*; au lieu de quoi [e Dom Calmet, Dict. Chald. R. Salom. Abenezra, Kimchi, Jun. Pag. Munst. Mois. Boch. Phaleg. l. 4. c. 14.] l'Hébreu porte *percussit Rahab*. [e] Les plus habiles Commentateurs l'expliquent de l'Egypte, & en particulier de cette partie de la Basse Egypte, qui est nommée le Delta, & l'on appelle encore aujourd'hui cette partie de la Basse-Egypte RIB ou RIF; c'est-à-dire la Poire, à cause de sa figure, qui approche de celle d'une Poire. St. Jérôme & les anciens Interprêtes Grecs, ont suivant [f Aug. Pseudo. Hieronym. Theodoret. Euthym. Latini plures in Psalm. 86. 3.] traduit RAHAB par l'*Orgueil*, ou l'*Orgueilleux*; Mais les Peres & les Interprêtes [f] qui n'ont point consulté l'Original, ont tout simplement entendu par Rahab la femme de Jéricho, dont il a été parlé au commencement de cet Article.

RAHABA, ou RAHÁBAT-MALEC-BEN-

RAH. RAI. RAJ.

TAOUC, Ville aux Frontières de la Syrie, sur l'Euphrate. Mr. Petis de la Croix dans son Histoire de Timur-Bec, dit que cette Ville est à 75. d. de Longitude, & à 34. de Latitude.

RAHONE, ou ARAHONE, Montagne d'Afrique au Royaume de Fez, dans la Province de Habad, selon Dapper [g] qui la place [g Deser. du Royaume de Fez, p. 54.] près de la Ville d'Ezagen. Elle a dix milles de longueur, & quatre de largeur. Elle produit du Raisin en quantité, & l'on en fait des Vins blancs & rouges.

RAHOUN, nom d'une Montagne très-haute dans l'Isle de Serendib, ou Ceïlan, éloignée de deux ou trois journées de la Mer [h]. Les Arabes appellent ainsi la Mon- [h D'Herbelot, Biblioth. Or.] tagne, que les Portugais dans leur navigation aux Indes Orientales, reconnoissent de fort loin à la Mer ; & à laquelle ils ont donné le nom de PICO DE ADAM ; c'est-à-dire la Montagne d'Adam. Ce nom vient de la Tradition générale des Orientaux, qui veulent qu'Adam ait été enseveli sur cette Montagne, où, disent-ils, il fut relégué après avoir été chassé du Paradis terrestre. Les mêmes Orientaux croient que le Paradis terrestre étoit dans la même Isle de Serendib.

RAI, c'est ainsi que l'on appelle aux Indes un Roi [i], ou un Prince Idolâtre de [i Ibid.] cette Nation. Les Persans les appellent au pluriel Raïan, & nos Voyageurs les nomment communément Raïas ou Ragias. RAÏPOUR, ou RAÏAPOUR, ou RAJAPOUR, signifie en Indien, la Ville Royale & la Capitale, où quelque Prince Indien fait sa résidence.

RAJALBUTO, selon Mr. Corneille [k] & RACALBUTO, selon Mr. de l'Isle [l], [k Dict. l Atlas.] Bourgade de Sicile dans le Val Demone, à quelques milles à l'Orient de S. Philippe d'Argiron, selon la Carte de l'ancienne Sicile par Mr. de l'Isle, Racalbuto pourroit être l'ancien *Ameselum*.

1. RAJAPOUR, Ville considérable des Indes [m], dans les Etats du Grand Mogol, [m Thevenot, Voy. des Indes. Ch. 38.] dans la Province de Bécar.

2. RAJAPOUR, ou RAGEAPOUR, Ville des Indes au Royaume de Guzerat. On la nommoit autrement Broudra [n] ou Bro- [n Ibid. ch. 18.] dra. Elle est maintenant ruïnée; Voyez BRODRA.

3. RAJAPOUR, Ville des Indes, au Royaume de Visapour, près de la Côte de Malabar, précisément sous le dix-septième degré de Latitude Septentrionale [o], envi- [o Dellon, Voy. aux Indes Or. ch. 19.] ron à vingt lieues au Nord de Goa. On approche de Rajapour par le moyen d'une Rivière facile, & on trouve sur la droite un petit Village, qui n'est habité que par des Pêcheurs; & quatre lieues au-delà, on trouve la Ville de Rajapour, qui donne son nom à la Rivière. Les Vaisseaux du pays qui ne portent guère que cent tonneaux, ne montent que jusqu'à une petite Isle qui est à moitié chemin, & l'on passe plus avant avec des Barques & des Chaloupes. Quand cette Rivière est basse, ce n'est plus qu'un Ruisseau aisé à traverser.

La Ville de Rajapour étoit la Résidence de *Savagy*, ou *Sivagy*, fameux Rebelle qui dans le dernier Siècle donna bien de l'embarras au Roi de Visapour son maître, & même me au grand Mogol. Les Anglois ont eu autrefois un Etablissement à Rajapour; mais ils en ont été chassez par les Indiens. La Compagnie de France s'y est depuis établie. Elle y a une belle Maison, & un grand Jardin près d'un Bassin, d'où il sort une Fontaine d'eau chaude, qui n'est pas moins considérable pour ses vertus que les plus célèbres de l'Europe. Le Commerce de cette Ville, consiste en Salpêtre, en Toiles & en Poivre, qui se recueille en abondance aux environs. Les Montagnes & les Forêts du pays sont pleines de Singes, que l'on révère tellement, qu'il ne seroit pas possible d'en tuer sans exposer sa vie.

RAIGELSBERG, Seigneurie d'Allemagne, dans l'Evêché de Wurtzbourg.[a] A la mort de Henri dernier, Seigneur de Raigelsberg, cette Seigneurie retourna en 1551. à l'Evêque de Wurtzbourg. Mais Jean Philippe de Schonborn, Archevêque de Mayence, & Evêque de Wurtzbourg & de Worms la donna en fief à Philippe Ervin son frére.

[a] D'Audifret, Géogr. anc. & mod. t. 3. p. 152.

RAIHADERGOWY, ou RACHADERGOUAY, Bourg d'Angleterre dans Radnorshire, près du Fleuve Gouay, selon d'Audiffret[b]. Davity qui écrit RAIHADERGOWY, dit que ce mot signifie les Cataractes de la Wye, & que ce Bourg est situé, près de cette Riviere. Il ajoûte qu'il s'y tient particuliérement Marché le Dimanche.

[b] Géogr. anc. & mod. t. 1. p. 170.

RAILIGE, ou RELEG. Voyez RALEIGH.

1. RAIN, petite Ville d'Allemagne, dans la Haute Baviére[e], sur une petite Riviére nommée Acha; près du Lech. Elle est bien bâtie & assez forte. Les Suédois la prirent deux fois, durant la guerre des années 1632. & 1633. & deux fois elle fut reprise par les Bavarois. Le fameux Général, Comte de Tilly, y fut blessé à la jambe, & mourut de sa blessure à Ingolstadt.

[e] Zeyler, Topog. Bavar. p. 44.

2. RAIN. Voyez RAYN.

3. RAIN, LOCH-RAIN, ou RIAN, Lac ou plûtôt Golphe, sur la côte Occidentale de l'Ecosse[d]. Il s'avance dans les terres du Comté de Galloway du Nord au Sud, vers la Baye de Glenluz, dont il est séparé par un Isthme. Cambden croit que c'est l'*Auravanus* de Ptolomée.

[d] Blaew, Atlas.

RAINCY (le) ou LIVRY LE CHÂTEAU, Lieu de l'Isle de France, Election de Paris. Il y a un fort beau Château, situé à une petite distance de Livry, dans le Bois de Bondy. Il consiste en un grand Corps de Logis composé de trois Pavillons[e]. Celui qui est au milieu est plus élevé, que les deux autres, & est arrondi par les extrémités. Des deux côtez regnent des Arcades à jour, au bout desquelles sont deux Pavillons, d'une grandeur médiocre, qui rendent la Cour quarrée. Ces Pavillons sont surmontez par de petits Campaniles. La Porte d'entrée est composée de deux Pieds droits, en forme de Piédestaux chargez de Trophées, & décorez chacun d'un Terme sortant de sa guaine. Le bord extérieur du fossé est orné d'une balustrade, qui forme plusieurs angles & détours. Le Salon est une Piéce estimée pour les peintures, de même que l'appartement du Roi.

[e] Piganiol, Descr. de la France, t. 2. p. 636.

RAIS. Voyez RETZ.

RAITENBUCH, Abbaye d'Allemagne[f], dans la Baviére, près de Schonga & de Steingaden sur la Riviére d'Ambre. C'est une Abbaye de Chanoines Réguliers, de l'Ordre de St. Augustin. On y conserve les Reliques des SS. Martyrs Prime & Félicien, & on y montre la tête & quelques autres Reliques de Ste. Pennose, Vierge & Martyre, l'une des Compagnes de Ste. Ursule.

[f] Zeyler, Topogr. Bavar. p. 79.

RAITENHASBAG, Abbaye d'Allemagne dans la Baviére[g], sur la Riviére de Saltza; elle est de l'Ordre de St. Bernard.

[g] Ibid.

RAITHI REGIO, Contrée dans la partie Méridionale de l'Arabie Pétrée, vers les Montagnes de l'Arabie Heureuse, & aux environs du Mont Sinaï du côté de l'Occident, selon le Pere Lubin dans ses Remarques sur le Martyrologe Romain. Les Peuples de cette Contrée sont appellez RATHENI par Ptolomée[h]. Le Ménologe de St. Basile, appelle cette Contrée RAÏTHUM, & la place dans le voisinage de la Mer Rouge; ce qui fait voir qu'elle n'étoit point dans l'Egypte, comme le dit l'Auteur du Martyrologe Romain[i]. La Contrée de RAÏTHI, ou RAÏTHE, s'étend vers la Mer Rouge dans une longue Plaine, large d'environ six lieues, arrosée de quantité de Ruisseaux, & remplie de Palmiers[k]. Cet endroit étoit déja connu par l'Ecriture Sainte, où il est appelé Elim, & où les Israëlites conduits par Moïse avoient trouvé douze Fontaines, & soixante & dix Palmiers[l], dont le nombre s'étoit bien augmenté depuis tant de tems. La Montagne qui en faisoit l'extrémité du côté de Sina dans l'Arabie Pétrée, & d'où sortoient ces douze Fontaines étoit habitée par plusieurs Anachorétes qui vivoient d'une maniére aussi admirable que les Sinaïtes. On parle d'un Martyre de trente-neuf Solitaires de Raïthi vers l'an 380.

[h] lib. 5. c. 17.
[i] 26. Januarii.
[k] Baillet, Topogr. des Saints, 15 p. 396.
[l] Exod. c. 15.

1. RAKONICK, Ville du Royaume de Bohême[m], dans le Cercle auquel elle donne son nom, sur une petite Riviére qui se jette dans la Miza.

[m] Jaillot, Atlas.

2. RAKONICK, Cercle du Royaume de Bohême[n]. Il a le Cercle de Schlani au Nord & à l'Orient celui de Pod-Berdesk: au Midi il est borné encore par une partie du Cercle de Pod-Berdesk, & par celui de Pilsen; & à l'Occident par le Satzéer-Kraiss. Sa Capitale est Rakonick qui lui donne son nom.

[n] Ibid.

RALEIGH, Bourg d'Angleterre, dans la Province d'Essex. Il est du nombre des Bourgs de cette Province, qui ont droit de tenir Marché public.

RAM. Voyez RAM-HERMEZ.

1. RAM-HERMEZ, Ville du Courestan. Mr. Petis de la Croix[o] la met à 86. d. de Longitude & à 31. d. 25'. de Latitude.

[o] Hist. de Timur-Bec.

2. RAM-HERMEZ, Riviére du Courestan[p]. Elle passe, selon Mr. Petis de la Croix, à la Ville de Ram-Hermez dans la même Province, & elle va se jetter dans le Fleuve Abzal, au-dessous d'Ahouaz.

[p] Ibid.

1. RAMA. Ce mot signifie hauteur. Delà vient qu'il y a tant de Lieux dans la Palestine, où se trouve le nom de *Rama*, *Ramath*, *Ramatha*, *Ramot*, *Ramathaïm*, *Ramola*, *Ramathan*. Quelquefois la Ville s'appellera

RAM. RAM.

lera tout à la fois *Rama*, *Ramatha*, *Ramot* & *Ramathaïm*, tous ces mots ne signifiant qu'une hauteur. Quelquefois *Rama* ou *Ramoth* est joint à un autre nom pour déterminer l'endroit où est la hauteur, ou la Ville dont on parle. Quelquefois enfin *Ramah* est mis simplement pour une hauteur, & ne signifie pas une Ville, ni un Village. Voici les principaux Lieux du nom de *Rama* dont il est parlé dans l'Ecriture Sainte.

a Josué. XVIII. 25.
b Vide Judic. IV. 5. &
XIX. 13.
c Euseb. in locis.
d Hieronym. in Osee. V.
e Idem in Sophon.
f 3. Reg. XV. 17. 2.
Par. XVI. 1.
g Joseph. Antiq. l. 8. c. 6.
h Reg. I. & 19. II. &c.

2. RAMA, Ville de Benjamin *a*, située entre Gabaa & Béthel *b*, vers les Montagnes d'Ephraïm, éloignée de Jérusalem de six milles du côté du Septentrion *c*. Saint Jérôme la met près de Gabaa à sept milles de Jérusalem *d*. Elle subsistoit encore de son tems, & n'étoit plus qu'un petit Village *e*. Cette Ville étoit située sur le chemin, qui alloit de Samarie à Jérusalem, d'où vient que Baasa, Roi d'Israël la fit fortifier *f*, afin qu'on ne pût passer des Terres de Juda dans celles d'Israël. Joseph l'appelle Ramathon *g*. Je ne doute pas qu'on ne soit la même que Ramatha, ou Ramathaïs Sophim, Patrie du Prophète Samuël *h*. Cette Ville étoit frontière d'Ephraïm & de Benjamin; & ces sortes de Villes étoient souvent habitées par des hommes des deux Tribus; Rama, Ramath, Ramathaïm ne peuvent marquer qu'un même Lieu. L'autre Rama ou Ramula, que l'on croit être la Patrie de Samuël, ne peut pas l'être comme nous le verrons ci-après.

i Jérém. XI. 1. 2. 3.

C'est aussi apparemment de cette Rama dont parle Jérémie *i*, lorsqu'il dit que Nabuzardan, qui commandoit l'Armée des Chaldéens, l'ayant trouvé au milieu des Captifs à Rama, où l'on les avoit tous rassemblez, le renvoya en liberté; & lui dit d'aller où il voudroit. Et c'est du même endroit que nous expliquons cette autre Prophétie de Jérémie *k*, où le Seigneur console Rachel de l'enlèvement de ses enfans, des Tribus d'Ephraïm & de Manassé qui avoient été menez en captivité : *On a entendu à Rama une voix de lamentations, de pleurs & de gémissemens de Rachel, qui pleure ses enfans, & qui ne sauroit se consoler, parce qu'ils ne sont plus. Voici ce que dit le Seigneur: Que votre voix cesse de jetter des cris, & vos yeux de répandre des larmes; parce que vos enfans reviendront de la Terre de leurs ennemis*, &c.

k Jérém. XXXII. 15.

l Matth. II. 18.

Saint Matthieu a fait l'application de ce passage, au deüil de Rachel, lorsqu'Hérode fit mourir les enfans de Bethléem *l*. Mais il est visible que ce n'est pas le sens historique & littéral du Passage de Jérémie. L'Ecriture joint souvent Gabaa & Rama, comme deux Lieux voisins. Voyez 1. Esdr. II. 26. 2. Esdr. VII. 30. Isaï. x. 29. Osée V. 8. On voit même 1. Reg. XXII. 6. que Saül demeurant à Gabaa, & étant assis dans les Bois de Rama, on lui vint dire que David avoit paru aux environs du Bois de Hareth. Mais nous croyons que Rama en cet endroit, signifie simplement la hauteur qui étoit à Gabaa.

m Dom Calmet, Dict.
n In Epitaph. Paulæ.
o Voy. le Brun, pag. 251.

3. RAMA, ou RAMATHA, ou RAMOLA, RAMULA, RAMBA, RUMA, ou REMPHTIS *m*; Ville de la Palestine, au Couchant de Jérusalem entre Lydda & Joppé, comme la place St. Jérôme *n*, ou entre Joppé & Jérusalem comme les nouveaux Voyageurs *o* la décrivent. Phocas la met environ à trente six milles de Jérusalem *p*. Abulfeda cité par Mr. Reland *q* dit que cette Ville fut bâtie par Soliman, fils d'Abdolmelic, après la ruïne de Lydda, & Sannutus *r* dit que les Arabes la bâtirent, près de Lydda, depuis que les Croisés commencèrent à aller dans le Pays. Si on joint à ces témoignages les antiquitez que l'on y découvre encore aujourd'hui, on se déterminera à croire que c'est la même Ville qu'Eusèbe *s* & St. Jérôme *t* ont prise pour Arimathie, patrie de Joseph d'Arimathie, si connu dans l'Evangile *v*. St. Jérôme *x* la place entre Lydda & Joppé, & Eusèbe dit qu'elle est dans le Canton de Thamnis, & près de Diospolis, autrement Lydda. C'est la même qui fut démembrée de la Samarie, pour être attribuée à la Judée. Or si cela est ainsi, il faut dire que cette Ville est très-ancienne, & qu'elle subsistoit long-tems avant Notre Seigneur; & par conséquent lorsqu'on nous dit qu'elle a été bâtie depuis les Croisades; il faut croire qu'on l'a rétablie seulement , & qu'on la fortifia de nouveau. Eusèbe *y* & quelques autres, semblent, avoir cru que cette Ville étoit la même, que Ramatha de Samuël, ou Ramathaïm Sophim des Montagnes d'Ephraïm; mais ce sentiment n'est pas soutenable.

p Bernard. Monach. Itiner. an. 870.
q Palæst. lib. 3. p. 950.
r In Secretis fidel. Crucis. p. 152.
s In Epitaph. Paulæ.
t Matth. 27. 57.
v Voyez 1. Macc. 11. 34. & Joseph. Ant. l. 13. c. 8.

y Euseb. & Hieronym. in Arimatha Sophim.

Aujourd'hui Rama est plûtôt un grand Bourg qu'une Ville, car elle n'est point fermée de murailles *z*. Sa distance de Jafa est de trois bonnes lieues. Elle est dans une très-belle Campagne, & sa figure seroit un long ovale, si elle avoit une enceinte. Il n'y a aucune maison considérable : le Bacha même est pitoyablement logé. Le Bâtiment le plus propre est l'Hospice des Pères de la Trinité. Il y ont une petite Eglise assez riante, un assez bon nombre de Chambres, des Citernes, des Offices, de grandes Terrasses, un Jardin, plusieurs Cours & des Magasins. On voit dans Rama des Chrétiens de quatre Nations, des Francs, des Maronites, des Grecs & des Arméniens. Les Grecs y ont une Eglise publique, dédiée à Saint George, & ornée de quelques Colonnes de Marbre. Il y a des Marchands François & Flamans qui négocient dans cette Ville ; mais il y sont en petit nombre quoiqu'ils n'y soient pas accablez de tributs & de concussions comme ailleurs : aussi n'y a-t-il pas grand Commerce à faire. Leur principal trafic consiste en coton filé, dont la plus grande partie est pour le compte des Marchands de Seyde, dont ceux de Rama sont Commissionnaires. A la reserve de ce peu de Chrétiens, toute la Ville est Mahométane. Il y a cinq principales Mosquées à hautes Tours. Quelques-unes de ces Mosquées ont été autrefois des Eglises Chrétiennes. On en voit entre autres une belle hors de la Ville vers l'Occident : elle étoit dédiée aux quarante Martyrs dont la mémoire est en singulière vénération dans tout l'Orient. A un demi quart de lieue, on voit une magnifique Citerne bien voutée. La Voute est soutenue de vingt-quatre Arcades, une partie des murailles étoit autrefois ornée de peintures : le tems les a tellement effacées qu'il n'en reste plus que ce qui suffit pour faire connoître qu'il y en avoit. Il y a encore de l'autre côté de la Ville, pres-

z Voy. de la Terre Ste.

B

presque à l'opposite de cette Cîterne un grand Reservoir d'eau revêtu de bonnes pierres. C'est là que s'assemble la Caravane des Pélerins, qui vont joindre celle de la Mecque: elle fournit d'eau à leurs montures & le reste de l'année, ceux de la Ville en profitent.

Cette Ville que nous nommons Rame, est appellée RAMLE par les gens du pays. C'est un mot Arabe qui signifie Sable, & qui lui a été donné, à cause qu'elle est dans un terroir extrêmement fablonneux. Il est bien difficile d'en trouver le Fondateur, & de reconnoître ce qu'elle a été autrefois. On ne peut pas dire qu'elle soit cette Rama, qui étoit proche de Gabaa, dont il est parlé au Livre des Juges [a]. Parce que ce Lieu étoit si près de Jérusalem que ce pauvre Lévite, qui reçut un traitement si indigne à Gabaa, en la personne de sa femme, se trouvant à Jebus, c'est-à-dire à Jérusalem sur la fin du jour, crut y pouvoir encore arriver devant la nuit, ce qu'il n'auroit pas pu faire, si elle en eût été éloignée de plus de dix lieues, comme la Rama, dont nous parlons. Je ne puis aussi me persuader que ce soit cette Rama, que Baasa Roi d'Israël enleva à celui de Juda, & dont il vouloit faire la Clef, & le Boulevart de ses Etats : parce qu'il est difficile à croire, que la petite Tribu de Benjamin eût deux Rama & deux Gabaa, & que chaque Rama fût proche de sa Gabaa. Ceux qui soutiennent que c'est la Ramathaïm Sophim de Samuël, n'en jugent pas mal ce me semble. Car le Lieu que quelques Auteurs appellent de ce nom, à deux lieues de Jérusalem, où ils mettent le tombeau de ce Prophète, ne paroît pas l'être, pour la raison que je rapporterai, quand nous y serons arrivez. Cette Rama donc, qu'on trouve ici, est le Lieu de la naissance, & de la mort de ce dernier Juge du Peuple de Dieu. Il y tenoit ordinairement ses Assises, & par une dispense particulière, il y avoit bâti un Autel à Dieu. Il en sortoit une fois l'an pour faire sa visite à Béthel, à Galgala, & à Masphat [b], & puis il y revenoit rendre justice à ceux qui le recherchoient. La Rama dont nous parlons, est aussi la Ramatha, dont il est fait mention au Chapitre 12. du premier Livre des Maccabées, qui étant auparavant des dépendances de la Samarie, en fut démembrée, & incorporée à la Judée par le Roi Démétrius, qui voulut en gratifier Jonathas, & l'engager par-là dans ses intérêts. Ma raison est que l'Histoire Sainte, la joint à Lydde, qui en effet en est fort proche. Le nom de Rame qui signifie haut élevé, ne doit pas nous faire de peine. Car bien que Rame soit dans une Plaine, comme il y a diverses sortes d'élévations, si celle de la situation lui manque, celle des Bâtimens, de la grandeur & des richesses ne lui manquoit pas. Les Habitans de cette Ville n'attendirent pas nos Princes Croisez. Ils n'eurent pas plûtôt appris leur approche, qu'ils se retirerent à Ascalon, avec leurs femmes & leurs enfans, pendant la nuit, quoique la Ville fût défendue de bonnes murailles, & de fortes Tours, & qu'ils y fussent en grand nombre. Nos gens n'ayant pas assez de Soldats pour garder une Ville de cette étendue, se contentérent d'y faire & d'y fortifier un Château. Baudouin I. avec une Armée de neuf cens Piétons, & de deux cent soixante Chevaux, plein de confiance en la Croix, qu'il faisoit porter à la tête, attaqua celle du Calife d'Egypte, qui étoit forte de trente mille hommes, & la défit dans les Champs voisins de Rama. Cinq mille Sarrasins y furent tuez, & entre autres leur Général ; mais peu de jours après l'Armée des Infidèles, s'étant réunie & renforcée, elle revint en pareil nombre qu'à la première fois. Le Prince étant retourné à la charge avec trop de précipitation & de témérité, n'ayant guère que deux cens hommes, fut vaincu & obligé de se retirer à Rama, où il eut été perdu sans ressource, sans un Arabe de l'Armée ennemie, qui vint la nuit lui donner avis de se retirer promptement. Il lui rendit ce bon Office en considération, d'une grace que le Roi avoit faite à sa femme, qu'il avoit faite prisonnière au-delà du Jourdain, & qu'il avoit charitablement renvoyée, la voyant en couche. Il lui donna même son propre manteau pour lui servir de couverture, & commanda à deux autres femmes, qu'il mit en liberté, d'en avoir soin.

Les Pélerins du commun, lorsqu'ils arrivent à Rama, sont obligez d'y demeurer jusqu'à ce qu'on ait donné nouvelle de leur arrivée aux Peres de Jérusalem, & que le Cadi de cette dernière Ville, ait donné la permission pour que les Pélerins puissent y aller. Avant tout on les avertit des frais qu'il y a à faire, afin qu'ils ne s'engagent point à un voyage, qui seroit au-dessus de leurs forces. Il ne faut pas moins de cent écus pour faire ce Pélerinage avec honneur & avec agrément. Les pauvres peuvent en être quittes pour soixante écus sans compter les frais, qu'il faut faire pour se rendre de France, ou d'ailleurs, à Rama. Pour premier Article de la dépense, il faut payer à Rama quatorze Piastres de *Gafar*; c'est-à-dire de Droit de passage. Ces Piastres sont des pièces de cinquante-six sols.

4. RAMA, ou RAMATHA. Phocas dit qu'environ à six milles de Jérusalem, on trouve Ramath ou Armath, où est né le Grand Samuël, & Mr. le Brun [c], dit qu'étant parti de Rama pour aller à Jérusalem, il passa par Cobeb, Benop, Cariht-Leneb, Soud, Souba, & Samuël. Mais cette Ville de Samuël étoit au Nord, & non au Couchant de Jérusalem, dans les Montagnes d'Ephraïm, & non dans celles de Juda. Voyez ci-devant l'Article Arimathie.

5. RAMA, Ville de la Tribu de Nephtali [d], sur les Frontiéres d'Aser [e], Saint Jérôme a lu *Horma* dans l'Hébreu : mais les Septante & Eusébe lisent RAMA. Le même Eusébe & Saint Cyrille de Jérusalem sur Zacharie [f], reconnoissent une RAMA dans Aser, & une autre dans Nephtali.

6. RAMA, petite Contrée de la Dalmatie [g], aux confins de la Bosnie, à l'Occident de la Rivière de Narenta, & des deux côtez de celle de Rama, qui donne apparemment le nom à la Contrée. Ses Lieux principaux sont :

S. Pietro de Rama,   Poteraichichi,
Riapci,   Zarnouliza,
Podbor,   Varvara.

On

On dit que le nom de RAMA, est dans les titres du Roi de Hongrie.

7. RAMA, Riviére de la Dalmatie. Elle a sa source dans les Montagnes de la Bosnie, d'où après avoir traversé la Contrée de Rama, elle va se jetter dans la Narenta.

RAMAC, ou RAMAK, nom d'une Isle de la Mer d'Oman [a], c'est-à-dire de l'Océan Ethiopique ou Oriental, & dont les habitans sont nommez par les Persans Sermahi, Tête de Poisson, à cause qu'ils ont, selon quelques-uns, la tête semblable à celle des Poissons ; mais, selon d'autres, à cause qu'ils n'ont point d'autre nourriture, que celle qu'ils tirent des Poissons. Ce sont apparemment ceux que les Anciens, ont appellé Ichthyophages, Peuples extrêmement farouches, & qui n'ont aucun commerce, avec les autres hommes qu'ils prennent aussi pour des Poissons, puisqu'ils les mangent, quand ils tombent entre leurs mains. Ce fut dans cette Isle que le Roman intitulé Houschenk Nameh, dit qu'aborda Kosrouschir Général des Armées de Huschenck, second Roi de Perse, de la première Race ou Dynastie, nommée des Pischdadiens, & qu'il exécuta les grands exploits fabuleux, qui y sont racontez fort au long.

[a] D'Herbelot, Biblioth. Or.

RAMADA, Ville de l'Amérique Méridionale [b], au Nouveau Royaume de Grenade, dans le Gouvernement de Ste. Marthe. Elle est à quarante lieues de la Ville & de nom du côté de l'Orient, à huit lieues de la Ville, & de la Riviére de la Hacha, au pied des Montagnes de Neiges, & sur les limites de la Vallée d'Eupari. Cette Ville fut nommée premiérement SALAMANCA.

[b] DeLaet, Descr. des Indes Or. Liv. 8. c. 20.

RAMANA, Ville des Indes [c], au Royaume d'Orixa dans la partie de ce Royaume, qui est au Nord du Fleuve de Ganga ou Canaxa. Elle est située sur la Rive droite de la Riviére de Balassor, & elle est la Résidence du Roi d'Orixa.

[c] De l'Isle Atlas.

RAMANADABOURAM, Ville des Indes [d], dans le Maravas. C'est où le Prince du Pays tient sa Cour.

[d] Lettres Edif. t. 2. p. 23.

RAMANANCOR, Isle des Indes [e] sur la Côte de la Pescherie, près du Pays de Maravas, dont elle n'est séparée que par un Détroit. Elle est à la tête du Pont d'Adam du côté de la Presqu'Isle de l'Inde. Il y a dans cette Isle, un fameux Pagode appellé aussi RAMANANCOR, & que les Indiens appellent RAMEISSOURAM. L'Isle peut avoir huit ou neuf lieues de circuit. Quoiqu'elle soit très-sablonneuse, on y voit pourtant de beaux arbres ; mais il n'y a que quelques Villages. Le Pagode est vers la partie Méridionale. Le Pere Bouchet Missionnaire de la Compagnie de Jesus, dit dans la Description qu'il nous donne de Ramanancor : Je n'ai point vu ces trois cens Colonnes de Marbre, dont parle une Relation imprimée. Le Pagode, ajoute-t-il, m'a paru moins beau, & plus petit que plusieurs autres qui sont dans les terres : & il n'est apparemment si fort estimé, qu'à cause du Bain qu'on prend dans la Mer ; car les Idolâtres sont persuadez, que ce Bain efface entiérement les péchez, sur-tout si on le prend au tems des Eclypses du Soleil & de la Lune. Dans un Lieu où l'on rend tant d'honneurs aux Démons, il ne laisse pas de se trouver quelques Adorateurs du vrai Dieu. Le Pere Bouchet y trouva un petit Village, où il vit une Chapelle, bâtie par des Chrétiens qui s'y étoient retirez, & il y baptisa plusieurs de leurs enfans.

[e] Ibid. t. 15. p. 56.

RAMASTRABALE, Ville de la Gaule Narbonnoise, selon Ortelius [f], qui cite Sextus Avienus, & croit que ce mot est corrompu de MASTRAMELLA ; Voyez ASTROMELA.

[f] Thesaur.

RAMATHA, & RAMATHAÏM Sophim. C'est la même Ville que RAMA, entre Béthel & Gabaa ; Voyez au mot RAMA, l'Article RAMA n°. 2.

RAMAT-LECHI ; c'est-à-dire la HAUTEUR DE LA MACHOIRE, ou le JET DE LA MACHOIRE. C'est ainsi qu'on appella l'endroit, où Samson jetta par terre la Machoire qu'il avoit levée contre les Philistins, & avec laquelle il les avoit battus [g]. Apparemment c'est le même Lieu que celui qui est nommé Lechi dans le Livre des Juges [h].

[g] Judic. 15.
[h] Ibid. 15. 9.

RAMBERVILLERS ; on nomme ainsi l'une des plus belles Châtellenies de l'Evêché de Metz [i]. C'étoit une ancienne Seigneurie, qui appartenoit à des Seigneurs particuliers, il y a 600. ans, Etienne de Bar, qui fut fait Evêque de Metz, vers l'an 1120. acquit Rambervillers ; ensuite il le fit fermer de murailles, & le mit en état de défense.

[i] Longuerue, Descr. de la France, Part. 2. p. 172.

Les Evêques ont quelquefois engagé une partie du Domaine de Rambervillers, mais ils l'ont toujours retirée ; de sorte que ces Prélats en jouïssent entiérement ; & ils y ont été maintenus au Traité de Paris de l'an 1718. par lequel le Roi a transporté au Duc de Lorraine pour partie du dédommagement qu'il lui devoit, la Souveraineté & le Ressort de la Ville & de la Châtellenie de Rambervillers, sans préjudice des Droits de propriété & de Justice, qui appartiennent à l'Evêque de Metz, & qui lui sont conservez, à la charge de faire exercer la Justice à Rambervillers, sous le Ressort des Cours Supérieures du Duc de Lorraine, & par des Officiers résidens sous sa domination. On a cédé au Duc nommément, entre les dépendances de Rambervillers, Autrei.

L'Auteur de la Vie d'Aldaberon II. dit que ce Prélat, qui fonda le Monastére d'Epinal, prit & détruisit le Château d'Autrei, de Altreio, qui étoit tenu par un Seigneur nommé Berald ; les Evêques en ayant ensuite joüi comme d'un propre de leur Eglise. L'Evêque Etienne de Bar y fonda une Abbaye de Chanoines Réguliers, dont les Droits & les Privilèges furent confirmez l'an 1176. par son neveu l'Evêque Thierri de Bar.

1. RAMBOUILLET, Bourg de France, dans le Hurepoix, Election de Chartres, & à dix lieues de Paris. Ce Bourg n'a qu'une Rue, une Eglise & un Marché ; mais il a un Château superbe qui appartient à Mr. le Comte de Toulouse, Pair & Amiral de France.

Le CHÂTEAU DE RAMBOUILLET, est dans une situation assez triste [k], ayant été bâti dans un fond, au milieu des Eaux & des Bois. On y arrive par une longue Avenue, qui est en face du Château. A gauche régne un Bâtiment tout neuf de cent vingt toises de longueur, & qui est décoré de trois Avant-Corps. C'est dans ce Bâtiment que

[k] Piganiol, Descr. de la France, t. 2. p. 669.

sont la Capitainerie, les Cuisines, les Offices & les Ecuries. Au-dessus il y a cinquante-quatre appartemens de Maîtres, tous également bien meublez & commodes. La principale des Ecuries est pour cent deux Chevaux, & est ornée de deux cens quatre têtes de Cerfs, sculptées avec soin, coloriées par *des Portes*, & dont les bois sont naturels.

Le Château est un Bâtiment à l'antique, tout de brique & flanqué de cinq grosses Tours. La Cour en est petite & fermée du côté de l'Avenue par une très-belle grille de fer. L'appartement du Roi est grand, commode & magnifiquement meublé. La premiére Pièce dont il est composé, est une grande Sale de cinquante pieds de longueur, sur environ trente de largeur. Cette Pièce est toute lambrissée & ornée des Portraits du Roi Louïs XIV. de Mr. le Dauphin son Fils, de Mr. le Dauphin son petit Fils, de Me. la Dauphine morte en 1712. du Roi d'Espagne Philippe V. & de la feüe Reine sa premiére femme. Une grande Carte du Duché de Rambouillet, peinte sur toile & ornée d'une belle bordure, occupe un espace de vingt-sept pieds de long sur douze de large. C'est un morceau magnifique dans son genre, & qui a coûté dix mille écus. Les autres appartemens au nombre de vingt-deux sont tous différemment meublez, & ne se ressemblent que par la propreté, & la richesse des meubles. Les appartemens du bas sont au rez-de-chaussée du Jardin, & tous aussi bien éclairez que ceux d'enhaut. Il y a une grande Sale à manger, qui est toute incrustée de marbre, & qui seroit une Pièce parfaite, si elle n'étoit un peu basse. En face du Château ou du côté des Jardins est une grande Pièce d'eau de cent quatre-vingt toises de longueur, & qui en cet endroit communique avec un beau Canal, qui regne tout le long du Jardin, & qui sans compter le retour qu'il a du côté de la Futaye, & du côté de l'Abreuvoir, a environ trois cens quatre-vingt toises de longueur sur vingt de largeur.

Le Jardin est fort grand, & est pour ainsi dire partagé en deux par le Château. D'un côté c'est un spacieux Quinconce de Tilleuls nouvellement plantez ; & de l'autre ce sont plusieurs compartimens de gazon & de Fleurs, parmi lesquels il y a une grande & belle Pièce d'eau. Le Jardin de ce même côté est bordé par deux longues allées de Tilleuls. Depuis quelques années Mr. le Comte de Toulouse a fait faire une magnifique Pièce d'eau, entre ce Jardin & le grand Chemin de Chartres. Elle a quatre-vingt dix toises de longueur sur quarante-cinq de largeur.

Le Parc contient deux mille quatre-cens Arpens, en y comprenant les aggrandissemens, que l'on y fit en 1712. & en 1713.

La Forêt, ou les Bois qui appartiennent à Mr. le Comte de Toulouse consistent en vingt-huit mille deux cens soixante & onze arpens, dans lesquels on a tracé plus de trois cens lieues de routes pour le plaisir de la chasse.

La Terre de Rambouillet n'étoit autrefois qu'un Marquisat, qui passa de la Maison d'Angennes, dans celle de Ste. Maure Montauzier, & de celle-ci dans celle d'Uzès. Elle fut ensuite vendue à Mr. d'Armenonville, qui la vendit à Mr. le Comte de Toulouse. Jusqu'alors ce n'étoit qu'une Terre, d'environ dix mille livres de rente ; mais le Prince à qui elle appartient présentement, a fait de si grandes acquisitions, qu'elle a aujourd'hui trente à trente-cinq lieues de pourtour, & vaut plus de cent mille livres de rente. Louïs XIV. l'érigea en Duché-Pairie en 1714.

Les Histoires nous apprennent que François I. mourut dans le Château de Rambouillet en 1547. & que son cœur fut porté dans l'Eglise des Religieuses de Haute-Bruyere, où il est sous un Pilier de marbre.

2. RAMBOUILLET, Château de France, au voisinage de Paris dans le Quartier de St. Antoine [a]. C'est dans ce Château, que les Ambassadeurs & les Envoyez des Puissances, qui ne sont point Catholiques, se rendent ordinairement pour faire leur entrée publique dans Paris. Le Jardin est fort grand [b], embelli de plusieurs Allées de charmilles & d'un Parterre, au milieu duquel il y a un Jet d'eau ; mais tout cela n'est pas trop bien entretenu, & a beaucoup perdu de son ancienne beauté. Le Bâtiment est aussi fort négligé.

[a] Piganiol, Descr. de la France, t. 2. p. 347.
[b] Brice, Descr. de la Ville de Paris, t. 2. p. 89.

RAMBURE, Bourg de France, dans la Picardie, en Vimieu, Election d'Amiens. Il y a environ mille habitans. C'est une ancienne Châtellenie & Sirie, située dans une Plaine, à quatre lieues d'Abbeville, à une & demie d'Oisemont, & à égale distance de Gamaches. La Curé vaut mille Livres de rente, & dépend du Chapitre de St. Firmin d'Amiens. Le terroir est excellent pour les bleds, & autres grains. Il y a un beau & fort Château à l'antique.

RAME, ou ROAME, Ville d'Italie dans les Alpes : l'Itinéraire d'Antonin la marque sur la route de Milan à Arles, en prenant par les Alpes Cottiennes. Elle étoit entre *Brigantio* & *Eburodunum* à dix-neuf milles du premier de ces Lieux, & à dix-huit milles du second. C'est maintenant un Village du Dauphiné, sur la Durance, à deux lieues au-dessous d'Ambrun, près du passage des Alpes, appellé le Pertuis Rostan. Il y avoit du tems de l'Empereur Friderie Barberousse, près de ce Lieu une Mine d'argent, que ce Prince donna aux Dauphins.

RAMERU, Bourg de France dans la Champagne, Election de Troyes. C'est une Baronnie qui appartient, depuis long-tems à la Maison de Luxembourg. Ce Bourg est encore remarquable par une Abbaye de l'Ordre de Cîteaux, appellée la Pieté. Erard Comte de Brienne & Philippine de Champagne sa femme la fondérent pour des Filles en 1260. Elle fut donnée à des Religieux en 1440.

RAMESSE'S, Ville bâtie par les Hébreux du tems qu'ils étoient en Egypte [c]. Elle prit apparemment son nom du Roi du Pays, qui les faisoit travailler. On n'en sait pas la situation. Hérodote [d] parle de Papremise dans la Basse Egypte, & Pline [e] joint les Ramises & les Patamiens aux Arabes du côté de l'Egypte. Surquoi Dom Calmet [f] remarque que ces Ramises & ces Patamiens étoient apparemment les Peuples qui habitoient les Villes de Pithom & de Ramesses.

[c] Exod. 1.11.
[d] lib. 2. c. 59. 71. & 165.
[e] lib. 6. c. 27.
[f] Dict.

1. RAMETH, ou RAMATH [g], ou BEER-RAMATH [h], ou RAMOTH DU MIDI [i]. Tous ces noms ne signifient que la même chose ; savoir une Ville de la Tribu de Siméon, dans la partie Méridionale de cette Tribu.

[g] Josué, 19.
[h] Josué, 19. 8.
[i] 1. Reg. 30. 17.

2. RA-

RAM. RAM.

2. RAMETH, Ville de la Tribu d'Issachar. Il en est parlé dans Josué [a]. C'est la même qui est appellée Ramoth dans le premier Livre des Paralipomènes [b], & c'est apparemment encore la même qui est appellée Jaramioth dans Josué [c]. C'étoit une Ville attribuée aux Lévites.

[a] 19. 21.
[b] 6. 73.
[c] 21. 29.

RAMETTA. Voyez ROMETTA.

RAMHERMEZ. Voyez au mot RAM, l'Article RAM-HERMES.

RAMHERMOZ, ou RAMHORMOUZ, Ville de la petite Province nommée par les Arabes *Ahuaz*[d], & qui fait partie de l'ancienne Chaldée. Soliman Farsi, dont la mémoire est en bénédiction parmi les Arabes & les Persans [e], étoit natif de cette Ville.

[d] D'Herbelot, Biblioth. Or.
[e] Ibid.

RAMI [e], D'Herbelot dit: *Gezirat Al Rami*, c'est-à-dire, l'ISLE DE RAMI. C'est une des Isles de la Mer des Indes, qui n'est éloignée de celle de Serendib, ou Ceylan, que de trois journées de navigation. Son terroir est très-fertile, & porte l'arbre que les Arabes appellent *Bacam*, & que nous nommons le Bois de Bresil, qui sert à la teinture. On y trouve aussi l'Animal que les Arabes & les Persans appellent Kerkedan, qui est le Rhinoceros.

RAMIERS (Islet à) petite Isle, ou Baye ou Rocher dans l'Amérique Septentrionale, situé auprès de la Paroisse du Lamentin, &, vis-à-vis à une lieue, au Sud du Fort Royal de la Martinique; ce Rocher prend son nom de la quantité de Ramiers que l'on y trouve ordinairement.

RAMILLIES [f], Village des Pays-Bas, dans le Brabant, dans la Partie Méridionale du Quartier de Louvain, vers la source de la Geete. Ce Village est peu de chose, il n'est remarquable que par la Bataille qui s'y donna en 1706. le 23. de Mai, & que les Alliez commandez par le Prince Eugène de Savoie, & par le Lord Duc de Marlebourough, gagnèrent sur les François, qui avoient à leur tête, l'Electeur de Bavière & le Maréchal Duc de Villeroi.

[f] De l'Isle, Carte du Brabant.

RAMISI, Peuples Arabes, selon Pline [g], qui les place aux environs de l'Arabie Deserte.

[g] Lib. 6. c. 28.

RAMLAH, Ville du Pays que les Arabes appellent Falastin [h], qui est la Palestine. Cette Ville est située à une petite journée de Jérusalem. Les Musulmans révèrent assez près de ce Lieu le tombeau de Locman, surnommé Alkaim le Sage, aussi-bien que les Sépulcres de soixante & dix Prophètes, qu'ils croient y être enterrez. C'est cette même Ville que nos Voyageurs appellent Rama, par où passent les Pélerins qui débarquent à Jafa, pour aller à Jérusalem.

[h] D'Herbelot, Biblioth. Or.

RAMMEKENS, ou RAMEKENS, Forteresse des Pays-Bas [i] dans l'Isle de Walcheren, sur la Mer en Zeelande. Elle est à une petite lieue de Flessingue, & à une grande lieue de Middelbourg. On la nomme autrement Zeebourg.

[i] Dict. Géog. des Pays-Bas.

RAMMELSBERG, grande Montagne d'Allemagne [k], dans la Saxe, au-dessus de la Ville de Goslar. Elle n'est couverte que de Broussailles, comme un Desert. D'un côté elle touche au Hartz. Au pied on voit une belle Fontaine [l], nommée la Fontaine des Enfans, parce que sur la voute qui la couvre, il y a deux Enfans de pierre. Après la mort de l'Empereur Otton le Grand, les Mines de cette Montagne ont appartenu aux Empereurs jusqu'à l'année 1635. Mais sous le règne de l'Empereur Frédéric II. Le Duc Otton, Tige de tous les Ducs de Brunswig-Lunebourg, en fut investi à la Diéte de l'Empire, tenue à Mayence le 21. d'Août 1235. Sa postérité les posséda jusqu'à l'an 1359. qu'Ernest l'aîné Duc de Grubenhagen, Magnus l'aîné Duc de Brunswig, & Ernest le jeune Duc de Gottingen, les engagérent au Magistrat de la Ville de Goslar, qui les posséda tranquillement l'espace de 190. ans, jusqu'à ce qu'Henri le jeune Duc de Brunswig & de Lunebourg, les retira en 1552. après de grandes contestations. Ces Mines avec leurs dépendances restérent dans sa Maison jusqu'en 1634. que sa postérité mâle étant éteinte, ses Héritiers les ont possédées en commun, en vertu de l'accord fait entre eux. On y trouve de l'argent & d'autres Métaux & Minéraux, dont on peut voir la qualité, & le nombre dans l'Auteur cité en marge.

[k] Zeyler, Topog.
[l] Ducat. Brunswic-Luneb. p. 169.

RAMNUS. Voyez RHAMNUS.

RAMOTH, Ville célèbre dans les Montagnes de Galaad. On l'appelle souvent *Ramoth de Galaad*; quelquefois *Romoth* simplement; quelquefois *Ramoth de Masphu* [m], ou *de la sentinelle*. Josephe la nomme Ramathan [n], ou Aramatha. Elle appartenoit à la Tribu de Gad: elle étoit assignée pour demeure aux Lévites [o], & c'étoit une des Villes de refuge d'au delà du Jourdain [p]. Ramoth devint célèbre, durant les regnes des derniers Rois d'Israël, & fut l'occasion de plusieurs guerres, entre ces Princes & les Rois de Damas, qui l'avoient conquise & sur lesquels les Rois d'Israël, à qui elle appartenoit, vouloient la reprendre [o]. Joram Roi de Juda, fut dangéreusement blessé au Siège de cette Place [p], & Jéhu fils de Namfi, y fut sacré Roi d'Israël par un Prophète, envoyé par Elisée [q]. Achab Roi d'Israël, fut tué dans un combat, où il livra aux Syriens devant cette Place [r]. Eusèbe dit, que Ramoth étoit à quinze milles de Philadelphie, vers l'Orient. St. Jérôme la met dans le voisinage de Jabok, & par conséquent au Septentrion de Philadelphie.

[m] Josué, 13.
La Vulgate en fait deux Villes, Ramoth & Masphé.
[n] Deuter.
[o] 43. 10. 8.
[p] Josué, 20. 8. 31. 37.
[o] 3. Reg. 22. 3. 4. & seq.
[p] 4. Reg. 8. 18. 19. 2. Par. 22. 5.
[q] 4. Reg. 9.
1. 2. 3. &c.
[r] 2. Par. 18. 3. 4. 5. &c.

RAMPANO, RAPANI, ou RAPINI, Port & Bourgade de la Morée, dans le Brazzo di Maina, sur la Côte du Golphe de Colochine. Le Port Rapani, selon la Guilletière [s], dans sa Description d'Athènes, ancienne & nouvelle étoit autrefois la Ville de *Geronthra*. Ce Port se découvre de loin, surtout quand on vient du Sud-Sud-Est, à cause de deux Montagnes, extrêmement rondes qui l'enferment. Il y a dans cet endroit de la Côte des eaux douces qui sont excellentes.

[s] Pag. 68.

RAMSEY, Bourg d'Angleterre dans Huntingtonshire [t]. Il a droit de Marché public, & il a été fameux autrefois par les richesses de son Abbaye.

[t] Etat présent de la Gr. Br. t. 1.
P. 74.

RAMSLO, ou RAMSLO, Chapitre d'Allemagne [u], au Duché de Lunebourg. Il doit sa fondation à St. Anscher, Archevêque de Hambourg, qui étant contraint de se sauver avec son Clergé, pour éviter la fureur des Pirates, qui pillerent & brûlerent la Ville de Hambourg, trouva une Dame charitable, nommée Jekia, laquelle lui donna un terrain pour bâtir une Habitation dans un Bois nommé RAMSLOA. L'Empereur Louis le Débonnaire

[u] Zeyler, Topog. Ducat. Brunswic-Luneb.

B 3

naire engagea Walgare, Evêque de Werden, dans le Diocèse duquel se trouvoit ce Lieu, à le céder à l'Archevêque de Hambourg. Cette cession ayant été faite les Bâtimens, furent augmentez de manière, que le Service divin, s'y faisoit avec décence. Le tout subsista dans un état florissant, jusqu'aux guerres qui agitèrent l'Empire sous le Regne de l'Empereur Charles V. le Chapitre fut alors dispersé, & les Bâtimens ruïnez. On les a pourtant rétablis depuis, & il y a encore aujourd'hui un Doyen & des Chanoines.

RAMULA. Nom que Guillaume de Tyr [a] donne à la Ville de Rama ou Rames dans la Palestine. Voyez RAMA, N°. 3.

[a] Lib. 10 c. 16.

RANAH, RANEH, ou RANEG. C'est le nom d'une Isle de la Mer d'Oman & Etkend [b], qui est l'Océan Ethiopique, que les Géographes Orientaux placent dans le premier Climat, à cent milles ou environ des Côtes de Zanguebar & de la Cafrerie. Cette Isle jette du feu, aussi-bien que plusieurs autres Isles plus petites qui sont à l'entour, & l'on y voit des Serpens si terribles, qu'ils renversent les hommes, & même les Buffles. Abdal Moäl écrit dans le premier Climat de sa Géographie Persienne, que le nom de Raneg se donne à toutes les Isles qui sont dans l'Océan Ethiopique ou Méridional, & qui jettent du feu; mais que la plus grande de toutes porte en particulier le nom de Serendah.

[b] D'Herbelot, Biblioth. Orient.

RANALS, RONALS, RONANS, ou RONALSA. Ce nom est commun à deux Isles comprises parmi les Orcades & que par opposition on nomme NORTH-RONALSA & SOUTH-RONALSA. L'Etat présent de la Grande-Bretagne [c] dit que North-Ronalsa est de toutes les Orcades, celle qui avance le plus du côté du Nord, & qu'elle a environ trois milles de longueur, & un demi mille de largeur. Quant à l'Isle South-Ronalsa; voyez au mot ISLE, l'Article l'ISLE DE SOUTH-RONALSA. Mr. Corneille [d] qui cite Maty met sur le compte de ce dernier, une impertinence dont il n'est pas coupable: il lui fait dire, que ces deux Isles ne sont séparées de l'Ecosse, que par le Détroit de Pichtland. Comment une Isle au Nord des Orcades, & une Isle au Sud des Orcades, pourroient-elles avoir un Détroit commun? La bévue est de la façon de Mr. Corneille, qui a attribué à ces deux Isles, ce que Maty dit seulement de l'Isle de South-Ronalsa.

[c] T.1 p.303.

[d] Dict.

RANCE, Rivière de France dans la Bretagne [e]. Elle a sa source dans les Bois du Diocèse de St. Brieu, près de Moncontour, au Bourg de Bron, & après avoir passé au bas de la Ville de Dinant, & dans le Monastère de St. Magloire de Léon, elle va se perdre dans la Mer à la Tour de Soledor, près de Saint Malo.

[e] Coulon, Riv. de France, p. 226.

RANCHERIA, Isle de la Mer du Sud, au Nord de l'Isle de Quibo, & au Sud-Ouest de celles de Canales & de Cantarras. L'Isle de Rancheria, dit Dampier [f], n'est pas grande. On y voit quantité d'Arbres de Palme Marie. Cet Arbre est grand & droit, & il a la tête petite; mais il est fort différent du Palmier, nonobstant la ressemblance des noms. Il est fort estimé pour faire des mâts, parce qu'il est fort, & de bonne longueur. Les veines de ce bois, ne vont pas droit, tout le long de l'arbre, mais circulent tout à l'entour. Ces Arbres croissent en plusieurs endroits des Indes Occidentales, & les Anglois aussi-bien que les Espagnols s'en servent beaucoup.

[f] Voy. autour du Monde, t.1. c. 8.

1. RANCON, petite Rivière de France dans la Normandie, au Pays de Caux [g]. Elle a sa source un peu au-dessus du Village de Rançon, à demi-lieue de Saint Vandrile; & après avoir fait tourner quelques Moulins, & reçu le Ruisseau de Caillouville, elle va se décharger dans la Seine, près de la Ville de Caudebec.

[g] Corn. Dict.

2. RANCON, Bois de France, dans la Basse Marche: Il dépend de la Maîtrise des Eaux & Forêts de Gueret, & contient onze cens quatre-vingt dix Arpens.

RANCULAT, Ville aux environs de la Syrie & de l'Euphrate, selon Guillaume de Tyr cité par Ortelius [h].

[h] Thesaur.

RANCY-LES-VILLARO, Paroisse de France dans la Bourgogne, Recette de St. Laurens, sur le bord de la Rivière de Seille. C'est un Pays de Plaines, & le Passage pour aller de Louhans à la Rivière de Saone.

RANDANS, en Latin RANDANUM, Ville de France dans la Basse Auvergne, près de l'Allier, entre Maringues & Vichy.

RANDASSO, Ville de Sicile, dans le Val Demone [i], vers la source de la Rivière Cantara, au pied du Mont Etna, du côté du Nord. Tout auprès de cette Ville du côté du Couchant, on voit les ruïnes de RANDASSO-VECCHIO, qui étoit, selon les apparences l'ancienne Tissa.

[i] De l'Isle Atlas.

RANDASSO-VECCHIO. Voyez l'Article précédent.

RANDEIA, Ville de l'Arménie, sur le bord du Fleuve Arsanius, selon Ortelius [k] qui cite un fragment de Dion Cassius.

[k] Thesaur.

RANDERSON, ou RANDE, en Latin RANDRUSIUM, ou RANDRUSIA CIVITAS [l]; Ville du Dannemarc dans le Nord-Jutland. Elle n'est pas éloignée de l'Embouchure de la Rivière Gude ou Gute, dans la Mer Baltique. Aux environs on recueille beaucoup de bled, & la pêche du Saumon est considérable. Cette Ville est fort ancienne. Abel Duc de Schlesfwic, la brûla en 1247. Le Comte Gerhard de Holstein, surnommé le Chauve y fut tué en 1340.

[l] Rutgeri Hermannide, Descr. Daniæ. p. 770.

RANGAMATI, Ville des Indes, à l'extrémité des Etats du Grand Mogol, du côté de l'Orient, à vingt-sept dégrez de Latitude Nord. On prétend que de cette Ville on peut se rendre en quinze jours à la Province d'Yunan dans la Chine. Mais les Chemins ne sont aucunement frayez, & le milieu des terres est occupé à ce qu'on assure par des Princes, qui refusent de donner passage aux Etrangers. On regarde le voyage de Daca à Rangamati comme très-dangereux; & c'est un Proverbe, commun à Bengale que *de deux Personnes qui vont à Rangamati, il y en a toujours une qui reste*. Le Pere Barbier, Missionnaire de la Compagnie de Jesus, a fait cette route, & nous en a donné une Description [m]. Nous partimes dit-il, de Daca aussi-tôt après la Fête des Rois, pour Rangamati, & nous fûmes trois semaines à nous y rendre, à cause de la violence des Courans qui obligeoient sans cesse de hâler la

[m] Lettres Edif. t. 18. p. 406.

la cordelle. L'eau étoit extrêmement claire aussi ne navigeoit-on plus sur le Gange; dont l'eau est par-tout bourbeuse; mais sur une Riviére particuliére qui venant de l'Est se jette dans le Gange au-dessous de Daca; mais dont on ne connoît pas encore la source. Le cinquième ou sixième jour, continue le Pere Barbier nous abordâmes à une Bourgade toute Chrétienne nommée OSSUMPUR, où nous ne restâmes qu'un jour. La route que nous trouvâmes fut pénible. C'étoit un Pays desert, dont le Climat est très-froid. La Riviére, comme il arrive en cette saison, étoit couverte de continuels brouillards, qui ne permettoient pas de voir à dix pas. Le Courant d'ailleurs étoit rapide, & des pierres à fleur d'eau & en d'autres endroits des bancs de sable présentoient des périls continuels.

Lorsque le Pere Barbier & sa compagnie furent arrivés à Rangamati, les Habitans leur offrirent dans leurs personnes une nouvelle peinture de la malignité du Climat. Ils étoient pâles, défigurez & portoient sur le visage les indices de la fiévre qui les consumoit au dedans. Dans les conversations que le même Missionnaire eut avec les gens du pays, il apprit une particularité qui ne doit pas être obmise. Ils me rapportérent, dit-il, que la Contrée avoit été infestée d'un Monstre épouvantable: c'étoit un Serpent d'une grosseur si prodigieuse qu'en rampant, il frayoit un chemin de huit ou dix pieds de large. Il se retiroit d'ordinaire dans une Montagne peu éloignée de Rangamati, en remontant la Riviére. Delà il découvroit aisément le cours du Fleuve, & aussi-tôt qu'il appercevoit quelque Batteau, il descendoit à tems, se plongeoit dans l'eau, reversoit le Batteau & dévoroit à son aise tous ceux qui y étoient. Ce fleau dura jusqu'à ce qu'un Criminel condamné à mort s'offrit de purger le pays de ce Monstre, pourvû qu'on lui accordât la vie. Son offre ayant été acceptée, il trouva moyen de remonter la Riviére jusqu'au dessus de l'endroit où étoit le Dragon. Il construisit plusieurs figures d'hommes de paille, qu'il couvrit de vêtemens, & dont le corps étoit rempli d'hameçons, de crocs, de harpons qui tenoient à différentes cordes, attachées à un même cable, qui étoit fortement lié au pied d'un arbre. Il lança à l'eau ces hommes de paille plantez, sur des Bananiers flottans avec lesquels ils furent emportez par le courant. Le stratagême réussit: le Dragon les ayant vus descendit pour les engloutir; mais il y resta déchiré par cette quantité de crocs & de harpons qu'il avoit avalez. Pour moi, ajoute le Pere Barbier j'ai compté dans ce parage jusqu'à onze Crocodiles étendus sur le sable, dont trois au quatre paroissoient avoir vingt-cinq ou trente pieds de longueur.

RANGERAID, petite Ville d'Allemagne, [a] au Duché de Juliers, près de Gelekirck, sur la Riviére de Worm. Cette Place fut prise en 1642. par Mr. Rosa Général-Major du Duc de Saxe-Weimar.

[a] *Zeyler,* Topogr. Ducat. Jul.

RANGEVAL, ou RAINVAL, en Latin *Regalis-Vallis*: Abbaye de France au Diocèse de Toul, vers les confins du Barrois, à une grande lieue de Commerci. C'est une Abbaye de l'Ordre de Prémontré, en Règle, Elective & de la Réforme. Elle fut fondée en 1140. par Raynard Comte de Bar.

RANGNIT, Ville du Royaume de Prusse [b], dans le Cercle de Samland, sur le bord Méridional de la Riviére de Niemen, à quelques milles des confins de la Samogitie.

[b] *Homan,* Carte du Royaume de Prusse.

RANRAN, Province des Indes, au Royaume de la Cochinchine [c], dans sa partie Méridionale. Cette Province est fort belle, pleine de Ports de Mer, & de grandes Riviéres qui donnent beaucoup de commodité à ceux qui voyagent. Le Roi a plusieurs Galéres dans les Ports de cette Province afin d'empêcher les invasions de Champa, qui est limitrophe. C'est dans cette Province qu'on trouve le plus précieux Calamba & les nids qui donnent si bon goût aux viandes. La Capitale de la Province s'appelle aussi RANRAN.

[c] *Le P. Alexandre de Rhodes,* Voy. 2. part. c. 17.

RANI, ou RAMI; Peuples de la Sarmatie Asiatique, selon Pline [d]. Le Pere Hardouin préfére la derniére orthographe.

[d] l. 6. c. 7.

RANIENSIS [e], *Elianus Episcopus Raniensis* assista au Concile de Constantinople, tenu sous l'Empereur Theodose le vieux.

[e] *Ortelii,* Thesaur.

RANTZOW, Château d'Allemagne, [f] au Duché de Holstein dans la Wagrie, au Nord d'Eutin & de Ploen. C'est l'ancienne Résidence des Comtes de la Maison de Rantzaw. Henri de Rantzaw Gouverneur du Duché de Holstein pour le Roi de Dannemarck, fit démolir l'ancien Château & en fit bâtir un d'une belle Architecture & à l'Italienne en 1595. Ce Seigneur avoit alors soixante & dix ans; ce qui occasionna les vers suivans qu'il fit mettre sur une pierre du Château:

[f] *Rutgeri Hermanni,* Descr. Daniæ, p. 1004.

Hæc domus est dominum forsan postrema mearum,
Instat enim vita jam prope meta mea.
Hoc opus est operum postremum forte meorum,
Sentio enim gelidam non procul esse necem.
Quare trado manum: Mortalia cuncta valete;
Mi domus in celso est ædificanda Polo.

RAOLCONDA, Lieu des Indes renommé par une Mine de Diamans qui s'y trouve [g]. Ce Lieu est sur les Terres du Roi de Visapour, dans la Province de Carratica, à cinq journées de Golconda & à huit ou neuf de Visapour. Comme ces deux Rois de Golconda & de Visapour ont été autrefois sujets du Mogol, & Gouverneurs des mêmes Provinces qu'ils se sont appropriées par leur révolte, c'est ce qui a fait dire & qui fait dire encore à quelques gens, que les Diamans viennent des Terres du Grand-Mogol. Du tems que Tavernier écrivoit la Relation de son Voyage des Indes, il n'y avoit que deux cens ans que cette Mine de Raolconda avoit été découverte.

[g] *Tavernier,* Voy. des Indes, liv. 2. c. 15.

Tout autour du Lieu où se trouvent les Diamans, la terre est sablonneuse & pleine de Roches & de Taillis, à peu près comme aux environs de Fontainebleau. Il y a dans ces Roches plusieurs veines, tantôt d'un demi doigt de large & tantôt d'un doigt entier. Les Mineurs ont de petits fers crochus par le bout: ils les fourrent dans ces veines pour en tirer le sable, ou la terre qu'ils mettent dans des Vaisseaux; & c'est ensuite dans cette terre qu'on trouve les Diamans. Cependant comme ces veines ne vont pas toujours droit

& que tantôt elles montent, tantôt elles baissent, ils sont contraints de casser ces Roches, en suivant néanmoins toujours la trace des veines. Après qu'ils les ont toutes ouvertes, & qu'ils ont ramassé la terre ou le sable qui y pouvoit être, ils se mettent à laver par deux ou trois fois & cherchent parmi cette terre ce qu'il peut y avoir de Diamans. C'est dans cette Mine de Raolconda que se trouvent les Pierres les plus blanches d'eau; mais le mal est que pour tirer plus aisément le sable de ces Roches, on donne de si grands coups d'un gros levier de fer que cela étonne le Diamant & y met des glaces. C'est ce qui fait qu'on trouve à cette Mine quantité de Pierres foibles; car dès que les Mineurs voient une pierre où la glace est un peu grande, ils se mettent à la cliver; c'est-à-dire à la fendre, à quoi ils ne sont pas beaucoup plus stilez que nous. Ce sont les Pierres que nous appellons foibles & qui sont de grande montre. Si la pierre est nette, ils ne font que la passer dessus & dessous sur la roue, & ne s'amusent point à lui donner de forme, de peur de lui ôter son poids. S'il y a quelque petite glace, ou quelques points, ou quelque petit sable noir ou rouge, ils couvrent toute la pierre de facettes afin qu'on ne voye point les défauts qu'elle a; & s'il y a quelque glace fort petite, ils la couvrent de l'arrête de l'une des facettes. Mais il faut remarquer que le Marchand aimant mieux un point noir dans une Pierre qu'un point rouge, quand il y a un point rouge on brûle la Pierre & il devient noir.

Il y a à cette Mine quantité de Diamantaires & chacun n'a qu'une roue qui est d'acier & à peu près de la grandeur ordinaire de nos assiettes, ils ne mettent qu'une Pierre sur chaque roue & arrosent incessamment la roue avec de l'eau, jusqu'à ce qu'ils ayent trouvé le chemin de la pierre. Le chemin étant trouvé ils prennent de l'huile & n'épargnent pas la poudre de Diamant qui est à grand marché; ils font par-là courir la Pierre plus vîte & ils la chargent aussi plus que nous ne faisons. J'ai vu, dit Tavernier, mettre sur une Pierre cent cinquante livres de plomb; il est vrai que c'étoit une grande pierre qui est demeurée à cent trois carats après avoir été taillée; & c'étoit un moulin à notre mode dont la grande roue étoit tournée par quatre Négres. Les Indiens ne sont pas de même sentiment que nous: ils ne croient pas que la charge donne des glaces aux pierres. Si les leurs n'en prennent point, c'est qu'il y a toujours un petit garçon qui, ayant en main une spatule de bois fort mince, arrose incessamment la roue avec de l'huile & de la poudre de Diamant; outre que leur roue ne va pas si vîte que les nôtres, parce que la roue de bois qui fait aller celle d'acier n'est guère de plus de trois pieds de diamétre. Ils ne peuvent donner aux Pierres le poliment si vif que nous leur donnons en Europe, & je crois que cela vient de ce que leur roue ne court pas si plat que les nôtres; car comme elle est d'acier pour la frotter sur l'émeril, comme on y est obligé toutes les vingt-quatre heures, il la faut ôter de l'arbre, & ils ne peuvent si bien la remettre qu'elle coure aussi plat qu'il faudroit. S'ils avoient comme nous l'invention des roues de fer, pour lesquelles on ne se sert point de l'émeril, mais de la lime, n'étant pas nécessaire de les ôter de l'arbre pour les limer; il se pourroit faire qu'ils donneroient à leurs Pierres le poliment meilleur. Il est nécessaire de frotter la roue d'émeril, ou de la limer toutes les vingt-quatre heures, & il seroit bon que cela se fit toutes les douze heures; car quand la Pierre a couru un certain tems, l'endroit de la roue où elle a couru devient poli comme une glace de miroir; & si on ne lui fait de nouvelles raies par l'émeril ou par la lime, la poudre ne demeure pas dessus; au lieu que lorsqu'elle y demeure, on fait plus de besogne en une heure, qu'on ne feroit en deux, quand elle n'y demeure pas. Quoiqu'un Diamant soit dur de nature; c'est-à-dire lorsqu'il a une espéce de nœud, comme on en voit dans le bois, les Diamantaires des Indes ne laissent pas de tailler la pierre; ce que les Diamantaires d'Europe n'entreprennent pas aisément; mais il faut convenir aussi qu'on donne aux Indiens quelque chose de plus que pour la taille des Diamans ordinaires.

Le Négoce se fait aux Mines librement & avec facilité. On paye de tout ce que l'on achette, deux pour cent au Roi, qui tire aussi un droit des Marchands pour la permission de faire miner. Ces Marchands après avoir cherché avec les Mineurs qui savent les endroits où l'on peut trouver des Diamans, prennent une place d'environ deux cens pas de tour, où ils employent cinquante Mineurs & quelquefois cent, s'ils veulent que le travail aille vîte. Du jour que l'on commence à miner jusqu'à ce que l'on finisse, ces Marchands pour cinquante hommes payent tous les jours au Roi deux Pagodes, & quatre quand ils en employent cent. Ces Pauvres gens ne gagnent tous les ans que trois Pagodes, encore faut-il qu'ils soient de ceux qui savent bien leur métier. Comme leurs gages sont si modiques, ils ne se font point un scrupule en cherchant parmi le sable, de cacher, s'ils peuvent, une pierre à leur profit; & comme ils sont tout nuds à la réserve d'un petit linge qui leur couvre ce que la pudeur ne permet pas de nommer, ils tâchent adroitement d'avaler cette pierre. Pour prévenir ces larcins, sur cinquante Mineurs il y a toujours douze ou quinze personnes gagées du Marchand, pour prendre garde qu'on ne dérobe rien. Si par hazard un Mineur trouve une Pierre qui pése au-de-là de sept à huit mengelins, il court la porter au Maître qui fait miner, & il a pour récompense le *Sarpo*, qui est une piéce de toile pour faire une toque ; ce qui peut valoir vingt-cinq à trente-sols. Outre cela il a demi Pagode, ou même une Pagode, quand on ne lui donne pas le ris & un plat de sucre. Les Marchands qui vont à la Mine pour négocier se tiennent dans leur logis, & tous les matins sur les dix à onze heures les Maîtres des Mineurs; après qu'ils ont dîné, car les Banianes ne sortent jamais de leur logis sans avoir lavé leur corps & sans avoir mangé; ces Maîtres des Mineurs, dis-je, leur apportent des Diamans pour les leur faire voir. Si les parties sont grosses & qu'il y ait plusieurs Pierres qui pourroient valoir depuis deux mille jusqu'à quinze ou seize mil-

mille Ecus ; ils les laissent & les confient au Marchand étranger pendant sept à huit jours ou davantage pour les bien considerer. Quand ils reviennent, il faut que le Marchand, si les pierres lui conviennent, conclus en peu de tems le marché; autrement celui à qui appartient les pierres les reprend, les lie dans le coin de sa Ceinture, ou de sa Toque, ou de sa chemise, & s'en va sans qu'on revoye jamais les même pierres; ou du moins elles sont mêlées avec d'autres, s'il revient pour apporter une autre partie. Lorsque le marché est conclu, l'Acheteur donne un Billet de la somme pour l'aller prendre auprès du Cheraf, qui est celui qui donne & reçoit les Lettres de change. Si l'on est convenu de payer dans trois ou quatre jours, & qu'on fasse attendre davantage, il faut payer au Vendeur sur le pied d'un & demi pour cent par mois d'interêt. Le plus souvent quand on sait que le Marchand est solvable on aime mieux une Lettre de change sur Agra, sur Golconde, ou sur Visapour, & principalement sur la Ville de Surate, où, comme au plus fameux Port des Indes, on va acheter des Marchandises, qui viennent avec les Vaisseaux étrangers.

Il y a du plaisir à voir venir tous les matins les jeunes Enfans de ces Marchands & d'autres gens du pays, depuis l'âge de dix ans jusqu'à l'âge de quinze à seize, & qui vont s'asseoir sous un gros Arbre qui est dans la Place du Bourg. Chacun a son poids de Diamans dans un petit sac pendu à un de ses côtez; de l'autre une Bourse attachée à sa Ceinture, où il y en a tel qui aura jusqu'à cinq ou six cens Pagodes d'or. Ils sont-là assis en attendant que quelqu'un leur vienne vendre quelques Diamans, soit du Lieu même ou de quelque autre Mine. Quand on leur apporte quelque chose, on le met entre les mains du plus âgé qui est comme le Chef de la Bande. Il regarde ce que c'est, & le mettant dans la main de celui qui est auprès de lui, la Pierre va de main en main jusqu'à ce qu'elle revienne à la sienne, sans qu'aucun d'eux dise mot. Il demande ensuite le prix de la marchandise, pour en faire le marché s'il est possible; & si par hazard il l'achete trop cher, c'est pour son compte. Le soir étant venu tous ces Enfans font une somme de tout ce qu'ils ont acheté, & après ils regardent leurs Pierres & les mettent à part, selon leurs eaux, leur poids & leur netteté. Puis ils mettent le prix pour chacune à peu près comme elles se pourroient vendre aux Etrangers, & par ce dernier prix ils voient combien il est plus haut que celui de l'achat. Ensuite ils portent leurs Pierres aux gros Marchands qui ont toujours quantité de Pierres à assortir; & tout le profit est partagé entre ces Enfans, le premier d'entre eux ayant néanmoins un quart pour cent de plus que les autres. Quelque jeunes qu'ils soient, ils savent si bien le prix de toutes les Pierres que si l'un d'eux a acheté quelque chose, & qu'il veuille perdre demi pour cent, un autre lui rend son argent.

RAON, ou RAON-L'ETAPE; Ville du Duché de Lorraine au Diocèse de Toul, dans le Comté de Salmes, au pied du Mont de Vauge, à l'endroit où la Rivière d'Etape se décharge, dans la Meurte; ce qui l'a fait appeller Raon-l'Etape, pour la distinguer de RAON-SUR-PLAINE, Bourg de la même Contrée situé à la source de la Rivière de Plaine. La Ville de Raon & celle de St. Dié ou St. Diey, sont Chef-lieux d'une Prevôté.

La PREVÔTÉ DE RAON & de ST. DIE, ou ST. DIEY [a], a été mise par les Ducs de Lorraine sous le Bailliage de Nancy. Elle est dans les Montagnes de Vauge & elle s'étend jusqu'aux confins de l'Alsace. La Vallée dans laquelle la Ville de St. Diey est située s'appelle le VAL DE GALILÉE, qui est entre de fort hautes Montagnes ; & le Lieu où cette Ville est située s'appelloit *Junctura*, ou, les JOINTURES. Ce n'étoit qu'un affreux Desert, lorsque St. Déodat, appellé vulgairement St. Diey, s'y retira & y fonda un Monastère vers l'an 670. Les Lorrains prétendent qu'il n'est d'aucun Diocèse ; mais l'Evêque de Toul le soutient être du sien & assurément à bon titre.

[a] *Longueru*, Descr. de la France, Part. 2. p. 148.

Les Moines de St. Diey se relâchérent si fort dans le dixième siécle & devinrent si scandaleux que le Duc Fréderic qui mourut en 984. les chassa & mit des Chanoines ou Clercs Séculiers en leur place. L'Eglise de St. Diey, ou *Dieu-donné*, ayant été brûlée dans le onzième siécle avec toute sa Maison & les titres, les Chanoines s'adressérent au Pape Léon IX, qui avoit été Evêque de Toul, & qui étant en Lorraine en 1049. confirma les Privilèges & l'exemption de cette Eglise Collégiale, avec les droits *quasi-Episcopaux* du Grand Prevôt de l'Eglise dans son Territoire. Plusieurs personnes vinrent dans la suite s'habiter aux environs du Cloître de St. Diey, & le Prevôt & les Chanoines donnérent un grand Quartier au Duc de Lorraine avec la Seigneurie. Alors ce Prince y fit bâtir des maisons qui augmentérent ce Lieu-là. Matthieu II. Duc de Lorraine fit commencer l'enceinte des murailles, qui furent achevées en 1284. sous Ferri II. Elles ont subsisté jusqu'à la domination des François. Le Duc a la Seigneurie entière de la Ville de Raon, en Latin *Rado*.

RAPA. Voyez RAPHIA.

RAPALLO, Ville d'Italie, dans l'Etat de Génes, sur le Golphe auquel elle communique son nom.

Le GOLPHE DE RAPALLO, est fort grand; on y voit plusieurs Villes & Villages [b]. Il a environ une petite lieue d'ouverture & autant d'enfoncement. Dans le fond du Golphe on voit deux Villages, qui ne sont séparez que par une Pointe, sur laquelle est un très-beau Palais avec une Eglise auprès. Le Village qui est du côté de l'Ouest, se nomme Sainte Marie & l'autre Saint Michel. On pourroit mouiller devant le Village avec des Galéres par 5. à 6. brasses d'eau, & avec des Vaisseaux tenant un peu plus au large par 15. à 20. brasses. Il n'y a que les Vents de Sud-Est & de Sud-Sud-Est qui y donnent à plein. De l'autre côté du Village de St. Michel est la petite Ville Rapallo, devant laquelle on pourroit mouiller de même dans une nécessité. Tout près de cette Ville est le Village nom-

[b] *Michelot*, Port. de la Méditer. p. 94.

nommé PARAGE. Par le milieu du Golphe il y a grande profondeur d'eau.

LA RAPE'E, Maison de Plaisance, en France aux environs de Paris [a] dans le Quartier de St. Antoine. La Maison est petite; mais elle a un grand Jardin très-bien situé.

[a] Piganiol, Descr. de la France, t. 2. p. 348.

RAPERSWYL, Ville de Suisse, aux confins du Canton de Zuric, du côté du Midi. Elle est située sur une Langue de terre [b] qui s'avance dans le Lac de Zuric en forme de Promontoire dont elle remplit toute l'étendue. Elle fut bâtie par un Comte du Vieux Raperswyl en 1091. Elle demeura quelque tems sous la puissance de ses Comtes jouïssant néanmoins de grands privilèges, qu'elle eut soin de défendre constamment jusqu'à l'année 1458. qu'elle se mit sous la protection de quelques Cantons, comme on le verra plus bas.

[b] Etat & Délices de la Suisse, t. 2. p. 52.

Il y a dans Raperswyl deux Conseils le Grand & le Petit. Ce dernier est composé de quinze personnes, y compris l'Avoyer, appellé Schultheis, le Secrétaire de la Ville, nommé Stadschreiber, & l'Administrateur de la Cour, autrement le Grosweibel. Ces trois personnes peuvent y dire leur sentiment, mais leur voix n'est point comptée. Le Grand Conseil est composé de vingt-quatre Membres, sans compter les trois Officiers dont il vient d'être parlé, qui y ont voix pondérante c'est-à-dire que l'opinion d'un d'entre eux décide en cas de partage. Le Petit Conseil juge sans appel: il a néanmoins la liberté de proposer au grand Conseil les affaires difficiles & épineuses. Tout deux ensemble disposent des Charges de la Ville. Le Petit élit lui-même ses Membres; c'est-à-dire qu'il remplace ceux qui viennent à lui manquer. Pour remplacer les Membres du Grand Conseil & les Magistrats qui rendent la Justice dans la Cour des Jugemens appellée das Gericht, les deux Conseils s'unissent & font cette fonction en commun. Le Grand Conseil assiste le Petit dans les affaires criminelles & soumet à son examen les Comptes généraux que l'on rend. Le Petit fait la même chose dans les Comptes particuliers. La Cour des Jugemens décide les procès entre les Créanciers & les Débiteurs, ensemble les autres affaires de cette espèce. Le Petit Conseil juge de tout le reste. Les Bourgeois élisent l'Avoyer & les deux Sénats choisissent le Secrétaire, & l'Administrateur. Du tems que la Ville étoit sous la protection des quatre petits Cantons Catholiques, on pouvoit relever les appels des Jugemens & les porter devant les Cantons Protecteurs; en sorte qu'il ne restoit aux Bourgeois de Raperswyl qu'une ombre de liberté. Les choses ont changé à cet égard par la Paix de 1712. On a jugé à propos de rendre à la Ville tous ses anciens Droits. Aussi comme la liberté est la source du contentement & du plaisir, ce Peuple passe-t-il pour être fort porté à la joïe.

Le Pays est très-agréable; le Lac est abondant en Poisson, & dès le Mois d'Août on y en pêche une espèce qu'on appelle *Albulen*, & qui est de très-bon goût. Les endroits les plus remarquables dans Raperswyl sont le Couvent des Capucins, qui est dans une situation très-agréable, vers l'extrémité de la Ville, la plus avancée dans le Lac; le Vieux Château de la Maison de Ville, où l'on montre les os de quelques Baleines, & l'Eglise Paroissiale, où l'on monte à l'Orgue par deux Escaliers ronds, qui sont faits chacun d'un sapin. Mais ce qu'il y a de plus considérable c'est le beau & grand Pont qui traverse toute la largeur du Lac, de Raperswyl au Village de HURDEN, séparant le Lac Supérieur d'avec le Lac Inférieur, qui est celui de Zuric. Ce Pont a dix-huit cens cinquante pas de longueur & douze pieds de largeur. Albert II. Archiduc d'Autriche, surnommé le Sage, ou le Boiteux, commença à le bâtir en 1358. & quelques années après, ses fils Rodolphe IV. & Léopold III. l'achevérent. Il n'y a qu'un seul défaut, c'est qu'il n'est point garni d'appuis ou gardefous. Le passage en est ainsi dangereux quand il fait un grand vent; ce qui arrive assez souvent. Du reste ce défaut se trouve aussi dans presque tous les Ponts de Lombardie, sans qu'on puisse dire la raison qui engage à en user de la sorte, puisque les gardefous ne seroient pas d'une grande dépense. [c] Les Habitans de Raperswyl sont obligés à entretenir ce Pont & à le réparer à mesure qu'il y manque quelque chose. Pour le faire plus commodément, ils ont établi un Péage. Les Hommes & les Chevaux qui y passent payent un certain droit.

[c] Scheuchzer, Itin. Alp. VIII. an. 1710.

LE VIEUX RAPERSWYL, étoit autrefois un Château fort, bâti sur la Rive gauche du Lac de Zuric par St. Rupert, Duc de Suabe, Chef de l'Armée de Clovis II. Roi de France, environ l'an 680. & qui lui donna son nom. Mais il fut ruiné en 1350. par l'Armée de Zuric & de ses Alliez.

Raperswyl a eu ses Comtes particuliers. Le dernier mourut en 1284. & laissa deux filles. L'une épousa le Comte Jean de Habsbourg & l'autre le Comte Wernher de Hombourg, qui partagèrent cette Terre. L'un eut le Vieux Raperswyl & l'autre le Nouveau. Mr. de Longuerue dans sa Description de la France [d] dit que le dernier des anciens Comtes de Raperswyl ne laissa qu'une fille nommée Elisabeth, qui épousa Rodolphe Comte de Habsbourg qui étoit de la Branche qui resta en Suisse, & auquel elle apporta Raperswyl & d'autres grandes Terres. Cette Branche ajoute-t-il, étant finie, les Princes d'Autriche, qui étoient de même origine, eurent tous leurs biens, que les Suisses conquirent en différentes guerres.

[d] Part. 2. p. 295.

Raperswil leur résista long-tems; mais Sigismond d'Autriche ayant été excommunié par le Pape Pie II. pour avoir emprisonné le Cardinal Cusan, Evêque de Brixan dans le Tirol, refusa d'obéir & appella du Jugement du Pape au futur Concile; ce qui choqua si fort ce Pape, qu'il exhorta les Suisses à envahir les Etats de Sigismond. Les Suisses ne s'accordèrent pas entre eux sur cette guerre, & ils seroient demeurez en repos, si les fréquentes injures faites par les Officiers du Prince à ceux de Zuric, ne leur avoient pas fait prendre les armes & à leurs Alliez, qui assiégèrent & prirent Vinterthur, Place des Autrichiens près de Zurie.

Ils s'emparèrent aussi de la Ville de Frawenfeld & de celle de Dissenhove, & de tout le Turgau, qu'ils ont toujours gardé depuis. Ils

Ils ne fongerent plus à rendre Rapersville, où ayant demandé passage l'an 1558. ils s'étoient rendus les plus forts dans la Ville, dont les habitans prêterent alors serment de fidélité aux Cantons d'Uri, de Schwitz, d'Undervald & de Glaris.

Selon l'Auteur de l'Etat & des Délices de la Suisse [a], dès l'an 1458. Raperswyl s'étoit mife fous la protection des quatre petits Cantons Uri, Schwitz, Undervald & Glaris. Mais ce droit de protection, continuet-il, fut infenfiblement changé en droit de Souveraineté. Les Habitans perdirent par-là une grande partie de leur liberté. Ils l'ont pourtant en grande partie recouvrée en paffant fous la domination des Cantons de Berne & de Zuric qui s'en rendirent les Maîtres en 1712. & fous la protection de qui le Traité d'Arau régla qu'elle demeureroit à l'avenir fans préjudicier aux droits qu'avoit le Canton de Glaris fur cette même Ville. Par ce même Traité Raperfwyl conferva fes droits & fes privilèges; ce qui a engagé les Habitans à mettre fur leurs Portes cette Infcription, peu flatteufe cependant pour leurs Souverains: AMICIS TUTORIBUS FLORET LIBERTAS.

On fit quelques efforts en 1531. pour introduire la Religion Proteftante à Raperfwyl; mais après la Bataille de Cappel la Religion Catholique ayant repris le deffus, l'ancien culte y fut rétabli; & s'y eft toujours confervé depuis. Les Jéfuites demandérent en 1646. la permiffion de s'y établir; mais elle leur fut refufée.

On a trouvé dans le Territoire de Raperfwyl quantité de Médailles Romaines. En 1689. un Tonnelier de Raperfwyl faifant creufer les fondemens d'une Grange, dans un champ tout près de la Ville, trouva un pot de terre pefant douze livres, dans lequel il y avoit dix neuf-cens pièces de vieille Monnoie Romaine. Il y en avoit entre autres de Valérien, de Claude II. d'Aurélien & de Severine fa femme; de Probus & de quelques-uns des trente Tyrans. Comme l'on apprend par l'Hiftoire que le Pays fut défolé fous l'Empire de Probus, il y a apparence que quelque Richard enterra alors cet argent pour le dérober à la fureur du Soldat & qu'il périt lui-même. En 1690. on trouva encore dans le même endroit dix-fept cens autres pièces de vieille Monnoie Romaine. A quelques cens hors de la Ville eft un Village nommé Jona où l'on voyoit autrefois cette Infcription:

C. OC. PROVIN.
S. L. D. D. D.

Mais cette Infcription ne fe voit plus aujourd'hui, parce que la partie de pierre qui la contenoit a été employée, ou par négligence, ou par un faux zèle, au fondement de la muraille de l'Eglife du Lieu. Cette pierre fervoit anciennement d'Autel aux Romains.

Il y a encore une fingularité remarquable dans le Territoire de Raperfwyl; c'eft qu'on y voit de petits Scorpions de couleur rougeâtre; mais qui ne font de mal à perfonne.

[b] *Dom Cal-met, Dict.* 1. RAPHAÏM, ou REPHAÏM [b], anciens Géans du Pays de Chanaan. Il y en avoit anciennement plufieurs familles dans ce pays. On croit communément qu'ils étoient defcendus d'un nommé *Repha*, ou *Rapha*. Mais d'autres conjecturent que le nom de Raphaïm fignifie des Géans dans l'ancien langage de ces Peuples. Il y avoit des Rephaïm au delà du Jourdain, à Aftaroth-Carnaïm du tems d'Abraham, lorfque Codorlahomor leur fit la guerre [c]. Il y en avoit encore dans ce pays du tems de Moyfe. Og Roi de Bafan étoit des Defcendans des Raphaïm. Il s'en trouvoit auffi dans le Pays de Chanaan du tems de Jofué [e]. Enfin nous en voyons encore dans la Ville de Geth du tems de David [f]. Les Géans Goliath, Saphaï & quelques autres étoient de la race des Raphaïm. Leur grandeur & leur force font connues par l'Ecriture. Voyez la Differtation de Dom Calmet fur les Géans.

[c] Genef. 14
[d] Jofué, 12. 4.
[e] Ibid. 17.
[f] 1 Par. 20. 6, 7.

2. RAPHAÏM, ou la VALLÉE DES RAPHAÏM; Vallée du Pays de Chanaan. Elle étoit fort célèbre fous Jofué [g] & fous le régne de David [h]. Ifaïe en parle auffi: *Erit ficut quærens fpicas in Valle Raphaïm*. Les Philiftins y ont campé plus d'une fois. Elle eft encore appellée dans le Grec [i] la *Vallée des Titans*, & dans la Vulgate la *Vallée des Géans* [k]. Jofué met la Vallée des Raphaïm comme une limite du Lot de Juda. Elle étoit fort près de Jérufalem, & on doute fi elle appartenoit à Juda, ou à Benjamin, à caufe de la proximité de ces Tribus. Eufébe la place dans Benjamin. Jofué dans les endroits du Livre des Rois où il en eft parlé, infinuent qu'elle appartenoit à Juda, & qu'elle étoit au Midi, ou au Couchant de Jérufalem.

[g] Jofué, 15. 8. 18. 16.
[h] 2 Reg. 5.
[i] Par. 11. 15.
14. 9.
[j] Jofué, 15. 8. & 2 Reg. 5. 18.
[k] 2 Reg. 23. 13.

RAPHANÉE, Ville de Syrie, entre laquelle & Arcae ou Arac Ville de Judée & qui étoit du Royaume d'Agrippa, couloit le Fleuve Sabbatique [l] dont il fera parlé en fon lieu. Raphanée eft peut-être la même qu'Arphad dont il eft parlé au quatrième Livre des Rois, Chapitre 18. Verfet 37. & Chap. 19. vers 13. dans Ifaïe, c. 10. v. 9. c. 36. v. 19. c. 37. v. 13. dans Jérémie, c. 49. v. 23.

[l] Jofeph. de Bel. l. 7. c. 24.

RAPHIA, Ville célèbre fur la Méditerranée entre Gaze & Rhinocorure. Je ne trouve pas dit Dom Calmet [m] fon nom dans les Livres de l'Ancien Teftament; ce qui eft affez fingulier; à moins que ce ne foit la Ville de Geth, qui appartenoit aux Raphaïm [n], d'où peut-être lui étoit venu le nom de Raphia ou Rapheia. Geth ne devoit pas être loin de là. Raphia eft célèbre par la Victoire que Philopator Roi d'Egypte gagna en ce Lieu-là fur Antiochus le Grand, Roi de Syrie [o]. C'eft la première fois que je trouve le nom de Raphia dans les Livres des Juifs. Jofephe [p] dit que Raphia fût prife par le Roi Alexandre Jannée & qu'ayant été ruinée dans les guerres, elle fût rétablie par Gabinius [q]. Le même Jofephe [r] & Polybe [s] mettent Raphia pour la première Ville de Syrie, que l'on rencontre en venant de l'Egypte. On trouve quelques anciennes Médailles frappées à Raphia, & quelques Evêques de cette Ville dans les Conciles d'Orient [t].

[m] Dict.
[n] 1 Par. 20. 7.
[o] 3. Macc. 1. 1. An du Monde 3787. Avant l'Ere Vulg. 217.
[p] Antiq. l. 13. c. 21.
[q] Ibid. l. 14. c. 10.
[r] De Bel. l. 5. c. 14.
[s] l. 5. Hift.
[t] Reland, Palest. l. 3.

RAPHIDIM, Station ou Campement des Ifraëlites dans le Défert [v]. Etant fortis du Dé-

[u] P. 967. & 968.
[v] Exod. 17.

Defert de Sin, ils arrivérent à Raphidim, où le Peuple manquant d'eau, commença à murmurer contre Moyse, en disant: Pourquoi nous avez-vous tirez de l'Egypte pour nous faire mourir de soif dans ce Desert, nous, nos enfans & nos bestiaux? Moyse cria au Seigneur & lui dit: Que ferai-je à ce Peuple? Peu s'en faut qu'il ne me lapide. Dieu lui répondit: menez le Peuple au Rocher d'Horeb, & prenez avec vous quelques Anciens: je me trouverai avant vous sur ce Rocher: vous le frapperez avec la verge miraculeuse, & il en sortira de l'eau pour donner à boire au Peuple. Moyse fit en présence des Anciens ce que le Seigneur lui avoit ordonné. Il frappa le Rocher, & il en sortit de l'eau en abondance, pour desaltérer le Peuple. Ce Lieu fut nommé Tentation, à cause des plaintes des Enfans d'Israël, & parce qu'ils y tentérent le Seigneur, en disant: Le Seigneur est-il au milieu de nous, ou n'y est-il pas?

Raphidim, dit Dom Calmet [a], ne devoit pas être éloigné d'Horeb, puisque Dieu ordonne à Moyse d'aller au Rocher d'Horeb, pour en tirer de l'eau. C'est cette même eau qui servoit aux Israëlites non seulement dans le Campement de Raphidim & dans celui du Mont Sinaï, mais aussi dans les autres Campemens & peut-être jusqu'à Cadés-Barné. St. Paul [b] dit que le Rocher les suivoit dans leur voyage & qu'il étoit la figure de JESUS-CHRIST: *bibebant de spirituali consequente eos Petra; Petra autem erat Christus*: soit que l'eau les suivît, ou qu'ils suivissent le courant de l'eau, soit qu'ils portassent toujours de cette eau dans leur marche, comme Elien dit [c] que l'eau du Choaspe suivoit toujours le Roi de Perse; c'est-à-dire qu'on en portoit toujours à sa suite, parce qu'il n'en buvoit point d'autre; soit enfin qu'on traînât le Rocher d'Horeb sur un Chariot, à la manière d'un gros muid toujours plein & toujours ouvert à quiconque en vouloit boire.

Ce dernier sentiment est suivi par les Rabbins & par quelques anciens Peres. Par exemple, Tertulien dit [d]: *Post Manna scatilem pluviam, post Petrae aquatilae sequelam*. St. Ambroise [e] en parle en ces termes: *Nonne immobilis Petra qua Populum sequebatur*. Saint Chrysostome, l'Ambrosiaster, Photius cité par Oecuménius, St. Thomas, & Cantacuzène dans leurs Commentaires sur le dixième Chapitre de la première Epitre aux Corinthiens, parlent à peu près de même. Les Juifs ajoutent que ces eaux ayant été données aux mérites de Marie Sœur de Moyse, elles manquérent aussi-tôt qu'elle fut morte; & de-là vient qu'au Campement de Cadés-Barné, qui suivit la mort de Marie, on voit le Peuple tomber dans le murmure, parce qu'il manquoit d'eau [f]. On peut voir la Critique de ces divers sentimens dans les Commentateurs sur l'Exode [g], & sur la première Epitre aux Corinthiens [h]. Le Lecteur judicieux prendra aisément son parti sur le seul exposé de ces opinions.

Le Miracle de Raphidim arriva l'an du monde 2513. dans le second mois de la sortie d'Egypte. Les Voyageurs disent que l'on voit encore aujourd'hui au pied du Mont Horeb le Ruisseau que Dieu tira du Rocher par le moyen de Moyse. D'autres disent qu'effectivement il y a un Ruisseau qui coule au pied de cette Montagne; mais qu'à l'égard du Rocher, il n'en coule plus d'eau; que seulement on y voit comme douze bouches, d'où l'on croit que l'eau couloit autrefois [i].

Ce fut dans le même Campement de Raphidim que Josué remporta cette fameuse Victoire sur les Amalécites [k]. Pendant que Josué avec les Israëlites combattoit contre Amalec, Moyse élevoit les mains vers le Ciel; & lorsqu'il commença à se lasser, Aaron & Hur, qui étoient avec lui sur la Montagne lui soutenoient les bras parce qu'ils s'appercevoient qu'à mesure qu'il les abaissoit, Amalec avoit l'avantage, & que lorsqu'il les relevoit Israël prenoit le dessus. Voyez le Livre de l'Exode, Chap. 17. v. 8, 9, 10. &c.

Le Rocher de Raphidim est décrit dans les nouveaux Mémoires des Missions de la Compagnie de Jésus [l]. Vers le milieu du Valon Raphidim, portent ces Mémoires, dans un Terrein sec & stérile, est une Roche d'un granit rouge, haute de douze pieds, plus large que haute; qui précéde vingt-quatre trous, dont chacun a un pied de longueur & un pouce de largeur; douze de ces trous sont dans une face platte du Rocher; douze dans une face ronde & opposée. Ils sont placez horizontalement, à deux pieds du bord supérieur, éloignez les uns des autres de quatre travers de doigt, rangez presque sur la même ligne. On voit un poliment qui régne depuis la lévre inférieure de chaque trou jusqu'à terre. Ce poliment ne s'observe que le long d'une petite rigole creusée dans la surface du Rocher. Les bords des trous & des rigoles sont tapissez d'une petite mousse verte & fine: point d'herbe en aucune partie du rocher: nulle apparence de source dans les environs; toutes circonstances d'une eau miraculeuse.

RAPHON, Ville située au-delà du Jourdain, sur un torrent pas loin de Carnaïm. C'est dans cet endroit que Judas Maccabée défit l'Armée de Timothée [m].

RAPHTI, Port de la Livadie, sur la Côte Orientale de cette Province, à l'entrée du Détroit de Négrepont. C'est le *Potamos des Anciens* [n]; & c'est aujourd'hui un bon Port & l'un des plus assurez de tous ces Quartiers. On y mouille sur sept à huit brasses d'eau, fond de vase mêlé d'herbes marines & de bonne tenue. Mais ce qui en fait l'excellence, c'est qu'il est couvert presque de tous cotez par une petite Isle qui laisse à droite & à gauche ce qu'il faut d'espace pour entrer dans dans le Port. Sur la pointe de cette Isle il y a une grande Figure de marbre, & une autre Statue est placée sur un petit écueil qui est auprès. L'écueil est rond par en-bas & pointu par en-haut. Le meilleur mouillage est auprès d'une petite Isle fort basse, qui est dans le Port.

RAPHTUS. Voyez RAPTUM.

RAPIDUM, ou RAPIDA CASTRA; Lieu de la Mauritanie Césariense. L'Itinéraire d'Antonin le met sur la Route de Carthage à Sitifis, entre Auza & Tirinadis, à seize milles de la première de ces Places & à vingt-cinq de la seconde.

RAPINUM, Port d'Italie, selon l'Itinérai-

RAP.   RAP. RAR. RAS.

raire d'Antonin [a], qui le place sur la Côte de Toscane, entre *Algae* & *Gravisca*, à trois milles de la première & à six milles de la seconde.

[a] Itinér. Maritim.

RAPOE, ou RAPHOE, Ville d'Irlande, dans la Province d'Ulster, au Comté de Dunnegal. Cette Ville qui est le Chef-lieu d'une Baronnie de même nom, est à huit milles au Sud de *S. Johns'-Town*; mais c'est une pauvre Ville, presque abandonnée, quoiqu'elle ait eu autrefois un Evêché. Le Siège Episcopal est aujourd'hui réuni avec celui de Londonderry.

RAPOLFSTEIN [b], en François RIBAUPIERRE; Baronnie de France dans la Haute-Alsace, au dessus de Schlestat, près de la Riviére de Stenbach. Cette Baronnie a été connue il y a plus de sept cens ans. Elle a eu des Seigneurs dont on ne sait ni le nom ni l'origine, ni la suite jusqu'à la fin du treizième siècle. Alors cette Baronnie étoit tenue par un Seigneur nommé Anshelme qui étoit ennemi de l'Empereur Adolphe de Nassau, qui le fit prisonnier en 1291. C'est de lui que descendoit George Fréderic Comte de Rapolfstein qui ne laissa qu'une fille; de sorte qu'il eut pour son successeur son frére Jacques, qui ne laissa non plus qu'une fille nommée Catherine Agathe mariée avec Chrétien Palatin de Birkenfeld. Comme ce Prince étoit au service de France, le feu Roi Louïs XIV. investit de toute la Baronnie de Rapolfstein ou Ribaupierre & des Fiefs de cette Maison, où il fut maintenu contre les prétentions de Chrétien-Louïs, Comte de Waldeck qui avoit épousé la fille de George Fréderic, aîné de Jean Jacques, pere de la Princesse de Birkenfeld. Rapolfstein a trois différens Châteaux [c] & n'a d'ailleurs qu'environ trois cens cinquante maisons, cinq cens familles & deux mille deux cens habitans. Le Seigneur n'en retire que deux mille cinq cens livres; mais il a un droit fort singulier. Tous les Violons d'Alsace dépendent de lui & sont obligez de se présenter une fois par an; ceux de la Haute-Alsace à Rapolfstein & ceux de la Basse à Bischweiler. Ils ne peuvent jouer de leur instrument qu'après avoir rendu ce devoir, & avoir payé au Seigneur une redevance de cinq livres par chaque Bande de Violon.

[b] Longueruë, Descr. de la France, Part. 2. p. 241.

[c] Piganiol, Descr. de la France, t. 7. p. 433.

RAPOLLA, Ville d'Italie au Royaume de Naples, dans la Basilicate, avec titre de Duché. [d] Elle est située sur une Montagne, au Nord de l'Appennin, aux confins de la Capitanate & de la Principauté Ultérieure, environ à trois milles au Midi de Melfi & à cinq milles à l'Occident de Venosa. [e] Cette Ville est presque ruïnée. Son Evêché fut uni à celui de Melfi en 1528.

[d] Magin, Carte de la Basilicate.

[e] Commanville, Table des Archev. & Evêch.

RAPOLZWEYER, ou RAPOLZWEYLER; Ville de France dans la Haute-Alsace, au de-là de Bercken près d'un petit Lac que les Cartes du Pays ne nomment point; mais que quelques-uns appellent Arengbach. Herzog dit dans sa Chronique d'Alsace [f] que cette Seigneurie avec ses dépendances est un Fief de l'Evêché de Bâle, & que la Ville avoit été nommée autrefois ROCKSPOLETIN. Elle a appartenu à la Famille de Rapolfstein. Aujourd'hui Rapolzweyer est une Bourgade assise au pied du Château

[f] l. 3. c. 4.

[g] Longueruë, Descr. de la France, Part. 2. p. 241.

de Rapolfstein ou Ribaupierre dont elle dépend. Voyez RAPOLFSTEIN.

1. RAPSA, Ville de la Médie: Elle étoit dans les terres, selon Ptolomée [h] qui la place entre *Gerepa* & *Andriaca*.

[h] l. 6. c. 2.

2. RAPSA, Ville de l'Afrique Intérieure: Pline [i] la met au nombre des Villes qui furent subjuguées par Cornelius Balbus.

[i] l. 5. c. 5.

RAPSACIUM, Lieu fortifié dans l'Arménie, selon Ortelius [k] qui cite Cédrène & Curopalate.

[k] Thesaur.

RAPTRA, Voyez RAPTUM.

RAPTUS, Fleuve de l'Ethiopie sous l'Egypte: Ptolomée [l] marque son Embouchure entre la Ville *Tonice* & celle de RAPTA, qui étoit apparemment sur le bord de ce Fleuve. Arrien dans son Périple de la Mer Rouge, dit que RAPTA étoit le dernier entrepôt de l'Azanie; & comme Ptolomée fait de cette Ville la Métropole de la Barbarie, il s'ensuit que les bornes de l'Azanie & de la Barbarie n'ont pas toujours été bien fixes. Etienne le Géographe appelle cette Ville *Rapta* & lui donne le titre de Métropole des Villes de l'Ethiopie; & dans un autre endroit il écrit Raptra, & en fait la Métropole de la Barbarie. C'est cependant toujours la même Ville, & Raptra est un mot corrompu de Rapta ou Raptae; car dans ce Quartier-là il n'y a pas eu deux Métropoles. Au delà du Fleuve Raptus & de la Ville Rapta, Ptolomée marque encore le Promontoire *Raptum*. Le nom moderne [m] du Fleuve Raptus est *Obii*, selon Barros, qui dit que néanmoins vers son Embouchure on le nomme *Quilmanci*. Marmol connoît aussi un Fleuve nommé Obii; mais il dit que les habitans du Pays l'appellent *Buyl-Mancy*.

[l] l. 4. c. 7.

[m] Ortelii Thesaur.

RARASSA, Ville de l'Inde en deçà du Gange: Ptolomée [n] lui donne le titre de Métropole & la marque entre Gagasmira & Modura. Au lieu de RARASSA le Texte Grec porte *Cragausa*. Le nom moderne est *Racanga*, selon Ortelius [o] qui cite Castald.

[n] l. 7. c. 1.

[o] Thesaur.

RARIAM. Voyez RHARIUM.

RARUNGAE, Peuple de l'Inde, selon Pline [p].

[p] l. 6. c. 20.

RAS, Rivière de France en Guienne, selon Mr. Corneille [q] qui cite Atlas. Il ajoute qu'elle tire sa source du Condomois qu'elle arrose, & qu'elle va se décharger dans la Garonne, environ à deux lieues de la Ville d'Agen, sans dire si c'est au-dessus ou au-dessous de cette Ville. Coulon dans son Livre des Rivières de France [r], dit que la Garonne reçoit le Rat du côté de la Gascogne, un peu au-dessus de Layrac. Ce Rat, & le Ras de Mr. Corneille pourroient bien être la même Rivière; & il y a grande apparence que c'est celle que Mr. de l'Isle [s] appelle l'*Arrats*. Dans ce cas l'Embouchure de cette Rivière n'auroit pas été bien marquée par Coulon & par Mr. Corneille; car l'Arrats se jette dans la Garonne près de Valence. Voyez ARRATS.

[q] Dict.

[r] Pag. 500.

[s] Atlas.

RAS-ALAIN, c'est-à-dire *Source de Fontaine* [t]. C'est le nom d'une Ville appellée vulgairement RASSALINA, située dans la partie de la Mésopotamie appellée Diarbekir, ou Diarbekr. Cette Ville fut saccagée & détruite par Tamerlan dans l'année de l'Hégire 796.

[t] D'Herbelot, Biblioth. Or.

RAS-

RAS-ALCANTARA, c'est-à-dire *la Tête du Pont*[a]. C'est le nom d'une des Bourgades de la Sogd, ou de la Plaine de Samarcande que l'on nomme aussi Khoschoufgan.

[a] Ibid.

RAS-DE-BLANQUEST, ou **RAS-BLANCHARD**, ou **d'ALDERNAY**; petit Détroit de France, dans la Mer de Bretagne, entre l'Isle d'Aldernay & le Cap de la Hogue, qui est à la Pointe Occidentale du Coutantin. Ce Détroit a un courant très-violent qu'on appelle le Jusant.

RASALGATE. Voyez au mot CAP l'Article le CAP DE RASALGATE.

RASAPHE, petite Ville de Syrie, où fut martyrisé St. Serge. Voyez SERGIOPOLIS.

RASAY, Isle d'Ecosse, au Nord de Skie[b]. Elle est mise au nombre des Isles du second rang, & est à peu près de la même longueur que celle de Rum. Il y a beaucoup de Bois, & elle est plus propre au pâturage qu'à produire du bled. Du côté de l'Orient il y a une Source qui sort d'un Rocher. Son eau se pétrifie en une fort belle pierre à chaux qu'elle produit en abondance. Il y a aussi une Carrière de très-bonne pierre de taille: Au Couchant on voit quantité de souterrains, où logent ceux qui vont l'Eté dans cette Isle, soit pour la Pêche, soit pour engraisser le Bétail. On y trouve aussi quelques Forts. Le Seigneur de cette Isle est un Cadet de la Famille de Maccleod, qui est respecté comme un Prince par les habitans.

[b] Etat présent de la Gr. Br. t. 2. p. 288.

RASCALI, ou **RASKAILLIS**, ou **RASCALIDG**; Ville d'Egypte, selon Dapper[c]. Il dit, qu'en allant du Septentrion au Midi, ou en remontant le Nil depuis les Côtes de la Mer jusqu'au Caire, on trouve deux Places fort anciennes; savoir Scru & Raskaillis fort proches l'une de l'autre; & il ajoute qu'on vient ensuite à *Masur* ou *Masura* ou la *Mansoure*. De cette façon Rascali devroit être sur le Bras Oriental du Nil; mais de quel côté est-elle? c'est ce que ne dit point Dapper. Lucas dans sa Carte du Delta ne nous donne pas de plus grandes lumiéres; car il nomme seulement cette Ville, sans en marquer la position précise: peut-être est-ce un oubli du Graveur.

[c] Descr. de l'Egypte, p. 55.

RASCHIAH, ou la **RASCIE**[d]. Ce nom qui est Esclavon se donne ordinairement à la Province de Servie, que les Anciens appelloient Moesie, & que les Turcs nomment aujourd'hui, Sirf. Le mot. RASCHIA, peut cependant être dérivé du Turc *Ros & Rous* qui signifie le Pays & les Peuples de Russie ou Moscovie, que les Anciens appelloient *Roxii*, & *Roxolani*.

[d] Herbelot. Biblioth. Or.

RASCIE, Pays d'Europe qui fait partie de la Servie. Voyez SERVIE.

RASEBORG, Canton de la Suède dans la Finlande[e], & dans la Province de Nylande, aux confins de la Finlande Méridionale. C'est proprement une Terre qui a titre de Comté. Elle est baignée au Midi par le Golphe de Finlande. Ce n'est pas Borgo qui en est le Chef-lieu comme le dit Mr. Corneille mais RASEBORG petite Ville située sur le Golphe de Finlande, à l'Orient Septentrional d'Ekenes.

[e] De l'Isle Atlas.

RASELAIN, Ville de Mésopotamie, entre Moussel & Riha. On y voit quantité de sources qui donnent naissance à la Riviére de Cabour, selon Mr. Petis de la Croix dans son Histoire de Timur-Bec[f].

[f] liv. 3. c. 36.

RASELASIR. Voyez RASILINE.

RASENDE, petit-Lieu, au Royaume de Portugal, dans la Province de Beja, dans la Comarca de Lamego, sur une hauteur à trois lieues de Lamego[g]. Il est formé de quelques maisons séparées les unes des autres, en manière de Fermes & au nombre de quatre-vingt. Le terroir des environs produit le meilleur Grain de la Province, du Lin & du Millet. Il fut peuplé par Don Rausendo, fils de Don Hermige qui étoit né d'Albomazar Ramirez, fils naturel de Dom Ramirez II. Roi de Léon, qui en 1030. donna son nom à ce Lieu; car Rasende est corrompu de Rausendo. C'est dans cet endroit que le fameux Don Alphonse Henriquez premier Roi de Portugal passa une partie de sa jeunesse, dans la Compagnie de son Gouverneur Egas Munis, à qui il le donna lorsqu'il fut Roi, & par héritage ce Lieu passa aux Chevaliers de Rasende ses descendans.

[g] Brito, l. 7. c. 27. Brandam, l. 8. c. 27. & l. 9. c. 6.

RASEZ, Pays de France dans le Languedoc, avec titre de Comté, dont Limoux est le Chef-lieu[h]. Ce Comté fut donné suivant le Continuateur d'Aimoin le Moine, à Bernard II. Comte de Toulouse, par Charles le Chauve en 871. Il appartint ensuite aux Comtes de Carcassonne; & il fut très-souvent l'appanage de leur second fils. Raimond Trincavel, fils de Raimond Roger, Comte de Carcassonne quitta malgré lui à Simon de Montforr en 1211. les droits qu'il avoit au Pays de Rasez qu'Amaury de Montfort, fils de Simon céda au Roi Louis VIII. en 1227. & en 1247. Trincavel déclara à St. Louis, en tant qu'il pouvoit en être besoin, qu'il n'avoit aucun droit sur le Comté de Rasez, qui a depuis ce tems-là appartenu à la Couronne, Jacques Roi d'Aragon, ayant aussi cédé au même Roi en 1258. les prétentions qu'il y pouvoit avoir.

[h] Corn. Dict. Graverol, Abbregé Hist. des Villes Chefs-Lieux des Diocèses de Languedoc.

RASGRAD; ou **HRASGRAD**, Ville des Etats du Turc, dans la Bulgarie[i], entre Rotzig, Marcenopoli, & Ternovo. Les Turcs qui en sont les maîtres y tiennent un Sangeac, pour défendre aux Valaques & aux Transilvains le passage du Danube, ou pour l'avoir libre dans l'occasion.

[i] De l'Isle Atlas.

RASIAPOUR, Ville des Indes au Royaume de Decan, selon Mr. Corneille qui cite Mandeslo, & ajoute qu'elle est éloignée d'environ vingt lieues de Goa; mais Mandeslo[k] écrit RASAPOUR & non RASIAPOUR. Je soupçonnerois que ce seroit la même Ville que RAJAPOUR. Voyez ce mot.

[k] l. 2. p. 239.

RASELINE, c'est-à-dire, *la Tête* ou *la Source* de l'Eau. Lieu situé entre l'Egypte & la Syrie, selon Ortelius[l] qui cite Guillaume de Tyr. Il ajoute que François Junius dit qu'au lieu de RASELINE il faut lire RASELME. Guillaume de Tyr met dans ce même Quartier un Lieu nommé *Raselrasir*, qui pourroit être le même que RASELINE.

[l] Thesaur. l. 22.

RASINA, Ortelius[m] dit que c'est le nom d'un Fleuve dont Martial fait mention[n].

[m] Thesaur. [n] l. 3. Epigr. 67. v. 2.

Va-

Vaterno Rasinaque pigriores.

Sur quoi le Pere Jouvenci remarque que *Vaternus*, ou *Vatrenus* est une Riviére d'Italie, nommée présentement *Santerno*, qui vient du Frioul & qui se jette dans le Pô, selon Pline [a]. A l'égard de la Riviére *Rasina*, ou *Tesina*, comme écrit Bernardinus Scardeonius, dans ses Antiquitez de la Ville de Padoüe, c'est aussi une Riviére ou un Ruisseau, qui se jette dans le Pô. Martial donne à ses deux Riviéres l'épithéte *piger*, parce que leurs eaux coulent lentement. Quelques Exemplaires de Martial au lieu de *Rasina* portent *Resina*; c'est une faute qu'a occasionnée la difficulté que l'on trouvoit à expliquer cette Epigramme.

[a] l. 3. c. 16.

RASIS, Ville de l'Osrhoene, selon la Notice des Dignitez de l'Empire [b].

[b] Sect. 25.

RASNUSI, Village de la Perside, dans la Contrée appellée Razeh: c'étoit la patrie de St. Anastase, selon Ortelius qui cite Siméon le Métaphraste.

[c] Dict.

RASOCALMO, selon Mr. Corneille [c] & Maty, & RASICULMO, selon Mr. de l'Isle [d]: Cap sur la Côte Septentrionale de la Sicile. C'est celui qui forme la pointe Orientale du Golphe de Milazzo. Les Anciens le nommoient *Falerium Promontorium*.

[d] Atlas.

RASSAD, Lieu d'Observation, ou Observatoire [e]. L'Auteur du Leb. Tarikh, écrit que Caïcaoüs II. Roi de la seconde Dynastie de Perse, fit construire deux Observatoires; l'un à Babel ou Babylone sur l'Euphrate, & l'autre sur le Tygre, dans le Lieu où la Ville de Bagdat a été depuis bâtie. Caïcaoüs fut depuis imité par Nouschirvan Roi de la quatriéme Dynastie, qui est celle de Khosroës de Perse; & plusieurs autres Princes de l'Orient en bâtirent en divers endroits de l'Asie, avant le Mahométisme. Les Khalifes Abbassides, Al-Mansor, & Al-Mamon, qui ont cultivé particuliérement la Science des Astres, en ont fait construire dans l'Iraque & dans le Khorassan; & les Selgiucides qui se rendirent ensuite les maîtres de presque toute l'Asie en éleverent aussi dans les Villes de Hamadan & de Rei, où Maleck Sthah, surnommé Gelaleddin, fit observer diligemment le point des Equinoxes & réforma l'ancien Calendrier des Persans, nommé Jezdigirdique; & en institua un nouveau que l'on appella de son nom, le Gélaléen. Enfin les Tartares mêmes de la Dynastie des Ginghizkhaniens, sous Holagou en firent bâtir un à Maragah, où les Tables Ilekhaniennes de Nassireddin Al-Toussi furent dressées, & Ulugh-Beg petit-fils de Tamerlan fut le fondateur de l'Observatoire de Samarcande, où ce Prince fit examiner les Tables de Nassireddin & publia les siennes particuliéres.

[e] D'Herbelot, Biblioth. Or.

RASSEB, nom d'un Château d'Asie [f] dans la Province de Maouarainahar, ou Transoxane, situé à six Parasanges de la Ville de Vaschgerd.

[f] Ibid.

RASTAT, grand Bourg d'Allemagne, dans la Suabe [g], au Marquisat de Bade, avec un beau Château. Ce Lieu appartenoit autrefois aux Comtes d'Ebersstein. Il fut brûlé en 1424. par les habitans de la Ville de Strasbourg, dans la guerre qu'ils eurent contre le Margrave de Bade. Il y a des Auteurs qui donnent à Rastat le titre de Ville [h], la résidence ordinaire des Margravines de Bade qui se trouvent Veuves. Rastat a eu l'honneur d'être le Lieu où se traita la Paix entre l'Empereur & le Roi de France en 1714.

[g] Zeyler, Topogr. Sueviæ, p. 98.
[h] Hubner, Geogr.

RASTENBURG, petite Ville de Prusse [i], dans le Barteuland, sur la petite Riviére de Guber, près de Ressel. Elle fut bâtie en 1329. & brûlée par les Lithuaniens en 1348.

[i] Zeyler, Topogr. Pruss.

RASTIA, Ville de la Galatie: Ptolomée [k] la donne aux *Trocmi*.

[k] l. 5. c. 4.

RATANEUM. Voyez *Rhetaneum*.

RATÆ, Ville de la Grande-Bretagne. L'Itinéraire d'Antonin la place sur la Route de *Londinium* à *Lindum*, entre Vennonis & Verometum, à douze milles de la premiére de ces Places & à treize milles de la seconde. Ptolomée l nommé cette Ville RAGÆ; & [l] l. 2. c. 3. Cambden croit que c'est aujourd'hui Ratby. D'autres la marquent aux environs du Rusland, ou près de Ratiford.

RATEAS, Lieu du Péloponèse, dans l'Arcadie. Pausanias [m] dit qu'il étoit au Confluent de l'Alphée & du Gortynius. Quelques Exemplaires portent RHAETAE.

[m] l. 8. c. 28.

RATENAU, Ville d'Allemagne [n], dans la Moyenne Marche de Brandebourg sur la Riviére de Havel, entre les Villes de Brandebourg & de Havelberg. Elle fut bâtie en 430. & souffrit beaucoup de la part des Moraviens; étant pour ainsi dire la Porte pour entrer dans l'Evêché de Magdebourg. Elle souffrit aussi beaucoup dans les guerres du siécle passé. Elle fut prise & reprise par les Suédois & par les Impériaux; & les Brandebourgeois la pillérent en 1641.

[n] Zeyler, Topogr. Brandenburg. & Pomeran. p. 87.

RATENBURG [o], Ville du Comté de Tyrol, que les Cartes du pays nomment quelques fois, RADTENBERG, RADENBERG, & ROTENBURG. Elle est située sur le Fleuve In, entre Kufstein, & Schwaz, & elle a un Château, engagé conjointement avec la Ville, & ses dépendances, fut engagé par Louïs Duc de Baviére, à Chainhart Duc de Carinthie, & Comte de Tyrol. Ses fils, Louïs, Otton, & Henri, ne voulant pas restituer ces Domaines à Rudolphe Duc de Baviére, quoiqu'il offroit de leur payer les sommes prêtées, l'Empereur Adolfe, ordonna au Duc de Baviére de s'en emparer par les armes. Cette dispute ne fut pourtant terminée que l'an 1366. par l'Empereur Charles IV. qui moyennant un accommodement, entre les Maisons d'Autriche, & de Baviére, fit rendre cette Ville & ce qui en dépend, à la Baviére, qui la garda jusqu'à l'année 1504. que l'Empereur Maximilien I. ayant une guerre contre les Bavarois, reprit cette Ville, & la rejoignit au Comté de Tyrol.

[o] Zeyler, Topogr. Tyrol, p. 146.

RATENELLE, Paroisse de France, dans la Bourgogne, au Bailliage de Châlons. Elle est située au bord de la Riviére de Seille, en pays de Plaine. Il y a fort peu de vignes.

RATIARIA. Voyez RAETIARIA.

RATIARNA, Ville de la Moesie, selon l'Histoire Miscellanée citée par Ortelius, qui croit que ce pourroit être la même que *Ratiaria*. Voyez RAETIARIA.

RATIASTUM. Voyez LIMOGES.

RATIBOR, Ville d'Allemagne, la Capitale du Duché du même nom [a], situé dans la Haute Silésie. Il s'étend jusque dans les Montagnes de Bohême, aux confins de la Moravie, & contient les Villes d'Oderberg, Sora, Ribenick, Pilzoviz, & Miesoviz. Valentin dernier Prince de Ratibor mourut l'an 1516. & après sa mort ce Duché fut incorporé au Royaume de Bohême, conjointement avec la Principauté d'Oppeln. La Ville étoit déja bâtie, avant l'an 1164. elle est située très-agréablement à 6. milles de la Ville d'Oppeln, dans un terrain très-fertile en toute sorte de bleds, & des fruits. La Riviére d'Oder l'arrose. Il y a des Eglises & des Couvens de divers Ordres, & un Château sur le bord de l'Oder. Les Armes de la Ville sont partie, de la moitié d'un Aigle d'argent, & de la moitié d'une roue de même. En 1627. l'Armée du Roi de Dannemarch assiégea cette Place inutilement; mais en 1633. & en 1642. elle fut prise par les Suédois.

[a] Zeiler, Topogr. Bohemiæ. p. 173.

RATINGEN, petite Ville du Duché de Berg, près de Dusseldorp.

RATISBONNE, [b] en Allemand *Regensburg*, Ville Impériale & libre, sur le Danube, dans le Cercle de Baviére. Les Auteurs sont de différente opinion sur l'origine de cette Ville qui est très-ancienne, & sur la dérivation de son nom. Quelques-uns disent, que Tibére bâtit cette Ville 14. ans, avant la Naissance du Sauveur, & la nomma *Augusta Colonia Tiberia*, ou *Augusta Tiberii*. Il vouloit, dit-on, y loger la quatrième Légion Italienne, & les Soldats Romains y ont habité 521. ans de suite. Cette opinion est soutenue par des Inscriptions anciennes, dont l'une se trouve sur la derniére Tour de Pont de pierre, & l'autre sur la Tour de la Porte de Saint Pierre. Mais d'autres soutiennent le contraire, parce que ni Tacite, ni aucun autre Historien, ne fait mention de cette Colonie. Ils veulent, qu'Ingram, ou Hermann, Roi des Allemans ait bâti cette Ville & l'ait nommée *Germansheim*, ou *Ingramsheim* ; mais toutes ces opinions n'étant pas mieux prouvées les unes que les autres, nous nous arréterons à celle, qui nous paroit la plus naturelle, & qui dérive le nom Allemand, *Regensbourg*, de la Riviére de REGEN, qui se jette dans le Danube proche de cette Ville, & le nom Latin *Ratisbona*, de *bona Ratis*, un Endroit propre pour l'abord des Bâteaux. Il est d'ailleurs très-sûr, que les Romains ont possédé cette Ville jusqu'à l'an 508. que les anciens Rois & Princes de Baviére, en firent leurs Résidence, & la Capitale de leur Pays. Ils l'ont gardée jusqu'au Regne de l'Empereur Frédéric premier. Les trois Riviéres la Nab, le Regen, & le Danube se joignant près de la Ville de Ratisbonne, lui sont d'une grande utilité, tant pour la Navigation, & le Commerce, que pour les bons Poissons, qu'elles fournissent. Le Pont de pierre, qui étoit sur la Riviére de Regen, & dont on voit encore quelques restes, fut ruïné, par une inondation, en 1573. mais celui qui est sur le Danube, & dont nous ferons la Description plus bas, subsiste encore. Les environs sont très-fertiles, mais les Jardins qu'il y avoit autrefois, le Lazaret, l'Eglise dédiée à St. Lazare, avec son Cimetière & une quantité d'Epitaphes mémorables, tout cela a été ruïné pendant le Siège de cette Ville, fait durant les guerres d'Allemagne, dans le Siècle passé; de sorte que tout le Fauxbourg sur le Danube, où logeoient autrefois les Fayanciers, les Batteliers, & les Faiseurs de briques, est entièrement détruit. On trouve encore de ce côté beaucoup de Monumens des Juifs; où l'on en a détruit plus de 4200. après le bannissement de cette race, & on a employé les pierres à la construction de la nouvelle Paroisse. Les Fauxbourgs de cette Ville s'étendoient ci-devant des deux côtés, à un bon demi-mille vers l'Orient, jusqu'au Village de Weinding, & vers l'Occident, jusqu'à une Abbaye des Prémontrés, nommée Prüssing. Il y a encore à présent deux Isles dans le Danube, appellées l'*Ober-Werth*, & l'*Under-Werth*, de la longueur d'un bon quart de mille, dans lesquelles on descend par le grand Pont de pierre. Elles sont habitées, par des Meuniers, des Batteliers, & des Pêcheurs, & il y a de fort belles promenades. Le Pont de pierre sur le Danube, est le plus fort & le plus solidement bâti de tous les Ponts qui sont sur le Fleuve & sur le Rhin. Il fut commencé par Henri X. Duc de Baviére, & par les Bourgeois de Ratisbonne en 1135. & achevé en 1146. il a 23. pieds de largeur, & 1100. de longueur; il est soutenu par quinze Arcades très-hautes, larges chacune de 23. pieds, toutes des pierres de taille avec des piliers en triangle, pour rompre la rapidité du Fleuve & les glaces. De l'autre côté de la Ville, il y a une très-belle Chartreuse, nommée Brugl: c'étoit un Couvent de Bénédictins, jusqu'à l'an 1484. qu'Albert Duc de Baviére le donna aux Chartreux. Dans la Ville même, qui est ceinte d'une double muraille, défendue par des Bastions, & des fossés, avec 44. Tours attachés à la muraille, il y a de très-beaux Edifices & de belles Eglises. La plus remarquable de ces derniéres est la Cathédrale dédiée à St. Pierre, Eglise très-ancienne, ruïnée souvent par les flammes, & mise en l'état, où on la voit à présent, par Jean I. surnommé Mosburger, & par Henri IV. tous deux Evêques de Ratisbonne, en 1409. & 1482. Il y a dans cette Eglise beaucoup de Reliques, des Drapeaux, des Armes, & autres Piéces curieuses. A côté on voit l'Eglise de St. Jean, par laquelle on va à la Résidence de l'Evêque, où logeoient les Empereurs, quand ils se trouvoient à la Diète. L'Eglise de St. Cassien fut seule conservée en 891. le 10. d'Août, quand toutes les autres furent consumées par un feu tombé du Ciel. Le Collége des Jésuites a une belle Eglise dédiée à St. Paul, l'Abbaye de St. Emmeram, ou Haimeram est dédiée au même Saint dont le Corps y repose. En 652. ce Saint vint de Poitiers pour prêcher l'Evangile en Baviére. On rapporte qu'Utta fille de Diethon, quatrième ou cinquième Duc de Baviére, se trouvant enceinte des Oeuvres d'un Chevalier nommé Siegebald, en accusa St. Emmeram, surquoi Lantpert, frère de cette Princesse, tua ce Saint Homme à Helffendorf près de Munich en 652. mais son innocence ayant éclaté après sa mort, son corps fut mené à Ratisbonne & enterré dans l'Eglise de St. George hors de la Ville, où Diethon Duc de Bavié-

[b] Zeiler, Top. Bavariæ. p. 44.

Baviére, fonda une Abbaye de Bénédictins, avec une Université, dédiée à St. Pierre, & à St. Emmeram. L'Abbé est Prince de l'Empire. L'Empereur Otton le Grand donna à cette Abbaye le Village d'Helffendorf, où St. Emmeram avoit été tué, & l'Empereur Arnolphe, ayant aggrandi la Ville, renferma dans son enceinte cette Abbaye, dans l'Eglise de laquelle il est enterré avec son fils l'Empereur Louis. On montre dans cette Eglise le Tombeau de St. Denis; car on prétend que l'Empereur Arnolphe, à qui Otton Comte d'Angers & de Paris, Tuteur du jeune Roi de France, avoit donné le Corps de ce Saint, l'apporta dans cette Eglise, à son retour d'une Bataille livrée contre les Normans. Outre cela on y voit la Tête de St. Wolfgang, Evêque de Ratisbonne, mort l'an 994. & quantité d'autres Reliques & Antiquitez. Il y a dans cette Ville deux Chapitres de Dames, qui font preuve de 16. Quartiers de Noblesse, pour y entrer. Les Abbesses de ces Chapitres sont Princesses de l'Empire, & font des vœux; mais les autres Dames peuvent se marier. L'une de ces fondations s'appelle *Nider-Münster*, & fut érigée par Judith, Epouse de Henri, frére de l'Empereur Otton I. & fille d'Arnolphe Duc de Baviére, qui y est enterrée: l'autre est nommée *Ober-Münster*, fondée par Hemma, Epouse de Louïs I. Roi de Baviére, & enterrée dans cette Eglise. Il y a encore différentes Maisons Religieuses, comme de Dominicains, de Carmes déchaussés, de Capucins, de Recolets, & d'autres Moines, & deux belles Maisons appartenantes à l'Ordre Teutonique, dans l'une desquelles réside un Commendeur de cet Ordre. Les Luthériens ont aussi dans cette Ville de belles Eglises, des Ecoles très-bien réglées pour la Jeunesse, & des Bibliothéques très-célébres.

Quant aux Bâtimens Séculiers il y en a quantité des très-beaux. Les Evêques, de Saltzbourg, de Passau, de Freyling, de Brixen, d'Augsbourg, d'Eichstett, de Seccaw, & de Bamberg, y ont leurs Palais; & d'autres Seigneurs & Nobles ont des Maisons fort commodes. Cette Ville est remplie de Noblesse, de sorte que l'an 1320. le Magistrat n'étoit composé que de Gentilshommes, dont il reste encore plusieurs familles, comme celles d'Auer, de Premberg, de Krazer, de Balduin, de Berbing, & autres. On voit encore une Résidence Impériale, près de la Cour de St. Jacques, avec une vieille Tour, appellée la Tour des Empereurs, vis-à-vis le grand Arsenal; & un Palais Royal près de la Chapelle de St. Benoît, nommé la Cour des Rois. La Maison de Ville, & la grande Sale où s'assemble la Diète de l'Empire, sont très-dignes d'être vûes; cette derniére est ornée de peintures très-rares. Les Magasins & autres Edifices publics sont bien entretenus. Vis-à-vis de la Maison de Ville, on voit sur une grande Maison, en pierre le Monument d'un combat, donné du tems, de l'Empereur Henri, surnommé l'Oiseleur, en 930. entre Jean Dollinger d'une très-ancienne Noblesse, Conseiller de Ratisbonne, & un Colonel des Huns nommé Craco, qui avoit 10. pieds de hauteur. Cet infidèle ayant été tué, Dollinger fut créé Chevalier par l'Empereur, avec de grands privilèges, pour lui & pour sa famille. Le dernier des Dollinger, nommé Fréderic, vivoit encore en 1541. Ils avoient dans leurs Armes une Autruche d'argent tenant le fer d'un Cheval dans le Bec.

La Ville est gouvernée par le Magistrat, qui est divisé en divers Tribunaux. Quoiqu'elle ait été autrefois la Résidence des Princes de Baviére, il n'y ont point de Jurisdiction [a], depuis que de leur consentement elle a été déclarée Ville libre de l'Empire; il ont néanmoins une Douane, & la Place, où l'on exécute les Criminels, que le Magistrat tient en fief de la Maison de Baviére. L'an 1483. les Bourgeois de Ratisbonne s'étant révoltés, le Magistrat se soumit avec la Ville à Albert Duc de Baviére; mais l'Empereur Fréderic IV. ayant déclaré la guerre à ce Prince, il rendit cette Ville, après l'avoir possédée 6. ans, & Fréderic Margrave de Brandebourg, accompagné du Comte de Zorn, en prit possession au Nom de l'Empereur en 1492. fit prêter le serment de fidélité aux Bourgeois, & créa un Nouveau Magistrat. Les prétentions des Electeurs de Baviére, & des Evêques de Ratisbonne, sur cette Ville, & les conventions faites sur ce sujet, se trouvent plus amplement, dans Andreas Brunner. *Part.* 3. *Annal. l.* 15. *p.* 965. *& seq.* L'an 891. la Ville de Ratisbonne fut presque réduite en cendres, excepté les Eglises, de St. Cassien, & de St. Emmeram. En 916. l'Empereur Conrad I. y tint une Diète générale de l'Empire. Sous le Regne de l'Empereur Otton I. on amena en cette Ville un Roi des Huns, avec 4. de leurs Chefs, que Henri Duc de Baviére y fit pendre. L'an 1172. & diverses fois après cette Ville a été entiérement ruïnée par les flammes. L'Empereur Fréderic second tint en 1215. à Ratisbonne une Diète générale, & accorda beaucoup de privilèges à cette Ville. On y tint une Conférence en 1546. sur les matieres de Religion, & on accepta l'*Interim* de la Confession d'Augsbourg, qui dura jusqu'à l'année 1551. qu'on introduisit entiérement l'Exercice de la Religion Luthérienne. A cet effet on appella pour être Curé de la nouvelle Paroisse, Nicolas Gallus de Magdebourg. Cette Religion s'y est toujours conservée depuis. En 1555. on y érigea un Consistoire Luthérien. Le 28. d'Avril de l'année 1624. un coup de Tonnerre tomba sur un grand Magasin à poudre qui creva avec une telle violence, que la plus grande partie des Murailles, des Bastions, & des Bâtimens, autour de St. Emmeram, en fut renversée, & les pierres du Magasin jettées jusqu'au milieu de la Ville, où elles firent beaucoup de dommage. Bernard Duc de Saxe-Weimar prit Ratisbonne par accord en 1633. & y étant entré avec ses troupes, il fit prononcer le premier Sermon Luthérien dans la Cathédrale, après que les Catholiques eurent fini leur Office; mais cette Ville fut reprise l'année suivante par les Impériaux.

RATOLFZELL. Voyez RATTOLFSZELL.

RATOMAGUM. Voyez ROUEN.

RATONNEAU, on donne ce nom [b] à l'une des Isles de Marseille, dans la Mer Méditerranée sur la Côte de Provence [b]. Cette Isle

[a] Voyez *Brunner.* lib. 13. Annal. p. 983.

[b] *Michelot, Port. de la Méditer.* p. 64.

Isle est voisine du Château d'If du côté du Nord-Ouest, & elle n'en est éloignée que d'environ trois cens toises. Il y a sur la Pointe du Nord-Est de cette Isle une batterie de Canon, & sur le haut quelques Fortifications avec une Tour quarrée au milieu. Cette Isle peut avoir environ une demi-lieue de longueur. A l'Ouest elle a un gros écueil qu'on appelle le Tiboullen, entre lequel & l'Isle on peut passer, y ayant vingt brasses d'eau. Mais tout auprès de la Pointe de Ratonneau, il y a une séche où la Mer brise quelquefois. Il y a aussi quelques écueils qui sont hors de l'eau.

On peut mouiller en plusieurs endroits aux environs de l'Isle de Ratonneau ; mais principalement vers la Pointe de l'Isle de St. Jean, où est la Tour, & aux environs d'un écueil qui est vis-à-vis une petite Plage, au-dessous de la Forteresse : on y est par 3. 4. & 5. brasses d'eau, fond d'herbe vaseux. Il faut avoir à bonne ancre vers le Sud-Est, qui en est le traversier & une amarre sur l'Isle de Ratonneau, ou sur les écueils, suivant l'endroit où l'on est. Il y a quelques Galéres qui portent une amarre sur l'Isle de St. Jean, & un fer au Nord-Ouest. Il faut bien s'amarrer du côté de l'Isle de Ratonneau, à cause des rafales du Nord-Ouest, qui viennent avec violence par dessus l'Isle. On peut facilement passer entre les deux Isles avec des Vaisseaux & des Galéres. Il y a 6. à 7. brasses de profondeur au plus étroit passage.

RATSCHACH, Bourg de la Basse Carniole [a], sur le Fleuve Sau, au delà du Bourg de Lichtenwald.

[a] Zeyler, Topogr. Carniæ, p. 129.

RATSITCHCANDABAN, ou SITCHCANDABAN, Montagne d'Asie, dans la Tartarie ou Turquestan, entre les sources de l'Irtich & de l'Oby. Mr. Petis de la Croix [b] dit dans son Histoire de Timur-Bec que cette Montagne est à 114. d. 53. de Longitude & à 53. d. 30. de Latitude.

[b] liv. 3. c. 6.

RATTE, Lieu de France, dans la Bourgogne, au Bailliage de Châlons. C'est une Paroisse qui a pour dépendances les Villerots, les Nuelles, Villejamay & Chezlonotte. Elle est située au milieu des Bois, & il y passe un Chemin qui va de Louhans à Lon-le-Saunier.

RATTENBEY, Bourgade du Royaume de Dannemarc dans l'Isle de Bornholm, sur la Côte Occidentale, selon Mr. Corneille [c] qui dit qu'on la nomme aussi RUNDNEBY : Mr. de l'Isle [d] écrit simplement RUND.

[c] Dict.
[d] Atlas.

RATZEBOURG, ou RAZEBOURG, Ville d'Allemagne, dans la Basse-Saxe, [e] à sept milles de Hambourg, à égale distance de Lunebourg, & à trois ou quatre milles de Lubec. Cette Ville qui est très-ancienne, est située sur une hauteur garnie de maisons, & entourée d'un Lac, large d'un quart de mille & même d'un demi mille en quelques endroits. Ce Lac est bordé de Collines assez hautes couvertes de bois. Au Nord de la Ville il y a une Isle où sont l'Eglise Cathédrale & les demeures des Chanoines. Du côté du Midi est le Château du Prince. Ce Château est fortifié & entouré d'eau. Il a un Pont de trois cens pas qu'il faut passer pour entrer dans la Ville. Razebourg appartenoit autrefois à la famille des Comtes de Badewide. Un d'entre eux

[e] Zeyler, Topogr. Saxon. Infer. p. 137.

nommé Bernard en fut dépouillé par Henri Duc de Saxe, surnommé le Lion, sous prétexte de trahison ; & cette Ville fut donnée au Duc de Saxe-Lawenbourg, à certaines conditions. Elle a été pillée plusieurs fois particuliérement en 1552. François Duc de Saxe-Lawenbourg, fâché de ce que les Chanoines avoient refusé d'élire son fils Magnus pour Evêque, fit piller leurs maisons, les emprisonna eux-mêmes, & contraignit le Chapitre de lui payer quatre mille écus pour racheter le reste du pays du pillage & du feu. La Ville de Razebourg a sa Jurisdiction indépendante de l'Evêque & du Chapitre, & sa propre Eglise qui est dédiée à Saint Pierre.

RATTOLFSZELL, [f] Ville d'Allemagne dans la Suabe, sur le Bodensée. Elle doit son nom à Rattolfe, Evêque de Vérone, qui y bâtit le premier une Cellule, & ensuite un Monastère où il est enterré. Elle appartenoit autrefois à l'Abbaye de Reichenaw & passa ensuite dans la Maison d'Autriche. Les Ducs de Wirtemberg la prirent en 1632. & la gardérent jusqu'après la Bataille de Nordlingen, qu'ils l'abandonnérent d'eux-mêmes. La Maison d'Autriche l'a toujours possédée depuis, & l'a fait fortifier.

[f] Zeiler, Topogr. Sueviæ, p. 64.

1. RAVA, [g] Palatinat de la Grande Pologne. Il est situé entre les Palatinats de Lenzicza & de Siradie, & séparé par la Rivière Piltzza du Palatinat de Sendomir. Il y a un Palatin & trois Castellans qui commandent aux trois Castellanies de ce Palatinat, qui sont celle de Ravatelle, de Sohaczou, & de Gostini.

[g] Andr. Cellar. Descr. Poloniæ, p. 233.

2. RAVA, Ville de la Grande Pologne, dans le Palatinat de même nom [h], dont elle est le Chef-lieu. Elle est située à onze milles de Ploczkow & à quinze de Varsovie. Ses maisons ne sont que de bois, mais elles sont fort peuplées. Quoiqu'elle ne soit point fermée de murailles, elle ne laisse pas d'être forte par sa situation : une petite Rivière de même nom qui l'arrose, l'environne de toutes parts, & forme aux environs un marais tout couvert d'eau. Il y a un grand Château bâti de pierres, flanqué de quatre Tours & de larges fossés à fond de cuve & remplis d'eau. On y entretient une garnison de Soldats, nommez Quarténiers, dont le nom vient du quart des revenus du Roi qu'on employe pour leur solde. Ils sont chargez de veiller sur la Podolie & d'arrêter les courses des Barbares de ce côté-là. Ce Château est aussi destiné à garder les prisonniers d'Etat, quand ils sont d'un rang distingué. Il y a dans la Ville un Collége pour l'instruction de la Jeunesse ; il appartient aux Jésuites.

[h] Ibid.

RAUCIORUM, nom d'un Peuple, dont Goltzius fait mention d'après une Médaille rapportée dans son Trésor. Ortelius [i] croit qu'il est question des habitans de la Ville *Rhaucus* ; car c'est le nom national qu'Etienne le Géographe donne à ce Peuple.

[i] Thesaur.

RAUCOURT, Souveraineté de France dans la Champagne, aux Frontiéres de cette Province, Recette de Sédan. Elle est d'une très-petite étendue, & le Chef-lieu, qui lui donne son nom, n'a que cinq cens habitans. Cette Souveraineté est unie à la Principauté de Sédan. Ses principaux lieux sont :

Rau-

Raucourt,	Loraucourt,
Angecourt,	Vaudricourt,
Noyers,	Telone.

RAUCUS. Voyez DIANÆ-TEMPLUM, N°. 1.

1. RAUDA, Ville de l'Espagne Tarragonnoise. Ptolomée [a] qui la donne aux Vaccéens, la marque entre *Abbocela*, & *Segisama-Julia*. Elle étoit, selon l'Itinéraire d'Antonin sur la Route d'Asturica à Saragoce, entre *Pintia* & *Clunia*. Quelques MSS. de cet Itinéraire nomment cette Ville *Raudaclunia*; mais tous les bons Géographes conviennent que *Rauda* & *Clunia* sont deux Villes différentes.

[a] l. 2. c. 6.

2. RAUDA, nom d'un Village, aux environs de la Perside, selon Ortelius [b] qui cite Polyaenus.

[b] Thesaur.

RAUDEN, petite Ville d'Allemagne, dans la Silésie [c], au bord d'une petite Riviére, au voisinage de Glogaw. Elle dépend de la Principauté de Lignitz.

[c] Zeyler, Topogr. Silesiæ.

RAUDII-CAMPI, Lieu d'Italie au delà du Pô. Velleius Paterculus [d] est le premier qui ait parlé de ce Lieu; Aurelius Victor [e] en fait mention après lui. Tout deux disent qu'on donnoit ce nom à la Plaine où C. Marius défit les Cimbres. Quelques Exemplaires de Florus [f], en parlant de cette Plaine, la nomment *Caudius-Campus* & d'autres *Claudius-Campus*. On s'accorde encore moins sur la situation de cette Plaine. Les uns la mettent près de Vérone & les autres veulent que ce soit la Plaine de Verceil.

[d] l. 2. c. 12.
[e] in C. Mario.
[f] l. 3. c. 3.

RAVELLO, Ville d'Italie, au Royaume de Naples [g], dans la Principauté Citérieure. Elle est dans les terres environ à quatre milles au Nord d'Amalfi. Ravello n'est pas une Ville ancienne. Elle fut bâtie en 1086. L'année suivante Victor III. [h] l'érigea en Evêché, qui en 1603. fut uni à celui de Scala. Il y a dans cette Ville de belles maisons & des Palais magnifiques.

[g] Magin, Carte de la Princip. Citér.
[h] Commainville, Table des Evêchez.

RAVENDES, Ville au voisinage de l'Euphrate & de la Syrie, selon Ortelius [i], qui cite Guillaume de Tyr.

[i] Thesaur.

RAVENGLAS, Bourg d'Angleterre [k], dans le Cumberland, sur le bord de la Mer, dans la partie Méridionale de cette Province, sur une Pointe de terre formée par la Riviére d'Esk & par un petit Ruisseau qui se jettent dans la Mer en cet endroit. Ravenglas a droit de Marché public.

[k] Blaeu Atlas.

RAVENNE, Ville d'Italie, dans la Romagne [l], & la Capitale de ce qu'on nommoit autrefois l'Exarcat, à 35. d. de Longitude & à 44. d. 20'. de Latitude. On a hazardé tant d'opinions incertaines sur l'origine de cette Ville, que le plus sûr est de dire qu'elle est des plus anciennes; car où sont les Monumens anciens pour prouver qu'elle a été bâtie 913. ans avant la Ville de Rome, & 188. ans avant la Ville de Troye?

[l] Mémoires dressez sur les Lieux.

La situation & la figure de Ravenne ont souvent varié. Autrefois, comme Strabon l'assure, elle étoit située dans les marais : ses bâtimens étoient de bois ; on passoit les eaux sur des Ponts, où on les traversoit avec des Batteaux. Dans la suite lorsqu'on eut desseché les Vallées de Padusa, (voyez PADUSA) & qu'on les eut rendues fertiles, elle fut bâtie de marbre & de pierre, & entourée de murailles ; de sorte qu'elle se trouve présentement à sept lieues de la Mer du côté du Nord, & à trois lieues du côté de l'Orient d'hiver. Son terrein produit beaucoup. L'air que l'on y respire est extrêmement tempéré ; aussi voit-on souvent dans cette Ville des hommes de cent ans, & au delà. On y a des fruits & du gibier en si grande abondance qu'on en fournit les Villes voisines. Le pays est entrecoupé de Bois, de Prairies & de Riviéres. Les Forêts de Pins qui sont toujours verds sont sur-tout renommées. Elles s'étendent depuis la Riviére d'Amoné jusqu'au Savio, vers le Rivage de la Mer Adriatique, entre deux Riviéres, qui sont le Montone à l'Occident & au Septentrion, & le Ronco qui coule à l'Orient & se jette dans le Montone un peu dessous de la Ville de Ravenne.

Plusieurs veulent que les Pelasgiens ou Thessaliens ayent été les premiers fondateurs de Ravenne, & qu'ils y ayent habité pendant plus de deux cens ans. Aux Pelasgiens succédérent les Umbres, qui après sept cens ans en furent chassez par les Gaulois, lorsque ceux-ci firent irruption en Italie, du tems de Tarquin le Vieux. Ces derniers s'y maintinrent plus de trois cens cinquante ans, jusqu'à ce que les Consuls Romains M. Marcellus & M. Scipion, ayant vaincu les Gaulois qu'on appelloit alors Boïens, se rendirent maîtres de leur Etat & subjuguérent la Ville de Ravenne. Cet événement arriva en l'année cinq cens vingt de la fondation de la Ville de Rome.

Ravenne ne fut pas une Colonie Romaine, mais une Ville Municipale, à laquelle les Romains accordérent le droit de se gouverner selon ses Loix, le privilège d'avoir les mêmes charges & les mêmes dignitez que le Peuple Romain, & l'exemption de toutes sortes de contributions. Ils en usérent si généreusement avec cette Ville, parce que les Habitans de Ravenne avoient été alliez du Peuple Romain, du tems que les Umbres étoient maîtres du Pays. On mit donc à Ravenne le Siège du Préteur ; les Assemblées de la Province s'y tinrent ; & on entretenoit dans le Port une Flote toujours prête à mettre en Mer.

Les Empereurs Romains affectionnérent cette Ville, qui de son côté leur fut toujours fidelle. Quelques-uns mêmes de ses Sénateurs, entre lesquels on remarque Glicerius, parvinrent à l'Empire. Delà viennent tous les embellissemens qui furent faits à Ravenne, outre que divers Empereurs y fixérent leur séjour. Honorius, par exemple, & Valentinien III. y bâtirent des Palais & y tinrent leur Cour long-tems : Odoacre, Roi des Hérules, qui avoit profité de la foiblesse des Empereurs & s'étoit emparé de Ravenne vers l'an 470. en fut chassé par Théodoric Roi des Ostrogoths. Celui-ci fit de Ravenne le Siège de son Empire, qui dura soixante ans & au delà, jusqu'à ce que Bélisaire & Narsès, deux Lieutenans de l'Empereur Justinien, étant passez de Grece en Italie, y détruisirent l'Empire des Goths. Peu de tems après Justin successeur de Justinien, fonda l'Exarcat de Ravenne, & conféra cette dignité au Patrice Longin qui établit sa résidence dans la Ville de Ravenne. Ce Magistrat & ses successeurs qui avoient sous eux la Pentapole, & tout ce qui étoit renfermé entre le Pô, la Mer Adriatique & le Mont Apennin, depuis la Ville de Plaisance jusqu'à Rimini, représenterent encore pendant plus de cent soixante & dix ans en Italie, sous dix sept Exarques, la Majesté des Empereurs Grecs. Mais Astolphe Roi des Lombards ayant pris Ravenne en ruina l'Exarcat, & fit de la Ville la Capitale de ses Etats. Il n'en jouît pourtant pas long-tems. Pepin Roi de France ayant été invité par le Pape Etienne II. à porter ses armes en Italie, passa les Monts, battit les Lombards, reprit Ravenne & la donna au St. Siège vers l'an 750. Le Pape laissa le Gouvernement de l'Exarcat à l'Archevêque & au Sénat de la Ville, qui choisissoit pour cet effet tous les ans des Sénateurs, qui prenoient le titre de Tribuns. Mais les Lombards ayant fait de nouvelles courses sur les Terres du Pape, Charlemagne, fils & successeurs de Pepin, se vit obligé de leur déclarer la guerre ; dont la fin fut la destruction entière du Royaume de Lombardie, qu'il conquit. Ce Prince restitua alors l'Exarcat au Pape, & voulut qu'il fit desormais une Province Romaine. Son fils Pepin étant resté dans le pays pour la défense du Pape prit le titre de Roi d'Italie, & du consentement du Souverain Pontife, établit sa Cour à Ravenne.

Ce Prince étant mort & les Sarrasins ayant fait irruption dans quelques Villes, principalement celles de la domination du Pape, profiterent de ces circonstances & de la division qui régnoit entre les Princes Chrétiens & s'arrogérent une espèce de liberté. La Ville de Ravenne entre autres prit la forme d'une République, & choisit des Consuls, des Préteurs & des Sénateurs, dont le pouvoir ne finissoit qu'avec la vie. Cette forme de Gouvernement dura jusqu'à ce qu'un Citoyen de cette Ville nommé Pierre Traversari, homme très-riche, s'empara de la Souveraineté vers l'an 1218. Son fils Paul qui lui succéda, & régna jusqu'à l'an 1240. Alors les Habitans de Ravenne ayant chassé les troupes de l'Empereur Frideric qui s'étoient emparées de leur Ville, firent alliance avec la Ville de Boulogne & commencèrent à être gouvernez par des Comtes & par des Gouverneurs que le Pape nommoit. L'autorité de ces Gouverneurs diminua peu à peu, ce qui donna occasion à la famille des Polentani d'usurper la Souveraineté vers l'an 1300. ne se qualifians néanmoins que du titre de Vicaires de l'Eglise Romaine. La Ville lasse de ce Gouvernement se donna en 1441. à la République de Venise ; & obéit aux Gouverneurs & aux Baillis qui lui furent envoyez, jusqu'en 1509. qu'elle retourna sous l'obéissance du Pape, qui la fait gouverner quelquefois par des Présidens & le plus souvent par des Cardinaux Légats du St. Siège, qui font leur résidence dans cette Ville, la Capitale de neuf autres Villes & de plus de cent Bourgs & Villages.

Ravenne a un Archevêché auquel sont attachez des prérogatives bien remarquables. Ses Archevêques depuis Aderitus, Disciple & successeur de St. Aderite, jusqu'à Sévère, & par conséquent au nombre d'onze, ont été élus dit-on miraculeusement, suivant la Tradition du pays, qui veut que le St. Esprit soit descendu sur eux en forme d'une Colombe, & ait ainsi décidé de leur élection. Plusieurs autres Archevêques se sont rendus célèbres par leur sainteté & par leur doctrine. C'est en grande partie ce qui a fait regarder l'Archevêque de Ravenne comme le premier après le Pape ; non seulement entre les Evêques d'Italie, mais encore dans tout l'Occident. Il avoit le titre de Primat de l'Italie & portoit les mêmes marques d'honneur & les mêmes titres que le Pape ; il avoit sous lui un grand nombre de Prélats, & il étoit Seigneur Temporel plusieurs Villes, Bourgs & Villages en Italie, en Istrie, en Sicile, & dans toute l'étendue de l'Exarcat. Sa puissance étoit si grande, qu'il avoit sur pied des troupes nombreuses, tant Infanterie que Cavalerie, & capables de faire tête aux plus fortes Armées. Quoique sa puissance ne soit plus la même aujourd'hui, il possède encore une si grande étendue de terre & de si grands revenus, qu'il lui est aisé de soutenir l'éclat de la dignité de Prince, qu'il prend. Sa Jurisdiction Ecclésiastique s'étend sur son Diocèse qui est d'une grande étendue, & sur les Evêques d'onze Villes célèbres, aussi-bien que sur trois Abbayes Consistoriales.

Le titre de l'Eglise de Ravenne est *Agia Anastasius*, titre qui n'a été donné qu'aux trois plus célèbres Eglises du Monde, savoir St. Jean de Lateran, Jérusalem & Ravenne. Ses droits & ses privilèges se peuvent à peine nombrer. Les uns lui ont été accordez par les Papes, les autres par les Empereurs ; de sorte qu'elle jouit des mêmes immunitez que l'Eglise Romaine, & de la prescription de cent ans comme celle-ci.

Le Chapitre de cette Métropole étoit autrefois distingué en trois Ordres appellés *Cardinales*, *Cantores* & *Vallenses*. Les premiers avoient droit de se servir des habits Pontificaux & de porter un habit *a Mappula* particulier aux Cardinaux ; mais présentement ils ne font plus qu'un seul Ordre. Ils portent des Cappes violettes & des Rochets. Ils sont au nombre de vingt & un, dont les deux premières dignitez, savoir l'Archidiacre & le Prévôt, peuvent paroître par-tout en habit de Prélat. Ils sont servis à l'Eglise par dix-huit *Mansionnaires* appellez *Numéraires*, & par quatre autres auxquels on donne le nom de *Surnuméraires*. Il y a dans la Ville vingt & un Curez qui ont droit de porter l'Etole. On compte outre cela plus de quarante Paroisses dans le reste du Diocèse, & plus de cent Bénéfices simples.

On remarque dans la Ville de Ravenne, quatre Abbayes Régulières, nobles & riches, dix Maisons Religieuses d'hommes, sept de filles, & cinq *Conservatoires*, où l'on éleve la Jeunesse de l'un & de l'autre Sexe pour la préserver du libertinage. Il y avoit autrefois plusieurs Hôpitaux ; mais les revenus ayant manqué, il ne s'en trouve plus qu'un. On y voit encore un Collège ou Séminaire de Clercs. On y en entretien quarante, qui servent à l'Eglise & à qui l'on enseigne les Humanitez & la Philosophie.

On ne finiroit point si on vouloit donner la liste des Hommes Illustres de cette Ville, qui se sont distinguez par leur sainteté ou par leur doctrine, soit dans le Gouvernement Ecclésiastique, soit dans le Gouvernement Civil.

Il suffira d'indiquer ceux qui se sont attirez une plus grande réputation. Il est juste de donner le premier rang au Pape Calixte I. soit qu'il fût de la Ville de Ravenne, soit qu'il fût du Quartier que ceux de Ravenne habitoient dans la Ville de Rome. On dit la même chose du Pape Jean X. qui signala son Pontificat en délivrant l'Italie des armes des Sarrasins. On compte outre cela parmi les Personnages illustres, qu'a produit la Ville de Ravenne, Arator, Cardinal du tems du Pape Vigile, & à qui la Poësie sacrée doit tant: Pierre Damien, premiérement Moine du Mont-Cassin, puis Evêque d'Ostie, créé Cardinal par le Pape Etienne IX. & célèbre tant par les excellens Livres qu'il a publiez, que par la Congrégation qu'il a instituée & qui porte son nom: Damien neveu du précédent aussi Moine du Mont-Cassin, Abbé de Nonantuta, &, fait Cardinal par Grégoire VII. César Rasponi, qui après avoir passé par les premiéres Charges de Rome, & avoir été envoyé en France en qualité de Nonce Extraordinaire, fut revêtu de la pourpre par Alexandre VII. Pierre de Honestis, qui par humilité prit le surnom de Pécheur, & qui conjointement avec André des Sept-Châteaux fut le Fondateur de *Ste. Marie au Port Adriatique* [a], ainsi appellé, parce qu'il fut bâti sur le bord de la Mer Adriatique près de Ravenne. Pierre de Honestis se trouvant dans un naufrage & prêt à périr, fit vœu de faire bâtir une Eglise en l'honneur de la Sainte Vierge, s'il échappoit du péril. Ce fut pour exécuter son vœu qu'il fit jetter les fondemens de ce Monastère, qui est devenu dans la suite le Chef d'une Congrégation de Chanoines Réguliers. Pierre de Honestis ayant rassemblé plusieurs Clercs avec lesquels il vécut en commun dans ce Monastère, leur prescrivit des Constitutions, qui furent approuvées par le Pape Pascal II. Elles furent trouvées si utiles que plusieurs Monastères qui s'établirent dans la suite les voulurent observer, & quelques-uns se soumirent à celui du Port Adriatique qu'ils reconnurent pour leur Chef. Pierre de Honestis, après avoir gouverné le Monastère du Port pendant quelques années, y mourut le 29. Juillet 1119. Ce Monastère fut donné dans la suite en Commende à Ange Cardinal du Titre de Ste. Potentienne, que Grégoire XII. priva de cette dignité pour ses mauvaises mœurs. Il fut presque détruit & ruïné & ses biens vendus & dissipez; ce qui fit que la Congrégation de Ste. Marie du Port, qui consistoit en huit Maisons, se voyant sans Chef, se désunit. Cependant Obizon Polentiani Seigneur de Ravenne obligea ce Cardinal de remettre ce Monastère entre les mains du Pape, qui sur cette démission le donna à Pierre Mini de Bagna-Cavallo, Chanoine Régulier, afin qu'il y rétablît l'observance régulière, en conservât les droits, & pût rentrer dans les biens qui avoient été usurpez; mais il n'exécuta pas ce qu'il avoit promis au Pape, & le nombre des Religieux de ce Monastère ne consistoit que dans le seul Prieur & son Compagnon, lorsque le même Obizon Polentiani & les Bourgeois de Ravenne lui persuadèrent de faire venir des Chanoines de Ste. Marie Frisonnaire, auxquels il céda ce Monastère en 1420. ce qui fut confirmé la même année par le Pape Martin

[a] Hist. du Clergé Séculier & Régulier, t. 5 p. 230.

V. qui leur rendit les Monastères de St. Barthelemi près de Mantoue, de Ste. Marguerite de Ferrare, de Ste. Marie de la Stradella proche de Faenza, & de St. Augustin de Forli, qui avoient appartenu à la Congrégation du Port. Mais en 1432. la guerre que le Pape Eugène IV. eut avec les Vénitiens, qui assiégèrent Ravenne, ayant obligé les Chanoines Réguliers d'abandonner le Monastère du Port, ce Pontife le donna en Commende à son neveu Laurent, Patriarche d'Antioche; & les Chanoines Réguliers n'y retournèrent qu'après la mort de ce Prélat qui ne le posséda que pendant deux ans. Comme ce Monastère étoit seul en pleine Campagne, à trois mille de Ravenne, & qu'il avoit été ruïné plusieurs fois par les guerres, les Chanoines Réguliers le transférèrent dans la Ville en 1503. Le Pere Sylvain Moroceni qui en étoit Prieur fit jetter cette année les fondemens d'une magnifique Eglise & d'un Monastère qui ont été enrichis par les libéralités & par les aumônes des habitans de Ravenne. L'habillement des anciens Chanoines du Port Adriatique étoit une robe blanche, un rochet, un manteau noir; & ils avoient pour couvrir la tête un Aumusse de serge grise. Parmi les autres Personnages illustres, on compte St. Rompald, sorti de l'Illustre famille des Ducs, Moine du Mont-Cassin, fondateur de plusieurs Monastères & Instituteur de l'Ordre des Camaldules environ l'an 1000. Ambroise de la Noble famille des Traversari, Général de l'Ordre des Camaldules, célèbre par son humilité & par la pourpre qu'il refusa, & si savant dans les Langues Grecque & Latine, qu'on lui fut redevable de la réunion qui se fit de l'Eglise Grecque avec l'Eglise Latine dans le Concile de Florence; Enfin Jérôme Maluselli, Instituteur & Pere des Clercs Réguliers du bon Jésus.

La Ville de Ravenne étoit d'une si grande étendue, qu'on la nomma Pentapole, parce qu'elle étoit proprement composée de cinq Villes jointes ensemble. Ces cinq Villes avoient chacune un nom différent, savoir *Classe* ou la Flote, à cause du voisinage du lieu où se tenoit la Flote, *Cæsarea*, *Palatiolo*, *Tauresio* & *Ravenne*. Les habitans étoient partagez de façon qu'il ne pouvoit demeurer des Artisans dans *Cæsarea*, des Marchands à *Classe* & des Nobles à Ravenne. Cæsarea, Classe & Palatiolo ayant été ruinées par les guerres, il n'est plus demeuré que Ravenne & Palatiolo, qui est maintenant un Fauxbourg d'une grandeur extraordinaire.

L'autorité du Sénat de Ravenne étoit si considérable, que les Sénateurs Romains ont souvent recherché son amitié & son alliance; & comme ceux de Ravenne avoient droit de suffrage à Rome, où ils se rendoient en grand nombre, on leur assigna un Quartier dans cette Ville, dont une des Portes en prit le nom de Porte de Ravenne. Les Sénateurs de Ravenne, qui étoient au nombre de plus de cent, étoient separez en deux Ordres ou Conseils, l'un appellé le *Conseil Secret* & l'autre *Grand-Conseil*. Le Conseil Secret étoit composé des meilleures têtes de la République; & tous les autres Sénateurs avoient séance dans le Grand-Conseil. C'est au Conseil Privé qu'appartient le pouvoir de publier les Ordonnances, de juger les

procès,

procès, & d'infliger les peines dans des affaires qui concernent les denrées. Autrefois ce Conseil qui étoit composé de vingt-quatre Membres avoit droit de vie & de mort tant dans la Ville que dans son Territoire.

Il y a un autre Tribunal appellé le *Tribunal des Pacifiques*. Il est composé de Nobles & de Bourgeois. Il fut établi dans le tems des troubles, pour calmer les esprits qui étoient échauffez, pour veiller à la sûreté & à la tranquillité de la Ville & pour avoir la garde des Portes.

Rien n'est comparable aux soins que le Sénat & les Magistrats de Ravenne ont pris pour l'instruction de la Jeunesse. Dans l'ancien Collège il y a un Maître & deux Soû-Maîtres qui enseignent la Langue Latine & les Belles-Lettres à la Jeunesse. Leurs gages sont payez par la Ville, ainsi que ceux du Maître d'Arithmétique. Le Collège des Nobles fondé pareillement aux dépens du Trésor public est sous la conduite des Pères Jésuites qui ont soin de l'instruction de la jeune Noblesse, soit de la Ville, soit de la Campagne, & qui ont soin d'avoir différens Maîtres d'Exercice. Dans la Monastère de *Classe* il y a une École publique de Philosophie & de Théologie, avec une riche Bibliothéque. L'Etude du Droit a été fort cultivée à Ravenne depuis le règne de Théodoric, Roi des Goths. Elle a produit Boèce, Cassiodore & divers autres savans Hommes. Justinien encouragea cette Etude; & ce furent les Professeurs de Ravenne, Jean Patrice, Tribonian, Théophile, Dorothée, qui composérent le Livre des Loix appellé *Institut*, ou qui firent ce Recueil lorsque le Livre de ces Loix eut été perdu. Ils ajoutérent outre cela, par ordre de l'Empereur Valentinien, quelques Nouvelles au Code; & ils expliquérent les Pandectes, qui furent trouvées sous le règne de Lothaire II. Il y a aussi un Collège de Médecine, dont les Professeurs ont rendu cette Faculté célèbre par toute l'Italie, & ont illustré leur nom & celui de leur patrie par les excellens Livres qu'ils ont publiez.

On trouve à Ravenne deux Académies, qui cultivent les Belles-Lettres & la Poësie : l'une s'appelle l'Académie des *Informi* & l'autre celle des *Concordi*. L'Académie des *Informi* est la plus ancienne. Il y a plus de cent cinquante ans qu'elle tient des Assemblées publiques : Celle des *Concordi* est bien plus moderne ; à peine a-t-elle cinquante ans d'ancienneté. Elle s'assemble chez les Religieux de Classe.

On ne finiroit point si l'on vouloit détailler tous les grands Hommes que cette Ville a produits soit dans la Politique soit dans l'Art Militaire. Tout le monde sait quel cas les Romains faisoient de la Milice de Ravenne en quoi consistoit leur principale force. Jules César lorsqu'il alla de Ravenne à Rome, pour s'y emparer de l'autorité Souveraine, eut grand soin de dissimuler son dessein & de le cacher aux habitans de Ravenne, dont il connoissoit la valeur & la puissance. Ses Successeurs Othon, Vespasien, Majorien, Sévérien, Glicerius, Oreste, ont reconnu avoir obligation de l'Empire à la Milice de Ravenne ; au lieu que Vitellius & Julien perdirent l'Empire pour avoir eu cette Milice contre eux. Dans la suite les Soldats des Exarques, ou la Milice de Ravenne, (car c'est la même chose) se signalérent tellement par leur bravoure & par leur piété, qu'ils mirent le Pape Sergius à l'abri des violences de l'Empereur Justinien II. Et dans le tems que l'Empereur Léon Isaurien exerçoit ses cruautez contre les Catholiques, ils furent les premiers à conseiller au Pape Grégoire II. d'établir en Italie un Empereur des Romains. Depuis, chaque Ville d'Italie ayant formé autant de Républiques, la Milice de Ravenne soutint sa première réputation dans les guerres qu'elle eut non seulement avec les Villes de l'Exarcat ; mais encore tantôt avec les Vénitiens, & les Habitans de la Marche d'Ancone ; tantôt avec les Habitans de Boulogne, de Modène, de Mantoue, de Crémone & de Pavie, aux derniers desquels ils enlevérent les Portes de leur Ville qui étoient de cuivre ; Trophée qu'on voit encore aujourd'hui attaché sur la Place publique de Ravenne. Les Habitans de Ravenne n'avoient pas dégénéré de leur ancienne valeur, lorsque Louïs XII. Roi de France, vint assiéger leur Ville ; quelque vives que fussent les attaques & quelque grand que fût le nombre des Assiégeans, la défense des Assiégez fut si opiniâtre ; que les premiers se virent contraints de lever le Siège & d'aller livrer bataille à l'Armée d'Espagne. Cette Bataille où périrent environ vingt mille hommes, parmi lesquels se trouvérent de grands Capitaines & entr'autres Gaston de Foix, Neveu du Roi Louïs, & Général de l'Armée Françoise ; cette Bataille, dis-je, se donna à deux lieues de la Ville de Ravenne. Le mauvais succès de cette Bataille força enfin la Ville de Ravenne de se rendre. Rassurée sur la foi de la Capitulation elle négligea de se tenir sur ses gardes ; mais elle fut pillée contre la foi du Traité, & contre les ordres de la Palice, qui fit pendre un Capitaine, nommé Jaquin, brave homme, mais qui avoit coutume de faire la guerre en Bandit, & avoit excité les Soldats au pillage. Marc-Antoine Colonne, qui s'étoit retiré dans la Citadelle, en sortit par Capitulation quatre jours après. Mais cette Ville souffrit encore d'avantage des factions, qui s'y formérent peu de tems après, & dont les Chefs étoient les Lunardi & les Rasponi, gens redoutables, qui renouvellérent le nom des Guelphes & des Gibellins & qui en imitérent toutes les maniéres. Parmi les anciens Capitaines qu'a produits la Ville de Ravenne, les plus célèbres sont, Gallio envoyé dans la Grande-Bretagne par l'Empereur Valentinien, pour soumettre les Peuples qui s'étoient soulevez : Jean è *Ducibus*, que Radevic appelle le plus Grand de l'Exarcat de Ravenne, & à qui l'Empereur Fridéric Barberousse donna le Commandement des Troupes de presque tous les Peuples voisins; Pierre Traversari, surnommé Magnanime, Beau-père de trois Rois, à qui il avoit marié ses trois filles : (Ces trois Rois étoient celui d'Aragon, celui de la Grande-Brétagne & celui de Hongrie) : enfin le Comte Alméric, homme habile dans la science de la guerre, & qui commanda les Troupes du Pape Urbain VI.

Dans la Politique ont excellé, Aspasius, Philosophe & Orateur & Sécrétaire de l'Empereur Alexandre Sévére ; M. Aurelius Cassiodore, Sénateur de Ravenne, Sur-Intendant des

des Finances & Secrétaire d'Etat de Théodoric, Roi des Goths; outre cela Gouverneur de plusieurs Provinces, Consul à Rome, & enfin Moine du Mont-Cassin : Théodore & Importun Traversari eurent beaucoup de crédit sur l'esprit de ce même Roi Théodoric & beaucoup de part dans le maniment des affaires de son Etat : André Agnellus Historien excellent, dont nous avons une Histoire des Archevêques de Ravenne jusque vers l'an 800. Guy & Bernardin Politiani qui se sont rendus célèbres dans les armes & dans les Belles-Lettres, qui furent Gouverneurs de plusieurs belles Villes & gagnèrent la confiance & la faveur de divers Rois & Empereurs : Jean le Grammairien, à ce qu'on croit, de la Famille des Feretti, à qui il fut également glorieux d'avoir eu François Pétrarque pour Précepteur, & Verger, Pogge, Guarini, Victorin, & autres grands Hommes pour Disciples, & dont Aretin disoit qu'il avoit ramené l'Eloquence Romaine en Italie, après qu'elle en avoit été long-tems exilée : Didier Spretus Jurisconsulte habile & dont la Plume éloquente nous a laissé trois Livres écrits avec autant de briéveté que de netteté sur la grandeur, la désolation & le rétablissement de la Ville de Ravenne : Pierre Thomaïus Jurisconsulte célèbre, dont la mémoire passoit pour un prodige, enseigna le Droit dans les Universitez d'Italie & d'Allemagne, reçut de grands honneurs & de grands présens des Empereurs Frideric III. & Maximilien, publia divers Livres & mourut à Wittenberg environ l'an 1500. Jérôme Rubeus Professeur en Médecine, Médecin du Pape Clément VIII. Ecrivain poli & de qui nous avons une Histoire de Ravenne : Thomas Thomaïus son contemporain a aussi écrit une Histoire de sa Patrie : Jérôme Faber, homme consommé dans l'Etude de l'Histoire Ecclésiastique & Politique, qui a publié divers Ouvrages, entre autres une Histoire de Ravenne, & qui vivoit dans le dernier Siècle : Séraphin Pasolin, Abbé du Monastère du Port Adriatique, qui a fait une compilation des Fastes de Ravenne : Thésée François Corneus de qui nous avons un excellent Ouvrage sur les différens Souverains de Ravenne.

[a] *Misson, Voy. d'Italie.* La Ville de Ravenne est maintenant moins grande d'environ une moitié que Ferrare : cependant elle paroît de loin, parce qu'elle est dans un pays plat & découvert. On ne sauroit douter que ce ne soit l'ancienne Ravenne ; divers Monumens le prouvent suffisamment. Il y a entre autres, près des murailles qui sont du côté de la Mer, divers gros Anneaux de fer, qui servoient autrefois à attacher les Vaisseaux, & l'on voit encore un reste du Phare. Cette Ville si célèbre autrefois est aujourd'hui, généralement parlant, assez pauvrement bâtie & fort dépeuplée ; on y voit néanmoins encore plusieurs choses remarquables. Hors des murs de la Ville près de l'ancien Port il y a un Mausolée qu'Amalazonte avoit érigé pour son Pere Théodoric, Roi des Ostrogoths, qui avoit fait séjour à Ravenne. On a fait de ce Bâtiment une petite Eglise à laquelle on a donné le titre de Rotonde. Ce qu'il y a de plus remarquable, c'est la pierre qui couvre cette Eglise & qui est taillée en Coupe renversée. Cette pierre n'est pas percée par le milieu, comme quelques-uns l'ont écrit. On dit à Ravenne qu'elle pese plus de deux cens mille livres ; ce qui est aisé à croire. Misson qui l'a mesurée a trouvé qu'elle avoit trente huit pieds de diamètre & quinze d'épaisseur. Le Tombeau de Théodoric étoit sur le haut, & au milieu de ce petit Dôme, entre les Statues des douze Apôtres, qu'on avoit posées sur le bord tout à l'entour. Ces Statues furent brisées pendant les dernières guerres de Louis XII. Roi de France, & le Tombeau qui est de porphyre fut aussi renversé. On l'a enchassé dans le mur d'un ancien Palais qui est dans la Ville & où on le voit. Après que ce Prince eut fait mourir Boëce & Symmaque, continuellement effrayé de leurs Ombres importunes, il s'enfuit, dit-on, en l'autre monde pour les éviter ; mais ses os & son tombeau même ont été vagabons après lui. La Cathédrale paroit une ancienne Eglise, dont la Nef est soutenue de cinquante six Colonnes de Marbre de l'Archipel, & qui font un double rang de chaque côté. Le Chœur est voûté de fine Mosaïque, & l'on y conserve avec grande vénération une des pierres dont St. Etienne fut lapidé. Il y a une chose qui est regardée comme curieuse : c'est la grande Porte qui est faite de Planches de Vignes, quelques-unes desquelles sont de douze pieds & larges de quatorze à quinze pouces. Le terroir est si bon pour la Vigne, dans l'endroit même que la Mer couvroit autrefois, que les seps y grossissent d'une manière prodigieuse. On montre dans l'Eglise des Théatins une petite fenêtre au-dessus du Grand-Autel, au milieu de laquelle on a mis la figure d'un Pigeon blanc, en mémoire, dit-on, de ce qu'après la mort de St. Apollinaire premier Evêque de Ravenne, les Prêtres étant Assemblez pour procéder à l'Election de son Successeur, le St. Esprit entra par cette fenêtre en forme de Colombe & se vint reposer sur celui qui devoit être élu. On ajoute, comme je l'ai déja remarqué, que la même chose arriva encore plusieurs fois de suite. Il y a de fort belles Pièces de marbre & de porphyre dans les Eglises de St. Vital, de St. Apollinaire, de St. Romuald, & de St. André. Tout cela vient de Grece & est apparemment du tems de l'Exarcat. Le Tombeau de Galla Placidia, fille de Théodore le Grand & Sœur des Empereurs Arcadius & Honorius est dans l'Eglise de St. Celse, entre ceux de Valentinien & d'Honorius. Le Tombeau du Poëte Dante Florentin, mort dans son exil à Ravenne en 1321. est dans le Cloître des Francifcains Conventuels.

Il y a dans le grande Place une fort belle Statue en bronze du Pape Alexandre VII. On voit à l'autre bout de la même Place deux Colonnes sur lesquelles étoient l'ancien Patron & les Armes de Venise, lorsque Ravenne appartenoit à cet Etat. Mais les Papes ont mis sur ces mêmes Colonnes la Statue de St. Victor & celle de St. Apollinaire, qui sont les Patrons de Ravenne.

Sylvestre Giraldus a écrit que le jour de St. Apollinaire tous les Corbeaux d'Italie s'assemblent à Ravenne & on s'y régale d'un Cheval mort ; & c'est delà, ajoute-t-il, que la Ville de Ravenne a pris son nom, *Rabe* en Allemand signifiant un Corbeau. Tout cela est

1. RAVENSBERG, Château d'Allemagne dans la Westphalie [a], sur une Montagne assez haute, près de la Riviére Hessel. Ce Château est peu considérable, si ce n'est qu'il donne le nom à un Comté.

[a Zeiler, Topogr. Westphal.]

2. RAVENSBERG, Comté d'Allemagne, dans la Westphalie [b], & dont le Château de Ravensberg, qui lui donne son nom; est le Chef-lieu. Ce Comté a au Septentrion les Evêchés de Minden & d'Osnabrug; Lemgow du côté de l'Orient; au Midi Paderborne avec les Comtez de Lippe, & Rittberg au Couchant; & à l'Occident l'Evêché de Münster. [c] Ce Comté appartenoit autrefois aux Ducs de Juliers, de Cléves & de Berg : aujourd'hui il est sous la domination du Roi de Prusse. Ses principaux lieux sont :

[b Ibid.]

[c Hubner, Geogr.]

Ravensberg,   Sparenberg,
Bilefeld,   Herford,
           Engern.

RAVENSBURG, Ville d'Allemagne, dans l'Algaw; elle avoit autrefois [d] le nom de Gavensburg, du Bourg de Gravenaw, dont on fit une Ville; elle ne fut ceinte de murailles, que l'an 1100. Hors de la Ville il y a sur une Colline un Château, qui appartient à la Maison d'Autriche. Cette Ville a 4. Portes, & beaucoup de Couvens, & autres beaux Bâtimens; c'est dans son voisinage qu'est situé la fameuse & riche Abbaye de Weingarten. Ravensburg étoit l'ancien Domaine des Comtes de ce nom, descendus des Guelphes. Les Empereurs de la Maison de Suabe la firent libre. Le Gouvernement y est partagé entre les Catholiques & les Protestans.

[d Zeiler, Topogr. Sueviæ.]

1. RAVESTEIN, Château des Pays-Bas, dans le Masland, sur la Rive gauche de la Meuse. Ses anciens Seigneurs ont été long-tems libres & indépendans [e]. Ils étoient de la Maison de Falkebourg. Waleran de Falkebourg, Seigneur de Ravestein se défendit si vaillemment en 1364. contre Venceslas de Luxembourg, alors Duc de Brabant, qu'il contraignit à lever le siège de Ravestein; mais Renaud de Falkebourg, frére & héritier de Waleran mort sans enfans en 1378. fit hommage de sa Seigneurie de Ravestein au Duc Venceslas & se rendit son feudataire. Renaud étant mort sans enfans en 1396. institua pour héritiers les enfans de sa Sœur Philippe de Falkebourg, qui étoient Simon & Jean Comtes de Salms, sur les confins de la Lorraine & de l'Alsace. Le Comte Jean de Salms ayant été pris dans un combat par Adolphe de la Marck, Comte de Cléves en 1397. il fut contraint de céder, pour sa rançon à ce Comte, la Seigneurie de Ravestein, qu'Adolphe de Cléves reçut la même année 1397. en fief de Jeanne Duchesse de Brabant. Le Comte de Cléves donna la Seigneurie de Ravestein à un de ses Cadets, & c'est de lui que descendoit Adolphe de Cléves, Seigneur de Ravestein, mort en 1492. & qui eut pour héritier son fils unique Philippe de Cléves. Mais cette Branche étant éteinte la Seigneurie de Ravestein revint aux Ducs de Cléves & de Juliers; de sorte qu'elle fait partie de la succession de Cléves; & par le partage provisionnel qui en a été fait entre l'Electeur de Brandebourg & le Duc de Neubourg [f], la Seigneurie de Ravestein est demeurée au Duc de Neubourg, & l'Electeur Palatin son fils en est aujourd'hui en possession. Les Etats Généraux se sont conservé le droit d'entretenir une Garnison à Ravestein & d'y avoir une Eglise Réformée, dont le Ministre est Membre de la Classe de Bois-le-Duc. Il y ont aussi un Commis Collecteur pour la perception des droits sur la Meuse. Cette Seigneurie contient quatorze Bourgs ou Villages. La Ville de Ravestein est peu considérable. Le Château est très-ancien & assez fort. L'Electeur Palatin prétend ne point relever des Etats Généraux pour cette Seigneurie, quoique le Roi d'Espagne leur ait cédé la Souveraineté de tout le Brabant Hollandois. Les Armes de la Ville & de la Seigneurie de Ravestein sont de Gueules, au Rais d'Escarboucle fleurdelisé d'or.

[e Longuerue, Descr. de la France, 2. Part. p. 57.]

[f Etat présent des Pr. Un.]

2. RAVESTEIN, ou RAVENSTEIN, petite Ville d'Allemagne; dans la Poméranie, dans la Prevôté de Jacobs-Hage. Elle fut donnée autrefois à la Famille de Damniz, très-illustre dans l'Evêché de Camin.

RAUGNARICII. Ce nom se trouve entre ceux de divers Peuples barbares de la Scandinavie, rapportez par Jornandès [g].

[g De reb. Get. c. 3. pl. 10. Ed. Vulcanii.]

1. RAVI, Riviére de l'Inde, dans les Etats du Mogol. Elle a sa source dans les Montagnes de Nagracut, & coule du Nord Oriental au Midi Occidental [h]. Après avoir baigné Nagracut, Temeri & Lahor, & reçu les eaux de la Riviére de Chantrow, d. & celles de la Riviére Van ou Via, g. Elle va se perdre dans la Riviére d'Inde, g. vis-à-vis de Buchor.

[h De l'Isle, Atlas.]

2. RAVI, Peuples de l'Arabie Heureuse [i] selon Pline.

[i l. 6. c. 28.]

RAVIERES, petite Ville de France, dans la Bourgogne [k], au Diocése de Langres; sur la Riviére d'Armançon, à une lieue d'Ancy-le-Franc, à deux d'Argenteuil, & de Rougemont, à huit de Tonnerre. Elle est bâtie sur le penchant d'une Côte & partie au pied de la même Côte. L'Eglise Paroissiale porte le titre de St. Pantaléon. On tient Marché dans Raviéres le Mardi & le Vendredi de chaque semaine, une Foire principale le jour de St. Roch & plusieurs autres dans l'année. Le Territoire produit des Bleds & des Vins & il y a des Prairies où l'on nourrit des Bestiaux.

[k Corn. Dict. sur des Mém. dressez sur les Lieux en 1706.]

RAVITTA DU ZOFFA, ou simplement RAVITTA, ou RABITTA; grosse Montagne d'Espagne, au Royaume de Valence, environ à 18. milles au Nord-Est quart de Nord de Peniscola [l]. Il y a entre Peniscola & cette Montagne une grande Plage bordée de sable, avec une grande Plaine où l'on voit plusieurs Villes & Villages. On trouve entr'autres, presque au milieu de cette Plage sur le bord de la Mer, une petite Ville nommée Vineros, devant laquelle on peut mouiller avec les Vents à terre, à la petite portée du Canon. On y trouve six, huit & neuf brasses d'eau, fond de sable vaseux, com-

[l Michelot, Port. de la Méditer. p. 36.]

RAU.

comme tout le long de la plage. On la reconnoît par une grande Eglise, & un haut Clocher qui est presque au milieu de la Ville. A la pointe du Sud-Ouest de la Ravitta, il y a deux Tours de garde, près desquelles il y a une petite Ville nommée Alcanario, devant laquelle & entre les deux Tours, il y a une petite Riviére. La Ravitta ou Rabitta de quelque côté qu'on la voye ressemble à une Tente de Galére, & se voit de fort loin, soit du côté du Sud-Ouest ou du Nord-Est & paroît isolée.

[a] De reb. Get. c. 3. p. 10. Ed. Vulcanii.
[b] De l'Isle, Atlas.

RAUMARICÆ, Jornandès [a] met un Peuple de ce nom, parmi divers Peuples barbares de la Scandinavie.

RAUMO, Ville du Royaume de Suède [b], dans la Finlande Septentrionale, sur la Côte du Golphe de Botnie, entre Biernbourg & Nykork ou Nystad, à l'Embouchure d'une petite Riviére.

RAUMO-SUND, Détroit du Golphe de Botnie. Il s'étend à peu près du Nord au Sud, entre la Côte de Finlande à l'Orient & un grand nombre de petites Isles, situées de file à l'Occident. Ce Détroit tire son nom de la Ville Raumo qui est bâtie sur la Côte.

RAURACI, ou RAURICI, anciens Peuples de la Gaule Belgique. César & les Itinéraires suivent la première orthographe; & Pline, Ptolomée & une ancienne Inscription suivent la seconde. Comme ils étoient voisins des Helvétiens, aussi étoient-ils leurs Alliez dans la guerre contre les Romains:

[c] lib. 1. c. 5.
Persuadent, dit César [c], Rauracis & Tulingis & Latobrigis finitimis, uti eodem usi consilio, una cum ipsis proficiscantur; & plus-bas il
[d] cap. 29. ajoute [d]: Summa erat capitum Rauracorum millia XXII. Ces Peuples avoient entr'autres
[e] lib. 4. c. 12. une Ville très-considérable que Pline [e] appelle Rauricum Galliæ Opidum; & quand il parle de la source du Danube, il dit que ce Fleuve prenoit sa source in Germaniæ jugis Montis Abnobæ, ex adverso Raurici Galliæ Opidi. L. Munatius Plancus conduisit une Colonie Romaine dans cette Ville du tems d'Auguste, comme on le voit par l'Inscription
[f] pag. 439. n. 8. suivante recueillie par Gruter [f].

L. MUNATIUS L. F. L. N. PRON.
PLANCUS COS. CENS. IMP. ITER. VII. VIR.
EPUL. TRIUMPH. EX RÆTEIS ÆDEM SATURNI
FECIT, DE MANUBIIS AGROS DIVISIT IN ITALIA
BENEVENTI IN GALLIA COLONIAS DEDUXIT,
LUGDUNUM ET RAURICAM.

[g] Lib. 4. c. 17.
Pline [g] dans un autre endroit appelle cette Ville *Colonia Rauriaca*: Ptolomée la nomme *Augusta Rauricorum*. La Table de Peuttinger écrit *Augusta Rauracum* par syncope sans doute pour *Rauracorum*. L'Itinéraire d'Antonin qui écrit aussi *Augusta Rauracum*, marque cette Ville sur la Route de Milan à Mayence, en passant par les Alpes Pennines en cet Ordre:

Aventicum Helvetiorum,	
Penesticam,	M. P. XIII.
Salodurum,	M. P. X.
Augusta Rauracum,	M. P. XXII.

Le Village d'Augst, retient encore aujourd'hui l'ancien nom d'Augusta, que portoit cette Ville. Voyez AUGST.

Ptolomée [h] ne donne que deux Villes aux Peuples *Raurici*, savoir: [h] Lib. 2. c. 9.

Augusta Rauricorum & Argentuaria.

RAURACUM. Voyez RAURACI.

RAURANUM, Ville de la Gaule Aquitanique. L'Itinéraire d'Antonin la met sur la Route de Bourdeaux à Autun entre *Aunedonnacum* & *Limonum*, à vingt milles de la première de ces Places, & à vingt & un milles de la seconde.

RAURICI. Voyez RAURACI.

RAUSIDO, Lieu de la Gaule, selon Ortelius [i] qui cite Fortunat dans la Vie de St. Germain. [i] Thesaur.

RAUSCHENBERG, Ville d'Allemagne [k], dans le Landgraviat de Hesse, au Comté de Zigenhain, entre Gemund & Schönstett. Cette Ville passe pour être ancienne. Dans le voisinage on trouve un beau Château, & un Bois qui est très-agréable. Godefroi, Comte de Zingenhain accorda à cette Ville plusieurs beaux Privilèges en 1266. Elle fut ruinée par les flammes en 1266. en 1515. & en 1529. [k] Zeyler, Topog. Hassiæ, p. 66.

RAUVI, RAVEI, ou ROWEY. Voyez RAVI N°. 2.

RAX, Isle de l'Asie Mineure, dans la Lycie, selon Etienne le Géographe [l]. [l] In voce

RAYA, Village d'Espagne au Royaume de Murcie [m], à demi-lieue de la Capitale. Il y a une Paroisse. Ce Village fut bâti par D. Rodrigue de Puz-Marin & Soto, & par sa femme Catherine de Guzman en 1545. Son Terroir abonde en fruits, en bled, en vin & en soye. [m] Pob. lac. de España, fol. 235.

RAYN, Petite Ville d'Allemagne, dans la Basse Styrie [n], sur le Fleuve Sau, qui sépare la Styrie de la Carniole. Elle appartient à la Chambre du Prince. On y voit un beau Château, qui fut vendu avec toutes ses dépendances, sans y comprendre pourtant la Ville, par l'Archiduc Charles d'Autriche, à François Gällen de Gallenstein; qui mourut sans postérité. Ce Château fut vendu dans la suite à Frangepan, Comte de Tersiz. En 1640. il souffrit beaucoup, aussi-bien que la Ville, d'un tremblement de terre. [n] Zeyler, Topog. Styriæ, p. 77.

RAYTHU. Voyez RAÏTHI.

RAZA, Village d'Espagne [o], dans la Vieille Castille, à deux lieues du grand Chemin, qui va à Burgos, & à douze lieues de Ségovie. Il y a une Paroisse. Son terroir produit assez de bled. On trouve dans la Riviére, qui le baigne beaucoup de Truites, & dans la Vallée il croît différens fruits. D. Gonçalo Fernandez, fils du Comte Ferdinand Gonçalez le peupla en 950. & lui donna le nom de la Riviére Haza. On disoit d'abord RIO-HAZA: par corruption on est venu à dire RHAZA. [o] Silva, Pob. de España, fol. 60.

RAZES. Voyez RASEZ.

RE'.

RE', ou l'ISLE DE RE'; Isle de l'Océan, sur la Côte Occidentale de la France, au Gouvernement du Pays d'Aunis, à une lieue de la Terre-ferme, & à trois lieues de la Ville de la Rochelle. Elle a trois à quatre lieues de longueur sur une ou deux de largeur. On l'appelle en Latin *Radis*, *Ratis*, ou *Insula Ratensis*, de *Radis*, *Rade*, à cause sans doute des bonnes Rades qu'on trouve sur sa Côte. Ceux qui n'ont aucune connoissance de l'antiquité, dit Monsieur de Valois [a], appellent cette Isle *Insula Reorum*, *Reacus*, ou *Insula Rea*, & jugent qu'elle a été ainsi appellée à cause des Criminels qu'ils conjecturent qu'on y exiloit. Cependant il n'est fait aucune mention de cette Isle, avant le huitième siècle, & tous les Monumens qui parlent de cette Isle s'accordent à la nommer *Radis*, *Ratis*, ou *Insula Ratensis*. Il y avoit alors en cette Isle un Monastère fort célèbre, dont l'origine nous est inconnue [b]. On sait seulement que c'est là où Hunaud Duc d'Aquitaine, fils du Duc Eudes, se retira & se fit Moine l'an 744. Ce Monastère fut ruiné de fond en comble dans le siècle suivant par les Pirates Normands ; l'Isle fut occupée dans l'onzième siècle par les Seigneurs de Mauléon en Poitou, qui étoient aussi Seigneurs de la Rochelle. Les Moines de Cîteaux s'établirent au douzième Siècle dans la même Isle, & ils bâtirent un Monastère dédié à Nôtre-Dame, sous la Filiation de l'Abbé de Pontigny, & qui a subsisté jusqu'aux Guerres de la Religion, durant lesquelles l'Abbaye de Ré, ayant été détruite entièrement, Louïs XIII. en unit tous les biens à la Maison de l'Oratoire de Paris de la Rue Saint Honoré. Les Biens de la Maison de Mauléon passèrent par un mariage dans le treizième Siècle, sous le Regne de Saint Louïs, au Vicomte de Thoüars, dont les Biens sont venus aussi par mariage, en celle d'Amboise, & de celle d'Amboise, en celle de la Trimouille. Ensuite François de la Trimouille, Vicomte de Thouars, qui étoit aussi Seigneur de l'Isle de Ré, mariant sa fille avec Louïs de Beüil, Comte de Sancerre, lui donna en dot l'Isle de Ré. Charles VII. par ses Lettres Patentes de l'an 1457. exempta de Tailles les habitans de cette Isle, en faveur du Vicomte de Thouars leur Seigneur, il leur donna de grands Droits & de beaux Privilèges, à la charge de contribuer aux armemens de Mer. Après le tems de Charles VII. les Rochelois qui prétendoient avoir Droit d'Amirauté, avec le Gouvernement du Pays d'Aunix & des Isles voisines, se rendirent maîtres de l'Isle de Ré, dont les Habitans se firent pour la plûpart Calvinistes. Mais Louïs XIII. ayant vaincu les Rochelois dans un Combat naval l'an 1625. se rendit maître de l'Isle de Ré, & y fit faire deux Forts, l'un à Saint Martin, & l'autre à la Prée. Les Anglois sous la conduite du Duc de Buckingham leur Amiral, étant venus au secours de la Rochelle, bloquée par l'Armée Royale, firent descente dans l'Isle de Ré, & assiégèrent le Fort de St. Martin qui fut vaillement défendu par Toiras, depuis Maréchal de France. Cette Place fut secourue par les Troupes Françoises, qui passèrent pendant la nuit de la Terre-ferme dans l'Isle, & qui étoient commandées par le Maréchal de Schomberg. Après la prise de la Rochelle, Louïs XIII. fit démolir le Fort de St. Martin ; mais sous le Regne de Louïs

[a] Notit. Gal. p. 463.

[b] Longuerue, Descr. de la France, p. 157.

XIV. ce Fort & quelques autres ont été de nouveau fortifiez.

Cette Isle produit [c] abondamment du Vin, & du Sel. Le Vin est médiocre ; mais on en fait de l'Eau de Vie & de la Fenouillette excellente. Il n'y croît ni bled ni foin, il n'y a presque point d'arbres. Elle est très-commode pour le Commerce & très-peuplée, & comprend six Paroisses avec plusieurs Villages & quatre Forts assez considérables. Ces quatre Forts sont :

[c] Piganiol, Descr. de la France, t.5. p.64.&suiv.

La Ville & la Citadelle de St. Martin,	Le Fort de Samblanceaux,
Le Fort de la Prée,	Le Fort du Martray.

L'Isle de Ré ne paye point de Taille, parce qu'elle est réputée terre étrangère. Il y a cependant un Bureau, établi pour recevoir les Droits sur le Sel.

Saint Martin étoit peu de chose en elle-même ; mais le Roi Louïs XIV. la fit aggrandir & fortifier d'une nouvelle enceinte, selon la méthode du Maréchal de Vauban. Son enceinte est composée de six grands Bastions, & de cinq demi-lunes. Le fossé est bon & sec & le chemin couvert est revêtu. Les flancs des Bastions ont cela de remarquable, qu'ils sont doubles, ayant au devant une espèce de flanc élevé au-dessus du fond du fossé. La Citadelle commande le Port, la Ville & la Campagne. C'est un Quarré très-régulier, défendu par quatre Bastions, trois demi-lunes & une demi-Contrescarpe, le tout revêtu & entouré, excepté du côté de la Mer, d'un fossé sec & d'un chemin couvert revêtu comme le reste. Dans le fossé de cette Forteresse, on remarque un Ouvrage singulier : c'est une Cunette ou petit fossé plein d'eau, bien entretenüe & très régulière. Le devant de trois des Courtines de la Citadelle, est occupée par une espèce de fausse braye, Ouvrage singulier en ce genre, & qui ne se trouve qu'en cette seule Citadelle. Le quatrième côté regarde la Mer, & est occupé par un petit Port, & par un grand Quai, qui règne le long des faces des Bastions. Il est petit & son entrée est couverte par un Eperon, en forme de demi-lune.

Le Fort de LA PRE'E' est pour défendre l'entrée du Pertuis Breton, & est un quarré parfait, fort régulier, composé de quatre Bastions, dont les Courtines qui les joignent sont tournées en arc du côté de la Place. Les trois Fronts qui sont du côté de la terre sont couverts d'autant de demi-lunes, dont l'une couvre la Porte. Le Bastion qui est du côté de la Terre est couvert d'une grande Contrescarpe. Tous ces Ouvrages sont revêtus d'une bonne muraille entourée d'un bon fossé, de son chemin couvert, & de son glacis. Le Front du côté du Port est enfermé d'un petit fossé, au-delà duquel est une petite demi-lune, qui a un simple parapet de maçonnerie. Elle sert non-seulement à défendre le Port, mais aussi à couvrir une petite Ecluse, qui donne, quand on veut, de l'eau au fossé, & sur laquelle est un Pont.

Le Fort de SAMBLANCEAUX, défend le passage appelé le Pertuis d'Antioche. Il est bâti sur un Rocher presque à la pointe de l'Isle.

C'est

REA.

C'est un Quarré régulier & bien bâti, dont le parapet est percé de plusieurs embrasures. La Porte du côté de terre est couverte d'une demi-lune, d'un fossé, & d'un chemin couvert, à l'extrémité de son glacis est un grand fossé taillé dans le roc, qui détache entiérement le Fort de l'Isle. Le front qui est vis-à-vis de celui-ci est couvert d'un fossé, d'un chemin couvert, & d'un glacis. Les deux autres côtés sont sur le bord du rocher. Pour joindre la pointe de l'Isle, on a avancé une Redoute quarrée de terre, entourée d'un petit fossé sec, & cette Redoute est défendue par une communication, ou gros retranchement de terre, qui prend aux deux Angles flanquez des Bastions du Fort. Ces Retranchemens regnent le long du Rocher sur le bord de la Mer.

Le Fort du MARTRAY est sur la Côte. C'est un quarré long assez régulier, dont chacun des longs côtés, est fortifié d'un Angle saillant en forme d'une demi-lune. Ces demi-lunes sont autant de batteries. Les deux petits côtés sont fortifiés chacun de deux demi-Bastions, & d'une Courtine.

La Porte est couverte d'une assez grande demi-lune, & ces deux fronts-là sont entourez d'un fossé & d'un chemin couvert avec leurs glacis. Au-delà de ces glacis sur le front du côté de la Porte est un grand Retranchement de terre, fortifié de deux Redoutes pentagonales, revêtues de maçonnerie, & entourées d'un fossé sec. Au centre de ce Fort est une grande Redoute quarrée de maçonnerie, entourée d'un fossé, ayant des Communications sous terre pour aller au fossé de la Place.

L'Isle de Ré, la Ville & Citadelle de St. Martin [a] & le Fort de la Prée, ont un Gouverneur particulier, sous lequel il y a double Etat Major ; un pour la Ville de Saint Martin, & l'autre pour la Citadelle.

[a] Ibid. p. 51.

READING, Ville d'Angleterre [b], dans le Berkshire, dont elle est la Capitale. Cette Ville qu'on met à trente deux milles de Londres, vers le Couchant, est située au confluent de la Tamise & du Kennet. Elle a trois Paroisses, & elle est assez bien peuplée. Il s'y fait beaucoup de draps, & un bon débit de grains germez pour la Biére. Elle députe au Parlement & a droit de Marché public.

[b] Etat présent de la Gr. Br. t. 1. p. 41.

REAL, ou le REAL, en Latin *Sancta Maria Regalis*, ou *Beata Maria de Regali*; Abbaye de France dans le Poitou, sur le Clain, à dix lieues de Poitiers & à deux de Charroux. C'est une Abbaye d'hommes de l'Ordre de St. Augustin, Congrégation de France.

REALE (la) Abbaye de France, dans le Diocèse de Perpignan. Son nom Latin est *Sancta Maria de Regali*. C'est une Abbaye d'hommes de l'Ordre de St. Augustin; mais sécularisée.

REALEJO, Bourgade de la Nouvelle Espagne [c], dans l'Audience de Guatimala, au Gouvernement de Nicaragua, sur la Côte de la Mer du Sud. Cette Bourgade située à l'Embouchure d'une petite Riviére, & au Couchant de la Ville de Léon, a un bon Port qui la rend considérable.

[c] De l'Isle Atlas.

REALES, nom d'une Ville, selon Ortelius [d] qui cite St. Augustin [e].

[d] Thesaur. [e] In Grammat.

REALMONT, Ville de France dans le Haut-Languedoc, au Diocèse d'Albi. C'est le Chef-lieu d'une Prevôté.

REALVILLE, Petite Ville de France, dans le Quercy, au Diocèse de Montauban, sur l'Aveirou, Election de Montauban, à deux lieues de cette Ville vers le Nord.

REAME, Ville de l'Arabie Heureuse, dans sa partie Méridionale, & dans le Royaume d'Hadramut, environ à une lieue d'Almacharana. Cette Ville, dit Davity [f], contient près de deux mille maisons, & dans son voisinage, il y a une Montagne, avec un Château très-fort. L'air y est fort pur, ce qui est cause que plusieurs Personnes y vivent jusqu'à l'âge de six-vingts ans & au-delà. Dans le Territoire de Réame on voit des Moutons si gras, qu'à peine peuvent-ils marcher. Il y en a dont la queue pèse plus de quarante livres.

[f] Arabie.

REATÆ, ou REATE, Ville d'Italie, dans l'Umbrie, chez les Sabins, au voisinage d'*Interoerea*, selon Strabon [g]. Denis d'Halicarnasse dit que ses habitans étoient Aborigènes, & Silius Italicus [h] nous apprend qu'elle étoit dédiée à la Déesse Cybèle :

[g] Lib. 5. p. 228. [h] Lib. 8. v. 417.

— — — *Hunc Foruli, magnæque Reate dicatum, Cœlicolum matri.*

Reate étoit une Préfecture, comme nous le voyons dans la troisième Catilinaire de Cicéron [i] : & Suétone [k] nous fait entendre, que c'étoit un Municipe ; car il donne au Grand-pere de Vespasien, le titre de *Municeps Reatinus*. Tite-Live fait mention de divers prodiges, arrivez à Reate : il dit entr'autres [l] qu'on publioit y avoir vu voler une grosse pierre, & qu'une Mule [m], contre la stérilité ordinaire de ces sortes d'Animaux, y avoit produit un Mulet. Cette Ville retient quelque chose de son ancien nom ; car on la nomme aujourd'hui RIETI, Voyez ce mot.

[i] cap. 2. [k] cap. 1. [l] Lib. 25. c. 7. [m] Lib. 26. c. 23.

REATINA PALUS, Voyez VELINI LACUS.

REATIUM, Ville d'Italie, selon Etienne le Géographe, On croit que c'est aujourd'hui MESSURGA.

REAU, ou LA REAUX, en Latin *Abbatia-Regalis* : Abbaye de France, dans le Poitou, au Diocèse de Poitiers, près de la Marche, à quatre lieues de Charroux. C'est une Abbaye d'hommes de l'Ordre de Saint Benoît & de la Réforme. Il y a vingt & un Bénéfices qui en dépendent. Elle vaut à l'Abbé six mille Livres par an.

La REAULE, Abbaye, Voyez REOLE.

REAUMUR, Bourg de France, dans le Poitou, Election de Fontenay. Le Seigneur qui en porte le nom, est le célèbre Mr. de Réaumur, Directeur de l'Académie Royale des Sciences, si connu par ses découvertes Physiques.

REAUX, Bourg de France dans la Saintonge, Election de Saintes.

REBAIS, ou REBETZ, Bourg de France, dans la Brie, Election de Coulomiers, sur le bord du Morin à deux lieues de Coulomiers. Il y a dans ce Bourg deux Paroisses, l'une dédiée à St. Jean, & l'autre à St. Nicolas. On y voit aussi une Abbaye d'hommes

mes de l'Ordre de St. Benoît, fondée en 610. par St. Ouen, Archevêque de Rouen. Cette Abbaye vaut environ douze mille livres de rente à l'Abbé, & cinq mille aux Religieux. On tire l'Etymologie de son nom du mot Celtique *Resbasque*, qui signifie Torrent. En effet ce Bourg est bâti au bord d'un Torrent qui porte le nom de Resbais, & passe par les fossez de l'Abbaye [a]. Saint Agile, ou St. Ayl, Moine de Luxen fut fait premier Abbé de ce Monastère en 636. & eut pour Successeur St. Filbert, l'an 650. avant que celui-ci quittât pour aller bâtir Jumièges. On transporta autrefois d'Orléans dans cette Abbaye, la moitié des Reliques de St. Evroul, Abbé d'Ouche en Normandie, avec le Corps de St. Ansbert.

[a] Baillet, Topogr. des Saints, p. 400.

REBANE, ou RHEBAN, Bourgade d'Irlande. Voyez RHAEBA.

1. REBEL. Voyez REVEL.

2. REBEL, Bourgade d'Allemagne, au Duché de Mecklenbourg sur le bord Méridional du Lac de Muritzsée.

REBLAT, REBLATA, ou RIBLATA, Ville de Syrie dans le Pays d'Emath. On n'en sait pas, dit Dom Calmet [b] la situation. St. Jérôme [c] l'a prise pour Antioche de Syrie, ou pour le Pays des environs d'Emath ou d'Emmas, qui étoit encore de son tems, le premier gîte de ceux qui alloient de Syrie en Mésopotamie. Nous ne savons pas quel étoit le nom ancien de la Ville d'Antioche; mais nous savons que celui qu'elle porta depuis le règne des Séleucides & qu'elle porte encore aujourd'hui, est nouveau. St. Jérôme avoit apparemment sur cela quelque connoissance particulière, puisqu'il assure si positivement, & en tant d'endroits que l'ancienne Reblata étoit Antioche. Cependant cette opinion souffre beaucoup de difficulté. Antioche étoit assez éloignée d'Emèse ou d'Emath, & elle n'étoit pas sur le chemin de Judée en Mésopotamie. Moyse, en décrivant les limites Orientales de la Terre promise, dit [d] qu'elles s'étendoient, depuis Hazer-Enan jusqu'à Sephama, de Sephama à Reblat, vis-à-vis la Fontaine de Daphné: d'où elles s'étendoient vers l'Orient jusqu'à la Mer de Cinéreth ou de Tibériade; & elles passoient jusqu'au Jourdain, & enfin se terminoient à la Mer Salée, ou à la Mer Morte. Le nom de Daphné ne se lit pas dans l'Hébreu, mais les Paraphrastes Chaldéens, & St. Jérôme expliquent la Fontaine de Reblat, de celle de Daphné près d'Antioche. Ezechiel [e] met les bornes Septentrionales de la Terre promise, du Côté du Septentrion, depuis la Mer Méditerranée, jusqu'à Hazer-Enan, ou *Atrium-Enan*. Il dit qu'Emath est la Ville qui borne la Terre Promise du côté du Septentrion, & que ses Limites Méridionales se prennent par le milieu d'Auran, de Damas & des Montagnes de Galaad. Il ne parle point de Reblat; mais il marque Emath dans le Territoire de laquelle étoit Reblat.

[b] Dict.
[c] In Isai. 13. 1. & in Amos. 6. 2. In locis, in Reblata, & in Ezech. 47.
[d] Num. 31. 10. 11. 12.
[e] Cap. 57. 17.

La demeure d'Eblat étoit des plus agréables de la Syrie; d'où vient que les Rois de Babylone y faisoient volontiers leur demeure. Pharaon Nechao, Roi d'Egypte s'y arrêta, au retour de son expédition de Carchemise [f]; & y ayant fait venir Joachaz Roi de Juda, il le dépouilla de la Royauté, &

[f] 4. Reg. 23. 33.

mit en sa place Joachim. Nabucodonosor Roi de Babylone demeura à Reblat, pendant que Nabuzardan, Général de son Armée assiégeoit Jérusalem [g]; & après la reddition de cette Place, on amena le Roi Sédécias & les autres Prisonniers à Reblat, où Nabuchodonosor fit crever les yeux à Sédécias, & fit tuer, en sa présence, les fils de ce malheureux Prince & ses principaux Officiers.

[g] 4. Reg. 25. 6. 20. 21.

REBRECHIEN, Bourg de France dans l'Orléanois. Philippe Auguste donna ce Lieu au Chapitre de St. Martin de Tours, en échange de la moitié d'Aubigny en 1189.

RECAENNESICI, Peuples dont fait mention une ancienne Médaille, où on lit le mot RECAENNESICORUM, selon Ortelius [h]. [h] Thesaur.

RECCANATI, Ville d'Italie, dans l'Etat de l'Eglise, & dans la Marche d'Ancone [i], sur le Musone, à trois milles au Midi Oriental de Lorette. Elle fut autrefois appellée *Ricinetum*, parce que les Goths, ayant ruiné la Ville d'*Helvia Ricina* qui étoit dans la Plaine, les Habitans en bâtirent une nouvelle sur une Montagne, & lui donnèrent un nom composé de celui de la première. Son Evêché qui ne relève que du St. Siège fut érigé en 1240. par le Pape Grégoire IX. & uni en 1591. à celui de Lorette. On la surnomme la longue. Comme elle est bâtie sur une Montagne, l'air en est bon & l'aspect fort agréable. On découvre le rivage de la Mer, & quantité de Bourgades dans les Vallons, dont elle est environnée. Il y a au-dessus de la Porte de la Maison de Ville un Tableau de bronze fort grand. Il représente le transport de la Chambre de la Ste. Vierge de Galilée, en Dalmatie, & delà dans la Province de Reccanati. Le Tombeau du Pape Grégoire XII. est dans l'Eglise Cathédrale. Du côté qu'on sort pour aller à Lorette, on voit quelques restes d'un Amphithéatre, bâti de briques. La Ville de Reccanati est célèbre par une Foire que l'on y tient tous les ans, & qui dure quinze jours. Cette Foire attire un grand nombre de Marchands, mais elle étoit bien plus fréquentée autrefois.

[i] Leandr. Albert. Descr. Ital. fol. 282.

RECCOPOLIS, Ville de la Celtibérie [k]. Mariana dit qu'elle fut fondée en 567. par Lewigild, & qu'on croit communément, qu'elle étoit dans le Lieu de la Nouvelle Castille, où est aujourd'hui le Village d'Almonacid. Voyez ALMONACID.

[k] lib. 5. c. 11.

1. RECEM, Ville de la Palestine, dans la Tribu de Benjamin. Il en est parlé dans le Livre de Josué [l].

[l] 18. 27.

2. RECEM, autrement PETRA. Voyez REKEM & PETRA.

RECENTORIUS AGER, Territoire dans l'Isle de Sicile. C'est Cicéron qui en parle [m].

[m] Contra Rullum.

RECHABITES, Peuples Cinéens d'origine, & connus dans l'Ecriture Sainte. Rechab fils de Jonadab est regardé par Dom Calmet [n] comme l'Instituteur des Rechabites. On ne sçait en quel tems vivoit Rechab, ni quelle est son origine. Quelques-uns le font sortir de la Tribu de Juda [o]. D'autres croyent qu'il étoit Prêtre, ou au moins Lévite [p], parcequ'il est dit dans Jérémie [q] que l'on verra toujours des Descendans de Jonadab, attachez au service du Seigneur. Quelques Rabbins veulent, que Ré-

[n] Dict.
[o] Theodoret. in 1. Paral. initio.
[p] Hegesipp. l. 2. c. 23. Hist. Ecclef. apud Euseb.
[q] Jérém. XXXV. 19.

REC. REC.

Réchabites aïant épousé des filles des Prêtres ou des Lévites, les enfans, qui en étoient sortis, furent employez au service du Temple. D'autres croyent qu'à la vérité ils servoient au Temple, mais simplement en qualité de Ministres, de même que les Gabaonites & les Nathinéens, qui étoient comme les Serviteurs des Prêtres & des Lévites [a]. On lit dans les Paralipomènes [b], que les Réchabites étoient Cinéens d'origine, & qu'ils étoient Chantres dans la Maison de Dieu. *Canentes atque resonantes, atque in Tabernaculis commorantes; hi sunt Cinæi qui venerunt de calore patris domûs Rechab.* L'Hébreu porte: Les Portiers & les Obéïssans, qui logent sous des tentes; ce sont eux, qu'on nomme Cinéens, qui sont descendus de Chamath, Chef de la Maison de Réchab [c]. Les Cinéens ne sont pas de la race de Jacob, mais de celle de Madian fils de Chus. Ils descendoient de Hobab ou de Jétro Pere de Sephora, & Beaupere de Moyse. Ils entrérent avec les Hébreux dans la Terre promise, & demeurérent dans le Lot de la Tribu de Juda, aux environs de la Mer Morte. Ils ne furent distinguez des Israélites que par leur vie champêtre, & par le mépris qu'ils faisoient des Villes & des Maisons. Quelques-uns [d] ont cru, que Hobab ou Jétro étoit lui-même, le premier Instituteur des Réchabites; que Réchab étoit un de ses noms, que Jonadab connu du tems de Jéhu étoit un de ses descendans: que Héber le Cinéen étoit de l'Institut des Réchabites. Serrarius distingue les anciens Réchabites descendus & instituez par Jétro, des nouveaux instituez par Jonadab fils de Réchab, qui vivoit sous Jéhu Roi d'Israël.

Le P. Boulduc [e] a imaginé sur le sujet des Réchabites un système tout-à-fait extraordinaire. Il va chercher leur origine dès avant le Déluge, dans Enos & ses descendans. Après le Déluge ils furent connus successivement, sous les noms des Cinéens, de Cinézéens, d'Hébreux, de Nazaréens, d'enfans des Prophètes, & enfin de Réchabites & de Pharisiens. Tous ces gens étoient des Religieux vivant en Communauté, ayant leurs Supérieurs généraux & particuliers, ainsi qu'on en voit aujourd'hui, parmi les différens Ordres Réligieux de l'Eglise Latine. Mais d'où leur vient le nom de Réchab? l'étymologie en est remarquable. Elisée voyant son maître qui montoit au Ciel, lui cria [f]: Mon Pere, mon Pere qui êtes le Chariot d'Israël, & son Conducteur. Le Roi Joas étant allé visiter Elisée dans sa derniére maladie lui dit de même [g]: Mon Pére, mon Pere, qui êtes le Chariot d'Israël, & son Conducteur. L'Hébreu porte: Mon Pere, mon Pere, Réchab d'Israël. C'est de-là qu'est venu le nom de Réchabites, aux Disciples d'Elie & d'Elisée, fils de Réchabaïm, des deux Chariots d'Israël. Ce n'est pas assez à cet Auteur de faire venir les Réchabites du Chariot d'Elie, il fait venir les Pharisiens de ses Chevaux.

Mais il est inutile d'aller chercher de ces étymologies forcées, éloignées, douteuses, & puériles. L'Ecriture [h] nous apprend, que Jonadab fils de Réchab, qui vivoit du tems de Jéhu Roi d'Israël, ordonna à ses descen-

[a] Sanct. & Coruel. in Jerém. XXXV.
[b] Vide Jos. IX. 27. Par. IX. 2. Esdr. II. 43. 55. 58. 70. 2. Esdr. VII. 57.
[c] 1. Par. 2. 55.
[d] Arias Montan. in Judic. I. Sanctius in Jerém. XXXV. n. 5. 6. 7. Minerval. c. 13. 14. 15.
[e] Jacob Boulduc, de Ecclesia ante Legem l. 3. c. 16.
[f] 4. Reg. II. 12.
[g] 4. Reg. XIII. 14.
[h] Jerém. XXXV. 6. 7.

dans de ne boire jamais de vin, de ne point bâtir de maisons, de ne semer aucun grain, de ne planter point de vignes, de ne posseder aucun fonds, & de demeurer sous des tentes toute leur vie. Telle fut la Règle des Réchabites, & des enfans de Réchab. Elle n'obligeoit point les autres Cinéens, ni les autres descendans de Jétro. Cette observance subsista, pendant plus de trois cens ans [i]. La derniére année du Regne de Joakim, Roi de Juda, Nabuchodonosor étant venu assiéger Jérusalem, les Réchabites furent obligez de quitter la Campagne, & de se retirer dans la Ville, sans toutefois abandonner leur coutume de loger sous des tentes. Jérémie durant le Siège reçut ordre du Seigneur d'aller chercher les Disciples de Réchab, de les faire entrer dans le Temple, & de leur présenter du vin à boire. [k] Jérémie exécuta les ordres du Seigneur: mais les Réchabites répondirent: nous ne boirons point de vin, parceque Jonadab fils de Réchab notre Pere, nous a défendu d'en boire; & nous lui avons obéï jusqu'aujourd'hui, nous, & nos femmes, nos fils & nos filles. Et lorsque Nabuchodonosor est venu dans le pays, nous avons dit: entrons dans Jérusalem, devant l'Armée des Chaldéens & des Syriens; & nous avons demeuré à Jérusalem. Alors le Seigneur dit à Jérémie: dites au Peuple de Juda, & aux habitans de Jérusalem: les paroles de Jonadab, fils de Réchab, ont eu assez de force sur l'esprit de ses enfans, pour les obliger à ne point boire de vin jusqu'à cette heure, mais pour vous, vous n'avez point voulu m'écouter jusqu'aujourd'hui... Ensuite adressant la parole aux Réchabites il leur dit: parceque vous avez obéï aux paroles de Jonadab votre Pere, & que vous avez observé ses Ordonnances, la race de Jonadab, ne cessera point de produire des hommes, qui serviront toujours en ma présence.

Les Réchabites furent apparemment menez captifs après la prise de Jérusalem par les Chaldéens [l], puisqu'on lit dans le titre du Pseaume LXX. 1. qu'il fut chanté par les fils de Jonadab, & par les premiers captifs, qui sont Ezéchiel & Mardochée, emmenez au-delà de l'Euphrate par les Chaldéens, après la prise de Jérusalem sous le Roi Joakim. Ils revinrent de captivité, & s'établirent dans la Ville de Jabès, au-delà du Jourdain, comme il paroit par les Paralipomènes [m]: la race des Scribes qui demeuroient à Jabès, nommez Portiers, obéïssans, & demeurans sous des tentes, sont les Cinéens descendus de Chamath, Pere de la Maison de Réchab. Il y a quelque difficulté sur ce passage. Quelques-uns ont cru, que Jabès en cet endroit marquoit non une Ville, mais un homme, que les Cinéens honoroient comme leur maître. Quoiqu'il en soit il n'est pas plus parlé des Cinéens dans les Livres écrits, depuis la captivité de Babylone. Quelques-uns ont prétendu que les Assidéens, dont il est parlé dans les Maccabées [n], étoient les successeurs & les Imitateurs des Réchabites. D'autres confondent les Réchabites avec les Esséniens; comme il y a assez d'apparence, ces deux sentimens reviendront au même. Il est sûr [o] que la manière de vivre de ces derniers, qui nous sont bien connus, étoit fort différente

[i] Jéhu commença à regner du M. 3120. Joakim, Roi de Juda, fut mis à mort l'an du M. 3401. avant J. C. 595. avant l'Ere vulg. 599.
[k] Jerém. XXXV. 1. 2. 3.
[l] An. du M. 3405. avant J. C. 595. avant l'Ere vulg. 599.
[m] I. Par. II.
[n] I. Macc. 17. & II. Macc. XIV. II. 42. VII.
[o] ita ex Nilo & Suinous Serrar. trihæres. l. 3. de c. 9.

de celle des Réchabites, comme il paroît dans ce qu'en dit Joseph [a] qui nous apprend, que les Esséniens avoient des Champs, qu'ils cultivoient en commun, qu'ils demeuroient dans des Maisons, qu'ils n'avoient ni femmes, ni enfans, & ne faisoient point leurs Cérémonies avec les autres Juifs dans le Temple de Jérusalem. Or tout cela étoit contraire aux pratiques des Réchabites. Hegesippe cité par Eusèbe [b] raconte, que comme on conduisoit Saint Jacques au supplice, un des Prêtres de la race des Réchabites, cria aux Juifs, qui vouloient le lapider: Qu'allez-vous faire? le juste prie pour vous. Il est certain comme nous l'avons déja dit, que les Réchabites n'étoient pas de la race des Prêtres, mais comme ils servoient dans le Temple, cet Auteur aura cru qu'ils étoient Prêtres, ou il aura pris le nom de Prêtre dans un sens général, pour un Ministre du Seigneur.

[a Joseph antiq. l. 18. c. 2. & de bello l. 2. 12. p. 785. 786.]

[b Lib. 2. c. 23.]

Benjamin de Tudèle [c], dit qu'il vit dans ses voyages un grand Pays habité par les fils de Réchab. Voici ses paroles: de Pundebite sur l'Euphrate, j'allai dans le Pays de Séba nommé aujourd'hui Aliman, qui confine au Pays de Sennaar. Après vingt-un jours de marche par des solitudes, j'arrivai dans le Pays, où demeurent les Juifs nommés fils de Réchab, autrement Peuples de Théïma: car Théïma est le commencement de leur Etat, qui est aujourd'hui gouverné par le Prince Hanan. La Ville de Théïma est grande & bien peuplée. Le Pays a vingt journées de long entre les Montagnes Septentrionales. Il est rempli de bonnes & fortes Villes, qui n'obéissent à aucun Prince étranger. Les Peuples de ce Pays font des courses sur leurs voisins, & même sur les Peuples éloignez. Ils cultivent des champs, & nourrissent des troupeaux, ayant un bon & riche Pays. Ils donnent la dixme de tout leur revenu pour l'entretien des Disciples des Sages, qui vaquent continuellement à la prédication, & pour la nourriture des Pharisiens, qui déplorent le malheur de Sion, & la chûte de Jérusalem, n'usant jamais ni de vin, ni de chair, allant toujours vêtus de noir, & n'ayant point d'autre demeure que des cavernes, jeûnant tous les jours à l'exception du jour de Sabbat, & toujours appliquez à la prière, pour obtenir de Dieu la liberté, & le retour de la captivité d'Israël.

[c Benjamin, Itinera. p. 73. 74.]

Tous les Juifs de Théïma, & de Thélimas font les mêmes prières au Seigneur, & ils sont au nombre d'environ cent mille hommes. Ils ont pour Prince Salomon, frère de Hanan, tous deux de la race de David, comme ils le prouvent par leurs Histoires généalogiques, qu'ils ont en main. Ils vont ordinairement avec des habits de deüil, & déchirés, & jeûnent quarante jours pour tous les Juifs qui sont en captivité. La Province comprend environ quarante Villes, deux cens Bourgs, & cent Châteaux. La Capitale du Pays est Thénaï, & le nombre des Juifs qui habitent dans la Province, est d'environ trois cens mille. La Capitale dont on a parlé est close de bonnes murailles, qui enferment dans leur enceinte un grand terrain, où l'on sème du froment en quantité, car elle a quinze milles de long, & autant de large; c'est-à-dire, cinq grandes lieues en quarré, & environ quinze de tour; on y voit le Palais du Prince Salomon, avec de tres-beaux Jardins. Voilà quel est le Pays des Réchabites, selon ce Voyageur, qui vivoit au douzième Siècle. Mais tout ce recit a si fort l'air fabuleux, qu'on n'y peut ajouter aucune créance.

RECHBERG, Comté d'Allemagne [d] dans la Suabe, le long de la Rivière de Rems; entre le Wirtenberg & le Pays d'Oettingen. Il a ses Seigneurs particuliers, & il fut érigé en Comté par l'Empereur Ferdinand II.

[d Hubner, Geogr.]

RECHIBOUCTOU, Rivière de l'Amérique Septentrionale [e], au Canada. Elle a son Embouchure dans le Golphe de St. Laurent, vis-à-vis l'Isle de St. Jean. Cette Rivière a de grands platins de sable à son entrée, qui ont près d'une lieue d'étendue. Au milieu de ces platins, il y a un Canal pour le passage des Navires de deux cens tonneaux. Après qu'on est entré, on trouve un Bassin d'une grande étendue, mais plat en quelques endroits. Les Navires ne peuvent pas aller bien avant dans la Rivière; mais les Barques y navigent près de trois lieues. Deux autres Rivières tombent dans ce Bassin, l'une est petite & l'autre assez grande: par celle-ci les Sauvages vont à la Rivière St. Jean, en portant deux fois leurs Canots pour traverser deux fois d'une Rivière à l'autre. Ils employent deux jours à faire ce trajet, & c'est par cet endroit que les Sauvages de la Rivière St. Jean, & ceux-ci se visitent souvent. A l'égard de la petite Rivière qui est à droite en entrant, elle sert par le moyen d'un autre portage à la communication de Miramichi qui est une habitation dans la Baye des chaleurs.

[e Denis. Descr. de l'Amér. Septent. Tom. I. c. 7.]

Le Pays des environs de cette Rivière est beau. Les terres en sont bonnes, n'étant ni trop hautes, ni trop basses. La chasse y est très-abondante, ainsi que la pêche du Maquereau qui y est très-gros. Pour le Bois, ils sont comme ceux des autres endroits, mêlés de Sapins & de Pins.

RECHICOURT, Comté de France, dans l'Evêché de Metz [f]. Il est limitrophe de la Seigneurie de Marsal. Il a été semi en fief des Evêques de Metz, il y a environ cinq cens ans. Les Seigneurs de Marimont possédoient Rechicourt dans le treizième Siècle; ensuite étant tombé en quenouille, il vint à la Maison de Linange: c'est pour cela que le Comte de Linange étoit compté entre les principaux Vassaux de l'Evêché de Metz. Il a reconnu l'Evêque de Metz, pour son Seigneur dominant & souverain jusqu'à l'an 1593. que Louïs Comte de Linange, rendit ses devoirs de Vassal au Cardinal Charles de Lorraine, Evêque de Metz, à cause des Seigneuries de Rechicourt & de Marimont. Les Evêques de Metz n'ont jamais renoncé à leur droit sur Rechicourt & Marimont.

[f Longuerue, Descr. de la France, p. 175. B.]

RECHIUS, Fleuve de la Macédoine, & qui couloit assez près de la Ville de Thessalonique, où après avoir arrosé un terroir fort fertile, il se déchargeoit dans la Mer. Son cours, dit Procope [g], est calme & paisible. Son eau est bonne à boire. Ses bords sont couverts d'agréables pâturages; mais

[g Ædif. lib. 4. c. 3.]

mais le pays avec tous ces avantages étoit exposé aux courses des Ennemis, n'ayant aucun Fort dans l'espace de quarante milles. Ce fut par cette raison que Justinien en fit bâtir un à l'Embouchure de ce Fleuve, & le nomma ARTEMISE.

RECHLINGHAUSEN, Comté d'Allemagne, dans l'Archevêché de Cologne [a], sur la Lippe. Sa longueur est de sept ou huit lieues, & sa largeur est de quatre ou cinq [b]. Il comprend les Bailliages de Dorsthein & de Rechlinghausen, & fait partie du Domaine séparé de l'Archevêché de Cologne. Sa Ville Capitale qui a une bonne Citadelle porte aussi le nom de Rechlinghausen. Elle est située entre les Villes de Ham & de Rhyberge, à huit lieues de la première, & à dix de la seconde. On y voit un Chapitre de Dames [c], dont l'Abbesse seule fait des vœux: les autres peuvent se marier. Ce Chapitre a *Jus gladii*. En 1500. Rechlinghausen fut entiérement consumée par les flammes. On l'a rétablie depuis.

[a] *Hubner, Geogr.*
[b] *Daudifred, Geogr. anc. & mod. t. 3.*
[c] *Zeyler, Topogr. Westphal. p. 58.*

RECLUS, Abbaye de France, dans la Champagne, au Diocèse de Troyes [d]. C'est une Abbaye de l'Ordre de Cîteaux, Fille de Vauclair & de la Réforme. Il paroît [e] par un titre de 1128. que ce n'étoit alors qu'une Chapelle dédiée à Notre-Dame, où s'étoit retiré Hugues pour y vivre dans la retraite, & qu'après sa mort on commença d'y établir cette Abbaye. Les Comtes de Champagne Henri I. & son fils Henri II. lui donnérent de grands biens. Le premier commença à la fonder en 1164. & elle étoit alors nommée *Donum Comitis*, le Don du Comte. Ce Comte permit à ces hommes de servitude, de quitter pour passer en même qualité eux & leurs biens dans cette Abbaye, en gardant la Règle de Cîteaux. Ils portoient l'habit & étoient ce que nous appellons *Oblats*, comme on en voit encore aujourd'hui à Clervaux.

[d] *Baugier Mem de Champagne, t. 2. p. 223.*

RE'COLLET (le Saut au) Lieu de l'Amérique Septentrionale, près de Mont-Royal. C'est un Saut du Fleuve Saint Laurent, & où le Pere Nicolas Récollet fut jetté dans l'eau, en 1625. par des Hurons, en venant avec eux à Montréal. Ils y jettérent aussi un petit Huron, son Disciple, qu'il y amenoit, & se nommoit Ahautsic.

RECREA, Bourgade de la Turquie en Europe [e], dans la Romanie, sur la Riviére De Chiaour, qui se rend un peu plus bas dans la Mer de Marmora, vers Radisto. Quelques Géographes la prennent pour l'ancienne *Heraeum*, Ville de Thrace.

[e] *Baudrand. Dict. Ed. 1706.*

RECLUVERS, RECLUVIOM, Village d'Angleterre au Comté de Kent [f], vers l'Embouchure de la Tamise, à deux lieues de la Ville de Cantorbery. C'étoit autrefois une petite Ville.

[f] *Ibid.*

REDEN, petite Ville de la Grande Pologne [g], au Palatinat de Culm, entre Graudentz & Frideck, près d'Engelsburg [h]. Les Polonois l'appellent RADZIMI. Elle a beaucoup souffert, soit dans les guerres, soit par le feu: elle fut entre autres toute réduite, en cendres le 1. Mai 1575.

[g] *De l'Isle Atlas.*
[h] *Zeyler, Topogr. Borusiæ, p. 44.*

REDERN, Ville d'Allemagne dans le Marquisat de Misnie, selon Mr. Corneille [i], qui ne cite aucun garant. Il ajoute qu'elle est située sur la petite Riviére de Reder, qui se jette dans l'Elster au-dessous d'Elstenwerd.

[i] *Dict.*

REDGLISSE, Ville d'Angleterre, dans le Comté de Middelsex, sur la Tamise, selon Davity [k]: les Cartes que j'ai consultées, ne connoissent, ni Ville, ni Bourg de ce nom.

[k] *Middel. sex.*

REDICULI-CAMPUS, Campagne en Italie, à deux milles de Rome, sur la Voye Appienne, selon Pline [l]. C'est dans le même endroit qu'étoit le Temple appellé *Rediculi-Fanum*. Voyez l'Article suivant.

[l] *Lib. 10. c. 43.*

REDICULI-FANUM, dans la seconde guerre de Carthage, Annibal s'étant approché de Rome avec son Armée, fut tellement frappé d'une terreur panique, qu'il retourna sur ses pas [m], événement les Romains élevérent dans ce Lieu un Temple auquel ils donnérent le nom de *Ridicule*, & ils appellérent *Tutanus* le Dieu, auquel ils consacrérent ce Temple. Voici ce que dit Varron dans sa Satyre, intitulée *Hercules tuam fidem*:

[m] *Festus, de Verbor. fig.*

Noctu Annibalis cum fugavi exercitum,
Tutanus hoc, Tutanu' Romæ nuncupor,
Hoc propter, omnes qui laborant, invocant.

REDINTUINUM, Ville de la Germanie: Ptolomée [n] la marque entre *Marobudum* & *Nomisterium* [o]. Lazius dit que c'est aujourd'hui une Ville de Bohême appellée TEIN.

[n] *Lib. 2. c. 11.*
[o] *Ortelii Thesaur.*

REDNITZ, Riviére d'Allemagne, dans la Franconie [p]. Elle a sa source dans l'Evêché d'Aichstet, près de la Ville de Weissenbourg: d'où prenant son cours du Midi au Nord, elle traverse le Marquisat d'Ohnspach & l'Evêché de Bamberg; & après avoir baigné la Ville de ce nom, elle va se perdre dans le Mein. Jaillot [q] nomme cette Riviére PEGNITZ; ce qui peut être une faute de Graveur.

[p] *Corn. Dict. Maty Dict.*
[q] *Jaillot Atlas.*

REDOLDESCO, ou REDONDESCO, Ville d'Italie, dans le Mantouan [r], sur le Tartaro, entre Mariana au Nord & Marcaria vers le Midi. Mr. Corneille [s] remarque que cette Ville est renommée pour son Commerce de Draps & de Serges.

[r] *Magin. Carte du Mantouan.*
[s] *Dict.*

REDON, Ville de France dans la Basse Bretagne, & la troisième Ville du Diocèse de Vannes [t]. Elle est située sur la Riviére de Vilaine. Ce Lieu est assez ancien, & il étoit déja considérable sous le Regne de Louïs le Débonnaire, sous qui il fut fondé dans un lieu solitaire & commença par un Abbaye, qui fut bâtie dans le même tems par un Breton nommé Convoyon, qui obtint de grands Privilèges, tant de l'Empereur Louïs, que de Numenojus Prince des Bretons. L'Auteur du Livre des Miracles de Saint Convoyon, dit que Redon appellé autrefois en Latin *Roto*, ou *Roton*, étoit alors une des plus agréables Villes de la Province de Bretagne. L'Abbaye de St. Sauveur de l'Ordre de St. Benoît, est encore aujourd'hui fort célèbre, & soumise immédiatement au Pape.

[t] *Longuerue, Descr. de la France, p. 92.*

La Ville de Redon [v] sert d'entrepôt pour tout le Commerce qui se fait à Rennes. C'est ici que l'on décharge les Bâtimens qui arrivent de la Mer; on met leurs cargaison sur des Batteaux qui sont propres à la navigation des Ecluses.

[v] *Piganiol, Descr. de la France, T. 5. p. 235.*

RE-

REDONDELA, Ville d'Espagne sur la Côte de Galice [a], au-dessous de Pontevedra, au fond d'un petit Golphe, avec un Château assez fort. REDONDELA qu'on nomme aussi REDONDILLO. On prétend qu'elle fut fondée par les Grecs, qui peuplèrent ces endroits [b] & qu'on l'appelloit anciennement BURBIDA, ce qui ne seroit pas aisé à prouver. Voyez BURBIDA. Il y a une Paroisse, un Couvent de Cordeliers qui est environné de la Mer, & une Maison de Religieuses. Sur la Côte il se pêche beaucoup de Poisson principalement des Anchois, & il y a aux environs quelques Vignobles.

[a] Délices d'Espagne, p 128.
[b] Mendez Silva, Pob. lac. general fol. 230.

REDONDO, Ville de Portugal, dans la Province de Beira, à l'Embouchure de la Riviére de Mondégo. Il y a un bon Château [c] & on a commencé à fortifier la Ville, qui fut fondée en 1312. C'est le Chef-lieu du Comté dont le Roi Manuel donna le titre à Don Vasco Coytino. Il y a une Paroisse, environ trois cens feux & une bonne Manufacture de Draps. Le terroir des environs produit du bled en abondance & fournit du bétail & du gibier.

[c] Duarte Nunez, Chron. fol. 133. Garibay, lib. 34.c.25. Faria, Epist. fol. 529.

REDUIT, Lieu dans l'Amérique Septentrionale, à la Martinique, à une lieue ou environ du Bourg; ce réduit est fermé d'un parapet, qui est au haut d'un petit morne assez roide: ce parapet couvre une Porte, qui, percée dans un petit pan de mur, appuye d'un côté à la Montagne, qui est taillée aussi à plomb qu'un mur, & de l'autre il porte par encorbellement sur un précipice très-roide & très-profond. Le chemin est taillé à mi-côté dans la Montagne; il est encore fermé par deux autres Portes, avec des meurtrières: il est large de quinze à seize piés, & couvre de grandes Prairies & Savannes, où en cas d'attaque l'on peut mettre en sûreté les femmes, les Enfans, les Bestiaux, & les Meubles des habitans.

REE, ou RIE, Lac d'Irlande, dans la Province de Connaugh, aux confins de la Lagénie. Il est formé par le Shannon. La Ville d'Atlone est à son Embouchure du côté du Midi.

1. **REES**, Ville d'Allemagne, au Duché de Cléves [d], dans la partie de ce Duché située au-delà du Rhin. Elle est bâtie sur la Rive droite de ce Fleuve, entre Wezel & Emmerick. Elle est assez grande, & assez peuplée, & elle a de bonnes Fortifications. Ce qui la met le plus à couvert de surprise, c'est un Fort qui la défend, & qui est en deçà du Rhin. Elle fut prise en 1598. par les Espagnols [e], & en 1614. par les Etats des Provinces-Unies, qui la fortifiérent. Le Vicomte de Turenne ayant pris le Fort en 1672. les habitans de la Ville lui apportérent ensuite les clefs de leur Ville. Les habitans de Rées ont choisi pour leur Patron St. Dentelin, enfant mort incontinent après son baptême, au-dessous de l'âge de discrétion. Ils firent ce choix après que le Corps de ce Saint, eut été transporté du Hainaut dans leur Ville. St. Dentelin est aussi fort honoré à Emmerick. Il étoit fils de St. Vincent & de Ste. Valdetrude.

[d] Jaillot, Atlas.
[e] Zeyler, Topog. Ducat. Cliv.

2. **REES**, Bourg d'Allemagne, dans le Haut Electorat de Cologne, selon Mr. Corneille [f] qui ne cite aucun garant. Il ajoute

[f] Dict.

que ce Bourg est situé sur le Rhin, & qu'il appartient au Landgrave de Hesse-Darmstat.

REFRANCORE, ou RIFRANCORE, *Francorum Rivulus*, Bourgade d'Italie, au Milanez, dans l'Aléxandrin, environ à deux lieues d'Asti vers l'Orient Septentrional. Quelques-uns nomment ce lieu *Rio-Franco*; & l'on croit que c'est le *Francorum Rivulus* de Paul Diacre [g].

[g] In Longobard. lib. 5. c. 3.

REFROY, Lieu de France dans le Duché de Bar, au Diocése de Toul, Office de Bar. Son Eglise Paroissiale est dédiée à Saint Remi; le Chapitre de l'Eglise Cathédrale de Toul en est Patron; la Dixme du Ban de Refroy, est partagée en douze Portions. M. le Comte de Ligny en est Seigneur. Il y a un Hermitage dédié à Saint Christophe.

1. **REFUGE**, mot François formé du Latin *Refugium*, & qui signifie un Lieu où l'on se retire, pour être en sûreté. On l'employe en quelques Lieux sur-tout dans les Pays-Bas pour désigner un Lieu de certaines Villes, où les Réligieux & les Réligieuses qui sont dans la Campagne se retirent en tems de guerre, pour se garentir des insultes du Soldat, & pour sauver leurs effets les plus précieux. On donne le nom de REFUGE à des Monastères, où se retirent volontairement, ou bien où l'on renferme des femmes qui ont mal vécu dans le Monde, & où elles trouvent une retraite assurée pour faire pénitence.

Dans l'Ancien Testament il y avoit des *Villes de Refuge* [h]. Le Seigneur voulant pourvoir à la sûreté de ceux qui par hazard & sans le vouloir avoient tué un homme, de quelque maniere que ce fût, ordonna à Moyse [i] d'établir six Villes de Refuge ou d'Asyle, afin que celui qui contre sa volonté, auroit répandu le sang d'un homme, pût s'y retirer, & eût le tems de se justifier, & de se défendre devant les Juges, sans que le parent du mort pût l'y poursuivre, & l'y tuer. De ces Villes il y en avoit trois en deçà, & trois au-delà du Jourdain. Celles de deçà le Jourdain étoient celles de Nephtali, Hébron & Sichem. Celles de delà le Jourdain étoient, Bosor, Gaulon, & Ramoth de Galaad. Elles servoient non-seulement aux Hébreux, mais aussi aux Etrangers qui se trouvoient dans leur Pays [k]. Les Rabbins restreignent ce nom d'Etrangers aux seuls Prosélytes: mais je ne sçai si en cela ils ne s'éloignent pas de l'esprit de la Loi. Le Seigneur veut de plus que quand les Hébreux se feront fort multipliés, & auront étendu au loin les limites de leur Pays [l], ils ajoûtent trois Villes d'Asyle à celles que nous venons de marquer. Et comme nous ne voyons pas que cela ait jamais eu son exécution, les Rabbins disent que le Messie accomplira ce que Dieu avoit ordonné à cet égard.

[h] Dom Calmet, Dict.
[i] Exod. XXI. 13. Num. XXXV. 11. 12. 13.
[k] Num. XXXV. 15.
[l] Deut. XIX. 8.

Maimonides sur la tradition des Anciens, assure que toutes les quarante-huit Villes assignées pour la demeure des Prêtres & des Lévites, étoient Villes d'Asyle & de Refuge; & que toute la différence qu'il y avoit entr'elles, consistoit en ce que les six Villes déterminées par la Loi, étoient obligées de recevoir, & de loger gratuitement tous ceux qui s'y retiroient; au-lieu que les autres qua-
rante-

rante-deux Villes pouvoient ne pas recevoir ceux qui s'y refugioient, & que ceux-ci ne pouvoient exiger qu'on les y logeât. Outre les Villes de refuge, le Temple du Seigneur[a], & sur-tout l'Autel des Holocaustes, jouïssoient du Droit d'Asyle. Les Rabbins disent que l'Asyle de l'Autel n'étoit d'ordinaire que pour les Prêtres. Ceux qui se retiroient dans le Temple, étoient aussi-tôt jugez par les Juges, & s'ils se trouvoient coupables d'un meurtre volontaire, on les arrachoit même de l'Autel, & on les mettoit à mort hors du Temple. Mais s'ils se trouvoient innocens, on leur donnoit des Gardes pour les conduire en sûreté dans une Ville de refuge.

[a] Philo Legat. ad Caium.

Ces Villes devoient être d'un accez aisé, & avec des Chemins bien entretenus & bien applanis, & des Ponts par-tout où il en étoit besoin. La largeur de ces routes devoit être au moins de trente-deux coudées, ou quarante-huit piés. Quand il s'y rencontroit un Chemin fourchu, on avoit soin d'y mettre des Poteaux, avec une Inscription, pour montrer le chemin à la Ville de refuge. Tous les ans au 15. du Mois Adar, qui répond à la Lune de nôtre Mois de Février, les Magistrats des Villes faisoient la visite des Chemins, pour voir s'ils étoient en bon état. La Ville devoit être bien fournie d'eau, & d'autres provisions de bouche. Il n'étoit pas permis d'y fabriquer des armes, de peur que les parens du mort ne prisent prétexte d'y en venir acheter, pour satisfaire leur vengeance. Enfin il falloit que celui qui s'y refugioit, fût un métier, pour n'être pas à charge à la Ville. On envoyoit quelques personnes sages, & modérées au-devant de ceux qui poursuivoient la vengeance du mort, afin de les potter à la clémence, & à attendre la décision des Juges.

Quoique le meurtrier se fût retiré dans la Ville de refuge, il n'étoit pas pour cela exemt des poursuites de la Justice. On informoit contre lui, on le citoit devant les Juges[b], & devant le Peuple pour se justifier, & pour prouver que le meurtre étoit casuel & involontaire. S'il se trouvoit innocent, il demeuroit en sûreté dans la Ville où il s'étoit retiré; mais s'il étoit coupable, on le mettoit à mort suivant la rigueur des Loix. Les Textes de l'Ecriture[c] ne sont pas bien exprès, pour savoir si l'on examinoit l'affaire devant les Juges du Lieu, où le meurtre avoit été commis, ou si c'étoit devant les Juges de la Ville de refuge, où le meurtrier s'étoit retiré, & les Commentateurs sont partagez sur cela. Mais il nous paroît par un passage de Josué, qu'il devoit subir deux Jugemens. Le premier dans la Ville de refuge, dont les Juges examinoient sommairement son affaire, & sur son exposé si son arrivée; le second lorsqu'il étoit ramené dans sa propre Ville, pour y être jugé par les Magistrats du Lieu, qui informoit de son action d'une manière plus exacte & plus sérieuse. Si ces derniers Juges le déclaroient innocent, ils le faisoient reconduire sous bonne escorte dans la Ville de refuge, où il s'étoit d'abord retiré.

[b] Num. XXXV. 12.
[c] Comparez Deut. XIX. 11. 12. Josué XX. 4. 5. 6. Num. XXXV. 25.

Il n'étoit pas donc mis en liberté, & il semble que la Loi, pour inspirer une plus grande horreur du meurtre, vouloit punir même l'homicide involontaire par cette espèce d'exil. Il étoit obligé de demeurer dans cette Ville, sans en sortir[d], jusqu'à la mort du Grand-Prêtre, & s'il en sortoit avant ce tems, le Vengeur du sang de celui qui avoit été mis à mort, avoit droit de le tuer impunément. Mais après la mort du Souverain Pontife, il étoit libre à celui qui s'étoit ainsi refugié de se retirer où il vouloit, sans que personne pût le poursuivre, ou lui faire aucune insulte à cause du meurtre, dont il avoit été déclaré innocent par les Juges. On peut voir les Commentateurs sur le Chapitre XXXV. des Nombres, & sur le XX. de Josué.

[d] Num. XXXV. 25. 26. 27. 28.

A l'égard des Asyles parmi les Grecs & les Romains, Voyez le mot ASYLE.

Thésée bâtit un Temple à Athènes en faveur des Esclaves & des Pauvres qui s'y retiroient, pour se mettre à couvert de l'oppression des Riches. Il y en avoit un de même dans l'Isle de Calaurie. Les Temples d'Apollon à Delphes, de Junon à Samos, d'Esculape à Délos, de Bacchus à Ephèse, & quantité d'autres dans la Grece, jouïssoient du Droit d'Asyle. Romulus avoit accordé ce Privilège à un Bois, qui étoit joignant le Temple de *Vejovis*[f]: Ovide[g] parle d'un Bois sacré près d'Ostie, qui jouïssoit de la même prérogative: Saint Augustin[h] remarque que toute la Ville de Rome, étoit un Asyle ouvert à tous les Etrangers. Le nombre des Asyles étoit si fort augmenté dans la Grece sous l'Empire de Tibère, que ce Prince fut obligé de révoquer ou de supprimer ce Privilège dans tous les Lieux, qui en jouïssoient auparavant[i]: mais son Ordonnance fut mal observée après sa mort.

[e] Vide Marsham Canon.
[f] Ægyp. sæculo 13.
[g] Virgil. Æneid. 8. v. 342.
Ovid. Fast. l. 1.
[h] Aug. l. 1. de Civit. c. 34.
[i] Sueton. in Tiberio. Tac. Annal. l. 3. c. 6.

Le Droit d'Asyle passa du Temple de Jérusalem aux Eglises des Chrétiens. Les Empereurs Gratien, Valentinien, & Théodose le Grand[k] condamnent à l'exil, au fouet, & à perdre les cheveux & la barbe, ceux qui de leur autorité auroient tiré de l'Eglise un homme qui s'y seroit refugié. Honorius & Théodose le Jeune[l] veulent, qu'on punisse comme coupables de Léze-Majesté, ceux qui auroient violé ce Droit. Dans la suite on fut obligé de modérer ces Privilèges, & d'excepter certains crimes du droit d'Asyle. L'Empereur Justinien veut qu'on arrache de l'Asyle les Homicides volontaires, les Adultéres, les Ravisseurs, ou ceux qui enlevent des Vierges. Innocent III. excepte aussi les Voleurs publics, & ceux qui ravagent les champs pendant la nuit. Le Droit d'Asyle subsiste encore dans l'Italie, & dans quelques autres endroits. Voyez Masius & Serrarius sur le Chap. XX. de Josué.

[k] Cod. Justin. l. 9. t. 29.
[l] Cod. Justin. l. 1. t. 12.

2. REFUGE, ou LE REFUGE, Abbaye de France, en Haynaut au Diocèse de Cambray, près de la Ville de Hall ou Ath. C'est un Monastère de Filles, de l'Ordre de Citeaux, Fille de Clervaux[m]. Elle fut fondée en 1234. & cédée vers l'an 1258. par l'Abbé de Liessies à des Religieuses de l'Ordre de Citeaux, qui y furent transférées d'un autre Monastère près d'Oudenarde, du consentement des Evêques de Cambray & de Tournay, des Abbé & Religieux de Liessies; & de Jeanne & Marguerite, Comtesses de Flandres & de Haynaut.

[m] Piganiol Descr. de la France, t. 7. p. 175.

REF. REG. REG.

REFUGIUM. Voyez REFUGE.

BEFUGIUM-CHALIS, Lieu de Sicile. L'Itinéraire d'Antonin le met sur la route d'Agrigentum à Syracuse, en prenant le long de la Mer; & il le marque entre *Plintis* & *Plagia Calvisianis*, à dix-huit milles du premier de ces Lieux, & à huit milles du second. Il y a apparemment faute dans cet endroit d'Antonin, & au lieu de Chalis, il faut sans doute écrire Gelæ; car tous les autres Ecrivains anciens mettent précisément dans ce Lieu la Ville Gela. Le nom moderne est Terra-Nova [a]. Voyez GELA.

[a] De l'Isle Atlas.

REFUGIUM-APOLLINIS, Lieu de Sicile, sur la route d'Agrigentum à Syracuse, en prenant le long de la Mer. C'est l'Itinéraire d'Antonin qui en fait mention. Il le marque entre *Plagia-Hereo*, ou *Cymba*, & *Plagia Syracusis*, à vingt milles du premier de ces Lieux, & à trente-deux milles du second. C'est le même Lieu, que la plûpart des Anciens ont appellé *Pachyni-Portus* [b]. Aujourd'hui on l'appelle *Porto-di-Longobardo*.

[b] Ibid.

REGA, Rivière d'Allemagne [c], dans la Poméranie Ducale. Elle a sa source dans la moyenne Marche de Brandebourg, & prend son cours du Midi au Nord. Après être entrée dans la Poméranie, elle y arrose les Villes de Regenwolde, Griffenberg, Treptaw, & va se jetter dans la Mer Baltique entre Lutke-Horst & Langen-Hagen.

[c] Jaillot, Atlas.

REGÆ, Port d'Italie, vers la Côte de la Toscane. L'Itinéraire d'Antonin [d] le marque sur la route de Rome à Arles, entre Quintianum, & l'Embouchure du Fleuve Arno. Ortelius [e] soupçonne que ce pourroit être la REGIS VILLA de Strabon.

[d] Itiner. Maritim.
[e] Thesaur.

REGEN, Rivière d'Allemagne, dans le Palatinat de Baviére. Elle a sa source au confins de la Bohême. Elle coule d'abord de l'Orient à l'Occident, & arrose la Ville de Chamb: elle tourne ensuite du côté du Midi, pour aller se jetter dans le Danube, vis-à-vis de Ratisbonne.

REGENSBERG, Bailliage dans la Suisse [f], au Canton de Zurich à l'Orient de Bâde, dont la Capitale est une jolie petite Ville, fort élevée, & située sur la crête d'une Montagne, qui fait partie d'une branche du Mont Jura ou Leberberg. Cette Ville avoit autrefois des Seigneurs, dont le dernier devint si pauvre, qu'il fut contraint de vendre sa Terre à la Seigneurie de Zurich, & de se retirer dans cette Ville où il mourut. Ce Bailliage comprend un beau Païs avec plusieurs beaux Bourgs & Villages, & s'étend jusqu'à demi mille de Bâde. Le Château de REGENSBERG fut bâti tout de neuf l'an 1540, & quoiqu'il fût déja naturellement fort par sa situation avantageuse, on le fortifia encore par l'art l'an 1687. C'est là que le Bailif fait sa résidence. Ce qu'il y a de plus remarquable est un Puits, qu'on a creusé dans le roc de la profondeur de 36. toises. Le Leberberg, sur lequel cette Ville est située, mérite aussi l'attention des Curieux, par la quantité de pierres merveilleuses qu'on y trouve, sur lesquelles on voit diverses figures surprenantes. On en voit qui représentent des poissons, des œufs de poissons, des moules & autres petits reptiles marins; ce qui fait présumer, que ce sont

[f] Etat & Del. de la Suisse. 6. p. 32.

des restes du Déluge universel. On croit qu'il y a quelque mine de fer dans les entrailles de cette Montagne, parce qu'on y voit quantité de petites pierres, la plûpart de la couleur, & de la figure de la dragée de fer.

REGENSTEIN, ou REINSTEIN, vieux Château d'Allemagne avec titre de Comté, proche de Blanckenburg & Quedlinburg [g], du côté du Hartz. Il appartient aux Comtes de Tättenbach. En 1182, ce Château se rendit à l'Empereur Fréderic premier dans la guerre, qu'il eut, contre Henri Duc de Saxe, surnommé le Lion. Il est bâti entiérement sur un Rocher très-haut, & entouré de pointes, qui semblent de loin être autant des Tours. La Chapelle, & toutes les Chambres, Ecuries, Escaliers, & Bastions, sont taillés dans le Rocher, sans aucune murailles, ni charpente. Les anciens Comtes de Reinstein tiroient leur origine de ce Château, mais cette Famille, à cause des fréquens pillages, qu'elle faisoit, étant harcelée par ses voisins, le dernier Comte, voulant se sauver par le trou d'un Rocher, se rompit une jambe, fut pris & exilé.

[g] Zeyler, Topogr. Circuli Inferioris Sax. P. 200.

1. REGENSES, Quelques Exemplaires de Sidonius Apollinaris [h] & Grégoire de Tours [i] écrivent ainsi le nom des Habitans de la Ville, & du Territoire de Riez, au lieu d'écrire REIENSES. Ce n'est pas la seule occasion où l'*i* a été changé en *g*. Voyez ALBICI, & RIEZ.

[h] Lib. 6. Epist. 12.
[i] De Gloria Confess. c. 93.

2. REGENSES, Voyez RHEGIUM.

REGENWALDE, ou REGENWOLDE, Ville d'Allemagne dans la Poméranie Ultérieure, sur la Rivière de Rega ou Rege. Zeyler [k] dit, qu'elle appartient avec huit Paroisses, qui en dépendent, à la Famille de Borcken, & qu'elle fut mise en cendres en 1630.

[k] Topogr. Pomeran. p. 88.

REGESTAUFF, Bourgade d'Allemagne, dans le Palatinat de Neubourg, à deux milles de Ratisbonne, sur la Rivière de Regen. Cet endroit & quelques autres du voisinage, furent ravagés par les Bohêmes en 1266. Les Suédois prirent Regestauff en 1641.

REGETA, Ville que le Biondo [l] met à trente-cinq milles de Rome. Il ajoûte qu'on la nomme présentement *Ruglate*. Cette Ville *Regeta*, pourroit bien être la même que la Ville.

[l] Lib. 4. Dec ad. 1.

1. REGGIO, ou REGGIO DE CALABRE, Ville d'Italie [m], au Royaume de Naples, dans la Calabre, à l'extrémité des Apennins, sur le bord du Canal appellé le Phare de Messine. Strabon & Eschile dérivent le nom de cette Ville du Grec *Regnomi*, qui veut dire *rompre, déchirer*; parce qu'ici la Sicile doit avoir été séparée du Continent par des tremblemens de terre. Le premier insinue néanmoins que la splendeur de cette Ville, dont les Princes avoient le Titre de Citoyens Romains, pourroit avoir occasionné le nom de *Regium*, qui auroit pû être dit pour *Regia*, Ville Royale. Quoiqu'il en soit les mêmes tremblemens de terre causérent tant de désastres à cette Ville qu'elle resta presque abandonnée. Jules César, après avoir chassé Pompée de la Sicile la fit rebâtir & la peupla y laissant la plûpart des Soldats, qui avoient servi sur sa Flote. En 1543, Caradin, qui commandoit la Flote de Soliman Empereur des Turcs la saccagea.

[m] Leand. Albert. Italia, fol. 206.

On

On appelle cette Ville REGGIO DE CA-
LABRE, pour la diſtinguer d'un autre Reggio de Lombardie, Capitale d'un Duché du
même nom, qui fait partie des Etats du Duc
de Modène. Reggio de Calabre eſt une Ville
très-ancienne, qui, quoique ſituée au bord
de la Mer, n'a point de Port. Il y a ſeulement un petit abri formé par un vieux pan
de muraille, où les Felouques ſont tant ſoit
peu en ſûreté, quand la Mer n'eſt pas bien
rude. Les Vaiſſeaux & les Galéres, quand
il s'y en trouve, mouillent à la Rade, qui
eſt devant la Ville, & n'y ont d'autre ſûreté
contre les mauvais tems, que celle qu'ils peuvent attendre de leurs voiles & de leurs rames. La Ville eſt Archiépiſcopale. Ces titres ne ſont pas rares dans le Royaume de
Naples, puiſqu'on y compte vingt-un Archevêchez, & cent vingt-trois Evêchez. Elle ne doit cet honneur qu'à ſon antiquité:
car elle n'eſt ni grande, ni belle, ni bien
peuplée, ni marchande, ni riche. Il y a
pourtant deux Colléges. L'un eſt chez les
Peres Jéſuites: ils y enſeignent les Humanitez, l'autre eſt chez les Religieux de l'Ordre
des Freres Preſcheurs; c'eſt le Collége de la
Ville. On y enſeigne les Humanitez, la Phi-
loſophie, & la Théologie, & on y prend
les degrez.

Cette Ville eſt mal fortifiée, n'ayant que de
vieilles & mauvaiſes murailles, nullement flanquées, ni terraſſées, ſans foſſé, ni chemin couvert, & dont toutes les Fortifications ſe réduiſent à des Barriéres, qui ſont aux Portes: la
Garniſon pourtant eſt d'ordinaire, de 1000.
à 1200. hommes.

La Ville eſt bâtie ſur la pente douce d'une
Colline peu élevée. La plûpart des Rues ont
aſſez de pente, pour que les eaux n'y crou-
piſſent pas. Elles ſont preſque toutes étroites & ſerpentantes, comme ſont celles des
Villes antiques. Les Maiſons n'ont rien de
magnifique à l'extérieur. Le Couvent des
Freres Preſcheurs qui eſt au plus haut de la
Ville, ou peu s'en faut, eſt grand; l'Egliſe
eſt d'une grandeur médiocre, bâtie dans le
goût Gothique, voûtée, blanchie, & aſſez
propre. La Chapelle de Nôtre-Dame eſt
grande, incruſtée de Marbre de Sicile, avec
un Autel orné d'Agathes bien choiſies, &
bien travaillée, mais il n'eſt pas fini.

La Maiſon des Jéſuites eſt moderne, grande, & bien bâtie, avec une bonne Bibliothéque; leur Egliſe eſt petite, & fort propre.

La Cathédrale eſt d'une grandeur proportionnée au médiocre Troupeau, qui s'y aſſemble. Elle eſt moderne, d'un médiocre
goût, voûtée & propre; il y a quelques
peintures. Ce qu'elle a de particulier, c'eſt
ſon pavé qui eſt tellement en pente, depuis
le grand Autel juſqu'à la Porte, qu'une goût-
te d'eau ne demeureroit pas ſeulement à moitié du chemin. Voici encore une ſingularité. Elle eſt dans la Chapelle du Saint
Sacrement de la même Egliſe. Cette Chapelle eſt belle & bien décorée. On n'y a
pas épargné les Marbres, & les Agathes. C'eſt
dommage qu'elle ne ſoit pas achevée. Cette
Chapelle eſt couverte d'une Coupole ou Dôme quarré avec une Lanterne de la même figure. Il y a encore dans la même Egliſe
deux Mauſolées de Marbre fort bien travaillez, qui ont été dreſſez à la mémoire de
deux Archevêques, tous deux de la Famille
de Afflictis, Maiſon conſidérable dans le
Royaume de Naples.

On travaille dans cette Ville la Laine de
Poiſſon, dont on fait des Camiſolles, des
Gands, des Chauſſons, & d'autres hardes
d'une légéreté admirable, & impénétrables au
froid, quelque violent qu'on ſe le puiſſe imaginer.

Cette Laine, ce Coton, cette Soye, ce
Duvet, comme on voudra l'appeller, ſe nomme dans le Païs, lana ſucida: c'eſt une eſpéce de Moule, qui la produit; ce Coquillage long de 6. à 8. pouces, eſt aſſez ſemblable à ceux qu'on trouve dans les Etangs &
dans les Foſſez en France, dont les Laitiéres ſe
ſervent pour prendre leur Lait caillé. On en
trouve en quantité ſur les Côtes de Sardaigne,
de Corſe, & de l'Iſle de Malthe: mais le
premier endroit où l'on s'eſt aviſé de mettre
ce Duvet en uſage c'eſt à Tarente. Cette
derniére Ville a près de ſes murailles un Etang
conſidérable, qui a communication avec la
Mer: on ne peut croire la quantité qu'il produit de ces Coquillages, auſſi bien que la Côte voiſine. Le Poiſſon qu'il renferme, eſt
une eſpèce d'Huitre longue, groſſe, charnue,
mais dure & viſqueuſe. Il faut manquer
abſolument de toute autre choſe pour ſe nourrir de ce Poiſſon: on ne remarque pourtant
point, qu'il ait réellement aucune mauvaiſe
qualité. Comme on en trouve facilement &
en abondance, on mépriſe celui-ci, & on ne
s'eſt pas donné la peine juſqu'à préſent de
lui chercher une ſauce, & un degré de cuiſ-
ſon pour le rendre bon. On ne le laiſſe pas
en repos pour cela. Ces deux écailles ſont
couvertes d'un poil extrêmement fin, de
différentes longueurs, qui en ſortant de la
Mer, eſt rempli de ſable, & de petits coquillages, qui le rendent dur & ſale. On
ſépare ce poil de la coquille, on le met
tremper quelques jours dans l'eau douce, on
le nettoie de toutes les ordures qui y étoient
attachées; on le bat, on le carde, & il devient
auſſi doux que la ſoye, & propre à être filé.

C'eſt de ce fil, qu'on fait les Camiſolles,
les Bas, les Chauſſons, les Gans, & les Bonnets. Toutes ces hardes ſont faites à l'éguille,
& ont cela de particulier, qu'elles ſont d'une
chaleur extraordinaire. Cette Manufacture eſt
paſſée de Tarente en quelques autres Villes
de la Côte, comme à Reggio, où l'on trouve auſſi de ces Coquillages, quoiqu'en moindre quantité qu'à Tarente & à Malthe, où
l'on en trouve beaucoup, & où l'on fait
quantité de ces Ouvrages. Cette quantité
ne les rend à un prix raiſonnable, que ſur
les lieux, où ils ſont fabriquez. Dès qu'ils
ſont à Rome, ou dans les autres Villes un
peu éloignées des Lieux de leurs Manufactures; les Marchands ſavent fort bien ſe faire
payer leurs peines, & l'avance de leur argent ;
& comme la cupidité eſt la ſeule règle de
leur conduite, & de leur morale, ils les vendent exceſſivement. Rien n'eſt plus commode que les Gands de ce poil: ils n'embar-
raſſent point les mains, parcequ'ils ſont extrêmement fins, & qu'ils prêtent tant qu'on
veut; & ils ſont ſi chauds, que dans un moment on a les mains tout-à-fait chaudes,

F 2   quand

quand même on les auroit eues toutes glacées, en les mettant dedans. La couleur naturelle de ce poil est brune, & naturellement lustrée; on prétend, que les teignes s'attachent aisément à cet ouvrage. On attribue encore à cette laine, selon les rapports des gens du pays, une autre propriété, c'est qu'elle est excellente pour la surdité provenante d'humidité, & d'humeurs froides, qui tombent du cerveau sur le tympan des oreilles. Peut-être que la chaleur de cette laine pourroit soulager les personnes affligées de cette infirmité, en réveillant la chaleur naturelle, ou desséchant l'humidité, qui épaissit, ou qui couvre le tympan, & qui fait dessus une croûte, qui l'empêche de résonner, de produire, ou de recevoir les sons.

2. REGGIO, REGIO, ou REGGE, en Latin *Regium Lepidi*; & *Regium Lepidium*; Ville d'Italie, dans le Modénois, la Capitale d'un Duché auquel elle donne le nom, & la Résidence ordinaire des Ducs de Modène. Cette Ville située sur la Voie Emilienne est fort ancienne & a été Colonie Romaine. On croit qu'elle a été bâtie par un certain Lepidus qu'on n'a pu bien désigner jusqu'à présent. Les Goths la ruinérent de fond en comble & contraignirent ses Habitants de l'abandonner [a]. Elle s'est remise en splendeur depuis ce tems-là, & elle est fort peuplée, quoique l'air n'y soit pas sain. On la trouve dans une Campagne très-fertile. Sa forme est ronde & elle a le Mont Apennin au Midi, & une grande Plaine au Septentrion. Les Maisons en sont bien bâties & les Rues fort belles. Son Evêché établi dès l'an 450. est suffragant de Boulogne, & St. Prosper en a été autrefois Evêque. L'Eglise Cathédrale mérite l'attention des Curieux par la quantité de ses beaux Tableaux. On y voit entre autres un Saint George & une Sainte Catherine du Carache; une Vierge du Guide; un St. Jean & un Saint Paul du Guerchin. On vante beaucoup à Reggio l'Eglise de St. Prosper. L'Architecture en est Gothique, & ce qu'il y a de plus digne d'être vu, c'est un Christ mort & les trois Maries de Louïs Carache. La Statue de la Vierge que l'on a élevée depuis quelques années dans l'Eglise des Servites est une Piéce fort estimée.

La Ville de Reggio est forte & défendue par une bonne Citadelle. On dit que Charlemagne en a été le second fondateur. Dans le milieu de la Place publique est une Statue de Brennus Chef des Gaulois avec diverses Inscriptions autour de la baze. Les murailles de la Ville sont épaisses & ne peuvent être que fort difficilement endommagées par le Canon; le terrein des environs étant aussi haut & n'y ayant autour de la Ville aucune éminence qui le puisse commander. Les Côteaux qui l'environnent à une distance assez raisonnable, sont tous couverts de Villages, de Maisons de Plaisance & de Vignobles, qui produisent des Vins en abondance. Il y croît aussi quantité de fruits délicieux.

Autrefois les Habitants de Reggio ont acquis quelque réputation par leurs Ouvrages d'yvoire & d'os. Aujourd'hui ce travail se réduit à de petites bagues de six sols la douzaine, à des têtes de mort, à des Reliquaires, à des *Agnus-Dei*, à des croix, & tout cela fait à coups de serpe, à ce que dit Misson [b].

Le DUCHÉ DE REGGIO, situé à l'Occident de celui de Modène est sous la Domination du Duc de Modène. Cependant les Habitans de Reggio appellent leur Prince *Duc de Reggio & de Modène*, comme les Habitans de Modène l'appellent *Duc de Modène & de Reggio*, à peu près comme les Anglois & les Ecossois qui vouloient chacun faire précéder leur Royaume après que Jacques Roi d'Ecosse fut parvenu à la Couronne d'Angleterre; ce qui engagea ce Prince à prendre le titre de Roi de la Grande-Bretagne, &c. Le Duché de Reggio se partage en six petits Etats, dont cinq appartiennent au Duc de Modène & le sixième qui est le Marquisat de St. MARTIN D'EST appartient à un Prince de ce nom. Ces six petits Etats sont:

Le Duché de Reggio proprement dit,	La Principauté de Corregio,
Le Marquisat de Scandanio,	La Principauté de Carpi,
Le Comté de Canossa,	Le Marquisat de St. Martin d'Est.

Le DUCHÉ DE REGGIO, proprement dit, comprend la Ville de Reggio & le Bourg de Rubiera.

REGIA. Voyez RHEGIAS & RHIGIA.

REGIANA, Ville d'Espagne. L'Itinéraire d'Antonin la marque sur la route de Séville à Merida, entre Celti, & Merida, à quarante-quatre milles de la premiére de ces Places, & à vingt-sept milles de la seconde. Ortelius croit que ce pourroit être présentement REYNA. Voyez REGINA.

REGIANENSIS, Siége Episcopal d'Afrique dans la Numidie. La Notice Episcopale d'Afrique nomme l'Evêque de ce Siége Fortunius. Le Pape Grégoire le Grand a écrit une Lettre à Columbe Evêque de Numidie, à l'occasion d'un certain Paulin qu'il qualifie *Regensis Episcopus*. Dom Thierri Ruinart croit qu'il faut lire *Regianensis Episcopus*. [c L.10.c.32]

REGIATES, Peuples d'Italie que Pline [d] place dans la huitième Région. Ortelius [e] & le Pere Hardouin jugent qu'il faut lire VEGIATES pour REGIATES. Ils fondent leur sentiment sur l'Ordre Alphabétique des Lettres que Pline suit en cet endroit. Mais le Pere Hardouin ouvre une autre opinion. Comme Pline donne à ces Peuples le surnom de *Vecteri* & fait mention ensuite d'un Peuple nommé Regiates: il se pourroit faire, dit le Pere Hardouin, qu'au lieu de *Veliates cognomine Vecteri : Regiates*, il faudroit lire, *Veliates, cognomine Veteri, Regiates*. [d L.3.c.15. Thesaur.]

REGIENSIS, Siége Episcopal d'Afrique, dans la Mauritanie Césariense, selon la Notice Episcopale d'Afrique, où l'Evêque de ce Siège est nommé Victor.

REGILLUS, REGILLUM, ou REGILLI, Ville d'Italie, dans la Sabine, à cent soixante Stades de Rome, selon Denys d'Halicarnasse [f]. Tite-Live [g] Suétone [h], & Eustathe le Géographe font aussi mention de cette Ville, dont on ne connoît pas trop bien la juste position. [f L.5.p.308. & L.11.p.697. g L.2.c.16. h In Tiber.]

REGILLUS-LACUS, Lac d'Italie, [c.1.] dans

[a Corn. Dict. Délices d'Italie.]
[b Voy. d'Italie, t. 3. p. 4.]

REG.

[a] L. 38. c. 2.
[b] L. 2. c. 19.
[c] L. 1. c. 11.
[d] Léander Al.

dans le Latium, selon Pline [a], & dans le Territoire de Tusculum, selon Tite-Live [b]. Florus [c] parle aussi de ce Lac, fameux par la Victoire que remporta sur ses bords A. Posthumius contre les Tarquins. [d] Le nom moderne est *Lago de S. Prassede*.

[e] L. 2. c. 4.
[f] L. 3. c. 1.

1. REGINA, Ville d'Espagne, dans la Bétique. Ptolomée [e] qui la donne aux Turdetains, la marque entre *Contrebuta* & *Curtusus*. Pline [f] connoît aussi cette Ville, dont les Habitans sont appellez REGINENSES dans une ancienne Inscription. On croit que c'est la même Ville que l'Itinéraire d'Antonin nomme REGIANA. Voyez ce mot. Ambr. Moralis dit que le nom moderne est REYNA.

[g] Sect. 3.

2. REGINA, Ville de la première Moesie, selon la Notice des Dignitez de l'Empire [g].

[h] Léander Albert, Ital. p. 108.
[i] Magin, Carte de la Calabre Citér.

3. REGINA, Bourgade d'Italie au Royaume de Naples [h], dans la Calabre Citérieure. Elle est située dans les Montagnes, près du Fleuve Finito, au Nord de Cosenza, & au Midi de Bisigniano. Son Terroir est fertile, & l'on fait sur-tout beaucoup d'huile dans ce Quartier.

REGINEA, Lieu de la Gaule Lyonnoise. La Table de Peuttinger le marque au voisinage de la Mer à quatorze milles de *Fanum-Martis*.

REGINENSIS-AGER, Territoire d'Italie dans le Picenum, selon Ortelius [k], qui cite Balbus [l], & prétend qu'au lieu de *Reginensis* il faut lire *Ricinensis* d'*Helvia-Ricina*.

[k] Thesaur.
[l] De reb. agrar. MS.

REGION, mot François, formé du Latin *Regio*, qui répond au Grec χώρα, & à ce que les Italiens entendent par *Regione*, *Contrata*, *Banda*, ou *Pase*; les Espagnols par Region, les Allemands par Land & Landschafft & les Anglois par A Region, or Cuntrey. Ce mot pris à l'égard du Ciel signifie les quatre parties Cardinales du Monde, qu'on appelle aussi Plages. [m] A l'égard de la Terre le mot REGION veut dire une grande étendue de terre habitée de plusieurs Peuples contigus sous une même Nation, qui a ses bornes & ses limites & qui est ordinairement assujetie à un Roi ou à un Prince. Une *grande Région* se divise en d'autres Régions plus petites à l'égard de ses Peuples. Ainsi ce qui passe sous le nom de Bourguignons, de Champenois & de Picards, fait les Régions de Bourgogne, de Champagne & de Picardie. Une *petite Région* se partage en d'autres Régions encore plus petites, qui composent un Peuple & qu'on appelle Pays. Ainsi la Normandie se divise en plusieurs Pays, comme le Pays de Caux, le Vexin & autres.

[m] Ozanam, Dict. Mathém.

Une REGION se divise en HAUTE & BASSE, par rapport au cours des Rivières, par rapport à la Mer, ou par rapport aux Montagnes. La REGION HAUTE à l'égard des Rivières est la partie de la Région, située vers la source ou vers l'entrée d'une Rivière; comme la Haute Lombardie le long de la Rivière du Pô, la Haute Alsace le long d'une partie de la Rivière du Rhin. A l'égard de la Mer, c'est la partie la plus engagée dans les terres; comme la Haute Picardie, la Haute Bretagne, la Haute Normandie, la Haute Ethiopie & autres. A l'égard des Montagnes, c'est la partie qui est engagée dans les Montagnes; comme la Haute Hongrie, la Haute Auvergne, le Haut-Languedoc & autres. La BASSE REGION à l'égard des Rivières est la partie de la Région située vers l'Embouchure de la Rivière; comme la Basse Lombardie, la Basse Alsace. A l'égard de la Mer, c'est la partie la plus proche de la Mer; comme la Basse Ethiopie, la Basse Normandie, la Basse Bretagne. Quant à ce qui regarde les Montagnes, c'est la partie la plus dégagée des Montagnes, comme la Basse Hongrie, la Basse Auvergne, le Bas Languedoc.

Une REGION se divise aussi en ULTÉRIEURE & en CITÉRIEURE; ce qui a rapport aux Rivières & aux Montagnes à l'égard de quelque autre Région. La REGION CITÉRIEURE par comparaison à une autre est la partie de la même Région, qui est entre cette autre & la Rivière ou la Montagne, qui sépare la Région en deux autres Régions. Ainsi l'Afrique à l'égard de l'Europe est divisée par le Mont Atlas en Citérieure & en Ultérieure; c'est-à-dire en deux autres Régions, dont l'une est au deçà & l'autre au de-là de l'Europe: de même la Lombardie à l'égard de l'Italie est divisée par la Rivière du Pô en CITÉRIEURE & en ULTÉRIEURE; c'est-à-dire en deux autres Régions, dont l'une est au deçà & l'autre au de-là de l'Italie. Quelques Régions à l'égard de leur distance à quelque Ville considérable sont aussi divisées en CITÉRIEURE & en ULTÉRIEURE, selon deux parties plus proches ou plus éloignées de cette Ville, sans que ces deux parties soient distinguées par quelque Montagne, ou par quelque Rivière. Ainsi la Calabre est divisée en CITÉRIEURE & en ULTÉRIEURE par rapport à deux parties, dont l'une est plus proche & l'autre plus éloignée de la Ville de Naples.

On divise encore une REGION en INTÉRIEURE & en EXTÉRIEURE à l'égard d'elle même & par rapport à ses parties, qui sont en dedans ou aux extrémitez. La REGION INTÉRIEURE est la partie d'une Région la plus engagée dans les terres de cette même Région: la REGION EXTÉRIEURE est la partie d'une Région la plus dégagée, & comme au dehors des terres de cette même Région. Ainsi la partie de l'Afrique qui se trouve la plus engagée dans ses terres, se nomme AFRIQUE INTÉRIEURE; & celle qui est la plus dégagée & comme séparée de ses terres, s'appelle Afrique EXTÉRIEURE.

La grandeur respective d'une REGION à l'autre la fait encore diviser en GRANDE & en PETITE; comme quand on divise l'Asie, en Asie Majeure & en Asie Mineure, & la Tartarie en Grande & en Petite.

L'antiquité & la nouveauté de la possession & encore la nouvelle découverte de quelque Région l'ont fait diviser en VIEILLE & en NOUVELLE. C'est ainsi que les Espagnols ont appellé VIEILLE la partie de la Castille qu'ils ont reconquis sur les Maures, & NOUVELLE l'autre partie de la Castille qu'ils n'ont eu que depuis: de même le Mexique se divise en VIEUX & en NOUVEAU. C'est encore ainsi que Quivira fut nommé la Nouvelle Albion par François Drach, &c.

Enfin les REGIONS, selon les parties du Ciel,

Ciel, vers lesquelles elles sont situées l'une à l'égard de l'autre, sont dites SEPTENTRIONALES, MÉRIDIONALES, ORIENTALES, & OCCIDENTALES. Ainsi la Jutlande en Dannemarc se trouve divisée en NORD-JUTLANDE & en SUD-JUTLANDE; c'est-à-dire en Septentrionale & en Méridionale. La Gothlande en Suède est divisée en Ostro-Gothlande, en Westro-Gothlande & en Sud-Gothlande; c'est-à-dire en Orientale, en Occidentale & en Méridionale.

Il y a des RÉGIONS, comme dit Mr. Samson, qui sont appellées ORIENTALES & OCCIDENTALES, non pour être ainsi situées l'une à l'égard de l'autre; mais par le rapport qu'elles ont avec quelque autre Région qui se trouve entre deux. Telles sont les Indes Orientales & les Indes Occidentales à l'égard de l'Europe.

Dans la Topographie le mot de RÉGION est en usage pour signifier les différens Quartiers d'une Ville, comme dans Rome qui étoit divisée en quatre Régions.

REGIS-MONS, Lieu aux confins de la Pannonie & de l'Italie, & où Paul Diacre [a] dit que l'on nourrissoit des Bœufs sauvages. Lazius [b] place ce Lieu sur la route qui conduit de Pœtavis dans la Carniole; il ajoute qu'on le nomme présentement Vogel; & qu'il y avoit encore un Château qu'on appelloit Kunigs-berg, qui signifioit la même chose que Regis-mons.

[a] L. 2. Lon-gobard. c. 7.
[b] Respublic. Rom. 12.

REGIS-VILLA, Lieu d'Italie, dans la Toscane. Strabon [c] le marque entre Cossa & Ostie, sur la Côte de la Mer. Il dit que la Tradition du Pays vouloit que c'eût été autrefois le Palais Royal de Maleotus Pelasgien, qui ayant demeuré dans ce Lieu avec les Pelasgiens qui s'y étoient établis étoit passé delà à Athènes. Voyez REGÆ.

[c] L. 5. p. 225.

REGIUM, Ville de la Rhétie, selon l'Itinéraire d'Antonin, qui la marque entre Augusta & Abusina, à vingt-quatre milles de la première & à vingt milles de la seconde. Au lieu de Regium quelques MSS. portent Reginum.

REGIUM. Voyez RHEGIUM & AUGUSTA-TIBERII.

REGIUM APATOS, REGIUM YERICHO, REGIUM LIVAS, REGIUM GADARON. Ce sont quatre Sièges Episcopaux que la Notice du Patriarchat de Jérusalem met sous la Métropole de Césarée sur la Côte de la Palestine.

REGIUM FLUMEN. Voyez BASILIUM.

REGLE, (la) en Latin Abbatia Regulæ; Abbaye de France dans le Limousin. C'est un des Monastères fondez par l'Empereur Louis le Débonnaire vers l'an 817. Son Eglise fut dédiée par le Pape Urbain II. la quatre-vingt dix-neuvième année du même siècle. Cette Abbaye fut incendiée dix-ans après avec plusieurs autres Eglises. Ses titres périrent dans cet incendie; ce qui fait qu'on ne connoît guère ses premiers Abbez.

REGNI, Peuples de la Grande-Bretagne: Ptolomée [d] les place au Midi des Attrebatii & des Cantii. On croit qu'ils habitoient le Surrey.

[d] L. 2. c. 3.

REGNITZ, ou REDNITZ. Voyez REGNITZ.

REGNUM, Ville de la Grande-Bretagne: L'Itinéraire d'Antonin [e] la met à quatre-vingt seize milles de Londres. On croit que c'est présentement Rinewood. Mr. Thomas Gale, soupçonne que c'étoit une Colonie venue de la Ville Regium ou Reginum dans la Rhétie. Les habitans de cette Ville & de son territoire sont appellez REGNI par Ptolomée. Voyez REGNI.

[e] Iter. 7.

REGNY, Paroisse de France dans la Bourgogne au Diocèse d'Autun, Recette de Charolles. Elle est située sur la Rivière de l'Arroux, & il y a un Pont pour aller à l'Eglise. Dans les grandes eaux cette Rivière porte batteau l'espace de deux lieues jusqu'à la Loire. Les Hameaux qui dépendent de cette Paroisse sont Avaly, Vernay, la Vesure, le Bois de Tremblay, les Billeaux, le Montausans; le Grenot & Villegier en dépendent aussi; mais ces Lieux sont du Charollois.

REGTLES, Isle de l'Irlande, dans la Province d'Ulster au Comté de Dunnegal, dans le Lac de Dirgh, ou Derg. Nicolas Wischer dans sa Carte de l'Irlande nomme cette Isle REGLES; les habitans du Pays l'appellent ELLAN O FRUGACTORY; c'est-à-dire l'Isle du Purgatoire. Il y avoit dans cette Isle près d'un Monastère une Grotte étroite, taillée dans le Roc, tout-à-fait obscure, sans fenêtres, de la hauteur d'un homme un peu grand, & qui pouvoit contenir cinq ou six personnes. La renommée vouloit que ceux qui entroient dans cette Grotte y eussent des visions pleines d'horreur; qu'ils y vissent des Fantômes épouvantables; & que cela eût été accordé aux prières de St. Patrice, pour convaincre les Incrédules de l'Immortalité de l'ame & des peines d'une autre vie. Ce Purgatoire de St. Patrice ne subsiste plus. La Grotte fut entièrement ruinée lorsqu'on chassa les Moines du Monastère.

[f] Corn. Dict.

REGULBIUM, Ville de la Grande-Bretagne, sur la Côte appellée Littus Saxonicum. C'est la Notice des Dignitez de l'Empire [g] qui en fait mention. Le nom moderne, selon Guil. Cambden [h] est Reculuer, dans la Province de Kent à l'Embouchure de la Tamise.

[g] Sect. 52.
[h] Britannia.

REGULIACA VILLA, Lieu de France, sur l'Aisne, selon Ortelius [i] qui cite la Vie de St. Vast.

[i] Thesaur.

REGUSIO, Lieu de l'Italie Cispadane. L'Itinéraire d'Antonin le marque sur la route de Milan à Arles, en prenant par les Alpes Cottiennes, entre Fines & Ad-Martis, à trente trois milles du premier de ces Lieux, & à seize milles du second. Quelques Géographes prétendent qu'il y a faute dans cet endroit de l'Itinéraire & qu'au lieu de Regusio il faut lire Segusio.

REGUSTRON, Ville de la Gaule Narbonnoise, selon l'Itinéraire d'Antonin, qui le met sur la route de la Galice entre Alamontes & Alaunium, à seize milles du premier de ces Lieux, & à vingt-quatre milles du second. Quelques MSS. au lieu de Regustron portent Secusteron, Leçon qu'Ortelius [k] seroit tenté de préférer à la première.

[k] Thesaur.

REHBURG, petite Ville d'Allemagne avec Seigneurie de même nom [l], dans la Principauté de Calenberg, à quatre milles d'Hanno-

[l] Zeyler, Topogr. Ducat. Brunswic, p. 113.

REH. REI.

hover, près d'un Lac appellé le Steinhueder-Meer. Cette petite Ville n'a qu'une Porte.

REHIMENA, contrée de la Perside, selon Ammien Marcellin [a]. Accurse lit RHESINA pour REHIMENA, Voyez RHESINA.

[a] L.25.c 7.

REHMAN, ou REMAN, Lieu fortifié par les Romains dans la Mésopotamie, à ce qu'il paroît par un passage d'Ammien Marcellin [b]. On croit que c'est le même Lieu dont parle Ezéchiel [c]. L'Hébreu lit RABMA & la Vulgate REMA.

[b] L.18.c.10.
[c] C.27.v.22.

REI, ou REÏ CHEHRIAR [d], Ville d'Asie dans l'Yrac-Agemi, ou l'Hyrcanie de Perse, environ à 5. journées de Nischabourg. Elle est située à 35. degrez 35. minutes de Latitude & à 70. degrez de Longitude. Cette Ville fut assiégée en 1221. par les Mogols. Elle promettoit une vigoureuse défense, mais les Mogols l'eurent à bon marché. Elle étoit alors divisée en deux factions. L'une suivoit les Dogmes d'Abouhanifa, un des quatre Docteurs qui sont les Chefs des quatre Sectes prétendues Ortodoxes dans le Mahométisme; & l'autre étoit attachée aux sentimens du Docteur Schafay. Si-tôt que l'Armée Mogole parut, le Cadi de la Ville qui étoit du dernier parti fut au devant avec les Principaux de sa Secte, & offrit de rendre la Place de la part des tous les Sectateurs Schafaïtes. Le Général de l'Armée accepta l'offre & promit d'épargner tous ceux de leur croyance. Par ce moyen il entra dans la Ville par deux Portes dont la faction de Schafay étoit maîtresse. Comme l'autre parti s'étoit fortifié, il fit quelque résistance plutôt par la haine qu'il avoit pour les Schafaïtes, que pour les Mogols mêmes. Ils furent bien-tôt forcez, & presque tous mis à mort. Ainsi il périt en cette occasion la moitié des habitans de Reï.

[d] Petis de la Croix Hist. du Grand Genghizcan L.3.c.9.

REJAUMONT, Forêt de France, dans le Languedoc, Election de Montauban. C'est une Forêt de Chênes en hauts taillis, propres seulement à brûler: elle ne contient que trois cens arpens.

1. REICHENBACH, petite Ville d'Allemagne [e], dans la Silésie & dans la Principauté de Sweidniz, vers les Frontières de Bohême. Elle est située sur une Rivière de même nom. En 1633. elle fut prise par Schaffgotsch, Colonel des Impériaux après une vive défense qui lui avoit coûté trois cens hommes. Il la mit au pillage & fit passer les habitans au fil de l'épée.

[e] Zeyler, Topogr. Silesiæ, p.174.

2. REICHENBACH, Ville d'Allemagne, dans le Voigtland [f], sur le chemin d'Altenbourg à Olnitz & Eger. Elle est à un mille de Werda, à deux de Plawen, & à trois d'Olnitz. Cette Ville appartient à l'Electeur de Saxe [g], & elle est fort renommée par son grand Commerce.

[f] Ibid. Topogr. Saxon. p.157.
[g] Hubner, Geogr.

REICHENBERG, Château d'Allemagne [h], dans le Pays du Landgrave de Hesse, sur une Montagne. Il fut bâti par Guillaume III. Comte de Cazenelnbogen en 1270. Les Troupes Françoises se saisirent de ce Château l'année 1639. mais le Commandant Hessois de Rheinfels, le reprit la même année.

[h] Zeyler, Top. Hassiæ. p.67.

REICHENFELS, Bourg d'Allemagne, dans la Carinthie [i], avec Château. Ce Bourg est fort considérable & appartient à l'Evêque de Bamberg.

[i] Zeyler Topogr. Carinthiæ, p. 102.

REICHENSTEIN, petite Ville d'Allemagne dans la Silésie, à 2. milles de Glatz, & à 4. de Neisse. Elle appartenoit autrefois aux Ducs de Münsterberg [k], puis à la Famille de Rosenberg, qui la rendit à Joachim Frédéric Duc de Lignitz, & de Brieg. Il y a autour de cette Ville des mines très-fameuses, & entre autres une mine d'Or, appellée l'Ane d'Or. En 1542. elle perdit 1600. habitans, par la Peste, & ce malheur fut attribué au sortilèges d'un Fossoyeur, qui fut brûlé.

[k] Ibid. Topogr. Silesiæ.

REICHENWEYER, ou REICHENWEYLER, Ville de France dans l'Alsace [l], au-dessous de Keysersberg. Elle fut environnée de murailles l'an 1291. par les soins des Seigneurs de Harburg, ou Horburg, dont les Successeurs Walther & Burckhart de Horburg la vendirent en 1324. avec diverses autres Seigneuries à Ulric Comte de Würtenberg.

[l] Ibid. Topogr. Alsat. p. 413.

REICHERSBERG, petite Ville d'Allemagne, dans la Bavière, à deux milles de Scharding, sur la Rivière d'In.

REICHERSHOFFEN, Bourg d'Allemagne, dans la Bavière, sur la Rivière de Par à deux milles d'Ingolstadt.

REICHSHOFEN, ou REITHOFEN [m], petite Ville de la Basse Alsace, située dans le voisinage de Hagenaw. Elle appartint autrefois à l'Electeur Palatin, ensuite à la famille d'Ochsenstein, & depuis aux Comtes Hanaw. Münsterus dit que cette Ville située dans la Seigneurie de Lichtenberg, avoit été de son tems aux Comtes de Blitsch, qui l'avoient eue de la famille d'Ochsenstein, & l'avoient laissée aux Comtes de Deux-Ponts, & qu'ensuite Jacques Comte de Deux-Ponts, l'avoit donnée en fief, sous de certaines conditions, à l'Evêché de Strasbourg, dont les Evêques ont eu beaucoup de disputes, sur ce sujet; mais en 1633. cette Ville avec le Château de Reichshofen, fut contrainte de se rendre à discrétion, à Chrétien, Comte Palatin, de la ligne de Birckenfeld.

[m] Topogr. Alsaciæ. p. 44.

REIDE, ou REIDE-SCHANS [n], Forteresse des Pays-Bas, dans la Seigneurie de Groningue, à l'Embouchure de l'Ems, à deux grandes lieues au-dessus de Delfzuyl.

[n] Dict. Géogr. des Pays-Bas.

REIDERLAND, petite Contrée d'Allemagne, dans la Westphalie, & qui fait partie du Comté d'Embden. Elle est renfermée entre l'Emland, la Rivière d'Ems, le Dollert & le Marais de Bortange. Cette Contrée étoit autrefois plus grande qu'elle n'est présentement. Il y en eut une moitié d'engloutie le 25. Décembre 1277. par l'inondation de la Mer. Le Bourg de Wener est le principal Lieu de cette Contrée.

REIFFENBERG, Château d'Allemagne [o], dans le Landgraviat d'Hesse-Cassel. Il est bâti sur une Montagne & fortifié. Cronberg & Königstein n'en sont qu'à un mille. Ce Château de même que le Bourg qui est situé au pied de la Montagne appartient à une famille du même nom.

[o] Zeyler, Topogr. Hassiæ, p. 67.

REIFFERSCHEID, petite Ville d'Allemagne, avec Château, dans le Cercle du Bas-Rhin, au Pays appellé Eiffel, près de Manderscheid. Les Comtes de Reifferscheid en portent le nom.

REIFFNIZ, ou REIFFNICZ [p], Bourg & Château d'Allemagne dans la Carniole, dans la Windisch-Marck. Il appartenoit autrefois

[p] Zeyler Topogr. Carniol. p. 129.

aux

aux Comtes de Kiſl, mais à préſent ce Bourg & ſes Dépendences ſont poſſédées par la Famille de Trigler. En 1480. Les Turcs ayant pénétré juſqu'à ce Bourg, brûlérent, pillérent, & ravagérent toute cette Contrée.

REIGELSBERG, petite Ville d'Allemagne [a], dans la Franconie, entre les Bourgs de Riet & d'Aab.

[a] *Zeyler, Topogr. Carniæ. p. 74.*

REILLAC-XAINTRIE, Bourg de France dans le Limouſin, Election de Tulles. On y compte environ ſept cens habitans.

REILLANE, petite Ville de France, dans la Provence, Viguerie d'Aix avec titre de Vicomté. Ce n'y a guère plus de cinq cens habitans; elle ne laiſſe pas néanmoins d'avoir entrée aux Aſſemblées de la Province. Il y a un Couvent de Cordeliers qui eſt fort ancien.

REILLANETTE, Bourg de France, dans le Dauphiné, avec un Château. Ce Bourg eſt inacceſſible de tous côtez & fortifié de pluſieurs Baſtions. La Plaine peut fournir du Bois & du Bled pour la Garniſon.

REIMBECK, ou REYNEBECK, Bailliage du Duché de Holſtein dans la Stormarie [b]. Il a pris ſon nom d'un Village, ſitué au-deſſous de Bergersdorff, près de la Riviére de Bille, entre Hambourg & Trittow. Il y avoit autrefois dans ce Lieu un Monaſtère fondé par le Comte Alfonſe, qui y embraſſa la vie religieuſe. Dans la ſuite ce Monaſtère fut donné à des Religieuſes, qui en 1530. le cédérent volontairement avec ſes dépendances à Frédéric Roi de Dannemarc & Duc de Holſtein. Elles quittérent alors la vie religieuſe & firent cette démarche après un grand feſtin dans lequel elles caſſérent les vitres, & briſérent les meubles ſuivant le rapport d'Helvaderus [d].

[b] *Hermanid. Deſcr. Dan. p. 1047.*
[c] *Zeyler, Topogr. Holſat.*
[d] *Sylva Chronologica.*

REIMS. Voyez RHEIMS.

REINECK, ou RINECK; petite Ville d'Allemagne [e], dans la Franconie, avec Château. Elle eſt ſituée ſur la Riviére de Sal, à cinq milles de Würtzbourg, & à neuf de Hanaw. Le Château appartient à l'Electeur de Mayence, & la Ville au Comte de Hanaw.

[e] *Zeyler, Topogr. Francon. p. 45.*

REINFELDE, REINFELDIA; petite Ville d'Allemagne [f], au Duché de Holſtein, dans la Wagrie, près d'Oldeſlo. Il y avoit autrefois dans ce Lieu un Monaſtère célèbre de l'Ordre de Citeaux. Reckmann dit dans ſa Chronique que ce Monaſtère fut fondé en 1186. par Adolphe Comte de Holſtein [g]; & que Jean Comte de Holſtein y fut enterré en 1264. Pluſieurs autres Princes de cette Maiſon y ont auſſi été inhumez. Le Continuateur Anonime d'Helmod dit qu'Adolphe I. Comte de Holſtein fonda ce Monaſtère. Cela ne ſe peut. Adolphe I. ne poſſéda point la Wagrie.

[f] *Zeyler, Topogr. Sax. Inf. p. 201.*
[g] *Hermanid. Deſcr. Daniæ. p. 1011.*

REINFREW, Ville du Royaume d'Ecoſſe [h] & le Chef-lieu d'une Baronnie de même nom, ſituée au Nord-Eſt de la Province de Cunigham. La Ville eſt bâtie ſur le bord de la Clyde; & elle donne le titre de Baron au Prince d'Ecoſſe.

[h] *Etat préſent de la Gr. Br. t. 2. p. 259.*

REINGRAVENSTEIN. Voyez RHEINGRAFSTEIN.

REINHARTSBRUNN, ou REINHARTSBORN; Abbaye d'Allemagne, dans la Turinge [i], entre Tennenberg & Georgenthal, près du Bois de Thuringe. Elle fut fondée par Louïs II. Comte de Döringe ſurnommé le Sauteur, qui ayant tué Frédéric Comte Palatin de Saxe & épouſé ſa Veuve, bâtit cette Abbaye en 1085. pour y faire pénitence. Il y mourut en 1124. âgé de 73. ans. Sa femme fit bâtir de ſon Douaire un Monaſtère appellé Olderſleben, où elle finit pareillement ſes jours. Une Chronique de Thuringe dit que l'Abbaye de Reinhartsbrun tire ſon nom d'un Fayencier nommé Reinhart, qui habitoit dans le Bois près d'une fontaine très-profonde.

[i] *Zeyler, Topogr. Turingiæ.*

REINHAUSEN, Château d'Allemagne [k], au Duché de Brunſwig, dans la Principauté de Calemberg au voiſinage de la Ville de Göttingen.

[k] *Zeyler, Topogr. Ducat. Brunſw. p. 133.*

REINHERS, petite Ville d'Allemagne [l], dans la Siléſie, au Comté de Glaz. Elle eſt ſituée à ſept milles du Chef-lieu de ce Comté, ſur la route de Bohême.

[l] *Ibid. Topogr. Bohem.*

REINSBURGH, ou REINSBOURG; Village des Pays-Bas [m], dans le Rheinland, à une grande lieuë de Leyde, près de Catwick-op-Rhin. Il dépendoit autrefois d'une célèbre Abbaye [n] que Théodore & Florent, tous deux Comtes de Hollande y avoient fondée ſucceſſivement, auſſi-bien que la Comteſſe Peronelle & une Dame de la Maiſon de Saxe. On les voit peints dans une vitre de l'Egliſe, chacun ſelon ſon ordre. Les Etats de Hollande poſſédent aujourd'hui cette Abbaye dans laquelle il y avoit autrefois des Religieuſes nommées *Dames*, à cauſe que leur Abbeſſe étoit Dame Spirituelle & Temporelle de ce Lieu, avec droit de Juſtice, Haute, Moyenne, & Baſſe, & qu'on n'y recevoit aucune fille qui ne fût d'une Nobleſſe très-ancienne. Elles ne faiſoient ordinairement profeſſion qu'après avoir paſſé pluſieurs années dans ce Monaſtère, parce que quelque tems qu'il y eût qu'elles fuſſent Religieuſes elles pouvoient ſortir & ſe marier tant qu'elles n'avoient point fait profeſſion. On faiſoit de grandes aumônes dans cette Abbaye trois fois la ſemaine; & chaque jour de diſtribution il s'y aſſembloit juſqu'à deux mille perſonnes. Outre les Tombeaux des Fondateurs, on en voit dans cette Egliſe qui ſont magnifiques: ce ſont les Tombeaux de Comteſſes & d'autres Seigneurs de Hollande.

[m] *Dict. Géogr. des Pays-Bas.*
[n] *Corn. Dict. Guichardin. Deſcr. des Pays-Bas.*

REINSTEIN. Voyez RHEINSTEIN.

REIPERSWEILER, petite Ville de France dans l'Alſace. Elle appartient à la Famille de Lichtenberg qui y a ſon Tombeau.

REIPOLTSKIRCK, Seigneurie d'Allemagne [o], dans le Palatinat du Rhin, au Duché de Deux-Ponts. Le Chef-lieu qui lui donne le nom eſt ſitué à deux lieuës de Lautereck.

[o] *Hubner, Geogr.*

REISCHBACH, ou REISPACH; Bourg d'Allemagne dans la Baſſe Baviére, & dans la Régence de Landshut, avec une Seigneurie de même nom.

REISHOFFEN, petite Ville de France, dans la Baſſe Alſace, dans le Bailliage d'Oberbronne. Elle n'a qu'environ ſix cens habitans.

REITE, grand Bourg d'Allemagne [p], dans le Tyrol, aux confins de la Suabe, à un quart de mille du Château d'Ehrenberg.

[p] *Zeyler, Topogr. Com. Tyrol. p. 153.*

RELANGES, Lieu du Duché de Lorraine, au Diocèse de Toul, Office de Darney. Son Eglise Paroissiale est sous le vocable de l'Assomption de Nôtre-Dame. Le Prieur du Lieu qui en est aussi Seigneur, est Patron de la Cure : le Curé perçoit la moitié de la grosse & menue dixme, le Sacristain de Relanges a l'autre moitié. Le Prieuré de Relanges est sous le titre de Saint Pierre. Il dépend de l'Abbaye de Cluni de l'Ordre de Saint Benoît. Ce Prieuré a été fondé au treizième siècle par Thierri de Lorraine Seigneur du Châtelet. Il est en commande & son revenu est de mille livres; la Sacristie est un Office en titre, qui a quelques revenus. Le Prieur est Patron de plusieurs Cures : il est Seigneur de Relanges, de Vivier-le-Gras, d'Ische, de Nonville, Dombale, They-sous-Montfort, Etrenne, & Bouzanville.

RELAY, (le) Prieuré de France, dans la Touraine, Diocèse de Tours. Il est de l'Ordre de Fontevrault.

RELECQ, RESTES, ou LES RELEC; en Latin *Notra-Domina de Reliquis* ou *de Reliquiis Abbatia* : Abbaye de France dans la Bretagne, au Diocèse de St. Pol de Léon, à la source d'une petite Rivière, à trois lieues & demie au-dessus de Morlaix. Cette Abbaye qui se trouve aux confins des Diocèses de St. Pol de Léon, de Treguier & de Cornouaille, dans un Vallon, est de l'Ordre de Citeaux. Elle fut fondée pour des Religieux le 12. des Calendes d'Août 1132. C'est un Pélerinage très-célébre dans le pays : elle vaut douze mille livres de rente à l'Abbé. Au dessus du Vallon, où cette Abbaye est située, il y a une grande Forêt.

RELIAC, Bourg de France, dans le Quercy, au Diocèse de Cahors, Election de Figeac. Il n'a pas trois cens habitans.

RELIQUE, Abbaye de France, dans la Bretagne. Voyez RELECQ.

REMBERVILLE, petite Ville de France, au Diocèse de Toul, & le Chef-lieu d'une Châtellenie du Temporel de l'Evêché de Metz. Cette Ville a appartenu autrefois à des Seigneurs particuliers, de qui Etienne de Bar, Evêque de Metz, l'acquit en 1120. Ce Prélat la fit fermer de murailles & y fit construire une Forteresse pour sa défense. La Cure est à la Collation de l'Abbé de Senones. La Paroisse est dédiée à St. Libaire. Il y a plusieurs Chapelles rentées, un Hôpital, un Monastère de Bénédictines du St. Sacrement, & un Couvent de Capucins.

REMAGEN, Bourgade d'Allemagne [a] au Duché de Juliers, sur la Rive gauche du Rhin, environ à deux lieues au-dessous de Bonn.

REMATA, Lieu de Sicile, selon Ortelius [b] qui cite Cédrène.

REMEN, Bourg d'Allemagne, dans la Westphalie, au confluent du Weser & de la Verne, en Latin *Rema*. Henri de Herford, [c] prétend que Charlemagne fit bâtir une Eglise dans ce Lieu, & qu'il lui donna le nom de *Rema* par imitation de celui de la Ville de Rheims en France [d]. Il y auroit assez d'apparence à cela, Charlemagne ayant donné des noms François à plusieurs endroits de l'Allemagne. Cependant si l'on examine la chose de près, on ne conviendra pas qu'il soit l'Auteur du nom *Rema*, qui étoit connu avant que ce Prince fût au monde. Il seroit plus naturel d'attribuer l'origine de ce nom à quelqu'un des Rois de France ses prédécesseurs, qui firent la guerre contre les Allemans.

REMERVILLE, Ville de France dans le Pays Messin, Recette de Metz. La Paroisse est dédiée à la Nativité de Notre-Dame, & la Cure est à la Collation du Chapitre de Brixei. L'Evêque de Metz est Seigneur de cette petite Ville par le moyen de de l'échange, qui en a été faite avec le Duc de Lorraine, pour Massal. La Terre de Courbesault, qui dépend de cette Paroisse est de la Souveraineté de Lorraine.

REM-HORMOUS, Ville de Perse, selon Tavernier [e], qui la met à 74. d. 45'. de Longitude & à 31. d. 45'. de Latitude. Les Persans disent que c'est dans cette Ville que naquit Salomon pere nourrissier d'Aly gendre de Mahomet.

REMI, ou *Rhemi*, Peuples de la Gaule Belgique. La derniere orthographe est aujourd'hui la plus commune, & la premiere étoit plus usitée chez les Anciens. Les Itinéraires Romains & les Notices de l'Empire lisent *Remi*, aussi-bien qu'une ancienne Inscription conservée dans le Tresor de Gruter [f] CIVITATI SUÆ REMORUM. Les Peuples *Remi* étoient regardez du tems de César [g] comme les plus considérables après les Ædui : *Eo tum statu res erat (in Gallia) ut longe principes haberentur Ædui, secundum locum dignitatis Rhemi obtinebant* [h]. Ce Peuple qui comprenoit du tems de César tout ce qui est présentement sous les Diocèses de Rheims, de Châlons & de Laon, avoit encore compris auparavant le Pays, qui forme le Diocèse de Soissons : c'est pour cela que dans César ceux de Rheims appellent ceux de Soissons : *Fratres consanguineosque suos, qui eodem jure iisdemque legibus utantur, unum Imperium unumque Magistratum cum ipsis habeant*. D'où il est aisé de juger que ceux de Soissons avoient fait autrefois partie de la Cité des *Rhémois*. La Capitale de ces derniers étoit *Durocortorum* aujourd'hui Rheims. Voyez DUROCORTORUM & RHEIMS.

REMIGNY, Paroisse de France, dans la Bourgogne, au Bailliage de Châlons. Elle est située sur le penchant d'une petite Montagne, qui la couvre au Soleil levant, & elle est bornée par la Rivière de Heune au Couchant. Il y a un Pont sur cette Rivière. Quant au Pays ce sont Montagnes & Vignes.

1. REMILLI, ou REMILLI EN ALBANOIS. Voyez RUMILLY.

2. REMILLI, Bourgade de France, au Pays Messin, Recette de Metz, & qui n'a qu'environ deux cens cinquante habitans.

Remilli [i], est un des plus anciens Domaines de l'Eglise de Metz. Lorsque dans le douzième Siécle plusieurs Seigneurs usurpérent les Terres de l'Evêché, Remilli seul ne fut point démembré de la Mense Episcopale, dont il fait encore partie aujourd'hui. Remilli avoit été donné en fief au Comte Linange dans le treizième Siécle ; mais le Comte ayant pris les armes contre l'Evêque Bouchard d'Avennes, il fut vaincu, & pour sa felonie perdit Remilli, qui fut réuni au Domaine de l'Evêché ; & le Com-

[a] Jaillot, Atlas.
[b] Thesaur.
[c] L. 2. c. 69.
[d] Monument. Paderborn. p. 101.
[e] Liv. 3. Remarq. sur la Carte de l'ancienne Gaule.
[f] p. 158. n.
[g] L. 6.
[h] Samson.
[i] Longuerue, Descr. de la France, p. 169.

te fut outre cela privé de l'avouerie de St. Avod, qui fut donnée ensuite au Comte de Sarburg. Dans le siècle suivant, le Ban de Remilli fut encore donné en Fief au Comte Sauvage, dont il reconnut l'Evêque Renaud de Bar l'an 1306.

3. REMILLY, Baronnie de France dans la Normandie, Election de Coûtances.

4. REMILLY, Paroisse de France, dans le Nivernois, Election de Nevers, sur le bord de la Rivière d'Alaine, à trois lieues de la Ville de Luzy. Plusieurs petits Villages ou Hameaux dépendent de cette Paroisse, qui est située les deux tiers en Plaine. Ce sont terres à seigle & avoine. Il y a des foins suffisamment pour la nouriture des Bestiaux. Les pacages sont en Bois, & il peut y en avoir autour de quatre cens arpens. Il y a aussi des Futayes, plusieurs Etangs & quelques Vignes. La petite Chartreuse d'Aponay est située dans cette Paroisse, dont les Religieux de ce Monastère sont Seigneurs.

REMIREMONT, petite Ville du Duché de Lorraine, au Diocèse de Toul, sur la Moselle. C'est le Lieu le plus célèbre de toute la Vosge, à cause de l'Illustre Chapitre des Dames Chanoinesses très-nobles, qui occupent l'Eglise & Collège de St. Pierre. Cette Ville [a] est aujourd'hui dans une Vallée sur la Rive gauche de la Moselle; mais autrefois REMIREMONT OU ROMARIMONT, étoit à l'Orient de la Moselle, sur une Montagne, où St. Romaric avoit en propre un Château nommé HABEND, où il fonda des Monastères pour des Moines & des Religieuses qui suivoient l'Institut de St. Colomban, comme il étoit pratiqué à Luxeu en Bourgogne. Ce lieu s'appelle aujourd'hui le SAINT MONT, à cause qu'il a été habité d'un grand nombre de Saints. St. Amé fut le premier Abbé des Moines qui avoient deux Oratoires, & Mactefléde, Abbesse des Religieuses qui avoient sept Oratoires. Il y avoit dans les neuf Oratoires neuf Chœurs de personnes sacrées, qui chantoient les louanges de Dieu, & qui imitoient les neuf Chœurs des Anges.

Ce Lieu fut ruiné jusqu'aux fondemens dans le commencement du neuvième siècle par les Hongrois ou les nouveaux Huns, qui ayant passé le Rhin sous le Règne de Louis fils d'Arnou, ravagèrent cruellement tous ces pays-là. On bâtit ensuite une nouvelle Eglise dans la Plaine, de l'autre côté de la Moselle, dans une situation qui n'étoit pas incommode, comme celle du Sr. Mont. Les Moines Bénédictins veulent que les Filles que l'on établit dans cette nouvelle Maison ayent été des Religieuses de leur Ordre, & les Chanoinesses soutiennent qu'elles n'en ont jamais été, depuis la fondation de la nouvelle Maison de St. Pierre, & que c'est à elles & en leur considération que les Papes ont accordé de si grands Privilèges, avec une exemption entière de la Jurisdiction de l'Ordinaire.

Remiremont, qu'on appelle un des quatre Hôpitaux de Lorraine, étoit un Collège impérial, dont les Empereurs ont donné, il y a long-tems, l'avouerie aux Ducs de Lorraine, qui en ont pris l'investiture jusqu'au Duc Charles IV. qui la reçut l'an 1627. de l'Empereur Ferdinand II. Car dans la Patente on a marqué non seulement l'avouerie de la Ville de Toul, mais aussi celle du Monastère de Remiremont, *advocatia Monasterii in Rumelsberg, Tullensis Diœcesis*. Les Allemands appellent Remiremont, RUMELSBERG, ou ROMBERG, c'est-à-dire le *Mont de Romaric* d'où est venu le nom de ROMARIMONT corrompu en REMIREMONT. Quant au St. Mont, après avoir été long-tems desert & abandonné, les Chanoines Réguliers de St. Augustin l'occupèrent, & ils y ont demeuré, jusqu'à l'an 1623. qu'ils l'ont cédé aux Moines de la Congrégation de St. Vannes.

L'Abbaye de Remiremont [b] est gouvernée par une Abbesse, une Doyenne & une Secréte ou Sacristine, dont les fonctions & les Menses sont séparées. Tout le revenu de cette Abbaye est partagé en cent quarante-quatre Prébandes, dont l'Abbesse en possède trente six. Vingt neuf autres sont partagées entre douze Chapelains, le Grand Sénéchal, le Grand Sonrier ou Maître des Bois, & quelques autres Officiers qui sont tous gens de qualité, & qui en retirent très-peu de profit. Les soixante dix-neuf Prébandes qui restent se partagent entre les Chanoinesses, qui sont rangées sous vingt neuf Compagnies. De ces Compagnies il y en a cinq de cinq Chanoinesses chacune, huit de quatre, six de trois, & deux de deux. Chaque Chanoinesse est prébandée sur l'une de ces Compagnies & regarde les autres comme ses Compagnes de Prébande. Si elles viennent à mourir sans avoir prébandé, une Demoiselle, la survivante, succède à leurs meubles & à leurs Prébandes; en sorte cependant qu'une Dame qui se trouve seule dans une Compagnie de cinq, est obligée de faire trois Nièces; c'est-à-dire d'a-prébander trois Demoiselles, l'une sur les deux premières Prébandes, l'autre sur les deux d'après & la troisième sur celle qui reste. La survivante d'une Compagnie de quatre ou de trois doit faire deux Nièces; & celle d'une Compagnie de deux n'en doit faire qu'une. Si elles y manquent l'Abbesse y pourvoit après un certain délai. Par ce moyen le Chœur est toujours rempli d'environ quarante Dames & le Service s'y fait avec beaucoup de régularité. Elles n'ont ni vœux ni clôture. L'Abbesse est pourtant obligée par les Statuts de faire les vœux solemnels de Religion, à moins qu'elle n'obtienne dispense du Pape, & les Officiers doivent seulement faire des vœux simples. Les Chanoinesses touchent distributions au Chœur, comme les Chanoines. Le revenu de l'Abbesse est d'environ quinze mille livres.

L'Abbesse de Remiremont use de cette formule: *Je N. par la Grace de Dieu humble Abbesse de l'Eglise de St. Pierre de Remiremont de l'Ordre de St. Benoît, Diocèse de Toul, immédiatement soumise au Saint Siège Apostolique.* C'est pourquoi la Ville de Remiremont porte pour Armes les Clefs de Saint Pierre. Elle est Princesse du Saint Empire, & c'est en cette qualité, qu'elle se fait servir avec toutes les Cérémonies princières; Privilège accordé en l'an 1090. à l'Abbesse Félicie de Lore, & confirmé par l'Empereur Albert I. de la Maison d'Autriche en la personne de Clé-

[a] Longuerue, Descr. de la France, part. 2. p. 149.

[b] Piganiol, Descr. de la France, t. 7. p. 363.

Clémence d'Oyselet, au Mois d'Avril de l'année 1307. Quand cette Abbesse va à l'Ofrande, ou à la Procession, sa Dame d'honneur lui porte la queue de son Manteau, & son Sénéchal porte la Crosse devant elle. Le Diacre & le Sous-Diacre la vont prendre à sa Chaise Abbatiale pour la mener à l'Ofrande, puis la reconduisent à sa place, & lui aportent l'Evangile, le Corporal, & la Paix à baiser.

Madame de Salm, Abbesse du tems qu'Amelot de la Houssaie étrivoit, prétendoit que les Dames Chanoinesses lui portassent la queue; mais comme cela ne s'étoit jamais pratiqué dans l'Eglise de Remiremont, la Doyenne, & le Chapitre l'ont obligée de se contenter de ses anciens droits. L'Abbesse est seule haute Justicière en la Franche Chambre, & Mairie de Celles, & dans les Mairies de Rehaupaux, & de Chandray. Elle a seule Haute, Basse, & Moyenne Justice sur les Sujets de la Grange de . . . . . lez Remiremont, & droit de leur imposer taille à volonté. Elle a le quart de toutes les Dixmes de son Eglise. Elle est pour la moitié, contre le Chapitre & la Dame Sonriére, haute, moyenne & basse Justicière en la Ville, Fauxbourg, & finage de Remiremont. Elle a la moitié aux Poids & aux Mesures, le quart à la Pêche des fossez de la Ville, & le quart à tous les droits d'entrée, outre plusieurs amendes, rentes en argent, pain, vin, huile, agneaux, chapons, poules, œufs, cire, sel, & bois. En cas de vacance, elle conféré en tous Mois la demi-Prébande de St. André, qui doit fournir le Charbon que l'on met en hyver dans l'Eglise, & dans la Sacristie de St. Pierre; celle du Sépulcre, la Chapelle de St. Servais, comme aussi les douze Canonicats servans. Elle succede aux prébandes des Dames qui n'ont ni Niéces ni Compagnes, & à leurs biens, si elles n'en ont pas disposé par Testament. Elle hérite aussi du Maître de l'Hôpital de Remiremont, s'il meurt sans tester; mais en ce cas elle est chargée des dettes de la succession. Au reste cet Officier ne peut tester sans son consentement. Elle peut avec la permission du Pape choisir une Coadjutrice, mais il faut que ce soit une Dame du Corps du Chapitre, & que le Chapitre y consente. Tous les ans, le jeudi d'après la Nôtre-Dame de Décembre, elle tient son Plaid solennel, accompagnée de toutes les Dames Chanoinesses, excepté la Doyenne, du Grand Prévôt & du Sénéchal. Et ce Plaid se bénit par le Doyen de la Justice Ordinaire de Remiremont en ces termes: *Je bénis le Plaid de Madame de par Dieu, & de par St. Pierre.* Soit dit en passant, que toutes les Terres & Seigneuries possedées par l'Abbaye de Remiremont, se sont approprié le titre de Patrimoine de St. Pierre, en vertu d'une Bulle de Jean IV. par laquelle ce Pape prit cette Communauté naissante sous la protection & subjection immédiate du Siège Apostolique. Toutes les Sentences qui interviennent sur les Causes plaidées devant l'Abbesse, sont signées de sa main, & commencent par cette formule: *Veü par nous Dame Abbesse de Remiremont.* Toutes les Ordonnances se font pareillement en son nom dans tous les Lieux dépendans de sa Crosse. Quand les voix sont miparties dans le Chapitre, & qu'elle y est présente, le côté, dont elle est, emporte la balance. Ses Mandemens à ses Maires & à ses autres Officiers finissent par ces mots: *De par Madame.*

Elle fait faire les montres & les revues des Bourgeois en armes par son Sénéchal, qui n'obéit qu'à elle. Aussi ne fait-il point ses preuves en Chapitre, mais seulement à l'Abbesse. En tems de guerre ce Sénéchal garde les clefs de la Ville, donne le mot, qu'il reçoit d'elle, si elle est en Ville, ou de la Dame Chanoinesse, sa Lieutenante. Dans les Processions il porte une épée pour marque de l'autorité qu'il tient d'elle.

Lorsqu'elle s'absente de la Ville, elle y établit pour Lieutenante une Dame de Prébande, ou une Dame Niéce, dont elle peut changer autant de fois qu'elle s'absente. Alors l'Abbesse ne peut plus rien ordonner du lieu où elle est, sa Lieutenante ayant l'exercice absolu de la Jurisdiction de la Crosse, pour tout ce qui concerne la Mense Abbatiale, mais non pour les aprébandemens, ni pour les permissions de s'absenter, & de tester, qui sont de la Jurisdiction de la Doyenne, de la Dame Secréte, ou de la plus ancienne Chanoinesse en l'absence de la Dame Abbesse. Le jour de Noël, l'Abbesse doit pour étrenes dix-huit livres neuf gros au Chapitre, deux écus sols à la Doyenne & la collation à toutes les Chanoinesses à certains jours de l'année. Quand elle est présente au Chœur, c'est à elle que se doivent présenter les Demoiselles qu'on veut aprébander, afin qu'elle les coiffe. Si la Dame Abbesse est nommée la première dans les Actes & dans les Ordonnances du Chapitre, c'est en qualité de Chanoinesse aprébandée, & non point comme Abbesse. Et cela est si vrai, que si une Abbesse, par extraordinaire, est élue avant que d'être Chanoinesse, elle ne peut entrer ni avoir voix au Chapitre, qu'elle ne se fasse aprébander auparavant. Car sa présence n'est point nécessaire pour la validité des Actes qui se font par le Chapitre. Et cet usage est conforme à ce qui se pratique envers les Evêques, qui n'entrent point dans leurs, Chapitres comme Evêques, mais comme plus anciens Chanoines, titre attaché à leur dignité Episcopale.

Les Députez de l'Abbaye aux Etats Généraux du Pays sont nommés conjointement par l'Abbesse & par le Chapitre, & ont séance parmi ceux du Clergé: mais comme les Dames Chanoinesses sont du Corps de l'ancienne Chevalerie de Lorraine, elle jouïssent également de tout les droits du Clergé & de la Noblesse.

Les homages que les Sujets de l'Abbaye rendent à l'Eglise de Remiremont le lundi de la Pentecôte; & celui des quatre grands Officiers, qui se rend la veille de la division des Apôtres, se reçoivent conjointement par l'Abbesse & par le Chapitre: & toutes les transactions qui se font avec les Ducs de Lorraine, & les autres Princes, sont sous le nom de l'Abbesse & du Chapitre.

Quand l'Abbesse vient à mourir, sa succession échoit par moitié au Chapitre, & à la future Abbesse. Dès qu'elle est morte, le Chapitre met sa Crosse au Trésor; son Cabinet, ses Chambres, & ses Cassettes sont scellées du Seau de la Doyenne. Elle est exposée en public revêtue de ses habits de cérémonie, avec une Crosse de cire, à son côté. Le jour de son enterrement, on lui dit trois Messes hautes, après quoi elle est portée au Cimetière des Dames, ou dans la Chapelle de St. André, où plusieurs Abbesses sont enterrées, selon qu'elle en a ordonné par son Testament. L'Anneau, avec lequel elle a été bénite, appartient après ses funerailles au Chanoine de Semaine du Grand-Autel.

La Doyenne à la même Jurisdiction que l'Abbesse sur le Chœur de l'Eglise de Remiremont, & est Juge ordinaire des Chanoines & des autres Beneficiers de cette Eglise dans l'enceinte du Cloître. C'est à elle qu'il faut adresser les preuves des Demoiselles postulantes, pour les faire examiner par le Chapitre; & c'est elle qui prend le serment des Chevaliers qui présentent les preuves de ces Postulantes. Elle a droit de convoquer le Chapitre quand il lui plait: elle y préside, prend les voix, prononce les Ordonnances Capitulaires, & les fait enregîtrer par l'Ecolâtre sur le Livre des Statuts, dont elle a la garde. Quand les voix sont miparties, la sienne est prépondérante, ainsi que celle de l'Abbesse, lorsqu'elle y assiste.

Toutes les actions qui s'intentent en Chapitre, soit contre des Chanoinesses ou contre des Officiers de l'Abbaye, sont en son nom. Les appels interjettez des Sentences rendues par la Justice Ordinaire de Remiremont ressortissent à son Buffet, pour y connoître du bien ou mal jugé; ce qu'elle fait avec l'assistance des Chanoines. Pendant la Semaine-Sainte que les Cloches ne sonnent point, c'est à elle à donner le signal pour commencer l'Office, en la présence même de l'Abbesse. Elle a une clef de la Chasse de St. Roméric, une du Scau, une autre des Armoires où sont les titres de l'Abbaye, une du Coffre de l'argent, & une du Chancel ou Chanceau, c'est-à-dire, du haut du Chœur ainsi appellé à *cancellis*, parce qu'il est fermé d'une grille, qui s'ouvre pendant l'Office. Elle nomme le Solliciteur du Chapitre & l'Ecolâtre. Elle met l'Infirmière & les Coquerelles dont la fonction est de garder les Dames Chanoinesses depuis l'Extrême-Onction jusques à leur enterrement; & elle les destitue quand il y a cause. Ces Officières à leur entrée, lui doivent deux écus sols. Elle confére trois ou quatre Chapelles, dont elle fait expédier les provisions par l'Ecolâtre, qui est proprement le Secrétaire du Chapitre. L'Abbesse, le Grand Prevôt, le Grand & Petit Chancelier, & le Grand Sonrier lui doivent, chacun, deux écus sols, le premier jour de l'an. Les Offrandes du Vendredi Saint, qui se font en adorant la Croix, appartiennent à la Doyenne.

Elle n'assiste point au Plaid de l'Abbesse, parce que c'est au Chapitre de connoître de toutes les difficultez qui peuvent survenir en ce Plaid, soit entre la Dame Abbesse, & le Grand Prevôt; soit entre la Bourgeoisie, l'Abbesse & le Prevôt. Et si les Chanoinesses y assistent, ce n'est que pour honorer la séance de l'Abbesse: ce qui ne tire point à conséquence attendu qu'elles ne composent point de Chapitre en l'absence de la Doyenne, qui en est la representante. Elle est é-

lue par le Chapitre comme l'Abbesse, mais avec cette différence, que l'Abbesse ne peut assister à son élection, au lieu que la Doyenne intervient & préside à celle de l'Abbesse. Elle est seulement mise en possession par l'Abbesse, & en son absence par la Dame Secrete, qui est la troisième dignité de l'Abbaye; & en l'absence de la Secrete par la plus ancienne Chanoinesse. Elle porte le grand Couvrechef comme l'Abbesse, & a son Siège au Chœur, vis-à-vis la Chaise Abbatiale. Quand elle s'absente de la Ville, elle y met une Lieutenante, qui doit être du Corps du Chapitre, soit Dame de prébande, ou Nièce, c'est-à-dire, qui attend une Prébande vacante. Lorsque la Doyenne vient à mourir, les clefs dont elle avoit la garde, sont commises à une Chanoinesse pour les garder jusqu'à ce que l'on ait élu une autre Doyenne.

La Secréte a la direction de la Sacristie & de la décoration de l'Eglise. Elle a trois Sacristains qui servent sous elle en titre de Bénéficiers: & un Clerc qui gouverne la sonnerie; d'où il est appellé le *Clocher*. Elle administre les revenus qui sont affectez à l'achat & à l'entretenement des Ornémens, des Vases, & de toutes les autres choses nécessaires dans une Sacristie de telle importance. Elle dispose de quatre Cures, & donne la permission de dire la Messe au Chancel aux Prêtres, qui ne sont pas du Corps de l'Eglise de Remiremont. Six ou sept Paroisses lui doivent un présent le lundi de la Pentecôte, lorsqu'elles viennent en Procession rendre hommage à l'Eglise de S. Pierre de Remiremont. Elle a haute, moyenne, & basse Justice en la Mairie de Pont, où elle impose taille à volonté une fois l'année. Elle y met le Maire & le peut destituer, quand elle veut. Elle a pareillement Justice en la Seigneurie de Bessontaine & de bons revenus en grains, vin, huile, cire, volaille, beurre, fromage, bois & autres denrées. Le drap, le linge, & le luminaire, qui ont servi aux enterremens des Chanoinesses, & des Chanoines, lui appartiennent pour ses droits. La Paroisse de la Ville ne peut pas sonner, que la Secrete n'ait donné le signal, par la Cloche de l'Abbaye. L'Abbesse de l'Estanche est obligée de prendre une fois en sa vie de la Dame Secrete, & lui doit tous les ans trois livres quinze sous. La Secrete est élue en la même forme que la Doyenne, si ce n'est qu'à son élection il ne se chante point de Messe, ni de *Veni Creator*. Elle est coiffée comme la Doyenne, avec un long Crespe par dessus le Couvrechef. Après qu'elle a prêté le serment, l'Abbesse ou en son absence, la Doyenne lui donne une clef du Tresor, & la conduit au Chancel, pour y baiser les Autels, dont la décoration fait le principal devoir de sa charge. C'est à elle à fournir le luminaire de l'Eglise, & le vin des Messes. Le Jeudi Saint elle dont la colation à toutes les Chanoinesses. De toutes les Causes qui se plaident devant elle, (car elle a son Tribunal particulier,) elle en signe les Actes. Elle est enterrée avec les mêmes honneurs que la Doyenne.

Ces trois Dames, l'Abbesse, la Doyenne, & la Secrete, sont les trois Dignitez de l'Abbaye. La Sonrière, la Tresorière, l'Aumôniéniére, & les Bourſiéres, n'ont que le titre d'Offices. Sonrier eſt un mot Lorrain, qui ſignifie Receveur, ou Adminiſtrateur des droits ſeigneuriaux.

La Sonriére, qui eſt la premiére Officiére de l'Abbaye, jouït par indivis avec l'Abbeſſe de pluſieurs beaux droits, qui lui ſont un grand revenu. Auſſi eſt-elle obligée de diſtribuer à certains jours marquez par le Statut, du vin, de l'huile, du ſel, & d'autres proviſions à chaque Chanoineſſe. Elle eſt faite moitié haute, moyenne & baſſe Juſticiére avec l'Abbeſſe en la Seigneurie du *Valdajoz*, ou *Val de Jou*, autrefois appellé *Habendunum* & en Langue du Pays *Huſpurg* conſiſtant en 19. Villages, qui faiſoient la plus belle partie des Terres de St. Romeric, fondateur de l'Abbaye de Remiremont. C'eſt pour cela que Gabriel Boiſot, Procureur-Général du Roi au Comté de Bourgogne, fit aſſigner en 1680. au Parlement de Beſançon Dame Dorotée de Salm, Abbeſſe de Remiremont, & Dame Heléne d'Haraucourt, Sonriére en ladite Abbaye, en qualité de Tenanciéres du Valdajoz, *pour ouïr dire, ledit Valdajoz, ſes appartenances & dépendances, être & mouvoir de la Souveraineté du Fief, & de la Juriſdiction du Comté de Bourgogne, & en conſéquence ſe voir condamner à reprendre de Fief, rendre les foi & hommage, & donner le dénombrement dudit Valdajoz à Sa Majeſté, comme Comte de Bourgogne*. Le premier jour de l'an le Maire du Valdajoz doit un florin d'or à la Sonriére, qui eſt ſa Dame & Maîtreſſe, & les étreines à ſa Niéce, à ſon Receveur & à ſes domeſtiques. Le Foreſtier de ce Canton lui doit tous les ans douze ſervices de Poiſſon aux jours qu'elle ordonne, & l'Echevin deux Chapons, & deux gros quatre deniers au terme de Noël. Tous les jettons de Mouches à miel qui ſe trouvent dans les Bois du Valdajoz ſont à elle, & pour cet effet elle y tient un Officier que les gens du Pays appellent *l'Eveiller*.

La Mairie de St. Pierre de Raon aux Bois, conſiſtant en trois Villages, lui appartient pour un tiers, avec tous les droits de haute, moyenne & baſſe Juſtice, ainſi que la nomination du Maire, le Mandement du Plaid Bannal, c'eſt-à-dire la convocation des Officiers de ſa dépendance, & l'impoſition de la Taille. Outre cela elle jouït des revenus de pluſieurs autres Terres. Elle nomme le Boulanger de l'Abbaye, dont la fonction eſt non ſeulement de cuire le pain des Dames, des Chanoines, & des Officiers de l'Egliſe Abbatiale; mais auſſi de controller la qualité des grains fournis par les Admodiateurs des Prébandes. Les Receveurs des deniers, & des autres rentes du Chapitre ſont pareillement à ſa nomination; & de plus elle peut les changer quand bon lui ſemble.

Sa charge eſt très-lucrative, & lui donne beaucoup d'autorité dans le Chapitre, qui la regarde comme l'Intendante & Econome de l'Abbaye; mais pour le rang cette Dame n'en a point d'autre à la Proceſſion, & dans les Aſſemblées Capitulaires, que celui de ſon aprébandement.

L'Aumôniére diſtribue les aumônes du Chapitre, & viſite tous les vendredis l'Hôpital de Remiremont: ce qui fait que les malades en ſont mieux traitez. Elle préſente les Prédicateurs du Carême & de l'Avent, & prend le ſoin de leur nourriture. Elle donne un ſou à tous les pauvres Prêtres paſſans, & ſix deniers aux ſimples Clercs. S'il paſſe des Religieux mandians, qui ayent beſoin de ſe repoſer, elle leur fournit le pain & le vin pour ce jour-là.

La Dame Treſoriére a ainſi que la Doyenne, & que la Secrete une clef de l'argent, une des titres, & une des Reliques. Toutes ces clefs ſont données capitulairement par la Dame Abbeſſe; en ſon abſence par la Doyenne; & en l'abſence de toutes les deux, par la Secrete; & quand ces Dames ſortent de la Ville, elles ſont obligées de les remettre à d'autres Chanoineſſes, avec la permiſſion de la Doyenne.

Il eſt défendu aux Dames qui gardent ces clefs de coucher jamais, pour quelque cauſe que ce puiſſe-être, dans l'Hôtel de l'Abbeſſe, ſous peine d'être deſtituées. On voit par cet échantillon, que la jalouſie regne toujours entre l'Abbeſſe & le Chapitre. On le voit encore mieux dans le *Factum* de la Dame Abbeſſe Dorotée de Salm contre la Doyenne & les autres Dames Chanoineſſes de ſon parti, & dans la Réponſe faite à ce Factum par leſdites Dames. ,, La Dame Bourdonné, dit
,, *l'Abbeſſe, en parlant de la Doyenne*, publie par
,, tout le monde, que le deſſein de Madame
,, l'Abbeſſe n'eſt pas de mettre l'ordre & la
,, diſcipline dans ſon Egliſe; mais que ſon
,, intention eſt de s'attribuer tous les biens
,, & les honneurs de leur Chapitre... Et
,, une page après; mais, ajoute-t-elle, les
,, Dames Doyenne & autres de ſon parti, n'en
,, veulent pas à la perſonne de Madame l'Abbeſſe, elles en veulent à ſa Dignité: ce
,, n'eſt pas la Cauſe de l'Abbeſſe dont il s'agit; mais la Cauſe de ſa Dignité Abbatiale,
,, dont les Dames du Chapitre veulent ruïner
,, toute la grandeur & toute l'autorité. L'on
,, ne veut pas qu'elle ait aucun avantage par
,, deſſus les autres Dignitez; l'on veut qu'elle ne ſoit entr'elles, que comme la premiére entre ſes égales; l'on ne veut pas
,, qu'elle ait aucune Juriſdiction dans ſon Egliſe, ni dans ſon Chapitre; l'on veut
,, même qu'elle ſoit juſticiable du Chapitre, de la Doyenne, du Grand-Prevôt;
,, & tout cela de la part des Dames, pour
,, n'avoir aucune autorité au-deſſus d'elles
,, qui tienne la main à l'exécution des Réglemens de leur Egliſe. .... Ce n'eſt pas d'aujourd'hui ſeulement que ce procès a commencé, il y a preſqu'un ſiècle entier qu'il dure: il commença avec Madame Catherine de Lorraine en 1611. Si-tôt qu'elle parla de réformer les abus qu'elle trouva dans ſon Egliſe, la Doyenne avec ſon parti s'éleva contr'elle: on lui conteſta ſes droits utiles & honorifiques: on la réduiſit par ce moyen à demander d'être maintenue dans des droits, qui étoient beaucoup au-deſſous de ceux, qui lui étoient dus même par ſa naiſſance. Elle étoit petite-fille de France, fille, ſœur, & tante, de trois Souverains & toute cette grandeur ne la mit pas à l'abri des inſultes des Dames de ſon Chapitre, & des reproches continuels qu'elles lui faiſoient, de n'avoir d'autre but, que de s'attribuer tous les biens,

& les honneurs de leur Eglise. Elle étoit d'une piété exemplaire : elle fit la profession, & prit l'habit même de l'Ordre de St. Benoît ; elle passoit sa vie dans des exercices continuels de piété, & cela n'empêcha pas que les Dames de son Chapitre ne répandissent dans toutes les Provinces du Royaume des Libelles diffamatoires contre elle. Mr. Amelot de la Houssaie remarque : que c'est une charité que l'Abbesse prête à ces Dames pour les rendre odieuses ; mais elles s'en défendent, bien vers la fin de leur Réponse à son *Factum*, où elles la défient de montrer aucun exemplaire de ces Libelles. Dom Jean Mabillon avoit dit, en passant dans sa Diplomatique, page 321, que les Dames de Remiremont, après avoir été autrefois assujetties aux loix Monastiques de la Règle de St. Benoît avoient abandonné dans la suite des tems l'engagement des vœux, pour se faire Chanoinesses séculières ; mais le *Factum* produit depuis par ces Dames au procès qu'elles avoient contre leur Abbesse, lui donna occasion de publier une Lettre, par laquelle il prétend montrer, que, dans leur premier institut, elles étoient Religieuses Bénédictines, & que ce n'a été que plusieurs siècles après la fondation de leur Abbaye, qu'elles ont pris de leur propre autorité le titre de Chanoinesses, & commencé à appeler leur Eglise du nom de séculière & de Collégiate.... Pour ce qui est des personnes que St. Romaric établit à Remiremont, *dit le Père Mabillon*, il y avoit une double Communauté, l'une de Moines, l'autre de filles, qui sont appelées dans les anciens Monumens *Sanctimoniales, Congregatio Sanctarum Virginum, Puellæ, Sorores*, ... Elles avoient pour retraite une solitude & un désert : leur pauvreté étoit grande au commencement, & enfin elles faisoient profession d'une perfection consommée. Tout cela ne convient guère bien à un établissement de Chanoinesses purement séculières. Romaric, dit un Auteur de ce tems-là (*Jonas in Vita Eustasii*) après avoir fait profession à Luxeu, bâtit, avec la permission d'Eustaise, son Abbé, un Monastère de Vierges dans une Terre qu'il s'étoit réservée, & y fit garder la Règle de St. Colomban. Règle, qui auroit été assurément trop austère pour des Chanoinesses séculières. Il est d'ailleurs constant, que de toute antiquité les filles de Remiremont étoient voilées ; or le voile ne se donne qu'à celles qui ont fait vœu de Virginité, & l'on y garde encore aujourd'hui un reste de l'habit Religieux, en ce que *la Barbette*, (elles appellent ainsi un certain mouchoir de cou qu'elles mettent pour officier, pour communier,) leur est mise à leur réception & à leur enterrement. Ce fut (ajoute le même Pere) une pratique universellement reçue dans le septième siècle d'unir ensemble les Règles de St. Benoît & de St. Colomban : & si la Règle de St. Benoît n'a pas été établie d'abord à Remiremont, elle y a été reçue au moins dans ce même tems, c'est-à-dire vers l'an 640.

Dans l'Archive de Remiremont il se voit une Bulle du Pape Luce II. adressée *Dilectis in Christo filiabus Judith Abbatissæ Romaricensis Monasterii, ejusve Sororibus regularem vitam professis*. Si les Dames de Remiremont avoient été pour lors Chanoinesses, le Pape auroit dit : *Canonicam vitam* & non pas *regularem*, & ce qui est décisif, c'est qu'il ordonne, que l'Abbesse venant à mourir, la Communauté en élise une autre, suivant la crainte de Dieu, & suivant la Règle de St. Benoît, *secundum Dei timorem & B. Benedicti Regulam*. Cette Bulle est datée de l'an 1143. La même clause est renduë dans une Bulle d'Adrien IV. de l'an 1157.

Les Empereurs reconnoissent aussi que Remiremont étoit de l'Ordre de St. Benoît. Sigismond le dit formellement dans une Charte de l'an 1415. où il qualifie St. Pierre de Remiremont de Monastère de l'Ordre de St. Benoît. L'an 1286. l'Abbaye étant vacante, la Doyenne & toutes les Dames se disent Bénédictines : *Nos Alaydis, dicta de Mareyo, Decana, totusque Conventus Monasterii Romaricensis Ordinis S. Benedicti*.

Aux de Paroisse se dit dans une procuration datée de 1472. *Abbesse par la patience de Dieu, du Monastère de St. Père de Remiremont de l'Ordre de St. Benoît*. Vers le commencement du seizième siècle les Dames de Remiremont donnent à leur Eglise le titre de *séculière*, & de *Collégiate* ; mais elles reconnoissent toujours qu'elles sont de l'Ordre de St. Benoît. Dans un Acte de l'an 1526. la Doyenne parle ainsi au nom du Chapitre : *Nos Johanna de Vienne Decanissa, totusque Capitulum Ecclesiæ sæcularis, & Collegiatæ St. Petri de Romaricomonte, Ordinis S. Benedicti*. Il paroît même par une Supplique adressée par le Chapitre au Pape Grégoire XIII. en 1580. pour l'élection d'Humberte de Chastenay, que ces Dames se disoient encore de l'Ordre de St. Benoît sur la fin du même siècle, quoiqu'elles eussent pris le nom de Chanoinesses. Ce ne fut que sur la fin du quinzième siècle, ou même au commencement du seizième ; c'est-à-dire après l'an 1500. qu'elles commencèrent à se dire Chanoinesses.... La première expédition où l'on a fait mettre les mots de *Chanoinesses de l'Eglise Collegiate & séculière*, est la Bulle de l'Abbesse N. de Choiseul : mais on ajoutoit, ceux de *ou Moniales du Monastère*. Ce stile d'alternative a duré pendant plus de 60. ans ; & ce n'a été que dans les Bulles de Barbe de Salm de 1580. que l'on a eu le crédit de faire retrancher à Rome l'alternative, de l'Ordre de St. Benoît pour mettre seulement *Chanoinesses* ; ce qui a toujours été depuis observé. Mais toutes les expéditions qui viennent de Rome portent encore cette réserve à la fin : *Sans que nous prétendions approuver l'Etat séculier de ladite Eglise*. Voilà ce que le Pere Mabillon a dit de plus fort contre les Dames de Remiremont. Et voici ce que les Dames disent contre lui dans leur Réponse au *Factum* de Madame l'Abbesse.... „ Elle a, „ disent-elles, fait faire un *Factum* par le P. „ Mabillon, pour prouver que Remiremont „ avoit été de l'Ordre de St. Benoît. Elle „ ne peut nier, que ce Moine n'ait travaillé „ sur les Mémoires qu'elle lui a fournis, puis„ que la plûpart des Pièces dont il se sert, „ sont produites par la Dame Abbesse contre „ le Chapitre, qui en a fait voir la fausseté „ dans ses défenses.... Et trois ou quatre „ pages après : peut-être se seroit-elle servie de „ mauvaises preuves qui sont dans la Lettre „ du Pere Mabillon, si elle n'en avoit craint „ la

„ la conséquence. C'est ce qui lui a fait
„ emprunter le secours d'un Moine pour le
„ desavouer quand il lui plairoit, & le com-
„ battre même dans la suite, si elle voyoit
„ que ce qu'il a dit lui pût nuire. Elle se
„ trouve, *dit-elle*, fort honorée, que l'E-
„ glise de Remeremont ait été autrefois de
„ l'Ordre de St. Benoît; mais elle est en ce-
„ la d'un goût fort singulier. Les Abbesses des
„ Illustres Collèges de Lorraine, de Flan-
„ dres, d'Allemagne, seroient bien fâchées,
„ qu'on leur donnât pour Pere celui qui ne
„ l'est que des Solitaires & des Moines".

Quoiqu'il en soit, les Dames de Remiremont produisent une Bulle du Pape Jules III.
de l'an 1550. dans laquelle il les qualifie Cha-
noisses séculiéres, sans nulle alternative de
*Moniales. Inter Venerabiles Abbatissam, De-
canissam, & alias Canonissas seculares Collegiatæ Ecclesiæ S. Petri de Romaricomonte, Tullensis seu nullius Diœcesis: & quandam Catarinam
de Saula, Monialem Monasterii de Pralon Ordinis S. Benedicti Lingonensis, ipsam expresse
professam, de & super prætensa translatione dictæ
Catarinæ de dicto Monasterio de Pralon ad
dictam secularem & Collegiatam Ecclesiam S.
Petri de Romaricomonte.* Cette Bulle est d'autant plus favorable au Chapitre de Remiremont, qu'elle déclare, une Religieuse Béné-
dictine professe du Monastère de Pralon, incapable d'être transférée à l'état de Chanoinesse de Remiremont, à cause de la sécularité de cette Abbaye; sécularité confirmée encore depuis par les Bulles de Pie V. Sixte V.
Paul V. Grégoire XV. &c. de sorte qu'il n'y
a guère de vraisemblance à ce que dit Dom
Jean Mabillon dans sa Lettre, que toutes les
expéditions qui viennent de Rome portent encore cette réserve à la fin : *sans que nous prétendions approuver l'état séculier de ladite Eglise.*
Par où je ne prétens pas attaquer la bonne foi
de ce savant Religieux, mais seulement dire,
que la Dame Abbesse & la Dame Christine sa
sœur, n'ont pas fait scrupule de lui fournir
de faux Mémoires.

L'Abbesse de Remiremont, *objecte-t-on*,
fait les trois vœux de pauvreté, d'obéissance, & de chasteté, selon la Règle de St.
Benoît. Il est vrai, répond le Chapitre,
mais elle ne fait point de Noviciat, ni d'année de probation. Et d'ailleurs, comme elle
a une Mense séparée de celle du Chapitre,
elle a bien pu se soûmettre à la Règle de St.
Benoît, mais non pas y obliger le Chapitre,
qui ne la reconnoît point pour son Chef,
ni préjudicier à sa sécularité. Mais ce qui
montre évidemment, que le Chapitre n'a jamais approuvé, ni consenti, que son Abbesse embrassât cette Règle; c'est qu'il est
dit par les Statuts de Remiremont, que si
l'Abbesse, après son élection, veut faire profession de la Règle de St. Benoît, elle doit
sortir de la Ville & des Terres de l'Abbaye,
& n'y doit retourner qu'avec l'habit qu'elle
a reçu le jour de son élection, sans qu'il lui
soit permis de faire aucun exercice public
de cette Règle.

A ce que l'on allégue, que l'Abbaye de
Remiremont est dénommée de l'Ordre de
St. Benoît : les Dames répondent, qu'il y
a grande différence entre être originairement
professes d'un Ordre Religieux, & en avoir la

dénomination toute simple; qu'une dévotion
particuliére fait prendre par forme d'afilia-
tion : que plusieurs Empereurs, Rois, &
Princes Chrétiens ont eu la dévotion de se
dire de l'Ordre de St. Benoît, ou de celui
de St. Augustin, & même d'en reciter l'Office, ou quelques leçons, lesquels n'ont pas
laissé pour cela de mener une vie séculiére
& conjugale. Que si l'Eglise de Remiremont
s'est titrée de l'Ordre de St. Benoît, ç'a
été par un pur effet de révérence envers un
Ordre, dont la sainteté étoit alors au suprême degré : Que la Bulle accordée par le
Pape Jean IV. aux deux fondateurs de leur
Abbaye, Romeric & Amé, ne fait nulle
mention de l'Ordre de St. Benoît : à quoi
ce Pontife n'auroit pas manqué, si cette E-
glise en eût été, ou bien eût voulu en être.
Que Jonas, Contemporain de ces fondateurs,
ne dit pas un seul mot de l'Ordre ni de la
Règle de St. Benoît, lorsqu'il parle de la fondation de Remiremont. Que si l'on parloit
de l'Ordre de St. Benoît à Remiremont, ce
n'étoit que parce, que les Abbesses faisoient
leurs vœux sous cette Règle : que les mots
de *Couvent*, *Monastère*, *Moniales*, employez
dans les Actes rapportez par Dom Mabillon,
n'ont pas toujours signifié, ce qu'ils signifient aujourd'hui; qu'on appelloit autrefois
Monastère & *Moniales* toutes les Communautez pieuses, où l'on vivoit dans une conti-
nence volontaire. Si, disent-elles, la régularité consiste à faire le vœu de pauvreté,
chasteté & obéissance, il faut convenir, que
nous sommes, purement séculiéres, puisque
nous ne renonçons jamais à nos propres, que
nous aquérons par toutes les voyes de droit,
que nous disposons de nos biens à notre volonté, & que par un simple adieu nous pouvons quitter notre état pour embrasser celui
du mariage. Et quant à l'obéissance, nous
n'en avons point d'autre à rendre que celle
que tous les Catholiques doivent aux Comman-
demens de Dieu & de son Eglise. Et c'est
par cette raison que la Dame Doyenne qui représente le Chapitre; la Dame Secrete qui en
est la seconde Dignité; & les Dames Officiéres,
se sont constamment opposées à la prétention
de l'Abbesse moderne, qui pour se rendre Souveraine dans son Abbaye, dont le Gouvernement est Aristocratique, vouloit obliger les
Dames à lui faire le vœu d'obéissance.

Grands Officiers de Remiremont.

L'Abbaye a quatre grands Officiers qui
font preuves de noblesse comme les Dames,
savoir le Grand Prevôt, le Grand Chancelier, le Petit Chancelier, & le Grand Sonrier.

Le Grand Prevôt a, par indivis avec l'Abbesse, haute, moyenne, & basse Justice en la
Ville, Fauxbourg & dépendances de Remiremont. Il reçoit le serment du Maire de la
Ville, qui lui doit ce jour-là deux Chapons
& deux Bouteilles de vin : & le Maire comme Officier commun de l'Abbesse & du Chapitre, prend le serment des Echevins. Le
Prevôt nomme avec l'Abbesse les quatre Jurez de la Ville, qui lui doivent chacun deux
écus d'or à leur élection. Ces quatre Jurez
sont à vie, & composent le Corps de Justice avec

le

le Grand Echévin, qui est leur Chef. Cet Officier doit le jour de son premier Plaid cinquante sous Toullois, c'est-à-dire, monnoye de Toul, au Grand Prevôt. Tous les Officiers de Justice ont à répondre de leurs faits au Grand Prevôt, quand on fait des plaintes contre eux. Il a conjointement avec l'Abbesse le droit de *Citation* & de *Préhension*, qui est ce que les Jurisconsultes appellent *jus vocationis & prehensionis*; comme aussi de convoquer en l'Hôtel Abbatial les Corps de Justice & de Police. La moitié des amendes, & des confiscations Civiles & Criminelles lui appartient, & l'autre à l'Abbesse. Il a le quart en la pêche des fossez, & aux droits d'entrée: l'autre moitié va au Domaine de la Ville. Toutes les impositions extraordinaires sur les marchandises & denrées qui entrent, ou qui sortent, sont mises par l'Abbesse & par le Grand Prevôt, & par eux supprimées, quand le besoin est passé: mais pour les établissemens nouveaux, qui doivent apporter un grand changement dans la Police, ils ne peuvent être faits que par le Chapitre, le Peuple appellé & oüi. Le Corps de Police, composé du Maire & de quatre Elus, administre la Police sous l'autorité de l'Abbesse, & du Grand Prevôt pour le Chapitre.

Du Corps de Justice, il y a premièrement appel au Bufet de la Dame Doyenne, puis à celui de l'Abbesse, & s'il y a plainte contre le Jugement rendu par les Officiers de l'Abbesse, la Cause est portée par devant elle & le Grand Prevôt, qui jugent en dernier ressort. Mais en matière Criminelle, il n'y a point d'appel de la Sentence renduë par le Grand Echévin, assisté des Jurez & de la Commune. Et quand un homme est condamné à la mort, les gens de l'Abbesse le conduisent hors de la Ville au lieu dit l'Epinette, où ils le livrent au Prevôt d'Arches, Officier du Duc de Lorraine, pour faire exécuter la Sentence, *quia Ecclesia sanguinem non effundit*. Les Ducs de Lorraine ne se servent point de leurs Officiers pour faire publier leurs Ordonnances dans la Ville & le finage de Remiremont, mais ils adressent directement tous ces Actes à l'Abbesse & au Grand Prevôt, pour les faire publier eux-mêmes par les Officiers de l'Abbaye. Le Duc Charles IV. en usoit toujours ainsi, quand il étoit en paisible possession de son État.

Les Hôteliers de la Ville, & les Marchands forains, ne peuvent rien acheter au Marché qu'après l'Enseigne levée. C'est une Enseigne qu'un Officier de la Police met sur une Fontaine, qui est au milieu de la Ville, pour donner le tems aux Dames Chanoinesses, & aux Bourgeois d'acheter toutes les provisions & denrées qui leur sont nécessaires. Et si les Forains achetent rien avant que l'Enseigne soit levée, ils sont mis à l'amende.

Les trois autres grands Officiers ne sont qu'*ad honores*: ils tiennent du Chapitre quelques Terres, où ils font exercer la Justice par leurs Lieutenans. Dans le Bailliage de Vosge, le Grand Chancelier tient les Seigneuries de Channecourt, & Rettoncourt; & dans la Prevôté de Bruyeres, le Ban de Vaudecourt: en la Prevôté & Châtellenie de Charmes sont tenus par le Petit Chancelier les deux Vaux, le Mesnil & Saint-Fremi.

REMISIANA, Ville de la Haute Moesie. L'Itinéraire d'Antonin la marque sur la route du Mont d'Or à Byzance, entre Naissum & Turris, à vingt-cinq-milles du premier de ces Lieux & à vingt-huit milles du second.

REMLINGEN, Seigneurie d'Allemagne avec Château, dans le Duché de Wolffenbuttel [a], à une lieue de la Capitale de ce Duché. Ce Château, bâti à l'Italienne, fut élevé en 1589. par George Engelhard de Löhneisen, Intendant des Mines du Duc de Brunswic. Il le fit entourer de murailles, dans l'enceinte desquelles il y avoit de belles Campagnes, un Jardin & trois Etangs. Ce Seigneur y établit en même tems une Imprimerie, où il fit imprimer plusieurs Livres; mais cet endroit ayant été pillé dans les guerres du siècle passé, tout cet Etablissement fut ruïné. [a Zeyler, Topogr. cat. Brunswic, p. 175.]

1. REMMON, ce terme, dit Dom Calmet [b], peut se prendre pour une hauteur. Il marque aussi une Ville dans la Tribu de Siméon [c], apparemment la même qui est attribuée à Juda dans Josué, & qui se trouve nommée Remmus. Eusebe [d] la met au Midi de Juda, à seize milles d'Eléuthéropolis vers le Midi. On sait que plusieurs Villes de Juda furent cédées à Siméon. C'est apparemment cette Ville dont parle Zacharie: *De Colle Remmon, ad Anstrum*; l'Hébreu: *Depuis Gabaa, jusqu'à Remmon, &c.* [b Dict. c Josué 19. 7. d in Eremobon.]

2. REMMON, Bourgade de Palestine à quinze milles de Jérusalem vers le Septentrion [e]. [e Euseb. in Remmon.]

3. REMMON, Rocher où les Enfans de Benjamin se sauvèrent après leur défaite.

4. REMMON, ou ADAD-REMMON; Ville de la Palestine, dans la Vallée de Jezrahel. C'est-là où se donna la fatale Bataille, dans laquelle Josias Roi de Juda fut mis à mort par l'Armée de Nechao, Roi d'Egypte [f]. On donna dans la suite à cette Ville le nom de *Maximianopolis* [g], en l'honneur de l'Empereur Maximien. Elle est à dix-sept milles de Césarée de Palestine, & à dix milles de Jezrahel, selon l'Itinéraire de Jérusalem. [f Voy. 12. comparé à 1 Reg. 23. 29. g Hieron. ad Zachar. 12. & ad Osée 1.]

5. REMMON-ANTHAR, ou AMTAR; [h] quelques-uns, dit Dom Calmet en font treize qu'une Ville; mais il est visible que c'en sont deux [i]. Voyez REMMON, N°. 1. [h Josué 19. 13. i Ibid. 19.]

6. REMMON-PHARÉZ, Campement des Israëlites dans le Desert [k]. De Rethma ils allèrent à Remmon-Pharés, & de Remmon-Pharés à Lebna. [k Num. 33. 19.]

REMMONA, Ville de la Palestine dans la Tribu de Zabulon [l]. Peut-être, dit Dom Calmet, est-ce la même que DIMONA, ou DAMNA [m]. [l Par. 6. 77. m Josué 21. 35.]

REMONIUS; Plutarque [n] dit, que quand il fut question entre Romulus & Rémus de bâtir une Ville, il s'émut entre les deux frères un grand débat sur le Lieu qu'ils devoient choisir. Romulus ayant déjà bâti *Rome quarrée*, c'est-à-dire un Fort sur le Mont Palatin, vouloit qu'on préférât cette place à toute autre; & Remus avoit marqué sur le Mont Aventin un lieu fort d'assiette, qui, à cause de lui, fut appellé REMONIUS. Plutarque ajoute que de son tems ce Lieu s'appelloit *Rignarium*. Sur quoi Mr. Dacier remarque qu'on ne trouve nulle part aucun vestige de ce nom. Il en conclud que, selon des apparences ce mot est corrompu. Et comme [n in Romulo.]

il

il y a dans un MS. REMORIA; il croit que c'eſt ainſi qu'il faut lire ; car ce Lieu fut appellé *Remoria* & non pas *Rignarium*. Voyez la Remarque du même Critique ſur Feſtus.

REMOLINS. Voyez REMOULINS.

REMONT. Voyez ROMONT.

REMONVAUX, Prieuré de France, dans la Bourgogne au Dioceſe de Langres. Il dépend du Prieuré du Val des Choux. Ce ſont les Seigneurs de Fouche qui l'ont fondé ſous le Vocable de St. Georges. Il vaut environ cinq cens livres de rente.

REMORENTIN. Voyez ROMORENTIN.

REMOUILLÉ, Bourg de France dans le Poitou, au Dioceſe de la Rochelle, Election de Mauléon. Il a environ ſept cens habitans.

REMOULINS, Bourg de France dans le Bas Languedoc, Recette d'Uzès. Il eſt ſitué au-deſſous du Pont du Gard, ſur le grand chemin de Montpellier à Paris. Il n'a pas quatre cens habitans.

REMPHTIS, Ville de la Paleſtine [a], la même que RAMA ou RUMA, près de Lydda.

[a] Euſeb. in Ruma.

REMURIA, ou REMORIA. Voyez REMONIUS & REMURINUS-AGER.

REMURINUS-AGER, Feſtus met une différence entre *Remurinus-Ager* & *Remuria*, ou *Remoria*, Lieu ſur le haut du Mont Aventin; & Denys d'Halicarnaſſe donne le nom de *Remoria* à un Lieu qu'il place ſur le bord du Tibre à vingt ſtades de la Ville de Rome. Il y a néanmoins apparence que *Remurinus-Ager* étoit au voiſinage du Mont Aventin, & que *Remuria*, ou *Remoria* étoit au ſommet de ce Mont. Quant à ce que Feſtus ajoute que ce Lieu fut autrement appellé *Remorum* : ce fut peut-être parce que les augures avoient arrêté Remus dans ce lieu.

REMUS, Paroiſſe du Pays des Griſons [b], dans la Ligue de la Maiſon de Dieu, à l'extrémité de la Communauté de la Baſſe Engadine : le Gouvernement de cette Paroiſſe eſt mêlé, & les différentes Juriſdictions compliquées de la manière du monde la plus ſinguliere. Quant aux affaires d'Etat, elle fait partie de la Communauté de Stallen. A l'égard des affaires criminelles, elle dépend de la ſeconde Juriſdiction de la Baſſe Engadine ; & pour ce qui eſt des affaires civiles & matrimoniales elle a ſa Juſtice à part. Pour les cauſes matrimoniales on prend deux Eccléſiaſtiques, avec le Miniſtral & un Laïque, ce qui ne ſe pratique qu'en peu d'endroits des Griſons.

[b] Etat & Dél. de la Suiſſe, t. 4. p. 66.

REMUS, en Latin EREMUSIUM [c], eſt un gros Village avec un Château, dans la Baſſe Engadine, près du bord de l'Inn, au-deſſous de Schuls : il appartient à l'Evêque de Coire, qui y poſſéde un beau Domaine. Au-deſſus du Village, dans la Vallée Taſſa, on voit dans une voute formée naturellement, une Fontaine qui ne coule qu'à certaines heures du jour, par intervalles.

[c] Etat & Del. de la Suiſſe, t. 4. p. 66.

REMY, Prevôté Royale en France, dans la Picardie, Election de Clermont. Elle reſſortit au Bailliage de Clermont ; & on lui donne huit à neuf cens habitans.

RENA, Ville de la Phénicie, ſelon la Notice des Dignitez de l'Empire [d]. La reſſemblance des noms a fait croire à Ortelius [e] que cette Ville étoit la même que celle qui eſt nommée *Renna* par les Septante dans Joſué [f]; mais on a vu au mot Damna qu'il y avoit faute dans cet endroit des Septante ce qui détruit entiérement l'opinion d'Ortelius. Voyez DAMNA.

[d] Sect. 23.
[e] Theſaur.
[f] f 15.49.

RENAISON, Ville de France dans le Forez, Dioceſe de Lion, Election de Roanne, elle a 696. habitans.

RENAIRE, petite Ville, enclavée dans la Flandre Gallicane, à cinq lieues de Tournay & à deux d'Oudenarde. Le Domaine du lieu appartient au Comte de Naſſau. Il y avoit anciennement une Abbaye, qui a été ſécularisée, & érigée en Collégiale : il y a trois Dignitez, & quinze Canonicats, dont le revenu eſt aſſez bon.

RENARDS. (l'Iſle des) Voyez ALOPECE.

RENAUDIE'RE, (La) Bourg de France, dans l'Anjou, Election d'Angers.

RENAY. Voyez RENAIX.

RENAZE, Bourg de France dans l'Anjou, Dioceſe & Election d'Angers.

1. RENCHEN, Rivière d'Allemagne [g], elle a ſa ſource dans l'Ortnaw du côté de l'Orient, & ſon cours eſt du Midi Oriental à l'Occident Septentrional. Après avoir arroſé Grieſpach, Oppenau, Oberkirck, Renchen & Freiſter, elle va ſe jetter dans le Rhin à quelques lieues au-deſſus de Strasbourg.

[g] Jaillot, Atlas.

2. RENCHEN, Village d'Allemagne dans l'Ortenaw [h], ſur une Rivière de même nom, au-deſſous d'Oberkirck. Il appartenoit autrefois à l'Evêché de Strasbourg qui l'engagea au Duc de Wurtenberg.

[h] Zeyler, Topogr. Alſatiæ, p. 45.

RENDAN. Voyez RANDANS.

RENDEVILLE, Lieu de France dans la Normandie, ſur le bord de la Mer, Dioceſe de Coûtances : il y a un ancien Château appartenant au Seigneur. On y voit encore une grande Tour, & quelques veſtiges de fortifications.

RENDSBOURG, Ville d'Allemagne, au Duché de Holſtein [i], dans la partie qui dépend du Roi de Dannemarc. Cette Ville ſituée aux confins du Duché de Schleswic eſt entourée d'une Rivière appelée Eyder, qui forme deux petits Lacs, l'un au-deſſus, l'autre au-deſſous de la Ville. Quelques-uns dérivent le nom de cette Ville de *rinnen*, ou *rennen* mot Allemand qui veut dire couler: ou de *ren* ou *ron*, qui ſignifie un Canal : & alors c'eſt la Rivière qui donne le nom à la Ville ; mais d'autres, comme Arnold de Lubec, Albert de Staden & Crantzius veulent que le nom de Rendsbourg vienne de celui de ſon Fondateur Reinold. Ils ne diſent pas néanmoins qui étoit ce Reinold. L'Hiſtoire apprend ſeulement qu'un certain Reinold, Comte de Dithmarſen, fut tué devant Demmin avec Adolphe II. Comte de Holſtein & de Stormarie. La Ville étant reſſerrée par la Rivière, les Maiſons ſont preſſées les unes contre les autres & les Rues ſont peu larges. Le Fauxbourg de Vindeshier fut ruïné dans la première guerre de Suède & on le répara enſuite. Il y a à Rendsbourg un Château & une Tour ronde qui y tient du côté du Couchant. Selon Arnold de Lubec, il y avoit autrefois dans ce Lieu une ancienne For-

[i] Zeyler, Topogr. Holſat. Hermannid. Deſcr. Daniæ, p. 936.

Forteresse, qu'Adolphe III. Comte de Holstein & de Stormarie fut contraint de céder à Canut Roi de Dannemarck fils de Waldemar I. En 1250. les Habitans du Holstein ayant assiégé le Château de Rendsbourg le Roi Eric entra dans leur pays. Comme ce Prince fut tué par ordre de son frere Abel, Duc de Schlefwic, qui lui succéda, le Siège fut levé en sa considération. Il fut convenu que le différent seroit réglé à l'amiable par douze Juges, six du Holstein & six du Schlewic, qui à lui adjugèrent la Ville & le Château au Comte de Holstein. Cette Ville souffrit beaucoup dans les guerres du siècle dernier, elle fut prise & brûlée par les Impériaux en 1627. & prise ensuite par les Suédois en 1643. Le Commerce des habitans consiste à faire de la Biére; ils vendent beaucoup de bois & ils tirent quelque avantage du passage des Etrangers qui vont en Dannemarc ou qui en reviennent. Les deux Lacs que forme l'Eyder, fournissent beaucoup de poisson. On éleve quantité de Bétail aux environs & on y recueille beaucoup de bled ; ce qui fait qu'on peut vivre à peu de frais dans cette Ville.

a Hermann. Descrip. Dan p. 935.

RENDSBOURG, [a] Baillage d'Allemagne, au Duché de Holstein dans le Domaine du Roi de Dannemarck. Il a cinq lieues d'Allemagne de longueur, & presque autant de largeur, & est environé des Baillages de Gottorp, de Pordesholm, de Neumunster, de Steinburg, & du Pays de Dithmarsen. Le terrain quoique d'une médiocre bonté, est pourtant en quelques endroits fertile en bled, mais en général la terre est pierreuse, sablonneuse, & remplie de Bruyeres & de Marais. La Forêt de RENDSBURG, fournit abondamment du bois aux habitans. Les Villages, les Bourgs, les Maisons séparées & les autres endroits cultivés sont divisées en huit Paroisses; qui sont :

Rendsburg,	Kellinghasen,
Levenstedt,	Schenfeldt,
Norddorp,	Bovenau,
Hohenwested,	Westensée.

RENEL, Marquisat de France dans la Champagne, Diocése de Langres, Election de Chaumont. Il y a une Collégiale dans le Château fondée par les anciens Seigneurs de Renel. Cette Terre a donné le nom à ses premiers Seigneurs, d'où elle a passé dans la Maison de Joinville, ensuite dans celle d'Amboise par alliance, & de même dans les Maisons de Clermont, d'Anjou, & ensuite dans celle d'Amboise, qui a donné plusieurs grands hommes, dont étoit le fameux Cardinal d'Amboise.

b Zeiler, Topogr. Saxon. p. 202.

RENEN, petite Ville [b], & Seigneurie d'Allemagne au Duché de Mecklenbourg, entre Padebusch & Dassow, sur les Frontiéres du Duché de Holstein.

c Joseph. Antiq. L. 6. c. 14. Confer. 1. Reg. 28. 4.

RENGAN, Lieu où les Philistins se campérent [c] lorsqu'ils vinrent pour attaquer Saül dans le dernier combat où il mourut. Il y a apparence que Rengan est une faute de Copiste, & qu'il faut lire Sunam dans Josephe au lieu de Rengan.

1. RENNES, Ville de France, Capitale de la Bretagne, le Siège d'un Evêché, d'un Parlement, d'une Intendance, d'une Recette, d'une Cour des Aydes, d'un Présidial, d'une Table de Marbre & d'une Jurisdiction Consulaire. Elle est située dans les terres sur le bord de la Riviére Vilaine. On l'appelloit anciennement *Condate* ; & elle a tiré son nom de RENNES des Peuples *Rhedones*, qui étoient des plus célebres parmi les Armoriques [d] dont par conséquent le Territoire devoit s'étendre jusqu'à la Mer. Aujourd'hui le Diocése de Rennes n'approchant plus de la Côte, il est aisé de conclurre qu'il est moins étendu que celui des *Rhedones*.

d & e Longuerue, Descr. de la France, p. 87.

Cette Ville vint au pouvoir des François, lorsqu'ils s'emparèrent de celles des Pays voisins de l'Embouchure de la Loire, & même des Villes qui en sont proches, après qu'ils eurent vaincu les Saxons qui s'y étoient établis. Ensuite dans le neuvième Siècle Numenojus se rendit maître de la Ville de Rennes, qui fut ensuite possédée par ses Successeurs Herispée & Salomon. Elle fut cédée avec les Villes voisines aux Brétons par Charles le Chauve, qui consentit que ces deux Princes prissent le titre de Roi, comme on le voit dans la Chronique de St. Bertin écrite dans le même Siècle. Mais la puissance de ces Princes ne dura pas. Voyez à l'Article BRETAGNE les changemens qui arriverent dans le Pays après la mort de Salomon.

Marbodus qui vivoit dans l'onzième Siècle, & qui fut fait Evêque de Rennes, fit une Description satirique de cette Ville : Piéce qui n'étoit guère propre à lui attirer l'estime & l'amitié de ses Diocéfains. La voici :

Urbs Redonis, spoliata bonis, viduata colonis,
Plena dolis, odiosa polis, sine lumine solis,
In tenebris vacat illecebris, gaudetque latebris,
Desidiam putat egregiam spernitque sophiam.

. . . . .
Causidicos per falsidicos absolvit iniquos ;
Veridicos & pacificos condemnat amicos.

Nemo quidem scit habere fidem nutritus ibidem.

Le savant Bénédictin qui a donné depuis peu une Edition des Oeuvres de Marbodus, conjecture qu'il avoit composé ces vers avant qu'il fût Evêque de Rennes; mais une Satyre si peu charitable & si cruelle devoit sans doute prévenir les esprits contre lui, & donner des impressions difficiles à effacer.

La Ville de Rennes est divisée en deux parties par la Vilaine. L'Eglise de Saint Pierre qui est la Cathédrale & ses hautes Tours, est ce qui se présente aux premiers regards. La grande Place est environnée de belles Maisons, & renferme le Palais où le Parlement tient ses séances; il consiste en une grande Cour bordée de Galeries, de Boutiques de Marchands, & en quatre gros Pavillons. Le grand Escalier qui est à l'entrée de ce magnifique Bâtiment est estimé des Connoisseurs, & encore plus de ceux qui ne le sont pas. La Maison où s'assemble le Présidial est dans le grand Marché de la Ville, que l'on appelle le *Camp Jacquier*. C'est un ancien Bâtiment qui servoit autrefois de Palais aux Gouverneurs. Une Tour qui étoit autrefois un Temple de fausses Divinités, sert à présent à soutenir l'Horloge de la Ville, dont la Cloche à six pieds de de haut, huit de large, & huit pouces d'épaisseur. Elle est fendue & sciée dans toute sa hauteur, ce qui l'empêche de faire en sonnant, le bruit qu'elle feroit sans cela. C'est dans la Place appellée la *grande Cohue*, que se font les exécutions des Criminels. La Place de la Pompe a pris son nom d'une Fontaine qui est au milieu, & est environnée de Maisons soutenues d'arcades, qui font un coup d'œil agréable. Les Rues de Rennes sont toujours mal propres, parce qu'elles sont étroites & les Maisons fort hautes, qui empêchent le Soleil de les sécher; ainsi Marbodus avoit raison de dire que cette Ville étoit *sine lumine solis*. On passe la Vilaine sur trois Ponts, dont le plus beau s'appelle le Pont-Neuf, & communique de la Ville haute à la basse. Le Collége des Jésuites est dans cette derniére. C'est une très-belle Maison qui fut fondée par Henri IV. Leur Eglise est à l'Italienne, & un Edifice digne de la curiosité des Voyageurs. On tient que les Fauxbourgs de Rennes sont encore plus grands que la Ville.

De nos jours cette Ville a été désolée par un incendie d'une vivacité & d'une rapidité surprenantes. La nuit du 22. Décembre 1720. un Menuisier yvre ayant mis le feu dans sa Boutique au milieu de la Rue Tristin, les flammes eurent bien-tôt gagné toutes les maisons voisines, & en peu de tems les deux côtez de la Rue Tristin & de la Rue-Neuve ne firent plus qu'une arcade de feu. La construction des maisons qui n'étoient bâties que de bois contribua infiniment à augmenter la violence du feu. Il gagna la charpente de l'Horloge, qui tomba le 23. à deux heures après minuit avec un bruit extraordinaire. Ce feu continua jusqu'au 29. & consuma, à ce qu'on dit, huit cens cinquante maisons, dans l'étendue d'environ 21600. toises quarrées. L'incendie de ce grand nombre de maisons ne fut pas la perte la plus considérable; la perte des meubles, de l'argent comptant & des Titres d'une bonne partie des Familles de la Province qui étoient chez les Juges, Avocats, Procureurs & Notaires, jetta tout le monde dans la consternation. Jamais on n'a pu dire avec tant de raison:

Urbs Redonis, spoliata bonis, viduata colonis.

L'Evêché de Rennes est un des plus anciens de la Bretagne. D'Argentré & Mr. de Ste. Marthe prétendent que St. Moderan qui vivoit vers l'an 300. en fut le premier Evêque. Ses successeurs ont prétendu dans la suite que le droit de couronner leur Souverain leur appartenoit; & en effet ils ont des exemples qui font pour eux. Ils sont Conseillers nez du Parlement de cette Province & Seigneurs d'une partie de la Ville de Rennes. Le revenu de l'Evêque n'est cependant que de dix mille livres.

Le Diocèse de Rennes renferme deux cens soixante-trois Paroisses. L'Eglise Cathédrale est dédiée à St. Pierre, & son Chapitre est composé de cinq Dignitez & de seize Chanoines. Ceux qui sont revêtus des Dignitez sont le Tresorier, le Chantre, l'Ecolâtre, & deux Archidiacres. Outre ce Chapitre il y a trois Collégiales dans le Diocèse; celle de la Guerche, celle de Vitré & celle de Champeau.

Il n'y a dans ce Diocèse que quatre Abbayes dont deux sont dans la Ville de Rennes; savoir l'Abbaye de Saint Melaine & celle de St. Georges. L'Abbaye de St. Melaine de Rennes a été fondée pour des Bénédictins. Quelques-uns en attribuent la fondation à Salomon II. du nom & la mettent en 630. ou 648. Mais, selon d'autres, ce Salomon est un personnage fabuleux, & c'est à St. Patern, Evêque d'Avranches, qu'il faut rapporter l'origine de cette Abbaye. L'Abbaye de St. Georges de Rennes est un Monastère de Filles, qui suivent la Règle de St. Benoît. Elle fut fondée en 1032. par Alain Duc de Bretagne & sa Sœur Adelle en fut la premiére Abbesse. Il est d'usage de n'y recevoir que des filles nobles, sans qu'il y ait néanmoins aucune Constitution à ce sujet.

Dans l'Evêché de Rennes on recueille * Pag. 184. du Froment, du Seigle, de l'Avoine & quantité de Bled Sarrasin; mais on fait peu de commerce de ces grains au dehors, & presque tous se consument dans le pays. On y nourrit des Bestiaux & sur-tout quantité de Vaches qui donnent d'excellent beurre, dont on fait un assez grand trafic avec l'Anjou & le Comté Nantois. Celui de la Prévalaye passe même jusqu'à Paris. La Manufacture des toiles *Noyales*, dont la premiére Fabrique fut établie dans la Paroisse de NOYAL à deux lieues de Rennes, étoit autrefois considérable, puisqu'il s'en debitoit pour plus de quatre cens mille livres par an. Ce sont de grosses toiles écrues propres à faire des voiles de Navires. Mais ce Commerce est presque tombé depuis que les Hollandois & les Anglois ont établi des Manufactures chez eux, & que le Roi en a fait établir lui-même dans ses principaux Ports de Mer. La Manufacture des fils retors, pour coudre, produit environ trois cens mille livres par an. Le Lin qui s'y employe croît aux environs de la petite Ville de Becherel & de celle de Dinan. Les Marchands qui font Commerce de ce fil, le donnent aux Teinturiers de la Ville de Rennes qui l'apprêtent & le retordent avec des moulins faits à peu près comme ceux dont on se sert pour retordre la soye. Ils lui donnent ensuite toutes sortes de couleurs. On en envoye à Paris, à Rouen & dans les autres grosses Villes du Royaume, en Espagne, en Angleterre & jusque dans les Indes. Les Toiles de Vitré se fabriquent dans les Paroisses qui sont à trois lieues à la ronde de Vitré. Ce sont de grosses toiles de chanvre qui demeurent écrues sans blanchir. On les envoye en Angleterre pour l'usage des Colonies que les Anglois ont en Amérique. Elles sont propres à faire de petites voiles de Navire. On en envoye aussi en Espagne, où elles servent à l'emballage des Marchandises fines qui en sortent. Ce Commerce rapporte environ quarante ou cinquante mille livres par an. La Ville de Vitré a un Commerce qui lui est particulier. Les Femmes & les filles de toute condition y font des bas, des chaussons & des gans de fil, qui s'envoyent par-tout même en Espagne & aux Indes. Il s'y en debite par an pour environ vingt-cinq mille livres.

2. RENNES, Bourg de France, dans le Maine, Diocèse & Election du Mans, a 335. habitans.

RENO. Voyez RENUS.

RENO, ou ST. MARC DE RENO, Bourg de France, dans le Perche, Diocèse de Séez, Election de Mortagne.

RENOLISHAM, Ville d'Angleterre dans le Comté de Suffolc, selon Mr. Corneille [a], qui cite Davity. Il n'y a point dans ce Comté de Ville de ce nom. C'est RENDLESHAM qu'il faut dire & non *Renolisham* [b]. D'ailleurs Rendlesham n'est point une Ville; mais un très-petit lieu, à la gauche du Fleuve Deben, environ à trois milles au-dessus de Woudbridge. Ce que Mr. Corneille ajoute est plus juste; savoir que c'est l'endroit, où Renwald premier Roi des Saxons Orientaux avoit établi son Siège. RENDLESHAM ne veut dire autre chose que *Rendili-mansio*.

[a] Dict.

[b] Blaeu, Atlas.

RENOUZE, ou ROIGNEUSE, Port de l'Amérique Septentrionale [c], sur la Côte de l'Isle de Terre-Neuve, à six lieues de Cabo-Ran. Il y aborde tous les ans un grand nombre de Navires de Pêcheurs qui salent & font secher en ce Lieu le poisson qu'ils ont pris en Mer. Il y a une Isle toute pierreuse au fond de ce Port.

[c] De Laet, Descr. des Indes Oc. Liv. 2. c. 2.

RENS, RHENSE, ou *Reinse* [d], petite Ville d'Allemagne sur le Rhin, vis-à-vis de Braubach. Philippe I. Archevêque de Cologne, de la Famille de Heinsberg, ajouta cette Ville à son Archevêché. Elle fut engagée, en 1445. le jour de St. Jacques par Diteric Archevêque de Cologne, à Philippe Comte de Cazenellenbogen, pour 9000. florins, & possedée après l'extinction de cette Famille, par la Maison de Hesse, jusqu'à ce que Ferdinand, Electeur de Cologne, la délivrât, en payant cette d'ette, l'an 1629. Il y a près de cette Ville un vieil Edifice ruïné appellé, KONIGSTUL, où les Electeurs s'assembloient autrefois pour délibérer sur l'Election d'un Empereur, ou sur quelque autre matière concernante l'Empire.

[d] Zeiler. Supplem. Elector. Mogunt. Trev. & Colon. p. 33.

RENTANI, Peuples de l'Esclavonie, selon Ortelius [e], qui cite Cédrène & Curopalate. Il ajoute que ce sont les mêmes que les RHENTANI. Voyez ce mot.

[e] Thesaur.

RENTERIA, Ville d'Espagne, dans le Guipuscoa, dans la Vallée d'Oyarso [f], sur le bord la Rivière Bidassa, où peuvent monter les Batteaux quand la Mer est haute. Ce n'étoit d'abord qu'un Bourg, ou plûtôt un amas de Fermes, que l'on ceignit de murailles en 1320. Lorsque cette enceinte fut accordée à ses Habitans par le Roi Alphonse, cette Ville prit le nom de *Ville-Neuve d'Oyarso*; mais elle reprit bien-tôt son premier nom. Elle jouit des mêmes droits que la Ville de St. Sebastien, dont elle n'est éloignée que d'une lieue. Il y a dans Renteria un Couvent d'hommes & un des Religieuses. On trouve sur la Montagne [g], au voisinage de cette Place, un beau chemin pavé de grosses pierres quarrées, & taillées exprès pour cet usage. A la droite on voit sur la Mer la petite Ville de Passage & vis-à-vis un Bourg nommé Lesso.

[f] Silva, Pobl. de España. fol. 241.

[g] Délices d'Espagne, 80.

RENTI, ou RENTY, ancienne Ville de France; à présent Bourg & Marquisat, dans l'Artois, sur la Rivière d'Aa, Diocèse de St. Omer: il a 292. habitans. Renty est le premier Marquisat d'Artois; il a été érigé par l'Empereur Charles-Quint en 1533. Ce Bourg situé à cinq lieues de Boulogne, a donné le nom à une ancienne Famille, dont l'un des derniers Barons est mort en odeur de Sainteté.

Le Comte Wambert [h] à son retour d'un Pélerinage fait à Rome avec sa femme, voulant reconnoître la fidélité & le mérite de St. Bertoul, Intendant de sa Maison, lui donna la Terre de Renty, que celui-ci n'accepta que pour en employer les revenus à des actions de charité. Il ensévelit Wambert & sa femme dans l'Eglise du Lieu, y mit des Religieux, dont il eut la conduite tout Laïque qu'il étoit; & il y fut enterré lui-même. Pour célébrer plus dignement sa Fête, on dit que c'est la coutume de distribuer aux Pauvres mille pains tous les, ans le cinquième de Février, dans la Paroisse de St. Vaast de Renty, en mémoire des grandes charitez qu'il avoit faites de son vivant, lorsqu'il avoit l'administration des biens du Comte Wambert.

[h] Baillet, Topogr. des Saints, p. 405.

Renty est encore célèbre dans l'Histoire par le combat qui s'y donna le 13. d'Août 1554. entre les François & les Espagnols. L'Armée de ces derniers y fut mise en déroute.

RENTICA, ou RENTIACUM, nom Latin de Renti, Ville de France dans l'Artois. Il en est fait mention dans la Vie de St. Bertulphe.

RENVOY, Bourg de France dans la Champagne, Diocèse & Election de Rheims: on y fait beaucoup de bas communs, & de Serges drapées.

1. RENUS. Voyez RHENUS & RHEIN.

2. RENUS, Rivière d'Italie. Les Anciens n'en parlent guère. Pline [i] néanmoins en détaillant des Rivières qui se jettent dans le Pô, & en décrivant les Roseaux propres à faire des flèches [k], fait mention de cette Rivière. Il dit entr'autres que les Roseaux du Renus sont les meilleurs, parce qu'ils ont plus de moëlle, & qu'étant plus pesans, ils résistent mieux au vent & à l'air. Il est aussi parlé de cette Rivière dans Silius Italicus: *parvique Bononia Reni*. Elle a conservé son ancien nom, car on l'appelle aujourd'hui RENO [l]. Elle a sa source dans le Florentin auprès de la Ville de Pistoie. Elle coule près des Bains de *Poretta*, & accrue de leurs eaux elle descend précipitamment entre des Montagnes: passe à deux milles de la Ville de Boulogne, & s'élargissant dans la Campagne, elle inonde beaucoup de terres sur-tout en Automne, lorsque les pluyes sont abondantes; & enfin elle se jette dans le Pô, à quatre milles au-dessus de Ferrare. L'eau de cette Rivière est fort saine à boire, ce qu'on attribue aux eaux des Bains qui s'y perdent.

[i] L. 3. c. 16.

[k] L. 16. c. 37.

[l] Leandr. Albert. Italia, fol. 336.

REOL, [m] Village d'Allemagne dans l'Electorat de Trèves. Il est situé à deux milles au-dessous de la Ville de Trèves, pas loin de la Moselle, sur une hauteur, & entouré de Montagnes. Tout proche on a bâti le Château de RIGELBURG, dans le lieu où, selon Ortelius, étoit autrefois le *Rigodolum* des Anciens, dont Tacite fait mention.

[m] Zeiler. Topogr. Elect. Trevir. p. 39.

RE'OLE, (LA) Ville de France, dans le Basadois, Diocèse de Basas, Election de Condom. Cette Ville a pris son nom de l'ancienne

REO. REP.

cienne Abbaye de St. Pierre de la Règle, *de Regula*, de l'Ordre de St. Benoît, d'où lui est venu le nom corrompu de la RE'OLE ; son ancien nom étoit SQUIRS. Guillaume Duc de Gascogne la soumit l'an 970. à celle de Fleury-sur-Loire. Cette Abbaye fait le sujet de l'Article qui suit. Louïs XIV. transféra à la Réole le Parlement de Bourdeaux, pendant quelques années. Les Religionnaires en avoient fait une Place d'importance dans les guerres de la Religion. L'Eglise Paroissiale est dédiée à St. Michel. Cette Ville est située à neuf lieues au-dessus de Bourdeaux; l'on y fait Commerce de blé, de vin, & d'eau de vie.

RE'OLE, (LA) ou la REAULE, Abbaye de France, anciennement appellée SQUIRS; en Latin, *Sancti Orientii de Regula Abbatia*. C'est une Abbaye d'hommes, Ordre de St. Benoît. Elle est située dans le Diocèse de Basas, sur la Garonne, dans la Plaine de Bigorre, & entre trois Rivières, l'Adour & Leyses d'un côté, & Layza de l'autre. C'est la plus belle situation du monde. Elle est sous l'invocation de St. Orientius, qui fut Evêque d'Auch. Sa fondation est marquée à l'an 970. & on l'attribue à Otto Dato, Vicomte de Montanier. Les Normans-Danois la ruïnèrent peu de tems après ; mais elle fut rétablie [a] par Gombaud Evêque de Bazas, & mise sous la Règle de St. Benoît, dans la dépendance de l'Abbaye de Fleury, autrement St. Benoît-sur-Loire. St. Abbon, Abbé de Fleury y étant allé en 1004. pour y établir la Discipline, & régler les revenus, fut tué par les Gascons. Il y est honoré comme Martyr, & son corps s'y est conservé toujours depuis ce tems-là.

[a] *Baillet, Topogr. des Saints, p. 406.*

REPENTIGNY, Terre considérable, dans l'Amérique Septentrionale, au Canada, sur le bord du Fleuve de St. Laurent, entre Quebec & Montréal.

REPENTINA-VILLA. Voyez VAX-VILLA-REPENTINA.

REPERITANUS, Siège Episcopal d'Afrique, dans la Mauritanie Césarienne. La Notice des Evêchez d'Afrique nomme l'Evêque de ce Siège, Gelianus.

REPES, Fontaine d'Eau minérale en France, dans la Franche-Comté, à un quart de lieue de Vesoul, près d'un Hameau qui porte le même nom. Cette Fontaine fut découverte par hazard en 1715. ou 1716. Les Bestiaux de quelques Fermiers du lieu de Repes traversoient tous les jours les Ruisseaux sans boire, & se rendoient autour des Puits où sont ces sources, ce qui donna lieu à la découverte de ces eaux, & à l'examen de leurs propriétez. Elles sont limpides, & légères, sans goût, sans odeur, & fraiches comme l'eau des Fontaines ordinaires. Elles purgent par les selles & par les urines ; mais jusqu'ici on n'a pu découvrir par quelles qualitez elles font cette opération, non plus que la nature du Sel qui en est le principe actif. Elles abondent si considérablement en Sel, que de dix livres de ces eaux on en tire par évaporation sept ou huit dragmes, d'un Sel grisâtre qui fait sentir un peu d'acidité lorsqu'on en met sur la langue.

REPESIN, Isle des Indes sur la Côte de Malabar, environ à vingt milles de Cochin,

REP. REQ. RER. RES.

selon Davity [b] qui dit que Jarric la nomme *Repely*. Il ajoute que cette Isle contient une Ville de même nom, & quelques autres Places avec un assez grand nombre de Villages. Mr. de l'Isle ne connoît dans sa Carte du Malabar ni l'Isle de Repesin, ni la Ville de ce nom.

[b] *Royaume de Cochin.*

REPHA, ou REPHAÏM. Voyez RAPHA & RAPHAÏM.

REQUENA, Ville d'Espagne, au Royaume de Valence, selon Mr. Corneille [c]. Mais il se trompe en cela. Requená est dans la Nouvelle Castille [d], & seulement près des Frontières du Royaume de Valence, sur une petite Rivière qui se jette dans le Xucar. Mr. le Duc d'Orléans, Général de l'Armée composée des Troupes de France & d'Espagne, étant allé le 2. de Mai 1707. camper devant cette Place, qui avoit été forcée d'entrer dans la révolte générale du Royaume contre le Roi Philippe V. son Souverain, envoya dès le soir même sommer le Gouverneur de se rendre, avec menaces de ne lui faire aucun quartier, s'il laissoit tirer un coup de Canon. Ce Gouverneur appellé Don Joseph Iñiguez de Abarca, Chevalier de St. Jacques, fit assurer Son Altesse Royale au bout d'un quart d'heure qu'il se rendroit prisonnier avec toute sa Garnison, lui demandant seulement en grace, qu'il voulût bien le mettre à l'abri de la furie des Paysans & des Soldats. Ainsi le lendemain avant sept heures du matin les Troupes entrèrent dans Requena. Le Gouverneur s'étoit retiré dans le Château & avoit abandonné la Ville dont chaque Rue étoit fermée d'une Palissade & d'un parapet de pierres séches, avec un fossé au devant. La Garnison étoit de quatre cens quatre-vingt-trois hommes, tous Valenciens, sans compter les Officiers. On y trouva quatre petites Pièces de fonte d'une livre, peu de vivres & peu de munitions de guerre. Les Habitans qui avoient toujours été fidèles donnèrent des marques d'une joie extrême & régalèrent les Soldats de toutes sortes de rafraichissemens.

[c] *Dict.*
[d] *Maillet, Atlas. De l'Isle, Atlas.*

RERONE : petite Rivière de l'Italie [e], dans l'Etat de Venise. Elle sort des Montagnes voisines de la Ville de Vicence, où elle entre, pour se joindre à la Rivière de Bachiglione. Elles vont ensemble se jetter dans la Brente, après avoir reçu les eaux de quelques autres Rivières. Elien dans son Histoire des Animaux appelle cette Rivière *Eretenus* & dit qu'on y pêche les meilleures anguilles de toute l'Italie.

[e] *Leandr. Albert. Italia. fol. 473.*

RERRE, Rivière de France, dans l'Orléannois [f]. Elle se perd dans la Saudre, une lieue au-dessus de Romorantin. L'eau de cette Rivière est d'une grande utilité pour les Draps. Comme elle reçoit continuellement les larmes qui tombent de la plante appellée *Pyment*, dont cette Rivière est bordée, les étoffes ne sont pas plus de huit heures dans les Vaisseaux des Moulins où on les foule ; ce qui ne se peut faire ailleurs en moins de seize heures & encore sans un déchet très-considérable des laines.

[f] *Piganiol, Descr. de la France, t. 6. p. 4.*

RESAIA, Ville de l'Osrhoëne, selon la Notice des Dignitez de l'Empire [g] : ce pourroit être la Ville Resaïna d'Ammien Marcellin.

[g] *Sect. 25.*

RESCHT,

RESCHT, Contrée de Perse, l'une de celles qui sont comprises dans la Province de Kilan. Outre la Ville Capitale à laquelle on donne aussi le nom de RESCHT, on y trouve celle de Kisma, de Fumen, de Tullum, de Cheft, de Dilum & de Massula. Cette derniére est bâtie dans la Montagne, à cause d'une Mine de fer dont les habitans qui sont la plûpart Maréchaux ou Serruriers s'entretiennent. Quant à la Ville de RESCHT, en Latin *Rescha*, elle s'étend en forme de Croissant le long de la Mer Caspienne, & est enceinte d'une haute Montagne, de laquelle sortent plusieurs Riviéres, qui arrosent la Plaine, & la rendent très-fertile. Cette Ville est assez grande, mais elle est ouverte de tous côtez, comme un Village, & ses Maisons sont tellement cachées dans les arbres, qu'il semble en y entrant, qu'on va plûtôt dans une Forêt que dans une Ville. Elle est à deux lieues de la Mer Caspienne, & les Maisons n'y sont pas si belles que dans les autres Villes de Perse. Elles sont toutes couvertes de tuiles comme les nôtres, & il n'y en a point qui ne soit accompagnée d'une grande quantité de Citronniers & d'Orangers. Le Marché de Rescht est fort grand, rempli de Boutiques, où l'on vend toutes sortes de Marchandises, mais particuliérement des vivres qui y sont à très-bon compte. Quoique cette Ville soit la Capitale de tout le Kilan, elle n'a point de Cham ou de Gouverneur en Chef. Ce fut Schac-Abas qui réunit cette Province à la Couronne de Perse. Tant qu'il vécut elle demeura tranquille sous sa domination ; mais les cruautez de Schach-Sefi son successeur, ayant obligé les Peuples à se révolter, ils prirent pour maître Karib-Schach, descendu des anciens Rois de Latietzan, en la même Province de Kilan. Celui-ci ayant fait un Corps d'Armée de quatorze mille hommes, prit d'abord la Ville de Rescht, où il se saisit des deniers du Roi ; ce qu'il fit aussi dans les autres Villes du Kilan, dont il occupa toutes les avenues. Cependant ayant été pris, il fut mené à Casbin où étoit alors Schach-Sefi, qui lui fit faire une entrée en la compagnie de cinq ou six cens Courtisannes, qui lui firent mille outrages, en le raillant sur sa Royauté. Ensuite on le fit ferrer aux pieds & aux mains comme un Cheval, en lui disant qu'on le faisoit pour le soulager ; parce qu'ayant accoutumé de marcher sur la terre grasse & douce de Kilan, il auroit à souffrir des chemins pierreux & raboteux de la Perse. Après l'avoir laissé languir de cette maniére, il fut conduit au Meïdan, où on le mit au haut d'une perche. Le Roi lui tira le premier coup de fléche, & toute sa Cour ayant suivi son exemple, il reçut en un moment une infinité de coups qui finirent son supplice.

RESCOW. Voyez RZEVA.

RESE, ou REZE ; Rivière de France, dans le Berry [a]. Elle a sa source au voisinage de Precy-le-Chesif, & après avoir mouillé Nançay, Ardeloup, Server, elle va se perdre dans la grande Saudre à Romorentin.

[a] Coulon, Riviéres de France, p. 311.

RESEN, Ville d'Assyrie. Elle fut bâtie par Assur entre Ninive & Chalé [b]. On connoît sur le Fleuve Chaboras, dans la Mésopotamie une Ville de RESINE ou ROSAINE assez fameuse. On trouve même quelques Médailles qui y ont été frappées. Voyez le Commentaire de Dom Calmet sur la Genèse 10. 12. & *Cellarius, Asia lib.* 3. c. 15. p. 733.

[b] Genes. 10. 12.

RESEPH, RESIPH, RESAPHA, ou RISAPHA, Ville de Syrie. Elle est connue dans le quatrième Livre des Rois [c], dans Isaïe [d], dans Ptolomée [e] qui écrit RHAESAPHA, & la place dans la Palmyrène ; les Tables de Peutinger & la Notice d'Orient la connoissent aussi.

[c] 19. 12.
[d] 37. 12.
[e] Lib. 5. c. 15.

RESISTON, ou RESISTOS, Ville de Thrace dans les terres, selon Pline [f]. L'Itinéraire d'Antonin la met sur la route de Plotinopolis à Héraclée, entre Apros & Héraclée, à vingt-deux milles de la première de ces Villes & à vingt-cinq milles de la seconde.

[f] Lib. 4. c. 11.

RESOCIACUM, Ville de la Galatie, selon l'Itinéraire d'Antonin. Les Exemplaires varient beaucoup sur le nom de cette Ville : les uns portent *Rosologiacum* : les autres *Rosalatiacum*, *Rosolaticum*, ou *Rosolaciacum* ; mais la plûpart des Géographes préférent ROSOLOGIACUM. Cette Ville étoit sur la route de Constantinople à Antioche, entre Corbeneunca & Aspona, à douze milles de la première de ces Places ; & à trente & un mille de la seconde. Dans un autre endroit l'Itinéraire d'Antonin fait mention d'une Ville nommée *Orsologiacum*. On croit que c'est une faute & qu'il faut lire ROSOLOGIACUM.

RESOVIE, ou RESZOW ; Ville de la Petite Pologne [g], dans le Palatinat de Russie, au Territoire de Przemyssie, sur le bord de la Riviére de Wisoch. Cette petite Ville est considérable par son Château, [h] par ses Maisons Religieuses & par la Foire qu'elle tient tous les ans à la Fête de St. Albert. Elle est encore renommée par la quantité de laitages & de toiles dont elle fait commerce. La place & son Territoire furent habitez par des Allemans, faits prisonniers de guerre par Casimir le Grand, Roi de Pologne, & transportez de Saxe en ce pays avec leurs femmes & leurs enfans.

[g] De l'Isle, Atlas.
[h] Andr. Cellar. Descr. Poloniæ, p. 327.

RESOUZE, Riviére de France. Elle a son cours dans la Bresse, mouille la Ville de Pont-de-Vaux & va se décharger dans la Saône un peu au dessous de cette Ville.

RESPA, Lieu d'Italie, l'Itinéraire d'Antonin marque sur la route de Rome à Ancone, en passant par le Picenum. Ce Lieu étoit entre *Aufidena* & *Barium*, à vingt-trois milles de la première de ces Villes & à treize milles de la seconde.

RESPECTENSIS, Siège Episcopal d'Afrique dans la Numidie. La Notice des Evêchez d'Afrique nomme *Quod-vult-Deus* l'Evêque de ce Siège.

1. RESSA, Campement des Israélites dans le Desert. Ils vinrent de Lebna à Ressa, & de Ressa, ils allérent à Céélatha [i].

[i] Num. 33. 22.

2. RESSA, Ville assez célèbre dans l'Arabie Pétrée, apparemment la même que le Campement des Hébreux, dont on vient de parler. Josephe [k] fait mention d'un Château nommé *Ressa* dans l'Idumée ; & St. Jérôme dans la Vie de Saint Hilarion, dit que ce Saint convertit toute la Ville de Ressa, située entre Cadès & Gaza. C'est peut-être, dit Dom Calmet,

[k] De Bel. Lib. 1. c. 12.

a Dict. Calmet [a], la Ville de *Larissa*, dont parle
b L. 11. ad Guillaume de Tyr [b], & Arischi, Ville E-
finem. piscopale dans le Désert des Enfans d'Israël [c].
c Renaudot, Liturg. Or. LARIS étoit une Ville Maritime sur le che-
t. 1. p. 448. min de l'Egypte.

RESSANENSIS, ou RESSIANENSIS;
Siège Episcopal d'Afrique dans la Numidie.
Dans la Conférence de Carthage, qui suit la
derniére orthographe, l'Evêque de ce Siège
est nommé *Octavianus Episcopus Ecclesiæ Ressianensis*. Cet Octavien est un de ces quatre Evêques, dont Verissimus Evêque de Tacara
porte des plaintes de ce que les Catholiques
les avoient établis dans son Diocèse. Dans la
Notice des Evêchez d'Afrique Vigilius est
qualifié *Episcopus Ressanensis*.

RESSEL, petite Ville de Pologne dans le
Palatinat de Warmie, aux confins de l'Ermland, près du Lac de Zain. En 1120. six
d Andr. Cel- cens Tartares [d] furent tuez dans son Faux-
lar. Descr. bourg. Il y avoit autrefois dans cette Ville
Polon. p. un Couvent d'Augustins.
531.
e Osnam, RESSIF, [e] quelques-uns écrivent RECIF:
Dict. Math. on appelle ainsi une chaîne de Roches qui
sont sous l'eau. LE RECIF DE TRUXILLO.
Voyez aux mots BANCHE & VIGIE.

RESSIUS. Voyez RHESIUM.

1. RESSONS, Bourg de France dans la
Picardie, Election de Mont-Didier.

2. RESSONS, Abbaye de France dans
f Piganiol, la Normandie [f], Diocèse de Rouen. C'est
Descr. de la une Abbaye d'hommes de l'Ordre de Pré-
France, t. montré. Elle reconnoît les Seigneurs d'Au-
5. p. 289. mont pour ses fondateurs. Dès l'an 1150. il
y avoit un Abbé à Ressons; & en 1230.
Jean I. Sire d'Aumont & Mabille sa femme
firent plusieurs donations à cette Abbaye.
Elle vaut à l'Abbé deux mille livres de
rente.

RESTIGNE, Bourg & Château de France, dans l'Anjou, Election de Saumur.

RETEL, ou ARRATAMB, Province
d'Afrique dans la Barbarie. Elle s'étend le
long de la Rivière de Ris, & confine à la
Province de Sulgumesse & à celle de Metaga-
g Marmol, ra [g]. La longueur est de vingt lieues, & on
Afrique, t. y trouve plusieurs Bourgs & Villages peuplés
3. ch. 24. d'une Nation lâche & avare que les Arabes
traitent d'Esclaves, & dont ils se servent comme de Fermiers pour labourer leurs terres.
Ces Peuples sont Bérébéres, quoiqu'ils n'en
parlent pas entièrement la Langue. Cette
Province a au Levant une Montagne stérile &
deserte; & au Couchant des sablons, où les
Arabes de Ménéba, qui sont plus de deux mille chevaux, viennent camper à leur retour de la
Libye, & recueillent des contributions de
tous ces Lieux-là si les Princes voisins ne les
en empêchent.

h Baugier, RETHEL, *Rethelium*, ou MAZARINY [h],
Mém. Hist. Ville de France en Champagne sur la Rivière
de Champagne. d'Aîne. Elle est fort ancienne. Ce n'étoit
du tems des Romains qu'un Fort, construit
lorsque Jules César étoit Gouverneur des Gaules, afin de s'assurer en cet endroit le passage
de la Rivière. On y voit encore aujourd'hui
une grosse Tour construite par les Romains, de
laquelle relevent un grand nombre de fiefs
mouvans de ce Duché. En ce tems-là les
Armées Romaines ne s'arrêtoient que dans des
Camps fortifiés, & ce lieu là se nommoit toujours *Castrum*, & on appelloit en ce tems-là

Rethel *Castrum retectum*. Ce Duché ayant
été acquis par le Cardinal Mazarin, a passé
dans la Maison de la Porte, par le mariage de
la Nièce de ce Cardinal avec le fils du Maréchal de la Meilleraye. On appelloit anciennement le Château de Rethel *Registée*, depuis *Reteste*, dont furent successivement Seigneurs à commencer vers l'an 1200. Gauthier
de Reteste, Jean, Hugues, Gauthier, &
Manassès, qui furent tous des plus braves Cavaliers de leur tems. De cette Maison est sortie Jeanne, fille & unique héritière de Jacques,
Comte de Rethel, laquelle épousa Louïs,
Comte de Flandre, auquel elle apporta ce
Comté, comme il paroît par l'ancien Cartulaire des Comtes de Rhethelois des mois de Mai
& de Juillet 1349. & par celui de Nevers.
Le Comté de Rethel demeura dans la maison
de Flandre jusqu'au tems que Philippe Duc
de Bourgogne, Comte de Flandre, le donna à
Philippe son Fils puîné; il passa ensuite à la
Maison de Clèves avec le Comté de Nivernois, par le mariage d'Isabeau de Bourgogne,
avec un Prince de cette Maison. Ce Comté
est de très-ancienne érection; car dès le tems
de Clovis S. Arnould est qualifié fils de Rogatien, Comte de Rethel: aussi les Comtes
de Rethel furent reconnus en cete qualité dès
l'Etablissement des Comtes de Champagne.
On remarque qu'en 686. les sept Comtes de
Champagne furent établis, & que celui de
Rethel étoit le second. En l'année 449. le
Rethelois servoit des bornes à la France de ce
côté-là. La Ville de Rethel a été souvent
prise & reprise. Léopold d'Autriche, Archiduc, qui commandoit l'Armée d'Espagne,
s'en empara en 1650. & elle fut reprise le 13.
de Décembre de la même année par l'Armée
du Roi commandée par le Maréchal du Pressis-Prâlin, qui marcha ensuite au secours de
la Ville de Guise, dont il fit lever le siège,
que le même Prince y avoit mis. Il défit
ensuite le 15. Décembre de la même année,
l'Armée d'Espagne à la Bataille que l'on a
nommée depuis Bataille de Rethel, quoique
cette action se fût passée à Sommepuy ou Sompy, qui en est à quatre lieues. Les Espagnols
la prirent encore une autrefois en 1653. & elle
fut reprise le 9. Juillet en quatre jours par
Messieurs de Turenne & de la Ferté. Il y a
à Rethel un Couvent des Religieuses de la
Congrégation; elles y sont au nombre de quarante, & elles ont environ sept mille livres de
revenu: un Couvent de Minimes dans l'un
des Fauxbourg, ou il y a onze Religieux,
qui ont environ trois mille livres de rente:
& un de Capucins qui sont au nombre de
dix. Le DUCHÉ DE RETHEL autrement
dit MAZARIN, étoit autrefois l'une des sept
Comtés-Pairies de Champagne, & il a d'abord
été possédé, par Alberic second fils du Roi
Clodion, d'où étant passé dans la Maison de
Flandre par le mariage de Jeanne, fille & unique héritière de Jacques, Comte de Rethel,
qui après la mort de son Pere fut mariée à
Louïs de Flandre, Comte de Nevers, fils aîné
de Robert, Comte de Flandre; il fut érigé en
Pairie, en faveur de Marguerite de France,
l'une des trois filles du Roi Philippe le Long,
qui avoit épousé Louïs II. Comte de Flandre
& de Rethel; & encore ensuite en faveur de
Louïs III. son fils, Comte de Flandre, de
Nevers,

Nevers, & de Rethel, par Lettres Patentes du Roi Philippe de Valois, du 27. d'Août 1347. & cette érection a encore depuis été confirmée par Lettres Patentes du Roi Louïs XI. du 30. Juillet 1464. en faveur de Charle de Bourgogne, fils aîné de Philippe, Comte de Nevers & de Rethel. Ce Comté étant depuis tombé dans la Maison de Cléves, ensuite en celle de Gonsague, par le mariage de l'héritière de la Maison de Cléves ; il a été par Lettres Patentes du Roi Henri III. du Mois de Décembre 1581. érigé en Duché, & la Baronnie de Rosoy unie en faveur de Louïs ou Charles de Gonzague & de ses heritiers mâles & femelles ; mais Charles de Gonfague, petit-fils de ce Louïs étant passé depuis en Italie, pour y recueillir le Duché de Mantoue, Jules, Cardinal Mazarin acheta le Duché de Rethel, & le laissa après sa mort à Armand Charles de la Porte, fils du Maréchal de la Meilleraye, grand Maître de l'Artillerie, qui avoit épousé en 1661. Hortense Mancini la plus jeune des Niéces de ce Cardinal, à condition de porter le Nom & les Armes de Mazariny. L'Erection de ce Duché a été de nouveau confirmée en faveur de ce Seigneur, mort avec le nom de Duc de Mazarin, par Lettres Patentes du Mois de Décembre 1663. qui ordonnent aussi que ce Duché portera desormais le nom de Mazariny au lieu de celui de Rethelois, & même que la Ville de Rethel, Capitale de ce Duché, sera pareillement appelée Mazariny ; cependant le nom de Rethel lui est encore demeuré dans les Commissions des Tailles, & autres Ordres du Roi. Le Duché de Rethelois est l'un des plus beaux du Royaume ; il est composé des trois Villes, de Rethel, Meziéres, & Donchery, qui sont autant des Prevôtés : de cinq autres Prevôtés, sçavoir, celle du Châtel, de Bourg, d'Aumont, de Brieulle & Warcq & de la Baronnie de Rosoy : toutes ces Prevôtés composent deux cens trente Paroisses ; le revenu est de plus de soixante mille livres.

Son Election est composée de deux cens quatre-vingt seize Paroisses, presque toutes du Diocèse de Reims. Il y a une Manufacture pareille à celle de Reims, dont les étoffes ne sont pas si estimées que celles de Reims. La partie de l'Election qui est située dans les Bois, ne recueille guère que du Seigle, & les habitans sont très-laborieux, & engraissent quelques Troupeaux. La partie qui est située dans le valage est plus peuplée ; les terres y sont abondantes, & il y a beaucoup de prairies, où l'on pourroit élever des haras, dont les chevaux seroient meilleurs que ceux de Flandres ; les terres situées vers les Frontiéres des Pays-Bas, rapportent du seigle, & du froment. Il y a plusieurs Carriéres & Mines de fer, ce qui fait que le principal Commerce des habitans est dans les forges ; ils aiment mieux la guerre que le travail.

RETHELOIS (LE), Pays de la Champagne, est borné au Septentrion par les Pays-Bas, à l'Orient par le Pays d'Argonne & le Clermontois, au Midi par le Rémois, & à l'Occident par le Laonnois. Une partie de ce Pays est couverte de Bois, où il y a beaucoup de Forges de fer, & de charbon : le reste est très-abondant en pâturages ; il y a plusieurs Riviéres, dont la plus considérable est l'Aîne. La Ville Capitale est Rethel, les autres Villes, sont Rocroy, Maubertfontaine, Château-Porcien, Meziéres, & Charleville.

RETHEM, petite Ville d'Allemagne, au Duché de Luneburg, près de la Riviére d'Aller. Il y avoit autrefois un Château qui est ruïné [a]. La Riviére d'Aller, étant navigable & fournissant de bons poissons, est d'une grande utilité à cette Ville que les guerres du dernier siècle ont presque entièrement ruïnée.

[a] Zeyler, Topogr. Ducat. Brunswic.

RETHMA, Campement des Israélites dans le Desert. De Hazeroth ils arrivérent à Rethma, & de Rethma ils allérent à Remmon-Pharés. Ce Campement, dit Dom Calmet [b], devoit être dans le Desert de Pharaa, au voisinage de Cadès-Barné.

[b] Dict.

RETIARIA. Voyez RAETIARIA.

RETIMO, Ville de l'Isle de Candie [c], sur la Côte Septentrionale, environ à dix-huit lieues de la Ville de Candie, vers le Couchant. Retimo qui est la troisième Place de l'Isle, fut prise par les Turcs en 1647. & depuis ce tems là elle est gouvernée par un Bacha, soumis au Viceroi de Candie. Elle est plus gaye & plus riante que la Canée, quoiqu'elle soit plus petite & enceinte de murailles plus propres à fermer un Parc, qu'à défendre une Place de guerre. La Citadelle n'a été faite que pour garder le Port : elle est sur un écueil escarpé, avancé dans la Mer, & seroit très-forte, si elle n'étoit dominée par une Roche plate, qui est sur le chemin d'Almyron. Cette Citadelle commande un Fort que l'on avoit construit à l'autre extrémité de la Ville, pour la sûreté du Port. Ce Fort est à présent ruïné & le Port tout-à-fait négligé. Les Vaisseaux de guerre venoient autrefois mouiller dans la Darse au-dessous de la Citadelle ; aujourd'hui les Barques & les Marsilianes peuvent à peine s'y retirer.

[c] Tournefort, Voy. du Levant, t. 1. p. 13.

Pendant que les Turcs assiegeoient Famagousse, dans l'Isle de Chypre, Ali Bassa Capitan pacha voulut tenter une irruption en Candie ; mais on avoit si bien pourvû à toutes les Places, qu'il n'y eut que Retimo de saccagée par Vlus-Ali Général des Vaisseaux de Barbarie.

La Campagne de Retimo n'est que Rochers du côté du Couchant : elle est fort belle sur la route de Candie. On ne voit tout le long de la Marine que Jardins que l'on arrose par le moyen de grands Puits à bascule : on y mange de cerises plus précoces que dans le reste de l'Isle : tous les fruits y sont de meilleur goût : la soye, la laine, le miel, la cire, le ladanum, les huiles & les autres denrées en sont plus recherchées. Les eaux de cette Ville sortent à gros bouillons du fond d'un Puits dans une Vallée étroite, à un quart de lieue de la Ville, tirant vers le Midi : la décharge de cette belle source est conduite à Retimo ; mais on en laisse perdre plus de la moitié. On a bâti sur le chemin qui conduit à la Vallée, une assez belle Mosquée dans la Cour de laquelle un Turc à fondé une Hôtellerie, pour loger & pour nourrir gratuitement les Voyageurs qui arrivent après qu'on à fermé les portes de la Ville, ou qui ont dessein de partir avant qu'on les ouvre. Cette Maison est bien entretenue : on y cultive une belle espèce de pied-

pied de Veau, que la plûpart des Auteurs ont prise pour la Colocasia des Anciens : les gens du Pays en mangent la racine en potage.

La Malvoisie de Retimo étoit estimée dans le tems que les Vénitiens possédoient cette Isle : Belon assure qu'on fait bouillir cette Liqueur dans des grandes Chaudières, le long de la marine, on en fait peu présentement.

RETINA, Lieu d'Italie, dans la Campanie, sur le bord de la Mer, selon Pline[a]. Hermolaus croit que ce Lieu étoit au pied du Promontoire de Miséne, & que c'est encore aujourd'hui un petit Village appellé *Retina* ou *Resina*.

[a] L. 6. Epist. 16.

RETLEFS, Ville & Seigneurie d'Allemagne, dans l'Evêché de Wurtzbourg.

RETORBIO, RITORBIO, ou RUTURBIO; Bourgade d'Italie[b], dans le Duché de Milan au Territoire de Pavie, environ à six lieues au Midi de cette Ville & presque à égale distance de celle de Tortone du côté du Levant. Ce Lieu est renommé par ses Bains chauds. C'est le *Lituhium* des Anciens.

[b] Magin, Carte du Territoire de Pavie.

RETOVINA-LINA, Pline[e] fait l'éloge d'un Lin auquel il donne ce nom, à cause du Lieu où il croissoit. Ce Lieu étoit, selon Cluvier[d] & selon le Pere Hardouin la Ville *Ritovium*, ou *Ritobium* que Tite-Live[e] appelle *Lituhium*.

[c] L. 19. c. 1.
[d] Ital. Ant. p. 78.
[e] L. 32.

RETRIA, nom d'un Lieu dont il est parlé dans le Code[f].

[f] L. 7.

RETRICES, nom que les Latins donnoient à certains Ruisseaux dont on détournoit l'eau pour arroser les Jardins & les Prairies aux environs de la Ville de Rome. C'est Festus qui fait mention de ces Ruisseaux. Voici le passage : *Retricibus cum ait Cato, in ea quam scripsit cum edisseravit Fulvii Nobilioris Censuram, significat aquam eo nomine, quæ est supra Viam Ardeatinam, inter lapidem secundum & tertium, qua irrigantur horti infra Viam Ardeatinam & Asinariam, usque ad Latinam.* Et une ligne plus bas il ajoute : *Retricibus cum ait Cato, aquam eo nomine significat, qua horti irrigantur.* On donne différentes origines à ce mot RETRICES : la plus vraisemblable est celle qui le dérive du Grec ῥέιθρον, qui veut dire un Ruisseau.

RETZ, ou RAIS, Pays de France, dans la Bretagne. Il occupe la partie du Diocèse de Nantes qui est au Midi de la Loire. Ce Pays tiroit son nom d'une Ville nommée *Ratiatum* & faisoit autrefois partie du Poitou & du Diocèse de Poitiers.[g] Les Visigots Arriens s'étant établis dans le Poitou dans le cinquième siècle, y maltraitèrent les Catholiques ; & ce fut probablement ce qui engagea l'Evêque de Poitiers à se retirer à l'extrémité de son Diocèse dans la Ville de *Ratiatum*. C'est pour cela que dans les souscriptions du premier Concile d'Orléans tenu en 511. Adelphus Evêque de Poitiers est appellé *Episcopus Ratiatensis* ; & c'est en ce Pays qu'étoit le Comté d'Erbauges en Latin *Arbatilicensis*, qui étoit du Poitou, comme l'assurent tous les anciens Auteurs. Ce fut Charles le Chauve, qui donna en 851. à Herispée Prince des Bretons tout le Pays de Retz (*Ratiatensis*) qu'il unit à la Bretagne & au Pays de Nantes, en sorte qu'il cessa de dépendre de Poitiers au Spirituel. Ce Pays eut ensuite ses Seigneurs ou Barons particuliers, d'où il a passé de la Maison de Chabot, en celle de Laval & de Chauvigny : puis il fut possédé en qualité de Comté par la Maison de Gondi, en faveur de laquelle il fut érigé en Duché-Pairie[h] dans la personne d'Albert de Gondi. Les Lettres Patentes pour cette Erection sont du mois de Novembre 1581. & furent regitrées au Parlement de Paris le 2. Mars 1582. Louïs XIII. renouvella cette érection en 1634. en faveur de Pierre de Gondi, à condition qu'il ne prendroit séance que du jour de la vérification de ces nouvelles Lettres. Cette Pairie s'éteignit par sa mort arrivée le 29. d'Avril 1676. Ce Duché est à présent dans la Maison de Villeroi. La Ville de Retz étant détruite depuis long-tems, Machecou lui a succédé. Voyez MACHECOU.

[g] Longuerue, Descr. de la France, I. Part. p. 148.
[h] Piganiol, Descr. de la France, t. 5. p. 118.

RETZUNS. Voyez RHAETZUNS.

RETMERSHAUSEN, Château d'Allemagne,[i] dans la Principauté de Calenberg, & dans une petite Contrée appellée la Jarte, du nom d'une Rivière qui la traverse. Ce Château fut commencé par la Famille de Kerslingerode qu'on appelle autrement Heissen ; après la mort du dernier de cette Famille, le Château de Retmershausen passa entre les mains du Duc de Brunswig-Lunebourg.

[i] Zeiler, Topogr. Ducat. Brunsv.

REUCALANI. Voyez RHACALANI.

REUDIGNI, Peuples de la Germanie. Tacite,[k] les nomme avec divers autres Peuples, qui habitoient au Nord de la Germanie & qui adoroient la Terre.

[k] De Morib. Germanor.

REVEL, Ville de France, & Justice Royale non ressortissante dans le Haut Languedoc, Diocèse de Lavaur. Cette Ville est à deux lieues de Saint-Papoul, elle est du Pays de Lauraguais. Les Calvinistes s'en étoient emparez pendant les guerres de la Religion, & l'avoient fortifiée. Ses fortifications ont été entièrement détruites, & même rasées en 1629. C'étoit autrefois un Bourg, qui se nommoit REBEL, ou la BASTIDE DE LAVAUR. Philippe le Bel ayant permis de le clore de murailles, l'érigea en Ville. Il semble qu'elle ait pris son nom de cette permission, ce qui paroît par le distique gravé sur la Porte de la Ville :

--- *quæ dudum Vauri Bastida vocabar,*
Dicta Rebellus ero Regis honore mei.

REVEL, ou REVAL ; Ville de l'Empire Russien, dans la Haute-Livonie, & la Capitale de l'Esthonie. Elle est bâtie sur la côte de la Mer Baltique, dans une Plaine fort unie & fort agréable, & en partie sur une assez haute Montagne, ou Rocher[l], sur lequel on voit un fort Château, qui communique seulement, avec la Ville & qui est de la hauteur de la plus haute Tour de Revel. Waldemar II. Roi de Dannemarc, jetta les premiers fondemens de cette Place en 1290. & en 1347. Waldemar III.[m] la vendit à Gorvin d'Ech, Grand-Maître de Livonie pour dix-neuf mille marcs d'argent. La Livonie ayant eu une rude guerre à soutenir contre les Moscovites, cette Ville se mit sous la protection d'Eric Roi de Suède ; & dès ce tems-là, elle étoit si forte qu'elle soutint un long Siège en 1570. contre Magnus Duc de Holstein, qui commandoit l'Armée du Grand Duc

[l] Zeiler, Topogr. Livoniæ, p. 19.
[m] Olearius, Voy. de Moscovie, Liv. 2.

Duc, & un autre sept ans après contre les Moscovites qui se retirérent avec perte. Elle fut reçue dès le commencement dans la Société des Villes Anséatiques; elle ne passa néanmoins pour une Ville bien marchande que vers l'an 1477. & elle n'eut pas de peine à se conserver alors le Commerce de la Moscovie & d'autres Lieux, à cause de sa situation avantageuse & de la bonté de son Port. Elle rompit avec les Villes Anséatiques en 1550. & le Grand-Duc ayant pris auparavant Nerva, les Moscovites y établirent le Commerce qu'ils avoient à Revel. Enfin ces derniers ayant conquis cette Place sur les Suédois, prennent grand soin d'y entretenir le Commerce qui y étoit établi [a]. L'Eglise Cathédrale, & les Maisons de la Noblesse sont en haut. Ces Maisons sont nouvellement bâties; mais celles du bas sont vieilles, & tombent presque en ruine. Dans le tems du dernier Siège que les Moscovites mirent devant cette Place, tous les Habitans du Pays, s'y étoient sauvez; & on trouve dans les Regîtres de l'Hôtel de Ville, que la derniére peste fit mourir dans l'enceinte de Revel, cinquante-cinq mille personnes. Les Habitans ont conservé leurs Privilèges, qui leur ont été accordez par les Grands-Maîtres, & par les Rois leurs Successeurs. Ils ont aussi conservé l'exercice de leur Religion. Les Moscovites font le service divin dans une Eglise qu'ils avoient autrefois possédée. Quoique la Garnison soit de trois à quatre-mille hommes, les Bourgeois ne laissent pas d'avoir la liberté d'entretenir une Compagnie Franche, qui a la garde de la grande Place. Il y a à Revel trois Conseils: celui des Conseillers & Magistrats de la Ville; celui des Nobles du Pays, qui consiste en un Président, assisté de douze Conseillers Provinciaux, & dont l'Emploi est de veiller aux intérêts de la Province; & enfin celui qu'on appelle le Gouvernement, & qui a la puissance exécutive. On voit encore les Armes de Dannemarc, & des Inscriptions Danoises dans les Eglises, & dans les anciens Edifices. Il est à remarquer que les Paysans qui furent autrefois transportez de Dannemarck dans ce Pays, se distinguent encore aujourd'hui de tous les autres Paysans par leurs maniéres, & particuliérement par leurs bonnets, les Originaires du Pays ne portant que des chapeaux. On voit encore aujourd'hui à une demi-lieue de Revel les ruines d'un très-beau Monastère, qu'un Marchand de la Ville de Revel, fonda au commencement du quinzième siècle, sous Conrad de Jungigen Grand-Maître de Livonie, par une dévotion particuliére qu'il avoit pour Ste. Brigitte.

[a] Mémoires de l'Empire Russien, P. 137.

REVER, ou REVERO, Bourg d'Italie [b], dans le Mantouan, sur la Rive Méridionale du Po, vis-à-vis d'Ostiglia. Ses Habitans sont à leur aise & bien logez.

[b] Magin, Carte du Mantouan.

REVERMONT, on donnoit anciennement, ce nom [c] à une Seigneurie du Bugey, dont les Comtes de Savoye, s'emparérent vers la fin de l'onzième siècle. Cette Seigneurie comprenoit les Terres qui se trouvent présentement entre les Mandemens de Coligny, & de Pont d'Ain. Elle a appartenu à la Maison de Coligny.

[c] Longuerue, Descr. de la France, 1. Part. p.299.

REVES, en Latin *Revasia*, Village des Pays-Bas, avec Seigneurie d. Il est situé dans le Brabant à deux milles de Nivelle.

[d] Zeyler, Topog. Brabant.

REUGNY, Bourg de France, & Marquisat dans la Touraine, Diocèse de Tours, Election d'Amboise. Il y a une Châtellenie Royale, ressortissante au Bailliage de Tours.

1. REUILLY, Château de France, aux environs de Paris [e] & dans le Quartier de St. Antoine. La Maison n'a rien de bien considérable: on croit néanmoins que les Rois de la première Race, avoient une Maison dans cet endroit, & que ce fut dans ce Palais que Dagobert répudia Gomatrude sa première femme, & qu'il épousa en sa place Nantilde, une des suivantes de cette Reine. Fredegaire dit cependant que ce fut à Clichy-la-Garenne, Village qui est derriére la Montagne de Montmartre; & d'autres Historiens croient que ce fut à Romanville, Village de la Brie, assez près de Paris. Quoiqu'il en soit c'est dans cette Maison de Reuilly, qu'étoient autrefois ces beaux Tableaux du Poussin qui représentent les sept Sacremens de l'Eglise.

[e] Piganiol, Descr. de la France, t.2. p. 347.

2. REUILLY, petite Ville de France en Berry, Diocèse de Bourges, Prevôté & Election d'Issoudun. Elle est située sur la Riviére d'Arnon, à six lieues de Bourges, à trois d'Issoudun, & de Vierzon, & à quatre de Vatan & Graçay. La Taille est personnelle. La Cure est à portion congrue seulement, sans aucun revenant bon. Messieurs les Supérieurs & Directeurs du Séminaire de S. Sulpice de Paris, Seigneurs temporels & spirituels de Reüilly, en sont les Collateurs: elle n'a point d'Annéxe, mais elle a deux Hameaux, éloignez de la Ville d'un quart de lieue, & un à une bonne lieue, nommé l'ORMITEAUX, dans lequel il y a une Commanderie qui en porte le nom. Il y a des Bleds de toute espèce, & du Vin qui souvent se consument dans le Pays faute de Commerce, ce qui fait que les Habitans y sont pauvres; les Foins y sont excellens, & les Laines. Le Prieuré de Reüilli est annexé au Séminaire de S. Sulpice de Paris, qui en est Seigneur, & a haute, basse & moyenne Justice.

Il y a dans la Ville, un Hôtel-Dieu nouvellement établi par Lettres Patentes de Sa Majesté, administré par des Collégues, qu'elles établissent perpétuels, & autant de Triennaux, & dont les filles de la Congrégation de la Croix ont le soin. La Seigneurie est un simple Fief; le principal Commerce est celui du vin blanc.

3. REUILLY-SAUVIGNY, Bourg de France, dans la Brie, Diocèse de Soissons, Election de Château-Thierry. Il y a un Prieuré considérable qui a été fondé par le Roi Dagobert, qui l'a donné à l'Abbaye de St. Denis en France, avec vingt-deux Village voisins. Ce Prieuré fut détruit en 902. dans l'invasion des Hongres, & depuis restitué à l'Abbaye St. Denis, sous le Regne de Philippe I. Ce Bourg est situé sur une petite hauteur auprès de la Riviére de Téol, dans un Pays abondant en blé & en vin. Il y a aussi de belles prairies.

REVIN, petite Ville de France, située sur la Meuse, entre la Frontiére de la Champagne & du Hainaut, au-dessous de Charleville.

ville. Cette Place appartient à la France depuis 1679. C'étoit autrefois une dépendance de l'Abbaye de Prum.

REUMARI, Voyez BILIGIA.

REUS, ou REUSS, en Latin URSA; Riviére de la Suisse. Elle prend son origine dans le Mont S. Gothard [a], d'un petit Lac nommé *Lago di Luzendro*, qui est fort profond & qui peut avoir une lieue de long. Il n'est pas fort éloigné d'un autre petit Lac, qui est la source du Tessin. Le Ruisseau qui coule de ce Lac, en reçoit d'autres qui forment ensemble la Reüss. Cette Riviére a, dès sa source, un cours fort impétueux, car elle ne coule pas, mais elle tombe plûtôt, de rocher en rocher, tellement que dans l'espace de quelques lieues de chemin tout du long de la Vallée, nommée Urserenthal, ce n'est presque qu'une cascade perpétuelle, où elle fait un bruit horrible, & son eau se réduit en rosée menue, comme de la poussiére. Elle traverse le Canton d'Uri, & se jette dans le Lac de Lucerne, d'où elle sort dans la Ville de ce nom. De Lucerne coulant au Nord, elle traverse le Païs, qu'on appelle les Provinces-Libres, lave les murailles de Bremgarten, & de Mellingen, & à quelques lieues au-delà, elle se jette dans l'Aare, au-dessous de Windisch. Son cours est fort rapide, aussi-bien que celui de l'Aare.

REUSSENBERG, Bourg d'Allemagne, situé dans l'Evêché de Würzbourg.

REUT, Lieu des Païs-bas, dans la Mairie de Bois-le-Duc [b]; il est aujourd'hui enclavé dans le Fort d'Isabelle, & il y a une Eglise, desservie par un Ministre Protestant.

REUTLINGEN, Ville d'Allemagne [c] libre & Impériale, dans le Duché de Wurtemberg, sur la Riviére d'Eschez, à un mille de Tübingen, dans un endroit, où autrefois il y avoit un Bois; si bien qu'on dérive son nom du mot Allemand *ausreutten* qui signifie déraciner les arbres. L'an 1215. elle fût entourée de murailles, par l'Empereur Frederic II. & l'an 1247. assiégée inutilement, par Henri Landgrave de Thüringe. Après ce Siège cette Ville fût augmentée; & achevée l'an 1343. Il y eut jadis deux familles très-anciennes, appellées Eitelschelmen, & Teuffel. L'an 1506. une grande partie de cette Ville fût brûlée, & ayant été rebâtie depuis, on l'appelle la Ville Neuve. Le Magistrat de Reutlingen, composé de 28. Personnes, est Luthérien, & les Bourgeois de cette Ville, ont le Privilège, de ne pouvoir être cités, devant aucun Tribunal étranger, à moins que le Magistrat n'eût retardé, ou refusé la Justice. Tous les homicides involontaires y ont azyle, & y peuvent passer leur vie librement, sans qu'on puisse inquiéter, ni leurs Personnes, ni leurs Biens. L'an 1519. les Bourgeois tuerent le Bailliff d'Ulric Duc de Würtemberg, qui pour s'en vanger, assiégea & prit la Ville; mais les Confédérés de Suabe, lui déclarerent la guerre, & le chasserent de son Païs, dans lequel il ne rentra, que l'an 1534. par l'assistance de Philippe, Landgrave de Hesse. Cette Ville est ornée de beaux bâtimens, dont la Maison de Ville, & le nouvel Hôpital, qui étoit autrefois un Couvent des Minorites, sont les plus remarquables.

[a] Etat & Délices de la Suisse, T. 1 p. 66.

[b] *Janisson* Etat présent des Provinces-Unies. T. 2. p. 106.

[c] *Zeyler* Top. Sue-viæ: p. 65.

Dans la première l'on voit en peinture les Armes des Comtes, Seigneurs, & Nobles, tués dans une Bataille, gagnée par les Villes alliées sur la Noblesse, dans cette Contrée: & dans le dernier, il y a une Statue affreuse de Mars, que les habitans ont adoré, étant encore Payens.

REY, REÏ, RAÏ, ou RHEI, Ville de Perse [d], & la plus Septentrionale de la Province, nommée Gebal ou Irak-Agemi, autrement Iraque Persienne, ce qui est proprement le Pays des anciens Parthes. Les Tables Arabiques lui donnent 86. d. 20. de Longitude & 35. d. 35. de Latitude Septentrionale [e]; & Tavernier la marque à 76. d. 20. de Longitude sous les 35. d. 35. de Latitude. La Ville de Rey a été autrefois la Capitale des Selgiucides, & Thogrul-Beg, Fondateur de cette Dynastie, mourut à Roudbar lieu délicieux, qui est dans son voisinage, où il s'étoit fait transporter à cause que l'air de cette Ville est dangereux pour les Etrangers. Takasch, ou Tekesch, Sultan des Khouarezmiens, enleva cette Ville aux Selgiucides, & y mit Jamgage pour Gouverneur de sa part. Le Géographe Persien remarque, qu'il y a des Auteurs, qui mettent la Ville de Reï dans le Khorassan, à cause qu'elle est située sur la Frontiére de cette Province; mais, qu'effectivement il y a deux Villes de Reï, l'une dans l'Iraque Persienne, & l'autre dans le Khorassan, & que l'on appelle celle-ci pour la distinguer de l'autre, Reï Scheheriar. Il ajoute aussi que la meilleure manne de toute l'Asie, se recueille dans le terroir de cette derniére Ville. Mohammed Gioughiar, ou Gevkiar, commandoit absolument dans la Ville de Reï, lorsque Tamerlan s'en rendit le Maître.

On tient, que la Ville de Reï a été la plus grande de l'Asie [f]. La Géographie Persane porte que du tems du Calife, qui vivoit au neuviéme siécle du Christianisme, cette Ville étoit divisée en quatre-vingt seize Quartiers, dont chacun avoit quarante-six ruës, & chaque ruë quatre-cens Maisons, & dix Mosquées. Elle ajoûte qu'on y voyoit six mille quatre-cens Collèges, seize mille six cens Bains, quinze mille Tours de Mosquées, douze mille Moulins, dix-sept cens Canaux, & treize mille Caravanseras. Tout cela paroît incroyable, quoique cette Géographie Persane soit soutenuë en cela du témoignage de tous les Auteurs Orientaux. Les Auteurs Arabes, assurent aussi qu'au troisiéme siécle du Mahometisme, qui est précisément le même tems, Reï étoit la Ville d'Asie, la plus peuplée, & qu'aucune après Babilone n'avoit jamais été si considérable, soit en richesses, soit en nombre d'habitans. Aussi l'a-t-on appellée dans les Histoires, *la première des Villes, l'Epouse du Monde, la Porte des Portes de la Terre, & le Marché de l'Univers.* Son origine n'est pas moins considérable. La Chronique des Mages, en fait le Fondateur Chus petit-fils de Noé. La commune opinion est qu'elle a été fondée par Houcheing Pichdadi, second Roi de la première Race des Rois de Perse; & que Manoutcher cinquième Roi après Houcheing, l'aggrandit beaucoup. Elle subsista, en sa splendeur jusqu'aux conquêtes des premiers Mahométans qui la détruisirent.

[d] *D'Herbelot*, Bibliothi. Or.

[e] Voy. de Perse. liv. 3.

[f] *Daviry*, Etats du Sophy.

Mich-

Miebdi-Billa surnommé *Mansour* ou le Victorieux, troisième Calife de Babilone, la releva & la rendit plus peuplée qu'auparavant. Sa dernière ruïne arriva par des guerres civiles, dans le tems que les Tartares étendirent leurs incursions dans le Pays des Parthes; ce qui arriva avant la fin du sixième siècle de l'Epoque Mahométane. Soixante ans après Facre-Eddin, Prince Parthe, ayant fait la Paix avec Cazan-Can Roi de Perse, de la Race des Tartares, essaya de rebâtir cette malheureuse Ville; mais il ne put en venir à bout. Ptolomée la nomme *Requaja*, & les autres Auteurs Grecs l'appellent comme lui de noms, qui semblent formez de celui de Rey.

Tavernier semble faire entendre que Rey subsiste encore aujourd'hui [a]; car après en avoir donné la Longitude & la Latitude, il dit: Le Terroir de cette Ville est des meilleurs de la Perse, & on y recueille du Bled, du Fruit & des Herbages au-delà de ce qu'il en faut pour la nourriture des Habitans. Olearius [b] ne laisse aucune difficulté à cet égard: Les ruïnes de la Ville de Rey, dit-il, se trouvent sous un même Parallele avec celle de Saba, d'où elle est éloignée d'une bonne journée, vers le Levant. La Terre y est rougeâtre, & ne produit ni herbes ni fruit. Ceux du Pays en attribuent la cause à la malédiction qui fut prononcée contre elle, en considération d'Omar Saad, qui étoit un des premiers Chefs de l'Armée du tems de Hossein. Cet Omar, qui avoit d'abord fait profession d'amitié avec Hossein, fut le seul qui voulut servir Iseid-Pefer contre lui; parce qu'Hossein étant du Sang de Mahomet, & en grande réputation de Sainteté, il ne se trouva point de Capitaine à Médine qui voulût prendre les Armes contre lui, sinon le seul Omar, qui se laissa persuader de lui faire la guerre; parce qu'on lui promettoit la Ville de Rey en propriété, avec tout son Territoire; mais la mort d'Hossein qui fut tué dans cette guerre, attira sur ce Pays la malédiction, qui selon l'opinion des Persans y paroît encore dans la couleur & dans la stérilité de la terre. Tout cela ne s'accorde pas trop avec la Relation de Tavernier.

Entre les grands Personnages que la Ville de Rey a produits, on doit distinguer Razis, Médecin célèbre qui vivoit dans le dixième siècle. Il s'appelloit Mehemmid, & étoit fils de Zekeria. On lui a donné le nom de Razis, qui veut dire né à Rey. On a de lui entr'autres Ouvrages, un excellent Traité de la peste en Langue Syriaque, vers les moyens de la guérir. Ce même Traité a été traduit en Grec par Tralian; & de Grec en François par Sébastien Colin, Médecin de Fontenay-le-Comte. Quelques Auteurs rapportent que Razis vécut six-vingts ans, & qu'il en passa quatre-vingt dans la pratique de la Médecine. Mr. Brice dans son second Volume des Antiquitez de Paris fait observer que l'Ecôle de Médecine avoit autrefois une Bibliothéque fort estimée, à cause des Livres singuliers, qu'elle conservoit pour la plûpart MSS. Il dit que l'on voit sur ce sujet une Lettre du Président de la Drieches, écrite à la Faculté de Médecine par Ordre exprès du Roi Louïs XI. datée du 21. Novembre 1471. pour avoir la communication des Ouvrages de Razis, qui se trouvoient dans la Bibliothéque de cette Faculté, afin d'en avoir une Copie pour s'en servir dans l'occasion, en la mettant dans la Bibliothéque Royale; ce qu'on n'obtint qu'avec peine, après que ce Président dont on se défioit, eut déposé sa Vaisselle d'argent pour assûrance qu'il rendroit l'Original.

[a] Voy. des Indes, liv. 3.
[b] Voy. de Perse liv. 4. p. 470.

REYES (Los) Ville de l'Amérique Méridionale, au Paraguay [c], dans la Contrée appellée Urvaig, sur le bord de la Riviére d'Urvaig ou des Missions, à la droite, entre cette Riviére, & le Lac des Caracares.

[c] De l'Isle Atlas.

REYES, (Los) c'est l'un des noms de la Ville de Lima au Pérou; Voyez LIMA.

REYNA, Ville d'Espagne dans l'Andalousie [d], à une lieue de Llerena. Elle est située dans une Plaine avec un Château sur une hauteur. Elle appartient à l'Ordre de St. Jacques. Son Territoire abonde en Bled, en Vin & nourrit du Bétail. Elle fut fondée par les Romains; & de leur tems elle fleurissoit sous le nom de REGINA, qu'on a changé en *Reyna*. On y trouve encore plusieurs antiquités. Le Roi Don Alfonse IX. la prit sur les Maures en 1185. Les Chrétiens l'ayant derechef perdue, Don Ferdinand III. la reprit en 1240. & la fit peupler de Chrétiens.

[d] Silva, Pob. lac. de España, fol.

REYPOLSKIRCK, Voyez REIPALSKIRCK.

REZ, RES, ou RETZ, en Latin *Retia* [e]; Forêt de l'Isle de France, dans le Valois, près de Villers-Cotteretz, qui en a pris son nom, qui est corrompu de *Villers-col-de-Retz*. Cette Forêt est très-belle.

[e] Longuerüe, Descr. de la France, T.1. Part. p. 22.

REZ, en Latin, *Retza* [f], petite Ville d'Autriche, à 2. milles de Znoym, sur les Frontiéres de Moravie, renommée par le bon vin, qui croît aux environs. En 1424. dans la guerre des Hussites, les Bohèmes prirent, & pillerent cette Ville, passerent au fil de l'épée tous les habitans, & emmenerent prisonnier à Prague le Commandant Jean, Comte de Hardeck, où ils le tuerent dans la prison. En 1485. cette Ville fut envahie par Mathias Corvin, Roy de Hongrie, & souffrit beaucoup dans les dernieres guerres des Bohêmes, qui lui firent essuyer plusieurs révolutions.

[f] Zeyler, Top. Austriæ, p. 32.

REZ, ou REEZ, Ville d'Allemagne dans la Marche de Brandebourg, sur les confins de la Poméranie, au bord du Fleuve Ihne, entre Arnsheim & Falckenburg, dans la Contrée de Kurtau, & de Kalis.

REZAN, Voyez RHESAN.

R H.

RHA, Fleuve de la Sarmatie Asiatique. Ptolomée [g], qui dit que c'étoit un grand Fleuve, ajoute qu'il se jettoit dans la Mer Caspienne. On l'appelle aujourd'hui le VOLGA; Voyez ce mot.

[g] Lib. 5. c. 9.

RHAABENI, ou RAABENI, Peuples de l'Arabie Deserte, selon Ptolomée [h] qui les met au Midi des *Agubeni*.

[h] Lib. 5. c. 19.

RHABA, Ville sur le Golphe Ionique, selon Etienne le Géographe.

1. RHABANA, Ville de la Chine. Il en est parlé dans les Exemplaires Latins de Pto-

RHA.

[a] L. 7. c. 3. Ptolomée [a]; mais le Texte Grec n'en fait aucune mention: Voyez RHUADA.

2. RHABANA, Ville de l'Arabie Heu-
[b] L. 6. c. 7. reuse: Ptolomée [b] qui la place dans les terres, la marque entre *Atia* & *Chabuata*. C'étoit la Résidence d'un Roi.

RHABANITÆ, Voyez RHAMANITÆ.

RHABATAMASSANA, Ville de l'A-
[c] L. 5. n°. 71. rabie, selon Polybe [c]. Antiochus s'en rendit maître. Mais quelques Exemplaires au lieu de RHABATAMASSANA portent RHABATAMANA, RABATAMANA, ou RABATH-BEN-AMMON.

RHABATHMONA. C'est la même Ville qu'AREOPOLIS. Voyez AR & RABATH-AMMON.

RHABBATAMMANA, Ville de l'Arabie Montueuse, selon Etienne le Géographe. Voyez ci-dessus l'Article RHABATAMASSANA.

RHABBOTHE. Voyez PHOENICE.

RHABDICENA. Voyez ZABDICENA.

[d] Ædiff. lib. RHABDIOS, Procope dit [d]: Lorsque 2. c. 4. de la l'on va de Dara en Perse, on a à la main Traduct. de gauche un Pays par où ni les Chevaux, ni Mr. Cousin. les Chariots ne peuvent passer. Il contient deux journées de chemin, & il se termine à un Lieu, nommé *Rhabdios*, ou *Rhabdion*, qui est entrecoupé de précipices. Je fus étonné, ajoute Procope, la premiére fois que je le vis, & je demandai aux Habitans, pourquoi les Romains en étoient maîtres, vû qu'il étoit pressé des deux côtez par les terres des Perses? Ils me répondirent que cela procédoit de ce que les Perses à qui il appartenoit, l'avoient autrefois donné à un Empereur, en échange de Martiropole, qui est un Bourg, où il y a un grand Vignoble. Pour Rhabdios, il est assis sur des Roches fort hautes & fort escarpées, au bas desquelles est un Champ de grande étendue, que l'on appelle le *Champ des Romains*, parce qu'il leur appartient, quoiqu'il soit au milieu des terres des Perses. Il est extrêmement fertile en toutes sortes de fruits. Il y avoit dans la Perse, une Ville fort célèbre, nommée SISAURANE, que Justinien avoit prise & rasée; & d'où il avoit emmené force gens de Cavalerie, avec Blescane qui les commandoit. Elle étoit à deux journées de Dara, & à trois milles de Rhabdios. Comme cet endroit étoit fort inconnu, & qu'il n'étoit gardé d'aucune Garnison Romaine, les Paysans qui cultivoient le Champ, dont il vient d'être parlé, payoient aux Perses cinquante écus d'or de contribution pour s'exempter du pillage, outre le Tribut ordinaire qu'ils devoient à l'Empereur. Ce Prince rendit leur condition plus heureuse, en faisant clore Rhabdios avec une muraille, qui fut bâtie sur le haut de la Montagne, & qui acheva avec l'avantage de l'assiette, de rendre le Lieu inaccessible. Mais comme il n'y avoit point d'eau, & qu'on ne pouvoit trouver de sources sur la cime des Rochers, Justinien fit tailler des Reservoirs & des Cîternes dans le roc, & ôta par ce moyen aux Perses l'espérance de réduire les habitans par la soif.

[e] L. 4. c. 6. RHABII, Peuples de la Libye Intérieure, selon Ptolomée [e].

[f] L. 3. c. 8. RHABON, Ptolomée [f] marque un Fleuve de ce nom dans la Dace.

RHA. RHÆ.

RHACALANI, Peuples de la Sarmatie Européenne: Ptolomée [g] les place entre les [g] L. 3. c. 9. *Amaxobii* & les *Roxolani*. Au lieu de *Rhacalani*, le MS. de la Bibliothéque Palatine, porte *Rencalani*.

RHACATÆ, Peuples de la Germanie. Ptolomée dit, qu'ils habitoient au voisinage des *Teracatrii*, aux environs de la Bohême & du Danube. Le MS. de la Bibliothéque Palatine lit *Racata* pour *Rhacatæ*.

RHACCATH. Voyez RHECATH.

RHACELUS, Ville de la Macédoine, selon Etienne le Géographe. Lycophron & Isacius lisent Rhæcelum pour Rhacelus [h] [h] Ortelii, Cette Ville étoit voisine du Mont Cissius. Thesaur.

RHACHIA, Polybe [i] nommé ainsi une [i] Lib. 3. Branche des Monts Pyrénées, qui formoit un Promontoire sur la Mer Méditerranée.

RHACHLEMA, Ville de la Province de Tyr, selon Ortelius [k] qui cite le cin- [k] Thesaur. quiéme Concile de Constantinople.

RHACHUSII, Peuples de l'Inde en deçà du Gange. Arrien [l] dans son Périple de la [l] Pag. 27. Mer Erythrée, les met dans les terres du côté de Barygaza.

RHACOLA, Nom qu'Etienne le Géographe donne à la Ville Gerania de Thrace: Voyez Gerania.

RHACOTES. Voyez ARACOTES.

RHACUS Voyez RHAUCUS.

RHADATA, Ville d'Ethiopie sous l'Egypte, selon Pline [m] qui dit qu'on y adoroit [m] L. 6. c. 29. un Chat d'or.

RHADI. Voyez JADI.

RHADICENA. Voyez ZABDICENA.

RHAEBA, Ville de l'Hibérnie. Ptolomée [n] la place dans la partie Orientale de [n] L. 2. c. 2. l'Isle, mais dans les terres, entre *Regia* & *Laberus*. Quelques Exemplaires portent *Bamua* & d'autres *Reba*. Cambden croit que c'est présentement RHEBAN, Bourgade du Comté de Keens.

RHÆCELUM. Voyez RHACELUS.

RHÆCI, ou ROECI, anciens Peuples d'Italie: Strabon [o] les met au nombre des [o] L. 5. p. 231. Peuples, dont le Pays fut appellé Latium, après qu'ils eurent été subjugez.

RHÆDA, Ville de l'Arabie Heureuse. Ptolomée [p] la marque dans les terres entre [p] L. 6. c. 7. *Ara Regia*, & *Bunum*.

RHÆDESTOPANIUM, Nom d'une Ville ou d'un Lieu, selon Ortelius [q], que [q] Thesaur. cite Curopalate. Il croit que ce sont deux mots, & qu'il faut écrire RHÆDESTO-PANIUM.

RHÆEPTA, Lieu fortifié dans l'Arabie. C'est Josephe [r] qui en parle. [r] Antiq. lib. 16. c. 14.

RHÆPLUTÆ, Peuples de l'Arachosie. Ptolomée [s] dit qu'ils étoient voisins des *Sydri*, & des *Eorites*. Au lieu de *Rhaplutæ* le [s] L. 6. c. 20. MS. de la Bibliothéque Palatine lit ROPLUTÆ.

RHÆSAPHA. Voyez RHESAPHA.

RHÆSANA, Ville de la Mésopotamie. Elle est placée par Ptolomée [t] entre *Apha- [t] L. 5. c. 18. dana* & *Peliala*. Le MS. de la Bibliothéque Palatine porte *Rhesana* pour *Rhæsana*.

RHÆTENI, Peuples de l'Arabie Pétrée. Ils habitoient, selon Ptolomée [v] près des [v] L. 5. c. 17. Montagnes de l'Arabie Heureuse. Le MS. de la Bibliothéque Palatine écrit *Ratheni*, pour *Rhateni*.

RHÆ-

RHÆTI. Voyez RHÆTIA.

RHÆTIA, Rætia, ou Roetia, Contrée d'Europe dans les Alpes, & qui s'étendoit en deçà & au-delà de ces Montagnes, selon Strabon & Pline. L'Orthographe la plus commune est la première. C'est celle que suivent entr'autres Strabon, Ptolomée & Dion Cassius. Les Habitans de cette Contrée sont connus sous le nom de Rhæti, Ræti, ou Roeti. Ils étoient originaires de la Toscane; ils allérent s'établir dans les Alpes, sous la conduite de Rhætus, & ils s'appellérent Rhæti, du nom de leur Chef. [a] C'est ce que nous apprennent Justin[a], Pline[b] & Etienne le Géographe. La plûpart des anciennes Inscriptions Latines qui se trouvent dans le Pays écrivent les mots Rhætia & Rhæti sans aspiration.

[a] L. 20. c. 5.
[b] L. 3. c. 20.

La Rhétie peut-être considérée, comme distincte & séparée de la Vindelicie, ou comme une Province composée de la Rhétie propre, & de la Vindelicie. Il y a des exemples de l'une & de l'autre dénomination. Suétone[c] dit qu'Auguste dompta la Rhétie & les Vindeliciens. Velleïus Paterculus[d] écrit la même chose. Ainsi ces deux Historiens distinguent la Rhétie de la Vindelicie. Cependant Tacite parlant dans sa Germanie[e] de la Ville *Augusta Vindelicorum*, l'appelle *splendidissima Rhætia Provinciæ Colonia*, & renferme sous le nom de Rhétie, non-seulement la Rhétie proprement dite, mais encore la Vindelicie, sans doute parce que ces deux Provinces, étoient soumises au même Président. Lorsqu'on établit une nouvelle division des Provinces, la Rhétie propre fut appellée première Rhétie, & on nomma la Vindelicie seconde Rhétie. Coire selon Velser fut capitale de la première, & Augsbourg la Capitale de la derniere. Ce même Auteur[f] conjecture que la division de ces deux Rhéties, fut faite par l'Empereur Hadrien, ou du moins par son Successeur. Il se fonde sur ce que Julius Capitolinus dit, que Pertinax enleva aux Ennemis les Rhéties & le Norique. La preuve n'est néanmoins bien concluante. Julius Capitolinus écrivoit sous Dioclétien, l'Auteur de la multiplication des Provinces, & il pouvoit parler, comme on parloit communément de son tems. En effet on ne trouveroit pas aisément, avant le Régne de Dioclétien, une division de Provinces en *première* & *seconde*, quoiqu'on en puisse trouver un grand nombre divisées en *Supérieure* & *Inférieure*. Mais on n'a aucun Monument ancien, qui fasse mention de cette division, par rapport à la Rhétie, pas même du tems de Ptolomée, qui a vécu depuis le Régne d'Hadrien. Il n'est parlé de *Rhétie première* & *seconde* que dans les Notices de l'Empire, & dans Paul Diacre[g]. A l'égard du Mot *Rhætia*, outre Junius Capitolinus, Vopiscus & Ammien Marcellin l'ont employé au pluriel.

[c] Cap. 21.
[d] Lib. 2. c. 39.
[e] Cap. 41.
[f] Rer. Boi. Lib. 3. p. 91. & Rer. Aug. Lib. 6. p. 298.
[g] Longobard. Lib. 2. c. 15.

Les bornes de la Rhétie propre prenoient depuis le Rhin jusqu'aux Alpes Noriques. C'étoit la longueur de cette Contrée: sa largeur étoit depuis l'Italie, jusqu'à la Vindelicie. Pline[h] met plusieurs Peuples dans la Rhétie; mais dont les noms nous sont pour la plûpart inconnus. Voici les Villes que Ptolomée donne aux *Rhæti*:

[h] Lib. 3. c. 20.

Au Midi du Danube, { Bragodurum, Dracuina, Vinna, Phæniana.

Vers la Source du Rhin, { Taxgatium, Brigantium, Ebodurum, Drusomagus, Eliodurum.

RHÆTINUM, Ville de la Dalmatie, selon Dion Cassius. C'est la même Ville que Pline[i] appelle Rataneum.

[i] Lib. 56. p.

RHÆTZUNS, *Rhætium Castrum*: Château du Pays des Grisons[k], dans la Ligue Haute ou Grise sous la Communauté de Flims. C'est un Château fort & ancien, avec un Village situé à l'extrémité d'une Vallée, nommée Domleschg, un peu au-dessus de l'endroit, où les deux Branches du Rhin se joignent. On tient que cette Place est l'une des plus anciennes, qu'il y ait dans les Grisons, & qu'elle fut fondée par Rhætus, Chef des Toscans, qui étant chassez de leur Païs natal par les Gaulois, se retirerent dans ces lieux sauvages. C'est une belle Terre, qui a toujours eu ses Seigneurs particuliers, avec titre de Barons: la Famille la plus ancienne de ses Seigneurs, dont on ait connoissance fut éteinte; il y a plus de 3 siécles. L'an 1459 l'Empereur Ferdinand I. achéta cette Terre, pour le prix de 7000 Gouldes, & la revendit ensuite pour 14000. à Jean Planta, dont les Descendans l'ont possédée après lui: cette Terre comprend Rhætzuns, Bonaduiz, qui est au-dessous dans l'Angle, que font les deux Rhins, Amades, & quelques Hameaux.

[k] L'Etat & Dél. de la Suisse. T. 4. p. 21.

RHAGA, Voyez RAGHA.

RHAGÆA, Ville de la Parthie: Ptolomée[l] la place auprès d'*Appha*.

[l] L. 6. c. 5.

RHAGAURA, Ville de l'Arie, selon Ptolomée[m] qui la marque entre *Siphare* & *Zamuchana*. Au lieu de *Rhagaura*, le MS. de la Bibliothéque Palatine porte *Rhangara*.

[m] L. 6. c. 17.

RHAGE, Ville de la Grande-Bretagne: Ptolomée[n] la donne aux Coritains: Voyez RATAS.

[n] L. 2. c. 3.

1. RHAGES, Ville de Macédoine; sur le bord du Fleuve Pénée: Tite-Live[o] en parle dit, qu'elle étoit presque à dix milles de Larisse. Mais Gronovius a remarqué qu'il y avoit faute dans cet endroit, & a fait voir qu'au lieu de *Inde Rhagem est profectus*, il falloit lire: *Inde Atracem est profectus*. L'Edition de Mr. le Clerc lit aussi *Atracem* au lieu de *Rhagem*.

[o] L. 31. c. 15.

2. RHAGES, Voyez RAGEIA.

RHAGIA, Ville de la Babylonie, selon Ptolomée[p], qui la place vers l'Arabie Heureuse entre *Jamba* & *Chiriphe*.

[p] L. 5. c. 20.

RHAGIANA, Ville de la Gédrosie, près du Port des Femmes. Au lieu de Rhagiana, le Grec porte *Rapana*.

RHAGMA, Voyez CARMANIE.

RHAMANITÆ, Peuples de l'Arabie Heureuse, à ce qu'il paroît par un Passage de Strabon[q], qui nomme leur Ville Mar- syaba. Ce sont les *Rabanitæ* de Ptolomée; 782. mais les Interprétes de ce dernier, lisent *Arabanita* pour *Rabanita*.

[q] L. 16 p.

RHAMATHA, Voyez RAMOTH.

RHAMBACIA, Bourgade de la Gédrosie, au voisinage de l'Embouchure du Fleuve Indus. Arrien dans son Expédition d'Alexandre [a] a donné ce Bourg aux Orites, & en fait un Lieu considérable. Quelques Exemplaires portent simplement *Rambacia*, sans aspiration.

[a] L. 6. n. 21.

RHAMBÆI, Strabon [b] donne ce nom à des Arabes Nomades vers l'Euphrate.

[b] L. 16. p. 753.

RHAMIDAVA, Ville de la Dacie, selon Ptolomée [c], qui la marque entre *Comidana* & *Pirum*. Le MS. de la Bibliothéque Palatine, Porte *Rhamidana* pour *Rhamidava*. Le nom moderne est *Ropieza* à ce que dit Ortelius [d] qui cite la République Romaine de Lazius [e].

[c] L. 3. c. 8.
[d] Thesaur.
[e] L. 12. Sect. 2. c. 1.

RHAMITHA, Etienne le Géographe, dit qu'on donnoit anciennement ce nom à la Ville de Laodicée.

RHAMNÆ, Peuples de la Gédrosie: Ptolomée [f] dit qu'ils habitoient sur le bord du Fleuve Indus, près de *Parisene*: Voyez SIRAMNÆ.

[f] L. 6. c. 21.

RHAMNÆI, Peuples de l'Arabie Heureuse, selon Pline [g]. Le Pere Hardouin lit RHADAMEI pour RHAMNÆI. On croyoit que ces Peuples tiroient leur origine de Rhadamanthe, frere de Minos.

[g] L. 6. c. 28.

RHAMNUS, Bourg de l'Attique sur le bord de l'Euripe, dans la Tribu Æantide, selon Strabon [h] Pline [i], & divers autres anciens Auteurs. Pausanias [k] dit que ce Bourg étoit à soixante Stades de Marathon du côté du Septentrion. Mr. Spon [l] dit que le nom moderne est *Tauro-Castro*, ou *Ebræo Castro*. Cent pas au-dessus, ajoute-t-il, sont les débris du Temple de la Déesse Nemesis. Ce Temple étoit quarré, & avoit quantité de Colonnes de marbre, dont il ne reste que les pièces. Il étoit fameux dans toute la Gréce, & Phidias l'avoit rendu encore plus recommandable par la Statue de Nemesis qu'il y fit. Strabon dit, que c'étoit Agoracritus Parien qui l'avoit faite; mais que cet Ouvrage ne cédoit point à ceux de Phidias. Pour ce qui est de la Montagne & de la Grotte de Pan, dont les Anciens disoient tant de merveilles, on ne les distingue point aujourd'hui.

[h] Lib. 9.
[i] L. 4. c. 7.
[k] Attic. c. 33.
[l] Voy. t. 2. p. 184.

RHAMNUSIUS, Montagne dont fait mention Vibius Sequester [m], où on lit *Rhamnusius Scodra*. Un MS. porte *Rhamnusium Scorde*.

[m] De Mon-tib. p. 145.

RHANDÆ, Peuples de la Drangiane : Ptolomée les place au confins de l'Arie. Au lieu de *Rhandæ* ses Interprètes lisent *Darandæ*.

RHANDAMARCOTTA, Ville de l'Inde, au-delà du Gange, selon Ptolomée [n].

[n] L. 7. c. 2.

RHAPHAIM, Voyez RAPHAÏM.

RHAPHANEÆ, Ville de Syrie, dans la Cassiotide, selon Ptolomée [o] & Etienne le Géographe. Le premier la place entre *Epiphaniâ* & *Antaradus*.

[o] L. 5. c. 15.

RHAPHAVA, Voyez RAGIANA.

RHAPHIA, Voyez RAPHIA.

RHAPPHA, Ville de l'Inde, au-delà du Gange. Ptolomée [p] la donne aux *Gangani*.

[p] L. 7. c. 2.

RHAPSES, Peuples de la Perside. Ptolomée [q] dit qu'ils sont au Midi de la Parætacène.

[q] L. 6. c. 4.

RHAPTE, Etienne le Géographe donne ce nom à la Métropole des Ethiopiens, & la place auprès un Fleuve nommé *Raptus*; Voyez RAPTUM.

RHAPTUM, Voyez RAPTUM.

RHAPTUS, Voyez RHAPTE.

RHARENTUS, Ville d'Italie : c'est Etienne le Géographe qui en fait mention.

RHARIUM, Champ de l'Attique dans l'Eleusine, selon Etienne le Géographe : ce Champ est nommé RARIA *terra*, & *Rariùs Campus* par Pausanias [r] & par Plutarque. Il étoit consacré à la Déesse Cérès, & les Athéniens en regardoient la culture, comme un Point de Religion.

[r] L. 1. c. 38.

RHATACENSII, Peuples de la Dace. Ptolomée [s] les met avec les *Predauensii* & les *Caucoensii*, au Midi des *Anarti*, des *Teurisci* & des *Cistoboci*. Ortelius [t] qui cite Lazius dit, que dans le Pays que ces Peuples habitoient, il y a encore un Lieu nommé RETEK.

[s] L. 3. c. 8.
[t] Thesaur.

RHATENI, Voyez RHÆTHENI.

RHATINI, Peuples de l'Arabie Heureuse, selon Ptolomée qui les place avec les *Tappharita*, près des Homerites. Le MS. de la Bibliothéque Palatine écrit RHATINÆ pour RHATINI.

RHATOMAGUS, Voyez ROUEN.

RHATOSTATYBUS, Fleuve de la Grande-Bretagne. Son Embouchure est placée par Ptolomée [v] entre celle du Fleuve *Tobius*, & le Golphe *Sabriana*. Cambden croit que c'est présentement le *Tave*, ou *Taf*.

[v] L. 2. c. 3.

RHATTA, Ville de la Babylonie : Elle étoit, selon Ptolomée [x], au voisinage de Chiriphe. Le MS. de la Bibliothéque Palatine, lit *Ratha* pour *Rhatta*.

[x] L. 5. c. 20.

RHAUCUS, Ville de l'Isle de Créte, selon Etienne le Géographe.

RHAUDA, Voyez RAUDA.

RHAUDUS, Village de la Perside, selon Ortelius [y] qui cite Polyen [z]. Dans l'Edition de Maasvic, le Texte Grec porte *Rhanda*, *Ῥάνδα*, que le Traducteur rend par *Rhauda*.

[y] Thesaur.
[z] Strat. lib. 7. c. 39.

RHAVENA, Préfecture de l'Arménie Mineure, le long de l'Euphrate. C'est Ptolomée [a] qui en fait mention. Ses Interprètes lisent *Arauena Præfectura*. Voici les Places que Ptolomée place dans cette Préfecture :

[a] L. 5. c. 7.

Sur le bord de l'Euphrate. { *Juliopolis*, *Barzalo*.

Dans les Terres. { *Serastere*, *Lacriassus*, *Entelia*, *Adatha*.

RHAUGARA, Voyez RHAGAURA.

RHAVIUM, Fleuve de l'Hibernie. Son Embouchure est placée par Ptolomée [b] entre le Promontoire *Boreum*, & la Ville *Nagnata*. Cambden croit qu'il faut lire *Banium*, au Lieu de *Rhavium*, & que le nom moderne est *Banny*.

[b] L. 2. c. 2.

RHAUNATHI, Village de l'Arabie Heureuse. Ptolomée [c] le marque sur le Golphe Arabique, entre la Ville *Phœnicum*, & l'extrémité du Chersonnèse.

[c] L. 6. c. 7.

RHAURARIS selon Strabon, ARAURIUS selon Ptolomée & ARAURARIS selon Pomponius Mela, Fleuve de la Gaule

Narbonnoise. Le nom moderne est ERHAUD; Voyez ce mot & ARAURARIS.

RHAUZIUM, Métropole de la Dalmatie, selon Ortelius[a], qui cite Cédrène & Curopalate, & soupçonne que ce pourroit être aujourd'hui la Ville de Raguse.

[a] Thesaur.

RHAX, Voyez RAX.

RHAZUNDA, Ville de Médie: Ptolomée[b] la place dans les Terres entre *Sanais* & *Veneca*: si on en croit Lazius, elle se nomme présentement RHEMEN.

[b] L. 6. c. 2.

RHE, Lieu au voisinage de l'Arménie, selon Cédrène & Curopalate, citez par Ortelius[c].

[c] Thesaur.

RHEA, Ptolomée[d] donne ce nom à une Ville de la Margiane.

[d] L. 6. c. 10.

RHEÆ, MONS, en Grec Ῥέης Ὄρος; Montagne de l'Asie Mineure dans la Troade, selon Strabon[e].

[e] L. 13. p. 589.

RHEÆ-SEDES, Colline dans la Thébaïde de Bœotie: C'est Polyænus[f] qui en parle.

[f] Strat lib. 2. c. 12.

RHEÆ-SINUS, Golphe aux environs de la Mer Ionienne, selon Ortelius[g] qui cite Eschyle[h].

[g] Thesaur.
[h] In Prometheo.

RHEBA, Voyez RHÆBA.

RHEBAS, Fleuve de la Bithynie. Il a sa source au Mont Olympe, & son embouchure dans le Pont-Euxin, près de celle du Fleuve Psillis. Arrien dans son Périple du Pont-Euxin[i] dit qu'en allant par eau du Temple de Jupiter Urien, & prenant à la droite, on trouve le Fleuve Rhebas, qui en est éloigné de quatre-vingt-dix Stades; & que de l'Embouchure de ce Fleuve à *Acra Melena*, il y avoit cent cinquante Stades. Le Périple de Scylax[k] met le Fleuve Rhebas dans le même endroit, quoiqu'il ne marque pas le nombre des Stades; & le Périple de Marcien d'Heraclée[l] s'accorde avec celui d'Arrien, tant pour la position entre le Temple de Jupiter Urien, & le Promontoire de Melena, que pour le nombre des Stades. Ce Fleuve[m] est nommé RHEBANUS par Orphée, RHOESUS par Pline, RHEBACUS par Apollonius, & RHEBANTIA par Denys de Byzance. Pierre Gilles nous apprend, qu'on l'appelle encore aujourd'hui Ribas; & le Scholiaste d'Apollonius écrit, qu'on donne à ce Fleuve le nom de SALMYDESSUS, parce qu'il joint ses eaux avec celles d'un Fleuve de ce nom. Ortelius remarque que le RHEBAS n'est point le RHESUS d'Homère[n], quoique un certain nombre de Modernes ayent confondu ces deux Fleuves. Le Rhesus avoit sa source au Mont Ida: du tems de Strabon[o] son nom étoit RHOCITES. A la vérité on n'en voit plus aucune trace, & il n'y en avoit plus même du tems de Pline.

[i] Pag. 13.
[k] Pag. 34.
[l] Pag. 69.
[m] Ortelii Thesaur.
[n] Iliad. 10. 20.
[o] L. 13. p. 602.

RHECHATH, RECHATH, ou RACHATH, Ville de la Palestine[p]. Elle se trouve dans le partage de la Tribu de Nephtali; & c'étoit une des Villes qui sont dites très-fortes.

[p] Josué 19. 35.

RHECENSIS, Siège Episcopal d'Afrique[q]. Dans les Canons du Concile de Carthage, on trouve un certain Crescionius, qualifié *Episcopus Rhecensis*. Il s'étoit emparé de l'Eglise de *Recena*.

[q] Ortelii Thesaur.

RHECHIUS, Fleuve de Gréce, selon Ortelius[r] qui cite Procope[s]. Mr. Cousin dans sa Traduction nomme ce Fleuve REGIUS. Ce Fleuve, selon Procope, coule assez près de Thessalonique, où, après avoir arrosé un Terroir fort fertile, il se décharge dans la Mer. Son cours est calme & paisible: son eau bonne à boire. Les bords sont couverts d'agréables pâturages; mais le Pays avec tous ces avantages étoit exposé aux courses des Ennemis, n'ayant aucun Fort dans l'espace de quarante milles. C'est pourquoi Justinien en fit bâtir un à l'Embouchure de ce Fleuve, & il le nomma Artémise.

[r] Ibid.
[s] Ædiff. lib. 4. c. 3.

RHECHOBOTH, Voyez ROHOOBOTH.

RHEDA, ou RHEIDE, Petite Ville d'Allemagne[t], en Westphalie, dans l'Evêché de Munster, sur la Rivière d'Ems, près de Wydenbruck & de Ritberg. Il y a un beau Château avec Seigneurie. Quelques-uns mettent cette Ville dans le Comté de Tecklenburg.

[t] Zeyler, Topog. Westphal.

RHEDONES, Peuples de la Gaule dans l'Armorique. César[v] & Ptolomée[x] en font mention. M. Samson dans ses Remarques sur la Carte de l'ancienne Gaule, observe que les *Rhedones* habitoient les Terres, que renferment aujourd'hui les Diocèses de Rennes, de St. Malo & de Dol: ces deux derniers ayant été tirez du premier. Leur Capitale étoit CONDATE; Voyez RENNES.

[v] L. 7. c. 75.
[x] L. 2. c. 8.

RHEGANNA, Voyez REGANNA.

RHEGEDORA, Ville de la Cappadoce, selon Ortelius[y] qui cite Porphyrogénète.

[y] Thesaur.

RHEGENSES, Voyez RHEGIUM.

RHEGEPODAUTOS, Ville de la Cappadoce. Ortelius[z] en parle d'après Porphyrogénète.

[z] Ibid.

RHEGIANUM, Ville de la Basse Mœsie: Ptolomée[a] dit qu'elle étoit sur le Danube.

[a] L. 3. c. 10.

RHEGIAS, Ville de Syrie, dans la Cyrrhestique, selon Ptolomée[b] qui la marque entre *Arieria* & *Ruba*.

[b] L. 5. c. 15.

RHEGINA, Voyez REGINA.

RHEGINI, Voyez au mot RHEGIUM, l'Article RHEGIUM-JULIUM.

1. **RHEGIUM**, ou RHEGIUM-JULIUM, Ville d'Italie chez les Brutiens, selon Strabon[c] & Ptolomée. Le premier dit que le Roi Denys la rasa; que Denys le Jeune la rétablit en partie, & l'appella *Phœbia*, & qu'Auguste en fit une Colonie Romaine. Gabriel Barri dit d'après Josephe[d] qu'on la nomma anciennement *Aschenaz*, & ajoute d'après Dénys d'Halicarnasse qu' Antiochus donna à cette même Ville les noms de *Neptunia*, & de *Posidonia*. St. Paul aborda dans cette Ville, en allant à Rome[e] l'an 61. de J. C. Saint Luc qui étoit dans sa Compagnie, n'ayant rien dit des Miracles qu'on prétend que St. Paul fit en ce Lieu, son silence peut les faire tenir du moins pour fort suspects. Le nom moderne est REGGIO; Voyez ce mot n°. 1.

[c] L. 6. p. 258.
[d] L. 1. c. 7.
[e] Act. 28. 12. 14.

2. **RHEGIUM, RHEGIUM-LEPIDI, RHEGIUM-LEPIDUM**, & simplement RHEGIUM ou même REGIUM sans aspiration; Ville d'Italie, dans la Gaule Cispadane: Voyez REGGIO, n°. 2.

3. **RHEGIUM**, ou REGION; Lieu de Thrace, au voisinage de la Ville de Constantinople

RHE.

[a] Ædiff. lib. 4. c. 8.

tinople : Il y a dit Procope [a], dans un Fauxbourg de Constantinople un Fort nommé *Strongylon*. . . . Le chemin qui conduit de ce Fort à Rhegium, étant haut & bas, & se trouvant rompu par les eaux & par la fange, toutes les fois que les pluyes étoient abondantes, Justinien le fit paver de grosses pierres, & le rendit aisé & commode. Il est de la largeur qu'il faut pour passer deux Chariots de front. Les pierres sont fort dures, fort larges & fort épaisses ; & elles sont si bien jointes, qu'il semble que ce ne soit qu'une seule piéce. Il y a, ajoute Procope, proche de *Rhegium*, un Lac où plusieurs Riviéres se déchargent ; il s'étend jusqu'à la Mer, & n'a avec elle qu'un même rivage, qui est fort battu par ses vagues. Quoique les eaux de la Mer & du Lac, soient enfermées dans un même Canal, elles ne laissent pas d'avoir un cours tout contraire. Lorsqu'elles se sont un peu approchées, elles se replient & se retirent, comme si elles s'imposoient des bornes. Il y a, à l'endroit où elles se joignent, un Détroit où l'on ne se peut distinguer. Le Lac ne se décharge pas toujours dans la Mer, ni la Mer ne remonte pas toujours dans le Lac. Lorsqu'après de grandes pluyes, il souffle un Vent de Midi, le Lac avance visiblement vers la Mer ; au contraire lorsqu'il souffle un Vent de Septentrion, la Mer se répand sur le Lac, & s'étend fort loin ; quoique ce soit dans un espace fort étroit & fort profond, que l'on a appellé pour ce sujet Fourmi. Le Détroit où la Mer & le Lac se mêlent, a un Pont, où l'on ne pouvoit autrefois passer sans danger, parce que les vagues enlevoient souvent le Pont & les hommes qui passoient dessus. Justinien pourvut à la sûreté du passage, en faisant bâtir un Pont de pierre, au lieu du Pont de bois.

4. RHEGIUM, Voyez RIEZ.

1. RHEGMA, Lieu de la Cilicie : Strabon [b] le place à l'Embouchure du Fleuve Cydnus.

[b] Lib. 14. p. 672.

2. RHEGMA, Enfoncement ou Ance, dans le Golphe Persique, selon Etienne le Géographe.

3. RHEGMA, Ville de l'Arabie Heureuse : Ptolomée [c] la marque sur la Côte du Golphe Persique, & dans le Pays des Anarites.

[c] Lib. 6. o. 7.

RHEGUSCÆ, Voyez RUGUSCI.

RHEIE, en Grec ῥεῖν ; Voyez RHEÆ-MONS.

RHEIMS, Ville de France dans la Champagne, sur la Riviére de Vêle [*Vidula*]. C'est l'une des plus anciennes, des plus célèbres, des plus belles & des plus grandes Villes du Royaume ; le Siége d'un Archevêque qui porte le titre de premier Duc & Pair de France, Legat-né du St. Siége Apostolique. Elle a pris son nom des Peuples RHEMI, ou REMOIS ; mais son ancien nom est *Durocortorum* [d], marqué dans les Commentaires de César, où il est fait une mention honorable des Peuples Remois. Ils avoient plusieurs autres Peuples dans leur dépendance. Il est dit même que les célèbres Chartrains ou Carnutes étoient de ce nombre : *In eorum clientela erant*. Mais cela ne se doit entendre que d'une simple alliance, & non pas d'une véritable sujettion : ce qui seroit hors de toute vraisemblance, si on considére que les Chartrains

[d] Longueruë, Descr. de la France, p. 45.

étoient Celtes & les Remois Belges. D'ailleurs ils étoient fort éloignez & séparez par de grosses Riviéres, & par les Territoires de plusieurs Peuples. Ce qui est certain, c'est qu'alors les Remois étoient des plus fidelles Alliez du Peuple Romain, & des plus considérables entre les Belges. Aussi lorsque l'Empereur Constantin créa une Nouvelle Belgique, il lui donna pour Capitale Rheims. St. Jerôme dans son Epitre à Ageruchie, appelle Rheims une Ville très-puissante des Gaules. Elle ne fut pas moins célèbre sous les Rois de France, puisque Clovis y fut baptisé avec les principaux de la Nation Françoise par l'Evêque St. Remy, qui l'avoit instruit dans la Religion Chrétienne. Les Rois Mérovingiens donnérent dans la suite de grands biens à cette Eglise ; en sorte que les Archevêques étoient Seigneurs Temporels de la plus grande partie de leur Diocèse. Ils ne furent néanmoins Seigneurs de la Ville de Rheims que long-tems après ; car cette Ville étoit une des deux Capitales du Royaume d'Austrasie. Mais sous les Enfans de Louïs le Débonnaire, par le nouveau partage qu'ils firent, elle échut à Charles le Chauve, & fit partie du Royaume de Neustrie, sans que depuis elle en ait été séparée jusqu'à présent. Les Comtes de Vermandois, qui s'établirent sur la fin du neuvième Siècle, s'approprierent à plusieurs fois cette Ville, dont la possession leur fut disputée. Louïs D'Outremer donna la Seigneurie, & le Comté de Rheims à l'Archevêque Artaud : mais ce Prélat ayant été dépossédé par la faction du Comte de Vermandois, les descendans de ce Comte, furent Comtes de Rheims jusqu'à Renaud, qui mourut sous le Roi Robert. Il y a des gens qui croyent que l'Archevêque acheta alors les droits des Héritiers de ce Comte ; ce qui ne paroît par néanmoins établi pas de bons titres. Mais il est certain que depuis le Regne de Robert, les Archevêques de Rheims, ont toûjours été Seigneurs de la Cité ou de l'ancienne Ville, dont on voit encore les Portes. La Nouvelle, qui est de bien plus grande étendue, a été fermée de murailles dans le quatorzième siècle. Cet Ouvrage commencé vers l'an 1321. fut achevé sous le Roi Jean, avant l'an 1360. Les Rois Louïs le Jeune & Philippe - Auguste son fils donnerent le titre de Duc à l'Archevêque Guillaume de Champagne, Cardinal & frere de la Reine Adelle, & ils lui confirmérent le Droit de sacrer & couronner les Rois de France, qui leur avoit été fortement contesté dans ce siècle là. Aussi tous les Successeurs de Philippe-Auguste ont été sacrez à Rheims, excepté Henri IV. qui fit faire cette Cérémonie à Chartres, parce que la Ville de Rheims étoit des plus attachées au Parti de la Ligue, & que l'Archevêché étoit possédé par le Cardinal Pellevé, l'un des plus envenimés ennemis de la Maison Royale de France. Le Sacre du Roi Philippe-Auguste passe pour avoir été le plus célèbre de tous ceux qui l'ont précédé & qui l'ont suivi. Tous les Pairs de France y assistérent en personne ; ce qui est sans exemple.

La Ville de Rheims est située dans une Plaine environnée de petites Montagnes [e], à deux ou trois lieues de distance, & sur le penchant desquelles, il croît les plus excellens

[e] Baugier, Mémoires de la Champagne, T. 1. Vins p. 292.

Vins du Royaume; mais elles portent peu. Sur le Sommet, il y a quelques Bois ou Bocages. Les murailles qui ont une grande lieue de circuit sont arrosées en partie par la petite Riviére de Vesle qui se décharge dans la Riviére d'Aine, & qui prend sa source à quatre lieues de Châlons, au Village de SOMME-VESLE, peu éloigné de Notre-Dame de l'Epine. La Ville de Rheims est remplie d'un grand nombre de très-belles Eglises, entre lesquelles l'Eglise Métropolitaine, qui est dédiée à la Sainte Vierge, tient le premier rang. Le Portail, quoique Gothique, est très-estimé; le Corps de l'Edifice a quatre cens cinquante pieds de longueur, sur quatre-vingt-treize de largeur dans œuvre : son élévation est de plus de cent dix pieds, & la croisée est de cinquante pieds aussi dans œuvre. Elle a été bâtie par ses premiers Evêques, & avant l'an 406. S. Nicaise l'un d'entr'eux y souffrit le martyre à l'endroit de la Nef, où l'on a mis un Ouvrage d'Architecture de marbre & de bronze doré, pour en marquer la place avec plus de dignité. Dans le milieu de la Nef, on voit un pavé de marbre noir & de pierre blanche, qui représente un fort beau Labyrinthe. Cette Eglise tant pour sa grandeur, que pour la beauté & la délicatesse de son Architecture, ne le céde à aucune autre du Royaume. Elle est toute couverte de plomb. On y remarque proche de l'Orgue, qui est une des meilleures & des plus complettes de France, une Horloge musicale qui est des plus curieuses. Il y a un double Chœur séparé par le Grand-Autel, & au bout du second Chœur un Autel, derriere lequel on voit un grand Tombeau de marbre noir, où sont enterrés les Corps du Cardinal de Lorraine, du Cardinal de Guise son neveu, & de François de Lorraine. Il y a dans cette Eglise un Tréfor des plus riches & des plus curieux, & un très-grand nombre de précieuses Reliques. Les Tapisseries sont des plus belles, & les Ornemens qui y sont en grand nombre, sont très-riches. On y en voit qui sont faits dès le tems de la naissance de l'Eglise. Quelques Ecrivains ont dit que cette Eglise & l'Archevêché avoient été brûlés dans le douzieme siécle: si ce fait est véritable, il ne peut s'entendre que des couvertures, puisqu'on sait que les pierres ne brûlent pas; nous avons vu de nos jours l'Eglise Cathédrale de Châlons, brûlée, par un coup de tonnerre le 13. Janvier 1668. sans que les pierres qui composent cet Edifice en ayent été endommagées.

L'Abbaïe Royale de S. Remy de Rheims.

Cette Abbaïe tire son nom & son origine de S. Remy, Archevêque de Reims, que l'on pourroit à bon droit appeller l'Apôtre des François; puisque Clovis leur Roi, les principaux Seigneurs de sa Cour, & presque toute son Armée embrasserent la Réligion Chrétienne par les exhortations de ce grand Prélat. Le Lieu où cette Abbaïe est construite, n'étoit autrefois qu'un grand Cimetiére hors de la Ville, dans l'enclos duquel il y avoit une petite Eglise sous l'Invocation de S. Christophle Martyr: & comme le Corps de ce grand Archevêque, y fut inhumé, en l'année 545. & qu'il se fit à son Tombeau un grand nombre de Miracles, ce Lieu perdit insensiblement le nom de Saint Christophle, pour prendre celui de S. Remy. Le grand nombre de personnes, que ces miracles attiroient incessamment au Tombeau de S. Remy, obligea d'aggrandir cette Eglise; on employa à cet effet une partie du fonds que S. Remy avoit reçu de Clovis après son batême, & qu'il avoit laissé par son Testament pour le lieu de sa sépulture. La Reine Clotilde, épouse de Clovis, qui avoit beaucoup contribué à sa conversion, donna aussi des sommes considérables pour cette entreprise, ce qui donna occasion dans la suite de réconnoitre ce premier de nos Roys Chrétiens, la Reine Sainte Clotilde son Epouse, & S. Remy, pour premiers Fondateurs de cette Royale Abbaïe. Les fonds laissés par ces premiers Fondateurs & les Offrandes des Chrétiens qui venoient de toutes parts au Tombeau de S. Remy, donnerent occasion d'y établir premierement des Clercs, & ensuite des Chanoines, qui s'y assemblerent sous la conduite de Gibéhard & d'Epiphane, qui en prirent successivement la qualité d'Abbés. Ce Lieu devint après ces deux Abbés le Lieu favori des Archevêques de Reims; chacun d'eux, à l'envi l'un de l'autre, en prit un soin très-particulier & le combla de ses bienfaits; la plûpart de ces Prélats le choisirent pour leur sépulture, jusqu'à Oldaric, trente-septiême Archevêque qui fut enterré en l'Eglise Cathédrale en 969. Ceux d'entre ces Archevêques, qui firent les plus grands biens à ce Lieu, furent Romulphe, Sonnace, Landon, S. Nivard, S. Rieul, & S. Rigobert, qui étoit Archevêque l'an 723. Il obtint du Roy Dagobert, de son fils & du Roy Thierri, la confirmation de la Donation faite par S. Remy des biens provenans de la libéralité du Roy Clovis, dont cette Abbaye étoit en possession. Le Corps de S. Remy fut transporté l'an 600. de son Tombeau, derriere l'Autel de la premiére Eglise, qui fut consacrée au nom de ce grand Prélat du tems de Sonnace, Archevêque de Reims, qui avoit beaucoup contribué à la dépense de ce Bâtiment. L'Archevêque Tilpin ou Turpin, entreprit en l'année 786. de rendre cette Eglise & plus vaste & plus belle : & il y mit des Moines de l'Ordre de S. Benoît en la place des Chanoines; ce fut lui qui joignit le premier le titre d'Abbé de S. Remy à celui d'Archevêque de Reims. Cette union dura jusqu'en l'année 945. auquel tems Hugues Archevêque de cette Ville, laissa aux Réligieux de S. Remy, la liberté de se choisir un Abbé Régulier: ce qui a été continué jusqu'en l'année 1523. que les Abbés Commendataires furent mis en leur place. Cette Eglise fut enfin achevée, sur ce premier dessein, sous le Pontificat d'Hincmar, qui en fit la dédicace l'an 880. Cet Archevêque avoit sacré le Roy Louïs le Begue l'an 878. dans son Eglise Cathédrale. En l'an 1018. Airard sixieme Abbé Régulier, jetta les fondemens d'une nouvelle Eglise: mais Thyerri son Successeur, qui crut ne pouvoir pas achever une si grande entreprise, forma un au-

autre dessein, & fit construire l'Eglise, qui subsiste encore à présent, à laquelle l'Abbé Hincmar, mit la derniere main. Elle fut consacrée par le Pape S. Léon IX. du nom, qu'on prétend être venu exprès en France, pour en faire la dédicace, lequel après la Bénédiction du Grand-Autel, ordonna que sept Prêtres qu'on appelle Cardinaux, auroient seuls la faculté d'y célébrer la Messe, avec défense, sous peine d'Excommunication, à tous autres Prêtres d'y dire la Sainte Messe, à l'exception néanmoins des Chanoines de l'Eglise de Reims, qui pourroient y célébrer deux fois l'année seulement. Le Saint Pontife fut assisté dans la Cérémonie de cette Consécration, par les Archevêques de Reims, de Trèves, de Lyon, de Besançon, & de plusieurs autres Prélats, qui composerent ensuite le Concile, qui fut tenu par ce Pape dans le Chœur de cette Eglise, en l'année 1049. où assisterent vingt Evêques & cinquante Abbés. Il y a au milieu du Chœur de cette Eglise une Couronne d'une prodigieuse grandeur qui est suspendue, au-dessous de laquelle se tint ce Concile; les quatre-vingt-seize cierges qu'elle porte, représentent les quatre-vingt-seize années de la Vie de S. Remy. En l'an 1162. Pierre de Celles, quinzième Abbé Régulier, & depuis Evêque de Chartres, fit bâtir pendant qu'il étoit Abbé de S. Remy, le Rond-point de l'Eglise, le Portail, & les Tours. L'année 1481. Robert de Lénoncourt, Archevêque de Reims, fit construire l'autre Portail de l'Eglise qui est du côté du Midi. Il unit à la Mense Abbatiale le Prieuré de Corbeny, auquel il donna une Ferme nommée la Cense du Hâtois; & il fit présent à l'Eglise de Saint Remy d'une Tapisserie où est représentée la Vie de ce Saint Prélat. La façade du Grand-Autel est d'or pur, enrichie de Pierreries; la Pyramide qui lui sert de Retable est à trois étages, dans le plus bas desquels est le Corps de S. Gibrien dans une Chasse d'argent doré. Dans l'étage du milieu est la Chasse de St. Cilinie, mere de S. Remy, & couverte de lames d'or; dans le dernier étage est le bras de S. Philippe Apôtre, qu'on dit être en chair & en os dans un grand Reliquaire: ce bras fut apporté en 1268. Entre le Sanctuaire & le Chœur on voit un Candelabre à sept branches d'un cuivre distingué, d'une hauteur prodigieuse, & d'un travail encore plus admirable. Derriére le Grand-Autel est le magnifique Tombeau de S. Remy, que le Cardinal de Lénoncourt fit ériger à la gloire de ce grand Saint, dont le Corps est encore tout entier & sans corruption, dans une très-riche Chasse d'argent de sept pieds & demi de longueur, de la même forme & figure, que le Tombeau où elle est enfermée. Ce superbe Tombeau fut élevé en l'année 1533. il est de marbre blanc, enrichi de tous les Ornemens, que l'art peut ajouter à la matiere, & passe pour être le plus beau qui soit en France. Il a vingt pieds de longueur, & autant de hauteur. Deux Colomnes de Porphyre d'Ordre composite, qui sont aussi finies, que la matiere en est précieuse, forment les deux côtés de la porte ou ouverture du Tombeau, ou brillent grand nombre des Perles, d'Emeraudes, de Rubis, de Turquoises, & autres Pierres précieuses, qui ont été données par les Rois & par d'autres Princes. La Sainte Ampoule, qui contient l'huile, de laquelle on sacre les-Roys de France, est gardée à l'entrée de ce Tombeau; elle est enchassée dans un Reliquaire d'or ou d'argent doré, & orné de Pierres précieuses. Dans le même endroit est aussi enfermé le Bâton revêtu d'or, que le Pape Hormisdas envoya à S. Remy, lorsqu'il le créa Légat Apostolique. On voit autour de ce Tombeau, les Statues de marbre des douzes Pairs de France, revêtus des Habits de Cérémonie, qu'ils ont accoutumé de porter au Sacre des Rois. L'Archevêque de Reims, dont la fonction est de les sacrer, y tient le premier rang, l'Evêque Duc de Laon, porte la Sainte Ampoule, l'Evêque Duc de Langres le Sceptre Royal, l'Evêque Comte de Beauvais la Cotte d'Armes du Roi, l'Evêque Comte de Châlons présente l'Anneau, & l'Evêque Comte de Noyon tient la Baudrier; le Duc de Bourgogne porte la Couronne, le Duc de Guyenne l'Oriflamme, le Duc de Normandie un autre Etandart, le Duc de Champagne la Banniére Royale, le Comte de Flandre l'Epée, & le Comte de Toulouse les Eperons. Ces douze Statues sont de hauteur d'homme, dans des Niches séparées, les unes des autres par des Colomnes de Jaspe, & au-dessus des Bas-reliefs d'argent doré, qui représentent la Vie de S. Remy. La Statue de ce Saint est plus élevée que celles des autres, elle est dans une Niche à l'un des bouts du Tombeau; il y est représenté assis, & Clovis à genoux sur un Prie-Dieu, & Tiery Aumônier de ce Prélat, tenant la Croix. Carloman fils de Pepin le Bref, & frere de Charlemagne, choisit sa Sépulture, au côté droit du Tombeau de S. Remy. Aux deux côtés du Grand-Autel, proche les Piliers du Chœur, à droite & à gauche, on voit les Tombeaux du Roy Louis IV. dit d'Outremer, & du Roy Lothaire son fils, qui sont de pierre & travaillés à l'antique; ils y sont représentés au naturel, assis sur une espéce de Trône, & revêtus des Ornemens Royaux. Gerberge, Epouse de Louis IV. est inhumée au milieu du Chœur. La Reine Frederune, l'une des femmes de Charles le Simple, qu'il épousa le 18. d'Avril l'an 907. Sœur de Bono ou Boyo, Evêque de Châlons, fut inhumée dans le Chœur au bas du Candelabre. Rogonolde Comte de Roussi & Albrade son Epouse, fille de Louis quatrième & de Gerberge, sont enterrés près du Corps de cette Reine, comme aussi Boson, frere du Roy Rodolphe. Buchard, Comte Anglois, fut enterré dans le Chœur au côté droit; & le cœur de Robert de Lénoncourt, Archevêque de Reims, est au bas du Grand-Autel. Il y a aussi dans le Chœur, dans les Collatéraux, dans les Chapelles & dans le Cloître, plusieurs autres Sépultures de Personnes de distinction. Le pavé du Chœur de l'Eglise de S. Remy est une chose si belle, qu'elle mérite bien qu'on en fasse la Description. Widon Tresorier le fit faire l'an 1090. Ce pavé remplit d'un bout à l'autre Chœur, qui n'est pas moins long ni large, que celui de Nôtre-Dame à Paris; il est

est assemblé de petites pièces de marbre, les unes en leur couleur naturelle, & les autres teintes & émaillées à la Mosaïque, si bien rangées & mastiquées ensemble, qu'elles représentent une infinité de figures faites comme au pinceau : dès l'entrée du Chœur paroît la figure de David jouant de la Harpe avec ces mots près de sa tête, REX DAVID. Entre cette figure & l'Aigle, se voit un grand Cadre au milieu duquel est l'Image & le nom de St. Jérôme, & autour de lui les figures & les noms de tous les Prophètes, Apôtres & Evangélistes, qui sont autour des Livres de l'Ancien & du Nouveau Testament ; chacun ayant son Livre figuré près de soi & dénommé par son nom, les uns représentez en forme de Livres clos, les autres en Volumes roulez à l'antique, dont les Auteurs du Nouveau Testament tiennent le milieu, & ceux de l'Ancien les extrémitez. Au côté droit du Chœur sont quatre Quarrez, séparez l'un de l'autre par de petites distances ; au premier desquels sont les quatre Fleuves du Paradis terrestre, représentez par des hommes versant de l'Eau de certaines Cruches qu'ils tiennent sous leurs bras, & désignés par ces quatre noms, TIGRIS, EUPHRATES, JEON, FISON ; ces quatres figures occupent les quatre coins du Quarré, au milieu duquel paroît une femme nue, qui tient une vanne & est assise sur un Dauphin, avec ces mots TERRA, MARE. Le second Quarré est rempli d'un simple rameau avec un feuillage. Le troisième représente les quatres Saisons de l'Année, avec leurs noms; VER, ÆSTAS, AUTUMNUS, HYEMS, & au milieu un homme assis sur un Fleuve, avec ces mots, ORBIS TERÆ. Dans le quatrième sont représentez les sept Arts-Libéraux, dont les figures sont pour la plûpart cachées & couvertes des Chaises des Religieux : on y voit néanmoins à découvert ces deux mots, SEPTEM ARTES. Au côté droit est un grand Quadruple, dont la longueur est le double de la largeur, & contient deux bandes larges, arrondies en Cercle, égales l'une à l'autre, & qui se touchent l'une l'autre. Dans la première bande sont figurés les douze Mois de l'Année, & dans la seconde les douze Signes du Zodiaque. Au milieu & comme au centre de la première bande on voit la figure de Moyse assis sur une Chaise, soutenant un Ange sur l'un de ses genoux avec ces mots à l'entour : Lex : Moysique Figuras monstrant hi Proceres. Le reste ne se peut lire, étant caché sous les Chaises des Religieux, comme les figures de la Justice, de la Force, & de la Tempérance, & celles de l'Orient, de l'Occident, & du Septentrion : ce que l'on juge par la figure qui représente une femme tenant un Serpent, & désignée par ce mot, PRUDENTIA, & par celle d'un homme représentant le Midi, avec ce mot, MERIDIES. Au milieu de la bande ronde des Signes sont représentées les deux Ourses marquées de leurs Etoiles, l'une ayant la queue du côté que l'autre a la tête, & la façon qu'on les voit dépeintes sur les Globes célestes. Toutes ces figures & grand nombre d'autres, sont faites de pierres peintes à la Mosaïque , dans un Champ jaune de même ouvrage, dont les plus gros pavez, n'excedent point la largeur de l'Angle, excepté quelques Tombes noires & blanches, & quelques pièces rondes de Jaspe,

les unes couleur de pourpre, les autres ondées de diverses autres couleurs, qui sont appliquées dans certains compartimens faits de pièces de marbre, comme si c'étoient des pierres précieuses enchassées en un Anneau. De-là montant deux pas en tirant vers le Grand-Autel, se voit une autre sorte de pavé de petites pierres de marbre, divisées en beaux compartimens de marqueterie : & sur les degrez de l'Autel est le Sacrifice d'Abraham, l'Echelle de Jacob, & autres Histoires de l'Ancien Testament, faites de même genre d'ouvrage, qui veulent désigner le Sacrement de l'Autel. Cette Eglise est belle & grande ; mais obscure & bâtie à l'antique ; elle a néanmoins un air de grandeur ; elle est bien ornée, & son Thrésor mérite d'être vu. L'on conserve, dit-on, dans cette Eglise, du Sang qui coula du côté de Nôtre Seigneur Jesus-Christ étant à la Croix : cette précieuse Relique est renfermée dans un Reliquaire d'argent doré, qui fut tiré du Trésor de l'Empereur de Constantinople, comme il est porté par l'Acte de Donation, qu'en fit un Prince d'Achaïe à Arnould Cotti son parent, Religieux de ce Monastère en 1224. trois petites parties du Bois de la vraye Croix, en trois Croix différentes, & un morceau du vêtement de Nôtre Seigneur : des Cheveux de la Sainte Vierge, & de son Tombeau : les Corps de St. Oricle & de ses Compagnons, Patrons de Senuc & qui sont dans une belle Chasse : les Corps de plusieurs Saints Innocens, en cinq Chasses différentes : le Suaire de St. Remy, dont Grégoire de Tours fait mention ; on le porte en Procession dans les calamitez publiques. Le Corps de St. Maur martyr, tiré des Catacombes de Rome par le Cardinal Antoine Barberin, Archevêque de Rheims. Il y a aussi des Ossemens de plusieurs Apôtres, & quantité d'autres Reliques, qu'il seroit trop long de rapporter.

L'*Abbaye de St. Nicaise de Rheims.*

L'Eglise de cette Abbaye étoit autrefois dédiée aux Saints Martyrs Vital & Agricole, & fut bâtie, à ce qu'on croit, par Jovinus natif de Rheims, dont la vertu fut si estimée des Romains, qu'il fut fait Consul en l'année 367. & Général de la Cavalerie & de l'Infanterie Romaine sous le Regne des fils du grand Constantin. Ce Jovinus choisit en cette Eglise le lieu de sa sépulture, & il y fut en effet inhumé en l'année 370. son Tombeau passe pour un des plus beaux Ouvrages de l'Antiquité, qui soient dans toute l'Europe. Il est d'une seule Pierre de Marbre blanc, de huit pieds & demi de longueur, de quatre & demi de largeur, & de trois & demi de hauteur. Une Chasse taillée en relief y est représentée par deux grands Seigneurs à cheval, dont celui qui paroît le plus jeune perce d'un Javelot un Lion furieux, lorsqu'il alloit mettre en pièces un Chasseur, qu'il avoit renversé par terre. On y voit aussi huit ou neuf figures à pied, qui sont de la Chasse ; & on y remarque auprès d'un Chêne un grand Sanglier, la tête & le col d'un Cerf, & un Daim qui paroît être aux abois. Cette Eglise ayant été rebâtie en 1230. fut dédiée à St. Nicaise. Elle passe aujourd'hui pour un Chef-d'œuvre d'Architecture.

L'Hôtel de Ville construit en 1630. est
fort

fort beau ; mais il en reste encore plus de la moitié à bâtir.

Il y a à Reims une Université célèbre composée des quatre Facultés, fondée par Charles de Lorraine, Cardinal, Archevêque de Rheims, érigée en vertu des Bulles du Pape Paul III. & des Lettres-Patentes du Roi Henri II. en 1547. vérifiées au Parlement de Paris. On voit au-dessus des toitures des Bâtimens un Croissant qui étoit la divise favorite de ce Roi. Les Jésuites y ont un beau Collége, où l'on enseigne les Humanités, la Philosophie, & la Théologie. On voit à Reims trois Hôpitaux grands & magnifiques ; le premier est pour les pauvres malades, le second sert à enfermer les pauvres mandians, & le troisième est destiné pour les pauvres incurables ; il y en a un quatrième de moindre considération, où l'on met les paures Orphelins, & une Maison appellée Magneux, où l'on fait travailler des pauvres filles, qui y sont instruites à toutes sortes d'Ouvrages. On bat monnoye à Reims, dans un Hôtel destiné à cet effet : la marque est l'S.

L'Antiquité de la Ville de Reims est très-certaine : ce qui paroît par les Monumens qui en restent. Cette Ville étoit la Capitale d'un Peuple appellé Remois, du tems de Jule-César, & trois de ses Portes retiennent encore les noms des Divinités du Paganisme qui sont les Portes *di lumiére*, ou des lumiéres, c'est-à-dire du Soleil, de Mars, & de Cére, ou Cérès. Sous l'Empire des Romains, il y avoit à Reims un Magazin d'Armes & une Manufacture où l'on dorait les Armes Impériales : cette Ville leur étoit d'une si grande considération, qu'ils firent faire plusieurs grands & beaux Chemins publics, qui conduisoient de Reims dans plusieurs autres Villes de l'Empire. Il en reste encore des vestiges considérables près de Reims, & en quelques autres endroits de la Province, qui font connoître la grandeur & la magnificence de ces Maîtres du Monde. Quelques-uns croient, que cette Ville fut enfermée de murailles par les ordres de Jule-César, & ils regardent cet Arc de Triomphe, qui se voit encore dans la Ville près de la Porte de Mars, comme un Trophée érigé à la gloire de ce Prince, lorsque sous l'Empire de son Successeur Auguste on fit les grands Chemins des Gaules. D'autres estiment, que l'Architecture de cet Arc de Triomphe n'est pas si ancienne, & qu'il n'a été construit que long-tems après, en l'honneur de l'Emereur Julien, surnommé l'Apostat, lorsqu'à son retour de sa Conquête d'Allemagne, il passa par Reims, pour aller à Paris. Quoiqu'il en soit, il est certain, qu'il a été érigé, pour honorer un Empereur Romain à l'occasion de quelque grande Victoire, représentée par plusieurs figures de femmes, qui portent des aîles, & les autres marques, que l'on attribue à la Victoire. On avoit couvert de terre cet Arc de Triomphe : mais il a été déterré depuis jusqu'au milieu de sa hauteur, sçavoir l'une de ses Arcades en 1595, & les deux autres en 1667. Cet Arc de Triomphe est d'Ordre Corinthien, avec des Colomnes Cannelées & des Bas-reliefs dans les voutes. L'Arcade du milieu, qui est plus haute & plus large que les autres, a trente-cinq pieds de hauteur &

quinze de largeur, on y voit une femme à fraisque, qui tient entre ses bras deux Cornes d'abondance : ce qui semble marquer l'abondance du pays ; quatre Enfans qui sont auprès d'elle, marquent les quatre Saisons, & les douze Mois de l'Année y sont représentés par douze figures. Les deux autres Arcades ont chacune trente pieds de hauteur & huit de largeur : celle qui est à droite représente Remus & Romulus tettant une Louve, aux côtez de laquelle sont le Berger Faustulus & la Bergére Acca Laurentia. Ceux qui croient que cet Edifice à été érigé pour Jule-César, veulent que cet emblême ait servi que pour honorer son origine. D'autres prétendent que cet emblême a été mis pour marquer l'Alliance qu'il y avoit entre la Ville de Reims & celle de Rome ; & enfin il y en a, qui l'attribuent à l'allusion de Rhemy & de Remus. La troisième Arcade représente Léda qui embrasse Jupiter transformé en Cygne, avec un Amour, qui les éclaire de son flambeau. Cet Arc de Triomphe à servi de Porte à la Ville jusqu'en 1545. qu'on a bâti une autre Porte à côté, qui à conservé le nom de Porte de Mars. Près de cet Arc de Triomphe il y a encore quelques vestiges d'un ancien Château appellé *Forum*, ou *Castrum Cæsaris*; & à deux cens pas de la Ville, on voit les restes d'un Amphythéâtre, nommé les Arcives, ou *Mons Arceus*, qui servoit à y représenter des Spectacles qu'on donnoit au Peuple. Dans une des Rues de la Ville près de l'Université, on voit aussi quelques restes d'un autre Arc de Triomphe, qui étoit composé de trois Arcades, où commençoit l'un des grands Chemins des Gaules. L'Arcade qui reste, a vingt-cinq pieds de haut & huit d'épaisseur, & est ornée de grandes feuilles d'Achanthès : deux grosses Piles accompagnées de Colomnes cannelées en soutiennent la voûte, au-dessus de laquelle est un Plat-fond quarré avec des bordures de Roses gravées à l'antique : on y voit une Vénus toute nue assise, qui embrasse un Triton, & auprès d'eux un Cupidon avec ses aîles étendues. Cet Arc de Triomphe servoit autrefois de Porte, sous le nom de porte Basée, avant l'an 1346. tems auquel la Ville fut aggrandie. Après la funeste journée de Poitiers, où le Roi Jean fut pris en 1356. Edouard III. Roi d'Angleterre qui avoit joint à ce titre celui de Roi de France, s'étant présenté avec ses quatre fils à la tête d'une puissante Armée devant la Ville de Rheims, pour s'y faire sacrer, les habitans lui en refuserent les Portes, & se défendirent avec tant de courage, sous la conduite de Gaucher de Châtillon leur Gouverneur, qu'ils le contraignirent de lever le Siège, le 11. Janvier 1360. On fit en l'année 1686. une découverte assez curieuse. Un Valet de Païsan labourant une terre à la Campagne derriére l'Eglise de St. Nicaise, près du Chemin qui étoit autrefois, vis-à-vis d'une des Portes de la Ville, qui conduisoit au grand Chemin des Romains, qui est de ce côté-là, trouva dans la terre une Pierre longue de quatre à cinq pieds, portant cette Inscription : *Julius Silvius conjugi jussi poni*. Cette Pierre couvroit une Urne, sur le couvert de laquelle étoient écrits des caractéres Grecs, conformément à la coutume des Romains, qui pofoient leurs Tombeaux fur les grands chemins ; & ayant fouillé plus bas, on y trouva une maniére de terre grife & épaiffe, qui pouvoit fe conferver long-tems en cet état ; elle entouroit des Os, & de grands Cloux avec une Urne, dans laquelle étoit de la pouffiére, qui étoit apparemment les Cendres d'un corps brûlé. On trouva auffi aux environs de cette place plufieurs Offemens des corps qui avoient été inhumez dans des terres compofées comme la premiére. Le Pere Daniel remarque qu'en 1461. il s'émut une groffe fédition à Reims dès le commencement du Régne de Louis XI. Le Roi avoit donné de belles paroles aux Bourgeois de cette Ville, lorsqu'il y alla fe faire facrer, & leur avoit promis la diminution des impôts. Quand ils virent qu'au renouvellement des Baux des Fermes des Gabelles, les chofes demeuroient fur le même pied, ils fe révoltérent contre les Collecteurs, en tuerent quelques-uns, fe faifirent de leurs Regîtres & les brûlérent au milieu des Rues. Auffi-tôt que le Roi en fut averti, il envoya ordre à Collart, Seigneur de Mouy, d'affembler des troupes pour châtier les coupables ; ce qu'il exécuta. Il fit pour cet effet entrer plufieurs Soldats déguifés, les uns en Païfans, & les autres en Marchands ; fe faifit des principaux Poftes de la Ville, & y introduifit enfuite l'Armée compofée de foldats, qu'il avoit fait venir de divers quartiers. On arrêta quatre-vingt Bourgeois des plus coupables, à qui le Roi, pour contenir les autres Villes, ordonna qu'on tranchât la tête ; ce qui fut exécuté, & nulle autre Ville n'ofa plus réfifter. En 1126. Gerbert, Moine d'Aurillac, Précepteur du Roi Robert, fut un des premiers qui ouvrit les Ecoles publiques à Rheims, après qu'il en eut été fait Archevêque ; il fut enfuite Pape fous le nom de Sylveftre II. Cet Archevêché eft fitué dans la partie Septentrionale de la Champagne, il eft borné au Nord par l'Evêché de Laon, au Midi par celui de Châlons, au Levant par l'Archevêché de Trèves, & par l'Evêché de Soiffons au Couchant. Son étendue eft de vingt-quatre lieues de longueur fur quatre de largeur. Il eft compofé des Elections de Reims & de Rethel, d'une partie de celles de Sainte-Manehould & d'Eparnai, & des tous les Lieux de la Champagne, fujets à la fubvention de Verdun, qui ont été mis à l'Intendance de Champagne. L'Archevêque de Reims eft premier Duc & Pair de France, Légat né du St. Siège Apoftolique, & Primat de la Gaule Belgique ; il a l'honneur & le droit par Privilège spécial de facrer nos Rois, comme étant fucceffeur de St. Remi ; ce qui lui a été confirmé par la Bulle du Pape Victor II. & autres. Il a huit Evêques Suffragans que nous nommerons ici fuivant le rang qu'ils tiennent dans les Affemblées de la Province, fans avoir égard aux Proteftations que font quelques-uns d'entre eux, que ces rangs ne pourront leur nuire, n'y préjudicier à leurs prétentions ; ce font les Evêques de Soiffons, Laon, Bauvais, Châlons, Noyon, Amiens, Senlis, & Bologne. Ceux de Cambray, Tournay, Terouanne, & Arras étoient autrefois au nombre de fes Suffragans ; mais l'Evêché de Cambray ayant été érigé en Archevêché à la priere de Philippe II. Roi d'Efpagne, & les Evêques d'Arras & de Tournay aiant été faits Suffragans de ce nouvel Archevêque par les Bulles des Papes Paul IV. & Pie IV. & l'Evêché de Terouanne ne fubfiftant plus, il ne refte plus à l'Archevêché de Rheims que huit Suffragans, de douze qu'il y avoit auparavant. La Ville de Cambray ayant paffé de la Puiffance d'Efpagne à celle de France, & le Roi ayant nommé pour la premiére fois depuis quelques années à l'Archevêché de Cambray, l'Archevêque de Rheims demanda à Sa Majefté la permiffion de pourfuivre en Cour de Rome, la révocation des Bulles de ces deux Papes, à caufe du préjudice qu'elles faifoient à fon Eglife par ce démembrement ; il a plu au Roi, pour dédommager l'Archevêque de Rheims, de confentir que l'Abbaye de St. Thierri, qui eft à deux lieues de cette Ville, y demeurât unie à perpétuité ; cet expédient ayant été agréé du St. Siège, cette union a été ordonnée par une Bulle du Pape Innocent XII. Dans le tems que les Chapitres des Cathédrales étoient en droit d'élire leurs Evêques, les Archevêques de Rheims avoient celui de nommer leurs Suffragans, lorfque les Chanoines de ce Chapitre en différoient l'Election plus de trois mois, à compter du jour de la mort de leurs Evêques ; & lorfqu'il fe trouvoit que les voix des Chanoines étoient mi-parties, l'Archevêque fe déclaroit en faveur de qui il lui plaifoit. On lui portoit les Procès Verbaux des Elections, qu'il confirmoit, fi elles avoient été faites dans les formes, ou qu'il infirmoit fi elles n'étoient pas Canoniques ; c'étoit encore à lui à facrer l'Evêque élu, dont il recevoit le ferment d'obéiffance ; mais de tous ces droits il ne refte plus depuis le Concordat entre le Pape Léon X. & le Roi François I. que celui de recevoir les fermens de tous les Suffragans, qui quelque tems après leur Sacre font tenus de fe rendre à Rheims, pour lui prêter le ferment d'obéiffance, & il reçoit le ferment couvert, affis dans un fauteuil, à côté de l'Autel de fon Eglife, & le Suffragant le fait debout & découvert. L'Archevêque de Rheims étoit encore autrefois en poffeffion de vifiter les Diocéfes de tous fes Suffragans, d'y accorder des Indulgences, & d'y ordonner ce qu'ils croyoit être pour le bien de ces Diocéfes ; tous les Chapitres de ces mêmes Evêchez, à l'exception de celui de Laon, lui font encore aujourd'hui immédiatement fujets & il a droit de les corriger & vifiter. On n'appelle point de l'Official de fon Eglife Métropolitaine à l'Official de Lyon, ces appellations font portées directement à Rome, à caufe de la qualité de Primat de la Gaule Belgique, que porte cet Archevêque. Les Archevêques de Rheims n'avoient autrefois que le titre de Comtes ; quelques Hiftoriens nous affurent, que ce ne fut qu'au tems de Philippe-Augufte que l'Archevêque prit celui de Duc, que ce Roi conféra à Guillaume, dit *aux blanches mains*, Cardinal de Champagne & Archevêque de Reims fon Oncle, qui le facra. L'Eglife de Rheims a donné au St. Siège quatre Papes : Sylveftre II. qui en avoit été Archevêque fous le nom de Gerbert ; Urbain II. qui en avoit été Chanoine ; Adrien IV. & Adrien V. qui en avoient été Archidiacres. Cette Eglife a eu jufqu'à préfent quatre-vingt-quinze ze Evêques ou Archevêques, parmi lesquels on en compte douze reconnus pour Saints; douze Princes, deux fils de Rois, quatre autres Princes du Sang, onze Cardinaux, six Légats du Pape, & neuf Chanceliers de France. Le revenu de l'Archevêque de Rheims depuis l'Union de l'Abbaye de St. Thierri est d'environ soixante mille livres. Il y a douze Villes dans l'Archevêché de Rheims, qui sont Rheims, Sedan, Méziéres, Charleville, Rethel, Rocroi, Mouzon, Eparnai, Fimes, Château-Portien, Doncheri, & Cormicy, un grand nombre de gros Bourgs, dont la plûpart sont nommez Villes par les Géographes; & en tout quatre cens soixante & dix-sept Paroisses, & trois cens soixante-cinq Secours ou Annexes, divisés en dix-huit Doyennés, dont dix sont sous la direction de l'Archidiacre de Champagne, qui est tenu de les visiter. Il y a dans le Diocèse de Rheims sept Chapitres, vingt-quatre Abbayes d'hommes ou de filles, plusieurs Prieurez conventuels, plus de quarante Prieurez Simples, deux Séminaires, une Université, trois Collèges de Jésuites, une Chartreuse, une Commanderie de l'Ordre de St. Jean de Jérusalem, une Commanderie de l'Ordre de St. Antoine, huit Hôpitaux, & plusieurs Couvents de Religieux Mendians. Le principal Chapitre du Diocèse, est celui de l'Eglise Métropolitaine, dédiée à Nôtre-Dame dont nous avons déja parlé, dans laquelle, ainsi que nous avons dit, on sacre les Rois. Le Palais Archiépiscopal, qui joint cette Métropole, est l'un des plus beaux du Royaume, par les nouveaux Ouvrages qu'y a fait faire M. le Tellier dernier Archevêque. Ce Chapitre est composé de neuf Dignitez, soixante-quatre Chanoines, quarante-deux Chapelains, que l'on nomme de l'ancienne Congrégation, d'un grand nombre d'autres Chapelains & de Chapelles appellées Claustrales, & de plusieurs autres bas Officiers qui sont obligez d'assister au Chœur. Les neuf Dignitez du Chapitre sont, le Grand-Archidiacre, dont le revenu est de sept à huit cens livres & l'Archidiacre de Champagne de quatre cens livres de revenu, qui sont les premières Dignitez de cette Eglise; il ne faut pas s'étonner si elles le sont en effet. Dom Pierre de St. Romuald remarque dans sa Chronologie sur l'année 639. que cette Dignité d'Archidiacre étoit dans ce siècle, & même pendant une grande suite d'autres, si considérable dans l'Eglise Gallicane, que les Princes du Sang s'estimérent honorés de remplir ces places, à cause que les Archidiacres tenoient dans l'Eglise le premier rang après les Evêques, dont ils étoient appellés les yeux, quoique le revenu de la plûpart de ces Dignitez ne fût pas considérable. Les autres Dignitez sont, le Prévôt, qui a huit cens livres de revenu, le Doyen cinq cens livres, le Trésorier dix-huit cens livres, le Vidame trois cens livres, l'Ecolâtre quatre cens livres, & le Pénitencier cent cinquante livres; le revenu de chaque Chanoine est d'environ mille livres. Il y a trois Eglises Collégiales dans Rheims, dont la principale est celle de St. Symphorien, qui étoit autrefois un Temple dédié à la Déesse Cérès, que Sixte premier Evêque de Rheims consacra sous le nom des Apôtres St. Pierre & St. Paul; l'Archevêque Bertauld y établit son Siège environ l'an 315. & vers l'an 400. St. Nicaise transféra son Siège en l'Eglise de Nôtre-Dame; cette Eglise porta dans la suite le nom de St. Symphorien, qu'elle garde encore à présent. Ebal Archevêque de Rheims y fonda environ l'an 1030; un Chapitre, à la tête duquel étoit un Prevôt, dont le nom a été changé en celui de Doyen, dont le revenu est de quatre cens livres & celui des Chanoines au nombre de douze, de trois cens soixante livres chacun. On voit dans le Chœur de cette Eglise un pavé à la Mosaïque, qui est très-ancien, & un des mieux conservés, qui soyent en France: c'est un compartiment dans une bordure, dont les deux côtés s'elevent sous les Chaises des Chanoines: le Pavé forme un mêlange de couleurs fort agréable, quoiqu'il ne soit pas délicatement travaillé: il est appliqué sur un fond de stuc très-dur. On croit que ce Pavé n'est pas plus ancien que l'Eglise que l'on voit aujourd'hui, & qui fut bâtie dans l'onzième siècle, tems auquel le goût des Pavez à la Mosaïque, qui avoit été perdu près de cinq cens ans revint à la mode; l'on fit alors venir de Constantinople, des Ouvriers pour travailler à ces sortes des Pavés dans les Eglises; plusieurs en firent faire dans les Sales de leurs Maisons; on en découvrit un en 1713. à six pieds de profondeur, dans la Maison d'un Chanoine de cette Eglise. On en trouva lorsqu'on creusa les fondemens des Bâtimens du Séminaire & des nouveaux Bâtimens de l'Archevêché, à une toise de profondeur; il y a encore aujourd'hui de ces sortes d'Appartemens bas dans les anciennes Maisons du Cloître de Nôtre-Dame, qui servent aujourd'hui de Celiers. Ebal Archevêque de Reims avoit orné son Palais d'une Sale pavée à la Mosaïque. On a ruïné ce qui restoit de Mosaïque dans l'Eglise de l'Abbaye de St. Pierre de Reims en 1690. On a brisé les vestiges d'antiquité qui étoient dans le Chœur de St. Symphorien, lorsqu'en 1709. on a fait construire un Grand-Autel de Marbre, qui est des plus beaux, & le pavé du Sanctuaire qui y est aujourd'hui. On y voit la Tombe d'un Nicolas, Doyen de cette Eglise, & Médecin, mort dans le 13me. siècle: on voit aussi dans cette Eglise le Tombeau de Thou qui en étoit Doyen, qui a traduit Flodoard; il avoit été Précepteur de Jean & Christophle de Thou. L'Eglise Collégiale de St. Timothée, est aussi très-ancienne; elle a été bâtie par Eusebe Disciple de St. Timothée & de St. Apollinaire Martyrs. Il y avoit autrefois dans cette Eglise une Congrégation de Clercs, qui y demeurèrent jusqu'environ l'an 840. mais ayant été réduits à un seul Prêtre, l'Archevêque Adalberon la donna en 977. à l'Abbé de St. Remy, pour y recevoir les pauvres Pélerins. On y mit peu de tems après des Religieux Bénédictins, qui y ont été jusques en 1064. que Chervais Archevêque y établit un Collège de douze Chanoines, qui y sont encore à présent: les Canonicats sont à la Collation de l'Abbé de St. Remy & valent cent & vingt livres chacun. L'Eglise Collégiale de Sainte Balsamie ou Sainte Nourrice, ainsi appellée parce qu'elle l'a été de St. Remy, a été fondée en 1186. par Guillaume de Champagne, Archevêque, & par le Cha-

Chapitre de Nôtre-Dame ; les douze Chanoines qui composent ce Collége sont nommés par ceux de l'Eglise Métropolitaine, & ont chacun trois cens livres de revenu. Les Chapitres du Diocèse de Rheims hors de l'enceinte de la Ville, sont le Chapitre de l'Eglise Collégiale de St. Pierre de Méziéres, qui a été fondé en 1176. par Manassès second Comte de Rethel, frére d'Albert Chanoine de Reims, de Baudouin & d'Hugues son aîné, qui s'étoit fait Moine à St. Remy, & par Guillaume de Champagne Archevêque de Rheims, pour douze Chanoines & un Doyen. Il est dit dans l'Acte de fondation que ces Chanoines porteront le même habit que les Chanoines de l'Eglise de Rheims. Le Chapitre de Braux est plus ancien, il doit son origine à Hincmar ; Ebon son Prédécesseur répara l'Eglise, & y transporta en personne le Corps de St. Vivent Archevêque, qu'il avoit tiré du Cimetière de St. Agricole ; Flodoard dit qu'il y établit une Communauté d'Ecclésiastiques, à quoi il y a peu d'apparence ; Ebon étoit engagé dans la révolte contre Louïs le Débonnaire, au contraire la Legende porte qu'Ebon transféra seulement le Corps de ce Saint dans cette Eglise, & qu'Hincmar son Successeur l'enrichit par ses libéralités, & y fonda un Chapitre de Chanoines. Le Chapitre de Montfauçon est l'un des plus anciens du Diocèse de Rheims. Hincmar en fait mention dans une Ordonnance Synodale de l'an 874. On croit qu'originairement ce Chapitre étoit occupé par les Moines fondés par St. Balderic, vulgairement St. Brandry ; les Legendes disent que dans le dessein qu'il avoit de se retirer dans la solitude, il suivit un Faucon qui se reposa à l'endroit qu'il occupa depuis, & qui fut appellé Montfauçon en mémoire de cet événement. Un Aigle rendit le même Office à St. Thierri ; une Colombe désigna le circuit du Monastère d'Hautvilliers ; un Ange marqua l'étendue de celui d'Avenay. C'est ainsi que les Legendes enchérissent les unes sur les autres. Les recits merveilleux & peu vraisemblables tenoient lieu de sublime dans ces siècles. Les Chanoines de Montfauçon sont Seigneurs de la Ville, dans laquelle il y avoit un Château que le Roi Henri IV. fit démolir. Il y a dans Rheims cinq Abbayes, trois d'hommes & deux de filles. Les trois Abbayes d'hommes sont St. Remi, St. Nicaise, & St. Denys. La principale est celle de St. Remi de l'Ordre de St. Benoît de la Congrégation de St. Maur, de laquelle nous avons parlé ci-dessus. Nous observerons seulement que cette Abbaye porte le nom d'Archimonastère, que les Papes lui ont donné, non seulement à cause du grand nombre de Monastères qui sont sous sa dépendance, mais encore à cause de l'union étroite qu'elle a eue pendant plusieurs siècles avec l'Archevêque & le Chapitre de l'Eglise de Rheims. L'Abbé de St. Remi a droit d'Officier pontificalement, & de conférer les Ordres Mineurs. Quoique l'union des deux titres d'Archevêque de Rheims, & d'Abbé de St. Remi ne soit plus perpétuelle, cet Abbé a conservé le Droit de précéder tous les autres Abbés de la Province, de présenter le nouvel Archevêque au Chapitre de la Métropolitaine, de porter la Sainte Ampoule au Sacre des Rois, & en l'absence de l'Abbé, les Religieux jouïssent des mêmes prérogatives. Dans les Cérémonies publiques, où le Chapitre & les Religieux se trouvent ensemble, ceux-ci tiennent la gauche, & le Chapitre la droite ; & les Officiers de l'Autel & du Chœur des deux Eglises se mêlent ensemble à certains jours. La Société de ces deux Eglises est aussi ancienne que le Monastère ; elle s'étend sur le Spirituel & sur le Temporel, & leurs biens sont comme confondus tant dedans le Royaume que dehors. A la mort des Chanoines & des Religieux, ils se rendent réciproquement les derniers devoirs, & ils assistent en Corps aux services des Défunts. L'Archimonastère de St. Remi est encore associé avec de très-célèbres & anciennes Eglises & Monastères : comme le Chapitre de l'Eglise de Laon ; cette association fut renouvellée en 1260. & 1312. l'Abbaye de St. Denys en France en 839. cette association fut renouvellée en 1370. l'Abbaye de St. Nicaise de Rheims en 1159. laquelle association fut renouvellée en 1206. & 1332. l'Abbaye de St. Was d'Arras en 1160. l'Abbaye de St. Benigne de Dijon en 1174. l'Ordre entier de Cîteaux en 1226. l'Abbaye de Clugny du tems de Pierre le Vénérable : l'Abbaye de St. Remi de Sens. Folques, Archevêque de Rheims & Abbé de St. Remi en 882. fit rapporter d'Orbais à Rheims le Corps de St. Remi, qui y avoit été transporté d'Epernai, où il avoit été mis en refuge à cause des guerres ; il commença la Table d'or du Grand-Autel. Hervée son successeur en l'an 900. fit rapporter à St. Remi le Corps de ce Saint, que Folques avoit fait mettre dans la Cathédrale, & il acheva la Table d'or du Grand-Autel. L'an 1394. Jean Canard Abbé Régulier, fit couvrir de plomb la Charpente de l'Eglise & le petit Clocher, & fit faire de la Tapisserie pour le Chœur. Pierre Claudi, Abbé Régulier en 1212. réforma ce Monastère, selon les Constitutions de Grégoire IX. qu'il eut l'honneur de recevoir en son Abbaye l'an 1224. Charles Cardinal de Lorraine, Archevêque de Rheims, & Abbé Commandataire de St. Remi, donna en 1572. aux Minimes du consentement des Religieux, le Prieuré de St. Côme, pour faire le Couvent qui est aujourd'hui proche de cette Abbaye. On vendit en ce tems-là les deux côtés du Grand-Autel de cette Abbaye, qui étoient de Vermeil doré, & plusieurs autres pièces précieuses, pour payer la taxe imposée à cause de la guerre contre les Huguenots. Henri de Lorraine Archevêque de Rheims, & Abbé de St. Remi en 1622. donna à cette Abbaye un Ornement complet de Drap d'or, & y établit la Réforme de la Congrégation de St. Maur. Tous les Rois de France prennent la qualité de Fondateurs de cet Archimonastère dans toutes les Lettres-Patentes, par lesquelles ils en confirment les privilèges. L'an 922. le Roi Robert fut sacré dans l'Eglise de St. Remi, ainsi que Lothaire fils de Louïs IV. en 954. comme l'avoit été auparavant en l'année 909. Fréderonne femme de Charles le Simple. En 1668. on commença le rétablissement des Lieux Réguliers, que les Religieux

ont

ont continué depuis, & à préfent ce Couvent eft très-magnifique; tous les lieux qui le compofent ont un air de grandeur, qui n'eft pas ordinaire; la Bibliothéque eft fort éclairée, & la veue en eft très-agréable, elle eft remplie d'un grand nombre de Livres rares & curieux, & de plufieurs Manufcrits. Cette Abbaye vaut à l'Abbé plus de quarante mille livres rente, & aux Religieux qui font au nombre de plus de quarante, vingt mille livres. La feconde Abbaye eft celle de St. Nicaife du même Ordre, & de la même Congrégation; nous avons déja parlé ci-deffus de fon Eglife, & de fa fondation, & nous avons fait mention du Tréfor de cette Eglife, dans lequel on voit entre autres Reliques très-confidérables une Dent de St. Nicaife, une Pantoufle qu'on dit être de la Sainte Vierge & l'Etole de St. Nicaife. On voit dans la Nef le Tombeau de St. Nicaife, de marbre blanc, dont on a déja parlé; il n'y a d'antique que le Bas-relief, qui eft au Levant du côté du rempart. On a auffi fait mention du Tombeau de Jovinus, Général des Troupes des Gaules fous Valentinien I. Voici une explication nouvelle & différente de celle que nous avons rapportée du Bas-relief de ce Tombeau, qui eft un des plus beaux de France; il eft Hiftorique, & a rapport à un événement militaire de l'an 366. par lequel Jovinus fauva les Gaules de l'irruption des Allemands. La famille Impériale y eft repréfentée; le Confulat de Gratien fert d'Epoque à cette découverte, qui fe trouve foutenue par les Médailles, & le témoignage d'Ammien Marcellin; c'étoit l'endroit le plus éclatant de la Vie de Jovinus, que l'on a fait paffer à la Pofterité par ce Monument. On remarque dans cette Eglife une chofe fort curieufe, & qui n'a peut-être point d'exemple; un des gros Piliers ou Arcboutans tremble à vue d'œil au fon d'une certaine Cloche, & ce qui eft encore plus furprenant, c'eft qu'il ne tremble que lorfque cette Cloche fonne, foit feule, foit avec les trois autres qui font dans le même Clocher; & ne tremble pas lorfque les trois autres fonnent fans elle. Gervais Archevêque de Rheims ayant fait rétablir cette Eglife en 1056. comme on la voit aujourd'hui, y mit des Religieux de cet Ordre en 1065. d'autres difent que ce fut en 1230. qu'elle fut rebâtie: mais de quelque manière que la chofe foit, il eft certain que ces Religieux eurent des Abbés Réguliers jufqu'en l'année 1530. qu'elle fut donnée en Commende. Les Chanoines de la Sainte Chapelle de Paris poffédent cette Abbaye depuis l'année 1641. qu'elle leur fut donnée en échange des revenus de la Régale, dont ils jouïffoient auparavant; elle leur vaut dix à douze mille livres de rente & huit mille livres aux Religieux, qui font au nombre de vingt. Ils ont depuis quelques années fait faire de très-beaux Bâtimens dans ce Monaftère, on y remarque un Efcalier d'une Architecture des plus hardies; la Bibliothéque a une très-belle vuë. La troifième Abbaye d'hommes eft celle de St. Denys, de l'Ordre des Chanoines Réguliers de St. Auguftin, bâtie par Hincmar Archevêque de Rheims, qui vivoit en 800. Gervais l'un des Succeffeurs, l'ayant fait augmenter y établit des Chanoines Réguliers l'an 1067. qui ont eu des Abbés électifs jufqu'au tems du Concordat, qu'elle eft tombée en Commende. Les Chanoines Réguliers, de St. Denys en 1633. embrafferent la Réforme & furent unis à la Congrégation de France, dont le Général eft Abbé Régulier, Electif & Triennal de Sainte Génevièvre de Paris. Les Religieux ont fait élever depuis peu un Grand-Autel de marbre, qui eft très-beau; il eft fur le modèle de l'Autel de l'Eglife Cathédrale de Châlons. L'Abbaye de St. Denys vaut à l'Abbé neuf mille livres de rente; & aux Religieux qui font au nombre de dix-huit, environ huit mille livres. Les Cloîtres des Religieux font anciens; mais on y a fait des Bâtimens qui font beaux & commodes, & les Religieux font agréablement logez; le Jardin eft grand & bien entretenu; l'Eglife quoiqu'ancienne a de la beauté. Les deux Abbayes de filles qui font à Rheims, font celles de St. Pierre, & de St. Etienne. L'Abbaye de St. Pierre, dite de St. Pierre aux Nones, eft de l'Ordre de St. Benoît. Elle fut fondée, felon quelques-uns environ l'an 600. ou 633. par S. Balderic & Sainte Bove fa fœur & par Sainte Dode leur Nièce, du fang Royal de France; d'autres attribuent cette fondation à Clotilde époufe du Roi Clovis. Cette Abbaye vaut environ vingt mille livres de rente; il y a cinquante à foixante Religieufes. Madame de Béthune dernière Abbeffe a fait rebâtir une partie de l'Eglife, qu'elle a ornée de marbre en beaucoup d'endroits, d'Autels magnifiques & d'un Tabernacle qui peut paffer pour un des plus beaux du Royaume. Le Chœur des Religieufes a un air de grandeur; l'appartement de l'Abbeffe peut paffer pour un Palais, & il ne faut pas s'étonner fi elles ont eu fouvent des Princeffes pour Abbeffes. Tous les lieux réguliers font beaux & commodes, & on pourroit fans exagération donner à cette Abbaye le titre de Séminaire d'Abbeffes. Elle doit fa plus grande magnificence aux Edifices que Madame Renée de Lorraine y a fait faire dans le tems qu'elle en étoit Abbeffe. Elle étoit Nièce des Cardinaux Charles & Louïs de Lorraine, dont les Cœurs repofent dans le Chœur des Religieufes, fous une Colomne de marbre, que cette Abbeffe fit ériger. Le Cœur du Cardinal de Guife eft affez près de cette Colomne. On garde dans cette Abbaye le Corps de Sainte Bove, de Sainte Dode, & de St. Zénon Martyr, & un grand Reliquaire dans lequel il y a une portion de toutes les Reliques qui font à la Sainte Chapelle de Paris. L'Abbaye de St. Etienne aux Nones eft de l'Ordre de St. Auguftin. Les Religieufes de ce Monaftère étoient ci-devant à Soiffons, & elles vinrent s'établir à Rheims en 1617. en vertu de l'échange qu'elles firent de leur Maifon de Soiffons avec celle du Prieuré du Val des Ecoliers qui étoit à Rheims. Il y a dans cette Abbaye quarante à cinquante Religieufes; dont le revenu eft d'environ fix mille livres; l'Abbeffe a été élective jufqu'en 1654. que Madame de Rambouillet en fut nommée Abbeffe, & inftallée par la Reine Anne d'Autriche, lors du Sacre du Roi Louïs XIV. Le Séminaire de la Ville de Rheims, où il y a or-

ordinairement cent jeunes Clercs, qui sont à présent instruits par des Chanoines Réguliers de la Congrégation de Sainte Géneviéve, est fort grand. Il fut établi par le Cardinal Charles de Lorraine, Archevêque de Rheims, en 1564. & rebâti en l'état qu'il est aujourd'hui par Mr. le Tellier, Archevêque, en 1678. Il y aura vingt-cinq mille livres de revenu, quand les Tutelaires des Patronages, & Bénéfices réunis seront éteints. Les Jésuites ont à Rheims un fort beau Collége, où ils furent reçus en 1606. c'étoit auparavant un Prieuré appellé Saint Maurice, qui dépendoit de l'Abbaye de Marmoutiers lès Tours. François Brulard, Abbé de la Val-Roi, fils de Messire Brulard de Sillery, Chancelier de France, a beaucoup contribué par ses libéralitez à bâtir ce Collége. Les Peres le reconnoissent pour leur Fondateur; ils sont au nombre de trente ou trente-cinq, & ont douze ou quatorze mille livres de revenu. Ils prennent des Pensionnaires. L'Eglise de la Commanderie de St. Antoine a été fondée par St. Remi vers l'an 500. & dédiée à St. Martin, à St. Antoine & à tous les Confesseurs, avec treize Prébendes pour treize Pauvres, à chacun desquels on donnoit tous les jours un Pain & quelque argent pour les nourrir & entretenir; ce qui ayant duré jusqu'à l'année 1200. Guillaume Archevêque de Rheims, pour réformer les abus qui s'y commettoient, augmenta en 1201. cette fondation, & y établit un Hôtel pour les Pauvres malades, dont l'Administration fut donnée aux Maîtres & Freres de St. Antoine, sous l'Autorité de l'Archevêque. On recevoit dans cet Hôpital les Personnes attaquées de la maladie dite du feu St. Antoine, qui étoit fort fréquente en ce tems-là. Ce mal s'étant ensuite entiérement éteint, & n'y ayant plus de malades en cet Hôpital, le Roi en 1676. en a réuni tous les revenus à l'Hôtel des Invalides de Paris, pour les pauvres Officiers & Soldats estropiez & hors d'état de servir; & il a laissé pour entretenir six Religieux deux mille livres de rente. L'Eglise de la Commenderie de l'Ordre de St. Jean de Jérusalem a été aussi bâtie par St. Remi. Ce n'étoit alors qu'une Chapelle, qui fut rebâtie & augmentée environ l'an 1040. par Constans, Doyen de l'Eglise de Rheims, qui y fonda quelques Prébendes & y établit des Chanoines. Henri de France, Archevêque de Rheims, donna cette Eglise aux Templiers en 1173. & après que cet Ordre fut aboli, elle fut donnée aux Chevaliers de l'Ordre de St. Jean de Jérusalem. Elle appartient aux Freres Servans d'Armes, & vaut huit à dix mille livres de rente. Le feu Commandeur Bellot a fait réparer & orner l'Eglise, qui est fort ancienne, & rétablir tous les Bâtimens. On y voit des appartemens fort réguliers & de bon goût. Il y a encore à Rheims un Monastère de Religieuses Cordeliéres, dites de Sainte Claire, qui y furent établies durant la Vie même de cette Sainte, qui leur donna la premiére Supérieure, à la priere de l'Archevêque de Rheims, & par l'entremise de St. François d'Assise. Les Religieuses élisent entre elles pour trois ans leur Supérieure, qui porte le titre d'Abbesse, & qui peut être continuée encore pour trois autres années seulement. Elles sont au nombre de quarante, & ont environ cinq mille livres de rente. Il y encore un autre Monastère de Filles appellé Longueau, de l'Ordre de Fontevrault, parce qu'elles étoient autrefois au Prieuré de Longueau à une lieue de Châtillon sur Marne, fondée par Thibault II. du nom, Comte de Champagne, qui leur accorda leur chauffage dans l'une de ses Forêts. Ces Religieuses s'établirent à Rheims, vers l'an 1630. Les Lettres-Patentes qui confirment leurs privileges & leur établissement sont du mois de Septembre 1641. registrées le 14. Janvier 1642. Elles sont à présent trente-cinq à quarante Religieuses, & ont cinq à six mille livres de rente. Elles ont depuis peu fait faire un Autel qui est d'un dessein particulier; il est de marbre fait en rotonde, avec des figures semblables à celles qui sont à l'Autel du Val-de-Grace à Paris. Ce Grand-Autel est accompagné de deux Autels de marbre; ce qui donne à cette Eglise un air de distinction. Les Carmélites furent établies à Rheims par l'Ordre de la Reine Mere Anne d'Autriche, qui les amena de Paris. Elles sont environ trente Religieuses, & ont quatre mille livres de revenu. Elles avoient obtenu des Lettres-Patentes, dès le mois de Janvier 1633. il y eut plusieurs oppositions à leur établissement qui se fit enfin le 20. Juin 1640. Il y a encore une Maison de Religieuses de la Congrégation, établie en 1636. qui ont été tirées de Laon; elles sont au nombre de trente ou quarante; elles se sont engagées par un Traité fait avec la Ville le 9. Juin 1637. que du nombre des filles du Chœur, il y en auroit toujours dix originaires de Rheims, qui ne donneroient chacune pour leur dôt, que trois mille livres. Il y a outre cela à Rheims un Couvent d'Augustins, un de Carmes, un de Dominicains, un de Cordeliers, un de Capucins, & un de Minimes. Les Augustins succéderent en 1320. sous le Pontificat de Robert de Courtenay, aux Freres de la Pénitence du Sac, qui occupoient d'abord ce Couvent. Ce lieu s'appelloit anciennement la Place aux Anches. Il y avoir en cet endroit une Chapelle dédiée à St. Michel & aux Saints Anges: du nom d'Ange s'est formé celui d'Anche. Les Carmes avoient été reçus à Rheims dès l'an 1292. ils furent cependant obligez de se retirer. Les habits qu'ils portoient d'abord étoient barrés de bleu & de noir: de là vient le nom qu'ils portoient de Freres Barrés, ou Freres Pies. Ils rentrérent à Rheims au mois de Septembre de l'an 1325. sous l'Archevêque Guillaume de Trye, Cardinal & Oncle de Philippe de Valois. Les Dominicains ou Jacobins sont établis à Rheims dès l'an 1229. tems auquel Guillaume de Joinville en étoit Archevêque. Ils s'établirent d'abord à l'endroit où est aujourd'hui l'Abbaye de St. Etienne dans la Ruë Neuve: il reste encore dans le Cloître des ces Religieuses un Bas-relief où on voit des Dominicains à genoux au pied d'une Image de la Sainte Vierge. En 1250. ils quittérent leur premiére Maison, où Nicolas de Sailli Doyen de Rheims, plaça des Religieux du Val des Ecoliers, & les Dominicains bâtirent à l'endroit où ils sont encore aujourd'hui. Les Cordeliers furent reçus à Rheims presque en même tems que les Dominicains, sous le Pontificat de Guillaume de Join-

Joinville; ils logerent d'abord vers la Porte Mars; on leur donna ensuite le terrain qu'ils occupent encore aujourd'hui: en 1440. leur Couvent fut brûlé avec tous leurs Titres & Manuscrits; on voit dans le Cloître un Bas-relief du neuvième siècle, où un Apotiquaire s'est avisé quatre cens ans après d'y faire ajouter son Epitaphe en lettres émaillées. Les Capucins furent établis à Rheims en 1612. quoiqu'admis dès l'an 1593. Charles de Gonzague, Duc de Nevers & Gouverneur de Champagne, assembla pour cet effet les Bourgeois le 14. Juin qui recurent ces Peres; & Louïs de Lorraine alors Archevêque, leur donna un grand espace dans son Jardin, où ils bâtirent leur Couvent, qui fut achevé en 1620. Les Minimes ont succédé au Chapitre de Saint Côme & St. Damien, dont l'Eglise subsistoit dès le tems d'Hincmar; ils se retirerent à Rheims en 1569. après que les Calvinistes eurent détruit leur Couvent de Bracancourt dans le Diocèse de Langres; Antoinette de Bourbon, mere du Cardinal Charles de Lorraine les protegeoit, ce Prélat les fit admettre dans Rheims en 1572. ce qui fut confirmé par Lettres-Patentes de l'an 1596.

[a] Piganiol, Descr. de la France, t. 3. p. 315.

Le Présidial de Rheims [a] est de la Création des Présidiaux en 1551. La Ville de Rheims étoit autrefois du Bailliage Royal de Vermandois, dont le Bailli, qui n'eut d'abord aucun Siège fixe, tenoit ses Séances en différens lieux de son Ressort, selon les occasions. Mais François I. établit à Rheims le Bailliage Royal de Vermandois, démembré de celui de Laon; & c'est ce Bailliage qui fait aujourd'hui le Ressort du Présidial de Rheims, avec les Bailliages d'Epernai & de Fismes.

[b] pag. 318.

L'Université de Rheims [b] fut fondée par Charles Cardinal de Lorraine, Archevêque de cette Ville, & érigée par des Bulles du Pape Paul III. & par des Lettres-Patentes du Roi Henri II. de l'année 1547. vérifiées au Parlement de Paris en 1549.

[c] pag. 323.

Dans la Ville de Rheims [c] le principal Commerce est celui des Vins, & celui de toutes sortes de petites étoffes de laine, telles que sont les razes-cordeliéres, camelots, étamines, bazins, flanelles, crépons, sergettes ou raz de Pologne, & d'autres étoffes mêlées de soye & de laine, comme les Dauphines à grandes raies, les raz de Maroc & autres.

RHEIN, (LE) en Latin *Rhenus*, Fleuve d'Europe, qui sembleroit devoir être la borne naturelle entre l'Allemagne & la France. César [d] a décrit succinctement le cours général de ce Fleuve, mais fort mal: *Rhenus*, dit-il, *oritur ex Lepontiis qui Alpes incolunt*. C'est-à-dire, selon lui que le Rhein commence dans le Pays des *Lepontii*, qui demeurent dans les Alpes. Mais on a vu au mot LEPONTII, que César s'est mépris dans la situation de ces Peuples, & que le Rhein a toutes ses sources *in Rhatis* chez les Grisons, & non *in Lepontiis*. César poursuit: *Et longo spatio per fines Nantuatium*; c'est-à-dire & après un long espace, il court aux confins des *Nantuates*. Il a mis ailleurs les *Nantuates* sur le Rhône: *Sergium Galbam in Nantuates, Veragros, Sedunosque misit, qui a finibus Allobrogum & Lacu Lemano & Flumine Rhodano ad summas Alpes pertinent*. Il envoye Sergius Galba dans le Pays des *Nantuates* des *Veragri* & des *Seduni*, qui

[d] L. 4. c. 10.

s'étendent depuis la Savoye, le Lac de Genève, & le Rhône, jusqu'aux Alpes les plus hautes. Or tous ces Peuples sont entre le Lac de Genève & les sources du Rhône; savoir les *Seduni* dans le Haut-Vallais où est *Sedunum* Sion; *Veragri* dans le Bas-Vallais, où est Martigny, *Octodurus*; & *Nantuates* dans le Faussigni & peut-être dans une partie du Chablais, Pays qui sont entre le Bas-Vallais & le Lac de Genève. Et quand Galba résolut de quitter son quartier d'hyver, qui étoit à *Octodurus Veragrorum*, à Martigny, & qu'il voulut ramener sa Légion dans le Pays des Allobroges, & apparemment vers Genève Ville des Allobroges, il passa par le Pays des *Nantuates* & delà chez les Allobroges. *Omnibus ejus Vici* (*Octoduri*) *ædificiis incensis in Provinciam reverti contendit; incolumemque Legionem in Nantuates, inde in Allobroges perduxit, ibique hiemavit*. Les *Nantuates* sont encore ici comme dans tous les anciens Auteurs sur le Rhône & bien éloignez du Rhein; comment donc ce Fleuve passoit-il par leurs confins? Ce que César dit que ce Fleuve passoit aux confins des *Helvetii* est juste; & il dit avec raison ailleurs, que le Rhein, Rivière très-large & très-profonde sépare le Pays des Helvétiens, de celui des Germains. Mais il y a quelque chose à redire à ce que César ajoute en parlant des Peuples qui habitoient sur le Rhein. Il nomme les *Sequani*, les *Mediomatrici*, les *Tribocci* & les *Treveri*, qui sont les Habitans des Territoires de Besançon de Metz, de Strasbourg & de Trèves. Si ces Peuples, dit Nicolas Samson [e] e qui sont ces Remarques, habitoient sur le bord du Rhein; les *Tribocci* devoient être entre les *Sequani* & les *Mediomatrici*; mais il convient mieux de dire que les *Sequani* & les *Mediomatrici* seuls habitoient sur le Fleuve, avant que César passât dans les Gaules, & que de son tems, comme on le peut juger par ce qu'il dit lui-même, les *Tribocci*, ceux de Strasbourg, les *Nemetes*, ceux de Spire, les *Vangiones*, ceux de Worms & de Mayence, s'étoient saisis de cette partie du Rhein entre le Pays des *Rauraci*, ceux de Bâle, que César a oublié de placer sur ce Fleuve, & le Pays des *Treveri*, ceux de Trèves qui sont au Confluent du Rhein & de la Meuse vers Coblentz. César ajoute que, lorsque le Rhein approche de l'Océan, il se divise en plusieurs Branches; *& ubi Oceano appropinquavit in plures defluit partes*. Sur quoi Samson dit: César n'a plus rien de particulier dans cet endroit pour le cours du Rhein, mais ailleurs il met sur le Rhein les *Condrusi*, les *Segni* les *Carasi*, & les *Pamani*, & cependant il convient de placer les *Carasi* & les *Pamani* vers la Meuse; à l'égard des *Segni* & des *Condrusi* ils restent vers le Rhein; les premiers dans le Duché de Juliers, les autres dans l'Archevêché de Cologne. Les Ménapiens, selon César, avoient des Terres, des Maisons & des Bourgs des deux cotez du Rhein; les Bataves habitoient aussi sur ce Fleuve, selon lui, puisqu'il suppose que la Meuse ayant reçu l'une des Branches du Rhein, appellée le Vahal, fait l'Isle des Bataves, &, courant encore l'espace de quatre-vingt mille pas, tombe enfin dans le Rhein; mais quoique les Bataves habitassent sur ce Fleuve, ce n'étoit pas la Meuse qui

[e] Remarq. sur la Carte de l'Ancienne Gaule.

for-

formoit l'Isle des Bataves ; mais le Rhein lui même en se partageant en deux Bras, à l'Orient de leur Pays. Ainsi César suppose quelquefois ; quelquefois il oublie, & quelquefois il dit le contraire de ce qu'il a dit.

Le Cours du Rhein est aujourd'hui mieux connu [a] qu'il ne l'étoit du tems de César. Ce Fleuve tire sa source ou plutôt ses sources du Pays des Grisons, dans la partie qu'on nomme la *Ligue-Haute*. Le Mont Adula qui occupe tout le Pays nommé RHEINWALD, & qui s'étend fort avant dans tous les Pays d'alentour sous divers noms, forme trois petites Riviéres, dont l'une qui est à l'Occident & qui sort du Mont Crispalt, est appellée par les Allemans VORDER-RHEIN ; c'est-à-dire, le *Rhein de devant* & par les François le BAS-RHEIN : La seconde qui sort du Mont St. Barnabé Luckmanierberg, s'appelle le RHEIN DU MILIEU ; & la troisième, qui sort du Mont St. Bernardin, *Vogelberg*, est nommée par les Allemans HINDER-RHEIN ; c'est-à-dire le Rhein de derriére ; & par les François le HAUT-RHEIN. Tout près de-là, un peu à côté à l'Ouest, sont les sources de quatre Riviéres considérables ; savoir celle du Rhône, dans le Mont de la Fourche qui court droit à l'Ouest ; celle du Tesin qui court au Sud ; celle de Reuss, qui prend son cours vers le Nord, & celle de l'Aare qui coule au Nord-Ouest.

Le BAS-RHEIN & le RHEIN DU MILIEU ont chacun leur source dans le Rheinwald, &, après avoir coulé quelques lieues séparément, ils se joignent auprès de Disentis pour ne plus former qu'une Branche. Le HAUT-RHEIN tire sa source d'une Glaciére, qui n'a pas sa pareille dans toute la Suisse, s'étendant jusqu'à deux lieues en longueur. De cette Glaciére qui est au-dessus d'une Montagne affreuse, nommée par Ironie PARADIS, coulent quantité de Ruisseaux qui tombent dans une espèce d'abîme parmi des Rochers, & forment une Riviére qui tenant un cours circulaire passe par Splugen, Tusis & Rhetzuns, & au-dessous de ce dernier Lieu, se jette dans l'autre Branche du Rhein. Ainsi ce Fleuve grossi par ces deux Branches réunies, coule droit au Nord, à travers le Pays des Grisons, & ayant séparé le Rheinthal d'avec le Comté de Tyrol, il se jette dans le Lac de Constance. Il en sort à Stein, & prenant son cours à l'Ouest, il lave les murailles de Diessenhofen & de Schaffhouse. De-là tournant au Sud, à une petite lieue de cette derniére Ville, il passe par des Cataractes, formant près de Lauffen une belle nape d'eau, qui tombe de la hauteur de 100. ou de 120. pieds, avec un si grand bruit qu'on l'entend de demi-lieue de loin. Au-dessus d'Eglisaw il tourne encore à l'Ouest, lave les quatre Villes Forestiéres, Waldshut, Lauffenbourg, Seckingen, & Rhinfelden ; puis passe au milieu de Bâle, après quoi il quitte la Suisse prenant son cours droit au Nord ; & séparant d'abord le Suntgaw de l'autre partie du Brisgaw ; la Haute Alsace de l'autre partie du Brisgaw, d'une partie de l'Ortenau ; la Haute Alsace de l'autre partie de l'Ortenau ; il entre ensuite dans le Palatinat du Rhein qu'il traverse, ainsi que plusieurs Etats appartenans à différens Princes de l'Empire [b], & après avoir été forcé de se diviser contre le Fort de Skenk, où une moitié de lui même prend le nom de Wahal, il se partage encore au-dessus de Arnheim, où une autre partie des eaux qui lui restent entre dans un Canal, que Drusus fit dresser autrefois, & conduire proche du Lieu que l'on appelle aujourd'hui Doesburg, pour faire communiquer en cet endroit-là les eaux du Rhin avec celles de l'Issel, jusqu'à ce qu'elle soit effectivement tombée dans cette Riviére. A sept ou huit lieues au-dessous d'Arnheim le Rhein se partage encore à la petite Ville de Duerstede, où sa Branche principale prend le nom de Leck, & la petite traîne encore celui de Rhein. Il passe à Utrecht où il se divise pour la quatrième fois. Une partie prend le nom de Weck, & le Ruisseau qu'on nomme toûjours le Rhein passe à Worden, & se perd dans deux ou trois Canaux à deux lieues au-dessous de Leyde, sans pouvoir se porter jusqu'à la Mer. Ce Fleuve est très-rapide, fort profond, & son fond est d'un gros gravier mêlé de cailloux. Il est fort bizarre dans ses débordemens ; car pour lors il emporte souvent des Isles entières, en forme des nouvelles ; où il n'y en a point eu ; fait changer la figure des anciens bords, déracine des arbres ; qu'il transporte dans le courant de la navigation & change même souvent son lit ; ce qui fait beaucoup de peine aux Batteliers, parce qu'ils sont obligez d'apprendre tous les ans le chemin, qu'ils doivent tenir. En un mot la navigation du Rhein est très-difficile ; car outre ce que je viens de dire, l'on ne peut point établir un chemin le long des bords de ce Fleuve, pour tirer les Batteaux en remontant des Chevaux, à cause de la quantité de coupures, qui sont les Bras, qui forment les Isles ; ce qui interrompt à tout moment la communication de l'un à l'autre. Ces difficultez font, que l'on voit rarement arriver des Marchandises de Francfort, & de Basle par les Batteaux, les Marchands aimant mieux payer plus chérement le port par terre, que de courir les risques de la navigation. De tout cela on doit conclurre que le Rhein n'est d'autre utilité à l'Alsace que de la défendre en tems de guerre contre l'invasion des ennemis, qui ne peuvent passer ce Fleuve, qu'avec de grandes difficultez, tant à cause de sa rapidité, que par la quantité d'Isles couvertes de Bois & de Broussailles, & très-pénibles à pénétrer. Je ne dois pas passer ici sous silence, que ce Fleuve roule de l'or dans son sable. Aussi-tôt que les débordemens sont cessez, les habitans des Isles, ou ceux dont la demeure n'est pas éloignée du Rhein, s'occupent à ramasser cet or, qui est très-fin ; & quoique cette occupation ne soit pas capable de les enrichir, elle ne laisse pas de contribuer beaucoup à la subsistance de ces pauvres gens. Ce sont les Seigneurs souverains & limitrophes qui leur affermént ce droit, comme aussi celui de la pêche du poisson, qui est abondant dans ce Fleuve. Dans une certaine saison de l'année on prend à Bâle des Saumons qui y montent de la Mer ; ce qui paroît surprenant, attendu le grand éloignement de l'Océan. Voici le nom des Pays que ce Fleuve traverse, avec les noms des Villes & des Principaux Lieux qu'il arrose.

[a] Etat & Délices de la Suisse, t. 3 p. 61.

[b] Piganiol, Descr. de la France, t. 7. p. 382.

Dans

RHE.   RHE.

Dans le Pays des *Grisons*.
  Meyenfeld, d.

Dans le *Rheimthal*.
  Rheineck, g.

Dans le Canton de *Schaffhouse*.
  Stein, d.
  Dieſſenhofen, g.
  Schaffhouſe, d.
  Reinaw.

Dans le Canton de *Zurich*.
  Egliſaw.

Dans le Territoire des *Villes Foreſtiéres*.
  Walsdhut, d.
  Lauffenbourg, g.
  Seckingen, d.
  Rheinfelden, g.

Dans le *Palatinat du Rhin*.
  Hagensbach, g.
  Gemersheim, g.
  Philisbourg, d.
  Spire, g.
  Manheim, d.
  Worms, g.
  Stein, d.
  Gernsheim, d.
  Oppenheim, g.

Dans l'*Archevêché de Mayence*.
  Mayence, g.
  Elfet, d.
  Eſtrich, d.
  Budelheim, d.
  Bingen, g.
  Dreyckhauſe, g.

Dans le *Hunsruck*.
  Bacarach, g.
  Ober-Wezel, g.
  Rheinfels, g.
  Boppart, g.
  Pedernach, g.
  Capelle, g.
  Coblentz, g.

Dans l'*Herrich*.
  Caub, d.
  St. Goarshauſen, d.
  Welmenach, d.
  Broubach, d.
  Ob. Lohnſtein, d.
  Hermenſtein, d.
  Zoll-Engers, d.
  Hamerſtein, d.
  Huningen, d.
  Lintz, d.

Dans l'*Eyſſel*.
  Andernach, g.

Dans le Canton de *Bâle*.
  Bâle, g.
  Le Petit Bâle, d.

Dans le *Suntgaw*.
  Haningue, g.

Dans le *Briſgaw*.
  Neuburg, d.
  Briſach, d.
  Burcken, d.
  Schoneck, d.

Dans la *Haute-Alſace*.
  Marckelsheim, g.
  Strasbourg, g.

Dans l'*Ortenaw*.
  Kell, d.
  Fort-Mutin, d.

Dans la *Baſſe-Alſace*.
  Fort Louis, g.
  Romagen, g.
  Bonn, g.
  Bruyll, g.
  Cologne, g.
  Nuys, g.

Dans le Duché de *Berg*.
  Luisdorſt, d.
  Portz, d.
  Duite, d.
  Mulheim, d.
  Duſſeldorp, d.
  Keyſerweert, d.

Dans le Duché de *Cléves*.
  Duysbourg, d.
  Wezel, d.
  Rees, d.
  Emmerick, d.
  Orſoy, g.
  Rheinberg, g.
  Santen, g.
  Griel, g.

Dans la *Gueldre-Hollandoiſe*.
  Tolhuis, g.
  Arnhem, d.
  Doreweert, d.
  Wageningen, d.

Dans la Seigneurie d'*Utrecht*.
  Rhenen, g.
  Wick-te-Duerſtede, g.
  Utrecht, d.
  Voerden, d.
  Niewerburg, d.
  Bodegrave, d.
  Suammerdam, d.
  Alphen, d.
  Rynburg, g.
  Leide, d.

Dans l'*Archevêché de Cologne*.
  Rheineck,
  Briſich,
  Zinzich.

Valckenbourg, g.
Catwic ſur le Rhin, g.
Catwic-op-Zee.

Les Riviéres qui ſe jettent dans le Rhin ſont :

le Lanquard, d.	la Kinche, d.	la Gieſen, d.
l'Ill, d.	l'Ill, d.	la Queich, g.
le Thur, g.	la Renchen, d.	la Saltza, d.
le Tos, g.	la Sor, g.	le Speyerbach, g.
l'Aar, g.	la Sur, g.	le Necker, d.
l'Alb, d.	la Soltzbach, g.	la Weſchnitz, d.
la Birſe, g.	la Murg, d.	le Zigelbach, d.
la Wiſel, d.	la Lauter, g.	le Schwartzbach, d.
la Kandera, d.	l'Alb, d.	le Main, d.
l'Eltz, d.	l'Helbach, g.	la Sala, g.
l'Iſcher, g.	l'Otterbach, g.	la Nahe, g.
la Zems, g.	l'Hunerbach, g.	le Gladebach, d.
le Schutter, d.	la Plintz, d.	la Lohn, d.
la Moſelle, g.	le Suler, d.	
la Seyn, d.	le Duſſel, d.	
la Nette, g.	l'Erff, g.	
la Wied, d.	le Boer, d.	
l'Ahr, g.	l'Emſer, d.	
l'Agger, d.	la Lippe, d.	

Le Rhein donne le nom à deux Cercles de l'Empire ; qui ſont le Cercle du Haut-Rhein & le Cercle du Bas Rhein. Voyez le mot Allemagne, où ces Cercles ſont traitez. On appelle auſſi ſimplement le Haut-Rhein & le Bas-Rhein les endroits de ce Fleuve qui répondent à ces deux Cercles.

1. RHEINAU, ou RHYNAW [a], petite Ville de Suiſſe, dans le Thourgaw, ſur la rive gauche du Rhein, aux confins du Canton de Zurich, en Latin *Augia-Rheni*. Elle eſt ſituée, à une lieue & demie au-deſſous de Schaffhouſe, dans un endroit, où le Rhein fait tant de tours & va tellement ſerpentant, qu'il ſemble vouloir remonter vers ſa ſource. Ainſi la ſituation de cette Place eſt avantageuſe pour la fortifier, étant dans une Preſqu'Iſle étroite, qui eſt exactement enfermée du Rhein de trois côtez, & les deux cours du Rhein ne laiſſant pour l'entrée de la Preſqu'Iſle, qu'un Iſthme ou paſſage aſſez étroit, qui eſt du côté de la Suiſſe, & qu'on peut garder facilement. Auſſi étoit-elle du tems des Romains l'une des Places les plus fortes, qu'ils euſſent pour arrêter les courſes des Allemans. On voit encore de vieilles murailles, qui ſont les marques & les reſtes de ſon ancienne grandeur. Elle embraſſa la Réformation l'an 1529. mais l'an 1599. l'Abbé vout y introduire de nouveau ſa Religion : il bâtit une Sacriſtie & une Chapelle mortuaire, à côté du Chœur par dedans ; enſuite il fit fermer le Chœur d'une grille, & il y poſa trois Autels, non-obſtant toutes les remontrances, & les oppoſitions des Seigneurs de Zurich. Cinq ans après il fit commandement à tous les habitans de Rhynaw, de quitter leur Religion pour embraſſer la ſienne, ou de vuider le Bourg, dans le terme d'un an ; quoique les Cantons deſintereſſez, & même les intereſſez de l'une & de l'autre Religion euſſent conſenti, que cet-

[a] *Etat & Délices de la Suiſſe*, t. 3. p. 166.

cette Eglise seroit laissée pour l'usage, de la Catholicité, & qu'il en bâtiroit une autre à ses dépens pour les Réformez. Cette affaire agita beaucoup les Esprits jusqu'à l'an 1613. que les Cantons Catholiques convinrent avec Zurich, que l'Eglise seroit aggrandie, & qu'on y feroit une muraille mitoyenne, pour la partager ensemble avec le Cimetiére. Les Seigneurs de Zurich avoient fait arrêter tous les revenus que l'Abbé avoit dans leur Canton.[a] L'Abbé est Seigneur de la Ville, mais il n'en est pas Souverain. La Haute Justice Criminelle appartient au Prevôt de Thourgaw, & la confiscation des biens des Coupables appartient aux sept anciens Cantons. Les Habitans de Rheinau ont leur Drapeau particulier, sous lequel ils vont à la guerre pour les Cantons & non pour l'Abbé, qui n'est que Seigneur utile de la Ville. Cet Abbé est de l'Empire & Vassal de la Maison d'Autriche.

[a] *Longuerue, Descr. de la France, part. 2. p. 293.*

2. RHEINAU, ou RHYNAW, Abbaye de Suisse dans le Thourgaw, près de la Ville de Rheinau. C'est un ancien Monastère de Bénédictins, bâti sur une petite Isle, que fait le Rhein,[b] cette Abbaye fut fondée environ l'an 800. elle a pour Patron St. Findanus Irlandois, qui fut un des premiers Moines du Lieu. On passe de la Ville dans le Couvent sur un beau Pont de pierre. L'Abbé a haute & basse Jurisdiction sur le Bourg pour les affaires Civiles & Criminelles ; mais comme l'Eglise ne répand jamais le sang, il remet les Criminels entre les mains du Baillif du Païs, pour en faire l'exécution, & les biens confisquez appartiennent aux Cantons. Voyez l'Article précédent.

[b] *Etat & Dél. de la Suisse, t. 3. p. 167.*

3. RHEINAU, ou RHINGAW, Bourg d'Allemagne, dans l'Evêché de Strasbourg.[c] Quelques-uns lui donnent le titre de Ville. Il est situé, près de l'endroit où l'Ischer tombe dans le Rhein.

[c] *Zeyler, Topogr. Alsatiæ.*

RHEINBERG, ou BERCK, Ville d'Allemagne[d] sur le Rhein, à huit milles de Cologne, du côté du Midi, près de Budberg, entre Orsoy & Burick, au voisinage du Comté de Mœurs. Elle est grande, avantageusement située & bien fortifiée. Comme elle est la derniére Place de l'Electorat de Cologne, elle a été souvent prise & reprise. Henri Fréderic, Prince d'Orange la prit par accord pour les Etats Généraux des Provinces-Unies, qui la restituerent ensuite. En dernier lieu elle se rendit au Roi de Prusse en 1703. après avoir été quelque tems bloquée. Mais en 1714. le Traité de Paix la fit retourner sous la puissance de son ancien Maître.

[d] *Zeyler, Topogr. Elect. Colon. Hubner Geogr.*

RHEINECK, RHINEGG, Ville de Suisse, & la Capitale du Rheinthal.[e] Elle est bâtie au bord du Rhein, à l'endroit, où ce Fleuve se jette dans le Lac de Constance ; ainsi elle est située fort avantageusement pour le Commerce de l'Italie avec l'Allemagne. Il y a un fort Château, où demeure le Baillif du Païs envoyé de la part des Cantons.

[e] *Etat & Dél. de la Suisse, t. 3. p. 182.*

RHEINECK, ou RHINECK,[f] petite Ville d'Allemagne, dans l'Archevêché de Cologne, située entre Brisach, & Andernach sur le bord du Rhein ; les Archevêques de Cologne, ont voulu se saisir de la Ville, & Seigneurie de Rheinneck, mais ils perdirent le Procès à la Chambre de l'Empire, qui les ajugea le 30. de Janvier l'an 1567. au Sieur de Warsberg.

[f] *Zeyler, Topogr. Elector. Colon. p. 53.*

RHEINFELDEN, Ville d'Allemagne, & la quatrième des Villes du Rhein. Elle est située à la gauche de la Rivière, à un mille de Sickingen. Ce n'étoit autrefois qu'un Château, mais présentement, c'est la plus belle, & la mieux fortifiée de ces quatres Villes ; elle a un beau Pont sur le Rhein. La famille des Truchsess, de Rheinfelde, en porte le nom ; l'Empereur Louïs I. engagea cette Ville à la Maison d'Autriche, avec reserve de ses privilèges. Mais les Autrichiens voulant s'en rendre entiérement maîtres, cette Ville fit une Alliance avec les Bâlois, & ruïna entiérement en 1646. le Château qui étoit sur une Roche dans le Rhein. Cette Roche est encore jusqu'à cette heure nommée la Pierre de Rheinfelden, on la voit au bout du Pont. En 1448. Cette Ville fut prise par stratagême, & assujettie à la Maison d'Autriche, & les dernières guerres d'Allemagne, la firent souvent changer de maître, & beaucoup souffrir.

RHEINFELS, Château d'Allemagne, dans le Hunsruck,[g] sur un Rocher près du Rhein, entre Bingen au Midi & Coblentz au Septentrion. Ce Château fut bâti en 1245. & le Landgrave Ernest de Hesse-Cassel le fit fortifier sur la fin du dernier siécle. Voyez St. GOWER.

[g] *Zeyler, Topogr. Palatin. Infer. Rheni. p. 65.*

RHEINHAUSEN, Bourg d'Allemagne dans l'Evêché de Spire,[h] à un demi mille de la Ville de Spire. Il y a une Porte Impériale.

[h] *Dict. Géogr. des Pays-Bas.*

RHEINLAND, *Rhenolandia*. On nomme ainsi cette partie de la Sud-Hollande, qui s'étend assez à loin des deux côtez du Rhein sur-tout du côté du Nord, & dont Leide est la Ville Capitale. On n'y trouve qu'une autre Ville considérable qui est Harlem. Le Païs s'étend en longueur du Nord au Sud depuis le Kennemerland & l'Ye, jusqu'à Delfeland & au Schieland ; & sa largeur se prend depuis l'Océan Germanique ou la Mer du Nord qui le baigne à l'Occident, jusqu'à l'Amsteland & jusqu'aux terres de la Seigneurie d'Utrecht qui le bornent à l'Orient.

[i] *Nic, Wischer, Carte du Rheinland.*

RHEINSBURG. Voyez REINSBURGH.

RHEINTHAL, (LE) c'est-à-dire le VAL DU RHEIN[k] est une Vallée de la Suisse longue d'environ 6. lieues de chemin, mais étroite, au bord Occidental du Rhein, & qui s'étend depuis la Baronnie de Sax, jusqu'au Lac de Constance, étant borné à l'Ouest par le Canton d'Appenel. Il est partagé en deux parties générales, le HAUT & le BAS-RHEINTHAL. Il s'y trouve deux petites Villes, quelques Châteaux, & plusieurs Villages. Les Villes sont Altstetten dans le Haut Rheinthal & Rhyneck au Bas ; les Villages sont Balgach, Marbach, St. Margretha, Oberriedt, &c. Ce petit Païs est fertile en blé & en vin, mais principalement en vin ; & l'on y recueille d'excellent vin rouge. On fait outre cela un Commerce très-considérable de Lin & de Toiles, que l'on envoye, à St. Gall, & en d'autres endroits. Il est partagé en 5. Communautez, qu'on appelle Hœf, c'est-à-dire Cours : ces Communautés sont Altstetten, Marbach, Bernang, Thal (dont dépend

[k] *Etat & Délices de la Suisse, t. 3. p. 179.*

pend la Ville de Rhyneck) & Oberriedt. La Souveraineté de Rheinthal appartient à neuf Cantons, savoir aux VIII. Anciens, & à celui d'Appenzell, qui y a été admis en se faisant Canton. Ils y envoyent tour-à-tour un Baillif qui réside à Rhyneck, & qui est en office pendant deux ans, afin que le tour de chaque Canton vienne plus souvent. Quant à la Jurisdiction & aux autres droits Seigneuriaux, l'Abbé de St. Gall les partage avec ces Cantons.

Chacune des Communautés, que je viens de nommer a deux Chefs, ou Ammans; les Cantons en choisissent un, l'Abbé choisit l'autre; & quand il s'agit de partager les amendes, l'Abbé en tire la moitié, excepté à Altstetten, où elles se partagent en trois parties, dont la Ville en tire une. Outre cela, quoique le Rheinthal soit pour la plus grande partie de la Religion Réformée; l'Abbé a le Patronat des Eglises Réformées, qui sont Altstetten, Marbach, Balgach, & S. Margretha. Ces Eglises ont le droit de choisir leurs Pasteurs, mais elles sont obligées d'en élire deux, qu'elles présentent à l'Abbé, & il choisit celui qu'il lui plaît. Elles prennent ordinairement leurs Pasteurs dans l'Académie de Zurich. L'Abbé de St. Gall a de très-grands revenus dans ce Pays, & il a presque tous ceux du Haut-Rheinthal.

[a Longueruë, Descr. de la France, part. 1. p. 194.] Les Princes d'Autriche [*] Comtes du Tirol & de Breghence, s'emparèrent du haut Domaine du Rheinthal qu'ils laissèrent aux Comtes de Togge. Un de ces Comtes engagea ce droit à Ulric Bejerer & à Henri son frere. Jacques Bejerer son frere & héritier ayant différent avec ceux d'Appenzell, leur vendit le Rheinthal l'an 1460. Ils en jouïrent seuls durant trente ans jusqu'à l'an 1490.

Ceux d'Appenzell qui ne s'étoient pas encore alors Cantonnés accordèrent la Souveraineté du Rheinthal aux Cantons de Zurich, de Lucerne, d'Uri, de Suisse, d'Underwald, de Zug, & de Glaris; ceux d'Appenzell se contenterent d'y avoir part comme les autres.

Le Canton de Berne a été par la Paix d'Arau associé aux autres Cantons pour la Seigneurie de Rheintal, dont le Bailli est établi par tous les Cantons.

RHEINWALD RHENANA VALLIS, [b l'Etat & Del. de la Suisse. t. 4. p. 29.] grande Vallée au Pays des Grisons, dans la Ligue Haute ou Grise, sous la Communauté de Schams. Cette Vallée s'étend depuis celle de Schams au Nord, jusqu'à la source du Haut Rhein. Il y a plusieurs bons Villages, Suiero, Splugen, Planura, Novena, &c. C'est là que le Mont de l'Oiseau, *Vogelberg*, Colme dell' Ucello, ou St. Bernardin, est couvert de glaces éternelles, ou glacières de deux lieues de long, d'où sortent divers Ruisseaux, au dessous d'un endroit sauvage (qu'on nomme PARADIS apparemment par Ironie). Tous ces Ruisseaux se jettent dans un lit profond, & forment le Haut Rhein.

Ces Montagnes d'autour de la source du Rhein, sont si rudes, & si sauvages, qu'elles ne servent qu'aux Brebis, qu'on y mène d'Italie; car quand les grandes chaleurs ont grillé les pâturages en Italie, on mène quantité de Troupeaux dans les Grisons, & cela vaut à ces Peuples environ 200. mille écus par an. Les Bergers Bergamasques, qui paissent ces Brebis, menent une vie fort rude, & fort grossière. Leur nourriture ordinaire est de la farine de Mil, cuite à l'eau sans sel & sans beurre; quelquefois, quand ils veulent faire bonne chère, ils mangent de quelque Brebis, qui sera crevée, ou se sera précipitée en bas des Rochers. Leurs Cabanes sont des bâtimens de pierres, attachés à quelque rocher uni, de 8. ou 10. pieds de long, de 5. ou 6. de large, & de 6. de haut, couvertes d'un toit transparent. Leur matelas est un peu de vieux foin, leur oreiller quelque pierre, & leur couverture quelque vieille & grossière housse de cheval.

RHEINZABERN, Village d'Allemagne, dans l'Evêché de Spire, sur la Rivière, d'Hunerbach, environ à une lieue du Rhein. Voyez SAVERNE.

RHEMAN, ou REMAN, Lieu fortifié dans la Mésopotamie. Ammien Marcellin [c L. 18. c. 10.] dit que ce Lieu appartenoit aux Romains. On croit que c'est le même dont parle Ezechiel [d Cap. 27. v. 22.], & que le Texte Hebreu appelle Raema & la Vulgate Rema. Cependant il semble qu'Ezechiel mette Raema ou Rema dans l'Arabie.

RHEMENI, Peuples que Zosime met au nombre des Perses. Ortelius [e L. 3. Thesaur.] dit qu'à la marge du Livre on lisoit RHESENI.

RHEMI. Voyez RHEIMS.

RHEMNIA, Ville de l'Ethiopie sous l'Egypte, selon Pline [f L. 6. c. 29].

1. RHENE, Isle de la Mer Egée, au voisinage de celle de Délos: elle se trouve aussi nommée RHENIA, RHENEA, RHENIS, RHENIUS, & RHENAEA. C'étoit le Cimetière des Habitans de l'Isle de Délos [g Strabo. L. 10. p. 686.], car il n'étoit pas permis d'enterrer les morts dans une Isle sacrée. Elle étoit deserte, & si proche de Délos, que selon Thucydide [h L. 3. p. 222.], Polycrate Tyran de Samos s'étant emparé de cette Isle, la joignit à celle de Délos par le moyen d'une chaîne & la consacra à Apollon Délien. Plutarque [i in Niciâ] en racontant la magnificence & la dévotion de Nicias dit: avant lui les Chœurs de Musique que les Villes envoyoient à Délos pour chanter des Hymnes & des Cantiques à Apollon, arrivoient d'ordinaire avec beaucoup de désordre, parce que les Habitans de l'Isle accourant sur le rivage au devant du Vaisseau, n'attendoient pas qu'ils fussent descendus à terre, mais poussez par leur impatience, ils les pressoient de chanter en débarquant. De sorte que ces pauvres Musiciens étoient forcez de chanter dans le tems même qu'ils se couronnoient de leurs chapeaux de fleurs, & qu'ils prenoient leurs habits de cérémonie, ce qui ne pouvoit se faire qu'avec beaucoup d'indécence & de confusion. Quand Nicias eut l'honneur de conduire cette pompe sacrée appellée *Théorie*, il se garda bien d'aller aborder à Délos; mais pour éviter cet inconvénient, il alla descendre dans l'Isle de Rhene, ayant avec lui son Chœur de Musiciens, les victimes pour le Sacrifice & tous les autres préparatifs pour la Fête : sur-tout il avoit amené un Pont qu'il avoit eu la précaution de faire construire à Athènes, à la mesure de la largeur du Canal qui sépare l'Isle de Rhene de celle de Délos. Ce Pont étoit d'une magnificence extraordinaire, orné de Dorures, de beaux Tableaux & de riches Tapisseries. Nicias le fit jetter la nuit sur

sur le Canal & le lendemain au point du jour il fit passer toute sa procession & ses Musiciens superbement parez, qui en marchant en bel ordre & avec décence remplissoient l'air de leurs Cantiques. Dans cette belle ordonnance il arriva au Temple d'Apollon.

[a] Dict.
Mr. Corneille [a], qui n'avoit consulté ni Thucydide ni Plutarque, dit que ce fut Nicias qui attacha l'Isle de Rhene à celle de Délos avec une chaîne. Il attribue aussi l'action de Polycrate à Nicias & passe sous silence le nom de Polycrate & la véritable action de Nicias.

2. RHENE, petite Ville d'Allemagne, dans l'Evéché de Munster, sur la Riviére d'Ems, à environ quatre milles de Lingen.

[b] Zeyler, Topogr. Ultrajecti, & Seelandia. p. 149.
RHENEN, [b] Ville des Pays-Bas, dans la Province d'Utrecht, sur le Rhein, à 4. milles d'Utrecht, & à 2. milles de Wickte-Duerstede. Cette Ville est très-ancienne, & ceinte de murailles, & de Bastions. Sur la Tour de l'Eglise il y a une Horloge très-artificielle, avec un Carillon. *Aubert. Miraeus in Fastis Belgicis*, pag. 312. dit qu'on vénére dans la Ville de Rhenen, Sainte Cunera, Vierge & Martyre, de la Compagnie de Ste. Ursule, & qui y est enterrée.

RHENI, Peuples qui habitoient sur le Rhein, selon Etienne le Géographe qui ne désigne pas davantage ces Peuples. Pline e connoît aussi un Peuple qu'il appelle *Rheni foederati*; mais c'est une faute de Copiste & au lieu de RHENI il faut lire RHEMI. [c] L. 4. c. 17.

RHENIA, RHENIS, RHENIUS, RHENEA ET RHENAEA. Voyez RHENE N°. 1.

[d] Thesaur.
RHENTANI, Peuples de Dalmatie, à ce que croit Ortelius [d] qui cite Cédréne & Curopalate. Voyez RENTANI.

RHENUS. Voyez RHEIN.

[e] L. 3. c. 16.
[f] L. 16. c. 3.
RHENUS, Fleuve de la Flaminie chez les Boïens, selon Pline [e] qui dans un autre endroit le nomme *Rhenus Bononiensis*. Silius Italicus [f] pour le distinguer du Rhein qui a sa source chez les Grisons, lui donne l'Epithéte de *Petit*.

. . . . *Parvique Bononia Rheni*.

Le nom moderne de ce Fleuve est RENO. Voyez ce mot.

[g] L. 8.
RHERIGONIUS SINUS, Golphe de la Grande-Bretagne, sur la Côte Septentrionale de l'Isle. Ptolomée [g] le marque entre les Promontoires *Novantum* & *Epidium*. La partie Septentrionale de sa Carte de l'Isle d'Albion est si mal digérée, qu'on ne sait quel Golphe ce doit être aujourd'hui.

RHESALA, Ville des Peuples *Umbrici*, selon Etienne le Géographe.

[h] Olearius, Voy. de Moscovie & de Perse, p. 273.
RHESAN, [h] Ville de l'Empire Russien, sur la Riviére d'Occa & la Capitale d'un Duché auquel elle donne son nom. C'étoit autrefois une fort belle Ville, mais les Tartares de Crim la ruinérent ainsi que tout le Duché en 1568. Depuis ce tems là, la considération de la fertilité du Pays, qui s'étend depuis cette Riviére jusqu'au Retranchement qu'on a fait contre l'irruption des Tartares, a été cause qu'on a rassemblé les Habitans que l'invasion de ces Barbares avoit dispersez. On fit porter les matériaux de Rhesan à huit lieues de-là, où fut bâtie la Ville qu'on appelle encore aujourd'hui PERESLA-RESANSKI, parce qu'on y fit aller plusieurs habitans de la Ville Peresla. Rhesan dans sa décadence n'a pas laissé de se conserver l'honneur de la Résidence de l'Archevêque.

La PROVINCE DE RHESAN, qui a titre de Duché est située entre les Riviéres de Don & d'Occa. Elle produit une très-grande quantité de Bled, de Mil & de toute sorte de venaison & de gibier. Ses Riviéres sont abondantes en poisson. Quelques Géographes ont dit que la Province de Rhesan étoit située vers l'Occident de la Ville de Moscou, quoiqu'ils la placent entre le Don & l'Occa, mais vers le Midi.

[i] L. 5. c. 15.
RHESAPHA, Ville de Syrie, dans la Palmyréne, selon Ptolomée [i], qui la place auprès de Cholle. Le MS. de la Bibliothéque Palatine lit RHAESAPHA.

[k] L. 5. c. 18.
RHESCHIPHA, Ville de la Mésopotamie : Ptolomée [k] dit qu'elle est sur le bord de l'Euphrate, entre Bethauna & Agamana.

[l] Thesaur.
RHESCYNTHIUS, Montagne de la Thrace, selon Ortelius [l] qui cite Nicander, dont le Scholiaste reconnoît une Ville de même nom sur la Montagne. Ce Mont Rhescynthius avoit fait donner à Junon le surnom de *Rhescynthia*.

RHESENI. Voyez RHEMENI.

RHESINA, Ville qu'Etienne le Géographe met au voisinage du Fleuve Aborus. On voit par le Concile d'Antioche qu'elle étoit dans la Mésopotamie. Ce pourroit être la Ville *Rhisina* ou *Rhaesena* de Ptolomée; car ses Interprétes lisent RHESINA.

[m] Ædif. l. 1. c. 4.
RHESIUM, Lieu hors de la Ville de Constantinople, selon Suidas. Procope [m] qui écrit *Rheesium* pour *Rhesium* dit que l'Eglise de St. Théodore étoit bâtie dans ce Lieu à l'opposite de Constantinople.

[n] L. 5. c. 31.
RHESPERIA, Isle, que Pline [n] met vers la Côte de l'Ionie.

[o] Ant. l. 14. c. 25.
RHESSA, Village de l'Idumée. C'est Josephe [o] qui en parle.

RHESSIUM. Voyez RHESIUM.

RHESUS. Voyez RHEBAS.

[p] L. 3. c. 3.
[q] Thesaur.
RHETICO, Pomponius Mela [p] dit que le *Rhetico* & le *Torus* ou *Taurus*, sont les plus hautes Montagnes que l'on connoisse. Ortelius [q] qui cite Scudus dit que Rhetico est une Montagne de la Suisse & qu'on la nomme *Pretigouwerberg*.

[r] L. 2. c. 3.
RHETIGONIUM, Ville de la Grande-Bretagne, selon Ptolomée [r] qui la donne aux *Novantes*. Un MS. consulté par Ortelius porte *Ρερυγονιος*, *Rerigonium*. Ce pourroit être la véritable ortographe, car cette Ville étoit située sur le Golphe *Rerigonius*.

RHEUCUS, Montagne de l'Arcadie, selon Pausanias cité par Ortelius.

[s] L. 8. c. 23.
RHEUNUS, Village de l'Arcadie. Pausanias [s] dit que c'est au-dessus de ce Village que se perdoit sous terre une Riviére, qui reparoissoit au-dessous de ce même Village & prenoit le nom de *Tragus*.

[t] L. 6. c. 14.
RHIBII, Peuples de Scythie : Ptolomée [t] les place en deçà de l'Imaüs, près du Fleuve Oxus, & leur donne une Ville nommée DAUABA.

RHIDACUS. Voyez ZIOBERIS.

[v] L. 2. c. 2.
RHIGIA, Ville de l'Hibernie : elle est placée par Ptolomée [v] dans la partie Orientale

de

de l'Isle; mais dans les terres, près de *Rhæba*. Le même Auteur place dans le même Quartier une autre Ville qu'il nomme *Rhigia-Altera*, & il la marque entre *Macolicum* & *Dunum*. Mercator donne présentement à cette derniére le nom de *Limburg*, & Camden veut que ce Lieu soit appellé Reglis dans la Vie de St. Patrice; & que ce soit ce qu'on appelle communément le Purgatoire de St. Patrice. Un MS. consulté par Ortelius porte *Rhegia* pour *Rhigia*; & le MS. de la Bibliothéque Palatine lit *Regia*.

RHIGITUM, Ville de la Sabine. C'est Denis d'Halicarnasse [a] qui parle de cette Ville. Ses Interprêtes lisent *Regillum*. Voyez REGILLÆ. [a L. 5.]

RHIGODUNUM, Ville de la Grande-Bretagne. Ptolomée [b] la donne aux Brigantes & la place entre *Isurium* & *Olicana*. On croit que c'est présentement RIPPON. [b L. 2. c. 3.]

RHIGUSCÆ, Peuples de la Rhétie. Ils habitoient du côté du Midi, selon Ptolomée [c]. [c L. 2. c. 12.]

RHIMBERG. Voyez RHEINBERG.

RHIMOSOLI, Peuples de la Sarmatie Asiatique, selon Pline [d]. Le Pere Hardouin lit *Rhymozoli* pour *Rhimosoli*. [d L. 6. c. 7.]

1. RHIN. Voyez RHEIN.

2. RHIN, Riviére d'Allemagne: elle a sa source aux confins du Mecklenbourg & de la Moyenne Marche de Brandebourg, d'où elle prend son cours du Nord au Sud, traversant tout le Comté de Rappin ou Ruppin, dans lequel elle forme divers Lacs. En sortant de ce Comté elle tourne tout court du côté de l'Ouest, & grossie des eaux d'une petite branche du Havel, après avoir arrosé Fehraellin, d. Frisack, g. & Rhinow, g. elle va se perdre dans le Grand Havel un peu au-dessous de cette derniére Ville. [e Jaillot, Atlas.]

RHINGIBERI, Ville de l'Inde en deçà du Gange. Ptolomée [f] la marque sur le bord de ce Fleuve entre *Laxiagara* & *Agimoetha*. [f L. 7. c. 2.]

RHINNEA, Isle de l'Arabie Heureuse, sur la Côte Orientale, selon Pline [g]. [g L. 6. c. 28.]

RHINOCOLURA, ou *Rhinocorura*: mais *Rhinocolura* est plus correct. Ce terme signifie *les narines coupées*, [h] parce que les anciens habitans de cette Ville furent ainsi mutilez. Diodore de Sicile [i] raconte la chose de cette sorte: Actisarus Roi d'Ethiopie voulant purger son Royaume des Voleurs qui le désoloient, & ne voulant pas toutefois les faire mourir, en amassa tant qu'il put, leur fit couper le nez, & les relégua dans un lieu desert & stérile, où ils bâtirent une Ville, qui, à cause de leurs nez coupés, fut nommée Rhinocolure. Seneque [k] dit que ce fut un Roi de Perse, apparemment Cambyses, qui leur fit souffrir cet ignomieux châtiment. Il y a près de Rhinocolure une Riviére que plusieurs ont prise pour le Fleuve d'Egypte. Mais nous croyons que le Fleuve d'Egypte [m] n'est autre que le Nil, & que le Torrent qui coule près de Rhinocolure, est *le Torrent de Bexor* [n] ou *le Torrent du Desert* [n], dont il est parlé ailleurs dans l'Ecriture. Cette Ville de Rhinocolure est attribuée quelquefois à la Syrie & à la Palestine, dont en effet elle faisoit partie anciennement; & quelquefois à l'Egypte [o], dont elle dépendit dans la suite. Son Evêque étoit Suffragant de Peluse. On dit [p] que ce [b Strabon, L. 16.] [i L. 1. c. 60.] [k Senec. de Ira. Im. L. 3. c. 20.] [l Josué XV. 4. 47. Isaï. XXVII 12. m 1. Reg. XXX. 9. 10. 21. n Amos VI. 14. o Hieron. ad Isai. XIX & XXVII. p Epiphan. Ancorat. Chron. Pas. cal. p. 16. &c.]

fut à Rhinocolure que Noé partagea le Monde à ses trois fils. On ignore quel étoit l'ancien nom de Rhinocolure, je veux dire, le nom Hébreu que ce Lieu portoit, avant que les Grecs lui eussent donné celui de Rhinocolure, & qu'ils eussent inventé la Fable des Narines coupées. Saint Hilarion célébre Anachorète de ce Pays-là, demeura long-tems à Flacidie, Ville voisine de Rhinocolure [q]. [q Hieron. in Vita S. Hilarionis.]

RHINOW, petite Ville d'Allemagne [r] dans la Moyenne Marche de Brandebourg, sur la Rive Méridionale de la Riviére de Rhin, un peu au-dessus de l'Embouchure de cette Riviére dans le Grand Havel. [r Jaillot, Atlas.]

RHINSBERG, petite Ville d'Allemagne [s], dans la Moyenne Marche de Brandebourg, au Comté de Rappin ou Ruppin, sur le bord d'un Lac que forme le Rhin qui lui donne son nom. [s Ibid.]

RHION. Voyez RHIUM.

RHIPÆ. Voyez RHYPÆ.

RHIPÆI, ou RHIPHÆI-MONTES; Montagnes de la Sarmatie. La premiére orthographe est suivie par les Grecs & la seconde par les Latins. Il y en a qui confondent les Monts Rhiphées avec les Monts Hyperboréens, témoin Etienne le Géographe qui dit *Ῥιπαῖα Ὄρος Ὑπερβόρειον, Ripæa Mons Hyperboreorum*. Pline [t] met les Monts Hyperborées beaucoup au delà des Monts Rhiphées. Voyez HYPERBOREE. Pomponius Mela [v] met pareillement les Monts Hyperborées fort au delà des Monts Riphées [w]. Virgile les distingue aussi: [t L. 4. c. 12.] [v L. 3. c. 5.] [w Georg. L. 3. v. 381.]

Talis Hyperboreo septem subjecta Trioni
Gens effrena virûm Riphæo tunditur Euro.

Cellarius [x] juge que l'on doit placer les Monts Riphées dans la Moscovie & les Monts Hyperborées au delà du Cercle Arctique. [x Geogr. Ant. L. 1. c. 6.]

RHIPE. Voyez RHYPÆ.

RHIPES. Voyez RYPÆ.

RHIPHATHÆI. Voyez PAPHLAGONIA.

RHISANA. Voyez RISANA.

RHISINA. Voyez RHESINA.

RHISINUM. Voyez RHIZINUM.

RHISPIA, Ville de la Haute Pannonie. Ptolomée [y] dit qu'elle étoit éloignée du Danube, & il la place entre *Savaria* & *Vinundria*. Lazius [z] dans sa Carte de la Hongrie dit que c'est présentement Fering; mais il la nomme Rekasburg dans sa République Romaine. [y L. 2. c. 15.] [z L. 12.]

RHISUS, Ville de la Magnésie, selon Pline [a]. [a L. 4. c. 9.]

RHITI, ou RHETI. Pausanias [b] donne ce nom à des Eaux qui sortirent de la terre dans le Péloponnèse, qu'on croyoit venir de l'Euripe, qui passoient à Eleusine & qui se rendoient dans la Mer. Il ajoute que ces Eaux ne ressembloient aux Riviéres que par leur course; car elles avoient presque la salure de la Mer. On vouloit que ces RHITI fussent consacrés à Cérès & à Proserpine, & qu'il ne fût permis à personne qu'aux Prêtres de manger des poissons qui se trouvoient dans ces eaux. [b L. 1. c. 38.]

RHITTIA, Ville de la Mauritanie Césarienfe: Ptolomée [c] la place dans les terres, entre *Arina* & *Victoria*. Le MS. de la Bibliothé- [c L. 4. c. 2.]

bliothéque Palatine Porte *Aripa*, pour *Rhitia*.

RHITTIUM, Ville de la Basse Pannonie, selon Ptolomée [a], qui la marque sur le bord du Danube entre *Acumincum Legio* & *Taurunum*. Marius Niger & Simler veulent que ce soit présentement *Salonchemen*, dans l'Esclavonie ; selon Lazius c'est Ratza petit Bourg de la même Province. **RHITTIUM** pourroit bien être la Ville *Ritti* de l'Itinéraire d'Antonin, & la Ville *Ritti* de la Notice des Dignitez de l'Empire.

[a] L. 2. c. 16.

RHITUM, **REITUM**, ou **RHEUTUM**; Lieu aux environs de l'Isthme de Corinthe, selon Thucydide [b]. Il paroît que c'étoit un Lieu maritime.

[b] L. 4. p. 281.

RHITHYMNA, Ville de l'Isle de Créte; Ptolomée [c] la marque sur la Côte Septentrionale, entre *Pantomatrium* & le Golphe *Amphimalis*. Sophien & Bellonius la nomment *Rhetima*. Voyez **RHYTIUM**.

[c] L. 3. c. 17. te.

1. **RHIUM**, & **ANTIRRHIUM**; Noms que Ptolomée [d] donne aux deux Promontoires qui forment le Golphe de Corinthe du côté de l'Occident. Il appelle **RHIUM** le Promontoire qui est sur la Côte de l'Achaïe propre, & **ANTIRRHIUM** [e] celui qui est dans le Pays des Locres-Ozoles. Ortelius [f] s'est trompé quand il a dit que le Promontoire Rhium étoit dans le Pays des Locrès. Ptolomée le met positivement dans le Péloponnèse : Strabon [g] en fait de même : *Rhium Achaicum est Promontorium* ; ce qui est encore appuyé du témoignage de Pline [h] : *In ora Promontorium Antirrhium, ubi ostium Corinthiaci Sinus minus mille passuum latitudine influentis, Ætolosque dirimentis à Peloponneso, Promontorium quod contra procedit appellatur Rhium*. Ptolomée & Strabon ajoutent que le Promontoire *Rhium* étoit aussi appellé *Drepanum*, à cause de la ressemblance qu'il avoit à une Faulx. Le Détroit entre ces deux Promontoires est aussi nommé Rhium par Pomponius Mela [i] & par Tite-Live [k]. Aujourd'hui ce Détroit s'appelle le Détroit de Lépante, *Stretto di Lepanto* ; & les deux Caps ou Promontoires ont le nom de Châteaux, *Castelli di Lepanto*. Selon Etienne le Géographe, il y avoit une Ville de même nom sur chacun de ces Promontoires : *Rhium*, dit-il, *Urbs Messeniæ vel Achaiæ. Et alia Ætoliæ quæ etiam Molycria vocabatur*. Mais selon les apparences cette derniere s'appelloit *Antirrium*. Quant à la premiere, nous n'avons que Tite-Live [l], qui en fasse quelque mention, encore ne le dit-il pas bien clairement.

[d] L. 3. c. 16.
[e] Ibid. c. 15.
[f] Thesaur.
[g] L. 8.
[h] L. 6. c. 2.
[i] L. 2. c. 3.
[k] L. 27. c. 29.
[l] L. 27. c. 30.

2. **RHIUM**, Ville du Péloponèse, dans la Messénie, sur le Golphe Thuriates à l'opposite du Promontoire *Tænarus*, selon Strabon [m]. Etienne le Géographe met aussi dans la Messénie une Ville nommée *Rhium* ; mais il balance à la placer dans la Messénie ou dans l'Achaïe. Voyez l'Article précédent.

[m] L. 8. p. 360.

3. **RHIUM**, Promontoire de l'Isle de Corse : Ptolomée [n] le marque sur la Côte Orientale, entre le Mont *Rhætinus*, & la Ville *Urcinium*.

[n] L. 3. c. 2.

RHIUSIAVA, Ville de la Germanie. Elle étoit sur le Danube, entre *Ara-Flavia* & *Alcimannis*, selon Ptolomée [o]. On croit que c'est aujourd'hui Gengen.

[o] L. 2. c. 11.

RHIXANA. Voyez **RHIZANA**.
RHIZÆUM. Voyez **RHIZUS**.

RHIZALA, Port de l'Isle de Taprobane? Ptolomée [p] la marque sur le grand Rivage ; entre la Ville *Procuri* & le Promontoire *Oxia*.

[p] L. 7. c. 4.

1. **RHIZANA**, Ville de la Dalmatie. Elle étoit selon Ptolomée [q], dans les terres entre Doclea & Scodra.

[q] L. 2. c. 17.

RHIZANA, Ville de la Gédrosie, sur la Côte de la Mer : Ptolomée [r] la place près de *Coiamba*.

[r] L. 6. c. 21.

3. **RHIZANA**, Ville de l'Arachosie, entre Aléxandrie & Arbaca. C'est Ptolomée [s] qui en parle.

[s] L. 6. c. 20.

RHIZENIA, Ville de l'Isle de Créte, selon Etienne le Géographe.

RHIZINIUM, selon Pline [t] & **RHISINUM**, selon Ptolomée [v] ; Ville de la Dalmatie, sur la Côte du Golphe auquel elle donnoit son nom & que l'on appelloit *Rhisonicus Sinus*. Strabon [w] Etienne le Géographe & quelques autres Auteurs nomment cette Ville, *Rhizon*. C'est, à ce que croit Simler, la même Ville qui est appellée *Birziminium* dans l'Itinéraire d'Antonin. Le nom moderne est *Rizano*, *Rizine*, ou *Rezina*. Voyez **RISANA**. Quant au Golphe on l'appelle *Golfo di Cataro*.

[t] L. 3. c. 22.
[v] L. 2. c. 17.
[w] L. 7. p. 314.

RHIZIS, grand Promontoire chez les Troglodytes, selon Etienne le Géographe.

RHIZON. Voyez **RHIZINIUM**.

RHIZON, Fleuve de l'Illyrie : Polybe [x] & Etienne le Géographe en font mention. Il y mettent aussi une Ville de même nom & qui est la même que **RHIZINIUM**. Voyez ce mot.

[x] L. 2. n. 11.

RHIZOPHAGI, Peuples de l'Ethiopie, selon Diodore de Sicile [y] & Strabon [z] qui dit qu'on les nomme aussi **ELII**. Ils habitoient aux environs de l'Isle de Méroé sur le bord des Fleuves Astaboras & Astapas. Ces Peuples comme les autres Ethiopiens ont été nommés Indiens par quelques Auteurs anciens. J'en ai expliqué la raison à l'Article **ETHIOPIE**. Voyez ce mot.

[y] L. 3. c. 27.
[z] L. 16. p. 771.

RHIZUS, Port de la Cappadoce, au-dessus de Trébizonde, selon Ptolomée [a], qui place entre la Ville *Pitiusa* & le Promontoire d'Athènes. Procope au troisième Livre des Edifices, dit que l'Empereur Justinien fit bâtir dans le Pays de Rhisée, qui est au-delà des Limites de Trébizonde, un Fort si considérable, qu'il n'y avoit point de Fortifications semblables dans les Villes voisines des Perses. Le Port de **RHIZUS**, s'appelle aujourd'hui Erisse, selon Leunclavius.

[a] L. 5. c. 6.
[b] L. 3. c. 7.

RHIZUS, Ville de Thessalie sur la Côte, selon Strabon [c] & Etienne le Géographe.

[c] L. 9. p. 443.

RHOALI, Peuples que Pline [d] met au voisinage de la Mésopotamie.

[d] L. 5. c. 24.

RHOARA, Ville de la Parthie : Ptolomée [e] la marque entre *Caripraca* & *Suphtha*.

[e] L. 6. c. 5.

RHOAS, Fleuve de la Colchide, selon Pline [f].

[f] L. 6. c. 4.

RHOBASCI, Peuples de Scythie, en deçà de l'Imaüs : Ptolomée [g] dit qu'ils habitoient près des sources les plus Orientales du Fleuve Rha. Ses Interpretes lisent *Rhobosci* pour *Rhobasci*.

[g] L. 6. c. 14.

RHOBEA, nom d'un Lieu dont parle Etienne le Géographe.

RHOBODUNUM, Ville de la Germanie, sur le Danube : Ptolomée [h] la marque entre *Phelicia* & *Andnattium*.

[h] L. 2. c. 13.

RHOBO-

RHOBOGDIUM, Promontoire de l'Hibernie, dans sa partie Septentrionale, selon Ptolomée [a]. Camden croit que c'est présentement le Cap *Fair-Forland*. Ptolomée [b] place dans le même Quartier des Peuples qu'il nomme *Robogdii*.

[a] L. 2. c. 2.
[b] Ibid.

RHOBONDA, Ville de la Mauritanie Césarienne: Elle étoit, selon Ptolomée [c] entre *Tubusuptus* & *Ausum*.

[c] L. 4. c. 2.

RHOBOSCI. Voyez **RHOBASCI**.

1. **RHODA**, Ville de l'Espagne Tarragonnoise chez les Idigétes, selon Etienne le Géographe. Cette Ville bâtie par les Rhodiens est sur le bord d'un Fleuve, qui tombe des Pyrénées, & qui est appellé TICER par Pomponius Mela & TICHIS par Pline. Caton campa dans cet endroit avec son Armée [d]. C'est aujourd'hui la Ville de ROSES; & le nom Latin de ses Habitans est RHODENSES. Gruter rapporte l'Inscription suivante qui se trouve dans cette Ville:

[d] Tit-Liv. lib. 34. c. 8.

Q. EGNATULO Q. F. EQUO PUB. DON. AB
AELIO HADRIANO CAES. NERVAE TRAJA-
NI F. RHODENSES OB PLURIM. LIBERAL.
ET MULTA IN REMP. S. BENEFAC.
EQUEST. E MARMORE STATUAM,
PRO AEDE MINERVAE,
CONSTITUER.

2. **RHODA**, ou RHODA RHODIORUM, Ville de la Gaule Narbonnoise: Pline [e] qui en parle fait entendre qu'elle ne subsistoit plus de son tems. Elle avoit été bâtie par les Rhodiens, sur le bord du Rhône, Fleuve, auquel elle a donné son nom, selon St. Jérôme [f]. Marcien d'Héraclée appelle cette Ville *Rhodanusia*.

[e] Lib. 3. c. 4.
[f] In Prolog. Epist. ad Galat.

RHODAE, Voyez RUDIAE.

RHODAGANI, Peuples de l'Isle de Taprobane: Ptolomée [g] les place au Midi. Le MS. de la Bibliothéque Palatine porte *Rhogandani* pour *Rhodagani*.

[g] L. 7. c. 4.

RHODANTUM, Voyez RODANTUM.
RHODANUS, Voyez RHÔNE.
RHODANUSIA, Voyez LUGDUNUM, & RHODA, n°. 2.

1. **RHODE**, Fleuve de la Sarmatie Européenne. Pline [h] le met au voisinage de l'Axiaces: Voyez SAGARIS.

[h] L. 4. c. 12.

2. **RHODE**, ou RHODIA, petite Ville d'Italie [i], au Royaume de Naples, dans la Capitanate, sur la Côte du Golphe de Venise, à l'Orient Septentrional du Lac de Varano. On croit que c'est la Ville *Hyrium*, ou *Hyria* des Anciens.

[i] Magin, Carte de la Capitanate.

RHODENTUM, Lieu de l'Asie Mineure, dans la Cappadoce, selon Ortelius [k] qui cite Constantin Porphyrogénéte.

[k] Thesaur.

RHODES, Isle d'Asie sur la Côte Méridionale de la Natolie & de la Province d'Aidinelli, dont elle n'est séparée que par un Canal de huit ou dix lieues de large. Cette partie de la Mer Méditerranée, s'appelloit autrefois la Mer de Carpathie, & se nomme aujourd'hui la Mer de Scarpanta. L'Isle peut avoir environ cent trente milles de tour. L'air y est assez pur & le Terroir y seroit assez fertile, sans la négligence des Turcs qui en sont les maîtres & qui le laissent presque inculte.

L'Isle de Rhodes a changé plusieurs fois de nom, suivant les différentes Colonies qui s'y sont établies. Pline dit qu'elle a été appellée *Ophiuse*, *Asterie*, *Aethrée*, *Trinacrie*, *Corymbie*, *Poëessa*, *Atabire*, *Macarie*, & *Olaessa*. Les trois principales Villes de cette Isle, étoient suivant tous les Géographes anciens *Lynde*, *Camire*, *Jalise*, sur la situation desquelles Ptolomée s'est trompé. Strabon les place mieux, en mettant Lynde au Sud-Est de l'Isle, Camire à l'Occident, Jalise au Septentrion: Diodore de Sicile assure que ces trois Villes doivent leur origine à Tlépolème fils d'Hercule: mais Strabon fondé sur un Vers d'Homére croit qu'elles furent bâties par les trois Eliades qui descendoient d'Apollon, & qui donnérent leur nom à ces trois Villes. Enfin la Ville de Rhodes, bâtie à l'Orient de l'Isle, au tems de la guerre du Péloponnèse, si nous en croyons Strabon, devint bien-tôt la Capitale de toute l'Isle. Son Port, ses superbes Edifices & tous les autres Ornemens qu'on y ajouta, effacérent bien-tôt toute la splendeur des autres Villes que je viens de nommer. Jamais Ville ne fut plus florissante, soit par les Arts & les Sciences, soit par les armes. Ses Académies, & sur-tout celles de Sculpture y attirojent toutes sortes d'Etrangers; & il en sortoit tant de Chefs-d'œuvres, qu'on publioit que Minerve y faisoit son séjour. Les Rhodiens étoient fort-tout d'excellens hommes de Mer; ce qui fait dire à Cicéron [l]: *Rhodiorum usque ad nostram memoriam, disciplina navalis & gloria remansit*. Aussi les Romains firent plusieurs Traitez d'alliance avec eux, & s'en servirent utilement dans leurs guerres d'Asie. Les anciens Auteurs parlent d'une grande inondation qui fit périr presque tous les Habitans de cette Isle; ce qui fait dire à Ovide qu'ils furent métamorphosez en Rochers; & comme le vieux Cérambe, sous le regne duquel elle arriva, trouva le moyen de s'échapper, on publia qu'il avoit été changé en Oiseau. Comme il y avoit anciennement dans cette Isle des Mines de Fer & d'Airain, les Habitans qui s'étoient rendus célèbres par la perfection, où ils avoient porté les Arts, faisoient de ces métaux des Armes, des Instrumens de Guerre, & sur-tout des Statuës. On en comptoit dans l'ancienne Ville de Rhodes jusqu'à trois mille de différentes grandeurs, toutes d'excellens Ouvriers, & qui représentoient des Divinitez, des Princes, & des Hommes Illustres. Cette Ville en étoit, pour ainsi dire peuplée; mais de tous ces Simulacres, le plus remarquable [m], & le plus surprenant étoit un Colosse qu'on avoit consacré au Soleil, la Divinité tutelaire de l'Isle. On apprend de [n] Pline qu'il avoit soixante-dix coudées de hauteur: c'étoit l'Ouvrage de Charès de Lindo, Disciple de Lisippe: un tremblement de terre renversa cette énorme Statuë. Il y avoit peu de personnes, ajoute cet Historien, qui pussent embrasser son pouce: ses doigts étoient plus gros que plusieurs Statuës, & d'amples cavités s'étant découvertes par sa chûte, on trouva dedans de grosses pierres avec lesquelles l'habile Ouvrier sut contrebalancer si bien la pesanteur du Colosse, qu'il l'affermit sur ses piés. Les Vaisseaux passoient à la voile entre ses jambes pour entrer dans le

[l] Pro Lege Manilia.
[m] L'Abbé de Vertot, Hist. de l'Ordre de Malthe, t. 2. P. 84. & suiv.

le Port, & quand il eut été renversé on chargea cent Chameaux du Cuivre qu'on avoit employé pour le fondre. Je ne parle point des Peintures & des Tableaux, dont les Temples étoient remplis, Chefs-d'œuvres de l'Art, & les Ouvrages des Parrhasius, des Protogènes, des Zeuxis, & des Appelles. On ne finiroit point si on vouloit entrer dans le détail de toutes les Antiquitez de cette Isle. Ceux qui en souhaiteront connoître davantage peuvent recourir au Traité que Meursius a publié sur ce sujet.

Vers le déclin de l'Empire des Grecs, cette Isle eut le sort de la plûpart de celles de l'Archipel, après la révolution arrivée dans Constantinople par la conquête que firent de cette Capitale les François & les Vénitiens [a]. Les Génois de leur côté s'emparèrent de la plûpart des Cyclades, & des Sporades: Rhodes & les petites Isles qui en dépendent étoient tombées au pouvoir de ces Républiquains pendant l'absence d'un Seigneur Grec, appellé Jean de Gabales, qui en étoit Gouverneur. Vatace chagrin de voir que les Princes Latins emportassent tous les jours quelques morceaux de l'Empire Grec, avoit envoyé en l'an 1249. Jean Catacuzène son grand Echanson avec une puissante Flotte pour chasser les Génois de l'Isle de Rhodes. Ce Général Grec aborda dans l'Isle, & y débarqua ses Troupes sans obstacle. Heureusement pour les Génois, Guillaume de Villehardouin, Seigneur François & Prince de l'Achaye, & Hugues Prince de la Maison de Bourgogne, passant en ce tems-là par Rhodes pour se rendre, auprès du Roi Saint Louïs, qui étoit dans l'Isle de Chypre, laissèrent aux Génois un Corps de Troupes qui leur aidèrent à chasser les Grecs. Vatace le plus habile Prince de son siècle, profitant depuis la consternation, où les Latins se trouvèrent par la prison de Saint Louïs, Chef de la Croisade, envoya à Rhodes Théodore Protosebaste, qui reconquit cette Isle sur les Génois. Les Grecs y rétablirent leur autorité, mais cet Empire tombant en décadence, des Seigneurs de la Maison de Gualla Gouverneur de Rhodes s'érigèrent insensiblement en Princes de cette Isle, & pour se fortifier contre leurs Souverains, ils la peuplèrent d'un grand nombre de Marchands & d'Habitans Turcs & Sarrasins. On prétend même qu'ils admettoient dans leurs Ports des Corsaires Infidèles, qui y trouvoient toûjours un azyle sûr, quand ils étoient poursuivis par les Galères des Hospitaliers, ou par les Vaisseaux des autres Princes Chrétiens.

Guillaume de Villaret Grand-Maître de l'Ordre de St. Jean de Jérusalem, l'esprit rempli du dessein de se rendre maître dans le voisinage de la Terre-Sainte de quelque Isle, où son Ordre pût aller à la Mer, & remplir les devoirs de son Etat, jetta les yeux sur celle de Rhodes, peu éloignée de la Palestine. Il cotoya cette Isle, reconnut ses Ports, ses Forteresses, & instruit du nombre de ses Habitans, il ne se trouva pas de forces suffisantes pour en tenter la conquête. Il s'attacha à différentes petites Isles voisines qui quoique habitées ne sont pourtant que des Rochers; mais la mort qui le surprit après une longue maladie arrêta l'exécution de son dessein.

[a] Ibid. p. 61.

Foulques de Villaret, son frere ayant été élu Grand-Maître à sa place, passa en France & y communiqua au Pape Clément V. & à Philippe le Bel Roi de France, le projet de l'entreprise sur l'Isle de Rhodes; il leur en fit envisager toute l'utilité, & il leur représenta que ce seroit un Entrepôt pour toutes les Croisades, & pour toutes les Flottes Chrétiennes qui passeroient en Orient; mais il ajoûta que les forces de son Ordre, n'étoient pas suffisantes pour une si haute entreprise, & qu'il ne s'y engageroit pas, s'il n'étoit assuré du secours du Pere commun des Fidèles, & de celui du plus puissant Roi de l'Europe. Le Pape & le Roi persuadés, comme on l'étoit encore en ce tems-là dans toute la Chrétienté, qu'il n'y avoit point d'action plus méritoire, pour parvenir au Ciel, que de prendre part, & de contribuer à ces Guerres saintes, donnèrent de grandes louanges au Grand-Maître, & à tous les Chévaliers de l'Ordre de Saint Jean; & pour les encourager à suivre un si noble projet, ils leur promirent de puissans secours. Le Pape dans la vûe, que la conquête de l'Isle de Rhodes seroit beaucoup d'honneur à son Pontificat, avança de ses propres deniers quatre-vingt dix mille Florins à l'Ordre, pour lever des Troupes.

Le Grand-Maître, au rapport de l'Historien Pachimère, dépêcha au nom de tout l'Ordre à l'Empereur Andronic pour lui faire part de son entreprise, & pour lui demander l'Investiture de Rhodes, qui relevoit à la vérité de l'Empire, mais dont les Grecs rebelles, de concert avec des Sarrasins, s'étoient emparés, & qui pour se fortifier dans leur usurpation y avoient appellé des Corsaires. Ces Ambassadeurs lui représenterent, que l'Ordre s'engageoit à en chasser ces Pirates, qui infestoient toutes les Mers de l'Empire, & qu'en reconnoissance de l'Investiture & à titre de Feudataire, il lui fourniroit tous les ans trois cens Chevaliers, la plûpart gens de commandement, & qu'il pourroit mettre à la tête des Troupes, qu'il entretenoit sur les Frontières de la Perse. Mais Andronic naturellement ennemi des Latins, comme la plûpart des Princes Grecs, rejetta avec hauteur ces Propositions. Pendant que cette Négociation se passoit à Constantinople, le Grand-Maître qui en avoit bien prévu le succès, avoit mis à la voile; & après avoir déclaré publiquement son dessein, il avoit abordé à l'Isle de Rhodes, surpris les Habitans, Grecs & Infidèles; & sans trouver d'abord qu'une foible résistance, il avoit débarqué ses Troupes, ses Vivres, & ses Machines de Guerre. Toute l'Isle en moins de quatre ans se soumit à la domination des Hospitaliers, qui en prirent le nom de Chévaliers de Rhodes.

Ottoman sollicité par les Mahométans, que les Chévaliers avoient chassez de Rhodes, chargea une Flotte de ses Troupes, débarqua dans l'Isle, s'avança du côté de la Capitale; & en forma le Siège. A peine le Grand-Maître avoit-il eu le tems d'en relever les murailles; mais les Bastions & les Fortifications n'étoient pas encore rétablis. L'expérience fit voir en cette occasion, qu'il n'y a point

point de Fortifications plus sûres, pour une Place de Guerre, que la valeur & le courage de ceux qui la défendent. Les Chevaliers soutinrent plusieurs assauts. Les Turcs dans ces attaques perdirent beaucoup de monde, & Ottoman si heureux dans toutes ces entreprises, échoûa dans celle-ci, & fut obligé d'en lever le Siège, & de s'embarquer.

Plusieurs Historiens prétendent, que les Chevaliers de Rhodes durent leur salut & la conservation de leur nouvelle conquête à Amédée V. dit le Grand, Comte de Savoye. Ils rapportent que ce Prince étant venu à leur secours, avec une puissante Flotte, débarqua ses Troupes, marcha aux ennemis, les défit dans une Bataille, & qu'Ottoman fut contraint de lever le Siège & de se rembarquer. Ces Ecrivains ajoûtent, qu'Amédée pour conserver la mémoire de ce grand événement, & d'une Victoire si célèbre, prit alors pour sa Devise ces quatre Lettres majuscules, & séparées par une ponctuation, F. E. R. T. qu'on a expliquées, depuis par ces mots Latins, *Fortitudo ejus Rhodum tenuit*: ce qui veut dire que la valeur de ce Prince a conservé la Ville de Rhodes; on veut même qu'Amédée depuis cette Bataille, ôta de ses Armes l'Aigle de Savoye, & qu'il prit en sa place la Croix de Saint Jean.

Quoiqu'un événement si singulier, & si honorable pour la Maison de Savoye ait été rapporté par un nombre infini d'Ecrivains, & qu'il se trouve même dans les Historiens de l'Ordre; cependant l'attachement que nous devons à la vérité, nous oblige de dire que nous croyons cette Relation fausse, & dans le fond, & dans toutes ses circonstances. Il n'est point vrai qu'Amédée soit entré dans l'Isle de Rhodes, & qu'il y ait porté ses armes en 1310. ni dans les années qui précéderent, ou qui suivirent immédiatement la conquête qu'en firent les Chevaliers de Saint Jean. Ce Prince en 1309. étoit en Angleterre, & se trouva à la Cérémonie du Couronnement d'Edouard II. & l'année suivante 1310. au mois de Septembre, il reçut dans Chamberry Henri VII. Comte de Luxembourg, élu Empereur, qu'il accompagna ensuite dans son voyage d'Italie, & à Rome, où ce Prince alla prendre la Couronne Impériale; & on voit par les Historiens contemporains; qu'il ne quitta point l'Empereur cette année ni même la suivante. A l'égard de la Devise mystérieuse sur laquelle, on fonde cette prétendue expédition dans l'Isle de Rhodes, Louis de Savoye Baron de Vaud, mort en 1301, la portoit dans sa Monnoye plus de dix ans avant qu'Ottoman eut attaqué les Chevaliers; & on voit encore aujourd'hui sur le Tombeau de Thomas de Savoye, Pere d'Amédée V. dont nous parlons, la représentation d'un Chien qui est à ses pieds avec un colier, autour duquel on lit le mot *fert* sans ponctuation.

Il n'y a pas plus de fondement dans la preuve qu'on veut tirer de la Croix de l'Ordre de Saint Jean, qu'on suppose qu'Amédée prit le premier de sa Maison dans l'Ecu de ses Armes. Car outre que long-tems auparavant les Princes de Piémont portoient la même Croix, on la trouve dès l'an 1304. dans un Sceau de Thomas de Savoye, attaché à un Traité que ce Prince avoit fait la même année avec Etienne de Coligni Seigneur d'Andelot: ce qui fait voir, que tout ce qu'on a inventé pour expliquer ces quatre Lettres mystérieuses n'est qu'une fable, & que les Chevaliers de Rhodes ne dûrent qu'à leurs armes seules, & à leur propre valeur la première défense de Rhodes.

Le Grand-Maître ne vit pas plûtôt les Turcs rembarqués, que pour mettre à l'avenir la Ville de Rhodes hors d'insulte, il en fit terrasser les murailles, & y ajoûta de nouvelles Fortifications. Il donna ensuite tous ces soins à y rétablir le Commerce, qui avant la Guerre, & même de tout tems, l'avoit rendue une des plus florissantes Villes de l'Asie. Son Port fut ouvert à toutes les Nations: un grand nombre de Chrétiens & surtout de Latins qui depuis la perte de la Terre Sainte, s'étoient dispersés en différens endroits de la Gréce, accoururent pour s'y établir, & pour y vivre sous l'Etendart de Saint Jean, dont ils avoient éprouvé tant de fois la protection. De ce mélange des Chevaliers & des Habitans tant Grecs que Latins, il se forma un nouvel Etat, qui étoit tout ensemble guerrier & marchand, & qui devint aussi puissant par ses richesses, que redoutable par le courage & la valeur de ses nouveaux Souverains.

Le Grand-Maître Hélion de Villeneuve, ayant fait lui-même une visite exacte de tous les dehors de la Place, fit réparer les endroits qui en avoient besoin, & la Ville & l'Isle entiére lui fut redevable d'un Bastion ou d'un Boullevard qu'il fit construire à ses dépens à la tête d'un Fauxbourg. Le Grand-Maître Dieu donné de Gozon, fortifia la Ville de Rhodes. Il fit entourer de murailles tout le Fauxbourg qui regarde la Mer, & construire en même tems le Mole, où abordérent depuis les Vaisseaux & les Galéres. Et on ajouta par l'Ordre du Grand-Maître Jean de Lastic, encore de nouvelles Fortifications à la Ville; lorsqu'une Flotte considérable du Sultan d'Egypte, parut à la hauteur de l'Isle de Rhodes, & y débarqua dix-huit mille hommes d'Infanterie, sans compter un gros Corps de Cavalerie & de Mamelus, qui faisoient la principale force des Egyptiens. Ces Barbares sans s'arrêter à aucune des Places de l'Isle, marcherent droit à la Capitale, & l'assiégerent, pendant que leur Flotte tenoit la Mer pour bloquer le Port, & empêcher, qu'on n'y jettât du secours. Ce Siège dura quarante jours, les Infidèles battirent la Place avec une Artillerie nombreuse, il y eut plusieurs assauts où ils furent toujours repoussez, & leur Général ayant vû périr la meilleure partie de ses Troupes se rembarqua avec le débris de son Armée, & porta le premier à son Maître les nouvelles du mauvais succès de ses armes.

L'Isle de Rhodes fut anciennement appellée Ophieuse du mot Grec Ὄφις, qui signifie Serpent, à cause de la multitude de ces reptiles, qui infestoient cette Isle. Selon quelques-uns elle prit le nom de Rhodes; d'un bouton de rose fait d'airain, qu'on trouva dans les fondemens de Lindo, une de ses principales Villes, & dont les Habitans firent mettre la figure dans leurs Monnoyes.

Mais un habile Antiquaire a fait voir que ceux qui s'attachent à ce sentiment, ont pris pour une Rose, une Fleur de Grenadier, dont les Rhodiens se servoient ordinairement dans leurs teintures, par la même raison que les Syriens avoient fait mettre anciennement dans leurs Monnoyes, la Coquille de ce riche petit poisson, qu'on appelloit Pourpré. L'opinion la plus commune & la plus vraisemblable attribue l'origine du nom de Rhodes, à la quantité de Roses, dont cette Isle étoit remplie, pendant presque toute l'année. Hyginus Historien Grec, sur le témoignage de Polyzelus Rhodien, rapporte qu'un certain Thessalien, fils de Triopas, ou de Lapithas, selon Diodore de Sicile, ayant été jetté par la Tempête sur les Côtes de Rhodes, extermina heureusement ces animaux nuisibles; que Phorbas entr'autres en tua un d'une grandeur prodigieuse, qui dévoroit les Habitans. Le sçavant Bochard prétend que les Phéniciens donnèrent à cette Isle le nom de Gesirath-Rod, c'est-à-dire l'Isle des Serpens: Gesirath, selon cet Auteur, étant un terme commun aux Phéniciens, aux Syriens, aux Arabes, & aux Chaldéens, qui signifie une Isle, & Rod en langage Phénicien, un Serpent; si bien qu'en joignant ces deux mots, on en forma celui de Gesirath-Rod, d'où les Grecs firent depuis celui de Rhodos, que cette Isle a conservé jusqu'aujourd'hui.

Pour la sûreté des Habitans le Chapitre ordonna, que cinquante Chevaliers résideroient dans le Château de Saint Pierre; qu'on en mettroit vingt-cinq dans l'Isle de Lango, que quarante autres Chevaliers monteroient la Galère, qui étoit de garde en tout tems dans le Port de Rhodes: & le Grand-Maître de son côté fit construire un Fort dans le Bourg d'Archangel.

La Reine Charlotte de Lusignan ne se trouvant pas en sûreté dans Cyrène abandonna l'Isle de Chypre, & se retira dans celle de Rhodes, sous la Protection du Grand-Maître. La naissance de cette jeune Princesse, sa Dignité Royale, ses malheurs & plus que cela encore cet empire naturel que donne la beauté, lui firent de zélez Partisans de la plûpart des Chevaliers, & on remarqua sur-tout; que soit pure générosité, soit inclination secrete, le Commandeur d'Aubusson s'attacha particulièrement à ses intérêts. L'usurpateur de son côté pour se procurer l'appui de la République de Venise, épousa depuis Catherine Cornaro sous le titre spécieux de fille de S. Marc. En conséquence de cette qualité, ces habiles Républicains, pour se faire un Droit sur cette Isle, donnérent à la jeune Cornaro, une Dot de cent mille Ducats, & la République s'obligea par un Traité solemnel à proteger le nouveau Roi contre ses ennemis : ce qui désignoit les Chevaliers de Rhodes, qui avoient donné un azyle à la Reine Charlotte.

Mais l'Usurpateur ne fut pas long-tems sans éprouver, qu'il est rare de trouver de la fidélité & de la bonne foi dans les Traitez, dont l'injustice a fait la base & le fondement. Les Oncles de la Vénitienne, pour avoir part au Gouvernement de l'Etat, furent soupçonnez d'avoir empoisonné le nouveau Roi. Ce qui est de certain, c'est que la République recueillit seule le fruit de ces différentes usurpations.

Les Vénitiens pour de légers intérêts de Commerce, firent une descente dans l'Isle de Rhodes, & y commirent plus de ravages & de cruautez, que n'avoient jamais fait les Barbares. Ils y revinrent peu de tems après avec une Flotte des quarante-deux Galères, qui bloquerent le Port de Rhodes & menacerent la Ville d'un Siège. Le sujet de cette entreprise venoit de ce que le Grand-Maître [a] par droit de représailles, & pour procurer la liberté à Delphin son Ambassadeur, & à ses Sujets, que le Sultan d'Egypte avoit retenu contre le Droit des Gens, avoit fait arrêter de son côté deux Galères Vénitiennes chargées de Marchandises pour le compte de quelques Marchands Sarrasins, & on avoit arrêté en même tems un grand nombre des Sujets du Soudan qui se trouvèrent sur ces Galères. On mit à la chaîne ces Infideles: leurs Marchandises furent confisquées, & à l'égard du Corps des Galères on permit aux Vénitiens de se retirer, & de poursuivre leur route; tout étoit dans les règles ordinaires de la guerre, qui veut même que la robe de l'ennemi fasse confisquer la robe de l'ami. Mais la République que l'intérêt de son Commerce avoit liée étroitement avec les Sarrasins, demanda hautement la main-levée des effets saisis. La plûpart des jeunes Chevaliers, & sur-tout les Espagnols, vouloient qu'on ne répondît à ces propositions si injustes, & si impérieuses qu'à coups de Canon, mais le Grand-Maître fut d'un avis contraire. Il avoit été averti que si l'Ordre ne rendoit pas volontairement les prisonniers Sarrasins & leurs Marchandises, le Commandant de la Flotte avoit des Ordres secrets de ravager toutes les Isles de la Religion, d'en enlever les Paysans & les Habitans de la Campagne, & de les livrer ensuite au Sultan, comme des ôtages pour les Sarrasins arrêtez à Rhodes. *Je ne suis pas en peine avec le secours de votre valeur*, dit le Grand-Maître en plein Conseil, *de défendre cette Place contre toutes les forces de la République; mais je ne puis pas empêcher leurs Galères de surprendre nos Sujets de la Campagne, & je crois qu'il est plus à propos de rendre quelques Sarrasins, que d'exposer des familles entières à tomber dans les chaines de ces Barbares, & peut-être dans le péril à force de tourmens de changer de Religion.* Tout le Conseil se rendit à ce sentiment si plein de prudence : les Sarrasins furent remis à l'Amiral Vénitien, & la charité l'emporta sur la juste ressentiment d'une si grande injustice.

Mahomet, pour ne pas laisser les Chevaliers en repos, mit en Mer trente Galères chargées d'Infanterie, & dont le Commandant eut ordre de faire des descentes dans les endroits de l'Isle le moins défendus, d'en enlever les Habitans, & d'y mettre tout à feu & à sang. Le Grand-Maître [b] averti de cet Armement, le rendit inutile par sa sage conduite & la valeur des Chevaliers. Il y avoit alors dans cette Isle plusieurs Châteaux, situés de distance en distance, & qui en tems de guerre, servoient de retraite, aux Habitans de la Campagne. On comptoit parmi ces Places fortes les Châteaux de Lindo, de Jeracle, de Villeneuve, de Catauda, d'Archangel, & de Tiranda. Les Paysans eurent ordre de s'y retirer avec leurs bestiaux, & les

[a] Jacques de Milly.

[b] Jean Bapt. des Ursins.

les Chevaliers partagez en différens Corps de Cavalerie, ayant laissé débarquer les Turcs, tomberent sur ceux qui s'étoient avancés dans le Pays, en tuerent un grand nombre, firent plusieurs prisonniers, & forcerent les autres à chercher leur salut dans la fuite, & à se rembarquer.

Le Grand-Maître [a] prévoyant que Mahomet tourneroit infailliblement ses armes contre l'Isle de Rhodes, pour n'être pas surpris, fit remplir les Magasins de munitions de guerre & de bouche; & l'Isle de Rhodes se trouvant, destituée pour sa défense d'un nombre suffisant de Chevaliers, il convoqua le Chapitre Général, & par une Citation adressée aux Grands-Prieurs, il ordonna à tous les Chevaliers de se rendre incessamment à Rhodes avec leurs armes, & dans l'équipage conforme à leur profession.

[a] Pierre d'Aubusson.

Cette Citation répandue dans toute l'Europe, excita le zèle & l'ardeur des Chevaliers: tous travaillent avec empressement à leurs équipages. Pour avoir plus promptement de l'argent, on vend ses meubles, on loue & on afferme à vil prix les Commanderies; chacun prend ses mesures pour son départ & pour son passage; & tous ne craignent rien tant que de n'arriver pas assez-tôt à Rhodes. Quelques Souverains édifiés de leur zèle, y envoyerent différens secours: le plus considérable vint de la France. Louis XI. qui regnoit alors obtint du Pape Sixte IV. un Jubilé & des Indulgences en faveur de toutes les Personnes qui assisteroient les Chevaliers. Ce Jubilé produisit très-promptement des Sommes considérables, qui furent envoyées aussi-tôt en Orient, & qui par ordre du Grand-Maître furent employées à construire de nouvelles Fortifications, qu'il jugea à propos d'ajouter au Château & aux Boulevards de la Ville de Rhodes.

La Flotte des Infidèles, dans laquelle on comptoit cent soixante Vaisseaux de haut bord, sans les Felouques, les Galiotes & les Vaisseaux plats & de transport: sans parler de près de cent mille hommes qui composoient l'Armée de terre, arriva devant Rhodes le 23. du mois de Mai 1480. Ces Barbares, ayant pris terre, gagnerent le Mont ou la Colline de Saint Etienne, où ils se retrancherent d'abord, & après avoir débarqué leur Artillerie, ils firent sommer la Place, & employerent des menaces & des promesses, qui furent également méprisées. Le Général Paléologue, après avoir, sans aucun succès, employé la trahison & la force, fut à la fin obligé de regagner sa Flotte, & de se rembarquer, avec autant de honte que de desespoir.

Le Grand-Seigneur fit sortir de ses Ports, une Flotte composée de diverses sortes de Bâtimens chargez de troupes, & commandez par un fameux Corsaire appellé Camali, qui fut joint dans cette expédition par d'autres Corsaires, qui tous avoient ordre, de faire des descentes dans les Isles des Chevaliers, & d'y mettre tout à feu & à sang. Mais ils furent prévenus par les soins, & la vigilance du Grand-Maître [b]: différens Corps de Cavalerie qui avoient à leur tête les plus braves Chevaliers, étoient de Garde le long des Côtes de l'Isle de Rhodes, & ces Corsaires ayant tenté d'y faire une descente, les Troupes qu'ils avoient mises à terre ne se furent pas plûtôt avancées dans le Pays, qu'elles se virent investies par les Rhodiens. La plûpart furent taillées en pièces, & Camali après avoir recueilli, ceux qui purent échaper à l'épée des Chevaliers, remit à la voile, courut les Isles de Simia, de Tilo, de Nissaro, où il n'eut aucun succès plus avantageux. Il se flattoit de s'en dédommager par la conquête de l'Isle de Lango; dans ce dessein il fit tourner les proues de ses Vaisseaux de ce côté-là, & il n'en étoit pas loin quand il apprit, que le Grand-Maître y avoit jetté une troupe considérable, de Chevaliers commandez par Frere Raimond de Balagner ancien Chevalier, redouté dans toutes ces Mers par sa valeur & par son expérience. Toute cette expédition se termina par une descente dans l'Isle de Cero; Camali y mit à terre cinq cens Turcs qui commencerent à battre le Château avec toute l'Artillerie de leurs Vaisseaux, & qui peu après leverent le Siège avec précipitation dans la crainte d'être surpris par les Galéres de l'Ordre.

[b] Emeri d'Amboise.

Le Grand-Maître Villiers de l'Isle Adam bien instruit que Rhodes étoit derechef menacée d'un Siège en fit part à tout son Ordre par une Citation générale, qu'il envoya dans tous les Etats de la Chrétienté. Il ramassa ce qu'il put recueillir de responsions, qu'il employa en provisions de guerres; & dans l'incertitude des secours éloignez, en homme de guerre & en grand Capitaine, il n'oublia aucune des précautions nécessaires, pour n'être pas surpris par les Infidèles. Il commença ces soins, si dignes de son courage par une revûe générale de ce qu'il y avoit de Chevaliers & de Troupes réglées: il n'y trouva qu'environ six cens Chevaliers, & quatre mille cinq cens Soldats: & ce fut avec cette poignée de gens de guerre, qu'il entreprit de défendre sa Place contre les inondations de ces Armées effroyables, que Soliman mettoit en Campagne dans toutes ses entreprises. Les Bourgeois de Rhodes à la vérité prirent les armes, & on en forma quelques Compagnies; on rappella les Armateurs Rhodiens qui étoient en Mer, qui s'enfermerent dans la Ville, & qui furent chargez de la défense du Port. On destina les Paysans de la Campagne pour servir de pionniers, mais on ne put tirer dans la suite aucun service du petit Peuple de la Ville, qui ne savoit que craindre, & qui fuyoit le péril. Le Grand-Maître chargea Frere Didier Tholon de Sainte Jaille, & Pailli de Manosque, du soin de l'Artillerie, & les Chevaliers de Nuëres & Pritto, de la conduite des travaux, sous les ordres du Bailli de Martinengue. Les Esclaves de Rhodes, & ceux qui appartenoient à des particuliers, furent employez à creuser les fossez, & aux Fortifications qu'on ajouta au Bastion d'Auvergne: on répara les Moulins, on fit construire de nouveaux Fours, le Port fut fermé par une double chaîne, l'une des vant son Embouchure, & l'autre en dedans depuis la Tour de S. Nicolas, jusqu'à la Tour des Moulins; & de peur que les Infidèles, ne tâchassent de s'emparer du Mole, comme ils l'avoient tenté dans le Siège précédent, & qu'à la faveur de cette jettée,

ils

ils ne pénétrassent jusqu'à la Porte de Sainte Catherine, on coula à fond à l'entrée du Mandrache, plusieurs Vaisseaux chargez de pierre, les murailles furent en même tems bordées d'Artillerie; on porta des armes, des Grenades, des Pots à feu, & de grosses pierres sur les remparts & dans les Bastions: jamais on n'avoit vû plus de diligence & plus d'ordre. Les Chevaliers & les Gentilshommes Grecs, le Bourgeois comme l'Officier, le Soldat & le Matelot, les Prêtres même & les Religieux, chacun s'occupoit avec promptitude, & sans confusion à ce qui lui étoit prescrit. Le Grand-Maître se trouvoit partout, lui seul conduisoit ces différens travaux, sa présence & sa capacité les avançoient encore plus que ne faisoient tant de mains, qui y étoient employées, & peu de Princes & de Gouverneurs ont fait voir dans une Place assiégée, une aussi parfaite intelligence de l'art militaire, jointe à une valeur tranquille & incapable d'être ébranlée par la grandeur, & les différentes sortes de péril, dont il fut depuis environné. La Flotte Turque après avoir reconnu les Côtes de Licye, parut enfin à la vûe de Rhodes, & s'arrêta en une Plage qui n'en étoit éloignée que de huit milles, ou d'environ trois lieues; mais n'y ayant pas trouvé un bon fond, & cet endroit étant exposé d'ailleurs aux vents d'Occident, Carriogli fit lever l'ancre, mit à la voile, & alla surgir de l'autre côté de l'Isle, & dans une cale de bonne tenure, appellée Parambolin, à six milles de la Ville. Il s'y rendit depuis des Ports de Syrie, de Palestine & d'Egypte un grand nombre de Vaisseaux & de Galéres, chargez de Troupes & de Munitions; en sorte que quand les Turcs eurent rassemblé toutes leurs forces, on comptoit dans cette Flotte jusqu'à quatre cens voiles, & l'Armée de terre étoit composée de cent quarante mille hommes, sans compter soixante mille pionniers, que Soliman avoit tirés des Frontiéres de Hongrie, & des Montagnes de Servie, de Bosnie & de Valaquie, où la plûpart avoient été élevez à fouiller la terre & à conduire des Mines. Pendant les 15. premiers jours, les Infidèles ne firent aucun mouvement, leurs Galéres, les Vaisseaux plats, & les Barques transporterent continuellement leurs troupes dans l'Isle de Rhodes, & on travailla en même tems à mettre à terre la grosse Artillerie, & les Provisions de guerre & de bouche. Quand tout fut débarqué, la Ville de Rhodes fut investie, on commença à ouvrir la tranchée hors de la portée du Canon, & quand on fut plus près de la Ville, les Infidèles dressérent une Batterie, qui fut bien-tôt démontée par l'Artillerie de la Place. Il ne paroissoit rien dans la Plaine, qui ne fût foudroyé par le Canon, & dans de fréquentes sorties, les Chevaliers tuérent un grand nombre de Turcs, netoyérent la tranchée, & comblerent ces premiers travaux. Les Turcs les recommencerent, dressérent de nouvelles Batteries, & quoique couvertes de Mantelets, de Gabions & d'épaulemens, les Chevaliers par un feu continuel ruïnoient tous ces Ouvrages, faisoient périr ceux qui servoient l'Artillerie des Infidèles. L'épée achevant ce que le Canon n'avoit pû faire, on étoit tous les jours aux mains, & il ne se fit point de sortie, où ce qu'il y avoit de Turcs dans la tranchée, ne fût taillé en pièces. Enfin Soliman se rendit lui-même dans l'Isle de Rhodes & dans son Camp, où il fut reçu au bruit de l'Artillerie, des Tambours, des Trompettes, & des autres Instrumens militaires. La présence de ce Prince rendit aux Troupes leur premiére audace & leur ancienne valeur. Les Officiers sur-tout, pour dissiper la mauvaise opinion que le Prince avoit prise de leur courage, demanderent avec empressement à être placez aux postes les plus exposez. Ceux mêmes qui avant l'arrivée de Soliman avoient blâmé cette entreprise, la trouvoient alors facile & glorieuse; on eût dit que c'étoient d'autres hommes; tous brûloient d'ardeur de signaler leur courage, & à proprement parler, ce n'est que de ce jour qu'on doit compter le commencement du Siège. Les Infidèles attaquerent la Place avec la derniére vigueur, y donnérent plusieurs assauts, mais ils furent toûjours très-vivement repoussés par les Chevaliers, qui leur disputoient le terrain pas à pas. A la fin le Grand-Maître ne voyant aucune espérance de secours, & après avoir soutenu un Siège si meurtrier pendant six mois, céda aux priéres des Habitans de la Ville, & envoya son Ambassadeur & des Députez de la Ville au Camp des Infidèles, où ils travaillerent à dresser la Capitulation, dont les principaux Articles contenoient: Que les Eglises ne seroient point prophanées, & qu'on n'obligeroit point les Habitans de livrer leurs enfans pour en faire des Janissaires: Que l'exercice de la Réligion Chrétienne seroit libre: Que le Peuple seroit exempt d'impositions pendant cinq ans, que tous ceux qui voudroient sortir de l'Isle, en auroient la permission, & que si le Grand-Maître & les Chevaliers n'avoient pas des Vaisseaux suffisans, pour les porter jusqu'en Candie, il leur en seroit fourni par les Turcs: Qu'ils auroient le tems & l'espace de douze jours, à compter de celui de la signature du Traité, pour embarquer leurs effets: Qu'ils pourroient emporter les Reliques des Saints, les Vases sacrez de l'Eglise de S. Jean, les Ornemens, leurs Meubles, & leurs Titres, & tout le Canon, dont ils avoient coutume de se servir pour armer leurs Galéres: Que tous les Forts de l'Isle de Rhodes, & des autres Isles qui appartenoient à la Religion, & le Château de S. Pierre, seroient remis aux Turcs: Que pour faciliter l'exécution de ce Traité, l'Armée Ottomane s'éloigneroit de quelques milles, pendant lequel éloignement, le Sultan enverroit quatre mille Janissaires commandez par l'Aga, pour prendre possession de la Place; Et que le Grand-Maître pour sûreté de sa parole, donneroit en ôtage vingt-cinq Chevaliers, entre lesquels il y auroit deux Grands-Croix avec vingt-cinq Bourgeois des principaux de la Ville. Ce Traité ayant été signé par l'Ambassadeur & les Députez d'une part, & par le Général Achmet au nom du Sultan, & ratifié par le Grand-Maître & les Seigneurs du Conseil, les ôtages dont on étoit convenu se rendirent au Camp, & l'Aga des Janissaires entra en même tems dans la Ville, avec une Compagnie de ses Soldats & en prit possession.

Le Grand-Maître outre les Chevaliers, fit em-

embarquer plus de quatre mille Habitans de l'Isle, hommes, femmes & enfans, qui pour ne pas rester sous la domination des Infidèles, s'attachérent à la fortune de l'Ordre, & abandonnérent leur Patrie; & après avoir pris congé du Grand-Seigneur, il monta le dernier sur son Vaisseau. Le premier jour de Janvier de l'Année quinze cens vingt-trois, toute la Flote à son exemple appareilla, & le peu de Chevaliers qui restoient d'un Siège si long & si meurtrier, se virent réduits à la triste nécessité d'abandonner l'Isle de Rhodes, avec les Places & les autres Isles qui dépendoient de la Religion, & où tout l'Ordre de Saint Jean de Jérusalem, régnoit avec tant de gloire depuis près de deux cens vingt ans.

Le Grand-Maître eut une Conférence en secret avec des Marchands Rhodiens, que le Chevalier Roche-Aimon avoit amenés à Viterbe: ceux-là représenterent, que les Murailles & les Fortifications de Rhodes n'étoient point encore rétablies, qu'il y avoit même une assez foible Garnison dans la Place, & que l'Aga qui commandoit dans les deux Tours du Port, un Chrétien renié, mais par foiblesse & par la crainte des tourmens, conservoit toujours une secrete inclination pour la Foi de ses Peres, & que le Peuple ne verroit pas plûtôt arborer les Etendarts de l'Ordre, que pourvû qu'on lui portât des armes, il les tourneroit avec plaisir contre les Tyrans, & les Ennemis de la Religion. Le Grand-Maître, quoiqu'il eût déja dans la Place d'autres intelligences, pour le meilleur succès de ses desseins exhorta ces Marchands à persévérer dans leurs bonnes intentions pour l'Ordre: & après les avoir comblez de caresses & de presens, il les renvoya.

Ce Prince de concert avec le Pape fit passer ensuite jusqu'à Rhodes le Commandeur Bosio, excellent Négociateur, qui entra dans la Ville déguisé en Marchand: il reconnut lui-même l'état de la Place, la force de la Garnison, la disposition & le nombre de ce qu'il y restoit d'habitans Grecs, & après avoir tout examiné, il retourna pour en faire son rapport au Grand-Maître. Pendant ce tems-là Eutimius, Métropolitain Grec de cette Isle, envoyoit au Grand-Maître Couriers sur Couriers, afin qu'il hâtât l'exécution de l'entreprise, dont le Métropolitain étoit le premier mobile. Le Grand-Maître lui écrivit qu'il espéroit paroître en peu de tems devant Rhodes avec une Flote & des Troupes capables, d'en chasser les Infidèles. Il chargea de cette Lettre le Commandeur Bosio, & le fit repasser en Orient une seconde fois, pour reconnoître la disposition des Esprits, & afin de prendre avec les principaux Habitans de l'Isle, les derniéres mesures pour l'exécution d'un dessein si important. Mais il avoit été communiqué à trop de personnes, & l'exécution en avoit été trop longtems différée, pour qu'il eût pu demeurer secret. Les Turcs en eurent quelque soupçon: le Grand-Seigneur changea aussi-tôt la Garnison, fit mourir plusieurs Chrétiens Grecs, & même des Mahométans: & ce ne fut qu'avec des peines infinies, & au travers de mille périls, que le Commandeur Bosio put échapper aux perquisitions du Gouverneur de Rhodes.

Le Brun, dans son Voyage du Levant [*Tom.I. p. 548.] nous a donné une Relation de l'Etat présent de la Ville & de l'Isle de Rhodes. La Ville de Rhodes, dit-il, est superbement bâtie. Ses murailles sont à peu près semblables à celles de la Ville de Rome. On y peut entrer par deux Portes, dont l'une est du côté de la Mer, & l'autre du côté de la Terre. Celle qui est sur le bord de la Mer est très-belle, & la Ville est de ce côté-là fermée en partie d'une double muraille. Au devant il y a une petite Maison de bois, où se tiennent ceux qui reçoivent le Péage. Du côté de la Terre, on voit une enceinte d'une triple muraille, chacune desquelles est haute de dix-huit brasses, raisonnablement épaisse, & renforcée d'un grand nombre de Tours. Sur les remparts on compte quatre cens soixante pièces de Canon, entre lesquelles il y en a plusieurs d'une grosseur extraordinaire, & qui sont de fonte. Sur les deux Châteaux il y a cent soixante autres Canons.

Le Château qui est dans la Ville du côté de la Terre est fort élevé & bien bâti. C'est où l'on garde les prisonniers d'Etat. La Rûë des Chevaliers de Malthe est la plus belle de toutes. On y voit encore devant plusieurs Maisons leurs Armes qui sont gravées sur le Marbre, & à quelques-unes il y a des Inscriptions. Les Portes sont aussi ornées des Armes du Grand-Maître de l'Ordre, par qui elles ont été bâties. Les Maisons sont bâties de grandes pierres, de même que les dehors de la Ville & le Bourg des Grecs, à qui il n'est pas permis de demeurer dans la Ville. Ces dehors ou Fauxbourgs sont plus grands que la Ville même. On y voit plusieurs beaux Jardins, où il y a beaucoup d'Orangers, dont les fruits ne cédent à aucuns autres, ni pour l'odeur ni pour le goût.

Dans une Plaine qui est hors de la Ville, on voit deux fois la semaine les Turcs s'exercer à la Lutte dans une Lice, qui est destinée à cet Exercice, & où les Lutteurs qui sont nuds, si ce n'est qu'ils ont un Caleçon, se renversent les uns sur les autres avec beaucoup d'adresse. Comme il est permis, à qui véut, de s'y trouver, on voit quelquefois quarante-un cinquante Lutteurs en même tems. Celui qui demeure Vainqueur va à la ronde se présenter aux Spectateurs, qui lui donnent, chacun selon sa libéralité, quelques Aspres, dont les trois font environ un Sol. Celui qui a l'inspection de cet Exercice, & qui en est l'Arbitre, est un homme qui n'a jamais été vaincu, & qui passe pour le Maître, & le Chef de tous les autres.

A l'entrée du Port, la premiére chose qu'on voit, est un Château rond, qui avance un peu dans la Mer, où les gros Vaisseaux se tiennent à l'ancre. On voit tout auprès plusieurs Moulins à vent bâtis de pierre de taille, & dont les aîles sont en plus grand nombre, qu'à ceux dont nous nous servons. Vis-à-vis du Château au Nord du Havre, en entrant à main droite, il y a une fort belle Tour quarrée, dont on dit que la hauteur est de plus de cent pieds. A tous les coins il y a de petites Guérites, d'où l'on découvre tous les Vaisseaux qui arrivent. Cette Tour outre qu'elle est attachée aux murailles de la Ville, par le moyen d'une Courtine, l'est aussi à un un Bastion, qui est derriére, & qui est garni de quelques grosses piéces de Canon ; & ces Canons peuvent servir à empêcher, de tous les côtez, l'entrée des Vaisseaux dans le Port. Il y a un de ces Canons qui est long de douze pieds. Il porte un boulet d'une grosseur extraordinaire. On voit cette Tour du côté de la Terre, au travers d'un treillis de bois, dont elle est renfermée. Elle a, dit-on, été bâtie par les Turcs, dans l'endroit même, où étoit autrefois la Tour de St. Nicolas. Les Vaisseaux médiocres se mettent à l'ancre entre cette Tour & la Porte de la Ville. Vis-à-vis de cette Tour, de l'autre côté du Port & au Nord, est le Château St. Ange : cet espace est de plus de cinquante brasses ; & l'on croit que c'est l'endroit, où étoit autrefois le Colosse, ou la Statue du Soleil. Il y a au Château St. Ange, qu'on nomme aussi le DIAMANT, parce qu'il est octogone, un bon Port pour les Galéres. L'entrée en est fort étroite, & elle se ferme le soir avec une chaîne, dont l'un des bouts est attaché à une Tour, qui est sur le bout du rempart, & l'autre à une Roche qui est sur la Terre, à quelques pas du Château S. Anselmo.

L'Isle de Rhodes comprend en tout six Bourgs. Celui qui est le plus près de la Ville s'appelle CASAL-NOVA, comme qui diroit le Bourg-Neuf : Les noms des autres sont ; S. Janargier, S. Nastaisia, Baksimale, Thepœria & Triauda. Ce dernier est au pied d'une Montagne, où l'on prétend qu'a été l'ancienne Ville, & il est éloigné d'environ huit milles d'Italie de la Ville d'à présent. A côté de ce Bourg sur le bord de la Mer, on voit encore quelques vieux morceaux de murailles ; mais quelque chose qu'on dise à cet égard, il est impossible de l'accorder avec la situation du Port, & avec l'endroit où étoit autrefois le Colosse. Ainsi, s'il y a eu anciennement une Ville dans le Lieu, où est aujourd'hui le Bourg de TRIAUDA, il faut que ce soit une Ville différente de celle de Rhodes.

RHODIA, Voyez RHODIORUM-COLONIA.

RHODIGIUM, Bourg d'Italie, dans le Padouan. Mr. Corneille [a] qui cite les Délices d'Italie dit : ce Bourg est à trois milles du Château de Conselve, qui appartient à la Maison de Lazara, & à quatorze milles de la Ville de Padouë sur le chemin de Ferrare. Il a de tous côtez des Marais qui l'environnent ; & cela est cause que les Habitans donnent le nom de POLESINA à son Territoire.

[a] Dict.

RHODIORUM COLONIA, Ville de l'Asie-Mineure, dans la Lycie, selon Mar. Niger, qui dit qu'on la nomme présentement *Machri*. Ortelius croit que par *Rhodiorum-Colonia* Niger entend la Ville appelée RHODIA par Strabon & par Ptolomée ; Rhodopolis par Pline & Rhodiorum Castellum par Appien [b].

[b] L. 4. Civil.

RHODIORUM-FONS, Fontaine du Chersonnèse. C'est Sénéque qui en parle [c].

[c] In Naturalib.

RHODIUS, Fleuve de la Troade. Il avoit sa source au Mont Ida, selon Homère, [d] & Hésiode [e]. Pline [f] dit qu'on ne voyoit aucune trace de ce Fleuve de son tems. Ce-

[d] Iliad. λ. v. 20.
[e] In Theogonia.
[f] L. 5. c. 30.

pendant Hesyche le connoît & lui donne le nom de *Dardanus*.

RHODOE, Ville de l'Inde, selon Etienne le Géographe.

1. RHODOPE, Montagne de la Thrace, selon Ptolomée [g]. Elle commence près du Fleuve *Nestus*, & s'étend bien loin au-delà de l'*Hebrus*. Elle est presque Parallèle au Mont *Hæmus*. Ortelius [h] dit que cette Montagne est nommée *Valiza* par Richamerus & Czernaniwerti par Lazius, qui dans un autre endroit l'appelle *Curiorowiczæ* & *Vasigluse*.

[g] L. 3. c. 11.
[h] Thesaur.

2. RHODOPE, Province de Thrace sous le Bas Empire [i]. Elle étoit bornée au Nord, par la Province particuliére de Thrace ; à l'Orient par la Province de Mimont, au Midi partie par la Mer Egée, partie par la Macédoine, & à l'Occident encore par la Macédoine. Le Mont Rhodope qui la traversoit, lui donnoit son nom : Les Notices Episcopales donnent à la Province Ecclésiastique de Rhodope, une plus grande étendue : celle d'Hiéroclès y place sept Villes Episcopales, & nomme la Métropole Ænus :

[i] De l'Isle Atlas.

Ænus,	Maxona,
Maximianopolis,	Pyrus, ou Pirus, depuis Rusium,
Trajanopolis,	Nicopolis,
	Cereopyrgus.

Il n'y avoit presque jamais eu de Forts dans la Province de Rhodope [k]. Il y avoit bien avant dans les Terres un Bourg nommé Bellure, qui égaloit les Villes en richesses & en habitans. Mais comme il n'étoit point fermé de murailles, il n'étoit pas moins sujet aux incursions, que les Terres d'alentour. Justinien le ferma, & lui donna le titre de Ville. Il prit aussi un soin particulier de réparer, ce qui manquoit aux Places de Rhodope, & sur-tout aux murailles de Trajanople, Tomere, & de Maximianopole. Procope en détaillant les Forts que Justinien fit bâtir dans cette Province, nomme tous ceux qui suivent :

[k] Procope des Edif. liv. 4. c. 11.

Cassera,	Capisturie,
Théodoropole,	Veripare,
Thrasi,	Issipére,
Thudanelane,	Ozorme,
Mundépe,	Vereïaros,
Tharsandale,	Tamonbar,
Denizus,	Scemnas,
Toparon,	Carastyra,
Dalatarbe,	Pinzus,
Bré,	Thuleus,
Cuscabiri,	Arzon,
Cuscule,	Castrazarba,
Bospare de Thrace,	Zositerum,
Vesiparum,	Bergisum,
Dingium,	Verus,
Sacinus,	Thocyodis,
Cyrtuxure,	Via,
Potamo-Castellum,	Anagonclias,
Isdicée,	Suras,
Emporium,	Antipari,
Taurocephaleon,	Dordas,
Velaidipara,	Sarmathon,
Seitaces,	Clisura,
Bepare,	Hylasianes,
Pusinum,	Thrasarique,

Hym-

Hymauparubri,	Béca,
Scariota Salucra,	Chrysante,
Auguftas,	Marcerote,
Urdaus,	Zbedrin,
De St. Trajan,	Saint Théodore,
Dertalle,	Afgarfe,
De Solban,	Burtudgife,
Vafque,	Turocéme,
Zycyre,	Nice,
d'Hemimont,	Cavotombe,
De Zemarque,	Dixas,
Cerioparon,	Getiftraus,
Cafibon,	Debre,
Unci,	Probin,
Antoninum,	Carbere,
Foffé de Gezile,	Efimont,
Cherenon,	Afgize,
Probin,	Dalatarbe,
Saint Théodore,	Theodoropole,
Burdepto,	Tzyidon,
Rhacule,	Tzonpolegon,
Saint Julien,	Bafibunon,
Tzitæte,	Anchiale,
Velaftrias,	Marcien,
Getrinas,	Cyridane,
Bredas,	Becule.

3. RHODOPE, Ville de l'Afie Mineure, dans l'Ionie, felon Etienne le Géographe.

RHODOPHOROS, Voyez PTOLEMAÏS.

RHODOPOLIS, Ville de la Colchide, felon Ortelius *a* qui cite les Authentiques & Agathias.

RHODOS, petite Contrée du Péloponnèfe dans la Laconie. Paufanias *b* dit qu'elle étoit confacrée à Machaon fils d'Efculape.

RHODOSTOLON, Voyez DUROSTOLUM.

RHODUMNA, Ville de la Gaule Lyonnoife: Ptolomée *c* la donne aux Séguifiens.

RHODUNTIA, Contrée de la Macédoine, proche du Mont Oeta, felon Etienne le Géographe : Tite-Live *d* donne ce nom au fommet du Mont Oeta; & Strabon le donne à un Lieu fortifié des Thermopyles.

RHODUS, Voyez RHODES.

RHODUSSA, Ifle qu'Etienne le Géographe met fur la Côte de l'Argie. Pline *f* dit qu'elle étoit au voifinage de l'Ifle Caunus; Voyez Rhofphodufa.

RHODUSSÆ, Ifle de la Propontide, felon Pline *g*.

RHOE, Fleuve de la Bithynie. Il a fon Embouchure dans le Pont-Euxin. Arrien *h* dans fon Périple compte vingt Stades du Port Calpe à l'Embouchure du Fleuve Rhoë, & égal nombre de Stades de l'Embouchure de ce Fleuve à l'Ifle Apollonie.

RHODIAS, Fleuve de la Macédoine, felon Pline *i*, Quelques MSS. portent RHODIAS. Le Pere Hardouin doute, s'il ne faudroit point lire *Ludias*, parce que Strabon *k* dit qu'un Fleuve de ce nom fort d'un Marais, que remplit le Fleuve Azius, outre que Ptolomée met le Fleuve *Ludias* près de l'*Axius*. Pline ne les éloigne pas non plus, puifqu'il dit que la Ville Europus eft fur le Fleuve *Axius*, & que le Fleuve *Rhædias* paffe par cette Ville.

RHOESUS, Voyez RHEBAS.

1. RHOETEUM, Ville de l'Afie Mineure, dans la Troade, fur la Côte de l'Hellefpont. Strabon *l* dit que cette Ville étoit fituée fur une hauteur, près du Tombeau d'Ajax. Au lieu de *Rhæteum*, Thucydide écrit RHOETIUM. L'Adjectif eft RHOETEUS: Virgile s'en eft fervi dans plus d'un endroit. Il dit au troifième Livre de l'Enéïde *m* :

Teucrus Rhœteas primum eft advectus in auras;

Et au fixième Livre *n* :

Tunc egomet tumulum Rhœteo in littore inanem Conftitui. . . . .

Quelquefois ce mot s'écrit en quatre fyllabes, par les Poëtes qui ont dit RHOETEÏUS; & par ce mot ils défignent un Romain, à caufe de fon origine Troyenne. C'eft delà que Silius Italicus dit *o* :

Rhœtelius immo
Imperet æternum.

2. RHOETEUM, Promontoire de l'Afie Mineure, fur la Côte de l'Hellefpont, felon la Remarque de Leunclavius fur Xénophon *p*. Il place ce Promontoire près de celui de Sigée, qui n'en eft qu'à quatre milles. Il ajoute que préfentement le Promontoire Rhœteum, eft appellé *Pefkia* par les Turcs, & *Capo Jenitzari* par les Italiens.

RHOETIUM, Lieu du Péloponnèfe, les Géographes anciens n'en font aucune mention. C'eft Plutarque *q* qui en parle. Cléomène, dit-il, s'étant mis en tête de brufquer Mégalopolis, commanda à fes Troupes de prendre du pain pour cinq jours, & les mena d'abord de Sparte à Sellafie, comme pour aller faire le ravage dans le Pays d'Argos; mais s'étant rabattu tout d'un coup fur les Terres de Mégalopolis, & ayant fait fouper fes gens près de RHOETIUM, il marcha droit à la Ville; Mr. Dacier remarque fur cet endroit de Plutarque, que Rhœtium devoit être quelque Pofte ou quelque Place près de Mégalopolis.

RHOEXUS, Port de la Cilicie; Etienne le Géographe le met à l'Embouchure du Fleuve *Sarus*.

RHOGANA, Voyez GOGANA, & RHOTANA.

RHOGANDANI, Voyez RHODAGANI.

1. RHOGE, Ifle que Pline *r* place quelque part au voifinage de celle de Cypre.

2. RHOGE, Ifle fur la Côte de la Lycie, felon Etienne le Géographe : Ce pourroit être la même que la précédente.

RHOGMOI, Port de la Cilicie : c'eft Etienne le Géographe qui en fait mention.

RHOGOMANIS, Fleuve de la Perfide. Ptolomée *s* marque l'Embouchure de ce Fleuve au Midi de la Perfide, fur le Golphe Perfique; entre l'Embouchure de l'Oroates & *Tædce extrema*. Arrien *t* appelle ce Fleuve RHOGONIS, mais il diffère un peu de Ptolomée fur fa pofition.

RHOI, Voyez SCYTHÆ.

RHOITES, Voyez RHEBAS.

RHOMANDII, Voyez VEROMANDUI.

RHOMBITES, Fleuve de la Sarmatie Asiatique, selon Ptolomée [a] & Ammien Marcellin cité par Ortelius. Ptolomée distingue le Grand & le Petit *Rhombites*, qu'il marque assez loin l'un de l'autre. Le MS. de la Bibliothéque Palatine porte *Rhombitus*, au lieu de *Rhombites*.

[a] L. 5. c. 9.

RHON, Ville de l'Inde, dans la Scythie. Etienne le Géographe la donne aux *Gandarii*.

RHONDÆI, Peuples de Thrace, selon Etienne le Géographe; Voyez GONDRÆ.

RHONDE, nom d'un Lieu dont parle Festus [b].

[b] L. 16.

RHONE, Voyez RHOSNE.

ROOB, Voyez ROHOB.

ROOBOTH, Voyez ROHOBOTH.

ROPENSES, Peuples dont parle Etienne le Géographe d'après Phavorinus. Ortelius [c] soupçonne que ces Peuples pouvoient habiter dans la Pamphilie.

[c] Thesaur.

RHOPHEA, Voyez ALPHE'E.

RHOS, Peuples de Scythie. Ils habitoient au Septentrion du Mont Taurus, selon Cédrène & Curopalate, citez par Ortelius [d], qui croit que ce sont les mêmes que les RUSSI.

[d] Ibid.

RHOSCHAC ou RORSCHACH en Latin ROSAGUM, Bourg de Suisse sous le Domaine de l'Abbaïe de St. Gall [e]. C'est un grand & beau Bourg, qui peut aller de pair avec plusieurs belles Villes de la Suisse, construit au bord du Lac de Constance, vis-à-vis de Lindau; l'avantage de sa situation dans un Pays agréable & fertile, l'a rendu considérable, depuis plusieurs siècles. Dans le X. siècle, l'Empereur Othon I. lui donna divers Privilèges & beaux Droits, comme ceux de Foire, de Péage, & de Monnoye. Il est difficile de voir un plus beau Pays, une plus agréable situation, & un Lieu, où il y ait généralement & à proportion, un plus grand nombre de belles Maisons. Il y a un Port & de gros Marchez, où l'on vient en foule de toutes les Villes & de tous les Bourgs, qui sont autour du Lac. Il s'y fait grand Commerce de Grains, de Fruits, de Salé, de Bétail, de Toiles, & de Vin; les Fruits & les Vins y sont également excellens. L'an 1499. ce beau Bourg, ayant été attaqué par 400. Impériaux, dans le tems de la Guerre de Suabe; deux cens Bourgeois se défendirent avec une vigueur extrême, & combattirent comme des Lions, nonobstant la grande supériorité des ennemis, jusqu'à ce qu'ils furent tous hachés en pièces, RHOSCHACH fut alors pris & brûlé; mais dans la suite il s'est peu-à-peu relevé de ses ruïnes, & les Maisons y sont construites de belles pierres de taille. A côté du Bourg est un Couvent magnifique, bâti par un Abbé, qui se trouvoit trop à l'étroit dans celui de St. Gall, vers la fin du XV. siècle; il est dans une situation fort agréable, & sur une hauteur, qui commande le Bourg. Il a un Collège pour l'instruction de la Jeunesse, un beau Verger, & de grandes Caves remplies ordinairement d'excellent Vin rouge, par centaines de chars. Au-dessus du Couvent, il y a une vieille Forteresse, qui appartenoit autrefois aux anciens Seigneurs de Rhoschac. Aujourd'hui toutes ces Places, le Bourg, le Couvent, & la Forteresse appartiennent à l'Abbé de St. Gall. Ces Terres sont à peu près un quarré long, entre le Thourgaw, & le Canton d'Appenzell, ayant Wyl à l'un des bouts, & Rhoschac à l'autre bout. Sa longueur est d'environ 8. lieues, & sa plus grande largeur de 4. lieues. Le Pays est très-bon & très-fertile en toutes choses, & bien peuplé. Les Peuples y sont fiers, hardis, courageux, & même farouches & barbares en quelques endroits. La Religion y est généralement Catholique. Les Abbés y possèdent près des deux tiers des revenus, & ils ont dans le Rheinthal, quantité de Censes foncières, & des Dixmes de Vin, qui sont très-considérables.

[e] Etat & Dél. de la Suisse, T. 4. p. 305.

RHOSCYNUS, Voyez RUSCINO.

RHOSICUS, Voyez RHOSSICUS.

RHOSIUM, Voyez RHOSUS.

RHOSNE, ou RHÔNE, Fleuve de France, en Latin *Rhodanus* [f]. Il a sa source dans la Montagne de la Fourche, qui est à l'extrémité Orientale du Pays de Vallais, & le sépare du Canton d'Uri. Son origine n'est pas, comme on l'a cru jusqu'ici, un Ruisseau, qui coule d'une source de cette Montagne, mais plûtot deux gros Ruisseaux qui coulent d'une glacière. Delà vient, que l'eau de ce Fleuve est blanchâtre dans tout le Vallais, & de la couleur du petit Lait. Il coule dans un Pays, étroit parmi des Rochers, portant ses eaux à l'Ouest, & partageant le Pays de Vallais en long. Il passe entr'autres à Leuck célèbre pour ses bains, par Sion Capitale du Pays, & par St. Maurice, après quoi courant au Nord-Ouest, entre la Suisse, & le reste du Vallais, qu'il partage en deux, il entre ensuite dans le Lac de Genève [g], qu'il traverse dans toute sa longueur, d'Orient en Occident l'espace de huit lieues. Polybe & plusieurs autres Ecrivains, qui l'ont copié, disent que cette traverse se fait avec tant de rapidité que les eaux de ce Fleuve, ne se mêlent pas avec celles du Lac: *Rhodanus in Lacum Lemannum influit & impermixtis aquis & aquarum colore ex eo effluit*, dit Cecil. Frey dans son Livre intitulé *Admiranda Galliarum*. Cependant Misson leur donne un démenti, & assure que c'est une chose absurde & impossible, vu la longueur & la figure courbée dont est ce Lac. Une remarque qui est encore plus forte que ce que dit Misson contre cette fable; c'est qu'à moins de tempête ou de vent un peu fort, il régne un calme si parfait sur ce Lac, qu'on ne remarque de mouvement dans ses eaux que dans l'endroit ou le Rhosne, vien s'y jetter, & dans celui par où il en sort.

[f] Etat & Descr. de la Suisse, T. 1. p. 63.

[g] Piganiol, Descr. de la France, T. 1. p. 4.

A quatre lieues au-dessous de Genève ce Fleuve se perd en tombant dans la fente d'une Roché, qui a un quart de lieue de long sur deux ou trois toises de large, dans les endroits les plus étroits, & sur vingt ou vingt-cinq toises de profondeur. Au lieu des eaux du Rhosne on voit sur cette fondrière un brouillard épais formé par leur brisement contre le fond & les côtez de cette fente, dans laquelle ce Fleuve coule avec beaucoup de rapidité & de bruit. Le lit du Rhosne s'élargit ensuite après qu'il est sorti de ce gouffre au Pont d'Arlou; enforte qu'à Seissel il est

pres-

presque aussi large que la Seine l'est à Paris. C'est ici où il commence à porter des Bateaux. Il reçoit diverses Riviéres considérables entre autres la Saone à Lyon, l'Iséré, la Sorgue, la Durance & se jette dans la Mer de Provence par deux principales embouchures, l'une à l'Ouest & l'autre à l'Est, & qui ne sont séparées que par une petite Isle appellée BAUDUF. C'est celle qui s'avance le plus au large, & elle est fort basse. Il y a différentes autres moindres embouchures qu'on appelle GRAS. Voyez ce mot. On ne sauroit passer par l'entrée du Sud-Ouest nommée le GRAS DE ST. ANNE, qu'avec de petits Bâtimens[a] : on reconnoît cette Embouchure par deux Cabanes de Pêcheurs qui sont sur la gauche en entrant; & par une longue Bigue, qui ressemble à l'arbre d'un Vaisseau & où l'on met des Matelots pour faire signal aux Bâtimens qui entrent. Cette précaution est très-nécessaire à cause de plusieurs bancs de sable qui sont à l'entrée, & qui changent souvent d'un lieu à l'autre par le mouvement des eaux. On y tient aussi ordinairement une Boye, ou signal pour marquer le lieu où l'on doit passer. L'autre entrée du Rhosne, qui est du côté du Nord-Est de l'Isle Bauduf, est la plus profonde, & c'est par celle-là qu'entrent toutes les Tartanes & autres petits Bâtimens qui vont à Arles. Mais comme il y a plusieurs petits bancs de sable à l'entrée, il est nécessaire d'avoir des gens de pratique, parce que ces bancs sont tantôt d'un côté tantôt de l'autre, suivant les débordemens de la Riviére, ou suivant les tempêtes qui remuent les sables par dessous les eaux : aussi voit-on presque toujours briser la Mer, à moins qu'elle ne soit calme ou que les vents ne soient à terre. Sur la pointe de la droite entrant dans le Rhosne, il y a plusieurs Cabanes de Pêcheurs qui en donnent une connoissance, comme aussi quelques Dunes de sable, qui paroissent de loin comme des petites Isles. Voici le nom des Pays que le Rhosne mouille, avec les noms des Villes & principaux Lieux qu'il arrose:

[a] Michelot, Portul. de la Méditer. p. 39.

Dans le *Vallais*.
Leuck, d.
Sitten, g.
Martinach, g.
St. Maurice, g.
Ville-Neuve, d.

Dans l'Etat de *Genève*,
Genève.

Dans le *Bugey*,
Le Fort de la Cluse, d.
Seissel.

Dans la *Savoie*,
Yenne, g.
St. Genis d'Oste, g.

Dans la *Bresse*,
Nieuroz, d.

Dans le *Viennois*,
Oste,
Quirieu,

Amblérieu, g.
La Guillotiére, g.
St. Saphorin, d'Ozon, g.
Vienne, g.

Dans le *Lyonnois*,
Lyon, d.
Givors, g.
Ste. Colombe, d.
Coindrieu, d.
Chavanay, d.

Dans le *Vivarais*,
Serriéres, d.
Andance, d.
Tournon, d.
La Voulte, d.
Le Pouzin, d.
Baix, d.
Le Teil, d.
Viviers, d.
Le Boug-St. Andiol, d.

Dans le *Valentinois*,
St. Vallier, g.
Tein, g.
Valence, g.
Livron, g.
Lauriol, g.
Mirmande, g.
Montelimart, g.

Dans le *Tricastin*,
Donzére, g.
Pierre Latte, g.
La Palu, g.

Dans la *Provence*,
Montdragon, g.

Dans le Comté *Venaissain*,
Mornas, g.
Piauleur, g.
Cadrousse, d.
Port de Sorgues, g.
Avignon, g.

Dans le *Languedoc*,
St. Esprit, d.
Roquemaure, d.
Ville-Neuve, d.
Beaucaire, d.

Dans la Viguerie de *Tarascon*,
Tarascon, g.

Dans le Diocèse d'*Arles*,
Trinqueraille, d.
Arles, g.

Les principales Riviéres qui se jettent dans le Rhosne sont:

Au-dessus du Lac de Genève,

la Visp, g.
la Bietsch, d.
la Lunza, d.
le Sider, d.
la Liena, d.
la Brone, g.
la Morgia, d.
le Val Bagnies, g.
le Trient, g.

Au-dessous du Lac de Genève,

l'Arve, g.
le Val-Serne, d.
l'Usses, g.
le Sier, g.
le Bourget, g.
la Bourbe, g.
l'Ain, d.
la Saône, d.
le Garon, d.
le Giez, d.
la Gére, g.
le Verezy, g.
le Limony, d.
la Deume, d.
la Galaure, g.
le Dayer, d.
le Doute, d.
l'Iséré, g.
la Barbeyrole, g.
l'Eryeu, d.
la Dromme, g.
le Roubion, g.
la Berre, g.
l'Ardeche, d.
le Les, g.
l'Eygues, g.
la Céze, d.
la Nesque, g.
la Sorgue, g.
la Durance, g.
le Gardon, d.

Depuis le Pays de Gex jusqu'à son Embouchure dans la Mer, le Rhosne roule assez de paillettes d'or avec son sable, pour occuper pendant l'Hyver quelques Paysans, à qui les journées valent à peu près depuis douze jusqu'à vingt sols. Ils s'attachent principalement à lever de grosses pierres; ils enlevent le sable qui les environne, & c'est de ce sable qu'ils tirent les paillettes. On est incertain si le Rhosne entraîne ces paillettes de son propre fond; ou si la Riviére d'Arve ne les lui apporte point avec ses eaux; car on ne les trouve que depuis l'Embouchure de cette Riviére jusqu'à cinq lieues au-dessous: au moins paroît-il sûr qu'il ne les amene point d'auprès de sa source; il les déposeroit dans plus de vingt-deux lieues de trajet qu'il fait au travers du Lac de Genève.[b]

[b] Mémoires de l'Acad. des Sciences, 1718. p. 87.

RHOSOLOGIA, Ville de la Galatie: Ptolomée[c] la donne aux Tectosages, & la marque, entre *Vinzela* & *Sarmalia*. Dans le

[c] L. 5. c. 4.

RHO. RHU.

MS. de la Bibliothéque Palatine on lit *Orosologia*, au lieu *Rhosologia*. Simler croit que c'est la même Ville que l'Itinéraire d'Antonin appelle *Orsologiacum*, dans un endroit & dans un autre *Rosologiacum*. Cet Itinéraire la marque sur la route de Constantinople à Antioche entre *Corbeneunca* & *Aspona*, à douze milles de la première & à trente & un milles de la seconde.

RHOSPHODUSA, Isle du Golphe Carcinite, selon Pline [a] : tous les Exemplaires imprimez & tous les MSS. portent Rhosphodusa. Cependant le Pere Hardouin seroit tenté de lire Rhodussa, comme écrivent Etienne le Géographe & Pintaut. Pinet dit que le nom moderne est SALINES, & Ortelius [b] remarque qu'il y a aujourd'hui dans ce Quartier-là une Isle nommée ROSSA.

a L.4.c.13.
b Thesaur.

RHOSSICUS-SCOPULUS, Promontoire de la Syrie, selon Ptolomée [c]. Il s'avançoit sur le Golphe Issique. Etienne le Géographe écrit *Rhosicus* pour *Rhossicus*. C'est aujourd'hui *Cabo-Gangir*.

c L.5.c.15.

RHOSUS, selon Etienne le Géographe & Rhossus, selon Ptolomée [d] ; Ville de la Syrie, ou de la Cilicie, sur le Golphe Issique, entre le Fleuve *Issus* & Séleucie. Polianus la nomme RHOSIUM.

d Ibid.

RHOSSUS. Voyez RHOSUS.

RHOTALA, Village, voisin du Jourdain : Ortelius [e], qui cite Egesippe [f], dit que ce Village étoit aux confins de la Haute Galilée. Voyez MERO.

e Thesaur.
f L.3.

RHOTANA, Ville des Indes, selon Etienne le Géographe. L'Edition des Aldes lit *Rhogane* ; & Ortelius [g] soutient que c'est ainsi qu'il faut lire.

g Thesaur.

RHOTANUM, Fleuve de l'Isle de Corse : Ptolomée [h] place l'Embouchure de ce Fleuve sur la Côte Orientale entre *Valeria Colonia* & le Port de Diane. Leander prétend que c'est aujourd'hui le *Tavignani*.

h L.3.c.2.

RHOTOMAGUS. Voyez RITUMAGUM & ROUEN.

RHOXONOCAEA, nom d'une Ville, dont parle Etienne le Géographe.

RHUACENSII, Peuples de l'Isle de Sardaigne : Ptolomée [i] les place au Midi des *Cornensii* & au Nord des *Celsitani* & des *Corpicensii*.

i L.3.c.3.

RHUADA, Ville de l'Arabie Heureuse. Elle étoit dans les terres, selon Ptolomée [k], & entre *Atia* & *Chabuata*. Le MS. de la Bibliothéque Palatine porte RHABANA-REGIA pour RHUADA.

k L.6.c.7.

RHUADIS, le Texte Grec de Ptolomée écrit ainsi le nom du Fleuve Adris. Voyez ADRIS.

RHUADITAE, Peuples que Ptolomée [l] place dans la Libye Extérieure au Couchant de l'Egypte.

l L.4.c.5.

RHUBO. Voyez RUBO.

RHUBRA, Ville de l'Isle de Corse : Ptolomée [m] la marque sur la Côte Méridionale, entre le Port de Syracuse & le Promontoire *Granicum*.

m L.3.c.2.

RHUBRICATA, Ville de l'Espagne Tarragonnoise : Ptolomée [n] la donne aux Leitaniens. Voyez RUBRICATUM.

n L.2.c.6.

RHUBUNE, Ville de la Libye Intérieure. Elle étoit sur la Rive Septentrionale du Fleuve *Gira*, entre *Artagira* & *Lynxama*.

RHU.

RHUCANTII, Peuples de la Rhétie : eux & les *Cotuantii* étoient, selon Strabon [o], les plus mutins de toute la Rhétie. Pline, ni Ptolomée ne connoissent point ces Peuples. Il pourroit se faire néanmoins que les noms *Rhucantii* & *Cotuantii* seroient corrompus dans ce dernier qui met dans la Vindelicie deux Peuples appellez l'un *Rouricate* & l'autre *Consonanta*.

o L.4.p.206

1. RHUDA, Ville de la Parthie : elle est marquée par Ptolomée [p] entre *Pasacarta* & *Simpsimida*.

p L.6.c.5.

2. RHUDA, Ville de la Drangiane, entre *Prophthasia* & *Inna*, selon Ptolomée [q].

q L.6.c.19.

RHUDIANA, Contrée de la Carmanie. C'est Ptolomée [r] qui en fait mention.

r L.6.c.8.

RHUERORT, ou ROERORT, Ville d'Allemagne au Duché de Cléves, sur le Rhein, dans l'endroit où ce Fleuve reçoit la Riviére de Rur, ou Roër.

RHUIS, Isle ou plûtôt Presqu'Isle en France, sur la Côte de Bretagne [s], au Diocèse de Vannes. Elle s'avance beaucoup dans la Mer. Quoique l'Océan n'en fasse pas une Isle parfaite ; on ne laisse pas de l'appeller l'Isle de Rhuis. Il y croît des Vins, mais d'une si petite qualité, qu'ils ne se vendent ordinairement que trente livres la pipe.

Piganiol, Descr. de la France, t. 5. p. 236.

RHUMA, Ville d'Ethiopie sous l'Egypte, selon Pline [t].

t L.6.c.29.

RHUNICATAE. Voyez THUNICATES.

RHUS, Bourg de l'Attique : Pausanias [v] dit qu'on lui donna ce nom à cause qu'anciennement l'eau des Montagnes voisines tomboit sur ce Bourg. Mr. Spon [x] dit que ce Bourg est entiérement abandonné & tombe en ruïne. On y voit quelques Inscriptions anciennes ; & une entre autres d'un certain *Nicias*, fils d'*Hermias*, qui fut le premier, à ce que dit Pline [y], qui inventa le métier des Foulons.

v L.1.c.41.
x Voy. de Grèce, t. 2, p. 170.
y L.7.c.56.

RHUSA, Ortelius [z], qui cite Cédrène, dit qu'on nommoit ainsi le Palais du Roi Cosroës en Perse.

z Thesaur.

RHUSIUM, la Notice de Léon le Sage donne ce nom à une des Métropoles soumises au Patriarche de Constantinople, & à laquelle la soixante & dix-septième place est adjugée parmi les Métropoles. Ortelius [a], qui cite Nicetas, dit que cette Ville étoit dans la Thrace, & croit que c'est la même que *Topinium*. Voyez TOPIRIS.

a Ibid.

RHUSPINA. Voyez RUSPINA.

RHUSTICANA, ou RUSTICANA, Ville de la Lusitanie : Ptolomée [b] la donne aux Lusitaniens, & la place dans les terres entre *Talabriga* & *Mendeculia*.

b L.2.c.5.

RHUSUNCORAE, Ville de la Mauritanie Césariense : elle étoit, selon Ptolomée [c] entre *Addyme* & *Jomnyum*. C'est la même que l'Itinéraire d'Antonin appelle *Rusucurrium*, & sans doute aussi la même qui est nommée *Rusucurium* par Pline [d]. Cette Ville a été Colonie Romaine & ensuite honorée d'un Siège Episcopal. Dans la Conférence de Carthage Fortunatus est qualifié *Episcopus Plebis Rusucurritanae* ; & dans le Concile de Carthage de l'an 419. On trouve *Nicellus Rusurrensis*, ou *Rusurriensis*, qualifié Légat de la Mauritanie Césariense. Dans l'Edition du Pere Labbe on lit *Rusucuriensis* & à la marge *Rusucurrensis*, ou *Rusocoriensis*.

c L.4.c.2.
d L.5.c.2.
no. 135.

RHU-

RHU. RHY.

RHUTANI, RHUTENI & RUTENI. Voyez Rouerge & Rhodès.

RHUTUBI. Voyez RUTUBI.

RHYACUS, Lieu maritime de la Sicile, au pied du Mont Etna, selon Diodore de Sicile [a]. Ortelius [b] qui cite Julius Firmicus, dit que ce Lieu étoit près du Fleuve Symethus, & que le nom moderne est *Palisicus* : Platon [c] donne à un Torrent de Sicile le nom de RHYAX, 'Ρύαξ Πηλοῦ ; c'est-à-dire le Ruisseau fangeux. Je ne sai si ce nom n'auroit point quelque rapport à celui de Ryacus.

[a] L. 14.
[b] Thesaur.
[c] in Phædone.

RHYAX. Voyez RHYACUS.

RHYBDUS, nom qu'Etienne le Géographe donne à une Contrée de la Sicile.

RHYDDA, Ville de la Palestine : Josephe [d] dit qu'elle appartenoit aux Arabes.

[d] Ant. l. 14. c. 2.

RHYMNICI MONTES, Montagnes de Scythie, en deçà de l'Imaüs, selon Ptolomée [e]. C'est dans ces Montagnes que le Fleuve Rhymnus prenoit sa source.

[e] L. 6. c. 14.

RHYMNUS, Fleuve de la Scythie, en deçà de l'Imaüs : Ptolomée [f] qui dit que ce Fleuve prenoit sa source dans les Monts *Rhymnici*, place son Embouchure entre celle du Fleuve Rha, & celle du Fleuve Daïs. Mercator l'appelle *Jaeick*. C'est le RHŒMNUS d'Ammien Marcellin.

[f] Ibid.

RHYMUS, ou RHYMNUS. Voyez ALAZIA.

RHYNCHÆ, Contrée de l'Eubée, selon Etienne le Géographe.

RHYNCHUS, nom d'un Lieu voisin de l'Etolie ; c'est Athénée qui en parle d'après Polybe.

1. **RHYNDACUS**, Fleuve de la Mysie Asiatique, selon Ptolomée [g]. Pomponius Mela [h] dit qu'il prend sa source au Mont Olympe, & Pline [i] nous apprend qu'on le nommoit auparavant *Lycus*. Il est appellé *Megistus* par le Scholiaste d'Apollonius, *Lartacho* par Niger, *Lupidus* & *Lepadius* par d'autres.

[g] L. 5. c. 1.
[h] L. 1. c. 19.
[i] L. 5. c. 32.

2. **RHYNDACUS.** Voyez ZIOBERIS.

3. **RHYNDACUS**, Ville qu'Etienne le Géographe place entre la Phrygie & l'Hellespont.

RHYPÆ, Ville de l'Achaïe. Strabon [k] & Etienne le Géographe en parlent. Le premier qui dit qu'elle étoit ruinée de son tems lui donne un Territoire nommé RHYPIDIS, & il y met un Bourg appellé *Leuctrum*, qui dépendoit de la Ville Rhypæ. Ce Territoire est nommé *Rypica* par Thucydide [l] ; *Rhypæum* par Nicander ; *Rhipes* par Hérodote [m] & *Rhipei* par Pausanias [n], qui dit que de son tems on voyoit les ruines de *Rhipes*, à trente milles d'*Ægium*, & un peu au-dessus du Chemin milliaire. Homère qui écrit *Ripe* a parlé de cette Ville dans le second Livre de l'Iliade [o].

[k] L. 8. p. 387.
[l] L. 7. p. 513.
[m] L. 1. n. 145.
[n] L. 7. c. 23.
[o] v. 606.

RHYPÆI, Peuples de l'Ethiopie sous l'Egypte. Ptolomée [p] dit qu'ils habitoient entre la Nation des Darades & celle des Nygbenites, & il leur donne le surnom de Chasseurs. Au lieu de *Rhypei* le MS. de la Bibliothéque Palatine écrit *Orypei*.

[p] L. 4. c. 8.

RHYPARA, Isle que Pline [q] met au voisinage de l'Isle de Samos.

[q] L. 5. c. 32.

RHYPES. Voyez RHYPÆ.

RHYSSADIUS, Montagne de la Libye Intérieure : Ptolomée [r] dit que le Fleuve Stachir y avoit sa source.

[r] L. 4. c. 6.

RHYTIUM, Ville de l'Isle de Créte, selon Homère [s], Pline [t] & Etienne le Géographe. Ferrarius dans son Lexicon la confond avec la Ville *Rhithymna*.

[s] Iliad. B. v. 155.
[t] L. 4. c. 12.

R I.

RIAÇA, ou RIAZA, Rivière d'Espagne [v], dans la Castille-Vieille. Elle prend sa source dans les Montagnes qui séparent la Castille-Vieille de la Castille Nouvelle. Elle court du Sud-Est au Nord-Ouest & se jette dans le Duero, un peu au-dessous du Bourg de Roa. Cette Rivière n'est pas fort considérable.

[v] Jaillot, Atlas.

RIALEXA, ou REALEJO, Port de l'Amérique Septentrionale, dans la Mer du Sud, sur la Côte de la Nouvelle Espagne. C'est une petite Isle plate & basse [x], qui a un mille de long, & environ un quart de mille de large, & qui est éloignée de la terre d'un mille & demi. A chaque bout de cette Isle est un Canal. Celui que l'on trouve à l'Occident est le plus large & le plus sûr. Il ne laisse pas d'y avoir à la pointe de l'Isle du côté du Nord-Ouest un endroit où l'eau est basse, à quoi les Vaisseaux qui entrent doivent prendre garde. Après avoir passé cet endroit, il faut côtoyer l'Isle de près, à cause d'une pointe basse & sablonneuse, qui s'étend presque jusqu'au milieu de la Rade. Le Canal du côté de l'Orient n'est pas si large. D'ailleurs les Courans y sont si forts, que les Vaisseaux n'y passent presque jamais. Ce Havre peut contenir deux cens voiles. La meilleure Rade est près de la terre, où il y a sept ou huit brasses d'eau, & un sable clair & dur. A trois lieues du Havre de Rialexa est une haute Montagne que les Espagnols appellent Volcan Vejo. Elle se voit de vingt lieues, à cause que ce Volcan fume toute la journée, & que quelquefois durant la nuit il jette des flames. Il est aisé à connoître puis qu'il n'y a point de Montagne si haute aux environs, ni de la même figure tout le long de la Côte. La Ville de Rialexa est à deux lieues du Havre qui porte son nom. Il y a deux Anses ou petites entrées, qui baissent du côté de cette Place. La plus Occidentale descend jusque derrière la Ville & l'autre va jusqu'à la Ville, mais les Vaisseaux ni les Barques ne sauroient aller si loin. Ces Anses ou entrées sont fort étroites, & le Pays est rempli de mangles rouges de chaque côté. A un mille & demi ou environ au-dessous de Rialexa, les Espagnols ont élevé un bon Parapet sur les bords de l'Anse Orientale. La Ville appellée aussi Realejo, est située dans une Plaine près d'une petite Rivière. Elle est assez grande, à trois Eglises & un Hôpital, avec un fort beau Jardin. Il y a plusieurs belles Maisons entourées de Cours, & à quelque distance les unes des autres. L'air en est mal sain, à cause qu'elle est si proche des Anses & des Marais. Le Pays des environs est une terre glaise, forte & jaunâtre. Cependant l'endroit où la Ville est située, paroît sablonneux. On y trouve diverses sortes de Fruits, comme Guava, Pommes de pins, Melons, Poires piquantes.

[x] Dampier, Voy. au tour du Monde, t. 1. Ch. 5. & 6.

RIA. RIB.

tes. Le Guava croît sur un Arbrisseau, qui a son écorce unie & blanchâtre. Les branches en sont petites, mais assez longues. La feuille a quelque chose de ressemblance avec celle du Noisetier. Le fruit dont l'écorce est déliée, tient de la figure de la poire. Il est plein de petit pepins durs, & on peut le manger verd, qui est une chose assez rare dans les Indes. Lorsqu'il est mûr il est jaune, doux & fort agréable. On le cuit comme la poire, & étant pelé on en fait de bons patés. Le Poirier piquant est un Arbrisseau de quatre ou cinq pieds de haut, il pousse diverses branches, dont chacune a trois ou quatre feuilles. Ces feuilles sont rondes, larges par tous les bouts, comme la paume de la main & de la même épaisseur; & leur substance est de la nature de celle de la Joubarbe. Elles ont pour défense tout à l'entour de forts piquans de plus d'un pouce de long. Le fruit vient tout au bout de la feuille, il est aussi gros qu'une grosse prune, petit du côté de la feuille, & grossissant jusqu'au bout, où il est ouvert comme une Nesle. Il est d'abord verd comme sa feuille, d'où il sort environné de petits piquans, mais quand il est mûr, il est d'un rouge enfoncé. Le dedans est plein de petits pepins noirs, mêlez d'une substance, qui ressemble à du sirop épais. Il est froid, rafraîchissant, & d'un goût fort agréable.

RIAN, Bourg de France dans le Berry, Diocèse & Election de Bourges. Il est situé à quatre lieues de Bourges, & à une lieue des Aix. Il y a une petite Fontaine, dont le courant fait tourner trois Moulins. Plusieurs Annexes dépendent de cette Paroisse. La Cure est pensionnée, le terroir est médiocre en blés & à quelques Bois. Il y a des Eaux minérales. L'Hôpital ou Hôtel-Dieu des Aix jouît de la Chapelle de St. Roch, qui est dans Rian, dont les habitans voudroient avoir droit d'entrer malades dans l'Hôpital des Aix, puisque la Chapelle & le meilleur revenu de cet Hôpital est dans la Paroisse de Rian. Mr. le Marquis de Bouthillier de Chavigny est Seigneur de Rian. Les Patrons de la Paroisse sont St. Jacques & St. Christophe, & le jour de cette Fête il y a une Foire.

RIANS, Bourg de France, & Marquisat dans la Provence, Diocèse d'Aix. Ce Bourg est Chef-lieu d'une Vallée, de laquelle dépend la Ville de Pertuis. Il a Droit de députer aux Assemblées de la Province.

a Jaillot, Atlas.

RIBA-DE-SELLA, Bourg d'Espagne [a], dans l'Asturie de Santillane, à l'Embouchure de la Sella entre Ablaus & San Vincente; mais plus près du premier [b]. C'est un Port de Mer peu considérable.

b Délices d'Espagne, p. 114.

RIBADAVIA, Ville d'Espagne dans la Galice, au Confluent du Migno & de la Riviére d'Avia. Elle a le titre de Comté; mais elle est moins célèbre par cette dignité, que par la bonté de son Vignoble, qui rapporte le meilleur Vin de toute l'Espagne. RIBADAVIA est divisée en quatre Paroisses. On y compte deux Maisons de Religieux, un Hôpital, & quatre Fontaines. Elle a pour Armes le Soleil & la Lune, & au-dessous un Pont à deux Arches, & dont les Piles sont en forme de Tours. Elle fut peuplée par le Roi Don Garcie, fils de Don Ferdinand le Grand. Son Palais étoit dans l'endroit où l'on voit aujourd'hui la Maison des Dominicains.

1. RIBADEO, EO, EU, ou MIRANDA; Riviére d'Espagne [c]. Elle sépare le Royaume de Galice de la Principauté des Asturies. Elle a sa source dans les Montagnes au confins des Royaumes de Galice, & de Léon. Son cours est du Midi Oriental au Nord Occidental [d]. Elle se jette dans la Mer entre Ribadeo & Castropol.

c Ibid. p. 111.
d Jaillot, Atlas.

2. RIBADEO, Ville d'Espagne, dans la Galice [e], & le dernier Port de cette Province du côté de l'Orient, à dix lieues de Eucara, sur le bord Occidental de la Riviére Ribadeo, & près de son Embouchure. Cette petite Ville est située sur la petite d'un Rocher : le devant aboutit à la Mer & le derriére est tourné vers la Campagne. Son Port est également beau, bon & assuré. Ce n'est pas une Ville fortifiée. Sa situation néanmoins la rend assez forte. Elle a le titre de Comté, & appartient aux Ducs de Hijaz. L'Evêque de Mondonnedo a eu autrefois son Siège à Ribadeo.

e Délices d'Espagne, p. 124.

RIBAGORZA, Seigneurie d'Espagne [f], au Royaume d'Aragon, du côté de l'Orient & du Nord. Cette Seigneurie, qui porte aujourd'hui le titre de Comté, & a porté autrefois celui de Royaume, s'étend dans ce Quartier de Pays, le long des Frontiéres de la Catalogne, dont elle est séparée par la Riviére de Noguera Ribagorzana, ayant quinze lieues de longueur sur six de largeur. Elle comprend diverses Vallées, savoir celle de Benabarri, de Venasque & d'autres, & s'étend sur trois cens cinquante petites Places, comme Bourgs & Villages, dont la principale est Benabarri ou Benavarri, à l'Orient de Castro, & au Sud-Est de Graus : les autres plus considérables sont Venasque au Nord, Tamarit & St. Estevan de Litera à l'extrémité Méridionale; entre Monçon & les Frontiéres de Catalogne. Ce Quartier de Pays a été enlevé aux Mores de fort bonne heure, & le premier qui prit le titre de Comte de Ribagorça fut Bernard parent de Charlemagne, premier Comte de Barcelone, qui épousa Thuida fille de Galinde II. Comte d'Aragon. Pour revenir à Venasque cette Ville étant Place frontiére, on y tient ordinairement Garnison dans un beau Château, dont elle est défendue; où l'on voit de grosses pierres sur les murailles au lieu de Canon. On boit-là de fort bon Vin, & l'on y mange d'excellentes Truites.

f Ibid. p. 659.

De Venasque on continue à côtoyer l'Esfera, & à marcher dans les Pyrénées, on voit en passant de belles Forêts de hauts & de grands Arbres, qui servent à faire les mâts de Navires. Après deux lieues de chemin, l'on trouve une Hôtellerie nommée HOSPITALET, où il faut attendre que l'on se trouve vingt-quatre personnes ensemble pour pouvoir passer. On commence-là de nouveau à grimper sur la Montagne, par un très-méchant chemin, & l'on arrive au Puerto, Port ou Lieu de passage, où l'on quitte l'Espagne pour entrer en France. Ce passage est fermé de deux pointes de Rochers, qui venant à se rencontrer, le rendent si étroit & si scabreux, qu'avec une poignée de monde on en peut défendre l'entrée à toute une Armée. Quand on regarde de haut en bas, du côté de la France, il ne semble pas possible d'y décendre, & en effet la Montagne est si roide, qu'il

RIB.

qu'il a falu que les hommes y ayent taillé un chemin dans le roc. De-là l'on compte environ dix lieues jusqu'à *St. Bertrand de Cominges*.

1. RIBAS, ou RIBA, Village d'Espagne [a], au Royaume de Léon, sur la Rivière de Tormes, à la droite entre Salamanca & Ledesma. C'étoit anciennement un Lieu fort peuplé; mais il est presque désert aujourd'hui Il y a cependant une Paroisse. Le Capitaine Maure Azeifa la peupla en 938. par l'Ordre du Comte Ferdinand Gonzalez.

[a] *Silva, Pobl. de España, fol. 47.*

2. RIBAS, Ville d'Espagne, dans la Nouvelle Castille [b], au bord de la Rivière de Xarama, à trois lieues de Madrid. Guillaume de Ribas, de Segovie, Capitaine renommé pour sa valeur fonda ce Village en 1100. Les Evêques de Segovie en tirérent le revenu jusqu'à l'an 1190. Le Roi Alphonse IX. en fit l'acquisition donnant en échange aux Evêques, tous les ans cent écus à prendre sur les droits que l'on percevoit aux portes de la Ville de Segovie. Morales dit cependant que Don Alfonse VIII. Roi d'Espagne l'avoit donné à l'Eglise de Toléde du tems de l'Archevêque Don *Juan del Castillo*, en 1154. Ribas est le Chef-lieu d'un Marquisat que le Roi Philippe IV. donna à Don Joseph de Saavedra.

[b] *Ibid. p. 64.*

RIBAUDAN, Isle de France sur la Côte de Provence [c], & l'une de celles qu'on appelle HIE'RES. On la nommoit anciennement *Sturium*. Elle est située entre la Côte de Provence, & l'Isle Porquerolles.

[c] *Taffin, Carte des Côtes de France.*

RIBAUPIERRE. Voyez RAPPOLSTEIN.

RIBAUVILLER; en Allemand *Rapolsweiller*; est le Chef-lieu d'un Comté fort ancien, mouvant de l'Evêché de Basle, qui a été possedé pendant plusieurs siècles par l'illustre Famille de Rapolstein, éteinte dans les mâles, en 1656. Louïs XIV. en donne l'investiture au Prince Birkenfeld, dont la mere étoit fille du dernier mâle. Il y a trois cens quatre-vingt Maisons, cinq cens familles, & 2200. habitans, dont les deux tiers sont Lutheriens. Le Magistrat n'a que deux mille cinq cens livres de rente.

RIBBESBUTTEL, petit Château d'Allemagne [d], au Duché de Brunswic dans la Seigneurie de Gifhorn. Il appartenoit autrefois à une famille très-ancienne du même nom. Cette Famille étant éteinte il fut donné à celle de Mandelschlo.

[d] *Zeyler, Topogr. Ducat. Brunswic. P. 176.*

RIBBLE, Rivière d'Angleterre [e]. Elle a sa source dans le Duché d'Yorck, au Comté de Gisborn; & elle court du Nord Oriental au Midi Occidental. Après avoir traversé le Comté de Lancastre, elle va se jetter dans un petit Golphe où elle se perd dans la Mer d'Irlande. Elle mouille dans sa course, Gisborn, g. Sauwley, g. Chatborn, g. Waddington, d. Clethero-Castle, g. Mitton, g. Ribchester, d. Samsburg, g. Koverdale, g. Preston, d. Leahall, g. Les principales Riviéres qu'elle reçoit sont : l'Hodder, g. le Colder, g. la Darwen, g. la Sawok, d. Mr. Corneille dit mal à propos que cette Rivière a sa source dans le Cumberland ; & au lieu de RIBBLE il écrit Ribbil.

[e] *Blaeu, Atlas.*

RIBCHESTER, Ville d'Angleterre, dans le Comté de Lancastre, sur la Rivière de Rible [f], & que l'on prend pour le *Bretenomacum*

[f] *Etat présent de la Gr. Br. t. I. p. 81.*

RIB.

des Anciens. Cette Ville qui n'est pas éloignée de Preston passoit autrefois pour être la plus riche de toute la Chrétienté. Il est certain qu'on a deterré dans son voisinage tant de Monumens d'antiquitez Romaines qu'il y a lieu de croire que c'étoit une Place d'importance du tems des Romains.

RIBEYRAT, ou ST. MARTIN DE RIBERAT; Bourg de France, dans le Périgord, Diocèse & Election de Périgueux.

RIBEMONT, ou RIBLEMONT; Ville de France dans la Picardie Diocèse & Election de Laon. Elle est le Siège d'une Prevôté Royale, ressortissante au Bailliage. C'est un Gouvernement particulier du Gouvernement Militaire de Picardie. Riblemont a une coûtume particuliére, qui dépend de celle du Vermandois. Les Principaux Bourgeois sont des Procureurs, Notaires & gens de Justice & pratique.

Cette Ville n'a presque qu'une ruë; elle est située auprès de la Rivière d'Oise, sur une hauteur, au pié de laquelle est une Abbaye d'Hommes Ordre de St. Benoît, Reformée. *Sancti Nicolai de Pratis, ou de Ribodimonte Abbatia*. Cette Abbaye est dans une belle prairie, d'où on l'appelle aussi St. NICOLAS DES PREZ : elle est à quatré lieues de Creci sur Serre, où elle a été d'abord fondée par Anselme, Comte de Ribemont, en 1083. Elle vaut à l'Abbé six mille livres de rente. Ribemont est dans le Tierarche, entre Guise & la Fere, à quatre lieues de St. Quentin.

RIBERA-GRANDE, Ville de l'Isle de St. Jacques la plus considérable de celles du Cap-Verd [g]. Elle est située entre deux Montagnes très-hautes, au milieu des quelles passe une Rivière ; qui a sa source à deux lieues de-là, & dont l'embouchure est large de la d'un Pilote portée d'un trait d'arc ou environ. Cette Ville est habitée d'un bon nombre de Castillans & de Portugais & peut avoir autour de cinq cens Maisons. Elle a du côté du Nord un Port où les Navires sont en sûreté; on le nomme SAINTE-MARIE. Il y a à Ribera-grande un Evêché Suffragant de l'Archevêché de Lisbonne.

[g] *Davity, Isles du Cap Verd. Navigat. Portugais. Januto, l. 3.*

RIBNICK, ou RIBENICK; petite Ville d'Allemagne [h], dans la Silésie, & dans la Principauté de Ratibor proche de Sora.

[h] *Zeyler, Topogr. Síl. p. 174.*

RIBNIZ, ou RIBBENIZ, petite Ville d'Allemagne au Duché de Mecklenbourg, à trois milles de Rostock, vis-à-vis de Damgarden. La Riviére de Reckniz qui tire sa source d'un Lac voisin d'un Village de même nom, passe entre les Villes de Ribniz & de Damgarden & sépare le Duché de Mecklenbourg de la Pomeranie. Il y avoit autrefois à Ribniz un Monastère de Filles, érigé en 1319. par Léon de Mecklenbourg fils de Henri surnommé de *Jerusalem*. Plusieurs Princesses de Dannemarc & de Mecklenbourg y ont été Abbesses. Cette Ville souffrit beaucoup en 1630. de la part des Suédois.

RIBUARII. Voyez RIPUARII.

RIBUARIUS-PAGUS, Bourgade de France, selon Ortelius [i] qui cite Floard, dans la Vie de St. Remy. Le même Auteur dans sa Chronique place cette Bourgade sur la Rivière Roer; son Interprete rend *Ribuarius Pagus*, par RIBEMONT.

[i] *Thesaur.*
[k] *Corn. Dict. Ricaut, Descr. de l'Empire Ottoman.*

RICA, Contrée des Etats du Turc en Asie dans le Diarbekir [k]. On l'appelle com-

mu-

RIC.

munément le BEGLIEBERGLIC DE RICA. Quoique l'étendue en soit assez resserrée elle ne laisse pas de renfermer sept Sangiacats ou petits Gouvernemens, qui sont :

Ghemasche,   Seruk,
Chabur,   Diregek,
Dizirhebe,   Benirabuë,
Ane.

RICCA, Bourg d'Italie au Royaume de Naples [a], dans le Comté de Molife, aux confins de la Capitanate & de la Principauté Ultérieure. Il y a un Château avec titre de Principauté. Ce Bourg est dans l'Apenin au Nord de Bénévent.

[a] Magin, Carte du Comté de Molife.

RICCAE Æ. Voyez DIANÆ TEMPLUM.

RICCIA, (la) Bourg d'Italie dans la Campagne de Rome [b], avec un Château. Il est proche d'Albano à l'Orient Méridional & on l'appelle plus communément Ariccia. Voyez ARICIE.

[b] Magin, Carte de la Campagne de Rome.

RICEY, sous le nom de RICEY, on comprend trois gros Bourgs de France, distinguez par les surnoms de RICEY-HAULT, RICEY-HAUTE-RIVE, & RICEY-LE-BAS : ils sont situez dans une même Vallée, sur la petite Rivière de Leignes, à deux petites lieues au-dessus de Bar-sur-Seine, sur les confins des Généralitez de Paris & de Dijon. Ces trois Bourgs sont tous trois divisez entre les deux Provinces de Bourgogne & de Champagne & entre les deux Intendances de Paris & de Dijon. Ils sont tous trois du Diocèse de Langres, & forment une Baronnie. Ils sont aussi trois mi-partie des Bailliages de Sens, & de Bar-sur-Seine. Ricey le haut qui est du Parlement & de l'Intendance de Dijon, est dans la Bourgogne. Ricey-le-bas est dans la Champagne, Parlement & Intendance de Paris ; Ricey-haute-Rive est moitié des uns & des autres & il y a un Prieuré de l'Ordre de St. Benoît. Ces Bourgs sont recommandables par la bonté des vins, & par les circonstances de leur fondation ; le terroir n'est propre qu'à la vigne, étant couvert de Montagnes toutes plantées de vignobles : le vin en est excellent, & bon pour la santé, les étrangers viennent l'enlever, & le comparent au vin de Bourgogne. Ces Bourgs ont été fondez par les Boïens, lorsque s'étant joints aux Helvétiens, ils furent défaits près d'Autun par Jules-César, à la prière des Bourguignons permit aux Boïens d'aller s'établir dans cette contrée des Gaules. Les Rittons ont retenu jusqu'à présent l'habillement de leurs Fondateurs, & leur talent pour remuer la terre ; ce qui faisoit que Louïs XIV. les préferoit à tous autres, lorsqu'il avoit des terres à remuer. Ces trois Bourgs n'ont qu'un même Seigneur, un seul Juge & un même Curé ; ils sont fermez de murailles munies de fossez, les Maisons sont bâties & couvertes de Pierres, qu'on tire dans le voisinage. Il y a trois Eglises magnifiques bâties de pierre de taille. Le Seigneur a son Château à Ricey-bas avec un grand parc, qui contient six-vingts arpens, plantés d'arbres en allée, & à travers lequel la Rivière passe. Sur une Colline, auprès de ce Château, il y a un Bois, autrefois dédié à de fausses Divinités, & que l'on appelloit *Deorum via*, aujourd'hui par corruption le BOIS DELVOY ou DEVOYE. On a trouvé dans quelques côteaux de vignes des environs, quelques tombeaux de pierres, des Médailles, & autres marques de l'antiquité de ces trois Bourgs.

RICHBOROW, RICHBURG, ou RICHBERG ; Bourg d'Angleterre dans la Province de Kent : c'étoit autrefois une Ville d'Angleterre, appellée RITUPIÆ par Ptolomée & par Ammien Marcellin ; RHITIPUSPORTUS par Antonin, & *Rhutubi Portus* & CIVITAS par Orose [c]. Anciennement les Anglois lui donnoient le nom de *Reptimuth* & Alfred de Beverley lui donne celui de Richberg. Le nom moderne est *Richborow*, ou *Richburgh*, comme l'a très-bien remarqué Camden. Il paroît cependant assez probable, comme l'a observé Gibson que le Port *Rhitup*, ou *Rhutub* étoit à Stonhar, où il y avoit un Phare, & que la Ville étoit *Richberb*, ou *Ritubsberg*, des ruïnes de laquelle s'est formé SANDWICH. Voyez ce mot.

[c] Glossar, antiq. Britan.

RICHECOUR, Mr. Corneille [d] dit : petite Ville de Lorraine, située proche d'un Lac qu'on nomme vulgairement *la Garde-Lac*, d'où sort une Rivière qui va se jetter dans la Meurte entre Saint-Nicolas & Rosiéres. Pour estimer les choses à leur juste valeur : *Richecour*, ou RICHECOUR LE CHÂTEAU, en Latin *Richeri-Curtis* est une simple Annéxe de la Paroisse de la Haye-ville [e]. Le Lac à l'Orient duquel ce Lieu est situé s'appelle simplement la Garde.

[d] Dict.
[e] Jaillot, Atlas.

1. RICHELIEU, Ville de France dans le Diocèse de Poitiers, ressort de l'Anjou, à neuf lieues de Poitiers vers le Nord, le Cheflieu d'une Election & d'un Grenier à Sel, sur les Rivières d'Amable & de Vide. Cette Ville qui est franche de tailles n'étoit autrefois qu'un Village, que le Cardinal de Richelieu pour honorer le Lieu de son origine fit bâtir ainsi que son Château vers l'an 1637. La Ville est également belle & régulière & le Château est magnifique. La Rivière Amable remplit les fossés de la Ville qui a trois cens cinquante toises de longueur, sur deux cens cinquante de large. La grande rue a environ cent quarante toises de long & six de large. Elle est decorée de vingt-huit grands pavillons, quatorze de chaque côté, qui ont chacun leur porte cochère & par dedans une Cour & un jardin au bout. Tous ces Pavillons sont symeterie & sont couverts d'ardoise. Cette grande rue est une autre coupée au milieu par une autre qui la croise & la traverse à angles droits. La Cure de Sablon qui étoit dans le Parc a été transférée où est aujourd'hui l'Eglise Paroissiale. Cette Ville est encore ornée de plusieurs belles Places dans l'une desquelles on voit le Palais ou Siège de Justice & un Hôpital.

Quant au Château il faut parcourir deux Avant-Cours pour arriver à la porte ; c'est-à-dire à la place qui est au bout du Pont-levis, & dont la figure est bar-longue. La forme du bâtiment est en partie de corps de logis [f], & en partie de pavillons. La matière est de pierre blanche fort belle, dont est fait tout le Château, & une partie des ornemens de la Ville. La couverture est d'ardoise avec des Lucarnes, ainsi que le logis du Château. Cette Basse-Cour est accompagnée d'une seconde, ensorte que par la grande entrée qui est de ce côté-là, l'on a deux Bassecours à passer avant qu'on arrive à la porte du Château, c'est-à-dire à bord ; & dans la Place qui est au bout du Pont-Levis. Le fossé, quoi-

[f] Corn. Dict. Davity, Anjou.

quoique peu profond, eſt à fond de Cuve & rempli d'une eau de ſource. Il a cinq pieds d'eau & eſt revêtu de pierres de taille, étant flanqué en forme de petit boulevard, du côté du bâtiment du Château, & aux quatre coins de ce même bâtiment. La face de l'entrée n'eſt qu'une terraſſe découverte, flanquée de deux pavillons en dôme qui ſe joignent aux ailes ou côtez du Château, qui ſont deux Corps de logis, dont l'un eſt une galerie, l'autre eſt diviſé par chambres & par appartemens différens. En face eſt un troiſième Corps de logis, joint auſſi aux deux ailes par deux autres pavillons en pointe qui font quatre pavillons aux quatre coins du Château, mais au milieu de cette face il y a un grand pavillon double, qui eſt la ſeule place qui reſte de l'ancien Richelieu que l'on a raccommodé pour le rendre de Symmetrie aux autres de la terraſſe ou entrée, tant en le reduiſant en dôme, comme ſont ceux-là, qu'en reformant les Croiſées & les ouvertures. L'aire de la Cour compriſe entre les Batimens, eſt preſque quarrée, ayant vint-cinq à trente toiſes de chaque côté. Au grand pavillon du milieu de la face, on voit le Maître eſcalier, au devant duquel on a bâti un portail qui avance en dehors, comme un demi portique ſoûtenu de deux Colomnes de marbre jaſpé, avec leurs piedeſtaux, & leurs ornemens de deſſus d'ordre Dorique. Les fenêtrages du ſecond étage des ailes, ont auſſi quelque choſe de Dorique, quoiqu'il n'y en ait rien en tout le reſte du bâtiment. Les niches des deux étages ſont remplies de belles ſtatuës. Il y en a cinq ou ſix douzaines, la plûpart de marbre en partie entieres, comme ſont preſque toutes celles du ſecond étage, & en partie coupées à demi, que les Italiens nous font nommer buſtes, qui ſont au premier étage, afin qu'elles ſoient vuës de plus près. Il y en a quelques-unes de bronze, & dans une ſalle auprès du maître eſcalier, on en conſerve environ autant, ce ſont les meilleures de toutes. Elle ſont de pierre ou de marbre, demies ou entieres, nuës ou vétues au naturel, & au-deſſous & au-deſſus du naturel il y en a auſſi de Grecques. On y voit des Termes, des Dieux, des Déeſſes, des Empereurs, des Impératrices, dont cinq ou ſix ſont buſtes revêtuës d'albâtre Oriental, des Gladiateurs, des Satyres, des Paſteurs & des Captifs. La plûpart de ces antiquitez ont été données au Cardinal de Richelieu. Dans ce même quartier du logis, eſt une Salle pleine de Deviſes ou d'Anagrammes comme celle-ci, *Armandus Richelieu, Hercules admirandus*. En ſortant deſſous cet eſcalier, on paſſe un pont de derriere où l'on entre dans un grand & beau parterre borné par la petite Rivière de l'Amable, renfermée en cet endroit & depuis le Parc, en un Canal revêtu de pierres, ayant de long quatre ou cinq toiſes, & de large dix, avec un pont de quatre Arches de pierres pour la paſſer, & pour entrer dans le Parc qui eſt derriere. Au milieu de ce Parc eſt une grande ouverture ou allée très longue, qui ſe trouve vis-à-vis du grand eſcalier, & du pont ou de l'entrée du Château. La Riviére de l'Amable eſt retenuë par une écluſe, au bout de ſon Canal revêtu, elle eſt rejettée dans les foſſez de la Ville pour la clorre de ce côté-là, qui eſt l'Orient. Cette Ville eſt droite au Septentrion du Château, ſéparée de Clôture, avec un bon eſpace entre deux. Ce qu'il y a de bâti eſt une ruë de quatorze grands pavillons de chaque côté, qui ne paroiſſent qu'un Corps de logis. Il y en a vint-huit en tout qui ont chacun leur porte cochere, & par dedans une Cour avec un jardin au bout. Ils ſont bâtis de moilons & de pierres brutes couvertes d'un enduit à chaux & à ſable. Les encoigneures des pavillons de haut en bas, les côtez, les fronts & ſupports des Croiſées, & les Cordons ou ceintures qui regnent de travers, pour la diſtinction des étages, ſont de pierres blanches comme le Château. Les toits ſont couverts d'ardoiſes, & les portes & les fenêtres ſont peintes. Cette ruë eſt à peu près de cent quarante toiſes de long & de ſix de large, & elle eſt coupée au milieu par une autre ruë qui la croiſe, & traverſe à angle droit, & qui n'eſt pas bâtie. Au bout Auſtral qui regarde le Château eſt une grande Place, qui a deux rangs de Maiſons à boutiques en potence, de la ruë dont on a parlé, & à l'oppoſite quatre beaux pavillons avec les Corps de logis qui les joignent. Entre deux à main gauche il y a une Halle avec deux ailes, & le deſſein d'un bâtiment au derriére. A main droite on voit l'Egliſe qui eſt la paroiſſe de Richelieu, & le Presbytere de derriére. La Cure de Sablon qui étoit dans le Parc, a été transferée-là. Cette Place a d'aire quarante huit ou cinquante toiſes en tout ſens, & elle a iſſuë à trois portes de la Ville, une au Midi qui eſt celle du Château, une à l'Orient derriére la Halle, & la troiſième à l'Occident derriére l'Egliſe, tout cela avec un Symetrie fort exacte. Pour la rendre entierement juſte, on a fait à l'autre bout de la ruë qu'on a décrite, qui eſt le bout Septentrional & vers Champigny, une Place toute ſemblable, avec une Egliſe, un Hôpital & un Palais ou Siège de Juſtice, avec trois Portes, une au Septentrion & les deux autres à l'Orient & à l'Occident. La Ville de Richelieu a trois cens cinquante toiſes de longueur & deux cens cinquante de largeur. C'eſt ainſi que d'un Château & d'un Village qui étoit de trois Provinces, d'Anjou pour le Gouvernement, de Poitou pour le Dioceſe, & de Touraine pour la Généralité & pour les Tailles, le nom de Richelieu a fait naître une belle Ville, qui eſt privilègiée comme la Capitale d'une Province, quoique pour deux cens feux ſeulement. La Juſtice du Duché & Pairie, qui étoit auparavant ſous la Juriſdiction du Siége Royal de Saumur, y eſt établie. Le Grenier à ſel de Loudun & l'Election de Mirebeau y ont été transferez. Le Duché contient beaucoup de Villes, de Châteaux & de gros Bourgs. On aſſure que le Parc a dix milles toiſes de circuit, qui ſont dix milles pas ou deux lieues de ce Pays. La muraille eſt uniforme, ſa forme eſt irreguliére & elle a pluſieurs Angles & ſon aire plantée de Bois de haute fûtaye avec diverſes allées. La Terre de ce Duché & Pairie eſt preſque ronde, & peut avoir huit lieues de Diametre, ſans quelques Bourgades un peu plus éloignées. Les principaux lieux ſont Mirebeau, & l'Iſle Bouchard. De Mirebeau ont autrefois dé-

pen-

RIC.

pendu le Puis Nôtre Dame & Doué, célèbre par son Amphithéatre. Ce Duché aboutit à Montcontour, & est à deux lieues de Loudun & de Chinon.

2. RICHELIEU, grande Riviére, dans l'Amérique Septentrionale ; elle vient du Lac de Champlain, & se décharge dans le Fleuve St. Laurent, vis-à-vis les Isles de Richelieu. On l'appelle encore RIVIERE DES IROQUOIS, parcequ'elle est fort frequentée par ces Sauvages, qui descendent souvent le long pour venir au Fleuve St. Laurent. C'est sur les bords de cette Riviére, que les François unis avec les Algonkins eurent affaire pour la premiére fois avec les Iroquois, qui furent battus, Mr. Champlain ayant tué trois de leurs Chefs. On l'appelle encore quelquefois RIVIERE DE SOREL.

3. RICHELIEU, Isles de l'Amérique Septentrionale, dans le Lac St. Pierre, à douze lieues plus haut que la Ville de TROIS RIVIERES. C'est où commence le Gouvernement de Mont-Real. Elles sont à l'entrée du Fleuve Saint Laurent dans le Lac de St. Pierre: il y en a plus de cent; elles sont toutes remplies d'arbres, entre autres de noyers dont le fruit a le goût d'amande. L'on y cultive beaucoup de vignes. Il y a beaucoup de Gibier, particuliérement des Rats musqués dont on fait la chasse au mois d'Avril. Cet Archipel sert de retraite aux Iroquois.

4. RICHELIEU, dans l'Amérique Septentrionale, grand & petit Fort rétabli en 1635. au bord du Fleuve St. Laurent.

1. RICHEMOND, ou RICHMOND lieu d'Angleterre[a] dans Yorkshire sur la Swale, dans le North-Riding, est la Capitale du Territoire qu'on appelle Richmondshire, où il y a des mines de plomb, de cuivre & de Charbon de terre. Ce lieu fut érigé en Comté en faveur d'Alain le Noir, Comte de Bretagne par Guillaume le Conquérant ; & ce titre ayant passé de cette Maison aux Comtes de Chester, rétomba dans celle de Montfort par la donation qu'en fit Edouard III. à Jean de Montfort Duc de Bretagne. Rodolphe de Neville Comte de Westmorland, en fut pourvu après la mort de Jeanne de Bretagne, Sœur de Jean le Vaillant, & ensuite Henri VI. le donna à Edmond de Hadam, son frere Utérin. Gorge Duc de Clarence, & Richard Duc de Glocester le possédérent sous Edouard IV. ; & Henri VIII. l'ayant érigé en Duché en 1535. le donna à un de ses fils naturels qu'il avoit eu d'Elisabeth le Blunt. Charles de Lenox, fils naturel du Roi Charles II. posséda ce Duché qui est actuellement possédé par sa posterité.

[a] Etat prés. de la Gr. Br. t. 1. p. 129.

Alain le noir du tems de Guillaume le Conquérant fit bâtir le Bourg de Richemond sur les ruïnes du Bourg de Gilling, où Oswius Roi de Nothumberland fut assassiné par son Hôte. Ce fut pour expier un crime si détestable que l'on y fonda un Monastére de l'Ordre de St. Benoît. Ce Bourg a droit d'envoyer deux Députez au Parlement.

Le Duché de Richemond est divisé en cinq parties, qui sont :

Hang-East,   Gilling-East,
Hang-West,   Gilling-West,
Kalikelld.

RIC.

2. RICHEMOND, grand Bourg d'Angleterre, dans le Surrey, à sept milles de Londres, Lieu fort agréable l'Eté, où vont plusieurs marchands de Londres, & particuliérement des Juifs. On y voit encore les restes d'un Palais Royal, où le Roi Henri VII. & la Reine Elisabeth ont fini leurs jours. Il y a d'ailleurs un très-beau Parc qui a six milles de tour, & qui est fermé de murailles. Mais rien ne sauroit être plus agréable que la Maison de Plaisance, où le Roi va ordinairement passer l'été. La Maison est petite, mais propre : & les jardins & le Parc sont très-beaux. Cette Maison a apartenu au Duc d'Ormond.[b]

[b] Etat prés. de la Gr. Br. t. 1. p. 115.

RICHEMONT, ou RICHMONT. Bourg des Pays-Bas[c], au Duché de Luxembourg. Il est situé sur la Riviére d'Orne, près de l'Embouchure de cette Riviére dans la Moselle. Ce Bourg est orné d'un Château.

[c] Jaillot, Atlas.

RICHENA, ou REQUENA. Voyez ROQUENA.

RICHENAW. Voyez RYCHENAW.
RICHMOND. Voyez RICHEMOND.
RICHMOND. Voyez RICHEMONT.

1. RICINA, Isle que Ptolomée[d] place sur la Côte de l'Hibernie, & qu'il range au nombre des Isles Ebudes. Elle est nommée Ricnea dans quelques Exemplaires de Pline[e], & Ricina dans d'autres. Camden trouve le nom de cette Isle corrompu dans le mot Riduna qu'on lit dans l'Itinéraire d'Antonin. On nomme aujourd'hui cette Isle Racline. Voyez RACLINE.

[d] L. 2. c. 2.
[e] L. 4. c. 16.

2. RICINA, Ville d'Italie, dans le Picenum, & qui ne devint Colonie Romaine que sous l'Empereur Sévére. Une ancienne Carte citée par Cellarius[f] en fait mention. Pline[g] connoit cette Ville sous le nom du Peuple RICINENSES. Holsten a trouvé les ruïnes de Risina, à deux ou trois milles de Macerata sur le bord de la Riviére Potenza à la droite. Une ancienne Inscription trouvée près de Macerata & rapportée par Mr. Jac. Spon[h] nous a conservé une autre Inscription, où il est aussi parlé de Ricina : PATRONO COLONIÆ RICINNIÆ HELVIÆ IN CUJUS CUR. ET OF. F. BENEMERITO RICINNATI HELVIANI SUA IMPENSA IN FORO CÆSAR D. D.

[f] Geogr. Ant. l. 2. c. 9.
[g] p. 137.
[h] p. 205. n. 5.

3. RICINA, Ville d'Italie, dans la Ligurie, sur la côte, à l'Orient de la Ville de Génes, entre cette Ville & le Port Dauphin, selon une ancienne Carte citée par Cellarius[i], qui croit que ce peut être présentement le Village RECCO.

[i] Geogr. Ant. l. 2. c. 9.

RICINENSES. Voyez RICINA, n°. 2.

RICLA, petite Ville d'Espagne au Royaume d'Aragon[k], entre Calatayud & Sarragosse, sur le Xalon. Il y a une Paroisse & le nombre des Habitans est si peu considérable que ce Lieu meriteroit à peine le nom de Village. Don Alfonse I. Roi d'Aragon la prit sur les Maures en 1120. & la fit peupler de nouveau. Elle est le Chef-lieu d'un Comté qui fut érigé par le Roi Philippe II. & que le Roi Philippe IV. renouvella en faveur de Don François de Los Cobos & Luna, fils de Don Diego de los Cobos & Luna Marquis de Camarasa. La Campagne des environs produit beau-

[k] Silva Pobl. de España, fol. 137.

RIC. RID. RIE.

beaucoup de bled, de vin, d'huile, de fruits, & on y éléve une grande quantité de Bétail.

RICNEA. Voyez Ricina & Ebudæ.

RICOMAGUM, ou RICOMAGUS, Ville de France dans l'Auvergne, selon Grégoire De Gloria re de Tours [a], & Surius. Ce dernier en particulier, le Martyrum, dans la Vie de St. Amable. C'est aujourd'hui la Ville de Riom. Voyez RIOM.

[a] De Gloria Martyrum, c. 86.

RICOSÆ, nom d'une Ville, selon Ortelius [b] qui cite Phocas le Grammairien *.

[b] Thesaur. * de Nomine & Verbo.

RICOTE, Bourg d'Espagne, au Royaume de Murcie [c], à sept lieues de la Capitale. Il est situé dans une Vallée dont il est le Lieu le plus considérable. Il a dans sa dépendance Blanca, Villa-Nueva, Olea, Archena, Ceutin, & Habaran. Tous ces lieux sont fertiles en bled, vin, ris, sesame & fruits. On fait un Commerce de Soie. Le Bourg de Ricote fut peuplé en 1266. dix sept ans avant la Ville de Murcie par le Roi Don Alfonse le Sage.

[c] Publ. de España, fol. 235.

RICTI, & RITTI. Voyez RHITTIUM.

RIDDAGSHAUSEN, Ancienne Abbaye d'Allemagne au Duché de Brunswic Wolfenbuttel, elle fut fondée par deux Frères, Riddage & Ludolphe de Wenden du tems d'Henri surnommé le Lion Duc de Saxe [d], l'an 1145. Elle a pris le nom de son fondateur Riddage, qui la dota, des beaux Villages avec leurs dépendances, & qui furent augmentez & munis des Privilèges, par le même Duc Henri, à son retour de la terre Sainte. Ensuite cette Abbaye acheta diverses Terres, des Comtes de Barby, de Guerm, & autres Seigneurs ; & quoiqu'elle ait été brûlée & pillée l'an 1550. & dans les années suivantes, à diverses fois, par les habitans de Brunswic, par le Marggrave de Brandebourg, & par autres, dans les guerres du siècle passé, elle s'est tellement rétablie, & soutenue, par l'industrie de ses Abbés, que ses Vastes Bâtimens, ont été remis en assez bon état. Aujourd'hui Riddagshausen est un Cloître de Protestans.

[d] Zeyler, Topogr. Ducat. Brunswic. p. 176.

RIDE, Isle située entre la Sicile & l'Afrique, selon St. Epiphane cité par Ortelius [e].

[f] Thesaur.

RIDUNA. Voyez RICINA nº. 1.
RIDUNUM. Voyez MORIDUNUM.
RIE. Voyez RYE.

1. RIE, lieu de France dans la Normandie, Diocèse de Séez, Election d'Argentan. C'est la Patrie du Mezerai, l'un de nos plus célébres Historiens de France.

2. RIE', Isle de France, dans le Poitou, Diocèse de Luçon, Election des Sables d'Olonne. Cette Isle est entre la Mer, la petite Riviére de Rié, & le marais du Perier.

RIED, Ville d'Allemagne [f], dans la haute Baviére avec Seigneurie, sous la Régence de Burchhausen. Cette petite Ville comprend dans son District le Bourg d'Aurolts-Munster, quatre Châteaux, quatorze petits Bourgs & quelques Villages. En 1310. du tems de l'Empereur Henri VII. la Ville de Ried fut brûlée par les Autrichiens, il n'y eut que le Château qui fut épargné.

[f] Zeyler, Topogr. Bavar. Aventin. lib. 7. fol. 386.

RIEDDAU, Bourg d'Allemagne dans la haute Autriche [g] avec un beau Château & une Seigneurie qui appartenoit autrefois à la Famille de Dietrichstein. Depuis cette Sei-

[g] Zeyler, Topogr. Austriæ, p. 17.

RIE.

gneurie a passé dans la Famille des Comtes de Salaburg.

RIEDENBURG, petite Ville d'Allemagne [h] dans la Haute Baviére, sous la Régence de Munchee, avec un Château & une Seigneurie, qui contient 1. Abbaye, 8. Châteaux, 15. Bourgs, quelques Villages, & autres dépendances. Le dernier Comte de Riedenburg, Bourggrave de Ratisbonne, Landgrave de Stephaningen, Seigneur de Leugenfeld, Vohburg, Kalmuns, Stauff, & Rohr, est mort du tems de l'Empereur Rudolphe I., selon Eberahardus Altahensis.

[h] Ibid.

RIEDLINGEN, petite Ville d'Allemagne [i] dans la Suabe, au de-là d'Ulm, sur le Danube. Elle appartient à la Maison d'Autriche, & a beaucoup souffert, dans les derniéres guerres.

[i] Zeyler, Top. Sueviæ. p. 66.

RIEDS, Bourg d'Allemagne [k], dans la Franconie, situé à 4. mille de Schwabach : il appartient à l'Evêque d'Aichstett.

[k] Zeyler, Top. Franconiæ. p. 75.

RIEDSELZ [l], Village de l'Alsace : il appartient au Commandeur de Weissenburg, de l'Ordre Teutonique.

[l] Ibid.

RIEGATE. Voyez RYGATE.

RIENSIS-PROVINCIA, vulgairement het Land van Roen. Voyez NIVESDUM.

RIESENBERG, ou RISENBERG, Montagne d'Allemagne [m], dans la Silésie, entre le Duché de Javer & la Bohême, près des Bourgs d'Hirsberg & de Schmiedberg ; en Latin Giganteus-Mons. C'est la plus haute Montagne de cette Contrée. Elle a des Mines de fer, d'étain, d'airain, de vitriol & même on y trouve des veines d'or & d'argent, des grenats, des cailloux qui approchent du Diamant, des Amethistes, des Topases, des Agathes & du Crystal, avec quantité de Simples utiles pour la Médecine. Les Riviéres de Bober, de Lupawa, & de l'Elbe y ont leurs sources, dont la largeur n'est que d'un bon pas. Ceux qui demeurent au pied de cette Montagne, disent qu'il y a au sommet un Spectre qu'ils appellent Ribenzal, qui la couvre de nuages tout d'un coup & qui cause de grandes tempêtes ; ce que plusieurs attribuent à la seule hauteur de la Montagne, qui arrêtant les vapeurs, que les vents y poussent, peuvent être la cause d'un pareil événement.

[m] Corn. Dict. Hist. du Monde Enchanté.

RIESHARD, Territoire du Royaume de Dannemarc, au Duché de Schleswic, dans le Bailliage d'Apenrade [n]. Il a pris son nom du Village de RIES qui est dans le plus bel endroit du Bailliage. Il y a un Port près de Genner : on le nomme Gennerford, & toutes sortes de Navires peuvent y entrer. Cependant il n'est point fréquenté. Dans la plus grande partie du Territoire on trouve des forêts & des Montagnes ; mais dans ce qui est entre les Villages de Ries & de Basmarck, ce ne sont que Collines & Vallées si fertiles & si délicieuses, qu'on donne avec raison à ce Canton le nom de Paradis.

[n] Herman uid. Descr. Daniæ, p. 835.

RIETBERG, gros Bourg d'Allemagne, dans la Westphalie, près de Paderborn, & que l'on appelle aussi RITTBERG & RETBERG. Ce Bourg a un fort bon Château & donne son nom à un Comté qui confine avec celui de Lippe & avec l'Evêché de Paderborn [o]. Ce Comté qui a six lieues de longueur

[o] d'Audifred. Geogr. t. 3.

geur & deux de largeur a été possédé longtems par une des plus anciennes Familles de Westphalie. Ensuite il passa aux Comtes d'Hoye, & de ceux-ci aux Comtes d'Oost-Frise.

RIETI, Ville d'Italie, dans l'Etat Ecclésiastique au Duché de Spolete, en Latin *Reate* [a]. Elle est située sur la Rivière Velino, vers les confins de l'Abbruzze à sept ou huit lieues de Spolete, du côté de l'Orient Méridional. Cette Ville donne son nom à un Lac qui est un peu à son Occident, qu'on appelle *Lago di Rieti*. Il reçoit les eaux de celui de CATALICE & se décharge dans le Velino. La Ville de Rieti fut érigée en Evêché [b], dépendant immédiatement du Pape dès le cinquième siècle. Voyez REATE.

[a] *Magin*, Cart du Duché de Spolete.

[b] *Commainville*, Table des Evêchez.

RIEUME, Ville de France, dans le Bas Armagnac, Diocèse d'Aire, Election de Rivière Verdun, a environ 100. habitans.

1. RIEUX, Ville de France, dans le Haut-Languedoc, sur la petite Rivière de Rise, qui se jette un peu au-dessous dans la Garonne. La rencontre de plusieurs Rivières ou Ruisseaux qui se joignent en cet endroit lui a donné le nom de Rieux. Cette Ville étoit si peu de chose que le Pape Jean XXII. [c] l'érigeant en Evêché dit dans sa Bulle: *eam oppiduli nomine decoramus*. L'Eglise Cathédrale, qui porte le nom de la Vierge, est un Bâtiment, qui n'a rien de remarquable. Le Chapitre consiste en quatre Dignitez, & en douze Canonicats. Cet Evêché vaut dix-huit mille livres de rente, & son Diocèse comprend quatre-vingt dix Paroisses, trois Abbayes d'Hommes, & une de filles. Le Palais Episcopal à Rieux est assez beau, on y voit au-dessus de la porte en dedans, les noms & les armes des Evêques de cette Ville. La cour est ornée de huit têtes d'anciennes Divinitez, qui sont accompagnées des inscriptions suivantes.

Hi sunt Dij, in quibus habebant fiduciam, miratur artifex irrideat Christianus. Has idololatria reliquiæ, & ignota fama delubri mutilata fragmenta in agro de martyris Tolosanis reperta, ad ornatum Episcopalis aulæ Ant. Tranberterius Episcopus Rivorum p. ann. 1699.

Il y avoit autrefois dans la Ville de Rieux un Monastère qui étoit dédié à Nôtre-Dame. Jean XXII. l'ayant détaché du Diocèse de Toulouse, l'érigea en Evêché l'an 1317. & créa premier Evêque le Cardinal Pilefort de Rabastins, qui étoit auparavant Evêque de Pamiés [d]. Ce Diocèse de Rieux contient la partie de l'ancien Pays de Volvestre, qui appartenoit au Comté de Toulouse.

Il y a dans le Diocèse de Rieux le Monastère de Feuillans, aujourd'hui Chef d'une Congrégation de Moines qui professent l'ancienne rigueur de la Règle de Citeaux. Ce Monastère fut fondé dans le douzième Siècle sous la dépendance du Pere Abbé de Morimont en Bassigny; mais l'an 1573. Jean de la Barrière, qui étoit Abbé Commendataire de Feuillans, fit profession de l'Institut le plus austère de Citeaux, & se maintint contre l'Abbé Général de tout l'Ordre par l'autorité de Sixte Quint. Ensuite étant appuyé par le même Pape, & par Henri III. Roi de France, il se rendit entièrement indépendant, & il institua la nouvelle Congrégation de Feuillans, qui eut permission de s'établir dans tout le Royaume de France.

[c] *Piganiol*, Descr. de la France, t. 4. p. 351. & 355.

[d] *Longuerue*, Descr. de la France, Part. 1. p. 230.

2. RIEUX, Ville de France, & Comté dans le Bas Languedoc, Diocèse de Narbonne.

RIEUXPEYROUX, Prieuré en France, dans l'Election de Ville Franche, Généralité de Montauban. Son revenu est de trois mille cinq cens livres.

RIEZ, Ville de France, dans la Provence, au bord de l'Auvestre, à onze lieues d'Aix dans une belle Plaine, abondante en excellens vins & en toutes sortes de fruits. Cette Ville est fort ancienne. Pline la nomme *Albece*, & il prend *Reii* pour le nom d'un Peuple, comme *Cavares*, *Vocontii*, *Saluvii* [e]. Jules-César dans ses Commentaires fait plusieurs fois mention des *Albici*, qui habitoient les Montagnes au-dessus de Marseille; ce qui ne peut convenir qu'à ceux qu'on a depuis nommez *Reii* & qui avoient leur surnom d'*Apollinarii* marqué par Pline; Strabon écrit *Alboeci*. Le nom *Reii* a prévalu sur celui d'*Albece* & d'*Albici*. Dans le sixième siècle on a corrompu *Reii* en *Regii*, comme on peut voir dans Grégoire de Tours; mais au siècle précédent, on écrit toujours *Reii*, comme Sidonius Apollinaris a fait plusieurs fois. Ce célèbre Evêque d'Auvergne a loué magnifiquement, comme une lumière de l'Eglise, Fauste Evêque de Riez, qui avoit succédé à Saint Maxime; nous ne connoissons point ceux qui avoient tenu ce Siège avant eux. Plusieurs se sont imaginez que Prosper Aquitain, célèbre Défenseur de Saint Augustin, a été Evêque de Riez avant ou après Maxime; mais il est certain que Prosper n'étoit que Laïc, & n'a été ni Evêque ni Prêtre.

[e] Ibid. p. 362.

Les Evêques de Riez sont Seigneurs temporels de la Ville, & ont toujours connu pour Seigneurs ou Souverains les Comtes de Provence, à qui ces Prélats ont fait hommage & serment de fidelité. Néanmoins plusieurs autres prétendent à cette Seigneurie, & le différent qui est entre eux est demeuré indécis jusqu'à présent.

La Ville de Riez est assez jolie mais elle est petite [f]. Son Evêque est Suffragant de l'Archevêché d'Aix. En 439. on tint un Concile dans Riez. St. Maxime Evêque de cette Ville y mourut & fut enterré à St. Pierre qui est une Chapelle présentement hors de la Ville, & presque abandonnée. Il n'est resté cependant à Riez de ce Corps Saint que le crane & un bras. Tout le reste a été transféré en l'Abbaye de la Grace en Languedoc, sans que l'on sache en quel tems ni comment; car les Religieux de la Grasse n'ont point d'autres que d'anciens Inventaires de leurs Reliques, d'environ quatre-cens ans, qui font mention de ce Corps Saint. Quoique à Riez on croye posséder un bras de St. Maxime, les Religieux de la Grasse ne laissent pas d'assurer qu'ils ont les deux. Qu'ils s'accordent donc; car au compte des uns & des autres voila un bras de trop.

[f] *Piganiol*, Descr. de la France, t. 4. p. 143.

Le Député de cette Ville entre aux Assemblées générales. Les vins des environs de Riez passent pour être les meilleurs de Provence.

RIEXINGEN, petite Ville d'Allemagne [g], dans le Bas-Palatinat. Elle est située dans une Contrée nommée Westerreich. Munsterus dit qu'elle appartient aux Comtes de Linnange.

[g] *Zeyler*, Topogr. Palat. Infer.

RIEZ-

RIE. RIF. RIG.   RIG.

RIEZVAL, ou **RINVAL**, Abbaye d'Hommes en France, de l'Ordre de Prémontré, & de la Réforme. Elle est située au Diocese de Toul, sur les Confins du Barrois.

RIF, c'est le nom de la partie d'Egypte, qui s'étend depuis le Caire jusqu'à la Mer. La Basse Egypte de même que la haute, s'appelle Saïd, ou Thebaïde, & celle qui est entre les deux, porte le nom de Sous.

RIFARGIA, Ortelius [a] qui cite un MS. d'Æticus le Sophiste dit que Rifargia est la derniére des Isles dans l'Océan Septentrional; les Vents, ajoute-t-il, y sont si violens que rien ne verdit & rien ne fleurit. Le MS. que cite Ortelius est différent de celui que Simler a publié.

[a] Thesaur.

RIGA, Ville de l'Empire Russien, & la Capitale de la Livonie. Elle est située dans une grande plaine sur la rive Septentrionale de la Dwine, à deux lieues au-dessus de l'embouchure de cette Riviére dans la Mer Baltique. Quelques Marchands de Brême vers l'an 1158. étant entrez dans la Riviére de Dwine [b] y établirent une sorte de Commerce avec les Habitans du Pays, à qui ils portoient des Marchandises d'Allemagne en échange de celles du Pays; ce qui donna le commencement à l'établissement de la Religion Chrétiènne dans ce quartier. En 1170. le Pape Alexandre III. chargea Meynard Moïne de Segeberg qui se tenoit ordinairement à Lubec, d'aller en Livonie en qualité d'Evêque de ce Pays. Quelque tems après Bertold, Abbé de Locken dans le Comté de Schawenbourg, au Diocèse de Minden & de l'Ordre de Citeaux succéda à Meynard, & commença à bâtir la Ville de Riga. Mais comme il fut tué dans ce Pays-là, il n'acheva pas l'ouvrage. Albert troisième Evêque environna la nouvelle Ville de murailles en 1200. & fit venir d'Allemagne les Chevaliers Porte-Epées qui s'unirent quelque tems après aux Chevaliers Teutoniques, & eurent des Maîtres particuliers qui reconnoissoient pour Superieur le Grand-Maître de Prusse [c]. Ces premiers Evêques ayant fondé quelques Evêchez en différentes parties de cette Province, l'Evêque Albert fut fait Archevêque en 1215. par le Pape Innocent III. & il étendit sa Jurisdiction sur la Livonie, la Prusse & la Courlande. Ce nouvel Archevêque & ses Successeurs furent en même tems maîtres absolus dans la Ville, & les Maîtres des Chevaliers leur prétoient serment de fidélité. Vers l'an 1290. les Chevaliers se revoltérent & firent la guerre aux Archevêques. Alors les Habitans de Riga entrant dans les intérêts des Archevêques firent leurs efforts pour les soutenir. Dans un combat qui se donna en 1298. fut tué Brunon Grand-Maître de Livonie avec soixante de ses Chevaliers. Les Habitans de Riga s'étant liguez ensuite avec les Lithuaniens, battirent en 1309. les Chevaliers Teutoniques près de Treida & assiégérent ensuite le Fort de Dunemonde, dont les Chevaliers se servoient pour troubler leur Commerce. Mais les Prussiens ayant envoyé du secours à leurs fréres de Livonie pendant que l'Archevêque étoit à Rome pour demander justice, ces Chevaliers se rendirent maîtres de Riga, y bâtirent une Forteresse vers l'an 1330. & la gardérent pendant quarante ans. Ils ne la rendirent aux Archevêques qu'en 1370. en vertu de divers jugemens rendus par le Pape & par l'Empereur; mais ils furent alors délivrez du serment de fidélité qu'ils lui avoient prêté jusques là. D'un autre côté les Bourgeois s'étant enrichis par le trafic ne voulurent plus obéir aux Archevêques que pour le spirituel; & leurs richesses s'augmentant de jour en jour, ils entrérent dans l'Alliance des Villes Anseatiques avec quatre autres Villes de la Province, & enfin ils firent la guerre aux Archevêques & aux Chevaliers, & se rendirent maîtres de Dunemonde, qui auroit pu empêcher les Vaisseaux Marchans d'entrer dans la Riviére. En 1453. les Chevaliers obtinrent des Archevêques la moitié du domaine qu'ils avoient dans Riga. Les choses demeurérent en cet état jusqu'à la Révolution qui arriva dans la Religion. Le Lutheranisme s'introduisit dans cette Ville par le moyen du Commerce; & il y fit en peu de tems de si grands progrès que tous les Bourgeois en firent profession publiquement, & chassérent tous les Ecclesiastiques, dont ils s'approprièrent les biens. Les Chevaliers qui s'étoient presque tous faits Luthériens à l'imitation de ceux de Prusse tinrent le parti des Bourgeois revoltez contre l'Archevêque, & même un grand nombre d'Ecclésiastiques embrassa la nouvelle Religion. Après quelques années de guerre il y eut en 1547. un accommodement par lequel il fut réglé que la Religion Luthérienne seroit seule reçue dans Riga, & que les Bourgeois prêteroient serment de fidélité à l'Archevêque & au Maître des Chevaliers. Les conquêtes des Moscovites & des Suédois obligérent les Chevaliers, les Ecclésiastiques & les Bourgeois à demander du secours à Sigismond Roi de Pologne & même à se soumettre à lui en 1561. Ce Prince accorda le libre exercice de la Religion Luthérienne dans tout le Pays; & tous les Ecclésiastiques ayant quitté la Religion Catholique, l'Archevêché de Riga fut éteint en 1566. & les biens Ecclésiastiques secularisez & rendus héréditaires. Après la mort de Sigismond Auguste, les Polonois élurent Henri Duc d'Anjou, qui étant devenu Roi de France quitta la Pologne. A sa place les Polonois élurent Etienne Battori, qui en 1587. se rendit à Riga, où voulant rétablir la Religion Catholique, il mit les Jésuites en possession de l'Eglise de St. Jacques, & leur donna un Collége. Il y envoya ensuite un Gouverneur qui commandoit dans toute la Province. Charles IX. Roi de Suede [d] attaqua Riga inutilement en 1605. & en 1609. mais Gustave Adolphe plus heureux prit cette Ville en 1621. Le fort de Dunemonde dont il s'étoit emparé lui facilita beaucoup la prise de la Ville. Ce Prince permit aux Jésuites & à tous les Catholiques de se retirer. L'année suivante les Polonois firent une tentative inutile pour reprendre cette place, qui demeura toujours depuis en la puissance des Suédois. En 1656. pendant que Charles Gustave Roi de Suède faisoit la guerre en Pologne, le Czar entra en Livonie, attaqua Riga, & après un Siège de sept semaines fut contraint de se retirer. L'entreprise que les Moscovites formérent contre cette place au commencement de ce Siège ne leur réussit pas mieux; mais enfin le 13. de Juillet 1710. ils la prirent [e] après

[b] Zeiler, Descr. Livoniæ, p. 288.

[c] Corn. Dict.

[d] Olearius, Voy. de Moscovie. Liv. 1. p. 98.

[e] Mémoires de l'Empire Russien, P.

après y avoir jetté huit mille bombes, qui l'avoient réduite dans un pitoyable état. La peste qui l'affligea ensuite y fit périr plus de six mille habitans. Quantité de familles en étoient sorties avant que la Place se rendit.

Le Commerce que cette Ville a tant avec les Anglois, les Hollandois & les Villes de la Mer Baltique, qu'avec les Moscovites lorsque la glace & la neige peuvent porter les traineaux, la rend fort peuplée & très-considérable. Elle est si Marchande qu'elle a presque autant de boutiques que de maisons. Les vivres s'y trouvent en abondance & à très-grand marché. Le gibier & la Venaison y abondent pareillement. Le Château est la demeure ordinaire du Gouverneur. Les Eglises principales sont le Dôme, St. Jacques St. Jean & St. Pierre. Il se rend tous les ans à Riga plus de mille batteaux chargez de pelleteries, comme Martes Zibelines, loups cerviers & autres; de poix, de goudron, de cendres gravellées qu'on tire du pin & du sapin & dont on se sert pour faire du Savon & des verres; de cuirs communement appellez *cuirs de Roussy*, parce qu'ils viennent de Russie. Toutes ces Marchandises se transportent par Mer en France, en Angleterre, en Hollande & autres lieux. On compte qu'il vient tous les ans dans le Port de Riga, plus de deux cens Vaisseaux Marchans. Le Fort qui est vis-à-vis de Riga la Dwine entre deux, se nomme le Fort de KOBBER, ou KOBRUNS: à l'embouchure de la Rivière est le Fort de Dunemonde; & sur la droite de la Dwine, à dix lieues de Riga est le Fort de KOKENHUSEN.

RIGIACUM, Ville de la Gaule Belgique: Ptolomée la donne pour Capitale aux Peuples *Attrebatii*; mais au lieu de *Rigiacum* quelques Exemplaires imprimés portent *Metacum*. Ortelius qui cite Divæus, dit que c'est la Ville d'Arras. Cependant le Texte Grec de Ptolomée lit ORIGIACUM, Ὀριγίακον.

RIGINIA. Voyez ERIGON.

RIGIOMAGUM. Voyez RIGOMAGUM.

RIGNAC, Bourg de France, dans la Saintonge, Diocèse & Election de Saintes.

RIGNARIUM. Voyez REMONIUM.

1. RIGNY, Bourg de France, avec titre de Marquisat, dans la Touraine, Diocèse de Tours, Election de Chinon. C'est une Paroisse, dont la Cure est à la Collation de l'Abbé de Cormery.

2. RIGNY, Abbaye d'Hommes en France dans la Bourgogne. Elle est de l'Ordre de Cîteaux, & fille de Clairvaux. Elle est située au Diocèse d'Auxerre & à cinq lieues de cette Ville, près de la Rivière d'Armanson. Elle vaut par an à l'Abbé six mille livres.

RIGNY-LA-SALE, lieu de France dans la Champagne, Diocèse de Toul, Election de Chaumont. L'Abbé de St. Mansui est Patron de la Cure. Son Eglise Paroissiale est sous le vocable de la Nativité de Notre-Dame; l'on veut que ce soit, où les anciens Rois, & les Empereurs s'assembloient, lorsqu'ils avoient quelque chose à discuter. Cette Paroisse est d'une grande étendue. Il y avoit encore un autre RIGNY, que l'on distinguoit par le surnom de ST. MARTIN; c'é-

toit le Siège de la Paroisse; mais il n'en reste plus que l'Eglise. Il y avoit aussi un Prieuré de l'Ordre de St. Benoît, dont il ne reste que quelques vestiges, & le Château de Malpierre.

RIGODULUM, Lieu de la Gaule Belgique, sur la situation duquel les Géographes anciens ni les modernes ne conviennent pas. Ammien Marcellin semble le placer dans un endroit & Tacite dans un autre. Le premier, en parlant du ravage fait dans la partie de la Germanie qui est en deçà du Rhin par rapport à la Gaule dit : *per quos Tractus nec civitas ulla visitur nec castellum : nisi quod apud Confluentes, locum ita cognominatum, Rigodulum oppidum est, & una prope ipsam Coloniam turris*; c'est ainsi que lisent la plûpart des Manuscrits & des Exemplaires d'Ammien Marcellin. Frédéric Lindenberg, ayant néanmoins observé qu'un MS. au lieu de *Rigodulum* portoit *Rigomagum*, Mr. de Valois a cru devoir suivre cette dernière Leçon dans l'Edition qu'il a donnée. Mais ce changement ne rémédie à rien. Comme la Carte de Peutinger marque *Rigomagum* entre *Antunnacum* & *Bonna*, position qui paroît juste, puisque Rimagen en conserve encore aujourd'hui le nom; il est certain que *Rigomagum* ne peut être placé au confluent de la Moselle & du Rhin; mais au-dessous de l'embouchure de l'Aar (*Obringa*) dans la partie Méridionale de la Germanie inférieure. D'un autre côté si on lit *Rigodulum*, on ne sauroit pas non plus le mettre au confluent de la Moselle parce que Tacite dit que Cerialis après avoir pris *Rigodulum* se rendit le lendemain à Trèves; Ville qui étant à treize milles Germaniques de ce Confluent se trouve dans un trop grand éloignement pour que Cerialis s'y soit rendu en si peu de tems. D'ailleurs tout concourt à nous faire croire que Rigodulum étoit dans l'endroit où l'on voit aujourd'hui le Village de Rigol, sur la rive gauche de la Moselle environ à un mille Germanique au-dessous de Trèves: outre le rapport du mot *Rigol* à celui de *Rigodulum*, le Village de *Rigol* est effectivement nommé *Rigodulum*, dans une Charte du Roi Dagobert, qui en fait une donation à l'Eglise de St. Maximin de Trèves, de laquelle il dépend encore actuellement. Dans cet embarras Cluvier a imaginé un expédient un peu violent à la vérité. Il a rejetté du passage d'Ammien Marcellin tant le mot *Rigodulum* que celui de *Rigomagum*; & a substitué, de son chef, le mot *exiguum*. Cellarius qui n'a pu approuver un remède si fort, en a appliqué un autre qui lui sembloit plus doux uniquement parce qu'il en étoit l'Auteur. Il a lu ainsi le passage d'Ammien Marcellin : *per quos tractus nec civitas ulla visitur, nec castellum, nisi quod est apud Confluentes, locum ita cognominatum, ubi amnis Mosella confunditur Rheno : & Rigomagum oppidum; & una prope ipsam Coloniam Turris* : De cette façon outre qu'il ajoute sans nulle autorité la particule *&*, il transpose encore le verbe *est*; ce qui à le bien prendre n'a rien à reprocher au changement fait par Cluvier. Mais pourquoi recourir à de si grands remédes? Ne seroit-il pas plus naturel de dire que par ces mots, *nisi quod apud Confluentes, locum ita cognominatum, ubi amnis Mosa confunditur Rheno*

Rheno, *Rigomagum Opidum est*... Ammien Marcellin n'a pas prétendu dire que *Rigomagum* fût précisément au confluent de la Meuse & du Rhein mais dans le Quartier de ce Confluent, ou dans le Territoire qui pouvoit en dépendre. *Apud Confluentes*, est susceptible de cette explication. Par-là soit qu'on lise *Rigodulum*, ou *Rigomagum* dans Ammien Marcellin, il n'en résulte aucun inconvénient. Dans le premier cas *Rigodulum* sera le Village appellé aujourd'hui *Rigol*: dans le second *Rigomagum* sera le lieu connu présentement sous le nom de *Rimagen*. Enfin par là Ammien Marcellin & Tacite ne se trouvent plus en contradiction.

1. RIGOMAGUM. Voyez RIGODUNUM.

2. RIGOMAGUM, Ville d'Italie : l'Itinéraire d'Antonin la met sur la route de Milan à Arles en passant par les Alpes Cottiennes. Elle étoit entre *Carbantia* & *Quadrata*, à douze milles du premier de ces Lieux & à seize milles du second.

3. RIGOMAGUM, Ville de la Gaule, selon Ortelius [a] qui cite Rob. Cenalis, & ajoute que c'est l'ancien nom Latin de la Ville de Rieux. Voyez RIEUX.

[a] Thesaur.

RIGOMAGUS, ou RICOMAGUS; nom Latin de la Ville de Riom en Auvergne. Voyez RIOM.

RIGUSA, Ville de l'Espagne Tarragonnoise, selon Ptolomée [b] qui la donne aux Carpetains. Cette Ville ne se trouve point dans le Texte Grec.

[b] L. c. 6.

RIHA, ou EDESSE, Ville de Mésopotamie. Mr. Petis de la Croix [c], dans son Histoire de Timur-Bec la marque à 76. d. de Longitude, sous les 36. d. de Latitude.

[c] L. 3. c. 28.

RIHHA, Village de la Terre Sainte, à six milles du Jourdain & à dix de Jérusalem. Le Pere Nau dans son Voyage de la Terre-Sainte [d] dit que ce Village est dans la place qu'occupoit anciennement la Ville de JERICHO; & que RIHHA vient d'un mot Arabe qui veut dire *odeur*. Ce nom n'est pas nouveau, poursuit-il, peut lui avoir été donné ou à cause du Baume qu'on y recueilloit autrefois en abondance, ou à cause des Roses fameuses qui y croissoient. Voyez JERICHO. On n'y trouve plus de ce Baume; si par ce nom l'on entend cette liqueur douce & odoriférante, qui distille de l'écorce d'un Arbrisseau par les coupures que l'on y fait. Mais il y a une Huile médicinale & vulnéraire fort recherchée & qui se fait du fruit d'un Arbre nommé *Zacchoum*. C'est un Arbre d'une grandeur médiocre, plein d'épines longues & très-piquantes : il jette quantité de branches assez minces, mais d'un bois fort, qui est couvert d'une écorce assez ressemblante à celle des Citronniers. Sa feuille a du rapport à celle des Pruniers pour la figure; mais elle est un peu plus ronde & beaucoup plus dure & plus verte. Son fruit pareillement approche assez de la prune. Cet arbre naît dans le Pays sans culture comme les épines, & il se trouve en quantité.

[d] Liv. 4. c. 3.

RIHN, petite Rivière du Holstein, dans la Province de Stormarie [e]. Elle ramasse ses eaux de différens Ruisseaux, passe par la Ville de Gluckstat, & entre dans l'Elbe.

[e] Hermann, Descr. Dan. p. 1035.

RIKEL, Petit Bourg d'Allemagne au Diocèse de Liége [f]. Il est connu pour avoir été la patrie de Denis le Chartreux, appellé communément Denis de Rikel, parce qu'il étoit de ce Bourg, où il naquit en 1402. Il ne fut pas moins recommandable par sa Sainteté que par sa Science. Il entra dans l'Ordre des Chartreux à l'âge de vingt & un an; & on a raison de s'étonner qu'il ait pu composer un aussi grand nombre d'Ouvrages que ceux qu'il a laissez, puisqu'il passoit la plus grande partie des jours en oraison. On l'appelle *Docteur Extatique*, à cause de son grand attachement à la contemplation. Il mourut le 12. Mars 1471.

[f] Corn. Dict.

RILLE, Ville & Baronnie de France, dans l'Anjou, Diocèse d'Angers, Election de Baugé. Il y a un Prieuré à la Collation de l'Abbaye de Marmoutier.

RILLE, ou RISLE; Rivière de France dans la Haute Normandie, en Latin *Risela*. Elle a sa source sur les confins du Diocèse de Seez, environ une lieue au-dessus de la Paroisse du Mesnil-Herard. Etant entrée dans le Diocèse d'Evreux qu'elle traverse en arrosant Laigle, Rugles, Lyre, Ferriére, & le Château de la Lune, elle perd ses eaux sous terre dans l'espace d'une lieue, & les retrouve aux environs de Groslay, après quoi elle continue son cours par Beaumont le Roger, reçoit la Carentone au-dessus du Pont de Nassandre, dernière Paroisse du Diocèse d'Evreux. Ensuite jusqu'à la Mer elle sépare le Diocèse de Rouen de celui de Lisieux, coulé par le Hameau nommé la Rivière de Tibouville, & par les Paroisses de Valville, Brionne, Pontautou, Glos, Montfort, Annebaut, Corneville, Saint Aignan du Fauxbourg de Pont-Audemer, Saint Mars, Port Saint Samson, & se jette dans la Seine à la Roque, deux lieues au-dessous de Quillebeuf, à vingt lieues ou environ de sa source.

RILLEY, ou RELAY; Abbaye de France, dans la Bretagne, Diocèse de Rennes. C'est une Abbaye de l'Ordre de St. Augustin, de la Congrégation de France, & Réforme de Bretagne, à une lieue de Fougéres sur la Rivière de Covesnon. Cette Abbaye a été fondée en 1024. par Alfride Seigneur de Fougéres. Elle vaut à l'Abbé quatre mille cinq cens livres par an.

RILLY, Bourg de France, dans la Touraine, Diocèse de Tours, Election d'Amboise.

RIM, nom d'une Forteresse du Royaume de Nubie, située sur les Frontiéres de l'Egypte. Cette Place a été la cause de plusieurs guerres que les Egyptiens & les Nubiens ont faites entre eux. Les Egyptiens s'en rendirent enfin les maîtres, l'an 341. de l'Hegire, & se délivrerent par la prise de cette Ville des courses fréquentes que les Nubiens faisoient sur leurs Terres.

RIMAGEN. Voyez RIMMAGEN.

RIMAGGIO, ou RIVO-MAGGIORE; Bourg d'Italie [g], dans l'Etat de Gênes, près de la Côte de la Mer environ à deux milles à l'Occident du Golphe de la Spécie. Ce Lieu dit Leander Alberti [h], est renommé en France & en Angleterre par les Vins excellens que son Territoire produit, & que l'on transporte dans ces deux Royaumes.

[g] Magin, Carte de la Côte de Gênes.
[h] Italia fol. 21.

RIMAK, Vallée du Pérou, à quatre lieues de

de Pachacamac, du côté du Nord. Cette Vallée étoit fort célèbre dans le Pays avant l'arrivée des Espagnols au Pérou. Garcillasso de la Vega dans son Histoire des Yncas [a], dit que *Rimac* est le Participe présent, & signifie *Celui qui parle*. On appelloit ainsi cette Vallée, parce qu'il y avoit une Idole sous la figure d'un homme, qui, à ce qu'on prétend, répondoit aux demandes qu'on lui faisoit ; & qui à cause de cela fut nommée *Rimac*; c'est-à-dire *Celui qui parle*. Cette Idole étoit en grande vénération. On lui avoit bâti un Temple magnifique, qui néanmoins n'étoit pas tant que celui de Pachacamac : les Grands Seigneurs y envoyoient des Ambassadeurs pour consulter l'Oracle dans les affaires d'importance. Les Historiens Espagnols confondent le Temple de Rimac avec celui de Pachacamac. Car ils disent que ce dernier signifioit *celui qui parloit*; & ils ne font point mention du Temple de Rimack. Cette faute, comme bien d'autres qui se sont glissées dans leurs Histoires, vient sans doute de ce qu'ils ne savoient pas assez bien la Langue, ou de ce qu'ils ne se mettoient pas beaucoup en peine d'approfondir les choses, ou de la proximité des deux Vallées qui ne sont qu'à quatre lieues l'une de l'autre.

C'est dans la Vallée de Rimak que les Espagnols ont bâti la Ville des Rois & depuis nommée LIMA ; mot corrompu de RIMAC ; de sorte que RIMAC, ou LIMA & la VILLE DES ROIS sont la même chose.

RIMAUCOURT, Bourg de France, dans la Champagne, Diocèse de Langres, Election de Chaumont. Les restes de ce Lieu font croire qu'il a été autrefois une Place considérable. C'est une Baronnie qui appartient à une Branche de la Maison d'Anglure de Bourlemont.

RIMENANT, petit Village des Pays-Bas [b], dans le Brabant au-dessus de Malines, sur la Rivière de Dyle. Le Prince d'Orange étant campé dans ce Lieu en 1572. courut un très-grand danger. Les Espagnols au nombre de huit cens chevaux, ayant en croupe des gens choisis entrérent la nuit dans son camp & quelques-uns même s'avancérent auprès de sa tente. Le Prince étoit profondément endormi : une petite chienne qui couchoit sur son lit, entendant l'allarme lui gratta tant de fois le visage qu'elle l'éveilla : après quoi les Ennemis furent repoussez.

RIMINI, Ville d'Italie, dans l'Etat de l'Eglise, & dans la Romagne. Elle est située sur le bord de la Mer Adriatique, à vingt-cinq milles de Ravenne & à vingt milles de Pezzaro [c]. Quelques-uns veulent que cette Ville ait pris son nom de celui de la Rivière *Arminum*, aujourd'hui *Marecchia*, qui l'arrose. Quoiqu'il en soit RIMINI en Latin *Ariminum*, étoit une Colonie Romaine. Tite-Live [d] la met au nombre des dix-huit Colonies qui assistérent la République de Rome lorsqu'elle se vit affligée par les armes d'Annibal. Auguste l'orna de plusieurs superbes Bâtimens. Il y fit faire entre autres ce Pont magnifique que l'on voit encore sur la Riviére de *Marecchia*. Il joignoit à Rimini la Voie Flaminienne avec la Voie Emilienne. L'Inscription dit pourtant que Tibére contribua à la construction de ce Pont. Ainsi Auguste le commença & Tibére le finit. Les autres Antiquitez remarquables sont l'Arc triomphal érigé pour Auguste ; les ruines d'un Amphithéâtre derriére le Jardin des Capucins; & à cinq cens pas plus loin hors de la Ville une Tour de briques, qui étoit le Phare de l'ancien Port; mais la Mer s'étant retirée à un demi mille de cet endroit le Phare est présentement environné de Jardins. On trouve encore à Rimini quantité d'Epitaphes qui prouvent l'ancienneté de la Ville ; & il y a quelques Palais magnifiques presque tous bâtis par l'Illustre famille des Malatestes. Rimini fut sujette aux Romains jusqu'à la fin de leur Empire. Elle obeït aux Exarques de Ravenne tant que ceux-ci furent se maintenir dans leur grandeur. Ensuite elle subit le joug des Lombards ; & après que ceux-ci eurent été défaits par les François, elle reconnut les Rois d'Italie, puis les Malatestes Vicaires de ceux-ci. Le premier des Malatestes, Allemand de Nation fut institué Vicaire de l'Empire à Rimini par l'Empereur Otton III. vers l'an 1002. On ne trouve guère de particularitez touchant les Descendans de ce Seigneur jusqu'à l'an 1348. qu'un autre Malateste fut élu Seigneur d'Arlione & laissa après lui trois fils, Mastin, Pandolfe & Galeotte. Celui-ci pour ses rares qualitez eut l'investiture de Rimini que lui donna le Pape Clément VI. & il se rendit encore maître des Villes de Cesena, Cervia & Giese. Ses Descendans se maintinrent dans la Seigneurie de Rimini jusqu'à Pandolfe fils naturel de Robert & qui en fut chassé par le Pape Aléxandre VI. Après la mort de ce Pape Pandolfe retourna à Rimini; mais voyant qu'il ne pouvoit s'y maintenir parce que le Habitans lui étoient contraires, il vendit la Ville aux Vénitiens. L'Armée de ce dernier ayant été défaite à Rivolta-Secca par les Troupes de Louïs XII. Roi de France, ils rendirent Rimini à l'Eglise. Cette Ville demeura soumise aux Papes jusqu'à l'an 1522. que Sigismond fils de Pandolfe entra secrétement dans la Ville, déguisé en Paysan y causa un soulévement avec l'aide de ses amis & se rendit maître de Rimini; ce qui engagea son Peré Pandolfe à y retourner. Mais ils n'en joüirent que jusqu'à l'arrivée du Pape Adrien en Italie. Rimini rentra alors sous l'obéïssance des Papes & y demeura jusqu'à l'an 1527. Clément VII. se trouvant alors assiégé dans le Château St. Ange, Pandolfe profitant de cette circonstance retourna à Rimini, d'où il lui fallut déloger dès que le Pape Clément fut en liberté. Pandolfe se retira à Ferrare, où il vécut & mourut pauvre.

Aujourd'hui la Ville de Rimini est petite & n'est guère riche, quoique le Pays soit gras & bien cultivé. Sigismond Pandolfe Malatestes l'avoit autrefois fortifiée, mais elle n'a présentement qu'une muraille en assez mauvais ordre. P. Malatestes acheva de détruire le Port qui passoit pour un des plus beaux de l'Italie ; & il fit bâtir l'Eglise de St. François des pièces de marbre qu'il enleva de ce Port. Cette Eglise passeroit pour belle si elle étoit achevée. Dans la grande Rue, à l'entrée de la Ville est l'Arc de triomphe. Il est fait de grandes pierres de marbre & orné de toutes les parties d'une parfaite Architecture ; mais il est beaucoup endommagé & les Inscriptions en sont presque entiérement effacées. Les Rues qui composent la Ville lui donnent une forme plus longue que large. La grande Place est assez belle & peut être divisée en deux parties. Dans la première est le grand Palais des Malatestes: le Château est un peu à côté flanqué de quatre petites Tours & muni de quelques pièces d'Artillerie: on appelle l'autre partie le Marché de la Fontaine, à cause d'une Fontaine que l'Empereur Antonin y fit dresser. C'est aussi où est l'Hôtel de Ville avec une Horloge ingénieusement faite. Les maisons qui sont autour de cette Place sont soutenues de portiques & habitées par des Marchands. L'Eglise Cathédrale est dédiée à Ste. Colombe; mais elle est moins belle que les Eglises des Augustins, des Dominicains & des Jésuites, dont la première est considérable par ses deux grands Cloîtres, & la seconde par ses Chapelles enrichies de peintures. Au milieu [a] du Marché on remarque une manière de Piédestal de marbre, auquel on donne le nom de Tribune, *Suggestum*, &. l'on y lit ces mots: *Caius Cæsar Dict. Rubicone superato civili bel. Commisit, suos hic in Foro allocutus.* Cette Tribune où l'on dit que Jule-César harangua son Armée après avoir passé le Rubicon n'est pas regardée par Addison [b] comme quelque chose d'authentique. Elle est fabriquée, dit-il, de pierres de taille, & ressemble à un Piédestal d'une Colonne, un peu plus haut que l'ordinaire, & à peine assez large pour tenir un seul homme; au lieu que tant sur les Médailles que sur l'Arc de Constantin, les anciennes Tribunes paroissent de bois & semblables à un petit Echaffaud où à un Etablis de boutique. On y représente toujours des têtes de clous; ce qui suppose que c'étoit pour tenir les ais. On y voit généralement l'Empereur & deux ou trois Officiers Généraux, quelquefois assis & quelquefois debout quand ils haranguoient ou les Soldats, bu le Peuple, ou qu'ils leur faisoient des largesses; & il est probable qu'elles étoient toujours prêtes, & qu'on les portoit parmi le bagage de l'Armée; au lieu que celle de Rimini a été bâtie sans doute sur la place; ce qui demandoit du tems pour la faire. Si ma remarque est juste, ajoute Misson elle peut servir à confirmer la conjecture du Docte Fabretti sur la Colonne de Trajan: il suppose avec beaucoup de raison que les retranchemens du Camp & les autres Ouvrages de la même nature, qui sont travaillez sur cette Colonne comme s'ils avoient été de brique ou de pierre de taille, n'étoient effectivement que de simple terre, ou de lut, ou de semblables matériaux; aussi-bien que les Tribunes qui sont sur cette Colonne, quoiqu'elles semblent être bâties de brique ou de pierre de taille.

La Ville de Rimini a eu plusieurs Hommes illustres & savans, entre lesquels on remarque Grégoire l'Hermite, & les Fréres Pierre & Jacques Leoni habiles dans les Langues Grecque & Latine.

On tint en cette Ville un faux Concile, du tems de St. Jérôme qui y fut présent.

RIMMAGEN, ou RIMAGEN, petite Ville d'Allemagne, dans le Duché de Juliers sur le bord du Rhin, au-dessous de Sinzig [c]. On voit auprès de cette Ville diverses Antiquitez Romaines comme Portes, Colonnes & autres. Les Habitans y trouvent aussi souvent des Monnoies d'or & d'argent anciennes; ce qui joint à la ressemblance du nom fait regarder cette Ville comme le Rigomagum des Anciens. Voyez RIGODULUM. Rimmagen fut brûlée par les Suédois en 1633.

RIMOCASTRI, Village de la Bœotie: Wehler dans son Voyage de Grece dit: RIMOCASTRI est situé sur la croupe d'une Montagne, [d] qui découvre une grande Plaine au Sud, & a une vûe sans bornes vers la Morée, entre Helicon & Cithæron. Il est partagé en trois petites groupes de Maisons, deux sur la Montagne, & une au dessous, qui peuvent faire en tout environ cent cabanes de Grecs & d'Albanois, tous Chrétiens excepté un Sou-Bacha qui les gouverne, & qui est Turc. La partie du Village qui est sur la pointe de la croupe, paroît avoir été autrefois fortifiée d'un fossé du côté du Nord; le précipice de la Montagne la défendant de l'autre côté, quoique sans nécessité à présent, leur pauvreté les mettant à couvert de toute entreprise. Le Vin est ici le meilleur, & le plus fort de toute la Grece. Il y a au pied de cette même Montagne grandes ruïnes que quelques-uns croyent être celles de l'ancienne *Thespia*, & que d'autres prennent pour celles de la Ville de *Thisba*.

RIMPAR, ou REINPAR; Bourg d'Allemagne dans l'Archevêché de Wartsbourg.

RINCOURT, Prieuré de France dans le Diocèse de Beauvais, son revenu est de mille livres.

RINGELSBERG, Seigneurie d'Allemagne dans la Franconie: Zeyler [e] dit qu'elle appartient à l'Evêché de Wurtzbourg.

RINGEN, Château de la Livonie; à [f] six milles de Derpt, sur le chemin de cette Ville à Riga.

RINGSTED, Baillage du Dannemarc, dans l'Isle de Zelande [g]. Il est dans les terres & occupe presque le milieu de l'Isle. Il est borné à l'Orient par les Bailliages de Ramsöherrit de Biefurskowherrit & de Faxeherrit; au Midi par le Bailliage d'Hammesherrit; à l'Occident par les Bailliages Tybiergsherrit & Scerbirckherrit; & au Nord par le Bailliage de Wolburgsherrit.

RINGSTED, ou RINGSTAD; Ville du Dannemarc, dans l'Isle de Zelande [h], au Bailliage de même nom dont elle est le Chef-lieu. C'étoit autrefois une Ville célèbre, où on voyoit une Eglise dédiée à St. Canut avec un Monastère, & où plusieurs Rois de Dannemarc ont eu leur Sépulture entre autres Waldemar I. & Eric le Pieux, dont le premier mourut en 1182. & le second en 1319. comme le portent leurs Epitaphes.

RINGCOPING, ou RINGKIOBING, Ville du Royaume de Dannemarc [i], au Nord Jutland dans le Diocèse de Rypen. Elle est [?] située sur la Côte Occidentale du Jutland, qui dans cet endroit est couverte par plusieurs Isles.

RINGUS, Ville de la Pannonie, selon Lazius qui cite Eginhart, surquoi Ortelius [k] dit qu'on la nomme présentement *Guzzing*.

RINS, ou ST. VINCENT DE RINS, Lieu de France dans le Beaujollois, Diocèse de Lion, Election de Ville-Franche.

RINSWOU, Maison noble des Pays-Bas [l], dans la Province d'Utrecht, sur les con-

a Misson, Voy. d'Italie, T. 1. p. 298.

b Voy. d'Italie. p. 78.

c Zeiler, Topogr. Westphal. p. 59.

d Tom. A. Liv. 3.

e Topogr. Francon.

f Zeiler, Topogr. Livoniæ, p. 27.

g Hermannid. Descr. Daniæ, p. 670.

h Ibid. p. 371.

i Ibid. p. 778.

k Thesaur.

l Dict. Géograph. des Pays-Bas.

confins du Veluwe, à trois petites lieues de Rhenen.

RINTLEN, Ville d'Allemagne dans le Comté de Schawembourg [a], entre Hammeln & Minden, sur le bord du Weser. Ernest Prince de Holstein & Comte de Schawembourg, établit une Université en cette Ville en 1612. & l'Empereur Ferdinand II. lui accorda de beaux privilèges. En 1633. cette Ville fut prise par les Suédois.

[a] Zeiler, Topogr. Weitphal.

RINVAL. Voyez RANGEVAL.
RINUCI. Voyez SUNICI.

1. RIO. Voyez RIVIERE.

2. RIO, quelques-uns donnent ce nom au Cap de la Morée autrefois nommé RHIUM. Voyez ce mot. Ce Cap qui est au Nord de la Ville de Patras est quelquefois nommé *Cap de Patras*; & quelquefois on lui donne le nom de *Castello di Lepanto*, à cause du Château qui est situé sur sa pointe & qui commande l'entrée du Détroit de Lepante du côté du Midi.

3. RIO DE AGUAS, Rivière d'Espagne dans l'Aragon [b]. elle passe à Belchitte & se jette dans l'Ebre, vis-à-vis de Velilla.

[b] Délices d'Espagne, p. 634.

4. RIO-AQUADO, ou RIO MENOCH, Rivière d'Afrique, dans la Nigritie, au Royaume de Quoja. Elle prend sa source au Pays des Hondos & se jette dans la Mer à huit ou neuf lieues de Cabo-Monte. C'est, dit Dapper [c], une Rivière grande, large & profonde, mais elle n'est pas navigable, à cause d'un banc de sable qui est à son embouchure, & à cause des écueils & des chûtes d'eau qui interrompent son cours. Ses rives sont bordées d'arbres; & c'est de ces arbres que vient le bois rouge.

[c] Descr. d'Afrique, p. 253.

5. RIO-ARUEREDO, petite Rivière d'Afrique, dans la Nigritie, au Royaume de Quoja, au Midi du Cap de Mesurado. Elle se décharge dans la Mer environ à quinze lieues au dela de ce Cap, à 5. d. de Latitude Septentrionale.

6. RIO-BAMBA, Ville de l'Amérique Méridionale au Pérou [d], dans l'Audience de Quito. Elle est dans le Pays des Purvaes, à la source d'une petite Rivière au Midi de la Ville de Quito.

[d] De l'Isle Atlas.

7. RIO DE BENIN. Voyez BENIM.

8. RIO-BIANCO, ou RIVIERE-BLANCHE; Rivière d'Afrique dans le Biledulgerid. Dapper [e] dit qu'elle sort de certaines Montagnes, près de la Libye, & qu'après avoir traversé une grande partie du Biledulgerid, elle se jette dans l'Océan par plusieurs embouchures.

[e] Descr. d'Afrique, p. 204.

9. RIO-BRAVO. Voyez au mot RIVIERE l'Article RIVIERE DU NORT.

10. RIO-DE LAS-BORRERAS-ROXAS, Rivière d'Afrique, dans la Basse-Ethiopie [f]. Elle a son embouchure trois petites Isles, & un Golphe qu'on nomme BAJA DE LAS ALMADAS; c'est-à-dire la Baye des Canots, parce que c'est là qu'on les fabrique, & que le Port est bon pour les Barques & pour les petits Bâtimens: RIO-DE-LAS-BORREROS-ROXAS, signifie la *Rivière du Sable rouge*.

[f] Dapper. Descr. de la Basse Ethiopie, p. 343.

11. RIO-CHIARO, [g] Rivière d'Italie dans le Patrimoine de St. Pierre, qu'elle sépare de l'Orviétan. Son cours est presque de l'Ouest à l'Est en serpentant. Elle se jette dans le Tibre, un peu au-dessus de Grafinano.

[g] Magin, Carte du Patrimoine de St. Pierre.

12. RIO-COLORADO, ou RIO DEL NORTE, Rivière de l'Amérique Septentrionale [h]. Elle sépare le Nouveau Mexique & la Nouvelle Navarre de la Californie. Son cours est à peu près du Nord Oriental au Midi Occidental, & elle a son embouchure au fond de la Mer Vermeille ou de Californie. Un peu au-dessus de son Embouchure elle reçoit à la gauche la RIVIERE BLEUE, appellée par les Espagnols RIO-AZUL.

[h] De l'Isle, Atlas.

13. RIO-DOCE, Rivière de l'Amérique Méridionale [i], dans le Brésil. Elle a sa source fort avant dans les Terres, & court en serpentant de l'Occident à l'Orient. Après avoir reçu diverses Rivières tant à droite qu'à gauche, & arrosé la Capitainerie *de Spiritu Santo*, qu'elle sépare de la Capitainerie de Porto-Seguro, elle va se perdre dans la Mer.

[i] Ibid.

14. RIO-DOLCE, Rivière de l'Amérique Septentrionale, dans la Nouvelle Espagne, dans le Gouvernement de Vera Pax. Son cours est du Midi Occidental, au Nord Oriental. Elle se jette dans un petit Golphe qui communique au Golphe de Honduras.

15. RIO-FORMOSO, Rivière des Indes [k], dans la Presqu'Isle de Malacca. Elle coule au pied d'une Montagne, & son embouchure est dans le Détroit de Malacca, à l'Orient de la Ville de ce nom. C'est une Rivière profonde dont la source est fort avant dans les terres. On voit sur ses bords quantité de belles cannes que les habitans de Malacca vont couper pour les trafiquer ensuite. Il y en a qui sont assez grosses sans aucun nœud & dont on se sert au lieu de bâton: d'autres sont fort déliées & ont environ dix-huit palmes de longueur. Elles servent à plusieurs usages lorsqu'elles sont fendues soit pour garnir des bois de lit, des contreportes, des chaises, des bancs, soit pour en faire des corbeilles, des cordes & du fil; parce que quand elles sont fendues finement, elles se plient sans se rompre; & on peut coudre facilement avec.

[k] Gemelli Careri, Voy. autour du Monde, t. 3, p. 333.

16. RIO-FRANCO, [l] Lieu d'Italie au Piémont, près de la Ville d'Aste. Il a pris ce nom en mémoire d'une Bataille, que Grimoald Roi des Lombards y donna contre les François, & dans laquelle il les défit entièrement. Paul Diacre [m] en parle ainsi: *qui locus, ubi hoc gestum est prælium, Francorum usque hodie RIVUS appellatur, nec longe distat ab Astensis Civitatis mœnibus*.

[l] Leand. Albert. Ital. p. 382.
[m] Longobard. L. 5. c. 5.

17. RIO-FRIO. Voyez ALHAMA.

18. RIO-LONGO, ou RIO-MORENO, Rivière d'Afrique, au Pays de Benguela. Son Embouchure est à 11. d. 4'. de Latitude Méridionale. Elle a si peu de profondeur qu'un Esquif y peut à peine passer. Les Nègres la remontent pourtant dans de petits Bâtimens qu'on nomme Gangales. Les Portugais ont tenté de pénétrer dans cette Rivière pour amener leurs Esclaves de Massingan sur la Côte; mais les écueils, les bancs de sable & la rapidité de la marée ont rendu leurs efforts inutiles. L'embouchure de cette Rivière est à cinq lieues de la Baye de Benguela-Vieilla & à huit lieues de Manki-Congo.

19. RIO-DE-LA-GARTOS, ou RIO-DE-LAGARTOS, Rivière de l'Amérique Sep-

RIO.

tentrionale [a] dans l'Yucatan. Son embouchure se trouve presque à moitié chemin entre le Cap Catoche & le Cap de Condécédo. Cet endroit est fort beau; car il y a deux petits bois de Mangles fort hauts de chaque côté de la Riviére, par où il est aisé de la reconnoître. Cette Riviére est petite, mais assez profonde pour les Canots. L'eau en est bonne; & je ne crois pas qu'il y ait aucune autre Riviére ni Ruisseau d'eau douce sur cette Côte, depuis le Cap Catoche jusqu'à trois ou quatre lieues de la Ville de Campêche. Il se fait une grande Pêche un peu à l'Est de la Riviére *de la Gartos*; & il y a une ou deux petites Cabanes à l'Indienne dans les bois. C'est-là où les Pêscheurs Indiens Sujets du Roi d'Espagne, couchent durant la saison de la Pêsche; mais leurs maisons & leurs familles sont plus avancées dans le Pays. Ils tiennent sur la Côte des pieux pour y pendre leurs filets & des perches pour y faire secher leur poisson. Quand ils vont en Mer ils s'éloignent jusqu'à trois ou quatre lieues du rivage pour pêcher à la ligne des Snappers & des Gropers, dont on peut voir la description dans le Voyage autour du Monde par Dampier [b]. Depuis que les Vaisseaux des Boucaniers & ceux qui vont charger le bois de Campêche ont pris cette route, ces Pêscheurs sont devenus fort timides, parce qu'ils ont été souvent enlevez par ces gens-là; de sorte qu'ils ne découvrent pas plutôt un Vaisseau en Mer, qu'ils enfoncent leurs Canots à fleur d'eau; car lorsque ces Canots sont pleins d'eau ils ne vont pas plus bas. Quant à eux ils s'y cachent tellement qu'ils ne montrent que la tête, jusqu'à ce que le Vaisseau qu'ils ont apperçu soit passé, ou que la nuit soit venue. Les poissons qu'ils prennent auprès du rivage, avec leurs filets sont des Snoucks, des Chiens-marins & des Tarpons. On trouve une grande quantité de ces derniers poissons le long du rivage depuis le Cap Catoche jusqu'à Trist, sur-tout dans l'eau claire auprès des Bayes sablonneuses; mais on n'en voit point dans les endroits où le fond est vaseux & plein de roches. A l'Ouest de Rio de la Gartos, il y a une Guérite appellée SELAM. C'est un Poste qui est sur le bord de la Mer & que les Espagnols ont accommodé pour y faire tenir leurs Indiens en sentinelle. Il y a plusieurs de ces Guérites sur la Côte: les unes sont bâties à terre avec du bois de charpente; & d'autres sont placées sur des arbres comme des cages, mais assez grandes pour recevoir un ou deux hommes, & il y a une échelle pour y monter & pour en descendre. Ces Guérites ne sont jamais sans un ou deux Indiens qui s'y tiennent tout le jour, & ceux qui demeurent près delà sont obligez de se relever les uns les autres.

20. RIO-DE-LA-GRACE; Riviére d'Afrique, au Pays des Jalofes, à trois lieues de Junala & au voisinage de Punto-Sereno, selon Dapper [c]. C'est, dit-il, une petite Riviére, qui sépare les Royaumes d'Ale & de Juala. Au devant de l'embouchure de cette Riviére il y a un banc qui se séche entiérement & dont le sable paroît lorsque les eaux sont basses, & alors ils en sort de l'eau fraîche & douce comme d'une fontaine.

21. RIO-GRANDE, Riviére de l'Amérique Méridionale [d], au nouveau Royaume de Grenade. On lui a donné ce nom, à cause de la grandeur de son Canal. Quelquefois on l'appelle RIO-DE-MAGDELENA; parce que son Embouchure fut découverte par les Espagnols le jour de la Fête de cette Sainte, & on l'appelle aussi quelquefois RIO DE SANTA MARTHA, parce qu'elle descend le long de cette Province qu'elle sépare de celle de Carthagène. Ses sources sont dans le Popayan; car elle est formée de deux grandes Riviéres [e], qui naissent fort éloignées l'une de l'autre: l'une sort au-dessus de la Ville de Popayan dans une Vallée qui s'étend du pied des Andes, jusqu'à un Village nommé COTURA, & coule premiérement dans un petit Canal au travers des vastes campagnes de la Province de Cali; peu après elle est tellement grossie par divers Ruisseaux & Torrens qui coulent de ces hautes Montagnes, qu'au dessous de la Ville Cali elle peut passer pour une grande Riviére. Ensuite ayant encore reçu plusieurs Riviéres & s'étant rendue près de Buritica, & assez près de Santa Fe de Antiochia, où elle est nommée Cauca par les Indiens, elle se joint à l'autre Branche à neuf lieues au-dessous de la Ville de Mopox. Cette autre Branche prend sa source au-dessus de la Ville de Timana, à l'Orient des Andes; de sorte qu'une chaîne de ces hautes Montagnes sépare les deux Bras de cette Riviére, entre lesquelles il y a un espace d'environ quarante lieues. Dans sa course Rio-Grande traverse plusieurs Provinces du Nouveau Royaume de Grenade, où elle est appellée de divers noms par les Sauvages, & va se jetter dans la Mer du Nord par deux ou trois embouchures. Elle porte de petites Barques jusqu'à cent lieues dans les terres. Toutes les Marchandises d'Europe sont conduites par cette Riviére partie à force de rames partie en tirant les Barques avec des cordes. On met quelquefois jusqu'à deux mois pour ce transport suivant la distance des Lieux; & l'Or, l'Argent & les Marchandises de l'Amérique qui viennent du Nouveau Royaume de Grenade, descendent communément en trois semaines de tems.

22. RIO-GRANDE, Riviére de l'Amérique Méridionale [f], au Brésil nommée par les Sauvages *Poteingi*, ou *Potigi*. Son entrée est fort difficile, selon Figuredo; mais au dedans elle est fort belle & assez profonde. Les François après qu'ils eurent quitté la Riviére de Janvier, avoient coutume d'y aborder. Ils étoient amis & alliez des Sauvages nommez Petiguares, & bâtirent des maisons sur le bord de Rio-Grande. Mais le Roi d'Espagne ne pouvant souffrir les François si proches voisins, manda à Felician Cœllho de Carvalho, Gouverneur de Paraiba de les chasser de cet endroit. Cela se passa en 1597. Ce ne fut néanmoins qu'en 1601. que les François furent contraints d'abandonner cet Etablissement. Le Cassique des Petiguares se soumit alors & se rendit Vassal du Roi d'Espagne. On bâtit alors une Forteresse au bord de la Riviére; de façon que depuis ce tems-là, on y a établi un nouveau Gouvernement ou Capitainie, qui a le dixième rang parmi celles du Brésil. Voyez l'Article suivant.

23. RIO-GRANDE, Capitainie, dans l'Amérique Méridionale au Brésil [g]. Elle est bornée au Nord par le Pays des Pataguei; à l'O-

Marginal notes:
[a] *Dampier divers Voy.* p. 19.
[b] Chap. 4. p. 74.
[c] *Descr. du Pays des Jalofes,* p. 231.
[d] *De Laet, Descr. des Indes Oc.* Liv. 8. ch. 17.
[e] Ibid. Liv. 9. ch. 9.
[f] Ibid. Liv. 16. c. 9.
[g] *De l'Isle, Atlas.*

l'Orient par la Mer du Nord; au Midi par la Capitainie de Tamaraca, & à l'Occident par la Nation des Tapuyes. Cette Capitainie n'est pas fort peuplée de Portugais [a]; car outre soixante ou quatre-vingt Soldats qui sont en Garnison dans la Forteresse, il n'y a qu'un petit nombre d'habitans dans un Village voisin, avec un ou deux Moulins à sucre, & quelques Métairies, où ils nourrissent des brebis. Il habite aussi peu d'Indiens dans ce Quartier. On en a tant tué en diverses rencontres qu'ils sont fort éclaircis : Quelques-uns, par la haine qu'ils portent aux Portugais s'en sont fuis vers la Nation des Tapuyes. Cette Capitainie tire son nom de la Riviére qui l'arrose. Voyez l'Article précédent.

[a] *De Laet, Descr. des Indes Oc. Liv. 16. c. 5.*

24. RIO-GRANDE. Voyez au mot PUERTO l'Article PUERTO DE SAN PEDRO.

25. RIO-DE-LA-HACHA, Riviére de l'Amérique Méridionale [b], au Nouveau Royaume de Grenade, dans le Gouvernement auquel elle donne son nom. Elle court en serpentant du Midi Oriental au Nord Occidental, & après avoir mouillé la Ville de Rio de la Hacha elle se jette dans la Mer du Nord au fond d'une grande Baye.

[b] *De l'Isle, Atlas.*

26. RIO-DE-LA-HACHA, Gouvernement de l'Amérique Méridionale [c], dans le Nouveau Royaume de Grenade. Il est borné du côté du Septentrion par la Mer du Nord; à l'Orient par un Grand Golphe qui le sépare du Gouvernement de Venezuela; au Midi par l'Audience de Santa-Fé, & à l'Occident par le Gouvernement de Ste. Marthe. Sa Capitale est RIO DE LA HACHA. Voyez l'Article suivant.

[c] *Ibid.*

27. RIO-DE-LA-HACHA, Ville de l'Amérique Méridionale, dans le Nouveau Royaume de Grenade, & la Capitale d'un Gouvernement de même nom. Elle est située sur le bord d'une Riviére qui lui donne son nom. Cette Ville fut autrefois nommée par les Espagnols NUESTRA SEÑORA DE LAS NIEVES, & ensuite NUESTRA SEÑORA DE LOS REMEDIOS. Elle est bâtie [d] sur une Colline à mille pas de la Mer du Nord, & ne contient guère que cent maisons. Il y avoit autrefois de grandes richesses dans cette Ville, à cause des Perles que l'on y trouvoit en abondance, ainsi que dans les lieux voisins; mais cette pêche a presque entièrement manqué. Les Sauvages qui s'y employent encore demeurent à une Bourgade appellée la Rancherie, à six lieues de la Ville vers le Levant. A cinq lieues suivant la Côte vers l'Ouest, & à quatre lieues du même rivage est une autre Bourgade nommée YAPIA avec quelques Censes Espagnoles.

Le terroir de Rio de la Hacha est fertile & abonde en toutes sortes de fruits d'Espagne. On y trouve des veines d'Or & de fort bonnes Salines. Il nourrit diverses Bêtes sauvages principalement des Ours & des Tigres. Il y a dans les Riviéres quantité de Crocodiles.

[d] *De Laet, Descr. des Indes Oc. Liv. 8. c. 22.*

28. RIO-DE-JANEIRO. Voyez JANEIRO.

29. RIO-DE-LOS-ILHEOS, Voyez ILHEOS.

30. RIO-DE-JUNCKO, Riviére d'Afrique dans la Guinée [e]. Son embouchure est à 5. d. 50'. de Latitude Nord & a 9. d. 10'. de Longitude. Elle est à douze ou quinze lieues de Cabo Mesurado, & comme son lit n'a que huit pieds de profondeur, & qu'il est entrecoupé de plusieurs bancs de sable, les Chaloupes même n'y peuvent naviger en sûreté. Son embouchure qui est d'environ cinq cens pas se reconnoît à trois grands Arbres qui s'élevent au-dessus, & à trois grandes Montagnes qui paroissent vis-à-vis ces trois arbres, mais qui sont fort avancées dans les terres. Tout le rivage de la Mer est bordé de Citronniers, d'Orangers & de Palmiers. Le terroir qui est à l'Orient est fort hérissé d'épines & de buissons & beaucoup plus élevé que celui qui est à l'Occident.

[e] *Corn. Dict.*

31. RIO-MARTIN, Riviére d'Espagne au Royaume d'Aragon [f]. Elle sort des Montagnes de Segura passe à Montalvan & à Hijar, & se jette dans l'Ebre à l'Occident de Caspe.

[f] *Délices d'Espagne, p. 634.*

32. RIO-DEL-NORTE. Voyez au mot RIVIÉRE, l'Article RIVIÉRE DU NORD.

33. RIO-DES-OSTROS, Riviére d'Afrique, au Pays des Jalofes, selon Dapper [g]. Il dit que les Portugais l'ont ainsi nommée parce qu'on y pêche beaucoup d'Huitres.

[g] *Descr. du Pays des Jalofes, p. 231.*

34. RIO-DAS-PALMAS, Riviére d'Afrique, dans la Guinée, dans le Pays appellé la Côte de Malaguête. Dapper [h] dit que le Pays de Bolm est situé autour de la Riviére DAS PALMAS qu'on appelle autrement Selbole, & qui est à huit degrés de Latitude Septentrionale. Près de son embouchure elle se divise en deux bras dont l'un court vers l'Occident & s'appelle Torro, l'autre vers le Midi & porte le nom de RIO DE SANTA ANNA.

[h] *Descrip. d'Afrique, p. 251.*

35. RIO-DAS-PIEDRAS, Riviére d'Afrique dans la Guinée. Dapper [i] dit que c'est la premiére Riviére que l'on trouve après avoir doublé le Cap de Verga. Son nom vient de la grande quantité de pierres & de rochers qui sont dans son lit. C'est un grand Fleuve qui se sépare en plusieurs Bras, & forme diverses Isles entr'autres celle de *Cagafan* ou *Cagafais*, dans laquelle les Portugais ont bâti une Forteresse pour la sûreté du Commerce.

[i] *Descrip. d'Afrique, p. 247.*

36. RIO-DE-LA-PLATA. Voyez PLATA.

37. RIO-REAL, Riviére de l'Amérique Méridionale au Brésil. Sa source n'est pas trop bien connue. On dit qu'elle a des bras qui s'étendent 150. 200. & même 240. lieues dans les terres, & qu'elle court long-tems avec la Riviére de St. François. Cette Riviére sépare la Capitainerie de la Baye de celle de Seregippe & se jette dans la Mer aux confins de ces deux Capitaineries.

38. RIO-EL-REY, Riviére d'Afrique [k], dans la Guinée au Royaume de Benim. Cette Riviére est fort grande & fort large, & elle a trois brasses de profondeur sur un fond bourbeux.

[k] *De l'Isle, Atlas.*

39. RIO-SAINT-ANDRÉ, Riviére d'Afrique, dans la Guinée, entre le Cap de Palmes & celui des trois pointes. Elle donne son nom à la Côte voisine jusqu'à une certaine distance. *Rio-Saint-André*, dit le Pére Labat [l], est sans contredit le Lieu de toute cette Côte

[l] *Voy. de Guinée, t. 1. p. 183.*

à placer une Forterefle. La Riviére qui porte ce nom eft confidérable par elle même, avant d'avoir reçu les eaux d'une autre Riviére qui s'y perd, une lieue avant fon embouchure dans la Mer. La première vient du Nord-Nord-Oueft & la feconde du Nord-Eft. Elles font l'une & l'autre bordées de grands Arbres, avec des Prairies naturelles & de vaftes Campagnes unies, d'un terrein gras & profond, coupé par des Ruiffeaux qui le rafraîchiffent & qui le rendent propre à produire tout ce qu'on en voudroit tirer. Le ris, le mil, le mahis, les pois, les patates, les melons, en un mot toutes fortes de légumes y viennent en perfection. On voit d'efpace en efpace des bouquets de Palmiers, d'Orangers, de Citronniers, de Cotonniers de diverfes efpèces, qui fans foin & fans culture portent des fruits excellens. Il y a des noyers d'une efpèce particuliére qui portent des noix un peu plus petites que les nôtres, qui n'ont point de zeft & dont la chair approche beaucoup de celle de nos meilleures amandes. On y voit une abondance prodigieufe de cannes à Sucre, qui y font naturelles & qui plus qu'en aucun lieu du monde croiffent & meuriffent en perfection. Elles font plus groffes & plus grandes qu'à l'Amérique & plus fucrées. C'eft dommage qu'on laiffe périr & qu'on abandonne aux Eléphans les récoltes immenfes qu'on pourroit faire. A la vérité on pourroit dire que les Négres de ces Quartiers ne font pas aifez, qu'ils ont l'air féroce, qu'ils font de mauvaife compofition, que beaucoup d'entre eux font Anthropophages; que les Hollandois en ont fait l'expérience, puifque quatorze d'entre eux ont été mangez en un feul repas. Malgré tout cela il n'y auroit rien de fi aifé que de contraindre les Négres de bien vivre avec ceux qu'on voudroit établir dans leur Pays. La Nature y a pourvu ayant difpofé à cent cinquante pas au-deffus de l'embouchure de la Riviére une pointe que la Mer & la Riviére environnent, de maniére qu'elle eft prefque ifolée & qu'elle ne tient à la terre ferme que par un Ifthme de douze à quinze toifes de largeur. Le deffus de ce rocher eft plat & fait une Efplanade d'environ quatre cens toifes de circonférence, affez élevée pour commander de tous côtez & affez éloignée de toute hauteur pour n'être commandée d'aucun endroit. Toute cette circonférence eft efcarpée & coupée prefque à plomb par-tout où elle eft environnée des eaux de la Mer. Elle n'eft abordable que du côté de l'Oueft; c'eft-à-dire du côté de la Riviére, où la pente eft un peu moins rude & par où on pourroit effayer d'y grimper; mais cet endroit eft défendu par des rochers pointus femez dans le lit de la Riviére, qui occupent cinquante à foixante pas de largeur, dans lefquels le courant de la Riviére & les Flots de la Mer fe brifent avec violence & font des houles & un clapotage fi furieux qu'il n'y a point de Bâtiment, tel qu'il puiffe être qui ofe fe hazarder à prendre terre en un endroit fi dangereux; de maniére qu'on ne peut approcher de cette Forterefle naturelle, que par le petit Ifthme dont il vient d'être parlé, & qu'il feroit facile de couper par un foffé profond, qui ifoleroit tout ce terrein, qui n'auroit befoin que d'un pan de mur coupé en angle rentrant pour y placer une porte avec un pont-levis; ce qui fuffiroit pour en défendre l'entrée avec peu de gens & peu de dépenfe.

La Riviére qui paffe au pied de la Roche de RIO ST. ANDRE' eft falée; mais il y a, à cent pas de l'Ifthme une fource, qui ne tarit jamais, & qui fournit une eau excellente. Outre cela le Pays eft couvert, pour ainfi dire, de tant de ris, de mil, de mahis, de patates, de bananes, de figues, de bœufs, de chévres, de cochons, de moutons, de toutes fortes de volailles que toutes ces chofes fe donnent prefque pour rien. Un très-beau bœuf n'y a jamais valu qu'une douzaine de couteaux à deux fols la pièce, & le refte à proportion.

Les Négres de Rio St. André ne font pas mieux vétus que leurs voifins de la Côte de Maniguette. Ils n'ont qu'un très-petit morceau de toile devant eux. Il n'y a que les Seigneurs & les gens de grande diftinction qui s'envelopent d'une ou de deux pagnes, & ils portent avec cela un poignard & un grand couteau à leur côté. Généralement parlant toutes les femmes de ce Quartier font d'une taille affez petite, déliées & très-bien prifes. Elles ont les plus beaux traits du monde, les plus beaux yeux, & les plus vifs; la bouche petite, & les dents d'une blancheur à éblouïr. Elles font enjouées: elles ont l'efprit fin, beaucoup de vivacité & une phifionomie libertine qui n'eft point trompeufe. Les hommes font grands, bienfaits & robuftes. Ils ne manquent ni d'efprit ni de courage. On remarque qu'ils font extrêmement défians, depuis que quelques Européens les ont trompez & en ont enlevé quelques-uns.

Il faut qu'il y ait dans le Pays des Eléphans d'une taille bien monftrueufe, puis qu'on y trouve des dents qui pefent plus de deux cens livres. Outre le Commerce des dents on traite encore à Rio St. André des Captifs & de l'or. Il eft encore incertain fi l'or vient du Pays même, ou s'il y eft apporté du dedans des terres. Ce qu'il y a de certain c'eft qu'on y traite de l'or & même affez confidérablement; mais les Négres font un myftère du lieu d'où ils le tirent. Quand on le leur demande, ils montrent de haures Montagnes du côté du Nord-Eft, & qui paroiffent éloignées de quinze à vingt lieues.

Le Négres de St. André & des environs fur-tout du côté de l'Eft aiment fort les menilles de fer & de cuivre garnies de petites fonnettes & de grelots: les femmes s'en environnent les jambes-au-deffus de la cheville du pied; elles en mettent au-deffus des poignets & des coudes & prétendent que cela fait un charivaris fort agréable quand elles danfent. Cet exercice leur plaît infiniment; & quand elles ont travaillé toute la journée rien ne les delaffe tant que cinq ou fix heures de danfe.

40. RIO-SANGUIN, Riviére d'Afrique, dans la Guinée*, & dont l'embouchure eft à douze lieues de celle de Rio-Sextos. Il faut faire le Sud pendant huit horloges, ou quatre heures pour parer des roches dangereufes, qui font à l'Eft de *Rio-Sextos*; après quoi on reprend l'Eft quart de Sud pour arriver à Rio Sanguin. Les François y ont eu un Etabliffement, dont les Portugais fe font emparez auffi-bien que de tous les autres que

* Labat, Voy. de Guinée, t. 1. p. 160.

les prémiers furent obligez d'abandonner, pendans les longues guerres qui désolérent la France à plusieurs reprises. Cela donna la facilité aux Portugais de s'établir sur toutes ces Côtes ; & comme ils n'y avoient point de Compétiteurs, ils crurent qu'ils n'en auroient pas davantage dans la suite, & qu'ils joüiroient tranquillement de ce Commerce sans crainte, que personne vint les y troubler. Sur cette fausse sécurité, non-seulement ils gardérent peu de mesures avec les Naturels du Pays, mais ils les maltraitérent & leur firent sentir toute la pesanteur d'un joug, qui parut insupportable à ces Peuples nez libres, & accoutumez à la douceur du Commerce François. Les profits immenses, que faisoient les Portugais excitérent la jalousie des Anglois & des Hollandois, qui prirent des mesures efficaces pour partager ce Commerce. L'année 1604. fut l'époque fatale de la déroute des Portugais sur les Côtes de Guinée. Les Hollandois & les Anglois, qui n'avoient fait jusqu'alors que les chicanner, en les traversant dans leur Commerce ; par l'enlévement de leurs Vaisseaux, & par le pillage de quelques Comptoirs foibles & écartez, les attaquérent tout de bon à force ouverte, les chassérent des Forteresses & des Comptoirs, qu'ils avoient sur les Côtes, & les contraignirent de se retirer bien avant dans les terres, & pour s'y maintenir de s'allier avec les Naturels du Pays. C'est de ces Alliances avec les Noirs que sont venus tant de Portugais mulâtres, qu'on trouve dans tous ces endroits, qui à force de s'allier avec des femmes noires, deviennent noirs eux mêmes, & qui ne laissent pas de vouloir qu'on les prenne pour des Portugais naturels. De leur côté les Portugais d'Europe les regardent toujours comme frères, les réconnoissent pour Fidalques ou Gentils-hommes, leur donnent l'Ordre de Christ, les reçoivent dans les Ordres sacrez, & leur confient les Gouvernemens des Places qu'ils se sont conservées dans l'intérieur du Pays, sur les Riviéres & en quelques lieux des Côtes où ils ont des Etablissemens.

L'Embouchure de la Riviére Sanguin, est à cinq degrez douze minutes de Latitude Septentrionale, & à douze degrez de Longitude. Son cours est Sud-Sud-Est & Nord-Nord-Ouest. Elle est assez profonde pour porter une Barque jusqu'à douze ou quinze lieues au-dessus de son Embouchure, qui a environ cinq à six cens pas de large. Il y a presque au bord de la Mer un assez gros Village, fort agréablement situé entre les grands arbres, dont la Riviére est bordée de tous côtez. La Côte jusqu'au Cap de Palmes est arrosée de quantité de Riviéres & de gros Ruisseaux, aux Embouchures desquels il y a des Villages, qui portent les noms de ces mêmes Riviéres. Ainsi en suivant la Côte de l'Est à l'Ouest, on trouve les Riviéres & les Villages de,

Sestre-Cou,	Valpo,
Broua,	Batou,
Basson,	Grand-Sestre, ou Grand-Paris,
Zino,	Petit-Sestre, ou Petit-Paris,
	Goyane, &c.

41. RIO-DOS-SAVENS, ou RIO-DOS-SAVOLOS, c'est-à-dire la Riviére des Aloses; Riviére d'Afrique, au Royaume de Maroc [a]. Elle sort du Mont-Gabel-el-hadi, & après avoir baigné la Province de Heu, elle se jette dans l'Océan près d'Amama. On lui a donné le nom de Riviére des Aloses, parce qu'il s'y pêche beaucoup de cette sorte de poisson.

[a] *Dapper*, Descr. de Royaume de Maroc, p. 127.

42. RIO-SEXTOS, Riviére d'Afrique dans la Guinée [b], & dont l'Embouchure est à dix lieües à l'Est du petit Dieppe. Cette Riviére est nommée par les Hollandois, RIVIE'RE DE SESTRE & SESTRE, par les François. Ce fut en cet endroit que les Portugais virent pour la prémiére fois de ce petit poivre, qu'on appelle graine de Paradis, Manignette ou Managuette; ce qui a fait donner à la Côte le nom de Côte de Maniguette. Les Hollandois l'appellent la Côte du grain, & les Portugais la nomment la Côte de *Sextos*. Il ne faut pas s'étonner de ce changement de nom : comme les Portugais affectoient de donner un air de nouveauté à tout ce qui leur tomboit sous les yeux & sous les mains, ils ne manquérent pas d'appeller *Sextos*, ce que les François & les Négres connoissoient sous le nom de Maniguette. La raison des Portugais étoit que ce grain avoit dans sa superficie rabotëuse, quelques élévations assez pointues qu'ils jugérent à propos de fixer au nombre de six. Ainsi, selon eux la Maniguette est une graine à six pointes, & la Riviére, où ils commencérent à la connoître, eut le titre de *Rio-Sextos* ; c'est-à-dire, Riviére des Graines à six pointes.

[b] *Labat*, Voy. de Guinée, T. 1. p. 147.

La Riviére de *Rio-Sextos*, vient du Nord-Nord-Ouest ; & selon le rapport de ceux qui disent l'avoir parcourüe, son cours est très-long. Elle paroît avoir trois quarts de lieuës de largeur à son Embouchure, & elle est bordée de grands Arbres de chaque côté. On prétend qu'elle a assez d'eau pour porter une Barque jusqu'à vingt lieues, au-dessus de son Embouchure. Après cet espace elle est coupée par des Bancs & des Séches, qui ne peuvent porter que des Canots: c'est un inconvénient ; mais qui n'est pas suffisant pour empêcher, qu'on n'y puisse établir un Commerce, supposé qu'il se trouve matiére pour l'entretenir. Les Anglois y ont eu autrefois un Comptoir, dont on voit encore les masures. On ne sait pas pourquoi ils l'ont abandonné. Ce qu'il y a de sûr c'est que les Habitans de ces Quartiers sont brutaux, & que le Commerce qu'on peut faire avec eux, est difficile à cause de la grosse Mer, qui régne sur la Côte. Le meilleur mouillage est devant l'Embouchure de la Riviére, à une lieüe de Terre sur douze brasses d'eau, ayant les rochers du Nord-Ouest au Nord-quart de Nord-Ouest. Mais il faut se défier d'un banc qui est au Nord-Ouest, & qui s'avance une lieue en Mer. Il y a sur ce banc, cinq, six, sept, & huit brasses d'eau, fond de roches pointues; de sorte que pour naviguer avec sûreté, on ne doit point ranger cette Côte, à moins de deux lieues au large. Les courans le long de cette Côte portent Sud-Est & Nord-Ouest avec force, & les marées dans la Riviére sont de six heures. Voici trois reconnoissances de cette Riviére : elles sont très-importantes pour ceux qui n'ont n'ont jamais mouillé à la Rade de *Rio-Sextos*.

La première reconnoissance est une Montagne enfoncée dans son milieu : lorsqu'on est à six lieues au large, la Côte paroît basse & toute bordée d'arbres. Pour seconde reconnoissance, on doit savoir que, lors qu'on n'est plus qu'à une lieue de la Riviére, la Terre paroît double, la Montagne plus longue, l'Enfoncement moins considérable, & la Côte basse bordée d'arbres. Pour troisième reconnoissance, lorsqu'on est par le travers de la Riviére, on voit un Cap sur lequel il y a un gros arbre ; au pied & derriére on apperçoit un Village. La Côte est toute bordée d'arbres, & la Montagne paroît encore plus longue, l'Enfoncement moins sensible & dans l'éloignement.

L'entrée de la Riviére est au Sud-Est, Nord-d'Ouest : elle a près d'une lieue de largeur, mais elle est sale ; car il y a des Roches sous l'eau & d'autres qui se découvrent. Il y a pourtant dans la passe, qui est plus près de l'arbre que du côté opposé, trois brasses d'eau & ensuite cinq, six, & sept ; ce qui suffit pour toutes sortes de Barques. On voit à Stribord trois Villages assez voisins. Entre le premier & le second, il y a un petit Etang d'eau douce, & un autre à une lieue & demie plus loin sur la Langue de terre, qui forme l'entrée de la Riviére. C'est au Village du milieu que se fait le Commerce. Il est grand & les Cases y sont comme à Mesurado. Lorsqu'on est par le travers du second Etang, on voit que la Riviére fait un coude, & qu'elle court Nord & Sud. Elle a presque une lieue de large, & au moins cinq brasses de profondeur, jusque devant le Village du Roi, qui est à près de trois lieues de la pointe d'Abasbord, & environ à cinq de l'Embouchure de la Riviére. Le terrein où est situé le Village du Roi, & un autre Village, qui en est éloigné d'une lieue, est uni & bas, gras & profond, mais souvent noyé. On y séme du Ris qui vient en perfection. On peut entrer dans la Riviére avec des Chaloupes, la barre n'y étant pas extrêmement dangereuse ; & pourvû qu'on prenne bien son tems, il y a peu à risquer.

Les Négres de cet endroit sont grands & bien faits, forts & ont l'air martial. Ils sont braves & font souvent des courses sur leurs Voisins pour enlever des Captifs. C'est ce qui empêche les Marchands Négres de venir commercer avec eux, & qui les prive du Commerce de l'or qu'ils feroient comme leurs Voisins : ils en ont pourtant ; mais ils le gardent. On trouve chez eux de l'Yvoire qui est fort beau : ils en réglent le prix, selon le besoin qu'ils ont des Marchandises d'Europe. Quand ils en manquent leur morphil est à bon marché ; mais quand ils sont fournis d'yvoire, ils tiennent le morphil fort cher. Les autres Marchandises qu'on peut tirer sont la Maniguette ou Poivre de Guinée, le Ris, le Mahis, les Volailles, les Bestiaux ; toutes ces choses sont à grand marché. La plûpart de ces Négres sont Pêcheurs. On voit tous les matins sortir de la Riviére une petite Flote de Canots, qui se dispersent de tous côtez pour pêcher à la ligne. La Côte est si poissonneuse qu'ils reviennent toujours chargez de poisson, dont ils donnent une certaine quantité au Roi. Le Prince chez eux est fort absolu. Il est rare qu'il condamne à mort les Criminels : il a intérêt de commuer la peine de mort en un bannissement perpétuel hors du Pays ; c'est-à-dire à l'esclavage ; parce qu'il vend les bannis aux Européens & profite du prix de la vente. Ces Peuples sont fort obligeans : il ne faut qu'un verre d'eau de vie pour en tirer une infinité de services ; car ils aiment cette liqueur sur toutes choses. Ces Peuples ont retenu des François, qui ont demeuré parmi eux, la coutume de porter des noms de Saints, quoiqu'ils ne soient pas Chrétiens, & qu'ils ne marquent aucune disposition à le devenir. Rien de si commun que d'en trouver qui se nomment Pierre, Paul, Jean, André, & autres noms de Saints, auxquels les Maîtres des Villages & les Gens de quelque distinction ajoutent la Qualité de Capitaine. Quand quelque Européen leur plaît ; c'est-à-dire quand il les a fait boire, ou qu'il leur a fait quelque present, ils lui demandent son nom & le prennent, ou le font porter à leurs enfans. Il y en a même plusieurs qui ont des surnoms François héréditaires dans leurs Familles, depuis plus d'un Siècle. D'autres en portent de Portugais, d'Anglois ou de Hollandois, selon qu'ils ont été bien avec ces Peuples.

Outre les Marchandises dont il a été parlé ci-devant, on trouve dans *Rio-Sextos* des Cailloux, à peu près de même espèce, que ceux de Médoc ; mais plus durs, plus beaux & qui ont beaucoup plus de feu. Ils se taillent plus aisément que le Diamant, & quand on leur donne un fond, ils font un très-bel effet.

RIO, ou RIVO-DEL-SOLE, Riviére d'Italie, dans l'Etat de l'Eglise. Elle coule dans la Sabine, & se jette dans le Teverone. C'est la Riviére Digentia des Anciens : Voyez DIGENTIA.

RIO-TINTO, Riviére d'Espagne, dans l'Andalousie, appellée aussi AZECHE, & par les Anciens *Vrius*. Son cours est parallèle à celui de l'Odier, & elle se jette dans l'Océan, tout près de l'Embouchure de cette derniére Riviére. L'eau de *Rio-Tinto* a, dit-on, la vertu de pétrifier son sable : du reste son eau est très-mauvaise, amére à tel point qu'on n'en sauroit boire, & nuisible aux herbes & aux racines des arbres. Elle ne nourrit aucun poisson & ne porte rien qui ait vie. On prétend seulement qu'elle sert de Médecine aux Bœufs qui la boivent, lorsqu'ils sont atteints de quelque mal.

RIO-TURBIDO, Riviére d'Italie, dans l'Orviétan. Elle coule du Midi Occidental, au Nord Oriental, & se jette dans le Tibre à la droite, un peu au-dessus d'Agliano.

RIO-VERDE, Ruisseau de l'Isle de St. Domingue [a], dans le Quartier de St. Jago de los Cavalieros. Il a son cours presque parallèle à celui de la Riviére d'Yaque ou de St. Yago, aux environs de la Ville de ce nom, au-dessus de laquelle est sa source à quatre lieues du côté du Midi Oriental. A même distance, au-dessous de cette Ville, il [b] se jette dans la Riviére, à la droite. On dit que sur les bords de ce Ruisseau [b], que les François nomment quelquefois Riviére-Verte,

[a] *Frezier, Carte de l'Isle de St. Domingue.*
[b] *Le Pere de Charlevoix, Hist. de l'Isle de St. Domingue.*

il y avoit une Mine d'or, dont le principal rameau, étoit de trois pouces de circonférence d'un or très-pur, massif & sans mélange d'aucune autre matiére. On ajoute que *Rio-Verde* traîne une quantité prodigieuse de grains d'or, mêlés dans son sable.

RIO-DA-VOLTA, Riviére d'Afrique[a], dans la Guinée, dans le Pays appellé la Côte d'Or. A dix lieues d'Acara, en tirant vers le Levant, le long de la Côte est le Village de Sinco, & à vingt lieues au-delà, on trouve l'Embouchure de Rio-da-Volta, où l'eau est fort basse, à cause d'un banc de sable qui est au-devant. Quoique ce banc de sable, ne s'étende pas fort loin dans la Mer, il ne laisse pas de fermer l'entrée de cette Riviére aux Chaloupes mêmes. De la cime d'un grand mât, on peut découvrir le lit de Rio-Volta qui est fort large. L'eau de la Mer qui est vis-à-vis de son Embouchure, est blanche jusqu'à un mille du rivage, & même douce jusqu'à ce qu'on trouve dix brasses de profondeur, à cause de l'impétuosité du Courant. Il n'y a qu'un Village entre Sinco & Rio-da-Volta. On le nomme Ley.

[a] Dapper, Descrip. d'Afrique, p. 303.

RIOJA. Voyez RIOXA.

RIOM, Ville de France dans l'Auvergne, dont elle est la seconde Ville. Elle est située à deux lieues de Clermont. Son nom Latin est *Ricomagus*; c'est-à-dire Ville riche. Ce nom de *Ricomagus*[b] fut corrompu il y a sept à huit cens ans, en celui de *Ricomum* ou *Riomum* d'où est venu le nom de RIOM. Grégoire de Tours fait mention de cette Ville en plusieurs endroits de ses Ouvrages, où il rapporte les Miracles de St. Amable Prêtre, & Patron de Riom.

[b] Longuerue, Descr. de la France, Part. 1. p. 135.

Le Roi Philippe-Auguste[c] ayant assiégé cette Ville eut bien de la peine à la prendre. A la fin, après bien des assauts, il s'en rendit maître par capitulation, & il emmena quarante ôtages, qu'il retint long-tems en prison à Paris, Riom devint fort peuplée sous les Ducs d'Auvergne, qui y établirent leur demeure, & qui étoient de la Maison de France, étant fils & petit-fils du Roi Jean. Il y attirérent les plus grands Seigneurs de la Province qui composoient la Cour de ces Souverains. On y voit encore les Hôtels de Blot, de Fleurat de Montboissier, & des anciens Chazerons fondus dans Monetay.

[c] Piganiol, Descr. de la France, t. 6. p. 328.

Aujourd'hui Riom est considérable par sa Senéchaussée, par son Présidial dont le ressort est un des plus étendus du Royaume, par son Bureau des Finances, par une Chambre des Monnoies & par trois Chapitres. Une de ces Eglises Collégiales porte le nom de St. Amable qui est le Patron de la Ville. Elle fut bâtie par ce grand Saint, & dédiée sous l'Invocation de Saint Benigne. St. Gal qui fut ensuite Evêque d'Auvergne, n'étant qu'Archidiacre, & voyant que les Miracles, qui se faisoient sans cesse, au Tombeau de St. Amable, y attiroient de toutes parts, une si prodigieuse quantité de monde que l'Eglise de Saint Benigne, où il avoit été enseveli, étoit trop petite pour contenir tant de peuple, joignit une nouvelle Eglise à l'ancienne. Il fit faire un Autel, au haut de cette nouvelle Eglise, sous lequel il fit transporter le Corps de St. Amable. Ces deux Eglises ne faisant plus qu'un même Corps, l'ancienne perdit insensiblement le nom de St. Benigne qu'elle portoit, & prit celui de St. Amable. Les Miracles que Dieu opéroit par l'intercession de ce Saint, firent que les Habitans de Riom par reconnoissance mirent le Tableau de ce saint Protecteur sur toutes les Portes de la Ville, avec ces mots au-dessus: HOC HOSPITE TUTI; & ils assurent que par son intercession, ils sont tous les jours guéris des morsures des Serpens, des Chiens enragez, & de divers autres maux, & qu'ils sont même préservez d'incendie.

La Ville de Riom a été le berceau de plusieurs Personnes illustres, par leur savoir & par leur esprit. Anne du Bourg, Conseiller au Parlement de Paris, Genebrard Archevêque d'Aix, Jacques Sirmond un des plus savans hommes, qu'il y ait eu parmi les Jésuites, Jean Sirmond neveu du précédent, Historiographe de France, & un des quarante de l'Académie Françoise; M. Soanen Prêtre de l'Oratoire, un des grands Prédicateurs de notre Siècle, & Evêque de Senez, l'Abbé Faydit plus estimable par son érudition, & par son esprit que par l'usage qu'il en a fait, Dom Augustin Touttée, savant Religieux Bénédictin mort le 25. de Décembre 1718. âgé de 39. ans, ont tous reconnu la Ville de Riom pour leur Patrie.

Saint Amable de Riom, est un des trois Chapitres de cette Ville[d]. C'étoit anciennement une Abbaye de l'Ordre de St. Benoît, qui a été sécularisée. Les Canonicats valent au-delà de cinq cens livres, & le Doyenné, qui est la seule Dignité de ce Chapitre, est un Bénéfice Consistorial, & par conséquent de nomination Royale. Notre-Dame de Marturet est un autre Chapitre de la Ville de Riom, fondé par Marc de Langeac, Seigneur de Turet. Les Canonicats ne valent que cent cinquante livres, ou deux cens livres au plus. La Maison de Langeac a droit de nomination à deux de ces Canonicats. La Ste. Chapelle de Riom fut bâtie, auprès du Palais, par Jean de France Duc de Berry & d'Auvergne, fils du Roi Jean. Le Chapitre fut fondé en 1488. par Pierre Duc de Bourbon & d'Auvergne & Anne de France sa femme. Il est composé d'un Trésorier & de douze Chanoines; mais il est très-pauvre.

[d] Ibid. p. 293.

Le Senéchal de Riom est d'épée. Ses appointemens sont de deux cens vingt-huit livres, sept sols, six deniers. Le Présidial fut établi par l'Edit de création des Présidiaux sous Henri II.

La Généralité de Riom[e] étoit autrefois plus étendue, qu'elle n'est; mais en 1630. on en détacha quatre-vingt Paroisses, pour composer l'Election de Gannat, qui est de la Généralité de Moulins. Le Maréchal d'Effiat, étoit pour lors Sur-Intendant des Finances, & avoit acquis les Châtellenies de Gannat & de Vichy, de Marguerite de Lorraine Princesse de Conty, à laquelle Louis XIII. les avoit données, en échange des Souverainetez de Château-Regnaud & Linchamp. Comme la Terre d'Effiat, étoit auprès de Gannat, ce Maréchal Sur-Intendant, fit établir une Election à Gannat. Aujourd'hui la Généra-

[e] Pag. 311.

RIO. RIP.

néralité de Riom, est composée de six Elections générales, & d'une particuliére. Les Elections générales sont Clermont, Riom, Yssoire, Brioude, St. Flour & Aurillac; & l'Election particuliére est à Mauriac. Elles composent ensemble neuf cens-vingt Paroisses; & celle de Riom en a cent quarante-trois.

a Pag. 313. Le Bureau des Finances *a* est censé l'un des six grands; c'est-à-dire l'un de ceux qui ont les gages les plus considérables, & une plus grande direction en matiére de Tailles; car la Généralité de Riom, est une de celles qui en payent le plus au Roi. Avant l'an 1551. l'Auvergne dépendoit du Bureau des Finances de Lyon; mais cette année-là Henri II. créa un Trésorier de France-Général des Finances, pour la Recette générale de Riom. Charles IX. en créa un autre en 1570. & depuis le nombre des Charges s'est multiplié en différens tems.

Il y a à Riom une Maison destinée pour la fabrication des Monnoyes, & pour rendre la Justice dans les causes qui les concernent. Le Lieutenant-Général de la Sénéchaussée est le Chef de cette Jurisdiction, & le Procureur du Roi exerce aussi sa charge dans cette Cour.

RIONS, Lieu de France dans la Guienne, Diocèse & Election de Bourdeaux, dont il n'est éloigné que de trois lieues.

RIOU, Isle de la Mer Méditerranée, sur la Côte de Provence, aux environs de *b* Michelot, Marseille *b*, environ à un mille vers le Sud-Port de la Sud-Est de l'Isle de Jagre. C'est un gros Méditer. p. Ecueil fort haut &, escarpé de toutes parts. 68. Il y a au-dessus une Tour de garde présentement inhabitée. A la pointe du Nord-Ouest, on trouve un petit Ecueil hors de l'eau, & un autre sous l'eau tout auprès.

RIOUX, Bourg de France, dans la Saintonge, Diocèse & Election de Saintes.

RIOUX MARTIN, Bourg de France, dans la Saintonge, Diocèse & Election de Saintes.

c Délices RIOXA, Province d'Espagne *c*, dans la d'Espagne, Castille-Vieille, dans le voisinage de Miran-p. 171. da de Ebro. Cette Province est fort petite, ayant à dos les Sierras d'Occa & de Cogollo, & au Nord l'Ebre, qui la sépare de l'Alava. Elle renferme quelques Villes remarquables, savoir

San Domingo de la Navarette,
  Calçada,
Najara,   Guardia,
      Bastida.

Ce petit Pays qui prend son nom du Rio-Oxa, dont il est arrosé, jouït d'un air pur & fort sain. Son Terroir est fertile en bled, en Vin & en Miel.

RIPA, Voyez RIVAGE.

RIPA, RIPA-TRASSONIA ou RIPA-*d* Magin, TRANSONE; Ville d'Italie, dans l'Etat de Carte de la l'Eglise *d*. Elle est située dans les Terres, Marche à cinq milles de la Côte du Golphe de Ve-d'Ancone. nise, à égale distance de Monte-Alto, & environ à six milles de Fermo. Son Evêché qui est sous Fermo, fut érigé en 1570. Cette Ville est petite, mais fortifiée & bien peuplée.

RIP.

1. RIPA-ALTA, Vile de la Basse-Pannonie; Voyez ALTARIPA N°. 3.

2. RIPA-ALTA; Voyez ALTRIPP.

3. RIPA-ALTA, ou RIPALTA, Ville de la Mésopotamie, selon la Notice des Dignitez de l'Empire *e*. *e* Sect. 26.

4. RIPA-ALTA, Voyez LITTUS-ALTUM.

RIPA-DEXTRA: Ausone donne ce nom à toute cette étenduë de Terre *f*, qui prend *f* Ortelii depuis l'Embouchure du Rhône jusqu'à Thesaur. Narbonne; & ce même nom se trouve employé dans le même sens, dans une ancienne Inscription.

RIPA-PRIMA, Ville de la Rhétie, selon la Notice des Dignitez de l'Empire *g*, qui *g* Sect. 59. la surnomme SUBMONTORIUM. L'Itinéraire d'Antonin la connoît sous ce dernier nom; mais quelques Exemplaires écrivent *Surmontorium*, d'autres *Sumuntorium* & d'autres *Summontorium*. Cette Ville étoit dans la seconde Rhétie entre *Vallatum* & *Augusta-Vindelicum*, à seize milles de la premiére, & à vingt milles de la seconde.

RIPÆI, Voyez RIPHÆI.

RIPAILLE, Bourg de Savoye, dans le Chablais, sur le bord du Lac de Genève, à l'Embouchure d'une petite Riviére qui se jette dans ce Lac, entre Thonon qui en est à une lieue du côté de l'Occident, & l'Embouchure du Beveron, qui en est encore moins éloignée du côté de l'Orient. Ripaille est la principale Commanderie de l'Ordre de St. Maurice qu'Amédée fonda. Il fit bâtir à Ripaille de quoi loger six Chevaliers Hermites, qui devoient lui tenir Compagnie dans cette solitude *h*, où il se retira en 1434. *h* Longuerue, étant veuf de sa femme Marie de Bourgog-Descr. de la ne, & il remit l'Administration entière de France, ses Etats à son fils. Part. 2. p.

Comme le Concile de Bâle, après avoir 325. déposé Eugène IV. élut Amédée, qui fut appellé Felix V. & fit son entrée à Bâle l'an 1440. cela lui attira beaucoup d'ennemis; de sorte que plusieurs attribuérent sa retraite à Ripaille à une ambition demesurée, qui lui faisoit souhaiter le Souverain Pontificat, où il espéroit parvenir à cause du crédit, qu'il avoit au Concile de Bâle, que l'on croioit devoir se porter aux derniéres extrémitez contre Eugène. D'autres attribuent la retraite d'Amédée à l'envie de bien goûter les plaisirs de la Vie, que l'embarras des affaires épineuses rend souvent amers aux Souverains. Ils disent qu'en ce lieu de Ripaille, Amédée avec ses Compagnons ne faisoit que se divertir, menant une Vie délicieuse, & que de là est venu le Proverbe, *faire Ripaille*.

Ce qui est certain, c'est qu'Amédée nommé Felix V. voyant son adversaire Eugène mort, & que Nicolas V. homme estimé digne du Pontificat lui avoit succédé, & étant fort pressé par Charles VII. Roi de France, il se démit du Pontificat l'an 1449. & s'en retourna à son Hermitage de Ripaille, d'où étant allé à Genève, il y mourut en Janvier l'an 1451. Son Corps fut apporté à Ripaille.

RIPAMARANZE, Bourg d'Italie dans la Toscane, en Latin *Marantium*. Les Habitans de Volterre, l'ont entouré de murailles. Ce Bourg, selon Leander [a] est à trois milles du Mont Libiano.

RIPAMPANE, Voyez PAMPANIS.

RIPARIOLI, Voyez RIPUARII.

RIPATORIUM, Lieu de France, dont il est fait mention dans des Lettres d'Hatton, Evêque de Troyes, citées par Mr. de Valois [b]. Ce lieu se nomme aujourd'hui RIVOUR, & dans quelques Cartes, il est nommé le Rivol. On le trouve à deux lieues de la Ville de Troyes en Champagne, & il est remarquable par une Abbaye qui y est située.

RIPÆI MONTES, Montagnes de l'Arcadie, selon Servius [c], qui dit que leur nom différe de celui des Monts Riphées, en ce que le premier s'écrit avec aspiration & le second sans aspiration.

RIPEN, ou RYPEN, Ville de Dannemarc, dans le Jutland Septentrional, & la Capitale du Diocèse, auquel elle donne son nom. Elle est bâtie près de la Côte Occidentale du Nord Jutland, à 42. d. 8'. de Longitude, sous les 55. d. 19'. de Latitude. Sa figure est à peu près ovale [d], & elle est mouillée par la Rivière de Nipsaa, qui avant que d'y arriver se partage en trois Canaux : le plus grand passe au côté Septentrional de la Ville; celui du milieu qui est le plus petit, passe du côté du Midi, & le troisième coule du même côté à quelque distance de Ripen. Ces trois Canaux se rejoignent au-dessous de la Ville, & vont se jetter dans la Mer. Quelquefois les eaux de cette Rivière sont repoussées par les vagues de la Mer; ce qui expose la Ville à de grands risques. Il n'est que trop souvent arrivé, que les eaux sont remontées jusqu'au Cimetiére de l'Eglise Cathédrale, qui est située sur une Colline, appellée la *Montagne des Lis*, & même pendant l'affreuse inondation, dont le Jutland fut affligé en 1634. les eaux étoient jusqu'à la hauteur d'une aune dans l'Eglise Cathédrale. Cette Ville est seulement fortifiée par la Nature, sans que l'Art y ait beaucoup contribué. Elle a deux Portes; l'une du côté du Nord, & l'autre du côté du Midi. Vers le Couchant, on voit un Château flanqué de quatre Boulevards à l'antique. On dit qu'il fut bâti en 1150. Les Bourgeois sont assez bien logez. Ils étoient ci-devant fort à leur aise; mais ils perdirent beaucoup dans les derniéres guerres contre la Suède. Les Prairies & les Champs des environs apportent un profit considérable aux Habitans par le grain qu'on y recueille, & par les Bœufs qu'on y nourrit. C'est l'endroit où l'on assemble les Bœufs de presque tout le Jutland. On les embarque ensuite sur des Vaisseaux, pour les transporter en divers endroits, principalement en Hollande. Le grain se porte dans les Places voisines qui en manquent. L'Eglise Cathédrale est bâtie de pierres de taille, de même que son Clocher qui est quarré, fort élevé, & couvert de plomb. L'Eglise est ornée de plusieurs Colonnes de marbre, & on y voit le Tombeau du Roi Eric Ehemund, ou Erum, Frere de Canut Duc de Schleswic; celui du Roi Christophle I. qui retint prisonnier l'Evêque de Ripen, & qui fut empoisonné par Arnefaste Evêque d'Aarhusen. Il y a une Eglise du nom de Ste. Catherine, où on prêche aussi. On compte deux Colléges pour l'Instruction de la Jeunesse, & une Ecôle de Théologie, qui se tient dans la Cour de l'Evêque, où il y a une Bibliothéque publique.

La Ville de Ripen est gouvernée, par deux Bourguemestres, ou Consuls, & par un Sénat, qui autrefois faisoit observer les Loix avec une telle rigueur, que quand on vouloit parler d'une Justice sévère, on disoit par manière de Proverbe, que c'étoit *la Justice de Ripen*. La Langue Danoise, est celle dont se servent les Bourgeois. Il y en a néanmoins un grand nombre, sur-tout parmi les Marchands, qui parlent Allemand.

Le Diocèse de Ripen est borné au Nord par ceux de Wibourg & d'Aarhusen, au Midi par le Jutland Méridional, ou par le Duché de Schleswic; & tant à l'Orient qu'à l'Occident, il s'étend jusqu'à la Mer. On y compte trente Bailliages, deux cens quatre-vingt-deux Paroisses, dix Maisons Royales, cent Maisons Nobles, & sept Villes qui sont

Ripen,	Warde, & Lemwic.
Coldingen,	Ringcop,
Frederics-Odeweele,	Holsterbrock.

On veut que l'Evêché de Ripen, ait pris son commencement vers l'an 860. tems auquel St. Anscher, ou Ansgaire convertit le Roi Eric le jeune, surnommé *Barn*, à la Religion Chrétienne. Mais les Danois étant retournez, bien-tôt après à leur Idololâtrie, firent pendant près de cent ans de terribles ravages, abattirent les Eglises, & tuérent les Prêtres, jusqu'à ce que Unze, [*Umznis*] Archevêque de Hambourg, ramena les Danois & les Suédois à la connoissance du vrai Dieu. Son Successeur Adeldage [*Adeldagus*] doit avoir fondé les trois Evêchez de Ripen, d'Aarhusen & de Schleswic vers l'an 980. L'Evêque de Ripen a eu sous sa Jurisdiction trente Bailliages, dans lesquels on comptoit 275. Eglises, dont quarante-trois étoient situées dans le Duché de Schleswic. Ces Evêques jouïssoient de la Jurisdiction temporelle & de la spirituelle; mais en 1536. le Roi Christian III. ayant introduit la Religion Luthérienne dans le Dannemarc, s'empara de la Jurisdiction temporelle. Le nombre des Evêques Catholiques monte à trente-trois. Le dernier Olaüs Munck fut emprisonné avec six autres Evêques du Dannemarc en 1536. & privé de son Evêché, qui fut donné au premier Sur-Intendant Luthérien. On lui assigna de très-bons Salaires, ainsi qu'aux Ministres que l'on établit sous lui, & le Domaine de l'Evêché fut uni à la Couronne.

RIPERE. Les Mémoires & Plans Géographiques [e] mettent une Ville de ce nom dans l'Allemagne, aux environs d'Ausbourg; mais les termes, dont ils se servent pour en donner la position, sont si obscurs, qu'on n'y comprend rien. Mr. Corneille [f] qui n'y cherchoit pas tant de finesse a copié ces Mémoires sans s'embarrasser, si le nom étoit estropié, & la position énigmatique. L'Auteur

teur de ces Mémoires dit, que de Munich il alla dîner à Bruc & coucher à Ausbourg: Après quoi il ajoute : ,, A deux lieues de ,, cette Ville, je quittai la Baviére, & en- ,, trai dans la Suabe. La Riviére de Lek, ,, en fait la séparation. On la passe sur un ,, assez beau Pont. Un peu sur la droite, je ,, vis une petite Ville, située sur une émi- ,, nence de difficile accès, entourée de bon- ,, nes murailles, flanquées de Tours à l'anti- ,, que ; on nomme cette Ville RIPERE. " Je laisse à deviner de quelle Ville notre Auteur prétend parler. On ne sait s'il la place dans la Baviére ou dans la Suabe, & de plus les Cartes ne marquent, aux environs de Ratisbonne , aucune Ville dont le nom, ait le moindre rapport à celui de RIPERE.

RIPEPORA, Voyez EPORA.

RIPHACES, Peuples d'Asie, selon Pomponius Mela [a] qui semble les placer dans la Scythie. Au Lieu de RIPHACES quelques Exemplaires portent RIPHÆES. [a L. 1. c. 2.]

RIPHEARMA, Ville de l'Arabie Heureuse. C'est Pline [b] qui en fait mention ; & Pinet l'appelle REAMA. [b L. 6, c. 28.]

RIPHÉES ou MONTS-RIPHÉES, Voyez RIPÆI MONTES.

RIPIANI, Peuples qui habitoient sur le bord du Danube. Il n'en est parlé que dans les Dialogues de St. Césaire, frère de St. Grégoire de Naziance. Ortelius [c] soupçonne que Ripiani est un mot corrompu. [c Thesaur.]

RIPOL, Ville d'Espagne, dans la Catalogne [d] près des Pyrénées, au Midi de Campredon ; en Latin *Rivi-pullum*. C'est une petite Ville, située au confluent du Fresero & du Ter. Elle est remarquable par une belle Abbaye, qu'on y voit. Cette Abbaye est de l'Ordre de St. Benoît ; & c'est là qu'étoit autrefois la Sépulture des Comtes de Barcelone. [d Délices d'Espagne. p. 614.]

RIPPON, le RHIDOGUNUM des Anciens; Ville d'Angleterre [e] dans la Province de Yorck sur la Youre. On y fait beaucoup de Draps, & les meilleurs éperons d'Angleterre. Le plus grand Ornement de cette Ville est son Eglise Collégiale, qui a trois Aiguilles d'une grande hauteur. [e Etat prés. de la Grande-Bretagne. T. 1. p. 129.]

RIPUARII, RIBUARII, RIBOARII, RIBUERII & RIPARIOLI; Tous ces noms sont corrompus du Latin RIPARII, & ont été employez par les Ecrivains du moyen âge , pour désigner un Peuple distingué des Francs, des Burgondions, des Gaulois, des Allemans, des Frisons ou Frisiæbons, des Baioariens & des Saxons; mais dont il est plus aisé de dire, qui ils n'ont pas été, que qui ils étoient. Quelques-uns croient que les *Riparii* étoient un composé de différentes Nations , au-delà du Rhin, qui vinrent s'établir, en deçà de ce Fleuve & sur ses bords. Mr. de Valois [f] soupçonne qu'ils avoient été appellez *Riparii*, parce qu'ils habitoient d'abord sur la Rive droite du Rhin ; & il ajoute que ces Peuples ayant passé ce Fleuve, fixérent leur demeure sur sa Rive gauche, de façon qu'ils s'étendoient jusqu'aux Riviéres de Roer & de Meuse, où se trouvent Nuyts, Cologne, Bonn, Zulick ou Zulck, Duren, Juliers & Andernach. Ils donnérent leur nom à ce Pays, qui fut honoré du Titre de Duché, & partagé en cinq Comtez. Le grand nombre des noms Germaniques, que l'on trouve dans la Loi Ripuaire, presque semblable à la Loi Salique, suffit pour faire croire , que ces Peuples étoient venus de la Germanie. Jodoce Coccius d'Alsace fait mention d'un Peuple nommé *Riparii*, ou *Ripuarii*, voisin de l'Alsace & qui demeuroit entre la Bliess, la Sare & la Moselle. Cela étant il y a eu des Peuples Ripuaires, sur le Haut-Rhin & sur le Bas-Rhin ; mais comme il n'est parlé que d'un seul Duché des Peuples Ripuaires , il ne seroit pas impossible que ce Duché se fût étendu le long du Rhin, depuis Nuyts jusqu'à la Riviére de Senz dans un espace de quarante-six milles , & qu'il eût compris Nuyts, Cologne, Bonn, Andernach, Coblents, Wesel ou Ober-Wesel, Bingen, Mayence, Worms, Spire, Rhein-Zabern & Zeltz. [f Not. Gall. p. 478.]

Du tems de l'Empereur Louïs le Débonnaire, il y avoit encore au-delà du Rhin dans la Germanie un Pays appellé *Riparia* ou *Riparie*, & qui étoit la première demeure des *Riparii*, qui avoient passé le Rhin , & s'étoient établis dans la France. Louïs-Auguste en fait aussi mention dans le partage de son Royaume entre ses trois fils; il le nomme par corruption *Ribuaria*; & le place entre la Thuringe & la Saxe.

RIPUM, Ville de France dans le Bourbonnois, Diocèse de Clermont , Election de Gannat. La petite Ville & Paroisse de Ris est située sur des Côteaux ; à un quart de lieue de l'Allier ; les Terres sont à seigle & avoine, peu de froment & d'orge, grand Vignoble, & bon Vin , qui fait le principal revenu de la Paroisse, quelques bruyéres, & broussailles.

RISAMORI, Peuple dont parle Martial, au Livre quatrième de ses Epigrammes [g] : sur quoi Calderin remarque, que c'étoit un Peuple de Celtibérie. Quelques MSS. & quelques Exemplaires imprimez nomment ces Peuples RIXAMORI. [g Epig. 55.]

RISANA, Ville de la Dalmatie [h], sur la Côte du Golphe de Venise, au fond d'un petit Golphe auquel elle donnoit ancienement son nom; & que l'on appelle présentement Golphe de Cataro. La Ville de Risana a été ruïnée par les Turcs. [h De l'Isle Atlas.]

1. RISANO, Voyez RISANA.

2. RISANO, Riviére d'Italie dans l'Istrie. Elle coule en serpentant de l'Orient à l'Occident, & elle se jette dans le Golphe de Trieste, environ à trois milles de la Ville de Capo d'Istria, au fond de la Baye sur laquelle cette Ville est bâtie. Cette Riviére est le *Formio* des Anciens.

RISARDIR , Port de la Mauritanie Tingitane, selon Pline [i], qui le place sur l'Océan Atlantique, près du Promontoire appellé PROMONTORIUM SOLIS. [i L. 5. c. 1.]

RISBAN, Voyez DUNCKERQUE.

RISELA, RISELLA, ou RISLA, Nom Latin [k] de la Riviére de Rille. Voyez l'Article RILLE. [k Hadr. Valesii, Not. Gal. p. 478.]

RISELE , Ville de France , dans l'Armagnac, Diocèse d'Auch , Election d'Armagnac.

RISENBERG, Château de Bohême [l], situé sur une Montagne à un mille de Taus. En 1431. les Allemands furent mis en fuite près de ce Château. [l Zeyler, Topogr. Bohem. p. 71.]

RISENBOURG, petite Ville du Royaume de Prusse, avec Château, entre Christburg & Freystatt, près des Lacs de Sargen & de Libenitz, sur le bord de la Rivière de Liebe [a]. Les Polonois l'appellent PRABUTHA ; & l'on croit qu'elle a eu le nom de Risenbourg, qui veut dire le Bourg des Géants, à cause que des hommes de cinq aunes de hauteur y ont autrefois habité. Hennenberg [b] dit que c'étoit autrefois la Résidence des Evêques de Poméfanie.

[a] Zeyler, Topogr. Pomeran.

[b] Fol. 399.

RISNEL, Marquisat de France dans la Champagne, Diocèse de Toul ; il y a un petit Chapitre fondé par le Seigneur du Lieu, en 1185. Dans son District se trouvent l'Abaye de Benoitlevaux, Ordre de Cîteaux, & le Prieuré de St. Laurent, Ordre de St. Benoît, & un Hôpital.

RISO-CARPASSO, Cap de l'Isle de Chypre, [c] en Latin *Elæa-extrema* ; Ce Cap est à dix ou douze lieues de Famagouste vers le Levant.

[c] Baudrand, Dict.

RISTIGOUCHE, Rivière de l'Amérique Septentrionale, dans la Gaspésie. Elle se jette dans le fond de la Baye des Chaleurs. On y a établi une Mission de Récollets. Cette Rivière s'appelle aussi la RIVIÉRE DE S. JOSEPH.

RISTRA, Siège Episcopal d'Asie, sous la Métropole de Séleucie. Il est fait mention de ce Siège dans la Notice du Patriarchat d'Antioche, qui écrit *Ristria*, au lieu de *Ristra*.

☞ RISWICK. C'est ainsi que quelques Auteurs François, faute de savoir la différence que met la Langue Hollandoise entre l'y & l'i, écrivent ce mot qu'on doit écrire Ryswick & non Riswick. Voyez RYSWICK.

RITBERG, RIETBERG, ou RETBERG, Voyez RIETBERG.

RITHRUS, Port de l'Isle d'Ithaque, au pied du Mont Neïus, selon Ortelius [d] qui cite Homère [e] & ajoute qu'Isacius [f] en parle aussi.

[d] Thesaur.
[e] Odyss.
[f] In Lycophr.

RITONDA, Bourg d'Italie au Royaume de Naples, dans la Calabre, sur une petite Colline ronde [g]. Ce nom, selon les apparences, lui a été donné à cause de sa figure, car ses maisons sont bâties en rond. Il est à quatre milles de Castelluzzo, Bourg de la Basilicate.

[g] Leander, Ital. p. 207.

RITSCHEN, ou RISCHEN, Ville d'Allemagne dans la Silésie [h]. Elle est dans la Principauté de Brieg, près de la Ville de ce nom.

[h] Zeyler, Topogr. Silesiæ, p.157.

RITSCHENHAUSEN, Ville d'Allemagne dans la Franconie [i], avec Seigneurie. Elle appartient à l'Evêque de Wurtzbourg.

[i] Ibid. Top. Franconiæ.

RITUJA, Château de la petite Pologne, au Palatinat de Sendomir près de la Ville de ce nom. Il y a dans la Forêt voisine un Hermitage de Camaldules qui suivent la Règle de St. Romuald.

RITUMAGUM, Voyez ROUEN.

RITZEBÜTTEL, Bourgade d'Allemagne au Duché de Brême [k], sur la Côte, à l'Embouchure de l'Elbe.

[k] Dänckwert, Holstein.

RIVA, Ville d'Italie [l], dans le Trentin, sur la Rive Septentrionale du Lac de Guarda, à l'Embouchure d'une petite Rivière qui se jette dans le Lac.

[l] Magin, Carte du Trentin.

RIVA DI MEZUOLA, Village appartenant aux Grisons, [m] dans le Comté de Chiavenne. Ce Lac a environ deux milles de diamétre ; il est de forme ovale, & il se jette par un Canal peu large & peu profond dans le Lac de Côme, vis-à-vis du Fort de Fuentes. On compte deux lieues de chemin de ce Lac à Chiavenne. On y voiture ordinairement les Marchandises, qui vont à Côme, ou qui en viennent, & on les dépose dans les Halles de Rivadi Mezuola.

[m] Etat & Dél. de la Suisse. D. p. 154.

RIVADAVIA, Voyez RIBADAVIA.

RIVADIO, Voyez RIBADEO.

RIVAGE, en Latin *Ripa* ou *Littus* ; en Italien *Riviera*, ou *Ripa*, en Espagnol *Ribera*, *Ribaco*, ou *Orilla*. On entend par ces mots les Rives ou les bords d'un Fleuve, & l'extrémité de la Côte du côté de la Mer.

RIVALLO, Ville d'Italie au Royaume de Naples, [n] dans la Terre de Labour. Elle est située sur une Montagne. Quoiqu'elle ne soit pas fort ancienne, elle est si bien bâtie, qu'elle peut être comptée entre les plus belles Villes du Royaume.

[n] Leander, Ital. p. 195.

RIVARANNES, Bourg & Château de France, dans la Touraine, Diocèse de Tours, Election de Chinon. C'est une Paroisse qui appartient à l'Abbé de Cormery.

RIVE, Voyez RIVAGE.

RIVES, Lieu France dans le Dauphiné, Diocèse de Vienne, Election de Romans. On trouve dans son Territoire deux Fontaines remarquables : aux deux Solstices elles croissent ou décroissent à proportion que les jours augmentent.

RIVESALTES, Bourg de France, dans le Roussillon, Diocèse de Perpignan. Ce Lieu est renommé pour ses bons Vins, les meilleurs du Roussillon ; il est à trois lieues de Perpignan, sur la Rivière d'Eglí. Ce Bourg appartient à l'Abbaye de la Grace, du Diocèse de Carcassonne.

RIVIERA, ou POLLEGGIO-POLESE, Bailliage d'Italie dans l'Etat de Milan [o]. Il appartient aux trois anciens Cantons, Uri, Schwitz, & Underwald. Ce Bailliage est petit, & contient neuf Paroisses : la Capitale qui lui donne le nom est une petite Ville, située sur une Rivière nommée Brenna ; cette Rivière, qui vient de la Val Brenna, se jette dans le Tesin à une lieue au-dessous de la Ville.

[o] L'Etat & Dél. de la Suisse. T. 3, p. 227.

☞ RIVIÉRE, On appelle ainsi un assemblage d'eaux qui coulent toujours dans un lit, dans un Canal d'une largeur & d'une étendue considérable. On confond quelquefois le mot RIVIÉRE, avec ceux de FLEUVE & de TORRENT ; Voyez FLEUVE & TORRENT.

Mr. Perrault, Frere aîné de feu Mr. Perrault de l'Académie Royale des Sciences, dit dans le Livre curieux qu'il a fait de l'origine des Fontaines, [p] qu'ayant considéré la Rivière de Seine à sa naissance, il a trouvé que depuis sa source jusqu'à Arnay-le-Duc, qui en est distant de trois lieues, tous les Ruisseaux qui sont à droite ou à gauche de cette Rivière, & qui ne se rendent pas dans son lit, en sont éloignez environ deux lieues de côté ou d'autre : que donnant à ces Ruisseaux, pour entretenir leur cours, la moitié de l'eau qui tombe du Ciel sur cette étendue de deux lieues de chaque côté de la Sei-

[p] Mémoires de l'Académie des Sciences, 1693. p.117.

Seine, tout la terrain dont cette Riviére peut recevoir les eaux, depuis sa source jusqu'à Arnay-le-Duc, n'est plus de chaque côté que d'une lieue de largeur, sur trois lieues de longueur, ce qui fait six lieues quarrées de superficie : Que supposé l'observation qu'il a faite, que chaque année il tombe d'eau de pluïe dix-neuf pouces & un tiers de hauteur ; ces six lieues quarrées reçoivent 224,299,942. muids d'eau, ou environ : qu'autant qu'il en a pu juger par estimation, la Riviére de Seine, ne peut avoir à Arnay-le-Duc, qu'environ douze cens pouces d'eau courante, qui selon son calcul donnent 99600. muids d'eau dans l'espace de 24. heures, & 36,453., 600. muids en une année de 366. jours : qu'ainsi il est évident que la sixième partie de l'eau, qui tombe du Ciel, le long des bords de la Seine, depuis sa source jusqu'à Arnay-le-Duc, suffit pour entretenir son cours dans cet espace ; les cinq autres parties servant à suppléer tout ce qu'il peut y avoir de déchet, soit pour la nourriture des plantes, soit pour les évaporations, ou pour les autres pertes d'eau, de quelque manière qu'elles arrivent : qu'enfin que si les eaux de pluïes sont plus que suffisantes pour entretenir le cours de la Seine ; il est très-probable qu'elles peuvent aussi suffire pour entretenir le cours de toutes les autres Riviéres du Monde.

Mr. Mariotte dans son Livre du mouvement des eaux, aïant supposé que chaque année il tombe d'eau de pluïe seulement quinze pouces de hauteur, & aïant observé que lorsque la Seine est dans sa médiocre grandeur, il passe à Paris sous le Pont-Roïal 288,000,000. pieds cubiques d'eau, en vingt-quatre heures, & 105, 120, 000, 000, en un an, trouve par un calcul à peu près semblable à celui de Mr. Perrault, que la sixième partie de l'eau qui tombe du Ciel en un an sur le terrain qu'il suppose, fournit l'eau à la Seine, & qu'il prétend être long de 62. lieues & large de 50., (ce qui fait 3000. lieues quarrées) est suffisante pour entretenir le cours de la Seine en cet endroit : d'où il infère qu'il pleut assez d'eau pour entretenir les Riviéres en l'état qu'elles sont.

Mais quelque probabilité que ces calculs semblent avoir, Mr. Sédileau les aïant examinez, trouve que l'on n'y peut faire aucun fondement. Car sans parler de plusieurs autres choses que l'on pourroit objecter, l'étendue du terrain que ces Messieurs supposent pouvoir fournir de l'eau pour entretenir le cours d'une Riviére, est prise trop arbitrairement pour en pouvoir rien conclurre de général. Il est vrai que de chaque côté de la Seine, il y a plusieurs ruisseaux assez proches de son lit, qui portent leurs eaux ailleurs. Mais on ne peut pas douter qu'il ne se trouve d'autres Riviéres, qui n'ont pas tant d'eau que la Seine, & qui néanmoins ont, le long de leurs bords, une bien plus grande étendue de terrain, où il ne se trouve aucun Ruisseau. Par exemple dans la Beausse, les Ruisseaux sont beaucoup plus éloignez les uns des autres, qu'ils ne le sont dans les Païs, où la Seine passe. Si donc ces Messieurs, au lieu de faire leur calcul sur le terrain qui est aux environs de la Seine, l'avoient fait sur l'étendue du Païs, qui est aux environs de la petite Riviére d'Estampes, ou des Ruisseaux de la Beausse ; ils auroient trouvé, sans rien changer à leurs autres suppositions, que le terrain d'alentour de ces Ruisseaux peut fournir vingt ou trente fois plus d'eau courante que ces Ruisseaux n'en ont ; & jugeant des autres Riviéres par cet essai, ils auroient pu conclurre que la vingtième partie de l'eau qui tombe du Ciel, ou peut-être la trentième, suffit pour entretenir toutes les Riviéres.

Au contraire, comme il y a des endroits très-étroits, où il se rencontre souvent plusieurs gros Ruisseaux fort proches les uns des autres, on inféreroit du peu d'étendue de terrain qui est entre ces Ruisseaux, que les Riviéres roulent plus d'eau que les pluïes n'en peuvent fournir.

On pourroit lever les principales difficultez qu'il y a sur ces calculs, & en conclurre quelque chose de certain ou au moins de plus convaincant que tout ce que l'on a dit jusqu'à présent touchant cette question, si au lieu d'un terrain arbitraire que l'on suppose fournir de l'eau à une Riviére, & que l'on peut toujours soupçonner d'en fournir aussi à d'autres, ou d'être estimé trop grand, ou trop petit, on prenoit un Païs entier, par exemple l'Angleterre, l'Ecosse, ou l'Irlande, ou l'Espagne, ou enfin quelqu'Isle considérable. Car connoissant en lieues ou en toises quarrées l'étendue du Païs, & aïant observé en différens endroits, combien il y tombe d'eau de pluïe par an ; le calcul feroit connoître la proportion de la quantité de cette eau de pluïe à la quantité de l'eau, que toutes les Riviéres de ce Païs déchargent dans la Mer. Mais comme l'on n'a point encore d'observations de cette sorte, on ne peut pas réduire en pratique cette méthode.

Cependant, comme ces calculs tels qu'on les peut faire avec le peu de connoissance, que l'on a maintenant des choses qui doivent être supposées, satisfont toujours d'avantage, tout incertains qu'ils sont, que la simple négative de ceux qui prétendent, que les pluïes ne suffisent pas à l'entretien des Riviéres ; Mr. Sédileau donne ici un essai de cette méthode sur les Isles Britanniques, pour servir d'exemple à ceux qui voudront prendre la peine de faire les observations nécessaires pour la décision de cette question.

Il suppose premièrement, suivant l'observation faite de la mesure de la Terre par l'Académie Roïale des Sciences, qu'un degré d'un grand Cercle de la Terre contient 25. lieues, chacune de 2822. toises & demie.

2. Que la superficie convexe de la Terre & de la Mer ensemble, c'est-à-dire de tout le Globe terrestre, contient 25, 783, 098. lieues quarrées & $\frac{11}{12}$, qui font 4, 835, 274, 424, 557972. pieds quarrez ; & que la solidité du Globe terrestre est de 12, 310, 521, 722. lieues cubiques, un peu moins, qui font 31, 615, 895, 387, 333, 813, 691, 312. pieds cubiques.

3. Que la superficie de la Mer est égale à celle de la Terre.

4. Que suivant les Observations rapportées dans les Mémoires du mois de Février de l'année derniere, il pleut par an à Paris dix-neuf pouces d'eau de hauteur : mais pour la facilité du calcul, on prendra 20. pouces au lieu de 19.

5. Qu'il

5. Qu'il pleut la même quantité d'eau dans tous les autres Païs. Car quoique l'on fache que la quantité des eaux de pluïe est très-différente en des Païs différens, néanmoins faute d'observations particuliéres de la quantité de l'eau de pluïe qui tombe en chaque Climat, on prendra pour la mesure moyenne des eaux qui tombent du Ciel sur toute la surface de la Terre, la quantité de celles qui tombent à Paris, dont le Climat tempéré tient presque le milieu entre la Zone torride, & les Zones froides.

Qu'enfin toutes les Riviéres déchargent dans la Mer la quantité d'eau à laquelle le Pere Riccioli les a estimées au Chapitre 7e. du 10e. Livre de sa Géographie réformée.

Tout cela supposé, il n'est pas difficile de connoître, si les pluïes qui tombent en Angleterre, & en Ecosse peuvent entretenir le cours de toutes les Riviéres de ces deux Royaumes. Car la longueur de l'Isle qui comprend l'Angleterre & l'Ecosse, est d'environ neuf degrez d'un grand Cercle, qui valent 225. lieues, & sa moyenne largeur est d'environ 5. degrez, qui dans le cinquantiéme parallèle, lequel passe au milieu de cette Isle, valent 72. lieues; & par conséquent toute l'Isle contient 16200. lieues quarrées, qui font 3, 038, 092, 336, 800. pieds quarrez. Multipliant donc cette somme de pieds quarrez, par vingt pouces d'eau de pluïe, que l'on suppose tomber, pendant l'espace d'un an sur la surface de toute l'Isle, on aura 5, 063, 487, 228, 000. pieds cubiques d'eau de pluïe, pour entretenir le cours de toutes les Riviéres du Païs. Or il y a dans cette Isle 80. Riviéres qui se déchargent immédiatement dans la Mer; & suivant l'estimation du P. Riccioli, toutes les Riviéres prises ensemblent, peuvent égaler six fois le Pô, qui, selon le calcul de ce même Pere, décharge dans la Mer, pendant une année 2, 802, 007413, 600. pieds cubiques d'eau. Donc toutes les Riviéres d'Angleterre & d'Ecosse, ne portent à la Mer, durant l'espace d'une année que 16, 812, 044, 481, 600. pieds cubiques d'eau. D'où il est évident, que pour entretenir le cours de ces Riviéres, il faudroit deux fois plus d'eau qu'il n'en tombe du Ciel.

Par un semblable calcul, on trouvera que les pluïes ne peuvent pas suffire à l'entretien des Riviéres d'Irlande. La largeur de cette Isle est d'environ quatre degrez d'un grand Cercle, c'est-à-dire de cent de nos lieues; & sa longueur est de quatre degrez & demi, qui dans le 53e. parallèle, lequel passe au milieu de l'Irlande, font environ 68. lieues. Donc cette Isle contient dans sa superficie, environ 6800. lieues quarrées, qui valent 1, 275, 248, 635, 200. pieds quarrez; & par conséquent suivant les suppositions précédentes, il y pleut durant une année 2, 125, 414, 392, 000. pieds cubiques d'eau. Mais le Pere Riccioli dit que les 30. Riviéres, qui sont dans cette Isle, égalent ensemble le Pô, qui comme on vient de dire décharge dans la Mer, pendant une année 2, 816, 291, 930, 398. pieds cubiques d'eau. Et par conséquent, il tombe près d'un quart moins d'eau de pluïe, qu'il ne faudroit pour fournir d'eau à toutes les Riviéres d'Irlande.

Suivant les mêmes suppositions, il ne pleut pas assez dans toute l'Espagne pour entretenir les Riviéres du Païs.

Enfin, si l'on suppose avec le P. Riccioli que toutes les Riviéres du Monde égalent au moins quatre mille fois le Pô; elles porteront à la Mer suivant son calcul 11, 208, 029, 654400, 000. pieds cubiques d'eau pendant l'espace d'une année. Or vingt pouces de haut d'eau de pluïe, tombant durant une année sur 4, 835, 274, 424, 557, 5972. pieds quarrez que contient toute la surface sur la Terre & de la Mer ensemble, font 8, 058, 790, 707, 596, 620. pieds cubiques d'eau, dont il ne faut prendre que la moitié, parce que la surface de la Mer est à peu près égale à celle de la Terre, & que la pluïe qui tombe dans la Mer ne sert point à faire couler les Riviéres. Donc toute l'eau de pluïe qui se rend dans les Riviéres, ne fait presque que le tiers de l'eau que toutes les Riviéres de la Terre, prises ensemble portent à la Mer.

Si toutes les suppositions que l'on a faites étoient véritables, bien loin de trouver cinq ou six fois plus d'eau de pluïe, qu'il n'en faut pour entretenir le cours des Riviéres, comme le prétendent Mess. Perrault & Mariotte; il s'en faudroit beaucoup que l'on n'en trouvât assez. Mais Mr. Sédileau croit que l'estimation du P. Riccioli a faite de la quantité des eaux, de la plûpart des Riviéres, n'est pas juste. Car ce Pere fait le Pô, environ 26. fois & demi aussi grand que la Seine, telle qu'elle est à Paris; & toutes les Riviéres d'Angleterre & d'Ecosse égales à six fois le Pô: cependant il n'est guères vraisemblable que toutes les Riviéres d'Angleterre & d'Ecosse soient ensemble 159. fois aussi grandes que la Seine l'est à Paris, ni que toutes celles d'Irlande soient 26. fois & demi aussi grandes. Il fait encore toutes les Riviéres d'Espagne ensemble, égales 159. fois à la Seine; toutes les Riviéres de France & des Païs-Bas ensemble, égales 755. fois à cette même Riviére, & le Rhein seul 318. fois aussi grand : ce que l'on aura de la peine à croire. Peut-être aussi que bien qu'à Paris il ne pleuve en un an que vingt pouces de hauteur; il pleut beaucoup d'avantage ailleurs, & que par conséquent il faut augmenter la supposition de la quantité de l'eau qui tombe du Ciel en un an.

Le dessein du P. Riccioli, en faisant l'estimation de la quantité d'eau courante de toutes les Riviéres du Monde, a été de résoudre par le moyen de cette estimation trois grandes Questions; la prémiére, combien toutes ces Riviéres portent d'eau ? La seconde, pourquoi cette grande quantité d'eau ne fait point déborder la Mer ? La troisième, en combien d'années toute cette eau rempliroit le lit de la Mer, supposé qu'il fût vuide ?

Mais il s'est glissé une erreur considérable, dans le calcul que ce Pere a fait pour résoudre ces trois questions. Aiant trouvé que le Pô donne en 24. heures 4, 800, 000. perches cubiques d'eau de dix pieds chacune, & voulant réduire ces pieds cubiques; il en compte 48, 000, 000, 000, *Padus*, dit-il au 10e. Livre de sa Géographie réformée chapitre 7, à la fin du §. 2, *horis viginti-quatuor invehit perticas cubicas* 4, 800, 000. *quæ continent pedes cubicos* 48, 000, 000, 000. *una enim*

enim habet quadratos pedes 100. *cubicos* 10000. Il est visible qu'il y a là une erreur de calcul: car le cube dix est mille, & non pas dix mille; & par conséquent le Pô répand dans la Mer en vingt-quatre heures 4, 800, 000, 000, pieds cubiques d'eau seulement, & non pas 48, 000, 000, 000, : ce qui rend fausses la plûpart des conclusions que le Pere Riccioli en tire par la résolution des Questions proposées.

Comme ce qui vient d'être dit de l'origine des Riviéres & des Fontaines a beaucoup de rapport avec ces Questions; Mr. Sédileau s'est donné la peine de rectifier le calcul du Pere Riccioli pour les résoudre, en supposant toujours avec ce Pere que tous les Fleuves de la Terre qui se rendent immédiatement dans la Mer, sont 4000. fois égaux à celui du Pô.

La premiére Question est déja toute résolue: car on vient de voir que dans cette supposition toutes les Riviéres du Monde portent à la Mer durant une année 11. 208. 029. 654. 400. 000. pieds cubiques d'eau, qui font 4364. de nos lieues cubiques, Toute cette eau pourroit tenir dans un espace d'environ seize lieues en tout sens; & un Réservoir de cette grandeur ne seroit que la 2. 820. 926ᵐᵉ. partie du Globe terrestre : ce qui fait voir combien Aristote s'est trompé lorsqu'il a dit au 1. Livre des Météores Chap. 13. qu'il faudroit un Réservoir presque aussi grand que la Terre, pour contenir l'eau qui coule de toutes les Riviéres en un an.

La seconde Question est une suite de la premiére. Car supposé que toutes les Riviéres, répandent dans la Mer pendant une année 11. 208. 029. 654. 400. 000. pieds cubiques d'eau; & que la surface de la Mer soit, comme on le suppose ordinairement, égale à la moitié du Globe terrestre, c'est-à-dire, qu'elle contienne 2. 417. 637. 212. 278. 986. pieds quarrez, suivant ce qui a été dit ci-dessus, il s'ensuit, que toute l'eau de ces Riviéres ne fera enfler la Mer que de quatre pieds, sept pouces, & environ six lignes en une année, & d'environ deux lignes en 24. heures. Donc il n'y a point de débordement à craindre de ce côté-là : car il s'évapore plus d'eau qu'il n'en entre dans la Mer, comme l'on peut juger par les observations de l'évaporation rapportées dans les Mémoires du Mois de Février de l'année derniére.

Pour résoudre la troisième Question, qui est de savoir en combien de tems toutes les Riviéres de la Terre rempliroient le lit de la Mer, s'il étoit vuide : il faudroit connoître la moyenne profondeur de la Mer ; ce que l'on ne peut pas savoir exactement. Mais supposant avec le Pere Riccioli quatre profondeurs moyennes de la Mer, on pourra en quelque maniére résoudre cette Question.

Si l'on suppose que la moyenne profondeur de la Mer soit de 500. pieds, toutes les Riviéres de la Terre pourroient la remplir en 108. années & quelques jours : car on a vu qu'en un an, ils la font enfler de 4. pieds 7. pouces & demi.

Si cette moyenne profondeur étoit de 1000. pieds, elles la rempliroient en 216. années.

Si elle étoit de 2500. pieds ; il faudroit 541. années pour la remplir.

Si elle étoit de 5000. pieds; elle ne pourroit être remplie qu'en 1082. années & environ huit mois.

Enfin si le lit de la Mer étoit par-tout profond de 1400. pieds, qui font un peu plus d'une de nos lieues ; il contiendroit 33. 846. 920. 971. 905. 804. 000. pieds cubiques d'eau ; & toute cette eau ne seroit pas la 900ᵐᵉ. partie du Globe terrestre : d'où l'on voit combien est éloignée de la vérité l'opinion de quelques Péripatéticiens, qui s'étant imaginez que les Elémens étoient entr'eux en proportion décuple, ont prétendu qu'il y avoit dans le Globe terrestre dix fois autant d'eau que de terre.

Des problèmes dont on vient de parler, dépend une autre Question que l'on peut résoudre par le moyen des observations de Mr. Sédileau, rapportées dans le Mémoire du Mois de Février de l'année derniére, savoir combien il s'évapore d'eau de la Mer pendant l'espace d'une année ?

S'il est vrai que les pluïes fournissent aux Riviéres & aux Fontaines, ce que Mr. Sédileau croit assez vraisemblable, il doit s'évaporer autant d'eau qu'il en entre dans la Mer ; s'il s'en évaporoit moins, la Mer grossiroit toujours peu à peu & inonderoit la Terre ; s'il s'en évaporoit davantage, enfin la Mer viendroit à se dessecher. Supposant donc ce qui a été dit ci-dessus de l'origine des Riviéres & de l'eau qu'elles rapportent à la Mer, il faudroit qu'il s'évaporât par jour au moins deux lignes d'eau de toute la surface de la Mer, pour former les pluïes qui tombent sur la Terre & qui fournissent de l'eau aux Riviéres, puisque l'on vient de voir que les Riviéres font enfler la Mer de près de deux lignes par jour : & outre cela il faudroit qu'il s'évaporât encore deux autres lignes d'eau, pour former les pluïes qui tombent immédiatement sur la Mer & qui ne contribuent point à l'entretien des Riviéres ; car la surface de la Terre & celle de la Mer étant égales, il doit pleuvoir sur la Mer au moins autant que sur la Terre. Donc il faudroit qu'il s'évaporât de la surface de la Mer environ quatre lignes de hauteur par jour, pour la formation des pluïes, tant de celles qui tombent sur la Terre, que de celles qui tombent sur la Mer : sans compter ce qui s'évapore de l'eau qui est sur la surface de la Terre, dont on tiendra compte ci-après.

Néanmoins on a observé, comme il a été dit dans le Mémoire du Mois de Février 1692. qu'à Paris il ne s'évapore pendant l'espace d'une année que deux pieds & environ neuf pouces d'eau de hauteur ; ce qui ne fait qu'une ligne & environ une douzième par jour, & ce qui n'est presque pas le quart de ce qui se devroit évaporer, suivant les suppositions précédentes. Cependant Paris étant presque dans le milieu de la Zone tempérée, il semble que l'évaporation que l'on y observe doit être moyenne entre les plus grandes évaporations qui se font dans la Zone torride, & le peu qui s'en fait dans les Zones froides.

Il est vrai qu'il se peut faire que dans le même Climat où est Paris, l'évaporation soit plus grande sur Mer que sur Terre. Car outre la chaleur qui doit être la même, les Vents qui regnent presque toujours sur la Mer, & qui agitent continuellement les flots, peuvent augmenter l'évaporation ; l'expérience ayant

R fait

fait connoître que la chaleur étant égale, plus il fait de vent, plus l'évaporation est grande. Cependant il n'y a guères d'apparence que l'évaporation causée par les vents & par l'agitation des flots puisse surpasser celle qui est causée par la chaleur. Mais supposé qu'elle la puisse égaler, l'évaporation qui se fera sur toute la surface de la Mer, ne sera en ce cas que de cinq pieds & demi tout au plus pendant l'espace d'une année ; & la moitié de cette évaporation étant employée à former les pluïes qui tombent immédiatement dans la Mer, il n'y aura que l'autre moitié, c'est-à-dire deux pieds & trois quarts, qui serve à former les pluïes qui tombent sur la Terre & qui fournissent de l'eau aux Riviéres.

Cette moitié des pluïes qui viennent de l'évaporation des Mers, jointe aux pluïes formées des évaporations qui se font continuellement sur toute la surface de la Terre, servira à humecter les terres, à nourrir les plantes, & enfin à entretenir le cours des Riviéres. Ainsi par une circulation perpétuelle qui a commencé dès la création du Monde & qui durera autant que le Monde, la même quantité d'eau qui s'évapore de la Mer pour former les pluïes, y revient toujours, ou y retombant immédiatement, ou y étant rapportée par les Riviéres ; & il y a toujours sur la surface de la Terre une certaine quantité d'eau qui monte en vapeur, ou qui est suspendue en l'air, ou qui retombe en pluïe, ou qui arrose les terres & nourrit les plantes, ou enfin qui coule dans les Riviéres.

Mais si l'on suppose que l'évaporation de la Mer aille jusqu'à cinq pieds & demi de hauteur, il faudra que les Riviéres soient de la moitié plus petites que le Pére Riccioli ne les a estimées : ce qui peut servir de preuve pour montrer l'estimation de ce Pere est trop forte ; car il n'y a pas d'apparence que l'évaporation de la Mer puisse être de plus de cinq pouces. Dans cette Hypothèse les Riviéres ne pourroient remplir le lit de la Mer, s'il étoit vuide, que dans le double du tems marqué ci-dessus.

Pour rendre ces solutions complettes, il faudroit encore examiner combien les Canaux souterrains par où quelquefois les eaux se perdent, peuvent emporter d'eau. Car il est constant qu'en plusieurs endroits il y a des trous où l'eau s'engouffre, au lieu de se rendre dans les Riviéres & de se décharger dans la Mer par leurs Embouchures. Mais on n'a pas assez de connoissance de ces gouffres pour faire des suppositions vraisemblables qui puissent servir à décider cette question. Cependant on pourroit dire que s'il y a des Canaux par où l'eau entre dans les terres, il y en a aussi d'autres par où elle en sort. Ainsi tous ces Canaux se compensant, il n'apporteront aucun changement dans les solutions précédentes.

Avant que de finir cet Article il est nécessaire d'éclaircir une difficulté que l'on a faite sur les Observations de Mr. Sédileau inférées dans les Mémoires du mois de Février 1692. On a été surpris d'y voir qu'il s'est évaporé en un an beaucoup plus d'eau qu'il n'en étoit tombé du Ciel pendant ce tems-là. Car comment peut-il faire qu'il s'évapore plus d'eau qu'il n'y en a.

Mais on ne sera plus surpris, quand on saura qu'outre l'eau de pluye contenue dans le Vaisseau où elle étoit reçue, Mr. Sédileau y avoit mis d'autre eau, parce qu'il savoit par avance que l'eau seule de la pluye ne pouvoit pas fournir à l'évaporation. Ainsi il s'est évaporé plus d'eau qu'il n'en est tombé du Ciel, mais non pas plus qu'il n'y en avoit dans le Vaisseau où la pluye avoit été reçue. Il est donc vrai que si la surface de la Terre, étoit par-tout égale, sans Montagnes & sans Vallées, & que la pluye demeurât au même endroit où elle tombe immédiatement, la surface de la Terre seroit séche une grande partie de l'année, au moins à Paris. Mais parce que cette surface est inégale & molle, une partie de l'eau s'imbibe dans la terre dès qu'elle est tombée, & elle s'y conserve long-tems sans s'évaporer que fort peu ; l'autre partie s'accumule dans les lieux bas, où étant fort haute & n'ayant que peu de surface, il s'y en conserve assez non seulement pour fournir à l'évaporation, mais encore pour entretenir le cours des Fontaines & des Riviéres.

Quant au rapport que les Riviéres peuvent avoir avec les Montagnes. *Voyez* MONTAGNES.

L'eau si nécessaire & si commode pour la vie a invité la plûpart des hommes à établir leurs demeures près du courant des eaux ; & celles des Riviéres étant ordinairement douces, & fort bonnes à boire, il est arrivé de-là que presque toutes les Villes ont été bâties au bord des Riviéres.

Les gens de Mer donnent quelquefois, aux Riviéres les noms des Villes les plus considérables qui soient près de leurs Embouchures. Par exemple, ils appellent la Seine la RIVIÉRE DE ROUEN ; la Loire la RIVIÉRE DE NANTES ; la Tamise la RIVIÉRE DE LONDRES ; le Taye la RIVIÉRE DE LISBONNE ; & ainsi de plusieurs autres.

Il y a encore une remarque à faire par rapport à la droite & à la gauche d'une Riviére. Comme les Riviéres coulent tantôt vers une certaine Région du Monde, tantôt vers une autre, on s'est en quelque maniére accordé à regarder comme la droite d'une Riviére le Rivage qui est à la droite d'un homme qui seroit supposé marcher dans le lit de cette Riviére en allant vers son Embouchure ; & le Rivage qu'il auroit à gauche est considéré comme la gauche de la Riviére.

RIVIÉRE, (grande) dans l'Amérique Septentrionale, à la Cabastere de la Guadeloupe ; cette Riviére a trente toises de large ; elle est assez profonde, son eau est belle & claire, mais son passage est très-difficile, lorsqu'elle est un peu enflée, à cause des roches qui s'y rencontrent.

RIVIÉRE, (la grande) dans l'Amérique Septentrionale, en l'Isle de St. Domingue, vers la bande du Nord : elle prend son nom de ce qu'elle est en effet la plus grande de cette partie de l'Isle. Elle prend sa source dans les Montagnes qui bornent les Savanes de Bayha, à cinq lieues de celle du Massacre, ou de Monte Christo ; elle court ensuite dix lieues de l'Orient à l'Occident dans les Montagnes ; après quoi elle tourne au Nord, sépare le Quartier Morin du Bois de Lance & de la Limonade, où elle se jette dans la Mer après un cours de quinze lieues en tout. Elle est habitable jusqu'à quatre lieues de sa source, & l'on y devoit établir une Paroisse, à laquelle on joindroit la partie de celle de la petite Ance, qui est près de cette Riviére, au Midi du Quartier Morin.

RIVIE'RE, (la petite) dans l'Amérique Septentrionale au Quartier du Sud de l'Isle de St. Dominique, au fond du Cul-de-Sac; il y a à son Embouchure un Bourg assez considérable qui porte le même nom. Ce Bourg est composé de soixante ou quatre-vingt Maisons, dont quelques-unes sont de Charpente. Les Habitans sont la plûpart Marchands; il y a quelques Ouvriers, & beaucoup de Cabaretiers. C'est une Paroisse desservie par les Jacobins; ils y ont un établissement considérable, qui y a été transporté de l'Isle Sainte Croix.

RIVIE'RE, Pays de France: il fait partie de l'Armagnac, en Gascogne, & est situé le long de la Garonne, près du Comté de Comenges. On en appelle une partie Pays de Riviére.

RIVIE'RE-VERDUN, à cause que Verdun en est la Capitale. Cette derniére partie forme une Election, dont le Siège est à Grenade. Les Villes du Pays de Riviére sont

Verdun, Sainte-foi de Peyroles,
Grenade, Mont-Regeau,
Le Mas-Garnier, Aland,
L'Isle Jourdain, Et St. Bertrand de Comenges.

Le Commerce de cette Election consiste en froment, seigle & avoine, que l'on envoye à Bordeaux & dans le Languedoc. Ce petit Pays appartenoit aux Vicomtes de Lomagne, sans aucun relief des Comtes de Comenges. Philippe le Bel l'acquit d'Elie Taleron Comte de Périgord, & y établit un Siège de Justice, dont la Jurisdiction s'étend sur les Comtez de Pardiac, Astarac, Bigorre, Comenges, & de Magnoac.

RIVIE'RE DE BANCANOR, Riviére d'Afrique, dans l'Ethiopie Occidentale. Elle a sa source, selon le Pere Labat [a] dans les Etats de Macoco, ou d'Anzico & elle y coule toujours. De l'Est à l'Ouest, on lui connoît environ quatre-vingt lieues de cours, avant qu'elle reçoive la Riviére de Vambre; & vingt lieues plus bas elle se joint à la Riviére de Coango par les trois degrés de Latitude Méridionale, & par les... degrez de Longitude. C'est-là la véritable origine & la source du Zaïre, bien éloignée, comme l'on voit, des sources du Nil, qui sont par les 12. d. de Latitude Septentrionale & par les 64. d. de Longitude.

[a] Relat. de l'Ethiopie Oc. t. 1. p. 51.

RIVIE'RE DE BARBOLA, Riviére d'Afrique, dans l'Ethiopie Occidentale, au Royaume de Congo. Elle sort, dit le Pere Labat [b], du Lac de Chilandé & d'Aquilunda, dont le milieu est par les 7. d. 30'. de Latitude Méridionale, & par les... degrez de Longitude. On lui donne environ vingt lieues de longueur du Nord au Sud, & dix à douze lieues de largeur de l'Est à l'Ouest. Il renferme plusieurs Isles d'un terrein gras & fertile & assez bien cultivé pour le Pays. Il est formé par plusieurs sources & par l'écoulement des pluyes qui s'y rendent. Il dépend de la Province de Sissame qui fait partie du Royaume de Matamba. Sa décharge forme la Riviére de Barbola qui se perd dans celle de Coango, après un cours d'environ quatrevingt lieues.

[b] Relat. de l'Ethiopie Oc. t. 1. p. 57.

RIVIE'RE DE BINTAN, Riviére d'Afrique dans la Nigritie. Elle a, selon le Pere Labat [c], son Embouchure sur la droite de celle de Gambie, à une lieue ou environ au-dessus du Fort des Anglois. L'entrée en est aisée. Il n'y a point de barré, & les Barques y entrent sans crainte de toucher dans tous les tems de l'année. Si l'on attend les marées, ce n'est que pour éviter la peine de se faire touer, ou d'aller à force de rames. La Riviére de Bintan se nomme quelquefois Riviére de St. Grigou. C'est un nom qui lui a été donné par quelques Européens. On n'en sait point la raison; mais il est bon d'en avertir, afin que d'une Riviére on n'en fasse pas deux. On courroit risque même d'en faire trois au-lieu d'une, parce qu'il y a des gens qui l'appellent encore la Riviére de Gereges, à cause d'un Village de ce nom, qui est situé à sept lieues au-dessus de Bintan. Le Bourg ou Village de Bintan étoit autrefois plus considérable qu'il n'est à présent. Il est situé à la droite de la Riviére sur le penchant d'un Côteau, où il y a quantité de Lataniers, de Courbaris & d'autres Arbres qui empêchent les rayons du Soleil de brûler les Cases de paille qui sont dessous. Il y a un nombre de Maisons bâties à la Portugaise, entre lesquelles celle des Anglois tient le premier rang. Les Portugais sont en assez grand nombre dans ce Lieu. Il y paroissent riches: leurs Maisons quoique couvertes de feuilles de Latanier sont belles, grandes, & bien meublées pour le Pays. Ils ont une Eglise assez grande & assez propre.

[c] Relat. de l'Afrique Oc. t. 5. p. 3.

RIVIE'RE-BLANCHE, Riviére d'Afrique, dans la Nigritie. Le Pere Labat dans sa Description de l'Afrique Occidentale [d], dit que c'est l'une des deux Riviéres qui forment l'Isle de Casson, & qui est du côté du Nord. On la nomme BLANCHE, ajoute-t-il, parce que passant par des terres blanchâtres & limoneuses qu'elle entraîne avec elle, elles lui communiquent cette couleur bien différente de celle du Niger, d'où elle sort à demi-lieue au plus de la source de la RIVIE'RE NOIRE.

[d] t. 3. p. 291.

RIVIE'RE-CHAUDE, Riviére d'Afrique, dans le Biledulgerid, selon Dapper [e]. Il dit qu'elle porte ce nom à cause de la qualité de son eau, & il ajoute qu'elle sort du Mont Atlas, baigne les Plaines du Biledulgerid, les Villes de Teolacha & de Nefta & se convertit en un Lac qui est au milieu d'un Desert.

[e] Descr. de l'Afrique. p. 205.

RIVIE'RE DE COANGO, Riviére d'Afrique, dans l'Ethiopie Occidentale, au Royaume de Congo. Le Pere Labat [f], dans sa Relation de l'Ethiopie Occidentale, dit que cette Riviére a sa source dans les Terres du Giene de Casangi. On lui connoît cent quarante lieues de cours en droite ligne du Sud-Est au Nord-Ouest.

[f] t. 1. p. 51.

RIVIE'RE DES ESPAGNOLS [g], c'est une Riviére de l'Amérique Septentrionale, dans l'Isle du Cap-Breton, en tirant vers la Septent. partie Orientale. Les Vaisseaux peuvent être en sûreté à l'entrée de cette Riviére. A quatre

[g] Denys, Descr. de l'Amér. T. 1. c. 6.

tre lieues avant en montant la Rivière, on trouve d'un côté une Montagne de très-bon charbon de terre, & de l'autre côté ce sont des Bouleaux, Haîtres, Erables, Frênes & quelque peu de Chênes. Il s'y trouve aussi des Pins & des Sapins. Du haut de cette Rivière, on traverse à la Mer de Labrador, en passant deux ou trois lieues de Bois.

RIVIÉRE DE FALMÉ. Voyez NIGER.

RIVIÉRE DES FRANÇOIS, Rivière de l'Amérique Septentrionale [a], dans la Nouvelle France. Elle a sa source dans le Lac des Nipissiriniens, court en serpentant du Nord Oriental au Midi Occidental, dans une espace de quarante lieues, & va se perdre dans le Lac Huron ou Michigène, sur la Côte duquel elle a son Embouchure. Le Baron de la Hontan [b] dit que cette Rivière est aussi large que la Seine l'est à Paris.

[a] De l'Isle Atlas.
[b] Voyage, t. 1.

RIVIÉRE DE GENES. Voyez GENES.

RIVIÉRE DE GAMBEA, ou Gambie. Voyez NIGER.

RIVIÉRE DE MAY, Rivière de l'Amérique Septentrionale [c], dans la Louisiane. Elle a sa source assez avant dans les terres. Son Cours est environ, du Nord Occidental au Midi Oriental, & presque parallèle à la Rivière de Seine. Son Embouchure est sur la Côte de la Mer du Nord, vis-à-vis de la petite Isle de Ste. Marie. Les François ont un ancien Fort à l'Embouchure de cette Rivière, à la droite. La Rivière de May est aussi nommée quelquefois RIVIÉRE DES CACOUITAS, du nom des Peuples qui habitent sur ses bords.

[c] De l'Isle Atlas.

RIVIÉRE-NOIRE, Rivière d'Afrique dans la Nigritie, au Royaume de Casson. Le Pere Labat dans sa Description de l'Afrique Occidentale [d] dit : celle des deux Rivières qui forme l'Isle de Casson & qui est le plus au Sud s'appelle la Rivière-Noire. C'est la couleur brune de ses eaux qui lui a fait donner ce nom. Elle prend sa source au bord du Niger, environ à un demi quart de lieue de ce Fleuve ; & sa source est si considérable qu'elle n'est pas guéable à une lieue de l'endroit où elle prend sa naissance.

[d] t. 3. p. 291.

RIVIÉRE DU NORD, autrement RIO-DEL-NORTE, Rivière de l'Amérique Septentrionale [e], & qui tire son nom de son cours qui est du Nord au Sud. Elle a sa source fort avant dans les terres, au Pays des Padoucas. Elle traverse tout le Nouveau Méxique & baigne le Nouveau Royaume de Léon, où elle a son Embouchure, sur la Côte Occidentale du Golphe du Méxique, au Midi du Pays des Kaikaches. Entre autres Rivières elle reçoit celles de Zama, g. de Santa Fé, g. de Salado, g. de Ramos, g. de Nadadores, d. de Nueces, ou des Noix, g. Son Embouchure est ordinairement appelée RIO-BRAVO.

[e] De l'Isle Atlas.

RIVIÉRE PORTUGAISE. Voyez SENEGAL.

RIVIÉRE PILOTE. On donne ce nom dans l'Amérique Septentrionale, à un petit Golphe de la Martinique à la bande du Sud, & à une petite Rivière qui se jette dans le même Golphe.

RIVIÉRE AUX POULES, Rivière d'Afrique, dans la Guinée, sur la Côte de Malaguette. Le Pere Labat dit dans le Voyage de Guinée [f] qu'il a publié : Après avoir doublé les Bancs de Ste. Anne, & qu'on s'est rallié à la terre autant que les vents le peuvent permettre, on fait l'Est tout pur, sans trop s'approcher de l'Embouchure de la Rivière de Bomba-Madré & on tâche de reconnoître la Rivière aux Poules, que les Portugais appellent RIO DOS GALINAS. Il n'est pas difficile de trouver l'Etymologie de ce nom. Les Négres qui habitent sur ses bords ont une adresse merveilleuse pour élever des Poules : la bonté de l'air & des eaux y contribue infiniment, & sur-tout la quantité de Mahis ou de bled de Turquie & de mil que l'on y recueille ; & comme le pays est très-chaud, les Poules couvent souvent, & les Poulets viennent à merveille. On y en trouve une si prodigieuse quantité qu'il est ordinaire d'avoir deux bonnes Poules & quelquefois trois pour un couteau qui a coûté un Sol en Europe. Les Hollandois y ont eu autrefois un petit Comptoir.

[f] t. 1. p. 90.

RIVIÉRE AU RAISIN, petite Rivière de l'Amérique Septentrionale, dans la Louisiane, elle se rend dans le Mississipi, au-dessous & à neuf lieues du Lac Pepin. C'est à la chûte de cette Rivière, dans le grand Fleuve, que Mr. Sueur avoit construit un Fort pour la sûreté du passage, & du Commerce avec les Sioux ou Issatis ; & aussi pour faciliter de continuer les grandes découvertes, qu'on étoit alors en train de faire dans les vastes Régions de Vignes sauvages, qu'il a trouvées sur ses bords, & qui lui ont fait donner le nom de Rivière au Raisin.

RIVIÉRE DE RAMOS, petite Rivière de l'Amérique Septentrionale, dans la Louisiane ; elle se jette dans le Fleuve, nommé Rio Bravo, ou Rivière de Nord, à quarante lieues de l'Embouchure de ce Fleuve.

RIVIÉRE DES RENARDS, Rivière de l'Amérique Septentrionale. Elle se jette dans l'extrémité Méridionale de la Baye des Puants : ses bords sont habitez par des Outouagamis, des Puants, & des Kikapous ; elle serpente beaucoup. Les Peuples qui habitent le long de ses rivages sement du blé d'Inde, qui y vient fort bien, le Pays étant aussi beau & aussi abondant que celui des Ilinois. Sa Navigation est interrompue par un saut qu'on appelle le KAKALIN.

RIVIÉRE DE ROBECK, Rivière de l'Amérique Septentrionale dans la Louisiane. C'est une petite Rivière qui s'est trouvée sur la route que Mr. de la Salle tint, pour aller de la Baye Saint-Louis aux Cénis, avant que d'arriver à la Maligne. Le P. Zenobe, Récollet, de la Compagnie de Mr. de la Salle, dit qu'elle est peuplée de plusieurs Villages nombreux, dont les Peuples parlent beaucoup du gosier. Ils sont grands ennemis des Espagnols. De la Rivière de la Sablonnière à celci, on passe plusieurs Marais, Prairies & Riviéres.

RIVIÉRE AUX ROCHES PLATES, petite Rivière de l'Amérique Septentrionale. Elle se jette dans le Mississipi, à la bande de l'Ouest, à une lieue au-dessus du Lac Pepin, entre la Rivière St. Pierre, & la Rivière au Raisin.

RIVIERE-ROUGE, Riviére d'Afrique dans la Güinée. C'est la Riviére la plus considérable que reçoive le Senega. On l'a appellée Riviére Rouge, parce que le sablon de son lit est de cette couleur & que son eau en prend la teinture, au-lieu que celle du Sénega est fort claire. On dit que l'eau de ces deux Riviéres a des qualitez si contraires que si l'on boit de l'une & d'abord après de l'autre, on ne manque point de vomir, quoique ni l'une ni l'autre prise séparément ne produise point cét effet, ni même quand elles sont mélées dans un même lit.

RIVIE'RE DE VAMBRE, ou d'**UMBRE**, Riviére d'Afrique dans l'Ethiopie Occidentale. Le Pere Labat [a] place sa source dans les Montagnes qui séparent le Royaume de Fungono de celui de Nimeramaï, ou Mano-Emugi. Son cours qui est de l'Est à l'Ouest peut être de cent dix lieues ou environ.

[a] Relat. de l'Ethiopie Oc. t. 1. p. 51.

RIVIE'RES, (les) petit Canton de France, sur la Côte Occidentale de la Presqu'Isle du Coutantin, vis-à-vis l'Isle de Garnesey. Ce Canton comprend environ dix Paroisses; entre lesquelles sont Barneville, Carteret, St. George, & Porbail. On y fait beaucoup de Sel blanc.

RIVIE'RE-DEVANT, & **RIVIE'RE-DERRIERE**, deux Lieux de France dans la Franche-Comté, Diocése de Besançon. Ces deux endroits ne font qu'une Paroisse, & ont en tout 1200. habitans.

RIVILARENSES, on trouve ce nom, dit Ortelius [b] dans une ancienne Inscription & il paroît que c'étoit un Peuple d'Italie, car son nom est joint avec ceux-ci VAL-FAVENTINA.

[b] Thesaur.

RIVO. Voyez l'Article RIVIE'RE No. 1.

RIVO FREDDO [c], Bourg d'Italie dans la Campagne de Rome, situé sur une haute & roide Montagne, au-dessus de laquelle il y en a encore d'autres qui la surpassent, & qui se peuvent mettre entre les plus hautes, & les plus inaccessibles de l'Appennin. On voit au sommet de ces Montagnes plusieurs Puits, entre lesquels il y en a deux si profonds, qu'en y jettant une pierre, on a le tems de pouvoir reciter deux vers de quel Poëte que ce soit, avant qu'elle touche fond. Ces Puits furent faits pour donner l'air aux conduits d'eau de Martius l'Edile, ou de l'Empereur Claude pour faire passer les eaux du Lac Fucin ou Celano jusqu'à Rome, sans que le cours en pût être retardé par l'air renfermé. Claude y employa pendant 11. années 30. mille Esclaves, à ce que dit Suétone; & Pline en parle ainsi: *Ejusdem Claudii inter maxima equidem ac memoranda duxerim, quanvis destitutum successoris odio, Montem perfossum ad Lacum Fucinum emittendum, inenarrabili prefecto impendio, & operariorum multitudine per tot annos. Cum autem corrivatio aquarum, qua terrenus Mons erat, egereretur, in vertice machinis, aut silex cæderetur, omniaque intus in tenebris fierent, quæ neque concipi animo, nisi ab his, qui videre, neque humano sermone enarrari possunt.* En vérité c'est une chose étonnante, si l'on y pense, comment ce conduit ait pu être fait dans les entrailles des Montagnes: de quelle maniére on ait tiré dehors la terre, & fait

[c] Leander Albert. Descr. d'Ital. p. 149.

sortir les pierres: & comment il ait été possible de travailler dans l'obscurité; comme Pline le dit.

RIVO-DI-MOSSO, ou **RIVO-DI-MORTE**; Riviére d'Italie au Duché de Spolete. On l'appelle aussi ALLIA & CAMINATE [d] parce qu'elle passe au pied du Bourg de CAMINATE, situé sur une Colline à 16. milles de Rome. Cette Riviére se jette dans le Tibre proche du Port de Monte Rotondo. Elle a pris le nom de Riviére ou Ruisseau des Morts, depuis la sanglante Bataille livrée entre Brennus Chef des Gaulois & l'Armée Romaine, & dans laquelle les Romains furent défaits; ce qui facilita aux Gaulois la prise de Rome qu'ils saccagérent entièrement à la réserve du Capitole, comme le disent Tite-Live & Plutarque. Anciennement cette Riviére faisoit la séparation entre le Territoire des Sabins & celui des Crustuminiens.

[d] Leandr. Alberti, Ital. p. 106.

RIVO-DEL-SOLE, petit torrent d'Italie, au Duché de Spolete. On croit que c'est le Ruisseau dont parle Horace [e], au premier livre de ses Epitres:

[e] Epist. 18. v. 104.

Me quoties reficit gelidus Digentia rivus,
Quem Mandela bibit, rugosus frigore pagus;
Quid sentire putas, quid credis amice precari?

RIVOLI, RIPULÆ, Ville d'Italie dans le Piémont, à six milles de Turin du côté du Couchant, sur la route de France & de Savoie en Italie [f]. Elle est située en partie sur le haut, en partie sur la pente d'une Colline très-agréable. Il n'y a pas d'apparence que le nom de Rivoli vienne de *Rivus*, Ruisseau: car on ne voit pas beaucoup de Ruisseaux dans ce Quartier; il pourroit venir plutôt de sa situation. La Colline sur laquelle cette Ville est bâtie produit toutes sortes de fruits & en abondance. De côté & d'autre se présentent de vastes Campagnes dans lesquelles s'élevent d'espace en espace de petites Collines, qui produisent aussi abondammeur des Fruits, du Bled & du Vin. La Ville de Rivoli quoique petite est fort peuplée. On y compte environ huit mille ames & trois Paroisses, dont la première, dédiée à la Ste. Vierge, est une Collégiale, où il y a trois Dignitez, qui sont le Prevôt, l'Archiprêtre & le Chantre. On y voit outre cela trois Maisons Religieuses, savoir des Dominicains, des Carmes & des Capucins.

[f] Theatrum Pedemont. t. 1. Part. 2.

Le Château de *Rivoli* fut bâti par les anciens Princes de Savoie, que la situation agréable du lieu invita à en faire un Lieu de plaisance. Il ne fut pas d'abord porté à l'état de perfection où on le voit aujourd'hui. Il s'en falloit de beaucoup qu'il eût l'étendue & la magnificence qu'on lui a donnée. Ce fut Charles Emanuel premier Duc de Savoie, qui lui donna la forme d'un Palais, l'orna & l'enrichit de fort belles & curieuses Peintures, parce qu'il y étoit né.

RIVOLTA, selon Leander [g] & RIPA-ALTA, selon Merula [h]: Bourg d'Italie, dans le Milanez, en deçà du Pô, sur la Rive gauche de l'Adda. Ce Lieu est fameux par la Victoire, que Louïs XII. remporta le 14. Mai 1509. sur l'Armée des Vénitiens. Cette

[g] Italia, p. 409.
[h] L. 6.

Bataille porte aussi le nom de Bataille d'Aignadel, Village voisin.

RIVOURE, Village de France, avec Abbaye, dans la Champagne, à deux lieuës de Troyes vers le Levant. Cette Abbaye qui est de l'Ordre de Cîteaux & fille de Clairvaux, fut fondée en 1140. par Hutton Evêque de Troyes. St. Bernard y mit pour premier Abbé Alain, qui fut depuis Evêque d'Auxerre. L'Abbé jouït de six mille livres de rente : l'Eglise est d'une très-belle Architecture ; on y voit la Vie de la Vierge en Basrelief, dont les figures sont de très-bon goût.

RIVUS-FRANCORUM. Voyez au mot RIO, l'Article RIO-FRANCO.

RIZZA, en Latin ARITIA, Ville d'Italie, dans la Campagne de Rome. Cette Ville est aujourd'hui peu de chose. Voyez ARICIE.

R O.

ROA, Ville d'Espagne dans la Vieille Castille, sur le Douere, dans une vaste Campagne que ce Fleuve arrose. Elle est entourée de doubles murailles [a], défendue par une Citadelle, & ornée d'un beau Palais qui appartient aux Comtes de Siruela, Seigneurs de la Ville. Roa [b] a sous sa Jurisdiction seize Villages. Son terroir est fertile en bled, & en vin, & nourrit du Bétail. On ne lui donne que cinq cens habitans, parmi lesquels on compte trente Familles nobles. Il y a trois Paroisses, dont une, qui est Collégiale, est composée de douze Chanoines, de quatre Bénéficiers, d'un Prieur & d'un Archiprêtre. Cette Ville fut peuplée en 950. par le Comte de Nuño Nuñez, & selon d'autres, Muños de Gusman, Seigneur du Château de Guzman Oyvilla, qui est à une lieuë de Roa. Ce Comte est regardé comme la Tige des Guzmans. En 1083. cette Ville fut ruïnée & ensuite rétablie par le Roi Don Alfonse VI. On la nomma d'abord RUEDA, & par corruption on est venu à l'appeller ROA. En 1439. sous le regne de Don Juan II. Roi de Castille, les François étant entrés dans le Pays & s'étant logez dans la Ville de Roa, furent égorgez par les Habitans. En récompense le Roi lui accorda un Privilège : savoir que toutes les Nourrices qui auroient allaité des Gentilshommes seroient exemptes pendant toute leur vie de payer aucun impôt ; & de plus il affranchit tous les Habitans de tribut pour sept ans.

[a] Délices d'Espagne, p. 192.
[b] Silva Poblac. de España, fol. 61.

ROAME, Ville de la Gaule Narbonnoise, selon l'Itinéraire d'Antonin. C'est la même Ville que Rame. Voyez RAME.

ROANNE. Voyez ROUANNE.

ROATO, Bourg d'Italie dans l'Etat de Venise au Bressan [c], environ à quinze milles au Nord de Brescia, sur une petite Rivière qui se jette dans l'Oglio. Ce Bourg est situé dans une Plaine fertile, peuplée de divers Villages & qu'on nomme la petite France, en Italien *Franza Curta* ; ce nom lui vient de ce qu'un grand nombre de François s'établirent cette Plaine, du tems que le Duché de Milan appartenoit à la France.

[c] Magin, Carte du Bressan.

ROBATHA, Ville de la Palestine, selon la Notice des Dignitez de l'Empire.

ROBEC, petite Rivière da France dans la Normandie [d]. Elle a sa source à St. Martin du Vivier. Son cours n'est que d'une lieue. Elle passe par le Bourg de Darnetal, & se rend ensuite à Rouen où elle sert aux Teinturiers, aux Tanneurs & autres Ouvriers à qui l'eau est nécessaire, & elle se décharge ensuite dans la Seine.

[d] Corn. Dict.

ROBEL, Rivière d'Allemagne au Duché de Mecklenbourg [e], sur le bord du Lac Muriz, du côté de la Marche de Brandebourg.

[e] Zeyler, Topogr. Sax. infer. p. 203.

ROBEN-EILAND, où l'ISLE-ROBIN, Isle d'Afrique [f], vers le Cap de Bonne Espérance, à l'entrée de la Baye de la Table, entre le Fort des Hollandois & l'Isle Dassen. ROBEN-EYLAND, où l'ISLE-ROBIN veulent dire l'Isle des Lapins [g]. Elle a pris ce nom du grand nombre de ces animaux, qui se tiennent sur les écueils & sur le rivage. Ils s'y sont extrêmement multipliez depuis l'an 1601. que Spilbergen y porta les premiers Lapins. Il se trouve aussi dans cette Isle quantité de Brebis fort grasses. Cette Isle a trois lieues de circuit. Elle est plus grande, plus haute, & plus couverte de verdure que celle de Dassen. Cependant elle n'est point habitée.

[f] De l'Isle, Atlas.
[g] Dapper, Descr. d'Afrique, p. 390.

ROBER, Rivière d'Allemagne, dans l'Archevêché de Trèves. C'est l'*Erubrus*, ou l'*Erubris* d'Ausone. Cette Rivière se jette dans la Moselle à Trèves.

1. ROBERT, (Cul-de-Sac) Ance, ou Baye sur la Côte de l'Isle de la Martinique, entre la pointe du Gallion, & la pointe à la Rose. Ce Cul-de-Sac est renfermé par l'Islet de Monsieur, elle donne son nom à une Paroisse assez considérable. Il y a encore un autre Islet plus avancé en Mer que celui de Monsieur ; de sorte que ces deux Islets couvrent l'ouverture du Cul-de-Sac, brisent l'impétuosité de la Mer & rendent cette Baye un Port très-sûr & tranquile. L'on y entre par trois passes, dont celle qui est entre les deux Islets est large de soixante toises, & assez profonde pour que les plus gros Vaisseaux n'y courent aucun danger. Ce Port est capable de retirer une Armée navale, si commodément que les plus gros Vaisseaux peuvent mouiller assez près de terre pour y mettre une planche.

2. ROBERT, (Cul-de-Sac) Paroisse de l'Isle de la Martinique, à la bande de l'Est. Elle est desservie par des Jacobins. Ce Lieu étoit autrefois de la Paroisse de la Trinité. On l'érigea en Paroisse en 1694. Il y avoit auparavant une petite Chapelle dédiée à Ste. Rose.

ROBION, ROUBION, ou REBRE [h], petite Rivière de France dans le Dauphiné. Elle a sa source dans la partie Occidentale du Gapençois, près de Montmaurin. Elle traverse le Diois & le Valentinois d'Orient à l'Occident en serpentant, & après s'être partagée en deux Branches, dont une se détourne vers le Midi pour aller baigner la Ville de Montelimart, toutes deux vont ensuite se jetter sur la rive gauche du Rhosne.

[h] Jaillot, Atlas.

ROBISCH, Bourgade d'Allemagne, dans le Duché de Stirie, au Comté de Cilley, vers les Confins de l'Esclavonie. On croit que c'est la *Ragunidona* des Anciens.

ROB. ROC.

ROBLANO, Territoire d'Italie au Royaume de Naples dans la Calabre [a]. Il comprend cinq Villages fort peuplez, & dont les Habitans sont à leur aise, parce que le terroir leur fournit abondamment ce qui est nécessaire à la vie.

[a] *Leand. Albert. Italia. pag. 211.*

ROBORARIA, Lieu d'Italie, dans le Latium. L'Itinéraire d'Antonin le place sur la Voie Latine, entre *Ad-Decimum* & *Ad-Pictas*, à six milles du premier de ces Lieux & à dix-sept milles du second.

ROBORETUM, Ville d'Espagne, selon l'Itinéraire d'Antonin, qui la marque sur la route de *Bracara* à *Asturica*, entre *Pinetum* & *Compleutica*, à trente-six milles de la premiére de ces Places, & à vingt-neuf milles de la seconde.

ROBORIS, nom d'un Lieu dont il est parlé dans le Code Théodosien [b].

[b] *S. Tit. de Cursu publico. L. 30. C. 3.*

ROBUS, Ammien Marcellin [c] dit que les Habitans de Bâle appelloient ainsi un Fort ou un Retranchement près de leur Ville. Les uns croient que ce Lieu est présentement renfermé dans la Ville : d'autres le mettent dans le Fauxbourg.

ROC, ce mot signifie une Masse de pierre très-dure, qui a sa racine en terre. Ils s'emploie quelquefois pour signifier une ROCHE ou un ROCHER. Voyez ROCHER.

1. **ROCA**, Isle d'Afrique. Voyez ROCA, No. 1.
2. **ROCA**. Voyez au mot ISLE, l'Article ISLE DE ROCA.

ROCAS, Peuple d'entre les Goths, vaincu par les Wandales, selon Jornandes [d].

[d] *De reb. Get. c. 23.*

1. **ROCCA**. Voyez ROCHE & ROCHERS.

2. **ROCCA**, Forteresse d'Italie, au Royaume [e] de Naples dans la Terre d'Otrante. Elle est située sur un Rocher ; ce qui la rend si forte qu'on la tient pour imprenable, pourvu qu'elle soit fournie de vivres & de munitions de guerre. On croit que c'est l'ancienne *Lupiae*.

[e] *Leand. Alberti, Italia, p. 236.*

3. **ROCCA**, Lieu d'Italie, dans l'Etat de Venise [f], au Bressan, sur la Rive Méridionale du Lac d'Idro, à l'Embouchure d'une petite Riviére dans ce Lac.

[f] *Magin, Carte du Bressan.*

4. **ROCCA**, Isle d'Afrique [g], l'une de celles qui sont au Nord de l'Isle Lobo, l'une des Canaries. Elle est située entre l'Isle Graciosa au Midi & celle d'Alagrance au Nord Occidental.

[g] *De l'Isle, Atlas.*

5. **ROCCA D'ANFO**, Ville d'Italie dans l'Etat de Venise [h], au Bressan, sur la Rive Septentrionale du Lac d'Idro. Cette Ville est très-petite, mais forte.

[h] *Ibid.*

6. **ROCCA-DI-ANNONE**, vulgairement NONO, Forteresse d'Italie [i] dans le Montferrat, au sommet d'une Montagne, sur la route d'Aléxandrie à Asti.

[i] *Leander Albert. Italia, p. 382.*

7. **ROCCA D'ARAZZE**, Forteresse d'Italie [k], dans le Montferrat au sommet d'une Montagne, sur la Route qui conduit d'Aléxandrie à Asti. Cette Forteresse & celle de ROCCA-DI-ANNONE sont aux deux côtez de la Route dont il vient d'être parlé.

[k] *Ibid.*

8. **ROCCA-DE-FIUMESINO**, Forteresse d'Italie [l] dans la Marche d'Ancone, près de l'endroit où la Riviére Fiumesino se décharge dans la Mer. Cette Forteresse est garnie d'une bonne Artillerie, pour éloigner les Corsaires, qui voudroient tenter une descente dans ce Quartier.

[l] *Ibid. p. 286.*

9. **ROCCA-IMPERIALE**, Forteresse d'Italie [m] au Royaume de Naples, dans la Basilicate. Elle tire son nom de Frideric Roi de Sicile & Empereur d'Allemagne qui la fit bâtir. Alfonse II. Roi de Naples en fit une Forteresse considérable, dans le tems qu'il étoit encore Roi de Naples.

[m] *Ibid. p. 215.*

10. **ROCCA-MONDRAGONE**, Bourgade d'Italie au Royaume de Naples [n], dans la Terre de Labour, au Midi de Sesta & au Midi Occidental de Carinola. Quelques-uns disent que cette Bourgade a été bâtie des ruines de l'ancienne *Sinuessa*.

[n] *Magin, Carte de la Terre de Labour.*

11. **ROCCA-DEL-PAPA**, petit Fort d'Italie [o], dans l'Etat de l'Eglise & dans la Campagne de Rome, sur une Montagne. C'est dans ce lieu qu'étoit l'ancienne *Algidum*, & qu'on avoit ainsi nommée à cause du grand froid qu'on ressent sur la Montagne qui est fort haute.

[o] *Leand. Albert. Italia. p. 144.*

12. **ROCCA-PARTIDA**, [p] Cap de l'Amérique Septentrionale dans la Nouvelle-Espagne, au Gouvernement de Guaxaca. Ce Cap qui s'avance dans la Baye de Campêche est remarquable par divers naufrages de Navires qui s'y sont perdus sur des Rochers aveugles dont le rivage est bordé. Ce Cap descend des Montagnes de St. Martin qui s'étendent entre le Nord-Ouest & le Sud-Est, & qui sont éloignées de la Ligne de 17. d. 48'. Les Mariniers qui passent par cette Côte observent soigneusement ces Montagnes, pour dresser de la leur Cours en droiture.

[p] *De l'Isle, Atlas, De Laet, Descr. des Indes Oc. Liv. 5. c. 12.*

13. **ROCCA-SECCA**, Château d'Italie, dans l'Etat de l'Eglise [q], & dans la Campagne de Rome. Ce Lieu est fameux pour avoir été la Prison, où la Mere de St. Thomas d'Aquin le tint enfermé pendant trois ans, pour l'obliger à quitter l'habit de l'Ordre de St. Dominique & à retourner dans le monde. Mais la constance du Saint prévalut sur les promesses & les menaces de sa Mere.

[q] *Leand. Albert. Italia. p. 145.*

ROCCEAS. Voyez DIANÆ-TEMPLUM.

1. **ROCCELLA**. Voyez ROCHER.

2. **ROCCELLA**, selon Mr. Corneille [r], & Dict. Rucella, selon Mr. de l'Isle [s] : Bourgade de la Sicile, assez près de la Côte Septentrionale, dans le Val Demone, & dans le Canton appellé *Reggione-di-Bayharma*. Elle est voisine d'une petite Forteresse bâtie précisément sur la Côte de la Mer.

[r] *Dict.* [s] *De l'Isle, Atlas.*

3. **ROCCELLA**, Forteresse d'Italie, au Royaume de Naples, dans la Calabre. Leander dit qu'elle est située sur une haute Colline qui passe pour un Cap, n'étant qu'à cinq cens pas de la Mer.

[t] *Ital. p. 217.*

ROCCONES. Voyez RUCONES.

1. **ROCHE**. Voyez ROCHER.

2. **ROCHE**, (la) petite Ville de Savoie [v], dans la Tarantaise assez près de la Riviére d'Arve à la gauche. Elle est bâtie sur une petite élévation.

[v] *De l'Isle, Atlas.*

3. **ROCHE**, (la) en Latin *Rupes-Ardenna*, [w] Ville des Pays-Bas dans le Duché de Luxembourg. Cette Ville, qui est située dans la Forêt d'Ardenne, a un Château fortifié & bâti sur une Roche très-haute, qui lui a donné son nom. On y voit une vieille Tour appellée la Tour des Sarrasins, avec des Inscriptions qui font voir que cette Ville étoit considé-

[w] *Zeiler, Topogr. Luxenburg. p. 242.*

sidérable dès l'an 800. Wenceslas Empereur d'Allemagne, lorsqu'il maria avec Antoine Duc de Brabant, sa Nièce Elisabeth fille de Jean Margrave de Moravie & de Gorliz, donna à cette Princesse le Duché de Luxembourg & le Comté de Chini; mais il se réserva solemnellement la Ville de Roche & ses Dépendances.

4. ROCHE, ou la ROCHE, Abbaye d'Hommes, en France & de l'Ordre de St. Augustin. Elle est située dans le Diocèse de Paris, au commencement de la petite Riviére d'Yvette, près du Diocèse de Chartres, à huit lieues de Paris. Elle a été fondée l'an 1190. ou 1232. par les Seigneurs de la Maison de Levi. Il n'y a plus de Religieux, & l'Abbaye ne vaut à l'Abbé que six cens livres de rente.

5. ROCHE-AVARY, (la) Baronnie de France dans l'Angoumois, Diocèse & Election d'Angoulême. Cette Baronnie est située au bord de la petite Riviére de la Bouerine, à deux lieues au Midi d'Angoulême. Elle appartient au Baron du même nom, puîné des Vicomtes de Lavedan; elle vaut cinq mille livres de rente.

6. ROCHE-D'AGOUT, Lieu de France dans le Bourbonnois, Diocèse de Clermont, Election de Gannat. Cette Paroisse est située dans la Montagne de Nuits, sur des Côteaux. C'est un Lieu fort par sa situation; on y trouve des pierres claires & brillantes, naturellement, & qui imitent la beauté des Diamans, quand elles sont bien taillées. Ce sont terres maigres à seigle & avoine, bons pâturages, foins abondans, engrais des Bestiaux, dont on fait bon Commerce; & beaucoup de Bois taillis & de Futayes.

7. ROCHE-BEAUCOURS, Bourg de France dans le Périgord, Diocèse & Election de Périgueux. Ce Bourg est partagé par la petite Riviére de Lizone en deux parties; celle qui est à l'Orient est du Périgord, & celle qui est à l'Occident est de l'Angoumois. Près de ce Bourg il y a des Mines de fer, dont on fait des Canons, & autres munitions de guerre pour l'Arcenal de Rochefort.

8. ROCHE-BERNARD, (la) Bourg & Baronnie de France, dans la Brétagne, Diocèse de Nantes. Cette Baronnie fait partie du Duché de Coislin. Le Bourg est situé sur la Vilaine, à quatre lieues de son Embouchure dans la Mer, où il y a un Port. La Roche-Bernard est une des anciennes Baronnies de Bretagne. Celui qui la possede préside au Corps de la Noblesse, quand il se trouve aux Etats de cette Province. Ainsi Mr. le Duc de Coislin présideroit comme Baron de la Roche-Bernard, Mr. le Duc de la Tremouille comme Baron de Vitré, Mr. le Duc de Bourbon, à cause de ses Baronnies de Château-Briant & de Derval, Mr. le Duc de Charost à cause de sa Baronnie d'Ancenis. Il doit y avoir plus de ces Baronnies, mais le nombre ne se trouve plus; il y en a aussi de réunies au Domaine du Roi, comme la Baronnie de Fougére. Mr. le Duc de Coislin est Seigneur de ce Lieu.

a Piganiol, Descr. de la France, t. 5. p. 110. La Baronnie de Roche-Bernard, *a* celle du Pont-Château, la Seigneurie de la Bretesche &c. furent érigées en Duché-Pairie sous le nom de Coislin, en faveur d'Armand du Cambout, Marquis de Coislin, par Lettres-Patentes du Mois de Décembre de l'an 1663. registrées au Parlement de Paris le quinze du même mois de la même année.

9. ROCHE-BLAINE, Lieu de France dans le Forez, Diocèse de Lion, Election de Saint-Etienne. Roche-Blaine est une Châtellenie Royale, ressortissante à la Senéchaussée de Saint-Etienne.

10. ROCHE-CHOUART, Ville de France située aux Confins du Poitou & du Limosin *b*, sur une Riviére qui se décharge en celle de Vienne au-dessous du Village de Granor, en Latin *Rupes-Cavardi*. Elle est bâtie sur la pente d'une Montagne, au haut de laquelle est le Château. Il y a dans la Cour de ce Château une belle Fontaine qui fournit de l'eau à la plûpart des habitans de la Ville; mais ce qu'on y voit de plus agréable, c'est qu'outre une assez grande Allée d'Arbres plantez sur une Terrasse, à même hauteur que le Rez-de-Chaussée du Château, il y a derriere ce même Château une Esplanade fort ample, soutenüe de bonnes murailles, & plantée aussi de beaux Arbres; ce qui fait une promenade charmante, d'où l'on découvre tous les environs. Cette Ville n'a qu'une Paroisse, & donne son nom à la Maison de la Roche-Chouart, l'une des plus illustres de France. Roche-Chouart est le Chef-lieu d'une Vicomté très-considérable, qui appartient à Madame de St. Luc, héritiére de la Maison de Pompadour, dans laquelle cette Terre entra en 1640. par le mariage de Marie de Bouteville avec Jean Baptiste de Pompadour. Cette Marie de Bouteville étoit héritiére de Roche-Chouart. Le Château & la Justice de ce Lieu sont fort considérables. La Ville a un Maire. La Cure est de foible revenu. Il y a un Prieuré simple, & un Couvent de Dominicains.

b Corn. Dict. sur des Mém. MSS. de 1705.

11. ROCHE-COURBON, Baronnie de France, dans la Touraine, Diocèse & Election de Tours. C'est une Paroisse très-considérable, qui fait partie du Duché de Luynes. Elle n'est considérable que par son Titre & par son ancien Château, bâti par Robert Seigneur des Roches, au commencement du onziéme siécle. Courbon l'un de ses Successeurs, lui donna son nom. Guillaume des Roches Senéchal d'Anjou, de Touraine & du Maine, étoit de leurs Descendans. Cette Terre fut unie au Duché de Luynes, en 1619. Il y a trois Châtellenies, & vingt-deux Fiefs qui en dépendent. La Cure est à la présentation du Doyen du Chapitre de Tours.

12. ROCHE-DERIEN, (la) Bourg de France, dans la Bretagne, à deux lieues au Midi de Tréguier. Ce Bourg est fameux par plusieurs Sièges qu'il soutint au quatorzième siécle, & par une sanglante bataille qui se donna sous ses murailles, en 1347. dans laquelle Charles de Blois, qui reclamoit le Duché de Bretagne, demeura prisonnier.

13. ROCHE-FOUCAUD, Ville & Duché de France, avec Château, dans l'Angoumois, Election d'Angoulême; sur le bord de la Tardouére. Il y a dans cette Ville une Eglise Collégiale, & une Maison de Carmes. La Roche-Foucaud donne le nom à une illustre Maison. Mr. le Duc de la Roche-Foucaud est le premier Vassal du Duché d'Angoulême & le plus grand Terrier du Pays. Quatre Baronnies dépendent de son Duché. La seule

Sei-

ROC. ROC.

Seigneurie de la Roche-Foucaud contient, dix-neuf Paroisses [a]. François I. Roi de France érigea cette Terre en Comté dans l'année 1525. & Louis XIII. l'érigea en Duché-Pairie par Lettres-Patentes du Mois d'Avril 1622. enregistrées le 4. de Septembre 1631. Cependant comme le Duc de la Roche-Foucaud n'alla prendre sa première séance au Parlement qu'en 1637. il a été réduit à ce rang par l'Edit de 1711.

[a] *Piganiol, Descr. de la France, t. 5. p. 28. & 39.*

ROCHE-GUION [b] (la), Bourg de France dans la Normandie sur la Rivière de Seine, avec un titre de Comté, Château & Haute Justice, en Latin *Rupes Guidonis.* Il est situé trois lieues au-dessous de Mante, & au-dessous de Vernon, entre Veteuil, Villarceaux, Gasny & Giverny. L'Eglise Paroissiale proprement bâtie est dédiée à Saint Samson. Il y a aussi un Prieuré simple sous le titre de la Sainte Trinité, & la Chapelle du Château est très-bien fondée. Ce Château est construit fort solidement au pied de la Roche, & a de bonnes Tours & de bons fossez. Les appartemens sont fort grands & ornez de peintures. On monte du Château à une grosse & haute Tour, élevée sur le haut de la Roche vive qui lui sert de Donjon, & d'où l'on découvre deux à trois lieues du cours de la Seine & une grande étendue de Pays, dont le Territoire consiste en Vignobles, Terres de labour, Bois, & Prairies. On tient à la Roche-Guion un Marché considérable tous les Mardis, & il y a Foire à la Saint Mathieu, & à la Sainte Catherine. On trouve un Bac de passage devant le Château.

[b] *Corn. Dict. Mémoires dressez sur les lieux en 1702.*

ROCHE-MILLAY (la), Bourg de France, dans le Nivernois, Diocèse & Election de Nivers. Cette Paroisse est située dans un Pays montagneux, sur une petite Rivière du même nom, à sept lieues de celle de Loire, & à deux de la Ville de Luzy. La Cure vaut environ deux cens livres de rente : l'Evêque d'Autun en est Patron. Ce sont terres ingrates & mauvaises. On y recueille du seigle, un peu d'avoine, des foins suffisans pour la nourriture des Bestiaux ; il y a très-peu de Bois & peu de Commerce. Les habitans sont pauvres. Mr. le Maréchal de Villars en est Seigneur.

ROCHE-POSAY, Ville de France dans la Touraine, sur la Creuse [c]. Elle a des Eaux minérales que l'on boit pour rétablir sa santé. Ces eaux prises au commencement de l'Eté sont limpides & sans saveur. Par évaporation on n'en a tiré qu'un peu de terre grise, sablonneuse, de saveur un peu saline & qui ne faisoit que $\frac{1}{500}$ du poids de l'eau. Le peu de Sel qui étoit dans cette résidence pouvoit être rapporté au Sel commun.

[c] *Piganiol, Descr. de la France, t. 7. p. 3. & 67.*

ROCHE-SUR-YON (la), Bourg de France, avec titre de Principauté, dans le Poitou, Election des Sables d'Olonne. Ce Bourg a pris son nom de la petite Rivière d'Yon, auprès de laquelle il est situé, à cinq lieues au Nord de Luçon. Il appartient à la Maison de Bourbon-Conti, qui l'a hérité de celle de Montpensier.

ROCHEDAL, selon Mr. Corneille & ROCHDALE, selon l'Etat présent de la Grande-Bretagne [d]. C'est un Bourg d'Angleterre, dans Lancashire. Il a droit de Marché.

[d] *t. 1. p. 80.*

1. ROCHEFORT, Ville de France, dans la Saintonge [e], en Latin *Rupifortium.* Elle est située sur la Charente, à une lieue & demie de son Embouchure, à trois de Brouage, & à six de la Rochelle, avec un Port très-commode. Ce n'étoit autrefois qu'un Bourg, où l'on prétend qu'il y avoit du tems du Roi Jean un Château fortifié, qui selon nos Historiens appartenoit à Messire Guichard d'Angle. On y voit encore un Château ; mais il n'y paroît aucune fortification. Cette Terre qui avoit titre de Châtellenie fut confisquée au Domaine de la Couronne par Charles V. en 1364. Mais comme la Province d'Aulnis, où elle est située, dépendoit du Duché de Guyenne, Edouard Prince de Galles, qui se maintint pendant sa vie dans la jouïssance de ce Duché, conserva aussi la Terre de Rochefort, & l'on voit par d'anciens Dénombremens, que les Sieurs de Mareüil, Seigneur de Loire, & Hubles de Vivonne, Seigneur des Houllières, rendirent leurs hommages à ce Prince comme Seigneur de Rochefort en 1368. Après la réunion de la Guyenne à la Couronne de France, cette Terre fut comprise dans le Domaine du Roi, & elle n'en a été desunie que pendant le Regne d'Henri III. qui la donna ou engagea à un Officier de sa Maison nommé Polivon, dont les héritiers l'ont possédée près d'un siècle. Ce fut de l'un d'eux que le Roi Louïs le Grand la fit acheter en 1664. pour y bâtir une Ville. On y en traça le plan de la grandeur de Bourdeaux, après que l'on eut connu que la Rivière de Charente avoit de-là jusqu'à la Mer une profondeur plus que suffisante pour soutenir en tout tems les plus gros Vaisseaux, qu'elle avoit un fond admirable pour l'ancrage, & que les bords en étoient unis & très-solides. On y marqua tous les emplacemens nécessaires pour l'Arsenal & pour les Magasins du Roi, & le reste fut abandonné aux particuliers, qui offrirent de prendre des emplacemens pour bâtir des Maisons à un denier de Cens seulement par Carreau. La conduite de ce projet fut confiée à Mr. Colbert du Terron, alors Intendant dans les Gouvernemens de la Rochelle, Brouage, Isles de Ré, d'Oleron, & Côtes adjacentes. Il s'attacha d'abord à bâtir des Magasins pour mettre tout ce qui est propre à équiper les Vaisseaux, & l'on vit en très-peu de tems à Rochefort la Rivière bordée de superbes Edifices. Chaque Vaisseau eut son Magasin particulier, & on éleva au milieu de tous un Magasin général dans lequel il y a des logemens suffisans pour y placer tout ce qui convient à l'équipement, radoub, & armement des Vaisseaux. On y voit la plus belle Sale d'armes du Royaume. Ce fut de-là qu'en 1689. on tira dix mille Mousquets pour envoyer en Irlande, sans toucher aux armes nécessaires à la Marine. Sa Majesté y entretient une Manufacture d'Armuriers qui travaillent continuellement au radoub, à nettoyer les armes, & à monter les canons des Mousquets & des Fusils que l'on fabrique dans les Forges d'Angoumois qui ne travaillent que pour la Marine. Il y a dans tous ces Magasins des Cours & des Angars d'une étendue surprenante, où l'on enferme toutes les grosses munitions. On a ajouté à ces divers Bâtimens ceux des grandes & petites Forges où se fabriquent les plus grosses ancres, avec plusieurs

[e] *Mémoires dressez sur les lieux en 1706.*

S

sieurs Canons; la Sculpture, la Menuiserie & la Peinture. Tout se trouve bâti & situé près du Chantier où se construisent les Vaisseaux, qui est le plus beau, le plus vaste & le plus commode qu'il y ait au monde; ce qui en est une preuve, c'est que l'an mille six cens nonante, on y bâtit 15. Galéres & deux gros Vaisseaux de guerre en moins de huit mois. Le Bâtiment des Cordiers mérite d'être vu des Curieux. Comme c'est un des plus utiles du Port, on n'a rien oublié de tout ce qui peut convenir à la commodité & aux besoins des Ouvriers que le Roi y occupe. Le Magasin des Vivres n'est pas un Edifice ordinaire, & il n'est guère de Palais d'une plus parfaite ni d'une plus superbe structure. Il contient tout ce qu'on peut s'imaginer de commode pour sa destination. Il a des Fours pour cuire le biscuit nécessaire pour l'armement de cent Vaisseaux, des Caves si spacieuses qu'elles peuvent contenir plus de six mille Bariques de Vin des halles à proportion pour les futailles, de grands Magasins pour les Salaisons, & quantité de Greniers & de Soutes pour les biscuits, les farines, les bleds, les légumes & les sels. La fonderie voisine de ce Magasin en assortit parfaitement la magnificence. Il y a trois grands Fourneaux & plusieurs petits pour la fonte des Canons, Mortiers, Bombes, Pierriers, Cloches, & généralement pour tous les Ouvrages de fonte dont on a besoin non-seulement pour toute la Marine, mais pour les Armées de terre. On a eu soin de bâtir deux grands Magazins à poudre pour y conserver celle qu'on y fait à Saint Jean d'Angely, qui ne travaille que pour les fournitures de la Marine. Il y a dans une des plus grandes Maisons de Rochefort une Manufacture de toile à voile, très-bien-établie & entretenue, qui fait subsister un grand nombre d'Ouvriers, & quantité de gens tant de la Ville que de la Campagne. Le grand & magnifique Hôtel qui est à l'une des extrémitez de la Ville, & que l'on nomme les Cazernes, avoit été destiné pour le logement de trois cens Gardes Marines, qui sont des Gentilshommes que Sa Majesté fait élever à ses dépens dans tous les les exercices convenables à des enfans de qualité, qui doivent servir sur les Vaisseaux du Roi. Ils ont des Maîtres à écrire, pour l'Arithmétique, l'Algèbre, la Géométrie, le Dessein, le Pilotage, la Danse, les Langues Etrangéres, & pour apprendre à faire des armes. Cette Maison est devenue depuis quelque tems le logement des Soldats de la Marine, où l'Inspecteur de ces Troupes & plusieurs autres Officiers ont des très-beaux appartemens.

L'Hôpital que le Roi a fait bâtir est de la même magnificence & dans le même alignement que le Magasin des Vivres. On y reçoit tous les Officiers de la Marine, Soldats, Matelots, Journaliers, & autres personnes qui tombent malades au service de Sa Majesté. Ces malades sont servis avec grand soin, & beaucoup de propreté par les Sœurs-Grises de la Charité, qui gouvernent encore un autre Hôpital établi pour les pauvres femmes malades de la Ville. Il y a aussi un Séminaire pour les Aumôniers des Vaisseaux, qui sont dirigez par Messieurs de la Congrégation de la Mission. La Cure de la Ville qui forme à présent une des plus nombreuses Paroisses du Royaume, sous le titre de Saint Michel, est desservie par dix ou douze Prêtres de la même Congrégation. Les Peres Capucins ont leur Couvent dans un des plus beaux endroits de la Ville; ce sont eux qui disent la Messe à l'Amiral tous les Dimanches & toutes les Fêtes, & qui instruisent des Principes de la Religion les Soldats & les Matelots qui se trouvent sur ce Vaisseau. Sa Majesté a ajouté à tout cela par des Lettres-Patentes données en 1669. de très-beaux privilèges pour cette Ville naissante, qu'elle a affranchie des droits pour toutes les denrées qui s'y pourroient consumer, tant pour le comestible à l'usage des habitans, que pour tout ce qui peut servir à la construction des Bâtimens de Terre & de Mer. Pendant l'Intendance de Mr. de Demuin la Ville de Rochefort fut entourée d'une muraille de vingt pieds de hauteur à rez-de-chaussée, avec un bon fossé & trois Portes d'une très-bonne structure, où les habitans sont jour & nuit une garde fort exacte. C'est à ce même Intendant que la Ville doit la construction des Halles qui sont les plus belles & les plus vastes du Royaume, & l'établissement des Foires & des Marchez. Mr. Arnoul qui lui succéda s'attacha particuliérement à former les Classes des Macelots de son Département. Il en augmenta le nombre, & y établit un si bel ordre, qu'il a servi de règle pour tous les autres Ports du Royaume. Il fit commencer ces belles Formes & ces vastes Bassins qui sont si utiles pour les radoub des Vaisseaux, & qui ont été perfectionnez sous l'Intendance de Mr. Begon; en sorte que leur magnificence surpasse tous les Ouvrages mémorables de l'Antiquité. C'est lui qui a formé la belle & grande Place publique que l'on nomme des Capucins, parce qu'elle est proche de leur Couvent. Il y a peu de Villes où l'on en voye une plus vaste & plus régulière. Elle est entourée d'une Balustrade & d'un grand nombre d'Ormeaux assez bien entretenus, qui dans la belle Saison font une promenade très-agréable. Les Maisons qui sont autour de cette Place sont bien bâties & presque toutes uniformes. Outre cet agrément on a celui des Ramparts bordez d'Allées de ces mêmes arbres qui ferment la Ville en forme d'Arc dont les extrémitez aboutissent à la Rivière. Les grandes Rües qui n'étoient, pour ainsi dire, que tracées, & en partie seulement garnies de Cases de bois, ont été en très-peu de tems pavées & ornées de belles Maisons, la plûpart à trois étages. La Maison de l'Intendance, à laquelle une Allée d'Ormeaux de cent toises de longueur sert d'avenue, est bâtie sur le bord de la Rivière, & elle a la vue sur une belle Prairie de trois à quatre lieues d'étendue, & à droite & à gauche sur des Côteaux embellis de tout ce que la Nature peut faire de plus agréable & le Laboureur de plus utile. On peut voir des fenêtres tout ce qui se passe dans le Parc. Elle a dans sa dépendance des Jardins fruitiers & potagers, & dans son enceinte des Parterres & une Cour dans laquelle sont trois grandes Allées, où l'on peut goûter la douceur des belles Saisons, sans que l'ardeur du Soleil puisse incommoder. En sortant par la Porte de la Rochelle on trouve un Fauxbourg bien pavé & assez régulièrement bâ-

bâti ; où sont de très-beaux Jardins, & aux environs des Maisons de Plaisance très-bien situées. Ainsi Rochefort qui n'avoit rien d'avantageux que sa situation, & qui n'étoit il y a quarante-cinq ans qu'un Marais inculte, est devenu une Ville très-considérable. Il y a un Maire, des Echevins, & des Officiers de Police pour régler le prix des denrées, & pour veiller à la sûreté des habitans. Le Roi y a établi aussi un Siège Royal, & cette Ville est le Magasin Général des autres Ports voisins & de ceux du Ponant.

Le séjour de Rochefort est assez mal-sain pendant les Mois d'Août, de Septembre & d'Octobre[a]. On attribue cette malignité de l'air à deux principales causes, dont la premiére est que cette Ville est à couvert du Vent du Nord qui est le plus sain de tous ; & la seconde vient de ce que les eaux y sont très-mauvaises n'y ayant qu'une seule Fontaine, dont les Canaux sont sujets à des réparations continuelles & réduisent très-souvent les Habitans à la nécessité de se servir des eaux de leurs Puits.

[a] Piganiol, Descr. de la France, t. p.59.

L'entrée de la Riviére & de la Rade est défendue par plusieurs Forts qui la rendent inaccessible aux Vaisseaux, qui voudroient venir attaquer cette Ville. On a bâti un Fort à l'Isle d'Aix, & l'on y a même tracé une petite Ville. Vis-à-vis de cette Isle, il y a une Ance dans laquelle on a bâti en 1698. une Redoute bien revêtue, fraisée & palissadée, qu'on appelle l'AIGUILLE. A l'entrée de la Riviére du côté de l'Aunis, il y avoit une Tour fort ancienne nommée Fourax, dont le Roi remboursa le prix au Propriétaire & fit faire un Fort. On en a fait un autre un peu plus haut qui est de bois & de terre & que l'on appelle le FORT DE LA POINTE. Au Vergeron, à une lieue de Rochefort, il y a une Estacade qui traverse la Riviére & qui est défendue par un Fort dans lequel il y a quarante-quatre Pièces de Canon.

2. ROCHEFORT, Ville de France, dans la Beauce, Diocèse de Chartres, Election de Dourdan. Cette Ville est petite & peu considérable. Elle est située sur un Ruisseau qui passe à Arpajon, dans le Pays d'Iveline, auprès de St. Arnoult. Ses anciens Seigneurs prenoient le titre de Comte. Elle appartient encore aujourd'hui, sous le même titre, à la Maison de Guemené-Rohan. Il y a un assez beau Château.

3. ROCHEFORT, petite Ville de France dans le Forez, Election de Roanne. Elle est située auprès de la petite Riviére de Lignon, à quatre lieues ou environ de la Ville de Feurs.

4. ROCHEFORT, Ville & Comté de France dans l'Auvergne Diocèse & Election de Clermont.

5. ROCHEFORT EN ARDENNE, Ville des Pays-Bas, dans le Condros aux Confins du Duché de Bouillon & de l'Evêché de Liége, dont elle dépend pour le Spirituel. Elle est située à deux lieues de St. Hubert, à six de Dinant & à sept de Hug. Cette Ville a été appellée Rochefort, en Latin *Rupifortium*, à cause qu'elle est située de tous côtez entre des Rochers. C'est une ancienne Seigneurie[b] qui a eu il y a long-tems Seigneurs particuliers, Vassaux de l'Eglise de Liége. Elle fut possédée ensuite par les Comtes de Stol-

[b] Longuerue, Descr. de la France, Part. 2. p. 130.

berg en Allemagne. Anne de Stolberg héritiére de cette Seigneurie l'apporta à son mari Louis Comte de Louvestein qu'elle épousa en 1567. La Seigneurie de Rochefort fut érigée en Comté par l'Empereur Ferdinand II. Celui qui la possède aujourd'hui est Maximilien Charles de Louvestein créé depuis peu d'années Prince de l'Empire, & reconnu à la Diéte Impériale, où il a été Commissaire de l'Empereur. La Ville de Rochefort a dépendu de la France depuis l'an 1681. qu'elle lui fut cédée par les Espagnols, jusqu'en 1698. qu'elle retourna à ceux-ci avec la plus grande partie du Luxembourg, en vertu de la Paix de Ryswick. Il y a dans cette Ville un Couvent de Carmélites & un Château qu'on prétend avoir été bâti par les Romains. Ce Château a été tellement rétabli par Jean Ernest Comte de Louvestein, Evêque de Tournay, & Abbé de Stavelo, que ce Bâtiment peut passer pour magnifique.

On voit dans le voisinage de Rochefort l'Abbaye de St. Remi, fondée en 1266. par Gilles Comte de Clermont & de Rochefort, pour des Religieuses de l'Ordre du Cîteaux, auxquelles furent substitués vers l'an 1470. des Religieux du même Ordre, qui y vinrent de l'Abbaye du Jardinet près de Walcourt.

ROCHELLE (la), Place Maritime[c] du Royaume de France, Ville de grand Commerce, très-célèbre & Capitale du Pays d'Aunis. Elle a été nommée par les Anciens *Portus Santonum*, parce qu'elle étoit autrefois dépendante de la Province de Saintonge & le meilleur Port qu'il y eût dans ces Quartiers-là sur l'Océan. Depuis on l'a appellée *Rupella*, & *Rochella* pour *Roccula*, ou *Rocella*, noms qui signifient une petite *Roche* ou un petit *Roc*. Mais comme il n'y a point dans cet endroit de Rocher ni de Montagne, il faut nécessairement dire que ce nom lui a été donné soit à cause du fond pierreux sur lequel elle est bâtie, soit à cause qu'originairement elle n'étoit qu'un petit Château, avec quelques Maisons ou des gens de Mer demeuroient. Ce Château appartenoit en premier lieu aux Seigneurs de *Mauléon* en *Poitou*. *Guillaume* dernier Comte de *Poitiers* l'usurpa sur les Seigneurs de Mauléon ; il en fit une Ville, & lui donna des privilèges. La Reine Eléonor, fille & héritiére de *Guillaume*, récompensa le Seigneur de *Mauléon* en lui donnant la Terre de *Benon*, & le Roi d'*Angleterre* mari d'*Eléonor* donna de grands privilèges à cette Ville, dont il laissa le Gouvernement à ses habitans & à leur Commune, sous le nom de laquelle on comprend vingt-quatre Echevins & soixante-seize Pairs, qui au nombre de cent composoient avec le Maire, & le Gouverneur, l'ancien Conseil de la Ville. Ce Maire étoit élu tous les ans par le Conseil ; & entre autres privilèges, sa Charge annoblissoit sa famille, le faisoit Gouverneur de la Ville & Colonnel Général des Troupes. Les privilèges de la Ville furent confirmés par *Louis* VIII. fils de *Philippe-Auguste* lorsqu'il s'en fut rendu maître l'an 1224. La *Rochelle* fut cédée aux Anglois par le Traité de Bretigni l'an 1360. & douze ans après ayant été reprise par *Charles* V. les Rochelois obtinrent la confirmation & même l'augmentation de leur privilèges, dont ils abusérent dans la suite. Le Calvinis-

[c] Mém. Communiquez.

me s'y introduisit en 1557. & dix ans après le Maire appellé Poutard la livra au Prince de Condé. L'autorité Royale n'y fut plus reconnue, & on en changea le Gouvernement en une Démocratie presque semblable à celle de Genève. Henri Duc d'Anjou Frere de Charles IX. l'assiégea en 1574. Il auroit pu emporter malgré la résistance du brave La Noüe qui la défendoit, si les Ambassadeurs de Pologne qui vinrent lui offrir cette Couronne ne l'eussent obligé de lever le Siège. Les Protestants triompherent dans cette Ville & y tinrent la plûpart de leurs Synodes, jusqu'à ce qu'enfin par les conseils du Cardinal de *Richelieu*, le Roi *Louis* XIII. pour les brider, fit construire le Fort Louis dans un lieu assez près de la Ville, pour le dominer aussi-bien que l'entrée de son Port. Il fit ensuite assiéger la Ville qui fut défendue pendant treize mois par le Maire appellé Guitton, homme intrépide & de grande expérience. La postérité parlera avec admiration de la Digue ayant à qui on dut la réduction de cette Place. Elle avoit sept cens quarante-sept toises de longueur & fut commencée le 2. Décembre 1627. Clément Metzeau de Dreux depuis anobli en récompense, & devenu Architecte des Bâtimens du Roi, en fut l'inventeur. Jean Tiriau Maître Masson de Paris appellé depuis le Capitaine Tiriau en conduisit l'Ouvrage. Cette Digue ayant bouché l'entrée du Port, & empêchant la Ville bloquée d'ailleurs de recevoir aucuns secours par Mer, fit souffrir aux habitans une si horrible famine qu'on en voit peu dans l'Histoire qui en approche. Il fallut à la fin se rendre à la miséricorde du Roi qui les priva de tous leurs privileges & fit abattre leurs belles fortifications. Louis XIII. fit son entrée dans la Rochelle le jour de la Toussaints de l'an 1628. Il y rétablit ses Prêtres Catholiques qu'ils avoient bannis, & les Magistrats qu'ils avoient déposés.

Louis XIV. voulant mettre cette Ville hors d'insulte, y a fait faire de nouvelles fortifications, sous les ordres du Maréchal de Vauban. L'enceinte du côté de la terre est formée d'un Rampart qui contient plusieurs gros Bastions, un fossé, un chemin couvert & de demi-lunes dans les fossés au devant des Courtines. La Porte de St. Nicolas est couverte d'un Ouvrage à corne & d'une demi-lune au devant. Celle des deux Moulins est couverte d'un petit Fort irrégulier & la Dauphine & la Royale, ou St. Eloy, chacune d'une demi-lune. Tous ces Ouvrages, aussi-bien que l'enceinte du côté du Port, sont revêtus de pierre de taille : il n'y a que les environs de la Porte Neuve qui ne sont pas revêtus. L'enceinte n'y est que de gazon avec des Angles saillans & rentrans, fraisés & palissadés, qui sont fortifiés d'un double fossé. Le dessein que l'on a de faire une Citadelle au Fort Louis, qui n'est pas éloigné delà, a empêché que l'on ne fortifiât ce côté de la même manière que les autres. Le même Roi Louis XIV. a fait la Rochelle Chef d'une Généralité, & y a établi un Intendant distingué de celui de Rochefort, qui a la Marine. Il y a aussi créé un Bureau des Finances avec Chambre du Domaine.

Louis XIII. avoit formé le dessein d'établir dans cette Ville un Evêque, pour y conserver la Religion, mais cela n'a eu d'effet que sous le Regne de Louis XIV. qui obtint du Pape Innocent X. que l'on y transféreroit le Siège Episcopal de Maillezais ; ce qui fut exécuté en 1649. On a conservé l'ancien Territoire du Diocèse de Maillezais, pour en faire le Diocèse de la Rochelle, & on y a joint le Pays d'Aunis & l'Isle de Ré que l'on a démembrés de l'Evêché de Saintes. La Manse Capitulaire de l'Abbaye de Nicœil en Poitou, Diocèse de la Rochelle, vient d'être unie au Chapitre de cette Ville, qui a acquis par-là près de vingt-cinq mille livres de rente. On a éteint tous les titres de l'Abbaye, à la réserve de celui d'Abbé que l'on a conservé, sans augmenter le nombre des Chanoines. L'Abbé sera la seconde Dignité du Chapitre, à la nomination du Roi, & jouïra de trois mille livres de revenu.

Le Chapitre de l'Eglise Cathédrale est composé de huit Dignitez & vingt Chanoines. Les Dignitez sont le Doyenné, la Trésorerie, l'Aumônerie, le Grand Archidiaconé de Fontenay, la Chantrerie, la Soûchantrerie & l'Archidiaconé de Bressuire. Le Doyen est élu par le Chapitre ; mais toutes les autres Dignitez & les Prébendes sont à la Collation de l'Evêque.

La commodité du Port de cette Ville & la sûreté de sa Rade l'ont rendue fameuse dès son commencement, & y ont attiré une grande quantité de Vaisseaux étrangers qui y viennent. Voici ce qu'en dit un Auteur ancien[a] :

Declivi littore Ponti
Nobilis, & famâ toto celeberrima Mundo
Divitiisque potens priscis, & gente superba
Est Rupella.

[a] *Nicol. di Brais de Gest. Ludov. VIII.*

Le principal Commerce de cette Ville est celui des Isles de l'Amérique, Cayenne, St. Domingue, Senegal, Canada, Cadix, Portugal, & Isles Açores. Les Suédois, les Danois, les Anglois, & les Hollandois y envoyent tous les ans un grand nombre de Vaisseaux, pour charger des Vins, des Eaux de vie, du Sel, du papier, des toiles & des serges. On envoye dans les Colonies de l'Amérique tout ce qui est nécessaire pour la nourriture & l'habillement des habitans, & on en retire en échange, de celles qui sont au Sud, du Sucre, de l'Indigo, du Cacao, du Tabac, du Rocou, de la Casse, du Carret, des Cuirs, du Bois de Brésil, du Bois de Campêche, du Coton ; on reçoit encore de St. Domingue, de la Cochenille, du Quinquina, du Cacao, de la Vanille, des Perles, des Emeraudes & des Piastres. Mais comme toutes ces Marchandises proviennent des prises que font les Flibustiers sur les Espagnols, on ne doit pas absolument compter sur ce Commerce. Les Colonies qui sont situées du côté du Nord fournissent encore la Morue verte & séche, du Stocfich, du Saumon & des Anguilles salées, de l'Huile de poisson, toutes sortes de Pelleteries, des Mâts, &c. Le Commerce que l'on fait sur les Côtes d'Afrique fournit du Morfil, des Cuirs, de la Cire, des Gommes, & quelque peu de poudre d'or. On tire du Portugal de la Muscade, du Tabac de de Bresil, du Chocolat, de l'écorce de Citrons, des Oranges &c. En tems de guerre Lisbonne pourroit servir d'Entrepôt pour les Marchandises d'Espagne, d'Angleterre, & d'Hollande; mais les Droits d'entrée & de sortie y sont si excessifs, qu'ils absorbent presque tout le profit qu'on y peut faire.

Les principales Manufactures sont les Rafineries dans lesquelles ont rafine tout le Sucre qui vient des Isles. L'art & l'industrie des Habitans de ce Pays fournissent de l'Eau de vie sucrée de plusieurs espéces, qui est fort estimée. Le Sel Polychreste des Srs. Seignette est connû & recherché dans toute l'Europe. On y a établi depuis peu une Fayancerie dans l'Hôpital Général qui a fort bien réussi.

Le Port de cette Ville est de forme presque ronde & peut avoir quinze cens pas de circuit. Deux grosses Tours en forment l'entrée & la défendent; l'une est destinée à garder des Prisonniers d'Etat, l'autre est la Tour de la Chaîne : les Vaisseaux ne peuvent passer que par la permission du Capitaine de celle-ci, qui est faite en façon de petit Château. Elles sont assez éloignées l'une de l'autre, pour qu'un Vaisseau de trois cens Tonneaux puisse entrer & sortir facilement. Le Port est bordé tout à l'entour d'un grand Quai revêtu de pierres de taille, où la Mer a reflux de près de quatre toises; ce qui fait qu'il y entre de toutes sortes de Vaisseaux, à la réserve de ceux de haut bord, qui ne peuvent passer entre les Tours. Dans un des côtés de ce Port on travaille à la construction des Vaisseaux, ce côté se nomme la *petite rive*. De l'autre côté sont des Boutiques de Marchands aussi-bien que dans toutes les Rues voisines.

La plûpart des Rues de la Rochelle sont assez droites & larges; les maisons propres & belles, soutenuës d'Arcades & de Portiques sous lesquels on marche à l'abri de la pluye & du Soleil. Cette Ville a cinq Portes, savoir celle de St. Nicolas près le Boulevart, & la Tour du même nom qui sont à l'entrée du Port, où est aussi la Tour de la Chaîne avec son Boulevart qui finit à la Tour de la Lanterne. On va se promener sur le Boulevart, pour voir arriver les Vaisseaux qui viennent de pleine Mer. La seconde Porte est celle de St. Eloy à présent nommée la Porte Royale; elle est d'une Architecture très-bien entendue. L'on travaille à élever au-dessus un logement pour un Officier Major qui, selon le dessein, sera vaste commode & magnifique. La troisième est la Porte de Cogne ou de Paris, qui sera condamnée aussi-tôt que la Royale, à laquelle on travaille depuis plus de vingt-ans, sera achevée. La quatrième Porte est la Dauphine d'un goût exquis, d'une propreté & d'une magnificence peu communes. La Porte Neuve est la cinquième : elle n'égale pas les autres en magnificence, parce que, lorsqu'on exécutera le projet de la Citadelle, elle pourra changer de lieu. Il y en a encore une autre, mais elle ne sert presque que pour communiquer à un petit Fort irrégulier, & à une Redoute qui sont auprès. Il n'y a que deux Places publiques dans cette Ville. L'une se nomme la Place du Château, ou Place d'armes; l'autre la Place Hubert; celle-ci n'a rien de remarquable, mais la première est une des plus belles du Royaume, tant par sa grandeur que par sa régularité. Elle est ornée de deux rangs d'Arbres de trois côtés, qui font un très-bel effet; à l'extrémité du côté de la Campagne on a pratiqué des Bosquets très-agréables. Au milieu de l'entrée qui aboutit à la Rue Dauphine, on voit une Croix de bronze élevée sur une grande Fontaine, qui fournit avec abondance une eau aussi délicate que l'eau des meilleures Fontaines. Cette Croix a été élevée par ordre de Louïs XIII. pour conserver la mémoire de la fameuse réduction de cette Ville & pour faire triompher la Croix de Jesus-Christ où l'Hérésie avoit régné. Le Corps de la Fontaine est d'une figure octogone, chaque face étoit chargée de grandes plaques de bronze qui représentoient quelqu'une des plus belles actions du Siège, avec des Inscriptions qui faisoient mention de la rebellion, de la réduction, & de la Capitulation. Ces Inscriptions furent ôtées de nuit en 1718. Le Comte de Chamilli, pour lors Commendant de la Province, fit beaucoup de bruit, traita cette action d'attentat contre l'Autorité souveraine, & ménaça les Religionnaires de la disgrace de la Cour; mais l'inaction dans laquelle il demeura dans la suite & quelques bruits sourds qui se répandirent, firent juger que si le Commandant n'avoit pas ôté lui même ces Inscriptions, il ne savoit du moins ce qu'elles étoient devenuës. L'estime & la curiosité qu'il avoit fait paroître pour ces Monumens, contribuä encore à fomenter ce soupçon.

Après la prise de cette Ville, Louïs XIII. accorda à M. de St. Simon, qui étoit pour lors dans le fort de sa faveur, tous les emplacemens des fortifications, dont il a fait des Baux à divers particuliers qui y ont fait bâtir des maisons, à la charge de lui payer à chaque mutation les Lots & Ventes établis par la Coûtume. Il en a formé une Seigneurie appellée le Fief St. Louïs, dont le Juge a une commission particulière du Roi.

Le Roi a établi à la Rochelle un Collège, où les Jésuites enseignent les basses Classes & la Philosophie. Il y a aussi un autre Collège où espéce d'Agrégation de Médecine, & une Ecole pour l'Anatomie & la Botanique, pour l'instruction des jeunes Chirurgiens & Apôticaires. Le Séminaire qui a été aussi établi par le Roi, jouït de trois mille livres de rente qui sont levées sur tous les Bénéfices du Diocése. Mr. de la Fresilière, Evêque de la Rochelle en donna la direction aux Jésuites en 1694. & ces Peres y enseignent la Théologie.

Le Présidial de la Rochelle s'étend sur le Pays d'Aunis & l'Isle de Ré, & le Siège Royal de Rochefort en relève en tous cas. Le Siège Royal de Brouage est bien dans le Gouvernement de la Rochelle, mais il relève de la Senéchaussée de Saintes. Le Senéchal de la Rochelle ou du Pays d'Aunis est d'épée. La Justice se rend en son nom; & il a quatre cens cinquante livres de gages, payez sur les deniers d'Octroi de la Ville.

Le Bureau des Finances de la Rochelle fut établi par Edit du Mois d'Avril de l'an 1694. par distraction de cinq Elections qui ont été tirées des Généralitez de Poitiers de Limoges & de Bourdeaux. Ces Elections sont celles de

La Rochelle, Saintes, De St. Jean d'Angely, Marennes, Coignac.

ROCHELOIS (LE), Poste de l'Amérique Septentrionale, dans l'Isle de Saint Domingue, situé dans le Quartier du Sud, au bord de l'entrée du Cul-de-Sac, vis-à-vis l'Isle de Guanabe ; c'est une Paroisse que les Capucins desservoient autrefois, & que les Jacobins desservent aujourd'hui.

ROCHEPO (LA), Lieu de France, dans la Bourgogne. C'est une Paroisse située dans un Vallon entre deux Montagnes. Il y a un Ruisseau qui tarit pendant l'Eté. Il y a un Vignoble d'environ trois cens ouvrées de vignes. La Riviére de la Gartempe s'y décharge dans celle de la Creuse. Il y a une Fontaine d'Eau minérale, limpide, & sans saveur. La Cure est à la Collation de l'Archevêque de Tours.

ROCHER, ROCHE, ou **ROC** : ces trois noms ont la même signification & signifient une Masse d'une pierre très-dure qui a sa racine en terre, ou des grosses Masses de pierre qui se trouvent ordinairement au sommet des Montagnes & qui sont coupées en précipice. Ce que nous appellons un Rocher, une Roche, ou un Roc, est nommé par les Latins *Rupes* ; par les Italiens *Rocca*, *Rupe* ou *Pietra* ; par les Espagnols *Roca*, ou *Peña* ; en Allemand *Fels*, & en Anglois *Rock*. On a bâti quelquefois des Tours ou des Forts sur ces sortes de Rochers, & plusieurs Villes mêmes en ont pris leurs noms, comme *Rochefort*, *la Rochelle* & autres. Elles sont appellées ROQUES dans le Languedoc aussi-bien que dans les autres Pays voisins.

La Palestine étant un Pays de Montagnes, avoit aussi beaucoup de Rochers, & ces Rochers faisoient une partie de la force du Pays, puisqu'on s'y retiroit dans les allarmes, & qu'on y trouvoit un asyle contre les irruptions subites des ennemis. Les Benjamites ayant été vaincus, & presqu'entiérement détruits par les Israëlites dans les Tribus, se sauvérent dans le Rocher de Remmon [a]. Samson se tenoit dans le Rocher d'Etham [b]. David étant persécuté par Saül, se retira souvent dans des Cavernes creusées dans le Roc : par exemple, à Maon [c], à Odollam, à Engaddi [d], où il y avoit une Caverne extrêmement vaste, dans laquelle David étoit caché avec ses gens, & où Saül entra & demeura quelque tems, sans pouvoir les découvrir. Josué enferma les cinq Rois Chananéens qu'il avoit battus, dans la Caverne de Macéda [e]. Pendant l'oppression que les Madianites firent souffrir aux Enfans d'Israël, ceux-ci furent contraints de se cacher dans des Cavernes creusées dans les Rochers [f]. Saint Jérôme [g] dit que la partie Méridionale de Juda est remplie de Creux sous terre, & de Cavernes dans les Montagnes, où les Peuples se retirent. Les Cinéens demeuroient dans des Creux de Rochers [h]. Encore aujourd'hui les Villages de ce Pays-là sont sous terre ou dans les Rochers [i]. Joseph parle en plusieurs endroits des Rochers creusés, où les Voleurs se retiroient ; & les Voyageurs en remarquent encore un grand nombre dans la Palestine, & dans les Provinces voisines....

[a] Judic. XX. 47.
[b] Judic. XV. 8.
[c] I. Reg. XXIII. 25. 28. & I. Reg. XXII. 1.
[d] I. Reg. XXIV. 2. 4. 5.
[e] Josué X. 16. 17. &c.
[f] Judic. VI. 2.
[g] Hieronym. Bellon. L. 2. Observat. C. 61.
[h] Num. XXIV. 21.
[i] Bellon. L. 2. Observat. C. 61.

Comme les Rochers étoient des lieux où les Peuples se retiroient dans les cas d'attaques ou d'irruptions imprévues des ennemis, c'est de là que sont venues ces façons de parler [k], le Seigneur est mon Rocher, j'espérerai en lui. Où est le Rocher autre que le Seigneur [l] ? Soyez mon Rocher & ma force [m] ; Israël a méprisé le Rocher de mon Salut [n] : le Rocher des autres Nations, n'est pas comme notre Rocher [o], & ainsi du reste ; car cette expression est très-commune dans le texte Hébreu.

Les Hébreux donnent aussi en général le nom de Rocher aux lieux de retraite & d'asûrance où ils se retirent. Seigneur vous me conduirez à un Rocher, où je serai en sûreté : soyez mon Rocher & mon refuge [p]. Tenez-moi lieu de Fort, & de défense contre mes ennemis. . . . . Moyse [q] dit que le Seigneur a établi son Peuple dans un Pays élevé, afin qu'il suçât, le miel de la pierre, & l'huile du Rocher ; c'est-à-dire qu'il l'a tiré de l'Egypte, qui est un Pays plat & sujet aux inondations, & qu'il l'a établi dans la Palestine, qui est un Pays de Montagnes très-fertile, dont les hauteurs sont chargées de Vignes & d'Oliviers, & dont les Rochers mêmes sont remplis de mouches à miel, qui font une partie du bonheur du Pays. Il dit en un autre endroit [r], que les pierres de la Palestine sont du fer, & que les Montagnes sont pleines d'airain : c'est-à-dire qu'il y a quantité de bonnes Mines de fer, & d'airain. Le Rocher se met aussi pour une carriére, & dans un sens figuré pour le Patriarche d'une Nation, & le premier pere, qui est comme la carriére d'où les hommes de cette Nation sont sortis. Par exemple : Jettez les yeux sur le Rocher dont vous avez été tirés, & sur la Caverne d'où vous avez été taillés [s] : Considérez Abraham votre pere, & Sara qui vous a engendrés. Et Moyse parlant aux Juifs leur dit : vous avez oublié [t] le Rocher qui vous a engendrés ; la carriére d'où vous avez été tirez.

Il est parlé de plusieurs ROCHERS dans l'Ecriture. Par exemple : les ROCHERS d'Arnon [u] : apparemment ceux qui bordent ce Fleuve ou ce Torrent, principalement à l'endroit où les Israélites le passérent. On disoit, selon d'anciens Proverbes, que le Seigneur avoit abaissé & comme applani les Rochers d'Arnon au passage de son Peuple : *scopuli torrentium inclinati sunt*. Les Rochers Bosès & Séné : I. Reg. XIV. 4. ils étoient entre Machmas & & Gabaad.

Le ROCHER DE DIVISION étoit dans le Desert de Maon. On lui donna ce nom depuis que Saül fut obligé de se désister de la poursuite de David, pour secourir son Pays contre les Philistins qui y avoient fait une irruption [x].

Le ROCHER D'OREB ou d'HOREB. Il y en a trois de ce nom bien marquez dans l'Ecriture. Le premier est celui d'où Moyse fit sortir de l'eau pour desaltérer le Peuple qui étoit campé à Raphidim [y]. Le second est celui, qui étoit au haut du Mont Oreb dans lequel Dieu manifesta une partie de sa gloire à Moyse [z], & ensuite à Elie [a]. Le troisième est celui où Oreb Prince des Madianites fut mis à mort [b]. Ce dernier s'écrit avec un O simple, Oreb. Les autres s'écrivent avec une H. Horeb. Voyez HOREB.

[k] Psalm. XVIII. 3.
[l] Psalm. XVIII. 32.
[m] Psalm. XXXI. 3.
[n] Deut. XXXII. 15.
[o] Deut. XXXII. 31.
[p] Psalm. LXI. 3. Psalm. LXXI. 3. & XCIV. 21.
[r] Deut. XXXII. 13.
[s] Isai. LI. 1.
[t] Deut. XXXII. 18.
[u] Num. XXI. 14. 15.
[x] I. Reg. XXIII. 28.
[y] Exod. XVII. 6. Exod. XXXIII. 21. 22. 23. XXXIV. 6. 7.
[z] 3. Reg. XIX. 10. 11. 12. &
[b] Judic. VII. 25. Isai. X. 26.

Le

ROC.   ROC.   143

Le ROCHER D'ODOLLAM, étoit au voisinage de la Ville de ce nom dans la Tribu de Juda.

[a Judic. XV. 8. 11. 13.] Le ROCHER D'ETHAM[a] ou D'ETAM, apparemment près de la Ville de même nom, marquée dans le Grec : Josué XV. 60. I. Par. IV. 32. & II. Par. XI. 6. elle étoit dans la Tribu de Juda, au Midi de Jérusalem. Voyez ETHAM.

Le ROCHER DE JECHTE'EL est, selon plusieurs Interprètes, le même que PETRA Capitale de l'Arabie Pétrée.

Le ROCHER, ou la PIERRE DE ZOELETH, ou ZOHELET III. Reg. I. 9.

On peut voir les autres Rochers, s'il y en a encore quelques-uns de considérables, dans leurs Articles, où dans celui des Villes au voisinage desquelles ils étoient.

Il y a des ROCHERS qui se trouvent dans la Mer & contre lesquels les Vaisseaux sont sujets à se briser quand ils en approchent : on les nomme BRISANS. Il y en a qui sont toujours couverts de la Mer & cachez sous l'eau ; d'autres qui ne sont jamais couverts de la Mer, & d'autres que la basse Mer découvre. On dit qu'une ROCHE est saine, lorsqu'il n'y a point de danger autour d'elle & que tout ce qu'il y a de dangereux est ce qui paroît. La chaîne des Rochers qui sont sous l'eau s'appelle RESSIF par les Amériquains, & on appelle Banche un fond de Roches tendres & unies, qui se trouvent en certains lieux au fond de la Mer. Il y a de certains Rochers qui se trouvent vers les Isles des Açores & ailleurs : ils sont cachez sous l'eau & on les nomme VIGIES. Les Rochers sont représentez dans les Cartes Générales par de petites croix ; mais dans les Cartes Particulières, les Rochers découverts y sont figurez par des pointes de Roches & ceux qui sont cachez sous l'eau sont représentez par de petites croix.

ROCHER (Riviere du), Riviere de l'Amérique Septentrionale, dans la Louïsiane. Elle prend sa source dans des Prairies au Midi des Tintons & se jette dans le Missouri après un cours d'environ quarante lieues. Il y a des Aiaouez & des Maha qui habitent ses bords, vers sa chûte dans le Missouri.

[b Etat présent de la Gr. B. t. I. p. 77.] ROCHESTER, ROFFA[b], Ville d'Angleterre dans la Province de Kent, sur le Medway, est à 27. milles de Londres. C'est une Ville fort ancienne, & un Siège Episcopal, mais dont le revenu est fort modique. C'est pourquoi on y annexe toujours le Doyenné de Westminster. Il y a un des plus beaux Ponts d'Angleterre, qui fut bâti par le Chevalier Robert Knolls, sous le Regne d'Henri IV. Guillaume le Conquérant fit bâtir un Château dans cette Ville, lequel est tombé en ruïne. Rochester a titre de Comté.

ROCHETTE-LIREIX (LA); Lieu de France, dans la Marche, Diocèse de Limoges, Election de Gueret, a 450. habitans. C'est une Paroisse située en Pays montueux, les terres en sont pierreuses & légères, mais bonnes à seigle, bled noir, avoine, orge, & raves : les Pacages y sont assez bons, les foins suffisans pour la nourriture des Bestiaux qu'on y éleve, & dont on fait Commerce. Les habitans sont assez commodes. M. de Saint Julien en est Seigneur.

ROCHLIZ,[c] Ville d'Allemagne dans la Saxe & dans le Cercle de Lipsick, proche de la Riviére de Muldaw ; elle a un Château, des Mines de Cuivre, & sur la Riviére un Pont de 7. Arcades & de 259. pas de longueur. Cette Ville est très-ancienne, ayant été brûlée du tems de l'Empereur Henry second, elle avoit autrefois des Comtes, qui en portoient le nom, & un entre autres, dont Witickind le Cadet Duc de Saxe, épousa la fille nommée Julande, & laissa à ses descendans les Villes de Rochliz, de Landsberg, & de Brene, auxquelles un de cette Branche appellé Conrad, ajouta la Misnie, & la Lusace. Cette Ville a dans ses Armes un Eléphant. Jean Fréderic Electeur de Saxe la prit l'an 1547. & y fit Prisonnier Albert Margrave de Brandebourg, qui étoit du parti de Maurice Duc de Saxe ; mais bien-tôt après ce Duc Maurice la reprit à l'Electeur, & elle est toujours restée depuis à sa Postérité. Dans les fentes de la Montagne, qui est proche de Rochliz, & qui porte le même nom, on trouve une grande quantité de pierres de sable rougâtres, que l'on compare au Bol d'Arménie. [c Zeiler, Topogr. Sax.]

ROCHMANOU, Ville de la Petite Pologne [d], au Palatinat de Volhinie. [d Andr. Cellar.]

ROCIACUM, nom Latin de la Ville de Roucy. Voyez ROUCY. [Descr. Pol. p. 403.]

ROCKENBOURG, Abbaye d'Allemagne, dans la Suabe, au Comté de Weissenhorn[e]. Elle est de l'Ordre de Prémontré, & elle fut fondée en 1226. par les Comtes Berthold, Sifroy, & Conrad de Bibreck. Ce ne fut d'abord qu'une Prévôté ; mais en 1440. le Pape Felix IV. permit à Jean Devring de prendre le titre d'Abbé. [e Huïner. Geogr. D'Audifred, Géogr. anc. & mod. t. 3.]

ROCKENHAUSEN, petite Ville d'Allemagne[f], dans le Bas-Palatinat. Elle est située entre les Châteaux de Reipolz-Kirch & de Falckenstein. [f Zeyler, Topogr. Palat. Infer.]

ROCKIZAU,[g] Ville Royale de Bohême, à 3. milles de Pilsen. Cette Ville fut prise en 1421. par Ziscka, qui la fit brûler & piller par les Soldats, contre la parole qu'il avoit donnée aux habitans, quand ils se rendirent. En 1620. les Bohêmes formerent leur Camp proche de cette Ville, contre les Impériaux, & les Bavarois. Banner Général Suédois contraignit les Citoyens de Rockizau, à lui payer une grosse contribution en 1636. [g Top. Bohem. p. 71.]

ROCLA-DI-MONTRONE,[h] Forteresse d'Italie dans la Toscane. Elle fut enlevée aux Florentins par Charles Roi de Sicile, & rendue par le même aux Lucquois l'an 1275. Les Florentins la reprirent bien-tôt après. [h Leandr. Albert. Ital. p. 26.]

ROCNABAD, Nom d'un Ruisseau qui coule auprès de la Ville de Schiraz, dont l'eau est extrêmement claire & pure, & qui a ses bords tapissez d'une verdure très-agréable. On a bâti en ce lieu un Oratoire, que les Sofis & autres gens de pieté, addonnez à la contemplation fréquentent ordinairement. Le Poëte Hafedh fait mention de ce Lieu dans sa Poësie Exstatique, dans ce Distique : Bedih Saki meï Baki Kih der ginnet Mekhouahi iaft. Kenar abi Roknabad v gulgheshst Mossalahra: Donnez-moi, ô celeste Echanson, à boire le Vin de cet amour divin, le plus pur qui se boive à la table des Elus, sur les bords du Roknabad, & dans le Jardin de cet Oratoire sacré.

sacré. Il est bon de remarquer ici, que l'on trouve peu chez les Musulmans de ces Oratoires, qui ne soient accompagnez de Jardins & de Promenades agréables, où les gens de piété, & sur-tout ceux qui se sont consacrez particuliérement à Dieu, vont faire ordinairement leurs Méditations.

ROCROY, *Rupes-Regia*, Ville de France, dans la Champagne, la derniére Ville de cette Province du côté des Pays-Bas. C'est pour couvrir la Champagne de ce côté là que François I. fit construire en un lieu desert, dans le milieu de la Forêt de Tiérache partie de celle d'Ardennes, cette Forteresse [a]. Elle est située dans une Plaine environnée de Forêts de toutes sparts & que l'on ne sauroit aborder que par des défilés. Elle est dans la Contrée des Ardennes la plus proche du Hainaut, & éloignée de la Meuse d'environ deux lieues & demie; elle avoit autrefois des Seigneurs particuliers. Son Territoire est tout-à-fait stérile. Ce fut dans la Plaine de Rocroy que Louïs de Bourbon, alors Duc d'Enguien, & depuis Prince de Condé, fameux par ses Victoires, gagna une célébre bataille contre les Espagnols le 19. de Mai de l'an 1643. six jours après la mort du Roi Louïs XIII. que l'on a depuis nommée, la Bataille de Rocroy. Dom. Francesco de Melo Gouverneur des Pays-Bas, voulant profiter de la consternation où la mort du Roi avoit jetté toute la France, alla mettre le Siège devant Rocroy; le Duc d'Enguien qui en voyoit l'importance, crut qu'il devoit tout hazarder pour le faire lever, & ayant pris toutes les précautions, comme auroit pu faire un vieux Capitaine, il attaqua l'Armée Ennemie avec tant de conduite & de valeur qu'il la défit entiérement; toute la vieille Infanterie Espagnole fut taillée en piéces, l'Artillerie, le Bagage, & plus de soixante Drapeaux furent pris. Il y resta plus de sept mille des Ennemis sur la place, on fit presque autant de prisonniers, & le Général ne se sauva qu'avec peine. Le Comte de Fuente, un des Généraux Espagnols, y fut tué en donnant ses ordres pour le combat. Le fruit de cette Victoire fut, outre la levée du Siège de Rocroy, la prise des Villes de Maubeuge, de Barlemont, d'Aimeric & de Binch que Monsieur le Duc enleva. Thionville se rendit le 10. d'Août en 1643. après un Siège de vingt-deux jours. La Ville de Rocroy est fortifiée par cinq Bastions, deux Contre-gardes, & cinq demi-lunes. Ces Bastions sont le Royal, ou de la Citadelle, le Dauphin, Montmorency & le petit Fort: les Contre-gardes sont de la Citadelle & Montmorency; les demi-lunes sont de la petite-courtine, de Rotillon, de la Porte de France, de la Glaciére, & de la Porte de Bourgogne. On a proposé de beaux & grands desseins pour fortifier Rocroy; savoir de faire de grands retranchemens dans les Bastions avec des grands souterrains, des retranchemens dans châque demi-lune, & des tenailles devant toutes les courtines: deux contre-gardes devant les Bastions, un ouvrage à corne devant la contre-garde & deux Redoutes à droite & à gauche devant la demi-lune de Bourgogne. Il y a à Rocroy un Gouverneur, un Lieutenant de Roi & un Major.

1. RODA. Voyez NOVEM-PAGI.

2. RODA. Voyez BACULA.

[a] Baugier, Mém. de Champagne, t. 1. p. 313. & t. 2. p. 258.

3. RODA, Ville d'Allemagne, avec Château & Seigneurie, en Osterland [b]. Elle est située sur une Riviére de même nom & appartient au Duc de Saxe-Altenburg.

[b] Zeyler, Topogr. Sax. p. 159.

RODÆ. Voyez RUDIÆ.

RODANTUM, Contrée voisine de la Cappadoce, selon Ortelius [c] qui cite Cédrène & Curopalate. Il ajoute que Constantin Porphyrogénète nomme cette Ville RODENION.

[c] Thesaur.

RODAS, Forteresse des Indes dans le Royaume de Bengale [d]. C'est une des plus fortes Places de l'Asie, assise sur une Montagne, ayant six grands Bastions, & vingt-sept Piéces de Canon, avec trois fossez pleins d'eau où il y a de bon poisson. Il n'y a qu'un seul endroit pour venir au-dessus de la Montagne, où il y a une Plaine de demie-lieue ou environ, dans laquelle on seme du bled & du ris. Il y a plus de vingt sources qui arrosent la terre; & tout autour de la Montagne, depuis le bas jusqu'au haut, ce ne sont que précipices, la plûpart couverts de bois. Les Rajas se tenoient d'ordinaire en cette Forteresse avec sept à huit cens hommes; mais elle est à présent au Grand-Mogol, qui l'a eue par l'adresse du grand Capitaine Mirgimola. Le dernier Raja laissa trois fils qui se trahirent l'un, l'autre. Tous les Rois des Indes successeurs de Tamerlan ont assiégé cette Place sans la pouvoir prendre, & même deux de ces Rois y sont morts dans la Ville de Saferon.

[d] Tavernier, Voyag. des Ind. Liv. 1. Chap. 17. p. 359.

RODAUN, REDANE, ou RODAUNE, Riviére de Pologne [e]. Elle a sa source dans les Montagnes du Palatinat de Poméranie, au-dessus de l'Abbaye d'Uchau. Sa course n'est pas longue; mais elle est rapide. Elle se jette dans la Wistule à Dantzic, après qu'une de ses branches s'est jettée dans la Motlaw, au-dessus de la Ville. C'est avec l'eau de cette Riviére que se fait cette fameuse Biére appellée Joppenbier. Cependant cette eau reçoit toutes les ordures du Quartier des Corroyeurs & même la décharge de quantité de Latrines; ensorte qu'on dit en proverbe à Dantzic, que ceux qui ont demeuré sept ans dans cette Ville ont vêcu de M.... pendant une année.

[e] Andr. Cellar. Descr. Polon. P. 470.

RODBY, Bourg du Royaume de Dannemarc [f], dans l'Isle de Laland, au Bailliage de Fuesse Herret. Il est situé dans la partie Méridionale de l'Isle, sur le bord Oriental d'un petit Golphe qui entre dans les terres [g]. Ce Bourg par sa situation à l'avantage de la Navigation & de la Pesche: outre cela le terrein des environs a de bons pâturages & des champs qui produisent beaucoup de grains. Le principal Commerce consiste en orge & en noix. Dans les Cartes Marines ce Bourg est appellé ROOBUY au lieu de RODBY.

[f] De l'Isle, Atlas.
[g] Hermannid. Descr. Daniæ, p. 682.

1. RODE, RHODE, ou RODIA, Ville d'Italie, au Royaume de Naples [h], sur la Côte de la Capitanate. C'est la Ville *Hyrium*, ou *Vreium* des Anciens. Quelques-uns veulent qu'on l'appelle aujourd'hui RORE & non *Rode*; parce que la rosée qui tombe dans ces Quartiers est fort tempérée & donne une grande fertilité à la terre qui produit des fruits d'un goût exquis. Voyez HYRIUM.

[h] Leand. Ital. Hy-Albert. p. 249.

Le GOLPHE DE RODE [i], qui fait une partie du Golphe de Venise est sur la Côte de la Pouille. C'est de ce Golphe que partit le

[i] Ibid.

le Pape Alexandre III. avec treize Galéres, pour aller à Venise se raccommoder avec l'Empereur Frédéric Barberousse.

2. RODE-LE-DUC, ou ROLDUC. Voyez ROLDUC.

3. RODE-MACHEREN, ou RODE-MARCK; Ville des Pays-Bas [a], au Duché de Luxembourg. Bertelius la nomme RODENBACH. Elle est située entre Luxembourg & Dietenhoven. Elle a un Château très-fort qui fut pris & pillé en 1639. par les François sous les ordres du Duc de Guise. Cette Ville appartenoit autrefois à la Famille de Rodenbach; mais Elisabeth Duchesse de Luxembourg née Margravine de Moravie & de Gorliz la confisqua en 1417. parce que le Sr. de Rodenbach qui en étoit possesseur s'étoit soulevé contre elle. L'Empereur Maximilien I. donna la Ville de Rodemacheren ou Rodenbach avec ses Dépendances en Fief, à Christophle Margrave de Baade & à ses Descendans.

[a] Zeyler, Topog. Ducat. Luxemb. p. 242.

RODEN, Gros Bourg des Pays-Bas [b], dans le Brabant. Il est situé sur une petite Rivière nommée Dommel, pas loin d'Orschot. Sainte Oda, Vierge, Originaire d'Aquitaine fit beaucoup de miracles dans ce Bourg & y fut enterrée.

[b] Zeyler, Topog. Ducat. Limburg. p. 73.

RODERN, Village d'Allemagne, dans l'Alsace, avec Château. Il est dans la Seigneurie de Fleckenstein.

RODES, Ville de France, dans le Rouergue; en Latin *Segodunum*, *Ruteni*, & *Urbs-Rutena*. Ptolomée connoit le nom de *Segodunum*, qui est aussi marqué dans la Carte de Peutinger; & par-là on voit que ce nom étoit encore en usage dans le commencement du cinquième Siècle; mais Grégoire de Tours, & ceux qui l'ont suivi, ne se servent que du mot *Ruteni* qui est le nom du Peuple. Aujourd'hui Rodès est la Capitale du Rouergue. Voyez ROUERGUE. [c] Cette Ville située à seize lieues de Cahors sur une Colline entourée de Montagnes, & entre la Rivière d'Aveyrou & un Ruisseau qui s'y jette, est partagée en CITÉ, dont l'Evêque est Seigneur & en BOURG qui appartenoit aux Comtes. L'Evêché de Rodès étoit établi dès l'an 450. & a été suffragant de l'Archevêché de Bourges jusqu'à l'Erection de celui d'Alby, sous lequel il est à présent. Son Diocèse renferme 450. Paroisses ou environ. Il vaut 36000. Livres de revenu à l'Evêque, qui est Seigneur de la Ville, & prend la qualité de Comte de Rodès. Le Chapitre de la Cathédrale est composé d'un grand Archidiacre, de ceux d'Amilian, de Mages, de Conques, d'un Ouvrier, d'un Sacristain, d'un Chantre, & de dix-huit Chanoines, qui ont chacun mille Livres de revenu. La Cathédrale est assez belle, & son Clocher renommé pour sa hauteur. Il est bâti de belles pierres de taille, & sa figure est octogone. On conserve dans le Trésor un des Souliers de la Vierge, & la Couronne des Comtes de Rodès. Les Jésuites ont dans cette Ville un très-beau Collège, & les Cordeliers, les Dominicains, les Capucins, & les Chartreux d'assez beaux Couvens. Les Filles de la Congrégation de Notre-Dame, les Ursulines, & l'Abbaye du Monastier sont les autres Maisons Religieuses de Rodès, qui s'est toujours maintenue dans la Religion Catholique, & dans la fidelité que l'on doit au Roi : *Fidelis Deo & Regi*. On compte dans cette Ville environ 60000 ames.

[c] Piganiol, Descr. de la France, t. 4. p. 493.

[d] Dans l'Election de Rodès on nourrit quantité de mules & de mulets, & ce Commerce est considérable. On prétend qu'à la seule Foire de la my-carême la vente des mules & des mulets va quelquefois jusqu'à deux cens mille écus : à la Foire de St. Béat, qui se tient le jour de la Saint Martin, l'on en vend aussi pour environ cent mille écus. Ce sont principalement les Espagnols, qui font valoir ce Commerce. On fait aussi dans cette Election un grand Commerce de toiles grises, de Serges, de Cadis, de Tiretaines, qu'on débite en Languedoc, & qui passent même jusqu'en Italie.

[d] Ibid. p. 129.

RODESTO. Voyez RODOSTO.

RODIA. Voyez RODE.

RODIA-DUCIS, Nom Latin de la Ville de Rolduc. Voyez ROLDUC.

RODIGERSHAGEN, Château d'Allemagne, dans la Thuringe, avec un Village [e]. L'un & l'autre sont situez au pied d'une Montagne nommée DUNB. Le Château fut bâti en 524. par les Seigneurs de Hagen, originaires de Saxe, & dont le nom est Hayn en Thuringe. Cette Famille ayant eu quelque dispute avec les Habitans de Mulhause fut obligée d'abandonner ce Château en 1315. & d'aller s'établir ailleurs. Mais en 1590. Christophle de Hagen ou Hayn rétablit ce Château qui subsiste encore aujourd'hui, quoiqu'il ait été fort maltraité dans les Guerres du dernier Siècle.

[e] Zeyler, Topogr. Thuring. p. 177.

RODINUS. Voyez RUDIA.

RODIUM, Lieu de la Gaule Belgique, selon la Table de Peutinger [f], qui le marque entre *Setucis* & *Lura*, à neuf milles du premier de ces Lieux & à seize milles du second.

[f] Segment. 1.

RODNA, ou RADNA; Bourgade de la Transylvanie [g], au Comté de Bistriz, aux Frontières de la Hongrie, environ à quatre Lieues de la Ville de Bistriz vers le Nord. Mr. Corneille [h] écrit *Rodua*, au lieu de *Rodna* : c'est apparemment une faute de son Copiste.

[g] De l'Isle, Atlas.
[h] Dict.

RODOPA. Voyez THRACIA.

RODOSTO, RODESTO, ou RODOSTA; Ville des Etats du Turc dans la Romanie sur la Côte de la Mer de Marmora, entre Heraclée & Cora. Wehler dit que cette Ville est aussi grande que Gallipoli, mais plus peuplée. Elle est située sur le penchant d'un Côteau, au fond d'une Baye ou petit Golphe de même nom, & elle fait un agréable aspect du côté de la Mer. Il y a dix ou douze Mosquées avec leurs Minarets. Les Grecs y ont quelques Eglises, & les Juifs deux Synagogues [k]. Son Port lui procure l'avantage d'un Commerce assez considérable. Du côté de la Terre elle a plusieurs Jardins, qui rapportent d'assez bons Fruits, mais qui ne sont guère bien cultivez. On sème dans ces Jardins quantité de Cotton, de Concombres, de Melons ordinaires, de Melons d'eau & d'autres Fruits rafraichissans; mais ils n'ont pas la même bonté que ceux de Nicomédie.

[i] De l'Isle, Atlas.
[k] Grelot, Voy. de Constantinople.

RODRINA, Lieu de la seconde Belgique entre Rheims & Amiens, selon un MS. de la Notice de l'Empire [l], où on lit ces mots : *Præfectus Sarmatarum gentilium inter Remos & Ambianos Rodrina*. Ce dernier mot ne se trouve

[l] Sect. 65.

trouve point dans les Exemplaires imprimez. On croit que RODRINA est le nom Latin de la Ville de Roye en Picardie.

RODT, Bourg d'Allemagne dans l'Evêché de Spire. Il mourut, dit Zyler, dans ce Bourg, en 1542. une fille agée de 14. ans, qui n'avoit presque point pris de nouriture dans toute sa vie.

RODUA. Voyez RODNA.

ROE', Bourg de France dans l'Anjou, Election de Château-Gontier. Il y a dans ce Bourg une Abbaye de l'Ordre de Saint Augustin; elle doit ses commencemens à Robert d'Arbrissel, & à ses Compagnons Vital de Morrain & Raoul de la Futtaye [a], qui établirent quelques Chanoines Reguliers de St. Augustin à la Roé dans la Forêt de Craon. Renaud de Craon donna à ces Chanoines un Bois dans le voisinage de Craon, pour y bâtir une Eglise sous l'Invocation de la Vierge, d'où cette Eglise qui est aujourd'hui l'Abbaye de la Roé a été appellée l'Eglise de Sainte Marie du Bois. M. Menage dit que le Titre de cette Donation est de l'an 1096. La Communauté est ordinairement de huit Chanoines, dont le Prieur fait les fonctions de Curé de Paroisse. Le revenu est de six mille Livres par an.

[a] Piganiol, Descr. de la France, t. 7. p. 90.

ROEM. Voyez ROM.

ROEMNUS. Voyez RHYMNUS.

1. ROER, prononcez ROURE; Rivière d'Allemagne, en deçà du Rhin. Elle prend sa source aux Confins du Luxembourg dans les Etats des Comtes de Manderscheid. Après avoir traversé le Duché de Juliers, & mouillé les Villes de Gemund, Duren & Juliers, elle va se jetter dans la Meuse à Ruremonde.

2. ROER, prononcez ROURE; Rivière d'Allemagne, dans le Cercle de Westphalie. Elle a sa source aux Confins du Comté de Waldeck, près de Grunebick. Elle traverse le Duché de Westphalie où elle baigne Arensberg, elle parcourt ensuite le Comté de la Marck, & enfin elle va se perdre dans le Rhin à Duisbourg.

ROERMONT. Voyez RUREMONDE.

ROESBRUGHE, Bourgade des Pays-Bas, au Comté de Flandres, dans la Châtellenie de Furnes en Latin *Pons-Rovardus*. Cette Bourgade est située sur l'Isser ou Iseren au Midi de Furnes.

ROETACES, Fleuve d'Asie. Il couloit au voisinage de l'Arménie & c'étoit, selon Strabon [b] un des Fleuves navigables qui se jettoient dans le Cyrus.

[b] L. 11. p. 500.

ROETI. Voyez RHAETI.

ROETINGEN, ou RÖTINGEN, [c] Ville d'Allemagne, en Franconie, dans l'Evêché de Wurtzbourg, sur le Tauber, entre Rotenbourg & Mergentheim.

[c] Zeyler, Carte de la Franconie.

ROETIUS, Montagne de l'Isle de Corse: Ptolomée [d] la marque sur la Côte Occidentale, entre l'Embouchure du Fleuve Circidius & le Promontoire Rhium.

[d] L. 3. c. 2.

ROEUX, ou le ROEULX; Ville des Pays-Bas, dans le Hainaut [e], avec Titre de Comté. Elle est située dans la Prévôté de Mons, à l'Orient de la Ville de ce nom, & entre Soignies au Nord, & Binche au Midi. Cette petite Ville est ancienne & agréable. Sa Jurisdiction s'étend sur quelques Villages. On y voit un Monastère de l'Ordre de Premontré, & une Chapelle magnifique dédiée à la Ste. Vierge, qui est un Lieu de dévotion. Cette Ville fut érigée en Comté par Charles V. en faveur de la Maison de Croy. Le Terroir des environs est très-fertile.

[e] Jaillot, Atlas.

ROGEL, ou FONTAINE DE ROGEL [f], ou DU FOULON; car en Hebreu ROGEL signifie un Homme qui foule aux pieds le linge ou les étoffes pour les blanchir ou les dégraisser. C'est la même que la Fontaine de Siloé, située à l'Orient de Jérusalem au pied du mont de Sion. Jonathas fils d'Abiathar & Achimaas fils du Grand-Prêtre Sadoc se tinrent cachez près de la Fontaine de Rogel [g], afin de pouvoir informer David de tout ce qui arriveroit à Jérusalem, quand Absalon y seroit venu après sa Revolte. Adonias fils de David fit un grand festin aux Grands de la Cour de son pére près de la Fontaine de Siloé [h] & de la pierre de Zoheleth.

[f] Josué, 15. 17. & 18.
[g] 2. Reg. 17. 17.
[h] 3. Reg. 1. 9.

ROGELIM, Lieu dans les Pays de Galaad, au delà du Jourdain, & d'où étoit Berzellaï, ami de David [i].

[i] 2. Reg.

ROGEN, [k] Bourg d'Allemagne dans la Basse-Bavière, sous la Regence d'Araubing. Son Territoire renferme un Château, un Couvent, huit Bourgs & quelques Villages.

[k] Zeyler, Topogr. Bavariæ.

ROGGIANO, Bourg d'Italie, dans la Calabre Citérieure [l], sur la Rive droite de l'Isauro, près de l'endroit, où ce Fleuve reçoit l'Acida. On croit que c'est la Ville *Vergæ* des Anciens.

[l] Magin, Carte de la Calabre. Cit.

ROGOSNO, [m] petite Ville de la grande Pologne dans le Palatinat de Posnanie, entre la Ville de Posnanie & celle de Nackel, environ à égale distance de l'une & de l'autre.

[m] De l'Isle, Atlas.

ROHA, c'est ainsi que les Arabes appellent aujourd'hui la Ville d'Edesse en Mésopotamie. Nos Voyageurs l'appellent vulgairement Orfa. Cette Ville fut prise sur les Arabes par les François pendant les Guerres de la Terre Sainte. Mais elle fut reprise sur eux l'an 139. de l'Hégire, qui est de J. C. 1144. par l'Atabek Omadeddin Zingi, sous le Regne de Baudoin fils de Julio ou Foulques Roi de Jérusalem. La Ville d'Edesse fut reprise sur les Arabes & saccagée, l'an 796. de l'Hégire, de J. C. 1393. par Tamerlan, un peu avant qu'il marchât contre Bajazet I. du nom, Sultan des Turcs.

ROHACZOW, Ville du Grand Duché de Lithuanie [n], dans l'endroit où le Nieper reçoit l'Odrwa. C'est la Capitale d'un Territoire auquel elle donne son nom.

[n] Ibid.

Le TERRITOIRE DE ROHACZOU [o], est borné au Nord par les Palatinats de Minski & de Msciflaw, à l'Orient par les Etats de l'Empire Russien, au Midi par la Terre de Rzeczyca, & à l'Occident par les Palatinats de Miski & de Novogrodek.

[o] Ibid.

ROHAN, Bourg de France, dans la Bretagne, au Diocèse de Vannes, sur la petite Rivière d'Aouste. C'étoit un ancien Vicomté lorsque le Roi Henri IV. l'érigea en Duché Pairie [p] l'an 1603. pour Henri de Rohan, qui étant mort sans Postérité masculine, la Duché-Pairie fut éteinte; mais Louïs XIV. la fit revivre l'an 1645. en faveur de Marguerite de Rohan sa fille, & d'Henri de Chabot, Seigneur de Saint-Aulaye, & de Montlieu, qu'elle épousa la même année, & qui par ce mariage devint Duc de Rohan.

[p] Piganiol, Descr. de la France, t. 5. p. 210.

ROHAN-

ROHANDRIANS, on donne ce nom à ceux d'entre les Blancs ou Zafferamini [a], qui sont les plus élevez en dignité & en crédit parmi les Peuples de la Province d'Anosti dans l'Isle de Madagascar. Ils nomment leur Souverain *Ompiandrian*, ou *Dian-Bahoüache*, & quand ils l'élisent, ils le prénent toujours de la Race des Rohandrians. Tous les autres ont après lui le rang de Prince & sont honorez comme tels par tous les autres Sujets. Ils ont la peau rousse, les cheveux abattus & peu frisez & le privilège de pouvoir égorger les Bétes.

[a] *Flacourt, Hist. de Madagascar, c. 2.*

ROHITSCH, Bourg d'Allemagne dans la Styrie, au Comté de Cilley [b], sur les Frontières de la Croatie, à quatre Milles de Marchburg. Ce Bourg a eu autrefois le Titre de Ville, avant que d'avoir été ruïné par les flammes. La Maison d'Autriche a engagé le Château & la Seigneurie de Rohitsch à Ferdinand Seigneur de Welz, Baron d'Eberstein & de Spielberg, dont les Descendans en jouissent encore.

[b] *Zeyler, Topogr. Styriæ, p. 84.*

ROHOB, Ville de la Tribu d'Aser [c]. Elle fut donnée pour Demeure aux Lévites de la Famille de Gersom [d]. Cette Ville étoit dans la Syrie sur le chemin d'Emath [e] & apparemment entre le Liban & l'Anti-Liban. La Ville de Laïs ou Dan, étoit située dans le Canton de Rohob [f]. Les Hebreux l'appellent RECHOB.

[c] *Josué. 19. 28.*
[d] *1. Par. 6. 75. & Josué. 21. 31.*
[e] *Num. 13. 22. & 2. Reg. 10, 6. 8.*
[f] *Judic. 18. 28.*

ROHOB, ou ROOB, Village à quatre Milles de Scythopolis, selon Dom Calmet [g] qui cite Eusèbe.

[g] *Dict.*

ROHOBOTH, Fleuve de l'Idumée. Saül Descendant d'Esaü qui regna dans l'Idumée étoit de dessus le Fleuve Rohoboth [h].

[h] *Genes. 36. 37. & 1. Par. 1. 48.*

ROIE. Voyez ROYE.

ROIN, petite Ville de France, dans l'Auvergne, située sur le bord d'une Rivière qui se décharge dans l'Allier, près de la Ville de Maringues.

ROISSY, en Latin ROSSIACUM; Château de France aux environs de Paris. C'étoit un vieux Château flanqué de Tours rondes à l'antique & qui appartenoit à la Maison de Mesmes. Le Comte d'Avaux si connu dans toute l'Europe par ses Négociations le fit abattre en 1704. & fit jetter les fondemens d'un Château dont il a fait continuer les Ouvrages jusqu'à sa mort; il avoit élevé trois beaux Corps de Bâtimens des plus réguliers; & il ne restoit plus qu'un Pavillon à achever. L'Enclos de cette Maison est de plus de cent Arpens. Il y a un beau Jardin & un grand Parc; mais il y manque de l'eau; & quelque dépense qu'on ait faite pour y en faire venir l'on n'a point réussi. Ce Château est sorti de la Maison de Mesmes en 1713. Il fut acheté par la Marquise de la Carte, qui en 1719. le vendit à Mr. Law.

[i] *Piganiol, Descr. de la France, t. 2. p. 635.*

ROISSY, *Rossiacum*, Bourg de l'Isle de France aux environs de Paris. On recueille dans son Territoire beaucoup de froment. Il y avoit un Château fort ancien. Voyez l'Article précédent.

ROKING, Bourgade d'Allemagne, dans le Duché de Bavière, à deux milles de Ratisbonne du côté du Midi. Mr. Baudrand sur la foi de Lazius dit que cette Bourgade est l'ancienne Ville *Regium* de l'Itinéraire d'Antonin; mais Cluvier a fait voir qu'il y avoit faute dans cet endroit de l'Itinéraire & qu'il falloit lire *Reginum* au lieu de *Regium*, auquel cas la Ville en question ne pourroit être autre que celle de Ratisbonne.

ROKITNA, [k] double Forteresse dans la Pologne au Palatinat de Kiovie, fort peu éloignée de la Rivière Rosso, est coupée par un petit Ruisseau.

[k] *Andr. Cellar. Descript. Regn. Pol. p. 389.*

ROLAND, (le Fort) de l'Amérique Septentrionale dans la Nouvelle France : il est situé dans l'Isle de Mont-Real.

ROLDUC, Contrée des Pays-Bas, appellée vulgairement le Pays de *S. Hertogenrode*, & qu'on nomme [l] en François RODE-LE-DUC, ou ROLDUC. Ce Pays est borné au Nord par celui de Fauquemont, & par le Duché de Juliers, à l'Orient par le même Duché, au Midi par le Limbourg Autrichien, & par le Comté de Daelem, & à l'Occident par le Pays de Fauquemont. Ce Territoire a d'Orient en Occident environ six Lieues de longueur & deux de largeur du Nord au Sud. Ce Pays étoit autrefois une Seigneurie particulière qui, suivant Butkens [m] fut unie au Duché de Limbourg, par le mariage de Henri Duc de Limbourg avec Cunigarde de Wassemberge, fille de Gerard Comte de Gueldre, qui lui porta cette Terre en dot. Le même Auteur ajoute, qu'en 1155. Henri III. Duc de Limbourg donna cette Terre avec l'Avouerie de S. Tron, à sa fille Marguerite, en considération de son mariage avec Godefroi III. Duc de Lothier & de Brabant : que Henri I. Duc de Brabant transporta cette même Seigneurie en fief à Henri IV. Duc de Limbourg son Oncle; mais que le Duché de Limbourg avec toutes ses Dépendances, ayant été acquis par Jean I. Duc de Brabant, ses Successeurs ont joui de la terre de Rolduc, jusqu'à l'Accord conclu en 1545. entre l'Empereur Charles-Quint, & Guillaume Duc de Juliers, par lequel cette Terre fut cédée à ce Duc par forme d'engagement. Enfin, après la mort du dernier Duc de Juliers, arrivée en 1609. la Terre de Rolduc fut réunie au Duché de Limbourg, & une partie de cette Terre fut cédée aux Etats-Généraux par le Traité de Munster, & ce partage réglé à la Haye le 26. Décembre 1661.

[l] *Janisson, Etat présent des Provinces-Unies, t. 2. p. 249.*
[m] *Trophées de Brabant, t. 2. Liv. IV. p. 307.*

Par ce partage, le Château & la Ville de Rolduc, avec les six Villages de Marckstein, Kerkenrode, Ubach, Simpelvelt, Wels, Roerdorp, & leurs Dépendances demeurèrent à Philippe IV. Roi d'Espagne, & appartiennent aujourd'hui à l'Empereur Charles VI. Les Villages de Gulpen, Marckgraten, Holset, Vylen, & Vaels, avec toutes leur Dépendances, furent cédez en toute Propriété, & Souveraineté aux Etats-Généraux [n].

[n] *Aitzema, XLI. Boeck p. 176.*

Le Gouvernement de ce Territoire, du ressort des Etats-Généraux, est constitué de la même manière, que celui de Daelem, c'est-à-dire qu'il est composé des Nobles, & des Députez des Bancs, qui jouissent des mêmes prérogatives, que ceux du Pays de Daelem. On peut voir le Réglement fait sur ce sujet par leurs Hautes Puissances le 15. Octobre 1663. dans le grand Livre des Placards [o]. Le Drossard du Pays de Daelem exerce la même fonction dans le Territoire de Rolduc, & c'est le Chef du Gouvernement Politique, & de la Justice pour les Affaires criminelles. Le même

[o] *Groot Placaat Boeck II. Deel. fol. 3104.*

me ordre s'observe dans la Convocation des Etats, & dans leur Assemblée, que dans le Pays de Daelem, tant par rapport à l'admission des Nobles & Députez des Bancs, que pour toute autre affaire.

Chaque Banc a son Tribunal particulier, composé d'un Schout, de sept Echevins, avec un Greffier ou Sécrétaire, & un Sergent exploitant. Comme la Ville de Rolduc, où l'on appelloit des Tribunaux Inférieurs, fut cédée à l'Espagne, les Etats-Généraux ordonnérent que ces Appels se feroient à un Tribunal Supérieur, établi pour cet effet à Gulpen, & distingué de la Justice ordinaire de ce Banc; & de ce Tribunal Supérieur on en pouvoit appeller au Conseil de Brabant, par voie de Réformation, comme de tous les autres Tribunaux Supérieurs [a]; mais ce Tribunal a été transféré à Maestricht.

[a] Groot Placaat Boeck II. Deel, fol. 3104.
[b] Etat & Del. de la Suisse, t. 2. p. 278.

ROLLE, Bourg de Suisse, dans le Pays Romand, au Bailliage de Morges. C'est un très-beau Bourg au bord du Lac de Génève à 3. lieues de Morges, dans l'endroit où le Lac s'avance dans les Terres, & fait un enfoncement considérable; tellement que c'est le lieu de sa plus grande largeur. Il y a là beaucoup de beau monde, & quantité de belles Maisons. La situation en est fort avantageuse au pié d'un Côteau, qui fait un excellent Vignoble. Les eaux minérales, qu'on y trouve aux deux bouts du Bourg, & qui sont en grande réputation, y attirent tous les Etés quantité d'Etrangers. Le Château du Baron est grand & spacieux, bâti à l'antique, au bord du Lac. La Baronnie est l'une des plus belles Terres Seigneuriales du Canton, & considérable par le nombre de Gentilshommes, Seigneurs de Villages, qui en sont Vassaux & qui ressortissent de sa Jurisdiction. Elle appartient à la Maison des Steiguers Gentilshommes de Berne.

ROLLES. Voyez au mot Isle, l'Article l'Isle de Rolles.

ROLLOT, Lieu de France, dans la Picardie, Diocèse d'Amiens, Election de Mondidier. Il y a un petit Chapitre de trois Chanoines, à la présentation du Seigneur du Lieu.

1. ROM, Bourg de France, sur la Dive, dans le Poitou, à cinq lieues de S. Maixant, au Levant, Diocèse & Election de Poitiers.

2. ROM, ou ROEM; Isle du Royaume de Dannemarck [c], sur la Côte Occidentale du Sud-Jutland, dont elle est séparée par un Canal assez large. Elle gît Nord & Sud, entre l'Isle de Manoé au Nord & celle de Sylt au Midi Occidental. L'Isle de Roi dépend du Bailliage d'Hadersleben. On lui donne une lieue & demie d'Allemagne [d] de longueur & une demi-lieue de largeur. Le nombre de ses Habitans dispersez en plusieurs Villages monte à quinze cens. Ceux qui demeurent sur la Côte Orientale ont du bétail parce qu'il s'y trouve des prairies. Les autres négocient: ils ont deux Ports où les Navires de médiocre grandeur peuvent entrer. En 1248. toute une Paroisse de cette Isle fut submergée par la Mer, avec ses Villages & Maisons séparées. Cette Paroisse étoit sur la Côte Occidentale de l'Isle.

[c] De l'Isle Atlas.
[d] Hermansid. Descr. Daniæ, p. 814.

3. ROM, Isle du Royaume de Dannemarc, à l'Orient de la pointe Septentrionale de l'Isle de Lessoë.

4. ROM, Mr. Petis de la Croix dans son Histoire de Timur-Bec [e] dit: ROM est l'Anatolie, dont la Capitale est Sivas.

[e] Liv. 3. c. 28.

ROMAGNANO, Bourg d'Italie au Duché de Milan [f], dans le Novarese, sur la Sestia, environ à six milles au Midi du Lac d'Orta, au Nord Occidental de Novarre.

[f] Magin, Carte du Milanez.

ROMAGNAT, Bourg de France, dans l'Auvergne, Diocèse & Election de Clermont.

ROMAGNE, ou ROMANDIOLE; Province d'Italie, dans l'Etat de l'Eglise, & dont les bornes aussi-bien que le nom ont beaucoup varié. Elle fut anciennement appellée FELSINA, du nom de la Ville Felsine, aujourd'hui Boulogne. Tout le Pays que comprend présentement la Romagne ne porta pas néanmoins le nom de FELSINA; on le donna seulement à cette partie qui se trouve entre Boulogne & le Rubicon. Ensuite on l'appella FLAMINIE, du nom de la Voïe Flaminienne que le Consul C. Flaminius y fit faire; & par ce nom de Flaminie on comprend tout le Pays qui se trouve entre les Fleuves Rimine & Foglia. Enfin le nom de ROMANDIOLE ou de Romagne lui fut donné par le Pape & par Charlemagne, à cause de la fidélité qu'elle garda toujours aux Souverains Pontifes. Les bornes que lui donne Leander sont à l'Orient, la Marche d'Ancone le long du Foglia; au Midi l'Apennin qui la sépare de la Toscane; à l'Occident la Lombardie le long du Panaro; & au Nord les Marais de Verone & de Pô, jusqu'aux Fornaci, & même une partie du Golphe de Venise. Une partie de la Romagne fut encore anciennement appellée GAULE & surnommée TOGATA; car Pline, les Origines de Caton & Sempronius étendent cette Gaule depuis Ancone & Rimini jusqu'au Fleuve Rubicon. Enfin les Gaulois Boïens habitérent encore ce Pays; savoir entre le Pisatello & la Lenza l'Apennin & le Pô. La puissance de ces Peuples parvint à un tel point qu'ils possedérent non seulement le Pays qui leur avoit été cédé mais encore tout celui que nous comprenons aujourd'hui sous le nom de Romagne ou Romandiole.

On trouve dans la Romagne de très-belles Campagnes, qui produisent abondamment du bled, des vins, des huiles, & des fruits délicieux. Les Collines dont le Pays est entrecoupé en quelques endroits sont également fertiles. Il y a des Mines de divers Métaux; quantité de Prairies où l'on éleve du bétail, quelques Forêts qui fournissent du gibier, des Bains d'eau chaude, propres à guérir différens maux, & tant sur la Côte que dans les Terres des Salines si abondantes que le sel de la Romagne, la provision du Pays faite, suffit pour en fournir la Marche d'Ancone & une partie de la Lombardie. La Mer & les Riviéres qui sont navigables donnent aux Habitans de cette Province l'avantage de pouvoir faire du Commerce & leur fournissent outre cela beaucoup de Poisson. On remarque que les Habitans de la Romagne sont généralement parlant, d'un bon esprit, d'une belle préstance, d'un corps robuste, & aussi propres aux armes que capables du trafic & des sciences.

Les

Les principales Villes de cette Province sont :

Ravenne,	Bertinoro,
Cervia,	Forlimpopoli,
Rimini,	Forli,
Sarsina,	Faenza,
Cesene,	Castel-Bolognese,
Immola.	

La ROMAGNE-FLORENTINE, est comprise entre l'Apennin, & la Romagne propre, dont elle fait partie. On y remarque la Ville appellée CITTA DEL FOLE & celle de Fiorenzuola.

1. ROMAGNE, (LA) Bourg de France, dans l'Anjou, Diocèse de Poitiers, Election de Montreuil.

2. ROMAGNE, Bourg de France, dans le Poitou, Diocèse & Election de Poitiers.

3. ROMAGNE, (LA). Commanderie de l'Ordre de Malthe, en France dans le Bassigny à six lieues de Langres, & dans son Diocèse près de Monsaujon, sur la Rivière de Vingene : elle rapporte onze mille Livres de rente, sans les Bois ; son Château est bien fort, il a même soûtenu plusieurs Siéges pendant les guerres civiles. C'est une des plus belles Commanderies de Champagne.

ROMAGNEY, Bourg de France, dans la Normandie, Diocèse de Séez, Election de Mortain.

[a] Etat & Délices de la Suisse, t. 1. p. 298.

1. ROMAINMOTIER, [a] Bailliage de Suisse, dans le Pays-Romand. Il est tout entier au pié du Mont Jura, ou dans l'enceinte de celle-ci. Il comprend 2. Villes & plusieurs Villages qui font neuf ou dix grandes Paroisses. Les Villes sont ROMAINMOTIER, & LA SARRA.

[b] Ibid.

2. ROMAINMOTIER [b], en Latin ROMANI MONASTERIUM, Ville de Suisse, dans le Pays Romand ; c'est une jolie petite Ville, située dans un Vallon, au pié d'une haute Montagne, qui semble la couvrir tout d'un côté. Elle doit son origine à une ancienne & célèbre Abbaye, qui portoit le nom de S. Romain Hermite, & qu'on nomma apparemment Roman-Moutier par corruption, comme on l'appella aussi en Latin *Romonum Monasterium* pour *Romani Monasterium*. La Fondation ni l'Histoire de ce Monastère

[c] Descr. de la France, Part. 2. p. 268.

dit l'Abbé de Longuerue [c], ne sont pas fort connues. On sait pourtant que des personnes seculiéres le possédoient dans le dixième Siècle ; qu'il étoit fondé en l'honneur de St. Pierre ; qu'il étoit dans le Comté de Vaud, *In comitatu Valdensi*, lorsque Rodolphe III. dit le Lâche le donna à sa Tante l'Imperatrice Adelaïs, non seulement pour en joüir durant sa vie, mais pour en disposer en faveur de qui elle voudroit. Rodolphe commença à regner l'an 994. & Adelaïs disposa de ce Monastère en faveur d'Odilon Abbé de Clugny qui le fit rétablir dès les fondemens & acquit pour ses Successeurs la Collation libre de cette Abbaye, changée en un Prieuré Conventuel où il devoit y avoir vingt-deux Moines qui ont été chassez par les Bernois, comme tous ceux du Pays de Vaud. Les Terres ont été érigées en Bailliage par les Bernois & la Maison convertie en Château pour la résidence du Baillif. Cette Abbaye avoit son Enceinte particulière de murailles qui la séparoit de la Ville, & l'on a laissé subsister cette Enceinte, qui renferme le Château & le Temple. Ce dernier étoit autrefois à l'usage de l'Abbaye, comme il est maintenant à l'usage de toute la Ville. Il est fort grand, la nef en est voûtée, & fort exhaussée, & les aîles sont soutenuës de belles Colomnes d'une hauteur considérable. Il y a sur la grosse Cloche une Inscription, qui, pour sa singularité, mérite d'être rapportée ici.

L'an mil CCCC. XII. fut faite Marie qui chante bien, & me fit faire Messire Jehan de Seyssel Prieur de Romanmotier, cuy Dieux dont faire chouse, qui soit aut profit dout corps, & aut salut de l'arme. Autrefois tous les Lieux de de ce Quartier étoient couverts de bois épais & déserts. S. Romain, & S. Loup Fréres, dont Grégoire de Tours à écrit la vie, se retirérent, vers le milieu du VI. Siècle, dans le Lieu, où est maintenant Romainmotier, & & y vécurent comme Hermites durant quelques années. Cet Hermitage a été dans la suite converti en Hospice, & puis en Couvent, & l'affluence du monde, qui alla s'y habituer, en fit avec le tems une jolie Ville, tout comme il est arrivé à Schafhouse & à St. Gall.

ROMANA, Bourgade d'Espagne, au Royaume d'Arragon [d], sur le bord de la Riviére Aguas, à la gauche, près de l'endroit où elle se jette dans l'Ebre, environ dix lieues au-dessous de la Ville de Saragosse.

[d] Jaillot, Atlas.

ROMANCHE, Rivière de France [e], dans le Dauphiné. Elle a sa source près de St. Christophle, dans les Montagnes qui séparent le Briançonnois du Gresivaudan. Dans sa course elle baigne le Bourg d'Oisans & celui de Vizille, après quoi elle va se jetter dans le Drac, un peu au dessus de la Ville de Grenoble.

[e] Ibid.

ROMAND, [f] Pays de la Suisse. Il est partagé entre les Bernois & les Fribourgeois ; mais la plus grande partie est aux Bernois. Au Midi il confine aux Vallais & à la Savoye ; à l'Occident aux Pays de Gex, & à la Franche-Comté. Il a 24. lieues de long à compter depuis Génève jusqu'à Morat, & ce qui appartient aux Bernois comprend plus de 150. Paroisses ; il forme à peu près la forme d'un Triangle, dont la base regarde le Lac de Génève, & la pointe celui de Morat. Il est partagé en treize Bailliages, sans compter ceux d'Orbe & de Granson, que les Bernois possédent par indivis avec les Fribourgeois. Il y en a cinq au Midi, & le long du Lac, savoir *Aigle, Vevay, Lausanne, Morges, & Nyon* ; trois le long de la Montagne de Jura, ou de La Joux, savoir *Bon Mont, Aubonne & Romainmotier avec Orbe & Granson* ; cinq au milieu du Pays, *Yverdun, Moudon, Oron, Payerne, & Avenche*, en tout 13.

[f] L'Etat & Délices de la Suisse, t. 2. p. 234.

ROMANDII. Voyez VEROMANDUI.

ROMANI, ROMANENSES ; le premier se dit des Habitans de la Ville de Rome ; par le second on entend ceux des Habitans de cette Ville, qui sont nez ailleurs. Les Grecs écrivent *Romaei* pour *Romani*. Voyez ROME.

ROMANI-MONTES, Ortelius [g], qui cite Siculus Flaccus, dit qu'on donnoit ce nom à des Montagnes d'Italie, dans l'Umbrie, dans le Voisinage de Reate, aujourd'hui Rieti.

[g] Thesaur.

ROMANECHE, lieu de France, dans la Bourgogne, Diocèse de Mâcon, a treize Hameaux, & quelques Fiefs dépendent de cette Paroisse, qui n'est pas loin de la Rivière de Saone; il y a des Vignes.

ROMANIACUS-CAMPUS, Grégoire de Tours écrit sous l'année cinq cens-cinquante huit, qu'il parut en France deux Armées de Sauterelles, qui après avoir traversé l'Auvergne & le Limousin vinrent dans un Canton appellé *Romaniacus Campus*, où elles se livrèrent un rude Combat qui diminua beaucoup leur nombre. Au lieu de *Romaniacus Campus* quelques Exemplaires portent *Romanicus Campus*.

ROMANIE, ROMELIE, ou **RHUMELIE**. Ce mot comprend généralement[a] tout ce que les Turcs possédent en Europe; mais il est ordinairement restraint au Gouvernement du Beglerbeg de Rumélie, qui ne s'étend ni sur la Hongrie, ni sur les Isles de l'Archipel, ni même sur la Morée, qui selon le Canon ancien étoit sous la Jurisdiction du Bacha de Romanie : Elle en est présentement détachée & fait une partie du revenu de la Valideh ou Reine Mére. Autrefois par la ROMANIE on entendoit généralement tout le Pays que possédoient les Empereurs Grecs, soit dans l'Europe, soit dans l'Asie ou dans l'Afrique. C'est ce que remarque fort au long Selden dans son Commentaire sur les Origines d'Eutychius. Mais présentement le mot de Rumélie ou de Romanie se prend pour tout ce que les Turcs possédent en Europe & particuliérement pour la Thrace, la Bulgarie, la Macédoine, la Thessalie, la Grèce & quelques autres Contrées. Au reste le mot de Rumélie est composé de *Rum* & du mot Grec ἔλλην, qui signifie *Grec*, comme qui diroit la Romanie Grecque.

Le Pays est assez fertile en Bleds & en Paturages, & on y trouve quelques Mines d'argent, de plomb & d'alun; mais la négligence des Turcs laisse perdre les richesses qu'on en pourroit tirer. La Religion des Grecs est la plus suivie, quoiqu'ils ayent de la peine à s'y maintenir contre la persécution des Turcs. Le peu de Catholiques qu'on y voit a besoin pour y être souffert de la protection du Roi de France.

Le Bacha de Rumélie ou Romanie est le dixhuitième entre les Gouvernemens Beglerbegs, & le plus considérable Gouvernement, des Turcs en Europe. Il fournit au Bacha un million cent mille Aspres de revenu. Ce Bacha fait sa Résidence à Sofie & a sous lui vingt quatre Sangiacs; savoir

[a] Ricaut, Etat présent de l'Empire Ottom. t. 1. p. 168. & Rémarq. sur cet Etat Part. 1. p. 86.

Kiostendil, ou Justiniana,	Wize,
Mora, ou Morea,	Delvina,
Skenderi,	Uskiup,
Tirhala,	Kirkkelisa,
Silistra,	Ducakin,
Nigheboli,	Wedin,
Uchri,	Alagehisar,
Aulona,	Serzerin,
Jania,	Waltcharin,
Ilbazan,	Bender,
Tchirmen,	Akkerman,
Salonica,	Ozi,
Azak.	

Dans le Gouvernement du Beglerberg de Rumélie ou Romanie il y a

Sophia,	337	1788
Kiostendil,	48	1017
Morea,	100	242
Alexandrie d'Epire,	19	205
Tirhala,	26	523
Silistra,	75	432
Nigheboli,	60	344
Uchri,	60	342
Aulona,	68	489
Jania,	62	345
Ilbrazam,	18	138
Tchirmen,	20	130
Salonica,	36	262
Vizé,	20	79
Delunia,	24	165
Uskiup,	20	344
Kerclesa,	1	18
Dukakin,	10	53
Vidin,	17	225
Alahegizar,	27	509
Serzerin,	27	225
Valtearin,	10	317

Cela fait 1075. *Ziamets* & 8194. *Timars*.

Outre cette Milice de Romanie, il y en a une autre sorte qu'on appelle *Jureghian*, ou *Jurueler* : ceux qui la composent possédent leurs Terres en fief de pere en fils & font environ 1294. Familles.

Les *Gebelus* des *Zaims* font. 4300
Ceux des *Timariots* font. 16388.
En tout 20688
Mais le nombre ordinaire des *Zaims* & des *Timariots*, avec leurs *Gebelus* est environ de trente mille deux cens hommes. 30200
A quoi on joint les Soldats du Beglerbeg, des Sangiabegs & des autres Officiers qui font ordinairement 2500
Ainsi la Milice entretenue de ce Pays-là peut être de 32700 ou 33000 hommes.

ROMANO, Ville d'Italie[b], dans la partie Orientale du Bergamasc, sur une Rivière, qui coule entre le Serio & l'Oglio. Cette Ville est fort peuplée & a un grand trafic. On y tient trois fois la semaine un Marché de grains, qui donne presque de quoi vivre à tout le Pays; parce qu'il y vient souvent du bled du Milanez, du Cremonois & d'autres Pays voisins.

[b] Magin, Carte du Bergamasc.

ROMANIOPOLIS, Ville d'Arménie, selon Ortelius[c] qui cite Curopalate.

[c] Thesaur.

ROMANS, Ville de France dans le Dauphiné, & la seconde Ville du Viennois, avec Justice Royale non ressortissante. Elle est située sur l'Isère, sur laquelle elle a un Pont, & elle est à trois lieues du Rhône & à dix de Grénoble, dans un fort beau Pays. Elle ne cédoit autrefois ni en richesses[d] ni en aucun autre avantage aux autres Villes de la Province; mais elle a été fort diminuée par les désolations qu'elle a souffertes durant les Guerres Civiles pour la Religion. Elle doit son origine à un célèbre Monastère qui y fut fondé, sous le Regne de Charlemagne, par St. Bernard Archevêque de Vienne, dans le commencement du neuvième siècle. Les Moines dans la suite ont été sécularisez, & la Mense Abbatiale a été unie à l'Archevêché de Vienne. Les Archevêques avoient à cause de cette Dignité Abbatiale toute Justice & le haut Domaine de Romans; dont le Pape Clément VI. dépouilla ces Prélats & leur Eglise pour en revêtir le Dauphin Humbert en 1344. un peu avant que ce Prince transportât ses Etats aux Princes de France. Il y a encore une autre Abbaye d'Hommes de l'Ordre de St. Benoît, dédiée à St. Just & fondée par Béatrix de Hongrie Mere de Humbert II. en 1532. Il y a encore divers autres Couvens.

[d] Longueruë, Descr. de la France, Part. 1. p. 322.

De l'autre côté de l'Iſére, Romans a un Fauxbourg que l'on appelle le PEAGE. Cette Ville eſt un Gouvernement particulier du Gouvernement Militaire de Dauphiné. On remarque à Romans un Calvaire modelé ſur celui de Jeruſalem par Roman & Boſſin, qui avoit fait le Voyage de la Terre Sainte. François I. y mit la première pierre en 1520.

ROMANUS-AGER, Canton de la Perſe dans la dépendance des Romains, près de Rhaldios. On le trouvoit en allant de Dara en Perſe ſur la gauche. Procope [a] a décrit ce Pays. Voyez l'Article Rhabdios.

[a] Ædif. lib. 2. c. 4.

ROMARICI-MONS, & quelquefois ROMERICI, ou RUMERICI-MONS; Noms Latins de la Ville & de l'Abbaye de Remiremont. Voyez REMIREMONT.

ROMATIANA-CIVITAS, Ville d'Italie dans la Carnie aujourd'hui Cargna. Baronius [b], qui croit que c'eſt la Ville d'Aquilée, dit qu'elle fut appellée Romanicia & Romana, ou parce que c'étoit une Colonie conſidérable des Romains, ou parce qu'elle avoit été fidèle à ſes Maîtres. Mais Ortelius [c] veut que Romatiana Civitas ſoit le Port Romatinus de Pline. Dans ce cas elle pourroit tirer ſon nom du Fleuve Romatinum, qui mouille la Ville de Concordia, & qu'on appelle aujourd'hui Leme ou Limene.

[b] in Not. ad Martyrol. Junii. 22.

[c] Theſaur.

ROMATINUM FLUMEN. Fleuve d'Italie dans la Carnie, ſelon Pline [d], qui connoît une Ville de même nom ſur le bord de ce Fleuve vers ſon Embouchure. Ortelius [e] croit que la Ville eſt celle dont il eſt parlé dans l'Article précédent. A l'égard du Fleuve on le nomme aujourd'hui Leme, ou Limene.

[d] L. 3. c. 18.

[e] Theſaur.

ROME, Ville d'Italie, autrefois la Capitale d'un célèbre Empire auquel elle donna ſon Nom, & aujourd'hui la Capitale du Monde Chrétien. Amulius XIX. Roi des Latins, ayant chaſſé du Royaume ſon Frère Numitor, obligea Silvia ſa Niéce de ſe faire Veſtale, afin que Numitor n'eut point de poſtérité. Silvia ſe trouva groſſe & enfanta Remus & Romulus. Amulius pour les perdre ordonna qu'on les jetteroit dans le Tibre mais un Berger nommé Fauſtulus en prit ſoin & les éleva. Etant devenus grands ils tuérent Amulius leur Oncle, & rétablirent Numitor leur Ayeul dans le Trône. Celui-ci propoſa à ſes Petit-fils d'aller faire un établiſſement ailleurs. Remus & Romulus y conſentirent & reçurent du Roi pour la nouvelle fondation le Pays ſitué au voiſinage du Tibre, où ils avoient été jettez par les flots & où ils avoient été élevez. Numitor fournit aux deux Fondateurs des outils à remuer la terre, des Eſclaves & des Bêtes de charge. Il joignit à tout cela une permiſſion à ſes Sujets d'accompagner les deux Princes. Quelques Familles des plus illuſtres & entre autres pluſieurs de celles qui deſcendoient des Troyens ſuivirent le ſort de Remus & de Romulus. Du tems d'Auguſte on comptoit encore plus de cinquante Maiſons iſſuës de Troye, qui ſubſiſtoient dans Rome depuis ſon premier établiſſement. Cette poignée de gens ſortis d'Albe n'étoit pas ſuffiſante pour fonder une Colonie tant ſoit peu conſidérable. Les deux Frères raſſemblétent donc tout ce qui ſe trouva d'Habitans à Pallantium & à Saturnia, deux Bourgades érigées, celle-là par Evandre & celle-ci par les anciens Aborigenes. Ils ſéparérent en deux bandes ceux qui devoient travailler à la nouvelle Ville, l'une ſous Romulus, l'autre ſous Remus. Mais ce partage produiſit une déſunion & une rupture, tant entre les Peuples qu'entre les Frères. La rupture éclata lorſqu'il fallut convenir du lieu où l'on établiroit la Colonie. Romulus avoit préféré le Mont Palatin, parce qu'au pied de cette Montagne l'eau du Tibre qui y faiſoit un Coude avoit dépoſé les deux Jumeaux ſur la rive : Remus étoit pour le Mont Aventin. Pour terminer le différent Numitor jugea qu'il falloit avoir recours aux Augures. Ainſi le vol décida de l'emplacement de Rome, du nom qu'elle devoit porter & du premier Roi qui devoit la gouverner. On prit jour pour la Cérémonie. De part & d'autre on députa des perſonnes pour être témoins de la vérité des Auſpices. Chacun des deux Frères ſe porta ſur la Montagne. Remus choiſit le Mont Aventin, & le Mont Palatin ſervit d'Obſervatoire à Romulus. Alors, dit-on, Romulus uſa d'artifice : il envoya dire à Remus qu'il avoit vu le premier des Vautours. Les Envoyez de Romulus étoient encore en chemin, lorſqu'en effet Remus apperçut ſix Vautours. Il court à l'inſtant au Mont Palatin pour apprendre la vérité de l'Auſpice de ſon Frère. Il n'y fut pas plutôt arrivé que par un bonheur inattendu douze Vautours ſe montrérent aux yeux de Remus. Il les fit remarquer à ſon Frère. Mais Remus éclaircit le myſtère : il fut inſtruit que Romulus n'avoit vu douze Vautours qu'après que lui même en avoit vu ſix. L'un ſe prévalut du nombre d'Oiſeaux qu'il avoit apperçus, l'autre du tems où il les avoit vus. Chacun prit parti pour ſon Chef. Enfin la conteſtation s'échauffa, on en vint aux armes, & Remus périt dans le combat. Le plus grand nombre des Hiſtoriens diffèrent néanmoins la mort de Remus & la racontent en la manière ſuivante. Romulus devenu Chef de la Colonie par de meilleurs Auſpices que ſon Frère & vainqueur dans le combat ne ſongea plus qu'à bâtir la Ville & qu'à lui donner ſon nom. Le Lieu Palatin fut choiſi pour le placer. Le Fondateur employa toutes les Cérémonies ſuperſtitieuſes que les Etruſques avoient introduites pour la conſtruction des Villes. Enſuite il fit attacher à une charruë, dont le ſoc étoit d'airain, une vache & un taureau, & leur fit tracer l'enceinte de Rome par un profond ſillon. Ces deux animaux, ſymboles des Mariages qui devoient peupler les Villes, furent enſuite égorgez ſur les Autels. Tout le Peuple ſuivoit la charruë, & pouſſoit en dedans les mottes de terre, que le ſoc rejettoit quelquefois en dehors. On ſoulevoit cette charruë & on la portoit dans les endroits où l'on deſtinoit de faire des Portes. Comme le Mont Palatin étoit iſolé de toutes parts, on l'enferma tout entier dans le circuit que l'on traça & lui forma une figure à peu près quarrée au pied de la Montagne. Là on avoit creuſé en rond une foſſe aſſez profonde, où tous les nouveaux Habitans jettérent un peu de terre des différents Pays où ils avoient pris naiſſance ; & ce trou reſta en forme d'un grand Puits, dans la Place publique, où ſe tinrent de-

depuis les Comices. Tandis que la Colonie étoit occupée à tracer l'enceinte de Rome, Remus ne voyoit qu'avec chagrin les travaux s'avancer au nom de son frere; il n'avoit d'autre attention qu'à insulter au Plan & à l'exécution de l'Ouvrage, & en dérision de son frere il franchit d'un saut le fossé & la muraille. L'action parut téméraire à un nommé Fabius, homme emporté & rustique; du hoyau qu'il tenoit à la main il frappa le Prince à la tête, & la blessure fut mortelle. Ainsi Romulus fut délivré d'un frere jaloux & séditieux. Pour le Meurtrier, on lui donna le nom de *Celer*, c'est-à-dire d'*homme prompt & trop vif*. Il y a, qui veulent que Romulus eût défendu de sauter le mur, & que la consécration qu'il en avoit faite aux Dieux ajoutoit l'irreligion à l'insulte de Remus. Quoiqu'il en soit, ces circonstances peuvent avoir été controuvées après coup, pour rendre le meurtre du Prince moins odieux, & Tite-Live, qui fait tuer Remus de la main même de Romulus, est peut-être plus sincere.

Rome avoit à peu près atteint le degré de perfection que des hommes grossiers & fort pauvres avoient pu lui donner en la construisant. On y comptoit environ mille Maisons, ou plutôt mille Chaumiéres. C'étoit à-proprement parler un Village, dont les principaux Habitans conduisoient eux-mêmes leurs Charrues & labouroient la terre ingrate d'un pays stérile, qu'ils s'étoient partagé entre eux. Le Palais même de Romulus n'étoit construit que de joncs & n'étoit couvert que de chaume. Chacun avoit choisi son terrein, pour bâtir sa cabane, sans égard à aucun alignement. Les ruës n'étoient ni droites, ni larges. Enfin jusqu'à la prise de Rome par les Gaulois elle fut plutôt un amas informe de huttes séparées, qu'une Ville bâtie avec quelque sorte de régularité. Tels furent les commencemens de cette Capitale du Monde, qui ne fut jamais plus digne de commander à l'Univers, que quand la pauvreté y conserva l'amour des Vertus civiles & militaires.

Quelques années avant le saccagement de Rome par les Gaulois, les Tribuns du Peuple avoient voulu partager le Sénat & le Gouvernement de la République entre les deux Villes de Veïes & de Rome: après le saccagement de cette derniere, les mêmes Tribuns penserent à faire abandonner tout-à-fait Rome détruite, à transporter à Veïes le Siège de l'Etat, & à en faire la seule Capitale. Le Peuple sembloit porté à déserter une Ville qu'il voyoit ensévelie sous ses ruïnes. Mais Camille, l'emporta sur la Faction des Tribuns du Peuple; & d'un consentement unanime du Peuple & du Sénat il fut arrêté qu'on rétabliroit la Ville de Rome. On rebâtir les Temples précisément sur les mêmes fondemens; ensuite on répara les ruïnes des Maisons particuliéres. Le Trésor public y contribua du sien & les Ediles furent chargez de régler & de hâter les Ouvrages. Il paroit qu'ils exécuterent cet ordre avec peu de soin ou avec peu de goût. Ils permirent à chacun de se choisir un terrein à son gré, d'y bâtir des logemens sans ordre, sans symmétrie & sans prendre d'alignement. On fit marché avec des Entrepreneurs qui s'obligerent d'achever les Maisons dans l'année.

Le Trésor public fournit la charpente & le bardeau pour couvrir les toits. Il y eut ordre à tous les propriétaires des Campagnes, d'y laisser fouïr des carriéres, & de souffrir qu'on en enlevât gratuitement les pierres. Enfin tous les Romains mirent la main à l'œuvre, & nul ne fut exempt des travaux. Autrefois les Egouts publics ne passoient que sous les ruës. On bâtit alors indifféremment sur leurs voutes qui servirent de fondemens, & par-là les Egouts eurent leur cours sous les Maisons particuliéres. La précipitation fit tort à la beauté de la nouvelle Ville. Rome ne fut qu'un amas de Maisons confusément semées en divers lieux, & les ruës ne consisterent qu'en des détours étroits; & l'on ne pouvoit arriver à un endroit un peu éloigné que par de longs circuits, à travers mille embarras. Il y eut encore moins de régularité dans cette seconde construction de Rome que dans la premiere, qui s'étoit faite au tems de Romulus. Cependant la Ville resta avec cette difformité, tandis que la République subsista, c'est-à-dire jusqu'à Auguste. Sous ce Prince, Rome étant devenue la Capitale du Monde, la magnificence crût dans les Temples, dans les Palais & dans les Maisons des Particuliers. Mais cette nouvelle Décoration ne reforma pas les défauts du plan sur lequel on avoit construit la Ville après sa premiere construction.

Rome fut encore détruite & rétablie plusieurs fois. Néron, pour avoir la gloire de la rebâtir & de lui faire porter sonnom, la réduisit en cendres; &, comme s'il eut voulu ajouter l'insulte à une si épouvantable cruauté, il monta sur une Tour & s'habillant en Comédien il chanta un Poëme sur l'embrasement de Troye. L'Incendie dura six jours & six nuits, & de quatorze quartiers de la Ville quatre seulement furent épargnez. Tacite dit pourtant qu'on doutoit si Néron avoit été l'Auteur de cet Incendie, & que les Historiens n'étoient pas d'accord sur ce point; mais il ajoute en même tems, que tous les soins que se donna Néron pour le soulagement du Peuple affligé furent inutiles à sa réputation. Quoiqu'il en soit, Néron se servit des ruïnes de sa Patrie pour faire éclater sa magnificence. Il bâtit un Palais moins superbe par l'or & par les pierreries, choses que le luxe avoit déja rendues communes, que par les Champs, les Lacs, les Forêts & les Campagnes dont il étoit accompagné. Le reste de la Ville fut employé à élever des Maisons, où sans garder l'ordre ancien, ni laisser la liberté aux Particuliers de bâtir à leur fantaisie, comme ils avoient fait après l'embrasement de Rome par les Gaulois, on tira au cordeau de grandes ruës, on élargit les places, on environna les quartiers de Portiques que l'Empereur se chargea de faire à ses dépens, comme aussi de faire enlever les démolitions & les encombremens. Néron ordonna encore que les Maisons seroient voutées jusqu'à une certaine hauteur, & bâties d'une pierre qui résiste au feu; que les Particuliers ne tireroient point l'eau publique à leurs usages, afin que l'on eut des réservoirs auxquels on pourroit avoir recours en cas d'incendie, & que les Maisons seroient séparées l'une de l'autre & n'auroient point

point de mur mitoyen. Ces Ordonnances, outre l'utilité apportérent encore de l'embellissement à la nouvelle Ville. Quelques-uns croyoient pourtant que les anciens Bâtimens étoient plus sains, parce que la petitesse des ruës, & la hauteur des Maisons empêchoient l'ardeur des rayons du Soleil, qui ne trouvoient plus d'obstacle pour la maniére dont on venoit de bâtir.

Nous avons quelques Descriptions, abrégées de la Ville de Rome & où elle est décrite dans l'Etat qu'elle se trouvoit vers le tems des Empereurs Valentinien & Valens. Voici une de ces Descriptions attribuée à P. Victor. La Ville de Rome y est représentée partagée en quatorze Quartiers, division qui avoit sans doute été faite pour répondre à celle de l'Italie que l'on partageoit en quatorze Regions.

PREMIER QUARTIER appellé.

PORTA CAPENA.
Vicus & Ædes Camenarum.
Vicus Drusianus.
Vicus sulpiti ulterioris.
Vicus Fortunæ obsequentis.
Vicus pulverarius.
Vicus honoris & virtutis.
Vicus trium ararum.
Vicus Fabriti.
Ædes Martis.
Ædes Minerva.
Ædes Tempestatis.
Area Appollinis.
Area Spei.
Area Galli, ou Thalli, ou Gallia.
Area pinaria.
Area Carsuræ.
Lacus Promethei.
Lacus Vespasiani.
Balineum Torquati.
Balineum Vectii Bolani.
Balineum Mamertini.
Balineum Antiochiani.
Thermæ Severianæ.
Thermæ Commodianæ.
Arcus D. Veri Parthici.
Arcus D. Trajani.
Arcus Drusi.
Mutatorium Cæsaris.
Almo Fluvius.

On comptoit dans ce Quartier neuf ruës, dix petits Temples, trente six Commissaires de Quartier, deux Curateurs, deux Denonciateurs, quatre mille deux-cens cinquante Isles. Cent vingt Maisons. Treize Greniers publics, quatre-vingt-deux bains particuliers, quatre vingt trois Reservoirs d'eau, vingt Boulangeries; & tout le circuit de ce Quartier étoit de douze mille deux-cens vingt pieds.

SECOND QUARTIER appellé.

CÆLIMONTIUM.
Templum Claudii.
Macellum magnum.
Campus Martialis.
Luparia.
Antrum Cyclopis.

Castra peregrina.
Caput Africa.
Arbor Sancta.
Domus Philippi.
Domus Vectiliana.
Regia Tulli Hostilii Templumque.
Mansiones Albanæ.
Mica aurea.
Armamentarium.
Spolium Samaticum.
Ludus matutinus.
Ludus Gallicus.
Cohortes quinque Vigilum.

On comptoit dans ce Quartier sept ruës, huit petits Temples, vingt-huit Commissaires de Quartier, deux Curateurs, deux Denonciateurs, trois mille Isles, cent trente-trois Maisons, vingt-trois Greniers publics, vingt bains particuliers, douze Boulangeries; & le circuit de ce Quartier étoit de douze mille neuf cens pieds.

TROISIEME QUARTIER appellé.

ISIS & SERAPIS MONETA.
Amphitheatrum.
Ludus Magnus.
Ludus Dacicus.
Domus Bryttiana.
Samium coragium.
Pratura præsentissima.
Thermæ Titi Cæsaris Augusti.
Thermæ Trajani Cæsaris Augusti.
Thermæ Philippi Cæsaris Augusti.
Lacus Pastoris.
Schola Quæstorum.
Schola Capulatorum.
Porticus Liviæ.
Castra Misenatium.
Suburra.

On comptoit dans ce Quartier huit ruës, huit petits Temples, vingt quatre Commissaires de Quartier, deux Curateurs, deux Denonciateurs, deux mille sept cens cinquante-sept Isles, dix-huit Greniers publics, quatre-vingt bains particuliers, soixante-cinq Reservoirs d'eau, douze Boulangeries; & tout le circuit de ce Quartier étoit de douze mille quatre cens cinquante pieds.

QUATRIEME QUARTIER appellé.

TEMPLUM PACIS,
Templum Remi.
Templum Veneris.
Templum Faustinæ.
Templum Telluris.
Via Sacra.
Basilica Constantini.
Basilica Pauli Æmilii.
Sacri Portus.
Forum Transitorium.
Balineum Daphnidis.
Porticus Apsdata.
Area Vulcani cum Vulcanio.
Buccina aurea ou Buccinum aureum.
Apollo Sandalarius.
Horrea Chartaria ou Tastaria ou Testaria.
Sororium Tigillum.
Colossus altus centum duo semis.

Meta Sudans.
Carina.
Domus Pompeii.
Avita Ciceronum Domus.

On comptoit dans ce Quartier huit petits Temples, trente-deux Commissaires de Quartier, deux Curateurs, deux Denonciateurs, deux mille sept cens cinquante-sept Isles, cent trente-huit Maisons, huit Greniers publics, soixante & dix-huit Reservoirs d'eau, douze Boulangeries ; & le circuit de ce Quartier étoit de treize mille pieds.

CINQUIÈME QUARTIER appellé.

EXQUILINA cum turri & colle Viminali.
Lacus Promethei.
Macellum Liviani.
Nymphæum D. Alexandri.
Cohortes septem Vigilum.
Ædes Veneris Erycinæ ad portam Collinam.
Horti Planciani, ou Plautiani.
Horti Mœcenatis.
Regia Servii Tulli.
Hercules Sullanus.
Amphitheatrum Castrense.
Campus Exquilinus & Lucus.
Campus Viminalis sub aggere.
Lucus Petelinus.
Templum Junonis Lucinæ.
Lucus fagutalis.
Domus Aquilii Jureconsulti, Q. Catuli & M. Crassi.
Ara Jovis Viminei.
Minerva Medica.
Isis Patricia.
Lavacrum Agrippinæ.
Therma Olympiadis.

On comptoit dans ce Quartier quinze rues, autant de petits Temples, soixante Commissaires de Quartier, deux Curateurs, deux Denonciateurs, trois mille huit cens cinquante Isles, cent quatre-vingt Maisons, soixante & dix-neuf Reservoirs d'eau, vingt-trois Greniers publics, soixante & quinze Bains particuliers, douze Boulangeries ; & le circuit de ce Quartier étoit de quinze mille neuf cens pieds.

SIXIÈME QUARTIER appellé.

ALTA SEMITA.
Vicus Bellonæ.
Vicus Mamuri.
Templum Salutis, in colle Quirinale.
Templum Serapeum.
Templum Apollinis & Claræ.
Templum Flora & Circus.
Floralia.
Capitolium vetus.
Divus Fidius in Colle.
Forum Sallustii.
Fortuna publica in colle.
Statua Mamuri plumbea.
Templum Quirini.
Domus Attici.
Malum punicum, Templum Gentis Flaviæ & D. Domitiani Domus.
Horti Sallustiani.
Senatulum Mulierum.

Therma Diocletiana.
Therma Constantiniana.
Balinea Pauli.
Decem Taberna.
Ad-Gallinas albas.
Area Calidii.
Cohortes trium Vigilum.

On comptoit dans ce Quartier douze rues, seize petits Temples, quarante-huit Commissaires de Quartier, deux Curateurs, deux Denonciateurs, trois mille cinq cens quinze Isles, cent quarante-cinq Maisons, dix-huit Greniers publics, soixante, & quinze Bains particuliers, soixante & seize Reservoirs d'eau, douze Boulangeries ; & le circuit de ce Quartier étoit de quinze mille six cens pieds.

SEPTIÈME QUARTIER appellé.

VIA LATA.
Lacus Ganymedis.
Cohortes septem Vigilum ou primorum Vigilum.
Arcus novus.
Nymphæum Jovis.
Ædicula Capraria.
Campus Agrippa.
Templum Solis.
Castra Gentiana, ou Gipsiana.
Porticus Constantini.
Templum novum Spei.
Templum novum Fortunæ.
Templum novum Quirini.
Sacellum Genii Sangi.
Equi ænei Tiridatis.
Forum Suarium.
Forum Archemorium.
Horti Argiani.
Pila Tyburtina.
Ad-Mansuetos.
Lapis pertusus.

On comptoit dans ce Quartier dix rues, quarante Commissaires de Quartier, deux Curateurs, deux Denonciateurs, quatre mille trois cens quatre-vingt-cinq Isles, six-vingt Maisons, vingt-cinq Greniers publics, seize Boulangeries ; & le circuit de ce Quartier étoit de douze mille sept cens pieds.

HUITIÈME QUARTIER appellé.

FORUM ROMANUM.
Rostra Populi Romani.
Ædes Victoriæ & Ædicula Victoriæ Virginis.
Templum Julii Cæsaris in Foro.
Victoria aurea Statua in Templo Jovis Opt. Max.
Ficus Ruminalis & Lupercal Virginis.
Columna cum Statua M. Ludii.
Gracostasis.
Ædes Opis & Saturni in Vico Jugario.
Miliarium aureum.
Senatulum aureum.
Pila Horatia, & Curia.
Templum Castorum ad Lacum Juturnæ.
Templum Concordiæ.
Equus æneus Domitiani.
Atrium Minervæ.
Ludus Æmilius.

Julia Porticus.
Arcus Fabianus.
Puteal Libonis.
Jani duo.
Regia Numæ.
Templum Vestæ.
Templum Deûm Penatium.
Templum Romuli.
Templum Jani.
Forum Cæsaris.
Stationes Municipiorum.
Forum Augusti cum Æde Martis Ultoris.
Forum Trajani, cum Templo & Equo æneo & Columna Cochlide.
Cohortes sex Vigilum.
Ædicula Concordiæ, supra Græcostasin.
Lacus Curtius.
Basilica Argentaria.
Umbilicus Urbis Romæ.
Templum Titi & Vespasiani.
Basilica Pauli cum Phrygiis Columnis.
Ficus Comitialis in Comitio & Lupercal.
Ædes Veiovis inter Arcem & Capitolium prope azylum.
Vicus Ligurum.
Apollo translatus ex Apollonia a Lucullo.
Delubrum Minervæ.
Ædicula Juventæ.
Porta Carmentalis versus Circum Flaminium.
Templum Carmentæ.
Capitolium ubi Deorum simulacra celebrantur.
Curia Calabra, ubi Pontifex minor Dies pronunciabat.
Templum Jovis Opt. Max.
Ædes Jovis Tonantis in Clivo Capitolino.
Signum Jovis Imperatoris a Præneste devectum.
Asylum.
Templum vetus Minervæ.
Horrea Germanica.
Horrea Agrippina.
Aqua cernens quatuor Scauros.
Forum Boarium.
Sacellum Pudicitiæ patriciæ.
Ædes Herculis Victoris duæ, altera ad portam Trigeminam, altera in Foro Boario, cognomine rotunda & parva.
Forum Piscarium.
Ædes Mantuæ.
Vicus Jugarius, idem & Thurarius, ubi sunt aræ Opis & Cereris cum signo Vortumni.
Carcer imminens Foro.
Porticus Margaritaria.
Ludi Litterarii.
Vicus unguentarius.
Ædes Vortumni in Vice Tusco.
Elephantus herbarius.

On comptoit dans ce Quartier, douze ruës, autant de petits Temples, quarante-huit Commissaires de Quartiers, deux Curateurs, deux Denonciateurs, trois mille huit cens quatrevingts Isles, cent cinquante Maisons, soixante six Bains particuliers, dix-huit Greniers publics, six vingt Boulangeries; & le circuit de ce Quartier étoit de douze mille huit cens soixante-sept pieds.

NEUVIEME QUARTIER appellé.

CIRCUS FLAMINIUS.

Stabula quatuor factionum.
Ædes Antiqua Apollinis cum Lavatro.
Ædes Herculi magno Custodi Circi Flaminii.
Porticus Philippi.
Ædes Vulcani in Circo Flaminio.
Mimitia vetus, ou Minutia.
Mimitia frumentaria.
Porticus Corinthia Cn. Octavii, quæ prima duplex fuit.
Crypta Balbi.
Theatrum Balbi.
Jupiter Pompeianus.
Theatrum Marcelli, ubi aliud Templum Jani.
Delubrum Cn. Domitii.
Carcer centum sexaginta virûm.
Templum Bruti Callaici.
Villa publica in campo Martio.
Campus Martis.
Ædes Juturnæ ad Aquam Virgineam.
Septa trigaria.
Equiria.
Horti Lucullani.
Fons Scipionum.
Sepulcrum Augustorum.
Ciconiæ nixæ.
Pantheon.
Theatrum Pompeii.
Basilica Macidii.
Templum Divi Antonini cum Cochlide Columna.
Thermæ Adriani.
Thermæ Neronianæ, quæ postea Alexandrinæ.
Thermæ Agrippæ.
Templum boni eventus.
Ædes Bellonæ versus Portam Carmentalem; ante hanc Ædem Columna index belli inferendi.
Porticus Argonautarum.
Meleagricum.
Iseum.
Serapeum.
Minervium.
Minerva Chalcidica.
Insula Phelidii ou Phelidis.

On comptoit dans ce Quartier trente ruës, autant de petits Temples, deux cens vingt Commissaires de Quartier, deux Curateurs, deux Denonciateurs, trois mille sept cens quatre-vingt huit Isles, cent quarante Maisons, soixante trois Bains particuliers, douze Greniers publics, vingt Boulangeries; & le circuit de ce Quartier étoit de trente mille cinq cens pieds.

DIXIEME QUARTIER appellé.

PALATIUM.
Vicus Padi.
Vicus Curtarum.
Vicus Fortunæ respicientis.
Vicus Salutaris.
Vicus Apollinis.
Vicus Clivusque diei.
Roma quadrata.
Ædes Jovis Statoris.
Casa Romuli.
Prata Bacchi, ubi fuerunt Ædes Vitruvii Fundani.
Ara Febris.

Templum Fidei.
Ædes Matris Deûm : huic fuit conterminum Delubrum Sospitæ Junonis.
Domus Ceioniorum.
Suelia.
Jovis Cenatio.
Ædes Appollinis.
Ædes Deæ Viriplace in Palatio.
Bibliotheca.
Ædes Rhamnusiæ.
Pentapylon Jovis Arbitratoris.
Domus Augustana.
Domus Tiberiana.
Sedes Imperii Romani.
Auguratorium.
Ad Mammeam, hoc est Diæta Mammeæ.
Ara Palatina.
Ædes Jovis Victoris.
Domus Dionysii.
Domus Q. Catuli.
Domus Ciceronis.
Ædes Dijovis.
Velia.
Curia vetus.
Fortuna respiciens.
Septizonium Severi.
Victoria Germaniciana.
Lupercal.

On comptoit dans ce Quartier six rues, autant de petits Temples, vingt-quatre Commissaires de Quartier, deux Curateurs, deux Denonciateurs, deux mille six cens quarante-quatre Isles, quatre-vingt-huit Maisons, quatre-vingt Reservoirs d'eau, quarante-huit Greniers publics, vingt Boulangeries, trente-six Bains particuliers ; & le circuit de ce Quartier étoit de douze mille six cens pieds.

ONZIEME QUARTIER appellé.

CIRCUS MAXIMUS.
Circus Maximus.
Templum Mercurii.
Ædes Ditis Patris.
Ædes Cereris.
Ædes Veneris.
Ædes Portumni ; ad Pontem Æmilii olim Sublicii.
Porta Trigemina.
Salina.
Apollo Calispex.
Ædes Portumni.
Hercules Olivarius.
Ara Maxima.
Templum Castoris.
Ædes Cereris.
Ædes Pompeii.
Obelisci duo ; jacet alter alter erectus.
Ædes Murciæ.
Ædes Consi subterranea.
Forum Olitorium : in eo Columna est lactaria.
Ædes Pietatis in Foro Olitorio.
Ædes Junonis Matutæ.
Velabrum majus.

On comptoit dans ce quartier huit rues, autant de petits Temples, trente-deux Commissaires de Quartier, deux Curateurs, deux Denonciateurs, seize cens Isles, quatre-vingt-neuf Maisons, quinze Bains particuliers, seize Greniers publics, soixante Reservoirs d'eau, douze Boulangeries ; & le circuit de ce Quartier étoit d'onze mille cinq cens pieds.

DOUZIEME QUARTIER appellé.

PISCINA PUBLICA.
Vicus Veneris almæ.
Vicus Piscinæ publicæ.
Vicus Dianæ.
Vicus Ceios.
Vicus Triarii.
Vicus Aquæ Salientis.
Vicus Lactis tecti.
Vicus Fortunæ Mammosæ.
Vicus Colapetis Pastoris.
Vicus Portæ Radusculanæ.
Vicus Portæ Neviæ.
Vicus Victoris.
Horti Asiniani.
Area Radicaria.
Caput Viæ Novæ.
Fortuna nova.
Isis Antenodoria.
Ædes bonæ Deæ Subsaxanæ.
Signum Delphini.
Thermæ Antoninianæ.
Septem Domus Parthorum.
Campus Lanatarius.
Domus Chilonis.
Cohortes trium Vigilum.
Domus Cornificii.
Privata Adriani.

On comptoit dans ce Quartier douze rues, autant de petits Temples, quarante-huit Commissaires de Quartier, deux Curateurs, deux Denonciateurs, deux mille quatre cens quatre-vingt-six Isles, cent quatorze Maisons, quarante-quatre Bains particuliers, quatre-vingt Reservoirs d'eau, vingt-six Greniers publics, vingt Boulangeries ; & le circuit de ce Quartier étoit de douze mille pieds.

TREIZIEME QUARTIER appellé.

AVENTINUS.
Vicus Fidii.
Vicus Frumentarius.
Vicus trium viarum.
Vicus Cestii.
Vicus Valerii.
Vicus Laci milliarii.
Vicus Fortunati.
Vicus Capitis Canteri.
Vicus trium Alitum.
Vicus novus.
Vicus Loreti Minoris.
Vicus Armilustri.
Ædes Consi.
Vicus Columnæ ligneæ.
Minerva in Aventino.
Vicus Materius.
Vicus Mundiciei.
Vicus Loreti majoris, ubi erat Vertumnus.
Vicus Fortunæ dubiæ.
Armilustrum.
Templum Lunæ in Aventino.
Templum commune Dianæ.
Thermæ Varianæ.
Templum Libertatis.
Doliolum.
Ædes bonæ Deæ in Aventino.

Pri-

Privata Trajani.
Remuria.
Atrium Libertatis in Aventino.
Mappa aurea.
Platanon.
Horrea Amiceti.
Scala Gemoniæ.
Porticus Fabraria.
Schola Cassii.
Templum Junonis Reginæ.
Forum Pistorium.

On comptoit dans ce Quartier dix-sept rues, autant de petits Temples, soixante & quatorze Commissaires de Quartier, deux Curateurs, deux Denonciateurs, deux mille quatre cens quatre-vingt-huit Isles, cent trois Maisons, soixante quatre Bains particuliers, soixante & dix-huit Reservoirs d'eau, vingt-cinq Greniers publics, vingt Boulangeries; & le circuit de ce Quartier étoit de seize mille deux cens pieds.

QUATORZIEME QUARTIER appellé.

TRANS TIBERIM.
Vicus Censorii.
Vicus Gemini.
Vicus Rostrati.
Vicus Longi Aquilæ.
Vicus Statuæ Sicianæ.
Vicus Quadrati.
Vicus Raciliani majoris.
Vicus Raciliani minoris.
Vicus Janiculensis.
Vicus Bruttanus.
Vicus Larum ruralium.
Vicus Statuæ Valerianæ.
Vicus Salutaris.
Vicus Pauli.
Vicus Sexti Luceii.
Vicus Simi publici.
Vicus Patratilli.
Vicus Laci restituti.
Vicus Sauseii.
Vicus Sergii.
Vicus Plotii.
Vicus Viberini.
Gaianum.
Ædes Jovis, Æsculapii & Fauni, in Insula.
Naumachia.
Cornisca.
Vaticanus.
Hortus Domitii.
Janiculum.
Mama Sacellum.
Balineum Ampelidis.
Balineum Priscilliana.
Statua Valeriana.
Statua Siciana.
Sepulchrum Numæ.
Cohortes septem Vigilum.
Caput Gorgonis.
Templum fortis Fortunæ.
Area Septimiana.
Janus Septimianus.
Hercules cubans.
Campus Bruttanus.
Campus Codetanus.
Horti Getæ.
Castra Lecticareorum.

On comptoit dans ce Quartier vingt-deux rues, autant de petits Temples, quatre-vingt-huit Commissaires de Quartier, deux Curateurs, deux Denonciateurs, quatre mille quatre cens cinq Isles, cent cinquante Maisons, quatre-vingt-six Bains particuliers, quatre-vingt Reservoirs d'eau, vingt-deux Greniers publics, vingt-deux Boulangeries; & le circuit de ce Quartier étoit de trente-trois milles quatre cens soixante & dix-huit.

On voyoit outre cela à Rome trois endroits où le Sénat s'assembloit (*Senatula*): l'un entre le Capitole & le Marché; un autre à la Porte Capène, & le troisième près du Temple de Bellone dans le Cirque Flaminien. L'Empereur Héliogabale fit bâtir un Lieu pour l'Assemblée des Dames & que l'on appella *Senatulum Matronarum*.

Les Bibliothèques publiques étoient au nombre de vingt-neuf, & les deux plus considérables étoient la Palatine & l'Ulpiéne.

Il y avoit six grands Obelisques: deux dans le grand Cirque; le plus grand de ceux-ci avoit cent trente-deux pieds de longueur, & le plus petit avoit quatre-vingt-huit pieds & demi. Le troisième qui étoit sur le Vatican avoit soixante & douze pieds; le quatrième qui se voyoit dans le Champ de Mars étoit de même longueur. Les deux autres qui accompagnoient le Mausolée d'Auguste, étoient égaux & avoient chacun quarante-deux pieds & demi.

Le nombre des petits Obelisques alloit jusqu'à quarante-deux, & sur la plus grande partie on voyoit des caractères Egyptiens.

On comptoit encore à Rome huit Ponts:

Milvius.
Ælius.
Vaticanus.
Janiculensis.
Fabricius.
Cestius.
Palatinus.
Æmilius, auparavant *Sublicius*.

HUIT CHAMPS.

Viminalis.
Exquilinus.
Agrippa.
Martius.
Codetanus.
Bruttanus.
Lanatarius.
Pecuarius.

Sans compter celui qu'on nommoit *Campus Vaticanus*, & qui étoit au delà du Tibre.

DIX-SEPT MARCHEZ.

Romanum, ou le grand Marché.
Cæsaris.
Augusti.
Boarium.
Transitorium.
Olitorium.
Pistorium.
Trajani.
Ænobarbi.

Suarium.
Archemorium.
Diocletiani.
Gallorum.
Rusticorum.
Cupedinis.
Piscarium.
Sallusti.

Onze Basiliques.

Ulpia.
Pauli.
Vestini.
Neptumnii.
Macidii.
Martiana.
Vastellaria.
Flosselli.
Sicinnini.
Constantiniana.
Porcia.

Douze Thermes ou Bains.

Trajani.
Titi.
Agrippæ.
Syriaca.
Commodiana.
Severiana.
Antoniniana.
Alexandrina ou *Neroniana.*
Diocletiana.
Deciana.
Constantiniana.
Septimiana.

Vingt Aqueducs ou autres Eaux.

Appia.
Martia.
Virgo.
Claudia.
Herculanea.
Tepula.
Damnata.
Trajana.
Annia.
Halsia, *Alsientena* ou *Augusta.*
Cærulea.
Julia.
Algentiana.
Ciminia.
Sabbatina.
Aurelia.
Septimiana.
Severiana.
Antoniniana.
Alexandrina.

Vingt-neuf Voyes.

Appia.
Latina.
Labicana.
Campana.
Prænestina.
Tiburtina.
Collatina.
Nomentana, ou *Figulensis.*
Salaria.
Flaminia.
Æmilia.
Claudia.
Valeria.
Ostiensis.
Laurentina.
Ardeatina.
Setina.
Quintia.
Gallicana.
Triumphalis.
Patinaria.
Ciminia.
Cornelia.
Tiberina.
Aurelia.
Cassia.
Portuensis.
Gallica.
Latioulensis.

Il y avoit outre cela deux Capitoles ; le vieux & le nouveau.

Deux Amphithéatres.
Deux Colosses.
Deux Colonnes Cochlides.
Deux Boucheries.
Trois Théatres.
Cinq Ecoles pour les Exercices.
Cinq Naumachies ou Canaux dans lesquels, on donnoit au Peuple la représentation d'un combat naval.
Onze bains où les femmes se baignoient seules.
Vingt-quatre Chevaux de cuivre doré.
Quatre-vingt quatorze Chevaux d'Yvoire.
Des bas-reliefs sans nombre.
Trente-six Arcs de triomphe bâtis de marbre.
Quarante-cinq lieux de Débauche.
Cent quarante-quatre Latrines publiques.
Dix Cohortes Prétoriennes.
Quatre Cohortes de la Ville.
Six Cohortes pour le Guet ou la Patrouille.
Quatorze Corps de Garde.
Deux Drapeaux de Cavalerie.
Le Camp commun des Etrangers.
Le Camp des Misenates.
Le Camp des Ecrivains.
Le Camp des Porteurs de Litiéres.
Le Camp de ceux qui assommoient ou égorgeoient les Victimes.
Le Camp de ceux qui assaisonnoient ou vendoient tout ce qui se confit au vinaigre ou à l'eau, ou qui se garde sec pour l'usage de la Table.
Le Camp de ceux qu'on appellé *Salicarii.*
Deux Camps de Cavaliers appellés *singuli.*
Vingt-quatre mille Tables où l'on vendoit de l'huile.

Le nom de Rome, en Latin *Roma*, a toujours été conservé à cette Ville, quoique l'on ait quelquefois essayé de le changer. L'Empereur Commode voulut lui faire porter le nom de *Colonie Commodienne* ; Le Roi des Goths, l'appella *Gothie* ; elle a aussi été nommée *Valence*, *Cepsalon*, & la *Ville d'Auguste* ; mais l'intention des Souverain qui prétendirent lui donner leur nom ne fut pas suivie par leurs Successeurs. Le nom d'Urbs lui a aussi été attribué par les Auteurs Latins. On lui a donné ce nom par préférence, à cau-

cause du rang qu'elle tenoit sur toutes les autres Villes du Monde. On a dit aussi *Rome Chrétienne* & *Rome Profane*, & *Rome ancienne*, & *Rome moderne*.

Les Auteurs sacrez de l'Ancien Testament, qui ont écrit en Hébreu, n'ont jamais nommé cette Ville ; mais elle est fort connue dans les Livres des Maccabées, & dans ceux du Nouveau Testament. St. Pierre dans sa première Epître [a] l'a désignée sous le nom figuré de Babylone : *Salutat vos Ecclesia quæ est in Babylone*. St. Jean dans l'Apocalypse [b] la désigne aussi plus d'une fois ce nom; & il la caractérise d'une manière qui ne peut convenir qu'à elle seule, par son Empire sur tous les Peuples, par sa cruauté envers les Saints, & par les sept Montagnes sur lesquelles elle est assise [c]. Les Rabbins donnent ordinairement à Rome le nom d'Edom ; & ils croient que les Prophéties prononcées contre Edom, auront leur accomplissement dans la ruïne de cette grande Ville. Quelques Protestans ont nié, contre le consentement de toute l'Antiquité, que l'Apôtre St. Pierre ait jamais été à Rome. Ils prétendent que la Ville de Babylone dont il parle dans sa première Epître est la Babylone de Chaldée ou celle d'Egypte. Ils rejettent comme autant de Fables tout ce que l'on a publié des Voyages de St. Pierre à Rome, de ses combats contre Simon le Magicien & de son Martyre dans la même Ville. Mais en vérité si ce fait n'est pas certain, je ne sais ce qui le sera dans l'Histoire Ecclésiastique. Nous avons pour attester toute l'Antiquité qui l'a assuré, sans que personne l'ait osé nier. Enfin nous avons des Monumens, des Tombeaux, des Eglises, des Statuës, des Peintures, des Lieux publics qui rendent témoignage à la prison & au Martyre de St. Pierre à Rome. Voyez la Dissertation de Dom Calmet sur ce sujet, dans le dernier Tome de son Commentaire.

St. Paul est allé deux fois à Rome : la première en l'année 61. de J. C. lorsqu'il appella à César ; & la seconde en l'année 65. un an avant son Martyre, arrivé dans l'année 66. de l'Ere vulgaire.

St. Pierre a été aussi à Rome plus d'une fois ; on croit qu'il y alla en l'année 42. & qu'alors il y établit son Siège. Il put encore y retourner vers les années 45. 58. & 65. de l'Ere vulgaire. Il y fut martyrisé en l'année 66.

St. Jean l'Evangéliste fut banni d'Ephèse & envoyé à Rome pendant la persécution de Domitien, en l'année 95. de l'Ere vulgaire. Il y fut plongé dans l'huile bouillante, sans en recevoir aucune incommodité ; il en sortit même plus net & plus vigoureux qu'il n'y étoit entré.

Nous avons vu plus haut que Romulus avoit bâti Rome sur le Mont Palatin. Ses Successeurs aggrandirent peu à peu la Ville : Le Mont Celius y fut ajouté par Tullus ; le Janicule & l'Aventin par Ancus ; le Viminal, le Quirinal & l'Esquilin par Servius Tullius ; ce qui occasionna le nom célèbre de *Septicollis*, qu'on donna à cette Ville, à cause des sept Montagnes sur lesquelles elle étoit bâtie. Depuis elle a été aggrandie en divers tems, & présentement elle renferme douze Montagnes, qui sont :

Monte
- *Capitolino*,
- *Palatina*,
- *Aventino*,
- *Celio*,
- *Esquilino*,
- *Viminale*,
- *Quirinale* ou *Monte-Cavallo*,
- *Janiculo*,
- *Pincio*,
- *Vaticano*,
- *Citorio*,
- *Giordano*.

Il ne faut pas se figurer ces Montagnes, comme des hauteurs bien considérables ; ce ne sont que des Collines que l'on monte par quelques endroits presque insensiblement. Vopiscus qui vivoit sous l'Empire de Dioclétien a écrit, que les Murailles qu'Aurélien bâtit autour de Rome avoient un circuit de cinquante milles. Mais soit que Vopiscus ait écrit trop legèrement une chose, sur laquelle il n'avoit pas fait de réfléxion, soit que par la faute des Copistes, ce passage qu'on allégue de lui ne nous ait pas fidélement été transmis, le fait est absolument faux. Il semble que les Auteurs qui ont parlé de l'étendue de la Ville de Rome, se soient fait un plaisir d'en dire des choses extravagantes ; & Isaac Vossius entre autres homme sujet à de malheureuses idées a exagéré en ce point d'une manière énorme. Malgré tous les Anciens & les Modernes, il seroit aisé de prouver d'une manière démonstrative, que jamais l'enceinte des murs de Rome, n'a été plus grande que celle des murs qui subsistent aujourd'hui ; dont le tour en suivant même les angles & les sinuositez qu'ils forment, n'est que de treize des plus petits milles ; que par conséquent cette Ville immense & infinie, comme on la nomme n'a jamais été à beaucoup près si vaste entre ses murs, que l'est aujourd'hui ce qu'on appelle Londres dans son tout ; c'est-à-dire y compris Westminster ; & que cette même Ville de Londres contient réellement un plus grand nombre d'Habitans, que jamais Rome n'en a contenu. De sorte que si dans la splendeur de l'ancienne Rome, Properce a eu raison de dire :

Hoc quodcumque vides, Hospes, quàm maxima Roma est,
Ante Phrygem Æneam collis & herba fuit.
Atque ubi navali stant sacra Palatia Phœbo,
Evandri profuga procubuere boves.

on peut dire aujourd'hui avec un autre Poëte :

Hac, dum viva, sibi septem circumdedit arces,
Mortua nunc septem contegitur tumulis.

Le Pére Labat [d] a eu la curiosité de faire le tour de Rome hors des murs. Il gagna le long de Ripa, c'est ainsi qu'on appelle le grand Port de Rome, & dé-là la Porte d'Ostie ou plûtôt de Porto, d'où tournant à droite il marcha le long des murs nouveaux qui ferment ce quartier ; il ne paroît par aucun vestige que les murs qui renferment l'autre partie de la Ville, qui est la plus considérable, ayent été continuez, depuis le bas Tibre à la Por-

Porte d'Oſtie juſqu'au Château Saint-Ange Toute cette enceinte de murs eſt baſtionnée d'une maniere fort irréguliere, parce qu'on a ſuivi le terrain comme on a pû. Il y a des Baſtions à orillons, d'autres à flancs droits, des courtines rentrantes, ſaillantes, droites; il y en a de longües, de courtes, des demi-Baſtions & des Baſtions entiers. Il ſemble que l'Ingénieur ait voulu faire voir toute ſa Science, & s'égayer dans ſon Ouvrage aux dépens de la bourſe de celui qui le faiſoit travailler.

On compte douze Baſtions depuis la Porte de Porto, juſqu'à celle des Chevaux legers. Cette Porte eſt dans une enceinte particuliere, qui enferme le Quartier, appellé le Bourg Saint Pierre, parce qu'il contient l'Egliſe de Saint Pierre, le Palais Vatican & ſes environs. Le douziéme Baſtion ou Demi-Baſtion a une face énorme défendüe par la courtine, & un Tourion qui eſt à la Porte des Chevaux-Legers. On voit en quelques endroits des traces du foſſé que l'on a voulu faire devant cette enceinte, ſans aucun Ouvrage extérieur.

L'enceinte du Bourg S. Pierre, commence à la ruë appellée la *Longara*, & finit au foſſé du Château Saint-Ange dans les prairies de Néron. Elle eſt baſtionnée, & d'un meilleur goût, que celle dont on vient de parler; mais elle ne vaut pas mieux. Il y a en quelques endroits des reſtes du foſſé, en d'autres pas la moindre apparence. On voit derriere l'Egliſe S. Pierre, un grand reſte de vieille muraille avec quelques Tours à l'antique, qui paroiſſent d'un autre tems, & qui ſont en effet d'une autre fabrique, que celles que l'on voit dans l'enceinte au-delà du Tibre, en commençant à la Porte du Peuple, & finiſſant au-deſſous du *Monte Sacro*.

Du Baſtion qui eſt à l'extrémité du Palais Vatican juſqu'au Baſtion, le plus ſaillant des cinq qui font le Fort ou Château Saint-Ange, il n'y a qu'une très-longue muraille avec un flanc à peu près dans le milieu de ſa longueur, ce qui compoſe une courtine, & une face ſi longue & ſi droite, qu'il n'y a que le canon qui puiſſe porter d'un bout à l'autre.

En rentrant dans la Ville par la Porte Angelique, on peut ſe promener ſur le rempart qui eſt large & orné de deux rangées d'arbres: on y voit le plat Païs qui eſt aux environs, appellé les prairies de Néron.

La Porte qui en eſt la plus voiſine, eſt celle du Château Saint-Ange. Le Pére Labat étant ſorti par cette Porte fit le Tour du glacis du Château Saint-Ange, & continua ſon chemin le long du Tibre, juſqu'au bac au-deſſus de *Ripetta*, où il le paſſa, & alla à *Papa Giulio*. C'eſt ainſi qu'on appelle une aſſez bonne Hôtellerie, hors de la Porte de Rome vis-à-vis la vigne du Pape Jules III. Cet endroit étant hors de la Ville, n'eſt point compris dans la défenſe que les Prêtres & les Moines ont de ne pas entrer dans les cabarets; c'eſt le rendez-vous de tous les Etrangers. Il revint à la Porte du Peuple, & continua ſon voyage juſqu'à la vigne Borgheſe, qu'il alla voir. Le Palais n'eſt pas bien grand, mais les jardins ſont très-grands & bien entretenus. On y trouve l'utile, & le delectable. La vuë en eſt belle, parce qu'ils ſont ſur la hauteur du *Monte Pincio* hors de la Ville; ils s'étendent preſque juſqu'aux murailles. On prétend qu'elles ont été faites par le fameux Beliſaire, elles ſont aſſez hautes, bien ſolidement bâties, & fortifiées de Tours quarrées, aſſez voiſines les unes des autres; quelques-unes, à ce qu'on dit, ſont habitées par des Hermites, & d'autres par des Perſonnes de vertu équivoque.

Il rentra par la Porte Pie appellée autrefois *Porta Viminalis*, & alla voir le Quartier appellé *Caſtra Prætoriana*, ou le Camp des Prétoriens, qui étoit ſéparé de la Ville par une muraille, & des Tours dont on voit encore quelques reſtes; c'eſt tout ce qu'on y remarque. Tout cet endroit eſt occupé par des jardinages avec quelques hautes & mauvaiſes Maiſons. Il retourna par les Thermes de Dioclétien, & acheva le tour des murailles, en ſortant par la Porte S. Laurent, & rentrant par celle de S. Paul, aſſez voiſine du Tombeau de Ceſtius, qui avoit ordonné que l'on mit ſon Corps de maniere, qu'il ne fut ni dedans ni dehors de la Ville.

Selon le calcul de ce Pére la Ville de Rome a au plus 4. lieues de tour. Si on en croit les Romains, dit-il, Rome eſt encore aujourd'hui la plus grande Ville du Monde; mais ſi on s'en rapporte aux gens deſintereſſez, Paris mérite cette gloire, & l'emporte ſur Rome & même ſur Londres, quelque choſe que puiſſent dire les Anglois un peu idolâtres de leur Capitale. Il eſt néanmoins certain que Rome eſt auſſi grande que Paris ſi on la meſure par l'enceinte de ſes murailles. On prétend que celles qu'on y voit aujourd'hui ſont les mêmes qui y étoient du tems du fameux Beliſaire. Mais ces murailles renferment une très-grande quantité de Lieux non habitez, de jardins ſpacieux, auxquels on a donné le nom de Vignes; des Champs, Terres incultes; de maniere qu'il y a beaucoup plus de la moitié du terrein renfermée dans ſon enceinte, & cette moitié n'eſt ni Ville, ni Village, mais des champs ou des Jardins. Il n'y a qu'à jetter les yeux ſur le Plan de Rome pour ſe convaincre de cette verité. On verra que toute la Partie Orientale, c'eſt-à-dire tout ce qui eſt à la gauche du Tibre, depuis les ruines du Pont Senatorial, en paſſant par le Marché aux Bœufs pour gagner St. Jean de Latran, n'eſt abſolument point habité; que depuis St. Jean de Latran juſqu'à Ste. Marie Majeure, & les Thermes de Dioclétien où eſt la Chartreuſe, ce ne ſont que des Jardins, des Vignes & des terres où l'on cultive des légumes & des herbages. C'eſt preſque encore la même choſe depuis les Chartreux, en paſſant derriere la Place Barberine, la Trinité du Mont & la Vigne de Medicis. Les jardins du Vatican, & les derrieres de Saint Pierre occupent au moins un tiers de la partie qu'on appelle le Bourg, & tout ce qui eſt à l'Occident de la Longara juſqu'au Tibre, n'eſt encore que des jardins, ou des lieux peu habitez, de maniere qu'on ne fait pas tort à Rome en diſant que la partie habitée de la Ville eſt environ le tiers de Paris. Ce que ces deux Villes ont de commun, c'eſt qu'elles ne ſont point fortifiées. On ne peut pas compter à Rome pour

For-

Fortification sont ancienne enceinte de murailles avec ses Tours, ni les mauvais Bastions qui sont depuis le Château St. Ange jusqu'à la Porte de Porto sur le Tibre. Ils pourroient faire à peu près la même résistance que ceux que l'on voyoit autrefois à Paris, depuis l'Arsenal jusqu'à la Porte de St. Honoré, dont il en reste encore quelque chose vers la Porte de St. Antoine. Voici le dénombrement des Habitans de Rome, fait en 1709.

Eglises Paroissiales,	81.
Familles,	3242.
Evêques,	40.
Prêtres,	2646.
Moines & Réligieux,	3556.
Réligieuses,	1814.
Ecoliers demeurans dans les Colléges,	1113.
Courtisans des Cardinaux,	1738.
Pauvres des Hôpitaux,	1989.
Prisonniers,	361.
Mâles de tout âge,	80437.
Femelles de tout âge,	58095.
Gens capables de communier,	106740.
Enfans & autres qui ne communient pas,	31828.
Nombre de ceux qui ont communié,	106602.
Ceux qui n'ont pas communié,	138.
Courtisanes ou femmes publiques,	393.
Mores,	14.
Pinzoche ou Bisoche, ou femmes dévotes qui portent l'habit du Tiers-Ordre de quelque Religion,	76.
Enfans nez dans l'année,	3662.
Morts de tout âge & de tout séxe,	3947.
TOTAL des Habitans,	138568.

Sans compter les Juifs qui sont huit à dix mille ames.

a Addisson, On observe généralement [a] que *Rome mo-*
Voy. d'Ita- *derne* est plus haute que l'ancienne d'environ
lie. p. 187. quatorze ou quinze piés, selon la suputation de
& suiv. quelques-uns, comparant un endroit avec l'autre. La raison de cela est, que la Ville d'aujourd'hui est sur les ruines de l'autre. Et on remarque qu'où il y a un nombre de bâtimens de quelque considération, on y trouve toûjours un Tertre ou une colline, faits sans doute des restes ou des décombres de l'Edifice ruiné. Outre cette raison particuliére, on en peut encore apporter une autre, qui a bien contribué, en plusieurs endroits, à cette situation élévée de la Terre, qui a été emportée des Montagnes par la violence des pluyes. Cela est sensible à tous ceux qui observent combien plusieurs bâtimens qui sont proche du pied de ces Montagnes sont enfoncés dans la Terre, que ceux qui sont sur le sommet ou dans les plaines. De sorte que la surface de Rome est aujourd'hui beaucoup plus égale qu'elle n'étoit autrefois; la même cause qui a élevé les Terres les plus basses, ayant enfoncé les plus hautes.

Il y a à *Rome* deux sortes d'*antiquités*, l'une *Chrétienne*, l'autre *Payenne*. Les premiéres quoique d'une date plus fraiche, sont tellement embarassées de Fables & de Legendes, qu'on a fort peu de satisfaction à les examiner. Les autres donnent beaucoup de plaisir à ceux qui les ont vues auparavant dans les *anciens Autheurs*; car à Rome à peine peut-on voir un objet qui ne fasse ressouvenir de quelque passage, ou d'un *Poëte*, ou d'un *Historien Latin*. Entre les restes de l'ancienne Rome, la grandeur de la République éclate principalement dans les Ouvrages qui étoient ou nécessaires ou convenables, comme par exemple les grands Chemins, les Aqueducs, les Murailles, & les Ponts de la Ville. Au contraire la magnificence de Rome sous les Empereurs se voit principalement dans des Ouvrages qui étoient faits plûtôt pour l'Ostentation ou pour le luxe, que pour quelque utilité ou nécessité. Tels sont les bains, les Amphithéatres, les Cirques, les Obélisques, les Colomnes, les Mausolées, les Arcs de Triomphe. Car ce qu'ils joignoient aux Aqueducs, étoit plûtôt pour fournir leurs Bains & leurs Naumachies, & pour embellir la Ville par des Fontaines, que pour quelque nécessité éffective qu'on en eût. Ces divers Restes ont été si amplement décrits par Quantité de Voyageurs, & d'autres Ecrivains, particuliérement par ceux qui se trouvent dans le savant Recueil de *Gronovius*, qu'il est fort difficile de faire de nouvelles découvertes sur un sujet si rebatu. Cependant il y a tant de choses remarquables dans un champ si spacieux, qu'il est presqu'impossible de les considérer sans avoir de nouvelles idées, & sans faire différentes réflexions, ou selon le tour d'esprit que l'on a, ou selon les études que l'on a faites.

Il n'y a rien parmi les Antiquités de Rome qui plaise davantage que les anciennes Statues, dont on trouve un nombre incroyable. L'Ouvrage est ordinairement ce qu'il y a de plus exquis en son genre. On est surpris, pour ainsi dire, de voir de la vie dans le marbre, autant que l'on en voit dans les meilleures & même dans les plus chétives statues. On a la satisfaction de voir les Visages, les Postures, les Airs, & les Habits de ceux qui ont vécu tant de siécles avant nous. Il y a une admirable ressemblance entre les figures de diverses Divinitez Payennes, & les Descriptions que les Poëtes Latins nous en ont données; mais les figures pouvant être regardées comme plus anciennes, il ne faut pas douter, que les anciens Poëtes n'ayent été les Copistes de la sculpture Grèque, quoiqu'en d'autres occasions on trouve souvent, que la sculpture a pris ses sujets dans les Poëtes.

Quoique les Statues [b] qui ont été trou- *b Ibid. p.*
vées parmi les débris de l'ancienne Rome, *207. & suiv.*
soient déja fort nombreuses, il n'y a point de doute que la Postérité aura le plaisir de voir plusieurs belles piéces de sculpture, qui ne sont pas encore découvertes. Car assurément il y a encore sous la Terre plus de Trésors de cette nature, qu'il n'y en a dessus. On a souvent fouillé les endroits marqués dans les anciens Autheurs, pour trouver des Statues, ou des Obélisques, & on n'a guères été trompé dans cette recherche. Il y a encore plusieurs endroits qui n'ont jamais été visités. Par exemple, une grande Partie du *Mont Palatin*, où l'on n'a point touché; & comme c'étoit autrefois le Siége du Palais de l'Empereur, on peut présumer, qu'il y a plus de Trésors de cette espéce, qu'en aucun autre Lieu de Rome. Mais parceque le Pape s'at-

X tri-

tribue ce qu'il y a de plus riche dans ces découvertes, ou pour quelqu'autre raison, on dit que les Princes Farneses, à qui appartenoit ce Quartier-là, n'ont voulu jamais permettre de le remuer. Il y a des Entrepreneurs à Rome, qui achétent souvent le droit de fouiller des Champs, des Jardins, ou des vignobles, dans lesquels ils ont quelque espérance de réussir; & il y en a qui sont devenus fort riches par ces sortes d'entreprises. Ils payent l'étenduë de la surface qu'ils ont à remuer; & après l'essay, comme on fait en Angleterre pour les Mines de Charbon, ils fouillent les endroits qui promettent le plus; s'ils sont trompez dans leur attente, & que d'autres y ayent été auparavant, ils gagnent ordinairement assez de briques, & de décombres, pour se rembourser des fraix de leur recherche; parce que les Architectes estiment plus ces matériaux anciens que les nouveaux. Mais on suppose que le lit du Tibre est le grand Magazin de toutes ces sortes de Trésors. Il y a tout lieu de croire, que quand les Romains appréhendoient de voir leur Ville saccagée par les Barbares, ils ne manquoient pas de jetter dans la Riviére ce qu'ils avoient de plus précieux, & qui devoit le moins souffrir de l'eau, sans parler de cet ancien égout qui se rendoit de tous les côtez de la Ville dans le Tibre, ni de la violence & des fréquens débordemens de cette Riviére, qui ont emporté plusieurs ornemens de ses bords, ni de la quantité de Statuës, que les Romains mêmes y jettoient, quand ils vouloient se vanger ou d'un méchant Citoyen, ou d'un Tyran mort, ou d'un Favori disgracié. A Rome l'opinion est si générale des richesses de cette Riviére, que les Juifs ont autrefois offert au Pape de la nettoyer; pourvû qu'ils eussent pour récompense ce qu'ils trouveroient au fond. Ils proposérent de faire un nouveau Canal dans la Vallée près de *Ponte Molle*, pour recevoir les eaux du Tibre, jusqu'à ce qu'ils eussent vuidé, & nettoyé l'ancien. Le Pape ne voulut pas y consentir, craignant que les chaleurs ne vinssent devant qu'ils eussent fini leur entreprise, & que cela n'apportât la peste. La Ville de Rome recevroit un grand avantage d'une telle entreprise, on reléveroit ainsi les bords du Tibre, & par conséquent on remédieroit aux débordemens auxquels il est à présent si sujet: car on observe que le Canal de la Riviére est plus étroit dans la Ville qu'il n'est au-dessus & au-dessous.

Après les Statuës il n'y a rien à Rome qui surprenne davantage que la grande variété des Colonnes de marbre. Comme l'on peut bien supposer, que la plûpart des anciennes Statuës ont moins coûté à leurs prémiers maîtres, qu'à ceux qui les ont achettées depuis; il y a au contraire diverses Colonnes qui sont assurément estimées beaucoup moins aujourd'hui qu'elles ne le furent autrefois. Sans parler de ce qu'une grosse Colonne ou de Granite, ou de marbre serpentin, ou de Porphyre, doit coûter dans la carriére, ou pour son port d'Egypte à Rome, on peut considérer seulement la grande difficulté de la tailler, de lui donner sa forme, sa proportion & son poli. Tout le monde sait, comme ces marbres résistent à tous les Instru-

mens qui sont aujourd'hui en usage. Il vaut mieux croire que les Anciens avoient quelque secret pour durcir les taillans de leurs outils, que de recourir aux opinions extravagantes, que l'on a communément, ou qu'ils avoient le secret d'amolir la pierre, ou qu'elle étoit naturellement plus molle, au sortir de la Roche, ou ce qui est encore plus absurde, que c'étoit une composition, & non pas la production naturelle des Mines & des Carriéres. Quant à la forme de ces anciennes Colonnes, Mr. Godet a observé, que les Anciens n'ont pas gardé autant d'exactitude, de proportion & de règle que les Modernes. Quelques-uns pour excuser ce défaut le rejettent sur les Ouvriers d'Egypte, & des autres Pays, qui envoyoient à Rome la plûpart des anciennes Colonnes toutes travaillées: d'autres disent que les Anciens, sachant que le but de l'Architecture est principalement de plaire à l'œil, prenoient soin seulement d'éviter des disproportions, assez grossiéres pour être observées par la vuë, sans regarder si elles approchoient de l'exactitude Mathématique. D'autres soutiennent que c'est plutôt l'effet de l'art, & de ce que les Italiens appellent *il Gusto grande*, que de quelque négligence de l'Architecte. Les Anciens, ajoutent-ils, considéroient toûjours l'assiette d'un bâtiment, s'il étoit haut ou bas, dans une Place ouverte, ou dans une ruë étroite, & ils s'écartoient plus ou moins des règles de l'art pour s'accommoder aux diverses distances & élévations, d'où leurs Ouvrages devoient être regardez. Quand je parle des Colonnes, je comprends sous ce mot les Obélisques. C'est dommage que ceux qui nous restent, n'ayent pas été chargez de diverses parties de l'Histoire d'Egypte, au lieu d'Hiéroglyphes. Cela auroit donné bien de la lumiére aux Antiquitez de ce Pays-là.

Tous les Obélisques de Rome sont quadrangulaires & finissent en pointe aiguë. C'étoit comme autant de rayons du Soleil, cette grande Divinité que les Egyptiens adoroient sous le nom d'Osiris, & dans lequel ils faisoient habiter les Etres, les Génies & les Ames de l'Univers. Les quatre Angles regardoient les quatre coins du Monde, & signifioient les quatre Elémens. Quelques-uns ont supposé que les Hieroglyphes de ces Obélisques contenoient des éloges des Rois, ou des Histoires de quelques faits mémorables; & que ces Monumens n'étoient érigez que dans la double vuë de servir d'ornement & d'honorer les Heros de la Nation. Mais ceux qui ont fouillé plus avant dans ces recherches, ont fort bien prouvé que c'étoient des Livres ouverts qui exposoient aux yeux du Public les Mystéres de la Théologie, de l'Astrologie, de la Métaphysique, de la Magie, & de toutes les Sciences que les Egyptiens cultivoient. Ces Obélisques sont tous de Granite, espèce de marbre d'une dureté extrême, & d'une longue durée. On assure même qu'il résiste long-tems au feu, & apparemment que la solidité de la matiére étoit la raison du choix qu'on en faisoit.

Quant aux Fontaines on peut dire que Rome Chrétienne a eu les mêmes vuës que Rome Payenne. On ne peut rien ajouter aux soins qu'elles se sont données, pour faire venir de l'eau en abondance dans cette grande

Vil-

Ville. Les dépenses excessives qu'il falut faire pour construire des Aqueducs de vingt & trente milles de longueur, & pour les entretenir, ont paru très peu de chose en comparaison de la commodité qu'on en retire ; en cela & en bien d'autres choses les Romains ont fait voir la supériorité de leurs génies, & leur attention pour le bien public.

Il paroîtra peut-être surprenant qu'on se soit donné tant de mouvemens pour apporter de l'eau dans cette Ville, qui est traversée par une grosse Riviére. Mais on cessera de s'en étonner, quand on fera réflexion que le Tibre, ce Fleuve d'ailleurs si célébre n'est bon à rien. Son eau est presque toûjours bourbeuse, la moindre pluye la trouble, elle est toûjours chargée d'un Limon, qu'on assure être d'une qualité pernicieuse. On dit même, que les poissons du Tibre, ne sont ni sains, ni de bon goût.

De quelque côté qu'on arrive à Rome, on apperçoit toujours le Dome de St. Pierre qui surmonte les Clochers, & tout ce qu'il y a de plus exhaussé dans la Ville, où le Tibre fait une petite Isle. Le cours de cette Riviére dans Rome est du Nord au Sud, & la partie de la Ville qui est à la droite, & qu'on appelle *Trastevere*, est cinq ou six fois moins grande que l'autre. Du premier abord à regarder Rome en général, on n'y trouve point de beauté surprenante, sur tout quand on a vu plusieurs autres Villes fameuses. Mais plus on y séjourne, plus on y découvre de choses qui méritent d'être considérées. Tout est plein dans Rome, & aux environs, des restes de son ancienne grandeur. Cette fiére Maîtresse de l'Univers s'enrichissoit des meilleures dépouilles des Provinces qu'elle subjuguoit.

Le *Ponte Sant' Angelo* par où quelques Voyageurs, ont commencé à décrire la Ville de Rome est celui qu'on appelloit anciennement *Pont-Ælius*, du nom de l'Empereur *Ælius Adrianus* qui le fit bâtir, & il a pris celui de *Ponte Sant' Angelo*, qu'il porte aujourd'hui, à cause que St. Grégoire le Grand, étant sur ce Pont vit, à ce qu'on dit, un Ange sur le *Moles Adriani*, qui remettoit son Epée dans le fourreau, après une grande peste qui avoit désolé toute la Ville. On voit sur ce Pont une belle Balustrade de fer, avec douze Statues de marbre que le Pape Clément IX. fit faire ; & en jettant les yeux sur la Riviére, on découvre à gauche les ruines du Pont Triomphal, qui fut ainsi appellé à cause que tous les Triomphes passoient par-dessus pour aller au Capitole ; ce qui fit que ce passage ne demeura plus libre, & que par un Decret du Senat, il fut défendu aux Paysans.

Le Château St. Ange est au bout du *Ponte Sant' Angelo*. C'est ce qu'on appelloit *Moles Adriani*, & ce Château avoit pris ce nom, parce que l'Empereur Adrien y avoit été enterré. Il est bâti de grandes pierres. Sa figure est ronde, & on y monte par trois différens Degrez, qui vont toujours en retrecissant, jusqu'à la pointe, sur laquelle étoit la pomme de Pin de cuivre doré, qu'on voit encore aujourd'hui dans le jardin de Belvedére. Il y avoit sur les faces de ce Bâtiment quantité de Colonnes de marbre, & une infinité de Statues. Belisaire pendant la guerre des Goths, trouva que cet Edifice étoit assez bien situé pour en faire un Fort ; & les Romains s'y défendirent long-tems, rompirent & briserent les Colonnes & les Statues, dont ils jetterent les morceaux sur les Goths qui les assiégeoient. Les Papes l'ont changé depuis ce tems-là en un vrai Château de guerre. Boniface VIII. Alexandre VI. & Urbain VIII. le rendirent régulier. Ils en firent une Place à cinq Bastions, sur lesquels il y a de bons Canons, dont le plus grand nombre a été fait de plusieurs Statues des Faux Dieux & autres Ornemens du Panthéon. Ces Fortifications ont été renforcées de trois enceintes de murailles & de Boulevards, qui en font une Place importante, & un Lieu de refuge pour les Papes, s'il arrivoit quelque trouble dans la Ville. C'est dans ce Château qu'on enferme les prisonniers d'Etat, & qu'on garde les cinq millions, que Sixte V. y déposa avec une Bulle, qui défend sous peine d'excommunication de s'en servir, que dans la nécessité la plus pressante. On garde aussi dans ce Château la triple Couronne appellée *Regno*, avec les principales Archives de l'Eglise Romaine.

Au sortir de là on entre dans le *Borgo*, d'où l'on tourne vers l'Eglise de St. Pierre. En y allant on trouve l'Eglise des Carmes appellée *Santa Maria Transpontina*. On y voit dans une Chapelle, à main gauche, deux Colonnes de pierre enchassées dans du bois ; & auxquelles St. Pierre & St. Paul furent attachez, quand on les fustigea avant que de les faire mourir. On passe ensuite devant le Palais Campeggi, bâti par le fameux Bramante. Il a été autrefois au Cardinal Campeggi, qui fut Légat du Pape, & à qui Henri VIII. le donna. Les Ambassadeurs d'Angleterre logeoient autrefois dans ce Palais ; & c'étoit alors un des plus beaux qui fussent à Rome. Vis-à-vis est une petite Place ornée d'une belle Fontaine, & tout auprès on voit la petite Eglise de St. Jacques de *Scozza Cavalli*, où l'on montre sur un Autel, qui est à main droite, la pierre sur laquelle Abraham devoit sacrifier son fils Isaac, & sous une autre, qui est à gauche, on montre la pierre sur laquelle on mit Notre-Seigneur, quand il fut présenté au Temple. On arrive enfin à la Place de St. Pierre & à l'Eglise de même nom.

Cette Eglise passe pour la plus vaste, & le plus superbe Temple du Monde. Pour en bien juger, il y faut aller souvent ; il faut monter sur les voutes, & se promener partout jusque dans la boule qui est sur le Dome. Il faut voir aussi l'Eglise souterraine. D'abord on ne trouve rien, qui paroisse bien étonnant : la symmetrie & les Proportions bien observées, ont si bien mis chaque chose en son lieu que cet arangement laisse l'esprit dans la tranquillité ; mais plus on considére ce vaste Bâtiment, environ d'un tiers plus long que St. Paul de Londres, plus on se trouve engagé dans la nécessité de l'admirer. Le Bramante sous Jules II. & Michel-Ange sous Paul III. ont été les principaux Architectes de cet Edifice : aussi n'y trouve-t-on rien qui ne ressente la grandeur & la majesté. La Chaire de St. Pierre soutenue par les quatre Docteurs de l'Eglise Latine, dont les Statues plus grandes que nature sont de bronze doré,

doré, est une piéce d'une beauté & d'une magnificence achevée. Elle a été faite sur le Dessein du Chevalier Bernin. On voit dans les Regîtres que tout cet Ouvrage a coûté cent sept mille cinq cens cinquante & un Ecus Romains. Les Tombeaux d'Urbain VIII. de Paul III. d'Alexandre VII. & de la Comtesse Matilde sont les plus dignes d'être remarquez entre les superbes Monumens, qui se voyent dans cette Eglise. Au Tombeau de Paul III. il y a deux Statues de marbre, qui représentent la Prudence & la Réligion. Elles sont revêtuës d'une draperie de bronze. On ne voit dans cet admirable Edifice que dorures, que rares peintures, que bas-reliefs, que Statuës de bronze & de marbre; & tout cela dispensé d'une maniére si sage & si heureuse, que l'abondance n'y cause point de confusion. Le dedans de la Coupe est de Mosaïque; la Voute de la Nef est de stuc, à compartimens en relief & dorez; le pavé est de marbre rapporté en diverses figures; & l'on acheveva d'en revêtir les pilastres aussi-bien que tout le reste du dedans de l'Eglise. Le Grand-Autel est précisément au-dessous du Dôme, au milieu de la Croix. C'est une maniére de Pavillon soutenu par quatre Colonnes de bronze, torses, ornées de feuillages & parsemées d'Abeilles qui étoient les Armes du Pape Urbain VIII. Au-dessus de chaque Colonne il y a un Ange de bronze doré, haut de dix-sept pieds, & des enfans jouent & se proménent sur la corniche. On estime infiniment cette piéce faite sur les Desseins du Cavalier Bernin. La Hauteur de tout est de quatre-vingt dix pieds. On descend par un Escalier sous cet Autel, pour aller à la Chapelle, où l'on conserve la moitié du Corps de St. Pierre, & de celui de St. Paul, & pour visiter les autres lieux Saints qui sont en divers endroits dans les Caves de cette Eglise. On remarque l'entrée de ces Grottes une Bulle gravée sur du marbre, par laquelle il est défendu aux femmes d'y entrer qu'une seule fois l'an; savoir le Lundi de la Pentecôte, & aux hommes de s'y présenter ce jour-là sur peine d'excommunication. Ces lieux sont obscurs, mais il y a cent Lampes d'argent qui brûlent perpétuellement.

La double Colonnade qui fait la clôture de la grande Place au-devant de l'Eglise de St. Pierre & qui conduit à cette même Eglise par un double Portique de chaque côté, est un embellissement, dont la maniére est rare, & cause quelque surprise. Il y a dans la Place deux magnifiques Fontaines, qui jettent de fort grosses gerbes. L'Obélisque qui s'éleve au milieu, est d'une seule piéce de Granite, & sa hauteur est de soixante & dix-huit pieds, sans compter ni le piedestal, ni la Croix, que Sixte V. fit mettre au-dessus de la pointe de l'Obélisque, lorsqu'il réleva en 1586. cet ancien Monument, qui pése, sans la base, neuf cens cinquante-six mille cent quarante-huit Livres. On dit communément, que la boule d'airain qui y étoit autrefois, renfermoit les cendres d'Auguste; mais c'est une erreur. L'Architecte Fontana, qu'employa Sixte V. ayant examiné ce Globe, trouva qu'il n'avoit pu servir à cet usage. Ce n'étoit qu'un simple Ornement. Il est vrai que l'Obélisque étoit consacré à Auguste & à Tibére; cette Inscription s'y lit distinctement encore:

Divo Cæsari, Divi Julii F. Augusti.
Tiberio Cæsari. D. Aug. F. Augusto sacrum.

Le Palais du Vatican est tout joignant l'Eglise de St. Pierre. Il est vrai que c'est une commodité pour le Pape; mais d'ailleurs le trop grand voisinage de ce Palais cause une confusion désagréable. Si l'Eglise étoit isolée, & qu'on la pût voir de tous côtez en champ libre, cela produiroit un bien plus bel effet. Du reste, le Vatican n'est pas un Bâtiment régulier, ce sont de beaux morceaux mal attachez ensemble. On y compte douze mille cinq cens Chambres, Sales ou Cabinets; & cela se peut facilement examiner dans le modéle en bois, que l'on en fait voir. Le Belvedere est une partie du Vatican. Il a été ainsi nommé à cause de la belle vuë, qu'on découvre de cet endroit. Ses Jardins sont magnifiques, & entre les Statuës qui s'y voyent, on admire principalement le Tronc, qui est un corps sans tête, sans bras & sans jambes, l'Antinoüs, l'Apollon & la Cléopatre. Les excellentes peintures de Raphaël, de Michel-Ange, de Jules-Romain, du Pinturicchio, du Polydore, de Jean de Udine, de Daniel Volterre, & de plusieurs autres fameux Maîtres, occupent plus les yeux des Curieux, que ne font les autres beautez de ce Palais. Surtout l'Histoire d'Attila de l'incomparable Raphaël, n'est jamais sans admirateurs: Celle du massacre de l'Amiral Coligni se voit en trois grands Tableaux dans la Sale, où le Pape donne Audience aux Ambassadeurs. Dans le prémier Tableau, l'Amiral blessé d'un coup d'arquebuse est porté dans sa maison; & au bas est écrit, *Gaspar Colignius Amirallius accepto vulnere domum refertur.* Greg. XIII. Pontif. Max. 1572. Dans le second, l'Amiral est massacré dans sa propre Maison, avec Teligni son Gendre, & quelques autres. Ces paroles sont sur le Tableau *Cædes Coligni & Sociorum ejus.* Dans le troisiéme, la nouvelle de cette exécution est rapportée au Roi, qui témoigne en être satisfait: *Rex Coligni necem probat.* La Bibliothéque du Vatican a non-seulement été grossie de celle de Heidelberg; mais encore de la Bibliothéque du Duc d'Urbin. Les peintures dont elle est remplie, représentent les Sciences, les Conciles, les plus fameuses Bibliothéques, les Inventeurs des Lettres, & quelques endroits de la Vie de Sixte V. L'ancien Virgile MS. est in 4°. plus large que long en Lettres Majuscules, sans distinction de mots & sans ponctuation. Le caractére tient un peu du Gothique; ce qui ne s'accorde guére avec la première Antiquité que quelques-uns lui donnent. Mr. Spon dit, que le Virgile & le Térence du Vatican ont mille ans. Il y a un volume de Lettres de Henri VIII. à Anne de Boulen. C'est un in 4°. épais d'un doigt. Parmi les MSS. des derniers siécles on remarque quelques Lettres que des Cardinaux s'écrivoient, & dans lesquelles ils se traitoient de: *Messer-Pietro, Messer-Julio,* sans autre cérémonie. On voit une Bible Allemande, à ce qu'on prétend de la Traduction de Luther, & écrite de sa propre main; mais tout le monde n'en convient pas. De la Bibliothéque on passe à l'Arsenal, où l'on assure qu'il qu'il y a des armes pour vingt mille hommes de Cavalerie, & pour quarante-mille hommes d'Infanterie. A cet égard, dit Misson, il s'en faut plus de la moitié que ce qu'on dit ne soit vrai. D'ailleurs toutes ces armes sont en mauvais état. Si d'un côté le Pape peut descendre du Vatican à l'Eglise de St. Pierre; de l'autre il peut se retirer dans le Château St. Ange, sans être vu. Alexandre VI. fit une Galerie de communication pour ce dessein-là.

Près de l'Eglise de St. Pierre, est le grand Hôpital du St. Esprit, l'un des plus beaux de l'Europe, tant pour sa grandeur que pour son revenu qui est immense. Il y a jusqu'à mille Lits pour les Malades, un Prélat qui gouverne tout, plusieurs Médecins & autres Officiers subalternes. Les Réligieuses employées à les servir, ont un grand appartement, où l'on pourroit en loger cinq cens. Les appartemens d'en-haut sont pour les pauvres Gentils-hommes, & furent fondez par Urbain VIII. afin que ceux à qui la nature avoit donné l'avantage de la naissance, ne se trouvassent point enveloppez parmi les misères du Peuple. Cet Hôpital a aussi soin des enfans exposez; & quoique le nombre en soit très-grand, on ne peut rien ajouter à ce qui est fait pour leur éducation. Il se trouve assez souvent des Gens, qui n'ayant point d'enfans en viennent chercher parmi ceux-ci. On les laisse choisir, & quand on est assuré qu'ils en auront soin, & qu'ils les éleveront dans la crainte de Dieu, on les leur abandonne; après avoir pris les précautions convenables pour la sûreté de ces enfans. Ordinairement ceux qui en prennent de la sorte, les adoptent, leur font porter leur nom, & les déclarent leurs Héritiers. Voici ce qui fait la richesse de cet Hôpital: Il est fort rare à Rome, qu'on garde de l'argent chez soi, au-delà de ce qu'il en faut pour le courant de sa dépense. On le met en dépôt au Banc du St. Esprit, où l'on est assuré de le trouver toujours & de l'en retirer en tout ou en partie, aussi-tôt qu'on en a besoin, & sans attendre que le tems qu'il faut pour le compter. Il est vrai que cet argent est mort pour le Propriétaire: il ne lui rapporte aucun profit; mais aussi il est hors des atteintes des Domestiques, des Voleurs, des accidens. Il est plus sûr & aussi présent, que si on l'avoit dans son coffre. Ce Banc appartient à l'Hôpital du St. Esprit, qui a hypothéqué tous ses biens pour la sûreté de l'argent qu'on y dépose, & qui s'est chargé de toute la dépense nécessaire pour l'entretien de la Maison. Mais si les Propriétaires ne retirent aucun profit de leur argent, il ne leur en coûte aussi rien pour la garde. Quel profit peut donc faire l'Hôpital? Le voici: comme il y a toûjours plusieurs millions dans le Banc, qu'il en sort & qu'il en entre à tout moment, l'Hôpital fait profiter à ses risques celui qui est de relais, & ce profit est si considérable, qu'il est beaucoup plus que suffisant pour les dépenses, dont l'Hôpital est chargé.

De l'Hôpital du St. Esprit, on passe à l'Eglise de St. Onuphre, bâtie sur une petite Montagne. On y fait voir le portrait, & le Tombeau du célèbre Torquato Tasso, surnommé le Prince des Poëtes Italiens; &

en allant le long de Longara, on trouve à la main droite le Palais du Duc de Salviati, & à main gauche la Villa de Chisi, qu'on appelle aujourd'hui le Jardin Farnèse, où sont quantité de rares peintures, qu'on dit être de Raphaël d'Urbin. En passant à côté de Longara, on arrive à la Porte appellée *Porta-Septimania*, à cause que Septimius Severus y fit bâtir des bains; puis montant une Colline, on vient à la Porte de St. Pancrace, où est une Eglise de son nom, desservie par des Carmes Déchaussez. Le Lieu qu'on appelle *Cœmeterium Callipoli*, est sous cette Eglise & renferme un grand nombre de Corps de Martyrs. La *Villa Pamphilia* en est assez proche. Elle est bâtie sur une haute éminence. De la terrasse qui est au-dessus de la Maison, on découvre un fort agréable Paysage. Cette Maison dont le Jardin a une grotte & plusieurs Jets d'eau, est ornée de quantité de Statues & de Tableaux, dont les plus beaux sont St. Pierre attaché en Croix, & la Conversion de St. Paul par Michel-Ange: L'entrée des animaux dans l'Arche de Noé, passe pour une piéce très-rare. Entre les Statues on admire celle de Jacob, & celle de l'Ange; celle de Sénéque, le Buste d'Innocent X. en Porphyre & sa tête en bronze.

En rentrant dans la Ville par la Porte de St. Pancrace, on voit la belle Fontaine que Paul V. tira du Lac de Bracciano, pour la faire aller à Rome par un Aqueduc, long d'environ trente milles. Elle sert comme de Reservoir, & de là on distribuë de l'eau en plusieurs endroits de la Ville. Le Couvent des Cordeliers, appellé *San Pietro Montorio*, parce qu'il est sur une Montagne, n'en est pas fort éloigné. St. Pierre crucifié dans un endroit de la Cour, où il y a présentement une petite Chapelle ronde. Lorsqu'on entre dans l'Eglise, on a en face le Grand Autel embelli d'un admirable Tableau de la Transfiguration de Notre-Seigneur, qu'on dit être le dernier de Raphaël d'Urbin, & celui qu'il estimoit davantage. On voit dans cette Eglise le Tombeau du Comte de Tyrone, Irlandois, qui se retira à Rome du tems de la Reine Elisabeth, & deux belles Statues de marbre, l'une de St. Pierre, & l'autre de St. Paul de la main de Michel-Ange. Du haut de la Montagne où est *San-Pietro Montorio*, & qui fut anciennement le Janicule, on a la vue de toute la Ville. C'est dans ce Lieu qu'étoit le Tombeau de Numa Pompilius. Au pied de cette Montagne on trouve l'Eglise & le Couvent des Carmes Déchaussez de la Scala. On y a dans une petite Chapelle un pied de Ste. Thérése, enchassé dans un Cristal.

L'Eglise de *Santa Maria Transtevere*, n'est pas loin de celle-là. C'est la première qui ait été bâtie à Rome, au rapport de Baronius. Elle est au-lieu même où étoient *Taberna Meritoria*, où les anciens Romains donnoient tous les jours la pitance aux Soldats Estropiez. La route est dorée, & soutenue par deux rangs de Colonnes de marbre. On voit dans cette Eglise la pierre qui fut mise au Col de St. Calixte, quand on le précipita dans un puits, & de grosses pierres rondes, qu'on attachoit aux pieds des Martyrs pour les tourmenter. Près de-là est le Couvent des Cor-

Cordeliers appellé San Francisco in Ripa grande. On y a fait une Chapelle de la Chambre que St. François occupoit, quand il demeuroit à Rome. De *Ripa grande* on va à l'Eglise de Ste. Cecile, bâtie sur le même lieu où étoit sa Maison, & où elle souffrit la mort pour la Religion Chrétienne. Le grand Autel est sur son tombeau, où sa statue est couchée, & de la même grandeur qu'est son corps, qui fut trouvé du tems de Clément VIII. enveloppé dans des linceuls teints de sang & couvert d'une robe d'or. Les étuves où l'on enferma cette Sainte pour l'y étouffer, se voyent encore au bout de l'Eglise, le feu l'ayant épargnée on lui coupa la tête. L'Eglise de St. Chrysostome est proche de cette dernière. Il y a quatre pilliers au Grand-Autel, qui paroissent comme s'ils étoient de sable & de cristal, pétris ensemble. On va ensuite vers l'Isle de St. Barthelemi, où sont un fort bel Hôpital & une Eglise des Cordeliers. Sous le grand-Autel est le tombeau de Porphyre, dans lequel est le Corps de l'Apôtre St. Barthelemi. On appelloit anciennement cette Isle *Insula Tiberina*. Elle se forma dans ce lieu là, lorsque Tarquin le superbe eut été chassé de Rome. Comme on arracha les bleds qu'il avoit fait semer autour de Rome, on les jetta dans le Tibre avec les racines, ensorte que la terre qui y étoit attachée, ayant arrêté l'eau dans l'endroit où elle étoit bâtie, la bourbe s'y amassa insensiblement, & il s'en fit peu à peu une Isle. On sort de cette Isle par le Pont des quatre têtes nommé anciennement *Pons-Fabricius*, qui la joint avec la Ville; & à main droite est le Pont appellé *Pons Sublicius*, à l'entrée duquel Horatius Cocles soutint lui seul les efforts de l'Ennemi, tandis qu'on rompoit ce Pont derrière lui; après quoi il se jetta dans la Rivière & se sauva à la nage. Ce Pont étoit alors de bois, & Æmilius le fit faire de pierre. C'est de ce Pont que l'Empereur Heliogabale fut précipité dans la Rivière avec une pierre au cou. Au sortir du Pont à quatre têtes, on voit à main gauche la grande Porte de derrière du quartier des Juifs, qui demeurent tous dans un coin de la Ville où toutes les nuits on les enferme à la Clef. A quelque distance de leur Synagogue, on voit à main gauche le Palais du Prince Savelli, bâti sur les ruines du Théatre de Marcellus, qu'Auguste fit élever en l'honneur de son neveu. Il contenoit quatre-vingt mille personnes. De là passant plus avant on rencontre la grande Eglise de Santa Maria in Schola Græca, bâtie au lieu où St. Augustin enseignoit la Rhétorique avant sa Conversion. Elle est voisine de celle de *Santa Maria Egyptiaca*, qui fut autrefois un Temple du Soleil & de Jupiter. Cette Eglise proprement ornée & soutenue sur des piliers cannelez & tors appartient aux Arméniens qui ont aussi un Hôpital à Rome pour les Pélerins Catholiques de ce Pays-là. Ils y célèbrent la Messe, selon leur Liturgie par permission du Pape. De l'autre côté de la grande Place où est l'Eglise des Arméniens, on voit celle de St. Etienne, qui a quantité de Colonnes cannelées tout à l'entour. C'étoit autrefois le Temple de *Juno Matutina*, ou *Aba-Dea*. Près de là est le grand égout de Rome qui se décharge dans le Tibre & qu'on appelloit *Cloaca magna*. Tarquinius Priscus cinquième Roi des Romains le fit bâtir magnifiquement de pierres de taille. Il est si grand qu'une Charette y peut aisément entrer, & il y a une infinité de canaux voutez par où s'écoulent les immondices. Cet Ouvrage est un de ceux qui marquent le plus, quelle a été la grandeur de la vieille Rome. Après avoir marché quelque tems sur le bord du Tibre, on arrive au pied du Mont Aventin, sur lequel est l'Eglise de St. Alexis. On y voit l'Escalier de bois sous lequel ce Saint passa dix sept ans dans la Maison de son pere, sans être connu de personne, après en avoir été quinze ans absent. Son corps repose sous le Grand Autel, avec celui de St. Boniface Martyr. Assez près de cette Eglise & sur la même Montagne est l'Eglise de Sainte Sabine, où le Pape va le Mercredi des cendres en procession solemnelle, à cheval & accompagné des Cardinaux. Le Temple de la Liberté, & l'*Armilustrium* des Romains étoient aussi sur cette Montagne. Du Mont Aventin on va à la Porte de St. Paul, & on voit en chemin & à la main droite la petite Montagne, qu'on appelle communément *il-Doliolo* ou le Monte Testaccio, la Montagne des pots cassez. Cette petite Montagne a environ un demi mille de circuit, & cent cinquante pieds de hauteur perpendiculaire. La recherche de ce qui pouvoit avoir causé ce grand amas de Vaisseaux de terre rompus, a fait dire cent choses différentes; mais voici l'opinion la plus générale. La Montagne étoit proche du Tibre, on suppose que les Potiers de terre travailloient tous en cet endroit, tant pour la commodité de l'eau, dont ils avoient besoin dans leur Ouvrage, que pour la facilité du transport de ce même Ouvrage. On juge qu'ils jettoient en un seul endroit toutes les pièces de Vaisseaux qui se cassoient, & on appuye cette pensée d'une autre conjecture, en disant qu'ils pouvoient avoir un ordre d'en user ainsi, pour empêcher l'inondation du Tibre de ce côté là. On ajoute que si l'on considère la quantité d'Idoles, d'ornemens, de Temples, de bains, de statues, de Cuves, de tuiles, de toutes sortes de Vaisseaux, qui se faisoient à Rome, on ne s'étonnera pas que le débris qui s'en faisoit, ait élevé la petite Montagne dont il est question. [a] Ce raisonnement, dit Misson, paroît assez juste, néanmoins je le crois mal taillé, fondé parce qu'on n'a pas bien examiné le fait. Des Marchands de vin se sont avisez de creuser des Grottes sous cette Montagne pour tenir leur vin frais. Dans tout ce qui en a été tiré on n'a reconnu ni fragmens de simulacres, ni morceaux de tuile, ni débris d'ornemens, ni en un mot aucuns restes ni aucune apparence de toutes les choses qui ont été nommées ci-dessus. On n'a vu que des morceaux d'Urnes, ou du moins de Vases qui ont été vraisemblablement des Urnes: ainsi il faut recourir à d'autres conjectures. Chacun sait qu'il n'y avoit autrefois que le plus pauvre Peuple qui fut enterré hors de Rome dans les Cavernes que l'on nommoit *Piticuli*. L'usage de brûler les morts ayant duré assez long-tems, il se faisoit une quantité prodigieuse d'Urnes de terre pour les gens de médiocre condition, & l'on ne doit pas douter que ces Urnes ne se cassassent souvent, quelque soin qu'on en pût avoir: ne pourroit-on pas supposer que par une certaine raison de respect pour des Vais-

[a] Voy. d'Italie, t. 2. p. 156.

Vaisseaux qui avoient servi à un usage sacré, & parce qu'une partie des cendres des Morts y étoit encore attachée, on se faisoit un devoir d'en entasser tous les débris dans un même lieu. C'est du moins ce qui se pratique à peu près aujourd'hui parmi les Chrétiens; au lieu de laisser çà & là répandus les os des corps, qu'on est obligé de déterrer quand on fait de nouvelles fosses, on les met quelque part en monceaux, pour les conserver tant qu'il est possible, avec quelque sorte d'honneur.

En approchant de la Porte de St. Paul on apperçoit le Mausolée de Caïus Cestius, qui est une Pyramide blanche, quarrée & finissant en pointe tout à fait aiguë. Sa hauteur est de six vingt pieds & sa largeur dans sa base de quatre vingt quatorze pieds. La masse de ce Monument est de brique; mais tout est revêtu de carreaux de marbre blanc. Alexandre VII. le répara en 1673. de sorte qu'elle paroît à peu près dans sa première beauté. On peut voir par les Inscriptions anciennes qui s'y lisent, qu'elle a été érigée pour C. Cestius, l'un des sept Officiers qui avoient la charge de préparer les festins des Dieux. On entre dans ce Mausolée par un passage bas & étroit qui en traverse l'épaisseur jusqu'au milieu, & l'on y trouve une petite Chambre voutée, longue de dix-neuf pieds, large de treize & haute de quatorze. Cette Chambre est toute enduite d'un Stuc blanc & poli, sur lequel il reste plusieurs figures de femmes, plusieurs Vases & quelques autres ornemens. Les uns prétendent que ces figures représentent les préparatifs pour des funérailles; d'autres veulent que ce soit pour un banquet, & pour faire allusion à la charge de Cestius. Une chose principalement fait beaucoup en faveur du Festin; c'est que les figures sont habillées de diverses couleurs, ce qui ne s'accorde pas avec les Cérémonies des funérailles. Il paroît par l'Inscription d'un Piédestal, qu'on a déterré proche de la Pyramide, & sur lequel on a lieu de croire qu'étoit la statue de Cestius; il paroît, dis-je, que ce Romain mourut au commencement de l'Empire d'Auguste; & ceux qui ont recherché les coutumes d'alors conviennent que les femmes assistoient en habit blanc aux convois funèbres; le Deuil en noir ayant été aboli au commencement de la Dictature de César. Au reste la manière dont ces peintures se sont conservées, avec la beauté de leur Coloris paroît quelque chose de remarquable; d'autant que ce n'est qu'une simple détrempe qui ne pénètre pas l'enduit.

Après que l'on a passé la Porte de St. Paul, anciennement *Porta-Tergemina* ou *Ostiensis*, on va à l'Eglise de même nom, & qui est à un petit mille hors de la Ville. Cette Eglise est dans le Lieu où Lucia Dame Romaine enterra le corps de St. Paul. Constantin fit bâtir cette Eglise, ainsi que celle de St. Pierre. Elle est en forme de Croix & à quatre cens soixante & dix-sept pieds de long sur deux cens cinquante-huit de large. Quatre rangs de piliers ronds d'un marbre blanc la soutiennent. Ils sont au nombre de cent, & on prétend qu'ils ont été tirez des bains d'Antonius. Il n'y a dans ce vaste Corps ni Chapelles ni autres ornemens, si ce n'est à l'entrée proche de la Grand-Porte, où est un autel avec ces paroles gravées sur une pierre: *Hic inventum est caput Sancti Pauli*. Le Grand Autel est couvert comme d'un dais de pierre, élevé sur quatre Colonnes de Porphyre avec quatre statues dessus; & on y voit le fameux Crucifix qu'on dit avoir parlé à Ste. Brigitte. La moitié des Corps de St. Pierre & de St. Paul est sous cet Autel; & on lit cette Inscription à côté: *Sub hoc altari requiescunt gloriosa corpora Apostolorum Petri & Pauli pro medietate*. La Confession de St. Paul est derrière cet Autel, semblable à celle de St. Pierre. Sur le haut de la voute de l'Eglise est un rare Ouvrage à la Mosaïque, qui représente Notre Seigneur au milieu des vingt-quatre Anciens de l'Apocalypse. Ce fut Placidia Galla, fille de Théodose & Sœur d'Honorius qui fit faire cette piéce du tems de Leon le Grand.

A un mille de l'Eglise de St. Paul est le lieu appellé les trois Fontaines; & en y allant on voit l'endroit où St. Zenon fut autrefois martyrisé avec dix mille Chrétiens par l'ordre de Dioclétien. Dans le lieu des trois Fontaines est une grande Place qu'on appelloit autrefois *Aquæ-Salviæ*, & où sont trois Eglises: la première porte le nom de St. Vincent & de St. Anastase à cause de leurs Reliques qu'on y conserve: la seconde est de forme ronde & assez petite; on y voit le fameux Tableau dans lequel St. Bernard est représenté en extase. Sous cette Eglise commence une Cave d'un mille d'étendue, où sont plusieurs Corps des dix mille Chrétiens martyrisez avec St. Zenon: la troisième est celle qu'on appelle des trois Fontaines, à cause que lorsque St. Paul fut décapité dans ce lieu sa tête bondit trois fois, & qu'à chaque fois il sortit une Fontaine de la terre. On voit sur un autel à main gauche un excellent Tableau de Guido Rheni, où St. Pierre est représenté attaché à la Croix; & à droite dans une grille de fer est le billot sur lequel on coupa la tête à St. Paul. De ce lieu on va à travers les champs à l'*Annunciata*, l'une des neuf Eglises que les Pelerins visitent, & ensuite on se rend à l'Eglise de St. Sébastien, lieu d'une grande dévotion à cause des Catacombes qui sont dessous. Le tombeau de ce Saint est sous un Autel à main gauche, & sur un autre qui est à main droite, on voit quantité d'autres Reliques. De là on descend dans une Cave, où le Pape Etienne eut la chaire coupée dans sa propre Chaire de pierre, & où les Corps de St. Pierre & de St. Paul furent cachez plusieurs années. Les Catacombes s'étendent sous terre à plusieurs milles. Il y en avoit beaucoup dans les premiers tems de l'Eglise, & on leur donnoit différens noms comme, *Arenaria*, *Criptæ*, *Areæ*, *Concilia-Martyrum Polyandria* & vulgairement *Cœmeteria*, c'est-à-dire *Dormitoria* parce que les corps des Martyrs reposoient en ces Lieux-là. Le plus grand de ces Cimetiéres étoit celui de St. Calixte, dans lequel, selon une Relation on enterra cent soixante & quatorze mille Martyrs durant les Persécutions des Empereurs. Il y eut dix-neuf Papes de ce nombre. C'étoit dans ces Catacombes que les anciens Chrétiens faisoient à la dérobée les exercices de la Religion avec leurs Pasteurs. Fort proche de l'Eglise de St. Sébastien est une Place appellée, *Campo-di-Bove*. Il y a un grand Batiment, dont la face est de marbre. On dit que c'étoit le tombeau de Metella femme de Cras-

Crassus. Plusieurs têtes de bœuf placées dans la Corniche qui régne au haut & tout le long du Bâtiment ont fait donner ce nom de *Campo-di-Bove* à la place où il est situé. Ceux qui entrent dedans admirent l'épaisseur des murailles, qui ont tout au moins huit aunes. On avoit commencé d'en tirer de grandes pierres de marbre pour construire la Fontaine de Trevi; mais le Cardinal Barberin ne laissa pas continuer. Les ruïnes du *Prætorium* sont peu éloignées de cette Place. C'étoit le Lieu où la Garde Prétorienne de l'Empereur logeoit: il étoit hors de la Ville, afin que les Soldats n'y fissent aucun désordre, & qu'ils pussent faire souvent l'exercice dans le Cirque de Caracalla, qui étoit au voisinage. Ce Cirque bâti par cet Empereur est le plus entier de ceux qui restent aujourd'hui à Rome. On y voit le lieu que les Romains nommoient *Carceres*, d'où partoient les Chariots qui couroient dans le Cirque; & celui ou étoit l'aiguille appellée *Meta*. Au bout de ce cirque est un vieux Temple rond, & un autre petit qui lui sert comme d'entrée. Ce dernier étoit le Temple de la Vertu, & l'autre celui de l'honneur. Ils étoient joints ensemble, parce qu'on ne peut acquerir de l'honneur que par la Vertu.

En rentrant dans la Ville par la Porte de St. Sebastien, autrefois *Porta Capena*, on va à l'Eglise de St. Nérée & de St. Achille, où leurs corps reposent sous le Grand autel. De l'autre côté & presque vis-à-vis, on voit l'Eglise de St. Sixte qui est un Couvent de Dominicains Anglois & Irlandois, célèbre par la demeure que St. Dominique y fit. On prétend que l'Eglise a été bâtie du tems du Grand Constantin, sur le fonds d'une Dame appellée Tigris, d'où vient qu'on l'a appellée longtems *S. Sixtus in Tigride*. Le Pape Honoré III. la donna à St. Dominique. Ce St. la céda depuis aux Religieuses de son Ordre, qui y demeurérent jusqu'à ce que le St. Pape Pie V. les transporta au Monastére de St. Dominique à *Magna Poli*. C'est un Titre de Cardinal. Il n'y a de beau à voir que ce que le Cardinal Bon-Compagno y a fait faire pendant qu'il en étoit Titulaire. Elle est dans un air grossier, pesant & malsain, où l'on ne peut demeurer pendant les chaleurs de l'Eté sans courir risque de la vie. Le Lieu où le Couvent a été bâti s'appelloit autrefois *Piscina publica*, parce que tout le Peuple s'y venoit laver.

De là on va à la Porte nommée *Porta-Latina*, d'où l'on arrive à l'Eglise de St. Jean de Latran. Cette Eglise est regardée comme la premiére Eglise Patriarchale de Rome & de tout l'Univers; & on le voit écrit en gros caractéres sur l'Architrave de son Vestibule, en ces termes:

Per Decreto Papale & Imperiale
Dogni Chiesa m'e dato, Chio sia capo.

On ne voit pas bien pourquoi on joint ici l'autorité Impériale à celle du Pape. Il semble qu'elle y est hors d'œuvre. C'est dans cette Eglise que le Pape nouvellement élu prend possession de son Patriarchat. Les Papes demeuroient autrefois dans le Palais qui est voisin; & ce n'est que depuis leur retour d'Avignon qu'ils ont choisi leur demeure au Vatican, & dans les chaleurs à *Monte-Cavallo*. Sixte V. avoit fait réparer le Palais de Latran, afin d'obliger ses Successeurs à l'habiter quelquefois, & par conséquent à l'entretenir. Il avoit fait une Bulle pour les obliger à y demeurer trois mois chaque année, & lui-même quoique législateur s'étoit soumis à la loi qu'il avoit promulguée; mais ses Successeurs en ont appellé à eux-mêmes, & ont fixé leur demeure au Vatican, où à *Monte-Cavallo*.

Quoique l'Eglise porte simplement le titre de St. Jean, elle est pourtant dédiée au Sauveur du Monde, & aux deux Saints Jeans; c'est-à-dire au Précurseur, & à l'Apôtre. Elle fut bâtie par Constantin le Grand sur les fonds d'un Sénateur Romain nommé Plautius Lateranus, dont elle a conservé le nom. Elle fut consacrée par le Pape St. Sylvestre en 324: voilà une antiquité à laquelle il n'y a rien à redire. Le Pape Gelase premier la fit desservir par des Chanoines Réguliers, qui y demeurérent depuis l'an 400. jusqu'en 1300. qu'elle fut donnée à des Chanoines Séculiers. Les Chanoines Réguliers y voulurent rentrer en 1475. & intentérent procès aux Séculiers; mais ils furent obligés de s'accommoder & de laisser les Séculiers en repos, & de se contenter de conserver le titre de Chanoines Réguliers de St. Jean de Latran avec l'Eglise, & le Monastére de la Paix qu'on leur abandonna.

Cette Eglise est sous la Protection de l'Empereur & du Roi de France qui lui a donné l'Abbaye de Clerac, dont elle jouit encore aujourd'hui. On voit à côté du Vestibule une statue de bronze de Henri IV. que les Chanoines ont fait faire comme un témoignage éternel de leur reconnoissance pour ce grand Prince; elle est au bout du Vestibule, environnée d'une grille de fer pour la garantir des insultes, que la canaille excitée par les ennemis de la France lui faisoit dans de certaines occasions.

L'Eglise de Latran est vaste, elle n'est point voûtée, son plat-fond est à grands compartimens dorez & très-magnifiques. Elle a cinq Nefs soutenues & distinguées par de grosses Colonnes; entre celles de la nef du milieu, il y a des niches que l'on estime beaucoup, faites, à ce qu'on dit, sur les desseins de Michel Ange. Ces niches renferment des statues, dont les quatre plus estimées ont été faites par des Sculpteurs François. Il y a un Autel, dans lequel on prétend qu'est enchassé l'Autel de bois, sur lequel St. Pierre célébroit la Messe. On l'appelle l'Autel Papal. Il n'y a que le Pape seul qui peut y célébrer, à moins qu'il n'en donne une permission par écrit à quelque personne distinguée, & cela pour une fois seulement. Cet Autel est flanconné de quatre Colonnes, qui portent une tribune environnée d'une balustrade. C'est là où reposent quantité de précieuses Reliques, entre lesquelles les Chefs de St. Pierre, & de St. Paul tiennent le premier rang. Ils sont dans des bustes d'or, ou dorez, enrichis d'une quantité de pierreries très-riches, entre lesquelles il y a des présens de Rois de France dignes de leur pieté & de leur magnificence. On voit dans le Cloitre une Chaise de Porphyre qu'on met à la Porte de l'Eglise, lorsque le Pape y vient après son Election.

tion. Il s'y affied quelque tems, & quand il se relève le Chœur chante ce verset du Pseaume 112. *Suscitans a terra inopem & de stercore erigens pauperem* ; pour le faire souvenir qu'il n'est que poussière & que les honneurs qu'on lui rend ne doivent point l'éblouïr. En sortant de cette Eglise par la petite Porte de derriére, on va aux Fons baptismaux du Grand Constantin. Le Lieu où ils sont est rond, & il y a une ouverture dans le milieu où l'on descend par quatre degrez. Ce fut là que le Pape Silvestre baptisa cet Empereur. L'Ouverture est environnée d'une balustrade de marbre ; l'Edifice est soutenu de colonnes de Porphyre, les plus belles qui soient à Rome, & le Peuple étant hors de la Balustrade peut aisément voir la Cérémonie quand on baptise quelque Juif ou quelque Infidéle.

Tout près de St. Jean de Latran est la *Santa-Scala*, ou le *Sancta Sanctorum*. C'est une Loge où l'on a transporté vingt-huit degrez de marbre blanc, fort usés & par lesquels *Jesus-Christ* monta chez Pilate. Il n'est pas permis d'y monter autrement qu'à genoux ; mais il y a deux petits escaliers à côté par où l'on peut monter comme l'on veut. La Chapelle qui est au haut de cet Escalier est appellée *Sancta-Sanctorum*. On lui a donné ce nom à cause des choses Saintes qu'elle renferme ; & on lit ce vers Latin sur l'Autel : *Non est in toto sanctior orbe locus*. On y voit le miraculeux Portrait de Notre-Seigneur représenté à l'âge de treize ans. Il n'est que comme un Buste, à peu près d'un pied & demi. On dit que St. Luc l'ayant commencé, il fut achevé par un Ange. Il y en a qui veulent que St. Luc n'ait préparé que la toile de ce Portrait, & que s'étant mis en priéres pour demander à Dieu la grace de pouvoir tirer son Fils au naturel, quand sa priére fut achevée il trouva le Tableau fini. La bordure est enrichie de pierres précieuses. Le Corps de St. Anastase est sous l'autel, & dans cette même Chapelle sont les têtes de Ste. Agnés, de Ste. Praxéde & plusieurs autres Reliques.

Après qu'on a repassé par l'Eglise de St. Jean de Latran, on voit le Palais que Sixte V. y fit bâtir & ensuite la grande Eguille ou Obelisque qui pése à ce qu'on dit neuf cens cinquante & un mille cent quarante-huit livres. Cet Obelisque subsiste depuis trois mille ans. C'est le plus grand de tous. Sa hauteur est de cent huit pieds, sans compter ni le Piédestal ni la croix. Ce fut Constantin qui le fit apporter d'Alexandrie.

En passant le long de la muraille de l'ancien Aqueduc de Claudius on arrive à *San-Stephano Rotundo*, qui est aussi sur le mont Celius. C'est dans cette Eglise qu'est le Séminaire du Collége Allemand. Vis-à-vis de cette Eglise est celle de *Santa Maria de Navicella*, appellée ainsi d'un petit Navire de pierre qui est devant, & qu'un Matelot fit faire pour accomplir un vœu. Les anciens Auteurs l'appellent *in Dominica* ou *in Ciriaca* ; à cause d'une Sainte Femme qui portoit le nom de *Ciriaca*. La Villa du Duc Matthæi est peu éloignée de là. Elle est remplie d'antiquitez curieuses parmi lesquelles on remarque les Statues de Brutus & de sa femme Porcia d'une seule piéce ; celles de Cléopatre, d'Hercule,

de trois petits Garçons qui s'embrassent l'un l'autre en dormant ; la tête de Ciceron & un rare Tableau de pierres précieuses. Dans un autre corps de logis, sont la belle Statue d'Andromède exposée au Monstre marin, une autre d'Apollon fuyant Marcias, & une autre d'un Satyre qui tire une épine de son pied. Il y a aussi de belles Allées, des jets d'eau, des Grottes & un Labyrinthe. De ce lieu là on descend vers l'ancien Amphithéatre nommé Collisée à cause d'un Colosse qui étoit auprès. C'est une des plus rares piéces de l'Antiquité qui soit demeurée à Rome. Vespasien le commença & Domitien l'acheva. Il est surprenant que l'on ait pu élever des pierres d'une aussi prodigieuse grosseur que celles dont ce Bâtiment est composé. Martial en parle en ces termes :

Hic ubi conspicui venerabilis Amphitheatri
Erigitur moles, Stagna Neronis erant.

Ce prodigieux Amphithéatre est de figure ronde en dehors, quoique l'arène soit ovale. Il contenoit quatre-vingt-cinq mille Spectateurs, quatre fois plus que l'Amphithéatre de Verone. Les Colonnes du troisième ordre & les Pilastres du quatrième ont le Chapiteau Corinthien.

On voit encore près de cet Amphithéatre les masures de brique qui composoient autrefois la belle Fontaine qu'on appelloit *Meta Sudans*. Elle fournissoit de l'eau à ceux qui se trouvoient à ces spectacles. La façade étoit revêtuë de marbre & sur le haut il y avoit une Statue de cuivre qui représentoit Jupiter. L'Arc triomphal de Constantin est aux environs du Colisée. Il est encore presque tout entier. Il y a seulement quelques Statues dont on a enlevé les têtes ; & on en accuse Laurent de Medicis qui à ce qu'on dit les fit porter à Florence. Les Connoisseurs remarquent que les bas-reliefs de ce Monument ne sont pas d'égale beauté ; & ce qui fait soupçonner que les meilleurs morceaux furent empruntés quand on l'érigea. L'Eglise de St. Jean & de St. Paul, & celle de St. Grégoire sont proches de ce Monument. Dans une Chapelle de cette derniére Eglise est une Statue de ce St. Homme, qui le représente avec ses habits Pontificaux. Elle est de marbre, & Baronius qui admiroit sa vertu & sa charité la fit faire en son honneur.

De là on se rend aux Bains, ou Thermes d'Antonin. Ils ressemblent plutôt à une Ville qu'à des Bains. La magnificence en étoit extraordinaire. Ils avoient seize cens Siéges de marbre, pour asseoir autant de personnes qui auroient voulu s'y baigner. C'est ce que rapporte Olympidore. Il y avoit quelques-uns de ces Bains dont les bancs étoient couverts d'argent, & d'autres avoient des canaux du même métal par où l'eau couloit. Ils étoient d'ailleurs embellis de Statues, de Tableaux & de pierres précieuses. Aujourd'hui ce n'est plus qu'une Place de divertissement pour un Séminaire.

Entre le Mont Aventin & le Mont Palatin, on voit le lieu où étoit le grand Cirque. Tarquinius Priscus le commença, & Jules-César, aussi bien qu'Auguste l'augmentérent beaucoup. Il avoit trois stades de longueur

& quatre arpens de largeur. Trajan & Heliogabale l'embellirent de Statues & de Colonnes; & cent cinquante mille hommes pouvoient tenir aisément dans ses trois galleries qui étoient couvertes. L'une étoit pour les Senateurs, l'autre pour les Chevaliers & la troisiême pour le Peuple. Les Obelisques qui sont aujourd'hui à la Porte *del Popolo* & à St. Jean de Latran étoient dans le Cirque. Il y a plusieurs voutes sous ce Bâtiment : c'étoit là que les femmes débauchées établissoient leur honteux commerce. Du Grand Cirque en allant à l'Eglise de St. George, on voit les ruïnes du Palais des Empereurs, appellé *Palazzo-maggiore*. Il occupoit presque tout le Mont-Palatin. L'Eglise de St. Anastase qui est sur ce Mont étoit autrefois le Temple de Neptüne. Près de-là est l'ancien temple quarré qu'on croit être celui de *Janus-quadrifrons*, parce qu'il a quatre Portes & trois niches dans chaque face de quarré; ce qu'on peut prendre pour les quatre saisons & pour les douze Mois de l'année. L'Eau du Tibre passoit autrefois près de l'Eglise de St. George & on l'appelloit le bras de Rivière *Velabum* à cause que l'on y passoit en batteau & quelquefois avec une petite voile quand le Vent étoit bon. On va de là à l'Eglise ronde de St. Théodore située dans la Place qu'on appelle *foro Bovario*. C'étoit anciennement le Temple de Romulus & de Rémus; & l'on dit que c'est en cet endroit qu'on les exposa, & qu'une Louve les allaita. Il faut peu monter pour aller à l'Hôpital de Notre-Dame de Consolation, qui fut autrefois le Temple de Vesta. De ce lieu on passe au Campo Vaccino, où sont trois Colonnes d'une admirable structure. Elles viennent du Temple de Jupiter *Stator*, que Romulus y fit bâtir en l'honneur de ce Dieu. Ce Temple est entiérement ruïné & il n'en reste plus aucun vestige. L'Eglise de *Santa-Maria-Liberatrice* est au pied du Mont Palatin près de l'endroit nommé *Locus-Curtii*. Ce fut-là que s'ouvrit un Gouffre d'où sortoit une puanteur insupportable, & qui ne se referma qu'après que Curtius Chevalier Romain s'y fut précipité à cheval pour le bien de sa Patrie. En tournant à droite on trouve le Jardin Farnèse. Il est rempli de Jets d'eau & de Grottes; & au-dessus sont des lieux de Promenade d'où l'on découvre le grand Cirque. En continuant de marcher à droite on arrive à l'Arc triomphal de Titus, & qui fut érigé pour le triomphe de ce Prince après la prise de Jerusalem. Cet Arc est sur-tout remarquable par ses bas-reliefs qui représentent le Chandelier, la Table, les Trompettes du grand Jubilé & quelques Vaisseaux qui furent apportés du Temple. Cet Arc est dans la Rue sacrée, au pied du Mont Palatin.

Après avoir fait le tour du *Campo Vaccino* on vient à l'Eglise de *Santa Francesca Romana*, appellée par quelques-uns *Santa-Maria-Nuova*. Le tombeau de cette Sainte y est élevé en cuivre doré; & sur l'entrée est représentée en marbre l'Histoire du retour des Papes, d'Avignon à Rome. Le Temple de la *Pace* est voisin de ce Lieu. On n'en voit plus que des ruïnes : c'étoit néanmoins le plus superbe Temple de Rome, comme le marque la Colonne qui en a été tirée & qu'on a mise devant la Porte de Ste. Marie-Majeure. Ce Temple étoit long de trois cens pieds & large de deux cens. Vespasien l'avoit fait bâtir, & y avoit mis les dépouilles du Temple de Jerusalem, que son fils Titus avoit apportées. L'Eglise de St. Come & de St. Damien est dans le *Campo Vaccino*. Elle est de figure ronde & fut autrefois le Temple de Castor & de Pollux. Plus avant est celle de St. Laurent *in Miranda*. Ce fut anciennement un Temple que l'Empereur Antonin dédia à l'Impératrice Faustine sa femme. Ce Prince aveuglé par son amour prétendit en faire une Déesse après sa mort, quoiqu'il n'eût pu en faire une honnête femme pendant sa vie. Le Vestibule de cette Eglise est fort magnifique, & il y a quantité de grandes Colonnes de marbre. L'Eglise de St. Adrien qui en est proche étoit autrefois le Temple de Saturne & les Romains y avoient leur *Ærarium publicum*. On trouve ensuite l'Eglise de Ste. Martine qui renferme son tombeau dans une Chapelle basse. Ce fut auparavant le Temple de *Mars Ultor*. Devant cette Eglise est l'Arc triomphal de Septimus Severus, sur lequel il y a des bas reliefs fort curieux. Il est de marbre, & la moitié en est fort entiére. En allant du côté de la Montagne on vient à l'Eglise de St. Joseph, où l'on fait voir dans une espéce de Grotto qui est sous terre la prison qu'on appelloit autrefois *Tullianum* & dans laquelle St. Pierre & St. Paul furent enfermez. Il y a au bas un cachot où St. Pierre baptisa Processus & Martinianus qui les gardoient avec plusieurs autres. Il y sourdit miraculeusement une Fontaine à ceux qui descendent dans ce cachot la peuvent voir. Il y avoit autrefois dans le *Foro Romano* plusieurs Bâtimens considérables; comme le *Cominium* qui étoit le Lieu où le Peuple s'assembloit & où étoit la Salle dans laquelle le Préteur rendoit la Justice. On voyoit dans ce *Comitium* la Statue d'Horatius Cocles, & dans les coins celles de Pythagore & d'Alcibiade. Il y avoit aussi dans ce *Foro*, ce que les Romains appelloient *Rostra*. Ces *Rostra* étoient faits des éperons de cuivre des Vaisseaux gagnés sur les Antiates. C'étoit proprement le Barreau où les Avocats avoient accoutumé de plaider & où Cicéron fit de si belles Harangues. Le Tombeau de Romulus étoit derrière ce Barreau, & celui de Faustulus étoit devant.

Le Capitole est situé sur le Mont Capitolin. C'est un Edifice nouveau bâti sur les ruïnes, & même en partie sur les fondemens de l'ancien. Tout y est plein de pièces antiques & remarquables, dont la description demanderoit un Volume entier. Entre les principales on peut compter la Louve de bronze qui allaite Remus & Romulus, & sur laquelle on peut remarquer le coup de foudre dont parle Cicéron [a]; les quatre grands reliefs, où plusieurs endroits de l'Histoire de Marc-Aurèle sont représentez; la Colonne *Rostrata* du Général, ou de l'Amiral & Consul Duillius qui eut le premier dans Rome l'honneur du triomphe naval; le Courier qui s'arracha une épine du pied, après avoir apporté de bonnes nouvelles au Sénat, ayant mieux aimé souffrir dans son Voyage que de retarder la joie publique; le Buste de Cicéron; celui de Virgile; les quatre anciennes mesures; une pour l'huile,

[a] Orat. 3. in Cat.

l'huile, deux pour le Vin & l'autre pour le grain; la Nourrice de Neron qui le tient par la main; la Déeſſe du Silence; le Dieu Pan; les trois Furies; une Statue de Céſar avec ſa cuiraſſe; une Statue d'Auguſte; celles de Caſtor & de Pollux; les debris des Coloſſes d'Apollon de Domitien & de Commode; le Lion qui devore un cheval; les trophées que quelques-uns diſent être de Trajan & les autres de Marius. Les deux Chevaux de marbre qui ſe voient dans la place du Capitole ont été enlevez du Théatre de Pompée; & la Statue Equeſtre de bronze que l'on voit dans le même lieu y fut miſe par Paul III. On croit que c'eſt la Statue de Marc-Aurèle. Il eſt difficile de prononcer par rapport à la Colonne qu'on appelle le *Milliarium*. Elle eſt de Marbre blanc & a huit pieds & demi de hauteur. Le Chiffre (I.) eſt marqué au haut, & ſur le Chapiteau il y a un Globe d'airain qui peut avoir deux pieds de diamétre. On dit communément que cette Colonne étoit au centre de Rome; & que c'étoit de là qu'on commençoit à compter les diſtances, qui ſe diviſoient de mille en mille par d'autres Colonnes ſur tous les grands chemins d'Italie. Mais on trouve quelques difficultez embarraſſantes dans ce ſentiment. La Colonne du *Forum Romanum*, dont parlent Tacite, Suetone & quelques autres anciens Auteurs, nous eſt repréſentée ou d'airain ou de bronze doré, & ayant les noms des grands chemins gravés avec les diſtances des principales Villes. Rien de tout cela ne paroit ſur le *Milliarium* du Capitole. Peut-être, dira-t-on la Colonne d'airain dont ces Auteurs ont fait mention a été perduë, & ce Milliaire de marbre a été mis à ſa place. Mais la Colonne Milliaire du Capitole a été trouvée joignant la voie Appienne, comme le porte l'Inſcription moderne que l'on a gravée ſur une des faces du Piédeſtal : S. P. Q. R. *Columnam milliariam primi ab urbe lapidis indicem, ab Imperatore Veſpaſiano & Nerva reſtitutam, de ruinis Suburbanis Viæ Appiæ in Capitolium tranſtulit*, & il eſt hors de toute apparence que cette Colonne ait été tranſportée du Centre de Rome à un mille loin de ſes murailles. D'ailleurs à examiner le fond de la choſe, il ne me paroit pas poſſible d'expliquer les termes ordinaires de *primus ou ſecundus ab urbe lapis*; ſi ce *lapis* ou cette Colonne n'étoit pas hors de Rome; le mot *ab urbe* expliquant la choſe clairement. En effet ſi on n'avoit jamais entendu parler du Milliaire doré qui étoit au cœur de la Ville de Rome, & auquel aboutiſſoient à ce qu'on croit tous les chemins Conſulaires, on pourroit affirmer poſitivement, que *primus lapis* la première Colonne, ou le premier Milliaire, tel qu'eſt celui du Capitole auroit été à un mille des murailles de Rome. Le Milliaire dont il eſt queſtion ayant donc été trouvé dans un des Fauxbourgs de Rome, & proche d'un de ſes grands chemins, il ſemble que c'étoit là ſa place, & que l'on ſeroit bien fondé à conclurre qu'il y avoit des premières Colonnes milliaires que de grands chemins. Cependant ſoit que l'on ſuppoſe que le *Milliarium* doré ait été l'unique premier *Milliarium*, autour duquel à la diſtance d'un mille, on trouvoit les ſecondes Colonnes; ce qui implique pourtant quelque contradiction; ſoit que cette Colonne dorée du milieu de la Ville n'ait été qu'un but, & que les plus proches Colonnes fuſſent appellées les premières & marquées comme celle du Capitole, on trouve toujours que vû la grandeur de Rome, aucune de ces premières ou ſecondes Colonnes ne pouvoit être hors de la Ville; & qu'ainſi c'eût été une façon de parler très-impropre & même très-fauſſe de dire *primo ab urbe lapide*, ſi ce premier Milliaire avoit été dans la Ville & non pas hors de la Ville. Une autre circonſtance confirme cette penſée. On voit au Palais Paleſtrine une ancienne Inſcription qui contient les Statuts d'un College d'Eſculape & de la Santé, auquel Collége une Salvia Marcellina fait don d'un Temple, d'une Place d'une Promenade, le tout ſitué ſur la Voie Appienne, près du Temple de Mars *intra Milliarium I. & II. ab urbe euntibus*. Les Antiquaires conviennent qu'il y avoit un Temple de Mars hors de la Ville & ſur la Voie Appienne. Ainſi tout concourt à perſuader que le *Milliarium* doré n'étoit que pour marquer le lieu où commençoient tous les grands chemins, & pour enſeigner les diſtances des principales Villes; mais que chaque première Colonne Milliaire étoit à un mille des Portes de Rome. Sur le fut de la Colonne du Capitole on lit cette Inſcription : *Imp. Cæſar Veſpaſianus pontif. maxim. trib. poteſtat. XVII. Imp. XVII. PP. Cenſor côs. VII. deſign. VIII.* & cette autre : *Imp. Nerva Cæſar Auguſtus Pontifex maximus, Tribunitia Poteſtate Côſ III. Pater Patriæ refecit*. Pour faire ſymmétrie avec ce Milliaire, on a depuis peu érigé une autre Colonne de même figure & de même grandeur, ſur laquelle on a mis un Globe d'airain dans lequel étoient dit-on les Cendres de Trajan : *Hoc in Orbiculo olim Trajani cineres jacebant*, *Nunc, non Cineres, ſed memoria jacet. Tempus cum Cinere Memoriam ſepelivit; Ars cum Tempore non cinerem, ſed Memoriam inſtaurat. Magnitudinis enim non Reliquia ſed umbra vix manet, cinis cineri in Una ætate moritur, memoria Cineris in Aere ære revivirſcit*. Tout près de l'Aîle droite du Capitole eſt l'Egliſe qui porte le nom d'*Ara Cœli* : On rapporte qu'Auguſte ayant conſulté l'Oracle de Delphes, pour ſavoir qui gouverneroit l'Empire après lui, cet Oracle fut long-tems ſourd & muet aux queſtions redoublées qui lui furent faites. Enfin après de grandes inſtances de la part d'Auguſte l'Oracle déclara que l'Enfant Hebreu, Fils de Dieu & Dieu lui même, lui ayant ôté la parole, il n'avoit plus rien à révéler & que l'Empereur n'avoit qu'à ſe retirer. L'Hiſtoire ajoute qu'Auguſte, ayant trouvé ce langage conforme aux Prophéties des Sibylles, bâtit auſſi-tôt un Autel au Capitole en l'honneur de l'Enfant Hebreu dont lui avoit parlé l'Oracle, & qu'il appella cet Autel, *Ara primogeniti Dei*. On a depuis bâti une Egliſe dans le même lieu; de manière que l'Autel d'Auguſte ſe trouve auprès du Chœur; & cette Egliſe a été nommée *Ara Cœli*. Le tombeau de Ste. Helène eſt dans cette Egliſe. On deſcend de là par un Eſcalier de cent degrez de marbre à l'Egliſe de la Maiſon Profeſſe des Jéſuites. Cet eſcalier eſt fort large & douze perſonnes y peuvent aller de front. L'Egliſe eſt belle & fort ſpacieuſe, & les Chapelles ont des ornemens très-riches. Le Corps de St. Ignace, Inſtituteur de leur Société eſt ſous l'Autel d'une Chapelle qui lui est dédiée & son Portrait est dessus. On montre sa Chambre dans la Maison de ces Péres, & on en a fait une Chapelle. Le Tombeau du Cardinal Belarmin est proche du grand-autel du côté de l'Evangile. On monte ensuite au Palais de St. Marc qui appartient à la République de Venise, & où logent les Ambassadeurs qu'elle tient à la Cour de Rome. On veut que ce Palais & ceux de *Cancellaria* & de *Farnèse* ayent été construits des pierres que l'on a tirées de l'Amphithéatre.

Du Palais de St. Marc on va au Mont Quirinal appellé présentement *Monte-Cavallo*; & en passant par le Quartier de la Ville nommé autrefois *Forum Trajani*, on y voit la célèbre Colonne de Trajan érigée par le Sénat en l'honneur de cet Empereur. Elle est ornée de bas-Reliefs qui montent en ligne spirale depuis le bas jusqu'au Chapiteau, & dans lesquels sont représentez les guerres & les actions mémorables de ce Prince. Mais s'il y a diverses bonnes choses dans ces bas-Reliefs, il y en a aussi quantité de mauvaises : nulle Ordonnance, nulle perspective, & autres défauts. Cette Colonne est formée de vingt-quatre grosses pierres de marbre. Sa hauteur est de cent vingt-huit pieds, sans y comprendre le Piédestal qui en a douze de hauteur. On monte au haut de cette Colonne par un Escalier de cent quatre-vingt-cinq degrez que l'on a ménagés dans son corps, & qui prend jour par vingt-quatre petites fenêtres. On avoit mis sur la corniche les cendres de Trajan enfermées dans une Urne ; mais Sixte V. trouva à propos de mettre en la place de cette Urne la Statue de St. Pierre de cuivre doré. Le Palais & le Jardin d'Aldobrandin sont sur la Montagne. La Maison est petite, mais elle est ornée d'un grand nombre de Tableaux parmi lesquels il y en a un qu'on croit être le plus ancien de Rome. Il représente un Mariage avec toutes les cérémonies que les anciens Romains pratiquoient. Il y a sur l'escalier la Statue d'un homme pendu par les mains, avec de grosses pierres aux pieds. C'étoit un supplice assez ordinaire dont les Payens usoient pour tourmenter les Chrétiens. La Place de Monte-Cavallo est remarquable par les Statues de deux chevaux en marbre, que deux hommes tiennent en main par les rênes, & dont Tiridate Roi d'Arménie fit présent à Néron. Sur le Piédestal de l'une on lit : *Opus Phidiæ*, & sur celui de l'autre *Opus Praxitelis*. Ce sont ces Chevaux qui donnent présentement le nom à la Montagne, sur laquelle étoient les Bains de Constantin. On en voit encore quelques ruïnes dans le Jardin de Columna, dont les murailles aboutissent à cette Place. Le Palais que le Pape occupe en Eté est vis-à-vis de ces chevaux. Le bâtiment en est assez beau, avec des appartemens bien entendus, & le Jardin est agréable pour ses Promenades. Il est rempli de Fontaines & de Grottes sous de grands arbres touffus. Il y a aussi de beaux Jets d'eau & une Orgue qui joue sans que personne y touche. Le Noviciat des Jésuites est vis-à-vis la Porte de derrière de ce Jardin. L'Eglise de St. Sylvestre qui est à une petite distance de là & où l'on voit le tombeau du Cardinal Bentivoglio appartient aux Théatins. En descendant par une petite Rue on trouve l'Eglise de Sainte Agathe, située au pied du Mont Quirinal. Le corps de la Sainte est sous l'Autel & devant la Porte sont quelques anciennes Statues de petits garçons avec leurs robes qu'on appelloit *Prætexta* & qui se donnoient aux enfans nobles. On se rend ensuite à l'Eglise de *Madona del Monte*, lieu de grande dévotion & d'où l'on va à celle de St. Pierre aux Liens. Dans cette dernière est la fameuse Statue de Moyse assis. Elle est de marbre blanc, de la main de Michel-Ange & fait une partie des ornemens du tombeau de Jules II. Baronius témoigne que la Statue de St. Sébastien qui est sur un Autel assez près de la Porte y fut mise pour faire cesser la peste qui affligeoit toute la Ville & qui cessa en effet presque aussi-tôt que la Statue fut placée. La chaîne avec laquelle St. Pierre fut lié dans la prison est dans la Sacristie de cette Eglise, que l'on appelle à cause de cela St. Pierre *ad vincula*. St. Martin *in Monte* est dans ce même Quartier. C'est une fort belle Eglise, où il y a une Cave dans laquelle pendant la persécution Saint Sylvestre tint deux Conciles, comme le fait connoître une Inscription qui est sur l'escalier. On dit que la première profession de la Religion Chrétienne fut faite dans cette Cave. L'Eglise de Ste. Praxede est assez voisine de cette dernière. On y voit la Colonne où l'on attacha Notre-Seigneur quand il fut flagellé. Elle est d'un marbre de différentes couleurs & enfermée dans une grille de fer. L'ancienne Inscription qui est sur la Porte de la Chapelle où cette Colonne a été mise apprend que ce fut le Cardinal Colonna qui l'apporta de Jerusalem, il y a plus de cinq cens ans. Dans la même Eglise est le puits où Sainte Praxede gardoit les Reliques & les corps des Martyrs, mais ce puits est couvert présentement.

L'Eglise de Ste. Marie Majeure est la plus grande Eglise de celles de Rome qui sont dédiées à Notre-Dame ; & c'est de là qu'est venu le nom qu'elle porte. Elle est sur le Mont Esquilin. & a été bâtie par le Patrice Jean, & sa femme du tems du Pape Libére vers l'an 306. de Notre-Seigneur. Elle est à l'extrémité de la Rue des quatre Fontaines ; on y arrive par un Cours formé par quatre rangs d'arbres mal entretenus. En venant par cet endroit il faut faire le tour de l'Eglise pour trouver le grand Portail. Elle a trois nefs formées par deux rangs de Colonnes de marbre ; le pavé est de la même matière en compartimens. Les trois nefs ne sont point voûtées. Elles ont des plafonds magnifiques & dorés ; on dit qu'on y employa le premier or qui vint des Indes. La Tribune est voûtée aussi bien que les deux magnifiques Chapelles, qui lui servent de croisées.

Celle de la droite a été bâtie par Sixte V. elle est toute incrustée de marbres les plus rares, mis en œuvre par les meilleurs ouvriers. Elle est fermée d'une Balustrade de fer, avec des ornemens de cuivre doré. Le côté droit est occupé par le Mausolée de Sixte V. composé de deux Ordres d'Architectures en pilastres Corinthiens, & composites d'un très-beau marbre, & très-bien travaillé. Sa Statue aussi de marbre est dans la grande niche qui occupe le milieu de ce grand corps, il y a à côté, au-dessus, des bas reliefs de marbre, qui représentent

tent la charité, & la justice, & le couronnement de ce Pape, avec les Statues de St. François, & de St. Antoine de Padoue. Sixte V. avoit été Cordelier.

Sa reconnoissance l'a engagé à faire un Mausolée semblable au sien dans la même Chapelle, pour le S. Pape Pie V. du nom. Ce tombeau magnifique, est à la gauche en entrant dans la Chapelle, aussi beau, aussi bien travaillé, des mêmes marbres, aussi riche que celui de Sixte V. Il a fait mettre les Statues de St. Dominique, & de St. Pierre Martyr aux côtez de celle de St. Pie, qui avoit été de l'Ordre des Freres Prêcheurs, au-dessous de sa Statue, le corps de ce Saint reposoit dans un cercueil de cyprès, couvert d'un second cercueil de plomb. Il en fut tiré en 1708. par l'Ordre du Pape Clement XI. Les chairs & quelque partie de ses vêtemens, dont le corps avoit été revêtu se trouverent consumées. Les Ossemens sacrés furent couverts des vêtemens ordinaires aux Souverains Pontifes, avec une croix de Diamans & un anneau précieux, & furent enfermés dans une chasse très-riche garnie de glaces, afin qu'on pût voir ce saint Corps, quand on ouvre & qu'on abaisse une grande Table de Bronze doré d'or moulu, où la figure du Saint est représentée en relief. Cet Ouvrage excellent a été conduit & modelé par le Sieur le Gros Sculpteur François.

Le Pape Paul V. a fait construire l'autre grande Chapelle, qui fait la croisée de l'Eglise. Elle est de même grandeur, à peu près dans le même goût, & d'une magnificence égale à celle de Sixte V. C'est dans cette Chapelle qu'on a placé la crèche, où le Sauveur du monde reposa dans l'étable de Bethléem.

Au sortir de Ste. Marie Majeure on va à l'Eglise des Saints *Vito* & *Modesto*, qui est près des ruïnes de l'Arc triomphal de l'Empereur Gallien, au haut duquel sont pendues de grandes Clefs qui sont celles de la Ville de *Tusculum*, pour marque de la Victoire que l'Eglise remporta sur cette Ville, sous le Pontificat d'Honoré V. L'Eglise de St. Eusèbe qui en est peu éloignée, a été construite sur les ruïnes des bains de l'Empereur Gordien, & sur celles de son Palais, dont le Choeur étoit entourée de cent Colonnes. L'Eglise de *Santa Croce in Jerusalem* que fit bâtir le Grand Constantin est auprès des murailles de la Ville, à l'extrémité du Mont Coelius; & on l'a nommée ainsi à cause de la terre Sainte qui lui fut envoyée de Jerusalem par Ste. Héléne sa mére, & qu'on mit dans une Chapelle souterraine. Il reste encore tout auprès quelques marques du Temple de Venus & de Cupidon, que cet Empereur fit ruïner pour y construire cette Eglise où les Curieux prennent plaisir à considérer la peinture de la Tribune & de la voute du Choeur, qui représente l'Histoire de l'Exaltation de la Ste. Croix. L'Eglise de Ste. Bibiane est assez près de celle de *Santa-Croce*. Elle est dans la Place appellée *Ursa Pileata*, à cause de la Statue de l'Ourse qu'on y voit avec un Chapeau. Cette Place est remarquable par le Cimetière nommé *Coemeterium inter duas lauros*. L'Eglise est ornée de rares peintures de la main de Campelli & de Pierre de Cortone, & la Statue de la Sainte est un Ouvrage du Cavalier Bernini. Au sortir de cette Eglise on trouve un Chemin qui conduit à la Porte de St. Laurent, où l'on passe pour aller à *San Laurenzo fuori delle Mura*. C'est une Eglise à laquelle l'Empereur Constantin qui la fit bâtir donna plusieurs riches ornemens. On l'appelle *fuori delle Mura* pour la distinguer de plusieurs autres qui sont dans la Ville dediées au même Saint. Elle a été élevée sur le *Coemeterium Sanctae Ciriace*, où cette Sainte enterroit les corps des Martyrs, sur la Voie Tiburtine. Le tombeau de St. Laurent est sous le Grand-Autel, derrière lequel est la pierre où fut mis le gril qui servit à son Martyre. On la voit au travers d'une grande piéce de verre. En rentrant dans la Ville on trouve l'Eglise de St. Antoine, & l'Hôpital qui est proche de Ste. Marie-Majeure, devant laquelle il y a une Colonne, avec une Croix que l'on y mit à la conversion d'Henri IV. Roi de France.

Après avoir fait le tour de Sainte Marie Majeure on arrive à l'Eglise de *Santa Pudentiana*, située dans l'ancienne Rue appellée *Vicus Patricius*. Elle a été bâtie au même lieu où étoit la Maison de Pudens Senateur Romain. Ce fut dans cette Maison que logea St. Pierre la premiére fois qu'il alla à Rome. Il y convertit Pudens & ses deux Filles Pudentiana & Praxede. On y voit un Puits sans eau, où Ste. Pudentiane mettoit les corps des Martyrs. On y voit aussi d'autel de bois sur lequel St. Pierre dit la premiére fois la Messe à Rome; deux Statues de marbre l'une de Notre-Seigneur & l'autre de cet Apôtre, toutes deux merveilleusement bien faites, & la Chapelle magnifique des Gaëtans. On va de là à *San Laurenzo in Panciperna*. C'est le lieu où St. Laurent fut rôti sur le gril, & l'Histoire de son Martyre est peinte sur la muraille. Sainte Brigitte Vierge d'Ecosse est enterrée dans cette même Eglise. Quand on a traversé une petite Rue peu fréquentée qui est au pied de *Monte-Cavallo* l'on va à l'Eglise de St. Vitalis qui joint le Jardin du Noviciat des Jésuites. On dit que le Temple de Romulus étoit élevé dans cet endroit. Il y a maintenant tout auprès un Carrefour où sont les Quatre Fontaines. Elles sortent de quatre Statues qui sont comme couchées par terre. Ce fut Lepidus Pius qui les fit faire construire. De ce Carrefour on entre dans une belle Rue qui conduit à l'Eglise de *Santa Maria della Victoria*, ainsi appellée de la Victoire que l'on remporta dans la Bataille de Prague. Les Drapeaux & les Etendards que l'on gagna en cette bataille, sont tout autour de l'Eglise. On y voit aussi de belles Chapelles, & sur-tout il y en a une à main gauche, où est la Statue de Ste. Thérèse, blessée par un Seraphin, ouvrage fort estimé. Dans la Sacristie est un sepulcre de Notre-Seigneur: il est d'ivoire & très-curieusement travaillé. La grande Fontaine appellée *Fontana Felice* est devant cette Eglise. C'est l'Aqueduc de Sixte V. qui se décharge dans un grand bassin de pierre, d'où il distribue l'eau par plusieurs canaux aux reste de la Ville. On a donné le nom de *Felice* à cette Fontaine, à cause que Sixte V. avoit été appellé *Fra-Felice* dans le Couvent des Cordeliers. Un peu après que l'on a quitté cet Aqueduc on se rend au Jardin

din de Montalto, un des plus beaux que l'on voye à Rome. A l'entrée il y a une pierre bleuatre sur laquelle sont taillées les armes de cette famille. Elle est entourée de jets d'eau que l'on fait jouer en mettant le pied sur une petite pompe de fer qui est dessous. Auprès de la porte de la Maison, qui est une manière de petit Palais, sont plusieurs Portraits & Statues de ceux de cette famille. Il y a aussi une petite Orgue, dont les tuyaux quoique de bois ne laissent pas de rendre un son assez agréable. Dans le même endroit est un Tableau de David qui combat Goliath. Il est fait de telle manière qu'il tourne sur une bordure & fait voir le devant & le derrière des Combattans. On y montre plusieurs Urnes très-curieuses; un buste de Sixte V. au naturel; un Tabernacle couvert de riches pierreries, & un Tableau composé de pierres de differentes couleurs. Ce Tableau a cela de singulier que si on le regarde d'un certain point il représente une botte d'herbes; & en le regardant d'un autre point on voit la tête & le visage d'un homme. Ce lieu n'est pas loin d'une Chartreuse qui a été bâtie sur les ruïnes des Bains de Diocletien, auxquels le cruel Empereur & son Collegue Maximien firent travailler pendant quinze ans, quarante mille Chrétiens dont une partie souffrit ensuite le Martyre pour la défense de la Foi. Sans sortir des bains de Diocletien, on va aux Gréniers du Pape. C'est un grand Bâtiment à deux Etages toujours plein de bled pour la subsistance de la Ville. Ces Gréniers sont près de la Porte appellée Pia; & à un mille de là est l'Eglise de Ste. Agnès. Le corps de cette Vierge martyrisée à quinze ans repose sous le Grand-Autel de cette Eglise, qui est voisine de celle de Ste. Constance.

La Porte *del Popolo*, du Peuple ou des Peupliers, s'appelloit anciennement la Porte Flaminienne parce qu'elle étoit sur la Voye Flaminienne. Les uns pretendent qu'on la doit nommer la Porte des Peupliers, à cause de la quantité d'arbres de cette espèce qu'il y avoit autrefois dans cet endroit, & dont il en est resté encore quelques-uns; les autres veulent tirer son nom d'une Eglise de Notre-Dame, qui est à gauche en entrant dans la Ville, & qui fut bâtie par le Peuple Romain à la fin du onzième Siècle, dans l'endroit où étoit le tombeau de Neron, & qu'on appella à cause de cela Notre-Dame du Peuple. La Porte que l'on voit aujourd'hui a été bâtie sous le Pontificat de Pie IV. par le fameux Architecte Vignole sur les desseins de Michel-Ange-Buonarota. Elle est de pierre Travestine ornée de quatre Colonnes de marbre d'Ordre Dorique, dont les Piedestaux sont d'une hauteur à laquelle on trouveroit à redire, sans le respect que l'on a pour ceux qui ont conduit l'Ouvrage. La façade qui regarde la Ville a été décorée d'un Ordre Dorique à Pilastres du tems d'Alexandre VII. pour recevoir la Reine Christine de Suède; & comme on a conservé les mêmes mesures que dans la façade extérieure, la hauteur des piedestaux choque encore d'avantage. L'entrée de Rome par cet endroit est charmante. On trouve d'abord une Place triangulaire, dont la Base opposée à la Porte, qui en fait un angle est ouverte par trois belles Rues larges, droites & longues à perte de vue. Celle du milieu est la Rue du Cours, ou simplement le Cours *Il-Corso*, ainsi appellée parce qu'on s'y promène en Carosse pour prendre le frais, & qu'elle sert pour les courses des chevaux & pour les divertissement du Carnaval. Il y a des banquettes des deux côtez pour les gens de pied, & elle est bordée de fort belles Maisons & d'Eglises magnifiques. L'entrée du Cours est ornée de deux Eglises semblables, couvertes en Dôme, avec un portique soutenu de quatre Colonnes de pierre d'ordre Composite, sur l'entablement desquelles il y a une balustrade avec des vases & d'autres ornemens. L'Eglise qui est à droite est dédiée à Notre-Dame des Miracles. Elle appartient aux Religieux du Tiers-Ordre de St. François, appellés en France Piquepus. Ils sont tous François, & c'est le Rendez-vous de la plûpart des François qui sont à Rome : celle de gauche s'appelle Notre-Dame de *Monte-Santo*. Elle est desservie par les Carmes Siciliens Reformez. Les dedans des deux Eglises sont fort ornés de peintures & de sculptures. Le Centre de la place est occupé par un Obelisque de Granite Egyptien, tout couvert d'Hieroglyphes. On lui donne quatre-vingt huit pieds, ou cent sept palmes Romaines de hauteur, sans compter la baze. Il sert de point de vue aux trois Rues qui partent de cette Place. Sixte V. le fit tirer du grand Cirque, où il étoit couvert de terre depuis plusieurs Siècles, & il le fit transporter & élever en cet endroit par son Architecte Fontana en mille cinq cens quatre-vingt sept. La Rue qui est à la droite du Cours s'appelle la Rue Ripotta, parce qu'elle renferme de petit Port, ou la petite Rade du Tibre, où les Bâtimens médiocres & les Feloupues viennent prendre terre. Elle conduit jusqu'à l'Eglise de St. Louis des François; & à celle de St. Eustache, qui sont presque au centre de Rome & au Quartier le plus habité. La Rue qui est à la gauche du Cours se nomme la Rue du Babouin ou du Masque à cause d'une Fontaine de ce nom. Elle passe par la Place d'Espagne lieu fort fréquenté des Etrangers, parce qu'on prétend que c'est où se trouvent les meilleures Hôtelleries. Elle conduit & se termine à Monte-Cavallo. Il est certain que ces trois Rues sont les plus belles de toute la Ville. Elles sont bordées de quantité de belles Maisons, de Palais d'importance & d'Eglises magnifiques. Elles passent par des Places remarquables par leur grandeur & par leurs ornemens; mais elles sont mal pavées, extrêmement sales, & ces belles Maisons sont extre-coupées d'une quantité d'autres Maisons vilaines, basses & mal bâties, qui défigurent infiniment tout ce qu'on y voit répandu de beau, de riche & de bon goût. On prétend que ce contraste fait paroître davantage les beaux Edifices. Quoiqu'il en soit ce défaut ou cet agrément se trouve dans toutes les Rues de Rome.

De l'Eglise de Notre-Dame du Peuple, en avançant à main gauche vers la Place d'Espagne, on passe devant l'Eglise & Collége des Grecs où en certains jours on voit leurs Cérémonies, & on les entend chanter la Messe en Grec selon leur Liturgie. Ces Grecs sont unis avec l'Eglise Romaine & ils ont un Semi-

Seminaire où ils instruisent de jeunes gens que le Pape entretient, pour les envoyer comme Missionnaires en Gréce & dans les Isles de l'Archipel. La Maison du Grand Duc située sur une Montagne a un Jardin embelli de quantité de Fontaines & de plusieurs grands bassins de marbre. Entre les raretez qui font l'ornement de ce Palais, on remarque les Statues de deux Athletes qui luttent ensemble, & celle d'un Paysan qui en aiguisant sa faux entendit les complices de Catilina parler de leur conspiration qu'il découvrit. Cette derniere passe pour un des plus hardis Ouvrages de Rome; mais celles du Cupidon & de Venus n'ont point leurs semblables. On découvre toute la Ville des fenêtres de ce Palais. L'Eglise des Capucins est près de là. Le Tombeau de *San Felice*, Frere Lai de cet Ordre est dans la seconde Chapelle à main gauche. Le Cardinal Antoine Barberin, frere du Pape Urbain VIII. qui étoit Capucin a été enterré dans cette Eglise. Sa dignité qu'il avoit acceptée contre son gré ne l'empêcha pas de vivre comme un Religieux retiré du monde. Il défendit en mourant de mettre son nom sur son tombeau, & ne voulut pour tous titres que ces paroles, *Hic jacet umbra, cinis, nihil*. Le Palais des Barberins l'un des plus beaux de Rome, tant pour la situation du côté de la Montagne, que pour ses riches appartemens & pour les raretez qu'il renferme est vis-à-vis des Capucins. Il y a deux escaliers qui sont des Chef d'œuvres, & Pierre de Cortone s'est épuisé pour embellir le Plafond de la grande Sale. La Galerie est ornée d'une infinité de rares Statues & de Tableaux avec une suite merveilleuse de Chambres dont chacune seroit digne de loger un Prince, tant elles sont magnifiquement meublées. La plus rare est celle de la Bibliotheque du Cardinal François Barberin. En allant vers les Minimes de la Trinité du Mont, on passe par une Eglise où sont des Augustins Espagnols. Cette Eglise appellée *S. Ildefonse* est extrêmement petite. Cependant elle a toutes les parties d'une Eglise comme le Grand-Autel, les Chapelles à côté, le Dôme & le Chœur. L'Eglise de la Trinité *del Monte* a été fondée par Louis VI. Roi de France, & est desservie par les Minimes François. On y voit de rares peintures.

En descendant à la Place d'Espagne, on y trouve une belle Fontaine dont on ouvre en Eté tous les robinets pour arroser le pavé des Rues voisines. Ce Palais de l'Ambassadeur d'Espagne est dans cette Place au bout de laquelle est le Collège de *propaganda Fide*. Le Pape Urbain VIII. le fonda pour entretenir plusieurs Ecoliers des Provinces Méridionales jusqu'aux Indes & jusqu'en Ethiopie; après avoir fait leurs Etudes dans ce Collège ils retournent dans ces Contrées au grand avantage de leurs Habitans, qu'ils instruisent des Mystéres de la vraie Religion. De la Place d'Espagne on va à celle de la Fontana *di Trevi*, où l'on a fait venir l'eau en telle abondance qu'on voit comme trois petites Rivieres aux endroits par où elle sort. Le Collège des Maronites est du côté de *Monte-Cavallo*. Ils y chantent la messe à leur mode; & suivant leur Liturgie, comme le pratiquent les Prêtres Chrétiens du Mont Liban. L'Eglise des SS. Apôtres est dans ce même Quartier. Constantin qui la fit bâtir porta sur son dos en leur honneur les douze premieres pierres qu'on avoit tirées pour en faire les fondemens. Il y a au devant une grande Place où sont bâtis divers beaux Palais. On entre ensuite dans la belle Rue nommée *il Corso*, dont il a déja été parlé. On trouve dans cette Rue les Eglises de *Santa Maria in via lata*, de St. Marcel, de *San Carolo*, de *San Giacomo de Incurabili*, & des Filles Penitentes. La premiére est une ancienne Eglise que Baronius dit être au même lieu, où St. Pierre logea la premiére fois qu'il vint à Rome. Quelques-uns assurent que ce fut dans l'Oratoire de cette Eglise que les Actes des Apôtres furent écrits par St. Luc. L'Eglise de St. Marcel a été bâtie sur les ruines du Temple d'Isis, que Tibere fit démolir, & dont on jetta l'Idole dans le Tibre; ce qui fut suivi de la punition de tous ses Prêtres qu'il fit mourir pour avoir favorisé un crime abominable commis par une Dame Romaine. L'Oratoire de St. Marcel appellé l'Oratoire du St. Crucifix est derriere cette Eglise. Il y a une fameuse Confrairie où plusieurs Gentilshommes sont enrollez. On montre dans l'Eglise de *San Carola* le Cœur de St. Charles Borromée. Cette Eglise appartient aux Milanois. Celle de *San Giacomo de Incurabili* est de forme ronde, & jointe à un Hôpital où l'on entretient ceux qui sont affligés de maux incurables. L'Eglise des Filles Pénitentes est accompagnée d'une Maison où l'on reçoit toutes les filles débauchées qui veulent se convertir. Elles y sont entretenues le reste de leur vie, & rien ne leur manque de toutes les choses nécessaires, pourvu qu'elles vivent dans la régularité que cette conversion demande. Quoique l'on tolére à Rome la débauche de ces Filles tant qu'elles y veulent persévérer, on ne peut pas dire que le déréglement de leur vie soit approuvé. Il est vrai que l'on n'agit pas contre elles avec toute la rigueur que mérite la profession connue de leur infame commerce; mais si on ne les chasse pas, on ne cherche qu'à empêcher un plus grand mal, & on leur impose des peines assez dures pour leur donner lieu de renoncer à la débauche. Outre qu'il faut que leurs noms soient enregistrez dans les Registres publics, il ne leur est pas permis de se trouver aux Assemblées parmi les honnêtes femmes, comme au Cours, aux Promenades, aux Mariages, aux Concerts de musique & en de semblables Cérémonies. Elles ne peuvent aller en carosse pendant le jour, ni sortir la nuit, & elles n'ont pas même la permission de converser les unes avec les autres. Ce qui est encore plus fâcheux pour elles; c'est qu'on leur défend de recevoir aucunes Compagnies dans les tems d'Avent & de Carême, afin que l'ennui de vivre dans une si étroite solitude les fasse entrer dans quelques remords & puisse servir à les ramener à Dieu. Quand elles meurent leurs biens vont au Fisc; & si elles faisoient un testament il ne seroit pas valable. On ne les inhume point en Terre Sainte: on met leur corps dans quelque trou le long des murailles de la Ville. Derriere le Couvent des Filles Penitentes est *San Sylvestro in Capite*. On nomme ainsi cette Eglise, à cause qu'on y voit le Portrait de la tête &

du

du visage de Nôtre Seigneur, qu'il fit lui-même par miracle, comme le rapporte Baronius, & qu'il envoya à Abgarus Roi d'Edesse.

La Colonne Antonine, qui fut anciennement élevée par Marc Aurèle Antonin, & par le Sénat en l'honneur d'Antonin Pie, est aussi dans la même Ruë *del Corso*. Elle est faite de vingt-huit pierres de marbre, & comme la Colonne Trajane elle est ornée de bas reliefs qui montent en ligne spirale depuis la base jusqu'au Chapiteau, & où sont représentées les guerres & les principales actions de ce Prince. Sa Statuë y fut mise; mais présentement on y voit celle de St. Paul en bronze doré. L'escalier a deux cens six degrez & le fust de la Colonne est haut de cent soixante pieds Romains. Le Palais de l'Empereur Antonin appellé *Basilica* est dans la *Piazza di Pietra*. Il est embelli d'un rang de Colonnes très-curieuses. De là on vient au Collège Romain qui appartient aux Jésuites. C'est un fort beau Bâtiment & fort bien situé pour la commodité des Ecoliers qui y viennent de tous les quartiers de la Ville. On arrive ensuite au Couvent des Dominicains appellé la Minerva, parce qu'il est au même lieu où étoit autrefois le Temple de Minerve. Le Pape Honoré III. ayant confirmé en 1216. la Règle & le nouvel Ordre de St. Dominique, lui donna l'ancienne Eglise de Ste. Sabine sur le Mont Aventin & leur aida à y bâtir une Maison. Ils y demeurèrent jusqu'en 1375. que le Pape Grégoire XI. & le Cardinal Aldobrandin Calvacanti engagèrent les Religieuses Grecques établies par le Pape Zacharie sur les ruines du Temple de Minerve à céder ce lieu & à se retirer au Champ de Mars où leur bâtit une Eglise & un Monastère. L'ancienne Eglise occupée par les Religieuses Grecques étoit consacrée à Dieu sous l'invocation de la Ste. Vierge. La nouvelle Eglise prit le même titre & l'une & l'autre ont été appellées Ste. Marie sur la Minerve. C'est-à-dire sur les ruines du Temple bâti autrefois à Minerve par Pompée, & dont on voit encore quelques vestiges dans une des cours du Couvent. Les Antiquaires prétendent que le Temple de Minerve étoit bien plus grand que l'espace occupé aujourd'hui par l'Eglise & par le Couvent. Les Papes Paul IV. & Urbain VII. ainsi que plusieurs Cardinaux, plusieurs Princes ou Grand Seigneurs sont inhumés dans cette Eglise. On y voit entre autres choses remarquables une figure que l'on estime infiniment. C'est le Christ de Michel Ange. Il est sur un petit Autel & près du Grand du côté de l'Evangile. La figure est de marbre blanc, de grandeur naturelle, entièrement nuë sans la moindre draperie; de sorte que sans la Croix qu'elle tient à la main droite & qui caractérise, on pourroit lui donner quel nom on voudroit; car elle ne ressemble nullement aux tableaux du Sauveur conservés à Rome & que l'on regarde comme très-ressemblans. Quoiqu'il en soit cette figure est parfaitement belle, entièrement finie, d'un goût admirable, & selon les Romains inimitable. On couvre avec une riche écharpe la nudité de la figure, & l'on a couvert d'un espèce d'étui de bronze doré un de ses pieds qui est un peu avancé, & que la dévotion des Romains commençoit à gâter à force de le baiser. Saint André *della Valle* est une fort belle Eglise des Théatins. On l'a bâtie au même lieu où étoit le Theâtre de Pompée, & sur les ruines du Palais de Picolomini. C'est peut-être pour cela qu'on y voit les Tombeaux de Pie II. & de Pie III. tous deux de cette famille. Le Pape Urbain VIII. n'étant encore que Cardinal y fit construire une fort belle Chapelle dans l'endroit où l'on fustigea St. Sébastien, & où il fut jetté dans un Evier avant qu'on le fit mourir à coups de flèches. L'Eglise de *San-Carolo in Cantinari*, qui est ronde & assez jolie n'est qu'à une petite distance de la *Cancellaria*, Palais que fit bâtir le Cardinal Riari des pierres du Colisée. Ce Palais regarde l'Eglise Collégiale de *San Lorenzo in Damaso*, dont toutes les murailles sont peintes & représentent l'Histoire de St. Laurent. Le Corps de St. Damase Pape repose sous le Grand-Autel de cette Eglise qui est voisine du Palais Farnèse.

Ant. de St. Gallo fut le premier Entrepreneur du Palais Farnèse. Il le commença seulement; & Michel-Ange en est regardé comme le principal Architecte. La façon de ce beau Bâtiment est large de cent quatre-vingt pieds & haute de quatre-vingt-dix. Les portes, les encoignures, les croisées, la corniche & toutes les pierres principales sont des dépouilles du Colisée. On a ainsi détruit une grande partie de ce merveilleux Monument. On en a bâti presque tout le Grand Palais de la Chancellerie, aussi-bien que l'Eglise de St. Laurent *in Damaso*, & l'on en a même réparé en quelques endroits les murailles de Rome. Au lieu de relever & de conserver ces précieux restes de l'Antiquité comme a fait Sixte V. à qui Rome est redevable de la plus grande partie de sa beauté, il s'est trouvé plusieurs Papes qui ont contribué eux mêmes à faire le dégât. Innocent VIII. ruina l'Arc Gordien pour bâtir une Eglise; Alexandre VI. démolit la belle Pyramide de Scipion pour paver les rues des pierres qu'il en ôta. Les degrez de marbre par où l'on monte à l'Eglise d'*Ara Celi* ont été pris à un Temple de Romulus; St. Blaise est bâti des débris d'un Temple de Neptune; St. Nicolas de l'Ame a été élevé des débris du Cirque Agonal; & ainsi de quantité d'autres. Au reste ce Palais est un des plus beaux de Rome. Son bâtiment est isolé & l'on peut tourner tout autour. Il a quatre faces, à chacune desquelles est une porte qui donne dans une Cour entourée de colonnes & d'arcades, avec une galerie couverte qui conduit dans les différens appartemens. C'est dans cette Cour que se voit la meilleure Statue d'Hercule appuyé sur sa massue. Elle fut trouvée dans les Bains d'Antonius Caracalla. On y voit aussi les Statues de Flore & de deux Gladiateurs. En montant par le grand Escalier pour aller aux chambres, on voit dans une Gallerie l'admirable figure d'un Dauphin portant sur son dos un petit garçon, & à l'entrée de la Grand-sale les Statues de deux Rois Parthes qui sont enchaînés. La Statue d'Alexandre Farnèse est dans la Salle: il foule aux pieds la Rebellion & l'Hérésie, pendant que la Renommée le couronne. Ces qua-

quatre figures sont d'une seule pierre de marbre blanc. Dans la même Sale on voit les Statues de la Charité & de l'Abondance en posture de deux personnes, qui se baisent & qui se consolent. Tout autour de l'appartement il y a une infinité de Gladiateurs l'épée à la main, dans les différentes attitudes que leur faisoit prendre leur maniére de combattre. Dans une chambre qui joint cette Sale sont plusieurs rares tableaux de la main de Salviati & de Frederico Zucchari qui représentent ce que Paul III. a fait de plus remarquable. Il y en a un où Luther dispute contre Gaëtan; & un autre où sont les quatre Docteurs de l'Eglise Latine. Dans une autre chambre on voit un grand nombre de Statues des anciens Philosophes & Poëtes, comme Platon, Euripide, Possidonius, Zenon, Seneque, Diogéne, Bacchus & Méléagre. On entre ensuite dans un appartement rempli de tableaux des meilleurs Maîtres. On y voit une table de pierre & de piéces rapportées qui a douze pieds de long & cinq de large; & de-là on passe dans la belle Galerie qui est toute entourée de Statues, avec ses plafons admirablement bien peints de la main du célébre Annibal Carache. Ils contiennent les Histoires des amours des Dieux & des Déesses du Paganisme. C'est dans cette Galerie qu'on montre la Statue d'Apollon taillée dans un Caillou. Dans une petite Cour de derriére est le Taureau de marbre qui fait l'admiration des plus habiles connoisseurs. Une Femme paroît attachée par les cheveux à l'une de ses cornes, & deux puissans hommes font leurs efforts pour les pousser dans la Mer du haut du rocher. Une autre Femme & un petit garçon accompagnés d'un chien regardent ce spectacle. Toutes ces figures sont taillées dans un seul bloc de marbre & représentent l'Histoire d'Amphion & de Zethes, qui pour venger leur mere Antiope que Lycus Roi de Thébes avoit répudiée à la suggestion de Dircé qui vouloit prendre sa place, attachérent cette nouvelle Reine à un Taureau qu'ils précipitérent dans la Mer.

Vis-à-vis du Palais Farnèse est la Maison du Signor Pighini, où sont deux Statues d'une très-grande beauté; l'une de Venus & l'autre d'Adonis. L'Eglise de St. Girolamo est vers ce Quartier. C'est une Congrégation de Prêtres la plupart Gentilshommes, qui vivent en Communauté, quoiqu'à leurs dépens. St. Philippe de Nery qui l'institua vécut près de trente ans dans cette Maison. Le Tableau qui représente St. Jerôme sur le Grand Autel est de la main du Dominicain. Les Anglois avoient autrefois un Hôpital au même quartier: il a été converti en un Collége, d'où l'on va à la *Chiesa Nuova*, l'une des plus belles Eglises de Rome. Ce sont des Prêtres de l'Oratoire qui la desservent. La voûte en est richement dorée, & peinte de la main de Pierre de Cortone. La Chapelle de St. Philippe de Nery est du côté de l'Evangile du Grand-Autel. On y voit son portrait au naturel par *Guido Rheni*, & son corps repose dans une Chapelle basse qui est sous l'autel dans un coffre de fer. De l'autre côté du Grand-Autel & dans la Balustrade est le Tombeau de César Baronius, qui fut autrefois de cette Maison & que Clément VIII. fit Cardinal malgré lui. Tout le monde sait combien son Histoire des Annales de l'Eglise, qui lui coûta treize ans de travail a rendu son nom célébre. L'Eglise de *la Pace* est embellie de peintures & de Statues excellentes faites par les meilleurs Peintres & les plus fameux Sculpteurs.

Après que l'on a passé de là par la rue des Imprimeurs, on trouve la *Piazza de Pasquino*, où est la fameuse Statue de Pasquin, proche de la place Navone. Elle a hérité ce nom d'un Tailleur qui demeuroit tout auprès, & qui étoit un railleur de profession, & un diseur de bons mots. Les Nouvellistes s'assembloient dans sa boutique, & on y débitoit tout le bien & le mal qui se faisoit à Rome: souvent même on glosoit sur ce que le Maître disoit; on lui faisoit dire des nouvelles & des traits piquans, auxquels il n'avoit jamais pensé, que l'on appelloit pasquinades du nom de leur Auteur vrai ou supposé. Les enfans qu'il a laissé en mourant n'ont point voulu continuer le métier de leur Pere, qui lui avoit fait assez souvent de mauvaises affaires, & attiré des volées de coups de bâton; ils ont quitté leur quartier, & laissé à la Statue leur voisine le nom de leur Pere, & le soin de débiter ce que les Beaux Esprits de la Ville veulent faire savoir sans se faire connoître. On feroit des livres bien gros, des Satires & des plaisanteries qui ont couru sous le nom de Pasquin. Telle est l'origine des Pasquinades. Quant à la Statue qui a retenu le nom de Pasquin, c'est une figure toute tronquée & toute défigurée que quelques-uns disent avoir été faite pour Alexandre le Grand, d'autres pour Hercule & d'autres pour un Soldat Romain: elle est appuyée contre une muraille au coin d'un Carrefour. On dit une assez plaisante réponse que fit Alexandre VI. à ceux qui lui conseilloient de jetter Pasquin dans le Tibre, à cause des satires perpétuelles que cette critique Statue faisoit contre lui: *Je craindrois*, dit ce Pape, *qu'il ne se métamorphosât en grenouille, & qu'il ne m'importunât jour & nuit*. Ordinairement Pasquin répond aux questions que lui fait *Marforio*, autre Statue aussi fameuse, pareillement estropiée, & qui fut autrefois, selon quelques-uns la Statue de Jupiter Panarius, la Statue du Rhin, selon d'autres, ou celle de la Nera qui passe à Terni. On la voit aujourd'hui dans une des Cours du Capitole. Le nom de Marsorio, vient à ce qu'on croit de *Martis-Forum*, le Lieu où étoit cette Statue s'appellant anciennement ainsi, aussi-bien que *Forum Augusti*. Il y a bien de l'apparence qu'on affichoit autrefois les Pasquinades sur le tronc de Pasquin, & sur celui de Marforio; mais cela ne se pratique plus. Tous les Libelles satiriques sont censés être de Pasquin, sans qu'ils en ayent approché.

De l'endroit où est la Statue de Pasquin on passe à la Place Navone qui est voisine de la Sapience. On l'appelloit autrefois *Platea Agonalis*; c'est-à-dire la Place des combats, parce que c'étoit un Cirque bâti par Alexandre Sévére; elle est cinq ou six fois plus longue que large, & une de ses extrémitez est un arc de Cercle. Le Palais du Prince Pamphile en fait presqu'un des longs côtez. Ce Palais est grand & magnifique, & tel qu'il convient à un neveu d'Innocent X. Il est joint à une petite Eglise que ce Prince a fait bâtir à l'honneur de Sainte Agnez Martyre,

Z dans

dans le lieu, où l'on croit qu'elle fut enfermée avant d'être conduite au supplice. Cette Eglise est un ovale, d'une magnificence extraordinaire; le pavé, les murailles, & jusqu'aux tableaux des Autels, tout est de marbres choisis, mis en œuvre par les plus habiles & les plus savans Maîtres; elle est couverte en dôme, dont le dedans est orné de Stucs dorés, d'un goût merveilleux. Le Portail, qui donne sur la Place, est d'une très-belle Ordonnance; il est accompagné de deux campaniles, dans l'un desquels il y a une Horloge, dont on fait beaucoup de cas. Le milieu de la Place Navone est moins élevé que les bords, de manière qu'on en peut faire un Lac quand on le juge à propos. Il n'y a pour cela qu'à fermer les conduits par lesquels s'écoule, & se perd l'eau des trois grandes Fontaines qui sont sur cette Place, dont celle du milieu est d'une magnificence extraordinaire. On a mis au pied du rocher qui soutient la Pyramide quatre Figures colossales qui représentent les quatre plus grands Fleuves des quatre parties du monde. Le Gange pour l'Asie, le Nil pour l'Egypte, le Danube pour l'Europe, & le Rio de la Plata pour l'Amérique. Comme ces trois Fontaines jettent des torrens d'eau, il est facile d'inonder la Place & de lui donner jusqu'à trois pieds d'eau dans son milieu. On le fait pour l'ordinaire dans les grandes chaleurs, une heure avant le coucher du Soleil, & alors la Noblesse va se promener en Carosse pour jouïr de la fraîcheur, & du divertissement que le bas Peuple leur donne en se jettant dans l'eau. On voit aussi sur cette Place l'Eglise des Espagnols appellée *San Jacomo*, & où est le Tombeau de *Petrus Ciaconius* savant Critique, & le Portrait de San Diego, de la main d'Annibal Carache. Les Ecoles publiques de la *Sapienza* sont vis-à-vis de la porte de derrière de cette Eglise. Eugene IV. fit commencer le Bâtiment de ce Collège qu'Urbain VIII. & Alexandre VII. ont fort embelli, par l'Eglise & la Bibliothèque publique qu'ils y ont fait construire.

Quoiqu'il y ait bien des Collèges à Rome, il n'y a cependant que celui de la Sapience, qui ait droit de faire des Docteurs en Théologie, en Droit, & en Médecine. C'est le plus ancien Collège de la Ville; il y a plus de trente Professeurs qui y enseignent, ou qui sont payés pour y enseigner la Rhetorique, la Philosophie, le Droit Civil & Canonique, la Medecine, la Botanique, l'Architecture, les Mathematiques, les Langues Gréques, Hebraïques, Arabes, Syriaques, Chaldéennes, &c. Tous ces Professeurs ont des appointemens considérables, & beaucoup de privilèges & d'honneurs. Il y a parmi ces Professeurs beaucoup de Religieux. C'est le Pape qui nomme tous les Professeurs. Le Bâtiment de ce Collège est magnifique, c'est un quarré long formé par de doubles Portiques; les classes sont belles, il y a une Bibliothèque nombreuse, bien entretenue, avec des revenus fixés pour l'augmenter, & pour l'entretien des Bibliothéquaires & de leurs Serviteurs. La Statue du Pape Alexandre VII. est placée avec justice dans cette Bibliothèque, puisque ce Pontife y a fait de grands biens, & qu'il a fait faire pour l'usage des Professeurs & des Ecoliers en Médecine, un jardin de Simples très-bien entretenu, avec un Professeur en Botanique, qui fait des leçons publiques dans les tems convenables. Ce jardin est placé au janicule dans une exposition favorable, & comme le Climat est tout à fait propre pour la culture des Plantes, on en trouve presqu'en tout tems & de très-curieuses.

Outre la Sapience, il y a encore plusieurs Collèges, où l'on étudie les Humanitez, & les Sciences supérieures. Il y a aussi des cours de Philosophie & de Théologie dans la plûpart des Maisons Religieuses.

L'Eglise de St. Louïs n'est pas fort éloignée de la Place Navone. Elle est fort belle, & desservie par un grand nombre de Prêtres François. Tout joignant est un Hôpital qui appartient à la même Nation. Le Portrait du Cardinal d'Ossat est dans cette même Eglise sur une Colonne. Le Palais de Justiniani est aux environs. On y voit quantité de Statues des Dieux Payens & une infinité de pieds & de jambes de marbre. Il y en a une si grande confusion dans tous les appartemens, surtout dans la galerie d'enhaut que si elles y servent d'ornement, on peut dire aussi qu'elles embarrassent beaucoup. Cependant on conserve le tout avec soin. Cela vient, dit-on, de ce que le vieux Prince Justiniani mourant sans héritiers mâles laissa ce Palais à un Particulier, voulant qu'il en fût privé & de toutes les meubles, s'il se défaisoit de quelque partie de ces Antiquitez. Parmi le grand nombre de Statues il y a divers Tableaux fort considérables du Titien, & d'autres grands Maîtres, entre autres le rare Tableau de St. Jean l'Evangeliste de la main de Raphaël d'Urbain, & celui de la Vierge & de St. Joseph. Il faut passer par les ruines des Bains d'Alexandre Sévère pour aller à l'Eglise de St. Eustache. On tient que cette Eglise est au même lieu où St. Eustache, sa femme Theopista & ses enfans Agepytus & Thopistus souffrirent le martyre par le commandement de Trajan.

La Rotonde autrefois le *Pantheon*, est la plus hardie pièce d'Architecture qui soit à Rome. Elle n'a été appellée la Rotonde que par le Peuple, à cause de sa figure ronde. Lorsque Boniface IV. dédia ce Temple à la Vierge & à tous les Martyrs, il lui donna le nom de *Santa Maria del Martyres*. Et depuis, quelque autre Pape voulut que tous les Saints en général fussent compris avec les Martyrs. On ne s'accorde pas sur la raison qui fit anciennement nommer ce Temple Pantheon; les uns disent qu'il fut ainsi appellé, *quod formâ ejus convexa fastigiatam cœli similitudinem ostenderet*; les autres croient qu'il fut consacré par Agrippa à Jupiter & à tous les Dieux, ou peut-être à Jupiter seulement & à Cibèle Mere des Dieux. Il est vrai qu'il y a des Niches tout autour, en dedans du Temple, & l'on peut bien conjecturer ce semble qu'elles peuvent avoir été remplies d'Idoles; mais cela supposé ces Niches ne prouvent rien davantage. Varron nous parle de trente mille Dieux adorés dans Rome, & le Philosophe Bruxillus dit en mourant dans sa harangue au Sénat qu'il en faisoit deux cens quatre-vingt mille. Il auroit fallu bien des Niches pour loger tout cela. Les Niches ne font donc

donc rien pour prouver que le Panthéon ait été confacré à toute la multitude des Dieux qu'on invoquoit à Rome. Du reste ce Temple quoique bien dépouillé est encore un des plus beaux & des plus entiers Edifices qui foient en Italie. On fait voir au Château St. Ange un Canon de fonte de soixante & dix livres de balle, qui a été fait aussi-bien que les quatre Colonnes du Grand-Autel à St. Pierre, des seuls cloux de bronze dont étoit attachée la couverture du Portique du Panthéon. Les Colonnes de ce Portique font de Granite, d'Ordre Corinthien, & d'une seule pièce. Elles ne sont pas d'une grosseur parfaitement égale, mais à quelques pouces près de plus ou de moins elles ont quinze pieds d'Angleterre de tour. On peut juger du reste par la proportion. Les deux Lions qui sont sous le même Portique ont servi d'ornement à la façade du Temple d'Isis. Le morceau de Granite dans lequel est taillée l'ouverture de la grande porte est aussi d'une grandeur fort considérable: il a quarante pieds de haut sur vingt de large ou à peu près. L'illustre Raphaël est enterré dans cette Eglise, & le Bembe fit ce Distique pour lui servir d'Epitaphe.

Ille hic est Raphael timuit quo sospite vinci,
Rerum magna Parens, & moriente mori.

La voute de ce Bâtiment est ouverte de près de huit toises pour donner du jour; car il n'en vient point d'ailleurs. Il n'y a non plus aucun pilier pour la soutenir. Aussi quand Pline parle du Panthéon, c'est comme du plus rare ouvrage de son tems. On dit qu'anciennement il étoit couvert de tuiles de cuivre, à quoi Lipse ajoute qu'elles étoient dorées: aujourd'hui il n'est couvert que de grandes pierres plattes. Il est haut de cent quarante pieds & large d'autant, & toute sa grande étendue n'est soutenue que des murailles qui font la circonférence. La Guilletière dit que le Panthéon d'Athènes lui parut beaucoup plus superbe que celui de Rome; mais Spon l'a critiqué sur ce qu'il a pris le Temple de Minerve pour un Panthéon. Meursius étoit tombé dans la même faute. Leur erreur commune est fondée sur la mauvaise Description que Theodose Zygomala, dont ils ne sont que les Copistes a faite de ce fameux Temple dans sa lettre à Martin Crusius, ou peut être sur ce que Pausanias l'appelle Parthénion.

On traverse le Campo Martio pour aller à l'Eglise de *San Lorenzo in Lucina*. C'est une Eglise fort ancienne, desservie par des Prêtres appelés *Clerici Regolari Minori*, & c'est la plus grande Paroisse de Rome. Elle est voisine du Palais Borghese, Palais qui a de grandes beautez & renferme bien des choses rares. Les Portiques sont soutenus de quatre-vingt seize Colonnes antiques de Granite d'Egypte. Entre les Tableaux qui sont dans les appartemens bas, il y a dit-on dix-sept cens originaux des plus fameux Peintres. La Venus qui bande les yeux de l'Amour pendant que les Graces lui apportent ses armes est du Titien & passe pour le Tableau le plus exquis. Paul V. qui étoit de la Maison Borghese, est peint en Mosaïque si fine, que son por-

trait contient, dit-on, plus d'un million de pièces. Ce qu'il y a de sur c'est que c'est un Ouvrage très-délicat.

Le Mausolée d'Auguste peu éloigné de l'Eglise de St. Roch est dans une place particulière où l'on ne passe pas ordinairement. Cet Edifice étoit rond & l'une des plus belles choses qu'on pût voir à Rome. Il avoit trois rangs de Colonnes rondes les unes sur les autres, dont les étages alloient toujours en retrécissant; & sur chaque étage étoit une espèce de terrasse où l'on avoit planté des arbres pour y avoir de la verdure. La Statue d'Auguste étoit sur le haut de tout l'Ouvrage élevée de terre de deux cens cinquante coudées. Il reste peu de chose de la magnificence de ce Mausolée, & le tems a presque détruit toute sa beauté. L'Eglise de St. Antoine de Pade n'en est pas bien éloignée. Elle appartient aux Portugais; & on y voit le Tombeau du Grand Casuiste Navarre, qui mourut à Rome, où il avoit suivi Caranza son meilleur ami, que l'on y avoit cité pour rendre raison de sa Doctrine. Il y a sur son Tombeau un Buste qui le représente. L'Eglise des Augustins que l'on trouve près de-là renferme le Tombeau de Ste. Monique & celui d'Ohuphrius savant Religieux Augustin. Il y a dans le Couvent une fort rare Bibliothèque appelée *Angelica*, à cause d'Angelus Rocca, Evêque & Maître de la Sacristie du Pape, qui la donna à cette Maison, à condition qu'elle seroit ouverte le matin à tous ceux qui voudroient y étudier. Le Palais du Duc d'Altemps est vis-à-vis de Saint Apollinaire & du Collège des Allemans qui sont l'un & l'autre près de l'Eglise des Augustins. La grande Salle de ce Palais est embellie de beaucoup de curiositez, parmi lesquelles on remarque le Triomphe de Bacchus en bas-relief sur du marbre; la représentation d'une Ville taillée sur du Bois, qui est une pièce curieuse, & un Portrait de la Vierge tenant son divin Enfant entre ses bras, de la main de Raphaël. On l'estime cinq mille pistoles. Le tombeau de St. Anaclet Pape est sous l'Autel de la Chapelle du même Palais; & on fait voir dans la Sacristie son Chef enchâssé dans de l'argent couvert de quantité de pierreries. On dit que les ornemens de cette Chapelle ont coûté plus de cinq mille Ecus. L'Eglise de St. Jean de Florence est proche du Pont Saint-Ange. Elle appartient aux Florentins qui l'ont fait bâtir. On admire dans l'une de ses Chapelles un tableau de la Résurrection de Notre-Seigneur fait par Lanfranc.

On compte quatre-vingt ou quatre-vingt-deux Paroisses à Rome, dans vingt-quatre desquelles il y a des Fonts Baptismaux. C'est beaucoup plus qu'il n'en faut pour 150000. ames au plus qu'il y a dans cette Ville. Les Curez ne sont pas riches, il s'en faut bien. Ils ne comptent presque que sur leur Casuel, qui n'est pas fort ample. L'honoraire pour les enterremens se paye en cire blanche. Il est taxé à Rome deux livres pesant; le reste est à proportion. On ne connoissoit point à Rome autrefois la pratique de faire le Prône. On dit qu'on le fait à présent; mais les Curez étoient obligés, & le sont encore à présent, de faire le Catechisme tous les deux Dimanches, excepté dans les tems des cha-

Z 3

leurs, & cela sous peine d'un écu d'or d'amende, punition politique & très-propre pour reveiller l'attention des Pasteurs.

Il est rare que Rome, & le reste des Etats de l'Eglise puissent être réduits à la famine. Il faut pour que cela arrive, qu'il y ait plusieurs années de stérilité tout de suite. Car on prend un soin extrème d'empêcher ce malheur, ou du moins les suites fâcheuses des mauvaises récoltes. Pour cet effet il y a des greniers publics, non seulement dans toutes les Villes, mais même dans tous les Villages, où l'on resserre la quantité de bled, qui est nécessaire pour entretenir le Peuple pendant trois années. Il faut que ces greniers soient fournis, avant que ceux qui ont des grains à vendre, en puissent vendre un grain hors de l'Etat. Les Communautez des Villes, Bourgs, ou Villages achettent les bleds au prix qu'ils ont été taxés par le Préfet de l'annone, & le donnent au même prix aux boulangers & aux habitans qui en ont besoin, de manière que l'on ne mange que du bled de trois ans, qu'on prétend être beaucoup meilleur que celui qui est nouveau. Ceux qui ont la garde des greniers publics, n'ont point de gages, ils se contentent de l'augmentation, ou accroissement qui arrive au bled dans les greniers. On le leur donne par mesure, & ils sont obligés d'en rendre le même nombre de mesures, le surplus est pour eux. Voici la raison de l'accroissement du bled en Italie & dans les Pays Orientaux. On ne serre point le blé en gerbes dans les granges, on le bat sur le champ. Il y a pour cela une place destinée, dont le terrain est bien battu, ferme & uni, ce qu'on appelle l'aire. On y arrange les gerbes en rond, & on attache plusieurs chevaux, bœufs, ou buffles à la queue les uns des autres, qui en marchant & courant sur les gerbes, en font sortir les grains. Comme on choisit pour cela un tems sec, & un Soleil ardent, les grains sont très-secs, & la chaleur les fait rentrer en eux-mêmes, ils deviennent plus petits, moins enflés, & plus durs que s'ils étoient humides, & leur volume étant moindre, il en tient un plus grand nombre dans une mesure, au lieu que quand ces grains ont pris de l'humidité dans les greniers, ils s'enflent, leur volume augmente, & par une suite nécessaire, il en faut une moindre quantité pour remplir la mesure. C'est delà que vient le profit de ceux qui ont la garde des greniers publics. Profit d'autant plus considérable, que des gerbes ont été foulées, ou comme ils disent triturées dans un tems plus sec, & pendant une plus grande chaleur. Ces gardiens sont obligés pour cela de fournir aux dépenses qu'il faut, pour remuer & cribler leur bleds, & pour les transporter, selon le besoin d'un grenier à l'autre.

Presque toutes les terres des Etats du Pape sont extrèmement fertiles, & rapportent de très-bons bleds. Pour l'ordinaire le grain est petit, dur & pesant; & si les peuples étoient plus laborieux, il est certain qu'on tireroit de ces Etats seuls de quoi fournir tout le reste de l'Italie; mais ces Peuples sont mols, ils fuyent le travail & la peine, & aiment mieux souffrir les incommoditez de la pauvreté que de travailler pour s'en délivrer. D'ailleurs rien ne les excite au travail, ils n'ont rien à payer à leur Prince. Les charges sont presque toutes sur les denrées qui se consument. On ne sait ce que c'est que Tailles, Gabelles, Subventions, Dons Gratuits, Capitation & autres levées de deniers. Les entrées de marchandises, & particulièrement des denrées de bouche sont légères, & comme personne n'en est exempt, le fardeau ainsi partagé, n'incommode que très-peu. Et ceux qui ne veulent point payer de droits au Prince, n'ont qu'à se passer des choses sur lesquelles il y a une Gabelle.

Les précautions que l'on prend pour empêcher que le bled ne vienne à manquer, n'ouvrent jamais la porte à l'avarice, & à la cruauté de ceux qui en ont l'administration. Le prix est taxé. Ceux qui n'en veulent pas prendre dans les greniers publics, le peuvent faire & en acheter de ceux qui en ont à vendre. Il est permis à ceux-ci de le donner à un prix au-dessous de la taxe; mais ils s'exposeroient à de grandes peines, s'ils le vouloient vendre plus cher.

Autant la Police de Rome a-t-elle de Vigilance sur l'Article des bleds, autant a-t-elle de negligence par rapport à l'entretien & à la propreté des rues. Dans les plus belles rues & même dans celle qu'on appelle il Corso, tout est plein de boue en hyver & dès qu'il a un peu plû. La poussière n'est pas moins incommode en été. On remédie à ce dernier inconvénient en faisant arroser les rues le soir par le moyen de quelques Charrettes chargées d'un gros tonneau plein d'eau, au fond duquel il y a une manche de cuir avec une corde tenue par un homme qui marche derrière & à quelque distance de la Charrette: il remue cette manche de côté & d'autre, afin d'arroser de toutes parts. On n'a pas les mêmes attentions pour nétoyer les rues, excepté dans quelques occasions très-considérables & pour certains endroits distingués. On ne sait ce que c'est que de balayer. Les grandes pluyes sont les balais de Rome. Les rues sont nettes quand il a bien plû, & bien sales quand il ne pleut point.

Le Pavé de Rome est très-mauvais, quoiqu'il soit mis en œuvre avec du mortier de chaux, & de Poussolane qui fait un corps merveilleux & de longue durée quand il est bien fait; mais c'est justement ce qui lui manque, outre que les pierres sont trop petites & qu'elles n'ont point d'assiette; le fond sur lequel on les pose dans un bain de mortier n'a presque point de fermeté.

Les Romains ne sont pas tout à fait d'une gravité fort austère, ils en ont pourtant, & elle leur sied bien. Ils sont sages, reservés, circonspects, & ne donnent pas dans le plaisir à corps perdu, comme bien d'autres Nations. Tout est mesuré chez eux, & chaque chose y a son tems; quoiqu'ils aiment les plaisirs, & qu'ils en prennent, ils savent en bannir l'éclat, qui souvent produit le scandale. Il n'y a que le tems du Carnaval qui les fait sortir de ces bornes raisonnables; mais aussi en sortent-ils tout de bon en ce tems-là. Dès que l'ouverture du Carnaval est annoncée avec les Cérémonies ordinaires, toute la Ville est en joye. Il semble que ce soit un signal pour quitter la gravité, la retraite, & les affaires. On ne songe ge qu'à se divertir. Le jour est employé en mascarades, la nuit en bals & festins. Rien n'est plus magnifique, mieux entendu, plus divertissant que les différentes scènes qui se succedent les unes aux autres. Le Public y prend part sans qu'il lui en coûte rien. Le Cours est le rendez-vous ordinaire des masques; mais il n'est pas permis à tout le Monde de s'y trouver. Cela est expressément défendu par un Edit public aux femmes de moyenne vertu aux Moines, & à la canaille.

C'est donc dans la rue du Cours que tous les masques s'assemblent. Les uns montés sur des Chars de triomphe tirés par quatre chevaux de front, représentent les entrées triomphales des anciens Romains après leurs Victoires. D'autres déguisés en Dieux du vieux tems, marchent fierement la massue sur l'épaule comme Hercule, ou le marteau & les tenailles à la main, représentent un Vulcain avec ses Cyclopes. Jupiter, Mars, Mercure, Saturne, en un mot tous les Dieux fabuleux resuscitent dans ce tems, se promenent & divertissent le Public. On voit des chariots pleins de Musiciens, & de Symphonistestes à la suite d'une Montagne, où Apollon, & les neuf Muses sont en conversation. On voit des Théâtres portatifs, qui s'arrêtent dans les places, & devant les Palais qu'ils jugent à propos, & représentent des piéces les plus comiques.

Les grands repas ne sont pas du goût des Romains, ils mangent pour vivre. Ils sont propres & délicats, on pourroit même dire sensuels; mais on ne remarque point en eux de penchant à la crapule. Ils mangent très-peu le soir, se couchent tard, se levent de grand matin, pour profiter de la fraîcheur, & dorment après diner pendant quelques heures. Ils vivent tous d'une façon assez retirée; ils se visitent cependant avec beaucoup de politesse, quand il est nécessaire & que la bienséance le demande. Ils s'invitent même les uns les autres à des repas en certains jours; mais on ne remarque jamais entr'eux ces familiaritez, qu'on estime tant chez d'autres Nations, & qu'on condamne avec raison chez des peuples aussi polis & aussi circonspects qu'ils le sont. La plûpart des filles qui ont eté de la naissance, ou du bien sont élevées dans les Couvents. On les y met de bonne heure, & elles n'en sortent que pour être mariées. Beaucoup s'y fixent pour toute la vie en prenant le voile. La dévotion qu'elles y ont sucée les y porte. Souvent la raison fait ce que la dévotion n'a pu; c'est-à-dire, que quand leur famille ne se trouve pas en état de les pourvoir, comme elles devroient l'être, elles se donnent à Dieu ne pouvant pas se donner à d'autrui. Car on ignore en ce pays-là le milieu, si fort en usage dans les autres Pays, de demeurer filles, & de vivre dans le Monde, en attendant que le hazard fasse changer d'état.

Nous n'avons dans l'Histoire rien de plus grand que l'EMPIRE ROMAIN. Il a été incomparablement plus puissant, & plus étendu que les 3. grandes Monarchies qui l'ont précédé. Il est l'ouvrage de la valeur & de la sagesse des Romains : & c'est sur ce merveilleux ouvrage, qui fait l'admiration de tous les grands Esprits, & de tous les plus sages Politiques, que ceux-là mêmes, que l'amour de l'Antiquité ne pique guère, sont empressés de jetter les yeux, pour en connoître toutes les particularitez; pendant qu'ils ignorent sans chagrin l'Histoire des autres Royaumes. Pour se former une idée de l'Empire Romain, il faut le regarder sous III. Etats différens, qui en font comme les 3. âges. Cette division est bien simple, & très-facile à retenir.

Le I. *Etat est sous les Rois.*
Le II. *sous les Consuls.*
Le III. *sous les Empereurs.*

Je suppose, comme on le voit dans cette division, que la Monarchie des Romains a pris naissance avec Rome même. Ce sera, si l'on veut, son enfance. C'est même ainsi que les Historiens ont regardé l'Etat de Rome sous les Rois. *Les Rois*, dit fort bien M. de Saint Evremond, p. 3. & 4. *ont eu si peu de part à la grandeur du Peuple Romain.... que c'est avec raison que les Historiens ont nommé leur règne l'enfance de Rome.... Pour le connoître.... il suffira de savoir que ces sept Rois au bout de deux cens tant d'années n'ont pas laissé un Etat beaucoup plus grand, que celui de Parme, ou de Mantoue.* Son âge parfait est sans doute sous les premiers Empereurs. C'étoit alors que l'Empire Romain n'avoit point d'autres limites du côté de l'Orient que l'Eufrate, le Mont Taurus, & l'Armenie; du côté du Midi il s'étendoit dans l'Afrique jusqu'à l'Ethiopie. Les Isles des Orcades le bornoient au Septentrion, & à l'Occident il ne reconnoissoit pour bornes que l'Océan Atlantique. Mais il paroît bizare, qu'on dise que ce Grand Empire qui du tems de Trajan commandoit, dit Appien, à la plus grande partie du Monde, subsiste encore aujourd'hui en Allemagne, dont l'Empereur ne posséde ni la Ville de Rome, ni à peine la centième partie des Pays, sur lesquels cet Empire étendoit sa Domination; il est même de notorieté publique, que l'Empire Romain finit en Auguste l'an 475. de l'Ere vulgaire.

On auroit peut-être souhaité, que dans la Chronologie de l'Histoire de l'EMPIRE ROMAIN, j'eusse marqué outré les ans du Monde & les ans avant l'Ere vulgaire, les années depuis la fondation de Rome. La raison qui m'a déterminé à ne le pas faire, c'est que j'ai voulu éviter la confusion, & ne pas présenter tout à la fois tant de choses à l'imagination. D'ailleurs il est facile, quand on a l'an du Monde où s'est passé quelque événement considérable, de savoir à quelle année de Rome il se rapporte. Il n'est besoin que d'une *soustraction*, qui est très-aisée. On met d'abord l'an du Monde, où se trouve l'événement : on place au-dessous l'an du Monde, où Rome a été fondée : ce qui reste de la *soustraction* est l'an depuis la fondation de Rome, auquel se doit rapporter l'événement. Exemple : on veut savoir dans quelle année depuis la fondation de Rome commença la 2. *guerre Punique.* Elle commença l'an du Monde de 3736. que je pose. Je mets au-dessous 3250. qui est l'an du Monde où Rome fut fondée, je soustrais ce second nombre du premier, il reste 536. C'est l'an de Rome où la 2. guerre Punique à commencé.

| Ans du Monde | Avant l'Ere vulgaire. |

3250. I. ETAT de ROME sous 7. Rois durans 245. ans. 754.

1. ROMULUS a régné 38. ans. Il fonda la Ville de Rome 430. ans après la prise de Troie, & 754. ans avant l'Ere vulgaire. Romulus qui avoit été nourri durement avec des bergers, & toûjours dans les exercices de la guerre, consacra Rome au Dieu Mars, qu'il disoit son Pere. Il reçut les Sabins dans Rome, & ils devinrent ses Sujets. Romulus qui est toujours en guerre & toujours victorieux, ne laisse pas de commencer les fondemens de la Religion & des Loix.

3288. Romulus mourut. 716.

2. NUMA POMPILIUS succéda à Romulus. Une longue paix lui donne moyen de perfectionner ce que son Prédécesseur n'avoit qu'ébauché. Il forme la Religion, & adoucit les mœurs farouches du Peuple Romain. Il regne 43. ans. Plusieurs Colonies Gréques se répandent dans cette partie de l'Italie, qu'on nomme *la grande Grèce*.

3331. 3. TULLIUS HOSTILIUS régne 31. ans, sous lui Albe fut vaincuë & ruïnée, & se donna le fameux combat des 3. Horaces, qui tenoient le parti de Rome, contre les 3. Curiaces qui défendoient Albe. C'étoit 3. freres jumeaux contre 3. autres jumeaux : ils combattirent pour décider la querelle de ces deux Villes. Les 3. Curiaces d'abord furent blessés, & deux Horaces perdirent la vie ; le troisième qui resta, tua les 3. Curiaces l'an de Rome 83. 673.

3362. 4. ANCUS MARTIUS, regna 25. ans. 642.

Rome sous ce Roi domte quelques Latins, & continue à se faire des Citoyens de ses ennemis. Ceux de Veies déja affoiblis par Romulus font de nouvelles pertes.

3378. L'an 128. de Rome Ancus pousse ses conquêtes jusqu'à la Mer voisine, & bâtit la Ville d'Ostie à l'Embouchure du Tibre. 626.

3387. 5. TARQUIN L'ANCIEN régne 38. ans. 617.

Il subjugue une partie de la Toscane, & embellit Rome.

De son tems les Gaulois conduits par Bellovése occupent dans l'Italie tous les environs du Pô, pendant que Ségovése son frere mene bien avant dans la Germanie un autre essain de la Nation.

3425. 6. SERVIUS TULLIUS, commence de régner. Il régne 46. ans. Ce fut lui qui établit les *Cens*, ou le dénombrement des Citoyens distribués en 30. Tribus, par où cette grande Ville se trouva réglée comme une famille particuliére. 579.

Servius Tullius, après avoir aggrandi la Ville de Rome, conçoit le dessein de la mettre en République, il périt au milieu de ses pensées par le conseil de sa fille, & par le commandement de Tarquin son gendre. Car ce Tyran par l'envie de régner, fait tuer Servius pere de sa femme Tullia. Et cette fille dénaturée, qui n'avoit pas moins d'ambition que son mari, fait passer son char sur le corps de son pere assassiné, ne voulant pas détourner les chevaux par l'empressement furieux qu'elle avoit de se faire couronner Reine. 1533.

7. TARQUIN le *Superbe* régne 24. ans après avoir envahi le Royaume, où il exerce durant long-tems toutes sortes de violences.

Tarquin le Superbe rend par ses violences la Royauté odieuse ; l'impudicité de Sexte son fils, qui deshonore Lucréce achéve de mutiner le Peuple. Lucréce ne pouvant survivre à un tel affront, se tue elle-même, son sang, & les harangues séditieuses de *Brutus* animent les Romains. Les Rois sont chassés, & le Gouvernement Consulaire est établi suivant les projets de *Servius Tullius*.

3495. Le II. Etat de la *République Romaine fut sous les Consuls* durant 465. ans, c'est-à-dire jusqu'à l'an du Monde 3960. que *César* se rendit Maître de Rome 44. ans avant l'Ere *vulgaire*. 509.

L'an de Rome 245. *Junius Brutus*, & *Lucius Tarquinius Collatinus*, les deux premiers Consuls.

Publius Valerius, Consul célébre par ses victoires devient suspect à ses Citoyens, & il fait pour les contenter établir la loi, qui permet d'appeler du Sénat, & des Consuls au Peuple dans toutes les causes, où il s'agit de châtier un Citoyen.

Les Tarquins chassés trouvent des défenseurs. Les Rois voisins regardent leur bannissement comme une injure faite à tous les Rois.

3497. Porsenna Roi de Clusium, Ville d'Etrurie, prend les armes contre Rome, qui réduite à l'extrémité & presque prise, est délivrée par la valeur d'Horatius Coclès.

Les Romains font des prodiges pour leur liberté. Scévola jeune Citoyen voit tranquillement brûler la main, dont il avoit manqué Porsenna.

Clélie une jeune fille étonne ce Prince par sa hardiesse, Porsenna effrayé de tant de marques de courage, laisse Rome en paix, & les Tarquins demeurent sans ressource.

3511. Tout est en désordre dans Rome par la jalousie, qui s'est réveillée entre les Patriciens & le Peuple.

La Puissance Consulaire quoique déja moderée par la loi de P. Valerius paroit encore excessive à ce Peuple jaloux de sa liberté. Il se retire au Mont Aventin. On le menace inutilement : & ce Peuple ne peut être ramené que par les paisibles remontrances de Menenius Agrippa. Il faut pourtant trouver des temperamens, donner au Peuple des Tribuns pour se défendre contre les Consuls. La loi qui établit cette nouvelle Magistrature, est appellée la *Loi sacrée*.

Tribuns du Peuple établis.

3514. *Coriolan* zélé Patricien & le plus grand Capitaine d'entre les Romains, chassé malgré ses Services par la faction populaire, se révolte, médite la ruïne de sa Patrie, mène les Volsques contre Rome, la réduit à l'extrémité, & ne peut être appaisé que par les larmes de sa mére. 490.

L. *Quintius Cincinnatus* sauve l'Armée du Consul *Marcus Minutius*, qui alloit être taillée en pièces par les Eques & les Volsques. Les Licteurs qui furent envoyés de Rome, pour lui dire qu'il venoit d'être fait Dictateur,

Ans du Monde	Ans avant l'Ere vulgaire.

teur, le trouvérent à sa charue, labourant lui-même les terres qu'il avoit au de-là du Tibre. Il quitte son travail, va à la tête de l'Armée Romaine, défait les Sabins, triomphe de *Gracchus*, & 16. jours après retourne à son labourage.

3550. Rome manque de Loix nécessaires à la bonne constitution d'une République. De-là naissent de nouveaux desordres, & de nouvelles jalousies entre le Magistrat & le Peuple. 454.

La réputation de la Grèce plus célèbre encore par son Gouvernement, que par ses victoires, excite les Romains à se régler sur son exemple; ainsi ils envoyent des Députez pour rechercher les Loix des Villes de la Grèce, & sur-tout celles d'Athènes, plus conformes à l'état de leur République. Sur ce modèle X. Magistrats absolus, qu'on créa l'année d'après sous le nom de Décemvirs, rédigérent les Loix des XII. Tables qui sont le fondement du droit Romain l'an de Rome. 304.

3554. *Les Decemvirs gouvernent.* Le Peuple ravi de leur équité, leur laisse usurper le pouvoir suprême, dont ils usent ensuite tyranniquement. 450.

3555. Il se fait de grands mouvemens par l'intempérance d'*Appius Clodius* un des Decemvirs; & par le meurtre de Virginie, que son pere aima mieux tuer de sa propre main, que de l'abandonner à la passion d'*Appius*. Le Peuple Romain a horreur de ces violences & les *Decemvirs chassés*. 449.

3608. La Ville de Veïes, qui égaloit presque Rome, après un Siège de 10. ans, & beaucoup de divers succès, fût prise par les Romains sous la conduite de *Camille*. 396.

3610. Les Falisques sont assiégez par Camille. Ils se donnent à lui, touchés de ce qu'il leur avoit renvoyé leurs enfans, qu'un Maître d'Ecole lui avoit livrés. 394.

3611. Les Gaulois Sénonois entrent en Italie, & assiègent Clusium. 393.

3612. Les Romains perdent contre eux la fameuse Bataille d'Allia. Rome est prise & brûlée. Pendant qu'ils se défendent dans le Capitole, leurs affaires sont rétablies par Camille, qu'ils avoient banni. Les Gaulois demeurent 7. mois Maîtres de Rome; appellés ailleurs par d'autres affaires, ils se retirent chargés de butin. 392.

3628. *Anarchie* à Rome, qui est presque 10. ans sans Consuls, jusqu'à l'an de Rome 388. que *Sextus Sentinus Lateranus* fut créé Consul; il est le premier qui ait été pris d'entre le Peuple. 376.

3671. *Anarchie* à Rome, qui n'a point de Consuls. 333.

3678. Rome est aux mains avec les Samnites ses voisins, qu'elle a une peine extrême à réduire, malgré la valeur & la conduite de *Papirius Cursor* le plus illustre de ses Généraux. 326.

3980. *Anarchie,* Rome est sans Consuls. 324.

3695. *Anarchie,* Rome n'a nuls Consuls. 309.

3703. Rome n'a point de Consuls; on crée deux Dictateurs. 301.

3721. Les Gaulois, la terreur des Romains s'élévent contre Rome, excités par les Samnites, les Brutiens, & les Etruriens. Ils remportent d'abord une nouvelle Victoire;

Ans du Monde	Ans avant l'Ere vulgaire.

mais ils en souillent la gloire en tuant des Ambassadeurs. Les Romains indignés marchent contre eux, les défont, entrent dans leurs terres, où ils fondent une Colonie, les battent deux fois, en assujettissent une partie, & réduisent l'autre à demander la paix. 283.

3724. *Pyrrhus* Roi des Epirotes veut conquérir l'Italie, où il est appellé par les Tarentins, sur qui les Romains venoient de gagner une Bataille, aussi-bien que sur les Samnites. 280.

3725. Pyrrhus remporte contre les Romains des Victoires qui le ruïnent. Le Consul *Fabrice* fait enfin voir aux Romains que Pyrrhus pouvoit être vaincu, malgré tous ses Eléphans qui les étonnérent d'abord. 279.

3726. Fabrice renvoie à Pyrrhus son perfide Médecin, qui étoit venu lui offrir d'empoisonner son Maître. 278.

3729. Pyrrhus est enfin défait par le Consul *Curius*. Il repasse en Epire. 275.

3730. Les Tarentins que Pyrrhus entretenoit d'espérances, appellent les Carthaginois après sa mort. Ce secours leur est inutile; ils sont battus avec les Brutiens, & les Samnites leurs Alliés. 274.

Les Samnites après 72. ans de guerres continuelles, sont forcés de subir le joug des Romains.

Tarente se rend aux Romains, & tous les Peuples d'Italie sont subjuguez.

Les Gaulois souvent battus n'osent remuer.

Après 480. ans de guerre, les Romains se voient les Maîtres en Italie.

3732. Les Romains entrent en jalousie contre les Carthaginois trop puissans dans leur voisinage par les conquêtes qu'ils font dans la Sicile, d'où ils sont venus entreprendre sur Rome & sur l'Italie en secourant les Tarentins. 272.

La République de Carthage tenoit les deux Côtes de la Mer Méditerranée. Outre la Côte d'Afrique qu'elle possédoit presque toute entière, elle s'étoit étendue du côté d'Espagne par le Détroit: Maîtresse de la Mer & du Commerce, elle avoit envahi les Isles de Corse & de Sardaigne. La Sicile avoit peine à se défendre, & l'Italie étoit menacée de trop près pour ne pas craindre. De-là ont pris naissance les guerres *Puniques*, malgré les Traitez, mais mal observés de part & d'autre.

3740. I. *Guerre de Carthage,* où les Romains apprennent à combattre sur Mer; elle dure 24. ans. 264.

3745. Le Consul *Dulius*, qui donne la première Bataille navale, la gagne. 259.

3748. *Régulus* soûtient cette gloire, il aborde en Afrique, où il a à combattre ce prodigieux Serpent, contre lequel il faut qu'il emploie toute son Armée. Tout céde. Carthage réduite à l'extrémité ne se sauve que par le secours de Xantippe Lacédémonien. 256.

Le Général Romain est battu & pris: mais sa prison le rend plus illustre que ses Victoires. Renvoyé sur sa parole pour ménager l'échange des prisonniers, il vient de soûtenir dans le Sénat la Loi qui ôtoit toute espérance à ceux qui se laissoient prendre, & retourne à une mort assurée.

Deux épouvantables naufrages contraignent les

Ans du Monde.   *Ans avant l'Ere vulgaire.*

les Romains d'abandonner de nouveau l'Empire de la Mer aux Carthaginois. La Victoire demeure longtems douteuse entre ces deux Peuples; & les Romains sont prêts de céder, mais ils réparent leur Flotte.

3764. Une seule Bataille décide de l'Empire de la Mer, & le Consul *Lutatius* achève la guerre. Carthage est obligée à payer tribut, & à quitter avec la Sicile toutes les Isles qui sont entre la Sicile & l'Italie. Les Romains gagnent cette Isle toute entière, à la reserve de ce qu'y tient Hiéron, Roi de Syracuse leur Allié.   240.

Fin de la I. Guerre Punique.

Après la guerre achévée les Carthaginois sont prêts à périr par le soulévement de leur Armée. Elle étoit composée de troupes étrangéres, qui se revoltérent pour leur paie. Toutes les Villes de leur Domination se mutinérent pareillement. Carthage étroitement assiégée est perdue sans *Amilcar* surnommé *Barcas*; lui seul avoit soûtenu la derniere guerre.

3766. Amilcar remporte la Victoire sur les rebelles. Il en coute pourtant aux Carthaginois la Sardaigne, que la révolte de leur garnison ouvre aux Romains.   238.

Carthage, de peur de s'embarrasser avec les Romains dans une nouvelle guerre, céde malgré elle la Sardaigne, & augmente son tribut.

Carthage songe à rétablir en Espagne sa domination ébranlée par la revolte.

Amilcar y passe avec son fils Annibal âgé de neuf ans.

3774. Amilcar meurt en Espagne, après y avoir fait la guerre durant 9. ans: son fils s'étoit formé sous un si grand & si sage Capitaine.   230.

Asdrubal son Allié lui succéde. Il bâtit en Espagne la nouvelle Carthage, qui tenoit tout le pays en sujettion.

3775. Les Romains sont en guerre avec *Teuta*, Reine d'Illyrie, qui exerçoit impunément la piraterie sur toute la Côte. Cette Princesse enflée du butin qu'elle faisoit sur les Grecs & sur les Epirotes, méprisa les Romains, & tua leur Ambassadeur. 239.

3776. Les Romains l'eurent bien-tôt accablée. Ils ne lui laissérent qu'une petite partie de l'Illyrie, & gagnérent l'Isle de Corfou que cette Reine avoit usurpée. La Puissance de Rome, commence d'être connue en Gréce.   228.

Les progrès d'Asdrubal donnent de la jalousie aux Romains; mais les Gaulois en Italie les empéchent de pourvoir aux affaires de l'Espagne.

Les Gaulois sont depuis 45. ans en repos: mais aiant oublié leurs pertes passées ils menacent Rome.

Les Romains avant que d'attaquer les Gaulois, s'assûrent des Carthaginois & font un Traité avec eux.

3780. Guerre cruelle entre les Romains & les Gaulois qui sont battus. Les Gaulois Transalpins se joignent aux Cisalpins. Ils sont tous défaits. *Concolitanus* un des Rois Gaulois est pris dans la Bataille. *Anéroestus*, un au-

tre Roi se tue lui même.   224.

Les Romains victorieux passent le Po pour la première fois. La Victoire les suit par-tout.

3784. Milan est pris, & tout le Pays est assujetti aux Romains.

Asdrubal meurt, & Annibal, quoiqu'il n'eût encore que 25. ans, fut mis en sa place. Ce nouveau Gouverneur entreprend de domter toute l'Espagne, sans aucun respect des Traitez faits avec les Romains.   219.

3785. Rome écoute les plaintes de Sagonte son Alliée.

Les Ambassadeurs Romains vont à Carthage. Les Carthaginois rétablis ne sont plus d'humeur à céder.

3786. II. *Guerre Punique*, qui dure 17. ans.   218.

Annibal traverse l'Ebre, les Pirénées, toute la Gaule Transalpine, les Alpes, & tombe comme en un moment sur l'Italie. Les Gaulois fortifient son Armée, & font un dernier effort pour leur liberté.

Quatre Batailles perdues par les Romains, font croire que Rome va tomber. Annibal après la Bataille de Cannes, envoie à Carthage 3. boisseaux d'anneaux des Chevaliers Romains morts dans le combat.

3787. La Sicile prend le parti d'Annibal. Hiéronyme, Roi de Syracuse se déclare contre les Romains.   217.

3792. L'Italie abandonne les Romains qui sont dans une grande extrémité.   212.

Rome doit son salut à 3. grands hommes; savoir, *Fabius Maximus*, qui faisant la guerre en retraite *cunctando restituit rem*, fut appellé le *temporiseur*, & sauva sa patrie, dont il fut par sa conduite le rempart.

Marcellus qui fit lever le Siège de Nole, & prit Syracuse, malgré les machines ingenieuses d'Archiméde.

3793. Le jeune *Scipion* âgé de 24. ans est encore quelque chose de plus grand que Fabius & Marcellus.   211.

3794. Il va en Espagne, où son pere & son oncle viennent de périr, il emporte Carthage la neuve.   210.

3798. Scipion, Maître de l'Espagne passe en Afrique. Les Rois se donnent à lui. Carthage tremble à son tour; & Annibal victorieux depuis 16. ans, ne peut défendre sa patrie.   206.

3802. Scipion donne la loi à Carthage, combat, défait & prend *Syphax* Roi de Numidie, qu'il mène en triomphe à Rome. Il obtient le nom d'*Afriquain*. Voilà Rome qui va dorénavant combattre sans péril.   202.

3808. Les Romains Maîtres de Carthage, & de l'Italie, entreprennent de faire périr Annibal, qui leur paroit encore redoûtable après sa perte.   196.

3809. Annibal s'enfuit, & va en Orient faire des affaires aux Romains, qui portent leurs armes dans l'Asie.   195.

Antiochus le Grand, Roi de Syrie est battu par Mer & par Terre, & reçoit la loi que lui impose *Lucius Scipion*, frere de Scipion l'Afriquain.

3812. Annibal réfugié chez Prusias, Roi de Bithynie, s'empoisonne.   192.

Les Romains sont redoutés par toute la terre. Les Rois sont obligés de leur donner

Ans

| Ans du Monde | Ans avant l'Ere vulgaire. |

leurs Enfans, pour ôtage de leur foi.

Les Romains font la guerre à *Persée*, Roi de Macédoine, qui ne vouloit pas s'en tenir aux conditions imposées au Roi Philippe son Pere. Plus prompt à entreprendre qu'à exécuter, il perd ses Alliés par son avarice, & ses Armées par sa lacheté. Il est vaincu par *Paul Emile*, & contraint de se livrer entre ses mains.

3836. Le Royaume de Macédoine, après avoir duré 626. ans, & avoir près de 200. ans donné des Maîtres non seulement à la Gréce, mais encore à tout l'Orient n'est plus qu'une *Province Romaine*. 168.

Gentius Roi de l'Illyrie, Allié de Persée, abbatu en 30. jours par le Préteur *Anicius*, vient aussi se donner aux Romains.

3843. Les Romains ravis d'humilier les Rois de Syrie, donnent aux Juifs leur protection; & l'alliance que Judas le Machabée envoie demander, est accordée. 161.

3855. III. *Guerre Punique*, qui dure 3. ans. 149.

3858. Carthage est prise, & réduite en cendres par *Scipion Emilien*, qui confirma par cette Victoire le nom d'Afriquain dans sa Maison, & se montra digne héritier du grand Scipion son aieul. 146.

Corinthe souffre la même destinée, & la République des Achéens périt avec elle. Le Consul *Lucius Mummius* ruine de fond en comble cette Ville la plus voluptueuse, & la plus ornée de la Gréce. Il en transporte à Rome les incomparables Statues; sans en connoître le prix: menaçant celui à qui il en avoit confié le transport de lui en faire donner de toutes neuves, en cas que par sa négligence, celles de Corinthe fussent brisées. Les Romains ne connoissoient pas encore les Arts de la Gréce. Ils se contentoient de savoir la Guerre, la Politique & l'Agriculture. Ils ne s'occupoient dans ce tems-ci qu'à s'étendre du côté de l'Occident.

3880. Les Romains s'étendent du côté des Alpes, & commencent à pousser au de-là. *Sextius* vainqueur des Gaulois nommés *Saliens*, établit une Colonie dans la Ville d'Aix, qui porte encore son nom. Les Gaulois se défendent mal. 124.

Fabius domte les Allobroges, & tous les peuples voisins, & la Gaule Narbonoise réduite en Province, reçoit le nom de Province Romaine. Ainsi la domination des Romains s'agrandit, & occupe peu à peu toutes les Terres, & toutes les Mers du Monde connu.

La République glorieuse au dehors est défigurée au dedans par l'ambition desordonnée de ses Citoyens, & par ses guerres intestines.

Les deux Gracques en flatant le Peuple, commencent des divisions, qui ne finiront qu'avec la République.

3893. Guerre des Romains contre Jugurtha Roi de Numidie, souillé du meurtre de ses freres que Rome protegeoit. 111.

3898. *Marius* achève de vaincre Jugurtha, il anime le Peuple contre la Noblesse, afin d'obtenir le commandement. 106.

3901. Les *Esclaves* arment encore une fois dans la Sicile; & leur seconde révolte ne coûte pas moins de sang aux Romains, que la première. 103.

| Ans du Monde | Ans avant l'Ere vulgaire. |

3902. Marius bat les Teutons, les Cimbres & les autres peuples du Nord, qui pénétroient dans les Gaules, dans l'Espagne, & dans l'Italie. 102.

3910. Rome protège la Cappadoce contre Mithridate Roi de Pont, qui cédé avec la Gréce son Alliée, aux forces Romaines. 94.

3913. La domination Romaine est prête à périr par une révolte universelle de toute l'Italie. 91.

Rome est déchirée par les fureurs de *Marius* & de *Silla*, dont l'un avoit fait trembler le Midi & le Nord, & l'autre savoir Silla étoit vainqueur de la Gréce & de l'Asie.

3931. Chacun veut dominer. *Sertorius* zélé partisan de Marius se cantonne dans l'Espagne, & se ligue avec Mithridate. *Pompée* ne peut réduire ce parti, qu'en y mettant la division. 73.

3937. Pompée est envoyé après *Lucullus*, pour achever de vaincre Mithridate. 67.

3941. Pompée n'auroit pas eu le triomphe après tant de Victoires, sans le Consul *Cicéron*, qui sauve Rome des feux que lui préparoit *Catilina*, suivi de la plus illustre Noblesse de la Ville. Cicéron ruine ce parti par son éloquence. 63.

Pompée règne dans le Sénat, & est le Maître des déliberations.

3946. Jule César domte les Gaules. Il veut égaler, & puis surpasser Pompée. 58.

3951. Crassus par sa puissance oblige Pompée, & César de se tenir unis. 53.

3955. Pompée & César après la mort de Crassus se regardent avec un œil de jalousie. Ils décident leur querelle à Pharsale par une Bataille sanglante. 49.

3956. Pompée vaincu s'enfuit en Egypte, où il est poignardé de la maniere la plus lâche, & la plus perfide. 48.

3958. César étant Souverain Pontife travaille à la réformation de l'an Romain. Cette correction fit qu'on le nomma dans la suite l'an Julien. 46.

3960. César victorieux parut en un moment par tout l'Univers; en Egypte, en Asie, en Mauritanie, en Espagne: vainqueur de tous côtés, il est reconnu comme Maître à Rome, sous le titre de *Dictateur perpetuel*.

Le III. Etat des Romains fut sous 18. Empereurs, durant 524. ans, c'est-à-dire, jusqu'à l'an 476. de l'Ere vulgaire, qu'Auguste dernier Empereur reconnu à Rome, fut dépossedé par Odoacre Roi des Herules.

La suprême Autorité est entièrement dévolue entre les mains de César fait Dictateur perpetuel, & devenu seul Maître de Rome: & cette même puissance passe pareillement toute entière aux Empereurs qui lui succèdent. Ainsi l'Autorité des Consuls périt avec la République.

I. CESAR Empereur. Ce mot d'*Empereur* ne signifioit encore alors que ce que nous appellons maintenant, *un Général d'Armée*. C'est pourquoi on voit sur les Médailles *Imperator VII*. qui commande les Armées pour la septième fois; mais depuis Caracalla on ne met plus de chifre; parce qu'alors le terme

A a d'Em-

ROM.

| Ans du Monde | Ans avant l'Ere vulgaire. |

d'*Empereur* commence à signifier, *le Maître de tout l'Empire.*

3960. *Brutus* & *Cassius* voulant affranchir leurs Citoyens, tuent de 23. coups de poignard César âgé de 56. ans, devant la Statue de Pompée. 44.

3961. Octavien prend le nom de César. 43.

Rome retombe entre les mains de *Marc-Antoine*, de *M. Æmilius Lépide* & du jeune *César Octavien*, petit neveu de Jule-César, & son fils par adoption; trois insupportables Tyrans, dont le *Triumvirat* & les proscriptions font encore horreur en les lisant. Cicéron mis parmi les Proscrits est tué par les Emissaires d'Antoine.

3962. Les restes de la République périssent avec *Brutus* & *Cassius*, qui se font tuer, après avoir été vaincus par Antoine & par César. Ceux-ci après avoir ruiné Lépidus se tournent l'un contre l'autre. 42.

3973. César gagne la Bataille d'*Actium*. Les forces de l'Egypte & de l'Orient qu'Antoine menoit avec lui, sont dissipées; tous ses amis l'abandonnent; & même sa Cléopatre, pour laquelle il s'étoit perdu, ne songe plus à lui. 31.

3974. Tout cède à la fortune de César: Alexandrie lui ouvre ses portes, l'Egypte devient une Province Romaine, Cléopatre qui désespère de la pouvoir retenir se tue elle même après Antoine. Fin des guerres Civiles. 30.

3977. Rome tend les bras à César, qui prend le nom d'*Auguste*, & qui sous le titre d'*Empereur* demeure seul Maître de l'Empire. 27.

AUGUSTE règne 55. ans à commencer l'an du Monde 3961. où il prit le nom de *César*, après la mort de Jule-César, & finissant à l'an 14. de l'Ere vulgaire qu'il mourut à Nole. Selon ceux qui le font *Empereur* dès l'an du Monde 3973. qu'Antoine périt, il a été Empereur 41. ans. Mais s'il n'a pris le titre d'*Empereur*, & n'a joui de la puissance absolue qu'en 3977. il faut reconnoître qu'il n'a été Empereur que durant 37. ans. C'est par là qu'on peut concilier les opinions différentes.

3979. Auguste reçoit des Ambassadeurs des Indes extrémitez de l'Asie, qui recherchent son amitié. Il en reçoit des Scythes, qui viennent du Septentrion. 25.

3980. Il dompte vers les Pyrénées les Cantabres, & les Asturiens révoltés. 24.

3985. Les Parthes épouvantés lui renvoient les étendars pris sur Crassus, avec tous les prisonniers Romains. 19.

3989. Auguste donne la liberté à ceux de Cyzique, & de grandes sommes d'argent à ceux de Paphos dans l'Isle de Cypre, pour les consoler des pertes, que leur avoit causées un grand tremblement de terre. 15.

3992. Auguste donne son nom au 6. mois de l'Année, à cause des grandes Victoires qu'il avoit remportées dans ce mois-là. 12.

3996. César Auguste fait publier un Edit, qui ordonne de faire le dénombrement des Sujets de tout l'Empire. Ce fut le premier dénombrement qui se fit, Quirinus étant Gouverneur de Syrie. Luc. II. v. 1. 2. Auguste victorieux par Mer & par Terre ferme le Temple de Janus, tout est en paix sous sa puissance, & JESUS CHRIST vient au monde. La Monarchie des Romains doit être rangée entre les Monarchies nouvelles, puisqu'excepté *César* & *Auguste* les deux premiers Empereurs qui ont regné avant l'Ere vulgaire, tous les autres Empereurs ont commencé de regner depuis la naissance de JESUS CHRIST.

| Ans de l'Ere vulgaire | Empereurs Romains. |

14. Auguste second Empereur règne depuis 41. ans. Sa Dévise étoit *festina lente*. En revenant de Naples il tomba malade à Nole, où il mourut. Il laissa Tibère son principal héritier. Quelques heures avant que de mourir, il se fit peigner & farder, & puis il dit à un de ses amis. *N'ai je pas bien joué mon Personnage? La Comédie finit; battez des mains.*

3. TIBERE fils adoptif, succède à Auguste. Il a regné 25. ans 7. mois 7. jours. *Malius tondere quàm deglubere* ou bien *qui nescit dissimulare, nescit regnare.*

29. Cinquante mille hommes furent écrasés par l'Amphitéatre de Fidéne, qui tomba. Tout le mont Célius, avec tous les lieux circonvoisins furent ruinés par un embrasement très-grand; mais Tibère fit tout reparer libéralement à ses dépens.

37. Tibère *étoit*, selon l'expression de son Précepteur, qui connoissoit sa cruauté, *de la boue détrempée dans le sang*. Il mourut à Misène, haï de tout le monde. Jamais Prince ne fut plus bizare, plus défiant, plus dissimulé, plus perfide & plus cruel.

4. CALIGULA, fils de Germanicus & d'Agrippine. Le nom de Caligula lui est venu d'une manière de chaussure qui lui étoit particulière. Ce nom ne se trouve point dans les Médailles, où il est nommé Cajus: *C. César Auguste le Germanique*. Il étoit fort adroit dans ses exercices, & quoiqu'il eût beaucoup d'esprit, il ne laissoit pas d'être inégal, bizare, & chagrin à l'excès. Il fut fait Empereur par le Sénat contre la disposition du Testament de Tibère, qui avoit adopté son petit fils Tibère. Il fut tué après avoir regné 3. ans 9. mois 28. jours. *Oderint dum metuant.*

41. 5. CLAUDIUS, fils de Drusus Germanicus, & d'Antonia, fille de Marc Antoine, étoit un imbecille qui aimoit passionnément les jeux de hazard, la bonne chère, & les femmes. Il prenoit beaucoup de plaisir à plaisanter, quoiqu'il le fit toûjours fort mauvaise grace. Comme il se cachoit pour n'être point enveloppé dans le massacre de Caligula son neveu, il fut surpris par un Soldat, qui le conduisit au Camp, où les gens de guerre le proclamèrent Empereur. Le Sénat eut assez de peine à approuver un si mauvais choix. Agrippine par ses caresses porta cet Empereur, au préjudice de son propre fils, à adopter Néron. Quelque tems après elle fit empoisonner ce mari trop crédule, qui avoit regné 13. ans 8. mois 20. jours. *Generis virtus Nobilitas.*

54. 6. NERON, fils adoptif de Claudius, avoit pour pere Cneus Domitius, & pour mere Julie Agrippine, fille de Germanicus César. Il fut fort mal élevé. Sa mère Agrippine empêcha, qu'il étudiât la Philosophie, comme une connoissance inutile à un Prince. Sénéque son Précepteur qui lui vouloit toûjours

| Ans de l'Ere vulg. | Empereurs Romains. |

jours être nécessaire, ne s'empressa pas beaucoup de lui former l'esprit & le cœur, par des études solides. Mais d'ailleurs il savoit tout ce que la Statuaire & la Peinture ont de plus fin. Il étoit bon Musicien, & avoit une connoissance assez exacte de tous les Beaux-Arts. Chacun connoît les crimes de ce monstre; qui a été le meurtrier de sa mère, de sa femme, de son Précepteur, & qui devint un cocher, un farceur, un incendiaire. Il eut assez de peine à se tuer, pour ne point tomber vif entre les mains des Romains, dont il étoit devenu l'horreur. Il a régné 13. ans, & près de 8. mois. *Artem quævis terra alit.* La race de César est ici éteinte avec Néron.

68. 7. GALBA étoit fils de C. Servius Sulpitius Galba, & de Mummia Achaica. Ainsi étoit-il de bonne Maison : & quoiqu'il ne fût point parent des Césars, il étoit d'une assez grande naissance pour leur succéder. Il fut proclamé Empereur par le Sénat. Ceux, qui flatent les vices des Princes, disent qu'il étoit ménager; mais la vérité est, qu'il étoit avare, & avare ridicule. Son grand âge le rendit pesant & paresseux, & trois indignes Confidens qui abusoient de l'autorité qu'ils avoient usurpée, rendirent cet Empereur très-odieux aux Romains. Il fut tué d'un coup d'épée dans la gorge au milieu de la grande Place, après avoir régné 6. mois 7. jours. *Miles legendus non emendus.*

69. 8. OTHON étoit fils de L. Salvius Otho, & d'Alba Terentia. Il parvint à l'Empire par sa grande ambition, à laquelle il sacrifioit toutes choses, & il trouva le secret de se faire reconnoître Empereur par le Sénat qui ne le souhaitoit guère. Pour ne pas tomber entre les mains de Vitellius qui lui faisoit la guerre, il se tua d'un coup de poignard à Bebriaque, qui étoit une Ville située sur le Pô. Il n'a régné que 3. mois. *Unus pro multis.*

9. VITELLIUS, fils de Lucius Vitellius & de Sextilia Polla, étoit d'une famille obscure. On dit qu'elle tiroit son origine d'un Savetier. Vitellius étoit un mal-adroit qui faisoit tout de mauvaise grace. Il étoit gourmand, ivrogne, voluptueux, lâche, cruel, & si mal avisé dans sa dépense, qu'on ne sauroit dire s'il étoit avare ou prodigue. Il étoit à Lion quand il apprit la défaite de l'Armée d'Othon, il partit aussi-tôt pour Rome, où il fut reconnu Empereur au milieu des acclamations publiques. Mais son ivrognerie, & sa cruauté l'ayant fait haïr de tout le monde, un bourreau lui mit la corde au cou, déchira son corps peu à peu; & l'ayant fait expirer dans cet horrible supplice, il jetta son corps dans le Tibre. Il avoit régné 8. mois. 2. jours. *Bonus odor hostis, melior civis occisi.*

10. VESPASIEN, fils de Titus Flavius Sabinus, & de Vespasia Polla, ne se piquoit point de Qualité, & il avouoit fort franchement que ses Ancêtres n'étoient nullement considérables. Suétone dit de lui, qu'il avoit l'air d'un homme qui est sur une chaise percée, & qui n'a pas la liberté du ventre : *Statura fuit quadrata, compactis, firmisque membris, vultu, veluti nitentis.* Ce fut un Prince incomparable, & tout dévoué au Bien public. Ceux qui savent le mieux son Histoire ne

| Ans de l'Ere vulg. | Empereurs Romains. |

le taxent d'aucun défaut, si ce n'est peut-être d'avoir eu trop de maîtresses. Il mourut de la dyssenterie hors de Rome, en un Lieu, où il avoit coutume de passer l'Eté. Il a régné 9. ans 6. mois. 2. jours. *Lucri bonus odor ex re qualibet.*

79. 11. TITE fils de Vespasien & de Flavie Domitille, fut tout-à-la fois le plus beau, & le plus aimable Prince qui fut jamais. Vespasien se trouvant pressé de quiter la Judée, & d'aller à Rome, laissa à Tite la conduite du fameux Siège de Jérusalem. Ce Prince si débonnaire fit plusieurs fois parler d'accommodement aux Juifs, qui méprisérent toutes ces bontés. La famine fut si grande dans la Ville, que le boisseau de froment fut vendu jusqu'à six cens écus. Une femme nommée Marie y tua son enfant qu'elle alaitoit, & le fit cuire pour contenter sa faim enragée. Tite à cette nouvelle fut saisi d'horreur, & jura qu'il ruineroit une Ville exécrable, où les meres se nourrissoient de la chair de leurs enfans. La Ville fut prise, pillée & brûlée; & il périt durant le Siège onze cens mille Juifs. Toutes ces pensées n'alloient qu'au bien, & au repos de ses Sujets. Il mourut, disent quelques-uns, empoisonné par son frere Domitien dans le même Village, où son Pére étoit mort. Ainsi périt le meilleur Prince du Monde; le Pére de la Patrie, & les Délices du genre humain, après avoir régné 2. ans, 2. mois, 20. jours. *Non oportet quemquam a conspectu Principis discedere tristem.*

81. 12. DOMITIEN, qui étoit d'abord fort beau, & très-bien fait, devint en peu de tems laid, chauve, chargé de graisse & de ventre. On eut assez bonne opinion de lui dans les premières années de son régne; mais on reconnut ensuite, qu'il étoit lâche, traître, défiant, ambitieux, avare, cruel, insolent, impie & dissimulé. On le nommoit ordinairement *Néron le Chauve.* Il fut poignardé dans son Cabinet. Ses valets étoient le plus avant dans la conspiration, que Parthénius son Chambellan avoit conduite, pour défaire Rome de ce Monstre. Son régne fut de 15. ans, & 5. jours. *Fallax bonum regnum.*

96. 13. NERVA étoit d'une Famille établie dès long-tems à Rome. Il fut proclamé Empereur par les meurtriers de Domitien. Nerva avoit de grandes vertus, & on ne lui reproche aucun vice. Il étoit civil, généreux, modeste, libéral, juste & sincére. Comme il se crut méprisé à cause de sa vieillesse, il adopta *Marcus Ulpius Trajanus,* & mourut âgé de 63. ans, après avoir régné 1. an, 4. mois, 9. jours. *Mens bona regnum possidet.*

98. 14. TRAJAN, étoit né en Espagne. Il est le premier Empereur, qui n'ait point été de Rome, ou d'Italie. Il eut du respect pour les Sénateurs; de la bonté pour le Peuple; de l'estime pour les Gens de bien, & beaucoup d'indifférence pour les honneurs que l'on rend aux Souverains, & dont ils sont d'ordinaire si pitoyablement avides. Il s'étoit un peu apesanti l'esprit à force de boire. Il adopta *Publius Ælius Hadrianus,* que Plotine sa femme aimoit, & mourut ayant régné

| Ans de l'Ere vulg. | Empereurs Romains. |

Ans de l'Ere vulg.   *Empereurs Romains.*
regné 19. ans, 6. mois, 15. jours. *Qualis Rex talis Grex.*

117. 15. HADRIEN fit rebâtir Jérusalem, qu'il nomma de son nom *Ælia*. Il étoit très-savant. On lui reproche la passion infâme qu'il avoit pour Antinoüs, qui étoit un jeune garçon de Bithynie. On trouve en cet Empereur tout-à-la fois de la cruauté, de la clémence, & de la justice. Il gagna le cœur de ses Sujets par ses libéralitez, & sur-tout par la remise de 22. millions, 500. mille écus, qu'il fit aux Provinces. Il avoit nommé pour son Successeur *Lucius Ælius*, qui mourut bien-tôt après. Il adopta pour remplir cette Place *Titus Ælius Antoninus*; à condition qu'il adopteroit lui-même *Marc Aurèle* & *Lucius Verus*. Hadrien mourut de la dyssenterie, après avoir régné 20. ans, 10. mois, 29. jours. *Non mihi, sed populo.*

138. 16. ANTONIN, dit le *Débonnaire*, parcequ'il aimoit ses Sujets comme ses enfans, & son Etat comme sa famille. Il étoit sobre, complaisant, libéral; il étoit beau & bien-fait, & avoit l'esprit net, les sentimens nobles, & l'humeur égale. Il a régné 22. ans, 7. mois, 27. jours. *Melius servare unum, quàm occidere mille.*

161. 17. MARC AURELE avec LUCIUS VERUS. Marc Aurèle épousa Faustine fille d'Antonin, & donna sa fille Lucille à *Lucius Verus*, qui mourut d'Apoplexie, l'an 170. la 9. année de son règne. *Quisquis sapit celeriter, non tutò sapit.* Rome vit alors une espèce de miracle; deux Empereurs, l'un sage, & l'autre un ivrogne infâme, régner ensemble dans la meilleure intelligence du Monde. Marc-Aurèle regna seul depuis ce tems-là. Ce fut dans la Guerre, qu'il faisoit contre les Marcomans qu'une Compagnie de la XII. Légion, qui étoit Chrétienne, obtint de la pluïe du Ciel; sans quoi l'Armée & cet Empereur, alloit périr de soif dans des détroits. Il eut beaucoup de considération pour les Chrétiens, qu'il ne troubla point dans les exercices de leur Religion. C'étoit véritablement un homme de bien, & à qui il ne manquoit que d'être Chrétien, pour devenir un Saint. Il mourut dans la Pannonie, ayant régné 19. ans. *Regni Clementia custos.* Ce Prince formé par la Philosophie, est un admirable exemple de patience sur le fait des Galanteries de sa femme Faustine. Il eut souvent de grandes maladies, & le fameux Galien de Bergame, qui étoit son Médecin, n'en faisoit pas plus mal ses afaires.

181. 18. COMMODE, fils de M. Aurèle, & de Faustine, étoit un monstre dans lequel on voyoit réuni le plus beau corps du Monde avec l'âme la plus infâme qui fut jamais. Il fit mourir sa femme Crispine, sa sœur Lucille, & il est soupçonné d'avoir employé les Médecins, pour avancer la mort de son père. Les plus vénérables Sénateurs furent les victimes de sa cruauté. Il fut lui-même empoisonné par *Marcia* la plus accréditée de ses maîtresses; mais comme il rejettoit le poison qu'il avoit pris, un Athléte nommé Narcisse l'étoufa. Il avoit régné 12. ans, 9. mois. *Pedetentim & paulatim.*

194. 19. PERTINAX fils d'un faiseur de briques, mais grand Guerrier, fut choisi pour être Empereur par ceux, qui avoient comploté la mort de Commode. Comme il étoit sévère, & qu'il vouloit réformer tous les désordres de la Milice, il fut assassiné par les Soldats, qui entrèrent en foule dans son Palais. Il n'avoit pas encore régné 3. mois. *Militemus.*

20. DIDIUS JULIANUS acheta l'Empire que les Soldats lui vendurent. Il essaya de gagner le Peuple par ses présens. Mais *Pescennius Niger* qui commandoit une Armée en Syrie; *Albin* qui en avoit une en Angleterre, & *Septime Sévère* qui étoit aussi à la tête d'une Armée en Pannonie, se résolurent de chasser *Didius Julianus*, qui fut tué par un Tribun après avoir régné 66. jours.

21. SÉVÈRE prend le chemin de Rome, où il étoit déja reconnu Empereur par le Sénat. Il va ensuite faire la guerre à *Pescennius Niger*, qui fut massacré, comme il suyoit après la défaite dans la Plaine d'Issus. Sévère n'ayant plus à craindre qu'Albin, qu'il avoit toûjours amusé de belles paroles, il se tourne contre lui, le défait auprès de Lyon, & envoye sa tête à Rome. Sévère passe en Angleterre, où il meurt à York, après avoir régné 17. ans, 8. mois, 3. jours. *Cuncta fui, sed nihil mihi prodest.* Ou bien, *laboremus.*

211. 22. CARACALLA & GETA succédent à leur Pére Sévère.

Geta ne regna qu'un an, & 22. jours. Caracalla le tua entre les bras de leur mère Julie, où Géta s'étoit jetté, comme dans un asyle inviolable. *Nulla fides Regni.*

Caracalla, ainsi nommé à cause de la longue robe à la Gauloise qu'il portoit, épousa Julie sa Mére. Il chargea d'impôts éfroyables toutes les Provinces, & soûtenoit que ses Sujets n'avoient point d'argent qui ne fût à lui. Caracalla qui étoit le plus grand empoisonneur qui fut jamais, fut tué d'un coup d'épée par Martial un de ses Gardes entre Edesse, & Carre, Villes de la Mésopotamie. Il avoit régné 6. ans, 2. mois, 5. jours. *Omnis in ferro salus.*

218. 23. MACRIN avec son fils DIADUMENIEN fut fait Empereur par ceux, qu'il avoit poussé à tuer Caracalla. Il se fit haïr, parce qu'il donnoit des plaisirs infâmes, dans la Ville d'Antioche, le tems que lui demandoient les afaires de l'Empire. Maésa sœur de Julie l'Impératrice, mere & femme de Caracalla avoit deux filles; l'une étoit *Soëmias*, qui fut mariée avec *Varius Marcellus*, & de qui vint Elagabale: l'autre se nommoit *Mammea*, qui fut mere d'Alexandre Sévère. Cette Maésa, qui avoit fait fort bien élever ses deux petits fils, fit tuer Macrin, & son fils Diadumenien dans la Bithynie, & fit reconnoître Empereur par l'Armée Romaine *Antoninus Bassianus*, qu'on nomma *Elagabale*, qui veut dire *Dieu Soleil*, parce que ce Prince étoit Prêtre & Sacrificateur du Soleil dans son Temple. Elle publia en même tems que Elagabale étoit fils de Caracalla. Macrin régna 1. an, 1. mois, 26. jours. *Ferendum ac sperandum.*

219. 24. ELAGABALE, dont les profusions sont étonnantes, étoit rempli de vices qui font horreur, & qu'on n'oseroit décrire. Il adopta son cousin Alexandre qui lui suc-

Ans. de l'Ere vulg.	Empereurs Romains.

céda, c'est tout ce qu'il a fait de louable en toute sa vie. Il ne régna que 3 ans, 9 mois, 4 jours, & il fut massacré par ses Soldats avec sa Mere, & quelques-uns de ses infames favoris. On jetta son corps dans le Tibre; il n'avoit encore que 18 ans. *Suus sibi quisque hæres optimus.*

223. 25. ALEXANDRE SEVERE succéda à son Cousin Elagabale, & rétablit la discipline parmi les Gens de Guerre, qui vivoient par-tout avec la derniere insolence. Il poursuivit avec une sévérité implacable les voleurs, les faux témoins, & les Juges corrompus. En marchant contre les Allemans, qui avoient passé le Rhin & le Danube, & qui menaçoient Rome, il fut assassiné par ses Soldats gagnés par un de ses Lieutenants Généraux, qu'il avoit fort avancé & qui se nommoit *Maximin*. On n'épargna ni ses Domestiques, ni sa mere *Mammea*, qui selon Saint Jérôme & Cédrene, avoit été instruite de nos Mystères par Origene. Il avoit régné 13 ans 9 jours, fort aimé de ses Sujets. *Quod tibi, hoc alteri.*

236. 26. MAXIMIN étoit de Thrace. Il se fit élire par ceux qui avoient assassiné Alexandre Sévere. Il avoit plus de 8 pieds de hauteur. Il mangeoit en un seul jour 60 livres de chair, & beuvoit 24 pots de Vin. Il fit mourir tous ceux, qui l'avoient connu, lorsqu'il n'étoit que berger. Sa cruauté fit, que l'Armée d'Orient se souleva. *Gordien*, qui étoit Proconsul d'Afrique, fut obligé par l'Armée de prendre la qualité d'Empereur avec son fils *Gordien*. Capellien Gouverneur de Mauritanie, & qui étoit demeuré fidéle à Maximin, marcha contre Gordien le fils, qu'il défit, & qui perdit la vie. Gordien le pere s'étrangla de désespoir. Ces deux Gordiens sont nommés Africains sur leurs médailles qui sont fort rares dans tous les métaux. Ils furent fort regrettés à Rome.

Cependant les Officiers de l'Armée de Maximin lassés de sa cruauté, le massacrerent sous sa tente, où il reposoit avec son fils *Maxime*, qui étoit César, ainsi périrent les Maximins, devant Aquilée, qu'ils vouloient forcer. Il avoit régné 2 ans. 7 mois. *Quò major hoc laboriosior.*

238. 27. PUPIEN avec BALBIN, furent élus par le Sénat; mais les Soldats, & le Peuple qui aimoient les Gordiens, firent proclamer César *Marc Antonin Gordien*, qui étoit fils de *Metia Faustina*, fille du vieux Gordien. Elle avoit pour mari *Junius Balbus*.

Pupien étoit fils d'un Maréchal; mais il avoit l'ame belle & une vertu solide. Balbin étoit de famille illustre. La jalousie fit qu'ils se brouillerent étrangement. Les Soldats, qui n'avoient point eu de part à leur élection, les massacrerent après les avoir tirés de leur Palais. A peine avoient-ils régné un an. Pupien, *qui timetur, timet.* Balbin, *Bonis nocet, qui parcit malis.*

239. 28. GORDIEN fit fort bien d'abord, parce qu'il étoit conduit par son beaupere *Misithée* grand homme d'Etat. Quand cet illustre Conducteur fut mort, Philippe qui remplit sa place, & qui fut donné pour Tuteur à Gordien, fit adroitement détourner les

Ans. de l'Ere vulg.	Empereurs Romains.

bleds qu'on aportoit à l'Armée, afin de rendre ce jeune Empereur odieux aux Soldats. Ce qui arriva. Ils tuerent dans la Perside le jeune Gordien, qui avoit régné 6 ans, 2 mois, & proclamerent Empereur Philippe. *Ultorem ulciscitur ultor.* Pendant que ces choses se passoient à l'Armée, le Sénat fit Empereur *Marcus Marcins*, qui au bout d'un an mourut subitement dans son Palais. Le Sénat lui donna pour Successeur *Ostilianus*, qui ne regna que très-peu de tems.

245. 29. PHILIPPE, avec son fils PHILIPPE. Il revient avec empressement à Rome, qu'il ne peut quiter. Il envoie contre les Scythes *Decius*, que l'Armée força d'accepter l'Empire. Philippe marche contre Décius; mais il est tué par les Soldats à Vérone, & son fils Philippe eut le même sort à Rome. Quelques-uns croient assez légérement, que Philippe a été le prémier Empereur Chrétien. Il a régné un peu plus de 5 ans. *Multa nec apta.*

Jotapien en Syrie, & *Marin* dans la Pannonie, furent déclarés Empereurs par leurs Armées.

249. 30. DECIUS surnommé *Trajanus*, marche au-de-là du Danube avec son fils *Décius Etruscus* contre les Gots. Il envoie *Trebonianus Gallus* pour l'empêcher de repasser la Riviere. Ce Gallus le trahit, & fait tomber dans une embuscade Etruscus, qui y est tué. Son Pere Décius de désespoir pousse son Cheval dans un marais, où il est noyé, après avoir régné 2 ans.

Lucius Priscus Gouverneur de Macédoine, & *Perpenna Licinianus* furent faits Empereurs vers ce tems-ci. Leur regne dura peu, & les Historiens ne les comptent point parmi les Empereurs.

251. 31. GALLUS devint Empereur par la mort de Décius, & il régna avec son fils VOLUSIEN. Il adopta, je ne sai pourquoi *Hostilien*, second fils de Décius, & il le fit mourir ensuite. Emilien Général de l'Armée de Pannonie combat les Scythes, & les défait jusque sur leurs terres. Les Soldats enrichis par ces victoires, le proclament Empereur. Gallus & Volusien marchent contre lui, & ils sont massacrés par leurs Soldats, après avoir régné un peu moins de deux ans. *Nemo amicus, idem est adulator.*

253. 32. EMILIEN est reconnu Empereur par le Sénat, mais Valérien Lieutenant de Gallus & de Volusien, marche avec une forte Armée contre Emilien, que ses Soldats, qui l'avoient élevé, assassinerent, parce qu'il étoit d'une naissance obscure, en Mauritanie. Ils élurent Valérien, qui étoit illustre par ses Ancêtres, & par ses propres vertus. Emilien ne régna que 3 mois. *Non gens, sed mens.*

254. 33. VALERIEN & GALLIEN son fils; Valérien marcha contre Sapor, Roi des Perses, & Gallien passa en Allemagne. Valérien fut pris à Edesse par Sapor, qui le traita le reste de ses jours avec la derniere ignominie. Ce Barbare sans avoir égard à l'âge avancé, & à la Majesté d'un si grand Empereur, l'obligeoit de se courber le dos pour mettre le pied sur sa tête, toutes les fois qu'il vouloit monter à Cheval. Il y a des His-

| Ans de l'Ere vulg. | Empereurs Romains. |

toriens qui ajoûtent, qu'il le fit écorcher tout vif. Il régna 7. ans avec son fils. *Non acerba, sed blanda.*

261. 34. GALLIEN regne seul. Trebellius Pollio charge de mille reproches cet Empereur ; il l'accuse d'avoir ruiné l'Empire par sa négligence & par sa mollesse; mais selon le rapport d'autres Historiens ce Prince étoit un grand Capitaine; il a fait toute sa vie la guerre avec honneur, & succès ; & il vint à bout de tous les Tyrans, qui s'étoient élevez en si grand nombre par toutes les Provinces de l'Empire, durant la prison de son Pére Valérien. Après avoir régné seul 8. ans, il fut tué avec son frere *Valérien*, & son fils *Gallienus Salonimus* par ses Capitaines, lorsqu'il faisoit le siége de Milan. *Prope ad summum, prope ad exitum.*

269. 35. CLAUDE II. dit le *Gothique*, à cause du grand carnage qu'il fit des Gots. On l'accuse d'avoir eu part à la mort de Gallien : ce qu'il y a de vrai, c'est que Claude a été un des plus grands Empereurs du monde, pour sa modération, pour sa douceur, & pour son courage. Il défit en deux Batailles les Gots, les Sarmates, les Scythes, & tous leurs Alliés, qui composoient une Armée de plus de trois cens mille hommes. Mais enfin la peste s'étant mise parmi ses Troupes, il en mourut à Sirmium en Hongrie, après avoir régné un an, 10. mois, 12. jours. *Rex vivâ lex.*

Quintillus Frere de Claude II. fut élu Empereur en Italie par les Soldats, & par le Sénat. Il fut tué 18. jours après par ses Soldats, pour leur avoir été d'abord trop sévére. Pendant que ces choses se faisoient en Italie, l'Armée victorieuse qui étoit en Thrace, choisit pour Empereur Aurélien, de naissance obscure, mais par ses grandes actions digne de l'Empire du Monde.

271. 36. AURELIEN combâtit, & vainquit tous les ennemis du Peuple Romain. Ils n'étoient pas en petit nombre. Il prit Thyane, que Héraclammon, qui en étoit un des habitans, lui livra. Aurélien le fit mourir, disant : *Qu'un si méchant homme ne pouvoit pas lui être fidéle, après avoir trahi sa patrie.* Il vainquit la fameuse Zenobie, Reine des Palmiréniens. Il sauva l'Egypte, où un certain *Firmius* s'étoit lui-même déclaré Empereur. Mnesthée son Sécretaire qu'il avoit ménacé, & qui le connoissoit trop exact à se vanger, le fit assassiner entre Byzance & Héraclée. Il avoit régné 5. ans, 11. mois, 9. jours. *Quò major, eò placabilior.*

276. 37. TACITE, fut élu Empereur du consentement des Sénateurs, du Peuple, & des Soldats, après six mois de contestation. Il étoit âgé, sobre, & modeste. Il avoit amassé 7. millions d'or de revenu, qu'il donna au Public dès qu'il fut Empereur. Il fut tué à Tharse, n'aiant régné que 6. mois, & 20. jours. *Sibi bonus, aliis malus.*

Florien, Frere de Tacite se fit lui-même Empereur, sans le consentement du Sénat. Il fut tué par ses Soldats environ 2. mois après.

38. PROBUS, fils d'un Jardinier, fut élu Empereur en Orient, après avoir passé par tous les Dégrez, depuis les plus bas emplois de la guerre. Il défit dans la Thrace *P.*

| Ans de l'Ere vulg. | Empereurs Romains. |

Sempronius Saturninus qui étoit Gaulois. *T. Ælius Proculus*, & *Quintius Bonosius*, qui s'étoient déclarés Empereurs dans les Gaules, furent vaincus, & mis à mort. Cet Empereur digne de vivre toûjours, fut pourtant massacré par ses Soldats, qu'il faisoit trop travailler. Il régna 6. ans & 4. mois. *Pro stipe labor.*

282. 39. CARUS avec ses deux fils CARIN & NUMÉRIEN ; Il fut élu Empereur pour les grandes actions qu'il avoit faites. Il envoya Carin dans les Gaules, & retint auprès de lui Numérien, quand il partit pour l'Orient, afin de faire la guerre aux Perses. Son voyage fut heureux. Il mourut de maladie après avoir poussé ses conquêtes jusqu'à Ctésiphonte. Il avoit régné 2. ans. *Bonus Dux, bonus Comes.*

Numérien pleura la mort de son Pére jusqu'à en perdre presque la vûë. Il régna peu, parce qu'*Arius Aper*, dont il avoit épousé la fille, le tua dans l'espérance de lui succeder. Les Soldats se saisirent de ce traitre, & le menérent à Dioclétien, qu'ils reconnurent pour leur Empereur. *Esto quod audis, cedendum multitudini.*

Carin à cette nouvelle sort des Gaules pour combattre *Sabin Julien*, qui vouloit usurper l'Empire. Il le défait près de Vérone. De là il marche contre Dioclétien, qui eut toûjours l'avantage, & Carin fut tué.

284. 40. DIOCLETIEN, fils d'un affranchi de Dalmatie. Comme il trouva l'Etat en désordre, il fit régner avec lui *M. A. Valére Maximien*, né à Sirmium ; & d'un commun accord ils firent Césars, *C. Galerius Maximianus* & *F. V. Constantius Chlorus*. VALERE MAXIMIEN soûmit l'Afrique, qui s'étoit révoltée.

DIOCLETIEN employa 8. ans à vaincre L. Epidius Achilleus, qui s'étoit fait Empereur en Egypte. Après avoir régné 20. ans, il quita l'Empire, pour trouver du repos l'an 304. & puis il s'empoisonna l'an 313. à l'âge de 73. ans. *Nihil difficilius quàm bene imperare.*

Maximien abdiqua aussi à l'exemple de Dioclétien, mais il se repentit de l'avoir imité. Il fut étranglé à Marseille, fuyant la colére de son gendre Constantin, contre la vie duquel il avoit conspiré. Il a régné 18. ans. *Tutum silentii præmium.*

304. 41. F. V. CONSTANTIUS CHLORUS, ou *le pâle*, aimoit les Savans, étoit libéral, & ennemi du faste dans ses amenblemens. Il eut de la considération pour les Chrétiens, & leur sçut bon gré de se bannir volontairement, plûtôt que de sacrifier aux Idoles contre leur conscience, disant ; *que qui n'étoit pas fidéle à Dieu, ne le pouvoit être à son Prince.* Il mourut à Yorck en Angleterre l'an 306. après avoir régné 2. ans, 3. mois, depuis la démission de Dioclétien & de Maximien. Ayant que de mourir il mit la Couronne sur la tête de Constantin. *Virtus dum patitur, vincit.*

Galére Maximien, fit merveilles contre les Perses, sur lesquels ils reconquit cinq grandes Provinces, & poussa les bornes de l'Empire jusqu'au Tigre. Il choisit ses deux neveux pour lui succeder, sçavoir, *C. G. Valere Maximin*

| Ans de l'Ere vulg. Empereurs Romains. | Ans de l'Ere vulg. Empereurs Romains. |

min Daxa, qui eut l'Orient, & *F. Valére Sévére*, qui eut l'Italie avec l'Afrique.

Maxence aiant apris que Constantin avoit été nommé Empereur, il se fit donner le même titre par les Soldats de la Garde.

Galére Maximien nomma *Licinius* pour remplir la place de Sévére l'an 310. & mourut l'année suivante, d'un vilain ulcére, où s'engendra une éfroyable quantité de vers.

C. Galérius Valérius Maximinus gouvernoit l'Orient en partie comme César, & en partie comme Empereur. Il fut fort cruel aux Chrétiens. S'étant mis en mauvaise intelligence avec Licinius qui le défit, il s'empoisonna aiant régné 8. ans. *Marcet sine adversario virtus*.

C. V. Licinianus Licinius, fils d'un Laboureur, fut vaincu par Constantin, & tué par ses propres Soldats, avec *Martinianus* qu'il avoit fait César. D'autres disent qu'il abdiqua l'an 324. *Pestis Reipublica Littera*. Parole plus digne d'un bœuf que d'un homme. *Licinius* le jeune fut fait César, n'étant âgé que de 20. mois. *Fausta* femme de Constantin le fit tuer, parce que ce jeune Prince promettoit beaucoup ; il donnoit de grandes espérances, & Fausta le craignoit pour ses enfans.

306. 42. F. V. CONSTANTIN commence de regner. Il fut surnommé le Grand pour les grandes vertus, & pour les belles actions de sa vie. Il étoit bienfait, libéral, hardi, sage, savant, modeste, sincére & adroit dans tous ses exercices. Il se faisoit raser toute la barbe, contre la coûtume des Empereurs, qui avoient regné depuis Hadrien.

312. Grande & célèbre Bataille de Constantin, où il défait Maxence. Ce qui arrive conformément à l'apparition du signe de la Croix qu'il avoit vu dans le Ciel, & qui lui promettoit la Victoire contre ce Tyran. Constantin se convertit, embrasse la Religion Chrétienne, & publie un Edit, qui permet aux Chrétiens de faire publiquement profession de leur Foi, de bâtir des Eglises, & d'y faire des Assemblées.

Ici cesse la persecution, & commence LA PAIX DE L'EGLISE.

316. Constantin nomme Césars *Crispe Constantin & Licinius*.

321. Constantin va contre les Sarmates, qu'il défait, & tue de sa propre main Rausimond leur Roi.

Constantin est maitre absolu, après la mort de Dioclétien, de Maximien, de Galére, de Maxence, de Maximin, & de Licinius.

330. Constantin partage son Empire en deux. L'Orient comprenoit la *Hongrie*, la *Transilvanie*, la *Valaquie*, la *Moldavie*, la *Thrace*, la *Macédoine*, le *Pont*, l'*Asie & l'Egypte* ; & l'Occident contenoit l'*Allemagne*, *une Partie de la Dalmatie, & de la Sclavonie*, l'*Italie*, *les Gaules*, l'*Angleterre*, l'*Espagne &* l'*Afrique*.

Il y en a qui croient que c'est à l'occasion de cette premiére division de l'Empire, que l'Aigle Impériale a été éployée à deux têtes.

Dédicace de *Constantinople* ou de la *nouvelle Rome*, qu'on nommoit auparavant *Byzance*, & que Constantin, après lui avoir donné son nom, choisit pour en faire le siége de son Empire. Il la fortifie, & l'embellit de toutes les dépouilles de l'Asie, de l'Europe & de l'Afrique.

331. Il donne un Edit pour la démolition de tous les Temples des faux Dieux.

332. Il défait les Gots.

337. Constantin marche contre les Perses, pour vanger les Chrétiens ; tombe malade, se fait batiser, & meurt à Nicomédie, Ville de Bithynie, âgé de 65. ans, après avoir regné 30. 9. mois, & 27. jours. *Immedicabile vulnus ense recidendum*.

43. CONSTANS, CONSTANTIUS, & CONSTANTIN tous trois fréres, partagent entre eux l'Empire de Constantin leur pére. *Constantin* eut la Gaule, l'Espagne, l'Angleterre &c. où il regna 3. ans. *Difficilia qua pulchra*.

Constans eut l'Occident ; savoir l'Italie, l'Illyrie, & l'Afrique. Il regna 13. ans. *Crescente superbia, decrescit fortuna*.

Constantius eut l'Orient ; savoir la Thrace, l'Egypte & l'Asie.

Delmatius eut l'Arménie, & les Provinces voisines. Il fut tué par ses Soldats.

Magnence est proclamé Empereur par ses Soldats ; & fait massacrer son maître, & son bienfaiteur Constans.

Népotien usurpe l'Empire à Rome. Il ne jouit que 28. jours du titre d'Empereur. Il fut assassiné par un Sénateur Romain.

T. Vétranion se déclare Empereur en Pannonie ; mais il remet le Pays sous la domination de Constantius.

T. Silvanus se fait nommer Empereur par toute l'Armée dans les Gaules.

Décencius & Desiderius, tous deux fréres de Magnence, se saisissent de l'Espagne, & des Gaules. Ces trois fréres font des entreprises continuelles sur l'autorité de Constantius. Le mauvais succés de leurs affaires, fait que Magnence se passe l'épée au travers du corps à Lyon. Décencius s'étrangle. Desiderius fait sa Paix avec Constantius.

350. Constantius fait César son Cousin *T. Constantius Gallus*; & reste seul Empereur par la mort de Constans.

351. CONSTANTIUS GALLUS, & sa femme Constance commettent de grandes cruautés dans l'Orient.

354. Constantius fait décapiter Gallus.

355. Constantius nomme César, *Julien*, frére de Gallus.

361. Constantius meurt d'apoplexie entre la Cilicie, & la Cappadoce, aiant regné 12. ans avec son pére, & 24. ans, & 6. mois seul. *Patiens sit Principis auris*.

44. T. C. JULIEN, surnommé l'*Apostat*, parce qu'il se fit Païen, après avoir été nourri dans la Religion Chrétienne. Il avoit été fort bien élevé. Les plus savans hommes du tems avoient été ses Maîtres. Il devint savant lui-même, car il avoit beaucoup d'esprit. Avec tout cela il fit des maux infinis à l'Eglise. Il périt dans la Perse, frapé d'un coup de lance en une occasion, où il s'étoit engagé témérairement. Il a regné seul 1. an & 8. mois. En lui la race de Constantius Chlorus se trouva éteinte. *Pennis suis feriri grave*.

| Ans de l'Ere vulg. Empereurs Romains. | Ans de l'Ere vulg. Empereurs Romains. |

363. 45. T. JOVIEN, de Pannonie fut élu Empereur malgré lui. Il cassa tous les Edits que Julien avoit fait pour les Payens, & contre les Fidèles. Il défendit aux Juifs de professer publiquement leur Religion. On le trouva mort dans sa chambre, ayant été étoufé par la vapeur du charbon, qu'on y avoit mis le soir pour l'échauffer. Il revenoit de Perse à Constantinople, & mourut en chemin entre la Galatie & la Bithynie, ayant regné 7. mois & 22. jours. *Scopus vita Christus.*

364. 46. F. VALENTINIEN, fils d'un nommé Gratien, qui étoit un Cordier d'auprès de Belgrade, fut choisi par l'Armée pour Empereur, quoiqu'il fut absent. Il étoit Chrétien, & avoit été banni pour sa Religion par Julien l'Apostat. Jovien l'avoit rappellé, & l'avoit rétabli dans un Régiment qu'il commandoit. Comme Valentinien trouva l'Empire attaqué d'ennemis de toutes parts, il fit participant du Gouvernement son frere *Valens*, à qui il donna l'Orient à conduire.

367. Valentinien dangereusement malade déclare *Gratien* son fils *Auguste.*

375. Valentinien, pour s'être mis trop violemment en colére meurt d'apoplexie, après avoir regné 11. ans, 8. mois, 22. jours. *Princeps Servator justus.*

Valentinien le fils, qui n'avoit pas 4. mois, est déclaré *Auguste* par l'Armée.

F. VALENS régne en Orient. Il étoit frere de Valentinien, qui ne l'aimoit pas; parce que cet Empereur avoit remarqué, que ce jeune Prince favorisoit l'Arianisme.

Procope, Tyran est abandonné de son Armée, qui se rend à Valens. Cet Empereur fait mourir le Tyran d'une mort cruelle.

Valens est vaincu par les Gots; il s'enfuit blessé; il est brûlé dans une Maison, où il s'étoit retiré, & où les Gots avoient mis le feu. Ce Prince gâté des erreurs des Ariens, avoit étrangement persecuté les Orthodoxes. *Alienus ab irâ, alienus ab injustitiâ.*

47. T. GRATIEN, fils de Valentinien I. partage l'Empire avec le jeune *Valentinien*, qui eut l'Italie, la Dalmatie, & l'Afrique.

Gratien appelle d'Espagne Théodose, qui étoit en grande réputation, & lui donne une Armée à commander contre les Alains, les Huns, & les Gots. Ce grand Capitaine les défait.

379. Gratien content des grands services de Théodose, le déclare *Auguste*, & lui donne l'Orient avec la Thrace.

Magnus Maximus, qui commandoit en Angleterre, se fait Tyran, attaque les Gaules, & y fait tuer Gratien par Andragath, l'an 382. Cet Empereur avoit regné 16. ans, & 6. jours; savoir 8. ans & quelques mois avec Valentinien son pére; 3. ans avec son Oncle Valens, & Valentinien son jeune frere, & 4. ans, & près de 7. mois avec Théodose. *Non quamdiu, sed quam bene.*

VALENTINIEN II. fut *déclaré Auguste* en 375. par l'Armée, & regne dans les Gaules.

383. Valentinien vivement pressé par *Magnus Maximus*, a recours à Théodose qui quite l'Orient, assiège Maximus dans Aquilée, & le fait enfin massacrer.

392. *Eugene* gagne les Eunuques de Valentinien, & fait étrangler cet Empereur de nuit dans sa chambre, où il dormoit à Vienne en Dauphiné. Il avoit regné 16. ans, 5. mois, & 24. jours. *Amicis veterrimus optimus.*

48. F. THÉODOSE *le Grand*, fait des actions incomparables. Il étoit de la Maison de Trajan. Il défit en plusieurs Batailles les Gots, les Huns, & les Alains, vainquit Eugène d'une manière miraculeuse, & lui fit trancher la tête. Quelques Auteurs taxent Théodose d'avoir mené une vie délicate & voluptueuse. Ce qu'il y a de vrai, c'est que ce Prince avoit beaucoup de Religion. On ne sauroit trop admirer la soûmission qu'il eut pour l'Eglise. On sait que cet Empereur fit mourir à Thessalonique, sans observer aucune formalité de Justice, sept mille Personnes innocentes. Saint Ambroise, animé d'un zéle vraiment Apostolique, ne voulut jamais permettre, que ce Prince communiat à Pâque, ni qu'il entrât dans l'Eglise de Milan, qu'après une pénitence publique de 8. mois. L'Empereur obéit à ce Saint Evêque.

393. Théodose fait *Auguste* son fils *Honorius.*

395. Théodose se retire à Milan, où il tombe malade quelques jours après d'une hydropisie, dont il meurt âgé de 60. ans; il en avoit regné 16. & 20. jours. *Eripere telum, non dare irato decet.* Il laissa deux fils; savoir F. *Arcadius*, à qui il avoit donné le titre d'*Auguste* dès l'an 383. & F. *Honorius*, qu'il avoit fait *Auguste* en 393. il leur partagea son Empire; il donna l'Orient à *Arcadius*, & l'Occident à *Honorius*. De là est venue la division de l'Empire en *Empire d'Orient*, dont le Siège étoit à *Constantinople*, & en *Empire d'Occident*, dont le Siège étoit à *Rome.*

395. 49. HONORIUS eut pour son Tuteur *Stilicon*. L'an 8. de son regne, les Francs qui habitoient les Côtes de Frise, prennent Trèves, se rendent maîtres de la Hollande, & du Brabant. C'est vers ce tems-ci qu'on doit commencer le regne des *Francs*, ou *François*, dont *Pharamond* fut élu le prémier Roi en 420.

Honorius fait massacrer *Stilicon* avec son fils *Euchére*; & par un Arrêt du Sénat sa femme Sévère fut étranglée. Les plus sages dirent alors qu'Honorius en faisant mourir ce grand Capitaine, *s'étoit coupé le bras droit avec la main gauche.*

410. *Alaric* Roi des Gots prend, & pille Rome, & puis meurt subitement dans la Ville de Cosence. *Adolphe* succéde à Alaric.

Attale, qu'Alaric avoit fait Gouverneur de Rome, s'y fait Roi.

Roderic succéde à Adolphe, qui est assassiné à Barcelone.

Wallis succéde à Roderic, qui est pareillement assassiné.

CONSTANTIUS Général d'Honorius, est élevé par cet Empereur à la dignité d'*Auguste*. Son regne fut court, & Honorius lui survécut.

423. Honorius meurt à Ravenne, d'une fiévre accompagnée d'hydropisie.

424. 50. F. P. VALENTINIEN III. fils de Constantius.

Attila Roi des Huns, nommé le *fleau de Dieu,*

| Ans de l'Ere vulg. | Empereurs Romains. |

Dieu, ravage l'Italie; & voulant entrer dans Rome, il est obligé de tourner arriére, frappé par la Majesté, qui reluisoit en la personne de Saint Léon. Ainsi ce Saint Pape sauve Rome du pillage, & de la fureur du plus affreux de tous les hommes.

454. Valentinien tue de sa propre main le Patrice *Etius*, le bras de l'Empire, & qui étoit redoutable à Attila. Depuis ce tems-là l'Empire d'Occident est tellement déchû, qu'il ne s'en est jamais pû relever : & le Siége Impérial est presque toûjours dorénavant à Ravenne.

455. *Maxime*, dont Valentinien avoit forcé la femme, fait tuer cet Empereur dans le Champ de Mars. Il avoit regné 30. ans.

F. A. P. MAXIME usurpe l'Empire & à son tour il force la Veuve de l'Empereur, qu'il avoit fait tuer. Il est lui-même mis en piéces par les Romains, qui le jettent dans le Tibre.

Genseric Roi des Vandales, qu'Eudoxia veuve de Valentinien, avoit appelé d'Afrique, pour la venger de Maxime, entre dans Rome, & pille la Ville durant 14. jours. Il l'auroit brûlée, s'il n'en avoit été détourné par les priéres de Saint Léon, & d'Eudoxia.

L'Empire d'Occident n'est presque plus rien, l'Afrique est possedée par les Vandales; l'Espagne par les Visigots; les Gaules par les Francs, la Grande-Bretagne par les Pictes, les Anglois, & les Saxons; l'Italie par les Lombards: & les Princes qui suivent, ne sont pas tant des Empereurs que des prétendans à l'Empire.

51. AVITUS regne 1. an, 2. mois, 3. jours.

457. 52. MAJORIEN regne 4. ans, 4. mois, 2. jours. Il est tué par Ricimer Goth, qu'il avoit fait son Général.

461. 53. SE'VE'RE, regne 2. ans, 8. mois, 27. jours. Il est empoisonné par Ricimer, qui l'avoit bien servi dans la guerre ; mais qui ne pouvoit souffrir de maître où il étoit.

Interrégne.

467. 54. ANTHEMIUS regne 5. ans, 2. mois, 23. jours. Il est tué par Ricimer dans Rome, qu'il pille.

472. 55. ANICIUS, dit *Olybrius* regne 7. mois, 16. jours. Il ne fit rien de considérable.

473. 56. GLICERIUS regne 1. an, 3. mois, 21. jours; abdique, & puis fut Evéque de Salone en Dalmatie.

474. 57. JULIUS NEPOS, regne 1. an, 2. mois. Il est trahi par Orestes, qui déclare Empereur son fils *Romule*.

475. 58. ROMULE AUGUSTULE, fils d'Orestes, est le dernier Empereur reconnu à Rome. Après avoir regné 10. mois & 5. jours, il fut déposfédé par Odoacre, Roi des Herules.

Ainsi prit fin l'Empire Romain. L'Occident se trouva même sans Empereurs, durant trois cens vingt-quatre ans; c'est-à-dire jusqu'à Charlemagne.

Odoacre Roi des Herules, après avoir chassé Augustule, s'empara de Rome en 476. & se fit appeller Roi d'Italie. Il regna 16. ans. & 6. mois.

Théodoric Roi des Ostrogoths après avoir obtenu de l'Empereur Zénon la permission de conquérir l'Italie sur Odoacre, gagna trois batailles contre cet Usurpateur & le tua de sa propre main vers l'an 493. Il regna 33. ans & six mois. Athalaric qui lui succeda en 526. regna 8. ans. Théodahat qui fut Roi après lui en 534. ne regna que deux ans. Witigès appellé par les Goths en 536. fit mourir Théodahat & Rome se rendit à Belisaire pour l'Empereur Justinien. Witigès après avoir en vain assiégé Rome que Belisaire défendoit court & pille les autres Villes d'Italie. Durant le Siége de Rome qui fut long & rude, il y eut des meres qui se nourrirent de la chair de leurs enfans. Belisaire poursuit Witigès, le prend avec sa femme à Ravenne, & les envoye à Constantinople. Ce grand Capitaine parvint à chasser de l'Italie, presque tous les Goths ; du moins Théobald, Araric, Totila & Tejas qui prirent successivement le titre de Rois d'Italie, n'y firent pas grande figure. Ce dernier après avoir repris plusieurs Villes à la faveur de l'absence de Belisaire, s'empara de Rome en 552. & là pilla durant 40. jours. Mais après avoir regné près d'un an, il fut vaincu par Narsès, que l'Empereur Justinien avoit envoyé pour remédier aux affaires.

Ainsi finit le Royaume des Ostrogoths en Italie. Il demeura pendant quatre ans dans la puissance de l'Empereur Justinien, & Narsès en obtint le Gouvernement pour récompense de ses services. Les Romains ayant envoyé de grandes plaintes à Constantinople contre le Gouvernement de Narsès, Justin le rappella avec aigreur sans examiner assez la chose. Sophie par une imprudence & un caprice de femme, lui écrivit en même tems qu'il vînt filer avec ses filles, parce que Narsès étoit Eunuque ; ce qui l'irrita tellement qu'au lieu d'obéir, il dit en colére, qu'il lui prepareroit une fusée qu'elle auroit de la peine à démêler. En effet, Narsès appelle secrettement Alboin Roi des Lombards, qui passe en Italie ; où il fonde un Royaume dans la Gaule Cisalpine & ce Royaume dure jusqu'à Charlemagne. Les Successeurs d'Alboin ne se contentérent pas du Pays où ils s'étoient établis & qu'on nomma LOMBARDIE ; ils tâcherent plusieurs fois de surprendre l'Exarcat, & le Duché de Rome, qui rendoient obéïssance aux Empereurs d'Orient. Luitprand même entra en Vainqueur dans Rome, & se servoit du prétexte de la défense de la Religion pour autoriser ses conquêtes. L'impieté de Léon Isaurique, qui vouloit abolir le culte des Images, & les cruautés qu'il employoit pour conduire cette entreprise à sa fin, donnoient beau jeu à Luitprand, pour deposséder ce Prince des Pays qui lui rendoient encore obéïssance en Italie. Mais Grégoire II. qui étoit alors sur le Siége de St. Pierre dressa une Batterie qui eut plus de succès. Ce Pontife voyant en 370. qu'il avoit en vain travaillé à ramener le cruel Léon à une meilleure conduite, usa contre lui des foudres de l'excommunication. Alors Rome & tout l'Exarcat conspirerent ensemble à se gouverner en République, dont on convint que le Souverain Pontife seroit le Chef & le Prince, à la place de Léon. On continua cette forme de

Bb   Gou-

Gouvernement, pendant le Regne de Constantin Copronime. Pendant ce tems-là, on éleva au Pontificat Zacharie Grec de naissance. Ce Pape voyant que Luitprand Roi de Lombardie, s'étoit rendu maître de quatre Villes situées dans le Duché de Rome, & ne se mettoit guère en peine de la nouvelle République, implora le secours de Charles-Martel, dont le crédit fut suffisant pour engager Luitprand à rendre ce qu'il avoit pris. Mais quelques années après sa mort le Roi Astulfe renouvella ses prétentions & porta plus loin ses entreprises. Il subjugua & usurpa tous les Etats de la République, excepté Rome, qu'il assiégea, avec menaces de mettre tout à feu & à sang. Le Pape Etienne III, implore le secours de Constantin Copronime contre les Lombards. L'Empereur fait la sourde oreille; & le Pape a recours à Pepin Roi de France, qui l'invite à se réfugier en France. Le Pape se rend à Paris, & Pepin passe en Italie à la tête d'une Armée en 754, assiége Pavie qui est prise, & contraint le Roi des Lombards de restituer au Pape Etienne la Romagne, dont Pepin fit une Donation à l'Apôtre St. Pierre, & à l'Eglise Romaine; & depuis ce tems-là, les Papes exercérent dans Rome, comme dans l'Exarcat le souverain pouvoir. Enfin Didier Duc d'Etrurie, soutenu du crédit du Pape Etienne, devint Roi de Lombardie. Le Pape en écrivit des merveilles à Pepin, qui donna les mains à ce que désiroit le St. Pere. Mais Didier devenu ingrat, s'empare des biens de l'Eglise. Il est inutilement sollicité par Charlemagne de les rendre. Charlemagne passe donc en Italie en 774. Il assiége Pavie qu'il prend. Il se rend pareillement maître des autres Places des Lombards. Tout céde à la force de ses armes; & il fait traîner prisonniers en France Didier & sa femme. Ainsi l'Italie & l'Eglise de Rome se trouvérent délivrées de la Tyrannie des Lombards, dont le Royaume finit la dix-huitième année du Regne de Didier. Pendant le Siège de Pavie Charlemagne alla à Rome aux Fêtes de Pâques, & y fit sa célèbre Donation à l'Eglise. Elle étoit sur le modèle de celle de Pepin; mais bien plus ample; car il y ajouta des Provinces entières, qui n'étoient point de l'Exarcat, mais du Royaume de Lombardie. Cette Donation n'eut pourtant pas son effet dans toute son étendue; & l'Eglise de Rome ne forme même aucune prétention sur le Duché de Mantoue, sur les Provinces de l'Etat de Venise, sur l'Isle de Corse, & sur d'autres Terres exprimées dans la Donation.

En l'année 800. Charlemagne fut couronné Empereur à Rome le jour de Noel par le Pape Léon III. en reconnoissance de toutes les graces que ce Prince son Pere & son Ayeul avoient faites au St. Siège. Mais ce nouvel Etat de Rome, doit plûtot être regardé comme l'établissement d'un nouvel Empire, que comme une suite de l'Empire Romain, qui n'existoit plus depuis long-tems.

Il y a plusieurs Divisions de l'Empire Romain. Du tems d'Auguste il fut divisé en vingt-six Diocèses, dont douze étoient gouvernés par le Sénat, & le Peuple Romain, & quatorze par Auguste lui-même, qui obtint du Sénat & du Peuple que l'Administration lui en seroit laissée.

DIVISION de *l'Empire Romain, du tems d'Auguste.*

Diocèses Proconsulaires.
- L'Afrique, la Numidie & la Libye.
- L'Asie en deçà du Fleuve Halis & du Mont Taurus.

Diocèses gouvernés par le Sénat & le Peuple Romain.

Diocèses Prétoriens.
- L'Espagne Bétique.
- La Gaule Narbonnoise.
- La Sicile.
- La Sardaigne & l'Isle de Corse.
- L'Illyrie & partie de l'Epire.
- La Macédoine & partie de la Grece.
- L'Achaïe, la Thessalie, la Bœotie, l'Acarnanie, & partie de l'Epire.
- L'Isle de Créte, la Cyrénaïque & la Libye.
- L'Isle de Cypre.
- La Bithynie, la Paphlagonie, la Propontide & partie du Pont.

Diocèses administrés par Auguste.
- L'Espagne & la Lusitanie.
- L'Espagne Tarragonoise.
- La Gaule Aquitanique.
- La Gaule Lyonnoise.
- La Gaule Belgique & la Germanie.
- La Parménie, le Norique, la Vindelicie & la Rhétie.
- La Mœsie qui comprend les Dardaniens, les Thraces & les Daces.
- La Dalmatie & partie de l'Illyrie.
- Les Alpes maritimes.
- La Cilicie, l'Isaurie & la Lycaonie.
- La Galatie, la Pamphylie & la Pisidie.
- La Syrie, la Petite Arménie, la Mésopotamie & tout l'Orient jusqu'à l'Euphrate.
- L'Egypte & partie de l'Arabie.
- L'Italie depuis le Détroit de Sicile jusqu'aux Alpes.

DIVISION de *l'Empire Romain, sous l'Empereur Adrien.*

Provinces d'Italie II.
- Les Régions Suburbicaires, depuis le Picenum, appellé *Suburbicarium* dans les anciennes Notices, jusqu'à la Sicile.
- Les Régions situées au-delà & en deçà du Pô, avec les Contrées voisines qui s'étendent depuis les Alpes jusqu'à l'Ap-

ROM.

	l'Apennin & qui sont, la Ligurie, l'Emilie, les Alpes Cottiennes les deux Rhéties, le Territoire de Venise & l'Istrie.
Provinces d'Afrique. III.	L'Afrique Proconsulaire. La Numidie. La Mauritanie.
Provinces d'Espagne. III.	L'Espagne Tarragonnoise. La Betique. La Lusitanie.
Provinces des Gaules. IV.	La Gaule Belgique. La Gaule Lyonnoise. La Gaule Aquitanique. La Gaule Narbonnoise.
Provinces des Bretagnes. II.	La Bretagne Supérieure. La Bretagne Inférieure.
Provinces de l'Illyrie. XVII.	Les deux Noriques. Les deux Pannonies. La Valerie. La Savie. La Dalmatie. La Premiére Mœsie. Les deux Daces. La Macédoine. La Thessalie. L'Achaïe. L'Epire premiére. L'Epire seconde. La Prevalitane. L'Isle de Créte.
Provinces de l'Egypte. IV.	L'Egypte. La Thébaïde. La Libye. La Pentapole.
Provinces d'Orient. XIII.	La Palestine. La Phénicie. La Phénicie du Liban. La Cœle-Syrie. La Syrie. Les deux Cilicies. L'Isaurie. L'Isle de Cypre. La Mésopotamie. L'Arabie. La Syrie Comagene, ou l'Euphratense. L'Osrohene.
Provinces de Thrace VI.	La Thrace. L'Hemimont. La Mœsie Inférieure. La Scythie. Rhodope. L'Europe.
Provinces du Pont. VIII.	La Galatie. La Bithynie. L'Hellenopont. Le Pont Polemoniaque. Les deux Cappadoces. La Paphlagonie. L'Arménie.

ROM. 195

Provinces d'Asie. XI.	L'Asie Proconsulaire. La Pamphylie. L'Hellespont. La Lydie. La Pisidie. La Lycaonie. Les deux Phrygies. La Lycie. La Carie. Les Isles dont la Ville de Rhodes étoit la Metropole.

DIVISION *de l'Empire Romain depuis Constantin le Grand jusqu'aux Empereurs Arcadius & Honorius.*

Le Préfet du Prétoire d'Orient avoit sous lui cinq Diocèses ; savoir

L'ORIENT,	L'ASIE.
L'EGYPTE,	LE PONT.
LA THRACE.	

Le Diocèse d'ORIENT comprenoit du tems de Constantin treize Provinces & qui dans la suite en comprit quinze.	La Syrie qui avoit Antioche pour Capitale. La Syrie Salutaire. La Phenicie. La Phénicie du Liban. L'Euphratense. L'Osrohene. La Mésopotamie. L'Arabie. L'Isle de Cypre. La Cilicie. La seconde Cilicie. L'Isaurie. La Palestine, dont après Constantin on sépara la seconde Palestine, Et la Palestine Salutaire.
Le Diocèse d'EGYPTE comprenoit quatre Provinces du tems de Constantin ; & ensuite il en comprit six.	La Libye Supérieure. La Libye Inférieure. La Thébaïde. L'Egypte, fut divisée en deux Provinces de même nom, avant le Regne d'Arcadius, & Gratien en separa. L'Augustamnique, qui fut ensuite divisée en deux Provinces de même nom. L'Arcadie qui fut separée de la Thébaïde sous Arcadius.
Le Diocèse d'ASIE comprenoit onze Provinces.	L'Asie Proconsulaire. La Pamphylie. L'Hellespont. La Lydie. La Pisidie. La Lycaonie. La Phrygie Pacatiane. La Phrygie salutaire. La Lycie. La Carie. Les Isles.
	La Galatie. La Bithynie. La Cappadoce premiére.

Bb 2

Le Diocèse du PONT comprenoit dix Provinces sous Constantin, & en comprit ensuite onze.
- La Cappadoce seconde.
- La Paphlagonie.
- Le Pont Polémoniaque.
- L'Hellenopont.
- L'Arménie première.
- L'Arménie seconde.
- La Galatie salutaire.
- L'Honoriade qui y fut ajoutée du tems de l'Empereur Honorius.

Le Diocèse de Thrace comprenoit six Provinces.
- L'Europe.
- La Thrace.
- L'Hemimont.
- Rhodope.
- La seconde Mœsie.
- La Scythie.

Le Préfet du Prétoire de l'Illyrie avoit sous lui deux Diocèses; savoir la MACEDOINE, & la DACE.

Le Diocèse de MACEDOINE comprenoit six Provinces.
- L'Achaïe.
- La Macédoine.
- L'Isle de Créte.
- La Thessalie.
- L'Ancienne Epire.
- La Nouvelle Epire, & partie de la Macédoine salutaire.

Le Diocèse de la Dace comprenoit cinq Provinces.
- La Dace Méditerranée.
- La Dace Ripense.
- La Mœsie première.
- La Dardanie.
- La Prevalitane & partie de la Mœsie Salutaire.

Le Préfet du Prétoire d'Italie avoit sous lui trois Diocèses; savoir: l'ITALIE, l'ILLYRIE, & l'AFRIQUE.

Le Diocèse d'ITALIE comprenoit dix-sept Provinces.
- La Province de Venise.
- L'Emilie.
- La Ligurie.
- La Flaminie & le Picenum Annonaire.
- Les Alpes Cottiennes.
- La première Rhétie.
- La seconde Rhétie.
- Le Picenum.
- La Toscane & l'Umbrie.
- La Campanie.
- La Sicile.
- L'Apouille & la Calabre.
- La Lucanie & le Pays des Brutiens.
- Le Samnium.
- La Valerie.
- L'Isle de Sardaigne.
- L'Isle de Corse.

Sous le Vicaire d'Italie.

Le Diocèse d'ILLYRIE comprenoit six Provinces.
- La seconde Pannonie.
- La Savie.
- La Dalmatie.
- La première Pannonie.
- La Norique Méditerranée.
- La Norique Ripense.

Le Diocèse d'AFRIQUE comprenoit six Provinces.
- L'Afrique, dont fut démembrée.
- La Byzacène.
- La Numidie.
- La Mauritanie Sitifense.
- La Mauritanie Césarienne.
- La Province de Tripoli.

Le Préfet du Prétoire des Gaules avoit sous lui trois Diocèses; savoir l'ESPAGNE, les GAULES & les BRETAGNES.

Le Diocèse d'ESPAGNE comprenoit sept Provinces.
- La Betique.
- La Lusitanie.
- La Galice.
- L'Espagne Tarragonnoise.
- L'Espagne Carthaginoise.
- La Tingitane.
- Les Isles Baleares.

Le Diocèse des GAULES qui comprenoit quinze Provinces sous Constantin, en comprit ensuite dix-sept.
- La Gaule Viennoise.
- La Gaule Lyonnoise.
- La première Germanie.
- La seconde Germanie.
- La première Belgique.
- La seconde Belgique.
- Les Alpes Maritimes.
- Les Alpes Pennines & Graïennes.
- *Maxima Sequanorum.*
- La première Aquitaine.
- La seconde Aquitaine.
- La Novempopulanie.
- La seconde Lyonnoise.
- La première Narbonnoise.
- La seconde Narbonnoise, dont on démembra après le regne de Constantin.
- La troisiéme Lyonnoise &
- La quatriéme Lyonnoise, ou Senonoise.

Le Diocèse des Bretagnes, comprenoit trois Provinces du tems de Constantin, & dans la suite il en comprit cinq.
- Maxima Cæsariensis.
- La première Bretagne.
- La seconde Bretagne. On y ajouta du tems de l'Empereur Valens.
- La Valentie, &
- La Flavie Césariense du tems de l'Empereur Flavius Théodose.

2. ROME, Petite Isle d'Afrique, au Royaume de Congo, selon Mr. Corneille [a] qui cite Maty. Elle est, ajoute-t-il, dans la Riviére de Zaïre, à vingt lieues au-dessus de son Embouchure, & les François y ont établi une Colonie. [a] Dict.

3 ROME, Bourgade de France, dans le Vexin-Normand. Elle est près de Bezu, à une lieue de Neu-marché & de la Riviére d'Epte, & à trois lieues de la petite Ville de Lyons.

ROMECHIUM, Lieu d'Italie sur la Côte Orientale du Pays des Brutiens. Ovide [b] qui en parle fait entendre que ce Lieu étoit au-dessus de la Ville *Locri*, autrement Narycia. Voici le passage: [b] Métamorph. lib. 15. v. 705.

Romechium que legit, Caulonaque Naryciamque,
Evincit que Fretum. - - - - - -

Au Lieu de *Romechium* quelques-uns lisent LAMETUM; Voyez LAMETIA.

ROMELIE; Voyez ROMANIE.

ROMELLE, Riviére des Pays-bas. Elle court depuis Rumpst, où la Neethe se joint à la Dyle, jusqu'à Rupelmonde où elle tombe dans [c] Dict. Géogr. des Pays-bas.

dans l'Escaut, ayant passé au Fort de Ste. Catherine, d. à Boom, d. où se rend le Canal qui vient de Bruxelles à Villebroeck. La Rupel n'a que deux grandes lieues de cours.

ROMENAY, Bourg de France dans la Bourgogne, au Diocèse de Mâcon. Il est situé au de-là de la Saone, entre la Bresse-Châlonnoise & la Bresse propre.

ROMENEY, ou ROMNEY, ou RUMNEY ; [a] Bourg d'Angleterre dans la Province de Kent, sur une élévation assez considérable de gravier & de sable. C'est un des cinq Ports d'Angleterre [b]. Le Port qui est à l'O-rient étoit assez grand & assez commode pour certains vents, avant que la Mer se fût retirée. Sous le règne d'Edouard I. elle inonda cette Contrée, & tira de son lit la Rivière de Rother, qui se déchargeoit dans ce lieu là; & fermant son embouchure elle lui en ouvrit une autre par Rhie; de sorte que Romeney par où le Rother ne passe plus a beaucoup perdu de son premier lustre; ce qui a fort diminué le nombre de ses Habitans. Il ne laisse pas d'y avoir encore dans Romeney cinq Eglises Paroissiales, un Prieuré & un Hôpital. Outre cela ce Bourg a droit de marché public & député au Parlement.

[a] Etat présent de la Gr. Br. t. 1. p. 78.
[b] Corn. Dict. Atlas, Roy. de Kent.

ROMERAL, Village d'Espagne dans la Castille nouvelle, à deux lieues d'Ocaña, avec une Paroisse. Si nous en croyons Silva, [c] Romeral est une Colonie des Hébreux, qui lui donnèrent le nom de Romelia, d'où l'on a fait Romeral. Son territoire est fertile en bled & en vin.

[c] Poblz. de España. fol. 41.

ROMERSWAL, ou ROMERSVILLE; Ville des Pays-Bas [d], autrefois la Capitale du Zuid-Beverland, Isle de la Zeelande, & sur le bord de l'Escaut Oriental. Cette Ville a été ruïnée par les inondations de la Mer; de sorte qu'on n'en voit plus que quelques vestiges qui servent d'habitations à des Pêcheurs.

[d] Dict. Géogr. des Pays-Bas. Zyler, Topogr. Seeland. p. 149.

ROMETTA, [e] Ville de Sicile, dans le Val-Demone, sur une Montagne, à cinq ou six milles de Messine, du côté du Nord Occidental.

[e] De l'Isle, Atlas.

ROMEY, ou VAL-ROMEY. Voyez au mot VAL l'Article VAL-ROMEY.

ROMHILDEN, Ville d'Allemagne, dans la Franconie. [f] Cette Ville avec son Château & ses dépendances appartenoit autrefois aux Comtes de Hennenberg; mais Berthold XIX. Prince de Hennenberg n'ayant point d'enfans rendit la Ville & la Seigneurie de Romhilden à son Beau-frère Jean George Comte de Mansfeld, qui par un Traité la céda au Ducs de Saxe-Altenbourg.

[f] Zeyler, Topogr. Franconiæ p. 46.

ROMILLY, Paroisse de France, dans la Haute Normandie, au Diocèse d'Evreux, à deux lieues de Conches & de Beaumont-le-Roger. Cette Paroisse est située au milieu d'une Campagne de terres à grains, dans le voisinage de la Forêt de Conches. Il y a à Romilly une grande & belle Maison Seigneuriale. La Seigneurie s'étend sur cinq Paroisses, qui sont:

Romilly, Kinkarnum,
Colandre, Le Tilleul,
Belleville.

ROMISHORN, Village de Suisse, sur le bord du Lac de Constance, au Nord de Roschach, sur une longue pointe de Terre qui s'avance dans le Lac & qui forme une Presqu'Isle. Ce Village qui est très-considérable appartient à l'Abbé de St. Gall. Ces terres anciennes de l'Abbé sont à peu près un quarré long, entre le Thourgaw & le Canton d'Appenzell, ayant Wyl à l'un des bouts & Roschach à l'autre bout. Sa longueur est d'environ 8. lieues & sa plus grande largeur de 4. lieues.

ROMONT, mot corrompu pour RONDMONT, en Latin *Rotundus-mons*; Ville de Suisse, au Canton de Fribourg, & la plus belle des Villes de ce Canton après la Capitale [g]. Elle fut bâtie ou fortifiée par Pierre de Savoye dans le treizième Siècle, après qu'il se fut rendu Maître du Pays de Vaud. On la nomma Rondmont à cause de sa situation sur une petite Montagne ronde & qui domine de tous côtés. Il y a autour [h] de cent ans que les Fribourgeois y commencèrent quelques Fortifications & ils les reprirent en 1712. Ils craignent le voisinage des Bernois qui les environnent. Le Canton de Berne ne forme néanmoins aucune prétention sur cette Ville; d'ailleurs il ne se montre pas fort avide de conquêtes. Mais on craint toujours un puissant Voisin. Romont a des foires qui sont célèbres & fort fréquentées. On voit dans cette Ville deux Couvens, l'un de Religieux & l'autre de Religieuses.

[g] Longuerue, Descr. de la France, part. 2. p. 284.
[h] Etat & Delices de la Suisse, t. 3. p. 63.

Le COMTÉ DE ROMONT, prend son nom de la Ville qui en est le Chef-lieu. Louis Duc de Savoye qui eut plusieurs enfans de sa femme Charlotte de Lusignan Héritière du Royaume de Chypre, donna à son quatrième fils nommé Jacques en partage le Pays de Vaud & Romont avec la qualité de Comte. Jacques fit la guerre aux Suisses, aidé de Charles Duc de Bourgogne, qui fut défait en deux batailles, & le Comte fut chassé de son Pays que les Suisses ne voulurent jamais lui restituer, mais au Duc de Savoye, qui en prit possession. Le Comte se retira dans les Etats de Bourgogne, où il vêquit servant le Duc Charles, & après sa mort la Duchesse Marie femme de Maximilien d'Autriche. C'est en ce Pays là qu'il s'établit, ayant épousé Marie de Luxembourg, fille de Pierre Comte de S. Pol, fils du Connétable de S. Pol. Sa femme lui apporta en dot la terre de Warneston sur la Lis, & il n'en eut qu'une fille nommée Louise Françoise, qui épousa Henri Comte de Nassau, qui elle porta en mariage Warneston: le Comte de Romont mourut à Ham en Picardie l'an 1487. laissant à sa fille ses prétentions, qu'elle soutint contre Charles Duc de Savoye. Ce different fut terminé l'an 1512. & elle céda tous ses droits au Duc moyennant une somme de 30000. florins une fois payée.

Le Duc Charles jouït ensuite du Pays de Vaud & du Comté de Romont jusqu'à l'an 1536. que les Bernois Alliés des Genèvois, attaqués par le Duc, conquirent le Pays de Vaud, & les Fribourgeois qui n'étoient pas en guerre avec ce Prince, prirent le Comté de Romont, de crainte que les Bernois ne s'en saisissent. Ils en ont toujours jouï depuis ce tems-là, & jamais la Maison de Savoye n'en a pû obtenir la restitution, les Ducs s'étant contentés de prendre le titre de Comte de Romont, & de Seigneur de Vaud.

ROMORANTIN, Ville de France au Blesois dans le Pays appellé Sologne [i]. Romorantin a pris son nom Latin d'un petit Ruisseau appellé Morantin, qui en cet endroit se

[i] Piganiol de la Force, Descr. de la France T. VI. p. 142.

se perd dans la Riviére de Saudre, sur laquelle cette petite Ville est située. Les Modernes la nomment en Latin *Romorantinum*. Si l'on en veut croire ses habitans, elle s'appelloit anciennement *Roma minor*. Ils ajoûtent que César s'étant trouvé à l'extrémité de la forêt de Bruadam, il y fit construire quelques Forts & quelques Maisons pour rafraîchir son Armée, & leur donna le nom de *Roma minor*, parce que le lieu, & ses Forts avoient quelque ressemblance aux éminences & aux Forts de Rome. Ils prétendent que César donna le Gouvernement de cette Place à *Titus Labienus*, & que le nom de ce Général est demeuré à une des Portes de Romorantin, qu'on appelle aujourd'hui la *Porte Lambin*. Ils assûrent enfin que César fit bâtir la Tour, dont ce qui reste est d'une épaisseur extraordinaire. Le Château qui est presque tout entier à été bâti par les Princes de la Maison d'Angoulême. La Paroisse de cette Ville porte le nom de Notre-Dame, & le Curé n'est que Vicaire perpetuel des Chanoines qui possédent cette Eglise. On trouve aux environs de Romorantin [a] une Terre toute particuliére, & fort propre au degrais, laquelle contribue infiniment à la perfection des Draps. L'eau de la petite Riviére de Rerre qui se perd dans la Saudre une lieue au-dessous de Romorantin, est encore d'une grande utilité pour les Draps. Comme elle reçoit continuellement les larmes qui tombent de la Plante appellée *Ryménu*, dont cette Riviére est bordée; les étoffes ne sont pas plus de huit heures dans les vaisseaux des Moulins où on les foule, ce qui ne se peut faire ailleurs en moins de seize heures, & encore sans un déchet très-considérable des laines. Le Commerce des Serges & des Draps de Romorantin est fort considérable [b] : on s'en sert pour l'habillement des Troupes, & le débit s'en fait à Orleans & à Paris. Enfin la bonté des laines, & des Draps de cette Ville est connue de toute la France [c].

[a] Piganiol de la Force, Descr. de la France, T. VI. p. 4.

[b] Ibid. p. 73.

[c] Ibid. p. 141.

Comme le Roi François I. avoit fait dans sa jeunesse quelque séjour à Romorantin, & que la Reine Claude sa femme y étoit née, il lui accorda quelques Privilèges qui furent confirmés par les Rois Henri II. François II. Charles IX. Henri III. & Henri IV. mais ce dernier ayant cassé par sa déclaration de l'an 1606. les Privilèges qui n'étoient pas accordés en bonne forme par ses Prédécesseurs & quelques Villes du Royaume, & les Echevins de Romorantin n'ayant point comparu aux Etats tenus à Aubigny, pour prouver la validité de leurs exemptions, les Privilèges de cette Ville furent annullés. Le Roi François II. donna un Edit à Romorantin l'an 1560. à l'occasion de l'Inquisition que les Guises vouloient faire établir en France. Cet Edit porte la connoissance du crime d'Hérésie appartiendra aux seuls Prélats, & à leurs Officiaux. Marthe Brossier prétendue possédée, étoit fille d'un Tisseran de Romorantin, qui la promenoit de Ville en Ville. On découvrit l'imposture à Angers, à Orleans, & à Paris. Les Médecins de cette derniére Ville répondirent presque tous l'an 1598. qu'il n'y avoit rien de diabolique dans son fait, mais beaucoup de fraude, & un peu de maladie.

ROMORIA. Voyez REMONIUM.

ROMSOE, Isle du Royaume de Dannemarc, dans le Grand Belt, sur la Côte Orientale de l'Isle de Fionie au Nord du Port de Kartemund. Dans la Description du Dannemarc par Rutger Hermannides [d] cette Isle est nommée ROMPS.

[d] pag. 714.

ROMULA, Ville de la Liburnie : l'Itinéraire d'Antonin la marque sur la route de Benevent à Hydrunte, entre Æsulanum & Pons Aufidi, à vingt & un milles du premier de ces Lieux, & à vingt deux milles du second. Voyez SUB-ROMULA.

ROMULEA, Ville d'Italie, dans le Samnium. Tite-Live [e] dit que Decius la prit par escalade, la pilla, y fit passer deux mille trois cens hommes au fil de l'épée & emmena six mille Captifs. Etienne le Géographe au lieu de *Romulea* écrit *Romylia*. Voyez SUB-ROMULA.

[e] Lib. 10. c. 17.

ROMULEUS-MONS, Montagne de la Ville de Rome, selon Ortelius [f] qui cite Trib. Pollion [g] : il ajoûte, que selon Marlian c'est ce qu'on nomme aujourd'hui PA-LAZZO-MAJORE.

[f] Thesaur.
[g] In Gallieno Imp.

ROMULIANUM, [h] Lieu de la Dace Ripense, & où fut enterré l'Empereur Galére Maximin, qui lui avoit donné le nom en l'honneur de sa mere Romula. Lazius dit que ce Lieu se nomme aujourd'hui Ramzaret.

[h] Aurel. Vict. Epitom.

ROMYLIA. Voyez ROMULEA.

RONA, Isle de la Mer d'Ecosse, du côté de l'Occident, & l'une des Hebrides, à quelques Lieues de l'Isle de Scalpa [i]. On lui donne un mille de longueur & un demi-mille de largeur. Le Sr. Martin dans sa Description des Isles Occidentales de l'Ecosse dit, que les Habitans furent tous détruits il y a quelques années. Voici comment cet accident arriva. Une Légion de Rats parut, on ne sait comment, dans l'Isle & mangea tout le bled. Ensuite des Mariniers y mirent pié à terre & se saisirent de tous les vivres qu'il y avoit de reste; de sorte que les Habitans moururent de faim, avant que leurs voisins fussent instruits de leur état pour les secourir. On a envoyé depuis une Colonie dans cette Isle pour la répeupler.

[i] Etat présent de la Gr. Br. p. 291.

RONCAL, Vallée d'Espagne, dans la Navarre. [k] On sait que la Navarre s'étend fort avant dans les Pyrénées, & qu'elle comprend l'espace de vingt-six lieues de longueur le long de ces Montagnes. Elle est divisée en plusieurs Vallées comme celle de RONCAL, celle de RONCEVAUX, celle de BATAN & celle de VERA. Cette dernière qui est la plus septentrionale de toutes, est fertile ; elle abonde sur tout en bons paturages : la Riviére de Bidassoa l'arrose ; & il s'y trouve quantité d'Animaux domestiques & sauvages. La VALLÉE DE RONCAL est à l'extrémité Orientale, au Nord-Est, & a d'un côté l'Aragon & de l'autre le Béarn. Ces Vallées ont communication avec les terres de France par cinq ou six routes différentes ; mais il n'y en a guére que deux qui soient fréquentées par les Voyageurs : ce sont celles des Vallées de RONCEVAUX & de BATAN, dont la premiére conduit à St. Jean Pié-de-Port dans la Basse-Navarre ; & l'autre dans le Lampourdan ou Pays de Labourd. La premiére de ces Routes ; savoir celle de Roncevaux est la plus belle, la plus commode & la plus courte de toutes, n'ayant que huit lieues de

[k] Delices d'Espagne, p. 682.

RON.

de traverse dans les Montagnes. En sortant de Pampelune on entre bien-tôt dans les Pyrénées; & traversant des Bois, des Vallées & des Montagnes, on arrive au Bourguette, le dernier Village de la Navarre, à l'entrée de la Vallée de Roncevaux. Cette Vallée est longue, large & spacieuse entre de hautes Montagnes. Elle est fameuse dans l'Histoire de France, à cause d'une bataille donnée entre les François & les Espagnols : Charlemagne y fut battu par la trahison de Ganelon le Felon; plusieurs braves Paladins demeurérent sur la place, entr'autres Roland, Neveu de Charlemagne, Renaud & quelques autres que les Romans ont tant chantés. Lorsqu'on traverse cette Vallée, on voit, chemin faisant, le Champ de Bataille, où l'on a bâti une Eglise nommée Notre-Dame de Roncevaux. Quand on est au bout de la Plaine, on apperçoit une Montagne extrêmement élevée, & la plus haute de celles d'alentour : elle porte aussi le nom de Roncevaux. On monte jusqu'au sommet, où l'on a une belle & charmante vue. On découvre d'un côté l'Espagne que l'on quitte, & de l'autre la France où l'on va descendre. L'autre Route est dans la Vallée de Batan. Cette Vallée qui est au Nord de Pampelune est longue de sept lieues, large de trois & demie, & comprend quatorze Paroisses qui composent un Gouvernement particulier. On y va de Pampelune pas Oſtiz. On est obligé de passer par de hautes & d'affreuses Montagnes, entre lesquelles on voit quelques Vallons agréables arrosés de Ruisseaux. On arrive ensuite à Eliçondo, ou Erizonde, Village à neuf lieues de Pampelune : à trois lieues de là on trouve Maya le dernier Village du Royaume, où est le passage qui conduit en France. Tout ce chemin est fort rude & fort difficile. On se voit souvent dans des défilés, bordés de précipices affreux. La traverse est de trois lieues de Maya jusqu'à Agnoa.

RONALSA. Voyez RANALS.

RONAY. Voyez ROSNAY.

RONCALIÆ, ou RONCHALIÆ, Lieu d'Italie, dont il est parlé dans le Code [a]. Ce Lieu étoit sur le Pô au voisinage de Plaisance, selon Otton de Friesingue cité par Ortelius [b].

[a] Lib. 4, Tit. 13. & Lib. 2 Feudor.
[b] Thesaur.

RONCERAY, (Le) Abbaye de France, dans l'Anjou. C'est une Abbaye de Filles de l'Ordre de St. Benoît. Elle fut fondée en 1028. par Foulque Nerra [c] Comte d'Anjou & par Hildegarde sa femme. Elle étoit autrefois dans un des Fauxbourgs d'Angers, mais elle est aujourd'hui au milieu de cette Ville. La Communauté est nombreuse, & jouît de vingt-quatre mille livres de rente. Foulque Nerra fonda aussi quatre Chanoines pour desservir l'Eglise de ces Religieuses. L'Abbesse a à sa Présentation & à sa Collation un grand nombre de Cures, de Prébendes, & de Chapelles. Il y a huit Prieurés d'un revenu considérable qui sont possedés en titre par des Religieuses de cette Abbaye. On n'y reçoit que des Demoiselles, qui sont obligées de faire preuve de leur Noblesse, tant du côté paternel, que du côté maternel. Dès qu'une Novice a fait ses Vœux dans le Chœur de l'Abbaye, l'Abbesse la conduit processionnellement à l'Eglise Paroissiale de la Trinité, qui est contigue à celle de l'Abbaye. Elle y prend

[c] Piganiol, Descr. de la France, t. 7. p. 87.

RON. 199

sa place dans un Fauteuil qui est placé exprès vis-à-vis le Trône Episcopal. Après plusieurs prieres, & un examen des Religieuses qui sont présentées par l'Archidiacre, l'Evêque commence la Messe, qui est chantée en musique, puis il benit les nouvelles Professes, & leur met le Voile noir sur la tête & un Anneau d'or au doigt : ensuite d'anciennes Religieuses qu'on appelle Paranymphes leur attachent sur la tête une Couronne de perles & de diamans.

RONCHEVILLE, Paroisse de France, dans la Normandie, au Diocèse de Lisieux, près de Pont l'Evêque, [d] avec titre de Vicomté. Cette Paroisse est située sur la Touque, à deux lieues de la Mer, dont le reflux fait monter les Vaisseaux jusqu'au Pont de Roncheville. L'Eglise Paroissiale porte le titre de St. Gourgon.

[d] Corn. Dict. Mémoires dressées sur les lieux en 1702.

La VICOMTÉ DE RONCHEVILLE, est ancienne & d'une grande étendue. La Haute-Justice se tient dans le Bourg de Beaumont en Auge, & même dans la Ville de Honfleur dans le Territoire qui en dépend.

1. RONCIGLIONE, ou RONSIGLIONE, Bourgade d'Italie [e], dans un petit Etat de même nom dont elle est le Chef-lieu, auquel elle donne son nom. Voyez l'Article suivant. Cette Bourgade qui pourroit aisément passer pour une Ville est située sur la Tereia, environ à un mille du Lac appellé *Lago di Vico*. Ses Rues sont droites, larges, & assez bien pavées. Il y a deux ou trois Maisons Religieuses, une belle Paroisse & un beau Collége des Peres de la Doctrine Chrétienne de France. On y voit une grande Place longue, où il y a une fort belle Fontaine. Ronciglione est fort marchand, très-peuplé & ses Habitans sont à leur aise.

[e] Magin, Carte du Patrimoine de St. Pierre. Leander, Ital.

2. RONCIGLIONE, petit Etat d'Italie, enclavé dans le Patrimoine de St. Pierre. Il appartenoit autrefois aux Ducs de Parme comme le Duché de Castro. Voyez CASTRO, & PARME.

RONCO. Voyez BEDESE.

RONDA, Ville d'Espagne, dans la partie Occidentale du Royaume de Grenade aux Frontiéres de l'Andalousie, & au Midi de Setteñil. Quelques-uns croient que c'est l'ancienne ARUNDA. Voyez ce mot. Ronda est une Ville médiocrement grande, honorée du titre de Cité, dont la situation est très-avantageuse. Elle est bâtie sur une Montagne, qui n'est proprement qu'un Rocher fort haut & fort escarpé, environné de la Riviére de *Rio-Verde*, qui en lave le pied, & coule dans un lit fort profond. On descend de la Ville à la Riviére par un bel Escalier de quatre-cens marches taillées dans le Roc. C'est un Ouvrage des Maures ; & c'est par là que les Chrétiens captifs des Infidéles leur portoient de l'eau dans des outres. Une pareille situation rend cette Ville très-forte, & pour achever de la fortifier, on a secondé la Nature par les remparts qu'on y a élevés. Il y a dans la Ville quatre Paroisses, quatre Couvens de Moines & deux de Religieuses. Cette Place fut conquise par les Maures le 24. de Mai 1485. par une espèce de prodige. Les Rois Catholiques Don Ferdinand & Dona Isabelle l'avoient fait assiéger ; & ne croyant pas pouvoir l'emporter, firent lever le siège pour

aller

aller faire celui de Malaga. Les Maures qui regardoient la Ville de Ronda comme imprenable, en sortirent pour aller secourir Malaga; mais Ferdinand & Isabelle prirent la moitié de leur Armée, retournérent secrettement à Ronda, y entrérent par une fausse porte qui se trouva ouverte [a], & prirent possession de la Place, sans perdre un seul Soldat. Silva qui me fournit ce recit, dit que, selon quelques Auteurs, Ronda est la *Munda*, ou *Monda* des Anciens. Cela ne doit pourtant pas se prendre à la lettre; car la Ville Ronda d'aujourd'hui est une Ville moderne. Ce sont les Maures qui l'ont bâtie, en quittant RONDA-LA-VIEILLE, qui est à deux lieues de là. Ils nommérent la nouvelle *Hiznarand*, c'est-à-dire le *Château du Laurier*. Le Territoire de cette Ville est rempli de Troupeaux nombreux, parce qu'il s'y trouve des pâturages fort étendus. On y fait d'excellens Jambons; on y recueille toutes sortes de fruits; le Gibier y abonde; & après le Territoire de Grenade, c'est le Lieu le plus délicieux du Royaume. Il s'y fait beaucoup de soie & on y fabrique des étoffes très-fines. On y tient tous les ans une Foire le 20. du mois de Mai.

[a] *Silva. Poblac. de Espana, p. 118.*

RONDA (Sierras de). On donne ce nom en Espagne [b] à toutes ces Montagnes qui sont aux Frontiéres du Royaume de Grenade & de l'Andalousie. Ces Montagnes sont extrêmement rudes, & très-hautes. Ce ne sont presque par-tout que des Rochers qui s'étendent jusqu'à la Mer.

[b] *Delices d'Espagne, p. 522.*

RONE. Voyez RONA.

RONEBY, Ville de Suède, au Blecking, dans le Bailliage de Middelsted, à quelques lieues au Couchant de Carlscron. Il y a une petite Riviére qui y passe après avoir fait un grand Etang où l'on fait flotter de grands Sapins; & cette Riviére se précipite horriblement par des Rochers en tombant dans la Ville. Roneby que quelques [c] uns écrivent Runeby, est à une lieue de la Mer, & les Barques y arrivent par le moyen de la Riviére. Cependant on ne peut la voir à cause des Roches dont elle est couverte. Elle n'est forte que par son assiette, n'ayant d'autre défense que ses murailles, qui paroissent fort anciennes, ainsi que la Ville dont les Rues sont très-mal percées. Il y a cependant un grand nombre d'habitans & beaucoup de Marchands.

[c] *De l'Isle Atlas.*

RONELLE, petite Riviére des Pays-Bas dans le Haynaut. [d] Après avoir passé à Villereau, d. à Villers, d. à Marlis, d. elle passe par Valenciennes & se perd dans l'Escaut.

[d] *Dict. Géogr. des Pays-Bas.*

RONILLÆ, Colonie dont Latinus Silvius fut le fondateur, selon Ortelius [e] qui cite André Schottus [f]. Il soupçonne qu'on pourroit lire *Bovilla*, au lieu de *Ronilla*.

[e] *Thesaur. Origin. Romæ.*
[f]

RONSBERG, petite Ville de Bohême [g], dans le Cercle de Pilsen, proche de Herstein. Elle fut ceinte de muraille, & ornée d'une Eglise, & d'un Château, par Dobrohost Seigneur de Teiniz, & de Ronsberg, qui mourut en 1506.

[g] *Zeyler. Topogr. Bohem. p. 72.*

ROO, nom d'une Mayerie des Pays-Bas [h], dans le Brabant au Quartier de Bruxelles.

[h] *Dict. Géogr. des Pays-Bas.*

ROOB, ou ROOBA, Ville de Syrie dans le Pays d'Emese. Voyez ROHOB.

ROODE-RYS, Maison de Plaisance dans les Pays-Bas, dans la Province d'Hollande,

entre Delft & Overschie, proche d'Overschié sur la gauche du Canal.

ROOMBURG, Bourg des Pays-Bas, dans la Province d'Hollande sur le bord du Rhein à la gauche un peu au-dessus de la Ville de Leyde. Ce Lieu est ancien & il est appellé *Pratorium Agrippinæ* par Velser & par Alting; mais Mr. Van Loon a prouvé que Roombourg étoit l'*Albiniana* de la Carte de Peutinger & l'*Albimanæ* de l'Itinéraire d'Antonin. On a trouvé à Roombourg diverses Antiquités, entr'autres deux Lions, avec l'Image de Pallas, & différentes Médailles d'argent & de cuivre qui portent l'effigie de Néron, d'Antonin & de quelques autres Empereurs, comme de Domitien, de Nerva, de Trajan, de Tibére, de Claude & d'Anastase. On y a trouvé aussi des tuiles avec cette Inscription: *Ex Germ. inf.*

ROON, ancienne Seigneurie des Pays-Bas dans l'Isle d'Isselmonde.

ROOSENBURG, petite Isle des Pays-Bas [i], dans la Meuse, vis-à-vis de Maeslant-Sluis, au-dessus de la Brille.

[i] *Dict. Géogr. des Pays-Bas.*

ROOSENDALE, Gros Village des Pays-Bas, dans le Brabant Hollandois, à deux lieues de Berg-op-Zom.

ROOUS, Isle de l'Océan, l'une des Orcades, au Septentrion de l'Ecosse. Elle a l'Isle de *Westr-Oy* au Nord [k], la pointe Occidentale de celle de Mainland au Midi, & l'Isle de *Wyer* à l'Orient. L'Isle de Roous quoique mal cultivée est assez abondante en bled, en orge & en légumes. La partie qui est du côté du Nord s'éleve en des Montagnes couvertes de bruyères, où il y a beaucoup de gibier. Vers le Midi le terrein est plus bas; & c'est où les principales Habitations se trouvent.

[k] *Blaew Atlas.*

ROPHANES, peuples d'Asie, selon Pomponius-Mela [l]. Pintaut croit qu'au lieu de *Rophanes* il faudroit lire *Ochani*, parce que Pline [m] met les *Ochani*, avec les Peuples dont Pomponius-Mela fait mention dans cet endroit.

[l] *L. 1. c. 2.*
[m] *L. 6. c. 16.*

ROPICUM, Ville de l'Isle de Corse: Ptolomée [n] a marque mais, les Terres auprès de *Cersunum*. Pinet dit que le nom moderne est *Rogela*.

[n] *L. 3. c. 2.*

ROPLUTÆ. Voyez RHÆPLUTÆ.

ROPO, grand Village de l'Attique. Il est habité par des Grecs [o], & composé de plus de deux cens feux. Ce Lieu est l'ancienne Ville *Oropos* ou *Oropus*, pour laquelle les Athéniens & les Bœotiens ont eu de grandes contestations, parce qu'elle étoit sur leurs Frontiéres. Ropo est à deux milles de la Mer, & à six du Village de Marcopulo, & n'a aujourd'hui aucune marque d'Antiquité. On trouve seulement à Sycamino, à quatre milles de Ropo, dans l'Eglise d'*Agioi Saranda*, l'Inscription suivante:

[o] *Spon. Voy. t. 2. p. 180. & 399.*

ΑΦΡΟΔΙΣΙΟΣ
ΖΩΠΥΡΟΥ
ΩΡΩΠΙΟΣ

C'est-à-dire: *Aphrodisius fils de Zopyrus*.

ROQUE. Voyez ROCHERS.

ROQUE, (LA) petite Ville de France, dans le Languedoc, Diocèse de Nismes: elle est dans une belle situation, & les avenues en sont font si difficiles qu'on n'y sauroit traîner le Canon. Elle a été l'asyle des Catholiques du tems des guerres des Religionaires sous Louïs XII. Elle ne put être prise par les Protestans quoique le Duc de Rohan leur Chef n'eût rien épargné pour s'en rendre maître.

ROQUE, (LA) Château de France, dans le Roussillon. Diocèse de Perpignan.

1. ROQUEBRUNE, lieu de France dans le bas Languedoc, Diocèse de Beziers. Il y a des carriéres de marbre dans ce lieu.

2. ROQUEBRUNE, Terre de France, dans la Provence, Diocèse de Fréjus. C'est un lieu considérable & ancien, dont il est fait mention dès l'an 1034. dans les Bulles de Grégoire VII. Il est situé près de Muid.

ROQUECOURBE, petite Ville de France, dans le haut Languedoc, Diocèse de Castres. Elle est située sur l'Agout. Il y a un Château.

ROQUE-DOLINES, (LA) Lieu de France dans le haut Languedoc, Diocèse de Mirepoix.

ROQUE-D'OLMEZ, petite Ville de France dans le Languedoc, Diocèse de Castres, avec titre de Baronie.

ROQUEBROUE, (LA) Terre de France, dans l'Auvergne, Diocèse de Saint-Flour, Election d'Aurillac.

ROQUEFORT-DE-MARSAN, Ville de France, dans la Gascogne, Diocèse d'Aire. Cette Ville est située sur la Douze, à quatre lieues du Mont-de-Marsan.

ROQUELAURE, Ville & Duché de France dans l'Armagnac, Diocèse d'Auch, Election d'Armagnac. Cette terre fut érigée en Duché-Pairie l'an 1652. en faveur du Seigneur de ce nom; mais les Lettres n'ont point été verifiées.

ROQUEMADOUR, petite Ville de France, dans le Quercy, Diocèse de Cahors, Election de Figeac. Il y a un Chapitre composé d'un Doyen & de treize Chanoines. C'étoit autrefois une Abbaye d'hommes, dédiée à Notre-Dame, & de l'Ordre de St. Benoît. La Mense Abbatiale est unie à l'Evêché de Tulles, dont le Prélat confere les Bénéfices qui dépendoient de cette Abbaye. Ce Lieu, selon quelques-uns a pris son nom de St. Amateur, qui y a vécu. Selon d'autres Roquemadour est corrompu de *Rocomagorus* ancienne Place de ces quartiers là.

ROQUEMAUR, Ville de France, dans le haut Languedoc, Diocèse de Montauban. Il y a un Gouverneur pour le Fort.

ROQUEMAURE, Ville de France, dans le bas Languedoc, Diocèse d'Avignon, a 3200 habitans. Cette Ville, qui a titre de Baronie, est située au bord du Rhône, à deux lieues au-dessus d'Avignon, sur un roc escarpé. Elle a été un des Sièges du Viguier de Beaucaire; c'est présentement une Viguerie. Le Pape Clement V. y mourut en 1314.

ROQUEMEYRALS, (LA) Terre de France, dans le Perigord, Diocèse & Election de Sarlat.

ROQUET, Village de Syrie, sur la route de Tripoli à Sayde, à une journée ou environ de Jubaye [a]. Il est situé au pied d'une Colline battue par les Flots de la Mer, qui vient se joindre dans ce lieu avec les eaux d'une Rivière appellée la RIVIERE DU CHIEN.

[a] *Carré, Voy. des Indes Or. t. 1. p. 370.*

On lui a donné ce nom à cause que dans l'endroit où elle se dégorge il y a au fond de la Mer un rocher qui a toute la forme de cet animal & que l'on voit distinctement sous les eaux lorsqu'elles font calmes. La simplicité du Peuple va si loin qu'il croit que ce chien est vivant; & l'on ne doute point dans le Pays que ce ne soit lui qui abbaye toutes les fois que la Mer fait du bruit au fort de quelque Tempête.

ROQUETTE, en Espagnol ROQUENTES. On donne ce nom à une Pointe de la Côte d'Espagne, au Royaume de Grénade, au Midi Occidental de la Ville d'Almeria, à l'Occident de Cabo de Gates, & à l'Orient Septentrional de la Pointe appellée *Punta de Helena.*

Cette Pointe de la Roquette est haute [b], & vers la Mer elle est d'une moyenne hauteur: à l'extrémité il y a une Tour de garde, qui est ronde; & environ à un mille de cette Tour en tirant vers le Nord, on voit un petit Château assez proche de la Mer & quelques Maisons qui sont autour. Devant ce Château on peut mouiller par douze & quinze brasses d'eau, quoique le fond n'y soit pas trop bon. Ce Mouillage n'est propre que pour les vents de Nord-Nord-Ouest & Ouest.

[b] *Michelot, Portul. de la Mediter. p. 14.*

ROQUEVAIRE, Ville de France, dans la Provence, Diocèse de Marseille. Cette Ville est située sur la Vienne, à trois lieues à l'Orient de Marseille, & à quatre d'Aix. L'on y a trouvé autrefois une inscription, qui sembleroit désigner que ce lieu auroit pris son nom de Varus: RUPES VARIA, A VARO ROMANO EQUITE.

ROR, Bourg & Abbaye d'Allemagne [c], dans la Basse Bavière, près de la Rivière de Caber. L'Abbaye est possédée par des Chanoines Reguliers de St. Augustin.

[c] *Zeyler, Topog. Bavar.*

RORÉE. Voyez ROTERA.

ROS, Rivière de Pologne, dans l'Ukraine [d]. Elle a sa source au Palatinat de Braclaw près du Bourg de Spicina. Après être sortie des terres de ce Palatinat, elle entre dans celui de Kiovie, où elle court avec assez de vitesse d'Orient en Occident pour aller se jetter dans le Borysthène, près de Kaniow.

[d] *Andr. Cellar. Descr. Polon. p. 371.*

1. ROSA, Ville de la Dalmatie, selon Ortelius [e] qui cite Cedréne & Curopalate.

[e] *Thesaur.*

2. ROSA, ou ROSSA; Bourgade de la Livadie sur le Golphe de Lepante avec un Port au fond duquel elle est située. On croit que c'est l'ancienne *Sipha.*

ROSANA, ou ROSANNA; Ville du Grand Duché de Lithuanie, dans la partie Méridionale du Palatinat de Novogrodeck, à quelque distance de la Rivière Zolva ou Zelwio. C'est la Résidence des Princes de Sapieha. Cette Ville a des Rues fort droites & des Bâtimens magnifiques.

ROSAPHA, Ville dont fait mention la Notice des Dignitez de l'Empire [f]. Elle devoit être aux environs de l'Euphrate.

[f] *Sect. 1.*

ROSAPHAR, Cap de la Tartarie Crimée. Il s'avance dans la Mer de Zabache & comprend les petits Caps de Podigo, de Taro & de la Pointe Blanche. On croit que c'est le *Parthenium Promontorium* des Anciens. Voyez PARTHENIUM PROMONTORIUM.

1. ROSARIO, petite Ville de l'Amérique Septentrionale, dans la nouvelle Espagne,

Cc   dans

dans l'Audience de la Nouvelle Galice [a]. Elle est dans les terres, environ à neuf milles de la Mer, & composée de soixante ou soixante & dix Maisons habitées pour la plus grande partie par des Indiens. Elle donne son nom à une Riviére qui la mouille. Voyez l'Article suivant. Il y a de riches Mines d'or à moins de deux lieues de cette Ville.

[a] Dampier, Voy. autour du Monde, t. 1. p. 282.

2. ROSARIO, Riviére de l'Amérique Septentrionale, dans la nouvelle Espagne. On mouille à son embouchure [b], à sept brasses d'eau, sur un bon fonds, à une lieue de terre. Cette Riviére est à 22. d. 51′. de Latitude Septentrionale. Quand on est à l'ancre dans cette Riviére, on voit une Montagne ronde faite en pain de sucre, tout vis-à-vis de la Riviére, & un peu avancée dans le Pays au Nord-Est quart de Nord. A l'Ouest de cette Montagne, il y en a une autre qui est longue & que les Espagnols appellent *Caput-Cavalli*, la tête du Cheval. La Riviére Rosario est riche en or.

[b] Ibid.

ROSARNO, Bourg d'Italie au Royaume de Naples, dans la Calabre Ultérieure. Ce Bourg est situé dans un terrein gras & fertile, où il y a des Jardins délicieux pleins d'Orangers, de Citronniers, de Rosiers & de toutes sortes d'arbres fruitiers. Les Rosiers communément servent de clôture à ces Jardins; & il se pourroit faire que ce seroit cette abondance qui auroit occasionné le nom du Bourg. Léander [c] dit qu'ayant passé dans ces quartiers vers le commencement du mois de Mars, la Campagne étoit toute couverte de roses, qui y répandoient une agréable odeur.

[c] Descr. Ital. p. 213.

ROSAY, ou Rosoy; [d] petite Ville de France dans la Brie, avec Election & Siège de Haute Justice, en Latin *Rosetum*. Elle est située dans une Plaine fertile en grains, à deux lieues de Chaume, à trois de Nangis, à quatre de Cressy & de Tournans, à six de Meaux, de Provins & de Melun, & à douze de Paris. Son Eglise Paroissiale, qui est grande & bien bâtie, est sous l'Invocation de la Vierge. Il y a un Monastère de Religieuses du Tiers-Ordre de Saint Dominique. Dans la grande Place est une belle Fontaine d'eau vive. On y tient un gros Marché tous les Samedis. Les Seigneurs de Rosoy [e] ont servi autrefois dans les Croisades, & portoient pour armes parlantes trois Roses. On voit encore leur Ecu sur une des portes de la Ville. On trouve à un quart de lieue de Rosay un magnifique Château nommé la FORTELLE; avec trois ponts-levis sur des fossés remplis d'eau courante. Ce Château est accompagné de très-grandes avenues d'arbres & d'un grand Parc, dans lequel il y a un Etang; le tout est fermé de murailles.

[d] Corn. Dict. Memoires dressés sur les Lieux en 1707.

[e] Baugier, Mem. de Champagne, t. 1. p. 376.

ROSBECQ, Village des Pays-Bas, [f] dans la Flandre, à deux grandes lieues de Courtray, entre Lis & la Mandère. Ce Lieu est fameux par la Victoire que Charles VI. Roi de France y remporta sur les Flamans en 1382. Artevelle qui les commandoit fut trouvé parmi les morts. Il y eut outre cela quarante mille Flamans de tués ou de noyés le jour de la Bataille & le lendemain. Les Historiens de Flandres ne conviennent pourtant que de vingt mille morts le jour de la Bataille, & n'en mettent que six cens pour le jour d'après.

[f] Dict. Geogr. des Pays-Bas.

ROSBOURG. Voyez ROXBOURG.

ROSCHILD, Ville du Royaume de Dannemarc [g], dont elle a été autrefois la Capitale. Elle est située dans l'Isle de Zelande, au fond du Golphe appellé Isefiord. Ce n'est point aujourd'hui une Ville fermée : il n'y a qu'une barriére en entrant. On voit dans cette Ville une Eglise de belle apparence, bâtie de briques, avec trois pointes de Clochers qui font un bel effet de loin. La situation de cette Ville près d'un Golphe ne lui donne pas grand Commerce, parce que ni les Vaisseaux, ni même les grosses barques ne peuvent approcher, à cause des sables dont ce Golphe est rempli. On dit qu'on y pêchoit autrefois de fort bonnes huitres, qui étoient fort estimées; mais on les a si bien pêchées qu'il n'en reste plus. Les Tombeaux des Rois de Dannemarc & de la famille Royale sont dans la grande Eglise de Roschild. Quoique cette Eglise soit ancienne de plus de cinq cens ans, elle paroît encore comme neuve étant bien blanchie en dedans & bien entretenue. Il est vrai qu'ayant été fort endommagée par un embrasement en 1443. elle fut reparée par les soins de Christian I. Cette Eglise a été de tout tems une Cathédrale & le Siège d'un Evêché qui fut fondé en 1012. par Suenon, ou plutôt Suen Othon, Roi de Dannemarc. On prétend qu'il y a eu autrefois à Roschild plus de vingt Eglises, dont les fondemens paroissent encore : du moins il est certain que Roschild a été d'une plus grande étendue qu'elle n'est aujourd'hui, & qu'elle a été renfermée de murailles. On remarque tout autour dans un assez grand espace des ruines, où il y avoit sans doute des Eglises & d'autres Bâtimens considerables.

[g] Voyage en Dannemarc, 1702.

Quelques Auteurs [b] veulent que Roé Roi de Dannemarc fonda la Ville de Roschild & lui donna son nom : d'autres prétendent néanmoins que le nom de Roschild est formé du Latin *Rosa*, Rose, & du Danois *Kilde*, Fontaine, comme qui diroit *Fontaine de la Rose*. Cette derniére opinion ne peut pas être dite nouvelle ; car on trouve Roschild appellée *Fons-Rosarum* dans un ancien Manuscrit.

[h] Des Roches, Hist. de Dannemarc, t. t. p. 50.

On voit sur l'Autel de la grande Eglise de Roschild toute l'Histoire de l'Evangile, & sur-tout celle de la Passion. C'est une Sculpture bien dorée. Le Chœur est élevé de quelques marches & enfermé de grilles de fer. Il y a dans les piliers des corps morts ; on voit entre autres, dans un pilier du Chœur à main gauche un coffre de cuivre, où sont les os du Roi Harald, qui est peint de sa grandeur le long du même pilier ; & au bas duquel on lit : *Haraldus Rex Daciæ, Angliæ & Norvegiæ fondator hujus Ecclesiæ, hic jacet anno 910.* A l'autre pilier à main droite, on voit dans une forme pareille le Tombeau d'un Evêque, avec ces mots au-dessous : *Hic jacet Guillelmus Episcopus Roschildensis defunctus anno 972.* Dans un autre pilier vers l'Autel est le Tombeau de la Reine Marguerite, surnommée Estrithe, mére de Suenon le Grand, & fille d'Ingo, Roi de Suède. On montre comme des Reliques les vêtemens de cette Princesse; & l'on fait voir une de ses robes, & un parement de jupe qui est encore tout entier, quoiqu'elle soit morte il y après de sept cens ans. Il y en a plus de deux cens que l'Autel de l'Eglise

glise est fait & on n'y voit aucune alteration. On passe du Chœur dans plusieurs Chapelles toutes remplies de Tombeaux des Rois des Princes & des Seigneurs les plus qualifiés du Royaume. Dans l'une sont les Tombeaux de Christian I. & de Fréderic II. Ils sont d'un beau marbre, avec plusieurs figures tous à l'entour; & une Colonne qui marque la hauteur de Christian III. qui avoit plus de six pieds. Dans une autre Chapelle, à la main gauche du Chœur sont divers Tombeaux des derniers Rois. Dessous le Chœur il y a une Voute assez profonde & partagée en plusieurs Caveaux fermés à clef. On ne peut rien y voir sans chandelle, le jour n'y entrant que par la porte. C'est là que l'on trouve une grande quantité de Cercueils couverts de Velours noir & de lames d'argent ou de cuivre doré. Dans ces Caveaux sont encore les Cercueils de plusieurs Rois & Reines, Princes & Princesses de la Maison Royale. Enfin au bout de cette Eglise il y a encore une Chapelle avec quelques Tombeaux des Princes derniers morts.

Tout près de cette Eglise est le Collège de l'Université. Il n'a pas grande apparence; aussi n'y enseigne-t-on guère que la Philosophie & la Théologie. En 1131. les Habitans raserént l'Eglise de St. Laurent pour aggrandir leur Marché; & pour insulter aux Catholiques ils firent dresser l'Echaffaut où l'on punit les Coupables précisément dans l'endroit où étoit l'Autel.

a Piganiol de la Force, Descr. de la France, t. 5. p. 241.

ROSCOF, ou ROSCOU; [a] Bourg de France, dans la Bretagne, Evêché de St. Pol, à une lieue de la Ville de ce nom. Le Bourg de Roscof est un lieu des plus connus qui soient sur les Côtes de Bretagne. On remarque sur-tout auprès de là une fameuse Rade, qui est celle de l'Isle de Baz. C'est dans cette Rade que relâchent ordinairement les Vaisseaux qui veulent entrer dans la Manche, ou qui en sortent. Il est certain qu'en achevant le Quay de Roscof, on en feroit un des meilleurs Ports du Royaume, d'autant plus que les Bâtimens en sortent de tous les vents.

ROSCIANUM, Lieu d'Italie: l'Itineraire d'Antonin le place sur la route d'Equotuticum à Rhegium, entre *Thurii* & *Paternum*; à douze milles du premier de ces lieux & à vingt-sept milles du second. C'est aujourd'hui à ce qu'on croit la Ville Rossano. Voyez ROSSANO, & RUSCIA.

1. ROSCOMMON, Comté d'Irlande dans la Province de Connaught [b], est borné à l'Est par Longford & Est-Meath, une partie du Comté du Roi dans la Province de Leinster, & partie de Letrim, dont le Shannon le sépare; à l'Ouest par Mayo & Gallway, au Nord & Nord-Est par Slego & Letrim, au Sud & au Sud-Est par Gallway & le Comté du Roi. Sa longueur est de 55. milles & sa largeur de 28. C'est un Pays uni & fertile, dont les terres produisent quantité de bled, pour peu qu'on les cultive. On le divise en six Baronies, qui sont celles de Boyle, de Ballintuber, de Roscommon, de Ballimore, d'Athlone, & de Moyearne; où il y a deux Villes avec des Marchés publics, & quatre qui ont droit d'envoyer leurs Députés au Parlement. La principale est Athlone Boyle Tulsk, &c.

b Etat préf. de la Grande-Bretagne, t. 3. p. 32.

2. ROSCOMMON, Ville d'Irlande dans la Province de Connaugt dans le Comté auquel elle donne son nom, à 13. milles au Nord de Tulsk. Elle a droit d'envoyer deux Députés au Parlement, & elle jouït d'un Marché public; mais elle est d'ailleurs si misérable, que toutes les Maisons y sont couvertes de chaume, quoique depuis longtems elle ait l'honneur de donner le titre de Comte à la famille des Dillons.

ROSE (Pointe à la). Pointe de l'Amérique Septentrionale, dans l'Isle de la Martinique, à la bande de l'Est, Paroisse du Cul-de-Sac Robert. C'est un Cap qui sépare le Cul-de-Sac Robert, du Cul-de-Sac des Roseaux; il peut avoir pris son nom d'un Caraïbe Chrétien, qui y demeuroit en 1694. avec toute sa famille qui étoit assés nombreuse; il se nommoit *la Rose*. Son Carbet, (l'on appelle ainsi les Maisons des Caraïbes) avoit environ soixante piés de long sur vingt-cinq de large, à peu près bâti comme une Halle; les petits Potaux avoient près de neuf piés hors de terre, les grands à proportion, les chevrons touchoient à terre des deux côtés, les lattes étoient de Roseaux, & la couverture de feuilles de Palmiste descendoit aussi bas que les chevrons. L'un des bouts du Carbet étoit presque tout ouvert, & l'autre étoit fermé avec des Roseaux, & couvert de feuilles de Palmiste, à la reserve d'une ouverture pour aller à la cuisine; à dix pas de ce Bâtiment il y en avoit un autre de la moitié de la grandeur du premier; celui-ci étoit divisé en deux par une palissade de Roseaux. La premiere Chambre servoit de cuisine, & la seconde servoit pour coucher les femmes & les enfans qui ne sont point encore admis dans le grand Carbet. Il n'y avoit d'autres meubles que des paniers, & des hamacs, aussi bien que dans le grand Carbet. Le Maître du Logis, & quatre grands Garçons qui avoient auprès de leur hamac leur fusil, pistolets, sabres & gargousier; ces braves Caraïbes avoient parfaitement bien défendu dans l'attaque que les Anglois avoient fait de l'Isle. Ils y avoient aussi attaché aux chevrons beaucoup d'arcs, de boutons ou cassetête.

ROSE-CASTLE, Village d'Angleterre, dans le Cumberland, sur le bord Occidental de la Rivière de Canda, environ à deux lieues au Midi de la Ville de Carlisle. Il y a dans ce Village un Château qui appartient à l'Evêque de Carlisle; & Camden croit que ce Lieu est la CONGAVATA des Anciens. Voyez CONGAVATA.

ROSEAU, ou la VALLÉE DU ROSEAU, ou TORRENT DE CANNA [c]; cette Vallée étoit à l'extrémité de la Tribu d'Ephraim du côté du Septentrion, vers la Tribu de Manassé. Dom Calmet [d] ajoute qu'on n'en sait pas la vraie situation.

c Josué, 16. 8. & 17. 9.
d Dict.

ROSELLANUS-AGER, Territoire d'Italie dans la Toscane. Voyez RUSELLANUS-AGER.

ROSELLUM. Voyez RUSELLÆ.

1. ROSENBERG, ou ROSENBURG; Ville d'Allemagne, dans l'Evêché de Magdebourg, sur la Rivière de Sala, qui entre dans l'Elbe près de cette Ville. [e] La Chronique de Brunswig dit que l'Empereur Otton III. à la prière de sa Grand-Mere Adelheïde, confirma à l'Evêché de Magdebourg la Donation qui lui avoit été faite des Villes

e Zeyler, Topogr. Sax. Inf.

de Calbe & de Rosenberg par les Empereurs Otton I. & Otton II. En 1641. on fit à Rosenberg un Pont sur la Sala, afin de faciliter le passage de cette Riviére à l'Armée Impériale.

2. ROSENBERG, Château & Ville de Bohême, sur les Confins de l'Autriche. Les anciens Seigneurs de Rosenberg, famille des plus illustres du Royaume, en tiroient leur Origine. Cette famille est éteinte. Le Comte de Bucquoy, Général de l'Empereur, se rendit Maître de cette Ville, en 1619. & prit aux Habitans jusqu'à 3000. piéces de Bataille, qu'il fit vendre à Budweis, Ville du même Royaume de Bohême. *a Zeyler, Top. Bohem. p. 172.*

3. ROSENBERG, [b] petite Ville de Silesie, dans la Principauté d'Opplen, entre Lublinez, & Landsberg, sur les Frontiéres de Pologne. La Chronique de Silesie [c] dit que cette Ville est très-ancienne. Les Etats de Silesie resolurent dans une Diete tenue à Breslau en 1578. de la fortifier. En 1627. elle fut prise par les Troupes Danoises. *b Zeyler, Top. Silef. p. 175. c Lib. 2.*

ROSENFELD, Ville d'Allemagne dans la Suabe, au Duché de Wurtemberg [d], sur la Riviére de Tayah, proche d'une Montagne nommée Höberg, entre Sulz sur Necker, & Balingen, aux Confins des Comtés de Hohenberg, & de Zollern. Elle fut entourée de murailles l'an 1274. & appartenoit du tems passé au Comtes de Hohenberg; ensuite elle vint par des Mariages à la Maison de Wurtemberg, qui la garda jusqu'à la Bataille de Nordlingen. Mais présentement les Comtes de Schlick la possédent, avec la Seigneurie, qui en depend. Les Habitans sont Lutheriens. *d Zeyler, Top. Sueviæ. p. 66.*

ROSENHAIM, Bourg d'Allemagne [e] dans la Haute Baviére, avec Château: ce Bourg qui est fort beau dépend de la Regence de Munich, & a lui-même un District dans lequel sont compris deux Châteaux, neuf autres Bourgs & quinze Villages. *e Zeyler, Topogr. Bavar. Super.*

ROSENTHAL, ou ROSENDAL, [f] petite Ville d'Allemagne dans l'Evêche de Hildesheim, & qu'on trouve avoir été rebâtie par le 29. Evêque, sans autres circonstances. Les Cartes du Pays, disent, qu'il y a encore un endroit du même nom, proche de Peine. *f Zeyler, Topog. Sax. Infer.*

ROSENTHAL, petite Ville de Bohême. [g] dans le Cercle de Frachia, proche de Bresniz, & Hradeck. *g Zeyler, Top. Bohem. p. 72.*

ROSES, Ville d'Espagne, dans la Catalogne, & dans l'Ampurdan, au fond d'un Golphe auquel elle donne le nom & au Couchant du Cap de Cruz. On prétend que cette Ville doit sa fondation aux Rhodiens [h], qui sortis de leur Isle passérent en Espagne 910. ans avant la naissance de *Jesus-Christ* & y fondérent cette Ville à laquelle ils donnérent le nom de Rhodope ou Rhode en mémoire de leur Patrie. Il y en a qui disent que *Rhoda* ou *Rhodope* ayant été détruite, on la transporta au lieu où est aujourd'hui la Ville de Roses. On a eu soin de la bien fortifier & d'en faire une Ville de bonne défense. Elle se glorifie d'avoir été la seule Ville de Catalogne qui ait toujours été fidéle au Roi Philippe V. *h Silva, Poblac. de Espaňa. fol. 250.*

Des Isles de Medes à la Pointe de Calasiguiére [i], qui est la Pointe du Nord-Est de la Baye de Roses, il y a environ quinze milles au Nord six degrés vers l'Est. Entre les deux on voit un grand Golphe qu'on appelle la Baye de Roses, qui a environ douze milles d'ouverture & presque autant d'enfoncement. La reconnoissance de cette Baye est facile, tant par ce grand enfoncement de terrein qu'on ne voit point de loin, que par les Isles de Medes, qui se distinguent fort en approchant; & par la Pointe du Nord ou de Calasiguiére qui est très-haute. En approchant tant soit peu de terre on decouvre plusieurs Villes & Villages dans une très-grande Plaine. On voit entre autres la Ville de Castillon, qui paroît vers le milieu de la Baye, avec une grande Eglise au milieu de cette Ville, qui semble être sur le bord de la Mer, quoiqu'elle en soit éloignée d'une bonne lieue. Environ à une Lieue au Sud de Castillon on voit un grand Village nommé St. Pierre le Pescador, éloigné d'une Lieue de la Mer. *i Michelot, Port. de la Mediter. p. 48.*

Environ un bon mille au Nord-Ouest de Bouton [k] est la Citadelle de Roses. Cette Forteresse est fort grande. Elle a cinq Bastions & de bons fossés avec des Demi-Lunes & d'autres ouvrages revêtus. Cette Citadelle est située sur le bord de la Mer, dans une très-belle Plaine du Côté du Nord de la Baye; & on voit du côté du Bouton & près de la Citadelle plusieurs Magasins de Pescheurs. On peut mouiller par toute la Baye de Roses, avec toutes sortes de Bâtimens & même avec une Armée Navale: on mouille aussi loin & aussi près que l'on veut; mais le mouillage ordinaire, principalement celui des Galéres, est entre la Citadelle & la Pointe du Bouton de Roses. La Commandante mouille pour l'ordinaire devant deux gros figuiers, qui sont près d'une Maison sur le bord de la Plage, où l'on porte une amarre à deux longueurs de grelins de la Plage & une ancre au Sud-Ouest. D'autres mouillent plus près de la Pointe du Bouton, où l'on porte des amarres. On y est par 3. 4. 5. à 6. brasses d'eau, fond d'herbe-vaseux. Ceux qui sont mouillés auprès de cette pointe ayant une amarre à terre sont à convert des Vents d'Est Sud-Est; mais il ne faut pas s'approcher de la Citadelle, parce qu'il y a trop peu d'eau. Les Vents depuis le Sud-Ouest jusqu'au Nord-Ouest sont souvent fort violens dans la Baye: le Vent du Nord l'est aussi quelquefois; il passe entre deux hautes Montagnes; mais il ne cause pas de grosse Mer. On peut mouiller aussi dans le fond de la Plage vis-à-vis de Castillon par cinq à six brasses d'eau, à la portée du Canon de la Plage. Les Vaisseaux mouillent presque par le milieu de la Baye, par quinze à dix-huit brasses d'eau, fond de sable vaseux. On peut faire de l'eau à l'Ouest de la Citadelle, dans un Ruisseau qui passe dans le fossé. La Latitude est de 42. d. 11'. & la variation de 5. à 6. degrés. *k pag. 49.*

ROSETTE, ROSSETTE, ou ROUSSET; Ville d'Egypte, sur le bras Occidental du Nil, vers son embouchure à la gauche. Les Turcs l'appellent *Basches*. Cette Ville passe pour être le Lieu le plus délicieux de l'Egypte [l]; & quoiqu'elle soit située vers le trente-deuxième degré de Latitude, l'air y est extrêmement rafraîchi par le Vent du Nord qui vient du côté de la Mer. Il y pleut même quelquefois, quoiqu'il arrive très-rarement qu'il *l Lucas, Voy. du Delta. Liv. 4. p. 307.*

qu'il pleuve en Egypte, & presque jamais au Caire. Rien ne manque dans cette Ville pour les commodités de la vie; & comme le Canal du Nil qui vient du Caire à Rosette est le plus considérable, on y fait le transport de presque toutes les Marchandises qui arrivent de la Mer Rouge & de la Haute-Egypte; ainsi il s'y fait un grand Commerce. La Ville est bien bâtie, & les Maisons en sont commodes. Deux Châteaux, qui sont aux deux côtés du Canal qui se jette dans la Mer, la défendent contre les Corsaires. Elle a besoin de cette défense; car ses murailles sont simples & sans fossés [a]. Son enceinte n'est pas grande. De trois côtés elle est environnée de Jardins, & de l'autre d'un bras du Fleuve qui se va jetter dans la Mer à cinq milles de là. Les Vaisseaux ne peuvent pourtant remonter jusqu'à Rosette, il n'y va que des Saïques & des Carramousals des Grecs, parce qu'ils ne tirent pas tant d'eau. Il y navigue des Germes, qui sont des barques plattes & découvertes, comme celles qui portent le sel sur le Rhône. Quand les eaux du Nil inondent l'Egypte, les Galeres viennent alors aisément jusqu'à Rosette. Toutes les Maisons sont hautes & bien bâties, principalement celles qui sont sur le bord du Nil. Tous les vivres sont à grand marché; & la plus grande incommodité que les Habitans y souffrent, c'est que dans les mois de Juillet & d'Août ils n'ont point d'autre eau à boire que celle qu'ils ont amassée auparavant dans des Citernes plombées & faites exprès; parce que la Mer se pousse si avant en ce tems-là qu'elle se mêle avec l'eau de la branche du Nil qui en devient toute salée. Il réside à Rosette un Vice-Consul des François, qui est logé dans une Okelle: c'est un vaste Bâtiment, fait en façon de Cloître, avec une grande porte & une basse-cour environnée de Magasins; & au-dessus il y a des galeries qui conduisent dans les Chambres qu'on loue aux Marchans.

Au milieu du chemin d'Alexandrie à Rosette est un Lac qu'on est obligé de traverser: entre ce Lac & cette derniére Ville on trouve dans une Plaine qui est éloignée de dix milles de toute habitation, une muraille bâtie en forme de petit Oratoire. On y voit une grande Urne qui tient une charge de Chameau d'eau. Cette Urne est couverte & il y a une maniére de tasse ou d'écuelle de cuivre jaune, attachée au mur avec une chaîne, pour servir à ceux qui veulent boire. C'est un Turc qui a laissé cette fondation; & elle est toujours ponctuellement entretenue.

Quelques-uns ont dit que Rosette est l'ancienne CANOPE; mais Lucas n'admet pas cette opinion. [b] Il est certain, dit-il, que Rosette n'est pas précisément la même Ville que Canope, quoiqu'elle n'en soit pas fort éloignée; car le terrein des Maisons de Rosette jusqu'à la Mer, où étoit l'ancienne Canope, est un terrein naturellement solide & assés élevé, qui ne paroit pas avoir été formé par le limon qu'entraîne le Nil. Il y a aujourd'hui sur les extrémités de ce terrein deux méchans Châteaux qui étoient autrefois près de la Mer, & qui en sont à présent à quelque distance. Ce changement a été causé par le Fleuve. Le Nil entraîne avec lui du limon qui étant repoussé par les vagues de la Mer,

[a] Choppin, Voy. d'Egypte, p. 169.

[b] Reflexions sur l'Egypte, Liv. 6. p. 311.

il s'y mêle du sable; & de ce mêlange il s'en fait des élévations qui se détruisent ensuite; ce qui fait qu'on demande ordinairement sur cette Côte: *le Bogas est-il bon, est-il mauvais?* afin de prendre des mesures justes pour entrer dans le Canal. Ainsi le Bogas, ou cette petite Isle, qui est à l'embouchure du Nil, est quelquefois plus près de la Terre & quelquefois plus avancé dans la Mer. Un jour il y a plus de fond, un autre il y en a moins; ce qui fait qu'on est obligé d'y tenir de petits Bâtimens pour sonder à chaque moment. La chose n'étoit pas ainsi autrefois: on voit encore les restes de quelques Digues, à la faveur desquelles ce passage, aujourd'hui si dangereux, étoit toujours sûr. Les Arabes, qui sont grands voleurs, rendent les habitans de cette Ville fort prévoyans, & leur font faire bonne garde toute la nuit; car la moindre négligence seroit capable de leur causer de grandes pertes. Ces voleurs se dépouïllent tout nuds, & se frottent le corps d'huile, afin de ne pouvoir pas être aisément saisis, & si leur vol est découvert, & qu'on les poursuive de trop près, ils se jettent dans le Nil, & traversent la Riviére à la nage. C'est pour cela, qu'ils sont de dangereux voleurs, & qu'il est très-difficile, de s'en donner de garde. Entre les autres commodités qu'on a ici pour l'entretien de la vie, il y a quantité de Marais, & d'Etangs qu'on rencontre de tous côtés.

ROSHEIM, Ville de France, dans la Basse-Alsace, sur le torrent de Mogol, près de Molsheim, à quatre lieues de Strasbourg. Cette petite Ville étoit autrefois libre & Impériale, quoique le Gouvernement appartint héréditairement à la famille des Rumels par une concession Impériale. Quelques-uns disent qu'elle fut bâtie en 1220. Zeyler dans sa Topographie de l'Alsace la fait plus ancienne; car il dit qu'en 1220. Rosheim fut surprise par une Troupe de Wallons venus de Loraine, mais qui ayant fait la débauche & se trouvant pris de vin, furent tous égorgés par les Habitans. En 1385. cette Ville fut toute reduite en cendres par un accident. Dans les guerres du dernier siècle, elle souffrit beaucoup. Les Troupes du Duc de Mansfeld entre autres la prirent d'assaut, la pillérent & passérent au fil de l'épée une partie de ses Habitans, sans distinction de Séxe ni d'âge. Rosheim a été cedée à la France.

ROSIA. Voyez RHUSIUM.

ROSIENNE, [c] Ville du Grand Duché de Lithuanie, dans la Samogitie, à l'Orient Méridional de Medniki, sur une petite Riviére qui se jette dans le Niemen.

[c] De l'Isle, Atlas.

1. ROSIERES, Bourgade de France, dans le Limousin, Election de Tulle, & au voisinage de la Ville de ce nom. Cette Bourgade est remarquable parce qu'elle a donné la naissance au Pape Clement VI. Quelques-uns au lieu de Rosiéres écrivent ROSIER.

2. ROSIERES, Bourg de France dans la Picardie, Election de Mont Didier.

3. ROSIERES, Abbaye d'hommes en France, Ordre de Cîteaux, fille de Bellevaux: elle est située dans la Franche Comté, au Diocèse de Besançon, à quatre lieues de Dôle, & de Salins, au Bailliage & Siège d'Arbois. Elle a été fondée le 3. des Kalendes de Décembre

cembre 1132. & elle vaut par an à l'Abbé environ deux mille livres de rente.

4. ROSIE'RES, ou ROSIE'RES AUX SALINES, Ville du Duché de Lorraine sur la Meurte, au Bailliage de Nanci, à deux lieues de la Ville de ce nom. Rosiéres appartenoit à Mathieu I. Duc de Lorraine [a] qui la donna à Drogon avec Lenoncourt en échange de Nanci. Ce n'étoit alors qu'un Château & une simple Seigneurie, qui est devenue considérable à cause de ses Salines, où l'on fait une fort grande quantité de sel avec l'eau des Sources salées que l'on fait bouillir. Les Ducs de Lorraine qui ont réuni Rosiéres il y a long tems à leur domaine tirent un grand revenu de ce sel. La Source dont l'eau sert à faire ce sel est dans une Isle formée par la Riviére. C'est-là que sont les Salines & l'Eglise des Jésuites [b]. Au milieu de la Cour de la Maison où se cuit le sel sont plusieurs perches attachées les unes aux autres, en façon de cordes élevées sur des pieux, depuis la Source salée jusqu'à la Riviére qui fait tourner un Moulin. Ce Moulin par le moyen de cette corde faite de perches fait jouer une pompe qui tire l'eau salée du Puits dont la profondeur est de trente pieds. Cette eau tombe dans un Reservoir d'où elle passe par un Canal souterrain dans le lieu qui sert à la faire cuire. Il est surprenant que l'eau de la Riviére, qui n'en est éloignée que de vingt pas ne l'emplisse point. Ce Puits est tout bordé en dedans de gros ais qui servent plutôt à soutenir la terre qu'à empêcher l'eau douce d'y entrer. Lorsque le Moulin à eau ne fait pas jouer la pompe, on employe des chevaux qui par le moyen d'une grande roue, qui fait descendre & monter un sceau, tirent l'eau du Puits. L'Eglise Paroissiale est dédiée à Saint Pierre. Le Chapitre de la Cathédrale de Metz est Collateur de la Cure, & Curé primitif; il perçoit les deux tiers des dixmes, & le Curé perçoit l'autre tiers. Le Duc de Lorraine, qui est présentement le Seigneur de Rosiéres, retire plus de cent mille écus du sel qu'on y fabrique. Il y a une Communauté Ecclésiastique, qui a mille quatre-cens soixante-quinze livres de revenu, outre plusieurs rétributions en nature; cette Communauté est chargée de trois cens Messes par an. Il y a onze Chapelles en titre, un Prieuré de la Vierge ou des SS. Innocens, fondé en 1623. par Mr. de Maillane Archevêque de Toul, & qui est uni à la Congrégation. L'Hôpital est situé dans le Fauxbourg; il a 578. livres de revenu: on y a uni la Chapelle de St. Michel en 1613. Il y a aussi un Couvent de Cordeliers. Les dépendances de cette Paroisse sont: la Crayere, le Rayeul, Xoudailles, la Grange, la petite Rosiéres, Portcieux, une partie de Cuite-feve; il y a quelques Oratoires dans ces Métairies; l'Hermitage de la belle Croix, & celui de St. Sigismond dépendent aussi de Rosiéres aux Salines.

ROZIERS, lieu de France, dans la Touraine, Diocèse de Tours; c'est une Paroisse, dont la Cure est à la Collation de l'Abbé de Preuilly. Il y a un Prieuré considérable de Religieuses de Fontevrault, nommé l'Encloître. Le Roi y nomme.

[a] Longuerüe, Descr. de la France, part. 2. p. 147.
[b] Corn. Dict.

ROSIERS, (Cap des) dans l'Amérique Septentrionale, situé près le Cap Gaspé, forme le commencement de l'entrée du Fleuve St. Laurent.

1. ROSITO, Ville d'Italie [c], au Royaume de Naples, dans la Calabre Citérieure aux Confins de la Basilicate, sur la rive gauche de la Riviére Acalandro, environ à trois milles du Golphe de Venise.

2. ROSITO, ou CASTELLO DI ROSITO [d]; Bourgade d'Italie, au Royaume de Naples dans la Calabre Citérieure vers les Confins de la Basilicate, près de l'Embouchure de la Riviére Acalandro, environ à un mille à l'Orient de la Ville de Rosito.

3. ROSITO, ou TORRE DEL CAPO DI ROSITO; lieu d'Italie [e], au Royaume de Naples, dans la Calabre Citérieure vers les Confins de la Basilicate. Il y a dans ce lieu une Tour de Garde bâtie sur la Côte du Golphe de Venise, à l'Embouchure de la Riviére Acalandro, sur sa rive Méridionale, qui forme en cet endroit une espéce de Cap.

ROSLA, Village d'Allemagne dans la Saxe [f], sur le bord de la Riviére d'Helmb, aux Confins du Comté de Stolberg. Il appartient à la Famille de Berlipsch.

ROSLATIACUM. Voyez RESOCIACUM & RHOSOLOGIA.

ROSMANO, Bourg de la Sicile, dans le Val de Noto, sur le bord Méridional du Dictaino. Mr. de l'Isle [g] marque des ruines dans cet endroit.

ROSMARINI, Riviére de Sicile, dans [h] le Val Demone. Elle a sa source dans les Montagnes Stori. Elle coule en serpentant du Midi au Nord, baigne le Marquisat de Militello & le Comté de San-Marco & se jette dans la Mer entre Pietra di Roma & l'Embouchure du Fleuve San-Fradello. Cette Riviére est le CHYDAS des Anciens.

ROSMARKY, Ville d'Ecosse, dans la Province de Ros, au voisinage de Chanourry. Davity [i] dit que Rosmarky est la plus ancienne Ville de la Province, & qu'elle étoit autrefois renommée pour les Reliques de St. Boniface, & pour les Tombeaux des Parens du même Saint.

ROSNAY, Comté de France, dans la Champagne, Diocèse & Election de Troyes. C'est un des sept anciens Comtez-Pairies de Champagne: il fut érigé en Comté par Thibaut Comte de Champagne, en faveur d'Henri son frere. Après la Réunion de la Champagne à la Couronne, le Roi Jean renouvella cette Erection en 1360. Rosnay a appartenu longtems à la Maison de Luxembourg d'où il passa en 1640. à la Maison de l'Hôpital, & peu après la Princesse de l'Islebonne l'ayant acheté, le donna par Testament au Prince de Commercy. Il y a soixante Fiefs qui en relevent.

ROSNETH, Péninsule d'Ecosse [k], au Comté de Lennon. Elle est formée par le Loch Loung à l'Occident, par l'Embouchure de la Riviére Glotta ou Clyd au Midi, & par le Gherr-Loc à l'Orient: l'Isthme qui la joint au Comté de Lennox est au Septentrion. La longueur est à peu près de huit milles, & la largeur de quatre. Elle a des terres assez fertiles & ne manque point de pâturages. Quelques-uns lui donnent le nom d'Is-le

[c] Magin, Carte de la Calabre Cit.
[d] Ibid.
[e] Ibid.
[f] Zeyler, Topog. Sax. p. 160.
[g] Atlas.
[h] Ibid.
[i] Ecosse, p. 382.
[k] Blaeu, Atlas.

le, mal à propos, à ce que je crois, & au lieu de *Rosneth*, Allard [a] écrit *Rosnieth*. Il y a dans la partie Méridionale de cette Isle un Village appellé aussi ROSNETH.

[a] Atlas.

ROSNY, Bourgade de France [b], dans la Normandie [b], sur la Rivière de Seine, entre les Villes de Mante & de Vernon, avec titre de Marquisat, & un grand & beau Château. Ce Lieu est peu éloigné de ROUBOISE, où l'on trouve tous les jours sur les dix heures du soir un batteau couvert qui remonte à Poissy, & qui passe par Mante & Meulan, dans le chemin de Rouen à Paris. Il est souvent rempli de plus de six-vingt personnes.

[b] Corn. Dict. sur des Mem. dressés sur les lieux en 1704.

ROSOY. Voyez ROSAY.

ROSS, on nomme ainsi l'une des Provinces Septentrionales d'Ecosse [c] : elle est la plus grande de ces Provinces, & s'étend d'une Mer à l'autre. C'est un païs montagneux, & plein de Bois. Il produit du pâturage, mais fort peu de blé. Le Betail & les bêtes sauves y abondent. Entre ses Lacs celui qu'on appelle *Loch-Ew* est au Couchant, environné de Bois de tous côtés, où l'on faisoit autrefois beaucoup de fer. *Loch-brien* est plus au Nord, & n'est proprement qu'une Baye, où se fait toutes les années une grande Pêche de harangs. On appelle *Kintail* cette partie de la Province qui fait face à l'Isle *Sky*, dont elle est separée par un Détroit; *Glenelcheg* le territoire voisin de celui-là appartenant au Comte de Seaforth, Chef de l'ancienne & illustre famille de Mackenzies, qui a un Château dans une Isle du Détroit dont je viens de parler; & *Ardrosse* les parties Méditerranées, qui sont pleines de Montagnes inhabitées. Au desfus de Loch-brien on trouve *Assynt* avec un Promontoire qui avance fort dans la Mer, & qui produit quantité de marbre. Ce territoire n'est pas fertile en blé, mais on y trouve beaucoup de chevaux, de Bétail & de bêtes sauves.

[c] Etat pres. de la Grande Bretagne, T. 2. p. 277.

Vers l'Océan Germanique on trouve la Baye de *Dornock* ou de *Tayn*, ainsi appellée des Villes de même nom, situées sur cette Baye. Et au Midi de cette Baye le Château de *Fowlis*, qui appartient au Chef de la famille de Monro; celui de *Balnagowan*, à la famille de Ross dans cette Province; & un peu plus bas *Milton*, qui est à la famille d'Innes. La Baye de *Cromarty* est plus au Midi. Elle prend son nom de la Ville de Cromarty, située sur cette Baye, & qui communique son nom à toute la Peninsule. C'est-là qu'on trouve aussi *Chanrie*, Ville agréablement située dans une Vallée entre des Collines fertiles. Elle étoit autrefois un Siège Episcopal, orné d'une belle Cathédrale, avec un Château où l'Evêque demeuroit. Le Comte de Seaforth y a une belle Maison. *Béaulieu* qui étoit autrefois une belle & riche Abbaye, est sur la Rivière Farrar, qui entre dans cette Baye, & le Lord Lovet en est le Propriétaire. Le Château de *Kildum*, qui appartient au Comte de Seaforth est sur une autre Rivière qui s'appelle Connel ou Conan, & qui se jette dans la même Baye. Il y avoit autrefois dans les Comtes de Ross, mais ce païs fut annexé à la Couronne sous le Regne de Jacques III.

1. ROSSA, ou LA ROSA, Ville d'Asie, dans l'Anatolie, sur le Golphe de Macri. Quelques-uns croient que c'est l'ancienne Ville CAUNUS de la Carie. Voyez CAUNUS.

2. ROSSA [d], petite Isle de la Mer Méditerranée, sur la Côte Méridionale de l'Isle de Sardaigne dans un Golphe formé par les Caps Viti & del Orso.

[d] Carte Marine des Côtes de Sardaigne chez van Keulen.

ROSSANO, en Latin *Roscianum* ou *Rossanum*; Ville d'Italie, au Royaume de Naples, dans la Calabre Citérieure, dans les Terres à deux ou trois milles du Golphe de Venise [e]. Cette Ville est située sur le bord d'une petite qui se jette dans le Celano; & son assiette est assez forte étant environnée de rochers. Il se pourroit faire que ce seroit cette Ville que Procope [f] dans son Histoire de la guerre contre les Goths, nomme *Russianum*, & dont il dit que les Habitans n'ayant plus ni vivres, ni espérance d'être secourus, envoyérent Gudila & Déopheron vers Totila pour lui demander pardon & grace. Totila promit de pardonner à tout le monde, excepté à Chalazare, à cause qu'il avoit violé la Capitulation. Totila étant entré dans la Place fit couper les mains & les parties naturelles à Chalazare, puis il le fit mourir. Il ne fit aucun mal aux Habitans tous leurs biens; mais il ne leur fit aucun mal. C'est dans la Ville de Rossano, que fit autrefois sa demeure Bonne Reine de Pologne & fille du Duc de Milan Jean Galeas Sforce. [g] On voit dans les Notices Grecques du huitième siècle que cette Ville étoit un Evêché sous Regio. On y transfera ensuite l'Evêché de Thurium, & on l'érigea enfin en Archevêché vers l'an 1193. Elle est des dernières Villes de l'Italie qui ayent quitté le Rit Grec. Les Evêchés suffragans de Rossano sont, *Thurium* transferé à Rossano même & *Bisignano*. La Ville de Rossano a été la Patrie de l'Antipape Jean XVII.

[e] Magin, Carte de la Calabre Cit.
[f] L. 3. c. 30.
[g] Commainville, Table des Evêchés & Archev.

1. ROSSE, ou ROSS, petite Ville d'Angleterre, dans le Comté de Herford. Elle a droit de marché & elle est renommée à cause de ses forges.

2. ROSSE; Ville d'Irlande [h], dans la Province de Momonie, ou Munster, au Comté de Cork, à seize milles au Sud-Ouest de Bandon Bridg, sur le bord de la Mer. Ce n'est aujourd'hui qu'un simple Village, dont l'Evêché est réuni à celui de Cork. Rosse donne le titre de Comte à la Famille des Parsons.

[h] Etat pres. de la Gr. Br. t. 2. p. 50.

1. ROSSELAER, prononcez ROSSELAR [i], ancienne Baronie des Païs-bas, dans le Brabant, à deux lieues de Louvain. Le gr. Baron de Rosselaer est Chambellan héréditaire des Ducs de Brabant.

[i] Dict. Geo. Le gr. des Païs-bas. Zeyler, Topogr.

2. ROSSELAER, ou ROSSELAR, [k] Ville des Païs-bas dans la Flandre. Elle passa par succession avec le Bourg de Torout & le Village de Vinendale, de la famille de Ravenstein aux Ducs de Cléves.

[k] Zeyler, Topogr. Flandriæ, p. 187.

1. ROSSENA, Comté d'Italie, [l] enclavé dans le Modenois, qui le borne au Nord, à l'Orient & au Midi; & la Lenza l'arrose au Couchant.

[l] Magin, Carte du Modenois.

2. ROSSENA, petite Ville d'Italie [m], dans le Comté de même nom, dont elle est le Chef-lieu. Voyez l'Article précédent.

[m] Ibid.

ROSSES, ROSSE, ou ROUSSES, Lac de France [n], dans la Franche-Comté, dans la gran-

[n] Jaillot, Atlas.

grande Judicature de St. Claude, aux confins du Bailliage de Pontarlier, au pied du Mont Jura. On en dit des choses qui seroient merveilleuses si elles étoient bien veritables [a]. On prétend qu'au dessus de l'eau dont ce Lac est rempli, il se forme une sorte de terre argilleuse, qui s'endurcit tellement qu'elle paroît de la Terre-ferme; ensorte que les gens de pied marchent aisément dessus; ce que ne peuvent faire ni les chevaux ni les Chariots. Les pluyes n'enflent point ce Lac; mais, lorsque le tems doit devenir clair & serain, ses eaux grossissant inondent tout le plat Pays voisin.

[a] Corn. Dict.

ROSSIA, ou CAPO ROSSIA, Cap d'Italie [b], sur la Côte du Golphe de Tarente, entre l'Embouchure du Lucino & celle du Celano. On croit que c'est l'*Athenæum Promontorium* des Anciens.

[b] Magin, Carte de la Calabre Cit.

ROSSII. Voyez ROXOLANI.

ROSTALL, Village d'Allemagne [c], dans la Franconie, proche de Cadelsburg, & Krotenbach. Il y a dans ce Village les monumens d'Ernest Duc de Bavière, & de Ste. Erbelgarde son épouse, née Princesse Palatine, & Sœur de Ste. Cunigonde.

[c] Zeyler, Topogr. Franconiæ.

ROSTEL, ou RUSTEN, Ville de Syrie, selon Davity [d] qui cite Cotovic. Il dit qu'on ne voit que les ruïnes de cette Ville, qu'elle est entièrement abandonnée, & qu'on la prend pour l'ancienne Sebastopolis. Il ajoute que l'Oronte, qui est nommé dans le Pays *Assi*, lave la pointe de Rostel du côté du Sud, qu'il y a sur ce Fleuve un Pont fait de grandes pierres, long de deux-cens pieds & large de seize, avec dix Arcades. Assez près de-là on voit le petit Mont de Bellarboi, dont les terres sont d'un grand rapport.

[d] Syrie, p. 75.

ROSTOCK, ou ROSTOCH, Ville d'Allemagne [e], au Duché de Mecklenbourg, sur la Rivière de Warne ou Warna, à une lieue de la Mer Baltique. Les Auteurs ne sont pas d'accord sur l'origine du nom de cette Ville. Quelques-uns l'attribuent à la division de deux Eaux voisines appellées ROST & ZOG: d'autres prétendent que cette Ville se nommoit autrefois *Lacinium*, *Rodopolis*, & *Laciburgum*, du tems que les anciens *Varini*, *Varni*, ou *Werini* habitoient le pays avant l'irruption des Wandales; d'autres enfin disent que Rostock tire son nom d'un Poteau ou d'une Colonne rouge qui y étoit, & où les Peuples voisins s'assembloient. Ils dérivent ainsi son nom du mot Allemand *Rodestock* qui signifie un tronc rouge. Quoiqu'il en soit Rostock n'étoit qu'un simple Village habité par des Pescheurs en 329. & il demeura à peu près en cet état jusqu'à ce que Godeschalck Roi des Wandales Obotrites en fit une petite Ville. Enfin Pribislas ou Primislas II. fils de Niclot, quarantième & dernier Roi des Obotrites ou Herules prit en 1160. les pierres de la Ville de Kessin ou Kyssin, ruïnée par Henri le Lion Duc de Saxe, & s'en servit pour aggrandir, fortifier, & ceindre de murailles la Ville de Rostock. Il y en a qui disent que Burevin, fils de Pribislas la ferma de murailles & la fortifia, l'affranchissant en même tems de tout impôt, & lui accordant tous les Privilèges dont jouit la Ville de Lubeck. Ils ajoutent que Burevin II. aggrandit cette Ville en 1262. & ils soutiennent en même tems

[e] Zeyler, Topogr. Sax. Infer.

que Rostok n'a jamais été Ville Impériale; mais toujours sous la domination des Ducs de Mecklenbourg, à qui elle faisoit serment de fidélité. Elle a souvent été inquiétée par les Rois de Dannemarc, & même elle a été reduite quelquefois sous leur obéïssance; de sorte qu'en 1317. ils la donnérent en Fief à Henri de Mecklenbourg. Cependant quand Albert Roi de Suède, né Duc de Mecklenbourg, & le Sénat de ce Royaume confirmérent à Waldemar Roi de Dannemarc la possession de la Gothlande, de son côté ce Prince renonça aux droits qu'il prétendoit avoir sur Rostock & sur le Duché de Mecklenbourg. En 1408. & en 1436. les Bourgeois se revoltérent contre les Magistrats, les déposérent & les chassérent; mais la derniére fois le Sénat déposé fut rétabli par l'entremise des autres Villes Anséatiques, à condition qu'il gouverneroit conjointement avec le nouveau Sénat qui avoit été élu. En 1471. cette Ville fut désolée par une peste cruelle qui lui enleva presque tous ses habitans, & en 1518. elle fut encore affligée du même fleau. Quant au changement de Religion arrivé dans cette Ville : voyez Lindenbergius [f]. Depuis ce tems-là les Bourgeois se sont encore soulevés contre leurs Magistrats; savoir en 1570. Ils nommérent soixante d'entre eux pour gouverner. Ce soulévement dura jusqu'en 1565. que Jean Albert Duc de Mecklenbourg entra par ordre de l'Empereur avec ses Troupes dans Rostock, & y rétablit l'ordre après avoir rasé les murailles, & privé les Bourgeois de leurs Privilèges, qui leur furent néanmoins rendus trois ans après: mais ils n'osérent faire relever leurs murailles. En 1573. ayant encore eu des disputes entre eux, les choses furent reglées de façon que la Ville reconnut les deux freres Jean Albert & Ulric Ducs de Mecklenbourg pour leurs Souverains héréditaires, & leur firent homage en 1574. Quoique le Duc de Mecklenbourg soit présentement reconnu pour Seigneur de Rostock, elle ne laisse pas de jouïr d'une espèce de liberté, à cause des grands Privilèges dont elle jouït. Elle a Jurisdiction haute, moyenne & basse, l'exemption de toutes gabelles, & les droits & franchises de la Ville de Lubeck. Elle est gouvernée par divers corps de Magistrature, auquels la Bourgeoisie a part.

[f] L. 3. c. 17. & L. 4. c. 1.

On divise la Ville de Rostock en trois parties, qui sont la vieille Ville, la neuve & la moyenne, qui est séparée de la Vieille par un bras de la Warne. Outre les quatre Paroisses de St. Jacques, de Notre-Dame, de St. Pierre & de St. Nicolas, il y a une quantité d'Eglises très-belles, dont on a changé les Couvens en Ecoles ou en Hopitaux; excepté celui de Sainte Croix où il y a encore un Monastère de Filles. Cette Ville a trois grandes Places, la vieille, la moyenne, & le Marché aux Chevaux : Elle a outre cela sept grandes Portes, quatorze petites, sept petits Ports & un grand Port fort avantageux au Commerce, quoique les grands Vaisseaux n'y puissent entrer. On est obligé de les charger & de les décharger à l'Embouchure de la Warne. Il y a une Université, qui est une des plus anciennes de l'Allemagne. Elle a été fondée par Jean & Albert, Ducs de Mecklenbourg, & par le Magistrat de la Ville; de sorte que la moi-

moitié des Professeurs est entretenue par le Duc de Mecklenbourg, & l'autre moitié par le Magistrat de la Ville. Les Evêques de Swerin sont Chanceliers perpétuels de cette Université.

La SEIGNEURIE DE ROSTOCK comprend deux Villes qui sont,

Rostock, & Sultz.

ROSTOF, ou ROSTOU, Ville de l'Empire Russien [a], dans le Duché auquel elle donne son nom. Elle est située sur le Lac de Cotoreï ou Kotris formé par un Torrent de même nom, qui se jette dans le Volga à six lieues de là auprès de Jaroslow. C'est le Siége d'un Métropolitain. Cette Ville a quantité d'Eglises bâties de pierre. Le Monastère de Peuter-Zarewitz, qui est entouré de Maisons, n'est qu'à une demi-lieue de Rostow.

[a] De l'Isle Atlas. Corn. le Bruyn, Voy. de Moscou, t. 3. p 63. & t. 5. p. 270.

Le DUCHÉ DE ROSTOW est borné au Nord par celui de Yeroslawle ou de Jaroslaw, à l'Orient par celui de Sutdal, au Midi par le Duché de Moscou, & à l'Occident par le Duché de Tuere. Rostow étoit autrefois le premier Duché de la Grande Russie après celui de Novogorod; & on le donnoit pour appanage aux seconds fils des Grands Ducs. Jean Basilowitz, ne pouvant souffrir de Souverain au milieu de ses Etats, fit massacrer le dernier Duc de Rostow en 1565. & réunit le Duché à son Domaine. Les Habitans de ces Quartiers vivent de la culture de l'Ail & des Oignons. Les principaux lieux du Duché de Rostow, sont:

Rostow,	Semibratoff, ou les sept freres,
Mologa,	Gna,
Uglitz,	Imbilova,
Pereslavie,	Nova,
Chlopigrod,	Basma nova.

ROSTRAPP, Montagne & Désert [b], en Allemagne, au Duché de Brunswic-Luneborg, dans le Comté de Blanckenbourg Reinstein.

[b] Zeyler, Topogr. Ducat. Brunsw. & Luneb. p. 178.

ROSTRENEN, Bourg de France, dans la Bretagne, au Diocèse de Kimper, à quatre lieues de Karhaiz du côté de l'Orient, à six de Pontivy & à neuf de Moncontour.

ROSTRATA-VILLA, Lieu d'Italie: L'Itinéraire d'Antonin le met sur la route de Rome à Rimini, entre Rome & Ocricoli, à vingt-quatre milles de la première de ces Villes & à vingt-cinq milles de la seconde.

ROSTRUM. Voyez RYNCHOS.

ROSTRUM NEMAVIÆ, Ville de la Vindelicie: Elle est marquée dans l'Itinéraire d'Antonin, sur la route de *Lauriacum* à *Brigantia*, entre Augsbourg & Campodunum, à vingt-cinq milles de la première de ces Places & à trente-deux milles de la seconde. Simler dit que c'est aujourd'hui Memmingen.

ROSWANGEN, ROSWEIN, ou RUSPEN; en Latin *Rusvinum*; [c] Ville d'Allemagne, dans la Saxe, sur le bord de la Rivière Mulda, entre Dobeln & Nossen, près de l'Abbaye de Zell, à laquelle le Fondateur Othon donna cette Ville, en échange du Village d'Ober-Lausniz, où fut bâtie la Ville de Freyberg, après la découverte des Mines de ce nom.

[c] Zeyler, Topogr. Sax.

ROT, Ville d'Allemagne, dans la Franconie [d], au Marquisat d'Anspach, sur une petite Rivière de même nom. Cette petite Ville qui est à cinq milles de Nurnberg a un Château & une Seigneurie.

[d] Zeyler, Topogr. Franconiæ.

1. ROTA, ou ROTHA, Bourgade d'Espagne [e], dans l'Andalousie, sur la Côte du Golphe de Cadix, entre la Ville de ce nom & l'Embouchure du Guadalquivir. On la prend pour l'ancienne *Virgao*.

[e] Jaillot, Atlas.

2. ROTA. Voyez au mot AD l'Article AD ROTAM.

ROTALIANUS-CAMPUS, Territoire d'Italie, aux environs de la Ville de Trente; à ce qu'il paroît par un passage de Paul-Diacre [f].

[f] Longobard. L. 3.

ROTAN, ou RUATAN, Isle de l'Amérique Septentrionale [g], dans le Golphe de Honduras, à l'Occident de l'Isle de Guanaja.

[g] De l'Isle Atlas.

ROTARIA. Voyez au mot AD l'Article AD-ROTAM.

ROTARIUM. Voyez au mot AD l'Article AD-ROTAM.

ROTELEN, ou ROTHELIN, petite Ville d'Allemagne [h], dans le Marquisat de Bade, à une lieue de Bâle, avec un très-beau Château. La Ville & le Château appartiennent au Margrave de Bade-Dourlach. Leopold Seigneur de Rotelen, Prevôt de l'Eglise de Bâle, en fit donation en 1315. à Henri V. Margrave de Bade de la Branche de Hochberg. Ce Prince y transfera la résidence qu'il faisoit auparavant au Château de Saufenberg. C'est à cause de Rothelen que les Ducs de Longueville sortis d'une fille du Marquis de Hochberg, dont le Marquisat est possedé par la Maison de Bade-Dourlach, se nommoient Marquis de Rothelin, quoiqu'ils ne tinssent de ce côté-là que Neuf-Châtel & ses dépendances.

[h] Zeyler, Topogr. Alsatiæ, p. 46.
[i] D'Audifret, Geogr. t. 3.

ROTENBAUER, Château d'Allemagne [k], dans la Franconie, au voisinage de la Ville de Wurtzbourg. Il appartient à la Famille de Wolfs-Kehl.

[k] Zeyler, Topogr. Franconi.

1. ROTENBERG, ROTENBURG, ou RODENBORG [l], Ville d'Allemagne au Cercle de Westphalie, dans l'Evêché de Verden, au voisinage de la Ville de ce nom. Cette Ville a un Château. Gaspar Bruschius [m] dans son Traité des Evêchés de l'Allemagne dit, que Nicolas trente-sixième Evêque de Verden fit fortifier le Château de Rotenberg, & que Berthold quarante-neuvième Evêque fit entourer la Ville & les Fauxbourgs de fossés, & de murailles. En 1547. le Château & la Ville furent réduits en cendres. L'un & l'autre ayant été rétablis souffrirent beaucoup dans les guerres du dernier siècle.

[l] Zeyler, Topogr. Westphal. p. 61.
[m] Cap. 14.

2. ROTENBERG, Château & Seigneurie d'Allemagne dans la Franconie [n], près de la Ville de Nurnberg. Otton Comte Palatin du Rhin acheta ce Château en 1478. durant les troubles de l'Empire & il en fit un Magazin.

[n] Zeyler, Topogr. Franconiæ.

3. ROTENBERG, Ville d'Allemagne [o], en Franconie, dans l'Evêché de Wurtzbourg.

[o] Ibid.

1. ROTENBURG, prononcez ROTENBOURG; Ville Libre & Impériale d'Allemagne

gne dans la Franconie sur la Riviére de Tauber. Cette Ville qu'on appelle communement *le grenier de Nurnberg*, avoit anciennement des Comtes de même nom, qui tiroient leur origine des anciens Sicambres. Leur Succession est incertaine jusqu'au tems de Wernerus, qui succeda au dernier Comte de Rotenburg, nommé Ratulphe, & fut déclaré Duc de Franconie en 897. Pharamond, fils de Marcomir, passe pour avoir bâti en 418. le Château de Rotenbourg, afin de se garantir des irruptions des Suabes. Mais la Ville ne fut achevée, qu'en 515. Les Habitans furent Payens jusqu'à ce que S. Chilian les convertit au Christianisme, avec le Duc Gosbert II. Einhard, dernier Duc de Franconie, & Comte de Rotenburg, fut élu Evêque de Würtzburg, en 1098. & mourut en 1114. Après sa mort la Succession mâle des Ducs de Franconie & Comtes de Rotenburg, étant éteinte, ces Païs échurent à l'Empereur Henri IV. Henri V. fils & Successeur de cet Empereur donna le Duché de Franconie, & le Comté de Rotenburg à Conrad III. Duc de Suabe son Neveu. Frederic fils de Conrad III. mourut sans descendans mâles, & laissa par heritage tous ces Pays à Frederic premier Empereur de la famille des Ducs de Suabe, qui donna le Duché de Franconie à l'Evêque de Würzbourg, dont les Successeurs le possédent encore, & se disent Evêques de Würzbourg, & Ducs de Franconie. Ce même Empereur érigea la Ville de Rotenburg en Ville libre de l'Empire avec tous les Privileges, dont les autres Villes Impériales jouissent. Les Empereurs y avoient des Juges, qu'on appelloit Bourggraves, parce qu'ils logeoient dans le Bourg, dont nous avons parlé ci-dessus, mais ce Bourg ayant été ruiné par un tremblement de Terre en 1356. l'Empereur Charles IV. permit aux Bourgeois de Rotenburg de le demolir, & les Bourggraves changeant de nom, furent appellés Juges Impériaux, & exercérent leur Charge jusqu'à ce que le même Empereur Charles IV. transfera toutes les prérogatives de leur fonction au Magistrat de la Ville, qui en jouit encore à présent de même que les autres Villes libres de l'Empire. Cette Ville a de beaux Edifices publics, des Canaux très-utiles, & des Maisons assés regulieres. Le Vendredi Saint de l'année 1397. on chassa tous les Juifs, pour les punir d'avoir trempé dans une conspiration. En 1406. le Bourggrave de Nurnberg tenta inutilement de prendre la Ville de Rothenbourg. Elle fut prise par les Suédois en 1631. après la Bataille de Leipsic, & reprise au mois d'Octobre de la même année par le Duc de Lorraine, Chef des troupes Impériales. Les troupes Suédoises, Françoises, Impériales, & Bavaroises la prirent, & la ruïnérent tour à tour dans le siècle passé. Tous les habitans de la Ville, & du Comté de Rotenburg sont Lutheriens.

2. ROTENBURG, Ville d'Allemagne [a], dans le Pays de Hesse, située entre des Montagnes sur la Riviére de Fulda. Elle est divisée en deux Parties, la Vieille, & la Neuve. Dans la Vieille Ville, il y avoit un Château, qui fut demoli par les Impériaux, en 1212. & dans la Neuve il y a une Eglise, & un Chapitre, composé autrefois d'un Doyen, & de 12. Chanoines, fondé en 1370. par les Landgraves de Hesse. Depuis la Revolution arrivée dans la Religion, on a disposé de cette fondation en faveur de 20. Prédicateurs âgés, qu'on y nourrit, & d'un Doyen, qui en est le Directeur. Guillaume IV. Landgrave de Hesse, renouvella entiérement le Château de Rotenburg, en 1574. il l'orna d'un beau Jardin, & d'une Eglise toute bâtie d'un marbre blanc, qu'on trouve proche d'un Bourg nommé Morssen, situé sur la Riviére de Fulda, au-dessous de la Ville de Rotenburg.

3. ROTENBURG, Ville d'Allemagne, dans la Suabe [b], au Comté d'Hohenberg, sur le Necker, avec un Château de même nom, & Titre de Comté. Dans le même lieu où est cette Ville, il y en avoit autrefois une autre, qu'on appelloit Landscron, & qui fut entiérement renversée par un tremblement de terre en 1212. De ses ruïnes on bâtit la Ville de Rotenburg en 1271. ou 1280. Dans le voisinage on voit sur une Montagne les murailles d'un vieux Château, aussi appellé Rotenburg, & plus bas quelques ruïnes de l'ancienne Ville. dans une Vallée qui n'est pas éloignée, & qu'on appelle la VALLE'E DE ROTENBURG, on trouve la source des eaux minérales connues sous le nom des eaux de Rotenburg, ou de Nidereau. Elles sortent en bouillonnant, & sont propres à la guérison de diverses maladies.

4. ROTENBURG, Bourg d'Allemagne dans la Basse-Baviére [c], sous la Régence de Landshut, avec Château. Ce Bourg a un District, dans lequel sont compris sept Châteaux, quarante-neuf petits Bourgs & quelques Villages.

5. ROTENBURG, petite Ville d'Allemagne, dans l'Evêché de Spire [d]. Frideric I. Comte Palatin du Rhein s'empara de cette Ville & de ses dépendances en 1462. Ce Prince la garda par un Traité fait entre lui & l'Evêque de Spire; mais Philippe de Rosenberg Evêque de Spire la racheta ensuite de Philippe Electeur Palatin pour le prix de quatorze mille florins.

ROTENCKIRCHEN, [e] Château & Seigneurie d'Allemagne dans la Basse-Saxe, & dans la Principauté de Grubenhague, proche du Vieux Château qui donne le nom à la Principauté, & dans lequel les Ducs de Brunswig-Grubenhague faisoient anciennement leur résidence. En 1521. ils abandonnérent ce Château, & en bâtirent un dans le plat-pays avec une Eglise, qu'ils nommérent Rotenkirchen, ou l'Eglise rouge. Avec le tems les Bâtimens s'augmentérent, & le lieu prit le nom de l'Eglise.

1. ROTENFELS, Seigneurie d'Allemagne [f], dans l'Algow, entre l'Evêché d'Ausbourg, l'Abbaye de Kempten & les Comtés de Trauchbourg, & de Bregentz. Anciennement elle appartenoit aux Comtes de Montfort qui la vendirent aux Comtes de Konigsegg. Les Comtes de Rotenfels sont une branche de ces derniers. La Seigneurie de Rotenfels forme un Bailliage assés étendu,

[a] Zeyler, Topogr. Hassiæ. p. 68.

[b] Zeyler, Topogr. Sueviæ. p. 67.

[c] Ibid. Topog. Bavar.

[d] Ibid. Topogr. Palat. Inf. Rheni, p. 42.

[e] Zeyler, Topogr. Ducat. Brunswic-Luneb. p. 179.

[f] D'Audifred, Geogr. t. 3.

où

où le Bourg de même nom & le Château de Stauffen font tout ce qu'il y a de remarquable.

2. ROTENFELS, petite Ville d'Allemagne, sur la Riviére Moer, près de la Forêt Speshart, entre Lor & Wertheim : elle appartient à l'Evéque de Wurtzbourg.

3. ROTENFELS, petite Ville d'Allemagne, avec Château dans l'Evêché de Spire. L'Empereur Henri III. la donna à cet Evêché, avec toutes ses dépendances.

ROTENMANN, Ville d'Allemagne, dans la Haute-Styrie, & dans la Vallée de Palten, à huit milles de Leüben. Lazius dans sa Republique Romaine [a] dit que cette Ville est la même qu'on appelloit anciennement *Castra montana Antonini*. Il prétend le prouver par un Vallée voisine qu'on nomme encore aujourd'hui *Ad-Montem*, & par deux Inscriptions Romaines, dont l'une est dans la Ville de Rotemann & l'autre sur une Montagne du voisinage, appellée Peczen, en Latin *Capus Rolandi*. Il ajoute que la Riviére Rotbach *rubens rivus*, passe près de cette Ville : [b] d'autres donnent pourtant à la Riviére le nom de Palten. La Ville de Rotenmann avec le Château de Strechau, situé sur une Montagne voisine appartenoit autrefois aux Barons de Hoffmann qui rendirent l'un & l'autre de ces Domaines à l'Abbé d'Admont en 1629.

ROTERA, ROREE, ou REURE; Ville des Indes [c], dans les Etats du Grand-Mogol, autrefois dans le Royaume de Moultan, aujourd'hui dans la Province. Elle est située dans une Isle que forme une Riviére, qui se jette dans celle de Duniadée.

1. ROTERDAM, ou ROTTERDAM; Ville des Pays-bas, dans la Hollande sur la rive droite de la Meuse, à trois lieues de la Haye, à deux de Delft & à cinq au-dessus de la Brille. Elle n'a que le dernier rang parmi les Villes de Hollande, quoiqu'elle ne céde aujourd'hui à aucune autre, ni en richesses ni en puissance, si ce n'est à Amsterdam [d]. Elle fut fermée de murailles & érigée en Ville l'an 1270. [e] Robert Cenalis lui donne une fort grande antiquité, & veut qu'elle ait été fondée par un prétendu Rotter Roi de France qui lui donna son nom ; & l'Abbé Trithème appuye cette opinion en disant qu'elle fut fondée en 808. & que Rutter vingt-troisiéme Roi des François y fut enterré. Mais Roterdam est située au lieu où la Riviére de Rotte se jette dans la Meuse ; & ce mot Roterdam signifie la Digue de la Rotte. Ne seroit-ce point-là la veritable origine du nom de cette Ville. Il n'y a plus à en douter, si on fait attention que l'endroit où la Ville de Rotterdam est bâtie étoit encore inondé par la Meuse bien des siécles après le tems où le prétendu Rotter auroit pu la bâtir.

Dans ses commencemens cette Ville ne fut pas fort considérable. Ses accroissemens se sont faits peu à peu, principalement depuis que les sept Provinces-Unies on secoué le joug de l'Espagne. Il vint s'y établir des Marchands de différens endroits, & une telle foule de Peuple du Brabant & de la Flandre s'y refugia, qu'on a été obligé à plusieurs fois d'en étendre l'enceinte. Autrefois Roterdam s'étendoit le long de la Meuse d'Orient en Occident, & ne renfermoit que soixante & onze arpens cinq cens trente-sept perches ; & du tems que Blaeu publia son Atlas, elle comprenoit cent quarante-quatre arpens quatre cens trente-cinq perches.

La richesse de cette Ville vient de la Meuse qui en cet endroit a près d'une demi-lieue de largeur & lui forme un Port assez profond, pour que les plus gros Vaisseaux viennent charger jusqu'au milieu de la Ville à la faveur d'un Canal où les eaux de la Meuse entrent par la *vieille téte*. Cette commodité pour charger & pour décharger est cause qu'il se fait plus d'embarquemens à Roterdam qu'à Amsterdam. En levant l'ancre à Rotterdam on peut d'abord cingler en pleine Mer, qui n'en est éloignée que de six lieues ; de sorte que les Vaisseaux qui partent, peuvent s'y rendre dans une marée, au lieu qu'à Amsterdam on est obligé d'aller faire le tour des Isles du Texel.

Il y a sept beaux Canaux qui arrosent la Ville de Rotterdam, & qui sont ornés de chaque côté d'un grand Quai & de plusieurs rangées d'arbres. On y voit par-tout des Maisons fort propres & bâties à la moderne. L'Hôtel de Ville, la Maison de la Banque, celle de la Compagnie des Indes Orientales, celle de la Compagnie des Indes Occidentales, & les Arsenaux sont des Bâtimens magnifiques, ainsi que les Eglises qui sont au nombre de huit ; savoir quatre pour les Hollandois, une pour les François, une pour les Anglois modérés, une pour les Episcopaux & une pour les Ecossois. La Grande Eglise, qui avant la Révolution arrivée dans la Religion étoit sous l'Invocation de St. Laurent, fut bâtie en 1472. Sa Tour panchoit autrefois ; mais un Architecte trouva moyen de la redresser, comme on le voit par une Inscription qui est au pied. Il y a eu autrefois à Rotterdam des Dominicains fondés en 1444. des Recollets admis dans la même année, des Aléxiens, des Religieuses Carmelites, des Sœurs de Ste. Agnès, du tiers Ordre de St. François, des Hospitaliéres, des Beguines & plusieurs Hôpitaux. L'Exercice de la Religion Catholique y fut défendu en 1572. lorsque le Comte Maximilien de Bossu se retira de cette Ville avec les troupes Espagnoles. Dans la suite les Maisons Religieuses ont été employées à d'autres usages.

On a établi dans cette Ville un Collége de l'Amirauté qui a le premier rang entre ceux des Provinces-Unies ; & l'Amiral de Hollande monte toujours un Vaisseau du Collége de cette Ville. C'est pour le service de l'Amirauté & de la Compagnie des Indes qu'il y a dans cette Ville du côté de l'Est un grand Bassin où l'on bâtit & où l'on lance à l'eau les Vaisseaux qu'elles font équiper. La Régence de Rotterdam a encore fait creuser du côté de l'Ouest de la Ville un autre grand Bassin, & elle a donné un terrein considérable pour y construire les Vaisseaux des Particuliers & pour y placer les bois destinés à cette construction.

La Regence est composée de vingt-quatre Conseillers, dont il y en a quatre qui sont Bourgmestres. Ce Conseil a droit de remplir toutes les charges qui viennent à vaquer par la mort de quelqu'un des Membres. Il choifit les Premiers Magistrats qui consistent en un grand Bailli, quatre Bourgmestres, dont deux sont nouveaux & deux anciens, & sept Echevins, parmi lesquels il y en a toujours trois ou quatre anciens & le reste nouveaux. L'Election des Bourgmestres & des Echevins est assez singulière. Elle se fait par le Scrutin en la manière suivante: Le Secrétaire de la Ville prend cinq féves noires & y ajoute autant de féves blanches qu'il en faut pour rendre complet le nombre des Electeurs. Ces féves étant mêlées & mises dans un bonnet de velours fait à l'antique, chacun des Conseillers en tire une selon son rang ; & ceux qui ont tiré les cinq féves noires nomment ensuite quatre personnes qu'ils jugent les plus capables pour la Charge de Bourgmestres. Lorsqu'ils ont communiqué leur choix à leurs Collégues, on fait venir les quatre personnes nommées ; & le Secrétaire de la Ville prend de nouveau le bonnet de velours & y met deux féves noires & deux blanches. Les deux personnes à qui le fort fait échoir les féves noires, sont les deux nouveaux Bourgmestres pour deux années consécutives. Le choix des Echevins se fait de la même manière: il ne différe que par le nombre des féves noires.

Outre le Magistrat de la Ville, il y a trois autres Tribunaux ; savoir le Collége du Grand Bailli, ou Dyck-Grave du Schieland & de ses Conseillers, qui sont tirés en partie de la Noblesse & en partie des Villes de Rotterdam, Tergouw & Schiedam. Ils tiennent leurs Assemblées à Rotterdam dans une Maison appellée *Lands-huys*, & leur principal soin est d'avoir l'inspection sur les digues, les grands-chemins, les Canaux & sur les environs de la Ville. Le second Tribunal est celui des Juges du Schieland, qui connoissent des affaires Civiles & Criminelles qui n'appartiennent pas à la Justice particuliére des Villages. Les quatre Bourgmestres de Rotterdam ont la plus grande part dans la nomination de ces Juges. Le troisième Tribunal est le Collége des Seigneurs de l'Amirauté de la Meuse : il a un Hôtel particulier où il exerce sa Jurisdiction.

Le savant Didier Erasme étoit de cette Ville où il naquit suivant l'opinion commune le 28. Octobre 1467, dans une petite Maison ; au devant de laquelle on voit les Vers suivans :

Ædibus his ortus, mundum decoravit Erasmus,
Artibus ingenuis, Religione fide.

Cependant plusieurs veulent qu'Erasme soit né à Gouda, & qu'il ait été seulement élevé à Rotterdam. Quoiqu'il en soit, les Habitans de cette derniére Ville se font honneur de ce Citoyen. En 1540. lorsque Philippe II. Roi d'Espagne fit son entrée dans la Ville de Rotterdam, comme Souverain des Pays-bas, le Magistrat fit faire la Statue d'Erasme au naturel, & qui étoit fort bien travaillée en bois. Il tenoit une plume de sa main droite & de la gauche un rouleau qu'il présenta au Prince: sur le rouleau étoient ces mots : *Serenissimo Hispaniarum Principi D. Philippo a Burgundia Desiderius Erasmus Roterodamensis*; après quoi suivoient huit Vers Latins dans lesquels Erasme au nom de la Ville le felicitioit sur son arrivée. En 1557. le Magistrat pour honorer la mémoire de cet illustre Citoyen lui fit élever une Statue de pierre ; & en 1622. il fit faire celle de bronze que l'on voit aujourd'hui. Cette Statue est sur un piédestal de marbre, environné d'une balustrade de fer. Erasme y est dans son habit de Docteur avec un Livre à la main. Cette Statue est dressée sur le grand Pont de la Meuse, près de la Bourse ; on appelle aujourd'hui ce lieu la Place d'Erasme.

2. ROTERDAM, petite Isle des Indes Orientales, sur la Côte Occidentale de l'Isle de Ceylan, dans la Baye de Manar, selon Mr. Corneille [a] qui ne cite aucun garant. Il ajoute qu'elle est entre l'Isle de Manar au Midi & celle de Leyde au Septentrion ; & que les Portugais s'en étant rendus Maîtres changérent le nom de Rotterdam en celui de *las Vacas*. [a Dict.]

ROTERHAM, Bourg d'Angleterre, dans Yorkshire, sur le Don ou la Dune. Ce Bourg a droit de Marché public.

ROTHALA. Voyez MERO.

ROTHEBOURG, Bailliage dans la Suisse au Canton de Lucerne [b]. Elle étoit autrefois Ville & la residence d'une Maison de Comtes. Les Lucernois la prirent l'an 1385. brûlerent le Château. Aujourd'hui c'est un joli Bourg, avec un Château proche de la Riviére nommée la petite Emme. Ce qu'il y a de plus remarquable est un beau grand Pont de pierre de 120. pas de long, de 23. piés de large, & de 110. piés de hauteur. [b L'Etat & del. de la Suisse. B. p. 398.]

ROTHELIN. Voyez ROTELEN.

ROTHER, Riviére d'Angleterre. Elle a sa source dans le Comté de Sussex, & coule en serpentant du Couchant à l'Orient. Avant que de se rendre à la Mer elle se partage en deux bras, dont l'un qui entre dans le Comté de Kent, y forme l'Isle d'Oxney. Ces deux bras se rapprochent ensuite & se perdent dans le Rye-Haven. [c Blaeu, Atlas.]

ROTHES, Ville d'Ecosse dans la Province de Murrey, sur le bord d'une petite Riviére qui un peu au-dessous se perd dans le Spey.

ROTHOMAGUS. Voyez ROUEN.

ROTING, ou ROTINGEN, petite Ville & Seigneurie d'Allemagne [d], dans la Franconie, sur le Tauber ; près de Waldmanshofen Weickersheim & la Forêt de Bernheim. Roting appartient à l'Evêque de Wurtzbourg. [d Zeyler, Topogr. Franconiæ.]

ROTONDO, ou REDONDO, Isle de l'Amérique, l'une des Antilles [e], au Midi de l'Isle de Niéves, au Nord-Ouest de celle de Montserrat, à la hauteur de 17. d. 10. Cette Isle est petite & ronde & de là au milieu presque en forme de pain. On peut y aborder de toutes parts, la Mer étant profonde par-tout & nullement dangéreuse. [e De Laet, Descr. des Indes Oc. liv. 1. c. 18.]

ROTTA, selon Léander, & ROJA selon Mr. de l'Isle, Riviére d'Italie, dans le Piémont au Comté de Nice. Elle a sa source dans les Montagnes du Comté de Tende, où elle mouille la Ville de ce nom. Un peu au-dessous elle reçoit à la droite la Riviére de Brogna ; ensuite prenant son cours du Nord au Midi, elle traverse la partie Orientale du Comté de Nice, où elle arrose Bréglio, g. Pena, d. Ainole, g. Bevera, d. Après quoi elle

elle va se jetter dans la Mer de Gênes à Vintimiglia. Cette Rivière est la Rituba des Anciens.

ROTTENBURG. Voyez ROTHEBOURG.

ROTTENFELS. Voyez ROTTENFELS.

ROTTEN-MUNSTER, Abbaye de Filles en Allemagne, dans la Suabe vers la source du Necker, près de Rotwyl. On n'y reçoit que des Filles nobles.

ROTTEN-THURN, ou ROTHENTHURN, Forteresse considérable dans la Transylvanie [a], près de la Rivière d'Alt, ou d'Alaut, aux confins de la Valaquie, environ à trois lieues au Midi Oriental d'Hermanstat. C'est la Clef d'un passage important de la Transylvanie dans la Valaquie. On croit que c'est ce que les Anciens appelloient Bontæ.

[a] De l'Isle Atlas.

ROTWYL, ou ROTWEIL, Ville Impériale d'Allemagne, dans la Forêt-Noire sur une hauteur près de la source du Necker [b] & au voisinage de celle du Danube, à cinq milles de Schafhausen. Cette Ville est de quelque défense, étant entourée de fossés larges & profonds. L'Empereur Conrad III. pour compenser la fidélité de cette Ville [c] y établit un Tribunal supérieur Impérial, composé de douze Gentilshommes, & à leur défaut d'autant de Citoyens choisis de Rotwyl, & donna en Fief la Charge de Président de ce Tribunal à la Famille des Comtes de Schultz. Sa Jurisdiction s'étend sur les Cercles de Suabe, de Franconie, d'Autriche & du Rhin; mais les Archevêques de Trèves & de Cologne, les Archiducs d'Autriche, l'Evêque de Strasbourg, les Chevaliers Teutoniques, ceux de l'Ordre de Malthe, les Sujets du Duc de Deux-Ponts, ceux du Duc de Wirtemberg, l'Abbé de St. Blaise, les Comtes de Hanau & quelques autres peuvent se dispenser de plaider devant ce Tribunal. Cette Ville qui a toujours conservé la Religion Catholique, commença d'entrer en mauvaise intelligence vers l'an 1463. avec Eberhard le Barbu Duc de Wirtemberg; de sorte que pour se fortifier davantage, elle s'unit avec les Cantons de Berne, de Zürich, d'Uri, de Lucerne & autres. Cette Alliance fut renouvellée & confirmée pour toujours en 1519. Depuis ce tems-là elle est demeurée leur alliée, aussi ses Habitans battent-ils le tambour à la Suisse, & non à l'Allemande. En 1338. la Ville de Rotwyl fut presque réduite en cendres par la foudre du Ciel; & il y eut soixante personnes qui périrent dans cet incendie. Les Habitans des environs s'adonnent fort à l'Agriculture, à cause que le terroir est très-propre pour produire du froment. Le Maréchal de Guébriant prit Rotwyl en 1643.

[b] Zeyler, Topogr. Sueviæ.
[c] Munsterus, L. 3.

ROUANE, ROANE, ou ROHANNE, Ville de France, sur la Loire dans le Bas-Forés [d], d'auquel elle a souvent donné son nom; car le Bas-Forés est souvent appellé ROUANEZ, ou ROANNOIS en plusieurs Titres. Cette Ville est ancienne, étant marquée dans Ptolomée comme une des principales Places des Segusiens. Il l'appelle Rodumna, & on trouve encore ce mot dans la Carte de Peutinger. Rouane est le lieu où la Loire commence à porter batteau, & cette situation est commode pour le Commerce de Rouane avec Lyon & avec les Provinces voisines.

[d] Longuerue, Descr. de la France, p. 277. Part. 1.

ROUANEZ, ou ROUANNOIS, Duché de France, dans le Lyonnois au Bas-Forés. Il est le seul qu'il y ait dans ce Gouvernement [e]. Il fut érigé en faveur de Claude Gouffier, Marquis de Boissi, par Lettres-Patentes du mois de Novembre de l'an 1566. registrées au Parlement de Paris le quatorze de Janvier de l'année suivante. François d'Aubusson de la Feuillade ayant épousé l'héritière de cette branche, obtint en 1666. de nouvelles Lettres du Roi pour conserver le Duché, lesquelles furent enregistrées au Parlement de Paris le trente d'Août de la même année. Il y a eu depuis des Lettres de Pairie pour ce Duché, qui ont été vérifiées & enregistrées au Parlement de Paris en 1716. en faveur de Louïs d'Aubusson, Duc de Rouanés appellé Duc de la Feuillade.

[e] Piganiol, Descr. de la France, t. 6. p. 255.

ROUANDIERE, Bourg de France dans l'Anjou, Election d'Angers.

ROUAYROUX, Bourgade de France, dans le Haut Languedoc, au Diocèse de Castres.

ROUBAIX, lieu de France, dans la Flandre Walonne, Diocèse de Tournay, à deux lieues de Lille. Il s'y fabrique beaucoup d'étoffes mêlées, de Soye & de Laine. La commodité qu'ont ses habitans de joindre le labour de leurs terres au travail de leurs métiers, les fait subsister plus aisément que dans les Villes, & cela ne contribue pas peu à y faire fleurir les manufactures.

ROUBROUEZ, Terre de France dans la Flandre Flamingante, au Diocèse d'Ypres.

ROUCY, Ville de France dans la Champagne, sur la Rivière d'Aisne, Election de Laon, avec titre de Comté. C'est l'un des Anciens Comtés-Pairies de Champagne. L'origine des Comtes de Roucy est rapportée différemment par deux Auteurs modernes; sçavoir Mr. l'Abbé de Longuerue dans sa Description de la France [f], & Mr. Baugier dans ses Mémoires de Champagne. Le premier dit : Le Comté de Roucy situé à l'Orient de celui de Braine a été long-tems possédé par les mêmes Seigneurs. Ceux de Roucy descendoient de Charlemagne par son petit-fils le bâtard, Bernard Roi d'Italie, dont les descendans ont été Comtes de Vermandois, de Troyes & de Meaux. Renaud Comte de Rheims, fils de Herbert II. Comte de Vermandois, étoit vers l'an 940. propriétaire de Roucy, appellée en Latin Rauceium par Flodoard dans sa Chronique, lequel dit que l'an 948. le Comte Renaud y fit bâtir une Forteresse, & qu'Herbert Comte de Meaux & de Troyes (qui étoit Frere de Renaud) voulut l'en empêcher par armes. Le même Flodoard dit qu'Herbert attaqua encore Roucy, l'an 954. Cependant Renaud en demeura en possession, & le laissa à son fils Gissebert, qui fut le premier qui prit le titre de Comte de Roucy. Ses descendans mâles jouïrent de ce Comté durant quatre cent cinquante ans. Enfin Jean VI. du nom, Comte de Roucy, qui vivoit sous Charles VII. ne laissa qu'une fille & unique héritière nommée Jeanne, qui épousa Robert de Sarrebruch Damoiseau de Commercy. Amé de Sarrebruch leur arriere petit fils eut pour héritières ses deux Sœurs, Ca-

[f] pag. 101

therine & Guillemette. Catherine, qui étoit l'aînée apporta le Comté de Roucy à son Mari Antoine de Roye; & Guillemette apporta le Comté de Braine à son Mari Robert de la Mark.

Charles fils d'Antoine de Roye, & de Catherine de Roucy, laissa à sa fille le Comté de Roucy, & la Seigneurie de Roye, qu'elle apporta à son Mari François, Comte de la Rochefoucaud, dont elle fut la seconde femme; & elle en eut Charles de la Rochefoucaud, Comte de Roucy Baron de Roye, dont descendent aujourd'hui par mâles les Comtes de Roucy, & de Roye.

Les Comtes de Roucy furent Vassaux des Comtes de Troyes, & au nombre de leurs sept Pairs, après que les Comtes de Troyes se furent rendus Maîtres de la plus grande partie de la Champagne Septentrionale ou du plat-pays des Diocèses de Rheims & de Châlons. Ils tenoient tout ce Pays en Fief de l'Eglise de Rheims &, particuliérement ils en relevoient pour Roucy, comme on le voit par les Bulles d'Alexandre III. & d'Innocent III. alléguées par Marlot au second tome de la Métropole de Rheims: aussi Roucy étoit un des plus anciens Domaines de l'Eglise de Rheims, à laquelle il appartenoit dès le commencement du huitième siècle, lorsque St. Rigobert Evêque de Rheims le donna au Clergé de son Eglise Métropolitaine avec d'autres terres pour sa subsistance : *Villas delegavit Gerniacam, Coritem, Roceium*, comme dit Flodoard dans son Histoire [a].

[a] L. 2. c. 21.
[b] Mém. de Champag. t. 2. p. 337.

Quant à Mr. Baugier [b], voici ce qu'il dit: La Maison de Roucy tire son origine d'Hilduin Comte de Mondidier, dont il est parlé dans une Chartre de l'Abbaye de Montier-Ramey, l'an 948. & de . . . . . . d'Avoye son épouse, Mere de Manassès son Evêque de Troyes en 993. Hilduin II. du nom Comte de Mondidier, &c. fit le Voyage de la Terre-Sainte, avec Azo Abbé de Montiérenden en 992. Manassès son fils étoit Comte de Dammartin en Goelle l'an 1030. Cette famille s'est depuis alliée avec les Comtes de Bar, de Boulogne, de Gueldres, & avec la Maison de Montmorency. En 1206. Mathilde une de leurs filles épousa Philippe de France, Comte de Clermont, & après la mort de ce Prince, elle se maria avec Alfonse III. Roi de Portugal l'an 1235. Ils ont aussi été alliés au Rois de Castille par le mariage d'Eléonor avec Ferdinand III. en 1235. & depuis avec les Comtes d'Eu & de Ponthieu; & enfin Marie de Dammartin épousa en 1230. Jean Seigneur de Pierre-Pont, Comte de Roucy.

Hilduin IV. du nom Comte d'Arcies & de Ramero assista au Couronnement du Roi Philippe I. le 23. Mai 1059. jour de la Pentecôte, il fonda l'an 1060. le Prieuré de Roucy qu'il donna à l'Abbaye de Mairemontier, conjointement avec Alix Comtesse de Roucy son Epouse, fille d'Ebles ou Ebal, Comte de Rheims, mort environ l'an 1030. ou 1024. & de Beatrix de Bainaut, petite-fille du Roi Hugues-Capet. Il laissa de ce mariage Ebles Comte de Roucy. Félicité de Roucy qui épousa Sanche Ramire Roi d'Aragon en 1085.

Il fut aussi Bisayeul de Marguerite, qui épousa Garcias Roi de Navarre.

L'Abbé Suger, dans la Vie du Roi Louis le Gros, compte Eble, Comte de Roucy, au nombre des grands Barons de France. On prétend qu'Hugues, Comte de Roucy fonda l'Abbaye de la Valleroy en 1147. & le Prieuré d'Evernicourt en 1154. & qu'il mourut vers l'an 1160. Il avoit épousé en secondes nôces Richilde, fille de Frédéric, Duc de Suabe; & d'Agnès fille de l'Empereur Henri IV.

Le Comté de Roucy a appartenu par mariage à la Maison de Pierre-Pont, ensuite à celle de Roye; & il est entré par succession dans celle de la Rochefoucaud qui le possède aujourd'hui. La Maison de Roucy a autrefois porté le nom de Thosny & du Bois: l'Histoire nous apprend qu'Henri, Seigneur de Thosny & du Bois fit le voyage de la Terre-Sainte avec le Roi St. Louis en 1249. Que Jean II. obtint du Roi Philippe le Bel une nouvelle Chartre pour les Habitans de la Ville au Bois l'an 1295. Guillaume Seigneur du Bois, de Manre, de Thermes & de Possesse fut fait Chevalier à Rheims par le Roi Charles VIII. le 30. Mai 1484. jour de son Sacre, & il reprit le même jour solemnellement le nom de Roucy qui lui fut confirmé par le Jugement des Rois d'armes Montjoie & Champagne, rendu à Paris le 4. Janvier 1485. Depuis ce tems la Maison de Roucy a toujours tenu un rang considérable dans le Royaume, & elle a bien & fidellement servi les Rois dans les Armées.

ROUDBAR, vulgairement ROUMARS, Ville de Perse, dans la Province de Guilan. Elle est selon Tavernier [c] à 75. d. 37. de Longitude, sous 37. d. 21. de Latitude. Il se fait beaucoup de Soie dans cette Ville.

[c] Voy. de Perse, Liv. 3. p. 403.

ROUDBAR, nom d'un Château de la Province de Gebal [d], où Iraque Persienne où les Ismaéliens, Secte d'impies, & Hérétiques, s'établirent, & fondèrent une Dynastie de Princes, dont Hassan Sabah fut le premier. C'est de ce Lieu aussi bien que du Château d'Almout, que sortoient ces Assassins, gens dévoués, dont il est fort parlé dans nos Histoires de la Terre-Sainte.

[d] D'Herbelot, Bibliot. Or.

ROUDEK, nom d'une Bourgade qui est des dépendances de la Ville de Bokhara, dans la Transoxane. C'est de ce Lieu qu'étoit natif le Poëte Persien Roudeki.

ROUEN, Ville de France, Capitale de la Normandie, & l'une des plus grandes, des plus riches & des mieux peuplées du Royaume. Elle est bâtie au bord de la Rivière de Seine, où la marée remonte si haut que des Vaisseaux de plus de deux cens tonneaux peuvent aborder le long d'un grand Quay, dont la Ville est bordée; ce qui la rend très-marchande & lui fait avoir Commerce dans les Pays les plus éloignés [e]. Cette Ville nommée premiérement *Rothomagus*, & ensuite *Rothomum*, ou *Rodomum* par corruption, étoit la principale Place des Peuples *Velocasses*, desquels elle n'a pas pris le nom, comme plusieurs autres Villes ont pris celui de leurs Peuples. Quoique l'ancien nom de Rouen (*Rothomagus*) soit Gaulois, & qu'on ne puisse nier que cette Ville ne soit très-ancienne, Jules Cé-

[e] Longuerue, Descr. de la France, p. 67. Part. 1.

César néanmoins dans ses Commentaires, & les autres Ecrivains Romains n'en font aucune mention, & Prolomée est le premier qui l'ait marqué. Cependant il falloit que cette Ville fût très-considérable, puisque lorsque sous Constantin on divisa en deux la Province Lyonnoise, on donna à la Nouvelle Province Lyonnoise, Rouen pour Capitale.

Les Ecrivains sont partagés sur l'origine du nom ancien de la Ville de Rouen. Berose[a] dit que *Magus* fils & Successeur de Samothès, premier Roi des Gaules jetta les fondemens de la Ville de Rouen & la fit appeller de son nom, qui en Langue Celtique signifioit *Edificateur*. Mais pourquoi auroit-on ajouté *Roto* à *Magus* ? D'autres veulent que *Rhomus* fils d'*Allobrox* dix-septième Roi des Gaulois, ayant rétabli & aggrandi cette Ville voulut qu'on mêlât son nom à celui de son Fondateur, & que des deux en changeant quelques lettres on fit *Rotomagus*. Camden derive le nom de Rouen de *Rith*, qui en vieux Gaulois signifie un *Gué* ou *passage de Riviére*; mais comme le remarque Mr. Huet, il faudroit dire qu'elle a d'abord été nommée *Rithomagum* & ensuite *Rothomagum*. D'ailleurs n'y ayant point de Gué à Rouen on ne peut soutenir cette Etymologie qu'en disant qu'il y avoit un bac. D'autres pretendent que les premières Syllabes *Rotho* ont été tirées du nom d'une Idole appellée *Roth* ou *Rothon*, qui étoit adorée dans cette Ville. Pas un de ces sentimens ne me paroit aussi vraisemblable que celui qui veut que le nom de *Rotomagus* ait été composé des deux premières Syllabes de *Rotobeccum*, qui est le nom Latin de la petite Riviére de Robec, & de *Magus* ou *Magum*, qui en Langue Celtique signifie *Ville*. On a donc appellé cette Ville *Rotomagus*; c'est-à-dire la Ville de Robec.

L'Assiéte de la Ville de Rouen est basse & enfoncée sur le bord de la Seine, entourée de trois côtés de Montagnes fort hautes & fort escarpées; n'ayant de seul côté de la Riviére qui soit ouvert. Il sort de ces Montagnes deux petites Riviéres, qui sont l'AUBETTE & le ROBEC. Il y a dans la Ville une troisième appellée la Renelle, en Latin *Ranella*, à cause dit Mr. Valois de la quantité de grenouilles qu'on y trouve ; mais ce n'est qu'un conduit d'eau tiré du reservoir d'une des fontaines de la Ville accordé aux Tanneurs par les anciens Ducs de Normandie. Quoique Thomas Corneille fût de Rouen, il n'a pas laissé de se tromper, quand il a dit[b] que l'une de ces Riviéres remplit les fossés de Rouen.

Cette Ville n'a d'autre enceinte qu'une muraille avec des Tours rondes à l'antique & des Bastions irréguliers pour défendre les portes qui sont du côté de la terre. Alain Chartier dit que de son tems il y avoit trois Forteresses à Rouen, le Palais, le Chastel ou le Fort Ste. Catherine, & le Pont. Le vieux Palais fut commencé en 1419. aussi-tôt qu'Henri V. Roi d'Angleterre se fut rendu Maître de la Ville de Rouen, & fut achevé sous le Régne d'Henri VI. son fils en 1443. C'est un Château à l'antique & de presque nulle défense, flanqué de cinq grosses Tours rondes, avec un Pont-levis, le tout environné d'eau. Il n'y a plus aujourd'hui aucune Garnison quoiqu'il y ait un Gouverneur particulier. Comme la Ville est fort peuplée & qu'elle n'est pas fort vaste, les rues en général en sont petites & étroites.

L'Eglise Métropolitaine appellée Nôtre-Dame est ornée d'un grand portail magnifique qui soutient deux hautes Tours, où les Etrangers ne manquent point de monter, pour y voir la grosse cloche, appellée George d'Amboise, à cause qu'elle fut faite par l'ordre du Cardinal de ce nom, Archevêque de Rouen. Elle passe pour une des plus grosses cloches qu'il y ait au monde. Dans le Chœur de cette Eglise, parmi les tombeaux de marbre que l'on y voit, est celui d'un Duc de Normandie. Dans une Chapelle derrière le Chœur, il y en a d'autres ornés de plusieurs figures, qui representent la Foi, la Charité, la Prudence, la Temperance, la Force, & la Justice avec leur Hieroglyphes. Le Thrésor de sa Sacristie, qui est encore très-beau, étoit plus considérable, avant qu'il eut été pillé par les Hérétiques durant les guerres civiles du seisième siècle. Au sortir de l'Eglise de Nôtre-Dame qui est un Vaisseau très-grand, & dont la structure se fait admirer; on entre dans une grande Place où est une fontaine qui regarde le Palais de la Chancellerie. Il est dans la grande rue de Nôtre-Dame qui change de nom dans tous les quartiers par où elle passe. Elle commence à la Porte Neuve, où elle se nomme rue Grand-Pont. De là elle passe devant les Eglises de Nôtre-Dame, de St. Martin, des Carmes où elle en prend le nom, & plus avant, devant la Place de la Rougemare, où les Jésuites ont leur Collége avec une belle Eglise, allant finir à la porte Beauvoisine, où elle en prend aussi le nom, de sorte que dans toute cette étendue qui fait la largeur de la Ville, elle a environ quinze cens pas communs. Cette porte est l'une des cinq qui ferment les murailles de Rouen du côté de terre. Les quatre autres sont la porte Cauchoise, celle de Bouvreüil, & celles de Saint Hilaire, & de Martainville. La longueur de la Ville se prend depuis cette dernière jusqu'à la porte Cauchoise où est un grand Fauxbourg de ce même nom, avec une rue appellée rue Cauchoise, qui aboutit au Vieux Marché, sur lequel est St. Sauveur, & quarante pas plus loin, l'Eglise de Saint Michel, qui a un clocher couvert de plomb, semblable à celui qui est sur le chœur de l'Eglise de Nôtre-Dame. Le Marché au poisson est au-dessus, & donne entrée à la rue du gros Horloge, ainsi appellée, parce qu'elle passe sous le befroi de la Ville, qui est nommé le gros Horloge, & non pas la grosse Horloge. La Maison de Ville est dans cette rue, qui va jusqu'à Nôtre-Dame, après quoi on trouve celle de l'Archevêché jusqu'à Saint Maclou grande Paroisse, où commence la rue de Martainville, qui finit à la porte de ce même nom. Il y a deux Abbayes très-considérables dans Rouen, l'une des Bénédictins appellée St. Ouen, & l'autre des filles que l'on nomme St. Amand. Le Convent de la première est très-spacieux, & ses jardins sont fort agréables. C'est où le Gouverneur de la Province a son Palais. L'Eglise en est admirable pour la beauté de sa structure. Il n'y en a point de mieux bâtie après celle de Nôtre-Dame. Elle a cent soixante-dix pas de longueur, & est devant une grande Place qui la rend fort claire. Le Palais, où le Parlement s'assemble, a des Chambres de Justice très-bien meublées. On admire d'autant plus sa grande Salle, qu'elle n'est soutenue d'aucunes colomnes. Sa Cour est fort spacieuse, & beaucoup de Libraires y ont leurs boutiques.

Le nombre des Eglises de Rouen est si grand, qu'il seroit ennuieux de les nommer. Il y a trente Paroisses dans la Ville, & cinq dans les Fauxbourgs, avec toutes sortes de Convents d'Hommes, & de Filles. La quantité de fontaines qui sont dans des rues, est une grande commodité pour les Habitans, mais il n'y a pas beaucoup de belles Maisons. La promenade du Quay, qui a treize Portes, par où l'on peut entrer dans la Ville est fort agréable. Le Vieux Palais en fait le commencement. Il est flanqué de huit grosses Tours rondes & de fortes murailles, défendues de ses fossés, que l'eau de la Rivière remplit. Il est surprenant de voir la diversité des Nations, qu'amènent les Navires, qui abordent le long de ce Quay, d'entendre les différentes Langues de ceux qui s'y promènent sur la Place à l'ombre de quelques allées d'Ormes. On y voit la Doüane, qu'ils appellent la Romaine. C'est où se payent les droits du Roi pour les Marchandises qui viennent par Mer. La Maison de la Bourse, où s'assemblent les Marchands pour le Commerce & pour les Lettres de change, n'est pas éloignée de là; mais ce qui est le plus curieux à voir c'est le Pont de bateaux sur la Seine, qui tient la place de celui de pierre, qui finissoit au petit Château, qui est encore en son entier, dans une petite Isle qui en rend la situation fort agréable. Ce Pont de pierre ayant été ruiné par les grosses eaux, les difficultés que l'on trouva à le rebâtir, à cause de la profondeur de la Rivière & du perpetuel mouvement du flux & reflux de la Mer, firent entreprendre celui de bateau, qui est construit de telle manière, qu'on le voit hausser à mesure que la marée remonte, & abbaisser lorsqu'elle descend, ce qui est fait avec une telle proportion, qu'il est aussi ferme que s'il étoit fait de pierre. Sa longueur est de deux cens soixante & dix pas. Il est pavé, & donne passage aux Carosses, & aux Charrettes dans le grand Fauxbourg de St. Sever, où l'on va voir travailler à toutes sortes de pots & d'ouvrages de Faïence. Le Mail est dans ce Fauxbourg très-droit & très-long, & en détournant à gauche après que l'on a passé le Pont, on trouve le Cours, qui est une promenade toute charmante. Les Chartreux ont leur Convent à une demi-lieue de la Ville, en un lieu où étoit une Abbaye, qu'on appelloit *Saint Julien*. Les Anglois se rendirent Maîtres de Rouen en 1418, & en 1449, cette Ville se remit sous l'obéissance de Charles VII. Les guerres de la Religion la désolèrent beaucoup dans le seizième siécle. Les Huguenots l'ayant prise, elle fut reprise & saccagée sous Charles IX. en 1562. Durant le Siège, Antoine de Bourbon Roi de Navarre, y reçut une blessure, dont il mourut peu de tems après. Son fils Henri le Grand la prit à ceux de la ligue en 1594. On voit encore sur la Montagne de Sainte Catherine, quelques restes de l'ancien Fort, qu'il fit démolir. On descend présentement de cette Montagne sur le Quay, sans être obligé d'entrer dans la Ville.

Rouen renferme dans ses murailles plus de soixante mille ames. Il y a plusieurs Places publiques, parmi lesquelles il y en a sept principales, qui sont la vieille Tour, le vieil Marché, la Calende, la petite Harangerie du Pont, le Marché neuf, le Marché aux veaux, & le Marché aux Chevaux, appellé la Rougemare. La Place de la Vieille Tour a pris son nom d'une Tour qui faisoit autrefois partie du Château des Ducs de Normandie, qui fut démoli sous le Regne de Philippe Auguste l'an 1204. On a bâti en la place de la vieille Tour une Chapelle quarrée & ouverte de tous côtés, qui porte le nom de Saint Romain, où tous les ans le jour de Saint Romain, un Prisonnier leve la Fierte, ou Chasse de ce Saint, pour acte de sa délivrance.

Le Marché aux Veaux a été ainsi nommé à cause que l'on y vend de Veaux & des Moutons. Cette Place est remarquable par la mort de Jeanne d'Arc, surnommée la Pucelle d'Orléans. On y voit une Fontaine fort ornée. Trois grosses Colomnes placées en triangle soutiennent une plate-forme, dont des Angles portent une figure montée sur de hautes Consoles. Au milieu est une grande Figure de la Pucelle, accompagnée encore de trois autres Colomnes, au-dessus desquelles, on voit quelques Figures & ornemens terminés par une Lanterne. L'Histoire de cette Jeanne d'Arc est décrite dans celle de Louis onze, où je renvoye le Lecteur. Le Palais où le Parlement rend la Justice, a été bâti dans une Place, appellée le Clos des Juifs, qui fut réünie au Domaine, lorsqu'ils furent chassés de France en 1181. Ce Palais fut commencé en 1499, & fut en état de recevoir le Parlement en 1506. Mais il n'étoit pas encore achevé en 1508. La grande Chambre est ornée de riches Compartimens, & de culs de Lampe dorés & portés en l'air. La Salle des Procureurs a cent soixante pieds de long sur cinquante de large, sans être soutenue d'aucun pilier. La Cour en est spacieuse, & est ornée de boutiques de Libraires &c.

Le Pont de Rouen est d'une structure singulière, étant de bateaux joints ensemble, pavés par-dessus, se haussant & se baissant avec le Flot de la Mer. Il est cependant incommode, parce qu'il est d'un grand entretien, & que d'ailleurs on est presque tous les ans obligé de le démonter pour empêcher que les glaces n'en emportent une partie. Ce Pont fut construit en l'an 1626. Il a deux cens soixante-dix pas de long, & donne passage dans le grand Fauxbourg de S. Sévere, où l'on trouve le Mail, qui est d'autant plus beau qu'il est droit. Après que l'on a passé le Pont, en prenant à gauche, on rencontre le Cours qui est un des plus beaux de l'Europe.

Il y avoit autrefois un Pont de pierre à Rouen, qui fut bâti par Ordre de la Princesse Mathilde, Mere du Roi Henri second. Il avoit soixante & quinze toises de long, & étoit composé de treize arches; mais l'an 1502, le vingt-deux d'Août à deux heures après midi, trois Arches de ce Pont tombérent

rent en ruïne. L'an 1553. deux autres Arches eurent le même sort, & en 1564. quelques-unes de celles qui restoient s'étant entr'ouvertes, il n'y eut plus de sûreté à passer sur ce Pont. On voit bien par ce qui en reste, qu'il étoit trop haut & trop étroit. La place propre en à bâtir un nouveau, pourroit être choisie à la pointe de l'Isle, pour épargner la dépense ; mais il seroit plus commode dans l'endroit où étoit l'ancien.

Le 25. Juin l'an 1683. cette Ville éprouva la fureur d'un Ouragan, qui s'étant élevé sur les sept heures du soir y fit des dégâts terribles en divers endroits. Il fut accompagné de Tonnerres, d'une pluye d'orage mêlée, d'une quantité extraordinaire de grêle de la grosseur d'une noix, & même d'un œuf, & il y en avoit des grains du poids d'une demi-livre, & d'autres de trois quarterons. La voûte de la Nef de la Cathédrale fut enfoncée par la chûte de trois des quatre hautes, & assez grosses Pyramides de pierre, percées à jour en manière de Clochers, qui terminoient le grand Portail entre les deux grosses Tours. Le Positif de l'Orgue en fut abbatu, & les gros tuyaux demeurerent tellement endommagés, qu'il a fallu les refondre entièrement, & refaire l'Orgue tout à neuf. Quelques Parapets & des Balustrades de pierre des dehors de cette Eglise furent rasés, & emportés par les Vents qui abbatirent quantité de jolies Pyramides, & cassèrent une grande partie des anciennes vitres de verre fort épais, & peint en aprêt. L'Abbaye Royale de Saint Oüen souffrit aussi un fort grand dommage, de même que l'Hôpital de Saint Louïs des Pestiférés. La belle Pyramide revêtuë de plomb, qui étoit sur la Tour de l'Eglise Paroissiale de S. Michel, fut arrachée au-dessus des Cloches, & transportée par le Vent au milieu de la ruë, où elle se brisa, en tombant contre le devant d'une Maison. Une partie du Clocher de pierre de l'Eglise de Saint André dans la Ville, tomba sur la voûte de la Nef, & la fracassa entièrement. Un grand nombre d'autres Tours, & de Clochers furent ébranlés & endommagés par cette horrible tempête, qui fit de très-grands ravages dans la plûpart des Maisons des particuliers ; ensorte que le dommage arrivé en toute la Ville, monta à plus de deux millions. Cet Ouragan qui se fit sentir dans l'espace d'environ cinq lieues, depuis la Bouille jusqu'à Darnetal, & qui ne dura pas un quart d'heure entier sur la Ville, déracina les plus forts & les plus gros Arbres, saccagea les Grains, les Légumes, les Herbages, & les Fruits, & l'on ne fit aucune récolte dans tous les lieux où tomba la grêle.

Les dehors de cette Ville sont si beaux, qu'ils mériteroient une description particulière. Les promenades de tous cotés, les Isles sur la Rivière de Seine, des belles Maisons, &c. A une petite lieue de Roüen est une Chartreuse, qui est la plus agréable Solitude, que l'on puisse voir.

L'Archevêché de Roüen est un des plus beaux, qui soyent en France. Il vaut soixante mille livres de revenu, & son Diocèse comprend treize cens quatre-vingt-huit Paroisses distribuées sous six Archidiaconés, & vingt-sept Doyennés ruraux, & sous le Doyenné de la Ville & Banlieuë de Roüen, appellé le Doyenné de la Chrétienté. Saint Nicaise est reconnu pour le premier Evêque de la Ville de Roüen. On dit qu'il y fut envoyé par St. Clément pour y planter la Foi Chrétienne, environ quatre-vingt ans après la Naissance de Nôtre Seigneur. Il n'y en eut point depuis jusqu'en l'an 265. que le Pape Saint Etienne y envoya Saint Melon, qui ayant abbatu le Temple de l'Idole Rhot, fit bâtir au même Lieu la première Eglise à l'honneur de la Trinité. C'est aujourd'hui un Prieuré de Chanoines de St. Augustin, appellé *Saint Lo*. Il en fit élever un autre sous l'Invocation de Notre-Dame, dont il fit l'Episcopale, & où il mit des Chanoines, qui la desservirent jusqu'à ce que la grande Eglise fut édifiée. Saint Anidian succéda à Saint Melon, & s'étant trouvé en deux Conciles assemblés à Arles, il fut institué Métropolitain de six Evêchés de la Neustrie, qu'on n'appelloit pas encore *Normandie*. Saint Sévère dont porte le nom une Eglise Paroissiale, qui est au Fauxbourg de l'autre côté du Pont, fut le Successeur d'Anidian. Après lui vinrent Eusèbe, Marcellin, Victrice, Saint Innocent, & Saint Gildard ou Godard, qui ayant été enterré dans l'Eglise de Notre-Dame en grande solemnité, fit tant de Miracles, que cette Eglise changea de nom, & fut nommée Saint *Godard*. Saint Flavie, dit Saint Filleul par corruption, succéda à Saint Godard, & ce fut sous lui que l'Abbaye dite aujourd'hui *de Saint Oüen*, du nom d'un Archevêque Successeur de Saint Romain, fut édifiée à l'honneur de St. Pierre, & de St. Paul, par deux Architectes, qui à l'envi l'un de l'autre employérent tous les secrets de leur Art pour l'en rendre le Chef-d'œuvre. A Saint Flavie succédèrent S. Prétexte, Mélantius, Hidulphus, puis St. Romain. Ce dernier fit abbattre un Temple consacré à Venus, que les anciens Gaulois avoient bâti hors la Ville. Sous Gombaud, trente-troisième Archevêque de Roüen, les Normands brûlèrent la Ville, dont ils pillèrent toutes les Eglises, & depuis ce tems Francques, Successeur de St. Léon, craignant de Raoul ou Rol le même desastre, alla au-devant de lui par l'avis de tout le Peuple, qui offrit de lui obéïr, pourvû qu'il se fit Chrétien, & qu'il gardât les Coûtumes du Pays. Ce Prince voulant y établir son séjour, y fit bâtir un Château fortifié de bonnes murailles, en la place où est à présent l'Eglise, appellée *Saint Pierre le Castel* ou du *Chastel*. Ce fut lui, dit-on, qui fit bâtir la grande Eglise de Notre-Dame, en laquelle il fut baptisé, & prit le nom de Robert. Pierre Roger Archevêque de Roüen en 1330. fut élevé au Souverain Pontificat, sous le nom de Clément VI. depuis ce tems-là, il y a eu douze Archevêques de cette Ville qui ont été Cardinaux. De ce nombre il y en a eu un de la Maison de Luxembourg, un de celle d'Estouteville, deux de celle d'Amboise, deux de l'Auguste Maison de Bourbon, & un de celle de Joyeuse.

L'Archevêque de Roüen, prend la qualité de Primat de Normandie, quoiqu'il n'ait aucun Archevêque pour Suffragant ; mais ce titre ne lui donne d'autre prérogative que de n'avoir point de Supérieur en France, & de dépendre immédiatement du Saint Siège, encore lui a-t-elle été contestée par l'Archevêque de Lyon, jusqu'en 1702. Voici le fait qui donna lieu à la décision de cette ancienne contestation. Le Sieur de Sebouville, ayant été pourvû de la Cure de Beauficel, l'Archevêque de Roüen lui refusa le *Visa*. Cet Ecclésiastique s'adressa à l'Archevêque de Lyon, en qualité de Primat. L'Archevêque de Roüen appella comme d'abus du *Visa* accordé par l'Archevêque de Lyon. Ce procès fut évoqué au Conseil du Roi, qui par Arrêt donné à Versailles le 12. May 1702. maintint & garda l'Archevêque de Roüen, & ses Successeurs dans le Droit & la Possession, où est de tems immémorial l'Eglise de Roüen, de ne reconnoître d'autre Supérieur immédiat que le Pape; & fait défenses à l'Archevêque de Lyon, à ses Grands-Vicaires, Officiaux, & à tous autres, de l'y troubler à l'avenir.

Lorsque l'Archevêque de Roüen prend possession de son Eglise, il se rend d'abord en l'Eglise Paroissiale de Saint Herbland, où quelque froid qu'il fasse, ses bas & ses souliers lui sont ôtés par le Sacristain. Puis étant en Rochet & en Camail, il va les pieds nuds à l'Eglise Cathédrale, marchant le long des Boutiques des Orfévres, sur un peu de paille ou de nate, dont le pavé est jonché, pour lui adoucir cette marche, & lui épargner la boüe. Il est accompagné dans cette Cérémonie du Prieur, & des Religieux de Saint Oüen, tous en Chapes. Quand l'Archevêque arrive au Parvis ou Aître de la Cathédrale, il y trouve le Clergé de cette Eglise rangé en hayes; & après que le Doyen lui a présenté de l'eau benite, & qu'il lui a donné la Croix à baiser, le Prieur de Saint Oüen s'adressant à tout le Chapitre, lui dit, *Nous vous donnons notre Archevêque vivant, vous nous le rendrez mort*. Le Doyen reçoit le serment, que le Prélat fait en mettant les mains sur le Livre des Evangiles, de protéger & défendre l'Eglise de Roüen, de garder fidellement les Droits, Franchises & Priviléges de cette même Eglise. Le Prélat entre ensuite dans l'Eglise, & va reprendre sa chaussure à l'Autel de Saint Pierre, après avoir offert un Ecu d'or à l'Autel des Vœux. L'Archevêque ayant été installé dans la Cathédrale, est conduit par le Chapitre dans l'Abbaye de Saint Amand, où il reçoit de l'Abbesse, à la tête de ses Religieuses, l'Anneau pastoral.

Ce Prélat étant mort, les Chanoines sont obligés de porter son Corps au pied de la Barriére, près la Croix de l'Abbaye Saint Oüen. Après que le Corps y a été déposé, le Prieur & les Religieux le prennent, & le portent dans l'Abbaye, où il reste en dépôt pendant vingt-quatre heures, & les Religieux lui font un Service magnifique. Cette Cérémonie finie, les Religieux reportent le Corps à la Croix du Cimetiére, où les Chanoines viennent le reprendre pour le porter à l'Abbaye de S. Amand, où l'Abbesse à la tête de sa Communauté vient lui ôter l'Anneau pastoral, & lui en remet un autre d'or tout uni. Cela fait, les Chanoines portent le Corps dans leur Cathédrale pour être inhumé. M. d'Aubigny, Archevêque de Roüen, étant mort au mois d'Avril de l'an 1719. les Chanoines voulant éviter ce Cérémonial, se contentérent d'enlever le Corps de son lit de parade, & de le descendre dans le Caveau du Cardinal d'Amboise. Les Religieux de Saint Oüen, en ayant été avertis, présentérent Requête au Parlement de Roüen, sur laquelle intervint l'Arrêt du 27. Avril, qui ordonne: que les Chanoines seront obligés de représenter le Corps enlevé, de l'exhumer, & de le porter ensuite avec les Cérémonies ci-dessus expliquées, à l'Eglise & à l'Abbaye de Saint Oüen, & de le reporter dans la Cathédrale pour y être inhumé, suivant l'ancien usage : qu'il sera fait aux dépens du Chapitre un Service solemnel dans les trois jours de la signification de l'Arrêt; & faute par les Chanoines d'exécuter le présent Arrêt, permis au Prieur, & Religieux de Saint Oüen, de faire saisir le Temporel des Chanoines, le tout avec dépens.

Le Chapitre de l'Eglise Cathédrale est composé de dix Dignités, & de cinquante un Chanoines, en comptant l'Archevêque, qui est aussi Chanoine, & qui en cette qualité a voix en Chapitre. Il y occupe la premiére place, & y préside. Les Dignités & Canonicats de ce Chapitre sont à la nomination de l'Archevêque, excepté le haut Doyenné qui est électif par le Chapitre. Outre ces cinquante-un Chanoines, il y en a huit petits, qu'on appelle des quinze Marcs, ou quinze livres, qui n'ont point de voix en Chapitre, & n'ont rang au Chœur que parmi les Chapelains, Chantres & Musiciens; & il y a aussi quatre Colléges de Chapelains & Chantres, dont l'un se nomme d'Albane, pour avoir été fondé par Pierre de Cormiau Cardinal d'Albe, qui avoit été Archevêque de Roüen. Ce Collége d'Albe doit être composé, selon la fondation, de dix Chantres, dont quatre doivent être Prêtres, trois Diacres, & trois Soûdiacres.

Les trente Prébendes qu'on nomme les Prébendes de Saint Romain, ont cela de singulier, qu'elles sont possédées par trente Filles, ou Veuves. On croit qu'elles doivent leur institution à des filles, ou à des veuves, qui travailloient autrefois au blanchissage, & au raccommodage du linge de l'Eglise. C'est l'Archevêque qui pourvoit à ces Prébendes, & c'est lui aussi qui en paye le gros. Ces Prébendiéres sont aujourd'hui obligées à fort peu de chose, puisqu'elles ne sont tenues, que d'assister à trois Obits, qui se disent l'un le 15. de Janvier, un autre le 23. Juin, & le troisième le 11. de Juillet. L'Assistance commence la veille aux Vigiles, & continue le lendemain à la Grand'-Messe, où elles vont toutes à l'Offrande. Le Chapitre distribue six livres à celles qui sont présentes. Quoique chacune de ces Prébendes ne rapporte que très-peu de chose, elles ne laissent point d'être fort recherchées, parce-qu'en vertu des Priviléges du Chapitre, les filles, ou les veuves qui en sont pourvues, ont droit de *Committimus*, & leurs Causes commises aux Requêtes du Palais. Elles peuvent quand il leur plaît résigner leurs Prébendes.

C'est un Droit de l'Eglise Cathédrale de Roüen, que les Evêques Suffragans de la Pro-

Province, sont obligés de lui prêter serment d'obéissance, comme aussi à l'Archevêque: *Venerabili Ecclesiæ Rotomagensi, ac Reverendissimo Domino Patri Archiepiscopo* &c. Ils prêtent ce serment entre les mains de ce Prélat, ou, en son absence entre celles du Célébrant, dès qu'il est monté à l'Autel, avant que de dire l'*Introite*. Ces Evêques doivent aussi donner à dîner à ceux qui composent le Chapitre; mais pour ce dîner, ils donnent ordinairement cent écus. Avant que d'avoir prêté ce serment, les Evêques Suffragans ne sont point reconnus dans l'Eglise Métropolitaine, ne sont point admis aux Assemblées Provinciales, & ne peuvent point être députés de la Province pour les Assemblées Générales du Clergé de France.

Le Droit le plus singulier, qu'ait l'Eglise de Rouen, est le pouvoir qu'elle a de délivrer un Criminel, & ses Complices tous les ans au jour de l'Ascension, après que ce Criminel a levé la Fierte, c'est-à-dire la Châsse de Saint Romain. La Tradition populaire rapporte l'origine de ce Privilège au Roi Dagobert qui l'accorda à Saint Oüen. Elle veut que du tems de Saint Romain, Evêque de Rouen, il y eut un horrible Dragon, qui désoloit le Païs, & dévoroit les hommes & les animaux; que Saint Romain demanda à la Justice un ou deux Criminels condamnés à mort, avec lesquels il délivra le Pays de ce Monstre: qu'en considération de ce grand miracle, le Roi Dagobert accorda à Saint Oüen, Successeur de Saint Romain à l'Evêché de Rouen, le Privilège de délivrer tous les ans un Prisonnier, & qu'en mémoire de cette délivrance on porte en Procession le jour de l'Ascension la figure de ce Dragon, que l'on nomme la Gargouille. L'an 1699. les Officiers du Bailliage, & Siège Présidial de Rouen, présentèrent une Requête au Roi, dans laquelle ils prétendirent faire voir trois choses: 1°. que le Dragon ou la Gargouille, portée à Rouen aux Processions des Rogations, & du jour de l'Ascension, n'est pas la figure d'un Animal tué miraculeusement par Saint Romain, mais une ancienne Cérémonie de l'Eglise. 2°. que le Privilège de délivrer un Prisonnier, le jour de l'Ascension doit son origine à la piété des Ducs de Normandie, & non pas au prétendu miracle de la Gargouille. 3°. Que ce Privilège ne doit pas s'étendre aux Crimes appelés Cas Présidiaux, & ne doit avoir lieu, que pour des homicides malheureux, commis dans la Province. Ils prouvèrent la fausseté du Miracle par le silence des Auteurs contemporains, & de ceux des siècles suivans. Saint Ouen n'en dit pas un mot dans la Vie de Saint Eloy, ni dans son Livre *de anima Dagoberti*. Il n'est nullement croyable qu'il eût oublié un fait de cette importance, qui regardoit le Roi Dagobert, & Saint Oüen lui-même. Sigisbert dans sa Chronique, Jonas dans ses Vies, Béde, Usuard, Vincent de Beauvais, Baronius, ni la Vie de Saint Romain, que Rigaut a fait imprimer, n'en disent pas un seul mot. On lit dans cette Vie que Saint Romain obtint de Dieu par ses prières, que la Riviére de Seine qui s'étoit débordée, rentrât dans son lit ordinaire. Un Poëte Grec plusieurs siècles après, donna à ce débordement le nom d'Hydre, & c'est peut-être ce qui a donné lieu à la fable du Dragon, ou de la Gargouille. Quoiqu'il en soit, il est constant, qu'on n'a commencé à parler de ce Miracle que sur la fin du 14me. siècle & ç'a toujours été avec des contradictions, qui le rendent peu croyable. Tantôt le Dragon fut seulement chassé par Saint Romain; tantôt il fut tué dans la Forêt de Rouvrai, emmené jusqu'au Pont, & jetté dans la Rivière; tantôt il fut dompté dans une Caverne qui étoit auprès des murailles de la Ville, & fut emmené avec l'Etole, & brûlé dans la Place publique; tantôt le Saint avoit avec lui deux Prisonniers, un Voleur, & un Meurtrier, dont le Voleur s'enfuit, & tantôt un seulement. Dans quelques titres le Privilège est accordé à Saint Romain, Archevêque de Rouen, & Chancelier de France par le Roi Clotaire II. l'an 520. Dans d'autres il a été accordé à Saint Oüen par le Roi Dagobert, & dans un autre il a été apporté du Ciel au Chapitre par un Ange. A ces variations succèdent les erreurs de Chronologie. Saint Romain n'étoit point Evêque de Rouen en 520. il ne le fut qu'en 622. & le Roi Clotaire II. ne naquit qu'en 584. On ne trouve pas mieux son compte à soutenir, que ce Privilège a été accordé à Saint Oüen par le Roi Dagobert. Tous les Chronologistes placent l'Epoque de la mort de ce Prince trois ans au moins avant que Saint Oüen fut élu Evêque de Rouen. D'ailleurs ce Saint Evêque, n'en dit pas un mot dans ses Livres. Dans cette obscurité, & au milieu de tant de contradictions, il paroit que les Ducs de Normandie, faisant leur séjour dans leur Capitale, avoient la pieuse coutume d'accorder un Prisonnier à l'Eglise de Rouen lorsqu'ils assistoient à la Cérémonie du jour de l'Ascension pour imiter par cette délivrance réelle, la délivrance mystérieuse du Genre Humain de la captivité du Démon par Jésus Christ montant au Ciel. En effet on remarque que Richard I. Duc de Normandie, & Roi d'Angleterre, ayant été détenu Prisonnier en Autriche, il n'y eut point cette année-là de Prisonnier délivré, & qu'à son retour il en accorda deux l'année d'après, en actions de graces de la liberté qu'il avoit lui-même recouvrée. De cette coutume volontaire de la part des Ducs, l'Eglise de Rouen se prévalant des changemens arrivés en Normandie par l'invasion des Anglois, s'en est fait un Droit qui a été toléré par nos Rois, & confirmé même par Louïs XII. & Henri IV. à condition de ne pouvoir user de ce Privilège pour des Criminels accusés de crimes de Leze-Majesté, hérésie, vol, viol, assassinat, guet-à-pens, & fausse monnoye. A ces restrictions le Conseil d'Etat en ajouta d'autres par son Arrêt du mois de Mai de l'an 1699. en faisant défenses aux Chânoines d'élire d'autre Prisonnier, qu'un qui soit originaire de la Province, & qui y ait été décrété. Voici les Cérémonies, qui s'observent pour cette délivrance. Quinze jours avant l'Ascension, le Chapitre de la Cathédrale députe quatre Chanoines au Parlement, à la Cour des Aydes, & au Bailliage, afin que depuis ce jour-là jusqu'à ce que le Privilège ait eu son effet, aucun des Criminels qui sont détenus dans les

les Prisons de la Ville, & des Fauxbourgs ne soit transféré, mis à la question, ni exécuté. Après le Lundi des Rogations, le Chapitre nomme deux Chanoines Prêtres, qui se transportent avec leur Greffier qui est aussi Prêtre, dans les prisons pour y entendre les confessions des Criminels qui prétendent au Privilège, & par-là recevoir leurs dépositions sur le crime, dont on les accuse. Le jour de l'Ascension sur les sept heures du matin, le Chapitre composé, seulement des Chanoines Prêtres s'assemble pour l'élection du Criminel, qui doit être délivré. Après avoir invoqué le Saint Esprit, & fait serment de garder le secret, on fait lecture des confessions des Prisonniers, lesquelles sont brûlées dans le lieu même, aussitôt que l'élection du Criminel est faite. Le même jour sur les neuf heures du matin, les Présidens & Conseillers du Parlement revêtus de leurs Robes rouges, se rendent dans la Grand'Sale du Palais, pour y assister à une Messe solemnelle qui est célébrée par le Curé de Saint Lo. Après la Messe ils vont dans la Grand'Chambre dorée, où à Midi on leur sert un magnifique dîner. Vers les deux heures après midi, le Chapelain de la Confrairie de Saint Romain, va en Surplis, Aumusse & Bonnet quarré, porter au Parlement le Billet de l'élection que le Chapitre a faite d'un Prisonnier détenu pour crime. Sur cela, la Cour ordonne à deux Huissiers d'aller avec le Chapelain de la Confrairie de Saint Romain, prendre le Prisonnier dans la prison. Ils le conduisent au Parlement, où il est mis sur la Sellette. Ayant été interrogé, & ses informations ayant été rapportées, il est condamné au supplice que mérite son crime; puis en vertu du Privilège, sa grace lui est donnée, & il est livré entre les mains dudit Chapelain de Saint Romain, qui le conduit tête nue à la Place de la Vieille Tour, où la Procession étant arrivée, l'Archevêque assisté du Célébrant, du Diacre, du Soûdiacre & de quelques Chanoines, monte au haut du Perron avec eux, & avec les deux Prêtres qui portent la Fierte, ou Châsse de Saint Romain: laquelle étant posée sous une Arcade, sur une table décemment ornée, l'Archevêque, ou en son absence le Chanoine célébrant, fait une exhortation au Criminel qui est à genoux, & tête nue, lui représente toute l'horreur de son crime, & l'obligation qu'il a à Dieu & à Saint Romain, aux mérites duquel il doit sa délivrance. Il lui ordonne ensuite de dire le Confiteor; puis lui met la main sur la tête, & dit le *Misereatur* & l'*Indulgentiam*. Enfin il lui fait mettre sur les épaules un bout de la Châsse, & la lui fait un peu élever. Après cela on lui met une Couronne de fleurs blanches sur la tête, & la Procession retourne à l'Eglise de Notre-Dame, le Prisonnier portant la Châsse par la partie antérieure. La Procession étant rentrée on dit la Grande Messe, quoiqu'il soit cinq ou six heures du soir. L'Archevêque, les Dignités, & le Chapitre font successivement une exhortation au Prisonnier, qui est ensuite mené en la Chapelle de Saint Romain, où il entend la Messe. L'on le conduit ensuite à la Vicomté de l'Eau, où l'on lui donne la colation, & de-là chez le Maître, ou Bâtonnier de la Confrairie de Saint Romain, où il soupe & couche. Le lendemain sur les huit heures du matin, il est conduit par le Chapelain dans le Chapitre, où le Pénitencier ou un autre Chanoine lui fait encore une exhortation, après laquelle il le confesse, & enfin lui fait jurer sur le Livre des Evangiles, qu'il aidera de ses armes Messieurs du Chapitre, quand il en sera requis: ainsi finit cette Cérémonie, & le Prisonnier est renvoyé absous & libre.

Outre le Chapitre de la Cathédrale, il y en a encore deux dans la Ville de Rouen, celui de Saint George, & celui de Saquende. On en compte sept autres dans ce Diocèse, qui sont ceux:

d'Andely,	de Blainville,
d'Ecouy,	de Chalmenil,
de Gournay,	d'Yvetot,
& de Saquenville.	

L'Abbaye de Saint Oüen de Rouen, est de Bénédictins Réformés, & fut fondée par Clotaire I. vers la vingtième année de son Regne, sous l'Invocation de Saint Pierre. Elle prit ensuite le nom de Saint Oüen, & jouit à présent de soixante mille livres de revenu. Saint Amand de Rouen est aussi de l'Ordre de Saint Benoît; mais elle est pour des filles. Elle fut fondée par le Vicomte Gosselin & Ameline sa femme, en l'honneur de la Sainte Vierge & de Saint Amand, Evêque d'Utrecht, vers l'an 1030. elle jouit d'environ vingt-sept mille livres de revenu.

Les autres Abbayes du Diocèse de Rouen sont:

Fécamp,	La Valace,
Jumiéges,	Mortemer,
Le Bec,	Beaubec,
Saint Georges,	Foucarmon,
Tréport, *ulterior Portus*,	Corneville,
Saint Victor,	Le Trésor,
Vallemont,	Notre-Dame d'Eu,
Saint Martin d'Acy,	Fontaine-Guerard,
Saint Martin de Pontoise,	Bival,
Montivilliers,	Ressons,
Gomer-Fontaine,	Bellosane,
La Trinité du Mont,	Macheroux, *Marchasium Rudolphi*, l'Isle Dieu.

Le Parlement de Rouen a été établi en la place de l'Echiquier, dont quelques-uns rapportent l'institution à Philippe le Bel; mais dont l'origine se tire avec plus de fondement des Assises Générales, que tenoient les Ducs de Normandie, tant pour l'administration de la Justice, que pour toutes les autres affaires qui regardoient le bien du Pays. Cet Echiquier étoit comme un Parlement ambulatoire. On l'assembloit tantôt à Rouen, tantôt à Caën, quelquefois à Falaise ou en d'autres Villes, selon les Ordres du Prince, sans qu'il eût aucun lieu fixe. On le convoquoit deux fois l'année vers Pâques, & vers la Saint Michel, & on l'employoit deux ou trois mois dans l'un & dans l'autre tems, pour ap-

approuver ou pour réformer les Sentences, qui avoient été données par les Juges subalternes. C'étoit le Grand-Sénéchal de Normandie qui y préfidoit, & les Principaux du Clergé, & de la Noblesse de la Province y étoient appellés. Ils étoient obligés sous peine d'amende d'y comparoître en personne, & ils y avoient voix délibérative. Ensuite on y appelloit les 7. Grands Baillifs de Normandie, qui sont ceux de Rouen, de Caux, de Gisors, d'Evreux, de Caën, du Coutentin, & d'Alençon, avec les Officiers des Bailliages, & enfin les Avocats & les Procureurs, ainsi que les Juges, afin de recorder de l'usance & du stile de la Coûtume, qui n'étoit point rédigée alors par écrit, du moins par autorité publique. Les guerres & les divisions survenues, ayant obligé nos Rois à apporter du changement dans l'adminiſtration de l'Echiquier, ils députèrent des Présidens & des Conseillers tant Ecclésiastiques que Laïques, & des Gentilshommes distingués pour être les Juges de cette Assemblée. L'Echiquier comprenoit un grand nombre de personnes, & sans parler des Gens de Justice de toutes les Jurisdictions de la Province, il y en avoit quatre-vingt-quinze du Corps du Clergé, & soixante-douze de celui de la Noblesse. Louïs XII. rendit cette Cour perpétuelle en 1499. & François I. lui donna le nom de Parlement en 1515. Il y avoit une Chambre de l'Edit, qui fut supprimée avec celle de Paris, & depuis quelques années on y a établi une seconde Chambre des Enquêtes. Le Ressort de ce Parlement, comprend la Haute & la Basse Normandie, & l'on y appelle des Bailliages & Présidiaux de Rouen, Caudebec, Caux, Evreux, Alençon, Caën, Coûtances, & Gisors. Il y a aussi à Rouen Chambre des Comptes, dont l'Institution est due à Henri III. qui l'unit en 1580. à la Cour des Aides de Normandie. Elle a toute cette Province dans son Département.

Le Bailliage de Rouen, renferme les Vicomtés de Rouen, du Pont-Audemer, du Pont-l'Evêque, & du Pont de l'Arche. Les Vicomtes exercent la même Jurisdiction sur les habitans roturiers, & non privilégiés que celle qu'exercent les Lieutenans-Généraux des Baillys sur les Nobles, & sur les Privilégiés. Le Bailly de Rouen est d'épée, & ses appointemens sont de trois cens soixante-cinq livres par an, payés sur le Domaine. Il n'a aucuns Droits: quant aux fonctions, il va présider quand bon lui semble à la Jurisdiction, où il n'a point de voix délibérative. Il commande aussi la Noblesse, lorsqu'il en reçoit les Ordres du Roi. M. de Longueville fit unir l'Office de Bailly de Rouen au Gouvernement de la Province, l'an 1649. La Chambre des Comptes de Rouen fut créée en 1380, supprimée en 1553. par Henri II. & rétablie en 1580. par Henri III. Elle est composée de quatre Présidens, de vingt-neuf Maîtres, de huit Correcteurs, & de trente Auditeurs servans par Semestre. La Cour des Aydes de Normandie fut établie à Rouen par l'Edit de l'an 1483. Le Roi en érigea une à Caën en 1638. laquelle fut unie à celle de Rouen par l'Edit donné à Saint Germain-en-Laye, au mois de Janvier 1641.

La Cour des Aydes de Rouen fut unie à son tour à la Chambre des Comptes de la même Ville par Edit du mois d'Octobre 1705. & au mois de Janvier 1706. il y eut un autre Edit, portant réglement pour l'exécution de celui de l'an 1705.

Le Bureau des Finances de Rouen, fut établi au mois de Janvier de l'an 1551. & est composé de vingt-six Officiers, y compris les Gens du Roi & le Greffier. Cette Généralité comprend quatorze Elections, qui sont celles

De Rouen,	De Caudebec,
Du Pont de l'Arche,	De Montivilliers,
D'Andely,	D'Arques,
D'Evreux,	D'Eu,
De Magny,	Du Neufchâtel,
De Gisors,	Du Pont-Audemer,
De Lions,	Et du Pont-l'Evêque.

Ces quatorze Elections renferment mille huit cens cinquante Paroisses, & environ cent soixante-quatre mille deux cens cinquante-deux feux.

Outre ces Jurisdictions, il y a à Rouen une Table de Marbre, une Jurisdiction appellée la Vicomté de l'Eau, qui est très-ancienne, & dont le Juge connoît de tout ce qui arrive sur la Rivière, depuis Vernon jusqu'à la Mer, & de tous les poids & mesures de Rouen. Il y a aussi dans la même Ville un Siége d'Amirauté, & un Consulat. Comme la Normandie est une des grandes Provinces du Royaume, il y a trois grands Maîtres des Eaux & Forêts. L'un a le Département de Rouen, & dans ce Département, il y a les Maîtrises particulières

De Rouen,	De Vernon,
De Caudebec,	De Lions,
D'Arques,	Du Pont de l'Arche,
	& de Passy.

Le Domaine du Roi, dans la Généralité de Rouen, rapporte année commune, environ cent quarante-neuf mille livres, & il y a un Receveur du Domaine en titre d'Office, qui reçoit aussi le produit des coupes de bois, qui communément monte à deux cens mille livres. On ne peut pas positivement dire à quoi montent les Tailles; car les besoins de l'Etat, & d'autres raisons les font augmenter ou diminuer. L'An 1698. cette Généralité payoit un million neuf cens vingt-neuf mille six cens dix-neuf livres de taille.

On compte vingt Greniers à Sel dans la Généralité de Rouen, dont huit, savoir

Dieppe,	Eu,
Fescamp,	Tréport,
Harfleur,	Le Havre,
Honfleur,	Et Saint-Valery.

sont Greniers d'impôt; c'est-à-dire, que l'Intendant avec les Officiers du Grenier à Sel, impose la quantité de Minots, que chaque Paroisse doit porter.

Les douze autres Greniers qui sont:

Ee 3   Rouen,

Roüen,	Evreux,
Caudebec,	Vernon,
Gifors,	Gournay,
Pont-Audemer,	Pont de l'Arche,
Louviers,	Andely,
Neufchâtel,	Et la Bouille.

font de vente volontaire, c'est-à-dire que les habitans ne prennent que la quantité de sel qu'ils jugent à propos. La consommation de sel dans la Généralité de Roüen, monte communément à la quantité de sept cens muids ou environ. Les droits sur les Boissons, sont fort considérables dans cette Généralité, & sur-tout dans la Ville de Roüen, où un muid de Vin paye plus de vingt-quatre livres avant que d'y entrer, & un muid de Cidre sept livres. Une partie de ces droits sous le nom de Grandes Entrées sont perçus par les Fermiers Généraux. Les autres dépendent de la Souferme des Aydes, & cela sans compter les droits de la vente en détail. Il y a encore des droits établis sur toutes les denrées, qui servent à l'usage ordinaire de la vie, & qui entrent dans la Ville de Roüen. Il y a aussi dans cette Généralité plusieurs Bureaux des Traites foraines, où l'on reçoit des Droits sur les Marchandises qui entrent ou qui sortent du Royaume. Le seul Bureau de Roüen, vulgairement appellé la ROMAINE, produisit en 1688. douze cens quarante-sept mille six cens quatre-vingt sept livres; mais en tems de guerre il produit beaucoup moins, & les plus fortes années ne vont pas au-delà de quatre cens mille livres. Cette différence de tems de guerre, ou de paix n'a lieu qu'en tems de guerre avec la Hollande & l'Angleterre, parce qu'alors les Vaisseaux, afin d'éviter les Corsaires, vont plûtôt chercher l'entrée de la Riviére de Loire, qui est plus éloignée des Anglois, que celle de la Seine qui est dans la Manche, & vis-à-vis de l'Angleterre. Les Rôles de la Capitation montent dans cette Généralité, à plus de quatre cens mille livres, dont la seule Ville de Roüen paye la moitié.

Le Commerce de la Ville & de la Généralité de Roüen est très-considérable. Il consiste en Laines, Draperies, Toiles, Cuirs, Chapeaux, Peignes, Cartes, Papier & une infinité d'autres Marchandises. Le Commerce des Draperies & autres Etoffes est fort avantageux pour toute la Province; car plusieurs milliers d'Ouvriers y sont employés, & y trouvent une honnête subsistance. Toutes ces Etoffes se vendent, & se consomment en France; ainsi quoiqu'elles soient d'un grand avantage pour les Lieux de leur fabrique, elles ne sont utiles au Royaume en général, qu'autant qu'elles empêchent l'argent d'en sortir pour l'achat des Draperies étrangeres. Le Commerce des Toiles qui se fabriquent dans cette Généralité, & qui sortent pour la plus grande partie du Royaume, est préférable à celui de la Draperie, en ce qu'il attire l'argent dans le Royaume. Ces toiles sont de plusieurs sortes. Les principales sont celles qu'on appelle Fleurets blancards, qui se fabriquent dans les Elections de Pont-Audemer, Lisieux & Bernay.

Elles se vendent au Bourg Saint George, & sont envoyées en Espagne, avec une autre sorte de toiles, que l'on nomme toiles de Coffre, fabriquées à Evreux & à Louviers. Elles passent d'Espagne aux Indes Occidentales, où elles sont en grande réputation, sous le nom de toiles de Roüen. Les retours s'en font en or & en argent. L'on compte qu'en tems de Paix il s'en debite pour plus d'un million par an.

Les Cuirs & les Chapeaux donnent lieu a un Commerce considérable. Les Peignes, le Papier, les Cartes à jouer, & d'autres Merceries passent dans le reste du Royaume, dans le Nord, en Espagne, & en Portugal.

Les Manufactures de Draperies établies à Rouen & aux environs sont très-considérables. Il y a cent vingt-cinq Métiers de Draps façon d'Elbeuf établis à Roüen, trois de Draps de Sceau, cinq de Ratines, & cinquante d'Espagnolettes. Toutes ces Manufactures occupent, en tems de Paix plus de trois mille cinq cens Ouvriers.

On y voit outre cela plus de soixante Métiers occupés à la fabrique des Bouracans. Enfin on fait à Rouen de ces petites Tapisseries, appellées communément Tapisseries de la Porte de Paris, qui occupent plus de deux cens Métiers. Il y en a bien soixante autres employés à la fabrique de la Bergame; mais elle n'est pas d'une aussi bonne qualité, que celle qui se fait à Elbeuf. La Draperie de Darnetal près de Rouen est de quarante Métiers de Draps, façon d'Elbeuf. Dans le même Lieu sont douze autres Métiers pour le Drap de Sceau, & cinquante de Droguet qu'on appelle Pinchinat. Tous ces Ouvrages occupent, & font vivre près de trois mille Ouvriers.

Les Cuirs des Bêtes que l'on tue aux Boucheries, & quantité de ceux qui viennent des Isles, sont tannés à Roüen & aux environs, & de-là transportés dans le reste du Royaume. C'est une Manufacture très-considérable & très-utile. La Pêche est encore un des principaux Commerces de cette Généralité, & même de toute la Province.

Le Roi par sa Déclaration du 9. Avril 1720. a établi un Prévôt Général à Rouen, deux Lieutenans, un Assesseur, un Procureur du Roi, & un Greffier.

Le Corps de Ville étoit autrefois composé d'un Maire & de trente-six Pairs; mais ayant été supprimé à la fin du quatorzième siècle, on en fit un nouveau, composé seulement de six Echevins, ayant à leur tête le Bailly & son Lieutenant Général. Cette forme subsista jusqu'en 1695. qu'y ayant eu une création de Maires perpétuels dans toutes les Villes du Royaume, celle de Roüen acheta cette Charge, & la réunit à son Corps. Par ce moyen elle a droit de se choisir un Maire qui est Triennal. Les revenus de cette Communauté, tant en deniers Patrimoniaux que d'Octroi, sont de plus de cinquante mille livres; mais elle est engagée à de fortes dépenses.

Le Collège est tenu par les Jésuites: C'est un des plus considérables de la Province, & une Fondation du Cardinal de Joyeuse.

La Ville de Rouen a produit de fort grands hommes, entre autres Pierre Bardin de l'Académie Françoise, Samuel Bochart, Pierre Corneille, Thomas Corneille son frére (Voyez Andely) Mr. de Fontenelle neveu de ces derniers, & Jouvenet excellent Peintre.

ROVERE, ou ROVEREDO, Petite Ville du Comté de Tyrol, sur les Frontiéres de l'Italie, & de l'État de Venise [a], en Latin *Roboretum* & *Roveretum*. Elle est près de l'Adige, à douze mille de Trente & du Lac de Garde, à quarante-sept de Bresse, & assise au pied d'une Montagne, sur les bords d'un gros Torrent, qu'on traverse sur un Pont de Pierre, dont le passage est defendu de deux grosses Tours massives & bien percées, qui sont soutenues d'un Château, placé sur une éminence, qui voit le Pont & toute la Ville en Cavalier. Outre que la situation du Château le met dans un poste inaccessible, il est flanqué de quatre grosses Tours fort massives, aussi-bien que leurs Courtines, le tout percé d'embrasures basses. On n'a pu y faire ni fossés ni dehors, & l'on ne voit point d'endroit, où l'on pût dresser des Batteries. Le chemin par où l'on y peut aller est extrémement étroit & tout enfilé. La Ville n'a que ses simples murailles pour fortifications. A quatre milles de Rovere sur le chemin de Trente, on rencontre un autre pas fermé d'un méchant Fort, au derriére duquel, à trois ou quatre cens pas sur une éminence fort élevée, il y a un assez bon Château, qui voit le chemin bas de la Montagne. Ses Fortifications sont ordinaires, composées de grosses Tours. Sa figure est un quarré long, bien percé, & ses Courtines sont d'une belle maçonnerie, avec des merlets, mais ses dehors sont plus réguliers. Une fausse braye bien revêtue, bâtie en angles rentrans & saillans, défend le pied de ce Château, & rend l'accès fort difficile. Le glacis qui regne le long de ce bas Fort, est tellement droit & découvert, que ce seroit entreprendre une chose bien périlleuse que de s'y vouloir loger. A l'Angle le plus proche du passage & de la Plaine qui est toute vue & battue de ces Fortifications, est bâti un gros Ravelin de figure plate, percé d'embrasures basses, & dont le dessus serviroit de Cavalier, sur lequel des Piéces montées foudroyeroient la Plaine & le Passage.

[a] *Corn.* Dict. Mem. & Plans Géographiques.

ROUERGUE, Province de France, dans le Gouvernement de Guyenne. Elle a les Hautes Cévénes & le Gévaudan à l'Orient, le Quercy au Couchant, l'Auvergne & une partie du Quercy au Septentrion, & l'Albigeois au Midi. Sa longueur depuis St. Jean de Breuil jusqu'à S. Antonin [b] est d'environ trente lieues, & sa largeur depuis St. Pierre d'Yssis, jusqu'au mur de Barrès de vingt lieues. On divise cette Province en Comté, Haute & Basse Marche. Dans le Comté sont :

[b] *Piganiol,* Descr. de la France, T. 4. p. 558.

Rodez,	Estain,
St. Geniez de Rivevolt,	Marcillac,
Entraigues,	Albin,
La Guiolle,	Rignac,
Le Mur de Barrès,	Et Cassagnes Begognes,

Dans la Haute Marche on trouve :

Milhau,	Campeyre,
Espaliou,	S. Rome de Tarn,
Nam,	S. Sernin,
Sainte-Frique,	Belmont,
Le Pont de Camerets,	Vabres,
& Serrac le Château.	

La Basse Marche renferme :

Ville-Franche,	Sauveterre,
S. Antonin,	La Salvetat,
Najac,	Peyralès,
Verfeuil,	Conques,
Rieupeyroux,	Peyrusse,
& Villeneuve.	

Le Rouergue & sa Capitale Rodez ont pris leur nom des Peuples *Rutheni*, dont César fait plusieurs fois mention dans ses Commentaires, où il marque que les *Rutheni* faisoient partie des Celtes, quoiqu'il y eût quelques-uns d'entre les *Rutheni* [c] joints alors à la Province Romaine. César à cause de cela appelle ceux-ci *Rutheni Provinciales*; Auguste mit ensuite les Peuples du Rouergue dans l'Aquitaine; ce qui n'empêche pas que durant quelque tems, il n'y eût une partie de ces *Rutheni* qui fussent dans la Gaule Narbonnoise, comme nous l'apprenons de Pline. Cet Auteur remarque ailleurs que ces Peuples étoient du nombre des Aquitains, & confinoient avec la Gaule Narbonnoise.

[c] *Longuerue,* Descr. de la France, p. 175. Part. 1.

Lorsque sous Valentinien I. l'Aquitaine fut divisée en deux, les *Rutheni* furent attribués à la premiére Aquitaine ; ils furent conquis par les Visigoths dans le cinquième siècle, & Clovis s'en rendit le maître au commencement du sixième : mais après sa mort les Goths se mirent en possession du Rouergue. Ce Pays fut plusieurs fois pris & repris par l'une & l'autre Nation ; & lorsqu'enfin les François en demeurérent paisibles possesseurs, tantôt les Rois de Neustrie, & tantôt ceux d'Austrasie en ont été les maîtres jusqu'après le milieu du septième siècle ; alors les Rois de Neustrie furent seuls reconnus en Aquitaine, ou plûtôt les Maires du Palais qui dominoient sous leur nom. Ce Pays passa dans le huitième siècle au pouvoir du Duc Eudes, & le Roi Pepin en dépouilla Gaifre petit-fils d'Eudes. Les Rois Carlovingiens, Successeurs de Pepin, joüirent du Rouergue jusqu'à la dissipation de leurs Etats, où chacun se rendit le maître où il pût. Sous le Regne de Lothaire, & sous celui de Hugues Capet, quoique le Rouergue eût ses Seigneurs, comme les autres Pays voisins, on ne fait pas néanmoins, le nom du premier Comte de Rodez, qui se rendit héréditaire : on ne voit pas qu'avant Raymond de Saint Gilles, les Princes de la Maison de Toulouse ayent dominé dans ce Pays ; car encore que Raymond, Comte de Toulouse, ait fondé dans le neuviéme siécle de ses biens dans le Rouergue l'Abbaye de Vabres, on ne peut rien conclure de ce fait-là, puisqu'alors les Comtes n'étoient pas des Seigneurs Proprietaires, ainsi que nous l'avons plusieurs fois remarqué, & on ignore entièrement les noms de ceux qui ont possedé le Rouergue, jusqu'après le milieu de l'onzième siécle, où l'on voit par un titre de Moissac que cette Abbaye fut donnée pour la réformer aux Abbés de Clugny & de Vabres l'an 1061.

par

par l'autorité de Berenger Evêque de Rodez, & des deux Comteſſes de cette Ville, nommées Richarde & Berthe. Après elles le Comté de Rodez fut tenu par Gilbert Comte de Milhaud & de Gévaudan, qui ayant épouſé Giburge ou Giberge, héritiére du Comté de Provence, fut auſſi Comte du même Pays. Nous prouvons en traitant de la Provence, que Gilbert n'étoit Comte de ce Pays que par ſa femme, ceux qui ont avancé que Giburge, laquelle ils nomment Tiburge, étoit Comteſſe Propriétaire de Rhodez, de Milhaud & du Gévaudan, ils ont été abuſés par des titres, dont on a reconnu la fauſſeté, & qui donnoient pour pere à Giburge un prétendu Thibaud Comte de Rodez, qui ne fut jamais. Ainſi le Propriétaire de ces Comtés étoit Gilbert, dont on ne ſait point la Généalogie, ni comment il étoit parent & héritier des Comteſſes Richarde & Berthe; ce qui eſt certain, c'eſt qu'il fut dépouillé du Comté de Rodez par Raymond de Saint Gilles, qui fit la guerre pour conquerir la Provence, pendant pluſieurs années au même Gilbert, qui ne poſſeda paiſiblement la Provence, qu'après que Raymond de Saint Gilles, fut allé à la Terre-Sainte. A l'égard de Rodez & d'une partie du Rouergue, les Succeſſeurs de Gilbert, & de ſa fille Doulce, furent les Comtes de Barcelone, enſuite Rois d'Arragon, qui ſoutinrent toujours leurs prétentions ſur le Rouergue, juſqu'à la Tranſaction faite l'an 1258. avec Saint Louis.

Le Comté de Rodez, après la mort de Saint Gilles, fut tenu par ſes deux fils Bertrand & Alphonſe. Le dernier étant ſur le point de faire le Voyage de la Terre-Sainte avec le Roi Louis le Jeune, vendit le Comté de Rodez à Richard Vicomte de Carlat dans la Haute Auvergne, & à ſon fils Hugues, qui fut le premier Comte de Rodez, ſorti de cette Maiſon de Carlat. Le Comte Hugues fut troublé en la poſſeſſion de ce Comté, & de ſes autres Terres par Alphonſe Roi d'Arragon; mais ils s'accordérent & tranſigérent ſur les différens, l'an 1167. Par ce Traité le Roi d'Arragon ne ſe réſerva rien ſur la Ville de Rodez & ſes dépendances; mais il retint la moitié du Carladez en propriété; & pour l'autre moitié il la donna en Fief au Comte de Rodez. Il eſt dit dans le Traité cette portion du Carladez venoit au Roi d'Arragon, de ſon Biſayeul Gilbert, *medietatem de Carladez & Caſtrum de Cœrlat, ſicut totum avus patris mei Guilbertus, videlicet, Comes habuit & tenuit, & in parte mei advenit:* par où l'on voit que Gilbert étoit originaire de ces Pays-là, & héritier ou deſcendant des anciens Seigneurs de Carlat. Le Roi d'Arragon Comte de Barcelone & de Provence, ſe réſerva par ce Traité tout ce qui lui appartenoit en propre dans les Dioceſes de Rodez & de Mende, dont il a toujours conſervé la Seigneurerie utile, ou la directe, juſqu'à la Tranſaction paſſée avec Saint Louis l'an 1258. par laquelle le Roi d'Arragon, renonça à tout ce qui lui appartenoit dans le Rouergue & le Comté de Rodez, duquel Traité nous parlerons plus amplement en décrivant le Languedoc.

a Piganiol. T. 4. p. 510. La Sénéchauſſée de Rouergue [a] a deux Siéges Préſidiaux, Ville-Franche, & Rodez Le Préſidial de Ville-Franche, eſt de la premiére création des Préſidiaux, & a dans ſon Reſſort toute l'Election de Ville-Franche, & celle de Milhaud. Le Préſidial de Rodez a été démembré de celui de Ville-Franche en 1635. & ſon reſſort ne va pas au-delà de l'Election de cette Ville. Il y a même un Siége de Juſtice Royale à Rignac dans l'Election de Rodez, & qui eſt néanmoins du reſſort de Ville-Franche. Le Sénéchal de Rouergue a les mêmes Droits que celui de Quercy; mais ſes appointemens ſont de quatre mille livres, dont il touche trois mille cinq cens livres au Tréſor Royal, deux cens livres ſur l'Etat du Domaine de la Généralité de Montauban, & cent livres à cauſe de Rodez, ſur le Domaine de Navarre à Pau.

ROUESSE, Bourg de France dans le Maine, Election du Mans.

ROVESIUM, Voyez RUESIUM.

ROUEZ, Bourg de France dans le Maine, Election du Mans.

ROUFFIAC, Bourg de France, dans la Saintonge, Election de Saintes. Ce Bourg eſt le Siége d'un Bailliage.

ROUFFIGNAT, Terre de France, dans le Périgord, Election de Périgueux.

1. ROUGE (l'Iſle), Iſle de l'Amérique Septentrionale, dans le Fleuve de St. Laurent, vis-à-vis la Riviére du Loup.

2. ROUGE, Riviére de l'Amérique Septentrionale dans la Martinique, Paroiſſe de la grande Ance, à la Bande du Nord.

3. ROUGE (Morne), petite Montagne de l'Amérique Septentrionale dans la Martinique, vers le Fort S. Pierre à la Cabeſterre, & à la Paroiſſe de la Paſſe-Pointe; les Freres de la Charité y ont une Habitation aſſés conſidérable, où ils élevent des Beſtiaux en quantité, & beaucoup de Cairier, & de Roucouïer. Il y a beaucoup de Particuliers, qui ſont venus s'établir auprès d'eux, pour faire le même Commerce, qui eſt d'un bon debit.

ROUGE (Cap), dans l'Amérique Septentrionale, à la Côte du Nord de l'Iſle de S. Domingue, dans le Canton des François, vis-à-vis la pointe de l'Iſle de la Tortue.

ROUGE (Riviére), de l'Amérique Septentrionale, dans l'Iſle de Saint Domingue, à la Bande du Nord, c'eſt une petite Riviére, qui ſort des Montagnes, qui environnent la Plaine de Pilate, & ſe rend dans la Mer, à deux ou trois lieues à l'Occident du Port Margot.

1. ROUGEMONT, petite Ville de France, dans la Bourgogne, au Dioceſe de Langres, à ſix lieues de Châtillon-Sur-Seine vers le Couchant. Cette Ville députe aux Aſſemblées du Pays, & ſa Nobleſſe s'aſſemble le jour de St. George. Il y a une Abbaye de Filles de l'Ordre de St. Benoît, fondée en 1147. Le principal Commerce de Rougemont conſiſte en grains.

2. ROUGEMONT, Bailliage de la Suiſſe, au Canton de Berne [b]. Ce Bailliage eſt conſidérable. Il s'étend d'un côté juſqu'au Vallais, & de l'autre juſqu'au Canton de Fribourg, il comprend ſix Paroiſſes. Trois ſont Allemandes, Sanen, Geſteig, & Lowinen. Trois ſont Romandes, Rougemont, Château d'Oex, & la Roſſiniére. Du côté que ce Bail- *b Etat & Délices de la Suiſſe. T. 2. p. 231.*

	ROU. ROU.

a Etat & Delices de la Suisse, t. 2. p. 231.

Bailliage confine aux Friburgeois [a], il en est séparé par un Détroit, où les Montagnes s'approchent tellement, qu'à peine y a-t-il place pour un chemin étroit, & pour le passage de la Rivière, qui se précipite à travers les Rochers. Là est entr'autres la célèbre Dent de Jaman, qui est comme une corne extrêmement élevée entre les Montagnes, qui séparent le Rougemont du Païs de Vaud, & qui est sur le chemin de Rougemont à Vevay. Les

b Pag. 233.

Habitans de ce Bailliage joüissent [b] de beaucoup de beaux Privilèges, qui leur ont été accordés, autrefois par les anciens Comtes de Gruyére, leurs premiers Seigneurs, & confirmés par les Bernois, lorsque ces derniers, achetèrent ce Païs-là l'an 1554. dans la discussion des biens du Comte de Gruyére.

ROUGEMONTIER, Lieu de France dans la Normandie, Election de Pont-Audemer.

ROUGNAT, Terre de France dans l'Angoumois, Election d'Angoulême.

c Magin, Carte de l'Istrie.

ROVIGNO, Ville d'Italie [c], dans l'Istrie, sur la Côte Occidentale, au Midi de l'Embouchure du Lemo, près de l'Ecueil de St. André. Elle est bâtie dans une Isle qu'un Pont attache à la Terre-ferme. On l'estime, pour la bonté de ses Ports, & pour la belle pierre, qu'on y va prendre pour les Edifices de Venise, dont elle dépend depuis l'an 1330. qu'elle se soumit à cette République.

d Voy. T. 1. p. 47.
e Wehler, Voy. T. 1.

Mr. Spon dans son Voyage de Dalmatie [d] dit que ROVIGNO, ou ROUVIGNE est sur une Langue de terre ou Presqu'Isle, & entièrement habitée par des Mariniers, dont la plûpart sont Pilotes de profession. Pour les encourager, tous les Vaisseaux, soit Vénitiens, soit Etrangers sont obligez d'y toucher & d'y prendre des Pilotes pour les conduire à travers les bancs difficiles, & dangereux qui sont aux environs de Venise. Le terroir voisin de Rovigno, est fertile en excellentes Vignes & en Oliviers. C'est peut-être la raison pourquoi on y voit quantité de Boiteux; car le vin violent est le Pere nourrissier de la goute & de la sciatique. Les femmes y portent des Vertugadins à l'Espagnole. La Ville n'est pas grande; mais elle paroît peuplée & c'est un Evêché. Mr. Corneille [f] fait mal-à-propos deux Villes de Rovigno & de Rouvigne.

f Dict.

g La Forêt de Bourgon, Géogr. Hist. T. 2. p. 459.

ROVIGO, Petite Ville d'Italie, dans la Polesine de Rovigo [g], dont elle est la Capitale. Elle est située sur l'Adigesto, & assez bien bâtie; mais sale & mal-propre & peu peuplée. C'est le Siège de l'Evêque d'Adria. Leander, qui cite Priscien, dit que Rovigo fut bâtie avec le consentement du Pape. Barthelemi Rovarella, Cardinal & Archevêque de Ravenne & le docte Louis Celius surnommé Rhodoginus, ont illustré cette petite Ville, qui étoit leur Patrie.

ROVIGO, ou POLESINE DE ROVIGO; Voyez POLESINE.

ROUILLAC, Bourg de France, dans l'Angoumois, Election de Cognac.

ROUILLE', Bourg de France, dans le Poitou, Election de Poitiers.

ROUILLET, & ROCHEVAUD; Terre de France dans l'Angoumois, Election d'Angoulême.

ROUILLIERS, Bourg de France dans le Maine, Election du Mans.

ROUINDIZ, C'est-à-dire, *Château d'Airain* [h].

h D'Herbelot, Biblioth. Or.

C'est le nom d'une Place du Turquestan, estimée très-forte, tant par sa structure, que par sa situation. Asfendiar prit cette Place d'assaut, & y tua de sa propre main, Argiast, Roi du Turquestan qui la défendoit.

ROUM, C'est le nom que les Arabes, & autres Orientaux, ont donné aux Pays & aux Peuples que les Romains, & ensuite les Grecs & les Turcs ont soumis à leur obéïssance.

Il faut pourtant distinguer les deux significations que ce mot peut avoir. Car, outre cette générale, de laquelle on vient de parler Ebn Al Ouardi dans sa Géographie intitulée, Kheridat Alâgiaib, en donne une particuliére. Car il dit que le Pays de Roum commence à l'Océan Atlantique, ou Occidental, & comprend, le Pays de Gialaleca, la Galice, Andalous, l'Espagne, Afrangiah, la France, Roumiah, l'Italie, Nemsiah, l'Allemagne, Leh, &c. Jcheh, la Pologne, & la Bohême, Inkitar, l'Angleterre, Magiar, la Hongrie, jusqu'à Constantinople, & au Pont-Euxin, par où il joint le Pays de Secalebah, ou Slaves, & Esclavons qui confinent avec les Russes, ou Moscovites. Et enfin le Pays dit encore plus proprement, Roum, Romaniah, & Roumiliah, qui est la Thrace, & la Grèce d'aujourd'hui. Ce même Auteur qui écrivoit l'an 381. de l'Hégire, qui est de J.C. 995. dit que l'Empire des Romains, dont Constantinople étoit la Capitale, comprenoit dans son étendue, plusieurs Nations de différentes Langues, qui ne reconnoissoient qu'un seul Chef, & Empereur, par où il paroît, qu'il entend parler seulement de l'Europe, & des Chrétiens.

L'Auteur du Massahat Alardh, l'*Etendu*ë *de la Terre*, écrit dans le second Traité de sa Géographie, que le Pays de Roum, dans lequel il comprend seulement, une partie de l'Asie Mineure, a à son Occident, Khalig Al Constantini, le Canal de la Mer Noire; à son Midy, Belad Scham, & Belad Gezirah, qui sont la Syrie, la Mésopotamie, Arminiah, ou l'Arménie; au Levant & au Septentrion, Belad Kurg, qui est la Georgie, Bahr Bontos, le Pont-Euxin; & qu'au milieu de ce Pays de Roum, est, Gebal Carman, la Montagne de Caramanie, c'est-à-dire de Mont Taurus, où habitent plusieurs familles Turques, & Turcomannes, & dont la chaîne s'étend depuis Tharsous, qui est Tharse en Cilicie, jusqu'à l'Hellespont. Et c'est dans ce Pays de Roum, proprement dit, que regnoient les Sultans de la Dynastie des Selgiucides, appellez par les Arabes, Selagekah Roum, les Selgiucides de Roum, & d'où les Turcs Ottomans qui regnent aujourd'hui à Constantinople, ont pris leur origine, ce qui fait que les Persans & les Mogols aux Indes appellent les Turcs, encore aujourd'hui Roumi. Les Auteurs Musulmans disent, que Roum, qui a donné son nom à ce Pays-là, étoit un des Enfans d'Aïs, qui est Esaü, ou, Edom, ce qui fait dire à Hamdi Ichelebi dans son Histoire de Joseph & de Zulikha, écrite en Turc, que Dieu donna plusieurs enfans à Esaü, & qu'il y en eut un d'entre eux nommé,

Ff

mé, Roum, qui a donné son nom à tous les Roumilear, c'est-à-dire à tous les Grecs & Romains, & que les Princes Souverains de ces Nations, ont porté le titre de Caïasserah, ou de Césars.

Cette Descendance, ou Généalogie tirée d'Esaü, n'est pas de l'invention des Musulmans. Ce sont les Juifs qui l'ont fabriquée les premiers en haine des Chrétiens. Car, ils leur ont donné le nom d'Esavites, ou d'Edomites, & ont porté leurs blasphêmes jusqu'à dire, que l'ame d'Esaü, ou d'Edom étoit passée dans la personne de Jesus-Christ. Les Arabes appellent ordinairement les Grecs & les Romains, Bani Asfar, les Enfans, ou la Postérité du Blond, mot qui est tiré de la signification Hébraïque d'Edom. On peut ajoûter ici, que les Orientaux, & particuliérement les plus savans, distinguent entre les anciens Grecs qui avoient leurs Rois, ou leur Gouvernement particulier, & ceux qui ont été joints & soumis à l'Empire Romain. Car ils appellent les premiers, Jounan, Jones, de Javan, & ils donnent à ceux-ci le nom de Roum.

ROUMEGOUX, Bourg de France dans la Saintonge, Election de Saintes.

ROUMIEU, Bourg de France dans le Gondomois, Election de Condom.

ROUMOIS, Pays de France, dans la Haute Normandie [a], l'un des quatre dont le Diocèse de Rouen est composé, en Latin *Rothomagensis Ager*. Ce Pays qui est à peu près de forme triangulaire, est situé entre la Rivière de Seine & celle de Rille, en remontant depuis l'embouchûre de cette dernière dans l'autre à la Roque, jusqu'à Brionne & Elboeuf, qui en sont éloignez de neuf ou dix lieues. La Campagne du Neubourg, qui est du Diocèse d'Evreux, borne le Roumois, dont la petite Ville de Quillebœuf est la Capitale, selon Duval. L'on y distingue Brionne que plusieurs Auteurs nomment aussi Ville. Ce même Pays comprend le Bourg d'Elbœuf, qui a titre de Duché, & ceux de la Bouille, Bourg-Achard, Routot, Bonneville, Annebaut, Montfort, le Bec, & Bourg-Theroulde. L'on y voit les Abbayes de Notre-Dame du Bec & de Notre-Dame de Corneville, le fameux Prieuré Claustral de S. Lo du Bourg-Achard, plusieurs Prieurez simples, les Marquisats de Mauny & de la Londe, la Baronnie, Bourg, & Eglise Canoniale du Bourg-Theroulde, les Baronnies d'Asier, Trouville-sur-Seine, Bonneville, le Château Tilly prôche du Bec, celui de la Mailleraye sur Seine, la Seigneurie d'Infreville près le Bourg-Theroulde, & plus de cent Eglises Paroissiales.

L'Abbaye de Jumiége sur Seine, est aussi mise par quelques-uns dans le Roumois, quoiqu'elle soit du même côté que Rouen. Cette Contrée, est abondante en bleds & en fruits. L'on fait estime des Toiles du Roumois dites Toiles de ménage. La Forêt de Bretonne lui fournit du bois à bâtir & à brûler, & même l'on en transporte dans plusieurs Villes de la Province.

ROVOREIT, En Latin *Rovoretum*, Ville du Tyrol près de la Rivière d'Etsch, sur les frontières de l'État de Venise [b], du côté de Vérone. Cette Ville fut prise par Nicolas Priule, Commandant des Troupes Vénitiennes du tems de Sigismond, Archiduc d'Autriche en 1488. Les Autrichiens l'ayant reprise, les Vénitiens s'en emparérent de nouveau. Par le Traité de Noyon de l'année 1516. la Ville de Rovoreit fut remise à l'Empereur Maximilien I. jusqu'à ce que les Rois de France & d'Espagne, eussent réglé le différent qui étoit entre cet Empereur & la République de Venise, touchant les Limites du Tyrol.

ROUPEROUX, Et TERREHAUT, Bourg de France dans le Maine Election du Mans.

ROUSA, Isle de la Mer d'Ecosse, au Midi de l'Isle de Westra [c]. Elle s'étend huit milles en longueur, & six en largeur. Elle a beaucoup de Montagnes & de Caps, & ses Côtes sont fertiles, & assez bien peuplées. Il y a beaucoup de Gibier sur-tout des Lapins & la Mer des environs est poissonneuse.

ROUSSAY, Bourg de France, dans l'Anjou, Election de Montreuil-Bellay.

ROUSSEAUVILLE, Abbaye Régulière de l'Ordre de St. Augustin, en France, dans le Pays d'Artois, Diocèse de Boulogne: elle a été fondée en 1099. par Amelin de Crequy, elle est située près de la source de la Lis, & jouit de sept à huit mille livres de rente.

ROUSSELART, Ville de France [d], dans la Flandre, à quatre lieues d'Ypres, sur le chemin de Bruges. Elle a été autrefois ruinée par les Normans; mais elle fut rétablie en 957. par Baudouin Comte de Flandre, ainsi que plusieurs autres Villes voisines. Cette Ville a toujours été exposée à la fureur de la guerre; mais particulièrement sur la fin du dernier siècle, que les Armées ont été souvent dans son voisinage. Elle est gouvernée par un Bailli, un Bourgmestre, des Echevins, un Pensionnaire & un Tresorier. La Seigneurie en appartient à l'Electeur Palatin qui a engagée au Comte de Schwartzenburg, Seigneur Allemand. Le Commerce des Toiles que l'on y faisoit la rendoit autrefois fort renommée. Ce Commerce est présentement fort diminué, ainsi que le nombre des Habitans.

1. ROUSSILLON, Province de France dans les Pyrénées, avec titre de Comté. Elle est bornée à l'Orient [e], par la Mer Méditerranée; à l'Occident par la Cerdagne, au Septentrion par le Bas Languedoc, & au Midi par la Catalogne, de laquelle elle est séparée par une partie des Monts Pyrénées; je dis par une partie, car la chaîne de Montagnes, à laquelle on donne ce nom en général, & qui sépare la France d'avec l'Espagne, s'étend de l'Orient à l'Occident l'espace de quatre-vingt lieues, depuis le Cap de Creux en Catalogne jusqu'à Saint-Sebastien sur la Mer de Biscaye. Dans cette partie des Pyrénées, qui borne le Roussillon, les Montagnes les plus connues, & les plus hautes sont la Massane, qui a quatre cens huit toises de hauteur sur la surface de la terre, & le Canigou qui est beaucoup plus haute, puisqu'elle a mille quatre cens quarante toises de hauteur.

Cette petite Province s'étend en long du Levant au Couchant, l'espace de dix-huit lieues

---

[a] Corn. Dict. Mémoires dressez sur les lieux en 1706.

[b] Zeyler, Topogr. Comit. Tyrol.

[c] Etat présent de la Gr. Br. p. 302.

[d] Corn. Dict. Mém. MSS.

[e] Piganiol, Descr. de la France, T. 7. p. 572. & suiv.

lieues Espagnoles. Comme cette Plaine est entourée de Montagnes de tous côtés, la chaleur y est très-violente en Eté, & rend les Habitans fort noirs, maigres, & haves. Le terroir y est très-fertile & produit quantité de Grains, de Vin, & de Fourage. Les terres sont si grasses en certains endroits, qu'après que la récolte des blés est faite, on y seme quantité de Millet, & d'autres Grains, de sorte qu'elles rapportent tous les ans deux ou trois fois de suite. On ne se sert ici que de Mules & de Mulets pour le labour de la terre. Les Oliviers sont la plus grande richesse du Païs, & les Orangers y sont presque aussi communs, que les Poiriers & les Pommiers le sont en Normandie. Le bois est fort rare en Roussillon, parcequ'il n'y a à proprement parler que des buissons & que faute de Rivière navigable on ne peut point en faire venir d'ailleurs : ainsi celui qui s'y consomme n'y est amené, qu'à charge de Mulets & de Mules. On y nourrit quantité de Moutons dont la chair est excellente. On y engraisse aussi des Bœufs, mais seulement pour la nourriture des Habitans les plus riches. On n'y voit que fort peu de Vaches, parce que le lait n'en est pas bon, & il n'y a que le menu Peuple qui en use. Les Pigeons, les Cailles, & les Perdrix, y sont d'un goût excellent.

Les Rivières qui arrosent cette Province, ne sont point navigables : la Tet, le Tec, & l'Agly, qui sont les plus remarquables, ne sont même, à proprement parler, que des Torrens qui deviennent très-rapides, & font de grands ravages dans le Païs, lorsqu'ils sont grossis par la fonte des neiges, & des glaces des Pyrénées.

[a] *Longuerue, Descr. de la France, Part. 1. p. 120.*

Les Peuples de ce Pays, qui étoient de la dépendance de la Gaule Narbonnoise [a], s'appelloient *Sardones*, comme nous l'apprenons de Pomponius Mela & de Pline. Avienus dans son Poëme Géographique, appelle ce Territoire *Sordicena Terra*, qu'on doit lire *Sardicena Terra*, à cause du nom *Sardones* établi sous l'autorité de Mela & de Pline.

Il y a long-tems que le mot *Sardones* n'est plus en usage, & que le Pays a été appellé Roussillon, de la Ville de *Ruscino*, Colonie Romaine, & Capitale des *Sardones*; le nom *Ruscino* a été dans la suite corrompu en *Rossilio* ou *Roussilio*, qui après avoir été plusieurs fois saccagée par les Barbares, & principalement par les Sarazins dans le huitième siècle, a été ruïnée de manière, qu'il n'en reste plus aujourd'hui de vestiges; on voit seulement à deux mille pas de Perpignan, une vieille Tour appellée *Tor-Rosseillo*, ou la Tour de Roussillon, qui est le Lieu où *Ruscino*, doit avoir été située, selon la position que nous en donnent les Anciens, comme Mela, Pline, Ptolomée, & l'Itinéraire d'Antonin.

Quoique *Ruscino* ait été, comme nous l'avons dit, une Colonie fort célèbre, on ne voit pas qu'il y ait eu du tems des Romains un Siège Episcopal, puisque les premiers Evêques, dès le tems des Rois Visigoths, eurent leur Siège dans la Ville d'Elne, & que les *Sardones* reconnoissoient l'Evêque de Narbonne, ou pour leur Prélat Diocésain, ou pour leur Métropolitain. Ce fut dans le septième Siècle de la fondation de Rome, que les Romains se rendirent les maîtres de ce Pays, comme de tout le reste de la Gaule Narbonnoise, dont il ont joui plus de cinq cens ans; & ce fut sous l'Empire d'Honorius, & sous celui de Valentinien son Successeur, que les Visigoths se rendirent les maîtres du Pays qui est à l'Occident du Rhône jusqu'aux Pyrénées, & en particulier des Villes de Roussillon & d'Elne.

Les Visigoths, après avoir été défaits par Clovis, ne purent être dépossédez de ce Pays de Roussillon par les François ; de sorte qu'il vint au pouvoir des Sarazins, après la mort & la défaite du Roi Roderic, & qu'ils n'en furent chassez que l'an 759.

Pepin & Charlemagne firent long-tems la guerre contre les Sarazins de cette Frontière avec divers événemens, & ce ne fut que vers l'an 796. que Charlemagne & son fils Louïs le Débonnaire, alors Roi d'Aquitaine, se rendirent les Maîtres absolus des Comtez de Roussillon, de Cerdagne, de Girone & d'Ausone, & qu'ils établirent des Comtes dans le Roussillon, qui n'étoient que de simples Gouverneurs, soumis aux Ducs de Septimanie ou de Gothie, qui avoient aussi la qualité de Marquis de la Marche d'Espagne; ce qui a duré jusqu'à la fin de Charles le Chauve.

Ce fut dans les dernières années du neuvième Siècle, & dans les premières du Regne de Charles le Simple, que tous les Comtes de la Marche d'Espagne se rendirent absolus & Propriétaires. Miron, qui étoit alors Comte de Roussillon, devint Seigneur héréditaire en reconnoissant seulement le Roi de France pour son Souverain. Ce Comté étoit alors borné dans l'étendue de la Viguerie, c'est-à-dire du Vicariat de Roussillon ou de Perpignan; car les Conflans, la Cerdagne, & même le Val-Spir, n'en dépendoient point, mais reconnoissoient d'autres Seigneurs; ce qui a duré jusqu'au tems du dernier Successeur de Miron au Comté de Roussillon, & qu'on appelloit Guinard ou Guirard. Ce Comte donna par son Testament l'an 1173. son Comté de Roussillon, & les biens qu'il avoit en Catalogne à Alphonse Roi d'Arragon & Comte de Barcelone : ce Testament imprimé à la fin du Livre intitulé, *Marca Hispanica*, est daté *Regnante Lodoico Rege*, qui est Louïs le Jeune, parce que le Comte Guinard reconnoissoit (comme tous ses Prédécesseurs) la Souveraineté du Roi de France; ce qui a duré jusqu'au Regne de Philippe-Auguste, comme on le voit par les Actes passez en ce Pays-là.

Depuis le Regne de Pierre fils d'Alphonse, & celui de Jacques I. fils de Pierre, les Rois d'Arragon ne voulurent plus reconnoître la Souveraineté des Rois de France, pour la Catalogne & le Roussillon. On voit même que sous le Regne de Jacques, le Comté de Roussillon étoit possédé par un Seigneur nommé *Nunno*, ou *Nunio* fils de Sanche, & que ce Comte *Nunio* le tenoit en Fief du Roi d'Arragon, dont il se reconnoissoit Vassal du tems de Louïs VIII. & de son fils Saint Louïs ; de sorte que recevant en Fief de Louïs VIII. les Territoires Fenouilledés & de Sault, il ne le fit que sans préjudice de la fidélité, qu'il devoit au Roi d'Arragon.

Ff 2   Après

Après la mort de ce Comte *Nunio*, le Comté de Roussillon ayant été réuni à la Couronne d'Arragon, le Roi Jacques I. le donna en partage à son Jeune fils Jacques, qu'il avoit créé Roi de Majorque, à la charge de faire hommage de ce Comté à son aîné Pierre Roi d'Arragon ; cet hommage fut fait par Sanche Roi de Majorque, & par Jacques II. fils de Sanche ; mais celui-ci s'étant ouvertement déclaré ennemi du Roi d'Arragon, il fut privé du Comté de Roussillon & de ses autres Etats par les Arragonnois ; de sorte que le Roussillon fut depuis ce tems-là uni à la Couronne d'Arragon.

Cette union dura jusqu'au tems de Jean Roi d'Arragon, contre lequel les Barcelonois s'étant révoltés, & lui ayant fait la guerre durant plusieurs années, il engagea les Comtés de Roussillon & de Cerdagne à Louis XI. Roi de France l'an 1462. Peu de tems après les gens du Pays, qui ne changeoient pas volontiers de Maîtres, se révoltèrent : ce qui excita une guerre entre le Roi de France & celui d'Arragon, qui appuyoit la Révolte de Perpignan contre Louis XI. Cette guerre eut plusieurs & divers évènemens racontés au long dans les Histoires de France & d'Arragon ; ce qui est certain, c'est que l'an 1473. la Ville de Perpignan fut enfin contrainte de se rendre, & que les Arragonois furent obligés de laisser aux François le Roussillon, dont ils joüirent paisiblement vingt-ans durant. Enfin comme on eut persuadé à Charles VIII. qu'il ne pouvoit retenir le Roussillon en conscience, il le rendit gratuitement au Roi Catholique Ferdinand l'an 1493. nonobstant les oppositions que firent à cette restitution les Habitans de Perpignan, qui étant devenus bons François ne vouloient plus retourner sous la domination Espagnole.

Le Roi Ferdinand & ses Successeurs ont joüi du Roussillon durant cent quarante-neuf ans ; enfin les Espagnols après avoir souffert une horrible famine à Perpignan l'an 1642. & ayant perdu toute espérance de secours, ils rendirent cette Place à Louis XIII. Roi de France, & ce Prince, qui commandoit en personne ses Armées, s'empara en même tems de tout le Comté de Roussillon. Cette Conquête fut assurée à la France dix-sept ans après par le Traité des Pyrénées, conclu l'an 1659. entre Louis XIV. Roi de France & Philippe IV. Roi d'Espagne, qui céda à la France la propriété du Comté de Roussillon, & même la Souveraineté que les Arragonois avoient acquise par le Traité fait avec Saint Louis l'an 1258.

L'Evêché de Perpignan est le seul qu'il y ait dans le Gouvernement de Roussillon. Voyez PERPIGNAN.

La Justice est rendue en dernier ressort dans le Gouvernement de Roussillon par un Conseil Supérieur établi à Perpignan l'an 1660. & composé d'un premier Président, de deux Présidens, d'un Chevalier d'honneur, de six Conseillers Laïques, d'un Conseiller Clerc, de deux Avocats Généraux, d'un Procureur Général, d'un Greffier en Chef, d'un premier Huissier Audiencier, & de quatre Archers que l'on appelle Algosils, qui sont nommés par les Conseillers pour faire exécuter les Arrêts de ce Conseil Supérieur. Les Charges du Greffier en Chef, & du premier Huissier sont les seules, qui soient vénales dans ce Conseil Supérieur. Toutes les autres ne sont que des Commissions que le Roi donne. Il y a aussi deux Conseillers d'honneur qui ont séance après les Présidens à Mortier, & voix délibérative. Le premier Président a quatre mille livres d'appointement, suivant l'Arrêt du Conseil du 28. de Mars de l'an 1692. les Présidens à Mortier ont deux mille livres chacun, & les Conseillers mille livres. Les Avocats Généraux ont cinq cens livres chacun comme Avocats Généraux, & mille livres chacun comme Conseillers au même Conseil Supérieur. Le Procureur Général a mille livres en cette qualité, & mille livres comme Conseiller au même Conseil Supérieur. Les épices se partagent entr'eux. Les seuls Conseillers d'honneur, & le Chevalier d'honneur n'y ont point de part, & n'ont point de gages. Dans les grandes Cérémonies, & au Jour de l'ouverture des Audiences après la Saint Martin, le Commandant dans la Province, en épée & en manteau, se met à la tête du Conseil Supérieur. La Chancellerie près ce Conseil est composée d'un Officier Conservateur des Minutes, d'un Garde-Scel, d'un Chauffecire, & d'un Receveur des épices & amendes.

Outre le Conseil Supérieur, il y a à Perpignan plusieurs Jurisdictions Subalternes, qui sont, celles du Juge du Baille pour le Peuple ; du Juge du Viguier pour les affaires temporelles du Clergé, de la Noblesse, & des Bourgeois nobles, & du Consulat de Mer pour les affaires de Commerce. Les appellations des Jugemens de toutes ces Jurisdictions sont portées au Conseil Supérieur de Perpignan. On suit dans tous ces Tribunaux le Droit Ecrit, & quelques Usages Locaux.

En 1709. on a établi à Perpignan un Hôtel des Monnoyes, dont la marque est la lettre Q, qui est celle qui servoit autrefois aux pièces, qu'on fabriquoit à Narbonne.

Les Finances de ce Gouvernement sont très-peu de chose, car les Peuples y sont exempts de toute sorte d'Impositions, & ne payent seulement que la Capitation, qui peut monter à environ 40000. livres. L'Intendant de cette Province reçoit les ordres du Roi pour la Justice, Finances, & Police, & de plus lorsqu'il y a des Armées du Roi en Catalogne & en Roussillon, c'est lui qui donne les ordres pour la subsistance des Troupes, & pour les munitions de guerre & de bouche, & qui fait observer la Discipline Militaire aux Officiers & aux Soldats.

Le Roi ordonna par son Edit du mois d'Avril de l'an 1716. que le Pays de Foix, qui jusqu'alors avoit été de la dépendance de la Généralité de Montauban, en seroit désuni, pour être & demeurer du Département du Comté de Roussillon, Conflans, & Cerdagne, sont dans le Département & sous l'inspection & direction du Commissaire départi pour l'exécution des ordres de Sa Majesté dans ledit Comté de Roussillon.

Le plus grand Commerce qui se fait dans cette Province, est celui des Huiles d'olive, à cause de la grande quantité d'Oliviers, qu'il y a dans ce Pays. Ce Commerce produit en Roussillon, année commune, environ deux cens mille livres. Il sort aussi de ce Pays du Blé

Blé & beaucoup de Millet. Quoique les Vins foient fort bons, il en fort fort peu de la Province, à moins qu'il n'y ait une Armée. Françoife en Catalogne; car en ce cas-là il s'en fait un grand débit. Comme on élève quantité de Moutons & de Brebis dans le Rouffillon, on y fait un commerce très-confidérable de laines, qui font fort belles & bonnes, & que l'on vend ordinairement dans le Royaume. Au refte le génie pareffeux & peu induftrieux des habitans, fait qu'il n'y a aucune Manufacture dans cette Province.

Cette Province a un Gouverneur & un Lieutenant Général, un Lieutenant de Roi, & plufieurs Gouverneurs particuliers des Villes fortifiées. Le Gouverneur & Capitaine Général des Comtés & Vigueries de Rouffillon, de Conflans & Cerdagne, eft auffi Gouverneur de la Ville, Citadelle, & Caftillet de Perpignan, & a fous lui en cette qualité un Lieutenant de Roi, un Major, deux Aides-Majors, un Capitaine des Portes, le Commandant de la Citadelle, le Major & l'Aide Major.

Ce Gouvernement eft compofé du Comté de Rouffillon, & d'une partie de celui de Cerdagne.

Le Comté de Rouffillon eft divifé en VIGUERIE DE PERPIGNAN, & en VIGUERIE DE CONFLANS. Voyez les deux Articles au mot VIGUERIE.

Il y a peu de bons mouillages fur la Côte de Rouffillon. Le premier que l'on trouve du côté de la Catalogne, eft Port Vendres. Il étoit autrefois bon principalement pour les Galères; mais à préfent il eft plus d'à demi-comblé par la vafe que les pluyes y entraînent; enforte que fix Galères auroient bien de la peine à s'y mettre à couvert. L'entrée de ce Port eft défendue par deux petits Forts, dont l'un eft à droite, & l'autre à gauche; &, quoiqu'en tems de guerre on mette dans ces Fortins un détachement de la Garnifon de Colioure, cependant les Bâtimens ne font pas trop en fûreté dans ce Port; car il eft fi étroit, que les Miquelets viennent quelquefois la nuit les infulter. Le mouillage de Lafranquin eft fur la Frontière du Rouffillon & du Languedoc; il eft entre la terre & un banc de fable, qui eft à deux longueurs de cable au large, & à deux braffes fous l'eau. Ce banc eft formé par les reffacs de la Mer, qui après avoir battu la Côte rapporte le fable fur le banc. On mouille ici quelquefois à fix, & quelquefois à quatre braffes d'eau. Les Barques y font affés à couvert du Vent de Sud-Oueft, mais elles n'y font pas auffi-bien des autres, & le Vent de Nord-Oueft y eft quelquefois infupportable.

2. ROUSSILLON, Bourg & Comté de France, dans le Dauphiné, Diocèfe de Valence, Election de Romans, à 560 habitans. Il eft fitué près du Rhône à quatre lieues au-deffous de Vienne. On le prend pour le Lieu que les Anciens nommoient *Urfeola*, ou pour *Figlina*.

ROUSSINES, petit Bourg de France, dans le Berry, Diocèfe de Bourges, Election de Blanc. Ce Lieu eft fitué à une demie Lieue de la Ville de St. Benoît du Sault. La Cure eft à penfion congrue, & à la Collation du Prévoft de St. Benoît du Sault. Il y a des Vignes, il s'y fait quelque profit de Beftiaux; on y recueille quantité de froment, de feigle, de baliargies, & très-peu d'avoine.

ROUSSY, RUTTICH, ou ST. PAUL, [a] Vieux Château des Pays-Bas, au Duché de Luxembourg, dont ce Château eft un Fief, avec titre de Comté. Ce Château fitué entre Luxembourg & Dierenhoven, à deux milles de chacune de ces Villes, appartenoit avec le Comté en 1605. au Margrave de Bade & aux Comtes de Manderfcheid, qui le poffédoient en communauté.

[a] *Zeyler, Topogr. Ducat. Luxemb. bourg. p. 243.*

ROUTES, Bourg de France dans la Normandie, Diocèfe de Rouen, Election de Caudebec. Le Seigneur en prend le nom.

ROUTON, Village d'Angleterre, dans Shropshire, fur la Saverne, à l'Occident de la Ville de Shrewsbury. Cambden croit que c'eft le *Rutunium* des Anciens.

ROUTOT, Bourg de France [b], dans la Haute Normandie, au petit Pays de Roumois, au milieu d'une belle Campagne très-fertile en bons bleds, entre Bourg-Achard, Bonne-Ville & Pont-Audemer. On y tient un Marché tous les Mercredis, & il y a Foire à la St. Jean & à la St. Barthelemi. L'Eglife de ce Bourg eft fous l'Invocation de St. Jean.

[b] *Corn. Dict. Mém. MSS.*

ROW, Rivière de la Petite Pologne [c]. Elle a fa fource dans le Palatinat de Podolie, d'où prenant fon cours vers l'Orient, après avoir mouillé Bar & Mezerof ou Mezorow, elle entre dans le Palatinat de Braclaw & fe jette dans le Boh, au-deffous de Brailow.

[c] *And. Cellar. Defcr. Polon. p. 357. De l'Ifle, Atlas.*

ROUVER, Prieuré de France, fitué dans le Diocèfe de Meaux, dépendant de St. Faron; fon revenu eft de trois mille livres.

ROUVEYROUX, Bourg de France, dans le Rouergue, Diocèfe de Rodez, Election de Ville-Franche.

ROUVILLE, [d] Château en Normandie, avec Haute Juftice, Seigneurie & Patronnage des Parroiffes d'Alifé & du Manoir, à trois lieues au-deffus de Rouen, & à une au-deffus du Pont de l'Arche. Le Territoire fort bien planté d'Arbres, avec de belles Avenues, produit auffi des grains & des fruits.

[d] *Corn. Dict. fur des Memoires dreffez fur les Lieux en 1704.*

1. ROUVRAY, Forêt dans le Parifis, près de la Seine & du Roule, c'eft ce que l'on appelle aujourd'hui le Bois de Boulogne, entre Paris & S. Cloud, & autrefois la Forêt de Rouvray.

2. ROUVRAY, ou ST. ETIENNE DE ROUVRAY, Lieu de France, dans la Normandie, Diocèfe de Lifieux, Election de Rouen. Cette Parroiffe eft enclavée dans le Diocèfe de Rouen, & tout auprès de la Ville, quoiqu'elle foit du Diocèfe de Lifieux. Il y a une Forêt de huit cens trente arpens, dépendante de la Maîtrife des Eaux, & Forêts de Rouen.

3. ROUVRAY, [e] Bourg ou Village de France, dans la Haute Normandie, au Diocèfe de Rouen, à huit lieues de cette Ville, avec titre de Baronnie. Il n'eft qu'à une lieue au-deffous de Forges, une demi lieue au-deffus de Sigy, au pied de la Montagne de la Ferté en Bray, dans le Voifinage de Ronceroles. Cette Baronnie comprend trente-deux Fiefs Nobles, & trois Parroiffes en Seigneurie & Patronnage, favoir Rouvray, Saint Aignan & Bofc Edelin. L'Eglife Paroiffiale de Rouvray reconnoît pour fes Patrons Saint Martin & Saint Lubin. Le Château bâti à la moderne & affés proprement, eft accompagné, d'un Parc, d'un Etang, de plufieurs Réfervoirs & d'un

[e] *Ibid. 1702.*

d'un Moulin à eau. Le Territoire consiste en terres & en pâturages.

1. ROUVRES, Terre de France dans la Bourgogne, à deux lieues de la Ville de Dijon. C'étoit autrefois une des Maisons de Plaisance des Ducs de Bourgogne, de la première Race. On ne voit plus aujourd'hui que ses ruïnes au milieu d'une Plaine.[a] C'est dans ce Château que nâquit vers la fin du quatorzième Siècle, Philippe surnommé de Rouvres, petit-fils d'Eudes IV. fondateur des Chartreux de Beaune.

[a] Corn. Dict. sur des Mémoires, MSS.

2. ROUVRES, Lieu de France, dans la Beauce, Diocése de Chartres, Election de Dreux. Ce Lieu est situé sur la petite Riviére de Vegre, à une demie lieue du Château d'Anet. C'étoit anciennement un gros Bourg des *Carnutes*. L'on croit que c'est où les Druydes faisoient leurs Sacrifices au Guy Sacré.

ROUY, Lieu de France dans le Nivernois, Election de Nevers. Il y a une Prévôté Royale ressortissante au Bailliage de Dun-le-Roi. C'est une Paroisse située en Plaine. Les terres sont légéres & bonnes pour le Froment & pour le Seigle. Il y a quelques Bois, Futayes & Taillis, dont on fait du charbon.

ROUYON, Ville de Perse, dans la Province de Mazandran. Elle est située, selon Tavernier[b], à 71. d. 36. de Longitude, sous les 36. d. 15. de Latitude. Cette Ville se nomme aussi MARESSON; c'est-à-dire lieu de Serpens; parce qu'il y en a beaucoup aux environs de cette Ville qui est dans un Marais.

[b] Voy. de Perse, T. 1. Liv. 3.

ROXANI, Peuples d'Asie. Ils habitoient, à ce qu'on croit au voisinage du Tigre. Plutarque[c] dit qu'un de leurs Princes nommé Gaura vécut trois cens ans.

[c] De Flumi-nib.

ROXBOURG, en Latin ROSEBURGUM[d], Bourg d'Ecosse, dans la Province de Tiviotdale, avec un Château. Ce Lieu est remarquable, parce que Jacques II. Roi d'Ecosse y fut tué en l'assiégeant. Le Bourg & le Château ont tous deux été détruits par les guerres.

[d] Etat présent de la Gr. Br. t. 2. p. 234.

ROXOLANI, Peuples de la Sarmatie Européenne. Ptolomée[e] les place au voisinage du Tanaïs; & Jornandès[f] les appelle *Gens insida*.

[e] L. 3. c. 5.
[f] De Reb. Goth. c. 24.

ROYAN, Ville de France, dans la Saintonge, sur le bord de la Garonne, près de l'embouchure de cette Riviére, à quatre lieues de Brouage & à huit au-dessous de Blaye.[g] Cette Ville qui a été autrefois très-considérable, est fameuse dans l'Histoire par le Siège que les Huguenots, qui en étoient maîtres y soutinrent l'an 1622. contre Louïs XIII. en personne, qui ne put la réduire qu'après avoir perdu beaucoup de gens de qualité, d'Officiers & de Soldats. Royan avoit alors titre de Baronnie; elle fut érigée depuis en Marquisat, & passa à la Maison de la Trimouille, avec Olone en Poitou. Voyez OLONE. Aujourd'hui la Ville de Royan ne subsiste plus[h]: tout a été détruit dans le tems des guerres Civiles. Il ne reste qu'un Fauxbourg, qui paroit avoir été fortifié; car on y voit encore les ruïnes des Bastions & quelques morceaux d'ouvrage. Il n'y a qu'une Paroisse, un Couvent de Recollets, & un petit Hôpital. L'endroit où la Ville de Royan a été bâtie est assés élevé sur le bord de la Riviére, qui est si large qu'elle paroît la Mer même. Il y a un Acul qui sert de Port pour les Barques, les seuls Bâtimens qui peuvent approcher, à cause des sables. Royan est le Pays des Sardines excelentes, on y en pêche en tout tems; il y a pourtant des saisons où elles sont en bien plus grande abondance & plus grasses.

[g] Longuerue, Descr. de la France, Part. 1. p. 162.
[h] Piganiol, Descr. de la France, t. 5. p. 64.

ROYANEZ, petit Pays de France, dans le Dauphiné, au Diocése de Gap, à l'Occident du Gresivaudan. Il n'a pas plus de six lieues de longueur sur quatre de largeur. Ce Pays a pris son nom d'une petite Ville appellée PONT DE ROYANS,[i] qui a eu autrefois le titre de Principauté; mais qui n'est aujourd'hui qu'un Marquisat. Les Habitans du Royanez sont exempts de Taille par une concession des Dauphins.

[i] Ibid. t. 4. P. 51.

ROYAULIEU, Abbaye de filles en France, Ordre de St. Benoît, dans le Diocése de Soissons; cette Abbaye avoit été fondée en 1150. à St. Jean-au-Bois au milieu de la Forêt de Compiégne par Louïs VII. Elles ont changé de demeure avec des Chanoines Réguliers de St. Augustin, qui étoient à Royaulieu, avec la Permission de Louïs XIII. Le vrai nom de cette Abbaye devoit être Régallieu, son nom Latin étant *Regularis Locus*. Les Chanoines se sont retirés à St. Jean-au-Bois, qui étoit la demeure de ces Religieuses.

ROYAUMONT, Abbaye d'Hommes en France. Ordre de Cîteaux & de la Réforme dans l'Isle de France, Diocése de Beauvais; elle est située près de l'Oise & du Bourg de Beaumont, à une lieue de Luzarche, sur le Ruisseau de Baillon, & sur un Canal de celui de Thesve. Cette Abbaye fut fondée au mois de Janvier 1227. par St. Louïs, pour cent quatorze Religieux: ce Saint Roi travailla lui-même au Bâtiment de l'Eglise, & l'enrichit de possessions considérables. Ce fut le lieu où il alloit le plus souvent passer quelques jours en solitude; il y servoit les malades, & mangeoit dans le Réfectoire. On y voit les Tombeaux de plusieurs de ses enfans morts jeunes. Le revenu de cette Abbaye est de vingt mille livres pour l'Abbé.

ROYE, Ville de France, dans la Picardie, au Pays appellé Santerre, dans le Bailliage dont elle est le Chef-lieu & auquel elle donne son nom en Latin *Rauga*. Cette Ville située entre Nesle, Noyón & Mondidier n'étoit anciennement, selon Piganiol de la Force[k] qu'un Péage que Philippe-Auguste acquit en 1205. de Barthelemy de Roye en échange d'autres Terres. Cependant Mr. de Longuerue prouve dans sa Description de la France, que la Ville de Roye est plus ancienne que celle de Mondidier, puisque Flodoard dans sa Chronique dit qu'en 933. le Duc Hugues le Grand s'empara de cette Place sur Heribert Comte de Vermandois *Munitionem nomine Raugam*. Guillaume le Breton l'appelle, selon l'usage des Modernes, *Roya*. Roye étoit autrefois une Baronnie qui a donné le nom à une des plus illustres Familles de Picardie, dont étoit Guy de Roye Archevêque de Rheims, qui posséda les plus grandes Charges Ecclésiastiques de France. Cette Terre

[k] Ibid. t. 3. p. 211. & suiv.

re a passé par mariage dans la Maison de la ROCHEFOUCAUD avec le Comté de Roucy. Voyez ROUCY.

Cette Ville que quelques-uns prennent pour l'ancienne *Rodium* de la Gaule Belgique fut érigée en Prévôté & unie au Domaine en 1373. par le Roi Charles V. & Charles VI. acquit en 1385. la Châtellenie de Roye de Renaud de Dargies. Aujourd'hui cette Ville est un Gouvernement de Place du Gouvernement Militaire de Picardie.

[a] 135. & *suiv.*

[a] Dans la Ville de Roye il y a une Collégiale sous l'Invocation de Saint Florent, Solitaire qui vivoit du tems de Saint Martin, par qui il fut ordonné Prêtre à Tours. Elle fut fondée par Herbert Comte de Vermandois, & Hildebrande sa femme, qui se réservérent le droit de nommer aux Prébendes. Ce droit a passé au Roi par l'union du Vermandois à la Couronne l'an 1183. Ce Chapitre est composé d'un Doyen, & de dix-sept Chanoines, sans compter une Prébende, qui est unie au Collége. Le Doyen est élu par le Chapitre & confirmé par l'Evêque d'Amiens. Ce Chapitre a un premier degré de Jurisdiction spirituelle. Le Doyen & deux Chanoines nommés par le Chapitre exercent l'Officialité, & connoissent de toutes les Causes Ecclésiastiques, qui regardent le Clergé & les Habitans de la Ville de Roye, excepté de celles où il s'agit de crimes ou de divorce. Les appellations des Jugemens rendus dans ce Tribunal ressortissent à l'Officialité d'Amiens. Outre ce Chapitre il y a trois Paroisses dans cette Ville, un Collége où il n'y a qu'un Régent, & un Hôpital de la Charité où il y a dix lits.

Le BAILLIAGE DE ROYE, est borné au Nord par le Gouvernement de Perone, à l'Orient par le Vermandois & par le Bailliage de Noyon, au Midi encore par le Bailliage de Noyon & par celui de Mondidier qui le borne aussi au Couchant. Ce Bailliage est composé d'un Président, d'un Lieutenant-Général & d'un Lieutenant Criminel, d'un Lieutenant particulier, d'un Assesseur Criminel, d'un Conseiller, d'un Avocat & d'un Procureur du Roi, d'un Substitut & d'un Greffier. La Prévôté de Roye a ces trois derniers Officiers & releve du Bailliage.

ROZAN, ou ROSANA, Ville de la Grande-Pologne [b], au Palatinat de Mazovie, sur la Rive Septentrionale du Narew, un peu au-dessus de Pultausk.

[b] *De l'Isle Atlas.*

ROZAS, Village d'Espagne, au Royaume de Grenade, à sept lieues de Malaga. Il donne son nom à une Vallée dont il est le Chef-lieu & à une Commanderie de l'Ordre de Malthe. Silva [c] dit que ce Lieu fut peuplé dans l'année 1100. par Odorico Espinel, Chevalier Portugais, qui le donna à un autre Chevalier nommé Salvador Perez.

[c] *Poblac. de España fol. 195.*

ROZENHAUS, ou RATHSAMSHAUSEN [d], Village & Château d'Allemagne en Alsace. Ce Château a donné le nom à une famille très-ancienne.

[d] *Zeyler, Topogr. Alsat.*

ROZOY. Voyez ROSAY.

ROZOY, & APREMONT, Bourg & Comté de France, dans la Picardie, Diocèse & Election de Laon.

R U.

RUATES. Voyez OROATES.

RUBA, Ville de Syrie, dans la Contrée appellée Cyrrhestique, selon Ptolomée [e] qui la place entre *Regia* & *Heraclea*. Au lieu de *Ruba* ses Interpretes écrivent *Buba*.

[e] *L. 5. c. 15.*

RUBEACUM. Voyez RUFACUM.

RUBEÆ-PROMONTORIUM, Promontoire que Pline [f] met à l'extrémité Septentrionale de l'Europe. Mercator croit que c'est le Cap de Livonie appellé Dagerort; Bécan le prend pour le Cap Septentrional de la Scandinavie nommé aujourd'hui *Wardhuys*; mais il y a beaucoup plus d'apparence que *Rubeæ-Promontorium* est le Cap le plus Septentrional de la Norwege connu présentement sous le nom de *Nort-Cap*: c'est le sentiment d'Ortelius & du Pere Hardouin.

[f] *L. 4. c. 13.*

RUBEL (Pointe de Jean), Lieu de l'Amérique Septentrionale à la Côte de l'Isle Saint Domingue, entre le Port de Paix & le Cap de St. Nicolas.

RUBEN, nom de l'une des douze Tribus d'Israël, ainsi nommée de Ruben fils aîné de Jacob & de Liah [g], de qui elle étoit descendue. Ruben naquit l'an du Monde 2246. avant J. C. 1754. avant l'Ere Vulgaire 1758. Un jour Ruben étant encore jeune, alla à la Campagne & y ayant trouvé un fruit en Hébreu nommé *Dudaim*, que la plûpart explique *des Mandragores*, il les apporta à Liah sa mere [h]. Rachel en fut curieuse, & les demanda à Liah. Celle-ci les lui céda, à condition que Jacob dormiroit la nuit suivante avec elle. Rachel y consentit, & Liah devint grosse d'Issachar. Long-tems après, & Jacob étant déja retourné dans la Terre de Chanaan, Ruben abusa de Bala Concubine de son pere [i]; ce qui fut cause qu'il perdit le droit d'aînesse, & les prérogatives qui lui étoient dues par sa naissance.

[g] *Genes. XXIX. 32.*
[h] *Genes. XXX. 14.*
[i] *Genes. XXXV. 22.*

Lorsque les autres freres eurent pris la résolution de se défaire de Joseph [k], Ruben chercha les moyens qu'il put pour le tirer de leurs mains. Il leur proposa de le descendre dans une vieille Cîterne, où il n'y avoit point d'eau, afin qu'il pût ensuite l'en avant tirer, & le renvoyer à Jacob. En effet ses freres l'ayant dépouillé, le jetterent dans une Cîterne. Mais pendant que Ruben s'étoit éloigné pour un peu de tems, ils l'en tirérent, & le vendirent à des Ismaélites, qui passoient près de-là. Ruben à son retour, étant allé à la Cîterne, & ne l'ayant point trouvé, déchira ses vêtemens & vint dire à ses freres: L'enfant ne paroît point, & moi où irai-je? Ils le tirérent de peine, en lui disant qu'ils l'avoient vendu à des Passans, qui alloient en Egypte.

[k] *Genes. XXXVII. 1. 20. 21. &c. An du Monde 2276. 1724. avant l'Ere Vulg. 1728.*

Jacob au lit de la mort [l] reprocha vivement à Ruben la faute qu'il avoit commise avec Bala, en lui disant: Ruben mon fils aîné, le commencement de ma force & de ma vigueur, vous deviez être le plus grand en dignité, & le premier en autorité : mais vous vous êtes répandu comme l'eau ; vous ne croîtrez point, parce que vous avez monté sur le lit de votre pere, & que vous avez souillé sa couche. Moyse avant que de mourir, dit aussi à Ruben [m] que Ruben vive, & qu'il ne

[l] *Genes. XLIX. 3. 4. An du Monde 2315. avant J. C. 1685. avant l'Ere Vulg. 1689.*
[m] *Deuter. XXXIII. 6.*

ne meure point; mais qu'il ne croisse point en nombre. En effet la Tribu de Ruben ne fut jamais bien nombreuse, ni bien considérable dans Israël. Elle eut son partage au-delà du Jourdain, dans la partie la plus Méridionale de ce Canton, entre les Torrens d'Arnon au Midi & de Jazer au Nord, ayant les Monts de Galaad à l'Orient, & le Jourdain au Couchant; le tems de la mort de Ruben n'est pas connu.

On lit dans un Livre Apocryphe intitulé : Testament des douze Patriarches, que Ruben âgé de 30. ans, ayant vu Bala Servante de Rachel, & Concubine de Jacob son pere, laquelle se baignoit toute nue dans un lieu découvert, conçut pour elle une si violente passion, qu'il n'eut point de repos qu'il ne l'eût satisfaite. Il en trouva l'occasion un jour que Jacob étoit allé visiter son pere Isaac, & que ses fils étoient à Gades près l'Ephrata ou Bethléem. Alors Ruben ayant trouvé Bala qui étoit yvre & qui dormoit dans sa tente dans une posture indécente il se laissa aller à sa passion, & commit un inceste avec elle. Dieu révéla aussi-tôt à Jacob par le Ministère d'un Ange, le crime que son fils avoit commis, & le Seigneur pour punir Ruben, le frappa d'une maladie qui dura sept mois, & qui fut si violente, qu'elle l'auroit conduit au tombeau, si Jacob n'eût prié pour lui. Enfin Ruben conçut une telle douleur de sa faute qu'il s'imposa pour pénitence de ne manger ni pain ni viande, & de ne point boire de vin pendant 7. ans. Mais on sait, que cet Ouvrage n'est d'aucune autorité, ayant été écrit par un Imposteur, qui a voulu autoriser le faux Livre d'Enoch, & d'autres Traditions Judaïques. Voyez au mot JUDÆA, la Table Géographique des douze Tribus.

RUBEMPRE, Terre de France, dans la Picardie, Diocèse d'Amiens, Election de Doulens. Rubempré est une Terre & Seigneurie appartenante à M. le Comte de Mailly, à qui elle est venue de la Maison de Mouchy, qui la tenoit par une alliance de Bourbon-Rubempré, bâtard de Vendôme.

RUBI, Ville d'Italie, dans l'Apoüille. L'Itinéraire d'Antonin la met sur la route d'Eqnouticum à Hydrunte, entre Canusium & Budrunte, à vingt-trois milles de la première de ces Places, & à onze milles de la seconde. C'est de cette Ville dont parle Horace [a] :

a L. 1. Sat. 5.

Inde Rubos fessi pervenimus.

RUBICARIENSIS, Voyez RUSUBICARIENSIS.

RUBICON, Rivière d'Italie aux confins de la Gaule Cisalpine, qu'il séparoit de l'Italie, comme nous l'apprennent Cicéron [b] & Lucain [c]. Le premier dit : *Flumen Rubiconem qui finis est Galliæ* ; & le second en parle en ces termes :

b Philipp. 6. c. 2.
c L. v. 113.

*Fonte cadit modico, parvisque impellitur undis
Puniceus Rubico, quum fervida canduit æstas :
Perque imas serpit Valles, & Gallica certus
Limes ab Ausonis disterminat arva colonis.*

Cette Rivière, que l'on nomme aujourd'hui Pissatello, selon Leander, est petite; mais très-fameuse dans l'Histoire. Il n'étoit pas permis aux Soldats & moins encore à leurs Chefs, au retour d'une Expédition militaire de passer cette Rivière avec leurs armes, sans le consentement du Sénat & du Peuple Romain : autrement ils étoient tenus pour ennemis de la République, comme le porte l'Inscription qui étoit à la tête du Pont de cette Rivière, & que l'on a trouvée enterrée sur le bord de cette même Rivière. Le Cardinal Bivarola, Légat alors de la Romagne, fit dresser au même endroit le Marbre sur lequel est cette Inscription. Voici ce qu'elle porte : *Jussu Mandatuve P. R. Cos. Imp. Trib. Mil. Tiron. Commiliton. Arma quisquis es Manipulariæve Centurio turmæve Legionariæ hic sistito, vexillum sinito, arma deponito nec citra hunc Amnem signa, ductum Exercitum, commeatumve traducito. Si quis ergo hujusce jussionis adversus præcepta ierit feceritve, adjudicatus esto hostis P. R. ac si contra Patriam arma tulerit Penatesque ex sacris penetralibus asportaverit S. P. Q. R. sanctio Plebesciti. S. ve consulti ultra hos fines arma ac signa proferre liceat nemini.*

Blondeau dit qu'il a vu cette Inscription; mais quelques soins que Leander se soit donnez pour la voir dans les différens voyages qu'il a fait dans ces Quartiers, il lui a été impossible de la découvrir. Il en conclud ou qu'elle est encore cachée dans la terre, comme autrefois, ou qu'elle a été transportée ailleurs.

Jule-César à son retour des Gaules étant arrivé sur le bord de cette Rivière avec son Armée, s'arrêta un moment & faisant réflexion sur le dessein qu'il avoit formé de se rendre maître de l'Empire, il regarda ceux qui étoient autour de lui & leur dit : nous avons la liberté de nous en retourner; mais si nous passons une fois au de-là de ce petit Pont, il ne faudra plus avoir de confiance que dans nos armes. Ensuite étant confirmé dans son entreprise par quelque présage favorable : la pierre en est jettée ajouta-t-il ; & après qu'il eût passé, son Armée s'empara de l'Umbrie & de l'Etrurie, d'où s'ensuivit la guerre Civile qui le plaça sur le Trône.

d Sueton. cap. 31.

RUBIERA, Ville d'Italie, dans le Modénois, sur la Secchia, à sept milles de la Ville de Modène. Cette petite Ville est extrêmement forte, & on la regarde comme une des Clefs du Modénois. C'est un Donjon antique, accompagné de plusieurs Tours & environné d'un fossé d'eau vive. Rubiera est appellée *Herbaria* en Latin. C'est du moins le nom que lui donne Sebastien Corrado de Rhegio dans une de ses Epîtres. Selon quelques-uns Rubiera est corrompu de *Riviera*; & tire ce nom de la Rivière sur laquelle elle est bâtie; selon d'autres *Rubiera* vient de *Rubi*, buissons ou épines, à cause que le Pays en étoit couvert avant la fondation de la Forteresse. En 1371. un certain Léonard remit Rubiera au Cardinal Carila, Légat du St. Siège en Italie. On ne trouve point de quelle manière la Maison de Ferrare l'acquit; il est pourtant certain qu'elle l'a possédée pendant plusieurs années & jusqu'au tems que le Pape Jules II. prit Rhegio; cette Forteresse retourna alors sous l'obéïssance de l'Eglise, qui en joüit jusqu'en 1723. qu'Alphonse d'Este Duc de Ferrare la reprit après la mort du Pa-

RUB. RUC. RUD.

pe Adrien VI. & la fortifia. C'est la Patrie du célèbre Antoine Codrus, qui mourut à Boulogne âgé de 70. ans, & qui ne voulut pas avoir sur son Tombeau d'autre Epitaphe que ces deux mots : *Codrus eram*.

RUBIGINIS LUCUS ; Bois Sacré que les Anciens avoient dédié à la Déesse qui présidoit à la Rouille des Bleds. Ovide parle [a] de ce Bois Sacré dans ses Fastes [a] :

[a] L.4.v.707.

*Flamen in antiqua lucum Rubiginis ibat,
Exta Canis flammis, exta daturus Ovis.*

RUBO, ou RUBON, Fleuve de la Sarmatie Européenne, & dont Ptolomée [b] place l'Embouchure, entre celles du *Chronus* & du *Turuntus*. On croit que c'est aujourd'hui la Dwine.

[b] L.3.c.5.

RUBRA-SAXA. Voyez au mot AD, l'Article AD PETRAS RUBRAS.

RUBRAS, (AD). Voyez au mot AD, l'Article AD-RUBRAS.

RUBRENSIS-LACUS, Lac de la Gaule, aux environs de Narbonne, selon Pline [c]. C'est le même que Pomponius Mela [d] appelle RUBRESUS-LACUS. C'est aujourd'hui l'*Etang de la Rubine*, selon le Pere Hardouin. Quoique Pline dise que l'*Atax* présentement l'Aude traversoit ce Lac ; cela ne doit faire aucune difficulté, parce qu'on a détourné le cours de cette Rivière par le moyen d'un Canal qui passe à Narbonne & va se jetter dans la Mer Méditerranée à sept milles de-là.

[c] L.3.c.4.
[d] L.3.c.5.

1. RUBRICATUS, Fleuve de l'Espagne Tarragonnoise. Ptolomée [e] marque son Embouchure dans le Pays des *Laetani*, entre *Barcinon* & *Betulon*. Pomponius Mela fait aussi mention de ce Fleuve ; & l'on convient que c'est présentement le Lobregat. Voyez LOBREGAT.

[e] L.2.c.6.

2. RUBRICATUS, Fleuve de l'Afrique propre. Son Embouchure est placée par Ptolomée [f] sur la Côte du Golphe de Numidie, entre *Hippon Regia* & *Tabraca Colonia*. Le nom moderne est *Jadoc*, selon J. Léon & Castald.

[f] L.4.c.3.

RUBRUM LITTUS, Pline [g] donne ce nom à la Côte de l'Arabie Heureuse le long de la Mer Rouge.

[g] L.6.c.28. & L.14.c.4.

RUBRUM MARE. Voyez les Articles MER & MARE-RUBRUM.

RUBUSTINI, Peuples d'Italie, dans l'Apouille, selon Pline [h]. Quelques MSS. portent *Tubustini* & d'autres *Robustini* ; mais la véritable manière de lire est *Rubustini* ; du moins c'est ainsi que lit Frontin [i]. Ces Peuples tiroient sans doute leur nom de la Ville *Rubi* que l'Itinéraire d'Antonin marque au voisinage de *Canusium*.

[h] L.3.c.11.
[i] Lib. de Limit.

RUCONIUM, ou RHUCONIUM, Ville de la Dace : Ptolomée [k] la place près de *Docirana*. Niger dit qu'on la nomme aujourd'hui ROMA, & Lazius l'appelle REGEN.

[k] L.3.c.8.

RUCUMA, ou RUCUMMA, Ville de l'Afrique propre, dans la Province Proconsulaire. Lucianus Evêque de Rucuma assista au Concile de Carthage tenu sous St. Cyprien, & Maximus, qualifié *Episcopus sanctæ Ecclesiæ Rucumensis* souscrivit au Concile de Latran sous le Pape Martin.

RUDEN, petite Ville d'Allemagne dans la Westphalie [l], vis-à-vis de Kaldehart, sur la Rivière de Moen, aux confins de l'Evêché de Paderborn. Elle appartient à l'Electeur de Cologne.

[l] Zeyler, Topogr. Westphal.

RUD. RUE.

RUDELSTATT, ou RUDOLSS-STATT, petite Ville d'Allemagne [m] dans la Turinge, près de la Rivière Sala entre Orlamund & Salfeld, avec Château, où les Comtes de Schwartzbourg font leur résidence. En 1346. elle fut pillée & brûlée par le Landgrave Frideric qui étoit à la tête des Erfurtois, selon le témoignage de la Chronique de Turinge. Elle souffrit aussi beaucoup dans la guerre de 1640. les Impériaux & les Suédois ayant campé dans son voisinage.

[m] Zeyler, Topogr. Turingiæ.

RUDESHEIM, ou RUDISHEIM, Ville d'Allemagne, [n] dans l'Electorat de Mayence au Rheingaw sur la rive droite du Rhin, environ à une lieue au-dessus de Bingen & à même distance au-dessous de Geisenheim.

[n] Jaillot, Atlas.

RUDIÆ, Ville d'Italie, dans la Calabre, entre Tarente & Brindes. C'étoit la Patrie d'Ennius, *Ennio cive nobiles Rudia*, dit Pomponius Mela [o]. On voit la même chose dans Silius Italicus. Il dit en parlant d'Ennius :

[o] L.2.c.4.

*Miserunt Calabri, Rudiæ genuere vetustæ.
Nunc Rudiæ solo memorabile alumno.*

La Ville Rudiæ, selon Ptolomée [p], étoit dans le Pays des Salentins & dans les terres. Pline [q] la place au voisinage de Brindes, ce qui peut s'accorder avec la position que lui donne Ptolomée. Le Pere Hardouin croit que c'est présentement *Carovigna*.

[p] L.3.c.1.
[q] L.3.c.11.

RUDISTO. Voyez RODOSTO.

RUDKOPING. Voyez RUTKOPING.

RUDNIKI, petite Ville de Lithuanie, au Palatinat de Vilna, à quatre lieues de la Ville de ce nom, du côté du Midi. Rudniki est entourée d'une Forêt où l'on voit un très-beau Palais Royal, avec un Jardin délicieux & un Parc pour garder le Gibier.

RUDOLPHSWORTH, ou NEWSTATTL, Ville d'Allemagne dans la Carniole [r] sur la Rivière de Gurck. On donne communément le nom de Newstattl à la Ville & celui de Rudolfsworth à l'Abbaye que l'on y voit, avec un Couvent de Récollets. Il y a des Auteurs qui soutiennent que cette Place a été une Ville de l'Empire Romain du tems de l'Empereur Decius, & que Chiniva Roi des Goths l'assiégea inutilement ; mais ils ne prouvent pas assez leur opinion pour qu'on soit obligé de s'y rendre. En 1435. la Ville de Rudolfsworth fut assiégée par Albert Duc d'Autriche & par le Comte de Cilly ; mais les Troupes de l'Empereur Sigismond les obligèrent de lever le siège. Ce même Empereur accorda à cette Ville de beaux privilèges. Aux environs de cette Ville se recueille le meilleur Vin de la Carniole.

[r] Zeyler, Topogr. Carniz. p. 124.

1. RUE, petite Ville de France, dans le Ponthieu, en Picardie, Diocèse d'Amiens, Election d'Abbeville. Elle est située sur la petite Rivière de Maye à une lieue de Crotoy. En 1196. Philippe-Auguste la donna en dot à sa Sœur Alix, en la mariant à Guillaume Comte de Ponthieu. C'est un petit Gouvernement de Place. Il y a deux Curés à Rue, ayant chacun six cens livres, l'un dit le Curé du St. Esprit, l'autre de St. Wulphy. Il y en a deux autres aux Fauxbourgs & banlieues

Gg

lieue de Rue , ayant chacun quatre cens livres : l'un est appellé le Curé de St. Jean au Marais, l'autre le Curé de Beauvor. Le Terroir est en bleds, avoines, prez , pâturages & étangs. Il y a un Couvent de filles , Ordre de St. François , dites Sœurs Grises ; elles ont seize cens livres de rente ; elles desservent un petit Hôpital. Il y a aussi des Cordeliers qui ont trois mille livres de revenu. Le Commerce consiste en poissons, moutons, laines, chevaux , & autres bestiaux. Il y a Marché deux fois la Semaine, & Foire le jour de St. Remy, premier d'Octobre. La Ville de Rue avoit autrefois une Citadelle , & de bonnes fortifications , qui ont été rasées, comme un ancien Château nommé le Gard près Rue, où les Comtes de Ponthieu résidoient , & dont on voit encore quelques vestiges. Il y a un Pélerinage célebre à l'Eglise du St. Esprit, dans laquelle on conserve un Crucifix Miraculeux. Cette Eglise, qui est la Paroissiale, est belle, & sa Chapelle dédiée au St. Esprit est bien ornée.

a Etat & Délices de la Suisse, t. 3 p. 62.

2. RUE , petite Ville de la Suisse [a], au Canton de Fribourg, dans le Bailliage de Corbiére. Cette Ville est assez célebre dans ces Quartiers à cause de ses Marchés & de ses Foires. Promazens & Morlens sont deux Villages qui en dépendent.

RUEL, Bourg de France, sur la Seine à deux lieues de Paris, & à la même distance de St. Germain en Laye, du côté du Nord ; en Latin *Rothalium* , ou *Rothaliensis Vicus*. L'Eglise de ce Bourg est jolie pour une Paroisse de Campagne. Le Portail est d'Ordre Dorique, & assez bien entendu. Les Statues de St. Pierre & de St. Paul qu'on y voit sont du fameux Sarazin.

Ruel est renommé par un Château, que le Cardinal de Richelieu y fit bâtir dans le tems de son Ministére, & qui appartient présentement à Mr. le Duc de Richelieu. Ce Château consiste en un grand Corps de Logis flanqué du côté du Jardin de deux Corps ou Pavillons en retour [b]. Sur la main gauche est une terrasse, qui regarde l'Orangerie, & communique à plusieurs Corps de bâtimens, qui forment un tout fort noble. Il est entouré d'un fossé fort profond.

b Piganiol. Descr. de la France, t. 2. p. 577.

Le Jardin est dans le goût Italien , & des plus magnifiques. L'Orangerie est très-belle. C'est un grand Corps de bâtiment , où l'on entre par un Pavillon quarré, le tout décoré d'un grand Ordre Dorique. La façade du Pavillon forme un Portique qui a un grand fronton au-dessus de son entablement, chargé des Armes du Cardinal de Richelieu, & surmonté d'un acrotere, qui est chargé d'une grande Statue, qui a des trophées à ses piés. Les deux autres acroteres, qui sont au bout du fronton sont chargés de trophées. Le grand Corps de bâtiment consiste en neuf arcades sur l'entablement ; au droit de chaque Colonne sont des vases. L'arcade du milieu est terminée par un fronton aux Armes du Cardinal.

L'Arc qui est assez près de cette Orangerie est un grand Edifice composé de trois portes. Celle du milieu est fort exhaussée. Cet Arc est décoré d'un Ordre Corinthien formé de quatre Colonnes , il est surmonté d'un Attique, dans lequel il y a deux bas-reliefs posés au-dessus des deux petits arcs, & sur la grande Arcade est une Inscription. Les Piédestaux de l'Attique sont surmontés de Sphinx, & dans le dé sont des figures ; dans l'espace qui regne entre les deux petites portes, & l'entablement, sont placées deux grandes Médailles en bas-relief. Enfin cet arc est apuyé de chaque côté par deux corps de pierre de taille d'Ordre Toscan, dans lesquels sont deux Niches remplies de Statues, & au-dessus est un bas-relief. Ces deux Corps sont terminés chacun par un trophée posé sur un socle de pierre.

On voit dans ces Jardins une Fontaine en glacis, dont le bassin est rond, & formé d'une cascade ronde , qui tombe à neuf différens sauts. Le Jet d'eau du Dragon est réjouïssant : on y voit sur un Piédestal la figure d'un Dragon , à laquelle on fait jetter de l'eau pour surprendre ceux , qui ne s'y attendent pas.

La grande Cascade est très-considérable. Elle est composée de plusieurs marches au haut desquelles sont trois Fontaines qui ont chacune trois bassins l'une sur l'autre. Le bas est terminé par une Balustrade qui fait un très-bel effet, & à ses deux bouts sont six Piédestaux chargés chacun d'une Statue en pié. Tout en haut sont placées deux autres figures qui jettent de l'eau. Au devant de la Cascade sont encore deux autres figures assises, qui sont placées au bout de l'Allée. A l'autre bout est une Grotte de rocaille d'un Ordre Toscan. C'est un enfoncement fait en Niche accompagné de chaque côté de deux Colonnes, & d'une Niche. La perspective est des plus belles, & le Ciel y est peint avec des couleurs si naturelles , qu'on assure qu'il y a eu plusieurs oiseaux, qui s'y sont trompés , & qui croyant voler en plain air s'y sont tués ou tout au moins cassé le bec.

La vieille Grotte fait un assés bel effet. Elle représente un Rocher au milieu duquel est une Caverne. On trouve dans ce petit antre de quoi s'amuser. Lorsqu'on veut mouiller quelqu'un , il sort de terre une infinité de petits jets d'eau, des figures de bêtes de toutes les espèces soufflant l'eau de tous côtés ; & quand on veut sortir pour éviter toutes ces eaux, les portes se trouvent fermées par de grosses gerbes d'eau, & après être sorti même de cette Grotte, on trouve encore d'autres figures, qui achevent de mouiller ceux qui ont passé au milieu de tous ces effets d'eau. On remarque encore à un des bouts du Canal une fort belle Grotte composée d'un Corps d'Architecture, qui consiste en un avant-corps & deux arriere-corps, dans lesquels on a pratiqué deux très-grandes Niches remplies de leurs figures. L'avant-corps du milieu est décoré d'une Fontaine, & les refans qui sont des deux côtés sont interrompus par des bas-reliefs d'ornemens , il est terminé par un entablement Toscan.

Il y a quelques Maisons particuliéres à Ruel, qui sont assés propres, entr'autres celle de Waldor Résident de l'Electeur de Cologne. On remarque dans son Jardin une figure du Roi en pié, qui est grande comme nature, & est accompagnée de divers ornemens.

RUESSIUM, Ville de la Gaule Aquitanique, selon Ptolomée [c], qui la donne aux Peu-

c L. 2. c. 7.

RUE. RUF.   RUF. RUG.

Peuples *Velauni*. C'est aujourd'hui Rieux suivant Mercator, & St. Flour suivant Villeneuve.

RUETS, Commanderie de Malthe en France, près de la Forge Baillard, dans le Diocèse de Châlons. Elle consiste en un bon Château entouré de fossés, & un petit Fief situé près de Langres. Cette Commanderie est située entre Joinville & Saint Dizier, Elle rapporte sept mille livres de rente. Elle se donne toujours à un Chevalier de Justice.

RUFACUM, & RUBEACUM, Rhenanus & Munsterus donnent tous deux ce nom Latin à une Ville d'Alsace, appellée vulgairement RUFFACH. Voyez ce mot.

RUFÆ, Château d'Italie dans la Campanie, selon la Remarque de Servius sur ce vers de Virgile a :

a Æneid. L. 7. v. 739.

Quique Rufas, Batulumque tenent atque arva Celennæ.

Quelques Exemplaires au lieu de *Rufas* portent *Rufras*, & il y a apparence que c'est ainsi qu'il faut lire, du moins c'est ainsi qu'écrit Silius Italicus b :

b L. 8. v. 570.

Et quos aut Riefre, quos aut Ærseniæ, quosve Obscura incultis Herdonia misit ab agris.

RUFFAC, *Rubeacum*, ou *Rufacum*, Ville de France dans la Haute Alsace, sur le Rotbach au Territoire appellé Mundat, dont elle est la Capitale c. Dagobert Roi de France donna cette Ville avec le Mundat à l'Evêque de Strasbourg (Arbogast.) On voit encore sur la Montagne les restes d'un Château nommé Isenbourg ou Eisenbourg & qui a été bâti par le Roi Dagobert. Les fréquens Pélerinages qu'on faisoit aux Reliques de St. Valentin contribuérent beaucoup à l'accroissement de cette Ville. En 1068. les Habitans de Ruffac se souleverent contre l'Empereur Henri IV. & lui prirent la Couronne, le Sceptre & les autres Ornemens Impériaux. Ils refuserent de les lui rendre, s'il ne leur pardonnoit auparavant leur rébellion. L'Empereur promit tout ; mais ayant quitté la Ville, il ordonna à ses Troupes de s'en emparer, de la brûler & de passer les Habitans au fil de l'épée, ce qui fut exécuté. Ruffac a été encore diverses fois pillée & brûlée. L'Empereur Philippe pour se venger de Conrad Evêque de Strasbourg la brûla, & rasa une partie du Château d'Isenbourg. En 1298. l'Empereur Adolphe lui fit le même traitement. Les Anglois la prirent en 1426. Tant de malheurs l'avoient entièrement ruïnée ; mais Guillaume III. Evêque de Strasbourg de la Maison des Comtes de Hohenstein entreprit de la rétablir & la ferma de murailles. Depuis ce tems-là elle n'a pas laissé d'essuyer de nouvelles calamités : elle fut prise d'assaut en 1634. par les Troupes du Rheingrave, reprise par les Impériaux après le gain d'une bataille remportée sur les Lorrains ; & enfin elle fut prise par escalade par le Gouverneur François de Colmar. Aujourd'hui elle contient trois cens cinquante Maisons, cinq cens familles & deux mille cinq cens habitans. Son Magistrat jouït de sept mille cinq cens livres de rente.

c Zeyler. Topogr. Alsat. Super.

RUFFECQ, Ville & Marquisat de France, dans l'Angoumois, Diocèse & Election d'Angoulême. Ruffecq est une petite Ville située assés près de Verteuil, à sept lieues d'Angoulême. Il y passe un Ruisseau nommé le Lieu, qui produit les plus belles, & les meilleures Truites du Royaume. Cette Terre est la plus considérable de l'Angoumois, soit pour le revenu qui est de dix-huit mille livres, soit pour la Justice, qui comprend trente-deux Parroisses, soit pour les mouvances, qui renferment plus de cinquante Terres nobles. Il y a une Forêt, dont les hauts Bois ont été vendus jusqu'à soixante mille livres.

RUFFEY, Prieuré de France, au Diocèse de Besançon. C'est un Prieuré Conventuel, à la nomination du Pape. Il dépend de St. Marcel de Châlons.

RUFFINUM. Voyez QUERCUS.

RUFIANA, Ville de la Gaule Belgique: Ptolomée d la donne aux Némètes. On croit que c'est aujourd'hui Oppenheim sur le Rhein. Il y en a pourtant qui la placent à Ruffach. L'Exemplaire de la Bibliothéque Palatine lit *Rufiniana*.

d L. 2. c. 9.

RUFIANENSIS, Siège Episcopal d'Afrique, dans la Byzacène. Dans la Conférence de Carthage, Marianus est qualifié *Episcopus Plebis Rufianensis*. C'est la Notice des Evêchés d'Afrique qui place ce Siège dans la Byzacène. Elle nomme son Evêque Donatus *Rufianensis*.

RUFINIANA, Procope e au premier Livre de la Guerre contre les Perses donne le nom de *Rufiniana* à la Maison qu'Antonine femme de Belisaire possédoit dans un des Fauxbourgs de Constantinople, & où elle donna rendez-vous au Préfet du Prétoire Jean, sous prétexte de vouloir tramer une conspiration avec lui, mais en effet uniquement dans le dessein de le trahir, comme elle fit.

e Cap. 25.

RUFISQUE, Bourgade d'Afrique f, au Royaume des Jalofes, près du Cap-Verd, sur le Bord d'une Baye, que l'on trouve quand on a doublé ce Cap. Cette Bourgade qui est vis-à-vis de l'Isle de Gorée appartient aux François.

f De l'Isle Atlas.

RUFRÆ. Voyez RUFÆ.

RUFUVEILLE, Bourg de France dans la Normandie, au Diocèse d'Avranches, Election de Mortain.

RUGBY, Bourg d'Angleterre dans Warwickshire, sur la Riviére d'Avon. Elle a droit de Marché public.

RUGEN, Isle de la Mer Baltique, dans les Etats, que la Suède possède en Allemagne g, sur la Côte de Poméranie, qui lui est opposée du côté du Midi & du côté du Couchant. Elle a été autrefois beaucoup plus grande qu'elle n'est aujourd'hui ; car elle avançoit presque jusqu'à l'Isle de Ruden, dont elle n'étoit séparée que par un fort petit Canal ; au lieu qu'aujourd'hui elle en est éloignée d'un mille & demi. L'Isle de Rugen perdit tout ce terrein en 1309. par une violente tempête, qui renversa les Villages, les Eglises, les Tours & engloutit tout dans son sein. Ce grand passage ou espace de Mer qui se trouve présentement entre l'Isle de Rugen & celle de Ruden s'appelle *das Neut Dief*, ou *Schiffart*. On donne à peu près sept milles Germaniques de longueur à cette Isle : sa largeur peut être dite égale ; & on pourroit ajouter

g Blaew Atlas.

Gg 2

ter qu'elle a la même étendue en tout sens; de sorte que si elle étoit exactement ronde sa circonférence seroit de vingt & un milles Germaniques; mais elle est formée de tant d'Isles & de Presqu'Isles, & coupée par tant de Bayes & de Golphes qui pénétrent jusqu'au milieu de l'Isle, que si on vouloit mesurer toutes les Côtes, on trouveroit une circonférence de plus de soixante & dix milles. Toutes ces Bayes & tous ces Golphes sont encore, qu'en quelque endroit de l'Isle qu'on se place, on ne se trouve jamais qu'à un demi-mille, ou tout au plus à trois quarts de mille de la Côte. Quoique la Mer environne cette Isle de toutes parts, la situation des Côtes est telle qu'on ne craint plus d'inondation. La terre est très-fertile ; elle produit beaucoup de fruits, & entr'autres une si grande quantité de bled que l'Isle de Rugen est appellée le Grenier de Stralsund. On n'y voit ni Loups, ni Rats. Depuis quelque tems néanmoins on a commencé à voir des Rats dans la Péninsule de Wittow qui est au Nord de l'Isle. Ils y ont été apportés par les Vaisseaux qui sont venus mouiller dans ce Quartier, ou par ceux qui y ont fait naufrage. L'Isle de Rugen fournit beaucoup de Chevaux, de Boeufs & de Brebis ; mais sur-tout on y élève une quantité prodigieuse de grosses Oyes.

Les Habitans de cette Isle étoient connus anciennement sous les noms de *Rugii*, *Rugiani*, ou *Rani*, & ils étoient Slaves ou Wandales d'origine. Voyez RUGII. Ils étoient si attachés à l'Idolatrie, qu'ils furent les derniers de ces Quartiers-là qui embrassèrent le Christianisme. Vers l'an 813. quelques Saints Religieux passèrent dans l'Isle de Rugen pour y prêcher l'Evangile & ils firent quelque fruit ; mais bien-tôt l'Idolâtrie reprit le dessus : les Prêtres furent chassés, & par un caprice bizarre, ils ne renoncèrent au culte du Dieu qu'ils adoroient , que pour lui substituer le culte de St. Witus leur Patron, dont ils firent une Idole qu'ils nommèrent en leur Langue *Swanto-Wit*. Ce ne fut qu'en 1158. que Waldemar I. Roi de Dannemarc, força les Rugiens à retourner à la véritable Religion. Il y avoit autrefois deux Places fortes dans cette Isle, savoir ARCONA & CHARENTINA ; mais elles ont été détruites toutes deux. Aujourd'hui il n'y a que quelques petites Villes ou Bourgades avec un grand nombre de Villages. Les principaux Lieux sont :

Bergen, Vick,
Sagart, Bingst.

RUGENWALDE, Ville d'Allemagne, dans la Poméranie Ultérieure, sur la Rivière de Wiper, & le Chef-lieu du Duché de Wenden. Elle tire son nom des Anciens Rugiens. Quoique l'ancien *Rugium*[a] n'ait pas été à la même place , où est maintenant Rugenwalde, on ne laisse pas de croire que les Rugiens ont habité dans ces Quartiers, avant que de s'établir dans l'Isle de Rugen, & sur le bord du Danube, & vers l'Italie. Cette Ville qui est bien bâtie est ornée d'un beau Château, & a vingt-quatre Paroisses dans son District. Bogislas IV. Duc de Poméranie la donna pour Donaire à sa femme qui y fit sa résidence. Primislas II. Duc de Pologne s'étant

[a] Zeyler, Topogr. Pomeraniæ, p. 89.

rendu maître de la Poméranie Ultérieure en 1290. après la mort du Duc Mestowyn, Bogislas Duc de la Poméranie Citérieure pilla & ruïna le Château & la Ville de Rugenwalde, qui avoit été ceinte de murailles en 1212. Mislaw Prince de Rugen & Adolphe Comte de Hollande , Gendre du dernier Duc Mestowyn la prirent, mais furent contraints de l'abandonner peu de tems après. Les Chevaliers de l'Ordre Teutonique en Prusse & les Margraves de Brandebourg l'ont possédée quelque tems. Elle retourna ensuite sous la Domination des Ducs de la Poméranie Citérieure, à qui elle resta. Enfin la Maison des Ducs de Poméranie s'étant éteinte, cette Ville est passée avec le reste de la Poméranie Ultérieure sous la puissance des Margraves de Brandebourg, devenus depuis Rois de Prusse.

1. RUGIA, Ville de Syrie, au voisinage d'Antioche, à ce qu'il paroit par un passage de l'Histoire du Moine Robert[b]. [b] L. 7. p. 258.

2. RUGIA, nom que les Ecrivains Latins du moyen âge ont donné à l'Isle de Rugen, sur la Côte de la Poméranie. Ils ont aussi appelé RUGIA-CISMARINA la partie du Continent de la Poméranie opposée à l'Isle de Rugen, parce qu'elle étoit possédée par les Maîtres de l'Isle de Rugen.

RUCII, Peuples de la Germanie. Tacite[c] les met sur le bord de l'Océan Septentrional, aujourd'hui la Mer Baltique. Le nom de ces Peuples est corrompu dans Ptolomée qui les nomme *Anticlii*, quoiqu'il ait appellé leur Ville RUGIUM ; outre qu'il les place dans le même endroit, où Tacite place les *Rugii*, Sidonius Apollinaris, Jornandès, Paul Diacre, & plusieurs autres Ecrivains du moyen âge appellent ces Peuples RUGI, & Procope écrit *Rogi*. Leur première demeure a été dans la Poméranie Ultérieure, où l'on croit qu'étoit leur *Rugium*. Dans la suite on les trouve dispersés en différens endroits. Les uns habitoient l'Isle de Rugen, à laquelle ils donnèrent leur nom. On en voit d'autres sur le bord du Danube, où le Pays dont ils s'emparèrent fut appellé RUGILAND, selon Jornandès[d]. Procope[e] fait aussi mention de cette demeure des Rugiens sur le bord du Danube. Enfin on les voit en Italie, où Ennodius[f] dit qu'ils se rendirent maîtres de la Ville de *Ticinum*.

[c] Germ. c. 43.
[d] Langobard. L. 1. c. 19.
[e] Gothicar. ser. L. 2. In Vita.
[f] D. Epiphanii.

RUGIUM, Ville de la Germanie, dans sa partie Septentrionale, selon Ptolomée[g], qui la place dans les terres entre *Viritium* & *Scurgum*. On ne sait pas la juste position de cette Ville : les uns la prennent aujourd'hui pour Holmburg, d'autres pour Camin, d'autres pour Rugewolde.

[g] L. 2. c. 11.

RUGLEN, ou RUGLAN, Ville d'Ecosse[h], dans la Province de Cluyds-dale, sur la Rive gauche du Fleuve Cluyd, environ à une lieue au-dessus de Glasco, qui est de l'autre côté du Fleuve. On voyoit autrefois à Ruglen une très-belle Abbaye de l'Ordre de St. Benoît.

[h] Blaew, Atlas.

RUGLES, Bourg de France, dans la Normandie, Diocèse d'Evreux, Election de Conches. Ce Bourg est sur la Rille , dans le Pays d'Ouche , à deux lieues de l'Aigle. Il y a deux Paroisses, Notre-Dame & St. Germain. Comme il y a une Forge à fer, une partie de ses habitans travaille en épingles & ustan-

ustanciles de fer. On y tient un gros Marché tous les Vendredis. C'est aussi où se portent les épingles des Manufactures de Conches & de l'Aigle.

RUGUSCI, selon Pline [a] & RIGUSCÆ, selon Ptolomée [b]; Peuples de la Rhétie, dans sa partie Septentrionale. Ils habitoient les Pays connus aujourd'hui sous les noms de Rheinthal, & de Rheingow.

[a] L. 3. c. 20.
[b] L. 2. c. 12.

RUHECLOSTER, ou RUHKLOSTER; on donnoit ce nom ci-devant [c] à une Abbaye de Bernardins, située dans le Duché de Schleswic, au Bailliage de Lucktbourg; mais aujourd'hui que cette Abbaye est ruinée, il y a à la place un beau Château appellé Gluckburg.

[c] Hermannid. Descr. Daniæ, p. 844.

RUHHA. Voyez EDESSE.

RUIGO. Voyez ROVIGO.

1. RUILLÉ, Bourg de France dans le Maine, Election du Mans.

2. RUILLE, Bourg de France dans le Maine, Election de Laval.

3. RUILLE, Bourg de France dans l'Anjou, Election de Châteaugontier.

RUILLY, Bourg de France, dans la Beauce, Election de Vendôme.

RUISSAUVILLE, Abbaye de France, dans la Picardie, au Diocèse de Boulogne, vers les sources de la Rivière de Lis, à deux grandes lieues de Renti. C'est une Abbaye d'hommes de l'Ordre de St. Augustin, & qui est en Règle.

RUISSEAU-ROUGE, Ruisseau de Suisse, dans le Haut-Valais [d], au Département de Fischbach. Son eau qui est tiède coule dans la Vallée de Safs. Il est appellé ROUGE, parce que son eau teint en rouge la terre & les pierres de son lit. On prétend que l'eau de ce Ruisseau a les mêmes vertus que celle des Bains de Leuck.

[d] Etat & Délices de la Suisse, t. 4 p. 183.

RULUM, Ville d'Italie, dans la Lucanie, entre le Détroit & Venusia, selon Ortelius [e], qui cite Surius dans l'Histoire du Martyre de St. Felix.

[e] Thesaur.

RUM, Isle d'Ecosse, à l'Occident de ce Royaume & l'une des Hébrides [f], au Midi de Skje. Cette Isle que l'on met au nombre de celles du second rang est montagneuse & peu habitée. Elle peut avoir neuf milles de longueur. Ses Côtes sont la partie la plus stérile. On pêche beaucoup de Saumons dans ses Rivières, & ses Montagnes abondent en Bêtes fauves. Il y a aussi dans cette Isle une grande quantité d'Oiseaux de terre & de mer.

[f] Etat présent de la Gr. Br. t. 2. p. 288.

RUMA, Village de Galilée, selon Josephe [g]. Dans le quatrième Livre des Rois il est dit, que Zebida mere du Roi Joakim, étoit fille de Phadaïa de Ruma; mais Josephe [h] y a lu Abuma. Il est encore parlé de Ruma dans Josué [i].

[g] De Bel. Jud. lib. 3. c. 9.
[h] Cap. 24. v. 36.
[i] Cap. 15. v. 52.

RUMANEA. Une ancienne Inscription trouvée dans le Fauxbourg de Juliers & rapportée par Pighius [k] contient ces mots: *Matronis. Rumanehabus. Sacr. L. Vitellius. Consors. Explo. Leg. VI. Vittr.* Il ajoute que le Lieu s'appelle encore aujourd'hui *Rumanheym*, comme qui diroit la demeure des Romains. Il y en a qui, au lieu de *Rumanehabus*, lisent *Rumahabus*.

[k] In Hereule suo Prodicio.

RUMELIE. Voyez ROMANIE.

RUMELLUM, Ville d'Italie, au voisinage de la Ville de Rome, selon Ortelius [l] qui cite Jean Moscus.

[l] Thesaur.

RUMERICUM. Voyez ROMARICI-MONS.

1. RUMIGNY, Bourg de France dans la Champagne, Election de Rheims. Il y a dans ce Bourg plusieurs Métiers de Draperie.

2. RUMIGNY, Bourg de France dans la Picardie, Election d'Amiens.

RUMILLY, ou ROMILLY EN ALBANOIS, Ville de Savoye, à deux lieues d'Annecy, du côté du Midi Occidental. Cette Ville est située dans une Plaine élevée [m], au Confluent du Seran & du Nepha, sur chacun desquels elle a un Pont de pierre. Rumilly avoit autrefois une enceinte d'une ancienne muraille, & étoit défendue d'un côté par un Château flanqué de Tours & bâti sur un Rocher élevé; de l'autre par une Forteresse, à la moderne, bâtie par Emanuël I. Duc de Savoye; mais tout cela fut rasé en 1630. par ordre du Roi de France Louis XIII. dans le tems qu'il assiégeoit Mont-Méliant. Les Maisons des Particuliers sont propres & bâties d'une pierre, qui est molle quand on la tire de la Carrière, mais qui se durcit à l'air. Outre la Paroisse qui porte le titre de Prieuré, il y a quatre Maisons Religieuses, deux d'Hommes & deux de Filles. Les Habitans qui ne passent pas le nombre de trois mille sont à leur aise; ce qui vient de la fertilité du Pays, des Foires qu'ils ont, & du Commerce qu'ils font, principalement en bled. En 1390. Rumilly obéissoit aux Comtes de Genève; & c'étoit le principal Fief que ces Comtes tenoient des Evêques de Genève. Le Comte Pierre étant mort sans enfans mâles, cette Ville fut donnée à sa Veuve, pour la dédommager de sa dot. Ce fut d'elle & de son second Mari, Friderie Duc de Lorraine, qu'Amédée VIII. Duc de Savoye acheta cette Ville. Ses Successeurs en ont toujours joui depuis.

[m] Theatr. Sabaudiæ, t. 1.

RUMNEY. Voyez ROMNEY.

RUMPENSIS, Siège Episcopal d'Afrique: Platine en fait mention dans la Vie du Pape Anastase II. & nomme son Evêque Fulgence.

RUMUNENSE-SCLAVINIUM, Lieu de la Scythie en Europe, selon Ortelius [n] qui cite Jornandes.

[n] Thesaur.

RUNCKEL, Bourg [o] Château & Seigneurie, en Allemagne, dans la Franconie sur la Rivière de Lohn, entre Wilmar & Limpurg. Runckel appartient aux Comtes de Wiedt, & la Rivière de Lohn qui arrose ses Terres les rend très-fertiles, sur-tout en bled & en vin. Il y avoit autrefois des Mines d'argent & de fer dans cette Seigneurie; mais elles ont été ruinées par le tems & par les guerres. Le Château même a été détruit par la mesintelligence qui éclatta entre deux frères, qui en étoient les possesseurs. En 1634. après la Bataille de Nördlingen, le Bourg de Runckel fut pris par les Impériaux, qui brûlèrent ainsi que le Château & emmenèrent un jeune Comte de Wiedt prisonnier à Vienne.

[o] Zeyler Topogr. Hassiæ.

RUNGONIA. Voyez RUSTONIUM.

RUPEL. On nomme ainsi une Rivière des Pays-

238 RUP. RUR.

^a *Dict. Geogr. des Pays-Bas.*

Pays-Bas ^a, qui court depuis Rumpst, où la Neethe se joint à la Dyle, jusqu'à Rupelmonde, où elle tombe dans l'Escaut, après avoir passé au Fort de Ste. Catherine, d. à Boom, d. où se rend le Canal qui vient de Bruxelles à Willebroeck. La Rupel n'a que deux grandes lieues de cours.

RUPELA, Ville du Peloponnèse, dans

^b *Thesaur.*

la Phliasie, selon Ortelius ^b qui cite Calchondyle.

RUPELLA. Voyez la ROCHELLE & SANTONUM PORTUS.

^c *Dict. Géogr. des Pays-Bas.*

RUPELMONDE, Ville des Pays-Bas, dans la Flandre ^c, sur la Rive gauche de l'Escaut, vis-à-vis l'Embouchure de la Riviére Rupel qui lui donne son nom, & à trois lieues au-dessus d'Anvers. Rupelmonde fut érigée en Comté vers l'an 1650. en faveur de la Maison de Recourt & de Licques. Il y avoit un ancien Château que les Comtes de Flandre avoient fait bâtir, mais il a été ruïné par les guerres. Gerard Mercator l'un des plus célèbres Géographes de son tems étoit né à Rupelmonde. Il mourut à Doesbourg, sur la fin de l'année 1592. âgé de quatre-vingt ans.

RUPENA, Lieu des Thermopyles, se-

^d *Thesaur.*

lon Cedrène cité par Ortelius ^d.

RUPERA, nom Latin de la Riviére RUPEL. Voyez ce mot.

RUPES, Voyez ROCHERS.

RUPHANIA, Siège Episcopal sous la

^e *Ibid.*

Métropole d'Apamée, selon Ortelius ^e qui cite Guillaume de Tyr.

RUPIN, RAPIN, ou RUPPIN, Ville

^f *Zeyler. Topogr. Brandebur. March.*

d'Allemagne ^f, dans l'Electorat de Brandebourg, dans le Comté dont elle est le Chef-lieu, & auquel elle donne son nom, à neuf milles de Berlin. Cette Ville est divisée en deux qu'on appelle la Vieille Rupin & la Neuve Ruppin. La Vieille Ville est un endroit ouvert & c'est où se voit le Château dont avoit pris son nom la Famille des Comtes de Rupin, qui est éteinte. La Ville Neuve est assez belle. On y trouve les Sépultures de divers Comtes de Rupin, & particuliérement du dernier de cette illustre Famille, appellé Wichmann & mort en 1524. Ces deux Villes sont séparées par un grand Etang qui fournit d'excellents poissons & en abondance.

Le COMTÉ DE RUPIN est situé entre la Seigneurie de Pregnitz, le Duché de Mecklenbourg, la Marche-Ukerane & la Moyenne Marche de Brandebourg. Il a douze lieues de longueur ou environ, & six de largeur. Il est fort embarrassé de Lacs & de Forêts. L'Electeur Joachim I. l'acquit en 1524. à la mort du Comte Wichmann le dernier de sa Race. Les principaux Lieux de ce Comté sont :

Rupin,	Lindow,
Wulterhauss,	Rezberg.

^g *Ortelii Thesaur.*

RURADENSES ^g, Peuples d'Espagne, selon Ambroise Moralès, qui se fonde sur une ancienne Inscription. Il ajoute que le nom de ces Peuples se conserve encore présentement dans celui de Rus, petit lieu situé à trois milles de Béça.

RUREMONDE, Ville des Pays-Bas

RUR.

dans le Haut-Quartier de la Gueldre, sur la Meuse, à l'Embouchure du Roer, aux confins de l'Evêché de Liége & du Duché de Juliers. Elle tire son nom de celui de cette Riviére, & du mot Mondt, qui signifie *Bouche*; comme qui diroit Bouche ou Embouchure du Roer; & l'on a dit Ruremonde par corruption pour Roermondt. C'est une Ville bien peuplée, bien batie & passablement fortifiée. Ce n'étoit autrefois qu'un Village, qui fut entouré de murailles par Otton, surnommé le Boiteux, quatorzième Comte de Gueldre; & l'Empereur Rudolphe lui donna en 1290. le privilège de faire battre monnoie. Le Pape Paul IV. établit un Evêché à Ruremonde en 1559. sous la Métropole de Malines. Cet Evêché a vingt-cinq lieues dans sa plus grande longueur; c'est-à-dire depuis Mastricht jusqu'à Nimégue; & sa largeur est de huit lieues. Dans cet espace il comprend onze Villes qui sont :

Ruremonde,	Weert,
Venlo,	Boxmeer,
Gueldre,	Straelen,
Fauquemont,	Nimégue,
Wachtendonck,	Grave,
	Batembourg.

L'Eglise Cathédrale qui est l'unique Paroisse de la Ville est dédiée à St. Christophle. Elle est ornée d'un Clocher fort élevé, bâti de briques, & au sommet duquel on voit la Statue de St. Christophle. Elle devint Cathédrale en 1659. lorsque le Chapitre y fut transféré le jour du Jeudi Saint, qui étoit cette année-là le vingt-quatre d'Avril. L'Eglise du St. Esprit avoit été auparavant la Cathédrale, & c'est le tems de l'érection de l'Evêché. Le Chapitre est composé de douze Chanoines qui ont pour Dignités un Prevôt & un Ecolâtre. Huit d'entre eux seulement sont de l'ancienne fondation. Ils étoient originairement au Village de Peetersberg, ou Odeliendberg, à une lieue de Ruremonde, dans un endroit où St. Wiron, St. Plechelme & Otger ont demeuré. Ce Chapitre fut transféré à Ruremonde en 1358. avec sa Prevôté qui étoit autrefois à la Collation de l'Evêque d'Utrecht, & qui a été unie ensuite à l'Evêché de Ruremonde. Trois autres Prébendes ont été fondées par Mr. Pélerin Vogelius mort en 1649. dans le tems qu'il étoit nommé à l'Evêché de Ruremonde. Enfin le douzième Chanoine est le Pasteur de l'Eglise de St. Christophle. Le Pape donna pour l'entretien du nouvel Evêque de Ruremonde & pour l'augmentation des Prébendes de la nouvelle Cathédrale, les revenus de la Prevôté de Meersen, de l'Ordre de St. Benoît, située près de Mastricht; comme aussi les biens du Prieuré de St. Jérôme des Chanoines Réguliers à Ruremonde; ceux du Prieuré de Ste. Ursule appartenant au Bourg de Kessel; ceux du Prieuré de St. Walric de l'Ordre de Cîteaux entre Grave & Nimégue; & ceux de la Prevôté de St. Nicolas à Alevois, appartenante à des Religieuses de l'Ordre de Prémontré. Ces cinq Monastères avoient été détruits & brûlez du tems des guerres de Religion. Il y a outre la Cathédrale plusieurs

au-

autres Eglises à Ruremonde. On y voit l'Eglise du St. Esprit, qui a été autrefois la Cathédrale, & qui fut donnée depuis aux Religieuses Pénitentes. Elle a même servi quelquefois de Temple aux Protestans. L'Abbaye de Munster appartient à des Religieuses Nobles de l'Ordre de Cîteaux. Elle fut fondée en 1254. par Richarde de Juliers, femme de Gerard Comte de Gueldre. Les Peres Jésuites furent admis à Ruremonde en 1611. pour y enseigner les Humanités. Ils obtinrent d'abord pour leur demeure le Prieuré de St. Jerôme, qui avoit appartenu à des Chanoines Réguliers de St. Augustin; mais en 1665. ils le changèrent pour le vieux Palais de l'Evêque. Les Récollets furent établis en 1229. par Gerard III. Comte de Gueldre. Les Ursulines furent amenées en 1656. de la petite Ville de Sittart où elles avoient cru fixer leur demeure. Il y a outre cela des Croisiers qui furent introduits en 1422. des Sœurs Noires & des Claristes établies en 1611. des Religieuses du Tiers-Ordre de St. François, des Carmélites déchaussées, des Religieuses de St. Dominique, ou le Cloître de Marienvée, & le Prieuré de Mariengarde possédé par des Religieuses de l'Ordre de St. Augustin. Enfin les Chartreux ont à Ruremonde une spacieuse, & riche Maison fondée en 1370. par Wernere Seigneur de Swalmen. Le célèbre Denys Rykelius, plus connu sous le nom de *Dionysius Carthusianus*, étoit Religieux de cette Maison, où il mourut en 1471. exerçant la charge de Prieur. Cent trente-sept ans après sa mort, l'Evêque Cuyckius ayant ouvert son tombeau, trouva que les deux doigts avec lesquels il avoit écrit ses excellens Ouvrages étoient encore entiers, vifs, & revêtus de chair. En 1572. douze Religieux de cette Chartreuse furent massacrés par les Huguenots.

La Ville de Ruremonde est gouvernée par neuf Echevins & par deux Secrétaires. Elle essuya un grand malheur le 31. Mai 1665. qui étoit le jour de la Trinité & celui de la Dédicace de la Ville. Un incendie, causé par un accident, réduisit en cendres la plus grande partie des Maisons des Particuliers, presque tous les Couvens & le Palais Episcopal. Ruremonde a été prise & reprise plusieurs fois par les Espagnols & par les Hollandois. L'Empereur Charles V. s'en rendit maître par composition en 1543. Les Hollandois la prirent en 1567. au commencement de leur établissement en République, & l'abandonnèrent peu de tems après. Les Espagnols s'en saisirent & y mirent Garnison Allemande. Elle fut assiégée & fort pressée en 1577. par les Hollandois, qui furent pourtant obligés de lever le Siège à l'approche de l'Armée d'Espagne, mais ils s'en rendirent les maîtres en 1632. Les Espagnols l'ayant reprise en furent paisibles possesseurs jusqu'au 2. d'Octobre 1702. que l'Armée des Alliés étoit commandée par le Comte Walrad, Prince de Nassau-Sarbruck. Le Prince de Horn, Gouverneur de la Province, l'avoit défendue avec quelques Généraux François. Les Hollandois en ont été les maîtres jusqu'en 1719. qu'il l'évacuérent pour la remettre aux Troupes de l'Empereur, à qui le Magistrat prêta serment de fidélité le 6. de Mars de la même année.

On appelle QUARTIER DE RUREMONDE une des quatre parties du Duché de Gueldre & que l'on nomme aussi le HAUT-QUARTIER, ou la Haute-Gueldre, à cause qu'elle est située sur le haut des Rivières vers le Midi. Elle s'étend le long de la Meuse, entre le Duché de Cléves au Septentrion, celui de Juliers du côté du Sud, l'Electorat de Cologne à l'Orient, & le Brabant avec l'Evêché de Liége à l'Occident. Le Quartier de Ruremonde comprend;

Ruremonde,	à l'Empereur;
Venlo,	aux Etats Généraux des des Pr. Un.
Gueldre, *ou* Gelre, Wachtendonck, Stralen,	} *au Roi de Prusse.*

RUSA, Palais de Cosroès Roi de Perse, aux environs de Ctesiphonte, selon l'Histoire Miscellanée qui ajoute que ce Palais fut détruit par l'Empereur Heraclius.

RUSARDIR. Voyez RYSSADIRUM.

RUSAXIS. Voyez RUSUBESER.

RUSAZUS, Ville de la Mauritanie Césarienfe: Ptolomée [a], la place sur la Côte entre *Rusubirsis* & *Vabar*. Pline [b] lui donne le titre de *Colonia Augusta*. C'est la même que l'Itinéraire d'Antonin appelle RUSAZIS MUNICIPIUM: il la marque entre *Jomnium Municipium*, & *Saldis Colonia*, à trente-huit milles du premier de ces Lieux & à trente-cinq milles du second.

a L. 4. c. 2.
b L. 5. c. 2.

RUSCIA, RUSCIANUM, ou ROSCIANUM, Lieu de l'Italie dans la Calabre, aux confins des Brutiens; mais dans la dépendance des Thuriens. Sur ce rivage, dit Procope [c] est un Lieu appellé RUSCIA, où s'arrêtent les Vaisseaux des Thuriens. Le nom moderne est ROSSANO. Voyez ROSCIANUM.

c Goth. l. 3. c. 28.

1. RUSCINO, ancienne Ville de la Gaule Narbonnoise. L'Itinéraire d'Antonin marque cette Ville sur la route de Narbonne à Castulo, entre *Combusta* & *Ad Centuriones*, à six milles du premier de ces Lieux, & à vingt milles du second. Cette Ville est nommée *Colonia-Ruscino* par Pomponius Mela [d]; *Ruscino Latinorum* par Pline [e]; *Ruscinum* par Ptolomée [f]; & du tems de Louis le Débonnaire on la nommoit *Rosciliona*. Elle fut détruite, selon Mr. de Marca vers l'an 828. Il n'en reste plus aujourd'hui qu'une Tour qu'on appelle la Tour de Roussillon. Elle est au voisinage de Perpignan. Voyez ROUSSILLON.

d L. 2. c. 5.
e L. 3. c. 4.
f L. 2. c. 10.
g Piganiol, Descr. de la France, t. 7. p. 577.

2. RUSCINO, Fleuve de la Gaule Narbonnoise. Il avoit sa source dans les Pyrénées, selon Strabon [h], qui ajoute que ce Fleuve ainsi que l'Illiberis arrosoient chacun une Ville de leur nom. Avienus [i] nomme ce Fleuve *Roschinus*; Ptolomée [k] l'appelle *Ruscio*, & marque son Embouchure entre celles de l'Illiberis & de l'Atages. Varrerius veut que ce soit le même qui est appellé *Thelis* par Pomponius Mela & auquel on donne présentement le nom de TET.

h L. 4. p. 182.
i Oræ Marit.
k L. 1.

RUSCINONA. Voyez RUSTONIUM.

RUSCIO. Voyez RUSCINO, N°. 2.

RUSCO, ou TRESCAW, Isle d'Angleterre, l'une des Sorlingues, environ à trois mil-

milles du Cap le plus Occidental de la Province de Cornouaille. Cette Isle n'est proprement qu'une Montagne entre des rochers.

RUSCONIA. Voyez RUSTONIUM.

RUSCURIUM. Voyez RHUSUNCORÆ.

RUSELLÆ, Ville d'Italie. C'étoit selon Denys d'Halicarnasse [a] l'une des douze Villes des anciens Toscans. Elle devint dans la suite Colonie Romaine comme nous l'apprennent Pline [b] & une ancienne Inscription rapportée par Holstenius [c]. Les Habitans de cette Ville sont appellés *Rusellani* par Tite-Live [d]. C'est le *Rosellum* de l'Itinéraire d'Antonin. Cette Ville conserve encore son ancien nom, car Leander dit qu'on l'appelle présentement *Rosella*.

[a] L. 3. p. 189.
[b] L. 3. c. 5.
[c] pag. 39.
[d] L. 28. c. 45.

RUSIBIS-PORTUS, Port d'Afrique, dans la Mauritanie Tingitane, selon Ptolomée [e], qui le marque entre l'Embouchure du Fleuve *Cusa*, & celle du Fleuve *Asama*. Ce Port est appellé *Portus Rutubis* par Pline [f]. *Estesso* par Castald & *Umarabea* par Marmol, qui ajoute que d'autres le nomment *Omirabi*.

[e] L. 4. c. 1.
[f] L. 5. c. 1.

RUSICADE, Ville d'Afrique propre, selon Pomponius Mela [g] & Pline [h]. L'Itinéraire d'Antonin la marque dans la Mauritanie Césarienne, sur la route de *Lemna* à Carthage, entre *Chuli Municipium* & *Paratiana*, à soixante milles du premier de ces Lieux & cinquante milles du second. Ptolomée qui écrit *Rusicada* la place sur le Golphe de Numidie entre *Collops-Magnus* ou *Cullu* & le *Promontoire Tretum*. Dans la Conférence de Carthage, l'Evêque de Rusicade est nommé *Junior Episcopus Rusiccadiensis*. Cette Ville a été appellée autrefois le Port de Constantine, son nom moderne est SUCCAICADE, selon Mr. Dupin dans sa Remarque sur ce mot de la Notice des Evêchés d'Afrique. Cependant cette Ville est nommée *Stoxa* par Castald, *Astora* par Olivier, & *Estora* par Marmol.

[g] L. 1. c. 7.
[h] L. 5. c. 3.
[i] L. 4. c. 3.
[k] No. 198.

RUSICIBAR, Ville de la Mauritanie Césarienne; Ptolomée la place sur la Côte, entre *Rustonium* & *Modunga*. C'est la même Ville qu'Antonin nomme *Russibicari*, & *Rusibricari, Matidia* dans la Table de Peutinger. Ce fut une Ville Episcopale. Son Evêque est appellé *Constantius Rusubicariensis Episcopus*, dans la Conférence de Carthage [l], & il pourroit se faire que ce seroit le même Siége que la Notice Episcopale d'Afrique nomme *Rubicariensis*. Voyez RUSUCENSIS.

[l] No. 198.

RUSINO. Voyez RUSCINO.

RUSIUM. Voyez TOPIRUS.

RUSO-CASTRA, Lieu fortifié quelque part aux environs de la Thrace, selon Gregoras, cité par Ortelius [m].

[m] Thesaur.

RUSPÆ, ou RHUSPÆ, Ville d'Afrique sur le Golphe de Numidie [n], & que Ptolomée marque entre *Achola* & *Brachodes Extrema*. Ortelius, qui cite Christophle Stella, dit que le nom moderne est *Alfaques*; & Marmol lui donne le nom d'*Esfacus*. Dans la Notice Episcopale d'Afrique, l'Evêque de ce Siége qui est mis dans la Byzacène, est appellé *Stephanus Ruspensis*. Il ne faut pas confondre cet Evêché avec un autre de la Byzacène, appellé *Ruspitensis*; car Ptolomée distingue *Ruspina* de *Ruspa*; & ces deux Villes sont pareillement distinguées dans la Carte de Peutinger & dans l'Anonyme de Ravenne. Dans la Conférence de Carthage Secundus est qualifié *Episcopus Ecclesiæ Ruspitensis*.

[n] L. 4. c. 3.

RUSPINA, ou RHUSPINA, Ville de l'Afrique propre, sur le Golphe de Numidie, selon Ptolomée [o] qui la place entre *Adrumette* & la petite *Leptis*. Quelques-uns la prennent pour la Ville *Africa* subjuguée par l'Empereur Charles V. le nom National est *Ruspitensis*. Voyez RUSPÆ.

[o] L. 4. c. 3.

RUSS. Voyez REUS.

RUSS, ou RUSSE, Bourgade du Royaume de Prusse, à l'Embouchure du Bras Septentrional du Niemen.

RUSSEC, Ville de France dans l'Angoumois, selon Mr. Corneille [p]. C'est une faute d'inadvertance. Il falloit lire RUFFEC. Voyez RUFFECQ.

[p] Dict.

RUSSELSHEIM, Château d'Allemagne [q], dans le Pays de Hesse, sur le bord de la Rivière de Moen, à un mille de Mayence. Ce Château déja fortifié fut augmenté de 70. nouveaux Ouvrages en 1560. & en 1645.

[q] Zeyler, Topogr. Hassiæ, p.

RUSSIE, on donne ce nom à différentes Contrées de l'Europe, dans l'une desquelles on comprend même divers grands Pays de l'Asie. Il y a la RUSSIE-BLANCHE ou RUSSIE-NOIRE, autrement la GRANDE-RUSSIE, ou RUSSIE-MOSCOVITE: Il y a la RUSSIE-NOIRE appellée plus communément la RUSSIE-ROUGE: la RUSSIE DE LITHUANIE, nommée aussi quelquefois la RUSSIE-BLANCHE: enfin il y a la RUSSIE-POLONOISE.

La RUSSIE-BLANCHE, selon Cellarius [r] & la RUSSIE-NOIRE, selon Hubner, autrement la GRANDE-RUSSIE, ou la RUSSIE-MOSCOVITE, est proprement ce qu'l'on appelle aujourd'hui l'EMPIRE-RUSSIEN; elle est renfermée dans l'ancienne Sarmatie Européenne, si ce n'est la partie qui confine avec la Grande Tartarie, qui se trouve comprise dans l'ancienne Sarmatie Asiatique. On nomme quelquefois ce grand Empire MOSCOVIE, à cause du Fleuve Moska, où à cause des Mosches, Peuples de la Colchide, qui habitoient vers la source du Phase; & on lui a donné le nom de RUSSIE, du mot *Rosseïa*, qui selon le langage du Pays signifie *Peuple ramassé*, à cause des différentes Nations qui l'ont habité. Ceux qui lui donnent le nom de RUSSIE-NOIRE disent que ce nom lui vient des grandes Forêts qui couvrent le pays, ou parce qu'un grand nombre de ses Habitans s'occupe aux Mines & aux Forges; & ceux qui le nomment RUSSIE-BLANCHE veulent qu'il ait ainsi été nommé de la quantité des neiges qui couvrent la terre une grande partie de l'année. La Mer Glaciale, ou la Mer de Moscovie borne la RUSSIE au Septentrion; la Mer du Japon la borne à l'Orient; la Grande Tartarie est au Midi aussi-bien que la Mer Caspienne, la Perse; & la Pologne, la petite Tartarie, la Mingrélie & la Géorgie font la borne du côté du Couchant.

[r] Geogr. nostri temporis, c. 14.
[13] Geogr. c.

Il s'en faut de beaucoup que la Russie n'ait toujours eu des bornes aussi étendues. Ses accroissemens se sont faits peu-à-peu, & elle ne s'est même si prodigieusement étendue du côté de l'Orient que depuis un siècle. Russ fre-

frere de Lech & de Czech que les Polonois & les Bohêmes reconnoissent pour leurs premiers Rois, jetta, à ce qu'on prétend les fondemens de la Monarchie Russienne ou Moscovite. Igor fils de Rurich en étendit les limites, & fut pere de Suatoslas qui poussa ses conquêtes jusqu'à la Mer Noire; & sans doute qu'il les auroit portées plus loin, si la mort ne l'eût enlevé au milieu de ses victoires. Volodimer son fils naturel lui succéda. Il fit mourir Jéropolch son frere, & Vagri Rochuologh, Prince de Pleskow, & s'étant rendu maître de la Russie prit le titre de *Grand-Duc*. Il renonça à l'Idolâtrie l'an 987. & introduisit dans ses Etats la Religion Chrétienne, selon la créance des Grecs, après qu'il eut épousé la Princesse Anne, Sœur de Constantin & de Basile Empereurs d'Orient; il partagea en mourant ses Etats entre ses Enfans, & en fit autant de Duchés qu'il avoit de mâles. La puissance de ceux de Volodimer, de Novogrod, & de Kiow, étant devenue odieuse aux autres, & la division s'étant mise parmi eux, ils se firent une cruelle guerre & donna occasion aux Tartares d'envahir la plus grande partie de ces Principautés & de les rendre tributaires; le Prince étoit obligé de donner à manger du foin dans son bonnet au Cheval du Cham de Tartarie, & la Ville de Moscou lui envoyoit tous les ans mille Vestes de peaux de Cerf; mais elle refusa dans la suite de lui payer ce tribut. Jean fils de Basile l'aveugle s'affranchit de cette servitude en 1500. par les conseils de Sophie Paléologue sa femme, & après avoir réuni toute la Moscovie sous sa domination, il se fit appeller Monarque de la Russie. Gabriel son fils lui succéda en 1504. sous le nom de Basile, il se rendit maître des Contrées voisines de la Mer Glaciale, reprit la Principauté de Pleskow sur les Polonois, auxquels il enleva les Duchés de Smolensko & de Severie, & prit le premier la qualité de Czar; mais ayant été défait par les Tartares de Cazan qui pillerent la Ville de Moscou, il en conçut un si grand déplaisir, qu'il en mourut de regret l'an 1533. Jean Basile son fils conquit une partie de la Livonie, les Royaumes de Cazan & d'Astracan, & les Provinces qui sont sur les Frontiéres de la Perse & le long de la Mer Caspienne. Il mourut l'an 1584. laissant d'Anastasie sa première femme, Théodore qui hérita de son Empire; mais non pas de sa vertu; du second lit il eut le malheureux Demetrius.

Après la mort de Basile, Boris Hodun, Grand-Ecuyer de Moscovie, qui avoit épousé la Sœur de Théodore, prit un si grand ascendant sur l'esprit de son Maître & se fit tant de créatures par la distribution des Charges dont il disposoit absolument, qu'ayant joint un grand pouvoir à un grand mérite, & voyant d'ailleurs que le Czar n'avoit point d'enfans, il forma le dessein de se mettre la Couronne sur la tête. Sa premiére pensée fut de se défaire de Demetrius frere du Grand-Duc, âgé de neuf ans, qui étoit l'héritier présomptif de la Couronne; il gagna les principaux domestiques de ce Prince, & le fit assassiner dans un incendie qui consuma presque toute la Ville d'Uglitz, où Demetrius faisoit sa résidence. Comme c'est la coûtume des méchans de couvrir un crime par un autre, il fit encore périr ceux qui avoient été les Ministres de sa cruauté, & ensuite il empoisonna Théodore qui mourut en 1597. & qui fut le dernier de la race de Rurich.

L'Etat se trouvant sans Chef, il ne fut pas difficile à Boris, qui gouvernoit depuis long-tems avec une autorité absolue, de monter sur le Thrône: il vit bien qu'il ne pourroit s'y maintenir que par la même adresse dont il s'étoit servi pour y parvenir; il diminua les charges du Peuple, il augmenta les prérogatives de la Noblesse, & donna des privilèges aux Négocians pour attirer dans ses Etats les richesses & l'abondance; néanmoins toute sa prudence ne le mit point à couvert du malheur qui menace ordinairement les Tyrans. Un jeune Moine déconcerta sa politique & rompit toutes ses mesures; il se nommoit *Arisko-Otropeia*, il étoit de Jaroslaw, d'une famille noble & ancienne. Les excès de sa jeunesse avoient obligé ses parens de le faire enfermer dans le Convent de Trinouka pour changer ses mauvaises habitudes, & corriger ses mœurs qui l'avoient porté jusques alors aux plus infames débauches. Il avoit heureusement profité des bons exemples qu'on lui avoit donnés, & il ne pensoit qu'à vivre tranquillement, lorsqu'un vieux Moine s'étant apperçu qu'il avoit l'esprit vif, remuant & capable de tout entreprendre, résolut de se servir de lui pour se vanger de Boris, & assouvir la haine secrette qui le rongeoit depuis long-tems; il l'instruisit du Gouvernement de la Moscovie, des affaires les plus importantes de la Maison Royale, & sur-tout des artifices dont Boris s'étoit servi pour monter sur le Trône. Après qu'il eut pleinement informé de toutes ces choses, & de quelle maniére il devoit se conduire, pour se faire reconnoître pour Demetrius frere du Czar Théodore, il l'envoya à Kiow chez le Prince Adam Winouwieski, & vint en Moscovie pour y semer le bruit que Demetrius, fils du Grand-Duc Jean Basile II. vivoit encore; que la mere ayant eu vent de la conspiration de Boris l'avoit fait sortir du Château d'Uglitz avec un seul Gentilhomme confident de son secret, & avoit supposé en sa place le fils d'un Prêtre Russien, qui étoit à peu près de son âge & de sa taille; qu'il s'étoit refugié à la Cour de Winowieski, & qu'on le verroit bien-tôt venir à la tête d'une puissante Armée punir l'Usurpateur de ses Etats.

Pendant que ce bruit se répand dans la Moscovie avec un succès favorable, Otropeia eut le bonheur d'entrer dans le service de Winowieski en qualité de Gentilhomme de sa Chambre, & de se faire distinguer des autres Courtisans; il s'insinua si avant dans ses bonnes graces, qu'il crut ne devoir pas différer davantage à lui révéler son secret; il lui dit qui il étoit, comment Boris l'auroit sacrifié à son ambition demesurée, sans les précautions de sa mere qui avoit supposé un autre en sa place, ce qui l'avoit obligé de se retirer dans sa Cour pour mériter son assistance contre un Usurpateur qui l'avoit privé de ses Etats; & pour mieux prouver son imposture, il portoit une Croix garnie de pierres précieuses, qu'il di-

disoit lui avoir été pendue au col dans le tems de son Batême ; cela fut confirmé par le bruit que le vieux Moine avoit déja répandu en Moscovie. Boris en fut allarmé, & comme son crime lui en faisoit appréhender les suites, il n'oublia rien pour les prévenir ; il dépêcha des Couriers à Winowieski, lui fit faire des offres très-considérables, & s'engagea même à lui céder quelques Provinces s'il vouloit lui livrer Demetrius mort ou vif. Winowieski plus sensible à l'honneur qu'à l'intérêt rejetta les propositions si avantageuses, & pour mettre le Prince de Moscovie tout-à-fait en sûreté, il l'envoya chez George Mniszek, Palatin de Sendomir, son ami intime, qui le reçut avec tous les honneurs imaginables. A peine Demetrius y fut arrivé que faisant réflexion sur son avanture, & sur les bizarres événemens qui l'avoient suivie, il résolut de s'assûrer de quelque établissement en cas que la fortune, ou ses amis, vinssent à l'abandonner. Le Palatin avoit une fille d'une excellente beauté, nommée Marine, il en fut charmé dès qu'il la vit, & trouvant son compte à posseder en même tems une Maîtresse, & une riche héritiere, il la demanda en mariage à son pere, & exagera si fort la passion qu'il avoit de préférer son alliance à toute autre, que Marine lui fut promise. Le Palatin ébloui de la grandeur où sa fille alloit monter, si elle devenoit Impératrice, intéressa tous ses amis au rétablissement du Moscovite, & comme il étoit puissant dans le Sénat, il obtint tout ce qu'il voulut. Le Roi Sigismond lui permit de faire des levées dans ses Etats, Demetrius se mit à la tête d'un corps d'Armée considérable, & étant entré dans la Moscovie, il réduisit plusieurs Villes sous son obéissance. Il s'étoit déja avancé jusqu'au delà de Krom, lorsqu'on lui porta la nouvelle que Boris s'étoit fait mourir par le poison, que le Peuple avoit élu sur le Trône Fedro-Borissouits son fils, âgé de seize ans, & déclaré l'Impératrice sa mere, Régente pendant sa Minorité ; il apprit en même tems que la Noblesse s'étoit déclarée en sa faveur, & qu'elle l'avoit reconnu pour son Souverain, ce qui l'obligea de marcher en diligence vers Moscou pour s'en assûrer ; les habitans lui ouvrirent les portes, il y fut reçu au bruit des acclamations & des cris de joye, & comme si tout eût dû conspirer à son bonheur en cette journée, on lui livra Fedro & sa mere qu'il fit étrangler.

Demetrius se voyant alors paisible dans la possession de l'Empire se fit couronner par le Patriarche avec les solemnités accoutumées le 21. de Juillet 1605. & son couronnement fut suivi de celui de Marine ; il fit venir à la Cour la mere du véritable Demetrius que Boris avoit reléguée dans un Couvent, il alla au devant d'elle avec un grand cortège, la logea dans le Château, & l'y fit traiter magnifiquement. Elle le reconnut pour son fils, quoiqu'elle sût que c'étoit un Imposteur. Il s'appliqua ensuite au Gouvernement de l'Etat, & à faire esperer un regne heureux ; mais il est difficile que l'imposture demeure long-tems cachée, & qu'on usurpe impunément une Couronne. Demetrius enyvré de sa bonne fortune, se fit bien-tôt connoître par son incontinence & par ses débauches ; il se déchargea du soin des affaires sur ses Ministres, & se jettant dans les plaisirs, il ne pensa qu'à satisfaire ses passions par toutes sortes de voyes ; les grandes dépenses qu'il faisoit, & auxquelles il ne pouvoit fournir sans opprimer ses Sujets par des impositions excessives, le rendirent odieux à tout le monde. Les Principaux Knez & Boyars outrés de la fierté & de l'orgueil de Marine, qui étoit complice de tous les crimes de son époux, & de l'affront que leur faisoit Demetrius en laissant aux Polonois le soin du Gouvernement, entrèrent dans la conspiration de Basile Suiski, qui descendoit des Grands-Ducs de Moscovie par les Ducs de Susdal ; ils forcerent le Palais la nuit du 17. de Mai, & entrèrent dans la Chambre du Czar qui crut éviter la mort en se jettant dans la Cour par la fenêtre, il fut pris, & après que l'Impératrice Douairiere l'eut desavoué pour son fils, protestant qu'elle ne l'avoit reconnu que pour se vanger des cruautés que Boris avoit exercées sur sa famille, Suiski le tua d'un coup de pistolet. Marine fut mise en prison avec son pere & son frere, & il en coûta la vie à plus de dix-sept cens personnes qui furent massacrées pour avoir soutenu ses intérêts.

Suiski fut incontinent après proclamé Empereur, & mis sur le Trône le 1. de Juin 1606. A peine y fut-il installé qu'on vit revivre Demetrius : l'on publia qu'il s'étoit sauvé à la faveur d'une nuit obscure, & qu'on avoit égorgé un autre homme en sa place, c'étoit un Commis d'un Secrétaire d'Etat ; les Polonois appuyerent ce nouveau Fourbé qui étoit un homme de basse naissance, & lui donnèrent des troupes, avec lesquelles il s'empara de plusieurs Villes considérables ; Marine le vint trouver dans son camp, l'embrassa en présence de toute l'Armée, & le reconnut pour son mari, croyant par-là conserver le rang & le titre d'Impératrice ; mais après une guerre sanglante qui dura 3. ans, il en coûta la Couronne à Suiski qui fut enfermé dans un Cloître, puis confiné au Château de Gostynin en Pologne, où il mourut ; l'Imposteur Demetrius fut assassiné à Coluga par les Tartares, & l'ambitieuse Marine jettée dans une Riviere avec son fils.

Les Moscovites voulant éviter la guerre à laquelle les Polonois se préparoient pour vanger l'affront qu'ils avoient reçu à Moscou au mariage de Demetrius, firent prier le Roi Sigismond d'agréer qu'ils choisissent Uladislas son fils aîné pour leur Czar, à condition qu'il seroit rebaptisé, selon les Cérémonies des Grecs en présence du Clergé & des Grands du Royaume. Le Général Solkouski s'avança avec une Armée jusques aux Portes de Moscou, & reçut le serment de fidélité des habitans, en attendant que le Prince s'y fut rendu en personne ; mais soit qu'Uladissas eût honte d'acquérir une Couronne en trahissant sa Religion, soit qu'il n'osât se livrer à ses plus irréconciliables ennemis, il ne vint point. Pendant ce tems-là les Polonois au nombre de six mille étant entrés dans Moscou, y exercérent des cruautés inouïes ; ils mirent le feu en divers endroits de la Ville, passèrent un grand nombre d'habitans au fil de l'épée, pillérent le Trésor du Grand-Duc ; les Eglises & les Couvents ; & emportèrent une prodigieuse quantité d'or & d'argent. Les Moscovites ayant assemblé une Armée les poursuivirent dans leur retraite, & les contraignirent de sortir de leurs Etats, après quoi ils déposerent Uladislas, & élurent en sa place Michel Federovicz Romanou, fils de *Philaret* Métropolitain de Rostou, qui fut proclamé Grand-Duc sur la fin de l'année 1613. On vit encore paroître au commencement de son regne un quatrième Imposteur qui se disoit fils du Grand-Duc Suiski; c'étoit le fils d'un Marchand linger nommé *Timoska*. Quelques brouillons se joignirent à lui, & l'aiderent à s'emparer de la Ville de Plescou; mais s'étant jetté dans d'infames débauches, il fut mené à Moscou, & exécuté dans le Grand Marché.

Le desir qu'eut alors Michel de rétablir la paix dans ses Etats, l'obligea d'envoyer des Ambassadeurs à l'Empereur Mathias pour le prier de terminer les différends qu'il avoit avec les Polonois; les Conférences se tinrent à Viesma dans la Province de Moscou en 1615, mais elles se rompirent à cause des difficultés qu'il y eut à régler les prétentions des uns & des autres. Les Moscovites assiegerent Smolensko, & les Polonois Moscou; il y eut ensuite une suspension d'armes qui fut changée l'an 1618. en une Trève de quatorze ans, ce tems étant expiré on reprit les armes de part & d'autre; les Moscovites rémirent le Siège devant Smolensko; mais le Roi Uladislas étant accouru au secours de cette Place remporta sur eux une victoire célèbre. Le Czar allarmé de la défaite de ses Troupes lui fit faire des propositions de paix; leurs Ambassadeurs s'assemblerent en 1634 au Village de Diwilina sur la Rivière de Polanou; enfin après de grandes contestations il fut arrêté qu'Uladislas renonceroit à toutes ses prétentions sur la Moscovie, qu'il ne prendroit plus le titre de Grand-Duc, & qu'il retiendroit les Duchés de Smolensko & de Severie pour en jouir à perpétuité. Michel étant mort subitement au mois de Juillet 1645. en la quarante-sixième année de son âge, & en la trente-sixième année de son règne, Alexis Michalovicz son fils, qui n'avoit que 16. ans, fut couronné deux jours après, par l'adresse du Boyar Boris Juvanovicz Morosou son Gouverneur. La première chose qu'il fit après son couronnement fut d'éloigner tous les Boyars qui avoient eu le plus de crédit sous le règne de son pere, il rompit le Traité de Polanou, prit Smolensko, ravagea la Lithuanie, & tomba ensuite avec des forces très-considérables sur la Pologne. L'Empereur Ferdinand III. s'entremit de l'accommodement entre les deux Couronnes; les Ambassadeurs de Pologne se rendirent à Vilna, où le Czar étoit alors; on conclut une Trève qui fut depuis convertie en un Traité de Paix.

Alexis mourut en 1676. laissant de Marie fille de Ilia Danilovicz Milolauski, & Théodore Alexiovicz qui fut son Successeur; il épousa au mois d'Août de l'année 1680. Euphemie Routerski qu'il avoit choisie dans une famille noble originaire de Pologne; ce mariage le rendit odieux aux Boyars, qui en pénétroient le motif. Ce Prince avoit résolu de rétablir la Religion Catholique dans ses Etats,

& de fonder des Colléges pour instruire ses Sujets. Ceux qui appuyoient un dessein si glorieux lui avoient conseillé d'augmenter sa Garde ordinaire, & d'avoir toujours 40. mille hommes à Moscou, pour contenir dans le devoir ceux qui oseroient remuer. Les Boyars à qui rien n'échapoit des résolutions du Czar, formerent une conspiration, & trouvant la voye des armes fermée à leurs projets, à cause qu'ils n'avoient ni Troupes ni argent, ils prirent le parti de le faire empoisonner par un Médecin Juif, qu'ils mirent dans leurs intérêts. La chose exécutée, comme ils le souhaitoient: le poison fut si violent que le Czar mourut le 27. de Juin 1682. dans d'horribles convulsions, qui l'empêchérent de faire son Testament. Il pria seulement les Boyars, qui se trouvérent auprès de lui, de soutenir les intérêts du Prince Pierre Alexovicz son frere puiné du second lit, jugeant le Prince Iwan Alexiovicz son frere du premier lit incapable de gouverner, à cause qu'il étoit aveugle & foible d'esprit: les Boyars eurent égard à sa prière; le Prince Pierre fut élevé sur le Trône quoiqu'il n'eût que dix-ans; mais à peine y fut-il installé qu'une partie des Gardes alla tumultuairement au Palais pour l'obliger d'éloigner de sa personne tous ceux qu'ils croyoient auteurs des desordres. Ce soulèvement fut causé par l'intrigue de la Princesse Sophie, Sœur du Prince Iwan, qui voyoit avec regret son frere exclus de la Couronne; comme elle avoit infiniment d'esprit elle ménagea avec tant d'adresse quelques Seigneurs de la Cour, & entr'autres le Général Kouanski & le Palatin Odoyerski, qu'ils briguerent la faveur des Strelits, sorte de Troupes qui répondent à ce qu'on appelle en France la Maison du Roi, mais afin de les engager plus facilement à soutenir son parti, on gagna les Officiers qui devoient avoir soin des funérailles du Czar, & on leur fit déposer que quelques Boyars leur avoient ordonné de mêler du poison dans le breuvage qu'on a coutume de distribuer aux Gardes le jour de l'enterrement des Czars. Cette ruse produisit tout l'effet qu'on en attendoit. Les Gardes marcherent en bataille le 15. Mai vers le Palais, & demanderent qu'on leur livrât ceux qu'ils soupçonnoient être les auteurs de la mort du Grand-Duc. Comme on refusa de le faire, ils enfoncerent les portes & jetterent par les fenêtres tous les Officiers qu'ils rencontrerent: de-là ils allerent dans la chambre du nouveau Czar, & massacrerent en sa présence tous ceux qui avoient cru y trouver un asyle. Leur fureur n'étant pas assouvie par ce carnage, ils passérent à l'Appartement de la Grande Duchesse Natalie, & enlevérent tout l'or & l'argent qu'on y avoit caché: le frere aîné de cette Princesse en fut égorgé; son pere nommé Lariskin en fut tiré par force & traîné dans un Couvent; il en coûta la vie à Romadanouski qui avoit été Généralissime des Armées du Czar, au Général Seremet qui perdit la Bataille contre les Polonois en 1661. & qui avoit été racheté des Tartares que depuis deux ans; au Général Dolhorouki, à son frere & à ses deux fils, au Chancelier Artemon Sergevicz qu'on avoit rappellé de son exil pour le rétablir dans sa charge, à Tapkin qui avoit conclu le dernier Traité de Paix avec

avec les Turcs, à Boutarquin & à plusieurs autres Officiers. On traîna leurs corps au Marché, où ils demeurèrent exposez pendant trois jours, & leurs Maisons furent pillées & brûlées. Le massacre dura jusqu'au 17. ensuite le Prince Iwan fut proclamé Czar, sans que le Prince Pierre fût déposé, on les associa tous deux sur le Trône; de sorte que depuis ce tems-là ils gouvernèrent conjointement, & tout se faisoit en leur nom. Sophie ne s'en tint pas-là: elle choisit dans une Maison illustre une femme à son frère Iwan, afin que ce Prince ayant des fils elle fût assûrée de gouverner plus long-tems. Cependant de son mariage avec Prescovie de Solticoff, il ne naquit que trois filles; Catherine qui épousa Charles Léopold Duc de Mecklenbourg, Anne mariée avec le Duc de Courlande, & qui deviendra Impératrice de Russie, & Prescovie morte sans avoir été mariée. Enfin l'ambitieuse Sophie lassée de partager avec son frère les honneurs & l'autorité de la Couronne, résolut enfin de se placer sur le Trône. Elle s'associa pour ce dessein le Prince Gallizzin, qu'elle aimoit & qui devoit l'épouser. Le complot étoit à la veille de s'exécuter lorsqu'il fut découvert. Son frère la relégua dans un Couvent où elle mourut en 1704. Le Prince Gallizzin fut envoyé en Sibérie, où il vécut dans la misère. Iwan qui n'avoit eu guère de part à tous leurs projets céda toute l'autorité à son frère qui continua de régner seul. Le premier objet qu'il se proposa fut de tirer ses Peuples de l'ignorance où leurs pères avoient vécu. Il visita *incognito* la Hollande, l'Angleterre, les Cours de Dresde & de Vienne. Il examina tout avec soin & entra sur-tout dans les détails de la Navigation & de l'art de bâtir les Navires, dont il fit même l'apprentissage comme un simple Artisan. Il engagea à son service & envoya dans son Païs les plus habiles Ouvriers & il fit voyager les jeunes gens de qualité, afin qu'ils apprissent les manières des Nations polies, & qu'à leur retour ils lui aidassent à civiliser ses Peuples. Cette conduite lui attira la haine de plusieurs Boyars, qui entêtez en faveur de la grossièreté de leurs Ancêtres, firent une conjuration pour ne le point laisser entrer dans le Païs. Mais le prompt retour du Czar fut fatal aux Conjurez. Il en fit exécuter six mille. La longue guerre qu'il eut ensuite contre la Suède lui donna occasion de mettre en pratique les connoissances qu'il avoit acquises, & les desseins qu'il avoit formez pour l'avantage de ses Peuples. Durant cette guerre il fit un Voyage en France, mais d'une manière conforme à sa Dignité; & après y avoir encore engagé à son service un grand nombre d'habiles gens, dans toutes sortes de professions, il retourna dans ses Etats où l'attendoient les plus sensibles chagrins qu'un Souverain puisse éprouver. Les raisons qu'il eut de dégrader son fils ont été rendues publiques & sont assez connues, aussi-bien que les informations qu'il fit faire contre un grand nombre de personnes distinguées de l'un & de l'autre Sexe, dont la plûpart périrent dans les plus affreux supplices, pour avoir conspiré contre sa vie en faveur de son fils. Ce Prince lui-même fut jugé digne de mort par tous les Conseils Ecclésiastiques, Civils & Militaires; & l'appréhension de la mort qu'il reconnoissoit avoir méritée, lui causa une apopléxie qui l'ôtant du monde priva le Czar du plaisir qu'il auroit eu à lui pardonner. Pierre se voyant alors privé d'un fils qui ne laissoit qu'un jeune enfant pour succéder, avoit réglé l'Ordre de la succession par une Déclaration du 5. Février 1722. & comme il mourut en 1725. Catherine Alexiewha sa femme recueillit le fruit de cette Déclaration, que le Czar n'avoit faite que pour l'élever après lui à la souveraine Puissance. Mais elle n'en jouït pas long-tems. A sa mort arrivée le 17. Mai 1727. Pierre II. Petit-fils de Pierre le Grand fut appelé au Trône de Russie. Alexis Gregoreuwirz Dolgorouki avoit été son Gouverneur; le jeune Monarque crut ne pouvoir mieux faire que d'épouser sa fille Catherine. Elle reçut les félicitations de la Cour; mais son Epoux ne vécut pas assez pour la couronner. Le 18. Janvier 1730. il tomba malade de la petite vérole, & mourut le 30. Selon le Testament de l'Impératrice Catherine la succession revenoit à sa fille aînée, Anne-Petrowna Duchesse de Holstein-Gottorp; mais cette Princesse étoit morte le 15. d'Avril 1728. Elle laissoit à la vérité un Fils né au mois de Février de la même année. On craignit que les intérêts du Holstein ne fussent préjudiciables à ceux de la Russie: outre cela par les nouveaux arrangemens pris par Pierre I. le droit de se nommer un Successeur à sa volonté appartenoit au dernier Souvérain; enfin les Princesses filles de Pierre I. n'étoient que de la Branche cadette, & dès que par l'extinction de la Ligne Masculine, on étoit réduit à la Ligne feminine, il étoit juste de revenir à la Branche aînée. Le choix auroit du tomber sur l'aînée Duchesse de Mecklenbourg; on eut peur qu'étant mariée à un Prince de l'Empire, qui a témoigné assez de fermeté dans ses disgraces, elle n'épousât les intérêts de son mari, & ne jettât l'Empire dans une guerre qu'on vouloit éviter. D'ailleurs ceux qui avoient le plus de part aux affaires, n'étoient pas d'humeur à se donner un Maître aussi jaloux de ses droits. On déféra donc la Couronne à la Princesse Anne Iwanowna Duchesse Douairière de Courlande. On publia que c'étoit Pierre II. qui l'avoit lui-même nommée verbalement. On lui forma un Conseil, & on lui préscrivit des règles qui réduisoient son pouvoir au seul éclat de la Dignité Impériale. On vouloit régner sous son nom; elle accepta l'Empire aux conditions que l'on voulut; mais elle fut bientôt écarter l'ambitieuse famille qui les lui avoit imposées, & elle reprit toute l'autorité due à la Couronne qu'elle porte.

La Russie est un Etat parfaitement Monarchique, qui se maintient par l'unité de la Religion, par la Puissance absolue du Czar & par la profonde soumission des Moscovites envers leur Prince. Le Souverain de Russie, porte les mêmes armes que l'Empereur, parce qu'il prétend tirer son origine des Empereurs Romains, excepté qu'il y a un St. George à cheval sur la poitrine de l'Aigle, & une Mitre couronnée sur ses deux têtes. Le Sou-

Souverain de Russie est accoutumé à commander avec hauteur. Ci-devant il n'appartenoit qu'à lui de tout savoir, & pour empêcher qu'on ne pénétrât dans les Mystères de sa Domination, il avoit banni les Sciences de ses Etats, & en avoit défendu l'exercice sous des peines très-sévéres. Il ne vouloit point permettre d'établissement de Collége, où la Jeunesse fut instruite, afin qu'il n'y eût aucun de ses Sujets, qui en sût plus que lui ; ce qui causa la disgrace du Patriarche Micon qui vouloit établir à Moscou sous le régne d'Alexis Michalovicz deux Chaires pour y enseigner les Langues Latine & Grecque. Quand les Moscovites parloient autrefois de quelque chose cachée ou difficile, ils disoient communément, qu'il n'y avoit que Dieu & le Czar qui la pussent savoir, toute leur capacité consistoit seulement à savoir lire & écrire. Les Ordonnances du Czar étoient très-rigoureuses à l'égard de ceux qui sortoient de ses Etats sans sa permission ; il ne vouloit pas que ses Sujets voyageassent, de peur que par la fréquentation des Etrangers, ils ne se rendissent trop habiles, & n'apprissent à vivre avec plus de liberté. Il n'étoit pas aussi permis aux Grands de pouvoir se retirer de la Cour, & bien qu'ils eussent de grands biens dans les Provinces, il n'y alloient jamais ; mais ils y tenoient des Econames. Cette Politique ne laissoit pas d'être bonne, quoiqu'elle paroissoit trop sévére : le Czar ne prenoit point de femme hors de ses Etats, il la choisissoit souvent parmi la Noblesse & quelquefois entre le Peuple, & quand il se marioit avec une Roturiére, ses parens n'étoient considerez, que tant qu'elle vivoit.

Quoique le Czar gouverne d'une maniere fort despotique il ne régle aucune affaire sans la participation de son Conseil d'Etat qui est composé des Boyars ou principaux Seigneurs de la Cour, de quelques Ocolnics ou Gentilshommes de sa Chambre, des Dumniduoranins ou grands Conseillers qui sont tous Nobles, & des trois Dumni-Diaks ou grands Chanceliers qui sont choisis entre les Bourgeois, qui demeurent debout au lieu que tous les autres sont assis. On traite généralement dans ce Conseil de toutes les affaires qui regardent le dedans & le dehors de l'Etat, on en prend les Commissaires qu'on donne aux Ambassadeurs, & le Czar en choisit toujours les Chefs des Ambassades qu'il envoye dans les Cours étrangéres, & auxquels il donne ordinairement des Diaks, ou petits Chanceliers pour Collégues. Il y a plusieurs Tribunaux pour l'administration de la Justice, qu'on nomme *Pricaks* c'est-à-dire Cours de Justice : les Conseillers d'Etat tant Boyars qu'Ocolnics & Dumni-Duoranins y président ; les Diaks, y sont la charge de Greffiers, on y juge les affaires en première instance, & on en appelle au Conseil d'Etat. La vaste étendue des Etats que le Czar possède, lui fournit les moyens de lever en peu de tems des Armées fort nombreuses ; ceux qui ont fait quelque séjour en Moscovie disent que dans l'espace de 40. jours il peut mettre 300. mille hommes sur pié, parce que dès que la répartition des Provinces est faite, on l'envoye aux Vayvodes ou Gouverneurs, & chaque Province est obligée d'envoyer dans le tems ordonné le nombre des Soldats qu'elle doit fournir ; il est vrai que ces Troupes ne sont proprement que des Milices, & comme elles sont peu aguerries, & qu'elles ne savent ni l'ordre ni la discipline de la guerre, on ne doit pas s'étonner si elles ont été si souvent défaites par leurs ennemis. Le Czar entretient toujours 40. mille hommes pour sa Garde qu'on nomme *Strelitz*, il en demeure un tiers auprès de sa personne, & on envoye le reste dans les Places qui sont sur la Frontiere ; la Cavalerie est réduite à peu de Compagnies pendant la paix ; mais en tems de guerre on l'augmente de plusieurs Régimens qui sont chacun d'onze Compagnies, & chaque Compagnie de cent hommes ; il y a aussi un Corps de Dragons qui sont tous de petits Gentilshommes appellez *Sinboiarks*. Le commandement des Armées ne s'y donne point au mérite, mais seulement à la naissance ; de-là vient que les Généraux sont sans expérience, & sujets à faire de grandes fautes, d'autant plus qu'ils n'ont point d'Officiers Généraux comme par-tout ailleurs : les Colonels, les Lieutenans Colonels, les Majors, les Capitaines & autres Officiers subalternes sont presque tous étrangers, la plûpart Soldats de fortune que la misére a chassé de leurs Païs, & que l'espoir de quelque récompense y attire ; on leur donne de grosses payes, & on a pour eux des égards qui marquent combien les Moscovites sont dénués d'Officiers. Le Czar ménage avec beaucoup de soin l'amitié & l'alliance de ses Voisins, il est fort uni avec le Roi de Perse qui a les mêmes interêts que lui à diminuer la puissance du Turc leur commun ennemi : il conserve la Paix avec les Suédois, & se ligue presque toujours avec les Polonois lorsqu'il s'agit de faire la guerre aux Infidèles ; ses Prédecesseurs avoient autrefois prétendu à la Couronne de Pologne ; mais outre la différence d'humeur & de Religion, les Polonois ont apprehendé que si les Grands-Ducs de Moscovie étoient élus, leur puissance, la commodité & le voisinage de leurs Etats, ne servissent à les opprimer plutôt qu'à les protéger.

Les Moscovites sont gens grossiers, sans honnêteté & sans politesse, parce qu'ils n'ont pas la liberté de voyager, & que les Sciences sont bannies de leur pays ; ils sont déréglez dans leurs mœurs, ils ne connoissent ni la Foi des Traitez, ni la Religion des sermens ; leur meilleure qualité est d'être fort sobres, & de se contenter de peu, sur-tout à la guerre, où ils ne vivent que de fleur d'avoine détrempée dans l'eau froide ; ils sont Schismatiques, & suivent en tout la Foi, la Discipline & les Cérémonies des Grecs. Le Partriache dont la Dignité est la première de leur Eglise, est élu par les Métropolitains, par les Archevêques, par les Evêques & par le Clergé ; on le choisit parmi les Moines de l'Ordre de Saint Basile, & son élection doit être confirmée par le Czar, ce qu'il fait en lui mettant en main le bâton pastoral ; il dépendoit autrefois de celui de Constantinople. Wolodimer fils de Suatoslas ayant embrassé le Christianisme en 987. Nicolas Chrysoberg Patriarche de Constantinople établit Michel Métropolitain de toute la Russie. Ses Successeurs se contenterent de ce titre jusqu'à Job, qui prit celui de Patriarche en 1588, & en reçut la confirmation de Jérémie qui l'étoit de Constantinople ; celui qui lui succéda, jaloux de sa grandeur se rachera de cette sujétion pour une somme d'argent, qu'il y eut l'adresse d'exiger des Moscovites, sous prétexte qu'ils ne devoient point reconnoître de Supérieur étranger en matière de Religion, & qu'il étoit de leur intérêt, & de leur honneur de faire un Corps particulier, & une Communion séparée. D'ailleurs la raison d'Etat se mêla dans ce changement, le Czar regardoit, comme autant d'espions des Turcs ceux qui lui étoient envoyés de la part du Patriarche de Constantinople ; pour éviter cet inconvénient, dont les suites pouvoient être dangereuses, cette séparation lui parut le moyen le plus sûr de s'en garantir. Le Patriarche se dit Proto-Archimandrite de l'Ordre de S. Basile, c'est à lui, selon l'ancienne coûtume de couronner le Czar, il règle absolument toutes les affaires de la Religion, il a des Tribunaux particuliers, où la justice se rend son nom ; le premier, qu'on nomme *Roserad*, connoît de tout ce qui regarde les biens Ecclésiastiques ; le second, qui s'appelle *Sudnoi*, juge toutes les affaires des Moines de S. Basile ; & le troisième qui porte le nom de *Casannoi* à inspection sur son trésor & sur les revenus.

Après le Patriarche les Métropolitains de Novogrod, de Casan, de Rostou & de Sark tiennent le premier rang, ils président aux Provinces Ecclésiastiques, & leur pouvoir est considérable dans le Clergé ; il y a ensuite les Archevêques de Vologda, de Smolensko, de Rezan, de Susdal, de Tuver, d'Astracan, de Sibérie, d'Archangel, & de Plescou. On n'y compte que deux Evêques, qui sont ceux de Viatka & de Columna, plus de cinquante Abbez ou Archimandrites, plusieurs Prévôts qu'on appelle Protopapas, & un très-grand nombre de Prêtres ou Papas, la plûpart ignorans & débauchés.

Les préceptes de la Loi Chrétienne, & les Pseaumes qu'on chante à l'Eglise sont écrits en langage & en caractères Esclavons, car les Moscovites ne savent pas le Latin, & ne peuvent pas même l'apprendre ; ils croyent le Bâtême nul, si celui qui le reçoit n'est plongé trois fois dans l'eau, selon l'ancienne pratique de l'Eglise ; ils tiennent le Purgatoire pour une fable ; ils communient sous les deux espéces, & donnent la communion aux enfans dès l'âge de sept ans, parce qu'ils commencent dans cet âge à être sujets au péché, ils se confessent ; ils font comme nous des prières pour les Morts, le Signe de la Croix, des Processions & plusieurs autres Actes de Religion ; ils croyent que le Monde a été créé en Automne ; c'est pourquoi le premier jour de Septembre est toujours le commencement de leur année ; ils ont divers Jeûnes, qu'ils observent fort rigoureusement ; car outre le Carême il y a le Jeûne de Saint Pierre, qui dure depuis l'Octave de la Pentecôte, jusqu'à la Fête de ce Saint ; celui de la Vierge, depuis le premier du Mois d'Août jusques à l'Assomption ; & celui de S. Philippe, qui commence le 14. de Novembre & finit à Noël. Ils s'abandonnent après Pâques à toutes sortes de divertissemens pour marquer la joye qu'ils ont de la Résurrection du Seigneur. Comme cette Fête est parmi eux la plus solemnelle, ils en font la Cérémonie en plaçant le plus qualifié du Lieu, où ils sont, au milieu d'une Chambre, & chantent accompagnés de leurs Prêtres, d'une manière qui ressemble à notre Plein-Chant, & après avoir tourné trois fois autour de lui, ils lui donnent chacun le baiser de Paix, & des œufs rouges ou dorés ; ceux du premier rang en ont trois, les autres deux, & les derniers un ; il n'y a point de Secte parmi eux, parce qu'il leur est défendu de disputer de la Religion, sur la maxime que ceux qui en parlent le moins en parlent le mieux, & qu'il faut que les esprits vulgaires soient sincérement attachés à la foi, qu'ils ont reçue de Dieu, sans s'embarasser des difficultés & des questions qui passent leur intelligence ; de là vient qu'ils sont toûjours demeurés dans leur créance, & qu'ils n'ont reçu aucune des opinions nouvelles, qui ont troublé l'Eglise dans les derniers siècles. La vénération qu'ils ont pour les Saints, & particuliérement pour S. Nicolas, ne sauroit être plus grande, chaque Famille a un Saint particulier qu'elle révère par-dessus les autres, son Image est toûjours placée en vue dans le logis, & si ceux qui viennent rendre visite ne la découvrent pas d'abord, ils demandent où est le Saint, & le saluent avant le Maître du logis ; c'est la coûtume d'en porter l'Image aux enterremens, & ils n'ensevelissent personne, qu'ils ne mettent dans la Bière un Certificat du Métropolitain pour instruire S. Nicolas, d'autres disent S. Pierre, de la vie & des mœurs du Défunt ; il est encore ordinaire de jetter une pièce d'argent dans le Tombeau, & de laisser au-dessus de quoi manger & de quoi boire.

Mais si ces Peuples ont des coûtumes ridicules & pleines de superstition, ils en ont aussi de fort bonnes & de fort judicieuses, comme de mettre une Couronne d'Absynthe sur la tête des nouveaux Mariés pour leur représenter l'amertume du mariage, de jetter sur eux du houblon pour en marquer la fécondité, & de couvrir d'un voile les yeux de la femme pour lui apprendre à ne pas voir de trop près les déportemens d'un mari fâcheux & incommode. Leurs Loix leur permettent la Bigamie, mais ils ne font point de cas de ceux qui la mettent en pratique, ils la regardent comme un sujet de honte, & comme un déshonneur dans les Familles ; ils ne connoissent d'honnêtes femmes que celles qui n'ont aucun commerce avec les hommes, & qui gardent la maison ; ils croyent que toute leur vertu consiste à demeurer renfermées dans leur Famille, & que celle-là est la plus vertueuse qui est la plus farouche. Il n'y a point de Loi contre les maris qui tuent leurs femmes en voulant les corriger, il est permis de les répudier, quand elles sont stériles, & de les obliger par force de se retirer dans un Couvent, & ce qui est surprenant, c'est qu'elles tirent vanité des emportemens & de la jalousie de leurs époux. Néanmoins depuis quelque tems les pères pour empêcher que leurs filles ne soient maltraitées, font insérer dans les Contrats de mariage, qu'elles seront entretenues d'une manière convenable à leur

Quant au Gouvernement, les Moscovites sont beaucoup plus soumis que les Turcs, ils font gloire de se dire *Goloppes*, c'est-à-dire Esclaves de leur Prince, ils ne se gouvernent que par sa volonté qu'ils croyent être toujours celle de Dieu, & par cette prévention si fatale à leurs intérêts, ils trouvent extrêmement doux le Joug d'une Tyrannie insupportable. On peut dire que cette servitude leur est comme naturelle, ils tremblent à la seule vûë du Czar, ils se jettent à ses pieds quand il passe, ils confessent qu'ils n'ont rien de propre, ni biens, ni vie, qu'ils tiennent l'un & l'autre de leur Prince, & qu'ils n'en peuvent joüir qu'autant qu'il lui plaît. Le Czar profite heureusement de leur crédulité, car outre le trafic des Martres de Sybérie, les Doüannes, les Droits qu'il leve sur les Tabacks, où l'on vend l'eau de Vie & la Bierre, la Ferme des Bains & des Etuves, les Droits d'entrée & de sortie d'Archangel qui montent à plus de six cens mille écus, les impôts qu'il a établis sur le Caviar d'Astracan, sur l'Ictycolle & sur l'Agaric, les profits qu'il tire sur les Marchandises des Perses & des Arméniens, & sur le Commerce de la Pelleterie, de la Cire, du Miel, du Chanvre, & de la filace qu'il fait faire par ses Officiers; il est l'Héritier légitime & nécessaire de tous ceux qui meurent *ab intestat*, ou qui ont été accusez de quelque crime; il est aussi le maître de tous les biens de ses Sujets, qu'il rend ordinairement, aux enfans moyennant un don considérable.

Les Anglois & les Hollandois dont le négoce est considérable en Moscovie, conseillérent à Basile de faire un Canal, entre le Volga & le Jug, qui se jette dans la Dwine, & d'en faire un autre dans le Royaume d'Astracan, entre le Volga proche de son Embouchure, dans la Mer Caspienne & le Tanaïs qui se rend à la Palud Méotide; que par le moyen de ces Canaux, il pourroit joindre toutes les Mers voisines, & porter par conséquent les richesses & l'abondance dans toutes les parties de ses Etats. Basile rejetta cet avis, qui étoit si glorieux pour lui, & si avantageux à ses Sujets, & prit pour prétexte que cette grande commodité du Commerce attireroit dans ses Etats un trop grand nombre d'Etrangers, & que le concours de tant de différentes Nations pourroit altérer la Religion & corrompre les bonnes mœurs de ses Sujets. Les Czars ont depuis permis pour des considérations politiques, aux Luthériens & aux Calvinistes l'exercice de leur Religion, excepté l'usage des Cloches, à cause du grand nombre de Négocians & de Soldats Allemans, Anglois, Suédois, & Hollandois qui sont à leur service; comme ils ne sauroient se passer des uns & des autres soit pour le bien, soit pour la sûreté de leurs Etats, ils ont sagement prévû qu'il valoit mieux relâcher en ce point de leur sévérité en matière de Religion, que de s'exposer à des périls inévitables, si ce secours venoit à leur manquer. Les Catholiques n'ont jamais pu obtenir la même grace, quoiqu'il y en eût aussi quantité, soit Officiers soit Artisans, les Czars ont toujours été inexorables à leur égard; les sollicitations des Rois de Pologne ont été inutiles, & quand les Ambassadeurs de France que Louis XIII. y envoya en 1627. au sujet du Commerce, en voulurent parler, le Grand-Duc Michel Federovicz en témoigna de l'étonnement, & leur dit qu'il ne pouvoit leur faire aucune réponse sur cette demande. La malice des Hérétiques n'a pas peu contribué à cette rigoureuse Ordonnance; mais la principale cause vient du Patriarche & des Moines de Saint Basile, qui abusant de l'ignorance & de la crédulité des Peuples pour leurs intérêts particuliers, seroient obligez de changer de conduite, si les Moscovites connoissoient les principes de la véritable Religion.

Il faut pourtant convenir que depuis le Régne de Pierre le Grand, les choses ont beaucoup changé dans la Russie; de sorte que ce sont les mœurs des Russiens d'autrefois que nous venons d'ébaucher, plûtôt que les mœurs des Russiens d'aujourd'hui. Ce changement paroit sur-tout à la Cour & dans les principales Villes, qui ne sont plus habitées, comme autrefois par des Sauvages. Nous avons insinué plus haut de quelle manière Pierre le Grand, s'y prit pour civiliser ses Peuples. Il y réussit principalement, en attirant chez lui des Etrangers & en obligeant sa jeune Noblesse à voyager.

On divise communément la RUSSIE en RUSSIE ou MOSCOVIE OCCIDENTALE, MOSCOVIE ORIENTALE, TARTARIE-MOSCOVITE, LAPONIE-MOSCOVITE, & en nouvelles Conquêtes dans l'Asie.

La Seigneurie de PLESKOW ou PSKOW.	Pleskow, Abdova, Petzur, ou Pitzur, Ostrove, Fieburg, Voronecz, Postarzova.
Le Duché de la Grande NOVOGOROD.	Neugart ou la Grande Novogrod, Staraia-Russa, ou la Vieille Russa, Nova Russa, ou la Nouvelle Russa, Parcof.
Le Duché de TVERE.	Tvere, Tuerjock, Volkofkoi, Starica, Prezysta, Oleschna, Maigrova, Clin, Czornaia-Sloboda.
Le Duché de RZEVA ou de RESCHOW.	Rzeva la deserte, Rzeva Volodimerskoi, Toropecz, Borgocove, Zary, Boriovo, Lubicze, Dudure.

La Principauté de BIELA, ou BJELSKY.	Biela,	La Seigneurie de NISI-NOVOGROD, ou du BAS-NOVO-GROD.	Nisi-Novogrod, Basilgorod, Sloboda, Paflof.
Le Grand Duché & Palatinat de SMOLENSKO.	Smolensko, Zuerskova-louki, Gravisk, Dorgobouge, Boglovestine.	Le Duché de VOLODIMER.	Volodimer, Pless, Gorochowitz, Balachna.
Le Duché de SEVERIE.	Novogrodek, ou Novogrod-Sevierski, Demetrowicz, Serensk, Novo-Serpskoy-Gorodok, Starodub, Branski, Caraczef, Siefsk, Krupice, Putiyl.	Le Duché de SUSDAL.	Susdal, Louch, Castroma, Youriel.
		Le Duché de MOSKOU.	Moskou, Dmitrof, Sloboda, Colomenskoe, Golutvina-Sloboda, Colomna, Mosaysk, Viesma.
Le Duché & Palatinat de OCZERNICHOW.	Czernichow, Omby, Perecop, Vibbi, Sosnica, Kvalezin, Puska.	Le Duché de ROSTOW.	Rosthow, Mologa, Uglits, Imbilova, Pereslavle.
La Principauté de VOROTIN.	Vorotinsk, Colouga, Beloff, Alexin.	Le Duché d'YEROSLAVLE.	Yeroslavle, Danielofka.
La RUSSIE, ou MOSCOVIE OCCIDENTALE.		Le Duché de BILEJEZORA, ou BELOZERO.	Bilejezora, ou Belozero.
	Le Duché de REZAN.	Rezan, ruïnée, Czerpacof, Cochira, Michailof, Grematzof, Pereslavle-Rezanski, Tmerskaia-Sloboda, Pronesk, Reesco, ou Raescoi, Tambof, Koslof, Donco, ruïnée, Lebedan, Talecz, Voronecz, Serog, ou Sercot, Bogatoy-Satoon, Tzernaca-Ozeristaia, Pianzi, Epifan, Veretova, ou Veretva, Toula, Crapivna, Badela, ou adelof,	Le Duché de VOLOGDA.	Vologda.
		La Province de CARGAPOL.	Cargapol.
		La Province DWINA.	Archangel, St. Nicolas, Colmogorod, Ous-Vaga, Peremogorie, Coeia-Osoil, Solotissa, Kowloay, Malepinoske, Nicolai, Pinega, ou Ous-Pinega, Saoseria, Velika-Dereefna, ou la Grande Dereefna, Ous-
La Province de MORDVA.	Les MORDVA, Peuples Idolâtres, habitent des Forêts immenses.		

Russie, ou Moscovie Orientale.		Ous-Jorga, Stara, Siacola, Tsoie, Pantsina, Ourdema, Vosama, Picroi, Irtha.
	Pays de Mezzen.	Mezzen, Tosliekh, Camenech, Lampazenkaia, Slobotka, Vuie.
	La Province de Jugora, Jugorie, ou Jugorsky.	Plovonicka, Waasgorta, Golotina, Vosgora, Tidera.
	Le Pays de Teesca.	Gorodisse.
	La Province de Petzora ou Boranday.	Petzora, Koptoga, Ouloma, Outswaske, Pusto-Osero, Uscelemskaia-Slobotka, Nicolaï, Petsorskoi, Isemskaia-Slobotka.
	La Province de Permie.	Perma-Velikaia, ou la Grande Permie, Ischma, Otkoepnoy, Parsieche, Toeveu, Kaigorod, ou Heigorodek, Piskof, Oreol, Bibnaia-Sloboda, Serapoulé, Susofkoy, Solkamskaia, Ustlegorod, Surdin, ou Tserdin, Viatra, Staraia-Perma, ou la Vieille-Permie.
	Le Pays d'Oustioug.	Oustioug, Vitsogdskaia-Sol, Dwina, Totma, Staraia-Totma.
	La Province de Ziranie, ou le Pays des Ziranni.	Zerecova, ou Seregova, Touria, Vesto-Vuin, ou Ousvuina, Oockla, Veisena, Voysema, Larenscoi, Ousoil, Seleneets,
	La Province de Viatka.	Oussizoli, Kirsa, Viatka, Orlo, ou Orlovecz, Sloboda, Jeranske, Cotelnicz, Chlinof, ou Chlinova, Sestanox, ou Sextakof.
La Tartarie Moscovite.	Le Royaume d'Astracan.	Astracan, Seraye ou Zarefgorod, ruïnée, Haradoevan, Berkela, Ochtouba, Krasnier.
	Le Duché de Bulgar.	Bulgar, Simberskaia-Gora, ruïnée, Sumara.
	Le Royaume de Cazan.	Cazan, Laisof, Pagantzina, Swiatsk, Kokchaga, Koleio.
	Le Royaume de Siberie.	Tobolskoy.
	La Province des Samoyedes.	Turuxan.
La Laponie de Russie.	Muremanskoy-Leporie, ou Leporie Maritime.	Kola.
	Terskoy-Leporie.	
	Bellamoreskoy-Leporie.	

On ne comprend point dans cette Division, plusieurs Etats de l'Europe, comme l'Ingrie la Livonie & une partie de la Finlande, que les Russiens ont conquis dans leurs dernières guerres. On n'y met point non plus ces vastes Pays, qu'ils ont soumis du côté de l'Orient depuis un Siècle, presque sans tirer l'épée. Quand les Jésuites que le Roi de France envoya à la Chine en 1685. mandérent en Europe que les Chinois étoient en en guerre avec les Moscovites, & qu'on envoyoit des Plénipotentiaires sur les Frontières des deux Empires pour faire la paix, on ne le put croire, & l'on regarda comme une espèce de paradoxe en matière de Géographie, que l'Empire Chinois & l'Empire Moscovite fussent limitrophes. Rien cependant ne s'est trouvé plus vrai, & voici comme la chose s'est passée. Quelques Chasseurs de Sibérie s'avisérent sur la fin du siècle passé de venir en Moscovie pour y vendre des peaux des Martres, qu'on appelle Zibelines du nom de leur Païs. Comme ces peaux étoient beaucoup plus fines & plus belles que celles qu'on avoit vues jusqu'alors, on fit beaucoup de caresses & d'amitiez à ces Chasseurs, on les régala, on les chargea de présens, & on les engagea à revenir; quelques Moscovites se joignirent à eux pour aller chasser en leur Païs, & pour en faire la découverte, ils n'y trouvérent ni Villes, ni Bourgs, ni aucune Habitation fixe, mais seulement quelques *Hordes* errantes. Comme la chasse étoit excellente, & qu'on y trouvoit une grande quantité de ces précieux animaux, dont les peaux sont si recherchées, ils en donnérent avis à *Boris*, beau-frere & premier Ministre de *Théodore*, Czar de Moscovie.

Boris, qui avoit de grandes vûes, & qui pensoit dès ce tems-là à se rendre maître de l'Empire de Moscovie, comme il fit dans la suite, résolut d'envoyer des Ambassadeurs aux Sibériens, pour les inviter à faire alliance, & à entrer en société avec les Moscovites. Ces Ambassadeurs, qui furent très-bien reçûs, amenérent avec eux à Moscou quelques-uns des principaux de la Nation, selon les Ordres de *Boris*. Ces bons Sibériens, qui n'avoient jamais eu de société qu'avec les Animaux de leurs Forêts, furent si charmez de la grandeur de la Ville de Moscou, de la magnificence de la Cour du Czar, & du favorable accueil qu'on eut soin de leur faire, qu'ils reçurent avec plaisir, la proposition, que leur fit *Boris*, de reconnoître l'Empereur de Moscovie, pour leur Maître & pour leur Souverain. Ces Ambassadeurs gagnez retournérent en leur païs, où ils persuadérent à leurs Compatriotes de ratifier ce qu'ils avoient fait. Les présens qu'on leur porta, & les assurances qu'on leur donna d'une puissante protection, les déterminérent à faire ce qu'on souhaita d'eux. Ainsi les Moscovites se mêlérent avec ces nouveaux Sujets, & ne firent plus qu'un même Peuple avec eux.

Ils parcoururent ces vastes & immenses Païs de la Tartarie, dont nous ne connoissons que le nom. Ils découvrirent plusieurs grandes Riviéres, sur le bord desquelles ils bâtirent des Forts, sans aucune opposition des Tartares, qui habitent ces Forêts & ces Deserts; car comme ces Peuples sont errans, & qu'ils n'ont aucune demeure fixe, ils n'étoient pas fâchez de trouver les Moscovites, qui les caressoient, & qui leur fournissoient quelques commoditez de la vie. Ainsi marchant toujours sur la même ligne d'Occident en Orient, en tournant un peu vers le Midi, & bâtissant de distance en distance des Forts & des Villes sur ces grandes Riviéres, &

dans les Gorges des Montagnes pour s'en assûrer, ils sont parvenus enfin jusqu'à la Mer Orientale, & jusqu'aux Frontières de la Nation des *Manchéous*, ou des Tartares Orientaux qui se sont rendus maîtres de la Chine.

Ceux-ci moins endurans que leurs voisins, les Tartares Occidentaux, surpris de voir des gens qui leur étoient inconnus, & plus surpris encore de ce qu'ils bâtissoient des Forts sur leurs Terres, se mirent en devoir de les en empêcher. Les Moscovites qui n'avoient pas trouvé jusqu'alors de résistance, & qui s'étoient mis en possession d'une petite Isle, où l'on trouve les plus belles Martres qui soient au Monde, leur représentérent que ces Terres n'ayant jamais eu de possesseurs légitimes, ils étoient en droit de s'y établir, puisqu'elles appartenoient à ceux qui les occupoient. Ces raisons ne persuadérent pas les *Manchéous*, on contesta long-tems, & ces contestations furent suivies de la guerre.

Les *Manchéous* rasérent jusqu'à deux fois un Fort bâti sur leurs Terres; les Moscovites le rétablirent pour la troisième fois, & le munirent si bien de toutes sortes de Provisions, qu'ils le crurent hors d'insulte. Les Chinois & les *Manchéous* le rassiégérent, & firent des grands efforts pour s'en rendre les maîtres; mais le Canon des Moscovites, qui étoit très-bien servi, leur fit douter plus d'une fois du succès de leur entreprise. On fut bien-tôt las d'une guerre, qui retiroit les Chinois de cette vie voluptueuse, qu'ils menent ordinairement, & qui empêchoit les *Manchéous* de goûter les délices de la Chine. Les Moscovites de leur côté en étoient très-incommodez, parce qu'il leur falloit entretenir une Armée dans les Deserts à plus de mille lieues de leur Païs. C'est ce qui les obligea d'envoyer un Ambassadeur à *Pekin* pour donner avis à l'Empereur de la Chine, que les Czars regnans Jean & Pierre, avoient envoyé des Plénipotentiaires à *Sélingue*, dans le dessein de terminer cette guerre, qu'il n'avoit qu'à leur marquer un Lieu propre pour tenir les Conférences, & que ces Ambassadeurs ne manqueroient pas de s'y rendre.

L'Empereur de la Chine ne souhaitoit pas moins la paix que les Moscovites, dont le voisinage lui déplaisoit: il craignoit qu'ils ne soulevassent contre lui les Tartares Occidentaux, ses plus redoutables ennemis, & que joignant leurs forces ensemble, ils ne vinssent faire une irruption dans ses Etats. C'est pourquoi il reçut fort bien la proposition des Czars, & résolut d'envoyer l'année suivante qui étoit l'an 1699. ses Ambassadeurs à *Sélingue* pour y conclure la Paix. Cette Ambassade fût une des plus magnifiques, dont on ait entendu parler; car outre les cinq Plénipotentiaires que l'Empereur avoit choisis, dont l'oncle de l'Empereur *Cum* du premier Ordre, & le Prince *Sosan* ce zélé Protecteur du Christianisme, étoient les Chefs; il y avoit cent cinquante Mandarins considérables, avec une suite de plus de dix mille personnes, & un attirail de Chevaux, de Chameaux & de Canon plus propre pour une Armée que pour une Ambassade.

L'Empereur qui avoit remarqué que les Mos-

Moscovites avoient eu soin de faire traduire en Latin les Lettres, qu'ils lui avoient présentées, ne douta pas que leurs Ambassadeurs n'eussent amené avec eux des gens habiles dans cette Langue ; c'est pourquoi il souhaita que les PP. Pereyra & Gerbillon, Jésuites accompagnassent ses Ambassadeurs, & leur servissent d'Interprétes. Il leur en fit expédier des Lettres Patentes ; & afin que les Moscovites eussent pour eux du respect, & que ces Peres parussent dans cette Assemblée avec honneur, il les mit au rang des Mandarins du troisième Ordre ; il leur donna à chacun un de ses propres Habits, & ordonna à ces Ambassadeurs de les faire manger à leur table, & de ne rien faire que de concert avec eux.

Les Plénipotentiaires partirent de *Pekin* sur la fin du mois de Mai de l'année 1688. & s'avancérent avec leur train, & leur magnifique équipage jusques sur les Frontiéres de l'Empire. Il falloit passer sur les Terres des *Halhas* & des *Elouths*, deux Nations des Tartares Occidentaux. Ces Peuples se faisoient alors une cruelle guerre, ils prirent ombrage de cette marche, & ne voulurent point donner passage à cette nombreuse Cavalerie qui accompagnoit les Ambassadeurs, ni à cette multitude de Chameaux, ni à ces trains d'Artillerie qui les suivoit. Comme les Plénipotentiaires n'étoient pas aussi en état de se faire donner à force ouverte, ce refus rompit leur voyage, & les obligea après de grandes fatigues de retourner à *Pekin*. Ce contretems retarda la paix. On remit les Conférences à l'année suivante, & l'on convint de se trouver à *Nipchou*. C'est une Forteresse des Moscovites qui est à 51. d. 40'. de Latitude Septentrionale, un peu plus à l'Orient que *Pekin*, dont elle n'est éloignée que de 300. lieues. Les Chinois choisirent ce Lieu pour ne pas s'éloigner de leurs Terres, & n'être pas exposez aux fatigues qu'ils avoient essuyées l'année précédente ; ils y arrivérent le 31. de Juillet 1689. Les Moscovites se trouvérent de même au rendez-vous : on s'aboucha de part & d'autre ; mais comme chacun étoit entêté du mérite & de la grandeur de sa Nation, & que les maniéres & les coûtumes de ces deux Peuples sont entiérement opposées, on ne put convenir de rien ; on s'aigrit même de part & d'autre, & la division alla si loin qu'on se cantonna. On étoit prêt de rompre & d'en venir aux mains, lorsque le Pere Gerbillon, qui avoit souvent été dans le Camp des Moscovites, dit au Prince *Sosan*, & aux autres Plénipotentiaires, que si on vouloit le charger, lui & le Pere Pereyra de cette affaire, & les laisser traiter tous deux avec les Moscovites, il se faisoit fort de les faire revenir, & de conclure la Paix.

Les Chinois la souhaitoient ; mais leur fierté & leur animosité leur fit d'abord rejetter cette Proposition, dans la crainte que les Moscovites ne retinssent les deux Peres prisonniers. Mais quoique ces Peres les rassûrassent, tout ce qu'ils purent obtenir, fut que le Pere Gerbillon seul passeroit dans le Camp des Moscovites. Il y alla, il demeura quelques jours avec eux, il les fit revenir de leur entêtement en leur faisant connoître leurs véritables intérêts ; que c'étoit prendre le change que de s'amuser à disputer sur quelques Forts bâtis dans des Deserts, pendant qu'ils pouvoient profiter du Commerce de la Chine, le plus riche qui soit au Monde ; que le Commerce seul étoit capable d'apporter l'abondance, & les richesses de tout l'Orient dans leurs Etats ; que la Paix leur étoit nécessaire pour affermir les grandes Conquêtes, qu'ils avoient fait dans la Tartarie, puisqu'ils voyoient assez qu'il ne leur seroit pas aisé de les garder dans un si grand éloignement, si l'Empereur de la Chine venoit tomber sur eux avec toutes ses forces. Ces raisons étoient vrayes, les Moscovites les goûtérent, ils signérent le Traité & en passérent par tout ce que l'Empereur de la Chine demandoit, sacrifiant leur Interêt à la Liberté du Commerce, dont ils se promettoient de tirer des grands avantages. Ainsi ces deux Nations également contentes, se trouvérent dans l'Eglise de *Nipchou*, où les Plénipotentiaires de part & d'autre jurérent la Paix entre les deux Empires le 3. de Septembre de l'année 1689. Les bornes de l'Empire des Moscovites furent marquées de ce côté-là au 48.ᵐᵉ degré, à peu près dans le même Méridien que *Pekin* ; mais en avançant vers l'Orient. Ses bornes s'étendent bien plus au Nord.

La RUSSIE-BLANCHE, ou RUSSIE-LITHUANIENNE. On lui a donné le premier de ces noms, ou à cause de la couleur blanche de ses Habitans, ou parce que le Pays est couvert de neiges une bonne partie de l'année, ou à cause des bonnets de peaux blanches que les Habitans portent sur leur tête ; & on l'a appellée Russie de Lithuanie, parce qu'elle forme une des deux parties du Grand-Duché de Lithuanie. Cette Russie comprend :

Dans le Palatinat de NOVOGRODECK.	Novogrodeck, Wolkowiska, Nowydwoe, Slonim, Myss, Neswies.
Dans le Palatinat de MINSKI.	Minski, Horodeck, Koidanow, Zycin, Borysow, Toloczyn, Smoluny, Supienno, Bialymsie.
Dans le Palatinat de MSCISLAW.	Mscislaw, Mobilow, Propoisk, Rohaczow, Ciecieresk, Homel, Loiowogorod.	Territoire de *Rohaczow*.
Dans le Palatinat de WITEPSK.	Witepsk, Usuiath, Horodeck, Lepel, Dubrowna, Orsa.

Dans le Palatinat de POLOCZK. { Poloczk, Oskala, Nieswa.

Le Palatinat de SMOLENSKO. { Ce Palatinat appartient présentement à la Grande-Russie.

La RUSSIE-POLONOISE. On comprend sous cette dénomination la RUSSIE-BLANCHE & la RUSSIE-ROUGE, qui sont aujourd'hui sous la puissance des Polonois, si on en excepte quelques Portions, dont les Russiens se sont rendus Maîtres.

La RUSSIE-ROUGE, ou la PETITE-RUSSIE, & selon quelques-uns la RUSSIE-NOIRE; Contrée de la Pologne. Elle s'étend depuis les Frontiéres méridionales de la Lithuanie, jusqu'à l'Embouchure du Nieper dans la Mer-Noire. Ce Fleuve la sépare de la Moscovie du côté de l'Orient, & les Monts Crapac la séparent de la Hongrie. On prétend que le nom de RUSSIE-ROUGE lui a été donné à cause que la terre de cette Contrée est de cette couleur; quelques-uns cependant veulent que ce soit, parce que les hommes & les femmes de cette Contrée ont pour la plûpart les cheveux roux; & ceux qui l'appellent RUSSIE-NOIRE soutiennent que ce nom a été occasionné par les Forêts qui couvrent une bonne partie du Pays. Quoiqu'il en soit, cette Contrée eut autrefois des Princes particuliers, qui se rendirent redoutables aux Polonois & aux Moscovites. Casimir II. dit le *Grand* l'incorpora à la Pologne en 1341. Le Pays est bon & fertile : il consiste en de vastes campagnes, où le bled croit en abondance, quoique les Peuples ne prennent presque aucun soin de cultiver les terres. On y recueille une grande quantité de Cire & de Miel: les Forêts y sont remplies d'essaims d'Abeilles; & c'est une chose admirable de voir les combats que se donnent ces petites bêtes pour s'entrechasser, & se déposséder les unes & les autres des places qu'elles occupent. Il y a aussi plusieurs Lacs, dont on retire de grands avantages par l'abondance du poisson qu'ils fournissent. Ce Pays seroit bien plus riche, si les Habitans avoient la commodité de faire transporter leurs denrées dans les Pays étrangers du côté de la Mer Baltique ou de la Mer-Noire. Ce défaut de Commerce les oblige à ne semer du bled qu'autant qu'il en faut pour leur subsistance & à négliger la culture des terres, dont on tireroit aussi d'autres sortes de denrées, qui pourroient être d'un grand revenu. On avoit autrefois proposé d'établir un Commerce dans ce Pays par le moyen du Niester, qui se rend dans la Mer-Noire, d'où l'on passeroit dans la Mer Méditerranée, & l'on prétendoit en tirer de grands avantages. Il n'y a point à douter que ce trafic n'eût pu devenir avantageux au Pays: mais les obstacles qu'on trouva dans l'exécution de ce dessein, tant du côté du Niester, qui est plein de sables & de rochers, que de la part des Turcs qui en avoient conçu de l'ombrage, firent avorter le projet. La RUSSIE-ROUGE comprend:

Dans le Palatinat de RUSSIE, autrement le Palatinat de LEMBERG, ou de LÉOPOLD.
{ Lemberg ou Léopold, Turobin, Chelm, Vinnice, Wlodowa, Grabow, Zamoscie, Szebrzin, Przeworsk, Romanow, Przemyslie, Dinaw, Crosne, Sanok, Sambor, Felstin, Grodeck, Javarow, Gliniany, Soloczow, Zborow, Buczacz, Halicz, Colomey, Snyatin. } Halicz, Colomey, Snyatin } dans la *Pokucie*.

Dans le Palatinat de BELZ, ou BELCZ. { Belz, ou Belcz, Hrodlow, Busk.

Dans le Palatinat de VOLHINIE. { Luck, Kossar, Kowel, Czartorisk, Stepan, Oleusko, Alexandria, Clevan, Olyka, Barasze, Horosk, Zytomierz, Niesolone, Constantinowe, Ostrozek, Zaslaw, Medziboz, Wiesnowiec, Kzemieniec, Dubna, Olesko, Wlodzimierz.

Dans le Palatinat de PODOLIE. { Kaminieck, Jaslowiecz, Tarnopol, Tramblowa, Lahiczow, Kmielnick.

Kiovie, aux *Russiens*, Czernobel, Norzynsk, Lelcza, Luhiny, Turczynska, Owrucze, Norodicz, Rudomysl, Rossowo.

| Dans le Palatinat de KIOVIE. | Korosteszow, Czerniechow, Bialegrudk, Czarnegrodka, Chwastow, Bialacerkien, Storcica, Kaniow, Boguslaw, Korsum, Czyrcassy, Czehryn. | aux Cosaques. |

| Dans le Palatinat de BRACLAW. | Braclaw, Krasne, Winnicza, Kalnick. |

RUSSIPPISER, Lieu d'Afrique, selon Ortelius [a] qui cite un fragment de la Carte de Peutinger, qui lui avoit été communiqué par Velser.

[a] Thesaur.

RUSTAN, petit Pays de France, aux confins du Bigorre, & de l'Estarac. Il étoit compris autrefois dans le Comté de Bigorre, & renfermoit à ce qu'on prétend les Villes de St. Sever, de Rustan, de Jornac & de Tournuy. Aujourd'hui il n'est guère connu que par le surnom de la première de ces trois Villes [b], qui n'est plus elle-même du Bigorre, mais de l'Estarac.

[b] De l'Isle Atlas.

RUSTICANA, Ville de la Lusitanie. Elle est placée dans les terres par Ptolomée [c], & marquée entre *Talabriga* & *Menduculia*. Cellarius [d] croit que c'est la même Ville que l'Itinéraire d'Antonin nomme RUSTICIANA & qu'il place sur la route d'Emérita à Saragosse, entre Turmuli & Cappara, à vingt-deux milles de la première de ces Villes & à égale distance de la seconde.

[c] L. 2. c. 5.
[d] Geogr. ant. L. 2. c. 1.

1. **RUSTICIANA**. Voyez RUSTICANA.

2. **RUSTICIANA**, Ville d'Afrique, dans la Numidie. Dans la Notice des Evêchez d'Afrique l'Evêque de ce Siège est appellé *Donatus Rusticianensis*, & dans la Conférence d'Afrique Leontius est qualifié *Episcopus Rusticianensis*. Au lieu de RUSTICIANA la Table de Peutinger écrit RUSTICI.

3. **RUSTICIANA**, Maison de Campagne en Italie au Pays des Bruttiens. Cassiodore [e] nous apprend qu'il y avoit une Mine d'or dans ce lieu.

[e] Variar. L. 9. p. 568.

RUSTONIUM, Ville de la Mauritanie Césariense. Ptolomée [f] la place sur la Côte, entre l'Embouchure du Fleuve Savus & la Ville Rusicibar. Elle est nommée *Rusconia Colonia* par Pline [g], *Rungonia Colonia* par l'Itinéraire d'Antonin, & Tite-Live [h] dit que les Africains l'appelloient *Rustinona*. Les Modernes ne s'accordent pas sur le nom que porte aujourd'hui cette Ville. Elle est appellée *Breca* par Castald, *Motafus* & *Temen de Fust* par Marmol, suivant la Remarque de Simler.

[f] L. 4. c. 2.
[g] L. 5. c. 2.
[h] L. 30. c. 10.

RUSUBESER, Ville de la Mauritanie Césariense, selon Ptolomée [i] qui la marque sur la Côte entre *Jomnum* & *Rusazus*. Le Manuscrit de la Bibliothéque Palatine lit *Rusubirsis*, au lieu de *Rusubeser*.

[i] L. 4. c. 2.

RUSUBIS. Voyez RUSIBIS.

RUSUCENSIS, Siège Episcopal d'Afrique. C'est la Conférence de Carthage qui en fait mention. L'Evêque de ce Siège y est nommé *Cresconius Episcopus plebis Rusucensis*. Il y a dans la Mauritanie Césariense une Ville Episcopale, dont l'Evêque est qualifié *Rusuburitanus Episcopus*. Il pourroit se faire que ce seroit le même Siège, qui est nommé *Rusucensis* dans la Conférence de Carthage; à moins qu'il ne soit question de la Ville de *Rusicibar*, ou *Rusucibar* de Ptolomée. Voyez RUSICIBAR.

RUSUCURRO. Voyez RHUSUNCORE.

RUSUGONIOTI, ou RUSUGUNIENSIS, Siège Episcopal, selon la Notice des Evêchez d'Afrique [k]. L'Itinéraire d'Antonin, Pline & l'Anonyme de Ravenne font mention d'une Ville appellée *Rusugunia-Colonia*; & on trouve qu'un certain *Numerianus Russgunensis* fut un des Députez de la Mauritanie Césariense au Concile de Carthage tenu en 419.

[k] No. 63.

RUTENI & **RUTHENI**. Voyez RHUTANI.

RUTHENIA, nom Latin que l'on donnoit à la Flandre, il n'y a que quelques Siècles, selon Cenalis & Lhuydus, cités par Ortelius [l].

[l] Thesaur.

RUTKOPING, Bourg du Royaume de Dannemarc [m], dans l'Isle de Langsland, dont il est l'unique Bourg. Il est situé au milieu de la Côte Occidentale de l'Isle, sur une pointe qui avance dans la Mer.

[m] Rutg. Hermannid. Descr. Daniæ. p. 686.

RUTIGLIANO, Ville d'Italie, au Royaume de Naples [n], dans la Terre de Bari, environ à six milles au Midi Oriental de la Ville de Bari. Cette petite Ville dépend de l'Eglise de St. Nicolas de Bari.

[n] Magin, Carte de la Terre de Bari.

RUTICLII. Voyez REUDIGNI.

RUTLAND, Province Méditerranée d'Angleterre, dans le Diocèse de Peterborough. Elle a 40. milles de tour & contient environ 110000. Arpens, & 3263. Maisons. C'est la plus petite Province d'Angleterre; mais elle est très-fertile, car elle abonde en blé, & en bétail, & nourrit une infinité de brebis, dont la laine est rougeâtre, aussi-bien que le terroir. C'est pourquoi on appelle ce Pays *Rut-land*, ou *Rod-land*, Terre Rouge. Il y a aussi beaucoup de Bois dans cette Province, & plusieurs petites Rivieres, entre lesquelles le Weland & le Wash sont les principales. Cette Province a, dit-on, plus de Parcs à proportion de son étendue, qu'aucune autre en Angleterre. Ses Villes sont:

[o] Etat prés. de la Grande-Bretag. T. 1. p. 103.

Oakham   Uppingham.

RUTTIS, Forêt des Pays-Bas, au voisinage de Maestricht, selon l'Auteur de la Vie de St. Evermar cité par Ortelius [p]. Il y a, ajoute-t-il dans le même endroit un Village de même nom.

[p] Thesaur.

RUTUBA, Fleuve d'Italie, dans la Ligurie, selon Pline [q]. Lucain [r] lui donne l'Epithéte de *Cavus*; à moins qu'il ne veuille parler du Fleuve Rutuba, qui, selon Vibius Sequester [s] prenoit sa source dans l'Apennin & se jettoit dans le Tibre. Le Pére Hardouin ne connoît point deux Fleuves du nom de RUTUBA; du moins il applique au RUTUBA de Ligurie le passage de Vibius Sequester, *Rutuba*

[q] L. 3. c. 5.
[r] L. 1. v. 422.
[s] pag. 336.

tuba ex Appennino sans s'embarrasser, de ce qui suit, *in Tyberim fluit*. Il est vrai que Simler dans l'Edition qu'il nous a donnée de Vibius Sequester fait entendre qu'il voudroit lire *in Tyrrhenum fluit*, au lieu d'*in Tyberim* : dans ce cas le sentiment du Pere Hardouin pourroit se soutenir. Une autre chose se fait encore en sa faveur ; c'est que les MSS. de Vibius ne sont point d'accord sur cet endroit, les uns lisent *in Tibrin*, d'autres *in Tyberim* & d'autres *in Tyberini*.

RUTUBIS. Voyez RUSIBIS.

RUTULI, anciens Peuples d'Italie, dans le Latium. Ils habitoient le long de la Mer & étoient voisins des *Latini*, dont on ne peut guère les distinguer, parce qu'ils furent confondus avec ces derniers après la Victoire d'Enée. Virgile parle beaucoup des Rutules dans les derniers Livres de son Enéide. Leur Capitale étoit Ardea, selon Tite-Live[a] ; & Virgile[b] dit la même chose :

[a] L. 1. c. 57.
[b] Æneid. L. 7. v. 409. 411. & 412.

Audacis Rutuli muros. . . . . .
. . . . . . Locus Ardua quondam
Dictus avis & nunc magnum manet Ardea
nomen.

RUTUNIUM, Ville de la Grande-Bretagne : l'Itineraire d'Antonin la met sur la route du Retranchement à *Portus Ritupæ*, entre *Mediolanum* & *Viroconium*, à douze milles du premier de ces Lieux, & à onze milles du second. Cambden dit que le nom moderne est ROUTON, dans le Shropshire.

RUTUPIÆ, Ville de la Grande-Bretagne : Ptolomée la donne aux Peuples *Cantii*, & la marque au voisinage de *Darvernum*. Quoique voisine de la Mer, elle devoit en être à quelque distance, car Ptolomée la marque dans les terres ; & on veut que ce soit aujourd'hui le Bourg appelé *Richeborow*. Mais elle avoit un Port plus fameux & plus avantageux qu'il n'est présentement. Les Poëtes l'ont célébré. On lit dans Lucain[e] :

[e] L. 6. v. 67.

Aut vaga quum Tethys, Rutupinaque litora
fervent,
Unda Caledonios fallit turbata Britannos.

Et dans Juvenal[d] :

[d] Satyr. 4. v. 140.

Circeis nata forent, an
Lucrinum ad Saxum, Rutupinove edita fundo
Ostrea.

Ce Port est appelé *Portus Ritupa* dans l'Itineraire d'Antonin, *Ritupa* par Ammien Marcellin[e], & *Rutupi* dans la Notice des Dignitez de l'Empire. Il étoit si fameux que son nom a été employé pour désigner toute la Grande-Bretagne. C'est dans ce sens qu'Ausone[f] a dit, en parlant de St. Flavius :

[e] L. 20. c. 1. & L. 27. c. 8.
[f] Parental. 18.

Præside lætatus quo Rutupinus ager :

Et parlant de la Ville d'Aquilée :

Felix, quæ tanti spectatrix læta triumphi,
Punisti Ausonio Rutupinum Marte latronem.

Par *Rutupinum Latronem* il entend Magnus Maximus, meurtrier de Gratien, qui s'étoit emparé du pouvoir Souverain dans la Grande-Bretagne, & que Théodose fit mourir dans la Ville d'Aquilée. Voyez Zosime[g], où ce fait est rapporté.

[g] L. 4. c. 35. & 46.

RUVO, Ville d'Italie au Royaume de Naples, dans la Terre de Bari[h], environ à cinq milles au Midi de Biseglia, entre Bitonto & Andria. Cette Ville est l'ancienne RUBI. Quelques-uns veulent qu'elle ait été Evêché dès le cinquième siècle ; mais dit l'Abbé de Commainville[i] elle ne l'a bien été que dans le dixième. Ce Siege est sous la Métropole de Bari.

[h] Magin, Carte de la Terre de Bari.
[i] Table des Evêchez.

RUYS, en France, Presqu'Isle de la Bretagne, dans le Diocèse de Vannes. Saint Gildas né dans la Grande-Bretagne, a fondé dans cette Presqu'Isle une Abbaye qui porte à présent le nom de ce Saint. Elle est de l'Ordre de St. Benoît. Il y a un Gouverneur pour cette Presqu'Isle, & le Château de Sucinio, qui passe pour un des plus agréables séjours de cette Province.

R Y.

RY, Bourg de France dans la Normandie au Diocèse de Rouen[k], avec Seigneurie & Haute Justice. Il est situé entre Blainville & Vacueil sur une petite Riviére qui a sa source à Fontaine-la-Caillotte, qui entre dans l'Adelle à Vacueil, un peu au-dessus de l'Abbaye de l'Isle-Dieu, & à quatre lieues de Rouen. On tient Marché dans ce Bourg tous les Samedis, & une Foire à la St. Mathieu. Ry est le titre d'un Doyenné Rural.

[k] Corn. Dict. sur des Mém. MSS.

RYCHENAW[l], Abbaye de Suisse dans le Thourgau. C'est une Abbaye considérable, située dans une petite Isle, qui est formée par un Bras du Lac de Constance, elle peut avoir une lieue de long, & la moitié autant de large, & elle est fort fertile & fort agréable. Le Monastère fut fondé l'an 724. par Charles Martel, qui le dota richement. Dans peu de tems cette Maison devint si opulente, qu'on la compta pour l'une des plus riches de l'Europe, & qu'elle se mit en parallèle avec l'Abbaye de St. Gall ; cela fit, qu'on lui donna le nom de Rychenaw, au lieu qu'auparavant on l'appelloit SINTLESAW. L'Abbé comptoit 500. Gentilshommes entre ses Vassaux, & avoit 60. mille gouldes de rente. L'an 1536. l'Evêque de Constance se plaignant au Pape, que ses revenus étoient extrêmement diminués par la desertion de divers grands Païs de son Diocèse, qui avoient embrassé les nouvelles opinions, obtint de lui la permission d'unir pour toûjours à la Manse Episcopale les deux Abbayes de Richenaw, & d'Oeningen ; & l'Evêque donna l'an 1555. aux Cantons, qui sont Seigneurs Souverains du Thourgau, une déclaration par écrit confirmée par son Chapitre, que ni lui, ni ses successeurs, ne reconnoîtroient jamais d'autre Seigneur Souverain, Protecteur, & Inspecteur sur l'Abbaye de Rychenau, & sur ses revenus, que les L. Cantons Seigneurs du Thourgaw, & que jamais ils ne bâtiroient aucun Fort, ni Rempart dans cette Isle. Dans l'Eglise, qui est dédiée à St. Jean on voit le tombeau de l'Empereur Charles le Gros, qui ayant été déposé l'an 887. à cause de son imbécillité, & aban-

[l] Etat, & Dél. de la Suisse t. 3. p. 172.

RYC. RYE. RYP. RYS.

abandonné de tout le monde, par la plus surprenante révolution, dont on voit peu d'exemples dans l'Histoire, fut réduit dans la dernière pauvreté & mourut à Neidingen sur le Danube le 12. Janvier 888. Son corps fut porté à Rychenaw, & enterré là sans Cérémonie. Dans le XVI. siècle un Evêque de Constance fit réparer son Tombeau, & y mit l'Epitaphe que voici. *Carolus Crassus, Rex Suevia, Pronepos Caroli Magni, Italiam potenter intravit, eamque devicit, Imperiumque Romanum, ubi Caesar coronatus, obtinuit; ac mortuo fratre Ludovico, universam Germaniam & Galliam jure haereditario acquisivit; Demum animo, mente, & corpore deficiens, ab Imperio, sane magno cum fortuna ludibrio, dejectus, à suis omnibus postpositus, humili hoc in loco sepultus jacet. Obiit an. Dom. DCCCLXXXVIII. Idib. Jan.*

a Blaew, Atlas. RYE, ou RHIE, Ville d'Angleterre [a], dans la partie Orientale du Comté de Sussex, à l'Embouchure du Rother, & à la gauche en entrant dans cette Rivière. Elle fut environnée de murailles par Edouard III. Elle depute au Parlement, & a droit de Marché public. Cette Ville s'aggrandit après que les François & les Espagnols eurent ravagé la Ville de Winchelsea, qui est au voisinage & que l'Océan se fut retiré de devant cette dernière Ville.

Le Port de Rhye est assez fréquenté. En tems [b] de Paix, c'est le Port où l'on aborde ordinairement quand on passe de Dieppe en Angleterre. On y pêche d'excellens harangs.
b Etat présent de la Gr. Br. t. 1. p. 117.

RYEN, Terre des Pays-Bas, dans le Brabant [c], entre Anvers & Hochstraten. Elle donne le nom à un petit Pays, où l'on voit la Forteresse de Lilo & celle de Sandvliet.
c Dict. Géogr. des Pays-Bas.

RYEGATE, Ville d'Angleterre dans la Province de Surrey [d]. Elle est située dans une Vallée, qu'on appelle *Holmes Dale*. On y voit encore les ruines d'un Château, avec une longue voute, où l'on dit que les Barons, (qui faisoient pour lors la grande Noblesse d'Angleterre,) s'assembloient secrettement, lorsqu'ils faisoient la guerre au Roi Jean. On trouve auprès de cette Ville quantité d'excellente terre à foulon, qu'on envoye à Londres pour l'usage des Manufacturiers en laîne.
d Etat prés. de la Grande Bretagne. T. 1. p. 115.

RYPEN. Voyez RIPEN.

RYPHI, Siège Episcopal d'Asie, que Guillaume de Tyr met sous la Métropole d'Amida. C'est le même Siège que la Notice Episcopale du Patriarchat d'Antioche appelle *Ripha* & qu'elle met aussi sous la Métropole d'Amida.

RYPICA. Voyez RHIPÆ.

RYSSADIRUM, Ville de la Mauritanie Tingitane: Ptolomée [e] la marque sur la Côte de l'Océan Ibérique, entre *Sestiaria Ex-*
e L. 4. c. 1.

RZ. RŻE. RZI.

trema & le Promontoire *Mesagonites*. Pline la nomme RUSARDIR, & l'Itinéraire d'Antonin l'appelle RUSARDER COLONIA. Le nom moderne, selon Marmol est *Melilla* : il ajoute que les Africains lui donnent le nom de *Deyrat-Melila*. Voyez VASSADIUM.

RYSSADIUM, Promontoire de la Libye Intérieure, selon Ptolomée [f] qui le place près du Promontoire *Arsinarium*. Niger dit qu'en le nomme présentement *Cabo de Verde*.
f L. 4. c. 6.

RYSSADIUS-MONS, Montagne de la Libye Intérieure. Ptolomée [g] dit que c'est dans cette Montagne que le Fleuve Stachir a sa source.
g Ibid.

RYSWICK, Village du Pays-Bas en Hollande, avec un Château bâti à la moderne entre la Haye & Delft, où on fit le Traité de paix entre la France & les Provinces-Unies du Pays-Bas le 20. de Septembre 1697.

R Z.

1. RZECZYCA, ou RZECZYCEN, Territoire du Grand-Duché de Lithuanie [h], dans la Russie Polonoise. Il est borné au Nord par le Territoire de Rohaczow, à l'Orient par le Duché & Palatinat de Czernichow, au Midi par le Pripecz, & à l'Occident par le Duché de Sluczk. Rzeczyca est sa Capitale.
h De l'Isle Atlas.

2. RZECZYCA, Ville du Grand-Duché de Lithuanie [i], dans la Russie Polonoise au Territoire duquel elle donne son nom & dont elle est la Capitale, à la droite du Nieper ou Boristhène, dans l'endroit où la Rivière de Wyedrzycz se jette dans ce Fleuve.
i Ibid.

RZICZAN, petite Ville de Bohême: Zeyler [k] dit qu'elle fut prise en 1420. par Zischka.
k Topogr. Bohem. p. 72.

1. RZEVA, Province de l'Empire Russien [l], dans la Russie Moscovite. Elle est bornée au Nord par le Duché de Tvere & par celui de Moscou, au Midi partie par la Principauté de Biela, partie par le Palatinat de Vitepsk, à l'Occident par la Seigneurie de Pleskow. Les principales Villes de cette Province sont:
l De l'Isle Atlas.

 Rzeva la deserte,   Toropecz,
 Velikie-Louki,   Rzeva-Volodimerskoi,
       Volok.

2. RZEVA, ou RZEVA-VOLODIMERSKOI, Ville de l'Empire Russien [m], dans la Province de Rzeva, sur le bord du Volga, au Nord d'un Lac aussi nommé Volga & qui est une des sources de ce Fleuve. Cette Ville est située dans la partie Orientale de la Province.
m Ibid.

3. RZEVA, ou RZEVA LA DESERTE, Ville de l'Empire Russien [n], dans la Province de Rzeva du côté de l'Occident, au Midi Occidental de Velikie-Louki.
n Ibid.

FIN DE LA LETTRE R.

LE GRAND
DICTIONNAIRE
GEOGRAPHIQUE
ET
CRITIQUE,

Par M. BRUZEN LA MARTINIERE,

Géographe de Sa Majesté Catholique Philippe V. Roi des Espagnes et des Indes.

TOME SEPTIÈME.

SECONDE PARTIE.

S. A—I.

A la Haye, Chez PIERRE GOSSE, & PIERRE DE HONDT.
A Amsterdam, Chez HERM. UITWERF, & FRANÇ. CHANGUION.
A Rotterdam, Chez JEAN DANIEL BEMAN.

MDCCXXXVII.

GRAND
DICTIONNAIRE
GEOGRAPHIQUE
ET
CRITIQUE.

Par M. BRUZEN LA MARTINIERE,
Géographe de S.M. Catholique PHILIPPE
V. Roi des Espagnes et des Indes.

TOME SEPTIEME.
SECONDE PARTIE.
S — Z.

A LA HAYE, CHEZ P. GOSSE, R. CHARLES LE VIER,
P. DE HONDT, & PIERRE DE HONDT.
A AMSTERDAM, CHEZ HERM. UYTWERF, STEENHOUWER & UYTWERF,
& ARKSTEE & MERKUS.
A ROTTERDAM, CHEZ JEAN DANIEL BEMAN.

M. DCC. XLVII.

LE GRAND DICTIONNAIRE GÉOGRAPHIQUE, ET CRITIQUE.

SAA.

SAAB, Lieu de la Palestine dans la Galilée [a]. C'étoit la Patrie d'Eleazar, fils de *Samæus*.

a *D. Calmet, Dict. Joseph. De Bell. l. 3. c. 9.*

SAADAH, Ville d'Asie dans l'Arabie heureuse, & plus particuliérement dans l'Yemen. Mr. Corneille dit qu'on l'appelle quelquefois SANA ou SANAA; il se trompe. Abulfeda qui devoit bien mieux la conoître les distingue, & en marque la distance dans sa Description de l'Arabie, où il en parle ainsi [b] : Saadah est éloigné de Sanaa de soixante parasanges : L'Auteur du Canon Géographique dit que ce nom lui est donné à cause de la bassesse de sa situation : on tire de ce lieu là beaucoup de beau Maroquin. Saadah selon Alazizi est une Ville bien peuplée, & où il y a des Manufactures pour la préparation des Cuirs & des peaux & pour leur teinture. Elle est d'ailleurs forte & fertile dans ses dehors : de Saadah à Ashamiyah Bourg considérable il y a vingt-cinq mille pas. Ce qui est à remarquer, Mr. Corneille a pris son Article de Baudrand qui n'a point fait cette faute, & le grossit d'un Article d'Herbelot où il est dit expressément qu'il y a six-vingt lieues de Saadah à Sana.

b *Traduct. de Mr. De la Roque, p. 230.*

SAAL, Ville d'Allemagne dans la Ca-

SAA.

rinthie entre St. Weit & Clagenfurt. Edouard Brown en parle ainsi dans son Voyage [c] : nous fumes de là a SAAL ou SOLVA, où les Romains envoyérent autrefois une Colonie, & que Wolfgang Lazius, marque dans sa Carte sous le nom de COLONIA SOLVENSIS. Il y a tout proche de cette Ville une Campagne qu'on appelle AGER SOLVENSIS ou ZOLFELDT. C'est une Place fort estimée pour les Antiquités qu'on y trouve. Je vis dans cette Campagne cette pièce d'Antiquité qu'on appelle la *Chaire du Roi* ; elle est toute de pierre, & il semble que ce sont deux fauteuils qui sont attachés ensemble dos-à-dos. Il y a des Inscriptions sur trois de ces pierres, mais elles sont assurément plus anciennes que la Chaire même. Lorsqu'on reçoit un Duc de Carinthie, soit qu'il soit Roi, Prince, ou Empereur, soit que ce soit lui-même, ou qu'il envoye quelqu'un en sa place, il faut qu'il se mette sur une partie de la Chaire, qui est du côté de l'Orient, & un pauvre Païsan sur l'autre partie du côté de l'Occident ; & entr'autres Cérémonies le Païsan se leve, & présente aux Ducs deux bœufs, l'un gras & l'autre maigre ; le Duc est obligé de prendre le maigre, & de refuser le gras ; & de recevoir ensuite un petit souf-

c *Voyages, p. 174.*

A   flet

SAA.   SAA.

flet du Païsan. Voilà la maniére dont on reçoit un Duc de Carinthie. L'Auteur n'ayant pas bien retenu ce qu'on lui avoit dit de cette pierre, travestit cette installation comme il lui plaît. On peut voir le cérémoniel de cette intronisation mieux décrit au mot FURSTENSTEIN.

L'Eglise de Saal est fort ancienne, & à évité jusqu'à présent la furie des Nations Barbares. Je vis dans cette Eglise le tombeau de *Modestus*, Compagnon de Saint Weit. C'est un monument assez simple, & ils ont en cette Ville une tradition qui leur apprend que ce tombeau s'est approché de l'Autel d'une aune plus près que l'on ne l'avoit mis. Il y a sur les murailles de cette Eglise plusieurs belles Antiquités Romaines en bas-lief, qu'on a tirées de *Zoltfeldt*: Voilà entr'autres choses ce que j'y remarquai. Un chariot avec deux chevaux; un chariot avec un homme dedans; un loup qui mange d'un fruit qui est tombé de quelque arbre; Hector attaché au Chariot d'Achille, de la même maniére qu'on le traîna tout autour de la Ville de Troyes; quatre fort belles têtes; deux Loups tenant chacun une tasse & une corne, dont il sort une Vigne avec des feuilles & des grapes de raisin. C'est tout ce qu'on peut voir sur le Portail. Il y a au dedans un Cupidon, qui tient des grapes de raisin en sa main: Romulus & Remus qui tettent une Louve; deux Figures sur le Crucifix tout proche de Saint Christophle, avec encore quelques autres qu'on a toutes apportées de Zoltfeldt. Je vis aussi dans cette place plusieurs Inscriptions; & en voilà une qui étoit sur une pierre placée au Midi de l'Eglise:

HERCULI E.
EPONÆ. AUG.
PRO SALUTE IMP.
CÆS. M. AUR.
ANTONINI PII
FELICIS INVICTI

On trouve aussi dans ces quartiers plusieurs piéces de monnoyes Romaines, de cuivre & d'argent; & j'ai apporté avec moi une Médaille d'or des Troyens.

C'est ce que ce Voyageur raconte de Saal. Il est étonnant qu'une Ville si considérable ait échappé à Zeyler dans sa Topographie de la Carinthie. Il est vrai que dans le discours général il nomme la Prévôté de Saal, & ajoute dabey ein Dorff, qu'il y a un Village auprès. Dans sa Carte de la Carinthie il n'y a pas la moindre trace de Saal ni de Zoltfeldt.

1. SAAL (LA), ou LA SALA, Riviére d'Allemagne dans la Franconie, elle a sa source à l'Orient de Königshowe dans l'Etat de l'Evêque de Wurtzbourg aux confins du Comté de Henneberg [a]. Elle prend son cours vers le Couchant, passe à Königshowe & serpentant vers l'Occident Méridional elle reçoit la MILTZ qui vient du Comté de Henneberg, & à Neustadt la STREY qui vient du Nord-Ouest. Un peu plus loin elle reçoit la RHON qui vient de Bischofsheim, passe vers le Midi, laisse

[a] Jaillot, Franconie.

le Château de Saalsbourg à l'Orient & reçoit deux autres ruisseaux avant que d'arriver à Kissing, Bourg; & continuant de serpenter tantôt vers le Couchant tantôt vers le Midi Occidental, elle passe auprès de Trimberg & de Hamelbourg, & se perd enfin dans le Meyn à Gemund entre l'Evêché de Wurtzbourg, & le Comté de Reineck qu'elle sépare.

2. SAAL (LA), Riviére d'Allemagne dans la Haute Saxe. Voyez SALA.

SAAN (LA), ou SAINA, Riviére d'Allemagne au Cercle d'Autriche [b]. Elle a sa source dans la Basse Carniole aux Montagnes qui la séparent de le Haute Carinthie, elle y arrose Saaneck; de là entrant dans le Comté de Cilley elle en arrose la Capitale, & grossie de plusieurs autres Riviéres, qu'elle reçoit sur la Route, elle tombe dans la Save aux confins du Windischmarck.

[b] Jaillot, Cercle d'Autriche.

SAANANIM, Ville de la Palestine dans la Tribu de Nephtali, selon le Livre de Josué [c].

[c] C. 19. v.

SAANECK, Bourg d'Allemagne au Cercle d'Autriche dans la Basse Carniole, sur le bord de la Saan qui lui donne le nom. [33.]

SAAR (LA) Riviére. Voyez SARE.
SAARBOURG.   ⎫   ⎧ SARBRUCK.
SAARBRUG.   Voyez ⎬   ⎨ SARBRUCK.
SAARLOUIS.   ⎭   ⎩ SARLOUIS.
SAARWERDEN. Voyez SARWERDEN.

SAARA, Bourgade de la Palestine dans la dépendance d'Eleuthéropolis [d], à dix milles de cette Ville tirant vers Nicopolis selon Eusébe & St. Jérôme.

[d] D. Calmet, Dict.

1. SABA, Royaume dont étoit Reine la fameuse Princesse, qui vint à Jérusalem pour entendre la sagesse de Salomon. Elle est nommée par JESUS-CHRIST [e] même la *Reine du Midi*. Les Hébraïsans modernes lisent diversement ce mot; quelques-uns écrivent SABA, d'autres SCHEBA, de même qu'ils travestissent *Salomon* en SOLOMO & SCHELOMON; mais sans nous arrêter à cette nomenclature, assez inutile, il vaut mieux examiner, où étoit le Pays, où regnoit cette Princesse, qui vint à la Cour de Salomon. Le nom de *Reine du Midi*, marque que ce Pays devoit être au Midi de la Palestine & cela convient à l'Arabie heureuse. Le même passage allégué-ci dessus porte qu'elle vint des extrémités de la Terre. L'Arabie enfermée entre deux Golphes & terminée par l'Océan répond bien à cette idée. Elle apporta avec elle en présent des choses qui se trouvoient autrefois assés communément en Arabie, savoir de l'or, des parfums & des pierres précieuses. Les Anciens parlent d'un Peuple de l'Arabie heureuse nommé SABÆI, dont nous parlons en son lieu, & ce Peuple admettoit les femmes à la Couronne. Claudien dit [f]:

[e] St. Matth. c. 12. v. 42. St. Marc, c) 11. v. 31.

[f] In Eutrop. l. 2. v. 320.

Medis, Levibus que Sabæis
Imperat his Sexus: Regnorum que sub armis
Barbariæ pars magna jacet.

Et les Arabes ont chez eux une Tradition populaire selon laquelle la Reine Balkis sortit

SAB.   SAB.

fortit de la Ville de Saba autrement Marib, ou Mareb fituée dans l'Yemen pour venir vifiter Salomon. Le nombre des Interprétes de l'Ecriture qui cherchent dans l'Arabie heureufe les Etats de la Reine de Saba, eft affés grand, & fournit des Hommes illuftres. Entre les Peres St. Juftin, St. Cyprien, St. Epiphane, St. Cyrille d'Alexandrie; entre les Modernes Toftat, Maldonat, Cornelius à Lapide & quantité d'autres Catholiques. Parmi les Proteftans Bochart & Mr. Le Clerc [a] font de cette opinion & même ce dernier rend ces mots par *Regina Sabæorum*.

[a] Reg. l. 3. c. 10. v. 1.

D'un autre côté il y a un autre fentiment qui a des partifans non moins illuftres; à leur tête eft Jofephe [b] qui dit: Nicaulis Reine d'Egypte & d'Ethiopie, qui étoit une excellente Princeffe, ayant entendu parler de la vertu & de la fageffe de Salomon &c. Il eft vrai qu'il cite Herodote dans lequel on ne trouve pas précifément ce qu'il lui fait dire; mais ce détail n'empêche pas qu'on en puiffe conclure que Jofephe a attribué à l'Ethiopie la Reine de Saba fur une tradition nationale des Juifs. Ce fentiment a été fuivi par des Peres de l'Eglife, comme Origène, Saint Auguftin, St. Anfelme, allegués par le Cardinal Tolet. Ajoutez St. Jerôme, Theodoret, & Procope de Gaza fur le troifième Livre des Rois, Vatable, le Patriarche Alphonfe Mendez &c. Ce dernier dit que la continuation des charges tant Civiles que Militaires & de toutes les autres coutumes ufitées de tems immemorial, fubfifte encore à préfent, de forte que l'Ethiopie lui a paru une vive image de l'ancienne République des Hebreux & que plufieurs paffages de l'Ecriture Sainte lui font devenus plus intelligibles, depuis qu'il eft venu en Ethiopie. Le P. Tellez, qui d'ailleurs n'eft pas fort prevenu en faveur des traditions Abiffines, dit néanmoins que perfonne ne doit s'étonner que Salomon qui avoit épousé la fille de Pharaon & qui avoit des femmes Moabites, Ammonites, Iduméenes, Sidoniennes & autres, ait eu auffi une femme Ethiopienne. Ce qu'il allégue enfuite femble prouver que les Rois d'Abiffinie foient effectivement defcendus de Salomon. Mais je ne vois point qu'il difé dans les paffages allegués par Ludolff [c] que ce foit par la Reine de Saba; & c'eft ce qu'il faudroit pour prouver que cette Princeffe regnoit dans cette partie de l'Ethiopie que nous appellons l'Abiffinie: mais on fait d'ailleurs que les Ethiopiens de ce Pays là regardent comme une tradition, dont perfonne d'entre eux ne s'avife de douter, que cette Princeffe étoit de leur Pays; qu'elle en eut un fils dont la pofterité a long-tems regné en Abiffinie. Ils confervent foigneufement la Lifte, les noms & la fucceffion de leurs Rois de la Maifon de David. L'Eunuque de la Reine Candace converti & baptifé par St. Philippe étoit Officier d'une Princeffe du même Pays. On fait que les femmes y regnoient; & on a fait voir ailleurs dans ce Dictionnaire que l'Ifle de Meroë eft cette partie de l'Abiffinie qui eft enfermée entre le Nil & le Tacaze;

[b] Lib. 8. c. 2. n. 334.

[c] Hift. Æthiop.

or Jofephe [d] prétend que la Capitale de l'Ethiopie s'appelloit SABA avant que Cambife lui eût donné le nom de fa fœur qui s'appelloit Meroé. Voyez SABÆI.

[d] Antiq. l. 2. c. 5.

2. SABA, Ville d'Afie dans l'Arabie déferte, à fix journées tout au plus de Jérufalem; le nom moderne eft SIMISCAZAR, felon Guillandin [e]. Ptolomée [f] la nomme SAVE Σαύη, & quelques exemplaires Latins SABA.

[e] De Papyro Commentar.
[f] Lib. 5. c. 19.

3. SABA, Port de l'Ethiopie fur le Golphe Arabique felon Strabon [g]. Il étoit voifin de l'endroit nommé la Chaffe des Elephans. Ortelius croit que c'eft de ce Lieu que parle Ifaye [h] quand il dit *dedi propitiationem tuam Ægyptum & Æthiopiam & Saba pro te.* Il y a bien plus d'apparence qu'il ne s'agit point dans ce paffage d'un Lieu particulier, mais du Pays des Sabéens, & du Royaume de Saba en Arabie. Les Septante rendent ce mot par Syene au raport d'Ortelius.

[g] Lib. 16. p. 770.
[h] C. 43.

4. SABA; ou SAVA, Olearius écrit *Saba*, Tavernier *Sava*, & Mr. de Lifle dans fa Carte de Turquie & de Perfe écrit SAVA; Ville de Perfe dans l'Irac-Agemi, où l'Iraque Perfienne, fur la route de Sultanie à Com. Tavernier dit [i]: Sava eft une bonne Ville dans une Plaine fertile & remplie de Villages, fon plus grand negoce eft de petites peaux d'agneaux, grifes, dont la frifure eft fort belle & dont on fait des fourrures. Oléarius fait de cette Ville une defcription conftanciée. Les Perfans, dit-il [k], mettent cette Ville à 85. d. de longitude & à 35. de latitude; mais je trouvai pourfuit-il fa latitude de 34. d. 56'. Elle eft fituée dans une grande Plaine à la vue de la Montagne Elved qu'on découvre delà à caufe de fa hauteur qui s'éleve dans les nues. Les Reines de la Ville de Rhey fe trouvent fous un même parallèle que Saba, qui n'en eft éloignée que d'une bonne journée de chemin vers le Levant. La Ville de Saba, continue le même Oléarius, n'eft pas fort grande, quoiqu'elle foit du nombre de celles qui paroiffent le plus par dehors, à caufe des Tours & de fes autres Bâtimens publics. Ses murailles ne font que de terre & fes Maifons font qu'afi toutes détruites. Mais elle a en recompenfe de très beaux Jardins & des fruits rares & exquis, particuliérement des Grenades & des Amandes. Auprès de la Ville au pied de la Montagne il vient quantité de cotton & de ris, dont ils font leur principal Commerce. On vient de voir dans les paroles de Tavernier que *Saba* ou *Sava* eft dans une Plaine fertile; Gemelli-Carreri prétend le contaire. Cette Ville, dit-il [l], eft fituée dans une Plaine ftérile où il y a beaucoup de Villages. Elle ne laiffe pas de paroître-belle, quoi que la plupart des Maifons ne foient que de terre: fes murailles qui ont quatre milles de circuit font ruinées en plufieurs endroits par les pluyes, de même que la Fortereffe bâtie fur le haut d'une Colline. S'il étoit vrai que les murailles euffent quatre milles Italiques de circuit, on ne pourroit pas dire que la Ville fût petite. Puifque

[i] Voyage de Perfe, l. 1. c. 6.
[k] Voyage l. 4. t. 1. p. 470.
[l] Voyage autour du Monde, t. 2. p. 68.

Char-

Chardin [a] qui dit que Sava eſt une grande Ville ſituée dans un Plaine ſablonneuſe & ſtérile à la vue du mont Alouvent (*Elvend*), ſe contente de lui donner deux milles de tour, & apparemment des milles Angloiſes. Il ajoute: Elle eſt ceinte de murs & n'eſt guères peuplée, & hormis le Cœur de la Ville le reſte ſe ruïne faute d'être habité. Les murs ſont auſſi mal entretenus & il n'y a rien de remarquable à l'entour. Elle a été belle autrefois, les ruïnes de pluſieurs grands Edifices le montrent. Il y paſſe un petit Fleuve & quantité de Canaux. Son terroir eſt ſec & ſablonneux. Il n'y vient rien qu'à force d'art & de travail. Il y a pourtant grand nombre de Jardins. L'air qu'on y reſpire eſt échauffé & aſſés mal ſain.

[a] Voyage de Perſe, t. 3 p. 38.

5. SABA (l'Iſle de) petite Iſle de l'Amérique, l'une des Antilles. Elles eſt ſelon Rochefort [b] au Nord-Oueſt de St. Euſtache ſur la hauteur de 17. d. 35'. La Colonie Hollandoiſe de St. Euſtache y a mis des Habitans pour la cultiver, ils y ont trouvé une agréable Vallée & aſſez de bonne terre pour employer pluſieurs familles qui vivent contentes en cette aimable retraite. Ce ſont les termes de cet Auteur. Il ajoute: il n'y a point de mouillage à la Côte que pour des chaloupes. La Pêche y eſt abondante. Le Pere Labat qui a relâché à cette Iſle en parle ainſi avec ſon enjouement ordinaire. Cette Iſle eſt fort petite [c], & ne paroît qu'un Rocher de quatre ou cinq lieues de tour, eſcarpé de tous côtés. On n'y peut mettre à terre que ſur une petite Ance de ſable qui eſt au Sud, ſur laquelle les Habitans tirent leurs Canots. Un Chemin en zig-zag taillé dans le Rocher, conduit ſur le ſommet de l'Iſle, où le terrain ne laiſſe pas d'être uni, bon, & fertile. Je crois dit ce Pere que les premiers qui y ſont abordés avoient des échelles pour y monter. C'eſt une Forterſſe naturelle tout à fait imprenable, pourvû qu'on ait des vivres. Les Habitans ont fait des amas de pierres en beaucoup d'endroits à côté de ce chemin, ſoutenues ſur des planches poſées ſur des piquets, ajuſtés de manière qu'en tirant une corde, on fait pancher un piquet & on fait tomber toutes ces pierres dans le chemin pour écraſer ſans miſericorde une Armée entière, ſi elle étoit en marche pour monter, ou même en quelques endroits de l'Ance. On dit qu'il y a une autre montée du côté de la Cabeſterre ou du Nord-Eſt, plus facile que celle-ci qui eſt au Sud-Oueſt, ſuppoſé qu'on y puiſſe aborder; mais la Mer y eſt ordinairement ſi rude, que ſa Côte n'eſt pas praticable, & c'eſt ce qui leur a fait négliger d'eſcarper cet endroit comme ils le pourroient faire, parce qu'ils ne craignent pas d'être ſurpris par-là. On eſt agréablement ſurpris quand on eſt dans cette Iſle, de trouver un Pays fort joli au deſſus, qui ne paroît avant que d'y monter qu'un Rocher affreux; cette Iſle eſt partagée en deux quartiers, qui renferment quarante-cinq à cinquante familles. Les Habitations ſont petites, mais propres & bien entretenues.

[b] Hiſt. Nat. des Antilles, c. 3. part. 3. p. 43.

[c] Le P. Labat, Voyage de l'Amérique, t. 2. p. 294.

Les Maiſons ſont gayes, commodes, bien blanchies & bien meublées. Le grand trafic de l'Iſle eſt de ſouliers, on ne voit pas de Pays ſi Cordonnier. Le Gouverneur s'en mêle comme les autres, & le Miniſtre ſe divertit à ce noble exercice à ſes heures perdues. C'eſt dommage que cette Iſle ne ſoit pas à des Cordonniers Catholiques, ils la nommeroient ſans doute l'Iſle de S. Creſpin, avec plus de raiſon que Saba, que nous ne liſons point avoir été un Royaume de Cordonniers. Les Habitans vivent dans une grande union. Ils mangent ſouvent les uns chez les autres. Ils n'ont point de boucherie comme dans les autres Iſles plus conſidérables, mais ils tuent des beſtiaux les uns après les autres, ce qu'il en faut pour le Quartier, & ſans rien débourſer, ils prennent ce qu'ils ont beſoin de viande pour leur famille chez celui qui a tué, qu'ils lui rendent en eſpèce quand leur tour vient. Le Commandant commence & les autres du Quartier le ſuivent, juſqu'à ce que ce ſoit à lui de recommencer. Il y a parmi eux quelques Refugiés François. Avec leur trafic de ſouliers, un peu d'indigo & de cotton, ils ne laiſſent pas d'être riches; ils ont des Eſclaves, de l'Argent & de bons meubles.

6. SABA, Ancien nom de Meroe, ſelon Joſephe. Voyez SABA.

SABACHTEENS. Voyez l'Article SABATHENI.

SABADIBÆ, Iſles de l'Océan dans l'Inde au delà du Gange. Ptolomée [d] en met trois, habitées par des Antropophages. Il les met au Couchant de *Habadiu* qui comme je le fais voir en ſon lieu eſt l'Iſle de Java; s'il les plaçoit à l'Orient, on pourroit croire qu'il a voulu parler de trois des principales Iſles qui ſuivent de ce côté. Mais après tout, l'arrangement de ces Iſles dans les Tables de Ptolomée a été fait ſur des Mémoires ſi peu exacts, qu'on n'en peut rien conclurre de certain.

[d] Lib. 7. c. 21

1. SABÆ, Ancien Peuple d'Aſie, dans les Indes ſelon Denys le Periégéte [e]. C'eſt le même Peuple que SIBÆ. Voyez ce mot.

[e] V. 1141.

2. SABÆ, Ancien Peuple de Perſe ſelon le même [f]. Mr. Hill dans ſon Commentaire ſur cet Auteur croit qu'ils étoient près du Mont Parachoatra qui ſeparoit la Medie d'avec la Perſide. Il lui paroit probable que comme les Sabéens d'Arabie venoient de *Sheba* & de *Seba*, deſcendus de Chus [g], le Peuple Saba venoit de *Sheba* fils de *Joktan*. Ce dernier eſt nommé *Jectan* dans la Vulgate, qui appelle *Saba* ceux que le ſavant Anglois nomme *Sheba* & *Seba*.

[f] V. 1069.

[g] Geneſ. c. 10.

3. SABÆ, Ancien Peuple de Thrace, ſelon Euſtathe [h] ſur la Periegéſe de Denys. Il ajoute que Bachus prenoit d'eux le ſurnom de Sabaſius, ſous lequel les Thraces lui rendoient un culte particulier.

[h] In Verſ. 1069.

4. SABÆ, Ville de la Libye intérieure ſelon Ptolomée [i]; qui la met vers la ſource du Cinyphe.

[i] Lib. 4. c. 6.

5. SABÆ, Etienne le Géographe met une Ville de ce nom en Arabie ſur la Mer Rouge, & dit que les Habitans étoient nommés SABÆI.

6. SA-

6. SABÆ, Peuple de l'Arabie, selon Denys le Periégéte; ce sont les Sabéens. Voyez ce mot.

SABÆ ARÆ, Σαβαῖοι βωμοί, Lieu particulier d'Asie, dans la Médie près de la Mer Caspienne, selon Ptolomée * qui les place à peu de distance de l'Embouchure du Fleuve Cyrus.

* Lib. 6. c. 2.

SABÆI, Peuple de l'Arabie heureuse. Voyez SABEENS.

SABÆI. Voyez SABÆ.

SABAGENA, Ville de la grande Arménie sur l'Euphrate, dans la Prefecture Laviniane, selon Ptolomée [a].

a Lib. 5. c. 7.

SABAIA, Place forte de la Palestine avec garnison Romaine, selon la Notice de l'Empire [b]. *Equites Promoti indigenæ Sabaiæ.*

b Sect. 21.

SABAITICUM OS, Lieu de l'Ethiopie, sur le Golphe Arabique, selon Strabon [c]. Ptolomée le nomme SEBASTICUM. Voyez ce mot.

c Lib. 16. p. 770.

SABAKZAR, Ville de l'Empire Russien au Royaume de Casan, au Midi du Volga, & de l'Isle de Mokritz, à quarante Verstes au dessous, & à l'Orient de Kusmademianski [d]. Olearius qui y passa en 1636. dit: Cette Ville est bâtie de bois comme les autres; mais son assiète est sans comparaison plus agréable, que celle de toutes les autres Villes de la Tartarie. L'Isle de Mokritz en est à trois Verstes.

d Lib. 4. p. 285.

SABALASSA, Ptolomée [e] donne ce nom à l'une des bouches du Fleuve Indus; c'est la sixième d'Occident en Orient.

e Lib. 7. c. 1.

SABALASSUS, Ville d'Asie dans la Cappadoce, dans la Prefecture nommée, Sargarauséne selon Ptolomée [f].

f Lib. 5. c. 9.

SABALIA, Ville d'Asie en Cappadoce, dans le Pont Polémoniaque, dans les terres selon Ptolomée [g].

g Ibid.

SABALINGII, ancien Peuple de la grande Germanie, dans la Chersonnèse Cimbrique selon Ptolomée [h]. Ils avoient pour voisins les *Singulones* & les *Cobandi.*

h Lib. 2. c. 11.

SABAMA [i], ou SEBAMA, ou SIBMA, Ville de la Palestine dans la Tribu de Ruben [k]. Isaye [l] parle des vignes de Sebama, qui furent coupées par les Ennemis des Moabites. Ces derniers avoient pris la Ville de Sebama, & les autres Places du Pays de Ruben [m] depuis que cette Tribu eut été menée [n] en captivité par Teglathphalassar. St. Jérome [o] dit qu'entre Hesebon, & Sebama à peine y a-t-il cinq cens pas de distance.

i D. Calmet Dict.
k Num. c. 32. v. 38. Josué c. 13. v. 19.
l Jerem. c. 48. v. 32.
m Paralip. l. 1. c. 5. v. 26. & Reg. l. 4. c. 15. v. 29.
n In Isai. c. 16.

SABAN, Ville de la Palestine dans la Tribu de Ruben. Il en est parlé au Livre des Nombres [p]. D. Calmet soupçonne que c'est la même, que Sabama.

p C. 32. v. 3.

SABANA. Voyez NASBANA & SARA.

SABARÆ, Ville de l'Inde en deça du Gange, selon Ptolomée [q] qui dit qu'on y trouve les diamans.

q Lib. 7. c. 1.

SABARATE. Voyez SABATHRA 1.

SABARBAYRS, ancien Peuple de l'Afrique, proprement dite selon Pline [r]. Quelques Exemplaires portent SABABARES; Ptolomée [s] nomme le Peuple SABUBURES Σαββύρρες.

r Lib. 5. c. 4.
s Lib. 4. c. 3.

SABARCÆ, SABRACÆ, Peuple des Indes. Voyez SABRACÆ.

SABARIA, Ville & Colonie Romaine dans la Pannonie; une Médaille rapportée par Golzius & par le R. P. Hardouin la nomme COL. SABARIA CLAUDIANA AUGUSTA, & dans le même Lieu on trouve une pierre avec cette Inscription inferée au Recueil de Gruter.

L. VAL. L. FIL. CL. CENSORINUS
D. C. C. C. §. ITEM VE. LEG. I.

Les cinq premières Lettres de la seconde ligne signifient; *Decurio Coloniæ Claudianæ Sabarjæ.* Ptolomée nomme *Savariæ*, dans la haute Pannonie Σαυαρία. Sulpice Sévére dans la Vie de St. Martin dit [t], que ce Saint étoit de Sabarie en Pannonie, *Martinus Sabariæ Pannoniarum oriundus fuit.* L'Abregé d'Aurelius Victor [u] remarque que dans le même temps, on fit deux Empereurs, Niger Pescennius à Antioche, & Septime Sévére à Sabarie de Pannonie. Spartien dit cette Création à Carnunte. Ammien Marcellin [x] parlant de Valentinien dit: il cherchoit un lieu commode pour hyverner, & il n'en trouva point d'autre que Sabarie. On croit que c'est présentement SARWAR, Place forte de Hongrie au Confluent de la Rivière de Guntz & du Rab, au Comté de Sarwar. Quelques Auteurs prétendent, qu'Ovide ayant obtenu la permission de revenir de son exil, mourut en chemin à Sabarie, Gaspar Bruschius, dit qu'en 1508. on trouva à Sabarie une Voute avec une Inscription qui marquoit que c'étoit le Tombeau. Voici l'Inscription:

t C. 2.
u In Didio Juliano.
x Lib. 30. c. 20.

FATUM NECESSITATIS LEX

*Hic situs est Vates, quem divi Cæsaris ira
Augusti, Patria cedere jussit humo.
Sæpe miser voluit patriis occumbere terris;
Sed frustra: hunc illi fata dedere Locum.*

Lazius croit que Sabarie est STAIN AM ANGER, Bourgade située sur la Rivière de GUNTZ, qu'il appelle *Sabaria* ou *Sabarius Fluvius.*

SABARTHÆTHA, Lieu de la Palestine, & la Patrie du Prophéte Sophonie selon Dorothée cité par Ortelius.

SABAT, Ville d'Ethiopie, dans le Golphe Adulitique selon Ptolomée [y]. C'est le même lieu que SABA 3. Voyez ce mot.

y Lib. 4. c. 7.

1. SABATA, selon Ptolomée [z], SABATIA, selon Pomponius Mela [a]; ancienne Ville d'Italie dans la Ligurie. Antonin fait mention de VADA SABATIA dans son Itinéraire Maritime, & met ce Port entre Génes & Albengue; à XXX. M. P. de la première & à XVIII. M. P. de la seconde. Pline [b] le nomme PORTUS VADUM SABATIUM: Strabon [c] dit: τὰ καλεμενα Σαββάτων οὐάδα *Nominata, Sabbatúm Vada.* Brutus dans une Lettre inserée entre celles de Cicéron dit [d]; Antoine est venu à Vada, c'est un Lieu que je veux vous faire connoitre, il est entre l'Apennin, & les Alpes, & par où il n'est pas facile de passer à cause de la difficulté des chemins; par cette difficulté il entend les Montagnes,

z Lib. 3. c.
a Lib. 2. c. 5.
b Lib. 3. c. 5.
c Lib. 4. p. 101.
d Lib. 11. Epist. 10.

& les Marais. Ce sont mêmes ces Marais qui ont donné lieu au mot VADA. La difficulté à présent est de savoir; si SABATA, & SABATUM VADA sont des noms d'un même Lieu, Cluvier l'assure; mais Holstenius dans ses remarques sur l'ancienne. Italie de Cluvier l'en reprend, comme d'une erreur; & met entre deux une distance de VI, ou VII. M. P. Il prétend que quand Antonin met sur la Voye Aurelienne:

Cannalicum,
Vada Sabbatia,   M. P. XII.
Pullopicem,   M. P. XII.
Albingaunum,   M. P. VII.

selon lui, VADA SABATIA, est VADI ou VAÏ, POLLUPICE est *Final*, & ALBINGAUNUM est *Albengue*; mais SABATA simplement est *Savone*. Mais voici une difficulté, si la Ville de Savône, aujourd'hui Siège Episcopal, est l'ancienne Sabata, comment a-t-elle pris le nom moderne, car Savone est un nom ancien, déja connu du temps des guerres Puniques. Tite-Live dit qu'elle étoit dans les Alpes, *Savone, oppido Alpino*. De *Savo*, *Savonis*, s'est fait *Savone*, comme de *Narbo* Narbonne, de *Salo* Salone, &c. Ce qui est certain c'est que l'ancienne Savone étoit dans les Alpes, & qu'elle doit être différente de Savone d'aujourd'hui qui est maritime. Il n'est pas moins certain que l'ancienne *Sabata* étoit au commencement des Alpes. Strabon le dit: l'Apennin commence à Gènes, & les Alpes commencent à *Sabata*. Il paroît que *Vada Sabatia* étoit jadis un Lieu plus fameux que *Sabata*, ce dernier n'est nommé que par Strabon, & par Ptolomée, l'autre a été connue de Strabon, de Pline, de Brutus, de Mela, d'Antonin, de l'Auteur de la Table de Peutinger, & de Capitolinus dans la Vie de Pertinax, de qui il dit [a]: qu'étant encore simple Particulier il fut taxé d'avarice, lorqu'à *Vada Sabatia* ayant accablé d'usure les Propriétaires, il en profita pour étendre son domaine. Voyez SAVONE.

[a] Cap. 9.

2. SABATA, Ville d'Asie dans l'Assyrie, selon Pline [b]. Le R. P. Hardouin remarque que c'étoit le Chef lieu d'un Canton appellé SABATICE. Voyez ce mot. Elle est nommée SAMBANA par Diodore de Sicile [c]. Voyez SABATHA.

[b] Lib. 6. c. 27.
[c] Lib. 17.

SABATE & SABATENI. Voyez SABATIA 2.

SABATERIA & SABATERNUS, Qui en est derivé; Ortelius [d] observe que ces deux noms se trouvent dans Priscien l. 2. comme des noms Géographiques.

[d] Thesaur.

SABATH, ou SABAT, Ville d'Asie au Mawaralnahr dans le district d'Osrusnah; au V. Climat selon Abulfeda [e]. Alfaras lui donne 89. d. 55'. de Longitude, & 40. d. 20'. de Latitude. Ebn Haukal dit, Sabat est sur le chemin de Fargana à Alshash. Un autre Géographe Arabe cité par Abulfeda [f] dit, Sabat Ville célèbre du Mawaralnahr, voisine d'Osrushnah, à XX. parasangues ou environ de Samarcande. Mrs. d'Her-

[e] Collect. Oxon. t. 3. p. 47.
[f] Pag. 70.

belot & Corneille écrivent SABATH.

1. SABATHA, Ville d'Asie à trente Stades de la Seleucie de Médie, selon Zosime [g], c'est la même que SABATA 2.

[g] Lib. 3.

2. SABATHA. Voyez SABOTA.

SABATHENI, Σαβαθηνοί, ancien Peuple. Mr. Arnaud d'Andilli traduit ainsi le passage de Josephe, où il en est parlé [h]: Chus qui étoit l'aîné des fils de Cham eut six fils, Sabas Prince des Sabéens, Evilas Prince des Eviléens, qu'on nomme maintenant Getuliens; Sabath Prince des SABATHEENS, que les Grecs nomment ASTABARRIENS; *Sabacht* Prince des *Sabachtéens*, &c. au lieu de *Sabathéens*, on doit dire *Sabatheniens*. Ortelius guidé par le nom Grec Astabarriens soupçonne que ce pourroit bien être le Peuple voisin de l'Astaboras Riviére.

[h] Antiq. l. 1. c. 6.

1. SABATHRA, Ville de l'Afrique, proprement dite selon Ptolomée. Il met dans le même Canton entre les deux Syrtes deux Villes, dont l'une est SABATHRA au bord de la Mer, & l'autre SABATRA, plus au Midi dans les terres. Ortelius trouve que Procope nomme Sabathra auprès de la Syrte; mais dans le passage qu'il cite [i], la Version de Mr. Cousin porte ces mots: il a fait enfermer de murailles la Ville de SABARATE, & y a fait élever une belle Eglise. Au reste la Sabathra de Ptolomée Ville maritime est la *Sabrata* de Pline, d'Antonin, & des Notices. Voyez SABRATA.

[i] Hist. de Constantinople, t. 2. p. 338.

2. SABATHRA, Ville de l'Arabie heureuse, selon Pline cité par Ortelius; mais le R. P. Hardouin lit SABATHA ou SABOTA. Voyez ce dernier mot.

1. SABATIA. Voyez SABATA 1.

2. SABATIA REGIO &

3. SABATIA STAGNA, Contrée & Lac d'Italie, dans l'Etrurie. La Table de Peutinger fournit le nom de SABATE; mais on ne sait si par ce mot l'Auteur entend une Ville ou un Lac. On croit pourtant communément qu'il y avoit une Ville & un Lac de même nom; pour le Lac il est fort connu. Festus dit SABATINA (Tribus) *a Lacu Sabate dicta*. Strabon met Σαβάτα entre les Lacs de l'Etrurie. Silius Italicus fait mention [k] du Lac *Sabate* qu'il appelle *Sabatia Stagna*, & Columelle le nomme *Sabatinus Lacus*. Ce Lac est aujourd'hui le Lac de BRACCIANO. Le nom de *Sabatia Regio* est d'Annius de Viterbe.

[k] Lib. 8. v. 491.

SABATICE, Contrée d'Asie dans la Médie. Elle prenoit ce nom de la Ville de SABATA, comme la *Sitacene* prenoit le sien de la Ville Sitace. La Sabatice étoit à l'Orient de la Sitacene & située de telle façon que quelques-uns la donnoient à la Médie, d'autres à l'Elimaïde, selon Strabon [l]. Casaubon veut changer ce nom en celui de *Massabatica*; ce qui seroit une faute.

[l] Lib. 11. p. 524.

SABATINCA, ancien Lieu du Norique selon Antonin [m], sur la route d'Aquilée à *Lauriacum*, entre *Monate* & *Gabromagus*; à XVIII. M. P. de la première, & à XXX. M. P. de la seconde. Lazius croit que c'est présentement NEWMARCK, au-dessus de SLAMING. Il ajoute que la Val-

[m] Itiner.

SAB.   SAB.

Vallée de DIENTEN, qui en est voisine conserve encore des traces de l'ancien nom, il faut avoir bien envie de les y trouver pour les y appercevoir; d'autres guidés apparemment par le raport de *Sabatinca*, avec le mot Sabbat, & par le raport du Sabbat aux Juifs, ont dit que c'est JUDENBORG dans la haute Styrie; d'autres enfin le cherchent ailleurs: En un mot on ne sait où il est; & la perte n'est pas grande, puisque le témoignage d'Antonin est unique.

SABATINA TRIBUS. Voyez SABATIA 3.

SABATINI, Ancien peuple d'Italie, dans la Campanie selon la conjecture d'Ortelius qui cite Tite-Live. Sa conjecture est fort juste. Cet Historien dit[a]: *Omnes Campani, Atellani, Calatini, Sabatini qui se dediderunt in Arbitrium*, &c. On voit que *Campani* est un nom général qui comprend les noms suivans, comme étant des Peuples de Galatia & d'Atella, Villes de la Campanie; on ne peut pas douter que *Sabatine* n'en fut aussi un peuple. Voyez SABBATUS.

[a] Lib. 26. c. 33.

SABATINUS LACUS. Voyez SABATIA 2.

SABAUDI & SABAUDIA. Voyez SAVOYE.

SABBA, Pays dont il est parlé au Pseaume 72. Les Septante l'expliquent par l'Arabie. C'est ce que dit Ortelius. Le passage qu'il entend est celui-ci du Pseaume 71. v. 10. *Reges Arabum & Saba dona adducent.* Les nouveaux Hebraïsans lisent *Reges Scheba & Seba*; & Vatable l'explique par les Rois d'Arabie, & d'Ethiopie. Sabba en ce lieu est le même Pays que celui de la Reine de Saba.

SABBATICUS FLUVIUS, En François le FLEUVE SABBATIQUE; Riviére que quelques Auteurs mettent dans la Palestine, & dont d'autres Ecrivains nient l'existence. D. Calmet a traité au long ce sujet. Joséphe dans la Traduction de M. d'Andilli[b] parle ainsi de cette Riviére. Ce Prince, dit-il, Titus rencontra en son chemin une Riviére qui mérite bien que nous en disions quelque chose. Elle passe entre les Villes d'Arcé & de Raphanée, qui sont du Royaume d'Agrippa, & elle a quelque chose de mervelleux, car après avoir coulé six jours en grande abondance & d'un Cours assez rapide, elle se seche tout d'un coup, & recommence le lendemain à couler durant six autres jours comme auparavant, & à se secher le septiéme jour sans jamais changer cet ordre, ce qui lui a fait donner le nom de Sabbatique, parce qu'il semble qu'elle fête le septiéme jour comme les Juifs fêtent celui du Sabbath. Telle est la Traduction de ce fameux passage de Joséphe par Mr. Arnaud d'Andilly, homme très-versé dans la Langue Gréque, & aidé dans ce travail par de très-habiles gens de sa famille. D. Calmet sur ce même passage nous donne de cette Riviére une idée assez différente. Selon lui Joséphe dit que Tite, allant en Syrie, vit en passant entre la Ville d'ARCE's ou ARQUES, qui étoit du Royaume d'Agrip-

[b] Guerres des Juifs, l. 7. c. 13.

pa, & la Ville de Raphanée en Syrie, le Fleuve nommé Sabbatique qui tombe du Liban dans la Mer Méditerranée. Ce Fleuve ajoute-t-il ne coule que le jour du Sabbat ou plutôt au bout de sept jours; tout le reste du tems son lit demeure à sec; mais le septiéme jour, il coule avec abondance, & même avec assez d'impétuosité dans la mer; delà vient que les Habitans du Pays lui ont donné le nom de *Fleuve Sabbatique*. Pline a voulu apparemment parler du même Fleuve, lorsqu'il dit[c] qu'il y a un Ruisseau dans la Judée, qui demeure à sec pendant tous les septiémes jours: *in Judea rivus Omnibus Sabbathis siccatur*; Voilà certainement Pline d'accord avec la Traduction de Mr. d'Andilli. Cependant D. Calmet a raison, le Texte Grec de Joséphe porte que ce Fleuve ne coule que le Samedi; & comme les Savans ont vû, que Pline & la notion que l'on doit avoir du repos du Sabath conduisent naturellement à dire que ce Fleuve couloit six jours, & cessoit le septiéme jour, ils ont tâché de concilier cette idée avec les paroles de Joséphe, en les transposant, & lui aiant fait dire le contraire de ce qu'on y lisoit, & c'est sur ce changement que Mr. d'Andilly a travaillé. Il semble en effet que la Riviére Sabbatique ne marqueroit pas bien le repos du Sabbat, si elle ne couloit que ce jour-là; pour bien faire, observe D. Calmet, elle devroit cesser de couler pour imiter le repos des Juifs.

[c] Lib. 31. c. 2.

Isidore parle aussi de ce Fleuve dans ses Origines[d]. On peut voir aussi Cardan[e] en son Livre de la Subtilité. Elie Thesbite Auteur Juif dans son Lexique au mot SAMBATION, dit c'est le nom d'un Fleuve duquel on dit que tous les jours de la semaine il court avec une si grande impétuosité, qu'il remue de grandes pierres, & qu'il n'est pas possible de le passer. On en rapporte cette raison que les dix Tribus sont retenues captives en cet endroit, de sorte qu'elles ne peuvent en sortir; pas même le jour du Sabbat de peur de le violer, & Rambam (c'est-à-dire Rabbi Moïse fils de Maiemon, ou Maimonide) écrit que ce Fleuve est le Gozan. Du reste les Savans l'ont appellé SABBATON, parce qu'il s'arrête le jour du Sabbat, tel est le passage d'Elie Thesbite rapporté par le R. P. Hardouin dans une Note sur l'endroit cité de Pline. Mais, comme le remarque très-bien D. Calmet, ce Fleuve Sabbatique, ou Sambation des Rabbins, est bien différent de celui dont parle Joséphe. Ils le mettent au delà de l'Euphrate, dans un Pays fort éloigné, où ils prétendent que les dix Tribus sont encore toutes entiéres, & subsistantes. Elles y possédent de très-grands états, & de grandes richesses. Le Fleuve, dont ils parlent coule toute la semaine avec si grande rapidité, & fait un si grand bruit qu'on l'entend pendant la nuit à la longueur d'une journée de chemin, & pendant le jour à une demie journée. Il est si large, si profond & si rapide qu'il est impossible de le passer, & le jour du Sabbat, auquel il ne coule point, on y met des gardes, afin que les Israëlites ne

[d] Lib. 13.
[e] Lib. 2.

ne le paffent point. Jonathan fils d'Uziel, à qui on attribue une Paraphrafe Chaldaïque a parlé du Fleuve SABBATION; mais, continue D. Calmet, on croit que la Paraphrafe que l'on a fous fon nom n'eft pas de lui, & que Jofèphe eft le feul & premier Auteur du Fleuve Sabbatique, qui apparemment n'a jamais exifté: du moins on n'en connoît point aujourd'hui, & aucun Voyageur ni Géographe n'en a fait mention, car pour Pline il avoit apparemment tiré de Jofèphe ce qu'il en dit.

Il eft vrai que Dominique Magri dans le Voyage qu'il fit en Syrie, âgé de dix-neuf ans, affure qu'étant arrivé au bord du Fleuve Sabbatique avec fa Caravanne un Vendredi 21. Juin au foir, il vit le Fleuve fe tarir vers le coucher du Soleil du Vendredi, & demeurer à fec jufqu'au lendemain, que la Caravanne étant partie, il n'eut pas le loifir de voir fi le Samedi au foir, lorfque le repos du Sabbath feroit paffé, le Fleuve recommenceroit à couler. Ce Voyageur cite les Marchands de fa Caravanne, & les Payfans des environs du Lieu pour témoins de ce qu'il avance; & il en infére que Jofèphe s'eft trompé, lorfqu'il a dit que ce Fleuve ne couloit que le Samedi, puifqu'au contraire il couloit toute la femaine excepté le Samedi. D. Calmet voudroit que Magri eût obfervé non feulement une nuit; mais une ou plufieurs femaines entiéres pour pouvoir attefter un fait auffi extraordinaire que celui là. Il y a plufieurs caufes qui peuvent faire un torrent qui defcend des Montagnes, & il eft fort poffible que dans cette occafion le feul hazard ait caufé précifément cet effet le Vendredi au foir. Ce Pere nous renvoye à la Bibliothéque Rabbinique de Bartolocci T. 1. p. 117. & 118. Holftenius dans fa Lettre *de Sabbathio Flumine*, croit que c'eft le Fleuve ELEUTHERE, dont nous parlons en fon lieu, ou du moins quelque Ruiffeau qui tomboit dans l'Eleuthere. Mais que ce Fleuve n'exifte plus, ou du moins que le miracle ait ceffé depuis plufieurs Siécles, on peut juger du filence de tous les Voyageurs modernes dont pas un ne l'ait avoir vû. Car on vient de voir l'infuffifance du témoignage de Magri. Le R. P. Hardouin mettroit volontiers la ceffation de ce miracle à l'époque de la deftruction de Jérufalem.

1. SABBATUS, ou SABATUS, Riviére d'Italie au Royaume de Naples, elle coule à Bénévent, & fe jette dans le Vulturne. Cluvier [a] croit que cette Riviére donnoit le nom de SABATIA, à quelque Ville dont les Habitans font nommés *Sabatini* par Tite-Live. Voyez SABATINI; mais c'eft une conjecture dont il n'y a aucune preuve. Cette Riviére à Bénévent en reçoit un autre nommée CALOR; & qui s'appelle encore CALORE. Le *Sabbatus* s'appelle SABATO.

[a] Ital. Ant.

2. SABBATUS, ou SABATUS, Riviére d'Italie felon Antonin [b]; à XVIII. M. P. au delà de *Confentiæ*, en allant vers la Colomne; le dernier terme de l'Italie pour paffer en Sicile.

[b] Itiner.

§ Il eft étrange qu'Ortelius homme exact, ait confondu ces deux Riviéres, par une diftraction dont les grands hommes ne font point exemts.

SABE, Ville d'Arabie, felon Ptolomée [c]: cet Auteur connoit deux Villes de ce nom, toutes les deux nommées *Sabé* par fes interpretes Latins, l'une SABÉ fimplement, & l'autre SABE REGIA; mais cette derniére eft nommée Σαυὴ Σαυνη Βασιλειον dans le Grec. Voici la différence de leur pofition.

[c] Lib. 6. c. 7.

	Longitude,	Latitude
Sabe Σαβή	73ᵈ 40ʹ.	16ᵈ 56ʹ.
Sabe Regia Σαυη	76 0	13 0.

Cette diftance eft affez confidérable pour ne devoir pas confondre ces deux Villes.

SABÉE, Ville de la Paleftine dans la Tribu du Siméon, felon le Livre de Jofué [d].

[d] Lib. 19.

1. SABÉENS (les), Ancien Peuple de l'Arabie heureufe. Pline [e] en parle ainfi. Les Sabéens, dit-il, font les plus célébres d'entre les Arabes à caufe de l'encens; ce Peuple s'étend d'une mer à l'autre. Ses Villes fur la Mer Rouge font:

[e] Lib. 6. c. 28.

| Marane, | Corolia, |
| Marma, | Sabatha. |

Ses Villes dans les terres font:

| Nafcus, | Carnus, |
| Cardava, | Tomala. |

C'eft dans cette derniére que l'on portoit les parfums, pour les envoyer dans les Pays étrangers. Cellarius s'étonne que Pline n'ait point nommé SABA, que les autres Auteurs reconnoiffent pour la Capitale de cette Nation qui en prenoit le nom. Diodore de Sicile [f] après avoir parlé des Sabéens ajoute: la Métropole de ce Peuple, appellée *Saba*, eft fituée fur une Montagne. Agatharchide [g] dit: Saba, Ville qui marque le nom du Peuple eft fur une petite Montagne, & c'eft la plus belle Ville de l'Arabie. Ptolomée nomme SABE, affez près du Golphe Arabique à 16. d. 50. de Latitude, & Etienne le Géographe dit: SABÆ; grande Ville près de la Mer Rouge, avec un Château. Il en eft parlé dans Jérémie [h] à l'occafion de fon encens. Virgile dit dans fes Géorgiques:

[f] Lib. 3. c. 47.
[g] Peripl.
[h] C. 6. v. 20.

India mittit ebur; molles fua tura Sabæi.

Pline lui donne pour Métropole, MARIABA. Il la met fur une Montagne remplie d'Arbres, & lui donne un Roi qui en avoit d'autres fous lui. Les *Atramitæ* étoient une des dépendances du Royaume des Sabæens. Pline donne aux Atramites pour Capitale SABOTHA dans l'enceinte de laquelle il y avoit foixante Temples. Cellarius foupçonne que cette Sabota eft la même que le même Pline appelle auparavant Sabatha, & qu'il donne aux Sabéens.

C'eft

SAB.

C'est de ces Sabéens que bien des Critiques prétendent, qu'étoit Reine de Saba, qui alla voir Salomon. Voyez SABA 1.

2. SABÉENS (les); Peuple ancien au voisinage de l'Idumée, on lit dans le Livre de Job [a] : un homme vint tout d'un coup dire à Job lorsque vos Bœufs labouroient & que vos Anesses paissoient auprès, les Sabéens sont venus fondre tout d'un coup, ont tout enlevé, ont passé vos gens au fil de l'épée, & je me suis sauvé seul &c. On voit bien que des Sabéens placés au Midi de l'Arabie Heureuse n'étoient pas pour venir enlever les Troupeaux de Job dans l'Idumée, cela convient mieux aux Habitans de Sabe dans l'Arabie Pétrée; la *Save* de Ptolomée.

[a] C. 1. v. 14. & 15.

SABELLI, Diminutif de SABINI. Voyez SABINI. 1. & SAMNITES.

SABETUS. Voyez SEBETUS.

1. SABI, Σαβοι; ancien Peuple de Phrygie, selon Etienne le Géographe qui dit que les Phrygiens les nommoient aussi BACCHI βαϰχοι.

2. SABI, Ancien Peuple de Thrace, les mêmes que SABÆ.

1. SABIA, Riviére d'Afrique sur la Côte Occidentale de la Cafrerie, dans les Etats du Monomotapa. Elle a sa source vers le 47. d. de Longitude, & un peu au delà du 21. d. de Latitude Méridionale; son cours peut avoir soixante lieues de long, & est d'Occident en Orient; elle a son Embouchure dans le Golphe de Sofala.

2. SABIA, Royaume d'Afrique dans la Cafrerie, dans les Etats du Monomotapa; au Nord & au Sud de la Riviére de Sabia. Il est borné au Nord par le Royaume de Sofala, à l'Orient par la Mer, au Midi par le Royaume d'Inhambane, & au Couchant par le Royaume de Manica; on trouve sur la Côte de ce Royaume l'Isle de Bocicas, & le Cap de St. Sebastien. La Riviére d'Aroe coupe ce Royaume au coin du Sud-Ouest. Il n'y a d'ailleurs ni Port ni Ville que nous connoissions.

SABINA SILVA, Forêt d'Italie, dans la Sabine; Martial dit [b] :

[b] Lib. 9. pigr. 55.

Si mihi Picena Turdus palleret olivâ,
Tenderet aut nostras Silva Sabina plagas.

Je ne vois pas que *Sabina* soit une Forêt particuliére nommée ainsi, il y avoit sans doute des Bois dans la Sabine, & on y chassoit; mais voici un passage plus particulier. Horace dit qu'étant occupé de ses amours il s'enfonça trop avant dans cette Forêt, où il trouva un Loup qui pourtant s'enfuit de lui, quoiqu'il n'eût point d'armes pour se défendre, s'il en eût été attaqué [c] :

[c] Lib. 1. O- de 22.

Namque me Silva lupus in Sabinâ,
Dum meam canto Lalagen & ultrà
Terminum curis vagor expeditus
Fugit inermem.

Cette Forêt ne devoit pas être fort éloignée de la Maison de Campagne qu'il dé-

SAB.

signe par ces mots *Vallis Sabina*, puisqu'il alloit s'y promener seul & à pied.

SABINA VALLIS, Horace nomme ainsi une Maison de Campagne qu'il avoit dans une Vallée de la Sabine, & qu'il dit qu'il ne changeroit pas en une Terre magnifique qui lui donneroit beaucoup d'embarras, & d'importuns [d] :

[d] Lib. 3. O. de 1.

Cur Valle permutem Sabinâ
Divitias operosiores ?

Voyez l'Article précédent.

SABINÆ AQUÆ. Voyez au mot A. QUÆ l'Article AQUÆ CUTILIÆ.

SABINE (la), Pays d'Italie, dans l'Etat de l'Eglise. Mr. Baudrand la décrit ainsi : Elle est bornée au Septentrion par l'Ombrie, à l'Orient par l'Abruzze Ultérieure, au Midi par la Campagne de Rome dont le Teverone la sépare, & à l'Occident par la Province du Patrimoine dont elle est séparée par le Tibre. On la partage en deux, savoir LA NOUVELLE SABINE ; La *Sabina Nuova*, qui est entre Ponte Mole, & le Ruisseau d'Aja ; & la Sabine Vieille qui est au delà du Ruisseau d'Aja à l'égard de Rome; mais malgré cette division toute la Province entière ne laisse pas d'être la plus petite Province de l'Etat Ecclésiastique. Elle n'a qu'environ neuf lieues de long, & autant de large ; elle est arrosée de quantité de petites Riviéres qui la rendent fertile. Sa principale Place est la Ville de Magliano près du Tibre où a été transférée la Résidence de l'Evêché de la Sabine, c'est, ajoute Mr. Baudrand, la seule Ville qu'il y ait dans cette Province qui étoit anciennement plus étendue. En effet elle ne comprend pas tout le Pays des anciens Sabins dont elle conserve le nom. Le P. Briet dans ses Parallèles [e] met pour Lieux remarquables dans la Sabine :

[e] Lib. 6. c. 6. p. 905.

Lamentana autrefois *Nomentum*
Magliano, *Maglianum*
Monte Buono, *Mons Bonus.*
Poggio Mirteto, *Poggium Mirtetum.* Il coule auprès un Torrent nommé *Rio di Sole*, que les Savans croient être la Digence *Digentia* dont parle Horace.
L'Abbaye de Farfa,
Nerola, *Nerula*,
Scandrilia, *Scandilia*
Monte Ritondo, *Mons Rotundus*, autrefois *Eretum.*
Ponte Mamolo, en Latin *Pons Mamolus* ou *Mammæa* sur le Teverone.
Vico Varo, autrefois *Valerius* ou *Valeria.*

Les Riviéres sont :

Le Campano, *Campanus*
L'Aja, autrefois *Himella*
Le Farfa, autrefois *Fabaris*,
La Curese autrefois *Avens*
Le Caminato ou Rio de Mosso, autrefois *Allia*
Le Galentino, *Galentinus.*

B

La Sabine *a* est fertile en huile, & en vin. On en apporte des Passes, en Italien *Uva passa*, sorte de raisin sec sans pepin, comme le raisin de Corinthe, & on en fait cas à Rome. Les Habitans semblent avoir conservé quelque chose de l'humeur des anciens Sabins *b*. Ils sont assez courageux, mais le panchant qu'ils ont pour le plaisir fait qu'ils préférent la vie paisible aux Exercices militaires.

SABINI, ancien Peuple d'Italie, dans les terres à l'Orient du Tibre ; une partie de leur Pays conserve aujourd'hui l'ancien nom. Leur Pays étoit bien étendu que la Sabine d'aujourd'hui, il comprenoit encore tout ce qui est au Midi Oriental de la Nera jusqu'à celle de ses sources qui est présentement dans la Marche d'Ancone, excepté vers l'Embouchure de cette Riviére dans le Tibre une petite Lisiére aux environs de Narni qui étoit de l'Ombrie ; mais Otricoli étoit dans la Sabine. Ainsi tous les Lacs aux environs de Rieti, & toute la Riviére de Velino qui les forme étoient dans cette Province, jusqu'à la source du Vomano qui est aujourd'hui dans l'Abruzze Ultérieure, & qui étoit alors dans le Pays des Sabins, & s'étendoit même au delà de la Pescara où étoit *Amiternum* dont les ruines s'appellent encore *Amiterno Rovinato*. A la reserve de la Ville d'Otricoli qui est aujourd'hui du Duché de Spolete, elle n'a rien perdu du côté du Tibre, & le Teverone la borne encore, comme il faisoit autrefois, à peu près jusqu'au même lieu, excepté néanmoins qu'elle avoit anciennement au Midi de cette Riviére, la Ville de Collatia dont nous parlons en son lieu.

Ainsi L'ANCIENNE SABINE étoit bornée au Nord-Ouest par l'Ombrie ; au Nord-Est par des Montagnes qui la séparoient du *Picenum* ; à l'Orient par le Peuple *Vestini* ; au Sud-Est par les Marses, & les Eques ; au Midi par le *Latium* ; & au Couchant par le Tibre qui la séparoit des Falisques, & des Veiens. Strabon *c* dit que les Sabins occupent l'espace qui est entre le Tibre, & les Vestins ; il prend le Pays dans une de ses largeurs. Tite-Live *d* met les Céniniens, les Crustuminiens, & les Antemnates entre les Peuples outragés par le ravissement des Sabines. Denys d'Halicarnasse dit *e* que *Nomentum*, *Crustamerium* & *Fidene* étoient des Colonies des Albains, mais situées dans le Pays des Sabins, & soumises à cette Nation, comme cela se voit dans les guerres que firent ces Peuples aux Romains. Collatia située au Midi du Teverone étoit aux Sabins, Tite-Live le dit ; on ôta, dit-il, aux Sabins Collatia, & tout ce qui est aux environs.

Le P. Briet *f* rapporte trois opinions sur l'origine du nom des Sabins. La premiére est celle de Festus, & de Pline *g* qui croyent qu'ils ont été ainsi nommés à cause de leur piété ἀπὸ τȣ̃ σεβεσθαι. La seconde est de Portius Caton rapportée par Denys d'Halicarnasse *h*, qui dérive ce nom de Sabinus fils de Sancus Génie de cette Contrée, nommé autrement *Medius Fidius*, & que quelques-uns ont pris pour Hercule. Silius Italicus semble nommer *Sabus* ce fils de Sancus. La troisième est de Caton, & de Gellius cités par Servius. Ils prétendent que les Sabins prirent ce nom de Sabus Capitaine Lacédémonien, on verra dans la suite que les Sabins prétendoient venir des Lacédémoniens. On ne convient pourtant pas bien de leur origine. Plutarque *i* & Denys d'Halicarnasse *k* les font Lacédémoniens, & disent qu'ils vinrent d'abord dans le Territoire de Pometia Ville des Volsques, & que partant delà ils vinrent dans ce Pays & se mêlerent avec les Habitans qui y étoient déja. La seconde opinion est celle de Zenodote de Troezene rapportée par Denys d'Halicarnasse *l*. Il dit que ce sont des Peuples de l'Ombrie qui étant chassés de leur Pays par les Pelasgues se retirerent dans ce Pays & y furent appellés Sabins. La troisième est de Strabon *m*, qui croit qu'ils étoient Autochtons αὐτόχθονας, & du Peuple *Opici*, avec lequel ils avoient un langage commun. Il paroît que les Pelasgues passérent pour la plûpart chez les Sabins. Les Sabins sortis d'Amiternum prirent Lista Ville des Aborigènes. On ne sait point de quelle manière ils se gouvernérent jusqu'à Romulus. Il y avoit alors autant de Rois que de Villes, & quelques-uns furent vaincus & tués par les Romains, dans les guerres auxquelles donna lieu le fameux enlevement des Sabines. Tatius avoit sur eux une supériotié de prééminence ; & après il passa à Rome où il s'établit ; & du nom de la Ville de Cures se forma selon quelques-uns le nom de *Quirites*, affecté par les Romains. Les autres demeurérent en repos quelque tems, mais ils remuérent sous Tullus Hostilius, Ancus Marcius, & sous les Tarquins. Ils soutinrent encore la guerre sous les Consuls, & disputérent assez long-tems la Primauté aux Romains : on peut voir dans Florus *n* comment ils furent vaincus, & subjugués. Les Samnites étoient un détachement des Sabins.

Le P. Briet divise ce Pays de l'ancienne Sabine en trois parties, savoir : les Sabins au delà du Velino, c'est aujourd'hui une partie du Duché de Spolete qui est au Pape, & de l'Abruzze Ultérieure qui est du Royaume de Naples : les Sabins en deçà du Velino, aujourd'hui la Sabine, ou comme il l'appelle SABIO, & les Villes dont la possession a été incertaine entre les Sabins, & les Latins. Cela fait trois Tables différentes que voici :

Reate,

S A B.

AU DELA DU VELINO.

- **VILLES**
  - *Reate*, aujourd'hui *Rieti*.
  - *Nursia*, aujourd'hui *Norsia*.
  - *Vespasiæ*, Maison de Campagne dont les Vespasiens portoient le nom.
  - *Amiternum*, aujourd'hui *Amiterno Rovinato*.
  - *Foruli Rupes*.
  - *Palantium*, aujourd'hui *Polegia*, Village.
  - *Forum Decii*, mots corrompus dans la Table de Peutinger où l'on trouve *Ferocri & Forum*.
  - *Esti*, aujourd'hui *Civita Real*.
  - *Cutiliæ*, aujourd'hui *Cotyla*.
- **RIVIERES**
  - *Velinus*, aujourd'hui le *Velino*.
  - *Truenti, fontes,* } c'est-à-dire { *La source du Tronto*,
  - *Aterni, fontes,* } { *La source de la Pescara*.
- **LACS**
  - *Velinus*, aujourd'hui *Lago Pié di Luca*.
  - *Reatinus Lacus*, aujourd'hui *Lago di Rieti*.
  - *Cutiliensis Lacus*, aujourd'hui *Pozzo Ratignano*.

EN DEÇA DU VELINO.

- **VILLES**
  - *Cures*, ancienne Capitale des Sabins.
  - *Regillum*, on en montre les ruïnes à 5. milles du Tibre.
  - *Eretum*, aujourd'hui monte *Ritondo*.
  - *Casperia*, aujourd'hui *Aspra*.
  - *Crustumerium*, aujourd'hui *Marcigliano Vecchio*.
- **MONTAGNES**
  - *Lucretilis Mons*, aujourd'hui le mont *Libretti*.
  - *Sacer Mons*, c'est aujourd'hui la Colline où est le Château de St. Silvestre.
  - *Corniculi Montes*, les Montagnes entre la Tour de Vergara & Santa Margaritella.
- **RIVIERES**
  - *Anio*, aujourd'hui le *Teverone*.
  - *Albula*, aujourd'hui la *Solforata*.
  - *Avens*, aujourd'hui le *Curese*.
  - *Telonius*, aujourd'hui le *Turano*.
  - *Fabaris*, aujourd'hui le *Farfa*.
  - *Allia*, aujourd'hui le *Caminato*.
  - *Himella*, aujourd'hui l'*Aia*.

Villes de Possession incertaine.

- *Antemna*, on ne sait où elle étoit.
- *Cœnina*, de même.
- *Collatia*, aujourd'hui *S. Agnese* Village.
- *Ficulnea*, où est le Château de *St. Clément*.
- *Nomentum*, aujourd'hui *Lamentano*.
- *Fidenæ*, détruite depuis long-tems.
- *Corniculum*, vers la *Tour de Vergara*.

Le Samnites comme nous le dirons en son lieu étoient un détachement des Sabins, & comprenoient divers Peuples, mais il faut remarquer ici que quelques Critiques, ne s'accordent pas sur le sens du mot SABELLI employé par Horace, par Virgile & par quelques autres Anciens.

§ SABELLI, selon quelques-uns est un diminutif de *Sabini*, & signifie le même Peuple, ce qui est vrai; mais ils l'entendent des Sabins proprement dits, & demeurés dans le Pays des vrais Sabins; en un mot dans l'ancienne Sabine. Horace qui étoit de Venuse Ville située aux Confins de la Pouille, & de la Lucanie n'ose décider s'il est Lucanien, ou Appulien & ajoute [a]:

[a] Lib. 2. Sat. 1. v. 35.

Nam Venusinus erat finem sub utrumque Colonus
Missus ad hoc pulsis, vetus est ut fama, Sabellis
Quo ne per vacuum Romano incurreret Hostis :
Sive quod Appula gens, seu quod Lucania bellum
Incuteret violenta.

Acron expliquant ces Vers, dit: *Ad hoc Oppidum missus erat Colonus eo tempore quo a Romanis Sabini victi sunt*. Il semble qu'Horace n'ait nommé là les Sabins défaits par les Romains que pour en faire une date de la Colonie envoyée à Venuse, à en juger par le Commentaire d'Acron; on voit qu'il prend *Sabelli* pour les Sabins. Le P. Tarteron traduit aussi par les Sabins. Je ne saurois dire si je suis de la Pouille ou de la Lucanie: car le Peuple de Venuse est justement entre ces deux Provinces. Les Romains, en ayant autrefois chassé les Sabins, après les avoir vaincus, y établirent une Colonie, de peur que ce lieu demeurant inhabité, leurs Ennemis ne fissent de ce côté là des excursions &c. Le P. Du Cerceau qui a traduit en Vers cette Satire d'Horace rend ainsi le même passage:

Car Venouse à ces deux confine également
Et servoit de rampart à tout événement
Quand Rome foible encore, & comme en son enfance,
Traitoit ces Peuples là d'ennemis d'importance;
Et qu'ayant de Venouse expulsé les Sabins
Elle la cantonna de fideles Romains, &c.

On voit que ces deux Traducteurs ont rendu *Sabelli*, par les *Sabins*. Cellarius [b] dit que les Poëtes nomment quelquefois *Sabelli*, les vrais Sabins. Je voudrois qu'il en eût donné quelques Exemples, autres que celui d'Horace; car on voit bien par la situation de Venouse éloignée de près de deux cens milles Romains de la vraye

[b] Geogr. ant. l. 2. c. 9. p. 862.

Sabi-

Sabine des Anciens, qu'il n'entend parler que d'un détachement des Sabins déjà sorti du Pays. Ce détachement fut sans doute nommé *Sabelli* les petits Sabins pour les distinguer du gros de la Nation. On lui donna un Pays à cultiver. Phylargyre ancien Commentateur des Géorgiques de Virgile [a] rapporte un passage de Varron que voici: *Terra culturæ causa attributa olim particulatim hominibus, ut Etruria Tuscis, Samnium Sabellis*. On partagea des terres dans le monde pour les cultiver; comme l'Etrurie aux Toscans & le *Samnium* au Peuple *Sabelli*. Le même Varron dans ses Livres sur la Langue Latine [b] dit: *A Sabinis orti Samnites*; c'est-à-dire les Habitans du *Samnium* sont venus des Sabins. Il ne dit pas que les Habitans fussent des Sabins, mais qu'ils en venoient. Le Commentateur cité dit que les *Sabelli* étoient *Ausones* anciennement; peut-être que ce détachement des Sabins avoit fait un séjour considérable dans l'Ausonie propre avant que d'aller dans le *Samnium*. Le Passage de Virgile qui donne lieu à la remarque ne détermine rien, le voici:

[a] In Georg. l. 2. v. 167.

[b] Lib. 6. c. 3.

Hoc genus acre virum Marsos, pubemque Sabellum,
Assuetumque malo Ligurem, Volscosque Verutos
Extulit.

Les Marses voisins des Sabins pourroient croire qu'il s'agit ici de la Jeunesse Sabine, mais quand on lit tout on voit les Liguriens nommés entre les *Sabelli* & les Volsques, & on remarque que Virgile n'a eu aucun égard au voisinage des Peuples. Desprez dans son Horace à l'usage du Dauphin a fort bien remarqué, que les *Sabelli* de la Satire rapportée ci-dessus sont les Samnites. Mr. Dacier le dit de même, & remarque ailleurs [c] que SABELLUS est un diminutif de SAMNIS, comme *Scabellum* de *Scamnum*.

[c] Sur l'Ode 6. du 3. liv.

p. SABINI, Peuple d'Italie. Octavio Rossi fournit une Inscription dans laquelle on lit:

 FIRMUS IN
 GENUI F. PRIN
 CEPS SABINORUM.

cette Inscription a été trouvée à Savallo Village de la Ville de Sabio, où étoit SABIUM, Lieu qui a donné à la Vallée le nom de VAL DI SABIO & aux Habitans celui de SABINI. Voyez SABIO, No. 2.

SABINIACUM, nom Latin de SAVIGNI.

SABINIS, ou SABANIS, selon les divers Exemplaires de Ptolomée, ancien Lieu d'Asie dans la Paphlagonie dans les terres. Comme dans cette Liste il nomme des Villes & des Villages sans les distinguer, il n'est pas sûr que ce lieu fut une Ville comme le dit Ortelius, qui n'a pas assez pris garde au commencement de cette Liste.

SABINORES, ancien Peuple. Suidas au mot Ἀβαρεῖς dit qu'il fut chassé par les Abares.

SABIO (IL), Pays d'Italie dans l'Etat de l'Eglise, nous disons en François la SA-BINE. Voyez ce mot.

SABIO, Bourg d'Italie dans l'Etat de Venise au Bressan sur la Chiese où elle a un Pont au Midi du Lac d'Idro. La Vallée où elle est située en prend le nom de VAL DI SABIO.

SABIONCELLO, Presqu'Isle de la Dalmatie dans l'Etat de la République de Raguse. Elle s'étend en long de l'Orient à l'Occident sur la Côte du Golphe de Venise & a près de trente milles de circuit. Les Anciens l'ont connue sous le nom de HYLIS, & de MACARICA. Elle a au Nord le Golphe de Narenta, au Midi le Canal qui la sépare de l'Isle de Curfola & de celle de Meleda. Elle a l'Isle de Liesina au Nord Occidental. Mr. Baudrand [d] y met un Bourg nommé Sabioncello, sur la Côte du Couchant. Ce Bourg est inconnu au P. Coronelli [e] qui n'y met que quelques Villages, tels que sont St. Jean, Cussischio, Orbiechi, Boria, Obuthia, Dingahse, Frastenizza, Zuliana; ce dernier est le plus peuplé & a soixante Maisons; Cussischio & Orbiechi n'en ont que trente chacun, les autres n'en ont que dix ou douze. Il nomme cette Presqu'Isle Sabioncello, ou la presqu'Isle de Stagno, à cause d'une Ville de ce nom située au Nord de l'Isthme de la Presqu'Isle avec une autre de même nom, mais plus grande & plus récente au milieu de l'Isthme. Il y a dans la Presqu'Isle un Couvent de Dominicains.

[d] Edit. 1705.

[e] Isolar.

SABIONETA, Place forte d'Italie dans la Lombardie aux Confins du Duché de Mantoue & du Cremonèse, qui est de l'Etat de Milan [f]. Elle étoit autrefois sujette à la Maison de Gonzague, dont étoient les Ducs de Mantoue. Elle vint ensuite par mariage à la Maison de Carafse, & delà par même moyen à Ramire Nuñes Seigneur de la Maison de Gusman en Espagne, qui la posseda avec son Territoire. Elle lui formoit un petit Etat qui ne contient que cette Ville & quelques Villages; son fils Nicolas Marie en jouit aussi; mais comme ce dernier mourut sans enfans après ses deux Freres décédés, de même, les Etats & les biens de Nicolas Marie passèrent à Doña Marie de Gusman leur sœur paternelle, qui épousa Jean Claros de Gusman XI. Duc de Medina Sidonia, de qui elle n'eut point d'enfans. Vers la fin du Siècle dernier, les Rois d'Espagne Souverains du Milanez, après la mort de la personne qui étoit Propriétaire de ce petit Etat, mirent Garnison dans cette Place malgré les instances du Prince de Bozzolo de la Maison de Mantoue, qui prétendoit que cet Etat lui étoit dévolu par cette mort. L'Empereur s'étant ensuite rendu Maître du Milanez & du Duché de Mantoue, s'est peu embarassé auquel de ces deux Duchés elle appartenoit. Sabioneta est à XV. milles de Parme & à XXV. de Crémone.

[f] Mémoires communiquez.

SABIOTA, Village d'Espagne en Andalousie à trois lieues d'Ubeda [g] vers le Nord. Quelques-uns y cherchent la *Salaria Bastitanorum* que d'autres placent ailleurs.

[g] Baudrand, Ed. 1705.

SABIRA, Σάβειρα. Ville de la Lycaonie.

SAB.

a Lib.12.p. 537.

nie. Strabon *a* dit qu'elle avoit été autrefois une des principales de la Cappadoce, mais que de son tems ce n'étoit plus qu'un Bourg & qu'elle ne valoit guères mieux qu'un Village.

SABIRI. Voyez SAPIRES.

SABIRIA, ancien nom d'une Contrée de l'Inde, contiguë à la Patalène, partie de Lindoscythie, selon Ptolomée *b*.

b Lib.7.c.1.

1. SABIS, nom Latin de la SAMBRE Riviére des Pays-Bas.

2. SABIS, Riviére de la Carmanie. Pline *c* & Ptolomée *d* font mention de ce nom, mais le premier en fait une Riviére & le second en fait une Ville ou un Village. Car sa Liste comprend Villes & Villages sans distinction.

c Lib.6.c.23.
d Lib.6.c.8.

SABISSÆ, Montagne des Indes. Arrien *e* y met la source du Soam, Riviére qui tombe dans l'Indus.

e Lib.8.

SABLUM SABLATUM BULGIUM. Voyez BLATUM BULGIUM.

SABLÉ, en Latin *Saboloium*, *Sabloium*, *Saboletum* & *Sablolium*, Ville de France dans le Bas-Maine sur la Sarte. Elle est fort ancienne, dit Mr. de Longuerue *f*, car on voit dans la Vie de St. Chadouin Evêque du Mans qui vivoit l'an 628. qu'elle fut donnée avec plusieurs autres à l'Eglise du Mans par un Seigneur nommé Alain. Mais dans la suite elle revint au pouvoir des Laics & ses Seigneurs étoient fort considérables entre les Chevaliers Manceaux, puisque ceux de Sablé sont marqués les premiers, & même avant ceux de Laval dans l'ancienne Histoire des Comtes d'Anjou appellée *Gesta Consulum Andegavensium*. Cette Terre fut vendue l'an 1593. à Urbain de Laval, Seigneur de Bois Dauphin, Maréchal de France qui la fit ériger en Marquisat. Après sa mort cette Terre fut acquise par Abel Servien Surintendant des Finances, qui la laissa à son fils, lequel a porté le titre de Marquis de Sablé. Enfin cette Terre a été de nouveau vendue au Marquis Colbert Croissi Ministre d'Etat de Louïs le Grand. Cette Ville dit Mr. Piganiol de la Force, *g*, étoit autrefois si considérable par ses fortifications & par son Château que Geofroy le Bel qui a été le plus puissant des Comtes d'Anjou, n'osa l'attaquer avec toutes ses forces, mais se contenta de ravager le Pays des environs & fit bâtir Châteauneuf sur la même Riviére, pour empêcher les Courses de la Garnison de Sablé du côté d'Anjou. Cette Seigneurie fut érigée en Marquisat par Lettres patentes du Roi Henri IV. données à Paris le 15. Mars 1602. en faveur d'Urbain de Laval, Seigneur de Bois Dauphin, Maréchal de France. Il y a plusieurs hommages qui en relévent, la Baronie de ST. GERMAIN, les *Chatellenies* de MALICORNES, GARLANDE, VIRÉ & environ cinquante Fiefs. Outre la Justice ordinaire il y a Grenier à Sel, Hôtel de Ville, & autres Tribunaux de cette nature. La Ville a deux Paroisses, savoir Notre-Dame & St. Martin, desservies par autant de Curés & par plusieurs Prêtres habitués. On compte à Sablé quatre cens cinquante-huit feux. Il y a aussi un Couvent de filles de l'Or-

f Descr. de la France, Part. 1. p. 98.

g Descr. de la France, t. 5. p. 499.

SAB.

dre de St. François. Sablé est la Patrie de Guillaume Ménage Avocat du Roi à Angers & Pere du fameux Gilles Ménage; mais le fils étoit d'Angers. Gilles Ménage a écrit l'Histoire de cette Ville imprimée à Paris in folio 1683.

1. SABLE, (L'ISLE DE). Voyez au mot ISLE, l'Article L'ISLE DE SABLE.

2. SABLE (LA MER DE). Voyez MER & ZARA.

SABLENCEAUX, ou SAMBLANCEAUX, ou selon Mr. Corneille SABLONCEAUX. Mr. De l'Isle écrit SABLANCEAUX: Abbaye de France en Saintonge, à trois lieues & au Couchant de Saintes, Ordre de St. Augustin *h*. Elle est aujourd'hui occupée par des Chanoines Réguliers, Congrégation & Réforme de Chancelade, au nombre de dix ou douze qui jouïssent du tiers du revenu de l'Abbaye, ce tiers ne va pas à plus de mille écus, & l'Abbé n'a pas cinq mille Livres toutes charges acquitées.

h Piganiol, Descr. de la France, t. 5. p. 14.

SABLES, (les) D'OLONNE, Ville maritime de France en Poitou, dans une Election à laquelle elle donne son nom. Mr. de Longuerue *i* en parle ainsi. Elle est peuplée de gens qui s'occupent pour la plûpart à la Navigation & sont bons hommes de Mer. La commodité de sa situation y a attiré les Habitans qui sont venus d'un Lieu situé au fonds de la Baye qui est l'ancienne Olonne appellée l'Isle d'Olonne, parce qu'elle est véritablement dans une petite Isle. Ce Lieu en Latin *Olona* avoit dans le XII. Siècle son Seigneur particulier qu'on appelloit Hervé, & dont il est fait mention dans une Lettre de Geofroi de Vendôme. Cette Seigneurie vint ensuite à la Maison de Mauléon en Poitou; dont les biens vinrent au Vicomte de Thoüars. François de la Trimoüille Vicomte de Thoüars, ayant eu de sa femme Anne de Laval plusieurs enfans, laissa à son fils George de la Trimoüille les Baronnies de Royan & d'Olonne; celui-ci eut pour Successeur son fils Gilbert de la Trimoüille, en faveur duquel Royan fut érigé en Marquisat & Olonne en Comté. Le Duc de Châtillon de la Maison de Montmorenci-Luxembourg épousa l'Héritiére de cette branche cadette de la Trimoüille. Mr. Corneille dit: qu'elle est située à demie lieüe du Bourg d'Olonne, à huit lieues de Luçon.

i Descr. de la France, 1. part. p. 154.

SABLESTAN, (LE) Oléarius écrit SABLUSTAN, & d'Herbelot ZABLESTAN, Province de Perse aux Confins de l'Indoustan. Elle a au Nord le Khorasan, à l'Orient les Montagnes de Balk & le Candahar. Au Midi le Segestan & au Couchant le Pays d'Heri. Sa partie Septentrionale est le Pays de Gohr, ou de Gaur, d'où sont venus les Gaurides; quelques-uns la mettent au nombre des Pays qui composent le Pays de Send, ou de Sind. Les Principales Villes du Sablestan sont, selon d'Herbelot:

Gaznah,	Meïmend,
Bamian,	Firouzcouëh,

Ce Pays est arrosé de beaucoup de Sources, de Fontaines, de Riviéres & de Lacs, & est plein de Montagnes. Le Pays de Sablestan

blestan porte aussi le nom de Rostamdar, à cause de Rostam fameux Héros de la Perse, parce qu'il en étoit natif, ou parce qu'il en étoit Gouverneur propriétaire. Ces Montagnes dont le Pays est rempli ont été connues des Anciens sous le nom de *Paropamisus*, & le Pays répond pour la plus grande partie aux Paropamisades de Ptolomée, nommés Paropamisases par Quinte-Curse. Oléarius [a] ajoute que le Paropamise est une Branche du Mont Taurus, & que cette Montagne est toute couverte de bois. Le Peuple, dit-il, est encore aujourd'hui aussi grossier & barbare comme il étoit du tems d'Alexandre. C'est sur cette Montagne que Goropius Becanus veut que l'Arche de Noé se soit arrêtée après le Déluge, contre le sentiment de la plûpart des Peres, qui disent presque tous qu'elle se posa sur la Montagne d'Ararat, en Arménie. Les Villes de cette Province selon Oléarius sont:

[a] Voyages, l. 4. p. 365.

Beksabath Asbe
Meimine Bust
  Sarents.

On voit assez qui *Meimine* est le Meimend d'Herbelot. Oléarius met Bamian dans le Chorasan, mais il ne devoit pas oublier Gaznah si fameuse dans l'Histoire Orientale. Voyez GAZNA, GAZNAVIAH & l'Article INDOUSTAN.

SABLONES, Lieu de la Belgique. Antonin le met sur la Route de Colonia Trajana à Cologne entre *Mediolanum* & *Mederiacum*, à VIII. M. P. de la premiere, & à X. M. P. de la seconde. On croit que c'est Santen sur le Rhin; du moins Ortelius préfere ce sentiment.

SABO, grande Ville, voisine de la Mer Rouge, selon Etienne le Géographe. Il dit, que les Habitans étoient nommés SABÆI.

SABOCI, Ancien peuple de la Sarmatie en Europe, selon Ptolomée [b].

[b] Lib. 3. c. 5.

SABOE, Les Hollandois écrivent ainsi, & prononcent SABOU. Voyez SABOU.

SABON, petite Isle de l'Océan dans les Indes, au Détroit de Malaca, sur la Côte de Sumatra, dont elle est séparée par le Détroit de Sabon près de la Ville de Camper.

SABOR, ou SOR, petite Riviére de Portugal. Elle a sa source en Espagne au Royaume de Galice aux Confins du Royaume de Léon & du Portugal. Elle entre delà dans la Province de Tra os montes qu'elle traverse du Nord au Sud, en avançant vers le Sud-Ouest. Elle passe à Bragane, où elle reçoit deux autres Ruisseaux, & après avoir serpenté quelques lieues vers le Midi, elle se charge de deux petites Riviéres qui lui viennent du Royaume de Léon, & dont une passe à Algozo. Elle se plie alors vers le Couchant, comme pour aller au devant d'un autre Ruisseau, avec lequel elle se tourne vers le Midi, en reçoit un autre qui vient de Mongadouro, ensuite le Crazedo, puis un autre à Aroida, & enfin elle se perd dans le Duero au Couchant de Torre de Montcorvo.

SABORA, ancien nom de Cañete. Voyez ce mot.

SABORDÆ, Peuple de l'Ethiopie sous l'Egypte, selon Ptolomée [c].

[c] Lib. 4. c. 8.

SABOU, petit Royaume d'Afrique [d] dans la Guinée sur la Côte d'Or. Il est situé entre le Royaume d'Acanni au Nord, celui de Fantin à l'Orient, celui de Féru au Couchant & la Mer au Midi. Il tire son nom de SABOU, assez grand Village, où il y a beaucoup de Maisons, qui est à deux ou trois lieues de la Côte; celui du milieu s'appelle Mourée. On y trouve aisément de quoi faire des provisions, parce que les Négres de ce Pays-là sont assez laborieux, & aiment l'Agriculture [e]. Celui qui est au Couchant de Mourée s'appelle CONG, il est à une demie lieue du Mont Danois, ainsi nommé parce qu'il a été occupé par les Danois; les Anglois y ont maintenant un Fort. Le Village de Cong est partagé en deux, & chaque partie est bâtie sur une Côteau. Les Hollandois y ont eu une fort belle Maison de pierre, sur laquelle étoit le Pavillon de leur Nation. Il n'y en a plus que les ruines. On ne la reléve point à cause du peu d'utilité, dont seroit cette Maison. Le Royaume de Sabou est très-fertile en grains, en Jammes, en Patates & en autres fruits. On voit tous les jours des centaines de Canots, qui chargent de ces denrées & de l'huile de Palme, & qui vont du Village de Mourée à Axim, & à Acra pour les y debiter. Le FORT NASSAU a été bâti par les Hollandois, à demie lieue de Cong auprès de Mourée. C'étoit leur principal lieu avant qu'ils eussent pris St. George de la Mine qu'ils nomment ELMINA. C'est même leur premier établissement. Ils arrivérent à Mourée dans le tems, que les Habitans de Sabou étoient fort mécontens des Portugais. Ils en furent d'autant mieux reçus de ces Peuples, qui leur permirent de s'etablir près de ce Village, & ils y commencérent le Fort Nassau. Il est si bien bâti, que s'ils n'avoient pas St. George de la Mine, cet autre Fort meriteroit bien, le nom de Chef-lieu des Hollandois en Guinée. Le Village de Mourée, qui en dépend, n'est pas si grand que celui que les Hollandois appellent *Elmina*, mais il est plus peuplé, ce sont presque tous des Pêcheurs qui y demeurent, & qui dès le matin avant le jour sortent avec trois ou quatre cens Canots pour aller pêcher, & lorsqu'ils reviennent, ils donnent le cinquième poisson au Marchand, qui commande au Fort. A une demie lieue de Mourée, est le MONT DE FER qui sépare le Royaume de Sabou de celui de Fantin.

[d] Dapper, Afrique.
[e] Bosman, Voyage de Guinée, Lettre IV.

SABRACÆ, ancien Peuple de l'Inde selon Quinte-Curse [f]. Ils étoient dans l'espace qui est entre l'Indus & le Gange, mais assez près de l'Indus. Cet Historien dit: Le Roi commanda à Cratere de mener l'Armée par terre en côtoyant la Riviére, où, s'étant lui-même embarqué avec sa suite ordinaire, il descendit par la frontiére des Malliens, & delà passa vers les Sabraques, Nation puissante entre les Indiens, & qui se gouverne selon ses Loix en for-

[f] Lib. 9. c. 8.

forme de République: ils avoient levé jufqu'à foixante mille hommes de pied & fix mille chevaux avec cinq cens Chariots, & choifi trois braves Chefs pour leur commander. Ce Pays étoit rempli de Villages. Quinte-Curfe qui marque leur foumiffion à Alexandre ne fait point mention de leurs Villes. On lit dans Juftin [a] : *hinc in Ambros & Sugambros navigat*. Les Critiques font perfuadés que c'eft la même expédition. Quelques-uns ont voulu changer ces noms en *Mallos* & *Oxydracas* ; & ont fait imaginer cette conjecture dans le Texte. Il y a bien de l'apparence que les Sabracæ de Quinte-Curfe, font le même Peuple que les SYDRACÆ, ou SYNDRACI de Pline [b]. Cet Auteur parlant d'une forte de Figue dit : *plurima eft in Sydracis expeditionum Alexandri termino*. Ailleurs il nomme les Syndraci entre les Bactriens & les Dangalæ.

[a] Lib. 12. c. 9.
[b] Lib. 12. c. 6.

1. SABRAN, Ville d'Afie dans la Tartarie, dans le Capfchac, à 98 d. de Longitude & à 47. d. de Latitude, felon le Traducteur François [c] de l'Hiftoire de Timurbec.

[c] Lib. 3. c. 3.

2. SABRAN, d'Herbelot dit : nom d'un Lieu de la Chaldée affez proche de la Ville de Cadeffiah, où les Carmathes défirent l'Armée du Khalife Moctafi.

SABRATA, SABRAATA COLONIA, Ville maritime & Colonie Romaine en Afrique, dans la Tripolitaine ; Ptolomée en fait mention [d], Antonin & la Table de Peutinger la mettent dans ces deux Itinéraires. C'eft aujourd'hui la Tour de Sabart. Elle étoit le Siège d'un Evêque: la Notice Epifcopale d'Afrique fournit *Leo Sabratenfis* & la Conférence de Carthage [e] nomme *Nados Epifcopus plebis Sabratenfis*. Dans le Concile de Carthage tenu fous St. Cyprien, il eft fait mention de Pompée Evêque de Sabrata. Victor d'Utique nommé *Laurentius Sabratenus* [f]. Le Concile tenu en 393. aux Grottes de Sufe en Afrique, nommé en Latin *Cabarfuffenfe* ou *Cabarfuffitanum Concilium*, fait mention de Donat de Sabrata qui fut dépofé l'année fuivante au Concile de Bagaïa, mais il étoit mort alors. Voyez l'Article SABARTHA.

[d] Lib. 4. c. 3.
[e] Pag. 271.
[f] Lib. 1. n. 7.

SABRIANA, SABRIANIS, felon différens exemplaires de Ptolomée [g] : un Manufcrit cité par Ortelius donne ce mot en trois Syllabes & porte SABRINA. Ce nom eft le nom Latin de la SAVERNE, Riviére d'Angleterre. Voyez ce mot.

[g] Lib. 2. c. 3.

SABSADIA, Siège Epifcopal de Thrace au voifinage d'Aphrodifiade, felon Ortelius [h] qui allégue les Actes du Concile d'Ephèfe.

[h] Thefaur.

SABTAN, Château d'Afie dans l'Arabie Heureufe dans l'Yemen fur le chemin de Sanaa à Aden, felon d'Herbelot [i].

[i] Biblioth. Orient.

SABUBURES. Voyez SABARBARES.

SABUGAL, petite Ville de Portugal, dans la Province de Beïva [k]. Elle eft fituée au bord de la Riviére de Coa, au Midi & à cinq lieues de la Guarda ; à pareille diftance de Peña-Macor. Elle a un bon Château [l]. Elle fut érigée en Comté par Philippe II. en faveur des Marquis de Caftelbranco, qui en étoient Seigneurs. [m] Elle n'a que deux cens cinquante feux féparés en deux Paroiffes, & on y voit une Tour à cinq Pointes que D. Denys Roi de Portugal fit élever.

[k] Corn. Dict.
[l] Délices d'Efp. & du Portugal, p. 734.
[m] Defcr. Sumar del Reyno de Portugal.

SABUM, ancienne Ville d'Italie dans l'Etrurie, felon les Fragmens de Caton.

SABURA ; on lit dans la Notice de l'Empire [n], *Sub difpofitione viri fpectabilis Ducis Palæftinæ..... Equites primi fœlices Sagittarii indigenæ Palæftinæ Saburæ five Veterocariæ*. Cette Cavalerie étoit donc en Garnifon dans une Place de la Paleftine nommée *Sabura*; mais qu'eft-ce que l'autre nom. Mr. Reland [o] a une conjecture, à laquelle j'ai bien de la difpofition. Il n'ofe pourtant la dire qu'avec toutes les réferves d'un doute modefte. Je n'ofe, dit-il, me perfuader qu'il faille lire *Saburæ, five Diocefareæ*, de forte que Sabura & Diocéfarée feroient deux noms de l'ancienne Sepphoris.

[n] Sect. 21.
[o] Palæft. p. 975.

SABURAS, ou SOBURA, Ville de l'Inde en deçà du Gange, felon Ptolomée [p].

[p] Lib. 7. c. 1.

1. SABUS, Ville d'Afie dans l'Arménie. Antonin [q] met *Sabus* fur la Route de Satala à Melitène, entre Teucila & Dafcufa ; à XXVIII. M. P. de la première & à XVI. M. P. de la feconde. La Notice de l'Empire porte *fub ditione viri fpectabilis Ducis Armeniæ Equites Sagittarii* SABU.

[q] Itiner.

2. SABUS, nom Latin de la SAVE. Voyez Saüs.

SABUTÆ TERRA, Contrée d'Afie, quelque part vers l'Indus. Cafaubon croit que c'eft le Pays des SAMBASTES dont parle Diodore de Sicile.

[r] In Strabon. l. 15. p. 71.

1. SAÇA, Ville d'Afrique, fur la Côte de la Mer Méditerranée. Elle a été autrefois nommée TIPASA, & étoit une Colonie Romaine. Voyez TIPASA. Marmol [s] parle ainfi de Saça. On en voit, dit-il, les ruïnes entre Alger & Metafus. Elle eft fur le bord de la Riviére Hued El Harrax ; & quelques-uns racontent qu'elle a été bâtie avant Alger par les anciens Africains. Elle a été depuis détruite par le Peuple de MERGANE. Quelques Auteurs difent qu'Alger a été bâtie de fes ruïnes.

[s] Afrique. l. 5. c. 42.

2. SAÇA, petite Contrée de l'Ifle de Madagafcar, aux Confins des Provinces de Matatane & de Manacarongha [t]. Les Habitans ont les mêmes fuperftitions que les Matatanojs.

[t] Flacourt, Hift. de Madagafcar. c. 7.

SACACENA. Euftathe dans fon Commentaire fur la Periégefe de Denys dit que l'on a appellé ainfi l'*Arménie* & Ortelius [u] dit que c'étoit à caufe du Peuple SACÆ qui l'a occupée.

[u] Thefaur.

SACADA, Lieu de l'Affyrie, felon Ptolomée [x]. C'étoit une Ville ou un Village, la Lifte comprenant l'un & l'autre ; elle étoit auprès du Tigre.

[x] Lib. 6. c. 1.

SACÆ, ancien Peuple d'entre les Scythes. Diodore de Sicile [y] dit en parlant des Scythes qu'on les diftingue par des noms particuliers, que quelques-uns font appellés SACÆ, d'autres Maffagétes, d'autres Arimafpes. Strabon [z] dit : les Scythes qui commencent à la Mer Cafpienne s'appellent *Daæ* (Dahæ), plus à l'Orient font les Maffagétes & les *Sacæ*. Le même Auteur nous apprend qu'ils avoient enva-

[y] Lib. 2. c. 43.
[z] Lib. 11. p. 511. 512. 513.

hi la Bactriane & le Meilleur Canton de l'Arménie qu'ils avoient appellée SACASENA de leur nom, & qu'ils s'étoient avancés jusqu'à la Cappadoce près de la Mer Noire. Tandis qu'il célébroient une Fête pour se réjouïr du butin qu'ils avoient fait ; les Officiers Persans prirent leur tems pendant la nuit, les attaquèrent & les taillerent en pièces. D'autres dont Strabon rapporte aussi le sentiment mettent cet événement sous Cyrus. Ils disent que ce Roi faisant la guerre au Peuple Sacæ, fut mis en déroute & s'enfuit avec son Armée jusqu'en un lieu où il avoit laissé ses bagages ; que là ayant trouvé des vivres en abondance, il avoit fait reprendre des forces à ses Troupes. Comme l'ennemi le poursuivoit il laissa en ce même lieu quantité de Vin, & dequoi faire bonne chere, & continua de s'enfuir. Les Barbares trouvant des Tentes remplies de tout ce qui flattoit leur goût se mirent à table, & s'en donnèrent à cœur joye. Cyrus, qui n'étoit pas fort éloigné, tomba sur eux pendant qu'ils étoient desarmés, & ne songeoient qu'à boire & à danser, il remporta sur eux une Victoire complette, en mémoire de laquelle fut intitulée la Fête nommée SACÆA ; les hommes & les femmes passoient un jour & une nuit à boire & à se divertir. Pline dit [a] : au-delà (du Jaxarte) sont les Peuples Scythes. Les Perses les nomment SACÆ en général, du nom du Peuple le plus voisin. Isidore de Charax [b] appelle SACASTENE le Pays du Peuple Sacæ ; mais il dérange les idées quand il met ce Pays entre la Drangiane & l'Arachotie, & qu'il ajoute que ce Pays est le même que la Parætacène. Cellarius a eu raison de dire, que ce Pays des Saces est différent de celui dont les autres Géographes ont parlé. Voici au reste les Villes qu'ils y remarquent :

[a] Lib. 6. c. 17.
[b] De Mansion. Parthic. p. 8.

Barda,	Sigal, Résidence du Roi.
Min,	Alexandrie,
Palacenti,	Alexandropolis.

& six Villages. Ptolomée qui a pris à tâche de bien faire connoître ce Peuple dont il fait un Chapitre exprès, le place entre la Sogdiane & l'Imaus. Il le borne ainsi : il est, dit-il, borné au Couchant par la Sogdiane depuis le Coude du Jaxarte jusqu'à sa source, & de là par une ligne qui va vers le Midi le long d'une branche de l'Imaus qui le borne au Midi ; il est borné au Nord par la Scythie, & à l'Orient par l'Ascatancas, Montagne qui est une autre branche de l'Imaus. Selon lui les *Sacæ* étoient Nomades, vivoient dans des huttes qu'ils transportoient où ils vouloient ; ils n'avoient point de Villes, & se logeoient dans les Bois & dans les Cavernes. Il les partage entre plusieurs Peuples ; près du Jaxarte étoient les CARATES & les COMARES ; dans le Pays des Montagnes les COMÆDES ; près de l'Ascatancas les MASSAGETES ; entre ceux là les GRINÆENS Scythes & les TOORNES ; & enfin plus au Midi près de l'Imaus les BYLTES. Le R. P. Hardouin dit que les *Sacæ*

occupoient une partie du Zagathaï, & ce que nous appellons le Royaume de Samarcand. Arias Montanus croit que les SACÆ sont nommés SEBA dans l'Ecriture Sainte.

2. SACÆ. Suidas met un Peuple de ce nom dans la Thrace. Voyez SCYTHES.

SACALA, Lieu de l'Inde au Couchant & à peu de distance des bouches du Fleuve Indus, selon Arrien [c].

[c] In Indicis

SACALBINA, Ville d'Asie dans la grande Arménie, selon Ptolomée [d].

[d] Lib. 5. c. 13.

SACAMAZA. Voyez SACAZAMA.

SACANA. Voyez SENUS.

SACANATUM, ou SCANATUM, Lieu de Cappadoce sur la Route de Sebaste à Césaree à XXVIII. M. P. de la première de ces deux Villes, selon Antonin.

SACANE. Voyez SANACA.

SACANIE. Quelques-uns appellent ainsi la partie de la Morée qui est entre le Duché de Clarence, l'Isthme de Corinthe & les Golphes de Lepante, d'Engia & de Napoli de Romanie. Mr. Corneille la distingue de la Zaconie, en quoi il est conforme à de Witt & à d'autres Géographes qui voyant une grande ressemblance entre Zaconie & Laconie ont cru que c'étoit le même Pays. La Zaconie-Zacanie & Sacanie sont un seul & même nom. On appelle ainsi la partie de la Morée la plus voisine de l'Isthme, & elle comprenoit autrefois les Royaumes de Sicyone Corinthe & d'Argol. Corinthe, & Napoli de Romanie en sont les principaux Lieux.

SACAPENE, Contrée d'Asie dans la Grande Arménie, selon Ptolomée [e].

[e] Lib. 5. c.

SACARAULI, ancien Peuple Nomade entre les Scythes. Strabon [f] le met au nombre de ceux qui avoient ôté la Bactriane aux Grecs.

[f] Lib. 11. p. 511.

SACARBANTIA. Voyez SCARBANTIA.

SACASINA, Contrée aux Confins de l'Arménie & de l'Albanie. Elle va jusqu'au Fleuve Cyrus, selon Strabon [g]. Il nomme ce lieu en un endroit SACASSINA [h], Σακασσίνη, en un autre [i] SACASENA, Σακασηνή, & dans un troisième [k] qui est celui dont il est ici principalement question SACASSENE [j], Σακασσηνή. C'est apparemment le même Pays qu'il dit ailleurs avoir été occupé par les Peuples *Sacæ* qui lui avoient donné leur nom ; comme je l'ai remarqué au mot SACÆ. Pline a pris de la Sacassène de Strabon le nom de SACASSANI [l] qu'il donne aux Habitans. Il les place près du Cyrus.

[g] Lib. 11.
[h] Σακασσίνη, p. 528.
[i] Lib. 2. p. 73.
[j] p. 50.
[k] p. 528.
[l] Lib. 6. c. 9.

SACASSANI & SACASSENE. } Voyez l'Article précédent.

SACATIA CIVITAS, Ville de l'Arabie Heureuse au Pays des Elizares, sur la Mer Rouge, à la droite après avoir passé le Détroit, en entrant [m]. Elle étoit peu éloignée de Muza. C'étoit un Port de Mer.

[m] Lib. 6. c. 9.

SACAURACI, ancien Peuple d'entre les Scythes. Lucien [n] dit que Sinarthoclès, Roi des Parthes, étant ramené de son exil par les Sacauraques Scythes à l'âge de quatre-vingt-dix ans, commença de regner & regna encore sept ans. D'Ablancourt à éclipsé ce mot dans sa Traduction

[n] In Macrobiis.

SAC.

tion de Lucien, il se contente de dire avec son infidélité ordinaire : Sinarthocle Roi des Parthes, étant de retour de Scythie (& en marge ou ramené par les Scythes) commença à regner à l'âge de quatre-vingts ans & en regna sept. Ce sont les [a Lib. 6. c. 14.] SAGARAUCÆ de Ptolomée [a] dans la Scythie en deçà de l'Imaus, entre le Jaxarte & l'Oxus. Orose parle aussi de ce Peuple & le nomme SACARAUCÆ, selon un Manuscrit qu'avoit Ortelius, qui avertit que les imprimés portent ARAUCÆ mot estropié.

SACAZAMA ou SACAMAZA, selon les divers Exemplaires de Ptolomée [b], ancien Village de l'Afrique propre. [b Lib. 4. c. 3.]

SACCÆA, Contrée de l'Arabie Pétrée selon le même [c]. Elle étoit à l'Orient de la Batanée & voisine de la Trachonitide. [c Lib. 5. c. 15.]

SACCAI, Ville du Japon dans le Royaume de Quio [d]. Elle est située à cinq lieues d'Osacca, & l'une des plus célèbres de ce grand Empire. Ses Habitans se disent presque tous issus de Rois & de Princes, ce qui fait qu'ils s'estiment fort au-dessus de tous les Nobles du Pays. Dans les guerres qui agitèrent le Japon, après que le Dayro fut détrôné, elle se garantit de toutes irruptions par ses propres forces, dans le tems même que les Forteresses & les meilleures Villes ne pouvoient s'empêcher d'être ruïnées de fond en comble. La Mer lui sert comme de rampart à l'Occident, & le reste est entouré d'un fossé large & profond, excepté l'endroit qui regarde la Montagne. Cet endroit est revêtu d'une muraille extrèmement haute & bâtie de pierres fort dures. On croit la Ville imprenable, & ce qui contribue le plus à en donner cette idée, c'est un Château merveilleusement fortifié au haut de la Montagne. Quinze Bastions l'entourent, & on ne peut aller à aucun que par un Sentier étroit & fort difficile. Ce Château sert de Citadelle pour tenir la Ville en bride. Sur la pente de la Montagne est une seconde Forteresse, bâtie des mêmes pierres que la muraille dont on a parlé, & haute de cinquante pieds. Elle est moins grande que le Château, mais aussi forte. De l'autre côté du Château, on voit un Palais des plus magnifiques, flanqué de deux Tours, qui finissent toutes deux en pointe, & dont la plus grande a neuf étages. Ce Palais est le séjour ordinaire des Rois. Vis-à-vis du Port est PIE'NES, Isle renommée. Son rivage est beau & uni, aussi quantité de gens vont-ils s'y promener tous les jours, outre une infinité de personnes qui se dévouent au Dieu Canon, & qui escortées de leurs parens s'y vont sacrifier volontairement, ce qui se pratique de cette sorte. Les Prêtres de la septième Secte marchent devant le Peuple, en frappant toujours avec de gros bâtons sur de grands Bassins de cuivre, jusqu'à ce qu'ils soient à l'endroit où est attachée une Barque appellée entre eux *Sion*. Il y a trois mâts & autant de voiles à cette Barque, qui est vernissée dehors & dedans, & embellie par-tout de [d Corn. Dict. & Ambassad. des Hollandois au Japon.]

SAC.

dorures & de peintures. Au haut des trois mâts voltigent au gré du vent des banderoles de taffetas de différentes couleurs, qui font un agréable spectacle. A mesure que la Procession approche de la Barque, on voit éclater la joye de la victime, qui s'en détache enfin tout-à-fait à une certaine distance pour entrer dans cette Barque, en dansant & en sautant au bruit des Bassins de cuivre. Sitôt qu'elle y est entrée on pousse la Barque en pleine eau, & là on attache de grosses pierres au cou, à la ceinture & aux jambes de la victime, & lorsqu'elle est vis-à-vis du Port elle se jette dans l'eau la tête la première, & se noye en l'honneur du Dieu Canon, après s'y être préparée par de grandes austérités quelques jours auparavant. Voilà de qu'elle manière finissent ces misérables, les uns par dévotion & les autres par le desespoir que leur cause un mal incurable, ou une extrême pauvreté. Le Temple de l'Idole est fort beau & fort élevé, & vis-à-vis on voit encore un autre Château sur la croupe d'une Montagne qui s'avance jusqu'à Saccai. Ce Bâtiment est très-magnifique. Vers le milieu s'élève une grosse Tour à deux étages, sur le haut de laquelle sont construites deux Arcades, qui s'étendent du côté de la Montagne. A l'endroit où elles finissent, il y a une autre Tour quarrée, d'où l'on découvre tous les environs à perte de vue. Tous les Vaisseaux qui passent devant le Château y payent les droits dus à la Ville, où la Mer entre, en lavant le pied d'un haut Rocher qui est derrière ce Château. Son Port qui est en ce lieu-là est fermé d'une muraille qu'on croit à l'épreuve de tout accident. Elle est fort épaisse & bâtie de pierres dures. Outre les deux Châteaux qui lui servent de Boulevards, est le Château du Gouverneur, fortifié d'une grosse Tour, dont la hauteur la fait voir en Mer à la distance de plusieurs lieues. Toutes les maisons, tant dans la Ville que dehors, sont bâties des mêmes pierres dont est faite la muraille. Les Rochers qui se trouvent en quantité dans le Pays en fournissent abondamment. Chaque Rue a ses Portes que l'on ferme tous les soirs, de sorte qu'on n'y peut commettre impunément ni meurtre ni vol, ni aucune méchante action, que l'on punit toujours rigoureusement quand cela arrive. La Justice n'est pourtant qu'à l'égard de ce qui se commet de mal dans la Ville. Hors delà, ne fut-ce qu'à un jet de pierre, on peut se battre & même se tuer sans qu'on en fasse de fort exactes informations. Le Temple de la Ville est si superbe, qu'on tient qu'il est au-dessus de tous les autres du Japon. Il est dédié aux Dieux Etrangers, c'est-à-dire, aux Dieux d'Aracan, du Pégu, de Camboâia, de Tayovan, de la Cochinchine, de Borneo, des Philippines, de Corée, de la Chine, & de Siam. On y voit une Idole affreuse tirée sur le modèle d'une semblable, qui est adorée au Royaume d'Iéco, Pays inculte & sauvage. Tout proche de cette Idole est une Statue qui semble y avoir été mise

C exprès

exprès pour effacer l'effroyable idée de ce Monstre. Elle est d'une Reine de Siam, & la masse en est paitrie de toute sorte de pierres précieuses d'un art délicat & surprenant. Entre les plus beaux Temples de Saccai, celui qui est bâti à l'honneur du Dieu Daimogini, est un des plus célèbres. Comme les Habitans ont une grande vénération pour ce Dieu, ils lui consacrent tous les ans un des jours de Juillet. On choisit pour cette Fête la plus grande Rue de la Ville, & on en bouche un des bouts avec des poutres & des planches, sans y laisser qu'une ouverture d'environ deux cens pas, où il est défendu au Peuple de regarder. L'après dînée le Dieu paroît sur un fort beau Cheval, au milieu d'une foule de toute sorte de personnes. Deux jeunes garçons marchent à ses côtés, l'un portant son Arc, ses flèches & son Carquois, l'autre son Faucon; il est suivi de Cavaliers qui forment plusieurs Escadrons, chacun avec une belle Echarpe de différentes couleurs. Une Infanterie fort leste paroît ensuite, & marche en chantant, dansant, sautant, voltigeant, & répétant sans cesse *Xinzairacu*, *Manzairacu*, c'est-à-dire, *mille ans de joye*, & *mille milliers d'années de joye*. Les Prêtres suivent deux à deux, chantant des Cantiques & des Hymnes par Chœurs distingués. Les Nobles à cheval & mitrés, suivent immédiatement les Prêtres. Après marchent six Femmes vêtues de toiles à figures extraordinaires qui contrefont les Sorcières. Elles sont escortées d'un grand nombre d'autres femmes, qui courent comme des Bacchantes les unes après les autres, quelques gens armés les suivent, & c'est dans cet ordre que la Procession arrive dans la grande Rue choisie pour la Fête. On y tient prête la Litiére où la Statue de Daimogini doit être portée. Vingt hommes se chargent de cette Litiére, lorsque la Procession commence à paroître, & la portent en chantant des Chansons faites exprès, avec le refrain *Xinzairacu*, *Manzairacu*. Par-tout où l'on fait passer la Litiére, la dévotion & la joye augmente. Les Riches jettent de l'argent au Peuple, & tous se prosternent devant la Statue.

Aux environs de la Ville de Saccai, on voit un Temple des plus magnifiques du Japon. C'est le Dayro qui l'a fait bâtir, & il ne pouvoit choisir un plus beau lieu pour sa situation. Ce sont d'un côté des vastes Plaines où la vue se perd, & de l'autre un Bois de Cédres. Du côté du Bois coule un Ruisseau qui serpente autour du Temple. La Porte est d'un Vernis clair & luisant, & l'on y entre par une Allée d'Arbres, tous d'une égale hauteur, quoique les espéces en soient différentes. A droite est une Galerie que soutiennent cinq Piliers, avec quatre Croisées vitrées, de l'une desquelles on voit en éloignement la seconde Porte de ce Temple. Le long des quatres Croisées regne une muraille fort épaisse, avec des accoudoirs très-propres, & une Allée de beaux Arbres. Cette Galerie est couverte d'un Cuivre poli, que l'on croiroit embrasé, lorsque le Soleil y donne à plomb. De l'autre côté est une fort belle Sale, sur trois rangs de gros Piliers de cinq pieds de haut, dont la bordure est d'une Peinture merveilleuse, & la Couverture aussi de cuivre. A côté de cette Sale, il y a un fort beau Jardin, & au bout une Allée fort agréable qui conduit au Ruisseau. Entre cette Allée & la muraille, le long de laquelle le Ruisseau coule vers la Forêt, on va aux Chambres des Bonzes bâties trois à trois. La couverture sur laquelle on peut se promener est soutenue de six gros Piliers. On passe delà à une file de Bâtimens qu'habitent les Bonzes qui font le Service. Du Lieu où sont ces Bâtimens on voit la principale Porte, qui est très-massive & toute couverte de Cuivre. Elle est distinguée par plusieurs Chambres, avec un tel nombre de Croisées, qu'en quelqu'endroit qu'on y soit, la vue se perd dans de vastes Plaines & parmi des Arbres toujours verds. Au-dessus du Temple est un petit Bâtiment de Figure octogone. Chaque Angle est soutenu de quatre Piliers avec trois Croisées. Du milieu de la couverture qui est de tuiles d'or, s'éleve une Pyramide de huit gros boutons aussi d'or massif. Toutes ces beautés sont accompagnées de deux cens mille Tails de rente, de la liberalité du Dayro. Le Tail vaut cinquante-sept sols de la monnoye de Hollande.

SACCANABA. Voyez SAZARANA.

SACCASENA, Lieu de l'Asie Mineure, sur la route d'Ancyre à Césarée entre Nysse, & cette dernière Ville; à LX. M. P. de Nysse & à XXX. M. P. de Césarée, selon Antonin.

SACCHENI, Peuple d'Arabie, selon Etienne le Géographe.

SACCI. Voyez SAQUES.

☞ SACER, Adjectif Latin, pour le Genre Masculin, il veut dire SACRÉ, & fait au Féminin SACRA, au Neutre SACRUM. Voyez ci-après SACRA & SACRUM dans leur ordre Alphabétique. Les Grecs l'exprimoient en leur langue par *Hieros*, *Hiera*, *Hieron*. Voyez les Articles HIERA & HIERON, soit de ce mot seul, soit qu'il se trouve lié avec un autre, comme *Hiera-Come*, *Hiera-Germa* &c. Ces mots soit Latins soit Grecs ne veulent dirent que *Sacré*; mais ils deviennent noms propres, & particuliers à un Lieu lorsqu'ils sont attachés à quelque autre mot qui les détermine à ce Lieu. En voici quelques exemples.

SACER AGER, ou la *Campagne Sacrée*, Lieu de l'Asie Mineure au voisinage de Clazomènes dans l'Ionie, selon Tite-Live[a] cité par Ortelius. Mais l'Historien la fait rendre aux Miléfiens à qui elle appartenoit. [a] Lib. 38. c. 39.

1. SACER CAMPUS, ou le *Champ Sacré*, Lieu entre le Frioul, & la Pannonie, selon Paul le Diacre[b] dans son Histoire des Lombards. [b] Lib. 4. c. 38.

2. SACER CAMPUS, Lieu dans une Isle du Nil, auprès des Montagnes d'Ethiopie & d'Egypte, en un endroit nommé Philes, selon Diodore de Sicile[c]. Quel- [c] Lib. 1. c. 22.

SAC.

ques-uns y mettoient la Sépulture d'Isis que d'autres plaçoient auprès de Memphis. Il y avoit au moins dans cette Isle le Tombeau d'Osiris, qui avoit pu donner le nom de sacré à ce Champ.

SACER COLLIS, ou la *Colline Sacrée*. Colline d'Italie au bord du Teverone, selon Festus. Elle étoit selon Tite-Live [a] à trois milles de Rome à l'autre bord du Teverone. Il l'appelle SACER MONS; & il panche plus pour ceux qui croient que le Peuple Romain s'y retira lorsqu'il se brouilla avec ses Magistrats, que pour ceux qui disent que ce fut sur l'Aventin. Valére Maxime [b] nomme aussi la Colline Sacrée en parlant de cette Sédition du Peuple. Il dit: *Regibus exactis, Plebs dissidens à Patribus, juxta Ripam Anienis* IN COLLE QUI SACER APPELLATUR *armata consedit.* Cicéron se sert du mot *Mons. Videmus item paucis annis post Reges exactos,* dit-il dans son Livre intitulé Brutus [c], *cum Plebs prope Ripam Anienis, ad tertium Milliarium consedisset, eumque* MONTEM, QUI SACER APPELLATUS EST *occupavisset,* &c.

SACER FLUVIUS. Voyez HIERUS.

1. SACER FONS, ou la *Fontaine Sacrée*, Fontaine de l'Epire, selon Solin [d]. Il y a, dit-il, en Epire une Fontaine Sacrée, plus froide qu'aucune autre eau, & qui produit deux effets très-opposés; car si on y plonge un Flambeau allumé, elle l'éteint; si de loin & sans aucun feu on lui présente un Flambeau éteint, elle l'allume. Priscien a inféré ce prodige dans sa Periégèse & en vers Latins [e]:

> *Hæc Regio* FONTEM *mirandæ concipit undæ,*
> *Quem merito Veteres dixerunt nomine* SACRUM;
> *Nam gelidus superat cunctarum frigus aquarum:*
> *Accensasque faces si quis prope duxerit undam,*
> *Extinguit flammas; recipit sed rursus easdem,*
> *Admoveat dextra cum extinctam lampada fonti.*

On voit bien qu'il copie ici Solin, car ce fait n'est pas dans la Periégèse de Denys qu'il suit d'ailleurs pour son guide.

2. SACER FONS, Fontaine d'Egypte, selon Solin. Il dit que le Bœuf consacré au Dieu Apis ne devoit vivre qu'un certain tems, & que quand ce tems là étoit fini, on le faisoit mourir, en le plongeant au fond de la Fontaine Sacrée *. Marcellin [f] nomme de même cette Fontaine en parlant d'Apis *qui cum post vivendi spatium præstitutum, Sacro Fonte immersus é vita abierit.* Pline appelle cette Fontaine la *Fontaine des Prêtres* [g], en parlant du Bœuf d'Apis: *Non est fas eum certos vitæ excedere annos, mersumque in Sacerdotum Fonte enecant.* Saumaise [h] voyant bien qu'une Fontaine dans le sens ordinaire de ce mot, n'est pas un endroit à plonger un Bœuf, croit que c'est le même Lieu dont Pline parle quand il dit qu'à Memphis il y avoit dans le Nil un lieu nommé PHIALA, à cause de sa figure, & où tous les ans on plongeoit une coupe d'or, le jour consacré à la naissance d'Apis. Ce qu'il ajoute des sources du Nil est un hors d'œuvre plus savant qu'utile.

SACER LACUS, ou le *Lac Sacré*. C'est le même que celui de *Cutilie*. Voyez CUTILIA.

1. SACER LUCUS, ou le *Bois Sacré*, Bois d'Italie à l'Embouchure du Gariglan, près de Minturnes, selon Strabon [i]. Scipion Mazella croit que ce Lieu s'appelle aujourd'hui HAMI.

2. SACER LUCUS, *Bois Sacré*, dans le Péloponnèse dans l'Argie, entre le Mont *Pontinus*, la Rivière de même nom, la Mer, & la Rivière d'Amymone, selon Pausanias [k].

1. 2. SACER MONS, ou le *Mont Sacré*. Voyez HIERON OROS 1. & 2.

3. SACER MONS. Voyez SACER COLLIS.

4. SACER MONS, Montagne de Thrace entre la Ville de Byzance, & la Quersonnèse de Thrace, selon Xenophon dans la Retraite des Dix Mille [l].

5. SACER MONS, Montagne d'Italie, c'est sur cette Montagne que Cæsène est bâtie, comme on lit dans une ancienne Inscription trouvée en cet endroit. [m]

6. SACER MONS, Montagne à l'extrémité de la Galice. Justin [n] dit qu'il n'étoit pas permis d'y employer le fer, c'est-à-dire d'y fouir pour trouver l'or dont cette Montagne étoit remplie, mais que si le Tonnerre ouvroit la terre, ce qui arrivoit assez souvent en ce lieu, il étoit permis de ramasser l'or qui étoit découvert & de l'emporter comme un présent de Dieu. Les Anciens nomment *Pico* les Montagnes hautes & isolées & ils appellent encore à présent celle-ci PICO SAGRO. Elle est entre Orense, & Compostelle.

1. SACER PORTUS. Voyez BARBEAU.

2. SACER PORTUS, ou le *Port Sacré*, Port de la Sarmatie Asiatique sur le Pont-Euxin, à cent quatre-vingt Stades du Port de Pagræ, & à trois cens de Sindique, selon Arrien dans son Périple du Pont-Euxin [o].

SACER SINUS, ou le *Golphe Sacré*, Golphe de l'Arabie Heureuse, sur le Golphe Persique, selon Ptolomée qui le met au Pays du Peuple ABUCÆI.

SACER. Voyez SASSARI.

SACESINA. Voyez SACASINA.

SACHACHA, ou SE'CACHA, ancienne Ville de la Palestine, dans la Tribu de Juda, selon le Livre de Josué [p]. D. Calmet dit qu'elle étoit dans la partie Méridionale de cette Tribu, & dans la Solitude.

SACHALITÆ, ancien Peuple de l'Arabie Heureuse sur la Côte de l'Océan dans un Golphe, qui dans l'état présent de l'Arabie n'est nullement reconnoissable; mais cependant on peut dire sur une combinaison d'Indices que Ptolomée [r] concevoit ce Golphe entre le Cap Fartaque, & le Cap de Razalgate. Les Sachalites occupoient, selon lui, toute la Côte de ce Golphe, *in quo* disent les Traducteurs Latins de cet Auteur, *Colymbesis Pinici, super utribus navigant.* Mr. Hudson qui a inféré dans le III. Volume de sa Collection des petits Géographes Grecs l'Arabie de Ptolomée ïomée ª, ne traduit pas autrement ce passa-*In Solin. ge, qui n'est intelligible que pour ceux qui p. 114. entendent mieux le Grec que le Latin. Sau-maise a très-bien remarqué que le Πινικόν des Grecs ne doit point être traduit en Latin *Pinicum*, qui est un mot sans aucun sens qui ait du rapport avec la Perle, dont il est ici question. Le *Pinicon* des Grecs signifie la Perle même dans l'état, où elle se trouve dans la nacre, & dans les chairs de l'Animal qui la produit. C'est ce que Saumaise appelle *Margaritum*. Le mot *Colymbesis* est un substantif dérivé du Verbe *Colymbao* Κολυμβάω qui veut dire *nager & plonger*. Or la pêche des per-les, *Colymbesis Pinici* se fait par des Plon-geurs, qui vont ramasser au fond de la Mer cette sorte d'huitre où elle se trouve. Ainsi pour traduire Ptolomée d'une ma-nière intelligible, il falloit dire, *in quo est Margaritarum Piscatio, incola super U-tribus transnavigant*; en effet Ptolomée parlant du Peuple *Sachalitæ* dit qu'ils se-meuroient dans le Golphe Sachalite, & avant que de nommer les Lieux de la Cô-te, il ajoute, à l'occasion de ce Golphe que l'on y pêchoit des perles, & que les Habitans le traversoient sur des outres. Il passe delà aux Lieux remarquables du Pays occupé par les *Sachalitæ*.

Cumacatum, ou *Cumetacum*, Village.
Ausara, Ville.
Αγγη, *Ange*, Village.
Astoa, Village.
Neogiala, ou *Neogilla*, Port de Mer.
L'Embouchure de l'*Hormanus*, Riviére, aujourd'hui le PRIM.
Les Monts Didymes.
Bosara, ou *Cosende*, Ville.
L'Oracle de Diane.
Abisa, ou *Abissagi*, Ville.
Corodamum, Promontoire.

Et dans le Détroit du Sein Persique.

Cryptus, Port de Mer.
Les Mont Melanes, surnommés des A-sabes.
Le Promontoire des Asabes.

Ce détail fait voir que Ptolomée ne borne pas les Sachalites au Golphe de ce même nom, & qu'il les étend encore le long de la Côte jusques dans le Golphe Persique. Ainsi leur Pays répondoit au Royaume de Caresen, au Pays de Mahré, au Royau-me de Mascate, & à une partie du Pays d'Oman. Il appelle ᵇ ce Pays SACHALI- ᵇ Lib. 1. c. TES *Regio*. Mais je ne vois point qu'il y 17. mette une Ville de même nom; & on voit assez, que le Pays de ce nom avoit autant d'étendue que le Peuple même, & ne se bornoit pas au Peuple.

La Profondeur que Ptolomée donne au Golphe Sachalite, & qui se tire des posi-tions de chaque lieu dont il le borde, ne paroît plus aujourd'hui; à moins qu'on ne veuille dire, que le Golphe étoit celui que nous connoissons sous le nom du Ta-phar, & qui est fort étroit, & par consé-quent il répond mal à l'idée des Anciens

qui le prenoient depuis le Cap *Siagros*, jusqu'au Cap *Corodamum*, c'est-à-dire de-puis le Fartaque jusqu'au Razalgate. Le Périple de la Mer Erythrée attribué à Ar-rien dit ᶜ: *Post canam magno spatio terra* ᶜ P. 16. E. *retrocedente, alius profundissimus Sinus sequi-* dit. Oxon. *tur longo tractu extensus qui Sachalites nun-cupatur.* Cet Auteur ajoute que le Pays porte l'encens: qu'il est plein de Mon-tagnes, d'un accès difficile: que l'air y est sombre & épais, & que l'encens y vient des Arbres: que ces Arbres qui le produisent ne sont pas fort grands, ni fort hauts; qu'ils produisent l'encens congelé dans leur écorce, de même qu'en Egypte quelques Arbres donnent la gomme comme des lar-mes. Cet encens est recueilli par des Es-claves du Roi, & par des gens condam-nés à ce travail. Ces lieux, poursuit-il, sont très-malsains, jusques-là même que la contagion gagne ceux qui ne font que passer, & tue à coup sûr ceux qui sont employés à ce travail. Il en ajoute une raison qui avoit bien autant de part que le mauvais air à la mort prompte de ces malheureux, c'est la misere, la mauvaise nourriture & le manque de vivres. Il remarque enfin que cet encens se portoit au Cap Siagros, où étoit une Forteresse, un Port & un Magazin.

§ Cet Auteur au reste employe aussi: le πινικαὶ Κολύμβησις dans ce même Périple dans le même sens que Ptolomée: en par-lant d'un Pays nommé Paralia, il dit qu'il y avoit une Pêche de Perles sous le Roi Pan-dion ᵈ *ἐν ᾗ καὶ Κολύμβησίς ἐστιν ὑπὸ τὸν βασιλέα* ᵈ P. 33. Πανδίονα Πινικόν. Ces deux mots Κολύμβησις & Πινικόν n'ont point été connus des Lexi-cographes ordinaires comme Scapula, Schrevelius, & autres que j'ai consultés en vain.

SACHATEI, Chalcondyle dans son Histoire Byzantine nomme ainsi les Tar-tares du *Zacathai*. Voyez ce mot.

SACHLA, Ville de l'Arabie Heureuse, selon Ptolomée ᵉ. ᵉ Lib. 6. c. 7.

SACIDÆ, Femmes guerrières qui com-battoient également comme les hommes, en feignant de fuir, dit Ortelius, qui cite Ctesias & Clément Alexandrin ᶠ. Ce mê- ᶠ Stromat. me passage de Ctesias est employé par Dé- 6. métrius de Phaléré dans son Traité *de Per-spicuitate.* On y voit clairement que par les *Sacides* Ctesias n'entend autre chose que les filles, & les femmes des *Sacæ* Peuple Scy-the. Voici le passage: On accuse Ctesias de répéter ses paroles, & de n'en être point assez ménager, en cela assez souvent on ne lui fait aucune injustice. Mais on ne fait pas assez d'attention à la grande clarté de son style, car il ne répéte les mots qu'afin de se faire mieux entendre. Par exemple, un certain Méde nommé Striaglius ayant renversé de cheval une Sacide, (car chez les Saques les femmes combattent comme des Amazones), & la voyant belle, & à la fleur de la jeunes-se, il la renvoya sans lui faire aucun mal; mais après la paix, ne pouvant résister à l'amour qu'il avoit pour elle, ni en obte-nir la possession, il prit le parti de mou-rir de faim. Il lui écrivit auparavant une
Lettre

Lettre en ces termes: Je vous ai sauvée, je vous ai donné la vie, & vous êtes cause de ma mort. Quelques-uns blâment cette répétition je vous ai sauvée, je vous ai donné la vie, qui ne signifient qu'une même chose; mais que l'on retranche l'un ou l'autre, on ôtera la clarté, & le bon effet qu'elle produit, &c. On voit que Démétrius n'a point distingué les *Sacides* du Peuple *Sacæ*, qu'autant que les Allemandes différent des Allemands.

SACIDAVA. Voyez SUCIDAVA.

SACILÉ, petite Ville de l'Etat de Venise dans la Marche de Trevisane à l'Orient, & à dix milles de Ceneda, & à vingt-trois de Trevise. Mr. Corneille dit: elle est riche, & fort peuplée. On l'appelle le Jardin de la République de Venise. Quelques-uns la nomment la seconde Parme à cause des hommes doctes qui en sont sortis. Quelques Auteurs croyent que c'est à *Sacilé* qu'étoit le Siège Episcopal que d'autres mettent à SACILETO.

SACILETO, Bourg du Frioul dans l'Etat de Venise entre Palma Nova, Gradisca & Aquilée. Ce Lieu étoit autrefois un Siège Episcopal, & Sigonius [a] dit que l'Evêque de ce Siège *Saccilanus* étoit Suffragant d'Aquilée, d'autres mettent ce Siège à SACILE. Voyez l'Article précédent.

SACILI, MARTIALIUM, selon Pline [b], ou, SACILIS, selon Ptolomée [c], Ville ancienne d'Espagne dans la Bétique, au Pays des Turdules dans les terres. On croit que c'est présentement ALCORRUCEN.

SACISUS, Fort de Thrace dans la Province de Rodope; & l'un de ceux que Justinien fit bâtir ou relever, selon Procope [*]. Quelques Editions portent SACISSUS.

SACOLA, Village de l'Ethiopie sous l'Egypte, selon Ptolomée [d].

SACOLCHA, Ville d'Ethiopie, dans l'Isle de Meroé, selon le même [e].

SACONI, ou SACANI, Peuple de la Sarmatie en Asie, selon le même [f].

SACONNA, ou SACOENA, Lieu de Cappadoce, sur la route de Tavia à Césarée, entre *Soanda*, & *Ochræ* à XXXII. M. P. de la première, & à XVI. de la seconde, selon Antonin [g].

SACORA, Ville d'Asie dans la Galatie selon Ptolomée [h] cité par Ortelius; mais le Grec porte Σεικορα, & la version Latine *Secora*, & c'est comme il faut lire ce mot.

SACORSA, Ville d'Asie dans la Galatie [i].

SACOTTAY, Ville d'Asie au Royaume de Siam [k], dans la Province de Porcelouc sur une branche Occidentale du Menam, vers les Montagnes qui séparent le Siam, & le Pégu.

SACRA, Feminin de l'Adjectif Latin SACER. Voyez ce mot, c'est le même que l'*Hiera* des Grecs.

SACRA INSULA. Voyez INSULA.

SACRA FICUS, ou le *Figuier Sacré*, Fauxbourg d'Athènes, par où l'on alloit à Eleusine, selon Philostrate dans la Vie d'Apollonius Sophiste Athénien.

SACRA SAXA, au pluriel, ou les *Pierres Sacrées*, Lieu d'Italie, dans la Messapie, selon Antonius Liberalis cité par Ortelius.

SACRA SOLIS, Promontoire de l'Arabie Heureuse dans le Golphe Persique, dans les Pays des Narites, selon Ptolomée [l].

1. SACRA VIA, ou le *Chemin Sacré*, Chemin de Grèce dans l'Attique, par où l'on alloit d'Athènes à Eleusine, selon Athénée [m].

2. SACRA VIA, autre Chemin au Péloponnèse, par où l'on alloit d'Elide à Olympie, selon le même [n].

3. SACRA VIA, ou la *Rue Sacrée*, l'une des Rues de Rome, elle est nommée dans ce vers d'Horace [o].

Ibam forte Via Sacra sicut meus est mos.

SACRANA, Ville d'Espagne dans le Département de Seville, selon Ortelius qui cite Pline [p]. Les Editions varient. Quelques-unes ont *Sacruna*, d'autres SUCRANA que le R. P. Hardouin préfère.

SACRANI, ancien Peuple d'Italie. Virgile [q] dit:

Et Sacranæ acies & picti scuta Labici.

Sur quoi Festus fait cette remarque: On dit qu'un certain Corybante vint en Italie & occupa le Canton qui est au voisinage de Rome & que les Peuples qui tirent de lui leur origine ont été appellez *Sacrani*, car les Corybantes étoient consacrez à Cybele Mere des Dieux. D'autres (c'est toujours Servius qui parle,) croient que *Sacranæ acies* étoient des troupes des Ardéates, qui autrefois étant affligez de la peste, vouèrent un Printems Sacré, d'où il furent appellez Sacrani. Le Printems Sacré, étoit une espèce de Sacrifice en usage parmi les Italiens qui dans les extrêmes dangers promettoient d'immoler tous les Animaux qui naîtroient durant le Printems. Telle est la remarque de Servius sur ce vers de Virgile. Le second sentiment rentre assez dans celui de Festus qui dit: On a appellé Sacrani ceux, qui venus de Rieti chassèrent des sept Montagnes les Liguriens & les Sicules, car ils étoient nez durant un Printems Sacré. Le premier sentiment rapporté par Servius touchant le Corybante ne convient pas mal avec le culte de Cybele établi à Rieti, selon Silius Italicus [r]:

Magnæque Rente dicatum
Calicolum Matri.

On peut voir les conjectures de Cluvier sur le Peuple Sacrani.

SACRA VIENSES, ce mot qui se trouve dans Festus signifie ceux qui demeuroient dans la Rue Sacrée à Rome.

SACRIFICE. Voyez les deux Articles suivans.

SACRIFICIO, (ISLA DEL) ou *l'Isle du Sacrifice*. Voyez au mot ISLE l'Article SACRIFICIO.

SACRIFICIOS, (ISLA de Los) Isle de la

[a] De Regno Ital.
[b] Lib. 3. c. 1.
[c] Lib. 2. c. 4.
[*] Lib. 4. c. 11.
[d] Lib. 4. c. 7.
[e] Lib. 4. c. 8.
[f] Lib. 5. c. 9.
[g] Itiner.
[h] Lib. 5. c. 4.
[i] Ibid.
[k] De l'Isle Atlas.
[l] Lib. 6. c.
[m] Lib. 13.
[n] Lib. 5.
[o] Lib. 1. Sat. 9. v. 1.
[p] Lib. 3. c. 1.
[q] Æneid. l. 7. v. 796.
[r] Lib. 8.
[s] Ital. Antiq. l. 3. c. 1. p. 810.

la Nouvelle Espagne dans le Golphe du Méxique auprès de la Vera-Cruz [a]. Grijalva qui alla découvrir ce Pays-là trouva cette Isle bien peuplée. Il y avoit plusieurs Edifices assez beaux & entre autres un Temple d'une structure assez singuliere. Il étoit ouvert de toutes parts, & il y avoit au milieu un degré tout découvert par où l'on montoit à une espèce d'Autel, sur lequel on voyoit des Statues d'une figure horrible. Grijalva eut la curiosité de le visiter de plus près, & il y trouva cinq ou six Cadavres qu'il jugea avoir été sacrifiez la nuit précédente, ce qui lui fit donner à l'Isle le nom de ISLE DES SACRIFICES. On l'appelle aujourd'hui communément la Caye du Sacrifice.

[a] Hist. de St. Domingue, l. 5. t. 2. p. 199.

1. SACRIPORTUS, Lieu d'Italie, aux environs de Préneste. Ce fut où Sylla défit l'Armée de Marius, selon Paterculus [b] & Florus [c].

[b] Lib. 2. c. 26.
[c] Lib. 3. c. 21.

2. SACRIPORTUS, Lieu Maritime d'Italie, sur la Côte de la Mer Ionienne, à environ quinze milles de Tarente, selon Tite-Live [d].

[d] Lib. 26. c. 39.

SACRONE, Ville de la Susiane, selon Ptolomée [e]. Elle étoit dans les Terres.

[e] Lib. 6. c. 3.

SACRUM, Neutre de l'Adjectif Latin SACER, qui veut dire *Sacré*; c'est l'HIERON des Grecs.

SACRUM NEMUS, *Bois Sacré*, dont parle Tacite au Livre IV. de ses Histoires à l'occasion de Civilis, qui y appella les Bataves. Marlien & après lui Altheimer s'imaginent que c'est aujourd'hui le Bois de la Haye; comme s'il n'y avoit pas eu alors d'autres Bois qui ne subsistent plus, & comme s'il y avoit des preuves bien certaines que ce Bois étoit alors un Bois Sacré. La vérité du fait est que ce Bois n'étoit point au Pays des Bataves, mais au Pays de Caninefates.

SACRUM OSTIUM. Voyez HIERON STOMA.

1. SACRUM PROMONTORIUM, ou le *Promontoire Sacré*, Cap de la Lusitanie, selon Ptolomée. C'est aujourd'hui le Cap St. Vincent en Portugal. Pytheas de Marseille l'a nommé *Calbium Promontorium*. Strabon [f] dit que c'est le Lieu le plus Occidental non seulement de l'Europe, mais encore de la Terre habitable. Il se trompe, le Cap de la Rocque près de Lisbonne est encore plus Occidental, & celui de Finisterre est le plus Occidental de tous les Caps du Continent de l'Europe. Il n'y a qu'à voir une Carte, cela saute aux yeux. Columelle [g] le nomme SACER MONS, Montagne Sacrée.

[f] Lib. 3. sub init.
[g] Lib. 6. c. 27.

2. SACRUM PROMONTORIUM, Promontoire d'Irlande, dans la partie Méridionale de la Côte Orientale, selon Ptolomée [h]. Ce Cap est aujourd'hui nommé Concarne sur les Cartes.

[h] Lib. 2. c. 2.

3. SACRUM PROMONTORIUM, Promontoire de l'Isle de Corse, au Nord de la Côte Orientale. C'est aujourd'hui CABO CORSO.

[i] Ibid. l. 3. c. 2.

4. SACRUM PROMONTORIUM, Promontoire de la Sarmatie en Europe. C'est selon Ptolomée [k] la pointe Orientale de la Langue de terre que les Anciens

[k] Lib. 3. c. 5.

appelloient *Achilleos Dromos*, la *Course d'Achille*.

5. SACRUM PROMONTORIUM, Promontoire de l'Asie Mineure dans la Lycie, entre l'Embouchure du Fleuve Limyros & la Ville d'Olympe, selon Ptolomée [l]. Sophien l'appelle CABO CHELIDONI: d'où les Interpretes de Ptolomée ont pris leur *Caput Chelidoniæ*.

[l] Lib. 5. c. 3.

6. SACRUM PROMONTORIUM. Zozime [m] nomme ainsi un Promontoire à l'entrée du Pont-Euxin à deux cens Stades de Chalcédoine, c'est-à-dire à XXV. milles anciens, qui font cinq lieues de quatre milles pas Géométriques; d'autres le nomment HIERON OROS. Voyez HIERON.

[m] Lib. 2.

SACUS, Village de la Pierie de Lacédémone, à cause d'une sorte d'armes que les Habitans avoient inventée. Ce sont les paroles d'Etienne le Géographe qui ne sont guères intelligibles.

SADA, Ville de l'Inde au delà du Gange, selon Ptolomée [n]. Il la met près de l'Embouchure d'une Riviére de même nom, à la terminaison près. Voyez SADUS.

[n] Lib. 7. c. 2.

SADACORA, Ville de la Petite Arménie, selon Strabon [o] cité par Ortelius. Strabon la met sur la route de Garsaura petite Ville de Cappadoce, sur la Frontiére, à Mazaca qui en étoit la principale Ville.

[o] Lib. 14. p. 663.

SADAGENA. Voyez SALAGENA.

SADALIS, Ville d'Egypte, selon Etienne le Géographe, on lit Σαδαλιτῶν sur une Médaille de Galba raportée pas Goltzius.

SADAMA, Lieu de Thrace, selon Antonin. Il le met entre *Debelcon*, mot qui en cet endroit tient mal-à-propos la place de *Develtum*, & *Tarpodisum* à XVIII. mille pas de l'une & de l'autre. Ortelius en fait une Ville. C'étoit bien assez d'en faire une Mansion, un Gîte.

SADANUS, Isle de la Côte d'Ethiopie selon Pline [p]. L'Edition du R. P. Hardouin porte ADANU; on peut voir dans son Livre même le motif de sa correction.

[p] Lib. 6. c. 29.

SADARUS, Riviére d'Asie dans l'Arie, selon Pline [q]. C'est une des trois Riviéres navigables qui se jettent dans le Cophes.

[q] Lib. 6. c. 23.

SADAVAA, Bourgade d'Espagne en Arragon; aux confins de la Navarre sur la Riviére de Riguel qui tombe dans l'Ebre. Elle a titre de Ville, a des murailles, & une Citadelle. Il n'y a que deux cens feux, en une seule Paroisse. Elle a droit d'envoyer des Députez aux Cortès. Elle n'est pas ancienne & à la fin du XIV. siècle il en est parlé comme d'une Ville habitée depuis peu de tems. Elle est dans une Plaine fertile en Bled, en Vin & en Gibier.

Poblacion général de España, p. 139. fol. verso.

§ Mrs. Baudrand & Corneille écrivent SADATA, & disent qu'on la prend pour l'Atilia des anciens Vascons.

SADEC, Lieu d'Asie quelque part vers la Perse proprement dite. Il en est parlé dans la Vie de St. Sadath Evêque, citée par Ortelius.

SADINATES. Vayez TADINATES.

SADRACÆ, Ville ou Château d'Afrique, c'étoit la demeure Royale de Darius fils

fils d'Hystaspes, selon Strabon [a]. [a Lib. 16. p. 738.]

SADUCA. Voyez SALDUBA.

SADUS, Riviere de l'Inde au delà du Gange, selon Ptolomé [b] qui la met dans la Terre d'Argent. Il lui donne à son Embouchure une Ville nommée SADA, mais ses Mémoires sur cette partie du Monde sont si imparfaits qu'on ne peut guères y faire de fond pour les détails. [b Lib. 7. c. 2.]

SÆDENA, Σαιδηνή, Montagne de Cumes. Il y avoit aussi un Canton de même nom, apparemment au voisinage de cette Montagne, selon Etienne le Géographe.

SAEFTINGEN, Prononcez SAFTINGU, Village & Territoire de la Flandre Hollandoise [c] au bord de l'Escaut. C'est un grand Polder ou Marais desseché. Il est borné au Nord par l'Escaut, à l'Orient par les Territoires de Doele & de Kettenesse, au Midi par le Bailliage de Hulst & à l'Occident par le Canal de Kieldrecht. Il a environ deux lieues de longueur du Nord au Sud & une de largeur d'Orient en Occident. Ce Territoire est fort bas, entre-coupé de quelques Canaux & garanti des Inondations par des Digues dont l'entretien coûte extrêmement. Saeftingen, situé à l'Embouchure d'un petit bras de l'Escaut, est le seul Village qu'il y ait & même il est peu considérable. Il y a aussi le Fort de Lies (prononcez Lis) assis sur l'Escaut. [c Janicon, Etat des Prov. Unies. t. 2. p. 395.]

§ On ne peut rien voir de plus absurde que l'Article de ce Lieu dans l'Édition Françoise de Mr. Baudrand. Le voici, sans altération, ni correction. SAESFTINGEN, SAESTINGEN, SASTINGA ARX, c'est un Cap de la Flandre Hollandoise sur l'Embouchure Occidentale de l'Escaut au Nord de la Ville de Hulst. Premièrement, il prend pour Saeftingen, le Fort de Lies, secondement il en fait un Cap, troisièmement il met deux orthographes de ce nom & obmet la vraye qui constitue néanmoins le vrai nom.

SÆLINI, ancien Peuple de l'Espagne Tarragonoise, selon Ptolomée. Il lui donne pour Ville unique NARDINIUM. Ses Interprètes insinuent que ce pourroient bien-être les SALENI de Pomponius-Mela.

SÆNA. Voyez SENA.

SÆNOS, ou SENOS, Riviere des Synes, selon Ptolomée [d]. [d Lib. 9. c. 3.]

SÆPINUM, ancienne Ville d'Italie au Pays des Samnites, près de l'Apennin, à la source du Tamarus. Ptolomée [e] le nomme Σαιπίνον. Tite-Live parle du Siège de cette Place par Papirius [f]. La Table de Peutinger fait mention de ce Lieu & le nomme Sepinum à douze milles de Sirpium. Frontin [g] dit: SÆPINUM Colonie, formée sous Néron & Claudius. Pline [h] met le Peuple SÆPINATES entre les Samnites, & une Inscription dans le Recueil de Gruter fait mention d'eux MUNICIPES SÆPINATES. C'est aujourd'hui SUPINO, au Comté de Molisse dans le Royaume de Naples. [e Lib. 3. c. 1.] [f Lib. 10. c. 44.] [g De Col. p. 88.] [h Lib. 3. c. 12.]

SÆPONA, Ville ancienne d'Espagne dans la Bætique, selon Pline [i]. [i Lib. 3. c. 1.]

SÆPRUS, Riviere de l'Isle de Sardaigne, selon Ptolomée [k], qui en met l'Embouchure sur la Côte Orientale. Elle conserve son nom. C'est encore à présent le SEPRO, selon le P. Coronelli [l]. [k Lib. 3. c. 3.] [l Isolar.]

SÆTABICULA, Ville ancienne de l'Espagne Tarraconnoise dans les Terres au Pays du Peuple Contestani [m], selon Ptolomée. [m Lib. 2. c. 6.]

1. SÆTABIS, Riviere de l'Espagne Tarraconnoise au Pays du Peuple Contestani, selon Ptolomée, qui en met l'Embouchure entre Alone & Illicitanus Portus Il paroît que c'est aujourd'hui Rio d'ALCOY.

2. SÆTABIS, ou SETABIS, Ville de l'Espagne Tarraconnoise, au Pays du Peuple Contestani dans les terres. Elle étoit sur une hauteur, comme il paroît par ces vers de Silius Italicus [n]. [n Lib. 3. v. 273.]

Celsa mittebat Sætabis Arce.
Sætabis & telas Arabum sprevisse superba,
Et Pelusiaco filum componere Lino.

Ces vers font voir ce qu'on a dit que Sætabis étoit au haut d'une Colline, & de plus qu'il s'y faisoit des toiles qui surpassoient en finesse & en beauté celles d'Arabie, & que le fil qu'on y employoit valoit bien celui de Peluse en Egypte. On y travailloit aussi à des Etoffes de laine, & Catulle [o] parle des mouchoirs de ce Lieu-là, qu'il nomme *Sudaria Sætaba*. Pline donne le troisième rang au lin de Sætabis, entre les meilleurs & les plus estimés dans toute l'Europe. On prétend que c'est présentement XATIVA. Voyez ce mot. [o Epigr. 25.]

SÆTTE, (le Cap de) Royaume de Naples, sur la Côte Méridionale de la Calabre Ultérieure, à une des extrémitez du Mont Apennin entre le Cap delli Armi & celui de Spartivento. C'est le *Brutium Promontorium* des Anciens.

SÆXÆ, Σαίξαι, ancien Peuple Scythe aux environs du Danube, selon Etienne le Géographe.

SAFIE, Ville d'Afrique dans la Barbarie, au Maroc sur la Côte de l'Océan à l'extrémité de la Province de Duquela. Elle est d'une ancienne fondation, & on tient qu'elle a été bâtie par les Naturels du Pays. Les Africains la nomment ASFI, & les Portugais ASAFIE. Quelques-uns la prennent pour une de celles qu'Hannon Carthaginois bâtit en Libye par les ordres du Sénat, & qu'on appella pour cette raison Liby-Phéniciennes. Elle a de bonnes murailles avec quatre-vingt-sept Tours, & contient plus de quatre-vingt mille maisons. Ce n'est pas une Ville forte, à cause qu'elle est commandée de plusieurs hauteurs. Du côté de l'Occident on voit un Château un peu relevé, qui donne sur une petite Baye, où il y a beaucoup de rochers, & qui n'est assurée que contre les Vents du Nord. Cette Ville & toute la Province de Duquela est du Royaume de Maroc, & a toujours été sujette à ses Princes, mais sur le déclin du Règne des Benimerinis, Muley Nacer Buchentuf, de la Tribu de Mucamoda, étant demeuré maître de cet Etat, plusieurs se soulevérent, à cause de sa foiblesse, & Safie entra

tra dans leur parti par le moyen des Beni-farhons, Citoyens illustres, qui l'érigérent en République sous leur autorité. L'un d'entre eux la gouvernant, fut tué par son neveu Abderrame, qui ayant gagné le Peuple par son crédit & par son adresse, trouva moyen de se faire Souverain. Cet Abderrame régna long-tems & fut assassiné à son tour, par Ali Ben-Guecimen, auquel s'étoit joint Yahaya Ben-Tasuf. Le Peuple ayant approuvé leur action en élût pour Gouverneurs, criant que c'étoit à eux qu'il devoit sa Liberté. Comme ils eurent besoin de secours contre les parens du Mort, Ali alla demander celui d'Emanuël, Roi de Portugal, qui au commencement de l'année 1507. envoya Gonçale Mendez avec quatre Caravelles pour se rendre maître de la Ville, dans l'espérance de s'emparer ensuite de tout le Royaume de Maroc. Gonçale étant arrivé à Safie avec deux cens Arquebusiers ou Arbalétriers, & plusieurs Volontaires, concerta avec les Maures qu'ils déclareroient à Ali & à Yahaya, que pour éviter la division, il falloit que l'un des deux prît le Gouvernement de la Ville sous l'autorité du Roi de Portugal. Chacun le cédoit par honneur à son compagnon, & il demeura enfin à Yahaya; mais la jalousie s'étant mise entre eux, les Portugais en profitérent si bien, qu'ayant demandé les Clefs du Château & des Portes, les Maures se virent contraints de les donner & de se rendre Vasseaux du Roi de Portugal. Ce fut ainsi qu'il fut maître de Safie, où il entretint bonne Garnison jusqu'en 1641. qu'il quitta la Place volontairement, voyant qu'il lui coûtoit plus à la conserver qu'elle ne valoit, outre qu'elle étoit commandée par des Montagnes voisines & qu'il n'étoit pas aisé de la secourir par Mer, à cause de son mauvais Port; ce qui lui fit prendre la résolution de rappeller en Portugal les troupes qu'il y avoit, après avoir fait abattre une partie des Tours & des murailles. Le Cherif la repeupla aussi-tôt de Maures, & pour plus de sûreté il y mit un Gouverneur avec deux cens Arquebusiers. Le Pays d'alentour est fertile en Bled, & en Troupeaux, quoique les Habitans ne prennent soin que de leurs Jardins qui sont autour de la Ville. Le trafic y est assez bon depuis que le Roi de Portugal l'a abandonnée, à cause du grand nombre de Juifs qui s'y retirent. Cependant elle étoit encore beaucoup plus Marchande avant qu'elle fût aux Portugais, puisque les Espagnols y apportoient à toute heure des Draps, de la Toile & d'autres Marchandises, qu'ils échangeoient contre des Cuirs, de la Cire, de l'Indigo, de la Gomme, & autres choses du Pays.

SAFRA, ou ZAFRA, petite Ville d'Espagne au Royaume de Léon dans l'Estramadure sur une petite Rivière qui serpentant vers le Nord-Ouest va tomber avec d'autres Ruisseaux dans la Guadiana. Dans les dernieres guerres d'Espagne contre les Portugais qui s'étoient déclarés contre le Roi d'Espagne en faveur de l'Ar-chiduc, on fortifia cette Ville. Elle avoit déja un Château. Elle est à trois lieues de Feria. Elle est dans un Canton abondant en Bled, en Vins, en Gibier. Il y a douze cens feux, & de la Noblesse. La Parroisse est Collégiale & consiste en un Abbé, quatre Dignitaires, douze Chanoines, huit Prébendiers, & autant de Chapelains. Il y a deux Convens de Religieux & cinq de Religieuses. On y tient Foire tous les ans le 24. Juin le jour de St. Jean & une autre en Février. L'Auteur [a] de la Población général de España croit que c'est la RESTITUTA JULIA des Anciens. Ce sont les Maures qui lui ont donné le nom moderne. Ferdinand III. la reprit sur eux en 1240. & la peupla de Chrétiens. [a Pag. 80. fol. verc.]

SAFSAF, Château de la Turquie en Asie dans la Natolie. Les Turcs le nomment BELGEK. [b] Al Raschid V. Khalife de la Race des Abassides, le prit sur les Grecs; & ceux-ci l'ayant repris sur les Arabes, Othoman premier Sultan des Turcs s'en rendit le maître l'an 699. de l'Hégire. [b D'Herbelot, Biblioth. Orient.]

SAGA, ancienne Ville d'Italie dans l'Etrurie, selon Ortelius qui cite ce passage de Port. Caton: *Interiit Saga oppidum Etruscorum; uti & Atria à quo mare Atriaticum.* Elle ne subsistoit donc déja plus, Ortelius [c] conjecture qu'elle devoit être vers les Bouches du Pô. [c Thesaur.]

SAGALA, Ville de l'Inde en deçà du Gange, selon Ptolomée [d], qui la nomme aussi EUTHYMEDIA; c'est la Sangala d'Arrien. [d Lib. 7. c. 1.]

SAGALASSUS, Ville de Pisidie, quoique Ptolomée l'ait mise mal-à-propos dans la Lycie, en quoi il se trompe, comme cela est visible par le consentement général de tous les Anciens que nous citerons ensuite. Pline [e] la nomme SAGALESSUS, Suidas SAGALLESSUS, Strabon SAGALASSUS & SEGELSUS, & Hiéroclès AGALASSUS par la faute d'un Copiste qui a oublié la première lettre du nom. Sagalassus est le véritable, comme on le voit par une Médaille de Vespasien sur laquelle on lit ΣΑΓΑΔΑΣΣΗΝΩΝ. Ptolomée [f] qui la donne à la Lycie la met beaucoup plus à l'Occident qu'il ne faut. Strabon compte une journée de chemin entre cette Ville, & Apamée [g] & il dit qu'elle étoit du Département de l'Officier que les Romains avoient établi Gouverneur du Royaume d'Amyntas, & que pour aller de la Citadelle à la Ville, il y avoit une descente de trente Stades. Cette Apamée [h], comme le croit Cellarius, est l'*Apamea Cibotos*, en Phrygie. Arrien [i] dans ses Guerres d'Alexandre donne Sagalassus à la Pisidie. C'étoit, dit-il, une assez grande Ville habitée par les Pisidiens. Tite-Live [k] décrivant la route que suivit le Consul Manlius pour passer de la Pamphylie dans la Phrygie dit: En revenant de Pamphylie il campa au bord du Fleuve Taurus le premier jour & le lendemain à Xyline-Comé, delà il alla sans s'arrêter jusqu'à la Ville de Cormasa. Celle de Darsa n'étoit pas loin, les Habitans s'en étoient enfuis, & il y trouva des Vivres en abondance. Marchant ensuite le long des Marais, il reçut les soumissions de [e Lib. 5. c. 27.] [f Lib. 5. c. 3.] [g Lib. 12. p. 569.] [h Geogr. Ant. l. 3. c. 4.] [i Lib. 4.] [k Lib. 38. c. 15.]

de la Ville de Lyſinoé qui lui envoyoit des Députez. On arriva dans le Territoire de Sagalaſſus où il y avoit quantité de grains. Les Habitans ſont des Piſidiens, les meilleurs Soldats de tout ce Pays; ce qui joint à la fécondité de la terre, à la multitude d'un Peuple nombreux & à la ſituation de la Ville extraordinairement fortifiée, enfle leur courage.

SAGAN, Ville d'Allemagne en Siléſie [a], dans la Principauté dont elle eſt la Capitale & à laquelle elle donne ſon nom. C'étoit autrefois une grande Ville bien peuplée ſur le Bober; quelques-uns dérivent ſon nom du Peuple Sacæ, d'autres du Verbe Allemand Segen, *Bénédiction*, d'autres diſent que dans l'endroit où eſt la Ville, il y avoit originairement un Bureau de Douane où les Commis 'diſoient aux Voituriers Sage an/ was führeſt du? *Dis-donc, qu'as-tu là*? ou *Que menes-tu là*. Les Polonois la nomment Segan, c'eſt-à-dire, Zeige an, *montre*. La plus ancienne mention qui ſoit faite de cette Ville eſt d'environ l'an 1164. Il y a à remarquer dans cette Ville le Château ou le *Burgk*, deux Couvens, & la Paroiſſe ſous l'Invocation de Notre Dame. Sagan fut brûlée en 1351. & 1369. En 1472. le Duc Jean, ſurnommé le Tyran, aſſiégeant ſon frere Balthazar, qui s'y étoit renfermé, fit tirer ſur la Ville à boulets rouges, & y mit le feu qui conſuma tout, y compris l'Egliſe & une partie des Couvents où les Bourgeois avoient choiſi leur Aſyle. Elle fut rebâtie & brûlée de nouveau entiérement en 1486. Cette Ville enfin eut ſa part des malheurs que cauſerent les longues guerres Civiles d'Allemagne.

La Principauté de Sagan, ou le Duché de Sagan [b]. Les Polonois la nomment en Latin *Ducatus Zeganenſis*. Elle a au Couchant la Baſſe Luſace, la Marche de Brandebourg, & la Seigneurie de Sora; au Levant la Principauté du grand Glogau, au Midi la petite Ville de Buntzel, & au Nord le Duché de Croſſen. Outre ſa Capitale elle a la petite Ville de Prebus ou Pribus, & Naumbourg ſur le Bober, quelques-uns lui donnent auſſi Freywald. Les Riviéres qui l'arroſent ſont le *Bober*, la *Queiſs*, le *Tſchirn* & la *Neiſſe*. Autrefois ce Territoire dépendoit de Glogau, mais il en fut détaché, & il y eut trois Princes, d'où eſt venu qu'on lui donne la plûpart du tems le nom de Principauté. Les Princes réſidoient dans le Château de Sagan, en 1472. Le Duc Jean ayant mis la Ville en cendres la vendit avec la Principauté, aux deux freres Erneſt & Albert Electeur & Duc de Saxe pour la ſomme de 55000. Ducats. & Mathias Roi de Hongrie qui poſſédoit alors la Siléſie, confirma cet achat. Dans un partage entre les deux fils d'Albert, Sagan échut à l'aîné George le Riche ou le Barbu, Duc de Saxe, qui en jouït juſqu'à ſa mort en 1539. Alors ſon frere Henri, que les Luthériens de Saxe ont ſurnommé le Pieux à cauſe de ſon zèle pour le Luthéraniſme, lui ſuccéda & fit recevoir à Sagan la Religion qu'il profeſſoit. Ferdinand I. Roi de Bohême en 1549. ayant au ſujet de Jean Fréderic Electeur de Saxe, alors priſonnier, réclamé Eidenbourg, & quelques autres Lieux de Miſnie, comme des Fiefs appartenans à la Bohême, il y eut un échange entre lui & l'Electeur Maurice, fils de Henri dont on a parlé, & par cet échange on remit à Ferdinand la Principauté de Sagan dont la Maiſon de Saxe avoit jouï 77. ans. Auſſi-tôt les Eccléſiaſtiques Catholiques de la Ville, qui s'étoient entretenus comme ils avoient pu du leur Patrimoine, demanderent d'être remis en poſſeſſion de leur Paroiſſe & d'y pouvoir faire le Service qui avoit été aboli depuis dix ans. Le Magiſtrat fut obligé de la leur rendre, & d'évacuer le Couvent des Cordeliers que le Duc Henri lui avoit donné. Cela ne dura que quatre ans, car en 1553. Ferdinand remit cette Principauté avec les Seigneuries de Biberſtein, Sora, Tribel, Fridland, &c. à George Fréderic, Margrave de Brandebourg, à la place d'Oppeln & de Ratibor, qui avoient été engagées au Margrave George ſon pere pour une ſomme d'argent, & qu'il retiroit pour les donner à Elizabeth Reine de Hongrie, qui lui avoit cédé la Tranſylvanie. Trois ans après le Margrave, qui par cet échange poſſédoit la Principauté de Sagan, ordonna en 1557. aux Catholiques de rendre la Paroiſſe au Magiſtrat, & d'abandonner aux Eccléſiaſtiques Luthériens, & aux Maîtres des Ecôles les revenus ordinaires, ce qui fut exécuté. Mais en 1558. le Margrave fut rembourſé, & rendit le Pays. Les Catholiques formerent leur plainte & obtinrent en 1560. que la Ville rendroit l'Egliſe & payeroit les revenus des Eccléſiaſtiques; & les Magiſtrats obtinrent de leur côté que les Bourgeois de leur Religion pourroient élargir la Chapelle des Recollets. Sifroi de Promnitz eut auſſi cette Principauté par engagement, & enſuite Albert Waldſtein, Duc de Fridland, la compta au nombre de ſes Domaines. Ce fut ſous ſa protection que Jean Kepler, fameux Mathématicien, demeura quelque tems à Sagan, où il publia une partie de ſes Ephémerides. Un Prince de Lobkowitz acheta de l'Empereur en 1646. cette Principauté, & elle eſt encore entre les mains de ſes héritiers.

SAGANAC, Ville d'Aſie dans la Tartarie, au Capchac. L'Hiſtorien de Timur-Bec [c] la met à vingt-quatre lieues d'Otrar, c'eſt la même que Sagnac.

SAGANEUS. Voyez Salganeus.

SAGANUS, Riviére de la Carmanie, ſelon Pline [d]. Ptolomée [e], & Ammien Marcellin [f] en font auſſi mention.

SAGAPA. Ptolomée [g] appelle ainſi la Bouche la plus Occidentale du Fleuve Indus.

SAGAPENI. Strabon [h] appelle ainſi un Peuple d'Aſie; s'il ne le faiſoit pas voiſin des Elyméens, je dirois que ce Peuple demeuroit au voiſinage de cette Embouchure du Fleuve Indus.

SAGAR, Montagne d'Eſpagne au Royaume de Grenade, auprès de la petite Riviére

viére de Gadadar, qui tombe dans le Guadalentin; au pied de cette Montagne est la Ville d'Huescar, ou Guescar, autrefois *Calicula*. Cette Montagne est bien marquée dans la grande Carte d'Espagne, chez Jaillot, mais elle n'y est pas nommée.

SAGARÆI, ancien Peuple d'Asie. Ælien [a] dans son Histoire des Animaux dit: que ce Peuple célébroit tous les ans un combat de Chameaux en l'honneur de la Déesse Minerve. Ce qu'il ajoute fait voir que ce combat consistoit en une course; c'est, dit-il, ceux que naissent les Chameaux les plus légers à la course Δρομικώτατοι ἅμα καὶ ὠκιστοι. La Version Latine d'Ælien nomme ce Peuple SAGARENSES, le Grec porte Σαγαραῖοι, SAGARÆI.

[a] Lib. 12. c. 34.

SAGARI (le), Riviére de la Natolie. Mr. de l'Isle écrit ZAGARI dans sa Carte de la Turquie; & dans une autre SACARI. Mr. de Tournefort l'appelle [b] *Riviére d'Adva*, ou d'AYALA. (Mr. de l'Isle nomme ADA un lieu situé à l'Orient de son Embouchure). Mr. de Tournefort continue ainsi: Il est surprenant que les Turcs ayent retenu l'ancien nom de la Riviére d'Ava, car ils l'appellent Sagari ou Sacari, & ce nom vient sans doute de SANGARIOS, Fleuve assez célébre dans les anciens Auteurs, lequel servoit de Limites à la Bithynie. Voyez SANGARIUS.

[b] Voyage du Levant, Lett. 16. t. 2. p. 84.

SAGARICUS SINUS. Voyez l'Article qui suit.

SAGARIS, Riviére de la Sarmatie en Europe. Ovide dit en nommant divers Fleuves qui avoient leurs Embouchures dans la Mer Noire [c]:

[c] De Ponto, l. 4. Eleg. 10. v. 45. & seqq.

Adde quod hic clauso miscentur flumina Ponto,
Vimque fretum multo perdit ab amne suam.
Huc Lycus, huc Sagaris, Peniusque; Hypanisque, Cratesque,
Instuit, & crebro vortice tortus Halys:
Partheniusque rapax & volvens saxa Cynapes
Labitur & nullo tardior amne Tyras.

Si Ovide n'avoit mis dans cette Liste que des Riviéres de la Côte Septentrionale, ce passage seroit décisif: mais il y en est comme l'Halis qui sont de la Côte Méridionale. C'est pourquoi l'Abbé de Marolles est excusable d'avoir crû qu'il étoit question ici du Fleuve *Sangarius*. Il est cependant bien plus naturel de croire que le *Sagaris*, dont parle ici Ovide, est la Riviére, dont l'Embouchure en forme de Golphe, est nommée *Sagaricus Sinus* par Pline [d]. Ce nom se trouve dans Ptolomée [e], mais estropié & privé de sa premiére lettre. Cet Auteur met dans la Sarmatie Européenne, l'Embouchure du Fleuve AGAROS, avec un Promontoire nommé AGARON, entre le Gerrus & le Lycus. Le R. P Hardouin croit néanmoins que l'AGAROS de Ptolomée est le *Flumen Rhode* de Pline. Sagaris s'appelle aujourd'hui le SAGRE. Voyez ce mot.

[d] Lib. 4. c. 12.
[e] Lib. 3. c. 5.

SAGARTIA, Presqu'Isle près de la Mer Caspienne, selon Etienne le Géographe. Elle pourroit bien avoir du rapport avec le Peuple de l'Article qui suit, mais le mot de Presqu'Isle n'y convient pas.

SAGARTII, ancien Peuple de la Médie, à l'Orient du Mont Zagros, selon Ptolomée [f]. Il n'y a aucune apparence de Presqu'Isle en cet endroit, & au lieu de ce mot dans Etienne le Géographe il y avoit peut-être *Contrée*, *Pays* ou quelque autre mot équivalent, qu'Hermolaus ignorant & étourdi à son ordinaire aura changé en celui de Presqu'Isle, qui a bien l'air d'être de la façon de ce Grammairien.

[f] Lib. 6. c. 2.

SAGASOUN, Château de Perse dans le Courdistan près de la Riviére d'Achai, selon l'Historien de Timur-Bec [g].

[g] Lib. 3. c. 29.

SAGAVANA. Voyez SAUBARANA.

SAGDE, ou SAGDECH, Ville d'Asie dans l'Arabie Heureuse, dans les Etats du Cherif de la Mecque, selon Mr. Corneille. Mr. Baudrand dit au mot SABATHRA ou SABATHA, que c'est une Ville Royale de l'Arabie Heureuse dans les terres, selon Pline: que c'est présentement SABARA selon Molet, & SAGDE selon d'autres. Ces quatre noms sont également inconnus à Pline, il devoit citer Ptolomée sur lequel Molet a travaillé. En effet dans l'Edition de Molet on trouve *Sabatha Metropolis* (*Sobotale Plinio*), *Sabara Regnum*, en quoi il y a faute; car la conjecture les Interprétes ne sauroit être vraye, si la Ville de Ptolomée est *Sobotale*, mot inconnu à Pline, qui nomme *Sabota*, & c'est ainsi qu'il falloit écrire. Les Manuscrits de Ptolomée n'ont point Sabatha, mais *Saubatha* & *Saudatha*. Voyez SAUBATHA. SAGDE & SAGDECH sont des noms inconnus aux Géographes Orientaux.

[h] Ortelii Thesaur.

SAGEDA. Voyez SAGIDA.

1. SAGENA, Lieu d'Italie dans la Campanie au voisinage de Puzzoles [h], en est parlé dans la Vie de St. Sofie Diacre.

2. SAGENA, dans l'Isle de Corse. Voyez SAGONE.

SAGESTAN. Voyez SEGESTAN.

SAGHIZGAN, Lieu d'Asie au Mogolistan [i], près de l'Irtisch avant l'entrée de ce Fleuve dans le Lac d'Etragheul qu'il traverse. C'est un passage entre les Montagnes pour entrer du haut Turkestan au Royaume de Gété, & on y payoit autrefois une Douane.

[i] Hist. de Timur-Bec, l. 3. c. 6.

SAGIDA, ou SAGEDA, ancienne Ville de l'Inde en-deçà du Gange. C'étoit la Capitale du Peuple *Adisathri*, selon Ptolomée [k].

[k] Lib. 7. c. 1.

SAGIENSIS, *Ecclesia*, ou *Antistes*, l'*Eglise* ou l'*Evêque de Seez*. Voyez ce mot.

SAGIS. Du tems de Pline entre autres bouches du Pô dans la Mer Adriatique, il y en avoit deux qu'il nomme *Caprasia*, & *Sagis*. Le terrain où elles étoient est bien changé par les Marais de Comachio: il y en a maintenant une grande nommée PORTO DI MAGNAVÆCA; mais il n'est pas aisé de dire à laquelle des deux Embouchures répond ce Port, ni si toutes les deux s'étant fermées avec le tems, le Pô ne s'en est pas ouvert une troisiéme qui n'est, ni l'une, ni l'autre de celles que les Anciens ont vues.

SAGIT-

SAGITTA. Le Moine Robert, cité par
Ortelius [a], nomme ainsi la Ville de SEIDE,
qui est l'ancienne Sidon. Voyez SEIDE.

SAGIUM, nom Latin de la Ville de
SEEZ, Siège Episcopal de France en Normandie.

SAGHMANDAH, Ville d'Afrique,
dans la Nigritie dans la Province de *Vancarab*, selon d'Herbelot [b]. Elle est située au
bord d'un Lac que forme le Niger & que
les Arabes nomment *Bahr Alhalou* c'est-à-dire la Mer douce. Cette Ville s'est dit
cet Auteur à huit journées de Caravane de
la Ville de SÆMARAH & à neuf de celle de
RAGBIL, Villes qui appartiennent pareillement à la Province de Vancarah & qui
obéissent au même Prince.

D'Herbelot a pris ces détails d'Auteurs
Orientaux déja anciens. Au reste ce
Pays de Vancarah est sur la rive Septentrionale du Niger, & est nommé OUANGARA par Mr. de Lisle dans son Afrique
de 1722.

SAGNAC, ou SAGANAC, Ville d'Asie
au Turquestan, au Marawalnahr [c]. Asiz
Sultan de Kouarezm subjugua les Pays de
Sagnak & de Gionder l'an 547. de l'Hegire, & Toctamisch attaqua Tamerlan,
par les Villes de Sagnac & d'Otrar.

SAGNINI, ancien Peuple d'Italie,
entre les Volsques, selon Port. Caton
cité par Ortelius [d].

SAGONE, Ville de l'Isle de Corse
dans sa partie Occidentale dans une Plaine, à quatre milles de la Côte & de l'Embouchure de la Rivière de Limone, entre Calvi au Septentrion & Adjaccio au
Midi, & environ à seize milles de chacune. Elle avoit un Evêché suffragant de
l'Archevêché de Pise. Le titre s'en conserve encore quoique la Ville soit entièrement ruinée & qu'on en voye à peine
quelques vestiges. L'Evêque réside à un
Bourg voisin nommé VICO, où l'on a transporté la Cathédrale, selon Antonio Pietro
Philippini, cité par Mr. Baudrand [e]. Mr.
Corneille dit qu'on la nomme aussi SAGENA
DISTRUCTA. Il devoit dire: *Sagona Distrutta*.

SAGONTE. Voyez SAGUNTHUS, &
SAGUNTUM.

SAGORA, petite Ville de la Turquie,
en Europe sur la Mer Noire; entre Stagnara & Sisopoli [f]. On croit que c'est le
Thynias des Anciens auprès d'un Cap
de même nom.

1. SAGRA, Rivière de la grande Gréce,
dans la Locride. Cette Rivière, dit Pline [g], est mémorable. Strabon en parle aussi,
& remarque que ce nom est de Masculin; ce qui est en effet assez rare dans
les noms de Rivière. Sur le bord de cette Rivière étoit un Temple des deux freres Castor & Pollux; où dix mille Locres
assistez des Habitans de *Rhegium*, défirent cent trente mille Crotoniates en bataille rangée: de là vint le Proverbe employé quand quelqu'un refuse de croire une
chose, cela est plus vrai que la bataille de
la Sagra. Strabon ajoute: On fait un Conte
à ce sujet; on dit que le même jour la
nouvelle en fut portée à ceux qui assistoient aux Jeux Olympiques. Cicéron

ne laisse pas de répéter ce Conte dans son
Livre de la Nature des Dieux; il est vrai
qu'il l'accompagne d'un *on dit*. Il dit [h]
aussi le Proverbe dont parle Strabon [i]. Le
nom moderne de cette Rivière est SAGRIANO. Barri & Mr. Baudrand prétendent que c'est l'ALARO.

2. SAGRA (LA) Rivière d'Italie, dans
la Basse Calabre, selon Mr. Baudrand [k]
qui ne se contentant point de l'avoir décrite sous le nom d'Alaro, qu'il croit être
le nom moderne de la *Sagra*, la décrit
encore sous l'ancien nom, au mot SAGRA
sans avertir que c'est l'ancien nom.

SAGRE, ancien Peuple d'Ethiopie,
selon Phavorin [l].

SAGRE (LE) petite Rivière de la Tartarie Crimée. Elle a sa source à trois
lieues de Mancup vers le Nord; & coulant vers le Couchant, elle se décharge
dans le Golphe de Nigropoli, selon Mr.
Baudrand. C'est le SAGARIS d'Ovide &
l'AGAROS de Ptolomée.

SAGRE'S, Ville de Portugal dans l'Algarve [m]. Elle passe pour une des meilleures Places du Royaume; & des mieux
munies de Canon. Ce fut l'Infant D.
Henri, fils de Jean I. Roi de Portugal, qui
la fonda vers le commencement du XV.
Siècle. Il en aimoit le séjour à cause de
son Port qui n'est qu'à une lieue & demie
du Cap de St. Vincent. Ce Cap a été connu
des Anciens sous le nom de *Promontorium Sacrum*, le Promontoire Sacré; &
ce nom s'est conservé dans celui de cette
Ville. L'Infant D. Henri à qui le Portugal [n] est redevable de toute sa grandeur,
par l'heureux succès de ses entreprises qui
valurent à cette Nation ses grandes aquisitions en Afrique, en Asie, & en Amérique, ce Prince, dis-je, envoyoit de Sagrès des Flotes pour chercher de nouvelles routes vers les Indes Orientales, dont
on ne tiroit auparavant les Marchandises
que par le Levant, & par la Méditerranée. Elle a une Forteresse dans laquelle
on tient une Garnison considérable.

SAGRUDGE, [o] Village d'Asie dans la
Tartarie au Mawaralnahr, à six lieues de
Samarcande.

SAGRUS. Voyez SARUS.

1. SAGUENAY, (LE) Rivière de l'Amérique Septentrionale [p] dans la nouvelle
France, au Canada proprement dit. Elle
sort du Lac St. Jean, où se rendent diverses Rivières, savoir celle de Necouba,
celle de KAKIGAOUSIPI qui vient du Lac
de Mistasin dont la principale décharge
se rend dans la Baye de Hudson, & enfin
celle de PERIBOCA qui tire la plus grande
partie de ses eaux de plusieurs Lacs qui en
envoyent aussi dans la même Baye d'Hudson. Elle se rend dans le grand Fleuve
de St. Laurent à Tadoussac: elle est spacieuse, profonde de quatre-vingt à cent
brasses. Elle n'a guères qu'un quart de
lieue de largeur à son Embouchure; mais
en la remontant on trouve qu'elle est bien
plus large; c'est ce rétrécissement, qui lui
donne sa grande rapidité. Elle est telle
qu'elle empêche la Marée d'y entrer &
conserve son cours presque jusqu'à son
Em-

Embouchure. Elle reçoit de l'une & de l'autre côté, quantité de Riviéres dont quelques unes sont navigables. Il y a quelques Isles dans le Saguenay, mais elles sont fort désertes, ce ne sont la plûpart que des Rochers, & des lieux couverts de Sapins & de Bruyeres. Cinquante lieues au dessus de son Embouchure est une chûte d'eau, qui tombe d'un lieu fort élevé avec une extrême impétuosité. Le bord de la Riviére est entrecoupé & il s'y éleve à droite & à gauche de hautes Montagnes, des Rochers, & des lieux couverts d'Arbres fort épais. La Contrée qu'elle traverse est une vraye Solitude & une terre fort desagréable, tant à cause de sa stérilité qu'à cause du froid âpre & continuel. Les Forêts n'y nourrissent que de petits Oiseaux.

2. SAGUENAY, Province de l'Amérique Septentrionale, au bord Septentrional du grand Fleuve de St. Laurent. Elle est bornée au Nord-Est par les Kilistinons, ou Christinaux, au Nord-Ouest par les Esquimaux, au Sud-Est par le Fleuve de St. Laurent, & au Sud-Ouest par la Riviére à l'Embouchure de laquelle est le Lieu appellé les trois Riviéres. Elle s'étend depuis ce Lieu jusqu'au fond de la Baye des sept Isles. Les environs de la Riviére sont fort mauvais, aussi la premiére Colonie Françoise ayant malheureusement été établie à Tadoussac y fut exposée à de très-grandes miséres ; & ces mauvais succès retardérent long-tems l'Etablissement du Canada. On étoit dégoûté par la mauvaise qualité du Pays, mais on monta jusqu'à Quebec qui est dans cette Province, & on trouva de quoi fonder des espérances qui n'ont point été démenties. Les principaux Lieux de Saguenai sont :

Quebec Evêché & Capitale.

Sillery, Ste. Anne,
Tadoussac, Chichequedec,
Les trois Riviéres, Le Port St. Nicolas,
Port-Neuf, Le Port Cartier,
Beau-Port, Necouba.

SAGUNTHUS ou

1. SAGUNTIA, ancienne Ville d'Espagne dans la Bétique au Pays des Turdetains, selon Ptolomée [a], c'est apparemment la même que Pline [b] met au Département de Cadix *in Gaditano Conventu*.

2. SAGUNTIA, ou SEGUNTIA, ancienne Ville de l'Espagne Tarragonoise au Pays des Arevaques, selon Pline [c] Ptolomée ne la connoît point ; mais Tite-Live la nommé SEGUNTIA CELTIBERUM. Une Inscription au Recueil de Gruter [d] porte :

C. ATILIO C. F. QUIR. CRASSO. SEGONTINO

Antonin met cette SEGONTIA, & encore une autre Ville de même nom sur la route de Mérida à Sarragosse ; la premiére qui est celle-ci entre *Complutum*, Alcala de Henarés, & *Bilbilis* ; voyez ce mot. Voici les distances des Lieux voisins :

Complutum,
Arriacam M. P. XXII.
Cæsatam M. P. XXV.
SEGONTIAM M. P. XXVI.
Arcobrigam M. P. XXIII.
Aquas Bilbilitanorum M. P. XVI.
Bilbilim M. P. XXIV.
Nertobrigam M. P. XXI.
SEGONTIAM M. P. XIV.
Cæsar Augustam M. P. XVI.

La premiére de ces deux Villes est aujourd'hui SIGUENÇA, Ville d'Espagne située aux Confins de la Vieille Castille & de l'Arragon, près de la source du Henarés, Riviére qui coule à *Complutum* aujourd'hui *Alcala*, qui par distinction en prend le surnom de Henarés. Quant à la seconde, voyez SEGONTIA, N°. 2.

SAGUNTUM, ancienne Ville d'Espagne, au Pays des Hedetains, selon Ptolomée [e]. Elle étoit à près de trois milles de la Mer, si on en croit Tite-Live [f], & à trois milles entiers, selon le calcul de Pline [g]. Rien de plus fameux que le Siège & la prise de Sagonte dans l'Histoire Romaine. Ce fut par ses hostilités qu'Annibal engagea la seconde Guerre Punique. Les Carthaginois la possédérent huit ans, les Romains la reprirent sur eux, & en firent une Colonie Romaine [h]. C'est pourquoi elle est nommée par Pline [i], *Saguntum, Civium Romanorum Oppidum, fide nobile*. Sa situation près de la Mer, est marquée sur une Médaille de Tibére ; on y voit une Galère avec ce mot SAG. Et les noms des *Duumvirs*, & sur une autre Médaille du Cabinet du Roi alléguée par le R. P. Harduoin, on lit SAGUNT. Avec une Galère de même. Cette Ville s'appelloit également SAGUNTUM & SAGUNTUS. Strabon [k], Pline & Ptolomée disent SAGUNTUM. Pomponius Mela [l], Florus [m], Silius Italicus, & une Inscription de Gruter disent SAGUNTUS. Cette Inscription [n] porte SAGUNTUS PATRONIS VI. Silius Italicus [o] dit :

Conclamant utrimque acies, ceu tota Saguntos,
Igne micet.

Cette Ville étoit fort ancienne, & on en attribuoit la fondation à Hercule. Silius profitant de cette Tradition toute fausse qu'elle étoit, fait prier ainsi un Sagontin [p] :

Condito Alcide, cujus vestigia sacra,
Incolimus, terra minitantem averte procellam.

Ceux qui ne donnoient point dans cette chimère, en rapportoient l'origine aux Peuples de Zante. Strabon [q] dit *Saguntum à Zacynthiis conditum*. Les Rutulois y avoient envoyé une Colonie d'Ardéates & Silius Italicus [r] traite ainsi ces deux Antiquités en deux vers :

Armaque Dulichia proavis portata Zacyntho,
Et prisca advectos Rutulorum ex Urbe Penates.

Sagonte avoit une sorte de terre dont on faisoit de la Vaisselle qui avoit un grand debit.

SAG. SAH.   SAH.

debit. Martial dit dans une de ses Epigrammes [a]:

Fiſta Saguntino cymbia malo luto.

Et ailleurs [b].

Sume Saguntino pocula fiſta luto.

La Ville de Morvedre occupe à peu près la place de l'ancienne Sagonte.

SAGYLIUM, Ville d'Aſie dans la Phazemonitide, petite Contrée du Pont au voiſinage du Territoire d'Amaſa, ſelon Strabon [c]. Cette Place étoit ſur une Montagne fort haute & fort eſcarpée, ſur le ſommet de laquelle étoit une Citadelle qui avoit de l'eau en abondance. Cette Place étoit naturellement très forte. Les Romains la négligeoient, mais du tems des Rois de ce Pays là elle étoit une Ville de conſéquence.

SAHAB-MARGA, ou MANGAR, Plaine d'Afrique au Royaume de Fez [d] dans la Province de Cuzt entre les Montagnes du grand Atlas. Elles s'étendent en longueur du Levant au Couchant l'eſpace de quatorze lieues ſur dix de large; tous les Côteaux d'alentour ſont pleins de Bocages épais, où la Ville de Fez ſe fournit de bois, & de charbon; & ces Plaines ſont couvertes d'une ardoiſe noire & unie, où il ne croît pas même de l'herbe. Il n'y a point d'habitation, mais ſeulement quelques Hutes de branchages pour les Bucherons, & les Charbonniers.

SAHAGUN, Prononcez SAHAGON [e], Ville d'Eſpagne au Royaume de Léon, ſur la Riviére de SEA, à ſept lieues de Palencia, dans une Plaine fertile en Grains, en Vignes, en Jardinages, en Gibier, & dans une ſituation commode pour la Pêche. Il y a neuf Parroiſſes, un Couvent de Religieux Franciſcains, & un Monaſtère Royal de St. Benoît, dont nous parlerons dans la ſuite. Cette Ville n'a que cinq cens familles, mais elle a été plus conſidérable; ce fut en cet endroit que Saint *Facundus*, ce généreux Eſpagnol ſouffrit le Martyre le 27. Novembre 140. ſelon Dexter 139. d'autres diſent 180. Il y fut inhumé, & c'eſt de ſon nom qu'eſt venu par corruption le nom de Sahagun. La premiere Syllabe tient lieu du mot *Saint*, & on ſait que le génie de la Langue Eſpagnole tend à changer l'*F.* des Latins en *H. Ferrum*, Hierro; *Formoſus*, Hermoſo; *Facere* Hazer, &c. L'an 756. ſous Alphonſe I. cette Ville fut fondée. Le Monaſtère de St. Benoît, nommé enſuite *El Real de San Benito* ſubſiſtoit déja depuis long-temps; car l'an 174. Alphonſe III. le rebâtit ſous l'Invocation du St. Martyr Facundus, & de St. Primitif ſon Compagnon. Il y fit venir des Moines d'Andalouſie, & le premier Abbé fut un nommé Alphonſe. Cette Abbaye ſubſiſta juſqu'à l'an 986. que les Maures la détruiſirent. On la releva dans la ſuite, & elle fut floriſſante; & Sanche II. de Caſtille y renferma par force ſon frere Alphonſe à qui il fit prendre l'habit de Moine l'an 1071. Ce Prince s'enfuit de là auprès d'Ali Maymon Roi de Tolede; mais ayant été rappellé dans le Royaume par la mort de ſon frere Sanche qui fut aſſaſſiné, il prit plaiſir à agrandir & à embellir le Monaſtère Royal où il avoit été, & y choiſit ſa ſépulture. Cette Abbaye a une place dans le Chapitre de Tolede; & lorſqu'un de ces Religieux y aſſiſte, le Chapitre lui donne la diſtribution ordinaire des Chanoines depuis l'an 1096. On croit que c'eſt une Conceſſion de l'Archevêque Bernard qui avoit été Religieux de cette Abbaye. Ce Roi Alphonſe envoya de nouveaux Habitans à Sahagun, & à ſon exemple Urraca Reine de Caſtille l'augmenta, & accorda de nouveaux Priviléges qui en firent une Ville de conſéquence. Alphonſe IX. lui en donna encore d'autres, & Conſtance mere d'Alphonſe XII. y tint les Etats du Royaume en 1313.

SAHAR. Voyez SOHAR.

SAHARA, ou SARA, ou ZARA, ou ZAARA, On appelle ainſi le Deſerts d'Afrique, qui ſont entre la Barbarie au Nord, & la Nigritie au Midi. Ceux qui étendent le Biledulgerid depuis le lieu, où il eſt effectivement, juſqu'à l'Océan Occidental, le mettent entre la Barbarie au Nord, & le Sahara au Midi, & par conſéquent ils placent le Sahara entre le Biledulgerid au Nord, & la Nigritie au Midi. Mais dans le vrai, le Sahara & le Biledulgerid n'ont aucune borne commune, & ſont ſéparés par d'autres Pays.

Le Sahara a entre lui, & l'Océan les Zanagha, & en ſuppoſant qu'ils ſoient encore du Sahara, en ce cas le Sahara s'étend depuis la Riviére d'Albach vis-à-vis des Canaries, juſqu'à l'Embouchure du Senega. Delà une ligne qui s'écarte un peu de cette Riviére vers le Nord, fait la ſéparation du Sahara, & de la Nigritie juſqu'au Mont Amedede, qui continue juſqu'à l'Egypte. Les bornes du Nord ne ſont pas ſi ſenſibles. Le Sahara a au Nord les Royaumes de Tafilet, d'Huerguela, & du Faiſan, LE RAS-SEM ou le *Pays Pétrifié*, & la République de Siouha [f]. C'eſt la Lybie Intérieure de Ptolomée, dans laquelle il comprend auſſi une partie de la Numidie, & de la baſſe Ethiopie. Le Sahara eſt une terre fort ſtérile, fort pauvre, qui ne contient que des Deſerts arides, & ſablonneux, & le plus ſouvent inhabitables, où l'on fait quelquefois cent & deux cens lieues ſans trouver une goute d'eau. Ainſi les habitations y ſont très-rares, & fort éloignées les unes des autres, en des lieux où il y a quelques Lacs, & quelques Marais, & où l'air eſt le plus tempéré. Ceux qui y demeurent ſont groſſiers, & tiennent plus de la bête que de l'homme, puiſqu'ils n'ont pas l'eſprit de ſortir de ces Déſerts pour choiſir quelque demeure plus agréable. Les habitations les plus conſidérables du Pays ſont vers la partie Occidentale, près de l'Océan & du Niger. En quelques-unes, il y a des lieux fermés de murailles de terre. Les Peuples de la partie Occidentale du Sahara, étoient an-

cien-

[a] Lib. 8. Epigr. 6.
[b] Lib. 14. Epigr. 108.
[c] Lib. 12. p. 560.
[d] *Poblacion* Gen. de Eſpaña p. 50.
[e] *Corn. Dict. & Marmol* Afrique l. 1. c. 13. & 14.
[f] *Marmol.* Afrique l. 4. c. 125.

ciennement appellés Sabathéens, de Saba fils de Chus, qui s'y habitua, & ceux de la partie Orientale Futhéens, de Futh fils de Cham, ce qui fit que les Anciens appellerent Futheya la partie d'Afrique qui fut depuis nommée la Libye Cyrénaïque. (Il est bon d'avertir en passant tout Lecteur facile, de ne pas compter beaucoup sur ces Conjectures, pareilles recherches n'étoient guéres le fait de Marmol.) Il n'y a dans le Sahara, ni Riviéres ni Fontaines, ni aucune Eau que celle des Lacs, ou de quelques Puits salés, qui sont si rares, que les Marchands qui partent de Barbarie pour aller dans la Nigritie, outre les Chameaux qu'ils menent chargés de Marchandises, en ont encore d'autres qui ne servent qu'à porter de l'eau. Cela arrive particuliérement lorsqu'ils veulent aller du Royaume de Fez à Tombut, ou de celui de Tremecen à Agadez, ou quand ils vont au Caire par un chemin qui traverse tout ce Desert, & qui passe le long d'un grand Lac, dont les bords sont habités des Négres de Ceu, & de Gorhan, qui sont de la Basse Ethiopie. Sur cette route, principalement sur celle de Geneoha, & de Tombut, il se trouve quelques Puits que l'on a creusés dans le Desert, & de peur que le sable ne les comble, on les environne par dedans d'os de Chameau, faute de pierre, & on les couvre de la Peau de ces Animaux, parce qu'autrement un Vent d'Orient qui s'éleve en Eté, & qui transporte les sables d'un lieu à un autre en rempliroit bien-tôt tous ces Puits. L'orage est quelquefois si violent, que les hommes, & les Chameaux en sont accablés, & en demeurent couverts de la hauteur d'une pique. Ce qu'il y a de fâcheux, c'est que bien souvent quand les Voyageurs arrivent aux endroits où sont ces Puits, ils ne les peuvent trouver, à cause de la quantité de sables qui les couvre, de sorte qu'ils meurent quelquefois de soif. Le seul remede dans cet extrême besoin, est d'égorger leurs Chameaux pour boire l'eau qui est dans leur ventre; car quand ces Animaux boivent, ils boivent pour douze ou quinze jours, & sans cela on ne pourroit faire ce Voyage. Cela supplée au défaut de l'eau jusqu'à ce qu'ils viennent au lieu où il y en a, s'ils ne meurent en chemin. Les Saisons ne sont pas semblables en ce Pays tous les ans. S'il pleut depuis la My-Août jusqu'en Février, l'herbe y croît en abondance, & il y fait bon pour les Troupeaux qui paissent le long des Lacs. Quand les Marchands font leurs voyages après ces pluyes, ils ont l'avantage de trouver plusieurs Lacs, & quantité de lait & de beurre à grand marché; mais si elles manquent ils souffrent beaucoup, aussi bien que les Habitans du Pays; outre que ces sécheresses sont toûjours accompagnées de grands Vents qui transportent des Monts de sable. La recolte du Sahara est fort petite, parce qu'on n'y séme que de l'orge, encore n'est-ce pas par-tout, ce qui fait qu'on y vit misérablement.

Voici une Table Géographique du Sahara, ou Sara, avec ses divisions, selon les derniéres Cartes de Mr. de l'Isle:

Le Sahara comprend:
- Les Zanhaga.
  - Les Lieux remarquables sont.
    - Sur l'Océan.
      - Arca.
      - Cap Bojador.
      - Rio d'Ouro.
      - Cap des Barbes.
      - Cap blanc.
      - Arguin.
      - R. St. Antoine.
      - Port de Penia.
      - La Riviére du Senegal.
    - Dans les Terres.
      - Guaden ou Hoden.
      - Caragoli.
      - Moussay Raye.
  - Ses Peuples & Cantons.
    - Les Ludayes, Peuple.
    - Le Pays de Tacite.
- Les Zuenziga. Contiennent.
  - Les Cerem, Arabes.
  - Le Royaume de Soutra.
  - Le Royaume de Chinquele.
  - Les Puits d'Ararad.
- Les Touarges. Contiennent.
  - Le Royaume d'Ayr.
  - Le Pays d'Anquille.
  - Assoudi, Ville.
- & les Lemptans. Le R. de Gibadou où sont les Villes.
  - Catrone.
  - Tegerti.
  - Gibadou.
  - Meseraut.
- Le Desert de Berdoa. Comprend les Deserts de
  - Berdoa.
  - Levata.

Au reste quand nous distinguons le Sahara d'avec la Barbarie ce n'est que pour nous écarter moins de la maniére commune de parler, car il en fait, à proprement parler, la partie Méridionale, & il n'en est différent que comme les Landes sont différentes de la Gascogne. Aussi Mr. de l'Isle dans sa derniére Carte de l'Afrique l'appelle-t-il le Desert de Barbarie.

SAHAVEDRA. Voyez Bidima.

SAHIA[a], Ville de Syrie à douze lieues de Hama, & à treize de Mediez. Elle est Turque.

[a] Corn. Dict. Jouvin de Rochefort Voyage de Turquie.

SAH.   SAH. SAI.

est élevée sur un Rocher escarpé de tous côtez; ce qui la rend d'un accès très-difficile, & d'autant plus forte que la Riviére d'Assi, qui en lave le pied lui sert de fossez. Il y a un Pont de cent cinquante pas de longueur, qui fait monter quelques rouages qui font monter l'eau dans des Aqueducs. Ces Aqueducs la portent aux Jardins du Fauxbourg de Sahia, lequel consiste en cinquante maisons avec un Kan où les Etrangers peuvent loger, mais fort peu commodément.

[a Vansleb, Relat. de l'Egypte p. 20. & suiv.]

SAHID, ou SAÏD ou ZAÏD [a] (LE) Ce mot en Arabe signifie un lieu plus haut, & plus élevé qu'un autre, & on s'en sert en Egypte, pour signifier la Haute Egypte, qui a aussi été appellée la Thébaïde, à cause de Thèbes sa Capitale. Les Arabes la nomment encore VOGH IL ARD, c'est-à-dire la *face du Pays*, parce que ce Pays est au Midi de l'Afrique, & que les Hogias ou Prêtres Mahométans se tournent de ce côté là, quand ils appellent les autres à la priere; ce qu'ils font par rapport à la Mecque qui est au Midi de la Turquie.

Giafer Ibn Daleb, Historien Arabe, dit que le Saïd a douze journées de longueur, de ces journées de chemin qu'on fait en Egypte avec les Chameaux, & que de largeur il n'a que quatre heures de chemin; il ne parle que du Pays cultivé; car si on y vouloit comprendre les Deserts, & les Montagnes sablonneuses qui sont à l'Orient, & à l'Occident, & qui y regnent dans toute sa longueur, il seroit bien plus large. Il se termine vers le Midi à la Ville d'*Isvan* (l'Assenai de Paul Lucas) qui est dans le Cascieflik d'Ibrim. Du côté du Levant il va jusqu'à la Mer Rouge, & du côté du Ponant jusqu'à la Province de VAH inclusivement.

Sa Capitale est présentement Girgé où réside le Sangiac Bey ou Gouverneur de la Province; c'étoient autrefois des Princes Arabes qui la gouvernoient & on les appelloit *Omara Saïd* ou *Princes de Saïd*. Ils demeuroient à Hu, qui est l'ancienne Diospolis, surnommée la Supérieure, à une journée de Girgé en remontant le Nil, & du même côté de ce Fleuve; mais Girgé s'étant aggrandie avec le tems, & Hu dépérissant peu à peu, les Princes du Saïd transférérent leur résidence à Girgé qui depuis ce tems-là est demeurée la Capitale. Il y a cinquante ans ou environ (c'est-à-dire vers l'an 1620.) que les Turcs chasférent ces Princes Arabes, & mirent en leur place des Sangiacs Beys, qui étoient Turcs naturels. Le premier s'appelloit Soliman Gianballât. Jean Albert, dans sa Relation d'Egypte, s'est trompé en ce qu'il dit que le Saïd étoit un Royaume à part, & que pour son Gouvernement le Grand-Seigneur y envoya un Bacha exprès. Son opinion n'a nul fondement 1°. parce que dans toutes les Histoires Arabes, anciennes & modernes, la Province de Saïd n'est jamais appellée ni *Memleke* ou Royaume, ni *Pachalic* ou Gouvernement de Bacha, mais simplement ARDE SAÏD Pays de Saïd, & 2°. ses Gouverneurs n'ont jamais été appellez Rois ou Bachas, mais seulement les Arabes *Omara Saïd* Princes de Saïd, & les Turcs qui ont gouverné après eux ne sont jamais appellez ni dans les Registres du Divan, ni du commun Peuple autrement que Sangiac Beys; hormis un ou deux qui sont nommez *Bachas* parce qu'ils étoient Bachas avant que d'être faits Gouverneurs de cette Province; mais quoi qu'ils fussent honorez de ce titre de Bacha, ils ont toujours été dépendans, & subordonnez au Bacha du Caire, au lieu que les vrais Bachas sont indépendans les uns des autres.

Il est certain que la Province de Saïd, est d'une très-grande étendue, & que si elle étoit toute habitée & toute cultivée comme l'est la Basse Egypte, son Bey pourroit disputer la prééminence au Bacha du Caire, comme ils ont voulu quelquefois tenter de se soustraire à sa domination. Mais parce que le Pays qu'on y cultive est fort étroit, outre que ses Villes, & ses Villages sont en fort mauvais état ils ont échoué dans leur entreprise. Cependant, au titre près, le Gouvernement est tout-à-fait semblable à celui du Bacha du Caire; car il a de même que lui un *Chiaoux Bachi* ou Capitaine des Chiaoux, un Truchement, un Janissaire Aga, & les autres Agas des Ordres de la Milice, appellez en Turc *Boulouc*, qui sont pris de la Milice du Caire, & ont leurs appointemens sur le revenu de son Divan: il a aussi son *Divan Catebi*, ou Chancelier, en un mot il ne lui manque pour être Bacha que le titre, & l'indépendance de celui du Caire.

SAHRAI-MOUCH, petite Ville d'Asie au Courdistan; à deux journées de Miafarekin, & à trois d'Eclat. Les Géographes Orientaux lui donnent 74. d. 30. de Longitude, & 39. d. 30'. de Latitude. Elle est accompagnée d'une belle Prairie de même nom qui a deux journées de long, selon l'Historien de Timur-Bec [b]. [b Lib. 3. c]

1. SAI, ancien Peuple de Thrace. [42.] Voyez SAJI.

2. SAI, Ville ancienne d'Arabie, selon Pline [c]. Ortelius [d] croit qu'elle étoit dans l'Ethiopie sous l'Egypte. [c Lib. 61. c. 30. d Thesaur.]

SAIACE, Ville de l'Arabie Heureuse, selon Pline [e] qui la donne au Peuple *Zamareni*. [e Lib. 6. c. 28.]

SAIEOCKF, c'est-à-dire le *Pays des Neufs*; Isle, & grande Contrée du Japon. Voyez au mot Japon p. 26.

SAID (LE). Voyez SAHID.

SAIDE. Voyez SEYDE, & SIDON.

SAJI, ancien Peuple de Thrace. Strabon dit [f], certains Thraces ont été appellez SINTIES, ensuite SINTHI, & ensuite SAJI; c'est chez eux qu'Archiloque dit qu'il jetta son bouclier; ce sont à présent, poursuit Strabon ceux que l'on appelle SAPÆ. Ils demeurent aux environs d'Abdere, & les Isles voisines de Lemnos. Parlant ailleurs [g] de l'Isle de Samothrace il dit, quelques-uns croyent qu'elle a eu le nom de Samos des *Saji* Peuple Thrace qui l'ont autrefois habitée aussi bien que le Continent. Il semble douter en cet endroit si ces *Saji* sont le même Peuple que les *Sapæi*, & les *Sintes* d'Homere; rap- [f Lib. 12. p. 549. g Lib. 10. p. 457.]

rapporte en cette occasion les deux vers d'Archiloque.

SAILLANS, petite Ville de France au Bas Dauphiné dans le Diois sur la Drôme, entre Die, & Crest. Il y a douze ou treize cens feux. On croit voir dans son nom un reste de celui de *Sagalauni*, ancien Peuple de ces Cantons.

SAILLE (HAUTE), Lieu de Lorraine au Pays de Vosge dans le Comté de Blamont, en Latin ALTA SILVA. Il est remarquable par un Monastère de l'Ordre de Cîteaux, qui étoit autrefois au milieu d'une grande & haute Forêt, que le Vulgaire de ce Pays-là a nommée Saille. L'an 1140. quelques Religieux de l'Abbaye de Theulley au Diocèse de Langres vinrent s'établir en ce lieu-là, qui anciennement étoit un Village nommé Tanconville, & ils y furent reçus comme des Anges par Agnez de Bar Comtesse de Salm, & par ses deux fils Henri & Haman, selon Mr. Corneille qui cite Ruit, Recherches des Antiquités de la Vauge.

SAILLIES, petite Ville de France, au Béarn, au Diocèse de Lescar, dans la Sénéchaussée de Sauveterre à douze lieues de Pau. Elle est importante à cause d'une Fontaine salée qui fournit du Sel au Béarn & à la Navarre.

SAINGOUR, Rivière d'Asie dans l'Indoustan. Elle va se perdre dans le Gemené, ou Gemini, on la passe sur un Pont de pierre à une lieue de Sanqual sur la Route d'Agra à Patna.

☞ SAINT, SAINTE, plusieurs Lieux ayant été consacrez par le Martyre de quelques Saints ou par la déposition de leurs Reliques exposées à la vénération des Fidèles, on a bâti des Eglises auxquelles on a donné le nom des Saints dont on y révéroit la Mémoire. Des Monastères ont pris avec le tems le nom du St. qui les avoit fondez, ou dont la Sainteté avoit attiré en ce lieu des Imitateurs de ses vertus. Plusieurs de ces Monastères accompagnez de quelques Maisons ont vu se former à l'ombre de leur Clocher des Villages, & mêmes des Villes qui en ensuite pris le nom du St. Patron. Des Navigateurs ont trouvé des Isles, des Rivières, des Ports & autres objets dont ils ignoroient les noms ou qui même n'en avoient point encore, & ils leur ont donné celui du St. ou de la Sainte dont ils portoient eux mêmes le nom; ou du Saint dont l'Eglise célébroit la Mémoire le jour de la découverte. De cette manière, & de quelques autres dont il seroit trop long de faire ici un dénombrement plus exact; il est arrivé que les noms de Saints & de Saintes sont devenus des noms Géographiques. Les Italiens disent bien *Santo*, pour dire Saint, mais lorsque le nom du Saint suit immédiatement, ils disent SANT' devant les mots qui commencent par une Voyelle & SAN devant ceux qui commencent par une Consonne. SANT' AMBROGIO, *Saint Ambroise*. SANT' AGOSTINO, *St. Augustin*. SAN BERNARDO, *Saint Bernard*; SAN PAOLO *Saint Paul*. Cette Règle est la même dans les noms imposez par les Espagnols.

Nous ferons ici quatre Listes de ces sortes de noms: savoir 1. des mots qui commencent par SAINT. 2. de ceux qui commencent par SAINTE. 3. de ceux qui en Italien ou en Espagnol commencent par SAN ou SANT', & enfin de ceux qui en ces deux Langues commencent par SANTA, qui signifie *Sainte*.

A

SAINT ACHEUIL-LES-AMIENS, en Latin *Abbatia Sancti Acheoli prope Ambianum*, Abbaye de France en Picardie, au Diocèse d'Amiens, près de cette Ville. C'en étoit autrefois la Cathédrale, & elle étoit alors sous l'Invocation de Notre-Dame, c'est à présent une Abbaye de Chanoines Réguliers de St. Augustin de la Congrégation de Ste. Geneviéve.

1. ST. ADRIEN DE BETISI, Prieuré de France dans le Beauvoisis, il dépend de S. Quentin de Beauvais.

2. ST. ADRIEN en Flandres, petite Ville des Pays-bas, dans la Flandre Impériale, sur la Rivière de Dendre, à quatre lieues de Gand, à deux lieues d'Alost, & d'Oudenarde, c'est celle qui s'appelloit auparavant GEERSBERG en Flamand, ou *Gerardmont*, en François. Elle a changé de nom depuis 1110. On y a transporté de Raucourt en Hainaut le Corps de St. Adrien envoyé de Rome dans le onzième Siècle. On y a bâti une Abbaye de Bénédictins du nom de St. Adrien.

3. ST. ADRIEN, Montagne d'Espagne dans la Biscaye. On la trouve à onze lieues de la Ville de Saint Sebastien, qui est un passage des Monts Pyrénées. Elle n'est pas des plus rudes ni des plus affreuses; mais ce qu'elle a de remarquable, c'est qu'au haut il y a comme une Crête au dos du rocher, qui empêche absolument qu'on ne la passe, & que la Nature semble avoir mise pour une séparation fixe, & insurmontable entre la Biscaye & la Vieille Castille. Aussi en a-t-il fallu ouvrir le passage à force de Marteaux, de Ciseaux, ou par des Mines. On a percé le Rocher qui s'eleve sur ce passage, où il se fait comme une petite Vallée qu'on suit en montant, & qui finit en haut où est planté ce Rocher, qu'on a taillé en façon de voute, haute de trois toises, & large de huit pas. L'entrée est fermée d'une porte, & d'une maison qui est une Hôtellerie, & un Hôpital, qui sont seuls au dessous de ce Rocher, où il y a une petite Chapelle de Saint Adrien, & quelques lieux obscurs qui ne reçoivent de jour que par l'entrée & la sortie. Il faut encore un peu monter delà pour arriver au plus haut de la Montagne, qui est toute couverte de grands Bois de Hêtres. On a de tout tems apprehendé de passer par ce trou, à cause de la rencontre que l'on y fait souvent de Voleurs qui se retirent dans les Montagnes voisines pour attendre les Voyageurs à ce passage; ce qui fait que plusieurs vont par la petite Ville de Mondragon.

Après qu'on a franchi ce passage, on descend

descend par des Bois où se forme un petit Ruisseau qu'on suit. Il faut le passer, & le laisser à main gauche pour aller à Galareta, Village de la petite Province d'Alava qui fait une partie de la Biscaye. Cette petite Province paroît à ceux qui descendent du Mont St. Adrien, comme une Plaine de dix ou douze lieues de large. Elle est bordée de hautes Montagnes, remplie de Vignes, de bonnes terres couvertes de Bleds, & de quantité de Bourgades. On voit la petite Ville de Salvatierra dans cette Plaine.

ST. AFFERIAND, Bourg de France dans la Marche, au Diocèse de Limoges.

ST. AGREVE, en Latin *Fanum Sancti Agripani*, Ville dans le haut Vivarais, Diocèse de Viviers. Elle est située au pied des Montagnes à l'Orient de France, à 8. lieues de la Ville du Puy.

1. ST. AIGNAN, en Latin *Fanum Sancti Aniani*, Ville de France avec titre de Duché, dans le Berry, Diocèse de Bourges. Elle est située au bord du Cher, aux confins de la Touraine & du Blaisois, à vingt lieues à l'Occident de Bourges. Ce n'étoit autrefois qu'un Hermitage dédié à Saint Aignan, auprès duquel il y avoit un Château nommé *Hagar*. Eudes 1er. Comte de Blois l'augmenta considérablement, & en fit une Ville qu'il donna à Geofroy de Donzy. De la Maison de Donzy, elle a passé successivement dans celles de Châtillon, de Bourgogne & de Châlon, où elle entra par le mariage d'Alix de Bourgogne, Comtesse d'Auxerre, avec Jean de Châlon. En 1274. Marguerite de Châlon, Comtesse de Tonnerre la porta à Olivier d'Usson, Seigneur Casale-lez-Clairay. Louïse d'Usson leur arriere-petite-fille épousa en 1446. Merry de Beauvilliers, Seigneur de la Ferté-Imberz, Bailly de Blois, d'où elle a passé à François de Beauvilliers Comte de Saint Aignan, en faveur duquel elle fut érigée en Duché l'an 1663, & Pairie en 1665. Il y a un Chapitre composé de 8. Chanoines, d'un Doyen, & d'un Chantre ; il y a aussi un Couvent de Capucins, un de Bernardines & un d'Ursulines.

2. ST. AIGNAN, Prieuré de France en Champagne, dans l'Election de Tonnerre.

3. ST. AIGNAN, ou S. CHINAN DE LA CORNE; Mrs. Samson écrivent S. Chiran, en Latin *Fanum Sancti Aniani*, Bourg de France dans le Bas Languedoc, au Diocèse de S. Pons sur la Vezenobre, entre S. Pons & Beziers. Il y a une ancienne Abbaye de l'Ordre de S. Benoît. Elle étoit fort célèbre dans le 9. Siècle sous la Discipline de S. Benoît d'Aniane, qui étoit pour lors fort illustre.

4. ST. AIGNAN-EN-CRANOIS, Bourg de France, dans l'Anjou, Diocèse d'Angers.

5. ST. AIGNAN-EN-LASSAY, Bourg de France dans le Maine, Diocèse du Mans.

6. ST. AIGNAN, Sous-Balon, Bourg de France, dans le Maine, Diocèse du Mans.

1. ST. AIGULIN, Bourg de France, delà la Dronne, dans la Saintonge.

2. ST. AIGULIN, Bourg de France deçà la Dronne, dans la Saintonge.

ST. ALARI, Bourg de France dans le Quercy, Diocèse de Cahors.

1. ST. ALBAN, Ville de France, dans Bas Languedoc, Diocèse de Mende.

2. ST. ALBAN, Village de France, dans le Forez [a], à une lieue & demie de Rouanne; il y a trois Fontaines Minérales enfermées dans une petite Cour, qui a quatorze pieds en quarré. La première qu'on trouve en entrant dans la Cour, est plus profonde que les autres, & son eau est plus limpide que celle de la seconde, & infiniment davantage que celle de la troisième, qui est blanchâtre & fort trouble.

[a] Piganiol, de la Force Descr. de la France, t. 6. p. 210.

L'Eau de ces Fontaines est aigrette, & vineuse: leur acidité est la moins volatile de toutes celles dont j'ai goûté; [*] leur rouille est d'un rouge jaune, au moins quant aux deux premières; car comme l'eau de la troisième est plus blanchâtre, la rouille aussi en est plus blanche. Quand on y jette de la Noix de Galle, elle prend une teinture rouge, qui n'est pas à beaucoup près si foncée que celle du Vic-le-Comte. Elle change la teinture de Tournesol en un rouge un peu violet, & on tire par évaporation vingt-cinq ou trente grains de sel nitreux de chaque livre d'eau.

[*] C'est Mr Spon qui parle.

ST. ALBANS, Ville d'Angleterre [b], dans Herford-Shire sur le Ver. Elle s'est élevée des ruines de *Verulamium*, Place forte autrefois, & qui étoit située de l'autre côté de la Rivière. Le nom de S. Albans est venu d'un Saint de ce nom, S. Alban qui souffrit le Martyre sous Dioclétien, & qui fut le premier Martyr de la Grande-Bretagne. Pour en honorer la mémoire, on bâtit en ce Lieu une Eglise qui porta son nom. Les Saxons l'ayant détruite, Offa Roi de Merci, y érigea un Monastère sous le titre de ce Saint en 793, & l'Abbé obtint du Pape Adrien la préséance sur tous les autres Abbez d'Angleterre. Ce fut aux environs de cette Ville que Richard Duc d'Yorc défit Henri VI. & le fit prisonnier, & que Henri fut remis en liberté quatre années après par la victoire qu'il remporta dans le même Champ de Bataille. Le célèbre François Bacon, Chancelier d'Angleterre, fut créé par Jaques I. Baron de Verulam, & Vicomte de S. Albans. Cette Ville a le droit de tenir Marché public & d'envoyer ses Députez au Parlement.

[b] Etat prés. de la Gr. Bret. t. 1. p. 72.

ST. ALIERMONT, Bourg de Normandie [c], dans le Pays de Caux. Il est situé à deux ou trois lieues de Dieppe. C'est une Paroisse, & un titre de Seigneurie, avec Haute Justice. L'Archevêque de Rouen en est Seigneur Temporel, & Spirituel. Cette Seigneurie comprend les Paroisses de Saint Nicolas, de Saint Jacques, de Sainte Agathe, & autres, situées sur une même ligne de chemin en remontant du côté du Neuchâtel ; & on nomme ces Paroisses, les cinq Filles de Notre-Dame.

[c] Mémoires dressez sur les Lieux en 1704.

E ST.

ST. ALIRE, en Latin *Sanctus Illidius*, Bourg de France dans l'Auvergne, au Diocèse de Clermont & à 500. pas de la Ville de ce nom, au Midi, dans la Plaine & au bord de la petite Rivière de Tiretaine. Il y a une ancienne Abbaye qui a d'abord été dédiée à Notre-Dame d'Entresains, par Saint Austremoine, premier Evêque de Clermont. Ensuite elle a été dédiée à S. Alire & à S. Clément, Pape & Martyr. Le nom de S. Alire, qui y a été enterré, lui est resté: elle a été détruite par les Normands & depuis rétablie en 916. cédée aux Religieux de Cluny en 958. unie à la Congrégation de Chezal-Benoît vers l'an 1500. & à celle de S. Maur en 1636. L'Abbé est électif par le Chapitre Général de la Congrégation, depuis la résignation de Jacques d'Amboise son Commendataire en 1505. le 15. de Mars. Cette résignation fut confirmée par le Concordat; de sorte que cette Maison est une des six Régulieres dont le Titre appartient à S. Benoît.

1. ST. AMAND, Ville de France dans le Bourbonnois, en Latin *Oppidum Sancti Amandi*. Elle est située au bord du Cher, au Diocèse de Bourges sur les Frontiéres du Berry, & a été bâtie en 1410. sur les ruines de celle d'Orval qui avoit été prise & brûlée par les Anglois peu de tems auparavant. Elle est aussi divisée en deux qu'on appelle la Ville & le Château, la Ville appartient à Mr. le Prince comme une dépendance de la Terre d'Orval & le Château à Mr. de Montmorin.

2. ST. AMAND, en Latin *Oppidum Sancti Amandi in Pabulâ*, Ville des Pays-Bas dans la Flandre Walonne, au Diocèse de Tournay. Elle est située sur la Scarpe Quartier de Peules dans le Tournaisis, à 3. lieues de Valenciennes. Elle s'appelloit ci-devant Elnone, nom d'un Ruisseau qui y joint la Scarpe. S. Amand, Evêque Régionaire, y fonda une Abbaye nommée d'abord, *Monasterium Elnonense*, & depuis, *Abbatia Sancti Amandi in Pabulâ*. Le Roi Dagobert la dotta en 637. environ la 10. année de son Regne, selon le P. le Cointe, qui dit que S. Amand y fit d'abord construire deux Eglises, l'une sous l'Invocation de S. Pierre, Prince des Apôtres, desservie par des Réligieux & pour leur usage particulier, & l'autre sous l'Invocation de S. André, desservie par des Prêtres féculiers sous un Doyen, pour l'usage du Peuple. Cette derniére Congrégation a subsisté jusqu'en 1200. qu'elle a été supprimée par Guillaume Archevêque de Reims avec approbation d'Innocent II. Les Rois de France gratifiérent les Abbez de la Seigneurie du Territoire qui leur appartient encore. Cette Abbaye a embrassé la Régle de S. Benoît. Elle est en Régle & les revenus montent à 100000 lb. Les Abbez ont toujours reconnu les Rois de France jusqu'au Regne de François I. que Charles-Quint s'en fit céder l'hommage. Louis XIV. ayant repris la Ville en 1667. elle est restée à la France par les derniers Traitez de paix. Il y a auprès de cette Ville dans la Prairie une Fontaine d'eau Minérale: cette eau est claire & insipide; on en prend contre la Gravelle & contre les Obstructions. Depuis la Paix d'Utrecht, l'on a uni cette Place qui a resté à la France, à la Châtellenie d'Orchies.

3. ST. AMAND, Bourg de France, dans le Gastinois, Diocèse d'Auxerre.

4. ST. AMAND, Bourg de France dans l'Auverge, Diocèse de Clermont. Il n'est éloigné que d'un quart de lieue de S. Saturnin. Ils sont unis par une belle Allée de Tilleuls, & appartiennent tous deux au Marquis de Broglio.

5. ST. AMAND, Bourg de France, dans la Champagne, au Diocèse de Châlons. Il y a une Commanderie de l'Ordre de Malthe, destinée à des Freres Servants de l'Ordre. Le principal Lieu de cette Commanderie est à Hautecourt situé près d'Epence.

6. ST. AMAND, Bourg dans le Poitou, Diocèse de Poitiers.

7. ST. AMAND DE COLI, Abbaye de France, dans le Périgord, Diocèse de Sarlat, près de Terrasson. C'est une Abbaye d'hommes de l'Ordre de S. Augustin. Elle prend le nom, de son Auteur & Patron dont on fait la Feste le 7. des Calendes de Juillet sous le vocable de S. Amand Compagnon de S. Sorus & de S. Cyprien. Quant à son surnom de Coli, il vient ou d'un Château voisin appartenant à l'Abbé, ou de la Riviére de Coli qui y prend sa source, & arrose le Vallon où est bâtie cette Abbaye. S. Amand est un Lieu fortifié, environné de murailles très-épaisses, & très-hautes & munies de Tours; mais tous les Lieux réguliers ont été détruits par les Anglois à ce que l'on croit & il n'y reste que l'Eglise des Chanoines qui est fort belle; quatre Chanoines Réguliers y font l'Office divin.

1. ST. AMANS, Ville de France, dans l'Auvergne, au Diocèse de Clermont.

2. ST. AMANS DE NOIRE, Bourg dans l'Angoumois, Diocèse d'Angoulême.

ST. AMANT DE BOISSE, en Latin *S. Amantius de Buxia*, Bourg de France dans l'Angoumois, au Diocèse d'Angoulême. Il est situé à une lieue de la Rochefoucault sur la droite de la Riviére de Tardonne, ou Tardoire, à peu de distance de la Charente. Il doit son origine & son nom à une ancienne Abbaye de l'Ordre de S. Benoît. S. Amant dont elle a pris le nom étoit natif de Bourdeaux. Il fut conseillé de s'y retirer pour y vivre saintement par S. Eparches ou Cybard. Cette Maison commença sous la Régle de S. Benoît & s'établit des libéralitez des Comtes d'Angoulême, & principalement du Comte Arnauld, qui en conséquence d'un vœu en devint le Restaurateur vers l'an 988. Guillaume son fils acheva l'Ouvrage de cet Edifice que son pere n'avoit que commencé.

1. ST. AMBROISE, *Oppidum Sancti Ambrosii*, Ville de France située au bord de la Ceze dans le Bas Languedoc, Diocèse d'Usez.

2. ST. AMBROISE DE BOURGES,

en Latin *Abbatia Sancti Ambrosii Bituricensis*; Abbaye d'Hommes de l'Ordre de S. Augustin: elle a pris la Réforme. Elle est au Bourg de Seris dans le Berry.

St. AMOUR, petite Ville de France, dans la Franche-Comté au Bailliage d'Orgelet, à six lieues de Tournus & aux Frontiéres de la Bresse. Il y a un Chapitre.

St. ANDEOL, Bourg de France, en Latin *Fanum S. Andeoli*. Ce Bourg est très-considérable. Il est situé dans le Bas Languedoc au Diocèse de Viviers au Confluent de l'Ardéche & du Rhône, à deux lieues au Midi de Viviers; l'Evêque y réside ordinairement. Il a pris son nom de S. Andeol que l'on dit y avoir été martyrisé en 190. ce qui lui donneroit une grande ancienneté. On dit de plus qu'il se nommoit alors des GENTS: plusieurs lui donnent le titre de Ville: l'on y voit le Tombeau de S. Andeol dans la principale Eglise: il y a un Couvent d'Ursulines, & un de Récollets.

1. St. ANDRÉ, Ville d'Ecosse [a] dans la Province de Fife dont elle est la Capitale. Elle est agréablement située, dans une Plaine auprès de la Mer qui lui fournit toutes sortes de poissons. Elle a un Havre du côté de l'Est, mais qui n'est propre que pour de petits Bâtimens. Il y avoit un Château qui est démoli, & lorsque la Religion Catholique étoit la dominante en Ecosse, S. André étoit un Siège Archiepiscopal; mais le Presbitérianisme a aboli cette dignité, & l'Episcopat entiérement dans ce Royaume. Cette Ville a beaucoup perdu de son lustre par ce retranchement, & elle est aujourd'hui moins considérable qu'elle n'étoit alors. Il y a encore aujourd'hui plusieurs grandes Rues qui se croisent, deux, desquelles s'étendent de l'Est à l'Ouest jusqu'au fameux Couvent des Augustins, Couvent magnifique, & qui ressembloit plus à un Palais Royal qu'à un Couvent de Religieux qui ont fait veu de pauvreté. On en peut encore juger par ses ruines, & sur-tout par ses murailles de pierre de taille, avec ses Crenaux & ses Tours.

[a] Etat prés. de la Gr. Bret. t. 2. p. 248.

Ce qui rend aujourd'hui cette Ville fameuse, c'est son Université laquelle fut fondée par l'Evêque Wardlaw en 1412. Il y a trois Colléges, savoir celui de S. Sauveur, celui de S. Léonard, & le nouveau College. Ces trois Colléges ont eu des Professeurs, & des Eleves d'un mérite trés distingué. L'Eglise Cathédrale de S. André a passé pour la plus grande Eglise de la Chrétienté, ayant sept pieds en longueur, & deux en largeur plus que l'Eglise de S. Pierre à Rome. Sa hauteur extraordinaire, la beauté de ses Piliers & sa belle symmétrie lui donnoient le premier rang entre les plus beaux Edifices Gothiques: aujourd'hui la principale Eglise est celle qui s'appelle la Nouvelle Eglise, qui est auprès du Nouveau Collége. Il y en a deux, savoir l'Eglise de S. Léonard, & celle de S. Sauveur qui a un fort haut Clocher de pierre de taille.

2. St. ANDRÉ (LE FORT DE), Forteresse des Pays-Bas. Voyez au mot FORT.

3. St. ANDRÉ (LE CAP DE). Voyez au mot CAP.

4. St. ANDRÉ, Ville d'Allemagne, dans la Carinthie, sur le Lavant. Elle est le Siège d'un Evêché suffragant de Saltzbourg; de qui la Ville dépend & qui nomme à cet Evêché. Cette Ville est dans une Vallée au pied des Montagnes, à deux milles de la Drave en allant vers Judenbourg, & à onze de Clagenfurt. Quelques-uns la prennent pour l'ancienne FLAVIUM, Ville du Norique. On dit aussi quelle s'est accrue des ruines de l'ancienne SOLVA. Son Evêque se dit en Latin *Lavantinus Episcopus*.

5. St. ANDRÉ, Village de Hongrie sur le Danube un peu au dessus de Bude. Quelques-uns croyent que c'est le même qui prenoit le nom de la XIV. Légion Germanique. Il est sur le bord Occidental du Danube, qui en cet endroit se rejoint, après avoir formé l'Isle de S. André.

6. St. ANDRÉ, Ville de Hongrie sur le Danube au dessous de Gran & de Vice-Grad, & au dessus de Bude, au Couchant de Weitzen. Le Prince Eugène de Savoye est propriétaire de cette Isle par un don que lui en a fait Charles VI. Empereur d'Allemagne, & Roi de Hongrie.

7. St. ANDRÉ, Isle de l'Amérique dans la Nouvelle Biscaye, selon de Laet [b] qui donne à cette Province beaucoup plus d'étendue, qu'elle n'en a aujourd'hui. Il parle d'une *Riviére* aussi nommée *de S. André*, & parle ainsi de l'une & de l'autre dans l'Extrait qu'en a fait Mr. Corneille. On trouve cette Riviére à une lieue de celle de Barravia, après avoir passé les Montagnes qu'on nomme de Xalisco. A huit lieues de cette Riviére vers l'Ouest est située une Isle appellée L'ISLE DE S. ANDRÉ, sur la hauteur de 20. degrez vers le Nord. (Je remarque ici en passant que cette Latitude est fausse; car c'est précisément le parallele de la Ville de Mexico.) L'Isle est fort petite, & couverte d'un Bois épais, mais pleine d'Oiseaux & d'Yguanes; au dessous de son côté du Nord-Ouest il y a un bon Ancrage, & la Mer y est profonde de dix-sept brasses.

[b] Ind Oc. cid. l. 6. c. 10.

8. St. ANDRÉ, petite Isle du Royaume de Naples dans le Port de Brindes. On croit que c'est celle que les Anciens ont appellée BARA & PHAROS.

9. St. ANDRÉ, Ville de France au Diocèse de Lodéve, dans le Bas Languedoc.

10. St. ANDRÉ, Bourg de France dans le Forez, du Diocèse de Lyon, Election de Rouanne.

11. St. ANDRÉ, Bourg de France, dans la Normandie, au Diocèse d'Evreux. Il est situé entre Passi, & Nonancourt. Il donne le nom à une partie de la grande Plaine qui se trouve dans ce Diocèse située aux environs de S. André, & qu'on appelle la Campagne de S. André. On tient un Marché dans ce Bourg.

12. St. ANDRÉ, Bourg de France, dans l'Angoumois, au Diocèse de Saintes.

13. St. ANDRÉ, Abbaye de France de

de l'Ordre de S. Benoît, de la dépendance d'Ardres en Picardie, au Diocèse de Boulogne. Elle a été fondée en 1084. par Baudoüin Comte de Boulogne, & de Guine : ce n'est plus qu'un titre sans Eglise ni Monastère.

14. St. ANDRE' DE GONFER, en Latin, *Monasterium Sancti Andreæ in Gonferno* ou *Scoferno*; Abbaye de France en Normandie, Diocèse de Seez. Elle est située à une lieue & demie de Falaise sur le Chemin d'Argentan. Cette Abbaye est de Bernardins, & est fille de Savigni. Elle fut fondée l'an 1130. par Guillaume Talvas Comte de Seez, & de Ponthieu. Tout y est grand, son Eglise, la Sacristie, son Cloître, & ses Jardins. Les Bâtimens y sont fort bien entretenus & principalement la Tour qui est un Ouvrage très-estimé. Elle est sur le milieu de la Croisée de l'Eglise.

15. St. ANDRE' DES BOIS, Abbaye de France, Ordre de Prémontré entre Hesdin & Montreuil & au Diocèse d'Amiens en Picardie. Elle dépendoit autrefois de l'Abbaye de Dam Martin ; mais en 1163. elle fut érigée en Abbaye par Thierri Evêque d'Amiens; elle est en Règle.

16. St. ANDRE' EN FOREST, en Latin *S. Andreas in Nemore*, Abbaye de France, Ordre de Prémontré. Elle est située au Diocèse d'Amiens entre Hesdin & Montreuil, fondée l'an 1156. par Guillaume de S. Omer.

17. St. ANDRE' LE BAS, Abbaye de Bénédictins dans la Ville de Vienne en Dauphiné. Ils vivent séparément & ont rang parmi les Chapitres; ce Monastère fut bâti par le Duc Ancemon, l'un des plus grands Seigneurs de la Cour du Roi Gontrand à la prière de sa fille Religieuse de S. André le Haut. Le plus grand événement qui y soit arrivé, c'est que le jour de la premiére solemnisation de la Fête-Dieu le Pape Clément V. y fit la Procession où il porta le Saint Sacrement en présence des Rois & des Prélats qui avoient assisté au Concile.

18. St. ANDRE' (Abbaye de) Ordre de S. Benoît, en France, à Cateau-Cambresis [a]. L'opinion commune est que Gerard I. Evêque de Cambrai donna le commencement à ce Monastère l'an 1020. & que l'Eglise fut consacrée l'année suivante en présence de plusieurs Evêques, Comtes & Seigneurs voisins. Le même Evêque confirma toutes les Aumônes qui lui avoient été faites, par une Lettre de l'an 1026. L'Empereur Conrard les lui confirma aussi en 1033. Nicolas Evêque de Cambrai confirma encore l'an 1156. généralement toutes les Aumônes & Donations faites à ladite Abbaye par divers Evêques & Seigneurs en divers tems.

Gelic se trompe lorsqu'il dit que l'Evêque Gerard jetta les premiers fondemens de ce Monastère, en un lieu nommé *Wintdlecourt*. Balderic [b] en désigne la premiére fondation en ces termes : *Idem Episcopus [Gerardus] in Castello S. Mariæ, S. Andreæ Monasterium inibi à fundamento construxit, tertiamque partem Fisci Peronen-*

[a] Le Carpentier, Hist. de Cambrai & du Cambresis. part. II. c. 9.

[b] Lib. 3. c. 49.

sis, cui circumjacet, contulit Congregationi Monachorum, item Alodium Theodorici Montis Watinias &c. Ce témoignage se trouve conforme à toutes les Chartes du Pays, ainsi il est nécessaire de dire que cette Abbaye fut fondée au Cateau-Cambresis, bâti par l'Evêque Herluin sur la Jurisdiction de deux Villages nommés *Perone* & *Vendegies*. Il est vrai que ce *Perone*, n'est plus connu de nos jours, mais les anciens Regîtres ne laissent pas d'en faire mention, ce qui suffit pour fonder cette opinion. Jean de Cauchie Abbé de ce Lieu, édifia à Cambrai une très-belle Maison en 1531. qui a servi de refuge aux Religieux durant ces derniéres guerres [c]. L'Abbaye de S. André jouit de vingt-cinq mille livres de rente, depuis que l'on y a uni tous les revenus que l'Abbaye de Femi possédoit dans le Cambresis.

[c] Piganiol, Descr. de la France, t. 6. p. 161.

19. St. ANDRE' LE DESERT, Ville de France, au Diocèse de Mâcon en Bourgogne. Elle est située dans une Plaine qui est sur le grand Chemin de Châlon à Charolle, à deux grandes lieues de Cluny. C'est une Chastellenie Royale.

20. St. ANDRE' *Lez Clermont*, Abbaye Réguliére de Prémontrez. Elle fut fondée par le Comte d'Auvergne & par Jeanne Calabre sa femme en 1149.

21. St. ANDRE', *près Villeneuve-lez-Avignon*, Bourg & ancienne Abbaye de St. Benoît, fondée l'an 190. dans le Diocèse d'Avignon au Bas Languedoc. L'Abaye est dédiée à S. André, S. Martin, & S. Michel ; on l'a unie à la Congrégation de S. Maur. On a construit à ce Bourg un Fort qui a rang de Gouvernement de Place, de la Lieutenance des Sevennes, & du Gouvernement Militaire du Languedoc.

St. ANDREAS, Bourg de France dans la Guienne, au Diocèse de Bourdeaux.

St. ANTELME, Bourg de France dans l'Auvergne, au Diocèse de Clermont.

1. St. ANTOINE, Bourg de France dans le Dauphiné, au Diocèse de Vienne. Il est situé dans un fond entre deux Montagnes, à deux lieues de Vienne, à une lieue de S. Marcellin, & à une demie-lieue de l'Isere. Il doit son origine à la célèbre Abbaye dont il est parlé dans l'Article suivant.

2. St. ANTOINE, Abbaye de France dans le Viennois en Dauphiné. Cette Abbaye est Chef d'un Ordre particulier qui suit la Règle de S. Augustin. Elle est située à dix lieues de Vienne dans un Bourg autrefois nommé la MOTTE AUX BOIS, il a pris le nom de S. Antoine, des Reliques qui y furent apportées de Constantinople par un Seigneur nommé Gosselin que l'on croit de la Maison de Poitiers. Le Pape Urbain II. en établit le culte longtems après ; & comme il regnoit en ce tems-là une Maladie Epidémique nommée le Feu S. Antoine qui faisoit de grands ravages, on commença à y faire des Vœux & des Pélérinages. Deux Gentilhommes bâtirent un Hospital pour servir de retraite aux Malades. Il s'en forma un Institut que le Pape confirma. Le Supérieur-Général

néral prenoit le titre de la confirmation sous le titre de Maître ou de Commandeur; ce qui dura jusqu'en *1297.* qu'Aimond de Montigny prit la qualité d'Abbé. Il acquit la Seigneurie du Lieu; fit l'union de la grande Eglise de S. Antoine à son Hôpital, en dédommageant les Possesseurs; enfin il donna une forme parfaite à l'Ordre de S. Antoine qui s'est répandu depuis dans toute la France & dont cette Abbaye est le Chef. Elle avoit été ruïnée en *1561.* par les Protestants & fut rebâtie 12. ans après par l'Abbé Louïs de Langheitte. Il n'y a de tout l'Ordre que cette Maison qui a titre d'Abbaye. Les Supérieurs des autres Maisons n'ont que la qualité de Maîtres ou Commandeurs, l'Abbé est Electif & Régulier.

St. ANTONIN, en Latin *Oppidum S. Antonini*, petite Ville de France dans le Rouergne, au Diocèse de Rodez. Elle est située aux bords de l'Aveirou, aux Frontiéres du Quercy & de l'Albigeois. Les Protestans l'avoient fortifiée pendant les guerres de la Religion, mais Louïs XIV. l'ayant prise de force fit razer les Fortifications. Il y a un Chapitre de Chanoines Réguliers de la Congrégation de France. On croit que cette Ville a pris son nom, d'un Saint Prêtre, nommé Antonin, natif de Pamiers, qui fut martyrisé par les Payens aux bords de l'Aveirou, & que son corps ayant été trouvé dans la Rivière au lieu où est cette Ville, cela donna occasion d'y bâtir un Couvent dont la Ville a pris le nom.

St. ARNOUL, en Latin *Oppidum Arnulphi*, Ville de France dans la Beauce, au Diocèse de Chartres. Elle est située à sept lieues de Chartres, sur le chemin de Paris dans la Forêt d'Iveline.

St. ASAPH, Ville Episcopale d'Angleterre, au Pays de Galles dans le Flindshire [a]. Elle est située un peu au dessus du Confluent de l'Elwy Rivière & de la Chuyd. Vers le milieu du VI. Siècle. S. Kentigerne, Evêque de Glasco en Ecosse, célèbre en ce pays-là par ses vertus & par ses Miracles fut par revélation que des Scélérats avoient résolu de l'empoisonner, il se retira au Pays de Galles auprès de S. David. Ayant demeuré quelque tems auprès de lui il s'établit auprès de la Rivière d'Elwi dans un fond que lui donna le Souverain du Pays, & il y bâtit un Monastère où il assembla plus de six cents Religieux de cette grande Communauté. Il y en avoit le tiers qui s'appliquoient aux Lettres, & chantoient l'Office Divin divisez en plusieurs Chœurs, qui se succédoient les uns aux autres; de sorte que l'on célébroit sans cesse le Service dans l'Eglise. Les autres travailloient aux champs, où exerçoient les Arts & les autres emplois nécessaires pour leur commune subsistance. Ainsi ce Lieu devint fort peuplé & depuis on y bâtit une Ville. Ce Saint fut rappellé en Ecosse où il emmena la plûpart des Religieux de son Monastère. Ceux qu'il y laissa continuerent à servir Dieu sous la conduite de son Disciple S. Asaph, dont la Ville bâtie autour de ce Monastère porte aujourd'hui le nom. On l'a aussi appellée *Elwa* du nom de la Rivière. Les Gallois la nomment LLAN-ELWY. Cette Abbaye est devenue un Evêché, parce que beaucoup d'Abbez avoient le caractère Episcopal. L'Abbaye ne subsiste plus; mais l'Evêché subsiste toujours dans la Religion Anglicane, dont les Evêques d'Angleterre font profession [b]. La Ville est médiocre, & l'Evêché est pauvre. On en rejette la faute sur l'Evêque Parseu qui vivoit sous Edouard VI. On lui reproche d'avoir aliéné à perpétuité quatre de ses Maisons Episcopales avec les Terres qui en dépendoient, & d'avoir affermé le reste pour un très-grand nombre d'années. Le Diocèse de S. Asaph n'a qu'un Archidiaconé, appellé aussi S. Asaph, lequel est uni à l'Evêché pour faire mieux subsister l'Evêque.

St. ASSAIRE, & S. BRIS, Bourg de France, au Diocèse de Saintes, dans la Saintonge.

St. ASTIER, Bourg de France au Diocèse de Périgueux dans le Périgord. Il y a Eglise Collégiale.

St. AUBERT, Abbaye de France dans la Ville de Cambrai [c]. Cette Abbaye fut d'abord connue sous le nom S. Pierre. Elle a été la mere des Eglises de la Ville de Cambrai. On croit que c'est S. Vaast qui y établit dès l'an 536. des Chanoines, qui de Séculiers furent changés en Réguliers par l'Evêque Liébert l'an 1066. en la présence de l'Empereur Henri, qui détacha plusieurs beaux Biens de cette noble & opulente Eglise, pour augmenter le nombre des Prébendes en la Cathédrale, & en favoriser ceux qui ne voulurent pas embrasser la Discipline régulière. S. Aubert qui en est le Patron aussi bien que de toute la Ville y fit de grands biens, & y choisit sa Sépulture. L'Evêque Aubert un de ses Successeurs, y fonda huit Prébendes l'an 963. Herluin I. Comte de Cambresis en répara les ruïnes, comme avoit fait l'Evêque Dodilon son Prédécesseur. Le Feu la consuma pour la troisième fois en 1099. & encore en 1148. Les Evêques Odart, Burchart I. & autres contribuerent beaucoup à son rétablissement. Mais on ne peut s'empêcher de se plaindre de quelques Abbés des siècles passés, qui voulant la rebâtir, ou rehausser, permirent que l'on cassât plusieurs vitres, qu'on ôtat plusieurs Tableaux & Epitaphes, & qu'on couvrît du débris de ses vieilles murailles plus de cinq cens Marbres ou Tombeaux, dont les Inscriptions pourroient beaucoup servir aujourd'hui à l'Histoire. La simplicité & la négligence de ces Abbés est venue jusqu'à ce point, qu'ils n'ont pas même fait conserver dans leurs Cayers la mémoire du Lieu du Sépulcre de leur Patron, ni de plusieurs Evêques qui y avoient choisi leur Sépulture. Beaucoup moins encore se sont-ils embarrassés de laisser quelques Mémoires des noms de quantité de Seigneurs des plus Illustres Maisons, qui y ont été enterrés. Les Bâtimens de cette Abbaye sont magnifiques; & l'Eglise & le Cloître bâtis nou-

[a] Abregé de l'Hist. de l'Ordre de S. Benoît, l. 2. c. 46.

[b] Etat présent de la Gr. Br. t. 1. p. 138.

[c] *Le Carpentier, Hist. de Cambrai*, part. 2. c. 7.

nouvellement par Jérôme Millot Prélat recommendable par sa piété & son érudition, sont autant admirables par leur structure qu'en leurs ornemens & riches Reliques. Cette Abbaye a été anciennement si renommée que les plus grands Seigneurs de la Province tenoient à grand honneur de voir leurs enfans y prendre l'habit ; ce qui fit qu'elle fut nommée l'*Abbaye des Nobles*, & qu'elle étoit regardée comme le Séminaire des Evêques. Grammaye, Gelic, & de Ligne traitant de cette Abbaye, ont dit a cette occasion : *In hoc Cœnobio multi nobilitate illustres Viri, multi Cathedralis Ecclesiæ Canonici Regulam professi sunt ; prodieruntque hinc plurimi sanctitate doctrinâ & eruditione clarissimi, qui ad diversas Ecclesias Episcopales evecti sunt.* Mr. Piganiol [a], parlant de S. Aubert, dit que c'est une Abbaye de Chanoines Réguliers de S. Augustin, qui fut fondée l'an 1066. Mais il y a erreur, en ce qu'il a pris l'année que cette Abbaye a été mise en règle, pour l'époque de sa fondation. Le revenu est de quarante mille livres.

[a] Descr. de la France, t. 6. p. 162.

1. ST. AUBIN, Bourg de France dans le Bourbonnois, au Diocèse de Bourges. Il est situé au bord du Ruisseau de Varne, à une lieue de Bersai & de Buxiéres, à deux de Bourbon & à sept de Moulins. Le Roi est en partie Seigneur de ce Lieu.

2. ST. AUBIN DE CHASTEAUNEUF, Bourg de France dans la Champagne, au Diocèse de Sens.

3. ST. AUBIN DES BOIS, Abbaye de France, en Latin *Sancti Albinus de Bosco*. Ce sont des Moines de l'Ordre de Cîteaux, dans la Bretagne, Diocèse de S. Brieux.

4. ST. AUBIN DU CORMIER, Ville de France en Bretagne, au Diocèse & au Parlement de Rennes. Elle fut bâtie par Pierre Maucler Duc de Bretagne en 1222. tant à cause de la chasse que pour fermer l'entrée de la Bretagne du côté du Maine. Ce Lieu est célèbre pour la victoire remportée sur les Bretons & leurs Alliéz par l'Armée de Charles VIII. sous le commandement du Vicomte de la Tremouille dans laquelle Louis, Duc d'Orléans, Général de l'Armée ennemie, & depuis Roi de France sous le nom de Louis XII. fut fait Prisonnier. Cette Ville est à sept lieues de Rennes & autant des Frontiéres de Normandie. Elle députe aux Etats de Bretagne.

5. ST. AUBIN DU DESERT, Bourg de France dans le Maine, au Diocèse du Mans, sur la Sarte à une demi-lieue au dessus de la chûte du Loir. C'est dans cette Paroisse qu'est la Vidamie du Mans ; qui a autrefois appartenu à la Maison des Seigneurs des Usages, depuis à la Maison d'Augennes, & qui est à présent à celle de Vasté.

6. ST. AUBIN-TERGASTE, Bourg de France dans la Normandie, dans l'Avranchin. Il y a 1860. feux.

1. ST. AUGUSTIN, Fort de l'Amérique Septentrionale, sur la Côte Orientale de la Floride, à l'extrémité d'une Langue de terre qui resserre au Nord une Baye de même nom, au devant de laquelle il y a une Isle. Ce Fort est par les 29. d. 55'. de Latitude. Il a été bâti par les Espagnols à qui il appartient.

2. ST. AUGUSTIN (LE CAP DE). Voyez au mot CAP.

3. ST. AUGUSTIN (LA BAYE DE). Voyez BAYE.

4. ST. AUGUSTIN, Bourg de France en Saintonge.

5. ST. AUGUSTIN DE TEROUANNE, Abbaye de France dans l'Artois, de l'Ordre de Prémontré. Elle est en Règle & fut fondée en 1131. par Milon, Evêque de Terouanne. Il y mit des Religieux du Monastère de Selincourt, Diocèse d'Amiens. Peu de tems après Philippe, fils de Thierri Comte de Flandres y ayant mis le feu, son pere *aumosna à cette Abbaye* 10 livres de rente, Monnoye de Flandre, pour réparation du tort que son fils y avoit causé. Elle est une des plus considérables de l'Ordre. Son Abbé assiste aux Etats d'Artois. C'est tout ce qui nous reste de l'ancienne Ville de Terouanne depuis que Charles-Quint l'a fait détruire. Cette Abbaye est située au bord de la Lys dans le Diocèse de S. Omer.

ST. AVOLD, ou ST. AVAULD, par corruption pour ST. NABOR [b], petite Ville de Lorraine à dix lieues de Metz vers le Levant, avec une Abbaye de Bénédictins, fondée d'abord sous le nom de S. Hilaire de Poitiers par S. Fridolin. On la nomma long-tems *S. Hilaire de Moselle* quoique fort loin de la Moselle, & beaucoup plus proche de la Sarre. Elle fut nommée encore *Neuzelle*, ou *Nova Cella* comme l'appelle Raban de Mayence jusqu'à ce qu'enfin elle a pris le nom de S. Nabor dont le Corps y avoit été transféré de Rome l'an 765. par les soins de S. Chrodegang Evêque de Metz.

[b] Baillet, Topogr. des Saints.

§. Mr. Baillet, à raison de dire que ce Lieu est trop loin de la Moselle pour avoir été nommé S. Hilaire de Moselle. Aussi n'en est ce pas ; c'est S. *Hilaire de Mosellane*. La Mosellane est un des noms de la Lorraine, & S. Hilaire de Mosellane ne veut dire que S. Hilaire de Lorraine, ce qui est fort juste. La Ville est au Duc de Lorraine qui en devoit hommage à l'Eglise de Metz. Le Roi de France a déchargé le Duc de cet hommage par le Traité de 1718.

ST. AULAYE, Bourg de France dans l'Angoumois.

ST. AUSONY, en Latin *Sancti Ausonii Parthenon*, Abbaye de Filles, Ordre de S. Benoît, dans la Ville d'Angoulême en France ; c'est une noble & très ancienne Abbaye qui a été fondée dès le troisième siècle, & qui doit son commencement à Ausonne, premier Evêque d'Angoulême & à une Sœur du Préfet Garrulus, nommée Calliague, qui, avec Callefagie, & plusieurs autres saintes Filles, y reçurent le voile des mains du Saint Prélat Ausonne. Après sa mort, ces Pieuses Vierges ensevelirent son corps dans l'Eglise que Calliague avoit bâtie à l'aide de son frere, Préfet des Romains dans toute cette Contrée

trée & homme très-puissant. C'est de là que ce Monastère a pris le Titre de S. Ausonne. Charlemagne étant à Angoulême lui donna l'Eglise de S. Sonne, avec un très-ample Territoire. Plusieurs Rois de France ont imité la piété de ce pieux Empereur & ont comblé de biens cette Abbaye. Elle fut long-tems comme ensevelie sous ses ruïnes par les ravages des Barbares. Guillaume Evêque d'Angoulême la rebâtit jusque dans ses fondemens, dans les Fauxbourgs de cette Ville au même lieu, où étoit autrefois l'Eglise où l'on conservoit les Corps des Saints Evêques Ausoni & Atton. Le Comte Guillaume avec sa femme Girberie, & leurs fils Aldouin, Gaufroid & Guillaume, cédérent la Manse Domaniale qu'ils avoient dans la Métairie d'Alamans, en dot à la Basilique des Saints Ausoni, Atton, & Césaire, où reposoient les Corps de ces Saints & qui étoit située au dessous de la Ville d'Angoulême sur la Riviére de l'Enguinne. L'Acte de cette Cession est de l'année de la mort du Comte Guillaume 1028. sous le Régne du Roi Robert. Dans les guerres les Anglois s'étant emparez d'Angoulême, ce Monastère fut encore ruïné. Jeanne de Bourbon femme de Charle V. Roi de France en fut, pour ainsi dire, une seconde fondatrice & le rétablit entiérement dans le XIV. Siècle. Louïse de Savoye Comtesse d'Angoulême mere de François I. en releva aussi dans le XVI. Siècle les Bâtimens qui tomboient en ruïne par leur ancienneté. L'Abbaye fut encore entiérement renversée en 1568. pendant les troubles des Calvinistes ; mais Louïs XIII. prit le soin de la faire rebâtir avec une magnificence digne d'un grand Roi, & la transféra du Fauxbourg dans la Ville. Elle a plusieurs beaux Priviléges, entre autres, celui de ne dépendre uniquement que du S. Siège. Le Pape Urbain VIII. la confirma dans la possession de tous ses avantages. La Communauté est composée de XL. Religieuses, qui ont assez de peine à subsister.

St. AUVENT, Bourg de France dans le Limosin, au Diocése de Limoges.

St. AUVERGER, Prieuré de l'Ordre des Mathurins en France.

St. AY, Bourg de France dans l'Orléanois, au Diocése d'Orléans.

B.

St. BABEL, Bourg de France, dans l'Auvergne, au Diocése de Clermont.

St. BARBAN, Bourg de France, dans le Limosin, au Diocése de Limoges.

1. St. BARTHELEMI, petite Isle de l'Amérique, l'une des Antilles. Elle est au Midi de l'Isle de S. Martin ; vers le 17. d. de Latitude Septentrionale. Son circuit n'est que de sept à huit lieues & son Havre seul est cause que les François y ont établi une Colonie, depuis l'an 1648. Ce Havre entre plus d'un quart de lieue dans la terre & son entrée est large de cinquante pas. Il en a plus de trois cens de largeur en quelques endroits, & au plus étroit deux cens. Quoique les plus grands Navires y puissent entrer en toute Saison, il ne laisse pas d'être de difficile accès, à cause que l'Isle est entourée de plusieurs Rochers. La terre n'y est guères propre que pour le Tabac. On y trouve plusieurs beaux Arbres fort estimez, une infinité d'Oiseaux de différentes espèces, & de la pierre qu'on y apporte d'autres Isles &. qui est propre à faire de la Chaux. Il y a une Colonie Françoise, on l'en avoit ôtée pour fortifier celle de S. Chistophle pendant la guerre de 1688. mais en 1701. elle commençoit à se rétablir. Mr. de l'Isle met S. Martin au Nord de St. Barthelemi dans la Carte du Méxique. Mr. Danville la met au Nord-Ouest, mais le P. Labat renverse les choses, & met S. Martin au Sud-Ouest de S. Barthelemi ; en quoi il a voulu sans doute copier ceux qui ont fait dire à Mr. Corneille que S. Barthelemi est à quatre lieues au Nord-Est de S. Martin.

2. BARTHELEMI, Montagne de l'Amérique Septentriohale dans la Nouvelle Espagne à deux lieues de Tlascala. Elle est très haute.

3. St. BARTHELEMI, (Les Basses de). Voyez Basses.

4. St. BARTHELEMI, Bourg de France, dans l'Anjou, au Diocése d'Angers.

St. BASLE, en Latin S. Basoli-Fanum, Abbaye de France, de l'Ordre de S. Benoît en Champagne, Diocése de Reims, sur le haut d'une Montagne. Elle s'appelloit autrefois Verzy. Il y a encore près un Village de ce nom. On la croit fondée par Suanegotte, seconde femme de Thierry Roi d'Austrasie, & par Theodechilde sa fille. Ses premiers Religieux suivoient d'abord la Règle, de S. Antoine & de Pacôme ; mais S. Nivart Archevêque de Reims qui rétablit cette Abbaye vers l'an 664. leur fit embrasser la Règle, de S. Benoît. Une Congrégation de Prêtres Séculiers leur succéda vers l'an 717. L'Archevêque Artaud remit en leur place des Bénédictins, vers l'an 960. Leur Monastère étoit d'abord au pied de la Montagne, d'où il fut tranféré au haut en 840. Cette Abbaye a été unie à la Congrégation de S. Maur en 1644. depuis lequel tems les Religieux de cette Congrégation l'ont beaucoup rétablie & embellie. On y tint un Concile vers l'an 992. pour installer Archevêque de Reims Gerber, qui a depuis été le Pape Silvestre II. Elle est exemte de la Jurisdiction de l'Ordinaire.

St. BAUDELLE, Bourg de France, dans le Maine, au Diocése du Mans.

St. BAULT, Bourg de France dans la Touraine, au Diocése de Tours.

St. BAUMER, Bourg de France dans la Normandie, au Diocése du Mans. Il y a des Mines & des Forges où l'on fait beaucoup de fer dans ce Canton.

St. BAUZELY, Bourg de France dans le Rouergue, Diocése de Vabres.

1. St. BEAT, en Latin *Oppidum Sancti Beati*, Ville de France. Il y a Justice Royale

Royale. Elle est située dans le Comté & Diocése de Comenges, au Confluent de la Garonne, & de la Pique, à deux lieues au Midi de S. Bertrand de Comenges, dont elle peut passer pour le Boulevard. La Garonne la traverse & la sépare en deux. Elle est entre deux Montagnes. Toutes les Maisons y sont bâties de Marbre, parce qu'il n'y a pas d'autres pierres dans le Pays. Il y a un Prieuré assez considérable.

2. St. BEAT, ou comme le Peuple dit par corruption St. PAT, nom d'une Caverne de Suisse [a] dans l'Argou, & plus particuliérement à demi-lieue d'UNDERSEWEN ou UNDERSE'EN, petite Ville située entre le Lac de Thoun & celui de Brienz. D'Anciennes Legendes des Suisses portent que S. Béat étoit un noble Anglois ; qu'étant encore Payen il se nommoit Suetonius ; que l'Apôtre S. Barnabé le baptisa & le nomma *Beatus* en Latin, Μακάριος en Grec; que S. Pierre étant encore à Antioche l'ayant fait Prêtre, à l'âge de quarante ans, l'envoya prêcher dans la Suisse ; que les Prédications de ce S. Homme eurent un tel succès que St. Pierre l'ayant appellé quelque tems après à Rome le fit premier Evêque de la Suisse. S. Béat gouverna son Troupeau pendant un certain nombre d'années & prêcha avec fruit dans les Cantons de Berne, de Lucerne, d'Underwald, de Fribourg, de Soleurre, de Schwitz, & dans le Pays des Grisons ; mais enfin las de cette vie pleine d'agitations, il fixa sa demeure dans la Caverne qui porte aujourd'hui son nom & y finit ses jours dans la Solitude. La situation du lieu est charmant c'est un Antre profond, élevé de près de cent pieds au dessus de l'Horison du Lac. Il est divisé en plusieurs Chambres & paroît avoir été formé par la Providence pour être un Hermitage. Des Rochers escarpez couvrent cet Antre & le garantissent des injures de l'air. On y jouït d'une vue très-agréable sur le Lac de Thoun & sur le Rivage. Tous les environs sont égayez par de beaux Arbres, & par le chant des Oiseaux : mais ce qui y réjouït en même tems les yeux, la langue, & l'esprit, c'est un Torrent assez abondant, dont l'eau pure sort du fond de cette Caverne & après y avoir coulé avec un agréable murmure, tombe sur des Rochers & fait une infinité de Cascades admirables. En un mot on peut dire que si quelque Prince avoit un Lieu semblable à celui-là dans ses Jardins, il en feroit ses délices. Les vestiges des murs qui subsistent encore aujourd'hui sont les ruïnes d'une Chapelle bâtie en l'honneur de ce Saint. Lorsque toute la Suisse étoit encore Catholique, on y alloit en Pélerinage de tous les lieux d'alentour ; mais lorsque les Bernois se séparérent de l'Eglise, ils envoyérent prendre les Reliques du Saint. On y trouva un Crâne qu'on enterra honorablement dans le Couvent d'Interlacken ; ce qui attira au Bernois une guerre de la part du Canton d'Underwald, qui n'approuvoit pas qu'on le privât d'une Relique pour laquelle ce Canton avoit beaucoup de devotion.

[a] Etat & Délices de la Suisse. t. 2. p. 217.

Cependant on prétend avoir à Lucerne le Chef de ce même S. Béat.

St. BENIGNE DE DIJON, Abbaye d'Hommes de l'Ordre de S. Benoît. Voyez DIJON.

St. BENOIT DU SAULT, Ville de France, en Latin *Stus. Benedictus de Saltu*. Elle est située dans les confins du Berri & du Poitou, au Diocése de Bourges. Il y a un Prieuré Conventuel de l'Ordre de S. Benoît, Membre de l'Abbaye de S. Benoît sur la Loire, de la Congrégation de S. Maur, dont le titre est uni à la Maison des Missions Etrangéres de Paris. Il y a aussi un Couvent d'Augustins. Cette Ville est à 25. lieues de Bourges, à 18. de Potiers, à 16. de Limoges, à 9. de Montmorillon & à 8. de Blanc. Elle est du Baillage de Montmorillon.

St. BENOIT SUR LOIRE, Abbaye de France, dans le Diocése d'Orléans, & à 8. lieues de cette Ville. Elle est célèbre par la vénération du Corps de S. Benoît que l'on prétend y avoir été transporté du Monastère du Mont-Cassin pour la crainte des Barbares au commencement du VII. Siècle. Cette Abbaye reconnoît pour Fondateur un Seigneur Bourguignon, nommé Léodebaudus en l'an 623. Cette Maison a eu des Abbez très-distinguez par leur capacité & par leurs Sciences, qui l'ont rendu la prémière du Royaume pendant plusieurs Siècles.

St. BENOIT SUR SARTHE, Bourg de France, dans le Maine, au Diocése du Mans.

1. St. BERNARD, (LE GRAND) Montagne de Suisse & de Savoye aux confins de l'une & de l'autre, entre le Valais & le Val d'Aoste, à la source de la Drance, qui tombe dans le Rhône, & de la Doria, qui grossit le Pô. Selon l'Auteur de l'Etat & Délices de la Suisse, ce qu'on appelle aujourd'hui le Mont S. Bernard portoit anciennement le nom d'Alpes Penninæ, ou de Mont de Jupiter, d'où l'on a fait dans la suite le nom de *Montjou*, *Mons Jovis* ; à cause d'une Idole nommée *Jupiter Penninus*, qu'on y adoroit dans le tems du Paganisme. Quelques Siècles après l'Introduction du Christianisme on lui a donné le nom de S. Bernard, à cause d'un S. Prêtre de ce nom, natif du Val d'Aoste, (Archidiacre d'Aouste.) qui avoit abatu l'Idole & fondé là un Couvent pour loger les pauvres Voyageurs. Quoiqu'il en soit de l'origine, il y a sur le sommet de cette Montagne un grand Couvent ou Hospice, où des Religieux reçoivent très-humainement tous les Voyageurs. Ils les logent & les nourrissent trois jours durant gratis, sans aucune distinction de Catholique & Protestant. Ils traitent chaqu'un selon sa qualité & les Voyageurs qui ont quelque argent ne manquent jamais s'ils ont quelque reconnoissance de faire un présent honnête au Couvent. S'il meurt quelqu'un dans ce Lieu, ils ne l'enterrent pas ; mais ils le mettent dans une Chapelle qui est loin du Couvent, au milieu d'une glaciére, & où les Corps se gardent long-tems sans se corrompre

rompre à cause de l'excès du froid qu'il y fait. On ignore le tems & les circonstances de cette fondation. Seulement il est certain qu'elle est ancienne. Un Evêque de Lausanne nommé Hartman avoit été Aumônier dans cette Maison l'an 850. ou environ. Mais elle n'est pas moins utile qu'ancienne. Ces bons Religieux font une infinité de biens aux Voyageurs dans leur Maison, car une la Montagne est fort rude de chaque côté, il est certain que sans leurs soins charitables, mille Voyageurs seroient péris particuliérement en Hyver & dans les tems du dégel. Chaque jour ils ont soin d'envoyer aux deux chemins opposez, des gens avec de l'eau de Vie & d'autres cordiaux, & souvent ils rencontrent de pauvres Voyageurs étendus par terre & tombez en défaillance, par la violence du mauvais tems, qu'ils ont essuyé, & ils leur donnent tout le secours qui est nécessaire. Aussi aime-t-on beaucoup ces Religieux dans toute la Suisse & aux environs & quand ils envoyent quêter pour leur Maison, ce qu'ils font une fois chaque année, il n'y a si pauvre Maison qui ne leur donne largement & de bon cœur, les Protestans aussi bien que les Catholiques. Cet Hospice est fort grand & peut contenir environ six cens personnes & comme il est entouré de neiges & de glaces, il ne croit absolument rien dans son voisinage. Cependant tout y abonde par les soins de ceux qui en ont la direction & par les grandes contributions qu'on y fait.

2. ST. BERNARD (Le petit), Montagne de Savoye, entre le Val d'Aoste & la Tarantaise. Quoique très-haute, elle n'est pas comparable à l'autre en élévation.

3. ST. BERNARD, Abbaye de France en Dauphiné, au Diocèse de Valence & près de la Ville de ce nom. Elle est de l'Ordre de S. Benoît.

4. ST. BERNARD (l'Isle de), Isle de l'Amérique Méridionale au Gouvernement de Carthagène. Il y en a six, & elles sont vis-à-vis de la Rivière de Zenu. Elles s'élevent en hautes Collines, & ont quelques Bayes de sable du côté qu'elles regardent la haute Mer.

ST. BERNARDIN. Voyez au mot VOGELSBERG.

ST. BERTRAND, petite Ville de France, au Pays de Comminges, où elle est le Siège de l'Evêché qui conserve le titre d'Evêque de Comminges. S. Bertrand est sur une Colline au pied de laquelle étoit la Ville de Comminges *Lugdunum Convenarum*, qui étoit plus grande que Toulouse comme il paroît par les vestiges de son enceinte. Cette ancienne Ville fut détruite en 585. par Gontrand Roi des Bourguignons, parce que cette Place avoit servi de retraite à un certain Gondebaut qui se disoit fils de Clotaire I. & prétendoit à la Couronne. S. Bertrand Evêque de Comminges dont le titre subsistoit toujours & subsiste encore à présent malgré la destruction de cette Ville; S. Bertrand, dis-je, fit bâtir la Ville qui porte aujourd'hui son nom, vers la fin de l'onzième Siècle, selon l'Abbé de Longuerue ou l'an 1100. selon Mr. Piganiol de la Force[a]. Ce n'est qu'une grande Bourgade où il n'y a que cinq cens Habitans. Elle tire tout son relief de son Eglise Cathédrale. La Menuiserie du Chœur est ce qu'on y remarque de plus rare. C'est une grande dévotion des gens du Pays, qui ont beaucoup de confiance en l'intercession de S. Bertrand. Ce S. Evêque étoit fils d'Athon Raymond Seigneur de l'Isle. Je parle de l'Evêché au mot Comminges.

[a] Descr. de la France, t. 4. p. 586.

1. ST. BLAISE, Prieuré de France, au Diocèse de Bourges.

2. ST. BLAISE, grand Village de Suisse[b], dans le Pays de Neuchatel; au delà de la Ville de ce nom & au bout du Lac. Il peut aller de pair avec bien des Places de la Suisse qui portent le nom de Ville; ce Village est en partie dans une Plaine fort unie & en partie sur des hauteurs de Rochers.

[b] Etat & Délices de la Suisse, t. 3. p. 243.

ST. BLIN, ou comme écrit l'Auteur des Mémoires de Champagne S. BELIN: Prieuré de France, en Champagne, au Diocèse de Toul. Il dépend de l'Abbaye de S. Benigne de Dijon. Il est dans le Village de Bertigni, dont l'Eglise paroissiale est sous l'Invocation de S. Nicolas. Le Prieur est Seigneur du Lieu. Ce Prieuré fut fondé dans le milieu du 8. Siècle par S. Jacob Evêque de Toul, & Liliosa sa sœur qui donna le Village de Bertigni pour établir ce Prieuré. Il est en Commende, & étoit autrefois Conventuel; mais il n'y a plus de Religieux.

1. ST. BONNET, Bourg de France, dans l'Auvergne, au Diocèse de Clermont.

2. ST. BONNET, Ville de France, dans le Dauphiné, au Diocèse de Vienne.

3. ST. BONNET, Bourg de France dans le Dauphiné, au Diocèse de Gap. Il est le Chef-lieu du Duché de Lesdiguières, situé dans le Val de Champsaur; & il est célèbre pour avoir été le lieu de la naissance de l'illustre Connétable Duc de Lesdiguières.

4. ST. BONNET des Bruyéres, Bourg de France dans le Baujolois, Diocèse de Lion.

5. ST. BONNET, Ville de France, dans le Forez. Ses Habitans sont renommez pour les Ouvrages de Clincaillerie[c], principalement de grands Oiseaux, qu'on estime d'autant plus qu'en cette Ville il y a une source dont l'eau a une propriété particuliére pour la trempe; ce qu'on attribue aussi à l'adresse des Ouvriers. Cette Ville appartient au Roi. Il y a une Eglise paroissiale, un Convent de Capucins & un d'Ursulines.

[c] Corn. Dict.

6. ST. BONNET, Bourg de France dans l'Auvergne, au Diocèse de Clermont.

ST. BRANCHS, Bourg & Prevôté de France dans la Touraine.

ST. BRANSCHEIR, petite Ville de Suisse[d], dans le Bas-Valais, au bout du Val St. Pierre, qui est de quatre lieues de longueur & dont l'autre bout va au S. Bernard. Elle est le Chef-lieu du Gouverne-

[d] Etat & Dél. de la Suisse, t. 4. p. 206.

F

vernement d'Entremont; il y a une belle Eglife dédiée à St. Etienne. Delà au fommet du S. Bernard on compte fix lieues de chemin.

1. St. BRICE, Bourg de France dans l'Ifle de France.

2. St. BRICE, Bourg de France dans l'Anjou.

St. BRIEUC, en Latin *Oppidum Sancti Brioci* ou *Briocenfe Oppidum*, Ville de France en la Haute-Bretagne. Elle tire fon nom d'un Monaftère fondé en l'honneur de S. Brieuc Apôtre de ce Pays-là & où le Prince Breton Numenoius établit un Evêché l'an 844. Sanfon croit que le Diocèfe de S. Brieuc répond au Peuple *Aulerci Diablintes*. Voyez le pour & le contre de fon fentiment dans l'Article Aulerci. Cette Ville n'étoit qu'un Village nommé BIDUE, lorfqu'on y établit un Siège Epifcopal, felon Mr. Piganiol de la Force [a]. Il feroit plus naturel de dire: lorfqu'on y fonda le Monaftère qui a donné lieu à ce Village de devenir une Ville, & qui eft devenu lui-même un Siège Epifcopal avec le tems. Quoiqu'il en foit, elle eft fituée dans un fond environné de Montagnes, qui lui otent la vue de la Mer, quoiqu'elle n'en foit éloignée que d'une demie lieue, & qu'elle y forme un petit Port. Les Eglifes, les Rues & les Places de S. Brieuc font affez belles. Cette Ville étant fans foffez & fans murailles, eft jointe à fes Fauxbourgs, hormis du côté des Cordeliers, où l'on en a élevé environ cinquante toifes. L'Eglife de S. Michel dans le Fauxbourg du même nom eft la plus grande Paroiffe de la Ville. Le Couvent des Cordeliers eft bien bâti & leur Jardin eft fpacieux. Le Collége en eft fort proche & eft entretenu par la Ville pour l'inftruction de la Jeuneffe. Cette Ville a produit un Jurifconfulte d'un grand nom, qui eft François Duaren Profeffeur de Droit à Bourges, où il mourut l'an 1559. âgé d'environ cinquante ans.

L'Evêché de S. Brieuc fut établi par le Pape Pélage l'an 552. & St. Brieuc Irlandois de nation, & Difciple de S. Germain Evêque de Paris, en fut le premier Evêque, à ce que croit Mr. Piganiol; mais ce Lieu n'étoit rien moins qu'un Siège Epifcopal du tems de ce Saint. Mr. Fleuri [b] qui a beaucoup examiné ces antiquitez Eccléfiaftiques, dit beaucoup mieux que S. Brieuc né dans la Grande-Bretagne, après avoir été ordonné Evêque & fait plufieurs Miracles, paffa dans la Gaule & y fonda un premier Monaftère, puis un autre au lieu, qui porte fon nom, & qui fut depuis un Siège Epifcopal. Cette difcuffion n'eft pas affez importante à la Géographie pour m'y arrêter. Pourfuivons la defcription. L'Eglife Cathèdrale eft dédiée à S. Etienne & le Chapitre eft compofé de fix Dignitez & de vingt Prébendes. Le revenu de l'Evêque eft de dix-huit mille Livres. Dans la même Ville de S. Brieuc il y a une Collégiale dont les Prébendes font d'un revenu confidérable. Elle eft fous l'Invocation de S. Guillaume Evêque de cette Ville, mort en 1227. & canonifé

[a] Defcr. de la France, t. 5. p. 248.
[b] Hift. Eccléf. l. 34. c. 14.

par le Pape Innocent IV. l'an 1247. Avant que de quitter ce Siège Epifcopal, je ne puis me refuser la fatisfaction de joindre ici le témoignage de Baillet fur ce que j'ai dit, que l'Epifcopat perfonnel de S. Brieuc eft plus ancien que l'Evêché qui porte fon nom. Voici fes paroles [c]. St. BRIEU, *Sti. Brioci Fanum*, Ville maritime de la Baffe-Bretagne, Evêché fuffragant de Tours. Le Tombeau de S. Brieu Evêque régionnaire du Pays au VII. Siècle & la célébrité de fon culte ont donné la naiffance à cette Ville, où l'on érigea un Evêché longtems après fa mort. Il fe trompe en ce qu'il met S. Brieuc en Baffe-Bretagne, il eft de la Haute aux Confins de la Baffe. Les Habitans parlent François.

[c] Topogr. des Saints. p. 90.

Le Diocèfe de S. Brieuc fait une des Provinces de la Bretagne. Sa richeffe & fon commerce confiftent en toiles & en fil qui fe fait principalement à Quintin & dans les Paroiffes de LOUDEAC, UZEL, & ALINEUC. Les toiles qu'on y fabrique font propres pour l'Efpagne & font portées à Cadix par les Marchands de S. Malo. Leur prix ne fe règle que fur la confommation qui s'en fait aux Indes, où elles paffent de Cadix, & c'eft de là que dépend tout ce commerce. Celui des fils fe fait dans les Marchez du Pays, à S. Brieuc, à Moncontour, à Lamballe &c. d'où il paffe aux fabriques de toiles de l'Evêché de Léon. Le terroir de ce Diocèfe rapporte par-tout quantité de bleds; il y a auffi beaucoup d'Arbres fruitiers, du fruit defquels on fait du Cidre. Il y a trois Forges, favoir à *Loudeac*, à la Hardouinaye & à Vaublanc.

1. St. BRIS, Ville de France en Bourgogne dans l'Auxerrois avec titre de Marquifat: cette Ville députe aux Etats de Bourgogne alternativement avec trois autres petites Villes de l'Auxerrois.

2. St. BRIS, Bourg de France dans l'Angoumois, au Diocèfe de Saintes.

St. BROUIN-Les Moines, Prieuré en Commende, Ordre de S. Benoît.

St. BURIEN, Village d'Angleterre dans la Province de Cornouailles, dans la partie Occidentale fur la Côte, à trois lieues du Cap de Cornouailles. Il y a eu un Monaftère qui eft ruiné. Quelques-uns prennent ce Lieu pour l'ancien BOLERIUM.

C.

St. CALAIS, en Latin *S. Carilefi Oppidum*, Ville & Baronnie de France dans le Maine, au Diocèfe du Mans avec une Chatellenie Royale. Ce Lieu a long-tems été nommé ANISOLA, à caufe de fa fituation fur la Rivière d'Anille; à fix lieues de Vendofme & à 9. lieues du Mans. Il appartenoit dans les premiers tems à un Seigneur Payen, qui s'étant converti à la Foi, donna une partie de fes biens à S. Thuribe Evêque du Mans, pour y bâtir un Monaftère. S. Carilef, qui vivoit fous le regne de Childebert, le rétablit vers l'an 515. & lui donna fon nom qu'on a corrompu dans l'appellation vulgaire de St. CA-

St. Calais. C'est à présent un Abbaye considérable de l'Ordre de S. Benoît & de la Congrégation de S. Maur. Il y a aussi un Chapitre dédié sous le nom de S. Pierre & S. Paul. Il consiste en six Chanoines à la Collation de l'Evêque du Mans, & en quatre Chapelains. Quelques-uns prétendent que c'est cette Collégiale qui a été fondée par S. Thuribe second Evêque du Mans, & non l'Abbaye du même nom. Les Seigneurs de ce Lieu portoient aussi le nom de S. Calais; de cette famille étoit Hugues de S. Calais trente-septième Evêque du Mans. Elle s'éteignit à la fin de l'onzième Siècle. Cette Terre est à présent unie au Duché de Vendôme. Sa Jurisdiction particulière s'étend sur 15. Paroisses. Outre l'Abbaye dont il a été parlé, il y a une Paroisse & un Monastère de Bénédictines. Quelques-uns écrivent S. Cale's.

2. St. Calais, en Sonnois, Bourg de France dans le Maine.

St. Cannat, en Latin *Castrum de Sancto Cannato*, Ville de France dans la Provence, au Diocèse de Marseille. Elle a été possédée par l'Evêque de Marseille jusqu'en 1473. que Jean Alardeau Evêque de Marseille l'échangea pour la Terre d'Aubagne avec le Roi René. Le Prieuré en est toujours uni à la Manse Episcopale.

St. Cassien, Baronnie de France, elle appartient au Duc de Richelieu. Elle a donné le nom à une ancienne famille qui est éteinte.

St. Célerin, Bourg de France dans le Maine, au Diocèse du Mans.

St. Cenere, Bourg de France dans le Maine, Diocèse du Mans.

St. Ceols, en Latin *S. Celsus*, petit Bourg de France dans le Berri, au Diocèse de Bourges sur le grand Chemin de Sancerre, à 5. lieues de ces deux Villes, & à une lieue du Bourg des des-Ais. Il est Siège d'une Justice haute moyenne & & basse, qui relève de S. Pierre le Moutier, & suit la Coutume du Berri. Il y a un Prieuré simple possédé par un Bénédictin de la Congrégation de S. Maur, du Monastère de S. Jouin sous Mauléon en Poitou; il est Seigneur de la Paroisse & nomme à la Cure qui est à portion congrue. Ce Prieuré est lui-même à la Collation du Prieuré de Cluny. Il a d'abord été fondé pour des Bénédictins non réformés de la dépendance de la Charité. Il étoit alors occupé par un Prieur, le Curé, & deux Religieux. Les guerres l'ayant ruïné, les Religieux se sont retirés, & le Prieuré a été possédé pendant 100. ans par des Prêtres séculiers, & depuis peu il est tombé en Régle. La grandeur de l'Eglise & de l'ancien Cimetière fait conjecturer que cette Paroisse a été autrefois plus peuplée: l'on prétend qu'elle a été ruïnée par les Troupes. L'Eglise Paroissiale est dédiée à S. Gervais & à S. Protais.

St. Ceré, Ville de France dans le Querci, sur la Rivière de Bave, qui se tournant ensuite vers le Nord, va se perdre dans la Dordogne. Ce Lieu est la patrie du R. P. de Lavaur de la Compagnie de Jésus, en qui j'ai trouvé un ami solide, un cœur droit, & un esprit juste & délicat. L'amitié n'a presque point de part à cet éloge qu'il ne verra peut-être jamais, & dont à coup sûr il me sauroit très-mauvais gré. Quelques-uns écrivent S. Seré.

St. Cernin, Ville de France dans le Roüergue, au Diocèse de Vabres. Il y a un Chapitre composé d'un Prevôt & de 12. Chanoines.

St. Cesaire-Les Arles, en Latin *Sti. Cesarii*, ou *Sti. Joannis Abbatia*, Abbaye de Filles de l'Ordre de S. Benoît, située dans un Fauxbourg de la Ville d'Arles en Provence. Elle fut fondée par S. Césaire Evêque d'Arles sur la fin du cinquième Siècle. Voyez Arles.

S. Chafre, en Latin *Calminia Monasterium Sancti Theofredi*, Bourg de France dans le Languedoc au Velay, Diocèse du Roi. Il doit son accroissement à une célèbre Abbaye fondée du tems de la Reine Brunehaud vers l'an 570. sous l'Invocation des Apôtres S. Pierre & S. Paul, par Calmin ou Calmer, Duc ou Gouverneur d'Auvergne, qui y établit pour premier Abbé S. Eudon ou Eudes, Moine de Lérins. L'ancien nom de cette Abbaye est Calminiacum, depuis elle a pris le nom de son second Abbé nommé S. Theoffroy, neveu de S. Odillon & son successeur. Elle est de l'Ordre de S. Benoît, & a été presque détruite par un Evêque de la Ville du Pui; elle fut rétablie par Dalmatius l'un de ses Abbez, avec l'aide & la protection de l'Empereur Louïs le Debonnaire. Ce Bourg est au bord de la Colence, à 3. lieues des sources de la Loire qui viennent du Mont Mesence. L'Abbaye est aux pieds de cette Montagne.

St. Chamand, Bourg de France dans le Limousin, au Diocèse & au Présidial de Tulles.

St. Chamond, ou S. Chaumont, en Latin *Oppidum Sancti Anamundi*, Ville de France dans le Lionnois, au Diocèse de Lion, au bord du Giez sur le Chemin de Lion à S. Etienne, à trois lieues de la dernière & à six de la première. Elle a un fort Château à cinq Bastions, situé sur une Côte de l'autre bord du Giez. Il y a dans cette Ville un Chapitre dédié à S. Chamond; il est composée de trois Dignitez, de cinq Chanoines, de quatre Chanoines Aumôniers du Château & de quatre Prébendes.

St. Charles, Bourg de France dans le Maine, au Diocèse du Mans.

St. Chef, Bourg de France en Latin *Castrum Sancti Theuderi*, dans le Dauphiné, Diocèse de Vienne; il en est à 7. lieues. Il y a une ancienne Abbaye de l'Ordre de S. Chef. Cette Abbaye avoit été bâtie par S. Theudère Evêque de Vienne dans une Forêt jusqu'alors inhabitée. Elle fut sécularisée sous François premier par Paul III. & convertie en un Chapitre noble de XXVIII. Chanoines. La Manse Abbatiale a été unie à l'Archevêché de Vienne, ce qui donne droit à ce Prélat d'en conférer

F 2   tour

tous les Canonicats ; mais il ne les peut donner qu'à des Habituez reçus par le Chapitre, devant lequel il font preuve de 16. Quartiers de Nobleſſe. Le Doyen qui eſt élu par le Chapitre confére tous les Offices clauſtraux.

ST. CHARTIER, petite Ville & Châtellenie de France dans le Berry, au Diocèſe de Bourges, à une lieue de la Chaſtre. Adelard Guillebauld ſon Seigneur s'en qualifioit Prince en 1105. Elle releve du Duché de Chaſteauroux, elle a depuis paſſé dans l'anciennne Maiſon de Déols, qui en faiſoit hommage au Chapitre Primatial de Bourges. Elle entra enſuite dans la Maiſon de Chauvigni, d'où elle a paſſé dans celle de St. Marc. Elle étoit autrefois connue ſous le nom de *Vicus Lucaniacus*, & dans la ſuite ſous celui de *Caſtellum Sancti Charterii*.

1. ST. CHIGNAN, en Latin *Sti. Aniani Oppidum*, Ville de France dans le Bas-Languedoc, au Diocèſe de S. Pons. On l'a ſurnommée de *la Corne*, à cauſe de la grande quantité de Tanneurs qu'il y a dans cette Ville, qui mettent leurs Cuirs pendre à des Cornes de Bœuf. Il y a auſſi une Manufacture de Draps, qui occupe plus de mille Ouvriers. L'Evêque de S. Pons réſide ordinairement dans cette Ville.

2. ST. CHIGNAN. Voyez S. AIGNAN.

1. ST. CHRISTOPHLE, Iſle de l'Amérique entre les Antilles ; elle a au Nord l'Iſle de S. Barthelemi, au Midi celle de Nieves, & au Couchant celle de S. Euſtache. Le 315. d. de Longitude la coupe dans ſon extrémité Occidentale, & ſon milieu eſt environ par les 17. d. 30′. de Latitude. Elle doit ſon nom à Chriſtophle Colomb, à qui l'Eſpagne doit la découverte de l'Amérique, où à ſon imitation quelques autres Nations de l'Europe ſe ſont procuré de grands Etabliſſemens. Colomb la découvrit, non à ſon premier Voyage comme le prétend Mr. Corneille, mais au ſecond en 1493. Cette Iſle ne fut pourtant pas d'abord habitée. Les Eſpagnols trop occupez à l'Iſle d'Haïti, aujourd'hui S. Domingue, où ils trouvoient l'or ſous leurs pas, & par les Conquêtes du Méxique, & du Pérou ne ſe preſſérent point de ſe rendre maîtres des Antilles qui par-là leur échapperent. Il eſt remarquable que la France & l'Angleterre ayent ſongé en même tems à s'approprier S. Chriſtophle, & que les Colonies qu'elles y envoyoient pour en prendre poſſeſſion ſoient arrivées le même jour, chacune à un des côtez de l'Iſle. Ces Colonies ne s'amuſérent point à ſe diſputer la propriété de l'Iſle, elles la partagerent. Les Eſpagnols en chaſſérent les François & les Anglois ; mais après le départ de leur Flote ces deux Nations y retournérent. Voici l'état où cette Iſle étoit lorſque les deux Peuples la poſſédoient. Elle a environ vingt-cinq lieues de tour, & eſt relevée au milieu par de très-hautes Montagnes, d'où coulent pluſieurs Ruiſſeaux, que les pluyes qui tombent ſur le ſommet, ſans que l'on s'en apperçoive dans les Plaines, enflent quelquefois ſi promptement,

que l'on eſt ſouvent ſurpris de ces torrens qui débordent tout à coup. Le Terroir y eſt léger, ſablonneux, & fertile en toutes ſortes de fruits, & de commoditez, ſur-tout en Cannes de ſucre. Toute l'Iſle eſt diviſée en quatre Quartiers, dont il y en a deux qui ſont poſſédez par les François. Les Anglois habitent dans les deux autres, où il y a plus de petites Riviéres, mais où les terres ſont moins propres à être cultivées. Cependant ces Cantons ſont diſpoſez de telle manière, que l'on ne peut traverſer de l'un à l'autre, ſans paſſer ſur les Terres de quelqu'une des deux Nations. Les François ont quatre Forts munis de quantité de Canons, dont celui qui eſt à la Pointe du ſable, a des Fortifications régulières. Le plus conſidérable après celui là, eſt à la Rade, ou au mouillage qu'on appelle de la *Baſſe-Terre*. Les Anglois ont auſſi deux Places fortes, l'une qui commande ſur la grande Rade, l'autre ſur une deſcente qui eſt joignant la Pointe de ſable. Les deux Nations font garde continuellement dans leurs Forts, & ont des Corps de garde avancez ſur les Sentiers qui y menent. On fait aiſément par terre le tour entier de cette Iſle ; mais il n'eſt pas poſſible d'en traverſer le milieu, à cauſe de pluſieurs grandes & hautes Montagnes, qui enferment dans leur ſein des ſources d'eau chaude, avec d'affreux précipices. On y trouve même du Souffre, ce qui en fait appeller une la SOUFRIERE. Depuis le pied des Montagnes, en prenant la Circonférence au dehors, toute la terre de l'Iſle s'étend par une pente douce juſqu'au bord de la Mer ; mais d'une largeur inégale, ſelon que ſes Montagnes pouſſent plus ou moins avant leurs racines, ou que la Mer reſſerre la Terre en s'avançant. Toute l'étendue de bonne terre qui eſt cultivée juſqu'à la pente trop roide des Montagnes, eſt preſque par-tout diviſée en pluſieurs étages, par le milieu deſquels paſſent de larges Chemins, tirez en droite ligne, autant que les Lieux le peuvent permettre. La première de ces Lignes de communication commence environ cent pas au-deſſus du bord de la Mer ; la ſeconde, trois ou quatre cens pas plus haut, & ainſi en montant juſqu'au troiſième & au quatrième étage, d'où l'on voit les Habitations de deſſous qui forment un aſpect très-agréable. Chaque étage, qui fait comme une ceinture, plus grande ou plus petite autour des Montagnes, ſelon qu'il en eſt plus ou moins éloigné, a auſſi ſes Sentiers, qui comme autant de Rues traverſantes, donnent l'accès libre à ceux qui ſont plus haut ou plus bas. Les François outre leurs demeures qui ſont écartées les unes des autres, & placées au milieu de la terre que chacun cultive, ont encore bâti une Ville en leur Quartier de la Baſſe-Terre. Elle eſt près de la Rade où les Vaiſſeaux ont coûtume de mouiller, & ſes Edifices ſont de brique ou de charpente. Les plus conſidérables Habitans de l'Iſle, & les Marchands étrangers y ont leurs Magaſins. On y trouve chez les Fran-

François, & les Hollandois qui y font leur résidence, du Vin, de l'eau de Vie, de la Bierre, toutes fortes d'Etoffes de foye & de laine, propres pour ce Pays là, & enfin tous les rafraîchissemens qui ne croissent point en l'Isle. Divers Artisans demeurent dans le même lieu, & l'on y voit un Auditoire, où la Justice est rendue. Il y a aussi une belle & grande Eglise dont le Bâtiment est de Charpente, élevée sur une Base de pierre de taille. Au lieu de vitres & de fenêtres, il n'y a que des Balustres tournez, le Comble du couvert est à trois faîtes, pour ne point donner tant de prise au Vent; car les Ouragans font plus fréquens dans cette Isle que dans aucune autre des Antilles. Les Capucins ont eu quelque tems la conduite de cette Eglise; en 1646. les Jésuites & les Carmes prirent leur place. Les Malades qui n'ont pas dequoi se faire guérir dans leurs Maisons, font servis & visitez des Médécins & des Chirurgiens dans un Hôpital que l'on a bâti en un lieu fort sain. Le Château du Gouverneur est la plus belle Maison de toutes les Isles, il est composé de quatre étages de sept ou huit toises de largeur, surmontez d'une Platte-forme, à la mode d'Italie; & du rez-de-chaussée en haut il y a trente-six pieds. L'on voit dans la Basse-Cour le petit Arsenal, construit de briques & quelques petits Bâtimens, qui servent à loger les Domestiques Dans l'espace qui est entre ce Château & la Montagne voisine, on a ménagé un fort beau Jardin, fourni d'un grand nombre d'Herbes potagéres, & enrichi d'un Parterre rempli de fleurs rares, avec une Fontaine, qui prenant sa source à la pente de la Montagne, fait sans beaucoup d'art un gros jet, qui rejaillit au milieu de ce Jardin. Le Quartier des Négres appellé la Ville d'ANGOLA, est à l'un des côtez du même Château. Outre plusieurs grands Edifices que les Anglois ont fait élever dans leurs Quartiers, ils y ont cinq Eglises. La premiére qu'on rencontre en sortant du Quartier des François, est à la Pointe des Palmistes; la seconde près de la grande Rade, au dessous de l'Hôtel de leur Gouverneur; la troisième à la Pointe de sable; & les deux autres au Quartier de Cayonne. Les trois premières sont d'une agréable structure selon le Pays, ornées en dedans de belles Chaires & de Siéges de menuiserie. Les Ecclésiastiques y sont envoyés par les Evêques d'Angleterre, dont ils tiennent leur Ordination, & ils y célébrent le Service selon la Liturgie de l'Eglise Anglicane. L'Isle de Saint Christophle, que les Sauvages appellent LIAMAIGA, en leur Langue Caraïbe, est pourvue d'une belle Saline, qui est au bord de la Mer dans un Golphe que les Habitans appellent ordinairement Cul-de-sac. Proche de là il y a une Pointe de terre, qui s'avance si près de l'Isle de Niéves, que le trajet de Mer qui l'en sépare, n'est que d'un petit Quart de lieue.

Le P. Labat décrit ainsi cette même Isle en distinguant ce qu'y possédoient les deux Nations. L'Isle dit-il, est divisée en quatre Quartiers. La POINTE DE L'EST, & celle de L'OUEST forment les deux Quartiers des François. Les Côtes de l'Isle qui regardent le NORD & le SUD, sont les deux Quartiers Anglois; la petite Riviére de la PENTECÔTE au Sud-Sud-Ouest sépare le Quartier de la Basse-Terre Françoise, & de la Basse-Terre Angloise; c'est le Quartier principal & le plus considérable des François, la Résidence du Général, le Siége du Conseil, l'endroit du plus grand Commerce. Il y avoit une petite Ville, & un Fort qui n'a jamais valu grand' chose & qui a toujours été fort négligé, la Bravoure des François de S. Christophle leur ayant toujours tenu lieu de murailles, & de Forteresses. La Riviére de CAYONNE, à l'Est-Nord-Est sépare la même partie Françoise d'avec la partie Angloise qui est au Nord, & qu'on appelle la Cabesterre Angloise. C'est dans cette partie Angloise qu'on trouve la *Ravine de Nicleton*, ou *à Cabrites*; & le Quartier appellé les CINQ COMBLES. Elle peut avoir trois lieues ou environ de longueur, & se termine à un Cap & à une Ravine, auprès de laquelle les François ont une espéce de Fortin appellé le FORT LOUÏS. C'est à cet endroit que commence la Cabesterre Françoise, qui regarde le Nord, d'environ trois lieues & demie de tour, & qui finit à un autre petit Fort situé à la Pointe de sable à l'Ouest, où commence la Basse-Terre Angloise. Les Anglois ont aussi un petit Fort en cet endroit; mais leur Forteresse la plus considérable est à une lieue ou environ de la Pointe de sable, au Lieu appellé la grande Rade. On la nomme le Fort Charles. Les deux Quartiers Anglois, c'est-à-dire celui de la Cabesterre & celui de la Basse-Terre se communiquent par un chemin qu'ils ont pratiqué au travers des Bois & des Montagnes, qui font au Centre de l'Isle; mais les Quartiers François ne peuvent avoir de communication que par les Chemins ordinaires qui sont près du bord de la Mer, & qui sont communs aux deux Nations en tems de paix. Ils cessent de l'être dès qu'elles sont en guerre, aussi-bien que le Chemin des Bois & des Montagnes que les Anglois gardent exactement, & sans beaucoup de peine en ce tems-là.

Ce partage ne subsiste plus. Après la Déclaration de guerre entre la France, & la Grande-Bretagne au sujet de la succession d'Espagne, les Anglois s'emparérent de toute l'Isle, qui leur fut évacuée par la Colonie Françoise, conformément à la Capitulation du mois de Juillet 1702. & elle leur a été cédée entièrement par le Traité d'Utrecht, en 1713.

2. ST. CHRISTOPHLE en Latin *Castrum Sancti Christophori*, Bourg de France dans la Touraine, au Diocése de Tours. Il est situé aux Frontières du Maine & de l'Anjou, à six lieues & au Nord de Tours. C'est une Baronnie qui a été possédée pendant 250. ans par la Famille d'Alais, d'où elle a passé dans celle de Monfort, puis dans celle de Parthenai par mariage, & en cel-

le de Bueil par acquêt; elle a depuis été unie au Duché de Vaujour, en faveur de Louïse de la Baume le Blanc. Elle appartient à présent aux Héritiers de la Princesse de Conti première Douairiére.

3. St. CHRISTOPHLE, Bourg de France dans le Pays d'Aunis, au Diocèse de la Rochelle.

4. St. CHRISTOPHLE, Bourg de France dans la Normandie, au Diocèse de Rouen, Mr. D'Outreville en est Seigneur.

5. St. CHRISTOPHLE, Bourg de France dans la Bourgogne, au Diocèse de Bellay.

6. St. CHRISTOPHLE EN CHAMPAGNE, Bourg de France dans le Maine, au Diocèse du Mans.

7. St. CHRISTOPHLE LE BOUCHERI, petit Bourg de France dans le Berri, au Diocèse de Bourges, près de la Forêt de *Mouers*; c'est une dépendance de la Baronnie de Liniers.

St. CIBARDEAUX, Bourg de France dans l'Angoumois, au Diocèse de Saintes.

1. St. CIERS-CHAMPAGNE, Bourg de France dans la Saintonge, Diocèse de Saintes.

2. St. CIERS DU TAILLOU, Bourg de France dans la Saintonge, Diocèse de Saintes.

a Corn. Dict.

1. St. CIR[a], Village de France, avec une ancienne Abbaye de Filles de l'Ordre de Saint Benoît, dans le Diocèse de Chartres, à une petite lieue de Versailles, en Latin *Ciricius*. Le Roi Louïs le Grand a fondé dans le même Lieu une Communauté de Religieuses sous le titre de Saint Louïs, à laquelle il a assigné quarante mille Ecus de rente, pour l'Education de deux cens cinquante jeunes Filles nobles. Il y a aussi fait unir la Mense Abbatiale de l'Abbaye des Bénédictins de Saint Denis en France, qui est de cent mille Livres de rente. Cette Communauté est particuliérement établie pour y élever les jeunes Demoiselles, dont les Peres ont vieilli ou sont morts dans le service. Le nombre est fixé à trente-six Dames Professes, & à vingt-quatre Sœurs Converses. Lorsqu'une des Religieuses meurt, sa place ne peut être remplie que par l'une des deux cens cinquante Demoiselles, âgée au moins de dix-huit ans. Ces Dames font les trois Vœux ordinaires, & un quatrième, qui est de consacrer leur vie à l'éducation, & à l'instruction des Demoiselles, dont le Roi s'est réservé la nomination; il faut qu'elles fassent preuves de quatre degrez de Noblesse du côté paternel. Aucune n'y peut entrer avant l'âge de sept ans, ni après celui de douze. Celles que l'on y reçoit n'ont la liberté d'y demeurer que jusqu'à l'âge de vingt ans & trois mois. Ces jeunes personnes sont divisées en quatre Classes ou Ages, la premiére Classe porte un ruban bleu; la seconde en porte un jaune; la troisième un verd, & la quatrième un rouge. Le Monastère de S. Louïs de Saint-Cir est du dessein du fameux François Mansart, Premier Architecte du Roi, & fut achevé vers l'an 1686. Cet Edifice est magnifique, & consiste en un grand Corps de Bâtiment de cent huit toises de longueur, qui forment trois Cours de front, séparées par les deux Ailes de cette Maison; le long de chacune desquelles sont en dehors une Cour, & deux Parterres. L'Eglise desservie par une quantité de Peres de la Mission, dits de Saint Lazare, est au bout de la plus grande longueur du Bâtiment; Elle a vint-six toises de longueur, & ce Bâtiment six d'épaisseur. La disposition du Plan consiste en Rez-de-chaussée, grands Corridors, Réfectoires & autres Pièces nécessaires pour l'usage d'une Communauté très-nombreuse. Il y a dans l'étage de dessus de grandes Chambres où les jeunes Demoiselles travaillent, des Cellules particuliéres pour les Dames, & des Chambres communes. Le Jardin est un ancien Bois qu'on a conservé, & l'on a fait un Potager suffisant pour la commodité de cette Maison.

2. St. CIR, Bourg de France, dans l'Anjou, Diocèse d'Angers.

3. St. CIR, Bourg de France, dans la Brie, Diocèse de Meaux.

4. St. CIR, Bourg de France, dans la Bourgogne, Diocèse d'Auxerre.

5. St. CIR SUR LOIR, Bourg de France dans la Touraine, Diocèse de Tours.

1. St. CIRAN EN BRENNE, en Latin *Abbatia S. Sigiranni, in Brena* ou *Monasterium Longoretense*, autrefois LonREY, Abbaye d'hommes en France, Ordre de S. Benoît dans le Berri, au Diocèse de Bourges. Elle est située dans un petit Pays appellé *Brenne*, ou *Brion*, ou *Brainne*, sur la Rivière de la Claise; elle a S. Ciran pour Patron, & Fondateur. Il étoit Archidiacre; ce S. Abbé avoit construit d'abord dans le Bois de Brion l'an 635. un petit Monastère qu'on nomma MILLEBEC. Six ans après l'an 641. il en bâtit un plus considérable nommé LONREY. L'Abbaye de S. Ciran commençoit depuis ce tems-là à tomber dans ses Bâtimens & dans sa Discipline, lorsqu'en 1644. Mr. de Barcos son XXII. Abbé, rétablit cette Maison depuis ses fondemens, en augmenta les Revenus, y fit un Cloître, un Logement pour les Hôtes, un Dortoir, une Sacristie. Mais il réforma les mœurs des Moines, leur donna une Bibliothéque garnie de tous les Livres convenables à leur état & amena ainsi par son exemple les Religieux à la plus étroite observance de leur Règle. C'est le fameux Abbé de S. Ciran si mêlé dans l'Histoire du Jansénisme.

2. St. CIRAN SUR INDRE, en Latin *Sanctus Sigiranus*, Bourg de France dans le Berri, au Diocèse de Bourges; il se nommoit autrefois S. CIRAN DU JAMBOT. Il a pris depuis le surnom de la Rivière sur laquelle il est situé à 3. lieues de Loches. Cette Terre a titre de Châtellenie.

St. CIRE, Bourg de France dans le Lionnois, Diocèse de Lion.

1. St. CLAIR, Bourg de France dans le Poitou, Diocèse de Poitiers.

2. St. CLAIR,

SAI.

2. ST. CLAIR, Bourg de France dans la Normandie, Diocèse de Coûtances.

3. ST. CLAIR [a], Bourg de France au Vexin François, trois lieues au deſſous de Gifors, à neuf de Pontoiſe, à deux de Magny, & à douze de Rouen, en Latin *Fanum Sancti Clari ad Eptam*. C'eſt un Lieu de Pélerinage, qui a été honoré par la retraite, par le Martyre, & par les Miracles de S. Clair Anglois, né de parens nobles l'an 865. La Paroiſſe de S. Clair poſſède ſon Tombeau, & ſes précieuſes Reliques, ſon Corps dans une Châſſe de Vermeil doré, ſa tête dans un chef d'argent, & un oſſement d'un de ſes bras, dans un bras auſſi d'argent. En ſortant du gros des Maiſons par le chemin de Giſors, on trouve un Hermitage où l'on voit une Figure de ce Saint Martyr à genoux, ſoûtenant ſa tête ſur la terre, qui a été arroſée de ſon ſang pour la défenſe de ſa chaſteté, & de la Vérité. Un peu à côté il y a une Fontaine, de l'eau de laquelle on ſe lave les yeux par dévotion. Le Comte de Broglio eſt Seigneur du Bourg, & le Prieur Titulaire de Saint Clair en eſt auſſi Seigneur en partie. La Haute Juſtice de Magny vient exercer ſa Juriſdiction dans ce Bourg, qui étoit autrefois fortifié, & dont on voit des reſtes de Portes aſſez bien bâties. Son Pont ſur l'Epte eſt un grand paſſage de Paris à Rouen, & cette Rivière ſépare le Véxin Normand du Véxin François. Le Territoire produit des grains, & des fruits, & il y a quelques petits Vignobles dans le voiſinage. La Chauſſée de Saint Clair eſt de l'autre côté de ſon Pont, ſur une Paroiſſe appellée Château ſur Epte.

[a] Mémoires dreſſez ſur les Lieux en 1702.

ST. CLAR, Ville de France dans le Bas-Armagnac, Diocèse de Lectoure; c'eſt un des 4. Sièges de Judicature de Lomagne.

1. ST. CLAUDE, Ville de France, dans la Franche-Comté, entre de hautes Montagnes au bord de la petite Rivière de Liſon, aux Frontières du Bugey, & du Pays de Gex, à cinq ou six lieues de Genève. Cette Ville eſt ſans fortifications, & fermée ſeulement de ſimples murailles qui enveloppent une partie de la Montagne voiſine. Elle n'a que quatre Rues dont l'une eſt celle, qui de la grande Porte de l'Egliſe en va joindre une autre plus grande, qui finit en deſcendant à une Porte de la Ville, & qui commence à la Place ornée d'une Fontaine qui fait le milieu de la même Ville. Son Horloge eſt au-deſſus de l'Hôpital proche l'Egliſe de S. Romain, & plus avant dans la même grande Rue il y a une aſſez belle Fontaine. Toutes les Maiſons ſont fort bien bâties; mais la plûpart ne ſont occupées, que d'Ouvriers qui font de petits Ouvrages de Buis, comme de petites figures de Saints, des Chapelets, des Médailles, & des Croix. Le Buis croît de toutes groſſeurs aux environs de la Ville, & ces Curioſitez, & autres pièces de dévotion qu'on débite à ceux qui y viennent en Pélerinage pour honorer les Reliques de S. Claude dans l'Abbaye de ce nom, font la

SAI. 47

richeſſe des Habitans. Ce Monaſtère, dit l'Abbé de Longuerue fut fondé au VI. Siècle au pied du Mont Jura par un S. Homme nommé Romain dans un lieu appellé CONDATESCE, ou CONDATISCONE. On l'appelle *Jurenſe Monaſterium* à cauſe du Mont Jura. Son Abbé *Augendus* en François OYEN ou AUYEN, eut tant de réputation dans le Siècle ſuivant que non ſeulement le Monaſtère prit ſon nom; mais encore la Contrée même. La Seigneurie ou la grande Juriſdiction de S. Oyen de Joux, autrement de S. Claude, dit le même Abbé, eſt une Annexe de la Franche-Comté, & n'eſt ſoumiſe à aucun de ſes Bailliages, reſſortiſſante immediatement au Parlement du Comté depuis l'Inſtitution de cette Cour.

Cette Abbaye eſt une des plus recommandables, & des plus illuſtres du Royaume, tant à cauſe de ſon revenu que parce que les Religieux qui y ſont reçus doivent être nobles de quatre Races tant du côté maternel que du paternel. L'Egliſe de S. Pierre en dépend, & eſt enfermée dans ſon enclos, n'y ayant qu'une grande Cour ornée d'une belle Fontaine, & autour de laquelle ſont les appartemens des Religieux, & de l'Abbé qui les ſéparent de l'Egliſe de l'Abbaye. Il y a une longue allée du Cloître par laquelle on va de l'une à l'autre. L'Egliſe de S. Pierre bâtie de belles pierres quarrées l'emporte pour ſa grandeur, & pour ſon Architecture ſur celle de l'Abbaye, qui eſt ſi ancienne qu'on croit qu'elle ſervoit autrefois de retraite à S. Oyen, ou S. Ouyan, & à ſes Compagnons qui firent bâtir en ce lieu un Hermitage, qui étoit couvert d'un grand Bois. La ſainteté de leur vie obligea pluſieurs perſonnes à venir vivre ſous la Diſcipline de S. Oyen, & entre autres S. Romain qui fut le premier Abbé lorſqu'on érigea cet Hermitage en Abbaye. S. Claude iſſu des Princes Palatins, & qui vivoit dans le VII. Siècle en fut le XII. Abbé, lorſqu'il eut quitté Beſançon où il avoit été ſix ans Archevêque. Il inſpira au Peuple tant de reſpect, & tant de vénération pour ſa vertu durant le cours de ſa vie, & les miracles qui ſe firent en ce lieu après ſa mort arrivée en 690. attirerent tant de perſonnes de toutes conditions, que cette Abbaye en prit enfin le nom de S. Claude.

Romain d'une famille conſidérable en Bourgogne ayant été l'Inſtituteur vers l'an 425. comme on a dit, ſe vit bien-tôt Chef d'une nombreuſe Communauté par les bons exemples qu'il donna. Il fut ſi bien établir les Régles de la Vie Monaſtique, & de la Diſcipline Régulière qu'il devint le modèle de toute l'Egliſe d'Occident. La ſainteté de ſa vie, & celle des onze premiers Abbez qui lui ſuccéderent les ont rendus dignes de la vénération des Peuples, & d'être admis dans le Catalogue des Saints. Cette Abbaye a conſervé juſqu'ici des Reliques de chacun de ces Abbez. On y voit les Chefs entiers de S. Romain & de S. Lupicin freres, qui furent les deux premiers. Tous les oſſemens de S. Oyen ſont renfermez dans une Châse d'argent; mais ce qui excite une dévotion extraordinaire, & que l'on conserve précieusement, c'est la Relique de S. Claude, dont le Corps s'est conservé entier & incorruptible depuis plus de mille ans avec ses entrailles. Ce Corps est palpable, & quoique trois fois le jour on ouvre sa Châsse pour faire baiser ses pieds au Peuple, le miracle est si continuel que ni l'humidité de l'air, ni celle de l'haleine des Pélerins, n'y ont point encore causé de corruption. Ce prodige est avéré, non seulement par la Tradition, mais encore pas le rapport qu'en firent les Abbez de S. Martin d'Autun, de S. Benigne de Dijon & de Baulme en Franche-Comté que le Pape Nicolas V. envoya visiter cette Abbaye en 1447. Le Cardinal d'Estrée qui en a été Abbé Commendataire, en parle en ces termes après y avoir été en 1690. pour satisfaire à une Délégation Apostolique. *Tam celebris Abbatiæ septa vix ingressos vehementer affecit loci antiquitas, dignitas, Religio, Reliquiarum multitudo atque præstantia. Eminet enim inter alias venerandum Sancti Claudii Corpus, quod ab annis plus mille intactum & integrum haud sine miraculo asservatur. Adsunt itidem duodecim Abbatum Reliquiæ, qui eximiæ pietatis causa Cælitibus adscripti sunt, adnatum quippe ac pene coævum Fransorum Imperio Jurense Cœnobium, ceteris omnibus Occidentalis Ecclesiæ Monasteriis fácem prætulit & Disciplinæ regularis norma fuit.*

Cette Abbaye si considérable par les Sts. dépots que l'on y révère depuis treize Siècles, ne l'est pas moins par les Priviléges qu'elle a obtenus des Souverains Pontifes. Le droit de Souveraineté dont elle a joüi jusqu'à Philippe le Bon, qui lui en retrancha une partie, marque le haut rang qu'elle tenoit. Les bienfaits de l'Empereur Gratien, & de plusieurs Rois de France, & d'Espagne, sans compter les fondations de quantité d'autres Princes, sont autant de témoignages de la distinction qu'ils en ont faite.

Il y a dans la Ville de S. Claude une Justice particulière dont les Officiers sont à la nomination de l'Abbé: nul de ses Vassaux ne peut se pourvoir en première instance à un autre Tribunal. Cette Abbaye est Chef-d'Ordre, & jusques-ici elle a formé seule une Congrégation avec tous ses Membres. Il y en a encore plusieurs, dont la plûpart sont en Commände. On fait voir par des Actes de près de cinq cens ans qu'elle est en possession d'avoir un Chapitre Général; & par un Privilège singulier que lui accorda le Pape Nicolas V., chaque Religieux de S. Claude a le pouvoir d'y entrer, d'y délibérer & d'y donner son suffrage, ce qui se pratique encore aujourd'hui. Elle relève immédiatement du S. Siège, & c'est un grand Prieur à vie qui la gouverne depuis quelle est en Commande. On y suit une Règle mitigée sous l'Ordre de S. Benoît. Il y a déja long-tems que la vie commune en est bannie; chaque Religieux a son revenu séparé, & vit en particulier. Leur nombre est fixé à vingt-quatre. Ils n'ont pour habit que celui d'un Prêtre avec une manière de Cordon d'Évêque, où pend devant eux une Croix d'or de la longueur d'un doigt. L'Effigie de S. Claude y est exprimée d'un côté, ce qui produit un très-bel effet lorsqu'ils sont au Chœur. Le Roi Loüis le Grand par ses Lettres Patentes de 1668. non seulement reconnoît l'usage des preuves de Noblesse, que chaque Religieux de S. Claude est obligé de faire & qui sont établies dans cette Abbaye d'un tems immémorial, il ordonne encore qu'elles se feront jusqu'au Trisayeul inclusivement; ensuite il confirme les Abbez dans le droit, & dans la possession d'annoblir les Vassaux, & les Habitans de leurs Terres. L'an 1699. le Cardinal d'Estrées usa de ce droit en faveur d'un Bourgeois de la Ville de S. Claude, auquel il accorda des Lettres de Noblesse en érigeant en Fief une portion de Terre. Par ces mêmes Lettres Loüis XIV. confirme les mêmes Abbez dans le droit d'accorder à leurs Vassaux des Lettres de légitimation, de grace & de remission, en cas de crime, à la charge du Ressort & Souveraineté envers le Roi, & son Parlement de Besançon. Il y qualifie le Chapitre de S. Claude d'une des plus illustres Compagnies de l'Europe.

Les Abbez, dit l'Abbé de Longuerue, étoient les véritables Seigneurs de ce Territoire, & les Comtes de Bourgogne n'étoient que leurs défenseurs, & ils n'ont pas même joüi avant le XIII. Siècle de ce droit qui appartenoit aux Empereurs, & que Rodolphe Habsbourg donna l'an 1291. à Humbert Dauphin de Viennois. Depuis ce tems-là l'Abbaye de S. Oyen fut encore regardée comme libre, & indépendante des Princes voisins, lorsque le dernier Dauphin Humbert traita l'an 1339. avec l'Abbé Jean de Roussillon.

Outre l'Abbaye, il y a dans la Ville deux Couvents de Religieux, & un de Religieuses.

2. ST. CLAUDE (LE MONT). Voyez JURA.

3. ST. CLAUDE, Bourg de France dans le Blesois, au Diocèse de Blois.

1. ST. CLEMENT, Bourg de France dans le Limosin, au Diocèse de Tulles.

2. ST. CLEMENT DES MONTAGNES, Bourg de France dans le Bourbonnois, au Diocèse de Clermont au bord de la Besbre, à trois lieues, & demie de Cusset, & de la Palisse, & à une lieue de Châtel-Montagne. C'est une des dépendances du Marquisat de la Palisse.

ST. CLOUD, Bourg de France à deux petites lieues de Paris, sur le bord de la Seine, en Latin FANUM SANCTI CLODOALDI. Ce Fleuve semble n'y descendre par les différens contours qu'il forme au milieu d'une fertile Campagne, que pour lui servir de Canal, & rendre en même tems ses Côteaux, & ses Jardins plus délicieux, & plus agréables. Le Bourg est bâti sur un Côteau élevé en demi-Croissant, dont le pied se trouve mouillé par la Seine. On la traverse sur un Pont de pierre où finit le Chemin de Paris, duquel on entre dans

dans une demi-Lune de quatre-vingt toises de diametre, qui forme la Place d'Orléans. Cette Place donne entrée par une haute grille à trois Portes égales dans les Jardins bas d'un côté, & de l'autre dans les Avant-Cours du Château par une avenue de deux mille pieds de long, sur soixante & quinze de large. Cette avenue est ombragée par de grands Ormes, & garnie vers l'entrée d'une basse Palissade de Charmille qui se perd à mesure que s'éleve le terrain. Le Château autrefois Maison de Plaisance de Messieurs de Gondi, dont le dernier possesseur a été Messire Jean François de Gondi, premier Archevêque de Paris fut acquis en ce lieu là par le Roi le 8. d'Octobre 1658. pour Philippe, Duc d'Orléans, son frere unique. C'est un des plus beaux Palais de France. La situation, les Vues, les Eaux, les Bois, l'Architecture, le Marbre, les Sculptures, les Peintures, les Dorures, tout ensemble y forme un Chef-d'œuvre, d'autant plus digne du Prince qui l'habitoit, qu'il est l'Ouvrage de ses soins. Le Bâtiment qu'on trouve dans une derniére Cour, élevée en haute terrasse plus longue que large, est composé d'un grand Corps de Logis de cent quarante-quatre pieds de façade, sur soixante & douze d'élévation. On y a joint deux encogneures saillantes d'un Entrepilastre, soûtenues de deux gros Pavillons, & d'un entablement d'Ordre Corinthien. De ces Pavillons commencent deux Aîles moins exhaussées, qui s'étendent par une agréable symmétrie jusqu'aux deux tiers de la Cour. Elles fournissent par les Balcons de leurs avant-côtez des vues sur la Plaine, & sur Paris, qui présentent de toutes parts des Paysages, que l'on ne peut assez bien décrire. L'Orangerie, le Labyrinthe, les Bosquets, qui composent les Jardins hauts, & les Jardins bas, où se trouve cette Cascade si admirable, qu'on la peut nommer le Chef-d'œuvre de l'Hydraulique, font la beauté d'un Parc de près de quatre lieues de circuit. La verdure des Côteaux, la vaste étendue des sombres allées, la fraîcheur délicieuse des eaux, l'agrément continuel des plus beaux Lointains, tout y inspire une satisfaction digne de la richesse des appartemens du Château, qui ont été peints par le célébre Mignard. La merveilleuse Cascade, dont on a commencé de parler, est partagée en deux parties différentes. Ce que l'on nomme la haute Cascade, a cent huit pieds de face sur autant de pente, jusqu'à l'allée du Tillet, qui y forme un large repos, & la sépare de la basse Cascade. Celle qui est la plus élevée, a trois rampes, accompagnées de quatre différens espaces d'une égale proportion. Deux de ces espaces font entre les rampes, & servent à monter vers deux Arcades fournies de leurs renforcemens. Les deux autres espaces qui commencent à deux Statues des Vents, s'élevent en haute terrasse, plantée de deux rangs d'Epiciats, appuyez contre la Palissade, dont la Cascade est entourée. Le milieu de ce bel Ouvrage est orné d'un autre rampe à neuf gradins, disposez par autant d'étages, depuis la Balustrade près de laquelle ils commencent. Cette Balustrade se trouve à hauteur d'appui, & regne sur toute la face de la haute Cascade, pour y former un gros Balcon large & étendu, où l'on descend du petit Canal, qui sert là de Réservoir. On découvre en cet endroit tous les Jardins bas, & jusque dans la Plaine. La vue y pénetre par dessus la cime des Arbres, qui dans les deux côtez sont bien moins élevez que le Balcon qui surmonte cet admirable Edifice. On a posé sur le milieu de cette Balustrade deux Statues à demi couchées. L'une représente le Dieu de la Seine, & l'autre sert de Symbole au Fleuve de la Loire. Vers les extrémitez de la même Balustrade sont élevées quatre autres Statues, qui représentent Hercule avec des Faunes. Les figures du Dieu de la Seine, & de celui de la Loire sont appuyées chacune sur une grande Urne, d'où commencent à couler les belles eaux, dont l'élévation, le rabaissement, les saillies, les chûtes, les fuites, les contours, & les nappes causent une attention qui ne donne pas moins de plaisir que de surprise. Leur premier effet forme dans cette Urne une grosse Gerbe à vingt jets de six pieds de haut, sur quatre-vingt lignes de sortie. L'amas des lances qui la composent, fait à son retour une première Nappe, qui tombe dans un Bassin, où l'on a placé sept bouillons de quatre & cinq pieds d'élévation, sur douze & dix-huit lignes d'ajustage. La confusion des eaux qui sortent de cette Gerbe, & de ces boüillons descend par neuf différentes Nappes jusqu'au bas de la Rampe. Ces Nappes ont douze pieds de large sur dix & demi de saillie, avec trois de chûte. Elles sont posées sur autant de gradins, accompagnez dans leurs extrémitez d'Urnes soûtenues par un Corps d'Architecture, dont les faces sont ornées de Tables de Rocailles. Ces Tables sont au dessous d'une espèce de Bassin bordé d'un gros glaçon, que l'épaisseur des Nappes n'empêche pas de discerner. Le Bassin est appuyé dans la derniére Rampe qui a six pieds de chûte sur trois Tortues, qu'on croiroit sans peine la Base de toute cette Batisse. Les côtez de la Rampe sont garnis de Pilastres appareillez de pierres refendues par bossages. Leur couronnement se termine encore par des glaçons, & les entre-Pilastres sont revêtus de Tables de Rocailles, qui s'élevent à mesure qu'elles approchent des Dieux qui dominent sur le haut de toute la Cascade. Cette première Rampe en a deux autres à vingt pieds de distance, composées de quatorze Pilastres, d'un même appareil que ceux de la première; ils sont terminez par vingt-huit bassins jaspez, taillez en Chandeliers, distribuez en quatre rangs, & disposez par degrez sur les bords de ces deux Rampes. Les Bassins ont quatre pieds de diametre sur une forme ronde; il s'en éleve autant de bouillons de six pieds de haut sur douze lignes de sortie. Les deux Rampes aboutissent contre les extrémitez

G de

de la Balustrade, où la Statue d'Hercule & celles des Faunes sont placées. Entre ces Statues on a monté un Bassin rond de huit pieds de diamétre, soûtenu par un demi rond de pierre. Ce Bassin en renferme un autre de trois pieds de largeur, qui s'éleve de quatre, pour fournir plus avantageusement sa lance de trois pieds de hauteur, & former une Nappe plus brillante autour de la Rocaille qui le soutient. La même eau fait encore une seconde Nappe autour du Bassin qui lui sert de Piédestal, couvrant même jusqu'au demi-rond qui y donne le premier appui. Ce demi-rond porte deux Masques de Marbre feint, qui vomissent l'Eau dans un troisième Bassin de quatre pieds de diametre. Il est posé sur un pied d'Architecture, orné de Glaçons, & d'un Masque, d'où tombe une lance d'eau, sur une Goulotte de deux pieds & demi de large. La même Eau se communique comme par degrez à quatre Goulottes enfoncées dans le gazon. Cet enfoncement fournit une pente sur chacun des Bassins, qui cause une chûte si précipitée, & en même tems si rapide, que l'eau qui s'y rassemble à gros bouillons, blanchit & semble écumer par la violence dont elle est poussée. Cette nouvelle forme qu'on a trouvé l'art de faire prendre à l'Eau même, tout impratiquable qu'est cet Elément fluide, la pousse dans un autre Bassin de quatre pieds de large, qui est encore bordé de Glaçons & soûtenu d'une grande console, au milieu de deux Tables de Rocailles. On en voit sortir une Nappe de la largeur du Bassin, qui tombe dans une Cuvette en demi-Cercle de huit pieds de diametre, d'où naît un gros bouillon de cinq pieds d'élévation sur vingt-quatre lignes de sortie.

La Cuvette du milieu des deux Piédestaux d'Architecture est ornée d'un Masque de pierre posé sur une autre Table de Glaçons de huit pieds de large, sur quatre & demi de haut. L'eau coule en sortant de ce Masque par une chûte de trois pieds, dans une Auge de pierre également ornée de Glaçons. Elle a quatre pieds de large, & fait une autre Nappe, d'un pied seulement d'élévation, dans une Goulotte d'une étendue pareille à celle de l'Auge. Cette Goulotte descend dans un Chéneau qui porte huit lances de chaque côté. Elles ont six pieds de haut, sur huit lignes d'ajustage. Ce Chéneau régne le long d'une terrasse de douze pieds de profondeur sur soixante de largeur. On y trouve de part & d'autre une Figure de dix pieds, qui représente un des Aquilons. Elle est élevée sur un grand Piédestal, & sert d'ornement à cette premiére terrasse. Le même Chéneau est appuyé sur un ordre d'Architecture, dont la Table & la Plinthe les plus élevées sont encore garnies de Glaçons. Seize Masques taillez sur un autre Plinthe reçoivent l'eau du Chéneau, & la jettent de quatre pieds de haut dans un Bassin, où tombent les Nappes des trois Rampes. Ce Bassin s'étend sur toute la face de cette Cascade, il forme un demi Cercle dans son centre, diminuant insensiblement le premier des deux Perrons de gazon, qui terminent l'extrémité de ce beau lieu. Entre les deux Rampes des côtez, & celle du milieu, régnent deux autres espaces de vingt pieds d'ouverture, qui conduisent à deux Arcades de dix pieds de large. Elles sont revêtues de Glaçons par bandes, & ornées d'une Corniche, qui aide à supporter la Balustrade où les Dieux de la Seine, & de la Loire sont placez. Ces Arcades ont leur renfoncement de quarante-deux pieds de profondeur sur dix-huit de largeur, ils s'élevent en Rampe, & portent au fond de leur extrémité une Fontaine bâtie en Tour creuse, enrichie de bossages, & de Glaçons. On a posé sur chacune de ces petites Tours une Baleine, qui pousse l'Eau par les naseaux & par la gueule. Elle porte un jeune Triton qui en jette aussi par un cornet qu'il embouche. Toutes ces eaux se réunissent dans une Coquille de pierre de trois pieds & demi de large, appuyée sur une console; il s'en forme une Nappe qui tombe dans une seconde Coquille, plus large d'un pied que la précédente. Une autre Nappe en descend pour se perdre dans un Bassin de sept pieds en quarré, accompagné de deux Ifs, dont la Pyramide élevée se termine en Globe. Cette Verdure forme une agréable varieté au milieu de cette diversité de Rocailles, de Glaçons, & de différens jets dont ces renfoncemens sont garnis. Leur abord est encore orné d'un autre Bassin de huit pieds de diametre qui porte deux lances de sept pieds de haut sur douze lignes d'ajustage; il semble que le petit torrent qui couvre l'Escalier, qu'on découvre un peu plus bas, s'en échappe, & en déborde. On trouve en effet à la sortie de ces renfoncemens un Escalier dont la première Marche, & la plus élevée est garnie d'une grande Grenouille, large de trois pieds & épaisse de quinze pouces. Elle est de pierre, & jette son eau sur tout le degré, qui s'étend depuis les Arcades jusqu'au Chéneau de la basse terrasse, qui tombe sur l'allée du Tillet. Les côtez de ces deux degrez sont ornez de deux Bassins en Chandeliers de quatre pieds de diamétre, qui portent des bouillons de cinq pieds de hauteur. L'Eau s'en répand par un Masque de bronze, pour en fournir trois autres de pareil bronze par six différentes Goulottes, enfoncées dans un gazon planté d'Ifs. Ces Masques sont accompagnez d'autant de Bassins de quatre pieds de large, garnis de Rocailles, d'où sortent des Nappes de deux pieds de chûte, qui se rendent par différens retours dans le dernier Bassin, qui termine cette première partie la plus élevée de la Cascade.

Ce que l'on nomme la haute Cascade, est entouré d'une Balustrade en Rampe de hauteur d'appui. Elle est ornée de Tables de Rocailles, & porte un amortissement chargé d'une grande Coquille, occupée par une Ecrevisse qui pince un Masque. La Balustrade se termine par un large

large Piédestal, orné des Chifres, & de la Devise de Philippe Duc d'Orléans. Ces Chifres qui sont relevez d'or, forment la première lettre du nom de Philippe, & le Corps de la Devise est une Bombe enflammée, prête à se briser en pièces, sur ceux que la foudre des Canons auroit épargnez, suivant ces paroles qui font l'ame, *Alter post Fulmina terror*. Ce Piédestal porte encore une Statue des Vents, & sert de bornes à la Palissade qui entoure cette curieuse pièce. La Nouvelle Cascade se trouve à la chûte de la haute. L'allée du Tillet sépare ces deux Cascades, & forme entre elles comme un large repos, d'où l'on admire de plus près la rare distribution de la haute, & d'où l'on examine plus à loisir la disposition de la basse.

Celle-ci est élevée en fer à Cheval arrondi, & contient avec son Canal deux cens soixante & dix pieds de longueur, sur quatre-vingt seize dans sa plus grande largeur. Une Rampe à hauteur d'appui & qui s'avance vers le Canal en forme de demi Cercle, accompagné de deux lignes droites, partage ce fer à Cheval en deux Bassins inégaux, pour l'élévation, & pour l'étendue. L'Eau passe du premier Bassin dans le second par cinq grandes Nappes, disposée sur cette Rampe pour couler par une autre Nappe, qui termine le fer à Cheval, dans un troisième Bassin plus enfoncé que les précédens. Les eaux paroissent se rassembler en cet endroit pour se précipiter avec plus de violence par une dernière Nappe, dans le Canal où se rendent les deux Cascades. Ce Canal est garni de douze lances de quatre pieds & demi d'élévation sur dix-huit lignes d'ajustage.

La distribution de ces eaux est si bien entendue, qu'on prendroit cette Cascade pour un vaste Theatre de Cristal jaillissant, par l'arrangement & la disposition des flots, des chûtes, des nappes, des lances, des bouillons, des jets, des tortues, des grenouilles, des Dauphins, & des Masques dont elle est embellie.

Toutes ces eaux, après avoir coulé quelque tems sous l'allée du Tillet, se répandent par trois grands Masques marins sur une Table vaste, & large de vingt pieds de face, d'où s'élevent deux bouillons de cinq pieds qui portent dix-huit lignes d'ajustage. Leurs nouvelles eaux confondues dans le Déluge de ces divers Masques, augmentent encore la première Nappe de la Cascade, qui dans cet endroit seul est élevée de dix-sept pieds. Cette première Nappe est cintrée dans le milieu, & tombe sur une seconde Table de vingt-deux pieds de largeur, il en coule une autre Nappe droite sur une troisième Table, qu'on a réduite à quinze pieds, pour donner plus de grace à celles d'au-dessus, & faire une diminution plus sensible d'avec la plus élevée. Toutes les Tables sont enfoncées entre les Pilastres, qui commencent les Rampes de la Cascade, & ces Rampes sont soûtenues d'un Gazon par dehors, qui diminue à mesure qu'elles se rétrecissent vers les Dauphins qu'on voit à la tête du Canal. Pour mieux orner le fond de cette belle Cascade, où les eaux coulent en Nappes disposées par étages, plus saillans les uns que les autres, sur une hauteur de près de quinze pieds, on a encore attaché aux deux Pilastres qui donnent l'appui à ces Tables, de larges Bassins taillez en Coquilles; il semble que les eaux de la haute Cascade doivent être épuisées par la multitude, & par la confusion des Nappes qu'elles font couler dans la basse, & que tous les Lieux d'alentour doivent être secs, stériles, & arides. Cependant les nouvelles Nappes qu'on voit naître des Pilastres dont les Rampes sont appuyées, les Masques placés au-dessus de ces Nappes, & les Bassins en Chandelier, qui servent de comble aux Pilastres d'une curieuse Architecture, font connoître que ces eaux sont encore très-abondantes. Chaque Pilastre est bâti de pierres refendues par bossages, entre lesquelles on a placé de grandes Tables de Rocailles, qui diminuent à mesure que la Rampe est moins exhaussée. Ces Tables sont au milieu d'un corps d'Architecture bordé par le haut, à fleur d'eau, d'une Plinthe chargée de Glaçons, semblable à ceux des autres Tables, qu'on a placées entre les Consoles, qui donnent l'appui aux Nappes du fond. On a porté sur le haut de chaque Pilastre un Bassin de quatre pieds de diamètre, élevé sur un pied d'ouche qui en fait le couronnement. Un bouillon de cinq pieds sur dix-huit lignes d'ajustage s'en éleve, & fournit l'eau du Masque, dont la décharge couvre la première Coquille qu'on a jointe à la seconde Nappe du fond. Cette Coquille est posée sur un Groupe de trois Consoles, ornées d'une autre Plinthe aussi taillée en Glaçons. Elle répand encore son eau par une Nappe dans un Bassin formé de trois Coquilles rassemblées, faisant un tour de dix-sept pieds sur huit de saillie, & cinq de chûte. L'Eau s'en précipite avec la dernière Nappe de ce même fond dans le grand Bassin, où son agitation la pousse, & semble l'abîmer.

Les Pilastres les plus proches de ces derniers sont également chargez d'un Bassin dont les eaux coulent dans un Masque, qu'on a attaché au-dessous du Chapiteau, pour rendre le mélange de ces lances plus agréable, & moins confus. A six pieds de ces Pilastres, on en trouve un moins élevé, où l'on a joint un grand massif d'une admirable structure; il est garni de trois Consoles de face, & de deux de profil, ornées d'écailles de poissons, & de feuilles d'eau, entre deux Plinthes, & chargées aussi de Glaçons. Ces Consoles supportent une autre Groupe de trois Coquilles, qui forment un grand Bassin de vingt-deux pieds de tour sur huit & demi de saillie, il en tombe une Nappe de cinq pieds de chûte, que la séparation des Coquilles fait couler comme si elle étoit déchirée. Les eaux de cette Nappe descendent de trois pieds plus haut, d'une autre Coquille à oreille, également appuyée sur un second Groupe de Consoles.

G 2   Elles

Elles paroissent encore à travers la Nappe, qui a onze pieds de tour, & qui vient du Bassin en Chandelier, dont le bouillon se termine en Nappe seulement en cet endroit. C'est de cette Nappe que tombe l'eau dans les Bassins qui sont au dessous, au lieu de tirer sa chûte du Masque d'où viennent les autres lances dont on a déja parlé. A la distance de six pieds des différens Piédestaux qui partagent ce Fer à Cheval, on apperçoit un Pilastre semblable à celui, dont l'ornement n'est composé que d'un Masque: l'eau du Bassin qui le surmonte produit en ce lieu le même effet que dans les autres Bassins; & forme une lance, dont le jet n'a pas moins d'agrémens que le bouillon qui lui donne naissance. Le Piédestal, qui se trouve à six pieds de ce Pilastre, est long de cinq pieds, sur deux pieds & neuf pouces de large. Il porte un Dragon marin, & sépare en deux Bassins inégaux le grand Réservoir en Fer à Cheval. Une Rampe de quatre pieds de haut, faisant vis-à-vis le Canal un demi-cercle de vingt & une toise de tour, forme tout ce partage. Cinq Nappes d'inégale proportion, divisées par quatre bas Pilastres, font passer l'eau sur cette Rampe pour en tomber avec plus de rapidité par dix-huit pieds de saillie dans un second Bassin. La prodigieuse quantité des différentes eaux qui s'y précipitent, les lances des Grenouilles élevées sur ces bas Pilastres, & celles des Dragons marins qui s'y rendent de dessus les deux Piédestaux, tout y excite un murmure si bruyant de toutes parts, que la chûte du plus rapide torrent causeroit à peine un aussi grand bruit. Le second Bassin se décharge dans un troisième par une autre Nappe de huit toises d'étendue, qu'on a élevé de trois pieds sur une Rampe également garnie de Tables de Rocailles. Deux doubles Pilastres amortis d'autant de Dauphins ornez de leurs lances, composent les encoigneures, où aboutissent les basses Rampes du Fer à Cheval, & soûtiennent la nouvelle Nappe qui le ferme. Elle commence l'entrée du Canal, où les eaux semblent s'engouffrer avec plus de violence, en blanchissant sur une dernière Nappe qui les réunit, & dont la forme est un quarré à oreilles d'une largeur semblable à la précédente. Cette Nappe coule aussi par dessus une dernière Rampe de trois pieds d'élévation, & tombe enfin dans le Canal, long de deux cens pieds & large de cinquante-quatre. Toutes les eaux paroissent alors suspendre leur mouvement, & rester presque ensévelies dans cette espèce d'abîme, où mille chûtes diverses les ont précipitées du haut de la grande Cascade, comme si elles ne devoient jamais être ranimées, dans les deux Boulingrains qu'on a disposés pour la décharge de ce Canal. Un demi Ovale de vingt toises de long sur quinze de large, & garni dans ses extrémitez de deux nouveaux jets de quinze pieds de haut sur douze lignes de sortie, termine, & finit ce Canal, qui est environné d'une Rampe unie de cinq pieds de hauteur, & qui s'étend entre deux hautes Palissades de Charmes & de Buis, embellis de quelques Statues modernes jusqu'à l'Allée des Portiques. Cette Allée conduit à la grille du Pont de Saint Cloud, & sur la Place d'Orléans, ce qui reste de la même Allée jusqu'aubord de la Seine, est tapissé d'un gazon large & épais, & bordé de plusieurs bancs, pour admirer de là plus commodément le rare artifice, par lequel tant de belles eaux sont élevées. Ce Canal est encore garni de douze gros bouillon de quatre pieds & demi de hauteur, sur douze lignes de sortie. Au milieu des deux Boulingrains de trente-cinq toises de largeur, sur cinquante de longueur; on découvre un Bassin rond de cinquante-quatre pieds de diamétre sur cent soixante & deux de tour, d'où naît un Rocher en Pyramide de sept pieds de hauteur. Son élévation est d'autant plus belle qu'elle est admirablement variée par l'inégalité des Nappes qui le couvrent. La plus haute de trois pieds de chûte, & qui se trouve plus basse d'un pied que celle qui lui est inférieure, est appuyée sur un diamètre de sept autres pieds, posé sur un moins élevé qui en a treize. L'Art y a formé huit pans égaux, alternativement ornez de Nappes, de Gueules bayes & de Rocailles. Ces diverses élévations, ces coupures si différentes, ces Bassins d'un diamètre égal, inégal, ces Rochers si bien imitez & ces Nappes si abondantes, sont enfin couronnées dans l'extrémité de la Pyramide, par un large bouillon de six pieds de saillies sur quatre pouces d'ajustage. C'est ce qui termine ces Cascades, jusqu'à présent le plus riche comme le plus savant effet d'Hydraulique. On les peut regarder comme un Chef-d'œuvre qui ne sauroit être assez admiré, soit par la distribution de deux cens vingt-deux toises d'eau Cube, qui font le nombre de cinq mille huit cens quatre-vingt-quatorze muids d'eau qu'elles dépensent par heure, en passant par huit Soupapes, dont quatre sont de douze pouces de diamètre, deux de dix, & deux autres de huit, soit par la diversité des objets qu'elles produisent depuis leur commencement jusqu'à ces Rochers qui les finissent.

Ceci est tiré d'une Description très-exacte, qui a été faite de la belle Maison de Saint Cloud, par les ordres & sous les lumières de Philippe Duc d'Orléans, Père du Régent, par Mr. Harcouet de Longeville, qui avoit l'honneur de travailler auprès de ce Prince en qualité de son Conseiller, & Historiographe.

Le Bourg de S. Cloud est un Lieu fort ancien. On l'appelloit NOGENT en Latin *Novigentum* & *Novientum*, & c'étoit déja une Bourgade [a] dès le commencement du VI. Siècle sous les enfans de Clovis. Ce fut là que *Clodoald*, vulgairement appellé S. Cloud, fils du Roi Clodomir, se retira après avoir évité la mort. Il y bâtit un Monastère qui depuis a été changé en une Eglise Collégiale, où le Corps de S. est gardé dans une Châsse. La dévotion, que le Peuple a eue pour lui, a fait changer le nom

[a] *Longuerue, Descr. de la France, Part. I. p. 15.*

nom de Nogent en celui de S. Cloud. Ce Saint fit préfent de cette Terre à l'Eglife de Paris, felon Mr. Piganiol de la Force [a]. Elle fut érigée en Duché-Pairie en 1674. en faveur de François de Harlai Archevêque de Paris & des Archevêques fes fucceffeurs; mais fi les Prelats de l'Eglife de Paris ont l'utile de S. Cloud, ils n'en ont pas l'agréable. Le Duc d'Orléans y poffède le magnifique Palais dont on vient de voir la Defcription. Ce Château qui eft du deffein de le Pautre, a été élevé fur le débris de trois Maifons de Particuliers dont Philippe Duc d'Orléans frere unique de Louïs le Grand avoit fait l'acquifition. L'une de ces Maifons avoit appartenu à d'Hervard Controlleur Général des Finances, la feconde à Fouquet Surintendant des Finances & la troifième à Monerot. Les Evêques de Paris jouïrent long-tems du droit d'éxiger des Habitans de S. Cloud le jour de S. André autant de taille qu'il leur plaifoit. C'étoit un droit coutumier, auquel ces Habitans furent condamnez fous Charles VI. par Sentence du Bailly de S. Cloud, laquelle fut confirmée par Arrêt du Parlement au mois d'Août de l'an 1381. En 1429. la Cour réduifit cette taille à vingt-quatre Livres & l'an 1509. à vingt Livres. La bonté de l'air & celle des eaux invitent les Particuliers de Paris, à avoir des Maifons de Campagne à S. Cloud, pour y paffer la belle faifon de l'année; & l'on voit dans les Antiquitez Françoifes de Fauchet, que ce goût n'eft pas nouveau, puifque ce fidèle Hiftorien dit que ce Bourg a été autrefois bien aimé. Car outre la bonté de l'air & des eaux que l'on tient guérir des écrouelles, huit ou dix Colonnes de Marbre mêlé, dont l'Eglife eft ornée; témoignent par ce refte la magnificence du Lieu. Il y a apparence, dit Mr. Piganiol de la Force, que cette vertu que l'on attribuoit aux eaux de S. Cloud n'étoit qu'une erreur populaire, qu'un Siècle plus éclairé & moins crédule a détruite au point que je n'ai jamais ouï parler de cette propriété fi fingulière & fi falutaire. Dans l'Eglife de S. Cloud il y a une Chapelle toute incruftée de Marbre, dans laquelle repofe le Cœur du Roi Henri III. On fait à S. Cloud des Porcelaines affez belles. On y paffe la Seine fur un Pont de quatorze Arches, au fujet duquel on fait un conte aux Etrangers. On dit que l'Architecte qui avoit entrepris ce Pont, ne fachant comment fortir avec honneur de cette entreprife, le Diable s'apparut à lui & offrit de l'achever à condition que la première chofe qui y pafferoit feroit à lui. La Condition acceptée, & le Pont fini l'Architecte y fit paffer un chat que le Diable prit en enrageant.

[a] Defcr. de ce 2. p. 685.

St. COLMS INCHE, petite Ifle d'Ecoffe [b] dans le Golphe de Forth, au Midi de la Ville d'Abyrdour. Ce mot eft pour S. Columbs Inch. Cette Ifle de S. Columbs, anciennement nommée ÆMONA, a eu autrefois une Abbaye qui poffédoit de grands biens. Après la deftruction des Monaftères, elle fut donnée à Jacques Stuart, Seigneur de Colm. Elle eft petite & il n'y a du Pâturage que pour une vingtaine de Brebis. Elle n'eft qu'à deux milles d'Abyrdour.

[b] Blaew, Atlas.

§. Mr. Corneille en fait deux Ifles, favoir S. Colm, Ifle qui depend de la partie occidentale de la Province de Fife, & que les gens du pays appellent S. Colombs Inch & S. Cosme, ou Ste. Colombe, Ifle de l'Ecoffe Méridionale dans la Rivière de Forth. C'eft la même Ifle.

St. CORENTIN lez-Mante, Abbaye de France, près de la Ville de Mante, Ordre de S. Benoît. Elle a été fondée par Philippe I. l'an 1261. Le cœur & les entrailles de la Reine Blanche Bienfactrice de cette Maifon, font inhumez dans le Chœur de l'Eglife.

St. CORNEILLE DE COMPIEGNE. Voyez Compilgne.

St. CORNIER, Bourg de France, en Normandie, dans l'Avranchin, il y a 1118. feux.

St. COSME, Prieuré de France, en Touraine, vers Amboife. Il fut fondé l'an 1112. par cinq Chanoines de S. Martin qui s'y retirerent, pour y vivre fous la Règle de S. Auguftin.

St. CRAPASY, Bourg de France dans l'Agenois.

St. CRESPIN, Bourg de France dans l'Anjou, Diocèfe d'Angers.

St. CRESPIN EN CHAYE, en Latin *Fanum Sancti Crispini in Cavea*, Abbaye de France, au Diocèfe de Soiffons entre la Ville de ce nom & la Rivière d'Aifne. Elle eft de l'Ordre de S. Auguftin, & eft en Règle.

St. CYBAR, en Latin *Sancti Eparchii Monafterium*, Abbaye de France dans l'Angoumois & dans un des Fauxbourgs d'Angoulême, Ordre de S. Benoît. Elle a été fondée en l'honneur de S. Cybar Patron de la Ville. Il étoit originaire de Périgueux & fils de Felix d'Auréole ou Oriole, Comte de cette même Ville, & vivoit fous le Regne des deux freres Childebert & Clotaire. Dans la fuite on établit dans ce Monaftère une Congrégation de Chanoines. Il revint après aux Religieux de S. Benoît, & retourna enfuite à des Chanoines après que les Normands l'eurent ravagé l'an 868. & revint pour la troifième fois aux Bénédictins qui le poffèdent encore aujourd'hui. Dom-Mabillon affure que les Religieux furent rétablis en ce Monaftère en 828. par Pepin qui en chaffa des Chanoines qui s'en étoient emparez, depuis Charles-Martel. L'Auteur de la Chronique de St. Maixant, *Chronicon Malleacenfe*, imprimée au fecond tome de la Bibliothèque des Manufcrits du P. Labbe dit, qu'Emmenon Comte d'Angoulême fut inhumé dans le Monaftère de S. Cybar, & que dans les Siècles fuivans il fut illuftré de plufieurs Tombeaux de ces Comtes; favoir de Guillaume d'Alduin & de Wlgrin. Une ancienne Hiftoire des Geftes des Comtes & Prélats d'Angoulême, rapporte que fous le Comte Wlgrin, l'Evêque Fridebert avoit bâti auprès de Cybar une Bafilique en l'honneur

neur de S. Sauveur, mais qu'il ne pût y transporter le Corps de S. Cybar; que Fridebert lui-même après la Consécration de l'Eglise & le Sacrifice de la Messe achevé, s'endormit au Seigneur d'une mort tranquile & fut mis en terre par l'Evêque Oliba. Un des Hommes illustres de ce Monastère est Aymar ou Ademar de Chabanois, dont on a une Chronique conservée dans la Bibliothèque de Mr. de Thou.

1. St. CYPRIEN, (les Isles de). Voyez ISLE.

2. St. CYPRIEN, Bourg de France, dans le Périgord, au Diocèse de Sarlat.

St. CYR. Voyez St. CIR.

St. CYRAN. Voyez St. CIRAN.

D.

St. DAMIEN. Voyez SAN-DAMIANO.

SAINT DANIEL, Bourg d'Italie, dans l'Etat de Venise, au Frioul vers la source de la Scale, au Midi Occidental de Gemona.

1. St. DAVID, & non point *St. Davids*, comme quelques-uns écrivent, faute de savoir que cette S finale n'est que la marque du Genitif, lorsque ce nom entre en composition avec un autre, comme dans ce mot *S. Davids Héat*, le Cap de S. David. De même un Anglois nommé *David* ayant trouvé un Détroit, on a nommé ce passage *Davids Street*, le Détroit de David. Nos François ne connoissant pas la valeur de cette S, ont cru qu'elle étoit essentielle au nom du Navigateur & au lieu de la retrancher, ils l'ont laissée, & ont au contraire quelquefois retranché le D, comme superflu. Boileau homme aussi exact dans la Langue Françoise, qu'il l'est peu pour les Langues étrangères, fait rimer * *le Détroit de David*, avec *avis*.

* Sat. XI. 114. & suiv.

Car d'un Dévot souvent au Chrétien véritable.
La distance est deux fois plus longue, à mon avis,
Que du Pole Antarctique au Détroit de Davis.

Mr. Brossette dit en prose que celui qui trouva ce Détroit s'appelloit Jean Davids, cela n'est guère plus exact que ce qu'il dit, que le Détroit qui porte son nom est presque sous le Pole Arctique, & près de la nouvelle Zemble. Il s'en faut au moins une vingtaine de degrez de Latitude que cela ne soit vrai: mais sortons de cette digression & contentons-nous de dire pour la justification de Boileau que trouvant la faute déja établie par l'usage, il s'en est servi parce qu'elle l'accommodoit mieux.

2. St. DAVID, Ville d'Angleterre, au Pays de Galles dans le Comté de Pembrocke près de la Mer, dans les parties les plus Occidentales du Pays de Galles; à quinze milles de Pembrocke & à vingt-six de Caermarthen, sur un Cap qui s'avance fort dans la Mer d'Irlande. C'étoit autrefois une Ville fort considérable, mais elle est tellement ruïnée à présent qu'on n'y tient pas Marché. Cependant c'est un Siège Episcopal; c'est même l'Evêché qui a formé la Ville [a]. Le Saint. dont elle porte le nom étoit fils de Xante Roi ou Comte du PAYS DE CERET aujourd'hui nommé Caerdigan, & sa mere, selon Colgan, étoit Melarie à qui on donne la qualité de bien-heureuse. Dès sa jeunesse il apprit les Lettres & fut élevé pour le Ministère de l'Eglise: ayant été ordonné Prêtre, il s'adonna à la Prédication, & bâtit douze Monastères. Le plus célèbre fut celui de MENEVE, en Latin *Menevia*, que l'on tient avoir eu son origine vers l'an 490. Il y établit une parfaite Discipline. S. David alla en Terre-Sainte vers l'an 516. avec S. Teliau & S. Paterne, & il y fut ordonné Evêque par Jean Patriarche de Jérusalem. Trois ans après étant retourné au Pays de Galle, il y assista au Concile de Brevi, contre les Pélagiens, & il y fut peut-être établi dès ce tems-là dans le Siège de Caerléon en la place de S. Dubrit. Il mourut dans son Monastère de Meneve vers l'an 544. & il y fut enterré. Le Siège Episcopal fut transféré dans l'Eglise Abbatiale de Meneve. On ne sait si ce fut du vivant de S. David ou après sa mort, & il n'y eut point d'autre cause de ce changement que la vénération que l'on avoit pour ses vertus. Auprès du Monastère de Meneve, il se forma une Ville aujourd'hui appellée *S. David*, les Gallois disent TII DEVI. L'Auteur de l'Etat présent de la Grande-Bretagne [b] dit que ce fut Arthur Roi des Bretons qui transporta le Siège Episcopal de Caerléon en ce Lieu pour y être en sûreté contre la fureur des Saxons; & qu'ainsi S. David devint la Métropole du Pays de Galles. Elle avoit alors VII. Evêques suffragans qui étoient tous sacrez par l'Archevêque de S. Davids, savoir les Evêques de

[a] Hist. de l'Ordre de S. Benoit, t. 1. l. 2. c. 44.

[b] Tom. 1. p. 144.

Landaff,	Lan-Badern,
Bangor,	Morgan,
S. Asaph,	Worcester,
	Hereford.

Hereford & *Worcester* en ont été détachés depuis long-tems, aussi-bien que du Pays de Galles; ils sont présentement de l'Angleterre. *Lan-Badern* dans la Province de Caerdigan, & *Morgan* dans celle de Glamorgan ont été suprimez depuis long-tems. *Landaff*, *Bangor* & *S. Asaph*, qui subsistent, s'en sont affranchis, & Bernard XLVII. Evêque de S. David, se vit contraint sous le Régne de Henri I. de se désister de sa qualité de Métropolitain & de reconnoître le Siège de Cantorbery pour sa Métropole.

St. DENYS, Ville de France dans l'Isle de France; on le nomme communément S. Denys en France. Elle est située sur la petite Riviére de la Crould, qui dans la Ville même, telle qu'elle est à présent, se joint avec le Mordret autre Ruisseau, & sortant de la Ville ils vont se joindre avec le Moleret & le Rouillon déja chargé de plusieurs petits ruisseaux, & se perdent assez près de là dans la Seine vis-à-vis de l'Isle de S. Denys. Le nom Latin d'aujour-

S A I.   S A I.   55

jourd'hui eſt *Sancti Dionyſii Fanum*. L'ancien nom étoit Vicus Catulliacus ou Catholiacensis ; ce n'étoit qu'un ſimple Hameau nommé Cathuel du nom d'une Dame nommée Catulle [a], qui ayant reçu le Corps de S. Denys, & fait enlever ceux de S. Ruſtique & de S. Eleuthère Martyrs, les enſévelit dans un Champ, & marqua quelque tems après le lieu de leur ſépulture par un Tombeau qu'elle y fit élever, & ſur lequel les Chrétiens bâtirent depuis une Chapelle en reconnoiſſance des Miracles que Dieu avoit opérés en cet endroit par l'interceſſion de ces Saints Martyrs. Vers l'an 469. Sainte Généviéve fit rebâtir une Egliſe en l'honneur de S. Denys ſur les ruïnes de la première.

[a] *Pigniol. Deſcr. de la France*, t. 2. p. 535.

Avant le Regne de Clotaire II. Pere de Dagobert I. il y avoit en cet endroit une Communauté Religieuſe, & un Abbé, puiſqu'on voit une donation de ce Prince adreſſée à l'Abbé Dodon, & à ſes Freres, qui deſſervoient pour lors la Baſilique de S. Denys. Ce Saint Lieu avoit eu beaucoup de part aux libéralités des Rois de France : mais Dagobert employa de ſi grands biens à faire bâtir une nouvelle Egliſe, à la décorer magnifiquement, & à aggrandir ce Monaſtère, qu'il a inſenſiblement fait oublier les bienfaits de ſes Prédéceſſeurs, & que la Poſtérité l'a regardé comme Fondateur de cette Abbaye.

Le concours des Chrétiens, qui venoient par dévotion viſiter les Tombeaux des Saints Martyrs, avoient inſenſiblement formé un Village, là où il n'y avoit auparavant qu'un Hameau ; mais après la mort de Dagobert ce Village reçut des accroiſſemens conſidérables, & du vivant de l'Abbé Suger, on l'appelloit la *Ville de S. Denys*. Elle a été augmentée conſidérablement depuis ce tems-là. On lui a vu dans ces derniers Siècles une enceinte de Ville & de Place de guerre, auſſi a-t-elle ſoutenu des Sièges. On y voit aujourd'hui une puiſſante Abbaye & une des plus conſidérables du Royaume, ſept Paroiſſes, le Prieuré de S. Denys de l'Etrée, le Chapitre de S. Paul, & pluſieurs Couvens ; en ſorte que la bonne Dame Catulle auroit ſans doute bien de la peine préſentement à reconnoître ſa Ferme & ſa Maiſon.

Cette Ville n'étant qu'à deux lieues de Paris, ne peut guères devenir jamais plus conſidérable. Telle, qu'elle eſt, elle ſe donne le relief de *Capitale du Royaume*. Le fondement de cette opinion populaire ne porte, que ſur ce qu'elle ſe trouve ſituée au milieu d'un petit Pays particulier que l'on appelle *la France*, dans lequel il n'y a pas de lieu plus conſidérable que S. Denys, qui pour cette raiſon eſt appellé S. Denys en France.

Mais revenons à l'Abbaye. Le Roi Pepin avoit commencé à rebâtir l'Egliſe pour la rendre plus grande & plus magnifique, qu'elle n'étoit auparavant. Charlemagne ſon fils preſſa la continuation de cette Edifice, qui fut enfin achevé au mois de Février de l'an 775. & cet Empereur aſſiſta à la Dédicace qui en fut faite. Cette Egliſe ſe trouva dans la ſuite trop petite pour contenir ceux qui y venoient de toutes parts aux jours des grandes ſolemnités. L'Abbé Suger ſongea à la rendre plus ſpacieuſe, & ce pieux Miniſtre ne crut pas pouvoir faire un meilleur uſage de ſa faveur, que de l'employer à une ſi Sainte Oeuvre. La Dédicace de cette nouvelle Egliſe ſe fit en préſence du Roi au Mois de Juin de l'an 1144. Cette Egliſe, quelque dépenſe que Suger eût faite, menaçoit ruïne vers l'an 1231. S. Louïs & la Reine Blanche ſa mere engagèrent l'Abbé Eudes de Clément à la faire rebâtir, & contribuérent à la plus grande partie de la dépenſe ; & c'eſt apparemment pour cette raiſon que l'on voit en pluſieurs endroits du Chœur, dans la croiſée, & ſur le marchepié de quelques Autels du chevet les Armes de Caſtille accolées à celles de France. L'Abbé Eudes ne vit point la fin du Bâtiment, qu'il avoit commencé ; il ne fut achevé, que ſous Matthieu de Vendôme en 1281. & voilà enfin l'Egliſe de S. Denys telle qu'on la voit à préſent.

Cette Egliſe a été bâtie à trop de repriſes, pour que ſes parties ne ſe reſſentent pas des différens goûts d'Architecture, qui ont régné dans ces différens Siècles. Cependant le tout enſemble de ce vaſte Bâtiment eſt un des plus beaux Gothiques, qui ſe voyent. Il a dans œuvre trois cens trente-cinq pieds de long & trente-neuf de large. La Voute eſt par-tout également élevée, & ne ſemble être ſoutenue que par des Colomnes fort légères, & par des cordons fort petits. Il eſt éclairé par trois ordres de fenêtres, ou vitreaux. Les plus grandes ont environ quarante pieds de haut, & ne ſont pas à plus de trois pieds l'une de l'autre. Ce grand jour eſt tempéré par la Peinture & l'épaiſſeur des vitres. Il n'y a point dans cette Egliſe de Chapelle ni d'Autel, qui ne ſoit remarquable par la richeſſe dont il eſt orné, ou par les monumens qu'il renferme. C'eſt ſur le petit Autel, qui eſt du côté de l'Evangile dans le Sanctuaire, que le Diacre & le Soûdiacre, après avoir reçu du Célébrant le Corps de Jéſus-Chriſt au Grand-Autel, viennent recevoir eux-mêmes avec un chalumeau de vermeil le précieux ſang, les jours de Communion ſous ces deux eſpèces, conformément à l'ancien uſage de cette Egliſe.

L'Autel des Saints Martyrs occupe toute l'Arcade du milieu du chevet. Derrière cet Autel & dans l'épaiſſeur du mur, il y a une Armoire dans laquelle ſont les trois Châſſes d'argent, qui renferment les Reliques de S. Denys, de S. Ruſtique & de S. Eleuthère. Je ſortirois des bornes d'une Deſcription générale, ſi je voulois rapporter ici tout ce qu'il y a de remarquable dans les Chapelles de cette Egliſe. J'obſerverai ſeulement que dans celle de S. Hilaire ou Hilar, Evêque de Javouls, il y a une Cuve de Porphyre, qui a cinq pieds trois pouces de long, ſur deux pieds deux pouces de large, & ſeize pouces de profondeur. L'on prétend que le Roi Dago-

Dagobert la fit apporter de Poitiers, où elle servoit de Baptistaire. Tous les Connoisseurs conviennent, que c'est le plus grand & le plus beau morceau de Porphyre qu'ils ayent jamais vû; mais ils ne sont pas d'accord sur l'usage auquel il a servi. Quelques-uns veulent, que ç'ait été un Baptistaire, & d'autres croyent que c'étoit un Tombeau; car on en voit de semblables à Rome, & en d'autres endroits. Comme cette Eglise est destinée à la Sépulture des Rois, je dois dire quelque chose de leurs Tombeaux, & de ceux des Princes & des Hommes illustres, qui ont eu l'honneur d'y être inhumés[a] : il faut observer que les Tombeaux des Rois de la premiére Race n'avoient pour l'ordinaire aucune magnificence extérieure. Ainsi les Tombeaux des anciens Rois, que l'on voit à S. Denys, & ailleurs, ne sont que des Cénotaphes élevés fort long-tems après. Voilà comme il faut regarder tous ceux, que l'on voit dans l'Eglise de S. Denys, tant de la seconde que de la troisiême Race, jusques aux enfans de S. Louïs. Le premier Prince, que l'on sache avoir été enterré dans l'Eglise de S. Denys est Dagobert, fils de Chilperic second, & de Fredegonde, mort trois mois après sa naissance l'an 580. Il ne reste à présent aucun vestige de sa sépulture.

[a] Mabill. Dissert. Acad.

Dagobert est le premier des Rois, qui ait été inhumé à S. Denys. Il mourut le 19. de Janvier de l'an 638. Son Tombeau ayant été détruit ou par le tems, ou par les Normands, on fit celui, que l'on voit à présent, lorsque l'on rebâtit l'Eglise dans le treiziême Siécle.

Des deux côtés des grilles de fer, qui enferment le Chœur au Midi & au Septentrion, on voit plusieurs Cénotaphes de Pierre, que S. Louïs fit faire en mémoire des Rois ses Prédécesseurs, qui avoient été inhumés dans cette Eglise. Ceux qui sont à main droite sont de la Race de Pepin, & ceux qui sont issus de Hugues Capet sont à gauche. Ainsi on y voit celui du Roi Pepin, & de la Reine Berthe sa femme, celui des Rois Louïs & Carloman freres, fils de Louïs le Begue. Les Figures de Clovis second, & de Charles-Martel sont ensuite sur un même Cénotaphe. Ceux de la Reine Isabelle d'Arragon, du Roi Philippe le Hardi son mari, & de Philippe le Bel leur fils sont de marbre.

Sur la ligne, qui est au Septentrion on voit cinq Cénotaphes de Pierre, le premier est celui d'Eudes & de Hugues Capet. Celui de Robert & de la Reine Constance sa femme, vient ensuite. Puis celui des Rois Henri premier & de Louïs VI. dit le Gros. Le quatriême est celui de Constance de Castille seconde femme de Louïs VII. dit le Jeune. Ce même Tombeau est celui de Philippe fils aîné de Louïs VI. dit le Gros. Le cinquiême est celui de Carloman, Roi d'Austrasie, & d'Hermintrude, premiére femme de Charles le Chauve. Après ces cinq Tombeaux, qui sont de Pierre, ainsi que je l'ai déja dit, on en voit deux de Marbre, l'un pour le Roi Louïs X. dit Hutin, & pour Jean I. son fils, & l'autre pour Jeanne Reine de Navarre, Comtesse d'Evreux, & fille de Louïs Hutin, mort le 6. d'Octobre 1349.

Le Tombeau de Charles VIII. est de Marbre noir, & orné de Figures de Bronze doré. Il est au bas des degrés du Sanctuaire du côté de l'Evangile. Du même côté & sous l'Arcade la plus proche du grand Autel, on voit les Figures de Philippe le Long, de la Reine Jeanne d'Evreux, de Charles le Bel son mari, de Jeanne de Bourgogne, de Philippe de Valois & du Roi Jean. Ces six Figures sont couchées sur deux Tombeaux de marbre noir.

La Reine Marguerite de Provence femme de S. Louïs fut inhumée dans l'endroit, où l'on voit une Tombe plate de cuivre, où l'on lit son épitaphe.

Hugues le Grand, Comte de Paris, & pere de Hugues Capet, fut inhumé dans l'endroit, où il y a une Tombe plate de Pierre de liais.

Charles le Chauve est le seul Empereur qui ait eu la sépulture à S. Denys sous la Tombe de cuivre, où il est représenté revêtu des Habits Impériaux. On croit que ce Tombeau est du tems de l'Abbé Suger.

Philippe Auguste, Philippe Comte de Boulogne son fils, & Marie de Brabant sa fille; le Roi Louïs VIII. Alphonse Comte de Poitiers, Jean Tristan Comte de Nevers, & Pierre de Beaucaire, Chambellan de S. Louïs avoient aussi été inhumés dans le Chœur; mais la richesse de la plûpart de ces Tombes les ayant exposées au pillage pendant les guerres civiles, il n'en reste plus aucun vestige. Les ossemens de S. Louïs étoient auprès de ceux de Louïs VIII. son pere, ils furent mis dans une magnifique Châsse en 1298.

Les Tombeaux du Roi Charles V. & de la Reine Jeanne de Bourbon sa femme, de Charles VI. & d'Isabelle de Baviére sa femme sont de Marbre noir, & les Figures de Marbre blanc, & renfermés dans la Chapelle de S. Jean Baptiste, autrement appellée de Charles V.

Quelques Hommes illustres comme Bertrand du Guesclin Connétable de France, Bureau de la Riviére, Chambellan de Charles V. Louïs de Sancerre Connétable de France, & Arnaud de Guillem Seigneur de Barbazan, Chambellan de Charles VIII. ont eu l'honneur d'être inhumés dans cette même Chapelle.

On voit dans la Chapelle de Notre-Dame la Blanche le Tombeau de Marie & de Blanche de France, filles de Charles Roi de France & de Navarre, & de Jeanne d'Evreux sa femme. Louïs d'Evreux, & Jeanne d'Eu Duchesse d'Athénes sa femme ont été inhumés en cet endroit, où il y avoit autrefois une Tombe de cuivre sur laquelle étoient leurs Epitaphes.

Le Tombeau de Marbre noir qui est dans la Chapelle de S. Hipolyte renferme les cendres de la Reine Blanche, seconde femme du Roi Philippe de Valois, & celles de Jeanne de France sa fille.

Le

Le Tombeau de Guillaume du Chaftel Pannetier de Charles VII.

Le Tombeau de Louïs XII. eft un des premiers qui ait paru en France dans le goût d'Architecture antique. Le Roi & la Reine Anne de Bretagne fa femme y font repréfentés à genoux & de grandeur naturelle.

Celui de François I. eft dans la Chapelle, qu'on appelloit autrefois de S. Michel. Il eft auffi de marbre blanc, & a quatorze pieds de haut fur feize de long. Au deffus de ce Monument font le Roi François I. la Reine Claude de France fa femme, François Dauphin, Charles de France Duc d'Orléans & Charlotte de France tous enfans de François I. & de Claude de France. Ces cinq figures font à genoux. Le corps de Louïfe de Savoye mere du Roi eft inhumé dans ce même Tombeau.

Le Tombeau des Valois renferme le corps du Roi Henri II. de Catherine de Médicis fa femme, & de huit de leurs enfans qui font François II. Charles IX. Henri III. François de France Duc d'Alençon, Louïs de France mort au berceau, Marguerite de France Reine de Navarre & deux Princeffes mortes en bas âge. Le corps d'une fille de Charles IX. y fut auffi inhumé. Ce fut Catherine de Médicis, qui après la mort d'Henri II. fit bâtir ce magnifique Maufolée, qui a fait appeller cette Chapelle la Chapelle des Valois. Le Roi ayant été informé du mauvais état où fe trouvoit le Bâtiment qui menaçoit d'une chûte prochaine, qui auroit écrafé le Tombeau d'Henri II. & de Catherine de Médicis placé dans le milieu de ladite Chapelle, & orné de bas-reliefs, colonnes & figures de marbre, de bronze &c. ordonna par Arrêt de fon Confeil d'Etat du 24. Mars 1719. que les Tombeaux d'Henri II. de Catherine de Médicis & des Princes & Princeffes leurs enfans feront tranfportés dans la grande Eglife, & placés dans la croifée du côté du Septentrion, entre le Tombeau de Louïs XII. & la Chapelle de Notre-Dame la Blanche; & qu'il fera creufé & conftruit à cet effet telles fondations, & tels autres ouvrages qu'il conviendra, tant pour les fondemens & Caveaux néceffaires pour pofer lefdits Tombeaux, que pour les baluftrades ou grilles de fer, & le pavé de pierre au pourtour, ainfi que pour faire la démolition des murs, voutes & comble de ladite Chapelle, & les réparations aux murs de l'Eglife &c.

Le Lieu, qui fert de fépulture à la Royale Branche de Bourbon, confifte en deux Caveaux. Louïs XII. fit faire le premier pour Anne de Bretagne fa femme. Comme il eft petit, il fe trouva trop rempli en 1683. pour y pouvoir mettre le corps de la Reine Marie Thérèfe d'Autriche, ce qui fit entreprendre un travail hardi & pénible. On perça par deffus le chevet de l'Eglife un Caveau fpacieux qui a 9. toifes de long fur deux & demi de large, & communique à l'ancien par un petit corridor de trois pieds de large fur fept de haut. Dans l'ancien Caveau il n'y a actuellement que le corps de Louïs XIII. tous les autres corps de cette Royale Branche au nombre de trente & un à compter depuis Henri IV. jufqu'à Marie Louïfe Elizabeth d'Orléans, Ducheffe de Berry, morte au Château de la Muette la nuit du 20. au 21. de Juillet 1719. font inhumés dans le nouveau, où leurs corps font rangés fur des barres de fer à trois pieds de terre.

On lit dans la Chapelle de la Trinité l'Epitaphe de Sédile de Sainte Croix, femme de Jean Paftourel, Préfident de la Chambre des Comptes, auquel Charles V. avoit accordé, en confidération de fes fervices, le Privilège d'être enterré dans l'Eglife de S. Denys. Il n'en profita pas, car il fut inhumé dans l'Abbaye de S. Victor, mais Sédile de Sainte-Croix fa femme le fut ici.

Le Duc de Châtillon & le Marquis de S. Maigrin ont des Tombes dans l'Eglife, qui font de pierre de liais fans Infcription ni Epitaphe.

Le dernier Monument funèbre, qu'on ait élevé dans l'Eglife de S. Denys, eft celui du Vicomte de Turenne. On n'en peut donner une plus grande idée qu'en difant que le deffein eft de le Brun, & l'exécution de Baptifte Tuby. L'Immortalité ayant une couronne radieufe fur fa tête & tenant d'une main une couronne de Laurier foutient de l'autre ce Héros mourant, qui la regarde comme la feule récompenfe à laquelle il ait afpiré. La Sageffe & la Valeur font auffi dans des attitudes qui leur conviennent. La dernière eft dans la confternation, & l'autre eft étonnée du coup fatal qui enleve ce grand homme à la France.

Parce que la Defcription du Tréfor de l'Abbaye de S. Denys fe trouve partout, je me difpenferai de la faire ici. Je dirai feulement qu'il eft gardé à côté de l'Eglife dans une grande Sale, dont la voute eft foutenue par une Colonne de marbre qui eft au milieu. Il y a toujours dans cette Sale une lampe allumée par refpect pour les Reliques qui font renfermées dans les Armoires.

Il y a encore dans la Sale du Thréfor un Cabinet qui renferme plufieurs Pièces curieufes, & qui devient tous les jours plus confidérable par les foins que les favans Religieux de cette Abbaye prennent de l'augmenter. Au deffus de ce Cabinet on voit une Chaife de cuivre doré, que l'Abbé Suger crut avoir fervi de Thrône à Dagobert, & laquelle il fit redorer.

Dans l'ancien Cloître auprès du Réfectoire, il y a une Pièce très-fingulière & très-remarquable. C'eft un Lave-main d'une feule pierre de liais taillée en rond, qui a onze pieds huit pouces de diametre; il eft pofé fous une voute foutenue par feize colonnes dont la plûpart font de marbre. Par la grandeur du Lave-main, & la largeur des Arcades de la voute, il eft aifé de juger que la voute n'a été conftruite qu'après que le Lave-main a été placé en cet endroit. Autour d'une efpèce de foubaffement font gravés ces deux vers:

H   *Hugoni*

Hugoni, Fratres, Abbati reddite grates,
Hoc manibus Fratrum sustulit illa labrum.

Comme le dernier Abbé de S. Denys, qui se nommoit Hugues, mourut sous le Regne de Philippe-Auguste l'an 1204. l'on peut conclure que ce Monument a au moins plus de cinq cens ans d'antiquité.

Le Titre d'Abbé de S. Denys fut supprimé en 1692. & la Mense Abbatiale fut unie à la Maison de S. Louïs de S. Cyr par la Bulle du Pape Innocent XII. du 23. de Février de la même année. Comme la Jurisdiction spirituelle n'étoit pas uniquement attachée à la personne de l'Abbé séparément de sa Communauté, les Moines prétendirent que cette Jurisdiction devoit leur être conservée ; mais l'Archevêque de Paris soutint que le titre d'Abbé de S. Denys étant supprimé, toute la Jurisdiction spirituelle que l'Abbé & les Moines avoient exercée dans la Ville de S. Denys lui étoit dévolue, & retournoit au principe d'où elle étoit émanée ; & par Transaction elle lui fut cédée, excepté celle du Cloître, de tous les Lieux réguliers & de tout l'enclos du Monastère, qui demeura aux Moines, & immédiatement sujette au S. Siège. Par cette même Transaction, qui est du 6. Août 1692. le Supérieur Régulier de l'Abbaye, ou autre tenant sa place, doit être Vicaire Général né perpétuel & irrévocable de l'Archevêque de Paris & de ses Successeurs.

La Seigneurie de S. Denys appartient au Monastère, & les appellations de son Bailliage ressortissent nuement au Parlement de Paris. Au reste, c'est dans cette Abbaye qu'étoit gardée l'Oriflamme. Cette fameuse Banniére semée de fleurs de Lys d'or, qu'on prétend que Clovis reçut du Ciel, & que les Rois de France alloient prendre lorsque l'on entreprenoit quelque guerre étrangère, tomba insensiblement dans l'oubli, mais subsistoit encore au tems de la réduction de Paris l'an 1594.

En allant de Paris à S. Denys, on trouve dès la Rue de ce nom à Paris, auprès de la Maison de S. Chaumont la première des sept Croix qu'on a plantées à égales distances aux endroits où Philippe le Hardi, qui portoit sur ses épaules les ossemens du Roi S. Louïs son pere, se reposa le 22. May de l'an 1271. Ces Croix sont des espéces de Pyramides de pierre à chacune desquelles sont les Statues des trois Rois & un Crucifix à la pointe. Ce fut pour perpétuer la mémoire d'une action si pieuse qu'on érigea ce Monument. Corroset & Bonfons disent que ce fut Philippe le Hardi lui-même qui les fit élever, mais il l'avancent sans preuve.

2. St. DENYS, Ville de France dans le Bas Languedoc, au Diocèse de Carcassonne.

3. St. DENYS, Bourg de France dans la Saintonge, au Diocèse de Saintes & dans l'Election de Marennes.

4. St. DENYS, Bourg de France en Normandie, au Diocèse de Séez, Election d'Alençon.

5. St. DENYS D'ANJOU, Bourg de France dans l'Anjou, à une lieue de la Rivière de Sarte. Il est connu par les Vins que produit son territoire, & qu'on enleve pour le Pays du Maine.

§. Comme S. Denys est un des Apôtres de la France, il n'est pas étonnant que son nom soit commun à un très-grand nombre de Villages de ce Royaume.

1. St. DIDIER, Ville de France dans le Velai. C'est la plus considérable de cette Province après le Puy, dont elle est éloignée de sept lieues en tirant au Nord. Douze Prêtres font le Service dans l'Eglise de S. Didier. Il y a dans cette Ville un beau Couvent de Religieuses de l'Ordre de S. Augustin.

2. St. DIDIER, petite Ville de France dans le Lyonnois, Election de Lyon.

3. St. DIDIER, Bourg de France dans l'Auvergne, Election de Brioude.

4. St. DIDIER SOUS RIVERIE, Bourg de France dans le Forez, Election de S. Etienne.

St. DIE', en Latin *Sancti Deodati Oppidum*, gros Bourg de France, dans l'Orléanois au Blesois [a]. C'est un gros Bourg muré sur le Chemin d'Orléans à Blois, à une demi-lieue de Chambor, selon Mr. Piganiol de la Force, (à deux lieues selon Mr. Corneille) sur le Rivage de la Loire. S. Dié s'étant fait en cet endroit un Hermitage pour y faire pénitence, le Peuple s'y assembla au bruit des Miracles de ce Saint & y bâtit insensiblement le Bourg qu'on voit aujourd'hui. Il y avoit autrefois un Monastère fondé par le Roi Clovis I. lors qu'après la bataille qu'il gagna sur Alaric l'an 530. il vint visiter le S. Hermite S. Dié. Il y avoit aussi une Maladrie à laquelle Thibaut IV. Hugues de Chatillon & Pierre de France Comtes de Blois ont fait des Charitez considérables.

St. DIEY, Ville du Duché de Lorraine, au Diocèse de Toul. Elle est recommandable par l'Abbaye de même nom, dont je parlerai ensuite, & à laquelle elle doit son origine. L'Eglise Paroissiale est en même tems Collégiale. Le Chapitre, que Mr. Piganiol de la Force appelle S. Dié en Vosge, est composé de trois Dignitez & de vingt-trois Canonicats. Le Doyen & le Grand-Doyen jouissent chacun d'environ mille Livres de revenu ; le Chantre & l'Ecolâtre de neuf cens Livres & chaque Chanoine d'environ huit cens. On fait preuve de Noblesse pour entrer dans ce Chapitre. Les fonctions Pastorales se font dans l'Eglise Collégiale. Il y a près de cette Eglise, l'Eglise de Notre-Dame. Le Chapitre est Seigneur de la Ville. Il y a dans un de ses Fauxbourgs où S. Dié (*Sanctus Theodatus*) est mort, une Eglise Paroissiale sous l'Invocation de S. Martin. Elle est à la Collation & de la dépendance du Chapitre. Il y a aussi dans l'étendue de cette Paroisse un Couvent de Capucins, un Hôpital, l'Oratoire de la Croix, l'Hermitage de la Madelaine & l'Hermitage de S. Roc. Mr. de Longuerue parle ainsi de S. Diey : La Vallée dans laquelle la Ville de S. Diey est située s'ap-

[a] *Piganiol. Descr. de la France, t. 6. p. 138.*

s'appelle Val Galilé'e, & est entre de fort hautes Montagnes. Le Lieu où est la Ville s'appelloit *Junctura* les Jointures. ce n'étoit qu'un affreux Desert lorsque S. Déodat (Théodat) appellé vulgairement S. Diey, s'y retira & y fonda un Monastère vers l'an 670. Les Lorrains prétendent qu'il n'est d'aucun Diocèse; mais l'Evêque soutient qu'il est du sien & assurément à bon titre. Les Moines de S. Diey se relachérent si fort dans le dixième Siècle & devinrent si scandaleux, que le Duc Fréderic (Ferri) mort l'an 984. les chassa & mit en leur place des Chanoines ou Clercs Séculiers. L'Eglise de S. Diey avec toute la Maison & les titres ayant été brûlés dans le XI. Siècle, les Chanoines s'adressèrent au Pape Léon IX. qui avoit été Evêque de Toul, lequel étant en Lorraine l'an 1049. confirma les Priviléges & l'Exemtion de cette Eglise Collégiale avec les Droits quasi Episcopaux du Grand-Prevôt de l'Eglise dans son Territoire. Plusieurs vinrent s'habituer ensuite aux environs du Cloître de S. Diey. Le Prevôt & les Chanoines donnérent un grand Quartier au Duc de Lorraine avec sa Seigneurie. Il y fit bâtir des Maisons, qui augmentérent tce Lieu-là. Mathieu Duc de Lorraine fit commencer l'enceinte des murailles qui furent achevées l'an 1284 sous Ferri II. Elles ont subsisté jusqu'à la Domination des François.

St. DIZIER, en Latin Sancti Desiderii Castrum ou Fanum. Le P. Alexandre la nomme quelque part dans son Histoire Ecclésiastique *Noviodurum Médiomatricorum*; Ville de France en Champagne, dans le Perthois; si l'on s'en rapporte à Mr. Baugier, dans ses Mémoires Historiques de Champagne; mais si l'on croit l'opinion la plus accréditée dans le pays même, elle est du Vallage, dont elle est la Capitale. Elle est située dans une Plaine sur la Marne, à six lieues de Vitri du côté de l'Orient. C'étoit autrefois une Place de guerre assez bien fortifiée, outre la Marne il y a encore un Ruisseau nommé les Renelles, qui prend sa source à deux lieues au dessus du côté de Bar-le-Duc. Il fournit l'eau aux fossés qui entourent les murs de la Ville, & forme un Bassin au milieu de la Ville même. Elle est environnée de Forêts au Midi & au Septentrion. C'est de ces Forêts & autres voisines, que se tirent tous les bois qui servent à construire tous les Batteaux que l'on trouve sur la Marne, & qui se fabriquent tous à S.Dizier. Ces Batteaux servent à conduire à Paris le grain de la Province, & tous les fers qui se fabriquent dans les Forges, qui sont en grande quantité aux environs de S. Dizier; ce qui rend la Ville assés aisée & d'un bon commerce.

Elle est du Diocèse & de la Généralité de Châlons, de l'Election de Vitry, & Capitale d'une Contrée de la Champagne qui s'appelle le Vallage: quoique quelques-uns veuillent la mettre dans le Perthois, contre le sentiment des Géographes & des Habitans. Elle est le Siège d'un Bailliage Royal, qui ressortit au Présidial de Vitry & au Parlement de Paris, selon la qualité des causes. Il y a Maîtrise Particulière des Eaux & Forêts, Grenier à Sel, & Echevinage, dont le Corps est composé d'un Maire & de quatre Echevins, qui ont droit de connoître des causes criminelles par prévention. C'est à S. Dizier que la Marne commence à porter Batteaux.

Il y a dans la Ville un Couvent de Capucins. Dans le Fauxbourg de la Noue qui est seul plus considérable que la Ville & l'autre Fauxbourg, un Monastère de 6. Religieuses Ursulines. A cent pas hors la Ville est une Abbaye Royale de Religieuses de l'Ordre de Cîteaux, étroite Observance. Au Fauxbourg de Gigny, il y a un Hôpital construit de neuf, & où l'on reçoit tous les Pauvres, les Vieillards, les Enfans & les Orphelins de toute l'étendue du Baillage. Il y a trois Eglises Paroissiales, une dans la Ville, & deux dans les deux Fauxbourgs.

Les fortifications sont à présent négligées, parce que depuis que la Lorraine, a été réduite, la Place n'a plus été exposée a être attaquée; mais autrefois c'étoit une Forteresse importante. Charles-Quint ayant fait ligue avec Henri VIII. Roi d'Angleterre pour envahir la France, ils en avoient déja fait le partage entre eux. Henri vint fondre par la Picardie & Charles par la Lorraine. Il avoit pris rapidement Luxembourg, Metz, Ligny & autres Places, & comptoit de prendre S. Dizier *en un déjeuné*, néanmoins, quoi qu'il l'eût attaquée avec une Armée de cent mille hommes, & que la Ville ne fût défendue que pas les Habitans & une Garnison de quinze cens hommes, commandée par le Comte de Santerre & le Marquis des Riviéres, il fut obligé de la battre pendant six semaines de tranchée ouverte. Pendant tout ce tems il ne cessa de livrer continuellement des assauts, dans lesquels il étoit toujours repoussé; il avoit même souvent à se défendre contre les sorties que la Garnison & les Habitans faisoient sur ses Ouvrages. Charles-Quint voyant qu'il se morfondoit, & que son Armée étoit beaucoup diminuée, s'avisa de contrefaire une Lettre sous le nom du Duc de Guize portant ordre au Gouverneur de rendre la Place à meilleure composition qu'il pourroit. Quoique le Gouverneur s'apperçût bien de la surpercherie, il entra en Capitulation d'autant plus aisément que la Ville manquoit d'eau, de vivres & de munitions, & sortit Drapeaux déployés, Tambour-battant, Meche allumée, emportant Bagage & Artillerie, les Habitans ayant vie sauve & étant exempts de pillage. Cette généreuse résistance des Habitans & de la Garnison donna le tems aux Armées du Roi de venir s'opposer aux progrès des deux Princes alliez, & l'on peut dire que sans cela la France eût été en grand péril. Il ne faut pas oublier que ce Siège de S. Dizier a été illustré par la mort du Prince René d'Orange, qui y fut tué d'un coup de Canon à côté de l'Empereur. Ce Siège arrivé en 1544. sous le Regne de François premier, Henri second fit répa-

réparer la Ville & les Fortifications, aussi-bien que celles de Chaumont en Bassigny. Au dessus de la porte du Château de S. Dizier sont les Armes d'Angleterre.

Le Docte Abbé de Longuerue observe que la Seigneurie de S. Dizier a long-tems été possédée par les Seigneurs de Dampierre en Champagne, qui depuis devinrent non seulement Seigneurs de Bourbon, mais Comtes de Flandres, de Nevers & de Retel. Cette Seigneurie fut réunie au Comté de Champagne après qu'il fut venu au pouvoir des Rois de France. La Ville de S. Dizier, poursuit cet Auteur, a pris son nom d'un Saint Evêque de Langres nommé *Desiderius*, vulgairement Dizier, qui ayant été tué par les Vandales, lorsqu'ils ravagèrent les Gaules sous l'Empire d'Honorius, fut enterré dans ce lieu-là, qui devint depuis une Ville, parce que plusieurs s'y habituerent à cause qu'il étoit fort fréquenté par les Peuples, qui avoient ce Saint en grande vénération. Les Habitans sont surpris que S. Dizier étant mort chez eux, il n'y ait aucune Relique, ni aucun Monument qui confirme ce recit.

1. St. DOMINGUE, Ville de l'Amérique, dans l'Isle Espagnole qui en a pris insensiblement le nom, au Quartier des Espagnols. Elle est située sur la Rivière d'Ozama à la Côte Méridionale. Elle n'est plus à l'endroit où elle avoit été bâtie d'abord; elle s'est formée à plusieurs reprises d'une Colonie, que les Espagnols venus dans cette Isle avec Chistophle Colomb avoient d'abord établie sur la Côte Septentrionale. Dans le tems que l'on étoit fort dégoûté du premier poste, qui étoit très-desavantageux, une intrigue amoureuse d'un Espagnol fit naître une occasion imprévue, dont on profita. Un jeune Arragonnois fut aimé d'une femme, qui commandoit dans une Bourgade, où elle tâcha de l'attirer, & pour cet effet elle lui fit présent d'un emplacement pour y mettre un Colonie. Ces offres venoient à propos. On les accepta, & on commença la Ville de S. Domingue à l'Orient de l'Embouchure de la Rivière d'Ozama, & on y transporta les Espagnols que l'on tira de la première Colonie nommée Isabelle. Ce fut même pour cette raison qu'on lui donna le nom de NOUVELLE ISABELLE, & Chistophle Colomb ne l'a jamais appellée autrement par égard pour la Reine de Castille dont il tenoit toute son authorité. Cependant le nom de S. Domingue a prévalu, soit qu'il lui ait été donné à cause de Dominique Colomb pere de Christophle, soit parce qu'on y arriva le jour de S. Dominique sous l'Invocation duquel la première Eglise fut dédiée. Dom Barthelemi Colomb fit cet établissement en l'absence de son frère Christophle.

Un de ses premiers soins fut d'y construire une bonne Forteresse; mais une furieuse tourmente qui avoit fait périr la Flote Espagnole renversa presque toute entière la Ville de Saint Domingo, dont les Maisons n'étoient encore que de bois & de paille; ce qui donna occasion de la rebâtir ailleurs. Ce fut le Grand Commandeur Ovando qui l'entreprit. Véritablement il lui donna un air de splendeur digne de la première Métropole du Nouveau Monde; mais il lui fit grand tort en la changeant ainsi de place. Elle étoit située à l'Orient du Fleuve Ozama, & par la seule raison qu'il y avoit des habitations Espagnoles de l'autre côté, le Grand Commandeur l'y transporta, sans faire réflexion que pour la commodité de quelques Particuliers, il en faisoit perdre à la Ville deux beaucoup considérables, dont l'une ne se pouvoit absolument remplacer, & l'autre ne peut encore se suppléer, sans qu'il en coûte beaucoup. Car en premier lieu, la Ville étant au Couchant se trouve continuellement enveloppée des vapeurs du Fleuve, que le Soleil chasse toujours devant lui; ce qui n'est pas une petite incommodité dans un Pays aussi chaud, & aussi humide que celui là. En second lieu, elle est privée d'une source d'une eau excellente, dont elle jouissoit auparavant: & comme l'eau des pluyes & celle du Fleuve sont saumatres, on a été obligé d'y suppléer par des Cisternes, dont les eaux ne sont pas bonnes. Ceux qui en vouloient boire de la source, étoient obligez d'avoir des Esclaves qui ne fussent occupés qu'à en aller chercher. On a découvert une autre source à une portée de fusil, au Nord de la Ville, où tous les Navires font leur provision d'eau; mais les Habitans de cette Capitale trouvent qu'elle est encore trop loin, & aiment mieux s'en tenir à celle de leurs Cisternes, quelque mauvaise qu'elle soit, que de se donner un peu de peine pour en avoir de meilleure. Le dessein du Grand Commandeur étoit de faire un Réservoir avec une magnifique Fontaine au milieu de la Ville, pour y recevoir les eaux de la Rivière Hayna, qui sont excellentes, & qu'il ne falloit faire venir que de trois lieues; mais il n'a pas eu le tems d'exécuter son projet.

Oviedo qui a vu cette Capitale dans tout son lustre, assûre qu'il ne lui manquoit que cet ouvrage pour être une des plus belles Villes du Monde? Elle est située sur un terrein parfaitement uni, & s'étend du Nord au Sud le long du Fleuve, dont le rivage bordé de Jardins bien cultivés, fait un très-bel aspect. La Mer borne la vue au Midy, le Fleuve & ses bords si bien ornez la terminent à l'Orient, & ces deux côtez occupent plus de la moitié de son Horizon, parce que le Fleuve tourne un peu à l'Ouest. La Campagne des deux autres côtez est des plus belles, & bien diversifiée. Le dedans répondoit parfaitement à de si beaux dehors, les Rues étoient larges & bien percées, & les Maisons exactement allignées. Elles étoient bâties pour la plûpart d'une sorte de Marbre, qu'on a trouvé dans le voisinage. Les autres étoient d'une espèce de terre extrêmement liante, qui durcit à l'air, & qui dure presque autant que la brique. Il y a un Couvent pour les P. P. de S. François, un pour ceux de la Mercy, & un pour les Dominicains; deux Hôpitaux, l'un de S. Nicolas, & l'autre de S. Michel

chel avec une superbe Cathédrale, & toutes les Eglises sont fort belles.

Cette Ville avoit aquis un grand lustre par la résidence de D. Diégue Colomb, qui y établit une petite Cour fort brillante; mais les diminutions que l'on fit à son autorité, la mauvaise conduite de quelques Rivaux qu'on lui donna, les Etablissemens que l'on fit à Cuba, à la Jamaïque & sur la Côte Méridionale du Golphe, la Conquête du Méxique, celle du Pérou, l'avantage que les Flotes qui venoient du Mexique trouvoient à mouiller à la Havana plutôt qu'à S. Domingue, l'épuisement que causèrent ces diverses entreprises à la Colonie de l'Isle Espagnole, & d'autres circonstances concoururent à diminuer l'état florissant où la Ville de S. Domingue avoit été quelque tems. Son Audience Royale qui avoit servi de modèle aux autres de l'Amérique subsiste toujours, & a sous elle les Isles de S. Domingue, de Cuba, de S. Jean de Porto-Ricco, la Floride & toute la Côte de la Terre-ferme depuis l'Isle de la Trinité jusqu'à l'Isthme de Panama. S. Domingue est encore aujourd'hui le Siège d'un Archevêché, dont les Suffragans sont Sant Jago de Cuba, S. Jean de Porto Ricco, Coro ou Venezuela & Honduras. Le peu de communication qu'il y a entre les Espagnols & les François de cette Isle est cause que nous ne voyons point de Voyageurs qui décrivent cette Ville, qui est la Capitale de la partie Espagnole.

2. St. DOMINGUE (L'Isle de), grande Isle de l'Amérique entre les Antilles. Les Habitans qu'y trouverent ceux d'entre les Européens qui la découvrirent, la nommoient HAITI; Colomb qui la trouva, la nomma l'Isle Espagnole, ou simplement l'Espagnole, car en la nommant il ne savoit pas encore si c'étoit Isle ou Terre-ferme. Quelques bonnes gens qui ne savoient ni l'Espagnol, ni le Latin la nommèrent en Latin non pas HISPANICA, mais HISPANIOLA, mot barbare que l'on a pris ensuite pour un diminutif, & dont bien des Auteurs se sont servis. Colomb voyant la quantité d'or qui se trouvoit dans les Montagnes de Cibao sous les pas des Espagnols qu'il envoya à la découverte, se ressouvint du Pays d'Ophir où les Flotes de Salomon alloient chercher l'or, & dit à son premier retour en Europe qu'il avoit trouvé le véritable Ophir de l'Ecriture. Des Savans comme Vatable & autres soutinrent sérieusement que l'Espagnole étoit l'Ophir, sentiment que j'ai réfuté au mot OPHIR. Après que Barthelemi Colomb eut transporté la Colonie d'Isabelle de la Côte du Nord à celle du Sud, & qu'il eut bâti un commencement de Ville sur le bord de l'Ozama, cette Ville fut nommée en Espagnol *San Domingo*, c'est-à-dire, *St. Dominique*; les François s'accoutumerent à dire *Saint Domingue*. Cette Ville fut long-tems le seul Port considérable & le principal Lieu de Commerce de toute l'Isle: cela fut cause que S. Domingue étant le terme des Navigations, on donna le nom de la Ville à toute l'Isle; & les François ont si bien préféré ce nom à celui de l'Espagnole, qu'ils ne se servent jamais de ce dernier qui n'est employé chez eux que dans les Ouvrages Historiques, ou traduits de l'Espagnol.

Cette Isle n'est pas la, plus grande, mais elle est sans contredit la plus riche de toutes: nulle autre ne pouvoit mettre les premiers Conquérans de l'Amérique en état de s'établir solidement au delà des Mers, & l'on peut dire qu'elle a enfanté toutes les Colonies Espagnoles du Nouveau Monde. Si l'on en croit Dom Pierre Martyr d'Anglerie, cette Isle fut d'abord peuplée par des Sauvages venus de la Martinique, autrement dite *Matinino*, lesquels surpris de sa grandeur, crurent que c'étoit la plus grande Terre du Monde.

Au reste il est surprenant qu'on soit encore aujourd'hui si peu d'accord sur la situation d'une Isle, que toutes les Nations de l'Europe ont fréquentée depuis deux Siècles plus qu'aucune autre de l'Amérique. Ce qui paroît certain, c'est qu'elle est au 308. degré de Longitude; pour ce qui est de la Latitude, il paroît certain que la Pointe de S. Louïs auprès du Port de Paix, qui est l'endroit de l'Isle le plus Septentrional, est par les 20. degrés deux ou trois minutes d'élévation du Pole, sur quoi il faut réformer les Cartes Hollandoises, dont l'erreur en ce point a été cause de plusieurs naufrages sur le MOUCHOIR QUARRE. Quant à son étendue, sa longueur est d'environ 160. lieues du Levant au Couchant; sa largeur moyenne du Nord au Sud est estimée de trente, & elle en a environ 350. de circuit; ceux qui lui en donnent 600. font le tour des Anses.

La situation de cette Isle, par rapport aux autres Antilles, ne pouvoit être plus avantageuse; elle en est presque environnée, elle a comme trois Pointes avancées, à chacune desquelles répond une des trois autres grandes Antilles de *Sottovento*. Le Cap Tiburon, qui la termine au Sud-Ouest, n'est qu'à 30. lieues de la Jamaïque: entre celui de l'Espade, qui est sa Pointe Orientale, & Portoric, il n'y en a que 18. & 12. seulement du Cap ou Môle S. Nicolas, qui regarde le Nord-Ouest, à l'Isle de Cuba. Outre cela on trouve autour de l'Espagnole plusieurs petites Isles, qui en sont comme des Annexes, & dont elle peut encore tirer de grands avantages. Les plus considérables sont la SAONA, la BEATA, SAINTE CATHERINE, ATTAVELA, L'ISLE-A-VACHE, la GONAVE, & la TORTUE; sans compter la Navazza & la Mona, dont la premiere est à dix lieues du Cap Tiburon vers la Jamaïque, & la seconde à moitié chemin du Cap de l'Espade à l'Isle de Portoric.

Mais la Nature n'a pas moins pourvu à la sûreté de cette Isle, qu'à sa dignité, & à sa commodité. On voit tout autour quantité de Rochers qui en rendent l'abord assés difficile; la Bande du Nord est sur-tout bordée d'écueils, & de petites Isles fort basses, entre lesquelles il n'y au-

H 3 roit

roit pas de prudence à s'engager, avant que de les avoir bien connues. On a cru long-tems que celui de ces Ecueils, que les Espagnols nomment *Abrojo*, & les François *le Mouchoir quarré*, étoit le plus reculé de tous à l'Orient ; mais aux dépens d'un assés grand nombre de Navires, on a reconnu qu'il y avoit encore d'autres brisans au Sud-Est, ce qui joint aux observations sur lesquelles on a reculé l'Isle de 20. minutes vers le Sud, en a rendu l'atterrage beaucoup plus sûr. A l'Ouest du Mouchoir quarré, & presque sur la même ligne sont tout de suite plusieurs groupes de petites Isles assés basses, entre lesquelles il n'y a de passage, que pour des Chaloupes, & quelquesfois même pour des Canots. Les unes sont nommées. ISLES TURQUES, & les autres sont connues sous le nom de CAÏQUES. Mais elles ne sont pas toutes aussi inhabitables qu'on le croit communément, & il y en a même dont les Côtes sont fort saines du moins en quelques endroits. Les Lucayes sont après les Caïques, & il n'y a entre les unes & les autres qu'un débouquement assés étroit.

A juger du Climat de cette Isle par sa situation, on pourroit croire que les chaleurs y sont excessives pendant les 6. mois de l'année, que le Soleil demeure entre la Ligne Equinoctiale, & notre Tropique ; & cela seroit sans doute, sans un vent d'Orient, que l'on appelle *Brise*. Les pluyes contribuent aussi beaucoup à tempérer le Climat de l'Isle. Elles y sont fréquentes, sur-tout dans les plus grandes chaleurs. Mais ces pluyes si abondantes en rafraîchissant l'air, causent une humidité, qui produit de fâcheux effets. La Viande se conserve à peine 24. heures sans se corrompre ; il y faut enterrer les Morts peu d'heures après qu'ils ont expiré. La plûpart des fruits mûrs se pourrissent, dès qu'ils sont cueillis, & ceux même que l'on cueille avant leur maturité ne durent pas long-tems sans se gâter ; le pain s'il n'est fait comme du biscuit, se moisit en deux ou trois jours ; les vins ordinaires y tournent, & s'aigrissent en peu de tems ; le Fer s'y rouille du soir au matin ; & l'on a bien de la peine à conserver le Ris, le Maïz, & les Féves d'une année à l'autre pour les semer.

Une des choses, qui surprend d'avantage dans cette Isle, c'est la variété de Climats, qu'on y trouve, & rien ne fait mieux voir combien la Nature & les qualités du terroir mettent de différence dans l'Air. De deux Cantons qui se touchent, l'un est continuellement inondé de pluyes, & l'autre n'en a presque jamais. Les nuages s'arretent tout court au moment qu'ils arrivent sur ses confins ; il s'en détache seulement quelquefois de petites vapeurs, qui répandent quelques goutes de pluye & se dissipent d'abord.

Le Tonnerre se fait rarement entendre depuis le mois de Novembre jusqu'en Avril, parce que le Soleil ne demeure pas alors assez long-tems sur l'Horison, pour enflammer les exhalaisons de la Terre.

Car quoique l'élévation de cet Astre soit plus grande là a l'Equinoxe de Mars, qu'elle n'est à Paris au Solstice d'Eté, les jours néanmoins y sont plus courts de 4. heures, & d'avantage, & en tout tems, cet Astre tombant perpendiculairement pendant six mois, le Crepuscule n'y sauroit être fort long. Les nuits ne sont pourtant pas si noires, qu'on ne voye assez pour se conduire, à moins que le Ciel ne soit couvert.

Dès que les pluyes ont cessé dans un endroit, les rosées y deviennent très-abondantes. D'un autre côté les brouillards n'y sont pas si communs, ou sont plutôt dissipez. Il est certain que le froid y est quelquefois assez piquant, & qu'on est obligé de s'approcher du feu, ou de chercher le Soleil. Ceux qui observent les choses de plus près dans ce pays, partagent ainsi l'Année. L'Hyver, selon eux, commence au mois de Novembre, & finit en Février ; les nuits & les matinées y sont fraîches, & même un peu froides. Le Printemps suit & dure jusqu'au mois de Mai. La Secheresse qui suit, ne représente que trop bien l'Eté ; car c'est un Eté de la Zone Torride. Il dure jusqu'à la fin d'Août. Enfin les Orages qui après quelque interruption, recommencent de nouveau, depuis le decours de la Lune d'Août jusqu'au mois de Novembre, mettent assez de ressemblance entre cette Saison, & notre Automne.

On voit peu d'Européens, qui au bout de quelques années de séjour dans cette Isle ne s'apperçoivent d'une grande diminution dans leurs forces. La chaleur mine insensiblement par sa continuation les Corps les plus robustes, qui n'y sont pas accoutumés, &, détruit peu à peu ce que les Médecins appellent l'humide radical, n'y ayant point d'Hyver pendant lequel la Nature puisse réparer ses forces perdues par une violente transpiration ; ce qui fait que l'on y vieillit de bonne heure, & que les enfans nés de parens, qui sont venus d'Europe, y sont moins forts, & qu'il en meurt beaucoup. Mais tout cela vient aussi en partie du peu de soin qu'on a de se ménager & de l'excès, soit de la débauché, soit du travail : d'ailleurs à mesure que les Créoles s'éloignent de leur origine Européenne, on les voit beaucoup moins sujets à ces inconvéniens. Les anciens Insulaires se portoient fort bien, & vivoient long-tems ; les Négres y sont forts, & jouïssent d'une santé inaltérable, aussi-bien que les Espagnols, qui y sont établis depuis deux Siécles ; il n'est point rare d'en voir, qui vivent jusqu'à 120. ans. Enfin si l'on y vieillit plutôt qu'ailleurs, on y demeure plus long-tems vieux sans ressentir les incommodités de l'extrême vieillesse.

Les racines des Arbres, quels qu'ils soient, n'y sont jamais enfoncées plus de deux pieds en terre, & la plûpart ne vont pas même à beaucoup près à cette profondeur ; mais elles s'étendent en superficie plus ou moins, suivant le poids, qu'elles ont à soutenir. Il en faut excepter le le Caffier, qui pouffe fes racines à peu près comme nos Arbres font en Europe; mais il eft venu d'ailleurs. L'Arbre dont les racines s'étendent plus loin eft le Figuier. Il les pouffe au delà de 70. pieds. Les Palmiers au contraire les ont fort courtes; mais en récompenfe elles font en fi grand nombre, qu'encore que cet Arbre ait ordinairement plus de 100. pieds de haut, il n'en eft pas plus fujet que les autres à être abbatu par les Vents.

L'Ifle eft arrofée d'un nombre prodigieux de Riviéres; mais la plûpart ne font que des Torrens, & des Ruiffeaux dont plufieurs font extrêmement rapides. Les Eaux en font par-tout fort faines & même falutaires, mais fi vives & fi fraîches, qu'il n'en faut boire qu'avec difcrétion, & qu'il eft dangereux de s'y baigner. On affure qu'il y en a environ une quinzaine, qui ne font pas moins larges que la Charente l'eft à Rochefort; & dans ce nombre les fix principales ne font pas comprifes. Ces fix font l'OZAZA, dont l'Embouchure forme le Port de S. Domingue; la NEYVA; le MACORIS; l'USAQUE, ou Riviére de MONTE CHRISTO, à la fource duquel on a trouvé une belle Mine d'or, & qui charie par-tout des grains de ce précieux métal avec fon fable; l'YUNA qui eft extrêmement rapide, & à la fource duquel il y a une très-abondante Mine de cuivre; & l'*Hattibonite*, vulgairement ARTIBONITE, qui eft la plus longue, & la plus large de toutes.

Il n'eft point d'Ifle au Monde, où l'on ait trouvé jufques ici de fi belles, ni de fi abondantes Mines d'or, que celle-ci. On y en a auffi découvert d'argent, de cuivre & de fer. On y voit encore des Miniéres de Talc, de Cryftal de Roche, d'Antimoine, d'Etain de Glace, de Souffre, & de Charbon de terre, des Carriéres d'un Marbre blanc & jafpé, & de bien de différentes fortes de pierres. Les plus communes font des pierres ponces, des pierres à rafoir & ce qu'on appelle les pierres aux yeux, en Latin *Umbilicus Marinus*. Il y a des Salines naturelles en plufieurs endroits, & du Sel minéral. La multiplication des Animaux utiles, que l'on y a tranfportés eft telle, qu'on y a donné un Mouton pour un Réal, une Vache pour un Caftillan, & le plus beau Cheval pour trois ou quatre.

Les tempêtes y font plus rares que fur nos Mers; mais auffi elles font plus furieufes. Après les tempêtes, les rivages fe trouvent remplis de Coquillages, qui furpaffent beaucoup en luftre & en beauté tout ce que nos Mers d'Europe fourniffent en ce genre. Les plus curieux font le *Lambis*, le *Burgot*, le *Pourpre*, la *Porcelaine*, les *Cornets*, les *Pommes de Mer* &c.

Si les Côtes de l'Ifle ne font pas fort poiffonneufes, il ne faut pas aller bien loin au large pour y pêcher d'excellens Poiffons, & en quantité. Les plus communs font les Rayes, les Congres, les Anges, les Mulets, les Marfouins, les Bonites, les Dorades, les Pilotes, les Lamentins, & les Crocodiles. On y prend auffi par-tout des Limaçons, & des Ecreviffes de Mer, des Moules, des Crabes, & des Cancres en quantité.

Quelques Auteurs ont prétendu qu'on trouva dans l'Ifle trois millions d'ames. Ces Infulaires étoient communément d'une taille médiocre, mais bien proportionnée. Ils avoient le teint extrêmement bazané, la peau rougeâtre, les traits du vifage hideux & groffiers, les narines fort ouvertes, les cheveux longs, les dents fales & mauvaifes, & je ne fai quoi de fauvage dans les yeux; prefque point de front, parce que les meres avoient foin de ferrer dans leurs mains ou entre deux ais le haut de la tête de leurs enfans nouvellement nés.

Les hommes alloient tout nuds; les femmes portoient une efpéce de Jupon; les filles ne portoient abfolument rien. Ils étoient tous d'une compléxion foible, d'un tempérament phlegmatique, un peu mélancoliques & mangeoient fort peu. Ils ne travailloient point; mais après s'être divertis à danfer une partie du jour, s'ils ne favoient plus que faire, ils s'endormoient. Un Crabe, un Turgot leur fuffifoit chaque jour pour fe nourrir. Ils étoient fimples, & ignoroient jufqu'à leur origine. Il avoient fon ufage, après lefquels ils s'enyvroient de la fumée du Tabac qu'ils refpiroient par les narines.

Le Tabac étoit naturel à l'Ifle l'Efpagnole, dont les Habitans l'appelloient *Cobiba*, & l'inftrument dont ils fe fervoient pour fumer *Tabaco*, nom qui eft refté au Tabac même.

Il paroît indubitable qu'en plufieurs genres d'impuretez ces Infulaires ne gardoient pas beaucoup de mefures. Oviedo n'a pas même feint d'avancer que l'infame péché de Sodome étoit commun parmi eux, quoique plufieurs Hiftoriens contemporains fe récrient contre cette accufation. Quoiqu'il en foit, la maffe du fang de ces Peuples étoit tellement gâtée de l'excès de débauche, que la plûpart étoient attaquez de la maladie qu'ils communiquerent aux Caftillans. Ceux-ci s'étant engagez à leur retour pour la guerre de Naples, la donnerent aux femmes Napolitaines, & celles-ci aux François; ce qui lui a fait donner le nom de *Mal de Naples*, & *mal François*, quoiqu'on auroit plutôt du l'appeller *mal Caftillan*.

Il n'y avoit rien de réglé parmi les Infulaires pour le nombre des femmes: plufieurs en avoient deux ou trois, les autres un peu plus. Un des Souverains en avoit jufques à trente, & il n'y avoit parmi eux de degré prohibé que le premier. Les Souverains s'appelloient Caciques. A la mort de celui dont il vient d'être parlé, on obligea deux de fes femmes à lui tenir compagnie.

Leurs occupations étoient la Chaffe, & la Pêche, & la recherche des petits grains d'or qu'ils applatiffoient un peu & dont ils fe faifoient des pendans aux narines.

Ils cultivoient la terre en brûlant l'herbe qui naiffoit, & après avoir remué légérement la terre avec un bâton, ils plan-

plantoient leur Maïz, le Ris, les Patates la Caſſave, le Manioc, & l'Igniame.

Leurs maiſons étoient des Cabanes qu'ils bâtiſſoient eux-mêmes avec des pieux, des perches & des Cannes. Leur Langue étoit aſſés douce, & avoit pluſieurs Dialectes particuliéres à chaque Province, mais qui étoient entendues de tous les Habitans de l'Iſle.

Quant à leur Religion, ſi on en croit les Auteurs contemporains, ou voiſins de la découverte du Nouveau Monde, le Démon apparoiſſoit aſſés ſouvent à ces Inſulaires, & leur rendoit des Oracles. Il eſt même fort vraiſemblable que les différentes figures ſous leſquelles ils repréſentoient leurs Divinités étoient celles ſous leſquelles ils croyoient les avoir vues. Elles étoient toutes hideuſes; les plus tolérables étoient celles de quelques Animaux, comme des Crapeaux, des Tortues, des Couleuvres, & des Caymans. Mais la plûpart du tems c'étoient des Figures humaines, qui avoient tout enſemble quelque choſe de bizarre, & d'affreux.

Delà il étoit arrivé deux choſes. La premiére, que cette variété de figures avoit perſuadé à ces Peuples, qu'il y avoit pluſieurs Dieux. La ſeconde que la laideur de ces Dieux les leur faiſoit regarder comme beaucoup plus capables de leur faire du mal, que de leur faire du bien. Auſſi ne ſongeoient-ils guéres qu'à appaiſer leur fureur, & à les engager par des ſacrifices à les laiſſer en repos. Ils appelloient ces Idoles *Chémis*, ou *Zemés*. Ils les faiſoient de craye, de pierre ou de terre cuite; ils les plaçoient à tous les coins de leurs maiſons, ils en ornoient leurs principaux meubles, & ils s'en imprimoient l'Image ſur le corps. Ainſi il ne faut pas s'étonner, ſi, les ayant ſans ceſſe devant les yeux, & les craignant, ils les voyoient ſouvent en ſonge. Ils n'attribuoient pas à tous le même pouvoir; les uns, ſelon eux, préſidoient aux Saiſons, d'autres à la Santé; ceux-ci à la Chaſſe, ceux-là à la Pêche, & chacun avoit ſon Culte, & ſes Offrandes particuliéres.

Voilà en peu de mots autant qu'il a été poſſible de le connoître quels étoient les Peuples, qui habitoient l'Iſle Haïti aujourd'hui S. Domingue, lorſqu'elle fut découverte par les Eſpagnols. Ils la trouvérent diviſée preſque toute entiére en cinq Royaumes parfaitement indépendans les uns des autres; je dis preſque toute entiére, parce qu'il paroît qu'outre les cinq Rois, ou Caciques Souverains, dont nous allons parler, il y avoit quelques Seigneurs beaucoup moins puiſſans, mais qui ne rélevoient de perſonne, & portoient auſſi le nom de Cacique.

Des cinq Royaumes qu'on y trouva, l'un s'appelloit MAGUA, qui veut dire Royaume de la Plaine. Il comprenoit ce qu'on a depuis appellé la *Vegua-Réal*, ou du moins il en comprenoit le milieu, & la meilleure partie. La Vegua-Réal eſt une Plaine de 80. lieues de long, & qui en a 10. dans ſa plus grande largeur. Barthelemy de las Caſas, qui a été long-tems

ſur les lieux aſſure, qu'il y coule plus de trente mille Riviéres, parmi leſquelles il y en a douze auſſi larges que l'Ebre, & le Guadalquivir. Les autres ne ſont que des Torrens & de petits Ruiſſeaux; la plûpart rouloient l'or avec leur ſable. Le Souverain de ce Royaume au tems de la découverte ſe nommoit Guarionex. Ce Prince avoit ſa Capitale dans un lieu, où les Eſpagnols ont eu depuis une Ville fort célébre, qu'ils avoient appellée la *Conception de la Vegua*.

Le ſecond Royaume étoit celui de MARIEN. Barthelemi de las Caſas ne fait point de difficulté de dire qu'il étoit plus grand, & plus fertile que le Portugal. Il comprenoit toute cette partie de la Côte du Nord, qui s'étend depuis l'extrémité Occidentale de l'Iſle, où eſt le Cap S. Nicolas, juſqu'à la Riviére Yaque, connue aujourd'hui ſous le nom de Monte-Chriſto, & comprenoit toute la partie Septentrionale de la Vegua-Réal, qui s'appelle préſentement la Plaine du Cap François. C'étoit au Cap même que Goacanaric Roi de Marien faiſoit ſa réſidence, & c'eſt de ſon nom abregé, que les Eſpagnols appellent encore aujourd'hui ce Port *el Guaric*.

Le troiſième portoit le nom de MAGUANA, & renfermoit la Province de Cibao, & preſque tout le cours de la Riviére Hattibonite, ou l'Artibonite, qui eſt la plus grande de l'Iſle. *Caonabo* qui y régnoit étoit Caraïbe. Il avoit paſſé dans l'Iſle en Avanturier qui cherche fortune, & comme il avoit de l'eſprit & du cœur, il ſe fit bien-tôt eſtimer & craindre de gens qui n'étoient ni ſpirituels ni braves; de ſorte qu'il parvint aſſés aiſément à ſe faire un Etat conſidérable au milieu d'eux. Sa demeure ordinaire étoit au Bourg de Maguana, d'où ſon Royaume avoit tiré ſon nom. Les Eſpagnols en firent depuis une Ville, ſous le nom de *San Ivan de la Maguana*, laquelle ne ſubſiſte plus. Caonabo étoit le plus puiſſant Monarque de l'Iſle, & celui qui ſentoit mieux ſon Souverain.

Le Royaume de XARAGUA étoit le quatrième, & devoit ſon nom, ou le donnoit à un aſſés grand Lac; c'étoit le plus peuplé de tous & le plus étendu. Il comprenoit toute la Côte Occidentale de l'Iſle, & une bonne partie de la Méridionale. Sa Capitale nommée auſſi Xaragua, étoit à peu près où eſt aujourd'hui le Bourg du Cul-de-Sac. Les Hommes y étoient mieux faits qu'ailleurs & plus polis. Le Prince, à qui il appartenoit ſe nommoit *Behechio*.

Le cinquième étoit le HIGUEY. Il occupoit toute la partie Occidentale de l'Iſle, avoit pour bornes à la Côte du Nord la Riviere d'Yaque, & à celle du Sud le Fleuve Ozama. Les Peuples de ce Canton étoient un peu plus aguerris que les autres, parce qu'ils avoient ſouvent à ſe défendre des Caraïbes, qui faiſoient continuellement des deſcentes ſur leurs Côtes, pour en amener des priſonniers. Ces Barbares tuoient d'abord les hommes, en mangeoient les entrailles, & en ſaloient

les

les chairs ; ils châtroient les enfans mâles afin de les engraisser, & de s'en servir dans leurs festins ; pour cela ils les enfermoient dans des Parcs ; ils gardoient les filles & les femmes pour en avoir des enfans ; les vieilles & les infirmes demeuroient esclaves. Les Peuples du Higuey étoient armés de flèches à l'exemple de leurs ennemis, mais il s'en falloit beaucoup qu'ils s'en servissent aussi bien qu'eux: aussi la plûpart du tems ne se défendoient-ils que par la fuite. Ils avoient pour Souverain le Cacique *Cayacoa*.

Les Espagnols abordèrent dans cette Isle sous la conduite de Christophle Colomb le 6. Décembre 1492.

On peut voir l'Histoire de l'établissement qu'il y commença dans la belle Histoire de S. Domingue écrite par le R. P. de Charlevoix Jésuite. Les Espagnols s'étoient d'abord placez sur la Côte Septentrionale de l'Isle ; mais ils l'abandonnèrent ensuite pour occuper la Méridionale qui est plus navigable. Des François s'établirent dans cette partie négligée ; & peu à peu il s'est formé dans la partie Occidentale de l'Isle une Colonie Françoise qui occupe une partie considérable de la Côte Septentrionale, & de la Méridionale & toute l'Occidentale ; de sorte que l'Isle est présentement possédée par deux Colonies très-inégales. Le droit d'ancienneté demande que nous commencions par la Colonie Espagnole.

Les Espagnols premiers propriétaires de l'Isle en possèdent la plus utile partie, & s'ils la cultivoient avec le même soin que les François cultivent la partie dont ils jouïssent, ils en tireroient des avantages infiniment plus grands ; mais, comme je le remarque ailleurs dans cet Article, tant d'autres objets partagent l'attention du Gouvernement Espagnol, que S. Domingue n'y a qu'une très-petite part en comparaison du Pérou & du Méxique. Les Espagnols sont maîtres des Mines de Cibao, mais ils ne les travaillent point, celles qu'ils ont en Terre-ferme, occupent tous les Ouvriers qu'ils peuvent employer. Les Lieux les plus remarquables de la partie Espagnole sont :

Saint Domingue Capitale,

La Conception de la Vega, ou Bega, autrefois Episcopale,
Sant Iago de los Cavalleros,
Cotuy,
Baya,
Monte-Plata,
Bayagana,
Scibo,
Alta Gratia ou Iguei,
San Lorenzo,
Azua.

Cette partie a pour annexes deux Isles considérables, savoir l'Isle de Samana au Nord-Est, & l'Isle de Saona au Midi de la Pointe Orientale de l'Isle.

Les François établis d'abord à la Tortue trouvant dans la Côte Septentrionale de la grande Isle des terres que les Espagnols n'occupoient point s'y établirent, & peu à peu cette Colonie est devenu très-puissante. Elle occupe présentement toute la partie Occidentale de l'Isle. Cette partie se divise en deux Quartiers, savoir le Quartier du Nord & le Quartier du Sud. Le premier a pour principales Habitations le Port François, Porto-Plate, Port Margot, le Morne Rouge & le Morne au Diable, Saint Marc, la Petite Rivière &c. Le second a le Petit Goave, le Grand Goave, Leogane, le Cul-de-Sac, le Cap Tiburon, Jaquemel, &c.

St. DONAT. Mr. Janiçon écrit *S. Donas*, Fort des Pays-Bas dans la Flandre, au Franc de l'Ecluse assez près de cette Ville. Les Espagnols autrefois maîtres de ce Pays entretenoient une Garnison dans ce Fort, qui commande la Ville de l'Ecluse qu'il peut ruïner par son Canon, sans qu'elle puisse lui faire aucun mal. Jouvin de Rochefort le décrit ainsi. Il n'y a dit-il, que cinq ou six maisons dans ce Fort & toutes dans une Place de cinquante pas de largeur, pavée de boulets de Canon, fermée de quatre Bastions & de hauts remparts, revêtus de terre & munis de doubles fossez pleins d'eau tout à l'entour. Le Pays est si bas qu'il peut être mis sous l'eau par le moyen des Ecluses qui la retiennent dans les Canaux, un desquels sert aux Bâteaux pour aller à Bruges.

L'Empereur a cédé ce Fort à la République des Provinces-Unies par le Traité de Barrière.

E.

St. EDMONDSBURY, Ville d'Angleterre dans la Province de Suffolk. Elle prend son nom de *S. Edmond*, Roi des Estangles, qui ayant été pris par les Danois encore Idolâtres & Barbares fut percé de flèches & décapité le 20. Novembre 870. par ordre de Suénon, parce qu'il refusoit de renoncer au Christianisme. Canut fils & héritier de Suénon étant devenu Roi d'Angleterre & Chrétien, en expiation du crime que son pere avoit commis, érigea une magnifique Abbaye avec des revenus considérables. Autour de ce Monastère il se forma une Ville qui est aujourd'hui entre Ely & Ipswich. Elle est nommée simplement Buri dans plusieurs Cartes. Les Saxons l'ont appellée EADMUNDE SBYRIG ; & c'est ainsi qu'elle est nommée dans la Chronique Saxonne publiée par Mr. Gibson. Il est parlé dans l'Itinéraire d'Antonin d'une Maison de Campagne nommée *Villa Faustini* ; surquoi Mr. Gale observe que Martial a donné la Description d'une Maison de Campagne que Faustin avoit à Bayes. Qui empêche, dit-il, qu'il n'en ait eu aussi une dans la Bretagne ? Je demanderois à mon tour, qu'elle nécessité y a-t-il que cette Maison de Campagne ait appartenu au même Maître que celle dont parle Martial ? Le nom de *Faustinus* a été commun à bien des Romains. Quoiqu'il en soit du Maître, il s'agit d'en trouver la situation & Mr. Gale ne voit point dans ce Canton d'endroit plus riant, ni plus agréable que

I celui

celui où est S. Edmundsbury qu'il croit avoir succédé à la *Villa Faustini* d'Antonin.

St. ELIE (L'Isle de), petite Isle de Gréce dans l'Archipel au Nord de l'Isle de Négrepont, au Midi du Canal qui sépare les Isles de Dromi & Serakino. C'est plûtôt un Ecueil qu'une Isle: il y a quelques Moines Grecs.

St. ELME, Château de l'Isle de Malthe [a] sur la Pointe de la Cité Valette. Ce Château est bâti sur un Rocher du Mont Sceberras, & sur la Pointe de la Cité Valette, qui avance dans la Mer, de laquelle il n'est séparé, que par un fossé taillé dans le Roc. Il est placé à l'Embouchure de huit grands & beaux Ports; dont il y en a trois au côté droit de Saint Elme, & cinq au côté gauche, qui sont défendus d'un côté par le Château S. Angelo bâti sur la pointe du Bourg, ou de la Citta Vittoriosa, & de l'autre par la Cité Valette, ou la Ville-Neuve. Entre la Cité Valette & le Château S. Elme il y a des Magazins à bled taillés dans le Roc.

[a] *Dapper, Description de l'Afrique pag. 514. & 515.*

St. ELOY, ou Le Mont St. Eloy, Abbaye de France en Artois, à deux lieues d'Arras. On prétend qu'elle a été fondée par S. Eloy. Les Chanoines Réguliers qui l'occupent obtinrent l'an 1413. du Duc Jean de Bourgogne la permission de fortifier leur Monastere & en reconnoissance, ils s'obligerent à l'hommage d'une Lance à chaque mutation d'Abbé. Cette Abbaye est en Règle & jouit au moins de cinquante mille livres de revenu. On dit que les Chanoines Réguliers de cette Maison portent la Soutane violette & le Rochet par dessus comme ceux de S. Aubert de Cambrai.

St. EMILION, Bourg de France en Guyenne dans le Bourdelois, à l'Orient & à une bonne lieue de Libourne entre l'Isle & la Dordogne. On vante les Vins de S. Emilion.

St. EPIPHANE (Le Cap de). Voyez CAP.

St. ERINI. Voyez Sant'Erini.

1. St. ESPRIT (Le Cap du). Voyez CAP.

2. St. ESPRIT (La Baye du). Voyez BAYE.

3. St. ESPRIT (Le Pont). Voyez PONT.

4. St. ESPRIT. Voyez ESPIRITU SANTO.

1. St. ESTIENNE, Ville de France dans le Haut-Forez [b] dont elle est la Capitale. Ce n'étoit qu'un Bourg lorsque les Habitans obtinrent du Roi Charles VII. la permission de se donner des murailles; & dans la suite les Manufactures & le Commerce y ont tant attiré de monde qu'on y compte aujourd'hui dix-huit mille Ames au moins. Le Ruisseau de Furens, sur lequel elle est située, est très-propre pour la trempe du fer & de l'acier, ce qui donne lieu aux Habitans de travailler avec réputation aux armes & autres Ouvrages de fer.

[b] *Piganiol, Descr. de la France, t. p. 161.*

2. St. ESTIENNE, Montagne de l'Isle de *Santerini* dans l'Archipel. Elle est ainsi nommée d'une Chapelle dédiée à ce Saint. Il est bien extraordinaire, dit Mr. Tournefort, de voir un bloc de marbre enté pour ainsi dire sur des pierres ponces. Est-il sorti du fond des eaux? ou s'est-il formé depuis l'apparition de l'Isle? On voit encore au pied de la Roche sur une de ses Collines les Masures d'une ancienne Ville & les ruïnes d'un Temple à Colonnes de marbre. Peut-être que c'étoit celui de Neptune que les Rhodiens y bâtirent; mais le Scholiaste de Pindare remarque qu'il y en avoit un autre de Minerve & que l'Isle de Thera étoit consacrée à Apollon. C'est pour cela que Pindare l'appelle une Isle Sacrée.

St. EVROUL, Bourg de France dans la Normandie [c], Diocése de Lisieux, en Latin *Sanctus Ebrulphus*, anciennement *Uticum*. Il est situé dans la Forêt d'Ouche à trois lieues de l'Aigle, à six de Séez & de Bernay, à huit de Lisieux, & à dix-huit de Rouen. Ce Bourg où l'on tient Marché tous les Lundis, est remarquable par une belle & riche Abbaye de Bénédictins de la Congrégation de Saint Maur, qu'un Etang sépare de l'Eglise de la Paroisse, qui est dédiée à Notre-Dame. Cette Abbaye l'une des plus grandes & des mieux ornées de la Province, fut fondée par Saint Evroul son premier Abbé. On la trouve au pied d'une Côte couverte d'un Bois, sur le bord d'un Etang, dont l'eau fait aller un Moulin à Forge à fer. Son Eglise bâtie en croix, & avec beaucoup de propreté, est grande & très-claire. Elle a seize piliers de chaque côté dans sa longueur, & des bas côtez, avec une galerie qui regne tout autour du Chœur & de la Nef. Cette Eglise à trois Clochers. Le Cloître, la Sacristie, le Chapitre, la Sale des Conférences, le Réfectoire & la Bibliothéque sont des lieux dignes d'être vus. Il y a plusieurs grands Ouvrages de menuiserie. Un quart de lieue au-dessus de Saint Evroul, la Riviére nommée Carentone, sort d'un grand Etang qu'on appelle Carenton.

[c] *Mémoires dressez sur les Lieux en 1704.*

SAINT-EUSTACHE, Isle de l'Amérique Septentrionale [d], l'une des Antilles, située au Nord-Ouest de S. Christophle, & au Sud-Est de Saba, sur la hauteur de 17. degrez & 40. minutes, en Latin *Insula Sancti Eustachii*. Elle est petite, & quoique Herrera lui donne dix lieues de tour, on tient qu'elle n'en a guére plus de cinq. Ce n'est proprement qu'une Montagne, qui s'éleve au milieu en forme de pain de sucre. Elle réleve des Etats-Généraux des Provinces-Unies. Ils y ont établi une Colonie d'environ seize cens hommes, qui sont tous logez commodément, & fort proprement meublez. Cette Isle est la plus forte d'assiette de toutes les Antilles, à cause que n'y ayant qu'une bonne descente, elle peut être défendue facilement par un petit nombre de Soldats. Outre cette Fortification naturelle, on y a bâti un Fort, qui par la portée de son Canon, commande bien avant en Mer & sur la meilleure rade. Quoique le sommet de la Montagne de cette Isle, dont on a tiré autrefois & dont on tire encore aujourd'hui une fort grande quantité de Tabac, semble très-pointu, il ne laisse pas d'être creux, & d'avoir dans

[d] *Corn. Dict. Rochefort, Hist. des Antilles.*

dans son centre un fond assez vaste, pour entretenir grand nombre de Sauvagine, qui se plaît dans un lieu si retiré. Les Habitans nourrissent toutes sortes de Volailles sur leurs terres, & même des Pourceaux & des Lapins. Il n'y a point de Fontaines dans cette Isle; mais presque tous les particuliers ont des Cîternes qui suppléent à ce défaut. Il y a aussi des Magazins fournis de toutes les choses nécessaires pour vivre commodément, avec une belle Eglise, gouvernée par un Pasteur Hollandois. Le P. Labat parle ainsi de cette Isle, où il n'a pourtant point abordé : L'Isle de Saint Eustache [a] paroît composée de deux Montagnes séparées l'une de l'autre, par un grand Vallon, dont le rez-de-chaussée, pour ainsi parler, est elevé de plus de dix toises au-dessus du rivage. La Montagne, du côté de l'Ouest, est partagée en deux ou trois Têtes couvertes d'Arbres: sa pente jusqu'au Vallon ne paroît pas trop rude. La Montagne de l'Est seroit bien plus haute que la premiére, si elle étoit entière; mais elle paroît comme coupée aux deux tiers de la hauteur, qu'elle devroit avoir naturellement. Elle fait à peu près le même effet qu'une forme de chapeau, que l'on auroit un peu enfoncée. Cette Isle nous parut fort jolie, & bien cultivée. Le Fort paroît être au pied de la Montagne de l'Est : il faut cependant qu'il en soit à une distance raisonnable, qui ne me paroissoit pas de l'endroit où j'étois. Les François en ont été les Maîtres deux ou trois fois. Il n'y a entre Saint Eustache & S. Christophle qu'un Canal de trois lieues de large.

[a] Voyage de l'Amérique, t. 2. p. 296.

F.

ST. FARGEAU, en Latin *Ferreoli Oppidum*, Ville de France en Gastinois sur la Riviére du Loin, au Pays de Puysaye, à quatre lieues de Briare, au Diocése d'Auxerre. Il y a un Chapitre dont le Doyen est aussi Curé, & sept Chanoines dont le Doyenné & quatre Canonicats ont été fondez par Antoine de Chabannes Seigneur de Dammartin & trois autres en 1460. par Jean de Chabannes, fils du précédent, à la charge que lui & ses hoirs portant son nom & ses Armes nommeroient seuls aux Canonicats & au Doyenné alternativement avec l'Abbé de S. Germain d'Auxerre, à qui la nomination de la Cure appartenoit.

ST. FARON, Abbaye de France dans la Brie hors des murs de la Ville de Meaux. S. Faron Evêque de Meaux la fonda l'an 627. & la fit bâtir sur son propre fonds sous l'Invocation de la SAINTE CROIX. Ses Reliques y reposent, & elle en a pris le nom qu'elle a aujourd'hui. Elle vaut vingt mille Livres de rente à l'Abbé & douze mille aux Moines. Elle est aux Bénédictins de la Congrégation de S. Maur.

ST. FERGEAU. Voyez S. FARGEAU.

ST. FERIOL, petit Lieu de France, au Languedoc, dans le Diocèse de St. Papoul, dans la Vallée de Loudot. Au pied de la Montagne Noire il y a un Réservoir de douze cens toises de longueur, sur cinq cens de largeur; & vingt toises de profondeur; de sorte qu'il contient six cens mille toises en sa superficie, & douze millions de toises en quarré. Ce Réservoir est toujours plein & fournit en tout tems de l'eau au Bassin de Naurousse par le moyen d'une rigole qui l'y conduit. Pour le remplir lui-même il a fallu amasser toutes les eaux d'alentour & particuliérement celles de la Montagne Noire.

ST. FERME, Lieu de France en Guyenne dans le Bazadois, près de la Riviére du Drot à peu de distance de Libourne. Il y a une Abbaye de l'Ordre de S. Benoît fondée en 1186. par Frémond de Bourdeaux. Ces Religieux n'ont point reçu la Réforme. Raimond Evêque de Bazas & Raimont de Gentiac donnérent ce Monastère avec tous ses biens à celui de St. Florent de Saumur & l'y soumirent avec son Abbé, afin qu'il corrigeât les mœurs de ces Moines qui ne subirent pas volontiers ce nouveau joug. Nonobstant cela ce Monastère a toujours eu jusqu'à présent ses Abbez particuliers qui portent l'habit & les Ornemens Episcopaux. Ils ont Haute, Moyenne & Basse Justice dans la Ville.

ST. FIACRE, Bourgade & Prieuré de France dans la Brie, au Diocése de Meaux, Ordre de S. Benoît de la Congrégation de S. Maur, à deux lieues au Midi de Meaux. Il est fameux par les Pélerinages, que l'on y fait de fort loin. La Reine Anne d'Autriche, mere de Louïs XIV. à fait présent d'une magnifique Châsse aux Reliques de ce Saint qui y reposent.

1. ST. FLORENT, petite Ville de France dans l'Anjou, sur le Bord Méridional de la Loire, à huit lieues de Nantes, & à pareille distance d'Angers. Elle est remarquable pour son Abbaye.

2. ST. FLORENT, Mr. Baillet observe que c'est le nom de trois Abbayes dont deux subsistent encore en Anjou. S. Florent né en Poitou, Prêtre, Disciple de S. Martin, après la mort de son Maître se retira dans une Caverne de la Montagne de Glonne ou Glan sur la Rive gauche de la Loire, au Diocése d'Angers du côté de celui de Nantes & il y finit ses jours. De son Hermitage on fit vers la fin du VII. Siècle un Monastère qui subsiste encore aujourd'hui sous le nom de S. FLORENT LE VIEUX. Ce Monastère ayant été pillé & brûlé par les Normands, le Comte de Blois, Thibaut, en fit rebâtir un autre dans le Château de Saumur, où l'on déposa les Reliques de S. Florent qui donna encore le nom à cette Abbaye. Elle fut détruite avec le Chateau l'an 1025. mais on en bâtit une nouvelle auprès de la Ville vers le Couchant, quatre ou cinq ans après. C'est celle qui s'appelle aujourd'hui S. FLORENT LEZ SAUMUR, sur la petite Riviére de Toué qui va se décharger de là dans la Loire. L'Abbaye est sous la Règle de S. Benoît & ne se dit de nul Diocése, quoiqu'elle soit dans celui d'Angers.

ST. FLORENTIN, Ville de France dans

dans le Sénonois, du côté de la Bourgogne vers la décharge de la petite Riviére d'Armance, dans celle d'Armançon. Elle a pris son nom de S. Florentin Martyr de Bourgogne au V. Siècle, dont le Corps au moins en partie fut pris à Sémon, ou à Bremur sur Seine au Diocése d'Autun, par deux Dames à leur retour du Pélerinage de Rome, du tems de Louis le Debonnaire & apporté en ce lieu, où elles bâtirent une Eglise que S. Alderic Evêque de Sens dédia sous le nom de S. Florentin.

S. FLOUR, Ville Episcopale de France, dans la Haute Auvergne, dont elle prétend être la Capitale. Elle doit son origine au Saint dont elle porte le nom. S. Flour premier Evêque de Lodève en Languedoc prêchant en Auvergne mourut en un lieu nommé INDIAC, ou INDICIAC, vers l'an 389. Il y fut enterré & son Tombeau n'eut long-tems qu'un petit Oratoire pour ornement. Le Pelérinage des Peuples y forma depuis un Bourg considérable. S. Odillon Abbé de Clugny l'ayant acquis dans le XII. Siècle y fit bâtir une Eglise & un Monastère où il mit des Religieux de son Ordre. Il fit même entourer le Bourg de murailles pour la sûreté des Habitans. Le Pape Jean XXII. y créant un Evêché en fit un des quatre nouveaux Suffragants de Bourges & c'est le second Siège de l'Auvergne. L'Evêque est Seigneur de la Ville & en cette qualité la Justice Ordinaire lui appartient *a*. Il y a un Bailliage Royal qui est du Ressort d'Aurillac, & une Election. On vend aux Foires qui se tiennent en cette Ville quantité de Mules & de Mulets pour le Languedoc, l'Espagne & autres Pays. Il se fait aussi à S. Flour un grand commerce de bled, cette Ville étant comme le Grenier d'un petit Pays voisin appellé la PLANEIZE, lequel est très-fertile en Segle. Le premier Evêque de S. Flour fut l'Abbé de S. Tibery, au Diocése d'Agde, mais l'an 1318. il y mit le Prieur de S. Flour appellé Raimond de Monstvejouls que le même Jean XXII. fit Cardinal dans la suite & transféra à l'Evêché de S. Papoul. Les XIII. premiers Evêques furent élus parmi les Religieux de S. Benoît. Entre ces Evêques qui avoient été Religieux on distingue Frère Pierre d'Estain qui fut transféré à l'Archevêché de Bourges en 1368. & fait Cardinal l'année d'après par le Pape Urbain V. Il fut ensuite Evêque d'Ostie & mourut à Rome l'an 1377. Cet Evêché renferme dans son Diocèse quatre cens Paroisses & vaut environ dix ou douze mille Livres de rente.

a Pigniol, Descr. de la France, t. 6, p. 343.

Le Chapitre de la Cathédrale est composé de trois Dignitez, & de dix-sept Canonicats. Les Dignitez sont l'Archidiaconé, la Tresorerie, l'Archiprêtré. Les Chanoines Prêtres jouïssent d'environ quatre cens Livres de revenu; mais ceux qui ne sont point Prêtres n'ont que la moitié. Il y a encore une Eglise Collégiale à S. Flour composée d'un Prevôt & de dix-huit Chanoines. Le Prevôt jouït d'environ deux cens Livres de revenu & les Chanoines de cent Livres.

1. ST. FRANÇOIS. Voyez au mot CAP.

2. ST. FRANÇOIS, Habitation & Paroisse de l'Amérique à la Guadeloupe, dans les Antilles, dans la grande terre. Elle comprend la partie la plus Orientale de cette Isle. Il s'y trouve plusieurs Salines. Elle est desservie par les Capucins.

3. ST. FRANÇOIS (LES ISLES DE), Isles de l'Amérique Septentrionale, dans le Canada au Pays des Iroquois, à l'extrémité du Lac de S. Pierre dans un enfoncement à la Bande du Sud. Elles sont cinq ou six & tiennent un terrain d'une bonne lieue. Elles sont plates & remplies de Bois de haute futaye. Il y a même des Piniers dont on tire des mats pour les Vaisseaux du Roi. Le Chêne, l'Erable, le Cédre s'y trouvent en quantité, le Bled y vient fort bien, les Prairies sont belles & les Pâturages y sont admirables. Le Gibier y abonde en tout tems. Il s'y décharge une Riviére qui vient de la Nouvelle Yorck, qui forme quantité de Canaux fort larges & fort poissonneux, tous bordez de beaux Arbres. Ce seroit une charmante demeure champêtre, si dans le tems de guerre ce Canton n'étoit pas exposé aux courses des Iroquois. Ces Isles bornent le Gouvernement des trois Riviéres.

4. ST. FRANÇOIS (LE LAC DE), Lac de l'Amérique Septentrionale, dans le Fleuve de S. Laurent au dessus de Montréal. Il a sept lieues de long.

5. ST. FRANÇOIS (LA RIVIERE DE), Riviére d'Amérique dans la Nouvelle France. Elle sort du Lac de Buade & se vient rendre dans le Mississipi, à huit lieues au dessus du Saut de S. Antoine de Padoue. On la nomme aussi la RIVIERE DES ISSATIS, d'autres la nomment Riviére des Mendéouacanton.

6. ST. FRANÇOIS (la Riviére de), Riviére de l'Amérique Méridionale au Brésil. Elle a sa source ayant dans les terres, vers le 332. d. de Longitude & les 11. d. 40. de Latitude Méridionale. Elle circule ensuite vers le Nord Oriental, se perd sous terre, & prenant ensuite son cours vers l'Orient, elle coule entre la Capitainie de Fernambouc & celle de Seregippe, & se perd enfin dans l'Océan aux Confins de ces deux Provinces auxquelles elle sert de bornes.

ST. FUSCIEN AUX BOIS, ou DES BOIS, Village de France en Picardie, au Diocése d'Amiens. Il y a une Abbaye de l'Ordre de S. Benoît & de la Congrégation de S. Maur, fondée en 880. par Chilperic, selon Mr. Corneille qui l'écrit sur des Mémoires des R. R. P. P. Bénédictins, ou selon d'autres en 1165. par Enguerrant Comte d'Amiens.

G.

1. ST. GABRIEL, Bourg de France, en Provence. Quelques-uns y cherchent l'*Ernaginum* des Anciens.

2. ST. GABRIEL, Village de France, dans la Normandie, au Diocése de Bayeux. Il y a un Prieuré & une Jurisdiction dépendante de l'Abbaye de Fescamp.

1. ST. GALL, Abbaye de France, en Nor-

Normandie, Ordre de S. Benoît, à trois lieues de Coûtances.

2. St. GALL, Ville de Suisse dans le Haut Thurgaw, à deux lieues du Lac de Constance dans un Vallon étroit & stérile entre deux Montagnes qui la serrent dans toute son étendue au Nord & au Midi; mais à l'Orient & à l'Occident le Pays y est ouvert, quoique fort sauvage. La petite Riviére de Steinach sert à faire tourner ses Moulins, & celle qu'on appelle Iren, ou *Iron*, fournit de l'eau à ses fossés. S. Gall, doit son accroissement à l'Abbaye, qui est dans son enceinte. Dans le X. Siècle elle n'étoit encore qu'un Bourg: mais à cause des ravages, que les Hongrois faisoient dans l'Allemagne, & jusques dans la Suisse, on commença dès l'an 954. à fermer S. Gall de murailles & à la fortifier, en y construisant des Tours & en la bordant de larges fossés, ce qui fut achevé l'an 980. Aujourd'hui elle n'a point d'autre fortification, & ses fossés ne servent guéres qu'à nourrir des Cerfs, comme ceux de Berne. On voit dans cette Ville de belles & larges Rues, de bonnes Maisons bien entretenues & divers Edifices publics, entr'autres les Eglises de S. Laurent & de S. Magnus, l'Hôtel de Ville & l'Arsenal. A demi-lieue de la Ville on voit un Vallon étroit & extrémement profond, creusé par la petite Riviére de Goldach, nommé *Martins-Thobil*. On le passe sur un Pont d'une structure admirable, bâti l'an 1467. qui a cent & dix pieds de long, quatorze de large & quatre-vingt-seize de haut. La Bourgeoisie a une Bibliothéque publique dans le Couvent de Ste. Catherine; elle appartenoit autrefois au célèbre Joachim Vadianus, ou Von der Watt, Bourguemaître de S. Gall. Dans le XVI. Siècle ce grand homme la donna à ses Concitoyens, comme on l'apprend par une belle inscription Latine, qu'on y voit. Il fut dans son tems le Restaurateur des Belles-Lettres en Suisse; & ce qui est le meilleur, il joignoit une grande probité à un profond savoir ; de sorte qu'il étoit très-considéré dans tous les Cantons. Il mourut l'an 1551. le 28. de Janvier. Le terroir de S. Gall, n'est pas fertile. Il ne produit que de l'herbe: tellement qu'il ne sort de cette Ville ni Laboureur, ni Vigneron, ni Charrue, ni Berger ; ce qui est fort singulier, & ne se trouve guéres ailleurs. Cependant les Habitans y sont riches la plûpart, & à peu près tous à leur aise. Les environs de la Ville sont parsemés de belles Maisons de Campagne. Ils ont suppléé par leur industrie à la stérilité de leur terroir, & obtenu par le secours de l'Art ce que la Nature leur avoit refusé. Leurs richesses leur viennent de leur grand Négoce, & particuliérement de leurs Toiles, qui sont en réputation par toute la Suisse, & bien loin aux environs. D'ailleurs étant assés près du Lac de Constance, & sur la Route de l'Allemagne en Italie, leur Ville sert comme de Canal de Communication d'un Pays à l'autre, & leurs Halles sont les Magazins des Marchandises, qui vont & viennent. Ils se répandent en divers lieux pour négocier. Il y en a même en Espagne qui nonobstant la diversité de Religion y négocient en liberté depuis longues années sous la protection des Rois. Ils sont tous de la Religion Protestante, & quoique de Langue Allemande, ils ont recueilli parmi eux une petite Eglise Françoise, qui s'y étoit retirée, & ont entretenu un Pasteur pour son édification. Quant au Gouvernement de cette Ville, dans son commencement lorsqu'elle n'étoit encore qu'un Village, ou tout au plus un Bourg, elle étoit sous la domination de ses Abbés. Mais dans dans la suite des tems, elle fut affranchie en partie par les Empereurs, & en partie par les Abbés mêmes ; tellement qu'aujourd'hui elle fait une petite République libre depuis plusieurs Siècles. Dans le X. Siècle l'Empereur Othon I. ou le Grand lui donna le droit de battre Monnoye, & titre de Ville Impériale. Quelques Empereurs, qui n'aimoient pas les Abbés de St. Gall, l'ont soutenue contre eux ; & quelques Abbés mêmes ont vendu de tems en tems divers Privilèges aux Bourgeois. L'Abbé ne possède rien dans la Ville, sinon quelques Fiefs liges. L'Hospitalier de la Ville lui fait hommage pour diverses Terres, que l'Hôpital possède dans le Rheintal, le Turgaw, le Tockebourg & le Canton d'Appenzell. Les appellations du Pays de l'Abbé se portent par devant une Chambre de Justice, dont l'Abbé nomme la moitié des Membres, avec le Président ; & la Ville élit l'autre moitié. Ces Membres ne prêtent serment ni à l'Abbé, ni à la Ville, mais à Dieu seulement. La connoissance des Causes criminelles, qui arrivent dans la Ville, appartenoit anciennement à un Prevôt de l'Empire ; mais ce droit fut donné à la Ville l'an 1401. Elle a deux Conseils, un Grand de 90. personnes, & un Petit de 24. & trois Chefs qu'on nomme Bourguemaîtres, qui président tour à tour. Les Bourgeois sont partagés en sept Tribus, une de Nobles, qu'on appelle la Compagnie de Nothestein, ou Not-festein, & six d'Artisans, dont la première & la plus considérable est celle des Tisserans. Chaque Tribu a trois Chefs, que les Membres de la Tribu choisissent eux-mêmes, & ils sont confirmés par le Petit Conseil. Les Bourguemaîtres sont élus par toute la Bourgeoisie. Des trois Chefs ou Maîtres des Tribus, il y en a deux qui sont du Petit Conseil, & un du Grand. De chaque Tribu on choisit onze Conseillers pour former le Grand Conseil, & l'un des Chefs de la Tribu est le premier. Aux Maîtres des Tribus, qui composent une partie du Petit Conseil, on joint neuf autres Conseillers, qui sont choisis par le Conseil même, & tirés, soit de la Compagnie des Nobles, soit des six Tribus Bourgeoises. La Ville de S. Gall, a quelques alliances particuliéres, une avec la Ville de Nurenberg de l'an 1387. en vertu de laquelle ceux de S. Gall, sont francs de Péage à Neurenberg, & ceux de Nurenberg à S. Gall ; mais la plus considérable & la

plus importante est celle, qu'elle a dès l'an 1454. avec six Cantons, Zurich, Berne, Lucerne, Schwitz, Zug, & Glaris.

L'ABBAYE DE S. GALL, dont l'Abbé est le premier Confédéré des treize Cantons Suisses, est dans l'enceinte de la Ville; elle a néanmoins son enceinte propre de murailles qui la sépare de la Ville. Il y a cependant une porte de Communication que les Moines, & les Habitans ferment chacun de leur côté. L'Abbaye fait partie du L. *Corps Helvétique*, & elle est alliée avec les treize Cantons ; mais particuliérement avec ceux de Zurich, de Lucerne, de Schwitz & de Glaris. Elle tire son nom, comme la Ville, du premier habitant du lieu connu sous le nom de S. Gall, en Latin *Sanctus Gallus*, ou *Gallunus*. Selon une ancienne Tradition il étoit Disciple d'un Saint Personnage Ecossois de Nation, & de Race Royale, qui vint prêcher l'Evangile dans la Suisse. Il y en a même qui le font petit-fils d'un Roi d'Irlande, nommé Unuchun. Ce qu'il y a de certain, est qu'il nâquit de parens nobles, qui l'offrirent tout jeune au Monastère de Rencor. Il fut Disciple de S. Colomban, avec lequel il vint en France, il demeura aussi avec lui à Zug en Suisse, à Arben, & à Bregents près du Lac de Constance, où ils habiterent dans des Cellules près de la Chapelle de Ste. Aurélie. Il est incertain si ce fut en Irlande, ou en France qu'il fut ordonné Prêtre. La réputation de vertu, & de fainteté que s'acquit S. Gall engagea Gozon Duc des Allemans à lui offrir l'Evêché de Constance; mais il refusa cette Dignité par l'amour qu'il avoit pour la Vie solitaire. Il chassa le Démon du Corps de Fridberge, fille de ce même Gozon, & femme de Sigebert Roi des François; & ce fut en reconnoissance de ce bienfait que Sigebert lui donna un grand terrain aux environs de son Hermitage. Cette première concession s'accrut peu à peu par les Donations testamentaires, & autres Legs pieux, que les Habitans du voisinage édifiés par la vie austère, & par les miracles de S. Gall, ne cesserent de lui faire dans la suite. L'Epoque de la mort de S. Gall tombe, selon l'Abbé Longuerue, en 627. selon l'Auteur de l'Etat & Délices de la Suisse en 650. & selon les Annales Bénédictines en 666. Ce fut dans la Ville d'Arben, qu'il mourut. Ce ne fut que du tems de Charles Martel qu'Othmar, qui a été aussi mis au rang des Saints, y fut établi premier Abbé, & que la Règle de S. Benoît y fut introduite; car auparavant les Solitaires ou Hermites, qui habitoient ces lieux suivoient la Règle de S. Colomban. Cette Abbaye reçut alors, & dans la suite tant de concessions de Charles Martel, de Louïs le Debonnaire, de Louïs le Gros, & de divers autres Princes, qu'elle devint riche & puissante; elle parvint même à un tel degré de puissance du tems de l'Abbé Burchard, Cousin Germain de l'Empereur Henri I. que les Terres, qu'elle acquit, formerent une belle Principauté, & que l'on vit ses Abbez revêtus du titre de Princes de l'Empire en 1215. l'un d'eux même parut à Strasbourg, suivi de mille Chevaux.

Une autre chose, qui avoit encore contribué à l'aggrandissement de cette Abbaye, étoit que dès les premiers Siècles de sa fondation, les Religieux s'étoient rendus célèbres par leur science & par leur habileté; & durant deux ou trois cens ans, savoir depuis l'an 800. ou environ, il y avoit eu là une espèce d'Académie, qui avoit produit grand nombre de savans hommes, & de bons Ecrivains, tandis que le reste de la Suisse étoit dans les ténèbres de la barbarie & d'une crasse ignorance. La Noblesse du voisinage y mettoit ses enfans pour les faire instruire, & ceux-ci par reconnoissance ne manquerent pas de faire du bien à leurs Maîtres, lorsqu'ils en trouverent occasion.

Pour rendre à l'Abbaye de S. Gall, la justice qui lui est due, on doit dire que c'est à ses Religieux, que nous avons obligation de plusieurs parties de notre Histoire, qu'ils ont conservées dans leurs Chroniques. Gosbert leur second Abbé y ramassa une Bibliothéque l'an 816., en même tems qu'il bâtit magnifiquement l'Abbaye; & cette Bibliothéque s'étoit tellement accrue avec le tems, qu'elle passoit pour l'une des meilleures de l'Europe, particuliérement par rapport aux Manuscrits. On y en voyoit plus d'un millier, & l'on y admiroit entre autres dans la Bibliothéque de l'Abbé un MS. des Pseaumes sur de l'écorce d'arbre; un Codicille, où les lettres sont écrites sur de la cire en caractères Romains; une Médaille représentant une tête de Reine avec ces mots ΑΡΤΕΜΙΣΙΑΣ ΒΑΣΙΛΙΣΣΑ ; & sur le revers un Mausolée. Un grand Globe fait & donné par Luc Stockle Apothicaire de Constance, & Suzanne Freytag sa femme le 18. Octobre 1595. Un œuf de Coq; un Nouveau Testament Grec & Latin en parchemin de la main de Natker Babul &c. La Bibliothéque des Religieux n'étoit guères moins curieuse; mais le tout fut enveloppé dans les desolations de la guerre de 1712., & partagé par égale portion entre les deux Cantons de Zurich & de Berne, à l'exception de ce que l'Abbé avoit pu sauver. Cependant des Mémoires portent que ces membres dispersés ont été enfin rejoints, & remis dans leur ancienne place après la paix en 1718.

L'Abbaye de S. Gall a été plus puissante autrefois qu'elle ne l'est aujourd'hui. Les Abbez n'étoient pas néanmoins absolument Souverains de la Ville de S. Gall. Elle en dépendoit, il est vrai, à divers égards; mais elle avoit de tout tems de très-grands Privilèges, qui lui avoient été accordez par les Empereurs. Ce mélange des Privilèges des Bourgeois, & de la puissance de l'Abbé engendra une infinité de différends, qui furent enfin terminez à l'amiable par le rachat, que les Bourgeois firent de leur entière liberté, moyennant une somme d'argent très-considérable. Une partie du Canton d'Appenzell dépendoit encore autrefois de l'Abbé; mais les Ha-

Habitans se sont rachetez par la même voye. Le changement de Religion dans une partie de ses Sujets lui a enlevé beaucoup de revenus casuels, qui lui revenoient du tems de leur Catholicité ; mais principalement la diminution de ses biens est arrivée par la mauvaise conduite des Brouillons ou des Prodigues, qui ont dissipé les revenus de leur Maison, par leurs guerres téméraires, ou par leurs folles dépenses. Cependant il reste encore assez de Terres à l'Abbé pour composer une Principauté raisonnable. Il en a tout autour de S. Gall, bien avant dans le Thourgaw, & de toutes parts à la ronde jusqu'au Lac de Constance. Il y a du côté de Ravensbourg des Châteaux & des Couvens, qui lui appartiennent. Mais l'on ne parle ici que des Terres, qu'il possède dans l'enceinte de la Suisse. Ces Terres sont distinguées en deux parties, savoir les *anciens Sujets*, qu'on appelle en Allemand *Gottshauff Leut*, c'est-à-dire *Gens de la Maison de Dieu* : (nom, qui vient de ce que les Allemans appellent ordinairement dans leur Langue un Monastère, ou une Eglise Cathédrale, Gotts-hauff, ce qui signifie *Maison de Dieu*), & les *nouveaux Sujets*, qui sont les Habitans du Tockenbourg.

L'Abbaye de S. Gall est bâtie avec la magnificence convenable à ses richesses. On y peut remarquer trois parties considérables, l'Eglise nommée, en Allemand *Munster*, c'est-à-dire *Moutier* qui est riche & magnifiquement ornée ; le Palais de l'Abbé, qu'on appelle en Allemand *Pfaltz*; & le Corps du Logis, où demeurent ordinairement cent Religieux, avec divers autres Bâtimens, des Jardins, & des Vergers. Cette Abbaye étoit autrefois toute ouverte du côté de la Ville, & comme la facilité de passer de l'une à l'autre donnoit occasion à divers desordres, on jugea à propos de la fermer de murailles de ce côté-là, ce qui fut fait l'an 1570. Aujourd'hui donc cette Maison a pour enceinte d'un côté une partie des murailles de la Ville, qui la touchent, avec une Porte qui conduit à la Campagne, dont les Abbez sont maîtres, & de l'autre la nouvelle muraille, dont il vient d'être parlé. Les Abbez étoient autrefois élus par les Religieux, par les Bourgeois de la Ville, & par les Gentilshommes Vassaux de l'Abbaye ; mais dès le 13e. Siècle les Religieux ont exclu tous les Laïques du droit de suffrage. En 1529. la Religion Protestante fut introduite, dans l'Abbaye de S. Gall. Cet événement paroît assez important pour être rapporté. Quoique l'Abbaye de S. Gall ne fût en aucune façon soumise à l'autorité de la Ville, les Magistrats, qui avoient embrassé la Religion Réformée, s'aviserent par zèle, par jalousie, ou par interêt de l'introduire dans l'Abbaye. Le 23. Février de cette même année, assemblez en Conseil Souverain, ils résolurent d'abolir les Autels, les Images & autres choses de cette nature dans l'Eglise Abbatiale. L'Ordre en fut donné aux Bourgeois de S. Gall, qui l'exécuterent avec tant de diligence, que dans deux heures toutes les Images furent enlevées & mises en un monceau. On brisa celles, qui étoient de pierre & l'on en fit servir les quartiers à bâtir. Celles de bois furent chargées sur quarante (d'autres disent quarante-six) Charettes & portées dans un lieu hors de la Ville, où on les brûla toutes. Le 7. de Mars les Protestans s'y assemblerent pour la première fois ; Dominique Zilli y fit le Sermon, & au lieu de la Messe l'on y chanta le Pseaume LI. Le Doyen & les Religieux s'opposerent inutilement à ces violences ; ils furent contraints de céder à la force ; ils se retirerent à Einsidlen.

Dans ces entrefaites l'Abbé *François Gheisberger* étant décédé, & les Religieux ayant élu *Kilian-Koestin*, les quatre Cantons Protecteurs de l'Abbaye se partagerent au sujet de cette élection. Zurich & Glaris ne voulurent point reconnoître le nouvel Abbé, qu'à des conditions extrêmement dures ; mais Lucerne & Schwitz l'assûrerent de leur protection. Tandis que ces quatre Cantons étoient en dispute les uns avec les autres, Kilian se saisit des Thresors, des Titres & des Papiers terriers de l'Abbaye, & se retira secrettement à Breghentz, où il acheta la Terre de Wolffourt pour s'y loger avec ses Religieux. Delà il écrivit à ceux de Zurich, qu'il renonçoit à leur alliance, & leur redemanda le Traité de Protection pour pouvoir chercher d'autres Protecteurs. Mais les Sujets de l'Abbaye, qui avoient embrassé la Religion Protestante, ayant recouru aux Zurichois, & s'étant assûrez de leur protection, en cas de besoin, les troubles augmenterent & la Ville de Zurich forma le dessein de disposer de l'Abbaye de S. Gall, comme elle avoit fait de l'Abbaye Royale de *Frawen-Munster*.

L'Affaire portée à la Diète des Cantons tenue au mois de Mars 1530. les IX. Cantons non interessez, conjointement avec les Villes de Mulhouze & de Bienne convinrent par provision : ,, Que les quatre ,, Cantons Protecteurs choisiroient de ,, concert un homme de bien, qu'ils éta- ,, bliroient Lieutenant des Terres de ,, l'Abbaye pour en administrer les biens ,, durant deux ou trois ans, & qu'après ,, ce terme écoulé on chercheroit les mo- ,, yens de terminer l'affaire. Zurich & ,, Glaris ne s'en tinrent pas à cet expédient. Ces deux Cantons disposerent en maîtres de l'Abbaye & de toutes ses dépendances : ils vendirent le Couvent avec tous ses principaux Bâtimens à la Ville de S. Gall ; & rendirent aux Tockenbourgeois leur liberté, moyennant une somme de cent quarante mille Guldes. Six Religieux alors embrasserent la Religion Réformée, on leur donna à chacun cinq cens Guldes, & une pension viagére de cinquante.

Ces changemens subsisterent jusqu'à la fin de la guerre de 1531. que *Diethelm Blaarer* nouvel Abbé de S. Gall profitant de l'avantage remporté par les Cantons Catholiques, & appuyé des Cantons de Lucerne, de Schwitz & de Glaris, rentra enfin dans son Abbaye avec ses Religieux le

1. Mars 1532. trois ans après qu'on y eût introduit la Communion de Genève. Les quatre Cantons Protecteurs, conjointement avec Berne & Appenzell, firent à Wyl un accommodement entre l'Abbé & la Ville de S. Gall, qui avoit acheté les Bâtimens de l'Abbaye & le Domaine qui se trouvoit dans sa Jurisdiction. Le Contract de Vente fut cassé, & la Ville de S. Gall obligée de payer à l'Abbé dix mille Guldes pour les fruits qu'elle avoit tirez, avec tous les dommages & intérêts.

Les Terres des anciens Sujets de l'Abbaye sont bornées à l'Orient par le Lac de Constance, au Midi par le Canton d'Appenzell, au Nord & à l'Occident par le Thourgaw. Le Pays est partagé en certaines Contrées, qui sont autant de Gouvernemens: savoir la Contrée *d'autour de S. Gall*, celle de *Wyl*, celle de *Gossau*, celle *de Roschac*, &c. Il y a là une Ville, qui est *Wyl*, deux gros Bourgs, *Gossau* & *Roschac*, & quantité de petits Bourgs & de Villages dont les principaux sont *Tlumbach*, *Gold*, *Underegg*, *Morswil*, *Tablata*, *Valdkilch*, *Ramishorn*, *Summery*, *Hettischwyl*, *Bernhartzell*, *Lumiswyl*, *Wittebach*, *Rottmont*, *Strubenzell*, &c.

St. GALMIER, petite Ville de France, dans le Forez, à sept lieues de Lyon. Au-bas d'un de ses Fauxbourgs est la Fontaine de FONTFORTE. Voyez ce mot.

St. GAUDENS, Ville de France en Gascogne sur la Garonne à deux lieues au Nord de S. Bertrand, dans le Nebouzan dont elle est la Capitale. Les Etats de ce petit Pays s'y tiennent. La Ville n'est pas grande; mais elle est bien peuplée. On y tient un grand Marché tous les Jeudis. Cette Ville est la Patrie de S. Raimond fondateur de l'Ordre de Calatrava en Espagne. Il y a une Collégiale composée d'une Dignité, & de huit Chanoines qui ont chacun huit cens Livres, d'un Ouvrier qui en a quatre cens, & de treize Semi-Prébendes qui n'en ont que deux cens. Il y a aussi des Dominicains, des Trinitaires, & des Religieuses.

St. GENAIS, Isle ou Presqu'Isle de France en Provence entre la Mer, & l'Etang de Berre. Il y avoit autrefois sur ce terrain un Bourg nommé S. Genais, qui fut abandonné en 1211, parce que les Habitans y étoient trop exposez aux courses des Pirates de Barbarie. Ils se retirerent à l'Isle qui fait partie de Martigues.

St. GENGOUX LE ROYAL, Ville de France en Bourgogne au Diocèse, de Châlon. C'est le Siège d'une Châtellenie, Royale ressortissante au Bailliage de Mâcon, & d'un Grenier à Sel. Il y a une Mairie. C'est la quatrième Ville qui député aux Etats du Mâconnois, elle est située entre trois Montagnes, au pied de l'une des trois auprès de la Rivière de Grône. L'Abbé de Clugni donna cette Ville au Roi Louïs le Jeune en 1166. On y recueille les meilleurs Vins du Mâconnois.

1. St. GENIEZ, Ville de France, dans le Quercy. C'est le Siège d'une Justice Royale. Il y a un Couvent d'Augustins.

Les Auteurs du Dictionnaire de la France la mettent mal à propos dans l'Election de Ville-Franche, elle est dans l'Election de Rodez, aux confins de l'Election de Millau sur la Rive droite du Lot, entre Rodez, & Marvejols.

2. St. GENIEZ, Abbaye de France, au Bas Languedoc, à deux lieues de Montpelier, & au Diocèse de ce nom. Elle est de l'Ordre de S. Benoît.

St. GENOU, Abbaye de France en Berri, Ordre de S. Benoît. Elle fut fondée par Witfred Comte de Bourges & Ode sa femme l'an 828. le 15. de l'Empire de Louïs le Debonnaire, & le 24. du Regne de Pepin Roi d'Aquitaine. La Réforme n'y a point été introduite. Elle vaut à l'Abbé environ trois mille Livres de Rente.

1. St. GEORGE, Isle de l'Etat de Venise, elle fait partie de la Capitale, au Midi de laquelle elle est située, & à l'Orient de la Giudeca [a], dont elle n'est séparée que par un petit Canal; c'est une des Isles qui forment une espèce de Couronne. Cette Isle qui n'a qu'un mille de circuit contenoit anciennement une Vigne, un Bosquet, & un Moulin à deux roues, qui servoit aux besoins du Palais du Doge. Le Doge Vital Candien commença à y bâtir en 978. une Eglise sous l'Invocation de S. George Martyr. Le Doge Tribuno Memo en 983. donna l'Isle avec toutes les eaux, & Marais qui en dépendent à Jean Morosini, qui à l'exemple du Doge Pierre Orseolo I. avoit quitté le Monde pour se faire Religieux Bénédictin; son intention étoit que l'on y bâtît une Eglise, & un Monastère sous la Règle de S. Benoît. Ce Monastère s'aggrandit par les bienfaits du Doge Sébastien Ziani, qui quitta ensuite sa dignité pour y aller finir ses jours en 1178. Mais en 1221. ou 1229. selon d'autres, un tremblement de terre en renversa la plus grande partie. Les Moines le releverent par le secours & les libéralitez du Doge Pierre Ziani fils de Sébastien, qui s'y fit aussi Religieux. On le renouvella à plusieurs reprises, & on l'aggrandit à chaque fois. Enfin l'an 1556. on commença sur les desseins du fameux Palladio à rebâtir l'Eglise depuis les fondemens, & elle fut finie en 1610. dans l'état où elle est aujourd'hui. Elle est regardée comme une des plus magnifiques de toute l'Italie, & l'un des plus beaux morceaux d'Architecture. Les Autels y sont des Marbres les plus fins, & enrichis des meilleurs Ouvrages des plus grands Maîtres, comme Jacque Bassano, le Ponzone, le Tintoret, & autres Peintres fameux. Ce Tintoret a peint les deux grands Tableaux à côté de la grande Chapelle, sur l'Autel de laquelle (qui est isolé & orné de pierres précieuses) on voit les quatre Evangelistes en Bronze par Jérôme Campagna. Ils soutiennent un Globe de cuivre doré représentant le Monde sur lequel est debout le Pere Eternel aussi de Bronze. L'Orgue soutenue par quatre grosses Colomnes cannelées de Marbre, est une des plus belles, & des meilleures qui se trou-

a Coronelli. Isolario Part. I. p. 20

trouvent. La Sacriftie eft remplie de riches Vafes, & ornée des Peintures les plus rares. Le Chœur qui eft très-fingulier dans fa ftructure eft accompagné de Stalles de bois de Noyer, où Albert di Stule, Flamand acheva en 1598. de fculter la Vie de S. Benoît; en y ménageant des Perfpectives, des Palais, des Temples, des Jardins & autres Figures qu'on ne fauroit voir fans admiration. Dans cette magnifique Eglife on conferve les Corps de S. Eutichius Patriarche de Conftantinople, de S. Paul Martyr qui eft entier & fans corruption, de S. Côme Anachorette de Candie, de S. Côme & de S. Damien, & plufieurs autres Reliques très-remarquables, entre lefquelles eft un bras de Ste. Luce, dont le Corps fut dépofé en cette Eglife quand on l'apporta de Conftantinople. Mais comme le Peuple y avoit une très-grande dévotion, qu'il fe faifoit un très-grand concours, & que la traverfe du grand Canal, qui n'eft pas commode, donnoit lieu à quantité de naufrages, on le transporta dans la Cité. L'Abbé, & les Moines ne fe virent pas priver d'un tel dépôt, fans une extrême douleur. On affure que pendant que profternez & pleurant ils fe defoloient du départ de cette Relique, un bras fe détacha miraculeufement du faint Corps, & fe prit avec deux doigts au Surplis de l'Abbé, à qui une grace fi fignalée caufa une auffi grande joye que fa douleur étoit vive un moment auparavant. Muni de cette Relique il vit partir le refte fans regret. Je tiens cette Hiftoire du P. Coronelli, qui la inférée en mêmes termes, à peu près, dans fon I-folario. Une des plus précieufes Reliques de cette Eglife eft le Corps de S. Etienne premier Martyr, qu'on y apporta de Conftantinople l'an 1109. C'eft en mémoire de ce Saint que tous les ans le jour de Noel après Midi, & le lendemain matin Fête de S. Etienne, la Seigneurie fe rend folemnellement à cette Eglife, accompagnée des Quarante-un & des Ambaffadeurs étrangers, qui tous y font traitez magnifiquement. On peut voir dans l'Auteur cité un plus grand détail de ce Monaftère & de cette Eglife, les Hommes Illuftres qui y ont leur fépulture, l'éloge du Tableau des Nôces de Cana par Paul Caliari (plus connu fous le nom de Véronèfe, parce qu'il étoit de Vérone;) & enfin la haute idée qu'il donne de la Bibliothéque des Religieux.

Le P. Coronelli, tout Cordelier qu'il étoit, finit par un détail que le Lecteur verra ici avec plaifir touchant l'Ordre de S. Benoît. Il prétend que dans les diverfes Branches qui fuivent la Règle de ce Saint, il y avoit eu XXXIX. Papes; III. Empereurs; XII. Impératrices; XXVIII. Rois; XLVIII. Reines; VIII. Doges de Venife CCCXCIII. Cardinaux; L. Patriarches; MDC. Archevêques; MMMMDC. Evêques; CCCXCI. Princes, Marquis & Comtes; que cet Ordre avoit fourni au Ciel XXIX. Apôtres, XII. Sts. Fondateurs; 100000. autres Martyrs ou Sts. canonifés, & qu'il a actuellement quatre-vingt-deux mille fept cens trente-deux Monaftères.

2. ST. GEORGE, Bourg de Hongrie dans l'Efclavonie, au bord Méridional de de la Drave au-deffus d'Effeck, au Midi de Cinq Eglifes. Mr. Corneille en fait une Ville.

3. ST. GEORGE, Château de l'Efclavonie fur un petit Ruiffeau qui tombe peu après dans la Drave, au Comté de Nerocz.

4. ST. GEORGE (LA MANCHE DE). Voyez au mot MANCHE.

5. ST. GEORGE (LE CAP DE). Voyez CAP.

6. ST. GEORGE D'ALBORA, Ifle de la Grèce, dans le Péloponnèfe, felon Mr. Corneille; ou plûtôt pour parler exactement, Ifle de Grèce entre la Morée & la Livadie à l'entrée du Golphe d'Engia, à feize lieues d'Athènes ou environ. Les Italiens l'appellent CAPELLO DI CARDINALE, c'eft-à-dire le CHAPEAU DE CARDINAL. La Guilletiére dit [a] : l'Ancrage n'y eft pas fort bon, fes Terres font fort baffes du côté du Nord, mais la Côte qui regarde le Sud a des hauteurs fort pointues, ce qui la fait difcerner facilement des autres Ifles voifines.

[a] Athènes Ancienne & Nouvelle l. 1.

7. ST. GEORGE DE BIEVRE, Bourg de France en Normandie au Diocèfe de Lifieux, à fix lieues de la Ville de ce nom, à douze de Rouen, à trois de Cormeilles, & à cinq quarts de lieue de Montfort. Il s'y fait un grand commerce de Toiles blancardes pour l'Efpagne & autres Pays étrangers.

8. ST. GEORGE DE LA MINE, Château & Bourgade d'Afrique en Guinée fur la Côte d'Or, avec un Port. Les François difent quelquefois en abregeant ce nom, fimplement LA MINE, les Hollandois l'appellent ELMINA, qui eft abregé de même du nom Portugais EL *Caftillo de Mina*; le Château de la Mine. Les Portugais ayant étendu leurs découvertes le long de la Côte de Guinée réfolurent de faire un Etabliffement folide à l'endroit où ils avoient remarqué [b] que fe faifoit alors le plus grand commerce de la poudre d'Or. D. Juan II. y envoya en 1481. une Flote compofée de dix Caravelles de deux Ourques, & d'une autre Barque plus petite. Cette Flote étoit chargée de tout ce qui étoit néceffaire pour y bâtir une Fortereffe. Elle mit à la voile le 11. Décembre 1481. & arriva à la Mine le 19. Janvier 1482. Caramanfa, Seigneur d'une Bourgade de Négres en cet endroit, parut fatisfait de l'arrivée des Portugais. D. Diegue d'Azambuye Amiral defcendit à terre, s'empara d'abord d'une Eminence voifine de la Bourgade qui lui parut propre pour le terrain d'une Fortereffe, en prit poffeffion au nom du Roi de Portugal, & y fit dreffer un Autel où fut chantée la première Meffe qui ait été dite dans ces Contrées. L'entrevue que le Seigneur des Négres & l'Amiral eurent enfemble fe fit avec toute l'oftentation poffible. L'Amiral fit à Caramanfa une Harangue pour lui faire entendre qu'il avoit lui-même interêt que les Portugais fes amis élevaffent une For-

[b] Conquêtes des Portugais, t. I. p. 40. & fuiv.

K te-

teresse. Le Négre qui ne comprit pas toutes les beautez de cette Harangue ne laissa pas de faire connoître qu'il n'étoit nullement la dupe de l'éloquence de l'Amiral, il laissa faire cependant ce qu'il ne pouvoit pas empêcher, & on le gagna par des libéralitez qui étoient un maigre dédommagement de la Liberté qu'il perdoit. Dès le lendemain on commença à jetter les fondemens du Château, & en vingt jours bien employez la Place se trouva hors d'insulte. D. Diegue fit aussi bâtir une Eglise dans l'endroit où à son arrivée il avoit fait dresser l'Autel. L'Eglise, & la Forteresse furent mises sous la protection de S. George. On y fonda une Messe à perpétuité pour le repos de l'ame, de l'Infant D. Henri, & le Roi accorda à la Forteresse les Priviléges ordinaires des Villes. D. Diegue resta avec soixante hommes pour la garde de la Place, & renvoya tout le reste en Portugal dans les Vaisseaux, avec l'Or, les Esclaves & les autres denrées qu'il avoit traitées. Voilà comme cet Etablissement est raconté dans les Livres des Portugais; mais si on en croit le P. Labat [a], ils ne sont pas les premiers qui ayent fait là un Etablissement; & ils avoient été prévenus par les Normands. Selon ce Pere l'Etablissement que les Européens ont à la Mine, est absolument l'ouvrage des Dieppois & de ceux de Rouen qui firent une Compagnie, & une Société de commerce en 1366. Les Dieppois avoient reconnu les Côtes d'Afrique depuis le Cap-Verd jusqu'à Rio-Sestos sur la Côte de Malaguette dès l'année 1364. Ils se bornerent pendant quatorze ou quinze ans au commerce de l'Ivoire, du Poivre, de l'Ambre gris, du Coton, & de quelques autres Marchandises. Ce ne fut qu'en 1380. sous le Regne malheureux de Charles VI. qu'ils reconnurent la Côte d'Or au delà du Cap des trois Pointes, & que leur Vaisseau appellé la Notre-Dame de bon Voyage étant rentré à Dieppe neuf mois après en être parti, apporta, outre les Marchandises ordinaires, une quantité d'Or qui enrichit bien vîte la Compagnie, & qui l'encouragea à pousser plus vivement son commerce dans ce riche Pays. Ils firent partir de Dieppe en 1382. trois Vaisseaux, dont l'un appellé le S. Nicolas s'arrêta au Lieu qu'ils nommerent la Mine d'Or, à cause de la quantité de ce Métal qu'ils y traiterent, & dont ils rapporterent une grande charge après dix mois de Navigation. Ces heureux succès firent résoudre la Compagnie à s'établir solidement sur cette Côte, quand même ils seroient obligez pour cela d'abandonner tous les autres Etablissemens qu'ils avoient au Cap-Verd, à Mouré, à Petit Dieppe, au Grand & au Petit Paris, & en d'autres endroits. Pour cet effet ils firent partir de Dieppe trois Vaisseaux en 1383. dont les deux plus grands étoient lestez de Matériaux propres à bâtir une Loge. Ils mirent la main à l'œuvre dès qu'ils furent arrivez, & pendant que les uns s'appliquoient au commerce avec les Naturels du Pays, les autres aidez par ces mêmes Naturels bâtirent la Loge, où ils laisserent douze hommes avec des Vivres, & des Marchandises de traité, & les Instructions nécessaires pour connoître le Pays, & augmenter le commerce qu'on avoit commencé d'y établir. Ces deux Vaisseaux revinrent à Dieppe très-richement chargez, après un Voyage de dix mois. Le plus petit qui avoit ordre de découvrir les Côtes vers l'Est, ayant été emporté par les Courants reprit la Route de Dieppe, & arriva trois mois avant les autres. On le fit partir à l'instant que les autres arriverent, & on le chargea de Marchandises de traite, & de tout ce qui étoit nécessaire pour ceux qui étoient demeurez dans l'Etablissement de la Mine, qui s'augmenta tellement en moins de quatre ans par les François qui s'y rendirent, qu'on fut obligé d'aggrandir les Bâtimens, de les enfermer d'une forte muraille avec des Tours, & des Batteries, & d'y bâtir *une Eglise qu'on voit* encore aujourd'hui au lieu de la petite Chapelle qu'on y avoit élevée dans le commencement. Voilà, continue ce Pere, l'Epoque véritable de la fondation du Château de la Mine qu'on ne peut, selon lui, avancer ni reculer qu'entre 1383. & 1386. & de compte cette fondation Françoise seroit de près d'un siécle plus ancienne que la Portugaise. Je ferai quelques réflections sur ce recit; mais il n'est pas encore tems de l'interrompre, poursuivons avec le P. Labat.

Cet heureux, & riche commerce continua sur le même pied jusqu'en 1410. que les Guerres Civiles commencérent à désoler la France, pendant le Regne de Charles VI. & une partie de celui de Charles VII. son successeur. Pendant ces tems de troubles, les Marchands de Dieppe, & de Rouen, fiers des grandes richesses que le Commerce d'Afrique leur avoit apportées, commencérent à avoir honte de la qualité de Marchands, à laquelle cependant ils devoient tout ce qu'ils étoient; ils quitterent les Livres, & les Balances endosserent la Cuirasse, & par un excès de folie qu'on ne peut assez déplorer, allérent se faire tuer ou se ruïner dans des querelles où des gens de leur Etat ne devoient pas prenla moindre part. Les plus sages qui avoient continué de s'enrichir en continuant le commerce, moururent & laisserent des enfans très-riches qui eurent la folie de contrefaire les Gentilshommes, & de s'aller ruïner comme eux à la guerre. Le commerce tomba peu à peu pendant ces tems malheureux, & disparut environ quatre-vingt, ou quatre-vingt-dix ans après l'Etablissement dont on a parlé. Ce fut en 1414. que les Portugais aussi peu connus alors hors de leur petit Pays qu'ils ont été connus depuis dans les quatre parties du Monde commencerent à cultiver la Navigation qui les a rendus si célébres.

Sans suivre l'Auteur dans ce qu'il dit de l'Etablissement des Portugais à l'Isle de S. Thomé en 1467. & à Accara en 1480. passons à ce qui regarde leur Etablissement à la Mine dans le Systême du P. Labat. En 1483. ils reconnurent le Fort de la Mine

[a] Voyage de *Desmarchais* en Guinée, t. 1. p. 269. & suiv.

ne que les François avoient abandonné quelque tems auparavant à caufe des guerres, & de la mauvaife conduite de ceux qui étoient à la tête du Commerce. Les Portugais y retournérent en 1484., mirent à terre le 23. Avril, jour dédié au Martyr S. George, s'emparerent aifément du Château qui étoit abandonné, y ajouterent quelques Fortifications nouvelles & confidérables, & le nommérent le Château de S. George de la Mine, à caufe du Saint dont l'Eglife célébroit la mémoire le jour qu'ils en prirent poffeffion. Ce fut alors que le Roi de Portugal forma une Compagnie pour faire le Commerce de cette Côte à l'exclufion de tous fes autres Sujets.

L'Auteur qui dans fon Livre ne paroît pas fort ami des Portugais leur reproche une conduite cruelle & tyrannique, & dit qu'ils exercérent de grandes cruautez fur les Naturels du Pays, & fur les François qui firent quelques efforts pour reprendre ce qu'ils avoient perdu fur cette Côte; mais enfin les Hollandois, qui avoient quelques Etabliffemens fur la Côte, s'emparerent de la Mine en 1637. à la faveur d'une divifion qui étoit alors entre les Portugais. On peut voir les détails de cette révolution dans le Pere Labat qui la raconte en plufieurs façons. Voici la Defcription que Dapper [a] a faite de ce Château.

[a] Afrique p. 280.

Ce Fort, qui porte le nom des Mines d'or, qui n'en font pas loin, eft fitué fur les confins du Royaume de Fétu près de la Mer; au fond d'un Arc, que la Côte forme en cet endroit, fur les bords d'une petite Riviére falée nommée *Benja*, & à trois lieues du petit Commendo. C'eft un Bâtiment fort vieux, à ce qu'on en peut juger par les Dates & par les Mazures. Il y a quelques années, que les Hollandois relevant une Batterie, qu'on appelle la *Batterie des François*, parce que, felon l'opinion commune des Originaires du Pays, les *François en ont été maîtres avant les Portugais*, on trouva gravé fur une pierre les deux premiers Chiffres du nombre treize cens; mais il eft impoffible de diftinguer les deux autres. Il y avoit un autre Ecriteau, gravé auffi fur la pierre, entre deux Colonnes, dans une petite Chambre au dedans du Fort, mais il étoit tout effacé. On peut conjecturer par un Chiffre qui eft fur la Porte du Magafin, que cet appartement a été bâti l'an 1484. fous Jean II. Roi de Portugal. Or comme les Chiffres de ce nombre font encore auffi entiers, que s'ils avoient été gravés depuis neuf ou dix ans, on a raifon de croire que les autres font d'une grande Antiquité.

Ce Château eft bâti fur une Roche fort haute, baignée d'un côté de la Mer, fes murailles font de pierre fort dure; de forte que quelques pièces de Canon n'y fauroient faire une brèche confidérable, & qu'on ne fauroit le prendre d'affaut à caufe de fa hauteur prodigieufe. Du côté de la Mer les murailles ne font pas fort hautes, parce que les Baftions, qui font flanquez au-deffous s'élevent affez haut, & que, du côté de la Terre ferme, elles font fort élevées; mais non pas fort épaiffes. Ce Fort a 14. verges Rynlandiques de large, & 32. de long, fans compter les travaux extérieurs qui s'étendent depuis les bords du Fleuve jufqu'au rivage de la Mer. Les Portugais avoient fait deux Batteries de ce côté là, & avoient planté fur chacune fix pièces de Canon. Cela n'empêcha pas que les Hollandois ne priffent ce Château l'an 1637. parce que du côté de la Terre, vis-à-vis de la Montagne de S. Jacques, où il auroit du être le plus fort, il n'y avoit qu'une Batterie défendue par fix petites pièces de fonte, à la pointe, qui regarde le Nord-Eft, n'étoit fortifiée, que par deux petites pièces pofées au-deffus d'une vieille porte murée.

La Montagne de S. Jacques porte le nom d'une petite Chapelle, que les Portugais y avoient bâtie à l'Oueft du Château, au de là du Fleuve. Dès que les Hollandois en furent les maîtres, ils fortifierent cette Montagne pour en empêcher l'accès, & y firent une Batterie fur un quarré de 24. verges, qu'ils éleverent à la hauteur de douze pieds, & l'entourerent d'une muraille de pierre. Du côté du Château la montée n'eft pas difficile, mais vers Fétu & Commendo elle eft prefque inacceffible. Derriére la Montagne de S. Jacques, il y en a une autre de même hauteur, & vis-à-vis dans le Château, il y a une Batterie fans épaules avec quelque pièces de Canon pour tirer fur le Fort S. Jacques en cas de befoin.

Bosman [b], qui écrivoit au commencement de ce Siécle, met la prife du Château de la Mine par les Hollandois en 1683. Ce n'eft pas, dit-il, fans raifon qu'il eft renommé par tout le Monde: car il n'a pas fon femblable fur toute la Côte, foit pour la force foit pour la beauté de la Sculpture. Il eft bâti en long, ayant des murailles extrêmement hautes avec quatre bonnes Batteries dedans, & une dans les Ouvrages de dehors. Il a du côté de la terre deux foffez creufez dans le Rocher fur lequel il eft bâti. L'eau de ces fossez eft de l'eau de pluye pour l'ufage de la Garnifon, & des Vaiffeaux; mais outre cela, on y a trois bonnes Cîternes qui contiennent plufieurs centaines de Bariques d'eau; de forte qu'on ne peut guères en manquer. Il y a auffi quelques pièces de gros Canon de fonte outre la Batterie d'en bas, qui eft garnie de Canons de fer, dont on fe fert pour faluer les Vaiffeaux qui arrivent, qui partent, ou qui paffent. On y pourroit loger une Garnifon de plus de deux cens hommes. Les Maifons du Général, du premier Marchand, & du Fifcal furpaffent tout le refte, après quoi viennent celles des autres Officiers. Chacun d'eux eft très-bien logé. Reprenons la Defcription de Dapper [c].

[b] Lett. 3. p. 49.
[c] P. 281.

A demi-lieue du Mont S. Jacques, & du Village de la Mine, il y a une Riviére nommée UTRI, qui fe déborde pendant les faifons pluvieufes, & qui eft toute pleine de Rochers; de forte qu'on ne peut la remonter, non pas même avec de

petites Barques. L'eau en est fort fraîche, & fort bonne, les Vaisseaux y viennent souvent faire aiguade, les gens du Château & du Village en boivent, & sans elle ils seroient fort en peine durant les saisons, qu'il n'y pleut point, parce qu'il n'y a point d'autre source d'eau douce qu'à plus de trois lieues de-là.

Comme le terroir de la Mine est bas, il est aussi peu fertile; ce sont leurs voisins de Fétu, d'Abrambou, de Commendo, & d'Acany, qui leur apportent des Vivres, du Millet, du Vin de Palme, du Sucre, des Ananas, &c. & prennent en échange de l'Or, & des Poissons. Cependant le Village n'en est pas moins peuplé, puisqu'on en peut tirer en cas de besoin environ deux mille hommes propres à porter les armes; entre lesquels il y a quelque deux cens Chrétiens de Race de Mulâtres. Ils sont presque tous Pêcheurs, & Tributaires de la Citadelle, à laquelle ils donnent le cinquième de toutes les prises, qu'ils font. Il y en a quelques-uns qui font métier de polir le Corail.

Anciennement le Village de la Mine, avoit deux Maîtres; une moitié dépendoit du Roi de Guaffo, & l'autre de celui de Fétu. Les Habitans ont l'obligation aux Portugais de leur liberté, & vivent maintenant en forme de République sous la direction du Gouverneur du Château, & de quelques Chefs de leur Nation. Comme le Village est divisé en trois parties, chaque Quartier a son *Braffo* ou Capitaine particulier. Lorsqu'il survient quelque démêlé entr'eux, ils s'assemblent chez le plus ancien des trois Chefs, & après avoir formé leur résolution, ils la portent au Gouverneur, qui l'approuve, ou la rejette, comme il le juge à propos. Que si quelqu'un de leurs voisins de Commendo ou de Fétu a fait tort à un d'entr'eux, tout le Peuple prend son parti, & les Chefs, vont demander au Gouverneur permission d'user du droit de représailles sur les Terres de l'Offenseur. Les Portugais prenoient grand soin de les protéger, & de les animer dans ces occasions, afin de les tenir aguerris, & de les rendre redoutables à leurs voisins.

Cela est bien changé depuis le tems où Dapper [a] écrivoit jusqu'au commencement de ce Siècle. Bosman marque ainsi la diminution de la Bourgade qui est voisine du Château. Le Village de MINA, dit-il, que les Naturels du Pays appellent OLDENA est dessous ou devant ce Château. Il est fort long & raisonnablement large. Les Maisons sont bâties de bonnes pierres dures, ce que l'on ne voit en aucun autre lieu; car dans les autres Villages les Maisons ne sont bâties que d'argile & de bois entrelacé l'un dans l'autre. Il y a quinze ou seize ans que ce Village étoit fort peuplé, & sans mentir, huit fois plus peuplé qu'il n'est présentement; ce qui le rendoit redoutable à tous les Négres de la Côte, & un Général pouvoit par le moyen des Habitans exécuter de grandes choses; mais il y a quinze ans (vers l'an 1684. ou 85.) que la petite Vérole emporta une bonne partie des Habitans, & ils ont été dans la suite si appauvris & affoiblis tant par la guerre de Commani, que par le Gouvernement rude de quelques-uns des Généraux, & leur nombre est si diminué que ce Village n'est pas en état de fournir cinquante hommes armez, outre ceux qui sont au Service des Européens.

Avant que de quitter entiérement cet Article, il est bon de remarquer la contradiction qui est entre le recit des Portugais & celui du P. Labat. Selon ce P. les François ont découvert la Guinée & ont eu un Etablissement à la Mine près d'un Siècle avant que les Portugais y soient allez: ils y ont eu un Fort que les Portugais ont trouvé abandonné & ils n'ont fait que l'augmenter. L'Eglise qui subsiste aujourd'hui, est l'ouvrage des François. Un Lieu nommé encore aujourd'hui la *Batterie des François*, & la Tradition Nationale rapportée par Dapper fortifient le recit du P. Labat. Cependant tous les détails rapportez par les Portugais, dont toutes les circonstances se trouvent dans les Décades de Baros, tendent à faire voir que les Portugais n'y trouverent aucune trace d'Etablissement antérieur; les difficultez qu'on leur fit lorsqu'ils voulurent creuser pour jetter les fondemens de leur Forteresse sont des faits qui ne s'accordent point avec l'état de gens qui trouvent un Fort déja bâti. Il n'y a dans leur Relation ni Fort, ni Eglise que ce qu'ils ont bâti. Cela n'est pas aisé à accorder. On ne doute point de l'exactitude de Baros qui a travaillé sur d'excellens Mémoires. Je voudrois que le P. Labat eût au moins indiqué dans qu'elle source il a pris ce qu'il en dit. Car Mr. Desmarchais qu'il cite n'est pas plus croyable que lui sur des faits si anciens; & ils ont également besoin de citer leurs garants pour être crus sur une Antiquité de plusieurs siècles.

ST. GERAULD D'AURILLAC. Voyez AURILLAC.

1. ST. GERMAIN, Village d'Angleterre au Comté de Cornouailles, sur la petite Rivière de Liver. Il prend son nom d'une petite Eglise dédiée sous l'Invocation de S. Germain, Evêque d'Auxerre qui combattit le Pélagianisme qui renaissoit en Angleterre. Ce Lieu est remarquable parce qu'on y transporta le Siège Episcopal de la Province qui étoit à Bodman. La crainte que causoit le voisinage des Danois donna lieu à ce changement. Peu d'Evêques y résiderent; celui de Crediton dans la Province de Devonshire ayant beaucoup de pouvoir auprès de Canut, Prince Danois, obtint de lui l'union des deux Evêchez. Depuis Leuvin Evêque de Crediton, pour qui se fit cette union, la Province de Cornouailles a été soumise pour le Temporel à l'Evêque de la Province de Devonshire, dont la Résidence est à Exceter. Le Village ne consiste plus qu'en quelques Cabanes de Pêcheurs.

Cet Article est tiré de l'Atlas de Blaeu.

2. ST. GERMAIN, petite Ville de France dans le Limosin à sept lieues de Limoges. Il y a un Chapitre composé

[a] Lettre 3. p. 49.

d'un Doyen, d'un Chantre, de douze Chanoines & de six Titulaires du bas Chœur.

3. St. GERMAIN DES PREZ, Lieu de France en Normandie à un quart de lieue d'Evreux. C'est où arrive l'Evêque d'Evreux quand il fait son entrée en Cérémonie pour prendre possession de son Evêché. Le Corps de la Ville & le Clergé viennent lui faire compliment en cet endroit, d'où ils le conduisent à l'Abbaye de S. Taurin.

4. St. GERMAIN EN LAYE (La Ville de)[a Pigniol, Descr. de la France, t. 2.], Ville de France [a], en Latin *Sanctus Germanus in Ledia Silva*. Elle est à quatre lieues de Paris, & dans la même situation que le Château. On croit qu'elle a pris son nom d'un Monastère, que le Roi Robert y fit bâtir il y a environ sept cens ans. Cette petite Ville est fort peuplée, les Maisons y sont hautes & bien bâties, les Rues grandes & bien percées. Elle est encore ornée de plusieurs beaux Hôtels, que différens Seigneurs ont fait bâtir dans le tems que le Roi y faisoit sa résidence. Il n'y a qu'une Paroisse & les Couvens des Recollets & des Ursulines. Celui des Augustins déchaussés, dit des Loges, est au milieu de la Forêt. Il y a une Prévôté & une Maîtrise des Eaux & Forêts, qui s'étend non seulement sur les Forêts & Bois de la Châtellenie de S. Germain; mais encore sur ceux de la Châtellenie de Pontoise & des Bailliages de Mantes & de Meulan.

L'aspect du Château est admirable, principalement du côté de la Rivière & des Plaines. Son point de vue s'étend sur Paris, S. Denis, Marly, &c.

Le Parc, qui joint le Château est agréable, & son étendue est de trois cens cinquante arpens.

La Forêt en contient cinq mille cinq cens cinquante, trente & une perches, & trois quarts. Elle est percée de plusieurs belles & larges routes, pleine de toutes sortes de Bêtes fauves, qui en font un lieu charmant pour la chasse.

Les Evêques de Chartres ont pendant long-tems prétendu, que le Bourg ou la Ville de S. Germain étoit de leur Diocèse. Cette prétention fut renouvellée entre Ferdinand de Neuville, Evêque de Chartres, & Hardouin de Péréfixe, Archevêque de Paris. Sur ce différend il intervint Arrêt du Conseil d'Etat du Roi, Sa Majesté y étant, par lequel l'Archevêque de Paris est maintenu, & gardé dans tous les droits de Diocésain sur le Prieuré, Paroisse, & Territoire de S. Germain en Laye. Cet Arrêt est du 15. de Septembre de l'an 1670.

5. St. GERMAIN EN LAYE (Le Château de), est un des plus beaux séjours, qui soient en France, tant pour la beauté de ses Appartemens & de ses Jardins, que par la Forêt qui les joint. L'air y est fort sain & l'on a remarqué que l'on y vit long-tems. Cette Maison Royale a été occupée dans ces derniers tems par le Roi de la Grande-Bretagne & par la Cour d'Angleterre. Le Roi Louïs XIV. y logea le feu Roi Jacques en 1689. lorsqu'après la dernière révolution d'Angleterre, il se vit obligé de se retirer en France; & ce Prince y est mort saintement le 16. de Septembre de l'an 1701. Son corps fut transporté à Paris, & mis en dépôt chez les Religieux Bénédictins Anglois, près du Val-de-Grace. Marie Stuard sa fille, & Josephe-Marie d'Est sa femme y sont mortes aussi, la première le 18. d'Avril 1712. & la derniére le 7. de Mai de l'an 1718.

Le Roi Charles V. fit jetter les premiers fondemens de ce Château l'an 1370. Il fut pris par les Anglois pendant les troubles, que causa dans le Royaume la maladie du Roi Charles VI. Le Roi Charles VII. le retira des mains d'un Capitaine Anglois moiennant une somme d'argent, & Louïs XI. fit don à Coitier son Médecin non seulement du Château de S. Germain, mais encore de Trielle & de tout ce qu'on appelloit alors la Châtellenie de Poissi; & les Patentes de cette Donation furent expédiées au Plessis-lez-Tours au mois de Septembre de l'an 1482.

Le goût que François premier avoit pour la chasse, lui en donna beaucoup pour le Château de S. Germain. Il fit relever l'ancien Bâtiment, & en fit construire de nouveaux. Henri IV. fit bâtir le Château-neuf sur la croupe de la Montagne plus proche de la Rivière, sur laquelle il y a un Pont, qu'on nomme le Pont-du-Pecq. Il étendit les Jardins jusqu'aux bords de la Seine, & les fit soutenir par des Terrasses élevées avec une dépense somptueuse. Le feu Roi Louïs XIII. l'embellit de plusieurs ornemens, & enfin Louïs XIV. qui y étoit né le 5. de Septembre de l'an 1638. fit ajoûter au vieux Château cinq gros Pavillons qui en flanquent les encogneures. Il fit encore embellir les dehors. Le grand Parterre, la grande Terrasse, la Maison, & le Jardin du Val, & quantité de routes, qu'il fit percer dans la Forêt, sont des Ouvrages dont il a donné le dessein, & des magnificences de son régne.

6. St. GERMAIN (La Forêt de). Voyez FORET. J'ajoute ici qu'elle appartient en propre au Roi, & qu'elle a cinq mille neuf cens quatorze Arpens, quatre-vingt-huit perches, tant pleins que vuides, selon les Auteurs du Dictionnaire de la France, qui donnent au Parc trois cens cinquante Arpens.

7. St. GERMAIN-LAMBRON, ou LEMBRUN, petite Ville de France sur l'Allier. C'est le Chef-lieu d'un Canton appellé LAMBRON, qui est fort abondant en Bled & en Vin, elle est située dans l'Auvergne. Elle s'appelloit anciennement *Leziniacum*, & étoit du Patrimoine d'Etienne I. Evêque de Clermont, qui l'an 962. la donna au Chapitre de Brioude, dont les Comtes & Chanoines se qualifient Barons de S. Germain-Lambron. Les Bourgeois font Commerce de Vin & de Bled, & il y en a plusieurs, qui s'y sont enrichis. Elle est à trois lieues d'Issoire, & à quatre de Brioude.

8. St. GERMAIN-LAVAL, Ville de France dans le Forez. Elle est située en

un terroir fecond en bons Vins. Il y a une Châtellenie Royale qui reſſortit à la Senéchauſſée de S. Étienne. Cette Ville eſt célébre pour avoir été la Patrie de deux Hommes diſtinguez par leurs études, l'un eſt Jean Papon, Sieur de Marcoulx & de Goutelas, Conſeiller au Parlement de Paris & enſuite Lieutenant-Général de Montbriſon en Forez. Il vivoit ſur la fin du XVI Siécle. Il ſe fit de la réputation par ſes Traductions & par ſes autres Ouvrages. Les Principaux ſont un Recueil d'Arrêts & les trois Notaires. Il avoit un frere Louis Papon, Prieur de Marcilli & Chanoine de Montbriſon qui a traduit de Latin en François le Livre de Laurent Joubert *de Riſu*. L'autre Homme Illuſtre de S. Germain-Laval eſt Papire Maſſon mort l'an 1611. au mois de Janvier, à l'âge d'environ ſoixante-ſept ans. On a de lui pluſieurs bons Ouvrages, entre autres une Deſcription des Riviéres de France, *Deſcriptio Fluminum Galliæ* ; Ouvrage que Coulon a imité en François. Mr. Baudrand qui a fait réimprimer l'Ouvrage Latin, au lieu d'y ajouter des Notes & les corrections dont ce Livre a beſoin, en a retranché la Table fort mal à propos ; de ſorte que ſon Edition vaut moins que l'ancienne. On a auſſi de Papire Maſſon un Recueil d'Eloges des Hommes Illuſtres en deux Volumes. On y a fourré ſans diſcernement l'Eloge de Calvin qui n'eſt pas de cet Auteur ; mais de Mr. Gillot Conſeiller Clerc au Parlement de Paris & Chanoine de la Ste. Chapelle ; celui de Simon Prêtre Médecin qui eſt du fameux Gui-Patin ; & quelques autres Morceaux qui ne ſont point de Papire Maſſon. Ce ſavant homme mérite la place que Perrault lui a donnée entre les Hommes Illuſtres dont il a publié les Portraits & les Eloges.

St. GERMER EN FLIX ſelon Mr. Corneille ; St. Germer de Flay ſelon Mrs. Baudrand & Baillet ; en Latin *S. Geremarus de Flaviaco* , Bourg de France dans le Beauvoiſis. Il eſt à onze lieues de Rouen, à cinq de Beauvais, à deux de Gerberoy, à une de Gournay en Bray, & à demi-lieue de Vardes, & de la Riviére d'Epte. On y trouve deux Paroiſſes, dont l'une porte le titre de Notre-Dame, & l'autre celui de Saint Lucien de Flix. Il y a un Bailly, un Lieutenant & autres Officiers de Juſtice. Dans le voiſinage de ce Bourg ſont des terres de labour, des Pâturages, des Etangs, & des Bosquets ; mais ce qui le rend ſur-tout remarquable, c'eſt une Abbaye de Bénédictins de la Congrégation de Saint Maur, dont l'Egliſe faite en Croix a douze Piliers de chaque côté dans ſa longueur, & un Corridor qui régne tout à l'entour. La Chapelle de la Vierge bâtie hors d'œuvre derriére le Chœur, eſt très-belle, & éclairée par quinze grandes Croiſées de vitres. Elle a ſept Piliers de chaque côté, & ſes dehors ſont fort magnifiques. Le Cloître, l'Hôtellerie, la Maiſon Abbatiale, ſont des Bâtimens neufs, grands & très-commodes. Les Jardins en ſont beaux & bien ordonnez avec un Etang dans l'enceinte. Les Religieux tiennent Collége, & enſeignent les Humanitez & la Rhétorique. Cette Abbaye eſt fort ancienne, & a été gouvernée par pluſieurs Abbez d'une grande ſainteté, dont Saint Germer a été le premier, S. Gérard le troiſième, & S. Benigne le quatrième. Un peu au-deſſous de ce lieu-là eſt une Chapelle de Saint Jean.

1. St. GERVAIS, petite Ville de France dans le Bas Languedoc, au Dioceſe de Caſtres.

2. St. GERVAIS, petite Ville de France dans le Bourbonnois, au Dioceſe de Clermont.

3. St. GERVAIS, Bourgade de France dans le Dauphiné, dans l'Election de Montelimar. Elle eſt remarquable par une Fabrique de Bombes & de Canons de fer, qu'on trouve ſi doux & ſi liant que ces Canons ſont preſque d'un auſſi bon uſage que ceux de fonte.

4. St. GERVAIS l'un des Fauxbourgs de Genève.

St. GEVER, ou St. Gewer. Voyez St. Gower.

St. GHISLAIN, (quelques-uns écrivent conformément à la prononciation moderne St. Guilain) Ville des Pays-Bas dans le Hainaut & dans la Prévôté de Mons, à deux lieues au-deſſus de Mons, en allant vers Condé & Valenciennes. Elle eſt forte par ſa ſituation à cauſe des eaux de la Riviére de Haine & des Marais qui l'environnent. Elle eſt nommée en Latin *Giſlenopolis* , *& Fanum Sancti Gisleni*. Elle doit ſa naiſſance à une Abbaye fondée par le Saint dont la Ville & l'Abbaye portent le nom ; mais on ne convient pas du tems de ſa fondation. Mrs. de Longuerue & Piganiol de la Force la mettent ſous Dagobert I. environ l'an 640. d'autres, comme l'Auteur des Délices des Pays-Bas, la mettent en 651. Mr. Baillet tient un milieu. Selon lui, St. Guislein, Guillein, ou Ghislen, venu d'Italie en France ſe retira au Pays de Hainaut vers l'an 648. dans un Bois où il bâtit quelques Cellules avec une Egliſe ſur le bord de la Riviére de Hayne qui a donné le nom à la Province. Le Roi d'Auſtraſie, St. Sigebert, étant informé de ſon mérite & de ſes deſſeins lui donna le fonds de la terre où il devoit pour y fonder un Monaſtère, Guislein y jetta les fondemens de La Celle l'an 652. Le Lieu s'appelloit *Urſidonc* & le culte du Saint ſe rendit ſi conſidérable, qu'il s'y eſt formé dans la ſuite une Ville qui porte encore aujourd'hui le nom de S. Guislein entre Mons & Condé. L'Abbé eſt Seigneur Spirituel & Temporel de la Ville. Il porte le titre de Primat du Hainaut. On vient de voir que Mr. Baillet dit que le Lieu s'appelloit *Urſidonc* ; cela a quelque rapport à l'uſage que l'on a dans cette Abbaye de nourrir toujours un Ours & un Aigle. Quelques-uns diſent que c'eſt en mémoire de ce que Dieu ſe ſervit de ces deux Animaux pour indiquer à S. Ghislain le Lieu où il devoit bâtir ſon Monaſtère. Les Rois d'Eſpagne,

gne, Comtes de Hainaut, avoient bien fait fortifier cette Place qui étoit déja forte par sa situation dans un lieu marécageux comme il a été dit. Elle n'a pas laissé d'être prise & reprise plusieurs fois. Les François l'ayant prise l'an 1678. Loüis le Grand la rendit à l'Espagne par la Paix de Nimégue à condition qu'elle seroit démantelée. On en rasa en effet les fortifications. Sur la fin de 1708. le Gouverneur d'Ath pour les Alliez de l'Empereur la surprit; mais il ne la garda que quelques jours. Les Alliez la prirent encore le 10. Septembre 1709. Et depuis elle est demeurée à l'Autriche avec le reste des Pays-Bas appellez aujourd'hui Autrichiens.

St. GILBERT, Abbaye de France en Auvergne au Diocèse de Clermont, Ordre de Prémontré. Elle a été fondée en 1150. par un Seigneur d'Auvergne nommé Gilbert en la Paroisse de S. Didier sur la Riviére Dandelot près le Bourbonnois, à quatre lieues de Gannat & à une grande lieue de S. Pourçain dans la Châtellenie de Rilli. On y conserve le Corps de S. Gilbert pour lequel on a une grande dévotion.

1. St. GILDAS DE RUYS, Abbaye de France en Bretagne, au Diocèse de Vannes sur la Presqu'Isle de Ruys en Latin *Reuvisium*, au bord de la Mer. S. Gildas surnommé le Sage bâtit ce Monastère dans le VI. Siècle & en fut le premier Abbé. Cette Abbaye est à quatre lieues de Vannes & au Midi de cette Ville. Le célèbre Pierre Abaillard en fut Abbé dans le XII. Siècle. Ses Moines ayant voulu l'empoisonner & assassiner, il fut contraint de les abandonner. La Réforme de S. Maur y fut introduite l'an 1649. par les soins de Michel Ferrand qui en étoit alors Abbé Commendataire.

2. St. GILDAS DES BOIS, Abbaye de France en Bretagne, au Diocèse de Nantes vers le Couchant d'Eté, au Nord de Pont-Château, entre ce lieu & la Riviére Isaac qui se perd dans la Villaine. Elle fut fondée par Simon de la Roche Bernard.

3. St. GILDAS, Monastère de France en Berry. Voici à quelle occasion il fut fondé. Les Moines de Ruys en Bretagne craignant les insultes des Normands qui faisoient des courses sur les Côtes, emportérent le Corps de S. Gildas en Berry vers l'an 919. Ils s'y établirent près du Bourg-Deols, ou Bourdieux sur la Riviére d'Indre, où se forma depuis une Abbaye du nom de S. Gildas sous la Régle de S. Benoît. L'Abbaye a été depuis sécularisée avec celle du Bourg-Deols d'où l'on a formé un Chapitre de Chanoines l'an 1623. sous le nom de S. Martin dans Château-Raoul, & elle a été unie au Duché de ce nom.

1. St. GILLES, petite Ville de France au Bas Languedoc, *Villa Ægidii in Valle Flaviana*. Mrs. Corneille & Baillet disent près du Rhône, l'Abbé de Longuerue dit à une lieue, Mr. Baudrand dit à deux cens pas du Bras droit du Rhône; Mr. Corneille la met à trois lieues de Beaucaire entre Nîmes & Arles. Un Solitaire nommé S. Gilles s'y établit dans une Grotte vers l'an 524. selon Mr. Baillet, sur la fin du cinquième Siècle selon l'Abbé de Longuerue. Son Tombeau rendit le Lieu célèbre, & on y bâtit un Monastère qui étoit fameux au commencement du Regne de Loüis le Debonnaire. Il est marqué dans un Catalogue fait en ce tems-là que le Territoire où ce Monastère étoit situé s'appelloit la Vallée Flavienne, *Vallis Flaviana*, & le lieu où est S. Gilles s'appelloit *Palatium Gothorum*: ce qui démontre que les Rois Visigots y avoient demeuré. Les Moines de ce Monastère ayant quitté l'observance de leur Régle, elle y fut rétablie par S. Hugues Abbé de Clugni. Dans la suite ils se relâcherent si fort qu'on fut obligé de les séculariser, & il n'y a plus en ce Lieu là de Monastère; mais un Chapitre de Chanoines Séculiers dont le Chef a conservé le nom d'Abbé. Les Protestans ont long-tems joüi de cette Abbaye dont ils ont été les maîtres jusqu'à la réduction de Nîsmes. Quelques-uns ont cru que S. Gilles avoit été un Comté célèbre & même une Capitale du Bas-Languedoc, parce que ce Pays est nommé en plusieurs endroits la Province de S. Gilles ; mais ils se sont abusez, parce que le célèbre Raimond Comte de Toulouse l'un des Généraux de la Croisade avec Godefroi de Bouillon, est le premier qui a pris le nom de S. Gilles parce qu'il étoit fort dévot envers ce Saint; de sorte qu'il voulut qu'on en célébrât solemnellement la Fête dans tous ses Etats. S. Gilles est un des deux Grands-Prieurez de Malthe, dans la Langue de Provence, & le Grand-Prieur de S. Gilles a sous lui cinquante-quatre Commanderies.

2. St. GILLES, en Espagne. Voyez Sant Gil.

St. GINGO, Bourg de Savoye dans le Chablais au Pays de Gavot, sur la Rive méridionale du Lac de Genève, près du Mont de Mórges, & aux confins du Valais.

St. GIRON, petite Ville ou Bourg de France au Bas-Armagnac. Il y a un Séminaire occupé par les Peres de la Doctrine Chrétienne.

1. St. GIRONS, petite Ville de France dans le Conserans, sur la Riviére de Salat, à une lieue de S. Lisier de Conserans. On y tient plusieurs Foires, où se fait un grand commerce de Bestiaux & de Mulets.

2. St. GIRONS, Abbaye de France en Gascogne dans le Chalosse, au Diocèse d'Aire, sur le Lousst, à quatre lieues de la Ville d'Aire. Elle est de l'Ordre de S. Benoît.

St. GOAR, & } Voyez S.
St. GOARSHAUSEN } Gower.

St. GOBAIN, ou
St. GOBIN, Château de France en Picardie, dans le Bois de Coucy, à deux lieues de la Ferre & à quatre de Laon. Il appartenoit anciennement aux Sires de Coucy qui l'ont fait bâtir. Il n'en restoit
plus

plus que quelques Bâtimens délabrés & des ruines; on y a établi une Manufacture de Glaces tant à souffler qu'à couler & où il y a beaucoup d'Ouvriers occupez. Ces Glaces se transportent de-là au Fauxbourg S. Antoine de Paris où on les polit & on les vend.

St. GOND, Prieuré de France dans la Brie, à deux lieues de Sezanne, au Diocèse de Troyes. C'étoit autrefois une Abbaye fondée en 660. par S. Gond neveu de Vaudregesil, Maire du Palais & parent du Roi Dagobert I. L'Abbé fut obligé d'en abandonner le titre & de se soumettre en qualité de Prieur à l'Abbaye de Moustier-la-Celle, parce que les biens de l'Abbaye avoient été envahis par les Seigneurs voisins, ce n'est plus à présent qu'une Maison de Fermier.

Près de cet ancien Prieuré il y a un grand terrain-bas traversé par la Rivière de Morin, & qui est ordinairement rempli des eaux de cette Rivière dans l'espace de cinq ou six lieues de longueur, sur une lieue de largeur. On l'appelle l'Etang de S. Gond. On est actuellement occupé à en écouler les eaux & l'on ne doute point que les Lieux des environs n'en reçoivent un grand avantage.

1. St. GOTHARD, Village de Hongrie au Comté de Sawar, sur le Rab au Midi de l'endroit où cette Rivière reçoit celles de Festritz & de Lasnitz. Ce lieu est remarquable par la bataille que les Turcs y perdirent en 1664. Mr. Baudrand qui en attribue tout l'honneur aux Troupes auxiliaires de France commandées par le Comte de la Feuillade, fait de *S. Gothard* un Château avec un Couvent, & le met à deux milles d'Allemagne de Kerment, aux Confins de la Stirie.

2. St. GOTHARD (le Mont), Montagne de la Suisse à 3. lieues d'Altdorff, Capitale du Canton d'Uri. Quoique les Cartes ne marquent le Mont S. Gothard que fort loin de *Syllinen*, Village qui est dans une Vallée de 3. lieues sur le chemin qui va d'Altdorff en Italie, cependant tous les Habitans du Pays en comptent le commencement dès le lieu nommé ZUM STÆG, c'est-à-dire *à la Montée*, qui est au pied de la Montagne, à 3. lieues d'Altdorff & à une petite lieue de Syllinen. Le Mont S. Gothard est plus habité, qu'il ne semble devoir l'être. Depuis le pied de la Montagne jusqu'à Gestinen qui en est à 4. lieues de chemin, on peut compter 7. ou 8. Villages aux deux côtés de la Reuss. Les plus considérables sont *Wasen*, *Wattingen*, & *Gestinen*. Le Village *d'Urseren*, est le premier que l'on rencontre sur le Mont; c'est lui qui donne le nom à toute la Vallée. Il est encore connu sous le nom d'*An den Matt*, comme qui diroit Village auprès des Prairies ou des Pâturages. On honore dans ce lieu les Reliques de S. Felix & de S. Regula, Martyrs de la Légion Thébaine, qui y ont été apportées, à ce qu'on prétend, au tems des troubles de Religion, quoiqu'elles n'ayent été exposées que le 11. Avril 1688. Cependant on tient pour un Fait notoire

que ces Reliques étoient autrefois à Zurich, dans la grande Eglise, que, quand cette Ville eut embrassé la Religion Protestante, on ouvrit les Châsses de ces Saints, & que l'on ensevelit honorablement les ossemens qui s'y trouvèrent. A demi-lieue d'Urseren est le Village d'Hôpital, ou *Spital*, nom qui lui a été donné anciennement parce que les Voyageurs, qui vouloient passer le Mont S. Gothard, s'y arrêtoient, & parce que l'on y prenoit soin de ceux qui étoient malades: On trouve ici, comme aux environs du Village Gestinen, des restes d'anciennes Forteresses, qui témoignent qu'anciennement il y a eu des Nobles, qui ont habité le Pays. Ceux qui veulent voir ou acheter des Cristaux, en trouvent abondamment ici & à Urseren. A deux lieues plus haut l'on arrive au sommet du Mont S. Gothard, où il y a un Couvent de Capucins. C'est un des endroits les plus élevés de la Suisse, & ceux qui sont curieux de belles vues, peuvent se satisfaire à loisir. On y voit les Terres de quatre Evêchez différens, qui viennent s'y toucher & se joindre, savoir celui de Milan, celui de Novare, celui de Coire, & celui de Sion; & non loin delà il y en a encore trois autres, celui de Côme, dans le Val-Madia, celui de Lauzanne, dans le Pays de Hasli, & celui de Constance dans le Pays d'Uri.

Sur le sommet du Mont S. Gothard, dans l'espace d'une lieue de tour, non loin de l'Hospice des Capucins, on voit 7. petits Lacs d'eau claire, d'où sortent deux grosses Rivières, le TESIN, qui descend en Italie, & la REUSS, (*Ursa*) qui descend dans la Suisse. De ces Lacs il y en a deux qui passent pour la source du Tesin, & le 7e. qu'on nomme *Lago di Luxendro*, est la source de la Reuss. Ces Lacs sont toujours également profonds tout le long de l'année, en Hyver ils se gèlent de l'épaisseur de quelques doigts, mais cela n'empêche pas que les deux Rivières ne sortent toujours de leurs sources, & ne coulent comme à l'ordinaire. La Reuss précipite ses eaux en plusieurs endroits à travers des Rochers, & forme des Cascades naturelles en quantité, tellement que son cours est fort impétueux. Elle n'est tranquille que vers le pied du Mont S. Gothard.

Le Village de Gestinen est un beau Bourg qui est à 4. lieues du pié de la Montagne & le Gîte ordinaire des Passans. On trouve du Crystal, dans son Territoire, & il n'y a pas beaucoup d'années, que l'on en découvrit une Mine dans le lieu nommé Schellinen où l'on trouva tout à la fois pour 1500. gouldes de Crystal. A une lieue de Gestinen, en remontant vers le sommet de la Montagne, le chemin conduit à un Pont de pierre d'une hauteur surprenante & d'une seule Arcade dont les deux pieds reposent sur deux Rochers extrêmement élevés, au pied desquels coule la Reuss parmi des Rochers. Il est presque inimaginable, comment on a pu bâtir là un Pont. Aussi les Habitans disent-ils que c'est un Ouvrage du Diable, c'est pourquoi

quoi on l'appelle communément TEUF-FELSBRUK, c'est-à-dire le *Pont du Diable*. On rapporte, que les anciens Habitans du Pays étant en peine comment on pourroit s'y prendre pour faire là un Pont, le Diable leur offrit ses services pour en faire un à condition que le premier Animal, qui y passeroit, seroit à lui. Le Diable comptoit de gagner un homme, mais les Habitans plus fins que lui y firent passer un Chien, qui d'abord fut mis en pieces. L'Esprit Malin fut si dépité d'avoir été pris pour dupe qu'il voulut détruire son Ouvrage, & chargea sur ses épaules un gros quartier de Rocher, qu'il alloit faire tomber sur le Pont pour l'abîmer, si un Saint Homme qui se trouva là ne l'en eût empêché. Si l'on ne veut pas le croire, on montre encore aujourd'hui le Rocher près du chemin de Gestinen.

ST. GOWER, ou S. GEVER, ou SAINT GOAR, Ville d'Allemagne sur le Rhin dans l'Etat de la Maison de Hesse-Rhinfels, dans le Diocèse de Trèves. S. Goar Prêtre venu d'Aquitaine se retira vers l'an 618. aux extrémitez du Diocèse de Trèves, où se terminent maintenant les Terres du Palatinat & du Comté de Nassau, & s'étant arrêté dans le Territoire d'une petite Ville qui subsiste encore sous le nom de Oberwesel, il bâtit une Cellule avec une petite Chapelle sur le ruisseau de Wochara. Il y mourut vers l'an 649. & ses Miracles rendirent le Lieu si célèbre, qu'il s'y est formé depuis une Ville de son nom qui subsiste encore. Sa Chapelle a été érigée en Prieuré qu'on a fait dépendre de l'Abbaye de Prum au même Diocèse à sept ou huit lieues de Trèves, vers le Nord par un don de Charlemagne. Ce n'étoit qu'une simple Maison où de bons Ecclésiastiques donnoient la nourriture & les autres besoins aux Voyageurs. Dresser dans son Introduction à l'Histoire des Evêques de Trèves, Partie 4. Schopper dans sa Chorographie d'Allemagne, Part. 3. c. 6. disent que ce Saint se retira en cet endroit l'an 570. c'est-à-dire quarante-huit ans avant l'Epoque preferée par Mr. Baillet. La Ville qui porte aujourd'hui son nom est Capitale du Catzenelnbogen, & est défendue par le Château ds Rheinfelss, qui donne le nom à une Branche de la Maison de Hesse. Les Princes de Hesse Rheinfelss y ont fait leur résidence, mais par le Traité d'Utrecht le Landgrave, de Hesse-Cassel s'est approprié la Ville & le Château, à la charge de donner un Equivalent. Voyez RHEINFELSS. Vis-à-vis de l'un & de l'autre, de l'autre côté du Rhin, est Goarshausen, ou Guarshausen, ou Gowershausen, autre petite Ville défendue par le Château de Catz.

ST. GRATIEN, Village & Château de France aux environs de Paris. Ce Château ou plutôt cette Maison de Campagne est par elle-même assez peu de chose; mais elle est distinguée par sa belle situation dans un Pays délicieux. Elle a appartenu au Maréchal de Catinat qui s'y retira & qui en fit ses plus cheres délices, sur la fin de ses jours. Il prenoit plaisir à cultiver lui-même un espalier qu'il avoit planté dans ce Jardin.

ST. GUILLAIN, ou S. GUILAIN. Voyez S. GHISLEIN.

ST. GUILLAUME, ou S. GUILHELM DU DESERT, ou comme écrit Mr. Baillet S. GUILLEM DU DESERT, Bourg & Abbaye de France en Languedoc sur l'Eraut, au Diocèse de Lodève, dans la Vallée de Gelon. Elle est de l'Ordre de S. Benoît. S. Guillaume Duc ou Gouverneur d'Aquitaine du tems de Charlemagne bâtit un Monastère dans la petite Vallée de Gellone environnée de hautes Montagnes qui n'en permettoient l'accès que d'un côté sur les Confins du Diocèse de Lodève, à une lieue de la célèbre Abbaye d'Aniane. Il s'y renferma lui-même l'an 806. & y mourut simple Religieux; cette Abbaye s'est appellée depuis de son nom Saint Guillaume du Desert. Elle est sous la Règle de S. Benoît. Il y a un Bourg de six ou sept cens Habitans.

ST. GUISLAIN. Voyez S. GHISLEIN.

H.

ST. HELLIER, Bourg de France en Normandie, dans une Isle de même nom & dont il est le Chef-Lieu & le Port. L'entrée est défendue par un Château. Il y a dans cette Isle plusieurs autres Havres, savoir le FORT S. AUBIN, & Montorgueil. On y fait un bon commerce de Bas d'Estame. Le terroir y est fertile. On y fonda en 125. une Abbaye de l'Ordre de S. Augustin; & quelques années après les Religieux se retirèrent à Cherbourg. L'Isle est du Côtentin.

ST. HIPPOLYTE,[a] petite Ville autrefois d'Allemagne, ensuite de France & aujourd'hui du Duché de Lorraine, à une grande lieue au Couchant d'Eté de Schlestadt. Elle étoit anciennement de l'Alsace, & fut cédée avec elle à la France par le Traité de Westphalie, & la France l'a cédée au Duc de Lorraine, par le Traité de Paris 1718. Elle est au pied des Montagnes de Vauges. On la nomme aussi par abbréviation S. PILT. Elle est du Diocèse de Strasbourg, & étoit même autrefois du Temporel de cet Evêché en 1372. lorsque Jean Duc de Lorraine étant entré en Alsace, pour faire la guerre à la République de Mulhausen, obligea Lambert Evêque de Strasbourg de lui céder cette Ville qu'il prétendoit être de l'ancien Patrimoine des Ducs de Lorraine.

[a] *Baudrand, Ed. de 1705.*

2. ST. HIPPOLYTE,[b] Bourg de France assez peuplé & bâti depuis un Siècle, au Bas-Languedoc, dans le Diocèse d'Alais, près des Sevennes & sur la petite Rivière du Vidourle. On y a fait depuis peu un bon Fort pour la conservation du Pays. Il est à deux lieues d'Andufe, au Couchant, & à quatre d'Alais, en passant par Lodève. Les Protestans de ce Bourg ont attiré la Révocation des Edits de Nimes & de Nantes. Car ayant insulté le Curé qui portoit le S. Viatique à un Malade, & les Catholiques qui le suivoient, leur aiant jetté de la boue & des pierres, &

[b] *Ibid.*

en aiant blessé quelques-uns, l'Intendant de la Province y envoya ses Gardes & des Dragons pour y loger à discrétion; mais ils se défendirent, en tuérent plusieurs, & envoyérent des Députés jusqu'en Bourgogne, & en Champagne, pour exciter tous les Protestans à leur défense, leur insinuant que c'étoit une Cause commune. L'affaire fut renvoyée à l'Intendant pour la juger avec le Présidial de Nismes, & on la jugea conformément à un Article des mêmes Edits, qui porte, qu'ils consentent, qu'on leur ôte leurs Priviléges, quand ils contreviendront aux Articles accordés.

St. HONORAT. Voyez LERINS.

St. HUBERT, petite Ville de France au Pays-Bas François, & au Comté de Chiny, Annéxe du Duché de Luxembourg, sur le ruisseau d'Homme avec une fort belle Abbaye Régulière de l'Ordre de S. Benoît, dont l'Abbé est Seigneur du Lieu; elle a seize Villages dans sa Dépendance. On y mene ceux qui sont mordus par des Bétes enragées, pour leur obtenir la guérison. Elle est aux confins du Pays de Liége & du Duché de Bouillon dans les Ardennes, à quatre lieues de Rochefort, à autant de Bastogne au Couchant, & à quatorze de Liége au Midi. Elle portoit autrefois le nom d'ANDAIUM ou ANDAGIUM.

J.

St. JACQUEME, ancien Bourg de Savoye dans la Tarentaise, près de l'Isere, entre Moutiers & S. Maurice.

1. St. JACQUES DE COMPOSTELLE. Voyez COMPOSTELLE.

2. St. JACQUES DE LA VEGA. Voyez SANT IAGO.

St. JACUT, Abbaye de l'Ordre de S. Benoît sur la Côte de Bretagne, au Diocèse de Dol, à l'Embouchure & sur la Rive gauche de la Riviére d'Arguenon, environ à cinq lieues de S. Malo vers le Couchant Méridional, & à autant de Dinan, au Couchant. Cette Abbaye rétablie depuis les fondemens par les Peres de la Congrégation de S. Maur étoit fort incommodée par les Sables de la Mer, lesquels étant desséchés par le Soleil, & enlevés par les Vents gâtoient tout; en sorte qu'on en trouvoit quelquefois le Jardin, & les Lieux reguliers tout remplis. Les Religieux, se sont délivrés de cette incommodité en couvrant les Sables de gazon jusques à la Mer.

St. JAMES, Prononcez Gemes, Place de l'Amérique dans l'Isle Barbade, une des Antilles dans la Mer du Nord. Elle a été bâtie depuis peu sur la Côte par les Anglois à qui elle appartient, dans le Lieu qu'on nommoit auparavant la Halle.

1. St. JEAN, petite Ville de France, au Vasgau, sur la Sare, & aux Confins de la Lorraine, dans le Comté de Sarbruck, & vis-à-vis du Bourg & du Château de Sarbruck, dont elle n'est séparée que par cette Riviére, qu'on y traverse sur un Pont de pierres, & qui commence d'y porter Batteau. Elle dépend du Comté de Sarbruck, à qui elle appartient sous l'obéïssance du Roi depuis l'an 1680. comme Fief de l'Evêché de Metz. Elle est à cinq lieues de Deux-Ponts au Couchant, entre Sarguemine au Midi, & Sare-Louïs au Septentrion.

2. St. JEAN (la Riviére de), grande & belle Riviére de l'Amérique Septentrionale dans l'Acadie, où elle coule derriére le Cap-Rouge à 45. d. 40'. de Latitude Septentrionale. Les Sauvages l'appellent OUIGOUDY. Champlain la nomma ainsi parce qu'il y arriva le jour de la Fête de S. Jean. Cette Riviére est fort dangereuse, si on ne reconnoît bien les Basses, les Rochers, & les Pointes qui sont des deux côtés. Son Embouchure est étroite, quoiqu'elle ait quelquefois seize, brasses de profondeur. Elle élargit peu à peu ses deux rivages & après qu'on a doublé une Pointe, elle les rapproche de nouveau auprès d'un coin de terre & fait comme un saut entre deux grands Rochers où elle passe avec une roideur incroyable. On ne peut la monter en cet endroit, si ce n'est en pleine Marée; delà elle s'épand une lieue de large & cette largeur, continue long-tems. Les Sauvages disent qu'ils vont par cette Riviére jusqu'à Tadoussac, en portant leurs Canots sur leurs épaules un petit espace de terre. Elle est renommée pour la Pêche des Saumons & il a auprès d'elle des Mines de fer.

3. St. JEAN (la Riviére de), Riviére de l'Amérique Septentrionale dans la Louïsiane. Elle a son cours d'Occident en Orient en tournoyant l'espace de quarante ou cinquante lieues de cours, & se rend dans la Mer à environ dix lieues de la Riviére de May. Mosila, Anosila, Caloucha, Capoutoucha, Tapa, sont les habitations que l'on connoît sur sa Rive gauche. Elle a sa source peu éloignée de celle de Vilchez qui tombe dans le Golphe du Méxique.

4. St. JEAN (L'ISLE DE), dans le Golphe de S. Laurent. Voyez au mot ISLE.

5. St. JEAN (ISLE DE), entre les Philippines. Voyez au mot ISLE.

6. St. JEAN, (ISLE DE). Voyez POMEGUES.

7. St. JEAN (l'Isle de), Isle de l'Océan Oriental sur la Côte de la Chine au Midi de la Province de Canton. Dampier en parle ainsi dans ses Voyages autour du Monde [a]: Cette Isle est à 22. d. 30. minutes de Latitude Septentrionale, située sur la Côte Méridionale de la Province de Quangtung, ou Canton dans la Chine. Elle est d'une hauteur passable, assez unie & le terroir en est assez fertile. Elle est composée en partie de Bois, & en partie de Pâturages pour le Bétail. Il y a quelques terres labourables qui produisent du Ris. Les bords de l'Isle sont pleins de Bois, & surtout du côté de la grande Mer. Ce milieu sont des Pâturages bons & herbeux, mêlez de quelques Bois. Les terres cultivées sont basses & humides, & produisent d'abondantes récoltes de Ris, le seul grain que l'Auteur cité à la marge y a vu. Les Animaux domestiques, qu'il y a dans cette Isle, sont des Cochons, des Chévres, des Bufles, & quelques Taureaux. Les Cochons

[a] T. 2. p. 82.

chons sont tous noirs, ont la tête petite, le coû court & épais, le ventre gros, & touchant ordinairement à terre, & les jambes courtes. Ils mangent peu, & sont néanmoins fort gras pour la plûpart, apparemment parce qu'ils dorment beaucoup. Les Oiseaux domestiques sont des Canards, des Coqs & des Poules. L'Auteur n'y a vu que de petits Oiseaux sauvages. Les Insulaires sont Chinois, Sujets de la Couronne de la Chine, & par conséquent des Tartares à l'heure qu'il est. Il y a dans cette Isle une petite Ville située sur un terrain humide & marécageux; les Maisons sont *a Ib. p. 86.* divisées par plusieurs Lacs salés [a], & bâties à terre comme les nôtres, & non pas élevées sur des piliers comme celles de Mindanao. Il y a dans ces Lacs quantité de Canards; les Maisons sont petites, basses & couvertes de chaume, mal meublées & fort sales. Il semble que les Habitans de cette petite Ville ou Bourgade soient Laboureurs pour la plûpart. Le terroir qu'ils prennent pour semer leur Ris est bas & humide, & quand la terre est labourée, elle ressemble à une Masse de boue.

8. St. JEAN (le Lac de), Lac de la Nouvelle France dans le Saguenay, il est à la source de la Riviére de Saguenay. Il se forme de quantité d'autres Riviéres. Voyez SAGUENAY.

9. St. JEAN, (Le Cap). Voyez au mot CAP.

10. St. JEAN D'ACRE. Voyez ACRE.

11. St. JEAN D'ANGELY, Ville de France dans la Saintonge, sur la Bouton-
b Piganiol. Descr. de la France, t. 5. p. 33. ne [b]. C'étoit autrefois un Château magnifique, bâti au milieu d'une Forêt, nommé ANGERIACUM, où les anciens Ducs d'Aquitaine avoient établi leur demeure. A la place de ce Château Pepin le Bref fit bâtir un Monastère de Bénédictins, après qu'on lui eut envoyé le Chef de S. Jean d'Edesse, & non pas celui de S. Jean Baptiste que le savant du Cange croit être d'Amiens. Il s'y forma un Bourg qui s'accrut considérablement, lorsque les Sarrazins saccagérent la Ville de Saintes du tems de Charles Martel. Sous le Régne de Philippe Auguste S. Jean d'Angely devoit être une Ville considérable, puisque ce Roi y établit en 1204. un Maire & des Echevins, auxquels il accorda le Privilége de Noblesse & à leurs Descendans, en considération de ce que les Habitans avoient chassé les Anglois de cette Ville. Les Habitans embrassérent presque tous le Calvinisme. Leur Ville fut assiégée en 1562. par le Comte de la Rochefoucaut Chef des Calvinistes; mais il fut contraint d'en lever le siége. Quelque tems après ceux de son parti s'en empararent & y ajoutérent de nouvelles Fortifications. Le Duc d'Anjou qui fut depuis Roi sous le nom de Henri III. l'assiégea en 1569. Elle étoit défendue par deux mille hommes les plus braves qu'il y eut parmi les Calvinistes, & le Capitaine de Piles de la Maison de Clermont y commandoit. Charles IX. y vint lorsque le siége fut formé & deux mois a-près la Place se rendit. Les Catholiques perdirent dix mille hommes à ce siége parmi lesquels étoit Sébastien de Luxembourg Comte de Martigues, qui étant à la tranchée fut tué d'un coup de Mousquet. Les Calvinistes se rendirent encore maîtres de cette Ville, & elle se révolta en 1620. Louïs XIII. l'assiégea en 1621. & Benjamin de Soubise qui y commandoit, fut obligé de se rendre six semaines après le jour de S. Jean-Baptiste. Le Roi fit raser ses Fortifications & voulut qu'elle eût le nom de BOURG-LOUÏS. Mais, comme il n'en fit point de Déclaration, cela n'a pas eu lieu. Il priva aussi les Corps de tous leurs Priviléges & rendit les Habitans taillables. Il y a dans la Ville un Couvent de Cordeliers, un de Capucins & un d'Ursulines [c]. L'Abbaye de S. Jean d'Angely est *c Ibid. p. 12* la plus belle du Diocèse de Saintes. Elle a eu pour fondateur Pepin Roi d'Aquitaine vers l'an 942. Elle est occupée par des Bénédictins de la Congrégation de S. Maur. L'Abbé a la Collation de plusieurs Prieurés simples assez beaux, & la nomination de plusieurs Cures. Il est Seigneur de la Ville. Il y a dans cette Ville un Siège Royal [d], & elle a sa Coûtume particuliére *d Ibid. p. 21.* qui fut réformée en 1520. par les trois E- & 22. tats de son ressort. Cette Ville est aussi le Chef-Lieu d'une Election de la Généralité de Bourdeaux anciennement, & ensuite de la Généralité de la Rochelle.

Sur la Boutonne hors du Fauxbourg de Taillebourg sont deux Moulins à poudre, où se fait la plus excellente du Royaume.

12. St. JEAN DE BOURNAY, Bourg de France dans le Dauphiné, Diocèse de Vienne. Il a 1863. Habitans.

13. St. JEAN DE LA CASTELLE, Abbaye de France en Gascogne, au Diocèse d'Aire, Ordre de Prémontré. C'étoit autrefois une Abbaye de Bénédictins que Pierre Comte de Bigorre & de Marsan, rétablit en 1163. Elle est dans le Turfan sur la gauche de l'Adour, à une petite lieue de la Ville d'Aire.

14. St. JEAN DE LAUNE, ou de LOSNE, petite Ville de France en Bourgogne, au Diocèse de Langres, sur la Saone, à cinq lieues de Dijon vers le Sud, à trois de Bellegarde & à autant d'Auxone. Elle est célèbre pour avoir soutenu un siége considérable en l'année 1635. contre l'Armée de l'Empereur, commandée par le Général Galas, celle du Roi d'Espagne sous les Ordres des Marquis de S. Martin, & de Grave, & celle du Duc Charles de Lorraine en personne. Ces trois Armées faisoient ensemble quatre-vingt mille hommes, & quoique la bréche fût déja faite au Corps de la Place, ils furent repoussés par les Habitans & obligés de lever le siége. Louïs XIII. voulant récompenser leur fidélité leur accorda par Lettres patentes du mois de Décembre de la même année exemption & franchise de toutes sortes de Tailles & d'Impôts. Cette Ville a Maire, Echevins, Magistrats & une Eglise paroissiale dédiée sous l'Invocation de S. Jean-Baptiste. C'est la sixième Ville qui députe aux Etats & c'est un Gouvernement particulier de Place.

Place. Elle est entourée de belles & grandes prairies. Elle a deux Portes, celle de Dijon & celle de Comté. Sa figure est à demi-ovale. Elle a sept cens pas de longueur sur trois cens de largeur & mille sept cens de circuit. Il y a un Collége régi par les Carmes, un Couvent d'Ursulines, & un Hôpital desservipar des Religieuses de l'Institut de Beaune. Son principal commerce est en grains.

15. St. JEAN DE LUZ, Ville de France en Gascogne, au Pays de Labourd, dont elle est la seconde Ville, quoique Mr. Piganiol de la Force n'en fasse qu'un gros Bourg. Elle s'appelle en Basque LUIS ou Loitzun qui signifie en cette Langue un Lieu bourbeux. C'est la derniére de la France du côté d'Espagne & c'est où demeuroit le Cardinal Mazarin dans la Conférence pour la Paix des Pyrénées, qui se tenoit dans l'Isle des Faisans dans la Riviére de Bidassoa qui sert de borne aux deux Royaumes. S. Jean de Luz est séparé du Bourg de Sibour par une petite Riviére, que Mr. Piganiol de la Force nomme la NINETTE, & Mr. de l'Isle la NIVELET. Quoiqu'il en soit du nom de cette Riviére, on la traverse sur un Pont, qui fait la communication de ces deux Lieux. Ces deux Communautés ont fait bâtir à frais communs le Port de SOCOA ou SOCOUA, pour mettre leurs Bâtimens pêcheurs en sûreté.

16. ST. JEAN DE MAURIENNE, Ville de Savoye au Comté de Maurienne, dans la Vallée de même nom, entre des Montagnes, sur la Riviére de l'Arche, avec un Evêché Suffragant de l'Archevêché de Vienne. Elle n'a point de murailles & on l'appelle simplement S. JEAN, dans le Pays. Elle est à trois lieues des Confins du Dauphiné, à cinq de Moutiers & à dix de Grenoble. Elle n'est pas fort considérable, si on s'arrête à ses Bâtimens & à ses Places. Celle qui est devant la Cathédrale de S. Jean, avec une assez belle Fontaine, est de moyenne grandeur & sert de Marché, où l'on vient deux fois la semaine presque de tous les endroits de la Vallée, comme si c'étoit une Foire. On voit dans l'Eglise le Tombeau d'un Duc de Savoye. Toutes les rues de la Ville sont si étroites qu'à peine deux Mulets chargés y pourroient marcher de front. Un peu avant que d'entrer dans la Ville on trouve une Croix très-haute, quoiqu'elle soit d'une seule pierre taillée en relief en plusieurs endroits. Le Duc, dont nous avons dit que le Tombeau est dans l'Eglise de S. Jean, est Humbert I. qui par Droit féodal avoit reçu en 1048. le Comté de Maurienne de l'Empereur Henri III. Auprès de lui repose le Corps de son fils Amédée.

17. ST. JEAN DE MÉLINAIS, Bourg de France dans l'Anjou, à une lieue de la Fléche vers le Midi, avec une Abbaye d'Hommes, Ordre de S. Augustin, fondée en 1183. par Henri II, Roi d'Angleterre. La Manse Abbatiale a été unie au Collége de la Fléche.

18. ST. JEAN D'ULUA, Isle de l'Amérique Septentrionale sur la Mer du Nord, dans la Nouvelle Espagne, dans la Province de Tlascala, à l'entrée du Port de la Vera-Cruz. Grijalva la découvrit en 1518, ou 1519. Etant à la Riviére de Tabasco, il s'avisa de demander aux Indiens qu'il y trouva, en quel endroit on amassoit de l'or. Ils ne répondirent qu'en montrant de la main un Pays situé à l'Occident & en répétant plusieurs fois. *Culua*. Ayant continué sa route, il arriva à une Isle que les Habitans nommoient *Culua*. Il crut que c'étoit cette Terre abondante en or qu'on lui avoit indiquée. Effectivement il y traita beaucoup d'or & il la nomma S. JEAN D'ULUA. Elle ferme le Port de la Vera-Cruz du côté du Nord. Voyez VERA-CRUZ No. 2.

19. ST. JEAN PIED DE PORT, Ville de France en Gascogne, à une lieue des Frontiéres de l'Espagne, & à huit de Bayone. Elle étoit anciennement Capitale de la Basse Navarre, & son Député préside aux Etats de Navarre, & de Béarn dans le Corps du Tiers Etat. Cette Ville est située sur la Nive. Il y a une Citadelle bâtie sur une hauteur qui commande tous les passages par où on pourroit venir d'Espagne. Le Canton où elle est située se nomme la CIZE. Elle est sur la Riviére de Nive & dans la Route qui méne de S. Palais à Pampelune. Antonin appelle ce Lieu IMUS PYRENÆUS, le Pied des Pyrénées, comme le remarque très-bien Surita, parce qu'en effet il est au pied de cette chaîne de Montagnes. Dans ce Pays-là on appelle PORT, les passages ou défilés par où l'on peut traverser les Pyrénées; & comme cette Ville est à l'entrée de l'un de ces *Ports* ou passages, delà vient qu'on la nomme S. Jean Pied de Port, *Sanctus Joannes de Pede Portus*. Rien n'est plus ridicule que la pensée de Marlien, & de quelques autres qui ont cru que le nom étoit *S. Jean Pied de Porc*; parce que, disent-ils, ce Pays est riche en excellens Jambons. Mais Surita s'est trompé, quand il a dit que S. Jean Pied de Port avoit été un Siége Episcopal. Ce qui l'a jetté dans cette erreur, c'est que dans les anciennes Editions des Actes du VIII. Concile de Tolède on lisoit *Donus Imo-Pyrenæus Episcopus*, par la faute des Copistes qui auroient dû mettre *Donum Dei Impuritanus Episcopus*, comme l'a très-bien rétabli Garcias Loaisa. Sanche Roi de Navarre donna cette Ville à Richard premier Roi d'Angleterre pour dot de sa fille Berengaire.

ST. ILDEFONSE, Maison Royale d'Espagne [a] dans la Nouvelle Castille aux Confins de la Vieille Castille, dans le Territoire de Segovie. D. Philippe V. étant à une partie de chasse, trouva l'aspect de ce lieu si beau, qu'il songea à y faire bâtir une Maison où il pût en pareille occasion se rafraîchir & jouïr en même tems d'une vue si agréable. Les Moines de l'Escurial, à qui ce terrain appartenoit, y consentirent aisément. Le Roi s'accommoda ensuite avec eux pour la propriété, leur en fit un dédommagement avantageux, & prit tellement goût pour cet endroit, qu'il

[a] Mémoires Communiquez.

qu'il en a fait depuis l'an 1720. une Maison vraiment Royale, accompagnée de Jardins superbes, dont les eaux conduites par une ingénieuse Méchanique ne sont pas un des moindres ornemens. C'est dans ce Lieu que ce grand Monarque comptoit de se livrer entiérement aux douceurs d'une pieuse retraite, après qu'il eut abdiqué en faveur de D. Louis I. son fils aîné, si la mort du jeune Roi & les besoins de la Nation, n'eussent pas arraché notre vertueux Monarque d'une solitude si délicieuse. Cette même piété, qui l'y avoit conduit, l'en retira. S. Ildefonse est le Versailles d'Espagne. Les Bâtimens, les Eaux, les Jardins, font sentir dans l'un & dans l'autre Lieu la magnificence de l'Ayeul, & du petit-fils. Ces deux Palais dignes des Rois qui les ont élevés, ont également commencé par être de simples maisons de chasse.

St. JOB, Bourg de la Haute Hongrie dans le Comté de Bihor aux Confins de la Transilvanie; sur une petite Riviére qui se perd dans des Marais. Il est défendu par un Château fortifié de quatre Bastions de pierres de taille, & d'un bon Fossé double. Le Comte Caraffa le prit au mois de Février 1686. sur les Turcs.

1. St. JOHNSTOWN, Ville de l'Ecosse Septentrionale au Comté de Perth. C'est la même Ville que PERTH. Voyez ce mot.

2. St. JOHNSTOWN, Ville d'Irlande dans la Province d'Ulster au Comté de Dunnegal. C'est une des principales Villes de ce Canton. Elle est sur la Riviére de Lough Foyle près des Frontiéres de Tirone; presque à six milles au Sud-Ouest de Londonderry, à huit milles au Nord de Raphoe. Elle envoye deux Députez au Parlement.

3. St. JOHNSTOWN, Ville d'Irlande dans la Province de Leinster au Comté de Longford. On la nomme aussi BALLANIE. Elle est sur la Riviére de Camlin; presque au milieu du Comté, à cinq milles & presque à l'Est de la Capitale. Elle envoye deux Députez au Parlement.

St. JOHNST-POINT, ou la Pointe S. Jean, Cap d'Irlande dans la Province d'Ulster, au Comté de Downe, fort près de la Ville de ce nom. On soupçonne que c'est le Promontoire ISAMNIUM de Ptolomée.

St. JOSSE SUR MER, Bourg de France en Picardie. Voyez QUENTAVICUS.

St. JOUIN, Bourg de France dans le Poitou au Diocèse de Poitiers, du Parlement de Paris, de l'Intendance de Poitiers & de l'Election de Thouars. Ce Bourg a 1930. Habitans. Il est situé dans le Mirebalais entre le Thoué & la Dive. Il y a une Abbaye de l'Ordre de S. Benoît, fondée avant le sixième siècle; mais on ne sait point précisément, ni par qui, ni en quelle année elle fut fondée. Il y en a qui en attribuent l'origine à S. Jouin, dont elle a ensuite porté le nom, & possédé les Reliques. Les Auteurs modernes disent que ce Saint étoit frere germain de S. Maximin, Evêque de Trèves, ainsi que S. Maxence ou Maixent, Evêque de Poitiers, quoique, dans les Actes de S. Maximin, mis au jour par Loup Abbé, Maixent est cité seul pour frere de Maximin. Il y a eu plusieurs saints Personnages, dont la piété a fleuri dans ce Monastère, comme S. Paterne, devenu depuis Evêque d'Avranches, & S. Achard ou Aichard, qui fut le fondateur, & le premier Abbé de Quingeac, puis de Jumiéges.

La discipline étant venue à se relâcher dans cette Abbaye pendant les Guerres des Goths, & des Sarrasins, les Moines vivoient plûtôt en Chanoines qu'en Religieux, & négligeoient absolument leur Régle; on dit, que les Moines de S. Martin de Vertou, qui étoit une Abbaye à deux lieues de Nantes, réduite aujourd'hui en Prieuré Conventuel & dépendant de S. Jouin de Marnes, appuyés de l'autorité Royale, rétablirent l'an 844. dans le Monastère de S. Jouin de Marnes l'ancienne vigueur de l'Observance Réguliére, & que les Chanoines ou Religieux qui s'y trouvoient pour-lors furent contraints de se soumettre au joug de la Régle: Enfin l'an 1655. le 28. Septembre, ce Monastère fut uni à la Congrégation de S. Maur, qui la fait refleurir plus que jamais. On y compte quarante-sept Abbés jusques en 1717. La Manse Abbatiale est de six mille livres; il en dépend quarante-cinq Prieurés, & deux cens seize Bénéfices.

1. St. JULIEN, Forteresse de Portugal *a* dans l'Estremadure, à trois lieues au-dessous de Lisbonne sur un Rocher à l'Embouchure du Tage. Elle a son Gouverneur particulier, un Lieutenant avec une Garnison, qui consiste en trois Compagnies d'Infanterie, chacune de cent hommes. Sa Fortification est composée de quelques Bastions & de plusieurs Redans. Tous ces Ouvrages sont faits de pierre de taille. Parmi les quarante pièces de Canon dont cette Forteresse est munie, il y a une Coulevrine qui porte six-vingt livres de balle.

a Corn. Dict. Le Quien de la Neuville. Hist. Génér. de Portugal.

2. St. JULIEN EN JAREZ, Bourg de France dans le Forez, Election de S. Etienne. Il a 1376. Habitans.

3. St. JULIEN DU SAULT, Ville de France en Champagne, au Diocèse de Sens. Il y a un Chapitre composé d'un Chantre & de dix Chanoines.

4. St. JULIEN SUR RESSOUZE, Bourg & Baronnie de France en Bourgogne, dans la Bresse. Il est le Siège d'un Mandement, Membre de Pont de Vaux. Sa Communauté députe aux Assemblées de la Bresse.

St. JUNIEN, Ville de France dans la Basse Marche aux Frontiéres du Limousin, sur la Riviére de Vienne, sept lieues au-dessous de la Ville de Limoges. Il y a un Chapitre composé d'un Prévôt, de dix-sept Chanoines, & de dix Titulaires du Bas Chœur. Le pricipal Commerce de S. Junien, est la Fabrique de Gands, il y a un Bureau des Traites foraines, établi depuis peu à la Barre, sur le chemin de cette Ville à Limoges, dans une Langue de terre qui se trouve enclavée dans le Limousin. L'Evêque de Limoges est Seigneur de S. Junien.

1. St.

1. St. JUST; Monastère d'Espagne dans la Partie Septentrionale de l'Estremadure, en un Canton que l'on appelle la *Vera Plazentia*. Ce Monastère qui est des Peres Jéronymites, est devenu fameux par la résidence de Charles V. Empereur, qui le choisit comme une retraite paisible & Chrétienne, pour y achever les restes d'une vie que les soins de la Politique, les fatigues de la Guerre, & les Voyages avoient occupée. Ce fut-là qu'après avoir remis la Couronne Impériale à son frere, & celle d'Espagne à son fils, il se retira l'an 1556. Il y mourut l'an 1558.

2. St. JUST, petite Ville ou Bourg de France dans la Picardie, au Diocèse de Beauvais. Il y a une Abbaye de l'Ordre de Prémontré, située dans un Vallon aux sources de la Riviére d'ARCE, sur le chemin de Paris à Amiens. Elle est à onze lieues au Midi d'Amiens, à trois lieues de Clermont, & a été fondée en 1070, par Odon Evêque de Beauvais.

3. St. JUST DE LUSSAC, Bourg de France dans la Saintonge, Election de Marennes. C'est la Patrie de Jean Ogier de Gombaut l'un des Instituteurs de l'Académie Françoise, dont l'Histoire fournit son Eloge, & le Catalogue de ses Ouvrages. Il mourut en 1666.

4. St. JUST DE ROMANS, Abbaye de France en Dauphiné. Ce sont des Religieuses de l'Ordre de Citeaux, dans la Ville de Romans.

1. St. JUSTIN, Bourg de France dans la Gascogne, sur une éminence au bas de laquelle passe la Douce qui l'arrose de trois côtés. Il est dans l'Archiprêtré de Roquefort l'un des six qui composent l'Evêché d'Aire.

2. St. JUSTIN, Justice Royale de France, au Bas-Armagnac.

L.

St. LAON DE THOUARS, Abbaye de France dans la Ville de Thouars. Voyez THOUARS.

1. St. LAURENT, Bourg de France en Provence, au Diocèse de Vence dont l'Evêque est Seigneur. Ce Bourg est situé sur le bord Occidental du Var à son Embouchure; on recueille dans son Territoire d'excellens Vins.

2. St. LAURENT de Lions, Prieuré de France en Normandie, au Diocèse de Rouen. Il est possedé par des Chanoines Réguliers de l'Ordre de S. Augustin, & est situé entre la Forêt de Lions, & le Pays de Bray. Le Prieur présente à douze Cures, & il est nommé par le Roi.

3. St. LAURENT L'ABBAYE, Village de France dans le Nivernois, au Diocèse d'Auxerre. Cette Paroisse est située sur la Riviére de Nouan à deux lieues de Cosne dans le Pays de Puisaye; elle est du Grenier à Sel de Cosne; c'est une Haute Justice, qui ressortit partie à Auxerre, & partie à Montargis; elle est régie par la Coûtume d'Auxerre. La taille est personnelle. La Cure est d'environ cinq cens livres, à la Collation de l'Abbé. Le terroir est médiocrement bon. Il y a quelques petites Forêts; on y fait commerce de Chevaux. Les Lettres vont par Cosne. Il y a la Seigneurie de Longrest, qui appartient à Messieurs de S. Hilaire; il s'y tient le jour de S. Jean-Baptiste une grande Assemblée appellée Apport. Le Peuple est doux, de mœurs pures, & laborieux. Cette Paroisse prend son nom d'une Abbaye de l'Ordre de S. Augustin, & de la Congrégation de Bourg-Achart. L'Abbé en retire environ dix-huit cens livres.

4. St. LAURENT-lez-Châlons, Ville de France en Bourgogne, au Diocèse de Châlons. Cette Ville est située partie dans une Isle, & partie au bord de la Saone, vis-à-vis Châlons, dans le Comté d'Auffone. Le Pont de Saone est dans l'étendue du Finage: c'est dans cette Ville, que Louis XI. établit le Siège d'un Parlement pour le Comté d'Auffone, & la Bresse Châlonoise; ce Siège de Parlement a été supprimé, & réuni au Parlement de Dijon: il n'y est resté qu'une Châtellenie Royale pour le même District que le Parlement. Il y a un Prieuré de l'Ordre de S. Benoît. Les Hameaux des Chivanes en dépendent.

5. St. LAURENT-lez-Macon, Bourg de France, dans la Bourgogne au Diocèse de Macon. Ce Bourg est situé dans la Bresse au bord de la Saone, vis-à-vis Macon. Il y a une Mairie. Il fait partie du Marquisat de Baugé.

6. St. LAURENT. Voyez SAN LAURENZO, & SAN LORENZO.

7. St. LAURENT (l'Isle de). Voyez MADAGASCAR.

8. St. LAURENT (le Lac de), Lac de l'Amérique, sur le chemin des Cabanes des Aniez Iroquois à Montréal.

9. St. LAURENT, grande Riviére de l'Amérique Septentrionale, appellée ainsi par les François, & nommée Riviére de CANADA par ceux du Pays; sa source est demeurée inconnue jusqu'à présent. Quoiqu'on ait remonté cette Riviére jusqu'à sept ou huit cens lieues, on n'en a pu trouver l'origine. Le plus loin que les Coureurs de Bois ayent été, c'est au Lac d'Alemipigon, qui se décharge dans le Lac Supérieur, & le Lac Supérieur dans celui des Hurons, le Lac des Hurons dans le Lac Errié ou de Conti, le Lac de Conti dans celui de Frontenac, & ce dernier forme cette grande Riviére dont le cours est assez paisible pendant vingt lieues, & fort rapide ensuite durant trente autres jusqu'à la Ville de Montréal, d'où elle continue à couler avec modération jusqu'à Québec, s'élargissant de là peu à peu jusqu'à son Embouchure qui en est éloignée de plus de cent lieues. Les Sauvages du Nord disent que ce grand Fleuve sort du Lac des Assinipoils, qu'ils assûrent être plus vaste qu'aucun de ceux qu'on vient de nommer. Ce Lac des Assinipoils est situé à cinquante ou soixante lieues de celui d'Alemipigon. Entre les divers poissons qui se trouvent dans cette grande Riviére, on compte les *Balenots*, les *Souffleurs*, les *Marsouins blancs*, les *Gasparots*, les *Vaches marines*, les *Pois-*

sons dorez, les *Poissons armez*, & les *Morues*. Le *Balenot* est une espèce de Baleine, mais il est plus petit, & plus charnu, ne rendant point d'huile à proportion des Baleines du Nord. Ces Poissons entrent dans la Riviére de Saint Laurent, jusqu'à cinquante ou soixante lieues en avant. Les *Souffleurs* sont à peu près de la même grosseur, mais plus courts, & plus noirs, ils jettent de l'eau comme les Baleines par un trou qu'ils ont derriére la tête, lorsqu'ils veulent reprendre haleine après avoir plongé; ils suivent ordinairement les Vaisseaux, dans ce Fleuve. Les *Marsouins blancs* sont gros comme des Bœufs, & suivent toujours le cours de l'eau, montant avec la Marée jusqu'à ce qu'ils trouvent l'eau douce, après quoi ils s'en retournent avec le Reflux, ils sont très-hideux, & l'on en prend fort souvent devant Quebec. Les *Poissons dorez* sont fort délicats, & fort estimez. Leur écaille est jaune, & ils ont environ quinze pouces de longueur. Les *Vaches marines* sont des espèces de Marsouins plus gros que les Bœufs de Normandie; elles ont des pattes feuilluës, comme les Oyes, la tête semblable à celle d'un Loutre, & les dents de neuf pouces de longeur, & de deux d'épaisseur: c'est un Yvoire très-estimé. On prétend qu'elles s'écartent du rivage vers des endroits sablonneux, & marécageux. Le *Poisson armé* a trois pieds & demi de long, ses écailles sont si fortes, & si dures qu'aucun Poisson ennemi ne peut les percer; il se défend de la Truite & du Brochet, avec son bec pointu, long d'un pied, & aussi dur que sa peau. Ce Poisson est délicat, & la chair en est aussi ferme que blanche. Les *Gasparots* sont des petits Poissons à peu près de la figure d'un Hareng, ils s'approchent de la Côte pendant l'Eté en si grand nombre, que les Pescheurs de Morues en prennent autant qu'il leur en faut pour servir d'appât à leur Pêche. On prend des Morues en très-grande quantité aux environs de l'Isle percée, & en plusieurs autres endroits de la Rivière de Saint Laurent.

Le Fleuve de S. Laurent va se perdre dans un grand Golphe, auquel il donne son nom. Le Sieur de Baqueville de la Poterie le décrit ainsi [a]. De toutes les Navigations de long cours, il n'y en a point de plus aisée que celle de la Nouvelle France jusqu'à l'Embouchure du Golphe de S. Laurent, parce que les Pilotes qui reconnoissent d'abord le grand Banc ont occasion de tenter facilement son entrée qui est entre le Cap de Retz dans l'Isle de Terre Neuve, & le Cap du Nord dans l'Isle du Cap Breton, appellée aujourd'hui l'Isle Royale. Entre ces deux Isles on trouve l'Isle de S. Paul éloignée du Cap de Retz de dix-huit lieues, & de cinq du Cap du Nord, les Vaisseaux passent entre ces deux Caps.

Le Golphe de S. Laurent a pour Barriére du côté de l'Orient, la grande Isle de Terre Neuve, les Eskimaux habitent le côté du Nord, Peuples cruels avec qui il n'est pas possible d'avoir commerce.

[a] Hist. de l'Amérique Septentrionale l. 9.

leurs Côtes sont les plus hautes de l'Univers, on les apperçoit dans un beau tems à la distance de quarante lieues. La Côte du Sud habitée par les Abenaquis est un beau Pays. Les Vaisseaux qui veulent entrer dans le Fleuve viennent reconnoître l'Isle percée qui est à l'extrémité de ce Pays.

On n'a pas plutôt quitté cette Isle, que peu de tems après on apperçoit le Cap de Rosiers, qui fait le commencement du Fleuve de S. Laurent le plus beau de toute l'Amérique Septentrionale. Si Virgile l'eût connu, il l'eût sans doute appellé le Roi des Fleuves, & n'eût pas tant exageré le Pô par le titre de *Fluviorum Rex Eridanus*. Le Fleuve de S. Laurent a vingt-cinq lieues à son Embouchure, & court du Sud-Ouest au Nord-Ouest. Les Monts Notre-Dame sur le sommet desquels il y a toujours de la neige même dans les plus grandes chaleurs de l'année, se découvrent de loin du côté du Sud. Cet aspect donna aux Espagnols une si mauvaise idée du Pays, qu'ils nommérent ce Cap *Capo di Nada*. Jean Verazano Florentin de Nation par Ordre de François I. découvrit en 1524. toutes les Côtes de la Mer, qui sont depuis la Floride jusqu'à l'Embouchure du Fleuve de S. Laurent. Jacques Cartier l'un des plus habiles Navigateurs de son tems fut plus heureux. Parti de S. Malo le 20. Avril 1534. il reconnut les Côtes, & les Terres, qui sont au Nord & au Sud de l'Embouchure de ce Fleuve. Le recit avantageux qu'il en fit à son retour la même année, obligea François I. de l'y renvoyer pour pénétrer le plus avant qu'il pourroit dans ce Pays inconnu: il eut l'avantage d'entrer le premier dans ce Fleuve, donnant des noms, qui subsistent encore aujourd'hui, aux Isles, aux Caps, aux Mouillages & aux Terres les plus considérables jusqu'à Montréal, qui est à cent quatre-vingt lieues de l'Embouchure de ce Fleuve. Le froid excessif, la Saison de l'Hyver extraordinairement rigoureuse, & le Scorbut l'avoient entiérement desolé. Toutes les mesures qu'il avoit prises pour jetter les premiers fondemens d'une Colonie furent ainsi rompues, ce qui fut cause que la Cour négligea pendant quelques années ce dessein. Champlain Géographe du Roi, & grand Navigateur, ranima cette entreprise. On s'y prit de la manière que je rapporte plus au long dans mon Introduction à l'Histoire de l'Asie, de l'Afrique, & de l'Amérique.

Il n'y a point de Navigation plus dangereuse, que celle du Fleuve de S. Laurent, & quelque expérience qu'ayent les Pilotes, qui s'y engagent ils ont encore assez de peine à se garantir des dangers, & à se tirer d'affaire. Les Batures de Manikougan qui sont à la Côte du Nord sont à craindre. On voit dans le Fleuve une très-grande quantité de Baleines, comme on a dit ci-dessus. Les Basques y avoient une Pêche sédentaire, & s'ils ne s'étoient pas amusés à enlever secretement toutes les Pelleteries de Tadoussac,

&

& des environs, ils ne s'en feroient pas vus fruftrés dans la fuite.

Il eft difficile d'arriver à Quebec, de prime abord à moins d'avoir un bon Nord-Eft. Les Vaiſſeaux mouillent ordinairement à Tadouſſac, qui eſt à quatre-vingt lieues de l'Embouchure, la Riviére de Saguenai vient s'y décharger, les bords en font tous remplis d'Arbres. On n'y trouve point de fond quelques lieues en remontant, & lorsqu'un Vaiſſeau vient y relâcher, on l'amarre aux Arbres quand il ne peut aborder dans quelques petites Anſes.

Ce Fleuve eft rempli de quantité de belles Iſles. Les plus remarquables font l'Iſle aux Coudres, l'Iſle d'Orléans, l'Iſle de Montréal, &c.

1. ST. LAZARE, nom d'un des Fauxbourgs de Paris.

2. ST. LAZARE (L'ARCHIPEL DE). Voyez ARCHIPEL.

1. ST LEGER, *Fanum Sacti Leodegarii,* Bourg de France dans la Saintonge, au Diocéſe de Saintes.

2. ST. LEGER, Château & Village de France, dans la Beauce Election de Montfort, auprès de la FORET DE S. LEGER; le Château, le Village, & la Forêt font du Duché de Rambouillet. Il y a dans cette Forêt des Haras qui appartiennent au Roi, & qui à ce qu'on prétend font auſſi anciens que la Forêt. Il y a ordinairement cent Cavales, & douze ou quinze Etalons, qui donnent tous les ans quarante Poulains, & environ autant de Pouliches. Mais on a remarqué par l'expérience que ces Chevaux ne font bons qu'à fept ans. Le Roi jouît encore des Parcs du Château par Convention, juſqu'à ce qu'on ait trouvé une autre place pour les Haras.

3. ST. LEGER, Bourgade de France dans le Gevaudan, au Diocéſe de Mende. C'eſt où demeure une partie des Marchands qui foutiennent les Manufactures du Gevaudan. Ils en font teindre les Cadis, & les Serges, & les envoyent dans les Pays étrangers.

1. ST. LEONARD LE NOBLET en Latin NOBILIACUM, Ville de France dans le Limoufin fur la Vienne, cinq lieues au deſſus & à l'Orient de Limòges, aux frontiéres de la Marche. Cette Ville eſt le Siége d'une Prevôté du Reſſort du Préſidial de Limoges. La Juſtice en eſt en Pariage entre le Roi, & l'Evêque de Limoges. Il y a une Manufacture conſidérable de Papier qu'on nomme communément *Papier de Limoges.* Il eſt de moindre qualité que celui d'Auvergne. Il y a auſſi une Manufacture de Draps, dont on ſe ſert pour habiller les Troupes, les gens du Pays s'en ſervent auſſi. Cette Ville doit ſon origine à une ancienne Abbaye de l'Ordre de S. Auguſtin, connue dans les Annales Eccléſiaſtiques, ſous le nom de *Nobiliacum,* dès l'an 541. Elle a été ſécularifée, & c'eſt préſentement un Chapitre mi-parti de Séculiers, & de Réguliers; il eſt compoſé d'un Prieur Commendataire, de dix Chanoines, huit Titulaires du Bas-Chœur ou Vicaires. Comme les Peuples ont une très-grande dévotion envers le Patron de cette Ville, les Souverains l'avoient exemptée de tailles. On a révoqué cette exemption, mais ils en payent peu, & les Habitans font taxés à mille Livres en tout.

2. S. LEONARD DE FERRIERES, Abbaye de France en Poitou dans le Loudunois. Ce ſont des Moines Bénédictins qui l'occupent. Elle eſt ſituée près de la Riviére d'Argenton, à deux lieues de Montreuil-Bellay & à trois de Thouars. On ignore le tems de ſa fondation, & on ne connoît que XXII. Abbez juſqu'en 1714.

3. ST. LEONARD DE CORBIGNI, Abbaye de France dans le Nivernois au Diocéſe d'Autun, à douze lieues de Nevers, à cent pas de la Ville de Corbigni qui lui doit ſon nom & ſon origine. Son nom Latin eſt CORBINIACUM. Elle eſt aux Bénédictins.

4. ST. LEONARD DES CHAUMES, Abbaye de France au Pays d'Aunis, à une lieue de la Rochelle. Elle eſt de l'Ordre de Cîteaux, fille de Buly ſous Pontigni. Elle a été fondée vers l'an 1168.

ST. LIGUAIRE, en Latin *Sanctus Leodegarius,* Bourgade de France dans le Poitou, au Diocéſe de Saintes. Ce Lieu eſt ſitué au bord de la Seure Niortoiſe, à une lieue de Niort aux confins de la Saintonge. Il y a une Abbaye d'hommes ſous l'Invocation de ce Saint, & de l'Ordre de S. Benoît. Elle a été fondée l'an 961. & fut ſoumiſe peu après au Monaſtère de S. Maixent, ſuivant la Chartre, qui ſe voit à ce ſujet. C'eſt delà que l'Abbé de S. Liguaire eſt obligé de célébrer la Meſſe le jour de S. Maixent, d'officier le lendemain à Matines, d'être Chantre le Dimanche ſuivant, & de tenir dans le Chœur la place du Prieur. Les Vicomtes de Niort ont uſurpé cette Abbaye juſqu'à la mort du Vicomte Arbert, après laquelle la Vicomteſſe Aléarde ſon épouſe en fit reſtitution à Bernard, Abbé de S. Maixent, qui avoit un ancien droit, *cujus juris antiqui erat,* dit le *Chronicon Malleac.* Ce Monaſtère eſt préſentement libre de toute dépendance; on y compte juſqu'en 1701. trente-trois Abbés. Ces Bénédictins ne ſont point Réformés. L'Abbé a dix mille livres, le Sacriſtain mille livres & les autres à peine trois cens livres chacun.

ST. LIZIER, en Latin *Sanctus Licerius,* Ville de France dans le Conſerans, dont elle eſt la Capitale. Cette Ville eſt ſituée au bord du Salat. Pierré, Evêque de Conſerans, voiant la Ville de Conſerans ſaccagée & détruite par Bernard, Comte de Comenges ſon Ennemi, ſe retira & transféra ſon Siège dans ce Lieu, qui ſe nommoit auparavant AUSTRIA. Elle eſt à huit lieues de S. Bertrand, & à ſept de Pamiers. Le plus ancien de ſes Evêques, qu'on connoiſſe, eſt *Glicerius,* qui aſſiſta au Concile d'Acqs en 506. Elle a pris le nom de S. Lizier d'un de ſes Evêques, qui mourut en 752. Le Diocéſe a 82. Paroiſſes, il vaut dix-huit mille livres de Rente à ſon Prélat. Cette Ville a deux Cathédrales, qui ont même nombre de Chanoines

SAI.   SAI.   89

nes & de Dignités. Seulement la nouvelle a un Aumônier de plus que l'ancienne. Les Prélats n'ont quitté le nom d'Evêque d'Auftrie, que dans le douzième Siècle. Il y a auprès de la Ville, au pied d'une Montagne, une Chapelle dédiée à S. Lizier, à laquelle beaucoup d'Espagnols viennent en procession pour demander à Dieu par l'intercession de ce Saint, la température de l'air, dont ils croient avoir besoin. Cette Chapelle est en grande vénération dans tout le Pays.

St. LO, Ville de France, dans la Basse Normandie, au Diocèse de Coûtances, Chef-Lieu d'une Election dans la Généralité de Caen. Cette Ville a 5828. Habitans. Elle est située sur la Rivière de Vire, à cinq lieues de Coûtances, & à quatre du Grand Vay, sur les limites du Diocèse de Bayeux; elle doit son origine & son nom à une Eglise bâtie sous l'Invocation de *S. Laudus*, ou *Laudo*, Evêque de Coûtances, qui vivoit sous le régne des Enfans de Clovis. C'est à présent un Chapitre Régulier de l'Ordre de S. Augustin. Elle vaut dix-mille livres à son Abbé. Il présente à toutes les Cures de la Ville, & à grand nombre des autres Cures & Prieurés des environs. La Maison & l'enclos en sont très-propres. Cette Ville appartenoit ci-devant aux Evêques de Coûtances, qui l'ont échangée avec la Maison de Matignon en 1574. Il y a des Manufactures de draps & d'étoffes & auffi de fer, qui lui procurent un assez considérable Commerce. C'étoit autrefois le Siège du Bailliage & du Présidial qui a été transféré à Coûtances; il y est resté un Bailliage & une Vicomté, qui ressortissent au Bailliage de Coûtances; le Lieutenant-Général de Coûtances y tient ses Assises deux fois l'an, après Pâques & après la S. Michel; son Election comprend environ trois cens Paroisses. C'est un Gouvernement de Place du Gouvernement militaire de la Province de Normandie, & il y a un Hôtel des Monnoies. On veut que cette Ville soit fort ancienne, & que son nom fût alors *Briovera*, des deux mots, *Briva*, ou *Bria*, qui signifie *Pont*; & *Vera*, qui est le nom de la Rivière de Vire. Elle a pris son nom moderne de S. Lo, qui aura apparemment pris naissance, puisque le Château appartenoit à son Pere. Il le donna à l'Eglise de Coûtances, qui en échange céda à celle de Bayeux plusieurs Paroisses du Coutantin. Il y a dans la Ville trois Cures Régulières, desservies par trois Chanoines de l'Abbaye, & une autre Séculiere dans un des Fauxbourgs. Ces quatre Cures s'étendent près d'une lieue dans la Campagne; les trois premières sont *Notre-Dame*, dont l'Eglise est assés belle, avec deux hauts Clochers en Pyramides, elle est située dans la Ville; *Ste. Croix* dans l'Eglise de l'Abbaye, située dans un Fauxbourg. Ces Paroisses sont desservies par un grand nombre de Prêtres. *S. Thomas* est la troisième Cure. La quatrième qui est Séculière est *S. George de Montraux*, située également dans un autre Fauxbourg. Outre ces E-

glises il y a plusieurs Maisons Religieuses dans un des Fauxbourgs: un Couvent de Pénitens du Tiers Ordre de S. François, qui ont bien deux mille livres de revenu: l'Eglise en est très-propre, & le Couvent grand & bien bâti, accompagné de beaux Jardins, avec des terrasses & un Bois; on tient qu'il avoit été destiné autrefois pour des Capucins, qui ne jugèrent pas à propos de l'accepter. Un Couvent de nouvelles Catholiques, nommé de la *Propagation*: l'Eglise & la Maison sont assés belles, ce Couvent est de fondation Roiale. Les Religieuses prennent des Pensionnaires: leur Etablissement a été causé par le grand nombre de Familles de la Religion Protestante, qu'il y avoit autrefois. Outre ces Maisons Religieuses, il y a encore une petite Communauté de Filles, régie par une Demoiselle; on l'appelle le petit Couvent; elles prennent des Pensionnaires & instruisent ces jeunes Filles. Elles ont une Chapelle assés propre, qui leur sert d'Eglise. Il y a un Hôtel-Dieu dirigé par des Prêtres pour le Spirituel, & par des Dames de Charité pour le Temporel; on y a fondé douze lits: & dans la même Maison un Hôpital Général pour les enfans des Pauvres, qu'on fait instruire & travailler.

S. Lo a un assés beau Pont à l'entrée du Fauxbourg, sur la Vire; on y pêche de très-beaux Saumons. Il y a dans cette Ville un Collége où l'on enseigne les Humanités & la Philosophie. On trouve assés de Noblesse, dont plusieurs sont riches, & possèdent de belles Terres aux environs. Le terrain de ce Pays est bon, & consiste en belles Prairies, Terres labourables, Bois taillis, Jardins à Pommiers, dont le Cidre est excellent; le bois y est à bon marché à cause du voisinage de la Forêt de Ce´rist, qui n'en est qu'à deux lieues. On fait dans cette Ville & aux environs une grande quantité de Serges & de Raz, qui en prennent le nom; on en fournit les Foires de Caen & de Guibray, & on en porte une grande quantité à Paris, où elles sont fort estimées. Cette Ville n'est pas moins connue aussi pour la grande quantité d'empeignes de Souliers, qu'on y fait. Elles sont connues sous le nom de *Vaches de S. Lo*. On y engraisse aussi beaucoup de Volaille, particulièrement dans la Campagne. Il y a trois jours de Marché & plusieurs belles Foires.

Cette Ville est encore Chef-Lieu d'un Doyenné, qui est le second de l'Archidiaconé du Val de Vire. Il comprend vingt-sept Paroisses, dont quatre sont dans la Ville. Les autres sont S. Ouen de Baudre, Mesnil-Rousselin, Agneaux, Mesnil-Durand, St. Gilles, Canisi, Quilbou, Gourfaleur, S. Ebremond, S. Martin de Bon Fossé, Soulle Archiprêtrise, la Marcelière, St. Rompsure, St. Sanfon, le Mesnil-Herman, le Mesnil-Roux, le Mesnil au Parc, Tregost, Festruche, Moion & Taffy.

St. LOMER DE BLOIS, Abbaye de France au Blesois dans la Ville même de Blois. Ce sont des Bénédictins de la Congrégation de St. Maur. Elle a été fondée en 565. par S. Lomer, ou Laumer, dont

M   elle

elle porte le nom. Voyez BLOIS.

1. ST. LOUIS, Abbaye de France dans l'Orléanois, près des Murs d'Orléans, elle est de l'Ordre de Cîteaux.

2. ST. LOUIS, Bourg de l'Amérique Septentrionale dans la Guadaloupe à la Basse-terre.

3. ST. LOUIS, Bourgade & Paroisse de l'Amérique Septentrionale dans l'Isle de S. Domingue à la bande du Nord au Quartier des François, vis-à-vis de l'Isle de la Tortue, à trois lieues & à l'Orient du Port-Paix entre la Riviere des Négres & la Pointe des Palmiers.

4. ST. LOUIS (La Baye de), Baye de l'Amérique Septentrionale dans la Louisiane. C'est une petite Baye située entre le Lac de Pontchartrain & la Baye de Buloxi. Elle est bien différente en situation & en grandeur de celle dont il est question dans l'Article suivant.

5. ST. LOUIS (La Baye de), grande Baye de l'Amérique Septentrionale dans le Golphe du Méxique. Les Espagnols la nomment la BAYE DE S. BERNARD; mais elle a eu le nom de S. Louïs que lui donna le Sieur de la Salle, qui y aborda en 1685. en cherchant l'Embouchure du Mississipi. Elle est beaucoup plus au Couchant, & est à peu près à distance égale de cette Embouchure & de celle de Rio del Norte.

6. ST. LOUIS (Le Lac de), Lac de l'Amérique Septentrionale au Canada dans le Fleuve de S. Laurent, à environ douze lieues de la Ville de Montréal.

7. ST. LOUIS (La Montagne de), Montagne de l'Amérique dans la Guadaloupe près de la Riviere aux Serbes à la Côte Méridionale de la Basse-terre.

8. ST. LOUIS (La Riviere de), Riviere de l'Amérique à la Guadaloupe, à une lieue & à l'Ouest du Bourg de la Basse-terre. On l'appelle aussi la Riviere des Peres Jacobins, parce qu'ils y ont un Etablissement assés considérable. Il y avoit autrefois un Bourg au bord de cette Riviere; mais il a été emporté deux fois par les débordemens causés par les Ouragans, & il n'y est plus resté que des monceaux de Roche. Les Habitans se sont retirés auprès du Fort de la Basse-terre, où ils ont commencé un nouveau Bourg.

9. ST. LOUIS (La Caye de), Lieu dans l'Amérique, c'est un petit Islet, qui peut avoir cinq cens, huit cens soixante de large, à fleur d'eau, dans les hautes marées, à environ six toises au vent de l'Isle à Vache. Cette Caye est située au fond d'une grande Baye, à huit cens pas de la grande Terre; la Mer y est profonde & le fond est de bonne tenüe. On y a bâti un fond pour mettre à couvert les effets de la Compagnie. Il n'y a pas d'eau douce; & on n'y peut pas faire de citerne, parce que le terrain n'est qu'un amas de roches à chaux; de plus, comme ce terrain tremble lorsqu'on y tire le canon, il y a du danger qu'une partie de l'Islet n'enfonce, si on se trouvoit obligé d'en tirer beaucoup. Le Roi avoit accordé à la Compagnie, qui s'étoit formée pour cet Etablissement, la partie du Quartier du Sud de l'Isle de S. Domingue, depuis le Cap-Dame-Marie jusqu'au Cap Mongon; cette Isle n'est qu'à vingt-cinq lieues du Petit Goave, le chemin en est aisé, & l'on trouve sur ce chemin de très-bons pays.

M.

ST. MAHÉ, ou ST. MATHILU FIN DE TERRE, en Latin *Sanctus Matthæus in finibus terræ*. Ce nom est commun à un Cap de France en Bretagne (voyez au mot CAP,) & à une Abbaye d'Hommes, Ordre de S. Benoît, sur une Pointe de terre la plus Occidentale de la Bretagne. On ignore au juste le tems de sa fondation. On sait seulement qu'elle existoit en 555.

1. ST. MAIXENT, Ville de France dans le Poitou. [a] Elle doit son origine à un Saint Homme, qui bâtit un Hermitage dans ce Quartier. Adjuteur quittant la Ville d'Agde & la Province Narbonnoise, pour venir en Poitou servir Dieu loin de ses parens & de ses amis, quitta aussi son nom, pour se mieux cacher, & prit celui de Maixent. L'Hermitage, qu'il bâtit sur la Seure Niortoise à douze ou treize lieues de Poitiers vers le Couchant d'Hyver, prit depuis de grands accroissemens par la réputation des Miracles de ce Saint. Il éprouva ensuite la fureur des Guerres, & fut presque enseveli dans ses ruines, jusqu'à ce que l'Empereur Louis le Debonnaire le fit réparer. Il devint depuis si florissant qu'il se forma autour de lui une petite Ville. Elle est située sur un penchant qui va à la Riviere de Seure. [b] Elle est assés mal bâtie, & d'une étenduë médiocre; mais bien enfermée de murailles. Les deux Fauxbourgs sont très considérables par rapport à la Ville. Il y a un vieux Château, qui est de très-peu de conséquence. M. Le Duc Mazarin est Seigneur de Saint Maixent par un échange fait avec le Roi. Il y a dans cette Ville trois Paroisses, une Abbaye de l'Ordre de S. Benoît, un Hôpital, un Couvent de Cordeliers, un de Capucins, un de Filles de l'Ordre de S. Benoît, une Maison de l'Union Chrétienne, & un Collége de deux Prêtres. Quant à la Justice, on y a établi un Siège Roial, une Election, une Maréchaussée, une Jurisdiction subalterne, qui appartient à l'Abbé, & un Corps de Ville [c]. S. Maixent ne veut pas être de la Senéchaussée de Civray; mais prétend être séparé; & à l'installation du Sieur Foucher de Circé Senéchal, les Officiers du Siège de S. Maixent lui firent donner une Déclaration sans préjudice des droits du Seigneur de S. Maixent. Cependant il en est, & on en a plusieurs titres; & même que le Lieutenant-Général de Civray, alloit tenir les Assises à S. Maixent une fois l'an pendant trois jours; ce qui a été négligé par crainte d'un grand procès, quoiqu'on soit très-bien fondé.

Il y a dans la Ville [d] de S. Maixent une Manufacture de Bas de laine, de Bonnets, & de Serges qu'on débite dans le Royaume & dans les Pays étrangers; mais le Commerce principal de l'Election de Sai-

[a] Bailles, Topogr. des Saints, p. 287.

[b] Pigniol, Descr. de la France, t. 5. p. 108.

[c] Pag. 85.

[d] Pag. 88. & 89.

Maixent consiste en la vente des bleds & des grains de toutes espèces, & dans le debit des Bœufs, des Moutons, des Chevaux & des Mulets, dont on fait un trafic très-considérable avec les Marchands d'Auvergne, de Lyon, de Piedmont, & de Savoye.

S. Maixent est du Diocèse, & de l'Intendance de Poitiers & du Parlement de Paris. Il a 5260. Habitans. C'est un Gouvernement de Place; l'Abbaye vaut douze mille livres à l'Abbé, & près de trente mille livres aux Religieux, par l'union qu'ils ont faite des Offices Clauftraux. Elle est très-ancienne, Grégoire de Tours en fait mention [a]. Voici ce qu'on lit de son origine dans un vieux Cartulaire de cette Maison : *C'est donc au tems de Clovis que notre Abbadie print commencement, d'autant que ce Prince y donna ce Lieu à Adjutor Maxentius, & la dota pour la plus grande partie.* Avant ce Roi, comme on l'apprend, le Monastère dudit S. Maixent étoit connu sous le nom de S. Saturnin Martyr, le vénérable Agapius Prêtre, ou Abbé, en avoit la conduite. Adjutor Maxentius lui succéda dans le Gouvernement Pastoral de ce Monastère. Il y mourut & y fut inhumé très-honorablement. La présence de son précieux corps pour lequel le Peuple avoit une très-grande dévotion, fit donner le nom de S. Maixent au Monastère par honneur pour la mémoire de ce Saint Confesseur. Il y demeura jusqu'au tems d'Ebulon, Comte ou Evêque de Limoges. Ce Seigneur fit transférer, avec tous les honneurs possibles, le Corps de S. Maixent dans l'Eglise, où il repose encore aujourd'hui. Il fit transférer aussi le même jour celui du Bienheureux Martyr S. Ligaire ou Léger de son Eglise dans cette même Basilique, qu'il avoit fait construire à ses propres dépens, & dont il fit lui-même la Dédicace. On lit dans la Vie de Louïs le Debonnaire par Saint Austronome, ou Austremoine, que ce Prince fut le Restaurateur de cette Abbaye, qui étoit apparemment tombée en ruines. Et dans le Réglement donné par ce même Prince l'an 817. ce Monastère est compté entre ceux de la Guienne, qui ne doivent fournir ni dons, ni milices, mais qui donneront seulement des Prieres. Par la suite les biens de ce Monastère furent augmentés & illustrés si considérablement des libéralités & des Priviléges des Princes & des Rois, qu'à son occasion s'est formée la Ville célébre sous le nom de S. Maixent ; mais le Monastère ayant été presque entiérement détruit par les Protestans, il a repris son ancienne splendeur par son union à la Congrégation de S. Maur. On y compte jusqu'en Novembre 1717. quatre-vingt-trois Abbés dont le P. Dom Denis de Ste. Marthe rapporte la suite & l'Histoire, autant détaillée, que les Mémoires, qui en restent l'ont permis.

[a] Lib. 2. ch. 37.

On compte dans l'Election de S. Maixent deux Baronnies du même nom de S. Maixent, dont la plus considérable appartient à l'Abbaye ; neuf Châtellenies & plusieurs autres moindres Fiefs ; vingt-six Prieurés ; cinquante-deux Chapelles, & soixante-cinq Cures. L'Election de S. Maixent est située dans le milieu de la Province de Poitou. Elle a l'Election de Poitiers à l'Orient, & celle de Niort des autres côtés. Elle contient soixante-quatre Paroisses, & neuf mille huit cens quarante & un feux. Le terrain est bon & abonde en grains de toute espèce ; il porte quantité de Noyers dont les fruits sont d'un grand usage parmi le Peuple. Il y coule deux Rivières principales, la Seure, & la Boutonne. La Seure y prend sa source & ne commence à porter bâteau qu'à Niort, même par le moyen de quelques éclufes ; & en dédommageant les Propriétaires des Moulins, on pourroit la faire monter jusqu'à S. Maixent n'y ayant que quatre lieues de distance entre les deux Villes. La Boutonne naît au Lieu nommé Boutonne, & se perd dans la Charante près S. Jean d'Angely. Ces deux Rivières arrosent quantité de belles prairies ; mais il y en a beaucoup d'autres dans l'Election formées par les ruisseaux, qui coulent presque par-tout, ce qui rend le Pays fort propre à la nourriture, & à l'engrais des Bestiaux, excepté dans la partie de l'Election, qui est au Midi & à l'Occident, où l'on ne recueille, que des grains tout seuls. Il n'y a dans l'Election que six Paroisses, où on fasse du Vin : celui qui s'y consume vient de l'Angoumois ; quant aux Bois le Roi n'y en possède aucun ; les Particuliers mêmes n'ont que des Bois taillis de fort petite étendue.

Le Peuple y est un peu pésant, parce que le Pays est gras, & qu'il lui fournit aisément sa subsistance. Le nombre des Nouveaux Convertis de ce Canton y est fort grand, on y en compte dix-sept mille cinq cens quatre-vingts-treize, outre ceux, qui ont passé dans les Pays Etrangers, & hors de la Province.

Il se tient à S. Maixent deux Marchez ordinaires par semaine, & six Foires pendant l'année.

1. ST. MALO, Ville de France dans la Bretagne, avec un Evêché suffragant de Tours. Cette Ville est un célébre Port de Mer. Elle est située dans une Isle, ou Presqu'Isle jointe à la Terre-ferme par une Langue de terre fort étroite. Elle a pris son origine d'un Monastère de Chanoines Réguliers dédié à S. Vincent, dans lequel l'Evêque d'Aleth, Jean de la Grille, transféra le Siége de son Evêché. L'Isle dans laquelle cette Ville est située changea alors le nom d'*Isle d'Aaron* qu'elle portoit, en celui de S. Malo, Patron de l'Eglise d'Aleth & son premier Evêque, ce qui arriva l'an 1149. Son Diocèse renferme cent soixante Paroisses : l'Evêque est Seigneur de la Ville ; il jouït de trente-six mille livres de rente. Le Chapitre étoit ci-devant composé de Chanoines Réguliers de l'Ordre de S. Augustin, tirés de l'Abbaye de S. Victor de Paris. Il a été sécularisé en 1320. L'Eglise Cathédrale est dédiée à S. Vincent. Il y a un Doyen, deux Archidiacres, un Chantre, & vingt Cha-

Chanoines. L'Isle, où la Ville est bâtie, a été unie à la Ville par une Chaussée, ou Jettée très-solide. Son Port est grand & des plus fréquentés, & cependant d'un très-difficile accès, à cause des Rochers qui le bordent : il reste presque à sec quand la marée s'est retirée, ce qui facilite de construire & de radouber les Bâtimens. Les Malouins sont très-bons marins, tant pour la Guerre que pour le Commerce, & les Voyages de long cours. Les gros Bâtimens vont ordinairement décharger à S. Servand, qui est plus avant dans la Baye au Midi, où on a depuis peu bâti une belle Ville. S. Malo est défendu par un Château, qui est construit à l'entrée de la Chaussée, les Bourgeois le gardent, & les Troupes gardent le Château, & les Forts, qui sont sur les Rochers voisins, dont les plus considérables sont ceux de *Sezembre*, de la *Conchée*, le *Fort Roial*, le *Grand Bay*, le *Petit Bay*, & l'*Isle à rebours*, le *Fort du Cap*, *Rotoneuf*, & le *Château de Latte*. S. Malo est un Gouvernement particulier de Place, du Gouvernement militaire de Bretagne, avec Etat Major, & il y a Garnison dans le Château. Il y a une Jurisdiction de Juges Consuls. C'est une des Villes du Royaume, où se fait le plus considérable, & le plus avantageux Commerce. On le peut considérer par rapport à celui d'Angleterre & de Hollande, & par rapport à celui d'Espagne, outre les armemens en course en tems de Guerre. Le premier consiste en Toiles, que les Marchands de S. Malo tirent de Rouen, de Laval, de Quintin, de Vitré, de Pontorson, & en celles, qu'on appelle les *Roiales*, qui tirent leur nom de *Rival*, Village à deux lieues de Rennes, qui étoit le Lieu, où on en fabriquoit davantage. En revanche les Anglois apportent des Draperies, du Plomb, de l'Etain, du Charbon de terre, de la Graine de lin, de la Couperose, des Noix de galle, & sur-tout de bonnes Lettres de change, parce qu'ils emportent toujours le double de ce qu'ils amenent. Les Anglois envoient tous les ans plus de cent Bâtimens à S. Malo, à cause du peu de distance de leurs Ports à celui-ci.

Le Commerce de Hollande n'est pas à beaucoup près si vif. Il n'apporte que des bois en Planches, & en Mats, des chanvres & du gaudron ; mais les Hollandois font eux-mêmes leur retour. Les Malouins n'envoient guères directement en Hollande, tant par le manque d'habitude, que parceque ceux-là font leurs voitures à bien moins de frais, qu'ils ne feroient. Quant au Commerce d'Espagne c'est sans contredit le plus grand & le plus utile, qui se fasse à S. Malo. Il consiste principalement en Toiles tirées de tous les Cantons du Royaume où il s'en fabrique, en Castors, en Satins de Lyon, & de Tours, en Etoffes d'or & d'argent, en Etoffes de laine d'Amiens & de Reims, & toutes ces Marchandises sont envoyées à Cadix, & de là elles passent aux Indes avec grand profit pour les Négocians, quand ils réussissent. La valeur de ces Cargaisons n'est point fixée, elle dépend de l'abondance d'argent, que les Marchands peuvent avoir pour les avances du départ des Galions, & des Flotes, qui est plus ou moins régulier, ce qui augmente ou diminue la vente qui se fait aux Indes. Le nombre des Vaisseaux, qu'on emploie à ce Commerce n'est point réglé ; mais il n'a jamais passé quinze Frégates. Le tems de leur départ de France se détermine sur les avis qu'on reçoit de la préparation des Flotes d'Espagne soit pour Carthagene, qui n'ont point de tems réglé, soit pour le Méxique, à l'égard desquelles il faut être à Cadix, avant le 10. ou le 15. de Juillet. Les retours des Indes sont toujours en espèce d'Argent, ou en Marchandises précieuses, & d'un débit assuré ; Cuirs, Cochenille, Indigo, Bois de Campêche & Laines du pays ; mais ils sont un peu longs, étant de quinze mois ou deux ans, pour ce qui passe en la Nouvelle Espagne. Au reste ils sont si avantageux, qu'on compte telle année avant la Guerre, où il a été rapporté douze millions en espèces, & jamais moins de six à sept millions, sans compter les retours de hazard des Vaisseaux, qui, revenant de la Méditerranée, se chargent à Cadix de cent ou deux cens mille Piastres, ce qui arrive plusieurs fois par an. Ce grand profit porte les Négocians des plus considérables Villes de France, & même les Etrangers, à prendre part à ce Commerce, & à employer leur argent aux Manufactures de France.

Cependant ce Commerce ne se fait jamais sans risque & sans péril, sur-tout pendant la guerre, soit parce que la plûpart des Marchandises deviennent alors de contrebande, soit par la difficulté d'échapper aux Armateurs, soit par le haussement des Indults, qui montent alors à quarante-huit ou cinquante pour cent du Principal. Il faut avouer cependant que la plûpart des inconvéniens sont cessés, depuis que la Couronne d'Espagne est passée dans la Maison de Bourbon ; mais il y en a deux néanmoins très-fâcheux, qui leur ont succédé : le principal est l'empêchement, que les Ennemis mettent au passage des Flotes ordinaires d'Espagne aux Indes, & le risque d'être brûlé, ou enlevé au retour. Les inconvéniens ordinaires des tems de Paix, naissent tous de la défense expresse, qui est en Espagne à tous les Etrangers de faire le Commerce des Indes, n'y ayant que les Espagnols naturels qui y soient admis ; les Sujets d'Espagne en Italie & en Flandres en étant exclus, aussi bien que tous les autres. Cependant comme il n'y a point de Marchands assés forts en Espagne, pour charger seuls à leur compte les Flotes Espagnoles, ils sont obligés d'avoir recours aux Etrangers pour les Cargaisons d'Espagne, ne pouvant d'ailleurs fournir les Marchandises nécessaires aux Indes. Ainsi, ou ces Etrangers vendent aux Espagnols à grosse avanture moiennant un certain profit, ou les Etrangers empruntent le nom des Espagnols pour faire passer leurs Marchandises ; &

alors

alors il faut employer le nom de l'Espagnol dans les Factures, & les Actes de Vente: & dans ce cas, il se fait absolument sous la bonne foi de celui, qui prête son nom, de telle sorte, qu'il est absolument Maître, tant de l'envoi, que du retour, sans que l'Etranger en puisse demander compte, ni qu'il puisse former aucune plainte en cas de malversation, ou tromperie ; car outre la confiscation du fond contesté, on courroit risque de perdre tous les autres effets, qu'on pourroit avoir sous la domination d'Espagne, & personnellement essuier une longue & dure prison, dont on ne sort qu'avec beaucoup d'argent; c'est la disposition des Loix d'Espagne, qui interdit aux Etrangers le Commerce des Indes direct, ou indirect. Pour sauver une partie de ces inconvéniens, on n'emploie dans ce Commerce, que des noms étrangers ou supposés, tant dans les Lettres qu'on écrit, que dans les adresses des Correspondances, de crainte qu'elles ne soient interceptées, ce qui arrive souvent. Avec ces précautions on peut éviter la conviction; mais non pas le soupçon, en conséquence duquel, sur les moindres indices, le Conseil d'Espagne ordonne de grosses taxes sur les soupçonnés. On peut juger par cet échantillon des inquiétudes qui accompagnent ce Commerce. Cependant il faut dire que malgré tant de traverses ; il est parfaitement établi, & que dans le fond il n'y en a point de plus utile aux Particuliers, de même qu'à l'Etat en général, puisque c'est le seul qui amene des espèces.

Outre cela les Malouins font un Commerce considérable en Terre-Neuve pour la Pêche des Morues vertes & seches, qui se fait au Châpeau-rouge, & au Petit Nord. Il y a ordinairement quinze ou vingt Vaisseaux du port de cent à trois cens tonneaux, qui portent avec eux du sel pour leur Pêche, & des vivres pour la subsistance des Equipages; quand la Pêche ne suffit pas à leur charge, des Particuliers en font Magazin. Ces Vaisseaux partent en Février & reviennent en Novembre, non à S. Malo ; mais à Bordeaux, ou à Bayonne, ou à Bilbao, où ils font leur debit, & font leur retour à S. Malo en Vins, Eaux de Vie, Pruneaux & Résine.

La Pêche du Petit Nord emploie jusqu'à cinquante Navires ; mais comme la Côte, où elle se fait, est deserte, le voyage en est très-incommode, tant parce que les Equipages ne trouvent aucun rafraîchissement, que parce que la Pêche est incertaine, & qu'elle manque quelquefois. Le poisson de cette Côte n'est bon qu'en Espagne, en Italie & en Provence; c'est aussi en ces Lieux, que les Bâtimens, qui l'ont faite, vont se décharger, & ils rapportent des Fruits, des Savons, de la Soude, qui est une cendre propre à faire du Verre, de l'Huile & de l'Alun, qu'on charge à Civita-Vecchia, & tout cela se debite fort avantageusement ; mais le profit de ce Commerce dans le fond, qui est la Pêche, est assés casuel ; car il dépend tant de l'abondance du poisson, que de la facilité du debit, qui est traversé par les Anglois, qui portent le même poisson dans les mêmes Lieux, & tâchent de nous prévenir ; de sorte que les habiles Négocians jugent, qu'il ne sera pas à propos d'y employer à l'avenir la même quantité de Vaisseaux. Cet inconvénient prévu fit qu'on proposa il y a plusieurs années aux Marchands de S. Malo, d'entreprendre la Pêche de la Baleine. Ils y envoièrent même quatre Vaisseaux en 1688. mais la Guerre a empêché, qu'ils ne continuassent. Comme cette Pêche à beaucoup d'utilité, M. de Seignelay, qui la vouloit favoriser, procura la diminution des Droits d'entrée, les réduisant à trois livres dix sols pour chaque Baril l'huile, & vingt sols pour chaque cent de Fanons de Baleine, pendant que les Etrangers en payoient douze livres de la Barique d'huile, & dix livres du cent de Fanons. Mais on prétend que cette différence est trop petite, parce que les Hollandois font leurs Pêches à bien moins de frais que nous, & sont par conséquent en état de donner leurs Marchandises à meilleur marché. Cette Nation emploie jusqu'à quatre cens Bâtimens à la Pêche de la Baleine, & connoît mieux que toute autre les avantages du Commerce, qu'on en fait. Au reste quand la Guerre a interrompu ce Commerce, les Malouins se sont presque tous employés à faire des courses sur les Ennemis. Pour cet effet ils ont armé tout ce qu'ils avoient de Bâtimens. Par ce moien ils ont porté un très-grand préjudice aux Ennemis, & ont amené dans le Royaume une infinité de Marchandises, qu'ils leur avoient enlevées. Ils ont formé & entretenu un grand nombre de Matelots, & autres gens de Mer, à qui ils ont procuré une subsistance avantageuse. Mais aussi ils ont tellement excité la jalousie des Ennemis, qu'ils ont tenté deux fois de brûler la Ville de St. Malo par les Bombes, à quoi cependant ils n'ont pu réussir.

Les Habitans des Villes, & des Paroisses du Diocèse tirent un grand avantage du Commerce de la Ville principale, & y trouvent la facilité de debiter leurs Grains, & leurs Bestiaux, que ceux qui sont au milieu des Terres ont en quantité, sans parler du fruit des Arbres dont le Commun fait sa boisson. Mais à l'égard des Villages, qui sont sur la Côte depuis la Rivière de Coesnon, jusqu'à celle de Logne, qui est près de S. Brieu, il s'y fait une Pêche considérable, qui est celle des Maquereaux, où il y a au moins cent Bâtimens d'employés depuis six jusqu'à vingt Tonneaux. Pendant quelle durée ces petits Vaisseaux sortent le Matin, & reviennent le Soir ; quand la Marée est bonne le poisson se debite frais, & salé ; mais bien plus de la dernière façon, puisqu'on le transporte en Normandie où il s'en fait consommation. Quand les Portes de la Ville sont fermées, on lâche un certain nombre de Dogues pour garder les dehors de la Ville de S. Malo. C'est la Patrie de Jaques Cartier, l'un de nos célèbres Navigateurs, qui a découvert le Canada en 1534.

2. ST.

2. St. MALO DE BAGNON, Bourgade de France en Bretagne, au Diocèse de S. Malo; Mr. Corneille en fait une Ville, quoiqu'elle n'ait que soixante-six Habitans. Elle est sur une petite Riviére, à sept lieues de Rennes & à dix de Ploermel. Elle n'est remarquable que parce que l'Evêque de S. Malo y a une belle Maison de Campagne.

St. MARC. Voyez San Marco.

St. MARCEAU, l'un des Fauxbourgs de Paris.

1. St. MARCEL, petite Ville ou Bourg de France en Languedoc, au Diocèse de Narbonne.

2. St. MARCEL, Prieuré de France en Bourgogne, au Diocèse de Châlon. Il est de l'Ordre de S. Benoît; & a été fondé en 577. par le Roi Gontran, qui y a été enterré. Il donne le nom à un Village, où il est situé, & qui n'est qu'à demie lieue de Châlon.

3. St. MARCEL, Bourgade de France dans le Querci. Il doit son nom, & son origine à une Abbaye de l'Ordre de Cîteaux, Fille de Cadouin, & située auprès de Réal Ville sur la petite Riviére de Lere. Elle avoit été d'abord fondée dans le Bourg de Sept-Fonts près de Caussade en 1130.

1. St. MARCELLIN, petite Ville de France dans le Dauphiné [a], au Diocèse de Vienne, avec un Bailliage. Elle est dans une situation très-agréable, au pied d'une Colline près de l'Isere, à deux lieues de S. Antoine, à quatre de Romans, & à sept de Grenoble, & de Valence. Il y a dans cette Ville un Couvent de Carmes qui y tiennent le Collége pour les Humanitez; le Couvent des Ursulines très-bien bâti est dans la grande Place. On y voit un autre Monastére de Filles de la Visitation, & un Prieuré conventuel de Religieux de l'Ordre de S. Antoine, ils desservent la Cure de l'Eglise Paroissiale du titre de S. Marcellin. Le Couvent des Recollects est hors des murs, & de l'enceinte de la Ville. La Ville a quatre Portes, de belles Fontaines d'eau vive, un Cours planté d'Arbres, un Mail, & de fort charmants dehors. On y fait commerce de Soyeries écrues; & son Territoire produit de bons vins, des bleds & des pâturages.

[a] Corn. Dict. Mém. dressez sur les Lieux.

2. St. MARCELLIN, petite Ville ou Bourg de France dans le Forez. Il y a 1360. Habitans.

1. St. MARCOU, Seigneurie, & Château de France en Normandie, sur la Côte au Diocèse de Coûtances. Le Marquis de Fontenay, y fait sa résidence ordinaire. Il y a plusieurs Gentilshommes, qui y ont des Fiefs, il y a aussi des Chapelles titrées. On voit tout proche la petite Isle de S. Marcou, qui est une lieue dans la Mer. C'est où S. Marcou a vécu longtems dans le V. Siécle, & c'est ce qu'on appelloit autrefois Nanteuil, Abbaye où il y avoit avec lui des Religieux, & qui étoit alors en Terre ferme. Mais la Mer l'a miné peu à peu depuis ce tems-là. Il y a dans cette Paroisse le jour de la Fête de ce Saint que l'on y célébre le 1. Mai, un grand concours de Peuple.

2. St. MARCOU (Les Isles de), Isles de France sur la Côte de Normandie, à deux petites lieues de la Côte du Coutentin entre les Vez, & la Hougue. Il y en a deux, savoir l'Isle d'Amont & l'Isle d'Aval. Il y avoit autrefois dans celle d'Amont un Monastére, ou du moins un Hermitage dédié à S. Marcou, & on voit encore une partie de la Chapelle. On dit que S. Marcou a demeuré quelque tems, & que c'est delà qu'elles ont pris le nom de ce Saint. Le pâturage de ces Isles est assez bon, on y porte du Bétail qui s'y engraisse. Ces Isles sont pleines de Lapins, mais desertes.

St. MARCOUL, Bourg de France en Picardie au Diocèse de Laon [b]. Il dépend de l'Eglise de S. Remi de Rheims: on tient que les Rois de France y doivent faire un Voyage aussi-tôt qu'ils sont sacrez; & que c'est en ce lieu-là qu'ils reçoivent le pouvoir de guérir ceux qui sont attaqués des Ecrouelles. Du Haillan rapporte dans la Vie de Charles VII. qu'au sortir de Rheims, ce Prince alla à S. Marcoul selon la coutume, & la dévotion des Rois ses Prédécesseurs.

[b] Corn. Dict. Duchesne Antiq. des Villes de France.

St. MARIN. Voyez San-Marino.

1. St. MARTIN, Ville & Forteresse de France dans l'Isle de Ré. Voyez Ré.

2. St. MARTIN, Bourg de Savoye au Duché d'Aoste, sur la Doria Baltea, aux confins du Marquisat d'Yvrée, un peu au-dessous de Bardi. Ce Bourg qui n'est pas fort grand a pourtant deux parties dans l'une desquelles on parle François, & dans l'autre Italien, selon Mr. Corneille.

3. St. MARTIN, petite Ville des Pays-Bas dans la République des Provinces-Unies, dans la Zelande, dans l'Isle de Tolen, à une lieue de Ter-Tolen. Elle est entourée des eaux d'un des Bras de l'Escaut, & il y a tout à l'entour des Arbres où il vient tous les ans une grande quantité de Hérons pour y construire leurs nids. La Seigneurie de cette Ville a appartenu autrefois aux Seigneurs de Borssele; elle passa ensuite aux Comtes d'Egmond & de Buren, & l'an 1551. à Guillaume I. Prince d'Orange, en vertu de son mariage avec Anne d'Egmond Dame de Buren, Leerdam, S. Martin, &c. Il y avoit autrefois un Chapitre de Chanoines fondé en 1400. par Franco Seigneur de Borssele & de Zuylen, & augmenté en 1450. par Fréderic de Borssele. On y voyoit aussi un Prieuré de Chanoines Réguliers de l'Ordre de S. Augustin fondé en 1411. par Florent de Borssele, mais tout y a été détruit durant les Guerres pour la Religion.

Les gens du Pays nomment cette Ville S. MERTENS-DYCK, prononcez Sant Martens-deik, quelques-uns écrivent S. Martendick, comme l'Auteur du Dictionnaire Géographique des Pays-Bas; Mr. Baudrand écrit S. Martins-dick, autre orthographe vicieuse.

4. St. MAR-

4. St. MARTIN DE LA BATAILLE, fameuſe Abbaye d'Angleterre au Comté de Suſſex. Elle fut fondée ſur le Champ de Bataille où Guillaume le Conquérant avoit défait Harold ſon Compétiteur. Cette Bataille dont nous parlons à l'Article HASTINGS fut nommée la journée de Haſtings. Mais Guillaume y ayant fondé une Abbaye ſous l'Invocation de S. Martin, on la nomma S. MARTIN DE LA BATAILLE. Les Anglois appellent ce Lieu BATTEL; mot corrompu celui de *Bataille*. Il eſt à quelques milles de Wincheſſea. La Bataille ſe donna en 1066.

5. St. MARTIN, Iſle de l'Amérique, l'une des Iſles du Vent ou Antilles du Golfe du Méxique; elle eſt ſituée au Nord-Oueſt de l'Iſle de S. Barthelemi, & au Sud-Oueſt de l'Anguille, par dix-huit dégrez de Latitude: on lui donne dix-huit lieues de tour: elle n'a ni Port, ni Riviére, il n'y a que quelques Fontaines qui tariſſent dans les grandes ſécherreſſes, alors on n'uſe que de l'eau de Cîterne. Le fond des terres n'eſt pas ſi bon que dans les autres Iſles, & l'on n'y cultive que du Manioc, du Tabac, du Rocou, & des Pois. Il y a pluſieurs Salines. Les François y avoient une Colonie dès l'an 1637. & même un Gouverneur. Les Hollandois s'y introduiſirent peu à peu, avec le conſentement des François qu'ils ſurprirent dans la ſuite, & ils ſe rendirent maîtres de l'Iſle; ils ne jouïrent de la réuſſite de leur projet que quelques mois. Le Gouverneur de Porto-Rico les étant venu attaquer, les Eſpagnols emmenérent les Hollandois & les François, & reſtérent maîtres de l'Iſle juſqu'en 1648. que la dépenſe de cette Garniſon leur paroiſſant inutile, ils abandonnérent cette Iſle après avoir détruit le Fort, & toutes les Habitations. Dans le tems de leur retraite quelques François, & quelques Hollandois s'étant ſauvés dans les Bois, ſe rencontrérent fortuitement au nombre de quatre François, cinq Hollandois, & un Mulatre; ils réſolurent enſemble d'habiter l'Iſle, & pour y réuſſir conjointement, ils ſe la partagerent: le côté de l'Iſle, qui regarde l'Iſle de l'Anguille, échut aux Hollandois. Ces derniers s'étant chargés d'avertir de cet Accord le Gouverneur Hollandois de l'Iſle de S. Euſtache, & M. de Poincy Commandant François de l'Iſle de S. Chriſtophle, ils manquerent à ce dernier Article, & le Gouverneur Hollandois envoya prendre poſſeſſion de l'Iſle au nom de ſes Maîtres en 1648. & ſoumettre les quatre François qui y étoient reſtés. Le Bailli de Poincy ayant été averti de cette ſeconde uſurpation, y envoya un de ſes Neveux, qui obligea les Hollandois à s'en tenir à l'Accord qu'ils avoient fait avec ces quatre François, & les deux Nations reſtérent en bonne union juſqu'à la derniére Guerre du Siécle paſſé, que les Gouverneurs Généraux des Iſles Françoiſes obligérent les Habitans de S. Martin, & ceux de S. Barthelemi, de ſe retirer à S. Chriſtophle juſqu'après la Paix de Ryſwyck, qu'ils y retournérent. On leur donna alors un Lieutenant de Roi qui n'y demeura que juſqu'en 1702. que les Gouverneurs Généraux voulurent encore obliger les Habitans de S. Martin de ſe retirer dans quelqu'autres Colonies Françoiſes, mais ceux-ci ayant renouvellé leur Concordat avec les Hollandois, ſont reſtés dans l'Iſle, & ont vécu avec toute la tranquilité poſſible avec les Hollandois, ſans vouloir permettre qu'aucun Vaiſſeau de l'une ou l'autre Nation fît inſulte à l'une des deux. La Colonie Françoiſe étoit en 1705. d'environ deux cens perſonnes, & le Bourg de S. Martin compoſé d'une vingtaine de Maiſons, avec une Egliſe, & un Presbytère, quoiqu'il n'y eût pas pour lors de Prêtre.

6. St. MARTIN (la Riviére de), Riviére de l'Amérique Septentrionale, dans la Louïſiane. Elle ſe jette dans le Golphe du Méxique, à la Baye d'Apalaches, à l'entrée de la Presqu'Iſle.

7. St. MARTIN (*le Morne de*), Colline de l'Amérique dans la Partie Septentrionale de la Martinique, dans la Paroiſſe du Précheur.

8. St. MARTIN (LE GOLPHE DE), petit Golphe d'Afrique dans la Cafrerie, ſur la Côte Occidentale près de la Baye de Ste. Helêne.

ST. MARTINSBERG, Ville aſſez jolie de la Baſſe Hongrie, qu'on trouve en allant de Raab à Dotis. C'eſt une très-forte Place, ſituée ſur le haut d'une Montagne extrêmement élevée, d'où l'on découvre tout le Pays, qui eſt aux environs.

1. St. MATHIEU, petite Ville de l'Amérique dans la Floride, ſur la Côte Orientale. Elle eſt ſituée du côté qui eſt batu par la Mer du Nord près du Cap de Sainte Helêne. Il n'y a que douze lieues de diſtance de la Ville de Saint Auguſtin à celle-ci. La Havana en eſt à cent lieues.

2. St. MATHIEU, Iſle ſituée plus à l'Occident que celle de Sainte Helêne, qui eſt à trois cens cinquante lieues du Cap de Bonne Eſpérance, ſelon ce que rapporte de la Croix dans ſa Relation de l'Afrique. Il la met à un degré cinquante minutes de Latitude Méridionale, & dit qu'elle a été appellée ainſi par les Portugais, à cauſe qu'ils la découvrirent le jour de la Fête de ce Saint; il ajoûte qu'elle eſt deſerte, quoiqu'il y coule un Ruiſſeau de fort belle eau fraîche. Garcias de Loaïſa, Gentilhomme de Biſcaye, commandant la Flote que l'Empereur Charles-Quint avoit fait équiper à la Corogne pour aller faire la Conquête des Moluques, étant abordé à l'Iſle de Saint Mathieu, avant qu'il eût doublé le Cap de Saint Auguſtin, la trouva inculte, & toute pleine de grands Orangers. On y vit des Poules, & l'on trouva ſur l'écorce de quelques Arbres, des preuves que les Portugais y avoient paſſé; c'étoit des Inſcriptions en leur Langue. Non ſeulement les Portugais y ont paſſé, mais même ils y ont demeuré pluſieurs années, ſelon Dapper.

3. St. MA-

3. St. MATHIEU, Bourg & Marquisat de France, dans le Poitou.

St. MATHURIN, ou St. Mathurin de Larchant, ou de *Large Champ*, petite Ville de France en Gâtinois, dans une Plaine sablonneuse, & presque stérile, à deux lieues de Nemours, & à seize de Paris, au bas d'une Montagne. On y révère S. Mathurin, que l'on invoque en faveur des Insensez; & on y en mene de tous les endroits du Royaume. Mr. Baillet dit que ce Lieu s'appelloit *Larchant* avant que d'avoir pris le nom du Saint à qui on prétend qu'il donna la naissance dès le IV. Siècle, & sa sépulture après sa mort; le culte du Saint l'a rendu célèbre, ce culte y continue toujours quoique les Religionnaires du XVI. Siècle ayent brûlé, & dissipé ses Reliques.

1. St. MAUR DES FOSSEZ, ancienne Abbaye de France, au Diocèse de Paris sur la Marne, à deux lieues de Paris. Elle fut établie par S. Babolein vers le milieu du VII. Siècle, & fut d'abord appellée S. Pierre des Fossez, *Monasterium Fossatense*. Du tems de Charles le Chauve le Corps de S. Maur Abbé de Glanfeuil y fut transporté d'Anjou. Elle fut sécularisée en 1533. puis changée en Eglise Collégiale de Chanoines, & la Manse Abbatiale a été unie à l'Evêché de Paris. Blidegisile Diacre de l'Eglise de Paris jetta les fondemens de ce Monastère dans le vieux CHATEAU DES BAGAUDES, *in Bagaudarum Castro*, par l'Autorité, & les Libéralitez de Clovis II. qui succeda à son Pere Dagobert, l'an 638. On fit venir S. Babolein de Luxeuil, ou de Solignac pour en être le premier Abbé.

2. St. MAUR DES FOSSEZ, Bourg & Château de France auprès de l'Abbaye, dont il est parlé dans l'Article précédent. Ce Bourg autrefois considérable à cause de l'Abbaye à laquelle il devoit son origine, l'est aujourd'hui par le grand concours, de Peuple qui s'y fait aux extrémitez de la France, & même des Pays étrangers pour implorer l'assistance divine par l'intercession de S. Maur, particuliérement la nuit, qui précède la Fête de S. Jean, & que l'on a choisie en mémoire d'une Translation, qui s'y est faite à pareil jour des Reliques de ce Saint. Ce Bourg est encore recommandable par le Château que l'on y voit; c'étoit autrefois la Maison des Abbez, & le Cardinal du Bellay Evêque de Paris, qui a été le dernier Abbé Commendataire, & le premier Doyen de S. Maur, en fit fermer le Parc de murailles, après avoir fait élever un superbe Bâtiment du dessein de Philibert de l'Orme, dont il reste encore la Façade du côté de la Cour. On y voit les marques de la reconnoissance de ce Prélat pour François I. son Bienfaicteur, & le Restaurateur des Sciences, & des Belles-Lettres en France dans une Inscription sur un Marbre noir en forme de Dédicace, ou de Consécration. En voici les termes:

Hunc tibi, Francisce, insertas ob Palladis artes,
Secessum, vitas si forte Palatia, Grata
Diana, & Charites, & sacravere Camena.

Sur la Plinthe de cet ancien Château se lit gravé en Lettres d'or, & entrecoupé de plusieurs branches de Laurier, ce Vers du sixième Livre de l'Enéide:

Carpe manu, namque ipse volens facilisque sequetur
Si te fata volent.

Quelques-uns, sans vouloir faire réflexion que ce Bâtiment est l'Ouvrage d'un Cardinal, qui par ce Vers vouloit faire allusion au Génie naturel sans lequel on ne réussit jamais dans aucune Science, & sur-tout dans la Poësie, ont prétendu y trouver un Monument de la reconnoissance que la Reine Catherine de Médicis avoit conservée, de ce que le Grand Fernel, fameux Médecin, l'avoit aidée de son Art pour la rendre Mere de tant de Rois; & ils se sont égayés sur l'application qu'ils ont faite de ce Vers à l'infame Dieu des Jardins dont ils supposent contre toute vérité que cette Princesse avoit fait mettre l'immodeste Figure dans un Bas-Relief, qui est au-dessus de la Porte & où l'on ne voit que les trois Graces & les neuf Muses qui ont un rapport naturel avec les Vers de l'Inscription, qui dédient cet agréable Séjour à François I. dont le Buste en bronze est placé dans le Timpan au-dessus du Bas-Relief. Ce qui a servi au moins de léger prétexte à cette bisarre imagination c'est que la Reine Catherine de Médicis a été Maîtresse de ce Château qu'elle acquit en 1563. d'Eustache du Bellay, Successeur du Cardinal du Bellay à l'Evêché de Paris & au Doyenné de S. Maur; & qu'elle y fit commencer un magnifique Palais qui est long-tems demeuré imparfait. Cette Terre qui a titre de Baronnie a depuis passé dans la Maison des Princes de Bourbon Condé, qui l'acquirent des Créanciers de cette Princesse, & qui l'ont rendue un des beaux Lieux de Plaisance des environs de Paris, soit par les embellissemens du Château, soit par les Jardins qu'ils ont fait ajouter à l'ancien Parc, dont les Eaux, les Promenades le long de la Rivière de Marne, & sur-tout la Vue des Terrasses attirent également dans les beaux jours les Bourgeois de Paris & les Etrangers. Le Château est dans une des plus belles situations qu'il y ait aux environs de Paris. Le grand appartement est beau & magnifiquement meublé; la Vue en est charmante. Les autres ne sont pas à beaucoup près si superbes; mais ils sont encore plus heureusement disposés. Le Feu Prince de Condé, Pere du Duc de Bourbon, a joint à cette belle Maison celle de la Touanne. Le Jardin & la Terrasse sont admirables par la vue & la propreté; un Pont sépare les deux Jardins. Le grand est une Promenade très-agréable.

3. St. MAUR SUR LOIRE, Abbaye de France en Anjou, au bord Méridional de la Loire, entre Angers & Saumur, & à quatre grandes lieues de la première de ces deux Villes. On l'appelloit anciennement GLANFEUIL, *Glanafolium*. Elle a quitté ce nom pour prendre celui de son Fondateur, qui étoit Disciple de S. Benoît, & vivoit vers

vers le milieu du VI. Siècle. Cette Abbaye est en Règle & a embrassé la Réforme de la Congrégation de S. Maur. Il n'y a que douze Moines. Le Bourg porte aussi le même nom que l'Abbaye. Il est de l'Election de Saumur & a 746. Habitans.

ST. MAURICE, ou, comme les Suisses écrivent, ST. MAURIS, Bourgade de Suisse, à l'extrémité du Bas Valais sur le Rhône, au Gouvernement auquel elle donne son nom. L'Abbé de Longuerue [a] en parle ainsi: C'est une Bourgade qui a pris le nom d'un Martyr, Commandant de la Légion Thébaine, que l'on croit avoir été tué avec ses Compagnons en ce même Lieu par l'ordre de l'Empereur Maximien Hercule, parce qu'ils étoient fermes dans le Christianisme. Sigismond Roi des Bourguignons, fit bâtir en ce Lieu nommé *Agaunum* ou *Acaunum*, un Monastère qu'il commença l'an 515. selon la Chronique de Marius, Evêque d'Avanche, & qui fut achevé l'an 522.

[a] Descr. de la France, part 2. p. 306.

Ces Moines avoient un Institut particulier, & plusieurs les imiterent en ce qu'ils se partageoient en plusieurs troupes, qui se succédoient les unes aux autres pour chanter continuellement les louanges de Dieu jour & nuit. Le Monastère d'*Acaune* ou *Agaune*, étoit contigu à une Ville nommée TARNADES ou TARNATES, bien marquée dans l'Itinéraire d'Antonin; c'est pourquoi on donna aussi le nom de *Tarnates* à ce Monastère, & la Règle qui y étoit observée, a été appellée *Regula Tarnatensis*, ramassée avec plusieurs autres par S. Benoît, Abbé d'Agnane, qui cite plusieurs fois la même Règle & toujours sous le nom de Règle des *Tarnates*, dans son Ouvrage de la *Concorde des Règles*.

Il paroît qu'il y avoit eu avant Sigismond un Monastère au même Lieu; car S. Avit, Evêque de Vienne, prêcha une Homelie sur la fondation que le Roi Sigismond avoit faite à Agaune, laquelle est appellée en ce Lieu Renouvellement: *In Innovatione Monasterii Agaunensis*. L'Abbaye après plusieurs changemens, & après avoir été brûlée par les Sarrasins établis en Provence dans le dixième Siècle, d'où ils ravageoient toutes les Alpes jusqu'à la source du Rhône, fut donnée aux Chanoines Réguliers l'an 1128. par Amédée III. Comte de Maurienne, qui disposoit auparavant de cette Eglise, comme il lui plaisoit, & où il y avoit des Séculiers qui ne faisoient aucun Office Canonial. Le Pape Honorius II. confirma cette année-là l'établissement des Chanoines Réguliers dans ce Monastère ; & le Comte aiant renoncé à la Prévôté de Saint Maurice qui fut unie au Convent l'an 1143. les Chanoines Réguliers y élurent un Abbé, comme ils ont toujours fait depuis jusqu'à présent.

Saint Maurice est au pied d'une haute Montagne, qui paroît se joindre avec celle qui est vis-à-vis de l'autre côté du Rhône, qui est là extrêmement serré, & il y a un Pont d'une seule Arche, qui est grand & d'une belle structure. Enfin ce Lieu est comme une porte qui ferme le passage de la Vallée, & duquel l'Abbé de S. Maurice est maître.

[b] Cette Abbaye fut presqu'entièrement consumée par le feu l'an 1692. & l'on faisoit monter la perte à 12000. Louïs-d'or. Au bout de quelques années on a commencé à y travailler, pour la rebâtir & la rendre plus belle & plus régulière, qu'elle n'étoit auparavant. Le feu épargna un Corps de logis, avec l'Eglise, qui est tout au pié du Rocher & qui le touche. On y garde l'épée de S. Maurice, dans une gaine d'argent. On y voit aussi par dedans & par dehors plusieurs belles antiquités, & sur-tout bon nombre d'Inscriptions Romaines. Près du Grand-Autel on voit un beau pavé à la Mosaïque, & dans une Chapelle trois Colonnes de Marbre, qui sont un Ouvrage antique. Voici trois autres Inscriptions que l'on voit encore à S. Mauris.

[b] Etat & Dél. de la Suisse, t. 4. p. 212.

M. Scheuchzer prétend que les deux premières n'ont été rapportées par aucun Auteur. La première se voit dans la muraille du Cimetiére. C'est un Monument élevé à l'honneur de l'Empereur, par les Peuples *Nantuates*:

P. CAESA
Ɔ DIVI. P. AUGUST. C-
OS. XI. TRIBUN. POTEST
ONTIFICI. . . . MAX
NANT. . . SPATRON.

Celle-ci se lit sur la Porte de la Tour:

D. M.
IT IN CIVI RE
CUND ONIN
BUS HONORI IIS
NOIO
SONIA. M. R.
JU BOOO . . . . O.
VON-MARITU.

La suivante se voit dans Simler & dans Plantin, mais avec tant de différence, qu'il est à propos de la rapporter telle que M. Scheuchzer, témoin oculaire, nous l'a donnée

M. PANSIO COR
AUL. FILIO SEVERO
II VIRO FLAMINI
JULIA DECUMINA
MARITO.

2. ST. MAURICE, Abbaye de France dans la Haute Auvergne, Ordre de S. Benoît, à trois lieues de la Ville de S. Flour au Couchant.

3. ST. MAURICE, petite Ville de Savoie dans la Tarantaise, au pied du Petit S. Bernard entre la Ville de Moutiers & celle d'Aouste.

S. MAURIN, Bourg de France dans l'Agenois. Il y a une Abbaye de l'Ordre de S. Benoît, située dans une petite & abondante Vallée, aux Frontières du Diocèse d'Agen, vers celui de Cahors & à quatre lieues d'Agen. On ignore le tems de sa fondation, qui est avant l'an 1056. Elle a été soumise à l'Abbaye de Moissac. Les Guerres des Albigeois dans le douzième Siècle, lui ont donné beaucoup à souffrir, aussi-bien que celles des Anglois dans le milieu du quatorzième. Elle n'a pas moins souffert de la part des Calvinistes dans le seizième Siècle. Elle fut presque entièrement détruite. Les ruines ont été relevées par M. Pierre de Villamont, au commencement du dix-septième Siècle. Elle a été réunie à la Congrégation de S. Maur, l'an 1651. On y compte jusqu'en 1705. vingt-cinq Abbés. Elle vaut à son Abbé quatre mille livres.

1. St. MAXIMIN, Ville de France en Provence au Diocèse d'Aix, à six lieues de la Ville de ce nom, à huit de Toulon, & à deux de la Ste. Baume, sur la Rivière d'Argens, dans une grande Plaine voisine de hautes Montagnes. Cette Ville, dit le docte Abbé [a] de Lonlaguerue, a commencé par un Monastère de Bénédictins qui étoit une filiation ou dépendance de l'Abbaye de S. Victor de Marseille. Charles Prince de Salerne, fils aîné de Charles I. Roi de Sicile, étant venu demeurer en Provence l'an 1279. ouït dire que le Corps de la Magdelaine étoit enterré ou caché dans une Chapelle ou une Cave souterraine de l'Eglise de S. Maximin depuis les premiers ravages des Sarrasins, arrivez vers l'an 730. & quoiqu'on n'eût jamais ouï parler de cela, & qu'il n'y eût ni titre ni Mémoire authentique, il fit ouvrir cette Chapelle, où on trouva des Reliques ou ossemens qu'on dit alors être de la Magdelaine ou d'autres Saintes. Deux ans après ce Prince fit venir à S. Maximin, Grimier Archevêque d'Aix avec plusieurs Evêques & Abbés, en présence desquels on mit dans une Châsse d'argent ces Reliques, qui attirèrent un grand nombre de gens à S. Maximin.

Le Prince Charles ayant succédé au Roi son père, fit sortir les Bénédictins de S. Maximin, & mit en leur place des Dominicains, qui donnèrent un grand crédit à ces Reliques nouvellement découvertes. Quelques-uns d'eux s'établirent dans une Caverne nommée la *Baume*, appellée depuis la *Sainte-Baume*, qui est au milieu d'une Montagne de trois lieues de haut, & qui en a dix d'étendue du Levant au Couchant, étant entourée d'une grande & épaisse Forêt entre les Villes de S. Maximin & de Toulon. On soutient en Provence que la Magdelaine, sœur du Lazare, y a vécu trente ans en pénitence. Des Auteurs célèbres ont travaillé à réfuter, comme une fable, cette Histoire de la Magdelaine, qui a été reçue depuis plus de quatre-cens ans, & défendue avec une grande animosité par les Provençaux, les plus habiles gens parmi eux ayant soutenu la vérité des Reliques de la Magdelaine, celles de Sainte Marthe à Tarascon, & celles du Lazare à Marseille.

Selon Mr. Corneille, cette Abbaye ancienne étoit sous la Règle de Cassien & fut donnée aux Dominicains pour les récompenser de ce qu'ils avoient trouvé le Corps de Ste. Magdelaine. Il ajoute:ils ont ce Privilège que leur Supérieur ne dépend d'aucun Evêque & qu'il a l'autorité de baptiser, de marier, & de porter les Sacremens aux Habitans de la Ville. L'Eglise de leur Couvent est grande, bien éclairée & d'une Architecture qu'on estime fort. Elle est ornée en dedans de plusieurs belles Colonnes de Marbre & particulièrement le Maître-Autel qui est un Vœu de Louis XIII. & qui passe pour un des plus magnifiques de France. Tout le reste de l'Eglise est tapissé d'un grand nombre d'*Ex Voto*, en peinture, de la main des plus habiles Peintres, & chaque Autel est enrichi de toutes sortes de Vases, de Chandeliers, de Lampes, & autres Ornemens d'or & d'argent. Cette Eglise renferme les Reliques que l'on dit être celles de Ste. Magdelaine. Elles sont dans une Châsse de Porphyre sous un petit Dôme soutenu de quatre Colonnes de Marbre devant le Grand-Autel. Dans une Cave ou Chapelle qui est sous la Nef, où l'on descend dix ou douze marches, est un Chef que les gens du pays assurent être celui de cette Sainte couvert d'un Crystal. On y remarque encore sur le front la place de deux doigts de largeur en chair, tirant un peu sur le roux sans être corrompue. C'est l'endroit où Notre Seigneur la toucha quand il lui dit *Noli me tangere*. Ce Chef est dans une Châsse d'or qui représente le col & les épaules, & qui a été donnée par le Comte de Provence, Charles II. Roi de Sicile. Elle est entourée de quelques petits Anges qui en font l'ornement en la soutenant. Il y a aussi en ce même lieu un petit Vase de crystal, dans lequel on voit quelque peu de terre que l'on dit avoir été trempée du Sang de Notre Seigneur *Jesus-Christ*, & que la Madelaine recueillit au pied de sa Croix. On dit que le jour du Vendredi Saint le Sang se sépare miraculeusement de la terre & bouillonne en s'élevant visiblement en présence de ceux qui sont attentifs à le regarder. Quoique ce lieu soit fort étroit, il renferme quatre Tombeaux, savoir de Ste. Magdelaine, de S. Maximin, de S. Marcel, & de S. Sidoine. Ils sont d'un Marbre qui paroît noir à la foible lumière de quelques Lampes qui brûlent continuellement dans cette Cave, où il n'y a aucun autre jour. Dans une Chapelle qui est tout proche, on fait voir plusieurs Reliques de Saints qui sont enfermées dans des Armoires, entre autres une Epaule de S. Laurent, le Chef de Ste. Susanne, des Cheveux de la Magdelaine, dont elle se servit pour essuyer les pieds de Notre Seigneur, un de ses Bras richement enchâssé, d'une longueur proportionnée à la grosseur de la tête que l'on croit être la sienne, ce qui fait juger qu'elle étoit d'une grande taille. On croit ajoute enfin Mr. Corneille que l'ancien nom de la Ville de S. Maximin étoit *Via Lata*. Celui quelle a aujourd'hui lui est venu de S. Maximin Archevêque d'Aix qu'on y enterra.

[a] Descr. de la France, Part. I. p. 358.

Il y a une belle Place publique & une Fontaine au milieu, la Maison de Ville avec son Horloge est à un de ses côtez.

ST. MAXIMIN, Abbaye d'Allemagne dans l'Electorat de Trèves, à un quart de lieue de Trèves [a]. Elle est de l'Ordre de S. Benoît. Il y a des Historiens qui disent qu'elle fut fondée du tems de l'Empereur Constantin. Le Roi Dagobert lui a donné de grands biens. Les Abbez ayant eu de longues Contestations pour l'immédiateté, avec les Electeurs de Trèves par qui elle leur étoit disputée, on porta leur affaire à la Chambre de Spire qui en ajugea l'exemption *Sine onere* à l'Electeur par Arrêt de l'an 1570. Depuis ce tems-là le Pape Urbain VIII. ayant cassé l'Election d'Agrice que les Moines avoient nommé sans son consentement après la mort de Pierre de Freudenberg, donna l'administration de cette Abbaye à Jean Guillaume Husman, Doyen du Chapitre de Trèves qui la remit à l'Electeur Philippe Christophle de Soteren. Les Religieux refuserent de le reconnoître & lui intenterent procès au Conseil Aulique, l'affaire fut portée à la Chambre de Spire par Ordre de l'Empereur. Il leur fut enjoint sous de grosses peines d'acquiescer à l'Arrêt qui avoit été rendu en 1570. L'Electeur de Trèves s'étant mis quelque tems après dans l'interêt de la France, l'Empereur Ferdinand III. prit sous sa protection l'Abbé de S. Maximin & en 1640. il le fit convoquer à la Diéte. Nonobstant cet avantage l'Electeur de Trèves est demeuré en possession de la Souveraineté de cette Abbaye, & en paye le contingent des charges de l'Empire.

ST. MEHEN DE GAEL, ou S. MEEN DE GAEL, ou S. JEAN DE S. MEEN, Bourg de France dans la Bretagne, au Diocése de S. Malo, à huit lieues de la Ville de Rennes vers l'Orient, & à six de Moncontour; il a pris son nom d'une Abbaye d'Hommes de l'Ordre de S. Benoît fondée en 565. par Judicael. Charlemagne en confirma ensuite la fondation; mais en 1640. on la donna aux Peres de la Mission de S. Lazare, qui y ont un Séminaire.

ST. MENOUX, Bourg de France dans le Bourbonnois au Diocése de Bourges. Ce Bourg est situé sur le Ruisseau de la Rose qu'on nomme aussi de S. Menoux. Il est à trois lieues de Moulins, & à deux de Bourbon l'Archambaud. Ses terres sont fortes, à froment, seigle & avoine, & de bon rapport. Les foins sont abondans & grassifs, les pacages resserrés. Les Habitans font un commerce assez considérable. Il y a quelques Vignes de bon produit, quelques Bois modernes, & quelques Etangs. La Taille est personnelle, & la Cure à pension. Il y a six Foires, le trois de Février, le Mardi de la Pentecôte, le onze Juin, le vingt-quatre Août, & le trente Octobre. Il n'y a point de Marché. Cette Paroisse a pris son nom de l'Abbaye, dont l'Abbesse est Dame du Lieu. Cette Abbaye est de Filles, de l'Ordre de S. Benoît; elle a été fondée vers l'an 1000. par les Seigneurs de Bourbon,

[a] D'Audifret, Géogr. Hist. t. 3.

de Montfaucon & de Carenton. On veut qu'elle ait d'abord été occupée par des Moines du même Ordre, avant les Religieuses. Elle a été réformée en 1507. & unie à la Congrégation de Chesal-Benoît, & depuis à celle de S. Maur. Il y a seize Dames de Chœur, elles jouïssent de douze à quinze mille Livres de rente. La Paroisse dans laquelle elle a été bâtie se nommoit autrefois Mouilly.

ST. MESMIN De Miei, Bourgade de France dans l'Orléanois sur la Loire, à une lieue & demie au-dessous d'Orléans. Il y a une Abbaye qui étoit de l'Ordre de S. Benoît & qui est présentement possédée par les Feuillans. Elle fut fondée du tems de Clovis par S. Maximin ou Mesmin.

ST. MICHAELSTOWN, Ville de l'Amérique dans l'Isle de la Barbade l'une des Antilles, sur la Côte Occidentale de l'Isle, elle est défendue par une Citadelle. Cette Ville a un bon Port & appartient aux Anglois, comme toute l'Isle où elle est située.

1. ST. MICHEL, Isle du Golphe de Venise près de la Côte de Dalmatie vis-à-vis de la Ville de Zara. Elle a environ cinq lieues de longueur sur deux de largeur.

2. ST. MICHEL, petite Ville de Savoye, dans la Maurienne, sur la croupe d'une Montagne à côté de laquelle on voit un Château qui a soutenu autrefois un Siège.

3. ST. MICHEL. Voyez SAN MIGUEL.

4. ST. MICHEL DE L'AIGUILLE, Abbaye d'Hommes en France dans le Velay. Elle est de l'Ordre de S. Benoît & située près de la Ville du Puy. Elle doit son commencement à Truan, Doyen de l'Eglise du Puy, vers l'an 962. Cette Abbaye a été nommée de l'Aiguille, du nom d'un Rocher très-escarpé & très-aigu près de la Ville du Puy, sur lequel le Truan fit bâtir l'Eglise avec la permission de Gotiscald, alors Evêque du Puy, qui en fit la consécration. Il avoit aussi obtenu de de la laisser en propre à celui qu'il voudroit de ses héritiers; mais il changea de dessein, & la laissa à la Communauté des Freres de Ste. Marie, c'est-à-dire au Chapitre des Chanoines ses Confréres, à la charge par eux d'une rente perpétuelle de trois deniers par jour, pour faire prier Dieu, pour lui & pour le salut de l'ame de l'Evêque Gotiscald. Cette Eglise par succession de tems fut Cathédrale après le Chefcier (*Post Præpositum*.) Tous les revenus sont présentement réunis à la Manse Capitulaire.

5. ST. MICHEL L'ARCHANGE. Voyez ARCHANGEL.

6. ST. MICHEL DE CUZAN, Abbaye d'Hommes, de l'Ordre de S. Benoît, en France dans le Roussillon, au Diocése de Perpignan. Elle vaut douze mille Livres à l'Abbé, & neuf mille Livres aux Religieux. Cette Abbaye fut fondée vers le regne de Charles le Chauve par quelques Pretres du Diocèse d'Urgel, qui obtinrent de leur Eveque nommé Villade, la permission de faire cet établissement

dans

dans celui d'Elne. Pierre Urceoli ci-devant Doge de Venise a fort illustré cette Abbaye par la vie exemplaire qu'il y a menée; on y montre son Tombeau & ses Reliques. Cette Abbaye est située à un quart de lieue de la Ville de Prades, dans une gorge de Montagnes, & dans le Pays de Conflant. Elle est de l'ancienne Congrégation de Valladolid. Sa Jurisdiction s'étend sur douze Paroisses. Elle est à présent possédée par l'Evêque de Perpignan sur la nomination du Roi, en conséquence de l'Indult de Clément IX.

7. ST. MICHEL EN BRENNE, Bourg de France dans la Touraine, sur la Claize, aux Confins du Berry, à six lieues de Châteauroux du côté de l'Occident.

8. ST. MICHEL DE L'ECLUSE, Abbaye de Bénédictins, dans le Marquisat de Suse, près de la petite Ville de S. Ambroise. Ceux du pays prétendent qu'elle a été bâtie par les Anges. Les Rois Lombards y avoient fait faire un grand rempart pour en fermer l'avenue aux Etrangers. On l'a nommée de l'Ecluse à cause qu'elle est dans le voisinage de la Chiuza. Cette Abbaye est célèbre par l'avantage, qu'elle a d'être l'un des quatre Chefs d'Ordre de S. Benoît, & d'avoir sous elle un grand nombre d'Abbayes & de Prieurez tant en France qu'en Italie.

9. ST. MICHEL EN L'ERME, *Cœnobium Sancti Michaelis in Eremo*, Abbaye de France en Poitou, au Diocèse de Luçon, à cinq lieues de la Rochelle, & à deux au Midi de Luçon, avec un Bourg auquel elle donne son nom. Cette Abbaye a été fondée l'an 682. par Ansoald Evêque de Poitiers. Il est dit dans la Chronique de Maillezais qu'elle fut renversée, dans les guerres de 877. & qu'Ebulus ou Ebius, Evêque de Limoges, le même qu'Eblon ou Ebulon, en fut le restaurateur; il y est enterré. Son frere Guillaume surnommé Tête d'Etoupes, Duc d'Aquitaine & Comte de Poitiers, lui donna beaucoup de biens en fond en 961. enfin l'an 990. le Comte Guillaume III. ou Guillaume IV. du nom donna à Robert Abbé de S. Florent le soin de rétablir la petite Eglise de S. Michel en l'Erme. La Dédicace en fut faite l'an 1047. & on la célèbre tous les ans le 30. d'Août. L'Abbé prenoit aussi le titre de Baron du Bourg de S. Michel. Mais aujourd'hui les revenus sont unis au Collége de Mazarin à Paris dont d'une Bulle du Pape Clément X. du mois d'Août de 1671. On y comptoit trente-quatre Abbez en 1669. Mr. Nicolas Colbert Evêque de Luçon y a introduit des Bénédictins de la Congrégation de S. Maur qui ont rétabli la Maison & l'Eglise. Quelques-uns écrivent S. MICHEL EN L'HERM.

10. ST. MICHEL EN MER. Voyez au mot l'Article MONT S. MICHEL.

11. ST. MICHEL EN THIERACHE, Bourg de France en Picardie, sur la Rivière d'Oise à trois lieues de la Capelle & à deux d'Aubenton. Il a pris son nom d'une Abbaye de l'Ordre de S. Benoît qui y a été fondée en 944. par Guilbert Comte de Thiérache pour y déposer le Corps de S. Adalgis: d'autres la disent fondée seulement en 1269. Mr. Corneille dit qu'elle fut fondée par Pétronille de Roucy, Veuve de Raoul Comte de la Vieuville.

12. ST. MICHEL, Ville, ou Bourg de l'Isle de Malthe,[a] appellée autrement l'Isle de la Sengle, (encore qu'elle ne soit séparée de la Terre-ferme, que par un fossé,) du nom du Grand-Maître, Claude de la Sengle, qui le fit bâtir environ l'an 1560. Elle est placée sur une pointe ou Quartier de Rocher. Elle est bien fortifiée à la moderne, a environ une lieue de circuit, & est pour la plus grande partie habitée de Mariniers ou Corsaires qui vont contre les Turcs.

[a] *Dapper, Description de l'Afrique pag. 516.*

Il y a un Port entre le Borgo S. Angelo ou Bourg S. Ange, & le Bourg S. Michel, où tous les Corsaires & les Galéres de Malthe viennent se mettre à l'Ancre, avec leur butin, tant des Turcs, que des Chrétiens. On le peut fermer par le moyen d'une grosse chaîne de fer tendue au travers, & par conséquent en empêcher l'entrée à la Flote Turque, si elle vouloit entreprendre d'y venir. On arbore le Pavillon de la Cité Vallette, & du Château à l'arrivée de quelque Vaisseau, ou Galére. Derrière le Château S. Michel est le Port où les Vaisseaux Hollandois ont accoutumé de venir ancrer. Il y a quatre Eglises, savoir *Maria Porto Salvo, Madama de Vittoria, S. Philippo Nere, & S. Julian*. Derrière la Ville & au bout du Port du côté de l'Orient est la Burmoloy comme qui diroit la Ville de dehors ou le Fauxbourg, habitée par des Mariniers tout contre deux Ports, dont l'un est appellé *la Marza*, & l'autre *la Marza Picciola*, c'est-à-dire le petit Port.

13. ST. MICHEL (L'ISLE DE), L'une des Açores. Voyez SAN MIGUEL.

14. ST. MICHEL, Ville de l'Amérique Septentrionale, dans la Nouvelle Espagne dans la Province de Mechoacan. Elle est fort peuplée & fut bâtie par le Vicerois Louïs de Velasco, contre les fréquentes courses des Tarasques, & des Otomis, qui incommodoient fort les Espagnols. Cette Ville est à quarante lieues de México, vers l'Ouest dans un terrain plat, mais un peu rude, le long du chemin qui mene aux Mines d'Argent de Zacatecas. Il y a dans le Territoire de cette Ville plusieurs Censes ou Métairies, & de très-beaux Pâturages.

15. ST. MICHEL, petite Riviére de l'Amérique au Brésil, dans la Capitainie de Fernambuc, où elle se jette dans la Mer du Nord.

16. ST. MICHEL, Ville France au Duché de Bar, dans l'Etat du Duc de Lorraine. Voyez S. MIHEL comme prononcent les Lorrains.

17. ST. MICHEL, ou S. MIEL, Ville du Duché de Bar, dans un Bailliage, auquel elle donne son nom. Ce nom est selon la remarque de l'Abbé de Longuerue une corruption de celui de S. Michel, à l'honneur duquel Vulfoalde[b] Maire du Palais du Jeune Childeric Roi d'Austrasie, & ensuite Monarque des Fran-

[b] *Descr. de la France, p. 184. Part. 2.*

François, fonda vers l'an 660. sur la Riviére de Meuse un Monastère, lequel a été très-riche, & très-puissant; mais dont Frédéric qui fut créé Duc de Mosellane, se rendit le Maître, & s'appropria une grande partie des biens & des droits, ne se disant néanmoins qu'Avoué, c'est-à-dire Protecteur, ou Défenseur, ce que ces Successeurs les Comtes de Monçon, & de Bar, ont fait durant long-tems. Mais depuis les Comtes & les Ducs étant devenus véritables Seigneurs propriétaires de la Ville de S. Mihel, la firent Chef-Lieu du Bailliage du Pays d'entre la Meuse & la Moselle, & ils y établirent une Cour Souveraine, pour décider en dernier ressort les procès de leurs Sujets du Barrois nonmouvant; laquelle Cour a subsisté jusqu'au Duc Charles, du tems duquel, au Siècle passé, cette Cour fut supprimée, n'y ayant aujourd'hui d'autre Tribunal Supérieur pour la Justice que celui de Nanci, appellé la Cour Souveraine de Lorraine, & de Barrois. Le Bailliage de S. Michel, est fort grand, & s'étend entre la Meuse & la Moselle jusqu'aux Confins de la Province de Luxembourg. Les anciennes Châtellenies de ce Bailliage sont Sanci, Briei, Bouconville, la Chausée & Foug.

N.

1. St. NAZAIRE, Village de France en Languedoc, au Diocèse de Narbonne, sur l'Aude. C'étoit autrefois une petite Ville avec un fort bon Château, lequel appartenoit en propriété à la fameuse Abbaye de Fonfroide, & cette Ville avoit en 1441. un Gouverneur dont elle payoit les appointemens. Ce Lieu étoit fort pendant les troubles pour tenir en respect les ennemis de l'Etat.

2. St. NAZAIRE, gros Bourg de France dans la Bretagne, au Diocèse de Nantes avec un Port de Mer, dans l'Embouchure de la Loire, à une demi-lieue du Bourg. Dans l'étendue de cette Paroisse il y a un Village nommé S. MARTIN, auprès duquel il y a un Champ où l'on trouve quantité de pierres d'Aimant. Celles qui sont répandues sur la terre en très-grande quantité n'ont pas beaucoup de force; mais on en trouve de très-précieuses, quand on fouille dans la terre. Cette quantité d'Aimant est cause que les Boussoles des Vaisseaux varient extrêmement à la hauteur de ce Lieu. Ce Bourg est à dix lieues au-dessous de Nantes & à trois de Paimbœuf.

St. NECTAIRE. Voyez SENNETERRE.

St. NEOTS, petite Ville ou Bourg d'Angleterre, dans le Huntingtonshire. Ce Lieu qui est remarquable par ses Eaux Médecinales, tient Marché public.

1. St. NICOLAS, ou NICLASBOURG, Ville de Lorraine sur la Meurte, à deux lieues au-dessus de Nanci. Elle a tiré son nom du célèbre S. Nicolas, dont les Peuples ont grande dévotion, venant de bien loin en Pélerinage, en ce Lieu-là. Le véritable nom de cette Ville est PORT, d'où vient que le Doyenné Rural de S. Nicolas s'appelle jusqu'aujourd'hui le DOYENNÉ DE PORT. Il y a un des Archidiaconés de l'Eglise de Toul, qui s'appelle L'ARCHIDIACONÉ DE PORT. Les Ducs de Lorraine en ont eu la Seigneurie, il y a plus de six cens ans. Le Duc Ferri II. donna l'an 1265. la Loi de Beaumont en Argonne, avec des Priviléges aux Habitans de Port, dont il consentit que le Comte de Champagne fut garand. Mais les Ducs ont été Souverains à S. Nicolas, qui a été joint à la Prévôté & Châtellenie de Nanci.

On garde en l'Eglise de Saint Nicolas une Relique de ce Saint, laquelle y fut apportée de la Ville de Bari en la Pouille par un Lorrain sur la fin de l'onzième Siècle. L'abord continuel des Pélerins a fait changer l'ancien Village de Port en une Ville assez grande & assez peuplée: l'Eglise qui est belle, & qui ne cède à aucune Cathédrale, est aujourd'hui desservie par les Bénédictins de la Congrégation de S. Vanne.

2. St. NICOLAS DES BIEFS, Village de France, dans le Bourbonnois au Diocèse de Clermont. Cette Paroisse est située à quatre lieues de la Palisse & de Roanne, & à cinq de Cusset. Les deux petits Ruisseaux de Caindre & Barbenant y prennent leurs sources. Elle est du Présidial de Moulins, de la Coûtume de Bourbonnois, & du Grenier à Sel de Vichy. Son Territoire est en Bois, Broussailles, Rochers & Bruyéres. On y recueille peu de bled, peu d'avoine. Il y a quelques prez, qui ne se fauchent qu'au mois d'Août; il y a de la neige cinq mois de l'année. Les Habitans travaillent au Bois & font des Sabots. Il y a une Verrerie; la consommation de ses denrées se fait à Roanne, à la Palisse & à Cusset.

3. St. NICOLAS DE CHANTELLE-LE-CHATEAU, Ville de France dans le Bourbonnois. Cette petite Ville est une Châtellenie Royale du Présidial de Moulins & du Grenier à Sel de Gannat. Elle est située sur la Riviére de Bouble, à deux lieues de S. Pourçain. Les Jésuites de Moulins y nomment, à cause de leur Prieuré de Chantelle; ses Annéxes sont Tizat, Charbouillat & Châtenay. On y recueille du Bled, du Seigle & du Vin. Il y a un Prieuré uni au Collège des Jésuites de Moulins: un Couvent d'Augustins qui ont deux mille livres: un petit Hôpital. M. Le Duc est Seigneur de ce Lieu. Les Habitans s'occupent à la culture des terres. Il y a six Foires; il y avoit autrefois un Marché. C'est un grand concours de dévotion le Jeudi avant la Pentecôte.

4. St. NICOLAS, Isle de l'Océan Atlantique, l'une des plus grandes du Cap-Verd, située à vingt-deux lieues ou environ à l'Ouest Sud-Ouest de celle de Sale; en Latin *Insula Sancti Nicolai*. Elle est entre celle de Ste. Luce & de S. Jacques. Son étendue est considérable & sa figure triangulaire. L'Orient qui est le côté le plus large, a trente lieues de longueur & les deux autres en ont plus de vingt chacun. C'est un Terroir montueux, stérile & pierreux tout autour de la Mer. Dans

N 3

le cœur de l'Isle il y a quelques Vallées, où les Portugais qui les habitent ont des Vignes avec du bois à brûler. Le Vin qu'ils recueillent paroît gros, quoique assez pâle, & a le goût du Vin de Madere. La Ville Capitale est dans un Vallon, & le Gouverneur a plus de cent Familles sous lui, outre les autres Habitans, qui sont dispersés dans les Vallées les plus éloignées; ils sont tous fort basanez. Il y a dans cette Isle quantité de Chévres; mais mauvaises en comparaison de celles qu'on trouve dans les autres Lieux, quoique meilleures que celles des Isles de Salé. Il y a aussi grand nombre d'Anes.

5. St. NICOLAS, petite Ville de l'Archipel dans l'Isle de Santerini. Elle est située en une des Pointes de l'Isle. C'est un Lieu fort élevé, dont les Maisons sont bâties sur le penchant de quelques Rochers noirs & brûlés. Il y a environ cinq cens personnes, dont la plûpart habitent des Grottes qu'ils ont faites sous la terre, qui est fort légére & facile à remuer; étant toute de pierre de ponce.

6. St. NICOLAS (Le Cap de). Voyez CAP.

7. St. NICOLAS, Fort de la Dalmatie, dans l'Etat des Venitiens, sur un Ecueil, à la Bouche du Canal qui conduit à la Ville de Sebenico, de laquelle il est à deux milles.

8. St. NICOLAS, Bourg des Pays-Bas dans la Flandre au Pays de Vaes, à quatre lieues d'Anvers du côté de l'Occident.

9. St. NICOLAS, petite Ville de l'Embouchure de la Riviére de Dwina, sur la Mer-Blanche. Elle est à l'Orient d'un petit Golphe dont l'entrée est assés étroite, & que l'on appelle la Rade de S. Nicolas.

10. St. NICOLAS, Monastère de l'Empire Russien au Midi du Lac de Ladoga, & au Couchant de l'Embouchure de la Volchova dans ce Lac. Mr. Corneille en fait une Ville.

11. St. NICOLAS AU BOIS, Abbaye de France en Picardie dans les Bois de Couci, entre Laon & la Fére. Elle est de l'Ordre de S. Benoît, & de la Congrégation de S. Maur. Dans son Voisinage est une célébre Verrerie à deux lieues de Crepi en Laonois.

12. St. NICOLAS DES PRE'S, Abbaye de France en Picardie dans le Laonois près de Ribemont, à quatre lieues de Creci sur Serre. Elle a été fondée par Anselme, Comte de Ribemont l'an 1083.

13. St. NICOLAS, Ville de France au Bas Armagnac, dans le Diocèse d'Aire au Parlement de Toulouse. Elle a 1200. Habitans.

O.

St. OMER, Ville Episcopale de France dans l'Artois, sur la petite Riviére d'Aa qui y fait un grand Marais, & la rend très-forte du côté qu'elle en est arrosée. Elle est à trois lieues d'Aire, & à pareille distance des ruïnes de Terouanne, à sept de Béthune, à six de Bergues, & à huit de Dunkerque, & de Calais. Son terrain est bas du côté de la Riviére, l'autre côté est plus élevé, & elle est voisine d'un petit Côteau. Elle a pour défense non seulement son Château, mais plusieurs grands Bastions de grosses pierres de taille, entre lesquels il y a des demi-lunes qui n'en laissent pas approcher facilement; à quoi il faut ajouter la largeur de ses fossez qui sont sans eau, à cause que le lieu trop élevé ne permet pas qu'ils en ayent; mais si profonds qu'on auroit peine à escalader les murailles de ses remparts. Le Quartier de la Basse Ville où la Riviére entre est le moins peuplé. La grande Place est environnée de plusieurs Palais; la Maison de Ville avec son Horloge, & l'ancien Palais sont des principaux. Ce dernier sert présentement de Magazin, & le dessous sert de Halles. Les trois plus grandes Rues de la Ville aboutissent à cette Place. En l'une est l'Eglise Cathédrale dédiée à S. Omer, remarquable par son Jubé, son Maître-Autel, ses Chapelles enrichies de Marbres & de très-belles Peintures, par ses Tombeaux, & sa haute Tour, & par la magnificence, & la grandeur de son Bâtiment. Le Chapitre de cette Eglise est composé d'un Doyen, de deux Archidiacres, d'un Pénitencier, de deux autres Dignitez, & de trente Chanoines. Il y a cinq Abbayes d'Hommes & cinq de Filles dans ce Diocèse, qui faisoit autrefois partie de celui de Terouanne, duquel le Pape Paul IV. le sépara en 1556. Il a cent dix Paroisses divisées entre l'Archiprêtré de Ste. Aldegonde, & les Doyennez de Hesdin, d'Aire, d'Arcq, de Lillers, de Merville, de Morbecque, d'Helfand, de Longuenesse, d'Andruicq, de Bourbourg, de Watte & de Bollizelé.

Dans l'autre Rue est la riche Abbaye de S. Bertin de l'Ordre de S. Benoît. La structure de l'Eglise, & du reste de ses Bâtimens, est de pierre blanche façonnée, & on y conserve un grand nombre de Reliques. Aux deux côtez du Portail de cette Eglise est un grand Clocher quarré & fort haut, sur lequel on place toujours un Guet pour découvrir s'il y a du monde aux environs. Les Portes de la Ville ne s'ouvrent point qu'il ne fasse jour, & que ce Guet n'ait donné avis par un signal qu'il n'a rien vu qu'on doive craindre.

Dans la troisième Rue, qui est la plus longue, est le grand Collége des Jésuites, dont la Maison & l'Eglise sont bâties à l'Italienne, à la reserve de deux Tours quarrées qui s'élevent des deux côtez du Chœur. Outre ces Eglises il y a à S. Omer six Paroisses savoir:

Ste. Aldegonde,	S. Martin,
S. Denys,	Ste. Marguerite,
S. Jean,	Le S. Sépulcre.

Il y a un Couvent de Capucins, un de Recollects, un de Dominicains, & un de Carmes déchaussez. Il y a plusieurs Monastéres de Filles, savoir d'Ursulines, de Sœurs-Grifes, de Conceptionistes, d'Urbanistes, de Repenties, de Riches Clairettes, de Pauvres Clairettes, de Capucines, de Notre-

Notre-Dame du Soleil, & de Ste. Cathérine: deux Hopitaux de Filles, & un Hôpital Général pour les Pauvres: deux Maisons dont une est pour les Orphelins, l'autre pour les Orphelines, on les nomme *Bluets & Bluetes*, à cause de la couleur de leur habit; une autre où il y a douze pauvres Vieillards en mémoire des douze Apôtres, un Séminaire, la Chapelle de Notre-Dame des Miracles au milieu de la Place, & plusieurs Bourses dont le revenu sert à entretenir un certain nombre d'Enfans au Collége, à marier quelques Filles, à revêtir des Pauvres. Le Fauxbourg nommé le *Haut Pont* est assez beau, & nous en parlerons dans la suite. Le Bailliage de S. Omer est composé d'un Grand Bailli, d'un Lieutenant Général, & de plusieurs Conseillers: plus de cent Villages en ressortissent, & l'on y plaide deux fois la semaine aussi bien qu'à l'Echevinage qui est composé d'un Mayeur qui change tous les ans, de douze Echevins, & de plusieurs autres Officiers. Ce qui est fort commode pour la Ville, c'est qu'il y remonte des Barques de la Mer. Elles passent à Gravelines par le moyen de la Rivière d'Aa qui fait un Pays si bas presque tout couvert d'eau, qu'Ortelius & quelques autres ont soupçonné que la Mer alloit autrefois jusqu'à S. Omer, quoiqu'elle en soit aujourd'hui éloignée de six lieues. Elle y faisoit selon eux un Port dont César fait mention. Ils en apportent pour preuve des Ancres, & autres Instrumens de Marine qu'on a trouvés dans le Sable. On tient à Saint Omer Marché deux fois la semaine, & deux Foires par an, l'une au Carnaval, & l'autre à la S. Michel.

Duchesne rapporte ainsi l'origine de cette Ville d'après l'Annaliste de Flandre:
„ Après que le très-fameux Evesque des
„ Morins Audomare (Omer) eut aucunement adouci les cœurs farouches des
„ Morins par la Prédication de l'Evangile, il y eut plusieurs hommes de marque, & très-insignes en sainteté de vie
„ qui vindrent à lui; entre lesquels fut
„ Bertin son Concitoyen, qui y vint depuis le Rhin avec Momolin & Berthan,
„ pour visiter cet Omer, qu'on estime
„ avoir été son parent, lequel le reçut joyeusement, & avec un doux, & gracieux accueil. Or ce Bertin s'étant
„ quelque tems arrêté à Terouane, y vivant saintement, il lui fut donné un
„ Héritage par Adroalde homme très-riche & fort vertueux en un Village
„ nommé SITHIU, pour y bâtir un Monastère: car ainsi se nommoit jadis ce
„ Bourg qui à présent est une Ville fameuse portant le nom de S. Omer. Cette Abbaye commença à multiplier, de
„ sorte que le lieu perdit son premier nom
„ & commença à porter celui de l'Abbaye entant que le Seigneur, & Comte d'Arques nommé Walbert, qui tenoit grande Seigneurie au Pays des
„ Morins se faisant Moine, & dédiant
„ son fils à Dieu, donna sa Comté, &
„ Seigneurie à S. Bertin & à son Abbaye, & même donation fit-il de la Place
„ de PEUPHAGUE, laquelle fut confirmée
„ par le Roi Charles le Chauve, ainsi qu'il
„ se peut voir par les Chartres & Lettres anciennes de l'Abbaye de S. Bertin. Or le Bourg de Sithiu estant peuplé, & aggrandi par le grand nombre
„ du Peuple qui y abordoit à cause de la
„ sainteté des Religieux & Abbé de la
„ susdite Abbaye, on commença aussi à
„ le clorre de murailles, & S. Omer estant mort en l'an 695. & enterré en la
„ susdite Abbaye, il advint aussi que cette Ville perdit son ancien nom, & porta celui de cet Evesque qui est reconnu
„ pour Patron, & pour la mémoire &
„ honneur duquel chacun y abordoit,
„ s'estimoit heureux, s'il pouvoit estre le
„ Citoyen du lieu où reposoient ses Ossemens, comme aussi la pluspart des Evesques de Terouenne y ont esleu leur
„ sépulture, & fait bastir l'Eglise principale de S. Omer. Tel que fut Erckembaud
„ (Archembaud) en l'année 742. Cette Place est de long temps forte, comme ainsi
„ soit que nous lisons que dès l'an 846.
„ comme les Normands courussent toute
„ la Gaule, l'Abbé de Gand nommé Enkeric, & le Gouverneur de la même Ville, appellé Franger, porterent au Château
„ de S. Omer les Corps de S. Bavon, &
„ Pharabilde, de crainte que les Normands ne les brûlassent, & derechef
„ on les porta à Laon craignant que S.
„ Omer ne fust pour résister aux Barbares.

Mr. Baillet [a] met quelque différence tant dans les circonstances que dans les dates. S. Omer, dit-il, Evêque de Terouenne, ayant bâti un Monastère à SITHIU vers l'an 648. choisit S. Mommolein, pour en être le premier Abbé. Le fonds de terre lui en avoit été donné vers l'an 645. par un Seigneur du Pays nommé Adroald. S. Mommolein, ayant été fait Evêque de Noyon en 659. laissa l'Administration du Monastère à S. Bertin qui l'alla rétablir tout de neuf, à quelque distance delà, dans la place où il a toujours été depuis, & où il a pris le nom de S. Bertin. S. Omer étant mort l'an 668. (ceci est très-différent de la date 695. marquée par l'Annaliste ci-dessus) fut enterré par S. Bertin, son Disciple & son parent, Abbé de Sithiu, dans l'Eglise de Notre-Dame qu'il avoit bâtie, & qui est devenue Cathédrale de la Ville qui s'y est formée sous le nom de S. Omer. Le Corps fut enlevé depuis par Mor Abbé de S. Quentin, puis recouvré à main armée l'an 843. par Folcuin Evêque de Terouenne, & remis non pas dans l'Eglise de Notre-Dame, mais dans celle du Cloître même de l'Abbaye. Long-tems après on transporta le Chef avec quelques Ossemens dans l'Eglise de Notre-Dame, desservie alors par un Collége de Chanoines.

L'Annaliste déja cité rapporte un fait remarquable que Voici. „ Baudouin Comte mourut à Gand, son Espouse Elstru„ de lui dressa ses funerailles, & l'enter„ ra à Blandin en la Chapelle de Notre„ Dame où aussi elle mourant, ordonna
„ d'estre

[a] Topogr. des Saints P. 354.

„ d'eſtre inhumée, & ne voulut que ce
„ fûſt à Sithieu, ou en ſon Egliſe, à cau-
„ ſe qu'il n'eſt loiſible à femme quelcon-
„ que d'y entrer. " On voit par ce paſſage que les femmes n'avoient point la
permiſſion d'entrer dans l'Egliſe de l'Abbaye, pas même après leur mort. Le Fauxbourg du *Haut Pont*, dont il a été parlé a
donné lieu a bien des ſpéculations, par
le recit exagéré qu'en ont fait des Voyageurs. Quelques-uns ont publié que les
Habitans de ce Fauxbourg, ſont une
Nation particuliére, qui a ſes uſages entiérement différens de ceux du Pays: qu'ils
parlent entre eux un langage que perſonne qu'eux ne peut comprendre: qu'ils ont
grand ſoin de ne s'allier jamais qu'entre
eux, & que, pour rien au monde, ils ne
ſe marieroient pas qu'avec des gens du
même Fauxbourg: qu'ils ne ſouffrent point
de Prêtres pour leurs Paſteurs, qui ne
ſoient nés parmi eux; & qu'enfin on a pris
le parti de ne les point gêner, parce qu'en
effet ce ſont de bons Citoyens. La choſe
dite avec ce tour là, a un certain air de
ſingularité qu'elle perd aiſément, quand on
ſe contente de dire que ce ſont environ
trois cens Maiſons habitées par des familles
originairement Flamandes, qui ſont venues s'y établir depuis long-tems. Ces
familles ont conſervé entre elles leur ancien Jargon qui ne ſe trouve différent de
celui qu'on parle en Flandres, que parce
qu'il n'a pas ſuivi comme lui les mêmes
changemens. Ils conſervent ſcrupuleu-
ſement l'ancienne ſimplicité de leur Nation, & pour ne s'en point éloigner, ces
Familles ne s'allient qu'entre elles, & pour
cet effet l'Evêque, autoriſé par le S. Siège, leur accorde facilement les diſpenſes
pour lever les obſtacles de la Conſanguinité. A l'égard des Prêtres, il eſt de la
prudence de leur en donner qui ſoient
pris d'entre eux, dès qu'ils ont des ſujets propres à l'Ordination. Ces Eccléſiaſtiques
peuvent y faire plus de fruits que d'autres.

A l'Orient de ce Fauxbourg, qui eſt ſur
les deux bords de l'Aa, & au Nord-Eſt
de S. Omer, entre cette Ville & l'Abbaye de Clairmarets ſont les fameuſes Iſles
flottantes de S. Omer. Ce ſont des Iſles
ſoutenues effectivement ſur l'eau du Marais, & qui ne portent point ſur le lit de
cette eſpèce de Lac; mais elles vont ſelon le mouvement qu'on leur donne. On
les fait aller de côté & d'autre, à peu près
de la même maniére que l'on conduit un
Bâteau ſoit avec des perches ſoit avec des
cordes. Il y a toujours de l'herbe, &
des pâturages; & ceux du Pays les approchent du bord de l'eau, afin d'y faire entrer
leurs Beſtiaux, & quand ils y ſont ils les
pouſſent où ils veulent. Il y croît auſſi
des Arbres, mais on a ſoin de les tenir bas,
& d'empêcher qu'ils ne s'élevent aſſés, pour
donner beaucoup de priſe au Vent.

1. ST. OUEN, Village de France au
Voiſinage de Paris, près de S. Denys &
de Clichy-la-Garenne. Il y a pluſieurs
belles Maiſons. Son nom Latin eſt *Fanum
Sancti Audoeni*, ou dans le Latin Barbare
du moyen Age *Capella Sti Audoeni*. La
Maiſon qui a appartenu à Bois-Franc,
Chancelier du Duc d'Orléans, frere de
Louïs XIV. & qui eſt occupée par le Duc
de Tresmes, eſt du deſſein de le Pautre
fameux Architecte. Le Village a été
confondu par Nicole Gilles, par du Breuil,
par Ste. Marthe, avec Clichy-la-Garenne
qui en eſt fort proche. Le Château étoit
une Maiſon Royale au milieu du XIV.
Siècle. On la nommoit la Noble Maiſon.
C'eſt-là que le Roi Jean inſtitua l'Ordre
des Chevaliers de l'Etoile, qui à cauſe du
Lieu de leur inſtitution furent quelquefois
appellez les Chevaliers de la Noble Maiſon. L'Ordonnance du même Roi pour la
Réformation de l'Etat, de la Juſtice &
des Officiers fut faite *à la Noble Maiſon
près S. Denys* au Mois de Mai de l'an 1355.

2. ST. OUEN, Abbaye de France,
Ordre de S. Benoît, au Diocèſe de Tarbes.

ST. OYAN. Voyez ST. CLAUDE.

P.

ST. PAIR, Bourg de France en Normandie, au Diocèſe d'Avranches. Il eſt
ſitué à une lieue de Cuves & de la Riviére de Sée, à deux ou environ de l'Abbaye de S. Sever. On y tient un Marché
le Jeudi.

ST. PALAIS, en Latin *Fanum Sancti
Pelagii*, Ville de France dans la Baſſe Navarre au Diocèſe de Bayonne, dans le petit Pays de l'Amix ſur la Bidouſe, à ſix
lieues de S. Jean pied de Port. Elle diſpute avec S. Jean pied de Port la qualité
de la Capitale de la Navarre Françoiſe,
parce que c'eſt dans cette Ville qu'Henri
d'Albret, Roi de Navarre, établit ſa Chancellerie après la perte de Pampelune. Elle
eſt en un Lieu élevé, cloſe de quelques
murailles, & de deux foſſés avec une Porte à chaque bout de la Ville.

ST. PAPOUL, Ville de France en Languedoc, avec Evêché. Elle eſt dans le
Lauragais, où ſe trouve auſſi la plus grande partie de ce Diocèſe, qui eſt entre
ceux de Toulouſe, de Mirepoix, & de Car-
caſſonne. La Ville de S. Papoul eſt à neuf
lieues de Toulouſe, & à trois de Caſtel-
naudari. Son nom Latin eſt *Sancti Papuli Fanum* ou *Pappulum*, & quelquefois
Pappolum. C'étoit autrefois un Monaſtère gouverné par un Abbé, avec un petit Bourg & un Château. C'eſt ce Monaſtère qui a été ſouvent déſigné dans les
Vieux Actes par *Monaſterium Sancti Pauli*;
ce qu'on pourroit expliquer *Sancti Papuli*
par abbréviation, ſi Catel n'avoit pas fait
remarquer que dans l'un de ces Vieux
Actes on liſoit *Monaſterium Sancti Pauli
ſeu Papuli*. Cette Abbaye tira ſon nom
de celui de S. Papoul Martyr, Compagnon
de S. Sernin. On dit, mais ſans aucune
preuve certaine, que l'Empereur Charlemagne l'avoit fondée, peut-être l'avoit-il
ornée ou enrichie, ou peut-être en avoit-
il aggrandi le Bâtiment. Papire Maſſon
dans ſa Deſcription des Fleuves de France, prétend que S. Papoul fut le Grand
Laurac; mais il ſe trompe, le Grand *Laurac*
ſubſiſte encore aujourd'hui, & n'a rien
de

de commun avec S. Papoul. Le Lauragais prend son nom de ce Lieu-là. Le Pape Jean XXII. érigea en Evêché l'an 1317. l'Abbaye de S. Papoul, qui n'avoit été qu'une simple Paroisse dans son origine. Il y nomma pour premier Evêque, Bernard de la Tour qui étoit alors Abbé, voulant que son Successeur à cet Evêché, fût élu par les Religieux de l'Abbaye, & par les Chanoines de l'Eglise de Castelnaudari qu'il avoit aussi érigée en Collégiale. Le Diocèse de S. Papoul, dont l'Eglise Cathédrale conserve le nom, comprend seulement cinquante-six Paroisses. Le Chapitre est composé de douze Religieux Bénédictins, dont il y en a six qui ont des Dignités. Raimond de Moscueroles, Successeur immédiat du premier Evêque de S. Papoul, fut fait Cardinal, & six autres Evêques qui lui ont succédé sont parvenus à la même Dignité de Cardinal, savoir Pierre du Cros, qui avoit été Religieux, Raimond Mairosii, Jean de Roquetaillade qui avoit été Enfant de Chœur à Lyon, & les trois Salviats de suite. Les Villes & les Lieux les plus remarquables de ce Diocèse sont Villepinte, le Mas Saintes Puelles, Avignonnet, Laurac, le Buc, la Pommarede Baronnie, le Villarsavari Bourg, Fondelle Baronnie, la Bessade, Bram Château, & Proulhe Abbaye fort riche de Religieuses de l'Ordre de S. Dominique. Le Diocèse de S. Papoul n'a point de Ville qui remplisse le tour Diocésain sous Etats. C'est le Syndic du Diocèse nommé à l'Assiette, qui remplit cette place tous les ans.

St. PATER, Bourg de France dans la Touraine, Diocèse & Election de Tours.

1. St. PAUL, Ville de France en Provence, à une lieue de Vence & à trois d'Antibes & aux Frontières de la Provence auprès du Comté de Nice. Quelques-uns croyent que c'est l'*Oppidum Deceatum* des Anciens. Elle est fortifiée & a un Gouverneur, sans Etat Major. Son Bailliage s'étend vers la Mer & le long du Var, qui le sépare du Comté de Nice. Quelques-uns l'ont appellée St. PAUL DE VENCE, & ce nom a donné lieu à d'autres de confondre Vence & S. Paul, qui sont deux Villes très-différentes. Cette dernière a droit de députer aux Etats & aux Assemblées des Communautés. Il n'y a que des Bourgades dans ce Bailliage dont la principale est St. LAURENT célèbre par ses Vins excellens. Elle est située à l'Embouchure du Var, fort près de Nice.

2. St. PAUL en Artois, ou S. POL, Ville de France avec titre de Comté. Cette Ville est à six lieues d'Arras, & à neuf de S. Omer. C'est le Chef-lieu du Comté de même nom, considérable pour son étendue; c'est un arrière-fief du Comté de Boulogne sur Mer. Les Espagnols n'en voulurent pas convenir aux Conférences de Cambrai de 1529. & prétendirent la reconnoissance de cet arrière-fief en qualité de Comtes d'Artois. A présent que l'Artois est à la France, & que cela ne fait plus d'inconvénient, elle fait partie de l'Artois. Son Bailliage est d'une grande étendue, & comprend cent vingt-huit Communautés. Elle a eu des Seigneurs particuliers dès le X°. Siècle. Depuis elle a passé à la Maison de Châtillon, puis à celle de Luxembourg, dont étoit Louis de Luxembourg Comte de S. Paul, à qui Louis XI. fit trancher la tête en 1475. Depuis ce Comté a passé dans les Maisons de Bourbon Comte de Vendôme & de Longueville, & la Maison de Melun Epinoi l'a aquis. La Souveraineté en a été cédée à la France par la Paix des Pyrénées en 1659. Le Bailliage de PAS, & la Prevôté Royale de Beauquesne font de ce Comté.

3. St. PAUL, Abbaye de France dans la Franche-Comté. Les Prieurés de Bellefontaine, & de Courtefontaine en dépendent.

4. St. PAUL, en Beauvoisis, Village & Abbaye de France en Picardie, à une lieue au Couchant de Beauvais. L'Abbaye est de Religieuses Bénédictines, fondée par Druon Evêque de Beauvais vers l'an 1150. Il y a plus de quatre-vingt Religieuses. S. François de Paule avoit une affection particulière pour cette Maison.

5. St. PAUL DE FENOUILLEDES, Ville de France dans le Languedoc, & Capitale du petit Pays de Fenouilledes au Diocèse d'Alet, sur la Rivière d'Egli entre des Montagnes, aux Confins du Roussillon.

6. St. PAUL-DE-LEON, d'autres disent S. POL DE LEON, Ville Episcopale de France en Bretagne. Voyez LEON.

7. St. PAUL DE VARAX, Bourg de France, en Bourgogne au Bailliage de Bresse, avec titre de Comté. Il députe aux Assemblées de la Bresse.

8. St. PAUL DU BOIS, Bourg de France dans la Touraine, dans l'Election de Montreuil-Bellay.

9. St. PAUL LA VILLE, Abbaye de France, dans le Dauphiné, au Diocèse de Vienne. Elle avoit été fondée à S. Paul de Niseaux au Diocèse de Grenoble, d'où elle a été transférée à Beau-Repaire, au Diocèse de Vienne. Ce sont des Religieuses de l'Ordre de Cîteaux, de la filiation de Bonnevaux.

10. St. PAUL SUR VANNE LEZ-SENS, Abbaye de France. Son nom signifie qu'elle est fort près de la Ville de Sens. Elle a été fondée en 1212. par Pierre de Corbeil Archevêque de Sens.

11. St. PAUL-TROIS-CHATEAUX, Ville de France en Dauphiné au Valentinois. Mr. l'Abbé de Longuerue en parle ainsi: Saint Paul-trois-Châteaux[a], qui s'étend jusqu'au Comtat Venaissin le long du Rhône, est une Ville & Evêché située au Midi de Montelimar.

[a] *Longuerue, Descr. de la France*, p. 333.

Les Peuples de ce Pays s'appelloient autrefois les Tricastins; ils étoient des plus anciens des Gaules, puisqu'Annibal allant par les Alpes en Italie, passa par le Pays des Tricastins, qui confinoient avec les Voconties.

Les Romains fonderent depuis une Colonie dans ce Territoire, laquelle fut nommée *Augusta Tricastinorum*, & dont Pline & les autres Anciens ont fait mention. Les Géographes veulent communément que cette ancienne Ville *Augusta* soit la même que celle de Saint Paul-trois-Châteaux. D'autres qui ont recherché en Dauphiné les Antiquitez du Pays, ne veulent pas que S. Paul soit une Ville ancienne, & soutiennent qu'elle doit son origine à l'Eglise où est le Tombeau de Saint Paul Evêque des Tricastins. Chorier veut dans l'Histoire du Dauphiné, qu'*Augusta* soit la même que la Bourgade d'Aost, près de Crest, se fondant sur ce que ce mot *Aost* signifie la même chose qu'Auguste, & que ce Lieu se trouve dans une situation pareille à celle qui est marquée dans les anciens Itinéraires; mais ces conjectures ne sont pas des démonstrations. Ce qui rend celles de Chorier absurdes, c'est qu'Aost a toujours été du Diocèse de Die, & a fait par conséquent partie du Territoire des Vocontiens, distingués des Tricastins. Plusieurs qui ont deviné que NION en Dauphiné, est la même chose que *Noviomagus Tricastinorum*, marqué par Ptolomée, se fondant uniquement sur le rapport des noms, n'ont pas mieux rencontré, parce que NION a toujours été du Diocèse de Vaison, ayant fait partie du Territoire des Vocontiens, & non pas des Tricastins; de sorte qu'on ne sauroit assûrer précisément le lieu où a été *Augusta Tricastinorum*, ou *Noviodunum Tricastinorum*.

Sous les derniers Rois de Bourgogne, & d'Arles, & sous les Empereurs Allemands qui leur succéderent, les Evêques de S. Paul-trois-Châteaux se rendirent Seigneurs Temporels absolus, dans leur Diocèse; jamais les Dauphins ni les Comtes de Valentinois n'avoient eu de supériorité sur ces Prélats, qui ne s'étoient pas même soumis au Vicariat Impérial accordé par l'Empereur Charles IV. au Dauphin Charles. Enfin l'Evêque Deodat de l'Etang voyant que son Pays étoit ruiné par les voisins, il associa le Roi Charles VI. comme Dauphin l'an 1408. du consentement de son Chapitre à la Seigneurie de la Ville de Saint Paul, & de tout le Pays qui en dépend, ne se réservant que la mouvance entière, & l'hommage de la Terre de Suse.

L'Evêque de S. Paul-trois-Châteaux, eut le Roi Dauphin de Viennois, pour Coseigneur, & non pas pour Souverain. Ce ne fut que l'an 1450. qu'Etienne Genève Evêque de Saint Paul-trois-Châteaux fit hommage & serment de fidélité au Dauphin Louïs, qui fut depuis Louïs XI. Roi de France.

a Corn. Dict. Cette Ville [a] est située sur le penchant d'une Colline aux Frontiéres de la Provence à une lieue du Rhône & du S. Esprit, à deux de Viviers, & à quatre de Montelimar & d'Orange. Son Evêché est suffragant de l'Archevêché d'Arles. S. Sulpice en a été le premier Evêque. L'Eglise Cathédrale est consacrée en mémoire de l'Assomption de la Ste. Vierge, & le Chapitre est composé d'un Prevôt, d'un Archidiacre, d'un Sacristain, d'un Théologal, & de six Chanoines. Il y a trente Paroisses, & une Abbaye dans ce Diocèse.

12. ST. PAUL, Village de la Basse Hongrie, sur le Danube près de la Ville de Bude. Quelques-uns croyent y trouver la situation de l'ancienne FLORIANA, Ville de la Basse Pannonie.

13. ST. PAUL (L'ISLE DE), Isle de l'Amérique Septentrionale dans le Golphe de S. Laurent, à cinquante lieues du Cap du Nord de l'Isle Royale, & à dix-huit lieues du Cap de la Baye de l'Isle de Terre-Neuve.

14. ST. PAUL, ou SAN PAULO, Ville de l'Amérique Méridionale au Bresil, dans la Capitainie de S. Vincent. Quoiqu'elle y soit enclavée, elle ne dépend point des Gouverneurs Portugais, mais elle se gouverne elle-même en République. Elle est à plus de douze lieues avant dans les Terres, enfermée de tous côtés par des Montagnes inaccessibles & par la grande & épaisse Forêt de Pernabaccaba. C'est une espèce de République composée dans son origine de toutes sortes de gens sans Foi, & sans Loi; mais que la nécessité de se conserver a forcée de prendre une sorte de Gouvernement. Il y a des Prêtres, & des Religieux; des Portugais, & des Espagnols fugitifs; des Créoles, des Mestis, des Caribocos, (ce sont des enfans nés d'un Brasilien, & d'une Négresse), & des Mulâtres. Cette Ville ne consistoit d'abord qu'en une centaine de Ménages qui pouvoient faire autour de trois à quatre cens personnes, en y comprenant quelques Esclaves & des Indiens qui s'étoient donnés à eux. Vers le commencement de ce Siècle, elle s'est accrûe dix fois autant pour le moins. Ils se disent Libres, & ne veulent pas être Sujets des Portugais; mais ils se contentent de payer tous les ans pour Tribut le Quint de l'Or qu'ils tirent de leur Domaine. Ce Tribut va bien à huit cens Marcs par an. La Tyrannie des Gouverneurs du Bresil a donné naissance à cette petite République qui est si jalouse de sa Liberté qu'elle ne souffre pas qu'aucun Etranger mette le pied dans ses Terres; & toutes les fois qu'ils envoyent payer leur Tribut, ils ont soin de faire connoître qu'ils le payent que par respect pour le Roi de Portugal, & non par crainte, & par obligation. On assure qu'ils possèdent quantité de Mines d'or, & d'argent, & que le Tribut qu'ils donnent n'est pas le Quint de ce qu'ils pourroient donner. On en est fort persuadé au Bresil, mais comment forcer des gens qui habitent dans des Rochers qui sont entièrement inaccessibles, & qui ajoutent sans cesse de nouvelles défenses aux Passages qu'ils ne croyent pas assés fortifiés par la Nature? Les *Paulistes* ne marchent qu'en Troupes de soixante ou quatre-vingt hommes armés de flêches, & de fusils, dont ils ont su conserver l'usage. Je ne sai, dit Coréal [b], s'ils en savent faire, mais on assure qu'ils n'en manquent pas. Comme ils ont le renom de détrousser les Voyageurs qui s'écartent, & qu'ils reçoivent beaucoup de Négres fugitifs; il se peut que ce moyen ils amassent des armes à feu. On assure aussi qu'il y a parmi eux des Avanturiers, de toutes les Nations Européennes, & quantité de Flibustiers. Quoiqu'il en soit, ils font de gran- b Voyages. T. 1. p. 247.

des

des Courſes de quatre ou cinq cens lieues dans l'Intérieur des Terres. Ils vont juſqu'aux Riviéres de la Plata, & des Amazones, & traverſent même tout le Breſil. Les P. P. Jéſuites du Paraguay, ont fait tout ce qu'ils ont pu pour faire dans les Terres des Pauliſtes, & pour s'y établir de la maniere qu'ils ont fait au Paraguai; mais ils n'ont pu y réuſſir juſqu'à préſent; ſoit que les Pauliſtes craignent que ces Peres n'ayent des vues contraires à la Liberté de cette République, ſoit plûtôt qu'ils appréhendent une réformation dans les mœurs, dont la vie libertine de ces Républicains ne s'accommoderoit pas. Lorſque les Fugitifs ſe préſentent pour devenir Habitans, ou Citoyens de la République, on leur fait faire une eſpèce de Quarantaine, non pour les purger du mauvais air du Breſil, mais pour ſavoir auparavant à quoi on pourra les employer, & pour voir ſi ce ne ſont pas des Traîtres, & des Eſpions. Après un long examen on les envoye faire de longues & pénibles Courſes, & on leur impoſe pour Tribut deux Indiens par tête qu'ils doivent amener pour Eſclaves. On employe ces Eſclaves aux Mines, & à cultiver les terres. Si l'on ne ſoutient pas bien l'examen, ou ſi l'on vient à être ſurpris en déſertion, on eſt aſſommé ſans miſéricorde. Quand on eſt enrôlé parmi les Pauliſtes on y eſt ordinairement pour toute ſa vie, car ils n'accordent qu'avec beaucoup de difficulté la permiſſion de ſe retirer ailleurs.

15. St. PAUL (La Baye de), Baye de l'Amérique Septentrionale ſur la Côte Septentrionale, ou pour parler comme les Marins, à la Bande du Nord du Fleuve de S. Laurent, à l'iſſue du paſſage de l'Iſle aux Coudres, en remontant à quinze lieues plus bas que Quebec, & à cent cinq de l'Embouchure du Fleuve. Il y a un Village à deux lieues au-deſſus au bord d'une petite Riviére. Les Terres de cette Baye produiſent d'excellentes Piniéres d'où l'on enléve de très-beaux mats. Il y a un Moulin qui fait marcher des Scies pour ſcier des planches, & on y en fait juſqu'à vingt mille par an.

St. PAULIEN, Bourg de France en Auvergne au Dioceſe du Puy, dans l'Election de Brioude. On croit que c'eſt l'ancienne REVESIO, ou REVESSIO, Capitale du Peuple VELLAVI, & Siège de l'Evêché de ce Peuple; ce qui le faiſoit appeller CIVITAS VELLAVORUM. Depuis on l'appella CIVITAS VETULA, dans le IX. Siécle, pour la diſtinguer de la Nouvelle Ville d'ANIS, ou *Anicium*, qui commençoit à s'augmenter, & dans laquelle on a transféré le Siège de l'Evêque. Dans le Siécle ſuivant après cette Tranſlation, l'Ancienne Ville a pris le nom de S. Paulien, d'un de ſes anciens Evêques qui y eſt honoré, comme l'Apôtre du Pays, & qui y a été enterré. La Poſſeſſion des Princes différens qui ont partagé les Provinces de France dans le tems de la foibleſſe des Rois, ayant changé l'étendue & les bornes des Pays S. Paulien s'eſt trouvé de l'Auvergne pour le Temporel.

St. PETRONEL. Voyez STE. PETRONILLE.

1. St. PHILIPPE, Forterſeſſe de l'Iſle de Minorque, au-deſſus de Port Mahon, ſur un Rocher proche de la Côte. Les Rois d'Eſpagne l'ont fait bâtir le Siécle paſſé pour la défenſe de cette Place.

2. St. PHILIPPE, Fort des Pays-Bas dans la Flandre Hollandoiſe, ſur la Digue entre l'Ecluſe & Iſſendyck, où eſt auſſi le Fort de Ste. Catherine. Le Prince Maurice prit ces deux Forts en 1604., lorſqu'il ſe préparoit à faire le Siège de l'Ecluſe.

3. St. PHILIPPE, Ville de l'Amérique Septentrionale, dans la Nouvelle Eſpagne au Pays de Mechoacan. Elle eſt à cinquante lieues de celle de Valladolid vers le Nord, & à ſoixante-deux de México vers le Nord-Oueſt. Le terroir où elle eſt ſituée eſt froid, & maigre. Le Vice Roi Louïs de Velaſco la fit bâtir auſſi bien que la Ville de S. Michel, pour arrêter les incurſions des Taraſques, & des Otomites qui habitent ces Provinces. Quoique le terroir circonvoiſin ſoit froid, il ne laiſſe pas d'être propre à nourrir toute ſorte de Bétail.

4. St. PHILIPPE, Forterſeſſe des Portugais, dans la Nigritie ſur un Bras de Rio San Domingo.

1. St. PIERRE, Ville de France dans le Languedoc, au Dioceſe de Viviers.

2. St. PIERRE, Bourg de France en Saintonge, dans l'Iſle d'Oleron. Il a quatre mille ſoixante Habitans.

3. St. PIERRE, Bourg de France dans l'Anjou, dans l'Election de Montreuil-Bellay. Il y a 2760. Habitans.

4. St. PIERRE, ou L'ISLE DE ST. PIERRE, Iſle de France en Provence auprès de la Ville d'Arles, à une lieue & à l'Orient d'Eté de cette Ville. Elle eſt formée par les Canaux qu'on ont été creuſés à l'Orient du Rhône depuis la Durance juſqu'à la Mer. Elle eſt remarquable par l'Abbaye de Mont-Majour, Ordre de S. Benoît: on en attribue la fondation à S. Trophime. Quelques-uns nomment l'Iſle même Mont - Majour. Voyez au mot MONT, l'Article MONT-MAJOUR.

5. St. PIERRE AUX MONTS DE CHALONS, Abbaye de France, en Champagne, dans la Ville de Châlons. On l'a rebâtie tout de neuf depuis douze à quinze ans.

6. St. PIERRE, ou St. PERE d'AUXERRE, Abbaye de France, Ordre de S. Auguſtin dans la Ville d'Auxerre.

7. St. PIERRE DE CAUNES, Abbaye de France au Cambreſis près de Cambrai, Ordre de S. Auguſtin. Elle a été bâtie en 1183. par Hugues d'Olſiac Seigneur de Cateau Cambreſis.

8. St. PIERRE DE GENEREZ, Abbaye de France dans le Béarn, au Dioceſe de Tarbes, aux confins du Béarn & de la Bigorre. Elle eſt de l'Ordre de S. Auguſtin dans le lieu de Laſſu, au confluent du Ruiſſeau de GENEREZ, dont elle porte le nom, & du Gave de Pau, à cinq lieues de Pau & de Tarbes. Elle a été fondée l'an 1020. par Sanche Duc de Gaſ-

Gafcogne. Elle a depuis été unie à la Congrégation de S. Maur. Elle étoit autrefois du Diocèse de l'Escar. La magnifique Eglise de ce Monastère ne fut dédiée que long-tems après la mort de son Fondateur. Mais la Cérémonie s'en fit en présence d'une nombreuse Assemblée de Seigneurs, & de Prélats l'an 1096. & elle fut mise sous l'Invocation des Apôtres S. Pierre, & S. Paul. Tous les Seigneurs de la Province, & principalement Béatrix Comtesse de Bigorre, & Gaston Vicomte de Béarn, la Noblesse des environs & après eux Asnove, Comte de Figeac, & Augier, Comte de Miremont, confirmèrent à cette Abbaye toutes ses concessions, tous ses dons & ses Privilèges, par un serment solemnel qu'ils prétèrent tous par ordre de rang & de naissance les uns après les autres.

9. ST. PIERRE-EGLISE, Bourg de France en Normandie, au Diocèse de Coûtances dans le petit Canton nommé VALDECER, mot abbregé de *Val de Cerès*, à trois lieues de Cherbourg, à quatre de Valogne, & à quatorze de Coûtances. Il est grand & accompagné d'un Château. On y tient Marché tous les Mercrédis, particuliérement pour le fil, dont il s'y fait un grand débit, le terroir étant très-propre pour le lin, dont il croît beaucoup dans les Paroisses du Voisinage. La terre y est aussi très-bonne pour le bled, & c'est apparemment l'origine du nom de *Valdecer*. Il y a un Hôpital pour les Malades & pour les autres Pauvres. On y tient plusieurs Foires par an. Il y a dans le Voisinage quelques petites Forêts Royales.

10. ST. PIERRE LE MOUSTIER, prononcez MOÛTIER, *Sti. Petri Monasterium*, Ville de France dans le Nivernois dont elle est la seconde Ville; avec un Bailliage & une Sénéchaussée. On ne voit point qu'elle ait jamais dépendu des Comtes ou Ducs de Nevers, ayant appartenu d'anciennété aux Abbés de S. Martin d'Autun, qui y établirent un Prieuré, dont le Titulaire avoit droit de toute Justice dans la Ville & ses dépendances, ce qui dura jusqu'à l'an 1165. Alors l'Abbé de S. Martin associa le Roi Louis le Jeune à la Seigneurie & à la Justice de ce Lieu-là, afin de s'attirer sa Protection Royale. Mais cette association ne dura pas long-tems; car le Roi se mit en possession de toute la Justice dans la Ville de S. Pierre le Moûtier, laissant au Prieur le Droit de Justice dans son Prieuré, & dans quelques Villages. Dans la suite, lorsque les Rois établirent des Baillifs & Sénéchaux fixes & perpétuels, ils établirent un Bailliage à S. Pierre le Moûtier, pour juger des Cas Royaux & Privilégiés de l'Auvergne, du Bourbonnois & du Nivernois, ces Provinces étant possédées en propre par plusieurs Princes & Seigneurs. Les Appels des Justices de l'Evêque & du Chapitre de Nevers ressortissent au Bailliage de S. Pierre le Moûtier, parce que l'Eglise Cathédrale de Nevers ne reconnoît pour le Temporel d'autre Seigneur que le Roi qui y a droit de Régale. Cette Ville de S. Pierre le Moûtier est petite & mal-saine, étant près d'un Etang bourbeux. Le Bailliage de S. Pierre le Moûtier est fort étendu. Il renferme dans son ressort Cencoins en Berry, le Comté de Chatelchinon, le Bailliage de la Charité sur Loire, les Justices de Pouilly & Ray en Berry, la Justice de l'Evêque & du Chapitre de Nevers, le Bourg de S. Etienne de Nevers, qui a été aliéné en faveur de Louis de Gonzague; mais à la charge d'indemniser le Roi en ressort; ce qui n'ayant pas été exécuté, le Bourg est du ressort du Bailliage de S. Pierre le Moûtier, la Justice Royale de Cusset; mais seulement pour les Cas au premier & second Chef de l'Edit des Présidiaux. Outre ce ressort ordinaire, la Jurisdiction du Bailliage de S. Pierre le Moûtier s'étend pour tous les Cas Royaux tant Civils que Criminels, & pour les Ecclésiastiques dans tout le Nivernois, à l'exception néanmoins du Donziois, dont le Présidial d'Auxerre est en possession de prendre connoissance. Le Bailly de S. Pierre le Moûtier est d'Epée, & la Justice se rend en son nom au Bailliage. Il convoque & commande l'Arriére-ban, & trouve dans les anciens Mémoires, que ses appointemens étoient de dix-huit cens livres par an; mais on ne voit point sur quel fond ils étoient payez. Le Bailly de Cusset est aussi d'Epée, & sa Charge étoit héréditaire avant les Arrêts du Conseil du Roi du 26. Octobre & 26. Décembre 1719. par lesquels le Roi a supprimé l'hérédité, qu'il avoit accordée à plusieurs Charges de Baillys & Sénéchaux d'Epée. Il a d'ailleurs les mêmes fonctions que celui de S. Pierre le Moûtier, & quatre cens cinquante livres d'appointemens payés sur les fonds du Domaine.

Le *Présidial* de S. Pierre le Moûtier est de la première Création, & par conséquent de l'an 1551. Le Prieur de S. Pierre le Moûtier en est de droit le premier Conseiller, à cause de l'association de la Justice faite avec le Roi en 1165. Les Officiers ont fait trois tentatives pour être transférés à Nevers; mais Louis XIV. ne voulut jamais le permettre, soit par consideration pour l'anciennété de cet Etablissement, ou par pitié pour les Habitans de S. Pierre le Moûtier, qui auroient été ruinés sans ressource, si leur petite Ville avoit été dépouillée de son Bailliage & de son Présidial.

[a] *V. Coquille, Hist. du Nivernois, p. 362.*

Quant à la Ville, elle est petite, à sept lieues de Nevers sur le grand Chemin de Paris à Lyon, au pied de la Chaussée d'un Etang & dans un fond environné de Montagnes de tous côtés, hormis de celui du Midi, ce qui la rend mal-saine comme on a dit. Outre le Prieuré, qui est de l'Ordre de S. Benoît & qui donne le nom à la Ville, il y a un Couvent d'Augustins & un d'Ursulines. La Ville n'a que quatre cens feux & environ quinze cens personnes.

11. ST. PIERRE LE VIEUX, ancien Monastère d'Alsace près de Strasbourg, dans une des Isles du Rhin. Elle étoit bien

bien établie dès le tems de Charles le Gros qui lui fit une Donation l'an 884. Le Fleuve ayant rongé le terrain, où elle étoit, en sorte qu'il n'en restoit plus aucun vestige, les Chanoines obtinrent la permission de s'établir à Strasbourg, où ils occupèrent le Chœur de S. Pierre, & en prirent le nom. L'Isle où ils étoient d'abord s'appelloit HANNAU, à deux lieues de Strasbourg; ils allerent ensuite à Rheinau, d'où ils passèrent à Strasbourg l'an 1398.

12. ST. PIERRE SUR DIVE, Bourg de France en Basse Normandie avec une Abbaye de l'Ordre de S. Benoît, à six lieues de Caen au Diocèse de Seéz, entre Falaise & la Mer, au-dessus de Ste. Barbe en Auge. On y tient Marché toutes les semaines & deux Foires dans l'année. L'Abbaye de S. Pierre sur Dive, a été aussi nommée Notre-Dame *Beata Maria ad Divam* ou *super Divam* selon Mr. Corneille. Elle fut fondée l'an 1060. par Esteline, Comtesse d'Auge, ou selon d'autres, par Guillaume, Comte d'Auge en 1040. Elle se réforma en 1668. & est de la Congrégation de S. Maur. Son Eglise est belle & a de fort grosses Cloches.

13. ST. PIERRE, Bourg & Forteresse de l'Amérique dans l'Isle de la Martinique *a*, à six ou sept lieues au Nord-Nord-Ouest du Fort Royal par Terre, & à neuf grandes lieues par Mer. Il a pris son nom de celui d'un Fort, qui fut bâti en 1665. par M. de Clodocé, Gouverneur de la Martinique pour le Roi, sous l'autorité de la seconde Compagnie, qui étoit propriétaire de toutes les Antilles. On le fit plûtôt pour réprimer les fréquentes séditions que les Habitans faisoient contre la Compagnie, que pour résister aux efforts d'une Armée ennemie. C'est un Quarré long, dont un des longs côtés est sur le bord de la Mer; il est percé de plusieurs embrazures pour le Canon, & défend la Rade. Le côté opposé est sur la Place d'Armes, il est flanqué de deux Tours rondes avec des embrazures pour mettre quatre Canons à chacune: la muraille qui joint les Tours est toute percée de meurtriéres, sans fossé, chemin-couvert, ni palissades. Un des petits côtés, qui regarde l'Ouest est lavé par la Riviére de Loxelane, qu'on appelle à présent la Riviére de S. Pierre, ou la Riviére du Fort. Il y a quelques Canons sur ce côté-là, qui battent dans la Rade. La Porte du Fort est dans le côté qui regarde l'Est. Elle est couverte par une longue Cour murée du côté de la Mer avec des meurtrieres, & palissadée du côté de la Place. Le côté de la Cour opposé à la Porte du Fort est occupé par un Corps de Garde, une Chapelle & un petit logement pour le Chapelain, s'il y en avoit un; mais il n'y en a jamais eu. Ce Fort est commandé de tous les côtés, excepté de celui de la Mer. L'ouragan, qui arriva en 1695. avec la grosse Mer qui l'accompagna, emportèrent la moitié du côté qui regarde la Mer avec la Batterie de l'Angle à côté de la Riviére. On s'est contenté de relever le mur, & de faire une Platte-forme sur l'Angle, au lieu des Bâtimens qui y étoient, qui servoient en partie de logement au Gouverneur-Général, quand il y venoit demeurer. La Place d'Armes, qui est devant le Fort, peut avoir cinquante toises en quarré. Le Fort comme je viens de dire, fait un des côtés, les trois autres sont environnés de Maisons, avec cinq rues qui y répondent.

a Labat, Voyages de l'Amérique tom. 1. Part. 2. pag. 25. & suiv.

On peut distinguer ce Bourg en trois *Quartiers*. Celui du milieu est proprement celui de S. PIERRE; il commence au Fort, & à l'Eglise Paroissiale de ce nom, qui est desservie par les Jésuites, & va jusqu'à une Côte de la Montagne du côté de l'Ouest, où il y a une Batterie à barbette de onze Canons, qu'on appelle à présent la Batterie de S. Nicolas, du nom de M. Gabaret, Gouverneur de l'Isle, sous le Gouvernement duquel elle a été réparée & augmentée.

Depuis cette Batterie jusqu'à celle de S. Robert, qui est à l'extrémité du côté de l'Ouest, est le Quartier qu'on appelle le MOUILLAGE, parce que tous les Vaisseaux mouillent devant ce lieu-là; l'ancrage y est excellent, & les Vaisseaux y sont bien plus à couvert, & bien plus en sûreté, que devant le Fort S. Pierre. L'Eglise des Jacobins, ou Freres Prêcheurs, dédiée à Notre-Dame de Bon-Port, sert de Paroisse pour ce Quartier, & pour les Habitans, qui demeurent sur les Mornes; c'est ainsi qu'on appelle les petites Montagnes dans les Isles.

Le troisième Quartier se nomme LA GALE'RE; c'étoit une longue rue au bord de la Mer, qui commençoit au Fort S. Pierre, & qui alloit jusqu'à un Fortin, ou Batterie fermée, qui est à l'Embouchure de la Riviére des Peres Jésuites. L'ouragan de 1695. a emporté plus de deux cens Maisons de ce Quartier, n'en ayant laissé que trois ou quatre avec le Magazin de la Compagnie de Guinée, qui avoit un bon parapet de maçonnerie, qui le garantit de la violence de la Mer: on l'a rebâti depuis; il est de la Paroisse des Jésuites. Il y avoit dans les deux Paroisses, qui comprennent ces trois Quartiers, environ deux mille quatre cens Communians, & autant de Négres & d'Enfans, comprenant dans le premier nombre les Soldats & les Flibustiers.

L'Eglise Paroissiale de S. Pierre est de maçonnerie, son Portail de pierre de taille est d'Ordre Dorique, avec un Attique qui sert de second Ordre. La pierre est taillée assés proprement, mais l'Architecte a fait des fautes considérables dans le dessein. Cette Eglise a cent vingt pieds de longueur sur trente-six de largueur, avec deux Chapelles qui font la Croisée; les Autels, les Bancs, la Chaire du Prédicateur sont très-propres, & le Service s'y fait avec beaucoup d'ordre & de modestie. La Maison de l'Intendant, du Gouverneur Particulier, le Palais de la Justice, la Prison, les Fours & les Magazins de l'Amunition, le Bureau du Domaine du Roi, le Monastère des Ursulines,

nes, la Rafinerie de Mad. la Marquife de Maintenon d'Angennes, & les Marchands les plus confidérables font dans la Paroiffe S. Pierre.

L'Eglife Conventuelle des Jacobins, qui fert de Paroiffe pour le Mouillage eft auffi de maçonnerie, fon Portail eft ruftique, affés fimple; elle a quatre-vingt-dix pieds de longueur, fur trente pieds de large, avec deux Chapelles de vingt-quatre pieds en quarré, qui font la Croifée. On a obligation de fa conftruction aux Officiers des Vaiffeaux du Roi, particuliérement à Mr. le Comte de Grancey & à Mr. de la Clocheterie. Quoique ce dernier fût Calvinifte il avoit tant d'affection pour nos Peres, & pour la fabrique de leur Eglife, qu'il alloit lui-même faire travailler fes gens, & ceux qui étoient commandés des autres Vaiffeaux pour apporter les pierres de taille, le moilon, la chaux, le bois, & les autres matériaux néceffaires pour l'Edifice. En reconnoiffance nos Peres ont fait placer dans l'endroit le plus honorable de l'Eglife un banc fort propre & fort commode pour les Officiers de la Marine, à qui ils ont donné auffi le droit de Sépulture. L'Eglife eft au milieu du Cimetiére qui eft environné de murailles, & dont la Porte répond à la principale rue du Mouillage: à côté du Cimetiére il y avoit une Allée d'Orangers, qui conduifoit au Couvent, éloigné de la rue d'environ trois cens pas. Cette Allée étoit coupée par deux autres, compofées de mêmes Arbres, qui avoient cent pas de longueur. Le Pas de mefure à la Martinique eft de trois pieds & demi de Paris. C'étoit d'abord toute la largueur du terrain: mais on l'a augmenté d'autant en 1700. par l'achat d'une place contigue, qui appartenoit aux héritiers du Sieur Lufignan.

14. St. PIERRE (Le Fort)[a], Fortereffe de l'Amérique Septentrionale dans l'Ifle du Cap Breton & dans la Baye de S. Pierre. Ce Fort eft bâti au pied d'une Montagne qui eft prefque toute droite. Les Navires n'en peuvent approcher que de trois lieues à caufe de quantité de Roches qui font fous l'eau. Les Barques y peuvent venir; mais il faut bien favoir le Canal qui ferpente & qui eft très-dangereux.

[a] Denis, Defcr. de l'Amér. Septent. t.1.c.6.

15. St. PIERRE (Lac) dans l'Amérique Septentrionale. Il eft formé par le Fleuve S. Laurent, deux lieues au-deffus de trois Riviéres. Il a fept lieues de long fur quatre de large: c'eft le premier & le plus petit des Lacs de ce beau Fleuve; il s'y éleve de fi grands Vents, que fouvent les Barques qui y vont au large y fombrent fous les voiles. Les Canots ne font qu'en cotoyer les bords; c'eft l'endroit le plus abondant de la Nouvelle France en Poiffons. Les Pêcheurs laiffent geler leurs Poiffons pour les garder enfuite. Il y a dans ce Lac les Ifles de S. François & de Richelieu.

16. St. PIERRE (Riviére de), dans l'Amérique Septentrionale dans la Louifiane aux Pays des Sioux, ou Iffatis. Elle fort du Lac des Tintons, & après un cours d'environ foixante & dix lieues, elle fe jette dans le Miffiffipi à la Bande de l'Oueft auprès du Haut S. Antoine, après avoir reçu plufieurs petites Riviéres, entr'autres la Riviére Verte & la Riviére S. Remy.

17. St. PIERRE (Riviére de), dans l'Amérique Septentrionale dans la Louifiane. Elle eft petite, & prend fa fource près de celle de la Riviére S. Jean, & fe jette dans le Golfe du Méxique, à la Baye d'Apalaches, à douze lieues au Nord de la Riviére S. Martin.

18. St. PIERRE & St. PAUL, Riviére de l'Amérique. Elle prend fa fource dans les Montagnes de Chiapa, qui font avancées près de vingt lieues dans le Pays, & qui portent le nom de la Ville de Chiapa, qui n'en eft pas fort éloignée. Cette Riviére coule d'abord affés lentement vers l'Eft, après quoi elle trouve des Montagnes de ce côté-là qui la font tourner vers le Nord jufqu'à douze lieues de la Mer, & enfin elle fe divife en deux Branches. Celle de l'Oueft fe jette dans la Riviére de Tabafco, l'autre fuit fon cours jufqu'à quatre lieues de la Mer, & alors elle fe divife de nouveau. La Branche la plus avancée vers l'Eft fépare l'Ifle des Bœufs du Continent, & fe décharge dans le Lac des Guerriers. L'autre garde fon cours & fon nom jufqu'à ce qu'elle foit reçue dans la Mer, entre l'Ifle des Bœufs & celle de Tabafco. Il y a une barre à fon entrée dont les Voyageurs ne marquent point la profondeur. Ils fe contentent de dire que les petits Bâtimens y peuvent affés bien paffer avec le fecours de la Marée. Lorfqu'on eft au-delà, on trouve quinze ou feize pieds d'eau & un très-bon ancrage. Les Boucaniers, qui ont rencontré cette Riviére, difent qu'elle eft fort large avant que de fe divifer, & que plus loin dans le Pays il y a plufieurs grandes Villes Indiennes bâties fur fes bords, dont la principale eft *Summa Senta*; qu'on y trouve auffi quantité de vaftes Allées de Cacaos & de Plantains, & que le Pays eft extrêmement fertile de l'un & de l'autre côté. La terre inculte eft chargée d'Arbres fort hauts de plufieurs efpeces, principalement de ceux qui portent le Chou & le Coton. On y voit même des Bocages entiers de ces premiers Arbres, & dans quelques endroits, fur-tout à une médiocre diftance du bord de la Riviére, il y a des grandes Savanas remplies de Bœufs, de Chevaux & d'autres Bêtes, entre lefquels la Vache montagnarde eft fort remarquable. Elle eft de la groffeur d'un Taureau de deux ans, & reffemble à une Vache pour la figure du corps; mais fa tête eft beaucoup plus groffe, plus ramaffée, plus ronde, & n'a point de cornes. Son mufle eft court, fes yeux ronds, pleins & d'une grandeur extraordinaire. Elle a de groffes babines; mais moins épaiffes qu'une Vache commune. Ses oreilles font plus larges à proportion de fa tête, que les autres Vaches n'ont accoutumé de les avoir, fa queue eft affés longue, peu garnie de poil, & fans touffe au bout. Elle a le Corps tout couvert d'un gros poil clair-

clair-semé, & sa peau est à peu près de l'épaisseur de deux pouces, son cou est épais & court, & ses jambes sont aussi fort courtes. Cette Vache montagnarde a une chair rouge dont le grain est fort menu. Sa graisse est blanche, & le tout ensemble est un manger sain & de bon goût. Il y en a qui pésent jusqu'à six cens livres. On trouve toujours cet Animal dans le Bois auprès de quelque grande Riviére. Il se nourrit d'une sorte d'herbe ou mousse longue & déliée, qui croît fort abondamment au bord des Riviéres; mais il ne paît jamais dans les Savanas, ni dans les Pâturages où il y a de bonne herbe, comme font les autres Bœufs. Lorsqu'il est rassassié, il se couche pour dormir tout au bord de la Riviére, & au moindre bruit il se jette au fond de l'eau, quelque quantité qu'il y en ait, & il marche dans ce fond comme sur un terrein sec. Il ne peut courir fort vîte, aussi ne s'éloigne-t-il jamais beaucoup de la Riviére, dont il fait toujours son azyle en cas de danger. Ainsi il n'y a pas moyen de le tirer, à moins qu'on ne le trouve endormi. On voit aussi de ces Vaches dans les Riviéres de la Baye de Honduras, & dans tout le Continent depuis cet endroit jusqu'à la Riviére de Davien.

19. ST. PIERRE & ST. PAUL, Ville des Moluques dans l'Isle de Ternate, entre Maleye & Nuestra Señora del Rosario. C'est une Place assés forte où il y a toujours Garnison & qui est fournie de Munitions & d'Artillerie, selon Mr. Corneille. Il cite Davity qui a écrit d'après des Auteurs qui en parloient ainsi, lorsque les Portugais étoient Maîtres des Isles Moluques.

ST. POLTEN, en Latin *Sancti Hippolyti Oppidum*, quelques-uns ont dit SAMPOLTANUM OPPIDUM, petite Ville d'Allemagne dans la Basse Autriche sur le Ruisseau de Drasam, qui tombe dans le Danube près de Holnbourg. Elle prend son nom d'une Eglise qui, si l'on en croit André de Ratisbonne dans sa Chronique de Baviére, fut fondée par les Comtes Albert & Ottocare de Baviére du tems de Pepin, pere de Charlemagne. Hundius au Troisième Tome de sa Métropole de Saltzbourg, nomme les Fondateurs de cette Eglise Albert & Ottogerion Comtes de Warngew & de Tegernsée. Si cela est, il faut que la Ville ait été bâtie bien long-tems après l'Eglise, car ce même Hundius rapporte que l'Empereur Rodolphe I. permit en 1276. à l'Evêque de Passau, d'entourer de Fossez & de Murailles à sa volonté les Villages de St. Polten, d'Everding, & d'Ambstetten. Cette Ville est à trois milles du Danube & à six de Vienne. Elle appartient à l'Evêque de Passau.

1. ST. POL EN ARTOIS. Voyez ST. PAUL.

2. ST. POL DE LE'ON. Voyez LE'ON.

ST. PONCE, Abbaye de France en Provence proche de la Ville d'Aubagne. Elle est de l'Ordre de Cîteaux & occupée par des Religieuses. Le Monastère d'Almanarre & celui de Notre-Dame du Mont Sion en sont issus. Un Evêque de Marseille avec le Chapitre de cette Ville en jetterent les premiers fondemens & donnérent à Garsende son Abbesse plusieurs fonds, entr'autres la Maison de S. Ponce appartenances & dépendances avec l'Eglise Paroissiale de S. Martin de Gecnini. Pierre Roi d'Arragon fut aussi un de ses Bienfaiteurs. Ce fut l'an 1207. que Sacristana, Dame de très-haute naissance donna aux Religieuses de S. Ponce le Lieu appellé Mologèse pour y bâtir un Couvent qui a été ensuite réuni à Ste Croix d'Apt, vers l'an 1220. On prit une partie des Religieuses de S. Ponce pour fonder le Monastère d'Almanarre sous le titre de S. Pierre. Il fut ensuite transféré à Hierres. L'an 1242. une autre Colonie de S. Ponce servit à fonder le Monastère du Mont Sion & l'an 1358. les Religieuses de S. Sauveur se retirérent à Marseille.

ST. PONS, Ville de France dans le Bas Languedoc, Quartier de Narbonne. Elle est fort petite, située dans un Vallon entouré de hautes Montagnes très-fécondes en carriéres & en beaux Marbres, ce qui lui a fait prendre le nom de Saint Pons de Tomiéres, du mot Grec Tomos, Instrument de fer avec lequel on coupe. & on taille, *quod in Tomeriarum Territorio Marmora exscindantur*, la petite Riviére de Jaur passe par le milieu, & il s'y fait une Manufacture de Laines assez considérable, mais il n'y a qu'une Justice ordinaire appartenante à l'Evêque qui en est le seul Seigneur. Cette Ville n'étoit autrefois qu'une Abbaye de l'Ordre de Saint Benoît, connue sous le nom de *Monasterium Tomoriense*. Elle fut fondée en 936. sous le regne de Louis d'Outremer par Pons I. Comte de Toulouse, & par Garsinde sa femme : afin qu'ils pussent, comme dit l'Acte de la fondation, *Evadere gehennæ incendii flammas & pœnas & infernorum claustra*. Orgarius avoit été pour lors élu Abbé de ce fameux Monastère par plusieurs Evêques & par les Religieux composez de ceux que Pons avoit fait venir *De Auriliaco Beati Gerardi Cœnobio*, qui est le Monastère de Saint Gérard d'Orliac. La réputation de cette Abbaye où l'on vivoit très-saintement devint si grande, qu'en 1093. Sanche, Roi d'Aragon, *Calore Sancti Spiritus succensus*, y offrit Ramire, son troisième fils, *Ea devotione & fide qua obtulit Abraham Filium suum Isaac Deo*, suivant l'Acte de Donation en faveur de l'Abbaye de plusieurs Droits & propriétés situées principalement dans le Terroir de Huesca. C'est ce Ramire, qui après avoir été Religieux Profez un peu plus de quatre ans, fut tiré de l'Abbaye avec dispense du Pape Anaclet, pour succéder au Royaume en 1134. à cause de la mort de Pierre & d'Alphonse ses freres, décédés sans enfans. Quoiqu'il fût Prêtre il lui fut permis par cette dispense de se marier, & il épousa Agnès, sœur de Guillaume Duc de Guienne. Les Auteurs Espagnols l'appellent *El Rey*, *Dom Ramire*, *El Monje*, ou *El Frayle*. Plusieurs

sieurs ont cru que cette Abbaye, qui porte le nom de Saint Pons de Tomiéres, à cause de Pons son fondateur, d'où la Ville de Saint Pons est appellée quelquefois PONTIOPOLIS, devoit sa fondation à un Raimond, Comte de Toulouse, & cela est vrai, parce que Pons affectoit quelquefois de prendre le nom de Raimond, & quelquefois tous les deux ensemble, *Ego Raimondus qui & Pontius*, dit-il dans un Acte, qu'il fit au sujet de cette Fondation. L'Abbaye de Saint Pons fut érigée en Evêché, en 1318. par le Pape Jean XXII, la Cathèdrale est dédiée sous l'Invocation de Saint Pons. Le Chapitre est composé de trois Archidiacres, d'un Sacristain, d'un Précenteur & de seize Chanoines, qui ayant été long-tems Réguliers furent sécularisez en 1611. par le Pape Paul V. Le Diocèse n'a que quarante Paroisses. Il est situé entre ceux de Castres, d'Albi, de Narbonne, & de Besiers, & ses Places sont Cressonne, Ferrals, Saint Chignan de la Corne, Siran, Menerbe, Château-Anglès, Châtellenie Royale, la Salvetat, où se fait le meilleur Beurre du Languedoc, Olargues Baronnie, & Crusi. L'Abbé de Longuerue observe que ce même Ramire, qui avoit pris l'habit dans cette Abbaye, & qui en fut tiré pour régner, y retourna ensuite & y mourut. S. Pons est dans l'ancien Territoire de Narbonne, & a été de ce Diocèse jusqu'au Pontificat, de Jean XXII. qui en l'érigeant en Evêché le soumit à la Métropole de Narbonne, dont il avoit été distrait pour la Jurisdiction Episcopale.

ST. POURÇAIN, en Latin *Castrum Sancti Portiani Mirandensis*, Ville de France dans la Basse Auvergne, au Diocèse de Clermont. Cette Ville a dix-huit cens Habitans. Elle est située au bord de la Sioule, entre Moulins & Clermont, aux dernières extrémitez de la Basse Auvergne, presque enclavée dans le Bourbonnois. Elle doit son origine à une ancienne Abbaye de l'Ordre de S. Benoît, dont elle a pris son nom. Le Titre de cette Abbaye a été supprimé il y a plus de 800. ans, ce n'est plus à présent qu'un Prieuré dépendant de Tournus, il est occupé par des Peres de la Mission, qui en sont Seigneurs. Son commerce consiste en Vins. L'Abbaye étoit connue dès avant S. Grégoire de Tours. On veut que l'Eglise en ait été bâtie par Charlemagne. On croit que les Sculptures, qu'on y voit sont des Princes & des Princesses de la Famille de cet Empereur. Il y a, outre le Prieuré, une Eglise Paroissiale dédiée à S. George, & un Couvent de Cordeliers, un de Bénédictins Réformez, un de Bénédictines non Réformées, & un Hôpital. On voit dans l'Eglise de S. George, un *Ecce Homo* d'une seule pierre, que les Curieux regardent comme un Chef-d'œuvre de Sculpture. On croit que c'est la patrie de la Maison de Seguier.

ST. POURQUIER, Bois de France dans le Languedoc. Il est de la Maîtrise de Toulouse, & a treize cens vingt-huit Arpens & demi.

ST. PRIEST, en Latin *Castrum Sancti Præjecti*, petite Ville de France dans le Forez, au Diocèse de Lion. Cette Ville a 304. Habitans. Elle est Chef-Lieu de la seconde Baronnie du Forez. Cette Baronnie vaut quatre à cinq mille livres de revenu fixe & autant de Casuel. Elle contient quatre Paroisses, du nombre desquelles est la Ville de S. Etienne. Elle appartient présentement à la Maison de Chalus, originaire du Languedoc.

1. ST. PRIX, Abbaye de France en Picardie, au Diocèse de Noyon, ce sont des Bénédictins non Réformez.

2. ST. PRIX, Village de France dans l'Isle de France, Election de Paris. Il y a une Eglise Paroissiale sous l'Invocation de S. Prix, envers lequel le peuple des environs a beaucoup de dévotion; il y a deux Prieurez, dont l'un se nomme le Bois S. Pere.

Q.

1. ST. QUENTIN, Ville de France en Picardie, au Diocèse de Noyon, de l'Intendance d'Amiens, & du Parlement de Paris. C'est une Place forte qui a 7740. Habitans. Elle est Chef-Lieu d'une Election, & a une Coûtume particulière. Elle est encore Siège d'une Prevôté non ressortissante, d'un Bailliage, d'un Grenier à Sel, d'une Maîtrise des Eaux & Forêts, & d'une Maréchaussée. Cette Ville est située sur la Somme, à six lieues de Péronne, à cinq de Guise, & à trente de Paris. Elle passe pour une des plus fortes Places de la Picardie. Les Espagnols la prirent d'assaut en 1557. après la fatale journée de S. Laurent, où l'Armée de France fut batue, & la plûpart de la Noblesse tuée ou prise; elle fut rendue deux ans après. On la nomme en Latin QUINTINOPOLIS, & AUGUSTA VEROMANDUORUM. Ce dernier nom est celui de la Capitale ancienne du peuple VEROMANDUI. Et, comme le remarque l'Abbé de Longuerue, Grégoire de Tours assure dans son Livre de la Gloire des Martyrs, que le Corps de S. Quentin repose dans la Ville de Vermandois, *in Oppido Vermandorum*, & l'ancien Auteur de la Vie de S. Quentin dit que le Corps de ce Saint fut mis dans le Lieu qu'on appelloit *Augusta Veromanduorum*, ce qui est confirmé par toutes les anciennes Chroniques. C'est pourquoi Cluvier & après lui Sanson se sont fort trompés en prenant l'ancienne *Augusta* des Vermandois pour un Village nommé *Vermand*, où il y a une Abbaye de l'Ordre de Prémontré, sous le titre de Notre-Dame, mais qui n'est point sur la Rivière de Somme, outre que S. Quentin n'y a jamais été martyrisé & que son Corps n'y a jamais reposé. Cette Ville d'*Augusta Veromanduorum* étoit le Siège de l'Evêque du Vermandois. Cette Ville ayant été saccagée par les Barbares, l'Evêque qui étoit S. Médard se retira en 531. à Noyon, qui étoit la seconde Ville des *Veromandusi*. Depuis, le Corps de S. Quentin, qui y avoit été martyrisé, y ayant été retrouvé, la Ville

Ville s'est rétablie par le concours des peuples, que la dévotion à S. Quentin y attiroit. L'Eglise de S. Quentin, est une des plus magnifiques de France. C'est une Abbaye de l'Ordre de S. Benoît, & de la Congrégation de S. Maur, dont l'Abbé jouït de vingt-quatre mille Livres de rente, & les Religieux de huit mille. Il y a encore l'Abbaye de S. Prix, qui fut fondée en 940. par Albert II. Comte de Vermandois, auprès de la Ville. Louïs XI. la transféra dans S. Quentin, parce qu'elle se trouvoit dans le dessein des Fortifications. Elle est aussi de l'Ordre de S. Benoît; son Abbé jouït de quatre mille Livres de rente. L'Eglise Collégiale & Royale de S. Quentin jouït des mêmes droits, dont jouïssent les Cathédrales, pendant la Vacance du Siège Episcopal; le Chapitre est composé de 56. Chanoines. Le Roi en est le premier Chanoine, & en confére les Prébendes: le revenu de chacune est de mille Livres; il y a quatre-vingt-trois Chapelains, dont quarante vivent en Communauté. On estime le revenu total de ce Chapitre, quatre-vingt mille Livres, année commune. Il y a encore une Collégiale dans la Paroisse de Sainte Perine. Elle est de douze Chanoines, qui tous ensemble ont deux mille Livres. On fabrique une très-grande quantité de Toile de batiste très-belle à S. Quentin & aux environs, le commerce qu'on en fait monte à près de deux millions en tems de paix. Il ne roule que sur vingt-cinq Marchands de cette Ville. L'Abbé de Longuerue dit que S. Quentin, est une des plus fortes Places de Picardie. Elle est située sur une petite éminence, qui a d'un côté la Riviére de Somme, & de l'autre une Vallée, presque toute escarpée, si ce n'est du côté de la Porte de S. Jean, où l'on a élevé un grand Bastion, avec plusieurs demi-lunes. Elle est grande & bien peuplée.

2. St. QUENTIN DES PREZ, Village de France en Picardie, au Diocèse de Beauvais. Cette Paroisse est de 124. Habitans. Il y a une Abbaye d'Hommes, de l'Ordre de S. Augustin, fondée en 1064. par Guy Evêque de Beauvais. L'Abbé jouït de huit mille Livres de rente.

R.

1. St. RAMBERT, en Latin *Sancti Ragneberti*, Ville de France dans le Forez, au Diocèse de Lion. Cette Ville est petite. Elle est située au bord de la Loire, à quatre lieues de Montbrison, & à trois de S. Etienne. Il y a un Chapitre dont les Prébendes sont à la Collation de l'Abbé de l'Isle-Barbe. Il est composé d'un Prieur, qui a sept cens Livres, d'un Sacristain, qui en a quatre cens, & de dix Chanoines, qui ont en tout deux mille Livres à partager entre'eux.

2. St. RAMBERT DE JOUX, Ville de France dans le Bugey, ainsi nommée à cause d'une Abbaye de Bénédictins, sous l'Invocation de S. Rambert ou Ragnebert. Elle est voisine d'une Branche du Mont Jura nommé vulgairement le Mont-Joux. Mr. Piganiol de la For-

ce [a] parle ainsi de cette Ville de S. Rambert: La dévotion des peuples pour les Reliques de ce Saint, a donné lieu à la fondation de la Ville & de l'Abbaye de S. Rambert; cette dernière est de l'Ordre de S. Benoît, & de la Congrégation de Clugni. La Ville n'est point fermée de murailles, & est située dans un Vallon, entre deux Montagnes fort hautes. Elle n'a qu'une grande étendue, au milieu de laquelle passe un Ruisseau, qu'on a détourné, par le moyen d'une Ecluse, de la Riviére d'Abbarine. Il n'y a qu'une Paroisse, un Collége où il y a deux Régents, & un petit Hôpital qui n'a d'autre revenu que les Aumônes des particuliers. Il y avoit autrefois un Château au milieu des deux Montagnes, qui commandoit la Ville & l'Abbaye, que le Maréchal de Biron fit raser, après le Traité de Lyon de l'an 1601. Le Duc de Savoye est Seigneur & Baron de S. Rambert. Ce même Prince possede encore en Bugey, le Marquisat de S. Sorlin, & les Baronnies de Pontain & de Cerdon. La Justice Mage & d'Appel de toutes ces Terres s'exerce à S. Rambert. Le Duc de Savoye nomme les Officiers, & leur donne des provisions. La Police est exercée par un Maire, deux Syndics, un Procureur du Roi, qui sont nommez & pourvus par Sa Majesté. La fondation de la Ville est d'une Epoque fort incertaine. On sait seulement que le Monastère [b], étoit très-considérable, & que Renier, son Abbé, commença à en démembrer la Seigneurie, en cédant à Amédée, ou Amé II. Comte de Savoye, le Château de CORNILLON l'an 1096. à la charge que le Comte défendroit l'Abbé, & lui feroit hommage des fonds qu'il infeodoit. L'Abbé associa aussi le Comte à la Seigneurie de S. Rambert. Les Comtes & les Ducs de Savoye, ont donné de grands Privilèges à cette Ville. Le Duc Philibert Emanuel l'érigea en Marquisat, en faveur de son Bâtard Amé de Savoye, qui céda le Duc de Nemours ce Marquisat, & ce Duc en fit hommage à Henri IV. Roi de France l'an 1605. L'Abbé de S. Rambert a sa Justice & Seigneurie distinguée de celle du Marquis. L'une & l'autre Justice sont du ressort du Parlement de Dijon comme le reste de la Bresse & du Bugey. La Ville députe aux Assemblées du Bugey: elle est aussi le Siège d'un Mandement.

[a] Descr. de la France, t. 3. p. 539.

[b] Longuerue, Descr. de la France, p. 301.

1. St. REMY, petite Ville de France en Provence, au Diocèse d'Avignon, elle n'a que 265. Habitans. Elle est située à quatre lieues d'Arles, près de Baux, entre des Etangs. On croit que c'est l'ancienne *Glanum*. Son Territoire est fort abondant. Les Etats de la Province se sont tenus souvent en cette Ville. Elle a droit de députer aux Assemblées Générales, qui représentent les Etats. Il y a dans cette Ville une Eglise Collégiale, fondée en 1330. par Jean XXII. Son Chapitre est composé de douze Chanoines & un Curé. Ils prétendent avoir des Reliques de S. Remy, Archevêque de Rheims. Cette Ville est la patrie de Michel Nostradamus

mus & de Jean son frere. Le Roi Louïs XIII. a donné le Domaine de cette Ville au Prince de Monaco. Il y a hors la Ville deux Couvens de Religieux, l'un de l'Etroite Observance de S. François, & l'autre de Trinitaires, & quatre Couvens de Religieuses. Le terroir est très-abondant en Vins, & en toutes sortes de bons Fruits. Il y a auprès un Etang qu'on appelle la Glaciére.

2. St. REMY DES LANDES, Abbaye de France dans la Beauce. C'est une Maison de Filles, de l'Ordre de S. Benoît. Elle reconnoît pour fondateur Robert Evêque de Chartres.

3. St. REMY (la Riviére de), petite Riviére de l'Amérique Septentrionale. Elle se jette dans la grande Riviére de S. Pierre, conjointement avec la petite Riviére-Verte, près de l'endroit où étoit autrefois le vieux Fort l'Huiller, au Pays des Sioux.

St. RENOBERT DE QUINGEY, Prieuré Conventuel de France dans la Franche-Comté, au Diocèse de Besançon. Il est en Commande & à la nomination du Pape.

St. RIQUIER, Ville & Abbaye de France en Picardie, au Diocèse d'Amiens. Quelques-uns écrivent S. Ricquier. Elle est sur la petite Riviére de Cardon, ou plûtôt à la source de ce Ruisseau qui coulant vers le Midi, va tomber dans la Somme à Abbeville, après un cours de trois lieues. Cette Ville étoit déja un Bourg considérable nommé CENTULE, avant le Regne de Charlemagne & c'étoit une Ville de deux mille six cens Maisons du tems de Louïs le Debonnaire. S. Riquier, y naquit au tems de Clotaire II. vers les commencemens du septième Siécle, il y jetta vers l'an 634. ou 640. les fondemens du Monastère, qui porte aujourd'hui son nom. Il y établit pour Abbé Oualde. Pour lui, il fut Abbé d'un autre Monastère, qu'il bâtit depuis dans la Forêt de Cress, appellé encore aujourd'hui *Forêt-Moutier*, à trois lieues & demie d'Abbeville. Quant à l'Abbaye de S. Riquier, S. Angilbert en fut Abbé l'an 793. après Symphorien. Il aggrandit beaucoup le Monastère, & y bâtit quatre nouvelles Eglises. Il fut ruïné par les Normands à diverses reprises, & rebâti par Hugues Capet; mais dans une enceinte beaucoup plus petite, avec une seule Eglise, comme on le voit aujourd'hui. Les Moines eurent longtems la Seigneurie Temporelle de la Ville, mais après qu'ils l'eurent perdue, les Comtes de Ponthieu & ceux d'Amiens, se l'approprièrent; & depuis que Philippe-Auguste eut pris possession du Comté d'Amiens, il eut aussi droit à S. Riquier, dont il disposa dès l'an 1196. en faveur de sa sœur Alix qu'il maria au Comte de Ponthieu. Leur fille Marie céda l'an 1225. à Louïs VIII. Roi de France cette Ville de S. Riquier. Depuis, cette Ville ayant été engagée à Philippe de Bourgogne, elle est revenue à la Couronne avec le Ponthieu. Elle a plusieurs Offices municipaux, comme Mairie, Echevinage, Bailliage de l'Abbaye, & Bailliage de la Ferté. C'est le Siège d'une Prévôté Royale qui ressortit au Bailliage d'Amiens. Elle suit en général la Coûtume d'Amiens, avec quelques exceptions qui forment la Coûtume particuliére, pour les Bourgeois de S. Riquier. La Taille y est personnelle. Il y a deux Paroisses, savoir Notre-Dame qui est dans la Ville (l'Abbé en est le Patron,) & celle de MAUGUILLE, dans le Fauxbourg. L'Evêque d'Amiens, en est le Patron. Il y a encore une Chapelle de Confrairie, sous l'Invocation de S. Nicolas, un bel Hôtel-Dieu fondé pour vingt-quatre Lits, & une Maladrerie réunie à l'Hôtel-Dieu. Il dépend de la Ville de S. Riquier, comme Annexe, aussi-bien que le Lieu de Drugy, où est l'ancien Château de la Ferté, qui est une belle Châtellenie qui a beaucoup de mouvances. Le Terroir en est abondant & on y recueille du Bled, d'autres Grains, du Lin, & du Chanvre. Il y a des Bois & des Eaux Minérales près le Château de la Ferté. Le Roi & l'Abbé de S. Riquier sont Conseigneurs de la Ville. Il y a Marché tous les Mardis & ce Marché est franc une fois le mois.

St. ROBERT (Montagne de), dans l'Amérique Septentrionale, dans la Guadaloupe. Elle donne son nom au terrain, qui se trouve entre la Riviére du Bailly, & celle du Plenis, que l'on appelle ordinairement Quartier S. Robert.

St. ROGATIEN, Bourg de France au Pays d'Aunis, Diocèse & Election de la Rochelle; il y a cinq cens Habitans.

1. St. ROMAIN DE COLLEBOSC [a], Bourg de France en Normandie, Diocèse de Rouen au Pays de Caux. Il est situé cinq lieues au dessus du Havre, & trois au dessous de l'Islebonne, entre les Paroisses de la Remuée, de Grainbouville, d'Epretôt, de S. Aubin des Cercuils, de Grosménil, & de Crasménil. Le Marché qu'on y tient tous les Jeudis, est considérable & fort fréquenté, & on y recherche le Beurre qu'on y debite. Il s'y tient aussi deux Foires, l'une le 24. Octobre lendemain de la Fête de S. Romain, & l'autre à la S. Gervais le 18. de Juin. On trouve dans son Territoire une Chapelle fondée en l'Honneur de Sainte Véronique avec quantité d'Arbres à fruits, & de beaux plants d'autres Arbres, aussi-bien que dans les Paroisses du voisinage. S. Romain est au milieu d'une belle Campagne fertile en bons grains.

[a] Mémoires dressez sur les Lieux en 1703.

2. St. ROMAIN (LE CAP DE). Voyez au mot CAP.

3. St. ROMAIN (LES ISLES DE), Isles de l'Océan Ethiopique, au Midi Oriental de l'Isle de Madagascar, près du Cap de S. Romain.

St. ROME DE TARN, Ville de France dans le Rouergue, au Diocèse de Vabres. Elle a un Pont sur le Tarn, au bord duquel elle est située. Elle est petite & à peine 300. Habitans.

St. RUF, Abbaye de France en Dauphiné, & à Valence. Elle est de l'Ordre de S. Augustin, & Chef d'un Ordre ou Congrégation de Chanoines Réguliers, & néan-

néanmoins le Roi y nomme de même qu'à tous les Prieurez Conventuels qui en dépendent. Cette Abbaye fut premiérement fondée hors de la Ville d'Avignon, près de la Riviére de Durance, & après sa destruction par les Albigeois, elle fut rétablie en 1210. en l'Isle d'Esparviéres, près de Valence, par les libéralitez des Seigneurs Barons De la Voute, ensuite rebâtie dans le Fauxbourg, & enfin après les troubles dans la Ville même de Valence, au Prieuré de S. Jacques qui en dépendoit. Le Monastére est fort beau. Les Religieux logent dans le même enclos, qui n'est pas fermé. Ils vivent séparément comme des Chanoines Séculiers.

S.

ST. SACREMENT (LE LAC DU), Lac de l'Amérique Septèntrionale au Canada, au Sud du Lac Champlain, dans lequel il se dégorge.

ST. SAEN, gros Bourg du Pays de Caux, en Normandie [a], en Latin *Sanctus Sydonius*. Il est situé dans un Vallon, au pied d'un Bois sur une petite Riviére, à sept lieues de Dieppe, à pareille distance de Rouen, & à deux ou trois lieues du Neuchâtel. Les Autels, le Clocher de l'Eglise Paroissiale desservie par dix Prêtres, sont d'assez grands desseins d'Architecture, & de Sculpture. Le Prieuré Titulaire de S. Saen, est d'un revenu plus considérable que celui de la Cure. Outre cela, la Chapelle de S. Louis y est fondée, & a un Titulaire. Celle de S. Martin est hors du Bourg sur la Riviére, un peu au-dessus de la Belle-Maison, nommée Vaudichon; & à l'entrée de ce même Bourg on voit une Image & une petite Chapelle de Notre-Dame de Boulogne. Il renferme une Abbaye de Bernardines, dont l'Eglise & tout le Monastére ont été rebâtis à neuf; la Communauté est assez nombreuse. Il se tient un gros Marché le Jeudi, à S. Saen, & une Foire le jour de la Fête de Sainte Catherine. Son gros commerce consiste principalement en Tanneries, Toiles, Grains & Bois à bâtir & à brûler; il y a six Moulins à eau, & des Arbres à fruits pour les boissons.

ST. SAMSON, ou Port ST. SAMSON, Bourg de Normandie [b], situé sur la Rille, deux lieues au-dessous de Ponteau-de-Mer, avec un Bac de passage pour cette Riviére. C'est un Titre de Baronnie, unie à la Manse Episcopale de l'Evêque de Dol en Bretagne, qui nommoit à la Cure, à la Chapelle de Notre-Dame, & aux trois autres Bénéfices fondés dans l'Eglise de S. Samson; savoir la Diaconale, la Soûdiaconale & la Cléricale. Quelques-uns donnent à ces Bénéficiers le nom de Chanoines. Les Paroisses de S. Samson, de la Roque, & du Marais Varnier, quoique situées sur le Territoire du Diocése de Rouen, sont néanmoins sous la Jurisdiction de l'Evêque de Dol, par une exemption particuliére. La Paroisse du Marais Varnier a été démembrée de la Baronnie, & celle de la Roque est à l'Em-

[a] Mémoires dressez sur les Lieux en 1704.

[b] Ibid. en 1706.

bouchure de la Rille dans la Seine, une lieue au-dessous de S. Samson, où le flux de la Mer remonte de la hauteur de huit à dix pieds dans les Nouvelles & les Pleines Lunes.

ST. SANDOUX, Bourg de France en Auvergne, au Diocése de Clermont.

1. ST. SANSON, Bourg de France en Anjou, Diocése & Election d'Angers.

2. ST. SANSON, Bourg de France dans le Maine, Diocése & Election du Mans.

1. ST. SAPHORIN DE LAY, petite Ville de France dans le Beaujolois. Elle est située entre les Montagnes de Tarare & de Lay, à trois lieues de Roane & à neuf de Lyon, sur le grand Chemin de Moulins.

2. ST. SAPHORIN D'OZON, Bourg de France dans le Dauphiné, au bord de l'Ozon, à une demi-lieue du Rhône, à moitié chemin de Vienne à Lyon, à deux lieues de l'une & de l'autre Ville. On y court la poste sur des Anes.

1. ST. SATUR, en Latin *Fanum Sancti Saturi*, Bourg de France dans le Berry, au Diocése de Bourges. Ce Bourg a 850. Habitans. Il est situé au pied de la Ville de Sancerre près la Loire. Il est arrosé d'un Ruisseau, qui y naît d'une Fontaine, d'où, en sortant, il fait moudre un Moulin. Ce Bourg se nommoit autrefois Gordène ou Gordon, nom qu'il a changé contre celui de l'Abbaye, qui y a été fondée dès l'an 617.; la Cure est Réguliére, elle vaut quatre cens Livres, & est à la Collation de l'Abbé de S. Satur. Il en dépend deux Villages, Fontenay d'un côté d'où sort la Fontaine, & S. Thiebauld de l'autre côté sur la Loire, où il y a un Port. La plûpart du terrain est en Vignes de bon rapport, entre lesquelles la Plante de S. Satur, & la Sacrifisie portent un Vin excellent. En général le Vin de ce terroir est autant estimé que le bon Vin de Bourgogne. Il y a peu de Bled, & six cens arpens de Bois taillis dans un assés mauvais fond. L'Abbé de S. Satur en est Seigneur; c'est à présent le Comte Maximilien de Manderscheidt. C'est une simple Seigneurie, qui releve du Roi immédiatement. Ses Causes sont commises aux Requêtes du Palais, où à celles de l'Hôtel. Le Commerce principal du lieu consiste en Vins qu'on transporte à Paris par le Canal de Briare. S. THIEBAULD est renommé pour la pêche sur la Loire; il y avoit ci-devant une Maladrerie, qui est réunie à l'Hôpital de Bourges. Il y a encore un reste d'Hôtel-Dieu. Il y avoit autrefois deux Foires. Il y a quelques Tanneurs, & quelques Moulins à bled. On attribue aux Habitans d'être difficiles à manier.

2. ST. SATUR, Abbaye de France dans le Berry, au Diocése de Bourges dans le Bourg de S. Satur. C'est une Abbaye d'Hommes, de l'Ordre de S. Augustin. Elle fut d'abord fondée par S. Romble, dans la Paroisse de Subligny, à deux lieues de la place où est Sancerre vers l'an 469. Elle fut depuis transférée vers l'an 647. au Château Gordène, ou Gor-

P 2

Gordon, qui a pris le nom de S. Satur, parce qu'on y avoit aussi transféré le Corps de ce Saint, par les soins de Mathilde, ou Mahaut Dame de Gordène. Depuis, les biens de cette Abbaye ayant été dissipés, une seconde Mathilde fille de Gimont, Seigneur du même Château de Gordène, la répara en 1034. Elle fut brûlée peu après par quatre Grands Seigneurs. Elle fut ensuite réformée, & la Règle des Chanoines Réguliers de S. Augustin y fut introduite par les Bulles d'Innocent II. d'Alexandre... & par celle d'Eugène III. de l'an 1145. Les Anglois la pillèrent en 1420. & en jettèrent les Religieux dans la Loire. Ayant été rétablie, elle fut brulée derechef pendant les Guerres de la Religion en 1561. Elle est à présent en bon état depuis quelques années. On compte vingt-quatre Abbés de ce Monastère jusqu'en 1702. Elle a été autrefois Chef d'une Congrégation, elle n'est à présent d'aucune des Réformées. Le revenu de l'Abbé est de huit mille Livres; il paye pension à six Religieux à raison de quatre cens Livres chacun.

St. SATURNIN, Bourg de France dans l'Auvergne, Diocèse & Election de Clermont.

1. St. SAVIN, Bourgade & Abbaye de France dans le Bigorre, au Diocèse de Tarbe dans le Lavedan. Cette Abbaye qui est fort ancienne est de l'Ordre de S. Benoît. Les Normands l'ayant détruite, elle fut rétablie en 945. par Raimond Comte de Bigorre. Elle a embrassé la Réforme.

2. St. SAVIN, Village de France au Poitou. Il y a une Abbaye de Bénédictins, fondée l'an 800. par Charlemagne, qui laissa le soin de l'achever à son fils Louïs le Debonnaire. Elle est située sur le penchant d'une Montagne, au bord de la Gartempe à neuf lieues de Poitiers, en un lieu qui se nommoit auparavant *Cerasus Castrum*. Ce Monastère avoit échappé à la fureur des Normands en 878. mais peu après il eut le même sort que les autres Abbayes de ce tems-là. Elle fut rétablie ensuite, & est présentement unie à la Congrégation de S. Maur. Elle porte le nom de S. Savin dont les Reliques y sont en dépôt.

St. SAVINIEN, Bourgade de France dans la Saintonge, au bord de la Charente. On trouve vis-à-vis de ce lieu des Moules fort grosses, dans lesquelles il y a quelquefois des Perles d'une assés grande beauté. On la nomme St. SAVINIEN DU PORT.

St. SAULGE, Ville de France dans le Nivernois. Elle est remarquable par un Prieuré de l'Ordre de S. Benoît, qui dépend de l'Abbaye de S. Martin d'Autun. La Ville n'a guères que mille Habitans, & est située dans un Vallon couvert de Montagnes chargées de Bois.

1. St. SAUVANT, petite Ville de France dans le Poitou, au Diocèse de Poitiers. Elle a 1345. Habitans.

2. St. SAUVANT, Bourg de France en Saintonge, Election & Diocèse de Saintes. Il a 745. Habitans.

1. St. SAUVE, Bourg de France dans l'Auvergne, Diocèse & Election de Clermont. Il a 1540. Habitans.

2. St. SAUVE, Village de France en Hainaut, dans l'Intendance de Maubeuge, au Diocèse de Cambrai. Il y a une belle Abbaye de l'Ordre de S. Benoît.

1. St. SAUVEUR LE VICOMTE, petite Ville de Normandie, Diocèse de Coûtances. Elle est située dans les Marais sur la Rivière de Beaupteis, à trois lieues de la Côte Occidentale de la Mer, à cinq de Cherbourg, & à neuf de Coûtances. Cette Ville a toujours eu un bon Château, qui étoit extrêmement fortifié vers le dixième & l'onzième Siècle. L'Abbaye de S. Sauveur fut fondée, & bâtie l'an 1048. par Niel de Contentin. Les termes des anciens Titres sont *Ab Illustrissimo Viro Nigello*, *sub titulo Sancti Salvatoris*, *Vice-Comitis*. Le Pere du Moustier, Auteur de *Neustria pia*, ajoute, *Arbitror hunc esse Nigellum qui bello paceque clarus, toties memoratur sub nomine Nigelli, Præsidis Constantiensis*. Ceux de la Famille de Harcour ont été Seigneurs de S. Sauveur le Vicomte, comme il paroît par ce que dit Froissard. Depuis la descente d'Edouard Roi d'Angleterre en Normandie, conduit par Geffroy de Harcourt Seigneur de S. Sauveur le Vicomte, cette Ville a été long-tems possédée par les Anglois, sur lesquels elle fut reprise en 1450.

2. St. SAUVEUR, Abbaye de France en Provence, Ordre de S. Benoît.

3. St. SAUVEUR D'ANIANE, c'est la même que St. BENOIT D'ANIANE. Voyez ANIANE.

4. St. SAUVEUR-LANDELIN ou LENDELIN, Bourg de France en Basse Normandie, dans le Territoire de Coûtances. Le Roi Charles VI. l'érigea en Comté, & il fut donné à Louïs d'Orléans pour supplément d'appanage en échange du Duché de Touraine. Il y avoit Bailliage & Vicomté. L'un & l'autre ont été transférés au Bourg de PERRIERES, qui est plus avant dans les Terres, de la dépendance de l'Abbaye d'Evreux.

5. St. SAUVEUR SUR DIVE. Voyez DIVE N°. 3.

6. St. SAUVEUR, en Afrique au Congo. } Voyez SAN SALVADOR.
7. St. SAUVEUR, en Amérique entre les Lucayes. }

8. St. SAUVEUR, Rivière de l'Amérique Septentrionale, dans la Gaspesie. Elle se décharge dans la Baye des Chaleurs.

1. St. SEBASTIEN, Ville d'Espagne, dans la Province de Guipuscoa. Elle est médiocrement grande & a un bon Port sur l'Océan, à l'Embouchure de la petite Rivière *Gurumea*, appellée par les Anciens *Menascum*. On ne la voit pas que l'on ne soit tout près, parce qu'elle est cachée du côté de Terre d'une butte de Sable, qui en dérobe la vue. Elle est située au pied d'une Montagne, qui lui sert de Digue pour la défendre de la Mer. Son Port est un Bassin que l'Océan y forme, en poussant ses Ondes assés avant à côté de la Ville;

ſe: & l'Art ſuppléant à la Nature, on l'a fait plus large & plus profond qu'il n'étoit, afin de le rendre plus aſſûré. Il eſt formé de deux Moles, qui ne laiſſent qu'autant d'eſpace, qu'il en faut pour l'entrée d'un Navire; & les Bâtimens y ſont à l'abri des Vents, au pied de la Montagne qui les couvre. Nonobſtant cette précaution qu'on a eue, on y a ſenti quelquefois des Ouragans ſi furieux, qu'ils ont fracaſſé juſqu'aux Bâtimens, qui y étoient à l'ancre. Mais ce ſont des cas extraordinaires, qui n'arrivent que fort rarement. On voit ſur le Port une groſſe Tour quarrée, qu'on y a élevée pour le garantir de ſurpriſe, & on y tient toujours Garniſon. Les Vaiſſeaux de guerre ne ſont pas à S. Sébaſtien, mais à Paſſage qui eſt un autre Port, ou une Plage, à un quart de lieue de cette Ville, tirant vers Fontarabie. C'eſt là que le Roi d'Eſpagne tient l'Eſcadre qu'il a ſur l'Océan. La Ville de S. Sébaſtien eſt environnée d'un double mur: celui qui regarde vers la Mer eſt fortifié de Baſtions, & de demi-lunes avec du Canon; & il n'eſt permis à aucun Etranger d'aller deſſus. Les Rues y ſont longues, larges, & fort droites, pavées d'une grande pierre blanche fort unie, qui eſt comme celle de Florence. On a ſoin de les tenir toujours nettes. Les Maiſons en ſont aſſés belles, & les Egliſes fort propres avec des Autels de bois, chargés, depuis la voute juſqu'au bas, de petits Tableaux comme la main, dont la plûpart repréſentent le Bienheureux S. Sébaſtien, Patron de la Ville, attaché à une Colonne & percé de fléches. Les dehors de la Ville ſont fort agréables; on y a d'un côté la vue de la Mer, & de l'autre on voit en éloignement les Pyrénées au bout d'une Campagne ſablonneuſe. Il s'y fait un fort grand Commerce, qui y attire beaucoup de monde: delà vient qu'encore qu'elle ne ſoit pas bien grande, elle eſt fort ramaſſée & extrêmement peuplée; pluſieurs familles demeurent dans une même maiſon, & un Marchand étranger eſt obligé d'y loger chez un Bourgeois, ne pouvant tenir maiſon à part. Il y a pluſieurs Flamands qui y vivent de cette maniere. Ce qui a donné lieu à cette coutume, c'eſt qu'au commencement qu'ils y ont trafiqué ils donnoient à leur Hôte, par pure gratification, un pour cent de toutes les Marchandiſes qu'ils vendoient, & ces avides Biſcayens ont fait cet ordre pour ſe conſerver un pareil profit. Tellement que ce qui n'étoit d'abord que l'effect d'une libéralité volontaire, a été changé en une loi qu'on eſt contraint d'obſerver. Au-deſſus de la Montagne, au pié de laquelle eſt la Ville, on voit une Citadelle fort élevée, qui la commande, munie de belles pièces de Canon avec une Garniſon, & à peu loin de la Citadelle, un très-joli Couvent de Religieuſes. Il eſt vis-à-vis de la Ville ſur une hauteur, d'où l'on pourroit aiſément la battre. La vue de ce Lieu eſt tout-à-fait charmante. On y découvre tout-à-la fois la Mer, des Vaiſſeaux, des Bois, des Campagnes & des Villes.

Le plus grand trafic de S. Sébaſtien eſt celui du fer & de l'acier, dont on trouve des Mines par tout le Pays: on y en voit de ſi pur, qu'on tient qu'il n'y en a point de pareil dans toute l'Europe; & il y eſt en ſi grande quantité, qu'on en pourroit fournir tous les Etats voiſins. Il s'y fait auſſi un gros Commerce de laine qui vient de la Caſtille Vieille, & qu'on embarque par ſacs, & par balles pour les Pays étrangers; c'eſt par ce Canal que viennent en France les fines laines d'Eſpagne tant vantées. Tout cela fait comprendre que S. Sébaſtien doit être une Ville d'un ſéjour fort agréable; adjoutez que c'eſt un pays de bonne chére, que le poiſſon y eſt excellent, & que les fruits y ſont d'un goût & d'une beauté admirables. Les Habitans de cette Ville ont un Privilège ſingulier, qui les rend fort glorieux: lorſqu'ils traitent avec le Roi d'Eſpagne en perſonne, il eſt obligé de ſe découvrir. Du reſte, leur Ville eſt ſous la dépendance de l'Archevêque de Burgos. On voit ſur la Porte l'Aigle Impériale avec les Armes de l'Eſpagne, & au-deſſous celles de la Ville. Delà à Madrid il y a quatre-vingt-quatre lieues. Dans tout ce Pays-là on ne voit que Forges & Moulins, où l'on prépare le fer; ce qui a fait dire que c'étoit la Boutique de Vulcain.

2. St. SEBASTIEN, Ville de l'Amérique Méridionale au Breſil, dans la Capitainie de Rio Janeiro, ſur la Côte Occidentale du Golphe que forme cette Riviére, & à deux lieues de ſon Embouchure. C'eſt le Siège d'un Evêque, & du Gouverneur de la Province. Elle eſt dans une belle Plaine entourée de hautes Montagnes. Elle eſt grande, bien bâtie, & les Rues en ſont droites. Les Maiſons magnifiques des Jéſuites & des P. Bénédictins qui la terminent des deux côtez, chacune ſur une petite hauteur, en rendent la vue fort agréable. Elle n'a aucunes Fortifications du côté de la Campagne, & elle n'eſt défendue que par un petit Fort, qui eſt au bord de la Mer au bas des Jéſuites. Ses Habitans ſont propres, & d'une gravité ordinaire à leur Nation, qui eſt la Portugaiſe. Ils ſont riches, aiment le trafic, ont grand nombre d'Eſclaves Noirs, outre pluſieurs familles entieres d'Indiens qu'ils entretiennent dans leurs Sucreries, & à qui ils ne veulent pas ôter la liberté comme étant Naturels du pays. Leurs Eſclaves font pour la plûpart toutes les affaires de la Maiſon; ce qui rend les Maîtres ſi mous, & ſi efféminés qu'ils ne daigneroient pas ſe baiſſer pour remaſſer une épingle, dont ils auroient beſoin. Le Luxe, & le Libertinage même eſt ſi ordinaire parmi eux que, ſi l'on en croit le Sr. Froger dans ſa Relation du Voyage de Mr. de Gennes [a], non ſeulement les Bourgeois, mais même les Religieux y peuvent tenir des femmes publiques ſans craindre la cenſure, & les médiſances du Peuple qui leur porte un reſpect tout particulier. L'Impureté, ſelon cet Auteur, n'eſt pas le ſeul défaut de ces mauvais Moines; ils vivent dans une ignoran-

[a] P. 73. & ſuiv.

te craſſe, on en trouve très-peu qui ſachent le Latin, & cet Auteur inſinue qu'ils ne s'en tiennent pas à la débauche des femmes. Il ne donne pas une grande idée du zèle des Cordeliers, des Carmes & des Bénédictins pour la converſion des pauvres Indiens qui, dit-il, ne demandent qu'à être inſtruits des Vérités de l'Evangile. Il n'y a, dit-il, en tout ce vaſte Pays que huit ou dix bons Peres Capucins François, & quelques Jéſuites qui s'employent avec un zèle extraordinaire à ces Miſſions.

De Laet dit que cette Ville eſt tellement étendue en longueur, qu'à peine on en peut faire le tour en demie heure quoiqu'elle n'ait que dix ou douze Maiſons de largeur. Elle eſt diviſée en trois Parties, dans la Haute ſont la Cathédrale, & le Collège des Jéſuites fondé par le Roi Sébaſtien. La Baſſe eſt dans la Vallée qu'ils nomment Barrio de Sant Antonio. La troiſième eſt au bord de la Baye, depuis le Château qui eſt le plus au dedans des terres, juſqu'au Monaſtère des Bénédictins. Il y a quelques Moulins à Sucre qui appartiennent à la Ville de S. Sébaſtien; mais le principal Commerce des Bourgeois eſt en Coton, en Bois de Breſil, & en pluſieurs autres choſes néceſſaires à la Vie, dont le lieu abonde.

3. St. SE'BASTIEN, Ville de l'Iſle de Tércere l'une des Açores. Elle eſt petite, & ſituée à deux lieues d'Angra, & à une lieue de Villa de Praya.

4. St. SE'BASTIEN DE BUENA VISTA, c'eſt-à-dire de bonne Vue, Ville de l'Amérique Méridionale dans la Terre-ferme ſur des hauteurs qui ſont à la Pointe Orientale du Golphe d'Uraba. Ojeda en jetta les fondemens en 1510, & la mit ſous la protection de S. Sébaſtien, dans l'eſpérance qu'il garantiroit ſa Colonie des flèches empoiſonnées des Barbares. Cette Colonie ſouffrit tant de miſères qu'elle quitta ce Lieu, où les Américains mirent auſſi-tôt le feu. Ainſi cette Ville fut bâtie, & détruite la même année.

5. St. SE'BASTIEN, (LE CAP DE). Voyez CAP.

St. SEINE, Bourg & Abbaye de France en Bourgogne, à deux lieues de la ſource de la Rivére de Seine, & à cinq de Dijon, ſur la Rivière d'Ougne entre deux Montagnes. L'Abbaye eſt ancienne, & fondée avant le tems de S. Grégoire en un lieu nommé Segeſtre Maimont, *in Magnimontenſi Pago*. Son nom Latin eſt *Sicaſter*, ou *Segeſter*, & depuis *Sancti Sequani Monaſterium*. Saint Seine en fut le premier Abbé vers le milieu du VI. Siècle. Elle ſubſiſte encore aujourd'hui, & eſt ſous la Règle de S. Benoît, dans la Congrégation de S. Maur, ſelon Mr. Baillet qui dit que Maimont Lieu de la naiſſance de S. Seine, en Latin *Magnimontium*, étoit une petite Ville près delà. Il nomme petite Ville ce que les autres appellent Bourg de S. Seine; c'eſt le grand Chemin de Paris à Dijon.

St. SE'PULCRE (Abbaye de), Abbaye de France dans la Ville de Cambrai [a]. Cet-

[a] *Le Carpentier, Hiſt. de Cambrai, Part. II. c. 8.*

te Abbaye prit ſa naiſſance d'une cruelle famine qui fut ſuivie d'une telle peſte que les Cimetières de la Ville ne pouvant contenir le nombre des morts, l'Evèque Gérard I. fut obligé de benir aux Fauxbourgs une grande place, à l'entrée de laquelle on érigea une Chapelle en l'honneur du S. Sépulcre; Liébert ſon Succeſſeur y bâtit une Egliſe & y fonda une Abbaye de l'Ordre de S. Benoît & la conſacra le 28. Octobre 1063. Elle fut enfermée l'année ſuivante dans la Ville. Watier, Archidiacre de Cambrai, après avoir embelli ce Monaſtère de très-beaux Bâtimens, y prit l'Habit vers l'an 1080. L'Evèque Nicolas y conſacra en l'honneur de la Vierge l'an 1156. une Chapelle qui étant tombée en ruïne, fut réparée par le fameux Wallerand de Luxembourg Sire de Ligney. L'Egliſe qui ſe voit à préſent avec le Chapitre Conventuel & la Bibliothèque, doit toute ſa gloire à Guillaume Courtois; mais le Cloître avec le Réfectoire & la Sale Abbatiale doit la ſienne à Nicolas Griſel. La Chapelle de Ste. Cecile y fut achevée par les ſoins d'Antoine Griſel. Antoine de Fourvies y renouvella le Chœur d'à préſent qui ne reçut ſa perfection que par Michel de Sains. Cette Abbaye [b] jouït de quinze mille Livres de revenu.

[b] *Piganiol, Deſcr. de la France, t 6. p. 161.*

St. SERAIN, Abbaye de France dans le Rouergue au Diocèſe de Rhodes, ce ſont des Filles de l'Ordre de S. Benoît.

St. SERVAND, nouvelle Ville de France en Bretagne, au fond de la Baye de S. Malo, à demie lieue de cette Ville. Mr. Corneille ne fait cette diſtance que d'un quart de lieue.

1. St. SEVER, Ville de France dans la Gaſcogne, au Diocèſe d'Aire. Elle eſt Siège d'une Sénéchauſſée, qui eſt du reſſort d'Acqs. Cette Ville eſt ſituée ſur l'Adour, à trois lieues du Mont Marſan, & à ſix lieues d'Aire. Elle a pris ſon origine & ſon nom d'une célèbre Abbaye de l'Ordre de S. Benoît, fondée vers l'an 993. par Guillaume Sanche d'Arragon. On l'appelle ſouvent CAP DE GAFIOGNE. On y fait Commerce de Vin pour Acqs & pour Bayonne.

2. St. SEVER, Abbaye de France près de la Ville de même nom. Elle a été fondée, comme on a dit, l'an 993. & ſelon d'autres l'an 982. ſur l'Adour par Guillaume Sanche, Duc des Gaſcons, en action de graces de la Bataille Navale par lui remportée par l'interceſſion de S. Sever ſur les Normands, qui vouloient faire une deſcente dans la Gaſcogne & la ravager. Cette Abbaye a donné naiſſance à la Ville de S. Sever, qui s'eſt formée autour d'elle. L'Abbé de S. Sever étoit autrefois l'Aumônier né de la Cour des Ducs de Gaſcogne. La Manſe Abbatiale eſt d'environ ſix mille Livres.

3. St. SEVER, Bourg de France en Normandie, au Diocèſe de Coûtances. Ce Bourg a 1220. Habitans. Il eſt ſitué à huit lieues de Coûtances & à trois lieues de Vire ſur la route d'Avranches dont il eſt à cinq lieues. Il a pris ſa naiſſance & ſon nom

nom d'une Abbaye de l'Ordre de S. Benoît, fondée par S. Sever Evêque d'Avranches vers l'an 560. Elle a huit à neuf mille Livres de revenu tant pour l'Abbé que pour les Moines. Il y a dans ce Bourg un Marché, plusieurs Foires & beaucoup de Chaudronniers; & dans la Forêt il y a un Monastère de Religieux de la Régle de S. Romuald, qu'on appelle les Camaldules. La Forêt de S. Sever est auprès de ce Bourg, Diocèse de Coûtances, Confins d'Avranches; elle a quatre lieues de circuit, & renferme le Monastère des Camaldules qui sont six, dont il y en a un Prêtre. Ils sont dépendans de l'Evêque, qui y fait la visite. S. Sever est une ancienne Abbaye de l'Ordre de S. Benoît, fondée au bord de la Riviére de Vire par S. Sever, Evêque d'Avranches en 558. d'abord sous l'Invocation de Notre-Dame. Ensuite ayant été détruite par les Normands, avant qu'ils eussent embrassé la Religion Chrétienne, elle a été rétablie sous l'Invocation de S. Sever en 1085. par Hugues Comte d'Avranches.

4. St. SEVER DE RUSTAN, Ville de France dans le Bas Armagnac, Diocèse d'Auch. Elle est petite & a pris son nom de S. Sever d'une ancienne Abbaye dans la Vallée de Rustan, à deux lieues de Tarbes sur la Russe ou la Rousse. Cette Vallée est le Lieu le plus fertile du Bigorre.

L'Abbaye qui est de Bénédictins fleurissoit au commencement du X. Siècle. Arsius, qui étoit son Abbé, fut préposé par le Comte Sanche au Monastère de S. Pé de Generez, que ce Seigneur avoit fondé. L'Abbaye de S. Sever de Rustan fut ravagée, comme toutes les autres de la Gascogne par les Sarrasins. Centule, Comte de Bigorre, la soumit à S. Victor de Marseille, vers l'onzième siècle, & en recommanda à Richard le rétablissement: ce qui fut confirmé par une Bulle du Pape Urbain II. de l'an 1089. Elle est maintenant unie à la Congrégation de S. Maur.

1. St. SEVERIN, Abbaye de France dans le Poitou au Diocèse de Poitiers. Cette Abbaye est de Chanoines Réguliers de l'Ordre de S. Augustin. Elle est située sur les limites du Diocèse de Poitiers & de celui de Saintes, près de la Riviére de la Boutonne & du Château de Dampierre, à trois lieues de S. Jean d'Angely. Elle a embrassé la derniére Réforme. On croit que c'est l'Abbaye dont parle Besly dans son Histoire des Comtes de Poitiers, & qu'il assure avoir été fondée vers l'an 1068. par Geofroy Guillaume VIII. Duc d'Aquitaine. Cette Abbaye éprouva le même sort que toutes les autres pendant les Guerres de la Religion. Les Protestans l'ont tellement maltraitée, qu'il n'y restoit plus qu'un seul Chanoine Régulier qui en étoit Prieur & Curé. Depuis que la Réforme y a été introduite, on en a rétabli les Bâtimens & les Lieux Réguliers. La Manse Abbatiale est de trois mille Livres.

2. St. SEVERIN DE CHATEAULANDON, en Latin *Castri Nantonis Abbatia*, Abbaye de France dans le Gatinois, au Diocèse de Sens. C'étoit autrefois une Communauté de Chanoines Séculiers, qui ont embrassé la Régle de S. Augustin & ensuite la Réforme de la Congrégation de France. Elle reconnoît Childebert I. pour son Fondateur. Voyez au mot Castrum l'Article CASTRUM NANTONIS.

St. SEUILLY, Abbaye de France en Touraine. C'est une Abbaye d'Hommes, de l'Ordre de S. Benoît. Elle a été fondée par les Seigneurs de Montsoreau, & les Comtes d'Anjou, à qui les Abbés rendoient autrefois hommage. Elle a trois Religieux, qui avec l'Abbé ont trois à quatre mille Livres pour tout revenu.

St. SEVIRE, Forêt de France en Normandie. Elle est de huit cens Arpens & de la Maîtrise de Bayeux.

St. SEVRIN ou SURIN, Abbaye de France en Guienne près de Bourdeaux. Cette Abbaye est d'Hommes. Elle est située près les murs de Bourdeaux. Elle étoit autrefois de l'Ordre de S. Augustin; mais il y a déja long-tems qu'elle est sécularisée. Elle est ancienne. Voyez S. SURIN.

St. SIGISMOND, en Latin *Abbatia Sancti Sigismundi prope Ortesium*, Abbaye de France dans la Principauté de Béarn, au Diocèse d'Acqs. Cette Maison est de Filles, de l'Ordre de Cîteaux. Elle a été fondée par les Comtes de Béarn. On lui a donné quelquefois le nom de STE. MARIE DE L'ESPERANCE, sa première Abbesse se trouve dans l'Histoire de Béarn par M. de Marca, avec celle de la fondation de ce Monastère.

St. SIMON, Bourg de France en Picardie, avec titre de Duché-Pairie, au Diocèse de Noyon. Ce lieu a 155. Habitans. Il a été érigé en Duché-Pairie en faveur de Claude de Rouvroi par Louïs XIII. en 1638.

St. SORLIN, Bourg de France en Bourgogne, au Diocèse de Lion. Ce Bourg est un Marquisat; il est Siège du Mandement & député aux Assemblées du Bugey.

St. SREMOND, Paroisse de France en Normandie, au Diocèse de Coûtances. Il y a un Prieur Séculier, qui nomme à la Cure. Dans cette Paroisse sur le bord du Marais & de la Riviére de Vire est l'ancien Château de la Riviére appartenant à Mr. le Marquis de Gratot. Cette Terre est de plus de vingt-cinq mille frans de revenu; elle est très-noble, plusieurs Paroisses & Fiefs en relevent.

1. St. SULPICE, Abbaye de France dans le Bugey, au Diocèse de Bellay. Cette Abbaye est d'Hommes, de l'Ordre de Cîteaux. Elle a été fondée par Amédée II. Comte de Savoye en 1133. Elle est située à trois lieues de Bellay.

2. St. SULPICE, Marquisat de France dans le Quercy. La Paroisse est de 310. Habitans.

3. St. SULPICE, Abbaye de France en Bretagne, au Diocèse de Nantes. Cette Abbaye est de Filles, de l'Ordre de S. Benoît, à trois lieues de Rennes. Le Lieu où elle est située s'appelloit autrefois la Forêt du Nid de Merle. Elle a été fondée

dée en 1096. par Raoule de la Fustaye.

4. St. SULPICE DE PIERREPONT, Prieuré de France dans le Soissonnois.

5. St. SULPICE DE LEZADOIS, Ville de France dans le Haut Languedoc au Diocése de Rieux. Cette Ville est située sur la Riviére de Leze, à quatre lieues de Toulouse, & à deux de Rieux. Elle suit le Droit Ecrit. Il n'y a point de Gabelle; sa Taille est réelle. Cette Ville fait partie de la Commanderie de Reineville de l'Ordre de S. Jean de Jérusalem. Le Commandeur est le Patron & le Curé Primitif de la Paroisse. Il la fait desservir par un Vicaire perpétuel; le Roi en est le Seigneur Haut-Justicier. Il y a un Hôpital fondé par un Bourgeois de la Ville, le revenu en est très-modique. On recueille dans son Territoire du Bled, du gros Millet, & du Vin. Il ne s'y fait aucun Commerce. Il y a cinq Foires, le 4. Mai, le 16. Juin & les deux jours suivans, le 22. Juillet, le 13. Septembre, & le 20. Novembre. Cette Ville de S. Sulpice est Ville Maîtresse du Diocése, & son premier Consul entre aux Etats de Languedoc. Les Habitans sont affables & ont très-bon cœur. Ils ne manquent point de Religion, & on n'y a jamais souffert d'Hérétiques. L'ardeur avec laquelle ils repousserent en 1522. ceux de la Religion Protestante en convainc assés: car les Protestans sous prétexte de Religion exerçoient, dans tout le voisinage de grandes violences. Les Eglises n'étoient point épargnées; les unes furent brûlées, les autres abattues & ruïnées, aprés en avoir enlevé les Vases Sacrés, & tout jusqu'aux Cloches mêmes. Ils attaquerent S. Sulpice le vingtième Octobre de la même année. Pendant la nuit croyant surprendre la Ville, ils avoient déja dressé les Echelles pour escalader, lorsqu'heureusement une bonne femme logée près des remparts de la Ville, & qui alloit éveiller le Fournier pour allumer le feu au Four, apperçut les Ennemis & fut avertir la Compagnie de la Garde Bourgeoise destinée pour la défense de la Ville, dont le Chef étoit Jacques Ayral, qui aiant été sur eux avec sa petite troupe les tailla en piéces, quoiqu'incomparablement en plus grand nombre, & les contraignit de se retirer au plus vîte. Depuis ce tems & en reconnoissance de cette Victoire, on fait tous les ans à pareil jour une Procession solemnelle & magnifique autour de la Ville, & cette Procession se fait en l'Honneur de S. Capraise, parce que c'est précisément ce jour-là qu'on fit lever le Siége: on appelle cette Procession la délivrance de la Ville.

Les Habitans de S. Sulpice n'ont pas témoigné moins de zèle contre les Ennemis de l'Etat; la fermeté avec laquelle ils répondirent au Duc de Marsin lors de sa révolte en est une preuve. Ce Seigneur s'étant arrêté devant les Portes de la Ville, & ayant demandé qu'on lui fournît des vivres en payant; il lui fut répondu, qu'ils n'en fournissoient pas à ceux qui prenoient les armes contre leur Prince, & qu'ils aimoient mieux soutenir un Siége, que de lui être infidèles dans la plus petite chose: ce qui obligea le Duc de Marsin de continuer sa route & d'aller séjourner ailleurs.

T.

1. St. THIBAULT, en Latin *S. Theobaldus*, Paroisse de France en Bourgogne dans le Diocése d'Autun. Ce Lieu est situé en plein pays sur la Riviére d'Armançon. L'Abbé de S. Seine est Patron de la Cure dans l'enclos de cette Paroisse. Il y a un Prieuré de mille cinq cens Livres de rente à la Collation de l'Abbé de S. Rigault d'Autun. Il y a une Chapelle dans l'Eglise de ce Prieuré, valant quatre cens Livres & qui en dépend. Ce Lieu donne le nom à la Vallée dans laquelle il est situé. Elle est très-abondante en grains.

2. St. THIBAULT, Prieuré de France en Champagne, au Diocése de Châlons. Il est situé sous les murs de la Ville de S. Dizier sur la petite Riviére des Renelles. C'étoit autrefois un Prieuré Claustral fondé par les Comtes de Champagne de ce nom; présentement il n'y reste qu'une Chapelle dans laquelle le Vicaire de la Paroisse de la Noue va dire la Messe trois fois la semaine. C'est un Pélerinage célébre dans tout le Perthois & le Vallage. Les revenus de ce Prieuré sont la Dixme de la Paroisse de la Noue, qui est un Fauxbourg de S. Dizier, aussi considérable lui seul que toute la Ville & l'autre Fauxbourg ensemble, un Four banal où les Habitans de la Noue sont obligés d'aller cuire leur pain, & plusieurs Héritages. Ces revenus sont affectés au Séminaire de Châlons, à la charge de tenir chaque année dans le Séminaire trois Sujets de la Paroisse de la Noue *gratis*: mais cette charge est mal acquittée, à la réserve néanmoins de la moitié des Dixmes de Vin, que perçoit le Curé de la Noue, & d'un Préciput de huit Septiers de bled & autant d'avoine que le même Curé perçoit sur la Dixme du finage. Le Séminaire paye aussi cinquante Livres au Vicaire de la Noue. La Fête de S. Thibault se célébre le 1er. Juillet. Les Laboureurs de la Noue le prennent pour leur Patron, & le Curé de la Noue est obligé d'y célébrer solemnellement les premiéres Vêpres, la grande Messe & les secondes Vêpres, où assistent tous les Laboureurs en Corps. Le Receveur du Prieuré pour le Séminaire est obligé de leur donner à dîner, si mieux n'aime chaque Laboureur prendre trente sols en espéce.

St. THIERRY, en Latin *S. Theodoricus*, Abbaye de France en Champagne, au Diocése de Rheims. Elle est située à deux petites lieues au Nord de Rheims dans une Paroisse à qui elle a donné son nom, & qui est composée d'environ 380 Habitans. Elle est de l'Ordre de S. Benoît, & a été fondée vers l'an 525. par S. Thierry, Disciple de S. Remy. La Manse Abbatiale a été unie à l'Archevêché de Rheims, en dédommagement de l'érection de l'Archevêchevêché de Cambrai. Elle est de douze mille Livres. On appelle souvent l'Abbaye S. THIERRY DU MONT D'OR, *Fanum Sancti Theodorici in Monte Aureo.* Quelques-uns veulent tirer l'Etymologie du Mont d'or, de celui de Mont-Oreb; parce que, disent-ils, S. Thierry a choisi cette Montagne pour sa retraite, & pour le lieu de sa sépulture, comme Moïse avoit fait du Mont-Oreb. Ce n'étoit, lorsque S. Thierry s'y est retiré, qu'une Montagne couverte de Bois, au milieu desquels il choisit un emplacement pour bâtir son Monastère, auquel S. Remy, dont il étoit le Secrétaire, ajoûta l'Église, qui fut dans la suite détruite par les courses des Barbares, & par le relâchement des Religieux que ces deux Saints y avoient établis. Ils se firent même séculariser environ vers l'an 716., & les Seigneurs voisins s'emparerent d'une partie de leurs biens. Les Hongrois détruisirent leur Monastère & leur Église, qui resterent dans cet état jusque vers l'an 974. que l'Archevêque Adalberon la fit rétablir, y remit des Moines, & leur fit rendre une partie de leurs Terres. Les Comtes de Roucy étoient leurs Avoués; mais ils furent délivrés de cette Avouerie, qui leur causoit toujours des troubles, par Henri I. Roi de France. Quand les Rois sortent de leur Sacre, & qu'ils vont à S. Marcou faire leur neuvaine par eux-mêmes, ou par leurs Aumôniers, ils vont dîner à S. Thierry, où ils sont défrayés par les Abbés de S. Thierry, d'Auvilliers & de S. Basle. Paul Bailly, le huitième de leurs Abbés Commendataires, y introduisit la Réforme de S. Maur en 1627. Cette Abbaye a beaucoup souffert pendant les guerres de la minorité de Louis XIV. Elle est située sur une Colline au-dessus de la croupe de la Montagne; l'air y est très-bon & la vue charmante.

ST. THIERS DE SAON ou DE SAOU, en Latin *Sancti Thiraucii* ou *Tercii de Saone,* ou *de Rupe Saonensi Abbatia,* Abbaye de France en Dauphiné, au Diocèse de Valence. C'est une Abbaye d'Hommes, de l'Ordre de S. Augustin, & elle dépend immédiatement du S. Siège.

1. ST. THOMAS, Bois de France en Gascogne, au Bas Comminges. Il est de deux cens cinquante arpens trois quarts cinq perches, & de la Maîtrise de l'Isle-Jourdain.

2. ST. THOMAS (Isle de), Isle de l'Amérique entre les Antilles, à l'Orient de Porto-Ricco. Il ne faut pas confondre S. Thomas avec S. Thomé. Cette dernière Isle est sur la Côte d'Afrique directement sous la Ligne & S. Thomas de l'Amérique est par les 18. degrés de Latitude Nord.

a Labat, Nouveaux Voyages aux Isles Françoises de l'Amérique, t. 2. p. 285.

Cette petite Isle [a] est la dernière, du côté de l'Ouest, de toutes celles qui composent cet amas d'Isles, ou d'Ilets, qu'on appelle les VIERGES. Le PORT qui est naturel, est fort joli & fort commode. C'est un enfoncement ovale, formé par les Cuisses de deux Mornes assés hauts du côté de la terre, ou du centre de l'Isle, qui s'abaissent insensiblement, & qui forment en finissant, deux mottes rondes & plates, qui semblent faites exprès pour placer deux Batteries, pour défendre l'entrée du Port. Le mouillage est excellent pour toutes sortes de Bâtimens, qui y sont en sûreté autant qu'on le peut souhaiter.

Quoique cette Isle soit fort petite, n'ayant qu'environ six lieues de tour, elle ne laisse pas d'avoir deux Maîtres, savoir le Roi de Dannemarc & l'Electeur de Brandebourg, aujourd'hui Roi de Prusse. Il est vrai que les Brandebourgeois n'y sont que comme sous la protection des Danois, & pour parler plus juste, ce sont les Hollandois, qui y font tout le Commerce, sous le nom des Danois.

Il y a une espèce de FORT presque au milieu du Port, qui n'est qu'un petit quarré avec de très-petits-Bastions sans fossé, ni ouvrages extérieurs; toute sa défense consiste en un Plan de raquettes, qui régnent tout à l'entour, & qui occupent le terrain, que devroient occuper le fossé & le chemin couvert. Ce terrain peut avoir six à sept toises de large. Les raquettes y sont très-bien entretenues, si pressées, si serrées à leur sommet & si unies, qu'il semble qu'on les taille tous les jours. Elles ont pour le moins 7. pieds de haut. Les Bâtimens qui sont dans le Fort sont adossés contre le mur, pour laisser une cour quarrée au milieu.

Le BOURG commence à cinquante ou soixante pas à l'Ouest du Fort. Il fait la même figure que l'Ance, & n'est composé que d'une longue rue, qui se termine au Comptoir de la Compagnie de Dannemarc.

Ce Comptoir est grand, vaste, bien bâti. Il y a beaucoup de logemens & des Magazins commodes pour les marchandises, & pour mettre les Négres, qu'elle reçoit, & qu'elle trafique avec les Espagnols.

A la droite du Comptoir, il y a deux petites rues, qui sont remplies de François Réfugiés d'Europe & des Isles. On les appelle le Quartier de Brandebourg. Ce qu'il y a de singulier dans cette Isle, c'est d'y voir trois ou quatre Religions, sans que pas une ait de Temple, à peu près comme à la Barbade, où malgré les grandes richesses des Habitans, ils n'ont pu venir à bout d'en faire un, parce qu'ils n'ont pu encore convenir à quelle Religion il seroit affecté, & que l'entreprise auroit surpassé infiniment leurs forces, s'il avoit fallu bâtir autant de Temples, qu'il se trouvoit parmi eux de Religions & de Sectes différentes. Cependant, généralement parlant, il n'y a que deux Religions dominantes à S. Thomas, & il me semble que cela est assés honnête pour un aussi petit Lieu, c'est-à-dire, la Luthérienne & la Calviniste. Celle-ci avoit ordinairement deux Ministres, un François & un Hollandois. La première n'en avoit qu'un, qui parloit Flamand & Allemand.

Les Maisons du Bourg n'étoient ci-devant que de fourches en terre, couvertes de cannes ou de roseaux, & environnées de torchis, blanchis avec de la chaux. Les fréquens incendies ont obligé à les bâtir de de briques, comme la plûpart sont aujourd'hui. Elle sont basses, peu ont deux étages. Elles sont très-propres, carrelées de carreaux vernissés, ou de fayence, & blanchies à la Hollandoise. Ils disent qu'ils n'osent les faire plus hautes, à cause du peu de solidité du terrain, où l'on ne peut creuser trois pieds sans trouver l'eau & le sable mouvant.

On fait un Commerce très considérable dans cette petite Isle, & c'est ce qui y a attiré les Habitans, qui la peuplent. Comme le Roi de Dannemarc est ordinairement neutre, son Port est ouvert à toutes sortes de Nations. Il sert en tems de Paix d'entrepôt pour le Commerce, que les François, Anglois, Espagnols, & Hollandois n'osent faire ouvertement dans leurs Isles. Et en tems de Guerre il est le refuge des Vaisseaux Marchands poursuivis par les Corsaires. C'est-là qu'ils conduisent leurs prises & qu'ils les vendent, quand ils sont trop bas pour les faire remonter aux Isles du Vent; de sorte que les Marchands de cette Isle, profitent du malheur de ceux, qui sont pris, & partagent avec les vainqueurs l'avantage de leurs victoires. C'est encore de ce Port, que partent quantité de Barques, pour aller en traite le long de la Côte de Terreferme, d'où elles rapportent beaucoup d'argent en espèces, ou en barres & des Marchandises de prix. Voilà ce qui rend ce petit Lieu riche, & toujours plein de toutes sortes de Marchandises. Les Cannes y viennent très-bien, & le Sucre est beau & bien grené. Le terrain quoique léger est bon & produit bien le manioc, le mill, les patates, & toutes sortes de fruits & d'herbages. Ils ont peu de Boeufs & de Chevaux, parce qu'ils manquent de terrain pour les entretenir. Cependant ils ne manquent pas de viande, les Espagnols de Porto-Rico leur en fournissent en abondance. Ils élévent des Cabrittes, qui sont excellentes, & des Volailles de toutes sortes en quantité. Avec tout cela les vivres y sont chers, ce qui vient de la quantité des gens, qui y abordent, & de ce que l'argent y est commun.

Au reste l'Isle de S. Thomas par sa Forteresse n'est capable d'aucune défense ni pour elle-même, ni pour le Pays, ni pour les Vaisseaux qui seroient dans le Port; il y a à la vérité une grande Batterie sur le bord de la Mer au bas du Fort, où l'on voit une vingtaine de Canons; mais cette Batterie, quoique bonne pour battre dans l'entrée du Port, est inutile pour tout le reste; parce qu'étant ouverte par derrière, elle peut être aisément prise par ceux qui l'attaqueroient du côté de terre, après avoir fait leur descente à la petite Ance, qui est derrière le Comptoir des Danois.

La CARAVELLE DE ST. THOMAS est un Rocher assés élevé avec deux Pointes, qui sont toutes blanches des ordures que les Oiseaux font dessus. Cela le fait paroître de loin comme une Corvette, ou un Brigantin, & c'est ce qui lui a fait donner le nom de Caravelle, qui est un petit Bâtiment Espagnol. Ce Rocher est environ à trois lieues au Sud-Ouest de S. Thomas.

3. ST. THOME. Voyez ST. THOMAS N°. 2.

ST. TIBERY, ou TUBERY, *Oppidum Sancti Tiberii*, Ville de France dans le bas Languedoc, au Diocèse d'Agde. Cette Ville est Siège d'un Bailliage Royal. Elle est très-ancienne; son ancien nom est Cesseron, (voyez ce mot) & par corruption Cessarion. Pline, Ptolomée & tous les Itinéraires en font mention sous ce nom, que les anciens Actes rapportez par le Pere Mabillon, nous disent être la Ville, où le Monastère de S. Tibery, avoit été fondé. L'Abbaye de S. Tibery lui a fait dans la suite changer son ancien nom. Elle est de l'Ordre de S. Benoît, de la Congrégation de S. Maur. L'Abbé jouït de huit mille Livres de rente. Elle a été fondée l'an 817. par Louis le Debonnaire.

ST. TIRON, Abbaye de France dans le Diocèse de Chartres. C'est une Abbaye d'Hommes de l'Ordre de S. Benoît de la Congrégation de S. Maur. Elle a été fondée en 1107. par Bernard, Abbé de S. Cyprien de Poitiers, qui se retira dans les Solitudes des Confins de la Beauce & du Perche, où, par les secours de Rotrou Comte du Perche & de Mortaigne, il éleva & dota un Monastère de plus de cent Religieux, qui vaut encore près de quatorze mille Livres de revenu. Les Bénédictins modernes ont établi un Collége en ce Lieu, où ils élevent une assés nombreuse Jeunesse, une partie à leurs frais.

ST. TRISAY, Abbaye de France dans le Poitou, au Diocèse de Luçon. C'est une Abbaye d'Hommes, de l'Ordre de Citeaux, & de la filiation de Pontigny. Elle a été fondée l'an 1195. par Hervé de Mareuil, & Geofroi de Tiffauger. Elle vaut six mille Livres.

ST. TRIVIER, Ville de France dans la Bresse, au Diocèse de Lyon. Elle est petite & n'a pas plus de 340. Habitans; elle est située sur une hauteur à deux lieues de la Saone, & à cinq de Bourg. Il y a un Hôpital, & un Collége. Le terroir des environs est assez abondant; mais il est fort couvert, les chemins y sont mauvais, & les avenues difficiles & marécageuses.

ST. TRON, en Latin *Sancti Trudonis Fanum*, ou *Trudonopolis*, ou *Trudenium Oppidum*, Ville d'Allemagne au Pays de Liége dans la Hasbaye, dont elle est la Capitale. Ceux du Pays disent S. Truyen. Elle est sur les Frontières du Brabant, à trois lieues de Tongres, à cinq de Mastricht, & à autant de Liège. Les murailles en furent abbatues l'an 1675. La moitié de la Ville appartient à l'Evêque de Liège, & l'autre moitié à l'Abbé de S. Tron, Abbaye qui donne le nom à la Ville. L'Evêque & l'Abbé partagent entr'eux la nomination des Magistrats. Quelques-uns croient que cette Ville est la *Sarcinum* des Anciens.

ST. TROPEZ, Ville maritime de Provence sur le Golphe de Grimaud, à quatre lieues de Frejus, & à douze de Toulon.

lon. Cette Ville est au bord de la Méditerranée sur laquelle elle a un assez beau Port entre Frejus & Hieres, à quatre lieues de Frejus, & à douze de Toulon. Elle doit son origine & son nom à un Prieuré, dépendant de S. Victor de Marseille, elle n'a que deux cens dix Habitans. C'est un Gouvernement de Place avec un Etat Major. Cette Place a une Citadelle. Le Golfe dans lequel elle a son Port s'appelle ordinairement le Golfe de Grimaud, en Latin *Gambrecius*, ou *Gambrecitanus*. Quand on vient de l'Ouest pour y entrer, il faut prendre le Nord-Ouest, & faire route vers Nagaye, & lors qu'on découvre le Château de Grimaud, il faut aussi-tôt venir un peu au Lof, pour éviter un banc de Rochers, qui n'est pas éloigné. On va mouiller aux Canabiers. Honoré Bouche croit que c'est l'ancienne *Heraclea Cacabaria*. Sa Paroisse est desservie par un Prieur Régulier de l'Ordre de S. Benoît, qui a sous lui cinq Prêtres. Il y a aussi un Couvent de Capucins.

V.

1. St. VAAST, en Latin *Sanctus Vedastus*, Bourg de France en Normandie, au Diocèse de Coûtances. Ce Bourg est situé à deux lieues de Harfleur, à trois de Valogne & à treize de Coûtances; il a un petit Port de Mer où les Vaisseaux abordent. Il est composé de 1226. Habitans. Il y a un bon nombre de Poissonniers-Pêcheurs, & c'est où l'on vend le meilleur poisson, qu'on porte à Paris. Le Fort de la Hougue est d'un côté dans une petite Isle, qui porte ce nom; c'est une grosse Tour fortifiée. De l'autre côté à une demie lieue est l'Isle de Tatihou, un peu plus grande, où il y a aussi une grosse Tour fortifiée, qui avance plus dans la Mer, & le Bourg de S. Vaast est entredeux. Ce fut là où les Vaisseaux du Roi de France furent brûlés en 1692. Il y a une espéce de Marché le Dimanche.

2. St. VAAST D'ARRAS. Voyez ARRAS.

3. St. VAAST, ou S. WAST DE MOREUIL, en Latin *Morolium Sancto Vedasto Sacrum*, Abbaye de France en Picardie. C'est une Abbaye d'Hommes, de l'Ordre de S. Benoît, située au dessus d'Abbeville, sur la Riviére de Somme; c'étoit une dépendance (en Latin *Cella*) de l'Abbaye de Breteuil, à laquelle Wautier, Abbé de Breteuil, donna vers l'an 1140. à la priere de Bernard Seigneur de Moreuil, le droit de s'élire elle-même un Abbé particulier, & de le choisir dans le Monastère de Breteuil.

St. VALERY, *Oppidum Sancti Valerici*, Ville de France en Picardie, au Diocèse d'Amiens. Cette Ville est située à l'Embouchure de la Somme dans le Vimeux, à quatre lieues au-dessous d'Abbeville. Elle a 3280. Habitans; elle doit son origine au Monastère de S. Valery. L'entrée de la Somme, sur laquelle cette Ville est bâtie, est extrêmement perilleuse à cause des bancs de Sable, qui changent continuellement avec les Vents, & les crues d'eau; de sorte qu'on ne peut s'y engager qu'avec les meilleurs Pilotes du Pays. L'eau monte en pleine Mer de trois brasses à la Pointe de Hourdel, de deux brasses & demie au Crotoy, & de deux brasses à S. Valery: ainsi les Vaisseaux choisissent où ils veulent s'arrêter; mais ils passent ordinairement dans une fosse, qui joint le Fauxbourg de S. Valery, & quelque difficile que soit l'entrée de la Riviére, il ne laisse pas de s'y faire un grand Commerce. Le Monastère, dont cette Ville porte le nom, s'appelloit anciennement LEUCONAUS. Orderic Vital, qui écrivoit au douzième Siècle, appelle ce Lieu *Legonaus*, & c'étoit un Port comme il est encore aujourd'hui. S. Valeri son fondateur étoit Auvergnat, & vivoit dans le VII. Siècle. Le Monastère ayant beaucoup souffert au IX. & au X. Siècle les Moines prirent des Chevaliers pour les défendre. Ces Avoués se rendirent indépendans & propriétaires sous le nom de Barons & de Marquis.

Le Commerce de S. Valery est estimable & considérable par rapport à la facilité qu'il y a de transporter les Marchandises à Amiens, & delà par toute la Province, jusqu'en Artois, en Champagne, & à Paris sans essuyer les retardemens ordinaires par la voye du Havre de Grâce. Un Bâtiment se rend de Hollande à S. Valery en vingt-quatre heures de tems, & les Marchandises, dont il est chargé, passent à Amiens en deux jours & demi, par le moïen des Gribanes, qui remontent la Somme, Riviére douce & creuse sans être rapide. Que si les Marchands sont plus pressez, ils ont la route des Charrois, qui vont en trois jours à Paris: & c'est ce qui a déterminé le Conseil du Roi de France à permettre l'entrée de l'Epicerie par ce Port, à la réserve néanmoins des Sucres, & des Cires, venant des Pays étrangers, dont il a plû au Roi d'en favoriser d'autres. Pendant les Traites des bleds, il en est beaucoup sorti par ce Port pour la Bretagne & la Normandie, & à présent il est d'un grand usage pour le debit de toutes les Manufactures de Picardie, qui passent jusqu'en Espagne & en Portugal; & d'autre part les denrées, qui y viennent par Mer & par Terre, sont les Sucres de Nantes, de la Rochelle & de Normandie, les Eaux de Vie de Marseille, les Cidres d'Auge, les Miels blancs de Bretagne, les Pelleteries de la Rochelle, les Beurres de Normandie; & du dehors du Royaume, les Cendres de Dannemark, pour le blanchissage, & les Cendres potassées de Hollande, pour la fabrique du Savon, les Huiles de toutes façons, les Laines d'Espagne, pour la fabrique des Etoffes, le Bois de Campêche & de Bresil, pour les Teintures &c. de la Morue, des Harangs, des Fromages de Hollande, & des Fers blancs & noirs de Hambourg, des Aciers de Hongrie, des Savons, des Toiles, des Baleines, des Draps, des Camelots d'Hollande, des Suifs, des Beurres, des Charbons de terre, des Ardoises, du Plomb, de l'Etain, de la Couperose, de

Q 2

l'Al'Alun, toutes sortes d'Epiceries & de Drogues & de Quinquaillerie d'Angleterre. La Ville de S. Valery a une Amirauté.

2. St. VALERY EN CAUX, gros Bourg de France avec Port de Mer, dans la Haute Normandie [a], en Latin *Sanctus Valericus*. Il est situé à six lieues de Dieppe & de Fescamp, & à onze ou douze de Rouen. La Paroisse qui porte le titre de S. Valery, & qui est de l'Exemption de Fescamp, est desservie par douze Prêtres, & comprend environ quinze cens Communians. Le Port de ce Bourg resserré entre deux Côtes de Roche, est par tout revêtu de pierre de taille, en manière de Bassin, avec des Ecluses, & accompagné d'un Quai bien pavé, qui regne tout à l'entour. Les Vaisseaux y sont à l'abri des Vents, & dans les grandes Marées il y entre seize pieds d'eau. Le Couvent des Penitens domine sur ce Port, où il y un Hôpital. L'Eglise de Notre-Dame de Bon-Port, bâtie assez près du rivage de la Mer, est une Aide de la Paroisse. On y célèbre tous les Offices Divins, & on y conserve le Saint Sacrement, pour le porter aux Malades; mais pour les Baptêmes, & les Mariages, on est obligé d'aller au Bourg, qui est séparé du Port par un marécage, d'un quart de lieue de longueur. Il y a à S. Valery un Gouverneur, un Maire, une Haute Justice, une Amirauté, & un Grenier à Sel. On y tient Marché tous les Mardis & les Vendredis, & Foire les deux Fêtes de la Pentecôte, & le jour de S. Leger, à la Chapelle qui est au haut de la Côte. On y travaille en Draperies, & l'on y fait des Frocs & des Toiles. Une petite Rivière, dont les eaux se sont perdues, traversoit autrefois le Port. Une Tour quarrée défend la muraille & la Porte, qui est à l'entrée de ce même Port. Il y a une autre Tour & du Canon au pied de la Falaise. Deux Jettées ou Digues élargissent le Canal, & facilitent l'entrée des Vaisseaux. Celle qui est du côté de Dieppe, doit être continuée jusqu'à la longueur de près de cent toises. La Navigation de S. Valery consiste en quelques Vaisseaux pour la pêche des Morues de Terre-Neuve, en une trentaine de grosses Barques pour la grande pêche du Harang, & pour le transport des denrées, & en plusieurs petites Barques ou Batteaux, pour faire les petites pêches le long de la Côte. Il y a quarante ans ou environ, que le Port de S. Valery n'étoit qu'une petite plage de Mer, qui servoit de retraite à quelques Pêcheurs; mais le Roi ayant donné ses Ordres pour le faire deboucher, la commodité de sa situation y attira quelques Marchands, & les travaux considérables que l'on y a faits l'ayant rendu un petit Port bien fermé, la Navigation y augmente, & l'on y a bâti une centaine de Maisons près de la Mer.

1. St. VALLIER, Comté de France en Dauphiné. C'est le dernier héritage de la Maison de Poitiers. Il fut érigé en Comté pour Diane de Poitiers, avant qu'elle fût Duchesse de Valentinois, & après avoir passé à ses Filles il a été possédé par différentes personnes jusqu'au Comte de S. Vallier d'à présent, qui est de la Famille de la Croix.

2. St. VALLIER, Ville de France en Dauphiné. Cette Ville est petite n'ayant que 1489. Habitans.

3. St. VALLIER, Prieuré de France en Dauphiné. Il est à la nomination du Roi, & vaut cinq mille Livres.

St. VALMER, Prieuré de France dans le Boulonnois. Il a été fondé par Eustache Comte de Boulogne, pere de Godefroy de Bouillon: il vaut trois mille Livres.

St. VANDRILLE, Bourg du Pays de Caux en Normandie [b], avec une Abbaye considérable possédée par les Bénédictins, de la Congrégation de S. Maur. Il est situé à une lieue de Caudebec, & à un quart de lieue de la Seine, jusqu'où s'étend le Dixmage de la Paroisse, qui est dédiée à S. Michel. L'Abbaye de S. Vandrille, en Latin *Sanctus Vandrigesillus*, est dans un Vallon, sur le petit Ruisseau de Caillouville. Ce Monastère connu autrefois sous le nom de Fontenelle, est très-célèbre dans le Martyrologe Romain, qui fait mémoire des Saints dont on honore encore aujourd'hui les Tombeaux dans les quatre Chapelles, ou Eglises bâties sur son Territoire. On peut à juste titre appeller cette Abbaye la Terre des Saints, puisque sous le Gouvernement de ses trente-quatre premiers Abbés, dont il y en a vingt reconnus pour Saints, elle a donné des Prélats, illustres par leur Sainteté & par leur Science aux Eglises de Sens, de Toulouse, de Lyon, de Séez, de Rouen, de Terouanne, de Paris, de Bayeux, de Rheims, d'Evreux & autres. L'Eglise bâtie en Croix est belle, claire, bien voutée, très-propre, & fort dégagée dans son dessein, avec un large Corridor. Le Chœur couvert de plomb, a neuf Piliers de chaque côté, & quinze Chapelles à l'entour, dont plusieurs sont ornées. On n'a pas épargné l'or au Tabernacle du Grand-Autel. Les trois portes du Chœur, & quatre grandes Arcades du *Sancta Sanctorum*, sont fermées d'une grande Balustrade de fer assez richement ouvragée; & un grand nombre de Saints Abbés, & autres Religieux de l'Abbaye sont représentés en peinture sur les murailles, & sur les Piliers de ce même Chœur, dont les Chaises sont d'une belle Menuiserie. La Tribune, qui sépare le Chœur de la Nef, est d'un agréable dessein, & terminée par une Balustrade de pierre. Au milieu de l'Eglise il y a un plafond, en manière de grande Calote, ornée d'Architecture & de Sculpture, au dessous du Clocher construit en forme de Lanterne; mais la Voute de la Nef ne couvre que trois Arcades, & une muraille sépare le reste de la Nef que l'on n'a pas encore achevée. La Sacristie est très-commode & des mieux ornées d'Ouvrages de Menuiserie. On y admire sur-tout la beauté du travail de la ferrure, par grandes plaques cizelées comme de l'argent. Outre les ornemens assez propres & de toutes couleurs

[a] Mémoires dressez sur les Lieux en 1700.

[b] Mémoires dressez sur les Lieux en 1702.

lon. Cette Ville est au bord de la Méditerranée sur laquelle elle a un assez beau Port entre Frejus & Hieres, à quatre lieues de Frejus, & à douze de Toulon. Elle doit son origine & son nom à un Prieuré, dépendant de S. Victor de Marseille, elle n'a que deux cens dix Habitans. C'est un Gouvernement de Place avec un Etat Major. Cette Place a une Citadelle. Le Golfe dans lequel elle a son Port s'appelle ordinairement le Golfe de Grimaud, en Latin *Gambrecius*, ou *Gambrecitanus*. Quand on vient de l'Ouest pour y entrer, il faut prendre le Nord-Ouest, & faire route vers Nagaye, & lors qu'on découvre le Château de Grimaud, il faut aussi-tôt venir un peu au Lof, pour éviter un banc de Rochers, qui n'est pas éloigné. On va mouiller aux Canabiers. Honoré Bouche croit que c'est l'ancienne *Heraclea Cacabaria*. Sa Paroisse est desservie par un Prieur Régulier de l'Ordre de S. Benoît, qui a sous lui cinq Prêtres. Il y a aussi un Couvent de Capucins.

V.

1. St. VAAST, en Latin *Sanctus Vedastus*, Bourg de France en Normandie, au Diocèse de Coûtances. Ce Bourg est situé à deux lieues de Harfleur, à trois de Valogne & à treize de Coûtances; il a un petit Port de Mer où les Vaisseaux abordent. Il est composé de 1226. Habitans. Il y a un bon nombre de Poissonniers-Pêcheurs, & c'est où l'on vend le meilleur poisson, qu'on porte à Paris. Le Fort de la Hougue est d'un côté dans une petite Isle, qui porte ce nom; c'est une grosse Tour fortifiée. De l'autre côté à une demie lieue est l'Isle de Tatihou, un peu plus grande, où il y a aussi une grosse Tour fortifiée, qui avance plus dans la Mer, & le Bourg de S. Vaast est entredeux. Ce fut là où les Vaisseaux du Roi de France furent brûlés en 1692. Il y a une espèce de Marché le Dimanche.

2. St. VAAST D'ARRAS. Voyez ARRAS.

3. St. VAAST, ou S. WAST DE MOREUIL, en Latin *Moroliun Sancto Vedasto Sacrum*, Abbaye de France en Picardie. C'est une Abbaye d'Hommes, de l'Ordre de S. Benoît, située au dessus d'Abbeville, sur la Rivière de Somme; c'étoit une dépendance (en Latin *Cella*) de l'Abbaye de Breteuil, à laquelle Wautier, Abbé de Breteuil, donna vers l'an 1140. à la prière de Bernard Seigneur de Moreuil, le droit de s'élire elle-même un Abbé particulier, & de le choisir dans le Monastère de Breteuil.

St. VALERY, *Oppidum Sancti Valerici*, Ville de France en Picardie, au Diocèse d'Amiens. Cette Ville est située à l'Embouchure de la Somme dans le Vimeux, à quatre lieues au-dessous d'Abbeville. Elle a 3280. Habitans; elle doit son origine au Monastère de S. Valery. L'entrée de la Somme, sur laquelle cette Ville est bâtie, est extrêmement perilleuse à cause des bancs de Sable, qui changent continuellement avec les Vents, & les crues d'eau; de sorte qu'on ne peut s'y engager qu'avec les meilleurs Pilotes du Pays. L'eau monte en pleine Mer de trois brasses à la Pointe de Hourdel, de deux brasses & demie au Crotoy, & de deux brasses à S. Valery: ainsi les Vaisseaux choisissent où ils veulent s'arrêter; mais ils passent ordinairement dans une fosse, qui joint le Fauxbourg de S. Valery, & quelque difficile que soit l'entrée de la Rivière, il ne laisse pas de s'y faire un grand Commerce. Le Monastère, dont cette Ville porte le nom, s'appelloit anciennement LEUCONAUS. Orderic Vital, qui écrivoit au douzième Siècle, appelle ce Lieu *Legonaus*, & c'étoit un Port comme il est encore aujourd'hui. S. Valeri son fondateur étoit Auvergnat, & vivoit dans le VII. Siècle. Le Monastère ayant beaucoup souffert au IX. & au X. Siècle les Moines prirent des Chevaliers pour le défendre. Ces Avoués se rendirent indépendans & propriétaires sous le nom de Barons & de Marquis.

Le Commerce de S. Valery est estimable & considérable par rapport à la facilité qu'il y a de transporter les Marchandises à Amiens, & delà par toute la Province, jusqu'en Artois, en Champagne, & à Paris sans essuyer les retardemens ordinaires par la voye du Havre de Grace. Un Bâtiment se rend de Hollande à S. Valery en vingt-quatre heures de tems, & les Marchandises, dont il est chargé, passent à Amiens en deux jours & demi, par le moien des Gribannes, qui remontent la Somme, Rivière douce & creuse sans être rapide. Que si les Marchands sont plus pressez, ils ont la route des Charrois, qui vont en trois jours à Paris: & c'est ce qui a déterminé le Conseil du Roi de France à permettre l'entrée de l'Epicerie par ce Port, à la réserve néanmoins des Sucres, & des Cires, venant des Pays étrangers, dont il a plû au Roi d'en favoriser d'autres. Pendant les Traites des bleds, il en est beaucoup sorti par ce Port pour la Bretagne & la Normandie, & à présent il est d'un grand usage pour le débit de toutes les Manufactures de Picardie, qui passent jusqu'en Espagne & en Portugal; & d'autre part les denrées, qui y viennent par Mer & par Terre, sont les Sucres de Nantes, de la Rochelle & de Normandie, les Eaux de Vie de Marseille, les Cidres d'Auge, les Miels blancs de Bretagne, les Pelleteries de la Rochelle, les Beurres de Normandie; & du dehors du Royaume, les Cendres de Dannemark, pour le blanchissage, & les Cendres potasses de Hollande, pour la fabrique du Savon, les Huiles de toutes façons, les Laines d'Espagne, pour la fabrique des Etoffes, le Bois de Campêche & de Bresil, pour les Teintures &c. de la Morue, des Harangs, des Fromages de Hollande, des Fers blancs & noirs de Hambourg, des Aciers de Hongrie, des Savons, des Toiles, des Baleines, des Draps, des Camelots d'Hollande, des Suifs, des Beurres, des Charbons de terre, des Ardoises, du Plomb, de l'Etain, de la Couperose, de l'Al'Alun, toutes sortes d'Epiceries & de Drogues & de Quinquaillerie d'Angleterre. La Ville de S. Valery a une Amirauté.

2. ST. VALERY EN CAUX, gros Bourg de France avec Port de Mer, dans la Haute Normandie [a], en Latin *Sanctus Valericus*. Il est situé à six lieues de Dieppe & de Fescamp, & à onze ou douze de Rouen. La Paroisse qui porte le titre de S. Valery, & qui est de l'Exemption de Fescamp, est desservie par douze Prêtres, & comprend environ quinze cens Communians. Le Port de ce Bourg resserré entre deux Côtes de Roche, est par tout revêtu de pierre de taille, en manière de Bassin, avec des Ecluses, & accompagné d'un Quai bien pavé, qui regne tout à l'entour. Les Vaisseaux y sont à l'abri des Vents, & dans les grandes Marées il y entre seize pieds d'eau. Le Couvent des Penitens domine sur ce Port, où il y a un Hôpital. L'Eglise de Notre-Dame de Bon-Port, bâtie assez près du rivage de la Mer, est une Aide de la Paroisse. On y célèbre tous les Offices Divins, & on y conserve le Saint Sacrement, pour le porter aux Malades; mais pour les Baptêmes, & les Mariages, on est obligé d'aller au Bourg, qui est séparé du Port par un marécage, d'un quart de lieue de longueur. Il y a à S. Valery un Gouverneur, un Maire, une Haute Justice, une Amirauté, & un Grenier à Sel. On y tient Marché tous les Mardis & les Vendredis, & Foire les deux Fêtes de la Pentecôte, & le jour de S. Leger, à la Chapelle qui est au haut de la Côte. On y travaille en Draperies, & l'on y fait des Frocs & des Toiles. Une petite Rivière, dont les eaux se sont perdues, traversoit autrefois le Port. Une Tour quarrée défend la muraille & la Porte, qui est à l'entrée de ce même Port. Il y a une autre Tour & du Canon au pied de la Falaise. Deux Jettées ou Digues élargissent le Canal, & facilitent l'entrée des Vaisseaux. Celle qui est du côté de Dieppe, doit être continuée jusqu'à la longueur de près de cent toises. La Navigation de S. Valery consiste en quelques Vaisseaux pour la pêche des Morues de Terre-Neuve, en une trentaine de grosses Barques pour la grande pêche du Harang, & pour le transport des denrées, & en plusieurs petites Barques ou Batteaux, pour faire les petites pêches le long de la Côte. Il y a quarante ans ou environ, que le Port de S. Valery n'étoit qu'une petite plage de Mer, qui servoit de retraite à quelques Pêcheurs; mais le Roi ayant donné ses Ordres pour le faire déboucher, la commodité de sa situation y attira quelques Marchands, & les travaux considérables que l'on y a faits l'ayant rendu un petit Port bien fermé, la Navigation y augmente, & l'on y a bâti une centaine de Maisons près de la Mer.

1. ST. VALLIER, Comté de France en Dauphiné. C'est le dernier héritage de la Maison de Poitiers. Il fut érigé en Comté pour Diane de Poitiers, avant qu'elle fût Duchesse de Valentinois, & après

[a] Mémoires dressez sur les Lieux en 1700.

avoir passé à ses Filles il a été possédé par différentes personnes jusqu'au Comte de S. Vallier d'à présent, qui est de la Famille de la Croix.

2. ST. VALLIER, Ville de France en Dauphiné. Cette Ville est petite n'ayant que 1489. Habitans.

3. ST. VALLIER, Prieuré de France en Dauphiné. Il est à la nomination du Roi, & vaut cinq mille Livres.

ST. VALMER, Prieuré de France dans le Boulonnois. Il a été fondé par Eustache Comte de Boulogne, pere de Godefroy de Bouillon: il vaut trois mille Livres.

ST. VANDRILLE, Bourg du Pays de Caux en Normandie [b], avec une Abbaye considérable possédée par les Bénédictins de la Congrégation de S. Maur. Il est situé à une lieue de Caudebec, & à un quart de lieue de la Seine, jusqu'où s'étend le Dixmage de la Paroisse, qui est dédiée à S. Michel. L'Abbaye de S. Vandrille, en Latin *Sanctus Vandrigesillus*, est dans un Vallon, sur le petit Ruisseau de Caillouville. Ce Monastère connu autrefois sous le nom de Fontenelle, est très-célèbre dans le Martyrologe Romain, qui fait mémoire des Saints dont on honore encore aujourd'hui les Tombeaux dans les quatre Chapelles, ou Eglises bâties sur son Territoire. On peut à juste titre appeller cette Abbaye la Terre des Saints, puisque sous le Gouvernement de ses trente-quatre premiers Abbés, dont il y en a vingt reconnus pour Saints, elle a donné des Prélats, illustres par leur Sainteté & par leur Science aux Eglises de Sens, de Toulouse, de Lyon, de Séez, de Rouen, de Terouanne, de Paris, de Bayeux, de Rheims, d'Evreux & autres. L'Eglise bâtie en Croix est belle, claire, bien voutée, très-propre, & fort dégagée dans son dessein, avec un large Corridor. Le Chœur couvert de plomb, a neuf Piliers de chaque côtés, & quinze Chapelles à l'entour, dont plusieurs sont ornées. On n'a pas épargné l'or au Tabernacle du Grand-Autel. Les trois portes du Chœur, & quatre grandes Arcades du *Sancta Sanctorum*, sont fermées d'une grande Balustrade de fer assez richement ouvragée; & un grand nombre de Saints Abbés, & autres Religieux de l'Abbaye sont représentés en peinture sur les murailles, & sur les Piliers de ce même Chœur, dont les Chaises sont d'une belle Menuiserie. La Tribune, qui sépare le Chœur de la Nef, est d'un agréable dessein, & terminée par une Balustrade de pierre. Au milieu de l'Eglise il y a un plafond, en manière de grande Calote, ornée d'Architecture & de Sculpture, au dessous du Clocher construit en forme de Lanterne; mais la Voute de la Nef ne couvre que trois Arcades, & une muraille sépare le reste de la Nef que l'on n'a pas encore achevée. La Sacristie est très-commode & des mieux ornées d'Ouvrages de Menuiserie. On y admire sur-tout la beauté du travail de la ferrure, par grandes plaques cizelées comme de l'argent. Outre les ornemens assez propres & de toutes couleurs

[b] Mémoires dressez sur les Lieux en 1702.

leurs, pour célébrer folemnellement l'Office Divin, on voit dans le Trefor de cette Sacriftie quantité de Reliques précieufes, que l'on conferve dans des Chefs, dans des Bras & dans d'autres Reliquaires d'argent, & ces Reliques font prefque toutes de Religieux, qui fe font fanctifiés dans ce Monaftère, ou qui en ont été appellés pour gouverner d'autres Abbayes, même des Diocéfes en qualité d'Evèques, ou d'Archevêques. Cette Abbaye ayant été détruite par les Normands Danois en 850. ou 860. fut rétablie par Richard II. Roi d'Angleterre & Duc de Normandie, vers l'an 1035. La Maifon des Religieux, entièrement rebâtie à neuf par les Bénédictins de la Congrégation de S. Maur, avant la fin du dernier Siècle, eft grande & complete. On la diftingue entre les plus belles de Normandie. Le Cloître eft fort beau, & la grande Sale tient du magnifique. Elle a dix grandes Croifées de chaque côté, & un rang de neuf Colomnes de pierre dans le milieu porte la Voute. Les Jardins font vaftes, & dans le grand enclos, qui s'éleve jufques vers le haut de la Côte, & près d'un Bois, il y a de longues Terraffes d'où l'on voit la Rivière de Seine. Sur le terrein de cette Abbaye, on trouve quatre Chapelles, où l'on dit des Meffes. Celle qui porte le titre de Notre-Dame de Caillouville, fut bâtie par S. Vandrille premier Abbé, qui vécut jufqu'à l'âge de quatre-vingt-feize ans, & qui mourut le 22. de Juillet de l'an 685. felon les uns, & 689. felon les autres, en préfence de S. Ouen Archevêque de Rouen, & de trois cens Religieux. Cette Chapelle de Notre Dame de Caillouville, eft un Lieu de dévotion célèbre depuis onze cens ans. On baigne des enfans malades dans la fource du Ruiffeau de Caillouville, qui en fort & qui paffe à travers de cette Abbaye. La Chapelle de Saint Saturnin Archevêque de Touloufe, où l'on vient de plufieurs Villes en Pélerinage, fut conftruite l'an 660. Le Corps de S. Harduin y repofe, après avoir vécu long-tems en qualité de Religieux reclus, dans le même Lieu où elle a été bâtie. Celle que l'on appelle la Chapelle de S. Paul, eft le lieu de la fépulture de la plus grande partie des Saints de l'Abbaye de Fontenelle, ou de S. Vandrille, & entr'autres du Saint de ce nom, de S. Gaon fon neveu, de S. Hugues Archevêque de Rouen, de S. Ansberg Archevêque de la même Ville, & de S. Vulfran Archevêque de Sens. La quatrième eft la Chapelle de la Maifon Abbatiale, érigée en l'honneur de S. Etienne premier Martyr, & de S. Pancrace, auffi Martyr. De plus, au Hameau de Gauville il y a une Chapelle du Titre de S. Amand, où ce Saint, qui a été Abbé de S. Vandrille, a fa fépulture. La Chapelle du Titre de S. Jacques, eft encore de la dépendance de cette Abbaye, dont l'Abbé eft Seigneur de Caudebec, & Patron de la Cure de cette Ville. La Sénéchauffée, Haute-Juftice de S. Vandrille, va tenir dans la même Ville la Jurifdiction du Bailliage durant une femaine de Carême.

St. VAURY, petite Ville de France dans le Limoufin. Il y avoit autrefois une Abbaye de même nom, laquelle a été féculariſée en Chapitre de Chanoines auprès de cette Ville ; & du côté de Gueret, on voit encore une Croix de pierre de taille au pied d'eftal de laquelle eft gravée la Couronne d'Angleterre. C'étoit la borne de la Domination des Anglois, lors qu'ils poffédoient le Limoufin. Sa Juftice eft du reffort du Préfidial de Limoges.

1. St. VEIT, Ville d'Allemagne dans la Carinthie dont elle étoit autrefois la principale Ville. Elle eft fituée à l'endroit, où fe rencontrent les deux Rivières de Glan, & de Wunich. Elle a de bonnes murailles, fix Eglifes, une Place publique, avec une très-belle Fontaine de Marbre blanc toute d'une pierre. Cette Pièce eft antique, & a été apportée de Saal ou Zolfeld Place voifine. On voit aux environs de S. Veit quatre hautes Montagnes qui portent les noms de S. Veit, S. Ulric, S. Laurent & Ste. Héléne; fur chacune on voit une Chapelle où le Peuple va en Pélerinage à pied, quoiqu'il y ait fept ou huit lieues Françoifes de chemin. Les Habitans font fort fujets aux goîtres, & il n'y en a d'exemts que ceux qui boivent beaucoup de Biere, & de Vin. Brown qui me fournit ces remarques dit y en avoir vu de plus groffes que dans la Savoye & près des Alpes.

2. St. VEIT, petite Ville des Pays-bas au Pays de Luxembourg. Elle étoit à Guillaume de Naffau Roi d'Angleterre, & fait partie de fa fucceffion.

3. St. VEIT, Ville d'Italie fur la Côte d'Iftrie au Golphe de Venife, fous la Domination Impériale. Elle eft dans l'Iftrie, au Nord de l'Ifle de Cherfo. Il y a un Château dans la Ville, & un autre fur une Montagne. Il s'appelle Terfat, & auprès un Couvent de Cordeliers qui eft un Pélerinage très-fréquenté: de la Rivière jufqu'au Monaftère, il y a une montée dont on ne fauroit compter au jufte les degrés, & on ne trouve point deux fois le même compte. Au milieu de cette montée eft une petite Place avec une Chapelle que l'on dit être faite fur le modèle de Notre-Dame de Lorette. Devant la Ville, eft un Couvent de Capucins où fe fit en 1618. le Traité de Paix entre la Maifon d'Autriche & les Vénitiens; bien des Géographes le mettent dans la Carniole, parce qu'en effet il eft du Gouvernement de cette Province. Cette Ville de S. Veit eft la même que FIUME.

4. St. VEIT, Bourgade d'Allemagne, au Comté de Gorice, fur un des deux Ruiffeaux dont fe forme le Vipao, Rivière qui tombe dans le Lizonfo. Ce Bourg eft à un mille de Wippach, & eft regardé par les Allemands comme une dépendance de la Carniole, parce qu'il eft effectivement aux Frontières de ce Duché. Auffi Zeyler le traite-t-il dans l'ordre des Lieux de la Carniole.

1. St. VENANT, Ville de France dans l'Artois, fur la Lys, vers les Frontières de Flandres, à deux lieues d'Aire,

avec titre de Comté. La principale défense de cette Place consiste dans les inondations que forment les Ruisseaux de Robeck, & de Garbeck. Il n'y a qu'une seule Eglise, elle est sous l'Invocation du Martyr S. Venant, en Latin *Venantius*. Il vivoit vers l'an 762. du tems de Pepin Roi de France. Il avoit premiérement servi dans les Armées de ce Prince, se donna ensuite entiérement à Dieu, & se retira dans les Bois qui étoient aux environs d'Aire, & y fut assassiné par un Voleur qui crut trouver chez lui de grandes richesses. Les Miracles que Dieu opéra ensuite sur le Tombeau de S. homme, & le concours que la dévotion y attira, donnérent lieu de commencer cette Ville qui en prit le nom. On trouva en 1608. les Ossemens de S. Venant au Village de S. Hisbergue, à une lieue de cette Ville; mais il y a toujours eu contestation si c'étoient les véritables Reliques de ce S. Martyr dont la Fête se célébre le 10. Octobre. Il y a un nouvel Hôpital pour les Malades établi en 1702. Louis XIV. Roi de France a ordonné que les biens, & les revenus de l'ancien Hôpital de cette Ville, & ceux de ses Maladreries, comme aussi ceux de Haverskercke servissent pour son entretien. Cette Place a eu autrefois de bonnes Fortifications. Le Maréchal de Turenne la prit en 1657. & deux ans après elle fut cédée à la France par le Traité des Pyrénées. Ses Fortifications furent alors démolies, les François les relevérent ensuite, & y mirent une bonne Garnison. Les Alliés de l'Empereur l'assiégerent en 1710. & la prirent le 29. d'Octobre; mais elle fut rendue à la France en 1713. par la Paix d'Utrecht.

2. ST. VENANT, Chapitre de France en Touraine, au Diocése de Tours: Il est composé de dix Chanoines, & de dix-huit Chapelains sous la Collation du Chapitre de S. Martin de Tours.

ST. VENDELIN, ou ST. WENDEL, petite Ville d'Allemagne au Pays de Trèves, sur le Ruisseau de Bliefs dans le Westerreich. Baudouin Archevêque de Trèves acheta le Château, & le Territoire. Mr. Baudrand dit qu'elle a fait partie du Comté de Sarbruck, & qu'étant Fief de l'Evêché de Metz elle a été réunie à la France en 1680. aussi la donne-t-il à la France.

ST. VERAIN, en Latin *Sanctus Veranus*, Ville de France dans le Nivernois, au Diocése d'Auxerre. Cette Ville est petite & n'a que 535. Habitans, elle est à deux lieues de Cosne, du Présidial d'Auxerre, & en suit la Coûtume. On y trouve un petit Prieuré dépendant de Cluny. Cette Ville est une Baronnie, qui a des mouvances assez considérables. Le Duc de Nevers en est Seigneur.

ST. VIANCE, Marquisat de France dans le Limosin, au Diocése de Limoges. Cette Paroisse est du Présidial de Brive, & a près de 600. Habitans. Cette Terre appartient au Marquis de S. Viance dont la famille porte le nom de Felix. Elle est ancienne, & a eu plusieurs Sujets de mérite.

1. ST. VICTOR, Bourg de France dans le Beaujollois, au Diocése de Lyon; Election de Ville-Franche. Il a 500. Habitans. Il y a une Châtellenie Royale ressortissante à la Sénéchaussée de S. Etienne.

2. ST. VICTOR, Bois de France en Normandie, au Pays de Caux, entre le Bourg de S. Victor en Caux, & celui de Tôtes. Il a environ une lieue, & demie de tour.

3. ST. VICTOR EN CAUX, Bourg de France dans la Haute Normandie, au Pays de Caux, avec une Abbaye de Bénédictins non Réformez. Il a Titre de Baronnie. Il est situé entre Dieppe, & Rouen à six lieues de l'une & de l'autre Ville, à une grande lieue au dessus d'Aufray, près de la Baronnie de la Pierre, & un peu au-dessous des sources de la petite Rivière de Scie, dans une belle Campagne de terres fertiles en grains. Les Rentes Seigneuriales, & les Droits de la Foire qu'on tient en ce Bourg le jour de la Fête de S. Victor, appartiennent aux Chânoines de la Cathédrale de Rouen. Il n'y a dans ce Bourg qu'un seul Puits. L'Abbaye de S. Victor est située dans le Bourg qui lui doit son nom & son origine. Ce n'étoit d'abord qu'un Prieuré fondé en 1048. par Roger de Mortemer, pendant que S. Maurille étoit Archevêque de Rouen. Ce Prieuré étoit soumis à l'Abbé de S. Ouen de Rouen, du consentement duquel il fut érigé en Abbaye l'an 1074.

1. ST. VINCENT, Isle de l'Amérique la plus peuplée de celles que les Caraïbes possédent dans les Antilles. Elle est au Sud de Sainte Luce, à seize lieues de l'Isle de Barbados, & à douze seulement de la Grenade, sur la hauteur de seize degrez. Cette Isle peut avoir huit lieues de long, & seize de large. Sa forme est presque ronde, & la terre est relevée de plusieurs hautes Montagnes, au pied desquelles il y a des Plaines fort propres à rapporter, si elles étoient cultivées, à cause de plusieurs Torrens & petites Rivières qui les arrosent. Du long de la Côte qui regarde le Sud-Ouest elle a plusieurs Bayes, où sont des ancrages fort commodes. On en peut prendre aisément de l'eau, & la descente y est très-facile. Ses Habitans sont de mêmes mœurs que leurs voisins, de moyenne taille, paresseux, & n'ont d'autre soin que de chercher à fournir aux nécessités de la Vie. Ont quantité de beaux Villages, où ils vivent fort tranquillement; ils traversent jusqu'au Continent avec leurs Canots, quoiqu'il en soit éloigné de trente-cinq lieues, après quoi ils retournent à leur Isle sans se servir de Compas. Ils se tiennent sur leurs gardes, & se défient fort des Etrangers. Cependant quand il en arrive à leur Rade, ils leur donnent de la Casave, de l'eau, des fruits, & d'autres vivres qui croissent en leurs Terres, & qu'ils échangent avec des Coûteaux, des Serpes, des Coignées & autres ferremens. C'est ainsi qu'en parloit de Laet sur les Mémoires de son tems, & cet Article est tiré de son Livre, & de l'Histoire des Antilles de Rochefort. Il faut y ajouter ce que le Pere Labat en a dit

dit depuis dans ses Voyages de l'Amérique [a].

[a] Tom. 2. p. 148.

Cette Isle, dit-il, paroît avoir 18. à 20. lieues de tour, elle est par les 13. degrez de Latitude Nord. Son aspect n'a rien que de sauvage & de desagréable. Elle est fort hachée, pleine de hautes Montagnes couvertes de Bois. On voit à la verité de petits Valons où il y a des défrichés de peu d'étendue autour des Rivieres qui y sont en bon nombre. C'est là le centre de la République Caraïbe: c'est l'endroit où les Sauvages, sont en plus grand nombre, la Dominique n'en approche pas. Outre les Sauvages, cette Isle est encore peuplée d'un grand nombre de Négres fugitifs, pour la plûpart, de la Barbade, qui étant au Vent de Saint Vincent donne aux fuyards toute la commodité possible de se sauver des Habitations de leurs Maîtres dans des Canots ou sur des Piperis ou Radeaux, & de se retirer parmi les Sauvages; les Caraïbes les ramenoient autrefois à leurs Maîtres, lorsqu'ils étoient en paix avec-eux, ou bien ils les portoient aux François, ou aux Espagnols, à qui ils les vendoient. Je ne sai par quelle raison ils ont changé de méthode, & ce qui les a portés à les recevoir parmi eux, & à les regarder comme ne faisant qu'un même Peuple. Ils s'en repentent à présent très-fort, & très-inutilement: car le nombre des Négres s'est tellement accru, ou par ceux qui les sont venus joindre de la Barbade, ou qui sont nés dans le Pays, qu'il surpasse de beaucoup celui des Caraïbes; de sorte qu'ils les ont contraints de partager l'Isle avec eux, & de leur céder la Cabesterre. Mais ce n'est pas encore cela qui chagrine le plus les Sauvages, c'est l'enlevement fréquent de leurs femmes & de leurs filles, dont les Négres se saisissent quand ils en ont besoin, & qu'il n'est pas possible de retirer de leurs mains, parce qu'étant plus braves, & en plus grand nombre, ils se mocquent des Caraïbes, les maltraitent, & les obligeront peut-être un jour d'aller chercher une autre Isle, si tant est qu'ils veulent bien leur laisser la Liberté, & ne les faire pas travailler pour eux comme leurs Esclaves, ce qui pourroit bien arriver; il semble qu'ils le prévoyent, & qu'ils en ont peur. Ils souffrent impatiemment les outrages des Négres, ils se plaignent hautement de leur ingratitude, & sollicitent souvent les François & les Anglois de les délivrer de ces hôtes dangereux, mais ils n'ont osé jusqu'à présent prendre les armes, & se joindre aux Européens, qui ayant autant d'intérêt qu'eux de détruire cet asyle de leurs Esclaves fugitifs, les auroient puissamment aidés à se délivrer de ces mauvais voisins. Depuis que le P. Labat écrivoit, des François se sont établis à l'Isle de S. Vincent, & y font venir du Tabac qui se vend en France, & en Hollande sous le nom de Tabac de S. Vincent, ou Tabac de Dunkerque, à cause qu'il s'en debite beaucoup à Dunkerque.

2. ST. VINCENT, Isle de l'Amérique Méridionale, sur la Côte du Bresil, avec une Ville de même nom, & celle de SANTOS, qui est le Chef-Lieu d'une Capitainie, ou Gouvernement qui porte le nom de Capitainie de S. Vincent. Voyez SAN-VICENTE.

3. ST. VINCENT, Isle sur la Côte Occidentale d'Afrique entre celles qu'on nomme Isles du Cap Verd, entre l'Isle de S. Nicolas au Levant, & celle de Ste. Lucie au Couchant.

Cette Isle est aride [b], inculte, semée de rochers, & il y a peu d'eau douce. On y trouve pourtant, au côté du Sud-Ouest de la Baye, une petite source qui peut fournir de l'eau à 2. ou 3. Vaisseaux tout au plus; mais n'ayant pas été suffisante pour tous ceux qui y étoient, on creusa des puits, dont l'eau, étant un peu somache, ne pouvoit pas être tout-à-fait saine, & l'on ne douta point dans la suite, qu'elle ne fût la cause du flux de sang qui regna parmi la Flote. Les Boucs, qu'on prend dans cette Isle, sont fort gras & de meilleur goût que par-tout ailleurs. On les attrape facilement à cause de l'incommodité du terrein, qui est presque par-tout traversé de roches assés aigues. Cependant quand on connoît les chemins, on en a plus facilement, pourvû qu'on aille en troupe, & qu'on soit 25. ou 30. hommes ensemble. On y trouve quantité de Tortues de 2. ou 3. pieds de long, dans la saison où elles viennent la nuit à Terre faire leurs œufs, & les enterrer dans le Sable, afin que le Soleil les y échaufe, comme s'ils étoient couvés: ce qui arrive depuis le mois d'Août jusques au mois de Février; ensuite elles demeurent dans la Mer. C'est un fort bon mets, & qui a plus goût de chair que de poisson. Il y a aussi quantité de beau poisson, qu'on prend à l'hameçon, proche des rochers, en si grande abondance, que quand on veut pêcher, on en a suffisamment pour toute une Flote. L'Isle est deserte. Une fois l'année les Habitans de Ste. Lucie y viennent prendre des Tortues, pour en tirer de l'huile, & chasser aux Boucs, afin d'en envoyer les peaux en Portugal. On porte la Viande à S. Jago, où l'on en fait des salaisons, qui vont au Bresil. Il n'y a point d'autres Arbres fruitiers que quelques Figuiers sauvages, qui se trouvent par endroits, quand on avance dans l'Isle. Il y a aussi des Plantes de Coloquinte. D'ailleurs il y fait une sécheresse extrême, quand ce n'est pas la saison des pluyes qui commencent ordinairement en Août, & finissent en Février, quoique cela ne soit pas toujours réglé.

[b] Voy. de la Comp. Holl. t. 5. p. 12.

4. ST. VINCENT, Prieuré de France en Bourgogne, au Diocèse d'Autun. Il est situé dans une Paroisse de même nom, dont la situation est assés belle & en un Pays de Plaines. C'étoit autrefois une Abbaye de l'Ordre de S. Augustin. Il y a à présent des Chanoines de la Congregation de France. Le Roi est Collateur de ce Prieuré.

5. ST. VINCENT, Baronnie de France dans le Poitou. Elle est de l'Election de S. Maixent, & appartient au Duc de Mazarin

Mazarin & à l'Abbé de S. Maixent.

6. St. VINCENT, Abbaye de France en Picardie, au Diocèse de Senlis. Cette Abbaye a été fondée en 1067. par Anne de Ruffie, femme d'Henri I. Elle est de douze mille Livres, dont l'Abbé en a sept mille pour lui. Il y a un Collége dans cette Abbaye; elle a embrassé la Réforme dès l'an 1620. avant même l'Abbaye de Ste. Géneviève de Paris.

7. St. VINCENT AUX BOIS, en Latin *Sancti Vincentii in nemore*, Abbaye de France au Diocèse de Chartres. C'est une Abbaye d'Hommes, de l'Ordre de S. Augustin. Elle a été fondée en 1212. Elle est située au milieu des Bois près de Château-neuf en Timerais, ce qui lui a fait donner son surnom. Elle est à vingt lieues de Paris. Elle a reçu la Réforme. La Manse Abbatiale n'est que de quinze cens Livres.

8. St. VINCENT DE BOURG, Abbaye de France en Guienne, au Diocèse de Bourdeaux. Cette Abbaye est d'Hommes & de l'Ordre de S. Augustin. Elle est située dans la Ville de Bourg, & vaut quatre mille Livres.

9. St. VINCENT DE LUC, Abbaye de France dans le Béarn, au Diocèse d'Oleron. Cette Abbaye étoit autrefois de l'Ordre de S. Benoît; mais présentement elle est occupée par des Barnabites. L'Abbé jouit de six mille Livres de rente, & entre aux Etats de la Province.

1. St. VIVANT (Bois de), en France en Languedoc. Il est de cent quatre-vingt-sept arpens & demi, & de la Maîtrise de Touloufe.

2. St. VIVANT, Prieuré de France en Bourgogne, au Diocèse d'Autun. Il est situé dans une Paroisse à laquelle il a donné son nom, sur le Côteau d'une Montagne fort élevée. Il a été fondé en 894. par Manassès, Seigneur de Vergy & Comte de Dijon.

1. St. URBAIN, Abbaye de France en Champagne, au Diocèse de Châlons. Elle est située sur la Marne à une lieue de Joinville en remontant vers la source de la Rivière, dans un Bourg qui tire son nom & son origine de cette Abbaye. Elle est de l'Ordre de S. Benoît & de la Congrégation de S. Vanne. Elle a été fondée par Archambault, Evêque de Châlons dans le neuvième Siécle, d'abord sous le Titre de la Ste. Trinité, depuis changé en celui de S. Urbain. Charles le Chauve lui a fait de grands biens. L'Abbé jouit de dix mille Livres de rente, & les Moines de quatre mille. L'Abbé est Commendataire, & l'Abbaye porte le Titre de Vicomté. L'Abbé est Patron d'environ trente Cures & quelques Prieurés, entr'autres de celle de Joinville, de S. Urbain, de la Noue &c.

2. St. URBAIN, Abbaye de Suisse dans le Canton de Lucerne [a]. Cette Abbaye est de l'Ordre de Cîteaux à l'extrémité Septentrionale du Canton de Lucerne, à une lieue à l'Occident de Zofingue. Elle est belle & riche, & a été splendidement réparée ces derniéres années. Elle fut fondée l'an 1194. & dotée richement. Les Religieux disent, que les Bernois n'ont que trois deniers de rente plus qu'eux. Ils ont le long du grand chemin de beaux Etangs, d'un petit quart de lieue de circuit, qui leur servent de Réservoirs pour le poisson. On les nettoye de tems en tems. Il y a neuf ou dix ans, qu'on les nettoya, & on y trouva trois cens têtes de petits enfans qu'on n'y cherchoit pas. Cet accident, comme on peut juger, fit une rumeur épouvantable dans tout le Pays d'alentour. Ce Couvent est indépendant, mais sous la protection de Lucerne, & en quelque manière même sous celle de Berne: car la Communauté a une Alliance ancienne de Combourgeoisie avec Berne, & toutes les fois qu'on y élit un Abbé, l'Abbé nouvellement élu est obligé d'aller à Berne en personne renouveller l'Alliance; alors on le fait asseoir par honneur dans le Grand Conseil, comme Bourgeois. Cette Cérémonie se fait toujours avec beaucoup de pompe.

St. URSANE, ou St. Ursis, en Allemand (par corruption du nom) SANDERSITZ [b], petite Ville de Suisse dans le Canton de Basle. Elle est située dans une Vallée profonde, entre de hautes Montagnes, à deux lieues à l'Orient de Porentru. Elle est lavée par la Rivière du Doux, (*Dubis*) qui serpente tellement dans ce Pays, qu'il remonte vers sa source. Cette Ville doit son origine à un S. Hermite nommé Ursicin, qui s'étant retiré dans ces Quartiers-là alors couverts de Bois & inhabités, y bâtit une Cellule, & puis une petite Eglise. Dans la suite du tems plusieurs familles s'y habituerent, & formerent un Village, qui ensuite s'est accru, & est devenu une Ville, qui a sa Police, son Bourguemaître & son Conseil, avec une Eglise Collégiale de douze Chanoines. Rodolf III. dernier Roi de Bourgogne donna cette Ville aux Evêques de Basle, dont les principaux Villages de son Territoire sont, la Chaux, Noirmont, Pomerat, Sagneleger, Elmont, Montfalcon, &c.

1. St. URSIN, Abbaye. Voyez St. SYMPHORIEN.

2. St. URSIN, Prieuré de France dans le Diocèse du Mans de Ste Croix. Il y a trois Religieux.

St. VULMER, Abbaye d'Hommes en France dans la Picardie. Elle est de l'Ordre de S. Augustin. Autrefois elle étoit de l'Ordre de S. Benoît. Elle est située dans les Bois auprès de Boulogne & de la Mer. Elle a été entièrement détruite par Henri VIII. Roi d'Angleterre. Il n'y a plus de Conventualité. Elle devoit son origine à S. Vulmer, qui s'étoit attaché encore tout jeune à l'Abbaye d'Haumont en Haynault, dont il garda d'abord les troupeaux: puis ayant appris à lire, il donna des marques si éclatantes de son esprit, & de ses bonnes qualitez, que l'Abbé d'Haumont lui fit faire ses études, & il devint Prêtre. Les progrès qu'il fit lui attirerent des éloges auxquels son humilité fut si contraire qu'il s'enfuit dans une affreuse

[a] Etat & Délices de la Suisse, t. 2. p. 402.

[b] Ibid. t. 3. p. 266. & suiv.

affreuſe Forêt, qu'il fut encore obligé de quitter pour la même raiſon. Il revint dans ſa Patrie près de Boulogne, & ſe retira dans une Forêt, qui lui avoit appartenu, comme faiſant partie de ſon Patrimoine. Il y vécut en Hermite. Son frere Valmar venoit tous les jours lui apporter à manger, & pour ſe faire entendre, il frappoit avec un maillet ſur une petite table de bois qu'il avoit ſuſpendue à un Arbre, & qui lui tenoit lieu de cloche. Un grand nombre de ſaintes Ames allerent le trouver, pour le prier de les conduire dans une vie ſainte & retirée. Il s'y forma vers l'an 688. deux Monaſtères, un d'Hommes, & un de Femmes, ſous l'Invocation de la Ste. Vierge. On y conſervoit la table de bois & le maillet, dont il vient d'être parlé.

Y.

St. YON, Prieuré de France dans l'Iſle de France. Il eſt ſitué dans la Paroiſſe de même nom, qui eſt un Fief appartenant à Mr. le Préſident de Lamoignon. Ce Prieuré vaut dix mille Livres de rente.

St. YRIEIX ou St. YRIER de la Perche, en Latin *Attane*, ou *Sancti Aredii Cœnobium*, ou *Attanum Sancti Aredii*, Ville de France dans le Limoſin. Cette Ville eſt ſituée ſur la Rivière nommée l'Iſle. Il en eſt parlé dans les Annales de France à l'année 734. Elle eſt de 2770. Habitans. Il y a une Prévôté du reſſort du Préſidial de Limoges; la Juſtice en eſt partagée avec le Roi & le Chapitre. Il y a aux environs des Mines de fer aſſez conſidérables. Il y avoit autrefois une Abbaye de l'Ordre de S. Benoît fondée en 572. Elle a été ſéculariſée en un Chapitre de trente-deux Chanoines. Il n'y a plus préſentement qu'un Doyen, un Chantre, douze Chanoines, & ſix Titulaires du bas Chœur. Cette Abbaye, qui a donné la naiſſance & le nom à la Ville, eut pour fondateur S. Yriez ou Yrier, *Aridius* ou *Aredius*, vers le milieu du VI. Siècle. Il fonda ce Monaſtère dans une Terre de ſon Patrimoine nommée ATTANE, en Limouſin, du côté du Perigord près de la Rivière de l'Iſle. Il en fut le premier Abbé, & y fut enterré. Après ſa mort la célébrité de ſon Culte y forma une petite Ville qui porte ſon nom, auſſi-bien que le Monaſtère. L'Abbaye a été depuis changée en une Collégiale, & ſoumiſe au Chapitre de S. Martin de Tours.

St. YVES, Bourg d'Angleterre en Huntingtonshire ſur l'Ouſe, à deux milles au-deſſous de Huntington, en deſcendant vers Ely. Il eſt remarquable par le droit qu'il a de tenir Marché public, & par la réputation de ſes Eaux Médicinales.

Z.

St. ZACHARIE, Village & Monaſtère de France en Provence, il eſt très-ancien & exiſtoit dès le tems de Caſſien en 450. il a reçu la Réforme en 1630. Il eſt de l'Ordre de S. Benoît.

A.

Ste. AFRIQUE. Voyez Ste. FRIQUE.
Ste. AGATE. Voyez SANTIA.
Ste. AGNES, petite Iſle au Couchant de l'Iſle de la Grande-Bretagne, & l'une des Sorlingues.

Ste. ALOUSIE. C'eſt ainſi que quelques François ont dit par une mauvaiſe imitation de la prononciation des Eſpagnols qui diſent *Santa Lucia*, comme s'il étoit écrit *Santa Louſia*. Les perſonnes inſtruites, & même les Négocians qui trafiquent dans les Antilles diſent Sainte Lucie. Voyez ce mot.

1. Ste. ANNE (LES ISLES DE), Iſles de l'Amérique ſur la Côte du Breſil dans la Baye de S. Louïs de Maragnan [a]. Le P. Labbe Miſſionnaire Jéſuite dit qu'elles ſont au nombre de trois: quelques Briſans ſemblent en former une quatrième. Elles ſont toutes couvertes de Bois; la Terre ferme n'en eſt éloignée que de trois ou quatre lieues. On trouve ſur ces Iſles quantité de gros Oiſeaux qu'on nomme *Foux*, parce qu'ils ſe laiſſent prendre ſans peine: en peu de tems ajoûte ce Pere nous en primes deux douzaines. Ils reſſemblent à nos Canards à la reſerve du Bec qu'ils ont plus gros & arrondi: leur plumage eſt gris; on les écorche comme on fait les Lapins.

[a] Lettres Edifiantes T. 15. p. 338.

2. Ste. ANNE (LE PORT OU LE HAVRE DE), Iſle de l'Amérique Septentrionale dans l'Iſle du Cap Breton: Denys [b] en parle ainſi: Il eſt bon & ſpacieux, ſon entrée eſt entre deux Pointes, & n'a pas de large. Les Vaiſſeaux de trois ou quatre cens Tonneaux y peuvent entrer de toute Marée. L'Ancrage eſt bon, &, quand les Cables mouqueroient, l'on n'échoueroit que ſur des Vaſes. Le Havre pourroit contenir mille Vaiſſeaux. Le Baſſin eſt entouré de Montagnes, & de Roches fort hautes. Les Navires peuvent mettre le beaupré en Terre à la droite en entrant; c'eſt-à-dire, ſe mettre ſans danger ſi près de Terre que le mât de beaupré qui eſt à l'avant du Navire y puiſſe toucher. La Roche eſt eſcarpée, & il y a quelques petites Rivières, & Ruiſſeaux qui viennent des Montagnes. A l'extrémité du Havre on voit une Montagne de roche blanche comme du lait, & auſſi dure que le Marbre. D'un autre côté eſt une Terre toute mêlée de petits Cailloux, de pluſieurs couleurs. Il en eſt tombé à la Côte des morceaux d'aſſés bonne groſſeur, contre leſquels la Mer bat ſans qu'ils ſe mettent en pièces: au contraire ils s'endurciſſent ſi fort à l'air & à l'eau, que les outils n'en peuvent faire ſortir la moindre partie; ce qui fait croire qu'ils ne ſeroient pas moins beaux au poli que le Marbre, auſſi-bien que la roche blanche dont je viens de parler, ſi l'on en faiſoit l'eſſai. Il y a pêche de Saumon dans le Havre; mais le Maquereau ſur-tout y eſt abondant, & monſtrueux pour la groſſeur. On le prend à la Ligne à l'entrée du Havre, qui eſt une Pointe de ſable où l'on trouve force Coquillages.

[b] Deſcr. de l'Amérique Sept. T. 1. c. 6.

3. Ste. AN-

3. STE. ANNE, Paroisse de la Grande-Terre de la Guadaloupe, située entre la Paroisse du Grand Gorier, & celle de S. François, à la Bande du Sud de cette Isle vis-à-vis deux Rochers que l'on appelle les deux Diamans. Elle est desservie par les Capucins, ainsi que les deux autres Paroisses de la Grande-Terre.

4. STE. ANNE (Fort de), dans l'Amérique Septentrionale dans la Nouvelle France. Il est situé près du Lac de Champlain à trois lieues du Fort S. Louis, ou de Sorel. On y peut aller haut rapide au Lac de Champlain.

5. STE. ANNE (Plaine de Bas), à la Côte Septentrionale de l'Isle de S. Domingue. Elle est entourée de Montagnes, & arrosée d'une Rivière, que l'on appelle la Rivière Salée.

6. STE. ANNE (Le Golphe de), ou la BAYE DE STE. ANNE. Voyez au mot BAYE.

STE. APHRODINE, Abbaye de France en Languedoc, au Diocèse de Beziers. Elle est sécularisée.

STE. APOLLINE, Abbaye de France en Languedoc, au Diocèse de Riez. Cette Abbaye est de l'Ordre de S. Benoît, à 6. Religieux, & trois mille Livres de revenu.

STE. AUSTREBERTE, Abbaye de France en Picardie, au Diocèse d'Amiens. Cette Abbaye est de Filles, de l'Ordre de Augustin, & est située sur la Rivière de Canche près la Ville de Montreuil aux Confins du Boulonnois. Elle a été fondée vers l'an 1050. par Ste. Austreberte première Abbesse de Pouilly, ou selon d'autres de S. Paul en Beauvoisis. Elle étoit petite-fille de Gaudefroi le Grand, & Sœur de Ste. Franchilde.

STE. AUXONNE, Abbaye de Filles en France, dans le Diocèse d'Angoulême. Elle est de fondation Royale, de l'Ordre de S. Benoît, & de six mille Livres de revenu pour quarante Religieuses.

B.

a Corn. Dict. Mém. dreff. sur les Lieux.

STE. BARBE EN AUGE [a], Bourg de France en Normandie, au Pays d'Auge, au Diocèse de Lisieux. Il est situé sur la Rivière de Dive, à six lieues de la Mer. Il y a un Prieuré considérable de Chanoines Réguliers de S. Augustin de la Congrégation de France. La Manse Prieurale Commendataire est attribuée aux Jésuites du Collége de Rouen. L'Eglise de ce Prieuré est vaste, & les Religieux dont la Maison est fort grande desservent beaucoup de Cures à la nomination de ce Prieuré. Il possède trois Baronnies, & de lui dépend le Prieuré Claustral de Grasville Ste. Honorine, dans le Pays de Caux, & près du Havre.

STE. BAUME, (LA). Voyez BAUME.

C.

1. STE. CATHERINE, Montagne & Monastère dans l'Arabie Pétrée; au pied du Mont Sinaï. Le Monastère est bâti de pierre de taille sur de très-hautes Montagnes escarpées. Du côté de l'Orient il y a une fenêtre, par laquelle ceux de dedans tirent les Pélerins dans le Convent avec une Corbeille, qu'ils descendent au bout d'une corde passée par une Poulie, qu'on voit au haut de cette fenêtre. Ils se tiennent ainsi enfermés pour éviter les insultes des Arabes, auxquels ils fournissent quelque nourriture par le moyen de cette même Corbeille. On tient qu'il y a plus de mille ans que les Grecs possèdent ce Monastère, qui leur fut donné par un Empereur Grec appellé Justinien, & qu'ensuite Mahomet qui étoit leur Chamelier, leur ayant un jour apporté des provisions sur ses Chameaux, s'endormit de lassitude à la porte du Convent. Pendant qu'il dormoit il vint une Aigle, qui voltigea long-tems autour de sa tête, ce que le Portier ayant apperçu avec beaucoup de surprise, courut aussi-tôt en donner avis à l'Abbé, qui vint à la Porte, & fut témoin de la même chose. Il présagea delà que Mahomet seroit un jour très-puissant, ce qui le porta à lui demander lorsqu'il le vit éveillé, s'il feroit du bien aux Religieux lorsqu'il seroit arrivé à une haute fortune. Mahomet ayant rejetté d'abord le présage, consentit enfin sur les fortes instances de l'Abbé, à lui promettre même par écrit les avantages qu'il lui demandoit, & comme il ne savoit pas écrire, il trempa sa main dans un ancrier, & en imprima la forme sur un Papier blanc. Quelque tems après étant parvenu à la grandeur qui lui avoit été présagée, il leur conserva le Monastère avec tout le Territoire, à condition qu'ils nourriroient tous les Arabes d'alentour. Ainsi ces Religieux sont obligés de donner un demi Picotin de bled à chaque Arabe qui se présente, & ces Arabes le moulent avec un petit Moulinet qu'ils portent toujours avec eux. Il en vient quelquefois en un seul jour cent cinquante, deux cens, & jusqu'à quatre cens, de sorte qu'il est des jours où cette Aumône monte à plus de deux muids de bled. C'est ce que les Grecs racontent de ce Monastère qui dépend du Mont Sinaï. L'Eglise est un ancien Bâtiment orné d'un grand nombre de Tableaux. Derrière le Maître-Autel est une Chapelle qui couvre la place où étoit le Buisson ardent, dans lequel Dieu apparut à Moïse, & l'on n'y entre que nud-pieds. A côté du Maître-Autel, il y a une Châsse de Marbre blanc, sur laquelle on voit des feuillages taillés en bas-reliefs. Cette Châsse, couverte ordinairement d'un Drap fort riche, renferme le Crane décharné de Ste. Catherine, avec sa main gauche fort desséchée, dont les ongles sont tout entiers.

2. STE. CATHERINE [b], (LA MONTAGNE DE), fait partie du Mont Sinaï dans l'Arabie Pétrée. Au pied de cette Montagne est le Monastère des quarante Martyrs. En montant on trouve quantité de pierres où sont représentés naturellement des Arbres, & en les rompant, on en trouve encore au dedans; il y a de ces pierres qui sont fort grosses. Au milieu de la Mon-

b Thevenot, Voyage de Levant. c. 27.

Montagne on trouve une belle source d'eau claire, avec un grand Bassin dans le Roc. Cette source fut découverte, dit-on, par une Caille, lorsque les Religieux ayant descendu le Corps de Ste. Catherine jusques-là mouroient de soif, & cette Fontaine commença alors à sourdre. Au haut de la Montagne sous un petit Dôme, qui est sur sa Cime, on voit le lieu où le Corps de Ste. Catherine, selon une Tradition du Pays, fut porté par les Anges, incontinent après qu'on lui eut coupé la tête à Alexandrie. Ce saint Corps demeura là trois cens soixante ans jusqu'à ce qu'un bon Religieux ayant su la nuit par révélation que ce Corps étoit là haut, il s'y en alla le Matin avec tous les Religieux qui l'apporterent en Procession jusqu'au Monastère, où ils le mirent dans une belle Châsse d'argent qui y est encore. En haut sous le Dôme où reposoit le Corps de la Sainte est une grande pièce de Roc un peu élevée de terre. C'est où l'on dit qu'il fut placé par les Anges. On l'y voit encore marqué comme ayant été posé sur le dos. Quoi qu'en disent les Grecs, il y a bien de l'apparence que cette impression est l'ouvrage des hommes. Autour de ce Roc est un Dôme en forme de petite Chapelle quarrée.

3. STE. CATHERINE, Abbaye d'Hommes en France, en Normandie. Elle étoit bâtie sur une Montagne près de la Ville de Rouen ; il n'en reste plus aucun vestige ; ses revenus sont unis partie à la Chartreuse de S. Julien, qui est au bas de la Montagne, partie à la Chartreuse de Gaillon.

4. STE. CATHERINE, Prieuré de France dans le Soissonnois. On l'appelle Ste. Catherine à Rouvre. Il est de deux mille huit cens Livres.

5. STE. CATHERINE DE COING, Prieuré de France dans le Berry. Il est du Diocèse de Bourges, & du ressort d'Issoudun.

6. STE. CATHERINE d'Alby, en Latin *Abbatia Sanctæ Catharinæ*, vulgairement *Capitis Pontis-Tarnis*, Abbaye de Filles en France, dans le Diocèse d'Alby. Cette Abbaye est située dans la Ville même d'Alby, elle est de l'Ordre de S. Augustin, & a tiré son origine de l'Abbaye de l'Ordre de S. Augustin à Toulouse vers l'an 1333. suivant une Lettre écrite cette même année par l'Abbesse Jeanne à l'Evêque d'Alby au sujet de la construction d'un Monastère dans cette Ville, & par laquelle elle lui soumet entièrement les Religieuses qu'elle lui envoyoit pour commencer ce nouvel établissement. Ce Monastère aussi-tôt après sa fondation, fut réduit à une si extrême disette, qu'à peine y avoit-il dequoi entretenir quatre ou cinq Religieuses. Enfin le 13. Juillet 1484. par l'autorité du Pape Sixte IV. qui mourut un mois après, les Chanoinesses furent chassées par l'Evêque d'Alby, & on mit à leur place l'an 1486. des Filles de l'Etroite Observance de Ste. Claire sous le titre de l'Annonciation, qui se sont maintenues jusqu'aujourd'hui dans la Régularité & l'Observance de la plus exacte pauvreté.

7. STE. CATHERINE, d'Apt en Latin *Abbatia Sanctæ Catharinæ*, Abbaye de Filles en France, dans le Diocèse & la Ville d'Apt. Cette Abbaye est de l'Ordre de S. Augustin. Son origine se connoît par une Inscription, qui est dans le Cloître, & qu'on peut encore lire. La voici :

Anno Domini MCCXCIX. scilicet in Festo Sancti Stephani R. in Christo P. D. Raimundus Botti bonæ memoriæ Apt. Episcopus quondam hoc Monasterium ædificavit & dotavit, cujus anima requiescat in pace Christi. Amen.

L'an du Seigneur MCCXCIX. le jour de la Fête de Saint Etienne le R. P. en Jesus-Christ Messire Raimond Botti de bonne Mémoire autrefois Evêque d'Apt a fait bâtir, & a doté ce Monastère. Que son ame repose en paix. *Amen.*

Cette Abbaye a eu des Abbesses de la plus haute qualité, & du plus rare mérite.

8. STE. CATHERINE DE FIERBOIS, Bourg de France dans la Touraine, au Diocèse de Tours. Ce Bourg est situé à une lieue de Ste. Maure, il a 540. Habitans. Il est renommé pour les excellentes Prunes de Ste. Catherine. On veut que ce soit le lieu où la Pucelle d'Orléans trouva l'épée de Charlemagne, dont elle se servit dans ses expéditions militaires, & qu'on a portée depuis au Thrésor de S. Denis. On dit qu'elle la trouva dans le Tombeau d'un Soldat.

9. STE. CATHERINE DE LAVAL, Prieuré de France dans le Maine. Il est de l'Ordre de S. Augustin, & situé dans la Ville de Laval. Il a été fondé en 1224. par Arise de Craon Veuve de Guy VI. La Manse du Prieur est de deux mille Livres, & la Manse Monacale de douze cens Livres.

10. STE. CATHERINE DE MONTPELLIER, Prieuré de France dans la Ville de Montpellier. Voyez MONTPELLIER.

STE. CHRISTINE, Paroisse de France dans le Poitou, au Diocèse de la Rochelle. Il y a un Prieuré, qui vaut deux mille Livres.

1. STE. CLAIRE, Abbaye de France en Dauphiné, dans la Ville de Vienne. Elle est de quinze Religieuses.

2. STE. CLAIRE (LE LAC DE), ou LE LAC DES EAUX SALÉES ; on le nomme aussi TSIKERO, Lac de l'Amérique Septentrionale. Il se forme du dégorgement du Lac des Hurons dans le Lac Errié. Il est à trois lieues & plus de Quebec, à 41. d. de Latitude Septentrionale.

3. STE. CLAIRE, petite Isle de la Mer du Sud, à vingt-cinq lieues environ du Cap Blanc, près du fond de la Baye de Guayaquil. Cette Isle est passablement longue, & paroît comme un homme mort étendu & enseveli. La Côte Orientale en représente la tête, & l'Occiden-

dentale les pieds. Les Vaisseaux destinés pour la Riviére de Guayaquil, passent au Sud pour éviter les fonds bas, qui sont du côté du Nord, où des Vaisseaux se sont autrefois perdus. Les Espagnols disent qu'un Vaisseau richement chargé ayant fait naufrage au Nord près de l'Isle de Ste. Claire, une partie de l'argenterie fut retirée par un homme, qui venoit de la Vieille Espagne avec une Patente du Roi, qui lui permettoit de pêcher les naufrages sur ces Mers; mais que cet homme étant mort, la Pêche n'eut point de suite. Ils assûrent que le Vaisseau est encore en l'état où il le laissa, si ce n'est que les Indiens en retirent de tems en tems quelque chose à la dérobée. Ces Indiens en enléveroient beaucoup davantage sans les Chats de Mer, qui fourmillent aux environs. Le Chat de Mer semblable au Merlan en beaucoup de choses, a la tête plus plate & plus grosse. Il a une gueule large, & aux deux côtez certains petits poils qui représentent la barbe d'un Chat Marin, c'est delà qu'il a pris le nom de Chat Marin. Il a trois nageoires, une au haut du dos, & une de chaque côté. Chaque nageoire est composée d'une arrête, fort pointue & extrêmement venimeuse; de sorte qu'il est dangereux de se plonger aux endroits où il y abondance de ce Poisson. Les Espagnols, qui se sont hazardés à chercher ces richesses que la Mer a englouties, en ont fait une triste expérience, les uns y ayant perdu la vie par ces piqueures, & les autres l'usage de leurs membres. Cela est cause que quand on prend ce Poisson à l'hameçon, on le foule au pied pour le faire tomber de sa gueule, de peur qu'en se tremoussant il ne pique les mains de ceux qui voudroient le prendre. Il y a des Chats de Mer, qui pèsent sept ou huit livres. Il s'en trouve aussi en de certains lieux particuliers, qui ne sont pas plus gros que le pouce, mais leurs nageoires ne sont pas moins venimeuses. Ils sont ordinairement aux Embouchures des Riviéres, ou dans des endroits remplis de boue. Quoique les arrêtes des nageoires de ce Poisson soient infectées de venin, celles du reste du corps ne le sont pas. Sa chair est douce, délicieuse, & fort saine. De l'Isle de Ste. Claire, jusqu'à Punta Arena, il y a sept lieues Est-Nord-Est.

1. STE. COLOMBE, Ville de France dans le Forez, au bord du Rhône, vis-à-vis de Vienne. Elle a 600. Habitans, & une Viguerie Royale, ressortissante à la Sénéchaussée de Lyon.

2. STE. COLOMBE LEZ SENS, Abbaye de France auprès de la Ville de Sens. Ce sont des Bénédictins. Elle fut fondée en 936. en l'honneur de Ste. Colombe Vierge, qui y fut martyrisée l'an 175.

1. STE. CROIX, Abbaye d'Hommes en France dans la Bretagne, au Diocèse de Treguier. Cette Abbaye est de l'Ordre de S. Augustin. Elle a été fondée en 1135. Elle est située à une demi-lieue de Guingamp.

2. STE. CROIX D'ANGLE, Abbaye d'Hommes en France, au Diocèse de Poitiers. Cette Abbaye est de l'Ordre de S. Augustin, elle est située à la petite Riviére d'Anglin. On prétend qu'elle a été bâtie par S. Isembert, Evêque de Poitiers, par sa Mere Teburge, & par ses Freres Tenebaud, & Manassés. Guillaume Temper en fit la Dédicace l'an 1192. La première pierre avoit été posée l'an 1175. & l'Edifice fut achevé l'an 1191.

STE. CROIX D'APT, Abbaye de Filles en France, au Diocèse d'Apt. Cette Abbaye étoit autrefois de l'Ordre de S. Benoît, présentement elle est de l'Ordre de Cîteaux. Elle doit son commencement à Chauviére, Abbé de S. André d'Avignon, qui l'an 1234. abandonna moiennant une rente annuelle l'Eglise de Ste. Croix en Roussillon à Cecile & à quelques autres Vierges, qui brûloient d'un ardent desir de se consacrer à Dieu dans la Vie Religieuse. Il se réserva aussi le Droit de confirmer chaque Abbesse, qui seroit élue. Mais l'an 1361. ce Couvent de Filles, ayant été ravagé par des Soldats, le Cardinal Anglicus Grimoaldi, Frere du Pape Urbain V. & Archevêque d'Avignon, fit construire pour ces Saintes Filles un Monastère dans la Ville d'Apt. Elles ne commencérent à l'habiter qu'en 1372.

La Chartre de cette fondation faite réciproque entre l'Abbé Chauviére, & l'Abbesse Cecile, porte entr'autres conditions, que, lorsque les Moines de S. André d'Avignon iront à Ste. Croix, les Religieuses les recevront honnêtement, & comme il convient recevoir ses Seigneurs, & Maîtres; que même elles les régaleront selon leurs facultés, & qu'au cas que dans la suite il cesse d'y avoir des Religieuses dans cette Maison, dès l'instant l'Abbé & les Religieux s'en empareront, comme de chose à eux appartenante &c. Le Catalogue de ses Abbesses monte au nombre de vingt-deux jusqu'en 1712. Charlotte de Chauvigny de Blot, sa vingtième Abbesse y mit la Réforme en 1638. & mourut dix ans après. Elle est inhumée dans l'Eglise avec une épitaphe, chargée d'éloges magnifiques; savoir qu'elle fut la Mere des pauvres, qu'elle n'eut rien d'une femme que le Séxe, qu'elle soutint avec une égalité parfaite la bonne & la mauvaise fortune, qu'elle conduisit ce Monastère avec une attention & une sagesse admirables pendant cinquante années, que toutes les vertus lui servirent tellement d'appui, qu'elle marcha toujours d'un pas égal dans le chemin de la perfection, & qu'enfin après avoir été une Héroïne de charité, elle alla recueillir, avec usure, le fruit de tous ses mérites, âgée de plus de quatre-vingt ans.

STE. CROIX, Isle de l'Amérique Septentrionale, la derniere de toutes les Antilles qui sont au dessous du Vent. De Laet qui la met sur la hauteur de dix-sept degrez, & vingt-cinq scrupules, à douze ou quinze lieues de l'Isle S. Jean de Porto-Rico, vers le Sud-Est, dit que les anciens Habi-

Habitans l'appelloient AYAY. Les Espagnols qui les en chassèrent en firent beaucoup d'estime, parce que c'étoit la première Isle qu'ils avoient occupée aux Antilles, en venant du Nord chercher une Habitation commode pour jetter les fondemens de leurs Colonies. Le même De Laet ne lui donne que huit lieues de longueur ; mais il y a des Relations, qui l'étendent jusqu'à vingt-deux en droite ligne, si on en excepte les extrémités. Il est certain qu'elle est beaucoup plus longue que large. Toute la terre de cette Isle est excellente, & rend avec beaucoup d'usure tout ce qu'on y seme. On y voit de belles Plaines de terre noire & facile à labourer. Il y a plusieurs Arbres fort beaux qui sont propres à la teinture & à la menuiserie. Il y a aussi grand nombre de belles Riviéres & de Fontaines, mais comme cette Isle est plate, les eaux n'ayant point assez de pente, il se forme à leurs Embouchures de grands Etangs, qui dans certaines saisons rendent l'air malsain, par les vapeurs qu'ils exhalent. Ces Etangs sont très-poissonneux. Cette Isle a trois Ports où les Vaisseaux peuvent s'arrêter en sûreté. Il y en a deux du côté du Nord, dont le premier, qui est grand & spacieux, se nomme le Port de S. Jean. Le second, qui est à l'Embouchure de la Riviére salée, à trois lieues de celui-ci, l'emporte sur tous les trois. Les Vaisseaux de six-vingt Tonneaux peuvent monter jusqu'à une demi-lieue dans la Riviére, & la Rade qui est à cette Embouchure a une telle étendue, que cinq cens des plus grands Navires y pourroient tenir à l'Ancre, sans s'incommoder les uns les autres. Le troisième Port est du côté du Midi & fort spacieux, mais quoiqu'il ait un bon fond, le petit nombre d'Habitations qu'il y a en ce quartier-là est cause qu'il est fort peu fréquenté. Après divers changemens de Maîtres survenus dans cette Isle en peu d'années, les François s'en mirent en possession l'an 1650. Le P. Labat [a] en parle assez différemment. Voici ce qu'il en dit. Elle peut avoir dix-ou-douze lieues de longueur, & trois de large dans l'endroit le plus étroit. Elle est à dix-huit degrez quinze minutes de Latitude du Nord. Quant à la Longitude, elle est environ à trente lieues, sous le Vent de S. Christophle, à huit de Port Ric, à six de l'Isle à Crabes ou Boriquen, & à 5. de S. Thomas. Cette Isle, à la réserve de l'eau qui est assez rare en bien des endroits, est un Lieu charmant, c'est un terrain presque uni : il n'y a des Collines que vers le milieu de l'Isle : les pentes en sont douces: ils sont couverts des plus beaux Arbres du monde. Les Acajous, les Bois d'Inde, les Acomas, les Balatas, les Bois rouges de toutes sortes, y sont en abondance. Il y a des Cannes, des Orangers, des Citronniers en quantité, du Manioc & des Patates excellentes, quantité de Sangliers, de Coqs, & de Poules communes qui sont devenus sauvages, des Pigeons, des Ramiers & des Cabrittes [b].

[a] Nouveaux Voyages aux Isles de l'Amérique, t. 2. p. 195. & suiv.

[b] Ibid. t. 1. Part. I. p. 78.

Le Spirituel de l'Isle de Ste. Croix a toujours été administré par les Jacobins, depuis que l'on commença à s'y établir jusqu'en 1696. qu'on transporta cette Colonie pour augmenter celle de S. Domingue.

Il étoit difficile de pénétrer les raisons qu'on avoit d'abandonner cette Isle, dont la Colonie, qui étoit établie depuis 60. ans, étoit alors dans un état florissant [c], après avoir coûté de très-grandes sommes, & consommé une infinité de personnes, qui étoient péries dans le commencement de son établissement. Car c'est une règle générale & presque infaillible, que les premiers qui défrichent une terre n'en jouïssent pas, parce qu'ils sont attaqués de maladies dangereuses & le plus souvent mortelles. En effet rien n'est plus à craindre que les exhalaisons, qui sortent des terres nouvellement découvertes, défrichées & cultivées. Il y avoit encore dans ces commencemens une incommodité qui a causé la mort à bien des gens, c'étoit le manque d'eau douce, parce que cette Isle étant une terre plate, unie & sans aucune Montagne un peu considérable, il y avoit par conséquent peu de Fontaines. On n'y trouvoit qu'une seule Riviére assez petite, dans laquelle la Mer montoit assez haut pour la rendre presque inutile aux Habitaus. On avoit remédié à ces défauts par des Citernes, qu'on avoit faites dans toutes les Habitations, de sorte qu'excepté les Fiévres quartes, qui attaquoient les nouveaux venus, on y jouïssoit d'une très-bonne santé; la Chasse & la Pêche y étoient abondantes, le Sucre, & les autres denrées y venoient en perfection, & la Colonie se fortifioit tous les jours. Mais pour son malheur elle étoit obligée de vendre ses Sucres, & autres Marchandises aux Danois de l'Isle S. Thomas, pour avoir les choses dont elle ne pouvoit pas se passer & qu'elle ne pouvoit pas espérer des François, parce que les Vaisseaux Marchands ne risquoient pas pendant la guerre de descendre si bas, à cause qu'ils auroient pu être enlevés à la Rade, ou épiés par les Ennemis, & ensuite pris au débouquement. Cependant cette nécessité absolue, d'avoir recours aux Etrangers, servit de prétexte aux interessés dans les Fermes du Roi, pour se plaindre que ce transport des Sucres chez les Danois diminuoit considérablement leurs Droits d'entrée. On en fit un crime à ces pauvres Habitans, & on s'en servit pour appuyer les demandes du Gouverneur de S. Domingue, qui faisoit tous ses efforts pour augmenter sa Colonie aux dépens de toutes les autres. On laissa dans l'Isle les Chevaux, les Bêtes à corne, & à laine, on mit le feu aux Maisons, & on démolit le Fort.

[c] Ibid. Part. p. 73. & suiv.

§. La France a vendu en dernier lieu son droit sur cette Isle à une Compagnie Danoise, établie à Copenhague : ainsi cette Isle relève présentement du Dannemarck.

5. STE. CROIX (LA RIVIERE DE), Riviére de l'Amérique Septentrionale, dans le

le Pays des Sioux. Elle est assez considérable par le nombre d'autres Riviéres, qu'elle reçoit avànt que de porter ses eaux dans le Mississipi, où elle se décharge à douze lieues & demie au dessous du Saut de S. Antoine de Pade, après un cours d'environ cinquante à soixante lieues Nord-Est, Sud-Ouest, à travers des Plaines marécageuses, couvertes de folle avoine: c'est celle que le Pere Hennepin appelle RIVIERE DU TOMBEAU; on la nomme encore quelquefois RIVIERE DE LA MAGDELAINE. Les Sauvages voisins l'appellent OGHANBONGHEOVADEBA, & OUASISACADEBA. Elle prend sa source entre les petits Lacs des Outaouacs & le grand Lac Supérieur. Au Midi de ce dernier son cours est interrompu par un Saut, entre les Riviéres aux Portages & de Ptegouadeba; c'est par cette Riviére que M. du Luth a pénétré aux Sioux.

6. STE. CROIX, Chapelle à la Bande du Nord de la Martinique, Paroisse du Précheur. Elle donne son nom à une Ance, & à une Riviére qui sont auprès.

7. STE. CROIX, Port de l'Etat de Raguse auprès du grand Village de GRANOSA [a] dont il fait l'ornement. C'est le meilleur Port de tous ceux du Rivage des Ragusains, il est fait en demi-lune & peut contenir au-delà de deux cens Galéres. Le Village a de belles Fontaines, & même de beaux Palais avec des Jardins & des Vergers fort agréables & beaucoup d'Habitans.

[a] Corn. Dict. Dotovie. Itiner.

8. STE. CROIX. On a aussi donné ce nom à la Ville de Tipperari en Irlande dans la Province de Munster, à cause d'un Monastère célèbre où l'on gardoit un morceau de la vraye Croix. Le Comté même a été nommé le Comté de Ste. Croix. Voyez TIPPERARI.

E.

STE. ELIZABETH, Isle de l'Océan Ethiopique, à vingt lieues en deçà du Cap de Bonne Espérance par les 33. d. 15'. de Latitude Méridionale. Elle a une fort bonne Rade du côté de la Terre-ferme, à seize Toises de fonds & n'est éloignée des Côtes d'Afrique que de deux lieues. On y aborde assez rarement, & cela vient apparemment de ce qu'il n'y a point d'eau douce que celle qui tombe du Ciel. On y trouve pourtant une si grande quantité de Loups marins qu'en fort peu de tems on en pourroit amasser assez de graisse pour en charger un Vaisseau de six cens tonneaux. On trouve aussi dans cette Isle une espèce de Bréneau dont la chair n'est ni moins bonne ni moins délicate que celle de l'Agneau. Les Pinguins y sont plus tendres qu'ailleurs, & comme ces Oiseaux voyent rarement des hommes, ils sont si peu accoutumez à les craindre qu'on n'a qu'à étendre la main pour les prendre. Quoique la Côte de l'Isle ne soit qu'un Roc perpétuel, il y vient des herbes fines en abondance; ce qui donne lieu de croire qu'elle produiroit des fruits & fourniroit des rafraîchissemens, aussi-bien que l'Isle de Ste. Hélène si on y plantoit des Orangers & des Citronniers, & si on y portoit du Bétail pour la peupler. Le manque d'eau douce & le voisinage du Cap de Bonne Espérance font qu'on la néglige.

1. STE. EUPHEMIE, petite Ville du Royaume de Naples dans la Calabre Ultérieure, près des Confins de la Calabre Citérieure, à deux lieues de Martorano, sur un Golphe auquel elle donne son nom. Voyez LAMETIA.

2. STE. EUPHEMIE (Le Golphe de), Golphe de la Mer Méditerranée sur la Côte Occidentale du Royaume de Naples, à l'Orient des Isles de Lipari. Il est formé au Nord par le Cap Suvaro, & au Midi par un autre Cap au Sud-Ouest de Tropea. Ste. Euphémie & Tropea sont les seules Places considérables qui soient au bord de ce Golphe.

F.

STE FERIOLE, Bourg de France dans le Limosin, au Diocèse de Limoges, Election de Brive. Il a près de deux mille cinq cens Habitans.

1. STE. FOI, Ville de France en Guienne dans l'Agénois. C'est le Siége d'une Justice Royale. Elle est située sur la Dordogne, à quatre lieues à l'Occident de Bergerac, elle n'est pas ancienne. Elle a soutenu plusieurs Siéges & l'on ne put la réduire qu'en 1621. que le Maréchal de la Force la remit à Louis XIII. Son Commerce consiste en Bled, en Vins & en Eaux de Vie. Elle a été long-tems entre les mains des Protestans.

2. STE. FOI, petite Ville de France au Bas Armagnac, Election de la Riviére-Verdun. On la nomme ordinairement STE. FOI DE PAYS ROLLIERE.

3. STE. FOI. Quelques-uns appellent ainsi ST. VEIT, Ville de Carinthie.

4. STE. FOI en Amérique. Voyez SANTA-FE.

STE. FRIQUE, ou STE. AFRIQUE. Quelques-uns croyent que c'est un nom de Saint & non pas de Sainte; & disent en Latin *Sancti Africani Fanum*; le docte Abbé de Longuerue suit l'usage le plus commun qui dit STE. FRIQUE, petite Ville de France en Languedoc, avec une Justice Royale, sur le Ruisseau de Sorges près de Vabres & de la Riviére de DURBIE sur laquelle elle a un Pont. Elle devint considérable après que ses Habitans eurent embrassé le Calvinisme. Elle fut fortifiée régulièrement. L'Armée Royale l'ayant assiégée l'an 1628. sous la conduite de Henri de Bourbon, Prince de Condé, elle fut contrainte de lever le Siége après avoir perdu plusieurs braves Officiers & Soldats. Cette Ville se maintint dans son indépendance jusqu'à l'année suivante 1629. qu'elle fut contrainte de se soumettre à Louis XIII. avec toutes les autres de son parti.

G.

1. STE. GEMME, Bourg de France dans la Saintongè, au Diocèse & Election

tion de Saintes, Intendance de la Rochelle. Il a 810. Habitans.

2. STE. GEMME, Bourg de France dans l'Anjou près de Segré & de la Loire, Election d'Angers. Il a 1135. Habitans.

STE. GENEVIEVE, Bourg de France dans le Gâtinois, Election de Montargis. Il a 1040. Habitans.

H.

1. STE. HE'LE'NE, Isle de la Mer Atlantique. Verhoven [a] Auteur Hollandois la décrit ainsi: L'Isle de Ste. Hélène est haute & montueuse. Elle est entourée de Roches escarpées, & a six lieues de circuit. Elle gît par les 16. dégrés & un quart. A son côté Occidental, proche de la petite Eglise, il y a bon mouillage; mais il faut mouiller tout proche de terre, pour ne pas chasser sur les ancres: car il y a des Vallées entre les grandes Montagnes, d'où sortent ordinairement des Vents qui soufflent avec impétuosité. La plûpart de ces Montagnes sont couvertes de Verdure, & de quelques Arbres sauvages. Entr'autres il y en a un dont les feuilles sont assez semblables à celles de la Sauge, & ont à peu près la même odeur, & c'est celui qui fournit l'Ebène. Ses fleurs fournissent aussi une Gomme de la couleur de la Gomme Arabique, & de l'odeur du Benjoin. Il y a d'autres grands Arbres, qui produisent de belles fleurs incarnates & blanches, à peu près comme les Tulipes, qui font un très-bel ornement, & un petit fruit presque comme le Blé Sarrasin. Il y a deux belles Vallées, dont l'une s'appelle la Vallée de l'Eglise; & c'est par le derriére de l'Eglise qui y est, qu'on monte sur la Montagne. L'autre se nomme la Vallée des Oranges, qui est au Sud. On y trouve de bonnes Oranges, des Grenades, des Limons, assez pour servir de rafraîchissement aux équipages de cinq ou six Vaisseaux. On y voit aussi quantité de Persil, de Senevé, de Pourpier, d'Oseille, de Camomille, & d'Herbages qui mangés en potages, ou en Salades, sont très-bons contre le Scorbut. Il croît sur la Montagne une certaine Herbe assez semblable à la Lavande, dont le goût aigret est fort agréable, & qui jette des feuilles de la longueur du doigt, qui se terminent en pointe, comme les oreilles d'un Lapin. Il y croît encore beaucoup de Cresson, avec une autre Herbe qui est comme du Tabac, ayant une odeur forte, approchant de celle des feuilles du Noyer; & dont la tige s'élève d'une brasse, ou d'une brasse & demie. Nous crumes qu'elle avoit une vertu Médicinale, sans doute qu'à l'avenir quelqu'un en fera l'épreuve. L'usage de toutes ces herbes contribua tellement à la guérison de ceux qui étoient malades du Scorbut, qu'en huit jours il y en eut plus de la moitié en état d'aller eux-mêmes les cueillir, & les apprêter; & même d'aller à la chasse aux Chévres & aux Sangliers. Il y a aussi quantité de Cabris & de Boucs très-gras, & fort gros, qu'on auroit pris pour des Chevreuils ou pour des Veaux. Il y a des Pourceaux de diverses couleurs, & d'un très-bon goût; mais les unes & les autres de ces bêtes sont difficiles à chasser. Il y a encore des Perdrix, des Pigeons, des Tourterelles, des Paons, qu'on ne peut prendre, & qu'il faut tuer à coups de fusil. Mais il n'y a point de Bêtes devorantes, d'Oiseaux de proie, ni de Reptiles venimeux. Il n'y a ni Loups, ni Lions, ni Ours, ni Aigles, ni Eperviers, ni Vautours, ni Serpens, ni Crapauds. Tout ce qui est d'incommode sont de grosses Araignées, & des Mouches aussi grosses que des Sauterelles. Au côté Méridional de Ste. Hélène gisent certaines petites Isles, qui ne sont proprement que des Rochers où nous voyons des millions de Mouettes noires, & d'autres Oiseaux blancs ou tachetés, dont les uns avoient le cou long, & les autres l'avoient court. Ils faisoient leurs œufs sur les Rochers, & ces œufs sont très-bons à manger. La multitude de ces Oiseaux est si grande, qu'on les prenoit à milliers, & ils se laissoient tuer à coups de bâton, ce qui fait qu'on les appelle les Mouettes folles; mais elles sont de très-bon goût. On y trouve des Montagnes, qui donnent du bol rouge, & une terre grasse qui est grise, & assez semblable à la Terre Lemnienne, tant par sa qualité grasse, que par le goût qu'on y trouve, en y appliquant la langue. Il y a une Montagne au Sud-Est qui est pleine d'une sorte de couleur rouge, avec laquelle on fait du rouge chargé, du rouge brun & du clair. Il y en a une autre à l'Est, qui fournit une belle couleur persé, & dont la terre, vers le bas de la Montagne, est d'un verd clair, & vers le haut d'un verd brun, ainsi que Jacques de Molre, dans son Journal, rapporte qu'il l'a vu & bien examiné. Il y a sur les Rochers qui sont le long de la Mer, de bon Salpêtre, & de bon Sel. L'Eau qu'on fait dans cette Isle est la plus saine & la meilleure qui se trouve sur toute la route. La Mer y est fort poissonneuse. On y pêche tout proche du rivage, avec de gros & de petits hameçons; mais non pas avec la Seine, parce que le fond y est sale, & que la Mer y brise trop. Il y a diverses espèces de poissons, savoir des Maquereaux, des Rougets, & d'autres qui sont comme des Barbeaux, des Perches, des Carpes de différentes couleurs, & d'autres sortes encore. Il y a des Serpens gros comme le bras, qui sont d'un excellent goût. Il y a des Ecrevisses & des Huitres meilleures qu'en Hollande, qui sont tellement attachées aux Rochers qu'il les en faut séparer avec le coûteau.

Cette Isle selon Linschot est à cinq cens cinquante milles (ou Lieues d'Espagne de quatre mille pas Géométriques chacune) du Cap de Bonne Espérance, à 350. milles de l'Ethiopie & à 310. du Bresil. Elle fut découverte pour la première fois par le nommé Jean de Nova, le jour de Ste. Hélène 21. Mai 1502. Les Montagnes de l'Isle se découvrent à vingt-cinq lieues en Mer. La terre en est rougeâtre & friable

[a] Voyages de la Compagnie Holland. t. 4. p. 14.

en quelques endroits où elle ressemble à de la cendre. Elle est même en plusieurs endroits stérile & incapable de culture.

Les Portugais n'y trouvérent aucun Animal; mais ils la peuplérent en peu de tems, de Bétail. Ils y portérent aussi des Perdrix, des Faisans, des Pigeons & de toutes sortes de Volailles. Ces Animaux y ont tellement multiplié qu'on ne se donne pas la peine de les garder. Il ne faut qu'une pierre ou un bâton pour les avoir. Le terrain y peut produire plusieurs centaines de grains de blé d'Inde pour un que l'on seme. On ne profite guères néanmoins de cette abondance: car les Rats ou d'autres insectes au rapport d'Owington Voyageur Anglois, mangent très-souvent ces grains avant qu'ils soient venus en maturité. Cela oblige les Habitans d'avoir recours à leur derniéres ressources qui sont les Yames & les Patates, les seules choses dont l'Isle ne manque point pour la nourriture ordinaire des Hommes.

La Compagnie des Indes à qui cette Isle a été donnée par la Couronne d'Angleterre, qui en avoit eu la cession de la Couronne de Portugal, a peuplé le Pays de personnes des deux Séxes dont les Familles nombreuses ne se ressentent aucunement de la stérilité du Pays. La terre y est fort propre aux Vignes, & on remarque que les Arbres fruitiers y viennent mieux, parce que leur hauteur les met à couvert de la morsure des insectes & que ce n'est pas une nourriture dont ils soient bien friands. On a observé comme une chose assez singulière que les Arbres fruitiers & sur-tout les Pomiers qui y ont été transportez d'Angleterre ont en même tems des fleurs, des fruits verds & des fruits murs. Il y survient tous les jours de légéres pluyes suivies d'un Soleil qui donnant sur ces fruits en hâte la maturité. Les Orangers, les Citronniers, les Limoniers & autres Arbres pareils y croissent facilement, & jusques dans les Bois qui en sont remplis.

T. 2. c. 20. Dampier *rapporte ainsi l'Histoire de la possession de cette Isle. Les Portugais qui l'avoient découverte & peuplée de Bestiaux, l'abandonnérent ensuite & la laissérent sans culture. Les Hollandois la trouvant à leur bienséance & jugeant qu'elle étoit commode pour leurs Vaisseaux des Indes Orientales, s'en empárérent sans obstacle; mais ensuite ils la quittérent pour le Cap de Bonne Espérance qui leur parut plus avantageux. Ce fut alors que la Compagnie Angloise y envoya des Colonies & commença à la fortifier; cependant comme ils n'y avoient pas mené des forces capables de soutenir cette nouvelle possession contre des Ennemis puissans, ils la perdirent & les Hollandois se ressaisirent de l'Isle en 1672. Les Anglois y envoyérent le Capitaine Monday, qui connoissoit l'Isle & qui fit descente de nuit à une petite Anse, où les Hollandois ne soupçonnoient pas qu'on pût aborder. Il les surprit ainsi en grimpant sur les Rochers, & alla le matin sur les Montagnes dont la pente est du côté du Fort, situé dans un petit Vallon près de la Mer; de là tirans sur le Fort ils l'obligérent de se rendre: depuis ce tems la Compagnie Angloise est demeurée en possession de Ste. Hélène & l'a si bien munie d'hommes & d'Artillerie qu'elle est en état de se défendre.

L'Abbaye où l'on débarque ordinairement est garnie de bon Canon dans un petit Vallon entre deux Montagnes hautes & escarpées; & il s'y trouve une Bourgade d'Anglois de vingt à trente Maisons qui restent vuides, si ce n'est dans le tems de l'arrivée des Vaisseaux. Celle du Gouverneur est proche du Fort, assez jolie, quoique basse; il a quelques Soldats pour garder le Fort & pour le servir. La Bourgade est entourée de murailles de pierres raboteuses. Toutes les plantations sont dans l'Isle plus avant. La petite Anse où le Capitaine Monday débarqua est si étroite & d'un accès si difficile qu'à peine un bâteau y peut aborder. Quand les Vaisseaux arrivent à l'Isle tout le monde accourt à la Bourgade que Dampier appelle la Ville, & y demeure jusqu'à leur départ. C'est alors la Foire où les Habitans achetent toutes les choses dont ils ont besoin, & vendent les denrées que leurs plantations leur produisent. La plûpart des Habitans sont fort pauvres. Les Jeunes femmes nées dans l'Isle sont filles d'Anglois. Elles sont bien faites, propres, & ne manqueroient pas d'agrémens, si elles étoient mises à leur avantage.

Toutes les affaires sont conduites par un Gouverneur, un Lieutenant & un Garde de Magazin qui sont payez par la Compagnie qui est en Angleterre. Elle leur donne outre cela une pension pour entretenir une Table ouverte où tous les Commandans, les Maîtres des Vaisseaux & les Passagers de distinction sont admis. Ces trois personnes disposent du Gouvernement de l'Isle & sont dirigées dans leurs Conseils par les Ordres qui leur viennent de la Compagnie.

2. STE. HELENE (L'Isle de), Isle de l'Amérique Septentrionale, dans le Fleuve de S. Laurent au Canada, vis-à-vis de Mont-Real.

3. STE. HELENE (Le Cap de), Cap de l'Amérique sur la Côte du Pérou dans la Province de Quito, à quinze lieues de celui de S. Laurent. Il est à 2 d. 20′ de Latitude Méridionale, & termine au Nord l'Abbaye de Guayaquil.

1. STE. HONORINE, Bourg de France en Normandie, au Diocèse de Bayeux. Il a 1315. Habitans.

2. STE. HONORINE, petit Port de Mer de France, en Normandie sur la Côte du Bessin, à deux lieues de Trevières.

3. STE. HONORINE LA GUILLAUME, Bourg de France dans la Normandie au Diocèse de Séez, Election de Falaise. Il a 1078. Habitans.

STE. HOUX, Abbaye de Filles, de l'Ordre de Cîteaux, au Duché de Bar, à trois lieues de Bar-le-Duc vers le Couchant d'Eté. Elle est de la filiation de Clairvaux. Le nom Latin est *Sanctæ Hoildis Cœnobium.*

1. STE.

S A I.

J.

1. STE. JAMES, petite Ville de France dans la Basse Normandie, au Diocèse d'Avranches, à trois lieues de Pontorson, entre Argouges, Louvigni & Du Cey, sur un Ruisseau qui entre dans l'Ardée au-dessous de l'Abbaye des Chanoines Réguliers de Montmorel. Il y a Haute Justice & on y voit deux Eglises, savoir Sainte James & S. Martin.

2. STE. JAMES LE ROBERT, Bourg de France dans le Maine, Election de Mayenne. Il a 1675. Habitans.

3. STE. JAMES SUR SARTE, Bourg de France dans le Maine, Election du Mans; il a 1158. Habitans.

STE. JEANNE (L'Isle de), Isle de la Mer des Indes, & l'une des quatre Isles de *Comore*. Elle est proche de l'extrémité de l'Isle de Madagascar, entre elle & la Terre-ferme d'Afrique, vers le 12. degré & demi de Latitude Méridionale, selon l'opinion ordinaire, & selon quelques-uns au 12. degré, 6. minutes. On conjecture qu'elle a environ 30. milles de longueur [a] & 15. de largeur [a]. Sa fertilité engage tous les Vaisseaux d'Europe, qui vont vers Surate & les parties Septentrionales des Indes, à aller s'y rafraîchir. On y trouve beaucoup de Gibier & à fort bon marché; les Chévres y sont si grasses & si grandes, qu'elles passent d'un tiers celles des autres Pays; un jeune Bœuf s'y vend deux écus, pendant qu'une Chévre bien nourrie en coûte trois. Elle abonde aussi en Ris, en Poivre, en Yams, en Bananes, en Patates, en Oranges, en Citrons, en Limons, en Pommes de pin & en autres Fruits, dont plusieurs viennent d'eux-mêmes sans être cultivés. On y voit aussi beaucoup de Miel & des Cannes de Sucre; & le terrain y est propre à porter du Raisin, du Tabac & du Coton. Il est libre à un chacun de cueillir les fruits qu'il souhaite, tous les Arbres étant communs, à l'exception des Noix de Coco, dont les Maîtres se réservent la propriété.

[a] Ovington, Voyages, t. 1. p. 104. & suiv.

Les femmes y sont en quelque manière esclaves; ce sont elles qui font les gros ouvrages, & qui cultivent la terre, pendant que leurs maris se tranquilisent, & jouissent des fruits de leur travail. Ce sont elles qui les servent, & leur préparent à manger. Elles n'ont pas la liberté de se mettre à table avec eux, elles ne s'y mettent que quand ils en sont sortis.

Les maisons de la Campagne sont fort peu de chose; mais la Ville du Roi & celle de la Reine qui sont les principales de l'Isle, ont d'assez beaux Edifices, avec des murailles de pierre & des toits de charpente. La Ville du Roi, est le lieu de sa résidence, & où il tient sa Cour; elle est à 25. milles du Port.

Dans la Ville de la Reine, qui est sur le bord de la Mer, presque la moitié des maisons ne sont point habitées, parce que des gens de l'Isle de *Monille* y ont tué quelques personnes, & que ces maisons ont été souillées par leur sang. La mort du Maître & de la Maîtresse, & d'une ou de deux autres personnes, communique, selon leur croyance, une souillûre à la maison & la leur fait abandonner. Ils s'imaginent que la racine étant une fois morte les branches ne peuvent manquer de sécher, & de périr, si elles ne sont transplantées ailleurs. La mort même d'une seule personne souille tellement dans leur idée la pureté de leur maison, qu'on n'ose pendant un ou deux mois y apporter à manger.

Les Festins que le Roi & les principaux du Pays font quelquefois, sont magnifiques par le nombre de ceux qui y assistent, car on y invite des Villes entières. On y sert en abondance de tout ce que l'Isle produit; mais on n'apporte pas beaucoup de soin à le préparer: la viande bouillie & le Ris sont les mets les plus ordinaires. Ils ne boivent point de liqueurs fortes, parce qu'elles sont défendues par la Loi de Mahomet. Ils fument beaucoup de Tabac, & ont continuellement du Bétel dans la bouche: ils l'écrasent entre leurs dents jusqu'à ce qu'ils en ayent tiré toute la substance, & ils crachent ensuite le reste à terre. Le Bétel fortifie l'estomac, conserve les dents, & rend l'haleine agréable. Il communique aux dents & aux lèvres une couleur rouge, qu'ils regardent comme un ornement, il les échaufe & leur donne une certaine vivacité, il envre même ceux qui n'y sont pas accoutumés. Ainsi il leur tient lieu de Vin.

Au milieu de la Ville de la Reine est une Mosquée fort fréquentée, dans laquelle on permet quelquefois aux Etrangers d'entrer, en quittant leurs souliers. A l'Entrée de la Mosquée, on voit une Fontaine où l'on se lave le visage, les mains, & les pieds, en entrant & en sortant. Elle est entretenue fort proprement, & il y a des nattes étendues sur le pavé pour la commodité des hommes qui y viennent prier; car pour ce qui est des femmes, elles n'y vont point. Ils se servent d'espèces de Chapelets pour dire leurs prières, & en roulent les grains, en s'entretenant souvent de toute autre chose.

Les Filles sont recherchées dès l'âge de sept à huit ans, & on les marie à onze ou douze. On fait alors un Festin qui dure sept jours, & on y régale tous ceux qui y veulent venir. La même chose se pratique aux funérailles. Les femmes ne voyent pas les Etrangers, & on ne leur permet point de sortir; elles s'aiment cependant si fort, qu'elles s'y hazardent quelquefois au péril même de leur vie.

On peut dire, généralement parlant, que les Habitans de l'Isle de Ste. Jeanne [b], n'ont que des idées fort confuses de leur Religion & qu'en même tems ils sont fort superstitieux. Ils sont dans une appréhension continuelle du Diable; ils disent qu'il leur apparoît souvent. Ils lui donnent le nom de *Grégoire*, & assurent qu'ils le rencontrent fréquemment dans les chemins & dans les rues, principalement le soir du côté de la Mer. La crainte qu'ils en ont, les oblige à se tenir renfermés dans leurs maisons, quand il tonne; car ils disent qu'alors *Grégoire* est dehors, & personne n'ose

[b] Ibid. p. 122. & suiv.

n'ose sortir. Ils ont la pratique de le brûler tous les ans publiquement ; ce qu'ils prétendent faire, en ramassant à un jour marqué, en un monceau, sur un Rocher noirâtre qui est entre la Ville de la Reine & le Port, toutes les ordures du voisinage, & en y mettant le feu qu'on laisse brûler jusqu'à ce que tout soit consumé ; mais l'Esprit malin se moque de tout cela & pour cette injure imaginaire qu'ils lui font, il leur fait un mal réel, en enlevant tous les ans un de leurs enfans qui ne manque pas de disparoître, malgré tous les soins qu'ils se donnent pour l'empêcher.

Il y en a parmi eux qui entretiennent commerce avec le Diable. Ils employent les secrets de la Nécromantie pour l'invoquer, & ont recours à lui dans les choses de conséquence ; ils prétendent que cet Esprit malin ne manque jamais de leur répondre quand l'invocation a été bien faite. Quelque croyance que mérite par lui-même l'Auteur du Voyage qui rapporte ces faits, il auroit cependant prudemment fait en cette occasion de donner à ses Lecteurs la liberté de croire ou de ne pas croire la plûpart de ceux-ci, qui ne paroissent que des effets d'une imagination frappée, ou de la fourberie de quelques malheureux Prêtres, qui entretiennent ces misérables Peuples dans ces superstitions. La soustraction d'un enfant, certaines fausses apparitions même, surtout dans des Lieux écartés, comme on les suppose, ne sont pas des choses au-dessus des efforts de la malice de l'homme, principalement quand on a affaire à des gens grossiers, &, qui plus est, à des gens infatués de ces préjugés dès leur enfance.

STE. ISABELLE (L'Isle de), ou plûtôt l'Isle Isabelle comme écrit Mr. De l'Isle. Cette Isle est de la Mer du Sud, entre les Isles de Salomon. Elle fut découverte par les Espagnols en 1568. sous la conduite de Mendaña ; c'est la plus grande de toutes les Isles auxquelles le nom de Salomon est commun, son circuit est de deux cens trente lieues. Sa partie la plus Orientale s'appelle le CAP BRÛLÉ. Le Port de l'Etoile est au Couchant de l'Isle. Au reste, Dudley s'est trompé de cinquante degrez sur la Longitude de cette Isle, qu'il met d'autant plus à l'Orient qu'il ne faut.

STE. JULITTE, petit Bourg de France dans la Touraine, Election de Loches.

L

STE. LIVRADE, Ville de France en Guienne dans l'Agenois, au Duché d'Aiguillon. Elle est située à deux lieues de Castel-Moron, dans une Plaine près de Villeneuve d'Agenois, de l'autre côté du Lot ; il y a environ trois milles deux-cens Habitans. On dit en Latin *Sanctæ Liberatæ Oppidum*. Il y a un Prieuré Conventuel de l'Ordre de St. Benoît.

STE. LOGOLENE, Bourg de France dans le Velay, à six lieues du Puy du côté du Nord ; à un quart de lieue de là est l'ancien CHATEAU DE LA TOUR.

STE. LUCE, ou

1. STE. LUCIE, Isle de l'Océan Atlantique, sur la Côte Occidentale d'Afrique, & l'une des Isles du Cap-Verd. Elle est entre l'Isle de St. Antoine & celle de St. Vincent, au Midi Oriental de la premiere & au Couchant de la seconde. Mr. Corneille la peuple de Négres, cela veut dire que les Portugais à qui sont les Isles du Cap-Verd n'ont point mis de Colonie dans celle-ci.

2. STE. LUCIE, Isle de l'Amérique entre les Antilles, au Midi de la Martinique, au Couchant de la Barbade, & au Nord Oriental de l'Isle de S. Vincent. Les François qui s'y établirent en 1650. l'appellent communément SAINTE ALOUSIE [a], & Mr. de l'Isle a suivi ce mauvais usage. Elle est située sous le treizième degré cinquante minutes, au Nord de la Ligne Equinoxiale. Son étendue est à peu près de vingt-cinq lieues de circuit. Elle n'étoit fréquentée que par un petit nombre d'Indiens, qui s'y plaisoient à cause de l'abondance de la pêche, quand les François de la Martinique vinrent l'habiter. Son terroir est graveleux, & capable de ce que les autres Isles peuvent produire. Il y a au Nord de cette Isle deux hautes Montagnes fort roides, qui la font reconnoître de fort loin. Elles sont en forme de Pain de Sucre, & on les appelle les PITONS DE SAINTE ALOUSIE. Au pied de ces Montagnes, il y a de belles & agréables Vallées, couvertes de grands Arbres, & arrosées de Fontaines. On tient que l'air y est bon, il s'y trouve des Serpens ; mais moins dangereux que dans l'Isle de la Martinique. Il y en a une espèce qu'on nomme Tête de Chien, à cause que leur tête a quelque rapport à celle de cet Animal, ils mordent plus fréquemment que les autres ; mais leur venin est moins malfaisant que celui des Serpens de la Martinique. Il s'y trouve aussi quantité de Scorpions, dont les piqueures font plus de mal, & sont difficiles à guérir. Cette Isle est arrosée de plusieurs Rivières dont les eaux sont excellentes. Ajoutons ce qu'en a dit depuis le P. Labat : Quoique [b] cette Isle ne soit pas habitée par des Caraïbes, elle n'en a pas l'air moins sauvage. Elle n'avoit en 1700. pour habitans que des gens de la Martinique, qui y venoient faire des Canots, des Madriers, des planches d'Acajou, & des Bois de charpente. Elle avoit été habitée par les François dès l'année 1640. M. du Parquet Seigneur, & Propriétaire de la Martinique, en prit possession vers la fin de cette année, comme d'une terre inhabitée, & qui par conséquent étoit au premier occupant. Les Sauvages de S. Vincent, & des autres Isles n'y venoient que dans le tems de la ponte des Tortues, & n'y avoient, ni Carbets, ni Défrichés. Il n'y mit d'abord, que quarante hommes sous la conduite du S. de Roussélan, Officier de valeur & de conduite, qui avoit donné son nom à la Rivière qui passe au Fort S. Pierre, à cause que son habitation étoit sur cette Rivière. Il avoit épousé une femme Caraïbe, ce qui le faisoit aimer des Sauva-

[a] *Le P. du Tertre Hist. des Antilles.*

[b] *Voyages de l'Amérique t. 2. p. 150.*

Sauvages, qui le regardoient presque comme un de leurs Compatriotes. La bonne intelligence, qui étoit entre eux & le Sr. de Rousselan, n'empêcha pas Mr. du Parquet de prendre les précautions nécessaires pour empêcher sa nouvelle Colonie d'être insultée, & peut-être détruite par ces Barbares, qui étant d'une humeur extrêmement changeante, & ne voyant qu'avec dépit l'Etablissement des François dans leur Pays, avoient besoin d'être retenus dans le respect, & que leur bonne volonté apparente fût fixée par quelque chose, qui les empêchât de mal faire. C'est pourquoi il fit construire une Maison forte, environnée d'une bonne double palissade avec une fossé, la munit de Canons, de Pierriers, & d'autres armes, & la mit en état de résister non seulement aux Sauvages, s'il leur prenoit fantaisie de vouloir les inquiéter; mais même aux Européens qui voudroient s'y venir établir.

Ce fut aux environs de cette Maison, qui étoit située au petit Cul-de-Sac, & sur la Rivière du Carenage qu'on commença un grand défriché, & qu'on planta des vivres, & du Tabac, qui vint en perfection, & qui l'emportoit sur celui des autres Isles.

Le Sr. de Rousselan gouverna cette Colonie jusqu'en 1654. qu'il mourut également regretté des Sauvages qui l'aimoient, & des François qu'il avoit conduits avec beaucoup de sagesse & de douceur. Mr. du Parquet nomma le Sr. de la Rivière pour lui succéder. Celui-ci, qui étoit riche, voulut faire une Habitation particulière, & se confiant en la bonne volonté que les Sauvages lui témoignoient, quand ils le venoient voir, il négligea les précautions, qu'il devoit prendre pour sa sûreté. Il laissa un Officier avec les Soldats dans la Forteresse, & s'alla établir dans un lieu assés éloigné avec les gens qui étoient à lui. Cela facilita aux Sauvages le moyen de le surprendre dans sa maison, & de l'y massacrer avec dix de ses gens vers la fin de la même année 1654.

Le Sr. Hacquet proche parent de Mr. du Parquet, & qui lui succéda, fut tué par les mêmes Sauvages en 1656. Il eut pour successeur le Sr. le Breton, Parisien d'une très-bonne famille & fort brave, qui fut obligé de se sauver. Après lui Mr. du Parquet y envoya le Sr. du Coutis qui fut rappellé au bout de 2. ans, & le Sr. d'Aigremont Gentilhomme de naissance, & plein de mérite & de valeur, y fut envoyé en 1657. Ce fut sous lui que les Anglois attaquèrent l'Isle, mais il les défit à plate-couture en 1664. Cependant les Anglois s'en emparèrent; mais ils furent désavoués, & en furent chassés en 1666. La décadence de la Compagnie de 1664. attira celle de la Colonie de l'Isle de Ste. Alousie, parce que n'étant pas secourue, & ne faisant aucun Commerce pendant les longues guerres de 1672. & 1688. tous les Habitans se retirèrent les uns après les autres à la Martinique, & à la Guadaloupe. Depuis 1700. on a recommencé à peupler cette Isle.

Le Pitons de Ste. Alousie[a], sont deux grosses Montagnes rondes & pointues, assés près l'une de l'autre, qui rendent cette Isle fort reconnoissable.

[a] Ibid. p. 129.

M.

1. STE. MARGUERITE, Port de la Nouvelle France dans l'Amérique, il est situé à 46. degrés, & 30. scrupules de la Ligne, & n'est séparé du Port Royal que par une petite espace de terre. Son entrée est large seulement de 18. pieds, & sa profondeur est de trois brasses. Ce Port est environné d'un terroir plat, & fertile du côté du Sud-Est. A la main gauche, il y a une petite Baye, auprès de laquelle on dit que l'on a trouvé quelques veines d'argent. Un peu plus avant, une Rivière appellée Boulai y entre, ce que fait aussi une autre dans le fond du Port.

2. STE. MARGUERITE, Isle sur les Côtes de Provence, située au Sud-Est du Bourg des Cannes, à trois milles au large. Les Anciens la nommoient Loro. Elle est considérable pour ses trois Forts. L'un est appellé Fortin, au bout de l'Isle du côté de l'Orient: le second est le Fort d'Aragon, à l'autre bout du côté de l'Occident; & le troisième est le Fort Royal. Ce dernier qui l'emporte sur les deux autres, est sur un Rocher au bord de la Mer, où sont cinq Bastions très-bien terrassés. Le Bras de Mer qui sépare cette Isle de celle de S. Honorat, n'a qu'un quart de lieue de largeur, son circuit n'est que d'une lieue.

3. STE. MARGUERITE, en Latin *Fluvius Sanctae Margaritae*, Rivière de l'Amérique Septentrionale. On la trouve après avoir passé une Baye qui est vers l'Ouest de celle de Cheschedec, & où les Basses & les Rochers rendent l'ancrage fort mal assuré. Elle est profonde à son Embouchure de huit pieds à basse Mer, & de trois brasses à haute Marée; mais elle est fort dangereuse à cause d'une Basse qui y est. Elle vient de loin d'au dedans des Terres du côté de l'Est, où elle se précipite du haut des Montagnes, se grossissant fort dès ce lieu-là. Assés près de son Embouchure, il y a un Cap moyennement élevé, & au côté droit de la Rivière, une petite Isle. Toute cette Côte, est éloignée de la Ligne de cinquante-cinq degrés, revêtue de plusieurs Arbres, sur-tout de Sapins, & rélevée en petites Montagnes. A trois lieues de la Rivière de Ste. Marguerite il en sort une autre, dont l'Embouchure est comme fermée d'une infinité de Basses & de Rochers. Dès là la Côte est entrecoupée de plusieurs Basses & Pointes, & la plus grande partie en est basse & sablonneuse. Seize lieues plus vers l'Ouest, s'ouvre une Baye dans laquelle une Rivière descend. C'est le meilleur Havre de toute cette Côte, & il peut tenir plusieurs Navires; mais la Côte, à cause des Basses qui s'étendent une lieue ou deux en Mer, ne peut être approchée de plus près sans de grands risques. Après cela, tantôt elle s'avance en Mer, & tantôt se retirant, elle fait place à quelques Bayes,

Bayes, & est bordée d'Isles, jusqu'au Port de l'Esquemin, fort connu & renommé, quoiqu'il soit mal sûr, & tout environné de rochers, & que l'Embouchure en soit si étroite, qu'il n'y peut passer qu'un seul Navire à la fois. Les Basques ont accoutumé d'y fréquenter pour harponner la Baleine. Toute cette Contrée est basse, & plate le long de la Côte, & le milieu du Pays est relevé en Collines & en Montagnes. Elle est toute remplie de Forêts & de Bocages, & a vis-à-vis d'elle la Nouvelle France.

1. STE. MARIE, Isle dans l'Océan aux environs de l'Afrique. Elle est située entre le 16. & le 17. degrés de Latitude Méridionale, vis-à-vis de la Riviére de Mananghare, à deux petites lieues de Madagascar, de l'endroit qui en est le plus proche, & à quatre du plus éloigné. Sa longueur du Midi au Septentrion est d'environ onze lieües, & sa largeur d'Occident en Orient est de deux. Cette Isle que les Insulaires, & ceux de Madagascar appellent Nosso Hibraim, c'est-à-dire l'Isle d'Abraham, est toute bordée de rochers, sur lesquels les Canots y peuvent aborder lorsque la Marée est haute. Quand elle est basse, il n'y a qu'un demi pied, ou un pied d'eau par dessus. L'on trouve au rivage des Roches d'un Corail blanc, aussi beau qu'on puisse en trouver en aucun autre endroit, & des Limaçons de Mer, que les Négres vont chercher pour vendre aux François, qui s'y sont si bien établis, que le Gouverneur d'Antongil dans la grande Isle de Madagascar, qui faisoit auparavant une guerre continuelle à ces Insulaires, n'oseroit plus y venir. Il y a présentement cinq ou six cens Habitans en toute l'Isle, répandus en dix ou douze Villages. On les appelle Zafe Ibrahims, Race d'Abraham, ils s'exercent à planter du Ris, des Ignames, des Bananes, des Cannes de sucre, des Pois, & des Féves dont ils se nourrissent. La pêche des Hourites les occupe fort. C'est une certaine espéce de poisson qu'ils vont vendre à Madagascar, & dont ils donnent le cinquième à leur Souverain, ce qu'ils font aussi du Ris, & des autres plantes; ils ont toujours refusé de faire alliance avec les Chrétiens, quoiqu'ils les reçoivent fort honnêtement, à cause sans doute qu'ils ont retenu quelque chose de l'ancien Judaïsme. Toute l'Isle de Ste. Marie est coupée de petites Riviéres, de Sources, de Fontaines, & remplie de petites Collines. Le terroir en est fertile & semé de Ris, qu'on y plante deux fois l'année; l'air y est humide, & à peine se passe-t-il un jour dans l'année qu'il n'y pleuve. La pluye continue quelquefois six jours de suite. Le Bétail y est fort bon & gras, & peut aller paître par toute l'Isle, sans qu'on le tienne enfermé. On trouve quantité d'Ambre gris au bord Oriental de la Mer. Les Négres le ramassent avec soin pour en faire des parfums, & des offrandes sur les Tombeaux de leurs Ancêtres. Ils ont aussi de plusieurs sortes de gommes, dont ils se servent au lieu de parfums. Il croît en cette Isle un Arbre dont le fruit nommé Vonthionts, n'est pas plutôt tombé à terre, qu'il prend racine, & fait un bois si toufu, qu'on ne sauroit passer à travers. Il y a une autre petite Isle en manière de Triangle au Midi de celle-ci, dont elle est séparée par un Canal de trente lieues de largeur, & de deux pieds de profondeur en quelques endroits. Comme elle est abondante en pâturage, les Bœufs de l'Isle de Ste. Marie y viennent paître. Au bout sont des rochers qui avancent plus de demie lieue dans la Mer.

2. STE. MARIE, Isle de l'Amérique Méridionale, dans la Mer de Chili, à 37. degrés & 20. minutes de Latitude vers le Sud, vis-à-vis de la Province d'Araucana. Elle est environnée de Rochers droits, contre lesquels battent les flots de la Mer. Pedro de Cieça dit qu'elle est nommée LUCENGO par les Sauvages. Quelques-uns croyent que cette Ville étoit autrefois jointe au Continent, & qu'elle en a été séparée peu à peu par le Canal qui est entre deux présentement; il est large de trois lieues. Son Terroir est gras & fertile en froment & en orge; & la Mer qui l'environne est fort poissonneuse. On y prend sur-tout une sorte de Seiches, des yeux desquelles on tire une certaine substance dure & calleuse, qui approche fort des Perles tant en lustre qu'en blancheur. Quoiqu'elle n'ait pas leur dureté, les femmes ne laissent pas de s'en faire des Colliers. Cette Mer fournit aussi une sorte d'Ecrevisses appellées Choros, dans les têtes desquelles on trouve une sorte de Perles d'une blancheur extraordinaire, & de la grosseur de la semence du Chanvre. Les Sauvages en font peu de cas, parce qu'ils ignorent la façon de les percer. Thomas Candish, qui mouilla l'Ancre au côté Occidental de cette Isle, rapporte que les Sauvages qui l'habitent sont soumis si étroitement aux Espagnols qu'ils n'osent tuer un Pourceau, quoiqu'il y en ait en abondance. Ils sont aujourd'hui Chrétiens & ont une Chapelle où l'on dit la Messe. L'an 1615. George Spilbergue descendit dans cette Isle dont il se rendit le maître; de sorte qu'il emporta plus de cinq cens Brebis, grand nombre de Poules, & quantité d'autres vivres.

3. STE. MARIE, Ville de l'Amérique Méridionale dans l'Audience de Panama, au fond du Golphe de S. Michel, qui fait partie de la Baye de Panama. Elle fut bâtie par les Espagnols, après qu'ils eurent découvert les Mines d'or qui sont dans les lieux voisins. Elle est située à six lieues de l'Embouchure de la Riviére de ce même nom, du côté du Sud, & ce fut ce qui les porta à l'appeller Ste. Marie. Les Capitaines Coxon, Harris, & Charp, Armateurs Anglois, prirent cette Place, lorsqu'ils entrerent dans ces Mers, peu de tems après qu'on l'eut bâtie. Elle s'est rendue depuis si considérable, que quand le Capitaine Harris, neveu du premier, la prit, il s'y trouva toutes sortes d'Artisans, quantité de Vin & de farine, & grand nombre de hoyaux, & autres instru-

trumens de fer, dont les Esclaves se servent au travail des Mines. Outre l'or & le sable qu'ils amassent ensemble, ils trouvent souvent des Masses, enchassées entre les Rochers de telle manière, qu'il semble qu'elles y croissent naturellement. Ces Masses ou Lingots ne sont pas solides, mais elles ont des crevasses, & des pores pleins de terre & de poussière. La Ville de Ste. Marie n'est pas éloignée des Mines, où les Espagnols occupent grand nombre d'Esclaves jusqu'à la saison pluvieuse, pendant laquelle le débordement des Riviéres empêche que l'on ne puisse si bien travailler. Les Mines sont fort près des Montagnes. Le meilleur tems pour chercher l'or dans les Riviéres, est incontinent après la pluye, laquelle le lave dans les Riviéres, où il va au fond en quantité, & y demeure. Les Indiens Naturels qui habitent aux environs en ont alors la meilleure part, & les Espagnols en achetent plus d'eux qu'il n'en tirent par le travail de leurs Esclaves qu'ils font travailler aux Mines. Les Espagnols durant la saison des pluyes font venir de Panama la plûpart de ces Indiens, & ils les mêlent avec leurs Esclaves.

4. STE. MARIE (La Riviére de), qui vient des Montagnes du Pays, & reçoit dans son cours plusieurs Ruisseaux qui s'y jettent de tous côtez, après quoi elle se perd dans le Golphe de S. Michel, du côté du Nord, à une lieue dans le Cap de S. Laurent. Elle est navigable durant huit ou neuf lieues, en montant, à cause du flux qui va jusque-là. Elle se divise ensuite en deux Branches qui ne portent que des Canots. La Marée monte & descend dans cette Riviére environ dix-huit pieds. C'est la plus large de celles qui se déchargent dans ce Golphe, qui au delà de son Embouchure, & de celle de la Riviére de Sambo, s'étrecit un peu, tant d'un côté que de l'autre, & fait cinq ou six petites Isles remplies de gros Arbres verds, & fleuries toute l'année, & séparées par des bons Canaux. Au delà encore, le rivage est si serré des deux côtés, par deux Pointes de terre basse couverte de Mangles, que ce n'est plus qu'un petit Détroit qui n'a qu'un demi mille de large. Cela sert comme d'entrée à la partie intérieure du Golphe, qui est une profonde Baye de deux ou trois lieues de large, de quelque côté qu'on la prenne. A l'Orient sont les Embouchures de différentes Riviéres, dont la principale est celle de Ste. Marie. Outre ce Détroit qui a demi mille de largeur, il y a plusieurs Bras de Mer, mais celui-là seul est navigable. Le Golphe de S. Michel est à près de trente lieues de Panama du côté du Sud-Est.

5. STE. MARIE, Ville de l'Amérique dans la Province de Mariland, avec titre de Comté. Elle appartient aux Anglois, & est située sur la Riviére de S. George. Les Maisons y sont assés belles, & c'est le lieu du Commerce de toute la Province, & la demeure des principaux Officiers de ce petit Etat. C'est-là aussi que se tiennent les Assemblées Générales.

6. STE. MARIE, Bourg & Paroisse de l'Amérique dans l'Isle de la Martinique, sur la Côte Septentrionale. Elle s'étend depuis la Riviére du Charpentier jusqu'à la petite Riviére Sallée, & comprend le terrain du fonds de S. Jacques, qui appartient aux Dominicains. Ce sont eux qui desservent cette Paroisse. L'endroit où est ce Bourg s'appelloit anciennement la Case du Borgne. C'est où se donna le rude combat sous les Ordres de Mr. du Parquet (neveu de Mr. d'Enambuc premier Gouverneur, & fondateur des Colonies de S. Christophle, & de la Martinique), contre les Caraïbes de la Cabesterre de la Martinique, qui furent chassés de l'Isle après y avoir été battus.

7. STE. MARIE, Terre de l'Amérique, à la Guadaloupe avec titre de Marquisat. Elle est dans la Paroisse du Marigot. Cette Terre fut érigée en Marquisat, en faveur de Messieurs de Boisseret, neveux de M. Houel, avant la séparation que ces Messieurs avoient faite de la Guadaloupe. Elle commence à la Riviére de la Bieterie, s'étend une lieue le long de la Mer, & peut avoir trois lieues de hauteur, c'est-à-dire d'étendue, depuis la Mer jusques au haut des Montagnes, qui séparent la Guadaloupe en Cabesterre & basse Terre. Ces Messieurs y avoient un beau Château, ou Maison Seigneuriale avec de grandes avenues de Poiriers, & de grandes Allées qui partageoient toutes les Terres en plusieurs Carrés, cultivés en Cannes, Marioc & Tabac. Il y a même encore un Etang dont la chaussée & les environs sont couverts de Poiriers; ces sortes de Poiriers ne portent aucun fruit, & la quantité qu'il y en a dans ce Canton, fait que le Vulgaire appelle communément cette Terre, *les Poiriers*. Cette Terre est partagée entre plusieurs Branches de ces Messieurs, qui prennent tous la qualité de *Marquis de Sainte Marie*. Il y a un bon mouillage devant les Mazures du Château. Deux grands Rochers à fleur d'eau, qui en sont à un demi quart de lieue & qu'on appelle L'HOMME & LA FEMME, y rompent la violence de la Mer, & faciliteroient le moyen d'y faire un excellent Port, qui, s'il étoit fortifié, mettroit la Cabesterre hors d'insulte.

8. STE. MARIE (La Riviére de), Riviére de la Martinique à la Cabesterre, dans la Paroisse qui porte le même nom; elle change très-souvent de lit, & devient très-dangereuse, quand elle est débordée, ou que la Mer est plus grosse qu'à l'ordinaire.

9. STE. MARIE (Le Saut de), Lieu de l'Amérique Septentrionale au Canada. Il est vers le quarante-sixième degré de Latitude, dans le Canal par lequel le Lac Supérieur communique au Lac Huron. C'est le lieu, où se tient ordinairement l'Assemblée Générale de toutes les Nations. Le Sieur Perrot y prit possession de la Terre au nom du Roi en 1667. & en fit un procès verbal signé des Chefs de toutes les Nations voisines. Les Jésuites y ont une Mission considérable avec une

très-

très-belle Eglise. Ce Canal que l'on pourroit appeller Fanal du Saut de Ste. Marie, a cinq lieues d'ouverture, & environ quinze de longueur. Il est entrecoupé de plusieurs Isles, & se rétrécit peu à peu jusqu'au Saut; c'est un rapide, plein de Rochers, où les eaux se précipitent avec une extrême violence. On ne laisse pas d'y monter en Canot en perchant. On appelle SAUTEURS les Sauvages, qui demeurent aux environs.

10. STE. MARIE AUX BOIS, en Latin *Sanctæ Mariæ in Bosio Abbatia*, Abbaye d'Hommes en France, au Diocèse de Toul. Cette Abbaye est de l'Ordre des Prémontrés. Elle a embrassé la Réforme, & est en Régle.

11. STE. MARIE, aux Mines ou Markick, Ville de France dans la Haute Alsace, au Diocèse de Basle. Cette Ville est petite, & n'a que 336. Habitans. Elle est du Bailliage de Ribauville. Elle est divisée en deux par la Rivière de Leber. La partie Méridionale, qui est celle dont on parle ici, dépend de Ribauville; la Septentrionale, qui est du Lebertal appartient depuis long-tems aux Ducs de Lorraine. Cette Ville est célèbre pour ses Mines d'argent, auxquelles on travaille toujours.

12. STE. MARIE DU MONT, Bourg de France en Normandie. Il est situé à deux lieues de Carentan, à cinq de Valogne, & à 9. de Coûtances. Il y a 1265. Habitans. C'est un Archi-Prêtré, & le Curé est l'Archi-Prêtre, Mr. l'Evêque y officie les grandes Fêtes. La Cure n'est qu'à portion congrue, dépendante du gros du Chapitre de la Cathédrale de Coûtances, qui y présente. Il y a un assés beau Château avec des dehors très-beaux. Son revenu pour cette Paroisse seule est de dix mille Ecus, consistant pour la plûpart en très-grands & bons herbages, n'y ayant pas beaucoup de redevances ni de rentes Seigneuriales. Mr. le Prince de Rohan est Seigneur de la Paroisse étant aux droits de Mad. la Duchesse de Vantadour. Il y a assés prés du Château un petit Hôpital pour les malades & les pauvres fondé par Mad. de Vantadour, & desservi par trois Sœurs Grises de la Communauté de Paris. La Paroisse est grande, & il y a plusieurs familles de Noblesse riches: c'est le meilleur fond de tout le Cotantin. Cette Paroisse borde la Mer à une demi-lieue du Bourg, & est le passage du Grand Vai, où l'on traverse à cheval la Gréve plus de deux lieues, quand la Mer est retirée. Il y a trois grandes Rivières à passer, avant que d'être de l'autre côté qui donne à St. Clément sur la Côte du Bessin. Il y a ordinairement un Guide pour conduire les Chevaux, sans quoi il y auroit du péril particuliérement quand la Mer n'est point assés retirée, à cause des Sables mouvans, qui changent souvent de côté & d'autre. Le Passager est un Fermier qui loue du Seigneur ce Passage, & qui retire un profit de chaque personne qu'il conduit: c'est un Passage fort fréquenté aussi-bien que le Petit Vai qui est prés de deux lieues audessus, étant sur la Route de tout le Cotantin & autres Cantons à Bayeux, à Caen, à Rouen, à Paris & à d'autres lieux.

13. STE. MARIE, Ville d'Espagne dans l'Andalousie sur le Guadeleté entre Cadix & Xerez de la Frontera. Le P. Labat en parle ainsi : Cette Ville est située *a* sur la Côte de la Baye de Cadix, vis-à-vis & au Nord-Est de cette Ville, sur la Côte Occidentale de la Rivière de Lethé, qui est, à ce qu'on prétend, le Fleuve de l'Oubly des Anciens. Les Maures l'ont appellé Quadelethé, c'est-à-dire, l'eau, ou la Rivière de Lethé. On voit à l'Embouchure de cette Rivière, dans la Baye de Cadix, une Tour & une Batterie fermée, qu'on appelle Ste. Catherine ; on l'appelle le Port de Ste. Marie, parce que les Vaisseaux y viennent mouiller & y sont plus en sûreté, que dans bien des endroits de la Baye de Cadix. La Ville est plus grande que Cadix & mieux percée, les rues sont plus larges, le terrain, où elle est bâtie, est uni, & tous les environs extrêmement gras, & bien cultivés, à cause des Auvergnats, Limousins, & autres François, qui y viennent travailler. Les Maisons sont belles. Elle est remplie de quantité de Négocians François, Anglois, Hollandois, Génois, & autres. Elle est sans défense, n'ayant que de simples murailles abbatues en bien des endroits avec un petit Château, qui lui sert de Citadelle, qui ne vaut rien à présent, & qui ne valoit pas grand' chose quand les Anglois & les Hollandois s'en emparérent le 1. Septembre 1702. au nom de l'Archiduc. On montre au Couvent des Minimes, appellé de la VICTOIRE, des Statues de la Ste. Vierge, de St. Louis & de St. François de Paule, que ces Nations avoient traînées par les rues, mutilées & enfin jettées dans un égoût.

a Voyages d'Espagne & d'Italie, t. 1. p. 229.

14. STE. MARIE DU TROO, Prieuré de France dans le Maine. Ce Prieuré est Régulier dépendant de Marmoutier, Diocèse du Mans.

1. STE. MARTHE, Province de l'Amérique Méridionale, sur la Côte de la Terre-ferme vers le Levant. Sa longueur depuis les derniéres limites de Cartagene, qui la borne vers l'Occident jusqu'à la Rivière de la Hacha vers l'Orient, est de soixante & dix lieues, & elle a presque autant de large, depuis la Mer jusqu'aux limites du nouveau Royaume de Grenade, dont elle est bornée vers le Midi. Cette Région est chaude & ardente aux endroits, où elle est voisine de la Mer du Nord; mais le voisinage des Montagnes de Neiges, qui s'élevent à vingt lieues ou environ de la Ville principale, rend le dedans du Pays beaucoup plus froid. Sur-tout la Province de Tairona, dont la Vallée est fort ample & riche, est très-froide à cause qu'elle est haute & remplie de plusieurs Montagnes. Il pleut fort dans les Mois de Septembre & d'Octobre, dans les terres qui confinent à la Mer, & fort peu pendant tous les autres Mois, parce qu'alors les Vents d'Est & de Nord-Est y soufflent, & que leur nature ils sont sains & secs, La Ville de Ste. Marthe, qui donne le
nom

nom au Gouvernement, est bâtie en un lieu fort sain, sur une Baye de Sable assez près de la Mer. Elle a un fort bon Port environné de hautes Montagnes & de Rochers jusque sur le Rivage. Ces Montagnes le garantissent des Vents, ce que font aussi deux Isles qui sont au devant vers le Nord. Au dedans du Port il y a un Lieu nommé Caldéra, qui veut dire Chaudron, où autrefois l'on avoit accoutumé de tirer les Navires à sec, & de les raccommoder. Cette Ville a été fort peuplée, mais depuis que les Flotes d'Espagne ont cessé d'y aborder, il y est resté peu d'Habitans. Elle ne contient que environ trente familles. Les Maisons y sont faites de Roseaux, & couvertes de feuilles de Palmiers. Il y en a quelques-unes couvertes de tuiles. Le Gouverneur de la Province & les autres Officiers Royaux y font leur demeure. Il y a une Eglise Cathédrale, dont l'Evêque est suffragant du Métropolitain du nouveau Royaume de Grenade. Les Bourgeois trafiquent avec les Sauvages de cette Province, qui apportent à la Ville des Pots, & d'autres sortes de Vaisseaux de terre, des Etoffes & des Vêtemens de Coton. Il y a peu de Bétail, à cause que le Pays est montagneux & mal peuplé d'Espagnols. A une lieue & demie de la Ville de Ste. Marthe, sont plusieurs Salines, dont on rassemble de fort bon Sel, qui se transporte dans les Provinces voisines. De la Ville jusqu'au pied des Montagnes, qui sont pierreuses, infertiles, & presque sans Arbre, la terre est plate & produit en abondance des Oranges, des Grenades, des Limons & même des Vignes. Dans la Province de Butiraca, auprès du chemin, qui va de Ste. Marthe, à Ramada, autre Ville située sur les limites de la Vallée d'Eupari, il y a des Mines d'or, & dans celle de Tairona, on trouve des Pierres précieuses de grand prix. Les Sauvages de ces Provinces sont fort agiles de corps, mais d'une arrogance singulière. Ceux de la Province de Chimila, car le Gouvernement de Ste. Marthe en comprend plusieurs particulières, sont renommés en force de corps & en valeur, & les femmes en beauté. Ils sont vêtus de Manteaux de Coton bigarrés de différentes couleurs, & gouvernés par leurs Rois, & ils se servent dans leurs combats de fléches envenimées. Quelques-uns font encore la guerre aux Espagnols, qui n'ont pu jusqu'à présent jouir de la riche Province de Tairona. Les autres Villes du Gouvernement de Ste. Marthe, sont Teneriffe, sur les bords de la Riviére de la Magdelaine, Tamalameque, ou Ville de las Palmas, à deux lieues de cette même Riviére dans une Région fort chaude; Ciudad de los Reyes dans la Vallée d'Eupari, sur le bord de la grande Riviére de Guataperi, en un Pays extrêmement peuplé de Sauvages, qui ne veulent point obéir aux Espagnols; & Ocanna, petite Ville située sur un Havre au dedans du Pays, sur les limites de la Province de Tamalameque.

2. STE. MARTHE, Montagne située dans la Nouvelle Espagne, & nommée par ceux du Pays SIERRA NEVADA. On tient qu'il n'y a point au monde de Montagne plus haute. Elle est dans la Zone torride, à 303. degrez de Longitude & à 8. de Latitude, & peut avoir trente ou quarante lieues de tour. La Mer en est éloignée de soixante lieues, & on la voit assez distinctement par un beau tems du Cap de Tiberin, qui est dans l'Isle de S. Dominique, quoique ce Cap en soit distant de cent cinquante lieues. On lui en donne deux de hauteur perpendiculairement, depuis le sommet jusqu'au niveau de la Mer, ce qui est contre l'opinion des Géographes, qui veulent que la Montagne, la plus élevée n'ait pas la moitié de la hauteur de celle-ci. Les neiges qui se conservent sur sa pointe pendant les plus excessives chaleurs sont une preuve convaincante de cette vérité. Elle est habitée au pied & à une partie de la Côte par des petits Peuples, qui peuvent passer pour Pigmées. Ces petits hommes demeurent dans les bornes de leur terroir sans en sortir, étant séparés du commerce de tous leurs voisins; ils fuyent tous ceux d'une taille ordinaire, & se cachent dans des trous à leur approche. Pendant les saisons où ils ont trop chaud, ils habitent des endroits de la Montagne, plus élevés que leur habitation ordinaire, & quand ils ont froid, ils reviennent occuper leur premier séjour. Ces Pigmées vivent de gramilles, dont ils font du pain, & boivent d'une boisson qu'ils font avec la même graine; ils l'appellent Ouicou. On fait encore de cette boisson avec la racine d'un Arbrisseau nommé Magur, c'est-à-dire, après qu'on a tiré le suc, qui autrement empoisonneroit au lieu de nourrir. On n'a pu savoir encore qu'elle est leur Religion.

STE. MAURE, Isle dans la Mer Ionienne, sous la domination du Turc, en Latin *Insula Sanctæ Mauræ*. C'est l'ancienne LEUCADE. Les Grecs modernes la nomment encore *Leucada*, & n'appellent proprement Ste. Maure que la Citadelle, où il y avoit un Couvent qui portoit ce nom du tems des Vénitiens. Strabon dit que cette Isle a été autrefois attachée à la Terre-ferme, & que pour l'en séparer on creusa le Détroit, par lequel on y arrive; ce qui est assez croyable, puisqu'au plus étroit il n'a guère que cinquante pas de trajet, & presque par-tout seulement quatre ou cinq pieds d'eau. C'est au lieu le plus étroit, sur une éminence, qu'étoit la Ville de Leucade à un mille de la Mer. On en voit encore quelques Mazures. Le Canal, entier lui servoit de Port aux endroits, où il avoit le plus de fond. Ortelius & Férari croient comme les autres Géographes, que Ste. Maure est encore présentement dans la même place où étoit Leucade; mais M. Spon, qui a été sur les Lieux, témoigne que Ste. Maure est trois milles au dela dans le milieu du Canal, qui est large d'une lieue en cet endroit. La Forteresse est bonne & flanquée de quelques Bastions ronds sur une terre fort basse, & ce qui la rend considérable, c'est qu'on n'y sauroit aller que dans des

des petits Batteaux plats appellés Monoxyla par les Grecs. Elle est séparée par une fosse de trente, ou quarante pieds de large, de deux autres petites Isles dans le Marais, qui sont comme le Fauxbourg de la Forteresse, & dans lesquelles habitent plusieurs Turcs & Grecs. Leurs Maisons ne sont que de bois & fort basses. Les gens de pied y passent de la Terre-ferme sur un Aqueduc long d'un mille, large seulement de trois pieds & qui n'a aucun appui ; de sorte qu'on a sujet de trembler en passant dessus, sur-tout quand on rencontre quelqu'un qui vient du Lieu où l'on va. Il y a plus de six mille personnes dans la Citadelle, & dans les Fauxbourgs. On trouve dans l'Isle environ trente Villages habitez de pauvres Grecs, qui pêchent & cultivent la terre, & qui sont gouvernés par un Evêque. Elle est assez fertile en Grains, Citrons, Oranges, Amandes, & en Pâturages pour le Bétail. Son circuit est de douze à quinze lieues, & le meilleur de ses Ports est appellé Climeno. Il a bon fond & bonne tenue. La Forteresse de Ste. Maure, n'est éloignée que de douze milles de l'entrée du Golfe d'Ambracie, nommé aujourd'hui Golfe de Larta, proche duquel étoit autrefois la célèbre Ville d'Actium, renommée par la Bataille d'Auguste contre Marc-Antoine. Voyez LEUCADE.

2. STE. MAURE, Ville de France en Touraine, au Diocèse de Tours. C'est une ancienne Baronnie, qui fait partie du Duché de Mont-Bazon. Elle a communiqué son nom à une famille, qui l'a possédée durant 350. ans. Le Chancelier de Ste. Maure, sous Philippe Valois, & le Duc de Montaulier depuis peu, étoient issus des puînés de cette Maison, dont il ne reste que des Filles. Le Château doit son origine à Foulques Nera, comme la plûpart de ceux de la Province. Il n'y a que trois Paroisses qui en dépendent ; la Ville est de 419. feux. Elle payoit ci-devant quatre mille six cens Livres de taille. Il y a un Couvent de Filles & un Grenier à Sel, où il se consomme treize muids de Sel. Elle est située à sept lieues de la Ville de Tours. Il n'y a qu'un Couvent de Chanoinesses Régulières, de l'Ordre de S. Augustin, & une Paroisse. C'est une Archipresbytérat à la Collation de l'Archidiacre d'Outre-Vienne. On y fait un grand commerce de pruneaux.

STE. MENEHOULD, ou MANEHOULD, Ville de France en Champagne, au Diocèse de Châlons. Cette Ville qui porte le titre de Comté, n'est pas la moindre de la Champagne[a]. Son assiette, son Château, qui est sur un Rocher fort élevé, & le grand nombre de Fiefs au nombre de plus de deux cens cinquante, qui relèvent du Roi à cause de ce Château, la rendent considérable. Elle est située entre Châlons & Verdun ; elle est bâtie dans un Marais entre deux Rochers, sur le plus haut desquels est le Château, qu'on prétend être l'ouvrage de Drogon, ou Dreux, sixième Duc de Champagne, qui vivoit en 693. Il étoit aussi Maire, du Palais d'Austrasie, sous le Regne de Childebert. Il fut appellé en ce tems Château-Neuf, où Château sur Aîne, Rivière qui traverse la Ville, passe au pié du Château, & prend sa source à un Village de ce nom, à trois lieues de Ste. Manehould. Cette Rivière est petite, mais elle est profonde & n'est guéable qu'en deux endroits seulement. C'est dans ce Château, que fut emprisonné Griffon, qui après la mort de Charles Martel son pere, s'étoit soulevé contre Pepin le Bref & Carloman ses freres.

En l'année 1174. Henri I. du nom, Comte de Champagne, qui avoit dévotion à Ste. Manehould, fit porter quelques Reliques de cette Sainte dans l'Eglise de ce Château, qui étoit alors dédié à Notre-Dame, & il lui donna le titre de Ste. Manehoud, que le Lieu a depuis retenu. D'autres prétendent que ce nom lui fut donné par la fille du Comte qui étoit Seigneur de l'ancienne Ville de Perthes, qui vivoit en l'an 450. Quoiqu'il en soit cette Ville, dont le nom doit être prononcé Ste. Menou, a eu des Seigneurs Particuliers, & des Gouverneurs du Château dès l'an 1100. comme fut Raoul, pere d'Albert I. qui eut quatre fils & une fille. Rodolphe de Clermont, fils d'Albert, fut Seigneur de cette Ville en 1183. Antoine, Bâtard de Bourgogne, tenoit ce Château en 1485. En l'année 1537. Honorat de Savoye, Comte de Tende, commandoit dans le Château.

Ce Comté de Ste. Menou, est entré depuis dans la Maison de Nevers, de laquelle il est passé au Roi Louïs XIII. par l'acquisition, qu'il en fit. Le Marquis du Vigean en fut depuis Engagiste, & il a été ensuite réuni au Domaine du Roi.

Cette Ville a soutenu plusieurs Sièges. Le premier dont on a quelque connoissance fut celui que Goselon, Duc de la Basse Lorraine, y mit en 1038. & qu'il leva. Le second en 1089. par Théodoric, Evêque de Verdun, qui prit la Place. Le troisième en 1179. ou 1180. ou 1181. par Arnaud aussi Evêque de Verdun. L'Histoire remarque que le Comte de Chartres, neveu d'Henri premier, Comte de Champagne qui étoit alors à la Terre-Sainte, se joignit à Albert Picot son parent, lors Seigneur de Ste. Menou par la donation que le Comte Thibault le Grand, neuvième Comte de Champagne, pere d'Henri, en avoit faite à Albert I. pere de cet Albert Picot, pour faire lever le Siège de Ste. Menou que cet Evêque avoit mis devant la Place, ce qu'ils exécutèrent ; & que l'Evêque y ayant été tué d'un coup de flèche, qu'il reçut à la tête, ses troupes furent obligées de se retirer. Le Corps de l'Evêque fut porté à Verdun ; où il fut enterré dans l'Eglise de Notre-Dame.

Les Anglois s'étant emparés de Ste. Menou en 1436. ils en furent chassés par le Comte de Richemont, Connétable de France après le Traité d'Arras entre le Roi Charles, & Philippe Duc de Bourgogne ; Artus fils du Duc de Bretagne en étant alors Seigneur. François I. en 1544. fit fortifier le Château de Ste. Menou, lorsque

Char-

[a] Baugier, Mémoires Hist de Champagne, t. 1 ; p. 275.

Charles-Quint entra en France, dont cette Place étoit Frontiére. En 1561. ou 1562. d'autres disent en 1565. le 25. Août le Prince de Portien de la Maison de Croy, Général de l'Armée des Religionnaires, se présenta devant Sainte-Menou avec huit cens Chevaux & quelque Infanterie. Il fit dresser pendant la nuit des échelles du côté de la Porte des Bois; cinq cens hommes qui avoient des chemises blanches par dessus leurs habits pour se reconnoître monterent par là à l'assaut, qui fut vigoureusement soutenu par un des Capitaines de Bussy d'Amboise, Lieutenant de Roi de la Province, sous le Duc de Nevers qui en étoit Gouverneur, & qui l'avoit fait entrer dans la Place pour commander. Cette attaque ayant duré jusqu'à huit heures du matin, les Assiégeans furent enfin contraints d'abandonner cette entreprise, après avoir laissé plusieurs morts & leurs échelles dans les fossés.

Au mois d'Octobre de l'an 1578. deux cens cinquante maisons périrent par le feu qu'un homme yvre laissa tomber imprudemment pendant la nuit. L'Hôpital & l'Eglise de S. Pierre au Châtelet furent réduits en cendres & les Cloches fondues. En 1588. La Mothe s'étant jetté dans cette Ville par ordre de Mondeville, qui en étoit absent, & qui tenoit le parti de la Ligue, Godet de Reineville secondé des Habitans en bon nombre trouva moien d'entrer dans le Château, & forçant la Mothe d'en sortir, il assura par ce moien la Place au Roi; qui lui en donna le Gouvernement.

STE. MENOU, soutint encore en Octobre 1590. un Siège contre Charles II. Duc de Lorraine, qui vouloit contraindre ses Habitans d'embrasser le parti de la Ligue; mais après l'avoir vainement battue pendant trois semaines, il leva le Siège le 25. Octobre. En l'année 1614. cette Ville servit de retraite à Henri II. du nom, Prince de Condé, aux Ducs de Bouillon & de Nevers, & aux autres Seigneurs, qui s'étoient retirés mécontens de la Cour sous prétexte de plusieurs désordres, qu'ils disoient s'être glissés dans le Gouvernement du Royaume, auxquels ils prétendoient qu'il étoit difficile de remédier. Ils s'en clurent leur Paix avec la Reine Marie de Medicis, Régente du Royaume; le Traité en fut signé en cette Ville le 16. Mai 1614.

En l'année 1616. le 27. de Décembre le Marquis de Pralin la prit. En l'année 1652. l'Armée Espagnole ayant attaqué cette Place, elle en soutint le Siège avec beaucoup de courage, & ce ne fut qu'après une longue résistance, & après avoir soutenu quatre assauts, qu'elle fut enfin obligée de se rendre par capitulation honorable, mais qui ne fut point observée. Le feu Roi Louïs le Grand en personne la reprit le 27. Novembre 1653. après une résistance d'un mois. Le Roi voulut entrer par la brèche, avec cette circonstance remarquable qu'il ne portoit qu'un échalas à la main, & qu'il refusa le Dais que le Clergé & la Ville lui présenta, sous lequel Sa Majesté ordonna qu'on mît la Croix.

Cette Ville a été donnée en Douaire à plusieurs Reines de France, savoir en 1449. à Marie d'Anjou ou de Provence, Veuve de Charles VII. En 1570. à Marie Stuard, Reine d'Ecosse, Veuve de François II. En 1644. à la Reine Anne d'Autriche, Veuve de Louïs XIII. Enfin elle fut réunie au Domaine du Roi par Arret du Conseil d'Etat du 10. Février 1667.

Il y avoit autrefois à Ste. Menou une Chambre de Monnoye, qui avoit la lettre T pour sa marque; elle a été transférée à Nantes depuis la réunion de la Bretagne à la Couronne.

Il y a dans cette Ville plusieurs Jurisdictions Royales, Bailliage, Prévôté, Eaux & Forêts, Maréchaussée, Election, Grenier à Sel, & Traites Foraines.

Toutes les Fortifications de la Ville & du Château ont été démolies; mais il ne seroit pas difficile de les rétablir, & d'en faire une bonne Place, vû que la Rivière d'Auve passe dans une Gorge jusque dans cette Ville. Si les bréches eussent été rétablies en l'année 1712. le Général Groweftein, dans la course qu'il fit alors, n'eut pas trouvé tant de facilité à se faire donner des ôtages dans cette Ville, dont les Habitans, qui semblent tous nés soldats, n'ont jamais manqué de courage.

Cette Ville a été presque entiérement détruite par un incendie extraordinaire arrivé sur les dix à onze heures du soir la nuit du 7. Août 1719. non par le feu du Ciel, ainsi qu'on s'est efforcé de le persuader, mais par un feu échappé dans une maison particuliére, qui en très peu de tems se communiqua à un grand nombre d'autres & ensuite dans tous les Quartiers de la Ville; de sorte qu'il ne resta que les Couvents des Capucins & des Religieuses avec quelques maisons qui sont depuis ces Couvens jusqu'à la Porte des Bois. Ce feu ne pût être secouru, parce qu'il n'y avoit dans la Ville ni Sceaux, ni Pompes, ni Crocs, ni Haches, ni Echelles; & que d'ailleurs les maisons n'étoient la plûpart construites que de bois. La Cour a depuis fait lever le Plan de cette Ville pour la rebâtir plus grande, plus réguliére & mieux fortifiée qu'elle n'étoit.

Quoiqu'on écrive STE. MANEHOULD, ou STE. MENEHOULD, on prononce STE. MENOU par abbréviation. Le nom Latin est *Sanctæ Manechildis Oppidum*.

STE. MERE EGLISE, en Latin *Fanum Matricis Ecclesiæ*, ou *Sancta Mater Ecclesia*, Bourg de France dans la Normandie, au Diocése de Bayeux. Ste. Mere Eglise est située dans le bon terrain du Cotantin, à une lieue & demie près de Ste. Marie, sur la grande Route de Carentan à Valogne, éloigné de trois lieues de chaque, & de dix de Coûtances. C'est un Archiprêtré avec quatre grandes Paroisses qui en dépendent. Les unes & les autres sont exemptes des visites des Evêques, ou du moins de l'Archidiacre. La Cure vaut plus de deux mille Livres de revenu. Mr. le Comte de Courtaumer qui est Seigneur de la Paroisse présente à la Cure. Il a lui-même dans cette Paroisse plus de dix mille

mille Livres de revenu en bonnes Fermes & Rentes. Mr. l'Evêque de Bayeux y a auſſi des Rentes & quelques portions de Dixme aſſez conſidérables. Il y a Marché dans ce Bourg tous les Jeudis, & quelques Foires. Il y avoit autrefois un Prêche pour les Réformés, dont il ne reſte aucune famille.

Environ à une demi-lieue eſt le Château de l'Iſle Marie appartenant aux héritiers de Mr. le Maréchal de Bellefonds qui l'a fait bâtir. Il y a trois Corps de logis. Dans l'un eſt le Château, dans le ſecond une Egliſe très-propre, & un petit Hôpital pour les malades y joignant. Deux Sœurs Griſes en ont ſoin. Le troiſième logis eſt celui où demeure le Receveur, & quelques autres Domeſtiques. L'Egliſe eſt une Paroiſſe, qui n'a point d'autres Paroiſſiens, que ceux du Château qui eſt dans un Marais tout entouré d'eau.

O.

STE. ODILLE, ou OTTILLE, Monaſtère bâti ſur la place du Château de Hohembourg, dans le Dioceſe de Strasbourg. C'eſt une des plus hautes Montagnes de Voſge, d'où l'on découvre pleinement la Haute & Baſſe Alſace, le Païs d'au-delà du Rhin, même la Suiſſe & les Alpes. Il y a diſpute entre les Savans pour ſavoir quelle Règle de Religion on y pratiquoit autrefois. Trithème, qui ſoutient que c'étoit celle de St. Benoît, le prouve par l'autorité d'une Chronique, qui dit qu'une Reine de Sicile y fut exilée, & marque poſitivement que c'étoit une Abbaye de l'Ordre de St. Benoît. On dit au contraire que dans le douzième Siècle l'Abbeſſe de Hohembourg voulant y rétablir la Régularité, demanda à l'Abbé d'Eſtival, qui eſt de l'Ordre des Prémontrés, des Religieux pour la conduite de ſa Maiſon, qui lui furent envoyés. Elle aſſigna un Temporel conſidérable pour leur entretien & leur ſubſiſtance; & leurs Succeſſeurs en jouiſſent encore aujourd'hui d'une partie; ce qui fait une preuve qu'on y ſuivoit la Règle de St. Auguſtin. Au reſte, il y a eu dans ce Monaſtère juſqu'à ſix-cens Religieuſes diſſées en deux Couvens, celui d'en haut, & celui qui eſt nommé Nitermunſter, parce qu'il eſt bâti dans le bas à mi-Côte; tous deux ſous la conduite de la même Abbeſſe. Cette Abbaye s'étoit ſoutenue pendant près de mille ans, lorſque la derniére Abbeſſe ayant embraſſé le Lutheraniſme ſe maria au Prévôt de Norchſwiller, qui eſt un Village dans le Territoire de Strasbourg. Elle entraîna la ruïne des deux Monaſtères. L'Evêque & le Chapitre en ont partagé le revenu entr'eux. Les Prémontrés accablés des guerres, qui ont déſolé l'Alſace pendant un Siècle, s'en retirerent auſſi; mais ils y ſont revenus depuis trente ou quarante ans, & y ſubſiſtent tant des charités que les Pélerinages au Tombeau de Ste. Odille leur procurent; que des biens, où ils ſont rentrés. On invoque cette Sainte pour les yeux.

Son Tombeau eſt au Monaſtère d'en bas, où les Prémontrés ont rétabli une petite Egliſe & leur logement.

P.

STE. PECAQUE, Dampier nomme ainſi une Ville de l'Amérique Septentrionale au Méxique, dans l'Audience de la Nouvelle Galice. Mr. Corneille la met ſur la Rivière de Sant Jago; mais il n'a pas fait réflexion que l'Auteur qu'il cite dit qu'après avoir remonté cette Riviére cinq lieues, les Anglois laiſſerent vingt-cinq hommes à la garde des Canots & marcherent quatre heures pour arriver à cette Place, ce qui fait trois ou quatre lieues de diſtance. Elle eſt dans une Plaine à Pâturages, près d'un Bois & entourée de pluſieurs Arbres fruitiers. La Ville eſt petite, mais régulière à la manière des Eſpagnols & a une Place au milieu. Les Maiſons qui ſont ſur la Place ont des balcons. Il y a deux Egliſes, l'une près de la Place & l'autre au bout de la Ville. La plûpart des Habitans ſont Eſpagnols, leur principale occupation eſt l'Agriculture; à cinq ou ſix lieues de cette Ville ſont des Mines. Le Capitaine Swan, Armateur Anglois, voulut piller cette Ville en 1686, & fut attaqué au retour par les Eſpagnols qui lui tuérent cinquante hommes.

1. STE. PETRONILLE ou STE. PERRINE, *près de Compiègne* en Latin *Sancta Petronilla juxta Compendium*, Abbaye de Filles en France, au Diocèſe de Soiſſons. Cette Abbaye eſt de l'Ordre de St. Auguſtin. Elle a été fondée près la Forêt de Compiègne par le Roi Philippe le Bel vers l'an 1300. Elle a été depuis établie près Compiègne, d'où en l'an 1646. elle a été transférée à la Villette près Paris, du Diocèſe duquel elle eſt à préſent. Elle ne vaut à l'Abbeſſe que deux mille Livres de revenu.

2. STE. PETRONILLE, Bourg d'Allemagne en Autriche, ſur le bord Méridional du Danube, à trois lieues au-deſſous de Hambourg. Quelques-uns ont cru y trouver l'ancienne Ville de Carnunte. *Voyez* CARNUNTUM Nº. 2.

STE. PRAXEDE (Le Lac de), les Italiens diſent SANTA PRASSEDA. Petit Lac d'Italie dans la Campagne de Rome, à deux milles de Tivoli. Il eſt petit & prend ſon nom d'un Village appellé Ste. Praxède.

R.

STE. REINE, Bourgade de France en Bourgogne, dans l'Auxerrois. C'eſt un fameux Pélerinage. Selon Mr. Piganiol de la Force dans ſa Deſcription de la France, Ste. Reine eſt un Village ſur une Montagne à neuf lieues de Dijon, lequel on appelloit ALISE, avant qu'on y portât les Reliques de Ste. Reine, & c'eſt probablement l'ancienne *Alexia*, dont il eſt parlé dans les Commentaires de Céſar. La Fontaine la plus renommée qui ſoit à Ste. Reine, eſt celle des Cordeliers. C'eſt un Réſervoir fervoir d'environ deux pieds & demi en quarré qui eſt dans une Chapelle de l'Egliſe de ces Religieux. Quoique cette Fontaine ne ſoit pas abondante, on dit néanmoins qu'elle ne peut être épuiſée. Son eau eſt claire, froide & inſipide, comme de l'eau ordinaire de Fontaine. Dans un Champ qui eſt à deux portées de Mouſquet du Village de Sté. Reine, il y a une autre Fontaine beaucoup plus grande & plus abondante que celle dont on vient de parler, & l'eau en eſt meilleure; mais les Enfans de S. François, qui ont intérêt qu'on ne quitte point la leur, décrient l'autre; & ils ont tant de pouvoir ſur l'eſprit des Buveurs, que la plûpart croient qu'on ne peut ſûrement guérir qu'en buvant de l'eau de la Fontaine des Cordeliers.

1. STE. ROSE (Baye de), dans l'Amérique Septentrionale, aux Côtes de la Louïſiane, entre le Port de Penſacola, & la Baye ſablonneuſe de Saint André, environ par trente degrés dix minutes de Latitude. Les grands Bâtimens ne peuvent pas y entrer.

2. STE. ROSE (Iſle de), aux Côtes de la Louïſiane. Elle eſt longue, mais très-étroite; elle forme le Port de Penſacola, & l'entrée de la Baye de Ste. Roſe. Il y a un Port entre cette Iſle & la Terre, à la Bande de l'Oueſt, où les Vaiſſeaux peuvent paſſer pour entrer dans le Port de Penſacola.

S.

STE. SEVERE, Bourg ou Ville de France dans le Berri, avec titre de Baronnie, aux Confins du Limouſin, à trois lieues de la Châtre & de la Creuſe, à onze d'Iſſoudun, & à dix-ſept de Bourges, avec un Château ſous lequel paſſe la Riviére d'Indre. Les Habitans ont deux Foires tous les ans & s'occupent à tanner les Cuirs. Il y a un fort beau Vignoble, avec pluſieurs Landes & Bruyéres où paît le Bétail de la Communauté.

1. STE. SEVERINE, Bourg de France dans la Saintonge, Diocèſe & Election de Saintes.

2. STE. SEVERINE, Ville d'Italie au Royaume de Naples, dans la Calabre Ultérieure, avec un Siège Archiépiſcopal. Elle eſt au Couchant de la Ville de Crotone, & ſon étendue qui eſt très-petite ne répond pas au titre de Ville Archiépiſcopale.

STE. SOULANGE, Bourg dans le Berry, Diocèſe de Bourges. Ce Bourg eſt ſituée ſur la Riviére d'Yèvre. Il eſt du Bailliage & du Préſidial, & à 3. lieues de Bourges. Il a 458. Habitans. Ce Lieu ſe nommoit autrefois S. Martin du Croi. Il a pris ſon nouveau nom de Ste. Soulange, Bergére du lieu qui ſouffrit la mort ſur la fin du neuviéme Siècle pour la conſervation de ſa virginité. Ce fut de la part de Bernard Comte de Bourges, ſous le Regne de Charles le Chauve. Cette Sainte eſt la Patrone de la Ville de Bourges, & de tout le Berry, & on a de ſes Reliques. Il y vient un grand concours de peuple, & on porte la Châſſe à la Cathédrale de Bourges, dans les tems de calamnités, avec une grande affluence de peuple. Tout le Clergé tant Séculier que Régulier, la vient recevoir à la Porte de la Ville de Bourges.

1. STE. SUZANNE, Ville & Comté de France dans le Maine. Cette Ville eſt ſituée ſur une hauteur à dix lieues du Mans. C'étoit autrefois une Place forte. A préſent elle a 960. Habitans. Hubert II. Vicomte de Beaumont s'y étant enfermé en 1075. fatigua tellement les Anglois, par ſes courſes durant trois ans, que Guillaume le Conquérant fut obligé de bâtir un Fort pour les arrêter, & enfin de lui rendre les Places de Beaumont & de Frenay, qu'il avoit priſes. Le Comte de Saliſbury étant venu dans le Maine avec une puiſſante Armée d'Anglois, Ambroiſe de Lore Gentilhomme du Maine, ſe jetta dans Ste. Suzanne, pour la défendre, & après avoir ſoutenu pluſieurs aſſauts, la rendit par compoſition. Mais quinze ans après les François la reprirent par eſcalade, ſous la conduite de Jean de Beuil, à qui le Roi en donna le Gouvernment. Lucie de Ste. Suzanne, héritiére de l'ancienne Maiſon, qui avoit poſſédé cette Terre dès le commencement des Fiefs, la porta à Raoul de Beaumont fils aîné de Hubert II. d'où elle a paſſé ſucceſſivement aux Maiſons de Chamaillard, d'Alençon & de Bourbon, juſqu'à ſa réunion à la Couronne par Henri IV. La Paroiſſe eſt de deux cens vingt-ſept feux, qui payent deux milles quatre cens cinquante Livres de Taille. Il y a un Siège Royal reſſortiſſant à la Sénéchauſſée de la Fléche. Elle eſt ſituée au bord de l'Ernée ſur la droite.

2. STE. SUZANNE, petit Lac d'Ombrie en Italie. Voyez au mot LAC.

3. STE. SUZANNE (Riviére de), dans la Louïſiane: ſes bords ne ſont fréquentés que de Peuples errans. Après un cours d'environ trente lieues, elle ſe rend dans le Golfe de Méxique.

T.

1. STE. THERESE (Lac de), dans la Nouvelle France. Ce Lac eſt au Nord des Aſſinipoelz & des Chriſtinaux. Il eſt beaucoup moins conſidérable. Il ſe décharge dans la Baye d'Hudſon, par une Riviére qui porte ſon même nom.

2. STE. THERESE (Riviére de), dans la Nouvelle France. C'eſt un Fleuve, qui ſe décharge à un petit Lac que l'on nomme auſſi de Ste. Thérèſe, dans la Baye d'Hudſon, près le Fort de Bourbon, ou Nelſon.

3. STE. THERESE (Riviére de), dans la Louïſiane. Voyez la Maligne.

V.

1. STE. VAUBOURG, en Latin *Sancta Valburgis*, Paroiſſe de France dans la Champagne, au Diocèſe de Rheims. Cette Paroiſſe comprend 146. Habitans. Il y a un Prieuré occupé par les Religieux de Moleſme; il a été fondé par l'Empereur

reur Charles le Chauve, dans une partie du Territoire de l'ancien Palais d'Attigny.

2. STE. VAUBOURG (Commanderie de), en France en Normandie. Cette Commanderie eſt de l'Ordre de Malthe, à deux lieues de Rouen ſur la Rivière de Seine. C'étoit autrefois un Couvent de Templiers fondé l'an 1173. Le Commandeur préſente à pluſieurs Cures.

STE. VENTURE (Montagne de), en France dans la Provence. Elle eſt trés-haute & ſituée à trois lieues d'Aix: c'eſt celle que les Matelots voient la première en arrivant à la Côte. Il y a au haut de cette Montagne un Hermitage fort agréable; on n'y entre que par une Sente entre les Rochers.

STE. VERTUS, Paroiſſe de France en Champagne, au Dioceſe de Langres. Elle a 363. Habitans. Il y a une Prévôté de huit cens Livres.

STE. VICTOIRE, en Latin *Sancta Victoria*, Ville de France dans l'Agenois. Elle a 1155. Habitans.

W.

STE. WALBOURG, ou STE. VALPURGE, *Sancta Walpurgis*, Monaſtère de France dans la Forêt d'Haguenau, en Alſace, au Dioceſe de Strasbourg. C'étoit autrefois une Abbaye de l'Ordre de S. Benoît, qui fut fondée en 1131. par un Comte de Montbelliard. Les Religieux ayant abandonné ce Monaſtère, dans le ſeizième Siècle, le Prevôt de Weiſſembourg s'en empara, & l'Evêque de Spire a joui de la Manſe Abbatiale, depuis l'union de la Prévôté de Weiſſembourg à ſon Evêché juſqu'en 1668. que cette union n'ayant pu être juſtifiée, elle fut déclarée nulle par un Arrêt du Conſeil Souverain d'Alſace. Le Roi en a donné le revenu aux Jéſuites de Strasbourg.

1. SAINTES (Les), Iſles de l'Amérique, entre les Antilles Françoiſes, vers les 16. d. de Latitude Septentrionale, entre la Dominique & la Pointe de la Guadaloupe. La plus grande eſt à l'Eſt & ſe nomme la TERRE DE HAUT, la moyenne eſt à l'Oueſt & s'appelle la TERRE DE BAS. La troiſième n'eſt, à proprement parler, qu'un grand Rocher; mais elle ſert à former avec les deux autres un très-beau Port où toutes ſortes de Vaiſſeaux peuvent entrer. Ces Iſles n'ont que quelques Fontaines. Les Habitans étoient en 1707. environ ſoixante à quatre-vingt hommes portans les armes, avec quelques Eſclaves. Tout leur trafic conſiſte en Coton, qui y vient très-bien, en Moutons, en Chèvres, & en toutes ſortes de Volailles, qu'ils vendent à la Martinique & à la Guadaloupe. La Paroiſſe eſt deſſervie par un Carme, & les Procès ſont jugés par le Juge de la Guadaloupe. Les François commencèrent à les habiter en 1648. Rochefort nomme ces Iſles les SAINTS. L'Uſage eſt pour le féminin.

2. SAINTES, anciennement on écrivoit XAINTES, en Latin MEDIOLANUM SANTONUM; outre ce nom Mr. Piganiol de la Force [a] fournit ceux-ci: *Santoni*, *Civitas Santona*, & *Urbs Santonica*, Ville de France en Saintonge dont elle eſt la Capitale. Elle eſt ſur la Charante & eſt très-ancienne; & du tems d'Ammien Marcellin c'étoit déja une des plus floriſſantes de l'Aquitaine. Il y reſte encore un Pont du tems des Romains ſur lequel eſt un Arc de Triomphe, qu'on croit avoir été érigé ſous Tibère. On apperçoit ſur ce Monument une Inſcription Latine, qui regne le long de la Friſe, mais elle eſt ſi effacée qu'on ne peut la lire. Saintes eſt aujourd'hui une petite Ville & ſes rues ſont étroites & mal diſpoſées. La Cathédrale dédiée à S. Pierre, a été bâtie par Charlemagne & ruïnée par les Proteſtans, qui n'ont laiſſé que la Tour du Clocher. Il y a pluſieurs Egliſes Paroiſſiales, & pluſieurs Maiſons Religieuſes. Hors de la Ville, à l'extrémité de l'un des Fauxbourgs ſur une éminence, S. Palais fit bâtir l'Egliſe de S. Eutrope, dans l'endroit où il trouva le Corps de ce S. Evêque, qui avoit été un de ſes prédéceſſeurs. Elle conſiſte en deux Chœurs l'un au deſſus de l'autre & en une Nef, qui communique de l'un à l'autre. Le Chœur ou l'Egliſe Baſſe eſt Paroiſſiale & la Supérieure eſt Collégiale. Dans l'Egliſe Baſſe ſe voyent les reſtes du Tombeau de S. Eutrope. Ce ſont quelques morceaux de groſſes pierres renfermez par une grille de fer. On racle de cette pierre & on en met dans du Vin blanc, dont on prend un doigt pendant neuf matins pour être guéri de toutes ſortes de fièvres. Dans un fond près de S. Eutrope ſont les reſtes d'un Amphithéâtre antique, bâti de petites pierres & encore aſſez conſervé pour faire juger de ſa figure Ovale & de la hauteur & l'ordonnance de ſes étages. On appelle ces reſtes les ARCS. On a tenu pluſieurs Conciles à Saintes, ſavoir dans les années 563. 1075. 1080. 1088. & en 1096. c'eſt dans ce dernier que le Jeûne des Veilles des Apôtres fut ordonné.

On ne peut parler avec certitude de l'ancien état de l'Egliſe de Saintonge; c'eſt-à-dire des deux Evêchez de Saintes & d'Angoulême, parce que les Titres des Eccléſiaſtiques ont été autrefois ou emportez par les Anglois, ou brûlez par les Proteſtans. Ces deux faits ſont tellement reconnus que par Arrêt du Parlement de Bourdeaux il a été ordonné que la poſſeſſion des Eccléſiaſtiques leur ſervira de titre. La Tradition du pays veut que S. Eutrope y fut envoyé par le Pape S. Clément & qu'il en fut le premier Evêque. L'Evêché de Saintes eſt compoſé de 565. Egliſes tant Paroiſſiales que Succurſales; ces dernières ſont au nombre de ſoixante ou environ. Ces Egliſes ſont partagées en vingt-quatre Archiprêtrés ou Doyennez Ruraux. Ce Dioceſe avoit autrefois plus d'étendue & comprenoit plus de ſept cens Paroiſſes; mais en 1649. on en détacha la Rochelle, l'Iſle de Ré & cent vingt Paroiſſes du Pays d'Aunis, pour former le Siège Epiſcopal de la Rochelle & y faciliter la tranſlation de celui de Maillezais. L'Evêque de Saintes a droit de Juriſdiction

[a] Deſcr. de la France, t. 5. p. 29.

tion & de Visite sur toutes ces Eglises & pourvoit de plein droit à plus de la moitié des Cures. Il pourvoit aussi à quelques petites Chapelles, au Prieuré de S. James dans l'Isle d'Oleron, & à celui de Ste. Constance qui est en Terre-ferme. Outre ces 565. Paroisses il y en a encore vingt-six autres dans ce Diocèse, sur lesquelles les Doyens & Chanoines prétendent avoir Jurisdiction & sont en possession de les visiter. Celles de S. Pierre & de S. Michel dans la Ville sont de la Jurisdiction particuliére du Doyen. Les vingt-quatre autres sont à la Campagne. L'Evêché de Saintes vaut, toutes les charges acquittées, douze mille Livres de revenu. L'Evêque a Haute, Basse, & Moyenne Justice, qu'il fait exercer par un Juge-Bailli sur les trois quarts de la Ville & quelques Paroisses de la Campagne. Il est aussi en droit & en possession de faire exercer la Justice Prévotale tant Civile que Criminelle, *sur les hommes & tenanciers du Roi couchans & levans en son fief de la Ville, qui en contient environ la quatrième partie, depuis le jour de S. Vivien qui est le 28. d'Août jusqu'au 27. Septembre*, comme il fait sur les siens pendant le cours de l'année. Cet Evêque est aussi en droit & en possession de percevoir sur la Vente des Marchandises qui se fait une fois du Roi, pendant les mois d'Août & de Septembre chaque année, les droits que les Fermiers du Domaine ont accoutumé de lever pendant les autres mois de l'année. L'Eglise Cathédrale de Saintes est dédiée à S. Pierre, & son Chapitre est composé d'un Doyen & de vingt-quatre Chanoines dont quatre ont les Dignitez d'Archidiacre de Saintes, d'Archidiacre d'Aunis, la Chantrerie & la Scholastique attachée à leurs Canonicats. Le Doyenné est de deux mille Livres de revenu. Les meilleurs Canonicats de huit cens Livres & les moindres de six cens. Chaque Archidiacre a mille Livres, le Chantre en a autant & l'Ecolâtre huit cens. L'Evêque pourvoit de plein droit aux quatre Dignitez, comme le Doyen & les Chanoines pourvoyent par élection, à la pluralité des voix, à tous les Canonicats, aux douze Vicairies, & aux deux Souschantreries du Bas Chœur. Au reste, ce Chapitre est indépendant de l'Evêque.

Saintes a une Sénéchaussée & un Présidial duquel relevent les Sièges Royaux de S. Jean d'Angeli & de Brouage pour les cas Présidiaux & du Parlement de Bourdeaux hors des cas de l'Edit des Présidiaux. Saintes est aussi le Chef-lieu d'une Election, qui est de la Généralité de la Rochelle.

Il y a dans cette Ville un Lieutenant du Prévôt Général du Pays d'Aunis établi à la Rochelle, un Assesseur, un Procureur du Roi, un Greffier & une Brigade d'Archers.

SAINTONGE (La), Province de France. Elle est bornée à l'Orient par l'Angoûmois & le Périgord, au Nord par le Poitou & par le Pays d'Aunis, au Couchant par l'Océan, & au Midi par le Bourdelois & par la Gironde. Elle a environ vingt-cinq lieues de long sur douze de large. La Charente la partage en Saintonge Septentrionale & en Saintonge Meridionale.

2. SAINTONGE [a] (La), & la Ville de *Saintes* sa Capitale ont tiré leur nom des Peuples SANTONES, célèbres dans les anciens Auteurs; ils furent du nombre des Celtes jusqu'à ce qu'Auguste les joignit à l'Aquitaine. César dans ses Commentaires vante la fertilité de la Saintonge, où vouloit aller s'établir le Peuple Helvétique qui quittoit le sien, parce qu'il est très-mauvais.

[a] Descr. de la France, p. 159.

Lorsqu'on divisa l'Aquitaine en Premiére & Seconde, les Saintongeois furent attribués à la seconde Aquitaine. Leur Capitale s'appelloit *Mediolanum*, comme Milan dans la Gaule Cisalpine, & elle avoit un Amphithéâtre avec beaucoup d'autres marques de grandeur, lorsqu'elle étoit située sur une Montagne.

Cette Ville que les Auteurs, jusqu'au cinquième Siècle, appellent *Mediolanum*, ayant été entièrement ruïnée par le passage des Vandales, & des autres Barbares, qui traversérent les Gaules pour aller en Espagne, fut rebâtie dans une situation plus commode que l'ancienne, car elle est sur le bord de la Charente; depuis ce tems-là le nom *Mediolanum* n'a plus été en usage, & on ne s'est servi que de celui du Peuple *Santones*, d'où est venu le mot Saintes.

Les François occupérent ce Pays après la défaite & la mort d'Alaric, Eudes Duc d'Aquitaine s'en rendit le Maître absolu, comme de tout le reste de son Duché, qui fut conquis sur son petit-fils Gaifre par le Roi Pepin. Depuis ce tems-là Saintes fut gouvernée par des Comtes qui n'étoient que de simples Gouverneurs. Ce fut Guillaume Tête d'Etoupes, Duc d'Aquitaine, qu se rendit Propriétaire de la Saintonge, comme du Poitou. Son petit-fils Guillaume donna Saintes à Foulques Nera Comte d'Anjou, qui laissa la Saintonge à son fils Geofroy Martel: mais leurs successeurs ne jouïrent point de ce Pays, qui fut réuni au Duché d'Aquitaine. Eleonor de Guyenne étoit en possession de Saintes & de la Saintonge, lorsqu'elle épousa Henri Roi d'Angleterre.

Jean Sans-Terre fils d'Henri & d'Eléonor, donna la Saintonge en Douaire à sa femme Isabeau d'Angoulême, laquelle épousa en secondes nôces Hugues Comte de la Marche, à qui Louïs VIII. Roi de France donna en propriété la Saintonge; mais S. Louïs, & son frere Alphonse Comte de Poitiers, privérent le Comte de la Marche de la possession de Saintes & de plusieurs autres Lieux, que ce Comte fut contraint de céder au Roi, & à son frere Alphonse l'an 1242. Le même S. Louïs céda l'an 1259. Saintes & la Saintonge à Henri Roi d'Angleterre. Ce Pays fut de nouveau conquis par les François sous le Regne de Philippe le Bel: lui & ses successeurs en jouïrent jusqu'à la défaite, & la prise du Roi Jean. La Saintonge fut ensuite possédée par les Anglois en Souveraineté jusqu'à ce que Charles V. la reconquit, qui, & la réunit à la Couronne, de laquelle elle n'a point été démembrée depuis ce tems-là, car on ne voit pas que le Don que Charles VII. en avoit fait à Jacques I. Roi d'Ecosse l'an 1428. ait eu lieu. Il y a à Saintes une Eglise Cathédrale qui a eu ses Evêques, depuis l'établissement de la Religion Chrétienne dans les Gaules.

La Saintonge [a], & l'Angoumois font ensemble le XII. Gouvernement de France, ce; mais tout l'Angoumois y est compris, & il y a quelque chose de la Saintonge qui n'en est pas. Les principales Rivieres qui traversent la Saintonge sont la Charente, & la Boutonne. La Saintonge est un Pays fertile qui produit du Bled en abondance, des Vins parmi lesquels il y en a d'excellens, & de toutes sortes de Fruits. L'Absynthe qui y croît en quantité a été connue des Romains, & ils l'ont vantée sous le nom de *Virga Santonica*. Le Sel de ce Pays est le meilleur de l'Europe, & fait un des principaux Articles du Commerce de cette Province. On y trouve aussi quelques Fontaines Minérales qui ont de la réputation dans le Pays. L'eau de celle de FONTROUILLEUSE, près de Barbesieux est limpide, & sent le marécage; celle de PONS est limpide & sans saveur; celle de MONTENDRE est limpide avec une odeur de marécage. Nous avons déja parlé de l'Evêché de Saintes. La Saintonge est du Parlement de Bourdeaux à la réserve de quelques Paroisses qui sont dans le ressort du Présidial d'Angoulême, or l'Angoumois est du Parlement de Paris.

En Saintonge il y a une Sénéchaussée qui est Saintes, trois Bailliages qui sont BROUAGE, ROUSSIGNAC, & CHAMPAGNAC. Ce dernier est peu de chose. Le Sénéchal de Saintes est d'Epée. Il prétend avoir voix délibérative; mais les Officiers la lui contestent. Il n'a que cinquante Livres de gages assignés sur l'Etat des charges du Domaine. Les Baillis de Roussignac & de Champagnac sont de Robe longue, & n'ont d'autres droits que leurs Epices. Ils connoissent de toutes sortes d'affaires mêmes des cas Royaux. Il y a une Coûtume particuliere de Saintonge, & S. Jean d'Angeli a la sienne. Les Elections de Saintes & de S. Jean d'Angeli étoient autrefois du Bureau des Finances de Limoges; mais elles en furent démembrées pour être unies à la Généralité de Bourdeaux, de laquelle elles ont encore été démembrées pour composer la Généralité de la Rochelle qui fut créée en 1694. Les Finances de la Saintonge ne sont pas fort considérables. Le Domaine est presque entierement aliéné. Les Douannes y sont très considérables, & y produisent beaucoup au Roi. La Taille, les Aides, la Capitation sont les autres subsides qu'il retire de la Province.

Le Principal Commerce de la Saintonge est le Sel. Il y a une quantité étonnante de Marais Salans dans la Basse Saintonge qui produisent d'excellent Sel. Mais depuis qu'on a trouvé le moyen de faire du Sel en Bretagne, on a abandonné plus du tiers de ces Marais de Saintonge qui ne servent plus à présent que de Pâturages, & qu'on appelle Marais Gatz. On tire des Sels de Marennes en Saintonge, & on le fait remonter sur la Charente jusqu'à Angoulême, d'où on le transporte par Voitures en Auvergne, en Limousin, en Périgord, & dans la Marche. Ce Commerce néanmoins n'est pas d'une grande utilité dans la Province, parce que les droits qu'on paye à Tonnai Charente emportent la plus grande partie du profit; sans compter que plusieurs Seigneurs qui ont des Maisons sur la Charente, sont en possession de prendre une quantité de Sel pour le prix des Bœufs, & des hommes qu'ils sont obligés de fournir pour le tirage des Bateaux, dans le tems que les eaux sont basses. Les Chevaux de Saintonge sont estimés, & les Habitans en retirent tous les ans un profit considérable. Les Perles qu'on pêchoit dans la Charente auprès de S. Savinien attiroient aussi quelque argent dans la Province, mais il semble qu'on ait abandonné cette pêche.

Il n'y a aucune Université dans la Saintonge, les P. Jésuites ont à Saintes un Collége, où ils enseignent jusqu'à la Philosophie inclusivement.

La Saintonge Méridionale comprend

Saintes, Capitale,
Marennes,
Arvert,
Saujon,
Royan,
Talmont ou Tallemond,
Mortagne,
Pons,
Barbesieux,
Chalais.

Le Brouageais petit Pays étoit autrefois de la Saintonge, il en a été démembré, & fait partie du Gouvernement d'Aunis.

La Saintonge Septentrionale comprend

S. Jean d'Angeli,
Taillebourg, &c.
Tonnay-Charente,

SAIORUM CIVITAS. Voyez SEEZ.

SAIOUNAH, Ville d'Afrique sur la Côte Orientale, au Pays de Zeng, ou Zanguebar, pris dans la plus grande étendue. Elle est, dit d'Herbelot [b], au Midi de celle de Sofala.

SAIRA. Voyez SAIR.

SAIRE [c], petite Riviere de France en Normandie au Cotentin. Elle a ses sources dans la Forêt de Brix, passe par S. Eloy du Val au bas du Bois de Banqueville, reçoit le Ruisseau de Carbée, & coule près le Vast entre le Vicel & Anneville, d'où elle va se jetter en la Mer dans la Fosse du Bec du Banc proche la Pointe de Reville. Son cours est d'Occident en Orient.

SAIS, ancienne Ville de la Basse Egypte dans le Nome, qui en prenoit le nom de SAÏTES NOMOS, & dont elle étoit la Métropole. Strabon [d] la met à deux Schoenes du Nil; & nous apprend que Minerve y étoit adorée, & que Psamitichus étoit inhumé dans le Temple de

[a] Piganiol, de la Force Descr. de la France, t. 5. ce; p. 1. & seqq.

[b] Biblioth. Orient.

[c] Corn. Dict. Vaudôme Manuscrits Géographiques.

[d] Lib. 17. p. 802.

de cette Déesse. Mais le lieu où elle étoit n'est pas sans difficulté. Elle étoit dans le Delta, & selon toute apparence dans sa partie Occidentale; vû la distance où elle étoit du Nil sur lequel étoit située *Naucratis*, Ville du Nome Saïte. Aussi voyons-nous que la Notice de Léon le Sage la met entre les Villes Episcopales d'Egypte qui reconnoissoient Alexandrie pour leur Métropole. Elle est placée de même & nommée SAED Σαηδ dans la Notice de Hieroclès. Mr. Corneille fait mal-à-propos deux Villes & deux Articles de SAÏS, & de SAÏTE.

SAKARA [a], Village d'Egypte, appellé communément le VILLAGE DES MOMIES. L'endroit où sont ces Momies est un grand Champ sablonneux, où apparemment il y avoit une Ville dans les premiers Ages du Monde, puisqu'on y voit encore quantité de briques parsemées. Plusieurs croient que c'étoit la célèbre Ville de Memphis, ce que Pline fait connoître, lorsqu'il dit que les Pyramides sont entre le Delta d'Egypte, & la Ville de Memphis du côté d'Afrique. Le Village de Sakara est éloigné des Pyramides d'environ trois lieues. Il n'y a que du Sable bien loin tout à l'entour, & jusqu'à quelque profondeur que l'on puisse fouiller, on ne rencontre point le terrein solide. Les Momies sont au-dessous dans des Caves souterraines, & l'on y descend par un Puits bâti de pierres séches, & qui a une pique & demie de profondeur. Pour cela on se fait attacher, & comme il tombe quantité de sable des bords du Puits qui ne sont pas maçonnés, il faut avoir grand soin d'empêcher que les yeux n'en soient pas blessés. Quand on est au fond du Puits, on est obligé de passer par un lieu fort étroit, après quoi on se trouve au large en des Caves creusées dans le roc. Il y a des Niches à l'entour, faites en manière de Coffre, & longues d'environ six piés. C'est-là que reposoient les Corps embaumés que l'on appelle Momies; mais présentement on en rencontre fort peu dans ces Cavernes, qui sont enlassées les unes dans les autres, comme une espèce de Labyrinthe, ce qui fait que ceux qui veulent y pénétrer, se servent d'une corde, dont ils laissent un bout à l'entrée pour y revenir sans peine. Les Caves les plus avancées n'ont rien de plus remarquable que ce que l'on voit dans les premières. On assure qu'elles s'étendent plusieurs milles sous la Plaine, & que jamais on n'en a trouvé la fin, soit qu'on se lasse d'être si long-tems sous terre sans aucun air, soit qu'on appréhende d'y périr par quelque accident en s'enfonçant trop. Les Momies qu'on trouve toutes entières sont enveloppées de bandes de toile, larges de trois doigts, les bras & les jambes jointes ensemble comme ceux des petits enfans. La tête, les épaules, & le coû sont couverts des mêmes bandes; en sorte qu'il ne paroît rien qu'un Corps emmailloté, mais c'est avec un si grand nombre de tours & de retours, qu'il faut bien du tems pour les défaire. Sous ces bandes on trouve les mains, & les pieds dans leur entier avec les ongles dorés. Tous ces Corps sont embaumés d'une composition noire, dure, & luisante, dont l'odeur approche de celle de la poix, si ce n'est qu'elle est bien plus agréable. Ce qui doit surprendre, c'est que la toile qui ne paroît imbue d'aucune mixtion ait pû se conserver pendant tant de Siècles. Le visage de ces Corps est couvert de quelque chose qui représente les linéamens. C'est en plusieurs du plâtre doré, ou une pâte de Carton, qui contrefait très bien le visage; mais il se trouve ordinairement tout-à-fait gâté, lorsqu'on a ôté cette manière de masque, soit que, n'étant pas enveloppé comme tout le reste, il n'ait pû se préserver, soit que sa chair ait été mangée par ce qu'on a appliqué dessus. Au-dessous des bandes à l'endroit de l'Estomac, on rencontre en plusieurs de petites Idoles de terre verte de la longueur du doigt. Les unes représentent des demi-Corps d'hommes, d'autres des animaux, & d'autres sont seulement gravées de Lettres hiéroglyphiques écrites en or. Les Arabes ne manquent pas tous les ans de chercher dans cette Campagne, & le plus avant qu'ils peuvent dans ces Cavernes, quelques raretés pour porter au Consul des Vénitiens, qui les récompense largement.

SAKI, Tribu d'Asie dans la Perse au Lorestan, selon l'Historien de Timur-bec [b].

SAKINAC, Baye du Canada [c], a quinze ou seize lieues de longueur, & six d'ouverture. Au milieu de cette ouverture sont deux petites Isles très-utiles aux Voyageurs, qui seroient obligés le plus souvent de faire le tour de la Baye, plûtôt que de s'exposer à faire cette traverse en Canots. La RIVIERE DE SAKINAC, se décharge au fond de cette Baye. Elle a soixante lieues de cours assés paisible, & n'a que trois petites Cataractes, que l'on peut sauter sans risque. Sa largeur est pareille à celle de la Seine vers le Pont de Sève. Les Outaouas, & les Hurons ont accoutumé d'y venir faire tous les ans deux grandes chasses de Castor.

SAKIS (Les), Peuple Sauvage de l'Amérique Méridionale dans la Nouvelle France; ce Peuple est allié des François, établis entre la Baye des Puants & le Lac des Ilinois, près de la Mission de S. François Xavier. Ils sont voisins des Poutéouatamis: ils sont brutaux, sans esprit, d'humeur revêche, bienfaits de corps, voleurs, menteurs, bons Chasseurs mais mauvais Canoteurs.

SAL (ILHA DO SAL), en François l'Isle du Sel; voyez au mot ISLE l'Article L'ISLE DU SEL.

1. SALA, Rivière & Ville d'Afrique sur la Côte Occidentale, dans la Mauritanie Tingitane. Pline [d] la met à cinquante milles du Fleuve *Subur* qu'on nomme aujourd'hui le *Subu*. La Rivière de SALA est aujourd'hui nommée BURAGRAG. Voyez son cours sous le nom moderne. Quant à la Ville, on croit que c'est SALE', Ville de Barbarie. Voyez SALE'. Cette Ri-

[a] *Corn. Dict. Coppin, voyage d'Egypte, c. 22.*
[b] *Lib. 5. c.*
[c] *La Hontan, Voyages, t.*
[d] *Lib. 5. c. 2.*

152   SAL.   SAL.

Riviére est au reste la premiére des deux de même nom que Ptolomée [a] place dans la Mauritanie Tingitane, il met auprès d'elle une Ville de même nom. *Salæ Fluvii Ostia, Sala Civitas.*

[a] Lib. 4. c.1.

2. SALA, autre Riviére de la Mauritanie Tingitane, auprès du grand Atlas, selon Ptolomée. Il la fait de six degrez cinquante Minutes plus Méridionale que la précédente.

3. SALA, Ville d'Espagne dans la Bétique au Pays des Turdules, selon Ptolomée [b]. Elle étoit dans les Terres entre *Tucci* & *Balda*.

[b] Lib. 3. c. 4.

4. SALA, Ville de la Haute Pannonie, selon Ptolomée qui la nomme devant *Pætavium*, Petaw, d'où elle ne devoit pas être fort éloignée.

5. SALA, Ville de France, à l'Embouchure & à l'Orient de l'Hebre, dans le Canton nommé Dorisque. Hérodote [c] donne à cette Ville le surnom de Samothracienne, non qu'elle fût dans l'Isle de Samothrace, mais parce qu'elle étoit dans un Canton du Continent habité par les Samothraces.

[c] Lib. 7. n. 59.

6. SALA, Ville de l'Asie Mineure dans la Grande Phrygie, entre *Pylacæum* & *Gazena*, selon Ptolomée [d].

[d] Lib. 5. c. 2.

7. SALA, Ville d'Asie dans la Grande Arménie, selon le même [e].

[e] Lib. 5. c. 13.

8. SALA, SALE, ou SACE, Σάλη ou Σάκη Ville d'Hyrcanie, selon le même.

9. SALA, Ville d'Afrique dans la Nigritie sur la Rive Septentrionale du Fleuve que les Arabes appellent *Nil al Soudan*, le Nil des Négres; & nos Géographes le Niger ou le Senega. Le *Scherif Al Edrissi* connu sous le nom du Géographe de Nubie, écrit qu'elle est fort peuplée & que ses Habitans qui obéissent au Roi de Toktur sont fort vaillans. Il y a selon le même Auteur quarante journées de chemin depuis Segelmesse en Mauritanie jusqu'à cette Ville de Sala, & de cette Ville on compte seulement seize milles jusqu'à une Isle nommée ULIL qui est à l'Embouchure du Fleuve Niger dans l'Océan; cette Ville de Sala est dans le premier Climat; & SALE que les Arabes nomment SALA est au second.

10. SALA, Isle de la Mer de la Chine. Quelques-uns l'appellent *Seilah*, & *Selah*; d'Herbélot dit qu'elle est entre la Ligne Equinoxiale & l'Equateur. Mr. Corneille a copié ces derniers mots & les a adoptés de la meilleure foi du monde, comme si l'Equateur & la Ligne Equinoxiale signifioient des choses bien différentes. D'Herbélot a pu être trompé par une fausse interprétation d'un terme Arabe qu'il n'entendoit pas, mais l'Auteur d'un Dictionnaire Géographique devoit sentir cette méprise & en avertir; à cela près on ne fait ce que c'est que cette Isle.

11. SALA & SÄLL, petite Ville de Suède dans le Westmanland entre Luplande & la Néricie, à cinq lieues Suédoises d'Upsal à l'Occident. Il y avoit autrefois, dit-on, des Mines d'argent.

12. SALA, Riviére d'Allemagne dans la Haute Saxe. Elle a sa source dans l'Eichtelberg en Franconie où sont aussi les sources du Meyn, de l'Egre, & du Nab, de là serpentant vers le Nord & le Nord-Ouest, elle entre dans la Misnie, coule entre elle & Leutenberg portion du Comté de Schwartzbourg, coupe le Pays de Saxe Altenbourg qui est étroit en ce lieu-là & y arrose SALFELD, Bourg; cotoye le Comté même de Schwartzbourg & rentrant dans le Duché d'Altenbourg, elle va du Sud au Nord par Orlamunde, où elle reçoit l'Orla, coule à Kala, à Lobeda, rase le Pays de Weimar & la Ville d'Iena qui en est, & reçoit l'Ilm qui vient de Weimar, elle se rend à Naumbourg & y reçoit l'Unstrat, de là à Weissenfels, passe à Mersbourg, se grossit des eaux de l'Elster & de la Pleiss, coule à Hall, Ville de Saxe, se courbe vers l'Occident, sert de borne Orientale au Comté de Mansfeld, en traverse une lisiére, entre dans la Principauté d'Anhalt où elle arrose Bernebourg, & se perd enfin dans l'Elbe entre Dessau & Barbi, aux confins de la Basse-Saxe.

13. SALA DI PARTENICO (La), Bourg & Château de Sicile dans la Vallée de Mazare à quatre milles seulement de la Côte Septentrionale, entre Palerme au Levant & Castel à Mare à l'Occident, à distance à peu près égale de l'une & de l'autre.

SALABASTRÆ, ancien Peuple de l'Inde, selon Pline. Le R. P. Hardouin croit que c'est le même Peuple que les SAMBASTÆ de Diodore de Sicile.

SALABIM, ou SALEBIM, Ville de la Palestine dans la Tribu de Dan. Voyez SALEBIM.

SALACENI, Peuple de l'Inde en deçà du Gange, selon Ptolomée [f].

[f] Lib. 7. c. 1.

1. SALACIA, ancienne Ville de l'Espagne Lusitanique au Pays des Turdetains, selon Ptolomée [g]. Il la met auprès de l'Embouchure du *Calipus*, & de la Ville de *Cætobrix*. Ses Interprétes croyent que c'est SETUBAL, & Clusius est de ce sentiment; mais d'autres Savans croyent que Setubal Ville nouvelle tient à peu près la place de *Cetobriga* ou *Cætobrix*, & que *Salacia* étoit où est aujourd'hui ALCACER DO SAL. Une Inscription de Gruter [h] montre que c'étoit un Municipe, & Pline [i] l'appelle Ville Impériale, *Salacia cognominata Urbs Imperatoria.*

[g] Lib. 2. c. 5.
[h] Pag. 13. n. 16.
[i] Lib. 4. c. 22.

2. SALACIA, ancien Lieu de l'Espagne Tarragonnoise. Antonin [k] le met sur la Route de Bragues à Astorga, à vingt mille pas de la premiére.

[k] Itiner.

SALACONIA, Lieu de la Mauritanie Tingitane selon Antonin [l]. Il le met entre le Lieu nommé *ad Mercuri* & *Tamusida*, à XVI. M. P. du premier; & à XXII. M. Pas du second. Ortelius soupçonne que ce Lieu devoit être voisin de SALA, ou *Sala* elle-même.

[l] Ibid.

SALADNA, petite Place de Hongrie [m], dans la Transilvanie; & dans la partie Méridionale près de Tunstein. Il y avoit autrefois des Mines fort riches.

[m] Baudrand, Edit. 1705.

1. SALADO (EL RIO), petite Riviére d'Espagne dans l'Andalousie. Elle coule

coule à une lieue de Xerès au Midi, & se va perdre dans la Baye de Cadix. Elle est remarquable parce que les Rois de Castille & de Portugal y assemblèrent leur Armée pour secourir la Ville de Tariffe assiégée par les Maures ; ce qui causa la fameuse Bataille que l'on appelle Bataille de Tariffe, & Bataille del Salado. Elle fut gagnée le Dimanche 28. Octobre 1340. par ces Rois sur ceux de Grenade & de Maroc, qui y firent une très-grande perte.

2. SALADO (El Rio), petite Riviére d'Espagne dans l'Andalousie. Elle se perd dans le Xenil entre Grenade & Ecija, & a sa source à Alcala la Réal.

SALÆ, anciens Peuples de la Colchide selon Pline. Il dit que les Anciens les nommoient PTHIROPHAGES, c'est-à-dire *Mangeurs de Vermine*.

SALAGASSUS, nom corrompu pour SAGALASSUS. Voyez ce mot.

SALAGENA, ou SADAGENA, ancienne Ville de la Cappadoce dans la Sargaraufène, selon Ptolomée [a]. [a Lib. 5. c. 6.]

SALAGESSA, Ville de l'Inde en deçà du Gange, selon Ptolomée [b]. [b Lib. 7. c. 1.]

SALAGOU (La), Riviére de France en Languedoc. Elle a sa source dans le Diocèse de Lodève qu'elle arrose, & se perd dans la Riviére de Lergue, qui porte ses eaux dans l'Erault.

SALAHAT, Isle de la Mer des Indes [c]. Elle est proche de celle de Calah, & obéit au même Roi. [c D'Herbelot, Biblioth. Orient.]

SALAMANQUE, Ville d'Espagne [d] au Royaume de Léon sur la Riviére de Tormes. Elle est ancienne, & fort célèbre. Les Espagnols l'appellent la *Mere des Vertus, des Sciences & des Arts*. Elle est riche, abondante en toutes choses, & bien peuplée. Elle est située en partie dans la Plaine, & en partie sur des Collines, avec une bonne enceinte de murailles, & contient environ huit mille feux ; tellement qu'on la compte pour l'une des grandes Villes du Royaume. Elle est ornée de quelques beaux Bâtimens, de magnifiques Eglises, d'une grande Place Publique, de Fontaines, & généralement de tout ce qui peut contribuer à la beauté, & à la commodité d'une Ville. Mais ce qui la rend encore plus considérable est son Université, l'une des plus fameuses de toute l'Espagne. Elle y fut fondée, vers le milieu du XIII. Siècle, des débris de celle de Palencia. C'est-là qu'on enseigne toutes sortes de Sciences, & qu'on peut puiser toutes les connoissances honnêtes, & utiles ; c'est-là que se forment les Théologiens, les Jurisconsultes, les Médecins, les Philosophes, les Mathématiciens, & les Humanistes ; c'est delà que comme d'une Pepinière fertile & heureuse, l'on tire des Conseillers intelligens pour les Rois, & des Prédicateurs pour les Peuples ; mais laissons là le Style élevé, & disons tout simplement que cette Université est composée de quatre-vingt Professeurs, qui ont chacun mille Ecus de pension. Il y en a pour la Théologie, pour le Droit Canon & Civil, pour la Médecine, pour toutes les Parties de la Philosophie, pour toutes les Langues, & pour les Belles-Lettres. Le Bâtiment appellé les Ecôles où l'on enseigne toutes sortes de Sciences est très-beau, & tout de pierre de taille. Il est composé de deux Corps de Logis, le premier qu'on appelle les grandes Ecôles renferme une grande Cour quarrée, pavée de grosses pierres, & environnée de belles Galeries soutenues par des Arcades, par où l'on entre dans les Classes qui sont autour de la Cour. Au-dessus des Galeries est une belle Bibliothéque, dont les Livres qui n'y sont pas en fort grand nombre sont tous enchaînés. On y voit aussi quantité de Statues d'Hommes Illustres, & qui ont été distingués par leurs belles connoissances, & des Figures pour l'Anatomie. Sous les Galeries est l'Eglise des Ecôles, où l'on dit tous les jours dix Messes. La Chaire & le Grand Autel sont tout dorés, & la Voûte qui est peinte, représente le Zodiaque avec les douze Signes. Il y a huit Professeurs en Théologie, qui enseignent, quatre le matin, & quatre l'après-dînée. On les appelle *Cathedraticos*. Outre ces huit premiers, il y en a d'autres qui enseignent à d'autres heures, & traittent la Matiére, qu'ils trouvent le plus à propos. Ils ont cinq cens Ecus de pension. Ce que j'y trouve d'assés singulier, c'est qu'il y a une Chaire fondée pour enseigner la Doctrine de Durand, & une autre pour celle du Subtil Scot. Les Ouvrages du dernier ont en effect assés besoin d'éclaircissement. Erasme nous apprend qu'il y fut occupé neuf ans entiers, avant que d'en entendre bien la seule Préface. Outre les Professeurs gagés, il y en a d'autres, qui ne le sont pas, & qui enseignent tous les jours comme les Rentés, & leurs Ecoliers les payent. C'est le Métier qu'y fit autrefois Ximenès avant son élévation. On les nomme *Pretendientes*, parce qu'ils attendent qu'une Chaire vienne à vaquer pour la demander. Ce que je viens de dire s'observe aussi à l'égard du Droit, de la Médecine, de la Philosophie, & des Mathématiques.

Près de l'entrée de ces Ecôles est un Hôpital très-bien bâti, où l'on retire les pauvres Ecoliers malades, qui y sont servis avec beaucoup de soin. Cette entrée de l'Ecôle est un des plus beaux Ouvrages qu'il y ait dans toute l'Espagne ; on y voit les Statues du Roi Don Ferdinand, & de la Reine Isabelle ; au-dessus les Armes de l'Empereur, & aux deux côtés deux Hercules, avec quantité d'autres petites figures.

Les Professeurs ont à leur tête un Recteur, qui est élu toutes les années par les *Cathedraticos* du premier rang : on le choisit toujours de grande Maison ; il a de très-grands Priviléges, il ne reconnoît personne au-dessus de lui ; & dans les Assemblées Publiques il est toujours assis sous un Dais. Outre cela il y a un *Maître des Ecôles*, dont le pouvoir & les appointemens sont également grands. Il est toujours Ecclésiastique, & Chanoine de la Cathédrale ; il crée tous les Officiers de l'Université, comme le Juge, les Secrétaires

[d Délices d'Espagne, & du Portugal, t. r. p. 160, & suiv.]

Fiscaux, les Notaires, les Sergens, & un très-grand nombre d'autres tous richement gagés. Il a pour sa part huit mille Ducats de pension, & on tient l'Université riche de quatre-vingt, ou quatre-vingt-dix mille Ecus de Rente.

On y a compté autrefois jusqu'à sept mille Ecoliers, & tandis que la Monarchie Espagnole étoit florissante, on y en a toujours vu quatre ou cinq mille, venus de toutes les parties du Royaume, & même des Pays étrangers. Aussi les Auditoires, où l'on fait Leçon, sont extrêmement grands & spacieux, pouvant contenir jusqu'à deux mille personnes. Les Ecoliers sont tous, sans exception, vêtus d'un Habit long comme les Prêtres, & rafés avec le Bonnet en tête. Il ne leur est pas permis de porter le Chapeau, ni dans la Ville, ni dehors. Si non quand il pleut. Ils ont de fort grands Priviléges, ne dépendant uniquement que du Recteur & de leurs Professeurs, qui les favorisent toujours de tout leur pouvoir.

Outre l'Université, il y a encore vingt-quatre Colléges, dans chacun desquels trente Collégiaux vivent en commun. Ce sont des Bâtimens fort bien faits, fort superbes, & très-bien rentés. Des Collégiaux, qui y demeurent, les uns sont Maîtres, & les autres sont Ecoliers, qui écoutent leurs Leçons. Entre ces Colléges, il y en a quatre qui sont les plus considérables, dont l'un a été fondé par Alphonse Fonseca Archevêque de Tolède. On les appelle grands Colléges, à cause des hommes illustres, qui y demeurent, & qui y enseignent. Les plus grandes Maisons du Royaume tâchent d'y faire entrer leurs enfans: on n'y peut demeurer que sept années; c'est-delà que sortent les plus grands hommes d'Espagne, & d'où l'on tire ceux que le Roi pourvoit des Charges les plus considérables.

La grande Eglise de Salamanque est une des plus belles d'Espagne; elle a un beau Clocher, autour duquel on peut se promener sur des Galeries. Au devant de l'Eglise, il y a une grande Place pavée de Cadettes, ou pierres quarrées, & fermée de gros Piliers de pierres de la hauteur d'une Toise, entrelassés d'une chaîne de fer fort épaisse. A côté de cette Eglise, on en voit une autre vieille dans laquelle on descend par des degrés, & qui est fort estimée à cause d'un *San Christo de las Batallas*, qui fait de grands Miracles.

Outre les Eglises, les Colléges, & les autres Bâtimens, qui ornent cette Ville, on y voit divers Couvens forts beaux, comme celui de S. Dominique, très-grand & très-bien entendu, qui est la demeure de deux cens Religieux. Son Eglise est toute de pierre de taille; elle a un fort beau Dôme en Lanterne près de l'Autel, & un très-grand nombre de Saints, tous délicatement travaillés. Le Couvent de S. François est remarquable pour sa prodigieuse masse de pierres, & un Cloître magnifique, orné de grands Tableaux à l'entour, où les Martyrs de l'Ordre sont peints. C'est la demeure de deux cens Religieux. Près de ce Couvent est celui de S. Bernard, considérable par la régularité de son Escalier, dont les marches ont cinq pas de long, & sont soutenues comme en l'air, formant une Montée magnifique de cent degrés, ornée de quantité de Statues dorées, qu'on voit aux côtés des Pailliers.

La Rivière de Tormes, qui lave les murailles de la Ville, y coule sous un beau Pont de pierre, long de trois cens pas; ce sont les Romains qui l'ont bâti, & il subsiste encore aujourd'hui plus solide, que la Maçonnerie, qu'on y a voulu ajouter dans le dernier Siècle. Pour finir j'ajouterai que la Ville est fort Marchande, & qu'on y voit grande quantité de Noblesse. Quelques Ecrivains disent qu'elle appartient au Royaume de la Castille Vieille; mais d'autres avec plus de raison la mettent dans celui de Léon. On trouve hors de Salamanque un beau Chemin large & pavé, que les anciens Romains avoient fait faire, & qui conduisoit à Merida, & delà à Seville. On y voit encore, par-ci-par-là d'espace en espace, des Colonnes abatues par le tems. Ce Chemin avoit été réparé par l'Empereur Adrien, comme il paroît par l'Inscription suivante qu'on y a trouvée:

IMP. CÆSAR.
DIVI TRAJANI PARTHICI.
F. DIVI NERVÆ NEPOS
TRAJANUS. HADRIANUS
AUG. PONTIF. MAX:
TRIB. POT. V. COS.
III. RESTITUIT.

L'Abbé de Vairac parle ainsi de l'Evêché de Salamanque: Tous les Historiens Ecclésiastiques d'Espagne font Saint Second Evêque d'Avila fondateur de l'Eglise de Salamanque, & Saint Eleuthère son premier Evêque, lequel assista au troisième Concile de Tolède tenu sous le Pontificat de Pélage II. & sous le Régne de Recaréde l'année 589.; mais on ne trouve pas une suite exacte d'Evêques depuis ce tems-là jusqu'à présent. Cependant Gilles Gonzalés d'Avila dans son Théâtre Ecclésiastique en donne une très-bien circonstanciée depuis Eleutère, jusqu'au tems qu'il a composé son Ouvrage; mais je ne voudrois pas être garand de cet Auteur, puisqu'il est constamment vrai que Salamanque a été long-tems au pouvoir des Maures, & qu'il n'est pas vraisemblable, qu'ils y souffrissent des Evêques, puisqu'ils faisoient gloire de les exterminer par-tout où ils établissoient leur Tyrannie. Je conviens que pendant ce tems de persécution, on donnoit ordinairement aux Eglises opprimées des Evêques Titulaires, qui faisoient leur résidence à Oviedo; mais quelque soin que j'aye pris, je n'ai pas pu découvrir ceux qui furent sacrés sous le Titre d'Evêques de Salamanque durant la domination des Maures, si ce n'est dans quelques Auteurs, dont l'autorité ne me paroît pas suffisante pour appuier celle de Gilles Gonzalés; de sorte que pour ne pas don-

a Etat présent de l'Espagne Tom. 2. pag. 357.

SAL. SAL.

donner dans le fabuleux, il faut s'en tenir à ceux, qui n'admettent que 8. Evèques de cette Eglise depuis sa fondation jusqu'à ce que les Infidèles se rendirent maîtres de cette Ville, après le recouvrement de laquelle on trouve pour premier Evêque un nommé Guindulfe, qui confirma en 830. une Donation que le Roi Alfonse le Sage fit à l'Eglise de S. Sauveur d'Oviedo. Le Chapitre est composé de 10. Dignitaires, de 26. Chanoines, & de 31. Prébendiers. Le Diocèse s'étend sur 240. Paroisses. L'Evêque jouït de 14000. Ducats de revenu.

SALAMANQUE LA NOUVELLE, ou SALAMANQUE de BACALAR, Village ou Bourgade de-l'Amérique Septentrionale, dans la Partie Méridionale de l'Iucatan, près du Golphe de Honduras, au Midi Occidental de Mérida & de Valladolid Villes de l'Iucatan, à soixante & huit lieues Espagnoles communes de la première, & à cinquante-huit de la seconde.

SALAMARIA, Lieu qu'Ortelius se contente d'indiquer, sans essayer de trouver la Province ou le Pays, où il étoit. Il cite le Code Théodosien XII. *Tit. de Decurionibus.* Ce mot seroit-il le même que SALAMBRIA?

SALAMBORIA, ou SARABREA, Ville de la Cappadoce, dans la Garsaurie, selon Ptolomée. Leunclavius dit que les Turcs la nomment HARBERIC.

1. SALAMBRIA. Voyez SELAMBRIA.
2. SALAMBRIA. Voyez SPERCHIUS.
1. SALAMEA, Ville d'Espagne. Voyez ZALAMEA.
2. SALAMEA DE ARCOBISCO, petite Ville d'Espagne en Andalousie, dans la Sierra Morena sur les Confins de l'Estramadure, à six lieues d'Aracena vers le Nord.

SALAMIAH, Ville d'Asie dans la Perse sur la Rive Orientale du Tigre, à une journée de Mosul en descendant le Fleuve vers Bagdat. Cette Ville ayant été ruinée dans la suite du tems, il s'en forma peu-à-peu une autre.

SALAMINE, en Latin SALAMINA, & SALAMIS, petite Isle de Gréce dans le Golphe Saronique, vis-à-vis d'Eleusine. Scylax dit dans son Périple: Tout près de ce Temple d'Eleusine est Salamine, Isle, Ville & Port. Pausanias dit [a]: Salamine est vis-à-vis d'Eleusine. La longueur de cette Isle, selon Strabon [b], étoit de soixante dix ou quatre-vingt Stades. Il y a eu une Ville de même nom dans cette Isle, & cette Ville a été double; l'Ancienne étoit au Midi de l'Isle du côté d'Engia, & la Nouvelle étoit dans un Golphe, & sur une Presqu'Isle du côté de l'Attique. Salamine étoit la Patrie d'Ajax. Horace parlant de Télamon Pere de Teucer & d'Ajax dit [c]:

Teucer Salamina Patremque
Quem fugeret.

Et Sénéque dans ses Troades [d], lui donne le surnom de *Vera,* la vraye Salamine pour la distinguer de celle de Cypre bâtie ensuite par Teucer sur le modèle de la Salamine de l'Attique. Aussi Horace donne-t-il à cette Nouvelle Salamine l'Epithéte d'*Ambiguam,* qui marque une si grande ressemblance qu'on les eût prises l'une pour l'autre. Cette Isle devint fameuse par la Victoire que Themistocle y remporta sur les Perses; Mela [e], Cicéron [f], & quantité d'autres en font mention. Le Golphe même, où elle est, a été appellé *Salaminiacus Sinus,* selon Strabon [g] qui nous apprend que l'Isle elle-même a été anciennement nommée *Sciras, Cichria* & *Pityusa.* Les deux premiers noms étoient des noms de Héros. Le troisième vient des Pins qui y étoient en abondance. Voyez COLOURI.

2. SALAMINE, Ville de l'Asie Mineure dans l'Isle de Cypre; c'est la même que celle que Teucer avoit fait bâtir dans son éxil. Horace lui fait dire:

Nil desperandum Teucro duce, & auspice Teucro;
Certus enim promisit Apollo
Ambiguam Tellure nova Salamina futuram.

Scylax dans son Périple met dans l'Isle de Cypre, Salamine Ville Grecque, ayant un Port fermé, & commode pour hyverner. Diodore de Sicile dit qu'elle étoit à deux cens Stades de *Citium.* On voit par les disputes qu'il y eut entre l'Eglise d'Antioche & celle de Cypre, que cette dernière est fort ancienne. Pierre le Foulon, Evêque d'Antioche, prétendoit que son Siège étant Patriarchal, l'Isle de Cypre étoit de sa Jurisdiction. Anthemius Evêque de Salamine soutint au Concile de Constantinople l'indépendance de son Siège, fondée sur ce que son Eglise étoit Apostolique aussi-bien qu'Antioche; il soutint que l'on y conservoit le Corps de S. Barnabé entier. Ses Adversaires n'eurent rien à lui répondre, aussi gagna-t-il son Procés. Elle fut ensuite nommée CONSTANTIA, & c'est sous ce nom qu'elle est qualifiée Métropole de l'Isle de Cypre dans les Notices d'Hiéroclès, & de Léon le Sage; le Lieu où elle étoit garde encore l'ancien nom, & s'appelle PORTO-CONSTANZA.

Au reste, cette Ville de Salamine de Cypre fut un petit Royaume, que les Descendans de Teucer [h] possédérent plus de huit cens ans jusqu'au Regne de cet Evagoras dont on lit l'Eloge dans Isocrate. Mr. Toureil [i] dans ses remarques sur Démosthéne qu'Evagoras simple Bourgeois de Salamine, mais pourtant de Race Noble, & issu des Fondateurs de sa Ville, la fit révolter contre le Roi de Perse, & subjugua la plus grande partie de l'Isle de Chipre. Il se maintint quelque tems avec le secours d'Acoris Roi d'Egypte, d'Hecatomnus Roi de Carie, & de quelques autres Potentats voisins; mais enfin le Roi de Perse le mit à la raison, & ne lui laissa pour tous Etats que la Ville de Salamine, à la charge même d'un Tribut annuel. Nicolas tua Evagoras, & s'empara du Royaume de Salamine. A Nicolas succéda Protagoras, sous qui le Jeune Evagoras fils du premier tenta de remonter sur le Trône de son Pere. Il eut même le bonheur de met-

V 2

mettre dans ses intérêts Artaxerce, & de plus Phocion commanda les troupes destinées à le rétablir. Cependant l'entreprise échoua tout à coup; Protagoras le supplanta à la Cour de Perse. Le Jeune Evagoras y fut cité pour répondre sur plusieurs Chefs d'accusation; il se justifia, & on lui accorda en Asie un Gouvernement qui valoit bien son petit Royaume de Salamine. Mais sa mauvaise conduite l'obligea bien-tôt à se déposer lui-même, & à s'enfuir dans l'Isle de Cypre, où il périt malheureusement.

1. SALAMIS, ancien nom de Salamine Isle de Grèce. Voyez SALAMINE, N°. 1.

2. SALAMIS, petite Contrée d'Asie, près de Cyrus; est-ce la Ville de Cyrus, ou la Riviére de même nom? Ortelius ne le dit point, il dit seulement qu'elle fut opprimée par l'Héréfie des Marcionites; & cite Nicephore Calliste, l. 13. c. 27.

SALAMIS, SALAMINE, SALAMIM ou ZALAMIM. Il est parlé dans les Livres des Hebreux [a] d'une Ville de Zalamim; & Malala Chronic. n. 296. dit qu'Auguste donna le nom de *Diospolis*, à SALAMINE, Ville de Palestine. Le mot de *Salamin*, se trouve en Josué [b] mais, ce n'est pas dans le Grec. Elle devoit être dans la Basse Galilée. Josephe [c] la met entre les Villes de ce Pays-là que l'on devoit fortifier; savoir Jotapat, Bersabée, Salamine, Pérécho, Japha &c. Mr. Arnaud d'Andilli écrit SALAMAIN.

[a] Misn. Cod. Kilaim. c. 4. Misn. 9. & Cod. Geosmoth. c. 16. M. 6.
[b] Cap. 19. v. 47.
[c] De Bell. L. 2. c. 42.

SALAMPSII, ancien peuple de la Mauritanie Césariense, selon Ptolomée [d]. Son Interprête Latin dit THALASSII, qu'Ortelius desapprouve.

[d] L. c.

SALANA, petite Riviére d'Italie au Royaume de Naples, dans la Calabre Ultérieure qu'elle arrose. Elle va se jetter dans le Phare de Messine, au Cap Sciglio, un peu au Nord du Bourg de Sciglio. Elle n'a rien de commun avec le CRATAIS, de Pline. Voyez CRATHIS.

SALANCHES [e], Ville de Savoye, dans le Haut Faussigni dont elle est la Capitale. Elle est petite & arrosée par un Ruisseau qui se jette dans la Riviére d'Arve, à quatre ou cinq lieues au-dessus de Cluses.

[e] Baudrand, Ed. 1705.

SALANCON, Riviére de l'Illyrie. Elle se perd dans le Golphe Adriatique, selon Apollonius [f] dans son Poëme des Argonautes.

[f] Lib. 4.

SALANDRA, anciennement ACALANDRA, petite Ville d'Italie au Royaume de Naples, dans la Basilicate, à trois lieues de Tricarico à l'Orient Méridional, sur une Riviére de son même nom. Voyez ACALANDRA.

SALANDRA, ou
SALANDRELLA, Riviére d'Italie au Royaume de Naples, dans la Basilicate où elle arrose Salandra, San Mauro, & quelques autres Bourgs, & va se jetter dans le Golphe de Tarente entre l'Embouchure du Basiento & celle de l'Agri.

1. SALANGUS, Peuple d'Italie, selon Etienne le Géographe ΣΑ'ΛΑΝΓΟΣ.

2. SALANGUS, Peuple de l'Inde, selon le même.

SALANIANA, Lieu de la Lusitanie, selon Antonin [g], sur la Route de Brague

[g] Itiner.

à Astorga, à XXI. milles de la premiére.

SALANICA, Lieu d'Italie. Il en est fait mention dans la Vie de St. Theobald.

SALANKEMEN, Place de la Basse Hongrie dans l'Esclavonie, sur le Danube, vis-à-vis de l'endroit, où la Teisse se perd dans ce Fleuve, & un peu au-dessous de Peterwaradin, douze milles d'Allemagne au-dessus de Belgrade. Ce Lieu est remarquable par la Victoire que le Prince Louis de Bade y remporta sur les Turcs, en 1691. après la mort de leur Grand Visir. On dispute si Salankemen est l'ACUMINEUM, ou la RHITIUM des Anciens, que d'autres placent ailleurs.

SALANO (Il), C'est la même Riviére que la SALANA. Voyez ce mot.

SALANTINI. Voyez SALENTINI.

SALAO, ou SALA, petit Pays d'Afrique en Ethiopie, dans l'Abissinie, entre le Royaume de Bagemdre & la Province d'Abargala, selon le P. Jeronimo Lobo.

SALAPÆI, les *Salapéens*, ancien Peuple de Thrace. Il dépendoit de Rhascupolide, selon Appien [h].

[h] Civil. L. 4.

SALAPENI, ancien Peuple de l'Arabie Heureuse, selon Ptolomée. Quelques Exemplaires portent ALAPENI.

SALAPHITANUM OPPIDUM, Ville ancienne, ou Bourg d'Afrique dans les Terres, selon Pline [i]. Il met ce Lieu dans l'Afrique entre les trente Villes Libres qui étoient pourtant soumises aux Romains. Leur Liberté consistoit à choisir elles-mêmes leurs Magistrats.

[i] Lib. 5. c. 4.

SALAPIA, ancienne Ville d'Italie dans la Pouille Daunienne, selon Pline [k] qui ajoute qu'elle est fameuse par l'amour, qu'eut Annibal, pour une maîtresse. Il y a eu deux Villes de ce nom, ou plûtôt la même Ville a été en deux Lieux différens. L'ancienne Salapia dans sa premiére situation avoit été bâtie par Diomède, & fut abandonnée à cause de l'air mal-sain. C'est de celle-là qu'il faut entendre ce passage de Cicéron [l] *in Salapinorum pestilenti à l'Agrar.* 2. *Finibus collocari*. Les Habitans s'allerent établir en un Lieu plus sain, à quatre milles delà vers la Riviére. Vitruve dit [m] *nunc Salapini quatuor Millibus Passuum progressi ab Oppido veteri, habitant in salubri loco*. Tite-Live parle de Salapia dans bien des endroits. Ptolomée dit SALAPIÆ, au Pluriel contre l'usage des Auteurs Latins. Et Appien dit SALPIA, tant dans l'Edition d'Etienne que dans celle de Tollius. Les Anciens ont dit *Salapini*, comme Cicéron & Vitruve aux endroits cités. Tite-Live dit en plus d'un endroit Salapitani. La Ville est détruite & le Lieu conserve le nom de Salpe.

[k] Lib. 3. c. 11.
[l] Agrar. 2. c. 27.
[m] Lib. 1. c. 4.
[n] Lib. 24.
[o] Lib. 20. c. 26. commence.
[p] 38. l. 27. au ment.

SALAPINA PALUS, Marais voisin de la Ville de Salapia, d'où il tiroit son nom, Lucain [o] en parle à l'occasion des Barques que l'on amassa de tous les endroits.

[o] Lib. 5. v. 377.

Quas recipit Salapina palus, & subdita Sipûs Montibus.

Vitruve [p] dit que Marcus Hostilius qui transporta les Habitans d'un Lieu à l'autre, après ce changement de Lieu, ouvrit ce Lac du côté de la Mer & en fit un

[p] Lib. 1. c.

SAL.   SAL. 157

un Port, pour le Municipe de Salapia. Cela s'accorde avec Strabon qui dit que Salapia étoit le Port d'Argyrippe [a]. *a Lib. 6.*

SALAPOLA, Montagne de la Libye Intérieure, selon Ptolomée [b]. Quelques Exemplaires portent SAGAP. *b Lib. 4. c. 6.*

1. SALARIA, ancienne Ville de l'Espagne Tarraconnoise, selon Ptolomée, au Pays des Bastitains dans les Terres.

2. SALARIA, autre Ville de l'Espagne Tarraconnoise, selon le même, dans les Terres au Pays des Oretains. Cellarius soupçonne que c'est la même Ville qui étant aux Confins de ces deux Peuples se trouve répétée par cet Auteur; mais il leur donne une position bien différente.

                   Long.   Lat.
SALARIA *in Bastitanis* 13. d. 0′. 39. d. 20′.
SALARIA *in Oretanis*   9. 24. 40. 0′.

On ne pouvoit pas mieux les distinguer, qu'a fait Ptolomée. La derniére est entre la Guadiana & le Tage, & les Espagnols croyent que c'est présentement CAZORLA. La première est aux environs du Xucar, selon les marques que fournit Ptolomée. Au reste, on a des Inscriptions où on lit COL. JUL. SALARIENSIS. Et Pline [c] parle d'une Colonie nommée de même. Après tout, il ne seroit pas surprenant qu'il y eut eu plusieurs Villes de ce nom en Espagne, où il ne manque point de Salines. *c Lib. 3. c. 3.*

3. SALARIA, Ville de l'Afrique propre selon Ortelius. Il cite Ponce Auteur de la Vie de S. Cyprien.

4. SALARIA VIA. Voyez au mot VOYE l'Article VOYE SALARIENNE.

SALARIUS PONS, Pont bâti dans cette Route sur le Teverone: on le nomme encore PONTE SALARO.

SALARO (Ponte). Voyez l'Article précédent.

SALARS, Isle de la Libye, selon Etienne le Géographe.

SALAS, Riviére d'Allemagne, c'est la Sala.

SALASES (La Montagne de), Montagne d'Afrique dans l'Isle de Bourbon. Selon les Letres Edifiantes [d], elle est au milieu de l'Isle, & domine sur toutes celles, qui l'environnent. La violence de la Mer, ou telle autre cause que vous voudrez, éleve jusqu'à son sommet par des voyes souterraines, une si grande quantité d'eaux que les trois plus grandes Riviéres de l'Isle en sont formées. Ces Riviéres se précipitent avec une extrême rapidité, & font sur leurs routes un nombre prodigieux de bruyantes Cascades. Les autres Riviéres sont aussi fort impétueuses, excepté celle qui porte le nom de Ste. Suzanne, qui est assez tranquille; mais elles ont leur source ailleurs. *d Tom. 18. pag. 21.*

SALASSI, ancien Peuple d'Italie dans les Alpes. Strabon [e] en décrit ainsi le Pays. Le Canton des Salasses, dit-il, est grand, dans une profonde Vallée entre des Montagnes, qui l'enferment de tous côtés, quoiqu'en quelques endroits le terrain s'éleve un peu vers les Montagnes, au-dessous desquelles est cette Vallée. Il *e Lib. 4. p. 205.* dit encore que la Doria traverse ce Pays-là, & qu'elle est d'une grande utilité aux Habitans pour laver l'or. C'est pour cela qu'en quelques endroits ils l'avoient partagée en quantité de coupures, qui réduisoient presque à rien cette Riviere; d'un côté cela leur étoit commode pour trouver l'or, de l'autre cela n'accommodoit pas les Habitans qui demeuroient au-dessous & qui perdoient par là l'avantage d'arroser leurs Terres des eaux de cette Riviére. Lorsque les Romains furent une fois maîtres des Alpes, les Salasses perdirent leur or & la jouïssance de leur Pays. L'Or fut affermé, & les Salasses qui conservérent encore les Montagnes furent réduits à vendre de l'eau aux Fermiers, dont l'avarice donnoit lieu à de fréquentes chicanes. Cela fut cause que ceux que les Romains y envoyoient, & qui cherchoient un prétexte de faire la guerre, le trouvoient bien aisément: cela dura ainsi quelque tems, tantôt en paix tantôt en guerre avec les Romains; ils ne laissérent pas d'acquérir des forces, & s'addonnant au Brigandage, ils faisoient beaucoup de mal à ceux qui traversoient leur Pays, qui est un passage des Alpes. Lorsque D. Brutus s'enfuiant de Modène faisoit défiler son monde, ils lui firent payer tant par tête; & Messala hyvernant dans le voisinage fut obligé d'acheter d'eux du bois de chaufage, & des Javelots de bois d'Orme, pour exercer ses Soldats. Ils osérent même piller la Caisse Militaire de César, & arrêterent des Armées auprès des Précipices, faisant semblant de raccommoder les chemins ou de bâtir des Ponts sur les Riviéres. Enfin César les subjugua & les vendit tous à l'encan après les avoir menez à Ivrée, où l'on avoit mis une Colonie Romaine, pour s'opposer aux courses des Salasses. On compta entre ceux qui furent vendus huit mille hommes propres à porter les armes & trente-six mille en tout. Terentius Varron eut tout l'honneur de cette guerre. Auguste envoya trois mille hommes au lieu où T. Varron avoit eu son Camp. Il s'y forma une Ville qui fut nommée *Augusta Prætoria*, c'est aujourd'hui AOSTE, ou AOUSTE, qui donne le nom à la Vallée; qui appartient à la Maison de Savoye.

SALAT (Le), Riviére de France au Languedoc [f]. Elle a sa source au plus haut des Pyrénées, dans la Montagne de SALAU passage d'Espagne, où est une Chapelle de la Vièrge, possédée par les Chevaliers de Malthe, & célèbre par le concours des François & des Espagnols, la Riviére & la Montagne des Puits, & des Sources salées des environs. Car il y a beaucoup de Mines de Sel, dans les Montagnes, sur-tout du côté de l'Espagne. Le Salat après avoir reçu plusieurs petites Riviéres passe par La Cour, S. Girous, S. Lizier & Salies, & va se jetter enfin dans le Garonne à Foure. *f Corn. Dict. Mém. Manusc.*

SALATARÆ. Voyez CALATARÆ.

SALATHI, ancien Peuple de la Libye Intérieure, selon Ptolomée [g]. Il étoit entre le Mont Mandre, & Sagapola, & habitoit *g Lib. 4. c. 6.*

bitoit fans doute la Ville Salathos, que ce Géographe place avec une Riviére de même nom.

SALATHOS. Voyez l'Article précédent.

SALATIA, Ville de la Pouille, ce mot se trouve en quelques Editions des Hannibaliques d'Appien pour SALAPIA. Voyez ce mot.

SALATTO, c'est le nom que les Circassiens donnent au Caucase; ou du moins à une partie de cette Montagne.

SALAU, Montagne entre les Pyrénées. On en parle à l'Article SALAT.

SALAVA. Voyez LA CONCEPTION. N°. 6.

SALAWAR. Voyez ZALAWAR.

SALCES. Voyez SALSES.

SALCETTE. Voyez SALSETTE.

SALDÆ, ancienne Ville d'Afrique. Ptolomée [a] la nomme ainsi au plurier, lui donne le titre de Colonie, & la met dans la Mauritanie Céfarienfe. Pline [b] nous apprend que c'étoit une Colonie d'Augufte, & la nomme SALDE; ce doit être *Saldæ* au plurier. Martien écrit de même, & Antonin met SALDIS à l'ablatif, à XXXV. M. P. de Rufazis. La Notice Epifcopale d'Afrique, met entre les Evêques de la Mauritanie de Sitifi Pafcafe de Saldes, *Pafcafius Salditanus*. Quelques-uns croyent que c'est BUGIE, d'autres que c'est Alger.

[a] Lib. 4. c. 2.
[b] Lib. 5. c. 2.

SALDAIGNE. Voyez LA BAYE DE SALDAIGNE au mot BAYE.

SALDENSII, ancien peuple de la Dacie, selon Ptolomée [c]. C'étoient les plus Méridionaux entre les Peuples de ce Pays-là.

[c] Lib. 3. c. 8.

1. SALDUBA, ancienne Ville d'Efpagne, dans la Bétique, sur la Côte; Pline [d] après avoir dit que *Barbefula* est accompagnée d'une Riviére de même nom; *Barbefula cum Fluvio*, ajoute *Item Salduba*, il en est de même de Salduba. On croit qu'aujourd'hui cette Ville est MARBELLA, & que la Riviére est RIO-VERDE.

[d] Lib. 3. c. 1.

2. SALDUBA, ancien Bourg d'Efpagne [e], qui fut en quelque façon l'origine de la Ville de Sarragoce. Cette Ville fut bâtie sur le terrain ifolé que ce Bourg avoit occupé; & la nouvelle Ville prit le nom de César Augufte qu'elle conferve encore, tout estropié qu'il est en celui de *Caragoffa*.

[e] Ibid. l. 3. c. 3.

SALE, Ville d'Afrique en Barbarie sur la Côte Occidentale du Royaume de Fez dans l'Empire du Maroc. Cette Ville est remarquable par son antiquité; & les Anciens l'ont connue sous le nom de Sala. Elle est présentement renommée par ses Corfaires nommez SALETINS, & par son Commerce. Marmol la décrit ainsi: SALE ou CELE est, dit-il [f], une ancienne Ville bâtie sur la Côte de l'Orient par les Romains ou par Hannon le Carthaginois; (ce mot Orient est visiblement une faute, il faut dire de l'Occident) presque à l'Embouchure du Burregreg, du côté du Levant à un peu plus de demi-lieue de la Ville de Rabat. Lorsque les Goths régnoient en Afrique, elle étoit la Capitale de cette Province; mais la Ville de Fez l'emporta sur toutes les autres depuis sa fondation. La structure des Murs, des Maisons & des Temples, en est très-belle & la Ville est forte, avec un Château sur la Riviére; les Maisons ont des Cours & des Portiques à la façon du Pays, enrichis de plusieurs Colonnes & de Tables de Jaspe & d'Albâtre. Les Places & les Rues bien alignées font assez voir le bel ordre qui y étoit. Il y a un assez bon Port à l'Embouchure du Fleuve. Ce Port est petit & cependant on y apporte les Marchandises d'Europe. On équipe là des Fuftes pour courre les Côtes de la Chrétienté depuis qu'un Morisque de Grenade s'y retira. Il se nommoit Doqueili & étoit natif d'Orgiva. Ces Fuftes retournent passer l'Hyver dans le Port dont l'entrée est assez difficile. Cette Ville a été fort riche & fort peuplée, & un Hiftorien d'Afrique dit qu'on faifoit de grands ravages de-là sur la Chrétienté; qu'Alphonfe le Sage, Roi de Caftille la fut attaquer & la prit. Mais il ne la posséda pas long-tems, car Jacob I. Roi de Fez de la Race des Benimerinis qui faifoit la guerre alors au Royaume de Treméçen, fit Trève avec son Ennemi pour la venir secourir, & surprenant les Espagnols au dépourvû la prit, & tua ou fit prisonniers la plûpart de ceux qui y étoient. Le reste se sauva dans les Vaiffeaux & retourna en Caftille. Cette prise & reprise si soudaine mit la Ville en tel état qu'elle n'a jamais pu se rétablir ni rentrer dans son ancienne splendeur. On laboure quelques terres aux environs: le reste n'est que des sables où l'on seme & recueille force Côton; de sorte que la plûpart des Hábitans en font des toiles & des futaines. Autrefois les Marchandifes qui y abordoient payoient la Douanne qu'elles vont maintenant payer à Fez. Il y a seulement un Gouverneur avec trois cens Chevaux, & quelques Arquebufiers pour la sûreté de la Place. Tel étoit l'état de Salé lorsque Marmol écrivoit. Les Relations du Sieur de Razilly [g] m'apprennent que cette Ville connue à Ptolomée & à Pline sous le nom de *Sala* ,, ayant été ,, ruinée par l'injure du tems & la longueur des années, Abdelrezzac, fils ,, d'Abdalah, Roi de Fez & de Maroc, ,, la fit rebâtir & y apporta la meilleure ,, partie de ses tréfors ". Il ajoûte: ,, Maintenant (c'est-à-dire en 1629. & ,, 1630. que Razilli fit son Voyage d'A-,, frique) cette Ville ne reconnoît les Rois ,, de Maroc que par forme d'acquît, depuis que les Andalous ou Maures de ,, Grenade, chaffez il n'y a pas long-,, tems d'Efpagne, s'en font rendus Maî-,, tres. Le Roi Abdelrezzac leur avoit ,, permis de s'y habituer; mais eux in-,, grats, après tant de bien reçu, se font ,, souftraits, peu à peu, de l'obéïffance ,, qu'ils devoient à leur Prince légitime ,, & au milieu de la Monarchie ont jetté ,, les fondemens d'une petite République. ,, Pour cet effet ils ont établi leur Divan ,, qui est comme la Maifon de Ville destinée pour tenir le Conseil & faire les ,, Assemblées toutes & quantes fois que ,, l'occasion le requiert. Les Chefs de ce ,, Con-

[f] Lib. 4. c. 14.

[g] Voyages d'Afrique par le S. de Razilly.

„ Conseil font les personnes les plus qua-
„ lifiées de la Ville ; c'eſt à ſavoir le Ma-
„ rabout qui eſt le Chef de leur Loi, le
„ Moula qui eſt comme ſon Vicaire,
„ l'Amiral de la Ville, le Gouverneur du
„ Fort & le Scheick qui eſt comme le
„ Prêtre de leur Loi. Sans ceux-là, on ne
„ ſauroit rien conclurre ni expédier la
„ moindre affaire qui ſe préſente.

„ Ces Rebelles de Salé craignant d'ê-
„ tre châtiez un jour par leur Prince, ont
„ fait fortifier la Ville de telle ſorte qu'il
„ ſera bien mal aiſé doreſnavant au Roi
„ de Maroc de la remettre ſous ſon obéïſ-
„ ſance. Son Havre a été autrefois com-
„ me une Echelle de Marchands Anglois,
„ Flamands, Hollandois & autres. De-
„ puis que les Navires ſont dans ledit
„ Havre, ils demeurent ſur le fer en tou-
„ te aſſûrance ; mais ſon entrée étant tou-
„ te parſemée de ſable & de quantité de
„ petits écueils, elle ne peut être que
„ fort mal-aiſée. Auſſi l'orage y eſt par-
„ fois ſi grand, que les Vaiſſeaux ſont
„ contraints d'attendre huit & même
„ quinze jours avant que de pouvoir ren-
„ contrer la commodité du paſſage.

„ Il y a pour défendre l'entrée du Ha-
„ vre une forte Tour nommée FELCACRE
„ que les Andalous ont fait bâtir, & ils
„ l'ont garnie de bons Canons de fonte
„ qu'ils ont eus des Hollandois. La For-
„ tereſſe où demeure l'Alcaïde (c'eſt-à-
„ dire le Gouverneur) eſt auſſi très-bien
„ pourvûe. C'étoit au tems paſſé le Ser-
„ rail où les Rois de Maroc tenoient huit
„ cens Concubines ſous la garde des
„ Eunuques nommez en leur Langue
„ Abdkhaſſi. La Chapelle où le Mara-
„ bout fait ſa réſidence eſt à un demi
„ quart de lieue de la Ville ſur le bord de
„ la Mer ; ce Marabout jouït du Territoi-
„ re qui eſt tout à l'entour, & il en tire
„ un revenu avec lequel il s'entretient lui
„ & quinze ou ſeize Religieux Mahomé-
„ tans qui d'ordinaire lui tiennent Com-
„ pagnie. Joignant la Chapelle de ce
„ Marabout ſe voit un Baſtion nommé
„ HAYTAN, gardé par quelques Soldats &
„ muni de quelques Pièces d'Artillerie.

„ Peu loin delà on trouve un beau
„ Parc entouré de murailles, qui occupent
„ trois lieues de circuit. Abdelrezzac avoit
„ eu deſſein d'en faire un Paradis Terreſ-
„ tre pour y finir le reſte de ſes jours en
„ repos ; mais ayant été averti qu'on a-
„ voit vû la Sultane ſe jouer avec trop de
„ privauté à un Eunuque, il en conçut
„ un tel dépit qu'il fit ſur l'heure diſcon-
„ tinuer le travail commencé, & ſe mit
„ en tête de bâtir une ſuperbe Moſquée
„ dans Maroc ; ce qu'il exécuta peu après.
„ On peut encore voir dans la Ville de
„ Salé les ruïnes d'un très-beau Palais
„ qu'on croit avoir été le Lieu de la Sé-
„ pulture des Rois de Maroc, & des Prin-
„ ces de leur Sang. Ç'a été ſans dou-
„ te un ſomptueux Bâtiment comme
„ on le peut juger par les Colomnes de
„ Marbre qu'on en tire tous les jours. De
„ l'autre côté de la Ville il y a un fort
„ Château qui la commande, nommé CA-

„ RESANE & une Tour appellée LADALLAN".

Salé n'eſt ſéparé de la Ville de Rabat
que par la Riviére. On peut voir dans les
Voyages de Razilli une entrepriſe que les
Habitans de Rabat firent ſur la Ville de
Salé & qui manqua : ce qui fut cauſe que
ces deux Villes quoique voiſines furent
ennemies l'une de l'autre. Il en dit une
forte raiſon. Les Habitans de Salé affectoient de vivre en République & dans
une entière indépendance ; ceux de Rabat au contraire étoient fidelles au Souverain.

Le Chevalier de S. Olon [a] qui étoit en [a] Etat de l'Empire de Maroc. p. 28.
ce Pays-là en 1693. parle de Salé comme
d'une Ville rangée ſous l'autorité du Roi
de Maroc. Salé, dit-il, eſt plus connue
& plus renommée que les autres Villes, à
cauſe de ſes Corſaires & de ſon Havre,
qui n'eſt propre néanmoins que pour de
petits Bâtimens. Elle eſt encore conſidérable par ſes Forterreſſes, par ſes deux
Villes diviſées comme à Fez, en Vieille &
Nouvelle, & par ſon grand Commerce ;
ſes Habitans qui ne ſont pas plus de vingt
mille, ſe qualifient Andalous, comme
ceux de Tétouan. Elle avoit autrefois de
beaux Edifices que les guerres & ſes révoltes ont preſque tous ruïnez. Elle a
fait de la peine pendant quelque tems aux
Rois de Maroc, dont elle vouloit ſecouer
la domination ; mais Mouley Archi la réduiſit en 1666. par le gain d'une grande
Bataille contre le fameux Gayland, Seigneur de Tétouan, d'Arzile, & d'Alcaſ-
ſar, dont elle avoit recherché la protection. Ces deux Villes (dont celle de Salé eſt compoſée) ſont ſéparées par la Riviére de GUEROU. Celle, qui eſt du côté
du Sud, a deux Châteaux au haut d'une
petite Montagne qui eſt ſur le bord de la
Mer. Ils ſe communiquent par une grande muraille, & contiennent environ trente Pièces d'Artillerie aſſez mal en ordre.
Il y a un Fortin au-deſſus du vieux Château ſur l'Embouchure de la Riviére ; il
eſt garni de trois Pièces de Canons de fer
& de deux de bronze de douze à quinze
Livres de balle, pour faciliter la retraite
de ſes Corſaires quand ils ſont pourſuivis.

Salé & Tétouan ſont les Villes où les
Navires abordent le plus fréquemment ; ce
qui a donné lieu à pluſieurs Marchands de
diverſes Nations de s'y habituer & au
Roi de France d'y établir en chacune un
Conſul pour la commodité du Commerce
& pour ſa ſûreté : c'en eſt au moins l'intention, mais elle eſt ſans effet par les maniéres barbares & intéreſſées de ces Ennemis de la politeſſe & de l'honnêteté,
qui les portent à une conſidération bien
plus grande envers le moindre Marchand
par rapport au profit qu'ils en eſpérent,
que pour les Conſuls, dont le Caractère qui
leur eſt infructueux eſt tous les jours expoſé aux biſarreries de leurs caprices &
aux indignitez de leur mépris.

SALÉ (ILHA DO), ou DO SAL, en François ISLE DU SEL : Iſle d'Afrique ſur la
Côte de la Nigritie & la plus Orientale des
Iſles du Cap Verd, entre leſquelles on la
compte. Cette Iſle s'étend huit ou neuf
lieues

lieues du Nord au Sud, & n'en a au plus que deux de largeur [a]. On lui a donné le nom de Salé, de la grande quantité de Sel qui s'y congéle naturellement, toute cette Isle étant pleine de Marais Salans. Le Terroir est fort fertile, & ne produit aucun Arbre, mais seulement quelques petits Arbrisseaux du côté de la Mer. On n'y voit point d'herbe, quoiqu'il y ait quelques Chévres: il n'y a point d'autres Bêtes, mais seulement des Oiseaux sauvages, parmi lesquels sont des Flamingos. Ce sont de grands Oiseaux fort semblables aux Hérons, mais plus gros & d'une couleur *rougeâtre*. Ils aiment à être en troupe, & vivent de ce qu'ils trouvent dans les Viviers, & autres lieux où il y a peu d'eau. Ils sont très-sauvages & font leur nid dans les Marais où il y a beaucoup de boue, qu'ils amoncelent avec leurs pattes, & dont ils font de petites hauteurs qui ressemblent à des petites Isles, & qui paroissent hors de l'eau d'un pied & demi de haut. Le fondement de ces éminences est large, & ils le conduisent toujours en diminuant jusqu'au sommet, où ils laissent un petit trou pour pondre. Ils se tiennent debout dans le tems qu'ils couvent, non sûr la hauteur, mais tout auprès, les jambes à terre & dans l'eau, se reposant contre le monceau de terre, & couvrant leur nid avec leur queue. Ils ont les jambes fort longues, & bâtissant comme ils font à terre, ils ne peuvent les avoir dans leur nid, ni s'asseoir dessus, ni s'appuyer tout le corps qu'à la faveur de l'instinct que la Nature leur donne, autrement leurs œufs ou leurs petits en seroient endommagés. Ils pondent rarement moins que deux œufs, & ils n'en pondent jamais davantage. Les jeunes ne peuvent voler qu'ils n'ayent presque toutes leurs plumes, mais ils courent d'une vitesse incroyable. Leur chair aussi-bien que celle des vieux est maigre & noire. Elle est néanmoins très-bonne à manger, & ne sent point le poisson: leur langue est large, & a un grand morceau de graisse à la racine d'une très-grande délicatesse. Quand ces Oiseaux sont en troupe auprès d'un Lac & qu'on les voit environ d'un demi mille, ils paroissent comme une muraille de brique, leur plumage étant de la couleur d'une brique rouge nouvellement faite. Ils se tiennent d'ordinaire droits, & tous de rang les uns près des autres, si ce n'est dans le tems qu'ils mangent. D'abord les petits sont d'un gris clair, & à mesure que les plumes de leurs aîles croissent, ils deviennent plus bruns. Ce n'est qu'à l'âge de dix ou onze mois qu'ils ont toute leur beauté. Il y a une Isle près du Continent de l'Amérique, vis-à-vis de Curaçao, que les Pyrates appellent l'Isle de Flamingo, à cause de la quantité prodigieuse de ces Oiseaux qui s'y élevent. Guillaume Dampier Anglois, qui a passé quelques jours dans celle de Salé en 1668. dit qu'il n'y avoit à cinq ou six hommes, & un Gouverneur très-pauvre qui apporta pour présent au Capitaine du Vaisseau trois ou quatre Chévres maigres, lui disant que c'étoient les meilleures qu'il y eût dans l'Isle, & qu'il y avoit au moins trois ans qu'aucun Vaisseau n'y étoit venu. Ils acheterent de lui vingt boisseaux de Sel, qu'ils payerent en vieux habits, lui donnant sur le marché un peu de poudre & & de plomb qu'il leur demanda.

[a] *Dampier, Voyages autour du Monde* t. 1. c. 4.

SALÉ (la) Voyez SAALA & SALA Riviéres d'Allemagne.

SALEBIM, Ville de la Palestine dans la Tribu de Dan [b]. Elle est jointe [c] en quelques passages à Ajalon, & à Harès, & en d'autres aux Villes [d] de Maccès, & de Bethsamès; tout cela nous montre à peu près sa situation. L'Hébreu d'aujourd'hui lit SHAALABIM. Eusèbe [e] la nomme SALABA, & la met dans le Canton de Sa-marie. S. Jérôme [f] l'appelle SALEBI, & la joint à Ajalon, & à Emmaus. Les Septantes l'appellent [g] SALAMIM & [h] TALAMIN.

[b] *Josué*, c. 19. v. 42.
[c] *Judic*. c. 1. v. 35.
[d] *Reg.* l. 3. c. 4. v. 9.
[e] *In Locis Hebr.*
[f] *In Ezech.* c. 48.
[g] *Josué*, c. 19.
[h] *Judic.* c. 1.

SALEBRONE, ancien Lieu de la Toscane [i] sur la Voye Aurélienne, entre le Lac Apritis, & *Manliana*, à XII. M. Pas de l'un, & à IX. M. de l'autre.

[i] *Anton.* l. tin.

SALECHA, ou SELCHA, ou SALCHA, Ville de la Palestine, à l'extrémité Septentrionale du partage de Manassé, au delà du Jourdain [k].

[k] *Deuterin.* c. 3. *Josué*, c. 12. & 13.

SALEÉ (la Riviére), Riviére de l'Amérique dans la Guadaloupe qu'elle sépare de la grande Terre. C'est un Canal de l'eau de la Mer qui peut avoir cinquante toises de large à son entrée du côté du grand Cul-de-Sac. Elle rétrecit ensuite & dans des endroits elle n'en a pas plus de quinze. Sa profondeur n'est pas plus égale que sa largeur, & le P. Labat [l] trouvé en quelques endroits qu'elle peut porter un Vaisseau de cinq cens tonneaux & qu'en d'autres une Barque de cinquante tonneaux auroit de la peine à passer de basse Marée; mais comme sa largeur est fort rétrecie par les Mangles & par les Paletuviers (sortes d'Arbres) qui sont sur ses bords, & qui en couvrent une bonne partie, il se peut faire que l'on trouveroit plus d'eau, & un Chenal plus profond que celui du milieu, si ces terres étoient défrichées, & les bords de la Riviére délivrés des Mangles qui les occupent. C'est un charme de naviger sur cette Riviére; l'eau y est claire, tranquille & unie comme une glace. Elle est bordée de Paletuviers fort hauts qui font un ombrage, & une fraîcheur ravissante. Elle a plus de deux lieues de long depuis son Embouchure dans le Grand Cul-de-Sac jusqu'à celle du Petit.

[l] *Voyages de l'Amérique* t. 1. part. 2. p. 140.

SALEÉ (LA RIVIERE), Riviére de l'Amérique dans la Martinique, & dans la partie la plus Méridionale de cette Isle. Elle donne le nom à cette partie de l'Isle, & est environnée de toutes parts de hautes Montagnes.

SALEX, Riviére dont parle Philostrate, au commencement du cinquième Livre de la Vie d'Apollonius de Tyane. Il dit qu'il est à quatre-vingt-dix Stades du Promontoire d'Abila vers l'Océan. Ortelius croit que c'est la ZILIA de Ptolomée.

1. SA-

1. SALEM, C'est ainsi que Jérusalem est nommée en quelques Lieux de l'Ecriture. On lit au Pseaume LXXV. sa demeure est dans Salem, & son Temple dans Sion. La Vulgate lit au lieu de ces mots *Factus est in Pace Locus ejus* ; mais l'Hébreu porte *Factus est in Salem Locus ejus*. Le sentiment commun veut aussi que Melchisedech Roi de Salem ait été Roi de Jérusalem. Voyez SALEM No. 6.

2. SALEM, Ville de la Palestine, elle appartenoit aux Sichemites, & Jacob y arriva à son retour de la Mésopotamie [a]. Eusèbe, & S. Jérôme reconnoissent cette Ville, mais quelques Commentateurs traduisent l'Hébreu par : Il arriva *sain & sauf*, près la Ville des Sichemites. Salem peut signifier *sain, entier*, &c.

[a] Genes. c. 33.

3. SALEM, S. Jérôme [b] dit qu'il y avoit un Lieu nommé Salem près de Jérusalem, du côté du Couchant.

[b] In Salem.

4. SALEM, autrement SALUMIAS, Lieu de la Palestine dans la Campagne de Scythopolis, à huit milles de cette Ville [c].

[c] Hieron. Ibid.

5. SALEM, ou SALIM, Lieu de la Palestine au bord du Jourdain où S. Jean Baptiste baptisoit [d]. Les Manuscrits portent assés indifféremment *Salim* ou *Salem*.

[d] S. Jean. c. 3. v. 23.

6. SALEM, Ville de la Palestine où régnoit Melchisedech. S. Jérôme [e], l'Auteur de la Chronique Paschale [f], & Mr. Reland [g] croient que c'étoit une autre Ville que Jérusalem. S. Jérôme la place dans le Territoire de Scythopolis, où l'on montroit encore de son tems des ruïnes que l'on disoit être du Palais de Melchisedech. D. Calmet croit avec Joseph, & le commun des Peres, & des Interprêtes que Melchisedech régnoit à Jérusalem.

[e] Epist. ad Evangelum. [f] P. 50. [g] Palæst. l. 3.

7. SALEM, Les Septante ont quelquefois appellé de ce nom la Ville de SILO. Voyez ce mot.

SALEME, Ville de Sicile dans la Vallée de Mazare, sur une Montagne à la source de la petite Rivière de même nom; & à dix-huit milles de Mazare au Nord, en allant vers Castel à Mare, & Palerme. Mr. de l'Isle nomme cette Rivière *Rio grande*, & la fait tomber peu après dans la Delia, autre Rivière qui passe au Couchant de la Ville de Saleme.

SALENÆ, ancienne Ville de l'Isle d'Albion au Pays des *Catyeuchlani*, selon Ptolomée [h]. Ses Interprètes croient que le nom moderne est SALNDY.

[h] Lib. 2. c. 3.

SALENCY, Bourg ou Village de France en Picardie [i], à une lieue de Noyon. Il est remarquable pour avoir été la Patrie de S. Godard, & de S. Médard freres tous deux fils de Nectar, Gentilhomme François, l'un des plus illustres de la Cour sous le Regne de Mérouée, & de Protagie, descendue d'une ancienne Famille des Romains qui s'étoit établie dans les Gaules. Godard fut élu Archevêque de Rouen vers la fin du V. Siècle. Il y travailla avec un zèle infatigable à la conversion des Idolâtres qu'il attira presque tous au Christianisme. Il assista l'an 511. au premier Concile d'Orléans, & mourut le 8. de Juin de l'an 530. On l'enterra dans la Cathédrale qui est aujourd'hui une des Paroisses de Rouen, & qu'on appelle de son nom S. Godard. S. Médard son frere, Evêque de Noyon, mourut l'an 560. Le nom Latin est SALENTIACUM.

[i] Corn. Dict.

SALENI, ancien Peuple de l'Espagne Tarragonoise, dans la Cantabrie selon Pomponius Mela [k]. Il appelle ainsi ceux qui habitoient aux environs de la Salia Rivière dont cet Auteur fait aussi mention.

[k] Lib. 3. c. 1.

SALENSIS, Siège Episcopal d'Asie dans la Grande Arménie [l]. Il en est fait mention au premier Concile de Nicée.

[l] Ortelii Thesaur.

SALENTIACUM, ancien Lieu de la Gaule. Voyez SALENCY.

SALENTIA, ou SALLENTIÆ, ancienne Ville de la Grande Grèce au Pays des Messapiens, selon Etienne le Géographe.

SALENTINI, SALANTINI, au SALLENTINI, ancien Peuple de la Grande Grèce. Leur Pays s'appelloit SALENTINA REGIO. Ptolomée n'y met au bord de la Mer que le Promontoire nommé JAPYGIUM, & SALENTINUM PROMONTORIUM. Mais il y met dans les Terres les Places suivantes

Rhudiæ,	Aletium,
Neritum,	Uxentum,
Bavota ou Bausta,	Veretum,

Léandre croit que le Pays des Salentins répond à la Terre d'Otrante. Cela n'est pas exactement vrai en tout.

SALERA, Ville de l'Afrique propre. Tite-Live dit qu'elle fut prise par Scipion [m].

[m] Lib. 29.

SALERNE, ancienne Ville d'Italie aujourd'hui au Royaume de Naples, sur le bord de la Mer au fond du Golphe de même nom. Cette Ville est ancienne, & faisoit autrefois partie du petit Pays des Picentins, dont Picentia étoit alors la Capitale. Strabon dit que les Romains fortifièrent Salerne pour y pouvoir mettre Garnison, & qu'elle étoit un peu plus haut que le rivage. Cluvier en conclut que Salerne étoit alors non sur le bord de la Mer comme elle y est à présent, mais sur les Montagnes qui sont aujourd'hui au-dessus de la Ville. Holstenius demande sur quel Garand on avance cette situation ; car, ajoute-t-il, encore à présent une bonne partie de la Ville est sur le penchant d'une Colline. Ptolomée la met entre les Places Maritimes ; Strabon se contente de la mettre un peu plus haut que la Mer. Il la traite de Forteresse. Quand on supposeroit que cette Forteresse étoit sur une Montagne ; Tite-Live [n] dit que les Romains y établirent une Colonie ; faudroit-il conclure que la Ville, & la Colonie étoient aussi sur la Montagne. On allégue en vain que sur la Montagne, il y a beaucoup de ruïnes ; s'il y en a, on ne peut savoir si ce sont celles de la Ville, ou celles de la Forteresse, ou celles de quelques Maisons de Campagne qui formoient une espèce de Fauxbourg hors de la Ville. Strabon dit bien que les Romains fortifièrent Salerne ; mais il ne dit point si avant cela c'étoit une Ville ou un Bourg, ou un Village.

[n] Lib. 32. c. 29.

Après la ruïne de l'Empire d'Occident par les Barbares venus des Pays Septentriotrionaux, les Lombards & les Goths se firent des Etablissemens au dépens de l'Empire Grec qui s'étoit ressaisi d'une partie de l'Italie, sur-tout dans ce qu'on appelle aujourd'hui le Royaume de Naples. Mais il n'étoit pas en état de se soutenir contre tant d'ennemis qui l'attaquoient de tous les côtés. Les Lombards formérent des Duchez, & des Principautés comme Capoue, Salerne, & tant d'autres Villes qui étoient alors les Résidences d'autant de Souverains; qui s'y maintinrent moyennant quelques légéres soumissions à l'Empire Grec. Charlemagne qui détruisit le Royaume des Lombards ne toucha point à ces Souverainetés qui étoient subordonnées à l'Empire d'Orient: ainsi au commencement de l'onzième Siècle, Salerne étoit Capitale d'une Principauté dont le Seigneur avoit un très-beau Pays. Guaimare Prince de Salerne régnoit de cette manière lorsque les Normands délivrérent sa Ville des Sarrazins, qui étoient venus pour la piller. Non seulement Amalfi relevoit de cette Principauté; mais encore le Prince comptoit dans son Domaine toute la Côte depuis Salerne jusqu'au Port de Fico, & étendoit ses droits jusqu'à Areco, & Ste. Euphémie. Ce Prince traita ses Sujets si durement, qu'ils le tuérent dans une espèce de sédition. Gisulphe son fils & son successeur suivit ses traces, & s'attira une guerre contre les Normands qui étoient devenus très-puissans dans son voisinage. Ils l'assiégérent, prirent sa Ville, le chassérent de son Pays, & le réduisirent à aller vivre à Rome des bienfaits du Pape. Les Normands fortifiérent Salerne après l'avoir prise, & elle est présentement une des principales Villes du Royaume de Naples. Elle resta néanmoins long-tems une Principauté particuliére, dont dix-neuf Princes de la Postérité de Tancrède jouïrent successivement. Ils y faisoient leur séjour, & portoient le titre de Princes de Salerne. Le Port de cette Ville étoit un des plus fréquentés de cette Côte avant que celui de Naples lui eût enlevé son Commerce. Elle est encore à présent Capitale de la Principauté Citérieure, & est assés peuplée; c'est le Siège d'un Archevêque depuis le X. Siècle. Il y a une Université célèbre; mais le Port n'est plus rien, depuis qu'on a fait abattre le grand Mole qui l'enveloppoit, & qui mettoit les Vaisseaux à l'abri du mauvais tems. La longueur s'en voit encore par les restes qui en paroissent dans la Mer presque à fleur d'eau. Quoique par là on ait ruiné le Commerce maritime de cette Ville, celui de Terre ne laisse pas de subsister, & il se tient à Salerne chaque année plusieurs Foires très-célèbres. Les Rues sont fort étroites comme en toutes les anciennes Villes; il y a deux de ces Rues qui sont parallèles, & les principales de toutes. Les autres les traversent pour la plûpart. Dans la premiére est la Place du Marché proche du Couvent de S. Augustin, où l'on voit une Image miraculeuse de la Vierge qu'on trouva dans un Vaisseau, qui périt dans les sables devant la Ville de Salerne, en venant de Constantinople. L'Eglise Cathédrale est sous l'Invocation de S. Mathieu Apôtre dont on y conserve le Corps dans une Châsse très-riche au dessous de son Grand-Autel. Il y a plusieurs Tombeaux de côté & d'autre, autour de la même Eglise. Elle fut honorée de la qualité d'Archevêché l'an 974. par le Pape Boniface VII. Le Monastère de S. Benoît est considérable pour ses deux Cloîtres, ses deux Chapelles, & ses Jardins, dont il y en a un en terrasse fort élevé, d'où l'on a la vue sur la Mer, & sur une partie de la Ville. Du côté de l'Epître du Grand-Autel de l'Eglise est une Chapelle de Notre-Dame, ornée de Tableaux, de Figures, de Chandeliers d'argent, de Lampes, & d'autres Présens. La Maison de Ville est dans l'une des grandes Rues avec quelques beaux Palais, principalement aux environs de la Place. Cette Place est à l'un des bouts de la Ville, & est ornée d'un grand Bassin recevant les eaux de la Fontaine, qui s'éleve dans le milieu. Le Château paroît au-dessus de cette Place. Le Pape Grégoire VII. mourut à Salerne l'an 1085.

On a vu au commencement de cet Article comment Salerne est devenue une Forteresse, & une Colonie Romaine. Cette connoissance n'a pas suffi à quelques-uns; ils ont voulu donner à cette Ville une antiquité plus vénérable. Si on les en croit, elle fut fondée par Sem fils de Noé. Un Voyageur dit que cette opinion s'est glissée jusques dans l'Office Divin, & qu'au Missel de l'Eglise de Salerne, on lit dans la Prose qui se chante le jour de la Fête de S. Fortunat, & de ses Compagnons:

O Salernum, Civitas Nobilis,
Quam fundavit Sem Noe fertilis.

Supposé que cela s'y trouve, c'est une de ces épluchures, dont on fait sagement de purger les Livres d'Eglise: on sait qu'il y a eu des tems d'obscurcissement, où les Gens de Lettres se croyoient permis de suppléer par des conjectures ce qui manquoit du côté de l'Erudition. On les croioit sur leur parole. Pour les convaincre, il auroit fallu une sorte de Critique que l'on ne connoissoit guères en ce tems-là. Quelque Ecclésiastique Auteur de cette Hymne, prévenu pour cette opinion, en aura fait usage de bonne foi. Cela ne choquoit personne alors, & cela ne nous révolte que parce que nous avons fait des Etudes qui manquoient à ces bonnes gens. Eh! comment les auroient-ils faites ? Les Livres qu'il faut consulter sur ces matières étoient alors très-rares, & d'un prix si haut, que peu de personnes y pouvoient arriver.

SALERNE, (Le Golphe de), Golphe de la Méditerranée sur la Côte Orientale du Royaume de Naples. C'est le *Pæstanus Sinus* des Anciens. Voyez au mot Golphe l'Article GOLPHE DE SALERNE.

SALERS, petite Ville de France dans la Haute Auvergne, à six lieues d'Auriliac & à quatre de Mauriac, dans les Montagnes.

SALESBURI. Voyez SALISBURI.

SAL.

SALESO, Riviére d'Asie dans l'Anatolie, où elle arrose la partie Orientale de la Caramanie. Elle passe à Saleschia, & se rend un peu après dans le Golphe de Satalie, vis-à-vis de l'Isle de Cypre; les Italiens l'appellent aussi *il fiume di fermo*[a]. On croit que ce fut dans cette Riviére que l'Empereur Frédéric I. surnommé Barberousse se noya l'an 1190.

[a] Baudrand, Edit. 1705.

SALETIO, ancienne Ville de la Germanie sur le Rhin[b], à sept milles Romains de Strasbourg, en allant vers Saverne. Beatus Rhenanus dit qu'elle est nommée *Salesia* dans les Annales de France, & que le nom moderne est SELZA. Voyez SALISSO.

[b] Ortelii, Thesaur.

1. **SALFELD**, petite Ville d'Allemagne[c], au Cercle de la Haute Saxe, dans la Misnie sur la Riviére de Sala, au-dessus d'Iene, à la distance d'environ sept lieues.

[c] Baudrand, Edit. 1705.

2. **SALFELD**, petite Ville du Royaume de Prusse[d], dans la Poméranie sur un petit Lac, à cinq lieues de la petite Ville de Holland vers le Midi.

[d] Ibid.

SALGA, Ville de la Mauritanie, selon Etienne le Géographe.

SALGANEA, ancienne Ville de Gréce dant la Béotie sur l'Euripe, au passage pour aller dans l'Eubée. Etienne dit SALGANEUS, Strabon[e] de même; mais Tite-Live[f] dit *Salganea*. Ce dernier la met auprès de l'Hermæus, qui doit avoir été une Montagne ou une Riviére. Ce Lieu qui est nommé *Saganeus* dans Ptolomée avec perte d'une Lettre est nommé présentement SALGANICO. C'est un Village de la Livadie.

[e] Lib. 9. p. 400.
[f] Lib. 35. c. 37. & 46.

SALGAS, Riviére de la Mauritanie, selon Etienne le Géographe.

SALI, ancien Peuple de la Sarmatie, en Europe selon Ptolomée[g]. Ils étoient au Nord des Agathyrses.

[g] Lib. 3. c. 5.

SALIA, Riviére d'Espagne dans l'Asturie aux Confins de la Cantabrie. Elle donnoit le nom au Peuple SALENI, qui étoit dans ces Cantons[h], & que Ptolomée semble nommer SELINI; elle le donnoit aussi au Lieu *Salaniana*, dont parle Antonin dans son Itinéraire. Cette Riviére est aujourd'hui la SAIA. C'est au jugement de Pinto la SANGA de Pline. Voyez SANGA.

[h] Pomp. Mela l. 3. c. 1.

SALICA, Ville d'Espagne au Pays des Oretains. Zurita[i] croit que c'est la même qu'Antonin nomme SALTICI.

[i] Lib. 2. c. 6.

SALICES. Voyez au mot AD l'Article AD SALICES.

SALIENTES, Lieu d'Espagne, selon Antonin. Il étoit sur la Route de Brague à Astorga; entre *Geminæ* & *Præsidium*; à XVIII. M. P. du premier Lieu, & à VIII. M. P. de l'autre.

SALIES, Ville de Gascogne dans le Béarn[k]. Elle est remarquable pour une source d'eau salée dont on fait du Sel blanc en la cuisant sur le feu. Il y a deux sources, l'une à découvert, de sorte que les eaux d'un Ruisseau voisin remplissent souvent son lit; mais les Habitans savent en puiser l'eau, & la séparer de la salée. Ils se servent pour cela d'œufs de Poule qui, étant mis dans l'eau, s'enfon-

[k] Corn. Dict. Le P. Boussingant, Théatre de l'Europe 1. Part.

cent dans la douce, & surnagent à la salée. Celle-ci qui est au milieu de la Ville est partagée à certaine mesure par les Habitans, & distribuée aux Chefs de Famille. L'autre source appartient au Roi qui l'afferme avec son Domaine. Elle est couverte, & a des Pompes pour tirer l'eau. Par les Ordonnances on défend dans le Pays l'usage de tout autre Sel que de celui de Salies, encore qu'il soit un peu corrosif, & moins fort que n'est le Sel de la Mer. Il est permis de le transporter, & de le vendre jusqu'à la Garonne. Ces sources sont si abondantes, qu'on en tire tous les jours jusqu'à cent charges de Cheval.

SALIGNAC, Ville de France dans le Haut Périgord. Elle donne le nom à une Maison illustre, qui depuis le XII. Siécle a toujours fourni de grands Hommes à l'Etat. Cette Maison est la même que celle de FENELON. Ce dernier nom est celui d'un Marquisat, & est devenu immortel par l'Archevêque de Cambrai dont les Ouvrages dureront aussi long-tems que la Langue Françoise.

SALII, nom Latin du SALLANT. Voyez ce mot.

SALIM. Voyez SALEM N°. 5.

SALINÆ. Voyez au mot AD l'Article AD SALINAS.

1. **SALINAS** (Las), c'est-à-dire, *les Salines*[l], ancien Bourg d'Espagne dans la Cantabrie dans la Province de Guipuscoa, sur la Riviére de Deva vers le Mont de S. Adrien, à trois lieues de Victoria au Septentrion, & à neuf de Bilbao, en passant vers Calahorra.

[l] Baudrand, Edit. 1705.

2. **SALINAS** (Le Cap de), Cap au Midi de l'Isle de Majorque. Il y a auprès le Port de Calafiguer.

3. **SALINAS DE MENGRAVILLA** (Las), Salines d'Espagne dans le Village de Mengravilla auprès d'Avila. Ce sont des Mines fort singuliéres. On y descend plus de deux cens degrez sous terre, & l'on entre dans une vaste Caverne soutenue par un Pilier de Sel Cristalin d'une grosseur & d'une beauté merveilleuse.

4. **SALINAS** (Las), Pays de l'Amérique Méridionale dans le Pérou dans sa Partie Orientale vers les Quixos. On y trouve S. Juan de Las Salinas qui en est le principal Lieu.

SALINE (La), petite Isle de la Mer Méditerranée entre celles de Lipari, dans la Mer de Sicile. Elle n'a point d'Habitans; mais seulement une Chapelle de Notre-Dame nommée *del Terzito*, avec quelques Vignes. Elle a douze milles de tour & est à huit milles de Lipari au Levant d'Eté. Ce fut proche de cette Isle que la Flote Hollandoise fut défaite par les François en 1676.

SALINE (La), petit Havre dans l'Amérique[m], à vingt lieues ou environ de Campêche. Il est fort commode pour les Barques; mais il n'y a pas plus de six ou sept pieds d'eau. Tout près de la Mer est un grand Etang salé qui appartient à la Ville de Campêche, & qui rapporte quantité de Sel. Dans le tems que le Sel se grene, c'est-à-dire au Mois de Mai

[m] Dampier, Supplément 2. Part. c. 2.

& de Juin, les Espagnols ordonnent aux Indiens du Pays de se rendre à cet Etang, pour le ramasser sur le bord, & en faire un gros monceau en forme de Pyramide, large par le bas & pointu vers le sommet comme le faîte d'une Maison. Ensuite ils le couvrent avec des roseaux & de l'herbe séche, après quoi ils y mettent le feu. Par ce moyen toute la superficie du Sel est brûlée, & il se forme une croûte noire, qui est si dure qu'elle garantit le Sel contre les pluyes qui commencent en ce tems-là, & tient le monceau fort sec dans la saison la plus humide. Les Indiens qui sont obligez d'amasser ainsi le Sel en monceau, y travaillent tour à tour, & chaque fois quarante ou cinquante familles y sont employées. Il ne s'y trouve pourtant point de Maisons pour les loger; mais ils s'en mettent peu en peine, à cause qu'ils sont relevez chaque semaine par une troupe de leurs Compatriotes. Ils dorment à découvert en plate Campagne, quelques-uns couchez à terre, & d'autres dans de méchans branles attachez à des Arbres ou à des pieux qu'ils plantent eux-mêmes. Pendant qu'ils demeurent en ce lieu-là, ils ne mangent que des *Tartilles* & du *Posole*. Les *Tartilles* sont une espéce de petits gâteaux faits avec de la farine du bled des Indes, & le *Posole* est aussi du bled Indien bouilli dont ils font leur breuvage. Quand la saison du Sel est passée, ils s'en retournent à leurs habitations ordinaires; mais les Espagnols de Campêche, qui sont les propriétaires de ces Salines, y envoyent souvent leurs Barques pour prendre du Sel, afin d'en charger les Vaisseaux qui sont dans la rade de Campêche, & qui le transportent ensuite dans tous les Ports de la Baye de Méxique, & particuliérement à Alvarado & à Tomprek, deux Villes où il se fait un grand Commerce de Poisson. Ce Havre de la Saline étoit souvent visité par les Anglois coupeurs de bois, lorsqu'ils passoient de la Jamaïque à Trist. S'ils y trouvoient quelque Barque, soit vuide ou chargée, ils ne faisoient nul scrupule de s'en saisir, & de la vendre avec les Indiens qui la montoient, disant que c'étoit par droit de représailles pour de mauvais traitemens reçus autrefois des Espagnols. Depuis les Salines jusqu'à Campêche, la Côte s'étend au Sud-quart-à-l'Ouest. Durant les quatres premiéres lieues tout le long de cette Côte, le Pays est submergé, & couvert de Mangles; mais à deux milles ou environ au Sud de la Saline, & à deux cens Verges de la Mer, il y a une Source d'eau douce, que les Indiens qui passent par là, soit en Barque soit en Canot, visitent toûjours, parce qu'il n'y a point d'autre Fontaine dans tout le voisinage. On trouve un petit Sentier rempli de bone qui conduit à cette Source au travers des Mangles. Après qu'on les a passez, la Côte s'éleve de plus en plus, & on y voit quantité de Bayes sablonneuses, où les Chaloupes peuvent aborder commodément; mais on ne trouve plus d'eau fraîche, jusqu'à ce qu'on soit venu à une Riviére qui est auprès de la Ville de Campêche. Le Pays qui est au-delà, toûjours le long de la Côte, est en partie couvert de Mangles; mais le terroir en général y est sec & peu fertile. Il ne produit qu'un fort petit nombre de méchans buissons, il ne croît point de bois de teinture appelé *Logwol* sur toute cette Côte; mais depuis le Cap Catoch jusqu'à la Ville de Campêche.

SALINELLO (Le), Riviére d'Italie au Royaume de Naples dans l'Abruzze Ultérieure [a]. Elle a sa source aux Montagnes près d'Ascoli & des Confins de l'Etat de l'Eglise, d'où coulant par Civitella au Levant, elle se jette dans le Golphe de Venise près de Julia Nova entre les Embouchures du Vibrato & du Tordino.

[a] *Baudrand, 1705.*

SALINES (Les), Lieux d'où l'on tire le Sel, ou bien les Lieux où on le prépare. Le Sel étant un des besoins du Genre Humain pour la conservation des Viandes, ou pour l'assaisonnement de la nourriture, la Providence a dispersé sur la Terre en une infinité d'endroits une chose d'un si grand usage. En quelques Lieux la Mer est conduite dans des Marais, où son eau aidée par l'industrie humaine se change en un Sel assez abondamment pour en fournir non seulement toute la Province, mais encore les Provinces éloignées de cette commodité. Tels sont les Marais Salans de la Saintonge, de l'Aunis, du Poitou, les Salines de Brouage & quantité d'autres. Il y a des endroits où la Nature fournit des Sources d'une eau salée, qui, étant cuite, produit assez de Sel pour les besoins des Habitans & même pour en faire Commerce. *Salies*, *Hall* en Autriche, *Salins*, & une infinité d'autres Lieux, sont de ce genre. Dans les Pays chauds la chaleur du Soleil suffit pour cuire ces eaux sans aucune préparation: il s'y forme une croute de Sel que les gens du Pays ramassent & il ne leur en coûte aucun autre travail, que celui-là; quantité d'Articles de ce Dictionnaire montrent les différentes maniéres dont le Sel se fait en divers Lieux. Il y a bien de l'apparence que ces Eaux acquérent cette qualité saline en passant dans des Mines de Sel qui se trouve dans la Terre & qui est durci par la chaleur des feux souterrains; mais il y a des Lieux où ces Mines sont si abondantes que l'on en tire le Sel tout préparé, c'est le Sel Fossile. Dans l'Ethiopie le petit Royaume de Dancal est riche en cette sorte de Sel. On le tire d'une Roche qu'on taille en forme de brique longue de huit pouces. Il est très-blanc, très-dur, & il s'en transporte tant, qu'il y a des Caravanes de six cens Chameaux qui ne sont chargez d'autre chose. Ce Sel sert même de Monnoye en ces Cantons-là. On peut voir de grands détails sur le Sel Fossile dans l'Histoire Naturelle de Pline [b], où cet Auteur a rassemblé quantité de choses curieuses selon les connoissances de son tems. Sur la Côte du Chili, aux environs de Copiapo, toute la Terre est pleine de Mines de Sel, d'où vient que l'eau douce y est rare. Sans aller si loin on peut voir à l'Article de Cardonne & à celui de *Velika*,

[b] *Lib. 11. c. 7.*

Velika, &c. des trésors immenses de Sel Fossile & il s'en trouve en quantité d'autres endroits dont la Liste tiendroit ici trop de place.

2. SALINES (Les), Ville ruïnée de l'Isle de Cypre sur la Côte Méridionale avec un ancien Château, un bon Port & des Salines dont lui vient son nom, presque au milieu entre le Cap Grec à l'Orient & Limisso à l'Occident.

3. SALINES (Les), Bourg d'Afrique en Barbarie, au Pays de Barca sur un petit Golphe entre le Cap de Roxatin & le Port du Patriarche; dans les environs de Derne, Ville qui donne présentement le nom à tout ce Pays; & qui fait partie de la République de Tripoli; car le Royaume de Barca ne subsiste plus depuis long-tems.

4. SALINES (La Vallée des), Vallée de la Palestine [a]. Les Interprêtes la mettent communément au Midi de la Mer Morte, du côté d'Idumée, parce qu'il est dit dans l'Ecriture [b], qu'Abisaï y fit mourir dix-huit mille Idumeens, que Joab [c] y en tua douze mille, que Amasias Roi de Juda [d] plusieurs années après, y en fit aussi mourir dix mille. Galien [e] nous apprend que l'on se servoit du Sel du Lac Asphaltite pour assaisonner les viandes, & qu'il étoit plus caustique, & digéroit beaucoup plus que les autres Sels, parce, dit-il, qu'il est plus cuit. On voit aussi par les Maccabées [f] que les Rois de Syrie avoient des Salines dans la Judée. Ezéchiel [g] dit que les bords & les marais que forme la Mer Morte, seront destinez à y faire des Salines. M. Halifax dans sa Relation de Palmyre, parle d'une grande Plaine toute remplie de Sel, d'où l'on en tire pour tout le Pays. Cette Plaine est environ à une lieue de Palmyre, & elle s'étend vers l'Idumée Orientale, dont la Capitale étoit Bozra. David batit les Idumeens dans la Vallée des Salines, en revenant de la Syrie de Soba. Il est assez vraisemblable, que cette Plaine de Sel est la Vallée des Salines, dont parle l'Ecriture.

[a] *Calmet, Dict.*
[b] *2 Reg. c. 8. v. 13. 1 Par. c. 18. v. 12.*
[c] *Psalm 59. v. 2.*
[d] *4 Reg. 14. v. 7. 2 Par. 25. v. 11.*
[e] *Galen. de Simplic. Medicamen. Facult. l. 4. c. 19.*
[f] *1 Macc. c. 11. v. 35. & c. 10. v. 29.*
[g] *Cap. 47. v. 11.*

5. SALINES (Ances des), Ances de l'Amérique dans les Antilles, sur la Côte Méridionale de la Martinique. Elles sont petites, & prennent leur nom des Salines qui sont tout auprès. Ces Ances sont séparées l'une de l'autre par une Pointe qu'on appelle la Pointe des Salines.

6. SALINES (La Pointe des), Cap de l'Amérique. C'est le plus Méridional de l'Isle de la Martinique, à l'extrémité d'une espèce de presqu'Isle au milieu de laquelle est une grande Saline qui donne le nom à toute cette partie de l'Isle.

7. SALINES DE CORIDON, Salines de l'Isle de S. Domingue, dans sa Côte Occidentale au Quartier du Nord, près du Port à Piment & de la Rivière de la Pierre.

8. SALINES (La Riviére des), Riviére de l'Amérique Septentrionale dans la Louïsiane. Elle est petite & se jette dans le Lac des Panis, près des Cabanes des Oetotata.

SALINS, Ville de France dans la Franche-Comté, au Bailliage d'Aval, sur le Ruisseau de Forica dans une Vallée entre deux Montagnes, à six lieues de Besançon au Midi & à autant de Dole au Levant. [h] Elle prend son nom du Sel qu'on y fait avec le feu; & dont on fournit la Province & une partie de la Suisse. Ce sont ces Salines qui ont fait donner aux Francomtois le surnom de *Bourguignons* Salez. La Ville est assez peuplée, mais commandée & ne peut être fortifiée. Son unique défense est le Fort de S. André qui la commande. C'est une bonne Place où les François perdirent beaucoup de monde en la prenant l'an 1674. Salins a eu long-tems ses Seigneurs particuliers. Elle étoit possédée l'an 1075. par *Guillaume Tête hardie*, Comte de Bourgogne qui la laissa à son fils Renaud II. Guillaume Comte de Mâcon, fils de Renaud II. eut en partage la Seigneurie de Salins qu'il laissa à son fils Gérard, Comte de Mâcon, à qui son plus jeune fils, Gaucher succéda en la Seigneurie de Salins. Marguerite fille de ce dernier, & femme de Joceran de Briançon, qui vivoit sous S. Louïs vendit à Hugues IV. Duc de Bourgogne la Seigneurie de Salins que le même Duc céda à Estevenon fils d'Etienne, Comte d'Auffone & Comte titulaire de Bourgogne en échange de Challon sur Saone. Estevenon étant mort sans enfans eut pour héritier son frere Jean. C'est de celui-ci que descendoit en ligne directe Hugues, qui épousa Alix de Méranie héritiére du Comté de Bourgogne & c'est par ce Mariage que la Seigneurie de Salins a été unie au Comté de Bourgogne dont les Princes & même les Rois d'Espagne ont pris le titre de Seigneur de Salins.

[h] *Longuerue, Descr. de la France, Part. I. p. 313.*

[i] Les Salines de cette Ville sont tout ce que l'Histoire Naturelle offre de plus curieux & de plus utile dans cette Province. On ignore le tems de leur découverte; mais l'on prétend qu'elles ont donné le nom à la Ville de Salins. Il y en a même qui veulent qu'elles ayent été connues des Romains, & ils se servent, pour prouver ce sentiment, des Antiquitez Romaines qu'on a trouvées dans la Ville de Salins &c. comme aussi des noms des Fauxbourgs & de quelques lieux des environs de Salins, lesquels sont, à ce qu'ils prétendent dérivés du Latin de même que ceux de la plûpart des Ouvriers qui travaillent à ces Salines. Quant à ce qui donna lieu à la découverte de ces Salines, l'opinion commune dans cette Province, est que ce fûrent des troupeaux qui paissoient dans le fond du Vallon où la Ville de Salins est située. Les Bergers ayant remarqué que leur Bestiaux retournoient toujours au même endroit, curieux de connoître ce qui pouvoit les y attirer, trouverent à ce que l'on prétend, ces Sources salées. La rareté du Sel dans une Province aussi éloignée de la Mer que l'est la Franche-Comté, détermina les Habitans de ce Lieu à faire une plus exacte recherche de ces eaux salées, pour tâcher ensuite par le moyen du feu d'en former du Sel, tel qu'on l'a aujourd'hui. D'autres assûrent que ce fut en fouillant dans des

[i] *Piganiol, Descr. de la France, t. 7. p. 482.*

des Mines d'or & d'argent, que l'on découvrit ces sources si précieuses à la Province. Ils appuyent leur sentiment sur ce que la Montagne du pied de laquelle sortent ces Sources, s'appelloit *Mons aureus* , *Mons Crœsi*, aujourd'hui par corruption le *Mont de Cresille* ; mais cette raison ne paroît pas bien concluante, car aucun Historien ne fait aucune mention qu'il y ait eu des Mines à Salins, & peut-être a-t-on appellé le Mont de Cresille, *Mons aureus*, à cause du profit considérable que les Sources salées rapportent à la Province. Nous ne serions point dans cette incertitude, si quelques Seigneurs du pays ne s'étoient soulevez en 1336. contre leur Souverain, & après avoir comblé les Salines n'avoient brûlé la Ville de Salins, & tous les Titres & Mémoires qui pouvoient nous instruire sur l'ancienneté des Salines de la Ville. Ces Salines appartinrent au Souverain jusqu'à la mort d'Henri III. Roi de Bourgogne & Empereur cinquième du nom, dont les biens furent partagez entre plusieurs Seigneurs. Ce qu'on appelle aujourd'hui la grande Saline, échut toute entière à celui qui eut la Souveraineté ; mais le *puits à Muire*, ou la petite Saline, fut partagée entre le Souverain, les Seigneurs de la Maison de Vienne, ceux de la Maison de Châlon, & les Seigneurs particuliers de la Maison de Salins, qui tous jaloux de leur droit y établirent autant de Justices particulières ; & c'est de-là que sont venues les différentes manières de former les pains de Sel, parce qu'on n'en pouvoit distribuer dans les terres d'aucun de ces Seigneurs qu'il ne fût à sa marque. C'est-là aussi l'origine de toutes les rentes, tant Laïques qu'Ecclésiastiques que l'on y paye encore aujourd'hui, & qui sont comme autant de témoignages authentiques de la piété & de la libéralité de ces Princes. Au commencement du treizième Siècle toutes ces portions différentes se trouvèrent réunies à celle du Souverain ; celles des Maisons de Vienne & de Châlon par le Mariage d'Hugues, fils de Jean Comte de Bourgogne, avec Alix Palatine du même Comté, & celles des Seigneurs de Salins par l'aquisition qu'en fit le même Comte Jean qui les retira des Ducs de Bourgogne, auxquels Marguerite fille de Gaucher de Salins les avoit aliénées. Quoique le Souverain eût aquis la propriété de toute la petite Saline, il ne jouissoit cependant point de tout le revenu qu'elle produisoit. Les Donations dont j'ai parlé subsistoient & emportoient près du tiers du produit de la petite Saline. Quelques Seigneurs particuliers, plusieurs Abbayes, Prieurez, Chapitres, tant du pays que des Provinces voisines, ménageoient eux-mêmes par des Officiers qu'ils établissoient, l'usage des portions qui leur avoient été données ou aliénées par ces Princes. L'an 1590, Philippe II. Roi d'Espagne en qualité de Comte de Bourgogne, commença de réunir toutes ces portions, tant Laïques qu'Ecclésiastiques.

Le Clergé s'y opposa, & sur ses raisons l'on convint qu'il renonceroit à la propriété des Salines, & que Philippe II. s'obligeroit, tant pour lui que pour ses Successeurs, de lui fournir certaine quantité de Sel. Le Clergé revint quelque tems après contre ce Traité, prétendant qu'il y avoit lésion d'outre moitié, sur quoi les Parties convinrent de s'en rapporter au Pape Clément VIII. mais la mort de Philippe & celle du Pape empêcherent l'effet de cet arbitrage jusqu'au tems de l'Archiduc Albert d'Autriche, Comte de Bourgogne, que le Pape nomma pour Commissaires l'Evêque de Bâle, & celui de Genève qui étoit pour lors S. François de Sales. Ces deux Prélats terminèrent le différend, en réduisant la quantité de Sel que le Clergé prétendoit, à une somme d'argent que le Domaine du Prince seroit obligé de lui payer, & la propriété des Salines demeura aquise à perpétuité aux Comtes de Bourgogne. L'on distingue à Salins la grande Saline d'avec la petite.

La Grande Saline [a] est comme une petite Place forte située dans le milieu de la Ville, ayant cent quarante toises de long sur quarante-six de large, & étant entourée de bonnes & épaisses murailles flanquées de Tours d'espace en espace, & couronnées d'un petit parapet. Ce n'est point ici le lieu de faire la Description de ce vaste Bâtiment, on la trouvera dans la suite de cet Article. Je me contenterai de remarquer qu'il sert de logement à un grand nombre d'Officiers & d'Ouvriers employez aux Salines.

Tout autour & joignant les murailles qui font l'enceinte de la Saline, sont des Bâtimens contigus les uns aux autres, dont quelques-uns renferment les Rouages, Grues, Pompes, Balanciers, & autres Machines, qui servent à élever les eaux, tant douces que salées, de leurs Souterrains ; celles-ci pour être conduites par différens Canaux dans leurs Réservoirs, & celles-là à la Rivière. Les autres contiennent des Fourneaux & des Chaudières où l'on fait la cuite des *muires*. D'autres que l'on nomme *Ouvroirs*, servent à former & sécher le Sel. Ceux-ci de Magasins à retirer le Sel quand il est fait, ceux-là à la Fabrique & garde des futailles, comme Seaux, Bosses, Tonneaux, Cuves &c. que l'on y fait en grande quantité tant pour l'usage de la Saline, que pour envoyer le Sel dans les Provinces étrangères. D'un autre côté sont les Magasins de tous les fers neufs, *Sapeaux*, *fontes*, que l'on employe à la fabrique des Chaudières, & à la construction des Fourneaux, comme aussi de toute la vieille ferraille qu'on en retire ; de même que du gros & menu charbon destiné tant à sécher le Sel, qu'à l'usage des quatre Forges où les Ouvriers appelés *Fevres* travaillent continuellement, soit à faire de nouvelles Chaudières, soit à rétablir ou faire des *Remandures* [b], qui est le terme propre à ces Ouvriers, les anciennes que la violence du feu consomme, & en fort peu de tems.

D'un

[a] Lettre de l'Abbé *Vernier*, Recteur de l'Hôpital de Salins.

[b] Ce mot vient du Latin *Emendatura*.

D'un autre côté sont trois grands Réservoirs de pierre nouvellement construits, bien cimentez & élevez de terre en forme de Bassins couverts, & contenant les trois plus de vingt-cinq mille muids d'eau. Enfin à l'autre extrémité de la Saline est un quatrième Bassin, appellé *le Tripet*, qui est enfoncé dans la terre en forme de Citerne, & contient lui seul plus de quinze mille muids d'eau.

Outre ces Bassins, il y en a d'un côté & d'autre de différente grandeur; les uns de bois, les autres de pierre, enfoncés dans la terre, bien cimentés, d'où l'on tire l'eau pour la faire couler dans de plus petits qui sont de bois, & appellez *Naus* [a], qui entourent les lieux où sont les Chaudiéres, & servent à les remplir d'eau, lorsqu'on veut les faire bouillir.

[a] Du Latin *Navis*.

Au milieu de tous ces Bâtimens est une grande Cour ornée de deux belles Fontaines, & c'est ici que l'on range par tas la prodigieuse quantité de bois que l'on y apporte continuellement, à peu près comme on le voit rangé dans les Chantiers à Paris. Mais ce qu'il y a ici de plus remarquable ce sont les Soûterrains, qui ont dans toute leur étendue quatre vingt-cinq toises de long sur huit à dix toises de large. Leur profondeur & l'étendue dont je viens de parler, font l'étonnement de tous ceux qui y descendent. L'entrée est sous le grand Pavillon du milieu de la Cour. Là par une rampe de pierre de quarante & une marches & une de bois d'environ vingt marches, on descend sous une Voute où l'homme le plus intrépide sans lumiére seroit saisi de frayeur, par le bruit des eaux qui y coulent de toutes parts, & aussi par le fracas étonnant des rouages, qui les élevent. Au fond de ce Soûterrain obscur on voit à la faveur des lumiéres six Sources sallées, & deux d'eau douce bouillonner, & couler de toutes parts. Elles sortent toutes d'un même Rocher dans l'espace de quatorze pieds, & on leur a tracé plusieurs petits sillons dans l'argile, pour éviter le mélange, & les faire couler par différentes routes dans des Puits ou Bassins différens. Cette Voute a huit toises de large sur cinq & deux pieds & demi de haut. L'on passe delà sous d'autres Voutes soutenues dans le milieu par des Piliers trés-massifs, sur lesquels reposent les doubles Arcs qui les composent. On entre ensuite comme par deux espèces de portes fort larges, dans une belle & spacieuse Voute qui a cinq toises cinq pieds trois pouces de hauteur, & est soutenue par quatre gros massifs, posés en échiquier, au milieu desquels on voit, à la faveur d'un soupirail fait dans le haut, une grande Cuve où l'on rassemble toutes les eaux des Sources sallées. Cette Voute continuant sur quatre Piliers posez sur la même ligne, & formant différens Arcs sur huit toises de largeur & onze de longueur, finit par une espace de dix toises & demie, fort irrégulier & renfermé sous une seule voute, dans lequel on voit couler sept ou huit Sources d'eau salée, parmi dix ou douze d'eau douce. Elles coulent dans leurs Bassins qu'on leur a préparés en différens endroits de ces Souterrains, les douces pour être élevées par une espèce de Grue, & mises au niveau du courant de la Riviére, dans laquelle elles s'écoulent par un Canal souterrain qui les y porte au bas de la Ville. L'eau salée est élevée par des Seaux de bois, attachés & enlacés les uns aux autres autour d'une grande roue, qu'un Cheval fait tourner. Ces Seaux se remplissent d'eau dans la Cuve, où elle est rassemblée, & tandis que les uns en passant puisent leur charge, les autres, déja élevés au dessus de la roue, versent l'eau dont ils sont remplis dans un Bassin, duquel elle coule dans les Réservoirs dont on a parlé. Mais comme, ces Puits ou Cuves venant à se remplir, les eaux tant douces que sallées pourroient en se répandant se mêler & rendre les Souterrains impraticables; pour éviter cet inconvénient on a placé sur le bord de ces Puits une petite roue de cuivre, soutenue sur un Axe, & faite en forme de roue de moulin à Baril, que la chûte des eaux fait mouvoir. Le mouvement de cette roue fait sonner, par le moien d'une corde, une petite Cloche, qui est placée à l'entrée du Souterrain, & qui cessant de sonner, lors que les eaux à la hauteur de la roue la font plonger, & en empêchent les mouvemens, avertit que les eaux pourroient se mêler, & pour lors on se hâte de les élever encore.

La PETITE SALINE, quoique moins considérable que la grande, par rapport à ses Bâtimens qui ne sont point aussi grands ni aussi étendus, ne laisse pas par l'abondance de ses eaux d'avoir son mérite particulier. Elle a de même que la grande, mais en plus petit nombre, ses Fourneaux, ses Chaudiéres, ses Réservoirs, ses Sales, ses Magasins, ses Officiers &c.

A l'extrémité de tous ces différens Bâtimens est un grand Pavillon où l'on voit la Sale, où se tenoit autrefois le Conseil des Seigneurs rentiers, une petite Chapelle, & plusieurs chambres occupées aujourd'hui par celui à qui est confiée la garde de cette Saline. Au dessous de ces appartemens sont les Rouages, & les autres Machines, qui servent à élever les eaux des Souterrains. Un Escalier de pierre, à vis, & de soixante & dix-sept marches fort hautes, conduit, dans le premier de ces Lieux ténébreux, & là arrêté sur un plancher qui est en forme d'une large Galerie, on entend le bruit confus de différentes Fontaines d'eau douce, qui dégoutant de la Voute d'une concavité voisine, longue de vingt & un pas sur quatre de large, forme dans le fond un ruisseau, qui se précipite avec grand bruit dans un abîme, & produit une espèce de brouillard, qui obscurcit si fort la lumière des flambeaux qu'on est obligé d'y porter, qu'à peine peut-on s'en servir pour s'y conduire. Ainsi ce n'est que difficilement qu'on peut remarquer une autre Voute longue & étroite, qui traverse celle-là dans le haut, où s'écoulent encore quantité d'eaux douces par une espèce d'Aqueduc,

duc, ménagé dans un coin pour les conduire à la Riviére. De ce premier repos ou étage l'on descend par une rampe de bois de trente & une marches sur un second qui sert comme de Galerie pour conduire à deux petites Grottes, l'une longue & fort étroite, & l'autre en forme de triangle, arrondie dans le haut, & échiquetée, tout à l'entour, comme si c'étoient différens morceaux de pierre incrustés dans le roc. De la Voute de ces petites Grottes, il dégoûte de l'eau médiocrement salée, qui est conduite dans le Puits ou Bassin d'eau douce qui est tout auprès. Au dessous de ce second étage qui est soutenu par trois grandes Arcades de pierre, il sort du Rocher une Source d'eau douce, belle & abondante, laquelle par un Canal de plomb se rend au même Puits ou Bassin dont je viens de parler. Enfin à la gauche du second repos, on trouve une rampe de neuf marches qui conduit à l'endroit où sont les Sources salées, où à la faveur d'un flambeau l'on voit quatre Sources, dont l'une s'éleve avec abondance, & à gros bouillons, du fond du Rocher. Les trois autres sortent par autant d'ouvertures, & prenant leur cours vers différens côtés, sont enfin réunies par un tuyau de plomb triangulaire, qui leur fait prendre la même route vers une espèce de Puits profond, qui est appellé le *Puits à muire*.

Outre ces quatre Sources, on en voit encore une d'eau douce, appellée le *Du-villon*, qui sort avec abondance du fond du Rocher, & qui par sa proximité donneroit souvent lieu d'en craindre le mélange avec les eaux salées, si l'on n'avoit le soin d'élever continuellement ces eaux, tant douces que salées par des rouages semblables à ceux de la grande Saline. Les eaux douces sont conduites à la Riviére par l'Aqueduc dont nous avons parlé, & les eaux salées dans deux grandes Cuves, & dans un autre Réservoir fait comme une Citerne de cinq toises de diamètre. Comme les trois Chaudiéres qui sont dans cette Saline, ne suffisent point pour la cuite de toute la *Muire* que fournissent ces Sources, autant abondantes elles quatre, que toutes celles de la grande Saline, on en fait conduire dans les réservoirs de la grande par un Canal de bois rangé à côté d'un chemin souterrain, lequel sert pour la communication d'une Saline à l'autre, & qui passe sous une Place, & sous une rue de la Ville. Ce Canal a trente & une toises de long, & est éclairé de distance en distance par des soupiraux fermés par des grilles de fer.

Les Sources salées, tant de la grande que de la petite Saline, ne sont pas toutes, ni toujours de la même qualité. Les unes ont plus ou moins de salure que les autres, & après de grandes pluyes on remarque qu'elles produisent plus de Sel, que dans la sécheresse; ce qui prouve que ces eaux ne viennent point de la Mer, mais qu'en passant dans des Mines de Sel, elles contractent cette salure, plus ou moins forte à proportion du Sel, qu'elles en détachent par leur continuel écoulement.

Pour connoître les différens degrés de chacune de ses Sources, on remplit de leur eau un petit vase de bois appellé l'*Experiment*. C'est une espèce de Cylindre, profond de huit pouces, & large de quinze lignes de diamètre. L'on plonge dans ce Vaisseau une petite Baguette, au bout de laquelle est renfermé un peu de Mercure qui fait qu'elle s'y tient en équilibre, & qu'elle s'y enfonce plus ou moins à proportion de la qualité de l'eau qui la soutient. Plus l'eau est salée, moins la Baguette enfonce; sans doute parce que plus elle est chargée de Sel, plus elle est épaisse, & par conséquent plus en état de soutenir cette Baguette. Ainsi cette petite Baguette étant marquée par degrés comme une échelle Mathématique, elle fait connoître les degrés de salure de l'eau dans laquelle on la plonge, & par conséquent la quantité de Sel, afin de se faire parvenir au degré de salure qui puisse donner quelque profit. Ce degré est de faire vingt livres de Sel; au moins de cent livres d'eau.

Les plus salées de ces Sources ne peuvent jamais rendre plus de vingt-sept ou vingt-huit livres de Sel, pour cent livres d'eau pesant. Deux fois par semaine les Officiers commis à la garde des Sources en font l'épreuve avec l'*Experiment*, afin que sur leurs Verbaux ceux qui ont le soin de mêler les eaux, en séparent celles qui pourroient diminuer le degré de salure, requis à la cuite; ou y en mêlent de moins salées, si leur salure se trouvoit avoir augmenté.

Toutes ces eaux étant ainsi préparées, on en fait la cuite dans de grandes Chaudiéres de fer, rondes, de vingt-huit pieds de diamètre, de quinze pouces seulement de profondeur, lesquelles contiennent quarante-cinq ou cinquante muids d'eau. Ces Chaudiéres sont soutenues chacune sur leur fourneau par le moien de plusieurs gros crochets de fer attachés par un de leurs bouts au fond de la Chaudiére, & par l'autre à de grosses poutres entrelacées en forme de grille. Les Fourneaux sont de pierre, & enfoncés dans la terre, comme les Fourneaux à chaux. Au milieu de chaque Fourneau s'éleve à la hauteur de quatre pieds une grille de grosses piéces de fonte, soutenue par quantité de gros poteaux de même matiére, & c'est sur cette grille que l'on jette le bois pour y faire & y entretenir le feu.

Tandis que des Réservoirs qui entourent toute la *Berne*, (on appelle ainsi les endroits où sont les Chaudiéres, lesquelles sont au nombre de sept dans la grande Saline, & de trois dans la petite) on fait couler

couler la *Muire*, dans la Chaudiére, on allume le feu deſſous, & à meſure qu'elle ſe remplit on l'augmente. Ce rempliſſage, qui dure près de deux heures, étant achevé, on augmente le feu de telle ſorte, que la flâme ſortant par la gorge, & les ſoupiraux des Fourneaux, ſemble aller réduire en cendres tous ceux qui s'en approchent. Pour lors la *Muire*, comme une Mer agitée dans ces vaſtes Chaudiéres, écume de toutes parts, & pouſſe des bouillons ſemblables aux flots irritez. On y jette de tems en tems certains Baſſins de fer, afin que l'écume & la craſſe du Sel, que la violence des ondes agitées pouſſe au-deſſus, puiſſe ſe précipiter au fond de la Chaudiére. Les eaux venant enſuite à ſe condenſer peu à peu, on diminue le feu à proportion juſqu'à ce que la cuite en ſoit parfaite, & que le Sel, qui y reſte, ſoit preſque entiérement deſſeché.

Il faut douze heures pour rendre une cuite parfaite, après quoi avec des eſpéces de rateaux on enleve légerement toute la ſuperficie du Sel, lequel pour ſa blancheur, ſon éclat & ſa force, eſt appellé *Sel trié*. On envoye ce Sel aux Suiſſes dans des tonneaux faits exprès, & à un prix fort médiocre, outre celui qu'on leur envoye en pains. Lors que Louis le Grand fit la conquête de la Franche-Comté, il voulut bien s'obliger de donner à cette République, la même quantité de Sel, & au même prix, que les Rois Catholiques le lui donnoient.

Le ſurplus du Sel qui eſt dans la Chaudiére, eſt tiré indifféremment, & porté dans des endroits appellés *Ouvroirs*, où avec certaines écuelles ou moules de bois, on en forme de petits pains peſant trois ou quatre livres, & qu'on range ſur de longs & larges braſiers de charbons allumés pour les faire ſecher. On met enſuite ces petits pains de douze en douze dans de petites machines de bois, entrelacé d'écorces d'arbres, qu'on nomme *Benates*, & puis on les enferme dans de grands Magaſins appellés *Eſtuailles*, juſqu'à ce qu'on les debite, ou qu'on les envoye dans les Lieux pour leſquels ils ſont deſtinés.

La forme différente qu'on leur donne, dénote les différens endroits pour leſquels ils ſont deſtinés. Les uns ſont pour l'ordinaire de chaque Ville, Communauté, ou Paroiſſe de la Province auxquelles les Fermiers ſont obligés d'en fournir tous les mois une certaine quantité, dont le prix eſt réglé par le Prince. Les autres ſont pour payer, tant le Franc-Salé des Officiers du Prince, que pour aquitter certaines redevances, dont les Salines ſont chargées envers pluſieurs Particuliers. D'autres enfin qu'on appelle *Sel roſiére*, ou extraordinaire, eſt pour ſubvenir par toute la Province au beſoin de ceux qui n'en ont pas aſſez de leur ordinaire.

Quoique les Sources ſalées s'altérent très-peu, & qu'elles donnent toujours la même quantité d'eau, on ne fait pas cependant tous les ans la même quantité de Sel. Le debit du Sel, & la facilité ou la difficulté d'avoir le bois néceſſaire pour la cuite des *Muires*, décident de la quantité de Sel qu'on forme. Dans les moindres années on en fait cent vingt mille charges, & dans les plus fortes cent & cinquante mille. La charge contient quatre *Benates*, la Benate douze pains, ou *Salignons*, & le pain peſe trois ou quatre livres.

La grande quantité de bois que l'on conſume pour la cuite des *Muires*, & la quantité de craſſe, ou équille qui ſe forme dans le fond des Chaudiéres comme un Sel pétrifié, & ſi dur que l'on en eſt obligé pour l'en détacher de le rompre à grands coups de haches, & de marteaux, ont ſouvent occupé les plus habiles Ingénieurs à chercher une nouvelle conſtruction de Fourneaux & de Chaudiéres, pour éviter ces deux inconvéniens; mais juſqu'à préſent leurs méditations là-deſſus n'ont point réuſſi.

Finiſſons par le Gouvernement des Salines, & remarquons que cette Maiſon Royale eſt une eſpéce de petite République par rapport au grand nombre de perſonnes qui y demeurent, & qui y ſont même néceſſaires pour la régie & l'économie des Salines.

Autrefois tous les Officiers prépoſés à la régie & l'économie des Salines, avoient tous des Patentes du Prince, & leurs emplois tenoient lieu à la plûpart de récompenſe des ſervices rendus dans les Troupes ou ailleurs. Aujourd'hui les choſes ont changé de face, & à la réſerve des Officiers de Juſtice & de quelques autres dont les Charges ont été rendues venales par le Roi, tous les autres Emplois ſont remplis par ceux qui ont du crédit auprès des Fermiers, ou qui ont été leurs Domeſtiques.

Le premier des Officiers employés à la régie des Salines, eſt le *Directeur*, autrefois appellé le *Pardeſſus*. Il a l'inſpection générale ſur tous les Employés & Ouvriers de la Saline, à la réſerve des Officiers de Juſtice.

L'*Intendant* eſt le ſecond Officier, & a ſoin de veiller, au mélange des eaux à la cuite des *Muires*, à la diſtribution du Sel, à la fourniture & coupe des bois néceſſaires, & commande en l'abſence du Directeur.

Le troiſième eſt le *Receveur*, dont l'Emploi eſt d'autant plus avantageux que les ſommes de ſa Caiſſe ſont toujours fort conſidérables.

Les deux *Délivreurs* paraphent les Billets de ceux qui viennent querir du Sel, afin que les les Officiers qui ont le ſoin des Magaſins leur en délivrent la quantité portée par les Billets.

Un *Controlleur* de tous les Billets, & de tous les Comptes de la Saline; quatre *Taxeurs* de bois, autant de *Buraliſtes*, ſervant tous alternativement dans la grande & la petite Saline. Les uns ſont employés à compter le bois qu'on porte à la Saline, les autres à le controller & enregiſtrer, & les autres à donner des Billets aux Voituriers pour etre payés du prix du bois, & de leurs Voitures. Il y a de plus ſix

six *Moutiers*, dont l'Emploi est de nuit. Il y a aussi des Commis ambulans, tant pour les bois destinés à la Saline, que pour conduire en Suisse le Sel qu'on y envoye, & en empêcher le renversement dans la Province.

Outre ces Emplois qui ne sont aujourd'hui que des Commissions, il y en a quantité d'autres en titre d'Offices héréditaires, comme aussi plusieurs autres, dont l'institution appartient au Juge, ou au Chef de la Justice des Salines. Les premiers sont un *Tresorier du Roi*, pour payer toutes les fermes, rentes, redevances, charges, pensions affectées sur les Salines, suivant qu'elles sont couchées sur l'État du Roi. Cette Charge de Tresorier rapporte quatre mille Livres par an. Un Maître des Oeuvres autrement Intendant des Bâtimens. Quatre Clercs, ou Gardiens des Sources. Les seconds sont quatre *Févres*, & plusieurs autres Ouvriers destinés à faire sortir le Sel de la Saline; & à le charger sur les Chariots des Voituriers, &c. Il y a quantité d'autres Employez, & d'Ouvriers à gages & pensionnés par les Fermiers, comme ceux qui ont la garde des portes &c. Il n'y a point de sorte de service dans aucune Berne, qui n'ait son Ouvrier & son nom particulier. On voit par le Bail des Salines, qu'elles rapportent au Roi cinq cens cinquante mille Livres.

La Ville de Salins [a] s'appelle en Latin VILLA SALINARUM, PUTEUS SALINARUM, SALINÆ SEQUANORUM. Guillaume le Breton au X. Livre de sa Philippide en appelle les Habitans *Salinenses*.

[a] Piganiol, Ibid. p. 564.

Atque Salinenses angusta in Valle sedentes,
Defæcata quibus flammarum ardore ministrat
Lympha Salem Puteis (mirabile) tracta duobus:
Unde Bisuntina sua condit edulia Vallis.

Les Médailles d'Or & de Bronze, quantité de Tombeaux à la Romaine, & une infinité d'instrumens dont se servoient les Anciens dans leurs Sacrifices & qu'on a trouvés à Salins & aux environs, ont fait croire à quelques-uns que cette Ville existoit du tems des Romains; mais comme aucun de leurs Historiens ne parle d'elle, ces Monumens ne sont pas une preuve assez forte pour déterminer que cette Ville soit d'une antiquité Romaine. Peut-être que si les Seigneurs du Pays, qui se soulevérent contre leur Souverain n'avoient pas brûlé en 1336. la Ville de Salins, nous aurions trouvé dans ses Titres de quoi fixer notre incertitude sur son origine & sur son antiquité. Comme ce sont sans doute les Salines, qui ont donné lieu à la fondation de cette Ville, tâchons d'en découvrir à peu près le tems par les Monumens où il est parlé de ces Salines. Ammien Marcellin [b] assure que sous l'Empereur Valentinien, qui favorisoit les Bourguignons, il y eut une sanglante guerre entre ceux-ci & les Allemands pour les Salines, ce qui ne peut s'entendre que des Salines de Salins, puis qu'il n'y en a pas d'autres entre la Bourgogne & l'Allemagne, qui soient assez consi-

[b] Lib. 28. c. 5.

dérables pour être un sujet de guerre. Une Médaille d'or trouvée l'an 1714. au-dessous d'un Canal souterrain, qui conduit les eaux douces des Salines à la Rivière, semble confirmer ce sentiment. Louïs le Debonnaire confirma à l'Abbaye de St. Claude, la possession de ce qui lui avoit été précédemment donné à Salins. Cette Donation est de la troisième année de son Empire; ce qui revient à l'année 817. Otton surnommé Guillaume, Comte de Bourgogne, depuis l'an 1000. donna au Monastère de St. Benigne de Dijon, suivant la Chronique de cette Abbaye, le droit d'avoir une Chaudiére à Salins; *in Salinis Burgo*, pour y faire autant de Sel, que les besoins de cette Maison le demanderoient. On croit que ce Bourg fut d'abord bâti dans le bas du Vallon où Salins est située, auprès d'une petite Eglise dédiée sous l'Invocation de St. Pierre, qui étoit dans l'endroit où sont aujourd'hui les Capucins. Cependant comme la grande Saulnerie étoit hors de l'enceinte de ce Bourg, la commodité & l'utilité firent qu'on bâtit plusieurs Maisons aux environs de la Saulnerie, & qu'insensiblement il s'y forma un autre Bourg appellé le BOURG-DESSUS; pour le distinguer de l'ancien qu'on nommoit le *Bourg-dessous*. L'émulation & la jalousie qu'il y avoit entre ces deux Bourgs, détermina l'Archiduc Philippe en 1497. de les unir, de rendre communs les intérêts & les honneurs publics. Depuis ce tems-là Salins s'est tellement accru, que c'est aujourd'hui une Ville assés considérable où l'on compte 5663. Habitans. Les deux Montagnes entre lesquelles elle est située s'appellent POUPET, & CRESILLE. Le CHATEAU POUPET étoit sur la première de ces Montagnes, qui est la plus haute des environs; mais il ne subsiste plus & on n'y voit aujourd'hui qu'un Fort nommé le Fort BELIN. Sur l'autre Montagne étoit autrefois le Château BRACON, où la tradition du Pays veut que St. Claude, l'un des Patrons de la Franche-Comté, soit venu au monde. Le tems a tellement détruit ce Château, qu'il n'a pas épargné ses ruines; car la Redoute qui porte le nom de *Fort Bracon* a été construite sous le Règne de Louis XIV. Sur cette dernière Montagne est le Château appellé le FORT ST. ANDRÉ.

[c] Gollut, Mém. Hist. de la République Séquan. p. 79.

Une grande Rue traverse la Ville de Salins d'un bout à l'autre, & laisse d'un côté les Salines au bord de la petite Riviére appellée la FURIEUSE. Mr. Baudrand la nomme la FORICA; & n'en fait qu'un Ruisseau. Elle a sa Source dans la Ville même. Le deux principales *Portes* de Salins sont celles de *Malpertuis* & de *Houdin*. On appelle aujourd'hui la dernière la *Porte Haute*, & l'autre la *Porte Basse*. Cette dénomination moderne est d'autant plus extraordinaire que la Porte Basse est au-dessus de la Source de la Rivière, ainsi la Porte Basse devroit être appellée la Haute. Il y a à Salins trois Chapitres, savoir celui de *St. Anatoile* fondé par Hugues de Salins premier Archevêque de Besançon l'an 1050. Il est composé d'un Prevôt,

SAL. SAL. 171

Prevôt, & d'onze Chanoines. Le Pape confére la Dignité de Prevôt en vertu des régles de Chancellerie reçues dans cette Province. Il confére aussi les Canonicats pendant huit mois de l'année, & le Chapitre les confére pendant les quatre autres. Le second Chapitre est celui de St. Michel, il fut fondé avant la fin du douzième Siècle, & est composé d'un Doyen & de huit Chanoines. Le Pape & le Chapitre conférent les Prébendes de la même manière qu'à St. Anatoile. Le troisième Chapitre est celui de St. Maurice, fondé en 1204. par les Doyen & Chanoines de l'Eglise Métropolitaine de St. Jean de Besançon. Il est composé d'un Prevôt, d'un Tresorier, d'un Chantre, de dix Chanoines, tous à la Collation du Roi par la cession qui en fut faite en 1172. à Charles Duc & Comte de Bourgogne, qui obtint du Pape Sixte IV. pour ce Chapitre, l'Exemption de la Jurisdiction Ordinaire de l'Archevêque de Besançon. Il y a quatre Paroisses, un Couvent de Carmes déchausséz, un de Capucins, un de Cordeliers Conventuels, un Hospice de Jésuites, un Collége de Prêtres de l'Oratoire, un Couvent de Carmelites, un de Cordeliéres dites de Ste. Claire, un de Tiercelines, un de Filles de Ste. Marie ou de la Visitation, un d'Ursulines cloîtrées, & un Hôpital. Ce sont les Prêtres de l'Oratoire qui ont le Collége & non pas les Peres de la Mission, comme le dit Mr. Corneille dans son Dictionnaire Géographique. Les Eglises, entre lesquelles St. Anatoile est la principale, n'ont rien de remarquable dans leur Architecture.

Il n'en est pas de même de la grande Saline. Elle est au milieu de la Ville, & c'est une espèce de Place forte. Une grande Tour quarrée extrêmement élevée, & dont le couvert finit par un petit Dôme octogone, dans lequel est une Horloge, qui se fait entendre dans la plus grande partie de la Ville, sert d'entrée à ce superbe Edifice, sur la Porte duquel restent encore les vestiges des Armes de Bourgogne. Deux spacieux Bâtimens qui lui sont accolez à droite & à gauche servent l'un à y loger le Directeur ou principal Officier, & l'autre nouvellement rétabli est destiné aux Fermiers Généraux. Le bas de ces deux logemens forme deux assez grandes & belles Galeries couvertes & soutenues par de belles Arcades sous lesquelles sont les Bureaux des Officiers qui servent tant à la garde de la Saline, qu'à la distribution du Sel, à la Recette à la taxe des bois. Plus bas, & joignant le logement des Fermiers est un tresbel Edifice destiné à rendre la Justice sur ce qui regarde les Salines. Sur la Porte de ce Bâtiment on voit encore en Bas-relief, la Figure d'un Lion armé d'un Casque en tête & d'une épée à la patte droite, ayant la gauche posée sur l'Ecu des Armes de Philippe le Bon, Duc & Comte de Bourgogne. Cet Ecu ayant un Sauvage pour Tenant & pour Devise AUTRE N'AURAI, qui étoit celle de ce Prince. Il y a une belle Sale d'audience, plusieurs chambres tant pour le Conseil que pour le Greffe & pour les Prisons, que pour les Archives. En face de ces Bâtimens & presque au milieu de la Saline, s'éleve un grand Pavillon quarré, dont le dessous sert d'entrée aux Souterrains où sont les Sources, & que l'on a déja vus décrits. Le dessus sert de logement au Tresorier des Salines. Au dessus de l'Escalier qui y conduit on a pratiqué une fort belle Chapelle sous l'Invocation de la Ste. Vierge, où l'on dit tous les jours la Messe pour la commodité des Officiers & des Ouvriers de la Saline.

Salins est le Chef-Lieu d'un Bailliage & le Siège d'un Présidial.

SALIOCLITA, ancien Lieu de la Gaule. Le P. Monet croit que c'est le même qu'*Estampes*, Ville de France dans la Beauce. Voyez SOLIOCLITA.

SALIS, Ville de la Basse Pannonie, selon Ptolomée. C'est apparemment le même Lieu qu'Antonin appelle SALLE, & qu'il met à XXXI. M. P. de Sabarie en allant à *Carnuntum*. Une ressemblance de mots a fait dire que c'est aujourd'hui ZALAWAR.

SALISBURI, ou SALESBURI, ou SARISBURI, ou NEW SARUM, Ville de la Grande-Bretagne au Royaume d'Angleterre en Wiltshire, à LXX. milles de Londres. C'est le *Sorviodunum* des Anciens, dit l'Auteur de l'Etat présent de la Grande-Bretagne [a]. Cette Ville une des plus belles de l'Angleterre, est arrosée principalement par l'Avon, outre plusieurs Ruisseaux qui coulent dans ses rues. Les rues y sont larges, la Place du Marché & la Maison de Ville fort belles. Mais le plus grand ornement de cette Ville est sa Cathédrale dédiée à la Ste. Vierge. On prétend qu'elle a autant de Portes qu'il y a de mois dans l'année, autant de Fenêtres qu'il y a de jours, & autant de Piliers & de Pilastres qu'il y a d'heures: singularité qui prouve moins le bon goût ou l'habileté de l'Architecte que sa bisarerie. On donnoit beaucoup dans ces sortes de beautés puériles dans les tems où tous les grands Edifices d'Architecture Gothique ont été bâtis. L'Aiguille de son Clocher est la plus haute du Royaume. C'est le Siège d'un Evêché qui étoit autrefois à Shirburn, en Dorsetshire. Il faut distinguer deux Villes de Salisburi, savoir l'Ancienne, & la Nouvelle. L'Ancienne étoit la même que la SORVIODUNUM des Anciens, & au même lieu: elle est nommée dans les Chroniques tant Bretonnes que Saxonnes SAERBYRIA, SEARESBYRIG, SARESBIRIA, SALESBIRIA, SALESBIRIG, SALESBIRI, SARESBIRIE, SEARESBIRI, SALUSBURI, SALUSBERI, & SALISBERI. Cette ancienne Ville avoit le malheur de manquer d'eau, les Habitans l'abandonnérent à cause de ce desavantage sous le Regne de Richard I. & transportérent la Ville où elle est aujourd'hui. L'ancien Lieu conserve encore le nom d'OLD SALISBURY. L'Ancienne, & la Nouvelle Ville sont en Wiltshire. Ces derniéres Remarques sont de Mr. Gibson. Cette Ville a eu titre de Comté depuis Guillaume le Conquérant.

SALISERAÏ, Ville d'Asie dans la Tartarie

[a] T. 1. p. 123.

172 SAL. SAL.

tarie sur le Gihon, selon le Traducteur de l'Histoire de Timurbec [a].

[a] T. 1. p. 2.

SALISSO, ancien Lieu de la Germanie: Antonin la met entre Trèves, & Mayence sur la Route de Trèves à Strasbourg.

Treveris
Baudobricam   M. P. XVIII. Boppart.
Salissonem   M. P. XXII.
Bingium   M. P. XXIII. Bingen.
Magontiacum   M. P. XII. Mayence.

SALIUNCA, Ville d'Espagne au Pays des Autrigons; dans les Terres selon Ptolomée. Σαλιόγκα *Saliunca*, selon l'Edition de Bertius.

SALL. Voyez SALA.

SALLABENSIS, Siège Episcopal d'Afrique dans la Mauritanie Césariense, selon Ortelius: Je n'en trouve qu'une Episcopale d'Afrique où la premiére Lettre n'est pas S, mais une F; on y lit *Salo Fallabensis*.

SALLÆCUS. Quelques Exemplaires de Ptolomée lisent ainsi au lieu d'ISALÆCUS. Voyez ce mot.

SALLANCHE. Voyez SALANCHES.

SALLAND (Le), petite Contrée des Pays-Bas aux Provinces-Unies. Elle fait partie de la Province d'Overissel. Elle est située entre la Dwente & la Trente, qui sont deux autres parties de la même Province. Elle renferme plusieurs Villes dont les principales sont:

Deventer Capitale   Zwol,
   & Campen.

Outre ces Villes il y a des Bourgs considérables savoir:

Steenwyk,   Risen,
Hasselt,   Wollenhoven,
   & Geelmuyen.

Le nom de *Salland* est composé de deux mots; *Sal* est la même Riviére que l'*Issel*, & *Land* veut dire Pays: ainsi *Salland* veut dire le Pays de l'Issel, parce qu'en effet il est situé sur cette Riviére. Mr. de Longuerue [b] observe que le mot Sal ne vient point des Salyens quoi qu'il avoue que ces anciens Peuples ont habité en ce Pays-là. Mr. Baudrand avoit dit: quelques Auteurs prétendent que les Habitans du Salland sont les anciens Salyens qui ont fondé la Monarchie Françoise, parce que la Loi fondamentale des anciens François portoit le nom de Loi Salique; mais, ajoute-t-il, cette preuve n'est pas solide; outre qu'il y avoit parmi les Gaulois d'autres Saliens qui habitoient le long des Côtes de la Provence depuis Aix jusqu'à Nice, plusieurs prétendent que cette Loi fut appellée Salique parce qu'elle fut établie sur les bords de la Sala en Franconie, & d'autres enfin, sans avoir égard ni aux Peuples, ni aux Lieux, croient que cette Loi fut appellée SALICH *salutaire*, pour marquer que cette Loi seroit utile & avantageuse à l'Etat. Cette conjecture est forcée, le mot *Salich* ne veut pas dire *salutaire*, mais *heureux*.

[b] Descr. de la France 2. Part. p. 33.

SALLE, ou SELLE, ancien Lieu dont parle Antonin qui le met sur la Route de *Pætovione Carnuntum*, à XXXI. M. P. de Sabarie. Quelques-uns doutent si ce n'est pas la SALA de Ptolomée.

SALLENTIA. Voyez SALENTIA.
SALLENTINI. Voyez SALENTINI.

SALLIS, ou SALIS, Village de l'Idumée, c'est où se sauvérent les Juifs qui avoient été battus par les Romains dans les Campagnes d'Ascalon.

SALLUVII. Voyez l'Article qui suit.

SALLYES, ou SALYES, SALYI, SALVII, & SALLUVII, ancien Peuple de la Provence, le long de la Mer, entre le Rhône & le Var. Strabon un peu aprés le commencement de son quatriéme Livre dit: La Côte est occupée par les Massiliens & les *Salies*, jusqu'à la Ligurie & aux Frontiéres de l'Italie, & jusqu'au Var. Ils n'avoient pas seulement le rivage de la Mer, car il dit ensuite: Le Pays montagneux des Salyens avance du Couchant au Nord, & se recule de la Mer insensiblement. Tite-Live parlant de P. Cornelius, dit qu'é[c]tant parti de la Ville avec soixante Barques longues, & cotoyant l'Etrurie, la Ligurie, & toute les Montagnes des Salyens, il arriva à Marseille. Comme ils étoient contigus à la Ligurie, ils ont été appellés GALLO-LIGURES; mot qui semble marquer qu'ils étoient Liguriens d'origine quoi qu'établis dans les Gaules. Nous avons dit à l'Article de la Provence que ce Peuple fut attaqué par les Romains alliés des Marseillois qu'il incommodoit. En voici la preuve tirée de Florus [d]: *Prima trans Alpes arma nostra sensere Salyi vum, dè incursionibus eorum, fidissima atque amicissima Civitas Massilia quereretur*. Ce fut la premiére guerre que les Romains firent au delà des Alpes; en prenant ce mot au delà par rapport à Rome. Pline [e] les nomme *Sallyi* en un endroit; il parle de la Ville de Verceil possédée par les *Libici*, & fondée par les Sallyes: *Vercellæ Libicorum ex Sallyis ortæ*. Mais le même Auteur les nomme SALLUVII [f] en parlant d'Aix leur Capitale, *Aquæ Sextiæ Salluviorum*. Il les nomme [g] des plus célébres des Liguriens au delà des Alpes: *Ligurum celeberrimi ultra Alpes Salluvii*. L'Abbé de Longuerue [h] croit que les Salyes étoient subdivisés en plusieurs Peuples: les plus proches d'Antibes étoient les DECEATES, qui avoient pour voisins les VEDIANTIENS, les NERUSIENS, les SUELTERIENS ou SELTERIENS, dont il est impossible à présent de donner les Limites. Les *Deciates* ou *Deceates* étoient aux environs d'Antibes, les OXYBIENS aux environs de Frejuls, les *Vediantiens* avoient pour Ville selon Ptolomée *Cemenelium*, aujourd'hui CIMIEZ, près de Nice. Les *Nerusiens* étoient autour de Vence, selon le même ancien Géographe. Les Suélteriens autour de Brignoles, & Draguignan. On pourroit y ajouter des AVATICI & les ANATILII. Les derniers étoient dans le Territoire d'Arles, & les premiers plus près de la Mer.

[c] Lib. 25. c. 26.
[d] Lib. 3. c.
[e] Lib. 3. c. 17.
[f] Lib. 3. c. 4.
[g] Cap. 5.
[h] Descr. de la France Part. 1. p. 366.

1. SALM (La), petite Riviére d'Allemagne

SAL. SAL. 173

magne dans l'Eiffel, & dans l'Electorat de Tréves, en Latin SALMONA. Elle a sa source au-dessus de Walleborne, d'où passant au Midi, elle se rend dans la Moselle près de Numague, à deux lieues d'Allemagne au-dessous de Tréves.

2. SALM, Château d'Allemagne dans l'Eiffel sur la Riviére de Salm, peu loin de sa source. Mr. Hubner dit que c'est de ce Château que prennent leur titre les Comtes de Salm, & de Reifferscheid. Il avertit de ne pas confondre ce Lieu avec SALM Principauté dans la Vétéravie.

3. SALM, Ville des Pays-Bas, au Duché de Luxembourg. Cette Ville quoique petite a Titre de Comté, & est située à trois lieues de Roche en Famine. Il y a au Midi de cette Ville un Château de même nom. L'un & l'autre sont situés sur la Riviére d'Albe, au Midi de Stablo. Mr. Baudrand remarque que cette Ville a Titre de Comté, & fait partie du Comté de Chini depuis l'an 1680.

4. SALM, Principauté d'Allemagne dans la Vétéravie. Voyez SOLMS.

5. SALM, petite Ville de Lorraine. Voyez SALMES.

1. SALMA, Ville de l'Arabie Deserte, selon Ptolomée [a]. Elle étoit à l'Orient d'Idicara, Ville située sur le Golphe Persique.

[a] Lib. 5. c. 19.

2. SALMA, Ville de l'Arabie Heureuse, selon le même Auteur. Il y en met deux de ce nom qu'il distingue ainsi:

	Long.	Lat.
Salma	70. d. 30'	26ᵈ. 0'.
Salma	63'. 20'	24". 20'.

1. SALMACIS, ancienne Ville d'Asie, dans la Carie. Arrien [b] dans les guerres d'Alexandre n'en fait qu'une Citadelle. Etienne le Géographe en fait une Ville.

[b] Lib. 1.

2. SALMACIS, Fontaine d'Asie dans la Carie. Elle ne devoit pas être loin de la Ville de même nom, & peut-être le lui donnoit-elle. Cette Fontaine avoit la réputation de rendre mous & efféminés ceux qui buvoient de ses eaux. Strabon [c] ne croit pas qu'elle eût en effet cette propriété, mais selon lui le défaut de ceux qui en buvoient venoit de leurs richesses, & de leur intempérance. Vitruve [d] en donne une autre raison. Il y a, dit-il, tout auprès de la Fontaine de Salmacis un Temple de Venus, & de Mercure. On croit faussement qu'elle donne la maladie de l'Amour à ceux qui en boivent, mais il n'y aura point de mal à rapporter ce qui a donné lieu à ces faux bruits qui se sont répandus par-tout; car ce que l'on dit qu'elle rend les gens mous & impudiques, cela ne se peut, mais elle est extrémement claire, & d'un très-bon goût. Il ajoute que les Grecs qui s'établirent en cet endroit, charmés de la bonté de cette eau y élevèrent des Cabanes, & qu'ensuite ils attirèrent des Montagnes les Barbares, les engagérent à s'amollir, c'est-à-dire à adoucir la férocité de leurs mœurs, & à se policer en se soumettant aux Loix, & s'accoutumant à une vie plus humaine

[c] Lib. 14.

[d] Lib. 2. c. 8.

& moins sauvage. Festus en donne une raison bien différente, il avoue qu'elle étoit très-funeste à la pudicité, & que ceux qui en alloient boire s'exposoient à la perdre, non que l'eau eût par elle-même aucune qualité; mais parce que pour y aller il falloit passer entre des murs qui resserroient le chemin, & donnoient par-là occasion aux jeunes débauchés de surprendre les jeunes filles qu'ils deshonoroient sans qu'elles pussent leur échaper. Ovide que l'opinion du Peuple accommodoit mieux ne l'a pas manquée:

Cui non audita est obscænæ Salmacis unda?

dit il dans le XV. Livre de ses Métamorphoses [e]. On peut voir comment il a accommodé la Fable de la Nymphe Salmacis & d'Hermaphrodite L. IV. Fabl. XI.

[e] Vers 319.

SALMACIS, Ortelius trouve un Fleuve de ce nom chez les Parthes, & cite Florus, mais avec précaution *Uti videtur ex 4. Flori.* La précaution étoit judicieuse, car outre qu'il ne s'agit point dans cet Auteur d'un Fleuve, mais des Fleuves au pluriel, au lieu de *Salmacidis Fluviis* qu'on lisoit autrefois dans le passage de Florus [f] Saumaise a fait remarquer qu'il faut lire *Salinacidis Fluviis*, c'est-à-dire des Riviéres dont les eaux sont saumaches, de mot à mot *salinæ* & *acides*. Rien n'est plus commun que ces sortes de Riviéres dans l'Orient & les Turcs les nomment *Kara Sou*, eau noire: de là vient comme je le remarque ailleurs, que ce nom est commun à tant de Riviéres. Le passage de Florus fait juger de la bonté de la correction de Saumaise, car il s'y agit des maux causés par les mauvaises qualités des eaux que buvoient les Troupes.

[f] Lib. 4. c. 10.

SALMANI, Peuple Arabe au voisinage de la Mésopotamie, selon Pline. Etienne le Géographe, dit ΣΑΛΜΗΝΟΙ, Peuple Solitaire, c'est-à-dire qui vivoit à part, & cite Glaucus dans ses Antiquités Arabiques. C'est apparemment le même Peuple.

SALMANTICA, ancienne Ville de la Lusitanie chez les Vettons, selon Ptolomée [g]. Quelques Savans peu attentifs ont cru que cette Ville est nommée par Tite-Live [h], HERMANDICA, & par Polybe ERMANDICA. On sait assés que Polybe est le Guide de Tite-Live, & dans les passages dont il est question, il s'agit d'un même fait, & ils parlent de la même Ville; Polybe avoit mis sans doute Hermantica que Tite-Live a conservé. Ses Copistes ont changé ce mot en Ελμαντικη, Elmantice. Nicolas Perot ancien Traducteur Latin de Polybe a trouvé dans son Exemplaire *Ermandica*, & l'a mis fidellement dans sa Version dans la belle Edition de Polybe [i] procurée par Jacques Gronovius. On mal-à-propos changé ce nom en *Salmantica*, au lieu que si on eût trouvé dans le Texte même *Salmantica*, il eût fallu l'en ôter pour y remettre *Elmantice*, ou *Hermandica*: car enfin ces deux derniers noms ou plutôt la Ville désignée par Tite-Li-

[g] Lib. 21. c. 5.

[h] Lib. 3. c. 14.

[i] In 8o. Amstelodami 1670.

Y 3 ve

ve & par Polybe, dans les passages cités, n'a rien de commun avec la *Salmantica* de Lusitanie: en voici la preuve. *Salmantica* étoit chez les *Vettons*, Ptolomée, le dit formellement. Tite-Live dit au contraire que les Villes *Hermandica* & *Arbacala* étoient chez les *Vaccéens*, Polybe dit la même chose. Or les Vaccéens étoient au Nord du Duero dans l'Espagne Tarragonoise, au lieu que les Vettons étoient au Midi de cette Riviére dans la Lusitanie. *Hermandica* est inconnue à Ptolomée, & apparemment elle ne subsistoit plus de son tems. Mais son Albocella des Vaccéens a bien l'air d'être l'*Arbacala* de Tite-Live, & l'Arbucala de Polybe. Il n'en est pas de même de la Salmatis grande Ville d'Espagne dont parle Polyen. Casaubon a bien remarqué à la vérité que Polyen ne fait que copier Plutarque, mais il ne dit point en quel endroit des Oeuvres de Plutarque cela se trouve. Ortelius parle de la Vie d'Annibal attribuée à Plutarque, & rendue en Latin par *Donat Acciaiolo*; mais elle n'est point reconnue pour être de lui, &, quand elle en seroit, l'Edition de Vascosan ne porte rien de pareil au Stratagême rapporté par Polyen. Ce n'est qu'une copie de ce que disent Polybe & Tite-Live, & en cet endroit l'Auteur de cette Vie, nomme *Hermandica* & *Arbocala*, *Villes très-riches*. Après cette recherche, je suis enfin tombé sur le Traité de Plutarque *des Vertus des Femmes*, où, en effet on lit le Stratagême tel qu'il est rapporté par Polyen, & la Ville *Salmatica* y est nommée Σαλματικὴ πόλις μεγάλη, grande Ville. L'Epithete donnée aux femmes de cette Ville sert de Titre au Chapitre Σαλματίδες. Il est à croire que dans ces deux Auteurs il s'agit en effet de *Salmantica*, Salamanque.

SALMASTRE, Ville d'Asie, dans la Perse dont elle étoit la premiere Ville lorsque Tavernier écrivoit. C'est, dit-il [a], une jolie Ville sur les Frontiéres des Assyriens, & des Mèdes, & la premiere de ce côté là des Etats du Roi de Perse. La Caravane d'Alep à Tauris n'y entre pas, parce qu'elle se détourneroit de plus d'une lieue; mais dés qu'elle a campé, le Karavan-Bachi avec deux ou trois Marchands des principaux de la Troupe va saluer le Kan qui commande, & selon la coûtume lui faire un présent. Ce Kan est si aise de ce que la Caravane prend ce chemin là qu'il donne au Karavan-Bachi, & à chacun des Marchands qui le vont voir la Calaté, la Toque, & la ceinture, ce qui est le plus grand honneur que le Roi, & les Gouverneurs de Province fassent aux Etrangers. Les dernières guerres doivent avoir changé ces usages, comme elles ont changé les Frontiéres. Salmastre est à quatre journées de Tauris, & à vingt-huit d'Alep.

[a] Lib. 3. c. 4.

SALMATICA, & SALMATIS. Voyez SALMANTICA.

SALMENI. Voyez SALMANI.

SALMENICA, Ville du Péloponnèse, selon Calchondyle [b].

[b] Lib. 10.

SALMES, ou SALME, petite Ville ou Bourg de Lorraine avec un Château sur la Frontiére de la Basse Alsace, au Pays de Vosge près de la Riviére de Brusch, à la Source de la Sare au Couchant, & à huit lieues de Strasbourg, en allant vers Nanci dont elle est à vingt-deux lieues, & à quatorze de Marsal à l'Orient d'Hyver. C'est le Chef d'un Comté qui a Titre de Principauté dans l'Empire depuis l'an 1622. selon Mr. Baudrand. L'Abbé de Longuerue [c] parle ainsi de ce Comté.

[c] Descr. de la France, Part. 2. p. 214.

Il est, dit-il, dans les Montagnes de Vosge; la partie Orientale qui est vers l'Alsace, est du Diocèse de Strasbourg, & la partie Occidentale qui confine avec la Lorraine, est du Diocèse de Toul.

Richer Moine de Sennone, dit qu'un Seigneur nommé Henri, bâtit ce Château, *in Brusca Valle*, dans la Vallée de Brusch, qui est une Riviére qui prenant sa source dans les Montagnes de Vosge, se jette dans l'Ill à Strasbourg. Ce Pays appartenoit autrefois, ou du moins une bonne partie, à l'Abbaye de Sennone, laquelle pour le Temporel relevoit de l'Evêché de Metz; & c'est dans ce Territoire de Sennone que fut bâti ce Château dans la Vallée de Brusch, *in Brusca Valle*.

Henri Fondateur de cette Place, lui donna le nom de *Salmes*, parce qu'il tiroit son origine des Comtes de Salmes en Ardenne. C'est ce que nous apprenons du Moine Richer, qui avoit connu le petit-fils d'Henri, & qui a écrit une Chronique de ce Monastère où il rapporte amplement ces choses, & comme ce Seigneur & ses Successeurs, ayant obtenu l'Avouerie de ce Monastère, se servirent de la garde & protection que l'on leur avoit donnée pour piller les Religieux, ainsi qu'il se lit au Chap. 26. & suivans du quatrième Livre.

Henri de Salmes étoit fils d'un autre Henri Comte de Salmes en Ardenne. Il fut Comte de Blanmont en Lorraine, où une Branche de cette Maison s'établit; c'est pourquoi elle, prit le nom de Blanmont *de Albo Monte*, que donne à ses Seigneurs le Moine Richer, avec celui de Deneuvre (*de Danubrio*). L'une & l'autre Seigneurie étoient des Fiefs de l'Evêché de Metz.

Henri de Salmes eut deux fils; Henri qui fut Comte de Salmes en Ardenne & Frédéric qui eut le *nouveau Salmes*, avec les Seigneuries que son pere avoit possédées en ce Pays-là.

Henri de Salmes, fils de Frédéric, & petit-fils d'Henri Comte de Salmes, tourmenta fort les Moines de Sennone, & mit peu en peine des Censures de l'Eglise. Il fit si mal ses affaires, qu'il fut contraint de vendre à Jacques de Lorraine, Evêque de Metz, le Château de Salmes, & celui de PIERRE-PERCÉE, qui étoit un Franc-Alleu. Ce Château de Pierre-percée avoit été déja retiré des mains des Usurpateurs par Etienne de Bar, Evêque de Metz, vers l'an 1140.; mais il avoit été peu après aliéné de nouveau. Il ne demeura guères aux Evêques de Metz; car Henri & ses Descendans furent Seigneurs de Salmes

S A L.

mes & de Pierre-percée, dont ils faifoient foi & hommage aux Evêques de Metz. Les Seigneurs de Salmes n'ont pas durant long-tems refufé de s'acquitter du devoir de Vaffal. Henri de Salmes, qui avoit vendu fes Terres à Jacques de Lorraine, Evêque de Metz, les reprit de lui l'an 1258. comme Vaffal; & Jean Comte de Salmes rendit le même Devoir à George de Bade, Evêque de Metz, l'an 1460.

Les Defcendans de Henri ont joui de Salmes & de Pierre-percée (appellée en Allemand *Langeſtein*) jufqu'à Jean Comte de Salmes, qui eut deux fils; l'aîné nommé Jean, & le Cadet Simon, qui partagerent également le Comté de Salmes.

Le dernier mâle de la race du Comte Jean, s'appelloit Paul, & n'eut qu'une fille & héritiére, appellée Chriſtine, qui époufa François de Lorraine, Comte de Vaudemont, & lui apporta en dot la moitié du Comté de Salmes, avec les autres biens de fes Peres, fituez en Lorraine; elle les laiffa à fes deux fils, Charles & François.

Simon de Salmes, qui eut l'autre moitié du Comté en partage, n'eut qu'une fille nommée Jannette, qu'il maria avec Jean Rhingrave & Wildgrave, ou Comte Sauvage, & elle lui apporta en dot la moitié du Comté de Salmes: c'eſt de lui que defcendoit en ligne directe Philippe Othon Rhingrave, Seigneur de la moitié du Comté de Salmes, qui ayant rendu de bons fervices aux Empereurs Rodolphe II. Mathias & Ferdinand II., fut créé par Ferdinand I'an 1623. Prince de l'Empire.

Il mourut l'an 1634, & laiffa un fils nommé Léopold Philippe, à qui l'Empereur Ferdinand III. fit prendre féance entre les Princes à la Diéte l'an 1653. mais ce Droit fut conteſté fortement par le Collége des Princes à fon fils Charles Léopold, parce qu'il n'avoit pas affez de Fiefs immédiats pour être reconnu Prince, n'ayant même que la moitié de Salmes, dont il portoit le nom; mais enfin les Princes cédérent, & il fut reconnu à la Diéte Prince de l'Empire. Dans ce temslà le feu Roi Louïs XIV. ayant conquis la Lorraine, voulut obliger le Prince à lui faire hommage pour ce qu'il poffédoit en ce Pays-là; à quoi il ne voulut pas fe foumettre.

Les Evêques de Metz étoient autrefois les Seigneurs Dominans de Salmes, & de Langeſtein ou de Pierre-percée; de forte que le Rhingrave Jean au nom de la Comteffe Jeanne fa femme, fit hommage à Henri de Lorraine, Evêque de Metz, l'an 1488. Son fils Jean rendit les mêmes Devoirs à Henri l'an 1495. & la Comteffe Jeanne l'an 1499. mais dans la fuite ils furent compris au Cercle du Haut Rhin, & regardez comme immédiats jufqu'au tems où les François occupérent la Lorraine.

Pendant qu'ils en étoient les Maîtres, la Chambre des Réunions établie à Metz rendit un Arrêt, qui condamnoit les prétendus Seigneurs de Salmes & de Pierre-percée à faire foi & hommage, & à faire auffi leurs reprifes de l'Eglife de Metz pour ces Seigneuries. Les Princes de Salmes n'ayant pas voulu obéir à cet Arrêt, tout fut confifqué; mais ce Prince a été rétabli en poffeffion par l'Article IV. du Traité de Ryswyk, qui eſt général & par lequel toutes les Réunions, faites hors de l'Alface, ont été révoquées, & tous les Jugemens de la Chambre de Metz ont été caffez: ce qui a été confirmé par le X. Article du Traité de Raftat, & par le troifième du Traité de Bade; ainfi le Comté de Salmes a recouvré fa liberté, & eſt un Etat immédiat à l'Empire, poffédé par le Duc de Lorraine, & par le Prince de Salmes.

Par le Traité de Paris de 1718 le Duc de Lorraine s'eſt obligé feulement à rendre hommage aux Evêques de Metz, de Toul & de Verdun, des Terres ou des Fiefs, dont ces Prélats juftifieront que le Duc Charles fon grand-Oncle, ou le Duc Henri, leur auront rendu hommage.

SALMON. Voyez ALMON.

SALMONA, nom Latin de la Salm, Riviére qui tombe dans la Mofelle. Aufone en fait mention.

SALMONE, Ville ancienne du Peloponnéfe dans la Pifatide, felon Strabon [a]. Il dit qu'il y avoit une fource de même nom, d'où fort l'*Enipe* nommé enfuite *Barnichius*, qui fe va perdre dans l'Alphée.

[a] Lib. 8.

SALMONIACUM, Maifon de Campagne où mourut Carloman, felon Adon & Marianus Schotus, citez par Ortelius [b].

[b] Thefaur.

SALMONIÆ CAMPUS, Campagne d'Afie dans la Phrygie, felon Diodore de Sicile [c].

[c] Lib. 17.

SALMUNTI, Σαλμᾶντι, Ville maritime d'Afie, où Alexandre affiſta à des Jeux de Théâtre. Diodore de Sicile la met fur la Mer Erythrée; mais cette Mer s'étendoit au delà du Sein Perfique & prefque jufqu'à l'Indus. Plutarque femble la mettre dans la Gédrofie, & Arrien dans la Caramanie.

SALMURIUM, nom Latin de SAUMUR.

SALMYCA, Ville voifine des Colomnes d'Hercule, felon Etienne le Géographe, qui cite Hellanicus.

SALMYDESSIA MAXILLA, Σαλμυδησσία γναθος, Ecueil de la Mer Noire, auprès de l'Embouchure du Thermodon. C'eſt un endroit fort dangereux pour les Navires. Echyle en parle dans fa Tragédie de Ptolomée. Le Scholiaſte de Sophocle en fait auffi mention dans fes Scholies fur l'Antigone. Etienne le Géographe nomme SALMYDESSUS SINUS un Golphe de ce Canton-là.

1. SALMYDESSUS, Riviére de Thrace, felon le Scholiaſte de Sophocle, fur l'Antigone.

2. SALMYDESSUS, Ville de Thrace, felon Apollodore. Voyez ALMYDISSUS.

SALNICH (Le), Riviére de la Turquie en Europe dans l'Albanie. Elle a fa fource dans les Montagnes de la Chimera, d'où courant vers le Couchant, elle fe rend dans le Golphe de Venife près de celui de la Vallonne. Les Anciens l'ont connue fous le nom de CELYDNUS & de PEPILYCHNUS.

SALO Genit. SALONIS, nom Latin d'une

d'une Riviére de l'Espagne Tarragonoise. C'est aujourd'hui le XALON. Voyez ce mot. Martial né à Bilbilis lieu situé sur cette Riviére, en fait mention en plusieurs de ses Epigrammes [a] :

a Lib. 10. Epigr. 103.

Municipes, Augusta mihi quos Bilbilis acri
Monte creat, rapidis quos Salo cingit aquis.

Il met dans une autre Epigramme [b] cinq relais de Tarragone à Bilbilis & au Salon.

b Ibid. Epigr. 104.

Illinc te rota tollet & citatus
Altam Bilbilin & tuum Salonem
Quinto forsitan essedo videbis.

C'étoient les eaux de cette Riviére qui donnoient une excellente trempe aux Ouvrages d'acier que l'on faisoit à Bilbilis. Voyez BILBILIS.

SALO, Ville d'Italie dans l'Etat de Venise au Bressan sur le Lac de Garde [c]. Elle communique son nom à une partie du voisinage de ce Lac nommée *Riviera di Salo*; & qui s'étend depuis Salo jusqu'à *Prato di Fame*, Lieu où les Evêques de Brescia, de Vérone, & de Trente peuvent se toucher la main chacun étant dans son Diocése. Ce Canton, car le mot *Riviére* doit s'entendre ici comme quand on dit la *Riviére du Levant*, la *Riviére du Ponent* en parlant de la Côte de Gênes, ce Canton, dis-je, est à couvert des Vents du Nord par le moyen des Montagnes, & produit quantité de bonnes Olives, d'excellents Citrons, des Limons, des Grenades, des Oranges & d'autres Fruits en grand nombre. On fait à Salo des aiguilles fort estimées, & les Habitans en tirent un profit considérable. Ce Canton est composé de trente-six Communautez qui forment un Conseil, par lequel toutes les affaires de la Riviére sont réglées. Salo est la patrie de Bernardin Paterne, Professeur en Médecine à Pavie, à Pise, à Padoue. Il fut attiré à Rome vers l'an 1580. & mourut assez âgé en 1592.

c Corn Dict. Schoti Itiner.

SALO, Port d'Espagne dans la Catalogne. Michelot dans le Portulan de la Méditerranée [d] en donne cette connoissance : Etant par le travers de la Riviére de Tortose, on commence à découvrir la Pointe de Salo qui paroît comme une petite Isle Noire & quelques taches de sable blanc. On la voit de même du côté de l'Est. La Rade de Salo est vers l'Ouest d'une longue Pointe qui s'avance dans la Mer environ une demi-lieue. Elle est de moyenne hauteur & a presque à l'extrémité une vieille Tour quarrée, qui tombe en ruïne, laquelle aide à la reconnoître. Un peu plus au dedans sur la même Pointe il y a une autre Tour à huit côtez, armée de trois Piéces de Canon pour la défense du Mouillage. Vers l'Ouest de cette Tour sur le bord de la Plage, il y a une autre Tour quarrée avec quelques vieilles ruïnes aux environs & deux Magasins de Pêcheurs qui sont proche de la Mer, éloignez de la grosse Tour d'environ un quart de lieue vers le Nord-Ouest.

d Pag. 38.

Le Mouillage ordinaire de Salo est entre ces deux Tours, vis-à-vis de cette Plage, à un bon quart de lieue loin. On y est par 6. 8. à 9. brasses d'eau, fond d'herbe vaseux; les ancres y tiennent si fort qu'on est obligé de les soulever de tems en tems. La Commandante mouille plus proche de terre & vers la grande Tour qui est sur une petite Pointe où l'on peut porter une amare; quelques autres Galéres en peuvent faire de même. On peut mouiller partout aux environs avec des Vaisseaux & des Galéres; mais avec les Vaisseaux on ne doit pas tant s'approcher de la Plage, de peur d'un Vent du Sud avec lequel on ne pourroit doubler la Pointe si l'on vouloit appareiller. Les traversiers de la rade de Salo sont les Vents depuis l'Est-Sud-Est jusqu'à l'Ouest Sud-Ouest, mais le Sud y donne directement & plein. On remarque cependant que ce vent n'y entre que rarement, mais la Mer qui vient du Sud fait beaucoup rouler, le Vent Nord-Ouest ne laissant pas d'y être aussi fort violent, quoi qu'il vienne du côté de la Terre. Environ quatre à cinq cens toises vers le Nord-Ouest de cette vieille Tour qui est sur le bord de la Plage il y a quelques Ruisseaux où l'on peut faire de l'eau. Tout ce terrain est fort bas, & on y voit plusieurs Villes ou Villages au pied des Montagnes, car environ deux lieues loin de la Mer, ce sont toutes hautes Montagnes. Vers le Nord de la grande Tour de Salo, environ à une lieue il y a une petite Ville nommée Villa Secca, où plusieurs Barques & autres Bâtimens vont charger du Vin. Il s'y recueille aussi quantité de Figues. La Latitude est 41. d. 2. (cela n'est pas possible, ce Port étant plus Occidental que Barcelone, & il y a au moins un excès de 28'. dans son calcul.) La variation est de cinq ou six degrez au Nord-Ouest.

Lorsqu'on vient du côté de l'Est le long de la Côte & qu'on est à vingt-cinq ou trente milles de Salo, on ne la peut voir à moins d'être à huit ou neuf milles au large de la Côte, parce qu'étant proche de la Plage, on découvre premierement la Pointe de Tamaril qui ressemble à celle de Salo, mais approchant tant soit peu, on découvre celle de Salo, qui paroît isolée & par monticules & terreins noirs. En approchant cependant, on y voit quelques taches de Sable blanc, qui en donne la connoissance, aussi-bien que la vieille Tour qui est sur la Pointe. On peut mouiller du côté de l'Est de la Pointe de Salo au cas qu'on ne la puisse pas doubler.

SALO, en Dalmatie. Voyez SALONE.

SALOBRENA, ou SALOBREGNA, petite Ville d'Espagne au Royaume de Grenade, au Couchant & à une lieue de Motril, assés près de l'Embouchure de la Riviére qui les sépare, à environ cinq lieues d'Almuñeçar. [e] Elle est située sur un Rocher élevé, au bord de la Mer, avec un Château très-bien fortifié, bâti aussi par les Rois Maures qui y tenoient leurs tresors. Il y a toujours Garnison pour défendre la Ville, & le Port avec un

e Délices d'Espagne, p. 529.

un Gouverneur, qui commande dans la Citadelle. La principale richesse de cette Place vient du sucre & du poisson dont il s'y fait un grand debit.

SALOBRIASÆ. Voyez SOLOBRIASÆ.

SALODURUM, nom Latin de SOLEURE. Voyez ce mot.

SALOMACUS, ou SALOMACUM, ancien Lieu de la Gaule dans l'Aquitaine, en venant d'AQUÆ-TARBELLICÆ, (Dacqs) à Bourdeaux, à XVIII. M.P. de cette derniére selon Antonin.

☞ **SALOMON**, Roi fameux par sa sagesse, par sa magnificence, par ses Ouvrages qui font partie de l'Ecriture Sainte, & par le Temple qu'il fit bâtir à Jérusalem. Entre les Edifices de ce Prince il y en a dont la mémoire s'est conservée ou par l'Ecriture, qui en fait mention, ou par Josephe qui en parle, ou par les ruïnes qui subsistent encore, ou par une tradition populaire qui attache le nom de Salomon à certains restes d'Edifices, que l'on fait voir aux Pélerins qui font le Voyage de la Terre Sainte. En voici quelques-uns des plus remarquables.

SALOMON (Les Cîternes de), Cîternes de la Phœnicie aux environs de Tyr au Lieu nommé ROSELAYN. Le Ministre Maundrell n'est pas fort persuadé qu'elles soient l'Ouvrage de ce Roi: & il le prouve ce me semble; après quoi il les décrit [a]. Voici comment il en parle. Roselayn est, dit-il, le Lieu où l'on trouve les Cîternes nommées Cîternes de Salomon, que l'on suppose selon la tradition commune, que ce grand Roi fit faire en ce lieu là pour récompenser en partie le Roi Hiram des Matériaux, qu'il lui avoit envoyez pour le Bâtiment du Temple. Elles sont sans doute très-anciennes ; mais il s'en faut pourtant beaucoup, qu'elles ne le soient autant que le suppose cette tradition. On peut conjecturer qu'elles n'ont été bâties que depuis le tems d'Alexandre, parce que l'Aqueduc qui transporte les eaux de ces Cîternes à Tyr, traverse la Langue de Terre par laquelle Alexandre joignit cette Ville au Continent, au tems du fameux Siége qu'il en fit; & comme il n'y a aucune raison de croire que ces Cîternes soient plus anciennes que l'Aqueduc, il est certain que l'Aqueduc n'est pas plus que le terrain sur lequel il est bâti.

[a] Voyages d'Alep à Jérusalem, p. 83. & suiv.

Il y a aujourd'hui trois de ces Cîternes entiéres, dont l'une est environ à une Stade (ou 125. pas) de la Mer & les deux autres un peu plus haut. La première est de figure Octogone & a 66. pieds de diamétre. Elle est élevée au-dessus de la terre de vingt-sept pieds du côté Méridional & de dix-huit au Nord. On prétend qu'on n'en sauroit trouver le fonds, mais une sonde de trente pieds nous fit trouver le contraire. La muraille n'est que de Gravier & de petits Cailloux, mais consolidée d'un ciment si ferme & si fort, qu'on diroit que ce n'est qu'un Rocher d'une piéce. Il y a autour de cette Cîterne une Terrasse de huit pieds de large. On en descend par un degré au Midi, & par deux au Nord, dans une autre Allée de vingt & un pieds de large. Bien que ce Bâtiment soit si large par le haut, il ne laisse pas d'être creux; de sorte que l'eau passe par dessous les Allées. Ce Vaisseau contient une très-grande quantité d'excellente eau que sa Fontaine y fournit en si grande abondance, qu'elle est toujours pleine jusques au bord, quoiqu'il en sorte un courant semblable à un Ruisseau qui fait aller quatre Moulins entre ce lieu là & la Mer. L'ancien conduit de cette eau étoit à l'Orient de cette Cîterne, par un Aqueduc élevé environ de dix-huit pieds au-dessus de la terre & large de trois. Mais il est bouché présentement & sec, les Turcs ayant fait un passage de l'autre côté d'où ils tirent une Source qui sert à moudre leur Bled.

L'Aqueduc qui est sec à présent va près de six-vingt pas à l'Orient, où il approche des deux autres Cîternes dont l'une a 36. & l'autre 60. pieds en quarré. Elles ont chacune un petit Canal par lequel elles rendoient autrefois leur eau dans l'Aqueduc & de là le cours uni des trois Cîternes alloit donner dans la Ville de Tyr. On peut suivre l'Aqueduc d'un bout à l'autre par les fragmens qui en restent. Il avance près d'une lieue vers le Nord, & puis il se tourne vers l'Ouest à un petit Mont, où il y avoit autrefois un Fort & où est à présent une Mosquée. Il traverse l'Isthme pour entrer dans la Ville. En passant à côté de l'Aqueduc on observe en plusieurs endroits, à ses côtés & sous ses Arcades des Monceaux de matiére inégale, qui ressemblent à des Rochers; c'est la production de l'eau qui en dégoute & se pétrifie en se distillant par en haut, & qui en recevant de nouvelles matiéres est parvenue à un grand Corps. Ce qu'il y a de plus remarquable, c'est la forme & la configuration des parties. Elles sont composées de Canaux innombrables de pierre, de différentes grandeurs, attachés les uns les autres comme la glace, qui pend aux goutiéres. Chaque Tube ou Canal a un petit creux dans son centre, d'où ses parties sont jettées en forme de rayons à la circonférence, à la maniére des pierres qu'on appelle vulgairement Foudres.

La Fontaine d'où procédent ces eaux est aussi inconnue que celui qui les y a fait venir. Il est certain que comme elles s'élevent à une grande hauteur, il faut qu'elles viennent des Montagnes, qui en sont éloignées d'environ une lieue, & il est pareillement certain, que cet Ouvrage a été très bien construit au commencement, puisqu'il fait encore si bien son effet dans un tems si éloigné.

3. **SALOMON** (Les Lavoirs de), c'est ainsi que le Ministre Maundrell appelle ce que le Pere Nau Jésuite, nomme les PISCINES DE SALOMON, grands Réservoirs d'eau dans la Palestine, à cinq-quarts de lieue de Bethlehem, selon le premier [b]. Voici l'idée qu'il en donne. On suppose, dit-il, que ce Prince fait allusion à ces Ouvrages, & à ces Lieux de plaisir dans l'Ecclésiaste c. 2. v. 5. & 6. où entre

[b] Ibid. p. 147.

les

les autres marques de sa magnificence, il parle de ses Jardins, de ses Vignes, & de ses Lavoirs. Il y a trois de ces Lavoirs rangés l'un au-dessus de l'autre. Ils sont disposés de cette manière, afin que les eaux du plus élevé tombent dans le second, & celles du second dans le troisième. La figure en est quarrée, ils sont d'une largeur égale contenant environ quatre-vingt-dix pas ; mais ces Lavoirs ne sont pas également longs. Le premier a environ soixante pas, le second deux cens, & le troisième deux cens vingt. Ils sont tous revêtus de pierre & plâtrés, & ont une grande profondeur. Il y a un agréable Château à côté de ces Lavoirs. Il est de structure moderne. Environ à cent-quarante pas de ces Lavoirs on trouve la Fontaine, dont ils reçoivent leurs eaux. Voyez FONTAINE SCELLE'E. Le Pere Nau dans son Voyage Nouveau de la Terre Sainte [a], met les Eaux qu'il appelle les PISCINES DE SALOMON, à deux heures de chemin de la Ville de THECUA. Ces Piscines sont, dit-il, au nombre de trois toutes de figure quadrangulaires. La première est longue de 160. pas & large de 90. La seconde qui est plus basse la surpasse de quarante pas en longueur ; (elle en a 200.) mais la largeur est la même : la troisième qui s'enfonce encore davantage dans la Vallée est semblable en largeur ; mais elle a de long environ deux cens vingt pas. Elles paroissent avoir environ cinq ou six toises de profondeur, dont une bonne partie a été creusée dans la Roche vive. Ce qui s'élève par dessus est bâti de grosses & dures pierres revêtues de Ciment. Il y a toujours beaucoup d'eau dans les Piscines & de belle eau. Elles la reçoivent de la Fontaine Scellée qui est plus haute.

[a] Lib. 4. c. 16.

4 SALOMON (Le Palais de) ; on le nommoit communément la MAISON DU BOIS DU LIBAN. On fut treize ans à bâtir tant ce Palais, que celui qu'il fit construire pour son Epouse la fille du Roi d'Egypte.

5. SALOMON (Le Temple de), j'en parle à l'Article de Jérusalem autant que la Géographie y prend d'intérêt, le reste regarde l'Histoire & l'Architecture, & on peut voir là-dessus ce qu'en ont écrit Vialpand, Lightfoot, le P. Bernard l'Ami de l'Oratoire, D. Calmet. &c.

6. SALOMON (Les Villes que), avoit réparées sont Jérusalem dont il fit bâtir les murs ; outre le Temple & les Palais dont il l'orna [b], il y fit construire la Place de MELLO. Il répara & fortifia Hezer, Mageddo, Gazer, les deux Bethoron la Basse & la Haute, Baalat, & Palmyre, dans le Desert de Syrie. Il fortifia de plus toutes les Villes, où il avoit ses Magasins de bled, de vin, & d'huile, & celles où étoient ses Chariots & ses Chevaux.

[b] 3 Reg. c. 9. 2 Par. c. 28.

7. SALOMON (Le Cap), en Latin SAMONIUM ou SALMONIUM PROMONTORIUM, quelques-uns ont écrit Salamon. Il est à la Pointe Orientale de l'Isle de Candie, à l'Orient & à onze lieues de Sitia, entre le Cap Sidero au Nord & le Cap Sacro. Les

8. SALOMON (Les Isles de), Isles de la Mer du Sud ainsi nommées par Alvare de Mendoça qui les découvrit en 1567. On convient assez de leur Latitude, qui est entre le 7. d. de Latitude Sud & le Tropique du Capricorne. Mais il y a une extrême différence entre les opinions pour leur Longitude. Selon Fernand Gallego le 204. degré passe vers le milieu de l'Isle Isabelle qui en est la principale, & selon Dudley ce même milieu est cinquante-deux degrez plus à l'Orient ; & ce qu'il y a de plus fâcheux, c'est qu'il n'est pas aisé de concilier une différence si énorme. On les appelle aussi les Isles du Marquis de Mendoce. Les principales sont au nombre de dix-huit, & quelques-unes ont deux cens lieues de tour (ce qui ne peut guères s'entendre que de Guadalcanal ou de l'Isle Isabelle) d'autres en ont cent, d'autres cinquante, d'autres sont encore plus petites. L'Isle Isabelle la plus grande de toutes a un Port nommé l'Etoile. L'Isle de S. George est au Midi du Cap Brûlé, Cap le plus Oriental de l'Isle Isabelle. Elle a trente lieues de tour. S. Marc & S. Nicolas au Sud-Est d'Isabelle ont cent lieues de tour. Aracises aussi grande que ces deux dernières est au Sud d'Isabelle. S. Jérôme a cent lieues de tour. Guadalcanal est la plus grande de toutes ; à l'Ouest sont la Galère & Buena Vista : le tour de S. Dimas & Floride est de vingt lieues pour chacune. Ramos a deux cens lieues de circuit, & n'est guères éloignée de Malaïta ; & Atregada qui a trente lieues de tour n'est pas loin des trois Mariés. L'Isle de S. Jacques au Sud de Malaïta a cent lieues de circuit & au Sud-Est est l'Isle de S. Christophle de même grandeur. Il y a encore Ste. Anne & Ste. Catherine deux petites Isles, & Nombre de Dios qui est très-petite & éloignée des autres vers le Nord. Toutes ces Isles ne sont pas découvertes ; & même celles qui le sont, ne sont pas fort connues, il s'en faut bien. On ne laisse pas d'en dire en général que l'air y est tempéré, qu'elles sont abondantes en fruits & en bétail ; que le terroir y est fertile & très-propre à être cultivé. Les Habitans sont noirs, ce qui doit peut-être s'entendre de leurs cheveux, quelques-uns sont roux ou blonds. C'est tout ce que Davity a pu recueillir de Herrera au Chapitre 26. de cet Historien Espagnol. Les Imprimeurs de Mr. Corneille trouvant ces mots qui sont de Davity *roux ou bien blonds* ; en ont fait *roux ou bleu-blonds*, ce qui est une assez étrange couleur.

9. SALOMON (Le Port de). Voyez SALONA N°. 4.

SALON, Ville de France en Provence dans la Viguerie d'Aix [c] ; mais pour le Spirituel elle est du Diocése d'Arles dont l'Archevêque est Seigneur Temporel & Spirituel de cette Ville de Salon ; il y avoit même autrefois le Haut Domaine, ne relevant que de l'Empereur, & ce Lieu ne devoit rien aux Comtes de Provence. C'est pourquoi il n'est pas aujourd'hui du Comté ; mais des Terres adjacentes. Les Arche-

[c] *Longueruë, Descr. de la France,* Part. 1. p. 352.

Archevêques y avoient dans le treizième siécle un Palais Archiépiscopal où ils demeuroient souvent. Les Habitans s'étant révoltez contre l'Archevêque Etienne de la Garde, il les en punit sévérement.

On ne sait pas l'origine de Salon, que quelques-uns veulent être un Lieu fort ancien nommé SALUM, ce qui n'est fondé que sur de vaines conjectures ; ce n'étoit autrefois qu'un Château, aujourd'hui c'est une Ville qui n'est pas des moindres de la Provence. La Maison que l'Archevêque d'Arles a fait bâtir dans cette Ville est fort agréable & fort logeable. Elle est magnifiquement meublée. [a] Cette petite Ville est traversée par un Bras de la Durance nommé la FOSSE CRAPONNE qui arrose les terres. La Ville n'est pas des plus propres, la Place est assez jolie. En entrant dans l'Eglise des Cordeliers par la Porte du Cloître, à main droite contre la muraille est le Tombeau de Nostradamus qui n'est autre chose qu'une Saillie d'un pied qui s'avance au devant du mur. Ce Tombeau est quarré de la hauteur d'un homme debout, & le dessus est en forme de talus ou de pente. Son Portrait qui est là, le représente tel qu'il étoit à l'âge de cinquante-neuf ans. Il paroît avoir été bel homme. Ses armes & celles de sa femme sont sur le Tombeau & sur un Lé de toile noire qui est entre son Epitaphe & son Portrait. Voici l'Epitaphe qui est gravée sur une pierre : *D. M. OSSA CLARISSIMI MICHAELIS NOSTRADAMI, UNIUS OMNIUM MORTALIUM JUDICIO DIGNI, CUJUS PENE DIVINO CALAMO TOTIUS ORBIS EX ASTRORUM FLUXU FUTURI EVENTUS CONSCRIBERENTUR. VIXIT ANNOS LXII, MENSES VI, DIES X. OBIIT SALONÆ MDLXVI. QUIETEM, POSTERI, NE INVIDETE. ANNA PONTIA GEMELLA SALONIA CONJUX OPT. V. F.* Michel Nostradamus si connu par ses prétendues Prophéties nommées Centuries n'étoit point né à Salon comme le disent plusieurs Auteurs, & entr'autres Mrs. Baudrand & Corneille. Il étoit de S. Remi ; mais il vint demeurer à Salon & y mourut. Cæsar Nostradamus son fils & Auteur d'une Histoire de Provence étoit né à Châlon. Les d'Hozier, Généalogistes célèbres sont originaires de Salon, & alliez des Nostradamus.

1. SALONA. Voyez l'Article précédent.
2. SALONA. Voyez SALONIA.
3. SALONA, ancienne Ville Maritime de la Dalmatie. Mela [b] nomme dans cet ordre les Villes suivantes : *Salona, Iadra, Narona, Tragurium.* Cette même Ville est nommée *Colonia Martia, Julia Salona*, dans une Inscription rapportée par Gruter [c], & sur une Médaille de Claudius au Recueil de Golzius COL. JUL. SALONA: & dans une autre rapportée pas Ligorius, mais soupçonnée de faussété par le R. P. Hardouin, COL. CLAUDIA AUGUSTA PIA VETER. SALONA. Hirtius dans l'Histoire de la Guerre d'Aléxandrie [d], dit de Gabinius: il se retira à Salone Ville Maritime, habitée par des Citoyens Romains très-vaillans & très-fidèles. Dans tous ces exemples Salona est au singulier & au féminin. César [e] employe ce nom au Pluriel, *a Salonis ad orici portum*, & Marcus Octavius [f] arriva à Salone, *Salonas pervenit*, avec les Vaisseaux qu'il avoit. Une ancienne Inscription produite par Spon [g] porte VIAM GABINIANAM AB SALONIS ANDETRIUM APERUIT ET MUNIT. Ptolomée [h] dit de même SALONÆ Colonie, Σαλῶναι Κολώνια. Lucain [i] s'est aussi servi de ce Pluriel.

a Piganiol Descr. de la France, t. 4. p. 152.
b Lib. 2. c. 3.
c Pag. 23. n. 12.
d C. 43.
e Civil. l. 3. c. 8.
f C. 9.
g Misc. Erud. Ant. p. 179.
h Lib. 3. c. 17.
i Lib. 4. v. 404.

Qua maris Hadriaci longas ferit unda Salonas.

Les Grecs ont dit Salon au Singulier & de Masculin. Strabon [k], Dion Cassius [l], & Zonare sont de ce nombre. Le dernier dit que Dioclétien se retira ἐν Σαλῶνι Ville de Dalmatie, où il étoit né ; aussi un de nos Poëtes fait-il dire à cet Empereur dans la Tragédie de Gabinie:

k Lib. 7.
l Lib. 55.

Salone m'a vu naître & me verra mourir.

Les Grecs d'une antiquité moins reculée, comme Procope ont dit Salones, au Plurier [m]. Spon décrit ainsi les restes de cette Ville. Salone étoit [n], dit-il, une Ville fameuse dans l'antiquité ; mais nous n'y avons trouvames que des Masures, & il n'y a plus qu'une Eglise avec quatre ou cinq Moulins. Les Villes périssent aussi-bien que les hommes. Elle étoit dans une belle Plaine à deux milles de la Montagne Morloque qu'elle avoit au Nord, & s'étendoit jusques à un petit Golphe qui étoit son Port dans lequel va tomber la petite Riviére qui passe au milieu, & où l'on pêche les Truites. Elle étoit dans une égale distance de Clissa, & de Spalatro environ à quatre milles de l'une & de l'autre. Elle pouvoit avoir huit à neuf milles de tour ; mais ceux du Pays disent qu'elle en avoit davantage. Parmi ces ruïnes est un trou que l'on dit être le Sépulcre de St. Domne premier Evêque de Salone, & Disciple de St. Pierre, & près delà deux autres Sépulcres de St. Anastafe & de St. Reinier, Prélats du même Siége. Le chemin qui va delà à Clissa, portoit anciennement le nom de *Via Gabiniana*, comme on l'apprend d'une Inscription antique. Cette Inscription est la même dont on a parlé ci-dessus, & Clissa a succédé à l'*Andetrium* des Anciens, dont il y est fait mention.

m Hist. Goth. l. 1. c. 7.
n Voyage de Dalmatie & de Gréce, t. 1. p. 63.

4. SALONA, Ville de Gréce, dans la Livadie. Les Anciens l'ont connue sous le nom d'AMPHISSA. Voyez ce mot. Mr. Corneille la confond mal-à-propos avec Salone de Dalmatie, & met cette Ville sur la Côte de Dalmatie, ajoutant qu'elle est célèbre par la Retraite de Dioclétien. Il cite Spon, dont il emprunte en effet quelques remarques ; mais qui n'a eu garde de mettre cette seconde Salone sur la Côte de Dalmatie, où il savoit bien qu'elle n'étoit pas, ni d'y placer la Retraite de Dioclétien, dont il ne fait pas la moindre mention. Voici à quoi se réduisent les Remarques de ce Voyageur. Ils a-

° Dict.

voient

voient mouillé à Patras [a], ils allérent par terre aux Châteaux prendre leur Barque, entrérent dans le Golphe de Lepante, le 27. Janvier 1676. firent voile toute la nuit fuivante avec un Vent favorable, fe trouvérent le matin à l'entrée du Golphe de Salona, qui étoit autrefois appellé Sinus Crissæus, à une petite Ville ruïnée nommée Pentagioi, que cet Auteur croit être l'Oeanthea des Anciens. Le lendemain en moins de deux heures, ils arrivérent au fond du Golphe de Salone, après quoi il décrit la Ville qui n'eſt pas immédiatement ſur le Golphe, mais ſur une petite Riviére qui vient s'y rendre à environ trois lieues communes de diſtance de cette Ville. Elle eſt habitée moitié par des Turcs & moitié par des Grecs. L'Egliſe Métropolitaine des Grecs eſt nommée *Panagia Leontariodis*. Elle n'a rien de conſidérable qu'une Aigle Romaine qu'on remarque en une pierre détachée. Niger & d'autres Géographes ont cru que Salone étoit l'ancienne Ville de Delphes. Spon en douta, ne voyant rien en ce Lieu qui convienne aux idées que les Anciens ont données de Delphes. Une Inſcription acheva de lui montrer la vérité. Il trouva dans l'Egliſe appellée *Sotiros Métatamorphosis*, c'eſt-à-dire la Transfiguration du Sauveur, une belle & grande Inſcription Latine qui eſt comme une Lettre ou un Reſcript du Proconſul Romain Decimius Secundinus, qu'il adreſſoit aux Habitans d'Amphiſſa. Les Turcs & les Grecs l'appellent préſentement Salona, la première Syllabe longue.

Au Levant de cette Ville paſſe un ruiſſeau (le même dont on a parlé,) dont on arroſe les Oliviers de la Plaine en les déchauſſant & y conduiſant des Rigoles. Ils ne l'appellent pas autrement que Potamo Salonitico, c'eſt-à-dire Riviére de Salone. Spon & ſa compagnie le traverſérent deux ou trois fois, il étoit preſque à ſec. Il y a quelques ſources de Fontaines à Salone, entr'autres une très-belle ſur le chemin du Monaſtére où ſe trouve l'Inſcription, & qui eſt à un mille de la Ville ſur le penchant de la Montagne voiſine. Elle eſt proche d'une petite Egliſe appellée *Agia Paraskévi*, & vient de deſſous une Grotte creuſée naturellement dans le Rocher. Les Turcs ont à Salone ſept Moſquées, les Grecs ſix Egliſes avec un Evéque qui dépend de l'Archevêque d'Athénes. Pour des Juifs il n'y en a point.

5. SALONA, Mr. Baudrand [b] dit petite Ville de Barbarie ſur la Côte du Royaume de Barca, avec un Port environ à trente lieues d'Alberton, vers le Couchant. On prend ce Lieu pour l'ancienne Catabathmus, ou pour le Salinus Portus de la Marmarique.

§. Ce Port de Salona eſt apparemment celui que Mr. de l'Iſle marque à l'extrémité Orientale de la Barbarie aux confins de l'Egypte, mais ſur la Côte de Derne. C'eſt le nom qu'il donne à ce qui étoit autrefois appellé le Royaume de Barca. Ce Port eſt le dernier de cette Côte à l'Orient. Ce ne ſauroit être le Selinus Portus des Anciens, où étoit une Iſle; ce Port s'appelle aujourd'hui du nom de Bomba Ville qui eſt au fond de ce Port. Ce ne peut pas être non plus le *Catabathmus* des Anciens, car *Catabathmus Magnus* étoit à peu près au même lieu où eſt la Ville de Derne, qui donne le nom à toute la Côte; c'eſt encore moins *Catabathmus Parvus*, qui étoit trop loin dans les terres. Cette Salona que Mr. Corneille a priſe de Mr. Mati, auroit dû le diſpenſer de l'Article de Salonet, qu'il prend de Davity, & qui, ſelon lui, eſt un Lieu d'Afrique, ſur la Méditerranée vers la Numidie. Selon lui, on l'appelloit le Port de Panorme & après ce Lieu on trouve le grand Catabathme. Cet Article eſt très-fautif.

SALONE, Mr. Corneille dit que c'eſt une ancienne Ville de l'Eſclavonie, & quelle eſt conſidérable pour avoir été la Patrie du Pape Jean IV. Anaſtaſe le Bibliothécaire, Baronius, Sponde & l'Abbé Fleuri, diſent que ce Pontife étoit Dalmate; mais ſans nommer la Ville où il étoit né.

SALONIA, ancienne Ville de Bithynie, ſelon Étienne le Géographe. Elle eſt nommée ſimplement Salon Σαλων par Strabon [c] qui dit qu'aux environs il y avoit des Pâturages excellens où l'on nourriſſoit des troupeaux de Vaches, dont le Lait ſervoit à faire un fromage renommé que l'on appelloit fromage Salonite.

SALONIANA, Ville ancienne de Dalmatie, dans les Terres, ſelon Ptolomée [d].

SALONICKI, quelques uns écrivent Salonichi, d'autres Salonique: Ville de la Turquie en Europe; c'eſt l'ancienne Theſſalonique, ſi fameuſe dans l'Antiquité. Voyez Thessalonique. Elle eſt au fond d'un Golphe nommé autrefois Golphe Therme'en, auquel elle donne aujourd'hui ſon nom. Elle eſt ſituée, dit le P. Coronelli [e], à l'endroit du plus grand enfoncement du Golphe, partie ſur une hauteur & partie ſur une pente, ſelon que l'on y a été obligé par la diſpoſition du terrain. A ſon voiſinage du Couchant coule le Vardar, Riviére très-abondante en Poiſſon & dont les bords ſont couverts de beaux Arbres. Les murailles de la Ville ſont flanquées de pluſieurs Tours, & les uns la font de dix milles de circuit, les autres de douze. Elle eſt gardée par trois Forts. Le premier qui eſt le plus petit ſe trouve d'abord à l'entrée & au lieu du débarquement, à quelque diſtance de l'enceinte de la Ville, il eſt muni de vingt Piéces de Canon. Les deux autres ſont ſitués à la vue de la Mer au plus haut de la muraille, & ſont garnis de trente à quarante Piéces de groſſe Artillerie. Du côté de terre on voit une Foreterreſſe qui reſſemble à celle de Conſtantinople appellée de ſept Tours, & celle-ci domine toute la Ville, étant ſituée ſur une Colline, au pied de laquelle il y a un grand nombre de Maiſons qui forment un grand Fauxbourg, ceint d'une muraille à part, & qui eſt néanmoins contigu à la Ville. Il y a beaucoup d'Habitans. La plûpart
des

des Maisons qui sont dans la Plaine sont trop basses & trop petites pour contenir la multitude de Juifs qui les habitent, & elles ne sont pas peu incommodes à cause de l'extrême puanteur qui se répand & se conserve dans les rues parce qu'elles sont fort étroites. Il s'y fait un trafic très-considérable tant à cause de la situation commode de la Ville, qu'à cause de la grande quantité de Soye, de Laine, de Cuirs de toutes sortes, de Cire, de Poudre, de Grain, de Coton, & de Fer. Les Juifs sont ceux qui y font le plus d'affaires, & ils ont seuls en propre la Fabrique des étoffes pour habiller les Janissaires, & on a trouvé par ce moyen à quoi employer le tribut qu'on est obligé de payer au Grand Seigneur. On y compte XLVIII. Mosquées, entre lesquelles est comprise l'Eglise de St. Demetrius qui a trois Nefs soutenues de très-belles Colomnes. Le Peuple dit que c'est où prêcha l'Apôtre St. Paul, & le P. Coronelli le dit aussi. Cela veut dire tout au plus que cette Eglise a été bâtie sur le terrain où étoit une maison dans laquelle St. Paul avoit prêché. L'Eglise de Ste. Sophie, fut bâtie par l'Empereur Justinien, & est au nombre des Mosquées. Outre cela les Grecs ont trente Eglises, & les Juifs trente-six grandes Synagogues, & plusieurs petites. Le Gouverneur porte le titre de Moula, & sa charge le met en haute considération à la Porte. Dans le tems qu'Andronic voulut s'emparer de l'Empire, Salonicki fut prise par Guillaume Roi de Sicile. Elle revint ensuite sous la domination d'Andronic Paléologue Empereur de Constantinople qui pour s'unir à la République de Venise lui céda les Droits, qu'il avoit sur cette Ville. Elle en jouït à peine deux ans. Le Turc profita de l'éloignement de la Capitale, du mauvais état des affaires d'Italie, & de la foiblesse des Habitans qui n'étoient guéres en état de lui résister, & il s'empara de cette Ville dont il est demeuré maître.

[a] Voyage dans l'Asie Mineure &c. t. 1. c. 28. p. 203.

Le Sieur Paul Lucas [n], parle ainsi de Saloniki, comme témoin oculaire. Il y étoit en 1706. Il nomme St. Démitre le Saint que le P. Coronelli appelle St. Demetrius.

Saloni, ou Thessalonique, a été autrefois une Ville fort grande & fort magnifique. On y voit encore plusieurs Arcs de Triomphe; mais ils sont tous ruïnés, si l'on en excepte un qui est presque entier, & où il y a encore plusieurs belles Figures d'Antonin; ce qui fait croire que cet Arc a été bâti en son honneur. Dans toute cette Ville & aux environs, on rencontre un nombre prodigieux de Colonnes. Elle est encore à présent entourée de fortes murailles. Il y a aussi plusieurs belles Mosquées: c'étoient autrefois des Eglises. Celles que les Chrétiens, avant l'Empire des Turcs, appelloient l'Eglise de Saint Démitre, est sur-tout remarquable: c'est un fort beau Vaisseau, soutenu par-tout de belle Colonnes de Marbre, de Jaspe, & de Porphyre. Ce magnifique Bâtiment en a encore par dessous un autre de la même beauté; mais il ne me fut pas permis de le voir, parce qu'il y avoit des femmes qui y travailloient à la soye. Au reste l'on m'a assuré, que dans ces ces deux corps d'Eglise, qui sont l'un sur l'autre, il y a plus de mille Colomnes. Le pavé de l'Eglise du haut a été autrefois à la Mosaïque: son Chœur est de la plus belle Architecture. Entre deux Colonnes, sur un Tombeau élevé d'environ quinze pieds, & appuyé contre la muraille, je trouvai une Inscription en vers Grecs. Elle donne une grande idée de celui pour qui elle a été faite: puisqu'elle marque qu'ils possédoit toutes les vertus, & qu'il faisoit la gloire de la Gréce.

La Rotonde a été un fort beau Temple; mais il s'en faut bien qu'il égale celui de Rome. Il n'est bâti que de briques: du reste le Vaisseau est beau, & il a été autrefois d'une grande magnificence. On y voit encore de très-belles Peintures à la Mosaïque. Je montai en haut & je fis le tour de la Coupe. L'Escalier qui y conduit, a été adroitement pratiqué dans la muraille, sans qu'on s'en apperçoive: il faut avouer aussi qu'elle a beaucoup d'épaisseur. Il y avoit autrefois plusieurs beaux Souterrains, dont on voit encore les entrées: ils sont tous comblez de pierres ou d'ordures, ainsi l'on ne peut plus les aller voir. Je fus aussi visiter la Mosquée, que l'on nomme encore Sainte Sophie: elle est très-belle & en même tems très-vaste, & de Briques comme le reste du Bâtiment. Voici une particularité que l'on m'en raconta.

Lorsque les Turcs se rendirent maîtres de Thessalonique, la première chose qu'ils firent, fut de s'emparer des Edifices publics & principalement des Eglises. Ils vinrent dans ce dessein à Sainte Sophie: Tous les Religieux s'étoient sauvés hors un qui n'avoit pas voulu abandonner l'Eglise. Ce bon Moine dit hardiment à ces Barbares, que c'étoit sa Maison, & qu'ils l'y feroient périr plutôt que de le contraindre de la quitter. Après une forte résistance dans les différens endroits où ils l'attaquérent, pressé de tous côtés, il s'alla réfugier dans le Clocher; là il fit encore des merveilles pour conserver son poste. Mais les Turcs honteux d'être ainsi fatigués par un seul homme s'obstinérent à l'avoir à quelque prix que ce fût; pour donner exemple aux Habitans, ils lui tranchérent la tête & la jettérent dehors par une des fenêtres du Clocher. Cette tête tomba tout le long de la muraille & la teignit de sang. Les Turcs, qui ont changé cette Eglise en Mosquée, ont fait tout ce qu'ils ont pu pour effacer les marques de ce sang. Ils ont blanchi la place, ils l'ont gratée & lavée cens fois: tous leurs efforts se sont trouvés inutiles. Loin de diminuer le miracle que trouvent ici les Grecs, j'ajouterai que j'ai vu cet endroit de mes propres yeux; qu'il est visible que l'on y a mis plusieurs Couches de blanc; mais que le rouge, ou si l'on veut le sang, paroît toujours sur la muraille.

Enfin nous fumes à l'Eglise des Grecs, elle

elle est passable, & l'on pourroit même dire assez belle. On y voit le Tombeau d'Eutychès, l'Antagoniste de Nestorius. Il y en a plusieurs autres tous de Marbre, & sur lesquels on trouve de Bas-reliefs & des Inscriptions.

SALONICKI (Le Golphe de), Golphe de la Macédoine dans l'Archipel. Il a été connu des Anciens sous le nom de THERMÆUS, ou THERMAÏCUS SINUS. Voyez THERMÆUS. Il prend aujourd'hui son nom de la Ville de Salonicki, la seule Ville importante qui soit sur ses bords. Il a, dit le P. Coronelli, cent quarante milles de longueur, & est bordé d'une Plaine; mais très-exposé aux Vents, & par conséquent très-périlleux pour ceux qui y naviguent.

SALONKOMEN. Voyez SALANKEMEN.

1. SALOPIA, Nom Latin de la Ville de SHREWSBURI; quelques Livres la nomment aussi SALOP.

2. SALOPIA, Nom Latin de SHROPSHIRE, que l'on appelle aussi la PROVINCE DE SALOP.

§. Ainsi ce nom Latin sert également à cette Province, & à sa Capitale. Voyez aux noms modernes les Articles SHREWSBURI, & SHROPSHIRE.

SALOURNE, gros Bourg aux Confins de l'Allemagne, & de l'Italie [a], dans le Tirol auprès du Trentin dont il fait la séparation. Au-dessus de ce Bourg, sur la pointe d'un Rocher escarpé de tous côtés on voit un petit Château très-fort pour le coup de main. Il n'y a qu'une Tour qui lui sert de Donjon. Cependant il est fort bien défendu, & couvert de tous les flancs que l'irrégularité, & l'âpreté du lieu ont permis à l'Art de faire & de pratiquer.

§ Cette Orthographe est une expression Françoise du nom Allemand qui est SALURN, par la prononciation revient au même. Ce Lieu est nommé en Latin SALURNUM, i. & SALURNÆ, arum. Voyez SALURNUM.

SALPA, Marais d'Italie, le même que Salapinæ Palus dont nous parlons en son lieu.

SALPE, ancienne Ville d'Italie dans la Pouille [b]. Son nom étoit SALAPIA. Voyez ce mot. Elle étoit Episcopale, & est entiérement détruite depuis long-tems. On en voit les ruines dans la Capitanate, entre le Lac de Salpe, ou le Canal de S. Antoine, & l'Embouchure de l'Offante.

SALPINATES, ancien Peuple d'Italie. Ils s'unirent aux Vulsiniens pour faire la guerre aux Romains, selon Tite-Live [c]. Ortelius conjecture que leur Ville étoit dans l'Etrurie.

SALRA, Lieu du Hainaut [d]. Il en est parlé dans la Vie de Ste. Aldegonde. C'est SOLRE sur la Sambre.

SALSA, auparavant SALETIO, puis SALISSO; Abbaye. Voyez SELTZ.

SALSES, Lieu de France en Roussillon aux Confins du Languedoc; sur le grand chemin de Perpignan à Narbonne, entre les Montagnes & un grand Etang, qui prend quelquefois le nom de Salses, & quelquefois le nom de Leucate. Mr. Piganiol [e] de la Force le décrit ainsi: Salses est, dit-il, un Fort & un Village qui en

[a] Corn. Dict. Mém. & Plans. Géogr. p. 218.

[b] Baudrand, Ed. 1705.

[c] Lib. 5.

[d] Ortelit. Thesaur.

[e] Descr. de la France, t. 7. p. 601.

mémoire du tems passé a le titre, & les Prérogatives de Ville. Elle est située à deux lieues en deçà de Perpignan, & à une lieue de la Méditerranée. Le Fort fut bâti par ordre de l'Empereur Charles V. pour l'opposer à celui de Leucate. C'est un quarré de Maçonnerie ayant une grosse Tour à chaque encoignure. Il est considérable par la prodigieuse épaisseur de ses murailles, & par la bonté de ses Souterrains. Le Village est à deux portées de fusil du Fort, en avançant vers Perpignan, & c'est un lieu tout ouvert. Un peu plus loin on trouve sept ou huit Maisons qui sont les restes de l'ancienne SALSULÆ, (dont parle Antonin), & qui avoit pris son nom des eaux salées d'une Fontaine voisine qui produiroit une Riviére considérable, si elle ne se jettoit presque aussi-tôt dans un Etang qui est celui de Leucate. Le Prince de Condé prit Salses le 19. Juillet de l'an 1639. Les Espagnols l'assiégèrent le 19. Septembre suivant, & la prirent par famine le 6. Janvier 1640. Après la prise de Perpignan, elle se rendit à la France le 5. Septembre de l'an 1642.

1. SALSETTE, Isles de la Mer des Indes sur la Côte Orientale de la Presqu'Isle en deçà du Gange. Quelques-uns écrivent SALCETTE, & cette dernière orthographe est celle de Mr. de L'Isle. Il y a deux Isles de ce nom qu'il faut distinguer. Pour ne les pas confondre on appelle l'une SALSETTE DU NORD, & l'autre SALSETTE DU SUD. Elles n'ont rien de commun que le nom.

2. SALSETTE DU NORD est sur la Côte du Concan au Midi de Bacaïm, dont elle forme le Port. Le Pere du Jarric Jésuite la nomme Salsette de Bazaïm pour la distinguer de l'autre. Il y met le Bourg de TANAADE BANDORA, & raconte au l. 2. c. 16. de son Histoire des Indes Orientales les travaux que les Missionnaires eurent pour y établir le Christianisme. Il convient que cette Salsette est une véritable Isle.

SALSETTE DU MIDI est sur la Côte du Royaume de Visapour au Midi de l'Embouchure de la Riviére de Mondoa sur laquelle la Ville de Goa est située. Il ne convient pas que cette Salsette soit une Isle. Salsette, dit-il, qui est proche de Goa vers le Sud, n'est pas Isle, ains Terre-ferme, jaçoit qu'on la puisse appeller Péninsule ou Presqu'Isle, parce qu'elle n'est jointe avec la Terre-ferme, qu'avec une petite Languette, ou estendue de Terre, longue & estroite que les Grecs appellent Ισθμός. Ce Pays de Salsette. appartenoit jadis à Idalcan que les Portugais chassèrent de Goa; mais à présent il est annexé à la Couronne de Portugal: aussi lui est-il fort commode; car il est si proche de (l'ancien) Goa, qu'il n'y a qu'un petit trajet entre deux, & depuis la Cité jusqu'au plus proche Port de Salsette on ne compte que trois lieues. Le terroir est fort abondant en toutes choses propres pour la nourriture de l'homme, & d'un air fort tempéré. On y compte soixante Villes ou Villages; mais il y en a douze, Lieux principaux, desquels dépend

le

le Gouvernement de tout le reste. Le Pere du Jarric au Livre cité, l. 2. c. 4. & 5. parle des mœurs, de l'ancienne Idolatrie des Salcetains, & des peines qu'on eut à les amener à la Religion Chrétienne. Le P. Rodolphe Aquaviva, & quelques autres Jésuites y souffrirent le Martyre. Cortali, Coculin, Cincin, en sont des Bourgs; mais le principal de ces est Salsette. Il y a aussi la Forteresse de Rachol.

SALSMONSWEILER, Abbaye d'Allemagne [a] dans la Suabe aux Confins du Comté de Heiligenberg. Elle est de l'Ordre de Cîteaux, & passe pour la plus riche qu'ait cet Ordre en Allemagne. Elle fut fondée vers l'an 1134. par Gontran, Baron d'Adelfreuter à un mille d'Uberlingen. Elle a reçu de grands biens de Conrad III. & de l'Empereur Frédéric I. Les Comtes de Furstenberg lui ont disputé la qualité d'Etat immédiat de l'Empire, prétendant qu'elle dépendoit du Comté de Heiligenberg; mais cette qualité lui a été confirmée par un Arrêt de la Chambre Impériale.

[a] D'Audifret, Géogr. t. 3.

SALSO (Le), Riviére d'Italie dans la Sicile. Elle a sa Source dans la Vallée de Demona, aux Monts de Madonia, auprés de Polizzi, d'où serpentant vers le Sud-Est, elle reçoit un Ruisseau qui vient de Petralia Sottana, d. & le PILLIZARO, g. *fiume di* RESUTTANA, d. quelques-uns ne le nomment encore en tous ces endroits que *fiume di* PITRALIA, & [b] reservent le nom de Salso à une Riviére qui tombe dans celle-ci à Mandra del Piano, & qui vient de Gangi. Quoiqu'il en soit, le Salso après cette jonction reçoit encore l'AMURELLO, d. & quelques autres petites Riviéres, & va enfin se perdre dans la Mer au Golphe d'Alicata dont il forme un Port par son Embouchure. L'Amurello, & le Salso depuis leur jonction font la séparation de la Vallée de Noto, & de celle de Mazare, entre lesquelles coulent ce Ruisseau, & cette Riviére. C'est l'HIMERA des Anciens.

[b] De l'Isle Sicile.

2. SALSO (Le), petite Riviére de Sicile dans la Vallée de Mazare, a sa Source dans la Montagne de Melle, coule vers le Midi le long des Montagnes, à l'Orient desquelles la Ville de Sutera est située, se replie vers le Couchant, & va se jetter dans le Platani.

SALSOS, Riviére d'Asie dans la Caramanie, selon Pline [c].

[c] Lib. 6. c. 25.

SALSUBJUM. Le Biondo, Merula & Léandre prétendent que c'est l'ancien nom de CASTRO CARO, Bourg de la Romandiole.

SALSULÆ, ancien Lieu de la Gaule. Antonin le met sur la Route d'Espagne à XXX. M. P. de Narbonne, & à XLVIII. M. P. du Lieu *ad Stabulum*. C'est aujourd'hui SALSES. Voyez ce mot.

SALSUM FLUMEN, c'est-à-dire *Riviére Salée*; ces mots expriment le RIO SALADO des Espagnols & le *Fiume Salso* des Italiens. Hirtius nomme *Flumen Salsum* une Riviére d'Espagne dans la Bætique, qui selon quelques-uns doit être le SALOBRAL, d'autres le GUADAJOS, qui tombe aujourd'hui dans le *Rio Salado*. Moralès croit que cette Riviére s'appelle d'abord Bivoras, mais qu'après s'être chargée de deux Riviéres, l'une nommée le TOUAZO, & l'autre le RIO SALADO, il prend le nom de Guadajos.

SALSUM FLUMEN, Riviére d'Asie dans l'Arabie. Son Embouchure doit se trouver entre celle de l'Euphrate, & le Promontoire Chaldone, selon Pline [d]. Sur quoi le R. P. Hardouin observe que le mot *Salsum* n'est pas un adjectif dérivé de la Salure des eaux; mais plutôt un nom propre d'une origine barbare ainsi que celui du Fleuve SALSOS. Ce Pere prétend que cette Riviére est le GEHON, dont parle Moïse dans sa Description du Paradis terrestre. On peut voir la conjecture de ce Savant dans son Livre dont on a une Traduction Françoise, entre les Traités Géographiques & Historiques, pour faciliter l'intelligence de l'Ecriture Sainte, imprimés à la Haye.

[d] Lib. 6. c. 28.

SALTA, Ville de l'Amérique Méridionale au Tucuman [e], sur une petite Riviére qui peu après se va perdre dans un Lac. Elle est au Midi un peu Oriental de S. Salvador, & à l'Orient du Volcan de Copiapo. Elle appartient aux Espagnols aussi-bien que le Pays où elle est située. Elle est à quinze lieues d'Estreco au bord d'une petite Riviére sur laquelle il y a un Pont [f]. Il peut y avoir 400. Maisons & 5. ou 6. Eglises ou Couvents. Elle n'est ceinte d'aucunes murailles, & n'a ni Fortifications ni fossés; mais les guerres que les Habitans ont eues avec leurs voisins les ont rendus plus aguerris, & plus soigneux d'avoir des armes. Ils ont environ cinq cens hommes portant les armes, outre les Esclaves tant les Mulâtres que les Noirs, qui sont bien trois fois autant. Ce Lieu est d'un grand abord à cause du Commerce considérable qui s'y fait en Bled, en Farine, en Bétail, en Vin, en Chair salée, en Suif & autres Marchandises dont ceux de Salta négocient avec les Habitans du Pérou.

[e] De l'Isle Atlas.
[f] Mémoires.

SALTACHA, Lieu de la Phœnicie, selon la Notice de l'Empire [g]. On y lit *Equites promoti indigenæ Saltachæ*.

[g] Sect.

SALTASH, Bourg d'Angleterre dans la Province de Cornouailles aux Frontiéres de Devonshire. Il a le double avantage d'avoir un Marché public, & d'envoyer ses Députés au Parlement.

SALTIETÆ, ancien Peuple d'Espagne. Ils faisoient des Etofes de laines très-fines. Casaubon guidé par cette particularité change le Σαλτιηται de Strabon [h] en Σεταβηται sur ce que Silius Italicus parle de Setabis, dont il vante les Manufactures. Voyez SETABIS.

[h] Lib. 3 p. 144.

SALTIGA, ancienne Ville d'Espagne au Pays des Bastitains, selon Ptolomée [i].

[i] Lib. 2. c. 6.

1. SALTUM, Siége Episcopal de la Palestine sous la premiére Métropole du Patriarchat de Jérusalem qui étoit Césarée sur la Mer. La Notice de Hiéroclès ne le connoît point, mais une Notice de ce Patriarchat le nomme simplement *Saltum*, une autre porte *Saltum Theráti*, & ajoûte qu'on

qu'on le nomme auſſi *Raphati.*

2. SALTUM, autre Siège Epiſcopal, en Arabie, ſous la troiſième Métropole de ce même Patriarchat; Hiéroclès la nomme ſimplement Σάλτων, mais une des Notices du Patriarchat de Jéruſalem fournit *Saltum Ieraticum,* l'autre porte *Saltu Ieratico.* Cette troiſième Métropole à laquelle ce Siège étoit ſoumis eſt nommée *Beryræ* dans une des Notices, *Rabba Moabitis* & *Petra* dans l'autre.

3. SALTUM, Siège Epiſcopal d'Arabie ſous la quatrième Métropole du même Patriarchat, ſavoir *Beryra* ſelon une des Notices, c'eſt-à-dire *Boſtra*; l'autre ne la connoît point. La Notice de Léon le Sage porte *Saltorum*, ſous Boſtra Métropole.

4. SALTUM, Siège Epiſcopal d'Aſie dans la Province d'Helenopole. Elle reconnoiſſoit Amaſie pour ſa Métropole.

1. ☞ SALTUS, mot Latin qui a pluſieurs ſignifications. Premièrement il veut dire un SAUT, & vient de *Salio* ſauter. Outre cela il ſignifie un BOIS, une FORET, ou bien une MONTAGNE COUVERTE DE BOIS; il ſe prend auſſi pour un DETROIT, un DEFILE, un *paſſage étroit entre des Montagnes*; delà vient que dans les Hiſtoriens Latins on trouve ce mot employé en quelqu'un de ces ſens là. Nos Ancêtres en ont fait SAULT, & ont nommé le *Comté de Sault* un Canton de France, que quelques Auteurs ont exprimé en Latin *Saltuoſa Provincia,* qui en bonne Latinité ne veut dire qu'une contrée couverte de Bois.

2. SALTUS CASTULONENSIS, en François le Pas de Caſtulon, ou la Forêt de Caſtulon; quelques-uns l'entendent de *Puerto Muladar,* d'autres de la *Sierra Morena,* d'autres enfin, comme Surita, de Puerto de S. Iſtevan.

3. SALTUS DEI, Bois de la Sarmatie en Europe.

4. SALTUS GALLIANI, il faut dire SALTES, & non pas *Saltus.* Voyez GALLIANI.

5. SALTUS LIBANI. Voyez au mot LIBAN. On appelloit ainſi un des Palais de Salomon.

6. SALTUS PYRENÆUS. Voyez au mot PYRENÆUS.

7. SALTUS TUGENSIS. Voyez ARGENTEUS MONS.

SALTZ, Mr. Baudrand dit: Bourg d'Allemagne dans la Baſſe Saxe au Duché de Meckelbourg près de l'Elbe, à trois lieues au-deſſus de la Ville de Meckelbourg. Cet Article eſt faux dans toutes ſes circonſtances, & le Bourg eſt imaginaire. Voyez SULTE.

SALTZA, Ville d'Allemagne dans la Baſſe Saxe [a] au Duché de Magdebourg, entre Salzweke, & Gomeren, ou bien entre Magdebourg & Barby, ſur l'Elbe à deux milles de Calb, & autant de Magdebourg. Elle tire ſon nom des Sources ſalées qui s'y trouvent. Cette Ville eſt ancienne, & a été quelque tems libre. Charlemagne, après la grande Victoire remportée ſur les Saxons, y tint les Etats de l'Empire en 803. Elle ſe trouva mêlée en 1433. dans la querelle de la Ville de Magdebourg contre Gonthier ſon Evêque. Elle fut priſe, & repriſe par les différents partis dans la longue guerre Civile d'Allemagne qui ſe termina par les Traités de Weſtphalie.

SALTZACH, ou SALTZ, Rivière d'Allemagne dans l'Archevêché de Saltzbourg, & dans la Bavière [b]. Elle a ſa Source dans des Montagnes, au voiſinage du Tirol, ſerpente vers le Midi, puis vers l'Orient ſe groſſit dans ſon cours de quantité de Ruiſſeaux à droite & à gauche, paſſe au Midi, & à quelque diſtance de la Prévôté de Berchtolsgaden, ſe replie enſuite vers le Nord, & le Nord-Eſt, paſſe à Golling, & à Saltsbourg, reçoit à gauche la Rivière de Sala, ſort de l'Archevêché, qu'elle ſépare quelque tems de l'Electorat, où elle baigne Burchauſen, & va enfin ſe perdre dans l'Inn au Village de Winckelheim.

SALTZBERG, Ville du Royaume de Norwège, au Gouvernement d'Aggerhus [c] ſur la Rivière de Drammen, à quatorze mille pas de Chriſtiania vers le Couchant.

SALTZBOURG, Ville d'Allemagne, dans le Cercle de Bavière; Siège Archiépiſcopal, & Capitale d'un Etat ſouverain poſſédé par l'Archevêque de Saltzbourg. Cette Ville eſt ancienne, & a été connue ſous le nom de JUVAVUM ou JUVAVA, ou JUVAVIA. Voyez JUVANENSIS. La Dignité Métropolitaine y a été transférée de LORCH ou LAUREACUM, où elle étoit auparavant. Voyez LORCH 1. Mr. Baillet dit [d]: S. Rupert, après avoir quitté ſon Evêché de Worms pour ſe faire Miſſionnaire Evangélique en Bavière, fut établi Evêque du Pays qui étoit retombé preſque entièrement dans l'Idolâtrie. Il mit ſon Siège dans l'ancienne Ville de Juvavè preſque ruïnée alors, & rebâtie depuis ſous le nom de Saltzbourg, qui devint enſuite la Métropole de la Bavière, de l'Autriche, & des Pays Héréditaires. Le Siège de Saltzbourg fut quelque tems uni avec celui de Paſſau; voyez PASSAU; mais il en fut détaché, & rétabli en ſon ancien état par S. Boniface de Mayence.

Il paroît que Saltzbourg, en Latin *Saliſburgum* & *Saliſburghuſa*, a pris ſon nom de la Saltz, ou Saltzach, qui y paſſe. Quelques-uns ont voulu dériver ce nom des Salines qu'on y découvrit du tems de Diethe III. Duc de Bavière. L'ancienne Ville de JUVAVA, à laquelle elle ſuccéda, fut ruïnée l'an 448. par Attila Roi des Huns. Sur la fin du Siècle ſuivant elle fut rebâtie par les Ducs de Bavière. Mr. Baillet dit que S. Rupert la trouva rebâtie quand il y alla prêcher la Foi; Mr. d'Audifret prétend qu'elle ne fut rebâtie qu'à la prière de ce S. Evêque. Charlemagne l'an 803. la choiſit pour être le lieu où ſe rendirent ſes Ambaſſadeurs avec ceux de Nicéphore Empereur de Conſtantinople pour y convenir des bornes qui dévoient ſéparer les deux Empires. Cette même Ville fut preſque réduite en cendres vers l'an 1195. & rétablie peu de tems après. L'Auteur du Livre

[a] Zeyler Inſcr. Saxon. Topogr. p. 209.

[b] Jaillot, Atlas.

[c] Baudrand, Edit. 1705.

[d] Topogr. des Saints.

vre intitulé Remarques Historiques & Critiques faites dans un Voyage d'Italie en Hollande, prétend que la Ville de Saltzbourg d'aujourd'hui n'est pas bâtie au même lieu où étoit l'ancienne Juvavia, car celle-ci, dit-il [a], étoit à la gauche de la Riviére dans une Plaine aujourd'hui deserte, & devenue tellement marécageuse qu'elle ne sert à rien du tout. Les Archevêques ont cherché les moyens de dessecher ce terrain: mais comme il est plus bas que la Riviére, il n'est pas aisé d'en faire écouler les eaux; cela ne seroit pourtant pas impossible, si on tailloit plusieurs Canaux, où elles s'assembleroient, & d'où on les feroit remonter par des Moulins dans le Lit de la Riviére. Il y a près de la Ville quelques Etangs, qui ont été creusés dans la vue de procurer cette amélioration. En effet, il y a une partie de la Plaine qui par ce moyen a été rendue propre à produire au moins de l'herbe, ce qu'elle ne fait pas dans les parties les plus éloignées, ni même dans les endroits où l'on a travaillé aux nouvelles Fortifications, où il n'y a qu'une terre toute noire, & toute pénétrée d'une eau salée, ce qui fait qu'on n'y peut marcher, le terrain s'enfonçant sous les pieds des hommes, & des Animaux qui s'en approchent.

La Ville de Saltzbourg [b], est double, c'est-à-dire bâtie des deux côtés de la Riviére qu'on passe pour aller de l'une à l'autre Partie, sur un Pont de bois couvert, & reparé des deux côtés. Il semble pourtant que la Partie de la Ville qui est à gauche de la Riviére soit la principale, & qu'elle ait été autrefois la seule. Les Cartes anciennes ne la représentent que de ce côté-là, avec une espèce de Fauxbourg, qui est devenu aussi considérable que la Ville même. L'Archevêque Paris de Lodron fit bâtir les murailles qui entourent aujourd'hui l'une & l'autre Partie de la Ville. Mais au commencement de la guerre (pour la Succession d'Espagne en laquelle l'Electeur de Bavière prit parti contre l'Empereur) elles furent revêtues de leurs Fortifications extérieures qui manquoient auparavant; toute leur force consistant dans la muraille même, & dans un fossé, dans lequel on a fait passer l'eau de la Riviére qui partagée la Ville, au moins dans une partie du fossé de la Ville qui est à droite du même Fleuve. On a de plus enfermé dans une Ligne une Montagne qui joint presque entièrement une autre Montagne ou Rocher, qui est au Couchant de l'autre Partie de la Ville, & qui lui servoit de muraille, étant escarpé de l'un & de l'autre côté. Mais comme il y a un assés grand & beau Fauxbourg de ce côté-là, & qu'il reste découvert, un Ennemi qui en seroit en possession pourroit faire bien des maux à la Ville, ou au moins foudroyer toute celle qui est de l'autre côté de l'eau. Il y a aussi un vieux Château qui termine la Ville du côté du Midi : il est fort par sa situation, & contigu à la Montagne nommée *Münichenberg*, c'est-à-dire la Montagne aux Moines, & qui sert, comme on a dit, de muraille à la Ville du côté Occidental.

L'honneur & la richesse de la Ville de Saltzbourg [c], est son Eglise Métropolitaine, & son Chapitre. Cette Eglise est vaste, entièrement achevée, & un des beaux Bâtimens qui soient en Allemagne. Elle est bâtie sur le modèle de S. Pierre de Rome, & en a les proportions. Outre quatre Jeux d'Orgues qui sont aux quatre coins de la Coupe, ou Voute du milieu, il y en a un très-grand que l'on a fait faire au commencement de ce Siècle, & qui occupe tout le fond de la grande Nef de l'Eglise sur les portes; la Cathédrale a toujours une Musique, dont les principaux Sujets sont choisis à Rome. L'Archevêque a titre de Légat en Allemagne depuis la Sécularisation de l'Archevêché de Magdebourg. Le Chapitre de Saltzbourg est un des plus nobles d'Allemagne. Il consiste en 24. Chanoines qui doivent tous faire preuves de huit Quartiers. Ils ne tirent aucun revenu qu'ils ne soient *in Sacris*, & même ordonnés Prêtres, & n'ont aucune voix dans les affaires du Chapitre avant cela. Chacun de ces Chanoines a une maison particuliére, & quelques-uns même ont des Palais. Outre ce Chapitre que l'on appelle le grand Chapitre, il y en a encore un autre qu'on nomme des Chanoines *ad Nives*. Ils chantent dans la Cathédrale, & on les devroit plutôt appeller des Chapelains que des Chanoines, puisqu'ils ne font que suppléer aux fonctions de ceux

Qui laissent en leur lieu
A des Chantres gagés le soin de louer Dieu.

Les grands Chanoines perdent cependant une certaine rétribution manuelle, quand ils n'assistent point au Chœur, quoiqu'ils n'y chantent point. La résidence ne les oblige d'être à la Ville que quatre mois de l'année, moyennant quoi ils jouïssent de leurs revenus. Cette Vacance de huit autres mois est cause qu'ils peuvent desservir encore d'autres Eglises, s'ils y ont des Canonicats, comme il arrive presque toujours. Car ces Messieurs en possèdent deux ou trois, & quelquefois davantage pour pouvoir être élus aux Prélatures, & aux Dignités de ces Eglises, quoiqu'ils n'y ayent jamais fait de résidence. Au reste la première résidence des grands Chanoines de Saltzbourg a cela de remarquable, qu'ils doivent pendant une année résider dans la Ville avec tant d'exactitude, que s'ils découchent une seule nuit, ils perdent tout ce qu'ils ont fait devant, & doivent recommencer leur résidence; ce qui encore ne se peut faire que deux jours de l'année, & aux deux Fêtes principales de leurs Eglises particuliéres, qui sont destinées à faire ce commencement de service. La principale Fête de l'Eglise de Saltzbourg est celle de S. Rupert (ou Robert) Apôtre du Pays. S. Maxime y avoit prêché la Foi auparavant, & y avoit été martyrisé. On voit encore dans le Munichenberg des Grottes, où l'on dit que S. Maxime, &

ses

ses Compagnons ont vécu. On ajoute qu'ils furent martyrisez au pied de ces Grottes, & que dans ce même endroit S. Rupert vint habiter dans la suite; qu'il s'y retiroit après avoir prêché aux Peuples voisins, & qu'il y fonda sa première Eglise, & un Monastère qui subsiste encore aujourd'hui, à côté de cette Montagne, & près de ces Grottes. On dispute aujourd'hui si S. Rupert étoit Moine. Les Bénédictins qui possèdent cette riche Abbaye le disent ainsi, & prétendent que leur Institut y a fleuri dès le tems de sa fondation par S. Rupert, & que ce S. & ses Compagnons avoient professé la Règle de S. Benoît avant que de s'engager à la Prédication. L'Abbé a encore aujourd'hui dans quelques solemnitez place entre les Dignitez de l'Eglise Cathédrale, & marche à côté du Grand Prévôt dans quelques Processions. Mais les Moines n'y paroissent plus, quoique, selon leurs Annales, ils ayent été les seuls Chanoines, qui officioient autrefois avec l'Evêque, qui en même tems étoit leur Abbé, & étoit élu par leurs suffrages. Depuis qu'il y a eu deux Chapitres, les Chanoines ont professé pendant quelque tems la Règle de S. Augustin, mais à la recommandation de Charles V. Léon X. les sécularisa.

Il y a à Saltzbourg une Université fondée par l'Archévêque Paris de Lodron, & Régentée par les Bénédictins. L'Archévêque l'a offerte aux Jésuites, mais en se réservant le droit inséparable de son titre de Légat de pouvoir informer, & connoître de tout ce qui se passeroit dans l'Université, & entre les Professeurs. Cette condition parut trop onéreuse, & ils refusèrent d'y consentir. Il y a des Professeurs Séculiers pour le Droit Civil. Le Recteur est toujours un Religieux, & les Professeurs sont tirez de plusieurs Abbayes, qui pour cet effet se sont unies au nombre de trente pour fournir les Professeurs, & avoir le droit d'envoyer leurs jeunes Religieux étudier en cette Université, où il y en a d'ordinaire un très-grand nombre, de même que beaucoup de Noblesse des Provinces voisines.

Le Palais où réside l'Archévêque est grand & magnifique; mais il n'y a point de Jardins, parce qu'il est au Cœur de la Ville où le terrain est précieux. En récompense le Palais de Mirabel a un beau Jardin orné de Statues, & d'Arbres singuliers, qui servent de Promenade aux Archévêques. Sans parler des autres Palais, les Ecuries du Prince, le Manège, & l'Amphithéâtre sont des choses qui méritent d'être vues.

L'Etat de l'Archévêque de Saltzbourg est borné au Nord par la Bavière; au Nord-Est, & à l'Est par l'Autriche; au Midi par la Carinthie, & par le Tirol qui avec la Bavière le termine à l'Occident. Ce Pays est plein de Montagnes, & il y a des Mines, & des Eaux Minérales. Saltzbourg est l'unique Ville qui s'y trouve; en récompense, il y a un assés bon nombre de Villages.

SALVA, Ville sur le Danube dans la Basse Pannonie, selon Ptolomée [a]. Antonin n'en fait qu'une simple Mansion. Lazius croit que c'est Scalmar. L'Antonin d'Alde porte SOLVA MANSIO, qui au jugement d'Ortelius pourroit bien être le SOLVENSE OPPIDUM de Pline.

[a] Lib. 2. c. 16.

SALVAGES (Les), en Latin *Silvestres Insulæ*, Isles d'Afrique dans l'Océan Atlantique [b]. Elles sont deux entre Madère au Nord, & les Canaries au Midi; à cent cinquante milles des dernières, & plus près de la première. Elles sont petites & éloignées de vingt milles l'une de l'autre, mais incultes, & inhabitées. Elles nourrissent une si grande quantité de Serins que ceux qui vont pour en prendre, peuvent faire à peine cinq pas sans écraser quelques Nids. On croit que ce sont les Isles de Junon. Voyez JUNONIA INSULA. No. 1. & 2.

[b] Baudrand. Edit. 1705.

SALVARIUM, vis-à-vis de Pylos, c'étoit le Port de Mer de cette Contrée, selon Calchondile cité par Ortelius [c].

[c] Thesaur.

1. SALVATERRA, ou SALVATIERRA, [d] Ville de Portugal dans la Province de Beïra; elle est à l'Orient de Segura, sur la Rivière d'Elia, au pied de quelques Montagnes, d'où elle peut être commandée. Elle est revêtue de cinq Bastions, dont l'un est couvert d'un Ouvrage à Corne.

[d] *Don Juan Alvarez de Colmenar*, Délic. d'Espagne, & du Port. t. 5. p. 736.

2. SALVATERRA [e], Bourg de Portugal au bord du Tage, dans la Province d'Estramadure. Il est situé dans une Campagne très-fertile en Fruits, en Vin & en Blé. Il y a là une Maison Royale où la Cour va de tems en tems.

[e] Ibid. p. 780.

1. SALVATIERRA, Ville d'Espagne, dans la Gallice, dans l'Evêché de Thuy. Elle est petite, & située sur le Minho.

[f] Délices d'Espagne, t. 1. p. 131.

2. SALVATIERRA, Ville d'Espagne dans la Biscaye [g], dans la Province d'Alava dont elle est une des principales Places. Elle est au pied de la Montagne de S. Adrien, à trois lieues de Vittoria, du côté de l'Orient.

[g] Pag. 93.

3. SALVATIERRA, Bourg d'Espagne dans le Comté d'Aragon, sur la Rivière d'Aragon, à deux lieues de Berdum, ou Verdun, où les deux Rivières d'Aragon, & de Véral s'unissent, & à quatre lieues de Jaca. Il appartenoit autrefois au Monastère de S. Juan de la Peña, mais parce que c'étoit une Place frontière, il fut uni à la Couronne par D. Pedre II. Roi d'Aragon.

SALUCA, Σαλέκη, Ville de la Libye Intérieure, selon Ptolomée [h]. Il la met au côté Méridional du Niger.

[h] Lib. 4. c. 6.

SALUCES, Ville d'Italie au Piémont, dans les Alpes [i], & dans un Marquisat dont elle est la Capitale, & auquel elle donne son nom. C'est le Siège d'un Evêché suffragant de l'Archévêché de Turin, depuis l'an 1511. quoiqu'il prétende ne relever que du S. Siège. Cette Ville a un ancien Château sur une Côte voisine, & appartient au Roi de Sardaigne. Elle est à un mille du Pô, à dix de Fossano au Couchant, à autant du Mont Viso, & à quatre de Turin vers le Midi. Le nom Latin est SALUTIÆ. On tient qu'elle a été bâtie des ruines d'*Augusta Vagiennorum*.

[i] Baudrand. Edit. 1705.

SALUCES (Le Marquisat de), petit Pays

Pays d'Italie, où il fait une Province du Piémont au pied des Alpes. Il a au Nord le Dauphiné & le Piémont, où est la Province des quatre Vallées, à l'Orient les Provinces de Savillon & de Fossano, au Midi la Province de Coni & le Comté de Nice, & au Couchant la Vallée de Barcelonette. Ce Pays a été autrefois plus grand qu'il n'est aujourd'hui, & il a eu ses Marquis qui tenoient en Fief des Dauphins; de sorte que leur Famille ayant manqué d'héritiers mâles, François I. réunit ce Marquisat à la Couronne de France comme un Annexe & un Fief du Dauphiné. Henri IV. l'accorda en 1601. par le Traité de Paix de Lyon au Duc de Savoye, qui en échange lui céda les Provinces de Bresse & de Bugey, avec les Pays de Val Romey & de Gex, qui sont en-deçà du Rhône. Depuis ce tems-là la Maison de Savoye jouît de la Souveraineté de ce Marquisat. Saluces & Carmagnole en font les plus importantes Places.

SALVETAT (La). Voyez SAUVETAT.

SALVIA Σαλουια, Ville de la Liburnie, dans les Terres, selon Ptolomée. Ortelius soupçonne que c'est la Salvia d'Antonin sur la Route de *Sirmium* à Salones, entre *Sarmada* & *Pelvis*, à XXIV. M. P. de la première & à XVIII. M. P. de la seconde. Il lisoit *Silvia* pour *Salvia*, dans son Exemplaire, cependant Surita ne marque aucune diverse Leçon sur ce mot.

SALVIA. Voyez URBE SALVIA, & POLLENTIA.

SALVIÆ AQUÆ. Voyez au mot AQUÆ.

SALVIATI, petite Montagne du Royaume de Naples, dans la Terre de Labour [a], entre Naples & Pouzzol. On y trouve d'anciens Bains, entre autres ceux de SALVIATI qu'on prend pour le Lieu nommé anciennement *Cæsaris Dictatoris Villa*; & ceux de TRITOLI, auprès du Lac d'Averne, qu'on croit être l'ancienne CICERONIS VILLA.

[a] *Baudrand, Edit. 1705.*

SALUM. Ce nom est commun à une Riviére & à un Royaume d'Afrique.

1. SALUM, (La Riviére de) Riviére d'Afrique, dans la Nigritie [b], & l'un des Bras de la Riviére de Gambie. Elle même, à neuf ou dix lieues avant que d'arriver à la Mer, se partage en trois Branches, dont la plus Septentrionale est appellée PALMERIN, la seconde conserve le nom de SALUM, la troisième s'appelle BATTANGAMAR, la quatrième BETONTE, la cinquième BANQUIALA, & la sixième GUIANAC. Ces six Riviéres forment des Isles dont la plûpart sont habitées & cultivées, quoiqu'elles soient assez mal saines, sur-tout pour les Européens, qui ne peuvent y faire un séjour seulement de trois semaines ou d'un mois, sans s'exposer à des dissenteries & à des fiévres très-dangereuses. La Mer qui monte dans ces Riviéres les rend assez considérables, & elles portent toutes des Canots. Celle qui conserve le nom de Salum, & celle qu'on nomme Palmerin, ont assez de profondeur pour porter des Barques. Quand on a une fois gagné la tête de toutes ces Isles, & qu'on est entré dans la grande Riviére qui les a formées, on trouve un Canal large & profond qui porteroit des Navires, si on les pouvoit faire entrer jusques-là. Cette Riviére est constamment une Branche de celle de Gambie, comme celle-ci est selon toutes les apparences, & selon le rapport unanime des Négres Mandingues & d'autres Marchands, une Branche du Niger. Le Village de CAHONE se trouve assez près de l'endroit, où la Riviére de Gambie forme celle de Salum. On en peut faire une Echelle de fort bon commerce, parce que c'est-là que les Mandingues s'arrêtent & se reposent en venant traiter de l'Or, de l'Ivoire, & les Esclaves qu'ils ont acheté aux Royaumes de Tombut, de Bambaracana, & autres encore plus à l'Est. Il est certain qu'ils seroient ravis de trouver des Marchandises en cet endroit, parce que cela leur épargneroient quatre ou cinq journées de chemin qu'il y a encore à faire, pour arriver à Albreda, où à Gilfrai sur la Riviére de Gambie; outre une Coutume assez considérable, c'est-à-dire, un Impôt assez fort que le Roi de Barre exige d'eux. Le tems le plus propre pour faire le commerce à Cahone, est depuis le mois de Novembre jusqu'en Mai, en prenant ses mesures pour y arriver au commencement de Janvier, qui est le tems le plus ordinaire du Passage des Marchands Mandingues, qui amenent presque toutes les années sept à huit cens Esclaves, une quantité très-considérable de Morphil, & souvent jusqu'à quatre cens Marcs d'or.

[b] *Labat Afrique Occidentale, t. 4. p. 246.*

2. SALUM (Le Royaume de), c'est [c] un Pays situé sur la Riviére de même nom. Il commence à la Riviére de Palmerin, & finit à deux ou trois lieues au Nord de la pointe de la Barre. Il s'étend des deux côtés de la Riviére de Salum jusqu'au Village de Cahone, dont il est parlé dans l'Article précédent.

[c] *Ibid.*

3. SALUM, Riviére de la Mauritanie. Césariense. Ortelius cite Antonin comme ayant parlé de cette Riviére; mais l'Itinéraire de l'Edition de Surita porte SALSUM.

SALVORI, Lieu d'Italie dans l'Istrie, à cinq milles de Pirano. Il est célèbre par la défaite d'Othon, fils de l'Empereur Friderico Barberousse, que les Vénitiens vainquirent, lorsqu'ils combattoient pour le Pape Alexandre III.

SALUR, Ville Marchande de l'Inde en deçà du Gange, selon Ptolomée [d].

[d] *Lib. 7. c. 1.*

SALURNUM, Lieu du Territoire de Trente, selon Paul le Diacre. Cet Auteur dit *Salurnis*, dans l'Edition de Vulcanius [e]. *Quem subsequens Evin Tridentinus Dux, in Loco quod Salurnis dicitur, suis cum Sociis interfecit &c.* C'est le même que SOLOURNE. Voyez ce mot.

[e] *De Gestis Longobard. l. 3. c. 9.*

SALUTARIA, Forteresse d'Asie dans la Syrie, où dans l'Euphratense. La Notice de l'Empire [f] porte: *Ala prima Iuthungorum Salutariæ.*

[f] *Sect. 24.*

SALUTARIENSIS CÆSARIS. C'étoit, selon Pline [g], le surnom de la Ville d'URGIA. Voyez ce mot.

[g] *Lib. 3. c. 1.*

☞ SALUTARIS. Ce surnom a été don-

A a 2

donné par distinction à quelques Provinces, en partie à cause des eaux saines & bienfaisantes qui s'y trouvoient. Les principales Provinces qui ont porté ce nom sont la GALATIE, la MACEDOINE, la PALESTINE, la PHRYGIE, & la SYRIE. La partie à laquelle ce nom étoit affecté dans chacune de ces Provinces, faisoit une province particuliére que l'on distinguoit du reste par ce surnom. Les anciens Géographes, comme Mela, Pline, &c. n'ont point connu ce nom distinctif, il est beaucoup plus moderne. On trouve dans la Notice de l'Empire, & dans quelques Notices Ecclésiastiques. La Notice de l'Empire nomme la *Palestine Salutaire* [a] & la *Syrie Salutaire* [a], la *Galatie Salutaire* [b], la *Phrygie Salutaire* [c], & la *Macédoine Salutaire* [d]. Voyez au mot GALATIE, les Villes qui étoient dans le GALATIE SALUTAIRE.

[a] Sect. 2.
[b] Sect. 16.
[c] Sect. 15.
[d] Sect. 1.

SALUTAIRE (La Macédoine), étoit divisée en deux parties dont une jointe à l'Epire, faisoit une des Provinces de la Macédoine regardée comme partie de l'Illyrie dans le tems d'Arcadius & d'Honorius. L'autre partie jointe à la Prévalitane, faisoit avec elle une des Provinces de la Dacie, autre partie de l'Illyrie.

On trouve qu'après Constantin, la PALESTINE fut partagée en *Première* & *Seconde* & en *Salutaire*. La Notice de Léon le Sage ne connoît point la Palestine Salutaire, mais bien la troisième Palestine; dont elle nomme les Villes. C'est la même qui étoit au Midi des deux autres, aux deux côtés du Lac Asphaltite.

A l'égard de la Phrygie Salutaire, voyez PHRYGIE. Je parle aussi de la Syrie Salutaire, au mot SYRIE.

SALYDO, Isle du Golphe Arabique, selon Agatharchide.

SALYES. Voyez SALLUVII.

SAMA, Village d'Afrique sur la Côte d'Or. Il est le plus considérable de la Côte & situé à quatre lieues à l'Est de Tacorari. Il contient environ deux cens Cayages de Desses, sur une petite éminence, dont la Mer baigne le pied. Ses Habitans sont presque tous Pêcheurs de profession, & des plus habiles dans leur métier. Ils font une espéce de République gouvernée par des Chefs sous le nom de Capitaines, sous la protection du Roi de Gravi. Ce Prince demeure au Nord, à quelques lieues du bord de la Mer; il est riche & fort considéré de ses voisins.

[t] Labat Voyage de Desmarchais en Guinée & à Cayenne t. I. p. 264.

Les Portugais avoient un Comptoir, & une Redoute à Sama. Les Hollandois se sont emparés de l'un & l'autre, & y font un commerce considérable, parce que c'est le rendez-vous de tous les Négres des environs. Il passe à côté de ce Village une assés grosse Rivière, que les Négres disent venir de fort loin. On l'a remontée en Chaloupe environ 60. lieues, après quoi on a été obligé de revenir sur ses pas, parce qu'on l'a trouvée barrée par une chaîne de Rochers d'une très-grande hauteur. Cette difficulté a fait échouer les desseins qu'on avoit de pénétrer dans un Pays qu'on supposoit plein de richesses.

SAMAGAR, Village de Croatie à la jonction de la Kulp & de la Saye. On croit que c'est l'AD FINES des Anciens.

SAMACHI, Ville de Perse est un Gouvernement, qui est en deçà de l'ARAS, qui le sépare des autres Etats de la Monarchie de Perse [f]. Il est d'un très-grand revenu. Celui qui provient des Soyes de GILAN, des Cotons & du Saffran, est assez connu. Outre cela le Terroir produit de très-bons Vins rouges & blancs, forts à la vérité, mais très-agréables avec de l'eau, & sur-tout des blancs: de très-bons Fruits, savoir des Pommes, des Poires, & des Chataignes, &c. de beaux Chevaux & du Bétail; en un mot, c'est un beau & bon Pays, qui est fertile du côté de la Georgie, & qui le seroit encore d'avantage, s'il y avoit assez de monde pour le cultiver. Cependant il abonde en Gibier, en Ris, & en Grains: le Pain y est excellent. Outre cela il y a un beau Port à Baggu (Bakku). Les Gouverneurs de cette Province ne manquent pas aussi de s'y enrichir en peu de tems. Ce Pays seroit fort à la bienséance de Sa Majesté Czarienne, étant contigu à ses Etats, & fort avantageux à ses Sujets qui y négocient depuis long-tems; aussi Pierre le Grand en a-t-il tenté la Conquête.

[f] Voyages de Corneille le Brun, p. 211. & suiv.

Les Moscovites, qui y habitent, sont exposés comme les autres Etrangers aux violences des Persans: ils ne manquent pas de representer assez souvent, vû combien de facilité le Czar pourroit s'en venger en faisant une invasion en ce Quartier-là: & les Persans disent même qu'ils n'en seroient pas fâchés, & qu'ils seroient plus heureux sous son Gouvernement, que sous celui de leur Prince naturel. Ils déclarent même ouvertement qu'ils ne se défendroient pas, & prient Mahomet que cela arrive; aussi est-il vrai que le Czar en viendroit facilement à bout. Il lui seroit même très-facile de conserver ce Pays après en avoir fait la Conquête, en y faisant élever quelques Forteresses.

La Ville est plus longue, que large. Elle n'a ni Mosquées, ni Tours, ni Bâtimens considérables; il n'y a que le Palais du Chan. Le Caravanserai de Circassie est hors de la Ville à l'Est, & il y a une Montagne, où l'on trouve les ruines d'une ancienne Forteresse. Elle est au Nord-Ouest de la Ville. Cette Ville est sur le penchant d'une Montage, a environ une lieue de tour, & est toute ouverte, les murailles en ayant été renversées par un tremblement de terre. Quoiqu'il ne s'y trouve aucun Bâtiment remarquable, il ne laisse pas d'y avoir plusieurs Mosquées; mais elles sont toutes petites & basses, de sorte qu'on ne les voit pas hors de la Ville. Il y en a deux dans lesquelles on entre par une Cour, & qui n'ont pour tout ornement, qu'un Lieu élevé en rond, rempli de Sièges, & des petits Dômes qui les couvrent. Les Maisons de cette Ville sont de pierre & de terre, plates par en haut & de pauvre apparence; & la plûpart si basses, qu'on en peut toucher le toit de la main. Les principales ne laissent pas d'être assez propres

pres en dedans & sont ornées de tapis & de choses pareilles. Les murailles en sont fort blanches, avec quelques traits de couleur. Il y en a même parmi celles-ci, qui ont deux étages, & sont élevées par le haut. Celle du Chan est sur une éminence, & ne paroît cependant guères par dehors. On y trouve aussi les ruïnes d'une assez grande Mosquée, à laquelle on voit deux ou trois espèces de Dômes, qui paroissent avoir été beaux. Ce Bâtiment étoit de pierres bien jointes, le plus ancien & le plus beau de la Ville. Il y a au pié de la Montagne, où le Chan tient sa Cour, un grand Marché, où l'on vend toutes sortes de choses, & sur-tout des Fruits. C'est le Quartier des Chaudronniers, où l'on trouve d'autres Boutiques, & un grand nombre de Cuisiniers qui ont toutes sortes de Mets préparés. Les Bazars sont à un des bouts de ce Marché, & sont aussi remplis de Boutiques d'Orfévres, de Cordonniers, de Selliers, &c. On y trouve des Caffés & des Caravanserais, qui n'ont point de vue sur la rue, & où l'on entre par une grande Porte. Il y en a une vingtaine, dont ceux des Indiens, qui sont de pierre, ont 23. à 24. pieds de haut, & sont les plus beaux. Le nôtre avoit 40. Chambres de plein-pied en bas, & étoit quarré: ce sont les Lieux où l'on vend les principales Marchandises: aussi ne trouve-t-on point de grandes Boutiques, ni de Drapiers, dans les Bazars. Cette Ville a plusieurs noms; les uns la nomment *Samachi*, les autres *Sumachia*, & les Perses *Schamachie*. Elle est au 40. degré 50. minutes de Latitude Septentrionale, & est Capitale de la Province de *Schirwan* ou de *Servan*, partie de l'ancienne Médie, au Nord-Nord-Ouest de la Perse, à l'Ouest de la Province de Ghilan, & au Nord de celle d'Irat, & qui s'étend jusques aux Frontières d'Hyrcanie. On prétend que cette Ville fut bâtie par un Roi de Perse, nommé *Schirwan Sjae*, à 24. lieues de la Mer Caspienne. La Ville de Samachi étoit autrefois bien plus grande qu'elle n'est aujourd'hui; & ce n'est même que depuis le grand Cha-Abas, Roi de Perse, qu'elle a perdu toute sa splendeur. Ce Prince craignant de Grand-Seigneur, qui lui faisoit la guerre, ne s'en emparât, ou qu'une Place de cette importance ne servît de retraite aux mécontens de son Royaume, en fit raser la partie Méridionale, qui étoit la plus considérable; la partie opposée, qui subsiste encore à présent, n'étant pas en état de lui donner le moindre ombrage. Les Maisons en sont fort laides, ainsi que les rues, & les tremblemens de terre y sont fort fréquens; ce qui oblige les Habitans à rebâtir souvent leurs Maisons. Comme cette Ville est cachée entre deux hautes Montagnes, on ne la voit que lorsque l'on est prêt d'y arriver.

Le Chan y gouverne en Roi, & n'a sous lui qu'un Calanter, ou Bourgmestre, qui n'a aucune autorité, & ne fait que la Liste des Subsides, que le Pays doit fournir au Chan, qui a une Chancellerie des Conseillers, & un Arsenal dans son Palais, où il tient ordinairement quelques Pièces de Canon. Il y en a deux à l'entrée, qu'on décharge, lorsqu'il fait des réjouissances. Il a un corps de Cavalerie de 2500. hommes dont 300. lui servent de Garde à pié, & l'accompagnent lorsqu'il sort, ou qu'il va à la Chasse. Voyez SCHAMACHIE.

SAMACHONITIS-LACUS. Voyez SEMECHON.

SAMADERA, Ville d'Afrique dans l'Ethiopie, selon Mr. Corneille qui cite Vincent le Blanc.

SAMAEL prononcez SÁMAL, Bourgade des Pays-Bas au Brabant sur la Demer, deux lieues au-dessus d'Arschot.

SAMAGENDAH, Ville d'Afrique dans la Nigritie, à l'Orient & à dix journées de Cougah, que quelques-uns croient être la même chose que Congo, selon D'Herbelot [a]. [a Biblioth. Orient.]

SAMAGUAR. Voyez SAMAGAR.

SAMAIA, ancienne Ville de la Palestine, selon Josephe [b]. [b De Bello, l. 1. c. 2.]

SAMAICA, nom d'une Préfecture de Thrace, selon Ptolomée [c]. [c Lib. 3. c. 11.]

SAMANA, Isle de l'Amérique entre les Lucayes, dans la Mer du Nord. Elle a celle d'Yuma au Nord-Ouest, celle d'Aklin au Midi, & celle de Mayaguana, ou Mogane à l'Orient d'Hyver. Elle a quatre lieues de long & une de large. Elle est par les 23. 20'. de Latitude. Elle est encore possédée par ses Habitans naturels & peu cultivée.

SAMANDRACHI, nom moderne de l'Isle de SAMOTHRACE. Voyez ce mot.

SAMAR, Isle de l'Océan Oriental, entre les Philippines, au Sud-Est de l'Isle de Luçon, dont elle est séparée par le Détroit de S. Bernardin. Elle a elle-même l'Isle de Leyte au Sud-Ouest. Le Sr. Gemelli Carreri [d] en parle ainsi: Elle s'appelle *Samar* du côté des Isles, c'est-à-dire au Nord & au Couchant, & ISABAO du côté de la grande Mer, c'est-à-dire dans sa partie Orientale. Sa Figure est comme le tronc d'un Corps humain, sans tête ni jambes. Sa plus grande longueur est depuis le Cap de BALIQUATON, qui avec la Pointe de Manille forme le Détroit de S. Bernardin sous le 13. 30'. vers le Nord, jusqu'à celui de Guigan sous le 11. degré de Latitude Septentrionale: de même pour la partie du Sud. Les deux autres Caps, qui sont les coudes du Buste & la plus grande largeur de l'Isle, sont le Cap du S. Esprit dont les hautes Montagnes se font voir de loin aux Vaisseaux de la Nouvelle Espagne, & l'autre à l'Occident vis-à-vis de l'Isle de Leyte, où se forme un Détroit qui n'est pas plus large qu'un jet de pierre. Cependant le Vaisseau S. Juanillo, dont ce Détroit porte le nom, y a passé en venant de l'Amérique. L'Isle a environ cent trente lieues de tour. Entre le Cap de Guigan & celui du S. Esprit, on trouve le Port de BORONGON, & pas loin delà ceux de PALAPA & de CATUBIG, la petite Isle de BIN & la Côte de CATARMAN. [d Voyage autour du Monde, t. 5. p. 103.]

En entrant par le Détroit de S. Bernardin,

din, après avoir passé Baliquaton, on trouve la Côte de Samar le long de laquelle sont les Villages d'*Ibatan*, *Bangaon*, *Catbalogan* où l'Alcade Major, & le Commandant des Troupes font leur Résidence, *Paranos* & *Calviga*. On passe ensuite le Détroit de S. Juanillo & on va jusqu'au Cap & à la petite Isle de Guigan qui finit le tour de l'Isle. Elle a beaucoup de Montagnes escarpées ; mais ses Plaines sont fertiles.

Cette Isle est nommée SAMAL & la plus Méridionale Isle des Pintados Orientaux dans les Lettres Edifiantes [a].

[a] T. 1. p. 115.

1. SAMARA, nom Latin de la SOMME, Riviére de France en Picardie.

2. SAMARA, Ville d'Asie dans la Tartarie à la gauche du Wolga, c'est-à-dire à l'Orient de cette Riviére. Elle est sur le penchant & sur le haut d'une Montagne qui n'est pas fort élevée & qui va se terminer sur le rivage. En quoi Corneille le Brun [b] blâme Oléarius de l'en avoir éloignée de deux Werstes. Elle est assez grande ; mais les Maisons en sont chétives. Les murailles flanquées de Tours sont de bois, & il y en a une fort grande du côté de la Terre. La Ville couvre presque toute la Montagne, & le Fauxbourg s'étend le long de la Riviére. On compte delà à Casan trois cens cinquante Werstes.

[b] C. 15. t. 1. p. 261. Edit. in 4.

3. SAMARA, Riviére d'Asie dans la Tartarie, au Duché de Bulgar dans l'Empire Russien. Elle a son cours d'Orient en Occident, passe au Midi de la Ville de Samara & tombe dans le Wolga.

SAMARABRIÆ. Pline [c] met ce Peuple au delà du Fleuve Indus ; mais sur le bord même de ce Fleuve SAMARABRIVA pour SAMAROBRIVA ; nom Latin d'AMIENS.

[c] Lib. 6. c. 20.

1. SAMARAN, grande Ville ruinée en Asie assés prés des Frontiéres de la Turquie & de la Perse, en allant d'Ispahan à Alep par Amadan, selon le Voyageur Paul Lucas, qui en parle ainsi dans son Voyage du Levant [d]. Nous campames, dit-il, sur les Frontiéres de Perse, & de Turquie, ce lieu se nomme ANIQUI, où il y a une petite Riviére qui sépare ces deux Empires. Le 24. nous partimes devant le jour & traversames une assés grosse Riviére à gué, après laquelle on entre par une grande Porte bâtie de pierres de vingt pieds de longueur & plus de cinq ou six sur chaque façade, dans une Ville dont les rues étoient pavées de pierres, mais si belles qu'elles paroissoient de Marbre. Je ne pus m'empêcher de m'attrister de voir une si grande Ville toute ruinée, on m'assûra que le tour de ses murailles avoit vingt-six à trente milles. Il y passe une Riviére aussi grosse & aussi belle que la Seine, sur laquelle on voit encore qu'il y a eu quantité de Ponts. Plusieurs beaux Palais & plusieurs Temples entiers servent de demeure aux Serpens, qui y sont en grand nombre & d'une espéce particuliére, car ils ont tous des cornes. Comme je m'écartai un peu de la Caravane pour aller voir le dedans de ces beaux Edifices, lorsque j'y voulus entrer, plus de cent Serpens se pré-

[d] T. 2. c. 10.

sentérent, comme pour m'en défendre l'entrée. Je leur fis un grand Salamalec, & ne fus pas plus avant. Il y en a dans toutes les ruïnes, à ce que dirent ceux de notre Caravane, & l'on en conta cette fable. La Ville, dit-on, avoit été bâtie par des Esprits & une Reine nommée Samaran, y ayant mené beaucoup de Peuple pour l'habiter, lui avoit donné son nom ; mais depuis, les Serpens la détruisirent tout-à-fait. Le Voyageur ajoute cette réflexion : le nom que lui donne cette fable (si c'en est une) est si peu éloigné de Sémiramis qu'il se pourroit bien faire, que la Reine de ce nom l'auroit fait bâtir. Cependant comment n'auroit-elle point été connue des Géographes & des Voyageurs anciens, qui nous restent ? Quoiqu'il en soit, il paroît qu'elle a été une des grandes Villes du Monde, nous mimes deux heures & demie à aller de la Porte par où nous étions entrés à une autre par où l'on sort. Je remarquai que tout d'un côté ses murailles sont toutes d'une seule pierre, c'est-à-dire, d'un Rocher que l'on a travaillé en forme de muraille. Les dehors font connoître, que c'étoit un Lieu délicieux, on y voit encore comme des traces de magnifiques Jardins, & cela se connoît par quantité de Terrasses, qui sont les unes sur les autres. On voit quantité de gros Canaux quarrés bâtis de pierres, qui marquent n'avoir été faits, que pour conduire l'eau dans ces lieux de plaisance. On y voit encore des restes de murailles peintes de Paysages & de grands Arbres.

2. SAMARAN, Ville de l'Isle de Java, dans sa partie Orientale, sur la Côte Septentrionale au Midi Occidental, & à sept lieues de Japara [e]. Elle n'est point murée, mais elle est fort peuplée. Les Habitans, ainsi que ceux des Bourgs & des petites Villes voisines, s'occupent à cultiver la terre, à pêcher, à couper du bois dans les Forêts & à le préparer pour la charpente & pour d'autres usages, & ils le portent à Japara. Leurs autres occupations sont moins lucratives. L'idée d'une Ville non murée s'accorde mal, avec le nom de Forteresse, que nous lui donnons dans l'Article de Java. Elle y est nommée SAMARANG, de même que dans le Voyage de Schouten. Celui de Corneille le Brun [f], fait de SAMARAN, un Royaume à soixante lieues de Batavia, sous le Roi Pangeran Poëga rétabli en 1708. par les Hollandois.

[e] Voyage de Schouten, t. 2. p. 275.

[f] T. 5. p. 47. Edit. in 4.

SAMARANDA, Ville de l'Inde au delà du Gange, selon Ptolomée [g].

[g] Lib. 7. c. 2.

SAMARCANDE, Ville d'Asie [h] dans la Province de Sogde, est sur la Riviére de même nom. On appelloit le Pays anciennement la Sogdiane, & il reste encore aujourd'hui, des traces de ce nom dans celui de la Province & de la Riviére, enfin en 1220. cette Ville étoit la Capitale de la Transoxiane. Elle se trouve à 40. degrés de Latitude. Mr. de l'Isle ne la place cependant qu'environ à 39. sur sa Carte de l'Asie Septentrionale. Cette Ville a toujours été en grande réputation.

[h] Petis de la Croix, Hist. de Genghizcan, liv. 3. c. 8.

tion. C'est elle que les Chinois, qui dans l'Alphabet n'ont point la lettre R, appellent SAMAHANIA. C'est la MARAGANDA de Pline, de Strabon, & des autres Anciens. Elle avoit 70. Stades de tour, c'est-à-dire, environ trois lieues de France, au tems d'Alexandre le Grand. Elle a eu depuis plus de 12. lieues de circuit, & elle les avoit aussi-bien que Bochara, lorsque les Mogols l'assiégerent: avec cette différence, que l'enceinte de Samarcande étoit beaucoup plus réguliére, & avoit plus de Fortifications que celle de Bochara. Elle avoit douze Portes éloignées l'une de l'autre d'une lieue. Ces Portes étoient de fer; & de deux lieues en deux lieues, il y avoit un Bâtiment pour un grand Corps de Garde, destiné à la sûreté de la Place. Outre cela les murailles étoient revêtues de creneaux, & de Tourelles pour combattre à couvert, & étoient entourées d'un fossé très-profond sur lequel passoit un Aqueduc, qui conduisoit les eaux d'une petite Riviére, & les distribuoit dans tous les Quartiers de Samarcande par des Canaux de plomb; de sorte qu'il n'y avoit point de grande Rue, qui n'eût ses eaux coulantes, & point de Maison considérable, qui n'eût sa Fontaine. Il y avoit encore plusieurs ruisseaux, qui descendoient de certains Tertres élevés qui formoient des Jets & des Cascades, qui servoient à la décoration des Places publiques. Les Habitans étoient sur-tout curieux d'avoir de beaux Jardins, & chaque Maison avoit le sien. Il y avoit dans cette grande Ville un enclos appellé la Ville Intérieure, qui avoit quatre Portes, mais des murs sans défense. La Mosquée principale de Samarcande étoit dans cet enclos, aussi-bien que le Palais où le Prince faisoit sa demeure. On rapporte que lorsqu'on montoit au haut de la Forteresse, pour voir la Ville, on n'appercevoit que des Arbres, & aucun Toit de Maisons; ce qui n'est pas surprenant, puisqu'outre, que dans la Grande il y avoit des Champs labourables, des Prez & une infinité de Jardins, l'on y voyoit encore des Montagnes & des Vallées. Il y a des Auteurs qui prétendent, que cette Ville a été bâtie par Aléxandre le Grand, pendant le cours de ses conquêtes dans la Transoxiane, & dans la Bactriane, & qu'il lui donna le nom d'Aléxandrie; mais cette opinion a peu de fondement, de même que celle d'un Auteur Oriental, qui s'est imaginé qu'elle avoit été bâtie, par un Roi de l'Arabie Heureuse nommé Tobaï. Elle subsistoit avant ce Tobaï, qui étoit de la Famille des Tobateba, ainsi que l'assûre Hezarséne dans l'Histoire Universelle de l'Asie. Elle subsistoit même avant Alexandre, & le Roi Arabe Tobaï n'y fit construire qu'une Porte, qu'on appelle encore la Porte de Kesch, sur laquelle on a vu long-tems une Lame de fer, avec une Inscription gravée en Caractére Houmarité, ancien Arabe, qui faisoit connoître son antiquité. Enfin, Samarcande a été le Siège du grand Tamerlan, environ 140. ans après avoir été prise par les Mogols, & ce Prince la rendit une des plus belles Villes d'Orient, quoiqu'elle fût alors d'une plus petite étendue qu'elle n'étoit auparavant. Il fit bâtir auprès une Ville qu'il appella DAMAS. Pendant son Règne on fouilla dans les fondemens des murailles, & l'on trouva des Médailles en Caractères Cufiques, ce qui fit juger qu'un Prince Mahométan l'avoit fait rebâtir.

Zingis-Chan premier Empereur des anciens Mogols & Tartares, se présenta devant cette Ville en 1220. & en forma le Siège. Il y trouva d'abord toute la résistance, que l'on peut attendre d'une Ville bien munie, & d'un renfort de cent dix mille hommes, que le Sultan Mehemet y avoit fait entrer. Il y avoit outre cela vingt Eléphans des plus grands. & une si grande quantité de Peuple, tant de gens de la Ville, que de ceux qui s'y étoient venus réfugier, qu'à peine la Place quelque étendue qu'elle eût, pouvoit elle contenir tant d'hommes. Mais tant de Peuples de Nations différentes ne purent s'accorder, & la mésintelligence forma deux partis dans la Ville. Les uns à la tête desquels étoient le Cady & le Moufty, prirent la résolution d'aller trouver le Grand Chan, & de lui demander une composition honnête, ce qu'ils obtinrent en livrant une partie de la Ville, dont les Portes étoient à leur disposition. L'autre parti à la tête duquel étoit le Gouverneur occupoit les endroits de la Ville, qui étoient de plus difficile abord, & s'obstina à se défendre. On ne put les forcer pendant quatre jours, mais le cinquième le Gouverneur voyant, que tous les Postes étoient pris & qu'il ne restoit plus que celui qu'il défendoit en personne, il résolut de périr, ou de se tirer du danger où il étoit. Pour cela il prit mille Cavaliers choisis & traversa avec eux le Camp des Mogols qu'il surprit, & ainsi il se sauva malgré eux avec sa troupe. Les Mogols furent bien-tôt maîtres de la Place. Ils en ruinérent les murailles, & firent main basse sur trente mille hommes, qui composoient le reste de la Garnison. Plusieurs Habitans périrent aussi, & cette partie de la Ville fut pillée.

Les environs de Samarcande étoient arrosés par la Riviére de Sogde, qui rendoit la Campagne agréable, & embellissoit les Promenades. Les bords de cette Riviére étoient chargés d'Arbres fruitiers qui produisoient un grand revenu, & une partie des fruits appartenoit à certains Mages, à qui on les avoit légués, à condition qu'ils prendroient garde à ce qui se passeroit sur cette Riviére, & que pour cet effet, ils habiteroient sur ses Rives, l'Hyver & l'Eté.

Présentement Samarcande est considérable, non seulement par les avantages dont je viens de parler, & par la beauté de ses Places publiques, qui sont bâties & pavées de très-belles pierres, qu'on prend sur une Montagne appellée CUHAC, mais aussi à cause du Commerce de la grande Tartarie, des Indes, & de la Perse, d'où l'on l'on y porte toutes fortes de Marchandises. Outre cela c'est cette Ville, qui fournit à l'Indostan les plus beaux Fruits, qui s'y mangent tant verds, que secs. Ses Habitans en font un grand Commerce, & c'est de ces Jardins, que l'on tire ces excellens Melons, que l'on sert aux Indes, en plein Hyver sur les Tables des grands Seigneurs. Il s'y fait aussi du papier de Soye le plus beau du monde. La Lettre Turque qui fut envoyée au Roi de France en 1675. par le Roi de Perse, étoit écrite sur du papier de Samarcande, & celui sur lequel il écrit ordinairement ses Lettres, se fabrique à Esterabad & s'appelle Abadi. Enfin il y a dans Samarcande une célèbre Académie des Sciences. Un Prince de la race des Usbecks est présentement Souverain de Samarcande. Quoiqu'il soit moins puissant que ses Prédécesseurs, il l'est beaucoup plus que les Chans de Balck & de Bochara, qui sont Usbecks comme lui. Ces trois petits Souverains font presque toujours la guerre au Roi de Perse, & sont toujours liguées ensemble contre lui.

a Pag. 278. L'Auteur des Notes sur l'Histoire Généalogique des Tatars [a], réforme un peu ces idées. La Ville de SAMARKANT, dit-il, est située dans la Province de Maurenner (Mawralnahr) à 41. d. 20′ de Latit. & à 95. d. de Longitude, à sept journées au Nord de la Ville de Boucharà, (Bockharà). Il s'en faut beaucoup, que cette Ville soit à présent aussi brillante qu'elle l'a été dans les Siècles passés; cependant elle est encore d'une assés grande étendue & fort peuplée. Elle est fortifiée de bons remparts de terre gazonnée, & ses Bâtimens sont à peu près dans le même état, que ceux de la Ville de Bouchara, excepté qu'on y trouve plusieurs Maisons de Particuliers qui sont bâties de pierres, parce qu'il y en a quelques Carrières aux environs de cette Ville. On prétend que c'est la Ville de Samarkant qui fournit le plus beau Papier de soye qui se fasse dans l'Asie, & que c'est à cause de cette qualité, que le Papier de cette Ville est tant recherché dans tous les Etats de l'Orient. L'Académie des Sciences, qui est en cette Ville, est maintenant une des plus fameuses des Mahométans, & ceux qui souhaitent s'instruire dans les Belles-Lettres viennent de tous les Etats voisins y faire leurs Etudes. Le Château destiné pour la Résidence des Chans, & qu'on voit dans cette Ville est des plus spacieux; mais comme présentement la Province de Maurenner, n'a point de Chan particulier, il tombe insensiblement en ruïne: car quand le Chan de la Grande Boucharie vient dans l'Eté passer quelques mois à Samarkant, il campe ordinairement sous des Tentes, dans des Prairies auprès de la Ville. Les environs produisent des Poires, des Pommes, des Raisins, & des Melons d'un goût si exquis & en si grande quantité, qu'ils en fournissent tout l'Empire du Grand-Mogol, & une partie de la Perse. La petite Rivière qui passe par la Ville & qui va se jetter dans la Rivière d'Amù vers les 92. d.

de Longitude seroit d'une grande commodité à la Ville, pour la communication avec les Etats voisins, si les Habitans avoient l'industrie de la rendre navigable. Enfin il ne manque rien à la Ville de Samarkant, pour faire un Commerce fort considérable, que d'avoir d'autres Maîtres & d'autres Voisins, que les Tartares Mahométans.

SAMARIE, Ville de la Palestine [b], Capitale d'un Royaume de même nom qui comprenoit les dix Tribus. Elle fut bâtie par Amri Roi d'Israël, qui acheta la Montagne de SOMERON deux Talents d'argent [c]. Cette Montagne appartenoit à un nommé *Somer*. Quelques-uns croient qu'il y avoit déja quelque commencement de Ville, fondés sur ce qu'avant le Régne d'Amri, il est déja fait mention de Samarie [d]; mais d'autres reconnoissent une prolepse ou anticipation dans le discours de l'homme de Dieu, qui parle de Samarie sous le Régne de Jéroboam. Quoiqu'il en soit Samarie ne fut Ville considérable, & ne devint Capitale du Royaume d'Israël, que depuis le Régne d'Amri. Avant lui les Rois d'Israël demeuroient à Sichem, ou à Thersa. Samarie étoit située sur une Montagne agréable, fertile & d'une situation avantageuse, à douze milles de Dothaïm, à autant de Merom, & à quatre milles d'Atharoth [e]. Josephe dit qu'elle est à une journée de Jérusalem [f]. Au reste, quoiqu'elle fût bâtie sur une hauteur, il faut qu'il y ait eu des eaux en abondance, puisqu'on voit des Médailles frappées dans cette Ville, où l'on a représenté la Déesse Astarté foulant aux pieds un Fleuve, ce qui fait voir qu'elle étoit bien arrosée. Josephe fait remarquer que Jean Hircan Prince des Juifs l'ayant prise, la ruïna de fond en comble, & fit même passer le Torrent sur ses ruïnes pour en effacer jusqu'aux moindres traces.

Les Rois de Samarie, n'oublièrent rien pour rendre cette Ville la plus forte, la plus belle, & la plus riche qu'il leur fut possible. Achab y bâtit un Palais d'Yvoire [g], c'est-à-dire, où il y avoit beaucoup d'Ornemens d'Yvoire. Amos décrit Samarie sous Jéroboam II. comme une Ville plongée dans les délices, & dans la délicatesse. ,, Je détruirai, dit-il, vos ,, Appartemens d'Hyver & vos Appartemens d'Eté; vos Maisons d'Yvoire périront & la multitude de vos Maisons ,, seront ruïnées. Ecoutez ce que je vous ,, dis, Vaches grasses qui êtes à Samarie, ,, qui accablez l'Indigent par vos injustices, & qui brisez les Pauvres, qui dites à vos Seigneurs: apportez & nous ,, boirons &c.

Benadad Roi de Syrie [h], avoit bâti des Places publiques ou des Rues à Samarie, apparemment pour le Commerce, & ses gens y demeuroient pour trafiquer. Benadad son fils assiégea cette Place, sous le Régne d'Achab [i]; mais il fut battu & obligé de lever le siège. L'année suivante il remit une Armée sur pied, dans le dessein apparemment de marcher encore contre

[b] D. Calmet, Dict.
[c] 3 Reg. c. 16.
[d] Ibid. c. 13.
[e] Euseb. aux titres de ces Lieux.
[f] Antiq. l. 15. c. 11.
[g] 3 Reg. c. 13.
[h] Ibid. c. 20.
[i] Ibid.

contre Samarie, mais son Armée fut encore taillée en pièces. Quelques années après Benadad vint encore assiéger Samarie [a], & la réduisit à une telle famine qu'une mere y mangea son propre enfant; mais la Ville fut délivrée par un effet sensible de la protection de Dieu. Enfin elle fut assiégée par Salmanazar Roi d'Assyrie [b], la neuviéme année d'Osée Roi d'Israël, qui étoit la quatriéme d'Ezechias Roi de Juda, & elle fut prise trois ans après. Le Prophéte Osée [c] parle des cruautés exercées par Salmanazar contre les Assiégés, & Michée [d], dit que cette Ville fut réduite en un monceau de pierres. Les Chutéens qui furent envoyez par Assar-Adon pour demeurer dans les Terres de Samarie, ne songérent pas à s'établir dans les ruïnes de cette Ville, ils demeurérent à Sichem dont ils firent la Capitale de leur Etat. Ils étoient encore sur ce pied-là lorsqu'Aléxandre le Grand arriva dans la Phœnicie & dans la Judée [e]. Cependant les Chutéens avoient déja rétabli quelques Maisons à Samarie dès le tems du retour de la Captivité, puisqu'Esdras [f] parle déja des Habitans de Samarie, & que les Samaritains, jaloux des faveurs qu'Aléxandre le Grand avoit accordées aux Juifs, se révoltérent, pendant que ce Prince étoit en Egypte & brûlérent vif Andromaque, qu'il avoit établi Gouverneur de Syrie [g]. Aléxandre marcha contre eux, prit Samarie, & y mit des Macédoniens pour l'habiter [h], donnant le Pays des environs aux Juifs, pour le cultiver & leur accordant l'éxemption du Tribut [i]. Les Rois d'Egypte & de Syrie, Successeurs d'Aléxandre, les dépouillérent de la propriété de ce Pays.

Mais Aléxandre Ballès Roi de Syrie rendit à Jonathas Maccabée les Villes de Lidda, d'Ephrœm, & de Ramatha, qu'il démembra du Pays de Samarie [k]. Enfin les Juifs rentrérent dans la possession de tout ce Pays sous Jean Hircan Asmonéen, qui prit Samarie & la ruïna de telle sorte, dit Josephe [l], qu'il put passer les Torrens sur ses ruïnes. Elle demeura en cet état jusqu'à ce qu'Aulus Gabinius Proconsul de Syrie la rétablit & lui donna [m] le nom de GABINIENNE.

Mais c'étoit encore peu de chose jusqu'à ce que le grand Hérode lui rendit son ancien lustre, & lui donna le nom Grec de SEBASTE, qui revient au nom Latin AUGUSTA, en l'honneur de l'Empereur Auguste qui lui avoit accordé cette Place en propriété [n].

Le nom de Samarie étoit commun à la Ville appellée ainsi, & au Pays des environs; de sorte qu'il y avoit SAMARIE *Ville*, & la SAMARIE, qui étoit le *Pays* de Samarie. Les Auteurs Sacrés du Nouveau Testament, comme le remarque très-bien D. Calmet, parlent assés peu de *Samarie*, & lors qu'ils employent ce mot ils expriment sous ce nom plutôt le Pays, que la Ville dont nous parlons. Par exemple quand on dit [o], que *Jésus passoit par le milieu de la Samarie*, cela veut dire par le Pays de Samarie. Et encore [p] *Jésus étant venu dans une Ville de la Samarie nommée Sichar* : c'est là qu'il eut un entretien avec une *Femme de Samarie*, c'est-à-dire, une Samaritaine de la Ville de Sichar. Après la mort de St. Etienne, les Disciples furent dissipés, & se dispersérent dans les Villes de la Judée & de la Samarie [q]; & le Diacre St. Philippe vint dans la Ville de Samarie, où il fit plusieurs conversions. Les Apôtres ayant appris que cette Ville, avoit reçu la parole de Dieu y envoyérent Pierre & Jean, pour donner le St. Esprit à ceux qui avoient été baptisés. C'est là qu'étoit Simon le Magicien, qui offrit de l'argent aux Apôtres, afin qu'ils lui communiquassent le pouvoir de donner le St. Esprit. *Samarie* n'est jamais nommée Sebaste dans les Livres du Nouveau Testament, quoique les Etrangers ne la connoissent guéres que sous ce nom là. St. Jérôme [r] dit qu'on croioit qu'Abdias étoit enterré à Samarie. On y montroit aussi les Tombeaux d'Elizée, & de St. Jean Baptiste [s]. On trouve plusieurs Médailles anciennes frappées à Sebaste, ou Samarie, & quelques Evêques de cette Ville ont souscrit aux anciens Conciles.

SAMARIE (La), Contrée de la Palestine. Elle renfermoit quelques Villes aux environs de sa Capitale. Ce Canton avoit été anciennement le Pays des PHERESE'ENS. Voyez ce mot. Dans la suite Assar-Adon y mit les CHUTE'ENS. Voyez leur Article.

2. SAMARIE (Le Royaume de). Il n'est point différent du Royaume d'Israël, formé des dix Tribus qui se détachérent du Royaume de Juda après le Régne de Salomon; mais ce nom ne lui convient, que sous le Régne d'Amri Fondateur de Samarie, qui en devint la Capitale, car auparavant cet avantage appartenoit à Sichem.

SAMARITAINS (Les), Peuple de la Palestine. On entend également par ce mot les Habitans de la Ville de Samarie, & ceux de la Province dont Samarie étoit la Capitale. En ce sens il semble qu'on pourroit donner le nom de *Samaritains* aux Israëlites des dix Tribus, qui vivoient dans la Ville & dans le Royaume de Samarie. Toutefois les Auteurs Sacrés ne donnent communément le nom de Samaritains, qu'aux Peuples étrangers, que les Rois d'Assyrie envoyérent de delà l'Euphrate, pour habiter dans le Royaume de Samarie, lorsqu'ils en eurent emmené captifs les Israëlites, qui y habitoient auparavant; ainsi on peut mettre l'Epoque des Samaritains à la prise de Samarie par Salmanasar. Ce Prince emmena Captifs les Israëlites, qui se trouvérent dans le Pays, & leur assigna des Terres au delà de l'Euphrate & dans l'Assyrie [u], pour y demeurer. Il envoya en leur place d'autres Habitans, dont les plus célébres furent les Chutéens, Peuples descendus de Chus, & qui sont apparemment du nombre de ceux que les Anciens ont connus sous le nom de Scythes.

Après Salmanasar, Assar-Adon son Successeur

cesseur ayant appris que les Peuples, qui avoient été envoyez dans la Samarie, étoient infestés par des Lions qui les devoroient [a], ce qu'on attribuoit à ce qu'ils ne savoient pas la manière dont le Dieu de ce Pays vouloit être adoré, Assar-Adon, dis-je, y envoya un Prêtre du Dieu d'Israël, afin qu'il leur enseignât la Religion des Hébreux. Mais ils crurent pouvoir allier cette Religion avec celle dont ils faisoient profession auparavant; ils continuérent d'adorer leurs Idoles, comme à l'ordinaire, en adorant aussi le Seigneur, ne voyant pas l'incompatibilité de deux choses si opposées. On ne sait combien de tems ils restérent dans cet état, mais au retour de la Captivité de Babylone, il paroît qu'ils avoient entiérement abandonné le culte des Idoles: & lorsqu'ils demandérent aux Israélites, qu'il leur fût permis de travailler avec eux au rétablissement du Temple de Jérusalem, ils dirent [b] que depuis qu'Asar-Adon les avoit transportés dans ce Pays, ils avoient toujours adoré le Seigneur; & l'Ecriture, depuis le retour de la Captivité, ne leur reproche en aucun endroit qu'ils adorassent les Idoles, quoiqu'elle ne dissimule ni leur jalousie contre les Juifs, ni les mauvais services qu'ils leur rendirent à la Cour de Perse par leurs calomnies, ni les pièges qu'ils leur tendirent pour tâcher de les empêcher de rétablir les murs de Jérusalem [c]. Il ne paroît pas qu'il y ait eu de Temple commun pour tous ces Peuples venus de-là l'Euphrate, dans la Samarie, avant la venue d'Aléxandre le Grand dans la Judée. Avant ce tems chacun suivoit sa dévotion, & adoroit le Seigneur où il jugeoit à propos. Mais ils comprirent aisément par la lecture des Livres de Moyse, qu'ils avoient en main, & par l'exemple des Juifs leurs voisins, que Dieu ne vouloit être adoré, que dans le seul lieu qu'il avoit choisi. Ainsi ne pouvant aller au Temple de Jérusalem, parce que les Juifs ne le leur vouloient pas permettre, ils songérent à bâtir un Temple sur le Mont Garizim, qui étoit alors leur Capitale. Sanaballat Gouverneur des Samaritains, s'adressa donc à Aléxandre, & lui dit qu'il avoit un gendre nommé Manassé, fils de Jadus Grand-Prêtre des Juifs, qui s'étoit retiré à Samarie avec un grand nombre de personnes de sa Nation; qu'il souhaitoit bâtir dans sa Province un Temple, où il pût exercer la Grande-Sacrificature; que cette entreprise seroit même avantageuse au Roi, puisqu'en construisant un Temple dans la Province de Samarie, on partageroit la Nation des Juifs, Peuple remuant & séditieux, & qui par cette division se trouveroit affoiblie, & moins en état d'entreprendre des nouveautés.

Aléxandre accorda aisément à Sanaballat ce qu'il demandoit, & aussitôt les Samaritains commencérent à bâtir leur Temple de Garizim, qu'ils ont toujours fréquenté depuis ce tems-là, & qu'ils fréquentent encore aujourd'hui, comme le Lieu que le Seigneur a destiné pour y recevoir les adorations de son Peuple. C'est de cette Montagne & de ce Temple, que la Samaritaine de Sichar disoit à Jésus-Christ [e]: Nos Peres ont adoré sur cette Montagne, qu'elle montroit de la main, & qui étoit toute voisine de Sichem, & vous autres Juifs vous dites, que c'est à Jérusalem qu'il faut adorer. Voyez ci-devant l'Article GARIZIM, où nous avons parlé des diverses fortunes arrivées à ce Temple.

Les Samaritains ne demeurérent pas long-tems sous l'obeïssance d'Aléxandre. Ils se révoltérent dès l'année suivante, & Aléxandre les chassa de Samarie, mit en leur place des Macédoniens, & donna la Province de la Samarie aux Juifs. Cette préférence qu'Aléxandre donna aux Israélites, servit à augmenter la haine & l'animosité qui étoient entre ces deux Peuples. Lorsque quelque Israélite avoit mérité punition pour avoir violé la Loi dans quelque point important, il se retiroit à Samarie, ou à Sichem & embrassoit le culte qu'on rendoit au Seigneur à Garizim [g]. Lorsque les Juifs étoient dans la prospérité, & qu'il s'agissoit d'affaires favorables, les Samaritains ne manquoient pas de se dire Hébreux & de la Race d'Abraham; mais aussi-tôt que les Juifs étoient dans la disgrace ou dans la persécution, les Samaritains soutenoient qu'ils n'avoient rien de commun avec eux, & qu'ils étoient Phéniciens d'origine, ou qu'ils descendoient de Joseph & de son fils Manassé. C'est ainsi qu'ils en usérent du tems d'Antiochus Epiphanes [i].

Ce Prince ayant voulu forcer les Juifs à quitter leur Religion, pour embrasser celle des Gentils, ils lui résistérent avec beaucoup de force, & s'exposérent aux derniéres extrémités, plutôt que de renoncer à ce qu'ils devoient à Dieu. Mais les Samaritains écrivirent à Antiochus qu'étant Sidoniens, ou Phéniciens d'origine, & s'étant habitués à Sichem, ils s'étoient vus obligés, par différens malheurs, qui étoient arrivés à leur Pays, de prendre certains usages propres aux Juifs, comme l'observation du Sabbath; qu'ils avoient bâti un Temple sur le Mont Garizim, qui n'étoit dédié à aucune Divinité particuliére [k]: que puisqu'il avoit jugé à propos de faire sentir aux Juifs les effets de son indignation, pour les châtier de leur malice, ils le prioient de ne les pas confondre avec ces Peuples; & qu'ils étoient disposés, pour obéïr à ses ordres, de consacrer leur Temple à Jupiter le Grec. Antiochus agréa leur proposition, & écrivit aux Gouverneurs de la Samarie de ne plus molester les Samaritains pour leur Religion.

Aléxandre le Grand avoit mené en Egypte six mille Samaritains [l], que Sanaballat lui avoit envoyé à Tyr en qualité de Troupes Auxiliaires. Il leur assigna des Terres dans la Thébaïde, & leur confia la garde de cette Province. Ces Samaritains conservérent en ce Pays, & dans le reste de l'Egypte, où ils se trouvoient, leur ancienne antipathie contre les Juifs, soutenant que le Mont Garizim étoit

étoit le vrai lieu où Dieu vouloit être adoré, & les Juifs au contraire prétendant, que c'étoit le Temple de Jérusalem. La dispute s'échauffa de telle maniére, qu'ils en vinrent à une espéce de sédition, & l'affaire fut portée au Roi Philométor [a]. Ce Prince voulut qu'elle fût plaidée en sa présence, & les Parties convinrent que l'on n'apporteroit point de preuves, qui ne fussent tirées des Livres de la Loi, & que les Avocats qui perdroient leur cause, seroient mis à mort. Un nommé Sabæus & Théodore défendoient les Samaritains: Andronique, fils de Messalami, étoit Avocat des Juifs. Ceux-ci gagnérent leur procès, & le Roi condamna à mort les Avocats des Samaritains.

Nous ne garantissons pas ce fait, quoiqu'avancé par Joseph d'une maniére très-circonstanciée [b]; mais nous pouvons encore moins ajouter foi à tout ce que les Samaritains racontent d'eux-mêmes, & à leur avantage, dans leur Chronique [c], qui n'a été composée que depuis Constantin, & sous les Empereurs Chrétiens. Ils croyent que Josué, Chef du Peuple de Dieu, fit bâtir un Temple sur le Garizim, & y établit Rus, de la race d'Aaron, pour le desservir. Ils produisent une suite de Grands-Prêtres, qu'ils prétendent avoir toujours servi le Seigneur dans cet endroit, depuis Josué jusqu'aujourd'hui, sans interruption. Ils ne reconnoissent point Jéroboam, fils de Nabat, pour Auteur de leur Schisme, ni la transmigration des Israélites causée par Téglat-Phalasar. Ils disent que les Rois de Syrie liguez avec celui de Jérusalem se soulevérent contre Bachtnézer, Roi des Perses. (C'est ainsi qu'ils appellent Nabuchodonosor Roi de Babylone.) Ce Prince se mit en Campagne, prit Jérusalem, passa delà à Sichem, ne donna aux Habitans que sept jours pour sortir de leur Pays, & menaça du dernier supplice ceux qui s'y trouveroient après le terme qu'il avoit fixé. En même-tems il envoya dans la Samarie & dans la Judée d'autres Peuples pour habiter les Villes desertes; mais ces nouveaux Habitans n'y purent vivre, parce que les Fruits qui paroissoient beaux, renfermoient un poison mortel qui les tuoit. On en informa Bachtnézer, qui consulta sur cela les anciens Habitans du Pays. Ils lui déclarérent que ce mal ne finiroit pas, qu'on n'y renvoyât les Hébreux, qui en avoient injustement été chassés. On leur permit donc de s'y aller rétablir. Ils obtinrent un Edit, qui portoit qu'ils se rassembleroient tous en un même lieu, pour partir tous ensemble. Il s'éleva une Dispute entre les Samaritains fils de Joseph & d'Aaron, & les Juifs, savoir si l'on s'en retourneroit à Jérusalem, pour y rebâtir le Temple de Sion, ou si l'on reviendroit à Sichem pour y rebâtir celui de Garizim. Zorobabel qui plaidoit pour les Juifs, soutenoit que Jérusalem étoit indiquée par les Ecrits des Prophétes; Sanaballat qui tenoit pour Garizim, prétendoit que les Ecrits que l'on alléguoit, étoient corrompus. Il fallut en venir à l'épreuve du feu, l'Exemplaire de Zorobabel fut brûlé en un instant, & celui de Sanaballat résista au feu jusqu'à trois fois, ce qui fut cause que le Roi honora Sanaballat, lui fit des presens & le renvoya à la tête des dix Tribus, qui allérent reprendre possession du Garizim & de Samarie.

[a] Joseph. Antiq. l. 13. c. 6.

[b] Voyez la Critique qu'en fait Mr. Basnage Hist. des Juifs, l. 8. c. 1. p. 38. 39. t. 6. Edit. de Paris.

[c] Liber Josue, seu Chronic. Samarit. apud Hottinger. Exercit. Antimorin.

Nous ne nous arrêtons point à réfuter cette Histoire; elle se détruit d'elle-même. Nous avons les Histoires Sacrées des Rois, des Paralipoménes, d'Esdras, de Néhémie, & les Ecrits des Prophétes, qui nous apprennent le tems, la cause, les circonstances de la venue des Chutéens dans le Pays de Samarie, la cause & la maniére dont ils embrassérent la Loi des Juifs. Joseph nous a marqué l'origine du Temple de Garizim. Les monumens que produisent les Samaritains, sont trop nouveaux; ils ont trop l'air de fictions, & sont démentis par des Histoires trop authentiques, pour pouvoir mériter la moindre créance. Les Rabbins ont ajouté à l'Histoire de Néhémie quelques circonstances au desavantage des Samaritains: ils disent que ces Peuples au nombre de cent quatre-vingt mille hommes, étant allez pour attaquer Jérusalem, Esdras & Néhémie assemblérent trois cens Prêtres, qui les excommuniérent de la grande excommunication. Ces Prêtres étoient suivis de trois cens jeunes Garçons, portant un Exemplaire de la Loi d'une main, & une Trompette de l'autre. Ils sonnoient de la Trompette en même tems qu'on excommunioit les Chutéens, qu'on maudissoit celui qui mangeroit du pain avec eux, comme s'il avoit mangé de la chair de Pourceau. On demandoit à Dieu qu'ils n'eussent aucune part à la résurrection future, & qu'il ne fût jamais permis d'en faire des Prosélytes. Ce qui les effraya de telle sorte, qu'ils prirent tous la fuite.

Le Samaritains ayant reçu le Pentateuque, ou les cinq Livres de Moyse, du Prêtre qui leur fut envoyé par Assar-adon, l'ont conservé jusqu'aujourd'hui dans la même Langue, & dans le même Caractére qu'il étoit alors. C'est-à-dire dans l'ancien Caractére Hébreu ou Phénicien, & que nous appellons aujourd'hui Samaritain, pour le distinguer du Caractére Hébreu moderne, qui se voit dans les Livres des Juifs. Ceux-ci depuis la Captivité de Babylone, changérent leurs anciens Caractéres & prirent ceux des Chaldéens, auxquels ils s'étoient accoutumez à Babylone, & dont ils se servent encore aujourd'hui. C'est par abus qu'on lui donne le nom de Caractére Hébreu; ce nom ne convient dans la rigueur qu'au Texte Samaritain. Les Critiques ont remarqué quelques différences entre le Pentateuque des Juifs & celui des Samaritains. Ces différences roulent principalement sur le nom de Garizim, que les Samaritains paroissent avoir mis exprès en certains endroits, pour favoriser leurs prétentions, & qui veut que ce soit sur cette Montagne que le Seigneur doit être adoré. Les autres variétez sont de peu d'importance.

La

La Religion de ces Peuples fut d'abord la payenne: ils adorérent chacun la Divinité dont ils avoient appris le culte dans leur Pays [a]; ensuite ils mélérent à ce culte profane celui du Seigneur, du Dieu d'Israël. Ils donnérent une preuve de leur peu d'attachement à la vraye Religion, lorsque sous Antiochus Epiphanes, ils consacrérent leur Temple de Garizim à Jupiter le Grec [b]. Sous Aléxandre le Grand ils célébroient l'année Sabbatique, & par conséquent aussi l'année du Jubilé. On ignore s'ils le faisoient précisément dans le même tems que les Juifs, ou s'ils suivoient en cela une autre Epoque; & c'est en vain que quelques Critiques se sont efforcés d'en fixer le commencement [c] sous les Rois de Syrie; ils suivirent l'Epoque des Grecs ou des Séléucides, de même que tous les autres Peuples soumis à la domination des Séléucides. Depuis qu'Hérode eut rétabli Samarie, & qu'il lui eut donné le nom de *Sebaste*, les Habitans de cette Ville prirent dans leurs Médailles, & dans leurs Actes Publics l'Epoque de ce renouvellement. Mais ces Habitans de Samarie, dont la plûpart étoient Payens ou Juifs, ne firent pas Loi pour les autres Samaritans, qui comptérent apparemment leurs années suivant le Régne des Empereurs ausquels ils étoient soumis, jusqu'au tems qu'ils tombérent sous la domination des Mahométans sous laquelle ils vivent encore aujourd'hui, & ils comptent leurs années suivant l'Egire, ou comme ils parlent suivant le Régne d'Ismaël ou des Ismaélites.

Quelques Anciens comme S. Epiphane [d], & S. Augustin [e] ont mis les Samaritains au rang des Hérétiques: mais ils étoient plûtôt Schismatiques à l'égard des Juifs. Ils n'appartiennent pas plus à la Religion Chétienne, que les Juifs, puisqu'ils ne reconnoissent point Jésus-Christ pour le Messie, & ils en attendent un autre. Quant à leur créance, on leur fait un crime de ne recevoir que le Pentateuque, & de rejetter tous les autres Livres de l'Ecriture, principalement les Prophétes, qui ont marqué plus expressément la venue du Messie. Ils disent pourtant dans leur Lettre à M. Ludolf, qu'ils reçoivent le Livre de Josué: mais apparemment sous ce nom, ils n'entendent autre chose que leur Chronique. On les a aussi accusés de croire Dieu corporel [f], de nier le S. Esprit [g], & la Résurrection des morts [g]. Jésus-Christ leur reproche d'adorer ce qu'ils ne connoissent pas [h]. S. Epiphane dit qu'ils adoroient les Téraphims que Rachel avoit emporté de chez Laban, & que Jacob enfouït dans la terre. Enfin on veut qu'ils ayent rendu un culte superstitieux à un Pigeon, ou à sa figure, & qu'ils ayent donné même la circoncision au nom de la Colombe. M. Reland dans sa Lettre à M. Basnage [i], soutient qu'ils nient l'existence des Anges; & Léontius [k] parmi les Anciens avoit déja avancé qu'ils nioient les Anges, & l'immortalité de l'Ame. Jésus-Christ semble les exclure du salut, lorsqu'il dit que le salut vient des

[a] *Reg.* l. 4. c. 17.
[b] *Josephe*, *Antiq.* l. 10. c. ult.
[c] *Petit. Eclog. Chronol.* l. 2. c. 4.
[d] *Epiphan. Hæres.* 9.
[e] *Aug. Lib. de Hæres.*
[f] *Epiphan. Hæres.* 9.
[g] *Idem Ibidem. Greg. Mag. Moral. in Job.* l. 1. c. 6. l. 2. c. 19. &c.
[h] *Joan.* c. 4. v. 22.
[i] *Ita Rabb. quidam in Thalmud.*
[k] *Ganz Zemach David.* p. 106.

Juifs [1]: *Salus ex Judæis.* Il est vrai que ces paroles peuvent signifier simplement que le Messie devoit sortir des Juifs; mais le seul crime du Schisme, & de la séparation de la vraye Eglise, suffisoit pour leur mériter la damnation. La Samaritaine témoigne assés que les Samaritains attendoient le Messie [m], & qu'ils espéroient qu'il éclairciroit tous leurs doutes. Plusieurs Habitans de Sichem crurent à la prédication de Jésus-Christ, & plusieurs de ceux de Samarie à celle de S. Philippe; mais on dit qu'ils retombérent bien-tôt dans leurs erreurs, séduits par Simon le Magicien [n]. Josephe [o] nous apprend qu'un certain Imposteur ayant persuadé aux Samaritains qu'il leur montreroit les Vasés sacrés que Moïse avoit cachés dans un creux de leur Montagne, le Peuple crédule le suivit, & s'empara d'un gros Bourg nommé TIRATABA, en attendant le reste de la Nation, qui devoit s'assembler, pour avoir part au spectacle. Mais Pilate craignant quelque soulévement, envoya quelques Escadrons contre cette multitude, qui fut aisément dissipée; & les Auteurs de la sédition ou de ce mouvement furent punis de mort. L'erreur est grossiére puisque Moïse n'entra jamais dans la Terre promise. La Chronique des Samaritains dit qu'Oziz cinquiéme Souverain Pontife depuis Aaron, enterra les Vases sacrés.

Quant aux Samaritains d'à présent, on voit par leurs Lettres écrites à leurs freres prétendus d'Angleterre, & à Scaliger, qu'ils croyent en Dieu, à Moïse son Serviteur, à la Loi Sainte, à la Montagne de Garizim, à la Maison de Dieu, au jour de la vengeance & de la paix; qu'ils se piquent d'observer la Loi de Moïse, même plus exactement que les Juifs, en plusieurs Articles. Ils gardent le Sabbat dans toute la rigueur portée par la Loi, sans sortir du lieu où ils se trouvent, si ce n'est pour aller à la Synagogue. Ils ne sortent point de la Ville, & n'usent point du mariage ce jour-là. Ils ne différent jamais la circoncision au-delà de huit jours. Il sacrifient encore à présent dans le Temple de Garizim, & donnent aux Prêtres ce qui est porté par la Loi. Ils n'épousent point leurs Nièces, comme font les Juifs, & ne se permettent pas la pluralité des femmes. Leur haine pour les Juifs se voit par toute l'Histoire de Joseph, & par divers endroits du Nouveau Testament. L'Historien Juif [p]: dit que sous le Gouvernement de Coponius, une nuit de Pâque, comme on eut ouvert les Portes du Temple, quelques Samaritains y répandirent des os des morts, pour insulter aux Juifs, & pour troubler la dévotion de la Fête. Les Evangélistes nous apprennent que les Juifs, & les Samaritains n'avoient point de commerce ensemble: *Non enim coütuntur Judæi Samaritanis*; & la Samaritaine de Sichem s'étonne que Jesus lui parle [q], & lui demande à boire; à elle qui étoit Samaritaine. Le Sauveur envoyant prêcher ses Apôtres dans la Judée, leur dit de ne point entrer dans les Villes des Samaritains [r], parce qu'il les regardoit com-

[l] *Joan.* c. 4. v. 22.
[m] *Ibid.* v. 25.
[n] *Vide Ligtfoot in Matt.* 10. 5.
[o] *Antiq.* l. 18. c. 5.
[p] *Joseph. Antiq.* l. 18. c. 3.
[q] *Joan.* c. 4. v. 9.
[r] *Matt.* c. 10. v. 5.

comme des Schifmatiques, & comme étrangers à l'Alliance d'Ifraël. Un jour ayant envoyé fes Difciples pour lui préparer un Logement dans une Ville des Samaritains, ceux-ci ne le voulurent pas recevoir, parce qu'il paroiffoit qu'il alloit à Jérufalem: *Quia facies ejus erat euntis in Jerufalem* [a]. Et les Juifs irrités des reproches de Jefus-Chrift, lui difent qu'il eft un Samaritain [b], ne pouvant à leur gré lui dire une plus grande injure. Jofephe [c] raconte que quelques Samaritans ayant tué plufieurs Juifs qui alloient à la Fête à Jérufalem, cela alluma une efpèce de guerre entre les uns & les autres. Ceux-ci demeurérent dans la fidélité aux Romains, tandis que les Juifs fe révoltérent. Ils ne laifférent pas toutefois d'avoir quelque part au malheur de leurs voifins. Voyez Jofephe *de Bello*, l. 3. c. 22. La Chronique des Samaritains [d] dit que l'Empereur Adrien ayant rafé Jérufalem, paffa à Naploufe, autrement Sichem, & leur enleva leurs Livres, fans en excepter leur Généalogie, & leur Hiftoire. On leur défendit de circoncire leurs enfans: mais ils les envoyoient à mefure qu'ils naiffoient dans des Cavernes, pour y recevoir le Sacrement de l'Alliance, & on ne les faifoit revenir que quand ils étoient guéris. Les Romains mêloient de la chair de Pourceau dans les repas des Samaritains, qui étoient obligés d'ufer d'induftrie pour s'en garantir. On plaça fur le Mont Garizim une Colombe, pour les empêcher d'y aller adorer; & on pofta des troupes au pied de la Montagne, pour arrêter ceux qui voudroient y monter malgré la défenfe. Quelques-uns furent affés hardis pour ofer y monter, & affés adroits pour tromper les Gardes: mais l'Oifeau fe découvrit, & cria: *A l'Hébreu*. Les Gardes fe réveillérent, & tuérent ceux qui y montoient. Le mal continua jufqu'à ce que Babar-raba envoya à Conftantinople un de fes neveux nommé Lévi, pour y faire fes études. Ce jeune homme y fit de fi grands progrès, qu'il devint Patriarche, & obtint de l'Empereur la liberté de retourner à Garizim; fon deffein étoit de délivrer fa Nation du joug des Romains, & de lui rendre fa première liberté. On ne fait ce qu'il devint depuis; car c'eft-là que finit la Chronique des Samaritains; & ce qu'elle dit de la Ville de Conftantinople, prouve affés qu'elle n'eft point ancienne. S. Juftin le Martyr affure que l'Empereur Antonin le Pieux accordant aux Juifs la liberté qu'Adrien leur avoit ôtée de circoncire leurs enfans, en excepta les Samaritains. Ce Saint étant de Sichem même, pouvoit être bien informé de ce fait. Symmaque fameux Traducteur des Saintes Ecritures d'Hébreu en Grec, étoit Samaritain. Il quitta fa Patrie, & fe fit Juif, & reçut pour cela une feconde circoncifion [e]. Il y a encore aujourd'hui [f] quelques Samaritains à Sichem, autrement Naploufe. Ils y ont des Sacrificateurs, qui fe difent de la race d'Aaron. Ils ont un grand Sacrificateur qui réfide à Sichem ou à Garizim, qui y offre des Sacrifices, & qui indique la Fête de Pâque, & toutes les autres Fêtes à tous les Samaritains de la difperfion. On en voit quelques-uns à Gaza, à Damas, & au grand Caire. Scaliger reçut une Lettre des Samaritains de Sichem, qui fut imprimée en 1676. Ils ont encore depuis écrit à leurs prétendus freres d'Angleterre, & M. Ludolf fit imprimer en 1688. une Lettre qu'il en avoit reçue d'eux.

Ceux qui voudront favoir plus à fond, l'Hiftoire, la Créance, les Cérémonies des Samaritains, pourront confulter les Lettres dont nous avons parlé, Hottinger, Cellarius, les Heures Hébraïques de Ligtfoot, & la Continuation de l'Hiftoire de Jofeph, par M. Bafnage, dans tout le huitième Livre, où il raporte le précis des Chroniques des Samaritains, & des Ouvrages qui ont été compofés à leur occafion.

SAMARIANA, Ville ancienne de l'Hircanie, felon Strabon [g]. Ptolomée conjecture que ce pourroit bien être la SARAMANNA de Ptolomée.

SAMARICI EQUI, Vegece parlant de Chevaux qu'il n'eft pas aifé de dreffer au Manège, nomme *Samarici*, *Epirotæ*, & *Dalmatæ Equi*, c'eft-à-dire les Chevaux de Dalmatie, d'Epire & de *Samarie*; mais, comme le remarque Ortelius, il n'eft pas aifé de deviner quel Pays cet Auteur a voulu nommer.

SAMAROBRIVA, Quelques Exemplaires des Commentaires de Jule-Céfar portent *Samarobrina*, qui eft une faute comme le dit très-bien N. Sanfon dans fes Remarques fur la Carte de l'ancienne Gaule, *Briva* & *Briga* eft une diction Celtique, & Gauloife qui fignifie *Pont* comme il fe voit en *Briva Ifuræ*, ou *Brivifura*, ou *Pons Ifuræ* ou *Pont-Oife*, en cent Places ailleurs: *Samarobriva* de même; c'eft-à-dire *Samaræ Pont*, que nous pourrions dire *Somme-Pont*, ou *Pont fur Somme*, aujourd'hui Amiens, fon ancien nom ayant été changé en celui qui a été commun au Peuple, & à la Ville AMBIANI, d'où eft tiré le nom d'Amiens. De cette démonftration que *Samarobriva* fignifie *Samarat-Pont*, il s'enfuit que l'ancien nom de la Riviére de Somme qui paffe à Amiens eft SAMARA, & que la Riviére de PHRUDIS, dont Ptolomée fait mention en ces Quartiers là eft autre que la Somme.

§. Quoique prefque tous les Savans, conviennent que *Samarobriva* eft *Amiens*, Ortelius a du penchant à croire que c'eft BRAY-SUR-SOMME. La reffemblance des mots femble le favorifer.

SAMASTRO, Ville de la Turquie en Afie, dans la partie Septentrionale de la Natolie, dans le Becfangil; fur la Côte de la Mer Noire, où elle a un Port à l'Embouchure de la Riviére de Dolap entre Penderachi, & Sinope. Il y en a qui l'appellent FAMASTRO, dit Mr. Baudrand de qui eft cet Article. Le vrai nom n'eft ni *Famaftro*, ni *Samaftro*, mais *Amaftro*. C'eft un Village qui a fuccédé à l'ancienne Ville D'AMASTRIS. Voyez ce mot.

SAMATHA. Voyez REBLATHA.

SAMBÆA. Voyez SAMBANA.

[a] Luc. c. 9. v. 52. 53.
[b] Joan. c. 8. v. 48.
[c] Antiq. l. 20. c. 5. & de Bello. l. 2. c. 21.
[d] Liber. Jofue apud Hottinger, p. 116.
[e] Epiphan. de Ponde. rib. & menfuris.
[f] Voyez l'Hift. des Juifs par Mr. Bafnage. t. 6. l. 8. c. 2. Edit de Paris.
[g] Lib. 11. p. 508.

SAMBAL, petite Ville de l'Inde dans l'Empire du Mogol, sur le Gange, dans une Province de même nom. Thevenot [a] dans son Voyage des Indes la range entre les bonnes Villes de la Province de Becar.

[a] C. 39.

SAMBALACA, Ville de l'Inde en deçà du Gange, selon Ptolomée [b].

[b] Lib 7. c. 1.

SAMBALES (Les Isles), quelques-uns écrivent SAMBALLOS. Petites Isles de l'Amérique sur la Côte Septentrionale de l'Isthme qui joint l'Amérique Septentrionale avec la Méridionale. Wafer en parle ainsi dans son Voyage imprimé à la suite de ceux de Dampier [c]. Les Samballos s'étendent, dit-il, jusqu'à la Pointe de Samballas, il y en a un nombre infini qui se suivent en droite ligne & d'autres sont sur les côtés, à des distances fort inégales du rivage & entre elles: quelques-unes à un mille, d'autres à deux & demi. Leur vue jointe aux Montagnes & aux grandes Forêts qu'on voit de la Côte, quand on vient de la Mer, fait une perspective charmante. Il y a trop de ces Isles pour les pouvoir représenter toutes dans une Carte, outre qu'il y en a quelques-unes de fort petites. Elles semblent séparées en divers amas, & on y trouve en général de bons Canaux pour aller de l'une à l'autre. La Mer qui est entre cette chaîne & l'Isthme, est aussi navigable d'un bout à l'autre. Le mouillage y est bon par-tout dans un fond de Sable dur, & on peut aborder sans peine aux Isles & à la Côte. Quelque Vent qui souffle, un nombre considérable de Vaisseaux peuvent toujours trouver des endroits propres à mouiller dans la partie intérieure de l'une ou de l'autre de ces petites Isles. Aussi étoit-ce le rendez-vous le plus ordinaire des Armateurs, sur-tout l'Isle de la SONDE, ou celle de SPRINGER, (ce sont les noms de deux de ces Isles) s'ils faisoient quelque séjour sur la Côte, parce qu'il y a un fort bon abri, pour caréner, & que l'on y trouve en creusant de l'eau douce qui manque à la plûpart des autres. Le terrain de presque toutes les Isles de Samballos est plat, bas, sablonneux, & couvert de plusieurs sortes d'Arbres. On y voit, par exemple, des *Mammées*, des *Sapadillos*, des *Manchinels*, &c. Outre le Poisson à coquille, elles fournissent des rafraîchissemens aux Armateurs. Les plus voisines de la haute Mer sont couvertes de Rochers de ce côté-là. On les appelle pour cela ISLES DES BRISANS, quoiqu'elles soient sablonneuses de l'autre côté, de même que les Isles qui sont près du rivage. Il y a, qui plus est, une chaîne de ces Brisans séparés du Corps des Isles qui s'avancent vers la Mer autour d'un demi-mille & s'étendent jusqu'à l'Isle de la Sonde, si ce n'est pas même plus loin.

[c] Pag. 46.

Le Canal qui court entre les Samballos, & l'Isthme est de deux, trois, ou quatre milles (Anglois) de large & la Côte de l'Isthme est composée en partie de Bayes sablonneuses, & en partie couverte de Mangles, jusqu'à la Pointe Sanballas. Les Montagnes sont à peu près à six ou sept milles du bord, mais vers la Riviére de la Conception qui sort à un mille ou deux à l'Est de la Sonde, la chaîne principale en est un peu plus éloignée. Il y a quantité de petits ruisseaux, qui tombent dans la Mer, de l'un & de l'autre côté de cette Riviére, & dont quelques-uns se rendent dans les Bayes sablonneuses, & les autres dans le terrain couvert de Mangles. Ceux-ci deviennent Saumaches, à cause de l'eau salée, qui forme ces Marécages. Mais les autres conservent la douceur de leurs eaux.

SAMBANA, Σαμβανα, Lieu d'Asie, selon Diodore de Sicile cité par Ortelius qui soupçonne que ses Habitans sont les SAMBATÆ de Ptolomée. Je trouve dans Diodore [d] SAMBÆA, Σαμβαια, à quatre journées de Carrhés, & à trois de Celones. Cela convient assez au Lieu où Ptolomée place ses *Sambatæ*, dans l'Assyrie.

[d] Lib. 17.
[c] 110.

SAMBAS, Ville d'Asie dans l'Isle de Borneo [e], sur la Côte Orientale, vis-à-vis de la pointe de la presqu'Isle de Malaca.

[e] Baudrand

SAMBASTI, Peuple de l'Inde proche de l'Indus. Ils furent vaincus par Alexandre le Grand, au rapport de Diodore de Sicile [f]. Voyez SABUTA.

[f] Lib. 17.

SAMBATÆ, ancien Peuple de l'Assyrie, selon Ptolomée [g]. Il le met au voisinage de l'Apolloniatide. Voyez SAMBANA.

[g] Lib. 6. c. 1.

SAMBIA, nom Latin du SAMLAND. Voyez ce mot. Quelques-uns disent la *Sambie*.

SAMBLACITANUS SINUS, Golphe de la Gaule Narbonnoise peu loin de Frejus. Ortelius [h] croit que c'est aujourd'hui le *Goulfe de Grimault*. Voyez GRIMAUT.

[h] Thesaur.

SAMBRA. Voyez SABIS, & SAMBRE.

SAMBRA, ou SAMBA, selon les divers Exemplaires de Ptolomée [i]. Ville de l'Inde, au delà du Gange.

[i] Lib. 7. c. 2.

SAMBRACATE, Isle de l'Arabie, Heureuse dans la Mer des Indes, selon Pline [k]. Cet Auteur dit qu'il y avoit aussi en Terre-ferme une Ville de même nom. Parlant ailleurs [l] de diverses sortes de Myrrhe, il met au cinquième rang *Sembracena Myrrha*, ainsi nommée, dit-il, d'une Ville du Royaume des Sabéens, & voisine de la Mer. Le R. P. Hardouin croit qu'il s'agit là de cette Ville de *Sambracate* en Terre-ferme.

[k] Lib. 6. c. 28.
[l] Lib. 12. c. 15.

SAMBRE (La), Riviére de France & des Pays-Bas [m]: les Anciens l'ont connue sous le nom de SABIS. Voyez ce mot. Elle a sa source en Picardie au dessus du Village de Novion, à deux lieues de la Capelle d'où elle coule ensuite à Femi, à Landreci, d. à Barlaimont, d. à Aymeries, d. à Pont sur Sambre, g. à Bussiéres, g. à Omont, d. à Ourri, d. à Maubeuge, à Hasneng, g. à Merpeinte, d. à Jeumont, d. à la Bussière, g. à l'Abbaye de Lobbe, g. à Thuin, d. à l'Abbaye d'Asne, d. à Landeli, g. à Hameul, g. à Marchienne au Pont, d. à Charleroi, g. à Motegni sur Sambre, g. à Chastel, g. à Pont de Loup, d. à Farsen, g. à Ogni, d. à Anclo, d. à Ormes, g. à Froid-Mont, d. à Monstiers, g. à Soye, d. à l'Abbaye de Floreff, d. à Floris-

[m] Dict. des Pays-Bas.

Floriſſont, g. à l'Abbaye de Maloigne, d. à Flawen, g. à l'Abbaye de Salſen, d. au Moulin de Salſen, g. à Namur, où elle ſe perd dans la Meuſe.

SAMBRI, ancien Peuple de l'Ethiopie ſous l'Egypte, ſelon Pline. Il ajoute que chez eux il n'y avoit point de Bête à quatre pieds qui eût des oreilles. Ce n'eſt pas à dire que les Animaux nacquiſſent ainſi. C'étoit apparemment la mode chez ce Peuple de les leur couper; peut-être croioient-ils que le droit de porter des oreilles n'appartenoit qu'à l'homme. Chaque Peuple a ſes fantaiſies.

SAMBRICUS PAGUS, c'eſt la même choſe que *Sambrinus Pagus*, dont il eſt parlé à l'Article SABIS. Il n'eſt point queſtion de demander comme Ortelius, ſi ce ne ſeroit point pour Samarobriga, ni de dire que ce nom reſſemble aſſez à celui de Cambrai. L'Auteur de la Vie de S. Arnould a dit *Sambricus Pagus*, pour le Canton aux environs de la Sambre, de la même manière que la Notice de l'Empire a dit *Claſſis Sambrica*, la Flote de la Sambre. Le nom *Sambra* pour *Sabis*, eſt ancien. Voyez SABIS.

SAMBROCA, Rivière de l'Eſpagne Tarragonoiſe. Florian d'Ocampo, croit que c'eſt la SANBUCA. Mais on croit avec plus de fondement que c'eſt aujourd'hui le TER Rivière de la Catalogne.

SAMBRUCENI; ancien peuple de l'Inde, au delà du Fleuve Indus, quoique ſur le bord même de ce Fleuve ſelon Pline [a].

[a] Lib 6. c. 20.

SAMBUCA, Ville de Sicile dans la Vallée de Mazare. On la nommoit autrefois Zabuth. Elle eſt à dix milles de la Côte de la Mer d'Afrique & de Sacca, en paſſant vers Palerme, ſelon Fazel cité par Mr. Baudrand [b].

[b] Edit 1705.

SAMBULOS, Montagne d'Aſie vers la Méſopotamie. Elle étoit célèbre par un Temple dédié à Hercule. Tacite [c] en rapporte une particularité qui a aſſez l'air d'être fabuleuſe. Il dit que ce Dieu avertiſſoit en un certain tems les Prêtres de ſon Temple de préparer des Chevaux chargez de flèches afin d'aller à la chaſſe: que ces Chevaux couroient vers un Bois d'où ils revenoient le ſoir fort fatiguès & ſans flèches: que la nuit ce même Dieu montroit à ſes Prêtres pendant le ſommeil les endroits de la Forêt où ces Chevaux avoient couru; & qu'on les trouvoient le lendemain couverts de Gibier étendu par terre. En donnant à l'induſtrie des Prêtres ce que l'on attribue ici à Hercule, il n'y a rien de ſort difficile à exécuter.

[c] Annal. J. 12. c. 13.

1. SAMBUS, Rivière de l'Inde, l'une de celles qui tombent dans le Gange, ſelon Arrien [d].

[d] In Indic.

2. SAMBUS, Ville des Arabes, ſelon Etienne le Géographe.

1. SAME, ou SAMA, ancienne Ville de la Paleſtine dans la Tribu de Juda, ſelon Joſué [e]. Voyez SAMEGA.

[e] Cap. 15. v. 26.

2. SAME. Voyez SAMOS.

3. SAME, un des noms de CEPHALONIE.

SAMEGA, Ville de la Judée, ſelon Joſephe [f] qui dit qu'elle fut priſe par Hircan. Il la nomme SAMÆA, au premier Livre de la Guerre des Juifs, Chapitre ſecond. D. Calmet croit que c'eſt peut-être la SAMA ou Same de Joſué. Cette conjecture eſt aſſez vraiſſemblable, car ce mot eſt écrit; שמע ou ע a aujourd'hui une prononciation fort conteſtée: les uns ne le prononcent point du tout, les autres lui donnent la prononciation du G. ou du GN; ainſi ce même mot peut être également prononcé *Schama*, ou *Schamga*, qui revient l'un à la manière dont la Vulgate l'exprime, l'autre à la manière dont Joſephe l'écrit.

[f] Ant. l. 13. c. 17.

SAMENI, Peuple Nomade entre les Arabes, ſelon Etienne le Géographe.

SAMER, Gros Bourg de France dans le Boulonnois [g]. Il eſt ſitué à trois lieues de la Ville de Boulogne au voiſinage de la Lianne. L'Egliſe Paroiſſiale eſt bien bâtie avec un beau Portail. Il y a une Abbaye conſidérable de Bénédictins de la Congrégation de S. Maur. On tient Marché à Samer le Lundi & le Vendredi, & il y a trois Foires franches par an, ſavoir le premier Lundi de Carême, le 20. Juillet Fête de Ste. Marguerite, & le jour de l'Exaltation de la Ste. Croix. Il s'y fait un gros commerce de Chevaux & de Marchandiſes.

[g] Corn. Dict. Mémoires dreſſez ſur les Lieux.

SAMES, Voyez BETHSAMES.

SAMI, Voyez MACRONES.

SAMIA, Ville ancienne du Péloponnèſe dans l'Elide, au deſſous du Village de Samicum, ſelon Pauſanias [h].

[h] Lib. 5. c. 6.

SAMICUM, Village du Péloponnèſe dans l'Elide, près de la Mer, & aux Confins de la Triphylie, ſelon Pauſanias [i]. Il rapporte que ce Lieu fut donné à Polyperchon Étolien pour en faire un Lieu de défence contre les Arcadiens. Il ajoute: perſonne d'entre les Meſſeniens, ni d'entre les Eleens ne m'a paru ſavoir où étoient les ruïnes d'ARENE; ceux qui ont tâché de les trouver n'ont dit que des conjectures. L'opinion qui me paroît la plus vraiſemblable eſt celle de ceux qui prétendent que dans les Tems Heroïques *Samicum* étoit appellée *Arene*.

[i] Ibid.

SAMINTHUM, Ville du Péloponnèſe, ſelon Thucydide. Il paroît qu'elle étoit aux Confins de l'Argie, & de la Laconie.

1. SAMIR, Ville ancienne de la Paleſtine, dans la Tribu de Juda. Il en eſt parlé au Livre de Joſué [k]. Quelques Exemplaires des Septante liſent SAPHIR au Lieu de SAMIR.

[k] Cap. 15. v. 48.

2. SAMIR, Ville de la Paleſtine, dans la Tribu d'Ephraïm, dans les Montagnes de cette Tribu, où demeuroit Thola Juge d'Iſraël [l].

[l] Judic. c. 10. v. 1.

3. SAMIR, ce mot שמיר *Schamir*, qui ſignifie quelquefois une Pierre, un Diamant, ſe prend auſſi en quelques endroits pour des épines & des ronces, ou même pour un lieu rempli de ronces & d'épines.

SAMISENA, Contrée d'Aſie dans la Galatie vers la Bithynie, ſelon Strabon cité par Ortelius. Mais dans les diverſes Editions de Strabon je trouve SANISENA.

[m] Lib. 10. p. 562.

SAMMA-

SAMMATHAN, Ville de France dans le Comté de Comminges [a]. C'étoit le séjour le plus ordinaire des anciens Comtes de ce nom, & l'une des plus fortes Places de toute cette Contrée. La Ville est au bas d'un Vallon que la Rivière de Save, ou de Seve traverse par le milieu. Le Château flanqué par-tout, & retranché avec avantage, est sur le sommet de la Montagne, d'une avenue si difficile pour ses fossés, qui sont des précipices de toutes parts, qu'on ne pourroit l'emporter sans beaucoup de peine. Cette Ville de Sammathan a souffert de grandes ruïnes par les guerres des François contre la Gascogne, & ensuite par celles des Anglois, & des Comtes de Foix & d'Armagnac. Il en reste encore des grandes marques aux Lieux appellés Mont Olivet & Motasse, qui font juger qu'elle a été autrefois considérable. On voit sur-tout à Motasse un vieux Château qui est encore presque tout entier, & qui porte l'apparence de quelque superbe Edifice. Il est couvert d'une fort haute terrasse, & ce qui en reste consiste en quelques Sales très-spacieuses & voutées de briques, avec d'autres Corps de logis défendus d'une hauteur d'accès assez difficile. Quant à la Ville, elle a diverses Eglises, tant au dedans qu'au dehors de son enceinte. Au dedans sont celles de Notre-Dame, Paroissiale & Archipresbytérale; St. Michel Prieuré de l'Ordre de Malthe; des Religieuses Beguines de l'Ordre de St. François & un Hôpital joignant le Pont de brique, qui sépare le Marché de la Ville. Au dehors il y a l'Eglise de St. Pierre qui a été ruïnée; celle de Varenne, dédiée à la Ste. Trinité, & à St. Marc l'Evangéliste, avec un Cimetière de grande étendue; l'Eglise de Notre-Dame des Neiges, & celle de la Magdelaine, avec deux Convens, l'un de Cordéliers, bâti par les Comtes de Comminges, & l'autre de Minimes, fondé par un Gentilhomme appellé Jean de l'Artique. Les Consuls ont le Gouvernement de la Police & Justice de la Ville. Il y a aussi pour les Cas Royaux un Lieutenant de Juge Mage de tout le Pays, avec d'autres Officiers, dont les appellations ressortissent à la Sénéchaussée de Toulouse, & de la Sénéchaussée au Parlement.

[a] Corn. Dist. Du Chesne Antiq. des Villes & Châteaux de France.

SAMNÆI, ancien Peuple de l'Arabie Heureuse, selon Pline [b].

[b] Lib. 6. c. 28.

SAMNITES (Les), ancien Peuple d'Italie, dont le Pays s'appelloit le *Samnium*; on disoit en Latin SAMNIS, au Singulier, pour les un Samnite, & au Pluriel *Samnites*. Ce nom est pris dans les Auteurs Latins en deux sens forts différens l'un de l'autre. Tantôt les Samnites se prennent pour un nom général à plusieurs Peuples qui étoient distingués l'un de l'autre par un nom particulier; & qui néanmoins avoient tous une même origine, parce qu'ils venoient tous également des Sabins. Ces peuples étoient

I. PICENTES, dont le Pays, nommé *Picenum*, comprenoit une partie de la Marche d'Ancone, & une partie de l'Abruzze. On y ajoute l'*Ager Palmensis*, le Pays autour d'Ascoli; le *Prætutianus Ager*, le Pays autour de Teramo; & l'*Adrianus Ager*, le Pays autour d'Atri.

II. VESTINI, dont le Pays répondoit à cette partie de l'Abbruzze Ultérieure entre le Fleuve de la Piomba, & la Pescara.

III. MARRUCINI, leur Pays est aujourd'hui le Territoire de Chiéti, dans l'Abruzze Citérieure.

IV. FRENTANI, leur Pays est aujourd'hui une partie de l'Abruzze Citérieure, & une partie de la Capitanate. Leurs Rivières étoient le Sangro, le Trigno, le Tiferno, & le Fortore.

V. PELIGNI, dont le Pays répondoit à la partie de l'Abruzze Citérieure qui est autour de Sermona, entre la Pescara & le Sangro.

VI. LES MARSES, dont le Pays comprenoit une partie de l'Abruzze Ultérieure, autour du Lac de Celano, le *Fucinus Lacus* des Anciens.

VII. LES SAMNITES, proprement dits, dont nous marquerons le Pays dans leur Article particulier.

VIII. Enfin HIRPINI, dont le Pays répondoit à la Principauté Ultérieure.

On peut voir ce qui regarde ces Peuples dans leurs Articles particuliers.

SAMNITES (Les), *proprement dits*, ou les *Vrais Samnites*, occupoient la partie de l'Abruzze Supérieure, tout le Comté de Molisse, avec des parties de la Capitanate & de la Terre de Labour. Ils avoient les *Peligni* & les *Frentani* au Nord, la Pouille Daunienne au Levant, les *Hirpini* & la Campanie au Midi, & les *Marsi* au Couchant. Le Pays situé entre ces Peuples étoit le vrai Samnium, & étoit partagé entre les CARACENI, à qui Ptolomée [c] attribue la Ville d'AUFIDENÆ, & les PENTRI au Midi, dont parle Tite-Live qui dit que leur Capitale étoit nommée BOVIANUM [d]. *Inde Victor Exercitus Bovianum ductus, Caput hoc erat Pentrorum Samnitium longe ditissimum atque opulentissimum armis virisque*.

[c] Lib. 3. c. 1.
[d] Lib. 9. c. 31.

2. SAMNITES (Les), furent nommés *Sabelli*, comme de *Scamnum* on a fait *Scabellum*, de même *Sabelli*, est venu de SAMNITES. Voyez Sabins & SABELLI. Strabon dit formellement que les Picentes & les Samnites tiroient leur origine des Sabins, le Corps de ceux-ci fût partagé en deux; la partie établie à l'Occident garda le nom de Sabins: celle qui s'étendit à l'Orient s'appela d'abord Σαβινται, ensuite Σαβινιται, dont les Grecs firent Σαυνιται, sur quoi les Romains les ont appellés Samnites. Pline [e] dit que les Samnites étoient nommés *Saunites* par les Grecs. *Aufidena Samnitium quos Sabellos & Græci Saunitas dixerunt Colonia*. Le nom de *Sabelli* a été employé par Tite-Live, par Virgile, & Horace, & par d'autres Ecrivains de la bonne Latinité qui ont entendu par ce mot les Samnites soit sans étendue soit dans le sens propre.

[e] Lib. 3. c. 12.

Ce

Ce Peuple étoit extrêmement belliqueux, & l'un des plus braves d'Italie; aussi fit-il bien de la peine aux Romains, qui ne le subjuguérent pas aisément. Florus les accuse d'avoir immolé des Victime humaines, pour engager les Dieux à la destruction de Rome. Ils combattoient avantageusement dans les Montagnes de l'Apennin dont leur Pays est hérissé. On fut cinquante ans, Tite-Live dit soixante & dix, à les réduire & l'on fit un si grand ravage dans leur pays, on leur démolit tant de Villes, que le Samnium, si puissant au commencement de cette guerre, n'étoit plus reconnoissable. Ils fournirent aux Généraux de Rome la matiére de quatre triomphes. On peut voir dans Tite-Live, & plus briévement dans Florus, quelle fut leur destinée. Leurs Villes, selon le P. Briet [a] dont je me sers beaucoup en cet Article, étoient

[a] Parall. Part. 2. l. 5. c. 7. n. 7. p.615. & 621.

Beneventum, aujourd'hui *Benevent*.
Aufidena, aujourd'hui *Alfidena*.
Triventinum, aujourd'hui *Trivento*.
Bovianum, aujourd'hui *Boiano*.
Triventum, aujourd'hui *Molisse*.
Æsernia, Colonie, aujourd'hui *Isernia*.
Alifæ, aujourd'hui *Alifi*.
Telesia, Colonie, aujourd'hui *Telèse*.
Caudium, aujourd'hui *Aerola*, selon les uns, ou le Village d'Arpaïa, selon d'autres.

Leurs Montagnes étoient

Taburnus, aujourd'hui *Tabor*.
Furcæ Caudinæ, entre *Aerola* & *Ste. Agathe*.

Leurs Riviéres étoient.

Sabatus, aujourd'hui *le Sabato*.
Calor, aujourd'hui *le Calore*.
Tamarus, aujourd'hui *le Tamaro*.

Je m'étonne qu'entre les Villes des Samnites, il n'ait pas mis *Sæpinum*, ni *Tuticum*, qui est l' *Æquotuticum* de Cicéron, que les Interprêtes de Ptolomée expliquent par Trivetto. Mais ce Pere met pour cette derniére Place *Equus Tuticus*, (il la nomme ainsi & lui donne pour nom moderne Ariano), il la place chez les *Hirpini*, quoique Ptolomée donne *Sæpinum* & *Tuticum* aux Samnites.

SAMNONIUM PROMONTORIUM, Promontoire de l'Isle de Créte dans sa Partie Orientale, selon Mr. Corneille. Mais Ortelius & Ptolomée disent SAMONIUM. Voyez ce mot.

SAMO. Voyez SAMOS.

SAMOEN, Village de Savoye dans le Haut Foucigni, entre les Montagnes & la Riviére [b]. On y tient un Marché fameux. Son fromage, nommé *Vacherine*, est excellent & se distribue aux Nations étrangéres. L'Abbaye de SIX n'est pas loin delà.

[b] Corn. Dict. & Davity.

SAMOGIA, Village d'Italie dans la Lombardie, entre Bologne & Modène, à trois lieues de l'une & de l'autre de ces deux Villes. Mr. Misson observe dans son Voyage d'Italie qu'à l'entrée de la nuit on voit autour de ce Village la Campagne toute couverte de Mouches luisantes, qu'on appelle *Lucioles*, qui sont de la forme d'un Hanneton, mais bien plus petites. Elles ont le bas du corps rempli d'une matiére presque liquide & de couleur de Citron, & à chaque coup d'aîle, que donnent ces mouches, cette matiére jette un trait de feu qui ressemble à l'étincellement d'une Etoile.

SAMOGITIE, en Latin *Samogitia*, Province de la Pologne. Elle a la Curlande au Septentrion : la Lithuanie à l'Orient : la Mer Baltique à l'Occident ; & la Prusse Royaume au Midi. Elle a soixante & dix lieues de longueur, & environ cinquante de largeur. Les Estiens qui firent tête long-tems au Venèdes partagés en diverses Nations, habitérent anciennement cette Province. C'étoient des Peuples ennemis irréconciliables des Chrétiens. Ils poussoient l'Idolâtrie jusqu'aux derniers excès. Ils avoient un nombre infini de Dieux. Le plus grand de tous étoit *Auxcheias Vissagistis*, le Roi tout-puissant, & ils appelloient les autres *Zemopacii*, ou Dieux de la Terre. Ils adoroient le Soleil, les autres Astres, les Eaux, les Ténèbres, & chaque espéce d'Animaux avoit encore son Dieu Tutelaire. Jagellon étant devenu Roi de Pologne, convertit une partie de ce Peuple en 1413. & fit un Siège Episcopal en la Ville de Midnick, après avoir éteint le Feu Sacré qu'ils entretenoient sur le haut d'une Montagne, auprès du Fleuve Neviasza; fit couper les Arbres des Forêts qu'ils adoroient, & tuer tout le Gibier & les Bêtes qui étoient dedans, & qu'ils tenoient dignes de vénération. Après la Mort du Roi Jagellon, les Chevaliers Teutoniques acquirent la Samogitie du Roi Casimir en 1446., & enfin Albert de Brandebourg, Grand-Maître de leur Ordre, s'étant emparé de la Prusse, cette Province fut incorporée au Royaume de Pologne. Son nom en Langue du Pays signifie TERRE BASSE, non pas qu'il n'y ait des Forêts & des Montagnes, mais parce qu'elle est à l'extrémité de la Lithuanie. Le Pays est bon, mais de peu de rapport en grains, par la nonchalance des Habitans, qui ayant du Miel en abondance, & toutes sortes de Troupeaux, y donnent leurs principaux soins. Ils se soucient peu du fer, & ne s'en servent ni à leurs charrues, quoique la terre soit forte, ni aux Chariots qui sont tous chevillés & accommodés de bois. Leur façon de vivre a long-tems tenu des Tartares, la plûpart étant errans dans les Bois avec leurs Troupeaux & leurs familles, jusqu'au Regne de Sigismond-Auguste, qui eut peine à leur persuader de bâtir des maisons & de vivre en société. Ces maisons sont un méchant toit de terre, de paille & de claye. Le feu se fait au milieu, & la fumée sort par une ouverture qui est en haut. Le Meurtre, le Larcin, la Paillardise, sont fort rares parmi eux. Les Filles sont élevées dans le ménage & marchent la nuit avec une torche à la main & deux sonnettes à la ceinture, afin que le pere soit averti de ce qu'elles font : leur tempérance fait que plusieurs passent trente ans ainsi. Ils ne marient ordinairement leurs enfans, fils ou filles, qu'à cet âge. La Samogitie est entrecoupée de Bois & de Montagnes presque inaccessibles & produit des Chevaux admirables par leur légéreté. On trouve dans les Forêts toutes sortes de Bêtes sauves, & particuliérement des Elans. La Province est divisée en trois Gouvernemens, qui tirent leur nom des Villes de Rosienie, sur la Rivière de Dubisse, de Midnick sur le Wirvits & de Poniewiefs. Elle a un Staroste pour le Temporel, & ce Staroste a rang parmi les Grands Sénateurs. Quant à ce qui regarde le Spirituel, elle est gouvernée par un Evêque qui fait sa résidence à Midnick, autrement Womie. Il est suffragant de l'Archevêque de Gnesne.

Rosienne, en Latin *Rosienia*, est une petite Ville Capitale du Pays. Mednicy ou Midnick, ou Womie, est une autre petice Place Siège & résidence de l'Evêque de Samogitie. Birze ou Birsen, est une Ville aux Frontières de Curlande. La Samogitie se partageoit autrefois en douze petits Bailliages, mais on n'y connoît plus d'autre division que celle des trois Gouvernemens dont on a parlé.

1. SAMOIEDES (Les), Peuple de l'Empire Russien, dont il occupe la partie Septentrionale entre Archangel & la Tartarie Asiatique. Il y a de la variété entre les bornes qu'on leur assigne, selon Corneille le Brun dans son Voyage de Moscovie.

Voyages de Corneille le Brun, p. 16. & suiv.

2. SAMOIEDES [a], est un nom qui signifie en Langue Russienne, Mangeurs d'hommes, ou gens qui s'entremangent. Ils sont presque tous sauvages, & s'étendent le long de la Mer, jusques en Sibérie. Ces gens-là se mettent par 7. à 8. hommes & autant de femmes en quatre ou cinq tentes différentes, ayant auprès deux des Chiens, qui font grand bruit lorsque l'on les approche. On les voit occupés, tant hommes que femmes, à faire des rames, des instrumens à vuider l'eau, qui entre dans les Bateaux, de petites chaises & d'autres choses pareilles, qu'ils vont vendre à la Ville & sur les Vaisseaux. Ils ont la liberté de prendre dans les Forêts voisines, le bois dont ils les font. Leur stature est petite, & particuliérement celle des femmes, qui ont de très-petits pieds. Leur teint est jaune, & leur air desagréable, ayant presque tous les yeux longs, & les joues enflées. Ils ont leur propre Langue, & savent aussi la Russienne, & font tous habillés de la même manière, c'est-à-dire de peaux de Rennes. Ils ont une Robbe de dessus, qui leur pend depuis le col jusques au genou, le poil en dehors, & de différentes couleurs pour les femmes, qui y ajoutent des bandes de drap rouges & bleues, pour leur servir d'ornement. Leurs cheveux qui sont fort noirs, sont épais comme ceux des Sauvages, & ils les coupent de tems en tems par floccons. Les femmes tressent une partie des leurs, & y attachent de petites pièces de cuivre rondes, avec une bandelette de drap rouge, pour se donner de l'agrément. Elles portent aussi un Bonnet fourré, blanc en dedans & noir par dehors. Il s'en trouve qui ont les cheveux épars comme les hommes, dont on a de la peine à les distinguer, ceux-ci ayant rarement de la barbe, si ce n'est un peu au dessus des lèvres, chose qui procéde peut-être de leur étrange nourriture. Ils portent une espèce de Camisolle, & des Culottes de la même peau avec des bottines presque toutes blanches, dont celles des femmes ne différent qu'en ce qu'elles y ont des bandelettes noires. Le fil dont elles se servent est fait de nerfs d'Animaux. Au lieu de Mouchoirs ils se servent de raclure de bois de Bouleau fort déliées, dont ils ne manquent jamais d'être pourvus, pour s'essuyer, lorsqu'ils suent ou qu'ils mangent.

Leurs Tentes sont faites d'écorces d'Arbres, cousues ensemble par longues bandes, qui pendent jusqu'à terre & empêchent l'air & le vent d'y pénétrer. Elles sont ouvertes par le haut, pour en laisser sortir la fumée, ce qui les rend noires en cet endroit, tout le reste de la tente étant roussâtre ; tout l'édifice est soutenu avec des perches, dont les bouts sortent par l'ouverture qui est en haut. L'Entrée en a environ quatre pieds de haut, & est couverte d'une grande pièce de la même écorce, qu'ils soulevent pour y entrer & pour en sortir, & leur foyer est au milieu de cette tente. Ils se nourrissent de cadavres de Boeufs, de Moutons, de Chevaux & d'autres Animaux, qu'ils trouvent dans les grands chemins, ou qu'on leur donne, de leurs Boyaux & autres intestins qu'ils font bouillir sans les écumer, & qu'ils mangent sans pain & sans sel.

Leurs Traîneaux ont ordinairement 8. pieds de long sur 3. pieds & quatre pouces de large, s'élevant sur le devant comme des patins. Le Conducteur est assis sur le derrière, les jambes croisées, en laissant quelquefois pendre une par dehors. Il a devant lui une petite planche arondie par le haut, & une semblable, mais un peu peu plus élevée par derrière, & tient à la main un grand bâton, garni d'un bouton par le bout, dont il se sert pour pousser & faire avancer les Rennes qui les tirent.

Les Rennes ressemblent assez aux Cerfs ; mais ils sont plus puissans & ont les jambes plus courtes. Ils courent avec une impétuosité, qui surpasse celle des Chevaux : ils les prennent à la chasse, avec des pièges, ou les tuent avec des dards. Ceux qu'ils prennent vivans, ils les apprivisent. Ces Animaux vivent de mousse blanche qui vient dans les Marécages. Les Samoïedes prennent aussi à la chasse les Chiens Marins, lorsqu'ils viennent s'accoupler sur la glace ; ils vivent de la chair, s'habillent de la peau, & en vendent l'huile.

Lorsqu'ils ont envie de se marier, ils cherchent une femme à leur gré, & puis la marchandent & conviennent du prix avec leurs plus proches parens. Ils en donnent jusqu'à deux, trois, & quatre Rennes, que l'on estime ordinairement quinze ou vingt florins la pièce. Cette som-

somme se paye quelquefois en argent comptant, selon qu'ils en conviennent. De cette maniére ils prennent autant de femmes, qu'ils en peuvent entretenir; mais il s'en trouve qui se contentent d'une seule. Quand la femme ne leur plaît plus, ils la rendent à ses parens.

Leur Pere & leur Mere venant à mourir, ils en conservent les os sans les enterrer, souvent même ils les noyent, lorsqu'ils sont parvenus à un âge fort avancé, & ne sont plus bons à rien. Lorsque les enfans meurent à la mamelle, ils les enveloppent dans un drap & les pendent à un Arbre dans le Bois; mais ils enterrent les autres.

Ils croient qu'il y a un Ciel & un Dieu, qu'ils nomment *Heyha*, c'est-à-dire Déité: qu'il n'y a rien de plus grand ni de plus puissant que Dieu: que tout en dépend: qu'Adam, le Pere commun de tous les hommes, a été créé de Dieu, ou en est provenu; mais que ses descendans ne vont ni au Ciel ni aux Enfers; que tous ceux qui font le bien seront placés dans un lieu plus élevé que les Enfers, où ils jouïront de la félicité du Paradis, & ne souffriront aucune peine. Ils servent cependant leurs Idoles, & révérent le Soleil, la Lune, & les autres Planetes, & même de certaines Bêtes & des Oiseaux, selon leur caprice, dans l'espérance d'en tirer quelque avantage.

Ils ont parmi eux une personne qu'ils nomment *Siaman*, ou *Koedisnick*, qui signifie un Prêtre ou plutôt un Magicien, & croient que cet homme peut leur prédire tout le bien & tout le mal, qui leur doit arriver. Lorsqu'ils veulent savoir de lui quelque avanture, ils l'envoyent querir & lui mettent la corde au col, puis la serrent de maniére qu'il tombe, comme mort: il revient à lui au bout de quelque tems. Quand il va prédire quelque chose, le sang lui sort des joues, & s'arrête lorsqu'il a fait, & lorsqu'il recommence, il se met à couler de nouveau.

Ces Samoïedes se répandent de tous les côtés, jusques aux principales Riviéres de la Sibérie, comme l'*Oby*, le *Jenisea*, le *Lena* & l'*Amur*, qui vont toutes se décharger dans le grand Océan. La derniére sert de limite à la frontiére la plus avancée du Czar de Moscou, du côté de la Chine. Aussi les Samoïedes ne la passent-ils pas.

Olaus Rudbeck dans son Atlantique, Scheffer dans sa Description de la Lapponie, Olaus Magnus dans son Histoire, & les autres Auteurs de l'Histoire du Nord, conviennent tous sur la Magie des Samoïedes & des Lappons, & disent des choses étonnantes de leurs enchantemens; en sorte qu'exciter des tempêtes, arrêter des Vaisseaux au milieu de leur course, envoyer des maladies aux hommes & aux bestiaux, sont des effets ordinaires de leurs maléfices. Olaus Magnus remarque qu'il semble qu'ils ont eu pour Maître le Grand Zoroaître qui a passé parmi les Perses pour l'Inventeur de cette funeste Science.

En vain les Rois de Suède, de Norwege, & les Grands Ducs de Moscovie, qui ont conquis ces Peuples & y ont établi la Religion Chrétienne, ont tâché par des Edits aussi sages que sévères, de détruire cette folle superstition: ils n'ont jamais pu en venir à bout; au contraire ces Peuples ont mêlé dans leurs enchantemens avec les noms & les figures de leurs Idoles ce que la Religion Chrétienne a de plus respectable. Mais ce qu'il y a encore de plus étonnant, c'est qu'ils ont parmi eux des Maîtres, qui enseignent la Magie aux jeunes gens, & que les parens leur envoyent leurs Enfans, comme on les envoye parmi nous à l'Ecôle.

Il est très-ordinaire parmi ces Peuples de trouver des gens, qui vendent les Vents à ceux qui navigent sur les Mers du Nord. Ils donnent à celui, qui entreprend quelque Voyage, une corde, à laquelle ils font trois nœuds, en les avertissant qu'en dénouant le premier ils auront un vent médiocre: que s'ils dénouent le second, le vent sera fort, mais qu'ils pourront le surmonter; & que, s'ils délient le troisième, ils seront élever une tempête, qui les fera périr.

Les Samoïedes occupent une vaste étendue de Pays au Nord-Est de la Moscovie, depuis le Tropique jusqu'à l'Océan Septentrional, des deux côtés de l'*Oby*.

Ils ont des Chefs parmi eux, auxquels ils payent certains droits, que ceux-ci envoyent ensuite aux Gouverneurs des Places qui sont sous la domination de sa Majesté Czarienne.

Il y a des Samoïedes sous la Jurisdiction de la Sibérie, & sous les Waivodes de *Pelun*. On en trouve plusieurs sortes dont les Langues sont différentes, comme ceux de *Beresofsky* & de *Gustorse*; ceux qui habitent la Côte de la Mer, à l'Est de l'Oby jusques à *Truchamskoi* ou *Mangazeiskoi*, & ceux qui demeurent aux environs d'Archangel sur la Dwina. Ces derniers sont le rebut de ceux qui habitent le long de la Côte de la Mer, qu'ils ont abandonnée pour venir en ces Quartiers là.

Quoique les Samoïedes n'ayent point de Villes, ils ne changent point de demeures comme les Tartares Nomades, & leurs Cabanes sont construites encore aujourd'hui de la même maniére qu'on les voit décrites dans les anciens Auteurs. Tacite remarque qu'elles étoient soutenues avec des perches comme elles le sont en effet. Hérodote [a] appelle la couverture de ces sombres demeures un Chapeau blanc, faisant sans doute allusion à la neige dont elles sont presque toujours couvertes. Les Anciens avoient publié une fable sur l'air de ces Climats Septentrionaux, & avoient cru qu'il étoit rempli de plumes, ce qu'Hérodote explique fort bien, en disant qu'il faut l'entendre de ces gros floccons de neige qui y tombent pendant la plus grande partie de l'année; explication si naturelle que les anciens Poëtes du Nord, Edda & les autres l'appellent ordinairement de la plume & de la laine, comme on peut le voir plus au long dans l'Atlantique d'Olaus Rudbeck [b]. Quoiqu'il en soit les Samoïedes ont soin de pratiquer dans leurs Cabanes des chemins souterrains pour se visiter les uns les autres

[a] Lib. 4. c. 23.
[b] C. 10.

autres pendant les grandes gelées. Quand ils vont alors à la chasse, ils sont obligés de sortir par le trou qui leur sert de cheminée, la terre couvrant alors la porte de leurs Cabanes. C'est là qu'enfermés pendant huit ou neuf mois, comme des Bêtes féroces dans leurs tanières, presque étouffés de la fumée, ils consument les provisions de chair & de poisson qu'ils ont ramassées pendant la belle Saison.

Ce qu'il y a de plus étonnant, c'est qu'ils sont contens de cette manière de vivre, & que deux Députés de la Nation vers le Czar dirent à Olearius, dont nous avons les Voyages, que si le Czar connoissoit tous les charmes de leur Climat, il viendroit sans doute y habiter. Quand ils eurent fini leur négociation à Moscou, ils s'en retournèrent, fort ennuyez du séjour qu'ils avoient fait dans cette grande Ville.

Le tems qu'ils passent ainsi cachés dans leurs demeures, & la manière dont ils s'habillent, ont donné lieu à des idées fabuleuses qu'on en ont eu les Anciens. C'est sans doute sur quelques Relations de ces Pays Septentrionaux, qu'on avoit formé la fable d'un Peuple qui dormoit six mois de l'année. Comme dans l'Hyver ils se couvrent la tête avec la même fourrure, qui leur sert d'habit, en laissant pendre les manches des deux côtés, & ne montrant le visage que par le trou qui est au bout du vêtement, cela a donné lieu à cette autre fable qui dit qu'il y avoit un Peuple, qui n'avoit point de tête & qui portoit la marque du visage sur l'estomac. Leurs grandes Raquettes qu'ils portent aux pieds pour marcher sur la neige, lorsqu'ils vont à la chasse, ont aussi donné lieu à la fable qui disoit qu'il y avoit des hommes, qui avoient le pied si grand, qu'il pouvoit faire ombre à tout le corps; tant il est vrai (comme le remarque très-sagement l'Auteur des Notes sur les Voyages de Corneille le Brun, Edition de Rouen) que les fables les plus absurdes ont souvent pour fondement des véritez qu'on n'avoit pas bien examinées, & cela peut servir d'Apologie à Hérodote, à Ctésias & autres Auteurs, qui avoient publié sur les Peuples des Indes des choses qui paroissoient si extravagantes, & dont on a trouvé les fondemens dans les mœurs, les habillemens, & les coutumes de ces Peuples.

Depuis les Voyages d'Olearius & de Le Brun, la plûpart des Samoïedes ont reçu le Batême, par les soins de Pierre le Grand, & de l'Impératrice Catherine sa femme.

SAMONIUM PROMONTORIUM, Promontoire de l'Isle de Crète dans sa Partie Orientale, selon Ptolomée [a], qui met de ce côté-là deux Promontoires *Samonium* & *Zephyrium* Σαμώνιον, ἄκρον, Strabon [b] l'appelle ἔσον Σαμώνιον, *Samonium Orientale*. Pomponius Mela écrit de même *Samonium*, mais Pline écrit SAMMONIUM, par deux *mm*. Ce redoublement de l'm est fondé; la première tient la place de l'I, on a dit SALMONIUM, puis *Sammonium*, & *Samonitum*. Denys le Periegete [c] dit le Promontoire SALMONIDE [c]

[a] Lib. 3. c. 17.
[b] Lib. 10.
[c] V. 110.

Μακρὸν ἐπ' ἀντολίην, Σαλμωνίδος ἄχρι καρήνου,
Ἣν Κρήτης ἐνέπουσιν ἐῴων ἔμμεναι ἄκρων.

C'est-à-dire bien avant vers l'Orient jusqu'au Promontoire Salmonide, qui passe pour être le Cap le plus Oriental de l'Isle de Crète. Dans les Voyages de St. Paul il est fait mention de ce Cap, au sujet de sa navigation à Rome, & il passa tout auprès. Les Actes des Apôtres le nomment simplement SALMONE ὑπεπλεύσαμεν τὴν Κρήτην κατὰ Σαλμώνην, nous passames au-dessous de l'Isle de Crète auprès de Salmône. Ce même Cap a été nommé le CAP SALMONE, & avec le tems de bonnes gens ont cru, que ce mot étoit abregé de Salomon; cette idée quoique sans fondement n'a pas laissé de produire un usage assés suivi, & on dit aujourd'hui le CAP SALOMON, lors qu'on parle de ce Cap.

SAMOS (L'Isle de), Isle de la Mer Méditerranée sur la Côte de l'Asie Mineure, entre l'Ionie à l'Orient, & l'Isle d'Icarie aujourd'hui Nicarie au Couchant, au Midi du Golphe d'Ephèse. On la nomme encore aujourd'hui SAMO. Elle est présentement sous la domination du Turc, & elle est séparée de la Natolie par le Détroit de Micales qui prend ce nom de l'ancienne Ville Mycalessus, ou de la Montagne Mycale qui est en Terre-ferme, le long de ce Détroit, auquel Mr. Baudrand donne cinq lieues de large. Du tems que la Grèce étoit florissante cette Isle étoit fort peuplée & très-bien cultivée. On voit encore au plus haut des Montagnes, de longues murailles faites pour arrêter les terres. Je ne crois pas qu'il y ait présentement dans Samos plus de douze mille hommes tous du Rite Grec. Il n'y a que trois Maisons de Turcs; celle du Cadi, celle de l'Aga, qui demeurent tous deux à CORA, & celle d'un Subdélégué de l'Aga, qui fait sa résidence à CARLOVASSI, ou au VATI, séjour du Vice Consul de France. L'Aga proprement n'est qu'un Vaivode envoyé pour lever la Taille réelle.

d'Tournefort, Voyage, t. I. p. 157.

Tous les ans on établit un Administrateur ou deux dans chaque Village, excepté à Cora, au Vati & à Carlovassi, où l'on élit deux Papas & quatre Bourgeois, supposé qu'il s'en trouve: à leur défaut on prend des Patrons de Caïgnes, ou des Laboureurs. Les Papas mêmes ne sont que des Paysans promûs aux Ordres, sans autre mérite que d'avoir appris la Messe par cœur. Il y en a plus de deux cens; le nombre des Caloyers est encore bien plus grand; ainsi les gens d'Eglise sont les Maîtres de l'Isle: ils y possèdent sept Monastères, savoir Notre-Dame de la Ceinture [e], Notre-Dame du Tonnere [f], la Grande Notre-Dame [g], S. Helie [h], le Couvent de la Croix [i], S. George [k], & S. Jean [l].

[e] Παναγία Ιωξίκα
[f] Παναγία Βοωδί
[g] Παναγία Μεγάλη
[h] Αγιος Ηλίας
[i] Αγιος Σταυρος
[k] Αγιος Ιωάννης ὁ Θεολόγος

Il y a quatre Couvens de Religieuses dans Samos; l'un à S. Helie, l'autre proche la Grande Notre-Dame, le troisième à Bavonda, & le dernier au Monastère de la Croix; de plus on nous assûra que l'on y comptoit plus de 300. Chapelles particulières.

L'Evêque de cette Isle, qui l'est aussi de

de Nicaria, réside à Cora, & jouït d'environ deux mille Ecus de rente. Outre les biens de l'Eglise, il tire un revenu considérable de la Bénédiction des Eaux & de celle des Troupeaux, qui se fait au commencement de Mai. Tous les laitages & les fromages, qui se font le jour de la Bénédiction, appartiennent à l'Evêque: on lui donne aussi deux Bêtes de chaque Troupeau.

Les Samiens vivent assez heureusement & ne sont pas maltraités des Turcs. L'Isle doit payer 1290. Billets de Capitation à 5. écus le Billet. Ce qui fait la somme de 6450. écus. L'Aga qui met son cachet sur chaque Billet, exige encore un écu, & les Papas qui se mêlent de tout, & qui font la répartition des Billets, retirent dix sols par Billet; de sorte que les Particuliers payent six écus dix sols [a]. La Douane de l'Isle ne s'afferme que dix mille écus: on croit que l'Aga qui en exige les droits y gagne bien autant: quand un Grec meurt sans enfans mâles, l'Aga hérite de tous les Champs labourables: les Vignes, les Champs plantés d'Oliviers, & les Jardins appartiennent aux filles, & les Parens ont le droit de retention, lorsque les Terres se vendent. L'Aga profite aussi de quatre ou cinq cens livres de Soye; cette marchandise paye encore d'ailleurs quatre pour cent à la Douane.

[a] Deux timins.

Les femmes de cette Isle sont mal-propres, mal-tournées, & ne prennent de linge blanc qu'une fois le mois. Leur Habit consiste en un Doliman à la Turque, avec une Coëfe rouge, bordée d'une Sesse jaune, ou blanche, qui leur tombe sur le dos, de même que leurs cheveux qui le plus souvent sont partagés en deux tresses, au bout desquelles pend quelquefois un trousseau de petites plaques de cuivre blanchi, ou d'argent bas, car on n'en trouve guères de bon aloi dans ce pays-là.

La Taille réelle de Samos est d'environ douze mille écus. On prend le dixième de toutes sortes de Grains & de Fruits, jusques aux Oignons & aux Calebasses; on y recueille beaucoup de Melons & de Pasteques, de Féves, de Lentilles, de Haricots. Les Muscats sont les plus beaux & les meilleurs fruits de l'Isle: dans le tems qu'ils sont mûrs les Vignes sont remplies de monde, chacun en mange autant qu'il veut, & choisit où il juge-à-propos. Le Vin en seroit bon, si on savoit le faire, & le mettre dans des futailles; mais les Grecs sont mal-propres, & d'ailleurs ils ne peuvent s'empêcher d'y mettre de l'eau. Néanmoins j'ai bû de fort bon Vin Muscat à Samos, qu'on avoit fait avec soin pour nos Marchands de Smyrne; mais il sentoit moins le grain que le Muscat de Frontignan. On recueille environ 3000. Barrils de Muscat à Samos. Chaque Barril pèse 158. livres [b] 4. onces, & la charge de ce Vin, qui est d'un Barril & demi, se vend sur les lieux depuis quatre Francs jusques à sept Livres dix sols, celle de Vin rouge ne vaut que quatre francs ou cent sols: ce Vin est foncé & seroit bon, s'il n'étoit pas mêlé d'eau; on le porte à Scio, à Rhodes & à Napoli de Romanie. Les

[b] 50. oques.

Grecs qui achetent le Vin dans l'Isle payent 4. ou 5. pour cent de droit de sortie, suivant le caprice du Douanier: les François n'en payent que la moitié. Le Vin ne doit aucun droit au Grand-Seigneur; mais chaque Piéce de Vigne [c] de cinquante pas de long sur vingt pas de large, lui doit 40. sols par an [d].

[c] Esppses.
[d] Une Islote.

On leve sur l'huile une Taille réelle sur le pié du Dixième. Les Grecs doivent pour le droit de sortie de cette marchandise 4. pour cent, & les François deux pour cent; mais la récolte ne passe guères huit ou neuf cens Barrils, qui pesent autant que les Barrils de Vin, c'est-à-dire 158. livres.

On charge ordinairement dans cette Isle tous les ans trois Barques de froment pour France, chaque Barque contient huit ou neuf cens Mesures faisant 60000. ou 67560. pesant, car chaque Mesure est de 75. livres. La Mesure s'appelle un *Quilot*. Le Quilot est de trois *Panaches*, chaque Panache de 8. *Oques*, & les Oques de 25. livres. Outre les Grains ordinaires, on seme dans Samos beaucoup de gros Millet [e] blanc qu'ils appellent *Chiori*. Les pauvres gens pour faire du pain, mélent une moitié de froment avec l'autre moitié d'orge & de millet blanc; quelques-uns ne mélent que le millet & l'orge, qui viennent assez abondamment dans l'Isle.

[e] *Milium arundinaceum plano alboque semine.* C. B.

On ne seche des Figues dans Samos, que pour l'usage du Pays: elles sont fort blanches, & trois ou quatre fois plus grosses que celles de Marseille; mais moins délicates. On ne pratique par la caprification dans cette Isle, aussi les Figuiers y fructifient moins que dans les autres. Le fromage de Samos ne nous parut pas des meilleurs: on le met tout frais dans des Outres avec de l'eau salée, & on le laisse égouter & sécher à loisir: la coûtume est d'en charger tous les ans une Barque pour France; cent livres ne coûtent que deux Ecus ou un Sequin.

Les Pins qui sont au Nord de l'Isle donnent environ 300. ou 400. Quintaux de poix. Elle vaut un écu le Quintal, & paye quatre pour cent à la Douane. On charge dans cette Isle des *Velanides* [f] pour Venise & pour Ancone; c'est une espéce de Gland. Gland que l'on réduit en poudre pour tanner les Cuirs. La grande quantité de Chênes dont Samos étoit autrefois couverte lui avoit fait donner le nom de l'*Isle aux Chênes* [g].

[f] Βελανίδι ξυλοκερατιά.
[g] Δρυοῦσα Steph.

La Soye de cette Isle est fort belle. Elle vaut [h] quatre Livres dix sols, ou cent sols la livre, & on en fait tous les ans un Commerce d'environ 20. ou 25. mille Ecus. Le Miel & la Cire y sont admirables: on y donne cinquante livres de Miel pour un Ecu, la Cire y vaut 9. ou 10. sols la livre. A l'égard du Miel on y en recueille plus de deux cens Quintaux: mais la Cire ne passe guères cent Quintaux: le Quintal pese 140. livres, de même que dans tout le reste de la Turquie.

[h] 18. ou 20. mins la livre.

Les Anciens ont admiré la fertilité de l'Isle de Samos. Strabon [i] y trouvoit tout excellent, excepté le Vin: mais apparemment

[i] Lib. 4.

remment il n'avoit pas goûté du Muscat de cette Isle, ou peut-être on ne s'étoit pas encore avisé d'en faire. Athénée après Æthlius[a], rapporte que les Figuiers, les Pommiers, les Rosiers, & la Vigne même de Samos portoient des fruits deux fois l'année. Pline[b] parle des Grenades de cette Isle, dont les unes avoient les grains rouges & les autres blancs. Outre les Fruits, l'Isle est pleine aujourd'hui de Gibier, de Perdrix, de Béccasses, de Béccassines, de Grives, de Pigeons sauvages, de Tourterelles, de Becfigues. La Volaille y est excellente: les Francolins[c] n'y sont pas communs, & ne quittent pas la marine entre le Petit Boghas & Cora, auprès d'un Etang marécageux; on les appelle Perdrix de prairies. Il n'y a point de Lapins dans Samos; mais beaucoup de Liévres, de Sangliers, de Chévres sauvages, & quelques Biches. On y nourrit de grands Troupeaux; mais plus de Chévres que de Moutons. Les François y chargent une Barque de laine par an; on en donne trois livres deux onces pour quatre ou cinq sols.

Les perdrix y sont en si grande quantité qu'on les a pour trois sols la paire. Comme les Chasseurs ne savent pas tirer en volant, ils les attendent le long des Ruisseaux, où elles vont boire par compagnie comme les Alouettes, & ils en tuent sept ou huit à la fois, & même jusqu'à quinze ou vingt. Les Mulets & les Chevaux de l'Isle ne sont pas beaux; mais ils marchent assez bien; & quoiqu'on les laisse paître à l'avanture sans les enfermer dans des clos, ils ne s'écartent point des Maisons de leurs Maîtres, qui les vont prendre aisément quand ils en ont besoin. On nourrit assez de Bœufs dans cette Isle; mais on n'y connoît pas les Bufles. Les Loups & les Chacals y font quelquefois de grands desordres. Il y passe quelques Tigres, qui viennent de Terre ferme par le Petit Boghas.

Les Mines de fer ne manquent pas dans Samos; la plûpart des terres sont de couleur de rouille. Tous les environs de Bavonda sont pleins de Bol rouge foncé, fort fin, fort sec, & qui s'attache à la langue. Le Bol est un Safran de Mars naturel, dont on retire le fer par le moyen de l'huile de lin.[d] On faisoit autrefois d'excellente Poterie à Samos, & c'étoit peut-être avec la terre de Bavonda[e]. Selon Aulu-Gelle[f], les Samiens furent les inventeurs de la Poterie: mais personne ne s'en mêle aujourd'hui, & on s'y sert de la Fayence d'Ancone: [g] Les Cruches, où l'on tient l'Eau de Vie & le Vin, viennent de Scio. Pour peu qu'on voulût se donner de peine, on trouveroit à Samos ces deux sortes de terres blanches, que les Anciens employoient en Médecine; mais personne ne s'intéresse pour pareilles recherches; non plus que pour la Pierre Samienne[i], qui non seulement servoit à polir l'or, mais qui étoit d'un grand usage pour les remedes.

L'Emeril n'est pas rare dans cette Isle. L'Ochre y est commune du côté de Vati:

a Lib. 14.
b Lib. 13. c. 19.
c Ταγηνάρι Attagen. Ar. Cadremphius.
d Samia vasa etiamnum in esculentis laudantur. Plin. Hist. Nat. lib.
e Nos Samio delectamur, Cic. in Verrem.
f Lib. 5.
g Στάμνοι.
h Κολλύβιον καὶ ἀστήρ. Diosc. lib. 5. cap. 172. Plin. Hist. Nat. l. 32. c. 16.
i Diosc. Ibid. cap. 173. Plin. Hist. Nat. lib. 36. cap. 21.

elle prend un assés beau jaune, quand on la met dans le feu, & devient d'un rouge-brun si on l'y laisse plus long-tems; cette terre n'a point de goût, & teint naturellement en feuille morte. On trouve autour de Carlovassi une terre très noire & très-fine; mais tout-à-fait insipide, qui ne paroît participer du Vitriol, qu'en ce qu'elle sert à teindre en noir le fil à coudre.

Toutes les Montagnes de l'Isle sont de Marbre blanc. On remarque sur le chemin de Vati au Petit Boghas une Colonne assez belle, attachée encore à sa Carrière. On m'assura qu'il y avoit de beau Jaspe du côté de Platano. Ces Montagnes sont assez fraîches, pleines de Sources, couvertes de Bois, & fort riantes. Les Ruisseaux les plus considérables sont celui de *Mételinous*, & celui qui coule au delà des ruines du Temple de Junon.

Le Port du Vati, qui regarde le Nord-Ouest, est le meilleur de l'Isle. On y donne fond à droite dans une espèce d'Anse formée par une Colline avancée en manière de crochet. Ce Port qui peut contenir une grande Armée avoit donné lieu d'y bâtir une Ville, dont les ruines paroissent d'une grande étendue, quoique sans magnificence; on l'a abandonnée depuis long-tems, pour se mettre à couvert des insultes des Corsaires, & l'on s'est retiré au large du Vati sur la Montagne. Pour faire le tour de l'Isle, tirant de ce Port vers l'Ouest, on rencontre la Plage de Carlovassi, qui n'est bonne que pour les Caïques, ou de gros Bâteaux, encore faut-il les tirer à terre. Le Port[k] Seitan est à neuf milles de Carlovassi; mais c'est le plus méchant Port de l'Isle, & la tramontane y fait échouer la plûpart des Bâtimens. Au-delà de Seitan l'Isle se termine par la Montagne de Catabate[l], qui fait le Cap de Samos, & le Cap forme un des côtés du Grand Boghas: quand on est menacé de quelque tempête, il faut se retirer dans quelqu'un des Ports des Isles de Fourni à la droite. Après avoir doublé le Cap de Samos, on trouve la Plage de Maratrocampo. On passe ensuite entre l'Isle de Samapoula[m] & le Cap Colonne, nommé Cap de Junon[n] à cause du Temple de cette Déesse dont il étoit proche. De ce Cap on entre dans un Port assez commode pour les Voyageurs; mais trop exposé au Siroc; c'est pour cela que les Anciens, pour mettre à couvert leurs Galéres, avoient bâti sur la Plage de Cora, vis-à-vis la même Ville de Samos, un beau Mole, que l'on nomme aujourd'hui le Port de Tigani; à cause de sa rondeur; car en Grec vulgaire, *Tigani* signifie un Gâteau rond.

Dans le Petit Boghas vis-à-vis la Montagne de Samson, est une retraite pour les Vaisseaux, appellée *le Port des Galéres*, autour duquel nous découvrimes les ruines d'une ancienne Ville, & les restes de deux Temples marqués chacun par cinq ou six Colomnes renversées. L'un étoit bâti sur une éminence, & l'autre dans un fond. Les ruines de la Ville sont pleines

k Seitan en Langue Turque signifie le Diable.
l Κατάβασις descensus.
m Ripara Plin. Hist. Nat. lib.
n Τὸ Ἡραῖον.
Strab. on l'appelle aussi Cap de Cora, & Cap Blanc. Ἀκροκόριον.

nes de briques entremêlées de quelques pièces de Marbre blanc à grosses taches. A la pointe du Port dans l'endroit le plus étroit du Boghas, on trouve les fondemens d'une ancienne Tour de Marbre: les gens du pays prétendent que l'on y tendoit des chaînes pour fermer le Détroit, & ils assûrent que l'on voit de l'autre côté qui est en Terre-ferme de gros anneaux de bronze destinés pour cet usage. Le dernier Port de l'Isle, est celui de PRASONISI, qui est derrière un écueil du même nom entre le Boghas & le Port de Vati. Avant que de découvrir ce Port, on passe auprès de trois ou quatre écueils, dont le principal s'appelle DIDASCALO ou DASCALIO, à une portée de fusil de l'Isle: on assure que c'étoit autrefois le Collége de tout le Pays.

Voilà ce qui regarde les Ports de l'Isle. L'ancienne Ville de Samos s'étendoit depuis le Port de Tigani, qui est à trois milles de Cora jusques à la grande Riviére [a], qui coule à cinq cens pas des ruïnes du Temple de Junon: le même Auteur [b] assûre que Timbrio, & Proclès après lui firent bâtir Samos. On a traduit Patroclès, mais il y a bien plus d'apparence que ce soit le Roi Proclès. Vitruve prétend que la Ville de Samos, & les treize Villes d'Ionie étoient l'ouvrage d'Ion l'Athénien, qui donna le nom à l'Ionie.

Quoique Samos soit entièrement détruite on la peut diviser en Haute, & en Basse pour en bien entendre le Plan. La Ville Haute occupoit la Montagne au Nord, & la Basse régnoit le long de la Marine depuis le Port Tigani jusques au Cap de Junon. Tigani, qui est le Port des Galéres des Anciens, comme je l'ai déja dit est en croissant, & regarde le Sud-Est: sa corne gauche est cette fameuse Jettée [c] qu'Hérodote comptoit parmi les trois Merveilles de Samos: cette Jettée étoit haute de vingt toises, & avançoit plus de deux cens cinquante pas dans la Mer: un ouvrage si rare dans ce tems-là prouve l'application des Samiens, à la Marine: aussi reçurent-ils à bras ouverts [d] Aminoclès Corinthien le plus habile Constructeur de Vaisseaux, qui leur en fit quatre, environ 300. ans avant la fin de la Guerre du Péloponnèse. Ce furent les Samiens, qui conduisirent Batus à Cyrène, plus de 600. ans avant J.C.; enfin, si nous croyons Pline [e], ils inventérent les Vaisseaux propres à transporter la Cavalerie.

Nous montames du Port de Tigani, sur une éminence chargée de Tombeaux de Marbres sans Sculpture, & sans Inscriptions. Delà en tirant au Nord, commencent les restes des murailles de la Ville Haute, sur le penchant d'une Montagne assés rude. Cette enceinte se continuant jusques au sommet, formoit un grand Angle vers le Couchant après avoir régné tout le long de la Côte de la Montagne. Les restes de ces murailles sont fort beaux sur-tout ceux qui font la vue de Cora: ces murailles, qui avoient dix pieds d'épaisseur, & même douze en quelques endroits, étoient bâties de gros quartiers de marbre, taillés la plûpart à tablettes, ou facettes, comme l'on taille les Diamans. Nous n'avons rien vu de plus superbe dans le Levant: l'entre-deux étoit de Maçonnerie; mais les Tours, qui les défendoient, étoient toutes de Marbre, & avoient leurs fausses portes pour y jetter des Soldats dans le besoin.

La croupe de la Montagne du côté du Midi étoit couverte de maisons en Amphithéâtre, & regardoit sur la Mer. Vers le bas de la même croupe se voit encore la place d'un Théatre, dont on a emporté les Marbres pour bâtir Cora. Il étoit situé au dessous, & à droite d'une Chapelle appellée [f] Notre-Dame de mille voiles, ou Notre-Dame de la Grotte, à cause d'une fameuse Grotte remplie de congelations. Les environs de la Chapelle sont couverts de Colonnes de Marbre, les unes rondes & les autres à pans.

En descendant du Théatre vers la Mer, on ne voit dans les Champs, que Colonnes cassées, & quartiers de Marbre: la plûpart des Colonnes sont ou cannelées ou à Pans: quelques-unes rondes, d'autres cannelées sur les côtés avec une plateBande sur le devant, & sur le derrière, comme celles du Frontispice du Temple d'Apollon à Delos. Il y a aussi plusieurs autres Colonnes à différens profils sur quelques Terres voisines: elles sont encore disposées en rond ou en quarré, ce qui fait conjecturer qu'elles ont servi à des Temples ou à des Portiques. On en voit de même en plusieurs endroits de l'Isle.

Les ruïnes des Maisons parmi lesquelles on laboure présentement, sont de Maçonnerie ordinaire mêlée de briques, & de quelques pièces de marbre ornées de moulures, ou simplement équarries. Nous n'y trouvames aucunes Inscriptions. Il est vrai que celles des premiers tems de la belle Gréce sont brisées, ou si effacées, qu'on ne peut les déchiffrer.

A l'égard de la largeur de la Ville, elle occupoit une partie de cette belle Plaine, qui vient depuis Cora jusques à la Mer du côté du Midi, & du côté du Couchant jusques à la Riviére, qui coule au delà des ruïnes du Temple de Junon. Les eaux de la Riviére venoient à la Ville Basse, & au quartier du Temple par un Aqueduc, dont on voit encore quelques Arcades sur le chemin de Miles à Pyrgos, & dont la suite se trouve au Port de la Ferme [g] du grand Couvent de Notre-Dame: mais dans cet endroit-là ce n'est plus qu'une muraille fort longue, & assez basse, qui peut-être ne supportoit qu'une partie des Canaux. Ces Canaux étoient d'une excellente brique de la terre de Bavonda, & s'emboitoient fort proprement les uns dans les autres; on en voit encore plusieurs Pièces à Cora, servant à vuider les eaux des terrasses.

Outre cet Aqueduc, les eaux qui viennent de *Metelinous*, se déchargent aussi à l'entrée de la Ville Basse, après avoir passé sous les Arches d'un Aqueduc à travers le Vallon, qui méne de Cora au Vati, quand on ne veut pas passer par Me-

Metelinous. A droite de ce Vallon eſt la Montagne ſur laquelle la Ville Haute eſt bâtie : à gauche c'eſt une Montagne que j'appellerai la ſuite la Montagne percée pour des raiſons que je propoſerai. On paſſe ce petit Ruiſſeau le long de la Marine, en allant de Tigani aux ruïnes du Temple, & l'on voit encore dans ces quartiers-là les ruïnes d'une Egliſe des Chrétiens, qui paroît avoir été conſidérable. Au delà de ce Ruiſſeau on en traverſe un autre qui vient droit de Cora, & qui ſelon les apparences étoit deſtiné pour la Ville Haute. La direction de quelques Arches couvertes de terre, dont la file tire vers Cora, montre bien que ces eaux étoient conduites à la Ville. Car elles prennent le tour de la Montagne par un Canal encore aſſés ſenſible.

Sur la gauche du Vallon dont je viens de parler, aſſés près de l'Aqueduc qui le traverſe, ſe voient des Cavernes ; l'entrée de quelques-unes a été taillée au Marteau avec beaucoup de ſoin ; & ſi l'on en veut croire les gens du Païs, elles ſervent depuis plus de 200. ans de retraite aux Moutons, aux Chévres, & aux Vaches ; c'eſt pour cette raiſon que la terre y eſt remplie d'une prodigieuſe quantité de Nitre. On nous aſſûra qu'on avoit bouché une de ces Cavernes où le Sel eſt tout criſtalliſé ; les Turcs n'ont pas l'eſprit de s'en ſervir, & mettroient à la chaîne les Grecs, qui oſeroient y toucher.

Il y a beaucoup d'apparence, que quelques-unes de ces Cavernes taillées au Marteau, ſont le reſte d'une de ces Merveilles qu'Hérodote dit que l'on regardoit comme les plus grands Ouvrages de toute la Gréce. Eupaline Architecte de Mégare avoit eu la conduite de celui-ci. *Les Samiens* pour me ſervir des termes d'Hérodote, *percérent une Montagne de 150. toiſes de haut, & pratiquérent dans cette ouverture, qui avoit 875. pas de longueur, un Canal de 20. coudées de profondeur ſur trois pieds de large pour conduire à leur Ville les eaux d'une belle ſource*. On voit encore l'entrée de cette ouverture ; le reſte s'eſt comblé depuis ce tems-là. La belle ſource, qui avoit fait entreprendre un ſi grand ouvrage, eſt ſans doute celle de Metelinous, dont je parlerai en ſon lieu ; car ce Ville eſt ſitué de l'autre côté de la Montagne percée. Au ſortir de ce merveilleux Canal, l'eau paſſoit ſur l'Aqueduc, qui traverſe le Vallon, & ſe rendoit à la Ville par un conduit, qui prenoit le même tour, que le Canal de Cora. La profondeur du Canal, qui traverſoit la Montagne, eſt ſurprenante ; mais on avoit peut-être été contraint de lui donner cette profondeur pour conſerver le niveau de la Source. Laurent Valla n'a pas eu raiſon de croire, que la largeur de ce Canal fût le triple de ſa profondeur ; car certainement l'ouverture, autant qu'on en peut juger par ſes reſtes, n'avoit pas 60. coudées de large ; & d'ailleurs un Canal de ce diamétre ſur 20. coudées de profondeur ſeroit capable de conduire une grande Riviére, au lieu qu'il ne s'agiſſoit que d'une Fontaine. Il ſemble que du Ryer [a] n'ait pas entendu cet endroit d'Hérodote, car, ſuivant ſa Traduction la Fontaine devoit paſſer ſur la Montagne percée : au lieu que la Montagne n'avoit été percée, que pour la conduite de la Fontaine.

[a] *ὄρος μέγιστον τωραῖς.* Herod. l. 3.

Environ à 500. pas de la Mer, & preſque à pareille diſtance de la Riviére *Imbraſus*, Vers le Cap de Cora, ſont les ruïnes du fameux Temple de Junon la Samienne, ou la Protectrice de Samos. Les plus habiles Papas de l'Iſle connoiſſent encore ce Lieu ſous le nom de Temple de Junon.

A un quart de lieue des ruïnes du Temple eſt la Ferme du grand Couvent de la Vierge dans une Plaine où l'on ne voit que Vignes, Oliviers, Meuriers & Orangers, ſur-tout aux environs de Miles, qui n'eſt qu'à deux milles de la Ferme. Le grand Couvent eſt à dix milles de la Ferme, & ſitué à mi-côte de Montagnes agréables, couvertes de Chênes verds, de Pins à pignons, de Pins ſauvages, de Philaria, & d'Adrachne. On y voit des pieds de cet Arbre à gros fruit terminé en pointe comme une Toupie ; il vient auſſi dans le même Quartier une belle eſpéce de Germandrée à feuilles de Bétoine. A ſept lieues delà eſt le Village de Pyrgos, dont tous les environs ſont pleins d'une belle eſpéce de *Cachrys* [b]. Platano eſt à 8. milles de Pyrgos, & le Couvent de S. Elie à quatre milles de Platano : près delà eſt Necorio, qui eſt un des trois Villages qui forment la Ville de Carlovaſſi à deux milles de la Mer.

[b] *Cachrys Cretica, Angelisæ folio, Asphodeli radice. Corol. Inſt. Rei herb.* 23.

La grande Montagne de *Catabate* eſt à l'extrémité de l'Iſle ; à 8. milles de Carlovaſſi eſt *Marathrocampo*, & un peu plus loin la Ferme de S. George appartenante au Couvent de S. Jean de Patmos ; il n'y a plus que trois ou quatre Cellules inhabitées autour de la Chapelle de cette Ferme.

A quatre milles delà dans un fond eſt la Chapelle, ou pour mieux dire l'Hermitage de *Notre-Dame de belle apparence* [c]. Il eſt commandé par des Rochers effroyables. La Solitude eſt belle, & la Chapelle a l'entrée d'une Caverne affreuſe : on y monte par un Eſcalier tout droit, formé par environ trente marches étroites, & ſans appui du côté du précipice. Il y a encore une autre Solitude plus affreuſe que la premiére, que l'on a nommée fort-a-propos : *Notre-Dame du mauvais chemin* [d]. Pour y aller de Marathrocampo, il y a à traverſer bien des Montagnes couvertes de Pins, de Bruyeres, & d'Arbouſiers. La Chapelle eſt auſſi dans une Caverne, où l'on ne peut entrer que par une eſpéce de trape taillée dans le roc. Les Grecs ſe plaiſent à bâtir des Chapelles dans les lieux les moins acceſſibles, s'imaginant que ces lieux inſpirent plus de dévotion, que ceux qui ſont dans le beau Païs.

[c] Παναγία ὡραιπρίνη.

[d] Παναγία κακοσιαρατή.

A un mille en deçà de Carlovaſſi, il y a une Chapelle Gréque, qu'on appelle Notre-Dame de la Riviére [e]. Cette Chapelle eſt au pied d'une Montagne ; mais elle eſt comme abandonnée ; cependant on y voit quatre belles Colonnes de Marbre

[e] Παναγία τῦ ποταμοῦ.

bre grisâtre, dont les Chapiteaux sont à double rang de feuilles d'Acanthe. Il faut que ce soit les restes de quelque ancien Temple; on peut le conjecturer par les vieux Marbres des environs, & entr'autres pièces par un Architrave de Jaspe rouge & blanc; peut-être étoit-ce là le Temple de Mercure [a] que les Samiens honoroient particuliérement, & dont ils avoient fait frapper une Médaille, qui d'un côté représente le Génie de leur Ville, & de l'autre ce Dieu des Filous, tenant une bourse de la main droite, & le Caducée de la gauche.

[a] Ἰοῦνιε Χαρδίνε. Merc. Munific. Plutarc. de Quæst. Græcis. ΔΗΜΟϹ ϹΑΜΕΙΩΝ ΕΠΙ ΑΤϹΑΝΑΠΟΥ ΙΕΡΗ. Sub Lysandro Sacerdote.

A dix milles de Carlovassi, il y a un Village nommé *Vourlotes*, qui est à deux milles de la Mer, au pié des Montagnes les plus froides de l'Isle. En suivant la Côte du Nord, on y voit d'assés belles Plantes: Vourlotes porte le nom des Isles de Vourla, qui sont vis-à-vis l'ancienne Clazomène, situées à l'entrée de la Baye de Smyrne; car Samos ayant été saccagée, & dépeuplée après la paix de Constantinople, fut donnée par l'Empereur Selim [b] l'an 1550. au Capitan Pacha Ochiali, lequel y fit passer différens Peuples de Gréce pour en cultiver les terres. Ceux de Voula s'établirent à Vourlotes, des Albanois bâtirent Albaniticori, & ceux de Metelin s'établirent à Metelinous.

[b] Relat. des Voy. de Mr. de Breves.

Le Couvent de *Notre-Dame du Tonnerre* [c] n'est qu'à une lieue de Vourlotes. Du tems que Mr. de Tournefort y étoit, le Vent du Sud y fit un étrange ravage. Il n'enlevoit pas à la vérité les toits des Maisons, car ils sont en terrasse, mais il renversoit les Maisons mêmes. La Mer étoit comme en feu, & il tonnoit d'une manière effroyable: au reste on assure qu'il ne pleut & qu'il ne tonne dans le Levant qu'en Hyver. Le Couvent de Notre Dame du Tonnerre est solidement bâti, & bien renté; mais on y est mal-proprement. Mr. de Tournefort y vit le Doyen du Genre Humain: c'étoit un bon Caloyer âgé de 120. ans, qui s'amusoit encore à couper du bois, & qui prenoit soin du Moulin; on assuroit qu'il n'avoit bu de sa vie que du Vin pur, & de l'eau de Vie. Autour du Couvent on voit quelques belles espéces de Renonculé à fleur bleue, & quelques autres Plantes assés semblables à celle que l'on appelle la [d] *Tartonraire* à Marseille, & que les Habitans du Pays appellent l'*Herbe aux balais* [e].

[c] Παναγία βροντέα.

[d] Thymelæa foliis Tartonraire, Linifoliis argenteis. Coroll. Inst. Rei. herb. 41.

[e] Σαρωνιάς. Herbe aux balais. Ξαίδιας, un balai.

Souvent en Hyver on ne voit découler que des Ruisseaux des Montagnes, qui dans toute autre saison paroissent comme calcinées; c'est ce qui avoit fait donner à cette Isle le nom de *Samos* [f], comme qui diroit une Terre seche, & sablonneuse.

[f] Ξάμος Quasi Ἄμμος. Arena. Et Samia genitrix quæ delectatur arena Juven. Sat. 16. v. 6.

Metelinous est à deux milles de Cora, il a pris son nom de l'Isle de Metelin, parce qu'il fut bâti ou plutôt rétabli par une Colonie des Habitans de cette Isle, que l'on y fit passer après que Sultan Selim eut donné Samos au Capitan Pacha Ochiali. Depuis la mort de cet Amiral [g] le revenu de Samos est affecté à une Mosquée qu'il avoit fait bâtir à Topana l'un des Fauxbourgs de Constantinople. Cette Mosquée porte encore le nom de son fondateur, & le Fauxbourg celui de l'Artillerie, que l'on y jette en fonte; car *top* en Turc signifie un Canon, & *hana* une maison; ainsi *Topana* c'est l'Arsenal, ou la maison, où l'on fait les Canons.

[g] Relat. des Voy. de Mr. de Breves.

La Fontaine de Metelinous est la plus belle source de l'Isle; & c'est assurément une des deux Fontaines que Pline y marque [h]. Il n'y a pas de doute qu'elle ne fût conduite à la Ville de Samos au travers de la Montagne dont Hérodote a fait mention: cet Auteur l'appelle *la grande Fontaine*, & la Montagne est entre Metelinous, & Samos. La disposition des lieux se trouva tout-à-fait favorable dès le moment que l'on eut surmonté la difficulté de la percer, mais il y a beaucoup d'apparence, qu'on n'avoit pas nivelé le terrain avec assez de justesse; car on fut obligé de creuser un Canal de 20. coudées de profondeur, pour conduire la Source où l'on souhaitoit. Joseph Georgirène Evêque de Samos doit avoir recherché toutes ces choses avec beaucoup de soin; mais la description, qu'il a donnée de Samos est si rare, quoiqu'elle ait été traduite du Grec vulgaire en Anglois, qu'il n'est pas facile d'en découvrir aucun Exemplaire.

[h] Gigarto, & Leucothea. Hist. Nat. lib. 5. cap. 31.

Au coin de l'Eglise de Metelinous, devant cette Fontaine, on a enchassé à hauteur d'appui un ancien Bas-relief de Marbre parfaitement beau, qu'un Papas découvrit, il y a quelques années en labourant un champ: ce Marbre a deux pieds quatre pouces de longueur, sur quinze ou seize pouces de hauteur, l'épaisseur est de trois pouces, mais comme il n'est pas fort élevé de terre, les têtes en sont maltraitées. Le Bas-relief contient sept Figures, & représente une Cérémonie faite pour implorer le secours d'Esculape dans la maladie de quelque personne de considération.

Le Malade est dans son lit, la tête & la poitrine élevées, tenant un Vase par les deux anses: le Dieu de la Médecine paroît à sa gauche vers le pied du lit sous la figure d'un Serpent; la Table, qui est vis-à-vis le Malade, soutenue par trois pieds terminés en pied de Chévre, est chargée d'une pomme de pin, de deux flaccons, & de deux Corps, qui finissent en Pyramide, placés à chacun des bouts. Sur la droite du Malade est assise une femme dans un Fauteuil, dont le dossier est fort élevé: cette Figure est bien drapée, & les manches sont assés serrées; son visage est de front, & il semble qu'elle ordonne quelque chose à un jeune Esclave, qui est tout auprès, & qui a une espéce de Casaque sur sa veste. Au pied du lit est une autre femme assise sur un Tabouret couvert & drapé: elle est vêtue de même que celle qui est dans le Fauteuil, mais on ne la voit que de côté, & son visage est presque de profil: c'est peut-être la femme du malade, car on voit à ses genoux un jeune enfant debout, & tout nud, qu'un petit chien semble caresser: une jeune Esclave est encore placée derriére cette femme, & est vêtue d'un Casaquin sans manches, sous lequel tombe

D d une

une espèce de Jupon plissé ; elle appuie sa main gauche sur sa poitrine, & de la droite, qui est élevée, elle tient un Cœur dont la pointe est en haut. On voit plus loin tout à l'extrémité du Bas-relief un autre Esclave tout nud, qui d'une main prend des Drogues dans un Mortier, pour les mettre dans une Tasse, qu'il tient de l'autre main, & à qui il semble qu'Esculape ait donné ordre de les aller verser dans le Vase, que le Malade tient par les anses. Sur le haut du Bas-relief regne une espèce de bordure cassée, partagée en quatre quarrez longs : dans le premier est représentée une très-belle tête de Cheval : le second renferme deux flammes : le troisième est orné d'un Casque, & d'une Cuirasse ; le quatrième est cassé, & ne laisse voir que le bord d'un Bouclier. On a voulu sans doute faire connoître par ces attributs les inclinations, & les emplois que le Malade avoit eus.

On voit aussi à Metelinous des Médailles dont la meilleure est celle du fameux Pythagore, qui fera toujours beaucoup d'honneur à cette Isle par le rang qu'il a tenu parmi les anciens Philosophes : mais certainement il n'y a plus de ses Disciples dans Samos ; car les Samiens n'aiment ni le jeûne, ni le silence. La Médaille, dont nous parlons, est un moyen bronze à la tête de Trajan[a] Déce[b] : Pythagore est au revers assis devant une Colonne, qui soutient un Globe sur lequel ce Philosophe semble vouloir indiquer quelque chose de la main droite : le même Type est dans Fulvius Ursinus, mais Pythagore appuie sa main gauche sur le Globe.[c] On voit aussi de semblables Médailles aux têtes de Caracalla, & d'Etruscilla ; la plus belle que l'on voit est dans le Cabinet du Roi de France, frappée au coin de Commode, & représentant au revers Pythagore, qui montre avec une baguette une Etoile sur le Globe céleste ; c'est sans doute l'Etoile de Venus qu'il avoit découverte le premier, comme Pline nous l'assûre[d]. La Source de la Fontaine de Metelinous tombe aujourd'hui dans un petit Ruisseau, qui va se jetter dans le Port de Tigani.

Il ne faut pas oublier ce que les Papas de l'Isle appellent *le grand Miracle*[e] ; c'est une lumière, que les Matelots s'imaginent voir dans le Cap de Samos, quand ils sont en pleine Mer, & que l'on ne découvre point, quand on est en Terre-ferme. Les plus apparens du pays assûrent qu'elle paroît dans un endroit si escarpé, qu'on ne pouvoit soupçonner que personne y habitât ; mais il faut bien que ce soient les Caloyers ou les Bergers de cette Montagne qui allument ce feu de tems en tems pour se divertir, & pour ne pas laisser perdre la mémoire de cette merveille.

Pline parlant de cette Isle de Samos dit qu'elle avoit quatre-vingt-sept milles de circuit, & qu'Isidore lui en donnoit cent ; qu'au sentiment d'Aristote elle avoit été premièrement appellée PARTHENIA, ensuite DRIUSA, puis ANTHEMUSA. Il ajoute qu'Aristocrite la nomme encore MELAMPHYLLUM, & ensuite CYPARISSIA ; d'autres PARTHENOARUSA & STEPHANE. Cette Samos est la Samos d'Ionie. Du tems de Constantin Porphyrogenete les Samiens possédoient en Terre-ferme un Canton uni au Gouvernement de leur Isle, & ce Canton s'appelloit alors SAMIUM THEMA.

2. SAMOS, autre Isle de l'Archipel, mais sur la Côte de Thrace d'où lui venoit le surnom de *Thracica* ; on la nomma communément SAMOTHRACE. Le nom moderne est SAMANDRAKI. Voyez SAMOTHRACE.

3. SAMOS, autre Isle, dans la Mer Ionienne auprès de Zante. On l'appelloit aussi SAME ; mais elle est beaucoup plus connue sous le nom de Céphalonie.

4. SAMOS, Ville ou Bourg dans l'Isle de ce nom. Strabon en parle[f]. Niger dit que cette Place ne subsiste plus ; & que le lieu où elle étoit s'appelle présentement Porto Guiscardo, dans l'Isle de Céphalonie.

5. SAMOS, Ville du Péloponnèse dans l'Elide près du Mont Jardan, selon Strabon[g]. Il remarque qu'aucun des Auteurs qui ont écrit des Relations de Voyages n'en a fait mention ; parce que cette Ville étoit en un lieu peu remarquable ; ou parce qu'elle étoit détruite depuis long-tems.

6. SAMOS, autre Ville du Péloponnèse dans la Messenie, selon l'Epitome de Strabon[h].

7. SAMOS, Ville d'Asie dans la Lycie, selon les Martyrologes d'Adon, & d'Usuard[i].

8. SAMOS, Ville de la Grande Gréce, ou dans la Calabre, selon Gabriel Barri[k], Ortelii qui, sur l'autorité de S. Thomas d'Aquin, assûre que le Philosophe Pythagore étoit de cette Samos de Calabre. Il présume que cette Samos étoit au lieu où est aujourd'hui CREPACUORE, *Crevecœur*. Il y a assez de vraisemblance à faire naître en ce Pays-là un Philosophe qui a vécu long-tems dans la Grande Gréce ; mais il y a un double inconvénient dans cette opinion. En premier lieu, on manque de témoignages des Anciens qui ayent dit ou qu'il y avoit une Samos dans la Calabre, ou que Pythagore étoit né dans ces Cantons. Diogène Laerce, & d'autres disent au contraire bien expressément qu'il étoit né dans l'Isle de Samos en Ionie. Quelque grande que soit l'autorité de S. Thomas, en matière de Théologie, & de Dogme, il ne va point jusqu'à des matières qui n'étoient pas de son ressort, & il peut avoir hazardé légèrement une pensée de cette espèce faute d'avoir examiné les témoignages anciens qui la détruisent.

SAMOSATE, SAMOSATA, au Plurier, Genitif *orum*, ancienne Ville d'Asie, sur l'Euphrate, dans la Commagène dont elle fut la Capitale, aux confins de la Grande Arménie, & peu loin de la Mésopotamie. Strabon[l], parlant de la Commagène, dit qu'elle a une Ville naturellement fortifiée, qui étoit une Résidence Royale ; mais que de son tems, la Commagène étoit une Province Romaine. Pline[m] dit : Samosate Capitale de la Commagène. Cette Ville étoit en effet la résidence d'Antiochus

à

---

[a] ΤΡΑΙΑΝΟC ΑΕΚΙΟC.
[b] *Legende*, ΠϴΑΓΟΡHC CAMIΩN.
[c] AYTOKPATOP KAISAP. MAPKOS ANTΩNEINOS KOMMOΔOS SEBASTOS.
[d] Hist. Nat. lib. 2. cap. 8.
[e] Μεγας θαυμα.
[f] Lib. 10. p. 455.
[g] Lib. 8. p. 347.
[h] Lib. 8.
[i] Ad VIII. Cal. Aug.
[k] Ortelii Thesaur.
[l] Lib. 16.
[m] Lib. 5. c. 24.

à qui Pompée avoit accordé la Commagéne, dont fes Succeffeurs jouïrent jusqu'à Tibère qui la réduifit en Province Romaine au tems dont parle Strabon. Caligula, & Claudius la rendirent aux Rois; mais elle redevint Province fous Vefpafien. Jofephe dit: Samofate la plus grande Ville de la Commagène eft fituée fur l'Euphrate. Cette Ville a dans quelques Médailles le Prénom de FLAVIA qu'avoient auffi d'autres Villes de l'Orient. Une Médaille d'Adrien porte ΦΛΑ. CAMO. MHTPO. KOM. c'eſt-à-dire, *Flavia Samofata Metropolis Commagenes*. Une autre de Sévère MHTPOΠ. KOM, &c. Ainfi elle étoit Métropole avant la nouvelle divifion des Provinces. Car au tems de cette divifion Hiérapolis devint nouvelle Métropole de l'Euphratenfe, Province qui répondoit à l'ancienne Commagène. Samofate fut la Patrie de Lucien, dont les Ouvrages font remplis de railleries piquantes contre les Dieux du Paganifme; heureux fi à la connoiffance qu'il avoit des erreurs de la Superftition, il eût joint la connoiffance, & la pratique de la Religion Chrétienne. Cette même Ville fut auffi la Patrie de Paul de Samofate. Cet Héréfiarque n'en fut pas Evêque comme le dit fauffement Mr. Baudrand. Il étoit né à Samofate, & fut Evêque d'Antioche, comme on peut voir dans l'Hiftoire des procédures qui fe firent contre lui, & qui furent fuivies de fa dépofition. Quoique Samofate fût une Ville Epifcopale, & même Métropole pour le Gouvernement Civil, elle ne fut jamais Métropole Eccléfiaftique; & fon Evêque fut toujours fuffragant ou d'Hiérapolis ou d'Edeffe. Les Notices de Léon le Sage, & d'Hiéroclès la foumettent à Hiérapolis. Mr. Baillet dit: SAMOSATES au pluriel, Mrs. Baudrand, Fleuri, & autres difent SAMOSATE au fingulier. Ammien Marcellin dit de même *Samofata*, Genitif *Samofatæ*, en deux [a] endroits, & il employe *Samofata* Neutre Plurier dans un troifième paffage [b]. Le nom moderne eft SCEMPSAT; mais il n'y a plus de Ville, ce n'en font que les ruïnes.

[a] Lib. 14. c. 8. & l. 18. c. 4.
[b] Lib. 20. c. 11.

SAMOTHRACE, Ifle de l'Archipel à l'Embouchure de l'Hébre en Grec Σαμοθρακη, en Latin *Samothrace*. On difpute fur l'origine de fon nom. On convient affez que les deux derniéres Syllabes ne font qu'un adjectif qui marque la fituation de cette Ifle fur la Côte de Thrace; mais on ne fait fi les deux premières viennent de l'Ifle de Samos dans l'Ionie, ou fi, comme Strabon [c] le trouve plus probable, ce nom de Samos eft pris ἀπὸ τᾶ σάμες, mot dont on s'eft anciennement fervi pour fignifier des hauteurs τὰ ὐψή, parce que du plus haut de cette Ifle on pouvoit voir [d] le Mont Ida, & la Ville de Troye. Il eft certain que Samos eft l'ancien nom, comme Strabon l'avoue à la fin du VII. Livre; & que le furnom de *Thrace*, n'a été ajouté que pour diftinguer cette Ifle de la Samos d'Ionie. Denys le Périegète dit:

[c] Lib. 10.
[d] Iliad. N. v. 12.

Ἴμβρος, Θρηϊκίη τε Σάμος, Κορυβάντιον ἄστυ,

Imbros, & Samos de Thrace, Ville des Corybantes. Il parle ici de la Ville de Samos qui étoit dans cette même Ifle, & fameufe par un Temple vénérable dont les Myftères n'étoient pas moins refpectés que ceux d'Eleufine. Plutarque dans la Vie de Pompée parle du Temple, & Strabon parle des Myftères qu'on y célébroit. Il y avoit un Afyle fi facré, qu'Octave Lieutenant du Conful n'ofa en enlever Perfès, comme le remarquent Plutarque dans la Vie de Paul Emile, & Tite-Live qui rapporte la même Hiftoire [e]. Je joindrai ici le détail que fournit fur cette Ifle Diodore de Sicile [f], qui a traité avec foin cette matière. On affure, dit cet Auteur, qu'elle fut appellée autrefois Samos, mais qu'après que Samos eut été bâtie, pour fe diftinguer de l'Ifle voifine de même nom, elle prit celui de Samothrace. Ses premiers Habitans furent des Aborigènes. Delà vient qu'il n'eft rien venu de certain à la pofterité touchant ces premiers hommes, & leurs Magiftrats. Il y en a pourtant qui penfent qu'elle fut anciennement nommée Samos, & que des Colonies, y étant venues de Samos & de la Thrace, elle prit le nom de Samothrace. Ils ont eu autrefois une Langue particuliére, dont il refte encore beaucoup de mots employés dans les Cérémonies Religieufes. Les Samothraces rapportent qu'avant tous les Déluges dont parlent les autres Nations, il y eut chés eux une très-grande inondation, qui vint d'abord par l'Embouchure des Cyanées, & enfuite par l'Hellefpont. Le Pont-Euxin qui étoit alors comme un Etang fe trouva fi rempli par toutes les Riviéres qui y tomboient, qu'il fe déchargea d'une partie de fes eaux du côté de l'Hellefpont, où il fubmergea une partie des Côtes d'Afie, & couvrit même des flots de la Mer une bonne partie des Plaines de Samothrace. Long-tems après quelques Pêcheurs tirérent dans leurs filets des Chapiteaux de Colomnes qui marquoient qu'il y avoit eu là des Villes qui étoient reftées fous l'eau. Ceux qui échapérent à ces débordemens de la Mer fe réfugiérent fur les hauteurs de l'Ifle; mais comme l'eau montoit de plus en plus, ils firent des vœux aux Dieux de la Patrie, & après avoir été fauvés du danger, ils marquérent dans toute l'Ifle des bornes des Lieux qui les avoient confervés, & y élevérent des Autels, où ils faifoient encore des Sacrifices du tems que Diodore écrivoit. Il en conclut que la Samothrace étoit donc habitée à plus forte raifon avant le Déluge qui fuivit celui-là. Après-cela, pourfuit-il, un des Infulaires nommé Saon fils de Jupiter & d'une Nymphe, felon quelques-uns, ou de Mercure & de Rhene, felon d'autres, raffembla ces hommes difperfés, leur donna des Loix, les partagea en cinq Tribus, leur donna le nom de chacun de fes fils, & prit pour lui celui de l'Ifle. Leur République s'étant ainfi formée, il nâquit parmi eux des amours de Jupiter avec Electre, l'une des filles d'Atlas, trois enfans, favoir Dardanus, Iafion, & Harmonie. Le premier fut brave & entreprenant, il paffa

[e] Lib. 44.
[f] Lib. 5. c. 25. 47.

le premier en Asie, dans un Esquif, & ayant bâti une Ville de son nom, il fonda le Royaume qui prit ensuite le nom de Troye, Ville qui fut fondée ensuite, & fit appeller ses Citoyens Dardaniens de son nom. Il eut ensuite sous sa domination plusieurs Peuples en Asie, & on dit que la Nation Dardanienne qui est au-dessus de la Thrace en est une Colonie. Jupiter qui vouloit aussi gratifier son autre fils de quelque don qui lui fît honneur, lui enseigna les Cérémonies des Mystères qui étoient déja reçus auparavant dans l'Isle ; mais qui furent alors renouvellés & ne peuvent être communiqués qu'à ceux qui y sont initiés. Il semble qu'il n'admit d'abord à l'initiation que des Etrangers, ce qui rendit ces Mystères fort fameux. Vers ce tems-là Cadmus fils d'Agenor, étant à la poursuite de sa sœur Europe, passa par cette Isle, fut admis aux Mystères & épousa Harmonie, sœur d'Iasion, & non pas fille de Mars, comme le debitent les Grecs. Diodore remarque que ces Nôces furent les premières que les Dieux honorérent de leur présence, & il rapporte les présens que chacun fit aux Mariés. Cérés y devint amoureuse d'Iasion, qui cependant ne l'épousa point. Cadmus averti par un Oracle, alla fonder Thèbes de Béotie. Iasion se maria avec Cybéle, & eut pour fils Corybante ; & après sa mort, Dardanus, Cybèle, & Corybante allérent ensemble en Phrygie, où il transportérent en Asie, le Culte de la Mere des Dieux, &c.

L'Isle conserva sa Liberté sous les Romains. Pline après avoir dit que de l'Isle de Thasos, au Mont Athos, il y a LXXII. M. P. ajoute : Il y en a autant à l'Isle de Samothrace qui est Libre, devant l'Hébre, à XXXII. M. d'Imbros, à XXII. M. D. de Lemnos, & à XXXVII. de la Côte de Thrace. Elle a XXXII. M. de tour. Elle a une Montagne nommée Saoce, qui a dix mille pas de hauteur. C'est de toutes les Isles de ce Canton celle qui a le moins de Havres. Callimaque la nomme Dardanie de son ancien nom. Son nom moderne est SAMANDRACHI.

SAMOTHRACE, ancienne Ville de l'Isle de même nom, selon Ptolomée [a].

a Lib. 3. c. 11.

SAMOTHRACES, Habitans de l'Isle de Samothrace. Il y avoit aussi des Samothraces dans le Continent de la Thrace au Nord de l'Isle, au Couchant de l'Embouchure de l'Hébre, au bord de la Mer ; & Hérodote [b] appelle MURS DE SAMOTHRACE, un Lieu de la Thrace même.

b Lib. 7. n. 108.

SAMPHARITICA, Epithète que Dioscoride donne au Nard d'une certaine qualité ; & comme Ortelius [c] ajoute que ce nom vient du Lieu qui le produit, il juge ce Lieu doit être Saphar dans l'Arabie Heureuse.

c Thesaur.

SAMPHE, Ville de Phœnicie [d], selon Etienne le Géographe. Josephe la nomme SAMPHO Σαμφὼ, & une Médaille de Titus au Tresor de Goltzius porte Σαμφαιων.

d Ibid.

SAMPHIRINE. Voyez SAPPHIRINE.

SAMPIONE (Monte), Mr. Baudrand écrit ainsi ce nom, & dit que le nom Latin est *Sempronius Mons* : que ce sont des Montagnes des Alpes, aux confins des Suisses du Valais & du Milanèz ; & que c'est un passage d'Allemagne en Italie. La Carte du Milanez de Jaillot nomme Sempione une Bourgade au Val Varia, dans les grandes Alpes, & l'Auteur des Délices de la Suisse nomme SIMPLON, ou SIMPELEN, en Latin SEMPRONIUS, cette Montagne que l'on passe pour aller du Valais, au Duché de Milan.

SAMPSA, Village de l'Arabie, selon Etienne le Géographe.

SAMPSA REGIO, Contrée de laquelle Ortelius dit qu'il est parlé au premier Livre des Machabées. C. XV. Voici le passage, selon la Vulgate : *Hæc eadem scripta sunt Demetrio Regi, & Attalo, & Arabæ, & Arsaci, & in omnes Regiones, & Sampsamæ, & Spartiatis, & Delo, & Mydo, & Sicyoni, & Cariæ, & Samum, & Pamphiliam, & Lyciam, & Halicarnassum, & Rhodum & Phaselida, & Coo, & Siden, & Arado, & Cortinam, & Cnidum, & Cyprum, & Cyrenen*, &c. Il y a dans tout cela un mélange de personnes & de Lieux qui ne permet pas facilement de distinguer si Sampsama est un homme ou un Pays. Léon Juif dans sa Version Latine croit que c'est un homme, & dit *ad Sampsamem*. Mr. de Saci croit qu'il s'agit là de la Ville de Lampsaque & substitue hardiment ce nom à celui de Sampsama. Je n'ose rien déterminer là-dessus.

SAMPSIRA, Ville d'Egypte, selon Etienne le Géographe. On trouve un Peuple nommé Σαμψειρωτοι, dans une Médaille d'Adrien, au Tresor de Goltzius.

SAMPSON (l'Isle de), Isle de l'Océan Britannique entre les Sorlingues.

SAMSCHE, Province de la Georgie, dans les Terres, & la plus avancée au Midi vers l'Arménie, qui la borne de ce côté-là, ainsi que le Guriel à l'Occident, l'Immerète au Nord, & le Guaguet, ou Caket à l'Orient. Elle a son Prince particulier qui est tributaire des Turcs. Il n'y a aucune Place de conséquence dans ce Pays, selon Mr. Baudrand qui cite le P. Archange Lamberti.

SAMSOE, Isle du Royaume de Dannemarck, dans le Schager-Rack, entre l'Isle de Fune au Midi, & le Nord-Jutland au Septentrion [e]. Elle étoit de la Jurisdiction de l'Evêque d'Arhus. Il y a cinq Paroisses. La chasse & la pêche y sont excellentes. Sa longueur du Nord au Sud est d'environ dix mille pas. Sa largeur qui est d'Orient en Occident va en diminuant vers le Nord. Christian III. en donna l'usufruit à Christierne II. après qu'il fut sorti de prison, pour le faire subsister durant sa vie. Quelques Ecrivains l'ont appellée SAMUS DANICA, *la Samos de Dannemarck.*

e Hermand. Dan. Descr. p. 715.

SAMULIS, Σαμϐλις, ancienne Ville de la Célé-Syrie, selon Ptolomée [f]. Zurita doute si ce n'est pas la même Ville que Salaminiade dont parle Antonin.

f Lib. 5. c. 15.

SAMUNIS, Ville d'Asie dans l'Albanie, selon Ptolomée dont les Interprètes redisent après Niger, que c'est aujourd'hui SAMACHIE.

SAMY-

SAMYCLA, ce nom se trouve dans Etienne le Géographe au mot Τρίτη. Ortelius juge que c'est un nom de Lieu. On ne sait de quel Pays.

SAMYDACA, Ville de la Carmanie, selon Etienne le Géographe. Elle est nommée par Ptolomée SAMYDACE ou SAMY- [a] Lib. 6. c. 8. CADE, selon les divers Exemplaires [a]. Ce même Auteur met au même Pays une Riviére nommée SAMYDACES, ou SAMYDOCHUS, ou même SAMYRACES, selon les diverses Leçons des Manuscrits consultés par les Editeurs.

SAMYDOCUS. Voyez l'Article précédent.

1. SAN (Le), Riviére de la Petite Pologne. Elle a sa source aux Monts Crapack [b], aux confins de la Hongrie, d'où [b] De l'Isle Atlas. serpente vers le Nord & le Nord-Ouest; elle reçoit à Sanock un Ruisseau qui passe à Dinaw, & delà à Przemislie, où elle reçoit une Riviére qui vient de Felstin, & plus bas une autre qui vient de Mosticzo. Elle arrose ensuite Brochnick Jaroslaw, & se rend à Przeworsk, où elle est grossie par le Wislock, & va enfin se perdre dans la Wistule presque vis-à-vis de Sandomir. Ce fut près du Confluent du San & de la Wistule que Charles Gustave Roi de Suéde fut en vain bloqué & assiégé par les Polonois & les Allemands durant quelques semaines en 1657.

☞ 2. SAN, comme SAN-PIETRO, SAN-SALVADOR, &c. dans la signification de *Saint*. Voyez au mot SANT' dont il n'est qu'une abbréviation.

1. SANA, Ville de la Grande Arménie, selon Ptolomée [c]; elle ne devoit pas [c] Lib. 5. c. 13. être loin du détour que fait l'Euphrate en ces Quartiers-là.

2. SANA, Ville de la Palestine. Voyez SANAN.

3. SANA, Ville de la Thrace. Voyez SANE.

SANAA, Ville de l'Arabie Heureuse dans l'Iemen, dont elle est une des plus belles Villes. Abulfeda en parle ainsi dans [d] P. 319. de la Description générale de l'Arabie [d]: Sala Traduct. naa est une des plus grandes Villes de de Mr. de la l'Iemen. Elle est semblable à Damas par Roque. la quantité de ses eaux & par ses beaux Vergers. Sa situation est dans les Montagnes à l'Orient d'Aden, tirant vers le Nord. L'air y est fort tempéré, & les jours y sont égaux presque en toute saison. C'est en cette Ville que les Rois d'Yemen, faisoient autrefois leur séjour ordinaire. Il y a même dans son enceinte un Lieu fort élevé nommé GANDAM, sur lequel on voit encore les restes de leur Palais. Ibn Saïd remarque qu'entre cette Ville & Aden on trouve la Ville de Giabbah. Sanaa, selon Alazizy, est une belle & fameuse Ville, & la Métropole de tout l'Yemen. On y voit peu de Places publiques, mais beaucoup de Mosquées. Le Traducteur de cet Ouvra- [e] Voyage ge d'Abulfeda parle de la Ville de Sanaa, de l'Arabie dans un Voyage de l'Arabie Heureuse, Heureuse p. 229. fait vers l'an 1710. Il dit [e] que Sanaa est la principale Ville du Royaume d'Yemen, à quinze lieues de Moab, & à cent quarante de Moka, c'est dommage ajoute-t-il que la curiosité ou quelqu'autre raison n'ait pas engagé (ceux dont il publie ce Voyage) à voir cette Ville que nul Voyageur Européen n'a encore visitée. Elle doit avoir de beaux restes d'Antiquité, car long-tems avant la naissance du Mahométisme, elle étoit la Capitale de toute l'Arabie Heureuse sous la domination des Tobbais, Rois puissans qui y tenoient leur Cour. Le Palais de ces Princes étoit superbe, & bâti sur une Colline au milieu de la Ville. Dans la suite & toujours avant Mahomet, l'Empereur d'Ethiopie attiré par les Chrétiens qui gémissoient sous la tyrannie des Arabes, ayant conquis l'Arabie Heureuse fit bâtir dans & sur la même Colline un Temple magnifique, par émulation au Temple de la Méque, pour détourner les Arabes du Culte superstitieux & idolâtre, qu'on y pratiquoit; mais les Ethiopiens ne gardérent pas long-temps leur conquête. Les Auteurs Orientaux, où l'on trouve ces circonstances, disent de plus que Sanaa est une Ville fort ancienne, riche & peuplée, & qu'on y fait un plus grand commerce d'argent que de Marchandises. Ses murailles sont si larges que huit Chevaux y peuvent marcher de front. Sur l'idée que donne Abulfeda des eaux & des Vergers de cette Ville & de sa ressemblance avec celle de Damas à cet égard, je ne sai, poursuit Mr. de la Roque, si on ne pourroit pas placer en ce Quartier-là cette espèce de Paradis terrestre nommé Iram, & planté dans l'Arabie Heureuse par un ancien Roi que Mahomet même traite d'Impie, dans l'Alcoran, Paradis célèbre dans le Mahométisme & dont presque tous les Ouvrages des Poëtes Musulmans font mention.

SANABRIA (La Puebla de), Bourgade d'Espagne, au Royaume de Léon vers les Montagnes.

SANACE, ou SACANE, selon les divers Exemplaires de Ptolomée [f]; ancienne [f] Lib. 5. c. Ville de la Mésopotamie Σαναχη ou Σαχανη. 18.

SANAN, Ville de la Palestine dans la Tribu de Juda. Il en est parlé au Livre de Josué [g]. [g] C. 15. v. 37.

SANAOS, Ville de la Grande Phrygie, selon Strabon [h]. Casaubon croit que c'est [h] Lib. 12. la Sanis de Ptolomée. p. 576.

SANAGENSES, ancien Peuple de la Gaule Narbonnoise, selon Pline [i]. Le R. [i] Lib. 3. c. 4. P. Hardouin remarque que ce Peuple a été nommé dans les Siècles suivans SANICIENSES, de SANICIUM Ville des Alpes sur la Côte de la Mer; aujourd'hui SENEZ. Voyez SANICIUM & SENEZ.

SANAIS Σαναις, Ville ancienne de la Médie, selon Ptolomée [k]. Il la place [k] Lib. 6. c. 2. dans les Terres.

SANAMARI (Le), Riviére de l'Amérique Méridionale dans la Guiane. Le P. Labat [l] en parle ainsi: elle a deux noms: les uns [l] Labat Vol'appellent SANAMARI, & les autres MANA- yage de Des MARI. Il y a un grand Banc de sable, qui s'é- Marchais en tend considérablement à son Embouchure. Guinée & à On prétend que cette Riviére est bien plus 3. p. 203. considérable, que les autres du Pays. La Compagnie de Rouen ou de Bretigny y avoit

avoit un Fort à la droite de son Embouchure. Il a eu le même sort que celui de Courou. Le grand Banc de Sable ferme aussi l'entrée de cette Riviére; & comme la Côte est plus haute, il s'avance aussi moins en Mer. C'est une Régle générale, que où la terre est haute, la Mer est profonde au bord, & où le terrain est bas, la Mer est aussi peu profonde, ou gâtée par des Bancs.

☞ Le vaste terrain qui est entre le Sanamari & le Maroni est haut sans être montagneux : ce ne sont que d'agréables Collines, dont les revers sont en pentes douces; elles sont chargées de grands & puissans Arbres, marque certaine de la profondeur de la terre. Dix mille Habitans y seroient à l'aise & y feroient des Sucreries d'un rapport infini, sans compter que les Cacaotiers, Cotoniers, Rocouyers, & toutes sortes d'Arbres fruitiers y feroient à merveille, s'ils y étoient cultivés; puisque sans culture & abandonnés à eux-mêmes, ils y viennent en perfection & produisent des fruits excellens.

§. Cette même Riviére est nommée SINAMARI par Mr. de l'Isle. Elle coule entre le Maroni & l'Isle de Cayenne. Cet Auteur met sur ses bords vers sa Source une Bourgade nommée aussi SINAMARI; & la distingue du MANAMARI qui coule plus à l'Orient & par conséquent plus du côté de Cayenne.

SANARI, Peuple de la Sarmatie Asiatique, selon Ptolomée [a]. Ils étoient au Nord de l'Albanie.

[a] Lib. 5. c. 9.

SANCERRE, en Latin SAXIA, SAXIACUS VICUS, SAXIACUM CASTRUM, SANCERUM, SANCERRIUM, SANCERRA, SACRUM CÆSARIS, SACRUM JULII, SACRUM CERERIS, CASTRUM CÆSARIS, SANTODORUM, XANCTODORUM, &c. Ville de France en Berry, sur une Montagne, près de la Loire & aux Frontiéres du Nivernois, à neuf lieues au-dessous de Nevers, à dix de Bourges, & à quatre de la Charité, en descendant vers Briare & Gien. Le nom de Sacrum Cæsaris a été donné à cette Ville dans une Bulle de l'an 1143. & par Philippe le Breton; mais ce n'est, comme le remarque Mr. Piganiol de la Force [b], que sur une Tradition fausse selon toutes les apparences, ou tout au moins très-incertaine, qui veut que Sancerre ait été bâtie par Jules-César. Ce Conquerant n'en dit pas un seul mot, & après lui aucun Auteur, ni aucune Charte n'en font mention avant Charlemagne. Ces raisons ont fait croire à deux Savans originaires de Sancerre même [c], que c'étoit une Ville moderne, bâtie par Charlemagne qui se peupla d'une Colonie de Saxons, en considération desquels elle fut appellée Saxia, Saxiacum, & Saxiacus Vicus. Elle est située sur une Colline à une portée de Canon de la Riviére de Loire, dans un Pays tout couvert de Vignes. Elle étoit possedée, dit Mr. l'Abbé de Longuerue [d], dès le X. Siècle par Thibaut I. Comte propriétaire de Chartres, qui avoit une partie du Berry. Ses Descendans Comtes de

[b] Descr. de la France, t. 6. p. 464.

[c] Cholet & la Thaumassière.

[d] Descr. de la France, Part. 1. p. 128.

Chartres & de Troyes l'ont aussi été de Sancerre jusqu'au tems de Thibaut le Grand, Comte de Champagne, qui donna en partage à son plus jeune fils Etienne le Comté de Sancerre.

Etienne fut tige de la Branche de Sancerre dont le dernier mâle fut Jean III. qui mourut sous Charles VI. laissant une fille nommée Marguerite, qui porta ce Comté en mariage à Beraud Comte de Clermont & Dauphin d'Auvergne. Leur fille & héritiére nommée aussi Marguerite épousa Jean de Bueil, & par ce mariage ce Comté entra dans cette Maison, où il a demeuré jusqu'en 1640. que René de Bueil vendit ce Comté à Henri de Bourbon, Prince de Condé. Par cette acquisition le Comté de Sancerre est venu à la Maison de Bourbon Condé, qui en jouit aujourd'hui. L'abbé de Longuerue ajoute que, comme ce nom Sancerre n'est point connu avant le X. Siècle, les plus anciens & même Sigebert, qui écrivoit il y a plus de six-cens ans l'appellent en Latin Sincerra; mais sous Philippe-Auguste, & dans la suite les Ecrivains l'ont nommé SACRUM CÆSARIS, d'où on a voulu attribuer fort mal à propos sa fondation à Jules-César. Cette Ville, poursuit Mr. Piganiol de la Force [e], a été un des principaux Boulevards des Calvinistes. Le Roi Charles IX. ayant résolu de leur ôter cette Place la fit assiéger en 1569. par Claude de la Châtre Gouverneur de Berry, qui, ayant été repoussé avec beaucoup de perte à deux assauts, fut obligé de se retirer après un Siège de cinq semaines. L'an 1572. après le Massacre de la St. Barthelemi, le Roi ordonna au Sr. de la Châtre d'assiéger de nouveau la Ville de Sancerre. Ce Général arriva devant cette Place le 13. Janvier 1573. & n'auroit pas été plus heureux qu'au premier Siège, si après avoir été vigoureusement repoussé à l'assaut général, qu'il fit donner le 19. de Mars suivant, il n'avoit pris le parti de convertir le Siège en blocus; & de tâcher de prendre par la famine une Place qu'il n'avoit pu prendre de force. Pendant ce blocus les Assiégés souffrirent tous les maux, que la famine peut causer : sur la fin ils ne se nourrissoient plus que de peaux, de vieilles savates, de parchemin, & de cornes de pieds de Cheval, de Bœufs, & de Vache; & le 25. Juillet un Vigneron & sa femme furent convaincus d'avoir mangé la tête, le foye, & les poumons de leur fille âgée de trois ans. Les Officiers de Justice en ayant été avertis se transportèrent en leur maison, où ils trouverent le reste du Corps dans des pots. Ils firent emprisonner le mari, la femme & une vieille femme, qui demeuroit avec eux; cette derniére mourut en prison. Le Vigneron fut condamné à être brûlé vif & sa femme à être pendue; dans cette extrémité les Assiégés furent obligés de capituler le 25. d'Août de l'an 1573. On démolit alors le Château & les autres Fortifications.

[e] L. c.

La Terre & la Seigneurie de Sancerre est de vingt mille Livres de rente, compris la Baronnie de Vailly. Il y a douze Justices

S A N.

ces confidérables qui reffortiffent à fon Bailliage, cent Fiefs confidérables qui en relevent, & presque autant de petits Fiefs.

SANCIAN, ou SANCHOAN, petite Ifle de l'Océan Oriental, fur la Côte de la Chine & de la Province de Canton. Elle s'étend en long au bas de la Riviére de Moyang, près du Golphe de Canton à dix-huit lieues de Macao au Couchant, en allant vers l'Ifle d'Hainan. Le P. le Comte dans ses Mémoires fur l'Etat préfent de la Chine [a] écrit SANCHAM, ou comme on l'appelle, dit-il, en France SANCIAM. St. François Xavier termina dans cette Ifle la carriére de fes travaux Apoftoliques l'an 1552. Il y demeura enterré durant plufieurs mois, Dieu préferva fon Corps de la corruption ordinaire, & fut enfuite transporté à Goa, où on l'honore depuis ce tems-là comme le Protecteur de la Ville & comme l'Apôtre de l'Orient. Le feul attouchement de fon Corps (c'eft toujours le P. le Comte qui parle) confacra le Lieu de fa fépulture. Cette Ifle devint non feulement un Lieu célèbre, mais encore une Terre-Sainte. Les Gentils mêmes l'honorérent & y ont encore recours comme à un afyle afluré; cependant, comme les Pirates infeftoient cette Côte & qu'on n'ofoit plus y aborder, le lieu de ce Sacré Tombeau devint peu à peu inconnu aux Européens, & ce fut en 1688. que par un accident particulier on le découvrit.

Un Vaiffeau Portugais qui venoit alors de Goa, & qui portoit le Gouverneur de Macao, ayant été furpris d'un coup de Vent fut obligé malgré qu'il en eût d'y relâcher. On jetta l'ancre entre les deux Ifles de Sancian & de Lampacao, qui forment une efpèce de Port en cet endroit. Les Vents contraires ayant continué durant huit jours donnérent occafion au P. Caroccio Jéfuite, qui étoit dans le Vaiffeau de fatisfaire fa dévotion. Il defcendit à terre, &, malgré le danger, il réfolut de chercher le Tombeau du Saint. Il fut fuivi du Pilote & de la plûpart des Matelots qui parcourutent avec lui toute l'Ifle, mais inutilement. Enfin un Chinois Habitant du lieu, fe doutant de ce qu'ils cherchoient avec tant d'ardeur, fe fit leur guide & les mena dans un endroit que tous les Habitans révéroient, & où il commença lui-même à donner des marques de fa piété. Le P. qui ne l'entendoit point, après avoir cherché quelques veftiges du Tombeau, trouva enfin une Pierre longue de cinq coudées, & large de trois, fur laquelle on avoit gravé ces Paroles en Latin, en Portugais, en Chinois, & en Japonois: C'eft ici que Xavier homme vraiment Apoftolique a été enféveli. . . . Pour conferver la mémoire de ce St. Lieu, on réfolut de bâtir une bonne muraille en quarré tout autour du Sépulchre, & de creufer un foffé pour la défendre des ravines d'eau; au milieu de ces quatre murailles on éleva la pierre, qu'on avoit trouvée renverfée & on y bâtit un Autel. . . . Les gens du Pays travaillérent eux-mêmes à ce petit Ouvrage & ne montrérent pas moins de zèle, que les Chré-

[a] Lettre XI. t. 2. p. 168.

S A N.   213

tiens. Ce Lieu eft de lui-même fort agréable, on y voit une petite Plaine qui s'étend au pied d'une Colline couverte de Bois d'un côté, & ornée de l'autre de plufieurs Jardins qu'on y cultive; un Ruiffeau d'eau claire qui y ferpente rend la terre extrêmement fertile. L'Ifle n'eft pas déferte, comme quelques uns l'ont écrit, elle a dix-fept Villages: le terroir en eft cultivé jufques fur les Montagnes, & les Habitans non feulement ne manquent de rien pour la vie; mais ils font même de ce qui croît dans leur Pays affés de Commerce au dehors pour être ordinairement dans l'abondance. En 1700. les P. Jéfuites Portugais y élevérent une Chapelle affés jolie, mais qui n'eft que de plâtre fur lequel les Chinois ont répandu leur beau vernis, qui rend les dedans très-propres & très-brillans. Ce dernier détail fe trouve dans une Lettre du P. du Tartre Jéfuite écrite de Canton le 17. Décembre 1701. Mais ce qu'il dit de cette Ifle qu'il a vue & parcourue pendant près de deux mois, rabbat bien de l'idée qu'en donnoit le P. le Comte. Pour ce qui eft, dit-il, de l'Ifle de Sancian, nous ne l'avons trouvée ni fi bien cultivée, ni fi peuplée qu'on l'a publié. Elle a près de quinze lieues de tour. Il y a trois ou quatre Villages dont les Habitans font presque tous de pauvres Pefcheurs: autour de leurs habitations ils fément un peu de ris pour leur fubfiftance, du refte ils vivent de leur pêche. Quand ils y vont, c'eft toujours de compagnie, de loin on diroit que c'eft une petite Armée navale. Les Peres Jéfuites Portugais depuis qu'ils y ont bâti la Chapelle ont converti quelques Habitans de l'Ifle.

[b] Lettres Edific. t 3. p. 88.

SANCOINS, petite Ville de France [c], dans le Berry, mais enclavée dans le Bourbonnois, fur le Ruiffeau d'Argent aux Confins du Nivernois. On a écrit auffi Xancoins. Elle eft à fix lieues de Nevers & à deux de la Riviére d'Allier. Le nom Latin de cette Ville eft TRICENSIUM.

[c] Baudrand, Edit. 1705.

SANCTIO, ancienne Ville de la Germanie, ou de la Rhétie. Ammien Marcellin en parle au Livre 21, & Beatus Rhenanus croit que c'eft aujourd'hui SECKINGEN.

☞ SAND, ce mot veut dire SABLE, en Allemand, en Hollandois, en Anglois & dans les autres Langues dérivées de la Langue Teutonique. Il entre beaucoup dans la compofition des mots Géographiques de ces Langues, & toujours dans la fignification de Sable.

SAND-ALP, Montagne de Suiffe dans le Canton de Glaris [d]. On y trouve un Pont de pierre nommé BANTEN BRUCK; il eft digne d'admiration, étant conftruit d'une feule Arche dont l'un des pieds pofe fur un Rocher affreux, & l'autre fur un autre Rocher tout femblable. Ce Pont fert à paffer un Ruiffeau nommé Sand-Bach qui coule dans un lit profond de quelques centaines de pieds.

[d] Etat & Défc. de la Suiffe, t. 2. p. 479.

SANDA, Ifle au Nord de l'Ecoffe entre les Orcades. Voyez au mot ISLE.

SAN-

SANDABALA, Fleuve de l'Inde, selon Ptolomée [a]. C'est un de ceux qui portent leurs eaux dans le Fleuve Indus.

[a] Lib. 7. c. 1.

SANDACA, Village de l'Ethiopie sous l'Egypte, selon Ptolomée [b]. Il étoit au côté Oriental du Nil.

[b] Lib. 4. c. 7.

SANDALARIUM, ou SANDALARIUS VICUS, Quartier ou Rue de l'ancienne Ville de Rome; cette Rue s'appelloit aussi *Sandaliaris Vicus*. Gallien dans son Livre περὶ τῆς προγινώσκειν en fait mention à l'occasion de ses Ouvrages. Une ancienne Inscription porte

D. M.
M. AFRANI. HELIODORI
MAGISTRI. VICI.
SANDALIARII
M. AFRANIUS. IMMOL.
PATRONO. FEC.

Une autre Inscription fait connoître, que cette Rue étoit dans le IV. Quartier de la Ville.

SEX. FONTEIUS Ɔ. L. ROPHIMUS
CN. POMPEIUS, CN. L. NICEPHOR.
MAG. VICI.
SANDALIARI. REG.
IIII. ANNI. XVIII.
D. D.

Cela est conforme à Publius Victor, qui met le Temple d'Apollon surnommé *Sandalarius*, dans le IV. Quartier de Rome. Apollon prenoit ce surnom de cette Rue, & Suétone marque que le Temple avoit été bâti par Auguste. Il acheta, dit-il [c], les plus précieuses Statues des Dieux & les dédia par Rues, comme l'Apollon *Sandaliarius*, le Jupiter *Tragædus*, &c. Cette Rue étoit le Quartier des Libraires. Auluglele dit [d]: *in Sandaliario apud Librarios fuimus*.

[c] In *August*.

[d] Lib. 18. c. 4.

SANDALIO, Bourg de la Palestine sur la Côte de la Mer Méditerranée, à quatre lieues d'Acre, vers l'endroit où étoit l'ancienne EEDIPA, ou ACHASIB, selon Mr. Baudrand.

1. **SANDALIUM**, Contrée de la Pisidie, selon Etienne le Géographe; mais Strabon [e] en fait une Forteresse entre Cramna & Sagalassus.

[e] Lib. 12. p. 569.

2. **SANDALIUM**, ou SANDALION, Isle d'Asie sur la Côte d'Ionie. Σανδάλιον veut dire une espèce de soulier & de chaussure de femme, & cette Isle étoit ainsi nommée parce qu'elle en avoit la figure. C'étoit une des trois Isles, que Pline [f] nomme TROGILIES, auprès de Mycale. Cet Auteur remarque [g], que Timée appelloit l'Isle de Sardaigne SANDALIOTIS; sans doute par la même raison & à cause de sa figure.

[f] Lib. 5. c. 31.

[g] Lib. 3. c. 7.

SANDANUS, Riviére de Thrace, selon Ortelius qui ajoute qu'elle étoit vers la Contrée nommée Pallène. Il cite Plutarque, qui dans les Parallèles des Histoires Grecques & Romaines [h] dit, que Philippe, voulant attaquer Olynthe & Metone, & voulant forcer le passage du Fleuve Sandanus, fut atteint d'une fléche, que lui tira Astere l'Olynthien, qui dit: Astere envoye à Philippe cette fléche mortelle; Philippe repassa à la nage, & regagna son Armée ayant perdu un œil de cette blessure. Plutarque cite Callisthène au troisième Livre de l'Histoire de Macédoine. Il ne faut pas ici entendre la Thrace séparée de la Macédoine par le Strymon, mais la Thrace comprenant tout le Mont Athos & s'étendant jusqu'à la Paraxie.

[h] Cap. 8.

SANDARACA, Port d'Asie dans la Bithynie sur le Pont-Euxin, selon le Périple d'Arrien cité par Ortelius [i], qui ajoûte sur l'autorité de Leunclave que le nom moderne est SOROCON.

[i] Thesaur.

SANDARACURGIUM, Montagne de l'Asie Mineure aux environs de Pompeiopolis, Ville de la Galatie, selon Strabon [k]. Ce nom veut dire un Lieu où l'on travailloit le Sandarac sorte de Minéral. Aussi Strabon ajoûte-t-il que cette Montagne étoit creusée par les Souterrains qu'on y avoit percez, en y travaillant. On y employoit des malheureux qui avoient été vendus à cause de leurs mauvaises actions; car outre que ce travail est fort pénible, poursuit le Géographe Grec, on dit que l'air de ces Mines est mortel à cause des fortes exhalaisons des matiéres qu'on y remue; c'est pourquoi on a interrompu ce travail à cause du peu d'utilité qu'on en tiroit, y ayant plus de deux cens Ouvriers; ils périssoient presque aussi-tôt de maladies.

[k] Lib. 12. p. 562.

SANDAVA, ancienne Ville de la Dacie, selon Ptolomée [l]. Ses Interpretes croyent que c'est SCHESBURG. Ils ont pris cette opinion de Lazius [m].

[l] Lib. 3. c. 8.

[m] De Repub. Rom. Lib. 12.

SAND-BACH, Ruisseau de Suisse dans le Canton de Glaris [n]. Il est dans le Sand-Alp, Montagne de ce Canton, & coule dans un lit très-profond. C'est la source de la Lint.

[n] Etat & Délic. de la Suisse, t. 2. p. 479.

SANDECZ, Ville de la Petite Pologne au Palatinat de Cracovie [o], sur le Torrent de Dunaiso vers les Montagnes, près du Mont Krapack & de la Frontiére de Hongrie. Cette Ville qui est assez forte a un grand Territoire qui en dépend, & où il y a des Mines de Cuivre. Sandeck est à dix milles Polonois de Cracovie & à huit des Salines de Vielisca.

[o] Baudrand. Edit. 1705.

SANDIALE, Village, Patrie de St. Longin [p], si l'on en croit Siméon le Métaphraste dans la Vie de ce Saint. Il faudroit quelque témoignage plus authentique pour donner envie de savoir où étoit ce Village.

[p] Ortelii Thesaur.

SANDIOIA, Village de l'Isle de Candie vers le milieu de l'Isle. On le prend, dit Mr. Baudrand, pour l'Ancienne SUBRITA ou SUBRITUM, Ville Episcopale.

SANDIUS, Colline de l'Asie Mineure dans la Carie, selon Thucydide [q].

[q] Lib. 3.

SANDO, Isle du Japon sur la Côte Septentrionale de Niphon, & du Pays de Quanto dont elle est fort proche, selon Mr. Baudrand qui y met une Ville de même nom, & cite François Cardin. Mr. de l'Isle écrit de même Sando. La Carte Japonnoise publiée par Mr. Réland écrit SADO, & la met à l'entrée d'un Golphe à l'Orient

SAN. SAN.

à l'Orient de la Presqu'Ifle de Notto, au Nord de la Province de Jetſigo, au Nord-Oueſt de celle de Deva, & à l'Oueſt de celle de Deva. La Carte Japonnoiſe publiée par Mr. Scheuchzer l'accompagne de deux autres Iſles, ſavoir *Jotſiſima* au Nord-Oueſt, & *Awaſima* au Nord-Eſt. Ce dernier Auteur [a] la nomme SADO ou SASJU, & dit qu'elle a trois journées & demie de circuit, qu'elle eſt très-fertile en Bled, en Ris & en Gokokf (ce mot eſt expliqué dans l'Article du JAPON); qu'il y a auſſi des Bois & de bons Pâturages; que la Mer la fournit de Poiſſon & d'Ecrevices, & enfin qu'elle eſt diviſée en trois Diſtricts,

[a] Hiſt. Nat. du Japon, t. 1. p. 65. l. 1. c. 5. Art. 3.

UMO.   SOOTA.
& CAMO.

SANDOBANES, petite Rivière d'Aſie où elle tombe dans le Cyrus, ſelon Strabon [b].

[b] Lib. 11. p. 500.

SANDOCANDÆ, ancien Peuple de l'Iſle Taprobane, ſelon Ptolomée [c]. Ils étoient vers le milieu de la Côte Occidentale.

[c] Lib 7. c. 4.

SANDOMIR. Voyez SENDOMIR.
SANDRABATIS. Voyez SAVARABATIS.
SANDRIZETES, c'eſt ainſi qu'on liſoit autrefois, dans les Editions de Pline [d], le nom d'un Peuple de la Pannonie. Strabon [e] a nommé le même Peuple ANDIZETII Ἀνδιζήτιοι, comme le remarque Caſaubon; & Ortelius a vu que l'S initiale étoit venue dans Pline par une liaiſon de prononciation de ce mot avec le mot *Jaſos* qui le précède, comme cela eſt arrivé en quantité d'occaſions, ſur-tout à l'égard des noms peu connus par les Copiſtes. Ortelius vouloit donc qu'on lût dans Pline ANDRIZETES. Le R. P. Hardouin a achevé la correction & rétabli le mot ANDIZETES. Le Peuple ANDIANTES, que Ptolomée place dans la Baſſe Pannonie, a bien l'air d'être auſſi le même ſous un nom défiguré.

[d] Lib. 3. c. 25.
[e] Lib. 7. p. 314.

1. SANDUM, Ville d'Italie, ſelon Etienne le Géographe.

2. SANDUM, Ville de l'Aſie Mineure, ſelon Siméon le Métaphraſte, dans la Vie de St. Théodore Abbé.

SANDURA, Ville de l'Ethiopie ſous l'Egypte, ſelon Pline.

SANDWICK, Ville d'Angleterre [f] au Comté de Kent, avec titre de Comté. C'eſt un des cinq Ports, qui ont de grands Privilèges, & dont les Députés au Parlement ſont appellés Barons des cinq Ports. Elle a été bâtie des Ruïnes de RUTUPIÆ, Ville fameuſe du tems des Romains. Elle déchut du tems des Saxons, & fut entièrement ruïnée par les Danois; après qu'elle fut rétablie elle eut le malheur d'être brûlée ſous le Roi Jean. On la releva de ſes cendres; mais ſous le Regne de Marie l'entrée de ſon Havre fut ſi bouchée par un gros Navire qui y fut coulé à fond, qu'on n'a pu y remédier.

[f] Etat préſent de la Gr. Bret. t. 1. p. 76.

SANE, Ville de Thrace, entre le Mont Athos, & la Presqu'Iſle de Pallène, ſelon Ortelius. Herodote [g] la met dans l'Iſthme du Mont Athos, auprès du foſſé

[g] Lib. 7. c. 22.

creuſé par Xerxès. Thucydide parlant des Villes du Mont Athos, met au bord du foſſé même Sane, qu'il dit être une Colonie de l'Iſle d'Andros. Etienne le Géographe, l'Abbréviateur de Strabon, & Plutarque [h] en font auſſi mention.

[h] Quæſt. Græc.

SANEGÆ. Voyez SANICHÆ.
SANENSIS CIVITAS, Ville de l'Aſie Mineure, dans la Phrygie; elle eſt nommée dans le Concile de Nicée. Ortelius doute ſi ce n'eſt pas le même Lieu que SANAOS.
SANFLIT. Voyez SANTVLIET.
SANGADA, Contrée des Indes vers le bas du Cours du Fleuve Indus, ſelon Arrien [i].

[i] Lib. 8.

SANGALA, Iſle de l'Inde vers le haut du Fleuve Indus, ſelon le même [k]. Elle eſt nommée SAGALA par Ptolomée [l], & Salgala par Polyen [m].

[k] Lib 7.
[l] Lib 7. c. 1.
[m] Lib. 4. de Alex.

SANGALIEN-OULA, les Tartares nomment ainſi une Rivière de la Tartarie Orientale [n]. Les Chinois la nomment HELON KIAN, c'eſt-à-dire, *la Rivière du Dragon Noir*. C'eſt un grand Fleuve qui traverſe la Tartarie, & ſe jette dans la Mer Orientale au Nord du Japon. Les Ruſſiens ſe ſont étendus jusques-là à la fin du Siècle paſſé.

[n] Lettres Edif. t. 7. p. 177.

SANGAMARTA, Ville de l'Inde en deçà du Gange, ſelon Ptolomée [o].

[o] Lib. 7. c. 1.

SANGAMI, Place du Japon dans l'Iſle de Niphon [p], au Pays de Quanto vers ſa partie Méridionale dans le Royaume de Sangami, dont elle eſt la principale, à quelques lieues ſeulement de la Ville d'Iedo, au Couchant, ſelon Cardin.

[p] Baudrand, Ed. 1705.

SANGAMI (Le Royaume de), Pays du Japon, dans la partie Méridionale du Pays de Quanto, entre les Royaumes d'Idzu au Couchant, & de Mulaxo au Levant.

SANGAR, SANGARI, SACARI, ou ZACARI, ou ZAGARI, Rivière de la Turquie en Aſie, dans la partie Septentrionale de la Natolie. Elle vient de la Province de Germian, & paſſant dans celle de Begſangil, elle s'y rend dans la Mer Noire. Cette Rivière eſt nommée Sangar, Fleuve par Quinaut dans ſon Opera d'Atys, où il l'a perſonnifié, lui donnant pour fille Sangaride amante d'Atys. Mrs. Baudrand & Corneille écrivent Sangari. Le nom Latin eſt SANGARIUS, ſelon Ptolomée [q] & Arrien [r]. Heſyche dit SAGARIUS, & l'attribue à la Lydie, & à la Phrygie. Elle eſt nommée SAGARIS, ΣΑΓΑΡΙΣ, dans une Médaille de Julia Pia Auguſta. Stuckius remarque que le Scholiaſte d'Apollonius l'appelle SANGA Σάγγα, & Solin SANGARIS. Plutarque le Géographe dit, Sagaris, Fleuve de Phrygie; il ajoute qu'il étoit auparavant nommé XERABATES, par la raiſon que dans les grandes chaleurs de l'Eté il eſt la plûpart du tems à ſec. Il donne la raiſon pour laquelle on l'appella Sagaris. Sagaris, dit cet Auteur, fils de Myndon & d'Alexirhoé, ayant ſouvent mépriſé les Myſtères de Cybèle, injuria les Prêtres de cette Déeſſe, qui pour ſe venger lui envoya une manie dans les accès de laquelle il ſe jetta dans le Fleuve Xerabate, qui changea alors de nom pour prendre celui de

[q] Lib. 5. c. 1.
[r] Lib. 1. de Alex.

E e   cet

cet homme. Mr. de Tournefort nomme [a] cette Riviére AVA, ou AYALA. Il est surprenant, dit-il, que les Turcs ayent retenu l'ancien nom de la Riviére d'Ava, car ils l'appellent SAGARI ou SACARI, & ce nom vient sans doute de SANGARIOS, Fleuve assés célébre dans les anciens Auteurs, lequel servoit de limites à la Bithynie. Strabon assure qu'on l'avoit rendu navigable, & que ses sources venoient d'un Village appellé SANGIAS, auprès de Pessinunte, Ville de Phrygie, connue par le Temple de la Mere des Dieux. Lucullus étoit campé sur ses bords lorsqu'il apprit la perte de la Bataille de Chalcédoine.

[a] Lettre XVII. t. 2. p. 84.

SANGIA, ou SANGIAS, Village de l'Asie Mineure dans la Phrygie, auprès de Pessinunte. C'est où le Sagari prend sa source. Nicéphore, cité par Ortelius, dit que ce Village s'appelle PAZOS, ce qui ressemble beaucoup au Pachios d'Appien.

SANGLO, Ville de la Chine, selon le Voyage des Hollandois à Pekin dans le Recueil de Thevenot [b]. Elle est à droite de la Riviére de Kiam. Elle a de grands Fauxbourgs, qui s'étendent jusques sur les bords de cette Riviére, & sont partout peuplés. Il ne s'y rencontre pas de Chinois fort riches: du côté de l'Est on passe trois Portes, qui conduisent à une haute muraille, sur laquelle on monte par un degré, & de là on entre dans la Ville. Elle a été fort ruinée par les Tartares. Le Peuple de ce Canton est fort sauvage, fort brutal, & il est fort ordinaire d'y voir des gens, qui s'entretuent pour le moindre sujet.

[b] T. 3. p. 17.

§. Ce nom est défiguré & cette même Place est nommée CANG, dans l'Atlas Chinois du P. Martini. Elle est dans le Pekeli sur la rive droite de la Riviére, sur un Ruisseau qui tombe près de là dans la Riviére de Guei entre Tungquang & Tiencin, comme la met aussi la route des Hollandois. Cette Ville doit être considérable, puisqu'elle donne son nom de Cang au Golphe dans lequel la Riviére de Guei va se perdre.

SANGONA, quelques-uns ont ainsi nommé en Latin la *Saone* Riviére, au lieu d'*Arar*.

SANGRO (Le) Riviére d'Italie au Royaume de Naples; elle tire sa source de l'Apennin aux confins de la Province de Labour, à la Montagne de Gioia, près d'Aufidena, d'où coulant dans l'Abruzze Citérieure, elle reçoit le Rasino, passe à Castel de Sangro, & a d'autres lieux de peu de conséquence, & se rend ensuite dans le Golphe de Venise, six milles au-dessous de Lanciano. Son nom Latin est SAGRUS & SARUS.

SANGUEHAR, ou SANQUEHAR, Ville de l'Ecosse Méridionale, dans la Province de Nithsdale, près de la source de la Nith. Elle donne le titre de Lord à la Famille de Queensburi, qui est une Branche de la Maison de Douglas.

SANGUENARES (Les), ce sont deux petites Isles, adjacentes à la Sardaigne, sur la Côte Orientale du Cap, ou de la Province de Cagliari, à trois milles seulement du Cap de Pietra, & à vingt-deux milles de Cagliari vers l'Orient. On les nommoit autrefois CUNICULARIÆ INSULÆ, on les nomme pour les distinguer l'une BIZZA; l'autre SPERAGIA.

SANGUESA, Ville d'Espagne dans la Navarre aux Frontiéres de l'Arragon, sur la Riviére d'Arragon, à onze lieues de Calahora, & à huit de Pampelune. C'est le Chef d'une Merindade, à laquelle elle donne son nom, & qui comprend Sanguesa Capitale, douze Bourgs & cent soixante-huit Villages. Sanguesa connue par les Anciens sous le nom d'Iturissa est une Cité; à une lieue de là est un Bourg nommé Xavier, fameux pour avoir donné la naissance au grand & saint Apôtre des Indes.

SANGUI-CIJA, Riviére d'Asie dans la Perse [c]. Elle sort d'un Lac appellé Gigaguni, environ à vingt-cinq lieues d'Erivan, du côté du Nord. Elle est fort rapide, fort profonde & pleine de Rochers en plusieurs endroits, ce qui en fait que l'eau en paroît noire. On y prend une grande quantité de poisson de plusieurs sortes, & principalement de belles Truites. Elle a un beau Pont de pierres sur lequel on la traverse à Erivan, d'où elle va se décharger dans l'Araxe, qui passe à trois lieues de cette Ville vers le Midi.

[c] Tavernier, Voyage de Perse, l. 1. c. 3.

SANGUIN, Ville & Royaume des Indes Orientales, dans l'Isle de Célébes ou de Macassar.

SANGUINARA (La), en Latin ALESUS, Torrent d'Italie dans l'Etat de l'Eglise dans la Province du Patrimoine. Il a sa source près du Lac de Bracciano, d'où courant au Midi il se rend dans la Mer de Toscane, à deux milles de Palo, à l'Occident & à vingt milles de Rome en allant vers Civita-Vecchia.

SANGUINARE (Le). Voyez SANGUÉNARES.

SANGUINARIUS PONS, Pont d'Italie aux environs d'Ocricoli, de Narni & de Spolete; entre ces Villes & celle de Rome. Aurelius Victor [d] dit, qu'il fut ainsi nommé le Pont Sanguinaire, après qu'Emilien y eut été assassiné ayant à peine regné quatre mois.

[d] Epitom. c. 45.

SANGUTA, Ville de la Grande Arménie, selon Ptolomée [e]. Quelques Editions Latines portent SANTUTA.

[e] Lib. 3. c. 13.

SANIA, Ville de l'Inde, selon Etienne le Géographe.

SANIANA, Ville de Thrace, selon Cédréne & Curopalate, cités par Ortelius. Porphyrogenete en parle aussi, mais il ajoute que la Nation des Galates s'étend jusques-là, ainsi il pourroit bien mettre dans l'Asie Mineure la *Saniana*, dont il parle, & par conséquent elle seroit différente de celle de Thrace.

SANICHÆ, Σάνιχαι, ancien Peuple sur le Pont-Euxin, selon Arrien dans le Périple qu'il a fait de cette Mer. Ils sont plus Occidentaux, qu'un autre Peuple qu'il nomme SANIGÆ, Σάνιγαι. Etienne écrit le nom de ces derniers par une double NN. Pline [f] met un Peuple SANNIGÆ, dans la Colchide & ce même Peuple est appellé SANEGÆ par Memnon.

[f] Lib. 6. c. 4.

SANI-

SAN.

SANICIENSIUM CIVITAS, le Livre des Provinces met une Ville de ce nom dans les Alpes Maritimes. C'est la SANITIUM de Ptolomée.

SANIGÆ. Voyez SANICHÆ.

SANINA, Σανινη, Ville sur la Mer Rouge. Voyez SANNINA.

SANIGERA, Ville de la petite Baleare, c'est-à-dire, de l'Isle de Minorque. C'est Pline qui la fournit, le R. P. Hardouin écrit SANISERA.

SANIM, Lieu de la Palestine, selon Eusebe [a], qui le met dans l'Acrabatène, au Territoire de Samarie.

a In Locis in voce Σαυαμ.

SANIS, Ville de la Grande Phrygie dans l'Asie Mineure, selon Ptolomée [b]. C'est la SANAOS de Strabon.

b Lib. 5. c. 2.

SANITIUM, ancienne Ville des Alpes Maritimes, selon Ptolomée [c], qui étend son Italie jusques-là. C'est à présent la Ville de Senez; les Habitans de ce canton sont nommés par Pline SANAGENSES, & la Ville même est appellée *Saniciensum Civitas*, dans la Notice des Provinces.

c Lib. 3. c. 1.

SANITURNUS, Rivière d'Italie. Frontin dans ses Stratagêmes [d], dit qu'elle traverse la Ville de Modène. C'est le Bras de la Séchia, qui va grossir le Panaro.

d Lib. 3. c. 4.

SANIVIN, petite Ville de la Chine, dans la Province de Canton, sur la Riviére de Ta. Les Hollandois, dans leur Voyage à Pekin, disent [e] qu'elle est à peu près comme Amersfort, & qu'elle a été autrefois d'un grand Commerce, à cause de son assiette fort commode ; mais qu'elle est maintenant tout-à-fait détruite, en sorte qu'on n'y voit pas cinquante maisons entières. Les Tartares qui l'ont ruïnée n'ont point touché aux murailles, ni aux Portes de la Ville, qui étoient encore en bon état en 1653. quand les Hollandois firent le Voyage dont Thevenot donne la Description & la route dans son Recueil.

e Route d'un Voyage des Hollandois à Pekin, p. 3.

SANNABA, Ville de l'Inde en deçà du Gange, selon Ptolomée [f].

f Lib. 7. c. 1.

SANNE (La) ou **LA SENNE**, petite Riviére de France en Normandie, au Pays de Caux [g]. Elle a sa source à Varvanes, Paroisse située à six lieues de Rouen, à pareille distance de Dieppe. Elle fait tourner le Moulin de Bournainville, & arrose ensuite les Paroisses de Fontelaye, d'Anglesqueville sur Sanne, d'Imbleville, de Tiedeville, d'Ausouville-la-Gripiére, de Bourg de Sanne, de St. Juste, de Bivile, de St. Ouen sur Brachi, de Brachi, de Gourel, de Gense, de Ribœuf, de St. Denys, d'Ouville la Riviére & de Longueil, après quoi elle entre dans la Mer à une grande lieue de Dieppe, & à six du lieu où elle a pris son origine.

g Corn. Dict. Mém. dressez sur les Lieux.

SANNI, ancien Peuple de l'Asie, assez près de la Petite Arménie. Strabon dit: Au-dessus de Trebisonde, & de Pharnacie sont les Tibareniens, les Chaldéens & les Sanni, qu'on appelloit autrefois *Macrones*, & la Petite Arménie [h].

h Lib. 12.

SANNI HENIOCHI, autre Peuple différent, dans la Colchide. Pline [i] en fait mention, & le distingue des HENIOCHI proprement dits.

i Lib. 6. c. 4. & 5.

SANNIGÆ. Voyez SANICHÆ.

SAN.

SANNII PROVINCIA & **SANNITÆ**, dans Cassiodore ne signifient que le SAMNIUM & les SAMNITES [k].

k Variar. 3.

SANNINA, Ville de la Médie sur la Mer d'Hyrcanie, selon Ptolomée.

SANNITÆ. Voyez SANNII.

SANNOIS, Village de France, au Nord Oriental d'Argenteuil, & au Couchant Méridional de Montmorenci, entre St. Denys & Pontoise à deux lieues de cette derniére. Suger Abbé de St. Denys dans les Mémoires de ce qui est arrivé pendant sa Régence écrit apud CENTINODIUM, c'est-à-dire, CENNOIS; mais ce Lieu est mieux appellé ailleurs *ad Centum Nuces* au jugement de Mr. de Valois [m], à cause de quelque Avenue de ce Lieu plantée de cent Noyers. On l'a aussi appellé DE CENTUM NUCIBUS, *Cent Noix*, & ensuite *Cennois*. On appelle aujourd'hui ce Village *Centum Nuces*, en François *Sannois*. Jaillot écrit SANOIS, & Mr. de l'Isle SANOY.

l C. 5.
m Valesiana p. 77.

SANNUTIO, Village de l'Isle de Corse vers le milieu de l'Isle. On y cherche l'ancienne SERMITIUM de Ptolomée. Voyez ce mot.

SANOCK, petite Ville de Pologne au Palatinat de Russie, sur la Riviére de San, au-dessus & au Midi de Dinaw. Mr. Baudrand lui donne un assés bon Château vers les Montagnes, & compte six milles Polonois de cette Ville à Premisle, c'est-à-dire, Przemislie.

SANONE, petite Isle d'Italie dans l'Etat de l'Eglise. Elle dépend de la Campagne de Rome, & est au Nord-Est de l'Isle de Ponza, dans la Méditerranée aux confins de l'Etat de l'Eglise & du Royaume de Naples, à dix-huit milles du Cap Monte Circello. Cette Isle est deserte & inculte.

☞ **SANT'**. J'ai remarqué au Mot SAINT que les Espagnols, & les Italiens disent *Santo* au Masculin, & *Santa* au Féminin; & que lorsqu'il s'agit de joindre ce nom adjectif à un nom propre ils retranchent l'*o* devant une Voyelle; & que devant une Consonne les Italiens écrivent simplement SAN, en retranchant le *t* aussi-bien que l'*o*, parce qu'en effet il ne se prononce point à cause de la dureté de la prononciation qu'on veut éviter. Je joindrai ici dans la même Liste les mots *Sant*, & *San*, puisqu'en effet c'est le même mot qui ne différe que par une délicatesse d'Orthographe; mais je réserverai *Santa*, qui est d'un autre genre pour une autre Liste à part qui suivra immédiatement celle-ci. Mr. Corneille met *San* par-tout où il faudroit *Sant*. C'est une faute ; il devoit les distinguer.

SANT AGOSTIN. Voyez SAINT AUGUSTIN. No. 1. 2. 3.

SANT ALESSIO, Bourgade de la Sicile, sur la Côte Orientale de la Vallée de Demone à deux lieues de Taormina, vers le Nord avec un Cap de même nom, & que les Anciens ont connu sous celui d'*Argennum Promontorium*.

SANT ANANIA, Bourgade de la Natolie, sur l'Archipel vis-à-vis de l'Isle de

Metelin. On la prend pour la Proselene de Ptolomée.

SANT ANDER. Quelques-uns écrivent SANT ANDERO, Ville Maritime d'Espagne [a]. Elle étoit autrefois comptée entre les Villes de Biscaye, mais elle est depuis long-tems censée de l'Asturie, dans laquelle elle est enclavée. Elle est située sur le Rivage de la Mer, au pied d'une Colline. Elle a un bon Port, fort large, capable de tenir une nombreuse Flote, & défendu par deux Châteaux assés bien fortifiés; avec un Môle avancé, pour se mettre plus à couvert de la furie des Vents, au bout duquel on a élevé une Grue pour charger, & décharger plus commodément les Vaisseaux. A l'entrée du Port, il y a un Ecueil appellé la Penna de Mogron, mais comme on le voit hors de l'eau il n'est pas dangereux. Du côté que la Ville aboutit au Port, & vis-à-vis du Môle, on a dressé une terrasse pour le rendre plus commode, & on y tient quelques Pièces de Canon pour en défendre l'entrée aux Ennemis. Il passe un Ruisseau à côté, au bord duquel on voit un vieux Bâtiment voûté soutenu par de hautes, & d'épaisses Arcades, qui sert de Halle, & d'Arsenal, les Habitans l'appellent ATTALASSANA. La Ville est petite, mais assés forte. Elle a du côté de Terre un large fossé sec qui en rend l'accès difficile: l'air y est très-pur, & elle a six Fontaines dont l'eau est d'une bonté extraordinaire. Elle a un Fauxbourg qui n'est presque rempli que de Pêcheurs, à cause que la pêche y est fort abondante, & c'est le meilleur, & le plus riche Trafic qui s'y fasse. Elle a sept Portes, d'assés beaux Bâtimens; deux Couvens, l'un de Franciscains, l'autre de Religieuses de Ste. Claire. La grande Eglise est renommée à cause des Corps Saints qui y reposent, & dont elle porte le nom. Il y a un Chapitre de Chanoines qu'on dit être d'une grande piété, & d'un profond savoir. La terre de ce Territoire est fertile en excellens fruits de toutes sortes, & on voit les Collines voisines toutes couvertes de Vignes, & de Vergers qui font un aspect fort agréable, & rapportent beaucoup de profit à leurs Maîtres. Les Habitans sont braves, & courageux comme le sont tous ceux qui habitent ces Montagnes. Ils ont divers Privilèges, entre autres celui-ci, que le Roi, ni aucun Seigneur ne peut les vendre, ni les engager pour quelque cause, & sous quelque prétexte que ce soit. Leur Ville est si ancienne qu'on n'en sait ni l'origine ni le tems de sa fondation. Ils prétendent que c'est le Patriarche Noé qui l'a bâtie; passe encore pour quelqu'un de ses petits Neveux, que ce soit quelqu'un de sa postérité, la chose est incontestable.

[a] Délices d'Espagne, p. 111.

1. SANT ANGELO, petite Ville d'Italie, au Royaume de Naples dans la Pouille, & au Mont Gargan. On l'appelle communément le MONT ST. ANGE.

2. SANT ANGELO, Bourg d'Italie au Duché de Milan, dans le Lodesan, à six milles de Lodi en passant vers Paule, dont il est à vingt milles. Le Pays d'alentour est très-fertile.

3. SANT ANGELO, Château d'Italie dans l'Etat de l'Eglise, & dans la Marche d'Ancone, au pied du Mont Apennin, près de Cingoli, & sur une Montagne. C'est la Patrie de S. Nicolas de Tolentin.

4. SANT ANGELO DE LOMBARDI, Ville d'Italie au Royaume de Naples dans la Principauté Ultérieure, sur une Colline au pied de l'Apennin. Elle est fort petite, & a un Evêché suffragant de l'Archevêché de Conza, auquel est uni à perpétuité celui de Bisaccia depuis l'année 1540. Elle est peu peuplée, & distante d'environ sept milles de Conza, & de vingt de Bénévent.

5. SANT ANGELO IN VADO, Ville d'Italie dans l'Etat de l'Eglise au Duché d'Urbin, sur le Metro, au pied du Mont Apennin, dans le petit Pays de MASSA-TRABARIA, vers les Confins de l'Etat du Grand Duc de Toscane avec un Evêché suffragant de l'Archevêché d'Urbin, érigé le 18. Février 1635. par le Pape Urbain VIII., & uni à perpétuité avec celui d'Urbania, Ville dont Sant Angelo in Vado n'est éloigné que de cinq milles. Cette dernière est à douze milles d'Urbin, & à même distance de Borgo San Sepolcro.

SANT ANTIOCO, Isle de la Mer Méditerranée, sur la Côte de Sardaigne, dont elle est une Annexe, aussi-bien que l'Isle de San Pietro au Levant de laquelle elle est située. Son circuit est d'environ douze lieues.

1. SANT ANTONIO, Port de Mer d'Espagne [b], dans la Biscaye. On le nomme Sant Antonio Laredo. Cette Ville a été bâtie par les Goths, & est dans un lieu élevé environné de Rochers de toutes parts. Le Port est au pied de la Ville. Il s'y fait un grand Commerce de poisson salé qu'on envoye en divers lieux de l'Espagne.

[b] Ibid. p. 100.

2. SANT ANTONIO, Hermitage d'Espagne [c] près de Madrid joignant le Buenretiro. C'est une agréable Solitude qu'on peut regarder comme une Maison de Plaisance, où le Roi va quelquefois prendre le plaisir de la Promenade. La Maison est bâtie assés simplement, & fort peu élevée, de sorte qu'il n'y a rien de fort extraordinaire ni dans le dessein ni dans l'Architecture, aussi est-ce un Lieu de retraite pour lequel les ornemens superbes n'ont pas été faits; mais elle est dans une fort belle exposition au milieu d'une grande de Plaine toute découverte. Pour y aller, on passe sur une manière de Pont ou Canal découpé en façon de feuillage qui fait le tour de la Maison. On traverse une belle Esplanade, & on trouve un nouveau Canal qui lave les Murs de l'Edifice & lui sert de fossés. On le passe sur un beau Pont fort large de trois ou quatre Arcades: du reste on n'y voit ni Jardin ni Fontaine; il ne s'y trouve que peu d'Arbres assés éloignés de la Maison.

[c] Ibid. p. 239.

SANT ARPINO, Bourg d'Italie au Royau-

SAN. SAN. 221

Royaume de Naples, dans la Terre de Labour [a]: entre Naples, & Capoue près d'Averfa: c'étoit autrefois une Ville Epifcopale dont le Siége a été transféré à Averfa.

[a] *Wheler, Voyage t. 2. l. 3.*

SAN BASILIO, Port de Gréce dans l'ancienne Bœotie, à demie lieue de la Baye de Liva-Doftro. Le Promontoire Olmea s'étend delà Oueft-Sud-Oueft avec quatre Iflets qui en font peu éloignés, appellés CALANISIA, ou les Belles Ifles. Il y a dans une de ces Ifles une petite Eglife, & un Puits que ceux du Pays difent être rempli de Serpens qui font fans venin, & qui ne font point de mal. Le Port de San Bafilio appartenoit vraifemblablement à l'ancienne Ville de Tipha, & il étoit renommé pour avoir les meilleurs Pilotes de toute la Bœotie. Les Rochers de ce Pays font couverts de Pins. Le Bourg de San Bafilio, d'où ce Port doit avoir tiré fon nom, en eft environ à une lieue. Il a été ruïné par les Corfaires le Siécle paffé. Outre les mafures modernes on y voit encore quelque reftes des ruïnes anciennes, favoir une vieille Eglife avec un Dôme porté fur des Colomnes Corinthiennes d'un Marbre blanc admirable, & d'un ouvrage excellent. Il y a un Puits d'eau claire tout proche, fort profond, & rempli jufqu'au haut. Au-deffus de ce Puits eft le Bourg de San Bafilio fur un petit Côteau qui eft plus élevé que le refte, & plein de ruïnes. Entre le Bourg, & la Montagne oppofée au Nord on voit couler dans un enfoncement profond une Riviére confidérable. Elle fait une belle Cafcade à la vue du Bourg qui pourroit bien être l'ancienne Tipha. Ces belles Colomnes de l'Églife ruïnée dont on a parlé pouvoient avoir fervi au Temple d'Hercule de cette ancienne Ville.

SAN BENITO, Riviére d'Afrique [b] au Royaume de Benin au Midi de l'Ifle de Camarones; felon De la Croix.

[b] *Relat. d'Afrique t. 3.*

SAN BIAGIO, Bourgade d'Italie au Royaume de Naples dans la Calabre Ultérieure près du Golphe de Ste. Euphémie, & des Confins de la Calabre Citérieure. Les Géographes y cherchent l'ancienne AD TURRES.

SAN BORONDON, Ifle que l'on dit être à cent lieues ou environ des Canaries. On ne convient pas fort de fon exiftence. Linfchot dit [c] que le hazard y a fait aborder quelques Vaiffeaux, & que ceux qui l'ont vue, outre les merveilles qu'ils publient de fa beauté, & de fa fertilité, difent qu'elle eft habitée par des Chrétiens, fans qu'on nous dife quelle Langue ils parlent, ni comment cette Ifle s'eft peuplée. Il ajoute que les Espagnols des Canaries fe font fouvent mis en Mer pour la chercher; mais fans avoir pu la découvrir. Les uns prétendent qu'elle eft continuellement couverte de nuages, qui empêchent qu'on ne la trouve quand on la cherche, & que le courant de l'eau en cet endroit eft fi fort, qu'il éloigne les Vaiffeaux auxquels il fait prendre une autre route. D'autres veulent qu'il y ait quelque chofe de mira-

[c] *Cap. 96.*

culeux en ce que le hazard la fait fouvent rencontrer à ceux qui ne fongent point à la chercher, au lieu qu'elle femble difparoître pour ceux qui voudroient y aborder. Mr. de l'Ifle la traite de fabuleufe.

SAN CANTIANO, Village d'Italie dans l'Etat de Venife, au Frioul, fur le Golphe de Triefte près de l'Embouchure du Lifonzo. Voyez au mot AD l'Article AD AQUAS GRADATAS.

SAN CASSIANO, Village d'Italie en Tofcane, dans le Florentin, aux Confins de l'Orviétan à deux ou trois lieues d'Aquapendente. On y voit des Bains que l'on croit être les CLUSINI FONTES des Anciens.

SAN CATALDO, Bourg d'Italie au Royaume de Naples dans la Terre d'Otrante, entre la Ville de Brindes & celle d'Otrante.

1. SAN CHRISTOVAL, Château d'Efpagne auprès de Badajoz, de l'autre côté de la Riviére.

2. SAN CHRISTOVAL. Voyez au mot SAINT, l'Article ST. CHRISTOPHLE. No. 1.

3. SAN CHRISTOVAL, Ifle de la Mer du Sud; l'une des Ifles de Salomon, au Midi de la Pointe Orientale de l'Ifle Ifabelle qui eft la plus grande de toutes.

4. SAN CHRISTOVAL DE LA NUEVA ECIJA, Bourgade, & Colonie des Efpagnols en Amérique dans la Nouvelle Andaloufie. Il y a un peu plus d'un Siécle qu'elle eft bâtie.

5. SAN CHRISTOVAL DE LA HAVANA. Voyez HAVANA No. 2.

6. SAN CHRISTOVAL DE LA LAGUNA. Voyez LAGUNE.

7. SAN CHRISTOVAL DE LOS LANOS. C'eft ainfi que l'on a autrefois appellé la Ville de Chiapa, dans la Nouvelle Efpagne. Voyez CHIAPA.

SAN CIRIACO, Cap d'Italie dans la Marche d'Ancone près de la Ville de même nom qui en eft fort proche.

1. SAN CLEMENTE, Ville d'Efpagne dans la Manche [d]. Elle eft remarquable par fa fidélité envers le Roi Philippe V. Dans le tems que le Parti de l'Archiduc avoit envahi les Royaumes d'Arragon, & de Valence, cette Ville fut le Quartier général de l'Artillerie, & des prifonniers de guerre, & l'Hôpital des bleffés. Elle fournit des vivres, & tous les fecours poffibles avec tout le zèle imaginable. Auffi ce Monarque voulant la récompenfer lui donna fur la fin de 1707. le Titre de très-noble, de très-Royale, & de très-fidelle, lui accorda un Marché franc à perpétuité tous les Jeudis, & une Foire franche de trois jours, favoir le 14. le 15., & le 16. de Septembre. Il confirma l'ancien Privilège accordé à la même Ville par les Rois fes prédéceffeurs, de ne pouvoir jamais être aliénée du Domaine.

[d] *Corn. Dict. Mém. du Tems.*

2. SAN CLEMENTE, Montagne de l'Amérique Méridionale, au Chili, dans les Andes aux Confins de la Terre Magellanique. C'eft un Volcan.

SAN DAMIANO, petite Ville d'Italie

Ee 3

talie dans le Montferrat à trois lieues d'Albe, & à un peu moins d'Asti. Elle étoit autrefois si forte qu'en 1553. le Maréchal de Brissac, qui commandoit l'Armée Françoise au delà des Monts, la défendit trois mois contre l'Armée de Charles V. conduite par Ferdinand de Gonzague qu'il força de lever le Siège; mais elle fut démantelée, & on en rasa les Fortifications en 1617.

SAN DIMAS, Isle de la Mer du Sud, l'une des Isles de Salomon.

SAN DIMITRI, Bourg d'Asie dans la Natolie, au Pays de Sarcum sur la Côte de l'Archipel, & du Golphe de Landrimiti. Voyez ANTANDROS. N°. 2.

1. SAN DOMINGO, Ville de l'Amérique. Voyez au mot SAINT l'Article SAINT DOMINGUE.

2. SAN DOMINGO DE LA CALCADE, Ville d'Espagne dans la Vieille Castille au Pays de Rioja dont elle est la plus considérable. Elle est située dans une Plaine agréable & fertile, au pied des Montagnes sur une petite Rivière nommée LAGLERA. Elle a été autrefois honorée d'un Evêché; mais elle le perdit par l'invasion des Maures. Voyez CALCIATA & CALZADA.

3. SAN DOMINGO DE SILOS, Bourg d'Espagne dans la Vieille Castille, à huit lieues de Burgos. Il y a une ancienne Abbaye de l'Ordre de S. Benoît, ainsi nommée du S. Abbé Dominique que l'on y révère. La Mere de S. Dominique Instituteur des Dominicains y fit ses dévotions pour obtenir ce fruit de son mariage, & nomma Dominique l'enfant qu'elle obtint de Dieu du nom du S. Abbé qu'elle avoit pris pour son Intercesseur.

SAN DOMINO, petite Isle du Golphe de Venise au Royaume de Naples sur la Côte de la Pouille, & de la Province de la Capitanate. C'est une des Isles de Tremiti, & la plus Occidentale des trois. Elle est fort escarpée, & située au Nord de l'Embouchure du Fortore.

1. SAN DONATO, ancienne Ville Episcopale de l'Epire. Mr. Baudrand dit que l'ancien nom étoit EURIA ou EVORIA.

2. SAN DONATO, Bourgade d'Italie au Royaume de Naples, dans la Calabre Ultérieure près d'Alto Monte. On croit que c'est l'ancienne NINÆA d'Oenotrie.

SANT ELPIDIO, petite Ville de l'Etat de l'Eglise en Italie dans la Marche d'Ancone, sur une Montagne entre les Rivières de Chiento & de Jenna, à cinq milles de la Côte du Golphe de Venise à l'Occident, & à pareille distance de Fermo, en allant vers Recanati & Lorete.

SANT ERINI, Isle de l'Archipel; ce nom ne veut dire que Ste Irène, comme on verra dans la suite de cet Article. Cependant nos Voyageurs ont rendu ce mot Masculin, & en ont fait SANTORIN, ou même SANTURIN. Quoiqu'il en soit, les Anciens ont connu cette Isle sous le nom de THERA. Voyez ce mot. Ceux qui la nommérent autrefois CALLISTE, c'est-à-dire *tres-belle*, ne la reconnoîtroient pas aujourd'hui. Elle n'est couverte que de Pierre Ponce [a], ou pour mieux dire cette Isle n'est qu'une Carrière de Pierre Ponce, où l'on peut la tailler par gros quartiers comme on coupe les autres pierres dans leurs Carrières. Les Côtes de l'Isle sont si affreuses qu'on ne sait de quel côté les aborder. Peut-être que ce sont les Tremblemens de terre qui les ont rendues inaccessibles. Nous avons marqué au mot THERA, son ancien état, & les changemens rapportés par les anciens Auteurs. Il faut poursuivre ici, & arriver au moderne.

[a] Tournefort Voyage du Levant Lett. 6. t. I. p. 100.

Dans l'Histoire Géographique de la Grèce j'ai parlé des Ducs de Naxie, & de la révolution de l'Empire Grec après la prise de Constantinople par les François & par les Vénitiens; ce fut alors que l'Isle de Sant Erini ou Santorin fut jointe au Duché de Naxie. Jean Crispe qui en fut le douzième Duc la céda au Prince Nicolas son frère que l'on appella le Seigneur de Santorin. Elle fut réunie au Duché après la mort de Guillaume Crispe quinzième Duc, lequel par son Testament nomma pour Successeur le Seigneur de Santorin son Neveu. Elle fut ensuite engagée au Seigneur de Nio par Jaques Crispe dix-septième Duc de l'Archipel qui fut obligé d'emprunter des sommes excessives pour soutenir la guerre contre Mahomet II. dans cette fameuse Ligue, où il étoit avec les Vénitiens & le Roi de Perse. Enfin Santerini se rendit à Barberousse sous Soliman II.

Il n'est guère possible de savoir en quel tems l'Isle de Thera prit le nom de Sant Erini, τὸ Νησὶ τῆς ἁγίας Εἰρήνης, *Insula Sanctæ Irenes*. Mais il y a beaucoup d'apparence que ce nom est venu de Ste. Irène Patrone de l'Isle. Cette Sainte étoit de Thessalonique & y fut martyrisée le premier jour d'Avril 304. sous le neuvième Consulat de Dioclétien & le huitième de Maximien Hercule. L'Eglise Latine en célèbre la Fête le même jour à Sant Erini, où il y a encore neuf ou dix Chapelles dédiées sous l'Invocation de Ste Irène.

On débarque au Port de San-Nicolo, au-dessous d'Apanomeria qui est sur la corne gauche en entrant dans le Port; il y a de la fatigue à monter à cette Ville, car la Côte est fort escarpée. Les autres Villes de l'Isle sont SCARO ou CASTRO, τὸ Κάστρον τȣ̃ Σκάρȣ; PYRGOS, Πυργός; Emporio, ou NEBRIO, ἀμπόριον, ACROTIRI ἀκρωτήρι, située sur la corne droite du Port opposée à celle d'Apanomeria. Ce Port est en Croissant, mais quelque beau qu'il paroisse, les Vaisseaux ne sauroient s'y mettre à l'ancre, & on n'a jamais pu en trouver le fond par la sonde. Il y a deux entrées l'une au Sud-Ouest, l'autre à l'Est-Nord-Ouest, à l'abri de la petite Isle de Thirasia séparée de Sant-Erini, par le Port de San-Nicolo, petit Détroit où se tiennent les Barques. Vis-à-vis l'autre entrée du Port il y a trois écueils moindres que Thirasia. L'*Isle Blanche*, Ἀσπρονησὶ est hors du Port. La *Petite Isle* μικρονησὶ καὶ μικρὴ Καμμένη, est

eſt la plus avancée dans le Port, & l'*Iſle Brûlée*, Καμμένη, eſt ſituée au milieu des deux autres. Cette derniére reçut un accroiſſement conſidérable en 1427. le 25. Novembre, comme le marquent quelques Vers Latins gravés à Scaro, ſur un Marbre au pied de l'Egliſe des Jéſuites & rapportés dans la Relation de Sant-Erini du P. Richard.

On prétend que ces Iſles ſont toutes ſorties du fond de la Mer. Quel ſpectacle affreux, dit Mr. Tournefort, de voir la Terre enfanter de ſi lourdes maſſes ! Quelle force mouvante ne fallut-il pas pour les ébranler, pour les déplacer & pour les élever ſur les eaux ? Il n'eſt pas ſurprenant après cela que le Port de Sant-Erini n'ait point de fond. Le creux d'où cette Iſle ſortit par une néceſſité mécanique dut être en même tems occupé par un pareil volume d'eau. Quelles ſecouſſes n'excita pas dans les environs ce gouffre qui ſe rempliſſoit tout d'un coup ? Apparemment que ce ne fut que long-tems après ſon apparition que la nouvelle Iſle fut nommée *très-belle*. Car enfin en ſortant des eaux ce ne pouvoit être qu'une maſſe de pierre couverte de limon. Ne fallut-il pas pluſieurs années pour former de ces matiéres une terre propre à produire ?

a Lib. 4. c. 12.   THERASIA, dit Pline [a], en fut détachée dans la ſuite. La reſſemblance des noms fait que l'on prend ordinairement THIRASIA, méchant Ecueil ſéparé de Sant-Erini, comme il a été dit, par le Port de San-Nicolo, pour la nouvelle Iſle de Pline. Pour moi je ſoupçonne que les Anciens ont appelé *Theraſia*, l'Iſle aujourd'hui nommée l'Iſle Blanche & qu'ils ont donné le nom de Hiera à Thireſia. Si ma conjecture eſt fauſſe, pourſuit Mr. de Tournefort, tous les Auteurs qui ont parlé de ce qui s'eſt paſſé entre Thera & Theraſia ſe ſont trompés, excepté Strabon qui ſeul a appelé Theraſia l'Iſle Chriſtiana; autrement cet Auteur ſe ſeroit mal expliqué lorſqu'il a dit que Thera eſt dans le voiſinage d'Anaphé & de Theraſia, puiſque Anaphé en eſt éloignée de 18. milles.

b Lib. 3. c. 15.   Ptolomée [b] a placé une Ville ſur Theraſia ; certainement ce n eſt pas ſur la Theraſia d'aujourd'hui, où il n'y a pas aſſés d'étendue pour y bâtir un Château. Cette obſervation peut juſtifier Sénéque, [c] *c* Queſt. nat. Lib. 6. c. 21. rapporte à ſon tems l'apparition de l'Iſle Theraſie, lui qui n'a vécu qu'après Strabon. Cela marque auſſi que Pline n'a pas été contemporain de Strabon, ni par conſéquent de Dioſcoride, puiſqu'outre qu'il parle de Theraſia, comme d'un morceau tout nouveau détaché de l'Iſle de Thera, par la violence des vagues, il avance auſſi que l'Ecueil Automaté ou Hiera, ſe manifeſta quelque tems a- *d* Lib. 2. c. 77. près entre Thera & Theraſia [d]. Comment expliquer cet endroit de Pline ſi l'on prend l'Ecueil Thireſia pour la Theraſia de cet Auteur ? puiſqu'il eſt certain qu'entre Sant Erini & Thireſia, il n'y a que le Port de San-Nicolo, où il n'y auroit pas de place pour un Rocher un peu conſidérable.

De nos jours, continue Pline, on a vu ſortir de la Mer un autre Ecueil appelé THIA, tout auprès d'*Hiera*. Eſt-ce trop hazarder que de propoſer que ces deux Ecueils ſont Thireſia & Cammeni, ſuppoſé qu'Aſproniſi ſoit la véritable Theraſia des Anciens ?

On ne ſauroit comprendre autrement la ſituation de tous ces écueils : Juſtin [e], par exemple, rapporte qu'il y eut un ſi grand *e* Lib. 30. c. 4. Tremblement de terre entre les Iſles de Thera & de Theraſia, que l'on y vit naître avec admiration une Iſle nouvelle parmi les eaux chaudes. [f] Le P. Hardouin a parfaitement bien corrigé le texte de *f* In Notis ad Emendat. ad lib. 2. Hiſt. Nat Plin. Pline ſur l'origine de Thera : [g] Dion Caſſius parle ſimplement de l'apparition d'u- *g* Lib. 60. ne petite Iſle qui ſe montra auprès de Thera, ſous l'Empire de Claude. [h] Aurelius Victor dit qu'elle étoit conſidérable, *b* in Claud. & George le Syncelle qui la rapporte à la 46ᵉ. année de J. C. la place entre Thera & Theraſia ; enfin Ptolomée place une Ville ſur Theraſia. [i] Cédrène aſſure qu'en la di- *i* Compend. Hiſt. ann. Chriſ. 713. xième année de Léon l'Iſaurien, ce grand Iconoclaſte, il parut pendant quelques jours une obſcurité ſi conſidérable entre les Iſles de Thera & Theraſia, qu'elle ſembloit s'élever d'une Fournaiſe ardente. Cette matière obſcure s'épaiſſit, dit-il, & ſe durcit au milieu des flammes, après quoi elle s'attacha à l'Iſle Hiera, & en augmenta le volume : cependant il ſortit une ſi grande quantité de Pierres Ponces de cet endroit que les Côtes de Macédoine, & l'Aſie Mineure en furent couvertes juſqu'aux Dardanelles. Cédrène n'a fait que copier [k] Théophane & Nicéphore ; le *k* Theoph. Chronol. premier rapporte ce fait à l'année 712. & l'autre à l'année 726.

Les gens du Pays, quoique fort ignorans, ne manquent pas d'avertir les Etrangers que les Tremblemens de terre ont mis au monde tous les petits écueils que l'on voit autour de leur Iſle [l]. Nous appre- *l* Relat. de S. Erini. nons du P. Richard l'année de l'apparition de la petite Iſle Brûlée. Voici ſes termes : Il y a bon nombre de Vieillards en cette Iſle, qui diſent avoir vû ſe former par le feu une Iſle voiſine de la nôtre au milieu de la Mer en l'année 1573. & pour cela elle s'appelle *Micri Cammeni*, c'eſt-à-dire la *petite Iſle Brûlée* [m]. A propos de ce feu *m* Lib. 11. Strabon aſſure que l'on vit bouillir la Mer pendant quatre jours entre Thera & Theraſia ; que les flammes en ſortoient, & qu'une Iſle de 500. pas de circuit parut, comme ſi elle eût été tirée hors de l'eau par des machines.

Mr. Thevenot [n] raconte quelque choſe *n* Relat. Chap. 68. d'aſſés ſemblable à ce que rapportent Théophane, Nicéphore & Cédren : ſavoir, qu'on vit ſortir il y a cinquante-trois ans une prodigieuſe quantité de pierres ponces du Port de Santorin, qu'elles monterent du fond de la Mer avec tant de bruit & d'impétuoſité, qu'on eût dit (pour me ſervir de ſes termes) qu'étoient autant de coups de Canon. On crut à Scio, c'eſt-à-dire à plus de 200. milles delà, que l'Armée Vénitienne combattoit contre celle des Turcs : ces pierres ponces ſe répandirent ſi fort ſur les Côtes de la Mer du Levant,

que

que les Habitans des Isles ne doutent pas que celles qui sont sur leurs sables ne soient venues de Sant-Erini.

Rien n'est plus sec & plus stérile, que le terroir de Sant-Erini, néanmoins quoiqu'il ne soit que pierre ponce pilée, ses Habitans par leur travail & par leur industrie ont fait un Verger de la plus ingrate terre du monde, & quelque desagreables que soient ses Côtes, Santorin est un Bijou en comparaison des Isles voisines; au lieu que l'on ne voit dans Nanfio, qui n'en est qu'à 18. milles, que des chardons & des épines sur une terre excellente de sa nature. On recueille peu de Froment à Santorin, beaucoup d'Orge, beaucoup de Coton, & du Vin en grande abondance. Ce Vin a la couleur de celui du Rhin, mais il est violent & plein d'esprits: on le porte par tout l'Archipel & jusques à Constantinople: cette Liqueur & les toiles de Coton font le principal commerce de l'Isle: les femmes y cultivent la Vigne, tandis que les hommes vont vendre leurs Vins. Les plus belles Vignes sont dans une Plaine au dela de Pyrgos au pied de la Montagne de S. Estienne; on les y cultive à peu près comme en Provence, c'est-à-dire que les seps en sont relevés en manière de rechaut. Le Coton y est taillé de même, & vient en arbrisseau comme nos Groseliers, parce qu'on ne l'arrache pas tous les ans de même que l'on fait dans les autres Isles: c'est pourtant là même espèce, que Jean Bauhin a nommée *Coton herbe*, & qu'il a distinguée du *Coton arbrisseau*.

Les fruits sont rares en cette Isle, excepté les figues: on y apporte l'huile de Candie, & le bois de Raclia: ce ne sont que broussailles de Lentisques, & de Kermes. Aussi la rareté du bois est cause que l'on ne mange guères de pain frais dans Santorin: ordinairement on n'y fait du pain d'orge que trois ou quatre fois l'année[a]: c'est un méchant biscuit fort noir. On n'y tue des Bœufs qu'une fois l'année, après les avoir dépecés, coupés, desossés, on en trempe la chair dans du vinaigre, où l'on a fait fondre du sel: cette chair exposée au Soleil pendant 7. ou 8. mois s'y durcit comme du bois; quelques-uns la mangent toute sèche, de même que l'on mange le poisson sec en Hollande; les autres la font bouillir.

On compte dans Santorin, jusqu'à dix mille ames: outre les Villes marquées ci-dessus, il y a cinq Villages assés peuplés, *Carterado, Masseria, Votona, Gonia* & *Megalo-Chorio*. Tous les Habitans de cette Isle sont Grecs. On n'y entend parler des Turcs que par rapport à la Capitation & à la Taille réelle. En 1700. on paya 4000. écus pour le premier de ces droits, & 6000. pour le second. Parmi les Grecs il n'y a qu'un tiers des Habitans qui soient du Rite Latin; la Noblesse est retirée à Scaro petite Ville bâtie au fond du Port sur un Rocher presque isolé, & tout hérissé de pointes. Le Consul de France y réside de même que les PP. Jésuites, qui sont assés bien logés[b]: Sophiano Evêque

[a] *Ξυρὸς* du verbe ξύω, parce qu'on ne sauroit les manger sans les casser.

[b] *Relat. de Sant Erini.*

de Santorin les y établit en 1642., & leur donna la place de la Chapelle Ducale pour y bâtir leur Eglise: le Supérieur de la Maison distribue des remedes avec succés, & avec beaucoup de charité. Quelque saints & zélés que soient les Missionaires, il seroit à souhaiter, qu'il n'y eût qu'une sorte de Religieux dans chaque Isle: l'expérience fait connoître, que la Religion Chrétienne se soutient avec plus d'édification dans Syra où il n'y a que des Capucins, & dans Santorin où il n'y a que des Jésuites, que dans les Isles, où il y a des uns & des autres. Les deux Evêques de l'Isle, dont l'un est Grec, & l'autre Latin, faisoient leur résidence à Scaro lorsque nous y arrivâmes: il y a dans la même Ville un Curé, & cinq ou six Chanoines de notre Rite. Les Religieuses Gréques de l'Ordre de S. Basile y sont au nombre de 25. Les Latines ne sont que 15., & suivent la Régle de S. Dominique. Ces Religieuses font les plus belles toiles de Coton du Pays: on estime sur-tout celles qui sont croisées; on les transporte en Candie, en Morée, & par tout l'Archipel.

Le Cadi de Santorin est quelquefois ambulant; lorsqu'il réside dans l'Isle, c'est ordinairement à Pyrgos la plus jolie Ville du Pays, bâtie sur un tertre, d'où l'on découvre les deux Mers, & les plus beaux Vignobles: ce Lieu seroit très-agréable, s'il y avoit de l'eau; mais il ne coule dans toute l'Isle sur la Montagne de St. Etienne, qu'une méchante Fontaine, qui put à peine nous desalterer: il est vrai qu'on y trouve des Citernes par-tout, creusées dans la pierre ponce, & bien enduites de ciment. La plûpart des Maisons sont des cavernes creusées dans la même pierre, semblables aux[c] taniéres des tessons, où à ces sortes de fourneaux de Chimie, qu'on appelle des Athanors: on les voute avec des pierres fort légéres, rougeâtres, qui ne paroissent que demi pierre ponce. La Côte du Port est la plus affreuse de toutes; on n'y voit pas un seul brin d'herbe, & les Roches en sont de couleur de machefer.

[c] Πωρινα

1. SANT ESTEVAN DE GORMAS, Ville d'Espagne dans la Vieille Castille, où elle est Capitale d'un petit Comté de même nom qui appartient aux Ducs d'Escalona; elle est sur une hauteur, au bord du Duero en remontant vers sa source, au-dessus d'Aranda, & au-dessous d'Osma.

2. SANT ESTEVAN DE LITERA, petite Place d'Espagne en Aragon, au petit Pays de Ribagorça, à son extremité Méridionale entre Monçon & les Frontiéres de Catalogne.

3. SANT ESTEVAN DE PUERTO, petite Ville d'Espagne dans l'Andalousie, à quatre lieues d'Ubeda. C'est, dit-on, l'Ilugo des Anciens.

SAN FANGON, Ville d'Espagne au Royaume de Léon, selon Mrs. Maty & Corneille, en Latin *Sancti Facundi* FANUM. Le nom est SAHAGUN. Voyez cet Article.

SAN FELICE, Bourg d'Italie dans l'Etat de l'Eglise, & dans la Campagne de Rome, à dix milles de Terracine, & à treize

treize de Ponza, au pied du Mont Circello, près des Marais Pontins. Ce lieu s'eſt formé des débris de l'ancienne CIRCEI.

SAN FELIPE DE AUSTRIA, Ville de l'Amérique Méridionale dans la Nouvelle Andalouſie. Elle eſt moderne, & c'eſt une Colonie d'Eſpagnols.

SAN FELIU DE QUIXOLO, petite Ville d'Eſpagne en Catalogne, ſur la Côte de la Méditerranée, où elle a un Port entre Palamos & Toſa, à ſept lieues de Girone, vers le Midi; elle a un Château aſſés commode. Le Fort S. Elme eſt ſitué ſur une Montagne au-deſſus de cette Ville.

SAN FILADELFO, Bourg de Sicile dans la Vallée de Demona, environ à deux lieues de Rosmarino. Les François diſent SAINT PHILADELPHE. Voyez HALUNTIUM.

SAN FILIPPO D'ARGIRONE, Ville de Sicile dans la Vallée de Demona, ſur une haute Montagne, près de la Rivière de la Jaretta. Elle eſt aſſés petite, & ſituée à douze milles d'Enna. Voyez AGURIUM & AGYRIUM, qui eſt l'ancien nom.

1. SAN FIORENZO, petite Ville de l'Iſle de Corſe, dans ſa partie Septentrionale, près d'un Golphe de même nom, avec un bon Port. Cette Place avoit été munie par les Génois depuis la ruïne de Nebbio, Ville qui n'en étoit qu'à quatre milles. Les François, dit Mr. Corneille, l'avoient autrefois fortifiée, mais les Génois en ont démoli les meilleurs ouvrages. Elle eſt mal peuplée à cauſe de ſon mauvais air, & cependant c'eſt là que réſide l'Evêque de Nebbio. Elle eſt à ſix milles de la Baſtie au Couchant, & à dix-huit milles du Cap de Corſe. Voyez CANELATE.

2. SANT FIORENZO, Rivière de l'Iſle de Corſe. Elle ſe décharge dans le fond du Golphe de Nebbio. On la prend pour le *Volerius Fluvius* de Ptolomée.

1. SAN FRANCISCO, Iſle de la Mer du Sud, vers la Terre Auſtrale, c'eſt une des Iſles de Salomon, découvertes par les Eſpagnols.

2. SAN FRANCISCO, Rivière de l'Amérique au Bréſil. Voyez SAINT FRANÇOIS. No. 6.

3. SAN FRANCISCO DE CAMPECHE, petite Ville de l'Amérique Septentrionale au Pays d'Iucatan, avec un Port ſur la Côte de la Mer du Nord. Elle a été bâtie par les Eſpagnols au Quartier de Campêche & eſt à trente-trois lieues de Merida. Elle fut ſaccagée par les Anglois en 1596.

4. SAN FRANCISCO. Les Eſpagnols ont auſſi donné ce nom à la Ville de Quito au Pérou. Voyez QUITO.

SAN GAVINO, Foreteſſe de l'Iſle de Sardaigne, à l'Embouchure de la Rivière de Torres dans le Golphe de Porto-Torre. C'eſt le reſte de TURRIS LIBISSONIS, Ville ruïnée par les Lombards & dont le Siège Archiépiſcopal a été transféré à Saſſari. L'Egliſe ſubſiſte encore.

SAN GEMINIANO, Bourg d'Italie en Toſcane, dans le Florentin, au Nord Oriental de Volterre, & au Couchant de Sienne. Il eſt ſitué ſur une Montagne où il y a une Mine de Vitriol. Il eſt dans un Pays de Vignoble qui produit de bon Muſcat, & fut bâti par Didier Roi des Lombards, comme on le voit écrit en Caractères Lombards ſur une Table d'Albâtre qui eſt à Viterbe. On y voit de belles Egliſes & de beaux Palais. Mr. Corneille en fait une Ville ſur l'autorité de E. D. R. en ſon nouveau Voyage d'Italie au ſecond Tome.

1. SAN GERMAN, petite Ville de l'Amérique dans l'Iſle du Porto-Ricco, ſur un Cap qui porte le même nom & qui joint la Côte Occidentale avec celle du Septentrion.

2. SAN GERMAN, Iſle de la Mer du Sud, entre celles de Salomon.

1. SAN GERMANO, Ville d'Italie au Royaume de Naples, dans la Province de Labour au pied du Mont Caſſin, en allant vers Aquino, & à cinq milles du Gariglan. L'Abbé du Mont Caſſin en eſt Seigneur ſpirituel & temporel, ainſi que d'une vingtaine de Villages qui entourent ſon Abbaye.

2. SAN GERMANO, petite Rivière du Royaume de Naples, dans la Province de Labour. Elle a ſa ſource auprès de Val Rotondo, paſſe entre le Mont Caſſin & San Germano, & va tomber de là dans le Gariglan, en coulant vers le Midi.

3. SAN GERMANO, Ville d'Italie en Piémont, dans le Verceillois, à douze milles de Verceil, en paſſant à Turin. Elle a été autrefois bien fortifiée, mais depuis ce tems-là on en a ruïné les fortifications.

SAN GIACOMO, Bourgade de Suiſſe au Pays des Griſons dans le Comté de Chiavenne, à une lieue & demie de Chiavenne. Quelques-uns la prennent pour la TARVESEDE de Rhetie.

SAN GIAM, Fortereſſe d'Eſpagne en Portugal, à l'Embouchure du Tage, trois lieues au deſſous de Lisbonne, au Couchant, en allant vers le Cap de la Roche dont elle n'eſt pas fort éloignée. Ce mot veut dire en François *St. Julien*.

1. SAN GIORGIO, Village d'Italie, dans la Calabre Ultérieure, à trois lieues d'Oppido vers le Nord. C'étoit, dit-on, la MORGETIA ou MORGENTIA des Brutiens.

2. SAN GIORGIO, Village de la Morée, au Duché de Clarence, ſur la Rivière de Pyro, environ à trois lieues de Chaminitza; on y cherche l'ancienne PHARÆ.

1. SAN GIOVANNI, Village d'Italie, au Pays des anciens *Carni*, au Frioul, à deux lieues d'Aquilée.

2. SAN GIOVANNI IN FORFIAMMA, Bourgade d'Italie. C'étoit anciennement une Ville Epiſcopale dans l'Ombrie. Les Lombards la ruïnérent en 740. L'ancien nom étoit FORUM FLAMINII; ce n'eſt plus qu'un Village dans le Duché de Spolete, à une lieue de Foligno vers Nocera.

3. SAN GIOVANNI ROTONDO, Lieu d'Italie au Royaume de Naples dans la Capitanate [a]. Il eſt remarquable par une

[a] *Davity* t. 3. p. 540.

une Assemblée qui s'y tient. Les Peuples voisins s'y rendent en une belle Plaine le jour de Sainte Honofrie; & considérant la bonne ou petite moisson ils mettent du consentement de tous un certain prix au bled, & il n'est pas permis de le passer de toute l'année.

SAN GIULIANO, Montagne fort haute au milieu de l'Isle d'Ischia, dans la Mer de Toscane, entre le Golphe de Naples & celui de Gaete.

1. SANT IAGO, Riviére de l'Amérique dans le Pérou, environ à deux degrés Nord de la Ligne Equinoxiale. Elle est large & navigable durant quelques lieues en montant, & à sept lieues de la Mer, elle se partage en deux Branches fort profondes qui font quatre grandes Isles. L'Embouchure de la plus droite est si remplie d'endroits peu creux, que les petits Canots mêmes n'y peuvent monter quand la Mer est basse. Au-dessus des Isles cette Riviére a une lieue de large, & les Courans y sont assés droits & fort rapides. On croit qu'elle sort de quelques-unes des riches Montagnes voisines de la Ville de Quito. Le terroir qu'elle traverse est très-bon sur-tout à dix ou douze lieues de la Mer. La terre tant de l'un que de l'autre côté de la Riviére, est noire & profonde, & produit des Arbres d'une grosseur extraordinaire. Il s'y trouve force Cotonniers, avec quantité d'Arbres à Chou. Les Cotonniers y sont de deux sortes, les uns blancs & les autres rouges. Les premiers viennent comme le Chêne, & sont plus grands & plus gros. Le corps est droit & sans nœuds jusqu'à la tête où il jette plusieurs grosses branches. L'écorce est unie & de couleur grise. Ses feuilles épaisses & larges comme celles du Prunier sont dentelées par les bords, ovales, unies & d'un verd enfoncé. Quelques-uns de ces Arbres ont le corps beaucoup plus gros à dix-huit ou vingt pieds de haut, qu'ils ne l'ont plus près de terre, c'est-à-dire qu'ils l'ont bien plus gros dans le milieu que par les bouts. Ils portent du Coton fort fin appellé du Coton de Sole. Ce Coton tombe vers le mois de Novembre ou Décembre, & alors la terre est toute couverte de blanc. Il ressemble au duvet des Chardons, n'est ni long ni fort, comme celui qui croît sur les petits Cotonniers dans les Plantations. Le Cotonnier rouge est semblable à l'autre, quoiqu'il ne soit pas tout-à-fait si gros. Il ne porte point de fruit, mais son bois est un peu plus dur. Ces Arbres qui sont tout deux doux & spongieux, ne sont propres qu'à faire des Canots, à cause qu'ils sont hauts & droits; mais les Canots de ce bois pourrissent bien-tôt, à moins qu'on ne les tire sur le sec, & qu'on ne les goudronne souvent. Comme le Cotonnier est le plus gros Arbre des Indes Occidentales, l'Arbre à Chou en est le plus haut. Il est fort droit & il y en a qui ont plus de de six-vingt pieds de long. Le tronc n'en est pas fort gros, & il n'a des branches qu'à la tête. Ces branches sont plates & pointues, & longues de douze à quatorze pieds. A deux pieds du tronc,
elles poussent des petites feuilles longues & larges d'environ un pouce, qui croissent des deux côtés avec tant de régularité qu'il semble que le toît ne soit qu'une grande feuille faite de plusieurs petites. Le fruit pousse au milieu de ces branches depuis le sommet de l'Arbre. Ce fruit est envelopé dans plusieurs jeunes feuilles ou branches qui s'étendent à mesure que les vieilles tombent. Quand on le tire de ces feuilles, il est de la grosseur de la partie la plus menue de la jambe, & d'un pied de long. Il a la blancheur du lait, & est doux comme une noix, s'il est mangé crud. Il est délicieux & fort sain quand il est cuit. Outre ce fruit, il croît entre l'Arbre & les grandes branches des petits tuyaux comme ceux d'un Arbrisseau à peu près de deux pieds de long. Au bout de ces petits tuyaux qui poussent près à près pend une petite graine, dure, ronde & aussi grosse qu'une cerise. Ces graines sont fort bonnes pour les Cochons, ce qui a obligé les Espagnols à faire payer une amende à ceux qui coupent de ces Arbres dans leurs Bois. Ils paroissent fort agréables dans tous ceux où ils se trouvent, à cause de leurs branches vertes qui s'étendent beaucoup par dessus toutes les autres. On ne monte point dessus pour couper le fruit, que l'on fait tomber en le coupant. Si on le cueilloit, l'Arbre mourroit aussi-tôt qu'il auroit perdu sa tête. Il n'y a point d'Indiens en ce Pays, principalement du côté de la Riviére de Sant Iago, qui ne demeurent à six lieues de la Mer, & toute cette Contrée est pleine de Bois tellement impraticables que pour aborder leurs Mines & leurs Montagnes, il n'y a point d'autre chemin que de monter la Riviére; mais ceux qui oseroient l'entreprendre, se trouveroient exposés aux fléches de ces Barbares, qui se mettroient dans les Bois en embuscade. L'un des petites huttes couvertes de feuilles de Palmeto, & des petites plantations de Mahis, avec des bons Jardins à Plantain. Le Plantain est leur principale nourriture. Ils ont aussi quelques Volailles & quelques Cochons.

2. SANT IAGO, Ville de l'Amérique Méridionale au Gouvernement de Chili, dont elle est la Capitale. Elle est située à trente-quatre degrés de la Ligne vers le Sud. Il y a, si l'on en croit Lopès Vas, huit cens Maisons de Bourgeois, une Eglise Cathédrale, quelques Couvens de Dominicains & de Cordeliers, & un Siège Judicial qui y fut transféré en 1574. de la Ville de la Conception, où il avoit été établi l'an 1567. Le Territoire de la Ville est abondant en froment, en vin, & en autres fruits, riche en véines d'or, & fort peuplé des Naturels du Pays, au nombre de quatre-vingt mille Sauvages, repartis en vingt-six Tribus, qui servent pour rien les Espagnols. Il y a des Chevaux en si grande quantité, qu'il y en a plusieurs dans les Bois qui errent sans Maîtres, ce qui les rend fort sauvages. La Riviére de Topocalma coupe la Ville, & descend ensuite dans son Port, appellé vulgairement Valparayso, le plus renommé
&

& le meilleur de toute la Côte. On y décharge toutes les Marchandises qui viennent par Mer de Lima, & des autres Ports du Pérou. On y charge aussi tous les Tresors qui s'amassent dans les Provinces voisines. La Ville de Sant Iago est bâtie dans une Vallée voisine de la Province des Peuples nommés Parmacanes ou Patumanoas; par laquelle on va aux Bourgades de Gueler, & de Tata & plus avant à Quilacura.

C'est ainsi qu'en parlent De Laet & Mr. Corneille qui le suit. Mr. Fresier en donne une Relation plus conforme à l'état présent[a]. La Ville de Sant Iago, dit-il, est située par les 33. d. 40´. de Latitude Australe au pied Occidental de la Cordillera de Los Andès. Elle est dans une belle Plaine de plus de vingt-cinq lieues de surface, fermée à l'Est par la naissance de la Cordillera, à l'Ouest par les Montagnes de Prado & de Poanque, au Nord par la Riviére de Colina, & au Sud par celle de Maypo. Elle fut fondée par Pierre de Valdivia l'année 1541. Ce Conquérant du Chili ayant trouvé dans la Vallée de Mapocho un grand nombre d'Habitations d'Indiens, jugea par là de la fertilité du terroir; & la belle situation du lieu lui ayant paru propre à y bâtir une Ville, il en fit tracer le Plan par Islots quarrés, comme un Jeu d'Echets, dans les mêmes mesures que ceux de Lima, c'est-à-dire de 150. Vares, ou 64. Toises de côté, d'où est venue cette mesure de *Quadra*, dont on se sert dans le Pays pour arpenter les terres labourées. Chaque Quartier ou Isle de Maison fut partagé en quatre parties qu'on appelle *Solar*, pour donner aux Particuliers de quoi se loger commodément. Effectivement quoique par la succession des tems, cet espace ait été partagé en plusieurs parties, les Habitans sont encore logés si au large, qu'il n'y a presque pas une Maison dans la Ville, qui n'ait sa Cour au devant & un Jardin derriére.

Cette Ville est arrosée du côté de l'Est par la petite Riviére de Mapocho, que la fonte des neiges de la Cordillére grossit en Eté & les pluyes en Hyver: néanmoins elle est presque toujours gueable. Comme elle est fort rapide, ses eaux sont toujours un peu troubles; mais les Habitans, qui n'en ont pas d'autres, ont soin de la faire filtrer par des pierres propres à cela, particuliérement dans le tems de la fonte des neiges, parce qu'alors elle est purifiée elle est malsaisante. Ils pourroient cependant sans beaucoup de peine en faire venir des Fontaines voisines, qui ne sont éloignées de la Ville, que d'environ une demi-lieue.

Pour empêcher que la Riviére en cas de débordement n'y cause des inondations, on a fait une Muraille & une Digue par le moyen de laquelle on ménage en tout tems des Ruisseaux pour en arroser les Jardins, & rafraîchir, quand on veut, toutes les Rues; commodité inestimable qui ne se trouve qu'en peu de Villes de l'Europe aussi naturellement. Outre ces Ruisseaux, on en tire de gros Canaux pour faire moudre des Moulins dispersés en différens endroits de la Ville, pour la commodité de chaque Quartier. Les Rues sont disposées suivant les quatre Points Cardinaux de l'Horison N. S. E. O. Elles sont larges de cinq Toises très-bien alignées, & proprement pavées de petites pierres divisées, comme par sillons, par de plus grosses qui traversent les deux revers à distances égales, & laissent au-milieu environ deux pieds & demi de Ruisseau, pour les laver ou les rafraîchir, quand on veut. Celles qui courent d'Orient en Occident prennent l'eau par les premiers Canaux de la Riviére, & celles qui croisent du Nord au Sud, par ceux qui coulent dans le milieu des Isles des Maisons au travers des Jardins & des Rues sous de petits Ponts, d'où on la fait dégorger. Sans ce secours les Jardins ne pourroient rien produire, faute de pluye, pendant huit mois de l'année, au-lieu qu'on trouve par ce moyen dans la Ville tous les agrémens de la Campagne, pour les Fruits & les Legumes; le jour la fraîcheur de l'ombrage; & la nuit les douces odeurs des Orangers & des *Floripondios*, qui embaument les Maisons.

Les Tremblemens de terre, qui y sont fréquens, ont fort endommagé la Ville, entr'autres ceux de 1647. & de 1657. Le premier fut si violent, qu'il la renversa presque toute entiére, & répandit dans l'air de si mauvaises vapeurs, que tout le monde en mourut, à trois ou quatre cens personnes près. Depuis ce tems-là il est survenu quelque petit changement à son Plan, par l'agrandissement des Monastéres dont quelques-uns se sont étendus au delà des alignemens: néanmoins elle est encore si bien percée, & distribuée pour les commodités publiques & particuliéres, que si les Maisons avoient plus d'élévation que le rez-de-chaussée, & étoient de plus belle Architecture, ce seroit une fort agréable Ville.

A peu près dans le milieu est la Place Royale faite par la suppression d'un Quartier de 4096. Toises de surface, outre la largeur de quatre Rues; de sorte qu'on y entre par huit endroits. Le côté de l'Occident comprend l'Eglise Cathédrale & l'Evêché, celui du Nord le Palais neuf du Président, l'Audience Royale, le Cabildo & la Prison. Celui du Sud est une suite de Porches en Arcades uniformes; pour la commodité des Marchands; avec une Galerie au-dessus pour le spectacle des combats de Taureaux. Celui de l'Est n'a rien de particulier. Au milieu de la Plaine est une Fontaine ornée d'un Bassin de Bronze. L'Architecture des Maisons est la même que dans tout le Chili, elles n'ont qu'un rez-de-chaussée bâti de briques crues, excepté qu'elles sont plus propres à Sant Iago qu'ailleurs. Les Eglises sont plus riches de dorures; mais toute l'Architecture en est d'un mauvais goût; si j'en excepte celle des Jésuites, qui est une Croix Latine voutée sur un Ordre Dorique. Elles ont toutes au devant une petite Place pour la commodité des Calé-
èhes

[a] Relation d'un Voyage de la Mer du Sud, p. 171. & suiv.

ches & des Processions: la plûpart sont bâties de briques, il y en a de pierre de Grain & de Maſſonnerie de Moilon qu'on tire d'un petit Rocher qui eſt au bout de la Ville à l'Eſt, appellé la Montagne de Ste. Lucie, du haut de laquelle on découvre d'un coup d'œil toute la Ville & ſes environs qui forment un Paysage très-riant. Le Gouverneur du Royaume de Chili fait ſa réſidence ordinaire à Sant Iago; autrefois ceux qui aimoient les intérêts du Roi demeuroient à la Conception, ou ſur la Frontiére d'Arauco pour pouſſer les Conquêtes ſur les Indiens. Ils ſont mêmes obligez d'y aller tous les trois ans. Aujourd'hui ils s'en diſpenſent, à cauſe qu'ils ont la Paix avec les Indiens & que la Paye du *Real Situado* a manqué. Le Gouverneur eſt Préſident & Capitaine Général, & préſide à l'Audience Royale compoſée de quatre *Oidors* ou Audienciers, de deux Fiſcaux dont il y en a un chargé de la protection des Indiens & des affaires de la Croiſade, enſuite d'un *Alguazil Mayor de Corte* & des Chanceliers, Secrétaires, Rapporteurs &c. Il n'y a point d'appel d'une Sentence de Reviſta ou revûe de cette Royale délibération, qui ne connoît que des choſes de conſéquence ou déja décidées en Juſtice, ſi ce n'eſt au Conſeil Royal des Indes.

Les affaires ordinaires ſe décident au *Cabildo*, qui eſt compoſé comme celui de la Conception de deux *Alcaldes*, d'un *Alferès Real*, d'un *Alguazil Mayor*, d'un Dépoſitaire Général, & de ſix *Regidores* dont la moitié ſont *Encomendadores* en charge, d'autres Habitans, *Moradores*, & d'autres qu'on appelle *Propriétaires*, pour avoir acheté la *Varre*, c'eſt-à-dire leur Dignité dont la marque eſt de porter en Public une baguette longue de ſix à ſept pieds. Quoique le Préſident de l'Audience Royale établie à Sant Iago relève du Viceroi du Pérou, l'éloignement diminue beaucoup de ſa dépendance; en ſorte qu'on peut le regarder au Chili comme Viceroi lui-même pendant les ſept années que dure ſon Gouvernement.

L'Etat Ecclésiaſtique comme le Gouvernement Séculier relève de Lima Métropole du Chili. Le pouvoir de l'Evêque de Sant Iago eſt fort limité. 1. Les Loix du Pays ne lui laiſſent la diſpoſition d'aucune Cure. Il a ſeulement le droit de préſenter trois Sujets, parmi leſquels le Préſident en choiſit un au nom du Roi en quelque mois que ce ſoit; de ſorte que le Pape n'a pas même ſon tour comme en Europe. 2. Les Moines & les Religieux prétendent encore empiéter ſur les fonctions curiales que les Jéſuites croient avoir droit d'exercer par-tout, ſans parler d'une infinité d'autres Privilèges qu'ils ont dans les Indes. Tout cela contribue à faire que les Paroiſſes ſoient peu fréquentées. Il y a trois Paroiſſes outre la Cathédrale, St. Paul, Ste. Anne & St. Iſidore. Ces Egliſes ſont les plus petites & les plus négligées. Celles des Religieux ſont incomparablement plus propres. Il y a huit Couvens d'Hommes, trois de Cordeliers,

deux Maiſons de Jéſuites, un de la Mercy, un des Freres de St. Jean de Dieu & un de Dominicains, qui ſont les ſeuls Ordres établis dans le Chili. Il y en a cinq de Religieuſes, un de Carmélites, un d'Auguſtines, un de *Beates* Confrairie de Sœurs ſous la Règle de St. Auguſtin & deux de l'Ordre de Ste. Claire. Toutes les Communautez ſont nombreuſes & il y en a telle où l'on compte plus de deux cens perſonnes.

Le Tribunal de l'Inquiſition du Chili y eſt auſſi établi. Le Commiſſaire Général fait ſa réſidence à Sant Iago, & ſes Officiers, comme *Familiers*, & Commiſſaires, ſont diſperſez dans toutes les Villes ou Villages de ſa dépendance. Il n'y a point d'Univerſité à Sant Iago; mais les PP. Jéſuités & les Dominicains peuvent en vertu d'un Privilège des Papes donner les Grades de Licentié & de Docteur à ceux qui ont aſſez étudié de Théologie & de Morale.

3. SANT IAGO DE ALHANIA, petite Ville de l'Amérique dans la Terre-ferme au Gouvernement de Panama, près des Riviéres de Cochea & de l'Arpa, vers la Province de Guaymi, ſelon Mr. Baudrand. Il ajoûte: on l'appelle autrement CHIRIQUI.

4. SANT IAGO DE ARMA, Ville de l'Amérique au Popayan. Voyez ARMA.

5. SANT IAGO DE CACEM, Bourgade de Portugal dans l'Alentejo près de la Côte à treize lieues de Beja. On ſoupçonne qu'elle occupe la place de la MEROBRIGA des Anciens.

6. SANT IAGO DE LOS CAVALLEROS, Ville de l'Amérique dans l'Iſle Eſpagnole, dans les Terres, au Midi de Puerto di Plata, qui lui ſert de Port au Couchant Septentrional, & à dix lieues de la Conception de la Vega, ſur le bord Oriental de la Riviére d'Yague qui va ſe perdre dans la Mer à Puerto Real auprès de Monte Chriſto. Le Terroir des environs eſt aſſez bon & l'air eſt ſi ſain & ſi agréable, qu'elle eſt comptée entre les principales de la partie Eſpagnole de l'Iſle. Les Maiſons y ſont mal bâties, mais les Egliſes ſont fort belles. Les Habitans y ſont fort pauvres.

7. SANT IAGO DE CHILI. Voyez ci-devant SANT IAGO.

8. SANT IAGO DE COMPOSTELLE. Voyez COMPOSTELLE.

9. SANT IAGO DE CUBA, Ville de l'Amérique Septentrionale dans l'Iſle de Cuba, avec un bon Port ſur la Côte Méridionale de l'Iſle, au fond d'une Baye que forme une Riviére qui en reçoit pluſieurs autres. La Baye & la Riviére portent le même nom que l'Iſle. Elle fut bâtie en 1514. par les Eſpagnols & fut fort long-tems la Capitale & le Siège d'un Evêque ſuffragant de St. Domingue. Mais ave le tems la Havana a pris le deſſus: les Navires ont préféré ce Port; & l'Evêché & le principal Commerce de l'Iſle y ont été transférés.

10. SANT IAGO DEL ESTERO, Ville de l'Amérique Méridionale au Tucuman, dont elle eſt une des plus conſi-
déra-

dérables. Il n'y a pourtant qu'environ trois cens Maisons sans fossé ni murailles. Elle est située en un Pays-plat environné de Forêts d'Algarobe, sur une assez grande Riviére qui peut porter bâteau & qui est assez poissonneuse. L'air y est fort chaud & fort étouffé, ce qui rend les Habitans peu propres au travail ; ils ont tous le teint fort jaune & ne s'adonnent guére qu'aux divertissemens & peu au Commerce. Il n'y a pas plus de trois cens hommes en état de porter les armes, y compris les Naturels du Pays & les Esclaves. La plûpart des femmes y sont assez belles ; mais elles ont presque toutes une espéce de goître à la gorge. On appelle cela *Goto* dans le Pays. Les environs sont riches en Gibier, en Bêtes fauves, & fertiles en Froment, en Seigle, en Orge & en Fruits, comme Figues, Pavis, Pommes, Poires, Prunes, Guines, Raisins, & autres. Il s'y trouve aussi une grande quantité de Tigres qui sont méchans & carnaciers, de Lions qui sont doux, & de *Guanacos* qui sont grands comme des Chevaux. Ils ont le coû fort long, la tête très-petite, & la queue bien courte ; dans leur estomac se trouve la Pierre nommée Bezoard. Il y a dans cette Ville quatre Eglises, savoir la Paroisse, l'Eglise des Jésuites, celle des Recollets & encore une autre. L'Inquisiteur de la Province de Tucuman fait sa résidence à Sant Iago del Estero. Il est Prêtre Séculier, & ses Commissaires ou Lieutenans sont établis par lui dans les autres Lieux. On compte de cette Ville à Potosi cent soixante & dix lieues.

11. SANT IAGO DE GUATIMALA. Voyez GUATIMALA.

12. SANT IAGO DE GUAYAQUIL. Voyez GUAYAQUIL.

13. SANTIAGO DE LEON, Ville de l'Amérique Méridionale dans le Gouvernement de Venezuela. Elle est à trois ou quatre lieues de Nuestra Señora de Carvalleda vers le Midi, & à cinq ou six de la Mer, d'où l'on y va par deux chemins différens, l'un court & aisé, mais qui peut être gardé facilement par les Habitans, à cause qu'après qu'on en a fait la moitié, il se trouve si fort resserré de hautes Montagnes & de Bocages inaccessibles qui le bordent de côté & d'autre, qu'à peine a-t-il vingt-cinq pieds de large. L'autre est difficile & raboteux, au travers des Montagnes & des précipices. C'est celui dont les Sauvages ont accoûtumé de se servir. Ces Montagnes étant passées, on descend dans une Plaine où cette Ville est bâtie. Le Gouverneur de toute la Province y fait quelquefois sa résidence. Les Anglois la prirent en 1595. après qu'ils se furent rendus maîtres du Fort que les Espagnols appellent de *Caracas*, du nom des Peuples dans la Contrée desquels il a été élevé.

14. SANTIAGO DE LAS VALLES, petite Ville de l'Amérique Septentrionale dans l'Audience du Méxique. Elle est située dans une Plaine sur la Riviére de Panuco, trente lieues au-dessus de la Ville de ce nom, & entourée d'un rempart de terre. Le Roi d'Espagne accorda de grands Priviléges aux premiers Espagnols qui l'habitérent, afin de les engager à tenir dans leur devoir les Sauvages de ces lieux, & à garder les limites du Pays.

15. SANT IAGO DE LA VEGA, Ville de l'Amérique dans l'Isle de la Jamaïque. Elle est à deux lieues ou environ de la Mer dans une Plaine sur le bord d'une Riviére, & à quatre lieues de Port-Royal. Cette Ville bâtie par les Espagnols du tems qu'ils étoient les Maîtres de l'Isle, étoit d'une assez grande étendue & contenoit près de deux mille Maisons. Il y avoit deux Eglises, deux Chapelles, & une Abbaye ; mais après que les Anglois en eurent chassé les Espagnols, on réduisit Sant Iago à quatre ou cinq cens Maisons, & le reste fut détruit. Cette Ville s'est pourtant rétablie sous les Anglois ; c'est le Lieu où le Gouverneur fait sa résidence, & où se tiennent les principales Cours de Justice, ce qui la rend fort peuplée. On y voit grand nombre de belles Maisons & on y mene une vie très-agréable. Le *Havana* promenade où les plus honnêtes gens se trouvent le soir en carosse ou à cheval, y tient lieu du Cours de Paris, ou du Parc de Londres. Le passage est situé sur l'Embouchure de la Riviére à deux lieues également de Sant Iago & de Port-Royal.

SANT IAGO (L'Isle de), l'une des Isles du Cap-Verd. Voyez aux mots ISLES & CAP-VERD.

Il faut remarquer que dans ce nom *Sant Iago* l'*I* est voyelle & doit être prononcé comme s'il étoit écrit par un *Y*. Le *T* se prononce aussi & le nom entier se lit San Tiago.

SANT ILLIFONSO DE LOS ZAPOTECAS, Ville de la Nouvelle Espagne dans le Diocése de Guaxaca. Elle est à vingt lieues d'Antequera vers le Nord-Est, & bâtie sur une Montagne au Pays des Sauvages appellez Migas. Ce sont gens fort hauts & barbus, cruels, belliqueux, & pour qui la chair humaine est délicieuse. Ils alloient autrefois nuds, & ceints sur les reins d'une peau de Cerf, & on ne put les dompter que par le moyen des Chiens de chasse ou des Dogues, parce qu'ils se retranchoient dans les Bois & dans les hautes Montagnes, où les Chasseurs ne pouvoient aller. Ainsi un fort petit nombre d'Espagnols ont habité cette Ville jusqu'à ce que la crainte des Chiens ait obligé ces Peuples sauvages à recevoir des Conditions de Paix.

1. SAN JORGE, Isle de la Mer du Sud, l'une des Isles de Salomon.

2. SAN JORGE, petite Ville de l'Amérique Septentrionale au Gouvernement de Honduras, dans la Vallée d'Olancho qui est cause qu'on l'appelle San Jorge d'Olancho. Elle est à quarante lieues de Valladolid vers l'Est, & habitée d'un fort petit nombre d'Espagnols. Il y a dans son Territoire seize mille Sauvages ou Indiens qui payent tribut. On y a autrefois trouvé quantité d'or, principalement

dans

dans la Riviére de Guyape, qui paſſe à douze lieues de cette Ville. La Vallée d'Olancho eſt belle & abonde en veines d'or; ce qui a été cauſe que le Gouverneur de Honduras & celui de Nicaragua ont long-tems diſputé entr'eux le droit de la poſſéder & ont même combatu en champ ouvert juſqu'à ce que le Roi d'Eſpagne ait jugé le différent.

1. SAN JOSEPH, prononcez San Goſef, Iſle de l'Océan Oriental entre les Iſles Mariannes; c'eſt la même que les Cartes nomment Zarpano ou Saypan.

2. SAN JOSEPH, petite Ville de l'Amérique Méridionale. Elle eſt dans l'Iſle de la Trinité ſur un Rocher eſcarpé près d'un Torrent, à deux lieues de la Côte de l'Iſle, vers la Nouvelle Andalouſie. Les Eſpagnols la bâtirent en 1591. Mr. Baudrand n'en fait qu'un Bourg qu'il nomme San Joseph de Oruna.

1. SAN JUAN, Prononcez San Ghouan, Iſle entre les Philippines. Voyez au mot Iſle l'Article Saint Jean No. 1.

2. SAN JUAN DE ALFARACHE, Bourgade d'Eſpagne dans l'Andalouſie, près de Triana; quelques-uns la prennent pour Osset. Voyez ce mot.

3. SAN JUAN DE LA FRONTERA, Colonie Eſpagnole dans l'Amérique au Chili, au pied des Montagnes des Andes, & dans la Province de Chicuito près du Lac de Guanacacho, ſelon Mr. Baudrand, ou ſelon De Laet dans la Province de Chacas, ou Chachapoyas à ſix-vingt lieues de Lima. Elle fut d'abord placée en un lieu fort rude, & fort raboteux, que les Indiens nommoient Llevanto, & depuis elle fut transférée dans la Province des Chachas ou Chachapoyas, qui appartient à ſon Diocèſe, ainſi que celles des Huacrachucos, & de Cassaynca, dans leſquelles il y a beaucoup de Mines d'or; & une grande quantité de Brébis qui fourniſſent beaucoup de laine aux Indiens qui en font de fort bons Draps. Le Territoire de cette Ville eſt habité de plus de vingt mille Indiens tributaires qui ſont plus blancs que les autres Américains. Les femmes y ſont ſi belles qu'on les envoyoit autrefois au Pérou pour être les Concubines des Incas. Il croit dans cette Contrée une ſorte d'Amandes qui eſt un fruit très-délicat, & qui ſurpaſſe en bonté tous les fruits de l'Amérique. Elles ſont fort tendres, molles, pleines de ſuc & fort douces [a]. Ce fruit eſt couvert de piquants comme les Chataigniers, mais il eſt un peu plus gros, & s'ouvre fort aiſément quand il eſt ſec.

[a] De Laet, Ind. Occid. l. 10. c. 27.

4. SAN JUAN DE LA MAGUANA, ancienne Ville de l'Amérique, dans l'Iſle Eſpagnole. Elle fut bâtie entre la Riviére de Neïban, & celle d'Yaquin par Nicolas d'Ovando après qu'il eut fait périr le Cacique de Xaragua, Anacoana ſa Sœur, & les principaux de la Nobleſſe. Il fit bâtir encore quatre autres Villes dans la même Iſle, ſavoir Cibao près de la Vega Réal, Vera Paz dans la Province de Xaragua, Salvaterra de la Zabuna au Canton de Haniaguyaga, & Villa Nova d'Yaquimo en la Province de même nom. Toutes ces Villes furent détruites en fort peu de tems, & il n'en reſtoit déja plus du tems de De Laet que l'Egliſe de S. Juan de la Maguana, & les ruïnes du Château de Villa Nueva d'Yaquimo.

5. SAN JUAN DE ORO, Bourg de l'Amérique Méridionale dans le Pérou, entre les Montagnes dans la Province de Camata, à trente-cinq lieues du Lac de Titicaca vers l'Orient.

6. SAN JUAN D'ORTEGA, Ville d'Eſpagne dans la Vieille Caſtille, ſelon Davity.

7. SAN JUAN DE LA PENA, Monaſtère d'Eſpagne dans l'Aragon; en deſcendant de Jacca la Riviére d'Aragon, on voit ſur la gauche ce Monaſtère. Il eſt magnifique, & on y voit les Tombeaux des anciens Souverains de Sobrarve. La Ville de Jacca en eſt à trois lieues; celle de Berdun ou Verdun, en eſt à deux lieues.

8. SAN JUAN DE PUERTO-RICO, ou Porto-Ricco. Les François diſent ſimplement Porto-Ric, Iſle de l'Amérique Méridionale entre les Antilles. Son ancien nom eſt l'Iſle de Boriquen. Elle eſt ſituée par les 17. & 18. d. Latitude de Nord; & n'a pas vingt lieues dans ſa plus grande largeur qui ſe prend du Nord au Sud; mais ſa longueur de l'Eſt à l'Oueſt eſt de quarante. Elle a peu de Plaines, beaucoup de Collines, de Montagnes très-hautes, des Vallées extrèmement fertiles, & d'aſſés belles Riviéres. Chriſtophle Colomb la découvrit en 1493. au mois d'Octobre, la nomma l'Iſle de S. Jean Baptiſte, & s'y arrêta quelque tems dans une Baye, où il trouva des Maiſons mieux bâties qu'il n'en avoit vû dans l'Eſpagnole. Il paroît que les Habitans de ces deux Iſles, qui ne ſont ſéparées que par un Détroit, avoient une même origine: on remarquoit dans les uns, & dans les autres la même douceur; mais comme ceux de Portoric étoient ſans ceſſe aux priſes avec les Caraïbes des petites Antilles, ils étoient encore moins policés. Dans les guerres que les Eſpagnols eurent pour ſoumettre le Higuey Province de l'Eſpagnole à l'Orient, Ponce de Léon qui y avoit conduit des Milices y apprit qu'il y avoit beaucoup d'or dans l'Iſle de Boriquen ou de S. Jean. Il en donna avis à d'Ovando Commandant Général de l'Eſpagnole, & obtint la permiſſion d'y paſſer. Il s'y rendit, & en commença la conquête par des voyes de douceur, & d'amitié, & fut fait Gouverneur de l'Iſle. D'un autre côté le Roi inſtruit de la découverte y nomma un autre Gouverneur qu'elle abandonna enſuite. D. Diégue Colomb fils aîné de Chriſtophle & Amiral, ayant relevé Ovando dans ſon emploi de Commandant Général nomma un troiſième Gouverneur qui prit en effet poſſeſſion; mais Ovando retourné à la Cour fit valoir le droit de Ponce de Léon qui rentra dans l'Iſle, s'y rendit maître, & envoya l'autre Gouverneur priſonnier en Eſpagne. Ce fut la perte des Habitans

de l'Isle que ce changement de Maîtres. Ponce de Léon s'y étoit introduit amiablement, les autres y vinrent comme dans un Pays de Conquête, & traitérent les Insulaires comme des Esclaves, les partageant entre eux. Ces Peuples ne purent souffrir un tel joug, & il se commença une guerre qui coûta bien du sang; mais enfin ils se soumirent. De Laet parlant de cette Isle dit qu'elle est à 15. ou 16. lieues de l'Espagnole, & explique ces lieues de 17., & demie au degré. Il la met à cent trente-six de ces memes lieues de la Terre-ferme qui est au Midi, & du Cap Paria. L'air y est d'une température fort agréable excepté en Décembre & Janvier, n'étant ni trop brûlée par les ardeurs du Soleil, ni trop abbreuvée par les pluyes, si ce n'est aux mois de sécheresse depuis la fin de Mai jusqu'en Septembre. Elle est pareillement tourmentée d'Ouragans aux mois d'Août & de Septembre, & quelquefois les semences y sont brûlées par un mauvais Vent de Nord-Est. Sa Terre est riche, & abondante en pâturages; mais il y a un Arbre fort incommode nommé Guaiabe. Il porte un fruit comme une Pomme, d'une écorce brune, ayant la chair rougeâtre, & rempli de pepins qui tombant en terre s'élevent d'abord par la graisse, & la fertilité du Terroir, & prennent insensiblement un accroissement si grand, qu'ils couvrent toute la Plaine d'une Forêt épaisse qui empêche par son ombre que l'herbe n'y croisse. Ce mal est accompagné d'un autre; les Vaches, & autres Animaux domestiques s'y effarouchent aisément jusqu'à un point qu'il n'est presque plus possible de les apprivoiser. La plus grande partie du Terrein y est relevé de petites Collines; mais le milieu du Pays est presque tout rempli de fort hautes Montagnes que les Espagnols appellent *la Sierra del Loquillo*. Elles commencent au Cap à l'Est de l'Isle, dix lieues au-dessus de la principale Ville vers le Sud-Est; & traversant l'Isle sans interruption, elles s'étendent jusqu'à la partie Occidentale de l'Isle près de San German. L'Isle a assés de Riviéres, les principales sont le Cairabon, le Bayamon dont l'Embouchure est auprès du Fort qui commande le Port de la Capitale; la Luisa, & la Toa, qui viennent d'une même source au pied du Mont Gayamo, & se séparent au Mont Cauvas. Il y a outre cela la Gujane, l'Arezibo, & le Gabiabo, outre plusieurs Torrens qui portent de l'or; les plus riches sont le Manatuabon, & le Cebuco. Il y a eu dans l'Isle de riches Mines d'or qui sont ou épuisées ou négligées faute d'Ouvriers.

Les Arbres de l'Isle les plus singuliers, sont le *Tabernaculo*, ou *Taborucu*, duquel il coule un Bitume blanc fort propre pour goudronner les Vaisseaux; les Peintres s'en servent aussi, & il a de grandes vertus pour guérir les Playes, & les douleurs causées dans les membres par le froid; le *Maga* dont le bois est fort dur, nullement sujet à la vermoulure, on s'en sert pour la Charpente; le *Bois Saint*, peu différent du Gayac (Oviédo le distingue), & ayant les mêmes usages contre les Maladies Vénériennes, en se servant de sa décoction faite selon l'art.

Outre cela, il y croît deux Arbrisseaux, l'un nommé *Higillo Pintado*, dont les feuilles ont un suc admirable pour consolider les Playes; l'autre est *l'Arbrisseau de Sainte Marie*, & ne lui céde en rien pour sa qualité médicinale. Il y a d'un autre côté des Plantes nuisibles & dangereuses, savoir le *Quibei* qui a les feuilles piquantes, la fleur tirant sur la Violette, mais un peu plus longue; les Bêtes sauvages qui en mangent meurent aussi-tôt. Il croît aussi près du rivage plusieurs petits Arbres dont le fruit est un poison pour les Poissons lorsqu'il tombe dans l'eau; son ombre même est préjudiciable aux hommes qui s'y endorment. On les nomme *Mancanillo*. Il se trouve aussi dans l'Isle un autre Arbre nommé *Guao* par les Insulaires, & *Thetlatian* par les Méxicains à qui il est fort connu. Il a les feuilles rouges, & velues, elles ne tombent jamais, elles sont épaisses avec plusieurs petites veines de couleur de feu; son fruit est verd, & ressemble pour la figure & la grosseur à celui de l'Arboisier. Le suc de cet Arbre est fort caustique, il fait tomber le poil aux Animaux qui s'y frotent. Il fait le même effet aux hommes qui s'endorment sous lui. On ne laisse pas d'en porter du bois en Europe à cause de sa couleur peu commune qui imite le verd du Vitriol, on l'employe à faire des quenouilles de lit à cause qu'il est ennemi des Punaises, mais les Ouvriers qui le travaillent en ont aux mains, & au visage une enflure qui dure quelques jours.

Les principales richesses de l'Isle consistent en Sucre, en Casse, & en une grande quantité de Bœufs. De Laet qui écrivoit vers le milieu du Siécle passé, & dont je tire la plus grande partie de cet Article, dit que les Bœufs, & les Vaches se sont tellement multipliés dans l'Isle qu'on les y tue seulement pour les cuirs, & qu'on en abandonne la chair aux Chiens & aux Oiseaux.

Ponce de Léon qui la découvrit, & y fit le premier établissement, mit d'abord sa Colonie au côté du Nord à une lieue de la Mer & du principal Port, que l'on a ensuite nommé *Puerto-Ricco*. Il la nomma Cappara. Mais à cause de sa situation incommode, & de son accès difficile, on l'abandonna au bout de dix à douze ans, & les Habitans furent transportés à Ganica près du lieu où la Ville de San German est aujourd'hui. On quitta encore, ce lieu de *Ganica* pour bâtir Sotomayor, près d'Aguada, & enfin cette Colonie se fixa à San German. En 1514. après qu'on eut joint la petite Isle qui est à l'Embouchure du principal Port en faisant delà une Chaussée jusqu'à la grande au travers du Havre, on donna commencement à la principale Ville qui est aujourd'hui Puerto-Ricco ou Portoric.

Cette Ville est sur la Côte Septentrionale de l'Isle: elle n'a ni Murailles ni Remparts

parts, du reste elle est assés bien bâtie: ses Rues sont larges, & ses Maisons ont peu de Fenêtres à la manière d'Espagne; mais de larges Portes par lesquelles le Vent y entre, dès les huit heures du matin, jusque sur les quatre heures après Midi; on s'en sert pour tempérer la grande chaleur qui y est extrême jusqu'après Minuit. L'Eglise Cathédrale est assés belle, à double rang de Colomnes, avec de petites Fenêtres qui pour la rareté du Verre sont garnies d'un fin Canevas. Il y a deux petites Chapelles; & tout près de la Ville est un Couvent de Dominicains. Son Port est spacieux, à l'abri des Vents, & à couvert de l'insulte des Ennemis: l'entrée en est étroite, & commandée par un fort Château, augmenté considérablement en 1590., & bien pourvu d'Artillerie. Près de celui-là, un peu plus avant, vers le Sud-Ouest de la Ville, il y a la *Fortaleza*, Forteresse où l'on garde le Tresor Royal, & les Munitions de guerre. Le reste de cette petite Isle est impénétrable à cause d'un Bois épais qui la couvre, excepté une place & les sentiers qui vont à la Chaussée, & ce lieu est gardé par deux petits Forts, pour couper le passage à l'Ennemi, s'il vouloit passer par-là pour arriver à la Ville.

Le Chevalier François Drac, attaqua cette Ville en 1595. Etant entré dans le Havre avec plusieurs Barques & Chaloupes il brula quelques Navires Espagnols qui étoient à l'ancre; mais il ne put prendre la Ville, & se retira avec perte de quarante à cinquante hommes. Deux ans après, le Comte de Cumberland ayant fait une descente dans l'Isle, & ayant conduit son monde par un chemin très-difficile jusqu'à la Chaussée, prit du premier assaut les Forts qui défendent le passage, entrant avec peu de danger dans la Ville, qu'il trouva presque vuide, & après huit jours de Siège il prit par composition la Forteresse qui commande l'Embouchure du Havre. Il avoit résolu de s'y arrêter, & d'y mener une Colonie d'Anglois; mais, comme il avoit perdu quatre cens de ses gens qui furent emportés par les Maladies, il changea de résolution & partit, laissant la Ville presque entière, & se contenta d'emporter un riche Butin, & les plus grosses Pièces de Canon. En 1615. Baudouin Henri Bourgmestre d'Edam Général de la Flote de la Compagnie Hollandoise des Indes Occidentales envoyoit au secours des Hollandois assiégés dans le Brésil, vint à l'Isle de S. Jean de Portoric, franchit l'entrée étroite du Port, au travers des Canonades du Château, jetta les ancres dans le Port, descendit avec 250. Soldats & quatre cens Matelots, prit la Ville que les Habitans avoient abandonnée la nuit. Ceux qui pouvoient porter les armes étoient entrés dans la Forteresse pour la défendre, & les autres s'étoient retirés dans la grande Isle. Baudouin, après avoir pris les deux petits Châteaux, coupé la Chaussée pour n'être point obligé de se défendre ayant l'Ennemi à dos, ouvert une Tranchée, & mis ses Canons en Batterie, attaqua la principale Forteresse; mais comme ceux du dedans se défendoient vigoureusement, & qu'il n'avoit ni assés de monde pour la bloquer entièrement, ni assés de tems pour l'asamer, il songea à se retirer; il rembarqua son Canon, & y ajouta celui qu'il prit aux Habitans; prit ce qu'il trouva de meilleur dans la Ville qu'il détruisit en partie, brûla sept Navires Espagnols qu'il trouva à l'ancre, repassa la même entrée où il perdit un Vaisseau, & se retira.

La seconde Ville de l'Isle est *San German* en François *St. Germain*, anciennement la *Nouvelle Salamanque*, NOVA SALAMANCA; elle est petite, peu fortifiée, ce qui a donné aux François la facilité de la piller plusieurs fois. Il n'y a qu'une Rade, fort incommode & de mauvais abri à l'Embouchure du Guarabo. La troisième Ville s'appelle Arizibo, & est à trente lieues de la Capitale vers le Couchant.

Il y a outre cela quelques Bourgades dans l'Isle, & des Métairies ou Fermes que les Espagnols nomment *Estancias*; mais elle a peu de Havres pour sa grandeur, & le peu de Rades qu'elle a n'ont point un bon abri. La Côte du Nord est fort exposée au Vent de Bise, & la Mer y brise beaucoup. Le premier Port à l'Est est LUISA, nom qu'il a reçu de la Rivière ou qu'il lui a donné; le suivant est CANOBA, après lequel on trouve la CABEÇA, vers le Cap de l'Est qui regarde le Nord. C'est à ce Cap que commencent à s'élever les très hautes Montagnes DEL LOQUILLO. Delà la Côte se courbe vers le Sud. La Côte Orientale n'a que deux Havres, SANT IAGO, & YABUCOA, séparés l'un de l'autre par une distance de trois lieues. Elle a aussi plusieurs Isles connues sous le nom de Vierges, & au Cap Méridional de ce côté-là est la petite Isle de BOYQUE. La Côte se tourne ensuite à l'Ouest, & devient Méridionale. Le Port de GAYAMA, s'y présente le premier, on trouve ensuite les Riviéres NEABON, & XAVIA, & six lieues au delà de cette dernière le Havre GADIANILLA. Une lieue plus loin est la Rivière des *Mosquites*, & en avançant un peu plus on arrive à Ganica. Encore six lieues, & la Côte Méridionale est terminée par un Cap Occidental nommé *Cabo Roxo*, auprès duquel les Anglois ont trouvé des Salines. La Côte Méridionale a aussi ses Isles qui sont, petites, & s'appellent SANTANA, HABERIANA, & BOMBA DEL INFIERNO; de *Cabo Roxo* la Côte se courbe vers le Nord, & le rivage s'enfonçant peu à peu forme une espèce de Baye, où l'on découvre d'abord le Port de PINOS, ensuite celui de MAYAGUES, & un peu plus loin la Baye de S. Germain le Vieux fort commode pour les Mariniers à cause d'une Vallée voisine fertile en excellentes Oranges, en Limons, & en autres fruits semblables. Du même côté on trouve de suite l'Embouchure de la Rivière GANABO que l'on appelle AGUADA, c'est-à-dire L'AIGUADE, à cause de la commodité qu'ont les Vaisseaux d'y faire

de

de l'eau. Suit enfin le Havre GAHATACA tout près de l'autre Cap Occidental qui regarde le Nord. Selon Coréal [a] le Nord de l'Isle est riche en or, & le Sud abonde en grains, en fruits, en pâturages, & en poissons.

[a] *Voyages T. 1. p. 22.*

SAN JUAN DE PUERTO RICCO, Ville Capitale de l'Isle de même nom. Elle est sur la Côte Septentrionale avec un bon Port dont nous avons parlé dans l'Article précédent. Elle a un Evêché suffragant de l'Archevêché de St. Domingue; & est défendue par la Forteresse de SAN FELIPPE DEL MORO. On compte quatre-vingt-dix lieues de cette Ville à celle de St. Domingue dans l'Isle Espagnole.

SAN JUAN DE SALINAS, Ville de l'Amérique Méridionale au Pérou, dans le Pays des Paçamores au pied des Andes. On la nomme aussi la NOUVELLE VALLADOLID.

SAN JUAN DE ULUA, prononcés *Oulouoa*, Port, Ville & Forteresse de l'Amérique dans la Nouvelle Espagne. C'étoit en premier lieu le nom d'une Isle. Grijalva l'un des Espagnols qui découvrirent cette Côte à Tabasco, ayant montré de l'or à des Naturels du Pays où il étoit, pour leur demander si l'on trouvoit ce Métal chez eux, ils ne répondirent qu'en lui montrant de la main un Pays situé à l'Occident, & en répétant plusieurs fois *Culua*. Grijalva poussant sa Route vers l'Occident, entr'autres Isles qu'il trouva, il en vit une que les Insulaires nommoient *Culua*, & qu'il crut être cette Terre abondante en or qu'on lui avoit indiquée. En effet il la traita beaucoup d'or, & il la nomma Saint Jean d'Ulua. Cette Isle est cependant peu de chose par elle-même, & enferme un Port, qui est accompagné d'une Ville que Thomas Gage témoin oculaire décrit ainsi:

La Ville est fondée sur un terrein sablonneux, où la terre est marécageuse, & pleine de fondriéres, ce qui joint aux grandes chaleurs qu'il y fait, rend ce Lieu fort mal sain. Le nombre des Habitans est environ de trois mille, parmi lesquels il y a plusieurs riches Marchands, les uns de deux cens, les autres de trois, & quatre cens mille Ducats vaillant. Les Bâtimens sont tous de bois, tant les Eglises & les Couvens, que les Maisons des Particuliers; de sorte que les murailles de la Maison du plus riche Habitant n'étant que de planches, la violence des Vents du Nord a fait que diverses fois la Ville a été brûlée rez pied rez terre. Le Trafic qui se fait d'Espagne au Méxique, & par le Méxique aux Indes Orientales, celui de Cuba, de St. Domingue, du Yucatan, de Portobelo, du Pérou, de Carthagène, & de toutes les Isles de la Mer du Nord, & par la Riviére d'Alvarado en montant aux Zapotecas, S. Alphonse, & vers Guaxaca, & par la Riviére de Grijalva montant vers Tabasco, &c. rendent cette petite Ville opulente, & y fait abonder toutes les richesses du Continent de l'Amérique, & des Indes Orientales. Elle n'est pourtant guères peuplée à proportion; le mauvais air en est la cause. Le petit nombre d'Habitans joint au grand Commerce qui s'y fait rend les Marchands extraordinairement riches, & ils le seroient encore plus, sans les pertes fréquentes qu'ils ont faites toutes les fois que la Ville a été brûlée.

Toute la force de cette Ville consiste premièrement en ce que l'entrée du Havre est très-difficile, & très-dangereuse, & secondement en un Rocher qui est à une portée de Mousquet devant la Ville, sur lequel on a bâti une Forteresse ou Citadelle dans laquelle on entretient une petite Garnison; mais à la Ville il n'y a aucune Fortification, ni Gens de guerre. Le Rocher, & la Forteresse servent de muraille, de rempart, & de clôture au Port, qui sans cela seroit ouvert, & sujet aux Vents du Nord. Les Navires n'osent mouiller dans le Havre, si ce n'est sous le Rocher & la Forteresse, encore n'y sont-ils pas en assûrance, à moins qu'ils ne soient amarrés avec des Cables à des Anneaux de fer attachés exprès dans le Rocher. Il est arrivé quelquefois que les Navires étant portés par le Courant de la Marée d'un côté du Rocher, ont été jettés contre les autres Rochers, ou emportés en pleine Mer, les Cables avec quoi ils étoient amarrés à la Forteresse ayant cassé par la violence des Vents.

Cette Ville a quitté le nom de St. Jean d'Ulua, pour prendre celui de la VERA CRUZ, autre Ville bâtie par les Espagnols qui l'ont ensuite abandonnée en transportant les Habitans à *San Jean d'Ulua*.

1. SAN JULIAN, (La Baye de), Baye de l'Amérique Méridionale sur la Côte Orientale de la Terre Magellanique. Les Cartes la nomment en François BAYE DE ST. JULIEN.

2. SAN JULIAN, Forteresse du Portugal à l'Embouchure du Tage. Voyez au mot SAINT l'Article ST. JULIEN.

SAN JUST. Voyez de même au mot SAINT l'Article ST. JUST.

SAN LAURENZO. Voyez SAN LORENÇO & SAN LORENZO.

SAN LEO, Ville d'Italie dans l'Etat de l'Eglise, au Duché d'Urbin, & dans le Pays de Montefeltro. Elle est forte par sa situation, & placée sur une haute Montagne, auprès de la Marecchia, & aux Confins de la Romagne, à cinq milles de San Marino, en allant vers Penna de Billi, qui en est à pareille distance, & à quinze milles de Sarsina. C'est le Siége d'un Evêché qu'on appelle ordinairement du nom du Pays l'Evêché de Montefeltro; & comme la Ville de San Leo est fort petite, mal peuplée, & que c'est plutôt une Forteresse qu'une Ville, la Résidence de l'Evêque a été transférée à Penna de Billi.

SAN LEONARDO, (RIO DI), Riviére de Sicile dans la Vallée de Noto. Elle arrose la Ville de *Leontini*, traverse le Lac de même nom, & se jette dans le Golphe de Catano, selon Mr. Baudrand; mais Mr. de l'Isle en donne une idée fort différente. La Rivière qui coule à Lentini se nomme REGINA, & entre dans un Lac nom-

nommé Lac de Pantano qui n'a point de sortie visible pour porter ses eaux à la Mer. Au Nord-Ouest de Lentini & de cette Rivière de Regina, est un Lac beaucoup plus grand avec lequel elle n'a aucune communication. Il est nommé Lago Beverio, & est formé par une Branche de la Rivière Seuma, qui y vient tomber; l'autre Branche va grossir la Regina au Couchant de Lentini. C'est proprement la décharge du Lac Beverio que l'on appelle *Fiume di San Leonardo*, du nom d'un Village situé au Midi de cette Rivière, entre le Lac & le Golphe de Catane, mais beaucoup plus près du Lac. La Regina est le Lissus des Anciens, avec ce changement que son Embouchure n'est plus dans la Mer, mais dans le Lac de Pantano: San Leonardo est la Terias des Anciens. Il y a bien de l'apparence que les deux Lacs n'en ont point été connus, & qu'ils se sont formés depuis; celui de Beverio couvre une partie des *Lestrigonii Campi*.

SAN LORENCO, Monastère d'Espagne. Voyez au mot Escurial.

1. SAN LORENZO, Ville d'Italie en Istrie près de la Source de la Rivière de Lemo, entre Rovigo & Montana. Elle est aux Vénitiens à qui elle s'est soumise volontairement.

2. SAN LORENZO, Ville d'Italie dans l'État de l'Eglise sur la Côte de la Campagne de Rome, entre le Cap Anzio & l'Embouchure du Tibre. C'est le *Laurentum* des Anciens dans le Latium.

1. SAN LUCAR, c'est-à-dire Saint Luc. Il y a trois Villes de ce nom en Espagne, on les distingue chacune par un surnom particulier.

2. SAN LUCAR DE BARRAMEDA, Ville & Port de Mer d'Espagne dans l'Andalousie, sur la Côte de l'Océan à l'Embouchure du Guadalquivir. Cette Ville que les Anciens ont appelée Lux Dubia, Phosphorus Sacer, & que quelques-uns nomment en Latin Luciferi Fanum, est au bord Oriental de ce Fleuve sur le penchant d'une Colline. Elle est remarquable par le titre de Cité dont elle jouit, mais plus encore par son Port qui est très-fameux, très-bon, & très-important. Les Rues y sont belles, & larges, les Eglises fort propres, & fort richement ornées. Il y en a une entr'autres appelée *Nuestra Señora de Caridad*, Notre-Dame de la Charité, renommée par les Miracles qui s'y sont faits, & qu'on voit représentés dans des Tableaux au Portique. L'Eglise est éclairée de dix-sept Lampes d'argent entre lesquelles paroît un petit Navire d'argent suspendu: devant l'Eglise se trouve une belle Place, où se tient le Marché avec une Fontaine d'eau douce, chose rare le long de ces Côtes. Son Port est la Clef de Séville qui en est à quinze lieues, & celui qui se rendroit le maître de San Lucar pourroit arrêter tous les Navires, & les empêcher de monter. Ce Port est au bas de la Ville, l'entrée en est très-difficile à cause d'un Ecueil qui s'y trouve, & qui est caché sous l'eau. On le nomme *la Barra de San Lucar*; plusieurs Pilotes téméraires ou peu habiles y ont fait naufrage: outre cela, on a élevé sur le Port une Terrasse revêtue de pierre, en forme de Bastion, & l'on y tient toujours du Canon pointé contre l'eau: de sorte qu'il ne monte à Séville aucun Navire qui ne soit obligé de passer sous le Canon de San Lucar; du reste il y a une belle Rade capable de contenir une très-nombreuse Flote. Les Marchands ont une très-belle Maison dans la Ville près du Port. C'est dans le voisinage de San Lucar qu'étoit autrefois une Ville ancienne nommée Onoba, dont le nom seroit péri avec elle, s'il ne s'étoit pas conservé dans les Ecrits des Anciens: la fameuse *Tartesse*, dont on ne trouve pas même les ruines, étoit aussi dans ces Quartiers-là.

3. SAN LUCAR DE GUADIANA, Ville d'Espagne dans l'Andalousie, aux Confins de l'Algarve & du Portugal, sur la Rive Orientale de la Guadiana, à l'Orient d'Alcoytin qui est du Portugal, au Nord Occidental & à trois ou quatre lieues d'Ayamonte, sur une haute Montagne. Du côté du Fleuve elle est défendue par trois grosses Tours, & de l'autre par deux Bastions revêtus de demi-lunes. La Marée qui monte jusque-là y fait un petit Port où des Barques peuvent voguer.

4. SAN LUCAR LA MAYOR, petite Ville d'Espagne dans l'Andalousie sur la Rivière de Guadiamar, au Couchant Septentrional de Séville, & à trois lieues de cette Ville. La Contrée où est San Lucar, dont il s'agit, est très-fertile, & s'appelle *Ajarase*. Cette Ville reçut le titre de Cité du Roi Philippe IV. l'an 1636., & le même Roi l'érigea en Duché en faveur de Gaspar Gusman Comte d'Olivarès.

5. SAN LUCAR (Le Cap), Cap de l'Amérique Septentrionale dans la Mer du Sud. C'est la pointe la plus Méridionale de la Californie.

SAN LUCIDO, Bourg d'Italie au Royaume de Naples dans la Calabre Citérieure sur la Côte de la Mer de Toscane, à une lieue de Paula vers le Midi. Voyez Temesa ou Tempsa.

1. SAN LUIS. Voyez Maragnan, & au mot Isle.

2. SAN LUIS DE POTOSI, petite Ville de l'Amérique Septentrionale dans la Province de Mechoacan. Les riches Mines d'or, & d'argent qu'on y a trouvées, lui ont fait donner le nom de Potosi déja célèbre au Pérou par ses Mines.

3. SAN LUIS DE ZACATECAS, Ville de l'Amérique dans la Nouvelle Espagne, dans l'Audience de Guadala Jara. Elle est la Capitale du Pays de Zacatecas, & riche par ses Mines d'argent.

1. SAN MARCO, Ville d'Italie au Royaume de Naples dans la Haute Calabre Citérieure sur la Rivière de Senito, ou, pour parler plus juste, à la pointe que forment en se joignant le Falona & la Malosa, qui font ensemble la Rivière nom-

nommée Senito, affés près & à l'Orient de l'Apennin. C'eſt le Siège d'un Evêché ſuffragant de Cofenza, mais qui s'eſt tiré de la Jurifdiction de ſa Métropole, & ne reléve plus que du St. Siège. La Ville eſt petite, peu peuplée, & eſt à dix milles de la Côte de la Mer de Naples, en allant vers Biſignano dont elle eſt à ſept milles, & à feize de Cofenza. Quelques-uns y placent L'ARGENTANUM des Brutiens que d'autres mettent au Bourg d'*Argentina* qui eſt beaucoup plus au Midi.

2. SAN MARCO, petite Ville de Sicile dans la Vallée de Demona, vers ſa Côte Septentrionale, dont elle n'eſt éloignée que de deux milles, ſur la Riviére de Figuera, & à vingt milles de Patti au Couchant, dans une Plaine nommée auſſi de *San Marco*, ſelon Mr. Baudrand. Selon Mr. de l'Iſle San Marco n'eſt rien moins qu'une Ville, mais c'eſt un Village ſitué ſur une Montagne avec un ancien Aqueduc au Midi. Il n'y paſſe point de Riviére, mais la Montagne eſt entre deux Riviéres, ſavoir Fiume Roſmarini au Couchant, & Fiume di Fitalia ou di Zaputto au Levant. Ce ne ſauroit être L'AGATHYRSUM ou AGATHYRNUM des Anciens qui étoit plus au Nord, & preſqu'au Cap d'Orlando ; mais L'ALUNTIUM qui occupoit préciſément le même Lieu.

3. SAN MARCO, Village d'Italie au Royaume de Naples dans la Terre d'Otrante, entre les Villes d'Otrante, & de Brindes. On prend communément ce Village pour le reſte d'une ancienne Ville de la Meſſapie nommée autrefois *Baleſium*, *Valetium*, ou *Valentium* que quelques-uns mettent au Bourg de Cataldo.

SAN MARCOS, Iſle de la Mer du Sud l'une des Iſles de Salomon. Elle eſt peu connue.

1. SAN MARINO, petite Ville d'Italie, dans une petite République qui porte le même nom, enclavée dans l'Etat de l'Egliſe au Duché d'Urbin ſur les Confins de la Romagne, à ſix milles de San Leo, à dix de Rimini, à ſeize de Catholica, à vingt de Sartina, & à vingt-quatre de Ceſéne & de Peſaro. Cette Ville n'eſt pas ancienne & fut bâtie ſur la fin du X. Siècle à l'occaſion d'un pieux Hermite qui s'y étoit retiré & qui y mourut en odeur de ſainteté. Cette Ville ſe gouverne en République, crée elle-même ſes Officiers & ſes Magiſtrats. Ses Officiers ſont deux Capitaines qu'elle choiſit deux fois l'année, ſavoir aux mois de Mars & de Septembre. Comme il y a peu de Commerce ſes Habitans ſont pauvres, & ſes revenus ſont petits. Ils conſiſtent en Vins, en Chairs & en un paſſage de Cochons & autres Beſtiaux. Elle a ſur ſes Montagnes quantité d'Arbres fruitiers, & de belles Vignes qui produiſent des Vins excellens & délicats que les Habitans gardent long-tems dans des Cavernes qui ſont dans les Montagnes. L'affiette favorable de cette Place, la bonté de ſes Fortifications, le courage & l'union de ſes Habitans, & plus encore les protections qu'elle a toujours eu ſoin de ſe procurer, tout cela contribue à conſerver la Liberté de cette petite République qui s'y maintient, dit-on, depuis mille ans & plus, comme le Pere Labat dit qu'elle s'en vante. Cela n'eſt pas aiſé à croire, s'il eſt vrai qu'elle n'ait été bâtie que vers la fin du X. Siècle. Ce qu'il y a de certain, c'eſt qu'elle eſt enclavée dans l'Etat d'Urbin, & qu'elle a été ſous la protection des Ducs de ce nom auſſi long tems que cette Maiſon a ſubſiſté, & qu'après l'extinction de leur Famille, elle s'eſt miſe ſous la protection du Pape. Son petit Territoire s'étend juſqu'à la Riviére de Marecchia, & l'Etat de San Marino conſiſte en la Ville de ce nom, avec quelques autres Lieux, ſavoir la Forterefſe de PENNA ROSTA qu'elle acheta des Comtes de Montefeltro l'an 1000., le Château de CAZOLO acquis en 1170. Le Pape Pie II. lui donna en 1463, les Châteaux de SERRAVALLE, de FÆTANO, de MONGIARDINO, de FIORENTINO & le Bourg de PIAGGE. On dit que toute la République fait environ neuf mille Ames. Mr. Baudrand en retranche un tiers. La Ville a trois Châteaux dans ſon enceinte. Il ne faut pas la confondre avec les Lieux dont il eſt queſtion dans les Articles ſuivans.

2. SAN MARINO, petite Principauté d'Italie dans le Patrimoine de St. Pierre.

3. SAN MARINO, Bourgade d'Italie dans le Mantouan, avec titre de Comté.

4. SAN MARINO, autre Comté d'Italie dans la Modénois.

5. SAN MARINO, Forterefſe d'Italie dans la Toſcane, au Nord de la Ville de Florence.

1. SAN MARTINO, Forterefſe d'Italie dans le Florentin, ſur la Riviére de Siéve, à quatre lieues de Florence vers le Nord, ſur la Siéve, ſelon Mr. Corneille. Magin n'en fait qu'un Village ſur le Lamone.

2. SAN MARTINO, petite Montagne ou Colline d'Italie au Royaume de Naples, auprès de la Capitale. On la prend pour le TRIPHOLINUS MONS des Anciens. Il y a au même Lieu une Fontaine nommée auſſi du nom de *San Martino*.

1. SAN MATHEO. Voyez SAINT MATHIEU, au mot SAINT.

2. SAN MATHEO, Ville d'Eſpagne dans l'Aragon, à quatre lieues des Frontiéres de Catalogne, & à deux de Traiguera. Elle eſt dans une Plaine, en un terrain fertile en Bleds, en Vins, en Fruits, en Jardinages, avec de bons Pâturages pour les Brebis dont la laine eſt employée à faire de fines étoffes. Le Territoire eſt arroſé de quantité de Fontaines qui lui donnent de la beauté & de la fertilité. Il y a fix cens Habitans, une Egliſe Paroifſiale de même nom, c'eſt à-dire ſous l'Invocation de St. Mathieu, & une Rectorerie dans l'étendue de laquelle il y a ſoixante Bénéfices ſimples. Il y a de plus à San Matheo deux Couvens de Religieux & un de Religieuſes, un riche Hôpital & un Collége où l'on enſeigne les Langues Latine & Grecque. La Ville fut fondée par le Roi D. Jayme I. l'an 1237. ſur un terrain qui avoit appartenu à Hugues de Forcalquier

Maître du Temple, qui le lui céda. En creufant les fondemens on trouva une ancienne Pierre où étoit ce nom *Sanctus Matheus*, ce qui le fit donner à cette Ville. D'autres difent que l'on trouva le portrait de cet Apôtre; & il y en a d'autres encore qui veulent que le Roi paffant par-là le jour de St. Mathieu promit à Dieu que, s'il pouvoit fe voir maître de Valence, il établiroit là un Bourg en l'Honneur de St. Mathieu. Le Commandeur de Montèfe y établit un Gouverneur ou Lieutenant Général, pour y entretenir la Menfe Magiftériale de huit Villages dont cette Ville eft le Chef-Lieu. Le Roi D. Pedre IV. y tint les *Cortes* l'an 1370. Elle a eu des hommes célèbres dans la Guerre & dans les Lettres; entr'autres le Docteur Pedro Jayme Eftevan le premier qui ait enfeigné le Grec publiquement à Valence.

SAN MAURO, Village d'Italie au Royaume de Naples dans la Calabre Citérieure, à trois lieues de Roffano vers le Couchant. C'étoit autrefois une Ville Epifcopale fous la Métropole de Rhegio.

1. SAN MIGUEL, Château d'Efpagne dans l'Eftramadure, auprès de Badajos qu'il couvre du côté du Portugal & de l'Andaloufie.

2. SAN MIGUEL, Ville de l'Amérique dans la Nouvelle Efpagne au Pays de Guatimala, à foixante lieues de la Ville de ce nom, à l'Embouchure de la Riviére de Lempa dans la Mer du Sud, felon Mr. Baudrand. Mais l'Auteur du Supplément au Voyage de Wodes Rogers nomme la Riviére même la Riviére de St. Michel & la diftingue de celle de Lempa. Dans la Riviére de St. Michel, il y a, dit-il, en haute Marée trois braffes d'eau & quatre lieues depuis la Barre à St. Michel, c'eft-à-dire depuis l'entrée de la Riviére jufqu'à la Ville de même nom. Du Volcan de Cataculo à la Barre d'Ibaltique, il y a deux lieues, & à deux grandes lieues Nord & Sud de cette Barre, il y a un Volcan qui paroît plus que les autres & qui porte le nom de San Miguel. Mr. de l'Ifle met cette Ville de San Miguel au haut d'une petite Riviére dont l'Embouchure eft entre San Salvador ou Cuzcatlan & le Golphe de Fonfeca.

3. SAN MIGUEL, Ville de l'Amérique dans la Nouvelle Efpagne au Pays de Mechoacan au Midi de San Felippe au Couchant Méridional de la grande Mine de Guanaxate, au Nord-Eft du Lac de Chapala & au Nord-Oueft de México à quarante lieues de cette derniére.

4. SAN MIGUEL, Ville de l'Amérique Septentrionale dans la Province de Cinaloa, fur une grande Riviére dont l'Embouchure eft dans la Mer Vermeille au Midi de celle de la Sonofa. Mr. Baudrand, qui dit qu'elle eft au Pays de Culiacan, la met à cent foixante lieues de Guadalajara & à deux cens foixante de México au Couchant d'Eté.

5. SAN MIGUEL, Ville de l'Amérique Méridionale au Pérou dans le Gouvernement Général de Quito, dans la Vallée de PIURA ; ce qui fait qu'on nomme cette Ville *San Miguel de Piura*. Elle eft à douze lieues de la Mer du Sud. C'eft la première Colonie que les Efpagnols aient eue en ce Pays-là. Elle eft au bord de la Mer à l'Embouchure de la Riviére de Chuquimayo jointe à la Riviére de Catamayo. Mr. de l'Ifle la nomme

6. SAN MIGUEL DE COLLAN. Zarate dans fa Conquête du Pérou dit que cette Ville fut peuplée dans un Pays nommé Tangarara fur le bord de la Riviére de Chira près de la Mer.

7. SAN MIGUEL DE IBARRA, Ville de l'Amérique Méridionale au Pérou dans l'Audience de Quito, au Nord de la Ville de Quito & du Palais de Carangues, près de l'Equateur aux Confins du Popayan.

8. SAN MIGUEL, Ville de l'Amérique Méridionale, dans la Terre-ferme, dans le Nouveau Royaume de Grenade, au Nord de la Ville de Santa Fe.

9. SAN MIGUEL DE LA RIBERA, Ville de l'Amérique Méridionale au Pérou dans l'Audience de Lima, au Couchant Septentrional d'Arequipa & au Sud-Oueft du Lac où eft la fource de l'Aporima Riviére qui jointe avec, forme celle de Moyobamba qui va groffir la Riviére des Amazones.

10. SAN MIGUEL, Ville de l'Amérique Méridionale au Tucuman, fur un Ruiffeau qui coulant vers l'Orient va fe perdre à Sant Iago del Eftero, dans Rio Dolce, ou Rio de Sant Iago. Mr. Baudrand, qui la nomme SAN MIGUEL DEL ESTERO, dit qu'elle eft Capitale du Tucuman, que les François l'appellent fouvent SAINT MICHEL DE LA NATE, & qu'elle eft à vingt-huit lieues de Sant Iago del Eftero. C'eft, felon lui, le Siège de l'Evêché du Tucuman, fuffragant de l'Archevêché de la Plata.

11. SAN MIGUEL (Le Golphe de), petit Golphe de la Mer du Sud, fur la Côte Orientale de la Baye de Panama.

12. SAN MIGUEL (l'Ifle de). Voyez au mot ISLE les Articles ISLE DE ST. MICHEL.

13. SAN MIGUEL (L'Ifle de), Ifle entre les Açores, & l'une des plus Orientales. Elle eft à fept ou huit lieues au Sud-Eft de la Tercére. Elle a près de vingt lieues de long & plufieurs Villes & Bourgs. Sa Ville Capitale s'appelle Punta del Gado. Il s'y fait un plus grand commerce de Pafteb qu'à la Tercére, parce qu'il y en a plus qu'en aucune des autres Ifles, & il s'y en fait tous les ans plus de deux cens mille Quintaux, chaque Quintal compté pour cent livres poids de Hollande. Il y a auffi beaucoup de terres labourables, ce qui la met en état de fournir du bled aux Ifles voifines. Il n'y a non plus ni Havre, ni Riviéres, ni Abris, ou plutôt il y en a encore moins qu'à la Tercére. Il y a près d'un Siècle que cette Ifle fut expofée à d'horribles dangers par des Tremblemens de terre. Le P. Kircher dans fon Livre intitulé *Mundus Subterraneus* [a], les décrit ainfi fur le rapport des PP. Jéfuites: [a Lib 2. c. 12. p. 82.] Le 26. Juin 1634. d'épouvantables Tremblemens de terre commencèrent à fecouer tellement toute l'Ifle entière durant l'efpace

ce de huit jours que les hommes sortis des Villes, des Bourgs & des Châteaux furent réduits à demeurer en rase Campagne & à découvert, sur-tout les Habitans du Canton nommé Vargen, où les secousses étoient plus violentes qu'ailleurs. Ces Tremblemens furent suivis de ce prodige: à six milles de Pico delle Camerine, il y a un Lieu appellé la Ferreira, où les Pêcheurs de l'Isle avoient coutume d'aller pêcher avec leurs Barques sur-tout durant l'Eté. On y pêchoit si abondamment toutes sortes de poissons qu'il n'y avoit point de Barque qui en l'espace d'un jour naturel n'en revint chargée au moins de dix mille poissons. Dans ce parage il arriva un Samedi au mois de Juillet de l'an 1638. que malgré la profondeur de l'eau, qui selon l'épreuve réitérée des Pêcheurs étoit de 120. pieds, il s'éleva un feu avec une telle violence, que cette quantité d'eau ne fut point capable de l'éteindre. L'espace que ce feu occupoit étoit égal au terrain qu'il faudroit pour semer deux Boisseaux de bled, il sortoit avec tant d'impétuosité qu'il montoit jusqu'aux nuées & jusqu'à la plus haute Région de l'air, entraînant avec lui de l'eau, du sable, de la terre, des cailloux, & d'autres matières solides qui de loin offroient aux yeux un affreux spectacle, & paroissoient des floccons de Coton. Cette matière liquéfiée retomboit sur la Mer & surnageoit comme une espèce de bouillie. On regarde comme un effet de la Bonté divine que le Vent de terre souffloit alors, sans quoi toute l'Isle eut été abîmée par cet effroyable incendie. De tems en tems il s'élevoit à la hauteur de trois piques des Roches d'une énorme grosseur; on eût dit que ce n'étoient pas des Roches, mais des Montagnes que la Terre vomissoit. Ce qui augmentoit la frayeur, c'est que ces Montagnes de pierre retombant sur d'autres que la violence de la Nature élevoit dans ce moment hors des entrailles de la Mer, se brisoient en mille pièces avec un horrible fracas, & ces morceaux dès qu'on les prenoit se broyoient aisément en un sable noir. De cette immense quantité de vuidanges, & de cet amas d'une infinité de Roches, il se forma au milieu une nouvelle Isle qui sortit du fond de la Mer. Elle étoit d'abord fort petite & n'avoit pas plus de cinq Arpens d'étendue; mais elle s'accrut de jour en jour & en quinze jours de tems, elle avoit cinq mille pas de long. Cet incendie fit périr une si étrange quantité de poissons qu'à peine huit gros Navires de ceux qu'on envoye aux Indes, purent les prendre. Ils se répandirent le long de l'Isle & pour prévenir les Maladies que leur corruption auroit infailliblement causées, les Habitans ensouirent dans des fosses très-profondes, ce qu'ils en purent amasser dans une étendue de dix-huit milles. On sentoit une odeur de soufre à vingt-quatre milles de distance.

Le P. Kircher apporte cet Exemple pour faire juger de ce qui a pu autrefois arriver dans ces mêmes Lieux, & il infère que de pareilles révolutions de la Nature pourroient bien avoir détruit en partie l'Isle Atlantide des Anciens dont il suppose que les Açores sont peut-être un reste.

14. SAN MIGUEL, petites Isles de l'Océan Oriental, elles sont au nombre de huit ou neuf, & courent du Sud au Nord, au Midi de l'Isle de Paragoa, & au Nord de la Baye de Ste. Anne qui est dans la partie du Nord-Est de l'Isle de Borneo.

SAN MINIATO, Ville d'Italie en Toscane dans le Florentin sur une Colline sur la Rivière de l'Arno, avec un Evêché suffragant de l'Archevêché de Florence. Elle est entre Florence, & Pise, à vingt milles de Luques, & à environ autant des deux autres Villes. La Colline sur laquelle elle est située lui donne une vue très-étendue, & un air très-pur; mais le chemin pour y arriver de la Plaine est rude & long, sur-tout pour un Voyageur à pied. Le chemin de San Miniato à Florence est très-beau. Son Evêché n'est que de l'an 1622., & fut érigé par Grégoire XV.

1. SAN NICOLO, Montagne d'Italie au Royaume de Naples, dans la Terre de Labour; voyez Caserta No. 1.

2. SAN NICOLO, Isle du Golphe de Venise, & l'une des trois Isles qu'on appelle de Tremiti. Elle est à l'Orient de San Domino, & au Midi de la Cappaçara, qui est la plus petite. San Nicolo est la plus considérable, la plus forte, & la plus peuplée des trois. On croit que c'est dans cette Isle qu'avoit sa Cour Diomede, dont les Isles ont pris le nom de *Diomedeæ Insulæ*. Il y avoit dans les anciens Tems un Temple dont on voit encore les ruïnes, & on y montre une Grotte que l'on croit avoir servi de Tombeau à Diomede. On y trouva un Tresor avec un Squelette d'un homme qui devoit avoir eté fort grand, avec un épée à son côté, & sur la tête une riche Couronne ornée de pierres précieuses, que l'on conserva long-tems pendue au-dessus de la Lampe devant l'Autel de la Vierge; mais elle n'y est plus. Ces Isles avec le tems furent abandonnées & desertes, & servirent de retraite aux Corsaires; jusqu'à ce qu'un St. Homme, au rapport d'une Tradition Nationale, s'y réfugia, & bâtit sa Cellule afin d'y mener la Vie Erémitique. Cette Cellule étoit dit-on à l'endroit où est la Chapelle de St. Nicolas. Un jour qu'il étoit en prières en ce lieu-là la Ste. Vierge lui apparut, & lui dit pendez votre bêche, creusés à l'endroit que je vous montrerai, vous y trouverés une somme avec laquelle vous irez en Terre-ferme chercher tout ce qu'il faut pour me bâtir une Eglise. Lui ayant ainsi parlé, elle disparut. Le pieux Solitaire n'osa se fier à cette vision, & soupçonna que ce pouvoir être une illusion du Démon; mais le jour suivant la Sainte Vierge lui apparut de nouveau, & avec un visage sévère le reprit de sa désobéïssance. Il fit ce qui lui étoit ordonné, & trouva des Vases pleins d'or & d'argent monnoyé, & la Couronne dont on a parlé ci-dessus. Il en fit l'usage qui lui étoit prescrit, l'Eglise fut bâtie, & devint bien-tôt célèbre

par plusieurs Miracles: le bon Hermite obtint qu'on y envoyât des Religieux pour la desservir, & y célébrer les Saints Offices. On ignore le nom du Solitaire, & celui des premiers Religieux qui y vinrent, on sait seulement que par un Bref du Pape Léon IX. du 3. Décembre 1054. il est accordé que cette Eglise sera desservie par des P. P. Bénédictins. Il est addressé à l'Abbé Quisinolfe. On y spécifie les biens appartenans à l'Eglise, & au Monastère qui devoit déja être établi; & on lui accorde plusieurs Privilèges qui ont été confirmés par Nicolas II. dans un autre Bref de l'an 1061. vers l'an 1150. Les Moines Bénédictins se trouvérent en si petit nombre dans l'Abbaye, qu'ils ne suffisoient pas pour chanter l'Office. Le Pape Eugène III. les en retira & y mit des Moines de Cîteaux tirés du Monastère de Casa Nuova, auprès de Parme, comme il paroît par une Bulle & un Privilège d'Innocent III. donné à Pérouse le 1. Juin 1207. & par un autre d'Aléxandre IV, de l'an 1256. adressés aux Abbés de Casa Nuova. La vie exemplaire de ces Religieux & les faveurs que la Ste. Vierge obtenoit pour ceux qui l'imploroient dévotement devant son Image, y attirérent un grand concours de peuple & de Fidelles de tout Pays. Les dons, les legs, les aumônes, & les *ex voto* y vinrent en telle abondance qu'il s'y forma un riche Tresor de Vases, de Lampes & d'Ornemens sacrés. La réputation de ces richesses fut une amorce pour les Corsaires. Ils abordérent l'Isle dans une grande Barque & feignant qu'un de leur gens étoit mort & qu'ils devoient l'enterrer, ils remplirent d'armes un Cercueil, le portérent processionnellement à l'Eglise & pendant que les Moines chantoient l'Office des Morts, ils ouvrirent tout à coup ce Cercueil, tuérent les Moines, pillérent l'Eglise, brûlérent le Monastère, & il n'en demeura que la grande Chapelle où étoit l'Image miraculeuse de la Ste. Vierge. Le bonheur voulut que l'Abbé & quelques Moines de la Maison se trouvérent alors en Terre-ferme pour les affaires du Monastère, & ils y retournérent justement dans le tems que les Brigans s'en alloient par un autre côté. L'Abbé vit l'incendie & trouva le massacre, & jugeant qu'il ne falloit plus laisser en ce Lieu des Moines exposés à de tels dangers, il abandonna entiérement l'Isle & ne voulut plus y retourner. Le Pape convertit alors l'Abbaye en Commande & la donna au Cardinal Jean Domenici, ou selon d'autres Jean Domico, Evêque de Raguse qui jouît long-tems des grands revenus que l'Abbaye avoit dans le Comté de Molisse & dans la Capitanate.

L'Isle demeura deserte & l'Eglise de la Vierge, ne fut relevée de ses ruines qu'en 1412. le Cardinal commendataire songea, alors à y rétablir le Service Divin: il commença à rétablir la Chapelle. Il persuada au Pape Grégoire XII. d'y envoyer des Chanoines Réguliers de la Congrégation de Trigdianara, ce qui fut exécuté par le P. Léon de Caratte Milanez, qui y alla avec quatre Compagnons, au mois de Septembre de la même année 1412. Le Pape par un Bref régla que l'Abbaye rentreroit dans ses biens, revenus & Privilèges après la mort du Cardinal. La circonstance de ce delai fit, que ces bonnes gens vécurent dans la pauvreté, subsistant des aumônes qu'on leur faisoit; mais le Commendataire étant mort, & l'Abbaye jouïssant de ses biens, le nombre des Chanoines s'augmenta, & ils exercérent l'Hospitalité envers tous les Pauvres qui abordoient dans l'Isle. Leurs revenus s'augmentérent encore. Le Monastère fut relevé. L'Abbé Cyprien le commença, l'Abbé Mathieu son successeur le perfectionna. Après avoir enfermé l'Isle de fortes murailles, on y ajouta de fortes Tours, & quatre principaux Bastions revêtus de pierres. Leurs noms sont ACONCIARIA, ou *dé Soldati*; SAN MICHIELE, HOSPITALE, & d'ELLA CISTERNA, ou *di San Nicolo*. Près du rivage est un petit Arsenal pour y mettre les agrets des Vaisseaux, & de là par une Rue bien pavée, longue d'un quart de mille, on monte à une Tour assés forte qui commande le Port, & dans laquelle on ne peut entrer avec des armes d'aucune façon. De là par une Esplanade faite par l'Art à un autre quart de mille, on arrive à la Forteresse. Quand on applanit cet endroit on trouva les fondemens d'anciens Edifices avec de riches pavés, ce qui montre que ce Lieu avoit été habité par des gens de distinction. Les côtés de cette Esplanade sont taillés en précipices très-profonds & inaccessibles. Et du côté du Midi par où l'on pourroit monter, quoique difficilement, le passage est défendu par trois fortes Tours. La Forteresse ou le Château dont la face est vers l'Occident est bâti sur un Rocher, où l'on a taillé a force de bras un fossé large & profond, & sur le Roc on a élevé à plomb une très-forte & grosse Muraille, qui rend la Place imprenable: on y entre par un Pont-levis, on passe trois Portes très-fortes, à l'une desquelles il y a une Herse; c'est là que l'on trouve le Monastère, qui est grand & magnifique. Au milieu de son nouveau Cloître il y a une Cîterne très-grande pour l'usage des Chanoines. Il y en a outre cela dix ou douze autres dans la Forteresse; mais au milieu de la Forteresse où l'on trouva des vestiges des anciens fondemens du Temple de Diomède, est aujourd'hui l'Eglise de la Sainte Vierge, où l'on conserve son Image miraculeuse, & que saluent tous ceux qui passent dans le Golphe de Venise. Elle est à trois Nefs & voutée, & a cent sept pieds de long sur soixante & dix de large. Le Chœur qui est d'un très-beau travail en occupe la moitié & le pavé en est d'une Mosaïque de Marbre fin; la Chapelle de la Ste. Vierge, est magnifique & enrichie d'Offrandes d'or & d'argent. La Chapelle basse du Crucifix miraculeux est aussi très-riche. Les sept autres Autels méritent d'être vus. On admire la façade de l'Eglise, qui est de Marbre blanc & d'une belle Architecture. Les Chanoines, dont les revenus sont
fort

fort grands, n'ont rien épargné pour faire quelque chose de majestueux & de magnifique. On peut voir les Privilèges de l'Abbaye dans l'*Isolario* du P. Coronelli, dont ceci est pris. L'Isle est en quelque façon partagée en deux par un Isthme. Le Port est à l'Occident du côté de l'Isle de San Domino.

SANT ORESTE, petite Ville d'Italie dans l'Etat de l'Eglise, dans la Province du Patrimoine au pied de la Montagne de même nom, près du Tibre & à vingt milles de Rome en remontant ce Fleuve. On y cherche la FERONIA des Anciens. Voyez ce mot.

SANT OYO, Bourg d'Espagne au Royaume de Léon dans la Contrée de Campos, entre la Riviére de Carion & celle de Puiserga. C'est l'ancienne Gella, selon Mr. Baudrand.

SAN PANTALEON, petite Isle de la Méditerranée à deux mille pas de la Côte Occidentale de Sicile, entre les Villes de Marsala & de Trapani. On y cherche les ruïnes de l'ancienne MOTYA.

SAN PABLO, Hermitage d'Espagne près de Madrid, & du Buen-Retiro. C'est une agréable Solitude, & une Maison de Plaisance, où le Roi va quelquefois prendre le plaisir de la promenade. Il est voisin de celui de Sant Antonio, mais beaucoup plus beau & plus orné. C'est un Lieu où l'on voit de toutes parts des objets rians & fort agréables; un grand & magnifique Jardin, où de quelque côté que l'on se tourne on ne voit que de beaux Cabinets de verdure fort longs & fort élevés. Un beau Bâtiment placé à l'un des côtés présente à la vûe une façade la plus riante, que l'on puisse voir. Quatre Statues sur des Piédestaux fort hauts font l'ornement de l'étage d'en-bas; & sur les deux d'en-haut on ne voit que Fleurons, que Figures, que Bustes & autres enjolivemens répandus par-tout & ménagés avec beaucoup d'art & de symmétrie; de sorte qu'ils font un très-bel effet, & le toit est chargé de cinq grandes Statues. La principale Fontaine a au-dessus de son Jet une Statue plus haute que le naturel, supportée par un Bassin: au-dessous on voit deux Figures agroupées, qui jettent l'eau par la bouche dans un autre Bassin qui les soutient, plus large que le premier: & de ce Bassin l'eau tombe à gros bouillons par des trous dans un autre, qui est sur terre, fermé en façon de treillis; il s'y voit encore quelques autres Fontaines qui ont sur leur Jet un Bassin, qui soutient une Statue.

1. SAN PAULO, Ville de l'Amérique au Bresil. Voyez St. Paul au mot SAINT.

2. SAN PAULO, Riviére. Voyez la JARETTA.

3. SAN PAULO DE LOANDA. Voyez LOANDA N°. 2.

1. SAN PEDRO, Ville d'Espagne dans la Vieille Castille sur la Riviére d'Arlanza, au-dessus de Lerma en tirant à l'Orient. Il y a un Couvent fort ancien célèbre par une Image miraculeuse, qu'on y vénère. Dans ce Monastère est la Sépulture de D. Fernand Gonçalès Comte de Castille.

2. SAN PEDRO, Port de l'Amérique Méridionale sur l'Océan, & sur la Côte du Paraguai au Midi du Bresil, à l'Embouchure de Rio Grande par le 30e. d. de Latitude Méridionale, & vers le 325e. de Longitude. Les Portugais qui ont étendu leur domination jusqu'à l'Embouchure de la Plata sont les Maîtres de cette Côte qui n'est encore guères connue à présent.

3. SAN PEDRO, Ville de l'Amérique au Gouvernement de Honduras, à onze lieues du Port de Cavallos, & à trente de Valladolid. Comme le Port de Cavallos est mal-sain, ceux qui y reçoivent les Droits du Roi font leur plus grande résidence à San Pedro, & ne vont au Port, que quand il faut expédier les Navires. San Pedro étoit une Ville fort marchande avant que l'on connût la commodité de Golpho Dolce, qui lui a fait perdre beaucoup de son lustre.

SAN PELEGRINO, Village d'Italie en Toscane, dans la République de Luques entre la Ville de ce nom & celle de Modène, sur une Montagne très-rude que l'on nommoit anciennement *Letus Mons*; & qu'on appelle du nom de San Pelegrino.

1. SAN PIETRO, Bourg d'Asie dans la Natolie, sur la Côte de l'Archipel avec un Port dans la Province de Sarcum: on l'appelle autrement ASKEM KALESI. Voyez ce mot.

2. SAN PIETRO, Village de l'Isle de Sardaigne près de la Côte Orientale à neuf lieues de Cagliari: on le prend pour un Lieu nommé anciennement SUSALEI VILLA, ou SUSALEUS VICUS.

3. SAN PIETRO, Quartier de Rome, c'est celui qui est au côté Occidental du Tibre, & où sont le Palais du Vatican & l'Eglise de Saint Pierre. Le Pape St. Léon ayant fait fermer de murailles ce Quartier, pour garantir cette Eglise des fréquentes attaques des Ennemis, ce Quartier fut nommé *Urbs Leonina*, la Ville de St. Léon. On la nomme aussi *Urbs Transtiberina*, la Ville d'au delà du Tibre.

SAN PIETRO CELAURO, c'étoit autrefois un Fauxbourg de la Ville de Padoue, mais on l'a enfermé dans la Ville dont il fait partie.

SAN PIETRO DE I FRATI, petite Isle d'Italie au Royaume de Naples, à l'entrée du Golphe de Salerne, près de la Principauté Citérieure. Elle tire son nom d'une Eglise de St. Pierre possédée par des Religieux.

SAN PIETRO IN GALATINA, petite Ville d'Italie au Royaume de Naples, dans la Terre d'Otrante sur une Montagne de l'Apennin, à cinq milles de Nardo à l'Orient & à dix de Lecce au Midi.

SAN PIETRO IN GRADO, Village d'Italie en Toscane, quelques-uns y placent l'ancienne TRITURITA, qui étoit le Port de Pise, d'autres mettent Triturita à Capanone autre Village situé à l'Embouchure de l'Arno.

SAN PIETRO DI USEL. Voyez USEL.

SAN

SAN QUILES, Bourg d'Espagne, dans l'Aragon au pied des Pyrénées, sur l'Essera à deux lieues de Graus, vers les Frontières de la France.

SAN QUIRICO, petite Ville d'Italie en Toscane dans le Siénois, sur une Colline près de la Riviére d'Orcia, entre Sienne dont elle est à vingt milles au Levant d'Hyver, & Radicofani, sur le Grand Chemin de Rome, à trois milles & au Sud-Ouest de Pienza. L'Auteur du Journal d'un Voyage de France & d'Italie, n'en fait qu'un Village. On y voit, dit-il, un Couvent de St. François de la fondation d'un Pape, & une Tour très-ancienne & quarrée, au milieu de laquelle est la Figure de Pallas avec cette Inscription

Sola nec insidias inter nec militis ensem,
Nec mare, nec ventos, barbariemque timet.

Cette Tour est environnée de quantité de ruïnes de Maisons du tems des Romains, parmi lesquelles on voit encore le quarré d'une Sale, où auprès d'une Fenêtre est un Taureau de Marbre, qui donne de ses cornes contre un tronc d'Arbre avec cette Inscription *Irasci in cornua discit*. La Maison des Chigi mérite d'y être remarquée.

SAN REMO, Ville d'Italie, dans l'Etat de Gênes, sur la Riviére du Ponent, c'est-à-dire dans sa partie Occidentale, dans une Vallée très-fertile, & connue pour les bonnes huiles avec un petit Port à neuf milles de Vintimille, en passant de cette Ville à Oneille & à Albengue, à trois milles de Bordighere. San Remo a un bon Port & un Terroir si fertile en Orangers, en Citrons, en Olives & autres Fruits, qu'on l'appelle le Paradis de l'Italie. Non seulement les Jardins sont remplis d'Orangers, de Citronniers & de Palmiers, mais encore on en voit en quantité dans les Campagnes & dans la Plaine, qui est entre la Ville & la Mer. Ils envoyent en Provence & en Languedoc de leurs Fruits pour en tirer des Grains, que la terre ne produit point chez eux. L'Eglise Paroissiale est au lieu le plus élevé & fait la Pointe & l'Angle d'un Triangle, dont le côté opposé est sur le bord de la Mer. Les Rues sont étroites & presque toutes parallèles à la Mer. Il y a d'assez jolies Maisons Bourgeoises & quelques Palais couverts en terrasse & peints en dehors.

SAN ROCH, grand Banc de sable dans la Mer du Bresil près de la Capitainie de Rio Grande.

SAN ROMAN, Cap de l'Amérique dans la Terre-ferme au Gouvernement de Venezuela dans la Presqu'île de Paragoana à son extrémité. Après ce Cap la Côte tourne vers le Sud-Sud-Est, sept ou huit lieues du côté de Coro principale Ville de Venezuela.

SAN SALONI, Bourg d'Espagne en Catalogne sur la Tordera, sur la route de Barcelone à Ostalvic, dont elle est à deux lieues, & à sept de Barcelone & de Girone.

1. SAN SALVADOR, Ville d'Afrique sur la Côte Orientale de l'Ethiopie au Congo, dont elle est la Capitale & la Résidence de ses Rois; elle est située sur une Montagne élevée, escarpée de tous côtez, dont le sommet est uni, plein & vaste, & assez grand pour contenir dequoi loger près de quatre-vingt mille personnes. Au Midi & au pied de cette Montagne coule la Riviére de Lelunda dont l'Embouchure est au Midi & assez voisine de celle du Fleuve Zaïre. La Ville s'appelloit Congo avant que les Portugais lui eussent donné le nom du Sauveur du Monde. Ses Rues sont longues, larges & accompagnées de Plans de Palmiers, disposez en un très-bel ordre. Les Maisons sont basses & enduites dehors & dedans d'une chaux très-blanche, qui jointe à la verdure continuelle des Arbres fait un effet très-agréable, qui plairoit même aux Européens les plus difficiles. Les premiers Portugais qui entrèrent dans le Pays y bâtirent des Eglises d'une grande magnificence & une Forteresse sur la partie la plus élevée de la Montagne, dans laquelle ils établirent leurs Maisons particuliéres. Les changemens qui sont arrivez dans le Royaume & le tems ont changé ces dispositions, & ont tellement ruïné ces premiéres Eglises, qu'il ne reste plus que les murs de la principale qui sont comme un Parc où renferme les Casernes des Soldats & quelques autres Maisons. Depuis que les Négres se sont emparez de la Forteresse, ils en ont fait le Palais du Roi & les logemens de sa Cour qui sont vastes, grands & commodes. Les Européens se sont établis ailleurs. Les Edifices qu'ils élevent tous les jours sont à la maniére d'Europe & tous bien bâtis. On compte plus de quatre mille Européens établis à San Salvador, où ils ont établi & introduit tous les Arts & les Métiers dont on peut avoir besoin. On n'y voit presque point de Mouches, ni de Moucherons, ni de Puces, ni de Punaises; mais on n'y est point exempt des Fourmis qui sont fort incommodes. Le Palais du Roi a près d'une lieue de tour. C'étoit autrefois la seule Maison qui eût un plancher ; mais les Portugais, qui ont su s'accommoder, ont donné aux Principaux l'envie d'enrichir & de meubler leurs Maisons. L'Eglise Cathédrale est bâtie de pierres de même que celles de Notre-Dame, de St. Pierre, & de St. Antoine de Padoue où sont les Tombeaux des Rois. Celle des Jésuites sous l'Invocation de St. Ignace n'est pas la moins belle. Notre-Dame de la Victoire est de terre ; mais blanchie par dehors. Elle fut donnée aux Capucins par le Roi Alphonse III. Ce que cette Ville a d'incommode, c'est qu'elle est sujette à une infinité de bouleversemens qui suivent ordinairement les Guerres Civiles, qui ne manquent pas d'arriver presque à toutes les mutations de Rois. Dans ces tems malheureux, elle se trouve désolée : les Maisons sont brûlées, le Peuple en fuite ; mais comme ces malheurs durent peu les Habitans reviennent aussi vîte qu'ils se sont retirez, ils ont bien-tôt rétabli leurs demeures

res, & on la revoit dans le même état, & aussi peuplée qu'elle étoit auparavant. Quoique la Cour du Roi n'approche pas de celle des Rois d'Europe, elle ne laisse pas d'avoir de la grandeur, du faste & de la magnificence: on en peut voir des détails dans l'Ethiopie Occidentale du P. Labat [a].

a T. 2. p. 335.

2. §. La Province où cette Ville est située est nommée par Mr. Baudrand BANZA. Il ajoûte qu'on appelle souvent cette Ville Banza dans le Pays. Cela n'est point du tout exact. Les Peres Missionnaires en ces pays-là, & dont les Ecrits sont insérés dans le Recueil du P. Labat, nous ont appris que ce mot *Banza* ne signifie que Ville, & que les Capitales des Provinces s'appellent *Banza*, c'est-à-dire Ville par excellence ; & pour les distinguer l'une de l'autre, on y ajoûte le nom du Royaume ou de la Province: ainsi *Banza Congo*, *Banza Sogno*, *Banza Batta*, ne veulent dire que la *Capitale du Royaume de Congo*, la *Capitale du Duché de Sogno*, la *Capitale du Duché de Batta*, & ainsi des autres Villes Capitales. Cette Province où est la Ville de San Salvador est aussi nommée PROVINCE DE SAN SALVADOR. Quelques-uns la nomment la PROVINCE DE CONGO proprement dite.

3. SAN SALVADOR DE LEYRE, belle & grande Abbaye d'Espagne au Royaume de Navarre dans la Merindade de Sanguesa aux Confins de l'Aragon. Elle est fort ancienne, & les Evêques de Pampelune s'y retirerent pendant quelque tems, lorsque les Maures eurent envahi le Royaume.

4. SAN SALVADOR. Christophle Colomb donna ce nom à la première Isle qu'il vit & où il aborda dans le Nouveau Monde en 1492. le 12. d'Octobre. Cette Isle qui est une des Isles des Lucayes n'a pas conservé ce nom, que la piété de Colomb lui avoit imposé. On lui a rendu celui de GUANAHANI, que les Habitans lui donnoient alors. Ces Habitans se nommoient LUCAYES, & ce nom leur étoit commun avec les Habitans de quelques autres Isles voisines. De là vient, qu'en étendant ce nom peut-être plus loin qu'il ne falloit, on a appellé ainsi en général toute cette suite d'Isles, qui occupe l'Océan à l'Orient de la Floride. Il est bon de remarquer ici que les Lucayes n'est pas le nom de ces Isles; mais du Peuple qui les habitoit alors. Ainsi on ne doit pas dire les ISLES LUCAYES, mais les ISLES DES LUCAYES.

5. SAN SALVADOR, Ville de l'Amérique dans le Gouvernement de Guatimala, dans une Contrée à laquelle elle donne son nom. Cette Contrée commence à la Bourgade d'Atiquizaya, à laquelle la Riviére de Guacapa prend son origine. Cette Riviére se fait grande & navigable à sept lieues ou environ sa source, après quoi ayant couru treize lieues, elle se mêle dans la Mer du Sud; de sorte qu'il n'y a point de Riviére de l'Amérique, qui en si peu d'espace amasse & jette tant d'eaux, que celle-là. Au pied d'une Montagne qui vomit du feu, près de Coatan, il se forme un Lac très-profond & rempli de Crocodiles. Au milieu de ce Lac est une petite Isle, où les Sauvages appellés Pipeles, croyoient que l'on ne pouvoit aller sans mourir presque aussitôt. Les Espagnols pour les détromper y firent passer des Négres, qui traverserent le Lac avec des Radeaux, & qui trouverent dans l'Isle une Idole en forme de femme, avec des Autels dressés pour sacrifier. Vers la Bourgade de Guaymoco croissent plusieurs Arbres qui rendent du Baume. Toute la Côte appellée Tonala en nourrit d'un bois fort ferme & fort pesant, dont on trouve des Colomnes de cinquante pieds de haut dans un certain Temple. Il y a un petit sentier, qui va de ce Lieu là à la Ville de SAN SALVADOR, & il faut passer à gué la Riviére plus de soixante fois jusqu'au pied d'un grand Volcan nommé le Volcan de SAN SALVADOR, qui ne jette plus de flamme, parce que la matiére en est consumée. L'embouchure en est fort grande & extrêmement profonde, ayant de circuit une demi-lieue. En descendant de cette Montagne on voit comme deux Fournaises, du fond desquelles sort encore une fumée épaisse d'une si mauvaise odeur, que l'on tombe évanouï, quand on s'en approche de trop près. Du pied jusqu'au sommet, elle est couverte de grands Cedres & de Pins, & on y voit en plusieurs endroits de la matiére brûlée. Au pied de cette même Montagne, on trouve aujourd'hui une Caverne ronde, qui a été autrefois une ouverture pour les flammes qu'elle vomissoit, comme le marquent les pierres brûlées, & la terre seche & stérile, qui est à l'entour. De cette Caverne sort une Fontaine fort claire, où les Habitans de la Bourgade de Cuzcatlan, qui est auprès, vont puiser leur eau. Proche de-là est la Ville de San Salvador. Elle est à treize degrés & quelques minutes de Latitude Septentrionale, à quarante lieues vers le Sud-Est de la Ville de Sant Iago de Guatimala, & à sept de la Mer du Sud & du Port appellé vulgairement Acaxutla. Les Sauvages l'appelloient anciennement Cuzcatlan ou Cuzcatan. Tout son Territoire est fertile en Fruits & d'un air fort sain & tempéré. Il y a un Monastére de Dominicains. Proche de la Ville on voit un Lac de quatre ou cinq lieues de tour, où les Sauvages racontent qu'il y avoit autrefois des Serpens d'une grandeur incroyable, qui ont cessé d'y paroître. La Bourgade que les Espagnols appellent la TRINIDAD, & les Sauvages SONSONATÉ, est à quatre lieues du Port d'Acaxutla vers le Sud-Ouest. Elle est située en un terroir fertile & très-abondant en Cacao. C'est le seul Lieu du trafic de toute cette Contrée, & où toutes les Marchandises qui viennent de la Nouvelle Espagne & du Pérou sont transportées. Les Dominicains y ont aussi un Couvent; mais les Sauvages qui habitent les Campagnes sont du Diocése de Guatimala.

6. SAN SALVADOR, Ville de l'Amérique Méridionale au Brésil, dont elle est la Capitale, la Résidence du Viceroi,

Hh

& le Siège d'un Archevêque. Elle est grande, bien bâtie & fort peuplée, située sur la Baye de tous les Saints; mais l'assiette n'en est pas avantageuse, parce qu'elle est haute & basse, & qu'il n'y a presque point de rues, qui soient droites. Il y a un Conseil Souverain, & une Cour des Monnoyes, où pour faciliter le Commerce, on fabrique des Espèces, qui n'ont cours que dans le Pays. Elles portent d'un côté les Armes de Portugal, & de l'autre une Croix chargée d'une Sphere avec cette Inscription, SUBQ. SIGN. STABO. La Ville est défendue par quelques Forts & par plusieurs batteries de Canon du côté de la Mer, & flanquée vers la Campagne de Bastions de terre assés mal construits. Les Hollandois ont fait différens efforts pour s'en rendre Maîtres; mais toujours sans aucun succès, quoiqu'ils y ayent enlevé jusqu'à vingt-deux Navires tout à la fois. Le menu Peuple y est insolent jusqu'au dernier point, mais les autres Habitans sont civils & honnêtes; ils sont riches, aiment le Commerce, & lorsqu'un Bourgeois veut faire un de ses enfans Ecclésiastique, on l'oblige de faire preuve du Christianisme de ses Ancêtres, à cause que la plûpart des familles viennent de race Juive. Les femmes sont fort resserrées & ne voyent personne, n'ayant la liberté de sortir que le Dimanche, à la pointe du jour, pour aller à l'Eglise. Les maris sont extrêmement jaloux, & c'est un point d'honneur parmi eux de poignarder leurs femmes, quand ils les peuvent convaincre d'infidélité. La Ville de San Salvador étant haute & basse, ce qui fait qu'on ne s'y peut servir de Voitures, les Esclaves y font la fonction de Chevaux, & transportent d'un lieu à un autre les plus lourdes marchandises. Cela y rend l'usage du Palanquin fort commun. C'est un Hamac, couvert d'un petit dais en broderie que portent deux Esclaves, par le moyen d'un long bâton, auquel le Palanquin est suspendu par les deux bouts. Les gens distinguez s'y font porter à l'Eglise & dans leurs visites. Les Maisons y sont hautes & presque toutes de pierres de taille & de brique. Les Eglises sont enrichies de dorures, d'argenteries, & d'un fort grand nombre de beaux ornemens. On voit dans la Cathédrale des Croix, des Lampes, des Chandeliers d'argent si hauts & si massifs, qu'à peine deux hommes les peuvent porter. Il y a un petit Couvent de Capucins François & Italiens, & d'autres de Bénédictins, de Carmes & de Cordeliers, qui tous sont fort riches; mais surtout les Jésuites, qui sont au nombre de près de deux cens, y sont fort considérés. Leur Maison est d'une vaste étendue, & leur Eglise grande & bien ornée. Leur Sacristie, qui est longue de plus de vingt-cinq toises & large à proportion, est d'une magnificence dont rien n'approche. Il y a trois Autels, un au milieu de la face qui joint l'Eglise, & les deux autres aux deux extrémités. Sur celui du milieu on voit tous les matins plus de vingt Calices, les uns d'or, & les autres de vermeil & d'argent. Aux deux côtés de cet Autel sont deux grandes Tables qui, sur la longueur, ne laissent que l'espace de deux Portes qui servent à entrer dans l'Eglise. Toutes les faces de ces Tables, qui sont d'un très-beau bois, sont garnies d'Ivoire, de Caret & de plusieurs belles miniatures qu'on a fait venir de Rome. Le quatriéme côté de la Sacristie, qui donne sur la Mer, est percé de haut en bas par plusieurs grandes Croisées, & de très-belles Peintures couvrent le Plafond. Le Terroir de tous les Sains est plat & arrosé de belles Riviéres, & les Portugais y ont des Habitations à plus de cinquante lieues dans les Terres. Les Indiens qui se retirent dans les Bois pour n'être point sujets à leur domination, leur enlevent fort souvent des Bestiaux, & les mangent eux-mêmes, quand ils en attrapent quelques-uns. La Terre produit des Cannes de Sucre, du Tabac, du Coton, du Ris, du Mays & du Manioc, & il s'y trouve des Pâturages, où l'on nourrit un si grand nombre de Bestiaux, que l'on y donne la viande à un sou la livre. On y voit une abondance incroyable de Fourmis, auxquelles on est obligé de porter à manger sur les chemins, pour conserver les Champs semés de Mays & de Manioc. Ceux qui veulent entretenir des Jardins, sont réduits à faire de chaque Carreau une espèce d'Isle, par le moyen de plusieurs petits Canaux, où ces Fourmis se noyent en passant.

Voici ce que Laet rapporte de cette Ville de San Salvador, dans sa Description des Indes Occidentales [a]. Elle est située, dit-il, sur une haute Colline au côté du Nord de Baya de Todos os Sanctos: il ajoûte qu'elle est couverte d'épais Arbrisseaux, où l'on a peine à passer, de sorte que l'on n'y monte que par quelques chemins étroits; Thomas de Sousa l'avoit fait bâtir d'abord en une autre place, qui garde encore aujourd'hui le nom de *Vieille Ville*, vulgairement VILLA VEYA, auprès du Château de Saint Antoine. Elle a deux Portes, l'une vers le Sud & l'autre du côté du Nord avec ses Fauxbourgs, & plusieurs Maisons au pied du Côteau, sur le rivage même de la Baye. On y a bâti quelques Châteaux pour la sûreté de la Ville & de son Port. L'un commande l'Embouchure de cette Baye, & s'appelle le CHATEAU DE SAINT ANTOINE: & l'autre, qui est sous la Ville même, a le nom de ST. PHILIPPE; le troisième qui est le plus grand & le plus fort est au-dessus de la Ville, dans le retour d'un Cap nommé TA SESIPE. Le Gouverneur de ce Gouvernement pour le Roi, l'Evêque, l'Auditeur Général de tout le Brésil, & les autres Officiers Royaux demeurent en cette Ville, qui est ceinte de murailles & ornée de Temples, & autres beaux Edifices. Le Monastère de St. François y est remarquable: les Jésuites le possèdent, & ils y ont un Collège magnifique, avec six Régens pour enseigner & instruire la Jeunesse. Ils sont 80. tant dans ce Collège que dans les endroits voisins, & c'est à leur industrie, & au pouvoir qu'ils se sont acquis

[a] *Lib. 15. c. 21.*

acquis fur les Indiens, que la conſervation du Gouvernement eſt due. Le P. Jarric rapporte que quelques Navires Anglois s'étant efforcés en 1588. de deſcendre en cette Baye, Chriſtophle Govean, Viſiteur des Colléges, & des Maiſons des Jéſuites par tout le Bréſil, voyant que les Portugais étoient trop foibles pour les repouſſer, avertit de ce péril les Peres, qui habitoient les Villages. Ils aſſemblerent auſſi-tôt un grand nombre d'Indiens, qui armés d'Arcs & de fléches accoururent au rivage, & forcerent les Anglois de s'en retourner. L'an 1623. les Portugais craignant la venue des Hollandois bâtirent un Eperon triangulaire de pierres ſur un Rocher environné de la Mer, pour empêcher la deſcente & conſerver les Navires, qui ſeroient ancrés en ce lieu-là.

Quoique ces mots *Baye de tous les Saints*, BAHIA DE TODOS LOS SANTOS, ſoient le nom de la Baye & non pas celui de la Ville qui eſt ſituée ſur cette Baye, quelques-uns l'ont nommée ainſi: Dampier & Coréal ſont de ce nombre. Ce dernier parle ainſi de San Salvador: Bahia de todos los Santos ou Ciudad de Bahia eſt la Capitale du Breſil. C'eſt un Lieu de grand Commerce pour les Portugais & de grand abord pour les Marchandiſes qui s'y trafiquent, telles que ſont les Toiles groſſes & fines, les Bayes, les Serges, & les Perpétuanes; les Chapeaux, les Bas de ſoye & de fil; les Biſcuits, les Farines, le Froment, les Vins de Port-à-Port &c. les Huiles, le Beure, le Fromage, les Bateries de Cuiſine, les Eſclaves de Guinée &c. pour toutes ces choſes on y reçoit en retour de l'Or, du Sucre, du Tabac, du Bois de Teinture, de Breſil, & autres, des Peaux, des Huiles, des Suifs, du Baume de Copahi, de l'Ypecacuana &c. Cette Ville ſi avantageuſe pour les Portugais eſt ſur une hauteur de 80. toiſes qui dépend de la Côte Orientale de la Baye de tous les Saints. Cette hauteur eſt-très-difficile, & on s'y ſert d'une eſpèce de Grue pour monter & deſcendre les Marchandiſes du Port à la Ville. Le terrein de la Ville eſt fort inégal, & la pente des rues eſt ſi roide, que des Chevaux attelez à des voitures ne pourroient s'y ſoutenir. L'abord à la Ville eſt défendu par les Forts de St. Antoine & de Sainte Marie, quoique pourtant on puiſſe aiſément éviter la portée du Canon de ces deux Forts à cauſe de la largueur du Canal. La Ville eſt en général bien fortifiée: mais la Garniſon qui conſiſte en des Soldats Portugais bien faits & propres à tout, excepté au Métier de la guerre, eſt mal diſciplinée & fort adonnée à toute ſorte de débauche; ce ſont la plûpart des Garnemens ſans cœur, auſſi dangereux aſſaſſins qu'ils ſont lâches. Les Habitans de la Ville ne valent pas mieux, ſelon Coréal. Ils ſont, dit-il, voluptueux, vains, ſuperbes, rodomons, lâches, ignorans & fort bigots. Ce n'eſt pas qu'ils ne paroiſſent honnêtes & polis dans leurs manières; mais ils ſont ſi chatouilleux ſur le point d'honneur, ſi jaloux ſur le Chapitre des femmes, & ſi vains ſur leur grandeur, qu'il eſt très-difficile, pour ne pas dire impoſſible, de s'en faire des amis. Les femmes ſont moins viſibles qu'au Méxique, à cauſe de la grande jalouſie des maris; mais elles n'en ſont pas moins libertines, & elles mettent pour venir à bout de leur paſſion toutes ſortes de Stratagèmes en œuvre, quoiqu'aux dépens de leur honneur & de leur vie: car, ſi elles ſont ſurpriſes dans le crime, leurs maris les poignardent ſans qu'il en ſoit autre choſe, & leurs peres ou leurs freres les proſtituent. Elles deviennent alors dès Courtiſanes publiques également au ſervice des Blancs & des Noirs. Si la précaution des maris n'empêche pas les intrigues de leurs femmes, celle des peres n'empêche pas que les meres ne prêtent ſouvent leur ſecours aux filles dès qu'elles ſont nubiles... avec de telles mœurs on ne laiſſe pas d'être très-religieux quant à l'extérieur. Les Egliſes y ſont fréquentées, la Confeſſion y eſt fort commune. Le faſte de la dévotion ſe montre dans tout le dehors. Je n'ai point vu de Lieu où le Chriſtianiſme parût avec plus d'éclat qu'en cette Ville, ſoit par la richeſſe & la multitude des Egliſes, des Couvens & des Religieux, ou par l'équipage dévot des Gentilshommes, des Dames & des Courtiſanes, & généralement de tous les Citoyens de la Baye. On n'y marche point ſans un Roſaire à la main, un Chapelet au cou, & un Saint Antoine ſur l'eſtomac. On eſt exact à s'agenouiller au ſon de l'*Angelus* au milieu des rues; mais en même tems on a la précaution de ne point ſortir de chez ſoi ſans un poignard dans le ſein, un Piſtolet dans la poche & une épée des plus longues au côté gauche, afin de ne pas perdre l'occaſion de ſe vanger d'un ennemi tout en diſant ſon Chapelet. La molleſſe des Habitans de San Salvador & la pente des rues qui eſt fort roide, leur fait regarder l'uſage de marcher comme indigne d'eux. Ils ſe font porter dans une eſpèce de lit de Coton à reſeau, ſuſpendu à une longue perche & épaiſſe que deux Nègres portent ſur leurs épaules. Ce lit eſt couvert d'une Impériale d'où pendent des rideaux verds, ou rouges, ou bleus. On y eſt fort à ſon aiſe la tête ſur un Chevet & le Corps, ſi l'on veut, ſur un petit matelas fort proprement piqué. L'air de cette Ville n'eſt pas ſain, à cauſe de la chaleur violente du Climat, qui cauſe aux Habitans & ſur-tout aux nouveaux venus, des maladies ardentes. Les Vivres n'y ſont pas bons, & les Fruits ſont ſi expoſez aux ravages des Inſectes, qu'on a de la peine à y en cultiver de médiocres. Ce n'eſt pas que les Habitans ne puſſent y remédier avec un peu d'induſtrie; mais la pareſſe les en empêche & dans ce Pays-là on aime bien mieux dormir & cajoler les Dames, que s'occuper à la moindre choſe qui ſoit pénible.

SAN SAVINO (Monte di). Voyez au mot MONTE.

1. SAN SEBASTIAN, Ville & Port de Mer d'Eſpagne dans le Guipuſcoa. Voyez au mot SAINT l'Article SAINT SEBASTIEN.

2. SAN

2. SAN SEBASTIAN au Bresil. Voyez aussi SAINT SEBASTIEN.

3. SAN SEBASTIAN, Place de Portugal dans l'Estremadure près de la Ville de Leyria. C'est un reste de l'ancienne Ville de Colippo, Ville Episcopale de Lusitanie dont le Siége a été transféré à Leyria.

4. SAN SEBASTIAN DE LOS REYES, petite Ville de l'Amérique dans la Terre-ferme proprement dite, & dans la Province de Venezuela à vingt-quatre lieues de Sant Iago de Léon au Midi.

5. SAN SEBASTIAN DE BUENA VISTA. Voyez cet Article au mot SAINT.

6. SAN SEBASTIAN DE LA PLATA, Ville de l'Amérique Méridionale au Popayan, à trente-cinq lieues de la Capitale de cette Province & à trente de Santa Fe de Bogota. Elle est bâtie dans une large Campagne sur la Riviére de Galli, qui va grossir la Riviére de la Magdalaine: elle est sujette aux Tremblemens de terre. Il y a plusieurs Mines d'argent dans son Territoire, & c'est ce qui lui a fait donner le surnom de la Plata, c'est-à-dire d'argent. Cette Ville est à trois lieues d'Onda Ville qui a un Port sur la Riviére de la Magdalaine, & où se déchargent les Canots qui viennent de Carthagéne & du Gouvernement de Sainte Marthe.

SAN SERGIO. Voyez BARZALA & SERGIOPOLIS.

1. SAN SEVERINO, Ville d'Italie dans la Marche d'Ancone, sur la Riviére de Potenza entre des Collines; à six milles de Tolentin, à seize de Macerata & à douze de Camerino en passant par Osimo. Elle est petite & cependant c'est le Siége d'un Evêché suffragant de l'Archevêché de Fermo. Il fut érigé par le Pape Sixte V. en 1586. Cette Ville fut bâtie en 1198. auprès des ruïnes de l'ancienne Septempeda que les Goths avoient détruite en 543.

2. SAN SEVERINO, Ville d'Italie au Royaume de Naples dans la Principauté Citérieure, au Nord de la Ville de Salerne, près de la Riviére du Sarno qui coule ensuite à Nocera. Elle a appartenu à la Maison de San Severino à laquelle elle donne encore le nom; mais elle a été ensuite acquise par le Prince d'Avellino de la Maison de Caraccioli: beaucoup de Villages en dépendent.

SAN SEVERO, Ville d'Italie au Royaume de Naples dans la Pouille dans la Capitanate, au Midi Occidental de Lesina; au Couchant Septentrional & à vingt-quatre milles de Manfredonia & à onze milles du Golphe de Venise. Elle est dans une Plaine, & est le Siége d'un Evêché qui étoit autrefois suffragant de l'Archevêque de Manfredonia; mais il ne dépend plus que du St. Siége.

SAN SILVESTRO, Montagne d'Italie dans la Province du Patrimoine près du Tibre, à six milles d'Otricoli & à vingt-quatre milles de Rome. Comme la petite Ville de Sant Oreste y est bâtie, quelques-uns ont donné à la Montagne le nom de la Ville. Voyez SORACTES.

SAN SOSPIR, Forteresse d'Italie en Piémont au Comté de Nice sur la Côte de la Méditerranée, & près du Port de Villefranche. Il fut bâti par Victor Amédée Duc de Savoye, & fut pris par les François en 1691.

SAN STEFANO, Port d'Italie en Toscane dans l'Etat de Gli Presidii possédé ci-devant par l'Espagne; & cédé à l'Infant D. Carlos, Roi des deux Siciles, Duc de Parme & de Plaisance & Prince héréditaire de la Toscane. Ce Port a pour défense une bonne Forteresse bâtie sur la Pointe d'une petite Presqu'isle. Ce Port est au pied du Mont Argentaro, entre Orbitello & Porto Telamone, à sept milles de l'une & de l'autre.

SAN SYDRO DEL CAMPO, Village d'Espagne dans l'Andalousie auprès de Sevilla la Vieja, dont il n'est qu'à une portée de Mousquet. Il est remarquable par un Couvent de Jéronimites qui y attire les Curieux pour y voir un St. Jérôme de Poterie, qui est le plus rare Ouvrage de ce genre que l'on puisse voir. Il a été fait par un Génois, toutes les Veines, les Tendons, les Muscles tout y est si bien marqué, la posture en est si naturelle, que de quelque côté qu'on le regarde par devant ou par derriére, on est obligé d'avouer que c'est un ouvrage parfait. Il y a dans ce Couvent quatre ou cinq Cloîtres fort beaux avec des Fontaines.

1. SAN TEODORE, Bourg de la Turquie en Asie, dans la Natolie, sur la Côte du Golphe de Satalie entre Antiochetta, & Terassa, avec un Port vis-à-vis de l'Isle de Chypre; quelques-uns y cherchent l'ancienne APHRODISIAS de Cilicie.

2. SAN TEODORO (L'Isle de), petite Isle de la Méditerranée sur la Côte Septentrionale de Candie, dont elle est séparée par un Détroit d'un mille ou de deux. Il y a un Fort sur une Montagne: les Turcs le prirent d'abord en 1645. lors qu'ils commencérent la guerre de Candie. Mr. Baudrand dit que LEUCE est l'ancien nom de cette Isle.

1. SAN THOMAS, petite Ville de l'Amérique Méridionale dans l'Isle de la Trinité. Elle fut bâtie par les Espagnols en 1580. Elle est à soixante lieues de Saint Joseph de Orana.

2. SAN THOMAS, Ville de l'Amérique Méridionale dans la Guiane au bord de l'Orenoque, vis-à-vis de l'Embouchure de la Riviére Europa dans ce Fleuve, qui près de-là se partage en diverses Branches qui font autant de Bouches par lesquelles il entre dans la Mer. Elle appartient aux Espagnols, & fut pillée l'an 1678. par les Flibustiers.

3. SAN THOMAS, Port de l'Isle Espagnole. Les anciens Possesseurs de l'Isle l'avoient nommé ainsi; mais les François qui possédent cette partie l'ont appelé depuis la BAYE DU CAN DE LOUÏSE, & il porte aujourd'hui plus communément le nom de L'ACUL. Ce mot est plus honnête que le précédent qui est une obscénité grossiére digne des Matelots qui l'ont im-
po-

posé. Celui de St. Thomas n'avoit été donné par Colomb qu'en y passant à son premier Voyage, & il n'a subsisté que dans l'Histoire de la découverte de l'Isle.

SAN THOMASO, Cap de la Turquie en Asie en Natolie, dans l'Amasie près de la Ville de Pormon, en tirant vers Chirisonda. On le prend pour le JASONIUM PROMONTORIUM de Cappadoce.

1. SAN THOMÉ, Ville d'Afrique dans l'Isle de même nom vers la Côte de Guinée. Voyez l'Article suivant.

2. SAN THOMÉ, c'est-à-dire ST. THOMAS, Isle d'Afrique [a] dans le grand Golphe de Guinée en la Mer d'Ethiopie précisément sous la Ligne Equinoxiale, ce qui est cause qu'on ne lui attribue aucune Latitude, en Latin *Insula Sancti Thomæ*. Elle est presque d'une figure ronde, & peut avoir quarante lieues de circuit, douze de largeur, & environ autant de longueur. On l'a appellée Isle de Saint Thomas, à cause qu'elle fut découverte le jour de la Fête de cet Apôtre. Les Barbares lui donnent le nom de PONCA. Elle est arrosée de plusieurs Rivières & Ruisseaux d'eau fraîche & claire, qui rendent son terroir très-fertile, & dont la plûpart se vont jetter dans la Mer. Au milieu de l'Isle est une Montagne fort touffue, qui est toujours couverte de neige, & en telle quantité, qu'il s'en forme des Ruisseaux, qui vont arroser les Cannes que l'on a plantées aux pieds. L'air y est très-chaud, intempéré, & mal-sain pour les Etrangers; ensorte que rarement les Européens y parviennent jusqu'à la cinquantième année, quoique les Naturels qui n'abondent pas fort en sang, y vivent souvent jusqu'au delà de cent ans. L'on assure même que les jeunes gens qui sont en état de croître encore, ne deviennent jamais plus grands qu'ils sont, en arrivant à cette Isle. L'extrême chaleur y corrompt les Cadavres en moins de vingt-quatre heures. Cette Isle est quelquefois obscurcie par des brouillards, & couverte de vapeurs malignes, & pour lors les Portugais s'y tiennent enfermés dans leurs Maisons. Cette chaleur & cette humidité de l'air, se ralantissent un peu dans l'Eté aux mois de Juillet & d'Août, à cause des Vents frais & secs qui souflent en ce tems-là, ce qui fait que ces deux mois sont nommés venteux. Ces Vents qui viennent des Côtes de l'Ethiopie, & qui rafraîchissent le Pays, purifient l'air, & redonnent de la force aux Etrangers, que le chaleur avoit rendus lâches; au contraire les Naturels, qui sont décharnés & maigres, en sont très-incommodés. Ces Insulaires ont deux Hyvers, ainsi que tous ceux qui sont sous la Ligne. Ce ne sont pas néanmoins des Hyvers à l'égard du froid, mais seulement à cause des pluyes. L'un arrive au mois de Mars, & l'autre au mois de Septembre, lorsque le Soleil darde ses rayons directement sur leur tête, & qu'il ne produit aucune ombre vers le Midi, ni vers le Septentrion, ce qui arrive précisément deux fois l'année. Le Soleil en attirant de la Mer une grande quantité de vapeurs par sa chaleur excessive remplit l'air de nuées qui se fondent en pluyes: desorte que ses rayons ne pouvant pénétrer au travers de ces nuages, les pluyes continuelles qu'il y fait sont cause que l'air y est plus frais en ce tems-là qu'en aucun autre; ces pluyes durent depuis le mois de Décembre jusqu'au mois d'Avril, & inondent tous les Pays bas. On a le Printems dans cette Isle en Mai, Juin, Juillet & Août, & l'Eté en Décembre jusqu'aux premiers jours de Mars. Pendant tout ce tems l'air y est si chaud & si humide, que les Etrangers sont contraints d'habiter des lieux souterrains. Lorsque la chaleur est parvenue à son plus haut point, elle abat les Habitans jusqu'à n'avoir pas la force de marcher, & la terre y est si brûlante, qu'ils se trouvent obligés de porter des souliers à double semelle avec une pièce de Liège par dessous, pour ne se pas griller la plante des pieds. Cette intempérie de l'air est cause qu'il y regne différentes maladies, surtout des fièvres chaudes & malignes, qui emportent les Etrangers en fort peu de jours.

Vers le milieu du seizième Siècle les Rois de Portugal étant informés de la fertilité du terroir, y envoyèrent quelques gens pour le cultiver, & tous étant morts par la malignité de l'air, ceux qui y furent envoyés ensuite, s'arrêtèrent premiérement en Guinée. Delà ils allèrent demeurer quelque tems à Angola, & vinrent enfin s'établir à l'Isle de Saint Thomé, afin de s'accoûtumer peu-à-peu & comme par degrés à la mauvaise température de l'air. L'on dit aussi que Jean, Roi de Portugal, vendit pour Esclaves tous les Juifs qui refusèrent d'embrasser la Religion Chrétienne, & qu'ayant fait baptiser tous leurs enfans, il les fit transporter en ce Pays-là: c'est d'eux, à ce qu'on prétend, que sont venus ceux qui habitent aujourd'hui cette Isle.

Les Hollandois s'en étant rendus maîtres en 1641. y eurent un si grand nombre de morts, & de malades, qu'à peine resta-t-il dix ou ou douze hommes sains de chaque Compagnie. Jol, leur Amiral, y mourut lui-même avec plusieurs Chefs. La plûpart périrent d'une douleur de tête très-violente qui les jettoit dans une espèce de rage. Il y en eut beaucoup d'attaqués d'un mal de ventre qui les emportoit en quatre jours. Cette grande mortalité ayant obligé ceux qui restoient à faire prier le Comte Maurice, qui étoit alors, dans le Bresil, de leur envoyer des Soldats, des Vivres & du Vin, pour se renforcer, ce Comte écrivit aux Etats des Provinces-Unies, & leur conseilla de faire ce que le Roi d'Espagne avoit fait pendant qu'il étoit en possession de cette Isle, c'est-à-dire d'y envoyer tous les Bannis, & tous ceux qui seroient condamnés aux Galéres ou à être pendus, pour l'habiter, & pour la défendre, ce qu'ils ne pourroient faire que très-difficilement avec la Soldatesque qu'ils avoient à leur solde.

[a] De la Croix Relation d'Afrique, T. 4.

Les Habitans de cette Isle sont de deux sortes, les uns sont blancs comme les Portugais qui en ont fait la première découverte, & qui la trouvérent tout-à-fait inhabitée, & les autres sont Négres que l'on y a menés d'Angola pour travailler. Ceux qui sont nés en cette Isle d'un pere & d'une mere Portugais, ne laissent pas d'étre blancs, quoiqu'ils y ayent demeuré long-tems après leur naissance; mais ceux qui naissent d'un Portugais & d'une Négresse sont bruns ou basanés, & on les nomme *Mulâtres*, c'est-à-dire, de demi-race. Les Naturels du Pays, qui sont Portugais d'origine, y vont habillés comme en Portugal. Il y a même plusieurs Négres, tels que sont ceux qui font négoce, & leurs enfans qui s'habillent de la même sorte; mais les Esclaves, tant hommes que femmes, vont tous nuds, portant seulement un petit linge ou un morceau de Toile de Palmier, sur ce qu'il ne faut pas laisser découvert.

Pour ce qui regarde leur manger, le plus ordinaire est du pain de Patates, dont ils ont de quatre espéces. La premiére s'appelle *Benin*, la seconde *Achorere*, la troisième *Moniconge*, & la quatrième *Safranée*. Ces racines prennent leur nom des différens lieux d'où on les apporte. Les premières sont les meilleures, l'une à cause de sa douceur, & l'autre parce qu'on la peut conserver long-tems. Leur boisson est du Vin de Palmier, ou de l'eau, ou du lait de Chévre. Dans les chaleurs excessives, cinq où six familles se joignent pour prendre leurs repas ensemble, avec leurs femmes & leurs enfans, dans un certain endroit sous terre, s'asseïant autour d'une longue Table, où chacun met ce qu'il a préparé dans sa maison. Ils sont tous de la Religion Catholique, excepté quelques Esclaves ou Marchands, qui n'y ont point de demeure fixe. Le Gouvernement Ecclésiastique appartient à un Evêque dont le Siége est dans la Ville Capitale nommée PAVOASAN. Il est suffragant de l'Archevêque de Lisbonne.

Pendant qu'on parloit d'un Traité de Trêve entre la Couronne de Portugal & les Etats des Provinces-Unies, les raisons de la guerre étant encore dans leur force, cette Isle fut prise par les Hollandois le 2. d'Octobre 1641. sous l'Amiral Jol. Ils l'avoient déja conquise une fois sous le commandement de l'Amiral Pierre Verdoes au mois de Novembre 1610. Présentement elle est sous la Domination de la Couronne de Portugal, & gouvernée par un Viceroi que le Roi y tient, & qui fait sa résidence dans la Capitale avec un Corregidor ou Juge qui exerce la justice sur tous les Habitans. Leurs différends, tant de ceux qui résident dans la Ville, que de ceux qui font leur séjour à la Campagne, doivent être portés en premiére instance devant le Gouverneur; mais l'on peut appeller de sa Sentence à Lovando-San-Paulo, où ils sont jugés en dernier ressort. Ces mêmes Habitans sont tenus de garantir d'embrasement la Maison du Gouverneur, le Château & le Corps de garde; de faire rebâtir sa maison à leurs dépens, & d'entretenir tous les Ports qui sont sur les Riviéres, aux environs de la Ville & à la Campagne, pour faciliter le passage des Chevaux & des Chariots. Le terroir de l'Isle est gluant, argilleux, roux, grossier & ferme comme de la Craïe, ne se réduisant pas facilement en poussiére, à cause de la grande quantité de rosée qui, tombant toutes les nuits, l'humecte, & le rend propre à produire toutes sortes de fruits, & de plantes. Sa bonté paroît, en ce qu'aussi-tôt qu'on laisse quelque Plaine en friche, il y croît des Arbres, qui deviennent fort hauts en peu de tems. Alors les Négres les abatent & les brûlent, pour planter les Cannes de Sucre dans les cendres qui en proviennent. Les Cannes y croissent de tous les côtés dans les Vallées, & poussent trop haut à cause de la grande fertilité du terroir. Après qu'elles ont été plantées dans ces cendres, il leur faut cinq mois pour venir à maturité. On ne coupe qu'au mois de Juin celles que l'on a plantées en Janvier; on fait en Juillet la récolte de celles qui ont été plantées en Février. Ainsi tous les mois de l'année ils coupent des Cannes de Sucre sans que les rayons du Soleil, qui dardent à plomb sur cette Isle en Mars & en Septembre, empêchent leur accroissement, à cause des pluyes de ces deux saisons qui sont d'une utilité fort considérable pour ces Cannes. Quand elles ont cru assez pour être mûres, on les coupe & on les fait briser menu dans des Moulins, que les Portugais nomment *Ingenhos*. On en fait ensuite cuire, & purifier le suc ou la mouelle, dans des grandes Chaudiéres sur le feu. On ne nourrit les Pourceaux que de ces Cannes broyées, ce qui les engraisse extrêmement, & rend leur chair si savoureuse, & si saine, que l'on en fait manger aux malades. Il ne croissoit ni Canne de Sucre, ni Gingembre dans l'Isle de Saint Thomas avant que les Portugais y fussent venus. Ils y en ont porté les premiéres plantes, qu'ils ont cultivées avec grand soin. En 1645. on y avoit établi cinquante-quatre Moulins à Sucre, dont chacun avoit un mois marqué pour moudre. Ces cinquante-quatre Moulins ensemble pouvoient fournir tous les ans six ou sept cens charges de Sucre noir, tantôt plus & tantôt moins, suivant le rapport des Cannes. Il sort de cette Isle tous les ans environ cent mille Arrobes de ce Sucre noir, chaque Arrobe de trente-deux livres, ce qu'on apporte en Europe enveloppé dans des feuilles. Ceux qui demeurent un peu avant dans le Pays, le long des Riviéres, le portent dans des Canots à la Ville, & ceux qui n'en sont pas éloignés, s'y voiturent sur des Chariots tirés par des Bœufs. Leurs autres Marchandises sont des étoffes de Coton, un fruit appellé *Cola*, & choses semblables. Ce fruit vient sur un grand Arbre. Il est gros comme une Noix, & enfermé dans une gousse d'un verd pâle de la grosseur

seur du bras, & longue d'un pied & demi. Il n'est composé que de pepins rouges, à quatre ou cinq angles, couverts d'une peau blanche, & placés tout près l'un de l'autre. Les Négres les mangent, & y trouvent le goût d'une Châtaigne crue, mais un peu amer. Cette amertume se change en douceur en beuvant un Verre d'eau par dessus. L'on fait un grand trafic de ces fruits, & l'on en porte quantité à Lovando-San-Paulo, enfermés dans leur écorce, afin qu'ils se puissent garder long-tems.

Les Marchandises que les Portugais apportent à l'Isle de St. Thomas, consistent en des Toiles de Hollande, de Rouen & autres, en Fil de toutes sortes de couleurs, petites Serges, Bas de soye, Camelots de Leyde, Serges de Nismes, Serges de Seigneur mêlées; en Haches, Serpes, Fer, Sel, Huile d'olives, Cuivre rouge en Lame, Chaudrons de Cuivre, Goudron, Poix, Bray, Cordages, Moules à Sucre, Eau de Vie & toutes sortes de liqueurs distillées, Vins de Canarie, Olives, Capres, fine-fleur de farine, Beurre & Fromage. Le Bled qu'on a semé dans cette Isle n'y a jamais réussi, il pousse seulement un long tuyau qui ne produit ni grain ni épi, à cause que la terre y est trop grasse, & que l'excès de l'humidité empêche qu'il ne puisse avoir le degré de maturité dont il a besoin. Il y a beaucoup de Vignes, qui pendant toute l'année portent des raisins blancs, & des raisins noirs, mûrs, non mûrs & en fleur. On y trouve des Oranges douces, des Oranges aigres, des Limons, des Citrons, des Noix de Coco, des Figues, & des Melons d'eau. Il y a aussi des Peschers, des Oliviers & des Amandiers; mais s'ils produisent quelquefois du fruit, il ne vient point à maturité, ayant besoin d'une fraîcheur desséchante & astringente. Au contraire l'excès d'humidité & de chaleur leur est nuisible. Cette Isle produit aussi des Bananes, des Bacoves, des Pommes de Cascou, de deux ou trois sortes de petites fèves, qu'ils appellent *Losoas*, & du Mahis ou Bled de Turquie, qui leur tient lieu de froment. Il y croît encore un Arbre nommé *Cessigos*, qui pousse des fruits le long de la tige, comme si c'étoient des bouteilles d'eau qui en sortissent. Il n'a des feuilles qu'au bout de ses branches. Ces fruits sont un peu couverts de poil que l'on coupe avant que de les manger. Ils sont peu charnus, ont un noyau tendre, & sont doux & rafraîchissants. Les Habitans tirent du vin des Palmiers qui y viennent en grand nombre, & font de l'Huile avec les noyaux. Leurs herbes potagéres sont des Choux, il y a des Arbres qui en produisent, des Navets, des Raves, de la Sauge, des Laitues, de la Poirée & du Persil.

Les Animaux qu'on y voit sont particuliérement des Pourceaux, des Vaches, des Moutons, des Boucs, des Chévres & quelques petites Chevaux roux, avec des Poules d'Inde, des Oyes, des Canards, des Touterelles, des Poules, des Grives, des Perdrix, des Merles, des Etourneaux, de petits Perroquets & plusieurs autres espèces. La Mer aux Côtes de l'Isle produit de grosses Baleines, & grand nombre de poissons; les Riviéres n'y sont pas moins poissonneuses. Il y a de tous côtés, soit dans les Plaines, soit dans les Montagnes des Ecrevisses de terre d'une couleur verte, qui vivent sous terre comme des Taupes, rongent les plantes & font grand dégât par tout le Pays. On y voit beaucoup de Moucherons, sur-tout dans les lieux environnés d'Arbres. Ils sont de beaucoup plus gros que les nôtres, & incommodent extraordinairement ceux qui vont dans les Forêts abatre du bois pour cuire le Sucre. Il y a plusieurs années qu'il s'y engendra un grand nombre de Fourmis qui broutoient tout ce qu'elles trouvoient jusqu'aux cimes des Cannes; mais elles moururent toutes, sitôt que le tems changea. Des Rats font aussi de grands dégâts aux Cannes de Sucre.

Ajoutons à tous ces détails ceux qu'en fournit le P. Labat sur les Mémoires du Chevalier des Marchais. Cette Isle est sous l'Equateur pour sa Partie Méridionale. Elle occupe à peu-près tout le vingt-cinquième degré de Longitude. Elle est éloignée du Cap Ste. Claire dans le Continent d'Afrique d'environ cinquante lieues, & de trente-cinq ou environ de celui de *Lopo Gonzalès*. Elle est presque ronde. On lui donne près de quarante lieues de circonférence. Elle fut découverte le jour de la Fête de S. Thomas 21. de Décembre en 1495. par les Portugais, lorsqu'ils cherchoient le chemin des Indes. Sa Ville Capitale se nomme St. Thomé, & plus communément Panoasan. Elle a un Château environné de quatre Bastions. Outre cette Ville, il y a plusieurs Villages répandus dans l'Isle, & près de quatre cens Moulins à Sucre, & environ sept cens familles de Portugais blancs, ou mulâtres, c'est-à-dire nés d'un Portugais & d'une Négresse, ou Noire. Les Mulâtres épousent souvent des Négresses, & produisent à la fin des enfans qui, quoique noirs comme du charbon, ne laissent pas de se dire Portugais. Et en cette qualité ils sont élevés aux Charges Ecclésiastiques, Politiques & Militaires, & sont regardés comme *Fidalgues*, c'est-à-dire Nobles ou Gentilshommes. Presque tout le Clergé de la Cathédrale étoit de cette couleur. L'Evêque étoit presque le seul Prêtre blanc qu'il y eut dans l'Isle en 1725 [a].

Il y a un très-grand nombre de Négres Esclaves dans cette Isle: ils sont baptisés & portent tous un Chapelet au col: c'est la principale pièce de leur Christianisme, car ils sont d'une ignorance extrême sur les points de la Religion, & d'ailleurs corrompus de toutes les maniéres; cependant ils vivent très-long tems. Un homme de cette couleur y est encore jeune à soixante & dix ans: le terme ordinaire de leur vie est de cent à six-vingts ans, pendant que les Blancs, même les plus forts, ne vivent pour le plus que cinquante à soixante ans.

Ce n'est pas un Pays propre aux Européens,

[a] L'Abat, Voyage du Chevalier des Marchais.

péens, même aux Portugais. La chaleur y eſt extrême & continuelle durant tout le cours de l'année: elle fait élever des vapeurs, qui s'épaiſſiſſent, & qui ſe putréfient de maniére, que l'air qui en eſt infecté produit dans les corps des hommes deux maladies preſque continuelles, ou du moins périodiques, dont les Naturels du Pays ne ſont pas plus exempts que les autres; mais qui ſont moins violentes & de moindre durée. La première de ces maladies eſt une fiévre très-violente. Elle arrive aux Naturels du Pays réglément tous les huit ou dix jours; mais elle ne leur dure que quelques heures, au lieu que les Etrangers en ſont tourmentés pendant vingt ou trente jours. La ſeconde maladie s'appelle en Portugais *Bitios de Cu.* C'eſt un ulcére qui vient au fondement, & qui cauſe des douleurs aigues avec fiévre, & transport au cerveau. On la nomme aux Iſles Françoiſes le mal de Siam, parce qu'elle y fut apportée par le Vaiſſeau du Roi de France nommé l'Oriflâme, qui revenant de Siam après la déroute des François en ce Pays-là, avoit été obligé de relâcher au Breſil, où il ſe chargea de cette mauvaiſe drogue qu'il apporta à la Martinique. On auroit plutôt du appeller ce mal *Mal de St. Thomé*, puiſqu'il en vient originairement. On ne peut pas imaginer les deſordres qu'il a faits aux Iſles, & ſur les Côtes de la Terre-ferme de la Nouvelle Eſpagne, & combien il a emporté de milliers de perſonnes. Mais enfin, l'on a trouvé un remède ſpécifique & prompt pour ſa guériſon. Les maux vénériens & l'hydropiſie ſont auſſi des maladies très-communes à S. Thomé. Les jours, & les nuits y ſont toujours égaux. Les nuits y devroient être fraîches par l'abſence du Soleil, néanmoins les terres y ſont ſi pénétrées de l'ardeur du Soleil, qu'elles ſemblent même pendant la nuit être des Fournaiſes ardentes pendant les mois de Décembre, Janvier, & Février. Les mois de Juin, de Juillet, & d'Août ſont les meilleurs & les plus ſains de l'année; les Vents de Sud-Eſt & de Sud-Oueſt, qui viennent de la grande Terre, rafraîchiſſent l'air, & le purifient. L'Iſle de S. Thomé ainſi que tous les autres Pays qui ſont ſitués ſous la Ligne, a deux Hyvers & deux Etés. Les Hyvers conſiſtent en pluyes, qui tombent abondamment aux deux Equinoxes. Elles durent depuis la fin de Décembre juſqu'à la fin de Mars, & depuis la fin de Juin juſques vers la fin de Septembre.

On prétend, qu'il y a au centre de l'Iſle une haute Montagne, comme le Pic de Teneriffe, toujours couverte de neige. C'eſt de ce Pic que coulent les Ruiſſeaux, qui arroſent l'Iſle. Ils ſont en grand nombre, & il y en a de ſi conſidérables, que les Portugais ont donné à quelques-uns le nom de Riviéres. On les a coupés en pluſieurs Branches, qui rendent aux terres la fertilité, que la chaleur exceſſive leur ôteroit entiérement ſans ce ſecours.

Il y a peu de terres plus fertiles, que celles là. Les Cannes de Sucre y viennent en perfection, auſſi-bien que les Légumes de toute eſpèce; le Mahis, le Mill, le Manioc, les Melons, les Patates, les Figues, les Bananes, les Dattes, les Cocos, les Oranges & les Citrons y ſont en abondance. Les Moutons, & les Cabrits y ſont excellens. Le Bœuf y eſt plus petit qu'en Europe, & n'eſt pas ſi gras. On y éleve une quantité prodigieuſe de Cochons. Les Volailles y multiplient infiniment, & y ſont très-bonnes. Les Lapins, que l'on y a portés de Portugal, s'y ſont auſſi extrêmement multipliés, & ont un fumet admirable. On dit qu'on y a voulu ſemer du Froment, & qu'il y croiſſoit à la perfection; mais que le épis étoient vuides pour la plûpart, & que les autres n'avoient qu'un très-petit nombre de grains. Mais cela n'eſt pas étonnant, il faut donner au grain le tems de ſe naturaliſer. Il ne faut que quatre mois au Froment pour germer, pouſſer, & ſe mûrir.

La Ville de *Panoaſan* eſt grande, on lui donne plus d'une demi-lieue de circuit, quoiqu'elle ne renferme qu'environ cinq cens Maiſons, & trois ou quatre Egliſes. Elles ſont bâties de bois blanc que l'on dit être auſſi fort que le Chêne d'Europe. Le devant, le derrière des Maiſons, les ſéparations des appartemens, & même les toits ſont compoſés de planches de ce même bois. Il n'y a dans toute l'Iſle, que la Maiſon, ou le Palais du Gouverneur, & trois ou quatre autres, qui ſoient bâties de pierre. La Ville n'étoit fermée que d'un retranchement de Paliſſade avec un foſſé: elle étoit accompagnée d'un Château à peu près de même force, lorſque les Hollandois s'en rendirent maîtres en 1599. Les Portugais, qui s'étoient ſauvés dans les Montagnes, revinrent après leur départ: ils environnérent leur Ville d'un meilleur rempart, quoiqu'il ne fût compoſé que de terre ſoutenue par des Paliſſades. Ils creuſérent auſſi, & élargirent beaucoup leurs foſſés du côté de la Terre. Ils ſirent du côté de la Mer des Fortifications de pierres, & bâtirent un Fort, qu'ils environnérent de bonnes Courtines de pierres avec quatre Baſtions; le Fort s'appelle S. SEBASTIEN, ſes murs, & ſes remparts, qui ſont tout de pierre, ont vingt-cinq pieds d'épaiſſeur. Ce ſeroit une Place imprenable dans ce Pays-là, ſi elle étoit défendue par cent bons hommes. Elle réſiſta effectivement en 1610. aux Hollandois qui y périrent tous. Il eſt vrai qu'ils la prirent avec la Ville en 1641. mais leur Flote, & toutes leurs Troupes y furent tellement défaites, qu'à peine avoient-ils des Soldats pour mettre des Sentinelles, & des Matelots pour fournir deux Navires, ce qui les avoit obligés à abandonner, ou à brûler les autres. Depuis ce tems-là les Hollandois ont perdu l'envie de s'aller faire enterrer dans ce dangereux Pays.

Les Roſeaux ſucrés, ou Cannes à Sucre y viennent naturellement, & ſans culture. On tire tous les ans de cette Iſle plus de trois millions de livres de Sucre. On a planté des Vignes en cette Iſle, & elles por-

portent trois fois l'an: elles produifent des raifins blancs, des bleus & des noirs: elles font toujours chargées; l'inconvénient qu'il y a, eft qu'on voit dans la même grape des grains, qui fe forment, d'autres qui font en fleur, & d'autres, qui font mûrs. On peut remédier à ce defaut.

L'Ifle de St. Thomé, eft accompagnée de deux petites Ifles qui ne font pas habitées, & dont la première, qui porte le nom d'ISLE DES CHEVRES, eft à l'Eft. Il n'y a que des Chévres que l'on y a mifes qui ont beaucoup peuplé, & qui font d'un goût excellent, la difficulté eft de les avoir; car elles font extrêmement fauvages & fe retirent dans des lieux d'un accès très-difficile: il n'y a qu'elles & les Négres, qui y puiffent grimper. L'autre Ifle s'appelle l'ISLE ROLLES, elle eft au Sud à un quart de lieue de St. Thomé; le paffage eft fain, & le mouillage y eft bon, on s'y peut retirer dans un befoin.

3. SAN THOMÉ, Ville Maritime de l'Indouftan, fur la Côte de Coromandel au Royaume de Carnate [a]. Les Indiens la nomment MELIAPOUR, & les Anciens l'ont connue fous le nom de CALAMINA. Les obfervations du P. Richard portent que la Latitude de San Thomé, eft de 13. degrés 10. minutes. San Thomé étoit, il n'y a pas 40. ans, une des plus belles Villes & des mieux fortifiées qui fuffent aux Indes. Elle appartenoit aux Portugais; mais comme ils fe voyoient dépouillés peu-à-peu par les Hollandois de leurs principaux Etats, ils prirent le parti d'abandonner cette Place au Roi de Golconde. Monfieur de la Haye François envoyé aux Indes avec une Flote de dix Vaiffeaux de guerre, crût avoir des raifons pour l'attaquer: il fit fa defcente & l'emporta en peu d'heures, au grand étonnement des Indiens; il la conferva pendant deux ans, & les François en feroient encore aujourd'hui les Maîtres, s'il lui fut venu du fecours d'Europe.

Le Roi de Golconde craignit à fon tour que les François ne fongeaffent à reprendre ce pofte. C'eft pourquoi il fe détermina à démanteler la Foctereffe & la Ville: c'eft de fes débris qu'on a augmenté & étendu la Ville de Madras. Cependant Aurengzeb conquit le Royaume de Golconde, & le Mogol eft aujourd'hui le Maître de San Thomé. Les Portugais ne laiffent pas d'y avoir un beau Quartier où l'on voit des Maifons affés agréables, & des Rues fort larges. Cette partie où ils fe font retirés eft environnée de murailles, & ils y ont déja commencé quelques petits Baftions. Voyez CALAMINA & MELIAPOUR.

SAN VISILI, ou SAINT BASILE, Bourgade de la Morée fur la Riviére de Teira entre les Villes d'Argos & de Corinthe, à cinq lieues de l'une & de l'autre. Quelques-uns la prennent pour l'ancienne CLEONA, d'autres en diftinguent la pofition.

SAN VENETICO, petite Ifle de la Gréce fur la Côte Méridionale de la Morée, près de l'Ifle de Sapienza entre Modon & le Cap de Gallo, qui eft à l'entrée du Golphe de Coron. C'eft plutôt un Ecueil qu'une Ifle.

[a] Lettres Edifiantes t. 15. p. 23.

1. SAN VICENTE, Cap du Portugal à l'extrémité de l'Algarve. Il a été connu des Anciens fous le nom de Promontoire Sacré. Voyez au mot CAP.

2. SAN VICENTE DE LA BARQUERA, petite Ville Maritime d'Efpagne dans la Biscaye, & la derniére des quatre Villes de la Côte, avec un Port & deux Ponts. Elle eft fituée dans une large Plaine entourée de bonnes murailles, & affés forte. Elle eft la pêche en abondance. Il y a trois cens familles, une Paroiffe où font quatorze Bénéficiers, & un Couvent de Francifcains. Le Roi Alphonfe IX. la peupla en 1173. & lui octroya de grands privilèges.

3. SAN VICENTE DE SONSIERRA, Ville d'Efpagne en Caftille au Comté de Rioxa, à une lieue de Brione fur une haute Colline affés près de l'Ebre, qui lui fournit du poiffon, & répandant la fertilité dans fon Territoire y produit les befoins de la vie. Il y a de bonnes murailles & un Château. Il y a deux cens foixante Habitans. Elle fut peuplée deux fois, la première par D. Sanche Abarca Roi de Navarre l'an 980. & la feconde par D. Sanche VIII. à qui Charles II. du nom dans ce Royaume, en récompenfe de fes grands fervices, accorda en 1377. le Privilège de Nobleffe à quiconque l'habiteroit, tant pour le préfent qu'à l'avenir; de forte qu'ils ne feroient point obligés de fervir dans les Armées, finon en qualité de Gentilshommes de Navarre. D. Jean II. Pere du Roi D. Ferdinand V. fatisfait de leur conduite y ajouta encore d'autres Privilèges.

4. SAN VICENTE, Ville de l'Amérique Méridionale dans le Brefil, fur la Côte de la Mer du Nord avec un Port. La Ville eft fituée fur l'Ifle de Los Santos, felon Mr. de l'Ifle. Mr. Baudrand dit dans l'Ifle d'Amaro, mais Mr. de l'Ifle diftingue ces deux Ifles & met celle d'Amaro au Nord-Eft de celle où font fituées San Vicente & Santos. La première eft marquée comme une Ville importante & Capitale de la Capitainie de même nom, l'autre comme une Bourgade à l'extrémité Orientale de l'Ifle, qui d'ailleurs occupe prefque entièrement une petite Baye, & ne laiffe autour de foi qu'un Canal pour l'écoulement de deux Riviéres qui y tombent. Selon le Pere Jarric Jéfuite, St. Vicent eft au 24. d. deLatitude Auftrale, à quarante lieues de Rio Janeiro. Cette Ville au refte eft peu de chofe & les Relations confultées par De Laet ne lui donnent que foixante à foixante & dix Maifons, & environ cent Habitans, tant Portugais que Métifs. Il ajoute que le Port n'en eft pas bon & que les grands Navires n'y fauroient entrer.

5. SAN VICENTE (La Capitainie de), Province Maritime du Brefil. Elle eft bornée au Nord par la République de St. Paul & par la Capitainie de Rio Janeiro, qui la borne auffi à l'Orient, la Mer acheve de la borner à l'Orient & partie au Midi jufqu'au delà de Rio Garatuba, après quoi commence la Capitainie du Roi. Le Paraguai la borne au Nord-Oueft; de

I i *forte*

forte qu'outre qu'elle est assés étroite par rapport à sa longueur, elle est encore diminuée par le terrain qu'occupe la République des Paulistes de la quelle je donne ailleurs la description. Les Lieux les plus remarquables de le Capitainie de St. Vincent sont le Port DOS CASTELHANOS, sous l'Equateur, l'Isle de SAINT SEBASTIEN, celle des ALCATRAZES qui est beaucoup plus petite, le Fort ST. JACQUES en Terreferme, l'Isle d'AMARO, où sont le Fort SAN FELIPPE au Nord & le Fort DACRUZ au Midi, l'Isle où est ST. VINCENT & le Bourg de SANTOS, la Riviére d'ITAMHAEM, où se rendent celles de VIRIGI, de GUARAHUBA & de GUAPURA; on trouve ensuite la Riviére d'UNA, celle d'UBAHUG, l'Isle de CANANEA, le Mont IBIANGI, & la Riviére de même nom; & à son Embouchure le Lieu nommé CANANEA, le Port de PERNAGUA, & enfin la Riviére de GARATUBA; après quoi on entre dans la Capitainie du Roi. La République de St. Paul est dans les Terres. Mr. Baudrand compte apparemment pour rien la Capitainie du Roi, quand il dit que celle de St. Vincent s'étend jusqu'à la Riviére de la Plata. Il s'en faut beaucoup que cela ne soit véritable.

6. SAN VICENTE, ou ST. VINCENT, L'une des Isles du Cap Verd sur la Côte d'Afrique. Voyez au mot SAINT l'Article SAINT VINCENT.

SANTA, surnom d'une Vallée de l'Amérique au Pérou, dans l'Audience de Lima [a]. Elle est longue & large, & étoit anciennement fort peuplée. Les anciens Habitans n'étoient point nuds comme beaucoup d'autres. Leurs cheveux étoient liez de certaines Bandes particuliéres, & ils avoient d'autres ornemens de tête qui les distinguoient de leurs voisins. Cette Riviére est coupée d'une Riviére rapide & assés large qui s'enfle fort, lorsqu'il pleut beaucoup dans les Montagnes, & où ceux qui navigent dans la Mer du Sud abordent souvent pour faire de l'eau. On trouve dans cette Vallée quantité de fruits tant étrangers que naturels au Pays. L'épaisseur des Bois & des Halliers dont elle est couverte y fait naître une quantité prodigieuse de Mosquites ou Moucherons, dont les Voyageurs & les Habitans sont extrèmement incommodés. La petite Ville de PARILLA est située dans cette Vallée.

1. SANTA AGATA, petite Ville d'Italie au Royaume de Naples, dans la Basse Calabre au pied de l'Appennin, à cinq milles de Regio, & à douze de Bove. Elle est forte & habitée par les Grecs.

2. SANTA AGATA DE GOTI, Ville d'Italie au Royaume de Naples dans la Principauté Ultérieure sur un Rocher, aux confins de la Province de Labour, avec un Evêché suffragant de l'Archevêché de Benevent. Elle est petite, peu peuplée, entre Benevent & Capoue, à distance égale de ces deux Villes.

3. SANTA AGATA. Voyez SANTIA.

1. SANTA ANNA (Cabo di) Cap d'Afrique sur la Côte Occidentale de la Nigritie près d'Arguin, à deux cens cinquante milles du Cap Verd. Voyez au mot CAP.

2. SANTA ANNA, Isle de la Mer du Sud entre les Isles de Salomon.

3. SANTA ANNA, Bourgade d'Italie au Royaume de Naples, dans la Calabre Ultérieure près de la Mer de Toscane, à sept lieues de Regio. Voyez DECASTIDIUM.

SANTA BARBARA, Détroit de la Mer du Sud sur la Côte Occidentale de la Californie, entre ce Continent & quelques petites Isles dont St. Clément & Parraos sont les principales.

1. SANTA CATALINA, Port de Mer de l'Isle de Cuba, sur la Côte Septentrionale à l'Orient du Port du Prince. Christophle Colomb qui le découvrit la nomma ainsi, parce qu'il y entra le 25. Novembre 1492.

2. SANTA CATALINA, Isle de la Mer du Nord dans l'Amérique à l'Orient de la Province Nicaragua au Nord de celle de Veragua. Les Cartes la nomment l'Isle de Ste. Catherine, ou de la PROVIDENCE. Ce dernier nom lui a été donné par les Anglois de la Jamaïque qui s'en sont emparés. Mais les Espagnols qui s'en sont ressaisis lui ont rendu son premier nom. Cette Isle a un Port commode & une petite Forteresse construite par les Espagnols.

3. SANTA CATALINA, Isle de la Mer du Sud entre les Isles de Salomon.

SANTA CHRISTINA, Bourg d'Espagne au Royaume d'Aragon, aux Frontiéres de France près des Pyrénées, aux sources de la Riviére d'Aragon, quatre lieues au-dessus du Jacca. Il y a aussi dans ce Quartier-là une Montagne de même nom qui fait partie des Pyrénées.

SANTA CLARA, petite Isle de l'Océan près des Canaries, vers le Nord de l'Isle de Lancerote. C'est moins une Isle qu'un Rocher.

SANTA CROCE, Ville de la Turquie en Asie dans la Natolie dans le Pays d'Aidin-ili. Elle a été considérable & même c'étoit le Siège d'un Archevêché; mais à présent elle est presque ruïnée. Son nom moderne est Italien, & est une Traduction du nom Grec STAVROPOLIS.

1. SANTA CRUZ, Ville d'Afrique sur la Côte Occidentale de la Barbarie, au Royaume de Suz qui fait partie du Royaume de Maroc. Elle est sur un Cap que forme l'extrémité du Mont Atlas, & que l'on nomme le Cap d'Aguer; ce qui fait que les gens de Mer confondent souvent ces deux noms & donnent à la Ville celui du Cap. Il y a un Port, & une Forteresse bâtie par les Portugais à qui les Maures la prirent en 1536. Ils l'ont gardée depuis ce tems-là.

2. SANTA CRUZ, grande Isle de la Mer du Sud, à l'Est Nord-Est de la Terre Australe du St. Esprit, entre les Isles de Salomon dont elle est une des plus considérables. Elle est entre le 20. & le 21. degré de Latitude Australe & le 200. d, de Longitude la coupe dans sa partie Orientale. Elle fut découverte, dit Mr. Baudrand, par l'Adelantade Alvar de Mendana

dana qui y mourut de maladie. Elle peut avoir cent lieues de tour. Sa longueur est d'Orient en Occident. Elle a une belle Baye dans sa partie Septentrionale, & cette Baye a été nommée par les Espagnols BAYA GRATIOSA. Cet Auteur ajoute qu'elle est fort peuplée & fertile, & il compte de là à Lima dix-huit cens cinquante lieues. Il cite pour Garant de ces particularitez Christophle Suarez de Figueroa.

3. SANTA CRUZ DE LA SIERRA, c'est-à-dire Sainte Croix de la Montagne, Ville de l'Amérique Méridionale, dans la partie la plus Méridionale d'une Province nommée la Sierra. On nomme aussi cette Ville la BARANEA. Elle est située au pied d'une Montagne sur la Riviére de Guapay, vers les Frontiéres du Paraguai, & à cent de Los Charchas. C'est le Siége d'un Evêché suffragant de l'Archevêché de la Plata ; mais l'Evêque réside le plus souvent à Misco ; elle appartient aux Espagnols. Quoique située au pied d'une Montagne, elle est dans une Campagne ouverte d'où s'étendent d'autres Plaines & des Vallées où l'eau manque, ce qui fait qu'elles ne sont point peuplées. Les Maisons y sont couvertes de feuilles de Palmiers. Un Torrent qui sort d'une Roche & qui forme un Lac fort poissonneux à quatre lieues de la Ville, passe tout auprès : c'est ce que nous avons nommé ci-dessus la Riviére de Guapai. Le terroir abonde en divers Fruits qu'on estime fort, à l'Amérique pour leur bon goût. Il s'y trouve une sorte de Palmiers, du tronc desquels on fait de la Farine en grande abondance ; c'est une assez bonne nourriture. Les Raisins, les Figues, les Melons y viennent fort bien ; mais la terre n'est pas propre pour le Froment, non plus que pour les Grenades.

4. SANTA CRUZ DE LA SIERRA, ou simplement la Sierra, Contrée de l'Amérique Méridionale au Pérou dans l'Audience de Los Charchas, aux Confins du Paraguai. Elle prend son nom d'une Colonie Espagnole qui en est devenue la Capitale. Elle a son Lieutenant Gouverneur particulier que le Viceroi du Pérou y établit. Les Habitans originaires de cette Province sont d'un naturel bas & pesant & n'ont presque aucune industrie. Ils ont la Langue des Diaguitas commune entr'eux, & quatre autres Langues particuliéres dont ils se servent selon la diversité des Nations. Les hommes portoient de larges chemises qu'ils faisoient de plumes d'Autruche & les femmes en avoient de plus étroites, faites de paille ou de laine de Brebis du Pérou. Aujourd'hui ils ont appris à filer le Coton, & ils en ont des étoffes.

5. SANTA CRUZ DE MOPOX, Ville de l'Amérique en Terre-ferme, au Gouvernement de Carthagène, à soixante & dix lieues de Carthago, & à six-vingt d'Antiochia Ville du Popayan. Cette Ville est sur la Riviére de la Magdelaine qui l'environne de ses eaux, & lui donne la communication avec Carthagène, d'où les Barques viennent par Mer jusqu'à l'Embouchure de cette Riviére qu'elles remontent jusqu'à Santa Cruz. Cette Ville est mal-saine à cause des Marais & des Etangs dont elle est environnée ; mais sa position avantageuse pour le trafic fait surmonter ce desagrément.

6. SANTA CRUZ DE LA ZARZA, ou ZARÇA, Bourg d'Espagne dans la Castille Neuve au Pays de la Sierra, près du Tage à sept lieues d'Ocaña, vers Cuenza & à treize de Madrid vers l'Orient d'Hyver.

7. SANTA CRUZ, Port de l'Amérique dans l'Isle de Cuba sur la Côte Septentrionale, sur le petit Golphe de Matanças, à vingt-cinq lieues de la Havana.

SANTA EUFEMIA, petite Ville d'Italie au Royaume de Naples dans la Basse Calabre, avec un Port sur la Côte du Golphe auquel elle donne son nom, entre l'Embouchure du Limato & le Cap Suvaro. Elle fut à demi-ruinée par un grand Tremblement de terre arrivé en 1638. ; & est peu considérable à présent. Voyez l'Article LAMETIA. Le Golphe nommé aujourd'hui de Ste. Euphémie a été nommé LAMETINUS SINUS par les Anciens.

1. SANTA FE, petite Ville d'Espagne au Royaume de Grenade dans une Plaine sur le Xenil, deux lieues au-dessous de Grenade avec un Château près de la Fontaine nommée Los Ojos de Guescar. Elle fut bâtie par Ferdinand & Isabelle en 1491. durant le Siége de Grenade, & ils y faisoient leur séjour bien résolus de n'en point partir qu'après la prise de cette Place. Ce fut alors que le feu ayant pris à Santa Fé, ils prirent cette occasion de la faire rebâtir plus belle qu'elle n'étoit auparavant. Quatre Grands de Castille, les Villes de Séville, de Cordoue, de Jaen, d'Ecija, d'Ubeda, de Baeça, de Xerez, d'Auduxar, & les Grands Maîtres des Ordres Militaires, en prirent chacun un Quartier à réparer ; de sorte que cette Ville fut rétablie en très-peu de tems, avec des Tours & un Fossé profond. Elle est quarrée, avec quatre principales Rues qui se coupent en croix & dont chacune est terminée par une Porte. Il y a trois-cens Familles, une Paroisse, un Couvent d'Augustins déchaussez : on y recueille abondamment du Bled, du Vin, & des Fruits, on n'y manque ni de Volaille, ni de Gibier ; & on y fait de la soye très-fine.

2. SANTA FÉ, Ville de l'Amérique Septentrionale au Nouveau Méxique dont elle est la Capitale, à trois cens lieues au Nord de la Ville de México, dans les Montagnes à l'Orient & à quelque distance de Rio del Norte, entre Xacona au Nord, Galisteo au Nord-Est, & Xerès au Couchant.

3. SANTA FÉ, Ville de l'Amérique au Méxique dans la Province de Veragua dans l'Audience de Guatimala, au Couchant Septentrional de Panama, entre la Mer du Nord & celle du Sud ; mais plus près de la première que de la seconde, & à douze lieues de la Conception.

4. SAN-

4. SANTA FE', Ville de l'Amérique Méridionale au Paraguai dans la Province de Rio de la Plata, au bord Occidental de Rio de la Plata, entre les Embouchures du Saladillo & de Rio Salado. Le Pere Florentin Capucin qui la vit vers la fin du Mois d'Août 1712. dit [a] qu'il fut huit jours à aller de Buenos Ayres à Santa Fé; que c'est une petite Bourgade éloignée d'environ soixante lieues de Buenos Ayres, & qu'elle est située dans un Pays fertile & agréable le long d'une Riviére qui se jette dans le grand Fleuve de la Plata. Coréal en parle plus noblement. De Buenos Ayres, dit-il, à Santa Fé le Pays est toûjours également beau & bien peuplé. La terre produit beaucoup de froment & abonde en Bêtes à cornes. Santa Fé, poursuit-il, est une petite Ville au bord de la Plata entre deux Riviéres. Elle est assez jolie & bâtie de chaux & de briques. On assure que la terre entre cette Ville & Cordoue dans le Tucuman est pleine de Mines d'or & d'argent.

[a] Lettres Edif. t. 13. p. 231.

5. SANTA FE' D'ANTIOCHIA, Ville de l'Amérique Méridionale dans la Terre-ferme au bord Oriental de la Cauca à l'Orient d'*Antioquia*, & à quinze lieues de cette Ville. Quelques-uns les confondent mal-à-propos, voyez ANTIOCHE N°. 18. On a donné le surnom d'Antioquia à Santa Fé parce que les Habitans d'Antioquia abondonnant leur Ville s'y sont retirez & en ont été les principaux Fondateurs. Elle est dans l'Audience de Santa Fé dans sa partie Méridionale.

6. SANTA FE' DE BOGOTA, Ville de l'Amérique Méridionale, au Nouveau Royaume de Grenade sur la petite Riviére de Pati qui se jette dans celle de la Magdelaine, auprès des Montagnes de Bogota dont elle prend son nom distinctif. Elle est la Capitale du Nouveau Royaume de Grenade le Siège d'un Archevêché & d'un Tribunal Souverain dont le Président est Gouverneur de tout le Nouveau Royaume de Grenade. Il y a aussi une Université érigée en 1610. par Philippe III. Roi d'Espagne. Son Archevêché fut fondé en 1554. par le Pape Jules III.

SANTA FIORA, Place d'Italie en Toscane dans le Siénois avec un Château au Quartier de la Montagnata à la Source de la petite Riviére de Fiora, à quatre milles des Confins de l'Etat de l'Eglise, à douze d'Aquapendente & à autant de Saona. C'étoit un petit Etat particulier que le Duc Sforce vendit au Grand-Duc de Toscane en 1631.

1. SANTA LUCIA, petite Ville de Sicile dans la Vallée de Demone, dans le District de Messine au bas des Montagnes près du Torrent de Rosmarino. Ce Lieu a titre de Duché, à vingt-cinq milles de Messine à l'Occident, & à dix de Milazzo au Midi.

2. SANTA LUCIA. Voyez au mot SAINTE les Articles SAINTE LUCIE.

1. SANTA MARIA, Bourg d'Italie sur une haute Montagne avec un Château, entre l'Etat du Grand-Duc de Toscane & le Duché d'Urbin. Il est près du Tibre, à trois milles de Citta di Castello du côté de l'Occident.

2. SANTA MARIA, petite Forteresse d'Italie dans l'Etat de Gênes sur le Golphe de la Specia, à deux lieues de Porto Venere.

3. SANTA MARIA, Isle d'Italie au Royaume de Naples, sur la Côte de la Province de Labour. Elle est deserte & n'a ni Ports ni Habitans. Elle est à dix-huit milles de Terracine, & à six de Ponza. Elle a été autrefois peuplée de Solitaires. C'est la même Isle que la PANDATARIA des Anciens, où furent reléguées Julie fille de l'Empereur Auguste, & Agrippine mere de Caligula. Domitien y relégua Ste. Flavie Domitille veuve du Consul St. Clément son Cousin Germain.

4. SANTA MARIA, Isle de l'Océan entre les Açores: elle est à douze lieues vers le Sud de l'Isle de St. Michel, & n'a que dix ou douze lieues de circuit. Ses Lieux les plus remarquables sont Villa de Santa Maria la Prainha, Castillo Bodes, & quelques autres. Elle est assès bien pourvûe de toutes les choses nécessaires à la vie. Le trafic des Habitans ne consiste qu'en des poteries de terre. Il n'y a point de Garnison dans cette Isle parce que les hauts Rochers dont elle est environnée lui servent d'une défense suffisante.

5. SANTA MARIA, Cap d'Afrique, dans le Zanguebar au Midi de la Ville de Mozambique.

6. SANTA MARIA, autre Cap d'Afrique, dans la Nigritie entre les Riviéres de Gambie & de Casamanco au Nord du Cap Rouge.

7. SANTA MARIA, Cap de l'Amérique, dans l'Isle de St. Domingue, vis-à-vis de la Jamaïque.

8. SANTA MARIA, Cap du Portugal, dans l'Algarve près de la Ville de Faro.

9. SANTA MARIA, Cap de la Turquie en Asie, dans la Natolie. C'est le JARGANUM PROMONTORIUM de Ptolomée.

10. SANTA MARIA, Ville de l'Albanie dans l'Illyrie, selon Calchondyle. Lib. 9.

11. SANTA MARIA, Ville de l'Amérique, dans l'Isthme de Darien sur la Riviére même de Darien, qui va se décharger dans le Golphe d'Uraba, que les Cartes appellent communément du nom de cette Riviére. Elle fut la premiére Ville & le premier Siège Episcopal du Continent de l'Amérique; mais elle ne subsista pas long-tems. Cette Colonie y fut d'abord florissante, mais la funeste fin de Balboa son fondateur, la découverte qu'il avoit faite de la Mer du Sud, & plusieurs autres circonstances furent cause, que cette Colonie fut transportée à Panama, environ dix ans après l'établissement au bord du Darien. On l'appelloit Sainte Marie l'Ancienne.

12. SANTA MARIA, Ville de l'Amérique, dans l'Audience de Panama au fond du Golphe de St. Michel, au Couchant de l'endroit où étoit l'ancienne Ville dont il est parlé dans l'Article précédent.

dent. Elle est sur une Rivière de même nom & a des Mines dans son voisinage. Elle a été bâtie depuis environ un Siècle.

13. SANTA MARIA, Bourg de l'Amérique dans la Terre-ferme, dans la Province de Carthagène à la source d'un Ruisseau qui tombe dans la Rivière de Ste. Marthe, & au Couchant Septentrional de Santa Cruz de Mopox.

14. SANTA MARIA de IGUAZU, petite Ville de l'Amérique Méridionale au Paraguai, au Confluent de la Rivière d'Iguazu & de celle de Parana, dans l'Angle que forment ces deux Riviéres; à l'Orient Méridional de l'Assomption.

15. SANTA MARIA DE LOS LAGOS, Ville de l'Amérique Septentrionale, dans la Province de Guadalajara, & dans l'Audience du Méxique. Elle est à trente lieues de la Ville de Guadalajara, & fut bâtie dans le même tems par Nuño Gusman, afin d'y tenir une Garnison contre les Chichimaques, qui couroient alors entre l'Est & le Nord dans les Forêts à la façon des Bêtes sauvages. Mr. Baudrand la met seulement à sept lieues de México: c'est une faute très-considérable.

16. SANTA MARIA DEL PUERTO, ancienne Ville de l'Amérique, dans l'Isle de St. Domingue dans sa partie Occidentale. Le Commandeur Ovando, ayant eu ordre de la Cour de former des Bourgades & des Villes aux lieux les plus avantageux pour l'affermissement de la Colonie, obligea les Espagnols qui restoient dans la Province de Xaragua, de se réunir, & il en forma une Ville, qui fut nommée SANTA MARIA DE LA VERA PAZ. Elle étoit assés près du Lac Xaragua à deux lieues de la Mer. On l'en approcha dans la suite, sous le nom de SANTA MARIA DEL PUERTO. Mais le nom d'IGUANA, que les Insulaires donnoient au lieu où elle fut transférée, a pris le dessus dans l'usage ordinaire, & les François en ont formé le nom de LE'OGANE, qu'ils donnent à cette Ville dont ils sont les Maîtres. Mr. Baudrand faute d'avoir sû ces particularités dit qu'on l'appelle aussi GUAIANA, & qu'elle est à moitié détruite.

17. SANTA MARIA DE TREMITI, quelques-uns nomment ainsi l'Isle de SAN NICOLO, à cause de la fameuse Chapelle de la Ste. Vierge dont on parle dans cet Article.

18. SANTA MARIA DE LA VERA PAZ. Voyez l'Article SANTA MARIA DEL PUERTO.

19. SANTA MARIA DELLA VITTORIA, Ville de l'Amérique Septentrionale, dans la Nouvelle Espagne, dans la Province de Tabago sur la Côte de la Mer du Nord, avec un Château pour sa défense. Elle fut bâtie par Fernand Cortez lorsqu'il aborda en ce Pays-là, & est à soixante lieues de San Francisco de Campêche au Midi.

20. SANTA MARIA D'ARCIA, Bourgade de Sicile, dans la Vallée de Noto, à deux lieues de Noto du côté du Nord. Quelques-uns y cherchent l'ancienne ACRÆ. Voyez ACRA No. 3.

21. SANTA MARIA DE CASSOPO. Voyez CASSIOPE No. 2.

22. SANTA MARIA DI FORCASSI, Bourgade d'Italie, dans l'Etat de l'Eglise, à mille pas de la petite Ville de Vetralla. Cela ressemble bien au FORUM CASSII des Anciens.

SANTA MARINELLA, petite Ville ou Bourg d'Italie, dans l'Etat de l'Eglise, dans la Province du Patrimoine, sur la Côte de la Mer de Toscane, avec un petit Port qu'on a un peu gâté. Il est à six milles de Civita Vecchia, & de Santa Severa, & à trente-quatre milles de Rome. Ce lieu appartient à la Maison des Barberins.

1. SANTA MARTA. Voyez au mot SAINTE les Articles SAINTE MARTHE.

2. SANTA MARTA, Isle de l'Amérique Septentrionale entre les Lucayes. Elle est située près du Continent, & a environ une lieue de long; mais elle manque d'eau douce.

SANTA MAURA. Voyez LEUCADE & SAINTE MAURE.

1. SANTA OLALLA, Bourg d'Espagne dans la Nouvelle Castille, dans un Vallon près d'Escalona & de Talavera de la Reina, à une lieue de la Rivière d'Alberche & à trois du Tage. Ce nom veut dire SAINTE EULALIE.

2. SANTA OLALLA, autre Bourg d'Espagne, dans l'Andalousie à neuf lieues de Séville du côté du Nord; on le nommoit anciennement PONTIANUM.

SANTA PONZA, petit Port de l'Isle de Mayorque, sur sa Côte Occidentale au pied des Montagnes, près de Mayorque. C'est où Jacques II. Roi de Mayorque, fut défait le 25. Mai 1343. par Pierre IV. Roi d'Aragon, que cette Victoire rendit Maître de l'Isle.

SANTA REPARATA, Bourgade de l'Isle de Sardaigne, avec un Cap de même nom vis-à-vis de l'Isle de Corse. On croit que c'est l'ERREBANTIUM PROMONTORIUM de Ptolomée.

SANTA SEVERA, Bourg & Château d'Italie, dans la Province du Patrimoine sur la Côte de la Mer de Toscane, à douze milles de Civita Vecchia, & à vingt-huit de Rome. On croit que c'est le Lieu nommé Pyrgi par les Anciens, & le *Coretanorum Emporium*.

SANTA SEVERINA, Ville d'Italie au Royaume de Naples, dans la Basse Calabre & aux Confins de la Haute, près de la Rivière de Neeto sur un Rocher escarpé. Cette Ville quoique petite & peu habitée est néanmoins le Siège d'un Archevêché. Elle est à dix milles de la Côte de la Mer Ionienne, à douze de Cotrone, à quarante de Cosenza & à trente de Squillace. Elle est ancienne & connue depuis long-tems sous le même nom, puisque Cédréne & Curopalate la nomment en Grec Ἁγία Σεβηρινα. Voyez SIBERINA.

1. SANTA SOPHIA. Voyez SOPHIE, en Bulgarie.

2. SANTA SOPHIA, petite Ville d'Asie en Georgie, dans l'Avogasie. Elle est située sur la Mer Noire au Levant de

Ii 3 Sava-

Savatopoli, & prise communément pour l'ancienne OENANTIA.

SANTAREN, Ville de Portugal dans l'Estremadure auprès du Tage, sur une Montagne à huit lieues de Leyra à neuf de Tomar; & à quatorze de Lisbonne en remontant la Rivière. Cette Ville est fort ancienne, & connue sous le nom de SCALABIS, (voyez ce mot,) & de *Præsidium Julium.* Son terroir est extrêmement fertile en Olives, en Froment & en Vin, & d'une fécondité si prompte & si peu commune, que le Bled est prêt à être moissonné deux mois après qu'on l'a semé. Au Midi on voit une profonde Vallée appellée le chemin de la Couleuvre, à cause que le sentier par lequel on vient delà à la Montagne est fort difficile & tortueux. Au Septentrion, la Place a un Parapet de Roche vive soutenu de fortes murailles qui est un Ouvrage des Romains, & à l'Occident elle a la vue d'un grand nombre de Vergers & d'agréables Jardins. Il y a trois mille Habitans, tant Nobles que Bourgeois, divisez en douze Paroisses. Il y a outre cela une Eglise Collégiale, six Couvens de Religieuses, une Maison de la Miséricorde, de bons Hôpitaux, avec quelques Hermitages. Son nom de Santaren est corrompu de *Sainte Irène* Vierge & Martyre dont le Corps fut trouvé miraculeusement, & dont la Fête se célèbre le 20. Octobre. D. Alonse Henriquez conquit sur les Maures cette Ville en 1147. le 15. Mars. Il la repeupla de Chrétiens à qui il accorda trente-deux grands & honorables Privilèges, qui furent confirmez & augmentez par le Roi Alphonse III. en 1254. Le même Roi y tint les Etats du Royaume en 1274. & D. Duart les y tint aussi en 1433. la première année de son Régne. Le Roi Denys y mourut en 1325.

SANTEN, Ville d'Allemagne au Duché de Cleves, à une demi-lieue du Rhin dans une petite Vallée entre des Montagnes dont elle est commandée. Elle n'a que de simples murailles sans fortifications. Il y a deux ou trois belles Rues, avec une Place bordée de grands Edifices & de Maisons de Marchands. L'Église est fort belle, & à en juger par ses Tours & par sa grandeur on la prendroit pour une Cathédrale. Cette Ville est à deux milles d'Allemagne au-dessous de Wesel, & à pareille distance de Gueldres. En 1614. on y fit le Traité provisionel pour le partage des Etats de la succession de Juliers entre l'Electeur de Brandebourg. & le Duc de Neubourg. Mr. Baudrand remarque très-bien que cette Ville a plusieurs vestiges d'Antiquité; mais il s'abuse quand il lui donne pour anciens noms COLONIA TRAJANA & CASTRA VETERA, comme si ces deux noms signifioient le même Lieu, ou que du moins ils signifiassent des Lieux voisins l'un de l'autre. Je sai que l'Itinéraire d'Antonin de l'Edition de Surita ne met qu'un mille de distance entre *Colonia Trajana & Vetera;* mais je sai aussi que c'est une faute très-considérable. L'Antonin du Vatican ne marque point le nombre des milles pour la distance de ces deux Lieux; mais la Table de Peutinger y remédie & met XL. M. P. entre ces deux Places. Bertius dans son Commentaire sur l'Allemagne prend *Colonia Trajana,* pour *Kelle,* & *Vetera* pour *Santen.* Il ajoûte: Simler a très-bien établi que cette Colonie de Trajan est *Kelle,* qui n'est pas à une lieue de Cleves. Il admet ensuite la distance d'un mille entre cette Colonie & *Castra Vetera,* c'est-à-dire la cinquième partie d'un mille Germanique de 15. au degré; or il y a un peu plus de trois de ces milles Germaniques entre Cleves & Santen; comment se peut-il qu'un Lieu qui seroit à peine à un de ces mêmes milles de l'une de ces deux Villes soit pourtant à la cinquième partie d'un mille de l'autre Ville. Les quarante milles de la Table de Peutinger valent huit milles Germaniques. Peut-être y a-t-il de l'erreur dans les chiffres & de l'excès dans le nombre; mais l'unité d'Antonin est encore plus vicieuse. On se guide par une ressemblance de noms; & souvent par quelque autre raison encore moins décisive, une opinion est risquée. On aime mieux l'adopter que de chercher, au hazard de ne rien trouver de plus satisfaisant que ce que les autres présentent. Alting prétend que le nombre étant effacé dans Antonin, on n'a pû le lire; mais que ce doit être XV. Selon lui, cela s'accorde avec la Table de Peutinger, où il doit aussi y avoir XV. dans le Chiffre XL. qui veut dire quarante: l'*L,* n'est venue que de ce que dans l'Original l'*V.* étoit couché d'une manière équivoque ⌐, & a été pris pour une L; ainsi XV devient X⌐, que l'on a pris pour XL. Cluvier avoit eu la même idée & Alting en la développant le cite honorablement. Cluvier dit que *Santen* est incontestablement la même chose que *Vetera;* or en rétablissant le chiffre d'Antonin; & rectifiant la Table de Peutinger suivant l'idée de ces deux Savans, les quinze milles Romains en valent douze Italiques, dont quatre font le mille Germanique. Les trois milles Germaniques pris de Santen que l'on sait être *Vetera* tombent dans le voisinage de Cleves où est le Village de Koln. Cela appuye la conjecture qui y place la Colonie de Trajan, & lui donne un air d'évidence qu'elle n'avoit pas.

SANTERNO (Le), Rivière d'Italie, elle a sa source dans l'Apennin en Toscane au Pays de Mugello, d'où coulant à l'Orient par Firenzuola elle se replie vers le Nord-Est, puis vers le Nord, puis vers le Couchant, & continuant ensuite vers le Nord-Est sa course entre les Montagnes du Bolonèze elle entre dans le Territoire d'Imola, & se partage en deux Branches. Celle de la gauche nommée le Canal d'Imola va se joindre au Correchio qui porte ses eaux dans le Pô sous nom de Fiume Zaniolo. La Branche de la droite suit sa route, reçoit le Sanguinaro, passe à Bubano, à Santa Agata, & va se jetter dans le Pô auprès de Bastia, selon Magin. On prend cette Rivière pour le VATERNUS des Anciens.

SANTERRE (Le), petit Pays de France en Picardie, au Midi de la Somme & de la Ville de Peronne: il est fort gras, & fort fertile. Mr. de Longuerue [a] en parle ainsi: ce nom n'est point ancien, ne se trouve point en usage avant le tems de Philippe-Auguste. Guillaume le Breton, qui a écrit en Vers la Vie de ce Prince dont il étoit contemporain, dit qu'il s'empara du Vermandois, de l'Amiénois, & du *Santerre*, Pays gras, & fertile:

[a] Descr. de la France, Part. 1. p. 61.

Cum Sancteriensis
Ubertate Soli.

Quelques-uns dans la suite ayant mal orthographié ce nom, & ayant écrit SANGTERS, crurent qu'il falloit appeler en Latin ce Pays, *in Sanguine terso*, & le Catalogue des Monastères & Prieurés de Cluni, imprimé dans la Bibliothéque de cet Ordre, nomme le Prieuré de St. Pierre de Lyhons en Santerre, *Sancti Petri in Sanguine terso*; mais dans les Actes plus anciens que l'an 1300. on ne trouve point ce nom là. L'Historien Anguerrand de Monstrelet, qui étoit de Cambrai & voisin de Santerre, bien loin de nommer ce Pays Sangters l'appelle SANTOIS. La principale Place du Pays est *Mondidier*. Mr. Baudrand l'étend beaucoup plus & y comprend comme principaux Lieux *Peronne*, *Roye*, *Mondidier*, & *Nesle*. Il a confondu le Pays de Santerre avec la Lieutenance Générale de Santerre qui comprend effectivement, selon Mr. Piganiol de la Force [b], les Gouvernemens de Peronne de Roye, & de Mondidier. Il ajoute [c]: Le Pays de Santerre fut cédé par le Roi Charles VII. en 1435. à Philippe le Bon Duc de Bourgogne, & par conséquent devoit revenir au Domaine des Rois de France immédiatement après la mort de Charles le Hardi en 1477. qui ne laissa qu'une fille appelée Marie, qui épousa Maximilien d'Autriche à qui elle porta les Etats de son Pere; aussi par les Traités de Cambrai & de Crépy Charles V. céda-t-il toutes ses déraisonnables prétentions à François I.

[b] T. p. 194.
[c] Pag. 209.

SANTHIA, ou SENTINA, petit Lieu de l'Asie Mineure dans l'Amasie sur la Mer Noire à l'Orient de Trebisonde. Mr. Baudrand [d]; dit qu'on le prend pour l'ancienne Xyline petite Ville de Cappadoce.

[d] Ed. 1705.

SANTIA, ou SAINTE AGATHE, petite Ville d'Italie au Piémont dans le Verceillois & au Comté de même nom, à quatorze milles de Verceil, & à vingt d'Yvrée entre ces deux Places [e]. Elle étoit autrefois assés forte; mais on en a démoli les Fortifications. François II. Duc de Modène y mourut le 14. d'Octobre 1658. après une longue maladie.

[e] Ibid.

SANTICUM, ancien Lieu du Norique; Antonin le met sur la route d'Aquilée à Lorch, entre *Larix* & *Virunum* [f], XXVII. M. P. de la premiére, & à XXX. M. P. de la seconde. Cluvier dit que c'est SAANECK, & que c'est le SANTICUM de Ptolomée. Lazius [g] dit que les ruïnes de *Santicum* sont au Lieu que les Habitans nomment aujourd'hui Altenbourg, &

[f] Vindel. & Norie. p. 30.
[g] R. R. l. 12. c. 3.

Gradneck. Il croit que delà vient le nom de la Riviére de Saanek. Voyez ce mot.

SANTILLANE, en Latin SANCTÆ JULIANÆ FANUM, ou OPPIDUM, Ville d'Espagne [h] dans l'Asturie dont une partie en prend le surnom d'Asturie de Santillane; elle est à cinq lieues de Sant Ander. Elle a titre de Marquisat, & appartient aux Ducs de l'Infantado de la Maison de Mendoça.

[h] Délices de l'Espagne, p.

SANTIS, Ville de la Celtique, selon Etienne le Géographe.

SANTONES, ancien Peuple de la Gaule. César les met entre les Celtes, parce que de son tems l'Aquitaine étoit bornée par l'Océan, les Pyrénées, & la Garonne. Mais sous Auguste l'Aquitaine fut étendue jusqu'à la Loire: alors les *Santones* furent censés un Peuple de l'Aquitaine. Delà vient la différente maniere de les placer dans la Celtique ou dans l'Aquitaine; leur Pays est aujourd'hui la Saintonge. Les Anciens ont dit SANTONES, & SANTONI. Pline [i], & Ptolomée [k] disent SANTONES; le premier leur donne le surnom de *Libres*, SANTONES LIBERI; le second leur donne pour Ville MEDIOLANIUM, aujourd'hui Saintes. Pomponius Mela [l] dit SANTONI *Ab Santonis ad Ossismios*. Lucain [m] de même dit SANTONUS au singulier:

[i] Lib. 4. c. 19.
[k] Lib. 2. c. 7.
[l] Lib. 3. c. 2.
[m] Pharsal. l. 1. v. 422.

Gaudetque amoto Santonus hoste.

Tacite [n] dit de Jules Africain *Julius Africanus e Santonis Gallica Civitate:* par *Santoni*, il entend la Ville de Saintes. Ausone [o] dit:

[n] Lib. 6. c. 7.
[o] Epist. 24. v. 79.

Santonus ut sibi Burdigalam mox jungit Aginnum
Illa sibi.

Il parle de la Nation Saintongeoise. Il nomme ailleurs [p] la Ville URBS SANTONICA.

[p] Epist. 8.

Tandem eluctati retinacula blanda morarum
Burdigalæ molles linquimus illecebras.
Santonicamque Urbem vicino accessimus agro.

Il l'appelle aussi *Santoni* [q]:

[q] Epist. 11.

Vinum quod bijugo parabo plaustro
Primo Tempore Santonos vehendum.

Et dans l'Epitre à Tedratius [r]:

[r] Epist. 15.

Cur me propinquum Santonorum mænibus
Declinas?

Ammien Marcellin, ayant dit que l'Aquitaine est ornée de grandes Villes, met Bourdeaux, Clermont, Saintes & Poitiers; il les appelle en Latin *Burdigala*, *Alverni*, *Santones*, & *Pictavi*.

1. SANTONUM PORTUS, Port des Saintongeois, selon Ptolomée [s]. On ne convient pas du nom moderne. Il le met entre la Garonne, & la Charente, presque à distance égale, ce qui convient mieux à Brouage où le place Mr. de Valois, qu'à Blaye Ville sur la Garonne même,

[s] Lib. 2. c. 7.

me, fort avant dans cette Riviére, au lieu que le *Santonum Portus* de Ptolomée doit etre sur l'Océan.

2. SANTONUM PROMONTORIUM, Cap de la Saintonge, selon le même [a]. Si ce n'est pas la *Pointe d'Arverd*, on ne sait aujourd'hui ce que c'est.

[a] Lib. 2. c. 7.

SANTORINI. Voyez au mot SANT l'Article SANT ERINI.

SANTVLIET, prononcez SANTFLIT, ou SANDVLIT, Forteresse des Pays-Bas dans le Brabant, sur la rive droite de l'Escaut entre Lilloo, & Bergen op Zoom.

SANTUTA, ou SANGUTA, selon les divers Exemplaires de Ptolomée [b], ancienne Ville de la Grande Arménie.

[b] Lib. 5. c. 13.

SANUA, Σανύα, Ville d'Asie dans l'Albanie, selon Ptolomée [c].

[c] Lib. 5. c. 12.

SANUQUI, petite Ville du Japon dans l'Isle de Xicoco, dans le Royaume de *Sanuqui*, dont elle est la Capitale, dans la Côte Septentrionale de l'Isle de Niphon, selon Mr. Baudrand qui cite Cardin.

§. Dans les Cartes Japonnoises dont Mr. Reland a tiré la sienne, & où le Japon est divisé en ses soixante-six Provinces, le nom de la Ville est SANNOKI. La Province où elle est a le même nom, & est une des quatre que contient l'Isle de Sikokf. Elle a au Nord un Détroit qui la sépare de l'Isle de Siodesma, à l'Orient un autre Détroit qui la sépare de l'Isle d'Awadsisma, au Midi la Province d'Awa, & au Couchant celle d'Ijo. Cette même Province au reste dans l'Article du Japon est nommée *Sanuki* autrement *Sansju*, & c'est la quatrième de NANKAIDO, VII. grande Contrée du Japon. Voyez au mot JAPON.

SAOCES, haute Montagne de l'Isle de Samothrace, selon Pline [d]. C'est aujourd'hui MONTE NETTUNO, dans l'Isle de Samandrachi. Il lui donne dix mille pas de hauteur; ce qu'il ne faut pas entendre de sa hauteur perpendiculaire, mais seulement du chemin qu'il faut faire en montant depuis le pied de cette Montagne jusqu'au sommet.

[d] Lib. 4. c. 12.

SAOCORAS, Riviére de la Mésopotamie, selon Ptolomée [e] qui dit qu'elle se perd dans l'Euphrate. Ses Interpretes disent que le nom moderne est HORMIS.

[e] Lib. 5. c. 18.

SAONA, Paul le Diacre nomme ainsi une Ville d'Italie qu'il met dans les Alpes Cottiennes. Ortelius [f] croit que c'est SAVONE, sur la Côte de Gènes.

[f] Thesaur.

SAONE (La), Riviére de France, l'une de celles qui grossissent le Rhône. Elle a sa source dans la Lorraine, au Mont de Vosge au-dessus de Darney d'où prenant son cours vers le Midi, elle passe à Châtillon sur Saone, puis par la Franche-Comté, à Jussy, à Pont sur Saone, à Port sur Saone, & étant accrue de la Riviére d'Angrone, & d'autres moins considérables, elle coule à Rup, à Rey, & à Grey, au-dessous de laquelle elle reçoit la Vigenne, & l'Ougnon. Laissant la Franche-Comté, elle entre dans le Duché de Bourgogne, & passe à Auffone, puis ayant reçu la Tille & l'Ouche, elle va à St. Jean de Laune & à Bellegarde, & se grossit du Doux à Verdun : ensuite elle coule à Challon sur Saone, à Tournus & à Mascon, puis près de Belleville, & de Ville Franche en Beaujolois, en séparant ainsi la Bresse du Masconnois, du Beaujolois, & du Lyonnois : & après s'être accrue en ces Pays-là de diverses petites Riviéres comme de la Grosne, de la Seille, de la Resouze, de la Vesle, de la Chalarine, &c. elle coule joignant Trevoux, & le long de la Principauté de Dombes; & enfin se rend à Lyon qu'elle coupe en deux parties inégales, & s'y jette dans le Rhône au-dessous, & tout joignant les murs de cette grande Ville près de l'Abbaye d'Aisnay. Le nom Latin est ARAR, au Génitif *Araris*: c'est ainsi que parlent les Auteurs de la bonne Latinité; dans la suite on a dit aussi ARARIS au Nominatif. Dion l'a dit en Grec comme le remarque Hadrien de Valois [g], Claudien dit au premier Livre contre Eutrope:

[g] Notit. Galliar. p. 34.

Cinyphiisque feras Araris successit aristis.

Et au second Livre contre Rufin:

Quos Rhodanus velox, Araris quos tardior ambit.

On appelloit déja cette Riviére SAUCONNA du tems d'Ammien Marcellin [h], qui dit *Ararim quem Sauconnam appellant*. Et c'est de ce mot SAUCONNA qu'est venu le nom François. L'*A* ne s'y prononce point, ou du moins il ne se fait point sentir : en récompense l'*o* est très-long.

[h] Lib. 15.

SAONE (La), en Latin *Savo*, Riviére d'Italie au Royaume de Naples dans la Province de Labour [i]. Elle a sa source vers Tiano, & courant au Midi, puis au Couchant, elle se rend dans la Mer de Naples entre la Roche de Montdragon, & la Bouche du Voltorno.

[i] Baudrand, Edit. 1705.

SAOUC-BOULAC, Bourg de Perse entre Tauris, & Sultanie [k].

[k] Hist. de Timur-Bec, L. 3. c. 63.

SAOUR, Ville de Perse dans le Courdistan [l].

[l] Ibid. L. 3. c. 40.

SAPÆ, ou

1. SAPÆI, ancien Peuple de la Thrace, selon Etienne le Géographe : Appien [m] en fait aussi mention. Leur Pays est nommé *Sapaica Præfectura*, par Ptolomée [n]. Leurs Villes étoient ÆNOS, CYPSELA, BISANTHE, &c. selon le R. P. Hardouin [o].

[m] Civil. l. 5.
[n] Lib. 3. c. 11.
[o] In Plin. l. 4. c. 11.

2. SAPÆI, ancien Peuple de l'Ethiopie sous l'Egypte, selon Ptolomée [p]. Il les met au Midi du Peuple MEMNONES, qui étoient entre le Nil, & l'Astapus près de Méroé.

[p] Lib. 4. c.

SAPARAGES, Ptolomée [q] appelle ainsi une des Bouches de l'Inde. C'est la cinquième, en commençant par l'Occidentale.

[q] Lib. 7. c. I.

SAPARNUS. Voyez PTARENUS.

SAPAUDIA, nous disons présentement SABAUDIA. Nom Latin de la Savoye dans le moyen âge, il se trouve dans la Notice de l'Empire [r]. Ortelius dit l'avoir trouvé aussi écrit par un *p* dans un Manuscrit de la Chronique de Prosper.

[r] Sect. 65.

SAPAYES (Les), Peuple de l'Amérique Méridionale dans la Guiane vers la Ri-

Riviére de Cauvo. Ils font fort pauvres, & ne favent fouvent de quoi fubfifter. Comme le nombre en eft fort petit, on les laiffe en paix, & ils n'ont point d'ennemis que nous connoiffions. C'eft ce qu'en dit La Barre dans fa Defcription de la Guiane ou France Equinoxiale [a]. Mais il infinue qu'on ne connoiffoit pas encore alors toute cette Nation.

[a] Pag. 35.

SAPE: Pline [b] parlant d'ESAR, Ville d'Egyptiens en Ethiopie, ajoute que ce qu'Ariftocréon appelle *Efar*, Bion le nomme SAPE, & dit que ce mot fignifie des Etrangers.

[b] Lib. 6. c. 30.

SAPEI, ancien Peuple de la Sarmatie en Afie, felon Pline [c]. Le Fleuve Ocharius traverfoit, dit-il, leur Pays.

[c] Lib. 6. c. 7.

1. SAPHA, Lieu où Plutarque dit [d] que l'Orateur Amphicrate fut enterré. Ortelius croit qu'il étoit près de Séleucie, parce que Plutarque dit que cet Athénien étant banni de fon Pays fe retira à Séleucie, fur le Tigre; mais l'Hiftorien Grec ajoute que delà il fe retira auprès de la Reine Cléopatre fille de Mithridate, & femme de Tigrane: qu'étant devenu fufpect à cette Cour, on lui interdit tout commerce avec les Grecs; qu'il s'en chagrina, & fe fit mourir en ne mangeant point. Cléopatre, ajoute Plutarque, le fit auffi enterrer magnifiquement, & fon Tombeau eft près d'un Lieu appellé SAPHA. Comment, & pourquoi un homme de Lettres mort à la Cour de Tigrane auroit-il été transporté fur le Tigre pour être enterré auprès de SAPHA; cela n'eft pas aifé à deviner. Il peut y avoir eu un Lieu nommé SAPHA en Arménie, & par conféquent différent de la Ville de SAPHE. Mr. Dacier croit néanmoins, comme Ortelius, que le Lieu nommé *Sapha* par Plutarque eft le même que Saphé Ville de la Méfopotamie fur le Tigre.

[d] In Lucullo.

2. SAPHA, Lieu de la Paleftine auprès de Jérufalem. Jofephe parlant de l'entrée d'Alexandre le Grand à Jérufalem dit [e]: lorfqu'on fut qu'il étoit proche, le Grand Sacrificateur accompagné des autres Sacrificateurs, & de tout le Peuple allèrent au devant de lui dans cette pompe fi fainte, & fi différente de celle des autres Nations, jufqu'au Lieu nommé SAPHA, qui fignifie en Grec *Guerite*, parce que l'on peut voir delà la Ville de Jérufalem & le Temple.

[e] Lib. 11. c. 8.

3. SAPHA. Voyez SAPHE.

SAPHAR, ou SAPPHAR, par un double PP., Ville de l'Arabie Heureufe dans les Terres, felon Pline [f]. Il fe contente de l'appeller Ville Royale. Il a raifon de la mettre dans les Terres, car *Save*, autre Ville dont il parle auffi, étoit à trois journées de chemin du Port de Mufa; & de Save à Saphar, il y avoit neuf journées de chemin. Arrien [g] qui nous apprend ces diftances nomme cette Ville Saphar; mais comme le mot ἡμέρας, qui précède celui de Saphar dans cet Auteur, eft terminé par la même lettre qui commence le mot fuivant, cela a donné occafion aux Copiftes d'oublier une des deux SS, & d'écrire Aphar au lieu de Saphar, comme en avertit

[f] Lib. 6. c. 23.

[g] Peripl. Maris Erythræi, p. 13. Edit. Oxon.

très-bien le R. P. Hardouin qui cite le paffage d'Arrien. Ortelius avoit fait cette remarque avant lui. Ptolomée nomme cette Ville SAPHARA [h] en un endroit, & SAPHAR [i] en un autre. L'Edition de Bertius a le double *p* en tous les deux paffages. Arrien auffi-bien que Ptolomée nomme cette Ville *Métropole*, & dit [k] que c'étoit de fon tems la demeure de Chariba̎el Roi légitime des Homérites & des Sabaïtes leurs voifins, qu'il étoit ami des Généraux Romains à qui il envoyoit fouvent des Députés, & des préfens. Quelques-uns y ont cherché OPHIR. Voyez l'Article OPHIR. Le R. P. Hardouin dit que le nom moderne eft SAADA.

[h] Lib. 6. c.
[i] Lib. 8. Tab. 6. Afia.
[k] Ubi fupra.

SAPHE, Ville de la Méfopotamie près du Tigre, felon Ptolomée [l]. Quelques Exemplaires portent Sapphé par deux PP.

[l] Lib. 5. c. 18.

SAPHER, Campement des Ifraélites, dans le Defert. Voyez SEPHER.

SAPHET. Voyez SEPHET.

SAPHON, Lieu de la Paleftine, felon Jofué [m]: il étoit de la Tribu de Gad.

[m] Cap. 13. v. 27.

SAPHOURI. Voyez SEPHORIS.

SAPHTHA, Bourg ou Ville de l'Arabie Heureufe dans les Terres, felon Ptolomée [n].

[n] Lib. 6. c. 7.

SAPIENZA (La Mer de). On appelle ainfi MARE DI SAPIENZA, ou ACQUE DI SAPIENZA, cette partie de la Méditerranée qui bat les Côtes de la Morée, entre la Mer Ionienne au Couchant & l'Archipel à l'Orient. Les Golphes de Coron & de Colochine en font partie.

SAPIENZE (Le), petites Ifles de Gréce fur la Côte Occidentale de la Morée. Le Pere Coronelli en parle [o] dans fon *Ifolario*: Peu loin de Prodano, ayant dépaffé le Cap Acrita on voit au Midi de la Morée du côté de la Barbarie trois petites Ifles nommées par Paufanias ŒNUSÆ, & appellées aujourd'hui LE SAPIENZE. Ce nom appartient proprement à la première nommée par quelques Auteurs SPHAGIA ou SFRAGIA, elle eft pourvue d'un bon Port & d'un Château de médiocre grandeur presque détruit, qui n'eft qu'à quatre milles de Modon. On croit que le nom de *Sapienza*, en François *Sageffe*, leur a été donné, parce qu'il en faut beaucoup aux Pilotes en ces Quartiers-là pour fe tirer des périls du courant impétueux qui fe trouve entre ces Ifles & celle de Cerigo. La feconde eft nommée par Ptolomée TIGANUSA ou THEGANUSA, par Sophien CAURIA, & par les Marins FUSCHELLA. La troifième nommée anciennement BACCANTIA, s'appelle aujourd'hui SAN VENATICO, & n'a point du tout d'Habitans, quoiqu'au côté Oriental elle ait un Port très-fûr & fort grand. Sur le rivage Septentrional on voit voler quantité d'Oifeaux blancs comme des Cygnes, les gens de Mer les nomment *Abbordo*. Mr. Baudrand, fuivant le P. Briet pour guide, nomme ces deux Ifles *Coagulo* & *San Venetico*; & affure que ce font les Œnuffæ de Paufanias, les diftinguant des Ifles de *Sapienze*. Entre le Nord & le Nord-Eft il y a cinq ou fix petits Ecueils qui fervent de retraite aux Corfaires de Barbarie

[o] Part. 1. p. 185.

rie qui s'y mettent en embuscade pour surprendre les Barques des Passagers.

SAPIRENE, Isle du Golphe Arabique, selon Pline [a]. Ptolomée dit SAPPIRENE' par deux pp, & la met du côté de l'Egypte. Etienne le Géographe écrit Σαπφειρίνη, SAPPHIRINE', & dit que les Saphirs venoient de-là.

[a] Lib. 6. c. 29.

SAPIRES, Peuple du Pont dans les Terres, selon Etienne le Géographe qui ajoute que de son tems on disoit *Sabires* par un *b*. Berkelius son Commentateur dit qu'Orphée nomme aussi ce Peuple, & il renvoye aux Notes qui sont après le I. Tome de l'Histoire Byzantine. Ortelius dit que ce sont les SABIRI d'Agathias.

SAPIS, Riviére d'Italie dans le *Picenum*, auprès de la Ville d'Isaurum: son nom moderne est le SAVIO, & comme cette Riviére passe à Cesena, on la nomme aussi RIO DI CESENA.

SAPITO. Mr. Baudrand dit que PORAMA ou SAPITO, sont les noms modernes de l'ancienne Cardamyle, Ville du Péloponnèse dans la Laconie.

SAPOLUS, Ville de l'Inde en deçà du Gange, selon Ptolomée [b].

[b] Lib. 7. c. 1.

SAPONARA, Bourg & Château d'Italie au Royaume de Naples dans la Principauté Ultérieure, sur la Riviére d'Agri au pied du Mont Apennin, & aux Confins de la Basilicate, à dix milles au-dessous de Marsico Nuovo, vers le Midi, selon Mr. Baudrand.

SAPONARIA, Fauxbourg de la Ville de Toul. Il en est parlé dans un Concile tenu sous Charlemagne en ce Lieu.

SAPORDA, Lieu de la Pamphylie, selon Polybe [c].

[c] Lib. 5.

SAPOTHRENÆ, ancien Peuple de la Sarmatie en Asie, selon Ptolomée [d].

[d] Lib. 5. c. 9.

SAPPA, Ville de la Turquie en Europe dans l'Albanie. Elle étoit sur une Montagne au bas de laquelle est le Village de *Ndenesciata*, c'est-à-dire, selon Mr. Baudrand [e], sous la Sappa, près de la Riviére de Ghiadri. Le Pays en conserve encore le nom vers le Drinnoir. Quoique ruïnée elle a un Evêché suffragant de l'Archevêché d'Antivari. Cet Evêque fait sa résidence ordinaire à Ndenesciata.

[e] Edit. 1705.

SAPPERINE, Pour SAPIRENE.

SAPPHAR. Voyez SAPHAR.

SAPPHO, Village de la Palestine dans le Canton de Samarie, selon Josephe [f] qui le met entre Arus Lieu voisin de Samarie, & Ammaus. Le Grec porte Sappho, Σαπφω. M. d'Andilly met SEMPHO.

[f] De Bello l. 2. c. 3. Lat. 7. Græc. & 7. d'Andill.

SAPPHIRINE, ou SAPPHEIRINE', ou SAMPHIRINE'. Voyez SAPIRENE.

SAPPINIA TRIBUS, Peuple d'Italie dans l'Ombrie. Tite-Live [g] en fait mention. Elle prenoit son nom du *Sapis*, le *Savio*, Rivière auprès de laquelle elle habitoit. Ce mot se doit écrire par un seul p. *Sapinia Tribus*.

[g] Lib. 31. c. 2.

SAPPIRII, Σαππιριοι; Ortelius [h] dit que Manuel Empereur dans sa Députation aux Evêques d'Arménie fait mention d'un Evêché dont le Peuple est ainsi nommé. Je doute qu'il soit différent des Sapires.

[h] Thesaur.

1. SAPRA PALUS, Lac dans l'Isthme de la Chersonnèse Taurique selon Strabon [i]. Ce mot Σαπρα feminin de Σαπρος, veut dire *Pourri, Corrompu*. Le Lac que Casaubon croit être le même que BYCE, est au Nord de la Chersonnèse, à l'Orient de l'Isthme, qui la joint à la Terre ferme & qui, comme dit Strabon, le sépare de la Mer, c'est-à-dire du Pont-Euxin, ou ce qui revient au même du Golphe Carcinite. Il étoit plus enfermé qu'il n'est présentement par une Langue de terre qui s'avance vers le Nord, au Couchant de ce Lac, & qui ne l'empêchoit pas de communiquer avec le Palus Méotide. Cette Langue de terre qui peut bien avoir été anciennement un Isthme entier est encore présentement assés considérable pour marquer l'ancienne étendue du Lac Sapra.

[i] Lib. 7. p. 308.

2. SAPRA PALUS, Lac de l'Asie Mineure vers la Troade auprès d'Astyra [k], il se décharge dans la Mer en un endroit où le rivage est bordé de Roches.

[k] Ibid. l. 13. p. 614.

SAPRIA, Siège Episcopal très-ancien. On n'en dit point d'autre circonstance sinon que St. Dorothée dit que Nicolas, l'un des LXXII. Disciples de N. S. J. C. & l'un des VII. premiers Diacres choisis par les Apôtres, fut fait Evêque de Sapria [l]. *Nicolaus unus ex septem fuit. Hic cum esset Sapriæ Episcopus factus in alienam Doctrinam lapsus unà cum Simone a fide defecit.*

[l] Biblioth. Patr. Edit. Margarit. de la Bigne t. 3. p. 149.

SAPRISARA, Village de la Basse Mœsie, au Territoire de Nicopolis, selon Ortelius qui cite *Aldi* Orthographia Fol. 527.

SAPSAS, Lieu vers le Jourdain dans la Palestine. Sophronius croit que St. Jean Baptiste y demeuroit. Ortelius [m] a cru qu'Etienne le Géographe a songé à ce Lieu en faisant son Article de Lampsos Λαμψος, où il dit *Lampsius uti Sapsius, Cipsius*, c'est-à-dire, de Lampsos le nom national est *Lampsius*, comme *Sapsius*, & *Cipsius*. Berkelius avoue que les Imprimés & les Manuscrits portent Σαψιος *Sapsius*, mais, dit-il, c'est un mot qui ne signifie rien; il change ce mot de *Sapsius* en *Thapsius*, Θάψιος. Ce qu'il y a de sûr, c'est qu'il ne change rien au mot *Cipsius*, quoiqu'il ne sache point ce qu'il signifie, par la même raison il pouvoit laisser *Sapsius*. Est-il dit que nous devions ôter des Ouvrages des Anciens tout ce que le tems a rendu obscur?

[m] Thesaur.

SAPURI, ou TAPURI MONTES, Montagnes de la Scythie, en deçà de l'Imaüs, selon Ptolomée [n].

[n] Lib. 6. c. 14.

SAQUES (Les), ancien Peuple que les Historiens Latins nomment SACÆ. Voyez ce mot.

1. SARA, Ville Marchande de la Chersonnèse d'Or.

2. SARA, ou ZARA, ancien Lieu d'Asie dans la Petite Arménie, sur la route d'Arabissus à Satala, entre Eumeis & Dagolasson à XVIII. M. P. de la première & à XX. M. P. de la seconde.

1. SARAA [o], Ville de la Palestine dans la Tribu de Juda. Elle fut bâtie ou fortifiée par Roboam [p].

[o] Dom Calmet. Dict. Paralip.
[p] l. 2. c. 11. v. 10.

2. SARAA, ou TSORA, Ville de la Palestine dans la Tribu de Dan. C'étoit le Lieu

SAR.

[a] *Judic. c. 13. v. 2.*
[b] *In* SARA *& in* SOREC.
[c] *Cap. 2. v. 53.*
[d] *Cap. 4. v. 2.*

Lieu de la naissance de Samson [a]. Elle étoit sur la Frontière de cette Province & de celle de Juda. *Et fuit terminus possessionis ejus Saraa Estaol & Hirsemes*, dit le Livre de Josué. Eusebe [b] la met à dix milles d'Eleutheropolis en tirant vers Nicopolis, & assez près de Caphar-Sorec. D. Calmet croit que les Saraïtes du premier Livre des Paralipomenes [c] & les Sarathi du même Livre sont les Habitans de Saraa [d].

[e] *Lib. 7. c. 2.*

SARABACUS, ou SABARACUS, selon les divers Exemplaires de Ptolomée [e], Ville de l'Inde au delà du Gange.

SARABAT (Le), Rivière d'Asie dans la Natolie. C'est l'Hermus des Anciens. Voyez HERMUS Nº. 1. Il a son Embouchure dans le Golphe de Smyrne, auprès de Smyrne.

[f] *De Vita & Morte Prophet.*

SARABATHA, ou SABARATHA, St. Epiphane [f] nomme ainsi la Patrie du Prophète Sophonie.

SARABOY, petite Ville des Indes dans l'Isle de Java, sur la Côte Septentrionale, à vingt lieues de la Ville de Mataran vers le Nord.

[g] *T. 1. p. 279.*

Mr. Baudrand de qui est cet Article l'a dressé sur une Carte de Samson : Mr. Reland qui en a donné une meilleure nomme cette Ville SJERIBON. Elle n'est pas petite. Mr. Samson la met entre *Dermayo* au Couchant & *Taragalle* au Levant. Schouten [g] dans son Voyage aux Indes Orientales les nomme toutes les trois *Taggel*, CHARABAON & *Dermaya*. Mr. Reland dans sa Carte les appelle *Teggal*, SJERIBON, & *Dermayaon*. Cette Ville de *Sjeribon* est nommée TSIERIBON, Capitale d'un Royaume & d'une Province particulière de même nom dans l'Article de JAVA.

[h] *Thesaur.*

SARABRIS, ancienne Ville de l'Espagne Tarragonnoise, selon Ptolomée. Ses Interprètes disent que c'est ZAMORA. Florien d'Ocampo dit que c'est TORO, sur le Duero; & son sentiment est favorisé par Gomez Vasæus, selon Ortelius [h].

[i] *Lib. 7. c. 1.*

SARABUS, Rivière de l'Inde en deçà du Gange, selon Ptolomée [i]. C'est une de celles qui tombent dans le Gange.

[k] *Lib. 5. c. 9.*

SARA, ou SARECA, Ville de la Sarmatie Asiatique, selon Ptolomée [k]. Elle étoit auprès du Fleuve Vardan suivant cet Auteur.

[l] *Lib. 5. c. 10.*

SARACE, Ville de la Colchide, dans les Terres, selon Ptolomée [l].

[m] *Lib. 5. c. 17.*

SARACENE (La), Contrée de l'Arabie Pétrée, selon Ptolomée [m]. Elle étoit au Couchant des Montagnes Noires en tirant vers l'Egypte. Dans les Actes du Concile de Chalcédoine il est fait plusieurs fois mention de SARACENORUM CIVITAS *la Ville des Sarazins*, Ortelius [n] croit qu'il faut la chercher dans la Saracène de Ptolomée.

[n] *Thesaur.*

SARACENI, ancien Peuple de l'Arabie. Eratosthène, dans Strabon, les nomme SCENITÆ ARABES. Les premiers, dit-il, qui occupent l'Arabie Heureuse après les Syriens & les Juifs, sont des Laboureurs. Après eux est une terre sablonneuse & stérile où il y a peu de Palmiers, mais qui produit des épines & des bruyères, & qui a de l'eau lorsqu'on creuse dans la terre, comme la Gedrosie. Ce Pays est occupé par les *Arabes Scenites*, qui nourrissent des Chameaux. Pline dit [o] : Au delà de l'Embouchure du Nil, qui porte le nom de Péluse, est l'Arabie qui s'étend vers la Mer Rouge & vers cette odoriférante & riche Contrée connue sous le nom d'Heureuse. Elle est nommée du nom des Catabanes, des Esbonites, & des Arabes Scenites, & est stérile, excepté aux confins de la Syrie, & n'a rien de recommandable que le Mont Casius. Ce nom d'*Arabes Scenites* vient de ce qu'ils logeoient sous des tentes comme font encore les Bedouins qui sont de véritables Scenites. Ammien Marcellin nous apprend que les Arabes Scenites étoient le même Peuple que les Sarazins. *Mare Rubrum & Scenitas Arabas quos Saracenos Posteritas appellavit*, dit cet Historien [p]. Il avoit dit ailleurs [q] : Les Sarazins que nous ne devons jamais souhaiter d'avoir pour amis ni pour ennemis, courant çà & là, ravageoient en un instant tout ce qu'ils trouvoient sous leur main ; ils ressembloient à des Epreviers avides qui, s'ils voyent bien haut une proye, l'enlevent par un vol rapide & ne s'arrêtent point qu'ils ne s'en soient saisis : quoique j'aye parlé de leurs mœurs dans l'Histoire de l'Empereur Marcus & ensuite en diverses occasions, je ne laisserai pas d'en toucher ici en passant quelque particularités. Toutes ces Nations qui s'étendent entre l'Assyrie & les Cataractes du Nil & jusqu'aux confins des Blemmyes, sont également guerrières. Les hommes sont à demi-nuds, avec un Saye de couleur qui les couvre jusqu'au dessous de la ceinture : ils se coulent de divers côtés à la faveur de leurs Chevaux qui sont très-légers, & de leurs Chameaux, & ne s'embarrassent ni de la paix ni de la guerre : on ne voit jamais aucun d'eux mener la charrue, tailler des Arbres ou cultiver la terre pour se nourrir ; mais ils sont vagabonds & dispersés dans une assez grande étendue, sans domicile, sans demeure fixe & sans Loix. Ils ne s'accommodent pas long-tems de l'air d'un Lieu & ils en changent souvent, leur vie est une fuite perpétuelle. Ils ont des femmes mercenaires qu'ils prennent à louage pour un tems, & moyennant un prix dont il conviennent ; & pour donner à ce commerce une apparence de mariage, la femme présente à l'homme à titre de Dot une pique & une tente, & quand elle a achevé le tems dont ils étoient convenus, elle se retire, s'il le veut ainsi. On ne sauroit croire avec quelle lubricité l'un & l'autre Sexe s'abandonnent aux débauches de l'amour. Tant qu'ils vivent, leur tems se passe à errer au loin & au large ; de sorte qu'une femme épousée en un endroit, accouche dans un autre, éleve ses enfans en d'autres sans pouvoir se reposer nulle part. Ils se nourrissent tous de chair de Bêtes sauvages, de lait qu'ils ont en abondance, d'herbe de plusieurs espèces & de quelques Oiseaux, quand ils en peuvent prendre. Nous les avons vus la plûpart ne connoissant l'usage du Bled ni celui du Vin.

[o] *Lib. 5. c.*
[11]
[p] *Lib. 23. c. 6.*
[q] *Lib. 14.*

Il

Il semble par ce passage qu'Ammien Marcellin comprende ici, sous le nom de Sarazins, généralement tous les Peuples de l'Arabie, & cela paroît se devoir conclure de ce qu'il dit toutes les Nations qui sont entre l'Assyrie & les Cataractes du Nil. Dans cette étendue il y avoit néanmoins des Villes, or les Arabes Scenites, qui, selon lui, furent appellés ensuite les Sarazins, n'avoient ni Villes ni Villages. Ce sont proprement ceux-là qu'il peint dans le passage que je viens de traduire. Ce qu'il dit de la mauvaise qualité de ce Peuple, dont le Peuple Romain ne pouvoit souhaiter ni l'amitié ni la haine, s'accorde assés avec la perfidie naturelle que lui reprochent Ménandre Protecteur [a], Théophilacte Simocate [b] &c. Henri Valois fait dans une de ses Notes une critique qui ne me paroît pas fondée. Scaliger sur la Chronique d'Eusebe avoit dit que pas un Auteur plus ancien que Ptolomée n'avoit fait mention des Sarazins. Pline, dit Henri Valois, est plus ancien que Ptolomée, or il distingue les *Saraceni* des Arabes Scenites. Je ne trouve point dans le 28. Chapitre du VI. Livre, auquel il renvoye, que Pline qui y parle plusieurs fois des Arabes Scenites y fasse une seule fois mention du Peuple *Saraceni*, à moins que Henri Valois n'ait lu *Saracenorum* dans ce passage: *Deinde est Oppidum quod Caracenorum Regi paret in Pasitigris ripa Forath nomine* &c. mais j'ai peine à soupçonner un si savant Homme de n'avoir pas vu que ce Roi est le même qui est nommé peu de lignes après dans cet autre passage *Thumatam: quod* (Oppidum) *abesse a Petra decem dierum navigatione, nostri Negociatores dicunt Characenorumque Regi parere*. Il est clair que dans ces deux passages il faut une orthographe uniforme, & qu'il s'y agit d'un même Roi dont la Ville, nommée *Charax*, n'étoit qu'à douze mille pas de Forath, selon le même Pline. Charax étoit le nom de la Ville, celui du Peuple étoit *Characeni*, & il s'agit de leur Roi en cet endroit. C'est par une négligence des Imprimeurs ou de ceux qui ont transcrit cet Auteur avant l'Epoque de l'Imprimerie que ce mot *Characenorum* est écrit par un simple *C* sans *h* dans un passage, & par un *Ch* dans l'autre. Il s'agit là d'un Roi dont l'Etat étoit à l'Orient du Tigre & les Sarazins ne s'étendoient point jusques-là du tems de Pline, qui même ne nomme le Peuple *Saraceni* par ce nom en aucun endroit.

Ptolomée distingue les *Scenites* des *Sarazins*; mais il faut y ajoûter une remarque, c'est qu'il parle deux fois des Sarazins & leur donne deux situations différentes. Saracena, selon lui, étoit dans l'Arabie Pétrée entre la Mer Rouge, l'Egypte, la Palestine & cette Chaîne de Montagnes qui commence à Pharan sur la Mer Rouge & dont le Mont Sinaï fait partie. Si delà on va vers l'Orient à travers le Pays des Pharanites dont le Territoire d'Elana faisoit partie, on sort de l'Arabie Pétrée, & entrant dans l'Arabie Heureuse, on trouve un Peuple particulier que Ptolomée nomme Scenites, au Midi desquels il place une Nation qu'il appelle *Saraceni*; & ceux-là sont de l'Arabie Heureuse, au lieu que *Saracena Gens* ou *Regio* est de l'Arabie Pétrée. Mais il est aisé de voir par ce voisinage des Scenites & des Sarazins situez aux Confins de l'Arabie Heureuse que c'étoit des parties d'un même Peuple. D'ailleurs les noms de *Scenites* & de *Sarazins*, n'étoient pas les noms propres de cette Nation. Ce n'étoient à proprement parler que des *Sobriquets* que les autres Nations lui donnèrent. Le mot de Scenites, comme il a été déja dit, vient de ce qu'ils demeuroient sous des Tentes, Σκηνὴ veut dire une *Tente*. Le mot de Sarazin vient de l'Arabe סרק *Saraka*, qui veut dire *voler*, *piller*, & ce nom exprime les brigandages de cette Nation.

Étienne le Géographe trompé par la ressemblance des noms a cru trouver l'origine des Sarazins dans le nom de Saraca, Ville de l'Arabie Heureuse, à l'Orient Septentrional du Port de Musa; mais Ptolomée, qui fournit cette Ville, met aux environs les Saritæ & non pas les Saraceni, qui étoient bien loin delà vers le Nord aux Confins de l'Arabie Pétrée. Cette Ville de *Saraca* & le Peuple *Saraceni* n'avoient rien de commun ensemble.

La situation première des *Saraceni* dans l'Arabie Pétrée convient assez à l'ancienne opinion qui prend les Ismaélites & ces Sarazins pour un même Peuple. La Paraphrase de Jérusalem explique la Caravane des Ismaélites auxquels Joseph fut vendu par ses freres [c] par une Troupe de Sarazins סרקיין *Sarakiin*. Ce nom a été aussi donné aux Madianites voisins de la Mer Rouge. St. Augustin dit [d]: *On dit qu'Israël les poursuivit dans les Lieux où demeuroient les Madianites qu'on appelle aujourd'hui les Sarazins*. Quoique que les Ismaélites & les Madianites eussent une origine différente, ils se mêlerent néanmoins & formérent ensemble le Peuple qui a été connu sous le nom de Sarazins.

Marcien d'Héraclée fortifie ce sentiment lorsqu'il dit: Les Lieux à la Gorge de l'Arabie Heureuse après l'Arabie Pétrée & l'Arabie Deserte sont habités par les Sarazins comme on les appelle. Ils ont plusieurs noms & possédent beaucoup de Terrain desert. Ils sont donc voisins de l'Arabie Pétrée, de l'Arabie Deserte, de la Palestine, de la Persie, & par conséquent de l'Arabie Heureuse. Procope met des Sarazins en plus d'un endroit. Premièrement dans l'Arabie au delà de la Palestine, secondement dans la Palestine même, troisièmement des Sarazins appellez Maadeens, voisins des Homérites dont ils étoient Sujets, & enfin des Sarazins Anthropophages voisins des Indiens. Voici le passage entier de la Traduction de Mr. Cousin [e]. Lorsque l'on a passé les Frontières de la Palestine, on trouve la Nation des Sarazins qui habitent depuis long-tems un Pays planté de Palmiers & où il ne croît point d'autres Arbres. Abocarabe qui en étoit le Maître en a fait don à Justinien, de qui en récompense il a reçu le Gouvernement des Sarazins de la Palestine, où il s'est rendu si formidable qu'il a toûjours arrêté les courses des Troupes étrangéres. Aujourd'hui l'Empereur n'est Maître que de nom de ce Pays qui est planté de Palmiers, & il n'en jouït pas en effet: tout le milieu qui contient environ dix Journées de chemin étant entiérement inhabité à cause de la sécheresse, & il n'a rien de considérable que ce vain titre de Donation faite par Abocarabe & acceptée par Justinien. Voila, dit Procope, ce que j'avois à dire de cet endroit-là. Immédiatement après habitent les Sarazins appellez MADE'ENS, poursuit cet Historien, Sujets des Omérites qui demeurent tout proche le long du Rivage. Ensuite de ceux-ci on dit qu'il y a encore diverses Nations jusqu'aux Sarazins surnommez Anthropophages. Après ceux-ci sont les Indiens; mais, ajoûte-t-il en finissant, que chacun discoure de tous ces Peuples comme il le trouvera à propos. Cette maniére de finir me paroît être d'un Historien qui se lasse d'avancer des choses dont il sent bien qu'il n'est guéres au fait. On ne peut pas compter beaucoup sur ce qu'il dit de ces Sarazins Anthropophages voisins des Indiens ; mais ces Sarazins surnommez MAADE'ENS me paroissent conserver des traces bien visibles des *Madianites* de l'Arabie Heureuse, & Ptolomée s'y accorde, quand joignant aux Scenites les Sarazins, il met entr'eux & la Mer une Ville qu'il nomme MADIAMA laquelle ressemble assez pour le nom à la Madian d'Arabie. Ce passage ne laisse pas d'être précieux parce qu'il marque ce qu'on savoit des Sarazins sous l'Empire de Justinien qui mourut en 565.

Ce Peuple étoit partagé alors par Tribus, entre lesquelles certaines Familles conservoient une prééminence héréditaire. Il y avoit aussi en Arabie des Villes qui se gouvernoient indépendemment les unes des autres ; mais je doute que ces Villes fussent aux Sarazins, puis qu'on y subsistoit du Commerce, & que les Sarazins vivoient de rapines, comme tous les Historiens l'attestent. Ces Sarazins étoient encore Idolâtres dans le sixième Siécle.

Mahomet qui naquit la sixième année de Justin Successeur de Justinien, l'an 571., trouva l'Arabie partagée entre un assez grand nombre de Tribus & dans l'état où je viens de dire qu'elle étoit alors; peu de Chrétiens, quelques Juifs, beaucoup de gens sans Religion & sans autre culte que celui des Idoles. Chassé de la Mecque où il avoit employé douze ans d'intrigues pour faire valoir ses prétendues révélations, il se retira à Médine qu'on appelloit alors IATREB & qui fut nommée ensuite *Medinah al Nabi*, c'est-à-dire la *Ville du Prophète*: nous disons aujourd'hui Médine. Mahomet y fut suivi par ceux que son imposture avoit séduits, une partie des Habitans se joignit à eux. Il sut s'attacher les Sarazins, & se mettant à la tête d'un Corps de Troupes l'an 628. il se fit donner par Heraclius des Terres pour les habiter. Ce Prince avoit besoin de Troupes à quelque prix que ce fût pour se tirer du danger où le mettoit la guerre de Perse. La faveur qu'il fit à celles de Mahomet fut cause qu'elles se multipliérent, & qu'elles furent en état d'envahir la Palestine, la Syrie & l'Egypte. Elles conquirent même la Perse proprement dite, après en avoir mis en fuite le Roi nommé Hormisdas en 640. Ces Troupes de Mahomet sont nommées par les Historiens *les Sarazins* ; non par la raison qu'en donne Wolfgang Drechsler dans son Histoire des Arabes, où il dit *Seducens Arabas aliosque Asiaticos Populos eos Saracenos nuncupavit* ; mais parce qu'en effet les Sarazins faisoient la principale force de l'Armée de Mahomet. Il mourut en 631. & ses Successeurs achevérent les Conquêtes qu'il méditoit. Il s'étoit déja rendu Maître de l'Arabie, ils y ajoûtérent le reste de la Palestine, la Syrie, l'Egypte, & même la Perse propre en 640.

Les Caliphes Successeurs de Mahomet joignirent comme lui l'autorité Souveraine à la Puissance Pontificale ; mais un Empire aussi vaste, que le leur l'étoit devenu en 80. ans, ne put bien se conserver. Les Sultans qui avoient les grands Gouvernemens secouérent peu à peu le joug des Califes ; & il s'en forma divers Royaumes. Les Turcs, Peuple venu du Turkestan en Asie, embrassérent la Religion des Sarazins, & leur enlevérent avec le tems de vastes Pays qui joints aux débris des Empires de Trebisonde & de Constantinople ont formé l'Empire Turc. L'Egypte eut ses Soudans particuliers. Les Généraux Sarazins qui avoient soumis les Côtes de l'Afrique le long de la Méditerranée furent appellez en Espagne par le Comte Julien. On les nomme également *Sarazins* à cause de leur origine, & *Maures*, parce qu'ils étoient établis dans les trois Mauritanies. C'étoit chez eux que le Comte Julien étoit en Ambassade, lorsque sa fille fut deshonorée par Roderic Roi d'Espagne. Le Comte outragé s'adressa à eux pour le vanger. Ils étoient commandez par un Emir qui reconnoissoit pour Souverain Valid Calife de Damas Chef de tous les Sarazins. On peut voir dans l'Histoire d'Espagne les changemens affreux qu'ils y firent, & dans celle de France les courses qu'ils y firent jusques dans le Poitou & dans la Touraine ; & quoique Charles Martel remportât sur eux une victoire complete, ils ne laissoient pas d'avoir des Places dans la Provence. Ces Peuples s'accoutumérent aussi à la Marine & devinrent des Pirates bien redoutables; ils infestérent les Côtes de la Méditerranée, surtout celles de l'Italie & même en 846. ils remontérent le Tibre & pillérent l'Eglise de St. Pierre aux Portes de Rome. On retrouve les Sarazins dans l'Histoire des Croisades de l'XI. & du XII. Siécles, & ce fut principalement contr'eux qu'elles furent prêchées. Ils ont possédé la Sicile, la Sardaigne & quantité d'autres Lieux.

Quelques-uns de nos anciens Chroniqueurs ont donné le nom de Sarazins à tous

tous les Mahométans. Ce nom s'est enfin perdu. On nomme Turcs ceux qui demeurent dans l'Etendue de l'Empire Turc, & qui habitent les Villes & les Villages. On nomme Arabes ceux qui habitent l'Arabie, ou des Lieux conquis par les Arabes. Les vrais Sarazins d'aujourd'hui sont les BEDOUINS, qui descendent d'Ismaël. Voyez BEDOUINS.

SARACINA, Bourg d'Italie au Royaume de Naples dans la Calabre Citérieure, sur la petite Riviére de Garga, environ à trois lieues de Cassano vers le Couchant. Ortelius écrit ce nom SERACENA. Voyez SESTIUM que Barri croit être l'ancien nom de ce Bourg.

SARACORI, ancien Peuple dont Ælien rapporte cette particularité dans son Histoire des Animaux [a]. Les Saracores, dit-il, ne se servent point d'Anes pour porter des fardeaux ni pour tourner les Meules, mais pour la guerre; & de même que les Grecs montent à cheval pour faire la guerre, les Saracores montent sur des Anes en pareille occasion. Ælien ne dit point en quel lieu étoit ce Peuple. Ortelius conjecture que ce pourroit bien être le même que les SARAGURES Peuple d'Asie, selon Suidas Σπραγέροι.

[a] Lib. 12. c. 34.

SARAGA, Ville du Pays des Sines, selon Ptolomée [b]. Quelques Exemplaires portent SAGARA.

[b] Lib. 7. c. 3.

SARAGINA, Village de la Marmarique dans les Terres, selon le même.

SARAGOSSE ou SARAGOCE, en Latin CÆSARÆA AUGUSTA, CÆSARAUGUSTA, & CÆSAR-AUGUSTA, Ville d'Espagne au Royaume d'Arragon dont elle est la Capitale. Cette Ville est située sur l'Ebre à l'endroit où le Gallego, & la Guerva viennent se perdre dans ce Fleuve. Le Xalon y tombe aussi, mais plus haut dans le Territoire de Sarragosse. Les Espagnols écrivent ZARAGOÇA, qui revient à la même prononciation, excepté la lettre finale. Elle est à onze lieues communes d'Espagne, & à l'Orient Septentrional de Cataläud, à douze de Tarragone, à seize de Lerida, qui est à l'Orient Méridional de cette Ville, à quarante de Barcelone, & à 21. de Pampelune, qui est au Nord Occidental. Pline [c] dit, que son ancien nom étoit SALDUBA. Personne ne doute qu'il n'ait été bâtie par les Phœniciens, chez qui BAAL étoit le Dieu, que les Grecs & Romains, appellerent Ζευς & Jupiter. Ce nom entroit dans la composition des noms de plusieurs Villes de leur fondation, & comme Bochart le remarque très-bien [d], CALDUBA peut avoir été en Phœnicien, Caltobaal, c'est-à-dire, Baal est son refuge, SALDUBA, Saltobaäl, qui peut signifier son Domaine est à Baal, ou bien Baal est son bouclier; SONOBA, Saanobaal, c'est-à-dire, Baal est son soutien; MÆNOBA, Meniobaal, c'est-à-dire, son Commandant est Baal; ONOBA, Onobaal, c'est-à-dire, Baal est sa force, CORDUBA, Chardobaal, c'est-à-dire, sa crainte est Baal, &c. Le retranchement de l'L finale ne doit point faire de peine, car les Grecs la supprimoient de même dans les noms d'Annibal, d'Asdrubal, &c. qu'ils

[c] Lib. 3. c. 3.
[d] Chanaan l. 1. c. 34. p. 667. Edit. Cadom.

écrivoient Αννιβα & Ασδββα. Elle conservа ce nom sous les Romains, jusqu'à ce qu'ayant été repeuplée par une Colonie Romaine sous César Auguste, elle prit le nom de cet Empereur, d'où s'est formé le nom moderne. On y a trouvé une Médaille d'Auguste en Bronze, où l'on voyoit d'un côté un Etendard soutenu d'une pique, qui étoit le Symbole d'une Colonie avec cette Légende autour de la tête d'Auguste: AUGUSTUS D. F. & sur le revers, CÆSAR AUGUSTA M. POR. CN. FAB. II. VIR. Le R. P. Hardouin en fournit quelques autres que voici. L'une représente un Laboureur qui mene des Bœufs attachés à une charrue; Symbole d'une Colonie. Varron [e] dit, que l'on commençoit ainsi une Colonie, en attelant un Bœuf avec une Vache, de maniére que la Vache étoit du côté de la Colonie, & le Bœuf du côté de la Campagne. La charrue selon cette disposition traçoit le tour des murailles, & on portoit la charrue au lieu, où l'on vouloit avoir la Porte de la Ville. Pline [f] que Saragosse étoit une Colonie franche, arrosée par l'Ebre, & qu'auparavant il y avoit au même lieu un Bourg nommé Salduba. Cæsar Augusta Colonia immunis, amne Ibero affusa, ubi Oppidum antea vocabatur Salduba. Il y a dans le Trésor de Goltzius [g], cette ancienne Inscription COL. CÆSAREA AUG. SALDUBA. Une autre Médaille représente la tête d'Auguste, couronnée de Lauriers avec ces mots, CÆSAR AUGUSTA CN. DOM. AMP. C. VET. LANG. II. VIR. c'est-à-dire, Cn. Domitio Ampliato: Cajo Veturio Languido, Duumviris. Une autre porte ces mots L. CASSIO. C. VALER. FEN. IIVIR. c'est-à-dire, L. Cassio, Caio Valerio Fenestella Duumviris. On lit sur une autre Médaille, C. C. A. PIETATIS AUGUSTÆ. On y voit la tête de la Piété pour représenter la Piété de Julie fille d'Auguste. Sur le revers est un Temple & les noms des Duumvirs. JUNIANO LUPO PR. C. CÆS. C. POMPONIO PARR. IIVIR. c'est-à-dire, Juniano Lupo Præfecto Cohortis Cæsarianæ, Cajo Pomponio Parra Duumviris. Sur une autre on voit entre deux Etendards de Cohortes & un Aigle Légionnaire ces trois lettres C. C. A. qui signifient Colonia Cæsar Augusta. Le plus grand nombre des Médailles porte ces trois lettres C. C. A. Plusieurs ont CÆSAR. AUGUSTA, avec un point après le mot CÆSAR, quelques-unes CÆS. AUGUSTA: dans toutes ces Médailles il faut lire Cæsarea Augusta. Cellarius soupçonne que le mot de Cæsaraugusta pourroit bien être venu de ce qu'en lisant le point a été négligé, il remarque cependant que Prudence dans son Hymne pour les Martyrs de Sarragosse dit [h]:

[e] Lib. 4. de Lingua Latina.
[f] Lib. 3. c. 3.
[g] P. 238.
[h] Peristeph. Hymn. 4.

Tu decem Sanctos revebes & octo,
Cæsaraugusta studiosa Christi,
Verticem flavis oleis revincta
Pacis honore.

Entre les Inscriptions de Gruter [i], il s'en trouve une qui, si elle est exactement copiée, favorise ceux qui disent *Cæsaraugusta*

[i] P. 314 n. 12.

gusta d'un seul mot, la voici: POSTHUMIÆ MARCELLINÆ EX CÆSARAUG. KARENSI, que Mr. de Marca explique ainsi, *Posthumiæ Origine Carensi ex conventu Cæsaraugustano.* En effet, Pline met le Peuple CARENSES, dans le département de Sarragosse. CARES, pour le dire ici en passant, est une petite Ville, nommée aujourd'hui *Puente de la Reina*, à quatre lieues de Pampelune.

a Varae, rectifié sur des Mémoires envoyez de Saragoce.

Cette Ville [a] est très-grande, très-belle, & très-bien bâtie. Les rues y sont longues, larges, bien pavées & fort propres. Les Maisons y sont généralement plus belles qu'à Madrid: la plûpart sont construites de brique, & les autres de belle pierre. On y compte dix-sept grandes Eglises, & quatorze beaux Monastères, sans parler de plusieurs autres moins considérables. Elle est le Siège d'un Archevêché. Le premier Evêque de Sarragoce, que l'Histoire fournisse est St. Felix, qui vivoit en 255. St. Cyprien Martyr, écrivant aux Evêques assemblés à Mérida l'appelle le Propagateur de la Foi, & le Défenseur de la Vérité. *Felix de Cæsaraugusta Fidei cultor ac defensor Veritatis.* On croit que St. Laurent fut son Archidiacre. Quelques Auteurs ont écrit que St. Athanase Disciple de l'Apôtre St. Jaques, fut Evêque de cette Ville l'an 40. Mais cela se dit sans être appuyé sur d'anciens Monumens. Depuis St. Felix jusqu'à l'invasion des Maures on compte XV. Evêques dont le dernier s'appelloit Bencius; depuis lui jusqu'à l'an 820. on ne trouve aucune trace d'Evêques que d'un nommé Senior, qui faisoit sa résidence à Sarragosse avec la permission des Maures, durant l'oppression desquels cette Ville n'eut que six Evêques. Alphonse X. ayant repris Sarragosse en 1110. sur les Infidèles fit nétoier leur Mosquée, dont il fit faire la Cathédrale, & nomma à cet Evêché Pierre de Libran Bearnois, lequel y établit des Chanoines Séculiers, & ensuite des Réguliers. En 1317. le Pape Jean XXII. étant à Avignon érigea ce Siège en Archevêché, à la prière de Jaime II. & lui donna pour Suffragans les Evêques d'Huesca, de Taraçona, de Pampelune, de Calahorra, de Segorbe, & d'Albarazin; mais depuis ce tems-là, Pampelune & Calahorra en ont été détachés pour être mis sous la Jurisdiction de la Métropole de Burgos, & Segorbe sous celle de Valence; mais en récompense on lui a rendu deux autres Suffragans, savoir Teruel & Jaca, lorsqu'ils ont été érigés en Evêchés. L'Eglise Cathédrale dont nous venons de parler s'appelle la CEU. C'est un très-beau & très-vaste Edifice, bâti à l'antique d'une manière, qui paroît bizarre à ceux qui n'ont vû que des Eglises élevées par des Chrétiens. Mais il faut se souvenir, que c'étoit une Mosquée. Elle ne laisse pas d'avoir quelque chose de grand & de somptueux dans son irrégularité. Le Chœur sur-tout est enrichi de beau Marbre blanc & mis en œuvre par de très-habiles Architectes & Sculpteurs. On voit entre les raretés qu'il renferme un superbe Tombeau dans lequel reposent les cendres du premier Inquisiteur, & au-dessus duquel sont six Mores suspendus à des Colomnes.

Cette Cathédrale est un grand Bâtiment quarré au milieu duquel il y a un autre quarré, qui fait le Chœur, qui est séparé du Grand Autel par un rang de Piliers, & les deux Allées, qui regnent tout autour de l'Eglise. Il y a de fort belles Chapelles & de magnifiques Balustrades de fer doré. Le Trascoro est d'une fort belle pierre travaillée avec beaucoup d'art. Le Palais Archiepiscopal, qui est tout proche de l'Eglise, consiste en une grande Cour entourée de beaucoup de Bâtimens, qui n'ont aucune beauté remarquable.

Le Chapitre est composé de 42. Canonicats, dont treize sont Dignités, & tous les Chanoines doivent être Prêtres. Ce Chapitre est partagé en deux parties, dont une moitié réside dans une des deux Eglises Métropolitaines de la Ville, & l'autre moitié dans l'autre Eglise. Elles changent de résidence tous les ans, de sorte que vingt & un Chanoines résident alternativement une année dans une des deux Eglises, & l'année suivante dans l'autre. Ces deux Eglises sont St. Sauveur & Notre-Dame du Pilier: dans chacune on chante tous les jours l'Office, & la Messe du Chapitre, selon la solemnité dont l'Eglise fait mention chaque jour. Dans celle de St. Sauveur outre les vingt & un Dignitaires & Chanoines, il y a à l'Office cent-quatre *Personados*, desquels trente & un sont Prébendés, dix-neuf Chapelains, quatre Souchantres pour gouverner le Chœur, un Maître de Chapelle, un Sacristain Major, vingt-quatre Musiciens, & vingt-trois Enfans de Chœur, qui tous portent l'habit de Chœur; les mêmes à très-peu de différence près desservent l'Eglise de Notre-Dame du Pilier, dans laquelle outre cela résident deux Chapelains du Roi, en habit de Chanoines. Quand il est question de faire les fonctions Pontificales & Capitulaires, les deux résidences s'unissent & viennent ensemble dans une des deux Eglises. Ces deux Eglises sont Métropolitaines, Collégiales, & Paroissiales.

Celle de Notre-Dame du Pilier est célèbre par le concours extraordinaire du Peuple, qui y va en Pélerinage de toutes les parties de l'Espagne, & même des Royaumes étrangers. Cette Eglise n'a rien de fort beau dans sa structure, mais elle renferme de grandes richesses. La Chapelle, où est l'Image Miraculeuse de la Ste. Vierge, est un souterrain de 36. pieds de long sur 26. de large. La Ste. Vierge y est placée sur un pilier de Marbre, tenant le petit Jesus entre ses bras, dans un lieu si obscur qu'on auroit toutes les peines du monde à la découvrir, sans la lueur de quantité de Lampes, qui éclairent continuellement ce Lieu. On ne peut rien concevoir de plus riche, que ses ornemens; sa Niche, sa Robe & sa Couronne sont remplies de Pierres précieuses d'un prix inestimable; tout à l'entour paroissent des Anges d'argent massif, qui tiennent des flambeaux à la main. Outre cela

cela elle est éclairée par cinquante Lampes d'argent, sans compter plusieurs Chandeliers d'une hauteur surprenante. La Balustrade est aussi d'argent, toutes les murailles sont tapissées de Figures de Pieds, de Mains, de Bras, de Jambes, d'Yeux, de Têtes, de Cœurs, que les Fidèles ont offerts à la Ste. Vierge, en reconnoissance des Miracles, qu'elle a opérés en leur faveur. Enfin tout est brillant d'or, d'argent & de pierreries dans cette Sainte Basilique, à l'entrée de laquelle on voit une Chapelle dont la Voute est peinte de Roses d'or; & le Cantique *Magnificat* est écrit sur les murailles en lettres d'or.

Outre ces deux Eglises, qui sont en même tems Paroissiales comme on vient de voir, il y a encore à Sarragoce les Paroisses suivantes, Saint Paul érigée en Collégiale par un Bref. Il y a LXX. Bénéficiers; la Magdelaine, St. Jacques le Majeur, St. Philippe, St. Michel hors des murs, Ste. Croix, St. Laurent, St. Jean Baptiste, St. Jean du Pont, Ste. Engratie, qui est de l'Evêché d'Huesca, St. Gilles, St. Pierre, St. Martin dans le Palais nommé Alzaferia, qui sert présentement de Citadelle, St. André, St. Nicolas, qui est en même tems un Couvent de Religieuses du Sépulchre; & enfin Notre-Dame d'Altabas, qui est aussi un Couvent de Franciscaines.

Il y a aussi plusieurs Eglises, qui ne sont point Paroissiales. Les Maisons Religieuses & les Couvens d'Hommes sont, St. Dominique, Saint Ildefonse & St. Vincent Ferrier Collége, où sont des Dominicains; Notre-Dame de la Conception, où les Jésuites enseignent les Humanités; il y a aussi une Maison, où l'on instruit les petites filles. St. François, Jésus, le Collége de St. Diègue, où sont des Cordeliers de l'Observance. St. Pierre Nolasque, le Collége de St. Lazare, où sont des Peres de la Merci chaussés, St. Augustin, St. Thomas, & le Collége de Manteria, où sont des Augustins chaussés. Notre-Dame des Remedes, & Notre-Dame du Pilier ont des Colléges d'Augustins déchaussés; St. François de Paule Couvent de Minimes, Notre-Dame du Carmel, où sont des Carmes déchaussés, Ste. Isabelle Reine de Portugal, où sont des Peres de la Providence, ou Théatins, Notre-Dame de l'Assomption, où sont les Peres des Agonisans; la très-Sainte Trinité, Collége des Trinitaires chaussés, il y en a un autre des Trinitaires déchaussés; & à un quart de lieue un autre Couvent, sous le titre de St. Lambert, pour les Trinitaires chaussés. A une lieue de là sont deux Chartreuses l'une nommée *Aula Dei*, & l'autre la Conception, & plus près est Notre-Dame de *Cogullada*, où sont des Capucins, qui ont encore d'autres Couvens hors de la Ville. Joignant la Paroisse de Ste. Engratie, il y a l'Eglise de St. Jérôme, qui ne fait avec elle qu'un même corps de Bâtiment, & qui est accompagnée d'un Couvent de Jéronimites. Le Portail de l'Eglise est d'Albâtre fort délicatement travaillé. Le grand Cloître est un des plus beaux, qui se voyent aussi-bien que la Bibliothéque & le Refectoire. Audessous du Grand Autel est le *Panthéon*, où reposent les Reliques d'un très-grand nombre de saints Martyrs de Sarragoce. Entre les Miracles, qui s'y font, on compte celui-ci qui est continuel, savoir que neuf ou dix Lampes, qui brulent perpétuellement dans ce Sanctuaire, n'y font aucune fumée. Cela se vérifie journellement au grand étonnement de ceux, qui en avoient douté & qui s'en éclaircissent par leur propre expérience. Il y a aussi l'Eglise de Ste. Ubaldesca, qui étoit aux Templiers, qui est ouverte du haut en bas dans sa principale muraille depuis le jour qu'ils furent exécutés; & peu loin de là est un Collége nommé des Vierges.

Puisque nous voici aux Maisons de Filles, il y a Jérusalem, Notre-Dame de Altabas, Ste. Catherine, où sont des Franciscaines de l'Observance. Santa-Fé, Ste. Agnès, où sont des Dominicaines, Ste. Luce, où sont des Bernardines, Notre-Dame du Carmel, où sont des Carmelites déchaussées, St. Joseph & *Las Fecetas*, des Carmelites déchaussées, Ste. Monique, des Augustines déchaussées.

A une lieue de la Ville est l'Abbaye Royale de Ste. Foi, où sont des Bernardins. L'Eglise de St. Antoine Abbé dans la Ville tient à un grand Palais, que possede le grand Castellan d'Amposta de l'Ordre de Malthé, c'est où l'on tient le Chapitre des Chevaliers. C'est la premiére Dignité de la Langue d'Arragon. Elle est présentement occupée par D. Manuel de Sada Maréchal de Camp des Armées de sa Majesté Catholique. Elle répond à celle de Grand Prieur de Castille, que possede le Sérénissime Infant D. Philippe. Il ne faut pas oublier l'Eglise de Notre-Dame Del Portillo, d'où la Ste. Vierge, défendit miraculeusement les murailles, contre une entreprise des Maures. C'est dans la confiance, que les Habitans ont en la protection de la Mere de Dieu, que la Ville est aujourd'hui sans murailles, & n'a d'autre Fortification, que le Palais de l'Inquisition, dont on a fait une Citadelle de laquelle on parlera ci-après. Il y a quelques Siècles, que les Habitans songérent à relever les anciens murs de leur Ville, qui avoient besoin d'être réparés, mais ils considerérent, que leur plus ferme boulevard étoit la protection de la Ste. Vierge, & ils prirent la résolution de ne pas réparer les murailles matérielles, & de ne chercher d'autre rempart, que le secours spirituel de Notre-Dame; & malgré cette circonstance, la Ville ne laissa pas depuis la Guerre commencée avec le Siècle où nous sommes, d'être une Place d'armes avec Garnison, Gouverneur, Lieutenant de Roi, & Sergeant Major, qui résident dans un Château à une portée de Mousquet de la Ville, nommé le *Fort & du tems des Maures Aljaferia*. Il est entouré d'un Mur, d'un Fossé avec un Pont & de grosses Tours à l'antique. Ce Château qui est ancien a été la résidence des Rois d'Arragon. On le donna ensuite à l'Inquisition pour y loger les Ministres de ce ce Tribunal, & pour y exercer la Justice contre les Criminels en matière de Foi. Les besoins de la Guerre ont porté le Roi aujourd'hui regnant, en a faire une Citadelle pour s'assûrer de la fidélité des Habitans, & il y a une prison où l'on garde les Criminels d'Etat. Le Tribunal de l'Inquisition de la Foi a été établi à Sarragoce dès le tems de son Erection. Il y a un Résident, un Fiscal qui a sa voix, un Alguazil Major, des Secrétaires & le reste des Officiers nécessaires. Il y a aussi à Sarragoce une Université, où l'on enseigne toutes les Facultés. L'Hôpital Général est un magnifique Bâtiment, accompagné d'une grande Eglise, & de Fonts Baptismaux, avec un Tribunal nommé la *Sitiada*. Sur la Porte de cet Hôpital on lit ces mots en grandes lettres d'or URBIS ET ORBIS DOMUS INFIRMORUM; on y reçoit indistinctement tous les Malades de quelque infirmité qu'on soit attaqué. Il y a outre cela d'autres Hôpitaux, ceux où l'on met les Convalescens, où on loge les Etrangers, ceux des enfans de l'un & de l'autre sexe, &c.

La Ville est gouvernée un peu différemment de ce qu'elle étoit, avant qu'elle eût eu le malheur d'embrasser le parti de l'Archiduc contre le Roi. Elle a un Viceroi, un Capitaine Général du Royaume & une Audience Royale, composée d'un Président & de dix Officiers pour toutes les affaires tant civiles, que criminelles du Royaume. Il y avoit un Tribunal pour les Appels, & pour la Déclaration des Loix avec le Grand *Justicia* d'Arragon, & cinq Officiers, que l'on appelloit Lieutenants de la Cour du Justicia d'Arragon, & tous ceux des deux Tribunaux étoient de Robe longue. Il y avoit un autre Officier de Robe, qui étoit assistant du Viceroi: il s'appelloit Avocat Fiscal & Patrimonial, & connoissoit de toutes les causes, où les interêts du Roi étoient impliqués. Il y avoit encore un Juge homme de Robe, qui connoissoit de ce qui concerne les Notaires.

Pour le Gouvernement Judiciaire du Royaume, il se formoit tous les ans une députation des plus habiles gens de chaque Classe tirés au sort, au nombre de huit; savoir deux pour ce qu'on appelle le Bras Ecclésiastique, deux pour la Noblesse titrée, deux pour les Gentilhommes de naissance, & deux pour les Villes, & Communautés de tout le Royaume. Il se formoit encore un autre Tribunal, tous les ans depuis le 1. Avril jusqu'au 13. Juillet, auquel pouvoient porter leurs griefs tous ceux qui se croyoient lezés par les Officiers de la Cour du Justicia d'Arragon. Il étoit composé de neuf personnes que l'on appelloit *Judicantes*: une année cinq étoient nommées par le Roi, & les quatre autres tirées au sort: l'année d'après cinq se tiroient au sort, & le Roi nommoit les quatre autres: tous devoient être Laïques, parce qu'il ne falloit que savoir lire la Loi sur ce qui étoit en debat; & en pesant le défaut & la malice de l'Officier, selon la Loi qui étoit claire,

il étoit facile de voir si la Loi avoit été observée ou transgressée. Leur Sentence pouvoit s'étendre à toutes sortes de peines. Quand ils l'avoient prononcée le 13. Juillet, le Tribunal se séparoit, ainsi elle étoit définitive & sans appel.

Pour la Police il y avoit cinq personnes de la Classe des Citoyens & trente-deux Conseillers, tous tirés au sort chaque année. Les cinq Jurés, savoir le premier appellé *le Jurado en Cap*, le second, le troisième, le quatrième, & le cinquième étoient pris de la première Classe. Il y en avoit un autre nommé Zalmedina, qui jugeoit les Causes civiles & criminelles du commun Peuple. Les cinq Jurés portoient dans les fonctions publiques de grandes Robes de Velours cramoisi, fourrées de Martes & ornées d'un Galon d'or fort large, & cela pendant l'Hyver. Pour l'Eté ils avoient des Robes de Damas cramoisi fourrées de Ras de même couleur. Et hors des fonctions ils avoient pour marque de leur Dignité, sur l'épaule gauche une large bande de Velours cramoisi l'Hyver, & de Ras cramoisi l'Eté, laquelle leur pendoit de haut en bas. Ils ne portoient point d'épée, parce que, quand ils marchoient, ils étoient accompagnés de Supôts pour les faire respecter.

De la même Classe des Citoyens, il y avoit des gens appliqués à divers Emplois, comme de Pere des Orphelins, Commissaire des Rues &c. Il seroit difficile de trouver une plus belle disposition que celle des Loix de cette Ville. Aussi ont-elles été généralement estimées, tout y marque l'éminence d'une prudence Législative, qui pourvoit à tous les besoins des Habitans, par la sagesse des Loix & des Ordonnances. Mais cette Economie fut bien changée par l'abolition des Priviléges du Royaume en 1707., que le Roi réduisit en Province du Royaume de Castille, dont on lui donna les Loix, excepté en ce qui regarde dans le Civil certaines Plaidoiries, où l'on suit toujours les Us, & la Coûtume d'Arragon. Tant à Sarragoce que dans les autres Villes, l'autorité des Jurés a passé à des Regidors. Il y en a vingt-quatre à Sarragoce, qui sont tous à la nomination du Roi. Ils ont pour Président un Intendant de tout le Royaume, qui préside toutes les fois qu'ils se réunissent, & qu'ils demandent du secours. Leur habit ordinaire à tous est l'habit François; le Espagnols l'appellent l'habit Militaire. Il y a onze Officiers de Robe, qui forment un Tribunal, où se jugent les causes tant pour le Criminel, que pour le Civil, & un Régent de cette espèce de Parlement, que l'on nomme la Chancellerie, depuis la suppression des anciennes Charges. Cinq de ces Officiers sont pour les affaires civiles, & les cinq autres pour les criminelles. Il y a aussi un Commandant Général, qui préside à l'Audience. La plus grande partie de l'autorité est dans la seule personne de l'Intendant. La Maison de Ville est un somptueux Edifice, qui attireroit davantage les yeux des Curieux si sa magnificence n'étoit pas effacée par celle

celle de la Maison de la Députation, où s'assemblent les Etats du Royaume, & où le Justicia d'Arragon faisoit autrefois si bien valoir son autorité. On y trouve à l'entrée une belle Cour quarrée, avec un Portique; de là on monte dans une Sale petite à la vérité, mais très-jolie, où l'on voit tous les Rois d'Arragon représentés au naturel, chacun avec une Inscription, qui comprend en peu de mots son nom, & les plus belles actions de sa vie. On n'y voit aucune Reine, à la réserve de Doña Petronilla fille unique du Roi D. Ramire, qui porta le Royaume d'Arragon à Raimond Berenger Comte de Barcelonne son mari. A un coin de la Sale est un St. George Patron du Royaume superbement monté, tenant sous lui un Dragon de Marbre blanc. J'ai dit que cette Ville est sur l'Ebre, on l'y passe sur deux très-beaux Ponts dont l'un est de pierre, & l'autre est de bois. Cette Rivière y est belle & navigable, ce qui fait voir que les Carthaginois, les Grecs & les Romains la remontoient jusqu'à cette Ville. Elle coule autour de la Ville, de manière qu'elle en baigne le pied des Edifices en quelques endroits: anciennement elle n'avoit pas précisément le même lit qu'elle a aujourd'hui. On s'apperçut des grands ravages qu'elle faisoit sur sa route lorsqu'elle vient à s'enfler on songea à y apporter remede, en lui ouvrant un Cours avec tant de précaution, que quelque débordement qui survienne, elle s'étend paisiblement sur le rivage, qui est de l'autre côté de la Ville; & quoique le courant soit fort à cause de tous les Ruisseaux qu'elle reçoit, elle ne fait aucun ravage, soit aux Arbres, soit aux Jardins dont ses bords sont embellis. On entre dans la Ville par quatre Portes, qui répondent aux quatre Parties du Monde. L'Ebre arrose le côté du Nord, & ses bords sont ornés d'un fort beau Quai, qui sert de Promenade aux Habitans. Il y a encore dans la Ville d'autres Promenades publiques. La plus considérable est une grande & belle Rue, nommée la *Calle Santa*, c'est-à-dire la Rue Sainte, à cause que ce fut là qu'elle fut souvent arrosée du sang des Martyrs durant les persécutions, que l'Eglise d'Espagne endura dès les premiers Siècles du Christianisme. On l'appelle aussi la Rue du Cours. Elle est si large, qu'on pourroit la prendre pour une Place très-spacieuse, si elle n'étoit pas presque aussi longue que la Rue de St. Honoré à Paris. C'est proprement le Cours: on y voit tous les soirs beaucoup de Carosses remplis de Dames & de Messieurs, qui s'y promenent lentement, selon l'usage d'Espagne. Il n'y a dans la Ville aucune Fontaine; les Habitans sont obligés de prendre l'eau de l'Ebre. Elle est fort peuplée, & on y voit quantité de Noblesse, de bons Bourgeois, de riches Marchands, & de gros Banquiers, qui y font fleurir le Commerce.

L'air est fort pur & fort sain à Sarragoce, les dehors de la Ville sont très-beaux, plantés de Jardins & de Vergers, à trois lieues à la ronde, & occupés, par des Maisons de Campagne assés jolies: chose très-rare en Espagne. Il y a abondance de Pain, de Vin, de Viande, de Volaille, de Gibier, & le tout à bon marché.

SARAGOUSSE. Voyez SIRACUSE.

SARAGURI, Peuple d'Asie, selon Suidas. Ortelius doute si ce n'est pas le même Peuple, que les SARACORI d'Elien.

SARAI. Voyez ZARAI.

☞ SARAI, pour SERAI. Voyez SERRAIL.

1. SARAI, ou BACHA SERAI, Ville de la Petite Tartarie, dans la Presqu'isle de Crimée au Nord-Ouest de Crim. C'est moins une Ville qu'un Palais, où est la Résidence du Kan. Il est dans une Plaine. Mr. Corneille [a] la met à deux Journées & au Nord de la Mer Caspienne. Cette position est fausse. [a] Dict.

2. SARAI, ou BOSNA SERAI, Ville de la Turquie en Europe, dans la Bosnie sur le Ruisseau de Migliataska, qui tombe dans la Bosna. C'est, dit Mr. Baudrand [b], une des plus peuplées du Pays, & elle est Capitale de la Basse Bosnie. Il ajoute, elle est à trente mille pas de la Rivière de Save au Midi, & presque au milieu entre Belgrade à l'Orient, & Sebenico au Couchant; mais ce n'est pas en droite ligne, & Bosna Serai est au Nord d'une ligne, que l'on tireroit de Sebenico à Belgrade. Mr. Baudrand écrit *Saraio* & *Seraio*. Mrs. d'Herbelot [c] & Corneille [d], écrivent SARAI. Ils remarquent que le Sultan assigne ordinairement les revenus de la Sultane Mere sur cette Ville & son Territoire. Mr. de l'Isle écrit *Bosna Serai*. [b] Edit. 1705. [c] Biblioth. Orient. [d] Dict.

SARAÏM, ancienne Ville de la Palestine, dans la Tribu de Juda, selon le Livre de Josué [e]. Elle est nommée ailleurs [f] SORAA, ZARAA & SARAA. Josephe [g] la nomme SARAZA, & y met la sépulture de Samson. [e] C. 15. v. 36. [f] 2 Paral. c. 11. v. 10. [g] Antiq. l. 5. c. 10.

SARALAPIS, ancien Lieu de la Sardaigne, dans les Terres, selon Ptolomée [h]. Il y a des Exemplaires, qui donnent SARALA pour le nom de cette Ville, & qui font connoître que la Syllabe *pis* est abbregée de Polis πόλις, qui veut dire Ville. Peut-être aussi n'est-ce qu'une conjecture de quelque Critique. Ortelius soupçonne, que ce pourroit bien être la SORABILE d'Antonin [i]. On croit que c'est aujourd'hui Villa Pozzi Bourgade de la même Isle. [h] Lib. 3. c. 3. [i] Itiner.

SAR-ALBE, petite Ville de Lorraine, en Latin SARÆ ALBA, ou ALBA AD SARAVUM. Son nom marque sa situation sur la Sare, dans le Pays de Vosge [k], vers le Comté de Bitche, entre Sarwerde & Sarguemine, à environ trois lieues de l'une & de l'autre. [k] Baudrand, Edit. 1705.

SARALUS, ancienne Ville de la Galatie, selon Ptolomée [l]. Elle appartenoit au Peuple *Trocmi*. [l] Lib. 5. c. 4.

SARAMANNE, Ville d'Hyrcanie vers le Nord, selon Ptolomée [m]. Ammien Marcellin dit que c'étoit une Place forte, & qu'elle étoit située au bord de la Mer. C'est apparemment la SAMARIANE, que Strabon [n] met aussi en Hyrcanie. Ce peut [m] Lib. 6 c. 9. [n] Lib. 23. c. 6.

peut être dans ce dernier une faute de Copiste.

SARAMEL. Voyez ASSARAMEL.

SARAMENA, Contrée de l'Asie Mineure vers l'Amisus, selon Strabon [a]. Il dit: Au delà de l'Halys est la Gadelonitide, qui s'étend jusqu'à la Saramène. [a Lib. 12. p. 546.]

SARAMON, Abbaye de France en Latin CELLA MEDULFI. Elle est dans le Bas Armagnac sur la Riviére de Gimons, à quatre lieues d'Auch, elle est ancienne & fut fondée vers l'an 904. sous le titre des SS. Apôtres St. Pierre & St. Paul, dans un Lieu nommé BLIZENTIUM. Elle est de l'Ordre de St. Benoît.

SARANARA. Voyez SAZANARA.

SARANDIB, nom de l'Isle de CEILAN. Voyez ce mot.

SARANGA, Σάραγγα, Contrée de l'Inde, vers l'Embouchure de l'Indus, selon Arrien [b], entre ce Fleuve & l'Arbis, au bord de la Mer. [b In Indicis.]

SARANGÆ & SARANGÆI, ancien Peuple au Nord Oriental de la Perse. Pline [c] nomme des Peuples voisins les uns des autres *Chorasmii*, *Candati*, *Attasini Paricani*, *Sarangæ*, *Parrhasini*, &c. Arrien [d] semble en indiquer la demeure en nommant la Riviére Sarange, qui vient *ex Meccis*, tombe dans l'Hydraotes, Riviére qui grossissant l'Acesine alloit avec elle se perdre dans le Fleuve Indus. Hérodote [e] nomme aussi ce Peuple, & en fait une dépendance de la Perse, qui a autrefois pu étendre sa Domination jusques-là. [c Lib. 6. c. 16. d Lib. 6. c. 8. e Lib. 3. c. 93.]

1. SARANGE, Riviére. Voyez l'Article précédent.

2. SARANGE, autre Riviére qu'Orphée place vers le Bosphore Cimmérien, selon Ortelius [f]. [f Thesaur.]

SARANI, ancien Peuple, Procope [g] dit qu'il habitoit un Canton de la Phœnicie. Ortelius ajoute: Peut-être étoit-ce aux environs de Tyr, qui a été appellée SARRA. [g Persic. l. 1.]

SARANTA COPA, petit Golphe du Canal de Constantinople, vers la Romanie [h] environ à deux lieues de Constantinople vers le Nord. [h Boudrand. Edit. 1705.]

SARAPANA, Forteresse de la Colchide sur le Phase qui est navigable jusques là, selon Strabon [i]. Il ajoute que delà on continuoit le voyage par des Chariots jusqu'au Cyrus. Il juge ce Fort assez grand pour y établir une Ville [k]. C'étoit un des passages pour aller de la Colchide dans l'Iberie, par des défilez qui en sont proche. [i Lib. 11. p. 498. k Ibid. p. 500.]

1. SARAPARÆ, ancien Peuple voisin de l'Arménie. Il paroît qu'ils étoient originaires de Thrace. Strabon dit [l]: On dit que certains Thraces surnommez SARAPARÆ, c'est-à-dire *Coupeurs de Têtes*, demeurent plus haut que l'Arménie auprès des GURANII & des MEDES, Peuples féroces & intraitables, qui habitent dans les Montagnes, & qui ont coûtume de couper les jambes & les têtes aux hommes qui tombent entre leurs mains; car c'est ce que signifie le nom de SARAPARÆ. [l Lib. 11. p. 531.]

2. SARAPARÆ, Peuple ancien que Pline [m] donne pour voisin aux *Bactri*. Peut-être étoit-ce un surnom donné à ceux-ci, par la même raison qui l'avoit fait donner à ceux de Strabon. Peut-être aussi faut-il lire selon la conjecture du R. P. Hardouin SALAPARÆ; comme Ptolomée [n] qui place un Peuple nommé ainsi au Nord de la Bactriane, auprès de l'Oxus. [m Lib. 6. c. 16. n Lib. 6. c. 11.]

SARAPIA. Voyez SAREPTA.

SARAPIDIS INSULA, Isle sur la Côte de l'Arabie Heureuse dans le Golphe Sachalite, selon Ptolomée [o]. Elle étoit remarquable par un Temple, & voisine des sept Isles de Zenobe qui étoient aussi dans ce même Golphe. Arrien [p] dans son Périple de la Mer Erythrée met environ deux mille Stades entr'elle & le Continent; il lui donne environ deux cens Stades de largeur. Il y a, dit-il, trois Villages dont les Habitans sont les Prêtres des Ichtyophages. Ils parlent Arabe, & couvrent avec des feuilles ce que la pudeur ne permet pas de montrer. Cette Isle a quantité d'excellentes Tortues. Les Habitans de Cané ont coûtume d'y aller avec des Chaloupes & des Barques. Ramusio croit que c'est aujourd'hui l'Isle nommée MAZIRA. [o Lib. 6. c. 7. p Peripl. p. 19 Edit. Oxon.]

SARAPIONIS. Voyez SERAPIONIS.

SARAPTA. Voyez SAREPTA.

SARAQUINO, petite Isle de la Grèce dans l'Archipel. Elle n'a que vingt mille pas de tour; & est presque deserte. On y voit quelques ruïnes d'un Château. Elle est vers la Côte de Macédoine près des Isles de PELAGNISI & LI DROMI, à vingt-cinq mille pas de la Bouche du Golphe Salonique au Levant.

1. SARASA, Ville des Parthes que l'on nommoit anciennement les Carduques selon Strabon [q]. Il leur donne trois Villes savoir, SARASA, SITALCA & PINACA, & ajoûte que cette derniére étoit très-forte & qu'elle avoit trois Citadelles, chacune entourée de son mur particulier; de sorte qu'elle étoit une véritable *Tripolis*, mot qui veut dire trois Villes. [q Lib. 16. p. 746.]

2. SARASA. C'est ainsi que Josephe [r] appelle la Ville de SARAA, où Samson fut enterré. Elle est nommée SARAA au Livre des Juges [s]. [r Antiq. l. 5. c. 10. s C. 15. v. 31.]

SARAT-ASAR, Ville de la Palestine [t] dans la Tribu de Ruben, au-delà du Jourdain. [t Josué c. 13. v. 19.]

SARATHI. Ce nom se trouve dans les Paralipomènes [u]. D. Calmet croit que ce sont les SARAITÆ Habitans de SARAA, Ville de la Tribu de Dan, dont il est parlé au même Livre des Paralipomènes [x]. [u Lib. 1. c. 4. v. 2. x Lib. 1. c. 2. v. 53.]

SARATOF, ou SARATOW, quelques-uns écrivent SORATOF, Ville de l'Empire Russien dans le Royaume d'Astracan, sur un des Bras du Volga [y], au Sud-Est de la Russie & au Nord-Est du Volga, sur le penchant d'une Montagne, avec un Faux-bourg qui s'étend le long de la Riviére. Elle est sans murailles sur la hauteur, avec des Tours de bois à quelque distance les unes des autres. Elle a une Porte à un quart de lieue de la Riviére, une autre à gauche séparée de la Ville, & une troisième du côté de Moscow avec quelques palissades entre deux. Lorsqu'on en approche du côté qui est à la droite de la Riviére on trouve une descente avec des [y Voyage de Le Brun, t. 3. p. 265. Edit. de Rouen 1725.]

Jar-

Jardins, & l'on voit au-delà de cette derniére Porte un Pays ouvert & un chemin battu par lequel les Marchands qui viennent d'Aftracan par terre fe rendent à Moscow. Il y a à Saratow plufieurs Eglifes de bois, & c'est ce qu'il y a de plus remarquable. Les Habitans font Ruffiens & presque tous Soldats commandez par un Gouverneur. Vers l'an 1695. elle fut réduite en cendres; mais elle étoit entiérement rebâtie en 1703. Les Tartares y font des courfes continuelles & s'étendent jufqu'à la Mer Cafpienne & à la Riviére du Jaïck. On compte qu'elle eft à 350. Werftes de Samara à la hauteur de 52. degrez 12′. On ne voit de la Riviére que les Tours & le haut des Eglifes, le Fauxbourg étant entre-deux.

SARAVA, Ville de Perfe fur le Tigre [a]. C'eft le Siège d'un Evêché & peut-être est-ce la SAVARA de Ptolomée par une tranfpofition de lettres, felon la conjecture de Davity.

[a] Corn. Dict.

SARAVALLE, Bourg d'Italie au Trevifan dans l'Etat de Venife. Il eft à deux lieues de Ceneda, felon Mrs. Maty & Corneille. Voyez SERRAVALLE.

SARAVI, Province d'Afrique en Ethiopie dans l'Abyffinie [b]. C'eft où fe trouvent les plus beaux Chevaux d'Ethiopie, & on en tire ceux des Ecuries de l'Empereur. Ces Chevaux qui font pleins de feu, & qui font auffi gros que les Chevaux Arabes, ont toûjours la tête haute. Ils n'ont point de fers parce qu'on ne fait en Ethiopie ce que c'eft que ferrer les Chevaux, ni les autres Bêtes de charge.

[b] Lettres Edifiantes, t. 4. p. 143.

SARAVUS, Riviére de la Belgique où elle fe jette dans la Mofelle. Aufone dans fon Poëme fur la Mofelle dit [c]:

[c] V. 367.

Naviger undifona dudum me mole Saravus
Tota vefte vocat: longum qui abftulit amnem
Feffa fub auguftis ut volveret oftia Muris.

Il parle ici de la Ville de Trève. C'eft un peu au deffus de cette Ville que cette Riviére fe jette dans la Mofelle. Il remarque qu'elle porte des Bâteaux. La Table de Peutinger met fur une route PONTE SARAVI, c'eft le même Lieu qui dans l'Itinéraire d'Antonin eft appellé PONTE SARNIS, ou SARNIX, par une faute de Copifte. Ce Pont au refte eft placé ainfi dans cette Table

Noviomagum	. . . . .	Numague.
Treveros	M. P. XIII.	Trèves.
Divodurum	M. P. XXXIV.	Metz.
Pontem Saravi	M. P. XXIV.	Sarbruck.
Argentoratum	M. P. XXII.	Strasbourg.

Cette Riviére eft aujourd'hui nommée SAAR, par les Allemands & LA SARE, par les François; & la Ville, qui prend fon nom de ce Pont, n'a fait que le traduire en Allemand & s'appelle SARBRUCK, qui veut dire *Pont de la Sare*. Voyez SARBRUCK N°. 3. On a lieu de douter fi le nom de SARAVUS eft le plus ancien nom qu'ait eu cette Riviére, car on trouve le nom de SARRA, dans une ancienne Infcription, que voici [d]:

[d] Gruter, p. 225.

CÆS. PRO EXER. IMP. P. P.
S. C. AU. TREVE. INGR.
ESSUM H. CASTRA SARRÆ
FLU. PRO MIL. CUSTODIA
BIENN. POTITUS EST.

Venance Fortunat [e] écrit fimplement SARA, dans ce vers:

[e] Lib. 7. Carm. 4. ad Gigonem.

Ifara, Sara, Chares, Scbaldis, Saba, Sumina, Sura.

Voyez le cours de cette Riviére au mot SARE.

SARAZINS, Peuple qui a fait beaucoup de bruit fur-tout dans le moyen âge. Voyez au mot SARACENI.

SARBACUM, Ville de la Sarmatie, en Europe, felon Ptolomée [f]. Elle étoit auprès d'un Coude que fait le Borysthène.

[f] Lib. 3. c. 5.

SARBANA. Voyez SARDANA.

SARBANISSA, ou felon d'autres Exemplaires BARBANISSA, Ville de la Cappadoce. Ptolomée la donne au Pont Polemoniaque.

SARBATHA, Ville de l'Arabie Heureufe, felon Ptolomée [g].

[g] Lib. 8.

SARBEDICUS, Montagne d'Afie: elle fait partie du Mont Taurus entre la Syrie, & l'Arménie, felon Curopalate [h].

[h] Ortelii, Thefaur.

SARBENA, Ville de l'Affyrie, felon Ptolomée [i]. Il la nomme entre Gaugamele & Arbele.

[i] Lib. 6. c. 1.

SARBOURG. Voyez SARBRUCK N°. 1. 2. & 3.

SARBRICK. Voyez SARBRUCK N°. 1. 2. & 3.

§. Il y a trois Villes que l'on nomme également SARBOURG, & SARBRUCK. Quelques François trompés par la prononciation des Saxons qui ne fauroient prononcer notre *u* François, & le changent en *i*, écrivent fur cette prononciation SARBRICK. Mr. Baudrand l'écrit de même; mais il avertit que l'on écrit fouvent Sarbourg, & Sarbruck, quoique l'on prononce Sarbrick. Cette derniére prononciation eft auffi vicieufe que l'orthographe. L'Abbé de Longuerue écrit SARBROUC, faute de favoir que Brucke en Allemand ne s'écrit point par un *u* fimple qui fait *ou* dans la prononciation, mais par un *u* adouci ii qui fe doit prononcer comme notre *u*. C'eft cet *u* que les Saxons ne fauroient prononcer fans difficulté dans les mots de notre Langue, c'eft pourquoi ils le changent en *i*. De ces trois Villes il y en a une qui devroit s'appeller SARBOURG, c'eft le *Sarræ Caftra* de l'Infcription, & un autre SARBRUCK; c'eft le *Saravi Pons* des anciens Itinéraires. Sarbourg eft de l'Allemagne, & Sarbruck eft de la Lorraine. Il ne faut point les confondre. Il y a outre cela une autre Ville de Sarbruck de laquelle les Itinéraires ne parlent point, diftinguons ces trois Places par leurs Articles particuliers.

1. SARBRUCK, Ville d'Allemagne dans l'Electorat de Trèves, à trois lieues de Trèves au Midi fur la Sare qu'on y paffe fur un Pont, d'où lui vient fon nom; & au Nord de Freudenberg, qui eft aux Frontiéres de la Lorraine, & à neuf lieues de

de Sarlouïs. Le voisinage de Trèves attribué dans l'Inscription au Lieu qu'elle nomme Castra Sarræ, marque l'origine de ce Lieu. Ce Camp fit bâtir un Pont en cet endroit, & le Pont a donné lieu à la Ville. J'ai remarqué qu'on devroit dire Sarbourg, en parlant de cet endroit.

2. SARBRUCK, Ville de Lorraine, dans le Bailliage Allemand au Pays de Vauge sur la Sare, au pied des Montagnes près des Frontières de la Basse Alsace en allant de Metz à Strasbourg; à six lieues de Marsal, & à quatre de Phalzbourg. C'est le *Pons Saravi* des Itinéraires où la route de Metz à Strasbourg fait voir que c'est de ce Sarbruck que les Itinéraires ont parlé, & non pas de celui dont je parle dans l'Article qui suit. Cette Ville qui doit être appellée Sarbruck pour répondre à son ancien nom *Pons Saravi*, a été appellée aussi Sarebourg, & Kauffmans Sarbourg, c'est-à-dire le Sarbourg du Marchand. Ce Lieu comme le remarque *a* Mr. de Longuerue *a* qui écrit *Sarebourg*, & *Sarbrouc*, & *Kauffmans Sarebourg* est Chef d'un des Archidiaconés de l'Eglise de Metz à laquelle cette Ville, & son Territoire appartenoient pour le Temporel & le Spirituel. C'étoit même un des plus anciens Domaines de cette Eglise. Les Evêques la donnerent aux Comtes de Sambourg, & à leurs héritiers mâles. Le dernier Comte mort vers l'an 1225. ne laissa qu'une fille qui supplia Jean d'Apremont Evêque de Metz de lui donner en Fief Sarbruck, ce que le Prélat accorda à cette fille avec d'autres Fiefs que son Pere avoit tenus de l'Evêché de Metz, à la charge que, si cette fille mouroit sans enfans mâles, ces Fiefs retourneroient à l'Eglise, ce qui arriva. Après sa mort certains Seigneurs s'emparerent de ces Fiefs dont l'Evêque les chassa, & il réunit le tout à son Domaine. Kauffmans Sarebourg ou Sarbruck demeura ensuite aux Evêques de Metz qui en joüirent paisiblement jusqu'après l'an 1350. Ce fut dans ce tems-là que les Habitans qui avoient obtenu de grands Privilèges, refusérent d'obéïr à l'Evêque Ademar de Monteil, & ils prirent des Sauvegardes du Seigneur de Fenestrange, ce qui excita des troubles dans le Pays; mais ils furent appaisés, & les différends terminés par un Jugement Impérial rendu à Metz par Charles IV. le 20. Janvier de l'an 1357., par lequel il cassa les Sauvegardes que les Habitans de Sarbruck avoient pris des Seigneurs de Fenestrange, & il déclara ces Habitans immédiatement sujets à l'Evêque, & à l'Eglise de Metz. Nonobstant ce Jugement les Habitans se soulevérent de tems en tems contre les Evêques. Raoul de Couci fut contraint sur la fin du XIV. Siècle de demander secours à Charles Duc de Lorraine qui le servit bien, & pour récompense il lui assigna l'an 1396. la joüissance de la Ville, & de la Seigneurie de Sarbruck que l'Evêque Raoul, & ses successeurs pourroient retirer moyennant deux mille francs en Or. Les Habitans ne voulurent pas se soumettre au Duc qui leur fit la guerre, & les

a Descr. de la France 2. Part. p. 155.

ayant soumis, il déclara l'an 1398. qu'il quittoit l'Evêque des frais de cette guerre où il devoit contribuer étant obligé à la garantie. Cet engagement n'empêcha pas les Evêques de Metz d'être reconnus les premiers, & principaux Seigneurs de Kauffmans Sarbourg, quoique leur pouvoir y fût fort diminué, & que le Duc de Lorraine fût le Maître absolu de cette Place l'an 1471. comme il paroît par un Traité fait entre George de Bade, & Charles Duc de Bourgogne; néanmoins les Habitans de Sarbruck s'adressérent à Henri de Lorraine Evêque de Metz qui leur donna des Lettres l'an 1435. par lesquelles ce Prélat confirma toutes les Franchises accordées à ceux de Sarbruck par les Evêques ses Prédécesseurs, l'autorité temporelle des Evêques de Metz étant presque anéantie à Kauffmans Sarbourg. François de Beauquere Evêque de Metz céda ou vendit Sarbruck, & d'autres Villes à Charles Duc de Lorraine, par un Contract passé à Nanci le 25. Février 1661. du consentement du Cardinal Charles de Lorraine administrateur du Temporel de l'Evêché moyennant vingt mille Francs monnoye de Lorraine qui furent touchés par le Cardinal administrateur. Par ce Contract le Duc de Lorraine retint Sarbruck, & les autres Lieux en toute Souveraineté, & Jurisdiction distincte, & séparée du Temporel de l'Evêché. Après cela le Bailli d'Allemagne pour le Duc prit possession de Sarbruck l'an 1563. Le Duc Charles de Lorraine joüissoit paisiblement de Sarbruck lorsqu'il fut dépouillé de son Etat par Loüis XIII., & il devoit être remis en possession de cette Place par la Paix des Pyrénées comme des autres qu'il possedoit dans l'Evêché de Metz l'an 1633. mais par le Traité de Vincennes de l'an 1661. le Duc céda à la France Sarbruck, & Nieders Weiler, sans dépendance; car le Roi ne devoit avoir que la Souveraineté d'un chemin large d'une demie lieue de Lorraine. Ces bornes ont été étendues par le Traité de Paris conclu l'an 1718. avec le Duc Léopold; néanmoins le Lieu de Sareck, & quelques Villages que le Duc n'a pas cédés lui sont demeurés.

3. SARBRUCK, Village d'Allemagne dans le Westreich près de la Sare, dans le Comté de même nom dont elle est la Capitale. C'est dit l'Abbé de Longuerue *b* une des plus anciennes Villes de la Lorraine Allemande. Elle est aussi un des plus anciens Fiefs de l'Eglise de Metz. Elle est située sur la Sare, trois lieues au-dessous de Sar-Gemine, & six lieues au-dessus de Sarlouïs. L'Historien des Evêques de Metz soutient qu'elle étoit déja bâtie avant le milieu du X. Siècle, & qu'Othon I. étant à Rome l'an 951. donna ce Lieu là qui étoit de son Domaine Royal à Adelberon I. Evêque de Metz qui l'avoit accompagné Othon dans ce Voyage; mais il est sûr que celui qui a inféré cette Donation dans un Registre gardé dans la Chacellerie de Vic, s'est abusé dans la date, puis qu'Othon n'alla point à Rome l'an 951., & que Flodoard Historien contemporain assure

b Ibid. p. 165.

ſûre qu'il envoya demander qu'on le reçût à Rome, qu'il ne put l'obtenir, & qu'il s'en retourna en Allemagne où il mena la Reine Alix ſa ſeconde femme l'an 952. *Otho pro ſuſceptione ſua Legatos Romam mittit, qua non obtenta regreditur.* Les Lettres de Donation de Sarbruck à l'Egliſe de Metz par Henri III./IV. l'an 1065., ſont certaines, & Frédéric Barberouſſe a reconnu une Donation de Sarbruck faite par Othon I. à cette Egliſe, & il l'a confirmée auſſi bien que celle de Henri par un Acte daté du 6. Septembre 1171. Après ce tems-là les Evêques de Metz donnérent Sarbruck, & ſes dépendances à des Comtes qui étoient leurs Vaſſaux, comme on le voit par un acte de Simon Comte de Sarbruck l'an 1237. ſous l'Epiſcopat de Jacques de Lorraine. Un autre Simon remit Sarbruck, & le reçut comme Vaſſal de l'Evêque Laurent. La Maiſon de ces Comtes fut éteinte dans le Siécle ſuivant, parce que Jean Comte de Sarbruck ne laiſſa qu'une fille nommée Jeanne qui épouſa Jean de Naſſau-Weilbourg, & lui apporta pour dot ſon Comté qu'ils laiſſérent à leurs deſcendants dont la Branche maſculine ſubſiſte encore aujourd'hui. Ceux de cette Maiſon ont toujours reconnu pour Seigneur Feodal l'Evêque de Metz juſqu'en l'an 1640. Ils étoient néanmoins cenſés Etat de l'Empire, ayant été compris au Traité de Weſtphalie. Et depuis ce Traité lorſque l'on taxa tous les Etats, & les Membres de l'Empire ils furent compris dans le Rolle, & le Comté de Sarbruck taxé à 1080. Florins. Lorſque la Chambre établie à Metz procédoit contre pluſieurs Princes ou Seigneurs, & même contre les Comtes de Naſſau Sarbruck, leur Mere, & Tutrice Catherine de Holac offrit de rendre les mêmes devoirs que les Prédéceſſeurs de ſes Mineurs avoit rendus; mais la Chambre ayant rendu un Arrêt le 8. Juillet 1680. par lequel il étoit défendu à la Comteſſe de Naſſau, & à ſes Sujets de Sarbruck de reconnoître d'autre Tribunal ou d'autres Juges en dernier reſſort que le Parlement de Metz, cela augmenta les difficultés. Les grandes guerres qui s'allumérent quelque tems après, mirent ce Pays dans le trouble juſqu'à ce que la Paix de Ryswick remit toutes choſes en l'état où elles étoient avant l'établiſſement de la Chambre dont les Arrêts ont été caſſés, & les réunions révoquées par la IV. Article du Traité. La Ville même de Sarbruck eſt préſentement un Lieu ouvert & ſans défenſe, ayant été ravagée pendant la guerre, & ſon Château qui étoit fort beau ayant été brûlé avec la Chancellerie des Comtes. Elle n'eſt ſéparée de la Ville de St. Jean que par la Sare qu'on traverſe ſur un Pont de pierre. Mr. d'Audifret, qui écrivoit ſa Géographie peu après les ravages dont on a parlé, dit [a]: elle étoit ſituée ſur les bords de la Riviére de la Saar, mais cette Ville ayant été ruïnée pendant la derniére guerre d'Allemagne les Habitans ſe ſont retirés au de là de cette Riviére dans une petite Ville qu'on nomme Sr.

[a] Géogr. Hiſt. T. 3. P. 366.

Jean, ſituée dans une belle Prairie, & défendue par de ſimples murailles. Il parle ainſi du Comté [b]. Il eſt, dit-il, entre la Lorraine, le Duché de Deux-Ponts, & le Comté de Bites. La Saar le coupe en deux parties inégales. Celle qui eſt au de-là de cette Riviére eſt beaucoup plus grande que celle qui eſt du côté de la Lorraine. C'eſt un ancien Fief de l'Evêché de Metz. Il en parcourt enſuite l'Hiſtoire, & admet la fauſſe date de la Donation d'Othon l'an 951.

[b] Pag. 365.

1. SARCA, Château d'Allemagne dans le Tirol, ſelon Mr. Baudrand. Jaillot en fait un Bourg, & Zeyler en fait à peine un Village dans ſa Carte. Il eſt dans l'Evêché de Trente ſur la Riviére de Sarca, au Nord de la Ville de Riva qui eſt ſur le Lac de Garde.

2. SARCA, Riviére d'Allemagne dans le Trentin [c]. Elle a ſa ſource dans les Montagnes qui ſéparent le Breſſan du Trentin, d'où coulant vers le Midi par la Vallée de Randena, elle arroſe le long de ſon cours bon nombre de Villages, puis après être arrivée entre Baſtia & Verdeſina, elle ſe replie vers le Nord-Eſt, puis vers l'Orient, & de nouveau vers le Nord-Eſt; elle ſe courbe vers le Sud-Eſt, paſſe au Nord de Sarca, s'étant groſſie de pluſieurs Ruiſſeaux, & particuliérement d'un qui vient de Toblino, elle prend ſon cours vers le Midi, paſſe au travers du Lac de Caveden, coule au Levant, & ſe perd dans la partie Septentrionale du Lac de Garde entre Riva & Torbole. Là elle perd ſon nom, car quand elle ſort de ce Lac ce n'eſt plus elle; c'eſt le Mincio.

[c] Jaillot du Atlas.

SARCAPOS. Voyez SCARCAPOS.

SARCELLE, ſelon Mrs. Baudrand & Corneille: SERCELLES, ſelon Mr. Laugier de Taſſi, Ville d'Afrique au bord de la Méditerranée, au Royaume d'Alger au Gouvernement du Ponent. Mr. Laugier de Taſſi dit [d]: Sercelles eſt une petite Ville ruïnée ſur le bord de la Mer, à huit lieuës à l'Oueſt d'Alger. Il y a Garniſon, & un Port pour les petits Bâtimens.

[d] Hiſt. du R. d'Alger. p. 153.

SARCELUM, Fort ſitué quelque part vers le Tanaïs, ſelon Curopalate cité par Ortelius [e].

[e] Theſaur.

SARCERIUS, pour SANGARIUS.

SARCHAD, Lac de Tranſilvanie, ſelon Mr. Corneille. On le trouve dit-il, cinq milles au-deſſus de la Ville de Giula. Il eſt petit & traverſé par la Riviére de Fekerkerez qui le forme. Mr. de l'Iſle dans ſa Carte Générale de la Hongrie publiée en 1703. ne connoît point de Lac de ce nom. Mais la Ville de Giula elle-même y eſt au Nord d'un aſſés grand Lac formé par cette même Riviére, & dans la partie la plus Septentrionale de ce Lac on voit le Lieu nommé ZARCAD. Dans la Carte de Hongrie publiée par le même Auteur en 1717. ſur des Mémoires plus ſûrs, le Lac de Giula n'eſt preſque plus qu'un large Foſſé qui environne cette Ville. Sarkad eſt bien loin de ce Lac, plus à l'Orient, & n'eſt qu'un Village ſans aucun Lac.

SARCHAN (Le), Province d'Aſie dans

SAR.   SAR.   271

dans l'Anatolie, sur la Côte de l'Archipel [a]. Elle a le Becsangili au Nord & le Germian au Midi. Elle répond en partie à l'Ionie des Anciens. Smyrne est sa Ville Capitale. Ephèse & Fokia sont aussi de cette Province. Il ne faut pas la confondre avec le SARCUM, comme fait Mr. Corneille.

[a] Baudrand, Edit. 1705.

SARCHIO, ou MONTE SARCHIO [b], Bourg d'Italie au Royaume de Naples, avec un Château & titre de Principauté dans la Principauté Ultérieure, à trois lieues de Benevent du Côte du Couchant.

[b] Ibid.

SARCK, petite Isle de France dans la Manche sur la Côte de la Basse Normandie. Près de cette Isle il y en a une autre plus petite que l'on nomme la Petite Sarck, la Grande est l'ARICA des Anciens, selon Mr. Baudrand.

SARCIGITUA, Siméon la Métaphraste nomme ce Lieu comme ayant été la Patrie de Ste. Gurie: c'est dans la Vie qu'il a écrite de cette Sainte. Ortelius [c] croit que ce Lieu doit avoir été quelque part dans la Mésopotamie aux environs d'Edesse.

[c] Thesaur.

SARCINIUM, Meyer cité par Ortelius croit que c'est l'ancien nom de la Ville de St. Tron, & quelques-uns ont trouvé assés de rapport pour croire que St. Tron est la demeure des anciens Centrones; comme si St. Tron venoit de Centrones & non pas de St. Tron *Sanctus Trudo*.

SARCITAMUS LIMES, ancien Lieu d'Afrique. Il étoit sous le Département de l'Officier qui gouvernoit la Province Tripolitaine, selon la Notice de l'Empire [d].

[d] Sect. 45.

SARCOA, Ville de l'Arabie Heureuse au Pays des Æléens ou Agéens, Peuple voisin des Narites, selon Ptolomée [e]. Elle étoit sur la Côte Méridionale du Golphe Persique, selon les Cartes dressées sur cet Auteur.

[e] Lib. 6. c. 7.

SARCOPHAGI, c'est-à-dire les *Mangeurs de Viande*. Suidas [f] semble nommer ainsi un Peuple au rapport d'Ortelius.

[f] In voce HERODOTUS.

SARCUM, Province d'Asie dans la Natolie, dans sa partie Occidentale, sur la Côte de l'Archipel [g]. Elle commence aux Dardanelles & s'étend jusqu'au Golphe de Landrimiti. C'est la Troade des Anciens. Il n'y a aucune Place remarquable.

[g] Baudrand Edit. 1705.

SARDA, grand Port de la Méditerranée, sur la Côte de Mauritanie entre Tritum & Césarée, selon Strabon [h]. Casaubon rétablit en cet endroit Salda, & en effet il n'y a guères lieu de douter que ce ne soit la SALDÆ de Ptolomée [i].

[h] Lib. 17. p. 831.
[i] Lib. 4. c. 4.

SARDABALA, Voyez SERBETOS.

SARDÆUM, ancien Lieu qu'Etienne le Géographe ne désigne pas assés pour que l'on devine où il étoit. C'est, dit-il, une Montagne près de l'Asopus. Mais il y avoit plus d'un *Asopus*. Ainsi on ne peut déterminer auprès duquel il faut chercher cette Montagne. Heureusement la recherche importe peu, & ce sont de ces choses que l'on peut ignorer sans regret ni honte.

SARDAIGNE (La), grande Isle de la Méditerranée au Midi de l'Isle de Corse dont elle est séparée par un Bras de Mer. Les Italiens disent SARDEGNA, les Espagnols SARDENA, différence qui n'est que dans les lettres & qui revient à la même prononciation. Quelques-uns écrivent Cerdeña. En Latin SARDINIA. Les Grecs ont dit également Σαρδω *Sardo*, génit. Σαρδῦς *Sardus*, & Σαρδων *Sardon* génit. Σαρδόνος *Sardonis*. Les Habitans sont ordinairement nommés par les Grecs Σαρδῶοι *Sardoi*, & quelquefois Σαρδόνιοι & Σαρδώνιοι, *Sardonii*. L'origine que les Anciens ont donné de ce nom a bien l'air fabuleux. Quoiqu'il en soit la voici. Martianus Capella dit [k]. *Sardinia a Sardo, Filio Herculis appellata*. La Sardaigne ainsi nommée de Sardus fils d'Hercule. Et Solin dit [l]: que tout le monde sait où est situé la Sardaigne, & de qui sont venus ses Habitans. Il n'est donc pas fort nécessaire, poursuit-il, de dire comment Sardus fils d'Hercule & Norax fils de Mercure étant partis l'un de la Libye l'autre de Tartessus Ville d'Espagne s'étant avancés jusques-là, Sardus donna son nom à toute l'Isle & Norax le sien à la Ville de Nore. Isidore [m] dit de même: Sardus fils Hercule parti de Libye avec une grande Troupe occupa l'Isle de Sardaigne, & la nomma de son nom. Pline [n] remarque que Timée la nommoit SANDALIOTIS Σανδαλιῶτις, ce mot veut dire qu'elle ressemble dans sa figure à une Sandale, sorte de chaussure des Anciens. C'étoit une Semelle, qui s'attachoit sous le pied avec des Cordons. Martianus Capella & Solin copient Pline en cela comme en mille autres choses. Pline ajoute que Myrsile l'appelloit ICHNUSA I᾽χνῦσα, parce que comme l'explique Etienne le Géographe elle ressemble à la trace que laisse un pied sur le Sable, c'est-à-dire un pied chaussé d'une Sandale, du mot ἴχνος, εος, *Vestigium*, ou la plante du pied. C'est dans ce sens que Claudien [o] dit de cette Isle:

[k] Lib. 6.
[l] Cap. 10. aut. c. 4. Edition. Salmasian. p. 18.
[m] Origin. l. 14. c. 6.
[n] Lib. 3. c. 7.
[o] De bello Gildonico.

Humanæ speciem planta sinuosa figurat,
Insula: Sardiniam veteres dixere Coloni.

Silius Italicus [p] dit aussi par rapport à cette ressemblance:

[p] Lib. 12.

Insula fluctisono circumvallata profundo,
Castigatur aquis, compressaque gurgite, terras
Enormes cohibet, nuda sub imagine planta
Inde Ichnusa prius Grajis memorata Colonis.

Le Docte Bochart [q] conjecture que le nom Latin des Habitans, *Sardi*, vient de SAAD mot de la Langue Hébraïque qui signifie un Vestige, la trace d'un pied, צעד: ce mot est employé dans le Livre des Proverbes c. 5. v. 5. en ce sens là, & dans les Lamentations de Jérémie c. 4. v. 18. Ce savant homme croit que les Phéniciens ont dit *Saad* צעד & *Sarad* ערץ pour dire un Vestige.

[q] Chanaan l. 1. c. 31.

J'ai deja rapporté la première migration dans la Sardaigne, attribuée à Sardus & à Norax par Solin [r]. Il ajoute qu'Aristée leur succéda & regna dans la Ville de *Caralis*

[r] Cap. 4.

ralis Cagliari qu'il avoit fondée, qu'il joignit ensemble ces deux Peuples & n'en fit qu'un sous les mêmes Loix, auxquelles ils se soumirent, quoiqu'ils n'y fussent pas accoutumés. Bochart fait voir que *Caralis*, étoit une Ville Phénicienne nommée *Caranin* קרנין ou *Carira* קרירא à cause du *Rafraîchissement*, qu'elle recevoit d'une Colline voisine qui la défend des Vents chauds du Midi. Il prouve par l'autorité de Pausanias [a] que les Grecs, qui vinrent en Sardaigne avec Aristée, ne bâtirent aucun Ville. Il tient même pour fabuleuse cette Migration d'Aristée par le témoignage de Pindare qui assure qu'Aristée passa de l'Isle de Cea en Arcadie, où il vécut, & que les Arcadiens lui rendirent après sa mort les honneurs divins en le prenant pour Jupiter. Servius sur le quatriéme Livre des Georgiques, Apollonius & quantité d'autres Anciens placent Aristée dans l'Arcadie : & non pas dans la Sardaigne. On a supposé qu'Aristée, à qui on attribue l'invention du Miel a passé dans l'Isle de Sardaigne. Il auroit été plus naturel de le faire venir dans l'Isle de Corse qui en a en quantité; en supposant néanmoins que la Migration d'Aristée a un fondement historique on ne sait comment la placer. Pausanias la met avant celle de Norax; Solin semble la placer après. Quoiqu'il en soit voila trois Migrations de Peuples dans la Sardaigne, celle de Sardus, celle de Norax, & celle d'Aristée en quelque rang qu'on la mette.

[a] *In Phoc. c. 17.*

La quatriéme est celle des Etrangers qui vinrent de Thespies & de l'Attique sous Iolaüs. Les premiers bâtirent Olbie & les Athéniens Ogrylle, c'est de cet Iolaüs, que du tems même de Pausanias qui fournit ce fait il y avoit dans l'Isle de Sardaigne des Lieux nommés IOLAIA, dont les Habitans honoroient Iolaüs. Tout cela est antérieur à la Guerre de Troye, mais après le renversement de cette Ville, ajoute Pausanias, une Troupe de Troyens qui s'enfuyoient aborda en Sardaigne, & s'y mêla avec les Grecs qui y étoient établis. Bien des années après, il y vint des Africains avec une puissante Flote, ils attaquérent les Grecs & les détruisirent presque entiérement; mais les Troyens gagnérent les Montagnes, où ils se retranchérent entre les défilés & les précipices. Ils y gardent encore le nom d'*Ilienses*, Tite-Live [b], Mela & Pline mettent effectivement un Peuple de ce nom dans la Sardaigne. Mais ces Auteurs ne parlent point ni de Iolaüs, ni du Peuple *Iolaenses* ; en échange Diodore de Sicile & Strabon qui font mention des *Iolaenses*, ne disent rien des *Ilienses*. Les Balares & les Corses sont aussi comptés entre les Habitans de l'anncienne Sardaigne. Bochart croit que ces trois noms ne signifient qu'un même Peuple, qui fut nommé *Ilienses*, à cause des Montagnes qu'il habitoit, *Corsi*, à cause des Forêts, & *Balari*, à cause de ses mœurs sauvages.

[b] *Lib. 40. & 41.*

Tous les Anciens ont parlé de la fertilité de la Sardaigne, & en même tems du mauvais air qui y regne. Mela [c] dit: La Sardaigne, est fertile, & la terre y est meilleure que le Ciel, & autant que la terre y est féconde, autant l'air y est empesté. Polybe [d] dit: La Sardaigne est une Isle excellente par sa grandeur, la quantité de ses Habitans & le produit de son terroir. Silius Italicus [e] dit aussi en parlant de cette même Isle:

[c] *Lib. 2. c. 7.*
[d] *Lib. 1. c. 79.*
[e] *Lib. 12. v. 375.*

Propensa Cereris nutrita favore.

On la comptoit entre les Magazins de Rome. Ciceron dans l'Oraison pour la Loi Manilia [f] dit: Pompée sans attendre que la Saison fût bonne pour se mettre en Mer, passa en Sicile, visita l'Afrique & aborda en Sardaigne & s'assura par de fortes Garnisons, & par des Flotes de ces trois Magazins de la République ; mais il faut distinguer les endroits de l'Isle. Elle n'est pas également fertile par-tout. Claudien [g] s'a bien exprimé :

[f] *Cap. 12.*
[g] *De bello Gildonico.*

Qua pars vicinior Afris
Plana solo, ratibus clemens; qua respicit Arcton,
Immitis, scopulosa, procax, subitisque sonora
Fluctibus.

Silius avoit dit de même :

Qua videt Italiam, saxoso torrida dorso
Exercet scopulis latè freta, pallidaque intus
Arva coquit, nimium Cancro fumantibus austris;
Cætera propensa Cereris nutrita favore.

Pausanias y est conforme ; selon lui la partie Septentrionale de l'Isle, du côté de l'Italie [h], a des Montagnes inaccessibles, qui se touchent l'une à l'autre, & aboutissent au rivage. C'est dans ces Montagnes pleines de roches que se retirerent les Iolaenses pour éviter l'Esclavage où les vouloient réduire les Carthaginois qui dans la plus grande force qu'ait eu leur République s'étoient rendus Maîtres du plat Pays de l'Isle.

[h] *In Phocic.*

On ne sait pas trop où placer l'époque de l'invasion de la Sardaigne par les Carthaginois. Bochart croit qu'elle doit être fort ancienne. 1. Parce que le nom même de cette Isle est pris, selon lui, du langage Punique, & qu'il étoit déja en usage du tems d'Homére qui dans l'Odyssée parle du ris Sardonien. 2. Parce que selon Ezéchiel [i], les Tyriens faisoient les bancs de leurs Vaisseaux avec du Buis apporté des Isles Cetim [k]; (ce que Bochart explique de l'Isle de Corse voisine de la Sardaigne; mais ce passage d'Ezéchiel est rendu si différemment par les Interprétes qu'il faut avoir bien envie d'y trouver le Buis de l'Isle de Corse, pour l'y appercevoir). 3. Parce que les Phéniciens envoyérent des Colonies en Sardaigne dans le même tems qu'ils en firent passer en Afrique, en Sicile, & en Espagne. Bochart croit en voir la preuve dans ce passage de Diodore de Sicile [l] : les Phéniciens s'étant enrichis à ce Commerce (d'Espagne) envoyérent bien des Colonies tant en Sicile & dans les Isles voisines, qu'en Afrique, en Sardaigne & en Espagne.

[i] *Y V. 302.*
[k] *Cap. 27. v. 6.*
[l] *Lib. 5.*

Les

Les Anciens conviennent que *Calaris*, *Sulci*, & *Charmis* étoient trois Villes Phœniciennes ou Carthaginoises; mais comme la possession qu'ils avoient de la partie Méridionale de l'Isle est très-ancienne, il est d'autant plus apparent qu'ils étoient les Fondateurs des autres anciennes Villes de ce Canton, que les Barbares qu'ils en avoient chassés n'étoient pas gens à bâtir des Villes. Nora elle-même dont on fait honneur aux Espagnols avoit son nom pris du Phœnicien. Il en est de même d'*Olbia*, d'*Ogrille* ou *Gorylle*, les Phœniciens y furent plusieurs fois vaincus. Vers le tems de Cyrus après avoir fait heureusement leurs affaires en Sicile, le Théatre de la guerre ayant été transporté dans la Sardaigne, ils y furent défaits au rapport de Justin [a] & d'Orose [b]. La première année de la quatre-vingt-dix-septième Olympiade une peste affoiblit si fort les Carthaginois que leurs voisins les méprisérent. Les Sardes & les Africains profitant de l'occasion se soulevérent contre eux: mais ils furent subjugués de nouveau, & châtiés de leur révolte; ainsi les Carthaginois en demeurérent Maîtres jusqu'à la première Guerre Punique qui les en chassa. Les Romains s'y établirent l'an de Rome 521. sous la conduite de M. Pomponius, & comme la Corse fut conquise l'année suivante, ces deux Isles furent soumises à un même Préteur. La Sardaigne voulut secouer le joug des Romains pendant la seconde Guerre Punique, mais elle fut bien-tôt réduite, Cependant ni les Carthaginois ni les Romains ne purent bien soumettre les anciens Habitans de l'Isle réfugiés dans leurs Montagnes.

Sous les derniers Empereurs d'Occident le Sardaigne & la Corse eurent chacune un Président particulier. Lorsque les Vandales eurent pénétré en Afrique, Justinien conféra au Préteur d'Afrique le Gouvernement de la Sardaigne, qu'il annexa à l'Afrique, comme il paroît par le Code [c]; de là vient que pour les affaires Ecclésiastiques la Sardaigne, & les Baléares dont Cagliari étoit la Métropole dépendoient des Supérieurs de l'Afrique du tems de St. Grégoire le Grand. La Sardaigne fut quelque tems unie à l'Espagne; cependant on ne voit point que ses Eveques ayent souscrit aux Conciles tenus en Espagne [d].

Les Sarrazins ayant étendu leurs conquêtes en Afrique & en Espagne s'établirent aussi en Sardaigne & saccagérent cette Isle à diverses reprises dans les Siècles VII. & VIII. Les Génois & les Pisans les en chassérent & l'Isle goûta quelque repos sous des Juges dont l'autorité passoit du Pere au fils, & qui relevoient du St. Siège. La Liberté de l'Isle fut le prix de quatre victoires, c'est pourquoi ce Royaume a pour Armes une Croix de Gueules accompagnée de quatre têtes de Mores. Il souffrit beaucoup des gueres que la Jalousie causa entre les Génois & les Pisans, & durant les troubles qui survinrent entre les Papes & les Empereurs. Boniface VIII. le donna enfin à Jacques I.

[a] *Lib.* 18. *c.* 7.
[b] *Lib.* 4. *c.* 6.
[c] *Lib.* 1. §. *Deo itaque C. de Offic. P. P. Africa.*
[d] *Carol a S. Paulo, Geogr. Sacr. p.* 46.

Roi d'Arragon en 1297. Un de ses Successeurs, savoir Ferdinand le Catholique, ayant épousé Isabelle de Castille, leurs Etats se réunirent dans la personne de Jeane leur fille, surnommée la Folle, mere de Charles V. Depuis ce tems-là la Sardaigne étoit un Royaume annexé à l'Espagne jusqu'à l'an 1708. que les Alliés de l'Archiduc Charles d'Autriche s'emparérent de la Sardaigne, en faveur de ce Prince, durant la guerre d'Espagne. Aux Négociations pour la paix d'Utrecht, on parla de donner ce Royaume à l'Electeur de Baviére, mais cela n'eut aucune suite: l'Empereur garda la Sardaigne qui lui fut confirmée par le Traité de Bade en 1714. S. M. I. prétendit ensuite que les Royaumes de Naples & de Sicile étoient inséparables. Elle chercha à s'accommoder de la Sardaigne pour la Sicile qui avoit été cédée au Duc de Savoye Victor Amédée, à condition que l'Espagne s'en reservoit la Reversion, au cas que la Maison de Savoye, vint à s'éteindre. L'Espagne qui perdoit à cet échange la Reversion de la Sicile que l'Empereur vouloit abroger, s'y opposa, reprit la Sardaigne sur l'Empereur, & fit sur la Sicile la fameuse entreprise qui échoua par l'avantage que la Flote Angloise eut sur celle d'Espagne. Le Traité de Londres changea le Traité d'Utrecht, en ce que le Duc de Savoye Roi de Sicile, laissa son Royaume à l'Empereur & devint Roi de Sardaigne; sa Couronne a passé à son fils qui regne aujourd'hui.

J'ai deja dit que la Sardaigne [e] a toujours été vantée à cause de sa fertilité. Les Anciens parlent de l'abondance de ses grains. Il y a des Bois de Citronniers & d'Orangers qui ont deux lieues de longueur, & leurs fruits s'y donnent presque pour rien. Les Cerises, les Prunes, les Poires, les Châtaignes, les Olives, la Viande de Boucherie, la Volaille, le Gibier, & le Poisson s'y trouvent en abondance. On y fait un gros Commerce de Fromage, de Lin, & de Corail que la Mer fournit en quantité. La Chasse des Buffles, des Cerfs, & des autres Animaux est encore d'un revenu considérable pour les Habitans.

J'ai remarqué en même tems que l'air qu'on respire dans cette Isle ne répond pas à la bonté du terroir, tous les Auteurs anciens & modernes s'accordent à la décrier à cet égard. Martial [f] dit: quand l'heure de la Mort est venue on trouve la Sardaigne au milieu de Tivoli.

Cum Mors
Venerit in medio Tibure Sardinia est.

Ciceron [g] prie son Frere de se ménager & de penser que malgré la Saison de l'Hiver, le Lieu où il se trouvoit alors étoit la Sardaigne. Et ailleurs parlant de Tigellius, il se félicite de n'avoir pas à souffrir un Sarde, plus empesté que sa patrie. Suétone dit que sous Tibére [h] on fit une espèce d'enrôlement de jeunes Juifs & qu'on les envoya dans les Provinces où l'air étoit le plus mauvais. Si l'on joint ce passage à

[e] *Divers Mémoires.*
[f] *Lib.* 4. *Ep.* 60.
[g] *Ad Q. Fratr. L.* 2. *Ep.* 3.
[h] *In Tiber. c.* 36.

un

[a] Lib. 18.
c. 5.
[b] De Illustr. Grammat.
c. 5.

un autre de Josephe [a], on trouvera que la Sardaigne eut sa part de ces exilés. Car cet Historien [b] dit qu'on y en envoya quatre mille. Suétone dit encore que Sævius Nicanor, fameux Grammairien ayant été noté d'infamie, passa en Sardaigne & y mourut. Dans les Actes de St. Fulgence, durant la Persécution des Vandales en Afrique sous Trasimond, on voit que ce St. fut rélégué en Sardaigne avec un très-grand nombre d'autres Evêques. Les Historiens tant Ecclésiastiques que Civils parlent de cette Isle comme d'un Lieu où l'on envoyoit ceux dont on vouloit se défaire. On remarque que l'air y est très-mal sain, l'Eté même dans les Contrées les plus fertiles. Cependant Silius Italicus [c] a dit qu'il n'y avoit point de Serpens:

[c] Lib. 12.

Serpentum Tellus pura ac viduata venenis.

Mais au lieu de Serpens Solin parle d'une Araignée qu'il appelle *Solifuga*, parce qu'elle fuit la lumière du Soleil. Il ajoute qu'elle se trouvoit dans les Mines d'argent de cette Isle. Pausanias y admet des Serpens, & dit qu'ils ne font point de mal aux Hommes. A l'égard des poisons, il faut excepter une Herbe, qui ressemble à du Persil, & qui fait retirer les nerfs & les muscles de ceux qui en mangent, de manière qu'ils semblent rire en mourant, d'où est venu le proverbe, *un ris Sardonien*. Les Anciens appelloient cette herbe Sardonia, les Modernes la nomment *Ranuncula*.

Les Géographes ont placé diversement cette Isle par rapport au Ciel. Selon Ptolomée, elle est depuis 29. d. 50'. de Longitude jusqu'à 32. d. 25'. & depuis 35. d. 50. de Latitude jusqu'à 39. d. 30'. Sanson ne s'en écarte pas beaucoup dans ses Cartes. Le Pere Coronelli dans son Isolario, lui donne depuis le 31. d. 10'. de Longitude jusqu'au 32. d. 19. 30". & depuis le 37. d. 14'. de Latitude jusqu'au 40. d. 50'. Mr. Robbe dans sa Méthode lui assigne depuis le 31. d. 10'. jusqu'à 33. d. 15'. de Longitude, & depuis le 37. d. jusqu'au 40. d. de Latitude. Mr. de l'Isle qui a eu des Observations plus sûres met la Sardaigne entre les 25. d. 40'. & les 27. d. 20'. de Longitude, & entre les 38. d. 42. 30". & le 41. d. 11'. de Latitude. L'Auteur de la Description Géographique du Royaume de Sardaigne publiée en 1725. chez Van Duren à la Haye, in 8. n'a pas laissé de dire, qu'il est situé entre les 37. d. 10'. & les 39. d. 50'. de Latitude, & entre le 31. d. 10'. de Latitude & 33. d. 15'.

Ce dernier Auteur dit, que du Midi au Nord l'Isle a cent soixante-quinze milles d'Italie de longueur, & de l'Occident au Levant cent milles de largeur; & dans toute sa Circonférence elle a environ sept cens milles de tour. Comme il ne dit point quels milles d'Italie il entend, on doit supposer qu'il ne connoissoit, que ceux de soixante au degré, quoi qu'il y ait en Italie bien des sortes de milles, ainsi que je l'ai noté au mot Mesures Itinéraires; d'ailleurs il ne dit point si les sept cens milles de tour se prennent en comptant les Ances & les Golphes, ou si on n'y a point d'égard. Ces sortes de calculs sont toujours defectueux. Cluvier lui donne 45. milles d'Allemagne de longueur depuis Cagliari, jusqu'au Bras de Mer qui la sépare de la Corse, & 26. de largeur depuis le Cap Montefalcone jusqu'au Cap de Sarda. On peut voir dans l'Itinéraire d'Antonin, les anciennes routes de la Sardaigne avec leurs distances en milles Romains.

L'Auteur de la Description Géographique déja citée prétend, que du Cedro Riviére de l'Isle, elle a été autrefois nommée *Cedrena*, & ensuite Sardaigne. Cette conjecture est une pure rêverie, ce qu'il ajoute est mieux fondé: Les petits poissons si connus sur toutes les Côtes de la Méditerrannée, (il devoit ajouter & sur les Côtes de la Bretagne & de la Saintonge,) & que l'on connoît sous le nom de *Sardines*, sont ainsi appellés à cause de la grande quantité, qui s'en pêche autour de cette Isle. Le Cedro dont on vient de parler, & le *Thyrsus* des Anciens aujourd'hui *Tirso*, partagent l'Isle en deux parties par leur cours opposé. On distingue la Sardaigne en deux Caps; l'un est au Nord savoir le Cap de Sassari, ou plus communément le Cap de Lugodori; l'autre est au Midi & s'appelle le Cap de Cagliari. Le Détroit qui sépare la Sardaigne d'avec la Corse s'appelle les Bouches de Boniface. La Mer voisine est très-poissonneuse, les Rivières & les Lacs de l'Isle ont aussi du poisson en abondance.

L'Isle a encore cette même fertilité si vantée par les Anciens, & produit à foison des Grains, des Olives, des Oranges & des Citrons. On y voit une infinité de Bestiaux particulièrement de Bêtes à cornes, d'où vient la quantité de Fromages, de Laines & de Peaux, qui se consument dans l'Isle, & dont elle fournit les Côtes de l'Italie. La Sardaigne ne manque point de Ports capables de recevoir toutes sortes de Bâtimens. Les plus remarquables sont

Sur la Côte Occidentale.	Golfo d'Arragonese ou Porto Torre.
	Golfo d'Algher ou Porto de Conde.
	Porto de Bosa.
	Golfo d'Oristagni ou la Baye de Neapoli.
Sur la Méridionale.	Golfo d'Iglesias.
	Golfo di Palma.
Sur l'Orientale.	Golfo di Cagliari.
	Golfo di Terra Nova.

La Régence du Royaume tenoit autrefois à Cagliari une Escadre de sept Galéres. De très-nombreuses Flotes y peuvent hyverner, se mettre à couvert & s'y radouber sans crainte des vents ni des tempêtes. Outre ces Ports il y en a beaucoup d'autres plus petits; qui ont des Tours & des Forts pour se défendre de l'insulte des Ennemis & sur-tout des pirateries des Corsaires de Barbarie.

On peut dire qu'il y a deux Capitales de

de l'Isle, car quoique Cagliari porte ce nom les Vicerois Espagnols y séjournoient six mois, & six autres mois à Saffari. Les plus fortes Places sont Cagliari, Ampurias & Algheri.

Il y a trois Archevêchés dans la Sardaigne savoir

Cagliari.   Saffari.
   Oristagni.

Et quatre Evêchés savoir

Ampurias.   Bosa.
Algheri.   Alez.

Iglesias a été Episcopale, on y avoit transféré le Siège de l'ancienne *Sulci*, mais on l'a uni à Cagliari: ceux de GALTELLI & de SUELLI ont eu la même destinée. Celui de TEMO a été uni à Oristagni, & celui d'USEL à Alez. L'Evêque de TORRE est devenu Archevêque, & Primat de Sardaigne. Il réside à Saffari. Les Sièges de Sorra & de Ploagues, *Plubium* ou *Planacum*, ont été unis à celui de Torre. Castro & Gisara ont été unis à Othana, qui a été transféré à Algheri.

Outre ces Villes il y a des Bourgs, & des Villages distribués dans les Terres, & le long des Côtes dont les principaux sont fort peuplés comme *Tempio*, *Oziero*, *Orano*, *Orosei*, *Borgalli*, *Sardo*, *Sargano*, *Cosoini*, *Lacon*, *Samasai*, *Gociana*, &c.

Les Bâtimens, tant des Villes que des Villages, sont presque tous dans le goût de l'Architecture Espagnole, qui s'arrête plus à la commodité qu'à la magnificence. Les Eglises & les Maisons Religieuses sont magnifiques, sur-tout les Eglises & les Colléges des Jésuites, qui font beaucoup de fruit dans cette Isle, où ils travaillent extrêmement. L'Isle n'est pas à beaucoup près aussi peuplée qu'elle pourroit l'être, ce qui peut venir de l'air mal sain auquel on pourroit remédier vraisemblablement, si on faisoit écouler certaines eaux, qui croupissent & que l'on cultivât mieux certains endroits de l'Isle. Car à en juger par ce que la terre produit naturellement, le Climat doit être excellent. L'Isle est couverte en tout tems, ou de fleurs, ou de verdure, & on y laisse paître le Bétail, même en Hyver. Les Campagnes sont abondamment arrosées par des Riviéres, des Ruisseaux & des Fontaines. Il y a entre autres une Fontaine à Saffari, que l'on dit être comparable aux plus magnifiques de Rome, & on en dit proverbialement, *Chi non vide Rosel*, *non vide Mondo*. Rosel est le nom de cette Fontaine.

Les Montagnes y renferment des Mines, il y en a d'Or, d'autres d'Argent, de Plomb, de Fer, d'Alun & de Souffre. C'est à cause de ces Mines d'Or, que le Cap de Saffari a eu le nom de *Lugodoro*, ou *Lugodori*, le Lieu de l'Or. Autrefois on y travailloit à des Mines de ce Métal. Les Montagnes, les Collines, & les Plaines fournissent quantité de Gibier. On y trouve des Cerfs si bien marquetés, qu'on les prendroit pour des Tigres, si ce n'étoit leur bois. La Chasse est si commune, & si abondante, que les Perdrix, les Cerfs, & les Sangliers, sont la nourriture ordinaire des Bergers & des Païsans.

Les Côtes produisent beaucoup par la pêche du Ton, qui s'envoye mariné dans toute l'Italie, & par celle du Corail, qui dure depuis le mois de Mai jusqu'en Septembre, & dont la Sardaigne fournit les Villes de Gènes, de Livourne, & autres Lieux de Commerce d'où on le transporte ensuite dans toute l'Europe.

Les Chevaux de Sardaigne ne sont pas grands; à cela près, ils sont beaux, vifs & dociles. Les femmes y ont le sang fort beau.

Il ne paroît pas que les Rois d'Espagne ayent connu toute la bonté de cette Isle. Il est vrai que Charles V. qui y passa en revenant d'Afrique en fut charmé, mais cela n'aboutit à rien. Philippe Second son Fils eut d'autres occupations, & ses Successeurs jusqu'à Charles II. inclusivement ne regardèrent cette Isle, que comme une Terre stérile pour eux, & qui rendoit à peine les frais, que coûtoit sa conservation. L'éloignement du Souverain le mettoit dans la nécessité de s'en rapporter aux Vicerois, qu'il y envoyoit, & qui ne songeoient qu'à s'y enrichir promptement. A chaque mutation de Viceroi, les Habitans étudioient le foible du nouveau venu, & en étoient même instruits d'avance. Etoit-il intéressé, on le gagnoit par les présens : ambitieux, on le combloit d'honneurs ; en un mot, on tâchoit de captiver sa bienveillance. D'un autre côté un Courtisan, qui n'avoit quitté la Cour, que pour profiter du tems qu'il avoit à être dans ce Poste, se gardoit bien de songer à des améliorations, qui ne regardoient que l'avantage de la Couronne, & qui demandoient des arrangemens de longue haleine. Il profitoit de l'occasion présente, sans s'embarrasser d'un avenir, qui auroit demandé dans ses Successeurs une maniere de penser uniforme. Les Sujets éloignés du Souverain n'en connoissoient presque point d'autre que le Viceroi. Leur union avec lui les garantissoit du mécontentement de la Cour, qui de son côté ne s'attachoit qu'à soutenir le Viceroi. Celui-ci avoit d'autant plus de liberté de thésauriser, qu'il faisoit part aux Ministres du butin qu'il recueilloit, & achetoit ainsi leur protection.

Joignez à cela les Priviléges sans fin, que ces Insulaires se sont fait accorder, & confirmer en toute occasion. La Noblesse ne peut être jugée à mort par le Viceroi. Quelque crime qu'un Gentilhomme commette, même de lese Majesté, il ne peut être jugé que par sept autres Gentilshommes, qui seuls ont le droit de le condamner ou de l'absoudre. Il arrive souvent que toutes les voix vont à la décharge du Coupable parce que les Juges s'entendent en sa faveur ; alors le Viceroi qui ne peut rien seul est forcé de juger comme eux. Cette impunité de la Noblesse, qui en est toujours quitte pour quelque bannissement tout au plus, fait que tous les gens aisés, qui ont la protection du Viceroi tâchent de se procurer des Lettres de Noblesse. Cela a rendu les Nobles aussi communs en Sardaigne, qu'ils le sont en Pologne, & en Hongrie. Cette Noblesse trop multipliée s'arroge quantité d'exemptions, qui rejettent le fardeau des dépenses publiques sur le pauvre Peuple qui en est opprimé.

Ces Priviléges & ceux des Ecclésiastiques sont la ruine des Bourgeois. Sans parler de la magnificence des Eglises, & de la richesse des Monastères, chaque Ecclésiastique a non seulement une exemption personnelle; mais l'immunité s'étend à sa Maison, dont tous les revenus passent sous le nom du Clerc. Cela fait qu'il n'y a point de Famille, qui n'ait un enfant à qui on fait recevoir la Tonsure. Tous les Réguliers soit en qualité de Mandians, soit en vertu de quelque Indult, ne savent ce que c'est que Gabelle, Taxe, Contribution.

Comme il y a dans l'Isle sept Cathédrales & beaucoup de Collégiales dispersées dans le Pays, cela fait un grand nombre de Canonicats, & de Prébendes; il y a peu de Prêtres qui n'ayent quelque Bénéfice. Les Archevêchez sont d'un gros revenu. L'Archevêque de Cagliari tire quinze mille Pièces par an de son Eglise, ce qui fait environ trente mille florins. Les autres Archevêques ou Evêques n'en ont pas moins de dix mille. Les Chanoines sont encore mieux pourvus à proportion, puisqu'il y en a qui ont deux ou trois mille Pièces par an. On croit que les revenus Ecclésiastiques, pris en gros, vont à deux cens cinquante mille Pièces par an. Ces biens ne fournissent rien au Gouvernement, & le Peuple est obligé de les remplacer; outre les Dixmes & le Casuel qu'il paye à ces Ecclésiastiques.

Ajoûtons à tous ces Exempts ceux qui le sont en vertu de quelque Office à l'Inquisition. Celle de Sardaigne étoit subordonnée à celle d'Espagne dont le Grand Inquisiteur y envoyoit un Subdélégué. Celui-ci faisoit sa résidence au Château de Sassari; il avoit ses Officiers, Fiscal, Commissaires, Notaires, Geoliers, Gardes, Sergeans, &c. tous gens qui prétendoient être Exempts. Ils s'étendoient cette exemption à leurs *Familiars*, leurs Domestiques, leurs Valets; & comme dans le moindre Bourg, il y avoit un Commissaire de l'Inquisition & avec lui une très-nombreuse Famille, il s'en falloit peu que tout le Royaume ne fût exempt des Contributions naturelles & indispensables.

Lorsqu'en 1708. l'Espagne eut perdu l'Isle, les Evêques voyant tout Commerce rompu avec l'Espagne à cause de la guerre prétendirent être rentrez dans le Droit primitif. Chacun fit dans son Diocèse l'Office d'Inquisiteur. Mais ces Prélats, qui avoient déjà leurs Officiers & leurs Domestiques en grand nombre, sans rien diminuer de cette multitude, retinrent encore les Officiers, Ministres & Suppôts de l'Inquisition que le Subdélégué avoit eus auparavant; ainsi le nombre des Contribuans diminuant de jour en jour, la misére du Peuple s'est augmentée, les Finances du Souverain ont été réduites à rien, le Peuple appauvri s'est découragé, le Pays s'est dépeuplé, les terres mal cultivées ou mêmes incultes en quelques endroits, n'ont presque rien produit, & même certains Cantons en sont devenus encore plus mal sains.

D'un autre côté les Souverains ne tirant presque rien de cette Isle l'ont négligée, & en ont laissé tomber les Habitans dans une ignorance grossière. Ils les ont même supposez plus misérables qu'ils n'étoient, & dans ce préjugé ils ont rempli les Charges du Pays de quantité d'Etrangers. Les Naturels n'ayant plus d'espérance d'y parvenir se sont encore plus découragez; & à la réserve des Ecclésiastiques, chacun a négligé les Sciences, les Talens devenus inutiles n'ont point été cultivez, l'industrie a entièrement cessé,& le Peuple s'est contenté du travail qui l'empêchoit de mourir de faim, sans se soucier de ce qui pouvoit amener dans l'Isle une abondance dont il ne jouïssoit pas. L'argent a disparu, le Commerce a été ruiné, les revenus du Roi ont suffi à peine pour l'entretien du Viceroi & ses Ministres, & le Souverain s'est vu réduit à envoyer dans l'Isle de quoi entretenir le peu de Troupes qui formoient une ombre de Garnison dans les trois Places *Cagliari*, *Algheri*, & *Castel-Aragonese*, outre quelques Tours. Une Isle si mal gardée a été exposée aux descentes des Corsaires de Barbarie. Les Pêcheurs n'ont osé se risquer à s'avancer jusqu'aux lieux où la Mer abonde en Poisson & en Coral. Le Commerce clandestin s'est fait sans obstacle; & l'Isle est enfin tombée dans la décadence & dans le décri. Le Duc de Savoye qui en porte aujourd'hui la Couronne n'a pas trouvé qu'il fut aisé de remédier aux desordres que l'on vient de dire, & sans un changement essentiel dans le Gouvernement de cette Isle, il est impossible de la mettre dans l'état où elle pourroit être, moyennant les soins & l'autorité d'un Souverain qui entreprendroit de réformer les abus. Aussi la Cour de Turin ne regarde-t-elle cette Isle que comme un Titre qui met le Chef de la Maison de Savoye entre les Têtes Couronnées.

SARDANA ou SARBANA, selon les divers Exemplaires de Ptolomée [a], Ville de l'Inde en deça du Gange. [a] Lib. 7. c. 1.

SARDANUM, Bourg de la Palestine dans le tems des Croisades, selon Guillaume de Tyr cité par Ortelius [b]. [b] Thesaur.

SARDEMISUS, Montagne d'Asie dans la Pamphylie, selon Pomponius Mela [c], & Pline [d]. [c] Lib. 1. c. 14. [d] Lib. 5. c. 27.

1. SARDENA. Voyez SARDAIGNE.

2. SARDENA, Montagne d'Asie près du Fleuve Hermus, selon Hérodote. Elle étoit voisine du Nouveau Mur ou Bourg nommé Néontichos.

SARDES (LES), nom des Peuples de la Sardaigne.

SARDES, ancienne Ville d'Asie dans la Lydie, dont elle étoit la Capitale; & la Résidence de Croesus Roi fameux par ses

ses richesses, & par sa fin malheureuse. Les Anciens l'ont nommée le plus souvent SARDES Σαρδεις au pluriel, & rarement Sardis au singulier. Elle étoit située au pied du Mont Tmolus d'où coule le Pactole qui baigne la Ville. Strabon [a] dit: Sardes est une grande Ville bâtie depuis la Guerre de Troye; elle est assés ancienne, & a une Citadelle bien fortifiée. C'étoit la Résidence des Rois de Lydie. Hérodote dit [b]: le Pactole qui leur porte des paillettes d'or qu'il a détachées du Mont Tmolus coule au milieu de la Place. Pline [c]; dit que la Lydie étoit vantée principalement à cause de Sardes à côté du Tmolus. Mr. Spon [d] parle ainsi de cette Ville: Sardes appellée aujourd'hui SARDO est au pied du fameux Mont Tmolus, ayant au Nord une grande Plaine arrosée de quantité de Ruisseaux qui sortent en partie d'une Colline voisine au Sud-Est de la Ville, & en partie du Tmolus. Le Pactole sort de la même Montagne, & perd son nom dans l'Hermus qui passe près de Magnesie. Sardes a été anciennement le Siège du Roi Croesus le plus riche Prince de son Siécle. Tout y étoit riche, & superbe; mais elle est présentement réduite à un pauvre Village qui n'a que de chétives Cabanes; mais où il y a pourtant un grand Kan bâti à la maniére des autres Kans de Turquie, & où les Voyageurs sont commodément logés. C'est le grand passage des Caravânes qui vont de Smyrne à Alep & en Perse. Elle n'est presque habitée que par des Bergers qui vont mener leurs Troupeaux dans les beaux pâturages de la Plaine voisine. On voit à l'Orient de la Ville un vieux Château avec les ruïnes d'une grande Eglise. Au Midi, & au Nord il y a aussi des ruïnes considérables de quelque ancien Palais; mais au fond ce ne sont que des ruïnes. Les Turcs y ont une Mosquée qui étoit une Eglise de Chrétiens, à la Porte de laquelle il y a plusieurs Colomnes de Marbre poli. Il s'y trouve quelques Chrétiens, qui s'occupent la plûpart au Jardinage, & qui n'ont ni Prêtre ni Eglise. Aussi le fils de Dieu dans l'Apocalypse [e] fait-il à l'Ange de l'Eglise de Sardes des menaces que l'on voit exécutées. Thomas Smith dans sa Notice [f] des sept Eglises d'Asie dit [f]: qu'au Midi de la Ville on voit de grandes ruïnes qui font juger de sa magnificence avant qu'elle fût détruite. On y remarque six Colomnes d'environ trente pieds de haut. Il monta avec beaucoup de peine à la Citadelle qui est à l'Orient. C'est, dit-il, une Montagne escarpée, & qui en quelques endroits est taillée en précipice; ce qui oblige à faire des détours. Quand même cette Citadelle seroit encore entiére, elle seroit de peu de défense, vû la maniére de faire aujourd'hui la guerre. Les Mines l'auroient bien-tôt renversée jusqu'aux fondemens. Il faut pourtant avouer que lorsqu'on n'avoit pas encore l'usage de la poudre, & que l'on ne connoissoit que les Balistes & les Beliers pour enfoncer les murailles, elle pouvoit passer pour une Place imprenable. Les murs en subsistent

[a] Lib. 13.
[b] Lib. 1. c. 101.
[c] Lib. 5. c. 29.
[d] Voyages, T. 1. p. 206.
[e] Cap. 3. v. 1 & suiv.
[f] Septem Asiæ Ecclesiar. Notit. p. 27. & seq.

encore avec quelques Chambres voutées. Dans la Place de la Citadelle sur le Châpiteau d'une Colomne, on lit une Inscription qui fait mention de Tibére. Strabon remarque le bien que cet Empereur fit à la Ville de Sardes après qu'un tremblement de Terre l'eût presque entiérement détruite. A l'Orient on voit les ruïnes de l'Eglise Cathédrale, auprès desquelles sont les restes d'un grand Edifice qui occupent un grand terrain dans leur enceinte. Les Murs qui avancent fort loin n'en sont pas encore démolis. On ne sait à quel usage ce Bâtiment étoit employé, ce seroit deviner que d'en dire quelque chose. Les décombres qui s'étendent assés loin de ce côté-là, font assés voir que c'étoit autrefois le principal Quartier de la Ville, & le plus peuplé.

SARDESSUS, Ville de l'Asie Mineure, dans la Lycie. Etienne le Géographe la place près de Lyrnessus [g]. Il est fait mention des Habitans de cette Ville sur une Médaille de l'Empereur Vespasien, où on lit ce mot Σαρδησσιων.

[g] Ortelii Thesaur.

SARDENNA, ou SARDEVA, Ville de la Petite Arménie: Ptolomée [h] est je pense le seul qui en parle.

[h] Lib. 5. c. 13.

SARDIA, Pline [i] parle de certains Oignons, appellés *Sardiæ Cæpæ*, du nom du Lieu qui les produisoit.

[i] Lib. 19. c. 6.

SARDIANA, Contrée de l'Asie. Diodore de Sicile la met au voisinage de la Bactriane, & dit qu'un certain Philippe en fut Gouverneur après la mort d'Alexandre. Mais dit Ortelius [k], au lieu de *Sardiana*, il faut lire *Sogdiana*.

[k] Thesaur.

SARDICA, ou SERDICA, ancienne Ville, la Capitale & la Métropole de l'Illyrie Orientale, & que l'Itinéraire d'Antonin, qui écrit SERDICA, marque sur la route du Mont d'Or à Byzance, entre *Meldia*, & *Burburaca*, à vingt-quatre milles du premier de ces Lieux, & à dix-huit milles du second. Les Grecs comme les Latins varient sur l'orthographe du nom de cette Ville. Sur une Médaille de Diaduménien rapportée par le Pere Hardouin, on lit CΑΡΔΙΚΕΩΝ & sur une autre Médaille rapportée par Mr. Spanheim ΟΥΛΠΙΑC CΕΡΔΙΚΗC. Ptolomée [l], & Théodoret [m] écrivent Σαρδικη. Une Inscription Romaine conservée chez Gruter [n] porte ces mots CIVITATE SERDICA. Cette derniére Orthographe est suivie par Ammien Marcellin, par Sidonius Apollinaris, & dans le Code Théodosien, où l'on voit plusieurs Loix datées de Sardique, principalement sous le Régne de Constantin. D'un autre côté Eutrope, & Sulpice Sévére écrivent SARDICA; & dans la Table de Peutinger on trouve SERTICA; mais ce dernier est corrompu de SERDICA. Il y a également de la diversité entre les sentimens de cette Ville, qui a néanmoins été considérable. Ptolomée la range au nombre des Villes Méditerranées de la Thrace; & une Inscription qu'on voit dans Gruter [o] semble dire la même chose: NAT. THRAX. CIVITATE SERDICA. Europe [p] en fait une Ville de la Dace; *in Dacia longe à Sardica*; ce qui est confirmé

[l] Lib. 3. c. 11.
[m] Hist Eccles. lib. 2. c. 4.
[n] Pag. 540.
[o] Pag. 540.
[p] In Galebaud

par

par Théodoret [a], qui dit Conſtance ordonna, que les Evêques tant d'Orient que d'Occident s'aſſembleroient à Sardique, Ville d'Illyrie & Métropole de la Dace, pour y chercher les remedes convenables aux maux dont l'Egliſe étoit affligée. Cette Dace n'étoit pas celle de Trajan; mais celle qu'Aurélien détacha de la Mœſie; & cette même Dace faiſoit partie de l'Illyrie priſe dans un ſens étendu, & diviſée en Illyrie Orientale & Occidentale, dont la première avoit Sirmium pour Capitale, & la ſeconde Sardique, qui étoit auſſi ſpécialement Métropole de la Dace Méditerranée. Il eſt maintenant queſtion, dit Cellarius [b], de ſavoir ſi Sardique doit être placée dans la Baſſe-Mœſie ou aux Confins de la Thrace. Comme les Thraces étoient plus conſidérables & plus puiſſans que les Habitans de la Mœſie, il ne ſeroit pas étonnant que les premiers euſſent éloigné leurs Frontières aux dépens de ceux-ci, & que ce Soldat de Sardique à cauſe de cela ait mieux aimé ſe dire de Thrace que de Mœſie. D'ailleurs l'Itinéraire de Jéruſalem place Sardique dans Mœſie à quarante-ſix milles des Confins de la Dace & de la Thrace; & par la poſition que l'Itinéraire d'Antonin donne à cette même Ville, elle devoit être plûtôt dans la Mœſie que dans la Thrace, que le Mont Hemus ſéparoit de Sardique. Si l'on conſulte les mêmes Itinéraires, Sardique étoit dans l'endroit où ſe trouve aujourd'hui la Ville qui eſt appellée *Soſia* par les Turcs, & *Triadizza* par les Bulgares. Cédrène le dit auſſi poſitivement: *Triaditza olim Sardica vocata fuit*. Cette Ville a été augmentée par Trajan, comme le dit le ſurnom d'*Ulpia* qui lui eſt donné dans les Médailles: avant ce tems-là la Sardique étoit apparemment peu de choſe; car les Hiſtoriens n'en font aucune mention.

SARDIÆI, Peuples de l'Illyrie: c'eſt Strabon [c] qui en parle. Caſaubon croit avec beaucoup de fondement que c'eſt le même Peuple que Strabon, dans un autre endroit, appelle ARDIÆENS; voyez ce mot. C'eſt auſſi apparemment le même Peuple, que Polybe & Pline mettent dans la Dalmatie, & auquel ils donnent le nom de SARDIATES. Ne ſeroit-ce point auſſi les SARDIOTÆ de Ptolomée, & les Habitans de la Ville de SARDUS. Voyez SARDUS.

SARDINA, SARDINIA [d], Bourg de l'Iſle de Sardaigne dans la Province de Cagliari, ſur la Rivière de Sacro, à cinq lieues d'Oriſtagni, en tirant vers Cagliari.

SARDINAIE, petite Ville, ou Bourgade de la Syrie [e], à trois lieues de Damas ſur une pente du Mont Liban. Cette petite Ville appellée par Villamont [f], & par Ananie SARDINALE, eſt fameuſe à cauſe de l'Egliſe de Notre-Dame, où l'on garde le Portrait de la Mere de Dieu peint par St. Luc, qui en fit, dit-on, quatre, dont l'un eſt à Rome, l'autre à Veniſe, l'autre à Aléxandrie & à Sardinaie. L'Egliſe qui eſt bâtie ſur un Roc fort élevé, a ſa voute ſoutenue ſur vingt Colonnes de Marbre. Le Portrait de la Ste. Vierge eſt proche du Grand Autel, entouré de pluſieurs Barreaux de Fer, & ordinairement accompagné de pluſieurs Lampes. On dit qu'il coule de ce Portrait certaine huile, qui en ſept ans ſe change en forme de chair, guérit divers maux, & appaiſe les Orages. Les Maronites Habitans du Lieu gardent cette Egliſe, que les Mahométans honorent autant que les Chrétiens. Ces derniers demeurent ſeuls dans la Ville; & ſi quelques Turcs, ou Maures s'y veulent tenir, par un jugement ſecret de Dieu ils meurent avant la fin de l'année, après avoir été tourmentés de divers maux.

SARDINIA. Voyez SARDAIGNE.
SARDIOTÆ. Voyez SARDIÆI.
SARDIQUE. Voyez SARDICA.
1. SARDIS. Voyez SARDES.
2. SARDIS, Paul Diacre [g] appelle ainſi un Champ au-deſſus de Verone.
SARDONES. Voyez SURDAONES.

1. SARDO, Montagne de l'Inde, ſelon Ortelius [h] qui cite Cteſias. Il ajoute qu'à quinze journées de chemin de cette Montagne, il y avoit un Lieu ſacré où l'on adoroit le Soleil & la Lune.

2. SARDO, Nom d'un Lieu dans la Liburnie, ſelon Procope [i] cité par Ortelius [k], qui ajoute que ce Lieu étoit voiſin de Burne. Mais au lieu de *Sardo*, il faut lire *Salo*; car c'eſt de la Ville de Salone, dont il eſt queſtion.

SARDONIS, Σάρδονος; Stobée [l] donne ce nom à un Fleuve de la Thrace, voiſin de la Ville Olynthus. Ortelius [m] regarde ce nom comme corrompu, & avertit qu'à la marge de l'Exemplaire dont il s'eſt ſervi on liſoit Σανδάνε. C'eſt le nom que Plutarque donne à ce Fleuve. Voyez SANDANUS.

SARDONIUS-SINUS. Voyez TAPHROS.

SARDONIA, Ville de l'Inde, en deçà du Gange, ſelon Ortelius [n] qui cite Ptolomée. Je trouve bien dans Ptolomée [o] une Montagne nommée Sardonia, & ſur laquelle il y avoit une pierre de même nom; mais je ne vois nulle apparence de Ville.

SARDONUM-ORA. Voyez l'Article qui ſuit.

SARDONUM-REGIO, Contrée de la Gaule Narbonnoiſe: Pline [p] la met ſur la Côte de la Mer Méditerranée; ce qui fait que Pomponius Mela [q], au lieu de *Sardonum Regio* dit *Sardonum Ora*. Iſaac Voſſius [r] remarque qu'il faut écrire *Sordonum*, tant parce que c'eſt l'orthographe des anciens Exemplaires de Pline, que parce qu'Avienus [s] en parlant des Habitans de cette Contrée les appelle *Sordus Populus*, & non *Sardus Populus*. Voyez SORDICENÆ.

SARDOPATORIS-FANUM, Temple de l'Iſle de Sardaigne: Ptolomée [t] le marque ſur la Côte Occidentale, entre les Villes *Oſœa*, & *Neapolis*.

1. SARDUS, Ville de l'Illyrie, ſelon Ortelius [u], qui cite Strabon, & Etienne le Géographe. Je ne trouve point le mot SARDUS dans Strabon. Il a celui de SARDIÆI [x], qui pourroient être les Habitans de cette

SAR.   SAR.

cette Ville, & qu'il nomme ailleurs Ar-
diæi. Quant à Etienne le Géographe il
dit que les Habitans de Sardus son appellez
Sardeni. Ce sont sans doute les *Sardiates* de Pomponius Mela & de Pline, &
les *Sardiotæ* de Ptolomée.

2. SARDUS [a], Fleuve que Cédréne
place quelque part du côté de l'Arménie.

[a] *Ortelii Thesaur.*

SARE, Sara ou Saare, Riviére de
Lorraine, la plus grosse de celles qui se
rendent dans la Moselle. Elle a sa source
dans la Lorraine Allemande, assez près
des confins de la Basse-Alsace, un peu au-
dessus de Salm, qu'elle baigne, d. ainsi
que Sarbourg, d. Fenestrange, g. Sawer-
den, d. Bouquenon, d. Saralbe, g. Her-
bisheim, d. Sarguemine, g. Sarbruck, d.
Sare-Louïs, g. Vaudrevange, g. Sarburg,
g. après quoi enflée des eaux de plusieurs
Riviéres qu'elle reçoit dans son cours, elle va se jetter dans la Moselle, un peu au-
dessus de Trèves.

SAREA, Ville de la Palestine, dans la
Tribu de Juda: Josué [b] la met au nombre
des Villes qui étoient dans la Plaine.

[b] *Cap. 15. 33.*

SAREDA, Ville de la Palestine, dans
la Tribu d'Ephraïm. Jéroboam, fils de
Nabath Ephrathéen, Serviteur de Salomon [c], & l'un de ceux qui se souleva contre ce Prince, étoit de Sareda. Dom Calmet soupçonne que Sareda est la même
Ville que Saredata, & Sarthan. Voyez
ces deux mots.

[c] *3 Reg. c. 11. 26.*

SAREDATHA, Ville ou Lieu de la
Palestine, dans la Tribu d'Ephraïm. Salomon fit jetter en fonte [d] dans la terre
d'Argile, en une Plaine proche du Jourdain, entre Sochoth & Saredatha, toutes
sortes de Vases de l'airain le plus pur pour
la Maison du Seigneur. Cette Ville est appellée Sarthan dans le troisième Livre des
Rois [e], où il est dit que Salomon fit fondre les Vases dans une Plaine proche le
Jourdain, en un endroit où il y avoit beaucoup d'Argile, entre Sochoth & Sarthan.
Elle est aussi appellée Sarthan dans Josué,
où l'on lit [f] que lorsque les Hébreux passèrent
le Jourdain, les eaux qui venoient d'en
haut s'arrétérent en un même lieu, & s'é-
levant comme une Montagne, paroîs-
soient de bien loin depuis la Ville d'A-
dom, jusqu'au Lieu appelé Sarthan.

[d] *2 Par. c. 4. 17.*

[e] *Cap. 7. 46.*

[f] *Cap. 3. 16.*

SAREK-CAMICH, Ville du Mogolis-
tan, selon Mr. Petis de la Croix [g] dans
son Histoire de Timurbec.

[g] *Liv. 4. c. 32.*

SAREK-CAMICH-DGIAM, Mr. Petis
de la Croix [h] met un Village de ce nom
aux Frontiéres Septentrionales de Corassane, vers la Bactriane.

[h] *Ibid. liv. 5. c. 2.*

SAREK - COURGAN, Château du
Courdistan, selon Mr. Petis de la Croix [i].

[i] *Ibid. liv. 3. c. 29.*

SAREK-OUZAN, Horde de Cap-
chac, sur la Riviére d'Artch [k], qui se décharge dans le Sihon au-dessus d'Yenghi-
Kunt, selon Mr. Petis de la Croix.

[k] *Ibid. c. 3.*

SAREK-OUZAN, Village en Capchac, sur la Riviére d'Artch [l].

[l] *Ibid.*

SAREN, Village de la Thrace: Tite-
Live [m] le donne aux Maronites.

[m] *Lib. 38. c. 41.*

SAREPTA, Ville des Sidoniens [n],
dans la Phénicie, entre Tyr & Sidon,
sur le bord de la Mer Méditerranée. Pline

[n] *Dom Calmet Dict.*

& Etienne le Géographe l'appellent *Sarapta*, & les Arabes *Tzarphand*. Josephe &
les Grecs disent *Sarephta*, ou *Saraphta*,
& les Juifs Zarphat. Le Géographe A-
rabe Scherif-ibn-idris la met à vingt milles
de Tyr, & à dix milles de Sidon. Cette
derniére étoit au Nord, & Tyr au Midi.
Sarepta est fameuse par la demeure [o] qu'y
fit le Prophète Elie, chés une pauvre femme veuve, pendant que la famine désoloit le Royaume d'Israël. On y montroit
au tems de St. Jérôme [p], & encore long-
tems depuis le Lieu où ce Prophète avoit
demeuré. C'étoit une petite Tour. On
bâtit dans la suite un Eglise au même endroit, au milieu de la Ville. Le Vin de
Sarepta est connu chez les Anciens sous le
nom de *Vinum Sareptanum* [q].

[o] *3 Reg. c. 17. v. 10. & suiv.*

[p] *Epitaph. Paulæ & Itiner. Antoni Mart. & Phoca.*

[q] *Corripp. l. 3.*

. . . . . . *Et dulcia Bacchi.*
Munera, quæ Sarepta ferax, quæ Gaza creavat.

Fortunat, dans la Vie de St. Martin, dit:

Sarepta
Lucida perspicuis certantia Vina lapillis.

Et on lit dans Sidonius Apollinaris [r]:

[r] *Carm 17.*

Vina mihi non sunt Gazetica, Chia, Falerna,
Quæque Sareptano palmite missa bibas.

Un Auteur dit [s]: que les Vins de Sarepta
sont si fumeux, que les plus hardis Buveurs
n'en sauroient boire un Setier en un mois.
Or le Setier *Sextarius*, n'étoit que la Pin-
te de Paris, selon Budée. Sarepta n'est aujourd'hui qu'un petit Village, au-dessus
d'une Montagne, à quinze cens pas de la
Mer. Quelques-uns ont cru que le nom de
Sarepta venoit des Métaux, ou du Verre
que l'on fondoit dans cet endroit. Zaraph
en Hébreu, signifie fondre des Métaux,
ou autre chose. C'est de la Ville de Sarepta que Jupiter sous la forme d'un Taureau ravit Europe.

[s] *Fulgent. l. 2. Mython. log.*

Sarepta n'est aujourd'hui qu'un
Village que les Turcs nomment *Sarphen*.
Sa situation est sur la croupe d'une petite
Montagne. La rue en est assez agréable.
Il n'y reste que des ruïnes sans Fortifications. L'ancienne Sarepta étoit beaucoup
plus près du Rivage, où l'on voit encore
quantité de fondemens à fleur de terre.
Mais on a placé la moderne sur la Montagne, à cause des ravages des Pirates. Du
tems que les Chrétiens étoient maîtres de
cette Ville il y avoit un Evêque, & l'on y
voyoit une belle Eglise bâtie en mémoire
de St. Elie. Elle a été détruite par les
Sarazins ou par les Turcs, qui ont fait bâtir une Mosquée à la place.

SARERA, St. Epiphane dit qu'Ezéchiel étoit de la Terre de Sarera [t].

[t] *Dom Calmet. Dict.*

SARGA, Ville de la Macédoine, dans
la Chalcidie: Hérodote [u] fait entendre
qu'elle étoit sur le rivage du Golphe Singitique.

[u] *Lib. 7.*

SARGANS, Comté de Suisse [x], & qui
fait partie de ce qu'on appelle les Sujets
des Suisses. Dans cet espace de terre,
qui est entre le Pays des Grisons & le Lac

[x] *Etat & Délic. de la Suisse, t. 3. p. 186.*

de

de Constance, du côté de la Suisse le Rhein est bordé de quatre petites Souverainetés, le Rheinthal, la Baronnie d'Alt-Sax, les Comtés de Werdeberg & de Sargans. Ce dernier est borné au Midi & à l'Orient par les Grisons, dont il est séparé à l'Orient par le Rhein: à l'Occident par le Canton de Glaris, & par le Pays de Gaster; & au Nord par le Toggenbourg & par le Comté de Werdeberg. Il a environ huit lieues de longueur sur cinq ou six de largeur. Il avoit autrefois des Seigneurs particuliers, avec titre de Comtes, qui étoient descendus des Comtes de Werdeberg de l'ancienne Maison de Monfort, & qui le vendirent en 1483. aux sept anciens Cantons, Zurich, Lucerne, Ury, Schwitz, Undervald, Zug, & Glaris; mais depuis la Paix de 1712. le Canton de Berne a un intérêt dans ce Bailliage. Il faut pourtant excepter Wartaw, qui appartient aux Réformés de Glaris. Ce Comté est arrosé de trois petites Riviéres; savoir de la Sar, ou Sare, qui donne le nom au Pays; du Setz dont la Sare entre dans le Lac de Wahlestatt, & de la Taminne qui se jette dans le Rhein. La Sare partage ce Comté en deux parties qu'on appelle le Haut, & le Bas Sargans. Les principaux endroits sont

Dans le Bas Sargans: { Wahlestatt, Flums, Wartaw.

Dans le Haut Sargans: { Sargans, Mels, Ragatz, Pfefers.

[a] Ibid. p. 198. Les huit Cantons [a] Souverains de ce Comté y envoyent tour à tour des Baillifs qui font leur résidence à Sargans. La Religion y est mêlée. La Protestante y fut introduite en 1530. Wartaw qui appartient aux Protestans de Glaris est aussi de leur Religion. En 1694. un Baillif Catholique de Sargans ayant voulu y rétablir la Religion Catholique par force fut à la veille d'allumer la guerre dans la Suisse; mais l'affaire fut pacifiée au bout de deux ans. Quant à la qualité du terroir elle y est la même que dans les autres Montagnes des Cantons voisins. Les Vallées y sont fertiles en bleds & en fruits.

Quelques-uns veulent que les Sarunetes marqués par Pline ayent habité dans le Comté de Sargans [b], qu'ils supposent en avoir tiré le nom, à cause que la premiére Syllabe de ces deux noms est Sar; mais comme Pline dit que les Sarunetes étoient de la Rhétie, & que le Rhin prenoit sa source dans leur Territoire, ils ne peuvent avoir été les mêmes que ceux du Comté de Sargans qui ne sont point dans le Territoire des Rhétiens, mais des Helvétiens, & qui ne sont pas proches des Sources du Rhin; c'est une petite Riviére nommée Sare qui passe à cette Ville qui lui a donné le nom. On peut expliquer ce mot Sargans, l'Oye de Sare, parce que Gans en Allemand signifie une Oye;

[b] Longuerue, Descr. de la France, 2. Part p. 294.

aussi ceux de ce Comté portent pour Armes une Oye.

SARGANS, Ville de Suisse [c], & la Capitale du Comté auquel elle donne son nom. C'est une Ville médiocrement grande, située presqu'au milieu du Pays, bâtie sur la croupe du petit Mont, qui est une Branche de la grande Montagne, ou plutôt de la chaîne de Montagne, qu'on nomme Schalberg, & qui couvre la Ville du côté du Nord. Au-dessus de la Ville sur un Rocher élevé, qui la commande, il y a un Château, où réside le Baillif. Le Gouvernement y est le même qu'à Walestatt. L'an 1423. les VII. anciens Cantons achetérent la Ville & le Comté de Sargans, de George Comte de Werdeberg.

[c] Etat & Délic. de la Suisse, t. 3. p. 192.

Près de la Ville du côté de Ragaz il y a une Fontaine d'eau soufrée, & froide avec un bain, qui passe pour être propre à guérir divers maux.

SARGANTHA, Ville de l'Ibérie, selon Etienne le Géographe qui dit que le nom National est SARGANTHENUS.

SARGANTHIS, Etienne le Géographe donne ce nom à une Ville d'Egypte. Il ajoute qu'on donnoit aussi ce nom à une Prison, & que les Habitans de la Ville étoient appellés SARGANTITES.

SARGARAUSENA, Contrée de la Cappadoce: Ptolomée [d] lui donne le Titre de Préfecture, & y comprend les Villes qui suivent:

[d] Lib. 5. c. 6.

Phiara,	Sabalassus,
Salagena,	Arirathira,
Gaurena,	Marora.

SARGASIS, CARSAGIS, ou CARSAT, Ville de la Petite Arménie. Elle est marquée dans l'Itinéraire d'Antonin sur la route de Satala à Melitene, entre Arauraci, & Sinervæ, à vingt-quatre milles du premier de ces Lieux, & à vingt-huit milles du second.

SARGASSO, Plage de l'Océan Atlantique, à laquelle on donne environ cinquante lieues d'Orient en Occident; & tout au moins quatre-vingt du Septentrion au Midi. Elle est entre les Isles du Cap Verd, les Canaries & les Côtes d'Afrique. Cette Mer a cela de particulier qu'étant fort profonde, & éloignée de la Terreferme, & des Isles d'environ soixante lieues, elle ressemble à un grand Pré, par la quantité d'herbes dont elle est couverte. Cette Herbe est semblable au Persil de Mer, ou à l'herbe qui croît dans le fond des Puits, & les Portugais nomment Sargasso, d'où est venu le nom de cette Mer. Si quelques Vaisseaux s'y embarrassent, ils n'en peuvent sortir que par un Vent qui soit au moins médiocrement fort tant l'herbe est serrée.

SARGATHUS [e], Lieu où Cédréne dit que les Romains remportérent une Victoire sur les Perses, du tems de l'Empereur Justin.

[e] Ortelii Thesaur.

SARGATII, Peuples de la Sarmatie Européenne. Les Caryones, & eux sont placés par Ptolomée [f] entre les Alauni & les Amanobii.

[f] Lib. 3. c. 5.

SAR.

SARGEL, Ville d'Afrique, dans l'Empire de Maroc, au Royaume de Tremecen. Marmol [a] en parle ainsi : c'est une grande & ancienne Ville, bâtie par les Romains, & que Ptolomée nomme *Canuchi*. Il la met à 16. d. 10′. de Longitude, sous les 33. d. 30′. de Latitude. Il y en a cependant qui croyent que c'est la *Carcena Colonia* des Anciens. Quoiqu'il en soit, la Ville de Sargel est située entre Tenez & Alger, à quinze lieues par Mer de l'une & de l'autre, quoique par Terre il n'y en ait pas plus de dix. Elle est bâtie sur la Côte. Ses murs étoient autrefois bâtis de pierre de taille, & avoient plus de trois lieues de tour ; & elle étoit outre cela défendue par un bon Château. Tout cela n'est plus aujourd'hui. Il reste pourtant encore un grand Temple sur le bord de la Mer, & qui est bâti de Marbre & d'Albâtre. Les Goths qui régnoient en Espagne, se saisirent de cette Ville, dans le tems qu'elle étoit florissante, & la tinrent long-tems fort sujette. Depuis, elle passa sous la puissance des Arabes, qui la rétablirent dans son ancienne splendeur ; mais le Calife [b] Schismatique de Carouan la désola de telle sorte, qu'il n'en restoit plus que des ruïnes. Elle demeura trois cens ans de la sorte jusqu'à ce que plusieurs Maures ayant passé de Grenade en Afrique, après la Conquête de Ferdinand en 1490. quelques-uns d'entre eux commencérent à rétablir le Château ; & les Maisons qu'ils trouvérent les plus commodes ; & de jour en jour toute cette Plaine se peupla de Mudéchares, de Tagartins & de Maures d'Andalousie, qui étoient braves & ingénieux, qui avoient quantité de terres labourables, de Vignes & d'Oliviers dans l'enclos des anciens Murs. Ils y plantérent aussi un grand nombre de Meuriers pour la nourriture des Vers à soie ; en quoi consiste encore aujourd'hui leur plus grand revenu ; car le Pays est fort bon pour les Meuriers. Il y a présentement à Sargel plus de cinq mille Maisons qui fournirroient en un besoin plus de mille Arquebusiers, ou Arbalêtriers. On voit dans la Mer, quand elle est calme, plusieurs anciens Bâtimens qu'elle a inondés. Il s'en trouve encore quelques-uns d'entiers, dont il n'y a que les toits de fondus. Cette Ville n'est plus aujourd'hui fermée de murailles. Toute sa force consiste dans la valeur & dans le nombre de ses Habitans, qui sont riches, & en bonne intelligence avec les Turcs, parce qu'ils reçurent fort bien Barberousse, quand il y aborda, & lui offrirent le Port pour y faire un Mole, afin d'y mettre ses Vaisseaux à couvert. Mais il ne le fit pas, parce qu'il s'empara d'Alger. Lorsque nous allâmes dans cette Ville, poursuit Marmol, nous y vîmes de grands Piliers d'Albâtre, & des Statues de pierre avec des Inscriptions Latines & plusieurs autres antiquités. Les Maures disoient qu'ils les trouvoient en creusant dans leurs héritages, & qu'il n'y avoit pas long-tems qu'on avoit trouvé de la sorte un grand Pilier d'Albâtre, tout environné de Monstres,

[a] Descr. d'Afrique, Royaume de Tremecen, l. 3. c. 33.

[b] Caim.

& soutenu par deux Lions, aussi grands que des Taureaux. Nous y vîmes aussi deux grandes Statues de Nymphes, aussi d'Albâtre, & qui paroissoient avoir été des Idoles des Gentils. L'une avoit autour de la tête ces lettres :

D.   D.
D. S. R. J. D. D.

A deux lieues de cette Ville, le long de la Côte, vers le Levant, est le Mont Sargel, que les Turcs appellent *Carapula*, & les Maures *Girafiumar*. Il est si haut qu'on y découvre un Vaisseau de vingt lieues. Du même côté du Levant, mais plus près de la Ville, il y a une Riviére qui fait moudre plusieurs Moulins à farine ; & au dedans de Sargel il coule une Fontaine qu'on a fait venir d'ailleurs.

L'Empereur Charles V. ayant appris que Barberousse assembloit tous les Corsaires d'Alger, pour se rendre au Détroit de Gibraltar, il donna ordre à son Amiral André Doria de s'en approcher avec ses Galéres de Naples & de Sicile. Doria apprit dans sa route qu'une partie de l'Armée Navale de Barberousse étoit dans le Port de Sargel. Il fondit dessus à l'improviste, & les Turcs étonnés se sauvérent dans la Ville & dans le Château. Doria brûla tous les Vaisseaux, fit ensuite débarquer ses Troupes, & mit en liberté huit cens Forçats Chrétiens. Mais comme les Soldats étoient répandus dans les Maisons & s'amusoient à les piller, les Turcs qui s'étoient retirés au Château, en sortirent, vinrent donner sur eux, en tuérent plus de quatre cens, & mirent le reste en fuite. A la vue de ce desordre ; & pour arrêter ses gens qui accouroient en foule pour se sauver dans ses Galéres, Doria fit tirer sur eux, afin de les obliger de retourner au combat ; mais comme ce remede se trouva inutile, il s'approcha de la Terre pour les sauver. L'avarice du Soldat ternit la gloire de cette Journée. Tous les Vaisseaux Turcs & Maures qui se trouvoient à Sargel furent néanmoins perdus, & de plus on fit échouer le dessein de Barberousse.

SARGETIA, Fleuve de la Dace, selon Dion Cassius [c]. Ce Fleuve arrosoit la Ville *Sarmizogæthusa*, depuis nommée *Ulpia-Trajana*, & se jettoit ensuite dans le Rhabon. Le Roi Decebalus avoit caché ses Tresors dans ce Fleuve, dont le nom moderne, à ce que dit Tzetzès, est *Argentia*, ou *Sargentia* [d] ; mais selon Sambucus les Hongrois le connoissent sous le nom de *Strel*, & les Allemans sous celui d'*Istrig* ; sentiment qui est appuyé par Lazius dans sa République Romaine.

[c] In Trajano.

[d] Ortelii Thesaur.

SARGUEMINE, Ville de la Lorraine Allemande [e], sur la Sare à la gauche, entre Saralbe & Sarbruck, environ à trois lieues de chacune de ces Villes. On l'appelle autrement Guemund.

[e] Del' Isle Atlas.

SARIANA, Province de l'Afrique. Ortelius [f] remarque qu'il est fait mention de cette Province dans les Canons du Concile

[f] Thesaur.

cile de Carthage tenu sous l'Empereur Honorius.

SARICHA, Ville de la Cappadoce, selon Etienne le Géographe.

SARID, Ville de la Palestine, dans la Tribu de Zabulon. Il est dit dans Josué [a] que la Frontière de cette Tribu s'étendoit jusqu'à Zarid, & que de Sared [b] elle retournoit vers l'Orient aux Confins de Cefelethabor. On lit *Saridim* dans Joël [c], & Théodotion l'a pris pour un nom propre; mais St. Jérôme l'a traduit par *reliquiæ*, les restes. Il avoue pourtant que les Juifs le prennent pour un nom de Lieu.

[a] Cap. 19. v. 10.
[b] V. 12.
[c] Cap. 2. v. 32.

SARIGA. Voyez GARIGA.

SARIGAN, OU L'ISLE DE ST. CHARLES [d], Isles de l'Archipel de St. Lazare [d], & l'une de celles qu'on appelle Isles Mariannes. Elle est à dix-sept degrés trente-cinq minutes de Latitude Septentrionale, & à six lieues de l'Isle de Guguan. On lui donne quatre lieues de circuit.

[d] Corn. Dict. Mém. du P. Louis Moralez Jésuite dans l'Hist. des Isles Mariannes.

SARIM. Voyez SABARIM.

SARINENA, Selon Mr. Corneille [e], & CARIGNENA; ou SARIGNENA, selon les *Délices d'Espagne* [f]: Bourg d'Espagne au Royaume d'Arragon, dans une Campagne peu fertile, vers la Rivière d'Alcanadre.

[e] Dict.
[f] Pag. 638.

SARION, ou SCHIRION. [g] C'est le nom que les Sidoniens donnent au Mont Hermon, que les Amorrhéens appellent SANIR. Voyez HERMON.

[g] Deuter. c. 3. v. 9.

SARIPHI, Montagnes d'Asie. Strabon [h] & Ptolomée [i] s'accordent à dire que le Fleuve Oxus prenoit sa source dans ces Montagnes, qui étoient dans la Margiane.

[h] Epitom. l. 11. p. 1275.
[i] Lib. 6. c. 10.

SARIRA. Dorothée cité par Ortelius [k] appelle ainsi la Patrie du Prophète Ezéchiel, & ajoute que ce Prophète fut enterré dans le Champ d'Hébron en un Lieu nommé *Maur*. St. Epiphane au lieu de SARIRA écrit SARERA. Voyez ce mot.

[k] Thesaur.

SARISABIS, Ville de l'Inde en deçà du Gange. Ptolomée [l] la compte au nombre des Villes ou Villages de l'Afrique, située dans les Terres, à l'Occident du Fleuve Bynda. La Texte Grec au lieu de *Sarisabis* porte SERISABIS.

[l] Lib. 7. c. 1.

SARITÆ, Peuples de l'Arabie Heureuse: Ptolomée [m] les place après les *Massonitæ*.

[m] Lib. 6. c. 7.

SARK, ou SERKE, Isle d'Angleterre [n], quoique sur les Côtes de France. Elle se trouve entre les Isles de Jersey & de Garnesey. Elle est fort petite & toute environnée de Rochers. C'est dans cette Isle que Jean de St. Ouen, natif de Jersey, conduisit par permission de la Reine Elizabeth, une Peuplade. Elle n'étoit point habitée auparavant. Il y en a qui écrivent CERS au lieu de SARK. Voyez CERS.

[n] Davity.

SARKHAD, petite Ville [o] d'un Pays qui est aux environs de Damas dans la Province de Giouzan & de Meschk. Il y a un Château fort élevé, & le terroir des environs produit d'excellent vin, qui porte le nom de *Sarkhadi*, ou *Sarkhodi*.

[o] D'Herbelot, Biblioth. Or.

SARLAT, Ville de France, dans la Picardie, où elle est regardée comme la seconde Ville de la Province. C'est une Ville très-mal située dans un fond environné de Montagnes, à une lieue & demie de la Dordogne. Elle a pris son origine d'un Monastère de l'Ordre de St. Benoît [p] qu'on prétend avoir été fondé dès le tems de Pepin & de Charlemagne. Il se forma autour de ce Monastère une Vallée, dont la Seigneurie & la propriété furent données à l'Abbé & au Couvent de Sarlat, il y a sept à huit cens ans, par Bernard Comte de Périgord. Le Pape Jean XXII. érigea au même Lieu un Siège Episcopal, dont il créa premier Evêque Raymond de Roquecor Abbé de Gaillac en Albigeois. Les Moines Bénédictins composèrent toujours le Chapitre de cette Cathédrale jusqu'au Pontificat de Pie IV. qui les sécularisa sous le Regne de François II. Ce même Roi donna ses Lettres Patentes pour l'exécution de la Bulle de ce Pape, & les Moines quittèrent enfin l'Habit Monastique l'année suivante au mois d'Avril. L'Eglise Cathédrale est dédiée à St. Sacerdos Evêque de Limoges, qu'on appelle vulgairement St. Sardos, & quelquefois Sadroc. Cet Evêché, démembré de celui de Périgueux, n'est pas de fort grande étendue, ni d'un grand revenu. Depuis quelques années, on a uni au Chapitre de l'Eglise Cathédrale [q] celui de St. Avit, qui étoit dans l'étendue de ce Diocèse; en sorte que le Chapitre de la Cathédrale est aujourd'hui composé d'un Doyen, d'un Archidiacre, d'un Sacristain & de quatorze Chanoines. On compte dans ce Diocèse environ deux cens cinquante Paroisses, & deux Abbayes, savoir celle de Terrasson & celle de Cadoin.

[p] Longueruë, Descr. de la France, Part. 1. p. 174.
[q] Piganiol, Descr. de la France, t. 4. p. 478.

Quoique Sarlat [r] soit Evêché, Présidial & Election, les Habitans en sont néanmoins fort pauvres, parce que le Pays est mauvais, & qu'ailleurs il n'y a aucun Commerce. Cette Ville a donné la naissance à un Gentilhomme appellé Etienne de la Boëtie, Conseiller au Parlement de Bourdeaux, & un des plus beaux esprits du seizième Siècle. On prétend qu'il n'avoit pas encore dix-huit ans lorsqu'il composa le Traité de la Servitude volontaire, qui est inséré dans le troisième Volume de l'*Etat de France sous Charles IX*. Il mourut en 1563. âgé de 33. ans. Montagne parle de lui avec de grands éloges dans ses Essais, Liv. 1. ch. 28. Au reste ce Traité de Boëtie a été mis dans la Nouvelle Edition de Montagne faite à la Haye en 1725. Tome V. p. 74. & suiv.

[r] Ibid. p. 565.

SARLOUIS, Ville de France, & démembrée de la Lorraine [s], en vertu de l'Article XXXII. du Traité de Ryswick, qui réserva au Roi de France Sarlouis avec une demi-lieue de terrein autour de la Place; mais comme cette Forteresse étoit trop resserrée & que cela incommodoit la Garnison, le Duc Léopold céda à la France cinq Villages voisins de Sarlouis & l'emplacement de la Ville de Valdrevange, avec les Bâtimens qui y restent, par le Traité du Mois de Janvier 1718. Cette Ville est située sur la Saare, à quatre lieues de Sarbruck & à dix de Metz.

[s] Longueruë, Descr. de la France, 2. Part. p. 153.

Le

S A R.　　　　S A R.　　283

Le seul nom de cette Ville, & l'année 1680. que l'on commença à la bâtir, marquent suffisamment qu'elle reconnoît Louis XIV. pour son Fondateur. Cette Ville ne partage l'honneur de porter le nom de ce grand Roi qu'avec Mont-Louïs en Cerdagne. C'est une singularité remarquable qu'il n'y ait que ces deux Villes-là qui portent le nom d'un Roi qui a peut-être lui seul fait construire plus de Places que tous ses Prédécesseurs ensemble.

Cette Place fut commencée en 1680. & achevée quatre ou cinq ans après. Elle est située dans l'Isthme d'une Presqu'isle que forme la Riviére de Saare. Sa figure est un Exagone régulier de six Bastions à la maniére du Maréchal de Vauban. Le côté qui est sur la Riviére est plus étendu que les autres. Au devant des Courtines sont placés de petits ouvrages appellés tenaillons. Cinq de ces fronts sont couverts d'autant de demi-lunes, le tout revêtu de bonne maçonnerie, & le Fossé qui entoure tous ses ouvrages, & qui est accompagné d'un bon chemin-couvert, est plein d'eau. Au delà de ce chemin-couvert regne tout autour un avant-fossé, dans lequel sont placées neuf Redoutes revêtues de pierre. Cet avant-fossé est défendu d'un chemin-couvert du côté de la Terre, c'est-à-dire depuis le retranchement des Capucins jusqu'à la Riviére On entre dans Sarlouïs par deux Portes diamétralement opposées. Les Rues sont fort régulières & laissent entre elles une grande Place quarrée sur un des côtés de laquelle est la Paroisse, & de l'autre côté la Maison du Gouverneur. Le reste de cette Place publique est fermé par des Maisons Bourgeoises d'une égale symmétrie, & assés bien bâties. Le long du rempart sont plusieurs Corps de Cazernes, & un Couvent de Récolets. Les Bastions de cette Place sont vuides, & il y en a trois qui servent de Magasins, le quatrième de Corps de Garde, & les deux autres sont chargés chacun d'un retranchement. Au delà de la Riviére vis-à-vis le grand front de la Place est un grand Ouvrage à corne lequel enferme l'Hôpital, & un Corps de Cazernes. Il est occupé dans sa largeur par un Canal. Cet Ouvrage est à la maniére du Maréchal de Vauban. Son front est couvert d'une demi-lune, le tout parfaitement bien revêtu, aussi-bien que le fossé qui est accompagné d'un bon chemin-couvert, & d'un grand glacis. La sortie de la Riviére est barrée par un Ouvrage placé au milieu de son cours & défendu par une espèce de petit chemin-couvert. Le retranchement des Capucins est de l'autre côté de la Place, & consiste en un Rempart, un Parapet de terre, & un Fossé ou Canal, qui communique de la Riviére au fossé de la Ville par un petit Canal souterrain qui est pratiqué sous les ouvrages. On en sort par deux Ponts, qui ont chacun à leur tête un petit Corps de Garde octogone. Le rempart est planté de trois allées d'Arbres qui fournissent à Sarlouïs une agréable promenade. La Presqu'isle est une espèce de Marais, que l'on peut inonder en cas de Siège.

SARMAN, Ville d'Afrique [a], dans la Province de Tripoli, auprès de l'ancienne Ville de ce nom. C'est une Place toute ouverte, mais grande & fort peuplée. Ses Habitans sont Bérébéres d'entre les Havares, & il y a aux environs quantité de bons Palmiers; mais il n'y vient ni Orge ni Bled, parce que ce ne sont que Sablons tout à l'entour. Cette Ville dépend de Tripoli. [a] Marmol, Descr. d'Afrique, t. 2. Liv. 6. c. 49.

SARMAGANA, Ville d'Asie: Ptolomée [b] la marque dans l'Arie. Il y en a qui veulent que ce soit présentement Samarkand. [b] Lib. 6. c. 17.

SARMALIA, Ville de l'Asie Mineure, dans la Galatie: elle est donnée par Ptolomée aux Tolistoboges. L'Itinéraire d'Antonin dont quelques MSS. portent Sarmalius & d'autres Sarmalium, marque cette Ville sur la route d'Ancyre à Tavia, entre *Bolelasgus*, & *Ecobrogis*, à vingt-quatre milles du premier de ces Lieux & à vingt du second.

SARMATES, Peuples qui habitoient la Sarmatie [c]. Ils sont nommés Sauromatæ par les Grecs, & ordinairement Sarmatæ par les Latins. Ce nom de Sarmates est cependant donné plus particuliérement aux Peuples qui habitoient sur les bords du Tanaïs, aux environs des Palus Mæotides. C'est dans ce sens que Pomponius Mela [d] a dit: *Ripas ejus* [Tanaïs] *Sauromatæ, & Ripis hærentia possident*, & dans un autre endroit on lit [e]: *Mæotida Agathyrsi & Sauromatæ ambiunt*. Pline le Jeune [f] fait mention d'un Roi Sarmate, & Mr. Spanheim, nous a donné l'explication d'une Médaille où on lit ces Mots: ΒΑCΙΛΕΩC CΑΥΡΟΜΑΤΟΥ; cette Médaille a été frappée du tems de l'Empereur Sévére. Voyez Sarmatie. [c] Cellarius, Geogr. Ant. Lib. 2. c. 6. [d] Lib. 1. c. 19. [e] Lib. 2. c. 1. [f] Lib. 10. Ep. 14.

SARMATICA INSULA, Pline [g] met une Isle de ce nom près de la troisième Embouchure du Danube appellée *Calostoma*. [g] Lib. 4. c. 12.

SARMATICI MONTES, Montagnes de la Sarmatie Européenne, aux Confins de la Germanie. Ptolomée en fait une chaîne de Montagnes qu'il étend du Nord au Midi, depuis la hauteur de la source de la Vistule jusqu'aux Monts Crapack. Il ajoute [h] qu'on leur donnoit aussi le nom d'Alpes. [h] Lib. 2. c. 11.

1. SARMATIE, grande Contrée qui prise en général renferme divers grands Pays de l'Europe & de l'Asie. Les Anciens la partageoient en deux parties l'une appellée Sarmatie-Asiatique & l'autre Sarmatie Europe'enne. Le Bosphore Cimmérien, les Palus-Mœotides & le Tanaïs en faisoient la séparation.

2. SARMATIE-ASIATIQUE (La), étoit terminée, du côté du Nord, selon Ptolomée [i] par des Terres inconnues: au Couchant par la Sarmatie Européenne, autrement par le Tanaïs, depuis sa source jusqu'à son Embouchure dans les Palus Mœotides, & par le rivage Oriental des Palus Mœotides jusqu'au Bosphore Cimmérien: au Midi partie par le Pont-Euxin depuis le Bosphore Cimmérien jusqu'au Fleuve Chorax: partie par la Colchide, [i] Lib. 5. c. 9.

Nn 2　　l'Ibél'Ibérie & l'Albanie en tirant une ligne droite depuis le Chorax jusqu'à la Côte de la Mer Caspienne ; & à l'Orient par la Scythie en deçà de l'Imaüs. Voici la Description que Ptolomée nous donne de cette Sarmatie :

Depuis l'Embouchure du Tanaïs jusqu'au Bosphore Cimmérien :
- Paniardis,
- Marubii Fluvii Ostia,
- Patarne,
- Rhombiti Magni Fluvii Ostia,
- Theophanii Fluvii Ostia,
- Azara Civitas,
- Rhombiti Parvi Fluvii Ostia,
- Azabites Mitra,
- Tyrambe,
- Attici Fluvii Ostia,
- Gerusa Civitas,
- Psathis Fluvii Ostia,
- Mapeta,
- Vardani Fluvii Ostia,
- Cimmerium Promont.
- Apaturgus,
- Achilleum.

Sur le Bosphore Cimmérien :
- Phangoria,
- Corocondame.

Sur le Pont-Euxin, depuis le Bosphore Cimmérien, jusqu'à l'Embouchure du Chorax :
- Hermonassa,
- Syndicus Portus,
- Synda Oppidum,
- Bata Portus,
- Psychri Fluvii Ostia,
- Achæa, Vic.
- Cerceticus Sinus,
- Tazos,
- Toretice extrema,
- Ampsalis Civitas,
- Burcæ Fluvii Ostia,
- Oenanthia,
- Thessyris Fluvii Ostia,
- Fortia Mœnia,
- Coracis Fluvii Ostia.

Aux Confins de l'Ibérie :
- Sarmaticæ Pylæ.

Aux Confins de l'Albanie.
- Albaniæ Pylæ.

Sur la Mer Caspienne :
- Soane Fluvii Ostia,
- Alontæ Fluvii Ostia,
- Udonis Fluvii Ostia,
- Rha Fluvii Ostia.

Sur le Tanaïs :
- Exopolis,
- Tanaïs,
- Navaris.

Sur le Petit Rhombitus :
- Azaraba.

Sur le Psathis :
- Auchis.

Sur le Vardanus :
- Scopelus,
- Suraba,
- Corusia,
- Ebriapa,
- Seraca.

Sur le Burcus :
- Cucunda.

Sur le Thessarus :
- Batrache.

Sur le Chorax :
- Naana.

Sur les Montagnes :
- Abunis,
- Nasunia,
- Almia.

Dans les Monts Cérauniens :
- Pylæ Sarmaticæ.

Dans les Terres :
- Alexandri Columnæ.

Les Montagnes les plus remarquables sont :

Les Monts :
- Hipiques,
- Cérauniens,
- Corax,
- Caucase.

Tout ce Pays étoit habité par un grand nombre de Peuples connus sous des noms différens. Voici ceux que Ptolomée nous a conservés :

- Hyperborei Sarmatæ,
- Basilici ou Regii Sarmatæ,
- Modocæ,
- Hippophagi Sarmatæ,
- Zacatæ,
- Suardeni,
- Asæi,
- Perterbidi,
- Jaxamatæ,
- Chaenides,
- Phthirophagi,
- Materi,
- Nessiotis regio,
- Siraceni,
- Psessii,
- Themeotæ,
- Tyrambæ,
- Asturicani,
- Arichi,
- Zinchi,
- Conapseni,
- Metibi,
- Agoritæ,
- Mithridatis regio,
- Melanchlæni,
- Sapothrenæ,
- Scymnitæ,
- Amazones,
- Surani,
- Sacani,
- Orinæi,
- Vali,
- Serbi,
- Tusci,
- Diduri,
- Ulæ,
- Olondæ,
- Isondæ,
- Gerri,
- Bosphorani,
- Achæi,
- Cercitæ,
- Heniochi,
- Suanocolchi,
- Sanaræi.

La SARMATIE EUROPEENNE étoit bornée au Nord, selon Ptolomée [a], par l'Océan Sarmatique, par le Golphe Vénédique & par des Terres inconnues : à l'Occident par la Vistule & par les Monts Sarmatiques : au Midi par les Jazyges Metanastes, par la Dace jusqu'à l'Embouchure du Borysthène, & delà & par le rivage du Pont-Euxin jusqu'au Fleuve Carcinite ; & à l'Orient par l'Isthme du Fleuve Carcinite, par le Palus, ou Marais Byce, par le Rivage du Palus Méotide, jusqu'à l'Embouchure du Tanaïs, par ce Fleuve, & au delà par une ligne tirée vers le Nord, au travers des Terres inconnues. Ptolomée décrit ainsi cette Sarmatie :

[a] Lib. 3. c. 5.

Après l'Embouchure de la Vistule :
- Chronis Fluvii Ostia,
- Rubonis Fluvii Ostia,
- Turunti Fluvii Ostia,
- Chersini Fluvii Ostia.

Depuis l'Embouchure du Borysthène jusqu'à l'Isthme du Chersonnèse Taurique :
- Borysthenis Fluvii Ostia,
- Fontes Fluvii,
- Hypanis Fluvii Ostia,
- Nemus Dianæ Prom.
- Isthmos Achillei cursus,
- Sacrum Promontorium,
- Myssaris Promontorium,
- Cephalonesus,
- Bonus Portus,
- Tamyraca,
- Carciniti Fluvii Ostia.
- Isthmos Tauricæ Chersones.
- Byces Palus,
- Nova Mœnia,
- Pasiasci Fluvii Ostia,
- Lianum

SAR.   SAR.   285

Depuis l'Isthme du Chersonnèse Taurique, jusqu'aux Terres inconnues.	Lianum Civitas, Byci Fluvii Ostia, Acra Civitas, Geri Fluvii Ostia, Cnema Civitas, Agarum Promont. Agari Fluvii Ostia, Lucus Saltus Dei, Lyci Fluvii Ostia, Hygris Civitas, Poriti Fluvii Ostia, Caroea Vicus, Ostium Occid. Tanaïs, Tanais Civitas, Ostium Orient. Tanais, Flexio Fluvii, Fontes Fluvii.		
Près du Tanaïs, après sa courbure:	Cæsaris Aræ.		
Près des Monts Riphées.	Alexandri Aræ.		

Ombrones,	Borusci,
Anartophracti,	Acibi,
Burgiones,	Nasci,
Arsyetæ,	Vibiones,
Saboci,	Idræ,
Piengytæ,	Sturni,
Blessi,	Caryones,
Galindæ,	Sargatii,
Sudini,	Ophlones,
Strauani,	Tanaitæ,
Igylliones,	Osyli,
Coestoboci,	Reucanali,
Transmontani,	Exobigytæ,
Veltæ,	Carpiani,
Stossii,	Gevini,
Carbones,	Bodini,
Carcotæ,	Chuni,
Sali,	Amodici,
Agathyrsi,	Navarri,
Aorsi,	Torreccadæ,
Pagiritæ,	Tauroscythæ,
Savari,	Agri,
Tyrangitæ.	

Il y avoit plusieurs Villes dans les terres, savoir

Sur les bords du Fleuve Carcinite:	Carcina Civitas, Torocca, Pasiris, Hercabum, Fracana, Naubarum.
Aux environs du Borysthène:	Azagarium, Amadoca, Sarum, Scrimum, Metropolis, Olbia ou Borysthenes.
Sur le Fleuve Axiaces:	Ordessus.
Sur un Bras du Borysthène:	Leinum Civitas, Sarbacum, Niossum.
Sur le Tyras:	Carrodunum, Mætonium, Clepidana, Vibantanarium, Heraclum.
Isle à l'Embouchure du Tanaïs:	Alopetia, ou Tanaïs.

Les Montagnes de la Sarmatie Européenne sont

Les Monts:	Teuca, Amadoci, Bondinus, Alaunus, Carpatus, Venedici, Riphæi.

Entre les Peuples qui habitoient ce Pays Ptolomée remarque les

Venedæ,	Alauni Scythæ,
Peucini,	Gytones,
Basternæ,	Phinni,
Jazyges,	Sulanes,
Roxolani,	Phrungudiones,
Amaxobii,	Avarini,

SARMINETUM, NYMPHEUM & TIBERIAS. Il paroît dit Ortelius [a] que ce sont-là trois noms de Villes que Platine [b] met dans la Toscane vers la Côte de la Mer.

[a] Thesaur.
[b] In Pascali II.

SARMISIA VALLIS. On trouve ce mot dans la Carte de la Transylvanie de Sambucus, qui ajoûte que les Hongrois appellent cette Vallée Hacsag, ou Hatsaag. Ortelius [c] croit que Sarmisia est un mot nouveau ou corrompu de Sarmisogethusa.

[c] Thesaur.

SARMYDESSUS, Lieu de la Thrace, selon Suidas. Ne seroit-ce point la même chose que SALMYDESSUS?

SARN, Rivière de Suisse. Voyez SARGANS.

SARNACA, Ville de l'Asie Mineure, dant la Teuthranie, selon Pline [d].

[d] Lib. 5. c. 30.

SARNADA, Ville de la Pannonie, selon Ortelius [e] qui cite l'Itinéraire d'Antonin. Il a suivi apparemment l'Edition de Schotus; car toutes les autres & les MSS. portent SARNADE, ou SARNADÆ. Cette Ville étoit sur la route de Sirmium à Salonæ, entre Leusaba & Silviæ, à dix-huit milles du premier de ces Lieux, & à vingt-quatre milles du second. Cette Ville est nommée SARUTE dans la Table de Peutinger, qui met pourtant Sarute à une plus grande distance de Leusaba.

[e] Thesaur.

SARNAME. C'est le nom que De Laet donne à la Rivière de Surinam. Voyez SURINAM.

SARNEN, Bourg de Suisse [f] dans le Canton d'Underwald, au Département d'en haut. Ce Bourg est la Place Capitale de ce Département. Il est situé près d'un petit Lac, & au bord d'une Rivière nommée Aa. Il y avoit là autrefois un Château, ou résidoit un Gouverneur envoié par l'Empereur Albert. Les Habitans le démolirent l'an 1308. Il y a dans tous les environs de ce Lac diverses Forteresses démolies: car anciennement ces Païs-là étoient remplis de Noblesse. On a dans Sarnen un fameux Cloître de Filles, de l'Ordre de St. Benoît, où il y a jus-

[f] Etat & Délices de la Suisse, t. 2. p. 450.

Nn 3   qu'à

qu'à cent Religieuses fous la Jurifdiction de l'Abbé d'Engelberg.

SARNIA, Ifle que l'Itinéraire d'Antonin marque dans la Mer qui fépare les Gaules de la Grande-Bretagne. Les MSS. varient pourtant fur l'orthographe du nom de cette Ifle; les uns portent *Sarnia*, les autres *Armia*, *Sarmia*, ou *Sarma*. On croit affez généralement que c'eft l'Ifle de GERNESEY.

SARNII ALPINI, Peuples dont le Conful Q. Marcius triompha dans la fix-cens-trente-fixième année de Rome, fuivant les Faftes Romains. Tite-Live [a] parle de la Victoire que ce Conful remporta fur ces Peuples; mais les nouvelles Editions au lieu de *Sarnii* lifent *Stoni*. Voyez STONI.

[a] Epitom. l. 62.

SARNIUS, Fleuve d'Afie. Ce Fleuve felon Strabon [b], féparoit du côté de l'Orient un Defert de l'Hyrcanie. Au lieu de *Sarnius*, les derniéres Editions portent *Sarneus*.

[b] Lib. 11. p. 10.

1. SARNO, Rivière d'Italie, au Royaume de Naples [c], dans la Principauté Citérieure, anciennement *Sarnus*. Elle prend fa Source aux Confins de la Principauté Ultérieure, & coule de l'Orient Septentrional au Midi Occidental. Dans fa courfe elle arrofe la Ville de Sarno & reçoit à la gauche la Riviére Safati, ou plutôt fe joint à cette Riviére avec laquelle elle va porter fes eaux à la Mer, fur la Côte du Golphe de Naples.

[c] Magin, Carte de la Principauté Cit.

2. SARNO, Ville d'Italie au Royaume de Naples [d], dans la Principauté Citérieure, vers la Source de la Riviére de Sarno qui l'arrofe & lui donne fon nom. Elle eft fituée à cinq milles de Nocera, à huit de Nole & à treize de Salerne. Elle fut érigée [e] en Evêché fous Salerne vers l'an 967. Elle a titre de Duché & ce Duché appartient à la Maifon Barberine.

[d] Baudrand Dict.
[e] Commainville, Table des Evêchez.

1. SARNUS, Fleuve d'Italie, dans la Campanie: Strabon [f] & Pline [g], difent que ce Fleuve arrofoit la Ville de *Pompeii*; & c'eft ce qui a été caufe que Stace [h] lui a donné le furnom de *Pompejanus*:

[f] Lib. 5. p. 247.
[g] Lib. 3. c. 5.
[h] Silv. l. 1. carm. 2. v. 265.

Nec Pompejani placent magis otia Sarni.

Silius Italicus donne au Sarnus l'Epithéte de *mitis*:

*Sarraftes etiam populos, totasque videres
Sarni mitis opes.*

Il exalte les richeffes du Sarnus fans doute parce que c'étoit une Riviére navigable. Quant aux Peuples *Sarraftes* dont il parle, cette expreffion eft prife de Virgile, où on lit [i]:

[i] Æneïd. l. 7. v. 738.

Sarraftes populos, & qua rigat æquora Sarnus.

Sur quoi Servius remarque que ces Peuples étoient ainfi appellés du nom du Fleuve *Sarnus*, fur les bords duquel ils habitoient. Voyez SARNO.

2. SARNUS, Ville de l'Illyrie, felon Etienne le Géographe.

SAROHEN, Ville de la Paleftine, dans la Tribu de Siméon. Cette Ville eft nommée au dix-neuvième Chapitre de Jofué [k]. Dom Calmet croit qui c'eft la même que SAHAREM.

[k] V. 6.

☞ SARON, ou SARONA, nous connoiffons trois Cantons, dans la Paleftine nommés SARON. Ce nom étoit comme paffé en Proverbe, pour marquer un Lieu d'une beauté & d'une fertilité extraordinaires. C'eft dans ce fens qu'Ifaïe dit [l]: *Saron a été changé en un Defert*; & dans un autre endroit: *la beauté du Carmel & de Saron*.

[l] C. 33. v. 9.
C. 35. v. 2.

1. SARON, Canton de la Paleftine, Eufèbe [m] & St. Jérôme [n], parlent de ce Canton qui étoit entre le mont Thabor & la Mer de Tibériade.

[m] In Saron.
[n] Ibid.

2. SARON, Canton de la Paleftine, entre la Ville de Céfarée de Paleftine & Joppé. Eufèbe [o] & St. Jérôme [p] en parlent. Voyez St. Jérôme fur les Chapitres 33. & 55. d'Efaïe.

[o] Ibid.
[p] Ibid.

3. SARON, Canton de la Paleftine, au delà du Jourdain [q], dans le Pays de Bafan, & dans le partage de la Tribu de Gad. Mr. Reland [r], foutient qu'il n'y avoit point de Saron au delà du Jourdain, & que ceux de la Tribu de Gad venoient paître leurs Troupeaux jufque dans le Canton qui eft aux environs de Joppé, de Céfarée & de Lydda; ce qui, dit Dom Calmet [s], ne nous paroit pas croyable, à caufe de la diftance des Lieux. D'ailleurs le Pays de Bafan étoit fi beau & fi fertile. Le paffage des Paralipomènes ne décide point la queftion, le voici: Ils s'établirent dans le Pays de Galaad, dans Bafan & les Bourgades qui en dépendent, & dans tous les Villages de Saron depuis un bout jufqu'à l'autre.

[q] 1 Pgr. c. 5. v. 16.
[r] l. c. 10. p. 370 & l. 3. p. 988.
[s] Dict.

4. SARON, Dom Calmet dit [t]: les nouveaux Voyageurs donnent ce nom à la Plaine, qui eft entre Ecdippe & Ptolémaïde.

[t] Dict.

5. SARON, Il y en a qui font une Ville de Saron, dont le Roi fut défait par Jofué [u] & les Enfans d'Ifraël, dans le Pays qui eft à l'Occident du Jourdain. St. Luc dans les Actes des Apôtres [x] femble marquer auffi une Ville de Saron: *Qui habitabat Lyddæ & Saronæ*; & dans les Paralipomènes [y], on lit que les Troupeaux que l'on faifoit paître fur la Montagne de Saron, étoient fous la charge de Setraï le Saronite. Mais ces Paffages peuvent fort bien marquer un Pays, ou un Canton, & non une Ville de Saron.

[u] C. n. v.
[x] C. 19. v. 35.
[y] C. 37. v. 29.

6. SARON, Lieu du Péloponnèfe, dans la Contrée de Troëzène, felon Etienne le Géographe.

7. SARON, Eufthate [z] met un Fleuve de ce nom au Péloponnèfe, dans la Contrée de Troëzène, & ajoute que ce Fleuve avoit donné le nom au Golphe Saronique.

[z] In Diodnyf.

8. SARON, Ville de Perfe: les Géographes du Pays, felon Tavernier [a], la mettent à 76. d. 20'. de Longitude, & à 36. d. 15'. de Latitude. On la trouve, ajoute-t-il, dans la Province de Guilan, & il s'y fait quantité de foie.

[a] Voyage de Perfe.

SARONIA. Voyez TROEZEN.

SARONICUS SINUS, Golphe au Midi

SAR.

di de l'Attique. Ce Golphe, selon Strabon [a], étoit appellé, Pont par quelques-uns & Détroit par d'autres ; ce qui fait, ajoute-t-il, qu'on l'appelle aussi Mer Saronique Πέλαγος Σαρωνικόν. Sa Longueur se prenoit depuis *Cenchrées* jusqu'au Promontoire *Sunium*, & sa largeur, ou son entrée depuis ce Promontoire, jusqu'à celui du Péloponnèse, appellé *Scyllæum* ; car Euripide [b], en parlant de Troëzène dit qu'elle étoit située sur la Mer Saronique :

[a] Lib. 8.

[b] Hippolyto, v. 1200.

Πρὸς πόντον ἤδη κειμένη Σαρωνικόν.
Sita jam ad mare Saronicum.

Pline [c] remarque que ce Golphe étoit anciennement bordé d'une Forêt de Chênes, & que c'étoit là l'origine de son nom, l'ancienne Gréce appellant ainsi un Chêne. Eustathe donne une autre origine de ce nom. Voyez SARON. N°. 7.

[c] Lib. 4. c. 5.

Ce Golphe, si célèbre dans l'Histoire ancienne, est enfermé entre le Promontoire de Sunium, appellé aujourd'hui Capo Coloni, sur la Côte de l'Attique, & le Cap Schilleum à présent Capo Skillo, sur la Côte de la Morée. Ces Promontoires sont éloignez l'un de l'autre d'onze lieues. Il y a plusieurs Isles dans ce Golphe. Les principales sont Egine, Coulouri & Porus, & ce sont les seules qui soient habitées. Ceux qui y demeurent avoient coûtume d'avoir un Vaivode, & un Cady, qui étoient communs à ces trois Isles ; mais ils ont jugé à propos de s'accommoder avec le Capitan Bacha, & de lui donner tous les ans sept cens quatre-vingt Piastres, ce qui les exempte de tous les droits qu'on auroit pu exiger d'eux. Ils pourroient vivre à leur aise, si les Corsaires ne les incommodoient pas si souvent qu'ils font, puisqu'ils ont assés de terre à cultiver, pour le petit nombre d'Habitans qui occupent ces trois Isles. Ce Golphe prend aujourd'hui son nom d'Egine qui en est la principale, quoique nos Mariniers lui donnent celui d'Engia. C'est la plus haute pointe du Promontoire Sunium, qu'on voit Ouest-Nord-Ouest. On la découvre du mont Himette du Sud-Ouest à l'Ouest, & de Coulouri ou Salamine plus au Sud. On la compte à neuf lieues de la Côte la plus proche de l'Attique, & à douze de Porto Lione, & environ à six de la Morée. Elle a près de quinze lieues de tour, il n'y a point de Port pour les Vaisseaux, & ils sont obligés de donner fond entre les Islets Angestri, Douronite & Moni. Il n'y a plus ni Ville ni Village, à la réserve de celui d'Egine.

SARONIDIS PALUS. Voyez PHOEBEA.

SAROPHAGES, Peuple de l'Inde, selon Pline [d].

[d] Lib. 6. c. 20.

SAROTZE, nom d'une Ville, quelque part aux environs de la Syrie & de la Mésopotamie, selon Ortelius [e] qui cite Surius, dans l'Histoire de l'Image de Notre Seigneur.

[e] Thesaur.

1. SAROZ, Comté de la Haute-Hongrie [f], aux Confins de la Pologne, qui le borne à l'Orient Septentrional. Il a les Monts Krapack à l'Orient ; le Haut Kreyna à l'Orient Méridional ; les Comtés d'Abavyvar & d'Ungwar au Midi ; & le Comté de Scepus au Couchant. Il prend son nom du Château de Saroz. Ses principaux Lieux sont

[f] De l'Isle, Atlas.

Saroz.	Hanosfalva.
Stropko.	Hommona.
Kurima.	Tarko.

2. SAROZ, Château de la Haute-Hongrie [g], au Comté de même nom, sur la Tariza, à deux lieues d'Epéries vers le Nord Occidental.

[g] Ibid.

1. SARPEDON, Promontoire de la Cilicie. Strabon [h] le met au voisinage de l'Embouchure du Fleuve Calycadnus. Ptolomée [i], qui le nomme *Sarpedorum extrema*, le marque sur la Côte de la Cétide, entre *Aphrodysia*, ou *Venerea*, & l'Embouchure du Calycadnus. Ce Promontoire devint célèbre par le Traité de Paix des Romains avec Antiochus ; car entre les conditions de cette Paix, il étoit dit selon Tite-Live [l] : *Neve navigato citra Calycadnum, neve Sarpedonem, Promontoria*. Appien [m] écrit, ou ses Editeurs lui font écrire *Sarpidonium* pour Sarpedon : c'est une faute ; car Strabon & Ptolomée écrivent Σαρπηδών, & les Latins *Sarpedon*. C'est de ce Promontoire qu'Apollon avoit pris le nom de *Sarpedonius*. Il y avoit à Séleucie, selon Zosime [n] un Temple d'Apollon Sarpédonien, & dans le Temple un Oracle. Strabon dit la même chose de Diane, sans néanmoins marquer que ce Temple fût à Séleucie. Il y a aussi dans la Cilicie, dit-il [o], un Temple de Diane Sarpédonienne, avec un Oracle. Pomponius Méla [p] dit que ce Promontoire étoit autrefois la borne du Royaume de Sarpedon : peut-être veut-il parler du Héros de ce nom, qu'Homère [q] donne pour le Chef des Lyciens. Il sembleroit qu'il y eût eu aussi un Fleuve & une Ville du nom de SARPEDON, car le Périple de Scylax en décrivant la Cilicie dit : Σαρπηδών πόλις ἔρημος καὶ ποταμός ; *Sarpedon Oppidum desertum & Fluvius*, mais les Critiques tiennent ce passage pour fort suspect.

[h] Lib. 14. p. 670.
[i] Lib. 5. c. 8.
[k] Cellarius, Geogr. Ant. l. 3. c. 6.
[l] Lib. 38. c.
[m] Syriac. p. 181.
[n] Lib. 1. c. 57.
[o] Lib. 14. p. 676.
[p] Lib. 1. c. 13.
[q] Iliad. E, v. 647.

2. SARPEDON [r], Ville de Thrace, selon Etienne le Géographe, Hesyche, Suidas, & Apollonius [s] qui la place près du Fleuve Erginus. Son Scholiaste y la décrit avant le Mont Hemus, mais au lieu de Sarpedon, il dit *Petra Sarpedonia*.

[r] Ortelii Thesaur.
[s] Lib. 2.

3. SARPEDON, Ville de l'Attique, selon Apollonius [t].

[t] Ibid.

4. SARPEDON, nom d'une Isle, que Suidas & Apollonius mettent vers l'Océan Atlantique, & qui étoit habitée par les Gorgones.

SARPEDONIA. Voyez GORGONES.

SARRA, & SARRACANA. Voyez TYRUS.

SARRACENI. Voyez SARACENA.

SARRABOUS, ou SORABUS, Bourg de l'Isle de Sardaigne [u], sur la Côte Orientale de cette Isle, dans la Province de Cagliari, à l'Embouchure de la Rivière de Seprus, à la gauche. Ce Bourg a un bon Port & un Château.

[u] Carte de la Sardaigne, chez van Keulen.

SARRACOTIM, Château d'Espagne,[a] dans l'Andalousie, entre Séville & Utrera, dans la place où fut autrefois une petite Place de l'Espagne Bétique, qu'on nommoit *Siarum*.

[a] Baudrand, Dict.

SARRAGAN, Isle d'Asie, dans l'Océan Oriental, & l'une des Philippines. Mr. de l'Isle[b] la marque près de la Côte la plus Méridionale de l'Isle de Mindanao.

[b] Atlas.

SARRÆ, Zonare dit que l'Empereur Licinius fut tué à Thessalonique ou près de *Sarræ*. Ortelius[c] croit qu'il faut lire *Serræ*; parce que Serræ étoit un Lieu voisin de Thessalonique.

[c] Thesaur.

SARRANATES, Peuples d'Italie: Pline[d] les place dans la sixième Région aux environs de l'Ombrie.

[d] Lib. 3. c. 14.

SARRASTES. Voyez SARNUS.

SARRAN, Bourg de France, dans le Bas Armagnac, Election de Riviére-Verdun, avec Justice Royale.

SARRANCES, en Latin *S. Maria de Sarrantia*, Lieu de France, dans le Béarn, au Diocèse de Lescar. C'étoit ci-devant une Abbaye d'Hommes, Ordre de Prémontré, sous l'Invocation de Sainte Marie. La Manse en est unie à présent à l'Abbaye de la Castelle, autrement nommée la Grace-Dieu, même Ordre, dans le Diocèse Aire.

SARRANCOLIN, ou SARRANCOULIN, Ville ou Bourg de France, dans le Haut-Armagnac, Recette des Quatre-Vallées. Ce Lieu qui est bien peuplé, est dans la Vallée d'Aure, au pied des Pyrénées. Il y a des Carriéres de marbre gris, jaune & rouge couleur de sang: il s'en trouve quelquefois de transparent, comme l'Agathe. Il y a à Sarrancolin un Prieuré de l'Ordre de St. Benoît non Réformé; & dans le voisinage une assez belle Verrerie.

SARRE, Bourg de France dans la Gascogne, Recette de Bayonne.

SARREAL, petite Ville d'Espagne[e], dans la Catalogne, sur la Rivière de Francoli, un peu plus haut que Montblanc au Nord-Est. On trouve dans ce Lieu des Carriéres d'Albâtre, si beau, si fin & si transparent, qu'on en fait des glaces de fenêtres.

[e] Délices d'Espagne, p. 594.

SARRIA, Bourg d'Espagne dans la Galice, sur la Rivière de Lugos; environ à quatre lieues de la Ville de ce nom, vers le Midi. On prend ce Bourg pour le Lieu que les Anciens nommoient *Aquæ Quintianæ*; & ce fut où mourut Alfonse XI. dernier Roi de Léon.

SARRITÆ, Peuple de la Palestine. Ortelius[f] dit: Il est parlé de ce Peuple dans Josephe; mais au premier Livre des Paralipomènes[g], au lieu de *Sarritæ*, on lit *Gesuri*, & *Gezre*. La Vulgate porte *Jeser*; & il est question de la Ville de *Geder*, *Gader*, *Gadera*, *Gazer*, *Gazera*, *Gador* ou *Gaderoth*.

[f] Thesaur.
[g] C. 27. v. 8.

SARRUM, Lieu de la Gaule Aquitanique, selon Ortelius[h], qui cite le second Fragment de la Table de Peutinger. Il ajoûte que le troisième Fragment non imprimé & que Velser lui avoit communiqué, portoit *Sannum*, au lieu de *Sarrum*.

[h] Thesaur.

SARRY, Château de France en Champagne au Diocèse de Chaalons[i]. Ce Château est une Maison de Plaisance de l'Evêque. Il est situé à une lieue de la Ville de Chaalons sur la Marne en remontant vers sa source dans une Paroisse qui porte le même nom. Il est moins considérable par ses Bâtimens qui, quoiqu'anciens, sont beaux & commodes, que par la beauté & la grandeur de ses Jardins, ornés de Parterres bien entendus, d'un bon goût & d'un grand nombre de Bosquets, & d'Allées de Charmilles & autres arbres, d'un Canal, de Fossés larges & profonds, remplis de Poissons, d'une Orangerie & de belles Statues, qui ne contribuent pas peu à rendre la promenade tout-à-fait charmante.

[i] Baugier, Mémoires Hist. de Champ. t. 1. p. 249.

Ces Jardins tels qu'on les voit aujourd'hui sont l'Ouvrage de M. Vialart l'un des plus grands Prélats, qui ayent jamais rempli le Siège de Chaalons, décédé en l'année 1680. âgé de 67. ans. Cet Ouvrage lui a coûté des sommes très-considérables, qu'il ne dépensa que dans la seule vue de faire subsister en travaillant un grand nombre de pauvres, dans un tems difficile, & lorsque le pain étoit excessivement cher.

SARS, Fleuve de l'Espagne Tarragonoise: Pomponius Mela[k] dit que ce Fleuve couloit près de la Tour d'Auguste.

[k] Lib. 3. c. 1.

SARSAGA, ou CARSAT, Ville de la Petite Arménie. L'Itinéraire d'Antonin la marque sur la route de *Nicopolis* à *Satala*, entre *Olotoedariza* & *Arauraci*, à vingt-quatre milles du premier de ces Lieux, & à égale distance du second. Il n'y a point à douter que ce ne soit la même Ville que *Carsagis* & *Sargasis*.

SARSANE, Ville d'Italie, dans l'Etat de Gènes. Cette Place est assez forte; car il y a des Fossés, des Canons, des Bastions, & d'autres Munitions de guerre. Elle étoit autrefois du Domaine de Toscane. Le Grand-Duc l'a cédée aux Génois en échange de Livourne.

SARSINA, Ville d'Italie[l], dans l'Ombrie, & dans les terres, sur la rive gauche du Fleuve *Sapis*. C'étoit la Patrie de Plaute Poëte Comique, comme l'a remarqué St. Jérôme[m]: *Plautus ex Umbria Sarsinas Romæ moritur*. Strabon[n] écrit *Sarcina*, & c'est aussi l'orthographe des Auteurs Latins. On lit dans Silius Italicus[o]:

[l] Cellarius, Geogr. ant. l. 2. c. 9.
[m] Chron. ad Olymp. 145.
[n] Lib. 5. p. 227.
[o] Lib. 8. v. 462.

. . . . . *bis Sarcina dives lassit*.

Et dans Martial[p]:

[p] Lib. 9. E. pigr. 59.

Sic montana tuos semper colat Umbria fontes,
Nec tua Bajanas Sarsina malit aquas.

Les Habitans de cette Ville sont aussi appellez SARSINATES[q], & par Polybe Σαρσινάτοι, ou plutôt Σαρσινᾶται, comme les Grecs ont coûtume de former les noms Nationaux; & l'on trouve encore dans Gruter[r] une ancienne Inscription, avec ces mots CURATORI SARSINATIUM. Cependant d'autres anciennes Inscriptions portent *Sassina*, au lieu de *Sarsina*. Dans une

[q] Plin. Lib. 3. c. 14. Lib. 2. c.
[r] p. 1092. n. 2.

SAR. SAR. 289

[a] Pag. 322. n. 4.
[b] Pag. 522. n. 8.
[c] Reineſſ. Claſſ 7. Inſcr. 20.

une on voit MUNIC. SASSI [a]; dans une autre [b], NATUS SASSINA ; & dans une troiſième [c] BÆBIUS GEMELLUS SASSINAS MUNICIPIBUS SINGULEIS. *Sarſina* étoit ainſi un Municipe. Elle ſubſiſte encore préſentement & conſerve ſon ancien nom : on l'appelle SARCINE ; voyez l'Article qui ſuit.

SARCINE, Ville d'Italie, dans la Romagne, au pied de l'Apennin à quelques milles de Rimini [d]. Elle étoit autrefois ſi puiſſante qu'elle donna aux Romains un ſecours conſidérable, pour empêcher l'irruption que les Gaulois vouloient faire en ce Pays-là, en traverſant les Alpes. Cette Ville a été long-tems ſous la domination des Malateſta ; mais étant tombée ſous la puiſſance de l'Egliſe, Léon X. la donna aux Pio. Elle eſt fermée de remparts revêtus de briques. Dans la grande Place il y a une Fontaine d'une fort jolie ſculpture. Au haut eſt une fort groſſe Pomme de Pin, qui jette ſon eau dans un Baſſin ſoutenu par quatre Tritons, qui font autant de jets d'eau, & plus bas ſont quatre Figures, qui forment quatre Fontaines. On conſerve avec une grande vénération le Corps de Ste. Maure dans la Cathédrale.

[d] Journal d'un Voyage de France & d'Italie.

SARSTEDE, Bourg d'Allemagne [e], au Cercle de la Baſſe-Saxe, dans l'Evêché de Hildesheim, au confluent de l'Inneſte & de la Leyne, entre Hildesheim & Hanover. Ce Lieu eſt remarquable par la Victoire que George Duc de Brunswig-Lunebourg y remporta ſur les Impériaux.

[e] Jaillot, Atlas.

SARSUELA, ou SARÇUELA, Maiſon Royale en Eſpagne, au voiſinage de celle du Pardo [f], & à deux bonnes lieues de Madrid. Cette Maiſon eſt moins belle que le Pardo, mais on en pourroit faire un Lieu d'une rare beauté, ſi l'on vouloit ſeconder la Nature. La vûe de ce Lieu eſt charmante. Comme on le néglige beaucoup, on n'y voit aucun ouvrage de l'Art, du moins qui ſoit fort ſingulier. Tout y eſt champêtre, les Jardins ont des Fontaines, dont l'eau qui coule abondamment eſt fort bonne & fort pure. Ils ſont partagés en deux : le premier eſt fait en terraſſe, ſoutenue par un très-grand nombre de voûtes ; & on deſcend de celui-là dans le ſecond, par un aſſés beau Perron à deux rampes avec des Baluſtrades à claire voie. Le deſſus du Perron forme un beau pallier, auſſi environné de Baluſtres de même. On entre dans la Maiſon d'un côté par un Perron couvert d'un Portique, & de l'autre par un Perron double, qui eſt à découvert à l'endroit où la Maiſon avance le plus dans le Jardin. Elle n'eſt pas des mieux meublées. Il y a de grandes Sales recommandables en Eté par leur agréable fraîcheur, & où les Rois ſe repoſent ordinairement, ſoit en allant à la chaſſe, ſoit au retour. On trouve aux environs une grande abondance de Gibier de diverſes ſortes.

[f] Délices d'Eſpagne, p. 252.

SARSURA, Ville de l'Afrique propre. Elle ne devoit être tout au plus qu'à une journée de Thisdra ; car, ſelon Hirtius [g], Céſar après s'être rendu Maître de cette Ville en partit le lendemain & ſe rendit à Thisdra. Ce pourroit etre la Ville Saſura de Ptolomée.

[g] De Bel. Af.

1. SART, ou la SEIGNEURIE DE SART, Seigneurie de France, dans la Flandre Flamingante, au Diocèſe d'Ypres.

2. SART (Le) SARTA, Petite Riviére de France, dans la Haute Normandie, au Pays de Bray. Elle prend ſa ſource à Foucarmont, & ſe rend dans la Mer entre Dieppe & la Ville d'Eu.

SARTA, Riviére de la Gaule chez les *Cenomani*. Son nom eſt ancien, & il étoit uſité parmi les Gaulois. Cependant on auroit de la peine à le trouver dans un Auteur plus ancien que Théodulphe d'Orléans, qui nous en donne l'origine, & décrit ainſi le cours de cette Riviére [h] :

[h] Lib. 4. Carm. 6.

Eſt Fluvius: Sartam Galli dixere priores,
Perticus hunc gignit, & Meduana bibit.
Fluctibus ille ſuis penetrans Cenomanica rura
Mœnia qui propter illius urbis abit.

Et au Livre ſecond [i], en parlant de la Ville d'Angers il dit :

[i] Carm. 3. de Urbe Andegavenſi.

Quam Meduana morans fovet, & Liger aureus ornat,
Qua rute cum levi Sarta decora juvat.

Cette Riviére conſerve ſon ancien nom ; on l'appelle à préſent la Sarte. Voyez SARTE.

SARTACHE. Voyez TAPHRA.

SARTAN, Petite Ville de Portugal [k], dans l'Eſtremadoure, au Nord du Tage & au Midi de Pedragan. Elle eſt près de Zezere, & on dit qu'elle a été fondée par Sertorius.

[k] Délices de Portugal, p. 741.

SARTE, SARTA, Riviére de France, dans le Maine. Elle prend ſa ſource aux confins de la Normandie & du Perche, près de l'Abbaye de la Trape : & coule d'abord à l'Occident pour arroſer Sainte Scolaſſe, le Mesle, Alençon, Freſnay, Vivoin, Beaumont-le-Vicomte, la Guerche, le Mans, où elle reçoit l'Huisne : puis elle tourne vers le Midi, par la Suze, Malicorne, & Sablé dans le Maine : elle entre enſuite dans l'Anjou, où elle reçoit le Loir ; & un peu au-deſſus d'Angers, elle ſe jette dans la Mayenne, & y perd ſon nom quoiqu'auſſi groſſe qu'elle. C'étoit ſa deſtinée dès le neuvième Siècle comme on le voit par les Vers de Théodulphe Evêque d'Orléans, rapportés à l'Article SARTA. Voyez ce mot. Le même Auteur remarque que cette Riviére s'étoit tout à coup ſéchée trois fois en peu d'années dans des endroits qu'on ne paſſoit qu'en bateau, & la dernière fois proche du Mans, *Louis le Debonnaire étant*, dit-il, *dans la ſeptième année de ſon Regne, lui* (Rodulphe) dans la quatrième année de ſon injuſte exil à Angers, le Soleil parcourant le vingt-deuxième degré du Verſeau, & la Lune le ſixième des Poiſſons, c'eſt-à-dire le 8. de Février de l'an 820. Il ajoute que cette merveille qui dura trois heures arriva lorſqu'il falloit traverſer cette Riviére pour enterrer un homme mort, qu'on portoit dans ſa ſépulture qui étoit

O o de

de l'autre côté ; ce qui la lui fait comparer à celle que Dieu opéra en faveur des Israélites, quand ils eurent à passer le Jourdain ; & le Pere Bondonnet Historien des Evéques du Mans, trouve que cette comparaison est entiére, parce que les eaux de ce dernier Fleuve remontérent jusqu'au Lieu appellé Sarthan.

Est propriis spoliatus aquis locus ille repertus,
Qui vade seu remis pervius ante fuit. . . .
Sarta altis vicibus hoc ipsum est passa duobus
Nec hoc, nec procul hoc tempore, sive loco.
Quis neget antiqui Dominum meminisse trophai,
Quo Fluvium scindit, & Hierichunta quatit, &c.

Cependant comme Théodulphe témoigne qu'on assuroit aussi, que les Riviéres d'Huisne, & d'Angére avoient autrefois souffert une pareille défaillance, & qu'on lit dans la Chronique de Robert du Mont, qu'elle survint de nouveau à la même Riviére de Sarte & dans le même mois de Février de l'an 1168. au Lieu de Fresnay le Vicomte , & qu'on prétendoit qu'à Londres la Tamise qui y est toujours si haute, l'éprouva aussi au tems d'Henri I. Roi d'Angleterre ; il n'y a guère moyen de supposer qu'un tel accident qui arriveroit si fréquemment seroit véritablement miraculeux. Selon le Journal des Savans de Paris du 25. d'Août 1721. pag. 501. la Riviére d'Eraut baissa tout d'un coup de six pieds vers son Embouchure le 16. Juin 1717. ce qui dura un quart d'heure ; & l'on dit que cet effet fut vraisemblablement causé par quelque tremblement de terre. Si les autres faits ci-dessus étoient aussi véritables ; ce qu'on n'ose pas décider, on pourroit de même les attribuer à des tremblemens de terre, arrivés dans les Lieux, dont il s'agit.

SARTHAN, ou SARTHANA, Ville de la Palestine, & que quelques-uns placent à l'Orient du Jourdain ; mais qui selon Dom Calmet [a], étoit plutôt à l'Occident de ce Fleuve. Il est dit au troisième Livre des Rois [b] que le Pays de Bethsan est proche de Sarthana. Lorsque les Israélites passérent le Jourdain [c], les eaux qui venoient d'en haut s'arrétérent en un même lieu & s'élevant comme une Montagne, elles paroissoient de bien loin, depuis la Ville qui s'appelle Adom jusqu'au lieu appellé Sarthan. Le Roi Salomon fit fondre entre Socoth & Sarthan les plus grands Vaisseaux de cuivre qu'il falut faire pour l'usage du Temple. SARTHAN est la même que SAREDATHA, nom qui lui est donné au second Livre des Paralipomènes [d] : peut-être aussi que SAREDA [e], la Patrie de Jéroboam, fils de Nabath Ephrathéen, étoit la même Ville.

SARTINARA, Bourg d'Italie [f], au Duché de Milan, dans le Pavese, au confins du Piémont, sur une petite Riviére qui se jette dans la Sessia. Ce Bourg a été autrefois fortifié ; c'est la seule chose qui le rend considérable. Magin [g] le nomme SARTIRANO.

SARTON, petite Riviére de France. Elle a sa source au Diocèse de Seez, dans la Paroisse de Rouperoux, & sépare presque aussi-tôt ce Diocèse d'avec celui du Mans, en passant par la Roche Mabille, St. Denis & quelques autres Paroisses. Elle fait moudre beaucoup de Moulins durant un cours d'environ dix lieues, jusqu'à ce qu'elle se jette dans la Sarte, près du Bourg de St. Célerin.

SARUENA, Ville de la Cappadoce : Ptolomée [h] la marque dans la Préfecture de Chamane.

SARVERDUN, Ville de France, dans la Lorraine Allemande, à quatre lieues au-dessous de Sarbruck, & à deux de Fenestrange, & dans les Pays réunis. Elle a pris son nom de sa situation sur la Sare. C'est le Chef-lieu d'un Comté de même nom, tenu par le Duc de Lorraine [i]. C'est un Fief qui a relevé de l'Evêché de Metz dès le douzième Siècle. Louïs en étoit Comte & propriétaire dès l'an 1246. Il eut pour héritier son fils Henri, qui reconnut par un Acte de l'an 1266. qu'il étoit Homme Lige de l'Evêque de Metz pour le Comté de Sarverden, comme son pere & ses prédécesseurs l'avoient été. Les Successeurs mâles de Henri joüirent de ce même Comté comme Vassaux de l'Eglise de Metz jusqu'à l'an 1397. que Henri Comte de Sarverden mourut sans laisser de fils. Fréderic Comte de Meurs près de Cologne lui succéda au Comté de Sarverden : les uns disent qu'il étoit son beau-frere, les autres qu'il étoit son gendre ; d'autres qu'il étoit son neveu, & que sa femme étoit de la Famille de Redenbach, ce que les plus habiles en Allemagne assûrent ; mais ce qu'il y a de certain, c'est qu'il se mit en possession du Comté de Sarverden, dont il ne joüit pas paisiblement ; car Raoul de Coucy Evêque de Metz, fit une Ligue avec Charles I. Duc de Lorraine, Robert Duc de Bar, & Edouard Marquis de Pont, son fils, pour retirer par la force des armes le Comté de Sarverden des mains de Fréderic Comte de Meurs, qui s'en étoit emparé, encore qu'il fût retourné de droit à l'Evêché de Metz, comme Fief masculin par le décès du Comte Henri mort sans héritiers mâles. Nonobstant les forces de cette Ligue, le Comte se maintint en possession, & Raoul de Coucy ayant quitté l'Evêché de Metz l'an 1415. Fréderic obtint l'an 1418. l'investiture de Conrad Bayer successeur de Raoul de Coucy. Fréderic eut pour successeur son fils Jean, qui épousa Adelahide de Gheroltzech. Il fut reçu pour Vassal de Conrad Bayer Evêque de Metz, qu'il reconnut Seigneur de Fief l'an 1420.

Les Successeurs mâles de Jean de Moërs joüirent du Comté de Sarverden & reconnurent la Seigneurie directe de l'Evêque de Metz, jusqu'à Jean Jacques Comte de Sarverden, qui mourut sans enfans l'an 1527. Sa Cousine Germaine Catherine de Sarverden, se porta héritiére de son Cousin le Comte Jean Jacques ; elle avoit épousé Jean Louïs Comte de Nassau Sarbruck, qui prit possession au nom de sa femme du Comté de Sarverden, aussi-bien que de la Seigneurie de Bouquenon, ou Buhen-

Buhenheim, & de la Terre appellée la Cour de Wiberswiller qui y sont annexées; mais le Cardinal Jean de Lorraine Evêque de Metz, s'y opposa & envoia le Bailli & le Chancelier de l'Evêché pour prendre possession du Comté de Sarverden, & de ses Annexes. Etant arrivés à la Ville de Bouquenon sur la Sarre, ils firent entendre aux Officiers, & aux Bourgeois assemblés, que Jean Jacques Comte de Sarverden, étant mort sans héritiers mâles, le Comté de Sarverden & Bouquenon étoient retournés de plein droit au Cardinal Jean de Lorraine, en qualité d'Evêque de Metz; qu'ils demandoient l'ouverture des Portes, pour recevoir des Bourgeois, au nom du Cardinal Evêque de Metz, le Serment de fidélité, comme étant leur légitime Seigneur. Les Habitans répondirent qu'ils avoient prêté Serment de fidélité au Comte de Nassau qui étoit absent, & qu'ils demandoient du tems jusqu'à son retour. Le Bailli sur cette réponse protesta, que l'Acte vaudroit une prise de possession. Après, cela le Cardinal Evêque de Metz, étant à Compiegne, investit la même année 1527. son frere Antoine, Duc de Lorraine & de Bar, du Comté de Sarverden, de la Seigneurie de Bouquenon, & de la Cour de Wiberswiller, avec leurs dépendances, lesquelles Seigneuries il donna au Duc, & à tous ses descendans en ligne masculine, dont ce Prince sit foi, & hommage à son frere le Cardinal, en déclarant dans ses Lettres, que tous ces Fiefs étoient retournés à l'Evêché de Metz, par droit de dévolution par la mort de Jean Jacques Comte de Sarverden, décédé sans Hoirs mâles.

Le Comte de Nassau se maintint en possession, & le Duc de Lorraine sit assigner le Comte au Tribunal de Vic, qui est celui de l'Evêque de Metz Seigneur dominant. Le procès y fut pendant très-long-tems, & cependant les Evêques de Metz investirent du Comté de Sarverden les Ducs de Lorraine, sans préjudice des Comtes de Nassau, qu'ils investirent pareillement, comme on voit que sit le Cardinal Charles de Lorraine, Evêque de Metz, frere du Duc, le 15. Mai l'an 1603. & il reçut l'hommage du Comte Louïs de Nassau Sarbruck, ainsi que sit Anne Descars Cardinal de Givri, Evêque de Metz, le premier Septembre l'an 1609. La cause fut ensin portée par appel des Comtes de Nassau, à la Chambre Impériale de Spire, où ils perdirent leur procès l'an 1629. & ils furent condamnés à la restitution des revenus, qu'ils avoient reçus durant le tems de leur jouïssance. Le Duc Charles de Lorraine, après ce Jugement s'empara du Comté de Sarverden, dont il se maintint en possession, quoique dépouillé de son Duché, car encore que les Suédois eussent occupé l'an 1631. Sarverden & Buhenheim, ils en furent chassés quelque tems après. Cependant les Comtes de Nassau Sarbruck s'étant plaints qu'on leur avoit fait injustice, demanderent, qu'ils fussent du nombre de ceux qui devoient être restitués dans leurs biens par le Traité de Westphalie, & ils obtinrent que non seulement le Comté de Sarbruck, mais celui de Sarverden leur seroient restitués, sans préjudice des droits de leurs parties adverses, & de la révision du procès qui devoit etre faite. On réserva aussi sur le Comté de Sarverden, les droits du Comte de Linange Dacsbourg, qui étoient fondés sur ce qu'il descendoit de Jehannette de Sarverden, fille du Comte Nicolas, qui devoit hériter de ce Comté après la mort de Jean de Nassau, fils de Jean Louïs, & de Catherine de Sarverden.

Jean de Nassau mourant sans enfans avoit par son Testament frustré sa Cousine la Comtesse de Linange, & avoit institué héritiers de ses biens, même maternels, ses cousins Albert, & Philippe de Nassau. Le Duc de Lorraine n'ayant pas été compris au Traité de Munster, s'opposa à l'exécution de l'Article de NASSAU SARBRUCK, & il fut arrêté par un Traité conclu avec l'Empereur Ferdinand III. & tous les Etats de l'Empire, que le Duc demeureroit en possession jusqu'à ce que l'Empire eût payé à ce Prince trois-cens mille Risdales. Ce Traité fut approuvé par le feu Roi Louïs XIV. au Traité de Vincennes l'an 1661. où l'on convint, que le procès de Sarverden, seroit jugé à la Chambre Impériale de Spire, & que le Roi comme garant des Traités de Westphalie feroit exécuter le Jugement de cette Chambre. Alors ce Fief de Metz, comme quelques autres, étoit toujours censé Membre de l'Empire, & il avoit été compris avec les autres à Nuremberg, lorsque l'on y avoit fait les répartitions des sommes accordées pour la satisfaction de la Milice, & on distinguoit entre le District de l'Evêché de Metz, & les Fiefs de Metz situés hors du District. Le Duc donna quelque tems après le Comté de Sarverden à son fils naturel, Charles Henri, Prince de Vaudemont, qui en jouït paisiblement durant plusieurs années; car par une Transaction passée l'an 1670. du consentement de l'Empereur Léopold, & de tous les Etats de l'Empire, on étoit convenu que les Lorrains demeureroient en possession du Comté de Sarverden, & des Seigneuries de Buhenheim, & de Wiberswiller, jusques à ce que la révision du procès avec la Maison de Nassau Sarbruck eût été faite, & la cause jugée définitivement. Après la Paix de Nimègue une Chambre Royale fut établie à Metz, pour juger des dépendances & des aliénations des trois Evêchés de Metz, Toul & Verdun. George Daubusson Eveque de Metz, sit assigner le prétendu Seigneur de Sarverden, & de Bouquenon, à la Chambre, pour s'y voir condamner à rendre à ce Prélat les devoirs qu'il lui devoit, comme Vassal de son Eglise, & que faute d'y satisfaire le Fief seroit commis, ou seroit confisqué & dévolu au Seigneur dominant, & un autre investi par le Roi sur la nomination de l'Evêque de Metz. Le Prince de Vaudemont se présenta par Procureur disant qu'il étoit donataire du du Duc Charles de Lorraine son pere, & qu'il offroit de rendre à l'Evéque & à l'Eglise les devoirs dûs pour le Comté de Sarverden. Les Comtes de Nassau Sarbruck firent aussi de pareilles offres par leur Procureur. La Chambre ordonna que le prétendu Seigneur de Sarverden, sans le nommer, feroit ses reprises de l'Eveque & lui donneroit aveu & dénombrement, & en même tems elle défendit à ce prétendu Seigneur du Comté de Sarverden de reconnoître une autre Justice en dernier ressort que le Parlement de Metz, à quoi ils n'obéïrent pas.

Cet Arrêt comme tous les autres de cette Chambre a été cassé par le 4. Article du Traité de Ryswic, & toutes les réunions faites en consequence ont été annulées. Le Prince de Vaudemont a cédé la propriété de ses biens au Duc de Lorraine, qui est aujourd'hui possesseur du Comté de Sarverden, & la Chambre Impériale est toujours saisie de la cause, qui y est pendante entre ce Prince & les Comtes de Nassau.

SARVITZA, ou SERVITIA, Ville des Etats du Turc en Europe [a], dans la Macédoine ou Comenolitari, vers la Source d'une petite Rivière qui se jette dans celle de Platamona. Cette Ville est bâtie en partie sur une Montagne & en partie dans une Plaine. La plûpart des Turcs [b] ont choisi le bas pour leur demeure, & les Chrétiens habitent le haut. Il y a près de là un Château sur un Rocher très élevé, où l'on va par un chemin qu'on a fait au milieu de ce Rocher, & qui est comme une grande Porte.

[a] De l'Isle Atlas.
[b] Ed. Brown. Voyage de Vienne à Larisse.

SARUM, ou SARON, Ville de la Sarmatie Européenne: Ptolomée [c] la compte au nombre de celles qui étoient vers l'Embouchure du Borysthène.

[c] Lib. 3. c. 5.

SARUNETES, Peuples des Alpes: Ils étoient, selon Pline [d], du nombre des Peuples qui habitoient vers les Sources du Rhein.

[d] Lib. 3. c. 20.

SARUOM, Ville de l'Arabie Heureuse: Ptolomée [e] la place dans les Terres.

[e] Lib. 6. c. 7.

1. SARUS, Fleuve de la Cappadoce, dans la Cataonie: Strabon [f] & Pline [g], nous apprennent que ce Fleuve arrosoit la Ville Comana.

[f] Lib. 12.
[g] Lib. 6. c. 3.

2. SARUS, Riviére de la Cilicie propre: son Embouchure est marquée par Ptolomée [h] entre celles des Fleuves Cydnus & Pyrame. Pline [i] met aussi un Fleuve SARUS dans la Cilicie. Tite-Live [k], parle des Têtes du Sarus *Sari Capita*, par où il n'entend pas selon l'expression ordinaire les Sources du Sarus, mais des élévations ou des Rochers près de la Côte & vers l'Embouchure de ce Fleuve; car c'étoit un lieu que les Vaisseaux passoient: *Inde profectum eum ad Capita, quæ vocant, Suri fluminis, fœda tempestas oborta prope cum omni classe demersit: multæ naves ejectæ, multa ita haustæ mari, ut nemo in terram enaverit.* Appien [l] qui parle de ce même naufrage, dit pareillement qu'il arriva, ἀμφὶ τὸν Σάρον ποταμὸν, *circa Sarum Fluvium*, c'est-à-dire vers l'endroit où ce Fleuve se jette dans la Mer. Si nous nous

[h] Lib. 5. c. 8.
[i] Lib. 6. c. 3.
[k] Lib. 33. c. 41.
[l] In Syriac.

en rapportons à Cédrène, [m] dit Cellarius [n], nous dirons que le Sarus couloit au travers de la Ville de Mopsueste en Cilicie: Τέμνεται ἡ πόλις αὕτη μέσον τῷ Σάρῳ ποταμῷ, *secatur hæc Urbs media Saro Flumine*; mais Cédrène se trompe, car Ptolomée marque le Sarus en deçà du Pyrame, & Mopsueste au delà du Pyrame. Cette situation est confirmée par Procope, qui dit au quatrième Livre des Edifices de Justinien [o], que la Ville de Mopsueste est arrosée & embellie par le Fleuve Pyrame, & que celle d'Adana est mouillée du côté de l'Orient par le Sarus qui tiroit sa source des Montagnes. Xenophon met aussi le Sarus dans le même lieu que Ptolomée le place, savoir entre la Ville de Tarsus & le Pyrame; mais il fait une autre faute, car il écrit *Pharus* pour *Sarus*.

[m] Ed. Basil. p. 540.
[n] Geogr. Ant. l. 3. c. 6.
[o] Cap. 5.

3. SARUS, Fleuve de la Carmanie: Ptolomée [p] marque son Embouchure dans le Golphe Paragonte, entre *Gogana* & *Magida*.

[p] Lib. 6. c. 8.

4. SARUS. Vibius Sequester nomme ainsi une Montagne d'Italie, & ajoute que c'est dans cette Montagne, que le Fleuve Sarnus prend sa source.

1. SARWAR, Comté de la Basse Hongrie [q], entre le Danube & le Muer. On le nomme aussi le Comté de Castel Ferrat. Il est borné au Nord par le Comté de Sopron, à l'Orient par le Comté de Vesprin, au Midi par le Comté de Salavar, & au Couchant par les Terres de Stirie. Le Rab le traverse entièrement du Midi Occidental au Nord Oriental. Ce Comté prend son nom de sa Capitale. Voyez l'Article suivant. Ses principaux Lieux sont

[q] De l'Isle Atlas.

| A la gauche du Rab. | Sarwar. Guntz. Steinamanger. Rechnitz. Pinkafeld. Bergwerck. Kermend. |
| A la droite du Rab. | Egerwar. St. Crot. |

2. SARWAR, Ville de la Basse-Hongrie, au Comté de même nom, dont elle est la Capitale. Cette Ville située à la gauche du Rab, dans l'endroit où il reçoit une autre Rivière est prise pour la Sabaria des Anciens.

SARWIZZA, Riviére de la Basse Hongrie [r], à la droite du Danube. Elle a sa source près de Vesprin, passe par Albe Royale, fait un Triangle avec Bude & Strigonie, & va ensuite se jetter dans le Danube. C'est l'*Urpanus* des Anciens.

[r] Ed. Brown. Voyage de Vienne à Larisse.

SARY, Ville de Perse. Tavernier dit qu'elle est à 78. d. 15. de Longitude, sous les 36. d. 40. de Latitude. On y fait un grand commerce de cuivre, & il y a des Mines de ce Métal aux environs.

SARZANA. Voyez SARZANE.

SARZAU & PROZAT, Bourg de France, dans la Bretagne Diocèse & Recette de Vannes. Ce Lieu est bien peuplé.

SARZAY, Lieu de France, dans le Berry,

Berry, Election d'Issoudun. C'est une Châtellennie mouvante de la Baronnie de la Châtre. Elle est située à trois lieues de Bourges, dans un Pays gras propre à élever du Bétail.

[a] *Janiçon, Etat présent des Pr. Un. t. 2. p. 362.*

SAS DE GAND, Ville des Pays-Bas[a] dans la Flandre Hollandoise au Quartier de Gand, au Bailliage d'Assenède, à une lieue au Sud-Ouest de Philippine, & à trois lieues au Nord de Gand. Cette petite Ville qui est très-forte a été ainsi nommée, à cause d'une Ecluse qu'on appelle Sas en Flamand, & que les Habitans de Gand, avec la permission de Philippe II. firent construire pour retenir les eaux de la Liese, ou du nouveau Canal qu'ils creusèrent entre leur Ville & ce Lieu, pour communication avec la Mer. Au commencement des troubles des Pays-Bas, les Gantois firent construire au Sas de Gand un Fort pour servir de Boulevard à leur Ville. Les Anglois qui étoient venus au secours des Confédérés, se rendirent maîtres de ce Fort & le détruisirent; mais quelque tems après les Gantois le rétablirent & en firent une Forteresse beaucoup plus considérable que la premiére. L'importance de cette Place détermina le Duc de Parme en 1583. à s'en emparer; ce qui fut exécuté par les Marquis de Roubaix & de Montigni, qui y mirent une bonne Garnison. Elle resta au pouvoir de l'Espagne jusqu'au 7. de Septembre 1644. que Fréderic Henri, Prince d'Orange la prit après un Siège de cinq semaines. Depuis ce tems-là les Etats-Généraux en ont toujours été en possession, & se la sont assurée par le Traité de Munster.

Quoique la Ville soit petite, les Fortifications sont d'une vaste étendue : le rempart a une lieue de circuit & est flanqué de sept Bastions, entouré d'un Fossé large & profond, & défendu par neuf demi-lunes ou ravelins, outre une bonne Contrescarpe. Le Havre est au milieu d'un Fort à quatre Bastions, situé à l'extrémité Septentrionale de la Ville, & dans son enceinte. A un quart de lieue de la Ville, du côté de Zelzaten, il y a le Fort de Saint Antoine, qui couvre l'inondation, & une Redoute à environ cent pas de la Porte de Zélande. La Ville ne renferme que cinq ou six rues, environ deux cens Maisons & deux cens cinquante Chefs de famille. La Garnison est logée dans des Casernes, & sous les ordres d'un Commandant & d'un Major de la Place. L'Eglise est desservie par deux Pasteurs Hollandois de la Classe de Walcheren; & il y a aussi un Ministre François, qui prêche dans la même Eglise, lorsque les Flamans en sont sortis, & qui est du Synode Walon. Les Catholiques ont une Chapelle privée desservie par des Recollets de Gand. La Maison de Ville est sur le Canal qui traverse la Ville. On y monte par un double degré; & elle n'a d'ailleurs rien de remarquable. La Maison du Commandant est un Bâtiment sur le *Comme*, ou Bassin, entre les deux Ecluses. Celle du Major de la Place est aussi fort belle. Le Magasin est magnifique, & la Maison du Commis est vis-à-vis de celle du Commandant, de l'autre côté du Bassin. L'Hôpital est aussi du même côté du Bassin; c'est un beau Bâtiment entouré d'eau fraîche. La Place d'armes est très-belle, & la Grande-Garde est vis-à-vis de l'Hôpital. Il y a une Fontaine d'eau douce qui vient du Canal de Gand, & où l'on tient toujours une Sentinelle.

La Régence du Sas de Grand est composée d'un Bailif, d'un Bourgmestre & de sept Echevins, avec un Secrétaire & un Maître des ventes publiques. Les Charges de Bailli & de Secrétaire sont conférées à vie par les Etats-Généraux; mais le Bourgmestre, & les Echevins sont changés, ou continués tous les ans par les Députés de Leurs-Hautes-Puissances. Leurs Jugemens dans les Causes criminelles sont sans appel; mais dans les Civiles, on peut envoyer au Conseil de Flandre les procès évangélisés, pour y demander une Réformation de Sentence. On suit les Loix, & les Coûtumes qui sont en pratique dans la Ville de Gand. La Jurisdiction de la Ville s'étend dans les Polders qui sont du Territoire de Leurs-Hautes-Puissances de ce côté-là, jusqu'aux Polders d'Assenède, de Philippine, du Bailliage d'Axel, & jusqu'au Fort de St. Antoine. Le Receveur de la Ville est établi à vie par les Magistats; mais l'Emploi d'Huissier est conféré par les Etats-Généraux. Il y a un Receveur établi par le Conseil d'Etat pour la Recette du Verponding & des droits de consomption, tant dans cette Ville & dans sa Jurisdiction que dans celle de Philippine. L'Amirauté de Zélande y entretient aussi un Receveur, un Controlleur, & deux Commissaires des recherches.

1. SASA, Ville d'Afrique au Royaume d'Alger[b], à l'Occident de Metafuz, près de la Riviére de Hued-Harax. Cette Ville étoit autrefois nommée *Tipassus*, & quelques-uns l'appellent le Vieux-Alger, à cause qu'elle a été bâtie des ruïnes de cette Ville. Avant qu'on l'eût ruïnée elle contenoit plus de trois mille Maisons.

[b] *Dapper, Royaume d'Alger, p. 172.*

2. SASA. On appelle ainsi en Italie[c] la place où fut l'ancienne *Suasa*, Ville de l'Ombrie. On connoît par la grande quantité des ruïnes qu'on y voit, que cette Ville étoit très-considérable. Ce Lieu est aujourd'hui dans le Duché d'Urbin, sur la Riviére de Cesano, près du Village de Mirabel, à trois ou quatre lieues de Fossombrone, du côté de l'Orient.

[c] *Boudrand, Dict.*

SASAMON, Bourgade d'Espagne, dans la Castille-Vieille, à deux lieues au Nord de la Ville de Burgos. On la prend pour l'ancienne *Segisamone*.

SASANDA, Lieu fortifié dans la Carie : Diodore de Sicile[d] dit que ce Lieu étoit à cent cinquante Stades de la Ville[e] Caunus. C'étoit un Lieu Maritime.

[d] *Lib. 14.*
[e] *c. 80.*

SASENO, ou SALNO[e], Isle de la Mer Ionienne, à l'Embouchure du Golphe de Venise près de la Côte de l'Albanie, à l'entrée du Golphe de la Valone. Sophien croit que c'est l'Isle *Sasus*, où *Saso* des Anciens. Cette Isle est sous la domination

[e] *De l'Isle, Atlas.*

tion du Turc. On n'y voit rien de considérable. Elle sert de retraite aux Corsaires.

SASERON, Ville des Indes [a], sur la route d'Agra à Patna, entre Gourmabad & Daoud-Nagarsera, à quatre Costes du premier de ces Lieux, & à neuf du second. Auprès de la Ville de Saseron, qui est située au pied des Montagnes, il y a un grand Etang, au milieu duquel on voit une petite Isle, où est bâtie une fort-belle Mosquée. On voit dans cette Mosquée la Sépulture d'un Nabab nommé Selim Kan, qui la fit bâtir du tems qu'il étoit Gouverneur de la Province. Il y a un beau Pont de pierre pour passer dans l'Isle, qui est toute revêtue & pavée de grandes pierres de taille. D'un des côtés de l'Etang règne un grand Jardin, au milieu duquel est une autre belle Sépulture du fils du même Nabab-Selim-Kan, qui succéda à son pere au Gouvernement de la Province. Quand on veut aller à la Mine de Soulmelpour, on quitte le grand chemin de Patna pour tirer droit au Midi par Exberbourg, & la fameuse Forteresse de Rhodas.

[a] *Tavernier, Voy. des Indes Liv.1. c. 8.*

SASIMA, Ville de la Cappadoce, selon l'Itinéraire d'Antonin, qui la marque sur la route de Constantinople à Antioche, ou plutôt sur la route d'Ancyre de Galatie à Faustinopolis, en passant par Archelais, en cet ordre:

Archelaide,	
Nantianulum,	M. P. XXV.
Sasima,	M. P. XXIIII.
Andabalis,	M. P. XVI.
Tyana,	M. P. XVI.
Faustinopolim.	M. P. XVIII.

Cette Ville, qui paroît avoir été dans la Préfecture de Garsaurie, ou du moins dans le voisinage, est connue dans l'Histoire par l'Episcopat de St. Grégoire de Naziance, qui en fut le premier Evêque, selon Nicéphore Calliste [b]; & dans la Vie de ce Saint, il est dit que St. Basile Archevêque de Césarée, voyant que par la division de la Province on lui avoit ôté quelques Villes pensa à établir un Siège Episcopal à Sasima, & donna cet Evêché à Grégoire de Nazianze. Selon St. Prélat, Sasima étoit une Station sur la Voie Militaire, qui dans cet endroit là se partageoit en trois routes; mais c'étoit une misérable Station, où l'on manquoit d'eau, où l'on étoit aveuglé de la poussière, exposé au bruit continuel des Charrois, & où l'on n'entendoit que les cris & les gémissemens des Habitans opprimés par les brigandages, & qui n'avoient qu'une ombre de liberté. La Notice d'Hiéroclès met Sasima dans la seconde Cappadoce, & Leunclavius dit que le nom moderne est SASUS.

[b] Lib. 14. c. 39.

SASINA, Port d'Italie dans la Calabre, selon Pline [c]. Ce Port devoit être sur la Côte du Golphe de Tarente, dans le Pays des *Salentini;* car Pline remarque que la largeur de la Péninsule, en allant par terre de Tarente à Brunduse, étoit de trente-trois mille pas; mais que la route du Port Sasina à Brunduse étoit beaucoup plus courte.

[c] Lib. 3. c. 11.

SASO, SASON SASONIS, ou SASSON, Isle de la Mer Ionienne. Les Auteurs anciens qui en ont parlé ne s'accordent pas entièrement sur sa position. Strabon [d] met à moitié chemin entre l'Epire & Brunduse; & Lucain [e] semble en faire une Isle de la Calabre:

Spumoso Calaber perfunditur aequore Sason.

D'un autre côté Ptolomée [f] la marque sur la Côte de la Macédoine, dans la Mer Ionienne; & la plûpart des Géographes modernes sont de sentiment que l'Isle Saseno qu'on voit à l'entrée du Golphe de Valone est l'Isle Saso des Anciens. Cela s'accorde assez avec ce que dit Polybe [g] que l'Isle Saso est à l'entrée de la Mer Ionienne. D'ailleurs le Périple de Scylax met l'Isle de Sason sur la Côte de l'Illyrie, à la hauteur des Monts Cérauniens, & en fixe la distance au chemin qu'on peut faire dans le tiers d'un jour. L'Isle de Saso est fort basse, selon Lucain [h]:

[d] Lib. 6.
[e] Lib. 2. v. 627.
[f] Lib. 3. c. 13.
[g] Lib. 5. c. 110.
[h] Lib. 5. c. 650.

Non humilem Sasona vadis....

Et Silius Italicus [i] exhorte d'éviter les Sables dangereux de cette Isle:

[i] Lib. 7. v. 480.

Adriatici fugite infaustas Sassonis arenas.

SASONES, Peuples de Scythie: Ptolomée [k] les place en deçà de l'Imaüs, au Midi des Monts *Massei* & *Alani* [l]. Crantzius & quelques autres Auteurs ont soupçonné que ces Peuples pouvoient anciennement avoir passé dans la Germanie & y avoir changé leur nom en celui de *Saxones.*

[k] Lib. 6. c. 14.
[l] Ortelii Thesaur.

SASPIRI. Voyez SAPIRES.

SASQUESAHANOXES, Peuple sauvage de l'Amérique Septentrionale dans la Virginie. Ils habitent sur les rivages d'une Rivière qui se décharge dans le Golphe que les Anglois nomment *Bolus,* à cause de la couleur de son terroir. Ce sont de grands hommes qui semblent des Géans auprès des Européens & des autres Sauvages leurs voisins. Ils sont simples & dociles; ils témoignent de la vénération pour les Chrétiens & ils ont un langage particulier poussant une grosse voix qui semble sortir d'une Caverne. Ils s'enveloppent le corps d'une peau d'Ours, dont la tête leur pend sur la poitrine. Il y en a qui y mettent une tête de Loup; & d'autres y attachent les Pattes de ces Animaux pour parure. Ces Sauvages se servent d'Arcs, & de fléches & portent une Massue d'un bois fort dur. Leurs Villages sont environnés de pieux, contre les irruptions des Massawomekies, avec qui ils sont très-souvent en guerre. De Laet [m] dan son Histoire des Indes Occidentales, donne la figure d'un de ces Sauvages dont il dit que Jean Smith Anglois a fait la description dans sa Carte Géographique. Le gras de sa jambe avoit le tour trois quarts d'aune d'Angleterre, & le reste de son corps étoit gros,

[m] Lib. 3. c. 14.

& grand à proportion. Ses cheveux qui pendoient sur l'épaule droite, étoient tressés en forme de crête, depuis le front jusqu'au derrière, passants par le haut, & on ne lui en voyoit point sur le reste de la tête. Ses fléches longues d'une aune & demie avoient au bout un Caillou aigu, au lieu de fer. Une peau de Loup qui lui pendoit derrière le dos lui tenoit lieu de Carquois. Il tenoit l'Arc d'une main & la Massue de l'autre, & avoit l'air d'un homme vaillant.

SASSÆI, Peuple de la Liburnie, selon Pline [a]. Quelques Exemplaires au lieu de *Sassæi* portent *Sessæi*.

[a] Lib. 3. c. 22.

SASSAGNY, Baronnie de France, dans la Bourgogne, au Bailliage de Châlons. Ce Lieu est situé dans les Montagnes & entouré de Rochers. Il y a une petite Riviére nommée la Guye, & que l'on passe sur des planches.

SASSARI, ou SACER, Ville de l'Isle de Sardaigne [b], sur la Riviére de Torre, à six lieues au Nord d'Algieri, & environ à sept lieues au Midi de Villa Aragonése. C'est une assez grande Ville, quelque peu fortifiée, & défendue par un Château qui n'est pas bien considérable. Les François prirent cette Place en 1527. & la saccagérent. Depuis 1441. [c] Sassari est la Résidence de l'Archevêque de Torre, autrefois *Turris Libissonis*, qui est ruïnée.

[b] Carte Marine de l'Isle de Sardaigne, chez van Keulen.

[c] Commainville, Table des Evêchez.

SASSE, Ville de Silésie au Diocése de Breslaw, selon Mr. Corneille [d] qui ne cite point son garant. Cette Ville que je ne trouve ni dans la Silésie de Zeiler, ni dans aucune Carte, se réduit apparemment à quelque petit Village, remarquable pourtant par la naissance de Saint Hyacinthe, qui y prit naissance en 1183. & mourut à Cracovie le 15. d'Août 1257.

[d] Dict.

SASSENAGE, CASSENATICUM, Baronnie de France, dans le Dauphiné, Election de Grenoble. Selon le Nobiliaire du Dauphiné c'est la seconde Baronnie de la Province. Elle avoit donné le nom à une Maison, qui la posséda en Souveraineté jusqu'en 1297. qu'elle se soumit aux Dauphins à certaines conditions. L'ancien Auteur du Roman de Melusine en met les Seigneurs au nombre de ceux qui descendoient de cette fameuse Fée, & sans doute à cause de la conformité de leurs Armes avec celles des Seigneurs de Lusignan qui font gloire d'être sortis d'elle. Cette Terre passa au quatorziéme Siécle dans la Maison des Berangers, Seigneurs de Pont en Royans, qui se qualifioient Princes de Royans ; & ils firent cette acquisition par une alliance avec l'héritiére. Albert de Sassenage les obligea par son Testament de l'an 1338. de quitter leur nom & leurs Armes, pour prendre le nom & les Armes de Sassenage, ce qu'ils firent : ainsi ils portent burelé d'argent & d'azur, au Lion de gueules, armé, lampassé & couronné d'or. Auparavant les Armes de Berenger de Royans étoient un Lion ; mais on n'en connoît plus les émaux. La Terre de Pont fut érigée en Marquisat ; & peut-être que celle de Sassenage aura été érigée en Comté ; car les Seigneurs de Sassenage prennent aujourd'hui ce Titre.

Ce Lieu est célèbre par ses fameuses Cuves, l'une des merveilles du Dauphiné, & par ses excellens fromages. Ces Cuves au nombre de deux sont dans une Caverne voisine. Elle ont cela de particulier qu'elles ne se remplissent d'une eau qui vient de dessous le Rocher, que le jour des Rois ; mais la plus petite de ces Cuves a perdu cet avantage. L'une annonçoit la bonne ou mauvaise récolte des Grains, & l'autre celle des Vignes. On y trouve de plus des pierres précieuses blanches, ou d'un gris obscur de la grosseur d'une Lentille : elles sont propres à faire sortir des yeux les ordures qui peuvent y entrer.

SASSEUIL. Voyez SASSUOLO.

1. SASSEBES, Comté de la Transilvanie [e]. Il est borné au Nord, partie par le Comté de Torda, partie par celui de Kokelvar ; à l'Orient par ceux de Medgies & de Ceben ; au Midi par celui de Safvaros, & au Couchant par le Comté d'Albe Julie, dont il est séparé par la Riviére de Marosch ; si ce n'est du côté du Nord que cette Riviére coupe une petite partie du Comté de Sassebes. Ce Comté prend son nom de la Ville de Sassebes qui en est le Cheflieu. Ses principales Places sont :

[e] De l'Isle, Atlas.

Sassebes,   Reismarck,
Enied,   Takova.

2. SASSEBES, ou MILLENBACH, Ville de Transilvanie, dans le Comté auquel elle donne son nom, & dont elle est le Chef-lieu. C'est une Ville fortifiée, au confluent de deux petites Riviéres, qui à quelques lieue au-dessous se jettent dans la Marosch.

SASSIERGES, Lieu de France dans le Berry, Election de Château-Roux, avec Titre de Fief. On y fait commerce de Moutons. De ce Lieu dépendent cinq Hameaux, savoir Greville, Blord, Chastre, Buseballe & Lairaut. Le terroir n'est bon que pour le Seigle.

SASSINA. Voyez SARSINA.

SASSINATES, Peuples d'Italie. Il en est parlé dans la Table des Triomphes du Peuple Romain. Ce sont les mêmes que les *Sarsinates*. Voyez SARSINA.

SASSO, ou SAISSO, Forteresse de la Dalmatie [f], sur le bord du Golphe de Venise, à deux milles de la Forteresse de Clissa, & à trois milles de Spalato. Les Turcs qui font les Maîtres de Sasso [g] gardent cette Forteresse comme une Place importante.

[f] Ibid.
[g] Davity, Dalmatie.

SASSO FERRATO, Bourgade d'Italie, dans l'Etat de l'Eglise, & dans la Marche d'Ancone, près de la Riviére Sentino à la gauche, vers les confins du Duché d'Urbin.

SASSON. Voyez SASO.

SASSULA, Ville d'Italie. Tite-Live [h] la met dans la dépendance des Tiburtins à qui les Romains l'enlevérent.

[h] Lib. 7. c. 19.

SASSUMINI, Peuple de la Gaule Aquitanique, selon Pline [i]. Ce Peuple est absolument inconnu. Il y a des MSS. qui portent LASSUNNI, au lieu de SASSUMINI.

[i] Lib. 4. c. 19.

SASSUOLO, ou SASSEUIL, Ville d'Italie

talie a au Duché de Modène, dans la Principauté de Carpi, & le Chef-lieu d'une Seigneurie enclavée dans cette Principauté. Elle est bâtie au bord de la Secchia. La Seigneurie à laquelle elle donne son nom est un petit Etat entre Regge, Modène & les Principautés de Corregio & de Carpi, & possédé par un Prince de la Maison d'Est, qu'on appelle communément le Marquis de Saint Martin.

a La Forêt de Bourgon Géogr. Hist. t. 2. p. 477.

SASUM, ou SASUS, Petite Ville de l'Anatolie, dans l'Amasie. On croit que c'est l'ancienne *Sasima*. Voyez SASIMA.

SASURA, Ville de l'Afrique propre. Ptolomée b la compte au nombre des Villes qui étoient au Midi de Carthage, entre les Fleuves Bagrada & Triton. Ortelius c soupçonne que c'est la même Ville qu'Hirtius appelle SARSURA. Voyez ce mot.

b Lib. 4. c. 3.
c Thesaur.

SASURI, Peuples de l'Inde. Pline d dit qu'ils habitoient au delà du Gange.

d Lib. 6. c. 19.

SASURITANUS, Siège Episcopal d'Afrique. On trouve parmi les souscriptions de la Lettre que les Peres de la Byzacène écrivirent dans le Concile de Latran sous le Pape Martin, cette signature: *Bonifacius Episcopus Sanctæ Ecclesiæ Sasuritanæ*. Mr. Dupin soupçonne que c'est le même Siège qui est nommé ARSURITANUS dans la Notice Episcopale de la Byzacène.

SATA, Ville de l'Arabie Heureuse. Ptolomée e la marque au nombre des Villes situées dans les Terres.

e Lib. 6. c. 7.

SATACHTA, Village de l'Ethiopie. Ptolomée f le place au Couchant du Nil.

f Lib. 4. c. 7.

SATAFENSIS, Siège Episcopal d'Afrique, dans la Mauritanie Césariense, selon la Notice des Evêchés d'Afrique, où l'Evêque de ce Siège est qualifié *Festus Satafensis*. Le Siège de cet Evêque est nommé *Satafis* dans l'Itinéraire d'Antonin, qui le marque sur la route de *Saldæ à Igillis*, entre *Sitifis Colonia & ad Basilicam*, à seize milles du premier de ces Lieux & à la même distance du second.

2. SATAFENSIS, Siège Episcopal d'Afrique, dans la Mauritanie Sitifense, selon la Notice des Evêchés de cette Province. La Conférence de Carthage g fait mention d'un Siège Episcopal nommé *Satafensis*; mais elle ne distingue point de quel Siège elle entend parler, ou de celui de la Mauritanie Sitifence, ou de celui de la Mauritanie Césariense.

g No. 128.

SATAGÆ, Peuple de la Pannonie Intérieure, selon Jornandès.

SATAGARII, Peuple que Jornandès met parmi les Getes. Lichtenavius, selon le témoignage d'Ortelius h écrit *Adagarii* au lieu de *Satagarii*.

h Thesaur.

1. SATALA, Ville de la Petite Arménie, selon Ptolomée i qui la place dans les Terres. Xiphilin k dit que *Satala* & *Elegeia* sont deux Villes de l'Arménie; mais il prend alors l'Arménie dans un sens étendu; car, comme le remarque Cellarius l, Satala étoit dans la Petite Arménie, & Elegeia dans la Grande au delà de l'Euphrate, selon Etienne le Géographe, qui met Satala à une assez grande distance, puisqu'il nous apprend qu'il étoit aux confins du Pont Cappadocien, & Elegeia près du Mont Taurus vers les confins de la Syrie Commagène. Cette situation est confirmée par l'Itinéraire d'Antonin, qui décrit de la sorte la route de Césarée de Cappadoce à Satala, après avoir passé par Armaxa, Sebaste & autres Lieux:

i Lib. 5. c. 7.
k Ex Dione, in Trajano.
l Geogr. Ant. lib. 3. c. 11.

Nicopoli.	M. P. XXIV.
Clotœdarizan.	M. P. XXIV.
Dracontes.	M. P. XXVI.
Aza.	M. P. XXIV.
Satala.	M. P. XXVI.

Le même Itinéraire observe le même ordre, & marque les mêmes distances dans la Description de la route d'Arabissus à Satala: il ajoute seulement dans cette dernière route au nom de la Ville de Satala ces mots *Leg. XV. Apollina*, c'est-à-dire *Legio XV. Apollinaris*, surnom qui est donné à la quinzième Légion par Dion Cassius m, par d'anciennes Inscriptions, & par la Notice des Dignités de l'Empire. La Ville de Satala dit Procope au troisième Livre des Edifices n, étoit dans une appréhension continuelle, parce qu'étant voisine des Ennemis, elle étoit encore entourée de hauteurs, qui la commandoient de tous côtés. Mais si son assiette étoit désavantageuse, ses murailles étoient encore plus mauvaises. Car, outre qu'elles n'avoient jamais été solides, elles étoient presque ruïnées par le tems. L'Empereur Justinien en fit faire de neuves d'une hauteur qui surpassoit toutes les éminences d'alentour, & d'une épaisseur suffisante pour porter une telle charge. Il fit élever en dehors une seconde muraille, qui donna de l'étonnement aux Ennemis; de plus il fit bâtir assés proche une Forteresse dans l'Osroëne.

m Lib. 55. p. 564.
n Cap. 4.

SATALA, Siège Episcopal de la Macédoine, selon Socrate o cité par Ortelius p.

o Hist. Tripart. l. 2. c. 32.
p Thesaur.

SATALIE, Ville de l'Empire Turc, en Asie, dans l'Anatolie q, sur la Côte de la Petite Caramanie, au fond du Golphe auquel elle donne son nom. Quelques-uns nomment cette Ville ATTALIA, parce qu'elle s'est élevée sur les ruïnes de l'ancienne Attalie. C'est aujourd'hui l'une des plus fortes Places qui soient sous la domination du Turc. Elle est séparée en trois parties, qui composent comme trois différentes Villes r: du moins voit-on chacune ses murailles de séparation, & de bonnes portes de fer, capables d'empêcher la communication de l'une à l'autre. Tous les Vendredis on ferme toutes les portes de Satalie depuis Midi jusqu'à une heure, & cela parce que les Habitans prétendent avoir une Prophétie, qui leur a dit que les Chrétiens doivent prendre leur Ville un Vendredi, entre Midi & une heure. C'est encore pour le même sujet qu'ils n'y laissent entrer aucun corps mort des Fauxbourgs, pas même ceux des Juifs. Ainsi lorsqu'il y a quelqu'un à enterrer, on lui fait faire le tour de la Ville, qui a deux lieues de circuit. Tous les dehors son remplis de Citronniers & d'O-

q Del'Isle, Atlas.
r Lucas, Voyage.

d'Orangers d'une grande beauté: ils y croiſſent naturellement, & ſans que perſonne ſe donne la peine de les cultiver. Ce Pays-là eſt abondant en toutes choſes: il a le Privilège de produire le Storax en quantité. Les chaleurs y ſont ſi exceſſives en Eté, qu'elles cauſent des maladies contagieuſes, dont la crainte oblige la plûpart des Habitans de ſe retirer pendant cette Saiſon, vers les Montagnes, où le vent le plus frais, les ombrages, & les demeures ſouterraines que la Nature & l'Art y ont ménagées, leur procurent une vie délicieuſe.

Les Chrétiens y avoient élevé autrefois une fort belle Egliſe à l'honneur de la Sainte Vierge; mais lorſque les Turcs redevinrent les Maîtres de la Ville, elle fut changée en Moſquée. Ce Bâtiment eſt digne des Curieux, ſoit pour ſa ſtructure, ſoit pour les marques qu'il porte encore de la bravoure des Chrétiens. C'eſt un beau Vaiſſeau d'une grandeur qui ſurprend, & dont l'Architecture eſt d'un bon goût. On voit par-tout ſur les portes & ſur les murailles les Ecuſſons des Chrétiens: celui de Godefroi de Bouillon s'y diſtingue par ſa grandeur, & par les places qu'il occupe. Enfin il y a une Chapelle dans cette Moſquée, que les Turcs tiennent fermée, & dont les Mahométans & les Chrétiens de Satalie, content des choſes extraordinaires. Les Mahométans avouent que lorſqu'elle étoit ouverte, & qu'il y entroit quelqu'un de leur Secte, il y périſſoit immanquablement d'une mort fatale. Ils prétendent même que cela eſt arrivé pluſieurs fois; & le petit Peuple ſe perſuade que les Chrétiens y ont mis quelque charme. Quoiqu'il en ſoit, la Chapelle demeure fermée, & c'eſt un fait certain, que les Turcs ne l'ouvrent preſque jamais. On voit auſſi un grand Bâtiment ruïné. On croit que ce Lieu là a été un Serrail, & ce qui donne occaſion d'en juger ainſi, c'eſt la quantité d'appartemens & une Galerie qui étoit autrefois ſous terre, & qui ſervoit à paſſer d'un appartement à l'autre. Cette Galerie ſubſiſte aujourd'hui pour la plus grande partie, ainſi qu'une Place couverte en forme de Dôme qui eſt encore preſque toute en ſon entier. Il y a grande apparence que c'étoit le Bain de ce Palais. Proche de ce Bain eſt une grande muraille fort haute, avec pluſieurs Niches qui doivent avoir ſervi à y mettre des Statues. On y en voit encore deux dont l'une eſt preſque toute rompue, en ſorte que l'on n'y peut rien connoître. Le Corps de l'autre Statue eſt habillé à la Romaine, mais elle n'a ni tête ni jambes. Entre les choſes remarquables qui ſont dans la même Ville, on peut mettre, un Vaiſſeau de pierre, qu'on dit avoir été un Tombeau, & qui ſert préſentement de Baſſin à une Fontaine. On remarque ſur cette pierre pluſieurs figures vêtues à la Romaine, dont quelques-unes ſont à cheval, & parfaitement bien faites.

Le Port de Satalie eſt peu de choſe, & ne peut recevoir que de petits Bâtimens, des Barques, des Tartanes, & de petits Caïques. La Rade ne laiſſe pas d'être belle; mais on n'y eſt pas en ſûreté. Enfin, quoique cette Ville ſoit conſidérable, on n'y trouve ni Inſcriptions, ni Médailles anciennes, auſſi n'eſt-ce pas ici apparemment qu'il les faut chercher, mais un peu plus à l'Orient dans l'endroit où étoit la Vieille Attalie; car Mr. de l'Iſle dans ſa Carte de la Gréce diſtingue deux Villes, de Satalie; il appelle l'une Satalie la Vieille, & l'autre Satalie la Neuve.

On trouve dans le Golphe de Satalie [a] diverſes Iſles, marquées dans les Cartes Marines; mais qui ne ſont déſignées par aucun nom. Ce Golphe eſt fort dangereux, à cauſe des Vents impétueux, qui y ſouflent des hautes Montagnes, ſituées ſur la Côte de la Pamphylie. Il y a même aux environs du Golphe de Satalie un Courant, qui par ſa rapidité entraîne les Vaiſſeaux d'Orient en Occident. Les Mariniers, & ſur-tout les Grecs commencent en cet endroit à jetter des morceaux de biſcuit dans la Mer; & quand on leur demande pourquoi ils le font, ils répondent que c'eſt par une coutume établie depuis long-tems parmi les Matelots, qui apparemment commencérent à la pratiquer par ſuperſtition, comme s'ils euſſent voulu appaiſer la Mer, qui eſt fort dangereuſe dans ce Détroit, & ſe la rendre favorable par ce Sacrifice.

[a] Dupper, Deſcr. des Iſles de l'Archipel, p. 269.

Il y en a qui comprennent dans le Golphe de Sattalie, appellé par les Italiens *Golfe di Satalia*, une grande partie de la Mer de Pamphylie. Ils le font commencer près de la Ville de Satalie autrefois appellée Attalie, & que les Turcs appellent encore aujourd'hui *Satytiach* & *Antali*. Porcachi nomme Mer de Settalie tout cet eſpace qui s'étend depuis le Cap Septentrional de l'Iſle de Cypre, appellé *Cormachiti*, juſqu'au Cap de la même Iſle, qui regarde au Nord-Oueſt, anciennement appellé *Acamas*, & préſentement S. *Epiphanio:* ainſi la Mer de Settalie ſeroit ce qu'on nommoit autrefois la Mer de Pamphylie. C'eſt là que Porcachi marque le commencement du Golphe de Satalie, qu'il étend juſqu'à la Mer de Rhodes. Il en fait le parage de trois cens milles d'Italie, ou de ſoixante & dix-ſept lieues d'Allemagne, quoique dans les Cartes Marines le Cap Méridional de l'Iſle de Cypre, appellé *Capo Baffo*, & ſitué droit au Midi du Cap de St. Epiphane ne ſoit placé qu'à quarante-huit lieues d'Allemagne du Cap Oriental de l'Iſle de Rhodes qu'on appelle *Capo San Gianno*, ou *S. Giovani*. Selon d'autres le Golphe de Satalie s'étend encore davantage. Ils le terminent du côté du Midi vers les Côtes d'Afrique, à compter du Cap Roxatim, juſqu'à l'endroit où l'Egypte confine à la Syrie; du côté du Nord près des Côtes de la Caramanie, dans l'Aſie Mineure, & du côté du Couchant près de la Mer de Rhodes ou de Candie. Ainſi ce Golphe comprendroit la Mer d'Egypte vers les Côtes des Provinces de Marmarica & de l'Egypte, la Mer de Syrie qui baigne les Côtes

Côtes de la Phénicie & de la Pamphylie, & enfin les Mers de Cilicie, de Pamphylie & de Lycie, vers les Provinces des mêmes noms & qui forment les Contrées Méridionales de l'Anatolie ou de l'Asie Mineure.

On raconte que le Golphe de Satalie, où l'Isle de Cypre est aussi placée, étoit autrefois très-dangereux & sujet à de grandes tempêtes, sur-tout depuis Noël, jusqu'à l'Epiphanie; mais on ajoute que l'Impératrice Hélène, Mere de Constantin le Grand, revenant de Jérusalem à Constantinople jetta dans ce Détroit un des cloux avec lesquels Notre-Seigneur fut attaché à la Croix, & que depuis ce tems-là cette Mer n'a pas été à beaucoup près si sujette à ces tempêtes.

En prenant le Golphe de Satalie dans un sens étendu, on y trouve un autre Grand Golphe appellé par les Flamans *de Dode-Zee*, ou la Mer-Morte. Son Embouchure est étroite, & elle est du côté du Midi, entre la Ville de Macara & le Cap de Sardeni, autrement nommé Sept-Caps, situé sur le Continent de l'Asie Mineure. Ce Cap forme le Golphe, avec la Terre ferme de cette même Contrée, à quelques lieues de Castel-Rosso, du côté du Couchant. Ce Golphe est nommé autrement le Golphe de *Macaria*, ou de *Macari*, de la Ville de Macara, située sur le Continent de l'Asie Mineure, au bord du Golphe du côté de l'Orient. Il comprend plusieurs beaux Ports; & on y voit au devant de la Ville de Macaria une Isle inculte & deserte, devant laquelle les Vaisseaux se peuvent mettre à l'ancre sur dix ou douze brasses d'eau.

SATAPHARA, Ville de la Grande Arménie. C'est Ptolomée [a] qui en parle.

[a] Lib. 5. c. 13.

SATARCHI. Voyez SCYTHÆ & TAPHRÆ.

SATARNEI, Peuple de la Sarmatie Asiatique, selon Pline.

SATAROS. Voyez PATAROS.

SATASIS, Ville de la Mauritanie Césariense, selon Ortelius [b] qui cite l'Itinéraire d'Antonin, & ajoute que cette Ville est entre *Saldæ* & *Igilgilis*; mais ou Ortelius se trompe, ou il a été trompé par quelque MS. fautif; car dans tous les Exemplaires que j'ai consultés j'ai trouvé entre *Saldæ* & *Igilgilis* une Ville nommée SATAFIS, & non SATASIS. Voyez SATAFENSIS.

[b] Thesaur.

SATICOLA, Ville d'Italie, selon Diodore de Sicile [c] & Etienne le Géographe. C'est la même qui est appellée *Saticula* par Tite-Live. Voyez SATICULA.

[c] Lib. 19. c. 72.

SATICULA, Ville d'Italie dans le Samnium. Servius [d] la place dans la Campanie; mais il y a tout lieu de croire qu'elle étoit dans le Samnium. Festus le dit positivement: *Saticula Oppidum in Samnio captum est, postea Coloniam deduxerunt Triumviri M. Valerius Corvus, Junius Scæva, & P. Fulvius Longus ex S. C. Kal. Ianuar. P. Papirio Cursore C. Junio II. Coss.* On trouve le même témoignage dans Tite-Live [e], où on lit: *Ambo cum duobus ab Urbe exercitibus profecti, Valerius in Campaniam,*

[d] In Æneid. Lib. 8. v. 729.
[e] Lib. 7. c. 32.

Cornelius in Samnium: ille ad Montem Gaurum; hic ad Saticulam Castra ponunt. On pourroit ajouter, suivant la remarque de Cellarius [f], que le passage de Virgile sur lequel Servius a fait sa Note la contredit. Virgile dit:

[f] Geogr. Ant. lib. 2. c. 9.

. . . . . . *Pariterque Saticulus asper.*

En effet cette Epithête *asper* convient bien mieux à des Samnites qui habitoient des Lieux rudes, qu'à des Campaniens que la douceur de leur Climat a toujours rendus mous & efféminés. Comme après toutes ces preuves on ne peut douter que SATICULA ne fût dans le Pays des Samnites, il s'ensuit que Cluvier a eu tort de la placer près de Capoue au pied du Mont Tifitis, situation que Holsten [g] n'a pu approuver. On ne peut dire précisément en quel endroit du Samnium étoit Saticula: les Auteurs anciens ne l'ont point marqué; & on ne voit aucuns vestiges de ses ruïnes, ou si on les voit, on n'est pas en état de les distinguer. Avant que Gronovius nous donnât une Edition de Tite-Live, la plûpart des Exemplaires portoient SATRICULA au lieu de SATICULA, ce qui auroit pu faire croire que c'étoit la même Ville que SATRICUM. Mais Festus, & Velleius Paterculus [h] écrivent SATICULA; Virgile SATICULUS, Diodore de Sicile & Etienne le Géographe SATICOLA. Le nom National étoit SATICULANI.

[g] Pag. 260.
[h] Lib. 1. c. 14.

SATIO, Ville de la Macédoine, selon Polybe [i] & Tite-Live [k]. Le premier la place sur le bord du Lac Lychnidus, & le second dit qu'elle devoit être rendue aux Athamanes; ce qui a fait croire à quelques-uns que par SATIO, Tite-Live & Polybe entendoient chacun une Ville différente. En effet Nicolas Samson dans sa Carte de l'ancienne Grèce, met une seconde SATIO près des Æniames & des Dryopes, sans doute parce que Tite-Live la donne aux Athamanes; mais, à mon avis, dit Mr. Paulmier [l] de Grentemesnil, Samson resserre le Pays des Athamanes dans des bornes trop étroites. Ce Peuple qui avoit son propre Roi, s'étendoit fort loin dans les Montagnes & mettoit sur pied des Troupes assés nombreuses; ce qui engagea les Romains à faire alliance avec leur Roi contre Philippe. Dans ce tems-là les Athamanes étoient puissans, quoique leur Pays n'eût pas toujours eu la même étendue. Par le passage de Tite-Live on peut en quelque sorte conclure qu'ils habitoient sur les Montagnes du Pinde, & depuis ces Montagnes jusqu'au Lac Lychnidus, & que la Ville de SATIO étoit située sur la rive Méridionale de ce Lac.

[i] Lib. 5.
[k] Lib. 17.
[l] Græciæ Ant. c. 35. p. 208.

SATMALI, Peuples des Pays Septentrionaux. Pomponius Mela [m] dit qu'ils avoient les oreilles si grandes qu'ils pouvoient s'en entourer tout le corps. Mais Sanctius, au lieu de SATMALI lit Otomegali. Pintaut & quelques autres lisent *Panotii*, ou *Panusii*. Dans la plûpart des Manuscrits il y a SATMALI; & dans les autres *& Analos*. Isaac Vossius soupçonne que Pomponius Mela avoit écrit *Tanuoti*. Ce

[m] Lib. 3. c. 7.

Ce qu'il y a de constant, c'est que ces hommes aux oreilles monstrueuses sont appellés par quelques Auteurs Μεγαλώυτοι, & par d'autres Ενοτοκοίται, Πανώτιοι, Τανύωτοι, ou Ὠτόλικνοι. Tous conviennent à dire que ces Peuples avoient des oreilles si grandes & si larges, que le jour elles leur servoient d'habits, la nuit de couverture & en Eté de Parasol. Je m'étonne, ou Isaac Vossius, qu'on ne se soit pas avisé de leur en faire aussi des aîles pour voler. Comme le merveilleux se répand aisément, on a aisément transplanté cette race aux grandes oreilles de l'Inde dans le Septentrion; car ceux qui en ont parlé les premiers les plaçoient dans l'Inde; & peut-être cette fable a-t-elle quelque espèce de fondement ; car les Malabres ont les oreilles fort longues, & croient qu'il leur manque quelque chose, si elles ne leur descendent pas jusque sur les épaules. Ortelius [a] conjecture, que les Anciens, faute d'examen, auront pu prendre pour des oreilles quelque ornement de tête particulier à ces Peuples, & dont ils usoient pour se garantir de la neige & des autres injures du tems.

[a] Thesaur.

SATNIOES, Fleuve de l'Asie Mineure, selon Homére qui dit [b] qu'il arrosoit la Ville de Pedasus. Strabon [c] ajoute que ceux qui habitoient dans la suite ce Pays, changérent le nom de ce Fleuve en celui de SAPHNIOES.

[b] Iliad. ζ. v. 34. & x. 37.
[c] Lib. 13. p. 606.

SATNIUS [d], Montagne dont parle Lycophron. Il semble qu'elle étoit quelque part dans la Gréce. Etienne le Géographe [e] fait aussi mention de cette Montagne; mais seulement d'après Lycophron.

[d] Ortelii Thesaur.
[e] In voce Σάτνιος.

SATOISOËS, Fleuve de la Cilicie, dans la Lélégie, selon Phavorin.

SATORCHÆL. Voyez TAPHRÆ.

SATRA, Ville de l'Isle de Créte, selon Etienne le Géographe , qui ajoute qu'on la nommoit aussi Eleutherna.

SATRACHUS, Montagne & Fleuve de l'Isle de Cypre, selon Lycophron: sur quoi Isacius remarque que quelques-uns écrivent Setrechus pour Satrachus. Le grand Etymologique supprime la Lettre t. & lit σεραχος.

SATRÆ, Peuples de la Thrace. Hérodote [f] nous apprend que ces Peuples passoient pour n'avoir jamais été subjugués; & qu'ils étoient les seuls d'entre les Thraces qui avoient conservé leur Liberté. La raison qu'il en donne c'est que ces Peuples habitoient sur de hautes Montagnes couvertes d'Arbres & de neige, outre qu'ils étoient de bons hommes de guerre. Ils avoient chez eux une Idole de Bacchus, qui rendoit des Oracles comme à Delphes.

[f] Lib. 7. n. 111.

SATRAIDÆ, Peuple d'Asie : Denys le Periégete [g] les place à l'Occident du Fleuve Indus.

[g] Descr. Orb. v. 1097.

SATRAPARUM REGIA, Ville de la Mésopotamie, selon Ortelius [h] qui cite Pline.

[h] Thesaur.

SATRAPEI. Voyez SATRAPENI.

SATRAPENI, selon Plutarque [i] & SATRAPEI, selon Polybe [k], Peuples de la Médie. Ils étoient dans l'Armée de Tigrane, & furent mis en fuite par Lucullus.

[i] In Lucullo.
[k] Lib. 5.

SATRAPIE, Mot venu de la Perse, dont les Provinces étoient gouvernées par des Commandans, qui portoient le nom de Satrapes. Ptolomée dans son second & son troisième Livre de la Géographie, en parlant des Régions de l'Europe, les nomme Provinces du Satrapies. Pline se sert aussi du même mot en parlant des Indes; & ce mot ne signifie proprement autre chose qu'un Pays gouverné par un seul Officier, a rapport à ce que nous appellons en France Gouvernemens, & à ce que les Italiens nomment Prefettura.

Le mot Satrape, dit Dom Calmet [l], signifie proprement un Général d'une Armée navale ; mais depuis il fut communément donné aux Gouverneurs des Provinces, & aux principaux Ministres des Rois de Perse. Nous les trouvons même bien long-tems avant les Rois de Perse, dans les Satrapies des Philistins, qui subsistoient dès le tems de Josué, ou des Juges. Il est vrai que les Satrapes des Philistins sont appellés dans l'Hébreu Seranim [m]; d'où vient le nom de Surénes, qui étoit aussi un nom de Dignité chez les Perses. Le Général de l'Armée des Parthes qui tua Crassus, se nommoit Surena [n]. Pour ce qui est du nom de Satrape, dont il s'agit ici, je le trouve dans le Chaldéen de Daniel [o], dans Esdras & dans Esther, sous le nom d'Achasdarpané [p], d'où les Grecs ont fait Satrapæ, par l'élision de quelques lettres du commencement & de la fin du mot. Ce terme selon son Etymologie signifie un Grand qui voit la face du Roi, ou les Portiers de la Majesté. Voyez les Auteurs de Dictionnaires Hébreux & Chaldéens, & les Commentaires de Dom Calmet sur Daniel III. 2. On trouve aussi dans Jérémie [q] & dans Nahum, le nom de Tapsar que les Interprètes traduisent par Satrapes.

[l] Dict.
[m] Judic. c. 3. v. 3.
[n] Plutarch. Crasso.
[o] C. 111.
v. 2.
[p] 1. Esdr. c. 8. v. 36. Esth. c. 111. v. 12.
[q] C. 51. v. 27.

Les Satrapes des Philistins étoient comme des Rois, qui gouvernoient avec un pouvoir absolu les cinq Satrapies, c'est-à-dire les cinq Villes principales des Philistins. Ces Peuples avoient aussi quelques Rois dans d'autres Villes. Par exemple, Abimelech, Roi de Gerare, & Achis, Roi de Geth, étoient Philistins, mais différens des Surénes, ou Satrapes des cinq Satrapies, dont il est souvent parlé dans le Livre des Juges, & dans le premier Livre des Rois. Mais les Satrapes des Perses étoient de simples Gouverneurs de Provinces, envoyés de la part du Roi, ou des Officiers de ses Troupes. Saint Jérôme traduit quelquefois par Satrape, l'Hébreu Pachat, qui signifie un Chef de Troupes, un Gouverneur de Province, d'où vient le mot Bacha, ou Pacha qui est encore aujourd'hui en usage chez les Turcs. Mais le vrai nom de Satrape est caché sous le terme Achasdrapné, qu'on lit dans Daniel, dans Esdras & dans Esther, qui sont des Livres écrits pendant ou depuis la Captivité.

SATRIA, Ville d'Italie, selon Etienne le Géographe, qui donne au Peuple le nom de SATRIANI.

1. SATRIANI. Voyez SATRIA.

2. SATRIANI, Peuple de la Gréce, à ce

300 SAT. SAT.

ce qu'il paroît par un paſſage de Quinte-Curſe [a]. [a Lib. 5.]

SATRIANO, Bourg d'Italie, au Royaume de Naples, dans la Calabre Ultérieure, près du Golphe Squillace, à trois ou quatre lieues de la Ville de ce nom en tirant vers le Midi.

SATRIANUM, ou SATRI, Ville d'Italie au Royaume de Naples [b], dans la Baſilicate. Elle eſt aujourd'hui entiérement ruïnée. C'étoit un Evêché vers l'an 1179. & en 1525. il fut uni à Campagna. Ces deux Sièges ſont ſous la Métropole de Salerne. [b Commainville, Table des Evêchez.]

SATRIAS, Peuple de l'Ethiopie, ſelon Phavorin [c]. [c Lexic.]

SATRICANI. Voyez SATRICUM.

SATRICUM, Ville d'Italie dans le Latium, au voiſinage de la Ville *Corioli.* Les Latins, dit Tite-Live [d], outrés de la perte d'une Bataille pouſſérent leur rage juſqu'à brûler la Ville de Satricum qui leur avoit pourtant ſervi de retraite dans leur déroute. Les Antiates rétablirent cette Ville & y envoyérent une Colonie. L'an 407. de la fondation de Rome *Satricum* [e] fut encore réduite en cendres par les Romains qui y envoyérent quelques-uns de leurs Citoyens. Ceux-ci ayant ſouffert que les Samnites miſſent Garniſon dans la Ville, les Romains la prirent, & firent couper la tête aux Auteurs de la révolte. Les Habitans de *Satricum* ſont appellés *Satricani* par Tite-Live [f]. [d Lib.6.c.33.] [e Ibid.lib.7.c.27.] [f Lib.9.c.16.]

SATRICUS. Paul Diacre donne ce nom à un Fleuve d'Italie, & Ortelius [g] ſoupçonne que ce Fleuve étoit dans le Samnium, aux environs de Benevent. Cependant, ajoute-t-il, un MS. de Paul Diacre, au lieu de Satricus porte SANGRUS; & un Exemplaire imprimé du même Auteur lit SACRUS. [g Theſaur.]

SATROCENTÆ, Peuple de Thrace, ſelon Etienne le Géographe, qui cite l'Europe d'Hécatée.

SATROIMA. Voyez STRYMON.

SATTAGYDÆ, ou SATGAGYDÆ, Peuples d'Aſie. Hérodote [h] les nomme ſeulement. [h Lib.3.n.91.]

SATTIA & SATTIN. Voyez SETHIM.

SATULA, Ville de l'Arabie Heureuſe: Ptolomée [i] la place dans les Terres. [i Lib.6.c.7.]

SATURÆ-PALUS, Marais d'Italie, dans le Latium, au voiſinage de la Ville d'*Antium* & de celle de *Ciræii.* Virgile [k] donne à ce Marais l'épithéte d'*atra:* [k Æneid. lib 7.v.801.]

Qua Satura jacet atra palus.

Et Silius Italicus [l] lui donne celle de *nebuloſa:* [l Lib.8.v.381.]

Qua Satura nebuloſa palus reſtagnat.

Cluvier croit que ce Marais eſt le même que le Marais Pomptine.

SATURCHÆI, Peuples de la Sarmatie Aſiatique. Pline [m] les compte au nombre des Peuples qui habitoient au voiſinage des Palus Mæotides; & Ortelius [n] ſoupçonne que ce ſont les mêmes que les SATARCHÆ. [m Lib.6.c.7.] [n Theſaur.]

SATUREIANI. Voyez SATURUM.

SATURNI COLLIS, Voyez au Mot Mæſius l'Article MÆSIUS-MONS.

SATURNI COLUMNÆ [o]. On donna anciennement ce nom, ſelon Euſtathe, aux Montagnes d'Eſpagne & d'Afrique, qu'on appella enſuite Colonnes de Briare & enfin Colonnes d'Hercule. [o Orteſii Theſaur.]

SATURNI FANUM, Temple dédié à Saturne [p], dans la Sicile, ſelon Diodore de Sicile. [p Ibid.]

SATURNI INSULA, Iſle de l'Océan. Plutarque [q] en donne la deſcription. [q De facie in orbe Lunæ.]

SATURNI LACUS & PUTEUS, Lac & Puits dans la Médie. Pline [r] qui en parle dit que tout ce qu'on y jettoit & ſurnageoit & que rien n'alloit à fond. [r Lib. 31. c. 2.]

1. SATURNI PROMONTORIUM, Promontoire de l'Ethiopie: Ptolomée [s] le marque dans le Golphe Adulique. [s Lib.4.c.7.]

2. SATURNI PROMONTORIUM, Promontoire d'Eſpagne, près de la Nouvelle Carthage, ſelon Pline [t]. [t Lib.3.c.3.]

SATURNI VICUS, Lieu d'Afrique. L'Auteur de la Vie de St. Cyprien le place entre deux autres Lieux l'un nommé *Veneria,* & l'autre *Salutaria.*

1. SATURNIA, Ville d'Italie dans le Latium: Pline [u] dit que cette ancienne Ville avoit été bâtie dans l'endroit où fut fondée depuis la Ville de Rome. Peut-être entend-il ſeulement la Fortereſſe qui étoit anciennement au pied du mont Capitolin ſelon Feſtus. [u Lib.3.c.5.]

2. SATURNIA: Diodore de Sicile [x] nous apprend que de toute ancienneté & même de ſon tems on donnoit les Contrées Occidentales de Sicile le nom de *Saturnia* à tous les Lieux élevés, parce que Saturne dans le tems qu'il y regnoit y avoit bâti des Fortereſſes. [x Lib.3.c.61.]

SATURNIA COLONIA, Ville d'Italie dans l'Etrurie de Caletra, ſuivant ce Paſſage de Tite-Live [y]: *Saturnia Colonia Civium Romanorum in agrum Caletranum deducta.* On ignore ſi Caletra ſubſiſtoit alors, ou ſi elle étoit détruite. On prétend que les ruïnes de la Ville *Saturnia* ſe voyent encore aujourd'hui, & Leander dit qu'on les nomme *Saturniana.* Au lieu de SATURNIA COLONIA, Ptolomée [z] écrit SATURNINA COLONIA, & il la place dans les Terres. Les Habitans de cette Ville ſont appellés SATURNINI par Pline [a]; & il ajoute qu'auparavant on les appelloit *Aurinini;* ce qui fait conjecturer à Cellarius [b], que l'ancien nom de la Ville étoit AURINIA. [y Lib. 39. c. 55.] [z Lib.3.c.1.] [a Lib.3.c.5.] [b Geogr. Ant. lib. 2. c. 9.]

SATURNIA TELLUS, c'eſt un des premiers noms qu'ait eu l'Italie; & quoique elle en ait porté divers autres depuis, ce premier n'a pas laiſſé d'être employé par les Poëtes. Virgile [c] dit: [c Georg. lib.2.v.173.]

Salve magna parens frugum, Saturnia tellus,
Magna virûm;

Le même Poëte parle ailleurs [d] de ces divers changemens de nom: [d Æneid. lib. 8. v. 322.]

Sæpius & nomen poſuit Saturnia tellus.

L'Italie fut originairement appellée Terre de

S A T.   S A T.

de Saturne, parce que comme on fait Saturne s'alla cacher dans cette Contrée, lorsqu'il eut été chaſſé par ſon fils Jupiter.

SATURNIA URBS, les anciennes Histoires portent, dit Varron [a], qu'il y avoit une Ville nommée SATURNIA ſur le Mont Tarpeïen, & il ajoute qu'on en voyoit de ſon tems des veſtiges en trois endroits. On voit dans Minucius Felix [b], que Saturne fugitif ayant été reçu par Janus, bâtit en meme tems la Ville JANICULUM; & on trouve la même choſe dans deux vers de Virgile [c].

[a] Lib. 4. de L. L. c. 7.
[b] Cap. 22.
[c] Æneïd. lib. 8. v. 357.

Comme le Mont Tarpeïen étoit le même que le Mont de Saturne & le Mont Capitolin, il y a grande apparence que la Ville *Saturnia* n'eſt autre choſe que la Forterſſſe qui étoit ſelon Feſtus au pied du Mont de Saturne; voyez l'Article SATURNIUS MONS.

SATURNIUM, CRONIUM, ou MORTUUM MARE [d], noms qu'Orphée & Denys d'Aléxandrie donnent à l'Océan Septentrional qui baigne les Côtes de l'Arie.

[d] Ortelii, Theſaur.

SATURNIUS MONS. On appelloit ainſi anciennement ſelon Feſtus [e] l'une des Montagnes ſur leſquelles fut bâtie la Ville de Rome, & qui fut depuis nommée le Mont Capitolin. Le premier nom avoit été donné à cette Montagne parce qu'on la croyoit ſous la protection de Saturne. On appelloit pareillement SATURNII ceux qui habitoient la Forterſſſe qui étoit au bas du Mont Capitolin. Il y avoit dans cet endroit un Autel qui paroiſſoit avoir été conſacré à Saturne avant la Guerre de Troye, parce qu'on y ſacrifioit la tête découverte, au lieu que les Prêtres Italiens ſacrifioient la tête couverte d'un voile, à l'imitation d'Enée, qui dans le tems qu'il faiſoit un ſacrifice à ſa Mere Venus ſur le Rivage de Laurentum ſe couvrit d'un voile pour n'être pas connu d'Ulyſſe & évita ainſi d'être vu de ſon Ennemi.

[e] De Verbor. ſignif.

SATURO, Bourgade d'Italie [f], au Royaume de Naples, ſur la Côte de la Terre d'Otrante, environ, à huit milles vers le Midi de Tarente, entre *Torre di Capo S. Vito*, & *Torre di Caſtelluzzo*. On donne auſſi à cette Bourgade le nom de TORRE DI SATURO. Quelques-uns croyent que c'eſt la Ville SATURUM des Anciens; ce que Cluvier nie: voyez SATYRIUM.

[f] Magin, Carte de la Terre d'Otrante.

SATURUM, & SATYREUM. Voyez SATYRIUM.

SATZ, ou ZIATECK, Ville de Bohême [g], ſur l'Eger, à quatorze ou quinze lieues à l'Occident de Prague. C'eſt la Capitale d'un Cercle auquel elle donne ſon nom.

[g] Jaillot, Atlas.

Le CERCLE DE SATZ, autrement SATZEER KRAISS, confine du côté du Nord avec le Marquiſat de Miſnie, au Nord Oriental avec le Cercle de Letomeritz, à l'Orient avec le Cercle de Schloni, au Midi Oriental avec le Cercle de Rakonick, au Midi & au Midi Occidental, avec le Cercle de Pilſen, du côté du Couchant au Cercle d'Elnbogen, & au Couchant Septentrional, encore par le Marquiſat de Miſnie. Les principaux Lieux de ce Cercle ſont:

Satz,	Batelberg,
Sonneberg,	Launy,
Ladan,	Maſcha,
Bruck,	Wintxzow,
	Rabſtein.

SATYRI, Peuples de l'Afrique Intérieure, ſelon Pomponius Mela [h], qui dit qu'ils étoient errants & qu'ils n'avoient aucune demeure fixe.

[h] Lib. 1. c. 4.

SATYRI MONUMENTUM, Lieu d'Aſie, ſur le Boſphore Cimmérien. Strabon [i] qui marque ce Lieu à quatre-vingt-dix ſtades de *Parthenium*, ajoute que c'eſt un champ ſur un certain Promontoire, & qu'on lui avoit donné ce nom pour conſerver la mémoire d'un certain homme qui avoit été puiſſant dans le Boſphore Cimmérien. Caſaubon [k] croit que l'Homme dont il eſt ici queſtion étoit un des Rois du Boſphore Cimmérien, & dont Diodore de Sicile fait mention.

[i] Lib. 11. p. 494.
[k] Ad Strab. lib. 7. pag. 310.

SATYRIDES; Iſles de l'Océan, ſelon Pauſanias, qui pourroit entendre par ce mot les Iſles Gorgoſſes: Voici le paſſage de cet Ancien: Comme je leur faiſois (aux Athéniens) beaucoup de queſtions ſur les Satyres pour tâcher d'apprendre quelque choſe de plus que ce qui s'en dit communément, un Carien, nommé Euphémus me conta ce qui ſuit; que s'étant embarqué pour aller en Italie, il avoit été jetté par la tempête vers les extrémitez de l'Océan; ,, Là il y a, *me diſoit-il*, ,, des Iſles incultes, qui ne ſont habitées ,, que par des Sauvages; nos Matelots ,, n'y vouloient pas aborder parce qu'elles leur étoient déja connues, mais ,, pouſſez par les vents ils furent obligez ,, de prendre terre à celle qui étoit la plus ,, proche. Ils appelloient ces Iſles les Satyrides. Les Habitans ſont roux, & ,, ont par derriére une queue preſque ,, auſſi grande que celle des Chevaux. Dès ,, que ces Sauvages nous ſentirent dans ,, leur Iſle, ils accoururent au Vaiſſeau, ,, & y étant entrez, ſans proférer une ,, ſeule parole, ils ſe jetterent ſur les pre- ,, mières femmes qu'ils rencontrérent. ,, Nos Matelots pour ſauver l'honneur de ,, ces femmes, leur abandonnérent une ,, Barbare, qui étoit dans l'équipage, & ,, auſſi-tôt ces Satyres en aſſouvirent leur ,, brutalité, non ſeulement en la manière ,, dont les hommes uſent des femmes, ,, mais par toutes ſortes de laſcivetez''. Voilà ajoute Pauſanias, ce qui me fut conté par ce Carien.

SATYRIUM, Canton d'Italie, dans la Meſſapie, aux environs de la Ville de Tarente, ſelon Etienne le Géographe. Elle donna ſon nom à la Ville de Tarente, qui eſt appellée *Saturum Tarentum* dans ces vers de Virgile [l]:

[l] Georg. Lib. 2.

Sin armata magis Studium vitulosque tueri,
Aut fœtus Ovium, aut urentis culta Capellas;
Saltus & Saturi petito longinqua Tarenti.

Servius dans ſa Remarque ſur ce paſſage de Virgile, ou à cauſe de ſa fertilité, ou parce qu'elle étoit voiſine de la petite Ville

Ville de Saturum : SATURI TARENTI, dit-il, *aut fœcundi, aut quod juxta Opidum Saturum. Tarentum enim & Saturum vicinæ sunt Calabriæ Civitates. Horatius: Me Satureiano vectari rura Caballo.* Mais Cluvier [a] s'éleve contre cette Remarque. Le Grammairien Servius, dit-il, a fait voir ici combien il étoit ignorant en fait de Géographie. En effet comment Virgile auroit-il pu tirer le surnom d'une Ville des plus célébres, du nom d'une Bourgade des plus obscures ? & suivant quelle analogie auroit-il pu appeller la Ville de Tarente *Saturum Tarentum.* La Remarque de Phylargyrus est bien plus sensée : D'autres veulent, dit-il, que le Canton où fut bâtie la Ville de Tarente, s'appelloit *Saturnum*; mais il faut lire *Saturium*, comme les Latins & *Satyrium*, suivant l'orthographe Gréque. Le Grammairien Probus, dans sa Remarque sur le passage de Virgile rapporté ci-dessus nous apprend une origine probable de ce mot SATYRIUM, ou SATURIUM. On le dérive, dit-il, de *Saturia*, fille de Minos Roi de Créte, de laquelle Taras eut un fils nommé Tarente, qui fonda la Ville de ce nom. Pompeïus Sabinus ajoûte que Tarente fonda deux Villes, l'une à laquelle il donna son nom, l'autre à laquelle il donna le nom de sa mere Saturia ; & que les Lacédémoniens qui passérent ensuite en Italie sous la conduite de Phalante, augmentérent considérablement la premiére. Rien n'empêche qu'on ne dise que l'ancienne *Saturia* est aujourd'hui la Bourgade de SATURO.

SATYRORUM INSULÆ, Isles de l'Océan Indien : Ptolomée [b] qui les met au nombre de trois, les place au devant du Grand Golphe, mais au delà de la Ligne Equinoxiale. Il ajoûte, qu'on disoit que les Habitans de ces Isles avoient une queue comme celle qu'on donnoit aux Satyres.

SATYRORUM PROMONTORIUM, Promontoire de la Chine: Ptolomée [c] le marque sur la Côte Occidentale, à l'entrée du Grand Golphe, directement sous la Ligne Equinoxiale.

SATYRORUM-MONS, ou PROMONTORIUM, Promontoire de l'Ethiopie sous l'Egypte. Ptolomée [d] le place sur la Côte du Golphe Arabique.

1. SATYRUS, Fleuve de la Gaule Aquitanique, selon ces vers de Lucain [e]:

Qui tenet & ripas Satyri, qua littore curvo
Molliter admissum claudit Tarbellicus aquor.

Mais les meilleures Editions lisent *Atyri*, au lieu de *Satyri*. Voyez ATURRUS.

2. SATYRUS [f] Lieu de l'Afrique propre, selon Cédréne qui le place sur le bord de la Mer.

1. SAVA, Village de l'Arabie Heureuse. C'est Etienne le Géographe qui en parle. Ptolomée [g] marque aussi dans l'Arabie Heureuse, une Ville nommée *Sava*, ou *Sabe*; & dit qu'elle étoit dans les Terres. La question est de dire si c'est la même dont entend parler Etienne le Géographe.

2. SAVA, ou SABE, Ville de l'Arabie Deserte. Ptolomée [h] la place aux Confins de la Mésopotamie.

3. SAVA, Municipe d'Afrique dans la Mauritanie Césariense, suivant un fragment MS. de la Table de Peutinger cité par Ortelius [i].

4. SAVA, Ville de Perse, à deux ou trois journées de Caravane de la Ville de Com. Sava est une petite Ville, dit Lucas [k], mais l'étendue des ruïnes qu'on y voit marque qu'elle a été autrefois considérable. Il y a deux Mosquées assez belles qui rendent cette Ville célébre, à cause de quelques grands Personnages qui y sont enterrés ; ce qui excite les Persans à venir visiter leurs Tombeaux par dévotion.

SAVADII. Voyez AVADIÆ.

SAVADIR, Ville des Indes, aux environs de l'Isle de Diu dans la Terre-ferme, selon Mr. Corneille [l] qui cite les Voyages de Vincent le Blanc. Il ajoûte que cette Ville est située au delà de la Riviére d'Araba.

SAVANES. On appelle ainsi dans les Isles Françoises des Antilles les Prairies où l'on met paître les Chevaux & les Bestiaux. Dans les Savanes un peu seches on trouve de petits Insectes rouges qui ne sont que de la grosseur de la pointe d'une épingle : ces petites Bêtes s'attachent à la jambe, & lorsqu'elles sont passées au travers des bas, elles causent des démangeaisons épouvantables, qui obligent de s'écorcher les jambes. Quand on en est incommodé, il n'y a pas d'autre remede que de faire bouillir dans de l'eau des bourgeons de Vignes & de Monbain, des feuilles d'Orangers & des herbes odoriférantes ; & on s'en lave bien les jambes plusieurs jours de suite. Le mot de Savanes a été emprunté des Espagnols qui donnent le nom de Savanas aux Prairies.

Les François du Canada donnent le nom de *Savanne*, aux Forêts composées d'Arbres résineux ; c'est-à-dire aux Forêts de Pins, de Sapins, de Meléses & dont le fonds est humide & couvert de mousse. Il y a des Savannes qui sont fort épaisses & d'autres qui sont claires. Le Caribou habite dans les Savannes, & quand elles sont épaisses il s'y fait des routes.

SAVARA, Ville d'Assyrie. Ptolomée [m] la marque au nombre des Villes qui étoient dans le voisinage du Tigre.

SAVARABATIS, Contrée de l'Inde en deçà du Gange, selon Ptolomée [n] dont les Interprètes Latins lisent Sandarabatis, au lieu de *Savarabatis*. Il y avoit quatre Villes dans cette Contrée, savoir

Empelathra,   Tamasis,
Nandubandagar,   Curaporina.

SAVARI, Peuples de la Sarmatie Européenne. Ptolomée [o] les place auprès des Borusci.

1. SAVARIA, Fleuve de Hongrie, selon Wolfgang Lazius, qui dans le Discours joint à ses Cartes de Hongrie veut que ce soit aujourd'hui la Save, *die Saau*; mais

mais dans la Carte même il dit, que le Muer se nommoit autrefois *Sauaria*. Jean Heroldus, dans son Dialogue touchant les Gestes & Faits des Turcs, est du même sentiment. J'ignore, dit Ortelius, qui est celui des Anciens qui a parlé du Fleuve *Savaria*, à moins qu'on ne dise que c'est Ptolomée [a], parce qu'on trouve ce mot dans quelques Exemplaires Latins, quoique dans le Texte Grec on lise Σαύιος, *Sauus*.

[a] Lib. 2. c. 16.

2. SAVARIA, Ville de la Haute Pannonie. Elle est comptée par Ptolomée [b] au nombre des Villes qui étoient éloignées du Danube. C'est aujourd'hui *Leybnitz*, selon Lazius; & *Graitz*, selon Villeneuve.

[b] Lib. 2. c. 15.

1. SAVATOPOLI, SEBASTOPOLIS, Ville d'Asie [c], dans la Géorgie, au Royaume de Guriel. Elle étoit bâtie à l'embouchure du Phase qui l'engloutit au commencement du dernier Siècle. On l'a en quelque sorte rétablie depuis, en lui conservant son nom.

[c] Baudrand, Dict.

2. SAVATOPOLI, Ville d'Asie [d], dans la Mingrelie, sur la Mer Noire, à l'endroit où la Côte Orientale se joint avec la Septentrionale. Cette Ville est l'ancienne *Sebastopolis*, ou *Dioscurias*.

[d] Ibid.

SAVATRA, Ville de la Galatie, dans l'Isaurie, selon Ptolomée [e]. Le nom moderne, à ce que dit Niger, est *Souraceri*.

[e] Lib. 5. c. 4.

SAVAVEN, Rivière d'Irlande, & connue aussi sous le nom de LEA. Elle coule dans la Momonie, & après avoir arrosé Korke, elle va se jetter dans le Golphe de ce nom. Quelques Géographes, dit Mr. Baudrand [f], prennent cette petite Rivière pour celle que les Anciens appelloient *Dabrona* & *Daurona*, que d'autres croyent être celle de *Black-Water*.

[f] Dict.

SAUBAANA, Ville de la Grande Arménie. Ptolomée [g] la marque dans la Sophène, ou Sophanine. Quelques Interprétes lisent *Sagauana*, au lieu de *Saubaana*.

[g] Lib. 5. c. 13.

SAUBATHA, selon Ptolomée [h] & SABBATHA, selon Arrien [i], Ville de l'Arabie Heureuse, où elle avoit le titre de Métropole. Cette Ville étoit dans les Terres, & Arrien dit que le Roi y faisoit sa résidence. Cela demande une Explication, que Saumaise [k] a donnée. Comme le Pays de l'Arabie qui produisoit l'encens étoit différent du Pays des Sabéens, & que ces deux Pays étoient soumis à deux différens Rois, il s'ensuit que Saba Capitale des Sabéens, & Sabbatha ou Saubatha, Capitale du Pays qui produisoit l'encens étoient aussi deux Villes différentes. Celle-ci se trouvoit à l'Orient de l'Arabie Heureuse, & celle-là à l'Occident, de sorte que *Sabota* Ville des Sabéens, que Pline met sur la Côte du Golphe Arabique, ou sur le Rivage rouge, est la même que Saba; & la Ville de *Sabota* que le même Auteur place chez les Adramites, est la Ville *Saubatha* de Ptolomée & la *Salbatha* d'Arrien.

[h] Lib. 6. c. 7.
[i] 2. Peripl. p. 15.
[k] In Exercit. Plin. p. 354.

SAUCHÆI, Σαυχαιοι; Nom d'une Nation, ou seulement d'une Famille de la Palestine. Il en est parlé au Livre de Job [l]. Au lieu de Sauchæi St. Jérôme lit SUITÆ.

[l] Cap. 2. v. 11.

Baldad l'un des amis de Job étoit *Suite*, mot dérivé de l'Hébreu *Schuac*, qui est le nom d'un homme ou d'une Contrée, ou même d'une Ville. Guillaume de Tyr qui [m] en fait une Contrée, la met au delà du Jourdain, & c'est dans cette Contrée [15.] selon Reland [n], que se trouvoit le Lac Phiala, la vraie Source du Jourdain. Sanut [o] dans son Livre des Secrets des Fidèles de la Croix parle de la Ville *Suita*, & paroît la placer vers le Lac Phiala. Enfin Dom Calmet dit: Baldad Suites, Ami de Job, étoit apparemment des descendans de Sué fils d'Abraham & de Cethura. L'Hébreu, ajoute-t-il, lit *Suchites*, ou fils de Suach; & c'est le même que *Sué*, selon notre manière de prononcer.

[m] Lib. 22. & 15.
[n] Palæst. l. 1. c. 41.
[o] Pag. 246.

SAUCOURT, ou SAULCOURT, Village de France dans la Picardie, Election de St. Quentin. Ce Lieu est remarquable par la Victoire signalée que les François y remporterent sur les Normands, qui étoient alors le fleau du Royaume.

SAUDEBONNE, *Castrum de Saltu bono*; Abbaye de France, dans le Bearn, au Diocèse d'Oleron, entre les deux Gaves. C'est une Abbaye de l'Ordre de St. Benoît, sous l'Invocation de St. Vincent de Luc.

SAUDRE (La) *Saldria*, Rivière de France. Elle prend sa source dans le Berry près de Concressaut, & sépare la Sologne du Berry. Elle traverse ensuite la Sologne, passe par Soenne, Salbris, la Ferté-Imbaut, Selles, Romorentin, Pont sur Saudre, & se va rendre dans le Cher entre Celles & Châtillon.

2. SAUDRE (La Petite), en Latin *Saldria minor*, Rivière de France. Elle a sa source dans le Berry, & va se perdre dans la Saudre à Pierrefite, dans la Sologne.

1. SAVE, Rivière de France dans l'Armagnac. Elle sort du Nebouzan, & prend sa source dans les Pyrénées auprès de Bagnéres, passe par Samathan, Lombès, & l'Isle Jourdain, & se rend dans la Garonne près de Grenade.

2. SAVE, Rivière d'Allemagne [p]. Elle prend sa source, aux Alpes Juliennes dans la Haute Carniole, aux Frontières de la Haute Carinthie, à trois milles d'Allemagne de Willach. Elle coupe ensuite l'une & l'autre Carniole d'Occident en Orient, & sépare la Hongrie & l'Esclavonie, de la Croatie, de la Bosnie & de la Servie. Enfin après avoir fait près de cent lieues, & s'être augmentée des eaux de plusieurs Rivières assez grandes, qui s'y viennent rendre, elle se jette dans le Danube près de Belgrade. Ptolomée l'appelle *Savus*, Strabon *Saus*, & les Allemans *die Saw*. Cette Rivière paroît fort belle à Craimbourg, Ville assez près de sa source, & comme elle s'augmente encore dans son cours, elle fait quelques belles Isles, comme celle de Metubaris à l'Occident de l'ancienne *Sirmium*; & celle de *Sigestica* ou *Sissex*, proche de *Zagabria*, dans laquelle il y avoit autrefois une Ville très-célèbre. C'étoit-là que les Romains apportoient anciennement toutes leurs

[p] Corn. Dict. Hist. & Descr. de la Hongrie, l'. 1688. Edouard Brown, Relat. de divers Voyages.

Mar-

Marchandises d'Aquilée, pour les envoyer ensuite à *Laubach* ou *Nauportus*, d'où elles étoient transportées à *Sigestica*, afin de les vendre dans ces Provinces, ou d'en entretenir la Garnison qu'ils y avoient.

Les principales Rivières [a] que reçoit la Save sont: la *Waxnr-Saw*, d. le *Rainfelbach*, d. le *Zeyr*, d. le petit *Laubach*, d. le *Saan*, g. le *Guck*, d. la *Krapina*, g. la *Kulpa*, grossie des eaux de la *Dobra*, de la *Korana*, & de la *Glina*, d. la *Velica*, g. la *Sunja*, d. l'*Unna*, d. la *Verbaska*, d. la *Pliva*, d. l'*Orlava*, g. l'*Okrina*, d. la *Bosna*, d. la *Perga*, d. la *Drinizza*, d. le *Drin*, d. le *Bozsut*, g.

[a] *Jaillot, Atlas. De l'Isle Atlas.*

Les Villes situées sur ses bords sont

Crainbourg, g.	Sissek, d.
Feldnick, g.	Gradisca, g.
Schencknthurn, g.	Sviniar, g.
Gurckfeldt, d.	Brod, g.
Rain, g.	Mitrovitz, g.
Agram, ou Zagrab, g.	Sabacs, ou Mischur, d.
	Belgrade, d.

SAVÉ, ou LA VALLÉE DE SAVÉ [b], autrement LA VALLÉE DU ROI, Vallée de la Palestine. Elle étoit apparemment près de Jérusalem, puisque Melchisedech, Roi de cette Ville, & le Roi de Gomorre vinrent au devant d'Abraham, à son retour de la défaite des cinq Rois, *jusqu'à la Vallée de Savé*.

[b] *Genes. c. 14. v. 17.*

SAVÉ-CARIATHAÏM; les Emims, anciens Peuples au delà du Jourdain, demeurcient à Cariathaïm [c]. Codorlahomor & ses Alliez les battirent la même année qu'ils attaquerent les cinq Rois de la Pentapole [d]. Les Moabites dans la suite chasserent les Emims & les exterminerent [e]. Savé-Cariathaïm est apparemment une Campagne près de la Ville de Cariathaïm. Or cette Ville étoit au delà du Jourdain, à dix milles de Medaba vers l'Occident selon Eusèbe [f]. Elle fut attribuée à la Tribu de Ruben [g]; mais ensuite elle fut occupée par les Moabites.

[c] *Genes. c. 14. v. 15.*
[d] *An du Monde 2092. avant J. C. 1908. avant l'Ere Vulg. 1912.*
[e] *Deut. c. 2. v. 10.*
[f] *In locis.*
[g] *Num. c. 32. v. 37. Josué, c. 13. v. 19.*

SAVELLO, Bourg d'Italie [h], dans la Campagne de Rome, à deux milles de la Ville d'Albano. Il est peu considérable. La plûpart de ses Maisons sont abandonnées; ce qui les fait tomber en ruïne. C'est de ce Bourg que la Maison Savelli de Rome tire son origine & son nom.

[h] *Baudrand Dict.*

SAVENIERS, Bourg de France dans l'Anjou, Election d'Angers: il est très-peuplé.

SAVERDUN, Ville de France dans le Pays de Foix, & l'une des quatre principales Villes de ce Comté. C'étoit autrefois la plus forte Place de ces Quartiers. Elle appartenoit aux Comtes de Toulose, & soutint pendant la Guerre des Albigeois un grand Siège contre Simon de Montfort qu'elle obligea de se retirer. Elle a depuis été unie au Comté de Foix. Saverdun est divisée en Haute & Basse Ville; & celle-ci est encore divisée en Ville & Fauxbourgs. C'est selon quelques-uns la Patrie de Jacques Fournier, ou Forneri, fils d'un Meûnier, & qui fut Pape sous le nom de Benoît XII.

SAVERNÆ, Forêt d'Angleterre [i] dans Wiltshire, sur le chemin de Marlborough à Salisbury. C'est proprement un grand & vaste Parc, où l'on trouve une espèce de fougère odoriférante.

[i] *Délices de la Gr. Br. p. 687.*

1. SAVERNE, Ville de France, dans la Basse Alsace, sur la Rivière de Sorr aux Frontières de la Lorraine, & le Chef-lieu d'un Bailliage.

2. SAVERNE, ou ZABERN [k], comme l'écrivent les Allemands, est une Ville fort ancienne, étant la même que *Tabernæ* connue sous les Empereurs Romains. Les hauts Allemands depuis plusieurs Siècles changeant le T. en Z. ou en S. écrivent ce mot *Zabern*, que les François prononcent Saverne.

[k] *Longuerue, Descr. de la France, Part. 2. p. 233.*

Comme il y avoit dans la première Germanie plusieurs *Tabernæ*, on nommoit quelquefois celle-ci *Tres-Tabernæ*, pour la distinguer des autres, comme fait Ammien Marcellin au XVII. Livre, & il le met entre *Argentorate* & *Mediomatrices*, qui est Metz.

Il remarque que Julien fit réparer ce Poste très-important, pour empêcher les Barbares de pénétrer dans les Gaules. Ce qui est très-vrai; car c'est-là où est le grand passage des Montagnes de Vosge.

L'Itinéraire d'Antonin, en décrivant le chemin de Brisach à Metz, met *Tabernæ* à dix milles d'*Argentorate*, & à vingt de *Decem-pagi* ou Dieuse; & la Carte de Peutinger, sur le Chemin de Metz à *Argentorate* met *Decem pagi*, Dieuse, *Pons Saravi* (le Pont de la Sarre, ou *Kaufman Sarbruch*) *Tabernæ* (Saverne) & *Argentorate*.

Nithard, Ecrivain du neuvième Siècle, rapporte que Charles le Chauve voulant conférer avec son frere Loüis à Strasbourg, marcha en diligence à Toul, d'où il alla à Saverne en Alsace: *Elisazam ad Zabarnam*; ce qui montre que dès lors on prononçoit *Zabarn* ou *Zabern* pour *Tabernæ*, comme a fait Flodoard de Reims au Siècle suivant; en parlant de ce qui arriva l'an 923. il dit que Raoul étant entré dans le Royaume de Lorraine, pour s'en assûrer après la prison de Charles le Simple, Wigeric, Evêque de Metz, le pria de lui donner des forces pour reprendre sa Place de Saverne en Alsace, d'où l'on voit qu'elle appartenoit alors pour le temporel à l'Eglise de Metz, qui avoit en ce païs-là au pied des Montagnes de Vosge plusieurs grandes Terres, dont les Evêques ont conservé jusqu'au dernier Siècle la Seigneurie directe.

Flodoard ajoûte que le Roi ayant demeuré long-tems devant la Place, ceux qui la gardoient furent obligez de capituler & de donner des ôtages; & ayant ensuite été remise à l'Evêque Wigeric, il la fit ruïner, *Zabrenam ut recepit, evertit*.

Saverne vint ensuite au pouvoir des Evêques de Strasbourg. Ils y établirent enfin leur Résidence, sur-tout depuis que le Lutheranisme fut embrassé par les Habitans de Strasbourg; ainsi les Evêques fortifièrent la Ville de Saverne & y firent

firent bâtir un grand Palais.

Les François sous le régne de Louis XIII. assiégerent & prirent cette Ville sur l'Archiduc Léopold, Evêque de Strasbourg. Ensuite par la Paix de Munster on accorda que Saverne seroit rendu à l'Evêque de Strasbourg; mais que les fortifications seroient ruinées, que les Habitans garderoient une exacte Neutralité, & seroient obligez à ouvrir leurs portes pour le passage des Troupes du Roi.

L'enceinte des murailles subsistoit toujours, & après la Déclaration de la Guerre sur la fin de l'an 1673., les Troupes Françoises y entrérent en Garnison, & défendirent quelque tems la Place, que l'on fut obligé d'abandonner & de démanteler tout-à-fait, parce qu'elle ne pouvoit résister à une puissante Armée. Elle n'est donc aujourd'hui considérable que par la Résidence ordinaire de l'Evêque de Strasbourg, qui y a un fort beau Château bâti par le Cardinal Egon de Furstenberg.

Il y a à Saverne un Chapitre composé d'un Prévôt, d'un Doyen & de huit Chanoines, dont cinq sont obligez à résidence. Les Canonicats sont de six cens Livres. Le Prévôt a de plus quatre muids de grain, & un foudre de Vin; & le Doyen deux muids de grain, & un demi foudre de Vin. Un des Chanoines fait les fonctions de Curé. Ce Chapitre y a été transféré de Stilt, qui est à deux lieues de Saverne. C'étoit autrefois des Chanoines Réguliers de l'Ordre de St. Augustin, qui le remplissoient. Il y a aussi un Hôpital, un Couvent de Recollets & un de Religieuses.

La Ville de Saverne a du côté du Nord des Prairies, au Midi & à l'Orient des Côtaux, & au Couchant une Montagne fort roide. C'est l'une des Montagnes de Vosges, & elle est couverte de Bois de haute futaie. En général les environs de Saverne sont agréables & fertiles en Vin en Foin & en autres denrées. La Ville est entourée d'une vieille muraille de différente hauteur & épaisseur. La hauteur est depuis dix-huit pieds jusqu'à trente en certains endroits, & l'épaisseur depuis quatre jusqu'à sept en quelques endroits, & en d'autres de deux seulement. Cette muraille est percée de creneaux, derriére lesquels il y a un chemin de ronde. Ce chemin n'est cependant pas continué par-tout, parce qu'on a adossé quelques Bâtimens contre cette muraille; ce qui l'a interrompu en quelques lieux, & parce que d'ailleurs on a rebouché des brêches, ou on n'a point fait ce mur assés épais pour continuer ce chemin.

2. SAVERNE, ou Severne, Riviére d'Angleterre [a], au Pays de Galles. Elle a sa source au Mont Plinillimouth, Montagne du Comté de Cardigan, & passe de Montgomery dans la Principauté de Galles à travers les Provinces de Shropshire, de Worcester, & Glocester. Dans la derniére de ces Provinces, elle s'élargit si fort, qu'on appelle son Embouchure *la Mer de Saverne*. Dans son cours elle arrose Shrewsbury, Worcester & Glocester, & reçoit dans son lit plusieurs Riviéres as-

[a] Etat présent de la Gr. Br. t. I. p. 14.

sés considérables, particuliérement l'Avon, le Wye & l'Usk, qui abondent en Saumons & en Truites.

3. SAVERNE, Riviére de l'Amérique Septentrionale, dans l'Estothitlande. Elle arrose le nouveau Pays de Galles Méridional, & se jette dans la Baye du Nord ou de Hudson. Elle a été ainsi nommée par les Anglois qui y ont eu quelques Habitations, près du Port de Nelson qui est à son Embouchure.

SAUGÉ, Bourg de France dans le Poitou, Election de Poitiers.

SAUGES, Bourg de France, dans l'Anjou, Election de la Fléche.

1. SAUGUES, *Salgæ*, Ville de France, dans le Bas Languedoc, Recette de Mande.

2. SAUGUES, Bourg de France, dans l'Auvergne, Election de Brionde: il est bien peuplé.

1. SAVIA, Ville de l'Espagne Tarragonnoise. Ptolomée [b] la donne aux *Pelendones*, & la met un peu à l'Orient de *Visontium* & d'*Augustobriga* deux autres Villes qu'il donne à ces memes Peuples.

[b] Lib. 2. c. 6.

2. SAVIA PANNONIA, ou Ripensis et Ripariensis Pannonia, nom que la Notice des Dignitez de l'Empire donne à une des divisions de la Pannonie. C'est aujourd'hui le *Windischland*, selon Lazius.

1. SAVIGNAC, Bourg de France, dans le Limousin, Election de Limoges.

2. SAVIGNAC, Bourg de France, dans la Guienne, Election de Bourdeaux.

3. SAVIGNAC DELREY, Justice Royale, dans le Bas-Armagnac, Election de Riviere Verdun.

SAVIGNANO, Petite Ville d'Italie [c] dans la Romagne, au bord de la Plusa sur l'ancienne Voye Emilienne, entre Cesena, & Rimini, à peu près à égale distance de chacune de ces Villes. Mrs. Corneille & Maty donnent le nom de *Savignano* à la petite Riviére sur laquelle cette Ville est située; mais Magin l'appelle *Plusa*.

[c] Magin, Carte de la Romagne.

1. SAVIGNAT-LES-EGLISES, Bourg de France, dans le Perigord, Election de Perigueux.

2. SAVIGNAT DE MIREMONT, Bourg de France dans le Périgord, Election de Périgueux.

1. SAVIGNÉ, *Savigniacum* & *Savigneium*, Ville de France dans l'Anjou, Election de Baugé.

2. SAVIGNÉ L'EVEQUE, Bourg de France dans le Maine, Election du Mans: il est bien peuplé.

1. SAVIGNY, Bourg de France, dans la Normandie, au Diocése d'Avranches, Election de Mortain, à huit lieues vers l'Orient d'Avranches, aux Fontiéres de la Bretagne & du Maine. La fameuse Abbaye de Savigny est à une demi-lieue de ce Bourg. Voyez l'Article suivant.

2. SAVIGNY, Abbaye de France, dans la Normandie, au Diocése d'Avranches. Ce n'étoit au commencement qu'un Hermitage, où demeuroit le Bienheureux Vitalis en 1105. Raoul de Fougéres, & Jean de Landeur y fondérent en 1112. cette Abbaye qui devint si célébre par la sainteté de ses Religieux, qu'elle devint,

vint le Chef d'un Ordre particulier qui comprenoit trente Monastères tant en France qu'en Angleterre. Mais Serlon quatrième Abbé de Savigny, grand ami de St. Bernard les unit tous à l'Ordre de Citeaux en 1148. & les mit sous la Filiation de Clervaux. Les Bâtimens en étoient magnifiques, & la Communauté des Religieux étoit si nombreuse, qu'il y avoit trois Cloîtres. Cette Abbaye étoit autrefois très-riche; mais elle n'est plus aujourd'hui que d'environ trente-quatre mille Livres de rente tant pour l'Abbé que pour les Moines. Après la Maison de Fougères, celle de Mayenne en étoit la principale Bienfaictrice, comme on le voit par une Bulle du Pape Luce II. dans le *Thesaurus* du P. D. Martenne, & par la Chronique de cette même Abbaye.

3. SAVIGNY, Bourg de France dans la Champagne, Election de Rhetel.

4. SAVIGNY, Abbaye de France, au Diocèse de Lyon, à quatre lieues de la Ville de ce nom, vers les confins de la Bresse, qui n'en est qu'à deux lieues. C'est une Abbaye de l'Ordre de St. Benoît, & qu'on croit avoir été fondée en 817. L'Abbé jouit de quatre mille Livres de rente.

5. SAVIGNY, Fief de France, dans la Champagne, Election de Compiègne. Ce Fief est mouvant de l'Evêché de Beauvais, & vaut au Seigneur six mille Livres de rente.

6. SAVIGNY, Bourg de France, dans la Beauce, Election de Vendôme. C'est une Châtellenie du ressort du Bailliage de Vendôme.

7. SAVIGNY, Bourg de France, dans la Normandie, Election de Coûtances. Ce Lieu dépend de l'Abbaye de Ste. Barbe en Auge, de l'Ordre de Ste. Geneviève. Un Religieux de cette Maison en est Prieur & Curé, & a environ deux mille Livres de revenu. Il y a quelques autres Seigneurs dans cette Paroisse.

8. SAVIGNY, Bourg de France, dans la Touraine, Election de Chinon.

9. SAVIGNY LES CHANOINES, Paroisse de France dans le Nivernois, Election de Nevers. Le terroir en est bon pour le froment & pour le seigle. On y voit quelques Pacages & beaucoup de Bois taillis. Il y a un Fourneau & deux petites Forges, dans l'une desquelles, on a établi une Manufacture d'acier, façon d'Allemagne.

10. SAVIGNY LES BOURBILLY, Lieu de France, dans la Bourgogne, au Bailliage de Semur en Auxois, à deux lieues & demie de Dijon, sur une Roche dans un endroit assés plain. Ce Lieu est un secours de la Paroisse de Norges-la-Ville, & il y a deux passages, l'un pour Issurtil, & l'autre pour Saux-le-Duc.

11. SAVIGNY SUR ORGE, Marquisat de France, dans la Bourgogne, au Bailliage de Beaune, dans un Vallon fort étroit entre deux Montagnes. Ce Lieu est arrosé d'une petite Rivière que l'on passe sur des planches, & ses Vins passent pour être des meilleurs de la Province.

12. SAVIGNY POIL FOL, Paroisse de France, dans le Nivernois, Election de Nevers, dans un Pays de Plaine. Il y a une Verrerie de gros verre à vitres; mais elle ne travaille que tous les deux ans.

13. SAVIGNY EN REVERMONT, Bourgade de France, dans la Bourgogne, au Bailliage de Châlon, Recette de St. Laurent. Il y a dans ce Lieu quatre Ruisseaux fort incommodes & appelés, l'un le *Bief du Roi*, qui sépare la Bourgogne de la Franche-Comté; l'autre *le Diable*; le troisième *la Vallière*; & le quatrième *la Planesse*. On voit sur ces Ruisseaux huit Ponts fort nécessaires. Le Pays est plain; & les Hameaux ou Ecarts nommés, le Bourg, Urnay, Villenaudroi, les Gobars, Verra, & les Chavannes en dépendent.

14. SAVIGNY EN SAVIERE, Vicomté de France dans le Berry, Election de Bourges. Cette Paroisse est située à près de cinq lieues de la Ville de Bourges. Sa Vicomté comprend la Paroisse de Nouhant & partie de celles de Crosse, de Farges & d'Avor. La Maison Seigneuriale est le Château du Preau, qui est à demi-lieue de Savigny & environ à quatre lieues de Bourges. Les plus anciens Seigneurs étoient de la Maison de Baucille, d'où cette Vicomté passa dans les Maisons de Culant, de la Trimouille, de Bar, de Chabanne & en dernier lieu dans celle de Chabenat.

15. SAVIGNY EN SEPTAINE, Bourg, Vicomté & Bailliage de France, dans le Berry, Election de Bourges, à trois lieues de la Ville de ce nom. Cette Terre à haute, moyenne & basse Justice. Elle est arrosée de deux petites Rivières d'Yeutre & d'Airain qui se joignent au milieu de la Paroisse.

SAVILLAN, ou SAVILLANS, Ville de Piémont [a], sur la Rivière de Maira, entre Fossano à l'Orient & Salusses à l'Occident, à cinq milles de chacune de ces Places, & à pareille distance de Coni. Cette Ville, quoique la Capitale d'une Province, est petite, mais belle, & si bien fortifiée [b], que lorsque l'Empereur Charles V. y passa, il dit qu'il n'avoit vu aucune Place plus capable de soutenir un long Siège. Elle a une riche Abbaye de Bénédictins, sous le titre de St. Pierre.

[a] De l'Isle, Atlas.
[b] Davity, Piémont.

SAVILLANO [c], (La Province de) est bornée au Nord par celle de Carmagnole, à l'Orient par celles de Cherasco & de Fossano, au Midi par la Province de Coni, & au Couchant par le Marquisat de Salusses. Cette Province est traversée par plusieurs Rivières, entre autres par le Pô, par la Vaita, la Maira, & par la Grana, qui s'y perd dans la dernière. Les principales Villes de la Province sont:

[c] De l'Isle, Atlas.

Savillan.	Caramagna.
Villa-Franca.	Raconigi.
Polonghera.	Cavaler Maggiore.
Scarnafigi.	

SAVINAS, on voit dans les Decretales [d] une Lettre du Pape Pélage, à un certain

[d] Decret. 2. Causa. 16. q. 1. c. 31.

certain Evêque, avec cette adresse *Bono Episcopo Savinati*. Ortelius soupçonne que Savinati pourroit être là pour *Sabinati*.

SAVIO, Riviére d'Italie [a]. Elle prend sa Source dans le Florentin; & entre ensuite dans la Romagne, où après avoir arrosé Sarsina, g. Roversano, d. & Cesena, d. elle va se perdre dans le Golphe de Venise, environ à quatre milles au Couchant Septentrional de Cervia.

[a] *Magin, Carte de la Romagne.*

SAUJON, Bourg de France, dans la Saintonge, Election de Saintes. C'étoit autrefois une Ville forte; mais ce n'est plus qu'un petit Bourg accompagné d'un Château bâti par le Cardinal de Richelieu. L'un & l'autre sont situés sur les bords de la Seudre, dans le lieu où ce Ministre vouloit faire aboutir le Canal de communication de la Gironde à la Seudre. C'est aussi où il vouloit placer le Siège du grand établissement qu'il projettoit pour la Saintonge. La Duchesse d'Aiguillon en a joui jusqu'à sa mort, après laquelle cette Seigneurie a passé au Duc de Richelieu.

SAVIUS. Voyez Savus.

SAULA, le Capitaine Jean Ribeyro [b], dit dans son Histoire de l'Isle de Ceylan, qu'il y avoit autrefois dans cette Isle, près de Balané un petit Royaume nommé SAULA. Ce Royaume ajoute-t-il s'étendoit seulement trois lieues sur la Côte, & deux au dedans du Pays. Les Terres y étoient fort basses; de sorte que la Mer s'étant extraordinairement enflée pendant un Printems, elle submergea tout le Pays. Cette Plaine auparavant si fertile fut changée en une aire de sel; & c'est là que s'en fournissent tous les Peuples de Candy, d'Uva, de Batecalou, de Triquinimalé & de quelques autres qui dépendoient autrefois des Portugais qui aimoient mieux l'aller prendre là, que de l'aller acheter dans les Villes des Portugais, où on le leur vendoit extrémement cher. Le Roi de Candy étant en guerre avec les Portugais, envoyoit à ces Salines jusqu'à cinq ou six mille Bœufs ou Bufles qui y faisoient trois Voyages, depuis la fin de Décembre jusqu'au commencement d'Avril, & sous une forte Escorte de gens de guerre. Les Portugais prenoient quelquefois ou battoient ces Convois; mais comme ils étoient campés trop loin de là, ils ne réussissoient par toujours. On se sert de ce sel pour la table; mais il ne vaut rien pour saler le poisson, ou la viande qu'on veut garder. Il est clair & transparent comme le cryptal. Il paroît dans les Salines comme une glace fort unie, & il est si dur qu'on ne peut le rompre qu'avec le pic, ou la hache.

[b] *Part. 1. Ch. 24.*

A quatre lieues de là est un Pagode, qui est en très-grande vénération, parmi tous ces Gentils. On y garde des offrandes très-riches, qu'on y porte depuis plusieurs Siècles, & qui consistent en pierreries & en ouvrages d'or. C'est pour cela qu'on y entretient toujours un Corps de quinze-cens hommes, qui y montent la garde tous les jours. Nous avons, continue Ribeyro, souvent eu envie de nous saisir de ce Tresor, & nous avons fait diverses tentatives dans l'espérance de devenir riches tout d'un coup. Ce qu'il ajoute est curieux. Je fus, dit-il, commandé en 1642, avec cent-cinquante Portugais & deux mille Lascarins, la plûpart Chrétiens. Nous avions pour Général Gaspar Figueira de Cerpe, qui connoissoit très-bien le Pays, qui savoit la Langue, & qui passoit pour un des plus braves hommes que nous eussions. Lorsque nous approchames des Bois où est ce Pagode, nous primes un homme du Lieu pour nous guider: il nous promit de nous bien conduire, & nous entrames dans les Bois avec lui. Nous le traversames de part en part de tous côtés sans jamais pouvoir trouver le Pagode, quoique nous fussions bien sûrs que nous n'en étions pas loin. Enfin notre Guide fit le fou; il le devint même en effet & nous le tuames. La même chose arriva à deux autres que nous primes, & que nous tuames encore. Enfin, nous en cumes jusqu'à cinq, qui tous firent le même manége. Nous voulumes épargner les deux derniers, & nous fumes contraints de revenir sur nos pas, sans avoir pu piller le Pagode.

1. SAULCE, Lieu de France, dans le Dauphiné, à une lieue de Livron. C'est une Maison toute seule bâtie pour la commodité des Voyageurs.

2. SAULCE-MENIL, Bourg de France, dans la Normandie, Election de Vallogne, près de la Quille. C'est une grande Paroisse environnée de Bois & de la Forêt de Cherbourg. Il y a une Chapelle Succursale. Le Seigneur est Maître des Eaux & Forêts de Vallogne. Il y a à Saulce-Menil un Prieuré simple, qu'on appelle St. Martin. On en pourvoit un Religieux non Réformé de l'Abbaye de Lessey. Ce Prieuré vaut environ cinq-cens Livres de rente.

SAULDRE. Voyez SAUDRE.

SAULGEN, Ville d'Allemagne [c], dans la Suabe, sur la petite Riviére de Schwartzach, & le Chef lieu d'un Comté auquel elle donne son nom.

[c] *De l'Isle, Atlas.*

SAULGEN (Le Comté de), ou SULGEN, est au Midi du Danube & appartient aux Barons de Waldburg. Le seul Lieu remarquable de ce Comté est la petite Ville de Sulgen.

SAULGON, Bourg de France, dans l'Angoumois, Election d'Angoulême. Ce Bourg est bien peuplé.

SAULIEU, SIDOLEUCUM, ou SEDELAUCUM, Ville de France dans la Bourgogne, au Bailliage de Semur en Auxois, à cinq lieues de la Ville de ce nom & à quinze lieues de Dijon, sur la route de Lyon à Paris. Sa longueur est de cinq cens pas, sa largeur de trois cens-cinquante & son circuit de seize cens. Elle a deux Portes & cinq Fauxbourgs, dans lesquels il se trouve un plus grand nombre d'Habitans que dans la Ville. Un de ces Fauxbourgs porte le nom de Morvant, parce qu'il est sur le Territoire de Morvant. La Ville est bâtie sur une éminence fermée de murailles & environnée de Fossés pleins d'eau quoique sur une hauteur. Il y a dans cette Ville, outre le Chapitre, plusieurs Mai-

Maisons Religieuses, savoir des Capucins des Ursulines, un Collége, & dans le Fauxbourg de St. Jacques un petit Hôtel-Dieu qui a sept lits. Le Chapitre ou l'Eglise Collégiale est sous le titre de St. Andoche. C'étoit autrefois une Abbaye fondée par Charlemagne. Elle fut sécularisée dès le douzième Siècle, & la Manse Abbatiale fut unie à l'Evêché d'Autun en 1202. C'est à ce titre que cet Evêque est Comte & Seigneur de Saulieu, & que la Justice lui appartient tant dans la Ville que dans les Fauxbourgs. Les appellations des Jugemens de ses Officiers se relevent au Bailliage Royal de Saulieu, & de là vont au Parlement de Dijon. Le Chapitre est composé aujourd'hui d'un Doyen, de douze Chanoines & de quelques Chapelains. Les premières Prébendes peuvent valoir quatre-cens Livres, & les autres cent Livres. Elles sont à la Collation de l'Evêque d'Autun. Il y a plusieurs Chapelles. St. Saturnin est la Cure principale: St. Andoche & St. Nicolas en sont les Annéxes. Les Hameaux de Vezily, de Coulaige, de Valneuf, de Coulon, de Chevre, de Conclas, de Château-Benoît, & les Métairies du Plat-Pays dépendent de St. Nicolas & de St. Saturnin. Le Collége ou plutôt l'Ecôle publique de la Ville est dirigée par un Recteur, qui a sous lui un Régent & un Maître à écrire.

La Ville de Saulieu est le Siège d'un Bailliage particulier, qui est le quatrième de l'Auxois, & qui ressortit au Présidial de Semur; elle est aussi le Siège d'une Mairie, d'un Grenier à Sel & d'une Justice Consulaire; & c'est la seizième Ville qui députe aux Etats de la Province. Le Bailliage ne fut érigé qu'au mois de Mai de l'année 1694. Il fut formé des démembremens de l'Auxois, de l'Autunois & du Morvant. Il a sept lieues de longueur sur cinq de largeur, renferme vingt-six Paroisses, & confine au Nivernois à l'Occident; au Bailliage d'Arnay-le-Duc à l'Orient; à celui d'Autun vers le Midi; & à celui de Semur vers le Nord. La partie détachée de l'Auxois est une Plaine très-fertile en grains de toute espèce: celle qui est détachée du Morvant a des Montagnes couvertes de Bois, & remplies de Pacages. Il ne s'y trouve néanmoins ni Bois ni Riviéres considérables. On n'y compte de Bénéfices que le Chapitre de Thil, fondé par les Seigneurs du Lieu, & qui est composé d'un Doyen, qui a quatre cens Livres, & de cinq Chanoines, qui ont chacun deux-cens Livres de revenu. Le principal Commerce de Saulieu est en Grains & en Bétail.

SAULIUM, Ville de la Ligurie, selon Biondo qui dit que ce nom lui est donné par les Latins modernes, & Leander dit que le nom vulgaire est Sori ou Soli.

SAULNOY, Petit Canton de France, au Pays Messin. Il a pris son nom des Salines qui y sont.

SAULON LA CHAPELLE, Comté de France, dans la Bourgogne, Recette de Dijon.

SAULSEUSE. Voyez SAUSSEUSE.

SAULT, Bourg de France, dans la Provence, au Diocése de Carpentras, vers les confins du Comtat Venaissin, & le Chef-lieu d'un Comté & d'une Vallée qui en prennent leur nom, avec un Siège d'Apeaux.

SAULT (La Vallée de), est composée du Bourg de Sault & de trois Villages. Elle est située au pied du Mont Ventoux, & elle est du nombre des Terres adjacentes. Le nom que lui donne son Chef-lieu, vient de la quantité de Bois qu'il y a dans son Territoire, & où l'on a établi un grand nombre de Verreries.

Le Comté de Sault est une des plus grandes Terres de la Provence, & dont l'ancienne indépendance est la mieux reconnue. On prétend que l'Empereur Henri II. l'inféoda en 1004. à Algoult de Volf, de qui on fait descendre fabuleusement la Maison d'Agoult; puisque ce n'est pas la première famille connue sous ce nom qui a possédé cette Terre, & qu'elle l'a acquise depuis un tems assés récent. Isnard d'Estrevance en étoit en possession sous le Regne de Charles I., & ce fut lui qui le premier la soumit à l'hommage des Comtes de Provence par un Traité de l'an 1261. Mais il reserva par toute l'étendue de sa Terre l'exemption de toutes sortes d'impôts, hors ceux dont il voudroit lui-même charger ses Sujets; & pour sa personne & pour celle de ses Successeurs le droit de leur rendre Justice en dernier ressort, & de donner grace en matiére Criminelle. Il obtint même des défenses aux Officiers du Comté de Provence de s'immiscer dans leurs affaires, excepté en cas de refus, ou de déni de Justice; & il fit enfin rendre une Déclaration portant que la Terre de Sault, avec toutes ses dépendances ne seroit tenue d'aucun aide envers le Comte, pour quelque prétexte que ce fût, même pour la rançon de sa personne.

A l'égard de l'étendue de la Terre de Sault, ses mouvances étoient si considérables, qu'elles comprenoient une partie de la Ville de Sisteron, celle de Veillane, & plusieurs Vallées qui depuis & par Arrêt du Conseil sont réduites au mème pied que le reste de la Provence. De la Maison d'Estrevance, la Baronnie de Sault passa par succession de tems dans celle d'Agoult, qu'on regarde comme originaire du Dauphiné.

Mr. de Longuerue dit [a]: la Vallée de Sault, ou *Saltus* en Latin est au Nord du Bailliage d'Apt, auquel elle est jointe; mais pour le Spirituel elle est du Diocése de Carpentras. On ne voit point que les anciens Seigneurs, qui étoient de la Maison d'Entravennes d'Agout, ayent reconnu les Comtes de Provence ou de Forcalquier; ils prétendoient être Souverains, & n'avoir aucun Supérieur au Temporel. Le premier qui se soumit aux Comtes de Provence fut Isnard d'Entravennes, qui fit volontairement hommage à Charles II. Roi de Sicile Comte de Provence, pour s'attirer sa protection; c'est pour cela que la Vallée de Sault, où est le Bourg

[a] Descr. de la France, Part. I. p. 374.

Bourg de Sault avec trois Villages, est compté jusqu'aujourd'hui entre les Terres adjacentes, qui font un Corps séparé du Comté de Provence.

Cette Vallée est au-dessous d'une fort haute Montagne, appellée le Mont Venteux. Sault n'a porté long-tems que le titre de Seigneurie ou de Baronnie, & n'a été érigé en Comté que l'an 1562. par Charles IX. en faveur de François d'Agout de Montauban, après la mort duquel le Comté vint à la Maison de Crequy-Blanchefort, parce que Chrétienne d'Aguerre, Mere de l'ancien Maréchal de Crequy, gendre du Connétable de Lesdiguiéres, ayant épousé en secondes nôces François Louis d'Agout de Montauban Comte de Sault, elle en eut un fils qui mourut sans enfans, & l'instituâ héritière de tous ses biens. Elle les laissa au Maréchal son fils du premier lit dont la Postérité s'est enfin éteinte dans la Maison du Maréchal de Villeroi, fils de Magdelaine de Crequy, au droit de laquelle cette Maison possède aujourd'hui le Comté de Sault.

3. SAULT, Petit Pays de France, dans le Languedoc, au Diocèse d'Alet, & voisin des Pays de Fenouillades & de Donazan. Son Lieu principal est Escouloubre, qui étoit un Poste important, pour couvrir les Frontiéres, avant la conquête du Roussillon. Ce Pays a un Bailliage Royal, qui ressortit à la Senéchaussée de Limoux.

4. SAULT, Lieu de France, au Diocèse de Chartres, à une lieue & demie de Verneuil, dans le Perche, sur le chemin de cette Ville à Dreux. Il y a dans ce Lieu plusieurs Hôtelleries, pour la commodité des Marchands qui s'y arrêtent volontiers, à cause de la bonté des Foins du Pays. Sault n'est cependant qu'un Hameau, dont la situation répond fort à la signification de son nom.

5. SAULT, Riviére de France, dans la Champagne. Elle vient des Frontiéres de Lorraine, passe par Vitry-le-Brûlé dans le Pertois, & se jette un peu après dans la Marne.

6. SAULT DE PINET (Le). On donne ce nom en France, à un endroit de la Riviére de Loire, près de Rouanne, où cette Riviére étant grossie dans la Plaine du Forez par les Ruisseaux qu'elle y reçoit, son cours est interrompu par des Rochers, dont le plus considérable est à une lieue de Rouanne.

SAUMAISE LE-Duc, ou Salmaise, Bourg de France en Bourgogne, dans l'Auxois, au Bailliage de Châtillon. Ce Lieu est situé sur le penchant d'une Montagne. Il y passe une petite Riviére qui prend sa Source près de Blaizi, & dont le lit est fort étroit. Saumaise-le-Duc est un Comté ou une Châtellenie Royale, & a une Gruerie. On y voit un Prieuré de l'Ordre de St. Benoît. Claude Saumaise célèbre Critique, & l'un des plus savans du Siècle passé étoit de ce Lieu. Il y étoit né de Benigne, Seigneur de Saumaise-le-Duc & Conseiller au Parlement de Dijon. Il éleva dans les Sciences ce fils à qui sa mere fit succer avec le lait la Religion des Calvinistes, quoique son pere qui étoit Catholique eût ordonné le contraire. Claude Saumaise mourut en Hollande le 3. Septembre 1652.

SAUMUR, Ville de France, dans le Saumurois, sur le bord Méridional de la Loire, à 47. d. 16´. de Latitude & à 17. d. 32´. de Longitude. Cette Ville étoit beaucoup plus considérable lorsque les Réformés y avoient une Académie de toutes les Sciences, fondée par le célèbre du Plessis-Mornay, sous l'autorité du Roi Henri IV. Elle est encore néanmoins le Siège d'une Prevôté, d'une Senéchaussée Royale, d'une Maréchaussée, d'un Grenier à Sel, d'une Election & d'un Corps ou Hôtel de Ville. Le Château est assés fort & très-ancien. On le nomme en Latin *Salmurus* qu'on prétend être corrompu de *Salvus-murus* ou forte muraille. Il étoit déjà fortifié dans le dixième Siècle, lorsque Gibaud Comte de Blois y établit les Moines de Saint Florent chassés de leur Monastère nommé Gloma, sur les Confins du Pays Nantois, qu'on appelle encore aujourd'hui Saint Florent le Vieux. Mais l'an 1030. l'Abbé Frederic fit bâtir hors du Château & de la Ville de Saumur un nouveau Monastère, qui est encore aujourd'hui célèbre. Saumur est renommé dans l'Histoire à cause de son Pont, & du passage important de la Riviére de Loire: aussi Henri IV. étant Roi de Navarre, allant au secours d'Henri III. opprimé par les Ligueurs, voulut pour sa sûreté que l'on lui donna cette Place, où il établit pour Gouverneur en Chef du Plessis-Mornay, indépendant du Gouverneur de la Province d'Anjou.

2. SAUMUR, étoit autrefois situé sur la Riviére de Vienne, qui étoit dans la Loire un peu au-dessous de St. Maur, qui est à cinq lieues de cette Ville comme le prouve fort bien Mr. Ménage contre Mr. de Valois. Ce dernier ne donne à Saumur que cinq ou six-cens ans d'antiquité; mais Ménage a prétendu prouver par plusieurs témoignages qu'elle existoit déja dès l'an 400. & que pour lors elle ne consistoit que dans le Château & dans la Rue, qui est au-dessus. L'an 575. le Roi Pepin, pere de Charlemagne, fonda à Saumur une Eglise sous l'Invocation de St. Jean Baptiste, laquelle fut ensuite achevée par Pepin Roi d'Aquitaine, son petit fils, qui y mit des Reliques de St. Jean; & c'est de cette ancienne Eglise de Saumur, que Saumur est appellée dans quelque Chartres *Joannis Villa*.

L'ancien Château de Saumur étoit nommé *Truncus*, le Tronc; mais il n'étoit pas dans le lieu, où est le Château aujourd'hui.

Foulques de Nerre Comte d'Anjou, entreprit la guerre au sujet de cette Place, s'en rendit maître en 1026. & l'unit au Domaine d'Anjou dont elle fait encore une partie. Charles de France Comte de Valois & d'Anjou, l'assiégea pour le Douaire de Jeanne de Bourgogne, femme de son fils Philippe, qui devint Roi de France VIe. du nom. Elle fut engagée en 1549. à François de Lorraine, Duc de Guise & Anne d'Est sa femme, qui en joüirent jusques au 21. Juni 1570. qu'elle leur fut retirée par Charles IX. moyennant la somme de soixante-quatre mille neuf cens quatre-vingt-onze Livres.

Il y a un Gouverneur de la Ville & Château de Saumur & de leurs dépendances, un Lieutenant de Roi du Château, un Major, & cinquante Soldats de Garnison; la situation de cette Ville y attire beaucoup d'Etrangers.

La Sénéchaussée Royale est une Jurisdiction considérable: elle est composée du Sénéchal, d'un Président, d'un Lieutenant Général, d'un Lieutenant Criminel, d'un Lieutenant Particulier, d'un Asseseur, de six Conseillers, & des autres Officiers à proportion.

La Prevôté a aussi ses Officiers, ainsi que l'Election, laquelle comprend quatre Villes, Saumur, Monsoreau, Doué, & Bourgueil, outre quatre-vingt-cinq Paroisses ou Hameaux: elle comprend aussi quatre Abbayes, & treize mille trois cens soixante-dix-huit feux.

La Ville de Saumur a trois Paroisses; mais il n'y a qu'un Curé, lequel a trois Vicaires, qui les gouvernent; ils n'ont tous ensemble qu'environ mille Livres de revenu. Il y a aussi trente-trois Chapelains, qui ont chacun cent soixante-quinze Livres, compris les rétributions manuelles.

Il y a aussi dans cette Ville plusieurs Couvens, savoir un Couvent de vingt Cordeliers; un de vingt Capucins, autant de Recoletz; deux Maisons de Peres de l'Oratoire, savoir les Ardillers & Nantillé; ceux de celle-ci régissent le Collége; une de soixante cinq Ursélines; une d'autant de Filles de Ste. Marie, & environ autant de Bénédictines, non comprises vingt Religieuses dans l'Hôpital des malades. Mais ce qu'il y a de plus fameux dans Saumur, est l'Eglise de Notre-Dame des Ardillers en grande réputation dans tout le Pays. Les Peres de l'Oratoire qui desservent cette Eglise y ont une nombreuse Communauté. Ils ont aussi celle de Notre-Dame de Nantillé. Dans la Nef de cette derniere Eglise, devant la Chapelle de S. Michel, au cinquième Pilier, on remarque un Tombeau de pierre sur lequel est couchée la Figure d'une femme qui tient deux enfans entre ses bras. C'est le Tombeau de Tiephaine la Magine nourrice de Marie d'Anjou, née le 4. Octobre 1404. qui fut femme de Charles VII. & de René Duc d'Anjou Roi de Sicile, qui nâquit au Château d'Angers le 16. Janvier 1408. Tiephaine mourut le 13. Mars 1458. On ne sera pas fâché de trouver ici son Epitaphe:

Ci gît la Nourrice Tiephaïne
La Magine. Qui ot grand peine
A nourrir de lait en enfance
Marie d'Anjou Reine de France,
Et après son frere René,
Duc d'Anjou, & depuis nommé
Comme encore Roi de Sicile
Qui a voulu qu'en cette Ville
Pour grand amour de nourriture
Faire sa Sepulture;
De l'un à l'autre du devoir s'aquitte
Qui à Dieu l'Ame quitte
Pour avoir grace & tout deduit,
Mille quatre cens cinquante-huit;
Au mois de Mars treizième jour,
Je vous prie tous par bonne amour,
Afin qu'elle ait un peu du vôtre
Donnes lui un Patre nôtre.

Le Collége Royal est aussi gouverné par les Peres de l'Oratoire. A un quart de lieue de Saumur est l'Abbaye de S. Florent, Monastére de Bénédictins de la Congrégation de S. Maur. La situation en est belle.

La Ville de Saumur a été beaucoup plus considérable du tems des Réformés, qu'elle ne l'est aujourd'hui : il y reste 1720. feux & environ 6500. Ames. Cette grande diminution vient de la suppression des Temples, du Collége, & de l'Académie, qui attiroit beaucoup de Religionnaires étrangers. Il y reste treize Familles de Nouveaux convertis.

Le Marché de la Ville est peu considérable, à cause du gros droit que l'Abbesse de Fontevrault y prend du vingtième boisseau de bled. Les trois Foires Royales qu'on y tient, sont aussi de peu de conséquence, parce qu'elles ne sont pas franches.

Le Commerce du Lieu consiste en une Rafinerie de Salpêtre, qui a la réputation d'être le meilleur de France; en une Rafinerie qui s'anéantit tous les jours, & en quelques Fabriques de Quincailleries, Medailles, Bagues, Chapelets &c. Le debit des Vins qui étoit autrefois fort grand, est tout-à-fait cessé, depuis que les Etrangers ne font plus d'enlévemens.

L'Election comprend quatre Abbayes, Fontevrault, Azines, S. Florent, & S. Maur; trente Prieurés, dont trois à Saumeur de huit cent Livres de Rente; celui de Canaut, Ordre de Grammont de cinq mille Livres; un autre de deux mille Livres; deux de quinze cens Livres; dix depuis sept jusqu'à neuf cens Livres, & le reste au dessous: soixante-sept Cures; dont six ou sept de huit cens Livres de revenu; les autres de trois cens Livres. Il n'y a presque point de Vicaire dans les Paroisses. Il y a quatre Chapitres de Chanoines. Celui de Monsoreau de quatre Prébandes; ceux de Doué & de Martigné-Briant, de six Prébandes, chacune; toutes de deux à trois cens Livres de revenu, & celui de la Grésille de cinq cens Livres, & un Chefcier de deux cens Livres; cinquante Chapelles ou environ & une Aumônerie. On compte encore dans l'Election trente-neuf Familles de Noblesse, y compris les Veuves & les Demoiselles, & en tout 13378. feux.

SAUMUROIS, Gouvernement Militaire de Province, composé d'une partie du Bas Anjou, du Mirebalais, & d'une partie du Poitou & de la Touraine. Ce Gouververnement a été établi par Henri IV. lorsqu'il vint fecourir Henri III. opprimé par les Partifans de la Ligue. Il n'a pas grande étendue. Sa Ville Capitale eft Saumur. Les Villes de ce Gouvernement font

Saumur,
Richelieu,
Montreuil-Bellai,
Mirebeau.

a Ortelii Thefaur.

SAUNA [a], Ville de l'Arabie, felon Phlégon Traillian, qui dit qu'on y trouva un Monftre demi-homme & demi-cheval, fur une Montagne abondante en poifons.

SAUNARIS. Voyez SARA.

b Præparat. 6.

SAUNIA REGIO, Contrée où Eufebe [b] dit qu'on ne trouve ni Banquier, ni Peintre, ni Architecte, &c.

SAUNIS, Ville de l'Arabie, felon Etienne le Géographe. C'eft peut-être la même que Sauna.

SAUNITÆ, Peuple de la Grande Grèce, dans la Japigie, felon Polybe, & Etienne le Géographe. Voyez l'Article SAMNITES.

c Lib. 10. c. 37.

SAUNIUS, ou SAUNIUM, Fontaine de la Phocide: Paufanias [c] la met au voifinage de la Ville de Bulis, aux Habitans de laquelle elle donnoit de l'eau fuffifamment.

d Lib. 3. c. 5.

SAVO, Fleuve d'Italie, dans la Campanie, auprès de Sinueffa. Il faifoit la borne du Nouveau Latium. Pline [d] a parlé de ce Fleuve, & Stace lui donne l'Epithète de *piger*:

Et Literna Palus pigerque Savo.

La Table de Peutinger le marque entre *Sinueffa* & *Vulturnum*, dans cet ordre:

Sinueffa VII. Safo, Fl. XII. Vulturno.

Le nom moderne de ce Fleuve eft Saone.

e De l'Ifle, Atlas.

SAVOCA, Ville de Sicile [e], dans le Val Demone, fur la Côte Orientale de cette Ifle, à l'Embouchure d'une petite Rivière de même nom, un peu au Nord de S. Aleffio.

f Ibid.

SAVOLAX, Province de Suède [f], dans la Finlande. C'eft une Province Méditerranée, bornée au Nord par la Bothnie Orientale, à l'Orient par la Carelie de Kexholm, au Midi par la Carelie Finoife & à l'Occident par la Tavaftie. Il y a le Grand & le Petit Savolax [g]. Le premier contient quatre Territoires, & le fecond en renferme cinq: celui-ci eft au Midi & l'autre au Nord. Tout ce Pays où l'on ne trouve pour tout Lieu confidérable que le Château de Nyflot ou Nieflot eft inculte & inhabité. Ce ne font par-tout que des Lacs & des Forêts.

g D'Aud-ifred, Géogr. Anc. & Mod. t. 2.

h Frezier, Carte de l'Ifle de S. Domingue.

SAVONA, ou SAONA, Ifle de l'Amérique Septentrionale [h], au Midi & tout proche de la Côte Orientale de l'Ifle de St. Domingue, dont elle eft féparée par un Canal affez large, où les petites Barques feulement peuvent paffer. L'Ifle Saona appartient aux Efpagnols.

SAVONE, Ville d'Italie, dans l'Etat de Gênes, fur le rivage de la Mer, à dix milles au Nord Oriental de Noli. Cette Ville après la Capitale eft la plus confidérable de l'Etat de Gênes. Les gens du Pays au lieu de dire Savona fe contentent de dire *Sana*. Elle eft grande, bien bâtie; les Rues font affez larges, & la plûpart droites & bordées de belles Maifons, entre lefquelles il y a des Hôtels, qu'on nomme Palais en ce Pays là, qui font d'une Architecture très-belle, auffi-bien en dedans qu'au dehors. Ils avoient mis par une conduite, qu'on ne peut affez blâmer, leur Magazin à poudre dans une groffe & forte Tour, qui étoit prefque au milieu de la Ville. Le Tonnerre y tomba il y a 50. à 60. ans, la fit fauter, & avec elle près de deux cens Maifons des environs. Tout ce Quartier eft à préfent rebâti, & on dit que cet accident avoir rendu la Ville plus belle, en ce qu'il avoit donné occafion de faire les Rues plus larges & plus droites. Il y a un grand nombre d'Eglifes, qui font la plûpart belles ou du moins bien propres, & bien ornées. Le Marbre n'y eft pas épargné, non plus que les ornemens de Stuc, & les Dorures. Prefque tous les Ordres Religieux y ont des Couvens, ou des Maifons riches pour la plûpart, & bien bâties.

Le Stuc eft un Mortier d'une extrême blancheur, compofé d'un tiers de poudre de Marbre blanc, ou d'Albâtre, paffée au tamis fin avec deux tiers de chaux choifie bien éteinte. On fe fert de ce Mortier pour faire des ornemens, & des figures, qui prennent une dureté, & un poli très-approchant de celui du Marbre, même le plus blanc. Il faut fe connoître en Marbre pour n'y être pas trompé.

Les pas des Portes, les Marches des Efcaliers, les pieds droits & jambages des Portes & des fenêtres, & les couvertures des Maifons font faites la plûpart d'une pierre bleue obfcure, qui fe trouve en quantité dans tout ce Pays, qui fe leve aifément par planche de telle épaiffeur qu'on juge à propos pour l'Ouvrage qu'on veut faire; c'eft une efpèce d'Ardoife, mais qui ne fe délite pas comme l'Ardoife. Cette Pierre eft commode, elle fe taille aifément, & n'eft pas chere. On la trouve belle dans le Pays par ces endroits-là; mais il femble qu'elle rend les entrées des Maifons & les fenêtres trop triftes. On l'appelle *Lavagna*.

Il y a des Manufactures de foye à Savonne. Outre celle qui vient dans leur Pays, ils en tirent encore beaucoup du Piémont, de la Sicile, du Royaume de Naples, & du Levant. On y fait auffi beaucoup de Confitures. Les environs de la Ville font extrêmement bien cultivés. Les fruits de toutes efpèces y viennent en perfection, & en quantité, les Limons fur-tout, les Limes & les Bergamotes.

La Ville paroît avoir été autrefois plus forte qu'elle ne l'eft à préfent. Elle eft commandée de tous côtés. Il coûteroit beaucoup pour remédier à cet inconvénient. Elle a eu un Port qui étoit bon, & qui y attiroit le Commerce. La République

blique l'a détruit, ou ne l'a pas empêché de se gâter entiérement, afin que tout le Négoce allât à Gênes, sans être partagé avec cette Ville, & afin que le Duc de Savoye à présent Roi de Sardaigne, qui y a de grandes prétentions ne songeât plus à s'emparer d'une Place, qui ne lui seroit d'aucune utilité. Il ne reste plus à présent qu'une Flaque d'eau, où les Barques peuvent être à flot; elle se gâte, & se remplit de jour en jour.

Il y a une Citadelle, qui défendoit le Port, quand il y en avoit un; elle sert à présent à défendre la Rade, & à empêcher, qu'on ne puisse insulter la Ville du côté de la Mer.

Ce fut dans Savonne que se fit l'entrevüe de Louis XII. Roi de France & de Ferdinand Roi de Naples, entrevüe qui fut remarquable par leur confiance réciproque. Louis entra dans les Galéres de Ferdinand, sans armes & sans Gardes; & Ferdinand demeura plusieurs jours dans une Ville appartenante à Louis, qu'il venoit de chasser du Royaume de Naples, après l'avoir défait dans une bataille.

Savonne a été la Patrie des Papes Sixte IV. & Jules II. tous deux de la Maison de la Rovere. Quelques-uns disent pourtant que ces deux Papes étoient natifs d'Albizola, Bourg situé à une lieue de cette Ville.

SAVONNIÉRES, Bourg de Lorraine, à une lieue de Toul. Il étoit autrefois considérable, & il n'en reste plus aujourd'hui qu'une Eglise dédiée à St. Michel. En 859. on y tint un Concile Provincial, où se trouvérent trente Evêques venus d'Allemagne, huit Métropolitains, & trois Rois sous le Pontificat de Nicolas I. & sous le règne de Charles le Chauve Roi de France. Ce Concile est nommé en Latin *Concilium ad Saponarias*.

1. SAVOIE, Duché Souverain d'Europe; entre la France & l'Italie. Du côté du Nord il est séparé de la Suisse par le Lac de Genève; les hautes Alpes le séparent de la Vallée d'Aoste, & du Piémont vers l'Orient; une Branche des mêmes Alpes le bornent au Levant d'Eté, où il confine avec le Vallais; il a le Dauphiné au Midi, & à l'Occident le Rhosne qui le sépare du Bugey & du Gouvernement de Bourgogne.

2. SAVOIE. Ce mot vient du Latin *Sapaudia* [a], qu'on ne trouve point en usage avant le quatriéme Siécle. Ammien Marcellin [b] est le premier qui ait marqué le Pays de *Sapaudia*, par lequel comme par celui des Séquaniens le Rhosne passoit en sortant du Lac Leman, en lavant vers la gauche les Terres du Pays de *Sapaudia*, ou *Savoie*, & vers la droite celles des Séquaniens.

On appelloit *Sapaudia* une grande partie du Territoire des Allobroges; c'est-à-dire la partie Septentrionale. Avitus Evêque de Vienne témoignant dans une Lettre quélque mécontentement de Sigismond, Roi des Bourguignons, dit, qu'il avoit évité à dessein de passer à Vienne, en allant de Savoie, *de Sapaudia*, en Pro-

[a] *Longueruë* Descr. de la France, Part. 2. p. 317.
[b] Lib. 15.

vence, *in Provinciam*; car anciennement la Provence s'étendoit depuis la Riviére d'Isére jusqu'à la Mer; & les Bourguignons ont tenu durant quélque tems tout ce qui est entre l'Isére & la Durance.

La Savoie, *Sapaudia*, s'étendoit au delà du Lac de Genève, hors des limites des Allobroges, comprenant le Pays de Vaud, dont la plus grande partie appartenoit à la Belgique & à la Province nommée *Maxima Sequanorum*. C'est ce que nous apprenons de la soixante-cinquiéme Section de la Notice des Dignités de l'Empire, où il est fait mention du Préfet ou Commandant de la Flote des Bateliers, qui étoient à Iverdun en Savoie: *Barcariorum Ebreduni Sapaudia*. A la vérité quelques-uns ont voulu qu'Ebredunum marqué dans la Notice fut la même Ville qu'Embrun en Dauphiné; mais il est hors de toute vraisemblance que les Romains ayent établi une Flote de Barques à Embrun, qui est dans les Alpes & n'a d'autre Riviére que la Durance, qui est en cet endroit près de la Source, outre que par-tout la Durance n'est pas propre à porter Bateau; ce que les Anciens ont bien reconnu; car Tite-Live au premier Livre de la troisiéme Décade dit que cette Riviére n'est point navigable, *non navium patiens est*; & Silius Italicus dit que la Durance ne porte pas même les Bateaux plats, *patulis non puppibus aequa*; de sorte qu'on ne doit pas chercher cette Flote de Barques ailleurs qu'au Lac d'Iverdun. Dans la suite le *p*. de *Sapaudia* fut changé en *b*. & le nom corrompu en *Sabaia* & *Sabogia*.

La Savoye fut anciennement habitée d'une partie des Allobroges, des Centrons, des Nantuates, des Garocelles, des Veragres & des Salasses; les Allobroges occupoient le Pays qui est entre le Rhône au sortir du Lac Leman; les Nantuates, les Centrons, & l'Isére, c'est cette Isle dont parle Tite-Live, où Annibal s'arrêta avant que de passer les Alpes; elle renfermoit partie du Dauphiné, le Duché de Savoye, le Folligni & le Genevois; les Centrons demeuroient dans les Vallées des Alpes Gréques qui forment à présent la Tarentaise; les Garocelles habitoient aux environs du Mont-Cenis. Vigenere, Marlian, Simler & le P. Monet les placent dans la Marienne qui fut selon d'autres la demeure des Brannoviciens; les Nantuates confinoient selon Strabon, & Pline, avec les Veragres, les Séduniens & le Lac Leman, & leur Pays comprenoit le Chablais, & le Territoire de S. Maurice; les Veragres étoient entre les Nantuates, & les Salasses, dans cette partie du Valais où est Martigni; & les Salasses dont Strabon parle fort avantageusement occupoient les Vallées des Alpes qu'on nomme aujourd'hui, la Val d'Aoste, bornées, des Terres des Veragres au Nord, des Lepontiens à l'Orient, des Séguisiens au Midi, & des Centrons au Couchant: tous ces Peuples furent vaincus par Auguste, à la réserve des Salasses que Terentius Varro subjugua; ils furent compris dans la Gaule Narbonneuse; & partagés,

tagés, de façon que les Allobroges furent placés dans la troisième Narbonnoise, & les Veragres & les Salasses dans la cinquième qu'on nommoit autrement la Province des Alpes Gréques. Leur Pays étant devenu la proye des Barbares après la dissipation de l'Empire, fut occupé tantôt par les uns, & tantôt par les autres; les Bourguignons en demeurèrent les maîtres, & l'incorporèrent au Royaume qu'ils formérent d'une partie de la Gaule Celtique, & de la Gaule Narbonnoise. Boson Comte d'Ardenne qui avoit épousé Ermengarde fille de Louis II. Empereur d'Italie, se fit élire Roi de Provence par les Etats du Pays assemblés à Mentale au mois d'Octobre de l'année 879. Louïs son fils fut aussi Roi d'Italie, & on l'a surnommé l'Aveugle, parce que Berenger lui fit crever les yeux comme il alloit prendre possession de ce Royaume; il laissa d'Adelaïs, Charles-Constantin Prince de Vienne qui eut de Theberge, Amé pere de Humbert *aux blanches mains*, Chef de la Maison de Savoye, dont l'Origine a été recherchée par tant d'Ecrivains avec si peu de succès, & avec tant de préventions pour leurs sentimens. La plûpart ont cru relever la gloire de cette Origine en la tirant des anciens Ducs de Saxe, mais cette opinion se détruit d'elle-même pour peu qu'on veuille l'examiner, & on ne trouvera à travers le grand nom de Witikind, & de Beroald, qu'un fonds de flaterie & une ignorance grossière; comme si les Ducs de Savoye n'étoient pas assés honorés de compter parmi leurs premiers Ayeux deux Rois de France, un Empereur d'Italie, quatre Ducs de Bourgogne, & une Impératrice Reine de France. J'entrerois dans une plus longue discussion de la fausseté des Généalogies qui ont été publiées là-dessus, si deux savans Hommes à qui toutes les Maisons de l'Europe sont redevables d'une infinité de belles découvertes, n'avoient pris soin de nous en instruire, & de nous démêler une vérité si cachée jusques à présent.

Humbert fut Comte de Savoye & de Morienne, il fut surnommé *aux blanches mains*, parce qu'il avoit les mains fort belles. L'Empereur Conrad le Salique lui donna les Seigneuries de Chablais, & de Valais avec la propriété de S. Maurice, en récompense des services qu'il lui rendit contre Eudes, Comte de Champagne, son Compétiteur au Royaume de Bourgogne; il mourut l'an 1046. laissant d'Ancilie, dont on n'a pu encore découvrir la Maison, Amé I. qui fut marié avec Adée ou Adalelgide, dont il eut un fils nommé Humbert mort avant lui. Odon son frere lui succéda l'an 1047. il épousa Adélaïde de Suse, fille de Mainfroy Marquis de Suse, & de Berthe d'Yvrée, & veuve d'Herman Duc de Suabe, laquelle lui porta en dot le Marquisat de Suse, le Val-d'Aoûte & le Duché du Turin, avec plusieurs autres Terres sur la Côte de Gennes; de ce mariage vinrent Pierre de Savoye Marquis de Suse, & Amédée II. Comte de Savoye. Le premier mourut l'an 1078. & n'eut que deux filles d'Agnès de Guienne, Agnès qui fut mariée avec Fréderic de Montbelliard Comte de Luxembourg, & Alix femme de Boniface Marquis de Saluces; Amé II. acquit le Bugey par concession de l'Empereur Henri III. il mourut vers l'an 1090. & laissa d'Adele fille de Gerard I. Comte de Genève, Humbert II. surnommé le *Renforcé*, qui conquit la Tarentaise à la sollicitation d'Héraclius Archevêque de Tarentaise pour se délivrer des invasions d'Aymery Seigneur de Briançon; il prit le premier la qualité de Comte de Piémont comme héritier d'Adelaïde de Suse, son Ayeule paternelle. Sa mort est marquée en l'année 1103. il épousa Gisle fille de Guillaume II. dit *Tête hardie*, Comte de Bourgogne, de Vienne & de Mâcon, & de Gertrude de Limbourg, dont il eut Amé III. que l'Empereur Henri IV. créa Comte de l'Empire l'an 1107. ou en 1111. selon d'autres; il eut quelques différends avec le Roi Louïs le Jeune, qui furent terminés par Pierre le Vénérable Abbé de Cluny. Il mourut à Nicosie dans l'Isle de Cypre l'an 1149. & eut de Mahaud fille de Guy VI. Comte d'Albon & de Grenoble, & d'Agnès de Barcelone, Humbert III. surnommé le *Saint*. Ce Prince fit de grandes Libéralités à plusieurs Eglises, il prit le parti du Pape Alexandre V. contre l'Empereur Frideric Barberousse, qui pour s'en venger, donna aux Evêques de Turin, de Maurienne, de Tarentaise, de Genève, & de Bellai la Temporalité de leurs Diocèses, & les déclara en même tems Princes de l'Empire. Humbert mourut en odeur de Sainteté à Chambery le 4. Mars de l'an 1188. Il n'eut point d'enfans de Faydide fille d'Alphonse I. Comte de Toulouse, mais il eut de Germaine fille de Bertold IV. Duc de Zernigen, Agnès de Savoye; & ensuite de Béatrix fille de Gerard Comte de Vienne & de Mâcon qu'il épousa en troisièmes nôces, Thomas I. qui regna après lui. L'Empereur Philippe de Suève donna à celui-ci l'Investiture de tous les Etats qu'il possédoit avec les Villes & Châteaux de Quiers & de Testonne en Piémont, & le Château de Modon dans le Pays de Vaud: Amé Seigneur de Pontverre lui céda tout ce qui lui appartenoit depuis Lausane jusques au Mont S. Bernard: l'Empereur Frideric II. le fit Vicaire de l'Empire dans le Piémont, & dans la Lombardie: les Villes de Savonne & d'Albenga se mirent sous sa protection, & promirent de lui remettre toutes leurs Terres sur la Rivière de Gennes, ce qui causa quelques brouilleries entre ce Prince & la République de Gennes: il acquit de Berlion Vicomte de Chambery tous les droits qu'il avoit sur la Ville & sur le Territoire de Chambery, & ensuite de cette donation il fit de cette Ville la Capitale de ses Etats deçà les Monts; il mourut à Aoûte le 20. Janvier 1233. Il n'eut point d'enfans de Béatrix fille de Guillaume I. Comte de Genève, mais il laissa de Marguerite de Foucigny fille unique & héritière de Guillaume Seigneur de Foucigny, Amé IV. qui remit à son obéïssance la Ville de Turin laquelle s'en étoit souftraite durant le regne de son pere, & par le même Traité Boniface Marquis de Montferrat lui céda tous les droits qu'il pouvoit avoir sur cette Ville. Il acquit la Seigneurie de Rivoles l'an 1236. & deux ans après l'Empereur Frideric II. érigea en sa faveur les Seigneuries d'Aoûte, & de Chablais en Duchés; il mourut au Château de Montmelian le 24. Juin 1253. laissant d'Anne fille d'André de Bourgogne dit Dauphin, Comte de Vienne, de Gap, & d'Albon, qu'il épousa en premiéres nôces, Béatrix & Marguerite, & de Cécile de Beaux surnommée Passe-Rose, à cause de son excellente beauté, fille de Barral premier Seigneur de Beaux & de Venaissin, & Vicomte de Marseille, Boniface qui lui succéda, & qui après avoir remporté une victoire signalée près de Rivoles sur Charles d'Anjou Comte de Provence, & sur Guillaume de Montferrat, mourut de déplaisir d'avoir été battu par ceux d'Ast dans la Plaine de Turin. Comme il ne laissa point de postérité, ses Sœurs Béatrix, Constance, & Léonor prétendirent lui succéder; mais elles en furent exclues par la Loi Salique, & Pierre de Savoye, Comte de Romond, son oncle, fut déclaré son Successeur présomptif, même au préjudice des enfans de Thomas, Comte de Maurienne & de Flandre, son frere aîné, parce que le droit de primogéniture n'étoit pas encore établi dans la Maison de Savoye. Ce Prince se rendit maître de Turin, malgré la résistance des Habitans: il repassa en Angleterre où l'Empereur Richard son neveu lui donna l'Investiture des Duchés de Chablais & d'Aoûte, & lui confirma le titre de Vicaire de l'Empire; & après la mort de Berthold V. dernier Duc de Zeringen, qui mourut l'an 1218. il acquit la Seigneurie de Vaud, dont il possédoit déja la plus grande partie. La Ville de Berne se mit sous sa protection l'an 1266. contre Everard d'Hasbourg Comte de Lauffemberg, qui vouloit l'envahir, & ce fut en exécution de ce Traité que Rodolphe Seigneur de Stralinguen lui fit hommage dans l'Eglise de cette Ville: sa mort arrivée dans le Château de Chillon dans le Pays de Vaud le 7. Juin 1268. fit passer la Couronne de Savoye à Philippe son frere, parce qu'il ne laissa d'Agnès de Foucigny qu'une fille nommée Béatrix, laquelle épousa en premiéres nôces Guy Dauphin de Viennois, & en secondes Gaston Vicomte de Béarn. Philippe fit d'abord la guerre à Guy Dauphin son neveu, mais elle fut terminée par la médiation de Marguerite Reine de France; les Bernois le reconnurent pour leur Protecteur, & ensuite pour Seigneur Souverain par Acte du 8. Septembre 1268. lui remettant les Péages, la Monnoye, & la Justice de la Ville pour en jouïr avec la même autorité que les Empereurs & les Rois des Romains avoient accoutumé d'y avoir. Il fit lever le Siège de Neuchâtel à Rodolphe Comte d'Asbourg, & après cette expédition la Ville de Nyon se donna à lui. Il mourut au Château de Roussillon en Bugey

le 17. Novembre 1285. & choisit pour son Successeur Amé de Savoye son neveu Seigneur de Bresse, & de Baugé second fils de Thomas de Savoye Comte de Flandre, & de Béatrix de Fiesque qu'il avoit épousée en secondes nôces. Ce Prince, qu'on surnomma le *Grand* à cause de sa valeur, acheta la Seigneurie de Revermond de Robert Duc de Bourgogne. Il assista ceux de Fribourg contre les Bernois. L'Empereur Henri VII. le créa en 1310. lui & ses successeurs Prince de l'Empire en reconnoissance d'avoir beaucoup contribué à son Election, & deux ans après la Ville d'Yvrée le reconnut pour son Souverain par la négociation d'Albert de Gonzague qui en étoit Evêque; il fut Arbitre des différends des Rois de France & d'Angleterre, & cimenta cette Paix par le mariage de Marguerite de France Sœur de Philippe le Bel avec Henri d'Angleterre. Il mourut à Avignon le 16. Octobre 1323., laissant de Sibile de Baugé, fille de Guy Sire de Baugé & de Bresse, qu'il avoit épousée en premiéres nôces Edouard surnommé le *Libéral*, dont le regne ne fut que de six ans; on l'accuse d'avoir fait un notable préjudice à sa Maison en donnant la Liberté à ceux de Berne qu'il affranchit de la Souveraineté des Comtes de Savoye. Comme il n'eut qu'une fille nommée Jeanne, de Blanche de Bourgogne, fille aînée de Robert II. Duc de Bourgogne, Aymon son frere lui succéda. Sa Niéce qui étoit mariée avec Jean III. Duc de Bretagne voulut lui disputer la Couronne; mais elle en fut déclarée inhabile par les trois Etats du Pays; ensuite elle céda à son oncle tous ses droits, & prétentions moyennant six mille Livres de Rente, par un Traité conclu à Vincennes le 22. Novembre 1329.; mais ce Traité n'ayant point été exécuté, elle en fit donation par son Testament à Philippe de Valois d'Orléans son Cousin, qui s'en accommoda avec le Comte Verd pour deux mille Livres de rente à prendre sur le Trésor, & sur les Châteaux de Vincestre & de Milly, par Transaction passée à Chambery le 25. Février 1346. Aymon fut un Prince fort sage, aimant la justice, & ne s'appliquant qu'à maintenir la paix dans ses Etats. Il eut de grands différends avec le Dauphin de Viennois: comme leurs forces étoient presque égales, cette égalité entretenoit leur jalousie, & les armoit sur le moindre brouillerie l'un contre l'autre; il épousa Yoland de Montferrat fille de Théodore Paléologue Marquis de Montferrat, & il fut stipulé dans le Contrat que si Théodore ou ses descendans venoient à mourir sans mâles, Yoland ou ses Successeurs hériteroient du Montferrat, à la charge de payer aux filles leur dot en argent. Aymon mourut au Château de Montmelian, le 24. Juin 1343. & institua son héritier universel Amé VI. son fils aîné, si connu sous le nom du Comte Verd. Comme il n'avoit que dix ans, il demeura sous la Tutelle de Louïs de Savoye Seigneur de Vaud son oncle, & d'Amé Comte de Genève son cousin: il prit souvent les armes

mes contre Humbert dernier Dauphin de Viennois, croiant par-là obliger ce Prince foible & timide à le faire son héritier; mais il s'abusa, & il fut supplanté par le Roi Philippe de Valois dont il redouta la puissance. Catherine de Savoye Comtesse de Namur lui vendit l'an 1359. [a] La Baronnie de Vaud, & les Terres qu'elle possédoit dans le Bugey & le Valromey pour soixante mille florins, à condition qu'elles demeureroient unies inséparablement à la Savoye; l'Empereur Charles IV. lui céda tous les droits de l'Empire sur le Marquisat de Saluces, ce qui fut le levain d'une mesintelligence continuelle entre les Comtes de Savoye & les Marquis de Saluces, ceux-ci ne prétendant qu'être Vassaux des Dauphins de Viennois. Louïs Duc d'Anjou se départit en sa faveur l'an 1387. [b] de toutes les prétentions que les Comtes de Provence ses prédécesseurs pouvoient avoir sur le Comté de Piémont; la Ville de Cony se donna à lui l'an 1382. & presque dans ce même tems le Pape Clément VII. [c] lui fit donation du Château de Dian en récompense des services qu'il avoit rendus au S. Siège; il mourut de la peste l'année d'après au Château de S. Etienne Diocèse de Bitonto au Royaume de Naples, soutenant le parti de Louïs d'Anjou adopté par la Reine Jeanne, contre Charles de Duras que le Pape Urbain VI. avoit couronné Roi de Naples. Il institua l'Ordre du Collier qui a depuis été appellé l'Ordre de l'Annonciade, & établit par son Testament du 27. Février 1383. le droit de Primogéniture dans sa Maison; il avoit épousé Bonne de Bourbon fille de Pierre Duc de Bourbon, & d'Isabelle de Valois, dont il eut Amé VII. surnommé le *Rouge* qui fut un des plus sages, & des plus vaillans Princes de son Siècle; il soutint avec beaucoup de vigueur les droits de son Domaine contre le Marquis de Saluces, & le Seigneur de Beaujeu. Il fit la guerre aux Valaisans pour les intérets d'Edouard de Savoye son parent Evêque de Sion: ceux des Comtés de Nice & de Vintimille pressés par les Partisans de la Maison d'Anjou, & ne pouvant être secourus par Ladislas fils de Charles de Duras, se soumirent à lui l'an 1388. [d] ce que firent à leur exemple ceux de Barcelonnette, & des Vallées voisines; il en reçut le serment de fidélité [e], après quoi la Souveraineté lui fut confirmée par deux Déclarations, l'une du 2. Août 1388. & l'autre du 28. Septembre de la même année; il se tua d'une chûte de Cheval en poursuivant un Sanglier aux environs de Ripaille le 1. Novembre 1391. Amé VIII. n'avoit que huit ans quand son père mourut, la Régence fut disputée entre Bonne de Berri sa Mere, & Bonne de Bourbon son Ayeule; mais celle-ci l'emporta & eut l'administration des Etats de Savoye jusques en l'année 1398. qu'Amé devenu majeur s'en chargea lui-même. Odon de Villars Comte de Genève lui remit le Comté de Genève [f] avec tous les droits que les Comtes de Genève avoient dans le Dauphiné, le Viennois & le Graisivo-

dan; & le Price lui donna en récompense quarante-cinq mille francs d'or, avec la Seigneurie de Châteauneuf en Valromey. Il envoya du secours au Duc de Bourgogne contre les Liégeois qui avoient chassé Jean de Baviére leur Evêque, & ensuite il eut quelques différends avec Louïs Duc de Bourbon pour les hommages de la Seigneurie de Dombes; & après que cette affaire eut été terminée, il vint à Paris l'an 1410. à la prière du Roi qui lui donna la Vicomté de Maulévrier. Étant de retour dans ses Etats il accompagna l'Empereur Sigismond en Italie, auquel il fit si grands honneurs que Sigismond en reconnoissance érigea le Comté de Savoye en Duché par ses Lettres Patentes datées de Chambery le 19. Février 1416. Il fit la guerre aux Valaisans en faveur des Barons de Rarons qui étoient autrefois les plus puissans Seigneurs du Haut Valais: il acquit le Mondovi ancienne dépendance du Montferrat, comme Successeur présomptif d'Amé de Savoye Prince d'Achaye, & de Louïs de la Morée son frere; & après la mort de celui-ci qui arriva l'an 1418. il hérita du Comté de Piémont. Yoland d'Arragon mere & Tutrice de Louïs III. Roi de Naples & de Sicile, & Comte de Provence, lui céda tous les droits que son fils pouvoit avoir sur le Comté de Nice, & sur la Principauté de Barcelonnette, & il lui quitta en échange la somme de cent soixante mille francs d'or, avec les intérets, que le Comte Verd avoit dépensée en Sicile, & dans la Pouille, au secours de Louïs I. Roi de Naples & Comte de Provence [g]. Louïs de Poitiers Comte de Valentinois, & de Diois l'appella à sa succession par son Testament, si Charles Dauphin de Viennois qu'il avoit institué son héritier, n'en exécutoit pas toutes les conditions; comme il arriva par le Traité d'accommodement que le Dauphin fit avec Louïs de Poitiers Seigneur de S. Valier contre la volonté du Testateur, ce qui obligea le Duc de Savoye d'en prendre possession par des Députés qu'il y envoya le 24. Août 1422. Louïs de Châlons Prince d'Orange lui intenta procès pour le Comté de Genève qu'il prétendoit lui devoir appartenir du Chef de Jeanne de Genève son Ayeule maternelle; mais il en fut débouté par Arrêt de l'Empereur Sigismond, rendu à Bâle le 29. Mai 1424. Ce Prince ayant ensuite renoncé à ses Etats sans qu'on ait pu découvrir la véritable raison, se retira à Ripaille sur le Lac de Genève, & quelque tems après il fut élu Pape par le Concile de Bâle, & prit le nom de Felix V.

Comme l'Eglise étoit déchirée par le Schisme, & qu'on ne pouvoit le faire cesser qu'en procédant à une Election Canonique, il consentit à sa déposition & conserva le titre de Cardinal avec la prérogative de porter les ornemens Pontificaux; il mourut à Genève le 7. Janvier 1451. Il eut de Marie de Bourgogne fille de Philippe le *Hardi*, & de Marguerite Comtesse de Flandre, Amé & Louïs: le premier étant mort le 2. Août 1431. Louïs

Marginal notes:
[a] Contrat du mois de Juillet.
[b] Lettres Patentes du 19. Février.
[c] Acte du 10. Avril.
[d] Par Acte du mois de Février. 1388.
[e] Par Acte du mois de Mai.
[f] Par Acte du 5. Août 1401.
[g] Ce Traité fut fait à Chambery le 5. Octobre 1419.

fon fils puîné lui fuccéda. Il termina les différends qu'il avoit avec le Duc de Bourbon au fujet des Fiefs de la Seigneurie de Dombes, il fit enfuite une Ligue avec le Duc de Bourgogne, & s'accommoda avec le Dauphin touchant fes prétentions fur les Comtés de Valentinois, & de Diois: le Traité fut conclu à Bayonne le 3. Avril 1445. & en récompenfe Louïs Dauphin de Viennois lui céda la Seigneurie directe & l'hommage du Foucigny; le Roi Charles VII. ratifia ce Traité à Chinon, & le confirma par un autre Traité qui fut conclu à Genève le 1. Mai 1446. [a] Après cet accord le Duc de Savoye, convaincu que les partages ruïnent ordinairement les Maifons des Princes, déclara le Domaine de Savoye inaliénable; George & Charles Marquis de Carreto lui firent donation [b] des Seigneuries & Châteaux de Zucarello, Bardinet, Château-Blanc, & Stevalet, & quelque tems après ceux de Fribourg abandonnés par Albert Duc d'Autriche, & craignant d'être attaqués par ceux de Berne, le reconnurent pour leur Souverain [c] à condition qu'il conferveroit leurs Privilèges. Comme il avoit beaucoup contribué au mariage de Charlotte de Savoye fa fœur avec le Dauphin qui l'avoit fait fans le confentement du Roi, Charles VII. lui déclara la guerre l'an 1452. néanmoins elle fut terminée fur la fin de l'année, & par le Traité de Paix, ce Prince s'obligea de fervir le Roi avec quatre cens Lances à fes dépens, envers tous, excepté le Pape & l'Empereur. La néceffité où il étoit alors d'avoir de l'argent, l'obligea de vendre la Baronnie de Gex à Jean d'Orléans Comte de Dunois & de Longueville, à faculté de rachat; il mourut à Lyon le 29. Janvier 1465. laiffant d'Anne fille de Janus Roi de Cypre, & de Charlotte de Bourbon, Amé IX. furnommé le *Bienheureux*. Ce Prince fe déclara pour le Roi Louïs XI. contre le Duc de Bourgogne, & lui envoya des Troupes; mais une longue & fâcheufe maladie l'ayant rendu incapable du Gouvernement, les Etats du Pays déférèrent la Régence à la Ducheffe Yoland. Les Princes de Savoye outrés de ce qu'elle l'avoit emporté fur eux, levèrent des Troupes, & voulurent foutenir leurs droits par les armes: le Comte de Genève furprit Montmelian, & fe faifit du Duc Amé qu'il fit conduire à Chambery; mais Louïs XI. ayant envoyé une Armée au fecours de la Ducheffe fa fœur, il fe tint une Conférence à la Peroufe où la querelle fut appaifée; après quoi le Duc de Savoye paffa les Monts, & vint à Verceil où il mourut la veille de Pâques de l'année 1472. Philibert I. qu'il eut d'Yoland de France fut fon fucceffeur: le Regne de ce Prince fut déchiré par des Guerres Civiles qui faillirent à ruïner la Savoye. Comme il n'avoit que fix ans quand fon pere mourut, les Comtes de Romont, & de Breffe, & l'Evêque de Genève fes Oncles, ne purent fupporter que la Ducheffe leur eût été de nouveau préférée pour la Régence: ils fe faifirent de ce Prince & contraignirent fa mere de fe retirer en Dauphiné: Louïs XI. Médiateur de ce différend pacifia les troubles à condition que la Ducheffe demeureroit Régente, mais elle ne fut pas long-tems paifible dans le Gouvernement; le Duc de Bourgogne la fit enlever, & la retint prifonnière dans le Château de Rouvre; cette violence obligea les Etats de Savoye à fe mettre fous la protection du Roi, il donna le Gouvernement des Pays deçà les Monts à l'Evêque de Genève, & celui de Piémont au Comte de Breffe; on lui remit la garde de Chambery, & de Montmelian, & il prit foin des jeunes Princes qu'il fit venir en France. Pendant ce tems-là, la Ducheffe fe fauva de fa prifon, & après avoir vifité le Roi à Tours, elle retourna dans fes Etats, où elle mourut l'an 1478. fa mort excita de nouveaux troubles, parce que le Prince n'étoit pas encore Majeur. Le Roi choifit douze perfonnes pour compofer le Confeil d'Etat, & pour prendre connoiffance de toutes les affaires; & il donna le Gouvernement de la Savoye, & du Piémont au Comte de la Chambre. Philibert ne furvéquit pas long-tems à fa Majorité; il fe laiffa fi fort emporter, à Lyon où il étoit venu faluer Louïs XI. au plaifir de courre la Bague & des Tournois, qu'il en mourut d'une fiévre maligne le 22. Avril 1482. âgé feulement de dix-fept ans, fans laiffer des enfans de Blanche-Marie Sforce fille de Galéas-Marie Sforce, & de Bonne de Savoye.

Charles I. fon frere regna après lui, fon regne fut court, mais glorieux par les avantages qu'il remporta fur fes Ennemis, & particulièrement fur le Marquis de Saluces, qu'il chaffa de fes Etats. Il prit la qualité de Roi de Cypre, en qualité d'héritier préfomptif de Charlotte de Lufignan Reine de Cypre, il mourut à Pignerol le 13. Mars 1489. à la vingt & unième année de fon âge, laiffant de Blanche de Montferrat Charles II. qui demeura fous la Tutelle de fa mere malgré les prétentions des Comtés de Genève & de Breffe. Ce Prince étant mort le 16. Avril 1496. Philippe de Savoye, Comte de Breffe fon grand oncle, lui fuccéda; mais il ne regna qu'un an. Philibert II. dit le *Beau*, qu'il avoit eu de Marguerite de Bourbon, fille de Charles Duc de Bourbon & d'Agnès de Bourgogne fa première femme, lui fuccéda l'an 1497. Il affifta l'Empereur Maximilien contre les Florentins, & fe ligua avec Louïs XII. pour le recouvrement du Duché de Milan; il le reçut à Turin, avec une magnificence extraordinaire, & enfuite il alla à Rome pour conférer avec le Pape Alexandre VI. fur la Croifade qu'il lui avoit propofée: l'Empereur Maximilien lui donna l'hommage des Comtés de Radicata & de Coconat par fes Lettres Patentes datées d'Anvers le 1. Avril 1503. pour en jouïr avec les mêmes Droits que faifoient les Empereurs; & par d'autres Lettres du 15. Octobre de la même année, il lui quitta tous les Droits Impériaux fur les Terres que le Duc de Bourbon poffédoit entre les

[a] Cette Déclaration fut faite à Genève le 22. Avril 1445.
[b] L'Acte de cette donation eft du 11. Mars 1448.
[c] Cette reconnoiffance fe fit le 10. Juin 1450.

les Riviéres de Saone & d'Ains, avec les hommages & la Jurifdiction temporelle fur les Villes & Diocéfes de Sion, de Laufane, de Genève, d'Aoûte, d'Yvrée, de Turin, de Maurienne, de Tarantaife, de Verceil, & de Mondovy, & fur tout ce qui dépendroit de ceux de Lyon, de Mâcon, & de Grenoble dans fes Etats, conformément à la conceffion que l'Empereur Charles IV. en avoit faite au Comte Verd. Ce Prince mourut au Pont d'Ains le 10. Septembre 1504. fans avoir de poftérité d'Yoland de Savoye fille de Charles I. Duc de Savoye & de Blanche de Montferrat, ni de Marguerite d'Autriche fille de l'Empereur Maximilien, & de Marie de Bourgogne qu'il époufa en fecondes nôces.

Charles III. fon frere dit le *Bon* fut fon Succeffeur, fon regne fut long, pénible & malheureux; & il eut le déplaifir de voir fon Pays devenir le Théâtre de la Guerre entre François I. & Charles-Quint. Il fuivit d'abord le parti de la France avec beaucoup de fermeté; mais les profpérites de Charles-Quint l'ayant ébloui, il fe déclara pour la Maifon d'Autriche, ce qui obligea le Roi de lui faire la guerre, qui fut terminée par l'entremife des Suiffes avec lefquels ce Prince s'étoit allié par le Traité conclu à Bade au mois de Mai 1512. Il affifta au Couronnement de Charles-Quint qui donna à Beatrix de Portugal que Charles avoit époufée, le Comté d'Aft, pour elle & pour fes Defcendans; & par d'autres Lettres datées de Maline le 20. Novembre 1531. il lui donna la Souveraineté & le Vicariat de l'Empire fur ce Comté & fur le Marquifat de Ceve; il attaqua enfuite ceux de Genève, qui s'étoient fouftraits de fon obéiffance. Ce fut la raifon pour laquelle ceux de Berne lui déclarérent la guerre l'an 1536. prétendant qu'il avoit contrevenu au Traité d'Alliance, en infultant leurs Alliés & Combourgeois: ils s'empárerent du Pays de Vaud, ils chafférent l'Evéque de Laufane de la Ville, & fe rendirent maîtres du Pays de Gex, du Genevois, & du Chablais jufques à la Riviére de Dranfe, & en même tems les Valaifans envahirent le refte du Chablais, & ceux de Fribourg fe faifirent du Comté de Romont. Il étoit impoffible au Duc de Savoye de s'oppofer à ces conquêtes, François I. dont il avoit lâchement abandonné les interets contre la Foi des Traités, & dans un tems qu'il paroiffoit le plus attaché à fon alliance, l'avoit attaqué avec des forces confidérables, & l'avoit dépouilié de tous fes Etats, la reftitution en fut ftipulée par le Traité de Crepy en Laonnois qui fut conclu entre le Roi & l'Empereur le 15. Octobre 1544. mais quelques difficultés l'ayant empêchée, ce Prince en mourut de regret à Verceil le 16. Septembre 1553. avec les fentimens d'un véritable repentir touchant fa mauvaife conduite envers le Roi, & convaincu qu'il méritoit le traitement qu'il s'étoit attiré en manquant à fa parole, laquelle doit être inviolable entre les Souverains. Le Roi lui avoit fait propofer l'an 1539. de lui céder le Comté de Nice avec fes appartenances & fes dépendances, & qu'il lui donneroit en échange vingt mille écus de rente dans quelque endroit du Royaume qu'il voudroit choifir, pourvû qu'en même tems il lui remît en dépôt Turin, Moncalier, Pignerol & Savillon, jufques à ce qu'il eût fait la Paix avec l'Empereur: cette propofition fut fort examinée dans fon Confeil; la plûpart de fes Miniftres lui confeilloient d'accepter cette offre fur le danger qu'il y avoit à s'y oppofer, d'autant qu'il avoit offert à l'Empereur de lui céder tous les Pays qu'il poffédoit deçà les Monts, depuis Nice jufques à Valais, en échange d'autres Terres dans la Lombardie; il fut d'un fentiment contraire gagné par les Penfionnaires d'Efpagne qui en le piquant d'honneur le jettérent dans l'embarras dont il ne put plus fe tirer.

Emanuel Philibert qu'il avoit eu de Beatrix de Portugal commandoit l'Armée de l'Empereur en Flandre, lors qu'il apprit la nouvelle de la mort de fon pere; comme il ne fuccédoit alors qu'aux titres de fes Ancêtres, il conferva le Commandement de l'Armée & remporta fur le Connétable de Montmorency la célèbre Victoire de S. Quentin; il fut rétabli dans fes Etats par le Traité du Câteau-Cambrefis, & pour profiter de la méchante Politique de fon pere, il époufa Marguerite de France fœur du Roi Henri II. & s'attacha fortement à fes interets, comme le plus fûr moyen de regner tranquillement, & de fe mettre à couvert des infultes de fes ennemis. Ses premiers foins après fon rétabliffement furent de corriger les abus, qui s'étoient gliffés dans l'adminiftration de la Juftice, enfuite il envoya fes Députés à Lyon où les Ambaffadeurs du Roi devoient fe trouver pour éclaircir avec eux les Droits qu'il avoit fur la Savoye; mais cette Affemblée fe fépara fans rien conclure, & le Roi lui fit rendre les Villes de Turin, Quiers, Chivas, & Villeneuve d'Aft; les Bernois lui rendirent en exécution du Traité de Laufane du 30. Octobre 1564. le Pays de Gex, & tout ce qu'ils tenoient aux Bailliages de Chablais, de Ternier & de Gaillard, mais ils retinrent le Pays de Vaud; les Valaifans relâcherent auffi par le Traité du 4. Août 1569. tout ce qui eft au deçà de la Riviére de Morges, jufqu'à la Riviére de Dranfe, mais ceux de Fribourg s'opiniâtrérent à garder le Comté de Romont. Il échangea l'an 1575. avec Renée de Savoye Comteffe de Tendes, veuve de Jacques Marquis d'Urfé, le Comté de Baugé dans la Breffe, & la Seigneurie de Rivoles en Piémont, pour les Seigneuries de Marro & de Prelle, & tout ce qu'elle poffédoit à Oneille, Vintimille, Pornaix & Carpas, de la Succeffion d'Honoré de Savoye Comte de Tende fon frere; Beffe Ferrero Marquis de Mafferan lui céda par le Traité du mois de Décembre 1576. les Seigneuries de S. Balarin, Lombardore, Montanara & Falet avec le Droit de Patronage de l'Abbaye de S. Benigne, & il lui

lui donna en échange le Marquisat de Crevecœur. Il renouvella l'alliance avec les Cantons Catholiques en 1577. & il acquit en 1579. d'Henriette de Savoye Marquise de Villars les droits qu'elle avoit sur le Comté de Tende & sur Oneille, Vintimille, Marro & Prelle ; à quoi il est bon d'ajouter que Jérôme Doria lui avoit déja remis la Seigneurie d'Oneille avec toutes ses dépendances, pour les Seigneuries de Ciriez & de Cavallimours qu'il lui donna à la reserve de l'hommage, & de la Souveraineté.

Charles Emanuel qu'il eut de Marguerite de France lui succéda l'an 1580. Il fut un des plus grands Princes de son tems, habile dans le Cabinet, savant dans le Métier de la guerre, & connoissant parfaitement bien ses interêts ; les Electeurs se déclarérent en sa faveur pour le Vicariat de l'Empire, & il fut décidé qu'il précéderoit tous les Princes d'Italie à la Cour de l'Empereur, & par-tout ailleurs. Il se saisit du Marquisat de Saluces durant les Guerres Civiles de France l'an 1588. & profitant des troubles du Royaume après la mort d'Henri III. il entra en Provence dont il conquit la plus grande partie ; mais les affaires ayant changé de face pendant le Voyage qu'il fit en Espagne par la valeur de Lesdiguiéres & par l'adresse de la Comtesse de Sault, il fut contraint à son retour de se retirer dans ses Etats. Henri IV. après son avénement à la Couronne, lui demanda la restitution du Marquisat de Saluces, & le menaça s'il ne le faisoit de lui déclarer la guerre, il se fit diverses propositions de part & d'autre : le Duc de Savoye n'oublia rien de tout ce que la plus fine Politique peut mettre en usage pour éviter cette restitution ; mais le Roi plus habile que lui l'y contraignit, & par le Traité qui fut conclu à Lyon par la médiation du Cardinal Aldobrandin Légat du Pape, il céda au Roi la Bresse, le Bugey, le Valromey, le Pays de Gex, & par cet échange il conserva le Marquisat de Saluces.

Après l'exécution de ce Traité, le Duc de Savoye forma une entreprise sur Genève, mais soit quelle eût été mal concertée, ou mal conduite, elle ne réussit pas mieux que celle qu'il tenta quelque tems après sur le Royaume de Cypre. Ce fût alors que pour satisfaire son ambition & pour dissiper les soupçons que le Roi avoit de son attachement pour la Maison d'Autriche, il lui fit représenter que la conjoncture étoit favorable pour se rendre maître du Milanez, tant par la nécessité où les Espagnols étoient réduits, que par le peu de Troupes qu'il y avoit dans les principales Places de ce Pays, & par les dispositions qu'il y avoit parmi le Peuple à secouer le joug de leur Domination. Il est certain que cette affaire entra dans les vastes projets qu'Henri IV. avoit formés contre la Maison d'Autriche ; mais sa mort renversa tous ses desseins, & le Duc de Savoye ne songea plus qu'à se prévaloir de la mort du Duc de Mantoue, pour s'emparer du Montferrat sur lequel il avoit de grandes prétentions. Il déclara la guerre au Cardinal de Mantoue pour qui le Roi se déclara ; mais comme le secours qu'on lui avoit promis, étoit encore incertain, ce Prince se mit sous la protection des Espagnols qui envoyérent des Troupes dans le Montferrat, ce qui détermina le Duc de Savoye de consentir au Traité de Paix qui fut conclu à Milan. Comme il ne fut pas exécuté de bonne foi de la part du Duc de Mantoue, & que les Espagnols au lieu d'évacuer le Montferrat mettoient des Garnisons dans les Places, il négocia une Alliance avec la France qui promit de joindre ses Troupes aux siennes, si les Espagnols refusoient d'accepter la Paix qui venoit d'être arrêtée par l'entremise de ses Ambassadeurs & de ceux d'Angleterre & de Venise. Ce Traité fut conclu à Ast ; mais il survint de si grandes difficultés touchant l'exécution, que la guerre se ralluma de part & d'autre ; le Roi se déclara pour le Duc de Savoye après la prise de Verceil qui découvrit assez les intentions des Espagnols. Le Maréchal de Lesdiguiéres commanda l'Armée qui passa les Monts ; mais pendant ce tems-là, ce qui fut arrêté à la Cour de France par le Nonce du Pape, & par les Ambassadeurs de Venise, ayant été ratifié par le Roi d'Espagne, il y eut une Conférence à Pavie, après laquelle le Duc de Savoye accepta le Traité d'Ast, & ce fut en exécution de ce Traité qu'il licencia la plus grande partie de ses Troupes, après quoi le Prince de Piémont épousa Madame Chistine sœur du Roi.

Ce mariage ne fut qu'un effet de sa Politique, quelque attachement qu'il marquât pour la France, il avoit de grandes vûes qu'il ne pouvoit faire réussir que par son appui, c'est ce qui l'obligeoit de soutenir les dehors d'une véritable & sincère correspondance ; mais dans le fond il n'étoit attaché qu'à ses interêts qui seuls le faisoient mouvoir ; c'est ce qui parut dans la guerre qu'il fit au Duc de Mantoue. Car dès que ce Prince eut recherché la protection du Roi, il se ligua avec les Espagnols ; cet engagement obligea de faire entrer des Troupes dans ses Etats, les barricades de Suse furent forcées malgré toutes ses précautions, & il fut contraint de signer le Traité de même nom qui fut arrêté le 11. Mars 1629. par lequel il accorda non-seulement le passage pour les Troupes, mais encore il promit de fournir abondamment à leur subsistance & de ravitailler Casal. Comme il n'avoit pas moins d'éloignement pour l'exécution de ce Traité, que les Espagnols d'interêt à l'empêcher, il manqua à la plûpart des Articles ; le Cardinal de Richelieu s'avança à la tête de l'Armée, il voulut amuser ce grand homme en temporisant dans l'espérance de gagner par ce retardement, il tint la même conduite avec les Espagnols ; mais en croiant se rendre nécessaire aux deux Partis, il se rendit également suspect à l'un & à l'autre, & il se vit à la veille de perdre tous ses Etats, & de se perdre lui-même. Le Cardinal de Richelieu

chelieu qui avoit pénétré dans son dessein, lui faisoit donner le change par des Négociations, & dans le tems qu'il l'amusoit sur de vains prétextes, il vouluit le faire enlever à Rivoles, ce qui seroit arrivé, si celui qui en étoit chargé, & à qui il en coûta cher depuis, n'en eût fait avertir ce Prince qui de rage de s'être abusé & d'avoir couru un si grand risque se déclara entièrement pour la Maison d'Autriche, à laquelle il tenoit naturellement; le Roi se rendit maître de la Savoye, le Prince de Piémont fut défait à Veillane par le Maréchal de Montmorency, & le Duc de Savoye qui s'attendoit à la victoire, conçut un si grand déplaisir de cette défaite, qu'il en mourut à Savillan le 26. Juillet 1630. laissant de Catherine Michelle Infante d'Espagne, Victor Amédée Prince de Piémont, Maurice Cardinal de Savoye, & Thomas François Prince de Carignan.

Victor Amédée hérita de toutes les vertus de son pere, & répara par sa prudence le mauvais état où étoient ses affaires à son avénement à la Couronne: le Cardinal Mazarin qui n'étoit alors que Ministre du Pape, proposa une Tréve qui fut acceptée de part & d'autre, mais le tems en étant expiré, l'Armée Françoise marcha au secours de Casal, & comme elle arrivoit à Canet on reçut la Nouvelle du Traité de Paix conclu à Ratisbonne; les Espagnols refuserent de signer, & le Maréchal de Schomberg ne promit de l'exécuter qu'en ce qui concernoit le Duc de Savoye, il s'avança au delà du Torrent de la Gattola, & y mit l'Armée en bataille; les Espagnols étoient dans leurs retranchemens, résolus de se défendre jusqu'à l'extrémité, le Canon commençoit à tirer, & l'Avant-Garde Françoise se disposoit à l'attaquer des Lignes, lorsque Mazarin s'avançant vers le Camp, cria que la Paix étoit faite; les Généraux consentirent à une suspension, & ensuite le Maréchal de Toiras, & le Sr. de Servient se rendirent à Querasque où le Baron Galas se trouva de la part de l'Empereur, le Président Benzo pour le Duc de Savoye, & le Chancelier Guiscardi pour celui de Mantoue. Le Traité fut signé le 6. Avril 1631. par la Médiation de Pancirole, & de Mazarin Ministres de S. S. & on convint que les dix-huit mille Ecus de revenu que le Duc de Savoye devoit avoir dans le Montferrat avec la Ville de Trin seroient réduits à quinze mille: que sur ce revenu, il payeroit à l'acquit du Duc de Mantoue, à l'Infante Marguerite Duchesse Douairière de Mantoue sa sœur cent mille Ecus pour sa dot, augment, Bagués, & autres prétentions, & que pour sûreté du payement il lui remettroit trois Terres proches de Casal, savoir la Motte, les Rives, & Constanzano de trois mille Ecus d'or de revenu, qu'il pourroit racheter, & dont il conserveroit la Souveraineté: & que le Droit de Patronage de l'Abbaye de Lucedio avec la Souveraineté des Terres, & dépendances enclavées dans celles qu'on lui donnoit, appartiendroit au Duc de Mantoue, & à ses Successeurs, Ducs de Montferrat; l'exécution en fut faite le même jour, & il fut ratifié le 26. du même mois par le Duc de Savoye. Comme il restoit encore quelques difficultez touchant l'évacuation des Places, il fut stipulé par un second Traité du 30. du même Mois que le Roi feroit rendre au Duc de Savoye le 4. Juin les Villes & Châteaux de Saluces, Ville-Franche, & Vigon, avec toutes celles qu'il avoit delà les Monts, à la reserve de Suse, Pignerol, Briqueras, & Veillane; pour ce qui regardoit l'Article secret du premier Traité, dont les Espagnols avoient conçu de l'ombrage, il fut expliqué par un nouveau Traité du 19. Juin d'une manière qui dissipa tous leurs soupçons, & le Duc de Feria Gouverneur du Milanez en jura l'observation au nom du Roi d'Espagne, ce qu'il confirma par sa Déclaration datée de Pavie du 28. Juin.

Cependant quelques ménagemens que le Duc de Savoye gardât avec les Espagnols, ils avoient eu quelque vent de l'affaire de Pignerol, & quelques protestations qu'il leur fît faire pour les guérir, ils croioient que cette Place n'étoit plus en son pouvoir. Pour mieux entendre cette affaire, il faut observer que le Roi étoit persuadé que les Espagnols seroient toujours les Maîtres en Italie tant qu'il ne contrebalanceroit pas leur Puissance par le moyen d'une Place, qui lui faciliteroit l'entrée au delà des Alpes, lui donnât le moyen de pouvoir secourir les Princes que la Maison d'Autriche voudroit opprimer. Cette maxime avoit été négligée par ses Prédécesseurs: Henri IV. en avoit reconnu l'importance, & c'étoit la plus forte raison qui lui faisoit souhaiter avec tant d'empressement la restitution du Marquisat de Saluces: Louïs XIII. pour réparer cette faute, & pour s'opposer avec plus de facilité aux Conquêtes que les Espagnols méditoient de faire en Italie, & particuliérement celle du Montferrat qui leur ouvroit en même tems le passage de la Mer du côté de Final & celui des Alpes, fit demander Pignerol au Duc de Savoye: ce Prince témoigna d'abord de la répugnance, dans la crainte de se rendre les Espagnols irréconciliables & de ne pouvoir plus conserver la Neutralité, qui seule pouvoit le faire considérer par les deux Couronnes en tems de guerre; il fit naître des difficultés pour en éluder la Négociation, mais étant convaincu que l'intention du Roi ne regardoit que le bien de l'Italie, qu'il seroit le premier à en tirer de l'avantage, il lui remit cette Place par le Traité du 30. Mars 1630. avec Rive, Baudenasco, Biacosco Supérieur, Costa grande, le Finage de Pignerol, les Villages de l'Abbaye, le Valdelemie, le Village & Fort de la Perouse, Villars-les-Portes, le Grand & le Petit Diblon, leurs Finages, & autres Terres situées dans la Vallée de la Perouse qui sont sur la gauche, tirant de Pignerol à Pragela, & au delà de la Rivière de Chison, pour être lesdits Lieux unis à perpétuité à la Couronne

ronne de France, & évalués à seize mille Ecus de rente; & en échange le Roi lui promit de faire entrer la Ville d'Albe & l'Albesan dans l'évacuation des Terres qu'on devoit lui délivrer dans le Montferrat, & de payer le surplus à raison de deux pour cent, dès que le Roi seroit en possession de Pignerol. Ce Traité demeura secret, & il fut résolu qu'on ne le publieroit qu'après la conclusion de la Paix: on procéda à l'exécution du Traité de Ratisbonne, & après que les Troupes Françoises furent entrées dans Casal à cause des nouvelles levées, que le Duc de Feria faisoit dans le Milanez, on témoigna quelque mécontentement de la conduite du Duc de Savoye, pour avoir un prétexte de lui demander, comme on fit, Pignerol par forme de dépôt. Ce Prince s'en plaignit comme d'une contravention au Traité de Ratisbonne, & se contenta d'offrir le passage pour les Troupes du Roi, en cas que les Espagnols fissent de plus grands mouvemens: comme on le pressa plus fortement, & que le Duc de Feria lui répondit qu'il ne seroit pas en état de le secourir, s'il étoit attaqué, il remit au Roi cette Place pour six mois seulement par le Traité de Mirefleur du 19. Octobre 1631. mais après que le terme fut expiré, le Maréchal de Thoiras & le Sr. de Servient lui en ayant demandé la cession entière, il répondit qu'il n'y consentiroit jamais; & pour mieux leurrer les Espagnols qui furent les dupes de cette négociation, il les fit pressentir sous-main de l'aider à l'empêcher; leur impuissance parut le principal motif qui le détermina à y donner les mains, le Traité fut signé le 5. Juillet 1632. mais ce ne fut proprement que la publication de celui du 30. Mars dont j'ai déja parlé.

Le Paix étant alors bien établie, ce Prince voulut autoriser les Droits, qu'il avoit sur le Royaume de Cypre, usurpé par les Vénitiens sur ses Prédécesseurs, reprit la qualité & les Armes du Roi de Cypre, & fit fermer sa Couronne; on eut alors en France quelque ombrage de son entrevûe avec le Cardinal Infant à Ville-Franche, mais il fut bien-tôt dissipé quand on apprit les hostilités que Gaspard Toralto d'Arragon avoit commises dans le Piémont; cette affaire fut accommodée à Milan, où les Espagnols contre leur politique ordinaire, ayant reconnu qu'ils avoient tort, abandonnérent Rocaveran. Ce fut en ce tems-là que les Princes ses freres firent éclater leur mécontentement, & que sous ce prétexte ils s'engagérent dans la révolte par l'intrigue des Espagnols outrés de la cession de Pignerol: la Duchesse Douairiére de Mantoue se retira la première en Espagne, après avoir tâché de débaucher le Duc de Mantoue, trop reconnoissant pour oublier les services que la France lui avoit rendus; le Prince Cardinal quitta la protection de cette Couronne pour prendre celle de l'Empire, & le Prince Thomas renonçant à tous les avantages qu'il avoit en Savoye, se laissa aussi entraîner dans le parti des Espagnols. Le Duc de Savoye les priva de leurs Appanages, & entra dans la Ligue qui lui fut offerte par le Cardinal de Richelieu: il fut déclaré Capitaine Général des Armées d'Italie avec un pouvoir fort absolu: on fit passer les Monts à huit mille hommes de pié & à deux mille Chevaux sous la conduite du Maréchal de Crequy: l'Armée entra dans le Milanez, & la Cavalerie Espagnole fut défaite, & ensuite Valence assiégée: on porta la guerre dans les Etats du Duc de Modéne, & presque en même tems le Duc de Parme fit son Traité d'accommodement avec l'Espagne par l'entremise du Pape, & du Grand-Duc de Toscane; la victoire qu'on remporta à Montbaldon fut suivie de la mort du Duc de Savoye qu'une fiévre emporta à Verceil le 7. Octobre 1637. en la cinquantiéme année de son âge & en la 7. de son Regne. Il eut de Christine de France François-Hiacinthe, & Charles-Emanuel qui regnerent l'un après l'autre; le premier n'avoit que cinq ans quand son pere mourut. Il demeura sous la tutelle de sa Mere douée de toutes les grandes qualités qui peuvent rendre une Princesse recommandable; elle fut déclarée Régente, & pour se faire un appui considérable contre ses ennemis, elle renouvella la Ligue offensive & défensive avec la France par le Traité du 3. Juin 1638. Les Espagnols se rendirent maîtres de Verceil, & peu de tems après le Duc mourut d'une violente fiévre au Valentin le 4. Octobre de la même année.

Charles-Emmanuel son frere lui succéda, âgé seulement de trois ans, Madame Royale fut continuée dans la Régence, & se gouverna dans des tems très-difficiles avec une prudence admirable: elle rompit par sa conduite toutes les mesures que les Princes ses beaux-freres avoient prises pour lui ôter la Régence: elle les obligea de mettre bas les armes, & de se départir de leurs prétentions: elle confirma l'Alliance entre la France & la Savoye par le Traité du Valentin du 3. Avril 1645. qui fut ratifié par le Roi le 24. de ce mois: trois ans après elle remit à son fils devenu majeur le Gouvernement de ses Etats dans un état bien plus florissant qu'elle ne l'avoit trouvé: & pour éviter la nomination d'un Curateur qui étoit fort brigué par les Princes, elle fit établir un Conseil d'Etat qui résideroit toujours auprès de la personne du Duc pour l'instruire des affaires: elle fut pourvue du Gouvernement de Savoye, & le Prince Maurice eut la Lieutenance Générale du Comté de Nice; on continua la guerre avec les Espagnols laquelle fut terminée par le Traité des Pyrénées. Charles-Emmanuel étant déclaré Régent se fit adorer de ses Sujets: il se maintint dans une parfaite intelligence avec la France, & tira des avantages considérables de cette sage conduite; il mourut l'an 1675. sans avoir eu des enfans de Magdelaine fille de Jean Baptiste Gaston Duc d'Orleans, mais il laissa sous la Tutelle de Marie Jean Baptiste fille de Charles-Emmanuel Duc de Nemours

Nemours Victor Amedée II. qui nâquit l'an 1666. Cette Princesse donna une très-grande idée de sa sagesse & de son habileté dans les premiers momens de sa Régence; elle rendit ses Etats plus florissans qu'elle ne les avoit trouvés, & donnant toute son application aux intérets de son fils & au bien de ses Sujets, elle eut la gloire de se conserver en Paix au milieu d'une longue Guerre, de se rendre agréable aux deux Couronnes, dont les interêts sont si opposés, & de laisser à son fils des maximes d'une judicieuse & fine Politique; ce Prince épousa l'an 1684. Anne fille de Philippe de France Duc d'Orleans, Frere unique de Louïs XIV. & d'Henriette Anne d'Angleterre, dont il éleve des Enfans.

Le Duc de Savoye gouverne ses Etats avec une autorité absolue: leur situation aux confins de la France & à l'entrée de l'Italie les rend considérables, lorsque le Prince se conduit selon ses véritables intérêts: les Alpes leur servoient autrefois de rempart contre les insultes de leurs Voisins; mais depuis que le Roi est Maître de Pignerol, ces Montagnes ne sont plus inaccessibles. La Savoye est gardée par quatre Places, dont la meilleure est Montmelian: Nice assure la communication avec la Mer Méditerranée; & vers la Lombardie il y a plusieurs bonnes Villes, la plûpart fortifiées, à opposer aux Espagnols qui n'ont souhaité d'avoir le Montferrat que pour envahir le Piémont qui est sans contredit un des plus beaux Pays de l'Italie. Cette disposition engage le Duc de Savoye à se gouverner avec beaucoup de prudence entre des Voisins si puissans: la Maison d'Autriche dont les vues sont toujours interessées, n'a voulu l'engager dans son parti que pour le perdre; car il est constant que toutes les fois que les Ducs de Savoye se sont déclarés contre la France, ils ont infiniment plus perdu qu'ils n'ont gagné avec l'Espagne facile à promettre, mais dure à exécuter. Cette vérité est confirmée par les malheurs qui arriverent à Charles le Bon qui mourut de se voir dépouillé de ses Etats par la perte de la Bresse, du Bugey, du Valromey & du Pays de Gex qu'Henri IV. échangea avec Charles-Emmanuel, dont il avoit sujet de soupçonner la conduite; & par la cession de Pignerol qu'on exigea de Victor Amédée qui avoit paru malintentionné dans le tems qu'il n'étoit que Prince de Piémont. Les Espagnols ne sauroient citer aucun avantage que les Ducs de Savoye ayent tiré de leur Alliance: c'est uniquement par la protection de la France, qu'ils ont acquis la portion du Montferrat qui leur a été cédée par le Traité de Cherasque, quoiqu'ils ayent voulu s'en attribuer la gloire; & le choix de Philippe IV. qui les appelle par son Testament à sa succession au défaut du Prince Charles son fils & de l'Impératrice sa fille, n'a été qu'un leurre pour les tenir liés à ses interêts, afin de pouvoir mieux conserver le Milanez, que les Rois d'Espagne regardent comme un des principaux fleurons de leur Couronne.

Ce Prince n'a ordinairement que peu de Troupes sur pié, il peut lever & entretenir huit à dix mille hommes en tems de guerre; le Maréchal en étoit autrefois le Commandant Général, & il avoit un pouvoir absolu sur les gens de guerre, sa Charge fut établie sous le Comte Verd, & ne fut d'abord qu'une simple Commission; Amé VIII. la rendit perpétuelle, & en régla les fonctions par son Ordonnance de l'an 1430. mais parce qu'elle donnoit un trop grand pouvoir à celui qui en étoit revêtu, Emmanuel Philibert la supprima l'an 1563. son revenu monte à cinq millions, & il est distingué en revenu de Savoye, & revenu de Piémont: il y a pour ce sujet deux Fermes Générales qui portent le nom, l'une du Pays deçà les Monts, & l'autre du Pays de là les Monts; la première est affermée deux millions, & l'autre trois, elles sont sous la direction de deux Généraux des Finances qui sont comptables aux Chambres des Comptes de Chambery & de Turin.

La Justice est administrée dans trois Sénats auxquels on appelle des Bailliages & autres Tribunaux inférieurs; le premier pour la Savoye, le second pour le Piémont, & le troisième pour le Comté de Nice & ses dépendances. Le premier qu'on nomme le Sénat de Savoye, a son Siège à Chambery, il est composé de quatre Présidens, de quinze Sénateurs sans compter l'Abbé de Hautecombe qui est Sénateur né, d'un Avocat Général, d'un Procureur Général, de deux Greffiers & de deux Secrétaires: il fut institué par Amé VIII. l'an 1430. le Chancelier en fut d'abord le Chef, & eut pour Adjoints des Conseillers qui étoient Nobles & des Collateraux qui étoient Jurisconsultes: ce Prince l'établit en place du Conseil que le Comte Amé le Verd créa l'an 1355. pour juger souverainement tous les procès Civils & Criminels: il étoit composé de huit Clercs, & de seize Laïcs dont la moitié étoit Gentilshommes & l'autre Jurisconsultes; & avant cet établissement les Comtes de Savoye rendoient eux-mêmes la Justice à leurs Sujets, assistés des principaux Seigneurs de leur Cour. Louis I. Duc de Savoye ayant résolu de demeurer en Piémont, créa par son Ordonnance du 15. Mars 1459. un Conseil dans la Ville de Turin pour connoître en dernier ressort des affaires du Pays de là les Monts; ce Conseil prit ensuite le nom de Sénat, & il est composé de quatre Présidens, de deux Chevaliers d'honneur, de dix-huit Sénateurs, d'un Avocat Général & d'un Procureur Général; le Duc Charles-Emmanuel erigea celui de Nice qui consiste en deux Présidens, six Sénateurs, un Avocat Général & un Procureur Général.

Outre ces deux Cours Souveraines il y a deux Chambres des Comptes & un Conseil des Finances; celle de Savoye fut instituée par le Comte Amé le Verd par ses Lettres Patentes du 7. Février 1351. il n'y eut d'abord qu'un Président, trois Maîtres des Comptes, deux Greffiers & deux Clavaires; mais le Duc Charles le

Bon tenant les Etats de Savoye à Mouſtiers en Tarantaiſe l'augmenta de pluſieurs Officiers par ſon Edit du 19. Septembre 1522. de ſorte qu'elle conſiſte préſentement en trois Préſidens de Robe Longue, trois Préſidens des Finances, deux Chevaliers, ſeize Maîtres des Comptes, un Treſorier Général, deux Greffiers, deux Clavaires & un Controlleur: Philibert-Emmanuel la déclara Souveraine & indépendante du Sénat de Chambery par un Edit donné à Mondovi le 6. Octobre 1630. & en même tems il créa celle de Turin avec les mêmes prérogatives; elle conſiſte en quatre Préſidens, deux Chevaliers, vingt-quatre Maîtres des Comptes, quatre Avocats Patrimoniaux, cinq Procureurs Patrimoniaux, deux Greffiers & deux Clavaires.

Le Sur-Intendant des Finances préſide au Conſeil de ce nom, & ce n'eſt que par ſon ordre qu'il eſt convoqué; on y examine les Comptes de tous ceux qui manient les deniers du Prince, & on y traite de toutes les affaires qui concernent les Finances, il eſt compoſé du Sur-Intendant, des deux Premiers Préſidens du Sénat & de la Chambre des Comptes, de deux Généraux des Finances, de deux Préſidens des Finances, d'un Controlleur & d'un Secrétaire.

Comme le Duc de Savoye eſt Vaſſal de l'Empire, les Juriſconſultes ont voulu examiner pour quel Pays il en relevoit; les Allemands & quelques Italiens ont cru que c'étoit pour tous ſes Etats, fondés ſur deux titres, ſavoir les Inveſtitures des Empereurs, & la qualité de Vicaire de l'Empire: ils prétendent que lorſque l'Empereur Sigiſmond érigea le Comté de Savoye en Duché & qu'il en inveſtit Amé VIII. il comprit dans l'Inveſtiture tous les Etats qu'il poſſédoit, & tous ceux qu'il pourroit acquérir, & que la même clauſe a toujours été inſérée dans les Inveſtitures qui ont été données par les Empereurs aux Ducs de Savoye; cette raiſon ſeroit invincible ſi la Savoye pouvoit être cenſée du Corps de l'Empire, & qu'on pût prouver qu'elle en a relevé autrefois. Il eſt conſtant qu'elle ſe gouverne aujourd'hui par des Loix particuliéres, qui n'ont aucun rapport avec les Conſtitutions Germaniques, & qu'il n'y a point d'appel des Arrêts du Parlement de Chambery à la Chambre de Spire à laquelle reſſortiſſent toutes les Juſtices de l'Empire; il eſt encore très-certain qu'elle n'y a point été ſoumiſe dans les Siécles paſſés, puiſque originairement elle faiſoit partie du Royaume de Bourgogne, & qu'enſuite elle a été poſſédée comme une Souveraineté indépendante par des Seigneurs particuliers. On pourra peut-être m'objecter que le Royaume de Bourgogne ayant paſſé au pouvoir de Conrad le Saſique par la Donation que lui en fit Rodolphe le Fainéant, tous les Etats qui compoſoient ce Royaume devoient dorénavant reconnoître Conrad pour leur Seigneur Souverain; perſonne n'en ſauroit douter, mais cette Vaſſalité le regardoit comme Empereur, autrement il faudroit conclure que les Royaumes de Bohême & de Hongrie ſont parties de l'Empire, parce qu'ils ont été acquis par des Empereurs, ce qui ſeroit fort abſurde, & tout-à-fait ridicule à ſoutenir; d'ailleurs il ſeroit dificile à ceux qui ſont de cette opinion de montrer des titres qui établiſſent ſolidement cette dépendance de l'Empire; le ſeul qu'ils peuvent alléguer eſt l'Acte d'érection de la Savoye en Duché faite par l'Empereur Sigiſmond, mais cet Acte ne prouve rien, ſi l'on veut ſe ſouvenir que les Papes & les Empereurs ont toujours été jaloux de diſtribuer les titres d'honneur & qu'ils les ont donnés indifféremment à des Princes Souverains & à ceux qui étoient leurs Vaſſaux, il ſeroit aiſé de prouver par une infinité d'exemples que ces ſortes de libéralités n'ont jamais inféré de dépendance. Quant à la qualité de Vicaire de l'Empire que l'Empereur Frédéric II. donna l'an 1249. à Thomas Comte de Savoye, elle ne regarda d'abord que la Lombardie, & enſuite toute l'Italie, & par conſéquent ſa Juriſdiction ne s'étendoit point ſur la Savoye qui eſt en deçà des Monts, ſes Succeſſeurs en ont depuis fait toutes les fonctions, & lorſque Charles-Quint fit Donation du Marquiſat de Ceve & du Comté d'Aſt à Beatrix Ducheſſe de Savoye & à ſes deſcendans, il y attacha le Vicariat qui dans les Interregnes de l'Empire donne une grande autorité à celui qui en eſt revétu; le Duc de Mantoue voulut prendre cette fonction après la mort de l'Empereur Ferdinand III. l'an 1657. mais le Duc de Savoye en ayant porté ſes plaintes au Collége Electoral, ce Collége écrivit une Lettre au Duc de Mantoue datée de Francfort du 4. Juin 1658. par laquelle il lui défendoit de faire aucune fonction du Vicariat de l'Empire, qui appartenoit uniquement au Duc de Savoye, à l'excluſion de tous les autres Princes d'Italie; & cette Lettre fut confirmée par la capitulation de l'Empereur Regnant, qu'on nomme la Capitulation Leopoldine; outre toutes ſes raiſons le Duc de Savoye ne contribuoit aux Taxes de l'Empire que pour les Etats qu'il poſſédoit en Italie, & même aux Diétes il n'avoit ſéance qu'après tous les Princes de l'Empire; d'où quelques-uns ont cru avec quelque vraiſemblance qu'il n'y aſſiſtoit que comme Comte d'Aſt & Marquis de Ceve; on ne voit pas même qu'il y ait comparu avant la Donation faite l'an 1531. par l'Empereur Charles-Quint, à Beatrix de Portugal Ducheſſe de Savoye, & je m'engagerois dans une trop longue diſſertation, ſi je voulois ici combattre l'opinion de Sprenger & de Conring, qui par des raiſons peu ſolides ont avancé que le Piémont, qui eſt purement Allodial, releve de l'Empire, ce que je ferai voir dans un autre lieu: peut-on tirer une conſéquence plus fauſſe que celle de Linnæus, le Duc de Savoye eſt Vaſſal de l'Empire, donc la Savoye eſt un Fief de l'Empire, ſans examiner ſi c'étoit pour ce Duché ou pour d'autres Etats qu'il en relevoit. Je ne ſuis pas ſurpris ſi pluſieurs

plusieurs Historiens ont donné dans cette erreur : la plûpart s'attachent moins à raisonner sur ce qu'ils écrivent, qu'à copier ce qu'ils trouvent dans les autres : on se croit infaillible sur la foi d'un Auteur de réputation, & l'amour de la vérité qui doit être le point de vûe d'un Historien, touche beaucoup moins qu'une aveugle prévention qu'on a ordinairement pour ceux qui ont précédé sur les matiéres dont on traite.

La Religion Catholique étoit autrefois la seule dont l'exercice fut permis dans les Etats de Savoye, les Princes étoient même zélés à maintenir cette unité de créance, & ce n'étoit qu'à des conditions fort onéreuses, qu'ils avoient permis aux Vaudois de suivre leurs Dogmes dans leurs Vallées ; on y compte seulement l'Archeveché de Tarentaise & les Evêchés d'Aouste, de Maurienne, de Genève & de Nice ; ce dernier n'est pas proprement dans la Savoye ; mais dans le Pays deçà les Monts, & la plus grande partie de la Savoye particuliére est du Diocèse de Grenoble.

L'Origine de son nom est assés incertaine, les uns veulent qu'elle étoit ainsi appellée de l'ancienne Sabata, Ville de la Ligurie, mais quelle apparence y a-t-il qu'elle l'ait tiré de là, & quel rapport entre la Savoye & cette Ville ; les autres le dérivent du mot Sauvevoye, à cause de la dificulté des chemins dans des Montagnes inaccessibles ; on la divise en huit petites Provinces qui sont la Savoye, le Genevois, le Chablais, le Pays d'Aouste, la Tarentaise, la Maurienne, le Foucigny, & partie du Bugey.

La Savoye particuliére est entre le Genevois, la Tarentaise, la Maurienne, le Dauphiné & le Bugey ; elle est partagée en neuf Mandemens, qui sont ceux de Chambery, Montmelian, Rumilly, Ayguebelle, Conflans, Aix Beauges, Pont Beauvoisin & les Echelles.

Les Etats des Ducs de Savoye sont :

Ss 2

SAU.

SAUQUEVILLE, Bourgade de France[a], dans la Normandie, au Pays de Caux, sur la petite Riviére de Sye, à une lieue & demie au-dessus de Dieppe, & à un quart de lieue au-dessous de Charlemesnil. Son Eglise est Paroissiale & Collégiale, & desservie par six Chanoines, dont le Doyen est le Chef. Entre Sauqueville & St. Aubin, sur le Territoire de la Paroisse d'Offramville, qui est très-peuplée, & située sur la même Riviére de Sye, on voit une Source très-abondante, qui fournit de l'eau à toutes les Fontaines de Dieppe.

[a] Corn. Dict. Sur des Mém. dressez sur les Lieux.

1. SAURA, Ville de la Susiane: Ptolomée[b] la marque dans les Terres.

[b] Lib. 6. c. 3.

2. SAURA, Ville qu'Etienne le Géographe donne aux SAUNITÆ. Peuples de la Grande-Gréce.

SAURÆ, Peuple de la Thrace selon Phavorin[c].

[c] Lexic.

SAURIANA, Voyez SARA.

SAURI-JUGUM, Montagne du Péloponnése, dans l'Elide : Pausanias dit[d] : Au delà du Fleuve Erymanthe, vers le Mont Saurus on voit un vieux Temple d'Hercule, qui tombe en ruine, & la Sépulture de Saurus fameux Bandi qui infestoit tout ce Canton, & qui fut tué par Hercule. Une Riviére qui a sa source au Midi, passe au pied du Mont Saurus, & va tomber dans l'Alphée, vis-à-vis du Mont Erymanthe.

[d] Lib. 6. c. 21.

SAURI-FONS, Fontaine de l'Isle de Créte, à douze Stades de la Caverne du Mont Ida. Plutarque[e] remarque qu'au voisinage de cette Fontaine il y avoit quantité de Peupliers noirs qui portoient du fruit. J. Meursius[f] seroit tenté de croire qu'il faudroit lire ainsi ce Passage de Claudien:

[e] Hist. Plantar. lib. 4. c. 5.

[f] Creta, c. 6.

Æstus habet Cretam, pereunt Sylvæque, Lacusque, Graminaque & Fontes Sauri.

Au lieu de *& fontes Sauri*, on a toujours lu dans ce Poëte, *& fontes Sacri*, Leçon qui pourroit pourtant se soutenir.

SAURIA, Ville de l'Acarnanie selon Diodore de Sicile[g], cité par Ortelius[h].

[g] Lib. 19.

[h] Thesaur.

SAURIUM, Ville de l'Espagne Tarragonoise, suivant ce passage de Pomponius Mela[i]. *Per eosdem* [Cantabros] *& Salenos Saurium*; mais comme quelques MSS. au lieu de ces mots portent. *Per Eunos & Salenos Saurium*, & d'autres *Pereundi & Salenos*; cette variété de Leçons empêche qu'on ne puisse dire rien de certain touchant le nom de cette Ville, qui n'est connue, je pense, d'aucun autre Ancien.

[i] Lib. 3. c. 1.

SAURLAND, nom qu'on donne en Allemagne, au Duché de Westphalie. Ce Pays qui dépend de l'Archevêché de Cologne fait partie du Domaine séparé[k]. Il confine avec les Evêchés de Munster & de Paderborn, le Comté de la Marck, le Landgraviat de Hesse, & le Comté de Waldeck. En 1180. l'Empereur Frédéric Barberousse le donna avec le Duché d'Angrie, à Philippe d'Heinsberg Archevêque de Cologne, des dépouilles d'Henri le Lion, Duc de Saxe & de Baviére; & en 1368. Geofroy, dernier Comte d'Arnsberg, vendit ce Comté qui fait partie du Saurland à l'Electeur Cunon de Falckenstein. Arnsberg est la Ville Capitale de ce Pays, qui renferme plusieurs Bailliages, dont les meilleurs sont ceux d'Arnsberg, de Balré & de Brison. Les autres Lieux les plus remarquables sont Molheim, Werle

[k] D'Audifred, Géogr. t. 3. p. 237.

le & Stadsberg. Ce Pays n'est pas si fertile que celui du Diocèse de Cologne. Le Commerce de ses Habitans consiste en Biére, en Chair salée; & c'est delà qu'on tire ces excellens Jambons, qu'on nomme mal-à-propos Jambons de Mayence, parce que le plus grand débit s'en faisoit autrefois aux Foires de Mayence & de Francfort.

SAUROMATÆ [a], nom que les Grecs donnent aux Peuples que les Latins appellent communément Sarmates, & c'est un nom commun & général pour désigner principalement la partie de la Scythie, voisine du Tanaïs, ou des Palus Méotides. Les Sauromates dit Pomponius Mela [b] possèdent les bords du Tanaïs & les Terres voisines. Dans un autre endroit [c] il ajoute que les Agathyrses & les Sauromates entourent les Palus Méotides. Pline [d] fait mention du Roi des Sauromates, ou de Sarmatie; & sur une Médaille frappée sous Sévère, & décrite par Mr. Spanheim, on lit ces mots: ΒΑCΙΛΕΩC CΑΤΡΟΜΑΤΟΥ.

[a] Cellar. Geogr. Ant. Lib. 2. c. 6.
[b] Lib. 1. c. 19.
[c] Lib. 2. c. 1.
[d] Lib. 10. Ep. 14.

SAUROMATUM-ARVA. On trouve dans Ausone [e] ce mot, que quelques-uns rendent par le *Hundsruck*, Pays d'Allemagne aux environs de la Moselle, & dont le nom pourroit signifier *le Refuge des Huns*. Ainsi les Huns qui au sentiment de plusieurs Auteurs ont donné leur nom à ce Pays peuvent avoir été nommez par Ausone Sauromates; c'est-à-dire Sarmates; car tous les Auteurs Classiques s'accordent à dire que les Huns étoient originaires de la Sarmatie.

[e] In Moselæ Idyl.

SAUROMATIDES, ou SAUROPATIDES. Eustathe & Etienne le Géographe disent qu'on donna ces noms aux Amazones.

SAURONA. Voyez RAMULA.

SAUS. Voyez SAVUS.

SAUSAY, Riviére de France, dans le Vexin-François. Cette petite Riviére se forme de plusieurs Ruisseaux, qui s'assemblent un peu au-dessus de Nesle. Elle court ensuite du Nord au Midi & va se perdre dans l'Oise à la droite au-dessous de l'Isle Adam. On la nomme aussi SAUSERON.

SAUSENBERG, Château fort ancien en Allemagne [f]. C'est où les Marquis de Bade, de la Branche de Hochberg avoient établi leur Résidence. La Seigneurie de Sausenberg est entre celles de Baden Weiler & de Rotelen. Les Landgraves de Brisgaw l'acquirent de l'Abbé de Saint Blaise, en échange d'autres Terres, & lui donnérent le Titre de Landgraviat.

[f] D'Audifred, Géogr. t. 3.

SAUSSAYE, Village de France dans la Normandie [g], à une lieue d'Elbeuf. Il y a une Eglise Collégiale, fondée par les anciens Comtes d'Harcourt, sous le titre de Saint Louïs. Sa fondation est pour douze Chanoines, dont le Doyen est le Chef. Le Duc d'Elbeuf nomme aux douze Prébendes de cette Collégiale, dont l'Eglise est ornée d'une Tour. Les Chanoines sont logez en très-bon air, & assez commodément, dans une vaste enceinte tout autour de cette Eglise.

[g] Corn. Dict. Sur des Mém. dressez sur les Lieux, en 1704.

SAUSSEUSE, Prieuré de France, dans la Normandie [h], au Vexin Normand, sur la Paroisse de Tilly, à une lieue de Vernon, de Gasni & de Panilleuse. C'est un Prieuré de Chanoines Réguliers de l'Ordre de St. Augustin, & de la Réforme du Pere Moulin. L'enclos est grand, l'Eglise est assez bien bâtie, & le Monastère & les Jardins en sont propres. Du côté de Vernon on voit un Bois, & du côté de Tourny des Campagnes très-fertiles en bons bleds. Le Prieuré de Sausseuse nomme aux Cures Régulières de Tilly, de Bosjerôme, d'Haricourt, d'Heubecourt, de Valcorbon, de Four, de Beauregart, d'Avènes près de Magny, & de Basqueville près d'Andely. Il nomme aussi à deux Prieurez simples, & à deux Cures non Régulières.

[h] Ibid.

SAUSSILANGES, ou SAUXILANGES, Bourg de France dans l'Auvergne, à sept lieues de la Ville de Clermont, en tirant vers le Midi. Dans ce Bourg nommé en Latin *Celsiniacus*, *Celsiniæ*, ou *Celsinianæ*, on voit un célèbre Monastère qui porte le même nom, & qui est de l'Ordre de Cluni. L'Abbaye Royale de Mauliéu n'en est éloignée que d'une lieue.

SAUSTIA, Ville d'Asie [i], dans l'Anatolie, & dans l'Aladouli. Cette Ville qui est aujourd'hui fort délabrée, étoit autrefois la Métropole de la première Arménie, dans l'Exarcat du Pont. Outre l'Evèque Grec qu'elle a encore à présent, on y met un Archevêque Arménien sous Ecsmaisin, & dont la résidence est au Monastère de Surbuscan, ou de Ste. Croix, qui n'en est pas éloigné.

[i] Commainville, Table des Evêchez.

1. SAUT DU BUISSON, Cataracte de l'Amérique Septentrionale, au Canada, dans le Grand Fleuve de St. Laurent, à dix-huit lieues de Montreal, près du Saut des Cédres.

2. SAUT DES CEDRES, Cataracte de l'Amérique Septentrionale, au Canada dans le Fleuve de St. Laurent, environ à dix-huit lieues au-dessus de la Ville de Montreal.

3. SAUT DE LA CHAUDIERE, Village de l'Amérique Septentrionale, dans la Nouvelle France. C'est un Village d'Abenakis Chrétiens, à deux lieues au Sud de Quebec. Les Habitans se sont partagés en deux Colonies ou Missions, sous les soins des RR. PP. Jésuites.

4. SAUT DE ST. LOUIS, Cataracte de l'Amérique Septentrionale, au Canada dans le Fleuve de Saint Laurent, à trois lieues de Montreal: c'est une petite Cataracte très-violente.

SAUT DU SAUMON, Lieu d'Irlande [k], dans la Province d'Ulster, au Comté de Londonderry. La Riviére de Banne, ou de Band, après avoir traversé le Lac de Neaugh, coule dans un lit étroit & profond entre les Comtés d'Antrim, & de Londonderry, & rencontre à quatre milles de son Embouchure, tout au travers de son Canal, un Rocher qui lui ferme le passage & la contraint de faire une Cascade, & de se précipiter de fort haut. Sans cet obstacle cette Riviére fourniroit un bon

[k] Délices de la Gr. Br. p. 1579.

bon moyen de communication de l'Océan avec le Lac de Neaugh, & l'on pourroit naviger de la Mer, jusque bien avant dans le milieu de l'Irlande; mais cette Cataracte arrête les Vaisseaux, & les empêche de monter plus de trois milles avant dans la Riviére. C'est cette Cataracte qu'on appelle le Saut du Saumon, parce que les Saumons, qui fourmillent dans la Banne, s'y trouvant arrêtés tâchent de sauter par-dessus, pour monter plus avant dans les Terres.

SAUTEURS, Peuple sauvage dans la Nouvelle France allié des François. Il est établi à la sortie du Fleuve St. Laurent du Lac Supérieur, pour aller tomber dans le Lac des Hurons; il a pris ce nom du Saut Ste. Marie, auprès duquel il habite entre les quarante-sixiéme, & quarante-septiéme degrés de Latitude. Les Sauteurs sont très-adroits à pêcher des poissons blancs, qui sont excellens, dans les Cascades ou Sauts, auprès desquels ils habitent: après les avoir grillés ils en font un grand Commerce dans l'Hyver à Michillimachinalh: ils se sont partagés, les uns sont restés, & les autres se sont divisés en deux Troupes, qui se sont établis au bord du Lac Supérieur, & ont fait alliance avec les Sioux, ou Nadouessi, qui par eux ont commencé à avoir Commerce avec les François; ils sont Gloutons.

SAUVE, Bourg de France dans le Languedoc, sur la Bidourle, à trois lieues d'Anduse, vers le Couchant. St. Louis établit dans ce Bourg un Viguier perpétuel en 1236. On y trouve une Abbaye de Bénédictins, fondée en 1020. par Garsin, pere de Bermont, Seigneur de Sauve.

SAUVEL, Riviére de France dans l'Alsace [a], Elle prend sa Source dans le Mont de Vosge, passe pas Psetsheim, par Faulkriesheim & Mundoltzheim, après quoi elle se jette dans le Rhein à Wantzenau, entre Strasbourg & Offendorff.

[a] Jaillot, Atlas.

SAUVER, ou Sur, Riviére de France dans l'Alsace. Elle prend sa Source dans les Montagnes, aux confins des Pays réunis de la Lorraine. Elle prend son cours vers le Midi Oriental, & passe à Fischbach, à Konigswog, à Schonaw, à Hirstal, à Frensperg, & à Werdt. Un peu au-dessous de cette Ville, elle se partage en deux Bras, qui traversent toute la Forêt de Haguenau, où ils forment une Isle assés longue, au-dessous de cette Forêt, les deux Bras se rejoignent dans un seul Canal, qui après avoir reçu à la droite une petite Riviére, va mouiller Reinsheim, & se perdre ensuite dans le Rhein, entre le Fort Louïs & Seltz.

SAUVETAT, Bourg de France, dans le Rouergue, aux Confins de l'Albigeois, près d'un Ruisseau qui se jette dans la Riviére de Biaure une lieue au-dessous.

2. SAUVETAT, Bourg de France dans l'Agenois, sur la Senne, à cinq lieues à l'Orient Septentrional de la Ville d'Agen.

1. SAUVETERRE, Ville de France [b], dans le Bearn, à sept lieues de Pau, avec un vieux Château ruïné. C'est dans cet endroit que finit la Campagne longue de sept lieues, mais étroite, qui commence à Lurbe au-dessus d'Oleron.

[b] Davity, Bearn.

2. SAUVETERRE, Ville de France dans le Pays de Cominges, à quelque distance de Lombez. Elle a été possédée par des Seigneurs d'Ambigeon, ancienne Branche de la Maison d'Amboise.

1. SAVUS, Fleuve de la Pannonie, connu aujourd'hui sous le nom de SAVE. Voyez l'Article SAVE. Strabon [c] & Dion Cassius [d] nomment ce Fleuve SAVUS; & il est appellé SABUS par Justin. Strabon cependant dans un autre endroit écrit [f] Saus. Cette derniére orthographe est celle de Ptolomée, & de Pline [g]. Ce dernier met le Saus au nombre des Riviéres considérables, & navigables qui tombent dans le Danube [h], & le dit plus tranquille que le Dravus. Il ajoute qu'on voyoit dans le Saus une Isle nommée Metubarris, & que dans l'endroit où le Colapis se jettoit dans le Saus, on trouvoit une autre Isle appellée Segestica.

[c] Lib. 7.
[d] Lib. 49.
[e] Lib. 32.
[f] c. 3.
[g] Lib. 4.
[h] Lib. 2. c. 16.
[b] Lib. 3. c. 25.

2. SAVUS, Fleuve de la Mauritanie Césariense: Ptolomée [i] marque son Embouchure, sur la Côte Septentrionale, entre Icosium & Rustionum. Le nom moderne est Saffaya, ou Cessaya, selon Marmol.

[i] Lib. 4. c. 2.

SAW, ou SOWE, Riviére d'Angleterre [k], dans Staffordshire. Elle prend sa Source près d'Eccles-Hall, où les Evêques de Litchfield ont une Maison, & après avoir arrosé Stafford, elle se jette dans la Trent, près de Tickes-Hall.

[k] Délices de la Gr. Br. p. 389.

SAWBON, Ville des Indes [l], dans le Royaume de Brampour, à sept lieues de la Ville de Caddor. Ce fut en ce Lieu que les Anglois trouvérent une Caravane de cinq cens Châmeaux chargés de soie de toutes couleurs, de draps de toutes sortes, de sucre & de plusieurs autres Marchandises, qui venoient de Brampour, de Bengala & de Cambaye, & qui alloit à Agra.

[l] Davity, Etats du Grand Mogol.

SAXA. Voyez ÆGATHES, & ÆGIMURUS.

SAXA-RUBRA. Voyez l'Article RUBRA-SAXA.

SAXA-SACRA. Voyez l'Article SACRA.

SAXAVA, Ville de Perse, dans une Plaine sablonneuse, à deux ou trois journées de Caravane de Sultanie. Saxava, selon le Sr. Paul Lucas [m], est une grande Ville, qui a près de deux milles de tour, dont les Maisons sont incomparablement plus propres que celles de Sangala, & qui n'est cependant guère peuplée. Les murailles de son enceinte sont fort délabrées, & tombent en beaucoup d'endroits. On voit des restes de plusieurs grands Edifices qui font connoître qu'autrefois elle étoit belle. Il y passe une petite Riviére presque toute salée; ce qui fait que pour avoir de l'eau douce dans la Ville on l'y conduit par divers Canaux.

[m] Voyage au Levant, en 1699. t. 2. p. 39.

SAXE, Saxonica, Grand Pays d'Allemagne, dans sa partie Septentrionale, & qui étoit autrefois plus étendu qu'il n'est à présent. Il s'entend aujourd'hui en deux maniéres; savoir, en Saxe proprement dite, qui comprend les Etats du Duc de Saxe & de sa Maison; & en Saxe dans toute son étendue, qui comprend les deux Cercles de la Haute-Saxe, & de la Basse-Saxe.

La Saxe renfermoit vers le tems de la décadence de l'Empire [a] cette vaste étendue de Pays qui est entre l'Oder, la Sala, l'Ifel, & la Mer Germanique. Les Peuples qui l'habitoient se sont rendus fameux par leurs Conquêtes. Ils étoient partagés en trois Nations principales qui étoient les Saxons Ostphaliens, les Saxons Westphaliens, & les Saxons Angrivariens; & ces trois Nations se divisoient en plusieurs autres qui avoient chacune leurs Princes; mais on observoit par-tout les mêmes Loix & les mêmes Coûtumes. Comme les Saxons naissoient, pour ainsi dire, guerriers, ils avoient presque toujours les armes à la main; & comme ils étoient jaloux de leur Liberté, ils ne pouvoient souffrir de domination étrangére. C'est pour cela qu'ils firent si long-tems la guerre, & qu'ils furent si opiniâtres à se défendre contre les Rois de France, particuliérement contre Charlemagne. Hatteric est le plus ancien Roi de Saxe, dont il soit fait mention dans l'Histoire. Il défit Borbista Roi des Goths qui avoit fait une irruption dans ses Etats. Il eut pour Successeur Anseric II. son fils, qui regna vers le tems de la naissance de Jesus-Christ. On compte parmi ses Descendans Wilkin, Sverting I. Sverting II. & Sivard. Quelques-uns d'entre eux prirent le titre de Roi, & les autres se contentérent de celui de Duc. De là vient qu'on trouve en même tems des Rois, & des Ducs de Saxe; ce qui rend l'Histoire de ce Pays-là fort incertaine; & quelque soin qu'ayent pris Crantzius, Spangenberg, Fabricius, Kransius & plusieurs autres qui l'ont écrite, il est fort difficile de démêler la vérité, & de savoir bien exactement ce qui s'est passé dans ces tems-là. Luder, frere de Bodon ou de Vode, traversa les Gaules & porta ses armes dans l'Espagne Tarragonnoise. Witgisele ravagea les Gaules & une partie de l'Espagne: il fut frere de Wette ou Vittich de qui vint Witgisle, Pere de Hengest, qui passa dans la Grande-Bretagne au secours des Insulaires l'an 428, ou selon d'autres l'an 448, & qui aprés avoir vaincu les Pictes, & les Ecossois qui leur faisoient la guerre, s'empara de la plus grande partie de cette Isle; & de lui descendirent les Rois de Kent, de Suffex, d'East-Angles, d'Essex, de Murcie, de Northumberland & de Wessex, dont la postérité finit à St. Edouard l'an 1066. aprés y avoir régné prés de six cens ans: voyez ci-aprés l'Article SAXONIA TRANSMARINA. Hengest eut deux freres, Diether qui mourut en 460. & Edelbrecht, qui fut pere de Sigebrecht duquel vinrent les Princes de Frise. Ebuse fils aîné d'Hengest fut Roi de Bretagne, & Andachaire qui étoit le puîné continua la postérité dans la Germanie. On compte parmi ses Descendans qui furent Rois ou Ducs de Saxe, Hadvigate, Hilderich, Bodic, Berthold & Sighard, qui eurent de puissans ennemis à combattre, & entr'autres les Rois de France qui avoient réduit une partie de la Germanie sous leur domination. Thierry I. fils aîné de Clovis, envoya une Armée sous la conduite d'Odilon, Comte d'Anvers, contre les Saxons, qui étoient descendus dans la Gaule Belgique, & qui furent obligés d'abandonner le butin qu'ils avoient fait & de remonter en diligence sur leurs Vaisseaux: ensuite il fit la paix avec eux & s'en servit contre Hermanfroy Roi de Thuringe qu'il chassa de ses Etats dont il leur donna une partie. Théobert I. leur fit la guerre, & en soumit quelques-uns des plus puissans sous son obéïssance. Clotaire I. défit près du Weser ceux qui s'étoient révoltés; mais peu de tems après il perdit contre eux une bataille par l'impatience de ses Troupes qui voulurent combattre malgré lui. Clotaire II. marcha contr'eux, pour venger la défaite de Dagobert son fils, qui avoit été blessé dans le combat, & les attaqua sur les bords du Weser, où il en fit un grand carnage, & tua de sa main leur Duc nommé Berthold. Sigebert s'avança dans leur Pays pour réprimer l'audace de Sigbard, qui s'érigeoit en Souverain. Charles-Martel les combattit durant vingt ans & remporta en 722. une sanglante victoire sur Dieteric, qui s'étant de nouveau révolté sous Carloman, fut encore battu & contraint de poser les armes. Pepin leur fit la guerre trois fois en dix ans, & leur imposa un Tribut de trois cens Chevaux qu'ils devoient lui présenter dans l'Assemblée Générale des Etats, outre celui de cinq cens Vaches qu'ils payoient déja. Charlemagne vainquit en diverses batailles Albion, Herman fils d'Edelard, & Witekind, fils de Wernekind: il renversa leurs Temples & leurs Idoles, & fit punir sévérement ceux qui avoient surpris & massacré Gilon, & Adalgise deux de ses Généraux. Enfin après une guerre de trente-deux ans, il les subjugua entiérement, leur fit embrasser le Christianisme: & pour les y retenir plus facilement, il fonda dans leur Pays les Archevêchés de Magdebourg, & de Brême, & les Evêchés de Paderborn, de Munster, d'Osnabrug, de Hildesheim, de Ferden, de Minden & d'Halberstadt: & il donna le Duché d'Angrie à Wittekind qui laissa deux fils Wigbert, & Witekind le Jeune. De Wigbert sortirent Walpert & Brunon: le premier eut en partage le Duché d'Angrie, & le Comté de Ringelheim: il épousa Altburge, Comtesse de Lesmoine, dont il eut Thierry de Ringelheim, qui fut Pere d'Immod, de Wittekind, de Thierry II. & de Regimbert, de qui quelques Généalogistes Allemans font descendre les Ducs de Savoye, & de Montferrat, les anciens Margraves de Brandebourg, & les Comtes d'Oldembourg. Brunon fils puîné de Wigbert fit la Branche des Empereurs; Othon fils de Ludolph, qui posseda le premier le Duché de Saxe héréditaire-

[a] D'Audifred, Géogr. Anc.&Mod. t. 3. p. 352. Ed. 1695.

tairement, fut pere d'Henri l'*Oiseleur*, qui fut élu Roi de Germanie à Fritzlar en 920. & qui laissa deux fils, Othon I. qui fut Empereur & Henri le *Querelleur* Duc de Baviére. Lutholp, fils aîné d'Othon, fut Duc de Suabe après la mort d'Herman son beau-pere, & fit une Branche des Marquis de Saxe, entre lesquels fut *E-chard* qui s'opposa à l'Election de l'Empereur Henri II. Blondel fait descendre de ce Prince l'Empereur Conrad le Salique, qui sortoit incontestablement de la Maison de Franconie. Othon I. eut de son second mariage avec Adelaïde, fille de Rodolphe, Roi de Bourgogne, & veuve de Lothaire Roi de Lombardie l'Empereur Othon II. dont la postérité finit à Othon III. son fils qui mourut à Paterne en 1002. à l'âge de vingt-huit ans. Henri le *Querelleur*, frere de l'Empereur Othon I. eut d'Adélaïde, fille d'Arnoul le *Mauvais* Duc de Baviére, Henri le *Bref*, qui fut pere de l'Empereur Henri II. mort sans enfans, & de quelques autres, qui firent la Branche des Marquis de Saxe & de Thuringe, & des Comtes de Northeim, & de Brunswig. Rixe fille unique de Henri le *Gros*, Comte de Northeim, épousa Lothaire de Supplenbourg, qui fut élu Empereur après la mort de Henri V. De ce mariage vinrent deux filles, Gertrude & Hedwige, la première fut mariée en 1137. avec Henri le *Superbe*, Duc de Baviére, & lui porta en Dot le Duché de Saxe. Elle eut Henri le *Lion*, qui fut dépouillé de ses Etats en 1180. par l'Empereur Fréderic I. qui donna le Duché de Saxe à Bernard l'*Ours*, Comte d'Ascanie, & celui de Baviére à Othon de Witelspach. Henri le *Lion* se retira auprès du Roi d'Angleterre, son beau-pere, & trois ans après il obtint par son intercession, les Pays de Brunswig & de Lunebourg, que l'Empereur Fréderic II. érigea en Duché l'an 1235. en faveur d'Othon de Brunswig, après qu'il eut cédé tous ses droits & ses prétentions, & même le titre de Duc de Saxe à Albert II. fils de Bernard l'*Ours*.

Pour remonter à Wittekind le *Jeune*, fils puîné de Wittekind, qui eut pour son partage les Seigneuries de Wittenberg & de Wettin, avec le Burgraviat des Sorabes, ou Sorbeck: il laissa de Julienne de Rochlian, qui lui porta en Dot la Seigneurie de Boudsen, Dietgreme, qui fut chassé de ses Etats par Othon Duc de Saxe son cousin; celui-ci fut pere de Diethmar & de Fréderic, ce dernier fut tué l'an 876. dans un combat contre les Normands, & de lui sont descendus les anciens Marquis de Brandebourg & de Misnie & les Comtes de Mersbourg. Diethmar épousa Wille Comtesse de Seveningen & de Notringen, dont il eut Christian, qui fut Chef de la Branche des Marquis de Lusace, & Thierry, qui se maria avec Judith, fille unique & héritiére de Bion dernier de la Branche Mersbourg, & à qui l'Empereur Othon II. donna l'Investiture du Comté de Mersbourg. Il eut de cette Princesse Dedon qui laissa de Thiburge de Brandebourg Fréderic I. & Thierry II. Le premier fit, selon Spenner, la Branche des Comtes Palatins de Saxe, qui finit en Fréderic V. dont la fille unique nommée Sophie fit passer le Palatinat de Saxe à Herman Landgrave de Thuringe. Thierry II. acquit le Marquisat de Landsberg par son mariage avec Maulde fille d'Ecard, Marquis de Saxe & de Misnie, & l'Empereur Henri II. lui donna en 1234. les Comtés d'Eulenbourg & de Seuselic à la sollicitation de l'Imperatrice Cunegonde. Il fut pere de Dedon, qui herita du Marquisat de Lusace par la mort d'Othon son cousin, de Géron Comte de Bresse, dont la postérité ne dura guére & de Thimon, qui fut désigné Marquis de Misnie en 1075. par l'Empereur Henri IV. Mais les Bohêmes s'étant emparez de la Misnie, & Lothaire Duc de Saxe dont il soutenoit les intérêts, ayant été défait par l'Empereur Henri V. dans la bataille qu'il lui donna près de la Forêt de Guelphe l'an 1115. il fut contraint de renoncer à ce Marquisat, qui lui appartenoit par les Droits de sa mere. Conrad le *Pieux* son fils qu'il avoit eu d'Itte fille d'Othon Duc de Saxe en fut investi en 1126. par l'Empereur Lothaire II. qui lui donna aussi l'Investiture du Marquisat de Lusace en 1136. après la mort de Wipert son cousin qui ne laissa point d'enfans.

Cette Généalogie justifie clairement que la Saxe renfermoit autrefois les Marquisats de Brandebourg, de Lusace & de Misnie, les Evêchés de Mersbourg & de Naumbourg, la Principauté d'Anhalt, les Duchés de Saxe Lawenbourg, de Brunswig, de Lunebourg, de Magdebourg & de Brême; les Principautés d'Halberstadt, de Minden & de Ferden; les Evêchés de Hildesheim, d'Osnabrug & de Munster, les Comtés d'Offemborug de Delmenhorst, d'Hoye, de Diepholt, de Ravensberg, de Lemgow, de Lippe, de Bentheim, de Steinfurt, de Tecklenbourg & de Lingen, la Principauté d'Oostfrise, & les Pays de Frise, de Groningue & d'Overissel. Ils faisoient tous originairement partie de la Saxe. La plûpart furent long-tems possédés par des Princes Saxons, comme on vient de le voir, & à mesure qu'ils changerent de Maîtres ils changerent aussi de nom. Il n'y eut que le Duché de Saxe qui conserva toujours l'ancien, & le Duché de Lawenbourg auquel les Descendans de Bernard l'*Ours* qui le possédoient, ajoutérent celui de Saxe pour marquer leurs Droits sur l'Electorat de Saxe, dont ils furent privés par l'Empereur Sigismond, après la mort de l'Electeur Albert IV. L'Empereur Maximilien I. ayant divisé l'Allemagne en dix Cercles pour en rendre le Gouvernement moins confus, renouvella l'ancien nom, & comprit presque tous les Etats qui dépendoient autrefois de la Saxe, avec plusieurs autres dans deux Cercles, qu'il fit nommer Cercles de la Haute & de la Basse Saxe.

SAXE [a] (Le Cercle de la Haute) contient

[a] Ibid. p. 134.

tient les Evêchez de Meissen, de Mersbourg, de Naumbourg, & de Camin; les Abbayes de Quedlinbourg, de Gerenrode & de Walckenried; les Electorats de Saxe & de Brandebourg, les Duchés de Saxe-Altenbourg, de Saxe-Weimar, de Saxe-Gotha & de Saxe-Cobourg; les Duchés de la Poméranie Citérieure & Ultérieure, la Principauté d'Anhalt; les Comtés de Schwartzenbourg, de Manfeld, de Stolberge, de Hohenstein, de Beuchlingen, de Barby & de Mulingen; les Baronnies de Reussen-Plauen, de Reussen-Graits, de Leissnick, de Wildenfels, de Schonbourg, & de Tautenberg: l'Electeur de Saxe en est le Directeur, & son Contingent est de deux cens soixante-dix-sept Cavaliers & d'onze cens soixante-sept Fantassins, ou de sept mille neuf cens quatre-vingt douze Florins par mois.

Pag. 137. 3. SAXE a (Le Cercle de la Basse), est composé de l'Evêché de Hildesheim, des Duchés de Magdebourg & de Brême, de la Principauté d'Halberstadt, des Evêchés de Lubeck, Schwerin & de Ratzebourg, des Duchés de Brunswig-Zell, Wolffenbuttel, Grubenhagen & Calenberg; de Holstein Gluckstad & Gottorp, de Mecklenbourg & de Saxe Lawenbourg; des Comtés de Reinstein, & de Blanckenbourg, & des Villes de Lubeck, de Brême, de Goslar, de Mulhausen & de Northausen. Les Ducs de Magdebourg, de Brême & de Brunswig-Lunebourg, sont Directeurs de ce Cercle, dont le Contingent est de trois cens trente Cavaliers, & de douze cens soixante-dix-sept Fantassins, ou de huit mille neuf cens quatre-vingt douze Florins par mois.

On comprend ordinairement sous le nom de DUCHÉ DE SAXE, tous les Etats qui composent l'Electorat de ce nom. Ils sont situés au milieu de l'Allemagne. L'étendue en est considérable, & il n'y en a point où il y ait une aussi grande quantité de Noblesse, & un aussi grand nombre de bonnes Villes. Le Pays est très-peuplé. Il est arrosé de grosses Rivières, qui y entretiennent un grand commerce, dont le principal est celui des Mines, & il abonde en toutes les choses nécessaires à la vie. La Justice y est mieux administrée qu'en aucun autre Pays d'Allemagne: elle s'administre selon le Droit Saxon, qu'on y suit depuis plusieurs Siècles. Ce Droit porte le nom de ceux qui l'instituérent, & devint si célèbre qu'il fut suivi non seulement par les Nationaux, mais encore par les Etrangers. Il s'étoit établi dans la Pologne, la Livonie, la Samogitie & la Prusse. On appelloit au Tribunal de Magdebourg des Jugemens qui se rendoient en Pologne; mais comme ces appellations ne pouvoient se faire sans de grands fraix, le Roi Casimir les défendit en 1368. & créa un Tribunal Souverain dans le Château de Cracovie. Quand il arrive néanmoins de certains cas qui ne sont pas expliqués par le Droit Polonois, on a recours au Saxon. Henri le Jeune Duc de Brunswig abolit aussi ce Droit dans le Duché de Brunswig, afin de n'être par soumis au Vicariat de Saxe, qui par la Bulle d'Or doit s'étendre dans les Pays, où le Droit Saxon est observé. Le Duc Christian en fit de même dans le Duché de Lunebourg & publia une Ordonnance, qui est comme une espèce de Code qu'il ordonna de suivre à l'avenir.

La Division de ces Etats a changé deux fois. Les Electeurs de Saxe de la Branche Ernestine les partagérent en quatre Cercles, qui furent ceux de Saxe, de Thuringe, de Misnie & de Franconie. Celui de Thuringe étoit sous-divisé en quatre Contrées, savoir Orlamund, Sala, ou Salgrand, Weimar & Werra ou Gotha. Le Cercle de Misnie étoit de même sous-divisé en deux, qui étoient celles de Torgaw, & de Voigtland. Cette division subsista jusqu'au tems que la Dignité Electorale passa dans la Branche Albertine, par la concession que l'Empereur Charles V. en fit à Maurice en 1547. après qu'il en eut dépouillé Jean Fréderic, pour avoir pris les armes contre lui. Auguste succéda à Maurice son frere qui mourut sans enfans, dans l'année 1553. & comme par la Transaction qu'il fit en 1554. avec Jean Fréderic, il lui laissa la plus grande partie des Etats situés dans la Thuringe, à condition qu'il renonceroit, comme il fit, à la Misnie, aux Mines & au Burgraviat de Magdebourg, il fit une nouvelle division de ses Etats qu'il partagea en Cercles, savoir celui de Saxe, qui comprenoit le Duché de ce nom; celui de Thuringe où il mit tous les Bailliages qui lui appartenoient; celui de Misnie qui renferma la partie Orientale de ce Marquisat; celui de Leipsick qui en contient la partie Septentrionale; celui des Montagnes, où sont les Mines; & celui de Voigt-Land. Il achetta en 1566. les Villes de Voigtsberg, d'Oelsnick; de Plauen, & de Plausen, de Henri le Jeune Burgrave de Misnie & Comte de Harteinstein; & il acquit une portion du Comté de Henneberg en 1583. à la mort de George Ernest dernier Comte de Henneberg. Jean George I. réunit le Marquisat de Lusace à son Domaine en 1620. & partagea ses Etats par son Testament entre ses quatre fils: Jean George II. qui étoit l'aîné eut la dignité Electorale, avec le Duché de Saxe qui lui est inséparablement uni conformément à la Bulle d'Or; le Burgraviat de Magdebourg avec les Cercles de Misnie, de Leipsick & des Mines; la Haute Lusace, le droit sur l'Abbaye de Quedlinbourg & le Sequestre du Comté de Mansfeld. Auguste qui étoit le second eut les quatre Bailliages démembrés de l'Archevêché de Magdebourg, & les Bourgs & Châteaux de Sachsenberg, Eckersberg, Weissenfée, Freiburg, Sangerhausen, Langen-Saltza, Nebra, Sattichenbach, Heldrungen, Wendelstein, & Weissenfeld, avec la Supériorité territoriale. Christian qui étoit le troisième eut l'Evêché de Mersbourg, la Basse-Lusace, & les Bourgs & Châteaux de Dobriling, Finsterwald, Bitterfeld, Delich & Zorbich, avec la même Supériorité territoriale. Maurice qui étoit le quatrième eut l'Evêché de Naumbourg, la portion Electorale du Comté de Henneberg, les Seigneugneuries de Tantenberg, Fravenprifing, Nieder-Werben, Voigtsberg, Plauen, Plaufen, Tribiz Arnshay, Weida, & Ziegenruck, pour en jouïr avec les mêmes droits que fes freres. L'Electeur Jean George III. difputa ces droits à fes oncles & à fes coufins, dès qu'il eut pris poffeffion de l'Electorat, & ordonna à toute la Nobleffe de Saxe qui poffedoit des biens immédiats dans leur Domaine, qu'on appelle en Allemand SCHRIFFT-SASS, c'eft-à-dire recevant immédiatement les ordres du Prince, ou de fa Chancellerie, de le reconnoître pour Seigneur Souverain, & de lui prêter le ferment de fidélité, fur ce que fon Ayeul n'avoit pas pu à fon préjudice difpofer de la Souveraineté, contre le Teftament d'Albert le *Courageux*, qui ordonne que les Cadets auront feulement des Appanages. L'Electeur Jean George IV. fon fils pouffa cette affaire avec plus de vigueur, & tous les Princes à fe foumettre; de forte qu'il les a réduits à la qualité d'Appanagés, & en cette qualité il leur fit prêter le ferment de fidélité, les convoqua aux Affemblées, comme Etats Provinciaux, & leur fit payer leur contingent des charges publiques.

Le Duché de Saxe eft borné au Septentrion par le Margraviat de Brandebourg, à l'Orient par la Baffe-Luface, au Midi par la Mifnie, & à l'Occident par la Principauté d'Anhalt. C'étoit-là le Duché de la Saxe Septentrionale, dont l'Empereur Othon I. inveftit Herman Bilingen, un de fes Miniftres, au préjudice de la famille, dont il étoit mécontent. La Pofterité d'Herman finit au Duc Magnus, qui mourut dans la prifon, où l'Empereur Henri V. le tenoit. Il laiffa deux filles: Wulfilde qui étoit l'aînée époufa Henri le *Noir*, Duc de Bavière; & Hélique fut mariée avec Othon Balenfted, Comte d'Afcanie. L'Empereur Henri V. avoit donné le Duché de Saxe, après la mort de Magnus à Lothaire de Supplenbourg, qui étant parvenu à l'Empire inveftit du Duché de Saxe, aux Etats d'Augsbourg, Henri le *Superbe*, en lui donnant en mariage Gertrude fa fille aînée. Les Comtes d'Afcanie prétendirent qu'il n'en avoit pas pu difpofer fans leur participation; ce qui fit naître une grande querelle entre eux & les Ducs de Bavière. Henri le *Lion*, fils d'Henri le *Superbe*, ayant été profcrit en 1180. aux Etats de Wurtzbourg, l'Empereur Frédéric I. donna le Duché de Saxe à Bernard fils puîné d'Albert l'*Ours*, dont les Defcendans en jouïrent jufqu'à Albert IV. qui étant mort fans enfans en 1422. Eric V. Duc de Saxe Lawenbourg qui étoit iffu de Jean I. frere de l'Electeur Albert II. demanda l'Inveftiture du Duché de Saxe à l'Empereur Sigifmond, comme étant le plus proche parent d'Albert IV. mais Sigifmond la lui refufa, fous prétexte qu'il l'avoit demandée trop tard, & conféra ce Duché avec la Dignité Electorale à Frédéric le *Belliqueux*, Landgrave de Turin & Marquis de Mifnie, dont la pofterité en jouït encore à préfent.

C'eft une grande queftion parmi les Hiftoriens, fi la Saxe a porté autrefois le Titre de Palatinat. Les uns difent que ce Titre étoit autrefois attaché à la Thuringe, & que ce ne fut que par l'union de cet Etat qu'il paffa au Duché de Saxe; les autres au contraire prétendent qu'il a été uni de tout tems à ce Duché. Cette queftion n'eft pas encore bien décidée & demanderoit une grande Differtation.

On donne au Duché de Saxe environ treize lieues d'Allemagne de largeur & quinze de longueur. L'Elbe le coupe en deux parties, dont celle qui eft à l'Orient eft beaucoup plus grande que l'autre. Le Pays confifte en belles Campagnes où l'on recueille du bled en abondance. Il y a très peu de Bois; ce qui oblige les gens du pays à brûler de la paille, ou à faire venir de la tourbe, & du bois de la Luface & des Frontières de Brandebourg. La plûpart des Gentilshommes, dont le nombre eft fort grand font feudataires de l'Electeur; ce qui les oblige d'être plus foumis, & donne au Prince la facilité d'y faire des levées. Il font tous obligés de le fuivre à la guerre. C'eft dans ce Duché que la Religion Proteftante a pris naiffance par les foins de Luther dont les Princes d'Allemagne fe fervirent habilement, pour former un Parti qui s'oppofât à la Puiffance formidable de la Maifon d'Autriche.

4. SAXE-WEIMAR (Le Duché de), eft entre le Territoire d'Erford, le Bailliage d'Eckarsberg, la Rivière de Sala, & le Comté de Schwartzbourg. C'étoit anciennement un Comté, dont Herman fut dépouillé en 1342. par Frideric le *Grave* Marquis de Mifnie. Il confifte en plufieurs bons Bailliages, dont les principaux font ceux de Jena, d'Orlamund, de Donsberg & de Tondorff. La Ville de Weimar en eft la Capitale.

5. SAXE-GOTHA (Le Duché de), confine avec le Territoire d'Erford, le Comté de Gleichen, le Duché d'Eyfenach, & les Bailliages de Langenfaltza & de Tennftadt. Gotha en eft la Capitale.

6. SAXE-EYSENACH (Le Duché de), s'étend d'un côté jufqu'à la Rivière de Werra qui le fépare de la Heffe, & il confine de l'autre avec le Duché de Gotha. Eyfenach en eft la Capitale.

La Maifon de Saxe defcend des Marquis de Mifnie, qui étoient iffus des anciens Princes Saxons, comme on l'a vu ci-devant. Elle eft partagée en deux Branches principales qui font l'*Erneftine* & l'*Albertine*, ainfi nommées d'Erneft & d'Albert, fils de Frédéric le *Debonnaire*, Electeur de Saxe & de Marguerite d'Autriche, Sœur de l'Empereur Frédéric III. Erneft fuccéda à l'Electorat de Saxe, & Albert furnommé le *Belliqueux* eut une partie de la Saxe, de la Mifnie & de la Thuringe par le partage qu'il fit avec fon frere en 1485. Jean Frédéric, iffu d'Erneft au troifième degré, époufa Sybille fille de Jean III. Duc de Cleves & de Marie Duchesse de Juliers: & un des Articles du Contrat de mariage qui fut confirmé par l'Empel'Empereur Charles V. le 13. Mai 1544. portoit que si Jean & Marie ne laissoient point d'enfans mâles, ou que leur Postérité masculine vînt à manquer, Sibyle ou ses descendans hériteroient des Duchés de Cleves & de Juliers; d'autant plus que l'Empereur Frédéric III en avoit accordé l'Expectative à Albert Duc de Saxe par ses Lettres du 26. de Juin 1483. que l'Empereur Maximilien I. confirma le 1. Septembre 1486. & ensuite en 1495. Mais quoiqu'après la mort de Jean Guillaume Duc de Cleves arrivée en 1609. sans laisser de Postérité, les Ducs de Saxe en eussent obtenu l'Investiture de l'Empereur Rodolphe II. le 27. de Juin 1610. l'Electeur de Brandebourg & le Duc de Neubourg se mirent en possession de la succession de Juliers qui leur est demeurée. Les Ducs de Saxe furent obligés de céder; mais pour se maintenir dans leurs droits, ils ont depuis continué de prendre dans leurs titres la qualité de Ducs de Cleves, de Juliers & de Berg, & en ont mis les Armes dans leur Ecu. Jean Frédéric laissa de Sibylle, Jean Frédéric II. Jean Guillaume, & Jean Frédéric III. qui mourut sans postérité en 1565. Les deux autres partagérent les Etats de leur pere par la médiation de Frédéric III. Electeur Palatin leur beau-pere. Jean Frédéric eut les Duchés de Gotha & de Cobourg, & Jean Guillaume eut ceux d'Altenbourg & de Weimar. Le premier eut d'Elisabeth, Jean Casimir & Jean Ernest, qui n'eurent point d'enfans: Jean Guillaume laissa de Dorothée Susanne sœur d'Elisabeth, Fréderic Guillaume & Jean qui eurent, celui-ci le Duché de Weimar, & l'autre le Duché d'Altenbourg, & qui hériterént le premier du Duché de Cobourg, & le second de celui de Gotha, par la mort des Ducs de Saxe ses cousins. Frédéric Guillaume fit la Branche d'Altenbourg, qui finit en 1672. en Frédéric Guillaume III. son petit-fils, dont la succession, composée des Duchés d'Altenbourg & de Cobourg passa à Ernest, Duc de Saxe Gotha son plus proche parent. Jean, Duc de Saxe-Weimar, & Chef de cette Branche, laissa de Dorothée Marie, fille de Joachim-Ernest Prince d'Anhalt, Jean-Ernest, Jean-Guillaume, Frédéric, Guillaume, Albert, Jean-Frédéric & Ernest, entre lesquels il n'y eut que Guillaume & Ernest qui continuerent la posterité: Guillaume fut Régent après la mort de Jean-Ernest son frere aîné, du consentement de tous les autres; & il fut réglé entr'eux par un Pacte de Famille, que le plus vieux seroit toujours Régent, sans qu'on eût égard à la primauté des Branches; Guillaume, Albert & Ernest partagérent entr'eux leurs Etats après la mort de leurs freres. Le premier eut le Duché de Weimar, le second le Duché d'Eysenach & le troisième eut le Duché de Gotha; mais comme Albert mourut sans enfans en 1644. les deux autres firent un nouveau partage du Duché d'Eysenach. Ils convinrent d'en prendre chacun la moitié, & de jouïr en commun du Vœu de cette Principauté dans le Collége des Princes. Guillaume mourut en 1662. laissant d'Eléonor-Dorothée fille de Jean-George Prince d'Anhalt, Jean-Ernest, auquel il donna le Duché de Weimar; Adolphe-Guillaume, qui eut la plus grande partie de celui d'Eysenach; Jean-George, qui n'eut d'abord que le Bailliage & Château de Marcksul; mais qui succéda en 1668. au Duché d'Eysenach par la mort de son frere Adolphe; & Bernard qui eut en partage le Bailliage de Jena.

Jean-Ernest continua la Branche de Weimar, & mourut le 15. Mai 1683. Guillaume Ernest son fils aîné lui succéda. Il épousa le 3. Novembre 1683. Charlotte Marie fille de Bernard Duc de Saxe Jena, sa cousine germaine; mais il se sépara d'avec elle au mois d'Août 1690. & mourut en 1703. sans enfans. Son frere Jean-Ernest eut entre autres enfans, Ernest-Auguste né en 1588. qui a pour fils le Prince Guillaume-Ernest né le 4. Juin 1717.

Jean George Chef de la Branche d'Eysenach, épousa en 1661. Jeanne fille d'Ernest Comte de Sayn, veuve de Jean Landgrave de Hesse-Darmstad, qui lui porta en dot le Bailliage & Château d'Altenkirchen, qui fait partie du Comté de Sayn. Il mourut d'apopléxie le 19. Septembre 1686. laissant de Jean, Jean George II. qui lui succéda, & épousa le 20. de Septembre 1688. Charlotte Sophie, fille d'Everard Duc de Wurtemberg, dont il n'eut point d'enfans. Jean-Guillaume qui hérita en 1660. de Jena & de son Territoire, par le décès du jeune Prince Jean-Guillaume fils de Bernard, hérita ensuite d'Eysenach à la mort de Jean-George II. son aîné en 1698. De cinq fils qu'il a eus de ses trois Alliances, il ne lui reste que l'aîné Guillaume-Henri, né le 10. de Novembre 1691. & qui épousa en 1713. une Princesse de Nassau-Idstein. Bernard Duc de Jena épousa le 18. Juillet 1662. Marie de la Trimouille, fille de Henri Duc de la Trimouille, & de Marie de la Tour d'Auvergne: il mourut le 3. Mai 1678. laissant de cette Princesse qui mourut d'apopléxie le 24. d'Août 1682. Charlotte-Marie, qui avoit épousé Guillaume-Ernest Duc de Saxe-Weimar, & Jean-Guillaume mort de la petite vérole à Jena le 4. Novembre 1690.

Ernest huitième fils de Jean de Weimar a fait la Branche de Gotha. Il hérita des Duchés d'Altenbourg & de Cobourg à la mort de Fréderic Guillaume III. dernier de la Branche d'Altenbourg, parce qu'il étoit plus proche d'un degré que les Ducs de Weimar ses neveux. Il leur céda néanmoins la quatrième partie de cette succession par la Transaction du 16. Mai 1672. à la charge que les Duchés d'Altenbourg & de Cobourg auroient toujours le second & le troisième Vœu dans le Collége des Princes parmi ceux qui appartiennent à la Branche Ernestine de Saxe. Il mourut le 26. de Mars 1675. laissant d'Elisabeth-Sophie, fille de Jean Philippe Duc de Saxe Altenbourg, sa cousine, sept fils, (qui formérent autant de Branches) sçavoir Fré-

deric

deric Duc de Gotha, Albert Duc de Cobourg, Bernard Duc de Meinungen, Henri de Römhild, Chriſtian Duc d'Eiſenberg, Erneſt Duc d'Hildebourghauſen, & Jean Erneſt Duc de Saalfeld. Les Branches de Cobourg, de Römhild & d'Eiſenberg ne ſubſiſtent plus. Albert n'eut qu'un fils qui mourut dans ſa première année, Henri n'en eut point du tout, & Chriſtian n'eut de ſes deux Alliances qu'une Princeſſe mariée au Duc de Holſtein Glucksbourg. Ainſi les ſept Branches ſe réduiſent maintenant à quatre, qui ſont Saxe-Gotha, Saxe-Meinungen, Saxe-Hildebourghauſen & Saxe-Saalfeld. Frédéric Duc de Gotha mort en 1691. âgé de 45. ans laiſſa deux fils, dont l'aîné s'appelle auſſi Frédéric, & le ſecond Jean Guillaume. Ce dernier fut tué au Siège de Toulon le 15. d'Août 1707. après avoir donné en diverſes occaſions des marques d'un courage héroïque. Il avoit alors 30. ans. Son frere aîné aujourd'hui Duc de Gotha a ſix Princes vivans; & l'aîné de tous s'appelle Frédéric comme ſon Pere & ſon Ayeul.

La Branche Albertine a eu pour Chef Albert le *Courageux*, & on l'appelle auſſi l'Electorale, parce qu'elle poſſéde l'Electorat, dont Charles V. priva Jean-Frédéric, & qu'il donna à Maurice petit-fils d'Albert. Ce Prince étant mort ſans enfans, Auguſte ſon frere lui ſuccéda. Il eut d'Anne fille de Chriſtian I. Roi de Dannemarck, Chriſtian I. qui fut pere des Electeurs Chriſtian II. & Jean-George I. auſſi-bien que du Duc Auguſte. Jean-George I. laiſſa de Magdelaine-Sybille-Eliſabeth, fille d'Albert-Frédéric de Brandebourg, Duc de Pruſſe, qu'il épouſa en ſecondes nôces, Jean-George II. qui continua la Branche des Electeurs: Auguſte qui a fait celle de Hall ou de Weiſſenfels, Chriſtian Auteur de celle de Mersbourg, & Maurice qui le fut de celle de Naumbourg. Jean-George II. mourut en 1680. Il eut pour Succeſſeur ſon fils Jean-George III. qui mourut en 1691. Il laiſſa deux fils qui furent ſucceſſivement Electeurs. Jean-George IV. l'aîné ne jouït que trois ans & demi de cette Dignité, qui paſſa à Frédéric-Auguſte en 1694. Ce dernier fut élu Roi de Pologne, après la mort de Jean Sobieſki; & ſon fils, nommé auſſi Frédéric-Auguſte, qui non ſeulement lui a ſuccédé à l'Electorat, mais a trouvé encore le moyen de ſe frayer le chemin au Trône de Pologne. Ce Prince a épouſé en 1719. l'Archiducheſſe Marie-Joſephe, fille de l'Empereur Joſeph, née le 8. Décembre 1699. Voyez au Mot ALLEMAGNE, dans la Table Géographique qui y eſt jointe, la diviſion des Etats de la Maiſon de SAXE.

7. SAXE LAWEMBOURG, Duché d'Allemagne dans la Baſſe-Saxe [a]. Il eſt borné au Nord & à l'Orient par le Duché de Mecklenbourg; au Midi partie par le Comté de Danneberg, partie par le Duché de Lunebourg; au Couchant par le Duché de Holſtein & par l'Evêché de Lubeck. C'étoit une partie de l'ancien Duché de Saxe, qui paſſa, comme on la déja vu, d'Henri le *Lion* Duc de Saxe & de Bavière, à Bernard l'*Ours*, Comte d'Aſcanie, fils puîné d'Albert l'*Ours*, Marquis de Brandebourg, par la Donation que l'Empereur Frideric I. lui en fit aux Etats de Wurtzbourg en 1180. Bernard mourut en 1212. & laiſſa de ſon premier mariage avec Juthe fille de Canut Roi de Dannemarck, Albert I. qui fit la Branche des Electeurs de Saxe, & Henri le *Vieux* de qui les Princes d'Anhalt ſont deſcendus. Albert mourut en 1160. & fut pere de pluſieurs enfans, entr'autres d'Albert II. qui lui ſuccéda à l'Electorat, & de Jean I. qui eut en partage le Duché de Lawembourg, ou de la Baſſe-Saxe, & fit la Branche des Ducs de Saxe-Lawembourg. Il laiſſa de ſon mariage avec Ingenburge, fille d'Erric Roi de Suède, Jean II. Albert II. & Erric I. Jean mourut en 1315. ſans avoir eu d'enfans d'Eliſabeth, dont on ignore la famille: Albert étoit mort l'année d'auparavant, & avoit laiſſé de Marguerite, dont la famille eſt auſſi inconnue, Albert III. mort en 1344. ſans avoir eu d'enfans de Sophie Comteſſe de Ziegenheim, & Erric III. mort auſſi ſans enfans en 1401. Erric I. continua la Poſtérité, & mourut en 1360. Il laiſſa d'Eliſabeth fille de Bogiſlas III. Duc de Poméranie, Erric II. qui eut de ſon mariage avec Agnès, fille de Jean Comte de Holſtein, que d'autres nomment Nicolas, Erric IV. mort en 1411. & qui eut de Sophie, fille de Magnus Torquatus Duc de Brunſwig, pluſieurs enfans, entr'autres Erric V. & Bernard II. Erric demanda l'Electorat de Saxe après la mort d'Albert VI. ſon couſin, qui ne laiſſa point d'enfans; mais l'Empereur Sigiſmond n'ayant aucun égard à ſon droit quoiqu'inconteſtable, & en inveſtit l'an 1224. Frédéric le *Belliqueux*, Marquis de Miſnie, ſous prétexte qu'Erric en avoit demandé l'Inveſtiture trop tard. Ce Prince ſe plaignit au Concile de Baſle de l'injuſtice que l'Empereur lui avoit faite. Il mourut en 1435. ſans avoir eu d'enfans d'Eliſabeth, fille de Conrad, Comte de Weinſperg: Bernard II. fit la guerre à Frédéric I. Electeur de Brandebourg, & ruïna le Pays de Pregnitz dans la Moyenne Marche de Brandebourg. Il mourut de la peſte en 1463. & laiſſa d'Adélaïde fille de Wratiſlas IX. Duc de Poméranie, Jean IV. qui continua à prendre de même que ſon pere le titre d'Electeur de Saxe & de Grand Maréchal de l'Empire. Il renouvella le procès pour cet Electorat, & il le perdit par le Jugement de l'Empereur Frédéric III. Il mourut le 5. d'Août 1507. ayant eu de Dorothée fille de Frédéric II. Electeur de Brandebourg, Erric VI. qui fut élu Evêque d'Hildesheim en 1503. & de Munſter en 1508. Magnus II. qui continua la race; Bernard III. Prevôt de l'Egliſe de Cologne; Jean V. à qui ſon frere réſigna l'Evêché de Hildesheim en 1504. Rodolphe, & huit filles, dont les quatre premières furent mariées.

Magnus II. ſuccéda à ſon pere & fut excommunié par le Pape, & enſuite proſcrit

[a] D'*Audifred*, Géogr. t. 3. p. 516. Ed. 1695.

scrit par l'Empereur pour avoir attaqué conjointement avec le Comte d'Oldenbourg, Jean Rode, Archevêque de Brême, qui pour être en état de leur réfister fut obligé de choifir pour fon Coadjuteur Chriftophle Duc de Brunfwig. Il s'abftint le premier du titre d'Electeur de Saxe & mourut en 1543. laiffant de Catherine fille de Henri le *Vieux* Duc de Brunswig cinq filles & un fils, nommé François I. qui obtint de l'Empereur Maximilien II. une Commiffion adreffée aux Ducs Ulrich & Chriftophle de Mecklenbourg, pour examiner fes droits fur l'Electorat de Saxe, laquelle fut confirmée à ces Princes par l'Empereur Rodolphe II. en 1557. Il eut la gloire de pacifier la révolte des Anabaptiftes de Munfter, & enfuite il céda la Régence à fon fils puîné. Il mourut le 19. Mars 1587. ayant eu de Sibylle, fille de Henri le *Pieux*, Duc de Saxe Magnus III. François II. Henri, Maurice Fréderic & trois filles, favoir, Dorothée qui fut mariée le 10. de Décembre 1570. avec Wolfang Duc de Brunfwig, Urfule qui époufa en 1569. Henri, Duc de Brunfwig, & Sidonie qui eut en premières nôces, Wenceflas Duc de Tefchin, & en fecondes nôces Emeric Forgatz Comte de Tenffin. Magnus III. époufa Sophie fille de Guftave Roi de Suède, & paffa la plus grande partie de fa vie au fervice de fon beau-pere; mais s'étant rendu odieux au Roi Jean, qui fuccéda à Guftave, il fut chaffé de Suède & vint fe retirer dans le Pays de Saxe Lawembourg, dont fon frere étoit en poffeffion par l'abdication de fon pere. Il prétendit que cette ceffion n'avoit pu être faite à fon préjudice: il attaqua fon frere & prit la Ville de Ratzebourg qu'il ruïna, après quoi n'étant plus en état de continuer cette guerre, il fut contraint de s'enfuir en Suède. Il en revint pourtant; mais il fut fait prifonnier par fon frere, qui le fit enfermer dans le Château de Ratzebourg, où il mourut en 1603. n'ayant eu de Sophie qu'un fils nommé Guftave mort en Suède le 11. Novembre 1697. Henri fut élu Archevêque de Brême en 1567. Evêque d'Osnabrug en 1574. & Adminiftrateur de Paderborn en 1577. Les Chanoines de Munfter voulurent auffi le choifir pour leur Evêque; mais le Pape s'y oppofa, & quoiqu'il fît profeffion du Luthéranifme, il ne voulut jamais fe marier, ni rien innover publiquement touchant la Religion. Il marcha au fecours de Gebhard Truchsfes Electeur de Cologne, & comme on ne voulut pas recevoir fes Troupes dans Bonn, il fe retira & mourut le 23. Avril 1585. Maurice fut au fervice du Prince Jean Cafimir dans les Pays-Bas, & commanda fes Troupes lorfque ce Prince paffa en Angleterre; mais le mauvais état des Efpagnols l'obligea de fe retirer, il mourut en 1616. Fréderic fut Prevôt du Chapitre de Brême & Chanoine de Cologne. Il fe déclara contre Truchsfes dans l'efpérance d'avoir l'Archevêché de Cologne; mais les efforts qu'il fit pour cela furent vains, & il mourut le 8. Décembre 1686.

François II. eut l'adminiftration du Duché de Saxe-Lawembourg du vivant de fon pere, qui s'en démit en fa faveur, & qui ne tarda pas à s'en repentir. Il avoit fervi auparavant les Efpagnols dans les Pays-Bas fous Alexandre Farnèfe. Il fe maria en premières nôces l'an 1574. avec Marguerite fille de Philippe Duc de Poméranie, de laquelle il eut Marie, née le 18. Février 1576. & morte Chanoineffe de Gandersheim le 12. Mars 1625. Augufte né le 17. de Février 1577. Catherine Urfule née en 1580. & morte en 1611. Philippe né le 18. Août 1578. & mort le 18. Avril 1605. & un Anonime né & mort en 1587. En fecondes nôces il époufa en 1582. Marie fille de Jules Duc de Brunfwig, dont il eut François-Jules né le 13. de Septembre 1584. Jules-Henri né le 9. Avril 1586. Erneft-Louïs né le 7. Juin 1587. & tué par les Païfans d'Autriche à Offerdingen le 15. Juin 1620. Hedwige-Sybille née le 17. Octobre 1588. & morte le 4. Juin 1635. Julie née le 25. Décembre 1589. & mariée avec Fréderic Duc de Holftein Nordbourg; Sabine-Catherine née & morte en 1591. Joachim-Sigismond né le 3. Mai 1593. & mort le 10. d'Octobre 1627. François-Charles né le 2. Mai 1594. marié en premières nôces le 9. de Septembre 1628. avec Agnès fille de Jean George, Electeur de Brandebourg, qui étoit veuve de Philippe-Jules-Duc de Poméranie; en fecondes nôces l'an 1639. avec Catherine, fille de Jean-Sigismond Electeur de Brandebourg, veuve de Bethlen-Gabor, Prince de Tranfylvanie, & en troifièmes nôces avec Elifabeth Comteffe de Megau, veuve de Chriftopffle-Adolphe Baron de Teuffel. Il mourut fans enfans le 20. Novembre 1660. Rodolphe-Maximilien né le 19. Juillet 1596. & mort à Lubeck le 10. Octobre 1647. fans avoir eu d'enfans d'une Noble Vénitienne; Hedwige-Marie née le 7. Août 1597. & mariée avec Hannibal Gonzague, Grand Chambellan de l'Empereur; François-Albert né le 31. Octobre 1598. & mort le 31. Mai 1642. fans avoir eu d'enfans de Chriftine-Marguerite, fille de Jean-Albert Duc de Mecklenbourg; Jean-George né le 8. de Février 1600. & mort l'année d'après; Sophie-Hedwige née le 23. Mai 1601. & mariée en 1624. avec Philippe Duc d'Holftein-Glnersbourg; & François-Henri né le 9. Avril 1604.

Augufte fuccéda à fon pere en 1619. Il demanda juftice à l'Empereur Ferdinand II. fur fes prétentions à l'Electorat de Saxe, & fit publier un Manifefte par lequel il prouvoit entr'autres chofes que fes Ancêtres ni les Empereurs n'avoient pu préjudicier à fes droits. Il mourut le 18. Janvier 1656. ayant eu de fon premier mariage avec Elifabeth Sophie, fille de Jean Adolphe Duc de Holftein Gottorp, Sophie Marguerite née le 17. Août 1622. & morte le 6. Mars 1627. François-Augufte né le 13. de Juillet 1623. & mort le 17. d'Avril 1624. Anne-Elifabeth née le 22. d'Août 1624. & mariée le 3. Avril 1665. avec Guillaume-Chriftophle, Landgrave de Heffe-

Bin-

Bingenheim, d'avec lequel elle se sépara quelque tems après; Sibylle-Hedwige née le 30. Juillet 1625. & mariée l'an 1653. avec François-Herdman son cousin germain; Jean-Adolphe né le 22. Octobre 1626. & mort le 23. Avril 1646. & Philippe-Frédéric né le 21. Novembre 1627. & mort huit jours après. Il n'en eut point du second avec Catherine fille de Jean XVI. Comte d'Oldembourg; François-Jules son frere puîné mourut à Vienne le 6. Octobre 1634. sans laisser aucun enfant d'Agnès fille de Frédéric Duc de Wirtenberg. Son dernier frere François-Henri faisoit sa résidence à Franzhagen, & mourut le 26. de Novembre 1658. laissant de Marie-Julie, fille de Jean Comte de Nassau, Erdmuth-Sophie née le 5. Juin 1644. & mariée le 31. Octobre 1665. avec Gustaphe-Rodolphe Duc de Mecklenbourg-Miran, & Eléonor-Charlotte, mariée le 30. Octobre 1676. avec Christian Adolphe Duc de Holstein Sonderbourg.

Jean-Henri succéda à son frere Auguste en 1656. Il se fit Catholique & mourut le 11. de Novembre 1665. n'ayant point eu d'enfans d'Agnès, fille d'Edzard II. Comte d'Oost-Frise, qu'il épousa en premières nôces; mais il laissa d'Elisabeth-Sophie, fille de Jean-George Electeur de Brandebourg, veuve de Janus Prince de Radzevil, sa seconde femme, François-Erdman né le 25. de Février 1629. & mort sans enfans le 30. Juillet 1666. & d'Anne-Magdelaine Poppel de Lobkowitz sa troisiéme femme, qui lui porta de grands biens, & qui étoit veuve du Comte de Colouvrat, Jules-Henri né le 10. Juin 1633. & mort en 1634. Françoise née & morte le 21. Juin 1634. Marie-Benigne-Françoise née le 19. de Juillet 1635. & mariée en 1651. avec Octave Picolomini, Prince de l'Empire & Duc d'Amalphi; & Jules François né en 1640. qui succéda à son frere François Erdman en 1666. Il renouvella ses prétentions sur l'Electorat de Saxe en 1670. & s'en accommoda l'année d'après avec Jean-George II. Electeur de Saxe, avec lequel il fit un Concordat de succession mutuelle. Il mourut au Château de Schlakenwerd en Bohême le 29. Septembre 1689. ne laissant d'Hedwige-Auguste, fille de Christian-Auguste Prince Palatin de Sultzbach, qu'il épousa le 9. Avril 1668. que deux filles, Anne-Marie-Françoise née le 13. Juin 1672. & mariée le 27. Mars 1690. avec Louis-Guillaume Marquis de Bade, lesquelles ont seulement hérité des effets mobiliaires, des pierreries & de l'argent comptant, & des biens de Bohême, parce que le Duché de Saxe-Lawembourg est un Fief Masculin. Elles prétendoient aussi avoir la partie Occidentale du Hadelland, dont leur pere avoit cru pouvoir disposer en leur faveur.

Dès que le Duc de Zell eut appris la mort de ce Prince, il envoya des Troupes se saisir des Villes de Lawembourg, de Ratzebourg & de Mollen, pour empêcher, comme Directeur du Cercle de la Basse-Saxe, que cette succession n'y attirât une guerre. Peu de jours après, l'Electeur de Saxe envoya prendre possession des autres Bailliages & des biens situés à l'Embouchure de l'Elbe. Le Prince d'Anhalt prétendit que cette succession lui appartenoit en qualité de plus proche parent; & comme il étoit appuyé de l'Electeur de Brandebourg, le Sr. Kanotz, Ministre de cet Electeur protesta à Hambourg contre tout ce qui avoit été fait au nom de l'Electeur de Saxe & du Duc de Zell. L'Empereur fit déclarer alors que le Sequestre lui en appartenoit, jusqu'à ce que les Prétendans fussent convenus à l'amiable, & envoya ordre à ses Ministres dans la Basse-Saxe d'aller se mettre en possession, l'un du Pays de Lawembourg & l'autre du Hadelland. Il y avoit à craindre que cette division n'eût de fâcheuses suites, entre des Prétendans si puissans & si jaloux de leurs droits. Le Duc de Zell avoit pris les devants à la Diéte, où il avoit fait déclarer aux Etats de l'Empire, qu'il n'avoit envoyé des Troupes dans les principales Places que pour les defendre contre ceux qui auroient voulu s'en emparer, & qu'en attendant les choses demeureroient en l'état où elles étoient sans préjudice des droits des Parties; quoique cette succession dût lui appartenir tant en vertu des Transactions passées entre lui & le feu Duc de Saxe-Lawembourg, que parce qu'il étoit aussi proche parent de ce Prince qu'aucun des Prétendans. Le Ministre de Brandebourg présenta aussi un Mémoire, pour recommander aux Etats les droits des Princes d'Anhalt. Celui de Saxe fit la même chose pour soutenir les interêts de son Maître. Enfin toutes les Négociations qui se firent là-dessus n'aboutirent qu'à deux choses: l'une que les Prétendans convinrent unanimement de s'opposer au Sequestre proposé par l'Empereur, & l'autre qu'il fut résolu par les Etats de l'Empire de prier l'Empereur de procéder dans cette affaire suivant les Constitutions Impériales, & d'écrire en même tems aux Parties pour les disposer à consentir que ce différent fût terminé à l'amiable.

Le Conseil de l'Empereur apprit avec beaucoup d'étonnement la résolution qu'avoient prise les Parties de s'opposer au Sequestre qu'il avoit demandé. Ce refus étoit fondé sur deux raisons: la première que l'Empereur ne pourroit être juge d'une affaire dont il seroit partie; la seconde qu'il étoit d'une dangereuse conséquence pour les Etats de l'Empire de consentir à un expédient qui pourroit toujours servir à les frustrer de leurs droits les moins contestables. On crut même avec assez de fondement que cette Proposition avoit été inspirée par l'Electeur Palatin, dans le dessein de chagriner l'Electeur de Brandebourg, qui appuyoit les intérêts des Princes d'Anhalt. Il est encore certain que l'Electeur Palatin vouloit y établir un de ses fils au cas que le Conseil de Vienne eût voulu relâcher en faveur d'un autre ce qu'il souhaitoit fort de conserver pour lui-même. On auroit bien voulu à Vienne se servir d'une autre ressource qui étoit la dévolution du Fief; mais les Interessez ayant fait connoître que cette voye ne pouvoit

pouvoit avoir lieu parce qu'il est porté expressément dans les Capitulations Impériales que l'Empereur ne peut réunir que les Fiefs qui seront entiérement vacans, vacance qui ne peut arriver que par l'entiére extinction de la Famille qui le possede; ce qui ne pouvoit pas se dire de la Maison de Saxe-Lawembourg, puisqu'elle subsiste encore dans celle d'Anhalt qui comme la premiére est issue de Bernard l'*Ours*, Electeur de Saxe de la Maison d'Ascanie, comme on l'a déja vu.

L'Electeur de Saxe fondoit ses prétentions sur la Confraternité héréditaire, que Jean-George II. son Ayeul fit en 1671. avec le dernier Duc de Saxe-Lawembourg, Confraternité dont l'Acte n'étoit pas valide, parce qu'il n'avoit pas été confirmé par l'Empereur dans le tems requis: en second lieu parce qu'elle n'avoit pas été approuvée par les Etats de Saxe, & de Lawembourg, & enfin parce que l'Electeur de Saxe n'avoit pas pu prendre ce nouvel engagement, sans la participation de l'Electeur de Brandebourg, & des Landgraves de Hesse, avec lesquels il a un Concordat de succession mutuelle fort ancien. Toutes ces conditions étoient essentielles, & même il falloit encore de la part du Duc de Saxe Lawembourg qu'il l'eût fait approuver par les Princes d'Anhalt, qui étoient les Héritiers présomtifs & nécessaires.

Le droit des Ducs de Brunswig-Lunebourg n'étoit proprement qu'un droit de bienséance. Ils alléguérent, après s'être mis en possession de la plus grande partie du Duché de Saxe Lawembourg qu'aucun autre des Prétendans, n'étoit plus proche parent qu'eux, & qu'il y avoit un Concordat de succession mutuelle entre eux, & le Duc de Lawembourg. Mais il étoit fort aisé de combattre ces titres. Premiérement la parenté ne pouvoit venir que du côté des femmes, & le Duché de Saxe-Lawembourg étoit un Fief Masculin, autrement les filles du dernier Duc auroient exclu tous les autres Parens-Collatéraux. En second lieu le prétendu Concordat de succession n'avoit pas été confirmé par l'Empereur, ni ratifié par les Etats du Pays; ce qui le rendoit absolument nul. D'ailleurs on doute même qu'il y ait eu entre les Ducs de Brunswig-Lunebourg, & les Ducs de Saxe-Lawembourg un pareil Concordat de succession. Oldenburger est le premier qui en ait parlé. Il en fait mention dans son Itinéraire Politique; mais Itter dans son Traité des Fiefs [a] en parle comme d'une chose fort problématique, & pour laquelle il paroît n'avoir point de foi.

[a] Chap. 17. p. 787.

Le Droit des Princes d'Anhalt étoit sans contredit le meilleur, & la succession de Saxe-Lawembourg leur appartenoit légitimement, parce qu'ils descendent de Bernard l'*Ours*, de même que les Ducs de Saxe-Lawembourg. Bernard fut investi de l'Electorat de Saxe à la Diéte de Wartzbourg, en 1180. par l'Empereur Fréderic Barberousse. L'Investiture porte expressément que cet Electorat, & les autres Etats seroient possédés par ses Descendans mâles, en Ligne directe, légitime & paternelle; & par conséquent les Princes d'Anhalt devoient succéder aux Ducs de Saxe-Lawembourg, puisqu'ils sont issus en droite Ligne de Bernard l'*Ours*; cela est si constant que lorsque les derniers voulurent poursuivre leurs droits sur les Electorats de Saxe & de Brandebourg, les Princes d'Anhalt se joignirent avec eux, parce qu'il s'agissoit d'un interêt commun. Il est vrai que des Jurisconsultes ont objecté à cette raison que le Duché de Saxe-Lawembourg n'étoit point compris dans cette Investiture, parce qu'il n'y est fait mention que de l'Electorat de Saxe, & qu'ainsi les prétentions des Princes d'Anhalt ne peuvent être bien fondées qu'à l'égard de cet Electorat, parce qu'effectivement ils descendent de celui à qui il a été donné; ce qui ne sauroit s'entendre du Duché de Saxe-Lawembourg, parce que non seulement il est postérieur à cette Investiture, mais même que la Branche des Ducs de Saxe Lawembourg n'est venue qu'après celle des Ducs d'Anhalt, ce qui se justifie par leur Généalogie; Bernard l'*Ours* qui fut le premier Electeur, laissa deux fils, Albert I. qui lui succéda à l'Electorat de Saxe, & Henri le *Vieux* de qui les Princes d'Anhalt sont issus. Albert I. fut pere d'Albert II. qui continua la Branche Electorale, & de Jean qui fit celle des Ducs de Saxe-Lawembourg. Delà il est aisé d'inférer, disent ces Jurisconsultes, que le Duché de Saxe-Lawembourg ne sauroit avoir été compris dans l'Investiture de Bernard, puisqu'il n'est venu que long-tems après, & que les Princes d'Anhalt ne peuvent pas succéder aux Ducs de Saxe-Lawembourg, puisqu'en subsistant avec eux, ils ne sauroient avoir été compris dans la donation qui fut faite par l'Electeur Albert I. à Jean son fils puîné.

Cette objection paroît d'abord avoir quelque fondement; mais pour peu qu'on l'examine, on en reconnoît bien-tôt la foiblesse. Premiérement il est certain, & c'est le sentiment de toutes les Universités d'Allemagne, que le Duché de Saxe-Lawembourg est une portion de l'ancien Duché de Saxe, qui passa d'Henri le *Lion*, Duc de Saxe & de Baviére à Bernard l'*Ours* par la concession de l'Empereur Fréderic I. En second lieu il est encore plus certain, selon les Constitutions Impériales & principalement selon la Bulle d'Or, que toutes les Terres qui dépendent d'un Electorat en sont inséparables, & suivent toujours sa Constitution, soit à l'égard de la succession, soit à l'égard des Loix & des Coûtumes qui y sont observées. Enfin il est constant que quoiqu'il n'étoit pas fait mention expresse du Duché de Saxe Lawembourg dans l'Investiture donnée à Bernard par l'Empereur Fréderic, il y est censé compris non seulement sous le nom du Duché de Saxe, mais encore sous celui de ses appartenances & dépendances; comme si l'on pouvoit donner le Tout sans céder en même tems les parties qui le composent; Or le Duché de Saxe Lawembourg faisant partie du Du-

Duché de Saxe, il a été nécessairement compris dans l'Investiture de ce Duché, qui étant de plus un Electorat, il faut que toutes les parties qui en dépendent suivent sa nature à l'égard de la succession. Il est dit par la Bulle d'Or qu'il sera possédé par tous les Descendans en Ligne directe, légitime & paternelle de l'Acquereur. Les Princes d'Anhalt sont issus, de même que les Ducs de Saxe-Lawembourg de Bernard qui est l'Acquereur, il faut donc qu'ils succedent au Duché de Saxe-Lawembourg, qui faisoit partie de l'Electorat de Saxe. D'ailleurs, il y a entre les Ducs de Saxe-Lawembourg, & les Princes d'Anhalt une Confraternité Héréditaire qu'on dit avoir été confirmée par l'Empereur, qui régnoit au tems qu'elle a été faite. C'est ce qu'on ne sait pas précisément. Vasquius assûre dans son Traité des Controverses Illustres que ce fut sous Ferdinand II. quand ces Princes renouvellérent leurs prétentions sur l'Electorat de Saxe: d'autres Auteurs remontent plus haut & veulent qu'elle ait été faite sous l'Empereur Louïs de Baviére par Waldemar II. Electeur de Brandebourg, & Bernard II. Prince d'Anhalt. Leur opinion est fondée sur ce que Waldemar fit prêter serment à ses Sujets de reconnoître les Princes d'Anhalt pour ses Successeurs, s'il mouroit sans enfans mâles, comme cela arriva en 1322. Il y a d'autres Historiens qui prétendent que cette Confraternité est postérieure à celle que le Duc de Saxe-Lawembourg fit avec l'Electeur de Saxe; ce qui non seulement est suspect, mais fort peu vraisemblable. Du reste quand cela seroit cette Confraternité ne sauroit préjudicier aux droits des Princes d'Anhalt, qui sont non seulement les Héritiers légitimes, mais présomptifs & nécessaires du Duc de Saxe-Lawembourg.

Le Duché de Saxe-Lawembourg a été ainsi appellé de la Ville de Lawembourg, & quoiqu'il n'ait pas beaucoup d'étendue, il est important par sa situation le long de l'Elbe. Sa longueur prise depuis Domitz, Place du Duché de Mecklenbourg jusqu'à Linow dans le Duché de Holstein est de douze lieues; & comme le Pays est si fort resserré au dessus de Ludersbourg, qu'il n'a qu'une lieue de largeur, on peut le diviser en partie Orientale & en partie Occidentale. La première a quatre lieues & demie de large & l'autre en a huit & demie. Il consiste en sept Bailliages qui sont ceux de Lawembourg, de Nevenhaus, de Franzhagen, de Sassenhagen, de Schwartzenbeck, d'Altenbourg & d'Atterndorff.

a Etat & Délic. de la Suisse, t. 2. p. 452. & suiv.

SAXELEN, Village de Suisse [a] dans le Canton d'Underwald au Département d'enhaut. L'Eglise est ornée de belles, & grosses Statues de Marbre fort bien faites. On y montre le Tombeau du fameux Hermite Suisse le Bienheureux Nicolas von Flue, qui vécut, dit-on, 19. ans & demi dans le Desert, sans manger ni boire. Son Tombeau est devant l'Autel. On y voit sa figure taillée en bosse de toute sa grandeur avec une Inscription Allemande, qui signifie ce qui suit: Fr. Nicolas de Flue a quitté femme & enfans pour aller dans un Desert: il a servi Dieu 19. ans & demi sans prendre aucune viande corporelle; il est mort à S. Benoît l'an 1487. Les Reliques de ce Bienheureux Hermite, (car on n'a pas pu encore obtenir sa Canonization) sont dans ce Tombeau qui est de Marbre. Elles y furent transportées en 1679. A côté du Tombeau on voit contre la muraille une espèce de Châsse, dont la porte est d'une espèce de Crystal, où est la figure de Nicolas en buste faite de bois: on y a aussi suspendu sa Robbe. Au-dessus de la porte de l'Eglise dédiée au Bienheureux Nicolas, & bâtie en 1678. on lit cette Inscription:

D. O. M.
Et Beati Nicolai von Flue
Priorum ope et Auxilio Constructum.
Ao. 1678.

On va près delà dans le Melcthal visiter l'Antre dans lequel il a passé les derniéres années de sa vie. Il est constant que cet homme fut l'admiration de son Siècle; les Cantons avoient pour lui une profonde vénération, & recevoient même ses remontrances, & ses exhortations comme des Oracles. Il paroît par ce qu'on en rapporte, qu'il avoit un grand fond de bon sens & de piété, & qu'il connoissoit bien les véritables intérêts de la Suisse. Et plût à Dieu qu'on eût toujours suivi ses sentimens! La Suisse seroit tout autrement florissante qu'elle n'est; c'est dommage qu'on ait gâté l'Histoire de cet homme par diverses fables ridicules. Il avoit passé par toutes les Dignités de l'Etat, & avoit été même une fois *Land-Amman*, ou Chef du Pays; ce qui est le plus haut grade d'honneur dans le Canton; & il s'étoit toujours acquitté de ses emplois en homme de bien, & avec applaudissement.

SAXETANUM, Ville d'Espagne, dans la Bétique. Voyez Sex. L'Itinéraire d'Antonin marque cette Ville sur la route de *Castulo* à *Malaca*, entre *Murgis* & *Caviculum*, à trente-huit milles du premier de ces Lieux, & à seize milles du second. Surita soupçonne que ce pourroit être la Ville *Sexitania* de Ptolomée, à quoi il y a grande apparence; mais pour cela il n'est pas nécessaire de réformer *Saxetanum* en *Sexitanum*; l'un & l'autre se disoient sans doute; car le premier est encore employé par Martial [b]:

b Lib. 7. Epigr. 78. v. 1.

Cum Saxetani ponatur cauda Lacerti.

SAXI. Voyez Sazi.
SAXINÆ, Peuples d'Ethiopie: Pline [c] les compte au nombre des Troglodites.

c Lib. 6. c. 29.

SAXONES, Peuples de la Germanie. Ptolomée [d] les place au Midi de la Chersonnèse Cimbrique, & fait entendre qu'ils étoient séparés des *Pharodini* par le Fleuve *Chalusus*. Etienne le Géographe les place aussi joignant la Chersonnèse Cimbrique. Les Saxons étoient séparés des Cauches par l'Elbe, & habitoient le Holstein

d Lib. 2. c. 11.

SAX.

D'Audifred, Geogr. anc. & mod. t. 3. p. 20. Ed. 1695.

tein. [a] Cluvier croit que ce font ces Peuples que Tacite nomme *Fofos* ou *Foffes*. Laffez de vivre entre des Bois, & des Marais dans des terres ftériles, & jaloux des expéditions que leurs Voifins avoient faites dans les Provinces de l'Empire Romain, ils fe liguérent avec les Cherufques & firent avec eux plufieurs courfes jufqu'au Rhin, d'où ils revinrent toujours chargés de butin. Ces fuccès les animérent à faire de nouvelles entreprifes. Ils ravagérent le Pays des Chamaves, & comme ils vouloient fe joindre aux Francs, pour paffer avec eux dans la Gaule Belgique, l'Empereur Valentinien les prévint & les défit. Cette déroute les obligea de retourner dans leurs anciennes demeures, où s'étant groffis d'un nombre infini de gens errans, ils fe partagérent en deux Corps d'Armée : les uns pafférent fous la conduite d'Hengeft dans la Bretagne, & s'y établirent ; les autres s'empatérent des Pays aux environs de l'Elbe, & profitant des troubles & des guerres Civiles qui déchiroient l'Empire, & qui empêchoient les Empereurs de les contenir dans leur devoir ; ils y fondérent une Monarchie, qui eut durant long-tems des Rois particuliers ; ils fe rendirent redoutables à leurs voifins, dont ils foumirent la plus grande partie. On entreprit fouvent de les fubjuguer, & enfin Charlemagne en vint à bout après une guerre de trente ans pendant laquelle ils lui donnérent beaucoup d'exercice.

[b] Lib. 5. c. 15.

SAXONIA REGIO : Egefippe [b] fait mention d'une Contrée de ce nom, & il entend [c] par-là le Pays des anciens Saxons aux environs de la Cherfonnèfe Cimbrique.

[c] Ortelii Thefaur.

SAXONIA TRANSMARINA : Wunefrid nomme ainfi l'Angleterre, comme le remarque Rhenanus [d], & voici ce qui occafionna ce nom:

[d] Lib. 1. Rerum Germanicar.

Après la mort du Grand Théodofe, ne fe trouvant plus de Chef capable de défendre l'Empire Romain [e], il fut déchiré de tous côtés par des Effaims de Peuples Barbares qui s'y jettoient à l'envi les uns des autres. L'Empereur Honorius foible, fans vigueur & fans expérience, le vit ruïner fans pouvoir y apporter de remede : tout ce qu'il put faire fut de rappeller les Troupes qu'il avoit dans les Provinces les plus éloignées, & d'abandonner une partie pour conferver l'autre. Dans une pareille conjoncture, la Bretagne abandonnée à elle-même, après que ce Prince en eut retiré les Légions qui y étoient en Garnifon, pourvut à fa défenfe, leva des troupes & chaffa les Barbares qui la ravageoient. Ces Troupes étant revenues bien-tôt après avec de nouvelles forces, les Bretons demandérent du fecours à Honorius ; mais le pauvre Prince affés empêché à fe défendre foi-même, leur écrivit qu'ils euffent à travailler eux-mêmes pour leur défenfe & à pourvoir à leurs affaires le mieux qu'ils pourroient. Ils prirent donc courageufement les armes, mais accablés par le nombre, & ne pouvant tenir contre leurs ennemis, ils

[e] Délices de la Gr. Br. t 1. p. 47. & fuiv.

SAX. 337

revinrent à la charge auprès d'Honorius, & en obtinrent à grande peine une Légion, qui défit les Barbares, les rencoigna dans leurs Montagnes, & conftruifit une muraille de gazon, ou un retranchement, entre le Détroit d'Edimbourg & la Cluyd. Cette muraille fut bien-tôt renverfée ; car la Légion Romaine ayant été rappellée dans la Grande-Bretagne, & les Barbares étant retombés fur les Bretons, ceux-ci allérent en habit lugubre, & en pofture de Suppliants, conjurer l'Empereur Valentinien III. qui avoit fuccédé à Honorius, de leur accorder du fecours. Ce Prince leur donna de bonnes Troupes qui battirent les Barbares, & pour leur oppofer un puiffant rempart conftruifirent aux dépens de la Nation une bonne muraille de pierre, d'une Mer à l'autre, dans toute la largeur de l'Ifle. Elles apprirent aux Bretons le métier des armes, & après avoir relevé le courage abattu de ces Peuples, elles leur dirent adieu pour jamais, les Empereurs Romains ne s'étant plus trouvés en état de défendre le Pays. Cela arriva en 426. Alors la Bretagne fe vit dans la plus trifte fituation où fe puiffe voir un Etat ; car elle étoit expofée à la fureur d'un cruel Ennemi du dehors, abandonnée de fes amis, déchirée au dedans par les divifions des Peuples, & défolée par une cruelle famine, qui fut fuivie d'une pefte encore plus cruelle. Vortigerne qui s'étoit emparé de la Royauté ne pouvant fe maintenir tête à ceux qui lui difputoient la Couronne, ni aux Piétes & aux Ecoffois, qui défoloient fans ceffe le Royaume par leurs courfes, s'avifa d'appeller à fon fecours les Saxons, Peuples de la Germanie, & qui étoient en réputation de valeur. Ils vinrent d'abord en petit nombre vers l'an 430. & donnérent à Vortigerne le fecours qu'on attendoit d'eux ; mais enfuite trouvant le Pays à leur gré, ils s'y fortifiérent fous divers mauvais prétextes, firent venir un plus grand nombre de Troupes de leur Nation compofées de Saxons & d'Angles, & fe voyant les plus forts ils fe déclarérent ouvertement ennemis, & ravagérent le Pays mettant tout à feu & à fang. Les Bretons leur réfiftérent long-tems, & il fe paffa plus de cent trente ans avant qu'ils fe puffent rendre maîtres de tout ; mais enfin, faifant venir inceffamment de nouvelles Troupes de leur Pays, ils fubjuguérent toute la Bretagne pièce à pièce, & contraignirent les anciens Habitans de fe retirer les uns dans des Cavernes, les autres dans les Montagnes du Pays de Galles, & dans la Province de Cornouaille, où leur poftérité s'eft confervée jufqu'à préfent ; d'autres aimant mieux un exil volontaire, pafférent dans la Gaule, & s'établirent dans l'Aremorique, à laquelle ils donnérent le nom de Bretagne. Tout cela fe paffa dans le milieu du cinquième Siècle, & jufqu'à la fin du fixième. Les Bretons Gallois fe défendirent vaillamment contre leurs Ennemis pendant plufieurs Siècles, & firent un Etat à part dans l'Angleterre, jufqu'au tems du Roi Edouard I. ; mais

V v   les

les Bretons, qui avoient choisi la Cornouaille pour leur retraite, ne purent pas s'y maintenir & furent bien-tôt subjugués.

C'est de cette façon que les Saxons & les Angles, conduits par leurs Chefs Hengist & Horsa, dont les noms signifient un Etalon & un Cheval, se partagérent le Pays des Bretons, à mesure qu'ils l'occupérent, & ils y fondérent avec le tems sept divers Royaumes; savoir 1°. Le Royaume de Kent, fondé par Hengist en 456. 2°. Le Royaume de South-Sex, ou Sussex; c'est à-dire des Saxons Méridionaux, qui comprenoit les Provinces de Sussex & de Surrey, & qui fut fondé par Ella en 478. 3°. Le Royaume de West-Sex ou Wessex; c'est-à-dire des Saxons Occidentaux, fondé par Cherdick en 519. & qui comprenoit toute la Côte Méridionale de l'Angleterre, les Comtés de Berckshire, de Southampton, de Wilt, de Somerset, de Dorset, de Devonshire & de Cornouaille: 4°. Le Royaume des Saxons Orientaux, sous le nom d'Est-Sex, ou Essex, qui comprenoit les Comtés de Middel-Sex & d'Essex, avec une partie de celui de Hartford, & qui fut fondé par Erkenwin en 727. 5°. Le Royaume de Northumberland fondé en 528. par Ida, & qui comprenoit les Provinces de Lancastre, d'Yorck, de Durham, de Cumberland, de Westmorland, & la partie Méridionale de l'Ecosse, jusqu'au Détroit d'Edimbourg: 6°. Le Royaume d'Est-Angles, ou des Angles Orientaux, fondé par Uffa en 546. & qui comprenoit les Provinces de Nordfolck & de Cambridge, avec l'Isle d'Ely: 7°. Le Royaume de Mercie, le plus grand de tous, fondé par Creda en 575. & qui comprenoit le cœur du Pays; savoir les Provinces de Chester, de Nottingham, de Shrewsbury, de Derby, de Stafford, d'Oxford, de Buckingham, de Bedford, de Huntington, de Lincoln, de Nord-Hampton, de Rutland, de Leicester, de Warwick, de Worcester, de Hereford & de Glocester. De trois Peuples qui composérent ces sept Royaumes, les Angles, les Juttes & les Saxons, les premiers étoient les plus nombreux, & occupérent les Royaumes de Northumberland, de Mercie, & d'Est-Angle; les Saxons eurent les Royaumes d'Essex, de Sussex & de Wessex; & les Juttes-possédérent le Royaume de Kent, & l'Isle de Wight. Ces Royaumes furent long-tems florissants & heureux; mais s'étant divisés avec le tems, & les Rois travaillants à se détruire les uns les autres, pour étendre les limites de leurs Etats, ils se ruinérent mutuellement, & le Royaume de West-Sex, ou des Saxons Occidentaux les engloutit tous. Alors Egbert, dix-septième Roi de ces derniers, ordonna par un Edit, publié environ l'an 800. que tout le Pays porteroit le nom d'*Engle-land*, ce qui fit que les Etrangers lui donnérent le nom d'Angleterre; & tous ces Peuples furent depuis connus sous le nom d'*Anglois*, nom qu'ils avoient déja pris quelque tems auparavant, ou par coutume ou par un consentement tacite, à cause que les Angles étoient le Peuple le plus nombreux d'entre eux. Ces Peuples étoient Allemans, aussi apportérent-ils leur Langue dans le Pays; & bien-tôt après leur prise de possession, l'ancienne Langue fut entiérement éteinte dans leurs Etats, par la dispersion des Bretons, & par l'entiére soumission de ceux qui demeurérent parmi les Vainqueurs. Vers la fin du neuvième Siècle, le Roi Alfred pour mettre un bon ordre dans son Royaume, le partagea en trente-deux Comtés ou Provinces qu'on appella *Shires*, du mot Saxon *Syre*, qui signifie partager. Il subdivisa les Comtés en *Hundreds* ou *Centaines*, & les *Centaines* en *Tithings*, ou *Dixaines*, & ordonna que chaque habitant eût à se faire dénombrer sous quelque Dixaine, afin que les Chefs des Centaines, & des Dixaines connoissant tous les Sujets du Royaume, on pût plus aisément découvrir les Auteurs des crimes, & particuliérement ceux des meurtres & des vols qui se commettroient. Par cette voie, on vit dans peu le Pays nettoyé, les chemins établis, & les Arts cultivés avec plus d'application & de succès.

Le Pays étant réuni sous un seul Maître ne jouit pas long-tems de la paix qu'une pareille réunion sembloit devoir faire espérer. Deja sous le régne d'Egbert, les Danois, Peuple jusqu'alors barbare, féroce & payen, avoient fait plusieurs descentes en Angleterre. Ils y vinrent d'abord au nombre de vingt-trois mille hommes; mais Egbert leur fit tête & les contraignit de reprendre le chemin de leurs Vaisseaux & de leur Pays. Ils y retournérent sous les Rois Successeurs d'Egbert, & d'abord ils se contentérent de piller les habitans des Côtes; mais ensuite leur audace croissant avec le succès, ils se jettérent plus avant dans le Pays qu'ils ruinérent par le fer & par le feu, portant la désolation par-tout pendant plusieurs années; & enfin ils s'empárerent d'une partie des Royaumes de Northumberland & de Mercie. Quelques-uns d'entr'eux furent chassés avec le tems, & les autres appuyés à force d'argent, qu'on levoit sur le Peuple. C'est-là ce qu'on appelloit *Danegeld*. Le Roi Alfred les chassa de tout le Royaume de Mercie, & son fils Edouard I. les battit en tant de rencontres, qu'ils le contraignit d'abandonner le Pays, ou de se soumettre à lui. On raconte un Stratagême assés plaisant dont Alfred se servit dans cette guerre, Stratagême qui convenoit à la simplicité de ces tems-là: Comme il savoit assés de Musique pour divertir des Paysans, il s'en alloit souvent dans le Camp des Danois déguisé en Musicien, sans que personne le connût. Après qu'il se fut assés instruit de leur état, en faisant semblant de les égayer, il prit son tems, assembla son Armée, les attaqua brusquement près d'Abington, & les mit en déroute. Ainsi l'Angleterre se vit délivrée de ce fleau par la valeur de son Roi, & elle fut en repos pendant l'espace d'environ cinquante ans. Pour assûrer encore davantage le le Pays, le Roi Edgar leva une belle & puiſſante Flote; de ſorte que pendant ſa vie les Côtes d'Angleterre ne furent point infeſtées par leurs Ennemis, & le Commerce fut floriſſant. Après ſa mort qui arriva en 975. ſes Succeſſeurs n'eurent pas tout le ſoin qu'ils devoient avoir d'entretenir leur Flote; ce qui fit que vers le commencement du onzième Siècle les Danois, encouragés par la foibleſſe du Roi Ethelred, recommencérent leurs ravages, & le contraignirent de leur payer un Tribut annuel. On le leur paya pendant quelque tems; mais enfin les Anglois laſſés de leur Tyrannie formérent en 1012. une conjuration générale contre eux; & dans une ſeule nuit, lorſqu'ils s'y attendoient le moins on les égorgea tous, au nombre de vingt-quatre mille, ſans faire quartier à un ſeul. Cette furieuſe entrepriſe qui s'exécuta le 13. de Novembre ne ſervit qu'à redoubler les maux du Pays. Les Danois irrités par ce maſſacre vinrent ſe jetter ſur le Royaume avec une fureur incroyable, ayant à leur tête leur Roi *Sueno*, ou *Swano*; & ſe répandant par-tout ils contraignirent Ethelred de ſe réfugier en France pour y aller chercher du ſecours. Swano étant mort, laiſſa à ſon fils Canut le ſoin d'achever le grand Ouvrage de ſa Conquête. Celui-ci combattit long-tems contre Ethelred, qui étoit revenu de France avec quelque ſecours. Enſuite il eut en tête Edmond II. ſurnommé *Côte de Fer*, qu'il contraignit de partager le Royaume avec lui, & bien-tôt après ayant tué Edmond en 1017. il ſe vit le ſeul Maitre du Pays. Il en jouït dix-huit ans & mourut en 1035. laiſſant deux fils, Harold, ou Harald, & Canut II. ſurnommé le *Hardy*. Ces deux Princes régnérent l'un après l'autre; mais leur régne ne fut pas long. Harald mourut en 1040. & Canut en 1042. Après ſa mort le Pays ſecoua le joug des Danois, & mit ſur le Trône Edouard III. ſurnommé le *Saint fils* d'Ethelred II. & d'Emme ſa ſeconde femme, fille de Richard I. Duc de Normandie. Edouard III. qui avoit été élevé en Normandie apporta en Angleterre la Langue Françoiſe ou Normande, qui quoiqu'elle ne fût encore qu'un Idiome rude, groſſier & informe l'emporta néanmoins ſur le Saxon, & devint inſenſiblement le langage de la Cour. Edouard le *Saint* étant mort ſans enfans en 1066. on prétendit qu'il avoit appellé par ſon Teſtament, Guillaume ſurnommé le *Bâtard*, fils naturel de Robert Duc de Normandie, en reconnoiſſance des bienfaits qu'il avoit reçus de ce Duc, qui l'avoit entretenu pendant ſon refuge, & lui avoit fourni des Troupes pour aller prendre poſſeſſion du Thrône. Guillaume ayant appris cette Nouvelle ſe prépara à paſſer en Angleterre pour aller faire valoir ſes droits. Cependant tandis qu'il hâtoit ſes préparatifs, Harald fils de Godwin, Comte de Kent, s'empara de la Couronne qu'il prétendoit lui être due, étant deſcendu par ſa mere de Canut I. Il eut en tête ſon frere Toſto, aſſiſté de Harald Roi de Norwege, qui lui diſputa la Couronne. Il les défit tous deux en bataille rangée, près de Stanfordbridge, dans la Province d'Yorck. Mais la fortune vouloit en faire ſon jouet; car au bout de neuf jours, Guillaume Duc de Normandie ayant fait une deſcente dans le Royaume de Weſt-Sex, à la tête d'une Armée nombreuſe, Harald marcha à lui & lui livra bataille un peu trop tôt, ne conſidérant pas que ſon Armée étoit fatiguée. Le combat ſe donna près de Haſtings dans la Province de Suſſex, le 14. d'Octobre 1066. Il fut long & ſanglant, mais enfin Harald ayant été tué au milieu de la mêlée, ſon Armée fut défaite, & Guillaume qui ne ſe voyoit plus d'Ennemis en tête prit auſſi-tôt le chemin de Londres, où il ſe fit couronner Roi d'Angleterre. Ainſi finit la Monarchie des Saxons, après avoir ſubſiſté ſix cens dix ans, à compter depuis la fondation du Royaume de Kent qui fut le premier de leurs Royaumes.

Ceux d'entre les Saxons [a] qui furent appellés Northumbres établirent un double Royaume, dont l'un nommé *Deira* ou *Theirland*, comprenoit les Provinces de l'Angleterre qui ſont au Nord de l'Humber, & l'autre occupoit tout le Midi de l'Ecoſſe, ou l'ancienne Province des Romains, juſqu'aux Golphes de la Cluyd, ou du Forth. Les Scots & les Pictes qui s'étoient attirés cette tempête furent rencoignés au Nord de leur Pays dans les Provinces les moins agréables & les moins fertiles du Royaume. Ainſi l'Ecoſſe entière fut partagée en trois Royaumes: celui des Saxons; celui des Pictes & celui des Scots. Il ſembloit que le voiſinage d'un Ennemi puiſſant auroit du obliger les derniers à s'unir étroitement enſemble contre lui. Ils le firent pendant quelque tems; mais en vain, & enſuite ils tournérent leurs armes les uns contre les autres & ſe firent une guerre longue & cruelle, qui ne ſe termina que par l'extinction du Royaume des Pictes, vers le milieu du neuvième Siècle. Environ quarante ans après les Scots ſe remirent en poſſeſſion de la partie Méridionale de l'Ecoſſe, qui avoit été occupée par les Saxons, & ils ruinérent le Royaume des Northumbres, affoibli déja par les ravages des Danois. Quoique l'Empire des Saxons ſe trouvât par-là entièrement éteint, leur Langue ne laiſſa pas de ſe conſerver & de s'étendre même plus avant dans le Pays, & avec le tems elle s'y corrompit comme en Angleterre. Ce qui conſerva la Langue Saxonne en Ecoſſe, ce fut la conſervation des Peuples chez qui elle étoit en uſage. Les Scots ou Ecoſſois ne firent pas comme les Saxons, qui avoient exterminé les Habitans des Pays où ils ſe trouvoient, pour en être abſolument les Maîtres. Ils uſérent bien de leur Victoire & ſe contentant d'éteindre la Domination des Saxons chez eux, ils laiſſérent les terres & les biens à tous ceux qui voulurent ſe ſoumettre, s'empárérent ſeulement des biens de ceux qui s'étoient retirés, ou qui étoient morts à la guerre.

[a] Ibid. p. 1142.

SAXONICUM LITTUS. La Notice des

des Dignités de l'Empire [a] nomme ainsi la partie Orientale du Pays de Kent en Angleterre. On ne peut douter qu'elle ne désigne cette Province, puisqu'elle y met les Villes de Dubris, & de Rutupis, avec les autres Places de l'ancien *Cantium.* La même Notice comprend aussi sous le nom de LITTUS-SAXONICUM, la Côte de la seconde Belgique, & celle de la Gaule Lyonnoise du côté qu'elle étoit opposée au *Cantium*; car elle met sur cette Côte les Armoriques, les Ofismiens, les Abrincates, les Venetes & les Nerviens; de même que les Villes Rhotomagus, Flavia, Constancia, & autres qu'elle dit situées sur le rivage Saxon. Il n'y a point à douter que ce nom n'eût été donné à ces Côtes parce qu'elles étoient souvent pillées & ravagées par les Pirates Saxons.

SAXONUM-INSULÆ, Isles de l'Océan Germanique. Ptolomée [b] les marqué près de l'Embouchure de l'Elbe; & Crantzius veut que ce soit aujourd'hui celle d'*Heylichland.*

SAXUM, ou SAXUS, Ville d'Afrique selon Appien [c] qui la met au nombre de Villes d'où les Romains tiroient des vivres. Ortelius [d] soupçonne qu'Appien a écrit *Saxum* pour *Thapsum.*

SAY, SAIA, SAJUM, ou SADIUM, qu'on prétend être le même que Saxum, Paroisse de France, dans la Normandie Diocèse de Séez, Election d'Argentan, dont elle n'est qu'à une petite lieue sur la Rivière d'Orne. St. Martin est le Patron de l'Eglise; c'est un Prieuré-Cure, qui est à la Présentation de l'Abbé de Silly, par concession de Geoffroy de Ver, appellé aussi de Say; laquelle fut confirmée en 1203, tant par Gannii, Archévêque de Rouen, que par Silvestre Evêque de Séez, & par le Chapitre de sa Cathédrale qui en attachérent le revenu à ce Monastère, ce qui rendit cette Cure Régulière. Elle vaut sept à huit cens Livres. Il y a de plus une Chapelle appellée Notre-Dame de Ronserai, qui est dans le Manoir Seigneurial: elle fut bâtie par Henri Clément II. du nom, Maréchal de France, & érigée en Janvier 1232. vieux Stile par Geofroi de Mayet Evêque de Séez, du consentement de l'Abbé de Silly; mais à condition qu'on n'y célébreroit point la Messe, aux Fêtes annuelles, sans la permission du Curé, & que celui qui la desserviroit promettroit avec serment de remettre au Curé toutes les Offrandes que les Fidéles y pourroient faire: elle est à la Nomination du Seigneur. La Terre de Say, de laquelle une Illustre Famille avoit tiré son nom, avoit été donnée par Robert Comte d'Alençon, à l'Ayeul de ce Henri qui possédoit déja Argentan, & elle étoit venue à ce Comte duquel elle relevoit, par la Confiscation qui en fut faite sur Geofroy de Ver, lors que Philippe-Auguste enleva en 1204. la Normandie à Jean, Roi d'Angleterre, auquel Geofroy demeura attaché. Agnès Clément petite-fille du même Henri la porta dans la Maison d'Aunon: & peut-être que Jean du Perrey, qui la possédoit, du Droit de sa femme en 1406. selon un titre de l'Abbaye de Silly, s'étoit allié dans cette derniere Maison. Elle demeura à ses descendans jusques vers l'an 1585. auquel Louis de Bec s'en disoit Seigneur, comme époux de Marguerite du Perrey, Heritiére de Guillaume du Perrey. Elle est dans la Famille Noble de Droulin depuis le commencement du Siécle suivant.

Pour la Maison de Say, encore plus connue en Angleterre qu'en Normandie, elle est éteinte il y a long-tems. On en commence la Généalogie dans la Baronnagé d'Angleterre, à Picot de Say, qui vivoit sous Guillaume le Conquérant, & qui fit des Donations à l'Abbaye de S. Martin de Séez, entre autres il lui confirma le tiers de l'Eglise de Say, qu'Osmelin de Say y avoit donné. Il étoit un des Barons de Roger de Mongommeri, Fondateur de ce Monastère; il le suivit en Angleterre. C'est apparemment à cause de lui ou de quelque autre de son nom qu'il y a aussi dans ce Pays-là un Lieu appellé Say; cependant on doute s'il n'y auroit pas encore une Terre de ce nom vers le Cotrentin, ce que quelques titres font présumer; & en ce cas il pourroit y avoir eu deux Familles de Say: & il seroit assés à croire que Jourdain de Say, qui fonda en 1131. l'Abbaye d'Aunay, au Diocèse de Bayeux, & dont la fille Agnès de Say, épousa Richard du Hommet, Connétable de Normandie, auroit été d'une Famille différente: aussi leur attribue-t-on des Armes diverses; l'Abbaye d'Aunay fait porter à son Fondateur, d'Argent semé de Billettes de Sable au Lion de même, & l'on donne au Say d'Angleterre, de Gueules à deux faces de Vair, sur quoi on peut voir l'*Histoire de la Maison d'Harcourt.* Tome 2. Page 193. & Tome 4. dans l'Appendice, page 22.

SAYAGO, petite Contrée d'Espagne, selon Mr. Corneille [e] qui ne cite point son garant. Il ajoute qu'elle est dans le Royaume de Léon & qu'elle s'étend vers les Confins de celui de Portugal.

SAYCOCK, Grande Isle de l'Océan, & l'une de celles qui forment l'Empire du Japon. Elle est au Couchant de celle de Chickock; c'est ce qui a occasionné son nom; car SAYCOCK ou comme d'autres écrivent SAIKOKF [f], signifie en Langue Japonoise *le Pays de l'Ouest.* Elle est aussi nommée KIUSIU, ou le *Pays des Neuf*, parce qu'elle est divisée en neuf grandes Provinces. On lui donne 143. milles d'Allemagne de circuit; sa longueur, selon les Japonois est de 140. de leurs milles, & sa largeur de 40. à 50. Les neuf Provinces que contient cette Isle sont:

Tsikudsen, ou	Fidsen, ou
Tsikusiu,	Fisju,
Tsikungo, ou	Figo, ou
Tsikusju,	Fisju,
Budsen, ou	Fiugo, ou
Foosju,	Niusju,
Bungo, ou	Oosumi, ou
Toosju,	Cusju,
Satzuma, ou Satsju.	

*SAYDE.

SAYDE. Voyez SEIDE.

1. SAYN, Comté d'Allemagne, entre les Comtés de Wied & du Bas-Isenbourg. Ce Comté qui donne lieu à l'une des Branches de la Maison de Wit-genstein [a], n'est plus possédé par cette Branche qui l'avoit eu en partage. Après la mort de Louïs, Comte de Sayn, arrivée en 1636. les Electeurs de Trêves & de Cologne voulurent rentrer dans la possession de ce qui relevoit de leurs Eglises; & comme la Comtesse de Sayn, mere de Louïs appréhendoit de tout perdre, elle céda par une Transaction, à l'Electeur de Trêves, les Bourgs de Sayn & de Rheinbruel, avec les Prévôtés d'Erlich & d'Ormiz, & prétendit que le reste du Comté de Sayn devoit appartenir à ses filles à l'exclusion de leurs oncles Louïs-Albert & Christian, ce qui fut confirmé par un Arrêt. Ernestine eut en partage le Bailliage d'Achenbourg, qu'elle porta en Dot au Comte Salentin-Ernest de Mandersheid-Blankenheim, & Jeanne eut le Bailliage d'Altenkirchen, qu'elle porta à Jean-George, Duc de Saxe-Eysenach, avec qui elle fut mariée. Le Comté de Sayn porte le nom d'un beau Château, situé sur un petit Ruisseau. Les autres Lieux les plus remarquables sont Hachenbourg, Ormitz, Altenkirchen & Bendorff.

[a] D'Audifrid, Géogr. At. 3. p. 319. Ed. 1695.

2. SAYN, SENA, Isle sur les Côtes de la Bretagne, Diocèse de St. Pol de Léon, Parlement de Rennes, Intendance de Nantes, Recette de St. Pol de Léon, a 180. Habitans.

Cette Isle est située vis-à-vis la Baye de Douarnenez, dont elle n'est séparée que par le passage du Ras. Elle est très-redoutée des Mariniers à cause des Rochers & Basses, qui courent avant à l'Ouest: c'est l'Isle qu'on appelle souvent mal à propos l'Isle des Saints au lieu de l'Isle de Sayn.

SAYPAN, Isle de l'Océan Oriental, dans l'Archipel de St. Lazare, & l'une des Isles qu'on appelle Mariannes. C'est la plus peuplée de cet Archipel après celle de Guahan. Elle a vingt-cinq lieues de tour, & on la nomme aussi l'ISLE DE ST JOSEPH. Le Pere Gobien Jésuite [b] la met à 15. d. 20'. & à trente-cinq lieues de l'Isle d'Anatajan. Du côté de l'Ouest on voit sur la Côte de l'Isle de Saypan un Port appellé CATANHITDA. Il est au fond d'une Baye profonde, & couverte de Bois.

[b] Hist. des Isles Mariannes.

SAZ. Les Turcs [c] appellent ainsi les Saxons & particuliérement ceux qui habitent dans les sept Villes de la Transilvanie, où Charlemagne les envoya de leur Pays & en fit des Colonies. Ce sont ces sept Villes Saxonnes qui ont donné à la Transilvanie le nom Allemand de *Sieben-Burghen*, & le nom Latin de *Septem-Castrensis Regio*. Ces Saz, ou Saxons, se mêlérent avec les Sécules, que plusieurs appellent Sicules, Nation originaire du Pays, & ont formé le Peuple que nous nommons aujourd'hui les Transilvains.

[c] D'Herbelot, Biblioth. Or.

SAZ-DE-SURTA, ou SAZA DE SURTA, [d] Bourgade d'Espagne au Royaume d'Aragon, dans la Principauté de Sobrarve, vers la source d'une petite Riviére qui se jette dans celle de Cinca. Quelques Géographes, dit Mr. Baudrand [e], prennent ce Lieu pour l'ancienne *Succosa*. Mrs. Corneille & Maty disent la même chose; mais ils mettent mal à propos Saz de Surta à six lieues au dessous de Balbastro, tandis qu'il est au dessus.

[d] Jaillot, Atlas.
[e] Dict.

SAZANTIUM, Ville de l'Inde, en deçà du Gange. Elle est mise par Ptolomée [f] dans la Contrée *Larice*, à l'Occident du Fleuve Namadus, & dans les Terres.

[f] Lib. 7. c. 2.

SAZARANA, Ville de Thrace, selon l'Itinéraire d'Antonin. Les MSS. varient beaucoup sur l'orthographe de ce nom: celui de la Bibliothéque du Vatican porte *Bassannara*; celui de Lyon *Sazanara* & Simler voudroit lire *Saccanara*, & *Saranara*.

SAZI, Peuple qui habitoit au voisinage du Pont, selon Etienne le Géographe. Ortelius [g] remarque qu'un MS. porte *Saxi*, au Lieu de *Sazi*.

[g] Thesaur.

SAZOA. Voyez SOZOA.

S B.

SBETZANUM, Ville de la Moesie. Chalcondyle la place au voisinage du Danube; mais Ortelius [h] remarque qu'à la marge de l'Exemplaire, dont il s'est servi, on lisoit *Sphetzanum*.

[h] Ibid.

SBYDI, Siège Episcopal d'Asie, dans la Cilicie, sous la Métropole de Séleucie, selon Guillaume de Tyr, cité par Ortelius [i]. C'est apparemment le même Siège, qui est mis dans l'Isaurie, par la Notice de Léon le Sage, & qui y est appellé SBIDÆ, & placé sous la Métropole de Séleucie. Dans la Notice du Patriarchat d'Antioche le même Siège est nommé *Sbidi*, & à la marge on lit *Abidi*. La Notice de l'Abbé Milon écrit aussi *Sbidi*, & à la marge *Subdi*.

[i] Ibid.

S C.

SCABALA, Contrée des Erétriéens selon Etienne le Géographe qui cite Théopompe, & ajoûte que le nom National étoit SCABALÆUS. Je ne sai dit Ortelius [k] de quels Erétriéens cet Auteur entend parler; car il y a eu plus d'un Peuple de ce nom.

[k] Ibid.

SCABARAN [l], petite Ville d'Asie, dans la Perse. Jean Struis en parle ainsi dans son troisième Voyage [m]. Cette Ville, dit-il, avoit de fortes murailles; mais à peine en voit-on présentement les ruïnes, quoique les Fours où Alexandre fit cuire du pain pour son Armée soient encore tout entiers. Son terroir est marécageux; & c'est à cela qu'on attribue la quantité & la bonté des grains qu'il produit. Le Ris n'y coûte ordinairement que deux liards la livre; il passe pour le plus beau de la Perse. La Ville de Scabaran est assez voisine de la Montagne de *Parmach*, ou *Barmach*, qui n'est pas éloignée de la Mer. Elle est distinguée des autres par la

[l] Corn. Dict.
[m] Chap. 21.

SCA.　　　　　　　SCA.

la grande quantité de Naphte ou d'huile blanche & brune qu'elle fournit aux Habitans. On lui a donné le nom de *Barmach*, qui veut dire Doigt, à cause qu'elle est fort escarpée, & aussi droite qu'un doigt fort étendu. Plus on y monte, plus le froid qu'on sent augmente; de sorte que sur le sommet on ne voit presque que de la glace. Il y a en quelques endroits de fort beaux restes des Forteresses qu'on avoit bâties pour la défense du Pays. Ce qui s'est mieux conservé c'est un Puits d'une grande profondeur, qui est au milieu des ruïnes. Le Naphte que produit cette Montagne coule au travers des Rochers, & se décharge en quarante fosses, que cette liqueur s'est creusées. Il y en a trois plus profondes que les autres, d'où elle sort continuellement à gros bouillons. L'odeur en est extrèmement forte, sur tout celle de la brune, qui vaut bien moins que la blanche.

a Thesaur.

SCABDEBIA. Ortelius[a] qui cite Serapion, dit qu'on nommoit ainsi le Lieu d'où l'on apportoit l'Ellebore blanc.

SCABINA. Voyez SCAMBENA.

SCABRIS. Voyez SCAPRIS.

SCADI. Voyez SCANDILLE.

b Lib. 4. c. 12.
c Lib. 2. c. 7.

SCADIRA, ou SCANDIRA, Isle de la Mer Egée, selon Pline[b]. Le Pere Hardouin lit SCANDILA, comme Pomponius Mela[c]; & ajoute que le nom moderne est SCANDOLE.

SCADUM. Voyez ISCA.

SCÆ. Voyez SCÆI.

d Lib. 7. in Cosinga.

SCÆBOÆ, & CERONIÆ, Peuples de Thrace, selon Polyænus[d], où on lit, *Thracia Gentes habet Ceroniæ & Scæboas*. Mais le Texte Grec porte: Θράκια ἔθνη κερώνιοι καὶ ... βοαι. La lacune du Grec a été suppléée par les Interpretes. Cela n'a pas contenté Casaubon; il a cru qu'il faloit lire *Geraniæ & Bocorbe*.

SCÆI, Peuples qu'Etienne le Géographe place entre la Troade & la Thrace. Au lieu de Σκαιοι, *Scæi*, l'Edition des Aldes porte seulement Σκαι, *Scæ*. Ces Peuples étoient Thraces selon Strabon[e], qui met dans le même Pays un Fleuve nommé SCÆUS, & une muraille appellée SCÆUS MURUS. Il ajoute que dans la Troade on voyoit un Lieu nommé SCÆÆ PORTÆ.

e Lib. 13. p. 590.

SCÆNITÆ. Voyez SCENITÆ.

SCÆVÆ. Voyez FRANGONES.

SCÆUS. Voyez SCÆI.

f Thesaur.
g Gothofr. lib. 3.

SCAFIA, Ville de la Bœotie, selon Ortelius[f] qui cite Procope[g], & ajoûte qu'au lieu de *Scafia*, il aimeroit mieux lire *Scarfia*.

h Délices de la Gr. Br. p. 1451.

SCAFFORD, Golphe d'Ecosse[h], sur la Côte Occidentale de l'Isle de Mul ou Mula l'une des Westernes. Ce Golphe qui est grand, & qui coupe l'Isle par le milieu est parsemé de six ou sept autres petites Isles, dont la plus grande est Ulwa, longue de cinq milles, abondante en pâturages & en bled, avec un bon Port. Un peu plus avant à l'Ouest, & à la même hauteur on en voit cinq autres petites, sur une même ligne, dont les deux nommées Kernburg, & Kerdenbrug sont tellement bordées de Rochers & d'Ecueils,

qu'on les regarde comme une Forteresse imprenable; & une troisième nommée Monich n'a autre chose que de la terre à faire des tourbes.

i Rutg. Hermonia. Descr. Daniæ. p. 760.

SCAGEN, SCHAGEN, ou SKAU; comme l'appellent les Habitans du Pays[i]. On donne ces noms à cette Pointe de terre qui termine le Jutland Septentrional, & qui s'étend dans la Mer à l'opposite des Côtes de Norwége. Tous les Vaisseaux qui veulent passer de l'Océan dans la Mer Baltique, ou de la Mer Baltique dans l'Océan doublent cette Pointe; & comme elle est environnée d'un banc de sable & de pierres qui s'étend jusqu'à un mille dans la Mer, les Mariniers doivent bien prendre garde à ne pas en approcher trop près. Les Anciens donnoient à cette Pointe les noms de *Cimbrorum Promontorium*, & de *Cartris Promontorium*. Vers l'extrémité de cette Pointe du côté de l'Orient, on voit le Village de Scagen, Schagen ou Skau, qui lui donne son nom.

k Dict.

SCAGER-RACK. Mr. Baudrand dit[k]. C'est une partie de l'Océan qui s'étend, entre la partie Méridionale de la Norwége, le Nord Jutland & les Isles de Zeland & de Funnen. Elle est ainsi nommée du Cap de Scagen, qui s'avance fort vers l'Orient, & la sépare comme en deux parties. Les François la nomment la *Manche de Dannemarck*, & elle est appellée par les Flamands & par les Hollandois le Cattegat; c'est-à-dire *le Trou du Chat*. Voyez l'Article CATTEGAT.

l Commanville, Table des Evêchez.
m Baudrand. Dict.

SCALA, Ville d'Italie[l], au Royaume de Naples, dans la Principauté Citérieure, sur une Côte à deux milles d'Amalfi & de la Côte du Golphe de Salerne. Elle est aujourd'hui très-petite, & réduite en Village, n'ayant pas cent Maisons. Cette Ville fut érigée en Evêché, sous Amalfi vers l'an 987, & cet Evêché fut uni à Ravello en 1603.

n Ædif. lib. 4. c. ult.

SCAIDAVA, Ville de la Basse Mœsie. L'Itinéraire d'Antonin la marque sur la route de Viminiacium à Nicomédie en prenant le long du Danube, & il la place entre *Novæ Leg. 1. Ital.* & *Trimammium*, à dix-huit milles du premier de ces Lieux, & à sept milles du second. Procope[n] qui écrit Σκεδαβα, *Scedaba*, en fait un Fort & le compte au nombre de ceux que l'Empereur Justinien éleva sur le bord du Danube.

o Lib. 4. c.
p Lib. 2. c. 5.

SCALABIS, Ville de la Lusitanie, selon Pline[o] qui lui donne le titre de Colonie. Cette Ville est appellée *Scalabiscus*[?] par Ptolomée[p]. Son nom moderne est Santaren.

q Lib. 2. c. 6.

SCALÆ-HANNIBALIS, Lieu d'Espagne, sur la Côte Citérieure, selon Pomponius-Mela[q] qui entend par là le côté Oriental du Mont-Jui. Il ajoute qu'on lui donna le nom d'Echelles d'Annibal, parce que les Rochers qui sont de ce côté-là s'élevent comme des degrez à une petite distance les uns des autres. Sur quoi Isaac Vossius remarque que cet endroit s'appelle encore présentement *Scala*.

SCALANOVA, Ville de l'Empire Turc en Asie, dans l'Anatolie, à trois lieues

SCA.   SCA.   343

[a] *Tournefort, Voyage du Levant, t. 2. p. 107.*

lieues de la Ville d'Ephèse [a]. Les Turcs l'appellent *Cousada*, & les Grecs Scala-nova, nom Italien, que les François lui donnèrent peut-être après la destruction d'Ephèse. Ce qu'il y a de plaisant dans ce changement de nom, c'est qu'il répond à l'ancien nom de la Ville, qui est la Neapolis des Milésiens. Quand on est près des ruïnes du Temple d'Ephèse, il faut tirer droit au Sud, ensuite au Sud-Ouest pour gagner la Marine. Delà on prend sur la gauche au pied des Collines, où est la prison de St. Paul, laissant à droite le Marais, qui se dégorge dans le Cayftre. Ce chemin est fort étroit en plusieurs endroits, à cause de la Rivière qui serpente, & qui vient battre au pied des Montagnes, après quoi elle tire droit à la Mer. A peine distingue-t-on le chemin à cause de la quantité des Tamaris, & des Agnus Castus. La Rade d'Ephèse est terminée en cet endroit-là, qui est au Sud-Ouest, par un Cap, qu'il faut laisser à droite, & sur lequel on passe pour prendre le chemin de Scalanova. On vient ensuite à la Marine, d'où l'on découvre le Cap de Scalanova, qui avance beaucoup plus dans la Mer. A deux milles en deça de la Ville, on passe par la brèche d'une grande muraille, laquelle, à ce qu'on prétend, a servi d'Aqueduc pour porter les eaux à Ephèse; mais il n'y a point d'Arcades. On voit pourtant la suite de la muraille, qui approche de la Ville en suivant le contour des Collines. Les Avenues de Scalanova sont agréables par leurs Vignobles. On y fait un négoce considérable en Vins rouges & blancs, & en raisins secs; on y prépare aussi beaucoup de peaux de Marroquin.

Scalanova est une assez jolie Ville, bien bâtie, bien pavée, & couverte de tuiles creuses, comme les toits des Villes de Provence. Son enceinte est presque quarrée, & telle que les Chrétiens l'ont bâtie. Il n'y loge que des Turcs & des Juifs. Les Grecs & les Arméniens en occupent les Fauxbourgs. On voit beaucoup de vieux Marbres dans cette Ville.

L'Eglise de St. George des Grecs est dans le Fauxbourg sur la croupe de la Colline qui fait le tour du Port; vis-à-vis est l'Ecueil sur lequel on a bâti un Château quarré, où l'on tient une vingtaine de Soldats en Garnison. Le Port de Scalanova est un Port d'Armée, il regarde le Ponant & le Mistral. Il y a environ mille familles de Turcs dans cette Ville, six cens familles de Grecs, dix familles de Juifs, & soixante d'Arméniens. Les Grecs y ont l'Eglise de St. George, les Juifs une Synagogue, les Arméniens n'y ont point d'Eglise. Les Mosquées y sont petites. On n'entretient dans la Ville & aux environs qu'environ cent Janissaires. Pour le Commerce il n'est pas considérable, parce qu'il est défendu d'y charger des Marchandises destinées pour Smyrne; ainsi on n'y va charger que du Bled & des Haricots. Tavernier nous dit pourquoi les Turcs ne permettent plus comme autrefois aux Vaisseaux d'aller décharger leurs Marchandises à Scalanova. La raison en est, dit-il [b], que ce Lieu-là étant d'ordinaire l'Appanage de la mere du Grand-Seigneur, le Vice-Consul, que les François y ont sous le Consul de Smyrne s'accordoit avec le Gouverneur de Scalanova, qui permettoit le transport des marchandises à Smyrne, qui n'en est qu'à trois petites journées de Caravane, ce qui gâtoit le Commerce de cette Ville. Ainsi les Turcs firent en sorte d'obtenir du Grand-Seigneur qu'il ne seroit plus rien déchargé à Scalanova: & quand les Vaisseaux y vont, c'est seulement pour prendre quelques rafraîchissemens.

[b] *Voyage de Perse, ch. 7.*

Il y a dans Scalanova un Cadi, un Disdar & un Sardar. On ne compte qu'une journée de Scalanova à Tyr, & autant à Guzelissar, ou Beau-Château, qui est la fameuse Magnésie sur le Méandre, à une journée & demie des ruïnes de Milet. On fait grand cas des Melons de Scalanova.

SCALDIS, Fleuve de la Gaule Belgique [c], selon César, Pline, l'Itineraire d'Antonin & Fortunat: Ptolomée est le seul qui nomme ce Fleuve *Tabuda*. Il prenoit sa source dans le Pays des *Veromandui* & couloit chez les Nerviens & chez divers autres Peuples. Lorsqu'il s'approchoit de l'Océan il se partageoit en divers Bras, & celui qui passoit à Bergues alloit se jetter dans la Meuse; ce qui a fait dire à César: *ad flumen Scaldim, quod influit in Mosam, ire constituit.* Les autres Bras se rendoient à la Mer; mais il ne seroit pas possible de décrire leurs cours, parce que les inondations de l'Ocean & les débordemens de ce Fleuve ont plus d'une fois changé l'état des Lieux dans ces Quartiers, comme dans les Embouchures de la Meuse & du Rhein. Ce Fleuve s'appelle aujourd'hui l'Escaut. Pline [d] dit que la Gaule Belgique s'étendoit entre l'Escaut & la Seine: *A Scalde ad Sequanam Belgica;* les *Toxandri*, selon le même Auteur [e], habitoient au delà de ce Fleuve: *A Scaldi incolunt extera Toxandri;* & dans un autre endroit [f] il ajoute que les Peuples qui s'étoient établis le long de l'Océan Septentrional, au delà de l'Escaut, étoient originaires de la Germanie: *Toto hoc mari ad Scaldim usque fluvium Germanicæ accolunt gentes.* Ce dernier passage fait voir pourquoi il a donné l'Escaut pour borne à la Gaule Belgique; car les autres Auteurs & Pline lui-même en plus d'un endroit, mais dans un autre sens, s'accordent à dire que la Belgique s'étend jusqu'au Rhein.

[c] *Cellarius, Geogr. ant. lib. 2. c. 3.*

[d] *Lib. 4. c. 17.*

[e] *Ibid.*

[f] *Ibid. c. 13.*

SCALEA, ou LA SCALEA, Bourg & Château d'Italie [g], au Royaume de Naples, dans la Calabre Ultérieure, près de l'Embouchure de la petite Rivière de Laino dans la Mer de Naples & dans le Golphe de Policastro, qu'on appelle souvent à cause de cela le Golphe de Policastro. Ce Lieu est sur la Frontière de la Basilicate, & à seize milles de Policastro vers le Midi, avec un Port tout proche.

[g] *Baudrand, Dict.*

SCALEA (Le Golphe de la) est une partie de la Mer de Naples, sur la Côte de la Principauté Citérieure. Il s'étend depuis le Cap de Palemido au Couchant, jusqu'à l'Embouchure de la Riviére de Laino au Levant.

SCALEMURA. Voyez ANEMURO.

SCALEMI, Cap du Royaume de Sicile, dans le Val de Noto, selon Mr. Corneille [a] qui ne cite point son garant. Il ajoute que ce Cap est sur la Côte Méridionale près de Camarana, vis-à-vis de l'Isle de Malthe & que c'est la *Buera extrema* des Anciens. Mr. de l'Isle ne connoît point de Cap Salemi sur cette Côte.

[a] Dict.

SCALETTA (La) Château de Sicile [b], dans le Val Demone, sur la Côte Orientale, au Midi de Messine, & au Nord Oriental de Taormina. Ce Château qui a titre de Principauté avoit été autrefois bien muni par les Espagnols [c]; mais il fut pris en 1676. par les François qui en raférent les Fortifications.

[b] De l'Isle, Atlas.
[c] Baudrand, Dict.

SCALHOLTA, SCALHOLT, Ville de l'Irlande [d], dans la partie Méridionale de cette Isle. Elle fut érigée en Evéché vers le dixième Siècle, sous Brème, & fut mise ensuite sous Drontheim; mais il n'y a plus d'Evêque à présent, à moins que ce ne soit un Evêque à la mode Lutherienne.

[d] Commainville, Table des Evêchez.

SCALINGICAS, Ville de la Mingrelie, à cinq lieues de Rusc, vers l'Orient. C'est un siége Episcopal, sous le Patriarche de cette Nation. L'Eglise est dédiée à la Transfiguration & est la sepulture des Princes Mingreliens.

SCALPAC, petite Ville d'Allemagne, dans le Voisinage de Mayence, & dans les dépendances du Landgrave de Hesse-Cassel, selon Mr. Corneille [e], qui cite les Mémoires & Plans Géographiques 1698. Je ne connois point dans ce Quartier de Ville nommée SCALPAC; & je serois tenté de croire que Mr. Corneille ou son garant ont corrompu ce mot; & qu'ils veulent parler de SCHWALBACH, ou LANGEN-SCHWALBACH, petite Ville ou Bourgade, au Voisinage de Mayence dans le Pays d'Herrich, & qui dépend effectivement du Landgrave de Hesse-Cassel.

[e] Dict.

SCAMACHIE, Ville de Perse [f] & la Capitale de la Province que les Anciens nommoient *Media Minor*, & que l'on appelle aujourd'hui SCHIRVAN, en Latin *Scachia*. Sa situation est à 54. dégrés 40. minutes de Longitude, & à 40. degrés 60. minutes de Latitude, dans un Vallon entre deux Montagnes, où elle est tellement cachée, qu'on ne la voit presque point que l'on ne soit à la Porte. Les Perses disent qu'elle a été bâtie par Chirvan-Schach, & qu'on y comptoit autrefois jusqu'à cent mille feux. Les Turcs la ruinérent du tems du Roi Abas, qui voyant que le Grand-Seigneur n'en vouloit qu'aux Places fortes pour assûrer ses conquêtes, & considérant d'ailleurs que tant de Villes closes & fortifiées l'obligeoient à une trop exacte garde au milieu du Royaume, fit abattre les murailles de la partie Méridionale de celle-ci, qui étoient les plus fortes. Cette partie Méridionale forme comme une Ville particuliére, qui est séparée de la Septentrionale par une petite Plaine qui sert de Marché commun

[f] Corn. Dict.

à l'un & à l'autre. Cette derniére qui est située au pied d'une petite Montagne, est un peu plus petite que l'autre, & n'a qu'environ huit ou neuf cens feux, & une simple muraille, qui étant fort basse & accompagnée seulement d'un méchant fossé, ne peut empêcher qu'on n'entre à toute heure dans la Ville. Elle a cinq Portes; ses Rues sont étroites & ses Maisons basses, la plûpart bâties de mortier & d'argille, il y en a peu de briques ou de pierres de taille. Ses Habitans sont en partie Arméniens & Georgiens, qui ont chacun leur Langue particuliére, en sorte qu'ils ne s'entendroient pas entr'eux s'ils ne s'aidoient de la Turque, qui est commune à tous, & familiére par toute la Perse. Leur plus grand Commerce est d'étoffes de Soye & de Coton, dont il se fait une si grande quantité à Scamachie, que les femmes & les enfans même trouvent à gagner leur vie en filant & en préparant la Soye & le Coton pour les Ouvriers. La plûpart de leurs Boutiques sont dans la partie Méridionale de la Ville, où il y a aussi un Bazar, auquel aboutissent plusieurs Rues qui sont toutes couvertes pour la commodité des Marchands. Auprès de ce Marché sont deux grands Magasins, avec plusieurs Chambres & Galeries pour le Logement des Marchands Forains qui vendent en gros & pour retirer leurs Marchandises. L'un s'appelle Scath Carvansera, & il est destiné pour les Moscovites qui y déchargent de l'Etaim, du Cuir de Russie, du Cuivre & des Fourrures. L'autre appellé Losgi Carvansera a été bâti pour les Tartares de Circassie, qui y amenent des Chevaux, des Femmes, des jeunes Garçons & de belles Filles, dont ils font trafic en leur Pays, où ils les dérobent sur les Frontiéres de Moscovie. Les Juifs que les Moscovites ne veulent point souffrir avec eux, se retirent aussi en ce dernier Magasin, & ils y apportent de Tabesserahn les plus beaux Tapis de laine de tout le Pays, dont il n'y a que le rebut qu'on fait venir en Europe. Il y a aussi trois Hamam dans Scamachie : ce sont des Bains ou Etuves publiques, dont l'usage est aussi ordinaire en Perse qu'en Moscovie. Deux de ces Hamam sont communs aux Hommes & aux Femmes; mais les Femmes n'y vont que le jour & les Hommes y vont la nuit. Le troisième que l'on appelle Hamam Schech est particulier aux hommes. On voit auprès de cette derniére Etuve deux gros Arbres, que les Perses ont en grande vénération, à cause qu'ils ont été plantés par Schich Marith, l'un de leurs Saints, qui est enterré proche de là dans un Metzid ou une Eglise, où la dévotion est plus fréquente qu'en aucun autre de la Ville, dans laquelle il y en a six en tout. Le revenu de cette Etuve est employé à l'entretien des luminaires, des draps & des autres choses nécessaires pour le Saint Sépulchre. Le Gouverneur ou Cham de Scamachie commande aussi par toute la Province, avec le Calenter ou Lieutenant du Roi. Il dispose des affaires de la Justice, de la Police & de

S C A.   S C A.   345

& de la Guerre, pour laquelle il eſt obligé d'entretenir mille hommes du revenu de ſon Gouvernement, & de ſe tenir prêt à marcher au premier ordre. Le Calenter à la direction des Finances & l'adminiſtration du Domaine, ſans aucune obligation d'aller à la Guerre. Au contraire on le laiſſe exprès dans la Province pour y commander quand l'autre eſt abſent. Dans le voiſinage de la Ville on trouve les reſtes d'une très-forte Place, vers la partie Septentrionale, ſur une Montagne fort haute & fort eſcarpée qu'on appelle Kuluſthan; il n'y a plus rien d'entier qu'une grande Cave, & proche de là un des Puits les plus profonds que l'on puiſſe voir. Ces deux Ouvrages ſont revêtus de la plus belle pierre de taille qu'on ait jamais employée. Entre ce Fort & la Ville ſont deux Chapelles, ſur une autre Montagne plus haute que celle de Kuluſthan. Dans la plus grande qui eſt bâtie en forme de parallélogramme, on voit un Sépulcre fort élevé, & à l'entour pluſieurs pièces de drap & des guenilles de toute ſorte de couleur, avec des verges de fer qui ont le bout en forme de flèches, & ſont attachées au Sépulcre avec un Cordon de ſoye. Dans l'autre il y a deux Sépulcres ornés de la même ſorte. Ce ſont les Tombeaux de quelques-uns de leurs Saints, auprès deſquels ils font ſouvent leurs dévotions. De cette ſeconde Chapelle on deſcend dans une grande Voûte, où eſt le Sépulcre d'une fille d'un de leurs Rois appellé Amelek Kanna. Ils racontent d'elle que ſon averſion pour le mariage étoit ſi forte, que ſon pere voulant l'obliger d'épouſer un Prince Tartare, elle aima mieux ſe tuer que d'y conſentir. Jean Cartwrigt, Gentilhomme Anglois, dit dans la Relation de ſon Voyage de Perſe, que les filles de ce Quartier-là vont tous les ans au Sépulcre de cette Princeſſe pleurer ſa mort. Olearius aſſûre que lorſqu'il y paſſa en 1637. cette coûtume étoit entièrement abolie, & que ce n'eſt point la dévotion, mais la chaleur qui oblige les Habitans de Scamachie à ſe retirer au plus fort de l'Eté vers cette Montagne, pour y goûter la fraîcheur de l'air; & qu'ils prennent de l'occaſion de faire leurs dévotions auprès de ces Saints, plus fréquemment en cette ſaiſon-là que dans tout le reſte de l'année. Les gens de baſſe condition n'y demeurent que le jour, & ſe retirent la nuit à la Ville, mais le Chan, le Calenter & les perſonnes de qualité y font dreſſer des tentes, & y paſſent trois mois pendant les grandes chaleurs. Ils menent auſſi leur Bétail vers la Montagne d'Elbours, où avec un air plus tempéré ils trouvent d'auſſi bonnes prairies qu'il y en ait en toute la Perſe. C'eſt ſur cette Montagne d'Elbours, qu'on dit que les Perſes gardoient le Feu perpétuel qu'ils adoroient; aujourd'hui on n'en voit aucune trace. Tavernier dit qu'en arrivant à Tauris en 1663. il apprit que la Ville de Scamachie, qu'il appelle Schamaki, avoit été renverſée de fond en comble par un horrible tremblement de Terre, & qu'il n'y avoit

eu qu'un Fringuis Horlogeur de Genève & un Chamelier qui ſe fuſſent ſauvés de ſes ruïnes.

SCAMANDER. Voyez SCAMANDRUS.

SCAMANDRIA, petite Ville de la Troade, ſur le Scamander. Pline [a] nous apprend qu'elle étoit à quinze-cens pas du Port Ilium; & Leunclavius dit que les Turcs la nomment aujourd'hui *Samandria*. [a] Lib. 5. c. 30.

SCAMANDRIUS CAMPUS, on appelloit ainſi, ſelon Strabon [b], la Campagne où couloit le Fleuve Scamander. [b] Lib. 13.

SCAMANDER, Fleuve de l'Aſie Mineure, dans la Troade. Ce Fleuve qu'on nomme encore préſentement *Scamandro*, eſt fameux dans l'Hiſtoire du Siège de Troye. Il prend ſa Source dans le Mont Ida. Pline [c] qui dit que c'eſt une Rivière navigable, place ſon Embouchure près du Promontoire Sigée, & fait entendre qu'il ſe rend droit à la Mer ſans ſe joindre à aucun autre Fleuve; cependant Strabon [d] dit que le Simoïs & le Scamander ſe joignent, un peu au-deſſus du Nouvel Ilium, & qu'ils vont enſemble ſe jetter dans la Mer près du Promontoire Sigée, après avoir formé des Marais bourbeux. Au contraire ſelon Pline, c'eſt le Xanthus qui ſe joint au Simoïs & ces deux Fleuves vont ſe perdre dans le Port des Achéens. [c] Lib. 5. c. 30. [d] Lib. 13.

SCAMBENA, Ville de la Médie: Ptolomée [e] la marque dans les Terres. Au lieu de *Scambena*, le Manuſcrit de la Bibliothéque Palatine porte *Scabina*. [e] Lib. 6. c. 2.

SCAMBONIDÆ, Municipe de l'Attique dans la Tribu Léontide, ſelon Pauſanias [f] & Etienne le Géographe. Suidas écrit *Scamonida*, pour *Scambonidæ*. [f] Lib. 1. c. 38.

SCAMINO, Village de la Gréce, dans la Livadie, ſur la Rivière d'Aſopo, au pied d'une Eminence du côté du Nord-Eſt [g]. Il n'eſt que d'environ deux cens Maiſons; mais les vieilles ruïnes qu'on y voit font connoître que c'étoit autrefois une grande Ville. Mr. Spon qui a paſſé par ce Lieu-là prétend que ce ſoit l'ancienne *Sycaminon*. Les Grecs y ont encore quelques Egliſes, entre autres *Hagioi-Seranda*, ou l'Egliſe des quarante Saints, *Panagia*, & *Hagios-Elias*, qui ſont bâties de vieux debris, où l'on remarque quelques Inſcriptions. Nous aurions jugé, dit Mr. Wheler, ſur une de ces Inſcriptions que ce Lieu étoit *Oropus*, ſi *Oropo* n'avoit pas conſervé ſon ancien nom. Je crois, ajoute-t-il, que la Montagne qui eſt proche eſt l'ancien Mont *Cericius*, & que cette Ville étoit Tanagara, dont les Anciens ont tant parlé, & qu'ils mettent ſur la Rivière *Aſopus*. Elle s'appelloit d'abord *Pæmandria*, enſuite *Græa*, puis *Tanagræa*, qui eſt le nom que Pauſanias lui donne, & préſentement on la nomme *Scamino*. [g] Wheler, Voyage d'Athènes, liv. 3. pag. 276. Ed. 1723.

SCAMMOS, Peuple d'Ethiopie, ſous l'Egypte. C'étoit, ſelon Pline [h], un Peuple Nomade qui habitoit ſous les tentes. Ortelius [i] écrit *Scamnos* au lieu de *Scammos* c'eſt apparemment une faute d'Imprimeur. [h] Lib. 6. c. 28. [i] Theſaur.

SCAMONIDÆ. Voyez SCAMBONIDÆ.

SCAMPÆ, Ville de la Macédoine: l'Itinéraire d'Antonin la marque ſur la route

Xx

route de Dyrrhachium à Byzance, entre *Claudianæ* & *Tres-Tabernæ*, à vingt milles du premier de ces Lieux & à vingt-huit milles du second; le même Itinéraire met cependant dans une autre route vingt-deux milles de *Claudianæ* à *Scampæ* & trente milles de *Scampæ* à *Tres-Tabernæ*. Il y a des MSS. qui au lieu de *Scampæ*, écrivent *Scambæ*. Ptolomée [a] qui lit Scampes, place cette Ville dans les Terres & la donne aux Peuples *Eordei*.

[a] Lib. 3. c. 13.

SCAMPI, Scampis, Village de l'Albanie, près de Durazzo [b]. C'étoit autrefois un Siège Episcopal, du Nouvel Epire, dans l'Exarchat de Macédoine, & qu'on nommoit *Scampæ*. Voyez ce mot.

[b] Commainville Table des Evêchés.

SCANATUM. Voyez Sacanatum.

SCANDA, Isle de l'Archipel, à quelques milles de celle de Scyro [c], à l'Occident en tirant vers le Golphe de Volo. Cette petite Isle est deserte, & n'est composée que d'une Montagne & de quelques Rochers qui l'environnent.

[c] Corn. Dict.

SCANDALE, Montagne du Scandale, *Mons offensionis* [d]: c'est la Montagne des Oliviers, sur laquelle Salomon bâtit des Temples & érigea des Autels aux faux-Dieux, pour plaire aux femmes étrangéres qu'il avoit épousées. Voyez 3. *Reg.* 11. 4. & 4. *Reg.* 23. 13.

[d] Dom Calmet Dict.

SCANDALIUM, Lieu de l'Isle de Cos: c'est auprès de ce Lieu, selon Strabon [e], que fut bâtie la Ville à laquelle on donna le nom de l'Isle. SCANDALIUM pourroit bien être la même chose que SCANDARIA. Voyez ce mot.

[e] Lib. 14. p. 657.

SCANDARIA, Promontoire de l'Isle de Cos. Strabon [f] dit qu'il étoit à l'opposite du Promontoire Termerium des Myndiens, & qu'il se trouvoit à quarante Stades du Continent.

[f] Ibid.

SCANDARON, Lieu renommé dans la Phénicie, qu'on a aussi appellé le Champ du Lion, en Latin *Scandarum*. C'étoit autrefois un fort Château, il porte le nom de son fondateur Aléxandre le Grand qui le fit bâtir pour lui servir de retraite, pendant qu'il assiégeoit la Ville de Tyr, dont il est éloigné de quatre ou cinq milles seulement sur la même Rive; il le nomma de son nom Alexandrion, & par corruption de langage, on dit depuis Scandaron ou Scandalion. Il fut ruiné & détruit quelques années après, par Pompée, quand il se fut rendu Maître de la Syrie & de la Phénicie. Baudouin, premier du nom, Roi de Jérusalem ayant assiégé la même Ville de Tyr en 1116. voulant presser davantage les Assiégés, fit rebâtir cette Forteresse pour lui servir d'azyle, & elle a toujours été une Place forte, & une retraite assurée pour les Chrétiens pendant qu'ils ont possedé la Terre Sainte. Nos Princes qui en reconnurent l'importance, la donnerent à un jeune Seigneur des plus vaillans de l'Armée, qui en prit le titre de Gui de Scandaron, & ce titre a demeuré long-tems à toute sa famille. Tirus dit que le Lieu étoit fort agréable pour la quantité de Fontaines dont il étoit arrosé, & il le met comme la borne du terroir ou Diocèse de Tyr; mais à présent on n'y voit plus que les ruïnes de quelques pans de murailles de pierres de taille renversés, qui font connoître sa force & son antiquité, & qui sont si proches de la Mer, qu'elles flotent dedans, quand elle est haute. Les Montagnes sont agréables & fort fertiles, couvertes d'Arbres de plusieurs espèces tout le long de la Mer, & pour la sûreté de la Côte, on y voit de deux en deux milles pas de petites Tours bien bâties, mais elles sont mal entretenues.

SCANDEA, Ville de l'Isle de Cythére. Elle étoit sur le bord de la Mer, selon Thucydide [g]; & Pausanias [h], qui lui donne un Port, dit qu'elle étoit presque à dix Stades de la Ville de Cythére. Au lieu de Scandea, Etienne le Géographe, Suidas & Lycophron écrivent *Scandia*.

[g] Lib. 4. p. 287.
[h] Lacon. c. 23.

SCANDELORO, selon Mr. Corneille [i], & l'Escandelore, selon Mr. De l'Isle [k]; Ville des Etats du Turc en Asie, dans la Petite Caramanie, sur la Côte du Golphe de Satalie à la droite en entrant. Cette Ville qui a un Port est prise pour l'ancienne *Coracesium*.

[i] Dict.
[k] Atlas.

SCANDER, Bourg d'Asie [l], dans la Georgie, au Royaume d'Imeriti, sur le Kur, environ à quarante lieues au-dessus de Teflis. Il y en a qui veulent que ce soit l'ancienne *Xalisca*.

[l] Baudrand Dict.

SCANDERBADE, Ville de l'Indostan, au Royaume d'Agra, sous la Domination du Grand-Mogol. Mr. Thevenot [m] dit que cette Ville a été autrefois plus considérable qu'elle n'est présentement. Il y a, ajoute-t-il, des ruïnes fort considérables sur une petite Montagne à quelques lieues de Scanderbade; & au pied du Mont, du côté de cette Ville, on voit une belle Vallée ceinte de murs, divisée en plusieurs grands Jardins, avec diverses ruïnes de Bâtimens. Il n'y a pas lieu de s'en étonner, puisqu'autrefois Scanderbade a eu plusieurs lieues de longueur, étant la Capitale d'un puissant Roi des Patans. La Montagne même faisoit partie de la Ville, qui fut pillée & ruïnée par Ecbar, lorsqu'il l'eût prise sur le Raja-Selim, qui en faisoit sa Place d'armes.

[m] Voyage des Indes. ch. 21.

1. SCANDIA. Voyez Scandea, & Scandinavia.

2. SCANDIA, Isle de l'Océan Septentrional, selon Pline [n], qui semble la distinguer de la Scandinavie. Il n'en parle pas trop affirmativement: *Sunt*, dit-il, *qui & alias prodant Scandiam, Dumnam, Bergos*. Aussi cette Région n'étoit-elle guére connue de son tems. Comme la Scandinavie étoit donnée alors pour une Isle, il ne seroit pas impossible qu'on en eût pareillement fait d'autres de quelques parties du Continent des Pays Septentrionaux: à moins qu'on ne dise que par Scandia, Pline entend les Isles qui sont appellées SCANDIÆ par Ptolomée, & HEMODES par Pomponius Mela.

[n] Lib. 4. c. 16.

SCANDILLE, ou Scandile, Isle de la Mer Ægée, près de la Côte de Thrace, selon Pomponius Mela [o], qui entend par là une des Isles du Golphe Pagasique, située à l'Occident de l'Isle de Scyrus, sur quoi

[o] Lib. 2. c. 7.

SCA.   SCA.

quoi Isaac Vossius remarque que cette Isle conserve son ancien nom & qu'on l'appelle présentement *Scandole*, quoique les Mariniers corrompent assés souvent son nom l'appellant *Schasola*, au lieu de *Scandole*. Cette Isle est petite & basse.

SCANDINAVIA, SCANDIA, ou SCANZIA. Les Anciens croyoient qu'au delà de la Mer Baltique, qu'ils connoissoient sous le nom de *Sinus Codanus*, il n'y avoit que des Isles à la plus grande desquelles ils donnoient le nom de Scandinavie ou Scandie. Pline [a] dit que la grandeur de cette Isle n'étoit point connue ; & que la partie qu'on en connoissoit étoit habitée par les Hillevions, qui y avoient cinq-cens Bourgades. Depuis on connut que la Scandinavie n'étoit pas une Isle, mais une grande Peninsule qui comprend ce qu'on appelle aujourd'hui la Suède, la Norwege, la Laponie & la Finlande. Cette prétendue Isle de Scandinavie [b] est nommée *Baltia* par Xenophon de Lampsaque, qui la met à trois journées de Navigation du rivage des Scythes ; & la même Isle est appellée *Basilia* par Pytheas; & ce dernier, ajoute Pline [c], donne le nom d'*Abalus* à l'Isle que Timée appelle *Basilia*. Ces noms de *Baltia*, & de *Basilia*, pourroient bien être corrompus l'un de l'autre. Jornandès [d] appelle *Scanzia*, le Pays d'où étoient sortis les Goths; & il dit que ce Pays là étoit *quasi Officinam Gentium aut certe velut vaginam Nationum*.

[a] Lib. 4. c. 13.
[b] Ibid.
[c] Lib. 37. c. 2.
[d] De Reb. Get. cap. 3. & 4.

SCANDIOPOLIS. Voyez BIOZIMETÆ.

SCANDIS, Ville d'Asie, dans la Colchide chés les Laziques. Il est parlé de cette Ville dans les Authentiques [e].

[e] Coll. 4. Tit. 7.

SCANDOS [f], Village de l'Asie Mineure aux environs de la Cappadoce. Siméon le Métaphraste en parle dans la Vie de St. Saba.

[f] Ortelii Thesaur.

SCANIE. Voyez SCHÖNE.

SCANTATE, Ville de l'Arabie Heureuse: c'est une des Villes que Pline [g] donne aux *Zamareni*.

[g] Lib. 6. c. 28.

SCANTIA SILVA. On lit dans Cicéron [h] : *Veneat*, inquit, *Silva Scantia*, & Pline [i] : *Exit* [Flamma] *& ad Aquas Scantias*. Cette Forêt, & ces eaux étoient en Italie, selon les Critiques. Ne les devroit-on point placer aussi dans la Campanie ; car Pline [k] dit que la Vigne nommée Aminea est appellée *Scantia* par Varron ? Macrobe [l] fait mention d'un mal qu'il appelle *Scantianum Malum*.

[h] Orat 15. de Leg. Agrar.
[i] Lib. 2. c. 107.
[k] Lib. 14. c. 4.
[l] Saturnal. c. 19.

SCAPENSIUM, nom d'un Peuple. Il en est fait mention dans le Trésor de Goltzius [m].

[m] Titul. de re militari.

SCAPHE. Voyez TESCAPHE.

SCAPITANI, Peuples de l'Isle de Sardaigne: Ptolomée [n] les place dans la partie Septentrionale de l'Isle, au Midi des *Celsitani* & de *Corpitensi*.

[n] Lib. 3. c. 3.

SCAPOS, Isle de la Mer Ægée : Pline [o] dit qu'elle étoit deserte. Elle devoit être aux environs de la Chersonnèse de Thrace.

[o] Lib. 4. c. 12.

SCAPRIS, ou SCABRIS, Port d'Italie, sur la Côte de la Toscane. L'Itinéraire d'Antonin [p] le marque sur la Route par eau de Rome, à Arles, entre le Fleuve *Alma*, dont il étoit éloigné de six milles, & le Port *Flesia*, qui en étoit à dix-huit milles. Ortelius [q] croit que ce Port s'appelle présentement *Scatino*.

[p] Itin Marit.
[q] Thesaur.

SCAPTENSULA. Voyez SCAPTESYLE.

SCAPTESYLE, c'est-à-dire *la Forêt Coupée*, petite Ville de Thrace en tirant du côté de Thasus, selon Etienne le Géographe & Plutarque [r], qui dit que ce fut l'endroit où Thucydide écrivit l'Histoire de la Guerre des Athéniens contre les Habitans du Péloponnèse. Ortelius [s] soupçonne que Scaptesyle pourroit être le même Lieu que SCAPTENSULA, où selon Festus il y avoit une Mine d'argent : il met pourtant *Scaptensula* dans la Macédoine; mais la Macédoine étoit voisine de la Thrace. Le mot *Scaptensula*, ajoute Festus, vient du Grec σκάπτειν, qui veut dire creuser, fouiller dans la Terre. Lucrèce [t], parlant des dangereuses exhalaisons, auxquelles sont exposés ceux qui travaillent aux Mines d'or & d'argent, cite pour exemple la Mine de Scaptensula:

[r] In Cimone & in Libel. de Exilio.
[s] Thesaur.
[t] Lib. 6.

Quales exspirat Scaptensula subter odores.

SCAPTIA, Ville d'Italie, dans le Latium. Pline [u] la met au nombre des Villes qui avoient été célèbres, & qui se trouvoient détruites de son tems. Festus dit que les Habitans de *Pedo* s'étoient établis dans la Ville de *Scaptia*. Il ajoute que cette derniére Ville donna le nom à la Tribu *Scaptia*, d'où les Peuples de cette Tribu furent appellés *Tribules Scaptienses*, comme on le voit dans Suétone [x]. L'Origine de cette Tribu est rapportée par Tite-Live [y].

[u] Lib. 3. c. 5.
[x] In Aug. c. 40.
[y] Lib. 8. c. 17.

SCAR. Voyez SKAR.

SCARABANTIA. Voyez SACARBANTIA.

SCARBA, Isle de la Mer d'Ecosse [z] & l'une des Westernes. Cette petite Isle située au Nord de celle de Jura, est large d'un mille, longue de quatre & n'a qu'un petit nombre d'Habitans. Elle est séparée de l'Isle de Jura par un Détroit, où la Marée est si violente qu'il est impossible de le traverser, ni à la voile, ni à la rame sinon dans un certain tems.

[z] Délices de la Gr. Br. p. 154.

SCARBOROUGH, anciennement SCARBOURG [a], Ville d'Angleterre, dans Yorkshire, au Quartier de North-Riding; c'est-à-dire dans la partie Septentrionale de la Province. C'est une Place forte, dans une situation très-avantageuse, bâtie sur un Rocher extrêmement élevé & fort escarpé, qui avance dans la Mer, dont il est environné de trois côtés ; de sorte qu'elle n'est accessible que du côté de Terre, à l'Occident. On n'y monte même qu'avec peine par un défilé assés étroit, où le Roi Henri II. fit construire de son tems un bon Château pour sa défense, & où l'on tient une Garnison en tout tems. Scarborough n'est pas grand ; & il a falu y ménager un peu le terrein qui n'a pas plus de soixante Aires en quarré. Cette Ville est cependant assés peuplée ; & l'on

[a] Délices de la Gr. Br.
État présent de la Gr. Br. t. 1. p, 129.
p. 199.

l'on y voit un Quay fort commode. Au sommet du Rocher ou de la Colline où elle est située, on trouve une petite Plaine d'environ soixante Arpens, avec une Source d'eau douce, qui fort d'un Rocher. Cette Ville se distingue encore par ses Eaux minérales. On y a une Fontaine Médicinale, froide, dont l'eau mêlée avec de la Noix de Galle, se convertit en encre, & mise sur le feu laisse tomber un sédiment d'Ocre, & de pierre de chaux blanchâtre. Elle attire tous les Etés quantité de Noblesse qui vient en boire. Scarborough est aussi un fort bon Port de, où les Vaisseaux sont en sûreté à l'abri du Rocher; & cela rend la Ville assés marchande. Cidevant le Port étoit éclairé durant la nuit par un Fanal allumé au haut d'une grosse Tour, qui fut ruïnée dans les dernières Guerres Civiles. Cette Ville donne le titre de Comte à un Seigneur de l'ancienne Maison de Lumley.

SCARDALE, c'est-à-dire *Vallée de Rochers* [a], Pays d'Angleterre, dans Darbyshire. On lui a donné le nom de SCARDALE, parce qu'il est tout parsemé de Rochers, que les Anglois appellent *Scares*. On y voit le Bourg de Chesterfield sur le Rother, Bourg qui paroît ancien, comme les ruïnes de ses murailles le font juger; & qu'on appelle à cause de cela *Chester in Scardale*.

[a] Délices de la Gr. Br. p. 360.

SCARDO. Voyez SCARDONA.

SCARDONA, les derniers Lieux que Ptolomée [b] marque sur la Côte de la Liburnie font l'Embouchure du Titius & la Ville Scardona, qu'il met à la gauche de l'Embouchure de ce Fleuve, & qu'il comprend cependant dans la Liburnie. Il ne seroit pas sans exemple qu'un Fleuve fût réputé faire la borne d'une Province, & qu'une Ville située au delà de ce Fleuve, mais pourtant sur son Rivage, eût appartenu à la même Province: aussi n'est-ce pas là la difficulté; elle consiste plutôt en ce que les Descriptions modernes de la Dalmatie marquent les ruïnes de *Scardona*, près du Lac Scardonius, à la droite de l'Embouchure du Fleuve Titius; au lieu que Ptolomée place cette Ville à la gauche de ce Fleuve nommé aujourd'hui Kerca. Casimir Freschot, dans ses Mémoires Géographiques, dit en parlant de Scardona [c]: *Le ruïne delle sue antiche fortificazioni, e Citadella si vedono poco longi dal lago, chiamato da Latini Scardonio; in Volgare Proclian; e a destra del Fiume Kerca, ch'è l'Antico Titio, quale col suo Corso mette li confini all'antica Liburnia e Dalmazia*. Il faut donc dire, ou que la Ville Scardona n'a pas toujours été à la gauche du Titius, ou qu'il y a une transposition dans Ptolomée qui devoit placer Scardona avant l'Embouchure du Titius. On voit que la Ville Scardona étoit considérable, puisqu'on l'avoit choisie pour le Lieu de l'Assemblée Générale de la Province [d], & qu'elle se trouvoit le Siège de la Justice pour les Japydes, & pour quatorze Villes de la Liburnie; ce qu'on appelloit *Conventus Scardonitanus*. La Table de Peutinger écrit *Scadona*, pour *Scardona*; mais c'est sans doute une faute de Copiste; car Pline & Ptolomée écrivent *Scardona*, & Strabon [e] *Scardon*. Cette Ville, selon Pline [f], étoit à douze mille pas de la Mer, sur le bord du Titius, *in amne eo* [Titio].

[b] Lib. 2. c. 17.
[c] Pag. 289.
[d] Plin l. 3. c. 21.
[e] Lib. 7.
[f] Lib. 3. c. 22.

Aujourd'hui Scardona n'est considérable que par son Siège Episcopal, sous la Métropole de Spalatro. Cet Evêché y fut transféré de Belgrade sur la Mer, en 1120. Elle a cependant été ci-devant une Place de force & fort considérable. En 1322. durant les troubles de Hongrie, les Habitans de Scardona s'étant ligués avec ceux d'Almissa pour exercer la Piraterie, diverses autres Villes qui souffroient de ces Pirateries s'unirent avec les Vénitiens pour les arrêter; &, comme la partie ne se trouva pas égale, la Ville de Scardona fut saccagée dans cette occasion. En 1411. les Vénitiens acquirent Scardona du Roi de Bosnie qui la leur remit avec Ostrovizza pour cinq mille écus d'or; & ils la gardérent jusqu'à l'arrivée des Turcs, qui la prirent en 1522. Mais bien-tôt après les Vénitiens la reprirent d'assaut, & la démantelèrent en 1539. Les Turcs s'y étant établis depuis, en furent encore chassés par les Vénitiens qui la réunirent à leur Domaine en 1684.

SCARDONIUS-LACUS. Voyez SCARDONA.

SCARDUS MONS: Strabon [g] & Ptolomée [h] donnent le nom de Scardus à la dernière des Montagnes, qui séparoient l'Illyrie de la Dalmatie & de la Mœsie; mais Tite-Live [i] écrit *Scordus*, au lieu de *Scardus*.

[g] Excerp. ex L. 7. c. 17.
[h] Lib. 2. c. 17.
[i] Lib 43. c. 20.

SCARGAÏNE, ou SARPONE, SCARPONA [k], Bourg ancien dans la Lorraine, sur la Moselle, un peu au-dessus de Pont à Mousson. Il est présentement à demi ruïné & réduit en Village.

[k] Baudrand, Dict.

SCARI, Ville de la Lycie, selon Etienne le Géographe, qui fait mention d'une Fontaine Sacrée qu'il appelle aussi SCARI.

SCARLINO, Bourg & Château d'Italie [l], dans la Toscane, au Pisan, à Pisan, la Principauté de Piombino, sur la Côte de la Mer de Toscane, & du Golphe de Piombino, à dix milles de Massa au Midi, & à douze milles de Piombino à l'Orient.

[l] Ibid.

SCARNIUNGA, Fleuve de la Pannonie, ou de la Dace. C'est Jornandès [m] qui en parle.

[m] De reb. Get. c. 52.

SCARO, Ville de l'Isle de Santorin, & la principale des cinq, qui ont été bâties par les anciens Ducs de Naxe. C'est dans cette Ville que demeurent les plus qualifiés du Rit Latin. Ils y ont un Evêque, un Curé & cinq ou six Chanoines. Les Jésuites ont ici à Scaro une Résidence, & y font beaucoup de fruit, aussi-bien que dans les Isles du voisinage. Il y a encore un Monastère de Filles de l'Ordre de St. Dominique, qui vivent fort régulièrement, & un autre de Filles Grecques de la Règle de St. Basile. La Ville de Pirgo est le Lieu où l'Evêque Grec fait son séjour, & les Grecs y ont leur Cathédrale. La demeure en est assés agréable, au lieu qu'auqu'autour de Scaro, on ne voit que Rochers & que Précipices.

SCARPACOS, Lieu de l'Isle de Sardaigne, selon l'Itinéraire d'Antonin, qui le marque sur la Route du Port *Tibulæ*, à Caralis, entre Porticenses & Ferraria, à vingt-milles de chacun de ces Lieux. Le MS. de la Bibliothéque Royale porte Sarcopos; l'Edition d'Alde *Sarcapos*; & Simler lit *Sarcapos*, ou *Scarcapos*. On croit que ce nom subsiste encore quoique corrompu, dans celui de la Riviére *Sarabos*.

SCARPANTO, Isle de la Mer Carpatienne [a] & l'une des Sporades, entre les Isles de Candie & de Rhodes. Cette Isle que les Anciens, tant Grecs que Romains, ont appellée *Carpathos* ou *Carpathus*, & qu'Homére nomme *Crapathon*, est à présent connue sous le nom de Scarpanto, ou Zersanto parmi les Mariniers Italiens, aussi-bien que parmi ceux des autres Nations. Elle avoit eu auparavant divers autres noms; car elle fut appellée *Tetrapolis*; c'est-à-dire l'Isle à quatre Villes, à cause des quatre principales Places qu'on y voyoit anciennement; elle fut nommée *Pallenio* d'un fils de Titan qui fut le premier possesseur de l'Isle, ou, comme d'autres veulent, de Pallas, qu'on tient y avoir été nourrie & élevée, ou de Pallène, Ville de la Macédoine, & la Patrie de Protée qu'on dit avoir régné à Carpathus. Il y en a qui veulent qu'elle ait été appellée *Heptapolis*, ou l'Isle *à sept Villes*, & ils prétendent qu'elle a eu autrefois un pareil nombre de Villes.

Cette Isle est située à cinquante milles d'Italie du Cap Oriental de l'Isle de Candie, & à sept lieues d'Allemagne au Midi de Nizaria. Strabon la place à quatre cens Stades de l'Isle de Chalcis & à soixante & dix de celle de Casos, mettant cette derniére à deux cens cinquante Stades de l'Isle de Crète, ou de Candie; & ainsi elle ne se trouveroit, suivant cet Auteur, qu'à trois cens vingt Stades, qui font quarante milles d'Italie, ou à dix lieues d'Allemagne, de l'Isle d'Italie. On lui donne soixante milles de circuit, quoique quelques-uns en comptent jusqu'à soixante & dix. Cependant Strabon ne fait le circuit de Carpathus que de deux cens Stades, qui font vingt-six milles d'Italie. Quoiqu'il en soit, l'Isle de Scarpanto est assés élevée au-dessus de l'eau, en a figure un peu longue & étroite, & s'étend d'Orient en Occident. Les Montagnes sont très-hautes; ce qui fait qu'on la peut découvrir de fort loin quand on est en Mer.

Strabon qui dit qu'on nommoit anciennement cette Isle *Tetrapolis*, ajoute qu'une des quatre Villes qui lui avoient donné ce nom, s'appelloit *Nisyros*, de même qu'une Isle de ce parage située directement à l'opposite d'une Place de la Libye appellée λευκή Ἀκτή; c'est-à-dire *le Rivage blanc*. Pline au contraire assûre que *Nisyros* n'étoit pas une Ville de l'Isle de *Carpathus*, mais de celle de Calydine. Enfin Strabon remarque que cette Isle reçut ensuite le nom de *Carpathos*, qu'elle donna à la Mer Carpathienne. Il y avoit autrefois sur la Côte Septentrionale, près de la Mer une grande & belle Ville appellée *Phianti*. On en voit encore les masures, & on prétend qu'on l'avoit nommée auparavant *Posidonium*. Il y a aujourd'hui dans cette Isle, près du Port de Tristano du côté de l'Occident, & presque vers le milieu de l'Isle, mais un peu plus vers l'Orient, un Château avec un Fauxbourg appellé aussi Scarpanto: c'est où tous les Magistrats & les Habitans qui sont Grecs, & vivent à la Grecque font leur séjour; car il n'y demeure point de Turcs, à la reserve d'un Cadi ou Juge qui se tient dans le Château, & y gouverne au nom du Grand-Seigneur.

[a] *Dapper, Descr. des Isles de l'Archipel, p. 171.*

Il y a dans cette Isle plusieurs hautes Montagnes. On en voit trois presque vers le milieu de l'Isle, pas loin des masures de l'ancienne Ville de Phianti. On les nomme Anchinata, Oro, & S. Elias, qu'on découvre de fort loin quand on est en Mer. Du côté du Septentrion on découvre une Plaine agréable & fertile, où le fond du Port Agata se vient terminer. Mais entre le Midi & le Nord-Ouest l'Isle s'avance en un Cap, ou Pointe de Terre, qui forme un Angle aigu & qu'on appelle *Capo Sidro*. C'est près de ce Cap que se trouve la Montagne de *Gomalo*, aux environs de laquelle étoient autrefois les deux Villes *Menetes* & *Corachi*, qui avec celles de *Teutho* & d'*Arcassa*, qu'on voyoit aussi dans l'Isle lui avoient donné, à ce que quelques-uns croient, le nom de *Tetrapolis* ou de quatre Villes. Cependant il est certain qu'elle étoit ainsi appellée long-tems avant que ces Villes fussent bâties. Le Cap Méridional de l'Isle de Scarpanto, appellé le Cap Pernisa se trouve directement à l'opposite de l'Isle de *Caxo*, ou *Casso*, d'Orient en Occident.

Cette Isle a plusieurs Ports vastes & commodes; mais entre autres on en remarque quatre principaux. Il y en a un au côté Oriental, connu par les Anciens sous le nom de *Trithomus*, & à présent sous celui de *Porto Tristano*. Il est formé par le moyen d'un Rocher nommé *Pharia* situé tout au devant de son Embouchure. Il se recourbe dans les Terres en forme d'un Croissant, comme une Baye ou Golphe; c'est le plus assûré de toute l'Isle. Il y en a un autre du côté de l'Occident: on l'appelle Cheatro, & plus communément *Porto-Grato*, ou *Crato*. Il s'avance aussi en deux Pointes dans la Mer; & l'on voyoit autrefois sur chacune de ces Pointes un Château ou Bourg muré. Celui qui étoit bâti sur la Pointe Septentrionale se nommoit *Thuetho*, & l'autre situé à son opposite sur la Côte Méridionale s'appelloit *Arcassa*; mais ce dernier qui est encore sur pied porte aujourd'hui le nom de *S. Theodoro*. Le troisième situé au côté Septentrional de l'Isle, se nomme *Porto-Agatho*; mais autrefois on l'appelloit *Cheatrum*.

On trouve dans les Livres des Pilotes les Ports de l'Isle de Scarpanto décrits en cette maniére: premiérement on découvre un Cap avancé en Mer & élevé au-dessus de l'eau, à une lieue & demie au Septentrion du Cap de Pernisa, sur le côté Occidental de l'Isle, appellé le Cap d'Andemo. Dès qu'on a doublé ce Cap, on vient au Port d'Andemo, qui est une grande & large Baye, où deux ou trois Vaisseaux, attachés avec une corde au rivage, peuvent être à l'abri de toutes sortes de Vents derriére deux petites Isles qui y sont situées. Le Cap d'Andemo est le Cap haut & avancé de cette Baye.

Il y a un fort bon Port au bout Septentrional de l'Isle, appellé *Porto-Malo-Nato*, ou *Porto-Tristo-Nato*. Il a deux Isles à son Embouchure, qui empêchent qu'on n'en puisse voir l'entrée ou l'ouverture, à moins qu'on ne soit directement au devant. Les Vaisseaux y peuvent être à l'abri de toute sorte de Vents, & doivent prendre entre les deux Isles, en y abordant ou en démarrant. Il y a aussi un assés bon Port entre les Caps d'Andemo & de Pernisa, où l'on peut venir mouiller près du Rivage sur un Fond net & sain, de trente brasses d'eau, au lieu qu'au milieu il n'y en a pas plus de douze: on a même de la peine à y entrer, à moins qu'on n'y soit poussé par un Vent Méridional assés fort; car les Terres sont assés hautes dans ce quartier-là; & de plus il y fait souvent calme, à la reserve de quelques bouffées de Vent, qui s'y elevent de tems en tems.

L'Isle de Scarpanto nourrit une grande quantité de gros & de menu Bétail par le moyen de gros Pâturages dont elle est pourvue. On y trouve des Cailles, des Perdrix & d'autre petit Gibier en grande abondance. Il y a aussi des Mines de Fer & des Carriéres de Marbre, & on pêche dans la Mer aux environs de l'Isle de très-beau Corail.

Cette Isle est présentement sous la Domination du Grand-Seigneur & il la fait gouverner par un Cadi, qui n'y fait pas son séjour ordinaire, mais se contente d'y venir tous les mois une fois, pour connoître des différends qui naissent entre les Insulaires, & pour punir les Malfaiteurs. Ce Cadi se tient ordinairement à l'Isle de Rhodes, sous l'autorité du Sangiac, qui envoye tous les ans un nouveau Receveur à Scarpanto, pour en tirer les Tributs & les Impôts que les Insulaires Grecs doivent payer à la Porte. On y envoye aussi de Constantinople un Gouverneur; mais c'est un des moindres Officiers de l'Empire, & qui ne laisse pas cependant d'exercer une cruelle tyrannie sur ces Insulaires.

Quand il arrive que les Galéres de Malthe viennent mouiller à Scarpanto les Habitans sont dans de grandes inquiétudes pour cacher leur Gouverneur; car la Porte les oblige de répondre de sa personne sous peine de la vie, ou de la perte de leurs biens & de leur liberté.

Au côté Septentrional de Scarpanto, il y a une Isle appellée Sara, ou Stalita. Cependant elle n'en est par si près que les plus grands Vaisseaux ne puissent mouiller dans l'espace qui est entre deux du côté de l'Occident, où il est assés large & profond; mais du côté de l'Orient il est si étroit, qu'à peine une Barque y peut venir mouiller sur environ quatre pieds d'eau.

SCARPE, Riviére des Pays-Bas [a]. Elle prend sa source dans l'Artois, au-dessus d'Aubigny; & delà elle coule à Arras, d. à Fampaux, g. à Roculs, d. à Vitry, g. à Brebiéres, g. à Douay, au Fort de Scarpe, à Pont-à-Rasse, d. à Lalain, d. à l'Abbaye d'Anchin, à l'Abbaye de Marchienne, g. à l'Abbaye d'Hasnon, d. à St. Amand, à l'Abbaye de Chau, d. à Mortagne, où peu après elle se perd dans l'Escaut.

[a] Dict. Géogr. des Pays-Bas.

SCARPHE, & SCARPHEA. Voyez SCARPHIA.

SCARPHIA, SCARPHE, ou SCARPHEA, Ville de Gréce, chés les Locres Epicnemidiens. Strabon [b] use des deux premiéres maniéres d'écrire; & Ptolomée, Etienne le Géographe, & Appien employent la derniére. Les Latins varient aussi sur l'ortographe de ce nom; car Pline a écrit *Scarphia*, & Tite-Live *Scarphea*. Ce dernier dit [c] que Quintius étant parti d'Elatée, passa par Thronium & par Scarphée pour se rendre aux Thermopyles. Etienne le Géographe dit aussi que *Scarphea* étoit voisine des Thermopyles; & si la Ville *Scarphe* de Strabon est la même que celle qu'il nomme ailleurs *Scarphea*, elle étoit à dix Stades de la Mer & sur une élévation. Casaubon néanmoins aimeroit mieux en faire deux Villes différentes, & dans ce cas il voudroit lire Τάφφη, au lieu de Σκαρφή.

[b] Lib. 1. & l. 9.
[c] Lib. 31. c. 3.

SCARPHIA, Isle de la Mer Ægée, vis-à-vis de l'Attique. Ce n'étoit selon Pline [d] qu'un Ecueil sans Bourgs & sans Villes.

[d] Lib. 4. c. 12.

SCARPONNA, ou SCARPONA, Lieu fortifié dans la Gaule Belgique, selon Diodore. L'Itinéraire d'Antonin le marque sur la Route de *Durocortorum* à *Divodurum*, entre *Tullum* & *Divodurum*, à dix milles de la premiére de ces Places & à douze milles de la seconde. Ce Lieu qui étoit à douze milles de la Ville de Metz conserve aujourd'hui son ancien nom, quoiqu'un peu corrompu, car on le nomme *Scarpaigne*, ou *Charpeigne*; & l'on y trouve divers Monumens d'Antiquité. C'est un Bourg situé sur le bord de la Moselle.

SCARTHON, Fleuve de la Troade, selon Ortelius [e] qui cite Strabon; mais, quoique Strabon [f] parle de ce Fleuve dans sa Description de la Troade, il ne le place pas pour cela dans cette Contrée: il le met seulement au nombre des Fleuves qu'on étoit obligé de traverser plusieurs fois en faisant la même route, & il dit qu'on passoit celui-ci vingt-cinq fois. La question est de savoir en quel Pays étoit ce Fleuve. Strabon semble dire qu'il étoit dans le Péloponnèse; car il ajoute qu'il tomboit de la Montagne Pholoa & qu'il couloit dans l'Elée. Mais on ne connoît point dans le Péloponnèse de Fleuve nommé

[e] Thesaur.
[f] Lib. 13. p. 587.

mé Scarthon: aussi Casaubon soupçonne-t-il que ce nom pourroit être corrompu.

SCATEBRA, Fleuve d'Italie, au Pays des Volsques, dans le *Latium adjectum*, ajouté. Pline [a] met ce Fleuve dans le Territoire de Casinum & ajoute que ses eaux étoient froides & plus abondantes en Eté qu'en Hyver. Ces deux qualités portent Cluvier à dire que c'est aujourd'hui une petite Riviére, formée de diverses Sources abondantes, qui sortent de terre dans la Ville de San Germano & dans son voisinage. Le cours de cette petite Riviére n'est pas de plus de deux milles: au bout de cet espace elle se perd dans une plus grande qui se perd dans le Liris.

[a] Lib. 2. c. 103.

SCATONA, Mr. Corneille dit [b] sans citer son Garant: Petite Ville d'Italie dans la Toscane. Elle est peu éloignée d'un Lac, où il y a une Isle flottante, autrefois recommandable pour ses bons Vins. La Ville de Scatona a été fameuse, à cause de certaines pierres qu'on trouvoit aux environs. Ces pierres étoient à l'épreuve du feu, & ne se calcinoient point.

[b] Dict.

SCAULINO, SCAULINUM [c], Château de l'Etat de l'Eglise, au Duché d'Urbin, au petit Pays de Carpegna, & sur une Montagne dans le Monte Feltre.

[c] Baudrand, Dict.

SCAURI-FUNDUS, Lieu ou Fonds de terre en Italie. Le Pape Sixte III. à ce que dit Platine, le donna à l'Eglise de Ste Marie Majeure. Le nom moderne est *Porto-Iscauro*, selon le témoignage de Philippe Winghius, qui dans une Lettre qu'il écrivoit à Ortelius [d] son ami, lui marquoit qu'on voyoit encore les vestiges de ce Lieu à la droite en allant de Gaëte à Traietto.

[d] Thesaur.

SCEA. Voyez TRIPOLIS.

SCEACERIGES, Fleuve de la Sarmatie Asiatique. Pline [e] le met au voisinage de la Ville *Sindica*, près du Bosphore Cimmérien.

[e] Lib. 6. c. 5.

SCEAFELL, ou SNAWFELL [f], Montagne d'Angleterre dans l'Isle de Man. Les deux tiers de cette Isle sont couverts de Montagnes, qui occupent toute sa largeur d'un bout à l'autre, & la plus haute de toutes est celle de Sceafell, d'où l'on peut dans un beau tems découvrir tout à la fois l'Angleterre, l'Ecosse & l'Irlande.

[f] Délices de la Gr. Br. p. 305.

SCELATITI, Peuples de la Libye Intérieure, selon Pline [g]. Un MS. consulté par Ortelius, au lieu de *Scelatiti* portoit Selatiti.

[g] Lib. 5. c. 1.

SCELENAS, Ville de Thrace, selon Ortelius [h] qui cite Procope au quatrième Livre des Edifices.

[h] Thesaur.

SCELERATA, Voyez CARMENTALIS.

SCELERDRIA [i], Isle dont parle Hesyche, qui ajoute qu'elle se nomme Anthia; mais il ne dit point en quel endroit du Monde se trouve cette Isle.

[i] Ortelii Thesaur.

SCELLA, Province d'Afrique [k], dans l'Ethiopie Occidentale. Elle a pour bornes au Levant la Haute Province de Bamba, & celle de Tamba; & à l'Occident celle de Rhimba. Elle est toute remplie de Montagnes, & particuliérement d'une Côte de Rochers droits, qui dure plus de dix lieues sans interruption: de manière que quand on les regarde, étant au pied, il semble que ce soit un seul Rocher coupé à plomb par l'Art. Le sommet de ce Rocher affreux n'est pourtant ni inhabité, ni stérile; les Peuples, qui l'habitent le cultivent avec soin, & y jouïssent d'un air extrêmement doux & fort sain: ce que l'on pourroit regarder dans ce Climat brûlant comme une des Merveilles du Monde.

[k] Labat, Relation de l'Ethiopie Occidentale. t. 1. p. 70.

Cette Province fournit une grande quantité d'excellent fer, qui n'est produit que par l'écume des Riviéres & des Torrens. La manière dont ils le recueillent est simple & ingénieuse. Ils étendent sur le bord des Torrents des faisceaux de paille & d'herbes séches: l'écume de ces eaux ne manque pas de s'y attacher: on les retire quand on remarque qu'ils en sont chargés: on les fait sécher: on en met de nouveaux à leur place: & quand ces premiers sont secs, on les secoue pour en faire tomber la matiére dont ils étoient chargés: on la met dans des creusets, où à force de feu on la fait fondre: on la purifie; & on en fait des barres d'un excellent fer.

On trouve encore dans cette Province des Pierres de différentes figures, qui ont quelque transparence: on les appelle Tary-ya dans le langage du Pays, c'est-à-dire Pierres du Tonnerre, parce que ces Peuples s'imaginent, qu'elles tombent du Ciel, quand le Tonnerre gronde sur leurs têtes. La transparence de ces Pierres, quoique bien éloignée de celle du Verre qu'on leur a apporté d'Europe, les a obligés de leur donner le même nom, & de croire que c'est le Tonnerre qui le produit. On perdroit son tems, si on vouloit leur persuader le contraire: l'ignorance & l'entêtement, qui accompagnent leurs préjugés, ne leur permettent pas de réformer les jugemens, qu'ils ont une fois formés.

Cette Province ne laisse pas d'être fertile; quoique pleine de Montagnes elle est arrosée de tant de Sources & de Ruisseaux, qu'on trouve par-tout des Prairies couvertes d'une herbe fine & délicate, qui nourrit & qui engraisse des Troupeaux nombreux de toutes sortes d'Animaux domestiques, qui y seroient encore en bien plus grand nombre, si d'autres Troupeaux d'Animaux sauvages & carnaciers n'en enlevoient une partie considérable.

Chitucuello Cacoriondo est la Résidence du Gouverneur de la Province. Cette petite Place est bâtie sur le penchant d'une très-haute Montagne appellée Lombo.

Un Seigneur, qui a le titre de Chitectri à Quin-Benguela demeure sur les Frontiéres de ce petit Etat, & de Rimba, sur le penchant de la Montagne Luno. Ce Seigneur est si puissant, qu'il a sous ses ordres vingt-deux Gouverneurs.

SCELLE'E (La Fontaine), Fontaine de la Palestine, à deux traits d'arbalète des Piscines [l] appellées de Salomon auxquelles elle fournit leurs eaux, est un Creux profond où l'on descend assés difficilement par un trou étroit, qui est dans

[l] Le Pere Nau, Voyage de la Terre Sainte.

le

le Champ qui le couvre. Ce Creux est long d'environ douze pas, large de trois ou quatre, & haut de quinze à seize piez autant qu'on en peut juger à l'œil. Il en sort trois Sources du côté d'Occident par de grandes fentes de Roc, qui sont comme des Grottes; & ces trois Sources vont s'unir dans un Canal taillé à hauteur d'homme, dans la Roche vive, où l'on marche aisément. Ce Canal va se décharger près de la première des Piscines, un petit Reservoir, où l'on prend l'eau qu'on veut boire, & delà une partie va dans les Piscines, & l'autre partie dans un Conduit fait & couvert de pierres, qui est au dessus d'elles, du côté du Septentrion, & qui serpentant les Montagnes va jusqu'en Jérusalem. C'est une grande commodité pour cette Ville, qui sans cela n'auroit pas abondance d'eau mais cette commodité vient de loin; car l'eau n'y arrive qu'après des détours de plus de trois lieues.

On a bâti auprès de la Fontaine Scellée, & à la tête de ces Piscines, un Château, où l'on entretient des personnes, qui veillent à la conservation de ces eaux. On ne sait quelle fausse Sainteté les Infidelles y reconnoissent: mais ils ne permettent point aux Chrétiens d'y entrer. Si cette Fontaine Scellée est le *Fons Signatus*, dont il est parlé aux Cantiques, elle n'étoit pas moins gardée autrefois: car on dit qu'elle avoit ce nom, parce que Salomon pour la conserver en sa pureté, en fermoit l'entrée de son Sceau Royal.

Il y a une Fontaine plus bas que la dernière des trois Piscines, au fond de la Vallée tirant au Midi. Elle en est à trois ou quatre cens pas loin & elle servoit de même à arroser le Jardin fermé de Salomon, dont le Livre des Cantiques fait aussi mention.

SCELLINGE. Voyez SCHELLING.

SCELOS, nom d'un Lieu que Cedrène place dans les Thermopyles. Au lieu de SCELOS, Gabius lit SALOS, dans son Curopalate. Voyez MACRONTICHOS.

SCEMSA, Ville de la Thrace, selon Etienne le Géographe.

SCENA. Voyez SENUS.

1. SCENÆ, Ville de Perse, selon Etienne le Géographe qui cite le seizième Livre de Strabon & dit que cette Ville étoit célèbre; & que ses Habitans se nommoient *Scenitæ*. Il paroît par Strabon [a] que SCENÆ étoit une Ville des Arabes Scenites aux confins de la Babylonie, & dans la Mésopotamie Méridionale ou Deserte. Quand Etienne le Géographe en fait une Ville de Perse, il n'entend pas la Perse propre, mais l'Empire des Perses. Voyez SOCHOTH.

[a] Lib. 16. p. 748.

2. SCENÆ MANDRORUM, Ville d'Egypte, au dela du Nil. L'Itinéraire d'Antonin la marque entre *Aphroditon* & *Babylonia*, à vingt milles de la première de ces Places & à douze milles de la seconde.

3. SCENÆ-VETERANORUM, Ville d'Egypte: elle est marquée dans l'Itinéraire d'Antonin sur la Route de Peluse à Memphis, entre Thou & Helus, à vingt-six milles du premier de ces Lieux & à quatorze milles du second.

SCENIOS, ou SCENEOS, Lieu quelque part dans l'Asie, peut-être au bord de la Mer Rouge. Pline [b] & Solin [c] le mettent deux cens vingt-cinq milles de l'Isle de Malichu.

[b] Lib. 6. c. 29.
[c] Cap. 56. p. 87.

SCENITÆ ARABES, Peuples dont plusieurs Auteurs anciens ont fait mention, & qu'ils ont placez en divers Pays. Pline met les Scenites Arabes dans l'Arabie qui est au delà de Peluse, & qui s'étend jusqu'à l'Arabie Heureuse, mais Solin apparemment pour avoir mal entendu Pline [d], dit que les Scenites Arabes habitoient dans l'Arabie Heureuse, au lieu que Pline les avoit placés dans l'Arabie Pétrée, qui s'étendoit effectivement au delà de Peluse jusqu'à la Mer Rouge. D'un autre côté Strabon en décrivant les Pays, qui sont entre la Mésopotamie & la Cœlesyrie, y place les Scenites Arabes, ce qui sembleroit dire que ces Peuples n'étoient pas voisins de l'Egypte. Cependant Pline [e] lui-même met des Scenites Arabes à la droite de l'Euphrate, ajoutant seulement qu'ils étoient Nomades, c'est-à-dire qu'ils n'avoient pas de demeures fixes. Ptolomée connoît aussi des Scenites Arabes dans l'Arabie Heureuse, & Ammien Marcellin [f] dit que les Peuples que les Anciens appellérent Scenites Arabes, furent dans la suite nommés Sarrazins. Cependant tous les Sarrazins n'avoient pas été originairement Scenites Arabes; il y en avoit de Nomades & il y en avoit de Scenites; quelques-uns étoient Ethiopiens & d'autres Arabes. Les Scenites Arabes étoient dans la Mésopotamie, en deçà de l'Euphrate; & depuis la Mésopotamie jusqu'aux Deserts Palmyrènes de Syrie, on trouvoit des Nomades Arabes: depuis la Syrie jusqu'au Golphe Arabique, en tirant du côté de l'Arabie Heureuse, on trouvoit des Scenites Arabes, & ce sont ceux qu'on devroit appeler proprement Sarrazins. Il y avoit encore des Scenites Arabes le long de la Côte, depuis le Golphe Elanite jusqu'au Promontoire Héroopolitique, & quelques-uns près de la Ville des Heros, en tirant vers le Midi. Les Troglodytes Ethiopiens, quoique Nomades, furent aussi appellés Scenites, & ensuite Sarrazins. Enfin Ptolomée marque des Scenites dans l'Ethiopie, près des Cataractes du Nil. C'est ce qui a porté Ammien Marcellin à étendre les Sarrazins, depuis l'Assyrie, & la Mésopotamie jusqu'aux Cataractes du Nil, parce que la Postérité donna le nom de Sarrazins à tous les Arabes Scenites & Nomades.

[d] Cap. 33. p. 68.
[e] Lib. 6. c. 28.
[f] Lib. 23.

SCEPSIS, Ville d'Asie dans la Petite Mysie. Ptolomée [g] la marque dans les Terres. Suidas & Etienne le Géographe la mettent dans la Troade. SCEPSIS, selon Pline [h] étoit une Contrée de l'Asie, mais il entend apparemment par-là le Territoire de la Ville de même nom.

[g] Lib. 5. c. 2.
[h] Lib. 5. c. 30.

SCEPTRA, Ville de l'Asie Mineure [i]. C'étoit une des sept Villes dont Cyrus fit présent

[i] Ortelii Thesaur.

présent à son Favori Pytharcus, au rapport d'Athénée qui s'appuye sur l'autorité d'Agathoclès le Babylonien.

1. SCEPUS, Comté de la Haute Hongrie [a], aux Frontiéres de la Pologne, qui le borne au Nord: il a le Comté de Saros à l'Orient, les sept petites Villes des Montagnes, & partie du Comté de Liptow au Midi; & du côté de l'Occident il est borné partie par le même Comté de Liptow, partie par celui d'Arava. Il est coupé par diverses Riviéres, entr'autres par celle de Poprat, qui la traverse du Midi Occidental au Midi Oriental en serpentant. Les principales Places de ce Comté sont:

[a] De l'Isle, Atlas.

Palotza, Bartuva,
Podolincz, Leutsch,
Ceben.

2. SCEPUS, Château de la Haute-Hongrie [b], au Comté de Scepus, auquel il donne son nom. Il est situé dans la partie Orientale de ce Comté en tirant vers le Midi.

[b] Ibid.

SCETIN & METRIÆ MONTEM, on lit ces mots dans Nicephore Calliste, au Livre huitième, & dans divers autres endroits: & il place ces Lieux en Egypte aux environs du Lac Mareote. D'un autre côté, dit Ortelius [c], on lit dans l'Histoire Ecclésiastique de Socrate Scitin & Nitria; ce qui pourroit bien être la véritable orthographe. Il ajoute que SCETIS, ou SCITIS est peut-être ce que Ptolomée appelle SCITHIACA REGIO.

[c] Thesaur.

SCETRA, Isle de l'Inde. On tiroit de cette Isle l'Aloès rouge [d].

[d] Ibid.

SCHABALICH, nom d'une Montagne [e] de la Province de Transfoxane. Elle est bordée par le Fleuve de Schasch, qui empêche les Turcs des faires des courses dans la Ville de Schasch.

[e] Const. African. D'Herbelot, Biblioth. Or.

SCHABBAOUAN, nom d'un Lieu de la Province de Fars [f], qui est la Perse proprement dite, sur les Confins de Naoubendigian, qui passe pour être un des quatre endroits que les Orientaux appellent Arbáâ Montazahát, V. Faradis, les quatre Paradis de l'Asie.

[f] Ibid.

SCHABIAH, Ville d'Afrique [g], au Pays des Soudans, ou Negres. Elle est située bien avant dans les terres, au delà du Nil Occidental, c'est-à-dire du Fleuve Niger. Il y a de cette Ville jusqu'à celle de Cougah, qui est peut-être Congo un mois entier de chemin, selon Edrissi dans la troisième partie de son premier Climat.

[g] Ibid.

SCHABOURABAD, Ville de Sapor [h]. Quelques-uns appellent ce Lieu, Saïrabad. Il est proche de Jérusalem, & c'est où Esdras mourut & ressuscita, selon la Tradition Mahométane.

[h] Ibid.

SCHADBAG, Ville de la Province [i] de Khorassan. C'est dans cette Ville qu'Alischah, fils de Takasch, fut pris avec plusieurs autres Princes par Gaïatheddin troisième Sultan de la Dynastie des Gaurides. Le nom de cette Ville signifie en Persien, la Vigne, ou le Jardin de Plaisance. On trouve cependant cette Ville qui étoit très-forte nommée dans quelques Auteurs Schadakh & Schadiakh.

[i] Ibid.

SHCADIAKH, Ville forte du Khorassan [k]. Elle fut assiégée par Takasch, ou Tagasch, Sultan des Khouarezmiens.

[k] Ibid.

SCHADUKIAM, le Plaisir & le Desir. Ce mot Persien [l], qui est composé de deux autres est le nom d'une Province fabuleuse du Pays de Ginnistan, que les Romans Orientaux disent être peuplé de Dives & de Peris. C'est un Pays non moins fabuleux que la Province de Schad, V. Kiam. Nous pourrions l'appeller le Royaume des Fées, aussi-bien que l'Empire des Génies, ou encore mieux en suivant sa propre signification le Pays de Cocagne. La Ville Capitale de ce Pays imaginaire porte le nom de Ghevher Abad, en Langue Persienne, nom qui signifie la Ville des Joyaux.

[l] Ibid.

SCHÆHERBAZ; c'est un des noms du grand Fleuve, que les Anciens ont nommé Oxus, & Bætrus. Les Arabes l'appellent Gistron, & Nahar, le Fleuve, par excellence, & les Persans, Amou, & Roudkaneh, la Rivière, par excellence.

SCHAFFHOUSE, Canton de la Suisse [m], au delà du Rhein sur les Terres de l'Allemagne, & le douzième en nombre entre les Cantons. Il n'est pas grand; mais cependant il est de grande importance pour le repos de la Suisse, à laquelle il sert comme de Boulevard contre l'Allemagne. Il est borné au Nord & à l'Occident par la Suabe, à l'Orient par le Canton de Zurich, & au Midi il touche en partie ce Canton, & en partie le Thourgaw, dont il est séparé par le Rhein. Le terroir y est très-bon, il produit du bled & des fruits: il abonde en pâturages & fournit d'excellent Vin. Le Pays est très-beau & le Rhein y rend le Commerce florissant.

[m] Etat & Délic. de la Suisse t. 3. p. 88.

Ce Canton est partagé en plusieurs petits Bailliages.

Dans le Kletgaw, il y a au-dessous de la Ville 1. le Bailliage de Neuhausen, le petit Château de Werd, ou Im-Werd, situé sur un Rocher au bord du Rhein vis-à-vis de Lauffen. Le Couvent de Schaffhouse l'avoit acheté l'an 1429. 2. Celui de Rudlingen, Buchberg, & Cappel, d'où dépend Elliken 3. Celui de Beringen, & Hemmethal. 4. Lœningen & Guntmadingen.

Sur le mont Randen; 5. les Bailliages de Schleitheim, & Begkingen, avec la Haute Jurisdiction de Furtzheim, Grimmetshofen, & Epfenhofen. 6. Merishausen, avec Under- & Ober-Bargen. Il y a dans cette Montagne quelques Mines de fer.

Sur le mont Reyet; 7. le Bailliage de Herblingen, d'où dépendent Stetten, Buttenhart, Lohn, Opfershofen, Altorff, Biberach, & Hofen.

Dans le Pays de Hegæw; 8. les Bailliages de Theyngen & Barzheim, 9. Buch, d'où dépendent Buesingen, Bruchthalen, Widlau & Genersbrunnen. Il est à remarquer que Buesingen, qui est à demi-lieue de Schaffhouse, étoit, il y a 8. à 900. ans, un Village Paroissial, d'où dépendoit Schaff-

Schaffhouse, dans le tems qu'elle n'étoit qu'un Village. Mais depuis la chance a tourné, la fille a englouti la Mere; & l'Eglise Paroissiale de St. Jean de Schaffhouse est celle d'où dépend Buesingen.

Dans le vieux Comté de Baar; 10. le Bailliage de Neuhausen sur Eken. Tous ces Bailliages ne sont que de bonnes Châtellenies. Pour les gouverner, on y envoye des Membres du Grand Conseil, excepté le dernier, qu'on donne ordinairement à un Bourgeois d'Engen en Souabe.

Outre cela il y a le Bailliage de Neukirch, ou Neunkirch dans le Kletgaw, que l'on donne ordinairement à un Bourgeois de la Ville. De ce Bailliage dépendent Hallæu, Sieblingen, Wilchingen, Osterfingen &c. Au reste il est à remarquer que dans le Kletgaw la Haute Jurisdiction appartient au Comte de Sultz, comme un Fief de l'Empire, quoique sous la Souveraineté de Schaffhouse.

2. SCHAFFHOUSE [a], Ville de la Suisse [a], Capitale du Canton de même nom, est belle & grande; elle est située sur la rive Septentrionale du Rhin, dans un terrain tant soit peu inégal, mais dont l'inégalité ne gâte rien. Cette Ville n'est pas ancienne, & elle doit son accroissement en partie à l'avantage de sa situation, & en partie à un Monastère, qui y fut fondé l'an 1060. par *Eberhard*, Comte de Nellebourg. Dans ce Siècle-là elle s'appelloit *Schiffhausen*, c'est-à-dire Maison des Bâteaux, & dans des Actes Latins, *Navium Domus*; ce n'étoit qu'un petit Village, où l'on déchargeoit les Bâteaux, qui descendoient le Rhin. Car comme à demi-lieue de Schaffhouse, le Rhin se précipite de fort haut entre des Rochers, & fait la fameuse Cataracte de Lauffen, on est obligé de décharger les Bâteaux à Schaffhouse, ou au-dessus, & de voiturer les Marchandises par terre, jusqu'au-dessous de Lauffen. Burckhard, fils d'Eberhard le Fondateur, amplifia la fondation de son pere, & donna au Couvent le Village de Schiffhausen, & voulut qu'à l'honneur des Religieux, qu'il y établissoit pour vivre saintement, le Lieu fut appellé Schaffhausen, c'est-à-dire Maison de Brebis; & c'est la raison pour laquelle la Ville de Schaffhouse porte un Bélier, pour pièce honorable dans ses Armes, qui sont d'argent, au Bélier élancé de Sable, & non pas, au Bouc élancé, comme quelqu'un l'a écrit. Peu-à-peu le Village devint un Bourg, & enfin une belle & grande Ville. L'an 1330. l'Empereur, Louis de Bavière, ayant fait la paix avec Othon, Duc d'Autriche, à cette condition entr'autres de lui payer 12000. marcs d'argent, lui engagea pour cette somme Zurich, Schaffhouse, S. Gal, & Rheinfelden. Mais l'an 1415. le Concile de Constance ayant excommunié Friderc, Duc d'Autriche, pour avoir favorisé l'évasion du Pape Jean, & animé tous les Princes Ecclésiastiques & Séculiers contre lui, l'Empereur Sigismond lui prit quelques Villes; Stein, Diessenhofen, Schaffhouse &c. Ainsi, celle-ci redevint Ville Impériale. Dans la suite elle a eu toujours soin pour conserver sa liberté, de se tenir unie aux Cantons de la Suisse. Après les guerres de Bourgogne, elle fit alliance [bb] avec eux pour vingt-cinq ans, & enfin en 1501. elle fut reçue au Corps Helvétique pour un douzième Canton. L'Abbé n'avoit depuis long-tems aucune Jurisdiction hors de son Monastère, où il demeura toujours avec ses Moines, jusqu'à la révolution qui arriva dans la Religion par les prédications de Zuingle, d'Oecolampade & de leurs Disciples. Les Habitans de Schaffhouse furent des premiers à recevoir leur Doctrine, qui jetta de si fortes racines que la Religion Catholique fut abandonnée de tous les Habitans en 1529. Ce fut alors que l'on brisa, ou brûla toutes les Images, qu'on y abolit la Messe & le Culte de l'Eglise Romaine & que les Habitans se joignirent étroitement d'intérêt, comme de créance, avec Zurich, Berne & Basle. L'Abbé & les Moines de l'Abbaye de tous les Saints furent chassés avec les Prêtres & les Religieux, dont les biens furent confisqués.

Les Rues y sont grandes, belles, propres & larges. Les Maisons y sont bien entretenues, & presque toutes peintes, & marquées de quelque enseigne. On y voit deux Temples considérables, le Munster, ou l'Eglise de l'ancien Couvent, qui est un bel Edifice, soutenu sur douze grosses Colonnes de pierre, toutes d'une pièce, à l'honneur des douze Apôtres: elles ont 17. pieds de haut, 9. de tour, & 3. de diamètre; celle qui doit représenter Judas a d'un côté la figure d'une tête fendue. Le Clocher a entr'autres une Cloche, qui pèse 96. quintaux, & a 29. pieds de tour: elle fut fondue l'an 1486. Elle a l'Inscription que voici: *Vivos voco, Mortuos plango, Fulgura frango*. Durant la Catholicité, on voyoit dans cette Eglise, sous une Arcade un Colosse de 22. pieds de haut, qu'on appelloit le grand Bon-Dieu de Schaffhouse, qui fut érigé l'an 1447. On y alloit en pelerinage, & il y avoit de grandes indulgences pour les Pelerins. On l'abbattit l'an 1529. lorsque la Ville embrassa la Réformation. On peut voir encore l'Eglise Paroissiale de S. Jean, qui passe pour le plus grand Temple de toute la Suisse. C'est en effet un vaste Edifice, mais un peu obscur, composé de douze voutes avec le Chœur. Il y a ceci de particulier, qu'au lieu qu'ailleurs on monte en Chaire, il faut descendre quelques degrés pour y entrer. On a dans cette Eglise une Bibliothéque, qu'on appelle la Bibliothéque des Ministres, parce qu'elle est destinée pour leur usage. La Ville en a aussi une dans un autre endroit, qui est pour l'usage des Bourgeois. Dans la première on a quelques Manuscrits de poids, entr'autres des Homelies de S. Chrysostome sur S. Matthieu; une vieille Bible en Langue Bohémienne. Depuis que la Ville de Schaffhouse a embrassé la Religion Protestante, on y a établi une Ecôle célèbre ou une espèce d'Académie, où l'on enseigne les Langues Saintes, & les Sciences nécessaires à un Ecclésiastique, & les Pas-

a Etat & Dé- lic. de la Suisse, t. 3. p. 88. & suiv.

bb Longuerue, Descr. de la France, 2. Part. p. 287.

Pasteurs de la Ville sont en même tems Professeurs. Cela fait qu'il y a eu toûjours de savans hommes à Schaffhouse depuis la Réformation, & des gens curieux des belles choses. Il y a une trentaine d'années qu'un Sénateur, nommé Tobias Hollender, de Berau, grand Antiquaire, y amassa un riche Cabinet de Médailles anciennes. L'Hôtel de Ville mérite d'être vu : la Chambre du Conseil a pour Tapisserie un très-beau Boisage, qui est un Chef d'œuvre de menuiserie, aussi-bien que le Plat-fond de la Gallerie. Derrière l'Hôtel sont les Archives. Au-dessous de la Maison à côté de l'Escalier d'enhaut, on peut remarquer un Portail admirable de la largeur de 14. pieds de pierre de taille, & dont le Linteau de dessus est une espèce de voute platte, composée d'onze pierres taillées, posées côte à côte en droite ligne, & celle qui est au milieu & qui fait la Clef de la voute est pointue de bas en haut. Il y a dans la Tour, qu'on appelle Fronwag-Thurn une très-belle Horloge, qui marque non seulement les heures, mais aussi le cours du Soleil, & de la Lune avec les Eclypses. La Ville est assés bien fortifiée, & fermée de murailles de toutes parts, avec des Tours, même du côté du Rhin. A l'un des côtés de la Ville il y a sur une hauteur une espèce de Citadelle, ou de Forteresse à l'antique, qu'on appelle Munoth, ou Unnoth; cet ouvrage est bâti en rond, & le dessus fait en Platte-forme pour y pointer du Canon en cas de besoin; les murailles sont fort épaisses. On le fit l'an 1564. L'Arsenal de la Ville est fourni d'armes, & d'autres instrumens de guerre pour armer la Bourgeoisie, & les Sujets. Il ne faut pas oublier deux autres curiosités de la Ville de Schaffhouse; l'une est le beau Pont de pierre, qu'il y a sur le Rhin, composé de 7. ou 8. Arcades, & qui n'a pas son semblable sur tout le cours de ce Fleuve. On le ferme ordinairement du côté de la Ville. L'autre curiosité est un grand Tilleul sur la Place du tirage, dont les branches en partie repliées horizontalement, & en partie étendues & élevées font une grande & belle Chambre, où l'on peut dresser dixsept Tables, & manger délicieusement au frais sous ce bel ombrage; & avec cela on y a le plaisir d'une Fontaine dont l'eau, élevée par des Tuyaux, coule, si l'on veut, sur les Tables.

Hors de l'enceinte des murailles il y a trois petits Fauxbourgs, & dans l'un une Source d'eau enfermée dans un Caveau, & si abondante qu'elle en fournit à plus de cent Tuyaux de Fontaines. Près de là est une grande & profonde Carrière, qui fournit toute la Ville de pierre de taille. Le Gouvernement Civil ressemble à celui de Zurich. La Ville est partagée en 12. Tribus, qu'on appelle Zunfften : une de Nobles, & onze de Bourgeois. On prend 7. personnes de chacune de ces Tribus pour composer le Conseil Souverain de la République, qui avec les deux Chefs qu'on appelle Bourguemaîtres fait un Corps de 86. Conseillers. De ce Grand Conseil on en tire un petit de deux personnes de chaque Tribu avec les deux Chefs; c'est-à-dire de 26. Conseillers, qui examinent les affaires les moins importantes & décident des différends des Particuliers. Il y a aussi quelques autres Chambres pour l'Administration de la Justice & de la Police. Quand on veut faire quelque Election pour le Grand ou pour le Petit Conseil, les Bourgeois de la Tribu, où il y a une Place vacante, s'assemblent dans la Maison publique, qui est affectée à leur Tribu, & là ils donnent leur suffrage à voix basse en nommant à l'oreille d'un Secrétaire celui qu'ils élisent. Pour ce qui est du Consistoire, pour l'administration de la Discipline Ecclésiastique, il y a ceci de particulier, qu'aucun Ministre n'y assiste comme à Zurich & à Berne, mais on choisit pour le remplir les plus savans du Conseil, auxquels on donne pour Adjoint quelque Docteur en Droit.

SCHAFTSBURY, ou comme on écrit en Anglois SHAFTSBURY, Ville d'Angleterre [a], dans Dorsetshire, entre les Forêts de Craneborn & de Gillingham, à trois milles de la dernière, en Latin *Septonia*. Cette Ville située sur une Colline fort élevée près des Frontières de Wiltshire, a été autrefois une Place très-considérable, & d'une grande étendue, ayant jusqu'à dix Eglises Paroissiales dans son enceinte. Le Roi Alfred la fonda en 880. comme on l'apprend d'une Inscription, qui y fut déterrée par hazard dans l'onzième Siècle. Il la nomma Scheaftesbyrig, du mot Saxon *Scheaft*, qui signifie une Pyramide. Aujourd'hui Shaftsbury ne passe que pour un Bourg; mais c'est un grand & beau Bourg, dont les Maisons au nombre de cinq cens sont toutes bâties de pierre de taille. On y jouït d'une fort belle vûe. Canut, le premier Roi d'Angleterre de la Race des Danois y est mort, & son Corps y est inhumé. Il avoit été battu auparavant dans une sanglante journée par Edmond *Côte de Fer*, tout près de Shaftsbury, dans la Forêt de Gillingham en 1016. Ce Bourg donne le titre de Comte à Mr. Antoine Ashley Cooper. La Rivière de Stoure, sortant de Wiltshire, traverse la Forêt de Gillingham, porte ses eaux à l'Occident de Shaftsbury, & coule droit au Sud jusqu'à Stourminster.

SCHAGEN, ou SCAGEN, Bourg des Pays-Bas [b], dans la Nort-Hollande, à trois lieues d'Alcmar & à autant de Medemblick. Ce Bourg qui est gros & fort ancien, est situé au bord de la Mer, dans un terrein fort gras, & où l'arpent pour la bonté de la terre se vend presque une fois autant qu'il est vendu dans le reste de la Hollande. Schagen a de beaux Privilèges, & un ancien Château, au devant duquel il y a un beau Marché. Ce Lieu donne le nom à une des plus anciennes Familles d'entre les Nobles de la Hollande, & qui prétend descendre de la Maison de Bavière.

SCHAGIAR, ou SCHEG'R, Province de l'Iemen [c], ou Arabie Heureuse. Elle s'étend sur le bord de la Mer, entre les Villes d'Aden & d'Oman. On recueille dans ce Pays-là beaucoup d'Encens, & l'on y trouve aussi de l'Aloès, beaucoup

[a] Délices de la Gr. Bret. p. 756.
[b] Dict. Géogr. des Pays-Bas.
[c] D'Herbelot, Bibliot. Or.

infé-

inférieur pourtant à celui qui croît dans l'Isle de Socotorah. Ce Pays de Schagiar regarde un des Golphes de la Mer d'Iemen, que les Arabes appellent Giounal Haschisch.

SCHAHROKHIAH, Ville que Tamerlan [a] fit bâtir sur les bords du Fleuve Sihon, ou Jaxartes, du côté des Provinces & des Peuples qu'Ahmed ben Arabschah appelle Al Geta, ou Alkhatha, qui sont les Getes & les Khathaiens, qui habitent au delà du Mont Imaüs. Cette Ville a un très-beau Pont qui traverse le Sihon, fort large en cet endroit. Elle a aussi des Ports ordinairement pleins de Bâteaux chargés de différentes sortes de Marchandises. L'Auteur du Leb-Tarikh attribue à Schahrok fils de Tamerlan la construction de cette Ville; c'est peut-être à cause que ce Prince acheva l'Ouvrage que son pere avoit commencé. Le Fleuve Sihon ou Jaxartes, sur lequel la Ville de Schahrokhiah est bâtie, est appellé souvent par les Géographes Orientaux, le Fleuve de Khogend, & il y a grande apparence que la Ville de Schahrokhiah est la même que celle-ci, que Tamerlan son fils Schahrokh ont fortifiée & embellie, & en un mot réparée depuis la ruine qu'elle avoit soufferte au tems de l'Irroption de Ginghizkhan.

Les Tables Arabiques de Nassireddin, & d'Ulug-Beg donnent à cette Ville qu'ils placent dans le cinquième Climat 100. d. 35. de Longitude, & 41. d. 25. selon Nassireddin, ou 55. de Latitude Septentrionale selon Ulug-Beg, qui est plus croyable, & beaucoup plus exact que Nassireddin. Il a observé de plus près les positions Septentrionales où il a régné. Il ne donne à la Ville de Samarcande que 39. d. 37. de Latitude, au lieu que Nassireddin lui donne 40. d. complets; de sorte qu'il paroît que la Ville de Khogend, ou Schahrokhiah, est plus Septentrionale que Samarcande de 2. d. 18.

SCHALAVONIE, *Sclavonia*, Contrée du Royaume de Prusse [b], au Cercle de Samland. Elle est bornée au Nord, & à l'Orient par la Samogitie, au Midi par la Nadravie & au Couchant par le *Curisch-Haff*. La Rivière de Niemeh & quelques autres arrosent cette Province, qui est mal peuplée & dont les Habitans sont grossiers. Ses principaux Lieux sont:

Memel, Fisse,
Raugnitz, Russe.

SCHALECHMARCH, ou SCHOLICH-MARCH, *Tyberis*, Rivière d'Asie dans l'Anatolie, & dans la Caramanie. Elle coule à Adena, où on la passe sur un fort beau Pont de pierre, puis elle se rend dans la Mer de Sourie au Bourg de Malla, un peu à l'Orient de l'Embouchure du Malmistra.

SCHALG', nom d'une Ville du Turquestan [c], & dont les Habitans sont Musulmans. Elle est située à 99. d. 30. de Longitude, & à 44. d. de Latitude Septentrionale, dans le sixième Climat, selon Al Farsi, & selon le Canoun d'Al Birouni,

à 89. d. 55. de Longitude & à 43. d. 20. de Latitude Septentrionale. Cette Ville n'est éloignée de celle de Tharaz que de quatre Parasanges, & passe pour être une des plus fortes Places du Turquestan.

SCHALHOLT, Ville Capitale de l'Isle d'Islande [d], dans sa partie Méridionale, au pied des Montagnes. Cette Ville qui est fort petite a eu un Evêché suffragant de Droptheim, & a aujourd'hui un Evêque Luthérien. Elle est sans murailles, à la mode de ce Pays-là.

SCHAMCAZAN, *Le Damas de Cazan* Ville d'Asie [e]. Cazan-Khan Empereur des Mogols, fit bâtir cette Ville auprès de Tauris, à l'imitation de celle de Syrie, & il y fit élever une superbe Mosquée, dans laquelle il fut enterré l'an 703. de l'Hégire. Khondemir dit que c'étoit la seule Sépulture des Mogols, qui restoit encore sur pied de son tems.

SCHAMEL, ou SEHAML, nom d'une Isle de la Mer que les Arabes [f] appellent Bahr Al-Sensi, qui est l'Océan Oriental, ou la Mer de la Chine. Edrissi en fait mention dans son premier Climat.

SCHAMS, en Latin *Saxamnium*, Bourg des Grisons [g], dans la Haute Ligue. Il donne son nom à la Vallée, & à la Communauté de Schams, qui est au-dessus de Thusis, aux deux côtés du haut Rhin. Pour y aller de Thusis il faut passer par un chemin, nommé *mauvais*, *Via Mala*, comme il l'est effectivement. Il est dans un fonds étroit, entre deux Rochers, où le Rhin passe, mais sous terre, au moins la plus grande partie du chemin. Il est long d'une lieue, il est taillé dans le Roc; à quelques endroits, & dans d'autres où le Roc manque, ce ne sont que quelques poutres qu'on a étendues, & sur lesquelles on a jetté quelques planches, & un peu de terre: c'est quelque chose de surprenant de voir comme quoi le Rhin y a creusé son lit. Autrefois il étoit au niveau du chemin, & maintenant il est près de 100. piés au-dessous. Ce chemin conduit au côté gauche du Rhin. Il y a de ce côté-là quelques bons Villages, Slis, Rasein, Ander, Pignol, où il y a de bons Bains, Berenbourg &c. De l'autre côté du Rhin, il y a Danet, Fardin, Lon, Matton, &c. Cette Vallée est passablement fertile, mais ce qui la rend plus considérable, ce sont les riches Mines d'argent, de cuivre, & de plomb, qui s'y sont trouvées au-dessus d'Ander. Dans le Siècle précédent, ces Mines étoient de si grand rapport, que tous les quinze jours, on fondoit un Lingot d'argent si gros, que le plus puissant homme avoit de la peine à le porter, & on trouvoit assés de cuivre, & assés de plomb, pour payer tous les frais des Travailleurs & des Mineurs. Il se trouve aussi dans la même Vallée des Mines d'Antimoine, qui ne le cedent point à celui de Hongrie. Sur une des Montagnes de cette Vallée il se trouve un petit Lac ou Etang, nommé Calandari, si étroit, qu'un homme peut jetter une pierre d'un bord à l'autre; mais il est sans fond & n'a point d'issue. Quand il doit se faire quelque tempête, il se forme un gros Tourbillon au milieu de ce Lac, qui fait un si horrible mugissement, qu'on l'entend de 6. lieues loin. On dit encore, que ce Lac a la vertu d'attirer dans son sein les Animaux, qui dorment près de lui. Une femme s'étant endormie assés loin de ce Lac, en fut attirée & engloutie; & quelque tems après on trouva sa Ceinture avec ses Clefs au bord du Rhin à 4. lieues de là. Voici une autre particularité, que rapporte M. Scheuchzer sur la foi d'un de ses amis. Depuis quelques années, quelques jeunes étourdis ayant forcé sept Chevaux de se jetter dans le Lac, ces Animaux disparurent pendant trois heures: au bout duquel tems ils revinrent sur l'eau se tenant les uns les autres, mais à demi morts. Ces Animaux avoient tous perdu les fers, qu'on leur avoit vus, lorsqu'on les avoit jettés dans l'eau.

a Etat & Delices de la Suisse. t. 4. p. 85.

SCHANFICK; [a] Communauté des Grisons, dans la Ligue des dix Jurisdictions, où elle a le rang de septième & de derniére grande Communauté. Elle est partagée en deux Jurisdictions: celle de St. Pierre ou St. Peter, & celle de Langwies. La premiere comprend les Villages ou Communes (car ce sont la plûpart des Hameaux & Maisons dispersées) de Malader, Capres, St. Peter, où est l'Eglise Paroissiale, Pajits, Molins & autres. La seconde renferme Langwies, où est l'Eglise de la Paroisse, Fanders, Sepun, ou Sapun, Cupa & Prada, ou Pradella. Ce dernier Lieu est fort éloigné des autres & sur la rive gauche du Plessur. Les autres sont sur la rive droite de la même Riviére. Cupa touche le Mont Strela, qui sépare le Pays de Davos, de celui de Schanfick; & c'est dans cette Montagne que le Plessur prend sa source. Il descend de là pour arroser toute la Vallée de Schanfick, & tenant un cours assez droit, il va se jetter dans le Rhein, au-dessous de Coire.

SCHANFICK; en Latin *Scanavica* est le nom d'un petit Pays ou d'une Vallée qui régne aux deux côtez de la Riviére de Plessur, & qui forme la Communauté à laquelle elle donne son nom.

b D'Herbelot, Biblioth. Or.

SCHANGIOU; [b] le Géographe Persien dit dans son troisième Climat, que c'est une Ville de la Chine située assés près de la Mer, où il y a un grand concours & commerce de Marchands étrangers, & ajoûte que cette Ville porte encore le nom de Zeïtoun.

c Ibid.

SCHARACAH, & Scharakiah; [c] Ville de l'Arabie, que quelques Auteurs veulent avoir donné le nom aux Sarrazins; car, c'est ainsi que les Grecs & les Latins ont nommé ceux qui se disent seulement Arabes en leur Langue.

d Ibid.

SCHARGIAH; [d] nom d'un Lieu de la Province d'Iemen, ou Arabie Heureuse, duquel le Géographe Persien fait mention dans son premier Climat.

e Ibid.

SCHARMAH; [e] Ville d'Iemen ou Arabie Heureuse, située dans le Quartier qui porte le nom de Hadarmout. Elle est située sur les bords de la Mer d'Oman, à deux journées de celle de Lassaâ. L'on trouve entre ces deux Villes des Eaux chaudes, qui servent à guérir plusieurs sortes de maladies.

SCHARTZFELD; Seigneurie d'Allemagne [f] ; au Duché de Hanover dans la Seigneurie de Grubenhagen. Cette Seigneurie, qui renferme la petite Ville d'Andreasberg, est très connue par ses Mines de fer qui sont fort abondantes, & dont le trafic apporte à l'Electeur d'Hanover un revenu fort considérable.

f D'Audiffred, Géogr. Anc. & Mod. t. 3.

SCHASBAN; [g] nom d'une Bourgade de la Province de Mazanderan, de laquelle étoit natif Aboubekr Al Schasbani, vaillant homme, qui fut l'un des trois qui donna le plus de peine à Tamerlan, & qui satiguérent davantage ses Troupes, lorsqu'il fit son Irruption en Perse.

g D'Herbelot, Biblioth. Or.

SCHASCH, nom d'une Ville [h], l'une des plus considérables de la Province Transfoxane. Elle est située au de-là du Sihon, ou Jaxartes, sur une autre Riviere qui n'a point d'autre nom que celui de cette Ville, & on lui donne 89 d. 10. m. de Longitude, & 42 d. 30. m. de Latitude Septentrionale dans le cinquième Climat.

h Ibid.

Cette Ville, qui en a vingt-cinq autres dans ses dépendances, dépend cependant elle-même de celle de Samarcande, & l'on appelle du nom d'Ilac, son terroir qui s'étend depuis Naoubakht jusqu'a Farganah qui n'en est éloignée que de cinq journées plus haut vers le Septentrion. Benket, ou Benakèt sont les Villes principales du Terroir de Schasch, mais Akhsiket dépend de Farganah.

Albergendi dit que la Ville de Schasch est du Turquestan, & qu'elle est arrosée de deux Rivieres, donc l'une passe à Farah, & en porte le nom, & pour l'autre on la nomme, comme il a été deja dit, la Riviere de Schasch.

Ahmed Alkiateb compte quatre journées de la Ville de Schasch, à celle de Khogendah, ou Schahrokhiah, qui est bâtie sur le Fleuve Sihon.

Ce fut dans le Terroir de la Ville de Schasch en un Village qui porte le nom de Khogiah Ilgar, que nâquit Timour surnommé, Lenk, qui est le grand Tamerlan, selon le rapport d'Ahmed Ben Arabschah. Mais c'est de quoi les autres Auteurs ne conviennent pas.

SCHATH. Le Fleuve du Tigre [i], que les Arabes appellent ordinairement Dig'lat, porte aussi le nom de Schath Soui.

i Ibid.

Les Arabes l'appellent encore, Nahar Coufah, le Fleuve de Coufah, à cause qu'il passe par cette Ville qui a été le Siége de quelques Kalifes, & Nahar Salam le Fleuve de la paix, à cause qu'il passe par Bagdet, qu'Abou Giafar Almansor son fondateur nomma, Dar Alsalam, la demeure de la paix.

L'Auteur du Leb Tarikh écrit, que Manugeher, Roi de Perse de la première Dynastie nommée des Pischdadiens, fit creuser le Forat, & le Schath; c'est à dire l'Euphrate & le Tigre pour les joindre ensemble, & leur faire arroser la Province d'Iraque, qui est la Babylonienne, ou la Chaldée.

SCHATHEBAH, & SCHATHIAH [k], les

k Ibid.

les Arabes appellent ainſi une Ville dans le Royaume de Valence, que les Eſpagnols appellent aujourd'hui Xativa. Voyez le titre de, ANDALOUS.

Le Géographe Perſien dit, que cette Ville étoit de ſon tems la plus grande de tout le Païs d'Andalous, ou de l'Eſpagne.

SCHAUKET, Ville de la Tranſoxane, *a* & l'une des dépendances de celle de Schafch, d'où ſont ſortis pluſieurs Perſonnages conſidérés pour leur doctrine. Elle a 99. d. 30. minutes de Longitude, & 47. degrés de Latitude Septentrionale ſelon Aboulfeda, & Albergendi dans le cinquiéme Climat de leur Géographie.

a D'Herbelot, Biblioth. Or.

SCHAUMBOURG, Comté d'Allemagne *b*, dans la Heſſe. Il eſt ſitué entre le Duché de Brunswick, la Principauté de Minden & le Comté de Lemgow. Ce Comté a été poſſedé long-tems par des Seigneurs particuliers. Adolphe de Schaumbourg fut fait Comte de l'Empire par l'Empereur Conrad II. en 1032. ſes deſcendans acquierent le Duché de Schleswig & le Comté de Holſtein. Adolphe n'ayant point laiſſé d'enfans en 1459. Chriſtian d'Oldenbourg ſon neveu, qui avoit été élu Roi de Dannemarc & de Norwège en 1448. & enſuite Roi de Suède en 1457. lui ſuccéda au Duché de Schleswig, au Comté de Holſtein, à l'excluſion d'Othon, Comte de Schaumbourg qui renonça à ſes droits, moyennant le Comté de Pinnenberg, & ſoixante-trois mille écus d'or. La poſtérité de ce dernier ayant fini en 1640. dans la perſonne d'Othon, le Roi de Dannemarc & le Duc de Holſtein Gottorp heriterent du Comté de Pinnenberg, & la plus grande partie de celui de Schaumbourg paſſa au Landgrave de Heſſe-Caſſel, ſauf la Tranſaction faite entre Chriſtian-Louïs, Duc de Brunswick, Amelie-Elizabeth, Landgrave de Heſſe & Philippe Comte de Lippe; & ſauf la Convention faite entre le même Landgrave & le même Comte de Lippe, par laquelle celui-ci a eu Buckenbourg. Le Comté de Schaumbourg eſt diviſé en deux parties: la Septentrionale ne conſiſte preſque qu'en Bois & en Montagnes; la Meridionale eſt plus fertile & plus habitée. Ce Comté renferme quatre Bailliages. Ceux de Schaumbourg, de Saxenhagen & de Stattenhagen appartiennent au Landgrave de Heſſe Caſſel; & celui de Buckenbourg eſt poſſedé par le Comte de Lippe.

b D'Auſſi-fred, Géogr. Anc. & Mod. t. 3. p. 323. Ed. 1695.

SCHAUSEN; Ville d'Allemagne, dans la Vieille Marche de Brandebourg, ſelon Mr. Corneille *c* qui la met ſur le Vecht. Jean Gothus & Jaillot dans leurs Cartes du Brandebourg nomment cette Ville SECHAUSEN, & appellent Alant la Riviére ſur laquelle elle eſt ſituée à la gauche, entre Oſterburg & Scharenburg.

c Dict.

SCHEBAB; nom d'une Montagne de l'Iemen *d*, dans le Quartier de Hadharmouth, au pied de laquelle il y a une Ville qui porte le même nom. Cette Montagne eſt des plus fertiles de l'Arabie: car il y a pluſieurs Sources d'eau qui font qu'elle eſt beaucoup habitée, à cauſe des pâturages qui s'y trouvent en abondance.

d D'Herbelot, Biblioth. Or.

On trouve auſſi dans la même Montagne pluſieurs Mines d'Agathes Orientales, d'Onyces, de Cornalines, & de cette ſorte de Pierres que les Arabes appellent, Gezr Allemani, qui eſt l'Onyce Arabique.

Le Géographe Perſien place cette Ville & cette Montagne, entre l'Equateur & le premier Climat, ſelon la façon de parler des Orientaux.

SCHEBAVAN; *e* nom d'un Lieu délicieux de la Perſe. Voyez le titre de SCHABBAVAN & celui de SCHIBBAVAN.

e Ibid.

SCHEBILAH, *f* Ville de la Tranſoxane qui eſt des dépendances de celle d'Oſrouſchnah; c'eſt de ce Lieu qu'eſt ſorti le célèbre Alſoſi Alſchebili. Voyez le Tit. de SCHEBELI.

f Ibid.

SCHEEN, Ville de Norwege, *g* au Gouvernement d'Aggerhus. Elle eſt célèbre par ſes Mines de cuivre & de fer, & par celles d'argent qu'on y découvrit ſous le Regne de Chriſtian IV. On la nomme en Latin *Schina* & *Scheena*.

g Hermonid. Deſcr. Norvegiæ, p. 1214.

1. SCHEDIA, Village d'Egypte, avec un Port. Il eſt placé par Strabon entre le Nil & Alexandrie. Ortelius *h* remarque que le nom moderne ſelon Guilandinus eſt *Raſchit*.

h Theſaur.

2. SCHEDIA, Lieu de l'Iſle de Rhodes, ſelon Athénée *i* qui le place ſur le bord du Jalyſus.

i Lib. 6.

3. SCHEDIA. Voyez PHYLACÆ.

SCHEFFORD, ou SHEFFORD *k*; Bourg d'Angleterre, dans Bedfordſhire. Ce Bourg a droit de tenir un Marché.

k Délices de la Gr. Br. p. 560.

SCHEHER, & SCHEHERESTAN; ce mot ſignifie en Perſien & en Turc, une Ville.

SCHEHER HORMOUZ *l*, nom d'une Ville de la Province de Khouziſtan, qui eſt la Suſiane des Anciens. Elle a tiré ſon nom de Hormouz fils de Sapor, troiſième Roi de Perſe de la Dynaſtie des Saſſanides, ou Khoſroès, qui en a été le Fondateur.

l D'Herbelot, Biblioth. Or.

Il y a peu d'apparence que cette Ville ſoit aujourd'hui la même que nous appellons, Ormus, qui a été autrefois bâtie en terre ferme, avant que l'on en fondât une autre du même nom dans l'Iſle du Golfe Perſique. Car la Province & la Ville d'Ormus d'aujourd'hui eſt dans le Lariſtan ou Royaume de Lar, duquel elle dépendoit autrefois. Voyez le titre de Ormouz, & de Ormozd.

Scheher Hormouz, eſt plûtôt Ramhormuz que les Tables Arabiques placent dans le Khoureſtan, ou Kouziſtan ſous le 85. d. 45. minutes de Longitude, & 31. d. de Latitude Septentrionale.

SCHEHERESTAN, & SCHEHERISTAN *m*; ce mot Perſien, qui ſignifie en général une Ville, comme il a été dit dans le mot Scheher, eſt en particulier le nom de trois Villes.

m Ibid.

La première appartient à la Province de Fars, qui eſt la Perſe proprement dite.

La ſeconde eſt de la Province que les Géographes Orientaux appellent, Gebal, Irak Agemi, & Kouhiſtan. L'Iraque Perſienne, ou la partie montueuſe de la Perſe, qui eſt le Païs des Anciens Parthes. Elle n'eſt

pas

SCH.

pas fort éloignée de la Ville d'Ispahan; en sorte que cette Ville, Capitale aujourd'hui de la Perse, est bâtie justement entre les deux Villes nommées, Jehoudiah, & Scheheristan.

La troisiéme est dans la Province de Khorassan, située entre la Ville de Nischabour, qui est du Khorassan, & celle de Khouarezm, qui n'appartient pas au Khourassan; mais qui est Capitale d'une autre Province, à laquelle elle donne son nom. Cette troisiéme Ville doit sa fondation à Abdallah fils de Thaher. 1. Prince de la Dynastie des Thaheriens.

SCHEIKHOUN [a]; c'est peut-être le nom de la même Riviére, que les Arabes appellent autrement Sihon, Fleuve qui se décharge dans la Mer Caspienne, & que les Anciens ont appellé Iaxartes, de même qu'on trouve quelquefois le nom de Gihon, qui est l'Oxus, écrit, Geikhoun, & Gikhoun.

[a] Ibid.

SCHELESTAT, *Scladistadium*, Ville de France, dans la Haute-Alsace, sur l'Ill, à trois lieues au Midi de Strasbourg. Elle a succédé à l'ancienne Ville d'Ell, appellée dans les Itinéraires Elcebum, & dans la Table de Peutinger Helellum; on prétend encore qu'elle fut aussi nommée Helvetum & Heluba: mais l'ancienne Ell n'est plus qu'un petit Village dans le voisinage de Schelestat. Schelestat étoit déja considérable dès le tems de Charlemagne, qui y célébra la Fête de Noël, & le premier jour de l'an 776. & de Charles le Gros: ce dernier Empereur y avoit un Palais où il faisoit quelquefois sa résidence, comme on le voit par plusieurs de ses Chartres données en ce Lieu. Elle a été détruite par Attila, & n'a été rétablie que vers le treiziéme Siècle par Wolfelin, Préfet d'Alsace, sous la protection particuliére de Frédéric II. qui la fit fermer de murailles en 1216. & fit des Fondations dans l'Eglise de Sainte Foi, à présent possédée par les Jésuites. Elle fut d'abord franche, & se peupla considérablement. L'Empereur Sigismond la retira ensuite de la sujétion du Prévôt de S. Wit, & lui donna le pouvoir de choisir ses Magistrats, sous la Préfecture d'Alsace. L'an 1673. Louïs XIV. la prit, & en fit démolir les Fortifications en 1677. mais six ans après il les fit rétablir; c'est à présent une bonne Place, fortifiée de sept Bastions [b]. On y entre par trois Portes. Sa figure est irréguliére, ayant à un de ses côtés un Angle rentrant fortifié d'une muraille antique, flanquée de plusieurs vieilles Tours quarrées. Cette partie défectueuse de la Ville est couverte d'un grand Bastion, isolé & séparé de la Place par un grand Fossé, fermé par la Riviére. On a pratiqué dans ce Fossé une espéce de fausse-braye, ou grande Batterie à fleur d'eau. Les dehors de la Place consistent en dix demi-lunes, tant nouvelles que vieilles. Tous ces Ouvrages sont entourés d'un grand Fossé plein d'eau, accompagné d'un chemin couvert, qui régne presque autour de la Place. Sur l'extrémité du Glacis on a élevé plusieurs petites Redoutes

[b] Piganiol, Descr. de la France, t. 7. p. 440.

SCH.

qu'on appelle fléches; & qui sont pentagonales. Le côté de l'Angle rentrant est inaccessible, à cause des Marais & des inondations qui l'environnent de toutes parts, & qui interrompent le chemin couvert. On a construit dans ces eaux plusieurs Redoutes dont les unes sont quarrées, & les autres pentagonales.

On compte qu'il y a dans Schelestat sept cens Maisons, & plus de onze cens familles, gouvernées par un Magistrat. Cette Ville étoit Impériale, l'une des dix, devant le Traité de Munster, qui composoient la Préfecture d'Haguenau. L'on y voit encore une fort belle Eglise qui sert de Sépulture à plusieurs Doctes qui ont voulu y être inhumés.

C'est un Gouvernement de Place sous le Gouvernement Militaire d'Alsace, avec Etat Major. Les Jésuites y ont un Collége où ils n'enseignent que les Humanités. L'Archiduc Léopold qui l'a fondé, en a formé le revenu de ceux des Prieurés de Sainte Foi & de Rouffac.

SCHELLING, Isle de la Mer d'Allemagne [c], sur les Côtes de West-Frise ou de Nort-Hollande, entre les Isles de Vlieland & d'Ameland. On lui donne à peu près douze milles de largeur. Mr. D'Audiffred [d] dit: c'est aux environs de cette Isle que se fait la Pêche des Chiens marins. Des hommes déguisés en Bêtes vont les attendre au tems qu'ils ont coutume de venir à Terre, & se mêlant parmi eux lorsqu'ils sont épouvantés par le bruit, & par les cris des Chasseurs, ils les attirent dans les filets, où il s'en prend un grand nombre.

[c] Dict. Géogr. des Pays-Bas.
[d] Géogr. Anc. & Mod. t. 2.

SCHEMBERG, Ville d'Allemagne, dans la Suabe, au Comté d'Hohenberg, au-dessous du Château de ce nom.

SCHEMNITZ, Ville de la Haute Hongrie, & l'une [e] des sept Villes des Montagnes, sur une petite Riviére, au-dessous de Dobronivá, au Midi de Kreitz & au Nord Oriental de Bukans.

[e] De l'Isle, Atlas.

Cette Ville [f] est la plus grande de toutes celles de Hongrie, où l'on voit des Mines. Elle est située au milieu de plusieurs Monts élevés. Son assiette est inégale, parce qu'elle occupe le montant, & le penchant de la Montagne; mais malgré l'inégalité de sa situation, elle ne laisse pas d'être agréable, & bien bâtie. Elle a trois Châteaux; le premier, que l'on nomme le vieux Château, est dans la Ville [g], & l'on y entend tous les jours, à six heures du matin, à Midi, & à six heures du soir, une Musique assés agréable, qui est l'effet d'une Machine ingénieusement inventée. Le second est le nouveau Château; il a été bâti au haut d'une Montagne, d'où l'on ôta une potence qui y étoit, pour y construire un Edifice bien entendu. La troisiéme est sur le sommet d'une très-haute Montagne, on y monte la garde, & il y a toujours une Sentinelle pour découvrir l'approche des Turcs, & en avertir aussi-tôt, en tirant un coup de Canon. Les Habitans de cette Ville sont d'un très-bon naturel [h], plusieurs même d'entr'eux s'appliquent à l'étude des Belles-Let-

[f] Tollii Epist. Itinerariæ.
[g] Brown, Voy. p. 128.
[h] Tollii Epist. Itinerariæ.

Lettres. Ils font riches, & leur richeffes viennent des Mines de différens Métaux, qui font en grand nombre dans le Pays, parmi lesquelles il y en a qui font abondantes en or & en argent, & qui apportent de gros revenus aux Propriétaires, surtout à l'Empereur qui poffede les plus riches. Quand quelque Particulier poffede une Mine, il y fait auffi-tôt travailler [a], & quoique elle ne produife pas dans le commencement, on ne laiffe pas d'y hazarder tout fon bien, à l'exemple de plufieurs, qui, après avoir dépenfé des fommes confidérables, ont à la fin été affés heureux pour trouver quelque veine d'or, ou d'argent, ce qui les a amplement dédommagés de tous leurs frais.

[a] Brown, Voy. p. 129.

Les Mines de Windfchacht, de la Trinité, de St. Benoît, de St. Jean, de St. Mathias, & des trois Rois font les plus eftimées. Les principales, & les plus riches font cependant celles de Windfchacht, & de la Trinité. Celle de la Trinité a dix Braffes de profondeur. Elle eft très-bien bâtie, toujours ouverte, & quoique dans une méchante terre qui oblige même à de gros frais, elle eft extrêmement riche. La matiére que l'on en tire eft ordinairement de couleur noire, & couverte d'une terre, ou boue blanche, qui rend l'eau des Ruiffeaux dans laquelle on la fait tremper blanche comme du Lait; il y a apparence que c'eft ce qu'on appelle *Lac Lunæ*. La plûpart des Veines de cette Mine vont du côté du Nord, mais les plus riches vont du côté du Nord-Eft. On a pour principe que c'eft une marque de bonheur, lorsque deux Veines s'entre-croifent; il eft du moins conftant qu'ordinairement c'eft une marque de bonheur, puifque pour une veine on en a deux. Les Veines des Métaux ne font pas toûjours les mêmes: fi cela étoit, on les découvriroit beaucoup plutôt que l'on ne fait, & bien plus facilement. Mais ce qui eft fâcheux, c'eft qu'il faut creufer au hazard, & fans favoir de quel côté on doit aller, jufqu'à ce qu'enfin, après bien des peines, & des frais, on trouve ce que l'on cherche.

On ne fe fert point de la Baguette divinatoire; on y eft perfuadé de fon inutilité; mais on creufe toûjours tant que les Propriétaires en veulent faire la dépenfe.

La Mine de Windfchacht eft fort profonde, on y defcend à trois fois, toujours perpendiculairement, & par une échelle qui peut avoir 300. degrés. On y voit une grande Roue de neuf aunes de diamétre, que les eaux fouterraines font tourner en tombant. Cette Roue fait mouvoir plufieurs Machines qui élevent l'eau du fond de la Mine jufqu'à l'endroit où eft placée cette Roue; cette eau va enfuite par un Conduit fouterrain creufé pour cet ufage, fe rendre au pied d'une Montagne voifine. Outre cette Roue, il y en a encore une autre au-deffus de la Terre que douze Chevaux font continuellement tourner; elle fert auffi à élever l'eau [b]. Il y a un grand nombre d'Ou-

[b] Tollii Epift Itinerario.

vriers à travailler à cette Mine; ils fe relevent jour & nuit, après huit heures de travail, de façon que chaque Ouvrier ne travaille que huit heures dans les vingt-quatre. On leur donne pour prix de leur travail de chaque jour, quatre Gros & demi, dont vingt font le Florin d'Allemagne, & trente l'Ecu. Il feroit facile de fupputer à combien fe monte par femaine l'argent que l'on donne à ces Ouvriers, puifqu'ils font toûjours environ deux mille Travailleurs: mais comme il arrive fouvent que ces Travailleurs après l'ouvrage fini fe louent encore pour travailler fur de nouveaux frais, cela fait qu'on ne peut dire au jufte le montant de la dépenfe de chaque femaine, non plus que les profits. Communément néanmoins la mife de chaque femaine monte à cinq ou fix mille Florins, & rarement jufqu'à huit mille, & les profits vont ordinairement à douze ou treize cens Marcs d'argent; quelques fois même ils ont été jufqu'à quinze & feize cens.

Il fait grand froid [c] dans quelques endroits de la Mine, & dans d'autres il y fait fi grand chaud que quelque legérement vêtu que l'on foit, on fe trouve accablé de la chaleur; un des endroits, où il fait le plus de chaud, eft toûjours le lieu où l'on travaille. On a néanmoins à préfent la précaution de mettre au-deffus de toutes les portes auffi-bien que deffus tous les chemins où l'on creufe, des Barils en maniére de Soupiraux, qui fervent à faire entrer, & fortir l'air, à en remplir les Lieux fouterrains, & à rafraîchir les Travailleurs. Outre la Chaleur il y a encore une incommodité auffi dangereufe; ce font les mauvaifes vapeurs qui ont fuffoqué un nombre de perfonnes, avant que l'on eût pratiqué les Soupiraux.

[c] Brown, Voy. p. 131.

On eftime les Veines à demi-noires les meilleures, parce qu'elles font ordinairement mêlées de matiére *Marcaffite*: fi elles font trop groffes, & qu'il y ait des matiéres étrangères mêlées, on lui donne le nom de voleur, parce que ces matiéres qu'il faut purifier dans les Fourneaux caufent de la perte, & emportent beaucoup de la richeffe du Métal. On trouve affés fouvent dans ces Mines un Minéral rouge qui s'attache aux Métaux, & que l'on appelle *Cinnabre* d'argent. Quand il eft mêlé avec de l'huile, on en fait un vermillon, tout au moins auffi bon que le *Cinnabre* fublimé, s'il n'eft pas meilleur. On y trouve auffi du Cryftal, du Vitriol clair comme du Cryftal, des Amathiftes, & plufieurs autres fortes de pierres précieufes, dans les fentes des rochers, & quelquefois tous auprès des Métaux.

Toutes les Mines ne font pas également abondantes, ni les Veines également riches. Il eft arrivé fouvent que cent livres de matiére n'ont produit qu'une once d'argent, & quelquefois moins, quoique la même quantité de matiére produife auffi fouvent trois, quatre, cinq, & même jufqu'à vingt onces d'argent. Ce qui va au delà eft très-rare, cependant on en a trou-

trouvé qui avoit donné jusqu'à la moitié de bon argent.

Lorsque quelque Mineur a découvert une nouvelle Veine, on en porte de la montre à un Officier appellé le *Probierer*, qui l'éprouve en cette manière. Il prend une même quantité de toute sorte de Métaux, il les fait sécher, brûler, & peser, il y mêle du plomb, & les purifie. Il remarque combien il y faut mêler de quelque autre Métal, & à ceux qui travaillent à fondre dans les grands Fourneaux. Selon ce qu'il leur dit, ils ajoutent, ou diminuent la quantité des Métaux qu'ils ont coutume d'employer dans les fontes. Ordinairement sur dix livres pesant de matière tout nouvellement tirée de la Mine, qui rend communément deux onces & demie de bon argent par cent livres pesant, on y mêle quatre mille livres de plomb, avec vingt mille livres de pierre de fer, qui n'est pas proprement du Fer, mais une sorte de pierre qui se trouve sur ces Montagnes, & dont on prétend que les meilleures Veines des Mines imitent la couleur. On y mêle aussi, selon la quantité de *Marcassite*, un peu de *Kis*, qui est une sorte de *Pyrites*, on y joint encore le *Slaken*; mais on en met autant que l'on veut. Cette dernière matière est l'écume qu'on ôte de dessus la Poële, dans laquelle on fait couler les Métaux, & elle se forme de tous ceux qui viennent d'être nommés. Tout ce qu'on fait fondre dans la Fournaise s'écoule par un trou dans une Poële qu'on met dessous. Il s'y fait aussi-tôt une écume fort dure, que l'on ôte, & qui emporte l'impureté du Métal. On y ajoute après cela du plomb, qui entraîne avec soi tout l'argent au fond de la Poële. Quelque tems après on prend ce Métal, & on le fait fondre une seconde fois, après quoi on en tire ensuite du plomb, & tout ce qui étoit mêlé avec l'argent, par le moyen de deux grands Soufflets qui le font couler, & quitter l'argent en forme de *Litharge*. Ce qui est au dessus est toujours blanc, & ce qui vient le dernier, & qui demeure plus long-tems dans le feu, est rouge; ce n'est pas cependant de la *Litharge* d'or, mais on la tire du même Métal.

Il y a dans la plus grande partie des Veines d'argent de *Schemnitz*, un peu d'or; & on le purifie de cette manière. On fait fondre l'argent, & on le met presque en poudre, ensuite on le fait dissoudre, par le moyen d'une eau forte composée d'une sorte de Vitriol tout-à-fait particulière, que l'on compose à *Schemnitz*, par le moyen duquel l'or demeure au fond, d'où on le tire quelque tems après pour le faire fondre. Cette eau forte se distille de l'argent, & on peut s'en servir plusieurs fois.

On trouve proche de *Schemnitz*, en l'endroit où étoit autrefois l'ancienne Ville, un Rocher fort élevé, & tout-à-fait perpendiculaire. Une partie en est depuis le bas jusqu'en haut d'un bleu très-éclatant, & tirant sur le verd avec quelques tâches jaunes dessus. L'aspect en est des plus charmants, & l'on ne peut rien imaginer de semblable, à moins que ce ne soit un Rocher tout entier d'une pierre bien polie, qu'on appelle *Lapis Lazuli*. On prétend néanmoins qu'il se trouve un semblable Rocher dans le Pérou proche les Mines d'argent.

Schemnitz est fort fréquenté à cause de ses Bains chauds. Il y en a cinq très-bons, où l'on descend par des descentes fort jolies: ils sont très-bien couverts. Les Sources en sont fort claires, & le fond en est rouge &, verd. Il y a dans l'eau des endroits où l'on peut s'asseoir. L'argent prend la couleur de l'or lorsqu'on l'y laisse long-tems. Le plus estimé de tous ces Bains est celui qu'on appelle le Bain Suant, où il a été pratiqué une Cave, ou plutôt une bonne Etuve: on s'asseoit dans cette Cave fort commodément, & si l'on se met ou plus haut ou plus bas, on sent plus ou moins de chaleur; de sorte qu'on ne sue qu'autant qu'on veut.

SCHENAW, Ville d'Allemagne [a], dans la Silésie, sur le Katzbach, dans la Principauté de Jawer, au Midi Occidental de la Ville de ce nom, au-dessus de Goldberg.

[a] *Jaillot, Atlas.*

SCHENCK, LE FORT DE SCHENCK, ou SCHENCKENSCHANS [b]; Fort des Pays-Bas, à la Pointe du Betuwe, dans l'endroit où le Rhein se partage en deux Bras, dont celui qui coule à la gauche va à Nimegue & se nomme Wahal; l'autre va à Arnheim & conserve le nom de Rhein. Le Fort de Schenck est situé à une lieue de la Ville de Cléves, à cinq d'Arnhem, & à quatre de Nimegue. On le nomme encore 's GRAVENWERT. Les uns disent [c] qu'il a reçu son nom du mot *Schenck*, qui signifie *Jambon*; & les autres veulent qu'il ait pris de Martin Schenck, qui le fit construire par ordre des Etats en 1586. Les Espagnols le surprirent en 1636, & les Hollandois le leur enlevérent l'année suivante. Le Roi Très-Chrétien s'en étant rendu maître en deux jours, le rendit à l'Electeur de Brandebourg, qui l'engagea aux Etats des Provinces-Unies en 1679.

[b] *Dict. Géogr. des Pays-Bas.*
[c] *D'Audifred, Géogr. Anc. & Mod. T. 2.*

SCHENING, ou SKENNINGE, *Scheningia*, Ville de Suède [d], dans la Gothie Orientale, ou Ostrogothie assés près de Wastena, en tirant vers l'Orient. Cette Ville a été autrefois plus considérable qu'elle n'est aujourd'hui; car ce n'est proprement qu'une Bourgade. On juge qu'elle a été quelque chose de plus, parce qu'elle est très-ancienne; parce qu'il est sorti de son Ecôle plusieurs savans Personnages & divers Evêques, entre autres Pierre Gothus, seiziéme Archevêque d'Upsal, qui vivoit du tems de l'Empereur Charles IV. & parce que vers l'an 1248. le Pape Innocent IV. y célébra un Concile pour la Réforme des mœurs, & dans lequel il fut défendu aux Ecclésiastiques de se marier; ce qu'ils avoient jusque-là pratiqué à l'exemple des Eglises Grecques. Olaüs Magnus [e] dit qu'elle tire son nom d'un certain Ruisseau appellé *Schenan*,

[d] *Zeiler, Descr. Sueciæ, p. 126. & seq.*
[e] *Lib. 2. c. 30. & lib. 6. c. 18.*

par-

parce que quelquefois comme un Torrent impétueux, il frappe avec violence les murailles de la Ville, & menace de les renverser: quelquefois néanmoins ce même Ruisseau sur-tout dans un tems sec a si peu d'eau, qu'il suffit à peine pour abbreuver le Bétail. Ce défaut d'eau est amplement réparé par une infinité de Sources qui fournissent de toutes parts des eaux vives. Quoique cette Ville soit peu de chose pour sa grandeur, elle ne laisse pas de le disputer à toutes les autres Villes du Nord, pour la beauté de la situation, pour la bonté de l'air, & pour la fertilité du terroir. On remarque que ceux qui la bâtirent anciennement eurent l'habileté de disposer tellement les Maisons, qu'elles forment des Rues droites, qui partent du Marché public & de la Maison de Ville, comme d'un centre commun. St. Nicolas Evêque de Linkoping [a] étoit, à ce qu'on prétend, originaire de cette Ville, où, avant le changement de Religion, il y avoit un Monastère de Filles de l'Ordre de St. Dominique, qui avoit été fondé par une Veuve de qualité, nommée Ingride, au retour d'un Pélerinage qu'elle avoit fait à Jérusalem, à Compostelle & à Rome.

[a] Ibid. c. 19.

SCHENKEBERG, Bailliage de Suisse [b] au Canton de Berne, à la gauche de l'Aare. Ce Bailliage est grand & comprend neuf à dix Paroisses. Le Château qui lui donne son nom est fort, & situé sur une hauteur, au pied de laquelle est un beau Village nommé Thalen. Outre ce Château on en voit dans ce Bailliage plusieurs autres, les uns ruinés, & les autres en bon état. Entre ces derniers on remarque celui de Wildenstein, & plus encore celui de Castelen dans la Paroisse de Schinzenach. Il a été bâti par Charle-Louis d'Erlach, Gouverneur de Brisak, & Maréchal de Camp en France sous le Régne de Louis XIII. On voit dans l'Eglise de Schinzenach le Tombeau de ce Gentilhomme, & il est magnifique.

[b] Etat & Délic. de la Suisse. t. 2. p. 202.

SCHENNIS, Bourg de Suisse [e], au Pays de Gaster, sur le bord de la Lint, avec une Abbaye de Dames. L'Abbaye, qui est riche, ancienne & libre, est occupée par des Dames de qualité, qui toutes, à la réserve de l'Abbesse, ont la liberté d'en sortir en se mariant. Cette Abbaye fut fondée en 806. par Hunfrid Landgrave des Grisons. L'Empereur Henri III. la rendit indépendante en 1045. & voulut qu'elle fût immédiatement sous la protection de l'Empire. Cependant les deux Cantons Seigneurs du Pays en ont l'Avoyerie, ou le Droit d'Inspection & de Protection, qui est attaché à la Souveraineté. Cette Abbaye possède de grands biens dans tout ce Pays-là, & l'Abbesse a le titre de Princesse. En 1585. le 20. de Mars la Maison fut consumée par un incendie, & tout fut détruit jusqu'au Clocher; mais on la rebâtit bien-tôt & plus commode qu'auparavant.

[e] Ibid. t. 3. p. 202.

1. SCHENUS. Voyez SCHOENUS.

2. SCHENUS, Golphe de l'Asie Mineure [d], dans la Carie. Pomponius Mela dit que ce Golphe se trouvoit entre ceux de Thymnias & de Bubessius, & que la Ville Hyla étoit bâtie sur sa Côte. Pline écrit SCHOENUS au lieu de SCHENUS.

[d] Lib. 1. c. 16.

1. SCHER, ou SCHEER, Ville d'Allemagne [e], dans la Suabe, sur la rive droite du Danube, au-dessous de Sigmaringen. Cette Ville qui a un Pont sur le Danube, appartient aux Barons de Walburg, & est le Chef-Lieu d'un Territoire situé entre ceux de Sigmaringen & de Mengen, & qui s'étend au Midi jusqu'à l'Abbaye de Wald.

[e] De l'Isle, Atlas.

2. SCHER, Rivière de France, dans l'Alsace [f]: Davity dit qu'elle passe par les Villes de Dambach, de Bolsenheim, & qu'elle se va mêler ensuite avec l'Ill proche de Hubsheim. Jaillot [g] qui décrit le cours de cette Rivière sans la nommer, marque sa source un peu au-dessus de Dambach, & son Embouchure dans l'Ill, entre Hipsheim & Ichtersheim.

[f] Alsace.
[g] Atlas.

SCHERA, Ville de Sicile: Ptolomée [h] la marque dans les terres. Ortelius [i] dit qu'Aretius la nomme Calatamet, & que dans un petit Livre anonyme, qui contient la Description de la Sicile, elle est appelée Calameta, & placée auprès d'Alcamo. Cette Description ajoute que c'étoit une Ville deserte. Il se pourroit faire que ce seroit les Habitans de Schera que Pline appelle *Scherrini-Populi*.

[h] Lib. 3. c. 4.
[i] Thesaur.

1. SCHERIA. Voyez CORCYRA.

2. SCHERIA, Ville de l'Illyrie: Suidas la place sur la Côte du Golphe des Enestedes.

SCHERMEER, Lac desseché, dans les Pays-Bas [k], en Nort-Hollande, à une lieue de la Ville d'Alcmaer.

[k] Dict. Géogr. des Pays-Bas.

SCHERPENISSE, Seigneurie des Pays-Bas [l], en Zeelande, dans l'Isle de Tolen, près de St. Martendyck.

[l] Ibid.

SCHESIUS [m], Fleuve de l'Isle de Samos. Le Grand Etymologique qui parle de ce Fleuve, donne à une partie de l'Isle le nom de SCHESIA. Ce Fleuve SCHESIUS est nommé Chesius par Pline. Voyez CHESIUS.

[m] Ortelii Thesaur.

SCHETLAND, (Les Isles de), Isles de la Mer d'Ecosse [n]. Ces Isles nommées autrement de HESLAND, ou HITHLAND, sont encore plus avancées au Nord que les Orcades depuis le 60. jusques au delà du 61. degré de Latitude; mais cependant elles ne sont pas tellement éloignées qu'on ne les puisse voir de celle des Orcades, qui est la plus Septentrionale. Il y a un très-grand nombre d'Isles, qu'on partage en trois ordres, comme les Orcades. Les unes sont assés grandes & assés fertiles pour être peuplées, on en compte vingt-six: les secondes ne produisent que quelque Herbage; & sont au nombre de quarante, & les troisièmes, au nombre de trente, ne sont que des Rochers.

[n] Délices de la Gr. Br. t. 7. p. 1432.

A moitié chemin des Orcades aux Isles de Schetland, on en rencontre une toute seule, au milieu de l'Océan, qui sert comme d'Entrepos aux Navigateurs: on l'appelle Fara. Elle est à la hauteur du 59. degré 42. minutes de Latitude. Ses Côtes sont fort élevées & fort droites, & elle n'est accessible que du côté de l'Orient, où elle a un bon petit Havre, tout

tout près de cettte Isle, parmi un Rocher herbu, qui s'éleve en façon de Tour. Il est fertile en Bleds, abondant en Pâturages, & peuplé de Troupeaux de Brebis, ce qui fait qu'on l'appelle Shéepe Craige, le Rocher des Brebis.

La plus grande des Isles de Schetland qui est un peu plus avant au Nord, n'a pas de nom particulier. Les Habitans l'appellent en leur Langue Mainland, ce qui signifie le Continent, ou la Terre-ferme. Elle est encore plus grande que la principale des Orcades, ayant soixante milles de long au Sud, & en quelques endroits seize de large. Ci-devant elle n'étoit habitée que le long des Côtes, à cause des hautes Montagnes qui la couvrent; mais depuis l'an 1620. ou environ, les Habitans, plus industrieux que leurs peres, ont trouvé le moyen de s'accommoder un peu plus avant dans le Pays. On y voit deux petites Villes, l'une à l'Orient, nommée Lerwick, où l'on compte trois cens Familles, & l'autre à l'Occident, qui est la plus ancienne avec un Château nommé Scolavobant, ou Scolloway; & ce sont les seules qu'il y ait dans toutes ces Isles.

Cette grande Isle est environnée de quantité d'autres petites à l'Orient & à l'Occident. Entre les premiéres il y en a deux qui sont considérables, Yeal ou Yell, qui a dix-huit milles de long, & neuf de large; & au delà de celle-ci, Vust, qui a près de dix milles de long & six de large. Yell a trois Eglises Paroissiales & quelques Chapelles. Vust, ou Wist est fertile & assés peuplée. Quelques Auteurs ont écrit que l'Isle de Yeal ne soufre aucun Animal que ceux qui y sont nés. Toutes ces Isles ensemble font le nombre de douze Paroisses.

A l'Occident de la grande Isle, à quelque distance, paroît une Isle nommée Thule ou Fule, qu'on croit être la Thule tant chantée par les Anciens, ou si ce ne l'est pas, il faut croire qu'elle n'est autre chose que la grande Isle de Schetland, surtout ce que Solin en a dit y quadre parfaitement.

Le terroir de ces Isles est à peu près le même que dans les Orcades. On y recueille de l'Orge & de l'Avoine, mais c'est tout. Il n'y croît aucun Arbre, bien qu'il y ait quelque lieu de penser, qu'il y en a eu dans les Siécles passés. Les Pâturages sont la principale richesse de la terre, & l'on y nourrit des Troupeaux de Bœufs ou de Vaches, de Brebis, & des Chevaux. Les Vaches sont blanches pour la plûpart, les Brebis sont fécondes & font deux ou trois petits d'une ventrée, & ces deux espéces d'Animaux sont plus grands que ceux qu'on voit en Ecosse. Les Chevaux sont petits; mais forts & robustes, propres à la Charrue & à la Selle, marchant à l'amble fort doucement, & sans fatiguer ceux qui les montent. On y voit diverses espèces d'Oiseaux, mais il ne s'y trouve aucun Oiseau de Bruyere; & lorsqu'on en a voulu apporter quelque couple dans cette Isle, ils y sont morts sur le champ. La Mer abonde en toute sorte de Poissons, petits & grands, depuis les Etourgeons jusqu'aux Baleines, ce qui fait que les Habitans s'appliquent particuliérement à la pêche. Ils sont d'origine Danoise ou Norwegienne, & leur Langue est une Dialecte Gothique, ressemblant à la Danoise, mêlée de divers mots Anglois. Leurs mœurs, leurs maniéres de vivre, leurs mesures & leurs façons de compter, sont à peu près les mêmes que celles qu'on a dans la Norwege. Leurs Maisons sont basses & petites, n'ayant pour toute ouverture que la porte, & un autre trou pour recevoir le jour, & faire écouler la fumée. Leur feu est fait avec de la Tourbe, qu'ils ont en assés grande abondance. Leur commerce consiste principalement à vendre aux Danois & aux Norwegiens qui les viennent visiter, des Poissons salés, ou durcis au Vent, des Gans & des Bas de laine, qu'ils savent assés bien faire à l'éguille, des Draps d'une lesse épaisse, qu'ils nomment Woadmeils, de l'huille & de la graisse de Poissons, des Cuirs, & quelques autres petites choses de cette nature. Les Norwegiens leur apportent en échange du bois à bâtir des Maisons & des Bâteaux, & leur amenent même des Bâteaux tout faits. Leur nourriture ordinaire est un peu de pain d'orge ou d'avoine, avec du beurre, du fromage, des Poissons, & de la chair. Leur Boisson est du petit lait, mis dans des Tonneaux, & gardé long-tems dans de bonnes Caves fraîches, où il prend un degré de force surprenant jusqu'à donner dans la tête. Les plus riches brassent de bonne Biére. Généralement la maniére de vivre est la même que celle des Orcades. De cette façon se nourrissant petitement, & sobrement, ils vivent long-tems, & sans avoir besoin ni d'Apoticaires, ni de Médecins; aussi n'en ont-ils point. Lorsqu'ils ont quelque incommodité, ils se traitent eux-mêmes à leur maniére, & d'ordinaire la bonté de l'air, une bonne diette, la forte constitution de leur corps, & quelque petite recette les tirent d'affaire. Ils vivent si long-tems que Buchanan rapporte que de son tems, on y vit un nommé Laurent, qui se maria à l'âge de cent ans, & qui à l'âge de cent quarante ans, montoit sur son petit Bâteau, & alloit courageusement pêcher au milieu même de la Tempete, & savoit si bien manier un Fusil qu'il tuoit les Oiseaux à la volée. Enfin, il mourut de vieillesse, plutôt que de maladie, ayant près de cent cinquante ans. Les Habitans de ces Isles font profession de la Religion Réformée, & sont bonnes gens, paisibles, haïssant les juremens, les querelles, & le sang: ils vivent en bonne amitié les uns avec les autres, & se festinent réciproquement tous les mois, pour entretenir, disent-ils, la bonne amitié.

Comme ces Isles sont fort avancées dans le Pole; aussi vers le Solstice d'Eté, le jour y est de deux mois entiers; pendant ce tems-là le Ciel est fort serain, & l'air fort pur & fort agréable. Mais en échange vers le Solstice d'Hyver, ces pauvres

pauvres gens font enveloppés dans une nuit de deux mois pendant laquelle l'air est fort orageux, & l'Océan s'émeut avec un fracas si horrible, qu'il fait trembler les Schetlandiens au milieu de leurs Isles.

a Etat préfent de la Gr. Br. t. 2. p. 305.

Les Marées y sont si violentes & la Mer si impétueuse [a], que depuis le mois d'Octobre jusqu'au mois d'Avril, ces Insulaires n'ont aucune correspondance avec les Pays étrangers. Il n'en faut pas d'autre preuve que celle-ci. La dernière révolution arriva au mois de Novembre 1688. & ils n'en surent rien jusqu'au mois de Mai de l'année suivante, lorsqu'un Pêcheur y arriva, qui leur en porta la nouvelle. Ils le mirent d'abord en prison comme coupable de crime d'Etat.

Enfin, il y a dans ces Isles, outre la grande abondance de Poisson, & sur-tout de la Morue & du Harang, toute sorte de Poisson à coquille, des Chiens & des Veaux de Mer & des Loutres. Comme le Poisson fait le principal commerce des Habitans, comme on l'a déja dit, les Hollandois, les Hambourgeois, & autres y viennent pêcher au mois de Juin, & s'en retournent au mois d'Août ou de Septembre. On a vu jusqu'à 2000. Bâteaux de Pêcheurs à la fois, au fond de Brassa.

Les principales familles de ces Isles, & des Orcades, sont celles de Bruce, Sniclair, Mouat, Nivet, Chiney, Stuart, & Grahan.

b De l'Isle, Atlas.

SCHEVE, Ville du Dannemarc [b], dans le Jutland Septentrional, au Diocèse de Wiborg, sur la Rive Occidentale du Virk-Sund, à l'Embouchure d'une Riviére dans ce Golphe. Cette petite Ville est renommée par les bons Chevaux qu'on en tire.

c Dict. Géogr. des Pays-Bas.

SCHEVELING, Village des Pays-Bas [c] dans la Hollande, sur le bord de la Mer dans les Dunes, au voisinage de la Haye. Ce Village est renommé pour la Pêche qui est très-abondante dans ce Quartier-là. Quand le tems est beau on y voit quantité de personnes qui vont s'y promener, & y faire bonne chére de poissons tout fraîchement tirés de la Mer. Le Chemin est tout pavé de la Haye jusque-là, & ce chemin qui est large avec des arbres des deux côtés seroit admiré s'il n'y en avoit pas en Hollande plusieurs autres semblables.

d Corn. Dict. Le Pere Boussingaut Voyage des Pays-Bas.

On trouve [d] dans le Village de Scheveling, des Chariots à vent que Maurice Prince d'Orange, fit faire. Ils sont garnis d'un mât, & de voiles comme un Navire, & étant poussés par le Vent, ils peuvent courir sans Cheval sur le rivage qui est sablonneux. On a peine à croire combien ils font de chemin en fort peu de tems. Ce Village a été plus grand qu'il n'est aujourd'hui, parce qu'en 1574. la Mer en engloutit tout au moins six-vingt Maisons.

e Janicon Etat présent des Pr. Un. t. 2. p. 141.

SCHEYNDEL, Village des Pays-Bas [e], dans la Mairie de Bois le Duc, au Quartier de Pealland. C'étoit autrefois une Seigneurie, qui appartenoit aux Comtes d'Oostfrise, avec le vol de la Perdrix; mais les Habitans ont racheté ce droit Seigneurial. Ce Village qui a son Tribunal particulier fut entiérement brûlé en 1512. par les Gueldrois. Le Ministre de cette Eglise est chargé d'aller prêcher à Liempde.

SCHIATTI. Voyez SCIATTI.

SCHIAWE, Bourg d'Allemagne, dans la Poméranie Ultérieure, avec un Château, selon Mr. Corneille [f] qui ne cite aucun garand. Il ajoûte que ce Lieu, nommé en Latin *Schiava*, est situé sur la Riviére de Wipper, dans le Pays de Wenden, à douze mille pas de la Côte de la Mer Baltique, & à quarante de Colberg vers l'Orient.

f Dict.

Je serois fort tenté de croire que par ce Bourg de Skiave, Mr. Corneille entend la petite Ville de Slage ou Slaguen, & que d'un seul Lieu il en a fait deux. Voyez SLAGUEN.

SCHIDLOW, ou SCHIDLOWITZ [g], Bourg de la petite Pologne, dans le Palatinat de Sendomirz à quelques lieues au Couchant de la Ville de Sendomirz. Ce Bourg est considérable par ses Mines de fer & d'acier.

g De l'Isle, Atlas.

SCHIE, Riviére des Pays-Bas [h], dans la Hollande Méridionale. C'est proprement le Canal qui va de Delft à Overschie & à Schiedam, d'où il se rend dans la Meuse.

h Dict. Géogr. des Pays-Bas.

SCHIEDAM, Ville des Pays-Bas [i], dans la Hollande, près de la Meuse avec laquelle elle communique par un grand Canal. Cette Ville située à une grande lieue au-dessous de Rotterdam, & à deux lieues de Delft, est la neuvième en rang des dix-huit Villes qui envoyent leurs Députés aux Etats de la Province de Hollande. La Schie, qui lui donne son nom, s'y rend, & de là va se jetter dans la Meuse. Schiedam est renommée pour le Poisson. Sainte Luduvine, si célébre par sa patience, y étoit née. En 1605. [k] deux vieilles gens, qui étoient de Schiedam, moururent à Delft, trois heures l'un après l'autre, le mari âgé de cent-trois ans & la femme de quatre-vingt-dix-neuf, après en avoir passé soixante & quinze ensemble dans l'état du mariage. Le Magistrat les fit enterrer aux dépens du public, & toutes les Cloches furent sonnées.

i Ibid.

k Corn. Dict. Le Pere Boussingaut, Voyage des Pays-Bas.

SCHINZENACH, Bains de Suisse [l], au Canton de Berne, dans le Bailliage de Lentzbourg, au bord de l'Aare, au-dessous de Habsbourg, & à une lieue au-dessous de Brouck. Ce sont des Bains d'eau chaude, fort fréquentés, & qui ont produit plusieurs cures excellentes. On les appelle les Bains de Schinzenach, du nom d'un Village qui est vis-à-vis de l'autre côté de l'Aare. Le propriétaire de ces Bains y a fait bâtir une fort belle Maison avec quantité de Chambres, où les Etrangers sont logés fort commodément. L'eau de ces Bains sort du milieu même de l'Aare; & il a falu beaucoup de peine, d'adresse & de dépense, pour détourner le cours de la Rivière, & conduire cette eau par des canaux dans les Bains. Elle est chaude dans sa Source, & tiède dans le Bain. On l'échauffe ordinairement, afin qu'elle fasse

l Délices de la Suisse, t. 2. p. 193.

fasse plus d'effet. On a dans cet endroit tout ce qu'on peut souhaiter pour le divertissement : un beau & grand Jardin, & un petit Bois taillis, où l'on se promene au frais, au bord de la Riviére, & où l'on peut s'asseoir, quand on veut, sur des bancs faits exprès.

SCHIELAND, petite Contrée des Pays-Bas [a], dans la Hollande Méridionale. Elle a pris son nom de la Riviére de Schie, & confine au Delfland, au Rhynland, à la Meuse, & à l'Issel qui tombe dans la Meuse à Krimpe. On comprend dans le Schieland les Villes de Tergaw, ou Gouda, de Rotterdam & de Schiedam.

[a] Dict. Géogr. des Pays-Bas.

SCHIERMONCK-OOGH, Isle de la Mer d'Allemagne [b], sur la Côte de la Province de Frise, dont elle est éloignée d'environ cinq milles, au Nord du Canal de Lauwers, & à huit ou neuf milles de l'Isle d'Amelandt, en tirant vers l'Orient. Il n'y a dans cette Isle que quelques Villages peu remarquables.

[b] Taillot, Atlas.

1. SCHIERS, Communauté des Grisons [c], dans la Ligue des dix Jurisdictions, où elle a le rang de quatriéme Communauté. Elle est composée des Paroisses de Schiers & de Seewies, qui se trouvent entre la Communauté de Castels & celle de Meyenfeld. Les Chanoines de Coire ont un Domaine dans la Communauté de Schiers, & le Prevôt du Chapitre établit dans le Pays un Amman, qui est pris entre les Habitans. Ceux-ci ont droit de choisir toutes les autres personnes d'office ; & pour les affaires criminelles & matrimoniales ils jouïssent des mêmes droits que les autres Communautés.

[c] Etat & Délices de la Suisse, t. 4. p. 79.

2. SCHIERS, Paroisse du Pays des Grisons [d], dans la Communauté à laquelle elle donne le nom. Cette Paroisse appellée aussi TSCHIERSCH, & en Latin *Aceria*, est arrosée par un Torrent nommé SCHRAUS. C'est une grosse Paroisse, qui comprend les Villages de Montanea, Fiona, Pusserein, Schuder, &c. tous dans la Montagne, & celui de Crieusch, qui est dans la Plaine.

[d] Ibid.

SCHIKHOUN, nom d'un Lac [e], ou comme les Arabes les appellent, Merdouce, qui est au Septentrion d'une des Provinces de la Chine, appellée Kancou, ou Khatha, que l'on nomme aujourd'hui communément, Zifon. Albergenti en fait mention dans le 1. Chap. de la seconde Sect. de sa Géographie.

[e] D'Herbelot, Biblioth. Or.

SCHILLA, petite Isle de la Gréce [f], sur la Côte de la Livadie, & du Duché d'Athènes, dans le Golphe d'Egina, entre le Cap des Colonnes à l'Orient, & l'Isle d'Egina, à l'Occident. On la prend pour la *Pithyonesus* des Anciens.

[f] Baudrand, Dict.

SCHILLI, Cap de la Morée, dans la Sacanie [g], en Latin *Scyllæum Promontorium*. Ce Cap est près de l'Isle de Sydra, à l'entrée du Golphe d'Egina. La petite Isle de Schilla est sur la Côte de ce Cap du côté du Nord.

[g] Ibid.

SCHILTBERG, ou WERTHES [h], en Latin *Mons Clipeorum*, *Verthusius Mons*, & *Batonici Montes* ; Montagnes de la Basse-Hongrie. Elles s'étendent du Sud au Nord,

[h] Ibid.

depuis le Lac de Balaton jusqu'au Danube, dans les Comtés de Vesprin, de Javarin, & de Gran. Elles ne sont guère habitées.

SCHINTA, Ville de la Haute Hongrie, au Comté de Neitra, sur le Waag, près de la Ville de Seret-Schinta [i], est une Place forte, qui a été, dit-on, bâtie pour commander la Riviére de Waag, & tout le Pays circonvoisin. Il y a une Tour au milieu avec quatre Bastions, & plusieurs bonnes piéces de Canon. On voit en y entrant une grande côte, un os de la cuisse, & une dent d'un Eléphant. Il y a aussi des os de cette espéce pendus à la porte de l'Empereur à Luxembourg ; & on dit que ceux-ci sont les os d'une grande Vierge des Payens, & ceux-là sont les os d'un Géant ; ce que je laisse à examiner aux Curieux.

[i] Ed. Brown, Description de Hongrie, p. 125.

1. SCHINUSSA, Isle de la Phocide, selon Etienne le Géographe. Hesyche met aussi dans la Phocide une Isle de ce nom ; mais au lieu de SCHINUSSA, il écrit SCHINUSA.

2. SCHINUSSA, Isle de l'Archipel & l'une des Sporades, selon Pline [k].

[k] Lib. 4. c. 12.

SCHIRAS, Ville de Perse [l], la Capitale de la Province que les Orientaux appellent Fars, qui est la Perse proprement dite, ou la véritable de laquelle les Persans, & peut-être les Parthes ont pris leur nom.

[l] D'Herbelot, Biblioth. Or.

Cette Ville est située sous la Longitude de 73. d. 35'. & sous le 29. d. 36'. de Latitude Septentrionale, selon la plûpart des Géographes, & cependant les Tables de Nassiredin, & d'Ulug-beg lui donnent 88. d. de Longitude ; ce qui vient de la position du premier Méridien, que ces deux Auteurs reculent plus avant vers l'Orient. Elle n'est pas ancienne ; car elle n'a été bâtie qu'au tems du Musulmanisme, par Mohammed Ben-Cassen, Ben-O'caïl, cousin Germain de Hegiage ; en sorte que le tems de sa fondation, ne tombe que sous la Dynastie des Ommiades.

Schiras, selon tous les Orientaux, est abondante en eaux vives, qui arrosent ses Jardins ; & a une Riviére, nommée, Bendamir, qui fut rendue navigable & mise en Canal, par A'dhadaldoulat Sultan de la Dynastie des Bouïdes, & qui peut-être est le Choaspes des Anciens, ou au moins qui mêle ses eaux avec celui-ci, avant que de se décharger dans le Golphe Persique.

Plusieurs confondent cette Ville avec Istekhar, qui est l'ancienne Persepolis, qui n'en est pas éloignée ; mais il y a plus d'apparence que la Ville de Schiraz soit l'ancienne Cyropolis, Pays natal du Grand Cyrus, & qu'elle a été depuis réparée des ruïnes de Persepolis.

Le mot de Schiraz en Arabe signifie proprement du Lait épaissi & pressé, duquel on a tiré le Serum, ou petit lait ; & c'est de là peut-être que le nom de la Ville a été pris, à cause que son terroir est presque tout couvert de Pâturages, & abondant par conséquent en toutes sortes de de Laitages. Cependant les Perfans modernes veulent, que le nom de Schiraz lui ait été donné à caufe que, Hemtchou Schir hemeh Scheï Kih deran miaverend, mi Khoured, cette Ville confume & devore comme un Lion, qui s'appelle Schir en Perfien, tout ce que l'on y apporte, ce qu'ils difent pour faire entendre la multitude, & peut-être encore le bon appetit de fes Habitans.

Il y a dans cette Ville plufieurs Mosquées affés belles, & quelques Palais, ou Maifons affés bien bâties, ce qui n'eft pas ordinaire en Perfe, où les Maifons ne font presque toutes faites que de torchis, les Perfans préférant la propreté & les ornemens à la folidité & à la durée de leurs Bâtimens. Mais dans Schiraz la plûpart des Maifons font de Briques cuites au Soleil, & par conféquent plus folides.

L'Air de cette Ville, & fes eaux qui la rendent recommandable, font que fes Habitans font blancs & bien faits, douez de beaucoup d'efprit, & naturellement éloquens. On verra dans le titre de Schirazi un bon nombre de Gens favans, & d'excellens Poëtes qui en font fortis.

Les Chiens de Schiraz font fort eftimés, & la Plante ou Racine Aromate, nommée ordinairement *Coftus Arabicus*, qui eft amere & qui aproche fort du Gingembre, croît en abondance dans fon terroir.

Les Sultans Bouïdes qui commandoient en Perfe au tems des Khalifes Abbaffides de Bagdet, ont fait de cette Ville & de celle d'Ifpahan en divers tems, la Capitale de leurs Etats. Les Atabeks l'ont auffi long-tems poffédée en titre de Gouvernement, & en quelque forte de Souveraineté, fous les Sultans Selgiucides, & fous les Khouarezmiens.

Les Mogols ou Tartares de Ginghizkhan, s'en rendirent les Maîtres, & l'ont tenue jufqu'au Sultan Abou Saïd, après la mort duquel les Modhafferiens, qui n'en étoient que les Gouverneurs, en devinrent les Maîtres abfolus.

Les Princes de cette Dynaftie nommés Mobarez eddin Al Modhaffer, & fes enfans Schah Manfour, & Schah Schegiâ, & fon petit-fils Zinalabedin l'ont poffedée jufqu'au tems de Tamerlan, qui s'en rendit enfin le Maître, & extermina entièrement la Famille, ou Dynaftie des Modhafferiens.

Les Princes ou Sultans Turcomans de la Famille du Mouton Noir, chafférent de Schiraz, & de toute la Perfe, les enfans de Tamerlan, & Uzun Haffan, Chef de la Famille ou Dynaftie des Turcomans du Mouton Blanc, en dépouilla la poftérité de Cara Joufouf, & s'en rendit le Maître.

Schiraz eft aujourd'hui fujete au Roi de Perfe. Elle paffe pour la feconde Ville de fon Empire, & le Kan ou Gouverneur qui y commande, eft ordinairement le plus puiffant de fa Cour, & fe vante de pouvoir mettre fur pied cinquante mille Chevaux.

Les Perfans citent ordinairement ce Diftique à la loüange de leurs Villes. Tchih Mefr, v tchih Scham, v tchih Berr Bahr. Hemeh ruftaïend, v Schirazi fchehr. Qu'eft-ce que le Caire, & qu'eft-ce que Damas, & qu'eft-ce que les autres Villes foit de Terre ou de Mer; elles ne font que des Villages. Schiraz feul mérite de porter le nom de Ville.

Les Murailles de Schiraz que l'on voit aujourd'hui, & qui ne font pas achevées par-tout, ont été bâties par Haffan Al-Thaouil; que les Turcs nomment, Uzun Haffan, & nos Hiftoriens Uzum Caffan, Chef ou Sultan des Turcomans de la Dynaftie du Mouton Blanc; car ce Prince étant paffé l'an 874. de l'Hegire, vint à Schiraz, ou Hbou Jofef Mirza fils de Gehanfchah, Prince Turcoman de la Race du Mouton Noir, faifoit fa réfidence; & l'ayant prife par force il en donna le Gouvernement à fon fecond fils Sultan Khalil, comme il avoit donné celui d'Ifpahan à fon aîné Mohammed Ogourlu.

Le tour de ces Murailles bâties par Uzum Caffan peut être environ de neuf milles, car cette Ville a trois milles de longueur du Sud-Eft au Nord-Oueft, & n'en a pas moins de largeur.

Quelques-uns veulent que Schiraz foit l'ancienne *Cyropolis*, & d'autres prétendent qu'elle foit l'ancienne *Perfæpolis*. Les premiers veulent que le Grand Cyrus, dont elle conferve le nom un peu corrompu, ait eu fon Sépulcre dans une Montagne voifine. Cette Ville eft fituée dans une très-belle Plaine, environnée de tous côtés de hautes Montagnes [a], fi ce n'eft celui par où l'on y entre fur le Pont de Paffa. Ces Montagnes en font éloignées de deux ou trois lieues, mais vers le Nord elles en approchent jufqu'à une demi-lieue. On l'appelle en Langue Perfienne Irianzami, c'eft-à-dire Ville unie, à caufe de cette admirable Plaine, & de fa belle fituation. Quoique fon terroir foit naturellement fec & ftérile, ainfi que toute la Campagne qui eft entre les Montagnes, la Rivière, & le Pont de Paffa, néanmoins elle eft entrecoupée par tant de Canaux d'une eau excellente, qui de tems immémorial ont été conduits de bien loin, la plûpart fous terre de diverfes Sources, que ces mêmes Montagnes qui ne font presque qu'un feul Rocher, contribuent à la fertilité de cette belle Campagne. La Ville de Schiraz étoit autrefois plus grande, & avoit de plus beaux Bâtimens qu'elle n'en a aujourd'hui, comme on le voit par fes ruïnes, tant dans l'enclos de fes murailles abbatues que dehors; Schach-Abas ayant achevé d'en faire abbattre une partie au commencement de fon Regne, pour châtier la rebellion de Jacus Chan, Seigneur de Schiraz, à qui il fit couper la tête. Il fit auffi couper le Foffé qui la ceignoit, bien qu'on y voye encore quelques Marais formés par les eaux qui y entrent des Canaux & des Aqueducs voifins. Dans le Canal ou Torrent d'eau qui vient du côté de Chilminara à une demi-lieue de la Ville, il y a une très-ancienne Mofquée pour laquelle les Perfes ont une grande vénération, à caufe du Sépulcre d'un grand Saint, qu'ils difent y être

[a] *Tavernier, Voyage de Perfe, l. 5, c. 21.*

y être enterré, & avoir fait beaucoup de miracles. Il y a en cette Mosquée plufieurs Chambres où se retirent quelques Hermites, qui lisent aux Voyageurs la Vie de ce Saint. Le Ruisseau qui passe par dessus la Mosquée dans un Aqueduc très-profond, forme devant la porte un Etang quarré de très-belle eau, où il se trouve beaucoup de poisson grand & petit. Les Habitans de Schiraz sont fort zélés dans leur Religion, & l'on voit tant dedans que dehors les murailles de la Ville quantité de Mosquées, parmi lesquelles il y en a qui sont bâties très-superbement, & sur-tout la grande, qui est d'une capacité extraordinaire, ayant un très-beau Dôme beaucoup plus haut que les autres. Ces Dômes qu'ils appellent Alcorans, sont une maniére de Tours ou Clochers étroits & hauts, accompagnés par dehors de deux ou trois Galeries les unes sur les autres, d'où leurs Moravites, c'est-à-dire leurs Prêtres, font leurs priéres à haute voix trois fois chaque jour, & cela avec un ton clair & grave, en faisant le tour de la Galerie, afin d'être mieux entendus partout. Il n'y a point d'autre Bâtiment dedans ou dehors la Ville, qui puisse être comparé à ceux de l'Europe, & la plûpart des Maisons n'ont rien de considérable. Celle du Chan ou Sultan, quoiqu'elle ne paroisse pas beaucoup par dehors, est assés logeable, ayant plusieurs Chambres peintes & dorées, outre ses Galeries, Cours, Vergers & Jardins. Les autres Maisons particuliéres, même celles des principaux de la Ville, sont petites & vilaines, & à la reserve d'un Corridor bas, & de deux ou trois Chambres un peu raisonnables, tous les autres appartemens sont si étroits, que nos moindres Artisans sont logés plus commodément. Les Rues n'ont rien de beau, mais on en trouve une très-grande, qui a plus de deux mille pas de long sur quatre vingt-dix de large, après qu'on est sorti de la Ville par la Porte que les Perses appellent Darvaza-Achem, c'est-à-dire Porte de fer. Cette Rue est si droite, qu'on peut dire qu'elle est tirée au niveau. Elle a des deux côtés une muraille de la hauteur d'une pique, enduite de chaux & sans Maisons, & derriére ces murailles sont de beaux Jardins pleins d'Arbres fruitiers, & accompagnés de quelques Maisons de Plaisance qui occupent les deux tiers de la Ville de chaque côté. Quoique ces Maisons ayent fort peu de logement, elles ne laissent pas d'être bâties, avec de grandes Galeries & de beaux Balcons tant sur la Rue, qui pour être fort large & unie, sert aux Perses à courir à Cheval & à tirer de l'Arc, que sur les Jardins qui s'étendent de côté & d'autre plus d'une demi-lieue. La Rue est également large par-tout, & au milieu elle a six Colomnes de Marbre blanc de deux pieds de grosseur, & d'une demie pique de haut, posées deux à deux, & éloignées de quinze ou seize pas les unes des autres, pour servir de Barriére à ceux qui s'y exercent à cheval. Cette grande & belle Rue aboutit à la Porte du Palais du Roi, à l'entrée duquel, sur une petite Terrasse plus élevée que le reste de la Rue, & où l'on monte par deux marches, est un Etang octogone plein d'eau vive. Ce Palais & le Jardin dont il est accompagné sont un Ouvrage du grand Ismaël Sophi. Bien que la Maison ne soit pas fort grande, parce qu'elle occupe peu de place, elle ne laisse pas d'être fort belle. Elle est bâtie comme une Tour, & à trois étages, où l'on monte par des petits escaliers étroits à vis, comme l'on fait en toutes les autres Maisons des Perses, qui ne se soucient pas beaucoup de les embellir par dehors, ce qui est commun par toute l'Asie. Au second étage où sont les meilleurs appartemens, il y a un beau Salon, au milieu duquel est un Dôme voûté qui couvre toute la Sale, laquelle pour tout embellissement est enduite de chaux blanche, ayant par enhaut plusieurs fenêtres de verre par où le jour entre. Dans toutes les Chambres de ce même étage sont plusieurs figures de femmes peintes, la plûpart avec des Mantes & habillées à l'Italienne, ayant leurs cheveux tressés & la tête chargée de fleurs. De cette Sale l'on entre en plusieurs autres Chambres plus petites, Balcons, Corridors & Galeries, par plusieurs Portes dont elle est percée de tous côtés. Entre les Balcons dont cette Maison est ceinte, il y en a deux plus grands que les autres. L'un est sur la Porte de la Maison & donne sur la Rue; l'autre est sur la Porte par laquelle on entre dans le Jardin sur lequel il donne. Ce Jardin se peut nommer une Forêt de toute sorte d'Arbres fruitiers, & autres Arbres feuillus & épais, qui forment un très-grand nombre d'Allées, grandes & petites, toutes tirées à la ligne, dont la principale est composée de Ciprez & de Planes. Elle a plus de neuf-cens pas de long sur trente de large, & est si droite & si unie, que depuis la Porte du Serrail, on voit à travers des Portes du Portique, la Rue par laquelle on entre dans le Palais, & même la Porte de la Ville appellée Darvasa-Achem, tout cela très-distinctement, quoiqu'il y ait plus d'une lieue d'Italie entre deux. Cette Allée est garnie des deux côtés de Ciprez si gros & si toufus, que trois hommes n'en pourroient embrasser le tronc. Ils sont d'ailleurs fort droits & fort hauts, & ressemblent à de très-grands Obelisques. Au pied de ces Arbres est un petit sentier relevé, plus haut d'un pied que le milieu, ayant cinq ou six pieds de largeur; en sorte que deux hommes y peuvent marcher de front commodément, & par ce moyen le milieu où l'on ne marche point, demeure toujours verd, & plein d'une herbe menue qui ressemble à la feuille du trefle. On y voit tous les jours quantité d'hommes & de femmes assis pour s'entretenir. Au pied de ces Planes & Ciprez hors de l'Allée, court de chaque côté un Ruisseau d'eau vive, qui ensuite se sépare en de plus petits, & coule par plusieurs autres endroits du Jardin. Au bout de cette Allée est le Serrail, qui est une

une Maison bâtie de la même maniére que l'autre, mais elle n'est pas si haute ni si grande, ce qui fait que les appartemens en sont plus petits. Elle a quantité de Balcons, de Fenêtres, de Corridors, le tout garni de grosses jalousies de bois peint de gris, & ce Bâtiment est destiné pour la demeure des femmes, que les Perses ont grand soin de tenir toujours éloignées du corps de logis où ils demeurent ordinairement. Ce Serrail est bâti sur une terre élevée du reste de Jardin de sept pieds, & maçonnée de grosses briques quarrées. Elle est si grande, qu'outre ce que les fondemens du Bâtiment occupent, elle a encore quarante pieds de large de chaque côté, & en cet espace dix petits Etangs octangulaires qui ont environ une demie toise de profondeur. Ces Etangs se communiquent leurs eaux, qui sont belles & fort claires, par des petits Ruisseaux qui passent des uns aux autres, & sont larges & profonds environ d'un demi pied. La Maison est couverte de terre & de paille menue, dont l'on fait une composition qui a une croûte si forte & si dure que quelque quantité d'eau qui y tombe, l'humidité ne pénétre jamais jusqu'au bois ou à la voûte de briques que l'on a coûtume de faire sous cette sorte de couverture: mais l'eau descend dans des goutiéres qui sont appuyées sur la muraille de tous côtés; en sorte que le dessus de la Maison qui est plat, demeure toujours sec. On découvre de là tout le Jardin, & c'est un Lieu agréable, où l'on se peut promener la nuit pendant les grandes chaleurs de l'Eté, & dans les beaux jours de l'Hyver lorsque le Soleil y donne. Environ à soixante & dix pas du Serrail, & à l'un de ses côtés, est un grand Etang, où l'on monte par quatre ou cinq degrés, & à l'entrée il y a un passage de briques quarrées, comme celui qui environne le Bâtiment de plus de vingt pieds de large. L'Etang qui est quarré en ayant plus de cent entre les deux Angles de chaque flanc, qui sont revêtus de Marbre, & plus de trois toises de profondeur, fournit une très-belle promenade. De trois pieds en trois pieds, il y a un degré qui en a autant de largeur, fait en forme de Théatre par lequel on descend à l'eau, dans laquelle sont deux grandes Barques pour le divertissement des Dames, quand il y en a dans le Serrail. Depuis la porte opposée à celle qu'on trouve au sortir de la grande Allée de Ciprez, commence une autre Allée de Ciprez, de Planes & d'Ormes, aussi longue que la premiére, qui conduit jusqu'à la muraille du Jardin. De là sortent de côté & d'autre plusieurs autres Allées d'Ormes blancs, fort droits & unis, qui coupent le Jardin en plusieurs endroits, & en font plusieurs quarrés d'Arbres fruitiers. Toutes ces Allées sont bordées de Rosiers de chaque côté. L'on en recueille une si grande quantité de roses, qu'elles fournissent la plus grande partie de l'Eau rose que l'on envoye à Ormus, & de là aux Indes. On trouve une très-grande abondance de toute sorte de vivres à Schi-raz. Ainsi, quoique la Ville, qui est une des plus renommées de tout l'Orient, soit extrêmement peuplée, il n'y a point de Marché ni de Bazar, où il n'en reste toujours une très-grande quantité à vendre, ce qui les fait donner à vil prix. L'on n'y voit point de Lapins ni de Liévres, & il y a fort peu de Perdrix. Dans le grand Jardin du Roi sont quantité de Faisans, de Francolins & autre Gibier, & comme ils y sont dans un lieu sûr, ils ont la commodité de se multiplier jusqu'à l'infini. Les femmes & les filles d'Artisans, & autres qui n'ont aucune naissance, vont en troupe par la Ville, & à la promenade, aux Jardins, & aux Bains; mais les femmes de condition ne sortent jamais, & sont toujours fort étroitement gardées; ce qui est cause qu'elles ont des Bains particuliers dans leurs maisons. Tous les Vendredis, qui est le jour de la semaine que chomment les Perses, aussi-bien que tous les autres Mahométans, la plûpart des habitans de Schiraz se rendent à pied & à cheval dans la longue Rue qui va jusqu'au Palais, & là les soldats & les personnes considérables s'exercent à courir à cheval, & à jouer au Mail qui est leur divertissement le plus ordinaire. Les gens de pied tant hommes que femmes, après avoir regardé quelque tems cet exercice, se vont promener au Jardin, dont l'entrée leur est toujours libre par ordre du Roi, qui veut que les Jardiniers y reçoivent toutes sortes de personnes indifféremment, pourvû qu'on ne gâte point les Arbres. Les Cavaliers ayant achevé leurs exercices, s'ils se trouvent las, mettent pied à terre assez loin de la porte, par laquelle on entre dans la Maison, & après quelques tours de promenade ils y font collation, chacun se faisant apporter sa bouteille. Il vient beaucoup de Vin en ces Quartiers-là, & il n'y en a point d'aussi bon en tout l'Orient. On le fait vers la St. Martin; lorsque les raisins sont déja à demi secs [a]; c'est après cela qu'on attend pour commencer les vendanges. Il y a du Vin de Schiraz rouge & blanc; mais le rouge est le meilleur. Il est fort stomachal & il porte beaucoup d'eau. Il échauffe extrêmement lorsqu'on en boit avec excès. On le garde dans de grands pots de terre, & lorsqu'on entame un de ces pots, il faut le vuider sur le champ, ou en tirer le Vin en bouteilles; autrement il se gâteroit. Les Habitans de Schiraz ont le secret de confire au vinaigre le raisin à demi-mûr; ce qui est un excellent rafraîchissement dans les grandes chaleurs de l'Eté; & par cette raison on en transporte une grande quantité dans les Indes. Les environs de la Ville produisent beaucoup de Capres, de l'Opium & des Roses en telle quantité qu'on fournit diverses Provinces voisines de l'Eau qu'on tire de ces roses.

On prétend que les Habitans de Schiraz ont beaucoup d'esprit. Ils fabriquent les plus beaux Verres de l'Orient. La matiére dont ils les font est une pierre dure & blanche, assés ressemblante au Marbre, qu'on

[a] Hist. des Tatars, p. 353.

qu'on tire de certaines Montagnes qui font à quatre journées de la Ville. Ces Verres ne cédent en rien aux plus beaux qui se fassent en Europe ; & les grosses Bouteilles qu'ils ont le secret d'en souffler sont d'une clarté & d'une délicatesse à laquelle nos Verreries auroient bien de la peine à parvenir ; car on voit de ces Bouteilles qui contiennent jusqu'à trente pintes & davantage.

Le Gouvernement de la Ville & de la Province de Schiras étoit autrefois un des plus considérables de la Perse ; mais les derniers Rois de la Maison des Sophis ont trouvé à propos de le partager en divers Gouvernemens particuliers, pour n'avoir pas à craindre la trop grande puissance des Chams, ou Gouverneurs.

SCHIRGIAN [a], nom d'une Ville & d'un Château très-fort de la Province de Kerman, qui est la Caramanie Persique. Le Sultan, ou Emir Scheïkh, Abou Ishak étoit Maître de cette Place du tems de Tamerlan, l'an 744. de l'Hegire, & il en jouït jusqu'en l'année 758. qu'il fut tué. Après sa mort Gudarz, qui en étoit Gouverneur la défendit dix ans entiers contre Tamerlan, & enfin la lui rendit à composition.

SCHIRO. Voyez SCIRO.

SCHIRVAN, Province du Royaume que nous appellons aujourd'hui Perse. Elle s'étend sur la Rive Occidentale de la Mer Caspienne, & qui est séparée de l'Adherbigian, & du Daghestan par les Fleuves Aras & Cur, qui sont l'Araxes & le Cyrus. Ses principales Villes sont Bacou, ou Bacouiah, Port de la Mer Caspienne, & qui donne son nom à cette Mer. Cette Ville est située sous le 84. degré 30. min. de Longitude, & sous le 39. d. 30'. de Latitude Septentrionale. SCHAMAKHIE, ou SCHAMAKHIAH, qui passe pour sa Capitale, est aussi bâtie sur la même Mer sous les 85. d. 30'. de Longitude & sous le 40. d. 30'. de Latitude Septentrionale.

La Ville de Berdâah est bâtie sur le Fleuve de Cur sous le 83. d. de Longitude, & sous le 40. degré 30. m. de Latitude Septentrionale.

Les Tables Arabiques de Nassireddin, mettent cette derniére Ville de Berdâah, dans le Pays d'Aran.

Cette Province & celles d'Aran, d'Alan, de Mogan, de Kars, de Daghestan, & de l'Adherbigian, sont proprement ce que les Anciens ont appellé la Médie.

Filanschah régnoit dans le Schirvan, au tems du Khalife Vathek l'Abbasside, qui ajouta cette Province à l'Empire des Musulmans.

Le Château nommé, Calâat Al Negia, dont un Ibrahim étoit Gouverneur, du tems de Tamerlan, appartenoit à cette Province.

SCHISCHDER. Le Tarikh Montekheb dit que ce mot est l'ancien nom de la Ville de Schouschter, ou Toster, qui est l'ancienne Ville de Suse, autrefois Capitale de la Perse, dans laquelle le Khuzistan, ou la Suziane, étoit compris.

[a *D'Herbelot, Biblioth. Or.*]
[b *Ibid.*]

SCHISONE, Ville de Sicile, selon Davity [c], qui la met à vingt-sept milles de Catane, & qui dit qu'elle est renommée pour ses Sucres & pour le Fer qu'on y fond. Schisone pourroit bien être la meme chose que SCHISSO, SCHISO, ou CASTEL-SCHISSO ; voyez l'Article suivant.

SCHISSO, SCHISO, ou CASTEL-CHISSO, Bourg de Sicile dans le Val Demone sur un Cap de même nom, entre Tauormina & l'Embouchure du Cantara. Mr. De l'Isle [d] fait de Schiso un Lieu fortifié ; & quelques-uns le prennent pour l'ancienne *Naxos.*

SCHLANI, ou SLANI [e], Cercle de Bohême. Il est borné au Nord Oriental par l'Elbe ; à l'Orient par le Muldaw ; au Midi, partie par le Cercle de Rakonick, partie par celui de Pod-Berdesk ; au Couchant Méridional par le Cercle de Satz, & au Couchant Septentrional par celui de Letomeritz. Il prend son nom de sa Capitale qui fait l'Article suivant.

SCHLANI [f], Ville de Bohême, au Cercle de même nom, dont elle est la Capitale. On la met à six lieues de Prague, du côté de l'Occident Septentrional.

SCHLEUSINGEN, Ville d'Allemagne [g], dans la Franconie, sur la petite Riviére de Schleus, dans la Principauté de Henneberg. Ce fut dans cette Ville que l'Empereur Ferdinand II. assembla le Collége Electoral en 1623. pour lui faire agréer la translation de la Dignité Electorale du Comte Palatin, en la personne du Duc de Bavière.

SCHLOWIS, ou SCHLEUVEN, Village du Pays des Grisons [h], dans la Ligue Haute ou Grise, & dans la Communauté d'Ilantz, au côté gauche du Rhein, assez près d'Ilantz.

Ce Village, qui est la seconde Jurisdiction de la Communauté, a eu autrefois des Seigneurs particuliers, qui faisoient leur résidence dans le Château de Le wenberg.

SCHLUCHTER, Bourg d'Allemagne [i], dans la Veteravie, sur la Riviére de Kintz, au Comté de Hanau.

SCHMIDEBERG, Ville de Silésie [k], au Duché de Jawer, au pied du Mont-Risemberg, près de la Source du Bauber. Elle a pris son nom qui veut dire *la Montagne des Maréchaux*, parce qu'elle est pleine d'Ouvriers de cette profession, qui font une très-grande quantité d'Outils & d'autres Ouvrages de fer qu'ils tirent de la Montagne de Risemberg. Les Habitans de ce Lieu & de quelques autres du Voisinage étoient presque tous sujets à la goutte ; mais on dit que ce mal est beaucoup diminué depuis que l'on a fermé quelques Fontaines dont on croit que les eaux le produisoient.

SCHOENEWERD, Village de Suisse [l], dans le Canton de Soleurre, au Bailliage d'Olten, sur la Rive droite de l'Aare. Il y a dans ce Village un riche & ancien Collége de Chanoines, dont l'Eglise est dédiée à St. Leger, & qui est sous la protection de Mrs. de Soleurre. Ce n'étoit autrefois qu'un petit Hospice, dédié à St. Paul,

[c *Sicile.*]
[d *Atlas.*]
[e *Jaillot, Atlas.*]
[f *Ibid.*]
[g *D'Audiffred, Géogr. Anc. & Mod. t. 3. p. 159.*]
[h *Délices de la Suisse, t. 4. p. 17.*]
[i *Ibid. p. 283.*]
[k *Corn Dict. Be:mon, Hist. du Monde.*]
[l *Délices de la Suisse, t. 3 p. 83.*]

Aaa

Paul, & qui dans le huitième Siècle appartenoit à la Prévôté de Moutier-Grand-Val, dont les Chanoines résident à Delemont.

SCHOENITAS, Port du Péloponnèse. [a Lib. 2. c. 3.] On lit dans Pomponius-Mela [a] : *Portus Saronicus, & Schoenitas, & Pogonus*. Ce Port est appellé CAENITES par Pline [b]. Isaac Vossius [c] remarque que quelques Géographes ont confondu mal-à-propos le Port SCHOENITAS avec celui de SCHOENUS, qui étoit sur la Côte de l'Isthme de Corinthe. En effet, si l'on s'en rapporte à Pline, le Port *Schoenitas* devoit être sur la Côte Orientale de l'Argolide. [b Lib. 4. c. 5.] [c Ad Pomp. Mel. L. 2. c. 3.]

1. SCHOENUS, Port de la Grèce, au fond du Golphe Saronique, dans l'endroit où l'Isthme de Corinthe est le plus étroit, selon Strabon [d], qui dit que c'étoit delà qu'on transportoit par Terre les Vaisseaux d'une Mer à l'autre. Ptolomée [e] & Pline [f] parlent aussi de ce Port. [d Lib. 8. p. 369. & 380.] [e Lib. 3. c. 16.] [f Lib. 4. c. 7.] [g Lib. 9. p. 408.]

2. SCHOENUS, Lieu de la Bœotie, dans le Territoire de Thèbes. Strabon [g] place ce Lieu à environ cinquante Stades de Thèbes, sur la route de cette Ville à Anthedon.

3. SCHOENUS, Rivière de la Bœotie, dans le Territoire de Thèbes. Elle arrosoit un Lieu de ce nom, selon Strabon [h]. [h Ibid.]

4. SCHOENUS, petite Contrée du Péloponnèse. Etienne le Géographe dit qu'elle tiroit son nom de Schoenus pere d'Atalante. Cette petite Contrée étoit sans doute le Territoire de *Schoenus* ; voyez l'Article suivant.

SCHOENUS, Ville de l'Arcadie. Au bas de la Montagne de Phalante, dit Pausanias [i], est une Plaine, & après cette Plaine la Ville de Schoenus, ainsi appellée du nom de Schoeneüs Bœotien de Nation. Mais, ajoute Pausanias, s'il est vrai que Schoeneüs soit venu s'établir en Arcadie, je croirois aussi que le Stade d'Atalante, qui est auprès de la Ville, a été ainsi appellé du nom d'une des filles de ce Bœotien, & que dans la suite les Arcadiens ont confondu cette Atalante avec l'autre. [i Arcad. c. 35.]

SCHOINECK, Ville d'Allemagne [k], dans l'Electorat de Trèves, à huit lieues de la Ville de ce nom vers le Nord, au bord de la Rivière de Nyms & assés près de sa Source. Cette petite Ville [l] a Château & Bailliage. Quelques Géographes la prennent pour l'ancienne Ansana de l'Itinéraire d'Antonin. [k Jaillot, Atlas.] [l Baudrand, Dict.]

SCHONEN, ou SCANIE, Province de Suède, séparée de l'Isle de Zélande par le Détroit du Sund, qui la baigne du côté de l'Occident. Elle est bornée au Nord, partie par le Halland, partie par la Smalande ou Gothie Méridionale ; à l'Orient partie par le Blecking, partie par la Mer Baltique ; & au Midi encore par la Mer Baltique. Elle peut avoir vingt-trois lieues de longueur & seize de largeur. Quelquefois on comprend aussi sous le nom de Schonen, le Schonen ou la Scanie proprement dite, le Halland & le Blecking. Ces trois Provinces ont appartenu de tout tems au Dannemarc ; mais elles dépendent de la Suède, depuis l'acquisition qu'en fit le Roi Albert en 1330. de Jean Duc de Holstein, moyennant une somme de soixante & dix mille Marcs d'argent. Waldemar, Roi de Dannemarc, s'en rendit maître en 1341. & ses Successeurs les conservérent jusqu'à la Paix de Roschild, qu'elles furent rendues au Roi de Suède à qui cette cession fut confirmée par le Traité de Coppenhague. Les Danois en reconquirent la plus grande partie en 1676. & 1677. mais ils furent obligés de la restituer aux Suédois par le Traité de Fontainebleau le 15. de Septembre 1679. & par celui d'exécution conclu à Lunden au mois d'Octobre de la même année.

La Province de Schonen proprement dite est la plus Méridionale des trois, la plus fertile, & en même tems la plus sujette à devenir le Théâtre de la guerre, entre la Suède & le Dannemarck, à cause du voisinage de ces deux Etats. Ses principales Villes sont :

Lunden,   Trellebourg,
Malmoe, ou Malmuyen,   Landskron,
Elsimbourg, ou Helsimbourg.

SCHONGAW, ou SCHONGA [m], Ville d'Allemagne dans la Haute Bavière, sur le Lech, à douze lieues au-dessus de la Ville d'Augsbourg, entre Fuessen & Landspeg. On fait dans cette petite Ville [n] toutes sortes d'Instrumens de Musique, principalement de fort bons Luts. [m Jaillot, Atlas.] [n Corn. Dict.]

SCHONINGEN, Ville d'Allemagne, au Cercle de la Basse-Saxe, dans la Principauté de Wolffembuttel. Cette petite Ville, dont Jaillot [o] ne fait qu'une Bourgade, est située vers les Confins du Duché de Magdebourg, & de la Principauté d'Halberstat. [o Atlas.]

SCHONREIN, Ville d'Allemagne [p] dans la Franconie, aux Confins de l'Evêché de Wurtzbourg, à la gauche du Meyn, dans l'endroit où une petite Rivière se décharge dans ce Fleuve, un peu au-dessous de Gemund. Cette Ville [q], qui est le Chef-lieu d'un Bailliage, faisoit partie du Comté de Rheineck. L'Evêque de Wurtzbourg l'acquit en 1559. après la mort de Philippe, dernier Comte de Rheineck, dont les biens furent partagés entre cet Evêque, le Comte d'Erpach & l'Electeur de Mayence. [p Ibid.] [q D'Audifred, Géogr. Anc. & Mod. t. 3.]

SCHOONHOVE, Ville des Pays-Bas [r], dans la Hollande, sur la rive droite du Leck, à trois lieues de Gouda, & à autant de Gorcum. C'est une bonne Place, avec un Port assés fréquenté, & assés commode. Son nom vient des beaux Jardins & Vergers qu'il y a eu de tout tems, quoique d'autres lui ayent donné le nom de *Schoonhaven*, c'est-à-dire beau Port, à cause de la commodité de son Havre. Elle est la dixième en rang des dix-huit Villes qui députent aux Etats de la Province. Son Magistrat est composé de trois Bourgmestres & de sept Echevins, qui doivent être élus par vingt-sept des plus notables Bourgeois, & ne peuvent servir que trois ans. [r Dict. Géogr. des Pays-Bas.]

La

La Ville de Schoonhove eſt ſur-tout renommée par le Saumon qu'on y prend, &
dont on fait un grand debit. L'Egliſe
principale a eu pour Patron St. Barthelemi, & l'on dit qu'il y avoit autrefois un
Chapitre de Chanoines. On y voyoit
auſſi avant le changement de Religion,
cinq Maiſons Religieuſes, entre leſquelles
on marque des Carmes fondés en 1330.
des Religieuſes de Ste. Eliſabeth, ſous la
Règle de St. Auguſtin, & des Religieuſes
de Ste. Agnès ſous la Règle de St. François. Guillaume, Comte de Hollande, &
Roi des Romains, en conſidération d'O-
thon Evêque d'Utrecht ſon Oncle & ſon
Tuteur, fit faire vers l'an 1240. une Digue depuis Schoonhove juſqu'au Village
d'Ameronge, pour obvier aux inondations. En 1424. Jaqueline, Comteſſe de
Hollande, aſſiégea & prit d'emblée
Schoonhove; mais le Château où s'étoit
retiré un Seigneur nommé Albert Beyling
avec 50. hommes, ſe défendit juſqu'à la
dernière extrémité. A la fin il falut pourtant ſe rendre, à condition qu'ils auroient
tous la vie ſauve, excepté le Commandant qui fut condamné à mort. Ce vaillant homme demanda un délai; & on lui
accorda un mois, afin qu'il pût mettre ordre à ſes affaires domeſtiques. On lui
permit à cet effet de ſortir de priſon, ſur
ſa parole d'honneur. Au bout du tems
qui lui avoit été accordé, il ſe repréſenta,
& ſubit le ſupplice qu'il eut pu éviter s'il
avoit voulu manquer à ſa parole. En
1575. le Colonel la Garde, François de
Nation défendit Schoonhove pendant
douze jours d'attaque, & ne rendit la Place que lorſqu'il y vit une brêche de 300.
pas. Il obtint par la Capitulation de ſortir avec armes & bagage.

Il y avoit autrefois près de Schoonhove, au Village d'Arensberg, un Prieuré
de Chanoines Réguliers de St. Auguſtin;
on le nommoit *in de Hem*, & on rapportoit ſa fondation à l'an 1407. Quatre Chanoines de ce Prieuré ſouffrirent la mort
pour la Religion Catholique en 1572.

SCHORFF, Ville d'Allemagne, ſur la
Rivière de Rems, au Duché de Wirtenberg, ſelon Mr. Corneille [a] qui ne cite
aucun garant. S'il ne diſtinguoit point
Schorff, de Schorndorff, je croirois qu'il
auroit corrompu le nom de cette dernière; mais comme il en fait deux Villes, il
y a apparence que la première eſt de ſa
façon, à moins qu'il n'ait donné le titre
de Ville à quelque mauvais Village, que
Mr. de l'Iſle aura négligé dans ſa Carte de
la Suabe.

SCHORNDORFF [b], Ville d'Allemagne, dans la Suabe, au Duché de Wirtenberg. Elle eſt ſituée ſur la rive gauche
de la Rivière de Rems, entre Gemund &
Weibling, environ à ſix lieues de Stut-
gard, vers l'Orient Septentrional. Mr.
Corneille [c] ajoute qu'elle eſt à pareille diſtance d'Hailbron au Levant d'Hyver;
mais pour parler juſte, il devoit dire à
plus du triple de diſtance. Schorndorff
eſt défendue par un bon Château. On fait
dans cette Ville une grande quantité de
Sel. Les François ayant pris cette Place
en 1647. la rendirent l'année ſuivante au
Duc de Wurtenberg, par le Traité de
Weſtphalie.

SCHOUMAKHI. C'eſt le nom d'une
Ville [d], qui paſſe pour la Capitale de la
Province de Schirvan, qui fait partie de
l'ancienne Médie. Elle eſt ſituée ſur la
Rive Occidentale de la Mer Caſpienne
ſous le 84. d. 30. m. de Longitude, &
40. d. 50. m. de Latitude Septentrionale
dans le cinquième Climat, ſelon les Tables
de Naſſireddin, & d'Ulugbeg.

Les Arméniens & les Perſes la nomment ordinairement, Schamakhi, & nos
Voyageurs Schumachie. C'eſt le Port où
abordent en Perſe les Vaiſſeaux, qui deſ-
cendent du Wolga dans la Mer Caſpienne,
auſſi-bien qu'à Tekki, ou Tarkou,
qui n'en eſt pas fort éloigné: car la Ville
de Bâcou ou Bacouiah, que nous appellons ordinairement Bachu, n'a qu'un méchant Port.

Le célèbre Poëte Perſien, nommé Fele-
ki, étoit natif de cette Ville, & y vivoit
au tems que Manugeher Schah y commandoit.

SCHOUMAN, nom d'une Ville ſituée, au delà du Fleuve Gihon [e], dans
le Sogd, ou Plaine de Saganian, à la fin
du quatrième Climat, ſous la Longitude de
91. ou 92. d. & 30. ou 50. m. & ſous la
Latitude Septentrionale de 37. ou 38. d.
& 20. m. ſelon Aboulfeda dans ſon 26.
Climat, qui eſt une portion de Terre particulière, à laquelle il donne le nom de
Climat connu.

SCHOUSCH, & Schouschster [f], &
quelquefois Schischder, c'eſt le nom de
l'ancienne Ville de Suſe, Capitale du
Khoureſtan, ou Khouziſtan, qui eſt l'ancienne Suziane.

Les Perſans, qui l'appellent auſſi, Toſ-
ter, tiennent par Tradition, qu'elle a été
bâtie par Houſchenk, troiſième Roi de
Perſe, de la première Race, nommée des
Piſchdadiens. Les Tables Arabiques donnent à cette Ville 84. d. 30. m. de Longitude, & 31. d. 30. m. de Latitude Septentrionale; & la placent dans le troiſième
Climat.

SCHOUTEN (Les quinze Iſles de), Iſles de la Mer du Sud [g], environ à 5. degrés de Latitude Méridionale, vers les
174. degrés de Longitude, à l'Orient de
l'Iſle de la Nouvelle Bretagne, & à une
aſſés petite diſtance des Côtes de la Nouvelle Guinée, ou de la Terre des Papous.
Ces Iſles portent le nom de Guillaume
Schouten, Hollandois, qui les découvrit
en 1616.

SCHOWEN, Iſle des Pays-Bas [h], dans
la Province de Zeelande. Elle eſt ſéparée
au Nord de celles de Goerée, & d'Over-
Flackée par le Greuelingen Crammer,
au Midi de celles de Walcheren, & de
Noort Bevelant, par l'*Oſter Schelde*, ou
Eſcaut Oriental. Elle a l'Iſle de Duyve-
lant à l'Orient, & la Mer la baigne au
Couchant. Elle étoit beaucoup plus grande avant que la Mer en eut inondé une
partie. On ne lui donne que ſept lieues

[a] Dict.

[b] De l'Iſle, Atlas.

[c] Dict.

[d] D'Herbe-
lot, Biblioth.
Or.

[e] Ibid.

[f] Ibid.

[g] De l'Iſle, Atlas.

[h] Dict.
Géogr. des
Pays-Bas.
Jaillot At-
las.

de tour. Ses Villes sont Ziriczée, Brouwershaven & Bommene. On y voit outre cela plusieurs Villages & Châteaux. Le Terroir est abondant en racines appellées Garanes, & qui sont propres pour la Teinture.

SCHROSBERY. Voyez SCHREWSBURY.

1. SCHUENIX, ou SCHWEIDNITZ, Principauté d'Allemagne [a], dans la Silésie, entre les Principautés de Lignitz & de Breslaw au Nord, celle de Brieg à l'Orient, la Bohême au Midi, & la Principauté de Jawer au Couchant. Elle tire son nom de sa Capitale. Ses principaux Lieux sont:

[a] Jaillot, Atlas.

Schweidnitz,
Striega,
Furstenstein,
Landshut,
Gorka,
Peterswalda,
Reichenbach,
Waldenberg.

2. SCHUENIX, ou SCHWEIDNITZ, Ville d'Allemagne [b], dans la Silésie, sur la Riviére de Weistritz, & la Capitale d'une Principauté à laquelle elle donne son nom. Elle est située sur un lieu un peu élevé; ce qui fait qu'elle a la vûe sur la Campagne qui est agréable & très-fertile. Cette Ville n'est pas grande. Ses murailles, qui paroissent fort anciennes, sont bâties de briques, & munies de quelques Tours rondes [c]. Il y a dans cette Ville un Château, une belle Place & un Collége de Jésuites, dont l'Eglise est l'une des plus grandes & des plus belles de la Province. La Tour en est admirable dans sa hauteur; & il y a une Horloge qui se fait entendre de fort loin, par le Carillon qui précéde le son des heures.

[b] Ibid.

[c] Corn. Dict. Jovin de Rocheforttt, Voy. d'Allemagne & de Pologne.

SCHULTZ, ou SULTZ, Ville d'Allemagne, dans la Suabe, au Duché de Wurtenberg, sur le Neckar, entre Rotweil & Tubingen, à peu près à égale distance de chacune de ces Villes, vers les Confins de la Principauté d'Hohen-Zollern. Jaillot [d] ne fait qu'un Village de Sultz.

[d] Atlas.

SCHUSS, Riviére d'Allemagne [e], dans la Suabe. Elle prend sa Source au Midi Oriental, & assés près de la Ville de Buchau, arrose d'abord l'Abbaye de Schussenried, & prenant son cours du Nord au Midi, après avoir reçu quelques petites Riviéres & baigné l'Abbaye de Baind ou Beünt, & la Ville de Ravensburg, elle va se perdre dans le Lac de Constance, entre Buchorn & Langen-Argen.

[e] De l'Isle, Atlas.

SCHUSSENRIED, ou SCHUSSERIED [f], Abbaye d'Allemagne, dans la Suabe, assés près & au Midi du Lac de Federsée, à la Source de la Riviére de Schuff, qui lui donne son nom. C'étoit autrefois un Château [g] que les Barons Berenger & Conrad de Schussenried convertirent en un Monastère de l'Ordre de Prémontré en 1188. Le premier y prit l'Habit de cet Ordre. Ce Monastère fut gouverné par des Prevôts, jusqu'à Conrard Raubert qui obtint des Peres du Concile de Basle, le titre d'Abbé avec la Crosse & la Mitre.

[f] Ibid.

[g] D'Audifret, Géogr. Anc. & Mod. t. 3.

SCHUT, ou SCHIT, Isle de la Haute-Hongrie [h]. Le Danube la forme en entrant dans ce Royaume, & un peu au-dessus de la Ville de Presbourg. Il y a le GRAND, & le PETIT SCHUT, qui sont séparés par le principal lit du Danube. Le Petit qui est à la droite n'a pas plus de trente-cinq mille pas de circonférence, & environ huit mille dans sa plus grande largeur. Son étendue est entre Altenbourg, & Javarin. Quant au Grand Schut, il s'étend à la gauche du Danube, depuis Presbourg jusqu'à Comore. Les Habitans du Pays l'appellent *Chalokews*, & on lui donne quatre-vingt mille pas de circuit. C'est le seul qui soit peuplé de Villes ou de Bourgs, & l'on y remarque entr'autres Comore & Samorien. Il n'y a pas un Village considérable dans le Petit Schut.

[h] De l'Isle, Atlas.

SCHWABEN, grande Contrée d'Allemagne, dans sa partie Méridionale. Les Allemands écrivent *Schwaben*, & les François *Souabe*, ou *Suabe*. Voyez SUABE.

SCHWALBACH, Bourg d'Allemagne [i], dans le Westerwald, & dans les Etats de Nassau, sur la Riviére d'Aar, à trois lieues au-dessus de Dietz. Il y a un autre Bourg de même nom sur la même Riviére, à trois lieues au-dessus du précédent, dans le Bas Comté de Catzenellobogen. On le nomme LANGEN-SCHWALBACH, pour le distinguer de l'autre. On trouve à Langen-Schwalbach des Eaux minérales fort estimées. Elle ont un petit goût aigret, qui approche de celui du Vin de Rhein.

[i] Baudrand, Dict.

SCHWAN, Ville d'Allemagne [k], dans le Cercle de la Basse-Saxe, au Duché de Mecklenbourg, dans la Seigneurie de Rostock. Cette petite Ville ou Bourgade est située sur la Warne, dans l'endroit où cette Riviére en reçoit une autre, qui vient de l'Occident.

[k] Jaillot, Atlas.

SCHWANDEN, Bourg de Suisse [l] au Canton de Glaris, vers l'endroit où les deux Riviéres la Lint & la Sernft mêlent leurs eaux. Schwanden est un grand & beau Bourg. Il compose une Paroisse qui est la plus grande du Canton après celle de Glaris, & d'où dépendent sept ou huit Villages, entr'autres celui de Luchsingen. Guilliman croit que le nom de Schwanden vient des anciens *Suanetes*, Peuples des Alpes, & que Pline [m] nomme avec les Rhegusques. Cette conjecture est heureuse, & paroît d'autant mieux fondée que les Rhegusques, que Pline donne comme leurs voisins, sont les Habitans du Rhinthal. Schwanden est tout entier de la Religion Protestante, & c'est dans ce Bourg que se tiennent ordinairement les Assemblées générales des Protestans du Canton. Il y avoit autrefois une Forteresse, qui est détruite depuis longtems.

[l] Etat & Délic. de la Suisse, t. 2. p. 473.

[m] Lib. 3. c. 20.

SCHWARTSENBOURG, SCHWARTZEMBOURG, ou SCHWARTZBOURG. Voyez SCHWARTZBOURG, N°. 2.

SCHWARTZ, ou SCHWATZ, Ville d'Allemagne [n], dans le Tirol, sur l'Inn, à deux milles & demi d'Inspruck, entre Halle & Rotenburg. Cette Ville est recommandable pour ses Mines de divers Métaux [o]. La Riviére coule en cet endroit avec une telle rapidité qu'on n'y sauroit

[n] Jaillot, Atlas.

[o] Corn. Dict. Jovin de Rochefort, Voy. d'Allemagne & de Pologne.

S C H. S C H. 373

sauroit naviger. On y fait flotter du bois qui defcend de plufieurs endroits de la Vallée qu'elle arrofe dans tout fon cours. Quelques Géographes prennent cette Ville pour l'ancienne *Salacium.*

SCHWARTZACH, Ville d'Allemagne [a], dans la Franconie, & dans l'Evêché de Würtzbourg, au Comté de Caftel, fur la Rive gauche du Meyn, un peu au-deffous du Château de Halburg.

[a] *Juillot, Atlas.*

1. SCHWARTZBOURG, Comté d'Allemagne [b], dans la Thuringe, entre le Duché de Weimar, le Bailliage de Salfeld & le Comté de Henneberg. Il eft divifé en Supérieur & Inférieur qui renferment plufieurs bons Bailliages, & qui font féparés l'un de l'autre par le Territoire d'Erford. Le Supérieur eft proprement le Comté de Schwartzbourg: il eft compofé de plufieurs Fiefs qui relévent de divers Princes; & il a été ainfi nommé du Château de Schwartzbourg, qui eft fur la petite Riviére de Schwartza. Les autres Lieux qui font Chefs de Bailliage font Anftadt fur la Riviére de Géra, Rudolftadt fur la Sala, Koeniz & Blanckenberg. Le Comté Inférieur renferme les Bailliages & Bourgs de Sunders-haufen fur la Wipre, de Franckenhufen, de Strausberg, fur la Frontiére du Comté de Hohenftein, & de Heringen fur la petite Riviére de Helm.

[b] *D'Audifret, Géogr. Anc.&Mod. t. 3. p.347. Ed.1695.*

Les Comtes de Schwartzbourg defcendent de Witekind le *Noir*, qui ayant été fait prifonnier par Charlemagne en 779. fe fit Chrétien & fut invefti par cet Empereur d'une Contrée de vingt milles de longueur dans la Forêt de Thuringe. Il laiffa deux fils Charles & Louïs: le premier eut en partage le Pays de Schwartzbourg, & continua la Branche de ce nom; Louïs eut la Seigneurie de Gleichen, & de lui font iffus les Comtes de Gleichen. Les Comtes de Schwartzbourg tenoient un rang confidérable en Allemagne, & furent du nombre des quatre Comtes de l'Empire, dont les autres trois étoient ceux de Cleves, de Ciley & de Savoye. Gunther fut élu Empereur à Francfort le jour de la Purification de la Vierge en 1349. par Henri Archevêque de Mayence, Rodolphe Comte Palatin du Rhein, Erric Duc de Saxe, & Louïs Margrave de Brandebourg, après qu'on y eut tenu une Affemblée Générale, où l'Election de Charles de Luxembourg fut déclarée nulle, non feulement parce qu'elle avoit été faite au préjudice du légitime Empereur Louïs de Baviére; mais auffi parce que des cinq Electeurs qui avoient élu Charles, il y en avoit deux qui n'avoient nul droit à l'Election; favoir Gerlac de Naffau qui n'étoit point reconnu Archevêque de Mayence, & Rodolphe de Saxe, qui avoit ufurpé le droit d'élire, qui appartenoit au Duc Erric fils de fon frere aîné. Mais quelque tems après les Electeurs Palatin & de Brandebourg fe rangérent du côté de Charles, & Gunther ayant été empoifonné par un breuvage, que lui donna un Médecin de Francfort, & qui le jetta dans une extréme langueur, céda tout le droit qu'il pouvoit avoir à l'Empire à Charles, qui lui donna en récompenfe vingt-deux mille Marcs d'argent, & deux Villes dans la Thuringe, pour en jouïr fa vie durant. Il n'en jouït pas longtems, car il mourut un mois après à Francfort. Les Comtes de Schwartzbourg font à préfent divifés en deux Branches, qui font celles d'Arnftadt & de Rudolftadt. Ils ont poffédé les Seigneuries de Lohr & de Clettenberg qu'ils acquirent en 1593. à la mort d'Erneft dernier Comte de Hohenftein, en vertu de la Confraternité héréditaire, qui fut faite en 1443. entre les Maifons de Schwartzbourg, de Stolberg & de Hohenftein. Ils obtinrent même une Sentence de la Chambre Impériale, contre l'Evêque d'Halberftadt, qui vouloit les réunir à fon Domaine comme Seigneur dominant. Ils en furent dépouillés pendant les Guerres d'Allemagne, & par les Traités de Weftphalie elles ont été irrévocablement unies à l'Evêché d'Halberftadt, avec le Comté d'Hohenftein, fauf à l'Electeur de Brandebourg, comme poffeffeur héréditaire de cet Evêché, d'en difpofer nonobftant toute conteftation de quelque force & autorité qu'elle foit, & par qui que ce foit qu'elle puiffe être formée.

2. SCHWARTZBOURG, ou SCHWARTZEMBOURG, Bailliage de la Suiffe [c], & l'un des quatre que les Cantons de Berne & de Fribourg poffédent par *indivis*. Ce Bailliage effectivement femble fait pour être commun entre ces deux Cantons, puifqu'il les touche tous deux étant comme entre les deux Villes de Berne & de Fribourg, mais de beaucoup plus Méridional. Ce Bailliage n'eft pas bien grand. Il eft compofé de 6. ou 7. Paroiffes, & comme enfermé entre deux petites Riviéres qui lui fervent de bornes, la Senfe du côté de Fribourg, & le Schwartzwaffer du côté de Berne. Ces deux Riviéres fe joignent & terminent le Bailliage par leur union. La Senfe ou Singine va enfuite fe jetter dans la Sane, un peu au-deffus de Laupen. Les Bernois, dit Mr. de Longuerue [d], achetérent de la Maifon de Savoye, en 1427. la Vallée de Schwartzembourg, avec Grasbourg & Guggisberg; de forte que la Souveraineté, le Haut Domaine, les Droits de Régale & la connoiffance des Appels du Bailiff appartiennent aux Bernois feuls; mais la Seigneurie utile appartient en commun aux deux Cantons de Berne & de Fribourg, qui tour à tour envoyent à Schwartzembourg un Bailli, dont la Commiffion eft pour cinq ans. Les Habitans de ce Bailliage font tous profeffion de la Religion Proteftante, & font tous Allemans.

[c] *Délices de la Suiffe, t. 3. p. 67.*

[d] *Defcr. de la France, Part. 2. p. 262.*

3. SCHWARTZBOURG, Bourg de Suiffe [e], au Bailliage de même nom, dont il eft le Chef-lieu. Ce petit Bourg a un Château qui eft la Réfidence du Bailli. Il y en avoit anciennement un autre dans le Village de Grasbourg, & où les Baillis réfidoient; mais comme il étoit vieux & qu'il en auroit trop coûté pour le réparer, les Bernois aimérent mieux l'abandonner. Les Villages Paroiffiaux, outre Schwartzbourg

[e] *Délices de la Suiffe, t. 3. p. 68.*

Aaa 3

bourg & Grasbourg, sont Guggisberg, Albligen & Valeren. La Paroisse de ce dernier comprend vingt & un tant Villages que Hameaux.

SCHWARTZEMBERG, Principauté d'Allemagne [a], dans la Franconie, entre l'Evêché de Bamberg, & le Marquisat d'Anspach. Elle tire son nom du Château de Schwartzemberg, situé sur la petite Riviére de Lée, à une heure du Bourg de Langfeld. Ce n'étoit anciennement qu'une Seigneurie peu considérable, que l'Empereur Sigismond érigea en Baronnie l'an 1417. en faveur d'Erckinger de Schwartzenberg. L'Empereur Maximilien I. lui donna le titre de Comté à la Diéte d'Augsbourg l'an 1566. & l'Empereur Ferdinand III. créa Prince de l'Empire le Comte Jean Adolphe, qui fut reçu en cette qualité dans le Collége des Princes l'an 1645. Il n'y a dans cette Principauté que les petites Villes de Schenfelt, & de Marckbrait. Le Prince de Schwartzenberg possède encore la Baronnie de Sainsheim, qui est l'ancien Patrimoine de sa Maison, & pour laquelle il a séance & voix dans le Banc des Comtes de Franconie.

1. SCHWARTZENBACH, & ALGETSHAUS, Justice de Suisse [b] au Toggenbourg Inférieur, où elle a le septième rang parmi les Justices du Pays. Elle tire son nom du Bourg de Schwartzenbach qui est le Chef-lieu de cette Justice. Voyez l'Article qui suit.

2. SCHWARTZENBACH, Bourg de Suisse [c], au Toggenbourg Inférieur & le Chef-lieu de la Justice à laquelle il donne son nom. C'étoit anciennement une Ville, & ce n'est plus aujourd'hui qu'un Bourg avec un Château. Ce fut l'Empereur Rodolphe de Habsbourg qui fonda Schwartzenbach en 1273. au commencement de son régne, à l'occasion des guerres que se faisoient Hulric de Guttingen & Henri de Wartenberg, qui se disputoient la possession de l'Abbaye de St. Gall. Le principal motif de ce Prince, en bâtissant cette Ville & son Château étoit de s'en servir pour arrêter les courses que faisoient les Comtes de Toggenbourg dans le Thourgaw. Pendant ces troubles, & durant ceux qui les suivirent Schwartzenbach fut comme l'Antagoniste de Wyl. Elle fut plusieurs fois prise, détruite & rebâtie. L'Abbé Henri II. de la Maison de Ramstein, la ruina pour la derniére fois, & obtint de l'Empereur Albert que les Habitans de Schwartzenbach seroient transférés à Wyl. Depuis ce tems-là elle ne s'est point rélevée. Jacques Vogt de Frawenfeld demeura cependant maître du Château qu'il répara des débris des murs de la Ville. Dans la suite un Gentilhomme nommé de Greissemberg l'acheta; & & enfin par la même voye ce Château est parvenu aux Abbés de St. Gall. Dans l'étendue de cette Justice on trouve un peu au-dessus du confluent du Thour & de la Glatt, le Château de Gielsperg, qui a autrefois appartenu à une famille Noble nommée de Gielen.

SCHWEIDNITZ. Voyez SCHUENIX.

SCHWEINFURT, Ville Impériale d'Allemagne, dans la Franconie, sur le Meyn entre les Bourgs de Ritschenhausen & d'Hatsfurt, à 33. d. de Longitude & à environ 51. de Latitude. Cette Ville a un Territoire [d], avec quelques Villages riches & situés au meilleur endroit de la Franconie: aussi se fait-il à Schweinfurt un grand trafic de Froment que les Habitans des Lieux voisins y apportent, & que l'on fait conduire ailleurs par eau. Outre le Froment on y vend les Draps, & les Toiles qu'on y porte de la Contrée de Rhôn & d'ailleurs, aussi-bien qu'une grande quantité de plumes d'Oye. Tout cela se transporte dans le reste de l'Allemagne. Cette Ville du tems de l'Empereur Henri III. appartenoit à Othon, qui se nommoit Comte de Schweinfurt. Elle appartint ensuite à l'Empereur, & devint peu après Impériale & libre. Les Empereurs l'engagérent en 1300. à l'Evéque de Wurtzbourg, & dix ans après aux Comtes de Henneberg qui vendirent au même Evéque la moitié des droits qu'ils avoient sur cette Ville. Enfin, l'Empereur Wenceslas prit une grosse somme d'argent de ce Prélat, pour la charger davantage; mais elle s'est toujours rachetée. En 1576. elle vendit la Prevôté de Gochsheim à l'un des Successeurs de Gerard de Schwartzbourg, qui lui avoit rendu la liberté. Ensuite elle se mit sous la protection de Nuremberg, & reçut à son exemple les Suédois en 1647. La République est composée du Conseil secret des six Anciens qu'ils appellent *Der Sechser Stard*, du nombre desquels on prend les Consuls nommés *Obern-Burgermeister*, qui ont la principale autorité. Il y a six Echevins qui avec ceux-ci font le nombre de douze, & sont appellés *Gerichtsherren*, c'est-à-dire Juges ou Seigneurs du Droit. Il y a encore douze Sénateurs qui sont appellés avec ces douze premiers aux jours ordinaires du Conseil, savoir le Lundi & le Vendredi; & l'on y fait même entrer pour les affaires importantes d'autres Citoyens, dont le nombre dépend des occasions. Le Sénat les élit tels, & en tel nombre qu'il lui plaît. Douze autres s'assemblent avec les vingt-quatre pour les causes Criminelles, & quand il est question d'élire les Magistrats, ou de faire quelques impositions, huit autres nommés *Die Achter*, choisis entre le Peuple, assistent aux comptes publics, qui se rendent tous les ans. Le Sénat étant tenu le matin, on donne audience l'après-midi; & les Habitans doivent être tirés en instance par devant le *Stattgericht*, ou Jugement de la Cité. Il n'y a point d'appel si ce n'est au-delà de deux cens florins. Quoique le Territoire de cette Ville soit environné des Terres de l'Evéque de Wurtzboug, les Habitans s'appuyent tellement sur leurs Franchises, qu'ils ne lui laissent prendre sur eux aucun avantage. Il y a de fort bons Jurisconsultes à Schweinfurt; ce qui fait que la Noblesse de Franconie s'y assemble assés souvent pour la conservation de ses Priviléges.

Cette

[a] *D'Audifret, Géogr. t. 3. p. 187. Ed. 1695.*

[b] *Etat & Délic. de la Suisse t. 3. p. 321.*

[c] *Ibid.*

[d] *Corn. Dict. Ratv, Cosm. c. 13. Munster. l. 5. D'Audifret, Géogr. t. 3.*

Cette Ville est Luthérienne, & s'est fort augmentée par les biens que les Luthériens y portérent lorsque Jules Hecter, Evêque de Wurtzbourg, les chassa. On a bâti un magnifique Palais, pour tenir la Cour, & l'on a si bien fortifié la Ville, qu'on la peut compter parmi les plus fortes Places d'Allemagne. Ses environs sont des plus fertiles. Ils abondent en froment, & en divers fruits; ils sont outre cela entrecoupés de Vignes, de Bois & de belles Prairies.

a Juillot, *Atlas.*

SCHWEINITZ, Ville d'Allemagne [a], dans le Cercle de la Haute-Saxe, au Duché de Saxe sur l'Elster, un peu au-dessus de Gessen, à cinq lieues au Midi Oriental de Wittenberg.

SCHWINBORG, SUINEBURG, ou
b Hermanid. SWYNBORG [b], Ville du Dannemarck, sur la
Descr. Da- Côte Orientale de l'Isle de Funen, en ti-
niæ. p. 711. rant au Midi de l'Isle. Elle est située sur la Côte du Détroit qui sépare l'Isle de Funen de celle de Tassing. Abel Duc de Schleswic, étant en guerre avec le Roi de Dannemarck, Eric brûla Schwinborg en 1247. &en 1289. les Norwégiens après l'avoir pillée la réduisirent pareillement en cendres, ainsi que sa Forteresse. Ce fut de cette Ville que partit Charles Gustave Roi de Suède, au commencement de Février 1638. lorsqu'il passa sur la glace avec son Armée de l'Isle de Funen dans celles de Langeland, de Falster & de Zélande.

1. SCHWITZ, ou SWITZ, Canton de la
c Etat & Dé- Suisse [c], le cinquième entre les treize qui
lle de la composent le Corps Helvétique, & le se-
Suisse, t. 2. cond entre les *Laender*, ou les petits Can-
p. 428. tons. Ce Canton que les François, en adoucissant le nom appellent *Suisse*, a eu l'honneur de donner le nom à toute la Nation. On s'est fort tourmenté pour en découvrir la raison. Les uns disent que c'est parce que ce fut dans le Pays de Schwitz, que les trois Cantons Ligués combattirent premièrement pour leur liberté contre les Autrichiens: d'autres veulent que ce soit parce que les commencemens de leur Confédération furent faits dans le Canton de Schwitz; mais il paroît plus vraisemblable, que comme le Pays de Schwitz, qui est à l'Orient du Lac de Lucerne, étoit plus avancé au Nord que les deux autres Cantons Ligués, & par conséquent le plus exposé aux courses des Autrichiens; ceux-ci voyant les gens de Schwitz toujours les premiers à combattre contre eux, donnérent à ces Montagnards ligués le nom de *Schweitzer*, *Suisses*; ensuite ce nom est demeuré à tous ceux qui sont entrés dans cette Ligue; & il s'est insensiblement communiqué à toute la Nation. Au reste on croit que le nom du Canton de Schwitz est venu des Peuples, sortis autrefois de la Suède & de la Gothie, qui se jettérent sur les Provinces de l'Empire Romain, & dont quelques-uns s'arrêtérent dans ces Quartiers-là, entre l'Allemagne & l'Italie. On dit en effet que les Suédois regardent les Suisses comme descendus d'eux. Ceux d'Uri, & particulièrement les Habitans du Val d'Urseren, se disent descendus des Goths, qui furent contraints de quitter l'Italie, lorsque Narsès y détruisit leur Empire, vers le milieu du sixième Siècle. Une chose est certaine, c'est que Théodoric, Roi des Goths en Italie, étoit maître de toutes les Alpes Rhétiques, qui comprennent non seulement le Pays des Grisons, mais encore ceux d'Uri & de quelques Cantons voisins; & il est fort possible que soit pour y affermir son autorité, soit pour s'assûrer de ces passages importans d'Italie en Allemagne, il ait envoyé des Colonies en quelques endroits de ces Montagnes, auparavant inhabitées.

Pour ce qui est du Canton de Schwitz, il est borné à son Occident au Lac des quatre Cantons; il a le Canton d'Uri à son Midi; celui de Glaris à l'Occident; & ceux de Zurich & de Zoug au Nord, aboutissant de côté-là aux Lacs de ces deux Cantons. Le terroir y est le même que dans le Canton d'Uri. Ses principales richesses consistent dans les revenus de ses Troupeaux, ainsi il n'est pas nécessaire de répéter ce qui est dit à l'Article ZOUG, non plus que ce qui a été remarqué à l'Article SUISSE, par rapport au Gouvernement. L'Auteur de la Relation de la Suisse, qui se trompe presque toujours dans la division des Bailliages, erre en disant que ce Canton n'en a que trois, & même d'un revenu très-modique. Schwitz en a eu autrefois quatre, mais on a rendu à deux la liberté de manière à ne pouvoir jamais espérer qu'ils redeviennent Bailliages. Malgré cela ce Canton a encore plusieurs bons Bailliages: 1°. Il en possède deux en commun avec le Canton de Glaris, savoir Utznach & Gastal. 2°. Il jouit de trois autres en Italie, conjointement avec les Cantons d'Uri & d'Underwald. Il a encore intérêt dans quelques autres Bailliages communs de la Suisse; mais ce n'est pas ici le lieu de traiter plus au long cette matière.

Les Habitans de Schuitz ont sous leur domination & dans l'enceinte de leur Canton, deux petits Quartiers de pays, savoir la Terre d'Eindsidlen ou de l'Hermitage, & la Marck. Ils avoient autrefois des différends presque continuels avec les Moines de l'Hermitage pour les limites. Les Moines avoient choisi pour Avoué [d] *d Longuerue,* ou Défenseur le Comte de Rapersville, ce *Descr. de la* qui determina les Habitans de Suisse l'an *France, 2.* 1110. à en choisir un aussi puissant qui fut *Part. p. 274.* le Comte de Lentsbourg, qui étoit Seigneur de Zug. Les Droits de ce Comte passèrent au Comte de Habsbourg, qui étendit beaucoup plus son autorité, quoique ceux de Suisse ne le reconnussent point pour véritable Souverain.

Guilliman rapporte une Patente de l'Empereur Henri $\frac{\text{II.}}{\text{III.}}$ dit le *Noir*, dattée du 30. Janvier 1045. par laquelle il paroît que les Religieuses du Monastère de Schennis dans le Territoire de Coire, avoient alors un Domaine à Suites ou Suitz; mais il n'y est fait mention ni de Justice ni de Seigneurie, toutefois les Comtes de Habsbourg tenoient au nombre

bre de leurs Sujets les gens de ce Pays-là, ce qui obligea ceux de Suisse, de Cufnach, & des Lieux voisins, de se racheter d'Eberhard Comte d'Habsbourg l'an 1269.

Ils représenterent les titres de leur affranchissement à l'Empereur Henri $\frac{VI.}{VII.}$ de la Maison de Luxembourg, qui déclara libres les Habitans de la Vallée de Suisse & des Vallées voisines, par ses Lettres Patentes données à Zuric l'an 1310. Les Juges Impériaux & les Ducs d'Autriche les vexoient toujours; ils se mirent en pleine liberté, & se liguérent avec les Cantons d'Uri & d'Underwald par où commença la République des Cantons ou des Ligues Suisses.

a Etat & Déflic. de la Suisse, t. 2. p. 432.

2. SCHWITZ, Bourg de Suisse *a*, au Canton de même nom, dont il est le Chef-Lieu. Ce Bourg est situé à un quart de lieue au-dessus de la Rive Orientale du Lac des quatre Cantons, dans une Campagne assez agréable, entre de hautes Montagnes, & près d'une Rivière nommée *Mutta*. On y voit de beaux Edifices soit publics soit particuliers. Entre les premiers on remarque l'Eglise Paroissiale de St. Martin, deux Couvens de Capucins, un de Religieuses & la Maison de Ville. En 1642. le 16. d'Avril, qui étoit le propre jour de Pâques, le Bourg de Schwitz souffrit un cruel incendie, qui consuma une quarantaine de Maisons, avec l'Eglise & la Maison de Ville. Cette perte fut néanmoins bien-tôt réparée, & le Bourg fut rebâti plus beau que jamais. C'est où se forment les Assemblées Générales du Pays; c'est aussi où réside la Régence, qui est composée de soixante personnes. Le Pays est partagé en six Communautés dont chacune fournit dix Conseillers. Les principaux Lieux de ce Canton sont:

Schwitz,   Kusnacht,
Brunnen.

SCIA, Ville de l'Eubée, selon Etienne le Géographe.

SCIALUNS. Voyez SCILUNS.

SCIAPODES. Voyez SCIOPODÆ.

SCIAS, petite Contrée de l'Arcadie. Pausanias *b* & Etienne le Géographe en font mention. Le premier la met sur la route de *Megalopolis*, à *Methydrium*, & à treize Stades de la première de ces Villes. On y voit encore, ajoute-t-il, quelques restes d'un Temple de Diane *Sciatis*, bâti, à ce qu'on croit, par Aristodème durant sa domination. A dix Stades de là on voyoit *Charisium*, ou plûtôt le lieu où cette Ville étoit. Mr. l'Abbé de Gedoya croit que *Scias* devoit être un lieu sombre & obscur par ce que σκιά signifie ombre.

b Arcad. l. 8. c. 35.

SCIATHIS, ou SCYATHIS. Voyez SCYTHIACA-REGIO.

SCIATHUS, Isle de la Mer Ægée, selon Pomponius Mela *c* & Ptolomée *d*. Ce dernier y met une Ville de même nom. Strabon *e* la joint avec plusieurs autres Isles, situées au devant de la Magnésie. Le Scholiaste d'Apollonius *f* en fait une Isle de la Thessalie, au voisinage de l'Eubée. Elle étoit effectivement à l'O-

c Lib. 2. c. 7.
d Lib. 3. c. 13.
e Lib. 9.
f Ad. Apol. l. 1. v. 583.

rient de la Magnésie, Contrée de la Thessalie, & au Nord de l'Eubée. Cette Isle conserve son ancien nom, car on l'appelle aujourd'hui *Sciatti*.

SCIATTA, Isle de l'Archipel, assés près de la Côte de la Janna. C'est l'Isle que les anciens Grecs ou Latins ont nommée *Sciathos* *g*, ou *Sciathus*, & qui est encore appellée *Sciatho*, ou *Sciathi* par les Italiens, & *Sciatta* dans les Cartes Marines. Elle est située à deux lieues à l'Occident du bout Septentrional de l'Isle de Scoppelo, dont elle est séparée par un Canal, ou Trajet d'une pareille largeur; à une pareille distance à l'Orient de la Magnésie, Contrée de la Thessalie, & du Golphe de Volo, & environ à quatre lieues au Septentrion de l'Isle d'Eubée ou Négrepont. C'est à cause de la proximité où elle se trouve avec cette dernière qu'Etienne le Géographe la nomme une Isle de l'Eubée. Pomponius Mela la place devant le Golphe Pagasique, qu'on nomme à présent Golphe de Volo. Les uns lui donnent vingt-deux milles & d'autres jusqu'à trente milles de circuit; & anciennement elle avoit deux Villes, dont il y en avoit une qui portoit aussi le nom de Schiathos; mais elle fut prise & ruïnée par Philippe Roi de Macédoine. Sénèque dit que Sciathos est une Isle deserte & raboteuse, & Hérodote place entre elle & le Continent de la Magnésie un Trajet ou Canal étroit, qui est une continuation ou un allongement de la Mer de Thrace. Bryttius ou Brutius Sura, Envoyé de Lentius Gouverneur de Macédoine de la part des Romains se rendit maître, quatre-vingt-six ans avant la naissance du Sauveur, de l'Isle de Sciathos, qui servoit de retraite aux Corsaires de Barbarie. Il y fit attacher en Croix tous ceux de leur parti qui étoient Esclaves, & fit couper la main aux personnes libres. Près du Cap d'Est de l'Isle de Sciathos, il y a cinq ou six petites Isles situées la plûpart Nord & Sud. De ce côté-là vers le milieu, on trouve sur la Côte de la grande Isle une grande, large & longue Baye, au milieu de laquelle on voit son vieux Château avec une Eglise ruïnée. Les Vaisseaux vont ordinairement mouïller, au côté Occidental de cette Baye sur dix ou douze Brasses d'eau, à cause que c'en est le plus sain, & qu'on y peut mieux être à l'abri des Vents. On peut aussi sûrement faire voile entre les petites Isles, qui sont séparées les unes des autres par des Trajets assez larges. Les Vaisseaux n'y peuvent néanmoins entrer, ni sortir que le Vent ne souffle; c'est ce qui fait qu'il vaut mieux y être à l'ancre, qu'au Port de l'Isle Scopolo, ou Scoppelo, parce qu'on n'y peut pas être si facilement environné, ni attaqué par les Galéres Turques. Il y a plusieurs autres rades à l'Occident de cette Baye, le long du côté Méridional de Sciatta.

g Dapper, Descr. des Isles de l'Archipel. p. 255.

SCICES, Lieu fortifié, aux environs de l'Isaurie & sur le bord de la Mer, selon Ortelius *h*, qui cite l'Histoire Miscellanée *i*.

h Thesaur.
i Lib. 22.

SCICDRUS,

SCIDRUS, ou **SCYDRUS**, Ville d'Italie, selon Hérodote [a] & Etienne le Géographe, qui ne font que la nommer. Elle pouvoit être au voisinage de Sybaris.

[a] In Erato, L. 6. p. 149.

SCIE, Riviére de France, dans la Normandie [b], au Pays de Caux, en Latin *Seja*. Elle a sa source un peu au-dessus de la Paroisse de la Baronnie de la Pierre, par où elle passe aussi-bien que par le Territoire du Bourg, Baronnie & Abbaye de St. Victor en Caux. Ensuite elle arrose St. Denis, Auffay, Heugleville, le Parc, St. Crespin, Longueville, Vandreville, Etanville, Crosville, Manouville, Sauqueville, Saint-Aubin, Petit-Abbeville, & se jette dans la Mer à Pourville, Village situé à une demi-lieue de Dieppe, & à sept lieues de sa source.

[b] Corn. Dict. sur des Mémoires dressés sur les lieux en 1703.

SCIEREK, ou **SIRCK**, Ville de France, au Pays-Messin, Recette de Metz avec titre de Prevôté. Cette petite Ville avec trente Villages fut cédée à la France par le Traité de 1661. Sa Prevôté étoit ci-devant très-étendue. Matthieu, Duc de Lorraine, l'avoit donnée à l'Eglise de Metz en 1173. Elle fut depuis rendue au Duc de Lorraine avec réserve de l'Hommage à l'Evêque de Metz; mais cet Hommage a cessé lorsque les François s'en sont emparés.

SCIGLIO, Ville d'Italie, au Royaume de Naples [c], dans la Calabre Ultérieure, sur la Côte Occidentale. Elle est située à l'entrée du Phare de Messine, sur un Rocher presque environné de la Mer en manière de Péninsule; ce qui forme un Cap qui porte aussi le nom de SCIGLIO, en Latin *Scyllæum Promontorium*. Cette Ville est à trois milles seulement de la Côte de Sicile, à dix de Regio, du côté du Nord, & à pareille distance de la Ville de Messine.

[c] Magin, Carte de la Calabre Ultérieure.

SCILACIUM, ou **SCYLACÆ**. On trouve ces deux noms dans l'Itinéraire d'Antonin; mais ils sont tous deux corrompus de SCYLLACIUM. Voyez ce mot.

SCILLA, Promontoire, ou Rocher d'Italie sur le bord de la Mer [d], vis-à-vis du Phare de Messine & assez proche de la Ville de Sciglio. Il est fort renommé des Poëtes, qui disent que Scylla est un Monstre marin environné de grands Chiens qui abboyent incessamment: ce qui tire son origine du grand bruit que font les eaux du Phare, par le choc qu'elles se donnent les unes contre les autres; en sorte que lorsqu'elles frappent avec violence l'Ecueil de Scilla, on croit entendre des Chiens qui abboyent. Comme il y a un danger d'une autre espèce appellé Charybde, vis-à-vis & proche du Port de Messine, les Vaisseaux sont obligés de passer le plus prés, ou le plus loin de ce Port, qu'il leur est possible, le danger étant au milieu entre le Port & la Terre d'Italie, qui est vis-à-vis. Ainsi pour empêcher qu'il ne s'en perde à ces passages, les Messinois tiennent plusieurs Pilotes experts aux gages de leur Ville, & il y a toujours quelqu'un en sentinelle sur les plus hautes Tours; & lorsqu'un Vaisseau se trouve en danger, ou que son Patron se défie de son

[d] Corneille rectifié.

savoir, il n'y a qu'à tirer un coup de Canon, & ces Pilotes ne manquent point aussi-tôt de l'aller secourir avec leurs Barques, Voyez les Articles CHARYBDE & SCYLLA.

SCILUNS, Ville du Peloponnèse, dans la Triphylie. Xénophon en parle au Livre cinquième de l'expedition de Cyrus. Au lieu de SCILUNS, Etienne le Géographe écrit SCILLUS, ainsi que Pausanias [e] qui dit: Quand on a cotoyé quelque tems l'Anigrus, & qu'on a passé des Sables, où l'on ne trouve que quelques Pins sauvages, on voit sur la gauche les ruïnes de Scillunte. C'étoit une Ville de la Triphylie, que les Eléens détruisirent, parce que durant les guerres qu'ils eurent contre les Piséens, elle s'étoit déclarée ouvertement contre ceux-ci, & les avoit aidés de toutes ses forces. Ensuite les Lacédémoniens la prirent sur les Eléens & la donnérent à Xénophon fils de Gryllus, qui alors étoit banni d'Athènes pour avoir servi sous Cyrus, ennemi juré des Athéniens, contre le Roi de Perse qui étoit leur Allié: car Cyrus étant à Sardes avoit donné de l'argent à Lysander, fils d'Aristocrite, pour équipper une Flote contre les Athéniens. Par cette raison ceux-ci exilérent Xénophon qui durant son séjour à Scillunte consacra un Temple & une portion de terre à Diane l'Ephésienne. Les environs de Scillunte, continue Pausanias, sont fort propres pour la chasse. On y trouve des Cerfs en quantité. Le Pays est arrosé par le Fleuve Sélinus. Les Eléens les plus versés dans leur Histoire assûroient que Scillunte avoit été reprise, & que l'on avoit fait un crime à Xénophon de l'avoir acceptée des Lacédémoniens; mais qu'ayant été absous par le Sénat d'Olympie, il eut la permission de se tenir à Scillunte tant qu'il voudroit. En effet, près du Temple de Diane on voyoit un Tombeau & sur ce Tombeau une Statue de très beau Marbre; & les gens du Pays disoient que c'étoit la Sépulture de Xénophon. Plutarque [f] remarque que ce fut à Scillunte que Xénophon écrivit son Histoire. Au lieu de SCILUNS, ou de SCILLUS, il écrit Scillus. En allant de Scillunte à Olympie, avant d'arriver au Fleuve Alphée, on trouvoit un Rocher fort escarpé & fort haut, qu'on appelloit le Mont Typée.

[e] Lib. 5. c. 6.
[f] De Exilio.

SCILLUNS. Voyez SCILUNS.

SCILLUS. Voyez SCILUNS.

SCILUSTIS. Voyez PSITULCIS.

SCIN, Place forte de la Dalmatie, selon Mr. Corneille [g] qui cite la Description de la Morée par le Pere Coronelli. Cette Place, dit-il, commande sur une étendue de Pays qui est de trois milles, à prendre au-dessus de Clissa jusqu'à la Rivière de Cittena, où il y a des Plaines très-fertiles. Elle fut attaquée en 1686. par le Général Cornaro, accompagné du Prince de Parme & du Comte de St. Paul. Les Turcs qui en étoient maîtres soutinrent l'assaut avec beaucoup de vigueur. Le combat dura trois heures & les Chrétiens ayant à la fin forcé les Portes des Assiégés passérent tout au fil de l'épée, à l'exception des fem-

[g] Dict.

Bbb mes,

mes, des vieillards & des enfans.

SCINGOMAGUS, Ville des Alpes, selon Strabon [a], qui, dans sa Description de la Gaule Narbonnoise, dit que le commencement de l'Italie se prenoit à Scingomagus. Pline [b] écrit CINGOMAGUS, mais peut-être les Copistes ont-ils oublié la première lettre : aussi le Pere Hardouin lit-il comme Strabon SCINGOMAGUS. Divers Géographes veulent que ce soit présentement Sezanne; mais le Pere Hardouin, & Mr. Bouche, soutiennent que cette Ville fut dans la suite appellée *Segusium*, ou *Segusio*; & que le nom moderne est Suze.

[a] Lib. 4.
[b] Lib. 2. c. 108.

SCINSICH, ou ZINZICH, Bourgade d'Allemagne au Duché de Juliers, sur l'Aare, qui se jette dans le Rhein, vis-à-vis de Lintz, à deux milles d'Allemagne, au-dessus de Bonne, au Midi, en allant vers Andernach. Les Mémoires & Plans Géographiques, qui donnent à Scinsich le titre de Ville, disent qu'elle est située dans une Campagne très-fertile, mêlée de Vergers, de Prairies, de Terres labourées & de Jardinages.

SCINTHI, Peuples dont Claudien [c] fait mention dans ce vers :

[c] De Bello Getico.

Quæque domant Scinthos immansuetosque Oberuscos.

Ortelius [d] soupçonne que ce pourroit être un Peuple de Germanie.

[d] Thesaur.

SCINTIANA. Voyez SRATIANA.

SCIO, Isle de l'Archipel, assez près des Côtes de l'Anatolie, entre les Isles de Samos & de Metelin, & entre les Golphes de Smyrne & d'Ephèse. Cette Isle qui est l'ancienne CHIOS, ou Chio des Anciens, est nommée par les Turcs [e] *Saquez*, ou *Sakes*, & en ajoutant le mot d'*Adasi*, ou d'*Adas* qui signifie une Isle, *Saquez-Adasi*, ou *Sakez-Adasi*, c'est-à-dire l'Isle du Mastic, à cause de la grande quantité de cette Gomme-Résine, qu'on recueille dans cette seule Isle de l'Archipel. C'est dans ce sens que les Persans l'appellent *Seghis*, c'est-à-dire Mastic. C'est une des plus belles & des plus agréables Isles de l'Archipel. Elle étoit autrefois la plus renommée des Isles Ioniennes, & elle est encore à présent fort célèbre. Elle s'étend en longueur du Septentrion au Midi, & s'eleve beaucoup au-dessus de l'eau. On la divise en deux parties, dont l'une est appellée en Grec *Apanomeria* : ce qui signifie la partie haute, & cette portion est située entre le Septentrion & l'Occident : l'autre qu'on nomme *Catomerea*, c'est-à-dire la partie basse, est située à l'opposite de la précédente, & un peu au-dessus, ou plus bas.

[e] Dapper. Descr. des Isles de l'Archipel, p. 212. & suiv.

Les anciens Habitans de cette Isle étoient tous Grecs, avant la naissance de Jesus-Christ, & proprement Ioniens. Ils avouoient même que les Pelasgiens, qui étoient sortis de la Thessalie, étoient les premiers qui avoient conduit des Colonies dans leur Isle, & s'y étoient établis. Ils furent les seuls de tous les Ioniens, qui donnerent du secours aux Habitans de Milet, dans la guerre que cette Ville eut à soutenir contre Alyattes, Roi de Lydie, environ six cens-vingt-six ans avant l'Ere Chrétienne. Strabon nous apprend qu'ils s'étoient rendus puissans sur la Mer, & qu'ils avoient par ce moyen acquis leur liberté. Dela vient que Pline nomme cette Isle la *Libre Chios*. Environ cinq cens ans avant la naissance de Jesus-Christ, ils envoyerent cent Vaisseaux contre la Flote de Darius, Roi des Perses, au lieu que les Habitans de Lesbos ne mirent que soixante & dix Vaisseaux en Mer, & les Habitans de Samos soixante. Avant que le combat se donnât devant la Ville de Milet, Histiæus Tyran de cette Ville & beau-pere d'Aristagoras, s'enfuit secrétement de Perse, où il étoit détenu prisonnier par Darius & se rendit dans l'Isle de Chios. Il n'y fut pas plutôt arrivé qu'il fut pris & arrêté par les Habitans, qui ayant conçu quelque soupçon qu'il étoit envoyé par Darius, pour entreprendre quelque chose contre leur liberté, le mirent dans les fers. Ils le relâcherent au bout de quelque tems & le conduisirent sur un Vaisseau jusqu'à la Ville de Milet, où les Milesiens qui avoient déja goûté les douceurs de la liberté ne voulurent pas le recevoir; de sorte qu'il fut contraint de repasser à Chios. Après qu'il y eut fait quelque séjour & qu'il eut tenté inutilement de porter ses Hôtes à lui fournir quelques Vaisseaux, il s'embarqua pour l'Isle de Lesbos, où les Habitans de Mytilène équipperent en sa faveur huit Galères à trois rangs, avec lesquelles il cingla du côté de Byzance. Il surprit sur la route les Vaisseaux marchands des Ioniens, qui venoient de la Mer Noire, & il s'en empara, à la reserve de ceux qui voulurent se ranger de son parti. Cependant ayant eu connoissance du succès qu'avoit eu le combat qui s'étoit donné devant la Ville de Milet, il commit la conduite des affaires de l'Hellespont à Bisalte d'Abydene, fils d'Allophanes, & fit voile vers l'Isle de Chios, dont il ravagea toute la Campagne, tuant tout ce qui se présentoit devant lui, parce que la Garnison qui étoit dans la Ville ne voulut pas le recevoir. Mais quand il eut ainsi saccagé la Campagne, il ne lui fut pas difficile de soumettre le reste, qui étoit déja assez abattu du mauvais succès du Combat naval. Hérodote rapporte que les Habitans de Chios avoient été comme avertis de ces malheurs par deux Signes considérables, qui avoient précédé leur ruine, & en avoient été comme les Avant-coureurs. L'un de ces Signes étoit que d'une Troupe de cent jeunes hommes qu'ils avoient envoyés à Delphes, il n'en étoit revenu que deux, les autres étant morts de la peste dans le Voyage. L'autre Signe étoit que dans la Ville de Chios, le toit de la Maison où les enfans apprenoient à lire, tomba sur eux, & de cent vingt, qu'ils étoient, il n'en réchappa qu'un seul. Cet accident arriva dans le même tems que les autres étoient péris dans leur Voyage. Histiæus ne jouit pas long-tems de sa Conquête, car en se retirant de l'Isle de Chios, il fut surpris par les Perses, qui se saisirent de lui

&

& le crucifiérent sur le Continent de l'Asie Mineure.

L'Isle de Chios tomba ensuite sous la puissance du Tyran Strattes; ce qui arriva environ quatre cens soixante & dix-neuf ans avant la naissance de *Jésus-Christ*. Sept Ioniens, entre lesquels étoit Hérodote, fils de Basileïdes, conspirérent contre lui; mais lorsque leur dessein étoit sur le point d'être mis à exécution, un des Conjurez révéla le complot; & les six autres qui en furent avertis à tems, s'enfuirent à Lacédémone, & delà dans l'Isle d'Ægine, où se trouvoit alors la Flote des Grecs forte de cent dix voiles, sous la conduite de Léotychide, Roi des Lacédémoniens, & de Xantippe, Capitaine des Athéniens. Ces six Habitans de Chios sollicitérent fortement les Grecs de faire voile vers les Côtes de l'Ionie, pour mettre les Perses à la raison; mais ils ne purent l'obtenir, les Grecs craignoient la Flote des Perses, & ceux-ci redoutoient celle des Grecs. Cette mutuelle crainte combattit favorablement pour les uns & pour les autres, & les porta à jurer un Traité de Paix.

Dans la suite les Habitans de Chios à la sollicitation des Lacédémoniens secouérent à diverses reprises le joug des Athéniens, avec des succès divers; jusqu'à ce que Memnon le Rhodien, Amiral de la Flote de Darius Roi de Perse, s'empara par trahison, avec une Flote de trois cens Vaisseaux, de l'Isle de Chios, environ trois cens trente-trois ans avant l'Ere Chrétienne, & soumit à son obéïssance toutes les Villes de Lesbos, à la reserve de Mitylène devant laquelle il fut tué. Cependant Darius ayant été vaincu trois ans après par Aléxandre le Grand, les Habitans de Chios & les autres Insulaires leurs voisins, furent délivrez de la domination des Perses, & passérent sous celle d'Aléxandre, ou plutôt ils demeurérent en leur pleine & entiére liberté.

Quatre-vingt-six ans avant la venue du Messie, Mithridate, Roi du Pont, ayant été battu par les Romains dans un combat naval, fut tellement irrité contre les Habitans de Chios de ce qu'un de leurs Vaisseaux étoit allé imprudemment choquer son Vaisseau-Amiral dans le fort du combat, & avoit manqué de le couler à fond, qu'il fit vendre au plus offrant les biens des Citoyens de Chios, qui s'étoient retirez vers le Dictateur Sylla; & bannit ensuite ceux de ces Insulaires qu'il crut les plus portez pour les Romains. Enfin, Zenobius Général de ce Prince vint avec une Armée prendre terre à Chios feignant de vouloir continuer sa route du côté de la Gréce; mais en effet pour se rendre Maître de cette Isle; ce qu'il exécuta à la faveur de la nuit. Dès qu'il en fut maître il contraignit les Habitans de lui porter toutes leurs armes & de lui donner en ôtage les enfans des principaux qu'il fit conduire à la Ville d'Erythrée, dans le Royaume du Pont. Il reçut ensuite des Lettres de Mithridate qui demandoit aux Habitans de Chios la somme de deux mille talents; ce qui les réduisit à une telle extrémité, qu'ils furent contraints pour y satisfaire de vendre les ornemens de leurs Temples & les Joyaux de leurs femmes. Ils n'en furent pas quittes pour cela: Zenobius prétextant qu'il manquoit quelque chose à la somme, fit embarquer les hommes à part dans des Vaisseaux, & les femmes avec leurs enfans dans d'autres, & les fit conduire vers le Roi Mithridate, divisant leurs Terres & leur Pays entre les Habitans du Pont. Mais les Habitans de la Ville d'Héraclée, qui avoient toujours entretenu une étroite amitié avec ceux de Chios, ayant appris cette nouvelle, mirent à la voile & attaquérent au passage & à la vûe du Port d'Héraclée les Vaisseaux qui menoient ces Insulaires prisonniers, & les ayant trouvez mal pourvus de troupes pour les défendre, les amenérent sans résistance dans leur Ville, & les conduisirent ensuite dans leur Patrie, où ils les rétablirent. Le Dictateur Sylla ayant fait la paix avec Mithridate, environ quatre-vingts ans avant la naissance de J. C., remit en liberté les Habitans de Chios & divers autres Peuples, en reconnoissance du secours qu'ils avoient donné aux Romains.

Ces Insulaires, devenus Alliez du Peuple Romain, demeurérent en paix sous sa protection & sous celle des Empereurs Grecs jusqu'au tems de l'Empereur Manuel Comnène, qui ayant maltraité les Européens, qui alloient en pélerinage à la Terre-Sainte perdit l'Isle de Chios que lui enlevérent les Vénitiens. Elle revint au bout de quelque tems sous la domination des Empereurs de Constantinople, qui quelques années après l'engagérent à un Seigneur Européen fort riche & qui n'étoit point Grec. Michel Paléologue Empereur de Gréce fit depuis présent de cette Isle aux Génois, en reconnoissance du secours qu'ils lui avoient donné en plusieurs occasions. Il ne les en mit pourtant pas en possession, parce qu'un Seigneur nommé Martin qui la possédoit, comme Héritier de ceux à qui les Prédécesseurs de Michel Paléologue l'avoient engagée, y demeuroit alors. Andronic Paléologue le Jeune ne laissa pas néanmoins de chasser ce Seigneur Martin, & se mit lui-même en possession de l'Isle; ou plutôt les Génois s'en emparérent du consentement de ce Prince avec une Flote considérable & moyennant une grosse somme qu'ils lui avoient donnée. D'autres cependant disent qu'Andronic Paléologue la donna aux Génois en récompense du secours qu'il en avoit reçu contre les Vénitiens en 1216. Quoiqu'il en soit elle passa sous la puissance des Génois, à titre de Seigneurie.

Dès-lors l'Isle de Chios commença à devenir florissante, puissante & riche. Elle fut gouvernée en forme de République, sous l'autorité des *Mahons*, autrement appellez *Maunèses*, premiers Nobles de la Maison de *Justiniani*, qui l'avoient achetée de la République de Gènes, où ils tenoient eux-mêmes les premiers rangs; & l'on voit encore leurs Armes sur plusieurs Maisons de la Ville de Scio. Ces Mahons, ou Maunèses, consistoient principalement en vingt-quatre perſonnes, qui avoient ſoin du Gouvernement de l'Iſle. On en choiſiſſoit tous les deux ans un pour Podeſtat ou Chef de Juſtice: il préſidoit pour les affaires Civiles & Criminelles de toute l'Iſle, & avoit un Juriſconſulte pour Lieutenant. On choiſiſſoit auſſi entr'eux tous les ſix mois, quatre Préſidens Directeurs, qui conjointement avec le Podeſtat prenoient connoiſſance de toutes les affaires Civiles de l'Iſle, & prononçoient ſur toutes les affaires Criminelles, qui devoient indiſpenſablement être portées devant eux. Il y avoit outre cela douze Conſeillers établis, que les Préſidens conſultoient comme leurs Adjoints, & néanmoins comme ſoumis à leurs jugemens & à leurs déciſions. Quant aux affaires de peu d'importance, elles étoient portées devant deux autres Juges établis pour connoître de tout ce qui ne paſſoit pas vingt écus. Il y avoit quatre Officiers établis ſur les vieux & ſur les nouveaux Bâtimens, & ſur les affaires de peu de conſéquence; deux de ces Officiers étoient pris entre les Mahons, le troiſième étoit un Grec & le quatrième un Bourgeois de la Ville. Outre cela deux Seigneurs Mahons avoient la Surintendance du Maſtic; de ſorte qu'il étoit défendu ſous peine de la vie d'en ramaſſer, ni d'en vendre ſans leur permiſſion. Enfin, il y avoit un Capitaine du Guet, pour la Garde de la nuit, & quelques autres moindres Officiers.

On avoit établi pluſieurs Loix & Conſtitutions particulières pour le bien de la République, parmi leſquelles il y en avoit quelques-unes d'aſſez plaiſantes. Par exemple, une femme, qui prenoit le parti de demeurer veuve après la mort de ſon mari, étoit obligée de payer aux Magiſtrats une certaine amende, appellée *Argomimotico*; c'eſt-à-dire *de la Nature inutile*, ou qui n'eſt d'aucun uſage. Si une fille avoit commerce avec un homme avant que d'être mariée, elle étoit obligée, pour avoir la liberté de continuer ce commerce, de donner une fois pour toutes un Ducat au Capitaine de la Garde de la nuit.

Le Gouvernement de l'Iſle étant demeuré ainſi à la Maiſon des Mahons ou de Juſtiniani, l'eſpace de deux-cens ans, pendant leſquels un grand nombre de Génois s'y étoient venus habiter, les Mahons réſolurent de faire un Traité avec les Turcs pour ſe maintenir dans la poſſeſſion de leur Iſle. Ils offrirent de payer tous les ans au Grand-Seigneur un tribut de dix mille Ducats, outre deux autres mille qu'ils promettoient de payer auſſi annuellement aux Viſirs & aux Bachas. Ces propoſitions plurent au Grand-Seigneur, & on conclud le Traité à la faveur duquel les Mahons jouïrent paiſiblement de l'Iſle de Scio; & pendant ce tems-là, le Négoce s'y établit d'une telle manière & avec tant de ſuccès, qu'on y voyoit aborder quantité de Vaiſſeaux étrangers principalement des Anglois. Il arriva dans la ſuite que les Mahons laiſſèrent paſſer deux ou trois années ſans payer le tribut, & qu'ils permirent que leur Iſle ſervît de retraite aux Eſclaves Turcs qui s'échappoient des fers; de plus les Génois avoient fourni du ſecours aux Chevaliers de Malthe contre les Turcs, qui avoient fait deſcente dans leur Iſle & aſſiégé inutilement leur Ville. Tout cela irrita le Sultan Selim, & l'obligea en 1566. à mettre en Mer une Flote de ſoixante & dix voiles, ſous la conduite du Bacha Piali, qui fut chargé de ſe rendre maître de l'Iſle de Scio, & d'en dépoſſéder les Mahons. Pour venir à bout de ſon deſſein le Bacha attira par fineſſe ſur ſon bord le Podeſtat, & les principaux Officiers qui avoient en main le Gouvernement de l'Iſle, & quand il les eut en ſa puiſſance avec leurs femmes & leurs enfans, il fit voile pour Conſtantinople, d'où ils furent tranſportés en d'autres Places. Le Gouvernement de l'Iſle fut ainſi ôté à la Famille des Mahons, & paſſa entre les mains des Turcs, qui y établirent un Gouverneur, & démolirent preſque toutes les Egliſes des Chrétiens, ou les changèrent en Moſquées. Ce changement ne fut pourtant que pour un tems. Les Mahons qui avoient été tirés de l'Iſle y furent ramenés à la ſollicitation du Roi de France, & rétablis de manière qu'en retenant quelque apparence de leur ancien Gouvernement, ils relevoient de la puiſſance & de l'autorité des Turcs. Les Chrétiens y étoient traités alors aſſés doucement; car quoique les Turcs fuſſent proprement les Maîtres, ils les laiſſèrent en poſſeſſion de leurs biens, & permirent même qu'ils gardaſſent le Château.

Cette forme de Gouvernement dura juſqu'en 1595. que les Florentins avec quelques Galéres du Grand-Duc vinrent donner un aſſaut au Château de Scio, qu'ils emportèrent ſous la conduite de *Virginio Urſino*. Mais une tempête s'étant élevée, leurs Galéres furent contraintes de ſortir du Port & de remettre en Mer, après avoir laiſſé environ cinq cens hommes pour la garde du Château. Les Turcs profitèrent de leur retraite. Dès le lendemain ils reprirent le Château, firent paſſer au fil de l'épée tous les Florentins qu'ils y trouvèrent, & poſèrent leurs têtes ſur les murailles, où on les voit encore aujourd'hui. Ce ne fut pas tout; les Turcs s'imaginèrent que les Chrétiens de l'Iſle avoient eu quelque part à l'entrepriſe des Florentins, pour les en punir, ils les chaſſèrent du Château & les dépouillèrent de tous les biens qu'ils y avoient. Ils auroient même changé toutes les Egliſes en Moſquées, ſi Breves, Ambaſſadeur de France à la Porte, n'eût détourné le coup par ſes ſollicitations. Depuis ce tems-là les Chrétiens eurent beaucoup moins de liberté à Scio. Une forte Garniſon s'empara d'abord du Château; & le Grand-Seigneur a toujours eu ſoin d'y en entretenir une. Les Turcs ſe ſont même accrus en ſi grand nombre dans l'Iſle, qu'on y en compte à préſent plus de ſept mille, au lieu qu'il n'y en avoit pas auparavant plus de quatre à cinq cens. Outre cela, pour la la sûreté de l'Isle, il y a toujours neuf, ou dix Galéres dans le Port.

Antoine Zeno, Capitaine-Général de l'Armée Vénitienne parut devant la Ville de Scio [a] le 28. Avril 1694. avec une Armée de quatorze mille hommes & commença d'attaquer le Château de la Marine, seule Place de résistance dans tout le Pays: il ne tint pourtant que cinq jours quoique défendu par huit cens Turcs, & soutenu par plus de mille hommes bien armez, qui pouvoient s'y jetter sans opposition du côté de Terre. L'année suivante le 10. de Février les Vénitiens perdirent la Place avec la même facilité qu'ils l'avoient prise, & l'abandonnérent précipitamment après la défaite de leur Armée Navale aux Isles de Spalmadori, où le Capitan Bacha Mezomorto commandoit la Flote des Turcs. L'épouvante fut si grande dans Scio, qu'on y laissa le Canon & les Munitions. Les Troupes se sauvérent en desordre, & l'on dit encore aujourd'hui dans l'Isle que les Soldats prenoient des Mouches pour des Turbans. Les Turcs y rentrérent comme dans un Pays de Conquête; mais les Grecs eurent l'adresse de rejetter sur les Latins la faute de tout ce qui s'étoit passé. On fit pendre quatre personnes des plus qualifiées du Rit Latin, & qui avoient passé avec honneur les principales Charges; savoir Pierre Justiniani, Francesco Drago Burghesi, Dominico Stella Burghesi, Giovanni Castelli Burghesi. On défendit aux Latins de porter des Chapeaux; on les obligea de se faire raser, de quitter l'habit Génois, de descendre de cheval à la Porte de la Ville, & de saluer avec respect le moindre des Musulmans. Leurs Églises furent abattues ou converties en Mosquées. L'Evêque Latin *Leonardo Baharini*, & plus de soixante familles des plus apparentes suivirent les Vénitiens à la Morée. Cet Evêque y mourut quelque tems après qu'on l'eut pourvu d'un nouvel Evêché. Le soupçon que les Turcs avoient conçu contre lui & les Latins, d'avoir favorisé l'expédition des Vénitiens fut augmenté par les marques d'estime que ceux-ci donnérent à ce Prélat.

Cette Isle a produit anciennement de grands Hommes, qui se sont rendus célébres parmi les Grecs. De ce nombre sont Théopompe l'Historien & Théocrite le Sophiste, qui ont écrit l'un & l'autre sur la Politique. Les Habitans de Scio s'attribuent aussi la naissance d'Homére. On voit à une lieue de la Ville de Scio, au bord de la Mer & près d'un Village, entre plusieurs Masures une grande Pierre qu'on reconnoît avoir été taillée d'un Roc, & qui est presque toute ronde, mais platte & un peu creuse par enhaut. Au-dessus & au milieu de cette Pierre, il y a des espéces de siéges taillez dans la pierre même, & un de ces siéges qui est un peu élevé au-dessus des autres, a la figure d'une chaire. Les Habitans de Scio tiennent, comme une chose qu'ils ont apprise successivement de leurs Ancêtres, que c'étoit l'École, où le Poëte Homére enseignoit ses Disciples ou dictoit ses vers. On appelle encore cet endroit l'Ecôle d'Homére. Ils prétendent même que ce Poëte avoit pris naissance dans un Village de leur Isle nommé *Cardamila*; & ils disent qu'on voit encore son Tombeau sous quelques Masures, dans un lieu appellé *S. Hélie*. Mais l'Isle de Scio n'est pas la seule qui s'attribue l'honneur d'avoir produit ce grand Homme: Cume, Smyrne, Colophon, Pules, Argos, & Athênes, ont été six Villes de la Gréce qui lui ont disputé cet avantage. Les Habitans de Scio allèguent pour plus grande preuve de la naissance d'Homére dans leur Isle, que les excellens Vins qu'on y recueille sont estimez appartenir à ce Poëte, & que c'est pour cela que ceux de leurs Ancêtres, qui ont approché le plus du tems qu'il a vêcu, les ont appellez *Vins d'Homére*.

Les Habitans de Scio [b] conviennent que leur Isle a 120. milles de tour: Strabon lui donne 900. Stades de circonférence, c'est-à-dire 112. milles & demi: Pline va jusques à 125. mille pas. Tout cela peut être vrai; car outre que la distance de ces mesures est peu considérable, de toutes les maniéres de désigner la grandeur d'une Isle, celle d'en mesurer la circonférence est la moins exacte, à cause de l'inégalité des Côtes, dont on ne juge le plus souvent que par estimation. L'Isle de Scio s'étend du Nord au Sud; mais elle est plus étroite vers le milieu. Elle est terminée au Sud par le *Cabo Mastico* ou de *Catumeria*, & au Nord par celui d'Apanomeria. La Ville de Scio & le *Campo* sont vers le milieu à l'Est, sur le bord de la Mer. Cette Ville est grande, riante & mieux bâtie qu'aucune Ville du Levant: les Maisons en sont belles, commodes, terminées par des combles de charpente couverts de tuiles plates ou creuses: les terrasses sont enduites d'un bon ciment, & l'on connoît bien que les Sciotes ont retenu la maniére de bâtir des Génois, qui avoient embelli toutes les Villes d'Orient où ils s'étoient établis; en un mot, si l'on fait attention aux autres Villes de l'Archipel où l'on ne voit que des Maisons de boue, la Ville de Scio paroît un bijou, quoique mal percée & pavée de cailloux comme les Villes de Provence. Les Vénitiens dans la derniére guerre embellirent Scio, en faisant razer les Maisons des environs du Château, où l'on voit présentement une belle Esplanade.

Ce Château est une vieille Citadelle, construite par les Génois sur le bord de la Mer, il bat la Ville & le Port; mais il paroît dominé par une partie de la Ville. On prétend qu'il y a 1400. hommes de Garnison; il en faudroit plus de 2000. par rapport à son enceinte défendue par des Tours rondes, & par un méchant Fossé: le dedans de la Place est presque tout rempli de Maisons fort serrées, habitées seulement par des Musulmans, ou occupées par la Noblesse Latine il y a plus de 80. ans, comme le marquent encore en plusieurs endroits les Armes des Nobles Justiniani,

[a] *Tournefort*, Voyage du Levant, T. 1. p. 140.

[b] Ibid. p. 142.

niani, Burghesi, Castelli, & autres : les Turcs en rétablissent tous les jours les Maisons détruites par les Bombes des Vénitiens, & l'on y a bâti une Mosquée assés propre.

Le Port de Scio est le rendez-vous de tous les Bâtimens qui montent ou qui descendent: c'est-à-dire qui vont à Constantinople, ou qui en reviennent, pour aller en Syrie, & en Egypte: cependant ce Port n'est pas des meilleurs, quoique Strabon assure qu'il peut contenir jusqu'à quatrevingt Vaisseaux ; il n'y a présentement qu'un méchant Mole, Ouvrage des Génois, formé par une Jettée à fleur d'eau, & dont l'entrée est assés étroite, & dangereuse par les Rochers des environs, qui sont à peine couverts d'eau, & que l'on éviteroit difficilement, sans le Fanal élevé sur l'Ecueil de Saint Nicolas.

A l'égard de la Campagne, Athénée a bien raison de dire que Scio est une Isle montagneuse & rude; cependant les Bois rendoient ces Montagnes plus agréables dans ce tems-là ; au lieu qu'elles sont aujourd'hui assés stériles. Cette Campagne est pourtant admirable en certains endroits, & l'on n'y voit qu'Orangers, Citronniers, Oliviers, Meuriers, Myrtes, Grenadiers, sans compter les Lentisques, & les Terebinthes. Le Pays ne manque que de grains, l'Orge & le Froment qu'on y recueille, suffisent à peine à la nourriture de ses Habitans pendant trois mois; on est obligé d'en tirer de Terre-ferme le reste de l'année; c'est pourquoi les Princes Chrétiens ne pourroient pas conserver cette Isle long-tems s'il étoient en guerre avec les Turcs. Cantacuzène rapporte que Bajazet affama toutes les Isles en défendant qu'on y transportât des grains: il seroit mal aisé de se bien établir dans l'Archipel, sans posséder la Morée ou la Candie, d'où l'on tireroit des vivres. Le Village de Gesmè, qui est l'ancienne Ville d'Erythrée, suivant quelques-uns, fournit des grains à Scio: on ne sauroit croire combien la Terre d'Asie est fertile: Gesmé est vis-à-vis de Scio en deçà du Cap de Carabouron.

Pour du Vin, Scio en fournit aux Isles voisines, il est agréable & stomacal. Théopompe, dans Athénée, dit que ce fut Oenepion fils de Bacchus qui apprit aux Sciotes à cultiver la Vigne; que ce fut dans cette Isle que se but le premier Vin rosé, & que ses Habitans montrérent à leurs voisins la maniere de faire le Vin. Virgile & Horace s'accommodoient fort des Vins de Scio: Strabon, qui en parle comme des meilleurs Vins de Gréce, vante sur-tout celui d'un Quartier de l'Isle opposé à celle de Psyra ou Psara comme l'on prononce aujourd'hui ; & Psara n'est connue dans le Levant que par cette liqueur. Il n'y a pas long-tems que les Troupes de Mezomorto ont détruit les Vignes d'Antipsara, qui rapportoient aussi beaucoup de Vin. Pline parle très-souvent des Vins de Scio, & cite Varron le plus savant des Romains, pour prouver qu'on l'ordonnoit à Rome dans les maladies de l'estomac.

Varron rapporte aussi qu'Hortensius en avoit laissé plus de dix mille Pièces à son héritier. César, ajoute Pline, en régaloit ses amis dans ses Triomphes, & dans les Festins qu'il donnoit au Grand Jupiter & aux autres Divinités ; mais Athénée entre dans un plus grand détail sur la nature, & sur les qualités des Vins de Scio: Ils aident, dit-il, à la digestion, ils engraissent , ils sont bien faisans, & l'on n'en trouve point de si agréables, sur-tout ceux du Quartier d'Ariuse où l'on en fait de trois sortes, continue cet Auteur; l'un a tant soit peu de cette verdeur qui se convertit en Sève, moileux, nourrissant, & passant aisément ; l'autre qui n'est pas tout-à-fait sans liqueur, engraisse & tient le ventre libre ; le dernier participe de la délicatesse, & de la vertu des autres.

A Scio l'on cultive la Vigne sur les Côteaux, & l'on y coupe les raisins dans le mois d'Août, pour les laisser secher pendant huit jours au Soleil, après quoi on les foule, & on les laisse cuver dans des Celliers bien fermés. Pour faire le meilleur Vin, on mêle parmi les raisins noirs, une espèce de raisin blanc, qui sent comme le noyau de Pêche ; mais pour faire le Nectar, qui porte encore aujourd'hui le même nom, on employe une autre sorte de raisin, dont le grain à quelque chose de stiptique, & qui le rend difficile à avaler. Les Vignes les plus estimées sont celles de Mesta, d'où les Anciens tiroient ce Nectar; on en recherche les Crossettes, & Mesta est comme la Capitale de ce fameux Quartier, que les Anciens appellent Ariousia.

Il n'est pas mal-aisé de comprendre par-là pourquoi l'on voit dans Goltzius des grappes de raisin sur quelques Médailles de Scio ; on y représentoit aussi des Cruches pointues par le bas, & à deux Anses vers le col; cette figure étoit propre pour en faire séparer la lie, qui se précipitoit toute à la pointe après qu'on les avoit enterrées, ensuite on en pompoit le Vin ; mais il n'est pas si aisé de rendre raison pourquoi on représentoit des Sphinx, sur les revers de ces Médailles, si ce n'est que le Sphinx eût servi de Symbole aux Sciotes , de même que la Chouette aux Athéniens.

On ne recueille pas beaucoup d'huile dans Scio, les meilleures récoltes n'en donnent qu'environ 200. muids ; chaque muid pése 400. oques, & l'oque n'est à Scio que de trois livres deux onces. Les François tirent assés de Miel, & de Cire de cette Isle ; mais la Soye est la Marchandise la plus considérable du Pays: on y en fait tous les ans, suivant leur maniére de compter, plus de soixante mille masses ou 30000. livres, la masse ne pesant que demi livre de notre poids : presque toute cette Soye est employée dans l'Isle aux Manufactures de Velours, de Damas, & d'autres Etoffes, destinées pour l'Asie, l'Egypte, & la Barbarie.

On mêle quelquefois de l'or, & de l'argent dans ces Etoffes, suivant le goût des

Ou-

Ouvriers ou des Marchands: chaque livre de Soye doit à la Douane quatre Timins, c'est-à-dire 20. sols de notre monnoye: en 1700. elle se vendit jusques à 35. Timins la livre; celui qui l'achete est obligé de payer la Douane. Les Turcs & les François payent trois pour cent. Cette Douane est affermée 25. mille Ecus au profit du Grand Thrésorier de Constantinople.

Les autres denrées de l'Isle sont la Laine, les Fromages, les Figues, & les Mastics: le Commerce de la Laine, & des Fromages n'est pas si considérable que celui des Figues: outre celles que l'on consume à faire de l'Eau de Vie, on en charge encore des Bâteaux pour les Isles voisines: ces Figues y viennent par caprification; mais pour les conserver on est obligé de les passer par le Four, où elles perdent leur goût. Il n'y a point de Salines dans Scio; on va chercher le Sel à Naxie ou à Fochia.

On distingue les Villages de l'Isle en trois Classes; savoir ceux *del Campo*, ceux d'*Apanomeria*, & ceux où l'on cultive les Lentisques, Arbres qui donnent le Mastic en larmes. Les Villages *del Campo*, ou ceux qui sont aux environs de la Ville s'appellent Basilionica, Thymiana, Charkios, Neocorio, Berberato, Ziphia, Batili, Daphnona, Caries & Petrana; ce dernier est presque abandonné.

Les Villages d'*Apanomeria*, sont Saint George, Lithilimiona, Argoui où l'on fait le Charbon, Anobato, Sieroanta, Piranca, Purperia, Tripez, Sainte Hélène, Caronia, Keramos, Aleutopoda, Amarca, Fita, Cambia, Viki, Amalthos, Cardamila, Pytios, Majatica, Volisso sur la Côte duquel on dit que l'on voit la Mer bouillir; apparemment ce sont des bouillons d'eau chaude, semblables à ceux de Milo. Spartonda est encore un Village dans le même Quartier, au pied du Mont Pelincé, la plus haute Montagne du Pays, & connue aujourd'hui sous le nom de la Montagne de Spartonda. On a bâti sur le sommet de cette Montagne la Chapelle de Saint Hélie auprès d'une excellente Source, mais on ignore ce que c'est que les ruïnes d'un vieux Château situé sur la même Montagne: il y a des Sources d'eaux chaudes proche le Village de Calantra.

Les Villages aux Lentisques s'appellent Calimatia, Tholopotami, Merminghi, Dhidhima, Oxodidhima, Paita, Cataracti, Kini, Nenita, où est la fameuse Chapelle de Saint Michel, Vounos, Flacia, Patrica, Calamoti, Armoglia, où l'on fait des Pots de grez, Pirghi, Apolychni, Elimpi, Elata, Vesta, Mesta dans le fameux Champ Arvitien.

Le Cadi gouverne tout le Pays en tems de paix: pendant la guerre on y envoye un Bacha pour commander les Troupes. Le Mufti de Constantinople nomme le Cadi de Scio; (c'est un Cadi à 500. aspres par jour, c'est-à-dire du premier rang) car en Turquie, quoiqu'il n'y ait point d'appointemens pour ces sortes d'Officiers, on les distingue par honneur en plusieurs rangs, savoir ceux de 500. aspres par jour, de 400. de 300. de 25. tous ces Juges vivent d'un droit de huit ou dix pour cent, qu'ils retirent ordinairement sur les procès qu'ils jugent. Il n'y a point de Vaivode dans cette Isle, mais seulement un Janissaire Aga, commandant environ 150. Janissaires en tems de paix, & 300. ou 400. pendant la guerre. Il n'y a pas dans Scio plus de dix mille Ames parmi les Turcs, & trois mille parmi les Latins; mais on en compte bien cent mille chés les Grecs.

La Capitation est divisée en trois Classes dans cette Isle; la plus forte est de dix écus trois parats; la moyenne de cinq écus trois parats, la moindre de deux écus & demi trois parats; les trois parats sont pour celui qui donne la quittance; les femmes & les filles ne payent point de Capitation. Pour distinguer ceux qui la doivent on prend avec un Cordon la mesure de leur cou, après quoi on double cette mesure dont on met les deux bouts entre les dents de la personne en question; si la tête passe franche dans cette mesure, la personne doit payer, au contraire elle ne doit rien, si la tête ni passe pas. Sur cent Billets de Capitation on en met quatre-vingt de cinq écus; dix de dix écus, & les dix autres sont de deux écus & demi. On ne paye point de Taille réelle, mais seulement quelques Impôts arbitraires, pour acquitter les dettes de la Ville, dont les affaires passent par les mains de quatre nouveaux Députés, élus tous les ans, & de huit des anciens; dans chaque Village on élit deux Administrateurs, & quatre Anciens.

Au Nord de l'Isle, on voit les ruïnes d'un ancien Temple à cinq milles de Cardamyla Village, à 18. milles de Scio, au-delà du Port Dauphin. Cardamyla & le Port Dauphin ont conservé leurs anciens noms. Pour ce qui est du Temple, on ne sait pas à qui il étoit consacré; mais on n'y voit aucun reste de magnificence. Il étoit bâti de gros quartiers de Pierre cendrée, au fond d'une méchante Cale dans une Valée étroite & désagréable. La situation du Lieu & les amours de Neptune avec une Nymphe de cette Isle, font soupçonner qu'il avoit été dédié à ce Dieu; car pour le Temple d'Apollon, dont parle Strabon, il étoit au Sud de l'Isle, & par conséquent fort éloigné de celui-ci. Au-dessous de ce prétendu Temple de Neptune coule une belle Source, qui sort d'un Rocher & qui peut-être avoit donné lieu d'y élever cet Edifice. Il n'y a pas d'apparence que cette Source ait été la Fontaine d'Hélène, dans laquelle, comme dit Etienne le Géographe, cette Princesse avoit accoutumé de se baigner. La Cascade en est assés belle, elle sort d'un Rocher; mais on n'y voit plus ces marches de Marbre dont parle Mr. Thévenot; il ne paroit pas même qu'il y en ait jamais eu de semblables. Ce Voyageur avoit été sans doute mal informé, ou pour mieux dire on avoit confondu dans le Manuscrit d'où il a tiré sa principale Description de Scio, la Source de Naxos avec la Fontaine de Scla-

Sclavia, qui coule fur le Marbre dans le Quartier le plus délicieux de l'Ifle, & que l'on fait voir aux Etrangers avec raison comme une des merveilles de Scio. S'il faut donner quelque chofe aux conjectures, il n'eft perfonne qui ne juge que Sclavia ne foit la Fontaine d'Hélène, dont Etienne le Géographe a fait mention.

A propos des Fontaines, continue Mr. de Tournefort, nous n'ofâmes pas demander des nouvelles d'une autre Fontaine de Scio, qui au rapport de Vitruve, faifoit perdre l'efprit à ceux qui en beuvoient, & auprès de laquelle on avoit mis une Epigramme pour avertir les Paffans des méchantes qualités de fes eaux : nous en parlâmes pourtant, en paffant, à Mr. Ammiralli qui a étudié à Paris, & qui exerce la Médecine avec applaudiffement dans Scio fa Patrie; il nous affura qu'on ne parloit plus de cette Fontaine dans l'Ifle non plus que de la Terre de Scio, dont Diofcoride & Vitruve ont parlé : il eft vrai que perfonne ne s'attache à l'Hiftoire Naturelle dans ce Pays-là; le Grec littéral même y eft très-négligé.

Au refte le féjour de Scio eft fort agréable & les femmes y ont plus de politeffe que dans les autres Villes du Levant. Quoique leur habit paroiffe fort extraordinaire aux Etrangers, leur propreté les diftingue des Grecques des autres Ifles. On fait bonne chére à Scio. Les Huitres qu'on y apporte de Mételin font excellentes, & toute forte de Gibier y abonde, fur-tout les Perdrix. Elles y font auffi privées que les Poules. Il y a des gens du côté de Vefta & d'Elata, qui les élèvent avec foin. On les mene le matin à la Campagne chercher leur nourriture, comme des Troupeaux de Moutons. Chaque famille confie les fiennes au Gardien commun, qui les ramene le foir, & on les appelle chés foi avec un coup de fifflet. S'il plaît au Maître de faire venir pendant la journée celles qui lui appartiennent, on les avertit avec le même fignal, & on les voit revenir fans confufion.

L'exercice Public de la Religion Catholique étoit le plus beau Privilège que les Rois de France euffent fait conferver aux Sciotes : ils en furent privés à la fin du dernier Siècle fous ombre de rebellion. On y faifoit l'Office Divin avec les mêmes cérémonies que dans le centre de la Chrétienté. Les Prêtres portoient le St. Sacrement aux Malades en plein jour avec des fanaux. La Proceffion de la Fête-Dieu y étoit folemnelle; le Clergé y marchoit en chappe avec le Daiz, & les Encenfoirs; & les Turcs appelloient cette Ifle *la petite Rome*. Outre les Eglifes de la Campagne les Latins en avoient fept dans la Ville. Le Dôme ou la Cathédrale eft devenue Mofquée, de même que l'Eglife des Dominicains : de l'Eglife des Jéfuites, dédiée à St. Antoine on a fait une Hôtellerie; celles des Capucins, des Recollets, de Notre-Dame de Lorete, & de Ste. Anne, ont été abbatues. Les Capucins avoient encore à cinq cens pas de la Ville l'Eglife de St. Roch, où l'on enterroit les François & les protégés; mais elle a eu le même fort que les autres. Les Eglifes de la Campagne étoient St. Jofeph à deux milles de la Ville, Notre-Dame de la Conception à deux milles & demi, St. Jacques à un quart de mille, la Madona à un mille & demi, la Madona d'Elifée à deux milles & demi, & St. Jean à un demi-mille. Les Prêtres Latins avoient auffi la liberté de dire la Meffe dans dix ou douze Eglifes Grecques, & quelques Gentilshommes avoient des Chapelles dans leurs Maifons de Campagne. Rome donnoit deux cens écus à l'Evêque, qui d'ailleurs profitoit d'un Cafuel confidérable. Il refte encore à Scio vingt-quatre ou vingt-cinq Prêtres, fans compter les Religieux François & Italiens, qui ont perdu leurs Couvens. Après la prife de Scio, les Turcs mirent les Prêtres à la Capitation; mais Mr. de Riants, Vice-Conful de France, les en fit exempter. Les Religieufes n'y font point cloîtrées, non plus que dans le refte du Levant. Les principales font de l'Ordre de St. François, ou de celui de St. Dominique; & les unes & les autres font dirigées par les Jéfuites.

L'Evêque Grec eft fort riche. Il a plus de trois cens Eglifes dans la Ville; & tout le refte de l'Ifle eft plein de Chapelles. Les Monaftères Grecs y jouïffent de gros revenus. Celui de St. Minas eft de cinquante Caloyers, & celui de St. George d'environ vingt-cinq. Le plus confidérable eft à *Néamoni*; c'eft-à-dire Nouvelle Solitude, & à cinq milles de la Ville. Ce Couvent paye cinq cens écus de Capitation. Il renferme cent cinquante Caloyers, qui ne mangent en Communauté que le Dimanche & les Fêtes. Le refte de la Semaine chacun fait fa cuifine comme il l'entend; car la Maifon ne leur donne que du Pain, du Vin & du Fromage : ainfi ceux qui ont du bien font bonne chére, & même entretiennent des Chevaux pour leur ufage. Ce Couvent eft fort grand, & reffemble plutôt à un Village qu'à une Maifon Religieufe.

On prétend qu'il poffède la huitième partie des biens de l'Ifle, & qu'il a plus de cinquante mille Ecus de rente. Outre les acquifitions continuelles que la Maifon fait par les Legs pieux, il n'eft point de Caloyer, qui ne contribue à l'enrichir; non feulement ils donnent cent Ecus pour leur reception; mais en mourant ils ne fauroient difpofer de leurs biens qu'en faveur du Couvent, ou de quelqu'un de leurs parens, qui ne peut hériter que du tiers, encore à condition qu'il fe fera Religieux dans la même Maifon. Ils ont trouvé par-là le fecret de ne rien perdre. Le Couvent eft fur une Colline bien cultivée, dans une Solitude defagréable, au milieu de grandes Montagnes toutes pelées. Quoique l'Eglife foit mal percée, elle paffe pourtant pour une des plus belles qui foient dans le Levant. Tout y eft Gothique, excepté les Cintres des Voutes. Les Peintures en font horriblement groffiéres, malgré les dorures qu'on n'y a pas épargnées; auffi le nom de chaque Saint eft-il écrit au bas de fa sa figure, de peur qu'on ne le confonde avec son voisin. L'Empereur Constantin Monomaque, qui a fait bâtir cette Eglise, comme l'assûrent les Moines, y est peint & nommé. Les Colonnes & les Chapiteaux sont de Jaspe du pays; mais d'un mauvais profil. Ce Jaspe est une espéce de Brèche rouge-lavé, mêlé de quelques plages cendrées assés mal-unies, & il n'a rien d'éclatant. Il n'est pas rare autour du Monastère. Celui qu'on a employé dans cette Eglise a été tiré des anciennes Carriéres de l'Isle, assés près de la Ville. Strabon [a] a parlé de ces Carriéres; & Pline assûre qu'on y découvrit le premier Jaspe. En bâtissant les Murailles de la Ville on fit remarquer cette Pierre à Cicéron : *Je la trouverois encore plus belle*, dit-il, *si elle venoit de Tivoli*; voulant par-là leur faire comprendre, qu'ils seroient maîtres de Rome s'ils possédoient Tivoli, ou que leur Pierre seroit plus estimée si elle venoit de loin. C'est dans ce voyage suivant les apparences, que cet Auteur apprit qu'on avoit trouvé dans ces Carriéres la tête d'un Satyre, dessinée naturellement sur une Pierre d'éclat.

[a] Lib. 13.

Près du Cap de Scio, qui regarde au Nord-Est, ou entre Scio & le Continent de Calaberno, il y a une Isle appellée *Agunto*, ou *Spalmentori*; & un peu plus vers le Midi sur le même parage, il y en a une nommée Pasargo. A l'Occident de celle d'Agunto, on en en découvre deux ou trois petites, qui sont toutes basses, & couvertes de verdure. Le Détroit qui sépare l'Isle d'Agunto, d'avec le Rocher Strovele, situé près du Cap Nord-Est de l'Isle de Scio, est net & sain, & a par-tout cinquante ou soixante Brasses de profondeur, sur une demi-lieue de largeur. Du côté du Midi de l'Isle de Scio & tout près, & à deux lieues au Sud-Ouest de Campo-Bianco, qui est le Cap de l'Isle qui regarde du côté du Sud-Est, on trouve une fort petite Isle ou plutôt un grand & haut Rocher, appellé dans les Cartes Marines *Venetico*, ou *Venetica*, & autour duquel le fond de la Mer est net & sain. On peut en toute sûreté faire voile entre ce Rocher & le bout Méridional de l'Isle de Scio; mais il seroit encore plus sûr de prendre sa route au-dessus du Rocher, du côté du Midi, pour éviter d'y aller heurter en tems de Bonace; ce qui pourroit arriver en cinglant entre-deux. Directement à l'opposite de ce Rocher, la Côte de l'Isle de Scio, qui regarde au Sud-Est, commence à s'étendre Est-Nord-Est. Il y a une petite Isle ou Rocher devant le Port *Delphino*, & sur cette Isle qui est appellée dans les Cartes Marines St. George, ou S. Stephano, on trouve un Phare. Au devant du Port de Cardamille, qui est à dix milles d'Italie du Port Delphino, & à vingt de la Ville de Scio, on voit le Rocher *Strovilli* appellé *Strovele*, dans les Cartes Marines. Tout près de Scio est une Isle appellée *Sussam*. Elle entretient une Galére pour le service du Grand-Seigneur, & est destinée à courir sur les Corsaires de Malthe & de Livourne. Enfin on trouve plusieurs Isles entre le Cap de l'Anatolie appellé *Calaberno*, ou *Calabournez* par les Turcs, & l'Isle Scio. Elles paroissent s'ouvrir en plusieurs endroits, pour qu'on puisse cingler entre deux, quand on fait voile du Port de Smyrne, ou du Cap de Calaberno, vers l'Isle de Scio.

SCIOESSA, Lieu du Péloponnèse, dans l'Achaïe propre : Pline [b] dit que ce Lieu étoit fort connu à cause de ses neuf Montagnes. Solin ajoute que ces sept Montagnes auxquelles il ne donne pourtant que le nom de Collines, rendoient ce Lieu si sombre que les rayons du Soleil avoient de la peine à y pénétrer.

[b] Lib. 4. c. 5.

SCIOLI, Ville de Sicile [c], dans le Val de Noto, en tirant vers le Midi, sur le Torrent de Sicli, au voisinage de Modica. On l'appelle aussi SICLI. Elle est à dix milles de la Ville de Noto au Couchant.

[c] Baudrand, Dict.

SCIONE, ou SCION, Ville de Thrace, selon Thucydide [d], Hérodote [e], Pomponius Mela [f] & Etienne le Géographe qui la placent près du Promontoire *Canastreum*. Arrien & Pline, mettent une Ville Insulaire de même nom sur la Mer Ægée; & Strabon en connoît une en Macédoine dans la Chersonése de Pallène; mais, dit Ortelius [g], je serois fort tenté de croire que tous ces Auteurs n'entendent parler que d'une seule & même Ville. Etienne le Géographe dit que Scione fut bâtie par des Grecs qui revenoient du Siége de Troye; ce qui est confirmé par Pomponius Mela. On voyoit à Athènes [h] dans le Pœcile des Boucliers attachés à la muraille, avec une Inscription qui portoit que c'étoient les Boucliers des Sicionéens, & de quelques Troupes auxiliaires qu'ils avoient avec eux.

[d] Lib. 4. &
[e] Lib. 7.
[f] Lib. 1. c. 2.
[g] Thesaur.
[h] Pausan. L. 1. c. 15.

SCIOPODÆ, espèce d'hommes ou de Monstres, dans l'Inde, selon Pline [i], qui ne leur donne qu'une jambe. Etienne le Géographe & Suidas connoissent de pareils Monstres, au bord de l'Océan Occidental sous la Zone Torride; mais au lieu de *Sciopodes*, ils lisent *Sciapodes*. Philostrate suit la même orthographe dans la Vie d'Apollonius, mais il en fait un Peuple fabuleux.

[i] Lib. 7. c. 2.

1. SCIPIONIS-MONUMENTUM, Lieu d'Italie; sur la Voie Appienne, à un mille de Rome, selon Ortelius qui cite la Chronique d'Eusèbe; & ajoûte que le Poëte Ennius y fut aussi enterré.

2. SCIPIONIS-MONUMENTUM. Voyez l'Article qui suit.

SCIPIONIS-ROGUS, Lieu d'Espagne : Pline [k] le place au voisinage du Fleuve *Tader*, aujourd'hui *Segura*. Ce Lieu est appellé SCIPIONIS MONUMENTUM par Jornandès.

[k] Lib. 3. c. 1.

SCIOULE, Riviére de France dans le Bourbonnois. Elle vient d'Auvergne, & arrose le Pays de Combrailles & les petites Villes d'Ebreuil, de St. Pourçain, traverse l'Election de Gannat, & se jette dans l'Allier, vers les Echerolles.

SCIOUX, Peuples de l'Amérique Septentrionale [l], dans la Louïsiane, vers le Nord de cette Contrée. Ils habitent à la droite & à la gauche du Fleuve de Mississipi,

[l] De l'Isle, Atlas.

fipi, au-dessus de l'endroit où ce Fleuve reçoit les Riviéres de St. Pierre & de Ste. Croix. On les distingue à raison de cette situation en Scioux de l'Est & en Scioux de l'Ouest. Ces Scioux sont les plus cruels de tous les Sauvages. Ils sont grands Guerriers, mais c'est principalement sur l'eau, qu'ils sont redoutables. Ils n'ont que de petits Canots d'écorce, faits en forme de Gondole, & guères plus larges que le corps d'un homme, où ils ne peuvent tenir que deux, ou trois tout au plus. Ils rament à genoux, maniant l'aviron tantôt d'un côté tantôt d'un autre, c'est-à-dire donnant trois ou quatre coups d'aviron du côté droit, & puis autant du côté gauche, mais avec tant de dexterité & de vîtesse, que leurs Canots semblent voler sur l'eau.

SCIRA, Lieu de l'Attique, selon Ortelius qui cite Eustathe, & qui soupçonne que c'est le même Lieu qui est appellé *Scirus*, par Pausanias. Voyez SCIRUS, N°. 2.

SCIRADIUM, Promontoire dont parle Plutarque [a], qui paroît le placer sur la Côte de l'Attique, dans le Golphe Saronique, près de la Ville de Mégare.

[a In Solone.]

SCIRAS. Voyez SALAMIS.

SCIRATÆ, Peuples de l'Inde. Il en est parlé dans Ælien [b], qui dit que leurs narines étoient semblables à celles des Singes. Il ajoute qu'il y avoit dans leur Pays des Serpens d'une grandeur énorme. Voyez CIRRHADIA, & SYRICTÆ, car ce sont les mêmes Peuples.

[b Lib. 16. Animal.]

SCIRI. Voyez SCYRI.

SCIRITIS, Contrée du Péloponnèse, dans la Laconie: Thucydide [c] fait entendre qu'elle étoit limitrophe du Territoire de Pharrasium. Les Habitans de cette Contrée sont appellés SCIRITÆ par le même Historien [d]. Hérodote & Xénophon parlent de la Siritide, ainsi qu'Etienne le Géographe qui, comme Thucydide, nomme les Habitans *Scirita*.

[c Lib. 5.]
[d Ibid.]

SCIRO, anciennement SYROS, Isle de l'Archipel [e], & l'une des Cyclades. Il semble qu'Homére en ait fait mention sous le nom de Syrie, comme le remarque Strabon; les Italiens l'appellent encore Syro, & dans les Cartes Marines, on la trouve désignée sous le nom de Syra, ou de Zyra. Etienne le Géographe la fait une Isle Ionienne.

[e Dapper, Descr. de l'Archipel, p. 270.]

Elle est située à deux grandes lieues vers le Nord-Ouest de l'Isle de Delos, & à une directement au Nord-Ouest de celle de Levata, ainsi que les Isles de Zea, & de Phermina du côté d'Occident, celle d'Andros vers le Septentrion, Tene & Levata du côté du Nord-Est & d'Orient, Paros vers le Midi, & Mycone du côté d'Orient.

Elle étoit anciennement, au témoignage d'Homére, une Isle riche & fortunée; car il rapporte qu'elle étoit abondante en Pâturages, en Bétail, en Bled, & en Vin, en ajoutant qu'on n'y a jamais vu la famine, & qu'on ne s'est jamais apperçu, que des Maladies contagieuses y ayent fait des ravages considérables.

Les Phéniciens ont anciennement possédé cette Isle, l'ayant souvent fréquentée du tems même de leurs Héros. Sur quoi on lit dans Homére, que des Marchands Phéniciens, après y avoir séjourné un an, en emmenérent la Concubine du Roi Ctesius, qui étoit native de Sidon en Phénicie, & fille du Roi Arybas.

Cette Isle s'est rendue célèbre par la naissance de Phérécyde, ancien Philosophe Grec, qui s'est aquis une grande réputation, & qui a le premier enseigné parmi les Grecs la Philosophie, bien qu'il ne l'eût apprise d'aucun Maître, l'ayant aquise, par une exacte & continuelle application, des Livres Phéniciens fort obscurs, qui étoient venus à sa connoissance. Quelques Auteurs tiennent qu'il a été Précepteur de Pythagore, & d'autres de Thalès Milésien, qui a été un des sept Sages de la Gréce.

On a gardé long-tems dans cette Isle un Chef-d'œuvre de ce Philosophe, qui marquoit assés l'étendue de son génie, & la pénétration de son esprit. C'étoit un Héliotropium ou Tourne-Sol, ainsi que le nomment les Grecs; c'est-à-dire, un Instrument Scioterique, ou une Montre Solaire, dont l'éguille marquoit les Tropiques par l'augmentation ou la diminution de son ombre.

Il y a pourtant lieu de douter qu'il en ait été l'Auteur; car on peut inférer de certains Vers d'Homére, dont je mettrai ici l'exposition, qu'on avoit déjà cet Instrument dans cette Isle du tems de ce Poëte, & par conséquent long-tems avant Phérécyde. Voici ces Vers: *Il y a une Isle, appellée Syrie, si tu l'as pu entendre nommer. Elle est située au-dessus d'Ortygie, ou Delos; & c'est-là où sont les Solstices, ou les Tropiques*, ou il faut sous-entendre, qu'ils y sont marqués avec une éguille sur un Instrument Scioterique, ou une Montre Solaire.

Il y a dans cette Isle une petite Ville, appellée Asprana; & on trouve à son côté Oriental, un Port raisonnablement bon pour des Bâtimens communs, devant lequel sont situées trois ou quatre petites Isles, appellées Gadronisi, par le moyen desquelles il est à couvert des Vents.

SCIRONIDES PETRÆ, ou SCIRONIA-SAXA, Rochers de Gréce au Territoire de Mégare, entre la Ville de ce nom & l'Isthme de Corinthe, près du chemin appellé *Sciron*, selon Strabon [f]. Pomponius-Mela [g], & Pausanias [h] disent que ces Rochers étoient odieux, & qu'on les regardoit comme souillés; parce que Sciron qui autrefois habitoit dans cet endroit, y exerçoit sa cruauté envers les Passans, & les jettoit dans la Mer.

[f Lib. 9.]
[g Lib. 2. c. ineunte.]
[h Lib. 1. c. ult.]

SCIRONIS VIA, Chemin de Gréce. Strabon [i] dit que ce chemin prenoit depuis l'Isthme de Corinthe jusqu'à Mégare, & qu'il conduisoit dans l'Attique. On donna à ce chemin le nom de Sciron, parce que dans le tems que Sciron commandoit les Troupes de Mégare, il le fit applanir pour la commodité des gens de pied: ensuite par les ordres de l'Empereur Hadrien ce chemin fut élargi; de sorte que du tems de Pausanias [k] il y pouvoit passer deux

[i Lib. 9. ineunte.]
[k Lib. 1. c. ult.]

deux Chariots de front. A l'endroit où ce chemin forme une espèce de gorge, ou de défilé, continue Pausanias, il est bordé de grosses Roches, dont l'une nommée MOLURIS est sur-tout fameuse; car on dit que ce fut sur cette Roche, qu'Ino monta pour se précipiter dans la Mer, avec Mélicerte le plus jeune de ses fils, après que le père eut tué Léarque, qui étoit l'aîné. Cette Roche de Moluris étoit consacrée à Leucothoé, & à Palemon. Les Roches des environs n'étoient pas moins odieuses; on les nommoit SCIRONIDES-PETRÆ. Voyez l'Article qui précède. Pausanias ajoute: Sur le sommet de la Montagne qui commande le chemin, il y a un Temple de Jupiter surnommé Aphésius, du mot ἀφίεναι, *injicere*, se jetter en bas. La raison que l'on donnoit de ce surnom c'est que, durant une Sécheresse extraordinaire, Eacus après avoir sacrifié à Jupiter Panellénien, dans Egine, fit porter une partie de la Victime au haut de cette Montagne, & la jetta dans la Mer, pour appaiser la colère du Dieu. Au même endroit on voyoit une Statue de Venus, une d'Apollon & une de Pan. Plus loin on trouvoit le Tombeau d'Eurysthée; car on prétendoit que cet implacable ennemi d'Hercule, vaincu enfin par les enfans de ce Héros, & obligé de sortir de l'Attique, fut tué par Iolas dans le lieu même où est sa Sépulture. En descendant de la Montagne on voyoit le Temple d'Apollon surnommé Latoüs.

SCIRPHÆ, Ville de la Phocide, selon Etienne le Géographe. Elle est aussi connue par une Médaille de l'Empereur Claude, où on lit ce mot ΣκιρΦαίων.

SCIRRI. Voyez SCYR.

SCIRTARI, Peuple de la Dalmatie: Pline [a] les partage en soixante & douze Décuries; peut-être sont-ce les *Scirtones*, que Ptolomée [b] place vers la Macédoine.

[a] Lib. 3. c. 22.
[b] Lib. 2. c. 17.

SCIRTIANA, Ville de la Macédoine. L'Itinéraire d'Antonin la marque sur la Route d'Aulona à Constantinople, en passant par la Macédoine. Elle se trouvoit entre *Lychnidum*, & *Castra*, à vingt-sept milles du premier de ces Lieux, & à quinze milles du second. On ignore si elle tiroit son nom des Peuples *Scirtari* de Pline, ou des *Scirtones* de Ptolomée, ou d'un certain Scirtus, dont il est parlé dans Gruter, où on lit T. CARTORIUS SCIRTUS. Au lieu de *Scirtiana*, quelques Exemplaires de l'Itinéraire d'Antonin portent *Scirciana*, *Scintiana*, ou *Sirtiana*.

SCIRTONES. Voyez SCIRTARI.

SCIRTONIUM, Ville qu'Etienne le Géographe met dans l'Arcadie. Pausanias [c] qui écrit SCYRTONIUM en fait une Ville des Egyptiens, & dit qu'elle fut une des Villes qui envoyèrent à meilleure partie de leurs Citoyens pour peupler Mégalopolis.

[c] Lib. 7. c. 27.

SCIRTUS [d], Cedrène, Zonare, Nicéphore-Calliste & Evagre, nomment ainsi le Fleuve qui arrosoit la Ville d'Edesse.

[d] Ortelii Thesaur.

1. SCIRUS, Sciros, ou SCIRON, Bourg de l'Attique, entre Athènes & Eleusis, selon Pausanias [e], qui donne l'origine du nom de ce Bourg. Pendant que les Eleusiniens, dit-il, avoient la guerre avec Erechthée, il leur vint de Dodone un Prophète, qui avoit nom Sciros: ce fut lui qui consacra ce vieux Temple de Minerve Scirade qu'on voit à Phalère: ensuite ayant été tué dans le Combat, il fut inhumé sur le bord d'un Ruisseau; & depuis ce tems-là le Ruisseau, & le Bourg ont porté le nom du Héros. On ne sait de quelle Tribu étoit le Bourg de Sciros. On y voyoit un Temple de Minerve Scirade, & il s'y faisoit une Fête à l'honneur de cette Déesse le douzième du mois *Scirophorion*. Voyez Suidas, *De Populis Atticæ & de Feriis Græcorum*, & Fasoldi l'Ημερολογία Græcorum.

[e] Lib. 1. c. 36.

2. SCIRUS, Ruisseau de l'Attique. Voyez l'Article précédent.

SCISCA-COLONIA. Il est fait mention de cette Colonie sur une Médaille de Néron, rapportée dans le Trésor de Goltzius.

SCISSA, selon Polybe [f], & SCISSUM, selon Tite-Live [g]; Ville d'Espagne. C'est auprès de cette Ville que les Carthaginois furent battus pour la première fois par Scipion. On croit que c'est aujourd'hui GUISSONA.

[f] Lib. 2. c. 20.
[g] Lib. 3. c. 76.

SCITACES, Fort de la Thrace: Procope [h] le met au nombre des Forts que l'Empereur Justinien fit élever dans la Province de Rhodope. Mr. Cousin [i] dans sa Traduction écrit SEITACES, au lieu de SCITACES.

[h] Ædif. Lib. 4. c. 11.
[i] Ed. 1685.

SCITHÆ, Ville de la Thrace: Etienne le Géographe qui cite Théopompe met cette Ville près de Potidée.

SCITHIACA REGIO. Voyez SCYTHIACA REGIO.

SCITIS. Voyez SCETIN.

SCLANS LE GRAND ET LE PETIT, Bourg de France dans la Provence, au Diocèse de Fréjus, & Viguerie & Recette de Draguignan. Ce Lieu qui est très-peuplé dépend du Marquisat de Trans. Dans son Territoire il y a un Rocher d'un quart de lieue de circonférence: on y voit une Caverne dont la porte & l'intérieur sont un Chef-d'œuvre de la Nature pour les mesures & la proportion: on l'appelle la Beaume-Raynarde; les Bergers des environs s'y retirent avec leurs Troupeaux, ils trouvent des armoires naturelles dans l'intérieur de ce Roc, où ils conservent leur nourriture. Il y a aussi une Fontaine de très-bonne eau, dont Jule Raimond Solery raconte des merveilles qui se sont trouvées fausses par l'expérience.

SCLAVENI, & SCLAVI. Voyez SLAVI.

SCLAVINUM-RUMUNENSE. Voyez RUMENSE.

SCLETRINAS, Lieu voisin de Constantinople, selon Pierre Gylle dans sa Description du Bosphore.

SCOBENSIS, Lieu dont il est parlé dans une ancienne Inscription rapportée dans le Trésor de Goltzius; & par où l'on voit que la trente-deuxième Légion surnommée *Lanearia* avoit été en quartier.

SCO.

SCODRA, Ville de l'Illyrie: Pline [a] & Vibius Sequester [b] la placent sur le Drilo, aujourd'hui le Drino, & Pline lui donne le titre d'*Oppidum Civium Romanorum*. Gentius, selon Tite-Live [c], s'étoit emparé de cette Ville, & elle étoit comme le Boulevard de son Royaume. C'étoit la Place la mieux fortifiée qu'eussent les Labeates, & on ne pouvoit en approcher que très-difficilement. Deux Rivières l'environnent; celle de Clausula coule à l'Orient de la Ville, & celle de Barbana au Couchant. Cette derniére a sa Source dans le Marais Labeatide. Ces deux Rivières, ajoute Tite-Live, se joignent ensemble & tombent dans le Fleuve *Oriundus* qui prend sa Source au Mont *Scodrus*, & qui après s'être accru des eaux de diverses Rivières va se perdre dans la Mer Hadriatique. On a une Médaille de l'Empereur Claude, où on lit ces mots: *Col. Claudia Augusta Scodra*; ce qui fait voir que cette Ville devint Colonie Romaine. Dans le moyen âge Scodra fut mise dans la Province Prevalitane. Elle conserve encore présentement son ancien nom, mais assés corrompu; car elle est appellée *Scutari* par les Italiens & *Scadar* par les Habitans du pays. Elle appartient aux Turcs, qui la regardent comme une Place de quelque importance.

SCODRI, Peuples de l'Inde, selon Denys [d] le Periégete; Avienus son Interprète lit *Scythri*, & divers MSS. portent *Sodri*. Ils habitoient vers l'Embouchure du Fleuve. Ces Peuples, à ce qu'il semble, sont les mêmes que les *Sydracæ* de Pline, que les *Sodræ* de Diodore de Sicile, & que les *Sadracæ* de Quinte-Curse.

SCODRUS. Voyez SCARDUS.

SCOEDISA, Strabon [e] donne ce nom à une partie du Mont Taurus. Cette Montagne se trouvoit entre celle de Paryadre, & les Monts Moschiques. Casaubon a remarqué que Strabon avoit usé de trois orthographies différentes en écrivant le nom de cette Montagne; car après avoir écrit Σκυδίσης, il dit un peu plus bas [f] Κοδίσης, & dans le Livre XII. [g] Σκυδίσης. Ortelius doute si c'est la Montagne que Ptolomée nomme *Scordistus*.

SCOENUS, Fleuve de Thrace: Pomponius Mela [h] place la Ville de Maronée sur le bord de ce Fleuve. Au lieu de *Scoenus*, ou *Sthoenos*, quelques MSS. lisent *Stenos*, d'autres *Stinos*; & Isaac Vossius, je ne sais quoi fondé, dit qu'il semble qu'il y avoit autrefois *Vistonos* pour *Bistonus*: *Videtur ita olim scriptum fuisse*, [*Tum Vistonos Fluvius pro Bistonos*]. Il ne s'en tient pas là: il veut encore changer *Vistonos* en *Nestos*, parce qu'il suppose un peu légèrement que la Ville de Maronée étoit sur le Fleuve Nestus.

SCOLLIS, Montagne du Péloponnèse dans l'Achaïe propre: Strabon [i] dit que le Fleuve Larissus y prenoit sa source, & qu'elle étoit nommée Πέτρα Ωλενία, *Petra Olenia* par Homère. Il dit ailleurs que la Montagne *Scollis* étoit pierreuse, qu'elle étoit commune aux Dyméens, aux Tritéens & aux Eléens, & qu'elle ne faisoit qu'une même Chaîne avec la Montagne Lampeia dans l'Arcadie. Xénophon & Etienne le Géographe, au lieu de *Scollis*, écrivent *Scolis*.

SCOLOPOIS. On trouve ce mot dans Hérodote [k], & il y a apparence que c'étoit le nom d'un Fleuve, car il le joint avec le Gæson, qui selon Athénée [l] étoit un Fleuve de la Carie. Hérodote ajoute qu'on voioit près du Scolopois un Temple de Cérès Eleusine bâti par Philiste, fils de Pasicles.

SCOLOTI. Voyez SCYTHÆ.

1. **SCOLUS**, Ville ou Village de la Béotie, dans la Parasopie: Ce Village situé, selon Strabon [m], au pied du Mont Cithéron étoit dans un Quartier rude & où il n'étoit pas aisé de marcher; ce qui avoit donné lieu au Proverbe:

Εἰς Σκῶλον μήτ' αὐτὸς ἴμεν, μήτ' ἄλλῳ ἕπεσθαι.

C'est aussi apparemment ce qui avoit occasionné son nom; car σκῶλα signifie une sorte d'épine, & tout ce qui peut blesser les pieds de ceux qui marchent. Du tems de Pausanias, *Scolus*, ou *Scolum* ne subsistoit plus; car en décrivant le Chemin de Platée à Thèbes, il dit: [n] Avant de passer l'Asope, si en suivant son cours & en descendant vous voulez faire quarante Stades, vous verrez les ruines de la Ville de *Scolum*, parmi lesquelles s'est conservé un Temple non encore achevé de Cérès & de Proserpine, avec deux Bustes de ces Déesses.

2. **SCOLUS**, Strabon [o] nous apprend qu'il y avoit eu autrefois une Ville de ce nom, au voisinage de celle d'Olynthe.

SCOMBRARIA, Promontoire de l'Espagne Tarragonnoise: Ptolomée [p] le marque sur la Côte des Contestains, entre la Nouvelle Carthage & l'Embouchure du Tader. Il y apparence que c'est le Promontoire de Saturne de Pline, & que le nom moderne est *Cabo-di-Palos*.

SCOMBRI, nom d'un Peuple dont parle Etienne le Géographe [q], qui cite Sophocle; mais Berkelius croit que cet endroit est corrompu, & qu'au lieu de *Scombri*, on doit lire *Cimbri*; & il se confirme dans cette opinion, en voyant dans le Grand Etymologique qu'un certain Sophocle avoit écrit quelque chose des Cimbres.

SCOMBROARIA, Isle sur la Côte d'Espagne; Strabon [r] qui dit qu'on la nommoit aussi l'Isle d'Hercule la met à vingt-quatre Stades de la Ville de Carthage. Il ajoute que les Maquereaux *Scombri*, qu'on y peschoit lui avoient donné son nom.

SCOMBRUS, & SCOMIUS, noms qui ont été donnés à une partie du Mont Hemus. Le premier est employé par Aristote & l'autre par Thucydide. Voyez SCOMIUS.

SCOMIUS, Montagne de la Thrace: c'est une partie du Mont Hemus, voisine de Rhodope du côté du Septentrion. Le Fleuve Strymon, selon Thucydide, prenoit sa source dans cette Montagne.

SCOON,

SCO.   SCO.   389

SCOON, Bourg d'Ecosse dans la Province de Perth, un peu au-dessous de Rethwen, sur la rive gauche du Tai. Ce Bourg, qu'on nomme aussi *Scona*, fut autrefois célèbre à cause d'une riche Abbaye d'Augustins, fondée par le Roi David I. On y avoit transporté la fameuse Chaise de Marbre, qui servoit au Couronnement des Rois d'Ecosse. C'est cette Chaise qui fut enlevée par Edouard I. Roi d'Angleterre, & qu'on voit aujourd'hui dans l'Eglise de Westminster. On a conservé l'Eglise du Monastère de Scoon; mais tout le reste a été tellement ruiné qu'il n'en reste pas même des traces. David Murray, qui reçut du Roi Jacques VI. la Dignité de Baron de Scoon, & ensuite celle de Vicomte de Storton, rasa tout ce qui étoit demeuré de reste du Monastère & y bâtit un Palais magnifique, accompagné de grands & de beaux Jardins.

[*Délices de la Gr. Br. p. 1293.*]

SCOPADÆ, Peuples de la Thessalie. Le Scholiaste de Théocrite les place au voisinage de la Ville de Cranion. Stobée, Suidas & le Lyrique Simonide font aussi mention de ces Peuples.

[*b Ortelii Thesaur.*]
[*c Sermone 25. ex Homero.*]

1. SCOPE, Isle de la Mer de Rhodes, selon Pline.

[*d Lib. 5. c. 31.*]

2. SCOPE, Village d'Egypte: Ptolomée le marque dans le Nome de Libye.

1. SCOPELOS, Isle de la Mer Ægée: Elle est placée par Ptolomée près de la Côte de la Macédoine. Sophien la nomme *Scopulo*; on la connoît à présent sous les noms de *Scopuli*, *Scopelo*, *Scopello* & *Scogli*. Voyez SCOPOLI.

[*e Lib. 3. c. 14.*]

2. SCOPELOS, Isle que Pline place quelque part sur la Côte de l'Ionie.

[*f Lib. 5. c. 3.*]

3. SCOPELOS, Isle que Pline met au devant de la Troade.

[*g Lib. 5. c. 31.*]

4. SCOPELOS, Pline donne ce nom à l'une des Isles de la Propontide.

[*h Lib. 5. c. 32.*]

1. SCOPELUS, Ville de la Sarmatie Asiatique. Ptolomée la place sur le Fleuve Varadanus.

[*i Lib. 5. c. 9.*]

2. SCOPELUS, Ville de Thrace, au voisinage de *Zagora*, ou *Debelium*. Leunclavius dit que les Turcs nomment cette Ville *Ischeboli*.

[*k Ortelii Thesaur.*]
[*l Ex Leone Imp.*]

SCOPHARCHONBRA, Bourgade de la Palestine. Sozomène la place dans le Territoire de Gaza. Au lieu de *Scopharchonbra*, son Interprète lit *Chapharcobra*. Ce lieu est appellé *Capharéis* dans Nicéphore-Calliste.

[*m Ortelii Thesaur.*]
[*n Lib. 6. c. 29.*]
[*o Lib. 2. c. 32.*]

SCOPI. Voyez SCUPI.

SCOPIA EXTREMA, Promontoire d'Asie dans la Doride, selon Ptolomée. C'est le *Termerium Promontorium* de Strabon à ce que croit Villeneuve.

[*p Lib. 5. c. 2.*]

SCOPIUM, Ville de la Thessalie, selon Polybe. Cédréne fait aussi mention de cette Ville.

[*q Lib. 5. no. 99.*]

1. SCOPIUS, Montagne de la Macédoine: c'est Pline qui en parle.

[*r Lib. 4. c. 10.*]

2. SCOPIUS, Pline met un Fleuve de ce nom dans la Bithynie.

[*s Lib. 5. c. 32.*]

SCOPOLI, SCOPELO, SCOPELO, ou SCOGLI, Isle de l'Archipel, l'une de celles qui sont au devant du Golphe de Salonique, entre celles de Sciatti & de Dromi. Cette Isle que les Anciens appelloient SCOPELOS est située, selon Dapper, à une lieue & demie au Nord-Ouest du côté Occidental des Isles de Silodroni ou Silodromi, à six lieues pareillement au Nord-Ouest de *Porto San Georgio di Sciro*, à deux lieues à l'Orient de l'Isle de Sciatti, & à six lieues au Septentrion de l'Isle de Négrepont. Elle n'a que douze milles d'Italie de circuit, quoique Ferrarius lui en donne trente. Il y a une Ville devant laquelle les Vaisseaux peuvent donner fond sur dix, douze, & quatorze Brasses d'eau; mais ils n'y peuvent demeurer sur les ancres que par un Vent de Nord ou de Midi. Le Vent d'Orient souffle directement dans le Port. Delà vient qu'il se trouve mieux à l'abri près du bout Oriental de la Ville. On trouve outre cela un Golphe au Septentrion, ou à l'Orient des Rochers, où les Vaisseaux peuvent être à l'ancre & en même tems attachés au Rivage avec une corde; mais il y sont exposés aux Vents du Midi & du Sud-Est. Il y a aussi un petit recourbement de terre au bord Méridional de cette Isle, où les Vaisseaux peuvent être à l'ancre & à l'abri des Vents; & au côté Nord-Ouest de son Cap Sud-Ouest, ou au côté Occidental de l'Isle à quelque distance de son Cap Méridional, on trouve un fort bon Port qui s'avance vers l'Orient & le Sud-Est dans les Terres, mais qui n'est pas fort large. Il y a dans ce Port à son côté Méridionel, un Golfe où les Vaisseaux peuvent être à l'abri de toutes sortes de Vents, attachés d'un côté avec une corde au rivage & de l'autre arrêtés par des ancres sur dix-huit & vingt Brasses d'eau. Mais comme le Vent d'Occident est le traversier de ce Port, & qu'on en peut difficilement sortir quand il souffle, il y auroit de l'imprudence d'y aller mouiller, à moins qu'on n'y voulût être assiégé par les Galères des Turcs qui surprennent bien souvent les Vaisseaux qui y viennent charger du blé sans être munis d'un Passeport. C'est pourquoi il est plus sûr d'aller donner fond entre Scopelo & quelques petites Isles situées un peu au dehors de ce Port du côté du Septentrion, quoiqu'il y faille mouiller sur trente-six & quarante Brasses d'eau, & que ce soit une Rade toute nue & découverte, où les Vents du Septentrion & du Midi soufflent à plein & directement des deux côtés.

[*a Descr. de l'Archipel, p. 258.*]

La petite Isle sous laquelle les Vaisseaux vont donner fond est toute couverte d'Arbres.

Quoique l'Isle de Scopoli ne soit pas grande, comme elle a dix à douze mille Habitans qui ont grand soin de cultiver le terrein, fertile en plusieurs choses principalement en Vin; on peut dire que c'est une des meilleures Isles qui soit dans toute la Mer Ægée, si l'on en excepte Chio, Chipre, Rhodes, Candie & Négrepont. Le Vin que produit cette Isle, est si fort au goût des Vénitiens, qu'ils en boivent par communes années, à l'Armée ou à Naples, de Romanie pour quarante à cinquante mille

[*u Corn. Dict. sur des Mém. dressés sur les Lieux en 1706.*]

mille Ecus. Comme l'Isle n'en paye que cinq mille de tribut, les Habitans y sont à leur aise: ce sont gens de bonnes mœurs. C'est un même Eveque qui la gouverne pour le Spirituel, avec les autres Isles voisines. Les Cloches y sonnent en toute liberté, & on y voit par-tout la Croix arborée, de même que dans la Chrétienté; ce qui n'est pas ordinaire en Turquie, & sur-tout en Terre ferme, aussi n'y a-t-il pas de Turcs qui habitent dans toutes ces Isles. Il n'y en paroît pas même pour exiger le tribut que les Insulaires se sont engagés de porter eux-mêmes à Constantinople. Plusieurs Bâtimens François abordent à Scopoli, les uns pour la traite du Vin qu'ils vont revendre avec profit aux Vénitiens, les autres pour la traite du Bled, que les Côtes voisines fournissent en abondance. Il y a un Consul établi à Scopoli.

SCOPOLURA, Ville de l'Inde en deçà du Gange: Ptolomée [a] qui la place dans les Terres la donne aux Peuples *Aruarni*.

SCOPOS, Lieu de la Palestine [*], à sept cens soixante & quinze pas au Nord de la Ville de Jérusalem [b]. Tite plaça dans ce Lieu deux Légions, quand il vint attaquer Jérusalem.

SCOPULUS, Isle de la Mer Ionienne, selon Ptolomée [c] qui la marque aux environs de l'Isle de Céphalénie.

SCOPUM, Ville de la Petite Arménie. Ortelius [d] dit que la Ville que Curopalate & Zonare appellent *Scopum* est nommée *Coptos* par Cédrène, & placée au voisinage de l'Arménie Tephrique.

SCOPUS. Voyez Scoros.

SCORAS. Voyez Arar.

SCORDÆ, Peuples de la Bactriane. Ils habitoient, ainsi que les *Marycæi* & les *Varni*, au Midi des Tochares ou Thocares, selon Ptolomée [e].

SCORDISCI, ou SCORDISCÆ, Peuples de la Basse-Pannonie: Ptolomée [f] dit qu'il habitoient dans la partie Orientale de cette Province en tirant vers le Midi. Strabon [g] les met à l'Orient de la Pannonie πρὸς ἕω; & ils demeuroient, selon Tite-Live [h], entre les Dardaniens & les Dalmates. Les Scordisques n'eurent pas toujours une demeure fixe. On les voit tantôt à l'Orient de la Pannonie, tantôt au milieu de cette Province, quelquefois sur le bord du Danube, quelquefois des deux côtés de ce Fleuve, & en divers autres endroits. C'étoit un Peuple errant & d'une origine Gauloise, car Strabon [i] les appelle SCORDISCI-GALLI. Ils furent puissans, quand ils commencérent à paroître dans ces Quartiers; mais du tems de Strabon [k], ils étoient si peu considérables, qu'à peine connoissoit-on leur nom. Appien [l] nous apprend que ce fut Scipion qui les réduisit à ce triste état. Sextus Rufus qui en fait un Peuple de Thrace, écrit SCORDISSI, pour SCORDISCI.

SCORDISCUS-MONS, Montagne de la Cappadoce, selon Ptolomée [m]. C'est la Montagne *Scydises* de Strabon, & l'*Armonium*, ou plutôt l'*Armenius-Mons* d'Ammien-Marcellin.

SCORDUS. Voyez Scardus.

SCORINGA, Contrée où Paul Diacre [n] dit que les *Vinuli* s'arrêtèrent premièrement après être sortis de la Scandie. Cette Contrée devoit être aux environs de la Mer Baltique ou de la Mer Suévique.

SCOROBAS, Montagne dont parle Appien [o]. Ortelius [p] soupçonne que ce pourroit être le *Mont Hyppius*. Voyez Hyppius.

SCORPIANUS, nom national, selon Etienne le Géographe, qui cite Hérodote Ἑβδόμη, Septima.

SCORPIOFERA REGIO, Contrée qui est placée dans l'Arje par Ptolomée [q].

SCORPION, (la Montée du) ou la MONTÉE D'ACRABIM, Lieu de la Palestine [r], vers l'extrémité de la Mer Morte, au Midi de la Tribu de Juda. Quant à l'Acrabatène située dans le Pays de Samarie, & qui tiroit aussi son nom des Scorpions, ou du lieu nommé *Akrabim*, voyez ACRABIM & ACRABATENE.

SCORPIONIS ASCENSUS, c'est-à-dire la *Montée des Scorpions*. Voyez SCORPION.

SCORTON. Voyez MINTHE.

SCOTANA, ou SCOTINA, Lieu du Péloponnèse dans l'Arcadie, sur la Route de Caphyes à Psophis. Quand vous avez passé le Ladon, dit Pausanias [s] vous prenez par les Villages des Argéates, des Lycoates, de Scotine, & vous arrivez au Bois de Sôron.

SCOTI, Peuples de la Grande-Bretagne, dans sa partie Septentrionale. Aucun Auteur ancien n'a connu ces Peuples; ce qui fait conclure qu'ils n'ont pas été de toute ancienneté dans cette Isle, ou que du moins ils ne portoient pas ce nom là. Claudien [t] est le premier qui ait parlé des *Scoti*.

Scotorum cumulos flevit glacialis Ierne.

Et dans le Livre II. on trouve:

. . . . . totam quum Scotus Iernem
Movit.

Isidore de Séville dit [u] que l'Ecosse, *Scotia*, fut ainsi appellée du nom des Peuples *Scoti*, qui l'habitoient. Si nous en croyons Orose, l'Hybernie ou l'Irlande fut aussi habitée par ces mêmes Peuples: *Hybernia*, dit-il [x], *Scotorum gentibus colitur*.

Les Bretons furent à ce qu'on croit les premiers habitans de l'Ecosse. Après eux les Pictes y passèrent & y occupèrent les Contrées Orientales, & enfin les Scots furent le troisième Peuple qui passa dans ce Pays, où ils s'établirent du côté de l'Occident. Ils venoient, à ce qu'on croit, de l'Irlande; mais on ne convient pas du tems qu'ils y sont venus, les uns mettant cette Epoque plûtôt les autres plus tard. Les anciennes Chroniques du Pays, que Buchanan a suivies dans son Histoire, prétendent que les Scots passèrent d'Irlande en Ecosse sous la conduite d'un Roi nommé Fergus, fils de Ferquard, environ trois cens quarante ans avant Jésus-Christ. D'au-

D'autres prétendent qu'ils y sont passés deux ou trois cens ans après la naissance du Sauveur, & apportent entr'autres preuves ce passage de Claudien qui vivoit dans le III. & IV. Siècle :

———— totam cum Scotus Hybernen
Maris, & infesto spumavit remige Tethys.

où il fait manifestement allusion à une descente des Scots Irlandois dans la Bretagne : mais il est difficile de savoir si c'est la première fois qu'ils y passèrent, ou si plûtôt, comme les Ecossois le prétendent, ce ne fut pas un renfort de monde, que les Scots envoyoient à leurs compatriotes, ou bien, selon d'autres, une nouvelle tentative qu'ils firent sous le commandement de Renda ou Rutaris, pour rentrer dans cette partie de la Bretagne, après en avoir été chassez.

On dispute de même touchant l'origine des Pictes. Le vénérable Bede a écrit qu'ils étoient une Colonie de Scythes, c'est-à-dire d'Allemands du fond du Nord, qui étant poussée par la tempête vers les Côtes de l'Irlande, y fit alliance avec les Scots, & par leur conseil passa de là dans l'Ecosse, & s'établit le long de l'Océan Germanique, ayant pris des femmes parmi les Scots. D'autre part on remarque dans l'Histoire ancienne que les Pictes étoient une grande Nation, dont les Calédoniens faisoient partie ; & dans l'Histoire Romaine des deux premiers Siècles on voit le nom des Calédoniens, & jamais ni celui des Pictes ni celui des Scots, qui cependant auroient du être connus des Romains sous ce nom-là, s'ils l'avoient eu alors. Tacite qui connoissoit bien la Bretagne, par les Voyages & par les Conquêtes de son beau-pere Agricola, dont il a écrit la Vie, met toujours les Calédoniens au rang des Bretons.

On n'est pas moins partagé sur l'origine du nom des Pictes. Les uns prétendent que les Bretons d'Angleterre civilisés par les Romains & ayant apris leur Langue, donnèrent le nom de Pictes, c'est-à-dire Peints, aux autres Bretons, qui avoient gardé leurs vieilles manières sauvages, & sur-tout la mode de se peindre le corps. Mais d'autre part le nom de Pictes est écrit Pehites & Pechtes dans de vieux Auteurs Saxons, ce qui fait juger que ce nom pourroit bien tirer son origine d'ailleurs.

Le nom de Scots n'a pas été moins balotté ; mais le sentiment le plus généralement embrassé par de bons Auteurs Ecossois, est que ce mot vient du vieux Teutonique, *Scutten*, ou *Scuthen*, qui signifie Archers, & par conséquent qu'il a la même origine que le nom des Scythes. On remarque à ce sujet que les Ancêtres des Ecossois ont été très-habiles au maniement de l'Arc & de la Flêche, & que c'étoit leur principale arme.

Mais ce n'est pas tout, comme les Scots avoient passé de l'Irlande dans l'Ecosse, on demande encore de quel Pays ils étoient venus dans l'Irlande ? Les uns croient, qu'ils étoient une Colonie de Scythes, c'est-à-dire d'Allemans venus du Nord de la Germanie ; mais le sentiment le plus généralement reçu par les Ecossois est, que les Scots étoient venus d'Espagne, savoir des Côtes de la Gallice, & de la Biscaye ; & c'est peut-être à cause de cela que les Ecossois Sauvages, qui sont la vraie race des Scots anciens, s'appellent en leur langage *Gajothel*, & *Gaithel*, & leur Langue *Gaithlac*. Aussi a-t-on remarqué, sur le témoignage de Tacite, que les Peuples qui habitoient les Côtes Occidentales de la Bretagne, ou, comme parle aujourd'hui, de l'Angleterre, paroissent être venus d'Espagne, & avoient beaucoup de rapport avec les Espagnols. Il en pouvoit être de même des Côtes Occidentales de l'Ecosse, & en effet ce sont ces mêmes Côtes que les Scots occupoient, au lieu que les Pictes habitoient celles qui étoient à l'Orient.

Au reste les mœurs de ces Peuples n'étoient pas fort différentes de celles des Bretons de l'Angleterre : c'étoit de part & d'autre une barbarie égale, un grand amour pour les armes, & pour tous les exercices violens, une éducation dure, une grande habitude à supporter toutes les fatigues les plus rudes, toutes les incommodités de la guerre, toutes les injures de l'air, une grande sobriété, une grande simplicité, & beaucoup de bravoure & de courage, même dans les femmes, qui alloient à la guerre avec leurs maris. Mais chacun y servoit à ses dépens & y alloit de son bon gré, sans qu'il fut nécessaire de faire des enrôlemens. Ils avoient de certains Caractères hiéroglyphiques & sacrez, dont ils se servoient particuliérement dans les Monumens funéraires, comme Tombeaux, Epitaphes, Cénotaphes & semblables. On en voit encore aujourd'hui un de ce genre dans la Province d'Angus, ou le Cimetiére du Village de Meigil. Quand ils vouloient se divertir & faire débauche, comme on parle, ils se servoient d'une espèce d'eau de vie, ou de liqueur forte, qu'ils tiroient de diverses herbes odoriferantes, comme Thym, Marjolaine, Anis, Menthe & d'autres, qu'ils distilloient à leur manière. Ils haïssoient mortellement les gloutons, les yvrognes, & en général ceux qui pouvoient manger & boire excessivement. Ils les laissoient manger & boire tout leur soû, après quoi ils les noyoient. Ils ne pouvoient pas non plus souffrir de gens infectés de Maux contagieux, comme de Lépre, de Mal-caduc, des Lunatiques, ou semblables : tout autant d'hommes qu'ils en trouvoient atteints, ils leur coupoient les parties destinées à la génération, afin qu'ils ne pussent point mettre au monde de misérables enfans, chargés comme eux de vilaines maladies. S'il se trouvoit quelque femme qui en fût atteinte, ils l'empêchoient de se marier, & la contraignoient de vivre en séquestre ; & si une telle femme se laissoit engrosser, il n'y avoit point de miséricorde pour elle, on l'enterroit toute vive

vive avec son fruit. Dans la suite les Saxons s'emparèrent de la partie de l'Ecosse, dont les Romains avoient fait une Province, & en chassèrent les Scots & les Pictes, qui furent forcés de se retirer dans le Nord de leur Pays. Mais vers le milieu du neuvième Siècle, les Scots se rendirent maîtres du Pays des Pictes, & environ quarante ans après, sous le règne de Kenneth, ils se remirent en possession de la partie Méridionale de l'Ecosse, qui avoit été occupée par les Saxons Northumbriens, dont ils ruinèrent le Royaume. Ce fut alors que toute l'Ecosse, réunie sous un seul Maître, ne fut plus connue que sous le nom d'Ecossie, ou Scotland, d'où les François ont fait par corruption le nom d'Écosse; de là vient que nous appellons les Ecossois les Peuples, qui, dans leur Langue propre, s'appellent Scots.

SCOTIA. Voyez SCOTI.

SCOTITA, ou SCOTITAS, Bois du Péloponnèse, dans la Laconie. On lit dans Pausanias [e] que lorsqu'on étoit descendu du Lieu nommé *les Hermes*, on trouvoit un Bois planté de Chênes, qu'on appelloit le *Scotitas*, non à cause de son obscurité, comme on le pourroit croire, car Σκοτος signifie *des Ténèbres*; mais parce que dans ce petit Canton Jupiter étoit honoré sous le nom de Jupiter Scotitas, & qu'il avoit son Temple sur la gauche à dix Stades du grand Chemin. Mr. l'Abbé Gedoyn remarque à cette occasion que SCOTITAS est le terme dont Pausanias se sert, qu'Etienne le Géographe, qui a copié cet endroit, dit SCOTINAS, que c'est une faute, qu'il faut lire SCOTITAS, & que Polybe ne dit point autrement quand il parle de ce Bois à la fin de son seizième Livre. Ce n'est pas la seule faute qu'ait fait Etienne le Géographe dans cette occasion; car en alléguant l'autorité de Pausanias, il cite le Livre dixième au lieu du Livre troisième. C'est une faute, supposé que le nombre des Livres de Pausanias n'ait pas changé depuis Etienne le Géographe jusqu'à nous. Mr. l'Abbé Gedoyn ajoûte: On avoit donné à Jupiter le surnom de SCOTITAS, ou *le Ténébreux*, apparemment pour signifier que l'homme ne sauroit pénétrer dans les profondeurs de l'Etre Suprême.

SCOTIUM, Montagne de l'Asie Mineure. C'est là selon Appien [b] que le Pere de Mithridate avoit vaincu Triarius. Hirtius [c] décrit cette Montagne sans la nommer. Nous voyons par Plutarque qu'elle étoit aux environs de la Petite Arménie.

SCOTORUM VILLA [d]. St. Grégoire de Nicée nomme ainsi le Lieu où mourut l'Impératrice Placilla.

1. SCOTUSA, Ville de la Macédoine, selon Ptolomée [e], qui la met dans l'Audomantice au-dessus de *Berga*. Les Habitans de cette Ville sont appellez SCOTUSSÆI par Pline [f], qui dit qu'ils étoient libres, sous les Romains; & sur une Médaille qui fait voir que cette Ville étoit sur le Strymon, on lit ce mot ΣΚΟΤΟΥΣΑΙΩΝ.

[e] Lib. 3. c. 10.
[b] In Mithrid.
[c] De Bel. Alex.
[d] Ortelii Thesaur. Ex 4°. Annal Baronii.
[e] Lib. 3. c. 13.
[f] Lib. 4. c. 10.

2. SCOTUSA, SCOTYSA, ou SCOTUSSA, Ville de la Thessalie. Ptolomée [g] qui la donne aux Pélasgiotes, suit la première ou la seconde orthographe, ainsi que le Périple de Scylax & Plutarque [h]; Polybe, Tite-Live, & Pausanias [i] sont pour la dernière. Scotussa ne subsistoit plus du tems de ce dernier: car, dit-il, Alexandre Tyran de Phérés ayant pris cette Ville par composition, se moqua des conditions du Traité, & s'étant rendu Maître du Théâtre, où la plûpart des Habitans étoient assemblez, il les fit investir par ses Gardes & ses Archers, qui firent main basse sur eux; de sorte que presque tous les hommes furent massacrez. À l'égard des femmes & des enfans, on les fit esclaves & on les vendit à prix d'argent. Ce desastre arriva dans le tems que Phrasiclide étoit Archonte à Athènes, la seconde année de la cent deuxième Olympiade, où Damon de Thurium fut proclamé Vainqueur pour la seconde fois. Le peu de Scotusséens qui échappèrent à la cruauté du Tyran furent dans la suite obligez d'abandonner entièrement leur Ville, lorsque les Grecs battus pour la seconde fois par les Macédoniens succombèrent à leur mauvaise fortune. La Ville de Scotusse avoit donné la naissance au fameux Polydamas, qui se distingua au combat du Pancrace, & qui ajoûta une infinité de belles actions à l'éclat de ses victoires. Pausanias remarque que ce Polydamas étoit de la plus haute stature que l'on eut vu depuis les tems héroïques.

SCRIEFINNER. Mr. Baudrand [k] dit: Peuples de la Norwége dans le Gouvernement de Wardhus, vers le Cap du Nord, au Septentrion de la Finmarckie, & au Couchant des Lapons. Mr. Baudrand n'a pas pris garde qu'un Peuple ne pouvoit pas être en même tems vers le Cap du Nord & au Couchant des Lapons. Mais il y a bien autre chose à reprendre dans cet Article, qu'on peut réformer sur ce que dit Hermanidès [l]. Ces Peuples, dit-il, qui sont les *Scritofinni* de Paul Diacre, les *Scretofennæ* de Jornandès & les *Scritibinni* de Procope, ont été appellez depuis *Scredevindones*, & leur Pays a été nommé *Scredevinda*, ou *Scritivinda*; & c'est aujourd'hui la Laponie Moscovite. Voyez SCRITIFINNI.

SCRISSIA, Bourg ou petite Ville de la Dalmatie [m], sur la Côte de la Morlaquie, vis-à-vis de l'Isle de Pago. Niger croit que c'est l'*Argyrutum*, ou *Argiruntum* des Anciens.

SCRITIFINNI, ou SCRITHIFINNI, selon Procope, SCRITOFINNI, selon Paul Diacre & CREFENNÆ, ou SCRETOFENNÆ selon Jornandès; Peuples de la Scandie. Ils habitoient, dit Hermanidès [n], le Pays qui dans la suite a été nommé *Scredevinda*, ou *Scritivindia*; & ce Pays est situé sur la Côte de l'Océan Septentrional, dans la Laponie Moscovite, depuis les confins de la Finmarkie, jusqu'à l'entrée de la Mer Blanche. Procope [o] qui semble prendre la Scandie pour l'Isle de Thule décrit ainsi les mœurs des *Scritifinni*: Parmi, dit-il,

[g] Lib. 3. c.
[h] In Æmilio Probo.
[i] Lib. 6. c. 5.
[k] Dict.
[l] Descr. Norvegiæ, p. 46.
[m] Ibid.
[n] Descr. Norvegiæ, p. 46.
[o] Bell. Goth. Lib. 2. c. 15.

Il, les Nations Barbares qui habitent l'Isle de Thule, il n'y en a point de si sauvages que les Scritifinnes. Ils ne savent point l'usage des habits, ni des souliers. Ils ne boivent point de vin, & ne mangent rien de ce que la terre produit. Ils ne prennent pas aussi la peine de la cultiver; mais les hommes & les femmes s'adonnent uniquement à la chasse. Les Forêts & les Montagnes leur fournissent du Gibier en abondance. Ils vivent de la chair des Bêtes, & se couvrent de leurs peaux qu'ils attachent avec des nerfs, ne sachant pas l'art de coudre. Ils n'élevent pas leurs Enfans à la façon des autres Peuples: ils les nourrissent de la moële des Bêtes, au lieu de les nourrir du lait de leurs meres. Quand une femme est accouchée, elle enveloppe son enfant dans une peau, l'attache à un Arbre, lui met de la moële dans la bouche, & va aussi-tôt à la chasse, où les femmes ne s'exercent pas moins que les hommes. Voilà la manière de vivre de ces Peuples. Ils adorent plusieurs Dieux, & plusieurs Génies dont ils disent que les uns habitent dans le Ciel, les autres dans l'Air, les autres sur la Terre, & sur la Mer, & quelques petits dans les Fleuves & dans les Fontaines. Ils offrent souvent des Sacrifices, & immolent toutes sortes de victimes. Mais ils croient que la plus excellente de toutes est le premier homme qu'ils prennent à la guerre, & qu'ils sacrifient à Mars, le plus grand de tous leurs Dieux. La forme de leur Sacrifice n'est pas de le tuer simplement; mais c'est ou de le pendre à un Arbre, ou de le rouler sur des épines, ou de le faire périr par quelque autre genre de mort cruelle.

a Corn. Dict. Voyage de Lionnel Wafer. 1607.

SCRIVAN [a], Port de l'Amérique sur la Côte de l'Isthme de Darien, à trois lieues de la Pointe de Sambalos. Il est assés bon, mais comme son entrée, à peine de cinquante pas, se trouve entourée de Rochers, particulierement à l'Est, on ne peut s'y présenter sans péril. Il ne paroit pas assés profond pour recevoir aucun Vaisseau chargé, n'ayant en plusieurs endroits que huit ou neuf pieds d'eau. C'est un Pays fertile, & un lieu commode pour y descendre à l'Est & au Sud, où le terrein est bas & très-ferme pendant deux ou trois milles; mais du côté de l'Ouest c'est un Marécage de Mangles rouges. Ce fut en cet endroit marécageux que le Capitaine Coxon la sonda, & les autres Armateurs mirent pied à terre en 1678. lorsqu'ils allerent prendre Porto-Bello. Les Espagnols ne se servent plus du Port de Scrivan, & depuis plusieurs années, on n'y voit aucun Vaisseau, excepté quelque Armateur qui s'y arrête par hazard en passant. L'endroit où étoit autrefois Nombre de Dios, est à sept ou huit lieues plus loin vers l'Occident. Le Pays d'entre-deux est fort inégal, & l'on y voit de petites Montagnes qui panchent vers la Mer. Le terrein des Collines est plein de Rochers, il ne produit que des Arbrisseaux, & les Vallées ne sont arrosées que par de mauvaises petites Rivières.

SCRIVIA, Rivière d'Italie, au Duché de Milan [b]. Elle a sa Source dans l'Apennin, sur les confins de l'Etat de Gênes, qu'elle sépare durant plusieurs milles du Tortonèse, en coulant au Septentrion près de Voltage & de Serra-Valle; puis elle passe à Tortone, & à Castel-Novo-Tortonèse; après quoi elle se rend dans le Pô, à cinq milles au-dessous de Bassignana & du Confluent du Tanare.

b Baudrand, Dict.

SCROBILUM, Promontoire d'Espagne: Pomponius Mela [c] le place sur le Golphe Arabique. C'est le Promontoire que Ptolomée appelle Pharan. Il séparoit les Golphes Heroopolitique & Ælanitique.

c Lib. 3. c. 8.

SCROFANO, Village d'Italie [d] dans le voisinage de celui de Formello. Il est remarquable par une Soufrière assés abondante qui est dans une Montagne exposée au Midi. Elle est d'un revenu considérable & appartient à la Princesse des Ursins. Le Soufre se trouve dans une espèce de pierre comme le Tuf, de laquelle on le détache à coups de marteau. Après l'avoir écrasé on le met en des Pots de terre, que l'on dispose dans une Fournaise de telle sorte, que trois de ces Pots versent le Soufre fondu par la force du feu dans un quatrième Pot qui est sur le bord de la Fournaise. Ce quatrième Pot est percé par le haut pour laisser évaporer la fumée, & il y a aussi un trou en bas qui ne s'ouvre que pour le vuider quand il est plein. La séparation du Soufre est une chose très-simple; elle ne se fait qu'en ce que le Soufre se fondant, il se détache de la terre qui se précipite au bas du Pot dans le même tems que le Soufre qui est plus leger s'éleve au haut du Pot, d'où il coule par un canal de communication dans celui qui est sur le bord du Fourneau. On fait avec ce Soufre des Tasses où l'on met infuser de l'eau que l'on boit pour certains maux de Poitrine où le Soufre est bon.

d Corn. Dict. Sur le Journal MS. d'un Voyage d'Italie fait par Mr. de Langlade de l'Académie des Sciences.

SCULTENNA, Fleuve d'Italie, dans la Flaminie, & l'un de ceux qui se rendoient dans le Pô. Pline [e] met le *Gabellus* & la *Scultenna*, entre le Nicias & le Rhein, autrement le Rhein de Bologne; & le *Gabellus* étant aujourd'hui, à ce qu'on croit, *la Secchia*, il s'ensuit que la Scultenna est le *Panaro*. Tite-Live [f], Dion Cassius [g] & Appien [h] font aussi mention du SCULTENNA.

e Lib. 3. c. 16.
f Lib. 41. c. 18.
g Lib. 46.
h Civil. Bel.

SCUPI, Ville de la Haute Mœsie, dans la Dardanie, selon Ptolomée [i]. Etienne le Géographe écrit Σκόποι; à moins qu'il ne faille lire Σκοῦπο, pour rétablir l'ordre alphabétique qui est troublé dans cet endroit, comme l'a remarqué Berkelius. Etienne le Géographe met cette Ville dans la Thrace; mais il étend la Thrace trop loin. Trebellius Pollion dit [k]: *qualis apud Scupos in pugnando fueris.* Dans le Code Théodosien on lit: *Scuppi,* au lieu de *Scupi.* Selon St. Paullin de Nole [l] la Ville *Scupi* étoit voisine de la Dardanie:

Ibis & Scupos patriæ propinquos
. . . . . Dardanus hospes.

i Lib. 3. c. 9.
k Epist. Claudii Gothici in Regilliano.
l Carm. 17. ad Nicetam v. 195.

Ddd   Le

Le nom moderne est SCOPIA, selon Tzetzès, Gregoras & Sophien, & on l'appelle vulgairement *Uschup*.

SCURCOLA, ou SCURÇOLA, Village d'Italie [a], au Royaume de Naples, dans l'Abbruſſe Ultérieure, au Couchant du Lac de Celano, entre les Bourgs d'Albi & de Tagliocoſſo. On le prend pour l'ancienne *Cuculum*, Ville des Marſes.

[a] *Baudrand, Dict.*

SCURELLUR, Ville de l'Inde en deçà du Gange: elle eſt miſe par Ptolomée [b] au nombre de celles qui ſe trouvoient entre le Pſeudoſtome & le Fleuve Baris. Le MS. de la Bibliothéque Palatine lit *Curellur*, au lieu de *Surellur*.

[b] Lib. 7. c. 1.

SCURGUM, Ville de la Germanie: Ptolomée [c] la met au nombre des Villes qui étoient dans le Climat le plus Septentrional. Villeneuve & Molet veulent que le nom moderne ſoit *Schmeben*.

[c] Lib. 2. c. 11.

SCUSSA, ou ſelon le Grec SCHUSÆ [d]; Village d'Egypte, dans la Préfecture Hermopolitaine, ſelon Ælien [e]: Voyez PHYLACE.

[d] *Ortelii Theſaur.*
[e] *De Animal.*

SCUTANA, Strabon [f] appelle ainſi le Fleuve SCULTENNA. Voyez ce mot.

[f] Lib. 5. p. 218.

1. SCUTARI, Ville d'Aſie, dans l'Anatolie, vis-à-vis du Port de Conſtantinople, entre les deux Promontoires du Serrail & de Galata, ſur la pente d'une Montagne du côté du Sud. Quoique ce ne ſoit pas la coutume des Turcs [g], de rebâtir les Villes ruïnées, ils ont pourtant relevé Scutari, que les Perſans avoient mis en cendre. Il eſt vrai que les Turcs regardent cette Place comme un des Fauxbourgs de Conſtantinople, ou comme leur premier Repoſoir en Aſie; c'eſt d'ailleurs un des principaux Rendez-vous des Marchands & des Caravanes d'Arménie & de Perſe qui viennent trafiquer en Europe. Le Port de Scutari ſervoit autrefois de Retraite aux Galéres de Chalcédoine; & ce fut à cauſe de ſa ſituation, que les Perſes qui méditoient la Conquête de Gréce, le choiſirent non ſeulement pour en faire une Place d'armes, mais pour y dépoſer l'Or & l'Argent qu'ils tiroient par Tribut des Villes d'Aſie. Tant de richeſſes lui firent donner le nom de Chryſopolis, ou Ville d'Or, ſelon Denys de Byzance, au rapport d'Etienne le Géographe, qui ajoute pourtant que l'opinion la plus commune étoit, que le nom de Chryſopolis vient de Chryſès fils de Chryſeïs & d'Agamemnon. Conſtantin Manaſſès marque ſi bien la ſituation de Chryſopolis, qu'on ne peut pas douter que ce ne ſoit Scutari, quoiqu'il aſſure auſſi que ceux qui ont pris cette Ville pour Uranopolis, ne ſe ſont pas trop éloignés de la vérité. C'étoit peut-être le nom de la Ville avant que les Perſes s'en fuſſent rendus les Maîtres; & ce nom qui ſignifie la Ville du Ciel, ne lui étoit pas moins glorieux que celui de la Ville d'Or. Quoiqu'il en ſoit, elle eſt deſtinée à ſervir de Retraite à des Maltotiers; car les Athéniens, par le Conſeil d'Alcibiade, y établirent les premiers une eſpéce de Douane pour faire payer les Droits à ceux qui navigeoient ſur la Mer Noire. Xénophon aſſure qu'ils firent murer Chryſopolis; cependant c'étoit bien peu de choſe du tems d'Auguſte, puiſque Strabon ne la traite que de Village. Aujourd'hui c'eſt une grande & belle Ville, & même la ſeule qui ſoit ſur le Boſphore du côté d'Aſie. Cédren nous aprend qu'en la 19. année de l'Empire du Grand Conſtantin, Licinius ſon beau-frere, après avoir été battu pluſieurs fois ſur Mer & ſur Terre, fut pris priſonnier dans la Ville de Chryſopolis, & de là conduit à Theſſalonique, où il eut la tête tranchée. La Ville de Scutari eſt embellie d'une Moſquée Royale [h], bâtie par la Sultane, Mere de l'Empereur Mahomet IV. On entre dans cette Ville après avoir traverſé un grand Cimetiére, contenant dix ou douze Acres; ce qui eſt aſſés commun en Turquie, où l'on n'enterre jamais les Morts dans le même endroit, où il y en a eu d'autre enterrés; & c'eſt ce qui eſt cauſe que les Turcs mettent une pierre à la tête & aux pieds de chaque Corps. Un peu au delà, ſur le haut de la Montagne, on a une belle vûe aux environs de Conſtantinople, de Galata, de la Mer de Marmora & du Boſphore. Le Grand-Seigneur y a une Maiſon de plaiſir, que quelques-uns appellent *Seray*, dont les Etrangers font le nom de *Serrail*.

[g] *Tournefort, Voyage du Levant, Lettre 15. p. 68.*

[h] *Wheler, Voyage de Gréce, T. 1. Liv. 2.*

A une petite diſtance de la Ville de Scutari, il y a dans le Boſphore un Ecueil, ſur lequel eſt bâti un petit Fort, garni de quelques Piéces de gros Canon, & appellé la *Tour-Vierge*. Cet Ecueil eſt preſque au milieu du Canal; & ce qu'il y a de remarquable, c'eſt qu'encore qu'il n'ait pas plus de trente Braſſes de circuit, & qu'il ſoit environné de la Mer à un demi quart de lieue tout à l'entour, on ne laiſſe pas d'y trouver une Fontaine d'eau douce.

2. SCUTARI [i] (Le Cap de), eſt le même que celui qu'on appelloit anciennement le *Bœuf* ou *le Paſſage du Bœuf*; ce qui prouve qu'il faut prendre cet Endroit-là pour le commencement du Boſphore, puiſque ce Bœuf, ou cette Vache prétendue y traverſa le Canal à la nage. Quand Polybe parle de la route qu'il faut tenir pour aller de Chalcédoine à Byzance, il remarque avec raiſon qu'on ne ſauroit traverſer directement la Mer, à cauſe du grand Courant, qui eſt entre ces deux Villes; mais qu'il faut ranger la Côte, & venir au Promontoire appellé Bœuf. De même pour déſigner le cours du Courant du Boſphore, il avertit que ce Courant vient du Cap des Eſties, où eſt aujourd'hui Couroqchiſmé, & qu'il paſſe au Lieu appellé le Bœuf ou la Vache; car les Poëtes ont auſſi publié qu'Io, Maîtreſſe de Jupiter avoit paſſé ce Détroit déguiſée en Vache. Charès Général Athénien, battit, auprès de ce Cap, la Flote de Philippe de Macédoine, qui aſſiégeoit Byzance. On y enterra Damalis, femme de ce Général, laquelle mourut de maladie durant ce Siège; & les Byzantins, pour reconnoître plus authentiquement les ſervices que Charès leur avoit rendus, y dreſſèrent encore un Autel en l'honneur de ſa femme & une Colonne, qui ſoutenoit ſa Statue.

[i] *Tournefort, Voyage du Levant, Lettre 15. p. 67.*

Statue. Or ce Lieu retint le nom de *Damalis*, qui signifie *une Vache*. Codin qui rapporte cette Histoire l'a prise dans Denys de Byzance, où l'on trouve une ancienne Inscription qui en fait mention. Le Serrail de Scutari occupe aujourd'hui le Cap de la Vache. Je crois, continue Mr. de Tournefort, que ce Serrail fut bâti par Solyman II. La Fontaine d'Hermagora, dont parle Denys de Byzance, doit se trouver dans son enceinte. Il ne faut pas confondre ce Cap avec le Marché aux Bœufs de Constantinople, que les Historiens ont quelquefois appellé simplement le Bœuf, & qui étoit dans la onzième Région de la Ville.

SCYATI. Voyez SCIATTI.

SCYBELUS, Lieu de la Pamphylie. Il donnoit le nom au Vin Scybélite, dont Hesyche [a], & Aretée le Cappadocien [b] font mention.

[a] *In Verbo Cescas.*
[b] *Lib. 2. Morbor. acutor. & lib. 1. Diuturnor.*

SCYBRUS, Etienne le Géographe qui cite Théopompe, nomme ainsi une petite Contrée de la Macédoine. Il ajoûte que le nom National étoit SYBRIUS.

SCYDISSES. Voyez SCORDISCUS.

SCYDRA, Ville de la Macédoine: Ptolomée [c] la marque dans l'Emathie. Pline [d] & Etienne le Géographe parlent aussi de cette Ville.

[c] *Lib. 3. c. 13.*
[d] *Lib. 4. c. 10.*

SCYDRUM, Siméon le Métaphraste, dans la Vie de St. Théodore Archimandrite, parle d'une Ville de ce nom [e] qu'il place sur le Fleuve Sagaris. Il y avoit un Fleuve Sagaris dans la Lydie.

[e] *Ortelii Thesaur.*

SCYLACE. Voyez SCYLACEUM.

SCYLACEUM, Ville d'Italie chez les Brutiens, dans le Golphe Sylaceus, selon Pomponius Mela [f] dont quelques MSS. lisent *Scylaceum*. Ptolomée [g] suit cette dernière orthographe. Le MS. de la Bibliothéque Palatine porte cependant *Scylaceum*, & quelques autres MSS. lisent *Scylletium*. Strabon [h] & Pline [i] disent que les Athéniens qui en furent les Fondateurs la nommèrent SCYLLETIUM & que dans la suite on l'appella SCYLACIUM. Elle avoit un Promontoire ou Ecueil que Virgile [k] appelle *navifragum Scylaceum*. Le nom moderne de cette Ville est *Squillace*, ou *Squillacci*. Ces noms, selon le Cardinal Baronius [l], tirent leur origine du voisinage de Scylla, ce fameux Ecueil, si connu chez les Historiens & chez les Poëtes. D'autres Auteurs pourtant, qui ne trouvent pas que la proximité soit assez grande, veulent, que cette Ville ait pris son nom de *Scilla*, parce que le Promontoire proche duquel elle est bâtie est un autre Scilla, c'est-à-dire très-dangereux [m]. Aussi dit-on qu'Ulysse fit naufrage en cet endroit, & qu'il y commença une Ville du débris de sa Flote. Quoique cette Fondation qu'on rapporte à Ulysse soit apparemment fabuleuse, on sait néanmoins que toute la Calabre a été autrefois habitée par des Grecs, & que même on appelloit ce Pays-là, & tout ce qui est à l'extrémité de l'Italie vers le Midi, la Grande Gréce.

[f] *Lib. 2. c. 4.*
[g] *Lib. 3. c. 1.*
[h] *Lib. 6. p. 261.*
[i] *Lib. 3. c. 10.*
[k] *Æneïd. 3. v. 551.*
[l] *Ad An. 562.*
[m] *De Ste. Marthe, Vie de Cassiodore, liv. 1.*

Cassiodore vint au monde dans la Ville de *Scylaceum*, comme on l'apprend d'une de ses Lettres, dans laquelle [n] il donne de grands éloges à cette Ville. Il y parle de sa Fondation attribuée au fameux Ulysse. Il y fait une charmante peinture de sa situation agréable sur le bord de la Mer Adriatique; car c'est ainsi que l'on appelloit autrefois cette Mer, qu'on nomme aujourd'hui de ce côté-là, Mer de Sicile. Elle fait en cet endroit un Golphe, qu'on nomme encore Golphe de *Squillace*. Cette Ville, dit Cassiodore, s'éloigne du Rivage en s'élevant doucement, environnée d'un côté de fertiles Campagnes, & de l'autre baignée de la Mer. Le Soleil lui fait part de ses rayons dès qu'il se léve, & jamais ni nuages ni brouillards ne lui en dérobent la lumière; en quoi ce Lieu est plus favorisé de ce bel Astre que Rhodes même, qui est appellée sa Patrie. L'Air y est aussi fort tempéré. On n'y éprouve point l'incommodité des Saisons. Cassiodore ajoûte, que cette juste température produit d'excellentes qualitez dans les esprits des Habitans, & même les dispose à la Vertu. C'est un charmant Spectacle, continue-t-il, de voir de la Ville, sans se lever de son siége, des Vignes qui promettent une abondante Vendange, des Aires pleines de riches Moissons, & des Campagnes couvertes d'Oliviers. Il décrit dans la douzième Lettre du Livre douzième l'excellence du Vin qu'on recueilloit à Squillace, & les effets merveilleux que ce Vin produisoit, guérissant les Dyssenteries, desséchant les Playes & les Ulcéres, &c. Il finit sa quinzième Lettre du même Livre en disant qu'il croit le Séjour de cette Ville plus heureux que celui des Isles Fortunées. Cette Description, qui a quelque chose d'étudié, marque assez l'inclination singulière que ce grand Homme avoit toûjours conservée pour sa Patrie. Il en donna encore de plus fortes preuves par les grands Travaux qu'il entreprit pour la décoration & pour la commodité de cette Ville [o], lorsqu'il étoit Préfet ou Gouverneur de l'Abruzze & de la Lucanie, & qu'il faisoit sa résidence ordinaire à Squillace.

[n] *Lib. 12. Ep. 15.*
[o] *Lib. 1. Ep. 3.*

SCYLACIUM. Voyez SCYLACEUM.

SCYLÆUM. Voyez SCYLLÆUM.

SCYLAX, Fleuve de l'Asie Mineure, dans le Pont. Strabon [p] dit que ce Fleuve se perdoit dans l'Iris, après que ce dernier avoit commencé à prendre son cours vers l'Orient, & avant qu'il eût baigné la Ville d'Amasie.

[p] *Lib. 12. p. 547.*

1. SCYLLA, Ecueil que Pline [q] met dans le Détroit qui sépare l'Italie de la Sicile: *In eo Freto*, dit-il, *est Scopulus Scylla*, & Pomponius Mela [r] dit: *Scylla Saxum est*. Ni l'un ni l'autre ne marque si ce Rocher ou cet Ecueil est tout environné de la Mer, ou attaché à la Côte. Mais Strabon [s], qui au lieu de Scylla écrit *Scyllæum Saxum*, dit que c'est un Rocher élevé, presque tout entouré de la Mer, & qui tenoit seulement au Continent d'Italie par un Isthme assez bas; qui de côté & d'autre offroit une Retraite aux Vaisseaux. Mais si l'on étoit à l'abri, quand on étoit dans ces Ports, il n'y avoit pas la même sûreté à en approcher; ce qui a fait dire à Virgile [t], en parlant de ce Rocher:

[q] *Lib. 3. c. 8.*
[r] *Lib. 2. c. 7.*
[s] *Lib. 6. p. 256.*
[t] *Æneïd. 3. v. 432.*

Ora

Ora exsertantem, & Naves in Saxa trahentem.

Et un peu plus bas:

Scyllam & cæruleis Canibus resonantia Saxa.

Au mot *Siglio*, qui est le nom moderne, j'ai parlé de la Fable qui vouloit que Scylla fût un Monstre Marin environné de grands Chiens, qui aboyoient incessamment. Tout cela n'étoit que dans l'imagination des Poëtes. Les Historiens plus sages parloient autrement. Ce n'est pas, dit Procope [a], qu'il y eût dans ce Détroit un Monstre qui eût un visage de femme, comme il l'ont inventé, mais c'est qu'il y avoit une grande quantité de Chiens Marins. Les noms qu'on impose aux choses leur sont toujours convenables dans le commencement; mais la Renommée, qui les porte à des hommes d'un autre Siècle, leur en ôte les véritables idées, & leur en donne de fausses. Le Tems contribue à autoriser les Fables, & se sert de l'Art des Poëtes, pour les consacrer. Ainsi, parce que les Habitans de Corfou, appellérent autrefois *Tête de Chien*, le Promontoire de cette Isle, qui est du côté d'Orient, quelques-uns ont cru qu'il y avoit des hommes, qui avoient la tête semblable à celle des Chiens. De même quelques-uns se sont imaginez, que vers Pise il y avoit des hommes qui avoient des têtes de Loup, à cause qu'il y a dans ce Pays-là une Montagne qui en porte le nom.

[a] Bell. Goth. Lib. 3. c. 27.

2. SCYLLA, Ville des Brutiens, selon Pomponius Mela [b], où on lit: *In Brutio sunt, Columna regia, Rhegium, Scylla*, &c. Cette Ville est appellée SCYLLÆUM par Pline [c]. Elle étoit apparemment au pied du Rocher de Scylla, dans l'endroit où est aujourd'hui la petite Ville de *Siglio*. Voyez SIGLIO.

[b] Lib. 2. c. 4.
[c] Lib. 3. c. 5.

3. SCYLLA, nom d'une Isle voisine de la Chersonnèse de Thrace. Pline [d] la met au nombre des Isles desertes.

[d] Lib. 4. c. 12.

1. SCYLLÆUM, Promontoire du Péloponnèse, dans l'Argie selon Pline [e] & Pausanias [f]. Ce dernier nous en donne la position précise de la manière suivante: Du côté de la Mer, où se termine le Territoire d'Hermione, vous trouvez le Temple de Cérès surnommée Thermesia. Sur la même ligne, à la distance de quatre-vingt Stades au plus, on rencontre le Promontoire de Scylla, ainsi appellé du nom de la fille de Nisus; car, après que cette Princesse eut, par sa perfidie, facilité à Minos la Prise de Nisée & de Mégare, non seulement Minos ne l'épousa point, mais il la fit jetter dans la Mer par les Crétois. Le Flot emporta le Corps au pied de ce Promontoire, où il demeura exposé & fut la proye des Oiseaux de la Mer. Le Périple de Scylax, & Tite-Live mettent le Promontoire SCYLLÆUM dans le Territoire d'Hermione; & au lieu de SCYLLÆUM, Ptolomée [g] lit SCYLLIUM. Ses Interprétes suivent pourtant la premiére orthographe. Le nom moderne selon quelques-uns est *Cabo-Sygillo*, ou *Cabo-Scylli*, & selon d'autres *Cabo-Damala*.

[e] Lib. 4. c. 5.
[f] Lib. 2. c. 34. Traduct. de Mr. l'Abbé Gedoyn.
[g] Lib. 3. c. 16.

2. SCYLLÆUM. Voyez SCYLLA.

1. SCYLLETIUM. Voyez SCYLACEUM.

2. SCYLLETIUM, Montagne de l'Isle de Créte. C'est Etienne le Géographe qui en parle.

SCYLLIUM. Voyez SCYLLÆUM. No. 1.

SCYLLUNS. Voyez SCILUNS.

SCYMNITÆ, Peuples de la Sarmatie Asiatique: Ils sont placés par Ptolomée [h] entre les *Sapothrenæ* & les *Amazones*. Etienne le Géographe écrit SCYMNIADÆ, au lieu de SCYMNITÆ. Peut-être ces Peuples sont-ils les mêmes que les SCYMNI [i], Peuples de la Lazique, dont il est parlé dans les Authentiques.

[h] Lib. 5. c. 9.
[i] Orient. Thesaur.

SCYPHIA, Bourgade des Clazoméniens, selon Etienne le Géographe, qui ajoute qu'on écrit aussi SCYPIA. Voyez SCYPPIUM.

SCYPPIUM, Ville de l'Asie Mineure, dans l'Ionie, aux Confins des Colophoniens. Elle fut fondée, selon Pausanias [k], par les Clazoméniens, qui s'en étant dégoûtés, & en étant sortis, se fixérent dans le Pays, où ils bâtirent la Ville de Clazomène en Terre-ferme. Cette Ville *Scyppium* pourroit bien être celle qu'Etienne le Géographe appelle SCYPHIA.

[k] Lib. 7. c. 3.

SCYRAS. Fleuve du Péloponnèse, dans la Laconie. Pausanias dit [l], qu'un peu plus loin que le Bourg d'Araine, où l'on voyoit la Sépulture de Las, étoit une Rivière qui se déchargeoit dans la Mer. Cette Rivière, qui autrefois n'avoit point de nom fut, ajoute-t-il, appellée SCYRAS, depuis que Pyrrhus, fils d'Achille, y aborda ses Vaisseaux, après s'être embarqué à Scyros, pour venir épouser Hermione. Au delà de cette Rivière étoit un vieux Temple, & à quelque distance de ce Temple, un Autel de Jupiter. En remontant vers la Terre-ferme, à quarante Stades de l'Embouchure de Scyras, on trouvoit la Ville de Pyrrhique.

[l] Lib. 3. c. 24.

1. SCYRI, Peuples de l'Inde: Pline [m] semble les placer aux environs de l'Ariane.

[m] Lib. 6. c. 23.

2. SCYRI, Pline [n] dit que quelques-uns vouloient que l'Eningie fut habitée jusqu'à la Vistule par les Sarmates, les Venèdes, les *Scyri*, & les *Hirri*. Zosime [o] compte les *Scyri* parmi les Huns qui furent battus par l'Empereur Théodose, & contraints de repasser le Danube, & de retourner dans leur Pays. Procope les met avec les Goths & des Alains, comme un Peuple du Septentrion. Au lieu de SCYRI Sozomène écrit SCYRRI, & Jornandès SCIRI.

[n] Lib. 4. c. 13.
[o] Lib. 4.

SCYRMUS, Etienne le Géographe met une Ville de ce nom dans la Dolionide près de Cyzique.

SCYRRI. Voyez SCYRI.

SCYRTONIUM. Voyez SCIRTONIUM.

1. SCYRUS, SCYROS, Isle de la Mer Ægée, à l'Orient de celle d'Eubée. Strabon & Pline en font mention. Ptolomée [p] y marque une Ville de même nom: Σύρος νῆσος καὶ πόλις, *Scyrus Insula & Oppidum*. Elle étoit fameuse dans l'Antiquité par l'exil, & par la mort de Thésée Roi d'Athènes. Les Dolopes habitérent autrefois cette Isle, & comme ils se rendoient insup-

[p] Lib. 3. c. 13.

insupportables par leurs Brigandages, Cimon l'Athénien, comme le disent Plutarque [a] & Thucydide [b], les chassa de cette Isle. Elle conserve encore à présent son ancien nom; car cette Isle est connue parmi les Italiens, suivant l'inflexion de leur Langue [c], & de leur Prononciation sous les noms de Sciro, d'*Isola di Sciro*, & de *San Giorgio di Sciro*. C'est une des Cyclades, & que Pline compte la derniére, tant entre les Cyclades qu'entre les Sporades. On lui a donné le nom de Scyros à cause de son inégalité, car elle est toute hérissée de pierres, & de Rochers; & *Scyrodes*, dans la Langue Grecque, signifie *pierreux*. Cette Isle est située à dix ou onze lieues au Septentrion du Cap de Martelo, ou de Doro, qui est le Cap Sud-Est de l'Isle de Négrepont; mais elle est à six ou sept lieues à l'Orient du côté Oriental de la même Isle. Elle a l'Isle de Lesbos ou Metelin à seize ou dix-huit lieues du côté d'Orient; celle de Lemnos à une pareille distance, vers le Nord-Est, & celle de Scoppelo à six ou sept lieues du côté du Nord-Ouest. Elle s'étend en longueur du Septentrion au Midi, & a quatre-vingt milles d'Italie de circuit, suivant quelques-uns, ou soixante & dix milles selon d'autres. Cette Isle est haute & pleine de Montagnes, & de Forêts. On lui donne à peu près la figure d'un Triangle; car elle a trois côtés dont l'Oriental est situé entre la Pointe Méridionale, & la Septentrionale; celui qui regarde au Nord-Ouest est entre cette derniére & la Pointe Occidentale; & celui du Sud-Ouest, entre les Pointes Occidentale & Méridionale. Les Pelasgiens, & les Cariens l'ont autrefois habitée.

L'Isle de Scyros avoit anciennement une Ville de même nom. Il y a même quelques Auteurs qui lui donnent encore aujourd'hui une petite Ville ou Bourg, & quelques Villages du nombre desquels sont Meniana & San-Polo, avec une Montagne appellée *Rachiano*. Elle étoit renommée parmi les Anciens à cause de ses Carriéres de Marbre tacheté, & plein de Veines. On y trouve une certaine Pierre qui flotte sur l'eau quand elle est entiére, mais qui va à fond quand elle est en piéces. Cette Isle étoit la Patrie aussi-bien que le Royaume de Lycomède, d'une des filles duquel, appellée Deïdamie, Achille fils de la Déesse Thétis abusa, & en eut un fils nommé Pyrrhus, & surnommé Néoptolème; ce qui est cause que Strabon rapporte que l'Isle de Scyros est renommée par l'Alliance de Lycomède avec Achille, & par la Naissance & l'Education de Néoptolème. Comme elle est fort hérissée de Rochers, & par conséquent stérile, elle avoit passé en commun Proverbe parmi les Anciens pour signifier un misérable & chetif Royaume, & c'est ce qu'on entendoit par la Principauté de Scyros.

Aujourd'hui cette Isle est habitée par des Chrétiens Grecs, qui s'appliquent beaucoup à la culture des Vignes, qui leur produisent de fort bon Vin. Porcachi a cru qu'elle étoit inhabitée, s'imaginant qu'il n'y auroit pas tant de Bêtes sauvages si elle étoit pourvue d'Habitans, & cultivée. Lors qu'elle étoit au pouvoir des Chrétiens, elle fut érigée en Evêché, sous l'Archevêché de Rhodes.

Il y avoit autrefois dans cette Isle de si bonnes Chévres, que Strabon dit qu'elles la rendirent recommandable. Leur lait étoit excellent; mais elles avoient le défaut de le renverser souvent d'un coup de pied, quand le sceau, où l'on venoit de le traire, étoit plein. Delà les Anciens avoient pris occasion d'appeller *Chévres de Scyros*, ceux qui se démentant dans leur conduite confondoient le Vice avec la Vertu, & obscurcissoient l'éclat de leurs bonnes actions & de leurs bienfaits par un mélange honteux d'un nombre d'autres actions lâches & injustes.

On trouve au côté Méridional de l'Isle de Scyros trois ou quatre petites Isles, qui de loin paroissent assés hautes; & à l'Occident de son Cap Méridional, près d'une Vallée basse & enfoncée, il y a un Port appellé par les Italiens *Porto San Giorgio*. Au devant de l'entrée de ce Port, vers sa Pointe Méridionale sont deux petites Isles rondes, de couleur rougeâtre. L'endroit, le plus sûr & le plus commode pour entrer dans ce Port, est entre ces deux Isles & une troisième, située près du côté Septentrional de celle de Scyros, & qui est fort basse & unie. Lorsque les Vaisseaux ont passé l'Embouchure du Port, ils prennent du côté de l'Orient & vont donner fond dans un Recourbement ou Golphe qui se va terminer au pied d'une Montagne, où l'on jette une amarre à Terre. Dans cet endroit on a vingt-huit à trente Brasses d'eau; mais un peu plus avant en tirant vers le Nord, le Port s'élargit & forme une grande Baye, dont le Fond est sablonneux, & où les Vaisseaux peuvent aller mouiller sur dix, douze & quatorze Brasses. Ils y sont à l'abri de toutes sortes de Vents, à la reserve de ceux du Midi qui soufflent directement dans le Port. Ce Port est par-tout beau & large, & son Fond est net & sain. Ainsi les Vaisseaux y peuvent entrer & sortir en tout tems par l'entrée dont il a été parlé. On peut aussi prendre sa Route entre l'Isle basse & unie, & le Rivage Septentrional de Scyros; mais dans cet endroit l'Ouverture est fort étroite, quoiqu'il y ait six ou sept Brasses de profondeur.

Le Cap Septentrional de Scyros, situé à l'autre bout de l'Isle, est sale & plein de Rochers jusqu'à plus d'une lieue en Mer, tirant vers le Septentrion. Ces Rochers sont parsemés de côté & d'autre autour du Cap. Plusieurs d'entre eux paroissent au-dessus de l'eau; mais il y en a de cachés dessous; de sorte qu'il n'est pas sûr d'en approcher. A l'Occident de Scyros on découvre deux petites Isles, dont la plus Orientale appellée SCHASOLI dans les Cartes Marines & autrement SCHIRODOLA est basse & peu considérable: la plus Occidentale se nomme Scanda, dans quelques Cartes Marines. A deux lieues & demie

[a] In Cimone.
[b] Lib. 1. p. 65.
[c] Dapper, Descr. des Isles de l'Archipel, p. 256.

demie de cette derniére, du côté du Nord-Nord-Ouest, en penchant un peu vers le Septentrion, & directement à l'Occident du Cap Septentrional de Sciro, sont situées trois ou quatre Isles basses, appellées DIADERSI, ou ADERSI, & par les Hollandois *de Broeders*; c'est-à-dire les Freres. Les Vaisseaux ne se doivent pas trop approcher du côté Oriental de ces Isles, parce qu'il est plein de Basses & de Rochers. On trouve enfin à une lieue & demie au Nord-quart-au-Nord-Ouest des quatre dernieres, trois autres petites Isles appellées SILODRONI, & autrement SORELLI dans quelques Cartes Marines. Les Vaisseaux prennent leur Route entre les deux plus Septentrionales, dont celle qui en approche le plus a un Village avec un Port tout auprès, où les Vaisseaux peuvent aller mouiller sur six, sept, huit & dix Brasses d'eau. Les Mariniers y trouvent de bon Vin & du Bois pour brûler; mais fort peu d'autres provisions pour leurs Navires.

2. SCYRUS, ou SCYROS, Isle de l'Archipel & l'une des Cyclades, selon Ptolomée [a], qui y marque une Ville. L'Isle de Scyros, dit Pline [b], est à quinze mille pas de celle de Delos. On la nommoit aussi SYRA; car Suidas qui étoit né dans cette Isle l'appelle de la sorte. C'est l'Isle SYRIA d'Homere [c]:

[a] Lib. 3. c. 15.
[b] Lib. 4. c. 12.
[c] Odyss. O, v. 402.

Νῆσός τις Συρίη κικλήσκεται (ἔπω ἀκέεις)
Ὀρτυγίης καθύπερθεν.

SCYTALA INSULA, Isle que Pline [d] place dans le Golphe Arabique.

[d] Lib. 6. c. 29.

SCYTHÆ. On donna anciennement le nom de Scythes [e] à tous les Peuples du Septentrion, principalement à ceux du Septentrion de l'Asie; car quoique plusieurs Auteurs marquent des Scythes en Europe, & que Pline les donne pour des Peuples limitrophes du Pont, conjointement avec les Dardaniens, les Triballiens, les Mœsiens & les Thraces, ces Scythes sont plus souvent appellés Gétes, ou Sarmates quand on veut les prendre dans un sens plus étendu. Presque toujours par le nom de Scythes, on entend des Peuples Asiatiques. Aussi Pomponius Mela [f], après avoir dit que la Sarmatie étoit limitrophe de la Germanie, dont elle étoit séparée par la Visule, ou Vistule, ajoûte [g] que les Confins de l'Asie se prennent à la Sarmatie, si ce n'est dans les Pays perpétuellement couverts de neige, où il faisoit un froid insupportable, Pays qui étoient habités par les Scythes. Le nom des Scythes [h] passa dans quelques parties de la Sarmatie & de la Germanie; & de même le nom des Sarmates passa dans l'Asie, mais seulement dans les parties citérieures de cette Région. Le Périple de Scylax, dans sa Description de l'Asie, dit; qu'après le Fleuve Tanaïs c'est le commencement de l'Asie, & que cette premiére partie, qui est le Pont, est habitée par les Sauromates ou Sarmates. Voyez SCYTHIE & SARMATES.

[e] Cellar. Geogr. Ant. L. 3. c. 24.
[f] Lib. 3. c. 4.
[g] Cap. 5.
[h] Plin. Lib. 4. c. 12.
[i] Davity, Tartarie.

Les anciens Scythes [i] étoient tous semblables de visage, à cause du froid qui en changeoit la blancheur en rougeur [k]. Le [k] peu d'inquiétude qu'ils prenoient sur toutes choses les rendoit pleins de chair & gras: ils avoient fort peu de cheveux [l] & vivoient plus long-tems que les autres hommes [m]. La plûpart d'entre eux se brûloient [n] les bras, les épaules, les paumes des mains, la poitrine & les reins, pour consumer leur humidité naturelle, & pour se rendre plus forts, & plus propres à tirer leurs Fléches & à lancer leurs Dards. La jalousie ni l'ambition ne régnoient point parmi eux; mais ils étoient fort vindicatifs; & si quelqu'un avoit reçu une offense, & qu'il ne fût pas assés fort pour se vanger [o], il immoloit un Bœuf & en faisoit rôtir la chair par piéces. Ensuite étendant par terre la Peau de cet Animal, il s'asseyoit dessus, ayant les mains derriére le dos comme si elles fussent liées. Alors ceux qui s'approchoient de lui, soit parens, soit amis, soit étrangers prenoient chacun un morceau de la chair du Bœuf, & foulant sa Peau avec le pied droit, ils promettoient l'un cinq hommes à cheval, l'autre dix ou davantage, chacun selon ses moyens; & les plus Pauvres offroient leur propre personne. Après cela on assembloit toute cette multitude, qui n'étoit pas facile à vaincre. Ils estimoient l'amitié au-dessus de toutes choses & faisoient gloire d'assister dans les plus fâcheuses extrémités ceux qu'ils aimoient, haïssans mortellement ceux qui avoient le cœur assés bas pour abandonner leurs amis. Si nous en croyons Pline [p], ils avoient parmi eux des femmes nommées Bithyes qui faisoient mourir les personnes quand elles les regardoient en colére. Ils aimoient à l'excès leurs plus belles Concubines. Ils n'étoient pas grands Parleurs; & cependant ils étoient fort propres à persuader, & à discourir, sur-tout s'il étoit question de choses qui concernassent la Guerre. Ils ne s'occupoient [q] point au Labourage, mais seulement à faire paître leurs Troupeaux, & même ils faisoient crever les yeux à quelques Esclaves [r], afin que n'étant plus capables d'aucune autre fonction, ils battissent le lait. Ils n'avoient point de Maisons [s], & menoient leurs femmes & leurs enfans sur des Charettes couvertes de cuir, pour les défendre du froid & des pluyes, changeant de place à mesure que l'herbe manquoit [t]. Ils alloient rarement à pied, voyageant presque toujours, ou à cheval, ou dans leurs Charettes. Quelques-uns en avoient qui étoient couvertes d'Arbres [u], & dans lesquelles ils portoient quelques Meubles de peu de valeur. Ils mangeoient de la chair bouillie [x], & du fromage de leurs Cavales, dont le lait étoit aussi leur Breuvage. Peu d'entre eux [y] se servoient des grains de la Terre pour faire du pain. Ils vivoient de Miel, & ce qu'ils avoient de plus délicat c'étoit la Venaison, & le Gibier qu'ils tuoient. Quelques-uns buvoient du Vin [z]; mais il n'étoit permis à aucun d'eux [a], quand ils faisoient quelques Festins

[k] Hippocr. de Aëre & Aquis.
[l] Lucian. Toxari.
[m] Mela, L. 3. c. 5. Hippocr. de Aëre & Aquis.
[n] Lucian. Toxari.
[p] Lib. 7. c.
[q] Justin. L. 2.
[r] Plutar.
[s] Herodot. L. 4.
[t] Hippocr. de Aëre & Aquis.
[u] Ammian. Marcel. L. 22.
[x] Justin. L. 2.
[y] Niceph. Greg. L. 8.
[z] Athen. Dipno. L. 10. c. 11.
[a] Aristot. Pol. L. 7. c. 2.

SCY.   SCY. 399

tins solemnels d'en boire dans le Vase qu'on portoit autour de la Troupe, s'il n'avoit tué quelque Ennemi. Plutarque, au Banquet des VII. Sages, dit qu'ils n'avoient point de Vignes, ni de Joueurs d'Instrumens, ni de Jeux solemnels [a]. Ils étoient vetus des peaux de leurs Bêtes, portoient les mêmes habits [b] l'Hyver que l'Eté, & n'en avoient point de Laine [c]. Ils tenoient que c'étoit un ornement d'avoir un Arc bandé à la main ; & c'est ainsi que le Philosophe Anacharsis, Scythe de Nation, étoit représenté par ceux d'Athènes, qui de plus lui mettoient un Livre à la main droite. Les Scythes ne faisoient aucun état de l'Or [d], ni des Perles, ni des Pierreries ; mais ceux, qui se distinguoient par leur valeur [e], étoient extrêmement estimés, & on tâchoit à l'envi d'acquérir leur amitié. Lorsque le choix d'un ami avoit été fait, les deux amis protestoient de vivre, & de mourir l'un pour l'autre. Pour rendre cette Alliance assûrée, ils se faisoient des incisions aux doigts, afin que leur sang distillât dans une tasse, où après avoir trempé la pointe de leurs épées ils buvoient l'un & l'autre de ce sang ; cela étant fait rien ne pouvoit plus les séparer. Jamais on ne recevoit plus de trois personnes à cette Alliance, parce qu'ils étoient persuadés que l'amitié étoit foible, si l'on consentoit à la partager entre un plus grand nombre de personnes. Leurs femmes [f] étoient communes. Quand la mort d'un de leurs Rois arrivoit, les Peuples [g] de ce Lieu-là frottoient le Corps avec de la cire, nettoyoient le Ventre & le remplissoient d'Encens, de graine d'Ache, & d'Anis, après quoi ils le cousoient. Ensuite ils mettoient le Corps dans une Charette, & le conduisoient vers d'autres Scythes, qui se coupoient un peu de l'Oreille, se tondoient en rond, se déchiquetoient les bras, se découpoient le front & le nez, & perçoient leur main gauche avec une flèche, comme avoient fait d'abord les premiers. Quand on avoit fait le tour de tous les Peuples sujets à ce Roi avec son Corps, on le portoit au Pays des Gherres, qui est à l'extrémité du Royaume, & où les Rois avoient leur Sépulture. Ils le mettoient dans une grande Fosse quarrée couché dans son Lit, & fichoient des Javelines de côté & d'autre, avec des Perches posées de travers par dessus, & qu'ils couvroient de quelques Nattes. Dans le Vuide, qui restoit, ils enterroient la plus chére de ses Concubines, après l'avoir étranglée, afin qu'elle lui tînt compagnie en l'autre Monde. Ils tuoient aussi son principal Cuisinier, un de ses meilleurs Palfreniers, un des Huissiers de sa Chambre, un Courier & quelques Chevaux, & les jettoient tous pêle-mêle dans la Fosse avec les plus riches Meubles. Au bout de l'Année ils lui faisoient de nouveau un Service solemnel, aux dépens de la vie de ceux de ses Domestiques qu'il avoit le plus avancés, & qui étoient tous Scythes Naturels & de noble Race. On choisissoit cinquante de ses Officiers, avec pareil nombre de Chevaux qu'on étrangloit. On leur ôtoit les entrailles, & après avoir bien nettoyé le Corps, on le remplissoit de Paille avant que de le recoudre. On mettoit ensuite sur des voutes ces Chevaux bridés, avec des Officiers étranglés dessus, les faisant tenir par une Pièce de bois dont le bout d'en-bas étoit fiché dans un chevron qui traversoit chaque Cheval, l'autre leur passant depuis l'épine du dos jusqu'au chignon du cou. Cela s'appelloit rendre les derniers devoirs aux Rois. Quant aux autres Scythes, lorsqu'il en mouroit quelqu'un, on mettoit le Corps dans une Charette que l'on conduisoit par tous les Lieux où demeuroient les Amis du Mort, qui traitoient la Compagnie, & cela duroit quarante jours. Cette sorte de Course étant achevée, on lui nettoyoit la tête, & après qu'on avoit lavé le Corps, on fichoit en terre trois Pieux assés éloignés, mais penchants l'un contre l'autre, autour desquels on mettoit des Couvertures de Laine, & au milieu de ces Pieux un Vaisseau fait en forme d'Esquif, & plein de Pierres luisantes. On laissoit le Corps sous ces Couvertures, & c'étoit-là leur manière d'enterrer les Morts. Ces Peuples usoient [h] de flêches empoisonnées, & outre les Arcs ils avoient des Javelines [i]. Ils passoient les Rivières sur des peaux remplies de liége, & si bien accommodées, que la moindre goûte d'eau n'y pouvoit entrer. Celui qui vouloit passer de l'autre côté mettoit ses armes & la Selle de son Cheval sur la peau, & en s'y mettant lui-même, il le prenoit par la queue, en sorte que le Cheval tiroit après lui cette manière de Barque. Ils se servoient de l'herbe Scythique [k], pour faire supporter la faim & la soif à leurs Chevaux qui par ce moyen pouvoient passer douze jours [l] sans manger ni boire. Les Armées étoient composées [m] non seulement d'hommes francs, mais encore de beaucoup de leurs Esclaves ; &, comme aucun ne les pouvoit affranchir, ces Esclaves multiplioient tous les jours. Ils en avoient un grand soin, & ils leur apprenoient à tirer de l'Arc & à monter à cheval. Les femmes mêmes s'adonnoient à l'exercice des armes, & l'on en a vu qui ont gouverné l'Etat & fait des actions de grande valeur [n] après la mort de quelques-uns de leurs Rois. Ils avoient des Etendards [o] semblables en quelque façon à des Serpens, sur-tout, lorsque ceux qui les portoient, étoient à cheval, & que le Vent les faisoit enfler. Ils coupoient la main droite aux Ennemis qu'ils avoient vaincus [p], & rendoient la Justice suivant la Raison Naturelle [q] & non suivant la Loi Ecrite. Le Larcin leur paroissoit le plus grand Crime de tous, & ils le punissoient fort sévérement. Ils adoroient [r] Vesta, Jupiter & la Terre qu'ils croyoient sa femme, Apollon, Venus Céleste, Mars & Hercule ; & ces Dieux étoient reconnus de tous les Scythes. Ceux qu'on appelloit Scythes Royaux sacrifioient aussi à Neptune. Quelques-uns adoroient le Feu [s], comme le Principe de toutes choses,

a Greg. L. 1.
b Hippocr. de Aëre.
c Justin. L. 2.

d Greg. L. 2.
e Lucian. Tox.

f Plat. de Rep.
g Herodot. L. 4.

h Aristot. de Mirab.
i Nicet. Man. Comn. Ann. L. 2.

k Plin. L. 25. c. 8.
l Strab. L. 7.
m Justin. L. 7.

n Diodor. Sicul. L. 2.
o Suidas.

p Lucian. Tox.
q Justin. L. 2.
r Herodot. L. 4.

s Clem. Alex Achort. ad Genet.

400 SCY. SCY.

a Lucian. Tox.

ses, & ils le nommoient Vulcain. Ils juroient par le Vent, & par l'Epée [a] qu'ils tenoient pour des Dieux, l'un comme Auteur de la vie & de la respiration, & l'autre comme procurant la mort. Ils reconnoissoient Zamolxis pour Dieu [b], & lui envoyoient les Morts, auxquels ils faisoient des Sacrifices, comme s'ils eussent eu quelque chose de divin. Ils tenoient [c] qu'il ne falloit point dresser de Temple, d'Autels, ni d'Idoles aux Dieux, excepté à Mars. Ils faisoient par-tout le même genre de Sacrifice, frappant la Bête liée par les pieds de devant, & prioient le Dieu auquel ils l'offroient dans le tems qu'elle tomboit. Ensuite lui mettant au coû un lacs coulant, ils l'étrangloient sans allumer aucun feu; après quoi ils l'écorchoient, & la defossant, ils faisoient cuire sa chair dans une Chaudière au feu avec des Ossemens de Victimes, à cause que leur Pays avoit peu de Bois. Ils immoloient des Bêtes de toutes sortes, & particulièrement des Chevaux qu'ils sacrifioient à Mars représenté par une Epée. Ils sacrifioient à ce même Dieu un homme de chaque centaine de leurs Prisonniers de guerre. Ils avoient plusieurs Devins, parmi lesquels le Roi consultoit trois des plus habiles de cet Art, si-tôt qu'il étoit malade. Ces Devins nommoient quelqu'un, qui, pour s'être parjuré, causoit cette maladie. Alors l'Accusé paroissoit devant le Roi, qui faisoit venir trois autres Devins; s'il nioit le fait, & si les derniers s'accordoient avec les autres, on lui coupoit aussi-tôt la tête. Les premiers partageoient ses biens entr'eux. Si les derniers ne se trouvoient par de leur avis, le Roi en appelloit d'autres. L'Accusé étoit quelquefois absous à la pluralité des voix, & dans ce cas on faisoit brûler les trois premiers Devins.

b Luc. Scyth.

c Herodot. l. 4.

SCYTHENI, Peuples qui habitoient aux environs du Pont. Etienne le Géographe les met au dessus des *Macrones*, & cite Xénophon, qui au lieu de Σκύθινοι écrit Σκύτινοι: Voyez TASCUTINI.

SCYTHIACA-REGIO, Contrée de l'Egypte. Ptolomée [d] la met au Pays des Goniates & des Prosodites, & il lui donne une seule Ville nommée SCYATHIS.

d Lib. 4. c. 5.

SCYTHIE, SCYTHIA. On entend communément par ce mot un grand Pays de l'Asie [e], commençant au Bosphore Cimmérien, aux Palus Méotides & au Fleuve Tanaïs, & qui s'étendoit entre l'Océan Septentrional, le Pont-Euxin, la Mer Caspienne, le Fleuve Jaxartes, & les Montagnes des Indes, jusqu'à l'extrémité de l'Orient, jusqu'au Pays des Seres qui s'y trouvoient même quelquefois renfermés. De cette façon les Bornes de la Scythie n'étoient pas toutes bien déterminées ni bien connues; car du côté du Nord on l'étendoit jusqu'à l'Océan Septentrional, ou jusqu'aux Terres qui pouvoient être de ce côté-là & qu'on ne connoissoit point; & du côté de l'Orient, si on prenoit les Seres pour un Peuple Scythe, il n'y avoit point d'autres Bornes selon Ptolomée que des Terres inconnues. Ce Pays qui étoit d'une longueur immense est partagé, par Ptolomée, en trois parties, dont l'une qui s'étendoit depuis les Palus Méotides & l'Embouchure du Tanaïs, jusqu'à une partie de la Mer Caspienne, & jusqu'au Fleuve Rha aujourd'hui le Volga est appellée SARMATIE ASIATIQUE. Voyez au mot SARMATIE, l'Article SARMATIE ASIATIQUE. Une autre partie, qui prenoit depuis la Sarmatie Asiatique, jusqu'aux Sommets du Mont Imaüs, se nommoit SCYTHIE EN DEÇA DE L'IMAUS; & la troisième à laquelle on joignoit la Sérique, avoit le nom de SCYTHIE AU DELA DE L'IMAUS.

e Cellarius. Geogr. Ant. L. 3. c. 24.

SCYTHIE EN DEÇA DE L'IMAUS, Ptolomée [f] la termine du côté du Couchant à la Sarmatie Asiatique; à l'Orient par le Mont Imaüs, au Nord par des Terres inconnues, & au Midi & en partie à l'Orient par le Pays des Saces, par la Sogdiane & par la Margiane. Les Montagnes les plus considérables de cette Contrée, selon le même Géographe, sont; les Monts Alains, les Monts Rhymmiques, le Mont Norossus, les Monts Aspisiens, les Monts Tapurins, les Monts Syèbes, & les Monts Anaréens. Il ajoute que le Pays étoit habité par divers Peuples dont voici les noms:

f Lib. 6. c. 14.

Alani-Scythæ,	Zaratæ,
Suobeni,	Sasones,
Alanorsi,	Tybiacæ,
Sætiani,	Tabieni,
Massæi,	Jastæ,
Syebi,	Marchetegi,
Tectosaces,	Norosbes,
Rhobosci,	Norossi,
Asmani,	Cachage-Scythæ,
Paniardi,	Aspasii, ou Aspisii-Scythæ,
Canodispas, Regio,	
Coraxi,	Galactophagi,
Orgasi,	Tapurei,
Erymi,	Anaraci,
Asiotæ,	Ascotancæ,
Aorsi,	Ariacæ,
Jaxartæ,	Namastæ,
Mologeni,	Sugauracæ,
Samnitæ,	Rhibii.

Ptolomée ne marque qu'une Ville dans la Scythie, en deça de l'Imaüs & il la nomme Dauaba.

SCYTHIE AU DELA DE L'IMAUS (La), est bornée par Ptolomée [g] du côté de l'Occident par la Scythie Intérieure & par le Pays des Saces; au Nord par des Terres inconnues; à l'Orient par la Sérique, & au Midi par l'Inde au delà du Gange. Il met dans cette Contrée une partie des Monts Auxaciens, une partie des Monts Cassiens, une partie des Monts Emodores. On trouvoit dans cette Contrée les Peuples suivans:

g Lib. 6. c. 15.

Abii-Scythæ,	Casia, Regio,
Hippophagi-Scythæ,	Chatæ-Scythæ,
	Achassa, Regio,
Auzacitis, Regio,	Chauranæi-Scythæ.

Il y avoit dans la Scythie au delà de

de l'Imaüs quatre Villes, favoir :

Auzacia,   *Chaurana,*
Iſſedon-Scythica,   *Soeta.*

SCYTHIE PONTIQUE. Voyez MOESIE.

SCYTHICUM-LITTUS, Martianus Capella [a] donne ce nom à l'extrémité de la Germanie, vers le Pont-Euxin ; & Pomponius Mela donne le même nom à toute la Côte Septentrionale de l'Aſie juſqu'à l'Embouchure par où les Anciens ſuppoſoient que la Mer Caſpienne ſe décharge dans la Mer de Scythie.

[a] Lib. 6.

SCYTHICUM-MARE. Voyez l'Article EUROBOREUS-OCEANUS.

SCYTHICUM-PROMONTORIUM, Pomponius Mela [b] nomme ainſi un Cap de l'Océan Septentrional. Pline [c] parle auſſi de ce Promontoire.

[b] Lib. 3. c. 1. & 7.
[c] Lib. 6. c. 17.

SCYTHICUS-MONS. Voyez THASIS, & TAURUS.

SCYTHICUS-OCEANUS, Pomponius Mela [d] & Pline [e] appellent ainſi l'Océan Septentrional.

[d] Lib. 1. c. 2.
[e] Lib. 6. c. 17.

SCYTHICUS-SINUS, Golphe de la Mer Caſpienne. C'eſt l'un des trois que Pomponius Mela [f] reconnoît dans cette Mer. Pline [g] fait auſſi mention du Golphe Scythique.

[f] Lib. 3. c. 5.
[g] Lib. 6. c. 13.

SCYTHINI. Voyez SCYTHENI.

SCYTHON, Montagne de la Thrace, ſelon Ortelius [h] qui cite Servius.

[h] Theſaur.

SCYTHRANIUS, Ville de la Marmarique, ſelon Ortelius [i] qui cite Ptolomée [k], où je trouve ſeulement SCYTHRANIUS PORTUS. Ce Port étoit entre *Antipyrgus* & *Cataeonium Promontorium.*

[i] Theſaur.
[k] Lib. 4. c. 5.

1. SCYTOPOLIS, Ville de la Libye : c'eſt Etienne le Géographe qui en parle.

2. SCYTOPOLIS. Voyez BETHSAN.

S D.

SDILES, Iſle de Grèce [l] dans l'Archipel, la principale des Cyclades, quoique aſſés petite, mais fort célèbre dans l'Antiquité, pour être l'ancienne *Delos.* Les Grecs l'appellent encore sDiles, quoique les Latins la nomment communément *Sdiles,* & quelquefois SDILI à cauſe qu'il y a deux Iſles, dont la plus grande qui eſt à l'Occident eſt nommée la Grande Sdiles, & a dix milles de tour avec un Port au Midi. C'eſt dans celle-là qu'on voit les ruines de l'ancienne Ville de Delos, les veſtiges du Temple d'Apollon, ceux d'un Amphithéâtre & diverſes Colonnes de Marbre. La moindre qui eſt à l'Orient eſt appellée la Petite Sdiles, & n'a que ſix milles de tour. L'une & l'autre ſont deſertes depuis près de deux ſiècles. Elles ſont ſéparées par un Canal de deux mille pas de large, où ſont les deux Ecueils ou Iſlots de Cevadiſſa. Ces Iſles ſont à quarante milles de la Côte de Négrepont, au Levant d'Hiver, à douze de Tine au Midi, & à ſix de Micone au Couchant, & n'ont rien de conſidérable que leur ancien nom.

[l] Baudrand, Dict.

SDRIGNA, SDRIGNO, ou STRIDEN, Lieu d'Allemagne, dans la Baſſe Stirie, ſur la Mer aux confins de la Hongrie. On prétend, dit Mr. Baillet [m], que les reſtes de l'ancienne *Strido*, ou *Stridonium* ſubſiſtent encore aujourd'hui dans ce Lieu.

[m] Topogr. des Saints, p. 473.

S E.

SEA, Ville de l'Ethiopie, ſous l'Égypte, ſelon Pline [n].

[n] Lib. 6. c.

SEATON, Lieu d'Angleterre dans le Devonshire [o], ſur la Côte Orientale de cette Province. Ce Lieu ainſi que ceux de Brugley, & de Sidmouth étoient anciennement trois bons Ports, entre les Rivières l'Ax & l'Otterey ; mais les Sables que la Mer y a pouſſés avec le tems, les ont à demi comblés & rendus preſque inutiles. On croit que Seaton eſt le Moridunum des Anciens, parce que ces deux noms ſignifient préciſément la même choſe ; celui-ci en Langue Bretonne & l'autre en Langue Angloiſe.

[o] Délices de la Gr. Br. p. 717.

SEAVENS-HALE, Lieu d'Angleterre [p], près de la Muraille de Sévére & de la Tyne, à l'Orient de *Cheſter in th Wall,* mais de l'autre côté de la Muraille. On croit que le nom de Seavens-Hall vient de celui d'une Aîle de Cavalerie Romaine, qui étoit là en quartier dans une Place nommée *Hunnum.* On y trouve en effet quelques Inſcriptions où il eſt fait mention de cette Aîle Salinienne.

[p] Délices de la Gr. Br. p. 273.

SEAUX, Bourg de l'Iſle de France, à deux lieues de Paris, ſur le chemin d'Orléans [q], & renommé par un Château magnifique qui a ſervi de Lieu de Plaiſance, à feu Mr. Colbert Miniſtre & Secrétaire d'Etat, qui l'avoit fait bâtir.

[q] Piganiol, Deſcr. de la France, t. 2. p. 661.

La ſituation, les grandes dépenſes, & l'Art, tout a concouru à ſa perfection. Bâtimens, Jardins, Parcs, Avenues, tout s'y trouve dans un véritable état de grandeur. Les meubles ſont des plus riches & des plus précieux. Tout le monde ſait que cette belle Maiſon appartient aujourd'hui à Monſeigneur le Duc de Maine, & que la Princeſſe ſa femme y donne très-ſouvent des Fêtes & des réjouïſſances ſuperbes, & qu'elle rend ce beau ſéjour l'Aſyle des Jeux & des Plaiſirs.

La Chapelle eſt dans l'Aîle qui eſt à gauche en entrant. Le Dôme en a été peint à freſque par le Brun, c'eſt l'ancienne Loi accomplie par la Nouvelle, & on peut dire que c'eſt un des Chefs-d'œuvres de ce grand Peintre. L'Autel eſt orné de deux belles Statues de Marbre blanc, ſculptées par Girardon, & qui repréſentent le Baptême de Jeſus-Chriſt par St. Jean.

Les Jardins ſont ſpacieux & charment par leur ſituation & par les ornemens que l'on y a répandus. On y voit une parfaitement belle Galerie qu'on a fait bâtir pour ſervir d'Orangerie, mais qui fut trouvée trop belle pour cet uſage. Elle eſt extrêmement ornée de Tableaux de Raphaël & de Vandermeulen, & d'autres meubles magnifiques. L'Allée d'eau eſt ornée de chaque côté de pluſieurs Buſtes ſur des ſcabellons, & de Jets d'eau ; en ſorte que chaque Jet d'eau paroît entre deux Buſtes,

Bustes, & chaque Buste entre deux Jets d'eau qui s'élevent aussi-haut que les treillages qui sont derriére ces Bustes. Au bas de chaque côté de cette Allée, est une rigole pour recevoir l'eau qui tombe d'un si grand nombre de Jets, & au quatre coins sont quatre grandes Coquilles qui servent au même usage. On descend ensuite dans une agréable Vallon où l'on trouve une grande Piéce d'eau qu'on dit contenir six Arpens. D'un côté elle est en face d'une Cascade magnifique qui est sur le penchant d'un Côteau, & qui forme trois Allées d'eau. Elle est ornée de plusieurs Vases de Bronze qui sont entre les Bassins. De l'autre côté cette grande Piéce d'eau communique à un Canal qui est d'une longueur extraordinaire.

Le Potager consiste en neuf ou dix compartimens. C'est ici qu'est le Pavillon de l'Aurore, qu'on nomme ainsi parce que le Brun y a peint cette Déesse. Ce Pavillon a douze ouvertures en comptant celle qui sert d'entrée. Comme il est élevé, on y monte par deux Perrons opposés l'un à l'autre. On remarque encore dans le Jardin deux Statues de Bronze fort estimées. L'une est le Gladiateur, & l'autre est Diane. Cette derniere fut donnée à M. Servien par Christine Reine de Suede.

1. SEBA. Voyez SABÆI & SACÆ.

2. SEBA, ou SABÉE, Dom Calmet [d] dit [b]: C'est la même Ville que Béersabée, ou peut-être la même que Sama. Josué XV. 26.

SEBAGENA, Ville de la Cappadoce: Ptolomée [e] la marque dans la Préfecture de Cilicie. Le MS. de la Bibliothéque Palatine lit *Ebagena* pour *Sebagena*.

SEBAMA, Ville au delà du Jourdain, dans le partage de la Tribu de Ruben [d]. Voyez SAHAMA, & Josué 13. 19. Isaï, XVI. 8. 9. Jerem. XLVIII. 32. Les Hébreux la nomment *Sibma*.

SEBARDÆ. Voyez TENESIS.

SEBARGENSIS, Siège Episcopal d'Afrique: Restitutus, *Episcopus Plebis Sebargensis*, souscrivit au Concile de Carthage, tenu en 525. sous Boniface. On ignore dans quelle Province étoit ce Siège.

SEBASA [e], l'Histoire Miscellanée [f] donne ce nom à un Château de l'Arabie.

1. SEBASTE, Ville de la Palestine, dans la Samaritide. Hérode augmenta & embellit la Ville de Samarie, & lui donna le nom de SEBASTE, ou d'AUGUSTA, à l'honneur de l'Empereur Auguste [g], le nom de *Sebaste* voulant dire Auguste en Grec. St. Jérôme dit aussi que la Ville de Samarie prit le nom de Sebaste [h]: *Samaria Civitas regalis in Israël, quæ nunc Sebaste dicitur*; & dans un autre endroit il ajoute [i]: *Vidit Sebasten, id est Samariam, quæ in honorem Augusti ab Herode Græco sermone Augusta est nominata*. Ptolomée [k] en parlant de cette Ville qu'il met dans la Palestine use aussi du nom de Sebaste. On lit dans Etienne le Géographe que Samarie est une Ville de Judée & qu'elle fut ensuite nommée NEAPOLIS: c'est une faute. On donna le nom de NEAPOLIS à la Ville de Sichem, & non à celle de Samarie. Voici une autre faute du même Auteur. Il dit que dans la Samaritide il y a une Bourgade, *Oppidulum*, du nom de Sebasse. Or Sebaste ne fut point une Bourgade, mais une grande Ville à laquelle Josephe [l] ne donne pas moins de vingt Stades de circuit. Nous avons quelques Médailles de l'Empereur Commode, avec ces mots: CEBACTHNΩN CYR. *Sebastenorum Syriæ*. On voit aussi une Médaille de l'Impératrice Julie, femme de l'Empereur Sévére; & où on lit COL. SEBASTE; car Sévére envoya une Colonie à Sebaste; ce que le Pere Hardouin entend de Sebaste de Palestine: & son sentiment est appuyé par Ulpien [m]: *In Palæstina duæ fuerunt Coloniæ, Cæsariensis & Aelia Capitolina: Sed neutra Jus Italicum habet. Divus quoque Severus in Sebastenam Civitatem Coloniam deduxit*. Sebaste, dit Mr. Thevenot [n] dans son Voyage du Levant, étoit située sur une Colline, & l'on y voit encore de grandes ruïnes de murailles, & diverses Colomnes, dont il y en a de droites & d'autres par terre, avec une belle & grande Eglise en partie droite, soûtenue par de fort belles Colomnes de Marbre. On juge de la beauté du Maître-Autel, qui étoit tourné au Levant, par le Dôme qui le couvre, & qui est encore en état. Ce Dôme est revêtu de Colomnes de Marbre, dont les Chapitaux sont très-artistement façonnés & ornés de Peintures à la Mosaïque que Sainte Hélène avoit fait faire, si l'on s'en rapporte à ceux du Pays. Cette Eglise est présentement partagée en deux parties. Les Chrétiens en tiennent une. Les Mahométans ont l'autre qui est pavée de Marbre, & qui a une Chapelle sous terre, où l'on descend par vingt-trois degrés. Ce fut dans cette Chapelle que fut enseveli Saint Jean Baptiste entre le Prophéte Elisée & Abdias. On y voit les trois Tombes qui sont ceintes de murailles & relevées de quatre pans de haut, mais on ne les voit que par trois ouvertures de la grandeur d'un pan, avec de la lumière qu'on a coûtume d'y entretenir. On tient que ce fut en ce même lieu que Saint Jean fut mis en prison & décapité, pour plaire à Herodias. Quelques-uns disent que ce fut à Macherus, Ville & Forteresse, où le Roi Hérode tenoit prisonniers les Malfaiteurs.

A quelques milles delà, on trouve Genni, où l'on croit que Nôtre Seigneur guérit les dix Lépreux. On y voit une Mosquée qui étoit autrefois une Eglise des Chrétiens. Il y a un fort beau Kan où on loge, avec une Fontaine tout proche, & un Basar où l'on vend les vivres. La grande Plaine que l'on appellé Ezdreon en est à deux lieues. Elle en a quatre de long, & à une de ses extrémités on découvre la Croupe du Mont Carmel, où habitoit le Prophéte Elie.

2. SEBASTE, Ville & Isle de la Cicile propre, selon Ptolomée [o], qui la marque après le Promontoire de Corycus. Le MS. de la Bibliothéque Palatine lit SEBASTE, ou AUGUSTA. Cette Ville n'est autre chose que celle d'*Eleusa*, dont Archelaüs,

SEB.

laüs, comme nous l'apprend Strabon [a], fit sa Résidence, lors qu'Auguste lui eut donné la Cilicie Trachée. Outre que la situation convient parfaitement, Josephe [b] dit que la Ville d'Eleusa en changeant de nom fut appellée Sebaste. L'Isle où se trouvoit cette Ville étoit voisine du Continent & changea pareillement son nom; car du tems d'Etienne le Géographe elle s'appelloit aussi SEBASTE.

[a] Lib. 14. p. 671.
[b] Antiq. l. 6. c. 8.

3. SEBASTE, Ville de l'Asie Mineure dans la Galatie. Les Peuples de cette Ville sont appellés *Sebasteni* par Pline [c]. On voit dans une ancienne Inscription rapportée par Gruter [d], que cette Ville de Sebaste étoit dans le Pays des Tectosages:

[c] Lib. 5. c. 32.
[d] Pag. 427. no. 8.

Η ΒΟΥΛΗ ΚΑΙ Ο ΔΗΜΟΣ
ΣΕΒΑΣΤΗΝΩΝ
ΤΕΚΤΟΣΑΓΩΝ

C'est tout ce que nous savons de cette Ville; car la Ville de Sebaste que les Notices mettent dans la Phrygie Pacatiane, ne peut pas être celle de la Galatie.

4. SEBASTE, Siège Episcopal de l'Asie Mineure, dans la Phrygie Pacatiane, selon les Notices de Léon le Sage & d'Hiéroclès.

5. SEBASTE, Ville du Pont, sur le penchant du Mont Paryadrès. C'étoit originairement [e] un Lieu assés peuplé, où Mithridate avoit bâti un Palais. Pompée en fit une Ville qu'il nomma *Diopolis*; & la Reine Pythodoris qui l'augmenta l'appella Sebaste & y établit sa résidence. Cette Ville de Sebaste est la Sebaste d'Arménie dont il est parlé dans les Martyrologes au VII. des Ides de Janvier, au III. des Nones de Février, & au VII. des Ides de Mars; car elle étoit aux confins de la Petite Arménie, situation qui convient assés à la Ville Sebastopolis que les Notices mettent dans le Pont, & que l'Itinéraire d'Antonin marque sur la Route de Tavia à *Sebastia*. Voyez SEBASTOPOLIS.

[e] Strab. l. 12. p. 557.

SEBASTIA, Ville du Pont Polémoniaque: Ptolomée [f] la marque dans les Terres. Elle est mise dans la Colopène par Pline [g]. Cette Ville pourroit être la Sebastia que la Notice d'Hiéroclès marque dans la premiére Arménie, la même Sebastia dont Procope dit que l'Empereur Justinien fit réparer les Murailles, & la même que l'Itinéraire d'Antonin donne pour le commencement de la Route de Cocusum en passant par Mélitène.

[f] Lib. 5. c. 6.
[g] Lib. 6. c. 3.

SEBASTICUM-OS. Voyez SABAÏTICUM.

1. SEBASTOPOLIS, Ville de l'Asie Mineure dans l'Æolide. Son véritable nom étoit MYRINA; & comme le dit Pline [h] elle se donnoit le surnom de SEBASTOPOLIS: *Myrina quæ* SEBASTOPOLIM *se vocat*.

[h] Lib. 5. c. 30.

2. SEBASTOPOLIS, Ville d'Asie, dans la Colchide. Elle se nommoit auparavant DISCURIADE. Voyez AEA, N°. 4. & DIOSCURIAS.

3. SEBASTOPOLIS, Ville de l'Asie Mineure. Elle est mise dans le Pont Cappadocien par Ptolomée [i], & dans la Colopène Cappadocienne par Pline [k]. L'Iti-

[i] Lib. 5. c. 6.
[k] Lib. 6. c. 3.

néraire d'Antonin la marque sur la Route de *Tavia*, à *Sebastia*, entre *Daranum* & *Verisa*, à quarante milles du premier de ces Lieux, & à vingt-quatre milles du second. St. Grégoire de Nycée, dans la Vie de Ste Macrine [l] parle d'un certain homme de guerre & des Troupes qui étoient en garnison à Sebastopolis Bourgade du Pont.

[l] Pag. 202.

SEBASTUS PORTUS, Port de la Cilicie. Josèphe [m] qui dit qu'Hérode qui fit faire ce Port à grands fraix, lui donna le nom de Sebaste ou d'Auguste à l'honneur de l'Empereur de ce nom. Le même Auteur [n] dans un autre endroit ajoûte que le Port Sebaste étoit le Port de Césarée; c'est-à-dire de Césarée Anazarbe ou près d'Anazarbe.

[m] Ant. L. 17. c. 7.
[n] De Bel. L. 1. c. 20.

SEBATUM. Voyez SEVATUM.

SEBEDA, Port de Lycie, selon Etienne le Géographe qui cite le Périple d'Alexandre.

SEBENDUNUM, Ville de l'Espagne Tarragonnoise: elle est donnée aux Castellani par Ptolomée [o].

[o] Lib. 2. c. 6.

1. SEBENICO, Comté de l'Etat de Venise dans la Dalmatie [p], sur le bord de la Mer à l'Orient du Comté de Zara, & au Couchant de celui de Traw. Ce Comté de Sebenico s'étend assez avant dans les Terres, & renferme plusieurs Isles entr'autres

[p] Coronelli Isolario 150.

S. Nicolo di Sebenico,	Provichio,
Morter,	Zuri, ou Azuri,
Tre Bocconi,	Crepano, } Ecueils.
Yarta, ou Artie,	Pomo.

2. SEBENICO, Ville de l'Etat de Venise, dans la Dalmatie à l'Orient de l'Embouchure du Fleuve Cherca. La Ville de Sebenico étoit autrefois une Ville de la Croatie Maritime; mais elle est maintenant comprise dans la Dalmatie située sur le bord de la Mer Adriatique, & la Capitale d'un Comté auquel elle donne son nom. Boniface VIII. l'érigea en Evêché sous Spalatro. Depuis la derniére Guerre les Vénitiens ont ajoûté à Sebenico plusieurs Fortifications. Cette Ville étoit pourtant, auparavant fort en état de se défendre, puisqu'en mil six cens quarante-sept Tichielli Bacha de Bosnie fut obligé d'abandonner cette Place, qu'il avoit commencé d'assiéger au mois d'Août. Dans l'endroit le plus étroit du Canal il y avoit deux Tours fort anciennes pour garder le Port; mais on les a démolies dans la Guerre passée, parce que l'on a vu que la Forteresse de St. Nicolas qui n'est qu'à deux milles de-là étoit plus que suffisante pour la sûreté & la défense du Port. Ce Port est fort grand, car il pourroit contenir une Armée Navale, c'est la Chersa qui le forme: cette Riviére après avoir passé par Scardona vient se jetter dans ce Port, d'où elle sort pour entrer dans le Golfe de Venise.

3. SEBENICO (*San-Nicolo-di*), Isle du Golphe de Venise sur la Côte de la Dalmatie, au Comté de même nom. C'est la plus considérable des Isles de ce Comté: on l'a jointe à la Terre-ferme par le moyen

moyen de l'Art. Le Fort St. Nicolas, qui lui donne son nom est de figure triangulaire, il est bâti dans cette Isle, & il a le côté qui regarde la Terre-ferme fortifié de deux demi-Lunes avec un bon Rempart. La situation de ce Fort est très-avantageuse ; car il se trouve en pleine Mer vis-à-vis l'Embouchure du Canal qui conduit à Sebenico ; de sorte qu'aucun Bâtiment ne peut passer, qu'il ne soit à la portée du Canon de cette Forteresse. C'est un noble Vénitien qui en est le Gouverneur avec le titre de Châtelain ; & ce Gouvernement dure deux ans.

SEBENNYTES-NOMUS, Nome d'Egypte, entre les Bras du Nil appellez Phermuthiaque & Athribitique, près de leurs Embouchures. Hérodote [a] & Pline [b] ne connoissent qu'un NOME-SEBENNYTE ; mais Ptolomée [c] le divise en Inférieur & en Supérieur, dont le premier avoit la Ville *Pachnamunis* pour Capitale, & le second la Ville de *Sebennytus*, qui donnoit le nom aux deux Nomes, à une des Embouchures du Nil, à un des Bras de ce Fleuve & à un Lac.

[a] Lib. 2. c. 166.
[b] Lib. 5. c. 9.
[c] Lib. 4. c. 5.

SEBENNYTICUM OSTIUM, c'est le nom d'une des sept Embouchures du Nil : Ptolomée [d] la marque à l'Orient de l'Embouchure Bolbitique ; & c'étoit en même tems l'Embouchure du Bras du Nil, appellé *Pharmuthiacus Fluvius*.

[d] Ibid.

SEBENNYTUS, Ville d'Egypte, dans le Delta : Ptolomée [e] en fait la Métropole du Nome Sebennytique Supérieur. Cellarius [f] dit qu'elle étoit sans doute située sur le bord du Bras du Nil appellé *Pharmuthiacus Fluvius*, & qui du moins vers son Embouchure étoit nommé *Sebennytus* ; car on lit dans Etienne le Géographe Σεβέννυτος πόλις Ἀιγύπτε, καὶ λίμνη, καὶ ποταμὸς, *Sebennytus Urbs Ægypti, & Lacus & Fluvius*. Ce sentiment de Cellarius est néanmoins opposé à la Carte du Delta dressée sur la Description de Ptolomée, qui met à la vérité le Nome Sebennytique Inférieur près de l'Embouchure Sebennytique ; mais qui éloigne jusqu'au haut du Delta le Nome Sebennytique Supérieur, & par conséquent sa Métropole *Sebennytus*. Si on vouloit absolument s'en tenir à la Carte & aux Nombres de Ptolomée, & le concilier avec Etienne le Géographe, il faudroit dire que c'étoit le Nome Inférieur qui donnoit son nom à l'Embouchure & au Fleuve Sebennytique, ou que le Nome Supérieur, dont la Métropole étoit *Sebennytus*, donnoit le sien au Fleuve, sur le bord duquel il se trouvoit, & qu'on appelloit autrement *Athribiticus Fluvius*. Sebennytus étoit dans le cinquième siècle [g] un Evêché de la seconde Egypte, sous le Patriarchat d'Alexandrie. C'est aujourd'hui un Bourg sur les Bouches du Nil, où se paye la Douane de ce qui va au Grand Caire. Les Coptes en font aussi un de leurs anciens Evêchez.

[e] Ibid.
[f] Geogr. Ant. Lib. 4. c. 1.
[g] Commainville, Table des Evêchez.

SEBENNYTUS-FLUVIUS, Fleuve d'Egypte selon Etienne le Géographe, qui entend peut-être par là le Bras du Nil dont l'Embouchure étoit nommée *Sebennyticum-Ostium*.

SEBENNYTUS-LACUS, Lac d'Egypte. C'est Etienne le Géographe qui en parle ; & c'est apparemment un des Lacs que Strabon met près de l'Embouchure Sebennytique.

SEBERE, Rivière d'Italie [h], au Royaume de Naples, dans la Terre de Labour. Elle prend sa source à six milles du Mont Vesuve, au lieu appellé *Cancellaro*, d'où elle descend à celui qu'on nomme *la Bella*, où l'eau est divisée en deux parties, dont l'une entre dans les Aqueducs de Naples & le reste arrose la Campagne jusqu'à la Mer, où elle se jette hors la Porte des Carmes de la même Ville, où est le Pont de la Magdelaine. Ces Aqueducs, Merveille digne de la magnificence des anciens Romains, sont construits de telle sorte qu'on peut les nettoyer sans en faire sortir l'eau, à cause qu'il y a dedans des Galeries dans lesquelles on peut marcher sans se mouiller. Il y a d'espace en espace des regards par lesquels on peut ôter les immondices. Ce fut par ces Aqueducs que le Roi Alphonse I. conquit la Ville de Naples en 1442. Ils vont en serpentant, afin que l'eau étant agitée en soit meilleure, outre qu'un cours de droit fil eût pu entraîner les Edifices par son impétuosité. Cette eau que le Sebere fournit, sort en plusieurs endroits de Naples, où il y a des Puits publics, & diverses Fontaines.

[h] Corn. Dict. E D. R. Nov. Voy. d'Italie.

SEBERIANA, Métropole dont il est parlé dans les Decrets des Pontifes Orientaux. Ne seroit-ce point le Siège SEBERIANENSIS de la Byzacène ; voyez SEBERIANENSIS.

SEBERIANENSIS, Siège Episcopal d'Afrique, dans la Byzacène, selon la Notice des Evêchez de cette Province.

SEBERIE, ou SEVERIE. Voyez SEVERIE.

SEBERINA. Voyez SIBERINA.

1. SEBES-KEREZ, Rivière de la Basse-Hongrie, & non de la Haute comme le dit Mr. Corneille [i], qui ajoûte qu'elle a sa source dans la Transsylvanie ; ce qui est vrai. Le mot SEBES-KEREZ signifie *le Noir-Kerez* : Mr. de l'Isle l'écrit pourtant FEKETE-KERES [k], & remarque que ce mot signifie la même chose. Quoiqu'il en soit, cette Rivière à laquelle on a donné le nom de *Noir-Keres* pour la distinguer d'une autre Branche du Keres, est appellée FEIR-KERES.

[i] Dict.
[k] Atlas.

2. SEBES-KERES, Rivière de la Basse-Hongrie, & non de la Haute comme le dit Mr. Corneille [l]. Elle a sa source, dans la Transsylvanie, au Comté de Colosvar ou Clausenbourg, au Nord Oriental du Château de Sebes, qui sans doute a occasionné son nom. Mr. Corneille dit que SEBES-KEREZ signifie le *Noir-Kerez* ; j'aurois de la peine à l'en croire sur sa parole. Le *Noir-Keres* est, selon Mr. de l'Isle [m], une des trois Branches qui forment le Keres, savoir celle du milieu, & qu'on nomme FEKETE-KERES ; c'est-à-dire *le Noir-Keres*: l'autre Branche est appellée FEIR-KERES, ou *le Keres Blanc*: Ces deux der-

[l] Dict.
[m] Atlas.

dernières s'assemblent un peu au-dessous de *Giula*, & la troisième ou *Sebes-Keres*, qui est la plus Septentrionale se joint aux deux autres, après avoir arrosé le Grand Varadin.

SEBESTE, SEBEN, ou HERMANSTAD, Ville de la Transylvanie ^a, au Comté de même nom dont elle est le Chef-Lieu. C'est la première Ville où la Nation des Saxons se soit établie dans ces Quartiers: aussi son ancienneté la reléve-t-elle davantage, que ses Bâtimens qui ont fort peu d'apparence. Elle est sans défense, & ses Murailles tombent en ruïne; voyez HERMANSTAD.

Corneille, rectifié.

SEBETHIS. Voyez SEBETUS.

SEBETUS, ou SEBETHIS, Fleuve d'Italie dans la Campanie, & qui arrosoit la Ville de Naples & l'ancienne Parthenope. Vibius Sequester parle de ce Fleuve en ces termes: *Sebethos Neapolis in Campania.* Columelle dit ^b:

b Lib. 10. v. 134.

Doctaque Parthenope Sebethide roscida lympha.

Et Stace ^c:

c Lib. 1. Silv. Carm. 2. v. 263.

. . . . *pulchra tuneat Sebethos alumna.*

Virgile * a feint qu'une Nymphe de même nom présidoit à ce Fleuve:

* *Æneid. 7. v. 734.*

. . . . *fertur*
. . . . *quem genuisse Telon Sebethide Nympha.*

SEBINUS LACUS, Lac d'Italie, aux Confins de la Gaule Transpadane. Les *Cenomani* habitoient depuis ce Lac jusqu'au Pô. Pline ^d dit que l'Ollius sortoit de ce Lac: il auroit pu dire qu'il n'en sortoit qu'après y être entré; car il n'y prenoit pas sa source. Dans un autre endroit ^e le même Auteur nomme ce Lac SEVINUS. Ces deux orthographes peuvent se soutenir; car il avoit pris son nom de la Ville *Sebum*, ou *Sevum* située sur ses bords. Le nom moderne est *Lago-di-Seo*, que le Peuple a corrompu en *Lago d'Iseo*.

d Lib. 3. c. 19.

e Lib. 2. c. 103.

SEBOIM, une des quatre Villes de la Pentapole qui furent consumées par le feu du Ciel ^f. Eusèbe & St. Jérôme ^g parlent de Seboïm, comme d'une Ville qui subsistoit de leur tems sur le bord Occidental de la Mer Morte. Il faut que depuis le tems de Lot & d'Abraham, cette Ville ait été rétablie vers le même lieu où elle étoit auparavant. Il est parlé de la Vallée de Seboïm 1. Reg. XIII. 18. & de la Ville de même nom dans la Tribu de Benjamin, 2. Esdr. 11. 34.

f Genes. XIX. 24.
g Euseb. & Hieron. in Locis Sodoma & Adama.

SEBRIAPA, Ville de la Sarmatie Asiatique: Ptolomée ^h la marque sur le bord du Vardanus. Ses Interprétes au lieu de *Sebriapa* lisent *Ebriapa*.

h Lib. 5. c. 9.

SEBRIDÆ & SEBRITÆ. Voyez TENENSIS.

SEBRITHITES, Nome d'Egypte. Eusèbe ⁱ dit que le Roi Vaphres envoya à Salomon dix mille hommes de ce Nome pour bâtir le Temple. Ne seroit-il point question du Nome que Ptolomée appelle SEBENNYTES.

i 9. Præpar.

SEBRIUS VICUS, Pausanias ^k nomme ainsi une Rue hors de la Ville de Sparte,

k Lib. 3. c. 15.

& dans le voisinage du *Plataniste*. Scebrus l'un des fils d'Hippocoon avoit donné le nom à cette Rue. Le Monument de ce Héros étoit dans cet endroit, un peu au-dessus de celui de son frere Dorcée; & à la droite du Monument de Scebrus on remarquoit le Tombeau d'Aleman Poëte Lyrique.

SEBTAH, Nom d'une Ville de la Mauritanie Tingitane ^l, & connue aujourd'hui sous le nom de Ceuta. Elle est située sur le Détroit de Gibraltar, que les Arabes appellent, Khalig' Al Sebthah ou Al Sebthi, & les Turcs, Septah Bogazi.

l D'Herbelot, Biblioth. Or.

Les Géographes Arabes mettent les Villes de Sebtah & de Tangiah, qui sont Ceuta & Tanger dans la partie d'Afrique qu'ils appellent Magreb alaksa, c'est-à-dire dans le dernier Occident, ou l'extrémité de l'Afrique.

Josef Ben Tassefin se rendit maître de cette Ville, avant que de passer en Espagne pour y établir la Dynastie des Marabouths, ou Al Moravides.

SEBZVAR, nom d'une Ville de la Province de Khorassan, qui a été le Siège des Princes de la Dynastie des Serbedariens. Hassan Al-Giouri, qu'Ahmed Arabschah appelle Rafadhi, y commandoit presque en Souverain, lors que Tamerlan passa en Perse. Le Leb Tarikh dit que c'étoit A'ziz Disciple de Hassan Al-Giouri, que Tamerlan honora de ses presens. Voyez CEUTA.

SEBUNTA, Ville de l'Arabie Pétrée. Elle est mise dans les Terres par Ptolomée ^m. Le MS. de la Bibliothéque Palatine lit *Esbuta*. C'est la même qu'*Esebon*, *Chesbon*, & *Esbus*.

m Lib. 5. c. 17.

SEBURRI. Voyez SEURI.

SEBUS, Ville de la Palestine, selon les Exemplaires Latins de Ptolomée ⁿ. Le Texte Grec porte ESBUS. Voyez ESBUS.

n Lib. 5. c. 16.

SEBUSIANI. Voyez SEGUSIANI.

SEBZ, Bourg de la Transoxiane. Il est situé, dit Mr. Petis de la Croix ^o hors des Murs de la délicieuse Ville de Kech; & ce Bourg est fameux pour avoir donné la naissance à Timur-Bec, connu sous le nom de Grand-Tamerlan.

o Hist. de Timur Bec, t. 1. Préface.

SEBZEVOAR, Ville de Perse: Tavernier la dit située à 81. d. 5'. de Longitude, sous les 36. d. 15'. de Latitude. Ce n'est qu'une petite Ville qu'on nommoit anciennement BIHAC, & où l'on recueille quantité de Manne.

SEBZUAR, Ville de Perse ^p, dans la Corassane. Elle a été le Siège des Princes de la Dynastie des Serbedariens, & Hassan-Al-Giouri y commandoit presque en Souverain, lorsque Tamerlan passa en Perse. Mr. Petis de la Croix ^q place cette Ville à 91. d. de Longitude, & à 31. d. de Latitude.

p D'Herbelot, Biblioth. Or.

q Hist. de Timur-Bec, l. 3. c. 24.

SECANDE, Ville de l'Ethiopie sous l'Egypte: Pline ^r la met au bord du Nil. Quelques Exemplaires portent SCANDE pour SECANDE.

r Lib. 6. c. 30.

SECANI. Voyez SEQUANI.

SECCHIA, Rivière d'Italie ^s, au Duché de Modène. Elle prend sa Source dans l'Apennin vers la Carfagnana, coule

s Magin, Atlas.

aux

aux confins des Duchés de Modène & de Reggio, & baigne Saſſuolo & Carpi, après quoi elle va ſe jetter dans le Pô vis-à-vis de l'Embouchure du Menzo.

SECELA, Ville de la Paleſtine, ſelon Etienne le Géographe qui cite Joſephe [a]; mais ce dernier lit SECELLA, & non SECELA. Voyez SICCELICH.

[a] Antiq. Lib.6.c.14

SECERRÆ, Ville de l'Eſpagne Tarragonnoiſe: l'Itinéraire d'Antonin la marque ſur la Route des Pyrénées à *Caſtulo*, entre *Aquæ Voconæ*, ou *Voconiæ*, & *Prætorium*, à quinze milles du premier de ces Lieux & à égale diſtance du ſecond. C'eſt aujourd'hui à ce qu'on croit *San-Cæloni*, ou *Ceſtoni*.

☞ SE'CHE. On donne ce nom à des Sables que la Mer couvre, quand elle eſt haute, & qu'elle laiſſe à ſec quand elle eſt baſſe. C'eſt ce que les Hollandois nomment DROOGTE. On donne auſſi quelquefois le nom de Séche à des bancs de Roches ou d'Ecueils près des Côtes & que la Mer découvre ou en tout, ou en partie.

2. SECHE DU CAP DE GATE, Séche dans la Mer Mediterranée [b], près de la partie Orientale du Royaume de Grenade, environ à un petit mille, au Sud-Oueſt quart de Sud, deſſus des taches blanches qui donnent la connoiſſance du Cap de Gate. La Séche du Cap de Gate eſt un Banc de Roches où il y a fort peu d'eau; mais on peut paſſer entre la Terre & ce Banc, rangeant la Pointe de ce Cap à diſcrétion, comme à deux ou trois longueurs de cable; ou bien on peut paſſer à quatre milles au large, parce que quelques-uns diſent qu'il y a un autre danger, à une lieue au large par le Sud-Oueſt quart de Sud. Il y a auſſi près de la Côte du Cap de Gate un Ecueil preſque à fleur d'eau qu'il ne faut pas approcher. Environ dix à douze milles à l'Eſt du Cap de Gate, on trouve une autre groſſe Pointe, qui eſt la Pointe de l'Eſt du Cap de Gate, & il ſemble y avoir une petite Iſle fort proche; ce qu'on connoît par une noirceur de terrain. Quatre milles ou environ, à l'Eſt de la Pointe de l'Oueſt du Cap de Gate, il y a une petite Calangue en forme de Croiſſant, dans laquelle on pourroit mouiller principalement avec deux, trois à quatre Galéres, pour les Vents de Sud-Oueſt, Oueſt & juſqu'à l'Eſt; mais des Vents de Sud & de Sud-Oueſt la Mer y eſt extrémement groſſe. Près de la Pointe de l'Oueſt de cette Calangue, il y a quelques Ecueils à fleur d'eau, à l'entrée d'une autre Calangue. On peut auſſi mouiller vers le NordEſt de la Pointe de l'Eſt du Cap de Gate, dans une Anſe de Sable, où l'on eſt à couvert des Vents de Sud-Oueſt, Oueſt & Nord-Oueſt.

[b] Michelot. Portul. de la Méditerranée, pag 15.

3. SECHE D'ANTIBES, Séche ſur la Côte de France, dans la Provence: Michelot [c] dit que vers le Nord-Nord-Eſt de la Pointe du Grand Baſtion, qui eſt au milieu du Mole de la Ville d'Antibes, environ à 110. Toiſes, il y a un Banc de Roches de peu d'étendue, mais dangereux, ſur lequel il ne reſte quelquefois que 9.

[c] Portul. de la Méditer. p. 83.

pieds d'eau, quoiqu'il y en ait tout auprès 16. 18. & 24. pieds. On pourroit paſſer à terre de ce Banc, entre la demi-Lune, où il y a vingt à vingt-cinq pieds d'eau; mais il faut ranger à diſcrétion un peu plus la demi-Lune que la Séche. Le meilleur néanmoins eſt de paſſer à la droite de la Roche, en rangeant à diſcrétion la Pointe du Bonnet quarré, & la Roche eſt au Sud-Eſt du milieu de ce Fort. Enſuite il faut s'approcher de la tête du Mole, puis aller mouiller dans le fond du Port: la Commandante aura ſa poupe vers la Porte de la Ville, avec quelques autres Galéres, & les autres ſeront le long du Mole, où elles auront auſſi la poupe. Lorſqu'on eſt mouillé de cette manière, on eſt à couvert de tous les Vents & de la Mer du large. Le Vent d'Eſt-Nord-Eſt donne droit à plein de l'entrée; mais on en eſt à couvert dès qu'on a doublé la Pointe du Mole. Il n'y a que le Nord-Oueſt qui incommode, quoiqu'il vienne par deſſus le terrein, & il faut ſe précautionner contre ce vent. Il ſeroit difficile d'entrer avec un gros vent d'Eſt-Sud-Eſt; car la Mer y eſt fort groſſe, & y cave beaucoup. On fait de l'eau au haut de la Ville, dans un Pré où il y a une ſource. Tout proche de la tête du Mole, il y a 25. à 26. pieds d'eau, & le long du Mole depuis 18. juſqu'à 15. pieds près de la Porte. La Latitude eſt à 43. d. 33'. & la variation de 6. dégrez Nord-Oueſt.

SECHES DE BARBARIE, ou les BASSES DE BARBARIE: ce ſont des Ecueils formidables, qui ſe trouvent ſur la Côte de Barbarie dans le Golphe de Sidra, entre les Royaumes de Tunis & de Tripoli. On appelle quelquefois tout le Golphe de Sidra les *Séches de Barbarie*.

SECHRONA, ou SCHICRONA, Ville de la Tribu de Juda [d], qu'on croit avoir été cédée avec pluſieurs autres à la Tribu de Siméon.

[d] Joſué, XV. 11.

SECKAW, ou SECOU, Bourg d'Allemagne [e], dans la Haute Stirie, ſur une petite Riviére nommée par quelques-uns Gar, & par d'autres Gayl, à trois lieues au Nord de Judenburg. Ce Bourg étoit autrefois une Prevôté, qu'Eberhard, Archevêque de Saltzbourg érigea en Evêché ſous le Pontificat d'Honoré III. l'an 1219. Auſſi l'Archevêque de Saltzbourg a-t-il le droit de Préſentation [f], & d'Inveſtiture; ce qui eſt cauſe en même tems que l'Evêque de Seckau ne peut prendre la qualité de Prince de l'Empire ni entrer dans les Diétes.

[e] Jaillot Atlas.

[f] Comman-ville, Table des Evêchez.

SECKENHEIM, Bourg d'Allemagne, dans le Bas-Palatinat du Rhein, ſur le Necker à une lieue de Manheim, & à égale diſtance du Rhein, en tirant vers Heidelberg. Ce Lieu n'eſt remarquable que par la Victoire que Frédéric I. Electeur Palatin, y remporta en 1472. ſur le Duc de Wirtemberg, & ſur le Marquis de Bade, qui furent faits priſonniers dans le combat.

SECKINGEN, Ville d'Allemagne, dans la Suabe, & l'une des quatre Villes Foreſtiéres. Cette Ville eſt ſituée, dans
une

SEC.

SEC. SED. 407

une Isle que forme le Rhein, à une demi-lieue de Rheinfelden, à trois milles de Bâle, & à six de Schaffhouse. Les Archiducs la tenoient en Fief de l'Abbesse de Seckingen. Elle fut prise en 1683. par le Duc de Saxe Weymar, & rendue en 1648. Un grand incendie lui causa beaucoup de mal en 1678. Il n'y a de remarquable aujourd'hui qu'une Place environée de quelques Maisons assez bien bâties.

SECLIN, Bourg de France, dans la Flandre Valonne, au Diocèse de Tournay, en Latin *Sacilium*.

Ce Bourg est le Lieu principal du Melantois. Il est ancien, puisque S. Oüen nous assure que de son tems l'on y honoroit fort les Reliques de Saint Piat, qui y avoit été martyrisé. Il y a un ancien Chapitre dédié à ce Saint, que l'on croit fondé dès le cinquième Siècle. Ce Chapitre est composé d'un Prevôt, de quatre autres Dignités, & de douze Canonicats de mille Livres chacun; le Prevôt en a trois milles Livres. Il y a un de ces Canonicats affecté à l'Evêché de Tournay; le Pape nomme aux autres pendant huit mois, & le Prevôt pendant quatre. Il y a aussi à Seclin un Bailli, & sept Echevins, outre la Justice du Chapitre de S. Piat; les Appels en sont portés à la Gouvernance de Lille.

1. SECOANUS, Lieu fortifié dans la Syrie. Strabon [a] le met dans le Territoire de la Ville d'Apamée; mais quelques MSS. portent COSSIANUS au lieu de SECOANUS. Ce Lieu étoit la Patrie de Triphon, surnommé Théodore, qui entreprit de se faire Roi de Syrie.

[a] Lib. 16. p. 752.

2. SECOANUS. Voyez SEQUANA.

SECONDIGNE, Bourg de France, dans le Poitou, en Gatine, Election de Niort : il est bien peuplé.

SECONTIA. Voyez SEGONTIA.

SECOR, Port de la Gaule Aquitanique : Ptolomée le place entre le Promontoire *Pictonium*, & l'Embouchure de la Loire.

SECORBIACUM [b], Lieu de la Gaule, Fortunat en parle dans la Vie de St. Germain.

[b] Ortelii Thesaur.

SECOURVIEILLE, Bourg de France, dans le Comté de Cominges. Il y a dans ce Bourg une Justice Royale.

SECSIVA, Montagne d'Afrique, au Royaume de Maroc [c]. C'est une Montagne très-haute, & très-froide, au Septentrion de celle de Chauchava. Il sort plusieurs Fontaines des Vallons, & la Riviére d'Ecifelmel en tire sa Source. La cime est toujours couverte de neige, & il y a par-tout de grands Rochers escarpés avec des Cavernes où l'on renferme les Troupeaux l'Hyver de peur de froid, & on les nourrit de foin, & de branches d'Arbres. Les Habitans ne recueillent ni froment ni orge, ni autre grain à cause que la terre est trop froide. Ils en font venir d'ailleurs. En récompense ils ont quantité de Lait, de Beurre & de Fromage, tout le Printens & l'Eté, & ne manquent point de viande toute l'année. Ils vivent comme des Sauvages, & dans une grande santé ; de sorte qu'à cent & à six-vingt ans, ils ne paroissent pas encore vieux. Ils ne font autre chose toute leur vie que d'aller après leurs Troupeaux. C'est une merveille de voir comme ils sont peu vêtus dans un si grand froid ; car ils n'ont qu'une mante qui les enveloppe, des bottines de cuir crud, & des haillons autour des pieds. Malgré cela ils font si glorieux, qu'ils ont toujours guerre avec leurs voisins, & s'entretuent pour des occasions fort légéres. Il ne fréquente, parmi eux, ni Juge, ni Alfaqui, ni Bourgeois de Ville, parce qu'ils ne sont pas sur le grand chemin : aussi n'ont-ils ni Loi, ni Règle ; & ils vivent comme des Bêtes parmi ces Rochers.

[c] Marmol, Royaume de Maroc. L. 3. c. 46.

SECTORIUM, Ville de l'Asie Mineure dans la Province de Lydie. Il est fait mention de cette Ville dans le Concile de Chalcédoine.

SECUNDA - JUSTINIANA. Voyez ULPIANUM.

SECUNDÆ. La Notice des Dignités de l'Empire.

SECUNDANI, Peuples de la Gaule : Pline [d] qui les met dans les Terres leur donne la Ville d'Arusio : ainsi par Secundani il entend les Habitans de la Ville d'Orange : *In Mediterraneo*.... *Arausio Secundanorum*.

[d] Lib. 3. c. 4.

SECUNTUM. Voyez SAGUNTUM.

SECURISCA, Procope [e] nomme ainsi un Fort que l'Empereur Justinien fit bâtir à neuf dans la Mœsie. Ce Fort, ajoute-t-il, est le premier qui se présente à la vûe, après celui de Lucerniarabourg, & il fut réparé des ruïnes de celui de Cintodème. Un peu plus loin étoit la Ville de Théodoropole. La Notice des Dignités de l'Empire met SECURISCA dans la seconde Mœsie. L'Itinéraire d'Antonin la marque sur la Route de *Viminacium* à Nicomédie, entre *Utum* & *Dimum*, à douze milles de chacun de ces Lieux. Le nom de SECURISCA est corrompu dans la Table de Peutinger qui lit SECURISPA.

[e] Ædif. L. 4. c. 8.

SECUSIANI. Voyez SEGUSIANI.

SECUSSES, Peuple des Alpes : Pline [ff] dit qu'ils habitoient depuis la Ville de Pola jusqu'à la Contrée de Tergeste.

[ff] Lib. 3. c. 20.

SECUSTERO. Voyez SEGESTERORUM.

SEDALA. Voyez SIDALA.

SEDALIA, Ville de l'Isle de Taprobane, selon Jornandès cité par Ortelius [g].

[g] Thesaur.

SEDAN, Ville de France [h], dans la Province & Généralité de Champagne. Cette Ville est située sur la Meuse aux Frontiéres de Luxembourg. Elle est une des Clefs du Royaume, & des plus importantes. En 1641. les Principautés de Sedan & de Raucourt furent échangées par Frédéric-Maurice de la Tour d'Auvergne, Duc de Bouillon, pour la Terre d'Epernay, les Duchés de Château-Thierry & d'Albret, le Comté d'Evreux, &c. La Ville de Sedan n'a que deux Portes, l'une du côté de la Champagne, & l'autre du côté de Luxembourg. Ses anciennes Fortifications consistent en quatre Bastions

[h] Baugier, Mém. de Champagne tom. 1. pag. 380. t. 2. p. 257. & suiv.

tions à main droite vers la Prairie du côté de la France. Ces Baſtions nommés du Moulin, de Bourbon, de Turenne, & de Naſſau, ſont garnis d'une fort belle Fauſſe-Braye, & d'un Foſſé rempli d'eau de ſix toiſes de longueur. Au devant du Baſtion de Naſſau, il y a un autre Foſſé taillé dans le Roc, & un Ouvrage à Corne revêtu, dont le Foſſé eſt auſſi taillé dans le Roc; les autres Ouvrages, qui ont été faits de l'autre côté de la Place à la Porte du rivage, par les ſoins de feu M. le Maréchal de Faber, qui a été le premier Gouverneur de Sedan lors de ſa réunion à la Couronne, ſont auſſi fort beaux, & très-conſidérables; celui de la Corne de Floing a été fait aux dépens des Habitans de cette Ville, qui ſe ſont volontairement impoſé à eux-mêmes des droits d'entrée ſur le Vin, la Biére, & l'Eau de Vie pour fournir aux fraix de cet Ouvrage. Le Roi y a fait faire quantité d'autres belles, & grandes Fortifications, qui ont coûté plus de quatorze cens mille Livres; & en l'année 1692. il a commencé dans la Prairie un Ouvrage à Corne, à l'extrémité duquel il y aura des Ecluſes pour inonder la Prairie en cas de beſoin. Cet Ouvrage ſera d'une très-grande utilité pour la défenſe de la Place.

Il y a un fort bel Arſenal dans le Château, qui eſt fortifié à quatre grands Baſtions, deux du côté de la Ville, & les autres du côté des Ardennes; dont les Foſſés creuſés dans le Roc ont plus de cent cinquante pieds de profondeur. Il y a un autre Ouvrage nommé la Corne des Ecoſſois, dont le Foſſé, qui eſt très-grand, eſt pratiqué dans le Roc, ainſi que ceux des autres Ouvrages dont nous allons parler. Le grand Baſtion du Fer à Cheval eſt détaché du Corps de la Place, dont le Foſſé eſt de plus de ſoixante pieds de profondeur. Au devant de cette Fortification il y a un Ravelin revêtu avec ſon Foſſé. Les nouveaux Ouvrages qu'on y a conſtruits depuis rendent cette Place très-forte. Il y a dans l'Arſenal un grand nombre d'Armes, & de harnois très-riches, & parfaitement bien travaillés, qui ont autrefois ſervi aux Princes de la Maiſon de la Marck de Bouillon, qui étoient Souverains de cette Principauté. C'eſt dans le Château de Sedan, qu'eſt né feu Monſieur de Turenne, où il a été élevé dans le tems que la Souveraineté de Sedan étoit encore poſſédée par Monſieur de la Tour d'Auvergne, Duc de Bouillon, ſon pere. La Ville & le Château de Sedan ont un Gouverneur, un Grand Bailly, un Lieutenant de Roi de la Ville, un du Château, & un Maire.

Il y a dans la Ville de Sedan un Séminaire établi par le Roi en 1681. ſous la direction des Peres de la Miſſion, au nombre de neuf, qui deſſervent auſſi la Cure de la ſeule Paroiſſe, qu'il y a en cette Ville. Il y a un Collége des Jéſuites auſſi établi, & fondé par le Roi en 1663. Un Couvent de Capucins établi en 1641. par Frédéric de la Tour d'Auvergne, dans le Fauxbourg de la Caſſine, qui depuis a été transféré avec la permiſſion du Roi en l'année 1654. par le Maréchal de Faber, alors Gouverneur de Sedan, en un autre Couvent, qu'il leur fit conſtruire à ſes dépens dans l'enceinte de l'Ouvrage à Corne du Baſtion de Floing. On voit dans l'Egliſe de ce Couvent un Caveau où il y a un Tombeau de Marbre noir, ſous lequel eſt enterré le Corps de ce Maréchal, décédé le 17. Mai 1662. & celui de ſon Epouſe. Les Tombeaux des Ducs de Bouillon ſont au-deſſous du Chœur de l'ancienne Paroiſſe.

Sedan a eu autrefois des Seigneurs particuliers peu puiſſans, qui relevoient des Archevêques de Reims, Seigneurs de Mouzon; d'où elle a paſſé aux Maiſons de Jauſſe en Brabant, & de Barbançon, Seigneurs de Boſſu; c'eſt de cette Maiſon que celle de Braquemont l'a acquiſe, par le mariage de Marie de Braquemont, qui l'a portée dans la Maiſon de la Marck de Lumay. Henri de la Tour, Vicomte de Turenne, ayant épouſé l'héritiére de cette derniére Maiſon, il garda Sedan: depuis ſon fils fut obligé de remettre cette Place à Louïs XIII. qui le tenoit priſonnier. Louïs XIV. en a bien récompenſé cette Maiſon par un grand nombre de Terres, dont les principales ſont les Duchés d'Albret, & de Château-Thierry, & le Comté d'Evreux. Sedan eſt un Gouvernement de Place, indépendant du Gouvernement de Champagne.

L'étendue du Préſidial de Sedan a été réduite à dix-ſept Paroiſſes, depuis que, pour l'Erection du Parlement de Tournay, le Roi en a démembré les Villes d'Aveſne, Philippevilles Mariembourg, Landrecy, & le Queſnoy. Il n'y a que ſix Officiers Titulaires dans ce Siége, & un Bailli d'Epée.

La Maîtriſe des Eaux & Forêts de Sedan contient des Bois mouvans de la Principauté de Sedan & Raucourt, dix mille ſix cens ſoixante-dix-neuf Arpens, ſoixante-dix perches: cent ſoixante Arpens de ceux de Serival & Villers: deux mille Arpens de ceux du grand, & petit Denilet: cinq cens quatre-vingt-dix-huit Arpens de ceux de Marville: mille cinq cens cinq Arpens de ceux de Dampvillers en cinq Buiſſons, & dix mille huit cens ſoixante-dix Arpens de Bois de la Gruerie de Château-Renaud. L'on fabrique à Sedan beaucoup de Draps, qui ſont auſſi eſtimés que ceux de Hollande, on en fait un grand Commerce. L'on y fabrique auſſi des Serges, & l'on y fait encore des Dantelles, mais pas tant qu'autrefois.

SEDANDA, Mr. Corneille[a] dit: Pays d'Afrique qui a titre de Royaume, il eſt vers le Zanguebar & s'étend du côté du Cap des Courants. Mr. d'Anville, dans ſa Carte de l'Ethiopie Occidentale, remarque que Sedanda n'eſt pas un Pays; mais que c'eſt le Roi de Sabia qui ſe nomme Sedanda. Ce Royaume de Sabia a celui de Sofala au Nord, l'entrée du Canal de Mozambique à l'Orient, le Royaume d'Inhanbane au Midi, & celui de Manica au Couchant. La Riviére de Sabia tra-

[a] Dict.

traverse tout le Royaume d'Occident en Orient.

SEDDIAGIOUG' UMAOIOUG', *la Lévée*, *le Rempart*, ou le *Mur de Gog & de Magog*. C'est cet Ouvrage tant vanté dans les Histoires de l'Orient, dont la construction est attribuée à Eskander, ou Alexandre: non pas à Alexandre, fils de Philippe, que nous appellons le Grand; mais à un autre que les Orientaux surnomment, Dhoul Carnïm, qui est beaucoup plus ancien que le Macédonien, & que les Persans croient avoir été le même que Giamschid, quatrième Roi de leur première Dynastie.

Ce Mur de Gog & de Magog fut bâti par ce Prince, que les mêmes Persans croient avoir été Monarque de toute la Terre habitable, pour resserrer les Nations Hyperboréennes au delà du Caucase entre le Pont-Euxin, & la Mer Caspienne, & pour les empêcher de faire des incursions dans le milieu de l'Asie.

L'on dit aussi que Nouschirvan fit continuer ou réparer cet Ouvrage.

Quelques Historiens de l'Orient, reculent cette Muraille de Gog & de Magog, au delà de la Mer Caspienne en tirant vers l'Orient, de sorte que l'on pourroit croire que c'est la même qui sépare la Chine d'avec les Mogols & les Tartares.

SEDELEUCORUM. Voyez Sidoleucum.

SEDETANI, & **SEDETANIA.** Voyez Hedetani.

SEDIBONIATES, Peuples de la Gaule Aquitanique, selon Pline [a]. *a Lib. 4. c. 19.*

SEDIS-SCAPI-FONTI, SEDISSA-SIPONTI, ou SEDISSA-FIPONTI, On trouve ce nom sous ces différentes orthographes dans l'Itinéraire d'Antonin, qui en fait un lieu qu'il marque sur la Route de Trapezunte à Satala, entre Dia & Domana, à dix-sept milles de la première des Isles, & à vingt-quatre milles de la seconde. Ce Lieu devoit être dans la Petite Arménie. On ne se connoît point d'ailleurs, & il pourroit se faire même qu'aucune des trois orthographes ne fût la véritable.

SEDOCHESORI, Peuples du Pont, au voisinage du Fleuve Cohibus. Tacite [b] fait mention d'un Roi des Sedochesores. Juste-Lipse dit qu'il y a des MSS. qui portent *Sedochesori*, & d'autres *Sedothesori*. *b Hist. Lib. 3.*

SEDOTH, ou ASEDOTH. Voyez ASEDOTH.

SEDOUM, & SEDOUMAH.[*] *C'est ainsi que les Arabes appellent la Ville de Sodome en Judée, dont le Peuple est ordinairement nommé par les Musulmans Caoum-Louth, le Peuple de Lot, à cause que ce Prophète, comme ils disent, leur fut envoyé de la part de Dieu, pour les convertir à la Foi, & les détourner du crime, que les mêmes Musulmans appellent Fâalcabih, la vilaine action. *D'Herbelot, Biblioth. Or.*

Cette Ville, & les quatre autres qui sont dans son voisinage, sont appelées par les Musulmans, Al Motofecát, les Villes renversées, à cause que l'Ange Gabriel, envoyé expressément de Dieu pour punir leur crime, les renversa avec tous leurs Habitans sans dessus dessous, & les fit ainsi périr tous.

SEDRAC, Contrée de la Palestine: ce sont les Septante qui écrivent SEDRAC; L'Hébreu porte ADRACH, & la Vulgate HADRACH. Il y a dans Zacharie [c] une Prophétie contre le Pays d'Hadrach, & contre la Ville de Damas dans laquelle ce Pays mettoit toute sa confiance. *c Cap. 9, v. 1.*

SEDRATYRA. Voyez SOSXETRA.

SEDUNI, Peuples de la Gaule Narbonnoise. Ils étoient voisins des *Nantuates* & des *Veragri*, avec lesquels ils occupoient le Pays depuis les Confins des Allobroges, le Lac Leman, & le Rhône jusqu'aux hautes Alpes: *Galbam in Nantuates, Veragros, Sedunosque misit, qui a finibus Allobrogum & Lacu Lemano, & Rhodano ad summas Alpes pertinent.* Pline dans le Trophée des Alpes parle aussi des *Nantuates,* des *Seduni,* des *Veragri,* & des *Satassi,* comme de Peuples voisins. Cellarius [d] croit qu'on doit mettre les trois premiers de ces Peuples dans la Gaule Narbonnoise, ou Province Romaine; premiérement parce que César au commencement du troisième Livre de la Guerre des Gaules, les joint avec les Allobroges: *A finibus Allobrogum...... ad summas Alpes pertinent;* en second lieu parce que Ptolomée attribue tous ces Peuples à l'Italie, quoiqu'ils habitassent au-delà des grandes Alpes. Ainsi s'ils étoient entre les Confins des Allobroges, & les hautes Alpes, de manière qu'on pouvoit en quelque sorte les attribuer à l'Italie, on ne peut point les comprendre au nombre des Helvétiens, ni les renfermer avec ces derniers dans la Gaule Belgique, mais dans la Gaule Narbonnoise, qui du côté de l'Helvétie s'étendoit entre l'Italie & la Gaule Belgique. *d Geogr. Ant. L. 2. c. 3.*

Aucun Ancien, que je sache, ajoute Cellarius, n'a donné une Ville aux *Seduni*. L'Inscription CIVITAS SEDUNORUM, qui a été corrigée & suppléée par Casaubon [e] est à la vérité ancienne; mais du tems d'Auguste ce mot CIVITAS, signifioit moins une Ville qu'un Peuple, ou une Communauté. Dans le moyen âge ces Peuples avoient une Ville, *Oppidum*, à laquelle on joignoit le nom National; & dans la suite on dit simplement SEDUNUM. On lit en effet dans le Martyrologe Romain au cinquième des Calendes d'Octobre: *Seduni in Gallia* [Natalis] *S. Florentini Martyris*. C'est aujourd'hui la Ville de SION. Voyez SION. *e Ad Suetonii Aug. Cap 58.*

SEDUNUM. Voyez SEDUNI.

SEDUSII, Peuples de la Germanie. César [f] les met au nombre des Peuples qui combattoient sous Arioviste; ce qui engage Spener [g] à fixer leur demeure entre le Meyn & le Necker. Il ajoute qu'ils étoient originairement compris sous le nom général d'Istevons; & qu'après leur retour des Gaules ils se confondirent avec les Marcomans. *f De Bel. Gal. Lib. 1. g Not. Germ. ant. L 4. c. 2.*

1. **SEÉ,** Rivière de France, dans la Normandie au Diocèse d'Avranches. Elle a son origine auprès de la Butte de Brimbal. Elle passe au Pont de Sée, à Charancé, à Cuve, à Brecey, à Saint Brix,

Fff

Brix, au Pont fous Avranches, & elle fe rend dans la Mer, entre le Mont St. Michel & le Mont Tombelaine, après un cours de dix lieues.

2. SEE, Cap d'Afrique dans la Haute Guinée, fur la Côte de Grain, à sept lieues au delà de Rio Seftos [a]. Les Portugais l'appellent *Cabo Baixos*, à cause des bancs de Sable qui font autour de ce Côteau. A l'Orient de ce Cap on découvre un Ecueil, dont le sommet est blanc, & qui paroît de loin aux Vaisseaux, qui viennent du Sud, comme un Navire qui fait route avec l'Artimon & la voile de Misaine.

[a] *Dapper, Afrique, p. 274.*

SEELAND. Voyez SELAND.
SEENANIM. Voyez SANNANIM.
SEEWIES, en Latin *Lacupratum*, Paroiffe du Pays des Grisons [b], dans la Communauté de Schiers, & dans les Montagnes. Il y a dans cette Paroiffe un lieu nommé Cany, & où il fe trouve un Bain d'eau Médicinale, propre pour la guérifon de divers maux. Il vient de deux Sources qui font imprégnées d'Or, de Soufre, de Vitriol, &c. Sur la rive gauche du Lanquart on voit les Villages de Tenas, & de Valfein, *Vallis Sana*. C'eft là que la Régence de la Communauté réfide.

[b] *Etat & Délic. de la Suisse, t. 4. p. 79.*

SEEZ, SÉES, SEZ, ou SAIS, *Saium Sagium*, *Salarium*, *Saxia*, *Sagiorum*, ou *Saxonum Civitas*, Ville de France, dans la Normandie, fur l'Orne, à cinq lieues d'Alençon, au Midi, & à huit de l'Aigle à l'Orient d'Eté du Parlement de Rouen, de l'Intendance & de l'Election d'Alençon, a environ 3000. Habitans. Dans la Notice des Provinces des Gaules, qu'on croit faite du tems de l'Empereur Honorius, elle a le quatrième rang entre les six anciennes Cités qui dépendoient de la Métropole de Rouen; mais ce n'eft que fur des conjectures très-incertaines, que d'habiles Géographes modernes ont fuppofé qu'elle étoit la Ville des Peuples *Effui*, *Seffui*, *Seffuvii*, *Hefui*, ou *Haffi*, qu'ils croyoient être les mêmes, & dont parlent Céfar, Pline & autres; ou bien celle des Peuples *Aruvii*, appellée *Vagoritum* par Ptolomée. On ignore en quel tems le Siège Epifcopal a été établi à Séez. Il est vrai qu'à fuivre l'ordre de fes premiers Evêques, qui font S. Sigibolde, S. Lain, ou Latuin, S. Landry, Hillus, Hubertus, & Paffivus qui affifta en 533. au second Concile d'Orléans, il fembleroit qu'il ne feroit que du cinquième Siècle; mais cet ordre n'eft appuyé que fur de fimples Catalogues dreffés depuis le milieu du douzième Siècle, & qui font fi défectueux, & fi remplis de transpofitions, qu'ils ne peuvent fonder aucune Epoque fûre. On ne fauroit pour cela fe régler que fur l'Eglife de Rouen, qui eft indubitablement de la fin du troifième Siècle; & il y a toute apparence que ces fix Suffragantes font du Siècle fuivant, fi même quelques-unes ne font pas auffi anciennes qu'elle.

Beaucoup de Savans ont cru que l'Evêché de Séez étoit d'abord à Hiefmes, Chef-lieu d'un de fes Archidiaconés, & ils n'ont pour fondement qu'une Tradition Populaire. Elle a néanmoins fuffi au P. Sirmond pour mettre au nombre des Evêques de Séez un *Litharedus Epifcopus Oximenfis*, qui fe trouva au premier Concile d'Orléans en 511. & il a été en cela fuivi des autres Editeurs des Conciles: mais cet Evêque n'appartient pas plus à cette Eglife, qu'à celle de Lifieux, à laquelle on l'a pareillement attribué, & il doit être rendu à l'ancienne Eglife des Offifmiens, ou Oxifmiens, dont le Pays comprenoit alors, felon le nouvel Hiftorien de Bretagne, ceux dont on a depuis formé les Diocéfes de Léon & de Treguier, & une partie de celui de Quimper. C'eft pour cela que S. Paul, premier Evêque de Léon, eft encore appellé *Oximorum Præful* dans les Annales du P. le Cointe fur les années 553. & 555. & que *Liberalis*, l'un de fes Succeffeurs, qui vivoit trois cens ans après, eft auffi qualifié *Oximenfis Epifcopus*, dans les Actes des Saints de l'Ordre de S. Benoît; ainfi cette reftitution ne fouffrira pas de difficulté, & elle fervira d'ailleurs à terminer la conteftation qui eft entre l'Hiftorien ci-deffus, & un autre favant Homme, fur le tems auquel les Bretons ont commencé à dépendre des Rois de France. Ils avouent l'un & l'autre, que les Evêques de ce premier Concile d'Orléans étoient tous de la domination du Grand Clovis, qui l'avoit affemblé; & puifque l'Evêque des Offifmiens y affifta avec ceux de Rennes, de Nantes & de Vannes, il eft donc indubitable que toute la Baffe-Bretagne reconnoiffoit alors l'Empire du même Prince: mais fi les Bretons de la Grande-Bretagne s'y étoient déja établis, comme le croit leur Hiftorien, ne s'enfuivra-t-il pas auffi que ce Conquérant les avoit fubjugués (ce dont il refufe de convenir) & qu'ils n'y vinrent qu'après le tems de Clovis, ainfi que fon adverfaire le prétend fur d'affés bonnes Preuves, qu'il n'a point encore détruites; ce n'aura pu être non plus qu'en fe foumettant aux Rois fes fils, qui étoient déja Souverains du Pays, ce qui montrera également qu'ils n'ont jamais été indépendans, depuis que les Monarques François régnent dans les Gaules.

Il falloit que Séez fût une Ville bien importante, fi le Diocéfe qu'elle a formé, & dans le centre duquel elle fe trouve, dépendoit alors d'elle; car il a vingt-quatre lieues de longueur du Levant d'Hyver au Couchant d'Eté; & s'il eft fort refferré par le Diocéfe de Lifieux, ce n'eft que depuis le onzième Siècle que le Pays d'entre Séez & l'Abbaye de Saint Evrou, fait partie de cet autre Diocéfe, comme on l'apprend d'Ordéric Vital, & de la Vie de Saint Evrou, où l'on voit qu'il reconnoiffoit l'autorité de l'Evêque de Séez. Ce Diocéfe comprend encore aujourd'hui quatre cens quatre-vingt-dix-fept Paroiffes, defferviés par cinq cens huit Curés, & partagées en feize Doyennés, dont trois font dans le Perche fous le Parlement de Paris. On y voit fix Villes, plus de vingt Bourgs, un Chef-Lieu

Lieu d'Appanage de fils de France, de Généralité, de Préfidial, & de Grand Bailliage; & outre le Chapitre de l'Eglife Cathédrale, on trouve deux Collégiales, deux Séminaires, cent cinquante-trois Chapelles, onze Hôpitaux, quinze Léproferies, une Commanderie de Malthe, une de Saint Lazare, fix Abbayes & trois Prieurés Conventuels d'Hommes, trente-deux Prieurés fimples, une Chartreufe, une Maifon de Trinitaires, une de Jacobins, deux de Cordeliers, quatre de Capucins, une de Jéfuites, quatre Abbayes, & un Prieuré Conventuel de Filles, trois Maifons de Religieufes de Sainte Claire, une de Filles de Notre-Dame, & une d'Urfelines.

Ce qui fit tomber la Ville de Séez, ce fut l'Etabliffement du Comté d'Hiefmes, dans le Gouvernement duquel elle fe trouva comprife. Il ne lui refta plus pour le Civil qu'un petit Pays appellé *Sagifum* dans les Capitulaires de Charles le Chauve de l'an 853. & Centaine dans une Donation d'une Terre de Vande faite à l'Abbaye de S. Vandrille au commencement du Siécle précédent; c'eft-à-dire qu'il y avoit un Centenier pour y commander. Cependant cette Ville a encore bien diminué d'autorité depuis; car elle n'a pas aujourd'hui le moindre reffort, & elle releve même de différentes Jurifdictions affés éloignées, dont deux, celles d'Effey & de Meheudin, font des plus fimples Bourgs: c'eft-ce qui feroit furprenant, fi on n'en connoiffoit pas la caufe, d'autant plus que cette Ville n'eft point encore méprifable. Elle a cinq Paroiffes, & avec le Chapitre de la Cathédrale, un Séminaire, un Collége, un Hôpital, une grande Abbaye de Bénédictins, & un Couvent de Cordeliers. Elle a auffi un Grenier à Sel, des Officiers Royaux de Police, une Maifon-de-Ville, & les Elus d'Alençon font obligés d'y venir tenir toutes les Semaines l'audience pour fa commodité. Elle a deux Marchés la Semaine, dont celui du Samedi eft fort bon, & huit ou neuf Foires par an, entre lefquelles celles du Mercredi des Cendres, du Jeudi Saint, & de Saint Martin font affez célébres. D'ailleurs elle eft dans une fituation affez agréable, au milieu d'une grande & fertile Campagne, coupée par une longue Prairie qui borde la Riviére, & avec de belles vûes. Enfin elle eft fort proche de la Forêt d'Efcouves, & à portée d'avoir commodément toutes les chofes néceffaires à la vie & à fon Commerce, ce qui fait que la plûpart des Officiers de la plus prochaine de ces Jurifdictions, & les Gentilshommes voifins la choififfent pour leur demeure ordinaire.

Ce malheur de n'avoir point de Jurifdiction, & d'être foumife d'autres, lui eft venu de la pluralité de fes Seigneurs, & de ce que les Rois, quand ils fe rendirent maîtres de la Normandie en 1204. n'eurent pas en cette Ville la partie qui leur eft échue depuis, ce qui fut caufe qu'ils n'y mirent qu'un Vicomte, dont il eft fait mention dans quelques Actes: leurs Baillifs néanmoins y tenoient fouvent les Affifes Générales; mais c'eft ce qui ne dura que jufqu'à l'érection de l'Appanage d'Alençon, que Saint Louïs donna en 1268. à Pierre, fon quatriéme fils, & qui paffa après à d'autres Princes du Sang: car ce changement foumit Séez à différens Juges, felon la différente mouvance de fon Territoire. Ce qui appartenoit à l'Evêque, & au Chapitre, reffortit au Siége d'Hiefmes, qui reftoit au Roi, duquel feul les Eglifes Cathédrales doivent dépendre; & le furplus qui relevoit du Comté d'Alençon, reconnut les Officiers de ce Comté, lefquels pour la commodité des Vaffaux, venoient tenir leur Plaids à Effey, où le Comte avoit un grand Château; ce qui à la fin y a fait établir un Siége ordinaire. C'eft ce qui eut encore lieu en 1370. quand le Roi Charles V. céda auffi la Châtellenie d'Hiefmes à Robert d'Alençon Comte du Perche: il démembra le Temporel de l'Eglife de Séez, & l'attacha à la Châtellenie de Falaife, dont il a toujours relevé depuis.

Cependant les Evêques de Séez, eurent beaucoup à combattre pour maintenir cette Eglife dans la mouvance Royale, malgré toutes les entreprifes que les Comtes d'Alençon faifoient pour exercer leur Juftice fur fon Temporel; Thomas d'Aunou effuya pour cela un long procès contre le Comte Pierre, & il eut la gloire en 1272. d'obtenir un Arrêt célébre fur cette matiére, qui fe trouve encore dans les Regiftres du Parlement de Paris. Jean de Berniéres, Philippe Boulanger, & Guillaume Mauger eurent le même avantage contre les Comtes Charles de Valois pere & fils. Mais Jean de Péruce, quoiqu'homme de qualité, ne montra pas autant de vigueur dans le Siécle fuivant, lorfque Jean II. Duc d'Alençon eut fait faifir fon Temporel pour l'obliger à lui en rendre Aveu; car c'eft-ce qu'il fit en 1451. au lieu de recourir, comme fes Prédéceffeurs, à l'Autorité Royale pour s'en défendre, foit qu'il craignît qu'elle ne lui fût point favorable, parce qu'il avoit fur la fin fuivi le Parti des Anglois que l'on venoit de chaffer du Royaume, foit qu'il fe fût laiffé gagner par ce Prince. La chofe néanmoins n'eut pas de fuite; Robert Cornegrue qui lui fuccéda trois ans après, s'étant auffi-tôt mis fous la protection du Roi Charles VII. il en obtint des Lettres pour différer quelque tems à rendre Aveu à la Chambre des Comptes.

Au furplus, les Princes du Sang poffeffeurs d'Alençon, n'étoient pas les premiers qui avoient voulu avoir l'Eglife de Séez pour fujette; leurs prédéceffeurs des Maifons de Bellefme & de Montgommery, avoient eu la même ambition, & elle s'étoit vue dans un véritable Efclavage, lorfque Richard I. ou II. Duc de Normandie, eut donné la Ville à Guillaume I. de Bellefme; il ne lui reftoit plus ni biens ni honneurs. Mais le même Guillaume touché enfin de l'état où elle étoit réduite, & des torts que lui, & fes prédéceffeurs lui avoient fait, lui aumôna vers

Fff 2 l'an

l'an 1020. les Terres de Chailloué, de Boiville, & de Giberville pour la subsistance des Chanoines, & la Ville même pour l'entretien de l'Evêque, de laquelle il se reservoit seulement la jouïssance durant sa vie. Cette Eglise retomba encore quatre-vingt ans après dans ce premier état sous Robert de Bellesme, fils aîné de Roger de Montgommery, & de Mabile de Bellesme, alors le Tyran du Pays, à qui Robert II. Duc de Normandie, Prince également prodigue & débauché, en accorda la Garde. Mais Serlon d'Orgéres, qui remplissoit en ce tems-là le Siége Episcopal, bien différent de ce que fut après lui le Jean de Péruce ci-dessus, aima mieux se retirer, après avoir excommunié son Oppresseur, & jetté l'Interdit sur toutes ses Terres, que de se soumettre à un pareil joug. Il alla & à Rome, & à Londres en porter ses plaintes, & il ne revint dans son Eglise qu'après que le Roi d'Angleterre se fut rendu maître de la Normandie l'an 1106. en faisant le Duc son frere prisonnier, & que ce Monarque eut privé Robert de Bellesme de la grace qu'il tenoit de ce dernier Prince.

Quoique l'Evêque de Séez dût avoir la Ville après la mort de Guillaume de Bellesme, cependant les descendans de ce Seigneur en gardérent presque tous les environs, avec les principaux Fauxbougs: ils bâtirent de l'autre côté de la Rivière un Château, dont il reste encore une Porte appellée Bretesche, c'est-à-dire Porte à Creneaux, & ils formérent par-là comme une seconde Ville. Elle est nommée le Bourg-Neuf par Guillaume Comte de Ponthieu, fils de Robert de Bellesme, dans un Titre de 1155. pour le Prieuré de Gast, & depuis on l'appella le Bourg-le-Comte, & l'ancienne Ville le Bourg-l'Evêque, du nom de leurs différens Seigneurs. Le Roi Loüis le Jeune, & le Comte de Dreux son frere, irrités contre le Comte de Ponthieu & Jean son second fils, assiégérent celle-là en 1150. & la brûlérent: mais elle fut si bien & si-tôt rétablie, que lors qu'Henri le Jeune Roi d'Angleterre, qui s'étoit révolté contre Henri II. son pere, vint en 1174. accompagné de trois Comtes, & de près de cinq cens hommes d'armes pour se saisir de la Ville entiére, il ne la put emporter, quoique les Habitans, qui la repoussérent avec une extrême valeur, n'eussent ni Prince, ni Commandant à leur tête, selon la remarque de Raoul de Dicet, dont les paroles méritent ici place: *Rex filius Regis, C. Theobaldum, C. Perticensem, C. de Soenis, & cum eis milites ferè 500. habens in comitatu, Sagiensem Urbem invasit; sed Civibus etiam sine Principe, etiam sine Duce viriliter resistentibus, nihil profecit.*

Cette Ville n'eut pas le même bonheur en 1353. qu'elle fut brûlée par les Anglois, qui en rasérent aussi les murailles. Les Bourgeois pour avoir quelque retraite bâtirent ensuite le Fort de Saint Gervais, ainsi nommé à cause de l'Eglise Cathédrale sous l'Invocation de ce Saint & de Saint Protais, qu'il renfermoit seulement avec le Palais Episcopal & le Cloître des Chanoines: mais c'est ce qui ne garantissoit que leurs personnes; & à peine eurent-ils relevé leurs Maisons, qu'elles furent encore pillées, & brûlées par les gens de Charles d'Artois, Comte de Longueville, qui s'étoient fortifiés dans l'Abbaye, d'où ils exerçoient un cruel Brigandage dans le Comté d'Alençon. A cette occasion ils obtinrent du Roi Jean des Lettres du 8. Janvier 1361. vieux Stile, qui leur permettoient d'imposer sur eux-mêmes un Subside pour rétablir les murs de la Ville; & apparemment qu'ils furent obligés d'abandonner ce dessein, car les murailles d'aujourd'hui, qui sont très-légéres, & déja ruïnées en plusieurs endroits, ne furent bâties qu'au commencement du dernier Siécle.

Pendant que le Fort de Saint Gervais subsista, à l'exception du tems de la domination des Anglois, les Evêques en eurent le Gouvernement par concession des Rois, sans quoi ils auroient été eux & les Chanoines, les prisonniers de ceux qui y auroient commandé, & il ne fut détruit qu'à la fin du quinziéme Siécle. Ils y mettoient à leurs dépens des Capitaines, & ils firent assujettir à sa garde tous leurs Vassaux, qui étoient auparavant obligés à la garde du Château d'Hiesmes. Cet usage persuada à quelques-uns de ces Prélats, qu'ils étoient Gouverneurs nés de la Ville; de maniére que M. Camus de Pontcarré osa encore en 1647. en faire Capitaine M. Paulmier des Fontaines Gentilhomme du lieu, & M. Forcoal alla même jusqu'à prétendre que ce droit étoit aussi ancien que son Eglise, dont il mettoit la fondation sous le Pontificat du Pape S. Clément. C'est ce qu'il soutint contre M. d'Angennes, Seigneur de Fontaineriant, à qui Loüis XIV. avoit donné ce Gouvernement en considération du Duc de Montausier dont il étoit allié. Il se fit de part & d'autre des Factums fort vifs, & la cause au fond étoit déplorable pour l'Evêque; mais il fut tellement rendre son adversaire suspect de favoriser les Jansénistes, à cause du fameux M. le Noir Théologal de Séez, qui écrivoit pour lui dans cette affaire, qu'il engagea du moins ce Monarque à ordonner par un Arrêt du 17. Juillet 1679. qu'il rapporteroit ses provisions; & ce Prince déclara en même tems que le Gouvernement de la Ville n'étoit point attaché au Siége Episcopal. Comme le malheur des derniéres Guerres avoit fait ériger des Gouvernemens pour les plus petits Lieux, afin de les rendre venaux, M. Gohier du Chesnay, Gentilhomme voisin, acheta celui-là; mais ils furent presque aussi-tôt supprimés, & la Ville de Séez est toujours simplement gouvernée par un Maire & des Echevins, que les Bourgeois élisent tous les trois ans.

En 1219. après l'extinction des Comtes d'Alençon, de la Maison de Montgommery, la Châtelenie de Séez, qui étoit de ce Comté fut du partage de Robert Malet, Sire ou Baron de Graville, fils de Philippe d'Alençon, Sœur du dernier Comte, & elle s'étendoit sur dix-sept Paroisses: mais sa postérité en fut privée par la Confiscation des biens de Jean Malet, son arriére-petit-fils, à qui le Roi Jean fit couper la tête en sa présence en 1356. & ce Prince échangea alors avec Marie d'Espagne, Comtesse Douairière d'Alençon, tout ce qui relevoit de ce Comté dans cette Confiscation, pour la Maison de S. Ouen près de Paris, où il avoit établi l'Ordre de l'Etoile. Il est vrai que Louis XI. faisant faire le procès à Jean II. Duc d'Alençon, dont il reprit l'Appanage, restitua ses biens en 1473. à Louïs Malet de Graville, depuis Amiral de France, & lui en accorda même la Haute-Justice: mais après un très-long procès, il en fut à la fin évincé par un Arrêt du Parlement de Paris du 6. Septembre 1511. que Charles petit-fils du Duc Jean obtint contre lui.

Ce Domaine qu'on appelle encore à présent Graville du nom de ses anciens Seigneurs demeura par ce moyen uni au Duché d'Alençon. Henri IV. l'engagea à titre de Baronnie, en distrayant les Fiefs qui en relevent, dont il se reserva la mouvance, & il est aujourd'hui entre les mains de M. le Maréchal de Montesquiou, au droit de Madame son Epouse, à laquelle ce Domaine est venu par la mort de M. d'Angennes, Colonel du Régiment de Normandie, son cousin Germain. Le Chef-lieu en est dans la Paroisse de Saint Pierre; & M. d'Angennes pere de dernier, qui l'acquit de la Maison de Medavy, l'augmenta de la Haute-Justice de cette Paroisse, & de deux ou trois autres qu'il avoit eues par engagement de Louïs XIV. Il n'est que d'environ six cens Livres de rente.

Les Bourgeois toujours fort vifs, pour y faire transférer la Jurisdiction d'Essey, avoient pour cela obtenu du Roi Henri II. un Edit du mois de Mars 1556. vieux Stile; il étoit donné sur une information de la commodité & incommodité de cette Translation, que René de Silly, Bailly d'Alençon, avoit faite par ordre de ce Prince en 1553., & dans laquelle les Ecclésiastiques, & les Gentilshommes des environs avoient reconnu quelle étoit très-utile; elle ne regardoit alors que les dix-sept Paroisses de la Châtellenie. L'Avis des Officiers d'Alençon, & même des Gens du Roi du Parlement de Rouen, y avoit été conforme. Cependant l'Edit ne put être vérifié dans cette Cour à cause de l'opposition des Habitans d'Essey: ceux de Séez ont aussi dans leurs Archives des Lettres de Charles IX. de 1567. confirmatives de cet Edit, dont elles ordonnoient l'Enregistrement, & d'autres Lettres de François Duc d'Anjou & d'Alençon de 1576. qui n'eurent pas plus d'effet: & ç'a été avec aussi peu de succès qu'ils ont encore fait après la Majorité de Louïs XV. une nouvelle tentative à ce sujet. Mais il faut pourtant avouer, que le plus avantageux pour le Public, seroit non-seulement de transférer la Jurisdiction entiére d'Essey à Séez, mais d'y joindre aussi celle du Temporel de l'Evêché qui y est enclavé, car il n'y a plus de raison de l'en séparer, puisque l'usage d'aujourd'hui est, que les Officiers des Princes appanagés, soient toujours Officiers du Roi, comme on le voit par ceux de l'Appanage d'Orléans, ce qui n'étoit pas autrefois. Ce sont les possesseurs du Temporel de l'Eglise de Séez, & sur-tout ses Vassaux qui sont les plus à plaindre, à cause du grand éloignement du Siège de Falaise, auquel on les a attachés pour le Bailliage, dont quelques-uns, comme ceux de l'Aleu, sont à plus de treize lieues: & quoique pour la Vicomté ils n'aillent plus plaider qu'à Meheudin petit Bourg, où l'on a exprès établi un Siège pour eux seuls, il y en a qui en sont toujours à plus de huit lieues, ce qui leur est fort préjudiciable. Mais on ne doit guère espérer une pareille réforme, qu'au cas qu'on exécute le dessein d'arrondir les Jurisdictions du Royaume, qui a été déja tant de fois proposé au Conseil du Roi.

Les Habitans de Séez n'ont pas été plus heureux dans les diverses démarches qu'ils ont faites depuis près de soixante ans, pour faire abonner cette Ville à l'égard de la Taille, laquelle fait beaucoup de tort à son Commerce, & empêche les bons Ouvriers de s'y établir; car ils n'ont encore pu parvenir à obtenir cette grace, quelque juste quelle paroisse: ainsi les Arts y languissent, & le Peuple ni est point animé au travail par l'émulation. A quoi il s'occupe le plus, c'est à préparer des Laines qu'on lui enleve pour faire des Etamines. On y a communément de l'esprit, & depuis long-tems on y est en possession d'avoir les bons Avocats, & les bons Médecins du Pays, mais on y est à la veille de manquer de ceux-ci. Antoine Hommey de la Bourdonniére, l'un deux, mit dans le Siècle passé les Aphorismes d'Hippocrate en vers Grecs, & Latins d'une veine assés facile, qu'il dédia au Cardinal de Richelieu; & il y a un fils Jacques Hommey, Augustin Réformé, décédé à Angers il y a quelques années, qui s'est fait connoître par des Ouvrages plus importans, dont on estime aussi en particulier la Latinité. Cette Ville a eu encore d'autres Auteurs distingués, & on doit du moins nommer ici D. Simon Bougis, Général de la Congrégation de Saint Maur, & D. Jacques du Frische de la même Congrégation, dont on peut voir l'Eloge dans l'Histoire de l'Abbaye de Saint Germain des Prez où ils ont fini leurs jours.

On a déja indiqué en général le nombre des Eglises, des Communautés Ecclésiastiques, & des Paroisses de la Ville de Séez; mais il est bon de les faire connoître chacune en particulier.

L'Eglise Cathédrale de Séez a au moins été renouvellée deux fois, car l'Evêque Azon I. qui vivoit sous Richard Duc de Normandie l'avoit rebâtie, & avoit pour cela démoli les Murs de la Ville, ce qui fait conjecturer à quelques-uns qu'il en étoit alors le Seigneur. Cette seconde Eglise fut malheureusement consumée vers l'an 1048. par le feu, que l'Evêque Yves de Bellesme fit mettre au Clocher pour en chasser des Scélérats qui en faisoient leur retraite, & ce Prélat pour réparer sa faute entreprit aussi-tôt de construire l'Eglise d'aujourd'hui, qui fut dédiée en 1126. Il alla demander du secours jusqu'à l'Empereur de Constantinople, qui lui fit présent d'un morceau de la vraye Croix, qui ne se trouve plus, & pour laquelle il s'établit deux Foires aux deux Fêtes où on la véneroit; car c'étoit principalement par le moyen des Reliques qu'on excitoit la libéralité des Fidelles, & qu'on venoit à bout de bâtir toutes ces anciennes & grandes Eglises, dont on ne se lasse point d'admirer la magnificence. Celle de Séez seroit encore du nombre, si elle n'étoit point si délicate, mais la Voute du Chœur est déja tombée, & celle de la Nef auroit aussi le même sort, si par des Tirans de fer on n'avoit pas arrêté ses murailles, qui se sont fort écartées. Les deux Clochers du Frontispice, dont un est haut de deux cens dix piés, ont aussi eu besoin de Pilliers-boutans, ajoutés pour les soutenir, ce qui a fort gâté le grand Portail qui est hors d'œuvre, & qui est très-magnifique. On voit dans le principal de ces trois Portiques, qui représente toute la Cour céleste, les Figures d'un Roi & d'une Reine, qui sont celles de Guillaume le Conquérant devenu Roi d'Angleterre en 1066. & de Matilde de Flandres sa femme qui fondérent deux Prébendes dans cette Eglise & qui sans doute contribuérent à ce Bâtiment qui se faisoit de leur tems, ou bien celles de Henri I. son fils, & d'Alix de Louvain sa seconde femme, lequel Henri assista à sa Dédicace, & y donna alors dix Livres de rente en terres situées en Angleterre qui ont été perdues.

Cette Eglise avoit autrefois un Trésor avec plusieurs Reliques, entr'autres le Corps d'un Saint Gérard peu connu; mais le tout fut pillé par les Calvinistes ou brûlé, lorsque l'Armée de l'Amiral de Coligny y passa en 1563. & elle est présentement des plus pauvres en Argenterie & en Ornemens, parce que la Sacristie a si peu de revenu, que chaque Chanoine qui est en Semaine est dans la nécessité de fournir le Vin pour la Messe.

C'est l'Evêque qui est seul tenu de l'entretien de cette Eglise quoique son revenu ne soit que d'environ douze mille Livres. Il consiste, outre le Droit du Secrétariat, en Terres, en Bois & en Deports, ou autrement dans la première année du revenu des Curés vacantes, dont l'Evêque a les deux tiers, & les Archidiacres l'autre tiers; mais ce revenu étoit autrefois plus considérable par les Droits de Synode & de Visite que l'Evêque levoit sur tous les Bénéficiers du Diocèse, & qui ont été supprimés.

Le Palais Episcopal qui joint la Cathédrale fut, hormis la Chapelle, rebâti au quinzième Siècle par Jean de Péruce, & il a été fort augmenté & fort embelli par feu M. d'Aquin, & par M. Turgot son Successeur qui continue toujours de le rendre très-commode; mais la Chapelle est l'Ouvrage de Geofroi de Mayet mort en 1258. Il la dédia sous l'Invocation de Saint Romain Archevêque de Rouen, & peut-être en mémoire de ce qu'il avoit été Official de cette Métropole.

Le Chapitre de Séez est composé d'un Prévôt, d'un Chantre, de cinq Archidiacres, d'un Penitencier, de seize Chanoines, entre lesquels sont un Théologal & un Precepteur, & de quatre Semi-Prébendes. Il y a de plus dans cette Eglise seize Chapelains, mais qui ne résident point, quoiqu'ils y soient la plûpart obligés par leur fondation, comme par la Bulle du Pape Paul III. de l'an 1547. Cette Bulle fut obtenue par l'Evêque Pierre Duval, & demandée par le Roi François I. pour la Sécularisation de ce Chapitre dans lequel l'Evêque Jean I. avoit introduit des Chanoines Réguliers de Saint Victor de Paris vers l'an 1129. avec la protection du Pape Honoré II. & celle de Henri I. Roi d'Angleterre & Duc de Normandie. Le relâchement de ceux-ci est ce qui détermina à les faire changer d'état, car auparavant ils avoient fait beaucoup d'honneur à l'Eglise de Séez, & c'est en leur faveur, que presque tous les biens qu'elle possède lui ont été donnés, puisqu'on ne trouve de ceux des anciens Chanoines Séculiers, que les terres aumônées par Guillaume de Bellesme, & seize Livres un sol dix deniers de rente sur les Domaines d'Argentan & d'Hiesmes, qui furent donnés par Guillaume le Conquérant pour la fondation de deux Prébendes, dont on a parlé plus haut, & qui prouvent qu'il ne falloit alors que huit Livres de rente pour l'entretien d'un Ecclésiastique. Ils ne vont plus en commun & en particulier, compris même ceux des Chapelles qui sont très-modiques & très-inégaux, qu'à treize ou quatorze mille Livres de rente. Les Canonicats sont pareillement fort inégaux. Le Dortoir des Chanoines Réguliers subsiste toujours, & les chambres ne servent plus à leur Successeurs que pour y mettre leurs Habits de Chœur, ou à loger des Chantres; mais il y a dans l'enceinte du Cloître, plusieurs Maisons avec des Jardins qui sont vendues à vie par enchère au profit de la Mense commune. L'Evêque a la pleine Collation de tous ces Bénéfices, à l'exception de la Chapelle de la Sainte Trinité, dont la nomination est attachée au Fief de Grandlé. Les Armes de cette Eglise sont d'Azur à une Epée & une Palme d'or passées en sautoir, accompagnées de quatre Etoiles de même, à cause des Martyrs S. Gervais & S. Protais ses Patrons, qu'elle mettoit autrefois seuls dans son Sceau.

L'Abbaye de Saint Martin de Séez est la plus importante du Diocèse, & elle est même plus riche que l'Eglise Mere. Elle fut fondée vers l'an 1060. par Roger de Montgommery dans un lieu qui avoit déja été sanctifié par la demeure de pieux Solitaires. Elle n'étoit d'abord destinée qu'à être un Prieuré dépendant de l'Abbaye de
Saint

Saint Evrou; mais le Bienheureux Thierry, premier Abbé de Saint Evrou depuis sa restauration, qui forma le dessein de se retirer dans ce nouveau Monastère, porta le Seigneur à en faire une Abbaye en titre, & elle est aujourd'hui une des plus considérables de la Congrégation de Saint Maur à cause du Privilége qu'elle a conservé d'avoir un Abbé Régulier; elle passe pour être de trente ou de trente-cinq mille Livres de rente, mais avec quelque charges. Elle avoit aussi été de la Congrégation de Chesal-Benoît, & avant le Concordat d'entre Léon X. & François I. en 1515. qui est ce qui la fit excepter avec quatre autres de cette Congrégation, du nombre des Abbayes de nomination Royale, parce que dès lors comme à présent, elles n'étoient gouvernées que par des Abbés triennaux. Elle a la nomination de plus de cinquante Cures, & de quatre ou cinq Prieurés; mais elle en a perdu trois considérables en Angleterre. Son Eglise est fort grossiére, & il n'en reste plus que le Chœur & la Croisée, laquelle n'est pas entiérement voutée. Pour la Nef, elle fut détruite dans les Guerres d'Angleterre du quatorzième Siècle. Le Chœur, dont on a mis l'Autel sous l'Arcade de la Croisée, est fort propre, & la Sacristie a d'assés beaux Ornemens; elle plus dans la Chapelle des Ducs d'Alençon, où Jean Duc d'Alençon, tué à la Bataille d'Azincour en 1415. eut sa sépulture; mais dont il ne reste plus de vestiges. L'Abbaye fut encore pillée en 1563. au passage de l'Armée de l'Amiral, & ensuite brûlée en 1568. par les gens de Gabriel Comte de Montgommery; qui, dit-on, fit pendre l'Incendiaire, pour mieux soutenir la prétention qu'il avoit, sur la conformité de nom, d'être descendu de son Fondateur. On rebâtit actuellement l'ancien Dortoir qui avoit bien besoin d'être renouvellé; les Armes de cette Abbaye sont celles de l'Appanage d'Alençon dont elle reléve, c'est-à-dire de France à la bordure de gueules, besantée d'argent.

La Léproserie de la Magdelaine de Séez, aujourd'hui unie à l'Hôpital de la Ville, par Arrêt du Conseil du 14. Janvier 1695. est de la fin du XI. Siècle, si le Raoul, Abbé de Séez, qui y aumôna quatre-vingt Acres de terre, en considération de ce qu'on y recevoit sa sœur, selon une Chartre de Gérard II. Evêque de Séez, mort en 1157. est, comme il est bien probable, le célébre Abbé de Saint Martin de ce nom, qui fut ensuite Evêque de Rochester, & Archevêque de Cantorbery après le grand Saint Anselme en 1109. Ce Gérard Annat Légat du S. Siège, Hugues Archevêque de Rouen, & Guillaume Comte de Ponthieu en confirmérent tous les biens, les exemtérent de toute domination Ecclésiastique, & voulurent que les Lépreux n'y fussent soumis qu'à celui qu'ils auroient élu. Le même Comte de Ponthieu leur donna Droit de Foire au jour de leur Sainte Patrone qui subsiste encore. Mais il y a déja plus de deux Siècles qu'on n'y voit plus de ces sortes de Malades. Cette Léproserie est d'environ trois cens Livres de rente, & est un Fief noble.

Le Prieuré de Sainte Croix de Séez, qui n'est plus que d'environ cent Livres de rente, étoit, à ce que l'on l'on croit, une Maison d'Hospitaliers de l'Ordre de Saint Augustin, & selon un Acte de Guillaume Mauger, il y avoit encore en 1347. un Prieur, un Procureur Prêtre & des Freres pour la desservir; mais ses biens qui n'avoient jamais été fort considérables se dissipérent, & les exercices y cessérent entiérement. Ces Religieux avoient entr'autres possédé les Dîmes de la Cure de Bellefont, & le Patronage de celle de Vieux-Pont; ces Dîmes servirent à doter les cinq Chapelles d'autour du Chœur de la Cathédrale; & il y avoit alors déja bien du tems que le Patronage de la Cure avoit passé à l'Evêque de Séez qui a aussi la nomination du Prieuré.

L'origine de l'Hôpital de Séez est bien mieux connue. On la trouve dans une Bulle de confirmation du Pape Innocent III. du 20. Janvier 1208. où il est marqué qu'il avoit été construit par Guillaume Berard & Macée sa femme, qui vivoient encore alors, & il est à observer qu'il est peu d'Hôpitaux qui n'ayent eu de simples Bourgeois pour Fondateurs; car ces grands Seigneurs qui ont bâti & doté tant de superbes Abbayes & de magnifiques Collégiales, ont à peine, pour parler le langage de l'Ecriture, donné les miettes de leurs Tables aux pauvres des Hôpitaux; & c'est-ce que l'on voit assez par celui-ci qui ne jouït que d'environ soixante Livres de rente de leurs bienfaits, dont il est redevable à Robert, dernier Comte d'Alençon, de la Maison de Mongommery, & à Ela sa sœur. Selon le Censier de l'Eglise Romaine, il payoit à cette Eglise une obole d'or de rente pour être sous la protection des Souverains Pontifes; & néanmoins n'est que depuis soixante ans qu'il a beaucoup augmenté. Il étoit parvenu à avoir sept mille Livres de rente, de quinze cens Livres qu'il avoit auparavant; mais il s'en est évanouï presque trois mille par les remboursemens en Billets de Banque; & par leur réduction les Habitans ont, du consentement de Louïs XIV., cédé quinze cens Livres de rente sur l'Octroy qui fait leur revenu commun. Ce Monarque y a lui-même, comme il a été déja observé en son lieu, uni la Léproserie de la Magdelaine, & les personnes de piété, & de considération de la Ville, édifiées du bon usage qu'on fait de ces biens, avoient achevé par de grosses donations de le mettre dans cet état. On a renouvellé, & fort augmenté tous ses Bâtimens, hormis l'Eglise, qu'on a seulement rendue très-propre. Outre les malades, on y nourrit de vieilles personnes qui ne peuvent plus gagner leur vie, & l'on y eleve beaucoup d'enfans-trouvés, & autres, à qui l'on apprend à la gagner. Ils sont tous gouvernés par des Filles qui ont leurs biens séparés, & qui ont

ont une somme fixe pour chaque pauvre, ce qui est d'un grand soulagement pour l'Administrateur, qui depuis long-tems est toujours un Gentilhomme: il est aussi Receveur. Ces Filles sont habillées de brun, portent le Voile, & font des Vœux annuels: leur passion seroit d'en faire de perpétuels, & d'obtenir des Lettres patentes du Roi pour assurer leur état: mais la Ville s'y oppose, persuadée qu'elle est, & avec grande raison, que les pauvres ne seront jamais mieux servis, ni elles plus vertueuses, que pendant qu'elles seront dans la dépendance; & elle craint avec fondement, que si elles étoient Religieuses, elles ne recherchassent bien-tôt à faire tourner de leur côté les Charités des Fidèles, & même à la fin à s'approprier le bien des pauvres, ce qui a causé la ruïne de plusieurs Hôpitaux. Cependant il est vrai que leur conduite est en si bonne odeur dans le Pays, que les Habitans de Mortagne, de l'Aigle, & de Vimontier en ont voulu aussi avoir, qu'ils ont mises dans les Hôpitaux de ces Lieux. Il y avoit dans celui de Séez plusieurs Chapelles séparées qu'on a détruites, & dont à cause de leur peu de revenu, on a uni les titres à celui de la Chapelle qui reste, & qui est sous l'Invocation de Saint Jean: elles étoient sous celle de Saint Cosme & de Saint Damien, de Saint Eloy & de Saint Michel: Les Bourgeois nommoient à toutes; mais l'Evêque en a présentement seul la disposition.

Le Couvent des Cordeliers de Séez, qui est un des plus beaux de la Province, n'est pas tout-à-fait si ancien qu'ils l'ont supposé par l'Inscription, qu'ils ont mise à la Porte du Cloître, où ils assurent qu'il fut fondé par les Rois Philippe-Auguste, Louis VIII. & Saint Louis; car c'est seulement à ce dernier, & à la Reine Blanche de Castille sa mere (dont les Châteaux sont alternativement avec les Fleurs de Lys dans les vitres & sur le pavé du Chœur de l'Eglise) qu'ils en peuvent attribuer la gloire, & même ce ne sera pas de ce pieux Monarque qu'ils tiendront le terrein où ils sont établis, puisqu'il est dans le Fief de l'Eglise Cathédrale. Ils reconnoissoient en 1413. qu'il y avoit 160. ans & plus qu'ils y demeuroient, & en 1450. qu'ils étoient de la Fondation de ce Saint Roi, qui leur avoit accordé la moitié de la Riviére d'Orne pour leur enclos, & qu'en 1259. il leur fit présent d'une Sainte Epine, en considération de ce que leur Eglise, qui est sous l'Invocation de Saint Léonard, étoit aussi sous celle de la Sainte Couronne de Nôtre Seigneur. Ils ont encore sa Lettre originale, & cette précieuse Relique qui est toujours en grande vénération dans le Pays. Il est manifeste aussi par la principale Vître de leur Chœur où est la Figure de Geofroy de Mayet, Evêque de Séez, qui dédia leur Eglise, & à qui Saint François, habillé de blanc, comme étant déja dans la gloire, présente ses Religieux avec sa Règle, que ce fut ce Prélat qui les reçut dans la Ville; & il n'y siégea qu'en 1240. Il y a dans cette Vître une autre Figure plus grande de Saint François aussi vêtu de blanc, où l'on voit distinctement les *Stigmates* & une barbe un peu longue qui autorisera encore les Capucins à croire qu'il ne se la coupoit point, quoique les autres Religieux peints dans cette Vître paroissent rasés, puisque cette Figure n'est postérieure à sa mort que de vingt-cinq ou trente ans au plus. La Tradition est, qu'un de ses Disciples, nommé Gilles, fut le premier Gardien de ce Couvent, & qu'il fut enterré dans une petite Chapelle du titre de Saint Jean-Baptiste. Elle est contigüe à l'Infirmerie, & on dit qu'elle n'a jamais eu besoin de réparation ni pour les murs, ni pour le toît, ce qu'on attribue à la Sainteté de ce Religieux. Cette Maison a toujours suivi l'étroite Observance de la Règle de Saint François, & elle députa par Acte du 21. Septembre 1415., Jean Hubert son Gardien, avec les Peres Nicolas le Roux & Louis le Févre, pour se pourvoir avec les autres Maisons qui lui étoient unies; tant au Concile de Constance qu'à Rome contre les Cordeliers de la grande Observance qui vouloient les y troubler. Elle a de plus la gloire, que quatre de ses Religieux furent les victimes de la fureur des Calvinistes dans les années 1562. & 1569., & d'avoir fourni à son Ordre deux Vicaires Généraux des Obfervantins, & un Gardien Patriarchal de Jérusalem, nommé Jean de Saint Martin, que le Pape & le Roi envoyérent deux fois à Constantinople pour des affaires d'importance. Gonzague dit qu'elle étoit pour cinquante Religieux avant les Guerres des Religionnaires, & qu'il n'y en avoit plus que vingt de son tems; mais il y en a encore moins à présent.

Le Collége de Séez n'est que du dernier Siècle, & il doit son établissement à l'obligation d'enseigner les Humanités, dont le Chanoine Prébendé du Mesnil-Jean fut d'abord chargé, conformément à l'usage des autres Eglises Cathédrales, ce qui l'a fait nommer Précepteur. On l'a mis dans une Maison qui appartenoit à Jean de Vieux-Pont, Grand Chantre de Séez, & depuis Evêque de Meaux, mort en 1623. comme on le voit par ses Armes qui sont sur la Porte. On l'a fort augmentée, de manière qu'il n'y manque plus qu'une Chapelle, que l'amour du Bien public y fera sans doute bien-tôt ajouter. Le Précepteur étant seul, ne pouvoit pas faire beaucoup de fruit dans son Emploi; mais Mr. Jacques Hardoin Belier des Essards, ancien Chanoine de Séez, homme tout rempli de charité, a fondé solidement en 1718. deux autres Maîtres, afin qu'ils pussent enseigner avec lui, & sous lui, toutes les Classes. C'est à la vérité ce qui ne doit avoir son exécution qu'après la mort du Donateur; mais, en attendant, le zèle de Mr. le Fort, aujourd'hui Précepteur, qui a un grand talent pour l'Instruction de la Jeunesse, lui a fait trouver dans ses Pensionnaires le moyen de se procurer ces deux Coadjuteurs. L'Eglise de Séez a part encore à deux autres Colléges,

léges, dans lesquels elle a des Bourses affectées à ce Diocèse, & dont l'Evêque a la nomination. L'un est dans la Ville de Paris, Rue de la Harpe, où il est nommé aussi le Collége de Séez : & l'autre est dans la Ville d'Angers, où il est appelé le Collége de Bueil, à cause qu'il est dans l'Hôtel qui appartenoit à l'Illustre Maison de ce nom, à présent éteinte ; & ils furent fondez par les Exécuteurs de la derniére volonté de Grégoire Langlois, l'un de ses Evêques, mort en 1404., lequel étant du Doyenné de Passaiz au Diocèse du Mans avoit ordonné que la moitié des Bourses de ces Colléges fussent pour les pauvres Ecoliers de ce Doyenné & que l'Archidiacre du lieu en eût la nomination.

Le Séminaire de Séez est encore plus récent que le Collége, quoiqu'il fût beaucoup plus nécessaire pour le bon gouvernement du Diocèse ; il ne doit son commencement & son progrès qu'à de simples Prêtres. M. Pierre Pavi, ancien Curé de Macé, en jetta les premiers fondemens sur la fin de l'Episcopat de M. Camus de Pontcarré, mort en 1650. & M. de Medavy, Successeur de ce Prélat, obtint du Roi des Lettres Patentes qui l'autorisoient. Comme son zèle étoit humble, & qu'il se sentoit peu de capacité ; ayant après douze ou quinze ans, trouvé dans M. Anguerrand le Chevalier, quoiqu'alors fort jeune, les dons qui lui manquoient ; il l'associa aussi-tôt, & se démit sur lui de la supériorité. Exemple qui sera plus admiré que suivi. Celui-ci étoit un homme tout de feu, plein aussi de piété, & qui par ses Prédications & ses Missions se rendit très-célèbre dans le Pays, & dans les Diocèses voisins. C'est lui, qui avec l'aide de sa Communauté, eut la gloire d'achever le Séminaire, & même de lui laisser un revenu raisonnable, ce fut sans autre secours que ceux qu'il tiroit des charitez de quelques personnes vertueuses, des Pensions des Ordinands, & sur-tout des libéralitez de M. Auguerrand d'Erard de Ré Prevôt de la Cathédrale, encore plus recommandable par sa piété, que par sa naissance, lequel fut Supérieur après lui ; car il est vrai, que ce dernier, jouissant d'un revenu considérable, en fit toujours bonne part à cette Maison, qui a été enfin la principale héritiére de ses Effets mobiliaires à sa mort arrivée en 1723. M. le Chevalier fit pour plus de cinquante mille Livres de Bâtimens, & en particulier une Eglise qu'il ne crut pas pouvoir assez décorer, le seul Autel a coûté plus de six mille Livres, & il la fit dédier à la Sainte Trinité & à la Sainte Famille ; c'est-à-dire, à Jésus-Christ, à la Sainte Vierge, à Saint Joseph, à Saint Joachim & à Sainte Anne. Il meubla la Maison & fournit la Sacristie d'Ornemens ; & nonobstant toutes ses dépenses & beaucoup d'aumônes qu'il faisoit aussi, le Séminaire avoit déja en 1697., lors de son décès, plus de deux mille Livres de rente. Cependant l'ayant bâti sans se former un plan, seulement à mesure qu'il le pouvoit, & selon la première idée qui lui venoit, il faut convenir que cette Mai-

son n'a ni la régularité, ni la solidité, ni la commodité qu'elle devroit avoir. Elle a depuis encore été enrichie d'une Bibliothéque, dont les meilleurs Livres sont venus de M. René Du Moulinet mort en 1708., qui, par sa vertu, sa science, sa douceur & son égalité, fit toujours les délices des Ordinands durant quarante ans qu'il en fut le Directeur. Elle avoit de plus quelques épargnes en argent, & elle étoit dans cet état, quand, en 1711., M. Turgot jugea à propos d'en donner la conduite aux R. R. P. P. Jésuites. Pour les y pouvoir introduire, il fallut l'unir à leur Collége d'Alençon, leurs Constitutions ne leur permettant pas de se charger directement de Séminaires. Ils ont, dit-on, stipulé dans leur Traité, qu'au cas qu'on vienne à les remercier, ce qu'ils auront acquis par union de Bénéfices, ou à y faire d'autres biens, ainsi que les revenans bons des pensions des Ordinands, & les autres profits casuels qui l'ont formé, doivent naturellement être aussi appliquez à le soutenir & à le faire croître, qui est à quoi les Ecclésiastiques Séculiers qui le gouvernoient avoient toujours été fort attentifs. Ces Peres ont joint un Professeur de Philosophie à celui de Théologie qui avoit coutume d'y être, ce qui est très-commode pour les Ecoliers du Collége, qui par ce moyen peuvent achever toutes leurs études sans quitter la Ville, & aussi d'une grande satisfaction pour l'Evêque & pour ses Vicaires Généraux, qui voyant ainsi élever sous leurs yeux, dès la première jeunesse, la plûpart de ceux qu'ils ont à admettre dans l'Etat Ecclésiastique, peuvent par-là juger bien plus sûrement de leur vocation.

Outre tous ces établissemens, la Ville de Séez a aussi quatre Ecoles de Charité pour les Filles ; mais il n'y en a encore que deux qui soient fondées. La première, dont les Sœurs de l'Hôpital sont chargées, l'a été par Mademoiselle Barbe du Moulinet de la Roche, qui en a fondé encore quatre autres dans le Diocèse. La seconde vient de l'être par M. Hardrey, Curé de la Place, vertueux Prêtre qui étoit de la Communauté du Séminaire, & qui l'a attachée à la Congrégation des Filles instituées par le P. Barré Minime, dont la Maison principale est à Rouen, & les deux autres ne subsistent encore que par la charité des personnes pieuses de la Ville ; l'une est aussi entre les mains des Filles du P. Barré, qui en remplissent dignement les devoirs, & l'autre a été confiée à des Filles d'un nouvel Institut, qui a pris naissance dans le Diocèse, où il a été formé par M. le Févre Curé de Goulet, qui en a toujours la direction, & dont on ne peut trop louer le zèle. Elles sont déja répandues en plusieurs endroits, & l'on est sur le point, à la faveur de l'Episcopat de M. Turgot qui les affectionne, & sous sa protection, d'en mettre à Séez la Maison de probation. En effet, étant essentiellement destinées à travailler dans le Diocèse de Séez, il est très-à-propos, qu'elles soient aussi formées sous les yeux

Ggg

yeux de l'Evêque même, duquel seul elles dépendront, afin qu'il les puisse bien connoître. Non-seulement elles instruisent les jeunes personnes de leur sexe ; mais, comme les Sœurs-Grises des Paroisses des Paris, elles visitent les malades, les saignent, & les médicamentent, ce qui est d'un très-grand avantage pour les pauvres, & même aussi pour les riches qui demeurent à la campagne.

Il ne reste plus qu'à donner aussi l'état de chacune des cinq Paroisses de la Ville de Séez, qui sont celles de Saint Gervais, de Saint Pierre, de Saint Germain, de la Place, & de Saint Ouen. Elles n'ont point de rang fixé entr'elles ; mais la principale est celle de Saint Gervais, qui a son Autel Paroissial dans l'Eglise Cathédrale même, dont elle a pris le nom. Il paroît par d'anciens Titres, que cet Autel étoit sous le Crucifix. Mais lorsqu'on fit le Jubé, il y a deux cens ans, on le mit dans un des bas-côtez de la Nef, & on est aujourd'hui dans le dessein de l'en ôter, parce qu'il empêche les Chanoines de faire leurs Processions autour de l'Eglise. Le Curé se sert seulement de cette Eglise pour la Messe de Paroisse, les Batêmes & les Enterremens : car à l'égard des Vêpres, elles se disent dans une grande Chapelle fort ancienne, appellée Notre-Dame du Vivier, où il se fait beaucoup de Services de dévotion, par le moyen d'une Confrairie de Charité qui y entretient quatre Chapelains. Elle y fut établie en l'honneur de la Nativité de la Sainte Vierge, par plusieurs Bourgeois, & autorisée par le Grand Vicaire de l'Evêque Gilles de Laval, qui en confirma les Statuts le 8. Mars 1480. vieux stile. Son principal objet est de faire prier pour les défunts, & de porter en terre les corps de ceux qui y sont associez. Il y en avoit auparavant une autre, qui étoit aussi en l'honneur de la Sainte Vierge de laquelle il est parlé dans un Acte du 17. Septembre 1372., & elle pourroit bien avoir donné lieu à celle-là.

L'Evêque Girard II. donna en 1154. aux Chanoines Réguliers la Cure & les dixmes de la Paroisse, dont Hemery & ses deux fils Robert & Jean, tous trois Chanoines Réguliers, jouissoient alors. Ils en devinrent ainsi les Curés primitifs ; & par cette raison, c'est toujours un Chanoine qui officie aux grandes Fêtes de l'année, & à celle de Saint Gervais & de Saint Protais ses Patrons ; ils la faisoient desservir par des Vicaires amovibles, à qui ils ne laissoient pas tout le Casuel : car on voit par un Bail du 9. Janvier 1522. vieux Stile, qu'ils en retiroient alors quatre-vingt-dix Livres, toutes charges déduites, ce qui équiperoit à plus de cinq cens Livres d'aujourd'hui ; mais les Offrandes des Fidelles n'étant plus à présent si abondantes, leurs Successeurs ont été obligez de donner sur les dixmes une portion congrue au Vicaire perpétuel ; que l'Edit de 1686. qui supprime les Vicaires amovibles, les a forcés d'y mettre. Ils payent de plus une pension de cent cinquante Livres à son Vicaire. La Cure vaut environ huit cens Livres. Il y a bien douze cens Communians, compris ceux de deux Hameaux qui sont assez éloignez. Le plus proche, qui est à plus d'un quart de lieue, s'appelle *Giberville*, *Giberti*, *Gilleberti*, *Goisberti-Villa*, & l'autre se nomme *Eschassey*, *Eschaceium*, *Scaceium*. Ces Hameaux sont de la Jurisdiction d'Essey, parce qu'ils ne sont point du Fief de l'Eglise Cathédrale. Cette Paroisse a un grand Cimetiére hors la Ville, avec une Chapelle, qui est entretenue par la Confrairie de la Charité de Notre-Dame du Vivier, & qui est aussi sous le titre de la Sainte Vierge. Il joint le Prieuré de Sainte Croix, dont on a parlé plus haut ; & il semble que c'en soit l'enclos qu'on ait pris, depuis qu'il n'y a plus eu d'Exercices, pour le faire servir à la Sépulture des défunts. Car il n'y reste pas même de Jardin ; le Curé n'a point encore de Presbytère ; mais il est logé aux dépens des Paroissiens, en attendant qu'ils lui en ayent donné un.

La Paroisse de Saint Pierre de Séez est la plus importante après celle de Saint Gervais, & elle peut être de six cens Livres ; l'Eglise est appellée dans les anciens titres, Saint Pierre-du-Château, *Sanctus Petrus-de-Castello*, parce qu'elle étoit dans l'enceinte de cette Forteresse, & apparemment qu'elle fut détruite avec elle par les Anglois en 1353. puisque l'Eglise d'à présent, qui est assez grande, mais peu propre, fut dédiée de nouveau par l'Evêque Gervais Belleau élu en 1356. ce qui montre qu'elle venoit d'être rétablie. Il y a aussi dans cette Eglise une Confrairie de Charité, semblable à celle de N. D. du Vivier de la Paroisse de Saint Gervais, à la seule différence que ces Confreres ont des Robbes noires, au lieu que ceux de cette autre Confrairie en ont de violetes. Ils y entretiennent un Chapelain. La Cure est à la présentation des Moines de Saint Martin, à qui elle fut donnée en 1089. par Gautier de Clinchamps, du consentement d'Eudes son frere, lequel en eut cent sols, pour lui aider à payer sa rançon, parce qu'il étoit alors prisonnier, & Gautier en avoit eu auparavant sept Livres ; il promit de faire ratifier cette donation par ses fils, ce dont le même Eudes se rendit garant avec Eudes de Cerisey, & Seifroy d'Escures. Néanmoins cent ans après en 1189. Robert de Moire Chevalier, reclama ce Patronage, & celui des Paroisses de Saint Germain & de la Place de la même Ville ; mais moyennant dix Livres manseaux que les Moines lui donnérent, il y renonça, & il leur aumôna encore les deux tiers de la dixme de S. Sulpice de Cuisfey, ce qui fut confirmé par l'Evêque Lisiard. Ils ont aussi une grosse partie de la dixme de cette Paroisse de Saint Pierre, & le Chapitre de la Cathédrale en a une autre sur un Territoire qu'a l'Evêque dans la même Paroisse. On a ci-devant remarqué que le Chef-lieu du Domaine que le Roi a dans la Ville de Séez, est dans les ruïnes du Châ-

Château, où est l'Eglise dont il s'agit.

La Paroisse de Saint Germain, qui n'est que de deux ou trois-cens Communians, a aussi son Eglise dans l'enceinte des murailles de la Ville ; mais il faut qu'elle ne soit qu'un démembrement de celle de Saint Pierre, puisque cette Eglise y est enclavée, que tout son Territoire est éloigné de la Ville, & que ses Maisons les plus proches en sont à un grand quart de lieue. C'est ce qui fait que, dans un de ses Hameaux, où est le Presbytère, elle a une autre Eglise en l'honneur de Saint Laurent pour le Service Divin, qui ne se fait dans celle de Saint Germain qu'aux Fêtes de Pâque & du Patron. Il semble même que cette Eglise de Saint Laurent soit la plus ancienne : que c'étoit une Succursale de celle de Saint Pierre ; & que, lorsque la Paroisse fut érigée, on donna aux Habitans la permission de bâtir l'Eglise de Saint Germain dans la Ville, pour la conservation de leur droit de Bourgeoisie qu'on estimoit fort alors, & qu'ils auroient pu perdre sans cela, à cause de leur éloignement. Quoiqu'il en soit, celle-ci est appellée dans plusieurs titres Saint Germain-du-Marché, *Sanctus Germanus-de-Foro*, ou *de Marcheio*, à cause qu'elle est proche du lieu où le Marché se tient. Mais dans d'autres Chartres, la Paroisse est appellée Escures, *Parochia de Scuris*, nom qui se conserve encore dans le Moulin d'Escures, qui est de la Seigneurie de Fontaine-Riant, & dans un Fief de la même Paroisse appellé le Petit-Escures. On disoit aussi Saint Laurent d'Escures ; & le Fief dominant, dont les autres Fiefs de la Paroisse relevent, s'appelle toujours le Grand-Escures. Ce fut sous ce nom d'Escures, que Seifrid, ou Sifroid d'Escures, donna à l'Abbaye de Saint Martin la présentation de la Cure, & de celles du Bouillon, de Semalé & de Congé, avec les dixmes, du consentement de Guimare sa femme, de Robert, Albert, & Guillaume ses fils, & de Guerin son frere vers l'an 1080. Cette concession fut confirmée environ six-vingt ans après par Olivier de Larrey, qui y ajouta encore la présentation & les dixmes de la Cure de la Chapelle proche de Séez ; en considération de quoi les Moines étoient obligés de le recevoir chez eux, de le régaler, lui & cinq autres à la Fête de Saint Martin, & de lui fournir des botines de foire, ou autrement de paille, pour le garantir du froid au Service de la nuit. C'étoit apparemment lui, ou Nicolas de Larrey son pere, à qui la Terre d'Escures & ses autres Terres vinrent. Elles passerent vers l'an 1400. dans la Maison d'Achey, qui les possédoit ; s'étant depuis peu éteinte, elles sont venues à Messieurs Morel au droit de leur mere, qui étoit de cette Maison. Ils ont eu au Bailliage d'Alençon un grand procès avec feu Mr. d'Angennes, Seigneur de Fontaine-Riant, sur le Patronage honoraire de la Cure, qu'ils prétendoient attaché au Fief du Grand-Escures ; mais ils l'ont perdu, parce que Mr. d'Angennes étoit en possession des Priéres nominales de l'Eglise & du banc dans le Chœur ; que l'Eglise de Saint Laurent étoit toute environnée de terres qui étoient de son Fief, d'où l'on concluoit que l'Eglise en étoit aussi ; & qu'il n'y avoit pas dans la Paroisse un pouce de terre uni au Fief du Grand-Escures. Ainsi Fontaine-Riant (*Fons ruens*) est aujourd'hui le Fief principal de la Paroisse de Saint Germain. Ce fut le partage d'un Nicolas de Larrey, qui en 1337. donna au Chapitre de Séez, pour son Anniversaire, dix sols tournois de rente sur son Moulin d'Escures. Il étoit Tuteur de ses enfans Colin, Jeanne & Agnès de Larrey en 1334. & apparemment qu'une de ces filles-ci, épousa Guillaume de Carrouges, qui se qualifioit Seigneur de Fontaine-Riant du côté de sa femme dans un titre de l'Eglise de Séez de 1368. Jean le Beauvoisin prenoit la même qualité en 1450. sans qu'on sache par quelle alliance ; & la Terre fut ensuite portée par Renée le Beauvoisin sa petite-fille, à Charles Bâtard d'Alençon, puis à René de Silly Seigneur de Vaux ses deux maris. De cette derniere alliance, vint Jeanne de Silly, épouse de Louis de Rabodanges, ayeul & ayeule de Marie de Rabodanges, femme d'Odet d'Auberville, Sieur de Verbosc, dont sortit Françoise d'Auberville, femme de Louis d'Angennes, Seigneur de la Loupe, bisayeul de Charles d'Angennes, Colonel du Régiment de Normandie, qui a eu Madame la Maréchale de Montesquiou, N. l'Hermite de Dieville sa cousine germaine, pour héritiére de cette Terre. Elle a été fort augmentée, vaut sept à huit mille Livres de rente, & a un beau Château accompagné de grands Jardins & de belles eaux. Il fut bâti par René de Silly ; mais Messieurs d'Angennes & Mr. le Maréchal de Montesquiou, y ont tant fait d'augmentations & tant de changemens, qu'il est tout moderne. On ne sait point si l'ancien Château des Seigneurs d'Escures, étoit dans ce même lieu ; mais il est toujours bien certain, que leur Parc en étoit assés proche : c'est le lieu qu'on appelle encore aujourd'hui le Plessis, où est un Hameau de la Paroisse, & qui est proche des Bois : car le mot de *Plessis*, comme celui de *Haye*, signifie un bois enclos de hayes, l'usage des Grands, n'étant pas alors d'enfermer leurs Parcs de murailles. Cette Maison d'Escures étoit illustre ; c'est elle qui produisit le célèbre Raoul Abbé de Saint Martin de Séez, puis Evêque de Rochester, & enfin Archevêque de Cantorbery, mort en 1119. dont Orderic Eadmer, & les autres Historiens Anglois ont tant parlé, puisqu'il est appellé fils de Seifrid d'Escures dans le Necrologe de l'Abbaye de Saint Martin au 2. Février. Seifrid, surnommé Peloquin son frere, fut aussi Evêque de Chichester en Angleterre, & Jean leur neveu, Archidiacre de Cantorbery, décédé en 1137. le fut pareillement de Rochester.

Outre les deux Eglises de Saint Germain & de Saint Laurent, cette Paroisse a ena encore une Chapelle fort écartée en l'honneur de Saint Remy, où l'on va en pélerinage pour les fiévres : dévotion dont on ne voit pas d'autre fondement particulier, que le rapport que le Peuple peut trouver entre le nom de Saint, & la rémiſſion qui est ſi ſalutaire dans cette forte de maladie. La Cure de Saint Germain vaut huit à neuf-cens Livres de rente.

La Paroiſſe de la Ville d'environ cinq cens Communians, eſt ainſi nommée d'une grande Place où eſt l'Egliſe, laquelle est ſous l'Invocation de la Sainte Vierge, *Beata Maria de Platea*. Elle eſt dans un Fauxbourg, appellé quelquefois le Bourg-l'Abbé, à cauſe qu'il releve de l'Abbaye de Saint Martin, & à l'exemple des deux autres parties de la Ville, qui, comme on l'a vu plus haut, étoient appellées le Bourg-l'Evêque, & le Bourg-le-Comte, ſelon la différence de leurs Seigneurs. Les Moines de l'Abbaye, à laquelle l'Egliſe Paroiſſiale eſt contigue, avoient toujours eu une grande paſſion d'en mettre la Cure ſur le même pié que les Chanoines de la Cathédrale avoient mis celle de Saint Gervais, & de ne la faire auſſi deſſervir que par des Prêtres à gages. Pour cela, ſous prétexte de pauvreté, ils obtinrent de l'Evêque Liſiard ſur la fin du douzième Siècle, que leur Sacriſtain diſpoſeroit entiérement des revenus pour les appliquer à leur Sacriſtie, & à condition ſeulement qu'ils préſenteroient au Prélat, & à ſes Succeſſeurs un Prêtre pour la deſſervir, auquel il donneroit quarante ſols Angevins à la Fête de Noël, autant à celle de Saint Jean-Baptiſte, vingt ſols à celle de Saint Remy, & qui de plus feroit admis dix fois par an à la Table des Moines dans les Fêtes Solemnelles, pour le dédommager de tous les mauvais repas qu'il feroit le reſte de l'année, avec une ſi modique rétribution ; car il falloit alors dix-huit Livres de rente pour la ſubſiſtance honête d'un Eccléſiaſtique. Ce Prêtre étoit de ſon côté obligé de promettre par ſerment en plein Chapitre, de tenir compte au Sacriſtain de tout le Caſuel de l'Egliſe, & il étoit défendu ſur peine d'excommunication d'anéantir une pareille diſpoſition. *Ita ut quidem quod quicumque ab eis fuerit inſtitutus Sacriſta Monaſterii Sagienſis, eamdem Eccleſiam B. M. in manu propria retineat & obventiones cæteraque bona ejuſdem Eccleſiæ ad uſus Sacriſtiæ quietè & liberè in perpetuum percipiat, ſalvo jure Epiſcopi. Ita tamen quod dicti Abbas & Monachi nobis Liſiardo Epiſcopo, & Succeſſoribus noſtris Vicarium ad eamdem Eccleſiam præſentabunt, qui curam ſuſcipiet Animarum............ Idem verò Vicarius ad ſuſtentationem vitæ per manum Sacriſtæ, vji. Lib. Andegav. annuatim percipiet bis terminis... & præterea decies in Anno Feſtis Solemnibus in Refectorio ad menſam Monachorum ſedebit. Solemniter autem in Capitulo Monachorum juramentum fidelitatis præſtabit, quod bona fide omnes obventiones integrè Sacriſtæ fideliter colliget & reddet. Ne quis autem in poſterum factum iſtud violare, aut aliquomodo infringere præſumat, tam nos, quam præfati Abbas & Monachi, cæterique omnes qui aderant Sacerdotes in Capitulo Monachorum ſub pæna Excommunicationis interdiximus.*

Malgré les menaces d'Excommunication, le Vicaire de la Place, trouva pourtant bien-tôt le moyen de rendre ſa condition moins dure ; car vers l'an 1350. on voit que les Moines étoient obligés de ſe contenter de deux tiers des dixmes ; & que leur Sacriſtain avoit ſeulement la moitié des Oblations, excepté celles qui ſe faiſoient pour le repos des défunts, & les deniers de la diſtribution du Pain-benit au Dimanche ; que néanmoins il percevoit auſſi la moitié de celles de la Fête des Morts, & les deux tiers des Laines, du Chanvre, du Lin, des Fruits, des Oignons, des Aulx, du Pain qui s'offroit aux Fêtes de Noël, de Pâque & de l'Aſcenſion, & de la dixme des deniers des Prédicateurs, dont les neuf autres parts étoient apparemment pour les Prédicateurs mêmes ; enfin la moitié des deniers des Confeſſions de Carême, des relevailles des femmes, & des meubles des morts qui venoient au profit de l'Egliſe ; ce qui fait bien connoître les uſages de ce tems-là. L'Etat du Vicaire fut encore plus avantageux dans la ſuite ; il jouïſſoit du tiers entier des dixmes, d'un précipût ſur les deux autres parts, de toutes les menues dixmes, & de quelques terres d'aumônes ; & telle étoit ſa ſituation au commencement du dix-ſeptième Siècle, quand les Moines trouvèrent dans le fameux Poëte Jean Bertaut, un Evêque favorable à leur premier deſſein. Ce Prélat ſupprima le titre de la Cure, dont il les fit abſolument les maîtres, ſur l'aſſurance qu'ils lui donnbient que ce changement ſeroit très-avantageux aux Paroiſſiens, qui en ſeroient bien mieux inſtruits & plus ſoulagés dans leurs beſoins. Il n'eut proprement d'attention qu'à la conſervation du droit de Déport qui fut eſtimé à vingt-une Livres par an, dont quatorze Livres étoient pour lui, & ſept Livres pour l'Archidiacre, qui en outre devoit être régalé dans l'Abbaye le jour de ſa viſite, & c'eſt-là ce qui dura juſqu'à l'Edit de 1686. qui rétablit les Vicaires perpétuels.

Comme les Moines avoient enfermé dans leur enclos le Jardin du Presbytère, qu'ils avoient auſſi confondu les terres d'aumônes dans leur domaine, le nouveau Vicaire perpétuel n'a pu rentrer dans tout ce que ſes prédéceſſeurs poſſédoient, & il a été obligé de ſe contenter d'une penſion, mais plus forte que la congrue & de celle de ſon Vicaire ; ce qui joint à ce qu'il retire de ſon Egliſe, & du Caſuel, fait que cette Cure eſt encore d'environ huit cens Livres, comme les précédentes. Il y a auſſi dans cette Egliſe une Confrairie de Charité. Ce fut le Fondateur de l'Abbaye qui donna aux Moines les dixmes de la Paroiſſe, où ils ont de plus une groſſe Terre : mais Robert de Moire Chevalier reclama le Patronage de la Cure avec celui des Cures de S. Pierre, & de S. Germain ; & il y renonça enſuite, de

la

la maniere qu'il a été dit sur l'Article de la Paroisse de S. Pierre. Outre leur Fief qui s'étendit en plusieurs Paroisses, il y a encore dans celle-ci, deux autres Fiefs, celui de Grantlé, *Grandiletum*, qui appartient à Messieurs de Belhomme, & celui de la Léproserie de la Magdelaine, qui est accompagné d'un Hameau; il y a aussi trois autres Hameaux, savoir, le Boishue, *Boscum Hugonis*, la Ronce & la Parfecterie, *Perfecteria*; c'est-à-dire la demeure de Parfait, nom d'une Famille qui étoit autrefois dans cette Paroisse. Il est à remarquer que les Calvinistes de la Ville tinrent leurs premiéres Assemblées à la Place; mais que dans la suite ils bâtirent leur Temple à Giberville dans la Paroisse de S. Gervais; ce Temple fut détruit en 1686. après la révocation de l'Edit de Nantes.

Saint Ouen de Séez est la cinquième Paroisse de cette Ville; elle est aussi à l'extrémité d'un Fauxbourg. La Cure qui vaut environ mille Livres, est encore à la présentation des Moines de Saint Martin, qui en font Seigneurs, & qui en partagent les grosses dixmes. En 1170., Odoin, *Odoenus*, qui en étoit Curé, prenant l'habit de Religieux parmi eux, leur donna du consentement de Guillaume, surnommé le Maçon, son frere, tout le droit héréditaire qu'il avoit sur le Patronage de cette Eglise; pourquoi ils gratifiérent ce dernier d'une somme de cent sols Manseaux; & en 1210., le Prêtre Hugues, surnommé Vieille-Oreille, en fit autant pour sept Livres quatre sols Manseaux. Cela n'empêcha pourtant pas Renaud S. Ouen de reclamer ce Patronage, comme aussi un droit de dixme, que Julienne de Gaspree, qui le tenoit de lui, avoit donné à l'Abbaye; mais en 1216, il se fit entre lui & les Moines, aux Assises Royales, un accommodement qui fut confirmé par Silvestre, Evêque de Séez. Ils lui payerent huit Livres Tournois, & le déchargérent du service de Chevalier, qu'il leur devoit pour sa Vavassorie qui relevoit d'eux, & lui s'obligea de leur faire, en la place, cinq sols Tournois de rente payable à la Saint Remy.

Il n'y a qu'environ deux cens cinquante Communians dans cette Paroisse; elle a deux Hameaux éloignés, appellés l'un Sevilly, *Sevilleium*, & l'autre Bœville, *Bodevilla*, *Bodivilla*, *Buodivilla*. La Seigneurie de celui-ci appartient au Chapitre de Séez, & fait partie de la Baronnie de Séez, dont l'Evêque rend seul hommage au Roi. Elle reconnoît aussi la Jurisdiction de Falaise, & le reste de la Paroisse est dans la Jurisdiction d'Essey: elle contient un assez grand Territoire, tant fieffé que non fieffé, & cette derniére partie forme une Terre considérable, dont le Chapitre tire tout le bled qui se distribue au haut & au bas Chœur pour l'assistance à l'Office. Quand les Chanoines étoient Réguliers, ils la faisoient valoir par leurs mains, & ils y bâtirent pour l'usage de ceux d'entr'eux qui y demeuroient, une grande Chapelle qui leur fut confirmée avec leurs autres biens en 1199., dans une Bulle d'Innocent III. Les fidelles éloignés de l'Eglise Paroissiale y venoient sans doute alors entendre la Messe, & le Chapitre en Corps y célébre encore aujourd'hui la Fête du Patron, qui est Saint Gilles, à quoi il est invité par une rétribution honnête. Cette Terre qui n'est connue dans les anciens titres que sous le nom de Bœville ou Buodville, s'appelle depuis deux ou trois cens ans, Biot ou Buot; ce qui n'est visiblement que l'Abbregé de cet autre nom, qui est resté au Domaine fieffé, & il y a encore à Séez une famille Bourgeoise du nom de Biot. Le Chapitre a la grosse dixme de l'un & de l'autre Domaine; mais le Curé perçoit toutes les menues dixmes du Domaine fieffé, & prend le cinquième Boisseau de bled de la grosse dixme, en payant les batteurs dans cette proportion, au lieu que sur le Domaine non fieffé, il n'a pour tout qu'une pension de seize Boisseaux de froment, de vingt Boisseaux d'Avoine, de huit Boisseaux d'Orge, & de deux de Pois. Cette différence fut la matiere d'un grand procès au commencement de ce Siecle; car le Sieur Claude le Noir, qui étoit alors Curé, prétendit que cette pension étoit pour la dixme entiere, quoiqu'elle n'en fût aussi que la cinquième partie au plus, & qu'il pouvoit la demander en essence. Il poursuivit l'affaire avec beaucoup de chaleur, mais il la perdit par-tout avec dépens, & au Bailliage de Falaise en 1712. & au Parlement de Rouen en 1714. sur ce que le Chapitre prouvoit que la dixme de son Fief lui étoit venue avec le Fief même, & qu'il en avoit toujours joui.

La Cure de Saint Ouen a été quelquefois mise sur la tête des Moines de Saint Martin, & on voit encore un Frere Julien Chevalier, Religieux Profez de cette Abbaye, en prendre possession en 1590.; mais apparemment que c'étoit pour la faire desservir par un Vicaire.

SEFFAY, *Savia*, *Savus*, Riviére d'Afrique [a], dans la Barbarie, au Royaume d'Alger. Elle se jette dans la Mer Méditerranée, près de la Ville d'Alger, vers le Couchant. [a] Baudrand, Dict.

SEFFORIS. Voyez SEPPHORIS.

SEFSIS, ou TEFSIS, Riviére d'Afrique [b], dans la Barbarie, au Royaume d'Alger. Elle a sa Source dans les Montagnes d'Atlas, traverse tout le Telensin du Sud au Nord, arrose la Ville de Telensin, & se décharge dans la Mer Méditerranée. [b] Ibid.

SEGALAUNI. Voyez SEGOVELLAUNI.

SEGANES, Peuples de la Perside, selon Agathias [c], dont quelques MSS. lisent SEGESTANI, & d'autres SEGETANI. Voyez SEGESTANI. [c] Lib. 4.

SEGASAMUNCLUM. Voyez SESIOMONENSES.

SEGASMALA, Ville de l'Ethiopie, sous l'Egypte, selon Pline [d]. [d] Lib. 6. c. 29.

1. SEGEDA, Ville de l'Espagne Bétique. Pline [e] qui la surnomme AUGURINA, la place dans les Terres entre la Côte de l'Océan & le Fleuve Tader; & il ajou- [e] Lib. 3. c. 1.

te que c'étoit une Ville très-célèbre.

2. SEGEDA, ou SEGEDE, Ville de l'Espagne Bétique: Pline lui donne le surnom de RESTITUTA-JULIA.

3. SEGEDA, Ville d'Espagne, dans la Celtibérie. Appien [a] dit qu'elle appartenoit aux Celtibéres, surnommés *Bessi*. C'étoit une Ville grande & puissante. C'est la même que Strabon & Etienne le Géographe nomment SEGIDA; & quelques-uns croient que c'est aujourd'hui *Carceres*. Voyez SEGESTICA.

[a] De Bel. Hisp.

1. SEGEBERG, Préfecture [b] du Dannemarck au Duché d'Holstein. Elle s'étend en partie dans la Wagrie, & en partie dans la Stormarie; sa longueur depuis la Principauté de Ploen, jusqu'aux Préfectures Royales de Rendesburg & de Steinburg est de 6. milles; & sa largeur qui est comprise depuis la Préfecture de Kiel jusques à la Préfecture de Trembsbuttel, & jusqu'au Comté de Pinneberg est depuis trois milles jusqu'à cinq.

[b] Hermanid. Descr. Daniæ, pag. 1012. & seq.

2. SEGEBERG, Ville de Dannemarck au Duché d'Holstein, dans la Wagrie & le Chef-Lieu de la Préfecture de même nom avec Château sur une haute Montagne: ce Château est bâti à chaux & à sable; dans tous ces Quartiers l'on n'en voit point de semblable. Du vivant de St. Vicelin, Canut Roi des Venedes, & Duc de Sleswic qui tenoit alors ces Pays en fief de l'Empereur Lothaire, fit bâtir sur cette Montagne que l'on appelloit alors *Ail* ou *Alberg*, quelques petites Maisons & il les donna pour logement à des Soldats. Ces habitations furent détruites par Adolphe I. Comte de Holstein. Après que Magnus Prince de Dannemarc eut tué le Roi Canut, l'Empereur Lothaire à la prière de S. Vicelin vint dans ce Pays & bâtit sur la même Montagne la Forteresse de Segeberg, ou Siegeberg; c'est-à-dire la Montagne de la Victoire. S. Vicelin y fit alors construire l'Eglise & le Monastère par l'ordre du même Empereur. Lorsque Henri le *Superbe*, Duc de Bavière & de Saxe, disputoit à Albert Margrave de Brandebourg le Duché de Saxe, Henri Comte de Badewide, Général de l'Armée d'Albert, chassa du Holstein le Comte Adolphe, allié d'Henri le *Superbe*, & prit Segeberg: Pribislafs vint de Lubeck avec ses Venedes, brûla un Village qui étoit au bas de la Montagne, & ce même incendie consuma l'Eglise; mais bien-tôt après le Comte Henri fit rentrer sous son obéïssance, les Wagriens, les Venedes avec les Habitans du Holstein; enfin le Duc Henri, & le Comte Adolphe étant devenus les plus forts, Henri Comte de Badewide détruisit la Forteresse de Segeberg, & celle de Hambourg, & sortit du Holstein. Il survint ensuite un accommodement: Henri de Badewide fut fait Comte de Batzeburg, & le Comte Adolphe retint Segeberg, & toute la Wagrie; le même Comte rétablit la Forteresse de Segeberg & donna ordre à St. Vicelin de faire rebâtir le Monastère, mais les Moines aimérent mieux demeurer à *Hoherdorp*, Village qui est sur la Trave & appellé aujourd'hui *Hægelsdorp*. L'Evêque Gérolde en transporta les Moines à Segeberg. Depuis ce tems-là ce Monastère a été fort considérable. Du tems du Comte Adolphe II. Schwenon Roi de Dannemarc, qui faisoit la guerre au Roi Canut, ami d'Adolphe, brûla Segeberg, & ravagea toute la Wagrie. Adolphe III. s'étant soulevé contre Henri le *Lion*, celui-ci ordonna à Bernard Comte de Batzeburg d'assiéger & de prendre Segeberg. Le Comte Adolphe que l'Empereur Fréderic Barberousse avoit secouru, reprit presque aussi-tôt cette Ville: après cela ce Comte accompagna l'Empereur dans le Voyage qu'il fit à la Terre Sainte. Pendant ce tems-là le Duc Henri le *Lion* revint d'Angleterre & prit tout le Holstein: il n'y eut que Segeberg qui ne fut pas conquis. Egge de Sture qui étoit d'une Famille Illustre du Holstein fit une sortie de Segeberg; Waller de Blaudersil qui tenoit la Ville assiégée fût fait prisonnier, & conduit au Château de Segeberg. Les Habitans du Holstein désirent aussi Helmode Comté de Schwerin & Jourdain Truchses qu'ils conduisirent prisonniers à Segeberg. Le Comte Adolphe à son retour de la Terre Sainte mit le siège devant Lubech, s'en rendit le maître, & reprit tout le Holstein. Quelque tems après le même Adolphe fut encore chassé de tout le Holstein par Canut Roi de Dannemarc, & par Woldemar, Duc de Schleswic, frere du Roi: il ne resta à Adolphe que Segeberg & Travemunde, & même la Ville de Travemunde fut obligée de se rendre pour éviter la famine. Henri Comte de Schwerin ayant fait prisonnier Woldemar, Roi de Dannemarc, les Habitans du Holstein tuérent le Gouverneur Danois, se rendirent maîtres du Château, & le mirent entre les mains du Comte Adolphe IV. qui étoit sorti du Comté de Schavenburg à la tête de son Armée & de ses autres Troupes auxiliaires, & leur avoit fait passer l'Elbe. Le Holstein fut partagé entre les deux freres Jean & Gerard. La Préfecture avec la petite Ville de Segeberg fut la portion de Jean, qui se mariant en secondes nôces avec Agnès veuve d'Eric Roi de Dannemarc, partagea à ses enfans du premier Lit la part qu'il avoit dans le Comté. Le Cadet qui s'appelloit Adolphe eut Segeberg; mais à peine pouvoit-il en tirer assés pour subsister hors rang de Comte; aussi se porta-t-il à plusieurs vexations contre la Noblesse & contre ses autres Sujets. Ses Officiers enlevérent par son ordre le bled d'un certain Spletius Gentilhomme du Holstein, & le firent porter dans la Forteresse. Spletius ayant trouvé du secours coupa les jambes aux Officiers du Comte, & les lui renvoya dans cet état. On dit enfin que le misérable Adolphe fut tué par Henri de Rantzow, & que c'est ainsi qu'il fut puni de tous les crimes qu'il avoit commis. Henri de Rantzow Lieutenant du Duc dans le Jutland rapporte ainsi le fait. Le Comte Adolphe, dit-il, avoit violé la fille d'Hartwic de Reventlau Gentil-

Gentilhomme du Holstein; cet Hartwic assembla ses freres à Segeberg pour consulter avec eux de quelle façon il se vengeroit d'Adolphe: le Comte ayant sû cette assemblée fit arrêter un de ces freres, qui disoit beaucoup de mal de lui, le fit conduire dans la Forteresse & le fit décapiter, il ordonna aussi que la tête de cet infortuné Gentilhomme fût portée à ses freres. Hartwic saisi d'horreur, & devenu furieux, monte aussi-tôt à cheval, reçoit dans sa main un peu de sang, qui coule de la tête de son frere, le boit, & dit à ceux que le Comte avoit envoyés: Allez & dites au Comte qu'aujourd'hui je jure par le sang de mon frere que j'ai goûté, que ces mains vangeront sa mort, & l'affront qu'a reçu toute ma famille. A peine eut-il fini de parler qu'il donna de l'éperon à son Cheval & s'enfuit au galop. Quelques années s'étoient déja écoulées sans qu'il eût pu trouver le moyen de se vanger. A la fin il se mit en embuscade dans une Forêt épaisse & y surprit un des Chasseurs du Comte. Il lui ôta ses habits le lia tout nud à un Arbre, vêtit ses mêmes habits, monta le Cheval du Chasseur, & s'étant ainsi déguisé il alla à Segeberg menant à l'attache les Chiens de chasse. Dans cet état il entra dans la Cour du Palais, descendit de cheval, & pénétra jusqu'à la chambre du Comte. A peine y fut-il entré que regardant de travers Adolphe il lui dit: tu connois sans doute qui je suis, recommande ton Ame à Dieu, car il faut que tu meure pour expier le crime que tu as commis. En finissant ces paroles, il le tua avec son fils, sortit ensuite du Palais, & se sauva à la faveur de son habit de Chasseur. Le Comte Gerhard qui demeuroit à Rendesburg, se rendit bien-tôt maître de Segeberg, ce qui ne contribua pas peu à faire croire qu'il étoit complice de la mort d'Adolphe. Jean qui faisoit sa résidence à Kiel, & qui étoit frere d'Adolphe se mit aussi-tôt en état d'attaquer Segeberg avec une petite Armée, il demanda du secours à Adolphe Comte de Schavenburg, qui se mit d'abord en chemin pour le secourir & pour lui conduire des Troupes. Ce Comte de Schavenburg ne fut pas heureux: Gerhard le battit & le fit prisonnier l'ayant trouvé caché sous un Pont. Henry fils de Gerhard, après la mort de son pere, fut maître de la Ville de Segeberg. Les Habitans de Lubech & de Hambourg y avoient fait entrer par adresse deux cens Cavaliers pour empêcher les vols qui se commettoient sur les grands Chemins par la négligence, ou par la connivence du Comte. Cependant les Habitans de Segeberg ennuyés de leurs nouveaux hôtes, appellérent le Comte Henri & l'introduisirent pendant la nuit. Celui-ci s'affûra aussi-tôt des deux cens Cavaliers, & de quelques Habitans de Lubech & de Hambourg, qui furent obligés de donner quelqu'argent pour se racheter. La Forteresse de Segeberg a été détruite par les Suédois: quant à la Ville en 1260. elle reçut en don des deux freres Jean & Gerhard Comtes du Holstein, & de la Stormarie les Droits de Bourgeoisie, de Pâcage & de Pêche. En 1534. Christophle Comte d'Oldenburg & les Habitans de Lubech ennemis de Christian III. & amis de Christian II. que l'on avoit chassé du Royaume, & qui pour lors étoit en éxil, détruisirent & brûlérent la même Ville. Les Villages & les autres Lieux qui dependent de cette Province sont en partie dans la Wagrie & en partie dans la Stormarie.

Segeberg,	kirche,
Waderkirche,	Batkoukirche,
Proustorpkirche,	Oldeschloa,
Slammersdorp-	Letzingkirche,
kirche,	Bornhoevedekirche,
Sarowkirche,	Bramstedekirche,
Gleschendorp-	Kohlenkercken.

SEGEDIN, ou Segedi, Ville de la Basse-Hongrie [a], au Comté de Csongrad, sur la Teisse, vis-à-vis de l'endroit où cette Rivière reçoit celle de Marosch, en Latin *Segedunum* [b]. Il y a la Ville Basse & le Château. Cette Place étant le seul partage considérable qui restât aux Turcs de ce côté-là en 1686. le Baron de Merci & le Colonel Heusler tâchérent de les en chasser. Dès le mois de Janvier ils se rendirent assez aisément maîtres des Fauxbourgs, & d'une partie de la Ville; mais le Bacha qui y commandoit s'étant retiré au Château avec la Garnison & les Habitans, les Impériaux qui étoient en trop petit nombre les voyant se défendre avec vigueur, se contentérent alors de piller ce qu'ils avoient occupé & d'y mettre ensuite le feu. Outre le butin que les Soldats firent, on gagna quatre cens Chevaux, quatre Drapeaux, & autant de Mortiers & de Canons. Le même Baron de Merci remporta au mois d'Avril de la même année un avantage considérable près de Segedin. Le Seraskier Achmet Bacha s'étoit campé avec quatre mille Turcs sous le Canon de cette Place; & le Comte Tekeli, avec le Comte Petrozzi rentré alors dans son parti, étoit posté en deça de la Teisse, avec mille Tartares, & quelques autres Troupes. Leur dessein étoit de surprendre la Garnison Impériale de Kerkamet, de jetter un Convoi dans Agria, & de délivrer Moncatz du Blocus. Le Baron de Merci, qui en eut avis, marcha à eux toute la nuit avec trois mille Cavaliers choisis & mille Fantassins en croupe, & étant arrivé avant le jour, il attaqua si brusquement les Tartares & les Mécontens, campez en deça de la Teisse, que les Comtes Tekeli & Petrozzi n'ayant pas le tems de se reconnoître, eurent peine à la passer pour se retirer à Segedin. Le Seraskier s'étant avancé pour les secourir fut attaqué d'un côté par le Comte Heusler & de l'autre par le Comte de Petneasi. Cinq cens Turcs demeurérent sur la place, & le reste prit la fuite aussi vers la même Ville. On en tua plusieurs dans cette traite, & il s'en noya un grand nombre en voulant passer la Teisse à la nage. La Ville de Bude ayant été prise, on se déter-

[a] De l'Isle Atlas.
[b] Corn. Dict. Hist. & Descr. de la Hongrie L. 3. 1688.

termina plus particuliérement à faire le Siège de Segedin auquel on employa une partie de l'Armée Chrétienne. La Garnison qui étoit de deux mille hommes se défendit avec la même vigueur qu'elle avoit montrée la première fois; & sa résistance jointe au froid qui se faisoit sentir au mois d'Octobre, où l'on se trouvoit alors, rendoit fort douteux le succès de de l'entreprise, lorsque le Comte de Wallis, qui commandoit à ce Siège, ayant avis que deux mille Turcs & un Corps plus nombreux de Tartares étoient près de Schinta sur la Teisse, à six lieues de Segedin & en résolution de secourir cette Place, détacha le Comte Veterani avec quelques Regimens pour aller au devant d'eux. Le Comte marcha toute la nuit du 13. Octobre, & arriva à la pointe du jour au Camp des Tartares, qui se voyant chargés inopinément pliérent d'abord, & prirent la fuite, quoiqu'ils fussent près de huit mille hommes. On en tua un grand nombre dans leurs tentes & dans leur retraite, & on demeura maître de leur Camp, où ils laissérent quatre à cinq mille Chevaux. Les Troupes qui étoient allées attaquer les Turcs postés dans un autre endroit, s'empárerent d'une Palanque qu'ils avoient devant eux, & qui étoit défendue par trois cens Janissaires, dont la plus grande partie fut tuée. Ces Infidelles furent obligés de fuir en desordre. Cependant des Troupes nombreuses ayant passé le Danube sur un Pont construit exprès s'avancérent pour charger les Impériaux. Elles étoient mélées de Tartares & de Turcs, les derniers au nombre de douze mille commandés par le grand Visir en personne. Ils commencérent l'attaque dans une Plaine & le choc fut soutenu si vigoureusement durant deux heures, qu'ils se trouverent obligés de se retirer en fuyant vers un lieu, où leur Infanterie étoit à couvert & soutenue par six cens Janissaires, avec treize Piéces de Campagne, dont ils firent un grand feu. Les Troupes Impériales l'essuyérent avec fermeté, & ayant chargé les Turcs & les Tartares de nouveau les contraignirent encore une fois à lâcher le pied. Leur Artillerie demeura sur le Champ de Bataille, avec leur grande Timbale, douze Drapeaux, cinq cens Chevaux & deux mille autres chargés de provisions. Le Grand Visir passa le Danube en diligence, & fit rompre le Pont après lui. Le Comte Veterani revint au Camp devant Segedin après tous ces avantages, & le Comte Wallis envoya aussi-tôt aux Assiégés un des prisonniers qu'on avoit faits pour les avertir qu'ils n'avoient plus de secours à espérer. On leur fit voir les Drapeaux gagnés, & lors qu'ils se furent déterminés à capituler, on permit à la Garnison de sortir avec ce que chaque Soldat pourroit emporter.

1. SEGEDUNUM, Ville des Jazyges, aux Confins de la Dace, sur le Fleuve *Tibiscus*; & aujourd'hui SEGEDIN, ou SEGED, selon Lazius, qui se fonde sur une ancienne Inscription. Ortelius[a] semble confondre cette Ville avec celle qui est appellée *Singidonensis Urbs*, par Aurelius Victor; mais celle-ci étoit de l'autre côté du Danube dans la Pannonie près de *Sirmium*.

2. SEGEDUNUM, Ville de la Grande-Bretagne, selon la Notice des Dignitez de l'Empire. Cambden veut que ce soit aujourd'hui *Seton* dans le Northumberland, à côté du chemin de New-Castle à Berwick, & à la droite sur la Côte.

SEGELMESSAH [b], Ville du Pays que les Arabes appellent *Magreb Al-Aksa*, à l'extrémité de l'Afrique ou de l'Occident, ce qui est la même chose que ce que nous appellons la Mauritanie. Elle est située dans le second Climat, sous le 37. degré de Longitude, & le 31. d. 30. m. de Latitude Septentrionale.

Cette Ville sépare le Pays des Magrebins, c'est-à-dire des Arabes d'Afrique, d'avec celui des Négres, que les mêmes Arabes appellent, Al Soudan. Elle a une fort grande Riviére qui passe le long de ses murailles, & qui prend sa source dans les Montagnes qui la couvrent du côté du Levant & du Midi, & plusieurs Ruisseaux sur les bords desquels il y a plusieurs Jardins, que l'on trouve en sortant de ses Portes.

Le Géographe Persien écrit, que la Ville de Selgelmesse a huit Portes, au sortir desquelles il y a des promenades très-agréables, & un terroir abondant en toute sorte de Fruits, ce qui est fort rare dans tout le reste du Pays, qui est sur les Confins du Desert que les Arabes appellent *Sahara*, & que c'est de cette Ville que les Négres tirent les seuls Fruits qu'ils ayent.

L'on compte depuis Segelmesse jusques aux Villes de Tekrour & de Selah, situées sur le Fleuve Niger, quarante journées de chemin, & autant jusqu'à l'Isle nommée Ulil, qui est proche de l'Embouchure de ce Fleuve, & l'on ne peut faire ce trajet qu'en portant sa provision d'eau, car l'on n'en trouve point dans tout le *Sahara*.

Ce fut la Ville de Segelmesse, que les Marabouts, ou Al Moravides, eurent pour leur premier Siège de leur Dynastie, ou Empire, qu'ils étendirent depuis ce lieu-là jusques sur les bords de la Mer Atlantique, & ensuite du côté de la Méditerranée, & bien avant dans l'Espagne.

La puissance des Fathimites, qui régnerent dans toute l'Afrique Occidentale, & qui fonderent le Khalifat d'Egypte, prit ses commencemens dans la même Ville. Car ce fut dans Segelmesse, qu'Obeïdallah fut premièrement reconnu pour le *Mahadi*, ou *Mehedi*, c'est-à-dire le Chef Souverain, & le Directeur Général de tous les Musulmans.

2. SEGELMESSE. Voyez SUGULMESSE.

SEGELOCUM, Ville de la Grande-Bretagne: L'Itinéraire d'Antonin la marque sur la route de Londres à *Luguvallium*, près du Retranchement, entre *Lindum* & *Danum*, à quatorze milles du premier de ces Lieux & à vingt & un mille du second. Le même Itinéraire, mais dans une autre route

[a] *Thesaur.*

[b] *D'Herbelot, Biblioth. Or.*

route écrit *Agelocum*, au lieu de *Segelocum*, & quelques MSS. lisent *Segilocum*. La distance des Lieux fait croire que ce doit être aujourd'hui *Littleboroug*, où Mr. Th. Gale dit qu'il a trouvé une Urne de terre rouge & une Médaille sur laquelle étoit la tête de Domitien.

SEGEME, Montagne d'Afrique [a], dans la Province de Tedla. Elle commence du côté de l'Occident à celle de Tefcevin, & va finir à celle de Magran vers l'Orient, ayant au Midi celle de Dedez, & au Septentrion les Campagnes de Fiftelle. Cette Montagne est peuplée de Bereberes de la Tribu de Zenega, qui sont dispos, robustes & se piquent de valeur. Ils vont toujours armez de Massues, de Lances, de Poignards ou d'Epées, & ont des Frondes en quoi ils excellent, avec quelques Arquebuses. Leurs petites hutes ou Maisons sont éloignées les unes des autres, de sorte qu'à peine y en a-t-il quatre qui se touchent. Leur trafic est de Chévres & de Mulets qu'ils nourrissent pour vendre aux Etrangers, & l'Orge est leur principale nourriture. Il y a en quantité en ce pays-là force Fontaines. Ces Bereberes vivoient autrefois en liberté, & étoient continuellement en guerre avec leurs voisins. Lorsque Zarangi, Général du Roi de Fez, se fut emparé de la Ville de Tebza, il marcha contre eux avec deux mille Chevaux, & un fort grand nombre de Fantassins; mais s'étant rassemblés, ils lui dressérent une Embuscade auprès d'un Détroit, & il ne fut pas plutôt dedans, qu'ils vinrent fondre dessus de toutes parts à coups de Massues & de pierres. Ceux de Fez ne pouvant reculer ni avancer, se culbutoient les uns sur les autres, & plusieurs Cavaliers & Fantassins se précipitérent en bas des Rochers; de sorte que la plûpart moururent ou furent pris, le Général s'étant sauvé à pied avec grande peine. Ces Barbares mirent leurs Prisonniers entre les mains de leurs femmes, qui leur firent les plus cruelles indignités. Ensuite ils traitérent avec le Général du Roi de Fez, nommé Laatas, qui succéda à Zarangi, & au bruit de l'arrivée des Chérifs, ils rétournérent à leur ancienne liberté, jusqu'à ce que les Chérifs les assujettirent, après avoir conquis les Provinces de Dara & de Tafilet. Ces Peuples ne sont sujets qu'autant qu'il leur plaît, parce qu'ils ne craignent rien dans leur Montagne, qui est si roide, & dont les avenues sont si difficiles, qu'aucun ennemi ne les y peut attaquer.

SEGERMIS. Voyez SEGGERA.

SEGERMITENSIS, ou SEGERMITANUS, Siége Episcopal d'Afrique. La Notice des Evêchés de cette Province le place dans la Byzacène. Dans la Conférence de Carthage [b] Felix est qualifié *Episcopus Plebis Segermitenfis*; & Mr. Dupin remarque que *Nicomedes* à *Segermis* oppose dans le Concile de Carthage sous St. Cyprien.

SEGESA. Voyez SEGOSA.

SEGESAMA. Voyez SEGIMONENSES.

1. SEGESTA, Ville de Sicile: Ptolomée [c] la marque dans les Terres, & lui donne un Port appellé *Segeftanorum Emporium*. Strabon [d] connoît aussi l'*Emporium* des *Segeftani*; mais il écrit Ἀιγεςέων, au lieu de Σεγεςάνων: ce n'est pas une faute; car la Ville est aussi nommée quelquefois AEGESTA, EGESTA, ou SEGESTA. Quoique située un peu dans les Terres elle est cependant réputée maritime par Thucydide [e] & par Diodore de Sicile [f], qui parlent d'une navigation à *Aegefta*. Le nom d'Aegefte est le plus ancien: il lui fut donné par Egeftus le Troyen, qui, à ce que dit Strabon [g], passoit pour un des Fondateurs. Festus néanmoins dit que *Segefta*, paroissoit avoir été fondée par Enée, & qu'il lui avoit donné pour Gouverneur un certain Egestus qui lui avoit donné le nom d'*Egefta*; mais, poursuit-il, on y a mis une lettre au devant, pour que son nom ne fût pas obscène. Cicéron remarque que Segesta étoit une Ville très-ancienne, que ses Habitans montroient avoir été bâtie par Enée; ce qui faisoit que les Segeftains se disoient non seulement attachés aux Romains par une alliance & une amitié éternelle, mais encore par les liens du sang. Si nous en croyons Virgile [h], elle fut nommée Acesta:

Urbem adpellabunt permiffo nomine Aceftam.

La Ville *Segefta* étoit bâtie sur une Riviére, qui un peu au-dessus en recevoit une autre, & toutes deux avoient des noms Troyens, car l'une s'appelloit *Simois* & l'autre *Scamander*.

2. SEGESTA-TIGULIORUM, Ville d'Italie dans la Ligurie. Pline [i] dit qu'elle étoit dans les Terres; ce qui ne s'accorde par avec l'Itinéraire d'Antonin, qui la marque sur la Côte entre *Luna* & *Portus Veneris*, à trente milles de chacun de ces Lieux.

SEGESTAN, & SIGISTAN [k], nom d'un Pays qui a la Province de Khorassan à son Occident, le Makran à son Orient, le Desert de Fars à son Midi, & les Indes au Septentrion. Son terroir est fort uni, & porte beaucoup de Palmiers. Mais il est si exposé aux Vents, que les Sables couvrent des Maisons & des Villages.

Les Mines d'or du Pays de Segestan sont si abondantes, que si l'on en veut croire les Historiens dans la Vie de Mahmoud fils de Sebekteghin, l'Or y sort de terre, & pousse des Branches comme s'il étoit Végétal.

Les principales Villes sont Bost, Gorfiat, & Zereng qui ont porté de grands Hommes dans la Litérature. Car le Poëte Bofti y étoit né, & plusieurs Personnages, qui sont surnommés Sag'zi, & Segestani, en sont sortis.

Le Pays de Segestan que l'on appelle aussi, Siftan, & Nimrouz, c'est-à-dire le Pays du Midi, a été autrefois la demeure de plusieurs Rois de Perse de la première Dynastie des Pifchdadiens, comme de Giamfchid, avant qu'il eût bâti la Ville d'Eftekhar, de Manugcher & de Naudher.

Le Géographe Persien place le Pays de Segestan entre le Thokhareftan, le Khorassan, & le Sind qui est la partie des Indes au deçà du Fleuve Indus, & lui donne encore à son Orient le Pays de Gour, & au delà de Gour, celui de Baver.

C'est aussi dans le même Pays que Rostam, ce grand Héros de la Perse, faisoit son séjour ordinaire. Car il le tenoit en Appanage du Roi de Perse & il n'en sortoit que pour marcher à la tête des Armées contre Afrasiab, & les Turcs leurs ennemis.

Houssain Schah fut dépouillé de cet Etat, dont il s'étoit emparé, par Khalil Hindougheh Général des Armées de Mirza Aboul Cassem Babor. Car Tamerlan son ayeul s'étoit rendu maître de cet Etat, & en avoit entièrement ruiné la Ville Capitale, à laquelle Ahmed Arabschah donne aussi le même nom de Segestan.

Mr. Petis de la Croix [a] parle ainsi de SEGESTAN, qu'il appelle Sistan & que d'autres nomment SOSTAN. Sistan, dit-il, est une Ville & une Province. La Ville, qui est située à 97. d. de Longitude & à 32. d. 20. de Latitude, est autrement nommée Zarandge, & située sur la Rivière Senaroud, qui est une Branche du Hendmend, qui se décharge dans le Lac de Zéré; & la Province qui est de Corassane est autrement nommée Sedgestan & Nimrouz. Timur-Bec, ajoute Mr. Petis de la Croix, ayant disposé son Armée autour de cette Place, s'avança jusqu'à la Porte, avec une Troupe de gens d'élite & monta sur une Colline de Sable. Chahchahan-Tadgeddin-Sistani, avec plusieurs autres, sortirent d'auprès de Chah-Cotobeddin pour le venir trouver, & ils lui firent leurs soumissions, le suppliant de leur permettre de lui payer un tribut; mais pendant ce pourparler les Assiégés firent une sortie. Timur-Bec qui s'apperçut de leur dessein les prévint & les poussa l'épée dans les reins jusqu'aux Portes de la Ville qu'il assiégea ensuite dans les formes. Chah-Cotobeddin, Roi du Pays, connoissant bien-tôt qu'il n'étoit pas assés puissant pour se défendre contre une Armée aussi nombreuse & aussi formidable que celle de Timur-Bec, se crut obligé de se soumettre. Il sortit de la Ville & alla demander pardon à l'Empereur, qui touché de sa confiance lui pardonna, & non seulement lui donna la vie; mais encore le distingua des autres Princes par les faveurs & par les caresses qu'il lui fit. Après cette action Timur-Bec s'étant revêtu de sa simple Cuirasse sans manches, & s'étant avancé, apprit que vingt à trente mille hommes de la populace de Sistan, quoique leur Prince fût sorti de la Ville, & qu'il fût au pied du Trône Impérial, s'étoient armés d'Arcs & de Flèches, étoient montés sur les murailles, & que delà se tenant les mains les uns des autres, ils étoient descendus au bas des murs, & avoient eu la hardiesse de marcher contre son Armée. Cette nouvelle obligea Timur-Bec de tourner bride vers le Corps de bataille pour le commander; mais comme les Ennemis tirèrent en l'air une infinité de flèches, son Cheval en fut blessé. Ce Prince ne fut pas plutôt arrivé dans sa Tente qu'il fit mettre Chah-Cotobeddin dans les fers. En même tems les Emirs allèrent fondre sur les Ennemis dont ils firent un grand carnage. Les Soldats de Timur-Bec donnèrent tout de suite un rude assaut & se rendirent maîtres de la Place. Ils en ruinèrent & les Maisons & les Edifices publics, achevèrent de passer au fil de l'épée les Cavaliers qui restoient, & enfin rasèrent les murailles de cette belle Ville, dont ils firent périr les Habitans, hommes, femmes, jeunes & vieux depuis les Vieillards de cent ans jusqu'aux enfans au berceau. L'Empereur s'y arrêta quelques jours durant lesquels on enleva les Trésors des Rois de Sistan, & tout ce qui se trouva de Pierreries & d'autres richesses, Les Soldats pillèrent le reste, jusqu'aux clous des Portes, & le feu fut mis à tout ce qui pouvoit être consumé. Cette Conquête fut faite au mois de Chawal, l'an de l'Hegire 785. qui étoit l'année de la Souris, & le Soleil étoit alors dans le Signe du Capricorne. On envoya le Chah, c'est-à-dire le Roi de Sistan Cotobeddin à Samarcande, ainsi que les Généraux d'Armées & les Gouverneurs des Provinces; & la Ville de Ferah fut le Lieu de retraite des Cadis, des Docteurs & autres Gens de Loi.

SEGESTANORUM EMPORIUM, Voyez SEGESTA.

SEGESTANÆ AQUÆ, Eaux Minérales dans la Sicile, près de la Ville de SEGESTA, d'où elles prennent leur nom. Elles sont marquées dans l'Itinéraire d'Antonin, sur la route du Promontoire *Lilybæum* à *Tyndaris*, en prenant le long de la Mer entre *Drepanum* & *Parthenicum*, à quatorze milles du premier de ces Lieux & à douze milles du second. Strabon [b] & Diodore de Sicile [c] parlent de ces Eaux. Elles sont chaudes & sulphureuses. Selon l'Itinéraire d'Antonin on les nommoit aussi *Pintiana Aquæ*, peut-être à cause de la Ville *Pintia*.

SEGESTANI, Peuple d'Asie, aux environs de la Perse. Ammien Marcellin [d] en fait un Peuple guerrier jusqu'à la fureur. Ce sont les SEGETANI d'Agathias.

SEGESTE, Ville de l'Istrie: Pline [e] la donne aux *Carni*; mais il la met au nombre des Villes qui étoient détruites de son tems. Strabon [f], qui écrit SEGESTICA, dit que c'est une Ville de la Pannonie, située au Confluent de diverses Rivières navigables, qui servoient à y transporter non seulement les Marchandises de l'Italie, mais encore celles de divers autres Pays; ce qui avoit engagé les Romains à y établir leurs Magasins durant la guerre contre les Daces. Les Habitans de cette Ville sont appellez SEGESTANI par Appien [g]. Le Lieu où elle étoit s'appelle à présent *Segesd*, ou *Segestum* selon Bonfinius, qui ajoute qu'on y voit à peine les traces d'une Ville.

SEGESTERORUM CIVITAS, Ville de la Gaule Narbonnoise. Il en est parlé dans la Notice des Provinces des Gaules, qui la met sous la seconde Narbonnoise. Dans l'Itinéraire dont quelques Exemplaires lisent SEGUSTERO, & d'autres SE-

SEGOSTERO, SETUSITERO, ou SECUSTERO, on trouve cette Ville fur la route de Milan à Arles, en prenant par les Alpes Cottiennes, entre *Alabontis* & *Alaunium*, à feize milles du premier de ces Lieux, & à vingt-quatre milles du fecond. C'eſt aujourd'hui la Ville de Siſteron. Voyez SISTERON.

1. SEGESTICA, Ville de la Pannonie. Voyez SEGESTE.

2. SEGESTICA, Ville de l'Eſpagne Tarragonnoiſe, ſelon Tite-Live [a], qui dans un autre endroit [b] l'appelle CERTIMA. On croit que c'eſt la même Ville qui eſt nommée TUTIA, dans Florus & dans Plutarque [c], & SEGEDA dans Appien. Voyez SEGEDA, N°. 3.

[a] Lib. 34. c. 17.
[b] Lib. 40. c. 47.
[c] In Sertorio.

3. SEGESTICA. Voyez SCISCIA.

SEGETHUSA. Voyez ZARMISOGETHUSA.

SEGETICA, Ville de la Myſie Européenne, ou plutôt de la Mœſie. Il eſt dit dans Dion Caſſius [d] que M. Craſſus s'empara de cette Ville.

[d] Lib. 51.

SEGESWAR, Ville de la Tranſylvanie [e], ſur le Grand Kokel, au Comté de Chesbourg, dont elle eſt le Chef-lieu. Cette Ville qu'on nomme auſſi Chesbourg eſt ſituée ſur le penchant d'un Côteau [f], qui eſt cauſe que les Maiſons y ſont élevées les unes au-deſſus des autres en forme d'Amphithéâtre. Quelques-uns la prennent pour l'ancienne *Sandava*.

[e] De l'Iſle, Atlas.
[f] Corn Dict. Hitt & Deſcr. de la Hongrie, L. 4. 1688.

SEGEWOLD, ou SEWOLD, Ville de l'Empire Ruſſien [g], dans la Livonie, au Quartier de Letten, ou Lettie, ſur la Treiden, à la gauche vis-à-vis de la Ville de Treiden.

[g] De l'Iſle, Atlas.

SEGGERA, Ville de l'Afrique Propre[*], ſelon Antonin. Simler croit qu'elle eſt nommée SEGERMIS dans le Livre des Conciles. S. Auguſtin & S. Cyprien parlent de cette Ville, dans le Concile de Carthage.

[*] Ortelii Theſaur.

SEGIDA, Ville de la Celtibérie. Oroſe [h] qui lui donne l'épithéte de *nobilis*, écrit qu'elle avoit été priſe par Pompée. Un MS. de cet Auteur conſulté par Ortelius [i], portoit BELGIDA, pour SEGIDA. C'eſt la même Ville que *Segeda*. Voyez SEGEDA, N°. 3.

[h] Lib. 5. c. 23.
[i] Theſaur.

SEGIENSES, Peuples de l'Eſpagne Citérieure, ſelon Pline [k].

[k] Lib. 3. c. 3.

SEGIMONENSES. Voyez SEGISAMA.

SEGISA, Ville de l'Eſpagne Tarragonnoiſe; Ptolomée [l] qui la donne aux Baſtitains, la place dans les Terres.

[l] Lib. 2. c. 6.

SEGISAMA, Ville de l'Eſpagne Tarragonnoiſe. Il eſt parlé de cette Ville dans Florus [m]. Le Pére Hardouin veut que ſes Habitans ſoient les SEGISAMONENSES de Pline [n]; mais je croirois plus volontiers, que ce ſont les SEGISAMÆ-JULIENSES, dont Pline fait mention au même endroit: l'un de ces noms dérive bien plus naturellement de SEGISAMA que l'autre. Ces deux Peuples dépendoient des *Turmodigi*, ſous le nom deſquels ils paroiſſoient à l'Aſſemblée Générale de *Clunia*. Du tems de Ptolomée [o] la Ville SEGISAMA-JULIA dépendoit des Vaccéens, Peuples qui habitoient dans ces Quartiers. Il ne paroît pas que l'Itinéraire d'Antonin ait connu cette Ville de SEGISAMA-JULIA; mais bien celle de

[m] Lib. 4. c. 12.
[n] Lib. 3. c. 3.
[o] Lib. 1. c. 6.

SEGISAMON, ou SEGESAMON, qu'il met ſur la route des Gaules en Eſpagne, entre *Viroveſca* & *Lœobriga*, à quarante-ſept milles de la premiére de ces Places & à trente milles de la ſeconde. Au lieu de Σεγισάμων, SEGISAMON, Ptolomée [p] écrit Σετισάγων, & il donne cette Ville aux *Murbogi*, qui ſont les *Turmodigi* de Pline. Dans une autre route de l'Itinéraire d'Antonin on lit LEGISAMONE pour SEGISAMONE; ce qui eſt apparemment une faute.

[p] Ibid.

SEGISAMA-JULIA. Voyez SEGISAMA.

SEGNA, SENG, ou SEGNA, Ville de la Croatie [q], dans la Morlaquie, ſur la Côte du Golphe de Veniſe. Cette Ville qui appartient à l'Empereur comme Roi de Hongrie, eſt très-forte par ſa ſituation ſur une hauteur, & elle eſt défendue outre cela par une bonne Forterelle. Son Evêché fut érigé vers l'an 1180. par le Pape Alexandre III. & ſoumis à Spabatro. C'eſt le pays des Uſcoques, Peuples chez qui il n'y a guére de Religion, & qui ſont les plus grands Pirates du Golphe. Ségna a un bon Port. Les Anciens l'ont connue ſous le nom de *Senia*, ou *Sinia*.

[q] Commainville, Table des Evêchez.

1. SEGNI, Ville d'Italie, dans l'Etat de l'Egliſe & dans la Campagne de Rome [r], vers le milieu de cette Province. Cette Ville, nommée anciennement *Signia*, eſt Evêché dès le cinquième Siècle, & ſon Evêque eſt immédiatement ſoumis au Pape. Il n'y a pas long-tems que Segni n'étoit qu'un Comté: elle a aujourd'hui le titre de Duché. Les Papes Innocent III. Grégoire IX. & Alexandre IV. étoient de la famille des Comtes de Segni. On tient que les Orgues furent inventées dans cette Ville.

[r] Ibid.

2. SEGNI, Montagne de l'Etat Eccléſiaſtique [s], dans la Campagne de Rome, qu'elle traverſe & qu'elle diviſe en deux parties, anciennement *Lepinus*. La partie de cette Province, au Midi de la Montagne, eſt appellée *Campagna*, & la partie Meridionale *Marina*.

[s] Baudrand, Dict.

3. SEGNI, Peuples de la Germanie. Du tems de Céſar [t] ils habitoient en deçà du Rhein, entre les *Eburones* & les *Treviri*: *Segni*, dit-il, *Condruſique ex gente & numero Germanorum, qui ſunt inter Eburones Trevirosque, Legatos ad Cæſarem miſerunt*. Spener [u] juge que les *Segni* étoient originairement compris ſous le nom des Iſtevons.

[t] De Bel. Gal. Lib. 6. c. 31.
[u] Notit. Germ. ant. L. 4. c. 1.

SEGNIA. Voyez SIGNIA.

SEGOBRIGA, Ville de l'Eſpagne Tarragonnoiſe: Strabon [x] la place dans la Celtibérie, & lit *Segobrida*; mais comme le remarque Caſaubon, la terminaiſon *Briga* eſt plus Eſpagnole; d'ailleurs Ptolomée [y] écrit *Segobriga*, & donne auſſi cette Ville aux Celtibériens. Pline [z] qui dans ces ſortes de mots change ordinairement le *g*, en *c* dit *Segobrica*, quoiqu'en parlant des Peuples il les nomme *Segobrigenſes*. Leur Ville, ſelon le même Auteur, étoit la Capitale de la Celtibérie. Où elle n'a pas été connue de l'Itinéraire d'Antonin, ou elle y eſt appellée SEGONTIA, dans ce cas placée ſur la route d'*Emerita* à Saragoſſe, entre *Ceſada* & *Arcobriga*, à vingt-ſix milles de la premiére de ces Pla-

[x] Lib. 3. p. 162.
[y] Lib. 2. c. 6.
[z] Lib. 36. c. 22.
[a] Lib. 3. c. 3.

ces,

ces, & à vingt-trois milles de la seconde, position qui s'accorde assez avec la Carte de Ptolomée. Il y en a qui veulent que *Segobriga* soit aujourd'hui la Ville de *Segorbe*; mais ils n'ont consulté ni la Carte de Ptolomée, ni l'Itinéraire d'Antonin, ni même Strabon, qui met *Segobriga* au voisinage de *Numance* & de *Bilbilis*. Il ne seroit pas impossible que *Siguenza* fût l'ancienne *Segobriga*, ou *Segontia*, s'il est vrai que par ces deux derniers noms on doit entendre la même Ville, comme je serois tenté de le croire. Voyez SEGORBE, SEPULVEDA, & SIGUENZA.

1. SEGODUNUM, Ville de la Germanie, selon Ptolomée [a]. Cluvier [b] croit qu'elle étoit sur le *Segus*, dans le lieu où est aujourd'hui la Ville de *Sigen*. Il se fonde sur ce que cette Ville est située sur le bord d'une Riviére nommée encore aujourd'hui *Sigè*, & sur une éminence, qui étoit indiquée par le mot *dun*; de sorte que l'ancien nom pouvoit être *Sigedun*, dont les Romains avoient fait *Segodunum*.

[a] Lib. 3. c. 11.
[b] Germ. ant. Lib. 3. c. 8.

2. SEGODUNUM, Ville de la Gaule Celtique: Ptolomée [c] la donne aux *Rutani*, ou *Ruteni*; qui sont les *Rutheni* de César. C'est aujourd'hui la Ville de Rhodez. Voyez RHODES.

[c] Lib. 2. c. 7.

3. SEGODUNUM, ou SEGEDUNUM. Voyez SEGEDUNUM, N°. 2.

SEGONCIUM, Ville de la Grande-Bretagne. Il y a dans l'Itinéraire d'Antonin une route, qui conduit de *Segoncium* à *Deva* & où la premiére de ces Villes est marquée à vingt-quatre milles de *Conovium*. Il sembleroit d'abord que ce pourroit être une Ville des *Segontiaci*; mais ces Peuples étoient voisins des *Trinobantes* & par conséquent trop éloignez de l'endroit où étoit *Segoncium*, qui est aujourd'hui *Caernarven* sur le Fleuve *Segont*, & vis-à-vis de l'Isle de *Mone*.

1. SEGONTIA, Ville de l'Espagne Tarragonnoise: L'Itinéraire d'Antonin la marque sur la route d'*Emerita* à *Sarragosse*, entre *Casada* & *Arcobriga*, à vingt-six milles de la premiére de ces Places & à vingt-trois milles de la seconde. Cette Ville, qui se nomme aujourd'hui *Siguença*, pourroit bien être l'ancienne *Segobrica*, Capitale de la Celtibérie, à moins que l'Itinéraire d'Antonin n'ait pas connu cette derniére, & que *Segontia* ne subsistât pas du tems de Ptolomée. Pline distingue à la vérité *Segobrica* de *Sagontia*, *Seguntia* ou *Segontia*; mais comme il y avoit deux *Segontia* sur la Route d'*Emerita* à *Sarragosse*, & qu'il n'en connoit qu'une dans ces Quartiers, on pourroit fort bien dire qu'il entend celle qui étoit la plus voisine de *Saragosse*; & l'autre qui est aujourd'hui *Siguença* seroit l'ancienne *Segobriga*, ou *Segobrica*.

2. SEGONTIA, Ville de l'Espagne Tarragonnoise, sur la Route [d] d'*Emerita* à *Sarragosse*, entre *Nertobriga* & *Saragosse*, à quatorze milles de la premiére de ces Places & à seize milles de la seconde. Quelques MSS. lisent *Secontia* pour *Segontia*.

[d] Antonini Itiner.

3. SEGONTIA, ou SEGONCIA; Ville de l'Espagne Bétique, vers le Détroit, selon Ambroise Moralès qui cite Pline. Il ajoute qu'elle étoit sur le Fleuve Lethe, & qu'on en voit les ruines près de *Gisgonça*. Cependant Pline [e] écrit *Saguntia*, Strabon *Serguntia*, & Tite-Live *Seguntea*.

[e] Lib. 3. c. 1.

SEGONTIA PARAMICA, Ville de la Tarragonnoise: Ptolomée [f] la donne aux *Varduli* & la place dans les Terres.

[f] Lib. 2. c. 6.

SEGONTIACI, Peuples de la Grande-Bretagne [g]. Ils furent du nombre de ceux qui se soumirent à César. Ils habitoient au Voisinage des *Trinobantes*; c'est tout ce qu'on sait de leur Pays.

[g] De Bel. Gal. Lib. 5.

SEGOR, Ville de la Palestine, dans la Pentapole [h], à l'extrémité Méridionale de la Mer Morte. Elle étoit destinée comme les cinq autres Villes à être consumée par le feu du Ciel; mais à la priére de Loth, qui desira de s'y retirer elle fut conservée [i]. Elle se nommoit auparavant *Bala* [k]; mais on lui donna le nom de Segor, à cause que Loth avoit souvent insisté sur la petitesse de cette Ville, (en Hébreu Segor signifie petit) en demandant à l'Ange qu'il pût s'y retirer; voyez l'Article BALA. Les Hébreux lisent *Zoara*, au lieu de *Segor* ou *Segora* [l]. Les Romains avoient une Garnison à *Zoara* ou à *Segor*. Saint Jérôme [m] remarque que le nom de BALA fut donné à cette Ville, parce qu'aussi-tôt que Loth en fut sorti elle fut engloutie par un tremblement de Terre: *Bala* en Hébreu signifie *engloutir*. Theodoret [n] parle de la même Tradition. Le même St. Jérôme dit de plus que les Hébreux croient que Segor porte aussi le nom de *Salisa* [o], & celui de Genisse de trois ans, *Vitula conternans* [p]. Ils veulent que cette Ville ait souvent été renversée par des tremblemens de Terre.

[h] Dom Calmet, Dict.
[i] Genes. c. 19. v. 22.
[k] Genes. c. 14. v. 2.
[l] Hieronym. Onomast. in Bala.
[m] Quæst. Hebr. in Genes. 14. & in 19. 30.
[n] Quæst. in Genes.
[o] 1 Reg. c. 9. v. 4.
[p] Isai c. 48. v. 34.

SEGORBE, Ville d'Espagne [q], au Royaume de Valence, sur le chemin de Valence en Catalogne. En remontant la Riviére de *Morvedro*, ou *Morviedro*, on trouve de SEGORBE, en Latin *Segobriga*. Cette Ville qui est ancienne & fort agréable, est située au bord de la Riviére, sur le penchant d'une Colline, dans une Vallée entre des Montagnes. Elle fut honorée d'un Evêché dès l'an 500. Elle le perdit lorsque les Maures se rendirent maîtres du Pays: son Evêché fut uni alors à Albarazin; mais lorsque cette Ville eût été reprise sur les Infidéles en 1245. par Jacques I. Roi d'Aragon, on lui rendit la Dignité Episcopale. Elle jouit aussi du titre de Duché, & appartient en cette qualité à des Seigneurs héritiers de la Maison de Cardona. Son terroir est fertile, en Froment, en Vins & en Fruits. On y trouve des Carriéres d'un Marbre si beau, que les Romains en ont fait quelquefois porter chez eux, pour en orner les Bâtimens de leur Ville. On voit à Tarragone une belle Inscription antique faite par les Habitans de *Segorbia*: elle est conçue de la sorte:

[q] Délices d'Espagne, p. 567.

L. ANNIO L. F. GAL.
CANTABRO.
FLAM. ROMÆ. ET. DIVOR.
AUGUST. P. H. C.
OMNIBUS. HONORIBUS
GESTIS.

SEG.

Gestis. Segorbiacæ Decceto. Ordinis. Pecunia publica Segobricenses.

☞ Quand cette Inscription seroit à Segorbe, on ne pourroit pas assûrer qu'elle eût été faite par les Habitans de cette Ville. Il y a eu d'autres Villes nommées *Segobriga*; & entr'autres celle qui étoit la Capitale de la Celtibérie, devoit être bien loin de Segorbe. Voyez Segobriga.

SEGOREGII, Peuples de la Gaule Narbonnoise. Ils devoient habiter à l'Orient du Rhône, sur le bord de la Mer. C'est Justin [a] qui fait mention de ces Peuples, à l'occasion de l'arrivée des Phocéens dans ces Quartiers pour y fonder la Ville de Marseille. Voici le passage: *Itaque Regem Segoregiorum, Senanum nomine, in cujus finibus Urbem condere gestiebant conveniunt.* Les dernières Editions lisent néanmoins *Segobrigiorum Regem Nannum*; & quelques MSS. écrivent *Segobriorum*.

[a] Lib. 43. c. 3.

SEGORTIALACTA, Ville de l'Espagne Tarragonnoise: Ptolomée [b] la donne aux *Arevacæ*; Villeneuve veut que ce soit *Sepulveda*. Il y a des Editions qui portent *Sotortia-Latta*; Σετορτία λάκτα, au lieu de Σεγορτία λάκτα, *Segortia lacta*.

[b] Lib. 2. c. 6.

SEGOSA, Ville de la Gaule Aquitanique. Elle est marquée dans l'Itinéraire d'Antonin sur la Route d'Asturica à Bourdeaux, entre *Mosconnum* & *Losa*, à douze milles de chacun de ces Lieux. Quelques MSS. lisent *Segesa*, ou *Segusa* pour *Segosa*.

SEGOVELLAUNI, Peuples de la Gaule Narbonnoise, & dans les Terres: *Intus*, dit Pline [c], *Regio Tricollorum, Vocontiorum & Segovellaunorum, mox Allobrogum.* Ce sont les Segalauni de Ptolomée [d], qui leur donne la Ville de *Valentia*; ainsi ces Peuples habitoient le Valentinois.

[c] Lib. 3. c. 4.
[d] Lib. 2. c. 5.

1. SEGOVIA, Ville de l'Espagne Tarragonnoise: Ptolomée [e] & Pline [f] la donnent aux *Arevaci* le premier écrit néanmoins Σεγουβία, *Segubia*, au lieu de *Segovia*. Le Pere Hardouin dit que cette Ville n'est pas celle que nous connoissons aujourd'hui sous le nom de Ségovie entre Madrid & Valladolid, & où l'on voit cependant un Aqueduc admirable, qui est un Ouvrage des Romains; mais une petite Ville, que Ptolomée marque sous le même Climat que Numance. Il se fonde sur les nombres de Ptolomée, qui, s'ils étoient exacts, donneroient à *Segubia* la même Longitude qu'à Numance, & la placeroient seulement plus au Nord. Mais comme les nombres de Ptolomée errent en plusieurs endroits, cela suffit pour ne pas abandonner une Ville célèbre en faveur d'un lieu inconnu. Il est vrai que Ptolomée & Pline donnent *Segobia* aux Peuples *Arevaci*, & que la Ville de Ségovie pourroit à peine se trouver dans leur Pays; mais, quand cela seroit, comme Ptolomée, Pline & l'Itinéraire d'Antonin ne connoissent point d'autre Segovia dans ces Quartiers, il n'est pas possible qu'ils parlent d'une autre Place. L'Itiné-

[e] Lib. 2. c. 6.
[f] Lib. 3. c. 3.

raire d'Antonin dont quelques MSS. portent *Segovia*, & d'autres, *Secovia*, ou *Sgobia*, place cette Ville sur la Route d'Emerita, à Sarragosse, entre *Cauca* & *Miacum*, à vingt-huit milles du premier de ces Lieux, & à vingt-quatre milles du second.

2. SEGOVIA, Ville de l'Espagne Bétique, selon Hirtius [g] & Florus [h], dont le premier dit qu'elle est *ad Flumen Silicense*. Cette Ville est nommée *Segontia* par Pline, & *Sagontia* par Ptolomée. Elle conserve encore son ancien nom; car Moralès dit qu'on l'appelle *Segovia la Menor*. Ortelius [i] qui cite Arias Montanus, dit que *Segovia la Menor* est située au voisinage d'Eciia, près du Fleuve Xenil, à moitié chemin entre Séville, & Cordoue.

[g] De Bell. Alex.
[h] Lib. 3. c. 22.
[i] Thesaur.

3. SEGOVIA, Ville de la Germanie, selon Ortelius [k], qui cite Ptolomée [l]; mais je trouve que Ptolomée écrit Σετυλα, *Setovia*; & que ses Interprétes lisent *Setuia*. On croit que c'est à présent Seckow, Siège Episcopal dans la Stirie, sous l'Archevêché de Saltzbourg.

[k] Ibid.
[l] Lib. 2. c. 11.

1. SE'GOVIE, Ville d'Espagne [m] dans la Vieille Castille. Elle est fort ancienne, & des plus considérables d'Espagne. Elle est située sur une Montagne entre deux grandes Collines. Elle est grande, bien peuplée, & ornée de beaux Edifices. On y compte environ sept mille Maisons y compris les Fauxbourgs. Une bonne muraille l'environne, flanquée de tous côtés de Tours & de remparts; c'est dans cette Ville que se font les meilleurs draps d'Espagne. Le terroir est fort fertile, & on y nourrit des Troupeaux de Brebis qui portent cette Laine si fine, qu'on estime tant dans les autres Pays, & dont on fait ces belles Draperies. On y fait aussi du Papier fort fin. Le Commerce de toutes ces choses fait tellement fleurir cette Ville, & enrichit si fort ses Habitans, qu'on dit qu'il ne s'y trouve pas une seule famille que la pauvreté contraigne de mendier. La Manufacture des draps, & du papier donne de l'occupation & du gain à tout le monde. Il y a un Evêché fort ancien Suffragant de Tolède, qui n'a valu d'abord que quatorze mille Ducats de revenu; mais depuis un Siècle & demi il a monté jusqu'à vingt-cinq mille. L'Eglise Cathédrale est à un des côtés de la grande Place, on y voit sur le Maître Autel une Statue de la Sainte Vierge toute d'argent massif, & dans un coin le Tombeau du fameux Jurisconsulte *Diego Covarruvias*.

[m] Don Juan Alvarez de Colmenar, Délic. d'Espagne & de Port. t. 1. p. 202.

La Rivière d'Atayada, qui prend sa source un peu au-dessus de Ségovie, coule dans un lit assés large, par un lieu, qu'on appelle le Parral, entre la Ville, & la Montagne. De beaux grands Ormeaux plantés en quantité le long de ses bords, composent une longue Allée, qui fait une promenade charmante. La Montagne est couverte de Maisons Religieuses, & entr'autres des Couvens de S. Vincent & de S. Jérôme, qui ont tous deux de fort belles allées d'Arbres; & le dernier est célèbre particulièrement pour avoir été le lieu, où S. Dominique faisoit ses oraisons, & prenoit la discipline. L'endroit, où il ré-

Hhh 3

réprimoit si sévérement les aiguillons de la chair est sous terre.

L'Alcaçal ou Château Royal, est situé sur un Rocher dans un Quartier des plus élevés de la Ville; il est tout couvert de plomb. On y monte par des degrez taillés dans le Roc. Il y a toujours sentinelle dans les Tours, & sur une Plate-forme on voit plusieurs Canons, dont la plûpart sont pointés contre la Ville, & les autres contre le Fauxbourg, & contre la Campagne. On y voit seize chambres tapissées richement, dont l'une a un foyer de Porphyre. Delà on descend dans une autre Plate-forme plus petite que la précédente, garnie aussi de Canons. On entre delà dans une petite chambre, dont le Lambris est doré, le foyer de Marbre, & les parois toutes incrustées de verre depuis le bas jusqu'à la hauteur de la ceinture. Tout près est la Chapelle Royale magnifiquement dorée, & parée de très-beaux Tableaux, entre lesquels celui qui représente les trois Rois passe pour un Pièce d'une beauté achevée. Au sortir de la Chapelle on entre dans une Sale magnifique, dorée depuis le haut jusqu'au plancher: on l'appelle *la Sala de Los Reyes*, parce que l'on y voit tous les Rois d'Espagne depuis Pélage jusqu'à Jeanne, mere des Empereurs Charles-Quint, & Ferdinand. Ils sont représentés assis sur des Thrônes, sous des Dais si artistement travaillés, qu'ils semblent être d'Agathe. On voit encore une autre Sale, incrustée de verre comme la précédente, à la hauteur de trois pieds avec des bancs de Marbre, & le Plat-fond doré de fin or de Ducat. Toutes ces Sales sont ornées diversement, & à la dorure près, il n'y en a pas une, dont les enjolivemens ne soient un Ouvrage différent de ceux des autres. La Riviére qui lave les murailles du Château, lui sert de fossé.

Ce qu'il y a de beau à voir encore dans Ségovie est la *Casa de la Moneda*, la Maison de la Monnoye. Les Tours en sont couvertes de plomb; & la maniére admirable, dont on y bat la Monnoye, lui a fait donner avec justice le nom *del Ingenio*. C'est une invention venüe d'Inspruck Capitale du Tirol, & on la porta delà dans Ségovie, en y faisant aller tous les Ouvriers, qui savoient y travailler. La Maison est dans un Vallon, environné de la Riviére, dont l'eau fait tourner de certains Moulins, par le moyen desquels la Monnoye est disposée comme elle le doit être, pesée, fonduë, rognée, battuë, & marquée dans un moment; & tout cela fort heureusement & parfaitement bien; car les Reales qu'on y fabrique passent pour les plus belles de l'Espagne. Par cette commode Machine on peut battre en un jour autant de monnoye, qu'on en battroit autrement dans l'espace d'un mois: on ne bat monnoye dans toute l'Espagne que là & à Séville.

Mais rien n'égale la beauté, & la grandeur de l'Aqueduc, appellé *Puente Segoviana*, que les Romains y ont bâti autrefois sous l'Empire de Trajan pour conduire l'eau dans la Ville; c'est un Edifice d'un travail merveilleux, qui prend d'une Montagne à l'autre de la longueur de trois mille pas; formé de cent soixante & dix-sept Arcades d'une hauteur prodigieuse; & composé de deux rangs dont l'un est élevé sur l'autre. Il traverse le Fauxbourg & conduit l'eau par toute la Ville en assés grande quantité pour en fournir toutes les Maisons. L'Aqueduc est bordé de quelques Auges ou Bassins, qui reçoivent l'eau. Ces Bassins sont fermés de petites portes de fer, & par le moyen d'un Robinet on fait entrer l'eau dans les Maisons, ou bien on la conduit ailleurs par-tout où l'on veut, autant qu'on en a besoin. Celui de ces deux rangs d'Arcades, qui est au-dessous de l'autre, conduit l'eau dans le Fauxbourg, & sert aux Teinturiers, qui y demeurent. Ce qu'il y a de plus merveilleux, c'est que tout cet Edifice, qui semble plutôt avoir été bâti par des Géans, que par des hommes de taille commune, est tout construit de grosses pierres de taille, sans qu'il y ait ni mortier, ni ciment, qui les tienne liées. Et la structure en est si solide, qu'elle s'est conservée entiére jusqu'à présent, tandis que les petites réparations qu'on y a faites de tems en tems durent à peine une dixaine ou une vingtaine d'années. Il n'y a qu'une seule incommodité, mais assés considérable: c'est que l'eau de la Riviére, qui coule autour de la Ville, est mal saine, & cause même la Paralysie, ou l'Hydropisie; c'est peut-être pour cette raison, que les Anciens y firent venir d'autre eau de si loin, en bâtissant ce prodigieux Aqueduc avec tant de peine, & de dépense. Cependant comme on tire le bien du mal même, quand on en fait faire un bon usage, cette eau mal saine sert aux Habitans en Eté pour rafraîchir la bonne.

Don Diego de Colmenarès [a], Auteur d'une profonde, érudition & très versé dans l'Histoire ancienne, dans celle qu'il a composée de la Ville de Ségovie, dit dans le 9. Paragraphe du 3. Chapitre, que l'an 64. de la Naissance de J. C. S. Paul prêchant à Tolede, & dans tout le voisinage, établit un Saint Homme nommé Hierothée Evêque de Ségovie, lequel fonda l'Eglise Cathédrale sous l'Invocation de l'Assomption de la Ste. Vierge: mais que l'on ne sait pas positivement laquelle de toutes les Eglises de cette Ville est celle qu'il fonda, parce que les Maures les détruisirent presque toutes dans le tems de leur invasion. Cependant au milieu de la confusion qu'a causé la subversion de tant de Temples consacrés au vrai Dieu, il croit que c'est celle de S. Blaise, ou bien de S. Gilles, qui subsistent encore, sans pouvoir se déterminer plutôt à l'une qu'à l'autre.

L'Archiprêtre Julien, Historien non moins célébre, que Colmenarès; mais plus sévére Scrutateur des Monumens de l'Antiquité, non seulement révoque en doute cette ancienneté de la fondation de l'Eglise de Ségovie, mais même il doute qu'il

[a] *Voirac. Etat présent de l'Espagne. T. 3. p. 332.*

SEG. SEG. 431

qu'il y eut un Evêché du tems des Rois Goths; de sorte que par l'opposition qui se trouve entre ces deux graves Auteurs, le tems de l'établissement de cet Evêché demeure dans le Problème, qu'il n'est pas facile de résoudre.

Tout ce qu'on peut dire de plus positif, c'est qu'en 755. Abderame Roi de Cordoue ruina entiérement toutes les Eglises de Ségovie; qu'en 923. le Comte Fernand Gonçalez répara celle qui sert aujourd'hui de Cathédrale, & qu'enfin en 1088. le Comte Raymond la réédifia par ordre d'Alfonse VI. son beau-pere, & qu'après sa restauration, Pierre, François de Nation, en fut fait premier Evêque, lequel sous le Regne de l'Empereur Alfonse VIII. de Castille fonda le Chapitre, qu'il distribua en 8. Dignités, 40. Chanoines, 20. Prébendiers, & divers autres Ecclésiastiques au Chœur. L'Eglise Cathédrale est dédiée aux Saints *Fructus, Valentin, & Engracia* freres, & natifs de la même Ville de Ségovie. Qui voudra s'instruire à fond de tout ce qui regarde l'Institution, & les progrès de l'Eglise de Ségovie, n'a qu'à lire les Dissertations du Marquis d'Agropoli. Le Diocése s'étend sur 438. Paroisses.

2. SE'GOVIE, Ville de l'Amérique Septentrionale [a], dans la Nouvelle Espagne, & dans l'Audience de Guatimala, au Gouvernement de Nicaragua. Cette Ville qu'on appelle aussi la NOUVELLE SEGOVIE, est située aux Confins de la Province de Honduras, à la droite de la Riviére de Yare.

[a] De l'Isle, Atlas.

3. SE'GOVIE, Ville de l'Amérique [b], dans la Terre-ferme, au Gouvernement de Venezuela. Jean de Villegas, qui étoit Gouverneur de cette Province pour les Welsers d'Augsbourg, à qui l'Empereur Charles V. l'avoit donnée, étant parti de Tucuyo avec ses Troupes en 1552. découvrit premiérement quelques Veines d'or au pied de certaines Montagnes fort hautes, qui traversent toute la Province, & y mena une Colonie qui fut abandonnée quelque tems après, à cause que l'air y étoit mal sain. On en transporta les Habitans sur les bords de la Riviére de Bariquicemete, & la Ville fut nommée *Nova Segovia*. Elle est à six lieues de Tucuyo, & à quatre-vingt de la Métropolitaine *Coro*, vers le Sud-Est. Ce Pays a été autrefois fort peuplé de Sauvages, dont la plûpart ont péri par maladies & autres incommodités. Ils sont d'un esprit lourd, & abjet, éfféminés, & adonnés à beaucoup de vices, sur-tout à l'yvrognerie, aux querelles & aux meurtres, quand ils ont le cerveau échauffé à force de boire. Ils ne songent point au lendemain, & mangent souvent en un seul jour ce qui pourroit leur suffire pour plusieurs. Comme ils sont oisifs, lorsque les vivres leur manquent, ils ont recours de méchantes racines & à des herbes sauvages en attendant que leur Mays soit mûr. Assez près de Ségovie passe une Riviére nommée par les Espagnols *Rio-Claro*, à cause de la pureté de ses eaux. Elle se cache sous terre à quelque distance de sa Source, & est fort petite au tems des pluyes; mais l'Eté elle se grossit, & les Habitans s'en servent pour arroser leurs Campagnes; ce qui leur fait faire une abondante moisson.

[b] De Laet, Descr. des Indes Occ. Liv. 14. c. 12.

SEGRE, Riviére d'Espagne [c], dans la Catalogne, anciennement *Sicoris*, & appellée *Agua-Naval*, par les Catalans. C'est la plus grande de toutes les Riviéres de la Catalogne. Elle prend sa Source dans la Cerdagne, coule du Nord-Ouest au Sud-Ouest, passe à *Puicerda*, à *Urgel*, à *Oliana*, à *Camarasa*, où elle reçoit la *Noguera-Pallaresa*, à *Balaguer*, à *Lerida*, au-dessus de laquelle elle reçoit la *Noguera-Ripagorçana*, & à *Aitona*; puis elle se joint à la *Cinca*, avec laquelle elle va se jetter dans l'Ebre près de *Mequinencia*, sur les frontiéres de l'Aragon.

[c] Délices d'Espagne, p. 588.

SEGRE', & la MAGDELAINE, *Segreium, Segredum*, Ville & Baronnie, dans l'Anjou, sur l'Odon, Election d'Angers.

Guillaume le Breton dit que la Segré appartenoit à *Amauri* de *Craon*, mais qu'elle fut pourtant donnée par Jean Sans-Terre Roi d'Angleterre à la Reine Berangére de Navarre, veuve de son frere Richard Cœur-de-Lion, pour partie de son Douaire, par Traité fait à Chinon en 1201. & que le même Monarque lui gratifia encore le 23. Juin 1215. Guillaume de la Guierche. Elle entra ensuite dans la Maison de Baumont, avec la Baronnie de Bouancé, par le mariage de Jeanne de la Guierche. Le Château qui avoit été démoli l'an 1422. par les Anglois fut, rétabli par les Ligueurs en 1591. & puis ruïné de nouveau par Antoine de Silly Comte de Rochepot, Gouverneur d'Anjou. Sur quoi on peut voir l'Histoire de Sablé de Ménage. La Paroisse est forte de cent quatorze feux.

1. SEGRIE, SEGRIA, Bourg de France dans le Maine, Election du Mans.

2. SEGRIE-FONTAINE, Bourg de France dans la Normandie, Diocése de Bayeux, Election d'Argentan.

SEGUACATUM, ou SETUACOTUM, Ville de la Germanie: Ptolomée [d] la marque au nombre des Villes voisines du Danube.

[d] Lib. 2. c. 11.

SEGUBIA. Voyez SEGOVIA.

SEGUINA ECCLESIA, [e] Il est parlé dans les Décrétales [f] d'un certain Théodore qui lui fait Evêque de ce Siège.

[e] Ortelii Thesaur.
[f] Decr. Part. I. Dist. 50.

SEGUNTIA, Ville de l'Espagne Tarragonnoise, dans la Celtibérie. Tite-Live [g] la nomme *Seguntia Celtiberum*. Voyez SEGONTIA.

[g] Lib. 34. c. 19.

SEGUNTIUM, ou SEGONCIUM. Voyez SEGONCIUM.

1. SEGURA, Riviére d'Espagne [h], au Royaume de Murcie, appellée anciennement *Terebus, Straberum*, & *Sorabis*. Elle vient de la Castille Nouvelle, traverse le Royaume de Murcie d'Occident en Orient, en serpentant, arrose *Cantarilla*, & *Murcie*, entre dans le Royaume de Valence près d'Origuela, mouille cette derniére Ville, & va se jetter dans la Mer près de Guardamar.

[h] Délices d'Espagne, p. 544.

2. SEGURA, Ville d'Espagne [i], dans le Guipuscoa, sur la Riviére d'Oria, au-dessus

[i] Ibid. p. 87.

dessus de *Villa-Franca*. C'est une jolie petite Ville.

3. SEGURA, Montagnes d'Espagne. Elles s'étendent aux Confins de l'Andalousie, de la Castille Nouvelle, des Royaumes de Murcie & de Grenade, & font une partie de celles qu'on appelloit autrefois *Orospeda*. On les nomme aussi MONTAGNES DE CAÇORLA, à cause de la Ville de ce nom qui s'y trouve située, de même que celle de *Segura*. C'est l'*Argenteus-Mons*, & le *Tugiensis-Saltus* des Anciens. Le *Guadalquivir* & la Riviére *Segura* prennent leurs sources dans ces Montagnes.

[a] *Joillot, Atlas.*

4. SEGURA, Ville d'Espagne [a], dans l'Andalousie, aux Confins du Royaume de Murcie, dans les Montagnes de Segura, vers la Source de la Riviére de ce nom.

5. SEGURA, Ville de Portugal, dans la Province de Beira, sur une Montagne, avec trois bons Bastions entiers, & un demi qui sont revêtus. Cette Ville a un Château bâti sur une petite Montagne, & qui n'est fermé que d'une double muraille faite en redans. Segura fut prise en 1704. par le Roi d'Espagne Philippe V.

6. SEGURA, Port sur la Côte de la Mer de la Californie, selon Woodes Rogers [b]. L'entrée de ce Port, dit-il, se peut découvrir à la faveur de quatre hauts Rochers qui ressemblent aux Aiguilles de l'Isle de Wight, lorsqu'on vient de l'Ouest, & dont les plus Occidentaux sont en forme de Pains de Sucre. Le plus avancé vers la Terre a un Arcade comme celle d'un Pont, sous laquelle l'eau passe. Il faut laisser à bas bord celui qui est le plus près de la Mer, s'en écarter environ la longueur d'un Cable, & courir vers le fond de la Baye, qui est saine par-tout, & où l'on peut avoir depuis dix, jusqu'à vingt, ou vingt-cinq Brasses d'eau. L'on est enfermé là par les Terres depuis l'Est quart au Nord-Est, jusqu'au Sud-Est quart au Sud; quoique la Rade ne soit pas fort bonne, quand le Vent de Mer souffle avec impétuosité. Il y a dans cet endroit-là de fort bonne eau, quantité de Fenouil marin. L'on n'y voit aucun Oiseau extraordinaire.

[b] *Voyage Tom. 2. p. 17.*

7. SEGURA, Ville de la Nouvelle Espagne dans les Indes Occidentales [c], en Latin *Securitas Confinium*. Elle fut bâtie par Ferdinand Cortez l'an 1520. sur des Rochers en un lieu pierreux, & elle n'est arrosée d'aucune Riviére ni Fontaine; de sorte que les Habitans qui sont environ le nombre de mille, tant Indiens qu'Espagnols, sont presque toujours contraints d'user d'eau de pluye. Cortez ayant été chassé en 1519. de la Ville de Méxique, avec grande perte de ses gens, les Indiens des deux Bourgades de Culhua, & de Tepcacac, qui étoient alors alliés des Méxicains contre Cortez, & contre la Ville de Tlaxcallan, se mirent en embuscade, & prirent douze Espagnols qu'ils sacrifiérent tout vivans à leurs Idoles, après quoi ils les mangérent. Cette cruauté ayant rempli Cortez d'indignation, il pria Mexicaca, l'un des principaux Capitaine de Tlaxcallan, & divers autres Gentilshommes de la Ville de lui donner du secours pour se vanger de ceux de Tepcacac. Mexicaca, & les principaux de Tlaxcallan tinrent conseil avec les Magistrats, & le Peuple de la Ville l'assistérent de quarante mille combattans avec les Tamemez qui sont comme des Crocheteurs pour porter le Bagage, & les autres choses nécessaires. Assuré de ce secours, il alla avec ses Soldats, & ses Chevaux à Tepcacac demander aux Habitans que pour réparation de la mort des douze Chrétiens, ils eussent à se rendre au Roi d'Espagne son Maître, & à ne plus recevoir chez eux aucun Méxicain ni aucun habitant de la Province de Culhua. Les Tepcacas répondirent qu'ils avoient fait mourir très-justement les douze Espagnols, parce qu'ils avoient voulu passer malgré eux au travers de leur Pays en tems de guerre, & que les Méxicains, & les Culhuacans étant leurs Seigneurs, ils se recevoient toujours amiablement dans leurs Maisons, ne voulant point obéïr à des Etrangers qu'ils ne connoissoient point. Cortez leur offrit plusieurs fois la paix, & enfin il commença à leur faire la guerre tout de bon. Ils furent battus, & obligés de se rendre & de consentir qu'il seroit châtier à sa volonté ceux qui avoient été cause de la mort des douze Espagnols. Cortez ordonna que toutes les Bourgades qui avoient contribué à ce meurtre seroient Esclaves, & après vingt jours de guerre, il pacifia toute la Province qui est fort grande. Il en fit sortir les Culhuacans, y renversa les Idoles, & que pour une plus grande assurance, il fit bâtir cette Ville qu'il nomma Segura de la Frontera, ou la sûreté de la Frontiére, ayant établi des Officiers pour avoir soin que les Chrétiens & les Etrangers pussent passer de la Vera Cruz à Méxique. Cette Ville ainsi que toutes celles qui sont depuis Saint Jean de Ulhua jusqu'à Méxique, est très-abondante en vivres, & en diverses sortes de fruits, sur-tout en ceux qu'on appelle Ananas, Sapotes, & Chicosapotes. Les Sapotes ont un gros noyau noir de la grosseur d'une prune, & le fruit en dedans rouge comme l'Ecarlate, & aussi doux que le miel. Le Chicosapotes n'est pas si gros. Quelques-uns sont rouges, d'autres rouges-bruns, & fort pleins de jus. Leur odeur ressemble à celle d'une poire cuite. Les Habitans qui étoient autrefois mangeurs de chair humaine, sont aujourd'hui fort civilisés.

[c] *Thomas Gage, Relat. des Indes Oc. 1. part. ch. 10.*

SEGURA de la SIERRA, Lieu d'Espagne [d], dans la Castille Nouvelle, au Canton appellé *la Sierra*, dans le voisinage & au Sud-Est d'Alcaraz. C'est l'une des plus riches Commanderies de l'Ordre de St. Jacques. Elle est située dans une Plaine abondante en Troupeaux, & en Bêtes Fauves.

[d] *Délices d'Espagne, p. 353.*

1. SEGUSIANI, ou SECUSIANI, Peuples de la Gaule Celtique, ou Lyonnoise: Pline [e] dit qu'ils étoient Libres, & que la Ville de Lyon étoit dans leur Pays: *Secusiani liberi, in quorum agro Colonia Lugdunum.*

[e] *Lib. 2. c. 18.*

nium. Ils avoient été rendus indépendans des *Ædui*, sous l'Empire d'Auguste; car du tems de César qui fait mention de ces Peuples dans ses Commentaires, ils étoient dans la dépendance des *Ædui*; c'est-à-dire de ceux d'Autun, *in Clientela Æduorum*. Il ajoute qu'ils étoient les premiers au delà du Rhône, & les plus proches de la Province Romaine. Ils avoient les *Ædxi*, & les *Sequani* au Nord; les *Allobroges* à l'Orient; au Midi encore les Allobroges & les *Velauni*; & les *Averni* au Couchant. Leur Pays comprenoit ainsi le Forez, le Lyonnois, le Beaujolois & [a Lib. 2. c. 8.] la Bresse. Ptolomée a semble leur donner des bornes beaucoup plus étroites; car il ne met dans leur Pays que deux Villes, qui sont *Rhodumna*, & *Forum-Segusianorum*.

2. SEGUSIANI, Peuples des Alpes [b Lib. 3. c. 1.] Graïennes: Ptolomée b leur donne deux Villes; savoir *Segusinum* & *Brigantium*; Pline & Ammien-Marcellin appellent la Capitale de ces Peuples SEGUSIO. L'Itinéraire de Jérusalem écrit *Secusio*, & dans [c Pag. 198. & suiv.] une Inscription rapportée par Mr. Spon c on lit: ORDO SPLENDIDISS. CIVITATIS SECUSIÆ, quoique dans une autre Inscription, le mot soit écrit avec deux gg. CIVIT SEGG. & une troisième Inscription [d Pag. 111.] qui se voit dans Gruter d donne à cette Ville le terme de Municipe: GENIO MUNICIPI SEGUSINI. C'est aujourd'hui la Ville de Suze; voyez SUZE. L'Itinéraire d'Antonin marque cette Ville sur la Route de Milan à Vienne, en prenant par les Alpes Cottiennes, où elle se trouve entre *ad Fines*, & *ad Martis*, à vingt-quatre milles du premier de ces Lieux, & à seize milles du second. Quelques MSS. de cet Itinéraire portent *Regusione* au lieu de *Segusione*.

SEGUSIO. Voyez SEGUSIANI.

SEGUSTANO, Bourgade de Sicile, dans le Val de Mazzara, au fond du Golphe de Castel-a-Mare, à l'Embouchure du Fleuve *San Bartholomo*, à la gauche, à demi-lieue au Nord de Castel-a-Mare, à qui il sert de Port. Ce Bourg est l'*Emporium Segestanorum* des Anciens.

SEGUSTERO. Voyez SISTERON.

SEHESURE, ou QUELPAERTS. Voyez QUELPAERTS.

SEJA, nom Latin de la petite Riviére de Scie qui arrose le Pays de Caux en Normandie.

[e Baudrand, Dict.] SEID., SCIVEH, ou SUETHA e, Ville de la Palestine, sur le bord Oriental du Jourdain, quatre lieues au-dessus de la Mer de Galilée. Cette Ville, connue an- [f Communauteville. Table des Evêchez.] ciennement sous le nom de CAPITOLIAS f, est ruïnée. C'étoit une Evêché de la seconde Palestine, dans le Patriarchat de Jérusalem. Guillaume de Tyr en fait un Archevêché honoraire.

SEIDE, ou SAYD, anciennement SIDON, Ville des Etats du Turc en Asie, dans la Sourie, sur la Côte de la Mer, [g Voyage de 1714. t. 1. p. 289.] un peu au-dessus de SOR ou TYR g. La Ville de Seide, est peu de chose si on la compare avec Sidon, qui faisoit anciennement son nom, car les ruïnes qu'on y voit autour marquent qu'elle étoit infiniment plus grande & plus belle. Elle est située sur le bord de la Mer, & son terroir est par-tout fertile, & fort agréable. Il y a auprès une Isle qui s'avance dans la Mer; & sur cette Isle est bâtie la Citadelle qui communique avec la Ville & à la Terre-ferme par un Pont magnifique, & qui ne sert la plûpart du tems que de Prison aux Grands de ces Provinces-là. On voit plus loin d'autres petites Isles assés agréables: c'est là que mouillent les Vaisseaux de l'Europe: mais le mouillage n'y est pas des meilleurs, sur-tout en Hyver; parce qu'il n'y a rien qui garantisse de la violence des Vents. Le Négoce de Seide est de Coton, de Soye, & de Laines: il s'y fait par les différentes Nations avec une entiére liberté; & de toutes les Echelles du Levant, il n'y en a point où les Francs vivent plus tranquiles.

Il y a auprès de cette Ville, dit le Sieur Lucas, un Mont qu'on appelle Mont de Sidon sur le sommet duquel on voit un Autel; & tout auprès on enterre les Chrétiens Francs & Maronites. A cinquante pas delà, il y a trente Oliviers qu'on assure être du tems de Notre Seigneur Jésus-Christ, & on ajoûte que ce fut en cet endroit que les trois Maries vinrent l'adorer. Ces Oliviers sont chargés de petites Croix, qui marquent la vénération que les Chrétiens de ce Pays-là leur portent, suivant une Tradition qui s'est conservée si long-tems. Il y a en ce même endroit des Plantes très-curieuses. Au pied de la Montagne sont les ruïnes d'une ancienne Ville, qui étoit sans doute celle de Sidon, où l'on trouve en fouillant la Terre beaucoup d'anciens Monumens, & de Tombeaux d'une grande beauté; mais que les Habitans du Pays mettent en pièces à mesure qu'ils les découvrent, pour s'en servir dans leurs Bâtimens.

On trouve dans la Plaine de Seide une prodigieuse quantité de Meuriers, & c'est par leur feuille qu'on nourrit cette grande quantité de Vers à Soye, dont on fait un si grand Commerce en cette Ville. Voyez SIDON.

1. SEIGNELAY, *Siliniacum*, Ville de France dans la Bourgogne, au Bailliage de Sens; & ancien ressort de Villeneuve-le-Roi, Election d'Auxerre. On y a établi deux Manufactures sous le Ministère de feu M. Colbert, qui avoit acquis la Terre, & l'a fait ériger en Marquisat. Cette Ville est située sur la petite Riviére de Serin, près de l'Yonne, à deux lieues d'Auxerre, & à trois de Joigny, dans un Pays de Plaine & de Montagnes. C'est un grand Vignoble; il y a un vieux Château bâti du tems du Roi Charles VI. mais elle avoit eu bien auparavant des Seigneurs puissans à qui elle avoit donné le nom, & on trouve un Guillaume de Seignelay parmi les Evêques d'Auxerre dès l'an 1207. Elle est le Siège d'un Grenier à Sel de la Cour des Aides de Paris, & elle députe aux Etats de la Province alternativement, avec trois autres petites Villes de l'Auxerrois.

2. SEIGNELAY, ou RIVIERE DES ILINOIS, Riviére de l'Amérique Septentrionale. Elle prend sa source, selon le Pere Hennepin, dans des Terres tremblantes & marécageuses, à une lieue & demie de celle des Miamis, & à six lieues du Lac des Ilinois. Sa Source est si considérable qu'à cent pas de son origine elle est navigable pour des Canots légers, & peu après les eaux de ces Marécages l'augmentent à tel point, qu'elle devient insensiblement aussi large, & aussi profonde que la Marne. Elle serpente beaucoup à son commencement où elle passe à travers ces Terres marécageuses qu'elle arrose l'espace de près de quarante lieues; après quoi elle arrose de vastes Plaines abondantes, en chasse de Bœufs Sauvages, & de toutes sortes de Bêtes & de Gibier. Ses bords sont accompagnés de distance en distance de Côteaux couverts de beaux Arbres. Entre ces Côteaux elle se déborde au Printems & en Automne, & rend les Terres très-abondantes. On recueille aux environs de cette Riviére une grande quantité de Chanvre, qui y croît naturellement, & qui est plus beau que celui de Canada. La Riviére de Seignelay se jette dans le Mississipi, environ à cent lieues du grand Village des Ilinois.

1. SEILLE (La), *Salia*, Riviére de la Lorraine. Elle prend sa Source au Lac de Linder, arrose Dieuze, Marsal, & Vic, & se rend dans la Mozelle, à Metz. Les eaux de cette Riviére sont dormantes, & fort bourbeuses; elle n'est point navigable ni gayable, parce qu'elle est pleine de vase.

2. SEILLE (La), petite Riviére de France. Elle prend sa Source aux Frontiéres de la Picardie, près de Bohain, passe au Câteau-Cambresis, & se jette dans l'Escaut au-dessus de Valenciennes, après avoir traversé le Cambresis, & une partie de l'Artois.

SEILLONS, Chartreuse de France, dans la Bourgogne à mille pas de la Ville de Bourg-en-Bresse, Diocèse de Lyon, Parlement, & Intendance de Dijon, Recette de Bourg-en-Bresse, a 170. Habitans. Cette Maison Religieuse a neuf à dix mille Livres de revenu. Humbert de Baugé Archevêque de Lyon, s'y retira, & en a été le second Prieur. On y voit son Tombeau dans le grand Cloître.

1. SEINE, *Sequana*, Fleuve de France. Il prend sa Source en Bourgogne, près de Chanceaux, à six lieues de Dijon; elle arrose Châtillon, & Bar-sur-Seine, traverse la Champagne, arrose Troyes, où elle commençoit autrefois à porter Batteau, ce qu'elle ne fait qu'à Mery; ensuite passe par Pont, Nogent, Bray, Montereau, où elle reçoit l'Yonne, & peu après le Loing, traverse l'Isle de France, où elle arrose Melun, Corbeil, Paris, & à deux lieues au-dessus, elle reçoit la Marne, qui la grossit considérablement, à cinq lieues au-dessous l'Oise. Après avoir arrosé plusieurs belles Maisons Royales, elle sépare le Vexin de la Beauce, & arrose Poissy, Meullent, Mante, les Andelis, & se va jetter dans la Mer par une grande Embouchure au Havre-de-Grâce, après avoir arrosé Vernon, Pont-de-l'Arche, Rouen, Caudebec, Quillebeuf, & Honfleur. Les eaux de ce Fleuve sont fort bonnes, très-bienfaisantes, très-pures, & même purgatives. Elles sont d'autant plus fortes, qu'elles portent vers Paris beaucoup plus pesant qu'aucune Riviére de l'Europe en comparaison de son cours, & de la largeur de son lit. Elle porteroit même jusqu'à Rouen les plus gros Vaisseaux, sans une Barre de Sables mouvans que l'on rencontre vers Quillebeuf. La Seine a ses bords d'une hauteur bien proportionnée, de sorte qu'elle ne cause point de desordre. Le long de son cours, elle forme quantité de belles Isles abondantes, & agréables. La plus remarquable est celle de M. l'Abbé Bignon, Conseiller d'Etat, & Bibliothécaire du Roi, située sous Meullent, & érigée en Fief mouvant du Roi, sous le nom de l'Isle-Belle. Voyez L'ISLE-BELLE.

2. SEINE (La), Village de France [a], sur la Côte de Provence, du côté de l'Ouest de la Ville de Toulon, environ à quatre milles. Ce Village qui est grand est situé sur le bord de la Mer dans un grand enfoncement. On y peut aller mouiller avec des Vaisseaux médiocres; mais il faut passer par le milieu pour aller d'une Terre à l'autre, parce qu'il y a fort peu d'eau aux côtés. Le fond est vaseux avec de grands herbiers. Cependant assez près de la Seine, on trouve trois, quatre à cinq brasses d'eau.

[a] *Michelot, Port. de la Médit.* p. 73.

SEINSHEIM, Bourg d'Allemagne [b], dans la Franconie, & le Chef-lieu d'une Baronnie de même nom. Il est situé sur une petite Riviére qui se jette dans le Meyn à quelques lieues delà.

[b] *Jaillot, Atlas.*

La BARONNIE DE SEINSHEIM confine au Comté de Schwartzenberg, & au Margraviat d'Ohnspac. Le Bailliage d'Erlac enclavé dans l'Evêché de Wurtzbourg dépend de cette Baronnie, qui appartient à la Maison de Schwartzenberg.

SEJONT, Riviére d'Angleterre [c], Pays de Galles dans le Comté de Caernarvan. Elle lave les murailles de la Ville de ce nom, & sort d'un Lac nommé *Lin-Peris*, dans lequel on pêche une espéce particuliére de poisson nommé *Tor-Coch*; c'est-à-dire Poisson Rouge; parce qu'il a le ventre de cette couleur. Le Sejont s'appelloit anciennement *Segontius*, & il avoit donné son nom à un Peuple appellé Segontiens, & dont la Ville nommée *Segontium* étoit voisine de Caernarvan. Elle a été si bien détruite qu'il n'en reste que quelques légéres traces au voisinage de Caernarvan qui s'est élevée sur ses ruïnes. On l'appelloit dans la Langue du Pays *Caer-Custenith*; c'est-à-dire Ville de Constance; & un Historien Gallois prétend qu'on y trouva en 1283. le Corps de Constance Chlore, pere de Constantin le Grand; ce qui est apparemment aussi vrai que ce qu'on assure du Tombeau de ce même Prince trouvé dans une Eglise d'Yorck.

[c] *Délices de la Gr. Br.* p. 426.

SEÏR, où SEHIR, Horréen, dont la demeure fut à l'Orient & au Midi de la Mer Morte, dans les Montagnes de Seïr [a] où régnerent d'abord les Descendans de Seïr le Horréen dont Moïse donne le dénombrement Genes. 36., 20. 21... 36. Voyez aussi 1. Paral. 1. 38. 39. &c. Les Descendans d'Esaü occuperent ensuite les Montagnes de Sehir, & Esaü y demeuroit déja lorsque Jacob revint de la Mésopotamie [b]. Moïse nous dit [c] qu'Esaü fit là guerre aux Horréens, & qu'il les extermina; mais nous ne savons aucune particularité de ces guerres. Pour revenir à Seïr ou Sehir Pere des Horréens; il faut qu'il soit très-ancien, puisque les Horréens, ou les Chorréens ses Enfans, étoient déja puissans & nombreux du tems d'Abraham, & avant la naissance d'Isaac [d] lorsque Codorlahomor, & ses Alliés vinrent faire la guerre aux Rois de la Pentapole [e]. Au reste c'est mal-à-propos que quelques-uns ont avancé [f] qu'Esaü avoit porté le nom de Sehir, ou Velu; il n'a jamais porté ce nom, quoique son Pays soit souvent nommé le Pays de Sehir, à cause des premiers Habitans qui y demeuroient.

[a] Genes. 36. 20. & Genes. 14. 6. Deut. 2. 12.
[b] Genes. 32. 3. 33. 14. & 36. 8. 9.
[c] Deut. 2. 12.
[d] Genes. 14. 6.
[e] L'an du Monde 2092. avant J. C. 1908. avant l'Ere Vulg. 1912.
[f] Joseph. Antiq. L. 1. c. 19.

2. SEÏR, Montagnes de Seïr; elles étoient à l'Orient, & au Midi de la Mer Morte, Moïse [g] dit qu'il y a onze jours de chemin entre Horeb, & Cadesbarné par le chemin de Séhir, ou plutôt en tournant autour des Monts de Seïr Deut. 2. 1. 4. 5. 8. Debora dans son Cantique dit que le Seigneur est sorti de Seïr. Judic. v. 4. Moïse avance que le Seigneur a paru à son Peuple à Seïr, à Sinaï, & à Pharan, Deut. 33. 2. Cela prouve que les Monts de Seïr étoient au Midi de la Mer Morte tirant vers Elat, & Asiongaber, sur la Mer Rouge.

Τῶν χάμπων τὸ Σεῖρα... τὸ χωρίον ὅτι ἡ αὐτὴ πρόκειντο γὰρ δυνάμεις Vide &c. 18.
[g] Deut. 1. 2.

Jacob à son retour de son Voyage de la Mésopotamie [h] craignant qu'Esaü ne vînt fondre sur sa Troupe, envoya vers lui en Seïr, & Esaü peu de tems après s'étoit à sa rencontre entre Phanuel, & le Jourdain, & s'en retourna le même jour à Seïr. Il demeuroit donc assés près de-là dans les Montagnes qui sont à l'Orient de la Mer Morte. Josué semble dire qu'elles s'étendoient même encore plus loin vers le Septentrion; puisqu'il raconte qu'il a fait la conquête de tout le Pays [i] depuis Seïr jusqu'à Baal-Gad au pied du Liban, & du Mont Hermon, & qu'il a partagé tout ce Pays aux Enfans d'Israël: or on sait que les Israélites n'ont rien possedé au de-là du Pays de Moab à l'Orient ni au Midi. Enfin on conjoint ordinairement Moab & le Mont Seïr [k]: or Moab demeuroit à l'Orient de la Mer Morte. Voyez IDUMÉE.

[h] Genes. 32. 3. 33. 16.
[i] Josué 11. 17. 12. 7.
[k] 2 Par. 20. 12. 22. 23. Ezech. 25. 8.

3. SEÏR, Montagne sur la Frontiére de la Tribu de Juda, & de celle de Dan. Voyez Josué 15. 10.

SEÏRA, c'est le même que le Mont où le Païs de Seïr habité par les Iduméens 4. Reg. 14. 21. *Venit Joram Seira, percussitque Idumæos.* Seira, au lieu de Seïr, marque le mouvement vers Seïra, selon les Régles de la Langue Hébraïque. L'Hébreu lit Zeïra; mais nous croyons que c'est une faute, & qu'il faut lire Seïra.

SEÏAM, Mr. Petis de la Croix dit [l], Seïram Ville sur les Frontiéres de Geté au Nord du Sihon à 99. d. 25'. de Longitude & à 44. d. 45. de Latitude.

[l] Hist. de Timur-Bec. L. 2. c. 8.

SEÏREF, ou SIREF, Ville la plus Méridionale de la Perse, & située à 88. d. de Longitude, sous les 29. d. de Latitude Septentrionale, selon les Tables Arabiques. Elle appartient à un petit Pays de la Perse nommé *Kourat-Ardeschir*, & est bâtie au pied d'une Montagne, fort proche de la Mer qui fait un petit Golphe, où les ruisseaux peuvent aborder & qu'on appelle *Nabed*. C'est ce que Mr. d'Herbelot rapporte dans sa Bibliothéque Orientale. Il ajoute que les Persans disent que cette Ville étoit autrefois nommée *Schirab*, ou *Schiraf*, & l'origine de ce nom vient de ce que Caïcavus, Roi de Perse de la seconde Dynastie, dite des Cayanides, ayant été frappé du Tonnerre rétablit sa santé dans ce lieu-là, par le moyen du lait & de l'eau qu'il y prit, appellés *Schir & Ab*, par les Persans. Il dit encore que Seïref a été autrefois une Ville abondante en toutes choses, & fort marchande à cause du concours des Etrangers, quoique d'ailleurs son terroir, soit fort stérile, & qu'on y respire un air extrêmement chaud. Depuis que le Commerce s'est fait dans *Kis*, Isle du Golphe Persique, cette Ville a été abandonnée & s'est peu à peu détruite.

SEÏRATH, Dom Calmet dit [m]: Aïod après avoir tué Eglon, Roi de Moab, qui opprimoit les Israélites s'en alla à Seïrath [n] qui étoit apparemment vers Bethel, ou Galgal, près d'un Lieu où il y avoit des Idoles & des Images [o]: *Pertransivit Locum Idolorum, unde reversus fuerat, venitque in Seïrath*. Il y a quelque apparence que ces gravures ou ces Inscriptions qui étoient à Seïrath sont celles que Josephe [p] a voulu désigner, lorsqu'il a dit qu'il y avoit dans la Syriade des Colonnes chargées d'Inscriptions, qui y étoient dès avant le Déluge, & qui avoient été faites par les Enfans de Seth. Cette conjecture est proposée & suivie par plusieurs savans hommes, comme Vossius, Mr. Huet, & Mr. Valois. Voyez le Commentaire de Dom Calmet sur la Genése, Chap. 6. v. 13.

[m] Dict.
[n] Judic. 3.
[o] Pessim. Sculpturæ.
[p] Antiq. L. 1. c. 2.

SEIRJAN, Ville & Province dans le Royaume de Fars, à 90. d. 25'. de Longitude, & à 29. d. 30. de Latitude, selon Mr. Petis de la Croix [q].

[q] Hist. de Timur-Bec. L. 3. c. 23.

SEISSEL. Voyez SEYSSEL.

1. SELA, Ville de la Palestine dans la Tribu de Benjamin, Josué 18. 28. On lit dans l'Hébreu 2. Reg. 16. 14, que Saül fut enterré à Sela, dans le Tombeau de son pere Cis.

2. SELA, Fleuve du Péloponnèse: son Embouchure est marquée par Ptolomée [r] sur la Côte de la Messenie, entre le Promontoire *Cyparissium* & la Ville *Pylus*.

[r] Lib. 3. c. 16.

SELAM, Poste dans l'Amérique Septentrionale [s], sur la Côte du Jucatan, à l'Ouest de *Rio de Ligartos*. Les Espagnols ont

[s] Dampier Supl. à part. ch. 1.

ont accommodé ce Poste pour y tenir leurs Indiens en sentinelle. Il y a plusieurs de ces sortes de Postes ou Guérites sur la Côte. Les unes sont bâties à terre avec du Bois de charpente : d'autres sont placées sur des cages comme des Arbres, mais assés grandes pour recevoir un ou deux hommes ; il y a une échelle pour y monter & pour en descendre. Ces Guérites ne sont jamais sans un ou deux Indiens, qui s'y tiennent tout le jour ; & ceux qui demeurent près delà sont obligés de se relever les uns les autres.

SELAMBINA, Ville de l'Espagne Bétique : Ptolomée [a] la place sur la Mer d'Ibérie, entre *Sex* & *Extensio*. Le nom moderne est *Salobrenna*.

[a] Lib. 2. c. 4.

SELAMBRIA, selon Mr. Corneille [b] ; & SELAMPRIA, selon Mr. de l'Isle [c] : Riviére de l'Empire Turc, en Europe, dans le Comenolitari. Elle prend sa source dans les Montagnes, aux confins de l'Albanie, & traverse d'Occident en Orient toute la Province de Janna, où, après avoir reçu quelques Riviéres, entr'autres celle d'Épideno à la droite, elle va se perdre dans le Golphe de Salonique, près du mont Cassovo. Dans sa course la Selampria arrose Janna, ou Jannina, Tricala, Ternovo, & Larisse. C'est le *Sperchius* des Anciens.

[b] Dict.
[c] Atlas.

SELAME, Village de la Galilée : Josephe le fit fortifier, comme il le dit dans sa Vie.

SELAMPURA, Ville de l'Inde au delà du Gange, selon Ortelius [d] qui cite Pline. Le même nom se trouve aussi dans quelques Editions Latines de Ptolomée [e], & même dans le Manuscrit de la Bibliothéque Palatine ; mais au lieu de *Selampura* le Texte porte Λαμπούρα, *Lampura*.

[d] Thesaur.
[e] Lib. 7. c. 2.

SELANDE, SEELAND, ou ZELANDE, Isle de la Mer, & la plus grande des Isles du Dannemarc [f]. Elle est baignée à l'Orient par le Sud, qui la sépare de la Scanie ; le Grand Belt, à l'Occident, la sépare de l'Isle de Fuhnen ; elle a au Midi les Isles de Möne & de Falster ; & du côté du Nord elle regarde la Norwége, dont elle est séparée par la Manche de Dannemarc. On croit que c'est l'Isle Codanonia de Pomponius Mela. Sa longueur du Nord au Midi est de dix-huit milles Germaniques, & sa largeur de douze milles d'Orient en Occident. Dans cette étendue de terres on compte treize Villes ; plu-

[f] R. Hermanid. Descr. Daniæ, p. 584.

sieurs Palais & Châteaux, appartenants au Roi ou à la Noblesse, avec trois cens quarante-sept Paroisses. C'est une Isle assés basse : on y voit peu de Montagnes, mais beaucoup de Bois & de Forêts propres pour la chasse ; de gras Pâturages, où on éleve quantité de Bétail, & des champs si fertiles qu'ils produisent toute sorte de Bled, sans qu'on ait besoin de fumer les terres. C'est ce qui a occasionné le nom de l'Isle, qui est dérivé de *Seen*, ou *Sajen*, qui dans la Langue du Pays signifie semer, ou bien de *Saedt*, qui veut dire du Froment. Quelques-uns veulent pourtant, que le nom de Zelande, soit un composé des mots *Zee*, Mer, & *Landt*, Pays : mais cette opinion n'est fondée que sur ce que cette Isle est environnée de la Mer de toutes parts. Ses Côtes sont coupées de divers Golphes & Bayes, qui ont de la profondeur, & dont quelques-uns avancent assez dans les Terres. Les uns & les autres, ainsi que les Mers voisines, abondent en poissons, sans compter ceux que fournissent quelques petites Riviéres & un certain nombre de Lacs ou Etangs qui se trouvent dans l'Isle. Quoique l'air soit assés épais, à cause des vapeurs de la Mer, on prétend néanmoins qu'il est fort sain, & qu'on y voit un grand nombre de personnes qui parviennent à un âge fort avancé. Il y a sur les Côtes divers Ports sûrs & commodes, où il se fait quelque Commerce, & où il s'en pourroit faire un infiniment plus grand, si les Habitans faisoient attention à la situation avantageuse de leur Isle, entre l'Océan & la Mer Baltique. Mais depuis bien des Siécles, on leur reproche un défaut d'activité & d'émulation.

La Chronique de la Zelande, dans les Pays-Bas, porte que les Zelandois sont Danois d'origine, & qu'ils sont descendus particulierement des Habitans de l'Isle de Selande en Dannemarc. De plus nous voyons dans l'Histoire, que Rollon, Duc des Danois, tint quelque tems sous sa puissance l'Isle de Walcheren & les Isles voisines ; & même on trouve dans la Langue des Zelandois des Pays-Bas divers mots qui sont en usage parmi les Danois de l'Isle de Selande. Toute cette Isle est divisée en vingt-six Préfectures ou Bailliages, qu'on appelle *Herrit*, & à chacun desquels on joint un nom propre pour les distinguer les uns des autres :

Division de

SOEKELUNDS-HERRIT:	Coppenhague, Amack, Soltholm,	} *Isles*,
SMORUMS-HERRIT:	Il n'a que des Villages.	
FREDERICHSBURGS-BIRCK:	Slangerup, Waere-bro, Friderichsburg, Helsenoër, Croneburg, Huen, *Isle*.	
HAALBO-HERRIT:	Seburg, Arre-Sö, *Lac*.	
JORLUNDS-HERRIT:	Jesiord, *Golphe*. Jorlung.	
SOEM-HERRIT:	Roeschild, Tune.	

l'Isle de ZE-LANDE:	TUNE-HERRIT:	Tune.
	RAMSOE-HERRIT:	Köge.
	WOLBURGS-HERRIT:	Leire.
	HORNS-HERRIT:	Il n'a que des Villages.
	MIERLOFS-HERRIT:	Holbaeck.
	TUTZE-HERRIT:	Il n'a que quelques Châteaux & Villages.
	OTZE-HERRIT:	Nycoping, Draegsholm.
	SKIPPINGS-HERRIT:	Il n'a que des Villages.
	ARDTZ-HERRIT:	Kallundborg.
	LOFUE-HERRIT:	Il n'a que des Villages.
	SLAGELSE-HERRIT:	Slagel, Anderskov, Korsör.
	SOERBIRCK-HERRIT:	Sora, Sigersted.
	FLACKEBIERGS-HERRIT:	Schelfor, Herrelfsholm, Nestwed, Bavelsö, Lac.
	TYBIERGS-HERRIT: HAMMES-HERRIT:	Ils n'ont que des Villages.
	HAMMES-HERRIT:	Præsto, Waringborg.
	FAXE-HERRIT:	Faxe, Tryggeveld.
	STEFFENS-HERRIT: BIEFURSKOWER-HERRIT:	Ils n'ont que des Villages.
	RINGSTED-HERRIT:	Ringsted.

a Vers 926. SELANI, Denys le Périégéte *a* met un Peuple de ce nom vers l'enfoncement le plus reculé du Golphe Arabique: mais Priscien, au lieu de Σελευῶν, lit Ἐλενῶν; ce qui fait voir qu'il est question des Habitans de la Ville Elana, qui donnoit son nom au Golphe Elanitique.

SELASIA, Voyez SELLASIA.

SELBY, Bourg d'Angleterre, dans Yorckshire, sur la Riviére d'Ouse. Ce Bourg a droit de Marché.

b Ortelii Thesaur. SELBYSSINA REGNA. *b* On trouve ce nom dans Sextus Avienus, qui entend parler d'un Quartier de l'Espagne Bétique.

SELCA, Ville de la Galatie, dans la Paphlagonie: Ptolomée *c* la place dans les Terres. Le MS. de la Bibliothéque Palatine porte *Gelaca*, au lieu de *Selca*.

c Lib. 5. c. 4.

SELCHA, Ville du Royaume d'Og, au Pays de Bazan, au delà du Jourdain *d*.

d Deut. 3. 10. & 1. Par. 5. 11.

SELEBIN, Ville de la Tribu de Dan *e*. Eusèbe & S. Jérôme parlent d'un Lieu nommé Saläba, ou Selaba, dans le Territoire de Samarie; on lit Salamin dans le Grec *f*.

e Josué. c. 19. v. 42.
f Josué. c. 19. v. 42. 47. & Julii. 1. v. 35.

SELE, selon Ptolomée *g*, & Sela, selon Ammien Marcellin; Ville de la Susiane: elle étoit située dans les Terres.

g Lib. 6. c. 3.

SELEMNUS, Fleuve du Péloponnèse, dans l'Achaïe propre. Quand on a passé le Charadrus, dit Pausanias *h*, on apperçoit quelques ruïnes de l'ancienne Ville d'Argyre, & à main droite on trouve une Fontaine, qui porte encore ce nom. Le Fleuve Selemnus ou Selimnus a son Embouchure auprès; ce qui a donné lieu à un conte que font les gens du Pays. Selon eux Selimnus fut autrefois un beau jeune Berger, qui plut tant à la Nymphe Argyre, que tous les jours elle sortoit de la Mer pour le venir trouver. Cette passion ne dura pas long-tems: il sembloit à la Nymphe que le Berger devenoit moins beau, elle se dégoûta de lui, & Selimnus en fut si touché qu'il mourut de déplaisir. Venus le métamorphosa en Fleuve; mais tout Fleuve qu'il étoit il aimoit encore Argyre, comme on dit qu'Alphée pour être devenu Fleuve ne cessa pas d'aimer Arethuse: La Déesse ayant donc pitié de lui encore une fois lui fit perdre entiérement le souvenir de la Nymphe. Aussi croit-on dans le Pays que les hommes & les femmes pour oublier leurs amours n'ont qu'à se baigner dans le Selimnus; ce qui en rendroit l'eau d'un prix inestimable si on pouvoit s'y fier.

h Lib. 7. c. 23.

SELENDETENSIS, ou SEDELENSIS, Siège Episcopal d'Afrique, selon la Conférence de Carthage *i*, où on trouve Victorius qualifié *Episcopus Selendetensis*. On trouve aussi parmi les Evéques, qui assistérent au Concile de Carthage en 525. *Felicissimus Episcopus Sedelensis*. On ignore dans quelle Province ce Siège étoit.

i No. 208.

1. SELENE, Ville de la Toscane, selon Etienne le Géographe, qui dit que le nom National est *Selenopolites*.

2. SELENE, Etienne le Géographe parle d'une grande Ville de ce nom qu'il dit être une des cent Isles, ou située entre cent Isles: voici le passage: Καὶ ἑτέρα μεγάλη μία τῶν ἑκατὸν νήσων.

3. SELENE, c'est-à-dire *la Fontaine de la Lune*; Fontaine du Péloponnèse dans la Laconie. On la nommoit de la sorte, dit Pausanias *k*, parce qu'elle étoit consacrée à la Lune. D'Oetyle à Thalama, il y avoit quatre-vingt Stades, & sur le chemin on voyoit un Temple d'Ino, célèbre par les Oracles qui s'y rendoient. La Fontaine Selene fournissoit à ce Temple de très-bonne eau en abondance.

b Lib. 3. c. 26.

1. SELENGA, Riviére de l'Empire Rus-

Ruſſien [a], dans la Grande Tartarie. Les Moſcovites ſur la fin du dernier Siècle ayant trouvé le moyen de ſe faire un chemin depuis Moſcou juſqu'à trois cens lieues de la Chine, s'avançant d'abord par la Sibérie, & ſur diverſes Riviéres, comme l'Irtis, l'Oby, le Geniſſée, l'Angara qui vient du Lac Baïkal, ſitué au milieu de la Grande Tartarie, ils entrérent enſuite dans la Riviére de Selinga, & pénétrérent juſqu'à celle que les Tartares appellent Sangalien-Oula, & les Chinois Helon-Kian, c'eſt-à-dire la Riviére du Dragon Noir. Voyez SELINGA.

[a] Lettres Edif. t. 7. p. 177.

2. SELENGA, Ville de l'Empire Ruſſien [b], dans la Grande Tartarie ſur la Riviére qui lui donne ſon nom. Les Moſcovites, qui étoient entrés dans la Chine, comme il a été dit dans l'Article précédent, ne ſe contentérent pas de faire des découvertes, ils bâtirent de diſtance en diſtance des Forts & des Villes ſur toutes les Riviéres pour s'en aſſurer la poſſeſſion. Les plus proches de la Chine étoient *Selenga*, Nipchou, & Yacſa: la première de ces Places étoit bâtie ſur la Riviére de Selinga.

[b] Ib. p. 178.

SELENTIDIS TRACHIÆ. On trouve ce nom dans Ptolomée [c], pour ſignifier une Contrée de la Cilicie Trachée; & le MS. de la Bibliothéque Palatine, au lieu de *Selentidis* lit *Lelentidis*. Il y avoit quatre Villes dans cette Contrée; ſavoir :

[c] Lib. 5. c. 8.

Jotape,   *Antiochia ſuper Crago*,
Selnus,   *Nephelis*,

SELENUNTIUS. Voyez APESAS.

SELENUSIA, c'eſt-à-dire le Lac de la Lune; Lac de l'Aſie Mineure dans l'Ionie, près de l'Embouchure du Cayſtre. Ce Lac, ſelon Strabon [d], étoit formé par les eaux de la Mer.

[d] Lib. 14. p. 642.

SELEOBORIA, Ville de la Petite Arménie : elle eſt miſe par Ptolomée [e] au nombre des Villes qui étoient éloignées de l'Euphrate & près des Montagnes.

[e] Lib. 5. c. 7.

SELEPITANI, Peuples de l'Illyrie, ſelon Tite-Live [f].

[f] Lib. 45. c. 26.

SELERA, Iſle de la Mer Erythrée, ou de l'Océan Indien. Philoſtrate [g] la place du côté de l'*Emporium* appellé *Balara*, entre les Embouchures de l'Indus & du Tigre, & il ajoute qu'elle étoit ſéparée du Continent par un Détroit de cent Stades. Je penſe, dit Ortelius [h], que cette Iſle étoit dans le Golphe Perſique.

[g] Ad finem Lib. 3. Apollonii.

[h] Theſaur.

SELESTAT, SLESTAT, ou SCHLESTAT, Ville de France dans la Baſſe-Alſace, ſur l'Ill, à quatre milles de Briſac & à quelque peu moins de Strasbourg. On écrivoit autrefois SOLADISTAT, comme le voit par les anciennes Annales de Charlemagne, qui y célébra la Fête de Noël l'an 775. lorſqu'il alloit en Italie [i]. Les Carlovingiens y eurent un Palais juſqu'à Charles le Gros, qui y demeuroit quelquefois, comme on voit par ſes Lettres données à cette Ville dans les années 886. & 887. Elle avoit ſuccédé à l'ancienne *Ell* ou *Elleeb*, qui n'eſt plus qu'un

[i] Longuerue, Deſcr. de la France, 2. part. p. 231.

Village; mais Seleſtat fut ruïné de nouveau & réduit en une méchante Bourgade, juſqu'à ce que Wolfelin Préfet d'Alſace, y fonda ſous l'Empire de Frédéric II. une Ville, qu'il fit fermer de belles Murailrailles, la rendit franche, & la peupla de beaucoup d'Habitans, comme dit Richer, Moine de Sennone, contemporain, au VI. Chap. du IV. Livre.

Dans le commencement elle reconnoiſſoit la Juriſdiction temporelle du Prevôt de l'Egliſe de S. Vit, dont l'Empereur l'acquit par échange, avec le Droit de créer le Magiſtrat, que l'Empereur Sigiſmond donna aux Habitans, qui créérent d'entr'eux leurs Magiſtrats, au lieu que les Nobles poſſédoient autrefois toutes les Charges.

Seleſtat a toujours reconnu la Juriſdiction du Préfet d'Alſace. Elle avoit été remiſe en liberté après la Paix de Weſtphalie, & la Garniſon Françoiſe en étoit ſortie; mais l'Automne de l'an 1673. le feu Roi Louïs XIV. s'en ſaiſit, & la fit démanteler. Il l'a fait fortifier de nouveau l'an 1679. après la Paix de Nimégue, & elle eſt une des bonnes Places du Pays.

SELELERRE, Ville de France [k], dans la Sologne, ſur le Beuvron, à quatre lieues de Blois du côté du Midi Occidental, à une lieue de Chitenay, & à deux de Cour-Cheverny. Cette petite Ville eſt fort agréable, tant par ſa ſituation, que par la propreté de ſes Bâtimens. Il n'y a qu'une Paroiſſe & un Couvent de Filles.

[k] Corn. Dict.

SELENCEIS. Voyez OLMI.

1. SELEUCIA, Ville de la Méſopotamie [l], aux Confins de la Babylonie, dans l'endroit où l'Euphrate ſe joignoit au Tigre. Il s'agit de ſavoir ſi elle étoit à la gauche ou à la droite de ces Fleuves. Ptolomée la place dans la Méſopotamie & la compte au nombre des Villes, qui étoient ſur la Rive droite de l'Euphrate. Au contraire Iſidore de Charax [m] fait entendre que pour y aller en partant des bords de la Riviére *Abora*, ou de l'Iſle d'*Anathus*, on devoit traverſer l'Euphrate & le Fleuve Royal. D'autre part divers Auteurs [n] la mettent ſur le Tigre & l'appellent même SELEUCIA ad TIGRIM, ἐπὶ τοῦ Τίγριδι. Theophylacte *Simocatta* [o], qui parle fort au long du Fondateur & de la ſituation de cette Ville, dit que l'Euphrate & le Tigre l'environnent & lui ſervent comme de rempart. Si nous nous en rapportons à Pline, le Bras gauche de l'Euphrate traverſoit Seleucie, & ſe joignoit au Tigre qui arroſoit auſſi cette Ville: *Euphrates . . . . parte levâ in Meſopotamiam vadit per ipſam Seleuciam, circa eam præfluenti infuſus Tigri*. Il eſt néanmoins difficile de ſe perſuader qu'un ſi grand Fleuve ait traverſé la Ville; & ſans doute on doit en cette occaſion interpréter Pline par Théophylacte, qui dit que l'Euphrate traverſoit le Territoire de Seleucie & baignoit cette Ville, qui étoit ainſi ſituée dans l'endroit où l'Euphrate & le Tigre ſe joignoient & entre ces deux Fleuves. Tout le monde convient que *Seleucus*, Roi de Syrie, ſurnommé *Nicanor*,

[l] Cellarius, Geogr. ant. Lib. 3. c. 15.

[m] Pag. 5.

[n] Polyb. L. 5. c. 48. Plut. in Lucul. Strabo L. 16. Iſidor. Char. P. 5.

[o] Lib. 5. c. 6.

SEL. SEL. 439

nor, & qui régna dans l'Orient après la mort d'Alexandre, fut le Fondateur de cette Ville, & qu'il lui donna son nom. On la trouve aussi appellée *Seleucia Babylonia*, parce qu'elle étoit aux Confins, ou même sur les Terres de la Babylonie, & parce qu'elle s'accrut aux dépens de Babylone: *Babylon*, dit Pline [a], *ad solitudinem rediit, exhausta vicinitate Seleuciæ, ob id conditæ a Nicanore intra nonagesimum Lapidem in confluente Euphratis fossa perducti, atque Tigris, quæ tamen Babylonia cognominatur, Libera hodie ac sui juris.* Ammien Marcellin [b] l'appelle *ambitiosum Opus Nicatoris Seleuci*. Seleucie ne fut cependant pas bâtie dans une place vuide: il y avoit auparavant en cet endroit une Ville que Seleucus augmenta & orna beaucoup. On ne sait pas précisément le nom de l'ancienne Ville. À la vérité Ammien Marcellin [c] donne à entendre qu'elle fut d'abord appellée COCHE ; *Coche quam Seleuciam nominant* ; & Eutrope [d] parle de Seleucie sous le nom de COCHE : *Cochen & Ctesiphontem nobilissimas Urbes cepit.* Cependant il est douteux en quelque sorte si Coche & Seleucie étoient la même Ville; car Ammien Marcellin lui-même les distingue dans un autre endroit; & Arrien [e] en fait absolument deux Lieux différens: Ἐξελάυνει ἐκ Σελευκείας ἢ πρόσω τῦ ποταμῦ Τίγρηδος ἐς κώμην, ἥτινι Χωχὴ ὄνομα, *profectus est ex Seleucia in Vicum, cui Coche nomen est.* Zosime [f] dit néanmoins que Seleucie s'appelloit auparavant *Zochasa*. Elle fut prise par Lucius Verus [g], ou plutôt par Cassius [h] son Général, & ruïnée [i] contre la Foi du Traité. Elle ne fut point rétablie du tems de Julien; mais elle le fut après. Dans le quatrième Siècle Seleucie fut un Archevêché, & elle fut de nouveau ruïnée dans le huitième Siècle. Ses Prélats eurent les premiers la qualité de *Catholiques*, ou Archevêques Autocephales; mais ayant embrassé le Nestorianisme, ils transférérent leur Siège à Bagdat, & sont aujourd'hui ceux qu'on nomme Patriarches Nestoriens. Les Archevêchez & Evêchez dépendans des Patriarches, qui résident à Elcong proche de Mosoul, sont:

[a] Lib. 6. c. 26.

[b] Lib. 23. c. 20.

[c] Lib. 24. c. 18.

[d] Lib. 9. c. 12.

[e] Lib. 10. Parthic.

[f] Lib. 3. c. 23.

[g] Eutrop. L. 8.
[h] Capitolin. c. 8.
[i] Amm. L. 24.

Archevêchez: { Bagdat, *Irenopolis*, en Chaldée.
{ Amid, *Amida*. }
Evêchez: { Merdin, *Merdinum*, } Mésopotamie.
{ Nesbin, *Nisibis*. }

Archevêchez: { Jérusalem, *Hierosolyma*, en Palestine.
{ Angamale, *Angamala*, dans l'Inde en deçà du Gange.

Les autres sont inconnus.

2. SELEUCIA, Ville de la Perside, dans l'Elymaïde. C'étoit selon Strabon [k] une grande Ville située sur le Fleuve Hedyphonte; & il ajoute qu'auparavant elle avoit été appellée SOLOCE, quoique les MSS. varient sur l'ortographe de cet ancien nom. Quant à l'Hedyphon sur lequel elle étoit située, c'est l'*Hedypnus* de Pline, qui dit qu'il se jettoit dans l'Eulée. Il parle aussi de la Ville de Seleucie; mais il n'en désigne point la juste situation; car

[k] Lib. 11.

le Fleuve *Hedypnus* ou *Hedyphon* ne nous est pas fort connu.

3. SELEUCIA, Lieu fortifié dans la Mésopotamie près du Pont de *Zeugma*, sur l'Euphrate. Pompée, selon Strabon [l], *l* Lib. 16. donna ce Lieu à *Antiochus* Roi de la Comagène. Ce Château est aussi connu de Polybe [m], qui l'appelle Σελεύκεια ἐπὶ τῦ [m] Lib. 5. c. Ζεύγματος, *Seleucia ad Zeugma*. 43.

4. SELEUCIA ASPERA, Ville de la Cilicie Trachée. Etienne le Géographe l'appelle Seleucie d'Isaurie, parce que de son tems l'Isaurie comprenoit une grande partie de la Cilicie. Cette Ville étoit située sur le Fleuve *Calycadnus*, comme le dit Pline [n], qui ajoute qu'elle avoit [n] Lib. 5. c. le surnom de *Trachiotis*, & qu'elle étoit 27. éloignée de la Mer, sur le bord de laquelle elle avoit été sous le nom d'*Holmia*: *Seleucia supra amnem Calycadnum, Trachiotis cognomine à Mari relata, ubi vocabatur Holmia*. Il est parlé de cette translation des Habitans d'*Holmia*, ou d'*Holmus* dans Strabon [o]. Le Fondateur de cette Ville [o] Lib. 14. étoit *Seleucus Nicanor*, comme nous l'apprend Etienne le Géographe, qui se trompe pourtant lorsqu'il dit qu'elle avoit été appellée avant cela *Olbia*. Saumaise [p] a [p] Ad Solin. remarqué cette faute; en effet *Olbia* étoit cap. 36. une Ville maritime de la Pamphylie près de *Phaselis*. Etienne le Géographe veut encore que Seleucie ait été appellée *Hyria*, & en même tems il se contredit lui-même en remarquant qu'*Hyria* étoit au voisinage de Seleucie; mais peut-être qu'il en avoit été la même chose d'*Hyria* que d'*Holmia*; c'est-à-dire qu'on avoit transféré les Habitans de ces deux Villes à Seleucie. Cette Ville [q] fut libre sous les Romains; [q] Strabo. L. & elle conserva cette liberté sous les derniers Empereurs de Rome. Nous le voyons dans une Médaille de Philippe l'Arabe, ΣΕΛΕΥΚΕΩΝ ΤΩΝ ΠΡΟΣ ΚΑ. ΛΕΤΤΕΡΑC; & dans une de Gordien CΕΛΕΤΚΕΩΝ ΤΩΝ ΠΡΟC ΚΑΛΤΚΑΔΝΟ ΕΛΕΤΘΕΡΑC. *Seleuciensium, qui ad Calycadnum sunt liberæ [civitatis]*. Etienne le Géographe n'est pas le seul qui mette cette Ville dans l'Isaurie; & Sozomène [r] [r] Lib. 4. c. en parlant du Concile tenu en cette Ville, 16. dit qu'il fut assemblé ἐν Σελευκείᾳ τῆς Ἰσαυρίας, *in Seleucia Isauriæ*, & St. Athanase [s] dit, [s] Pag. 880. ἐν Σελευκείᾳ τῇ Τραχείᾳ, *in Seleucia Trachea*. Socrate & St. Epiphane disent que les Peres de ce Concile s'assemblérent dans la Ville de Seleucie d'Isaurie, surnommée Trachée. Théodoret en fait aussi une Ville de l'Isaurie; mais il se trompe quand il dit qu'elle est sur le bord de la Mer. On n'arrivoit de la Mer à cette Ville qu'en remontant le Fleuve *Calycadnus*, selon Strabon; & Pline dit positivement qu'elle avoit été éloignée de la Mer. Ptolomée la place aussi dans les Terres, quoiqu'à une médiocre distance de la Côte.

Seleucie fut la Métropole de l'Isaurie, dans le Patriarchat d'Antioche. Elle est aujourd'hui dans la Caramanie, & fort délabrée. On la nomme Selefschie. Elle fut soumise avec sa Province au Patriarche de Constantinople vers le neuvième Siècles, parce qu'Antioche étoit au pouvoir des Sarrazins. 5. SE-

5. SELEUCIA, Ville de l'Asie Mineure, dans la Pisidie, ce qui fit qu'on l'appella SELEUCIA-PISIDIÆ; & comme la Pisidie s'étendoit jusqu'au Mont Taurus on nomma encore cette Ville SELEUCIA AD TAURUM. C'est ainsi qu'elle est appellée dans Théodoret au cinquième Livre de son Histoire Ecclésiastique [a]. Dans la Notice de Hiéroclès la Ville de Seleucie de Pisidie est surnommée FERREA, peut-être parce qu'il y avoit auprès des Mines de ce Métal. Ortelius confond cette Ville avec celle de la Pamphylie; mais il a été repris par Holstein, parce qu'on voit que les Evêques de ces deux Villes souscrivirent au Concile de Nicée. Il ne faut par chercher à restraindre le nombre des Villes qui ont été appellées Seleucie, comme s'il n'y en avoit pas eu une si grande quantité. Appien [b] en effet nous apprend que Seleucus Nicanor donna son nom à neuf Villes qu'il avoit fait bâtir. *Seleucia Ferrea* étoit dans la première Pisidie, dans l'Exarchat d'Asie. Elle est ruïnée.

[a] Cap. 27.
[b] In Syriac.

6. SELEUCIA, Pline [c] dit qu'on donna ce nom à la Ville de Trallis en Lydie.

[c] Lib. 5. c. 29.

7. SELEUCIA, Ville de la Pamphylie. Voyez SELEUCIA, N°. 5.

8. SELEUCIA, Ville de Syrie. On la trouve aussi appellée Seleucée [d] & surnommée PIERA. Pline [e] dit que c'étoit une Ville Libre située sur un Promontoire: *In Promontorio Seleucia Libera Pieria adpellata.* Les deux plus célèbres d'entre les Villes auxquelles Seleucus Nicanor donna son nom furent Seleucie sur le Tigre & Seleucie sur la Mer, selon Appien qui [f] entend par Seleucie sur la Mer, la Ville Seleucie de Syrie située sur la Mer Méditerranée, vers l'Embouchure de l'Oronte. S. Paul, & S. Barnabé étant arrivés à Seleucie, s'y embarquèrent [g] pour aller en Chypre. C'est la même Ville de Seleucie, dont il est parlé dans les Maccabées [h], où il est dit que Ptolomée Philométor se rendit maître de toutes les Villes Maritimes jusqu'à Seleucie, qui est sur la Mer. Nous avons un grand nombre de Médailles de cette Ville. Elle étoit de la première Syrie, dans le Patriarchat d'Antioche. C'est aujourd'hui un Village nommé Seleucie-Jelber, ou Port. S. Siméon, à l'Embouchure de l'Oronte dans la Mer; & c'est apparemment le *Salach*, Evêché Arménien des Jacobites.

[d] Cic. L. 5. Attic. Ep. 20.
[e] Lib. 5. c. 32.
[f] In Syriac.
[g] Actes 18. 4.
[h] 1. Macc. 11. 8.

9. SELEUCIA; C'est le nom que le Roi Seuleucus donna à la Ville de Gadara [i] située au delà, & à l'Orient de la Mer de Tiberiade. Voyez GADARE.

[i] Stephan. in re Gadara.

10. SELEUCIA, ou SELEUCIA AD BELUM. Voyez SELEUCOBELUS.

11. SELEUCIA, Ville de la Gaulanite située sur le Lac Séméchon [k].

[k] Joseph. Antiq L. 13. c. 23. L. 18. c. 3. L. de Bello, c. 25. & L. 4. c. 1.

SELEUCIANENSIS, Siège Episcopal de l'Afrique, dans la Numidie, dans la Notice des Evêchés de cette Province. L'Evêque de ce Siège est nommé Terentius dans la Conférence de Carthage [l].

[l] N°. 121.

SELEUCIS, Contrée de la Syrie. Elle prit son nom de la Ville de Seuleucie de Syrie. Voyez SELEUCIE, N°. 8. Strabon [m] remarque que cette Contrée étoit la plus belle & la plus considérable de ces Quartiers & qu'on l'appelloit Tétrapole, à cause des quatres Villes célèbres qu'elle renfermoit; savoir Antioche *ad Daphnen*, Seleucie *in Pieria*, Apamée & Laodicée. Il met bien d'autres Villes dans la Seleucide; mais il distingue ces quatre qu'il appelle Sœurs, parce qu'elles avoient été fondées par Seleucus Nicanor. Cette Contrée s'étendoit du côté du Midi jusqu'à la Phénicie; de sorte qu'elle avoit des bornes plus étendues que celle que lui donne Ptolomée, qui en sépare la Cassiotide.

[m] Lib. 16.

SELEUCOBELUS, Ville de la Haute Syrie. Théodoret dit que St. Basile avoit mené la Vie Monastique dans cette Ville. C'est la SELEUCIA, ou SELEUCUS AD BELUM de Ptolomée [n] & de Pline [o]; c'est le Siège Episcopal que les Notices appellent SELEUCOBELOS, & dont l'Evêque est appellé SELEUCOBELITANUS EPISCOPUS dans le premier Concile de Constantinople; mais on ne sait pas au juste ce que c'est que ce surnom de BELUS; & l'on ignore ce qu'on doit entendre par ce mot [p]. Le Père Hardouin prétend que par BELUS Pline entend une Montagne de ce nom, & Saumaise [q] veut que ce soit une Rivière. Tacite [r] connoît à la vérité un Fleuve *Belus*, entre Tyr & Ptolémaïde, & ce Fleuve avoit son Embouchure dans la Mer de Judée *Judaico mari illabitur*; mais la Géographie ne permet pas d'amener ce Fleuve de la Haute-Syrie à Ptolémaïde. Pline parle aussi d'une Ville appellée CHALCIS & surnommée AD BELUM; mais cette *Chalcis* étoit bien éloignée de *Seleucobelus*, & d'ailleurs l'Oronte couloit entre deux; de sorte que le même *Belus* n'auroit pas pu arroser les deux Villes. Si par *Belus* on veut entendre une Montagne, il faudroit dire qu'elle s'étendoit bien loin vers le Nord ou vers le Nord Oriental, & qu'elle étoit coupée par l'Oronte; car Ptolomée marque *Seleucus ad Belum* au Midi d'Antioche, & *Chalcis* étoit bien loin à l'Orient de cette dernière Ville. L'Histoire Miscellanée [s] au lieu de SELEUCOBELUS dit SELEUCOBRIS. C'est une faute selon Ortelius [t].

[n] Lib. 5. c. 15.
[o] Lib. 5. c. 23.
[p] Cellar. Geogr. Ant. L. 3. c. 12.
[q] Ad Solin. c. 36.
[r] Hist. L. 5. c. 7.
[s] Lib. 14.
[t] Thesaur.

SELEUCOBRIS. Voyez SELEUCOBELUS.

SELEUCOVALLIS, Ville dont il est fait mention dans le Concile de Chalcédoine [u].

[u] Ibid.

SELEUCUS, Ville de Syrie selon Etienne le Géographe, qui la place aux environs d'Apamée. Il entend par-là sans doute la Ville de Seleucie sur l'Euphrate.

SELGA, ou SELGE, Ville de l'Asie Mineure dans la Pisidie. Elle étoit considérable du tems de Denys le Périégète [x] qui lui donna l'Epithète de μεγαλώνυμος, *magni nominis*. Il en fait une Colonie des Amycléens, ainsi nommez d'*Amyclé* Lieu du Péloponnèse, dans le Territoire de Lacédémonre; ce qui fait que Strabon & Etienne le Géographe disent que *Selga* étoit une Colonie de Lacédémoniens. Le même Strabon ajoute que c'étoit une Ville forte, bien peuplée, & où l'on avoit vu quel-

[x] Vers 860.

quelquefois jufqu'à vingt mille hommes. Il dit encore que les Habitans de cette Ville étoient les plus confidérables d'entre les Pifides, & Polybe [a] les repréfente comme un Peuple guerrier. On trouve diverfes Médailles avec ce mot CEΛΓΕΩN; & on en a entr'autres une de Decius où on lit ces mots: ΛΑΚΕΔΑΙΜΟΝΙΩΝ CΕΛΓΕΩΝ ΟΜΟΝΟΙΑ, *Lacedæmoniorum Selgenfiumque concordia*. Zofime [b], qui nous apprend que *Selga* étoit fituée fur une Colline, en fait une petite Ville de la Pamphylie: *Oppidulum Pamphyliæ eft in Colle fitum*. Il l'appelle petite Ville, parce que de fon tems elle étoit fort déchue de ce qu'elle avoit été, & il a met dans la Pamphylie, parce que, comme nous le voyons par les Notices, la partie inférieure de la Pifidie fe trouvoit alors renfermée dans la Pamphylie. Le nom de cette Ville eft corrompu dans les Notices d'Hiéroclès qui écrit *Selpe*, pour *Selge*.

[a] Lib. 5.

[b] Lib. 5. c. 15.

SELGESSUS. Voyez SAGALASSUS.

SELGIA, Ville de la Grande Arménie, felon Ptolomée [c]. Au lieu de SELGIA le MS. de la Bibliothéque Palatine porte SELTIA.

[c] Lib. 5. c. 13.

SELGOVÆ. Voyez ELGOVÆ.

SELIA, Ville de l'Efpagne Bétique, Ptolomée [d] qui la marque dans les Terres, la donne aux Turdules.

[d] Lib. 2. c. 4.

SELICIANA VILLA. On ne fait point, dit Ortelius [e], où étoit ce Lieu dont parle Ciceron; mais il y a des Editions qui portent *Cæciliana Villa*, pour *Seliciana Villa*.

[e] Thefaur.

SELIGENSTAD. Voyez HALBERSTAD.

SELIM, Ville de la Paleftine, dans la Tribu de Juda. Jofué [f] la compte au nombre des Villes de cette Tribu, fituées le long des Frontiéres d'Edom, du côté du Midi.

[f] Cap. 15. v. 26.

SELINCOURT, Bourg de France dans la Picardie, à fept lieues d'Abbeville & à autant d'Amiens. Il y a une Abbaye de Prémontré, fous le titre de Saint Pierre de Selincourt, en Latin *Abbatia Sancti Petri de Selincuriâ*. Cette Abbaye a été fondée en 1231. par Gauthier Tirel, Seigneur de Poix. On y conferve une larme que l'on dit être de N. S. elle y attire beaucoup de Pélerins. L'Abbé jouït de quatre mille neuf cens Livres de rente, & les Religieux d'autant.

On appelle auffi quelquefois ce Lieu Sainte Larme, à caufe de fon Pélérinage.

SELINGA, Riviére de l'Empire Ruffien, dans la Grande Tartarie [g]. Cette Riviére fort de diverfes Sources, vers les 46. degrez de Latitude, & les cent quinze degrez de Longitude. La principale qu'on appelle *Werfch-Selinga* fort d'un certain Lac appellé par les *Moungales Kofogoll*. Son cours eft à peu près en droite ligne du Sud au Nord, & après avoir été confidérablement groffie par les eaux de plufieurs Riviéres, qui viennent s'y jetter de côté & d'autre, elle va fe décharger dans le Lac *Baikal* à cinquante-cinq degrez de Latitude. Les eaux de cette Riviére font fort bonnes & légéres, mais elle n'eft guére abondante en poiffon, cependant fes bords ne laiffent pas d'être fort fertiles. Les deux bords de cette Riviére depuis fes fources jufqu'à une journée de *Selinginskoi* font entre les mains des *Moungales*, mais depuis *Selinginskoi* jufqu'à fon Embouchure dans le Lac *Baikal*, tout ce qui eft aux environs de cette Riviére appartient aux Ruffes.

[g] Hift. des Tart. p. 101.

SELINGINSKOY, ou SELINGA, Ville de l'Empire Ruffien, dans la Grande Tartarie. L'Auteur de l'Hiftoire des Tatars la place à cinquante-deux degrez de Latitude fur la Rive Orientale de la Riviére *Selinga*. Elle eft la Forterefle la plus avancée fur les Frontiéres de la Chine que les Ruffes poffédent à préfent, depuis un Traité de Commerce fait entre les [h] Ruffes & les Chinois. Les Caravanes de Sibérie entrent préfentement dans les Terres de la domination de l'Empereur de la Chine, au lieu qu'elles paffoient autrefois par Nerzinskoy & Argun.

[h] Hift. des Tart. pag. 101.

1. SELINGSTAD, ou SELIGENSTAD. Voyez HALBERSTAD.

2. SELINGSTAD, SELGENSTAD, SALINGUNSTAD, ou SELIGENSTAD, Ville d'Allemagne, en Franconie [i], dans l'Electorat de Mayence, à la gauche du Meyn, au-deffous de l'Embouchure de la petite Riviére de Gernsprentz. Cette Ville a été autrefois Impériale; mais elle dépend aujourd'hui de l'Archevêque de Mayence, & non de l'Archevêque de Trèves, comme le dit Mr. Corneille.

[i] Jaillot, Atlas.

[k] Zeyler, Topogr. Archiep. Mogunt.

SELINUM, Ville d'Egypte dans la Thébaïde. L'Itinéraire d'Antonin la marque au delà du Nil, entre *Panum* & *Anten*, à feize milles de chacun de ces Lieux. Quelques MSS. lifent *Selinon*, au lieu de *Selinum*.

SELINUNTE. Voyez SELINUS.

SELINUNTIUS, ou SELINÆUS. Voyez APESANTHUS.

1. SELINUS, Fleuve de la Cilicie Trachée, felon Strabon [l] qui place fon Embouchure, entre un Lieu fortifié nommé Laërtes, & un Rocher nommé *Cragus*. Il y avoit à l'Embouchure de ce Fleuve une Ville de même nom. Voyez SELINUS, N°. 7.

[l] Lib. 14. p. 669.

2. SELINUS, Fleuve du Péloponnéfe, dans l'Elide: Strabon [m] dit que ce Fleuve paffoit par un lieu que Xenophon déclare avoir acheté fur l'ordre qui lui en fut donné par l'Oracle de Diane. Le *Selinus* arrofoit, felon Paufanias [n], le Territoire de *Scillunte*.

[m] Lib. 8. p. 387.

[n] Lib. 5. c. 6.

3. SELINUS, Fleuve du Péloponnéfe, dans l'Achaïe propre: il traverfoit à ce que dit Strabon [o] la Ville *Ægium*.

[o] Lib. 8. p.

4. SELINUS, Fleuve de l'Afie Mineure, dans l'Ionie: Strabon [p] nous apprend que ce Fleuve couloit près du Temple de Diane.

[p] Ibid. 387.

5. SELINUS, Fleuve de l'Ifle de Sicile. Il arrofoit, felon Strabon [q], le Pays des Hylléens, furnommez Mégariens: Ainfi il étoit différent du SELINUS que Vibius Sequefter met dans le Pays des Meffaniens. Il ajoute qu'il donnoit fon nom à la Ville *Selinus*, & que ce nom tiroit

[q] Ibid.

Kkk fon

son origine du grand nombre d'Abeilles qui naiſſoient dans ce Pays-là. *Selinus Meſſaniorum, a quo Civitas Selinus dicta, quod apium ibi plurimum naſcitur.* Ce mot *Meſſaniorum* qu'on lit dans l'Edition de Simler, & celui de *Meſſaliorum*, qu'on trouve dans l'Edition des Aldes, eſt corrompu ſelon Cellarius [a] qui voudroit les changer en celui de *Sicanorum*. La plûpart des Villes de la Sicile, dit Etienne le Géographe [b], prennent leur nom des Fleuves qui les arroſent, & de ce nombre eſt la Ville de Selinunte. L'Embouchure du Fleuve Selinus eſt marquée dans Ptolomée [c] ſur la Côte Méridionale de l'Iſle, entre le Promontoire *Lilybæum* & l'Embouchure du Fleuve *Mazara*.

[a] Geogr. Ant. Lib. 2. c. 12.
[b] In Ἀκράγας.
[c] Lib. 3. c. 4.

6. SELINUS, Ville de Sicile, ſelon Pline [d] & Etienne le Géographe, qui veut que le nom de cette Ville ſe diſe au maſculin & au feminin. Ptolomée [e] & Diodore de Sicile [f] placent cette Ville ſur la Côte Méridionale de l'Iſle entre le Promontoire *Lilybæum* & l'Embouchure du Fleuve *Mazara*. Elle avoit été bâtie par les Syracuſiens, ſelon Thucydide [g]. Ses Habitans, à ce que dit Pauſanias [h], en avoient été chaſſés par les Carthaginois, & avant leur deſtruction ils avoient conſacré à Jupiter Olympien un Tréſor, où l'on voyoit une Statue de Bacchus, dont le viſage, les mains & les pieds étoient d'Yvoire. Les veſtiges qui reſtent de cette Ville ont été décrits par Thomas Fazel [i], & ils nous font voir que cette Ville étoit grande. Virgile [k] la ſurnomme *Palmoſa*, à cauſe de l'abondance de ſes Palmiers.

[d] Lib. 3. c. 8.
[e] Lib. 3. c. 4.
[f] Lib. 13. c. 44.
[g] Lib. 6. p. 412.
[h] Lib. 6. c. 19.
[i] Dec. 1. L. 6. c. 4.
[k] Æneïd. L. 3. v. 705.

Teque datis linquo ventis, palmoſa Selinus.

Silius Italicus [l] a dit dans le même ſens:

[l] Lib. 14. v. 200.

. . . *nectareis vocat ad certamen Hymetton Audax Hybla favis, palmaque arbuſta Selinûs.*

7. SELINUS, Ville de la Cilicie Trachée: Strabon [m] & Pline en font mention. Ptolomée [n], qui écrit SELENUS, en fait une Ville maritime qu'il place entre *Jotape* & *Antiochia ſuper Crago*. C'eſt où l'Empéreur Trajan mourut ; ce qui la fit nommer *Trajanopolis*, comme nous l'apprend Xiphilin. Elle reprit néanmoins dans la ſuite ſon premier nom.

[m] Lib. 14. p. 682.
[n] Lib. 5. c. 27.

8. SELINUS, Port d'Egypte, ſur la Côte du Nome de Libye. Ptolomée [o] le marque entre *Zagylis-Villa* & *Triſarchi-Villa*.

[o] Lib. 4. c. 5.

SELIUM, Ville de la Luſitanie: Ptolomée [p] la place dans les terres. Dans l'Itinéraire d'Antonin, dont les divers MSS. liſent *Sellium, Cellium,* ou *Cellum*, cette Ville eſt placée ſur la route de Lisbonne à *Bracara Auguſta*, entre *Scalabis* & *Conembrica*, à trente-deux milles du premier de ces Lieux, & à trente-quatre milles du ſecond.

[p] Lib. 2. c. 5.

SELIVRE'E, anciennement *Selimbria*, ou *Selybria*, petite Ville de la Turquie en Europe [q], ſur le bord de la Mer de Marmora. Elle eſt preſque ruïnée; ce qui a obligé les Turcs à y laiſſer encore des Grecs. On y voit une Egliſe fort ancienne, ſituée dans un lieu ſi avantageux que l'on découvre delà tous les Vaiſſeaux & toutes les Galéres, qui vont de Conſtantinople dans l'Archipel. Au-deſſous de Selivrée on trouve un grand Bourg nommé *Congerba*, qui vaut mieux que la Ville. Il eſt habité par des Turcs ; & c'eſt le paſſage qui l'entretient, car il n'y a point de Port pour les Vaiſſeaux, & par conſéquent il n'y a point de Trafic.

[q] Corn. Dict. Voyages de M Quiclet à Conſtantinople par terre, p. 114.

SELKIRCK, Bourg d'Ecoſſe [r], dans la Province de Tweedale, & le Chef-lieu du Vicomté d'Etterick. L'Yarrow ſortant d'un Lac, à trois milles de ſa ſource, va ſe joindre à l'Etterick ; & tous deux enſemble viennent arroſer Selkirck. Ce Bourg eſt ſitué dans une Vallée, où les Brebis trouvent une pature ſi bonne & ſi ſaine, qu'elles vivent & conſervent leur vigueur juſqu'à l'âge de quinze ans.

[r] Délices de la Gr. Br. p. 1163.

1. SELLA, petite Riviére d'Eſpagne [s], dans l'Aſturie de Santillane. Elle prend ſa ſource vers le milieu de la Province; & coulant du Midi au Nord, elle va ſe jetter dans l'Océan par une aſſez large Embouchure à *Riba de Sella*.

[s] Jaillot, Atlas.

2. SELLA, Ville d'Egypte, ſelon la Notice des Dignitez de l'Empire [t] : elle eſt nommée SELA dans le troiſième Concile d'Epheſe [u]. C'étoit un Siége Epiſcopal de l'Auguſtamnique.

[t] Sect. 18.
[u] Ortelii Theſaur.

SELLÆ. Voyez DODONÆI.

SELLASIA, Ville du Péloponnéſe dans la Laconie. Tite-Live [x] la met par *ad Sellaſiam ſuper Oenunta Fluvium*. Polybe [y] & Pauſanias [z] écrivent *Selaſia*. Le dernier remarque que les Achéens, aſſiſtez d'Antigonus, déſirent Cléomène & ſaccagérent Selaſie.

[x] Lib. 34. c. 28.
[y] Lib. 2. c. 65.
[z] Lib. 2. c. 9.

1. SELLE. Voyez SALLE.

2. SELLE, Riviére des Pays-Bas [a]. Elle commence dans la Thieraſche en Picardie, coule à St. Souplet, g. à St. Creſpin, à Câteau-Cambréſis, à Monlai, d. à Briate, d. à Soleſmes, d. à Romenies, d. à Hauſtin, d. à Saulſoy, d. à Haſpres, ou Appié, d. à Flori, d. à Noyelles, g. à Douchi, & ſe perd dans l'Eſcaut.

[a] Dict. Géogr. des Pays-Bas.

3. SELLE (la), Bourg de France, dans le Gâtinois, Election de Nemours.

4. SELLE (la) *Sella*, Bourg de France, dans l'Auvergne, Election de Riom. Ce Bourg eſt fort peuplé.

5. SELLE (la), Bourg de l'Iſle de France, au Diocèſe de Meaux. Il y a dans ce lieu un Prieuré de l'Ordre de St. Benoît, & dont le revenu eſt de quatre mille Livres.

6. SELLE-SUR-NIEVRE, Paroiſſe de France, dans le Nivernois, Election de la Charité-Sur-Loire. Cette Paroiſſe eſt ſituée ſur la Nievre ; il y a des Forges, où il ſe fabrique beaucoup de fer que l'on tranſporte ſur la Loire ; elle eſt régie par la Coûtume de Nivernois ; la Taille y eſt perſonnelle ; le Prieur de la Charité nomme à la Cure, d'où dépend un Hameau voiſin. Le terroir eſt d'une médiocre qualité. Il y a une petite Prairie qui fournit des foins. Il y a auſſi un Bois taillis, c'eſt

un Fief mouvant de la Seigneurie de la Tour, dit d'Huban. La coupe des Bois, & les Forges occupent les Habitans.

7. SELLE, ou SELYE, Bourgade de la Basse Hongrie, sur la Drave, au Midi de la Ville de Ziget ou Siget. On le prend pour l'ancienne *Aquæ-Balissæ.*

1. SELLEIS, Fleuve du Péloponnèse, dans l'Elide. Strabon [a] dit que l'Embouchure de ce Fleuve, & celle du Penée se trouvoient entre Chelonata, & Sylléne. Il ajoute que le Selleis sortoit du Mont Pholoé, & que la Ville Ephyra étoit bâtie sur ses bords ; ce qu'il dit sur l'autorité d'Homére [b] :

[a] Lib. 8. p. 338.
[b] Iliad. B. v. 659.

Τὴν ἄγετ᾽ ἐξ Ἐφύρης ποταμῷ ἀπὸ Σελλήεντος
Quam duxerat ex Ephyra, a Flumine Selleente.

2. SELLEIS, Fleuve du Péloponnèse, dans la Sicyonie. Il y avoit, près de ce Fleuve, selon Strabon [c] un Village nommé Ephyra.

[c] Lib. 8. p. 338.

3. SELLEIS, Fleuve de l'Etolie, dans l'Agrée. Strabon [d], qui parle de ce Fleuve nous apprend que ceux qui habitoient sur ses bords étoient appellés *Ephyri.*

[d] Ibid.

4. SELLEIS, Fleuve de la Troade. Strabon dit sur le témoignage d'Homére que ce Fleuve arrosoit Arisba. Voici le passage d'Homére [e] :

[e] Iliad. B. v. 838.

... ὃν Ἀρίσβηθεν φέρον ἵπποι
Αἴθωνες μεγάλοι, ποταμῷ ἀπὸ Σελλήεντος.
... *Ab Arisba grandibus ille ac*
Fulvis vectus equis, a Flumine Selleente.

SELLENES, Fleuve de l'Epire, dans la Thesprotie, selon Hesyche cité par Ortelius [f].

[f] Thesaur.

SELLENSE CASTRUM, Château de la France dans le Diocèse de Poitiers. Grégoire de Tours [g].

[g] Hist. L. 4.

SELLENUS, ou SELINUS. Voyez SELINUS.

1. SELLES, ou CELLES, Ville de France, dans le Berry, au confluent de la Saudre & du Cher, à neuf lieues au Midi d'Amboise, à neuf de Blois, à quatre de Romorentin, à trois de Saint Agnan, & à dix-huit de Bourges. Cette petite Ville où l'on voit un beau Pont sur le Cher, n'étoit autrefois qu'un Bourg avec titre de Comté. La Taille y est personnelle. Le revenu de la Cure est de mille à douze cens Livres, quoique à portion congrue : elle est à la nomination de l'Abbé de Selles, qui en est Curé Primitif. Les Villages de la Tisjadiére, de Bourgeau, de Trepinay, de Bezeune, d'Auray, de la Coliniére, & Chancou sont de cette Paroisse.

Il y a à Selles quelques Drapiers Fabriquans en petit nombre. Ils portent leurs Marchandises à Orléans, & à Tours. Cette Ville doit son origine à une ancienne Abbaye fondée vers l'an 572. par Childebert, en considération de Saint Eusice, au retour de son expédition d'Espagne contre les Visigots Ariens; elle fut ruinée par les Normands en 937. & depuis rétablie vers l'an 1020. & donnée à des Chanoines Réguliers en 1145. & aux Feuillans en 1672. Elle peut avoir encore environ trois à quatre mille Livres de Rente. Le premier nom de ce Bourg, lorsque l'Abbaye a été bâtie, étoit Previgny. Le nom Latin de l'Abbaye est *Cella Sancti Eusicii*, l'Eglise est dédiée à Notre-Dame, c'est la Paroisse du Bourg. Il y a de plus à Selles un Couvent d'Ursulines, & un Hôpital desservi par les Freres de la Charité. Philippe Duc de Bethune, Ambassadeur de France à Rome, a fait bâtir le Château de Selles qui est très-beau, tant par son Architecture, & ses Jardins, que par les Statues, & les Tableaux des meilleurs Maîtres d'Italie, que ce Seigneur en a rapportés pour les y placer.

Il y a un Marché tous les Samedis pour le bled, & quelques Foires dans l'année, qui ne sont d'aucune considération.

La Paroisse de Selles a un Vignoble assés considérable, des Prez & des Terres labourables à Froment, & à Seigle.

2. SELLES, Bourg de France dans la Normandie, Election de Pont-Audemer.

SELLES-SAINT-DENIS, Bourg de France dans le Blaisois, Election de Romorantin. Ce Bourg est considérable par le nombre de ses Habitans.

SELLETÆ. Voyez SELLETICA.

SELLETES, Bourg de France dans le Blaisois, Election de Blois. Ce Bourg est très-peuplé.

SELLETICA PRÆFECTURA, Préfecture de la Thrace: Ptolomée [h] la compte au nombre de celles qui étoient limitrophes aux deux Mœsies, aux environs du Mont Hemus du côté du Couchant. Pline [i] connoît dans ce Quartier des Peuples nommés SELLETÆ; & ce sont apparemment les SIALETÆ de Dion-Cassius.

[h] Lib. 3. c. 11.
[i] Lib. 4. c. 11.

SELLI, Peuple de la Troade, selon Hesyche cité par Ortelius [k]. Voyez DONAEI.

[k] Thesaur. DONÆI.

SELLIERES, *Sigillariæ*, *Saleriæ*, ou *Sceleriæ*, Abbaye de France, dans la Champagne, au Diocèse de Troyes, Election de Nogent-sur-Seine. C'est une Abbaye d'Hommes de l'Ordre de Cîteaux, Filiation de Jouy & Pontigny. Le revenu de l'Abbé est de quatre mille Livres & celui des Religieux de deux mille. Elle fut fondée en 1167. près de Pont-sur-Seine.

SELLIERES, Paroisse de France, dans la Franche-Comté, Bailliage & Recette de Poligny.

SELLIA, *Zelia*, ou *Celia.* Voyez CILLEY.

SELLUS, Fleuve de l'Espagne Tarragonnoise. C'est Sextus Avienus qui en parle.

SELMAZ, Mr. Petis de la Croix [l] dit: Ville d'Azerbijane, à 82. d. de Longitude, sous les 3. d. 20'. de Latitude.

[l] Hist. de Timur-Bec. t. 1. p. 420.

SELNE, ou SELUNE; Rivière de France, dans la Normandie, au Diocèse d'Avranches; elle passe à S. Jean du Corail, au Pont Grillon, à S. Hilaire, aux Biards, à Montmorel, au Pont-au-Bant, & se rend dans la Mer auprès du Mont Saint Mi-

Michel après dix lieues de cours.

SELO, ou SILARO, Riviére d'Italie [a], au Royaume de Naples dans la Principauté Citérieure. Elle a sa Source dans l'Apennin, aux Confins de la Bafilicate, & prenant son cours du Nord au Midi, elle arrose *Muro*, & *Valuano* ; après avoir reçu le *Negro*, & quelques autres Riviéres, elle commence à courir du côté de l'Occident, & va se jetter dans le Golphe de Salerne, environ à dix-huit milles au Midi Oriental de la Ville de Salerne.

[a] Magin, Carte de la Princip. Citér.

SELONGEY, Ville de France, dans la Bourgogne, Bailliage & Recette de Dijon. Cette petite Ville qui n'a pas deux mille Habitans est située en Pays de plaines. Elle a une Mairie. Son Territoire est un Vignoble. On y voit une petite Riviére appellée la Venelle, & qui tarit une partie de l'année.

SELONIUM, Lieu d'Italie, dans le Territoire de Lanuvium. Ce nom se trouve dans Ciceron [b] ; mais peut-être faut-il lire SOLONIUM, comme dans un autre endroit du même Auteur. Voyez SOLONIUM.

[b] De Divinat. L. 1. & 2.

SELORICO, ou CELORICO, Ville de Portugal [c], dans la Province de Beira, à l'Orient de Viseu, sur le Mont *Herminio*, ou *Stella*, dans la *Comarca* de *Guarda*. C'est une jolie Ville, bâtie près du Mondego, & le séjour ordinaire de quantité de Noblesse. Elle a pour défense une assez bonne Forteresse. Les Montagnes où elle se trouve sont fertiles en bon Vin, riches en fruits, abondantes en Gibier, & fécondes en Simples ou Herbes Salutaires, & Médicinales.

[c] Delices de Port. p. 732.

SELSEY, Presqu'Isle d'Angleterre [d], dans le Comté de Sussex au Quartier de Chichester. Au Midi de la Ville de ce nom, la Mer d'une part & deux Bayes de deux autres côtés forment une petite Presqu'Isle nommée Selsey, au lieu de *Seales-Eg* ; ce qui signifie l'Isle des Veaux marins. Elle n'est peuplée aujourd'hui que de Villages ; mais anciennement on y voyoit sur le rivage Oriental, & vers la Pointe de la Baye une Ville nommée aussi SELSEY, & qui fut long-tems florissante, ayant eu des Evêques depuis le septiéme Siécle jusqu'au Régne de Guillaume le Conquérant. Elle fut ruïnée par quelque inondation de l'Océan & on transféra le Siége Episcopal à Chichester. Il n'y reste absolument que les masures, qu'on peut voir encore lorsque la Mer est basse ; mais lorsqu'elle monte, elle les couvre entiérement.

[d] Delices de la Gr. Br. p. 811.

SELTIA. Voyez SELGIA.

SELTZ, *Saletia*, Ville de France, dans l'Alsace, au Diocése de Spire, & le Siége d'un Bailliage. Cette petite Ville est située au bord du Rhein, près du Fort-Louis, à trois lieues à l'Orient d'Haguenau, à la chûte de la petite Riviére de Seltzbach, à qui elle donne le nom. Elle est peu peuplée, parce qu'elle a beaucoup souffert dans les Guerres passées. Il a été érigé une Eglise Collégiale en cette Ville d'une Abbaye de Bénédictins, dont la suppression, & celle de la Dignité Abbatiale fut faite par Sixte IV. le 12. des Calendes de Janvier 1480. Elle se nommoit en Latin *Monasterium Sancti Benedicti de Saletio*.

SELTZBACH, Riviére de France, dans l'Alsace. Elle prend sa Source dans le Mont de Vosge, & se forme par l'assemblage de diverses Riviéres ; après quoi coulant d'Occident en Orient, dans un seul lit, elle va se jetter dans le Rhein près de la Ville de Seltz.

SELUCHUSA, Isle du Péloponnése. Pline [e] la met au nombre de celles qui étoient sur la Côte du Promontoire *Spiræum*. Quelques Exemplaires portent SELACHUSA pour SELUCHUSA.

[e] Lib. 4. c. 12.

SELVA, Isle du Golphe de Venise, au Midi de la Morlaquie, entre les Isles d'Ossero & de Pago. Cette petite Isle n'est proprement qu'un Rocher avec quelques Cabanes de Pêcheurs.

SELVE, ou plutôt GRAND-SELVE, Abbaye de France en Languedoc, dans le Bas-Armagnac : c'est une Abbaye d'Hommes de l'Ordre de Clairvaux, fondée en 1114. Elle rapporte dix mille Livres par an.

SELVE (La), ou la POINTE DE LA SELVE, Pointe dans la Mer Méditerranée [f], environ à sept milles à l'Ouest Nord-Ouest du Cap de Creaux, qui en donne la connoissance. Mais on ne peut voir l'entrée, à moins que d'être tout proche de Terre & du côté de l'Est. Cette Pointe est de moyenne hauteur, hachée de taches blanches, & paroît par le travers d'une haute Montagne. La Rade de la Selve est assés grande, pour que les Vaisseaux & les Galéres y puissent mouiller dans le besoin, sur-tout lorsqu'on vient de l'Est & qu'on ne peut doubler le Cap de Creaux. Cette Rade est une grande Anse de Sable, dans le fond de laquelle, du côté de l'Est, il y a une petite Isle plate, & plusieurs Magasins de Pêcheurs, devant lesquels on peut mouiller avec des Galéres & autres Bâtimens, ayant un fer en Mer vers le Nord-Ouest, & une amarre à Terre vers les Magasins, où l'on est par 3. à 4. Brasses d'eau, fond d'herbe vaseux. Quant aux Vaisseaux ils peuvent mouiller vers le milieu de la Rade, à six, sept, & huit Brasses d'eau, fond de Sable fin. Dans le fond de la plage, il y a un petit Etang d'eau douce, & près des Magasins quelques Puits, dont l'eau est assez bonne. Le Traversier est le Vent de Nord-Nord-Est qui donne droit dans l'Embouchure ; mais quand on est proche des Magasins, à trois Brasses d'eau, on est à couvert de presque tous les Vents du large.

[f] Michelot, Port. de la Médit. p. 52.

Les Habitans du Lieu disent, que dans ce Port, il n'y a à craindre que le Vent de Nord-Ouest, quoi qu'il vienne du côté de la Terre, parce que comme il passe par dessus une haute Montagne, il en est plus violent & soufflé par rafales & risées. Ainsi donc, comme il n'y a que ce Vent-là qui soit dangereux, il faut pour s'en garantir mouiller plus près de la Côte de l'Ouest que de l'autre, & porter de bonnes

bonnes amarres à Terre du même côté. Il est néanmoins constant que ce lieu n'est propre que dans une nécessité, encore faut-il bien prendre garde de n'être pas surpris. On peut aussi mouiller par tout le milieu pour être en état, selon le Vent qui peut survenir, de porter une amarre à Terre de côté ou d'autre. Près de la Pointe de la gauche en entrant à 25. ou 30. Toises vers le Sud-Ouest, il y a quelques Roches sous l'eau, sur lesquelles on n'a que deux Brasses d'eau.

SELUNE, ou SELNE. Voyez SELNE.

SELUR, Isle de l'Inde, en deçà du Gange: Ptolomée [a] la marque dans les Terres & la donne aux Caréens.

[a] Lib. 7. c. 1.

SELYMBRIA, Ville de Thrace, selon Pomponius Mela [b], Pline [c], le Périple de Scylax & Etienne le Géographe. Strabon [d], Hérodote [e] & Ptolomée [f] écrivent SELYBRIA. Ce dernier la marque sur la Côte de la Propontide, entre l'Embouchure du Fleuve Athyras, & Perinthus, ou Heraclée. C'est la Ville *Olybria* de Suidas [g]. Anciennement on l'appelloit simplement *Selyn*; dans la suite on y ajouta le nom *Bria*, qui dans la Langue des Thraces, signifie *Ville*. Elle est nommée *Eudoxiupolis* dans le Concile de Chalcédoine, & dans Nicéphore Calliste, & *Selabria* dans Socrate [h]. Voyez SELIVRÉE.

[b] Lib. 2. c. 2.
[c] Lib. 4. c. 11.
[d] Lib. 7.
[e] Lib. 6. c. 33.
[f] Lib. 3. c. 11.
[g] In Voce *Epiphanius*.
[h] Hist. Tripart.

SELWOOD, Forêt d'Angleterre [i], dans Sommersetshire, & dans les Montagnes de Mendip. Cette Forêt est d'une grande étendue, le long des Frontiéres Orientales de la Province. Dans l'endroit où elle se termine au Nord, on voit un Bourg, qui empruntant son nom de la Forêt, & de la Riviére de Frome qui la côtoye & qui le mouille s'appelle FROME-SELWOOD. On y fait un assez grand Commerce de laine. Au-delà de ce Bourg la Frome ne voit rien de considérable.

[i] Delices de la Gr. Br. p. 702.

SELYME, Lieu de l'Ethiopie au Royaume de Gendola, qui dépend de celui de Sennar, & à trois lieues de Chabbé. Selyme est situé dans des Deserts si brûlants qu'on ne peut y marcher nuds pieds sans les voir bien-tôt extraordinairement enflez. Les nuits cependant sont assez froides, ce qui cause à ceux qui voyagent dans ce Pays-là de fâcheuses maladies s'ils ne prennent de grandes précautions. Au milieu de ce vaste Desert on trouve une excellente Source. La Relation du Voyage [k] que Mr. Jacques Poncet Médecin François fit en Ethiopie en 1698. 1699. & 1700. me fournit cet Article. Elle ajoute que dans ces vastes Solitudes on ne trouve ni Oiseaux, ni Bêtes Sauvages, ni Herbes, ni même aucun Moucheron, & qu'on n'y voit que des Montagnes de Sable, des Carcasses & des ossemens de Chameaux, qui impriment en l'ame je ne sai quelle horreur qui rend ce voyage ennuyeux, & desagréable. Il seroit bien difficile de traverser ces terribles Deserts sans le secours des Chameaux. Ces Animaux sont six & sept jours sans manger; ce qu'on ne croiroit pas si on ne l'avoit observé exactement. Ce qui est surprenant c'est qu'un vénérable Vieillard frere du Patriarche d'Ethiopie assura qu'ayant fait deux fois, le Voyage de Selyme à Sudan dans le Pays des Négres, & ayant employé chaque fois quarante jours à passer les Deserts qu'on trouve dans cette Route, les Chameaux de sa Caravane ne burent ni ne mangérent pendant tout ce tems-là. Trois ou quatre heures de repos chaque nuit les soutiennent, & suppléent au défaut de nourriture qu'il ne leur faut donner qu'après les avoir fait boire, parce qu'autrement ils creveroient.

[k] Lettres, Edif. t. 4. p. 8.

SEM, Davity [l] dit: Riviére de Moscovie. Elle sort d'un grand Lac, dans la Principauté de Rezan, & prend son cours par la Principauté de Swera, &, après avoir arrosé la Ville de Potiwol, elle se décharge dans la Riviére de Desna.

[l] Moscov. vie.

SEMACHIDÆ, Municipe de l'Attique, dans la Tribu Antiochide, selon Etienne le Géographe & Hesyche. Mr. Spon [m] remarque que ce Municipe prenoit son nom de Semachus, dont les filles avoient reçu Bacchus dans leur Logis, d'où leur fut accordé le Privilége que les Prêtres de ce Dieu fussent choisis dans leurs Descendans. On trouve à Eleusine, dans l'Eglise d'Agios Georgios l'Inscription suivante:

[m] Liste de l'Attique.

Η ΒΟΥΛΗ Η ΕΞ ΑΡΕΙΟΠΑΓΟΥ ΚΑΙ Ο
ΔΗΜΟΣ ΝΕΙΚΟΣΤΡΑΤΗΝ ΜΕΝΝΕ...
.. ΕΡΝΕΙΚΙΔΟΥ ΘΥΓΑΤΕΡΑ ΜΥΗΘΕΙ-
ΣΑΝ
ΑΦ ΕΣΤΙΑΣ ΔΗΜΗΤΡΙ ΚΑΙ ΚΟΡΗ Α-
ΝΕΘΗΚΕ
ΕΠΙΜΕΛΗΘΕΝΤΟΣ ΤΗΣ ΑΝΑΘΕ-
ΣΕΩΣ
ΤΟΥ ΕΠΙΤΡΟΠΟΥ ΑΥΤΗΣ ΓΑΙΟΥ
ΚΑΣΙΟΥ ΣΗΜΑΧΙΔΟΥ.

C'est-à-dire: Le Sénat de l'Aréopage, & le Peuple ont consacré Nicostrate fille de.... initiée aux Mystéres du Foyer sacré des Déesses Cérès, & Proserpine, son Tuteur *Gaius Casius* de *Semachidæ*, ayant eu le soin de cette consécration.

SEMALENS, Bourg de France, dans le Haut Languedoc, au Diocése de Lavaur. Ce Bourg est très-peuplé.

SEMALLE, Bourg de France, dans la Normandie, au Diocése de Séez, Election d'Alençon.

SEMALUOS, Lieu fortifié, dans le Thême des Arméniens, selon l'Histoire Miscellaneo [n].

[n] Lib. 23.

SEMANA-SILVA, Forêt de la Germanie, selon Ptolomée [o]. Il y en a qui veulent que ce soit aujourd'hui le *Duringerwald*.

[o] Lib. 2. c. 11.

SEMANA, Bourgade dont il est parlé dans la Vie de St. Anthime Martyr: elle étoit au voisinage de Nicomédie.

SEMATHENI, Peuples de la Chine. Ils sont placez par Ptolomée [p] dans la partie la plus Septentrionale de cette Région, & ils habitoient une Montagne de même nom.

[p] Lib. 7. c. 3.

SEMBERRITÆ. Voyez TENESIS.

SEMBI, Peuples que Helmold & Albert de Stade mettent au nombre des Peuples Septentrionaux de l'Europe.

SEMBLANÇAY, SAMBLANCE', ou SEMBLAN-

BLANCÉ, Bourg de France dans la Touraine, Election de Tours, près de Luynes. Il y a un Château, bâti premierement par Foulques de Nera, rétabli ensuite & orné par Jacques de Beaune, Tréforier de France, Comte de Tours, Gouverneur de Touraine, & qui sous le Regne de François I. fut condamné & exécuté à mort le 9. d'Août 1527. à la sollicitation de Louïse de Savoye, Duchesse d'Angoulême & mere du Roi. Samblançay a titre de Baronnie, & fait partie du Duché de Luynes. Cette Baronnie a aussi appartenu à quelques Ducs d'Alençon.

SEMBLYN, SEMLIN, ou ZEMLIN. Voyez ZEMLIN.

SEMBOBITIS. Voyez PSEBO.

SEMBRA. Voyez SYMBRA.

SEMBRACENA, Ville de l'Arabie Heureuse, selon Ortelius [a] qui cite Ptolomée. Il ajoute que cette Ville qui étoit du Royaume des Sabéens se trouvoit près de la Mer.

[a] Thesaur.

SEMBRITÆ. Voyez TENESSIS.

SEMECHONITIS. Voyez MERON.

SEMECHON, ou SEMACHON, Lac de la Palestine. Le Jourdain passe au travers de ce Lac, qui a soixante Stades de long, & trente de large [b]; c'est-à-dire qu'il a sept mille cinq cens pas de long, & trois mille sept cens cinquante de large. Quelques-uns croient que c'est ce même Lac, qui est nommé dans Josué [d] les eaux de Méron ou les eaux de la hauteur, ou les eaux supérieures, & dans les Juges [e], le Canton de Méromé: mais nous croyons que Méron étoit près de Dothaïm assés loin de Seméchon. Voyez Eusèbe, & le Commentaire de Calmet, sur Josué, 11. 5. On ne sait d'où vient le nom de Séméction. Quelques-uns le dérivent de Samach, qui en Arabe signifie un Poisson, d'autres du Chaldéen Samak qui signifie Rouge, comme si les eaux étoient rouges & boueuses. Il est certain qu'il y avoit des Marais autour de ce Lac [f]. La Ville de Hasor, où regnoit Jabin Roi Chananéen, étoit sur le Lac Seméchon [g], & depuis on y vit la Ville de Seleucie.

[b] Joseph. de Bello, L. 4. c. 1.
[c] Serrar. Bonfrer. Reland. Alii.
[d] Cap. 11. 5. 7.
[e] Judic. 5. 18.
[f] Joseph. L. 3. de Bello. c. 18
[g] Antiq. L. 5. c. 6.

Le Lac Seméchon doit être assés près de la Ville de Dan &, des sources du Jourdain, & à cent Stades du Lac de Tibériade au Midi. Josephe [h] dit que les Marais de ce Lac s'étendent jusqu'à Daphné, mais il y a beaucoup d'apparence qu'au lieu de Daphné, il faut lire Dané, puisqu'il dit, au même endroit que les eaux du Jourdain tombent dans cet Etang, au dessous du Temple du Veau d'Or. Or on sait que ce Temple étoit à Dan. Il est assés extraordinaire que ce Lac ne soit connu ni nommé en aucun endroit de l'Ecriture que nous fachions. On croit que Pline [i] en a voulu parler lorsqu'il dit qu'il y a un Lac éloigné de cent cinquante Stades de la Méditerranée, pas loin du Liban, où l'on trouve la Canne Odorante.

[h] De Bello. L. 4. c. 1.
[i] Plin. L. 12. c. 22.

SEMEDE, ou SENNEDE, Montagne d'Afrique, au Royaume de Maroc. Cette Montagne, selon Dapper [k] confine au Mont Nefuse, dont elle est séparée par le Fleuve Xauxave, & elle s'étend d'Occident en Orient l'espace de sept milles. Ceux qui l'habitent n'ont ni Loix ni politesse, ni aucune sorte d'honnêteté. Leurs alimens sont de l'Orge bouilli dans de l'eau & de la chair de Chèvre, & ils n'ont d'autre lit que la terre.

[k] Descr. du Royaume de Maroc. p. 132.

SEMEGE, ou SEGGHEME, Montagne d'Afrique, au Royaume de Maroc, dans la Province de Tedle, vers le Midi. Elle commence au bout de la Montagne de Teseven, dans la Province de Hascore, s'étend à l'Occident jusqu'au Mont Magran, & touche au Midi à la Montagne de Dedes.

[l] Ibid. p. 138.

SEMELAY, Paroisse de France, dans le Nivernois, Election de Nevers. Elle est en Pays de Montagnes.

SEMELE. Voyez SIMILA.

SEMELITANI, Peuple de Sicile, selon Pline [m] qui les met dans les terres.

[m] Lib. 3. c. 8.

SEMEN, ou Terra de Giudei, c'est-à-dire Terre des Juifs: Royaume d'Afrique dans la Nigritie. Les Abyssins, dit Dapper [n], appellent ce Royaume XIONEUCHE, & on veut qu'ils en soient les Maîtres. Quant au mot de SIMEN, les Italiens l'ont fait de celui de Ximench, ou Ximen. C'est un Pays enfermé de Montagnes qui le séparent à l'Orient du Nil & de l'Abyssinie, au Midi du Royaume de Congo, de celui de Benin au Couchant, & de Dauma & de Madra au Septentrion. Le nom de Terre des Juifs est donné à ce Pays par Sanut. Les Relations modernes des Peres Jésuites, qui les ont écrites en Italien, portent qu'il y a des Juifs dans de fortes Montagnes, mais avec un Viceroi de la part de l'Empereur des Abyssins qui a conquis ce Pays. Ces Juifs observent la Loi de Moïse, & sont si terribles, qu'ils épouvantent tous les autres Peuples du voisinage.

[n] Pays des Négres.

SEMENDRIAH, Ville de la Rachie, ou Servie, sur le Danube, un peu au-dessous de Belgrade. C'est le Siége d'un Sangiak. On appelle aussi cette Ville du nom de Senterovia, qui est pris du nom Esclavon, qu'elle porte de Sendrew, qui est corrompu de celui de S. André.

Cette Ville fut prise par le Sultan Amurat II. sur le Despote de Servie nommé George & sur ses Enfans, l'an 842. de l'Hégire.

SEMENGIAN, nom d'un petit Pays [o], qui fait partie de la Province de Thokhareftan, qui est des plus Septentrionales de l'Empire des Perses.

[o] D'Herbelot, Biblioth. Or.

SEMENUT, Ville d'Egypte [p], entre le Caire & Damiéte. Elle est située à l'Occident du Nil, sur le bord duquel elle est bâtie en triangle. C'est une Ville de médiocre grandeur où tous les Vaisseaux qui vont au Caire sont obligés de s'arrêter pour y payer quelques droits.

[p] Cors. Dial. Le Brun, Voyage du Levant.

1. SEMERON, SOMERON, ou SOMER. C'est une Montagne agréable & fertile & d'une situation avantageuse à douze milles de Dothaïm, à douze de Mérom, & à quatre mille d'Atharoth [q], sur laquelle le Roi Amri bâtit la Ville de Samarie. Avant ce tems cette Montagne étoit déjà célèbre par la Bataille qui se donna entre

[q] Eusb. in Dothaïm, in Merro, & in Athara.

tre Abia Roi de Juda & Jéroboam Roi d'Ifrael [a]. [a 2.Par.13.]

2. SEMERON, Ville de Zabulon, Jofué 19. 15. Voyez SIMONIADE.

SEMES. Voyez SAMES.

SEMIGALLE, Contrée annexe de la Courlande, dont elle fait la partie Orientale. La Riviére de Mutza l'en fépare à l'Occident. La Semigalle confine avec la Livonie [b] au Nord & à l'Orient, & elle a la Samogitie au Midi. On compte dans cette Contrée deux Capitaineries qui font Mittau & Selburg. [b La Forêt de Bourgon, Géog. t. 2. p. 44.]

SEMIGERMANÆ GENTES, Tite-Live [c] donne ce nom aux Peuples qui habitoient les Alpes Pennines. [c Lib. 21. c. 38.]

SEMILLY, Paroiſſe de France dans la Normandie, au Diocéfe de Coûtances. C'eſt le ſecond Doyenné Rural de l'Archidiaconé de la Chrétienté. Ce Doyenné contient quinze Paroiſſes, dont les Habitans ont pour principal commerce, le Bled, le Bois & le Lin. Ce ne ſont la plûpart que Boulangers, Bucherons, Muſquiniers, Tiſſerands, & Fabriquans de Coutils & de Toiles.

SEMINA, Ville de la Parthie, ſelon Ptolomée [d]. [d Lib. 6. c. 5.]

SEMINARA, Bourg d'Italie, au Royaume de Naples [e], dans la Calabre Ultérieure, à huit milles au Midi de Gioia, & à environ trois milles à l'Orient de Punta de la Galera. Ce Bourg ſitué dans les terres, étoit autrefois bien peuplé [f], mais un tremblement de Terre arrivé en 1638. lui cauſa beaucoup de dommage. Les Eſpagnols y furent battus par les François en 1503. [e Magin, Atlas Ital.] [f Baudrand, Dict.]

SEMINENSIS, SIMINENSIS, ou SIMMINENSIS, Siège Epiſcopal d'Afrique, dans la Province Proconſulaire [g]. N. Epiſcopus Seminenſis fouſcrivit à la Lettre des Peres de la Province Proconſulaire dans le Concile de Latran ſous le Pape Martin; & Junien Epiſcopus Siminenſis fouſcrivit au Concile de Carthage ſous Boniface en 525. L'Anonyme de Ravenne appelle cette Ville SUMININA. [g Dupin, Geogr. Sacra Africæ.]

SEMINETHOS, Ville de la Carie: Pline [h] fait entendre qu'elle ne ſubſiſtoit plus de ſon tems. [h Lib. 5. c. 29.]

SEMIRAH, [i] nom d'une Ville que la Reine Homaï, fille de Baharam, fit bâtir. L'on pourroit croire que le nom de Sémiramis a été compoſé du mot de Semirah, & de celui de Homaï. [i D'Herbelot, Biblioth. Or.]

SEMIRAMI, Paſſage des Montagnes de l'Aderbeitzan en Aſie [k], en Latin Semiramidis-Mons, & Zagri-Pilæ. Il conduit de cette Province à celle d'Arzerum, & ainſi des Etats de la Perſe à ceux du Turc, & autrefois de la Médie à l'Aſſyrie. Il y a dans ce Paſſage un chemin de cinq lieues taillé dans le Roc par les ordres de la Reine Sémiramis, ſi l'on en croit la Tradition. [k Baudrand, Dict.]

SEMIRAMIDIS-ITER. Voyez ZARCÆUS.

SEMIRAMIDIS-MONS. Voyez ZAGRI-PYLÆ.

SEMIRAMIDIS-MURUS, Retranchement, ou Mur dans l'Arménie, près du Tigre. Strabon [l] en parle. C'étoit ſans doute un Ouvrage de la Reine Sémiramis qui lui avoit donné ſon nom. [l Lib. 2. p. 529.]

SEMIRAMOS. Voyez THYATIRA.

SEMIRON, Ville de Perſe [m] & ſituée à 71. d. 30'. de Longitude, ſous les 34. d. 40'. de Latitude. Cette Ville eſt petite, mais fort agréable. On y trouve quantité de belles eaux, & on y recueille de beaux fruits. [m Tavernier, Voyage de Perſe.]

SEMIRUS, Fleuve d'Italie: Pline [n] qui le place dans le Pays des Locres le compte au nombre des Fleuves navigables. [n Lib. 3. c. 10.]

SEMIZUS, Ville de la Petite Arménie, ſelon Ptolomée [o]. [o Lib. 5. c. 7.]

SEMNANE, Ville de la Province de Coumes, Frontiére de Coraſſane & de Mazandran, ſelon Mr. Petis de la Croix qui la met à 88. d. de Longitude & à 36. de Latitude. [p Hiſt. de Timur-Bec, Liv. 3. c. 4.]

SEMNE, Ville de l'Inde en deçà du Gange: Ptolomée [q] la place dans la Limyrique. [q Lib. 7. c. 1.]

1. SEMNI. Voyez EMNI.

2. SEMNI, Race de Philoſophes dans l'Inde, ſelon Ortelius [r] qui cite St. Clément d'Alexandrie [s]. [r Theſaur.] [s III. Strom.]

SEMNONES, Peuples de la Germanie, entre l'Elbe & l'Oder. Tacite [t] dit qu'ils ſe vantoient d'être les plus Nobles d'entre les Suèves. Ces Peuples étoient nombreux & ils avoient juſqu'à cent Bourgades. L'Elbe & l'Oder ne leur ſervirent pas toujours de bornes: ils s'étendirent dans la Miſnie & dans la Pologne. Velleius Paterculus [u] avoit parlé de ces Peuples avant Tacite. Il avoit dit que l'Elbe couloit aux confins des Terres des Semnones: *Albis Semnonum Hermundurorumque fines præterfluit*. Ils ont auſſi été connus de Strabon & de Ptolomée dont le premier écrit Σέμνωναι, *Semnonæ* & le ſecond Σέμνονες. [t Germ. c. 39.] [u Lib. 2. d 106.]

SEMOI, Riviére des Pays-Bas [x], dans le Luxembourg. Elle commence près d'Arlon, coule à Vraineck, g. à Vance, d. à Silek, d. à Etalle, g. à Tintegny, g. à Moin, d. à Chigni, g. à Yſel, g. à Ste. Cecile, g. à Herbemont, d. à Cugnon, d. à Ham, d. à Bouillon, g. à Mortefontaine, d. à Monſeau, g. à Sour, g. à Chier, d. à Vreſle, d. à Orchimont, d. à Falène, g. à Linchamp, d. à Chlei, d. à Tourneau, d. à l'Abbaye de la Vau-Dieu, où elle ſe perd dans la Meuſe. [x Dict. Géogr. des Pays-Bas.]

SEMPACH, Ville de Suiſſe [y], au Canton de Lucerne, ſur la rive Orientale du Lac de Surſée. Elle eſt fameuſe par la Bataille qui y fut livrée en 1396. le 9. de Juillet, entre Léopold, Duc d'Autriche, & les Cantons Suiſſes, & où le premier fut tué & vaincu avec un très-grand nombre de Seigneurs & de Gentilshommes. On voit leurs noms & leurs Armes dans une Egliſe qui a été bâtie au-deſſus de la Ville ſur le Champ de Bataille, & à l'endroit même où l'Archiduc fut trouvé mort. Tous les ans, le 9. de Juillet, on fait dans cet endroit des Proceſſions & des réjouïſſances en mémoire de cet événement, qui aſſura la liberté des Suiſſes. La Ville de [y Etat & Délices de la Suiſſe. t. 2. p. 401.]

de Sempach a de beaux Privilèges. Elle a son Chef qu'elle appelle *Avoyer*, sa Police & son Conseil. Elle reçoit à la vérité un Baillif; mais il n'a point de Jurisdiction sur la Ville: il n'étend son autorité que sur le Lac.

SEMPHE, Ville de l'Arabie. Etienne le Géographe la met près de l'Euphrate.

SEMPHORIS, Ville que Josephe [a] met aux environs de la Galilée. C'est apparemment la même que Sephoris. Voyez SEPHORIS.

[a] Antiq. L. 14. c. 24.

SEMPIL, Château d'Ecosse, dans la Province de Cuningham, au Bailliage de Rainfrew, sur le bord du dernier des deux Lacs d'où sort la Rivière de Black-Carth. Les Seigneurs de Sempil portent le titre de Barons & autrefois ils étoient Vicomtes Héréditaires de la Province; mais ils ont perdu cette dignité, & le Baillif est nommé tous les ans par le Conseil du Roi. Il est vrai qu'on le prend ordinairement parmi les Nobles du Pays.

SEMPRONIUM, [b] Cuspinien & Lazius appellent ainsi une Ville de l'Autriche, connue aujourd'hui sous le nom d'*Oedenburg*. Ils ajoutent qu'elle avoit reçu son ancien nom de *Sempronius Secundinus*.

[b] Ortelii Thesaur.

SEMPRONIUS, ou, comme d'autres disent, SCIPIONIS-MONS. Les Latins, dit *Josias Simler*, donnent ce nom à la Montagne, qui est appellée *Briga* par Marlian, du nom d'un Village voisin, *Simpler* par les Vallaisans, & *Sempronio* par les Italiens.

SEMPSII, Peuples de la Sarmatie Asiatique. Ils habitoient, selon Ptolomée [c], entre les Palus Méotides, & les Monts Hippiques, après les *Siraceni*. Le MS. de la Bibliothéque Palatine écrit *Psessii*, au lieu de *Sempsii*; & ce sont les *Psesii* de Pline.

[c] Lib. 5. c. 9.

SEMUNCLA, Lieu d'Italie; il se trouve dans l'Itinéraire d'Antonin sur la route de Milan à la Colonne, en passant par le Picenum & par la Campanie. Il étoit entre *Grumentum* & *Nerulum*, à vingt-sept milles du premier de ces Lieux, & à seize milles du second. Quelques MSS. lisent *Semunda*, ou *Semunclo*, au lieu de *Semuncla*.

SEMUEN, Forteresse de la Chine [d], dans la Province de Xensi, au Département d'Iungchang première Forteresse de la Province. Elle est de 6. d. 36'. plus Occidentale que Péking, sous les 40. d. 0'. de Latitude Septentrionale.

[d] Atlas Sinensis.

1. SEMUR, [e] Ville de France, en Bourgogne, à trois lieues de Sainte Reine & de Flavigny, à sept d'Avalon, à treize de Dijon, & à 8. d'Autun, en Latin *Semurum* & *Senemurium*. Elle est située au milieu de l'Auxois, dont elle est Capitale & limitée par-tout de Montagnes, si ce n'est du côté de l'Orient. Cette Ville a dans son enceinte trois différentes clôtures de muraille, qui font voir qu'elle a été bâtie à trois diverses reprises, ce qui la sépare en trois parties, mais si bien jointes qu'on les prend pour une Ville. La première qui porte le nom de Bourg est la plus habitée & la plus grande. Elle est remarquable par une magnifique Eglise, dédiée à la Vierge, dont quelques-uns attribuent la fondation à Gérard de Roussillon, & d'autres à Robert de France, Duc de Bourgogne. C'est un Prieuré de l'Ordre de Saint Benoît, qui sert de Paroisse aux Habitans de la Ville. Le Docte Genebrard, Archevêque d'Aix, qui en avoit été Prieur & qui mourut le 14. de Mars 1597. y fut inhumé au pied du Grand Autel. Cette Eglise est bâtie si artistement, que les murs, quoique très-hauts, ne sont que de la largeur d'une seule pierre à l'exception des Piliers qui soutiennent les Voutes de l'Edifice. Il y a aussi un Couvent de Carmes, dont plusieurs Religieux se sont distingués pour la défense de la Foi Orthodoxe contre les Calvinistes. La seconde partie est le Donjon, Place très-forte, qui sert de Citadelle, & qui commande au Bourg & au Château, ayant une issue pour un Pont-Levis, avec des Tours très-hautes, & très-épaisses, & des murailles hautes par dehors & remparées par dedans. Ce Fort dont le Corps est assis sur un Roc presque inaccessible, & environné de la Rivière d'Armançon, peut avoir six-vingt pas de long, & quatre-vingt de large, avec deux Puits qui ne tarissent jamais. Il y a une Chapelle dédiée à Sainte Marguerite, desservie par des Religieux de Saint Jean de Rhodes. Il y a aussi deux Places, l'une en forme d'un Fort, appellée *Monsfille*, en Latin *Monsfilli*, & l'autre *Valesing*, *Velleris signum*. Le Château qui est la troisième partie, est clos de murailles, avec des Tours de quinze en quinze pas bien fortifiées, des avenues difficiles & quantité de Puits d'eau vive. Quoique le lieu soit très-haut, les plus creux n'excedent pas la hauteur de trente pieds. On y voit plusieurs Maisons très-bien bâties, & un Prieuré de Religieux dédié à Saint Maurice. Outre les Lieux Saints dont on a parlé, on trouve encore dans Semur une Abbaye du titre de Saint Jean, qui appartient aux Chanoines Réguliers de Saint Augustin de la Congrégation de France. On y trouve aussi un Couvent de Minimes, un de Capucins, un de Religieuses Ursulines, un de Filles de la Visitation, dites de Sainte Marie, un de Dominicains, qui possedent une Image miraculeuse de la Sainte Vierge. C'est un Lieu de dévotion qui attire un grand nombre de Pélerins. La Ville a un Majeur, six Echevins, & un Procureur que l'on élit tous les ans. Pour la Justice il y a à Semur une Prevôté Royale, un Bailliage érigé en Présidial au mois de Janvier 1696. un Grenier à Sel, un Hôtel de Ville, une Maréchaussée, &c. On passe à Semur la Rivière d'Armançon sur deux beaux Ponts. On tient en ce Lieu-là plusieurs Foires dans l'année & Marché trois fois la Semaine. Son Territoire est bon, & abonde en bleds dont on fait un Commerce assez considérable, ainsi que des Bestiaux. On y recueille du Vin, & il y a des Prairies & des Bois. La petite Forêt de Semur en Auxois ne contient

[e] Corn. Dict. André du Chêne, Antiq. des Villes de France. Davity, Bourgogne, Mémoires dressés sur les Lieux en 1707.

tient que quatre-vingt-onze arpens.

Après la mort du dernier Duc de Bourgogne, la Ville de Semur fut assiégée, & prise par Charles d'Amboise, Lieutenant en Bourgogne pour le Roi Louïs XI. Elle a été assujettie depuis ce tems-là à la Couronne de France. Il y auroit de l'injustice à ne pas dire que Semur fut la seule Ville de Bourgogne, qui demeura fidéle au Roi pendant la Ligue; & ce fut pour la récompenser de sa fidélité que le Roi Henri IV. y fit convoquer les Etats Généraux de la Province en 1590. & transférer en 1592. le Parlement de Dijon qui y tint ses Séances jusqu'à la Paix.

2. SEMUR, Bourg de France, dans le Maine, Election de Château du Loir.

3. SEMUR, Ville de France, dans la Bourgogne, en Briennois, & le Chef-lieu d'une Recette. Cette petite Ville est située à demi-lieuë de la Loire, & à trois lieuës au-dessous de Roane. C'est un Gouvernement particulier de l'Autunois, avec un Bailliage, Grenier à Sel, Mairie & Grurie. C'est la vingt-troisième Ville qui députe aux Etats. Elle a eu des Barons dès l'onzième Siècle. Sa Recette comprend la partie du Bailliage de Mâcon qui est du Diocèse d'Autun. Son Territoire est assez abondant; ce qui lui procure un Commerce en Bleds, en Vins, & en Bestiaux. Ses Vins sont bons quand ils sont gardés.

SEMURIUM. Voyez REMONIUM & LIMERIUM.

SEMUSSAC EN DIDONNE, Bourg de France, dans la Saintonge, Election de Saintes.

SEMYLLA. Voyez SIMYLLA.

SEMYSTA, Lieu voisin de Constantinople, selon Pierre Gylles, cité par Ortelius [a]. *a Thesaur.*

1. SENA, Isle de la Mer Britannique, près de la Côte des Osismiens: Pomponius Mela [b], dit que les Gaulois avoient dans cette Isle un Oracle célèbre. L'Itinéraire d'Antonin semble avoir connu cette Isle, mais son nom y est corrompu; car on y trouve *Uxantisma* pour *Uxantis Sina*. On n'y voit aujourd'hui rien de remarquable. Elle est à l'opposite de la Ville de Brest; & on la nomme L'ISLE DES SAINTS. *b Lib. 3. c. 6.*

2. SENA, Fleuve d'Italie dans l'Umbrie, entre le *Metaurus* & le *Misus*. Silius Italicus [c] après avoir nommé quelques Fleuves, dit: *c Lib. 8. v. 455.*

Et Clanis & Rubico, & Senonum de nomine Sena.

C'est ainsi qu'il faut lire; car il est question dans cet endroit de Fleuves & non de Villes; encore moins cela regarde-t-il la Ville de *Sena* en Toscane. Lucain [d] écrit SENNA: *d Lib. 2. v. 406.*

Crustumiumque rapax, & junctus Sapis Isauro,
Sennaque, & Hadriacas qui verberat Aufidus undas.

Cluvier dit que c'est aujourd'hui le Cesano qui coule quatre milles au-dessus de *Sinigaglia*, car le Fleuve qui arrose *Sena-Gallica*, ou *Senogallia*, est appellé *Misus*

dans la Table de Peutinger, & à présent *Misa* par quelques-uns, quoiqu'on le nomme assés communément *Nigola*.

3. SENA-GALLICA, Ville d'Italie, dans l'Umbrie. Ptolomée [e] la donne aux Peuples *Senones*, de qui elle tiroit son nom. Elle étoit sur le Fleuve *Misus*, selon la Table de Peutinger. Strabon [f], Tite-Live [g] & Eutrope [h] écrivent SENOGALLIA, en un seul mot, pour SENA-GALLICA. Le nom National étoit SENENSIS, Ciceron [i] & Tite-Live [k] s'en sont servis. Comme ce dernier nomme *Senogallia* avec diverses Colonies maritimes, il n'y a pas de doute qu'elle avoit ce titre. D'ailleurs Frontin, dans le Livre des Colonies, fait mention de *Senogalliensis Ager*.
e Lib. 3. c. 1.
f Lib. 5.
g Lib. 27. c. 46.
h Lib. 3. c. 10.
i In Bruto. c. 18
k Lib. 27.

4. SENA-JULIA, Ville d'Italie, dans l'Etrurie, à l'Orient d'Eté de *Volaterrae*. Ce surnom de *Julia*, commun aux autres Colonies qu'Auguste envoya dans l'Etrurie [l], fait voir que *Sena-Julia*, fut aussi fondée, ou rétablie dans ce tems-là. On ne sait point ce que pouvoit être *Sena* avant Auguste; car nous n'avons aucun Monument plus ancien qui en fasse mention. Depuis qu'elle fut devenue Colonie, elle commença à être plus connue, mais seulement sous le titre de Colonie; car le surnom de *Julia* ne lui est donné que dans la Table de Peutinger. Nous voyons dans Pline [m]: *Intus-Coloniae.... Rusellana Senienses, Sutrina,* & dans Tacite [n]: *In Colonia Senensi,* & un peu plus bas: *Factum S. C. quo Seniensium Plebs modestiae admoneretur.* Il y en a qui croient que ces passages de Tacite regardent *Senia* Ville de Dalmatie, parce que s'il eût été question de *Sena*, en Etrurie, il auroit du dire *Senensis,* & *Senensium.* Mais d'un autre côté qui nous assûrera que *Senia* de Dalmatie ait été Colonie Romaine? Pline [o] ne lui donne que le titre d'*Oppidum*. Ajoutez à cela que les MSS. de Pline, en parlant de *Sena* d'Etrurie, écrivent *Senienses Colonia*: & qu'avant Juste-Lipse on lisoit dans Tacite, *in Colonia Senensi*, & *Senensium Plebs*. Voyez les Remarques de Th. Ryckius & de l'Holsten, aussi-bien que celles du Pere Hardouin, touchant les MSS. de Pline. *Sena-Julia* est aujourd'hui la Ville de Siéne. Voyez SIENNE.
l Cellarius, Geogr. Ant. L. 2. c. 9.
m Lib. 3. c. 5.
n Hist. L. 4. c. 45.
o Lib. 3. c. 21.

SENABRIA, ou SANABRIA, Lac d'Espagne [p], au Royaume de Léon [q], au Midi d'Astorga. Il est formé par la Riviere de Tera, qui y entre & qui en sort. Sa longueur est d'une lieuë, & sa largeur à peu près d'une demi-lieuë. Ce Lac appartient aux Moines de Ste. Marie de Castagnera. Il y a vers son milieu une fort belle Maison sur un Rocher: elle est aux Comtes de Benavente.
p Jaillot, Atlas.
q Davity, Léon.

SENAILLY, Lieu de France dans la Bourgogne, Recette de Semur. Ce Lieu est situé entre deux Montagnes sur la Riviére d'Armançon, qui y a un Pont. Il y a peu de Montagnes, le reste est de Plaines & de Côteaux. Il y a suffisamment de Vignes, qui sont de bon rapport. Il y a une Chapelle dans l'étenduë du Finage de Senailly, dépendante de l'Abbaye de S. Andoche d'Autun, & dédiée à S. Jacques.

Lll

ques. Elle vaut trente Livres de revenu & elle est à la Collation de l'Abbesse. Senailly est de la Paroisse de Saint Germain.

SÉNAN & VOUGRÉ, Bourg de France, dans la Champagne, Election de Joigny.

SÉNANTE, Bourg de France, dans la Picardie, Election de Beauvais.

SENARY, Plage & Village de France [a], sur la Côte de Provence, dans le fond de la Rade du Brusc, du côté du Nord-Ouest. C'est une grande Plage de sable, où l'on voit le Village Senary, situé sur le bord de la Mer. Au devant de ce Village, il y a un petit Mole pour des Barques, & autres petits Bâtimens qui y vont charger du Vin. On voit aussi dans le fond de la Rade de Brusc la petite Ville de Sifour, située sur une éminence fort relevée. Le Vent qui incommode le plus dans cette Rade est l'Ouest-Nord-Ouest, & le Nord-Ouest qui sont les Traversiers, mais comme le fond est bon on n'y souffre pas. On fait de l'eau dans le fond de la Plage, du côté de Sifour, ou à Senary.

SÉNARPONT, REDRICQ & LE MÉNIL, Bourg de France, dans la Picardie, Election d'Abbeville.

SENAS, Terre de France, dans la Provence, Viguerie & Recette de Tarascon. Cette Terre, qui étoit autrefois une Baronnie, a été érigée en Marquisat en 1643. pour Balthazard de Gérente, en considération de ses services. Cette Famille est ancienne, on la trouve employée dans les affaires Publiques du tems de la Reine Jeanne première, & le Roi René lui donna un Sobriquet qui lui est demeuré, *Subtilité de Gérente*. Le Marquis de Senas en est le Chef. Il y a la Plaine de Senas qui est au Nord de la Crau dans la Provence. Elle est fertile en Bleds excellens.

SENAULT, ou plutôt SENOTS, Terre de France, dans le Vexin François, au Diocèse de Rouen, Election de Chaumont. Asculfe de Senots, ou du Fay, possédoit la Terre, quand il fonda vers l'an 1158. l'Abbaye de Marcheroux de l'Ordre de Prémontré & le Prieuré Ressonfb, érigé depuis aussi en Abbaye du même Ordre. C'est aujourd'hui Mr. de Mornay Marquis de Montchevreuil qui en est Seigneur; & l'Abbé du Bec, à qui appartient la meilleure partie des grosses Dixmes, a la nomination de la Cure, comme aussi de la Chapelle de Saint Ausbert qui passe pour un Prieuré.

SEND, & SIND. Les Arabes divisent [b] ordinairement le Pays des Indes que les Turcs & les Persans appellent Hindostan, en deux parties, à savoir en celle qu'ils appellent Hend, ou Hind, & en celle de Send, ou Sind.

Le mot de Sind signifie proprement le Fleuve que nous appellons Indus, & par extension, tout le Pays qui est en deçà de l'Occident, & au delà à l'Orient, comme contigu à ce Fleuve, que les Persans appellent aussi Sindab, & quelques Arabes Sendab. C'est de la même façon que les Arabes qui appellent le Fleuve du Jourdain Arden donnent souvent ce même nom à toute la Judée, la Galilée & la Palestine.

[a] Michelot, Port. de la Médit. p. 71.

[b] D'Herbelot, Biblioth. Or.

Les Géographes Orientaux écrivent, que le Pays de Send a à son Orient, celui de Hend, qui est proprement la partie des Indes, qui est aux environs, de deçà & de delà le Gange, depuis sa source jusqu'à son Embouchure; à l'Occident les Provinces de Kerman, de Macran, & de Segestan, comprises aujourd'hui sous l'Empire des Perses.

Il a à son Septentrion une partie du Hend, ou le Cabul, & le Touran ou Turquestan, que quelques-uns appellent en cet endroit, Turk Hind, & nos Géographes *Indo-Scythia*; & enfin au Midi la Mer de Perse, qui le borne en forme d'Arc, ce que les Arabes appellent Fisebiltacouis, que nous appellerions, nous, en forme d'Anse, ou de Golfe.

Plusieurs Géographes comprennent la Province de Multan, aussi-bien que celles de Zablestan, de Gaznah & de Gour, & même les Villes de Deïbul, & de Mansourah, qui sont peut-être, Diu & Surate, dans le Pays de Sind & celle de Biroun, qui a donné la naissance au fameux Auteur de la Géographie intitulée *Canoun Albirouni*.

SENDAFOULAT, & SENDIFOULAT, nom d'une Isle de la Mer de la Chine, ou de l'Océan Indique Oriental, qui est une des principales Echelles, ou Entrepos du commerce des Indes, de la Chine, & du Japon, selon le Scherif Al-Edrissi. Elle n'est éloignée d'une autre Isle, qui porte le nom de Senf, que l'on place ordinairement plus vers le Midi, que de dix jours de Navigation, & d'une Ville de la Chine, nommée Kankhou seulement que de quatre.

Le même Edrissi dit dans la dixième Partie de son premier Climat, que cette Isle est un des Ports, ou Portes de la Chine, qu'il compte jusqu'au nombre de douze, & qu'il qualifie de ce nom, des ouvertures des Montagnes qui sont autant d'Embouchures de différentes Riviéres qui se déchargent dans la Mer, & par où les Vaisseaux remontent bien avant dans le Pays.

SENDAFOUR, & SENDAPOUR, que l'on trouve aussi nommée SENDAFOUL, & Sendapoul. Ce sont les noms d'une Ville du Pays que les Arabes appellent Balad Alfoulfoul, Pays du Poivre, & Belad Almibar, que nous appellons la Côte de Malabar, sur laquelle la Ville de Calecut, qui en est la Capitale, est bâtie.

Les Géographes Orientaux disent, que c'est dans le terroir de cette Ville que les Cannes qui portent le Thabaschir croissent abondamment.

SENDAN, Ville maritime des Indes, que quelques-uns nomment *Sendaboun*. Mr. d'Herbelot dit dans sa Bibliothéque Orientale que le Géographe Persien la place au bord de la Mer qu'il appelle *Deria-Akhdhar*; c'est-à-dire la Mer Verte, qui est proprement le Golphe de Cambaya.

SEND-

SEN. SEN. 451

SEND BRARY, Fontaine merveilleuse dans le Royaume de Cachemire, à trois petites journées de la Ville Capitale & environ à une journée d'Achiavel en tirant au Nord-Est. Voici ce que Bernier *a* rapporte de cette Fontaine qu'il dit avoir examinée attentivement. Au mois de Mai, tems auquel les neiges ne viennent que de fondre, cette Fontaine flue & s'arrête réglément trois fois le jour : sur la pointe du jour, sur le Midi, & sur la nuit. Son flux est pour l'ordinaire de trois quarts d'heures, quelquefois plus, quelquefois moins, & assez abondant pour remplir un Réservoir quarré, qui a dix ou douze pieds de largeur, & autant de profondeur. Après les quinze premiers jours son cours commence à n'être plus si réglé ni si abondant, & enfin après un mois ou environ, elle s'arrête tout-à-fait & ne coule plus le reste de l'année, si ce n'est pendant quelques grandes & longues pluyes qu'elle coule sans cesse & sans règle comme les autres Fontaines. Les Gentils ont sur le bord du Réservoir un petit Deüra, ou Temple, de l'Idole Brare qui est un de leurs Deüras ou fausses Divinités, & c'est pour cela qu'ils appellent cette Fontaine Send-Brary comme qui diroit Eaux de Brare. On vient de toutes parts en pélerinage pour se baigner & se sanctifier dans cette eau miraculeuse. On fait sur l'origine de cette eau plusieurs fables qui n'ont aucune ombre de vérité.

a Voyage de Cachemire, Tom. I. Lettre 9.

La Montagne, au pied de laquelle est la Fontaine, s'étend du Nord au Midi, & se trouve séparée des autres Montagnes qui néanmoins en sont fort proches. Elle est en forme de dos d'Ane. Son sommet qui est très-long n'a guère que cent pas dans l'endroit où il est le plus large. Le côté du Levant est couvert d'herbes vertes, le Soleil néanmoins ne pouvant voir que sur les huit heures du matin à cause des autres Montagnes opposées ; enfin l'autre côté, qui est exposé au Couchant, est couvert d'Arbres & de Buissons. Tout cela, avec la disposition intérieure de la Montagne, remarque le même Bernier, pourroit bien être la cause de ce prétendu miracle. Car il se peut faire que le Soleil du matin, venant à donner fortement sur le côté qui lui est opposé, l'échaufe & fait fondre une partie des eaux glacées qui, durant l'Hyver que tout est couvert de neige, s'insinuent au dedans de la Montagne : que ces eaux venant à pénétrer & à couler en bas peu à peu jusqu'à certaines couches ou tables de Roches vives, qui les retiennent & conduisent vers la source de la Fontaine, produisent le flux du Midi : que le même Soleil s'élevant au Midi, & quittant ce côté qui se refroidit, pour frapper de ses rayons comme à plomb sur le sommet qu'il échaufe, fait encore fondre de semblables eaux gelées, qui descendent de même peu à peu comme les autres, mais par d'autres circuits, jusqu'à ces couches de Rochers, & font le flux du soir ; & qu'enfin le Soleil échaufant de même le côté Occidental, produit le même effet, & cause le troisième flux, à savoir celui du matin, lequel est plus lent que les deux autres, ou parce que ce côté Occidental est éloigné de l'Oriental où est la source, ou parce qu'étant couvert de bois, il ne s'échaufe pas si vîte, ou bien à cause de la froideur de la nuit. Cette explication s'accorde parfaitement avec ce qu'on dit que dans les premiers jours l'eau vient en plus grande abondance que sur les derniers ; & qu'elle vient enfin à s'arrêter & à ne couler plus du tout ; car il est naturel que, comme dans le commencement il y a dans la terre une plus grande quantité de ces eaux gelées que sur la fin, elles produisent une plus grande abondance d'eau. Cette explication convient encore à ce que l'on a remarqué, qu'il y a des jours dans le commencement même qu'un flux se trouve plus abondant que l'autre, & quelquefois au Midi plus qu'au soir ou au matin, ou bien au matin plus qu'à Midi : ce qui arrive parce qu'il se trouve des jours plus chauds les uns que les autres, ou qu'il s'éleve des nuages qui interrompent cette égalité de chaleur, & rendent par conséquent les flux inégaux.

SENDE, ou **SINDE**. C'est le nom du Fleuve *Indus*, selon Mr. Petis de la Croix dans l'Histoire de Timur-Bec *b* ; voyez *b Liv. 3. c. 2.* SINDE.

SENDICA, Contrée de la Scythie, selon Pline *c*, qui la met au Voisinage du Pays des Tauro-Scythes. Ses Habitans étoient appellez *Sendi*, ou *Sindi* ; voyez SINDI. *c Lib. 4. c. 12.*

1. **SENDOMIR**, ou **SANDOMIR** *d*, Palatinat de la Petite Pologne. Il est d'une assez grande étendue, & a pour bornes au Nord les Palatinats de Lencicza, de Rava & de Mazovie ; à l'Orient les Palatinats de Lublin & de Russie ; au Midi, une partie du Palatinat de Cracovie ; & au Couchant Occidental, encore une partie du Palatinat de Cracovie. Ce Palatinat *e* qui prend le nom de sa Capitale est divisé en huit Territoires, qui sont ceux de *d De l'Isle Atlas.*

Sendomir,	Wislicza,
Radom,	Chenciny,
Stenzica,	Opoczno,
Corczin,	Pilczna.

e Andr. Cellar. Descr. Polon. p. 177.

Ce Palatinat fournit neuf Sénateurs du Royaume ; sçavoir le Palatin de Sendomir, & les Castellans de Sendomir, de Wislicza, de Radom, de Zavichost, de Zarnaw, de Malogoscz, de Polanecz, & de Sechow. Il abonde en Mines d'Or, d'Argent, de Cuivre, de Plomb, de Fer & d'Acier, & on y trouve des Carriéres de diverses sortes de Marbres ; & il produit quantité de Fruits excellens, qui ne cédent point en bonté à ceux d'Italie.

2. **SENDOMIR**, ou **SANDOMIR**, Ville de Pologne & la Capitale du Palatinat de même nom, dans l'endroit où le San se joint à la Vistule. Elle est située sur une Colline d'où elle a une belle vûe sur la Riviére. Sa situation & les Ouvrages qu'on y a élevez en font une Place forte. Ses Habitans passent pour polis ; aussi y voit-on toujours un grand nombre de Noblesse, parce que Sendomir est le Siége

ge du Tribunal de la Province. On y remarque une Eglise Collégiale fort riche, une Maison de Jésuites, qui y enseignent la Jeunesse, & quelques autres Maisons Religieuses. Près de la Ville on voit deux Eglises, l'une dédiée à St. Jacques, & l'autre à St. Paul: toutes les deux sont tellement environnées d'Arbres, qu'on les diroit situées au milieu d'une Forêt. Ce sont des Pélerinages très-fréquentez. Le Château, qui est au Midi de la Ville & bâti de pierres, se trouve sur un Rocher si escarpé, qu'on a de la peine à y monter & à en descendre. Les Tartares s'emparérent de Sendomir en 1240. en 1241. & en 1259. Dans cette derniére occasion, ils étoient assistez des Russes, qui se rendirent Maîtres du Château par Stratagême. Rien n'est comparable aux cruautez qu'ils y exercérent. La plûpart des hommes furent passez au fil de l'épée, & les femmes & les filles furent violées. Ces Barbares lassez de répandre du sang s'avisérent de forcer le Peuple à se jetter en foule dans la Vistule. On dit qu'on égorgea tant de personnes dans le Château que leur sang coula jusque dans la Riviére [a]. On les regarda comme autant de Martyrs; & en mémoire de cet événement on célèbre tous les ans une Fête le dernier de Mai. Après cette cruelle boucherie les Tartares mirent le feu au Château & le réduisirent en cendres. Ils attaquérent cette Ville en vain vers l'an 1287. & les Bohêmes n'eurent pas plus de succès lorsqu'ils l'attaquérent; car ils furent contraints de se retirer avec une perte assez considérable. Boreccius [b] pourtant dit que les Habitans de Sendomir ouvrirent volontairement leurs Portes aux Bohêmes. Quoiqu'il en soit, les Suédois prirent Sendomir en 1655. & les Polonois la reprirent l'année suivante le 20. de Mars. Les Suédois avoient mis le feu au Collège des Jésuites, qui fut consumé ainsi que la Ville & le Château.

SENDROVIA. Voyez SPENDEROBIS & SEMENDRIA.

SENE, Ville de la Gaule-Celtique: Etienne le Géographe qui fournit le nom de cette Ville pourroit bien entendre par-là la Ville de Sens.

SENE-FONTAINE, Baronnie de France en Champagne [c], dans l'Election de Chaumont. Elle a été long-tems possédée par des Seigneurs du même nom: depuis elle a passé dans la Maison de Belain, l'une des plus anciennes & des plus considérables du Bassigny: ensuite dans celle d'Amboise par le Mariage de Jean d'Amboise avec Catherine d'Est Belain; & enfin dans la Maison de Choiseuil, dont le petit-fils, le Marquis de Choiseuil Pralin, Gouverneur de la Ville de Troyes, Maréchal de Camp des Armées du Roi, & l'un de ses Lieutenans Généraux en Champagne, la possède aujourd'hui.

SENECEY, Village de France, dans la Bourgogne, Recette de Chalon. Ce Lieu, qui est bien peuplé, se trouve dans une situation assez belle, & dans la Paroisse de Saint Julien. C'est le grand Chemin de Châlon à Lyon. Il y a quelques Vignes

[a] Cromerus, Lib. 9. Rer. Pol. fol. 232.

[b] Annal. Bohem. fol. 250.

[c] Baugier, Mémoires Hist. de Champ. T. 2. p. 347.

aux environs. Senecey est une Terre ancienne érigée en Marquisat. On y compte trois Fiefs, savoir la Tour de Varet, les Jardins & le Meixcrochet, outre les Métairies des Maison-Dieu & le Moulin de Vaniére. Il y a un petit Chapitre dans le Château de Senecey.

SENEF, ou SENEFFE; Village des Pays-Bas dans le Brabant, à deux lieues de Nivelle vers le Midi. Ce Lieu est devenu célèbre par la Victoire que le Prince de Condé y remporta le 11. d'Août 1674. sur les Hollandois, commandez par Guillaume de Nassau, Prince d'Orange, & depuis Roi d'Angleterre.

1. SENEGA, ou SENEGAL, nom que les Européens donnent au Fleuve Niger; voyez NIGER.

2. SENEGA, SENEGAL, ou l'ISLE SAINT-LOUÏS, Isle d'Afrique, à l'Embouchure de la Rivière de Senega, à deux lieues au-dessous de la grande Isle de Bifeche, & environ à trois quarts de lieue, au-dessus de l'Islet aux Anglois. On la nomme l'Isle de St. Louïs, à cause du Fort de ce nom qui y est situé. C'est le principal Comptoir de la Compagnie, & la Résidence du Directeur & Commandant Général. L'Isle de Senegal [d], dit le Pere Labat, est à seize degrez de Latitude Septentrionale, au milieu de la Rivière de Niger ou de Senegal, à trois ou quatre lieues de la Barre, selon qu'il plaît à la Rivière de s'ouvrir un passage, dans la Langue de sable qu'on appelle la Pointe de Barbarie, & qui forme d'un côté l'Embouchure de la Rivière. Cette Isle n'est pas grande. Bien des gens qui y ont été lui donnent une lieue ou environ de circonférence. Le Sr. Froger Ingénieur qui la mesura en 1705. dit qu'elle a onze cens cinquante Toises de longueur du Nord au Sud. A l'égard de sa largeur, comme elle est fort inégale, il ne l'a pas déterminée. Un autre Ingénieur la mesura en 1714. & ne donne à la pointe du Sud, c'est-à-dire à celle qui est plus voisine de la Barre, que quatre-vingt-dix Toises de largeur, & à celle qui lui est opposée cent quatre-vingt-douze, & à l'endroit où le Fort est construit cent trente Toises. Le Bras de la Rivière qu'elle a du côté de l'Est a trois cens quatre-vingt Toises de largeur, & celui de l'Ouest deux cens dix. Le terrein en est plat, maigre & sablonneux. L'extrémité qui regarde la Barre étoit autrefois plus plate que tout le reste, & par conséquent inondée dans les grandes eaux. Elle n'y est plus sujette présentement. La Rivière & les Vents du Nord y ont apporté des Sables, qui ont fait des Dunes, qui élevent le terrein, & qui font paroître le Fort comme dans un enfoncement. Il reste pourtant à cette pointe une espèce de Marais ou Mare d'eau salée, qu'on appelle un Marigot, & qui est environnée de plusieurs Dunes de Sable. La Pointe du Nord est couverte de grands Arbres, qui paroissent comme une Futaie, mais qui ne sont que des Mangles ou des Paletuviers, dont le pied est toujours dans l'eau. On trouve dans la Terreferme

[d] Labat. Relat. de l'Afrique Occid. t. 2. p. 220.

ferme & aux Isles de l'Amérique plusieurs espèces de ces Arbres, comme on peut le voir en plusieurs endroits de ce Livre. L'espèce que l'on trouve plus communément au Senegal est celle des Mangles noirs. Cet Arbre ne vient jamais que sur les bords de la Mer & des Riviéres. Son écorce est fort brune, fort unie & fort pliante, quand elle est verte. Son épaisseur ne passe pas celle d'une Pièce de quinze sols. Sous cette écorce on trouve une peau mince, tendre & moins brune. Le bois est à peu près de la même couleur que l'écorce. Il est pesant & dur, & ne laisse pas d'être assés pliant. Sa feuille ressemble à celle du Laurier pour la figure, avec cette différence qu'elle est plus petite & plus mince. Ces Arbres ne portent jamais guère plus d'un pied ou quatorze pouces de diamétre. Leurs branches font en grand nombre, droites, sans nœuds: elles laissent tomber certains rejetons, qui prennent racine, quand ils ont atteint le fond de la Mer, ou de la Riviére, où le pied de l'Arbre est placé, & font des Arcades qui soutiennent le pied de l'Arbre, & qui en produisent de nouveaux; de maniére qu'un seul pied peut avec le tems en produire une infinité d'autres environnés de toutes ces racines en Arcades, sur lesquelles on peut marcher sans crainte de se mouiller, pourvû qu'on ne se laisse pas tomber en marchant par un chemin qui n'est pas des plus aisés. Ces Arbres reviennent promptement autant de fois qu'on les coupe. Ils font un feu vif & ardent; & si on les employe à des Ouvrages dans l'eau, comme Pilotis, & autres, ils durent très-long-tems. On se sert encore de l'écorce des Paletuviers pour taner les Cuirs. Il y a un Marais ou Marigot considérable dans le terrein occupé par ces Arbres, & un autre plus petit environ au milieu, de la longueur de l'Isle, avec un Bouquet d'Arbres de différentes espèces, qui en est assés voisin, & sert de retraite aux Moutons & Cabris qu'on nourrit sur l'Isle, dont le sol quoique sablonneux ne laisse pas de produire une herbe courte, déliée, touffue & un peu salée, que ces Animaux aiment extrêmement, & qui les engraisse & donne à leur chair un goût excellent. Ces Marigots servent encore à retirer les Cochons de l'Habitation de la Compagnie. Ils y trouvent de quoi se vautrer, & passer à couvert du Soleil une bonne partie de la journée. Mais les hommes ne peuvent pas jouïr de cet avantage, & y prendre le frais, parce que ces endroits servent de retraite pendant le jour à des millions de Moustiques, & de Cousins ou Maringoins, qui se tiennent à couvert de la Chaleur, qui en défendent vigoureusement l'entrée, & qui se répandent de tous côtés dès que la nuit approche, & persécutent cruellement ceux qui se trouvent dans les endroits où ils peuvent pénétrer. C'est le premier désagrément que l'on éprouve sur cette petite Isle. Le second est qu'elle manque absolument d'eau parfaitement douce plus de la moitié de l'année. Il n'y a aucune Source ni Fontaine, & pour être au milieu d'une grande Riviére, on n'en est pas plus avancé, parce qu'elle est salée pendant près de sept mois; c'est-à-dire depuis le mois de Décembre jusqu'à celui de Juillet. Pendant les autres mois la crûe des eaux, & la rapidité de leur cours empêchent les Marées de monter assez haut pour gâter l'eau de la Riviére. On s'en sert alors: elle est très-bonne à boire & fort saine; mais dans les autres tems, il faut avoir recours aux Puits que l'on creuse dans le Sable, où l'on trouve une eau saumâtre; c'est-à-dire un peu moins que demi-salée, & dont il faut user faute d'autre. Pour la rendre un peu meilleure, plus pure & plus potable, on la fait passer au travers d'une Pierre un peu poreuse qu'on apporte des Canaries, & qui est creusée en Cône. L'eau en filtrant par les pores s'y décharge de toutes les impuretés qu'elle avoit, & même d'une partie de son Sel. Pour la rafraîchir on la met dans des Vases de terre, qui ne doivent point être vernissés, & qu'on place dans un lieu exposé au Vent du Nord, qui est toujours frais. Pour cela, ce lieu doit avoir des ouvertures du côté du Septentrion, & ces ouvertures doivent être étroites par le dehors, s'élargissant considérablement en dedans. Il faut aussi que ce lieu soit voûté, & couvert d'un toit, qui ne touche point la voûte. L'eau se rafraîchit ainsi à merveille: elle devient très-potable; & ce n'est pas un petit secours dans un Pays aussi chaud. Ce qu'il y a de désagréable dans les Puits que l'on creuse, c'est qu'ils ne durent pas long-tems: leur eau devient enfin tout-à-fait salée, & il en faut creuser d'autres. Il est vrai que la peine n'est pas grande, parce qu'il y a peu à creuser pour trouver l'eau douce, & qu'on trouveroit infailliblement la salée, si l'on se donnoit la peine de creuser davantage. Ce qu'il y a encore d'extraordinaire, c'est que l'eau de ces Puits devient salée à mesure que celle de la Riviére devient douce, & qu'elle redevient douce en même tems que celle de la Riviére se gâte en se salant. Du reste il est étonnant que depuis tant d'années que la Compagnie est établie sur cette Isle, elle ne se soit pas encore avisée d'y faire des Cîternes.

On ne sait pas précisément le tems où les Directeurs de la Compagnie transportérent leur Etablissement de l'Isle de Bocos, où il étoit au commencement, à celle du Senegal, où il est aujourd'hui. Ces Etablissemens ont changé plusieurs fois de figure selon la nécessité ou le caprice des Directeurs, qui ont commandé sur les lieux. Il ne reste de ce premier Etablissement dans l'Isle de *Senega* que quatre Tours rondes d'environ vingt pieds de diamétre, qui ne sont pas sur une même ligne, mais qui font un Angle obtus: les deux Tours du milieu ne sont éloignées l'une de l'autre, que de quatre Toises & demie, & celles des deux bouts en sont éloignées l'une de l'autre de onze Toises. Il y a apparence qu'elles ne devoient pas être seules, &

& que leur nombre devoit être plus grand & renfermer un espace plus considérable en formant un Château, comme on le faisoit autrefois. Elles sont de bonne maçonnerie & couvertes en pointe avec des tuiles. On juge par leur construction & par leur situation qu'elles sont très-anciennes, & du premier tems que la Compagnie s'établit dans le Pays. Les Directeurs, qui ont gouverné les affaires de la Compagnie, ont uni ces Tours par des murs, & puis les ont renfermées dans une enceinte de bois terrassée, sous une partie de laquelle il y a des Magasins, avec de mauvais Bastions mal tracés, encore plus mal bâtis & sans recevoir ni fournir la moindre défense à leurs voisins. De plus ce Fort est trop petit pour loger les Employés de la Compagnie, qui sont obligés d'avoir des Cases de paille hors de l'enceinte, où ils sont exposés à tout ce que les Négres voudroient entreprendre contre eux, sans se pouvoir secourir les uns les autres, & sans pouvoir secourir le Fort, s'il prenoit envie aux Négres de l'insulter. Ce Fort est pourtant muni de trente Canons montés sur plusieurs Batteries, avec une assez bonne quantité de menues armes; & l'on y fait la garde exactement; car quoique les François soient bien avec les Négres, les Marchandises que ceux-ci savent être dans les Magasins, sont pour eux une tentation bien pressante, pour les porter à s'en emparer par le massacre de tous les Blancs, s'ils croyoient le pouvoir faire impunément. La Compagnie entretient pour l'ordinaire environ deux cens hommes qui sont dispersés dans les six Etablissemens qu'elle a sur la Côte, & au dedans du Pays. C'est le Directeur & Commandant Général qui fait cette répartition, qui sous le bon plaisir de la Compagnie, pourvoit à tous les Emplois qui viennent à vaquer, retient à son service ceux qu'il croit lui convenir, & chasse & renvoye en France ceux qu'il ne juge pas à propos de garder. Son autorité est grande & le fait respecter, non seulement des Employés de la Compagnie; mais encore des Rois, Princes & Seigneurs du Pays.

a Voyage du Sr. le Maire p. 72. & suiv.

C'est dans l'Isle de Senega *a* que les Négres apportent leurs Marchandises, comme Cuirs, Yvoire, Captifs, & quelquefois de l'Ambre gris; car pour la Gomme Arabique; c'est des Maures qu'on la tire. On donne en échange à ces Négres, de la Toile, du Coton, du Cuivre, de l'Etain, du Fer, de l'Eau de Vie, & quelques Bagatelles de verre. Le profit qu'on tire de ce Commerce est de huit pour cent. Les Cuirs, l'Yvoire, la Gomme se portent en France; & quant aux Esclaves, on les envoye aux Isles Françoises de l'Amérique. On en a de meilleurs à dix Francs pièce, & on les revend plus de cent écus. Souvent pour quatre ou cinq pots d'Eau de vie on a un bon Esclave: ainsi la dépense est moins dans l'achat que dans le transport, à cause des grandes dépenses des Vaisseaux.

La Riviére de Senega sépare les Azoaghes, Maures ou Basanés, d'avec les Négres; de façon que d'un côté du Fleuve ce sont des Maures plus blancs que noirs, & de l'autre des hommes parfaitement noirs. Les premiers sont errans, campent, & ne font de séjour en un lieu qu'autant qu'ils y trouvent des pâturages; au lieu que les autres, c'est-à-dire les Négres, sont sédentaires & habitent des Villages. Ceux-là n'ont de Supérieurs que ceux qu'ils veulent, & sont Libres; mais ceux-ci ont des Rois, qui les tyrannisent & les font Esclaves. Les Maures sont petits, maigres & de mauvaise mine, ayant l'esprit fin & délié: les Négres au contraire sont grands, gros & bienfaits, mais simples & sans génie. Le Pays habité par les Maures n'est qu'un Sable stérile, privé de toute verdure; & celui des Négres est fécond en Pâturages, en Mil, & en Arbres toujours verds, mais qui ne portent point de fruits bons à manger. C'est de ces Maures que les François tirent la Gomme Arabique. Il la cueillent dans les Deserts de la Libye Intérieure. Elle croît aux Arbres qui la portent, comme celle qui vient aux Cerisiers, aux Abricotiers & aux Pruniers en France. Ils l'apportent vendre un mois, ou six semaines, avant l'inondation du Niger. On leur donne en échange du Drap bleu, de la Toile de la même couleur, & quelque peu de Fer. Ils viennent de cinq ou six cens lieues dans les Terres pour apporter, l'un un demi Quintal de Gomme; l'autre plus ou moins. Ils sont tout nuds sur les Chameaux, Chevaux & Bœufs, dont ils se servent aussi souvent à porter leurs Marchandises. Les plus considérables d'entre eux ont une espéce de Manteau fait de peau fourée, qui ressemble assez à la Chappe de nos Chantres: les autres n'ont qu'une méchante pièce de Cuir qui cache leur nudité. Ils ne se nourrissent tous que de lait & de Gomme qu'ils font dissoudre dedans. Les François les nourrissent en partie, lorsqu'ils viennent trafiquer. On achete leurs Bœufs exprès pour les leur faire manger; mais ils les égorgent eux-mêmes, autrement ils n'en mangeroient pas. Quoiqu'ils ayent beaucoup de Bestiaux, ils en mangent rarement, si ce n'est lorsqu'ils les voyent prêts à mourir de maladie ou de vieillesse. C'est une peine incroyable que de négocier avec eux; car il y a toujours de leur côté ou tromperie ou insulte. Comme le trafic se fait sur le bord de la Riviére, ils ne fourbent pas facilement, parce qu'on embarque la Marchandise à mesure qu'on la reçoit d'eux. Le Commerce se fait dans les mois de Mai & de Juin à trente lieues au-dessus de l'Habitation. Lorsque tout est fini, ils se répandent en injures, & s'ils attrapent quelque François ou autre Blanc, ils les tuent en représailles d'une querelle passée il y aura vingt ans. Ils se retirent dans les Terres si-tôt que le Niger commence à se déborder.

3. SENEGA, ou SENEGAL, Royaume de l'Afrique *b* Occidentale, & le premier de la Nigritie, du côté de l'Embouchure

b Ibid. p. 81. & suiv.

chure du Niger. Il étoit autrefois très-considérable. Aujourd'hui c'est peu de chose, parce que faute de forces son Roi est devenu Tributaire d'un autre. Sa domination s'étend le long du rivage, l'espace de quarante lieues, sans compter quelques petits Seigneurs près de l'Embouchure, qui lui sont Tributaires; & il avance environ dix ou douze lieues dans les Terres. Ce Roi s'appelle *Brac*; ce qui est un nom de Dignité, qui veut dire Roi, ou Empereur des Rois: il y joint aussi quand bon lui semble le nom de sa Famille. Tout Souverain qu'il est, c'est un misérable, qui le plus souvent n'a pas de Mil à manger. Il aime tant les Chevaux, que la plûpart du tems il se contente d'une pipe de tabac, & d'un peu d'Eau-de-Vie, afin de laisser le Mil à trois ou quatre Chevaux qu'il a. Il s'en sert à faire des Courses sur le plus foible de ses voisins, sans le moindre prétexte; & ainsi il leur enleve leurs Bœufs en quoi consiste leurs richesses, & les fait quelquefois Esclaves eux-mêmes, & les rend pour de l'Eau-de-Vie. Quand il s'apperçoit que cette Liqueur diminue chés lui, il enferme dans un Coffre ce qui lui en reste, & en donne la Clef à un de ses Favoris, qu'il envoye à trente lieues delà dire quelques bagatelles à ses femmes, afin que pendant le tems qu'il est privé de la Clef, il ne boive point & épargne ainsi ce qui lui reste. Si sa Tyrannie n'a pu s'exercer sur ses voisins, il la fait sentir à ses Sujets, parcourant son propre Pays, demeurant deux jours dans un Village, trois jours dans un autre, où il se fait nourrir avec toute sa suite. Cette suite est composée de deux cens Coquins des plus rafinez, par le commerce qu'ils ont avec les Blancs, dont ils ne retiennent que les mauvaises qualités. Lorsqu'ils ont ruïné les Villages, ils y font souvent des Esclaves à la moindre ombre d'offense. Mais si le Prince est perfide, ses Sujets ne le sont pas moins: car ils se vendent l'un à l'autre, sans égard au degré du sang; en sorte que le pere vend son fils, son pere & sa mere, quand le cas y échoit. Quand ils veulent vendre quelqu'un, ils le prient de les aider à porter quelque chose à l'Habitation, & quand il y est, ils le livrent à quiconque en veut, lorsqu'il n'entend pas la Langue.

a Tom. 2. p. 153.

Le Pere Labat, dans sa Relation de l'Afrique Occidentale *a*, donne au Royaume de de Senega le nom de Royaume d'Hoval, & il lui donne quarante-six lieues d'étendue de l'Est à l'Ouest. Il ajoute: sa largeur ou hauteur, au Nord de la Riviere, n'est pas considérable: les Maures quoiqu'ils ne soient rien moins que sédentaires le pressent & viennent assez souvent camper sur les Terres que le Brac prétend avoir été anciennement du Domaine de son Royaume. Ce Royaume est beaucoup plus étendu au Sud de la Rivière.

Les Maisons des Habitans du Senega sont faites de paille; & celles du Roi ne sont pas plus somptueuses. Elles ont environ quatre pas de diamétre: une espéce de Dôme dont le dessus est de paille, & le dessous de palmiers en fait la couverture qui est assez bien travaillée. Ce Dôme est soutenu par cinq ou six fourchettes; & la muraille est aussi de paille ou de Palmier, le tout assez industrieusement entrelassé. Ils n'ont ni portes ni fenêtres à leurs Maisons, hormis un trou semblable à l'ouverture d'un Four de Village; de sorte qu'il faut aller à quatre pattes pour y entrer. Quoique la chaleur doive être excessive dans un tel lieu, ils y font encore du feu qui est toujours accompagné de beaucoup de fumée. Cette incommodité est pour eux un agrément; car ils veulent de la fumée. Le bas de la Maison est un plancher de Sable, où l'on enfonce à mi-jambe. L'ouverture de ces Maisons est quelquefois si petite qu'on est étonné qu'ils y puissent passer. Leurs lits sont encore moins commodes que leurs Maisons. Ils sont formés d'une quantité de bâtons deux fois gros comme le pouce, mis à deux doigts de distance l'un de l'autre, joints ensemble par une corde, à peu près comme une Claye. De gros bâtons tortus, comme est tout leur bois, remplissent les entre deux, & semblent uniquement placés pour rompre les côtes. Ces lits ainsi que leurs toits ont pour appui des fourchettes. Ils couchent là dessus sans autre façon, excepté que ceux qui sont au-dessus du commun, ont une natte qui leur sert de Matelas; de sorte que si ce Pays-là ne permet pas aux Habitans d'être heureux à cause de sa stérilité, ils contribuent encore eux-mêmes à leur misère par leur peu d'industrie.

SENEGAGLIA, ou SINIGAGLIA. Voyez SINIGAGLIA.

SENEGAS, & TREVISY, Bourg de France dans le Bas-Languedoc, Recette de Castres.

SENEJAC, Bourg de France, dans le Rouergue Election de Ville-Franche.

SENELLES (Les), Banc de Rochers, sur la Côte de la Sicile *b*, au Nord-Est de la pointe de l'Ouest de Trapano, environ à deux milles. Ce petit Banc est dangereux. Il a des Rochers hors de l'eau, & sous l'eau. Il ne faut par l'approcher de plus d'un mille.

b Michelot, Port. de la Médit. p. 133.

SENEMSALIS (A), Siège Episcopal d'Afrique, dans la Province Proconsulaire. *Fortunatianus* est qualifié dans la Conférence de Carthage *c Episcopus à Senemsalis*. Dans le Concile de Carthage, tenu en 525. sous Boniface *Patronianus Senemsalensis* est compris parmi les Evéques de la Province Proconsulaire; & dans la Lettre Synodique des Evéques de cette même Province sous le Pape Martin, on trouve cette souscription: *Julianus Episcopus Sanctæ Ecclesiæ duarum Senepsalitinarum*, ou *Senemsalitinarum*. Cela a donné lieu à Mr. Baluze de remarquer que dans la Notice de la Province Proconsulaire, au lieu de *Duasse Demsai*, il falloit lire *Duarum Senemsalium*.

c N°. 102.

SENENNIORUM [Plebs], Siège Episcopal de l'Asie Mineure dans la Pamphylie. Le Concile d'Ephèse fait mention

tion d'un certain Nectaire Evêque de cette Ville.

SENERQUES, Bourg de France, dans le Rouergue, Election de Ville-Franche.

SENEZ, ou SENE's, *Urbs Sanitienfium, Sanitium, Sanitio*, ou *Sanefio*, Ville de France, dans la Provence, Viguerie & Recette de Castellane, avec Evêché. Cette Ville située dans un terrein froid, rude, & stérile, entre des Montagnes, à quatre lieues de Digne, & à autant de Castellane, n'est proprement qu'une méchante Bourgade, où il y a peu d'Habitans. C'est pour cela que les Evêques ont fait leurs efforts depuis cent cinquante ans, pour transférer leur Siége dans la Ville de Castellane [a]; mais inutilement, n'ayant pu obtenir le consentement des interessés. Ce Lieu s'appelle en Latin *Sanitium*. Ptoloméé a marqué un *Sanitium*, qu'il place près de Nice avec *Cemelenum*, c'est-à-dire Cimier; mais cette situation ne convient pas avec celle de Senez. Les Notices qu'on a accoutumé de citer, ne sont point de la première Antiquité. Nous ne trouvons donc rien de bien certain de la Ville, & de l'Eglise de Senez, avant le commencement du sixième Siècle. Ce fut pour lors que Marcel Evêque de Senez, *Sanctii*, comparut, & signa au Concile d'Agde l'an 506. Ses Successeurs ont assisté à divers Conciles de France. Cette Ville a toujours été des Alpes Maritimes, & ses Evêques ont toujours reconnu ceux d'Ambrun pour Métropolitains, après que les Archevêques d'Arles ont été dépouillés du droit qu'ils avoient sur les Alpes Maritimes comme sur la Seconde Narbonnoise.

L'Eglise Cathédrale est dédiée à Notre-Dame. La Ville est à présent en très-mauvais état. Elle appartient, partie à l'Evêque, partie au Chapitre, & partie au Comte de Carcès. Son Evêché est Suffragant d'Ambrun, dont Senez est éloigné de quatorze lieues; il vaut environ douze mille Livres de Rente. L'on a parlé de l'unir à celui de Vence, mais cela n'a point eu d'effet. Le Chapitre de la Cathédrale est composé d'un Prevôt, de deux autres Dignités, & de deux Chanoines, outre un Curé & trois autres Ecclésiastiques. Ce Chapitre a en tout trois mille quatre cens Livres de Rente. Son Diocèse comprend quarante-deux Paroisses.

SENF, Isle de la Chine. Elle est à dix journées de Navigation de celle de Sendafoulat en tirant vers le Midi, selon Mr. d'Herbelot [b].

SENGAMI, Ville du Japon, dans l'Isle de Nypon, & la Capitale d'un Royaume ou Province de même nom.

SENGGUEI, Forteresse de la Chine [c], dans la Province de Xensi, au Département d'Iungchang, première Forteresse de la Province. Elle est de 10. d. 0'. plus Occidentale que Peking, sous les 38. d. 56'. de Latitude Septentrionale.

SENGKI, Ville de la Chine [d], dans la Province de Queicheu, au Département de Tunggin, sixième Métropole de la Province. Elle est de 9. d. 15'. plus Oc-

[a] *Longuerue, Descr. de la France, Part. 1. p. 270.*

[b] *Biblioth. Or.*

[c] *Atlas Sinens.*

[d] *Atlas Sinens.*

cidentale que Peking, sous les 28. d. 22'. de Latitude Septentrionale.

SENIA, Ville de la Liburnie, dans l'Illyrie: Ptolomée [e] la marque sur la Côte entre *Velcena* & *Lopfica*. Cette Ville est aussi connue de Pline [f] & de l'Itinéraire d'Antonin, qui la met sur la Route d'*Aquileia* à *Siscia*, entre *Ad Turres*, & *Avendone*, à vingt milles du premier de ces Lieux & à dix-huit milles du second. On a une ancienne Inscription [g] où on lit ces mots: SENIÆ, & PLEB. SENIENSIUM. C'est aujourd'hui la Ville de *Segna*.

SENIENSES. Voyez SENIA, & SENA-GALLICA.

SENILLÉ, Bourg de France, dans le Poitou, Election de Châtellerault.

SENIS. Voyez CÆNIS.

SENKAN, petite Ville de Perse [h], à six lieues de Sultanie. Quoiqu'elle ne soit point close, elle ne laisse pas d'avoir d'assez agréables Maisons. Elle étoit fort grande & fort marchande avant que Tamerlan l'eût ruinée; mais le Turc l'ayant prise & pillée plusieurs fois, l'a réduite en l'état où elle est présentement. On ne voit aux environs de cette Ville que des Landes, & des Sables, où il ne croît que des ronces de la grandeur de la main. A une demi-lieue delà paroît une Branche du Mont Taurus, appellée par ceux du Pays *Keider-Peijamber*. Elle s'étend du Nord au Sud vers le Kurdestan. On y trouve, à ce qu'ils disent, le Sépulcre d'un de leurs plus anciens Prophètes qui a donné nom à cette Montagne, au pied de laquelle il y a une très-belle Vallée, parsemée d'un grand nombre de Villages.

SENLIS, Ville de France dans la Picardie, & le Chef-lieu d'une Election, avec Evêché, Bailliage, Prevôté, en ressortit, Présidial, Maîtrise des Eaux & Forêts, Grenier à Sel, Maréchaussée & Capitainerie Royale des Chasses. Cette Ville située sur la petite Rivière de Nonnette, est à dix lieues de Paris & à deux de Chantilly. Elle étoit autrefois de la Seconde Belgique, & elle est encore aujourd'hui de la Province Ecclésiastique de Rheims. Son nom Latin est *Sylvanectes*. Plusieurs croient que cette Ville a été ainsi appellée [i] parce que *Sylvis nectitur*; ce que Valois n'approuve point, à cause que les noms des Peuples sont Gaulois & non pas Latins. Mais cette raison est foible; car Senlis & son prétendu Peuple ont été inconnus à Jule-César, & personne n'a fait mention de ce nom *Sylvanectes*, avant la Conquête & l'Etablissement des Romains dans ce Pays-là. Ainsi lorsque les mêmes Romains ont bâti la Ville *Augustomagus*, aujourd'hui SENLIS, qui n'existoit point auparavant, ils lui ont attribué un Territoire, & ont donné à cette nouvelle Cité, ou Peuple, un nom Romain.

Senlis a eu des Comtes de la Maison de Vermandois sur la fin du neuvième Siècle, & dans le dixième. Mais lorsque Hugues Capet fut élu Roi, il étoit déja propriétaire de cette Ville, où il ne res-

[e] *Lib. 2. 6.*
[f] *Lib. 3. 6.*
[g] *Thesaur. p. 372. No.*
[h] *Olearius, Voyage de Perse.*
[i] *Longuerue, Descr. de la France, Part. 1. p. 21.*

toit plus que des Chevaliers qu'on nommoit Bouteilliers de Senlis, parce qu'ils avoient possédé cet Office de Bouteilliers sous les Comtes ; & depuis Hugues-Capet, plusieurs Seigneurs de cette Maison ont été Bouteilliers des Rois. Il y a tant dans la Ville [a] que dans les Fauxbourgs six Paroisses, qui sont Notre-Dame, St. Rieul, St. Pierre, Ste. Geneviève, St. Martin & St. Etienne. Il y avoit ci-devant outre cela la Paroisse de St. Hilaire qui a été unie à celle de St. Pierre. Ces Paroisses sont remplies de Gens d'Eglise & de Gens de Justice ; car il n'y a guère de Marchands à Senlis, parce qu'il s'y fait peu de Commerce.

[a] Piganiol. Descr. de la France, t. 3. p. 59.

L'Evêché de Senlis est Suffragant de Rheims, & a été établi vers le milieu du troisième Siècle. *Regulus* ou *Rieul*, qui vint dans les Gaules avec St. Denis, fut le premier Evêque de Senlis. On n'a pas de Mémoires assés sûrs pour déterminer le nombre des Successeurs de cet Evêque, jusqu'à M. Trudaine [b], qui occupe aujourd'hui ce Siège Episcopal. Parmi ces Evêques il y en a trois qui se sont rendus recommandables par leurs Dignités. Ursus, ou Ursion, qui fut Chancelier de France en 1090. sous le Regne de Philippe I. Guerin natif de Pont Ste. Maixence, & Chevalier de l'Ordre de St. Jean de Jérusalem fut aussi Chancelier de France sous le Regne de Philippe-Auguste. Les Histoires de son Siècle lui donnent la principale gloire de la Journée de Bouvines, où il rangea l'Armée du Roi en bataille en qualité de Lieutenant Général ; mais étant alors nommé à l'Evêché de Senlis, il se retira dans l'Oratoire du Roi, où il fut en priéres pendant tout le tems du combat. Il fut revêtu de la Dignité de Chancelier jusqu'au Regne de St. Louïs. Enfin le troisième des Evêques de Senlis, qui a fait honneur à son Eglise, & à la France, est le Cardinal de la Rochefoucaut, Grand Aumônier de France, & Chef des Conseils du Roi Louïs XIII. L'Evêché de Senlis n'a que cent soixante & dix-sept Paroisses, quarante-quatre Chapelles, trois Abbayes, neuf Prieurés, & dix Maladeries. Il vaut environ vingt mille Livres.

[b] Ibid. p. 2.

Le Chapitre de la Cathédrale est composé de trois Dignités, de Doyen, Chantre, & Archidiacre, de vingt-quatre Canonicats, de six Demi-Prébendes, & de deux grands Chapelains. Ce Chapitre a le Privilège de Garde Gardienne, & de *Committimus* par Lettres Patentes du mois de Janvier de l'an 1550. regiſtrées au Parlement le 20. de Mai de l'an 1560 [c]. Le Clocher de la Cathédrale est un des plus hauts de France, & surpasse en hauteur toutes les hautes Montagnes du Pays : on le voit de sept à huit lieues de loin. Le Portail, qui est à l'Aîle droite de cette Eglise, est estimé des Curieux à cause d'un grand nombre de Figures, dont il est orné depuis le haut jusqu'en bas, qui font un assés bel aspect dans la Place. La Cité, c'est-à-dire l'enceinte de l'ancienne Ville, est un morceau des Romains.

[c] Ibid. p. 59.

On en voit encore de précieux restes, qui marquent une solidité admirable. Il y a d'espace en espace un lit de fort grosses briques, sur lequel ont été jettées quantité de pierres brutes, liées avec un ciment très-dur, & d'une bonne consistance. Le Château est un Bâtiment du tems de St. Louïs, & dans lequel ont été élevés quelques Enfans de France à cause de la salubrité de l'air ; c'est aujourd'hui, où le Présidial & les autres Jurisdictions de la Ville tiennent leurs Séances. Senlis est d'une figure ovale, située sur le penchant d'une Côte au pied de laquelle coule la petite Riviére appellée la Nonnette. Elle est entourée de murailles, & d'un fossé sec assés profond. Les Bastions & demi-lunes sont en partie revêtus de pierres. Trois Fauxbourgs en ferment les dehors.

Le Chapitre de St. Rieul [d] est aussi dans la Ville de Senlis. Il est composé d'un Doyen & d'un Chantre, qui sont Dignités, & de quinze Chanoines, qui ont trois cens Livres de revenu.

[d] Ibid. p. 4.

Celui de St. Frambouſt est encore dans Senlis. Il a un Doyen, un Chantre, & dix Chanoines, qui ont aussi environ trois cens Livres de revenu.

Dans le Château de Creil il y a un petit Chapitre de six Chanoines, dont les Canonicats valent deux cens Livres chacun.

Senlis a un Bailliage, & Siège Présidial [e], une Prevôté Royale pour la Ville & Banlieue, une Election, un Grenier à Sel, une Maréchauſſée, une Maîtrise particuliére des Eaux & Forêts, & une Capitainerie Royale des Chaſſes. La Justice est rendue dans cette Ville par les Officiers du Présidial, & de la Prevôté, à la reserve des Quartiers, qui sont dans le ressort des Chapitres de Notre-Dame, de St. Rieul, & de St. Frambouſt, qui ont leurs Justices particuliéres, & à la reserve encore de trois Maisons de la Ville, qui dépendent de Chantilly, à cause du Fief de Tournebœuf. Les Officiers du Présidial de Senlis rendent la Justice sur une Coûtume particuliére appellée la Coûtume du Bailliage de Senlis, qui fut rédigée en l'an 1539.

[e] Ibid. p. 30.

Le Bailly de Senlis a un Lieutenant Particulier à Compiègne, qui juge les différends conformément à la Coûtume de Senlis. La Justice de Compiègne est partagée entre le Roi, & l'Abbaye de St. Corneille, qui est unie aux Religieuses du Val-de-Grace de Paris. Elle est exercée pour le Roi par le Bailly dont je viens de parler, & pour les Religieuses du Val-de-Grace par un Prevôt, qui tient son Siège dans un Quartier de la Ville, qui dépend de leur Justice.

Il y a aussi dans la Ville de Pontoise un Lieutenant Particulier du Bailly de Senlis, & deux Prevôtés Royales, dont les appellations ressortissent par devant ce Lieutenant Particulier. L'un des Prevôts est appellé le Prevôt Maire, & est Juge des procès entre les Habitans. L'autre est nommé le Prevôt en garde, & connoît de toutes les causes des Forains de la Chatellenie. Au reste cette Ville est régie

Mmm en

en partie par la Coûtume de Senlis, & en partie par celle du Vexin François.

A Senlis on lave, & on prépare les Laines pour la Manufacture de Beauvais [a]. On y fabriquoit autrefois des Draps, qui étoient d'un assés bon debit; mais depuis environ soixante ans cette Manufacture est tombée, parce qu'on en a diminué le fil, & qu'on les a rendus par-là de mauvaise qualité.

Senlis est un Gouvernement particulier de l'Isle de France. Le Terroir de son Election est plus froid que celui de Paris: les meilleures terres de labour ne valent que neuf à dix Livres l'Arpent. La récolte des Vins monte jusqu'à quinze mille Muids, dont le prix n'excede guères vingt-cinq à trente Livres, n'étant pas de bonne qualité.

SENLIS-HEDAUVILLE, Bourg de France dans la Picardie, Election de Doulens.

1. SENNA, ou SENA. Voyez SENA.
2. SENNA, ou ZENNA, Ville au Midi de la Terre promise, Num. 34. 4. peut-être la même que Senaa 1. Esdr. 2. 35. Josué, 15. 3. Eusèbe met un Lieu nommé Migdal-Senna, ou la Tour de Senna, à huit milles de Jéricho, vers le Septentrion. Ce ne peut être Senna marquée dans les Nombres, & dans Josué; mais seroit-ce celle d'Esdras?

SENNAAR, Contrée de la Babylonie, où les hommes entreprirent de construire la Tour de Babel [b]. Calonné étoit bâtie dans le même Pays [c]. Amraphel Roi de Sennaar étoit puissant dès le tems d'Abraham [d]. Daniel dit que Nabuchodonosor transporta les Vases du Temple de Jérusalem, & les mit dans le Temple de son Dieu dans la Terre de Sennaar [e]. Il y a assés d'apparence que les Monts Singares ou Zagras, de même que la Ville, & le Fleuve de Singare, tirent leur nom de Sinnaar ou Singar.

SENNABRIS, Lieu entre Scythopolis & Tibériade, à trente Stades de cette derniére [f]: on l'écrit aussi Enabris, & Gennabris; les Talmudistes l'appellent Zinnabri [g].

SENNAR, ou NUBIE, Royaume d'Afrique [h]. Il a l'Egypte au Nord, la Mer Rouge à l'Orient, l'Ethiopie ou l'Abyssinie au Midi, & le Pays de Kovar, avec le Royaume de Gaoga, ou de Kaugha au Couchant. La partie Septentrionale de ce Royaume, où sont les Mahasses, & les Kenns, espèces de *Barabra* ou *Barbarins*, dépend du Turc. Voici comment Mr. Charles Jacques Poncet, Médecin François, parle du Royaume & de la Ville de Sennar dans la Relation abbrégée du Voyage qu'il fit en Ethiopie en 1698. 1699. & 1700. Le Royaume de Sudan est à l'Ouest de celui de Sennar.

Ce Royaume est proche de celui de Sudan [i], qui est à l'Ouest de celui de Sennar. Les Rois de ces deux Royaumes sont presque toujours en guerre. Machou grosse Bourgade sur le bord Oriental du Nil est du Royaume de Sennar. Le Nil forme à l'endroit où Machou est situé deux grandes Isles remplies de Palmiers, de Séné, & de Coloquinte. Machou est le seul Lieu habité depuis Helaoué, & est dans la Province de Fungi, & fait le commencement du Pays des Barauras, que nous appellons Barbarins. Le Royaume de Gondola dépend de celui de Sennar: Syout est aussi du Royaume de Sennar. Il y a là sur le Nil un Pont fort large, & bâti de pierre de taille: on croit que c'est le seul qu'il y ait sur cette Riviére. On y voit les restes d'un ancien & magnifique Amphithéâtre avec quelques Mausolées des anciens Romains.

La situation de la Ville de Sennar [k] paroît enchantée. Cette Ville a près d'une lieue & demie de circuit. Elle est fort peuplée, mais mal propre & mal policée. On y compte environ cent mille Ames. Elle est située à l'Occident du Nil sur une hauteur, à treize degrés quatre minutes de Latitude Septentrionale, selon l'observation, que le Pere de Brevedent fit à Midi le 21. Mars 1699. Les Maisons n'ont qu'un étage, & sont mal bâties; mais les Terrasses, qui leur servent de toit, sont fort commodes. Pour les Fauxbourgs ce ne sont que de méchantes Cabanes faites de Cannes. Le Palais du Roi est environné de hautes murailles de Briques cuites au Soleil, & n'a rien de régulier. On n'y voit qu'un amas confus de Bâtimens, qui n'ont aucune beauté. Les appartemens de ce Palais sont assés richement meublés, avec de grands Tapis à la maniére du Levant.

Les Etrangers qui sont admis à saluer le Roi sont obligés de quitter leurs souliers: on le salue à genoux en baisant trois fois la terre. Mais les Sujets du Prince ne paroissent jamais devant lui que les pieds nuds. On le voit vêtu d'une longue Robbe de soye brodée d'or, & ceint d'une espèce d'Echarpe de toile de coton très-fine. Il a sur sa Tête un Turban blanc. Il ne paroît jamais en public que le visage couvert d'une gaze de soye de plusieurs couleurs. Son divertissement le plus ordinaire est de tirer au blanc avec le fusil avec les Seigneurs de sa Cour, qui n'en ont pas encore un gand usage. Il va à la promenade réguliérement le Mercredy, & le Samedy. Les autres jours il tient son Conseil, & s'applique à rendre justice à ses Sujets, dont il ne laisse aucun Crime impuni. On ne cherche pas en ce Pays-là à prolonger les procès; aussi-tôt qu'un Criminel est arrêté, on le présente au Juge, qui l'interroge & qui le condamne à mort, s'il est coupable. La Sentence s'exécute sur le champ, on prend le Criminel, on le renverse par terre, & on le frappe sur la poitrine à grands coups de bâton jusqu'à ce qu'il expire.

Tout est à grand marché à Sennar. Un Chameau ne coûte que 7. à 8. Livres, un Boeuf cinquante sols, un Mouton quinze, & une Poule un sol. Il en est ainsi à proportion des autres denrées. Le pain de froment n'est pas du goût de ces Peuples, ils n'en font que pour les Etrangers. Celui dont ils se servent est d'un grain appellé Dora.

---

[a] Ibid. p. 36.
[b] Genes. 6. 2.
[c] Genes. 10. 10.
[d] Genes. 14. 1.
[e] Dan. 1. 2.
[f] Joseph. de Bel. L. 3. c. 16. p. 857.
[g] Ligtfoot. Centur. Chorogr. in Matt. c. 70.
[h] De l'Isle Atlas.
[i] Lettres Edif. tom. 4. p. 4. & 13.
[k] Ibid. p. 25. & suiv.

Dora. Ce pain eſt bon, quand il eſt frais; mais après un jour il eſt inſipide, & on ne peut en manger. Les Marchandiſes de ce Pays ſont les dents d'Eléphant, le Tamarin, la Civette, le Tabac, la poudre d'or &c. On tient tous les jours des Marchés où l'on vend les Eſclaves. On en a un des plus forts, & des plus robuſtes pour dix écus.

La Monnoye la plus baſſe de ce Royaume vaut un double de France. Le Fadda eſt une Monnoye d'argent fort mince, & moins grande qu'un denier, elle vient de Turquie, & vaut un ſol marqué. Outre ces deux Monnoyes, on ne ſe ſert que de Reaux & de Piaſtres d'Eſpagne, qui doivent être rondes. Les Piaſtres valent environ quatre Francs en ce païs-là.

Les Chaleurs de Sennar ſont ſi inſupportables, qu'on a peine à reſpirer pendant le jour. Elles commencent au mois de Janvier, & finiſſent à la fin d'Avril. Elles ſont ſuivies de pluyes abondantes, qui durent trois mois, qui infectent l'air, & qui cauſent une grande mortalité parmi les hommes [a], & parmi les Animaux.

[a] Ibid. p. 36.

Ces Peuples ſont naturellement fourbes & trompeurs, mais d'ailleurs fort ſuperſtitieux & fort attachés au Mahométiſme. L'eau-de-Vie, le Vin & l'Hydromel même leur ſont défendus, & ils n'en boivent qu'en cachette. Leur Boiſſon ordinaire eſt une eſpèce de Biére. Ils ont auſſi l'uſage du Caffé, quoiqu'on ne s'en ſerve pas en Ethiopie. Les femmes de qualité ſont couvertes d'une Veſte de ſoye, ou de toile de coton fort fine avec de larges manches, qui pendent juſqu'à terre. Leurs cheveux ſont treſſés, & chargés d'Anneaux d'Argent, de Cuivre, de Laiton, d'Yvoire, ou de Verre de diverſes couleurs. Ces Anneaux ſont attachés à leurs treſſes en forme de Couronnes; leurs bras, leurs jambes, leurs oreilles, & leurs narines même ſont chargées de ces mêmes Anneaux. Elles ont aux doigts pluſieurs Bagues, dont les Pierres ne ſont pas fines. Toute leur chauſſure conſiſte en de ſimples Semelles, qu'elles attachent aux pieds avec des cordons. Pour les femmes, & les filles du commun, elles ne ſont couvertes que depuis la ceinture juſqu'aux genoux.

Les Marchandiſes qu'on porte au Royaume de Sennar ſont des Épiceries, du Papier, du Laiton, du Fer, du Fil d'archal, du Vermillon, du Sublimé, de l'Arſenic blanc, & jaune, de la Quincaillerie, du Spica de France, du Mahaleb d'Egypte, qui eſt une graine d'une odeur forte, des Couteries de Veniſe, qui ſont des eſpèces de Chapelets de verre de toutes couleurs, & enfin du Noir à noircir, qu'ils appellent Kool, & qui eſt fort eſtimé en ce Pays-là; parce qu'on s'en ſert pour noircir les yeux & les ſourcils.

Les Marchands de Sennar font un gros Commerce du côté de l'Orient. Au tems de la Mouſſon ils s'embarquent à Suaquen ſur la Mer Rouge. Ils portent l'Or, la Civette, & les dens d'Eléphant, & rapportent les Épiceries, & les autres Marchandiſes des Indes. Ils employent ordinairement deux ans à faire ce voyage.

Lorſque le Roi de Sennar eſt mort, le Grand Conſeil s'aſſemble, & par une Coûtume également barbare & déteſtable, fait égorger tous les freres du Prince qui doit monter ſur le Thrône.

Tout le Pays qu'on trouve depuis le Caire juſqu'à Dongola, & même juſqu'à celui de Sennar [b] eſt un Pays fort agréable; mais il n'a qu'environ une lieue de largeur; ce ne ſont au delà que des Deſerts affreux. Le Nil paſſe au milieu de cette délicieuſe Plaine. Les bords en ſont hauts, & élevés, ainſi ce n'eſt point l'inondation de ce Fleuve, qui cauſe comme en Egypte la fertilité de cette Campagne; mais l'induſtrie, & le travail des Habitans, qui conduiſent de l'eau dans des Réſervoirs, d'où ils les tirent enſuite, quand ils en ont beſoin pour arroſer leurs Terres, qui ſeroient ſtériles & incultes ſans ce ſecours.

[b] Ibid. p. 13. & ſuiv.

On ne ſe ſert point d'argent en ce Pays-là pour le Commerce. Tout s'y fait par échange comme dans les premiers tems: avec leur Pain de Dora, & leur mauvaiſe Biére, dont ils boivent juſqu'à s'ennyvrer, ils ſe croient heureux, & en état de faire bonne chére. Avec une nourriture ſi légère, ces gens là ſe portent bien, & ſont plus robuſtes & plus forts que les Européans. Leurs Maiſons ſont de terre, baſſes & couvertes de Cannes de Dora. Mais leurs Chevaux ſont parfaitement beaux, & ils ſont habiles à les dreſſer au manège. Les perſonnes de qualité ont la tête nue, & les cheveux treſſés aſſés proprement. Tout leur habit conſiſte dans une eſpèce de Veſte aſſés mal propre, & ſans manches, & leurs chauſſures dans une ſimple Semelle, qu'ils attachent avec des courroyes. Les gens du commun s'enveloppent d'une piéce de toile, qu'il mettent autour de leurs Corps en cent manières différentes. Les enfans ſont preſque nuds. Les hommes portent par-tout une Lance; ceux qui ont des Epées les portent pendues au bras gauche. Les Juremens, & les Blaſphémes ſont fort communs parmi ces Peuples groſſiers, qui d'ailleurs ſont ſi débauchés, qu'ils n'ont ni pudeur, ni politeſſe, ni Religion; car quoiqu'ils faſſent aujourd'hui profeſſion du Mahométiſme, ils n'en ſavent que la profeſſion de Foi, qu'ils répétent à tous momens: (*Il n'y a qu'un ſeul Dieu & Mahomet eſt ſon Prophête*); ſur-tout quand ils voyent des Chrétiens. Il n'y a pas encore long-tems, que ce Pays n'eſt plus Chrétien. On trouve encore quantité d'Egliſes, & d'Hermitages à demi-ruïnés.

Les Habitans du Royaume de Sennar [c], ou de la Nubie, ont le nez écraſé, les levres groſſes, & le viſage fort noir.

[c] Ibid. p. 99.

SENNATES, Peuples de la Gaule Aquitanique, ſelon Pline [d].

[d] Lib. 4. c. 19.

SENNE, Riviére des Pays-Bas [e]. Elle prend ſa Source dans le Hainaut, entre le Roeulx & Soignes, près du Village nommé l'Hermitage: delà elle coule à Soignies, d. à Homes, d. à Steinkerke, g. à

[e] Dict. Géogr. des Pays-Bas.

à Kenaft, g. à Tubife, g. à Halle, g. à l'Abbaye de Werft, d. à Bruxelles, à Haren, d. à Vilvorden, à Wert, g. paffe à demi-lieue de Malines, qu'elle laiffe à la droite, à Heffen; & delà elle va se perdre dans la Dyle au-deffus du Château de Battelbroeck, à une grande lieue au-deffus de Malines.

SENNO, selon Mr. Corneille [a], & SINO, selon Magin [b]. Mr. Corneille ne s'accorde guère mieux avec Magin pour le cours de cette Riviére que pour le nom. Il dit: Sehno, Riviére d'Italie, qui a son cours dans le Royaume de Naples, en Latin *Siris* ou *Ciris*. Il ajoute: elle a sa Source aux Confins de la Haute Calabre, d'où coulant dans la Pouille par la Bafilicate, elle baigne Grumento, & se rend dans le Golphe de Tarente près de la Tour de St. Bafile, à huit milles de Tarfi du côté de l'Orient.

[a] Dict.
[b] Atlas Ital.

Selon Magin, le Sino a sa Source dans la Bafilicate, & dans l'Apennin aux Confins de la Calabre, & prenant son cours vers l'Orient Septentrional, il baigne *Latronico*, *Epifcopia*, *Francavilla*, *Clarimonte*, *Colobraro*; après quoi, groffi de divers Ruiffeaux, il va se jetter dans le Golphe de Tarente près de la Tour de St. Bafile.

SENONCHES, *Senones Celfi*, Bourg de France dans le Perche, Election de Verneuil, avoit titre de Principauté. Ce Bourg qui est fort peuplé eft la seconde Place de la Partie du Perche, que l'on appelle Terres démembrées, ou Pays de Thimeraïs. C'eft un Bailliage qui reffortit au Préfidial de Chartres. La Forêt de Senonches eft située entre le Bourg de la Ferté-au-Vidame, celui de Senonches, & les grandes Forges de Fer de Maillebois, dans l'Election de Verneuil. Cette Forêt peut avoir fix à fept lieues de tour.

SENONGES, Bourg du Duché de Lorraine, au Bailliage de Vofge, Office de Darney. Il y a deux Eglises Paroiffiales: la principale qui se trouve au milieu des Champs, eft sous le titre de St. Vincent, & on l'appelle communément l'Eglise des Abbeffes; l'autre a été bâtie dans le Bourg, pour la commodité des Habitans: Il y a une Chapelle en titre sous l'Invocation de St. Nicolas.

SENNONES. Voyez SENONES.
SENOESSANI. Voyez SINUESSA.
SENOGALLIA. Voyez SENA-GALLICA.

1. SENONES, Peuples de la Gaule Celtique ou Lyonnoise, vers l'Embouchure de l'Yonne. Strabon écrit Σένωνες & Ptolomée Σένονες. Cette derniére orthographe eft apparemment la meilleure; car les Poëtes Latins font dans *Senones* la seconde Syllabe bréve. Silius Italicus dit [c]:

[c] Lib. 8. v. 454.

Et Clanis & Rubico & Senonum de nomine Sena.

Et dans Sidonius Apollinaris [d] on trouve

[d] Panegyr. Majoriani, v. 82.

*. . . . . . . Sed reppulit vanus
Tum quoque totam aciem, Senones dum garrulus Anfer
Nuntiat, & vigilat veftrum fine milite fatum.*

Ptolomée [e] nomme leur Capitale *Agedicum*. Voyez ce mot.

[e] Lib. 2. c. 8.

SENONES, Peuples d'Italie, dans la Gaule Cifpadane, sur le bord de la Mer Adriatique. Ces Peuples Gaulois d'origine ne s'étoient point avisés de passer les Alpes, aux quatre premiéres migrations des Gaulois sous Bellovèfe. Il n'y penférent qu'environ deux cens ans après, à la follicitation d'Aruns [f], qui vouloit se venger de Lucumon. Celui-ci parmi tous les Peuples de la Gaule Celtique [g] choifit les Sénonois, peut-être parce que leur Pays étoit moins épuifé d'hommes, puifque les Sénonois n'avoient point fuivi Bellovèfe. Il leur vanta l'abondance dont ils jouïroient en Italie, & leur fit goûter du Vin qu'il en avoit apporté. Les Sénonois se déterminérent à le fuivre, & leur Armée fut très-nombreufe. Après avoir paffé les Alpes, ils n'attaquérent point les Celtes; mais allérent se jetter sur l'Umbrie, qui n'avoit encore été que peu entamée. Ils s'y établirent, selon Polybe & Tite-Live, depuis l'Utens jufqu'à l'Æfis, & depuis la Mer Adriatique jufque vers l'Apennin. Ils mirent environ fix ans à cet Etabliffement. Au bout de ce tems, & dans l'année de Rome 362. Aruns les conduifit devant Clufium pour affiéger cette Place où fa femme & son Ravifleur s'étoient enfermés. Les Romains inquiets du voifinage de ces Peuples, offrirent de terminer le différend à l'amiable par leur médiation. Cette médiation fut rejettée. Les Ambaffadeurs Romains de Pacificateurs étant alors devenus ennemis, les Sénonois qui s'en apperçurent en envoyérent demander juftice à la République, & comme elle refufa de leur donner la fatisfaction qu'ils exigeoient, ils marchérent droit à Rome. Ils défirent chemin faifant l'Armée Romaine, & entrérent quelques jours après dans Rome qu'ils pillérent & réduifirent en cendres à l'exception du Capitole; qu'ils tentérent inutilement d'emporter, & dont la réfiftance facilita aux Romains le moyen de chaffer à la fin leurs Ennemis. Environ cent ans après cette grande expédition, les Sénonois furent, selon Strabon [h] exterminés par les Romains; mais Polybe [i] plus exact dans cet endroit que Strabon, dit qu'ils furent chaffés du Pays qu'ils occupoient par M. Curius Dentatus, Conful avec P. Cornelius Rufinus l'an de Rome 463. Ce ne fut que fept ans après, à ce que nous apprennent Polybe, Denys d'Halicarnaffe, & Florus, que les Sénonois furent exterminés par le Conful Dolabella. Ils furent alors tellement anéantis, qu'à peine reftat-il dans l'Italie quelques vestiges de cette Nation que la prise de Rome avoit fi fort diftinguée. Dès le Confulat de M. Curius Dentatus ils avoient perdu la plus grande partie de leur Pays, depuis l'Æfis jufqu'au Rubicon, & les Romains avoient envoyé une Colonie à *Sena-Gallica*, aujourd'hui *Sinigaglia*. Ils occupoient le refte du Pays depuis le Rubicon jufqu'à l'Utens, lorfque P. Cornelius Dolabella les défit sur les bords du Lac de Vadimon en Etrurie.

[f] Plut. in Camillo.
[g] Tit.-Liv. Lib. 5.
[h] Lib. 5.
[i] Lib. 2.

3. SENONES, Bourgade du Duché de Lor-

Lorraine, au Diocèse de Toul, dans la Principauté de Salmes. Elle doit son origine & son nom à l'Abbaye de Senones, autour de laquelle elle s'est formée depuis la fondation de cette Abbaye dont elle dépend. Il y a deux Cures: l'une qui garde le nom du Lieu, & l'autre qui est sous le titre de St. Jean.

4. SENONES, Abbaye du Duché de Lorraine, au Diocèse de Toul, dans la Principauté de Salmes. C'est une Abbaye d'Hommes, de l'Ordre de St. Benoît, Congrégation de St. Vanne & de St. Hydulphe. Elle reconnoît pour son Fondateur St. Gondelbert, Evêque de Sens, qui se retira dans ce Pays, au milieu du septième Siècle. Il jetta dans ce Desert les fondemens de cette Abbaye, sous le Régne de Childeric II. Roi d'Austrasie. Ce Prince lui donna le terrein avec les droits de Haute, Moyenne & Basse-Justice. La Haute Justice vint au pouvoir des Comtes de Salmes en 1573. avec la plus grande partie des rentes, & des revenus, qui sont à présent partagés entre le Duc de Lorraine & le Prince de Salmes. Le reste du revenu de l'Abbaye fut séparé en 1602. en deux Manses: l'Abbatiale qui est de six mille cinq cens Livres, & la Conventuelle qui va à trois mille cinq.

SENONNE, Bourg de France dans l'Anjou, Election d'Angers.

SENONOIS, Pays de France, le long de la Rivière d'Yonne, au Gouvernement Militaire de Champagne. Il est borné au Nord par la Brie, à l'Orient par la Champagne propre, au Midi par l'Auxerrois, & à l'Occident par le Gastinois. Ce fut la demeure des anciens *Senones*, Peuples puissans de la Gaule Celtique, & qui occupoient ce qui est renfermé entre la Seine, le Rhône, & les Monts de Joux, & de Vaugé. On a douté fort long-tems si les *Sequani*, & les *Senones* n'étoient qu'un même Peuple. Florus nomme indifféremment ceux de Sens *Senones* & *Sequani*. Le nom des *Séquaniens* n'étoit point en usage dans les anciens tems: les *Senones* seuls étoient connus, & l'on ne fit cette différence qu'après les expéditions de Brennus. Les *Senones* se partagérent alors en deux Nations. Ceux qui demeurérent en deçà de la Seine gardérent le nom de *Senones*, & ceux qui passérent au-delà prirent celui de *Séquaniens*, & occupérent un Pays, qui d'un côté s'étendoit jusqu'aux Helvétiens, & de l'autre jusqu'aux Alpes. Le Senonois fut un des premiers Comtés qui furent possedés par des Seigneurs héréditaires. En 1015. le Roi Robert l'unit à la Couronne de Rainard II. Ses Successeurs y établirent des Vicomtes, qui n'en étoient proprement que les Gouverneurs. Les Villes les plus considérables de ce Pays sont:

Sens,
Ville-Neuve l'Archevêque,
Ville-Neuve le Roi,
Joigny,
Chablis,
Tonnerre.

SENOUILLAC, Bourg de France, dans le Haut-Languedoc, Recette d'Alby. Il est assés considérable.

SENONUM-ORA, Pline [a] appelle ainsi l'endroit de la Japygie, où se trouvoit la Ville de Callipolis. Comme il est seul qui parle de cette Côte, Ortelius [b] meroit mieux lire *Salentina-Littora*, avec Pomponius Mela [c]; car, dit-il, les *Salentini* étoient dans ce Quartier.

[a] Lib. 3. c. 11.
[b] Thesaur.
[c] Lib. 2. c. 4.

SENOS, Ville d'Egypte, selon Etienne le Géographe qui cite Hécathée.

1. SENS, Ville de France dans la Champagne, au Sénonois, sur la Rivière d'Yonne, dans l'endroit où cette Rivière reçoit la Vaine, à vingt-cinq lieues de Paris, & à quatorze d'Auxerre. Cette Ville étoit ci-devant du Gouvernement de Bourgogne, mais elle est à présent du Gouvernement de Champagne, & à plus juste titre, puisque la Bourgogne ne commence qu'à la sortie de l'une de ses Portes. Elle est néanmoins de la Généralité de Paris. Du tems des Gaulois elle fut la Capitale d'un Peuple, connu sous le nom de *Senones*, qui se rendit redoutable par sa valeur long-tems avant la Naissance de Jésus-Christ. Voyez SENONES. La Ville se nommoit alors *Agendicum*, elle étoit fort célèbre du tems de Jules-César. Elle l'est aujourd'hui beaucoup moins. Vers l'an 940. elle étoit au pouvoir de Hugues le Grand, Duc de France, qui en commit le Gouvernement à un Seigneur nommé Frotmond. Après la mort du Duc Hugues, le Comte Rainard se rendit Seigneur propriétaire de cette Ville, qu'il laissa à son fils Frotmond, & celui-ci à son fils Rainard II. qui ayant commis plusieurs violences contre l'Archevêque Loteric, obligea le Roi Robert en 1015. à confisquer sur lui ce Comté qu'il réunit à la Couronne.

La Ville de Sens reconnoît St. Savinien pour son premier Prélat. La Tradition dit que ce Saint fut envoyé dans les Gaules par St. Pierre [d]; mais cela ne s'accorde point avec Sulpice Sévère, & Grégoire de Tours, qui ne mettent la naissance des Eglises des Gaules que sur la fin du second Siècle. Il y a beaucoup d'apparence, que les Actes du Martyre de St. Savinien ont été altérés. L'Eglise de Sens compte cent huit Prélats depuis St. Savinien jusqu'à M. de Gergey de Languet qui la gouverne aujourd'hui. Ansegise Archevêque de Sens donna un grand éclat à son Eglise. Charles le Chauve obtint du Pape Jean VIII. en sa faveur la Primatie des Gaules, & de Germanie l'an 876. Les Evêques de France assemblés à Pontieu desapprouvérent cette Elévation de l'Eglise de Sens. Cependant les Archeveques de Sens ont joui de cette Prérogative pendant deux cens ans. L'an 1079. le Pape Grégoire VII. confirma à l'Archevêque de Lyon la Primatie sur les quatre Provinces Lyonnoises, qui sont Lyon, Rouen, Tours & Sens. Les Archeveques de Sens ont plusieurs fois essayé de revenir contre cette concession. Mais Charles de Bourbon Cardinal, & Archevêque de

[d] *Piganiol*, Descr. de la France, t. 3. p. 274.

de Lyon, ayant porté la décision de ce procès au Parlement de Paris, l'Archevêque de Sens, qui étoit de la Maison de Melun s'y laissa condamner par défaut, & depuis ce Jugement la Primatie des Gaules est demeurée à l'Archevêque de Lyon, & celui de Sens n'a conservé que le titre de Primat des Gaules, & de Germanie. Il avoit autrefois pour Suffragans les Evêques de Paris, de Chartres, de Meaux, d'Auxerre, d'Orléans, de Nevers; mais depuis l'Erection de l'Evêché de Paris en Archevêché, il n'est resté à l'Archevêque de Sens pour Suffragans, que les Evêques de Troyes, d'Auxerre & de Nevers, & pour l'indemniser de ce démembrement on a uni à son Archevêché l'Abbaye du Mont St. Martin en Picardie, qui vaut douze mille Livres de rente. L'Archevêché de Sens vaut environ cinquante mille Livres de revenu, & son Diocèse s'étend au de-là du Gouvernement de Champagne. Il comprend sept cens soixante & cinq Paroisses, seize Chapitres, vingt-neuf Abbayes, & soixante Couvens, Communautés ou Colléges. Dans la seule Ville de Sens, il y a seize Paroisses, & des seize Curés il y en a treize qui sont qualifiés Prêtres Cardinaux parce qu'ils assistent l'Archevêque à la Messe lorsqu'il officie dans sa Cathédrale. Autrefois & même sous M. Gondrin, ils l'assistoient toutes les fois, qu'il officioit pontificalement aux grandes Fêtes, mais à présent cette Cérémonie ne s'observe qu'aux deux Fêtes de St. Etienne Patron de l'Eglise Cathédrale, à la Dédicace de la même Eglise, & le Jeudi Saint pour les Saintes Huiles.

Le Chapitre de l'Eglise Métropolitaine de St. Etienne de Sens est composé de cinq Dignités, qui sont l'Archidiaconé de Sens, la Thréforerie, le Doyenné, la Préchanterie, & la Célérerie ; de quatre Personats, qui sont les Archidiaconés de Gâtinois, de Melun, de Provins, & d'Estampes, de trente-un Canonicats, & de quatorze Semi-Prébendes, &c. Les Dignités d'Archidiacre de Sens, & de Thréforier, les Personats, & tous les Canonicats sont à la Collation de l'Archevêque. Le Doyen, le Préchantre, & le Célerier sont électifs par le Chapitre & confirmatifs par le Pape. Les deux Hautes Vicairies dépendent du Chapitre, qui a aussi la présentation des quatorze Semi-Prébendes à la reserve d'une, qui dépend du Thréforier.

L'Eglise Métropolitaine de Sens a quelques Privilèges, que les autres n'ont pas. Louise de Savoye, Duchesse d'Angoulême, & Régente en France pendant l'absence de François Premier son fils, lui donna des Lettres de Concession datées du 14. Octobre 1515. par lesquelles elle lui donne pouvoir de faire faire par ses Officiers les Inventaires de ceux du Chapitre, & Habitués de cette Eglise, qui décéderont dans le Cloitre, sans que les Officiers du Roi s'en puissent entremettre. Ces Lettres furent confirmées par d'autres de François Premier du 17. Février de l'an 1516. Cette Eglise a aussi des Lettres de Protection & de Sauvegarde, semblables à celles de l'Eglise de Notre-Dame de Paris avec le droit de *Committimus* aux Requêtes du Palais. Ces Lettres sont datées du mois de Novembre 1548. L'Eglise Cathédrale est dédiée à St. Etienne. Elle est grande puisqu'on assûre qu'elle egale en grandeur celle de Notre-Dame de Paris. On vante fort un Soubassement du Maître-Autel de cette Eglise. Il est d'Or & enrichi de Pierres précieuses. On ne le montre qu'aux grandes Fêtes. On y voit St. Etienne au milieu des quatre Evangélistes. Ce bas-relief est magnifique & très-estimé. C'est une des principales Pièces du Tréfor qui est riche. On y voit entre un nombre considérable de Reliques le doigt *index* de St. Luc, avec lequel il écrivit l'Evangile. On entend les Cloches de cette Cathédrale à huit lieues de distance, & le son en est si doux & si harmonieux, que les personnes qui se trouvent dans le Clocher, lorsqu'on les sonne, peuvent s'entretenir sans être interrompues par leur son. On voit encore dans cette Eglise plusieurs Tombeaux remarquables, entr'autres ceux du Cardinal du Perron & du Chancelier du Prat, l'un & l'autre Archevêques de Sens. Les Tombeaux des derniers Archevêques sont aussi dans ce Chœur. Je dis des derniers, car les quarante premiers ont été enterrez à St. Pierre le Vif. On fait aussi remarquer dans cette Eglise la Chaire où St. Bernard a prêché, & l'endroit où le Roi Saint Louïs épousa Marguerite de Provence.

Après la Cathédrale, l'Eglise de St. Pierre le Vif, ou le Vic, est la plus considérable. C'est une Abbaye [a] de l'Ordre de St. Benoît, de la Congrégation de St. Maur. Elle est dans le premier Cimetière des Chrétiens, dans lequel un grand nombre de Martyrs ont été enterrez, & d'autres ont été jettez dans un Puits profond, qui est dans la Chapelle souterraine qui sert de Sacristie. On prétend que Théodécilde, qu'on dit fille de Clovis, a fait bâtir cette Abbaye, & qu'elle y fut enterrée, & on y voit aujourd'hui une belle Châsse dans laquelle sont ses Reliques. Il y a aussi plusieurs autres Corps Saints & le Chef de St. Grégoire le Grand. Cette Abbaye a été détruite neuf ou dix fois. Le Chœur de l'Eglise est majestueux, & orné non seulement de belles Chaires, mais encore d'un Autel tout de Marbre, derriére lequel est la Chapelle de la Ste. Vierge, dont les grandes Colomnes de marbre font un bel effet; parce que cette Chapelle est élevée au-dessus d'une autre qui sert de Sacristie, & qui est celle où se trouve le Puits dont il vient d'être parlé. L'Abbaye de Ste. Colombe, dont l'Eglise a été consacrée par le Pape Alexandre III. est belle & magnifique. On y voit dans la Nef le Tombeau de St. Loup, Archevêque de Sens, & ses Reliques y sont conservées dans une très-belle Châsse d'argent, qui est dans le Tréfor, ainsi que celles de Ste. Colombe & de St. Flavet. Les Reliques de Thibaut I. Comte de Champagne, y sont

[a] *Baugier, Mém. de Champagne, T. 1, p. 358.*

font aussi dans une Châsse de bois. Raoul, Roi de France, & Richard, Duc de Bourgogne, ont choisi leur Sépulture dans cette Église ; mais on n'y voit plus leurs Tombeaux. Il y avoit à Sens l'Abbaye de St. Remi. Elle ne subsiste plus. Ses revenus, qui montent encore à quatre mille Livres par an, ont été donnez à Messieurs de la Mission, qui font dire tous les ans une seule Messe dans une Chapelle, qui reste seule à présent de tous les Bâtimens de cette Abbaye. L'Abbaye de St. Jean possédée par les Chanoines Réguliers de la Congrégation de Ste. Géneviéve de Paris, fut fondée pour des Religieuses peu après l'Abbaye de St. Pierre, dans le neuviéme Siécle : elle étoit possédée par les Moines, & elle fut donnée dans le douziéme siécle aux Chanoines Réguliers. Il ne reste plus de l'Eglise que le Chœur qui est beau & deux Chapelles fort propres qui font le tour du Chœur. L'Abbaye de St. Paul de l'Ordre de Prémontré, & l'Abbaye de Notre-Dame occupée par des Religieuses Bénédictines, n'ont rien de remarquable. Il y a encore à Sens une Maison de Célestins, une de Jacobins, un Couvent de Cordeliers, un de Capucins, un de Picpuces ou Pénitens ; un Monastére de Carmélites, un d'Annonciates bleues, un d'Ursélines, une Maison de Prêtres de la Mission, & seize Paroisses, l'une desquelles est dans l'Eglise de la Cathédrale. Cependant la Ville n'est pas aussi peuplée qu'elle est grande. La petite Riviére de Vaine remplit les fossez d'eau, & fournit presque à toutes les rues de petits ruisseaux, qui les lavent & servent aux Habitans à divers usages. Il s'est tenu plusieurs Conciles à Sens. Un des plus célèbres est celui de l'an 1140. auquel le Roi Louïs le Jeune assista, & où St. Bernard fit condamner Abeillard, qui en appella au Pape.

La Ville de Sens est avantageusement située pour le Commerce. Cependant il s'y en fait fort peu. On mene à Paris par la Riviére d'Yonne des Vins, du Bois, du Charbon, de l'Avoine & du Foin. Il y a à Sens un Collége qui fut fondé par un Chanoine de la Cathédrale & donné aux Jésuites en 1623. Cette Maison n'est pas riche. Le Séminaire jouït d'environ treize mille Livres de rente, que le Roi a permis qu'on imposât annuellement sur le Clergé du Diocése. L'Hôpital a six mille Livres de rente, & est gouverné par trois Ecclésiastiques nommez par le Chapitre, & par trois Laïcs nommez par la Ville. Le Chapitre nomme encore un Oeconome, qui fait la Recette & la Dépense.

Le Présidial de Sens étoit un des plus grands du Royaume ; mais il a été fort démembré pour former ceux de Troyes, de Langres, de Chaalons, de Melun, d'Auxerre, de Montargis, de Chaumont en Bassigny, &c. Il y a aussi un Bailliage, une Prevôté qui ressortit au Présidial, une Election, un Grenier à Sel, une Maréchaussée & une Jurisdiction Consulaire. On suit la Coûtume du Bailliage de Sens & celle de Loris.

Les Habitans de Sens furent ceux qui arrêtérent le plus long-tems les Conquêtes de César dans les Gaules. On voit encore près de la Ville d'anciens vestiges des Edifices qu'y fit construire ce premier des Empereurs ; & sur le rivage de l'Yonne il y a une Maison qui a pour titre *Carcer Cæsaris*.

2. SENS, Bourg de France, dans la Bourgogne, au Bailliage de Châlon, Recette de St. Laurent, entre les Riviéres de Breigne & de Seille. On y voit le Pont de l'Etalet, pour passer la Riviére de Breigne, & qui sert de grand passage pour la Franche-Comté. C'est un Pays de Plaines. Les Hameaux de Visargent, Gérau, Condez, les Terrains & Bure, en dépendent.

3. SENS, Bourg de France, dans le Berry, Election de Bourges. Ce Lieu qui est régi par la Coûtume de Loris-Montargis, est situé sur la Riviére de la Sauldre, à huit lieues de Bourges, trois d'Henrichemont & deux de Sancerre. La Taille y est personnelle. La Cure vaut quatre cens Livres, les Vénérables du Chapitre de Sancerre en sont Collateurs & Patrons. Une partie du terroir est ardent, sec & maigre, & l'autre humide & en Bruyéres, Bois & Pacages. Ce Lieu est une Châtellenie, & sa Haute-Justice appartient à Dame Louïse-Françoise de Mégrigny, Veuve de Messire Jacques Léon Bouthillier de Chavigny. Le Château de Beaujeu en dépend & lui appartient.

4. SENS & LA FARGE, Lieu de France, dans la Bourgogne, au Bailliage de Châlon. Ce Lieu est situé partie en Montagne, partie en Plaine. Il n'y passe qu'un petit ruisseau nommé Merdery. Il y a un grand Chemin qui va à Tournus & à Mâcon. On recueille du Vin dans le voisinage. La Tour de Vert & de Ruffey dépendent de Sens & la Farge.

SENSENNA, Ville de la Tribu de Juda Josué 15. 30. l'Hébreu la nomme *Sansanna*.

SENSET, ou la SANSSE, Riviére des Pays-Bas [a]. Elle prend sa source auprès du Village de Boilioux, en Artois, d'où elle coule à St. Martin, g. à l'Abbaye du Vivier, d. à l'Ecluse, d. à Arleux, à l'Abbaye du Verger, à Aubigny, à Freham, à Wasne, g. à Crupilli, d. à Wavrechin, g. à Bouchain, où elle se perd dans l'Escaut.

[a] Dict. Géogr. des Pays-Bas.

SENTA, Lieu de la Dalmatie sur la Côte. Pline [b] dit que le Vent y avoit formé une vaste & profonde Caverne. Niger veut que ce Lieu se nomme aujourd'hui *Seta*, & le place près de Médon, anciennement *Doclea* [c]. Mais Hermolaüs, sans doute, avec plus de fondement, le met près de *Senia* à présent *Segna* ; car il dit qu'au-dessus de cette Ville il y a une Caverne d'où presque, à toutes les heures, il sort des Vents véhémens.

[b] Lib. 2. c. 45.
[c] Ortelii Thesaur.

SENTIA, Ville d'Italie : Appien [d] en parle, & il semble qu'elle étoit aux environs du Latium. Ortelius [e] croit que ce pourroit être la même que SETIA.

[d] Civil. L. 5.
[e] Thesaur.

SEN-

SEN. SEO. SEP.

SENTIANUM, Lieu d'Italie. Il est marqué dans l'Itinéraire d'Antonin sur la Route d'*Equo-Tuticum* à *Regium*, en prenant par *Roscianum*; & il est entre *Equo-Tuticum* & *Baleianum*, à vingt-trois milles de chacun de ces Lieux.

SENTICA, Ville de l'Espagne Tarragonnoise: Ptolomée [a] la donne aux *Vaccæi*. [a Lib. 2. c. 3.]

SENTICE, Contrée de la Macédoine: Tite-Live qui en parle [b], donne à la Ville d'Héraclée, qui y étoit située, le surnom de SENTICE [c]. César [d] & Pline é crivent SINTICA. Les Habitans de cette Contrée sont les SINTI, Σίντοι, de Thucydide [f]. [b Lib. 4. c. ult.] [c Ibid.] [d Lib. 45. c. 29.] [d Civ. L. 3. c. 74.]

SENTII, Peuples de la Gaule Narbonnoise. Ptolomée [g] leur donne la Ville de *Dinia*, qu'il marque dans les terres. Ce sont les Habitans du Diocése de Die. [e Lib. 4. c. 10.] [f Lib. 2. p. 169.] [g Lib. 2. c. 10.]

SENTINAS. Voyez SENTINUM.

SENTINUM, aujourd'hui *Sentina*, Ville d'Italie, dans l'Umbrie, selon Strabon [h] & Ptolomée [i]. On lit dans Polybe [k] ἐν τῇ τῶν Σεντινατῶν χώρᾳ, ce que Tite-Live a rendu par ces mots Latins, *in Sentinati Agro*. Cette Ville est appellée *Sentinatium Urbs*, par Dion Cassius [l]. [h Lib. 5. p. 227.] [i Lib. 3. c. 1.] [k Lib. 2. c. 19.] [l Lib. 48. p. 364.]

SENTINUS, [m] Fleuve d'Italie, dans le Picenum, selon Biondo & Léander qui disent qu'on le nomme aujourd'hui *Sentino*. [m Ortelii Thesaur.]

SENTITES, Peuples du Nôme de Marmarique, selon Ptolomée [n]. Casaubon croit que ce sont les SINTÆ de Strabon. [n Lib. 4. c. 5]

SENTRANGES, Bourg de France, dans le Berry, Election de Bourges. Il y passe une petite Riviére Venenne qui fait moudre plusieurs Moulins; elle descend d'un Etang de la Paroisse de Savigny. Ce Lieu est à deux lieues de la Loire, & à quatre des Villes de Gien & de Sancerre. La Cure vaut environ quatre cens Livres: le Chapitre de la Cathédrale de Bourges en est Patron & Seigneur. Il en dépend onze Hameaux qui composent en tout quatre-vingts feux, & a 368. Habitans. Le terroir ne peut produire que du Seigle & du Sarazin ou Bled noir. La Seigneurie releve en premiére instance de Beaulieu qui est une Châtellenie.

SENTINO, Riviére d'Italie [o], dans l'Etat de l'Eglise. Elle sort de l'Apennin, au Duché d'Urbin, & prenant son cours vers l'Orient, elle entre dans la Marche d'Ancone, où elle se joint au Jano à Perosaria. Ces deux Riviéres jointes ensemble perdent chacune leur nom & ne coulent plus que dans un seul lit appellé Fiumesino. [o Magin, Carte de la Marche d'Ancone.]

SENUC, [p] Prieuré de France en Champagne. Il est de l'Ordre de St. Benoît, & a été uni à l'Abbaye de St. Remy de Rheims sous l'Abbé Hincmar du tems de l'Archevêque Gervais. Il rapporte neuf mille Livres de rente. [p Baugier, Mémoires Hist. de Champ. t. 2. p. 67.]

SENUISA COLONIA, Ortelius [q] dit: Il est fait mention de cette Colonie dans une ancienne Inscription rapportée par Onuphre; mais peut-être, ajoute-t-il, faut-il lire *Sinuessa*, au lieu de *Senuisa*. [q Thesaur.]

SENUM-PORTUS, Port que Pline met aux environs du Bosphore de Thrace.

1. **SENUS**, Fleuve de l'Irlande, son Embouchure est marquée par Ptolomée [r] sur la Côte Occidentale de l'Isle, entre les Embouchures de l'Ausoba & du Dur. Ce Fleuve qui est appellé *Scena* par Orose [s] est le plus grand Fleuve de l'Isle & se nomme à présent *Schenon*, ou *Shannon*. [r Lib. 2. c. 2.] [s Lib. 1. c. 2.]

2. **SENUS**, Fleuve de la Chine, selon Ptolomée [t] qui place son Embouchure entre la Ville *Rhabana*, & le Promontoire *Notium*. [t Lib. 7. c. 3.]

SEON, Ville de la Tribu d'Issachar Josué 19. 19. L'Hébreu lit Sion. Eusèbe [u] dit qu'on voyoit encore de son tems un Lieu nommé Seon au pied du Mont Thabor. [u Euseb. O nomast. in Seon.]

SEPAN, Isle de l'Océan Oriental [x], & l'une de celles qu'on nomme *Isles des Larrons*. Elle est aussi appellée SAYPAN & ZARPANA. Cette Isle est assez peuplée & a un bon Port. Les Espagnols qui l'ont nommée St. Joseph n'y ont ni Colonie ni autorité. [x Baudrand, Dict.]

SEPARI, Peuples d'une Isle, que Pline [y] met sur la Côte de la Liburnie. [y Lib. 3. c. 22.]

SEPELACUS, Lieu d'Espagne. L'Itinéraire d'Antonin le marque, sur la Route de Tarragone à Carthage, entre *Ildum* & *Saguntum*, à vingt-quatre milles du premier de ces Lieux & à vingt-deux milles du second. Quelques MSS. portent *Sepelaci* & d'autres *Sebelaci* ou *Sepalaci*. Ce Lieu n'est point connu aujourd'hui.

SEPHAAT, ou ZEPHAT, Ville de la Tribu de Siméon. Judic. 1. 17. c'est apparemment la même Sephata qui étoit près de Maresa, dans la Partie Méridionale de Juda. 2. Par. 14. 10. Elle fut appellée Horma ou Anathême depuis la Victoire que les Israélites remportérent sur le Roi d'Arad Num. 21. 3. Judic. 1. 17.

SEPHAMA, Ville de Syrie qui servoit de limites à la Terre promise [z]. Ce pourroit être Apamée. [z Num. 34. 10. 11.]

SEPHAMOTH, David envoya à Sephamot des dépouilles qu'il avoit prises sur les Amalécites 1. Reg. 30. 28.

SEPHAR, Montagne d'Orient, apparemment aux environs de l'Arménie. Les fils de Jectan eurent leur demeure depuis Messa jusqu'à la Montagne de Sephar [a]. Nous croyons que ces Montagnes furent le lieu de la demeure de Sepharvaïm, dont l'Ecriture fait mention, & des Saspires, dont parlent les Géographes. [a Genes. 10. 29.]

SEPHATA. La Vallée de Sephata près de Maresa, est marquée dans les Paralipomènes 2. Par. 14. 10. C'est peut-être la Vallée qui étoit près de la Ville de Sephat, ou bien il faut lire Sephala au lieu de Sephat. Voyez Sephala ou Saphela.

SEPHER, le Mont Sepher, Num. 33. 23. Campement des Israélites dans le Desert entre Céelata & Arad.

SEPHET, Tobie [b] étoit de la Ville de Nephtali, située dans la Haute Galilée, ayant à sa gauche la Ville de Sephet. C'est le seul endroit où l'on trouve le nom de Sephet dans la Vulgate; mais on le lit dans les Septante Judic. 1. 17. au lieu de Sephaat ou Zephaat ou Horma. Mais Sephet de Galilée étoit bien éloignée [b Tobie 1. 1.]

SEP.   SEP.   465

éloignée de Sephaat, qui étoit au milieu de Juda ou de Siméon. Quelques Modernes ont prétendu que Sephet de Galilée étoit Béthulie, mais sans aucune preuve. Elle est, dit-on, entre Ptolémaïde au Couchant, & Naasson à l'Orient, à douze milles du Carmel, & à six de Cana en Galilée. D'autres la placent à neuf milles de Bethzaïde dans la Haute Galilée. On ne sauroit concilier cela avec Tobie, qui met Sephet à la gauche, ou au Nord de la Ville de Nephtali, qui est apparemment Cédès. Quoiqu'il en soit, Sephet, ou Sapheta, est bâtie sur une Montagne à trois Croupes & d'un très-difficile accès [a]. Les Juifs y sont en grand nombre, & ils y ont une Académie fameuse, où l'on envoye les Enfans pour étudier la Langue Hébraïque & la Loi de Moïse; & depuis quelques Siècles, l'Académie de Sapheta est à l'égard des Juifs ce qu'étoit autrefois celle de Tibériade dont elle a pris la place. Il y a apparence que cette Académie n'étoit point érigée encore à la fin du douzième Siècle, puisque Benjamin de Tudèle n'en parle pas; mais elle le fut bien-tôt après.

SEPHORIS, Ville célèbre de la Tribu de Zabulon & Capitale de la Galilée. Elle porta dans la suite le nom de Diocéfarée. Les Juifs [b] la mettent à dix-huit milles de Tibériade. D'autres la placent à dix milles de cette Ville. Elle n'étoit pas loin du Tabor & du Grand Champ. On ne la remarque point dans Josué, ni dans les Auteurs Sacrez. Josephe en parle souvent. C'étoit autrefois une Ville des plus fortes de toute la Galilée, située assés avantageusement pour résister quelque tems aux Ennemis, étant au milieu d'une Plaine & sur une petite éminence, qui ne sauroit être commandée. Josephe la met au nombre des cinq Parlemens de la Judée, & dit qu'elle a couru diverses fortunes, pendant les troubles qui ont ravagé long-tems ce Royaume. Antigonus s'en étant fait Maître, en fut chassé par Hérode, qui trouva cette Ville pleine & de munitions & de vivres dont il se servit pour rafraîchir ses Soldats pendant le Quartier d'Hyver. Un certain Judas, Capitaine d'un grand nombre de Brigands, qui ravageoient par-tout, s'en empara quelques années après, & ayant forcé le Palais Royal, il prit tout l'argent qui y étoit, & toutes les munitions & Armes qu'il trouva dans les Magasins, mais il ne la garda pas long-tems. Varus la reprit, & pour ôter aux Ennemis l'envie & le moyen de rien entreprendre sur cette Place, il la brûla, & fit tous les Citoyens Captifs. Hérode la jugeant ensuite d'une très-grande importance pour la sûreté de sa Tetrarchie, non seulement il la rétablit & la ferma de bonnes murailles, mais il en fit la principale Forteresse de toute la Galilée. Josephe ajoute que Cestius Gouverneur de la Syrie pour les Romains, voulant châtier la Rebellion des Juifs, envoya des Troupes en Galilée sous la conduite de Cesennius, qui ne fut pas plutôt arrivé devant Sephoris, que les Habitans de cette Ville, quoique la plus forte de la Province, se rendirent volontairement à lui, & à son exemple plusieurs autres Villes, qui par ce moyen détournèrent les malheurs qu'elles n'auroient pu éviter, si elles eussent fait quelque résistance. Pendant les ravages que les guerres intestines causèrent dans tout ce Pays, Josephe, qui fut élevé Préteur Général de toute la Galilée, fit amasser une grande somme d'argent pour fermer toutes les Villes, afin de les mettre par-là en état de résister aux Romains & aux Rebelles. Quant à celle de Sephoris, il la laissa à la Liberté des Habitans, afin qu'ils se fortifiassent eux-mêmes parce qu'ils étoient riches & portés naturellement à la valeur. Le soupçon qu'ils eurent que Josephe tramoit le dessein de se rendre lui-même aux Ennemis les porta à se révolter contre lui, & à lui fermer les Portes; mais une partie d'eux que les raisons qu'il leur rapporta ébloüirent, l'ayant fait entrer, il fit aussi-tôt piller la Ville, & distribua le butin au menu Peuple, qui s'attacha fort à lui depuis ce tems-là, voyant qu'il n'avoit pas ordonné le pillage pour s'enrichir. Ce fut peut-être la crainte d'un pareil malheur qui les obligea de se rendre à Vespasien, qu'ils allèrent trouver à Ptolémaïde, pour lui demander une suffisante Garnison. Il leur accorda six mille Piétons pour garder la Ville, & mille Chevaux pour battre les Champs aux environs. Josephe fit quelque effort pour emporter la Place d'assaut, mais il fut contraint de l'abandonner, voyant tous ses gens prendre la fuite, sur la nouvelle que Vespasien approchoit, tant sa vûe étoit redoutable aux Ennemis. Près de cette Ville est une grande Fontaine, appellée ordinairement la Fontaine de Sephoris. C'est où les Chrétiens ont fait souvent assembler leurs Armées contre les Infidèles, à cause de la commodité des eaux & de la Plaine. C'est ce que Guillaume de Tyr remarque du tems des Rois Amaury & Baudouin IV. La Ville est présentement toute comblée de ruïnes. Sur la cime de la Montagne qui n'est pas bien haute, on voit encore un reste de Bâtiment d'une Eglise, qui avoit été élevée à la place où étoit la Maison de Saint Joachim.

Voici ce qui est rapporté de Sephoris par Coppin dans son Voyage de Phénicie, Ch. 8. Sephoris, Ville de Galilée, autrefois considérable, est un Lieu où l'on ne voit presque plus que des ruïnes, & qui couronne le sommet d'une Montagne de peu d'étendue. Le Territoire des environs est arrosé de quantité d'eau, & rempli de Pâturages qui en rendent la vûe assez agréable. Il n'y a présentement qu'une vingtaine de pauvres Maisons. Au dehors d'un vieux Bâtiment qu'on a raccomodé pour y habiter, on voit deux grandes Colomnes cannelées d'Ordre Corinthien. Elles sont assez entières, & l'on y remarque encore quelques restes d'Or & d'Azur. On présume qu'elles ont été dans une Eglise qu'on avoit bâtie sur la même Maison, où S. Joachim, & Sainte Anne demeuroient. Néanmoins l'on n'en

Nnn trou-

---

[a] Stochove, Voyage du Levant p. 342.

[b] Rabb. in Echa-Rabbati Fol. 75. 2.

trouve aucun vestige, & il n'en est demeuré que les Colomnes.

A quelques milles de Sephoris, en approchant de Nazareth, qui est au milieu d'une grande Plaine, qui se trouve sur la cime d'une Montagne considérablement relevée au-dessus du reste du Territoire, on voit dans le côté de la Montagne, qui est escarpée en plusieurs endroits, diverses Grottes taillées dans le Rocher, que l'on dit avoir servi de Sépulcres aux Juges d'Israël. On y entre par une ouverture de la largeur de huit ou neuf pieds, haute d'onze ou douze, & épaisse de quatorze ou quinze. Il faut se baisser pour y passer, tant elle est remplie de ruïnes & de pierres. Après qu'on l'a traversée, on se trouve dans une Cour à peu près de trente-cinq pas en quarré, qui est toute environnée de Rochers escarpés qui lui servent de murailles, & qu'on a coupés dans les endroits où ils n'étoient pas uniformes. Dans le fond de cette Cour, il y a un Portail taillé dans le Roc où il reste encore un Raisin relevé en bosse au milieu de quatre Roses. Il sert d'entrée à une Grotte assés vaste, au bout de laquelle on passe dans cinq Chambres ou Cellules, l'une après l'autre, dont on peut voir la beauté par un trou qui a été pratiqué dans le haut. Chaque Chambre est taillée avec le ciseau & peut avoir treize ou quatorze pieds en tout sens. La Voûte, au lieu d'être en Arc, est plate comme un Lambris, & dans toutes ces cinq petites Cellules, ce Roc est travaillé avec tant d'art & si poli, que c'est une chose digne d'admiration. Dans chaque côté de ces Cellules il y a deux Sépultures faites en voûte en dedans du Rocher; leur longueur est de six à sept pieds, leur largeur de deux, & leur hauteur de deux & demi. Elles sont toutes à fleur du pavé, qui dans son milieu a un Creux en quarré que l'on a rempli de terre; apparemment pour faire écouler les eaux qui tombent par les jours, ou qui pourroient passer par l'entrée. Les Portes des Chambres, dont il y en a encore une entiére, sont du même Roc que le reste de l'Ouvrage. Elles sont soutenues par des Pivots en haut & en bas, sur lesquels elles tournent aussi aisément que les Portes ordinaires. Celles-là joignent si bien, que quand elles sont fermées, à peine peut-on appercevoir qu'elles se divisent du Rocher. Ces Sépulcres qu'on croit être ceux d'Othonias, de Gédéon, de Samson, de Jephté & d'autres sans qu'on y voye pourtant aucuns ossemens qui fassent connoître qu'ils ayent autrefois servi, sont dans un grand Champ planté de Vignes, qui en tout ce Pays-là rampent sur la terre, fort mal cultivées.

1. SEPIA, Montagne du Péloponnèse, dans l'Arcadie, à la gauche du Mont Géronte, près du Lieu nommé Tricrène. On tient, dit Pausanias [a], qu'*Epytus*, fils d'*Elatus* mourut sur cette Montagne de la piquûre d'un Serpent, & qu'il y fut enterré parce qu'on ne put transporter son Corps plus loin. Les Arcadiens disoient que cette Montagne engendroit des Serpens fort venimeux ; mais qu'ils y

[a] Lib. 8. c. 16.

étoient rares, parce que la Montagne étant couverte de neige une bonne partie de l'année, s'ils sortoient de leurs trous ils périssoient dans la neige, & s'ils se cachoient la rigueur du froid les faisoit mourir sous terre. Pausanias ajoute : Comme je savois qu'Homère, en parlant des Arcadiens, a fait mention du Tombeau d'*Epytus*, je le considérai avec soin: c'est un petit tertre environné d'une balustrade de pierres, qui tourne tout à-l'entour ; & je crois qu'Homère ne l'a tant vanté que parce qu'il n'en avoit point vu de plus beau. Mr. l'Abbé Gédoyn dit à cette occasion: ,, Pausanias se trompe, Homère dans le second Livre de l'Iliade fait mention du Tombeau d'*Epytus*, mais il ne le vante, ni ne l'admire en aucune maniére ''. Je demande si cette conséquence est bien juste ? Mr. l'Abbé Gédoyn pourroit-il garantir que nous avons le Poëme d'Homère, tel qu'il étoit du tems de Pausanias ? Et s'il ne peut pas nier qu'il s'en soit perdu quelques vers ; pourquoi ne voudroit-il pas que ceux où Homère vantoit le Tombeau d'*Epytus* fussent de ce nombre ?

2. SEPIA, Lieu du Péloponnèse. Il étoit selon Hérodote [b] au voisinage de Tirynthus. [b] Lib. 6.

3. SEPIA, Lieu d'Italie, selon Paul Diacre. Ortelius soupçonne que ce peut être le même Lieu que *Sæpinum*.

SEPIAS, Promontoire de la Thessalie, dans la Magnésie, à l'entrée du Golphe Pelasgique. Ptolomée [c], Diodore de Sicile [d] & Apollonius [e] parlent de ce Promontoire. Le Scholiaste de ce dernier remarque que Sepias est un Promontoire ἐν Ἰωλκῷ, *in Iolco*, non dans la Ville d'*Iolcus*, mais dans le Quartier, ou sur la Côte d'*Iolcus*. Strabon en effet nous apprend que la Côte de cet endroit s'appelloit *Iolcus*. Pline [f] met aussi le Promontoire Sepias dans la Magnésie. Selon Hérodote on donnoit le nom de *Sepias* au Rivage & au Canton voisin ; & Strabon le donne encore à une petite Ville située au pied du Promontoire. Il la compte au nombre de celles dont la ruïne accrut Démétriade.

[c] Lib. 3. c.
[d] Lib. 1.
[e] Argonaut. v. 58.
[f] Lib. 4. c. 9.

SEPINATES. Voyez SÆPINUM.

SEPIUS. Voyez SIPONTUM.

SEPIUSSA, Isle sur la Côte de l'Asie Mineure. Pline [g] la met dans le Golphe Céramique. [g] Lib. 5. c. 31.

SEPMES, Bourg de France dans la Touraine, Election de Chinon.

SEPONTIA-PARAMICA, Ville de l'Espagne Tarragonnoise. Ptolomée [h] la donne aux *Vaccæi*. Au lieu de *Sepontia* le MS. de la Bibliothéque Palatine porte *Sepontica*. [h] Lib. 2. c. 6.

SEPORENORUM, on trouve ce nom sur une Médaille de Trajan, rapportée dans le Tresor de Goltzius. Ortelius croit qu'il pourroit être question des Habitans de la Ville de Zephor en Galilée. [i] Thesaur.

SEPORET, Bourg de France, dans le Poitou, Election de Poitiers.

SEPT-FONS, Abbaye de France [k], à six lieues de Moulins, Capitale du Bourbonnois, à un quart de lieue de la Loire du côté du Soleil levant. Elle est située dans une Plaine qui a environ deux lieues de [k] Corn. Dict. Hist. de la Réforme de l'Abbaye de Sept-Fons.

de circuit, & qui représente assez bien un Arc tendu, dont le Canal de la Loire est comme la corde. Les Collines qui l'environnent sont presque toutes couvertes de Bois, & cela en rend l'abord assez difficile. Ce petit Coin de terre est assez diversifié, & a une petite Rivière dont il est coupé par le milieu. L'Abbaye de Sept-Fons qui est comme isolée & séparée de toute habitation profane, est de l'Ordre de Cîteaux & de la Filiation de Clairvaux. Ce fut un Duc de Bourbon qui la fit bâtir l'an trente-cinquième de la fondation de ce grand Ordre, elle fut dédiée à la Vierge sous le nom de Nôtre Dame de Saint Lieu. On lui donna le nom de Sept-Fons ou des Sept Fontaines, à cause de plusieurs Sources d'eau vive qui l'arrosoient, & qui s'étant perdues dans la suite des tems, ont été heureusement retrouvées & reconduites à ce fameux Monastère. A peine s'étoit-il écoulé un Siècle depuis la fondation de l'Ordre que le relâchement se glissa dans la plûpart des Maisons qui le composent, & celle de Sept-Fons entr'autres tomba dans des desordres qui allérent jusqu'au scandale. Messire Eustache de Beaufort en ayant été nommé Abbé par le Roi en 1654. entreprit quelques années après d'introduire la Réforme dans l'Abbaye de Sept-Fons, & d'y rétablir la Règle de Saint Benoît dans sa pureté primitive. Il y trouva de si grands obstacles du côté des Moines qui n'étoient qu'au nombre de quatre, que n'ayant pû les réduire, il fut obligé de leur offrir à chacun une pension raisonnable, pourvû qu'ils se retirassent dans des Maisons de la Commune Observance de Cîteaux. L'accord fut passé. Les Moines laissérent leur Abbé seul. Il n'y avoit pas un lieu régulier qui fût en état. Ce n'étoit par-tout que des ruïnes, & on ne trouvoit plus que la place où le Dortoir & le Réfectoire avoient été autrefois. Il se passa quelque tems sans qu'il se joignît à l'Abbé qu'un Religieux de l'Abbaye de Bonnevaux. Plusieurs mois après, deux autres se présentérent, & ces trois Religieux animez par son exemple, entreprirent de défricher plusieurs Arpens de terre dont ils firent leur Jardin. Quoiqu'exténuez par des austéritez continuelles, ils vinrent à bout de dessécher un Marais, de nettoyer un Champ hérissé de ronces & d'épines, de combler des fossez & de transporter des terres, d'arracher des Arbres, de déraciner des Souches, de dresser & de planter un Jardin d'une vaste étendue, & tout cela en moins de deux ans, sans interrompre les Exercices prescrits par la Règle, sans violer celle du Silence, & sans discontinuer de faire l'Oraison. L'Abbaye de Sept-Fons, comme on la voit aujourd'hui, n'est qu'un assemblage confus & irrégulier de Bâtimens construits à différentes reprises, & à mesure qu'on en a eu besoin. La principale Porte donne entrée dans une vaste Cour, qui contient le logement des Portiers, plusieurs Ecuries, une Forge & une Grange pour le bled. Delà on entre dans deux autres Cours. Celle qui est à gauche comprend deux Corps de logis pour les Hôtes, opposez l'un à l'autre, c'est ce qu'on appelle l'Hôtellerie, sans parler d'un autre grand Corps de logis pour les femmes, composé de cinq ou six Chambres, & accompagné d'Offices & de Logemens pour les Domestiques, qui a été bâti depuis quelques années hors de la Clôture du Monastère. Dans la même Cour est une Chapelle qui a une entrée au dehors. On y dit la Messe les Dimanches & les Fêtes pour les Fermiers de l'Abbaye & pour leurs familles. On y voit aussi l'Eglise, dont le Portail remplit une partie d'un de ses côtez. L'extrême simplicité de cette Eglise, & le grand Blanc qui en couvre les murailles en font toute la beauté. Son Autel n'a pour ornement qu'une Image de Marbre blanc. C'est celle de la Vierge, qui regarde une Custode de Cuivre doré, sous laquelle est le Saint Ciboire, & qu'une Crosse de Sculpture tient élevée au-dessus de l'Autel, qui n'a que deux Chandeliers de Cuivre & deux Cierges jaunes. L'autre Cour qui est à droite est grande & quarrée. Le milieu est un Chantier pour toute sorte de bois & d'ouvrage. Tout à l'entour sont divers Lieux où travaillent les Convers, dont chacun a son emploi fixe. On trouve là la Menuiserie, l'Attelier du Charpentier, un Pressoir à Vin, un à Cidre, & un autre à l'Huile; la Boutique du Tonnelier, la Lavanderie, une Grange pour les Légumes, le Réfectoire des Donnez, le Fruitier, la Boulangerie & une longue voûte souterraine qu'on appelle le Jardin d'Hiver. C'est une Cave où pendant cette Saison on conserve les Racines dans du Sable, les Choux, les Oignons & autres choses semblables. De cette Cour on passe dans un petit Jardin, dont le grand Réfectoire & la Cuisine tirent leur jour. Cette Cuisine est placée au milieu de cinq Réfectoires, qu'on peut servir dans le même temps sans sortir de la Cuisine. Ces cinq Réfectoires sont celui des Religieux, celui des Convers, celui des Infirmes, & celui des Hôtes. Le Cloître est d'une Architecture Gothique, & n'est pas fort grand. Le Chapitre est petit & sombre. Le nombre des Religieux augmentant de jour en jour, il a fallu y élever une espèce d'Amphithéâtre, à trois rangs de Siéges, ce qui fait un bel effet, quand tous les Freres s'y trouvent. Cela arrive aux grandes Fêtes, aux Vêtures, aux Professions, & toutes fois que le Pere Abbé parle en public. Il y a plusieurs Dortoirs dont les Cellules sont blanchies, sans que celle de l'Abbé ait rien qui la distingue des Cellules des simples Religieux. Il y a aussi une Bibliothéque, une Apoticairerie, deux Sales communes, un Chaufoir, & plusieurs Chambres pour les malades. Le Jardin fermé de murailles de brique a près d'un quart de lieue de tour. Le seul Potager a soixante grands quarrez, entourez d'Arbres nains, & séparez les uns des

des autres par des Allées sablées qui ont huit à dix pieds de largeur. On compte dans tout cet enclos plus de quatre mille pieds d'Arbres fruitiers. Outre ce grand nombre de Quarrez, il y a un Champ, & trois Pièces de terres plantées de légumes, deux petites Prairies, & quatre grandes Allées de Charmes, dont deux sont en palissades. Les deux autres sont en berceau. L'une sert durant l'Eté pour les Conférences qu'on y tient trois fois chaque Semaine. On trouve aussi deux Canaux ou Pièces d'eau dans ce Jardin, qui est coupé en deux parties égales par un gros Ruisseau, de sorte qu'en tout tems le Jardinier a dequoi arroser ses planches. Ce Ruisseau avant que d'entrer dans le Clos forme plusieurs Réservoirs pour conserver du poisson, fait tourner un Moulin, emporte toutes les immondices, & donne sans cesse de l'eau vive & nouvelle aux deux Pièces d'eau.

Les Points principaux de la Réforme établie à Sept-Fons, pour l'Observance Littérale de la Règle de Saint Benoît, sont la stabilité dans le Monastère: le travail des mains: le Silence perpétuel: l'abstinence de Chair, de Poisson & d'œufs: l'Hospitalité: le bannissement des études, & la privation de tout divertissement & de toute récréation; & l'obéissance à un seul Chef, qui est l'Abbé, dont chaque Supérieur subalterne reçoit le pouvoir de s'employer à la conduite des Freres, selon la portion qui lui est assignée par l'Abbé. Toutes ces choses s'observoient dans l'Ordre de Cîteaux les premières années de son Institution, par les premiers Peres qui l'ont fondé. Quoique l'Abbaye de Sept-Fons n'ait que quatre mille Livres de rente sans aucun secours de la Sacristie ni de la Quête, elle nourrit & entretient actuellement cent quarante personnes, savoir soixante & quinze Religieux, dont vingt-deux sont Prêtres, & les autres ou Convers ou Freres Donnez, & plusieurs Domestiques & Journaliers. Elle tient l'Hôtellerie ouverte toute l'année, pour y recevoir les Hôtes, & distribue du pain & du potage à tous les pauvres passans qui se présentent. Les Religieux ont trois Offices pendant le cours entier de l'année, le Régulier, le petit Office de la Vierge, & souvent celui des Morts. Ils se levent pour Matines à quatre différens tems, les Fêtes solemnelles à minuit: les Fêtes des Apôtres à une heure: les Dimanches à une heure & demie: & les jours de Férie ou de Fêtes simples à deux heures; mais à quelque heure qu'ils entrent au Chœur, ils n'en sortent pas qu'à quatre heures & demie. Le Carême, & les jours de Jeûne ils vont se reposer jusqu'à cinq heures & demie. L'Hiver ils se vont chauffer dans les Sales communes, & les Novices prennent ce tems-là pour apprendre le Psautier par cœur, & les Prêtres pour dire la Messe. En Eté on leur permet de se reposer une heure après le dîner. A cinq heures & demie on sonne Primes, & cette Priére est suivie trois fois la Semaine du Chapitre des Coulpes. L'Eté ce Chapitre est suivi du travail, & le travail de Tierce, de la Messe Conventuelle, de Sextes, du dîner & de Nones. L'Hiver le travail est précédé de la Messe Conventuelle, & on dit Nones avant le dîner. Pendant l'Eté ils disent Vêpres à deux heures & demie avant le travail, & en Hiver ils les disent à quatre heures après le travail. Les Dimanches & les Fêtes elles se disent à quatre heures en quelque tems que ce soit. Pour les Complies ils les disent en Eté à six heures & demie, & en Hiver à cinq heures & trois quarts. Tous les Samedis au soir immédiatement avant la Lecture des Complies, on lave les pieds à tous les Religieux, & pendant cette Cérémonie qui se fait l'Eté dans le Cloître, & l'Hiver dans le Chapitre, on chante quelques Répons. Avant Complies, on fait tout haut une Lecture Spirituelle qui dure un quart d'heure, & après Complies il y a un autre quart d'heure de méditation. Il se fait aussi la nuit une demie heure d'Oraison entre les Laudes de l'Office de la Vierge & les Matines du jour, de sorte que l'on peut dire que toute la vie de ces Solitaires n'est qu'une Oraison continuelle. D'ailleurs entre les intervalles qui se rencontrent entre les divers Exercices de la journée, ils vont à l'Eglise adorer le Saint Sacrement & continuer leur méditation. Le pain qu'on leur donne est fait de farine dont on n'a ôté que le gros son, & où il entre beaucoup plus de seigle que de froment. Il ne laisse pas d'être bon, très-appetissant, & plus sain que celui qui n'est que de pur froment. Ils ont pour tout le jour dix onces de Vin, partagées en deux portions égales. C'est la véritable Hemine de S. Benoît si diversement interprétée dans son Ordre. On leur donne à dîner un potage d'herbes où il n'entre que du sel pour tout assaisonnement, un plat de légumes & un autre de racines. Depuis Pâques jusqu'à la Fête de l'Exaltation de la Croix, on leur sert quelquefois une tranche de beurre qui tient la place de cette seconde portion. Le sel, un peu d'huile de Noix ou de Navette, fait le seul assaisonnement de ces mets simples & tels que la terre de leurs Jardins les fournit. Les jours qu'ils soupent, ils ont un morceau de Fromage & une Salade pour leurs deux portions, ou un plat de racines & un autre de lait crû. La Collation des jours de Jeûne de la Règle est de quatre onces de pain & d'un peu de fruit; celles des Jeûnes de l'Eglise est seulement de deux onces de pain sans aucun fruit. Ils ont du dessert en tout tems au dîner & au souper, & ce dessert consiste en fruits crus, ou cuits, ou secs.

Chaque Religieux a sa Cellule, & il n'y entre qu'aux heures destinées au sommeil. Elle est meublée d'un lit composé de deux planches mises sur deux treteaux, d'une paillasse piquée, d'un traversin de paille longue & de deux couvertures. Il y a aussi une chaise de bois, une table, quelques Images & un Benitier.

Le

Le Dortoir entier n'est éclairé que par une seule Lampe. C'est à la faveur de sa lumière que chacun entre dans sa Chambre & se couche tout habillé, après avoir seulement quitté sa Robbe de dessus qu'ils appellent Coule. L'Abbé, & en son absence un des Supérieurs subalternes tient le Chapitre des Coulpes trois fois la Semaine. On s'y accuse des fautes qu'on a commises contre la Règle, & l'on accuse aussi avec un esprit de Charité les autres qui y sont tombez, & qui ne songent pas à s'en accuser. Le Supérieur ordonne des peines proportionnées aux fautes, comme de baiser les pieds des Freres, de manger à terre ou à genoux, de demeurer prosterné sur le seuil de l'Eglise ou du Réfectoire dans le tems que les Religieux y entrent. L'usage de la Discipline y est très-rare, & l'on ne l'ordonne guère que pour les fautes Capitales, comme seroit celle d'avoir rompu le silence. Le travail est de trois heures par jour, une heure & demie le matin, & autant l'après dînée. Tant qu'il fait beau, on s'occupe au Jardin à bêcher, sarcler, émonder, tailler les Arbres, planter, semer, cueillir les légumes & les fruits. Si le mauvais temps ne leur permet pas de travailler à la terre & à découvert, ils demeurent dans leurs Chauffoirs, où ils s'appliquent à tailler du Chanvre, à éplucher des légumes, à piquer des couvertures pour les lits, sinon ils tirent le fumier des Etables, scient du bois ou font des fagots. On fait des Conférences spirituelles trois fois la Semaine. Les Religieux y parlent chacun à son tour & n'y disent précisément que ce qu'ils ont lu dans les Livres de pieté qu'ils reçoivent des mains de l'Abbé. Ils le disent simplement, sans citer les passages autrement qu'en François, & sans y mêler leurs propres pensées. On a un fort grand soin des malades, & ils reçoivent tous les soulagemens qu'on peut leur donner, sans blesser la pauvreté & la mortification. On leur accorde l'usage du poisson & des œufs, & même de la viande quand la maladie est considérable. Les Convers qui ont chacun leur emploi, font l'Oraison le matin, & entendent la Messe, assistent à une partie des Complies & finissent la journée par l'Oraison. Les Dimanches & les Fêtes ils se trouvent à tout l'Office, à l'exception des Matines, dans un Chœur séparé de celui des Religieux.

1. SEPT-FONTAINES, Abbaye de France en Champagne [a], au Diocèse de Langres. Elle est située à quatre lieues de Chaumont en Bassigny vers le Nord sur la Rivière de Rognon auprès de Monteclair. Elle est de l'Ordre de Prémontré & de la Réforme. Elle est possédée par un Religieux, qui en a huit autres sous lui. Ils ont tous ensemble environ quatre mille Livres de rente. Ils ont rétabli l'Eglise & les Lieux Réguliers depuis la Réforme. St. Bernard fait mention de cette Abbaye dans sa Lettre 253.

2. SEPT-FONTAINES, Abbaye de France en Champagne [b] au Diocèse de Rheims. Elle est située dans la Thierrache. Elle a été fondée par Hélie Seigneur de Méziéres, & Ode son épouse en l'année 1129. Elle vaut six à sept mille Livres de revenu tant à l'Abbé qu'aux Religieux.

1. SEPT-ISLES, Isles de France, à deux lieues de la Côte Septentrionale de la Bretagne, & à cinq de la Ville de Treguier. Elles sont au nombre de sept; & c'est delà qu'elles ont pris leur nom, en Latin *Septem Insulæ*. Ce sont celles que les Anciens appelloient *Siadæ* & *Byadetæ*.

2. SEPT-ISLES, Poste de l'Amérique Septentrionale, vers l'Embouchure du Fleuve de St. Laurent, à la Bande du Nord. Ce Poste est considérable.

SEPT-MONCEL, Bourgade de France, dans la Franche-Comté, Bailliage & Recette de St. Claude. Ce Bourg est bien peuplé.

SEPT-VANS, Bourg de France, dans la Normandie, Election de Bayeux.

SEPT-VOYES, ou ST. GEORGE DES SEPT-VOYES, Bourg de France dans l'Anjou, Election de Saumur.

SEPTA. Voyez SEPTEM-FRATRES.

SEPTAQUINCI, Ville de la Basse-Pannonie, selon une ancienne Inscription rapportée dans le Trésor de Goltzius. Ortelius [c] soupçonne qu'on devroit diviser ce mot & écrire *Sept-Aquincum*

SEPTE, Ville de l'Asie Mineure dans la Phrygie. On la trouve seulement dans les Exemplaires Latins de Ptolomée [d].

SEPTEM. Il y avoit autrefois, dit Procope [e] proche de Cadix, & près d'une des Colonnes d'Hercule, un Fort nommé SEPTEM: comme il avoit été négligé par les Vandales, & ruïné par le tems, Justinien en répara les ruïnes, & y établit une bonne Garnison. Il éleva au même endroit une Eglise magnifique en l'honneur de la Mere de Dieu; & en consacrant de la sorte l'entrée de l'Empire, il le rendit imprenable.

SEPTEM-AQUÆ. Voyez HEPTA-UDATA.

SEPTEM-ARÆ, Lieu d'Espagne. L'Itinéraire d'Antonin le place sur la Route de Lisbonne à *Emerita*, entre *Matusarum* & *Budua*, à huit milles du premier de ces Lieux, & à douze milles du second.

SEPTEM-FRATRES, Montagnes de l'Afrique dans la Mauritanie Tingitane. Ptolomée [f], qui la nomme *Heptadelphus Mons*, la place sur la Côte Septentrionale entre *Exilissa*, & *Abyla*. On lui donna le nom de sept Freres [g] à cause qu'elle s'éleve en Sept-Sommets, ou Pointes de même figure. Pline [h] remarque que cette Montagne est jointe à celle d'Abyla, & qu'elles dominent toutes sur le Détroit de Gibraltar. Il y avoit, selon Procope [i], dans cet endroit un Fort que ceux du Pays avoient appellé SEPTEM, à cause de ces sept Montagnes ou Collines, & que SEPTEM signifie *Sept*. L'Itinéraire d'Antonin dit qu'en navigeant le long du rivage depuis Tingis jusqu'aux Ports divins

[a] Baugier, Mémoires Hist. de Champ. tom. 2. pag. 88.
[b] Ibid. pag. 56.
[c] Thesaur.
[d] Lib. 5. c.
[e] Liv. 6. des Edif. c. 7. de la Traduct. de Mr. Cousin.
[f] Lib. 4. c.
[g] Mela, Lib. 1. c. 5.
[h] Lib. 5. c. 2.
[i] Vandal. L. 1. c. 1.

divins, on trouve à soixante milles au-dessous de Tingis le Lieu nommé *Ad Septem Fratres*, & *Abila* à quatorze milles plus loin qu'*ad Septem Fratres*.

SEPTEM-MARIA. Le Pô se divisoit anciennement en sept Bras, qui après avoir traversé divers Marais alloient se jetter dans la Mer Adriatique par sept Embouchures ; & ce sont ces Marais, selon Hérodien [a], qu'on appelloit *les Sept Mers*, SEPTEM-MARIA. Pline [b] parle aussi de ces sept Mers ; mais on ne sauroit dire si par *Septem-Maria* il entend les Embouchures du Pô, ou les Marais appellés A-TRIANORUM-PALUDES ; voici le passage : *Omnia ea Flumina fossasque, primi à Sagi fecere Thusci, egesto amnis impetu per transversum in Atrianorum Paludes, quæ Septem Maria appellantur*.

[a] Lib. 8. c. 7.
[b] Lib. 3. c. 16.

SEPTEM-PAGI, Denys d'Halicarnasse [c] appelle de la sorte, un Champ d'Italie dans le Pays des Veïens, sur le bord du Tibre.

[c] Lib. 2. & 5.

SEPTEM-PAGANI, ou HEPTACOMETÆ. Voyez HEPTACOMETÆ.

SEPTEM-PEDA, Ville d'Italie, dans le Picenum, selon Strabon [d] & Ptolomée [e], qui la place dans le Picenum. Frontin qui en fait une Colonie Romaine ne lui donne que le titre d'*Oppidum*. L'Itinéraire d'Antonin en marque la situation en cet ordre, dans la Route de Rome à Ancone :

[d] Lib. 5. p. 241.
[e] Lib. 3. c. 1.

Nuceriam,	M. P. CXI.
Prelaqueum,	M. P. XVI.
Septempedam,	M. P. XV.
Trea.	M. P. IX.
Auximum,	M. P. XVIII.
Anconam,	M. P. XII.

On voit par une ancienne Inscription recueillie par Gruter [f], que *Septempeda* étoit un Municipe : FLAM. PERON. MUNICIP I. SEPTEMP. Et dans une Inscription [g] on lit : *Ordo* SEPTEMPEDANORUM. On veut que ce soit aujourd'hui *San-Severino*.

[f] Pag. 308. no. 3.
[g] Pag. 284. no. 4.

SEPTEMTRIO. Voyez NORD.

SEPTENA, Ville de l'Asie Mineure, dans la Lydie ; le Concile de Chalcédoine en fait mention.

SEPTICOLLIS, nom que l'on donna anciennement à la Ville de Rome. *Romulus* qui d'abord n'avoit environné de murs & de fossés que le seul Mont Palatin, y ajouta le Mont *Tarpejus*, lorsque *Titus-Tatius*, & les *Sabins* de sa suite eurent pris le parti de se faire Citoyens de Rome. *Numa* étendit encore la Ville, & y joignit le Mont *Quirinal*, où l'on avoit dressé un Temple à *Romulus* sous le nom de *Quirinus*. *Tullus Hostilius*, quand il eut transporté à Rome les Albains, après avoir détruit Albe, enferma le Mont *Cælius* dans l'enceinte de Rome. Sous *Ancus Marcius*, le Mont *Janicule*, situé au-delà du Tybre, fut joint à la Ville par un Pont de bois. À la vérité le premier Tarquin s'étoit contenté de construire de belles pierres, au moins en partie, les murs de Rome, sans faire d'augmentation à son enceinte. Pour *Servius Tullius* non content d'achever l'Ouvrage que son Prédécesseur avoit commencé, il fit enclorre le Mont *Esquilin*, & le Mont *Viminal*, dans les nouveaux murs qu'il érigea. Ainsi Rome commença pour lors à porter le nom fameux de *Septicollis*, qui veut dire une Ville composée de sept Collines.

SEPTIMANCA, Ville d'Espagne : l'Itinéraire d'Antonin la place sur la Route d'*Emerita* à *Saragosse*, entre *Amallobrica* & *Nivaria*, à vingt-quatre milles du premier de ces Lieux, & à vingt-deux milles du second. *Merula* & d'autres croient que c'est présentement *Simanca*.

SESTIMANIA. Voyez SEPTUMANI, BEZIERS, & LANGUEDOC.

SEPTIMIA AUG. METROPOLIS. On lit ces mots sur une Médaille de Sévère, rapportée dans le Trésor de Goltzius. C'étoit une Colonie Romaine, & la même que *Leptis*, à ce que croit Ortelius [h].

[h] Thesaur.

SEPTIMIACA-LIBYA. Voyez au mot LIBYA, l'Article LIBYA-SEPTIMIACA.

SEPTIMINICIA, Ville de l'Afrique propre : elle est marquée dans l'Itinéraire d'Antonin sur la Route d'*Assuræ* à *Thenæ*, entre *Madassuma*, & *Tablata*, à vingt-cinq milles du premier de ces Lieux, & à vingt milles du second. C'étoit un Siège Episcopal. Voyez SEPTIMUNICIENSIS.

SEPTIMONTIUM, nom d'un Lieu, selon Ortelius [i] qui cite Festus. Mais Ortelius se trompe : *Festus* par *Septimontium* entend une Fête des Romains qui se célébroit au mois de Décembre, & qui se nommoit *Septimontium*, parce qu'on faisoit ce jour-là des Sacrifices sur sept Montagnes.

[i] Ibid.

SEPTIMUM. Voyez HEBDOMUM & au mot AD, l'Article AD-SEPTIMUM.

SEPTIMUM-HOSTIENSE, Symmaque [k] nomme ainsi sa Maison de Campagne.

[k] Epist. L. 6.

SEPTIMUNICIENSIS, Siège Episcopal d'Afrique, dans la Byzacène, selon la Notice des Evêchés de cette Province. Cette Ville est connue sous le nom de SEPTIMUNICIA, dans l'Itinéraire d'Antonin, dont quelques MSS. portent SEPTIMINITIA, & d'autres SEPTIMUNCIA. Elle est marquée sur la Route d'*Assuri*, à *Thenæ*, & sur celle de *Tuburbum* à *Tacapæ*, & dans ces deux Routes elle se trouve entre *Madassuma*, & *Tablata* à vingt-cinq milles de la première de ces Places, & à vingt milles de la seconde.

SEPTORUM-CIVITAS, Ville de l'Asie Mineure, dans la Lydie. Il est parlé de cette Ville dans le sixième Concile de Constantinople.

SEPTUMANI, Peuples de la Gaule Narbonnoise, selon Pline [l] ; comme il leur donne la Ville *Bliteræ*, ou *Bilteræ*, on voit que ce sont les Habitans du Diocèse de Beziers. Pomponius-Mela [m] écrit aussi SEPTUMANI. Le Pays de ces Peuples est appellé SEPTIMANIA par Sidonius Apollinaris, par Eginhart & par Aimoin ; & ce nom

[l] Lib. 3. c. 4.
[m] Lib. 2. c. 5.

nom lui avoit été donné à cause que la septième Légion y avoit eu ses quartiers.

☞ SEPULCRE, mot François qui signifie un Tombeau, un Monument, un Lieu particulier destiné pour y mettre un Corps mort. Il répond aux mots Latins *Sepulcrum*, *Tumulus*, *Monumentum*, & on voit assés qu'il est formé du premier de ces mots. On ne le dit proprement dans l'usage ordinaire qu'en parlant des Tombeaux anciens.

Les Hébreux ont toujours eu un grand soin de la Sépulture des morts. La plus part de leurs Sépulcres étoient creusés dans le Roc: par exemple celui qu'Abraham acheta pour y mettre Sara [a]. Ceux des Rois de Juda & d'Israël, & celui où Notre-Sauveur fut mis au Mont Calvaire. Quelquefois aussi ils étoient en pleine terre, & hors des Villes, dans des Cimetiéres destinés pour cela. Pour l'ordinaire on mettoit quelque Pierre taillée ou autre chose par-dessus le Tombeau, pour avertir qu'il y avoit là une Sépulture, afin que les passans ne s'en approchassent, & n'en fussent souillés. Ligtfoot montre que tous les ans au 15. de Février, on avoit soin de reblanchir les Sépulcres.

[a] *Genes.* 23. 4. 6.

Les Payens ont aussi toujours fait regarder [b] le soin qu'on prenoit des Sépulcres comme un devoir de Religion fondé sur la crainte de Dieu, & sur la créance de l'Immortalité des Ames; & l'Antiquité a estimé la Sépulture des morts si sainte, & si inviolable, qu'elle en a rapporté la première invention à l'un de ses Dieux, savoir à celui que les Grecs nommoient Pluton, & les Latins *Dis* ou *Summanus*. Dans l'Iliade d'Homére Priam demande & obtient une suspension d'armes pour enterrer les morts de part & d'autre. En un autre endroit Jupiter s'interesse lui-même, & envoye Apollon pour procurer la Sépulture à Sarpédon; Iris même est envoyée des Dieux pour animer Achille au combat, & faire rendre ce devoir à Patrocle. Thetis promet à Achille qu'elle prendra soin d'empêcher que son Corps ne se corrompe, quand on le laisseroit une année entière sans Sépulture. C'est sur la Cérémonie des Egyptiens qu'Homére se fonde, car ceux de Memphis ne donnoient la Sépulture qu'après avoir examiné la vie du défunt, & la lui refusoient s'il avoit mal vêcu. Ce refus faisoit qu'on ne permettoit pas de transporter les Corps des Impies au-delà du Fleuve & du Marais, proche duquel étoient les Sépultures des Justes. Delà venoit qu'être privé de la Sépulture, étoit comme une espéce d'excommunication, qui fermoit les Champs Elysées à une Ame, & la couvroit d'infamie. Les plus anciens Livres de l'Histoire du Vieux Testament en font foi, & en fournissent plusieurs exemples en la personne d'Abraham, d'Isaac, de Jacob, de Joseph. Dans les Livres des Rois au contraire il semble qu'il y ait quelques exemples de l'usage postérieur de brûler les Corps. C'étoit environ au tems d'Homére. Aussi dans l'Iliade, & dans l'Odyssée tous les Corps des défunts sont consu-

[b] *Domet, des Antiq.*

més par le feu. Les termes d'Enterrement, & de Sépulture sont toujours demeurés dans l'usage commun, ou comme n'ayant pu s'abolir, ou parce qu'il restoit toujours des os ou des cendres que le feu ne consumoit pas, & qu'on mettoit en Terre enfermés dans des Urnes. Les Terres destinées aux Sépultures devenoient sacrées, & étoient mises au nombre des choses saintes & inaliénables. On donnoit anciennement la Sépulture à ceux que l'on faisoit mourir pour leurs crimes. Joseph, Livre quatre des Antiquités Judaïques, Chapitre six contre Appien, Livre second, dit que Moïse avoit commandé qu'on donnât la Sépulture à celui qu'on avoit fait mourir suivant les Loix. Les Romains pratiquoient la même chose. Pilate permit qu'on détachât le Fils de Dieu, & qu'on le mît dans le Tombeau, quoiqu'il l'eût fait mourir comme un Criminel de Leze-Majesté.

Les Empereurs Dioclétien, & Maximien rescrivirent qu'ils n'empêchoient pas qu'on ne donnât la Sépulture à ceux qu'on avoit suppliciés. Les Romains étant dans la pensée que les Ames des Corps qui n'étoient point enterrés erroient cent ans vagabondes sans pouvoir passer dans les Champs Elysées [c]:

[c] *Virg. Lib. 6. Æneid. v. 325.*

Hæc omnis, quam cernis, inops inhumataque Turba est.

Cependant Suétone dit le contraire dans la Vie d'Auguste: *uni Sepulturam precanti respondisse dicitur, jam illum in volucrum potestatem fore*, comme un des Prisonniers de guerre l'eut prié de permettre qu'on lui donnât la Sépulture, il lui fit réponse qu'il seroit bien-tôt la nourriture des Oiseaux; & Horace dit: *non hominem occidisti, non pasces in Cruce Corvos*, tu n'as pas tué un homme, tu ne seras donc pas la nourriture des Corbeaux. Les Pyramides étoient bâties pour servir de Sépulcres, & ceux qui y fouilloient ont été odieux à toutes les Nations, & on les punissoit très-sévérement. C'étoit pour se consoler de leur mortalité que les Egyptiens se bâtissoient des Maisons éternelles, comme ils avoient accoutumé d'appeller leurs Sépulcres, au lieu qu'ils n'honoroient leurs Palais, & leurs Maisons que du titre d'Hôtelleries pour le peu de tems que nous demeurons en cette vie en comparaison du séjour que nous faisons dans le Sépulcre.

Perpetuas sine fine Domos Mors incolit atra, Æternosque levis possidet umbra Lares.

Ce n'étoit pas assez que les plus fameux des Payens eussent témoigné par leur conduite que la vanité étoit le grand mobile de leurs actions s'ils ne l'eussent encore fait revivre après leur mort. Les Mausolées, les Obélisques, & les Monumens superbes qu'ils se faisoient dresser en sont des preuves éternelles. C'est une belle chose, disoit une Reine, dans l'Histoire d'Hérodote, d'être honorée après sa mort d'un magnifique Monument, qui soit un témoignage

gnage de notre gloire à la postérité. Varron parle d'un Barbier nommé *Licinus* qui eut l'ambition d'avoir un Tombeau de Marbre.

Marmoreo Licinus Tumulo jacet; & Cato, parvo:
Pompeius nullo; credimus esse Deos!

La Pyramide de *Cestius* qui subsiste encore à Rome, & qui avoit au dedans une Chambre peinte par un très-bon Maître ancien, n'est que le Tombeau d'un Particulier. Les gens de qualité avoient des Voûtes sépulchrales, où ils plaçoient les Cendres de leurs Ancêtres, & on en a trouvé autrefois à Nismes une semblable avec un riche pavé de Marqueterie, qui avoit tout à l'entour des Niches dans le mur, où étoient rangées dans chacune des Urnes de Verre doré, remplies de cendres. Les Romains après l'expulsion des Rois n'enterrérent plus les morts dans la Ville, ce qui fut expressément défendu par les Loix des douze Tables, *in Urbe ne sepelito, neve urito*, pour éviter par-là l'infection que les Corps enterrés pouvoient causer dans les Climats aussi chauds qu'en Italie, & aussi pour éviter les incendies, comme il en arriva aux funérailles de *Clodius*, qui fut brûlé en la Place des Bostres; car alors le feu se prit au Palais, & brûla toute la face de devant qui regardoit sur la Place, avec plusieurs Maisons voisines. Quoique les Loix des douze Tables défendissent d'ensévelir dans l'enceinte de la Ville, il y a eu cependant des Romains qui ont eu ce Privilège, & avant la Loi, & depuis la Loi, comme la Famille des Claudiens qui avoit sa Sépulture sous le Capitole, comme *Valerius Publicola*, & *Posthumius Tuberius* à qui le Peuple Romain par une Ordonnance expresse accorda, & à leurs descendans la liberté d'être enterrés dans la Ville. Il est vrai que Plutarque écrit que de son tems on n'y enterroit aucun de la race de *Publicola*, & qu'on se contentoit seulement, lorsque quelqu'un de cette Famille venoit à mourir, de mettre une torche ardente dessus le Sépulchre, qu'on retiroit aussi-tôt pour montrer qu'ils avoient le Privilège de s'y faire ensévelir; mais qu'ils se déportoient volontairement de cet honneur, faisant au reste porter leurs corps dans le Sépulchre qu'ils avoient en la Contrée de Velie.

Ceux-là pareillement jouissoient du même Privilège qui avoient rendu quelque service considérable à la République, ou qui avoient triomphé des Ennemis de l'Empire. Les Vierges Vestales comme les Empereurs avoient le droit de s'y faire enterrer; mais à l'exception de ces trois sortes de personnes, on ne lit point dans les Historiens qu'aucun ait été enséveli dans la Ville.

L'Empereur Adrien imposa une amende de quatre pièces d'or à ceux qui se seroient enterrer dans la Ville, étendant même cette peine aux Magistrats qui l'auroient permis. Il voulut de plus, comme parle le Jurisconsulte Ulpien, que le lieu du Sépulchre fut confisqué & profané, & qu'on levât le corps ou les cendres de celui qu'on y auroit enterré.

Cette Ordonnance fut renouvellée par les Empereurs Dioclétien & Maximien l'an de la fondation de Rome 1042., & de Jésus-Christ 290. le 28. de Septembre. On bâtissoit les Sépulchres sur les grands Chemins les plus fréquentés, comme le chemin qui conduisoit à Brunduse dit *Via Appia*, ou le chemin d'*Appius*, sur le chemin de *Flaminius*, ou sur le chemin Latin, où étoient les Sépulchres des Collatins, des Scipions, des Serviliens, & des Marcels, & cela pour faire souvenir les passans qu'ils étoient mortels, & les porter à l'imitation des vertus des grands hommes, qui étoient représentées sur ces superbes Tombeaux, ou dans les Inscriptions qu'on y lisoit. Agène Urbique fait mention de quelques autres Places dans les Fauxbourgs qui servoient à bâtir des Sépulchres; une nommée *Culinæ* où étoient enterrés les pauvres, & les Esclaves, une autre dite *Sestertium*, où étoient les Corps de ceux que les Chars faisoient mourir. Il y avoit des Sépulchres de Famille, & d'autres héréditaires. Les Sépulchres de Famille étoient ceux qu'une personne faisoit faire pour soi, & pour tous ceux de sa Famille, c'est-à-dire pour ses Enfans & proches parens, & pour ses Affranchis. Les héréditaires étoient ceux que le Testateur ordonnoit pour soi & pour ses héritiers, ou qu'il avoit par droit d'héritages. Les personnes se pouvoient reserver un Sépulchre particulier où nul autre n'eut été mis. Ils pouvoient aussi défendre par Testament d'enterrer dans leur Sépulchre de Famille aucun de leurs héritiers. Quand on vouloit montrer qu'il n'étoit pas permis à un héritier d'être enterré en un Sépulchre, on y gravoit ces Lettres qui se trouvent encore aujourd'hui en une infinité de Lieux *H. M. H. N. S. id est, hoc Monumentum hæredes non sequitur*, ou ces autres *H. M. ad H. N. TRANS. id est, hoc Monumentum ad hæredes non transit*, le droit de ce Monument ne suit point l'héritier, Ils avoient encore une autre sorte de Sépulchre qu'ils nommoient d'un mot Grec Κενοτάφιον, qui signifie un Sépulchre fait en l'honneur de quelqu'un & où son corps ne repose point. L'usage de ces Sépulchres vuides fut trouvé par la superstitieuse opinion des Anciens qui croyoient que les Ames de ceux dont les Corps n'étoient point enterrés erroient cent ans le long des Fleuves de l'Enfer sans les pouvoir passer. On élevoit un Tombeau de gazon, qui s'appelloit *injectio Glebæ*, après quoi on pratiquoit les mêmes cérémonies que si le Corps eût été présent. Ainsi Virgile, dans le sixième Livre de l'Enéïde, fait passer à Caron l'Ame de Déïphobus quoiqu'Enée ne lui eût dressé qu'un Cénotaphe, ou vain Tombeau honoraire, & on mettoit dessus ces mots *ob honorem* ou *memoriæ*, au lieu qu'aux autres, où reposoient les cendres, on y gravoit ces Lettres. *D. M. S.* pour montrer qu'ils étoient dédiés aux Dieux Manes. Quand on ajoutoit *tacito nomine*, c'étoit pour dire que les personnes dont les cendres y étoient enfermées avoient été déclarées infâmes pour quelque crime, & exclus des Sépulchres de la Famille, & enterrés à l'écart par la permiſſion du Prince, ou du Magiſtrat.

SÉPULCRE D'ABSALON, la Maison d'Absalon, ou le Monument d'Absalon [a]. On le montre à l'Orient de Jéruſalem, dans la Vallée de Joſaphat. C'eſt un Ouvrage magnifique, & d'Ordre Dorique [b]. Il y a ſix Colonnes à chaque face : elles ſoutiennent une Voute ſur laquelle on voit comme une double Aiguille en forme, & couronnée d'un petit chapiteau ſemblable à un pot à fleurs. Tout cet Ouvrage eſt entouré de quelques monceaux de cailloux, qui augmentent tous les jours plutôt que de diminuer ; car il n'y a ni Turc, ni More, ni Chrétien, qui paſſant par-là ne jette une pierre contre ce Sépulcre, avec une imprécation contre ce Prince, parce qu'il ſe rebella contre ſon pere. On appelle ce Monument le Sépulcre d'Abſalon ; non qu'il y ait été enſéveli ; car il fut jetté dans une foſſe profonde & couvert d'une grande quantité de pierres au Lieu même où Joab lui avoit donné la mort ; mais il eſt ainſi appellé parce qu'Abſalon fit ériger ce Monument de ſon vivant par un motif d'orgueil & pour éterniſer ſon nom, comme on le voit au ſecond Livre des Rois [c] : *Dixit enim, non habeo filium, & hoc erit monimentum nominis mei.* Il eſt probable néanmoins que ce Sépulcre ou Monument n'eſt pas celui qui y étoit anciennement, parce que Joſéphe dans ſes Antiquitez écrit que c'étoit une Colonne qui ſoutenoit une Statue ; de ſorte que l'Ouvrage qu'on voit aujourd'hui, doit être poſtérieur, & aura ſans doute été élevé ſur le même lieu.

2. SÉPULCRE DE DAVID. Ce Monument, ſuivant la Deſcription qu'en donnent des Voyageurs exacts [d], eſt un Edifice ſuperbe qui eſt à préſent hors des Murs de Jéruſalem ; mais qui apparemment étoit renfermé dans l'enceinte de la Ville. On entre, diſent ces Auteurs, premiérement dans une grande Cour d'environ ſix-vingt pieds en quarré, taillée & aplanie dans le Rocher qui eſt de Marbre : à main gauche eſt une Galerie taillée de même dans le Roc, auſſi-bien que les Colonnes qui la ſoutiennent : au bout de la Galerie il y a une petite ouverture par où l'on paſſe le ventre à terre, pour entrer dans une grande Chambre d'environ vingt-quatre pieds en quarré, autour de laquelle il y a d'autres Chambres plus petites, qui vont de l'une dans l'autre, avec des Portes de pierre qui y donnent entrée. Le Toit, les Portes comme le reſte, leurs Pivots, leurs Montans, leurs Montures, leur Chambranle, ſont du même Rocher, ce qu'on regarde à bon droit comme une merveille ; car les Portes n'ont jamais été déplacées ni portées d'ailleurs ; elles ont été travaillées avant les Chambres, & elles tiennent encore au même Rocher dans lequel elles ont été travaillées. Au côté des petites Chambres il y a pluſieurs Niches dans leſquelles les Corps des Rois avoient été dépoſez dans des Cercueils de pierre. Cet Ouvrage eſt peut-être l'unique vrai reſte de l'ancienne Jéruſalem.

3. SÉPULCRE D'ELISÉE. Ce Sépulcre eſt connu par une circonſtance très-remarquable. L'année même de la mort & de la Sépulture de ce Prophète [e] quelques Coureurs Moabites étant venus faire des Courſes ſur les Terres d'Iſraël, il arriva que des Iſraëlites qui portoient en terre un homme, le jettérent précipitamment dans le Tombeau du Prophète pour s'enfuïr ; mais le Cadavre n'eut pas plutôt touché le Corps mort d'Elizée, qu'il reſſuſcita, & ſe leva ſur ſes pieds. On n'eſt pas d'accord ſur le Lieu où étoit ce Tombeau. St. Jérôme [f] & pluſieurs autres après lui ont écrit qu'il étoit à Samarie ou aux environs, & on préſume qu'il y fut auſſi enterré. D'autres veulent qu'il ait été enterré à Abel-Meula ſa patrie, d'autres au Mont Carmel.

4. SÉPULCRE D'HÉLÉNE (Le), *Reine des Adiabènes* [g] ; il eſt à l'Occident de Jéruſalem en tirant vers le Septentrion aſſez près de la Porte de Damas. Plus haut que la Grotte du Prophète Jérémie, & au delà du grand Chemin, on voit dans un Champ une Cîterne, où l'on dit qu'étoit autrefois le Sépulcre d'Hélène Reine des Adiabènes, qui dans cette famine épouventable qui arriva ſous l'Empire de Claude fit voir les effets de la Foi Chrétienne qu'elle avoit embraſſée par les aumônes abondantes dont elle ſecourut les Juifs. Cependant le Tombeau d'une ſi grande Princeſſe n'a pu échapper à l'injure du tems, on ne ſauroit pas même qu'il a été là ſi Euſèbe & St. Jérôme, du vivant deſquels il ſubſiſtoit encore, ne l'avoient marqué. Joſéphe dit que de ſon tems la Ville de Jéruſalem s'étendoit juſque-là, & juſqu'aux Cavernes Royales qu'l'on nomme aujourd'hui les Sépulchres des Rois.

5. SÉPULCRE DE JONAS (Le) [h]. De Cana il n'y a qu'une lieue & demie tout au plus juſqu'à Nazareth, l'on y va en montant, & en deſcendant toujours des Montagnes. On en fait voir une à l'Occident de Cana, où l'on dit que Jonas eſt enſéveli, & l'on voit la Chapelle que les Mahométans ont bâtie ſur ſon Sépulchre. Quoique l'endroit de la Sépulture de Jonas ne ſoit pas une choſe hors de doute, il eſt pourtant aſſez probable qu'elle eſt là. Cette opinion étant appuyée de la Tradition des Hébreux ſuivie par les SS. Peres, & entr'autres par S. Epiphane qui dans la Vie de ce Prophète dit en termes clairs que *ejus Sepulchrum in quodam Urbium Geth Viculo demonſtratur qui eſt in ſecundo Milliario ; Sephorim itinere quo pergitur Tiberiadem*. Quelques-uns veulent qu'il ſoit à Mouſſol, qui eſt l'ancienne Ninive ; & en effet les Turcs ont fait une Moſquée d'une belle Egliſe de Chrétiens, où l'on voit dans un grand Sépulchre dans lequel on dit que Jonas repoſe ; mais il eſt plus vraiſemblable que ce Prophète ayant exécuté

sa commission retourna en ces Quartiers, & quitta une Ville qui n'avoit rien pour lui d'agréable. Quelques-uns, que St. Jérôme n'approuve point, écrivent qu'il est né & enterré à Diospolis, autrement Lydde.

a Le P. Nau. Voyage de la Terre-Ste. Liv. 3. ch. 13.

6. SÉPULCRE D'ISAÏE [a]. Il est au pied de la Montagne de Sion à la gauche en allant vers la Fontaine de Siloé. C'est un trou profond & quarré qui a été fait avec le ciseau, & le marteau. Il n'a maintenant aucun ornement, mais il n'en devoit pas manquer autrefois étant le Sépulchre du plus illustre & du plus qualifié des Prophètes.

b Ibid. Liv. 4. ch. 21.

7. SÉPULCRES DES JUGES [b], ils sont à une petite lieue de Jérusalem. C'est un Ouvrage digne d'être vu, & il approche de la beauté des Sépulcres des Rois. On dit qu'il est fait avec moins de délicatesse, mais que le travail n'est pas moindre: qu'on voit d'abord près du chemin la Roche taillée en forme de Portique: que delà on entre dans deux Sales: que de celles-là on pénétre dans d'autres plus basses par des trous qui en sont comme les Portes: que cela forme comme trois Etages de Chambres, & de Sépulcres; & que tout cela est un même morceau de Roche creusé avec le ciseau. On recherche de quels Juges sont ces Sépulcres, & on voit probablement qu'ils sont de ceux qui ou du tems des Rois, ou après la Captivité de Babylone rendoient Justice au Peuple de Dieu. Car la plûpart des anciens Juges qui eurent le Gouvernement devant l'Etablissement des Rois, sont morts loin de-là.

c Ibid. Liv. 3. ch. 10.

8. SÉPULCRES DES JUIFS [c], ils sont dans la Vallée de Josaphat au-dessous des Sépulcres d'Absalon, & de Zacharie, depuis le Pont qui est proche des Vestiges adorables de Notre-Seigneur, jusqu'au Village de Siloan. Le droit qu'ils ont d'ensevelir-là leurs morts leur coûte bien cher. Ils payent une grande somme pour se le conserver, & ils en payeroient encore davantage, s'il étoit nécessaire. Ils ont une si grande passion d'être enterrés à Jérusalem, que beaucoup y viennent mourir de tous les Quartiers du Monde, où ils sont dispersés. On dit qu'au-dessus de leur Tombeau vers le chemin qui conduit à Béthanie, est l'endroit où Judas se pendit. La Montagne où Salomon avoit son Jardin Royal s'éleve au-dessus de ces Sépulcres.

d Le P. F. B. des Champs, Voyage de la Terre-Ste. p. 428.

9. SÉPULCRES DE LAZARE [d]. A quelque distance au Midi de Béthanie on voit les anciennes murailles du Château de Lazare, & elles font voir par leur épaisseur que le Bâtiment étoit considérable. C'est près de-là que *Jésus-Christ* ressuscita Lazare quatre jours après son trépas. Ste. Hélène avoit fait bâtir une riche Eglise sur ce Sépulcre; mais elle est aujourd'hui à demi-ruinée; & telle qu'elle est, les Turcs en ont fait une Mosquée. Ils s'étoient obstinés pendant long-tems à n'y vouloir laisser entrer aucun Chrétien; mais dans le dernier Siécle ils permirent aux Peres Recollets du Couvent de Jérusalem d'y faire une autre entrée; de sorte qu'on descend aujourd'hui dans le Sépulcre par un Escalier de vingt-quatre degrés, taillés dans le Roc, au Couchant de la Mosquée. Quand on a descendu cet Escalier, on entre dans une petite Cellule de dix pieds en quarré; & c'est le même lieu où Jésus pleura. Il y a un Autel couvert de la pierre qui fermoit l'embouchure du Sépulcre. Il n'est permis qu'aux Peres Recollets d'y dire la Messe. Vers la partie Méridionale de cette Cellule, on descend dans une Allée étroite, taillée dans le Roc, large de deux pieds, & longue de six. Au bout de cette Allée, on entre par un trou comme dans une petite Cave, qui a huit pieds & demi en quarré, & autant de hauteur. C'est où étoit le Corps de Lazare, lorsque le Sauveur l'appela & lui ordonna de sortir de son Tombeau.

10. SÉPULCRE DE MOÏSE. Le Texte du Deuteronome [e] dit précisément que nul Homme n'a connu le lieu de la Sépulture de ce fameux Législateur.

e Deut. 34. 6.

11. SÉPULCRES DES PROPHETES [f], sur la Montagne des Olives. En prenant son chemin à main droite au-dessus du Jardin des Olives, & retournant un peu vers la gauche on monte au lieu, où l'on dit que sont les Sépulcres des Prophètes. Mais de quels Prophètes ? Celui d'Isaïe est ailleurs au-dessus du Mont de Sion. Jérémie a eu le sien à Taphni en Egypte, où les Juifs le mirent d'abord, & depuis en Alexandrie, où Aléxandre le Grand le fit transporter. Son Secrétaire Baruch alla depuis en Babylone pour consoler ses Compatriotes dans leur Captivité & mourir avec eux. Ezéchiel de même, après y avoit été cruellement martyrisé par les Juifs qui lui briserent la tête sur des pierres, où ils le traînérent, ou qui l'attachérent, comme disent d'autres, à des Chevaux qui le démembrérent, fut enterré dans le Tombeau de Sem, & d'Arphaxad. Daniel finit aussi ses jours en Babylone, ou d'une mort naturelle, selon la commune opinion, ou par le Martyre, un certain Attalus l'ayant fait décapiter avec ses trois Compagnons, comme le rapporte un vieux Manuscrit de l'Empereur Basile. Osée a eu son Sépulcre à Béhemot dans la Tribu d'Issachar, Joel à Bethor, Amos à Thecué; & Abdias & Elizée à Sébaste, Jonas à Geth; Michée près d'Eleuthéropolis avec Habacuc; Nahum à Begabar; la plûpart des Prophètes ont donc leurs Sépulcres ailleurs. Mais Sophonie, Aggée, Malachie, & tant d'autres Envoyés de Dieu, dont l'Ecriture fait mention, & qui n'ont rien laissé par écrit, comme Gad, Nathan, Ahias le Silonite, & plusieurs autres, ont été enterrés dans cet endroit, qui porte à cause de cela le nom de Sépulcres des Prophètes. Il consiste en deux ou trois Caves profondes & longues, en forme de rues creusées dans la pierre avec le pic, le ciseau, & le marteau. Il y a d'espace en espace de grands trous quarrés, où l'on peut enfoncer une grande Biére. Ils ne sont pas tous égaux les uns ayant plus de capa-

f Le P. Nau. Hist. de la Terre-Ste. Liv. 3. ch. 4.

SEP. SEP. 475

capacité que les autres ; mais tous n'ont rien de majestueux, ni de beau. On entre dans ces conduits souterrains avec des flambeaux, ou des chandelles à la main, parce qu'il n'y a point de lumiére, & on y marche de Compagnie, parce qu'il est arrivé quelquefois que quelques-uns allant seuls visiter ces Sépulcres, ont trouvé là le leur sans être Prophétes, y ayant été assassinés par des Voleurs qui s'y étoient mis en embuscade.

a Le P. F. B. des Champs, Voyage de la Terre-Ste. p. 338.

12. SE'PULCRE DE RACHEL [a], il se voit sur la route de Jérusalem à Béthléem, à cinq cens pas des ruïnes de la Tour de Jacob, à droite du chemin. On prétend que ce fut Jacob, qui dressa ce Monument sur le Tombeau de sa femme. Quoiqu'il en soit, ce Monument est tout de pierre & de figure quarrée, & orné de quatre Piliers quarrés aussi de pierre, qui font autant d'Arcades, qui soutiennent un petit Dôme rond & bien vouté. Entre ces Piliers & ces Arcades est la Tombe de Rachel, haute de huit pieds, longue de sept, & large de quatre. Tout cet Ouvrage est ceint d'une clôture, qui a vingt-sept pieds de longueur, & vingt-cinq & demi de largeur. Les Turcs ont un si grand respect pour ce Sépulcre, qu'ils le regardent comme une de leurs Mosquées ; & lorsqu'ils y passent, il ne manquent pas d'y faire leurs priéres.

13. SE'PULCRE DES ROIS, ou CAVERNES ROYALES. On les trouve du côté de l'Occident de Jérusalem, prenant un peu vers le Septentrion. Ces Sépulcres sont dans un Champ d'un bon quart de lieue de Jérusalem [b]. On les nomme Sépulcres des Rois sans pouvoir dire quels Rois les ont fait faire, & y ont été mis. Ce ne sont pas les Rois d'Israël, qui apparemment n'alloient pas chercher leur Sépulcre dans un Royaume étranger parmi une Nation ennemie ; ce ne sont pas ceux de Juda qui avoient les leurs dans la Ville, comme l'Ecriture le marque parlant de leur mort. Cela a fait juger à la plûpart des Savans qui les ont vus, & en ont écrit, que l'on ne donne le nom des Rois à ces Sépulcres que parce que ces Princes n'en peuvent avoir de plus magnifiques, & qu'il semble que des Rois seuls méritent un si auguste Monument. Mais qui empêche de dire qu'ils ont ce nom, parce que ce sont en effet les Rois de Juda qui les ont fait faire, non pas pour eux, mais peut-être pour leurs Enfans ? Ce sont sans doute les Sépulcres des fils de David dont l'Ecriture fait mention, peut-être aussi le Roi Ezechias y a eu le sien, car l'Ecriture met son Sépulcre au-dessus de ceux-là, parce qu'ils étoient dans des Chambres plus basses, & plus enfoncées, au lieu que celui du Roi Ezechias étoit plus près de l'entrée de ces Monumens. N'est-ce point le même qu'étoit le Jardin d'Oza, & le Champ où ce malheureux Lévite fut frappé de Dieu, & mourut sur l'heure, pour avoir voulu toucher l'Arche avec trop de témérité, & pour l'avoir exposée au danger d'être renversée la chargeant sur des Bœufs, au lieu de la porter sur ses épaules, selon que la Loi ordonnoit. Il étoit au moins de ce côté-là, & auprès de la Ville, comme est la place où Dieu a exercé cette rigoureuse justice. Si cela est, on trouvera aussi parmi ces Sépulcres, celui de Manassés, d'Amon son fils, & vraisemblablement celui de son petit-fils Josias ; & ces Sépulcres seront alors sans difficulté les Sépulchres des Rois. Car enfin l'Ecriture dit que le Jardin d'Oza étoit hors de Jérusalem, que Manassés y avoit une Maison & son Sépulcre, que l'Impie Amon son fils y eut le sien, & que le plus vertueux des Rois, Josias, fut mis dans le Mausolée de ses Peres. La vûe seule de cet Ouvrage persuade que c'est un Ouvrage de Rois. Il est si beau, & il a fallu tant de frais & tant de peine pour l'achever, que de moindres Princes auroient eu honte de se faire tailler de si augustes Sépulcres, & auroient eu peine à fournir à la dépense nécessaire pour les finir. On voit d'abord une grande place quarrée qui paroît avoir plus de trente pas de longueur, & environ autant de largeur. On l'a creusée avec le fer dans une Roche très-dure à la hauteur de quinze, ou vingt pieds & davantage, comme l'on peut juger de la Porte par où l'on entre dans ces Sépulcres qui est grande, & qui est presque toute bouchée de terre, & des pierres qui sont tombées en ce lieu-là depuis tant de Siècles, & qui y tombent tous les jours. Cette place ne laisse pas d'être encore fort basse, & en des endroits de la hauteur de plus de deux hommes, elle est comme une vaste & profonde Sale découverte au ciel, dont le pavé & les murailles ne sont qu'une pierre creusée & taillée au ciseau. L'Entrée de cette Cour ou Sale quarrée est à l'Orient. C'est une Porte très-large, & très-haute, où l'on descend par un chemin fort spacieux, qui n'a pu etre fait, qu'en enlevant bien de la terre, & des Masses prodigieuses de Rocher. Au bout de ce Chemin, & près de la Porte on a fait aussi dans le même Roc une Cîterne d'une grandeur extraordinaire ; on ne sait pas à quel usage, à moins qu'on n'ait commencé par elle pour la commodité de ceux qui devoient être employés à un Ouvrage si pénible & de si longue haleine. Etant entré dans cette grande place on voit au milieu de la muraille qui est au Midi, ce même Roc coupé, taillé, & creusé en forme de Portique quarré, avec son Architrave façonné selon les Règles de l'Architecture, & les bords des deux côtés de ce Portique chargés aussi d'ornemens de cet Art ; mais le tems qui dévore tout en a beaucoup gâté, & enlevé, & il a tant fait tomber de terre & de pierres en ce lieu, qu'on ne le voit plus qu'à moitié, mais on en voit pourtant assés pour juger du tout. Sa longueur paroît d'environ sept ou huit pas, sa profondeur de deux ou trois, & sa hauteur est pour le moins de quinze pieds, à la prendre de dessous les ordures qui en comblent une bonne partie. La Porte des Sépulchres est à main gauche dans ce Portique, & elle est presque toute fermée des pierres & de la terre qui sont tombées-là ; de sorte qu'on

b Le P. Nau. Hist. de la Terre-Ste. Liv. 3. ch. 16.

Ooo 2

qu'on ne la passe qu'en rampant à terre, & avec peine. Elle vous donne d'abord entrée dans une grande Chambre quarrée. Le Roc dans lequel on l'a creusée avec le Marteau & le Ciseau est coupé avec tant de justesse, & les mesures en sont si bien prises, qu'un Ouvrage de pierres de taille bien polies, dressé avec le plomb & l'Equierre, ne seroit pas un plus bel effet. Le plancher d'en haut est plat & par-tout égal, & parfaitement parallèle au pavé le plus uni & le plus droit. Le pavé de cette Chambre l'est sans doute, mais la terre qu'on y a attirée empêche qu'on ne le voye & qu'on n'en remarque la beauté. Les murailles sont percées profondément en plusieurs endroits, & chaque ouverture est un trou quarré, où l'on enfonçoit le Cercueil. De cette Chambre l'on passe en d'autres, où les Sépulcres ne sont pas égaux; il y en a de petits & de grands, tous faits avec un travail prodigieux, & d'une manière surprenante. On en voit quatre, ou cinq entre autres, qui sont plus enfoncés, & qui sont comme de petits Cabinets. Comme ils sont parfaitement beaux, je crois qu'ils étoient pour les Rois, & que les autres étoient pour leurs Enfans, & pour les Princes & les Princesses de leur Sang. Le plus beau est celui qui est dans la seconde Chambre à main droite, c'étoit peut-être celui d'Ezechias. On entre d'abord comme dans une petite Galerie étroite & basse, & assez longue, d'où l'on descend dans un Cabinet d'une juste grandeur, qui a des rebords à chaque côté, qui sont comme trois lits en forme de Niches. On mettoit là les Cercueils des Princes. On en voit encore quelques-uns en plusieurs endroits, il y en a même d'entiers. Ils étoient d'une pierre dure, bien travaillée, & chargée au dehors de Guirlandes, & d'autres ornemens en relief. Le dessus qui le couvroit étoit de même matière concave au dedans, & convexe au dehors avec de semblables embellissemens. Les Portes qui fermoient ces Sépulcres ont quelque chose d'admirable plus que le reste. Car elles sont la même pierre du Roc aussi-bien que les Pivots sur lesquels elles roulent [a]: elles sont belles, & percées de Panneaux & moulures, comme si elles étoient de menuiseries, & on les a placées avec tant d'adresse qu'elles ne semblent pas apportées d'ailleurs, mais taillées du Roc dans le Roc même. C'est une chose pourtant impossible, car il auroit fallu auparavant creuser derrière; & pour le faire, ces Sépulcres devroient avoir eu quelqu'autre entrée, & cependant on n'en voit aucune. Enfin il est difficile de comprendre de quelle manière on les a pu placer. Les Mahométans ont dans un Champ voisin de ces Sépulcres une Mosquée qu'ils visitent avec dévotion à l'honneur d'un Barbier qu'ils prétendent avoir rasé la Tête, & ajusté la Barbe de leur faux Prophète, après quoi il ne peut être à leur jugement qu'un grand Saint, & un des plus considérables de leur Paradis.

[a] Le P. Nau. Hist. de la Terre-Ste. Liv. 3. ch. 16.

14. SÉPULCRE DE SAMUEL [b]. On trouve sur le chemin de Jérusalem à Emaüs, une Montagne appellée la Montagne de Samuël. C'est la plus haute de toutes celles qui sont aux environs de Jérusalem; aussi la découvre-t-on de bien loin. Sur la Croupe l'on voit encore une Eglise assez entière bâtie de bonnes pierres, & bien voutée. Elle est profanée par les Infidèles qui en font une Etable. Il y a au bout un Escalier par où l'on monte en diverses Chambres ou Cellules. La Porte par où l'on entre au Sépulchre de Samuël, est auprès de cet Escalier du côté du Midy, où l'on descend par cinq ou six marches. Il est défendu rigoureusement aux Chrétiens d'y entrer, néanmoins il s'en trouvent toujours quelques-uns qui y entrent malgré ces défenses; c'est par-là que l'on sait qu'il n'y a qu'un grand Sépulchre couvert de bois attaché à la muraille, & orné de côtés & d'autres, de quelques Colomnes. Le Corps de Samuël reposoit là autrefois, & il y a resté jusqu'au tems de l'Empereur Arcade qui l'en fit enlever & porter en Thrace. On voit quelques maisons en petit nombre sur cette Montagne; mais on y voit de grandes ruines de tous côtés. Il y a une Fontaine de bonne eau, au bout du Village, à quarante ou cinquante pas de l'Eglise. Comme ce lieu est le plus élevé de tous ceux qui sont aux environs de Jérusalem, il présente une belle vûe. Il est comme le centre de trois Tribus, de celle d'Ephraïm, de celle de Benjamin, & de celle de Juda; mais ce qui satisfait davantage les yeux & l'esprit, c'est une grande Campagne qui s'étend au Septentrion, & à l'Orient de ce Village. C'est-là qu'est cette fameuse Vallée d'Aiolon où Josué vint livrer combat aux cinq Rois qui assiégeoient Gabaon, & où il commanda au Soleil & à la Lune de s'arrêter, afin qu'il eût le loisir de les défaire entièrement. On croit communément que la Montagne de Samuël est le Pays natal de ce Prophète, & ce Ramathaïn-Sophim dont il est parlé au Chapitre premier du premier Livre des Rois. Cela semble bien fondé en l'Ecriture qui dit qu'il fut enterré à Ramatha dans sa maison, c'est-à-dire dans le Pays de sa naissance. La signification du mot favorise cette opinion. Car Ramatha ou Rama signifie un lieu élevé, & Sophim une Guérite de Sentinelle. Ce qui convient parfaitement bien à cette Montagne d'où l'on découvre un vaste Pays. On lui donne le nom de Ramathaïn au Duel, parce que cette Ville étoit divisée en deux parties dont la plus haute se nommoit Sophim. S. Jérôme n'est pas pourtant de cette opinion, & il met près de Lydde cette Ville de Samuël. Voici comme il parle: *Arimatha Sophim Civitas Elcanæ, & Samuelis in Regione Tamniticâ juxta Diospolim, unde fuit Joseph, qui in Evangeliis ab Arimathia esse scribitur.* Arimatha Sophim, dit ce Pere, qui est la Ville d'Elcana, & de Samuël, d'où étoit Joseph que l'Evangile témoigne être d'Arimathie, est près de Diospolis, c'est-à-dire Lydde dans

[b] Ibid. Liv. 4. ch. 21.

dans la Région Tamnitique, & ailleurs il écrit en ces termes: *Rama quæ & Aarima, ubi sedit Abimelech, sicut in Libro Judicum scriptum est, quæ nunc appellatur Remphtis; est autem in Diospoleos, & à plerisque Arimathæa nunc dicitur.* Rama qui s'appelle aussi Aarima, où Abimelech a demeuré comme il est écrit dans le Livre des Juges est nommée à présent *Remphtis*, elle est dans le District de *Diospolis*, & la plûpart aujourd'hui disent que c'est *Arimathia*. L'autorité seule d'un Saint si savant qui a visité avec tant de soin tous les lieux de la Terre-Sainte, qui y a passé une bonne partie de sa vie, qui s'est informé avec tant d'exactitude de la Tradition, & qui avoit une intelligence si parfaite de l'Ecriture est capable de l'emporter par-dessus toutes les raisons qu'on allégue, & plûtôt que de contredire ce Saint en cela, je dirai que le Sépulchre qu'on voit sur cette Montagne, n'est pas celui, où Samuël fut mis après sa mort, ou que s'il y a été, c'est qu'il y a été transporté pour quelque occasion que je ne sai pas. C'est peut-être parce que c'est le Mont de Silo, où Josué fit placer l'Arche, & le Tabernacle, & que ce Prophète l'ayant desservi si long-tems, & y ayant même exercé l'Office de Juge, lorsqu'il avoit le Gouvernement du Peuple de Dieu, on a cru y devoir mettre son Tombeau.

Si c'étoit là Ramatha [a], l'Ecriture ne diroit pas qu'Elcana en partoit en certains tems réglés, & qu'il montoit à Silo pour y adorer, & y sacrifier, elle diroit qu'il y descendoit. Car il n'y a point de Lieu plus élevé en cette Contrée, & en quelque part qu'on mette Silo, il sera plus bas. L'Ecriture même, disant que ce vertueux Israélite montoit de sa Ville à Silo, nous déclare assez que Silo avoit une situation plus haute en toute manière. L'explication du nom est une raison assez foible. Rama a pu avoir dans sa Plaine une élévation d'Edifices, ou de dignités qui lui ait mérité ce nom. Il y a apparence que ce Lieu est Silo, il est dans une élévation telle, que lui donne l'Ecriture, & que les Auteurs lui attribuent. Josué voulant bien placer l'Arche, & le Tabernacle ne pouvoit pas choisir un endroit plus majestueux & plus commode. Il est comme au milieu de la Terre-Sainte, & sur une agréable Colline qui domine sur de grandes Plaines. Josué n'en pouvoit pas même prendre de plus propres pour son campement, après s'être retiré des Campagnes de Galgala. *Congregatique sunt omnes filii Israël in Silo, ibique fixerunt Tabernaculum testimonii.* Enfin Dieu l'ayant honoré de ce prodigieux Miracle par lequel il arrêta le Soleil dans sa course le fit considérer à ce Capitaine comme un Lieu de bénédictions. Ce fut donc là que Dieu choisit sa Maison on l'y venoit adorer, & c'étoit là qu'on lui offroit les Sacrifices que la Loi ordonnoit. C'étoit là où on venoit le consulter, & où il rendoit ses Oracles, tant que l'Arche y demeura. Josué y fit la distribution du reste de la Terre-Sainte à six Tribus qui n'avoient pas encore en leur part, & il y reçut même la sienne. Il choisit là les Villes qui devoient servir de refuge, & il en donna quarante-huit aux Lévites pour leur demeure. Ce fut là que Samuël fut élevé dès son enfance, & consacré à Dieu par ses parens qui l'avoient obtenu par leurs Prières dans ce même endroit. A l'âge de douze ans il y eut la révélation de la destruction de la Maison du Grand Prêtre Heli, en punition de l'Indulgence avec laquelle il supportoit les crimes horribles de ses enfans, & il y reçut alors l'Esprit de Prophétie, & c'est peut-être plûtôt pour cela que pour son Sépulchre que cette Montagne a son nom. L'Arche fut enlevée delà lorsque les Philistéens s'en rendirent Maîtres, ayant défait les Israëlites, & tué Ophni & Phinées enfans de Heli qui la portoient. Le Tabernacle y demeura pourtant toujours, jusqu'au tems de David, qu'il fut transporté à Nobé, & depuis à Gabaon, & enfin dans le Temple de Salomon.

15. SÉPULCRE DE SARA. Abraham acheta des Enfans de Heth, qui habitoient à Hébron, un Sépulchre qu'il y avoit dans le Champ d'Ephrom fils de Sehor [b], & y enterra Sara. La Vulgate appelle le lieu de ce Sépulchre une Caverne double, *Speluncam duplicem*, soit à cause qu'elle comprenoit deux Chambres creusées dans le Roc, ou parce qu'il y avoit deux Tombeaux dans la même Caverne. Le Texte Hébreu la nomme Caverne de Macphela.

16. SÉPULCRE, ou TOMBEAU DE NOTRE SEIGNEUR JESUS-CHRIST, sur le Mont Calvaire, au Nord & au Couchant de Jérusalem [c]. Ce Sacré Monument est sous un grand Dôme fait en figure de couronne qui se rétrecit par en haut. Il est formé de cent trente-une Solives de Cedre longues de soixante Palmes, fort droites, disposées en rond, qui s'approchant par leur bout le plus élevé font un grand cercle de trente palmes de diamétre. C'est par-là que l'Eglise a presque tout son jour. Rien ne le couvre, il est seulement garni de fil d'Archal. On ne sait si ce Dôme est le même dont parle le Patriarche d'Aléxandrie Eutichius, que nos Arabes nomment *Said Ebn Batrik*. Il dit dans son Histoire que du tems du Calife, *Mamouä*, appellé autrement *Abd, Allab*, il fut réparé par Thomas, Patriarche de Jérusalem, qui trouva occasion de le faire faire sans en être empêché. Une extrême famine ayant obligé les Mahométans de sortir de la Sainte Ville, il crut qu'il devoit se servir de ce temps favorable à son dessein. Il alla lui-même en l'Isle de Cypre, choisir cinquante beaux Arbres tant Cedres que Pins: & un riche Homme d'Egypte nommé *Behan* lui fournit tout l'argent dont il eut besoin pour cette entreprise. Il fit mettre peu à peu, & avec le moins d'éclat qu'il put jusqu'à quarante Soliveaux, il fit couvrir ce Dôme de plomb; mais il fut enfin accusé devant

[a] Le P. Nau. Voyage de la Terre Ste. Liv. 4 ch. 21.

[b] Gen. 23.

[c] Ibid. Liv. 2. c. 13. 14. & 16.

devant le Calife qui le fit battre & emprisonner. Ses Adversaires l'accusoient d'avoir agrandi l'Eglise; & il n'échapa de leurs mains que par le moyen que lui en fournit un Docteur Mahométan, mais moyennant mille écus d'Or qu'il demanda, & qu'il reçut de ce Prélat, avec une promesse que ses descendans auroient de l'Eglise la même distribution que les Prêtres & les Diacres. Pour revenir au Dôme, il est posé sur une muraille ronde, qui étoit autrefois enrichie des Images des Prophètes, des Apôtres, & d'autres semblables, faites de petites pierres de couleurs différentes rapportées & arrangées à la Mosaïque, dont on voit encore des restes. Cette muraille est soutenue de belles Arcades, & ces Arcades sont appuyées sur des Colonnes de Marbre, & des Pilastres qui en sont incrustés. Ces Colonnes, & ces Pilastres disposés en rond sont au nombre de vingt, & forment une grande Place ronde, d'environ vingt-six pieds de diamétre qui est toute pavée de Marbre, & au milieu de laquelle est le S. Sépulcre. Elles sont jointes les unes aux autres en Arcades, & elles soutiennent la Voute d'une Galerie qui régne autour de cette Place. Cette Galerie basse en a une autre audessus d'elle. L'une & l'autre est partagée aux diverses Nations Chrétiennes, qui font l'Office divin dans cette Eglise. Celle d'en haut est presque toute aux Chrétiens du Rite Romain. Les Arméniens en ont quelques Arcades du côté du Midi. Dans celle d'en bas de ce même côté du Midi étoient les Abissins; & on voit dans leur appartement le lieu d'où Sainte Marie Magdeleine, & Marie Mere de Joseph, & de S. Jacques le Mineur, observoient l'endroit de la Sépulture de Notre-Seigneur, lorsqu'on l'y portoit. Cette Nation dans la suite se trouvant trop pauvre pour fournir aux contributions que le Turc exige, l'a abandonné, & les Grecs s'en sont emparés en payant pour eux. Ces Abissins étoient autrefois considérables en Jérusalem, ils étoient les seuls de tous les Chrétiens d'Orient, qui avoient le droit d'entrer dans le S. Sépulchre le Samedi Saint, & en apportoient ce feu prétendu miraculeux, que les Grecs, & les autres Orientaux venoient recevoir de leurs mains.

Autrefois ces mêmes Abissins entretenoient jour & nuit devant le Sépulcre une Lampe, où au lieu d'Huile ils ne mettoient que du Baume. Les Suriens ont leur petite demeure ensuite, mais à cause de leur pauvreté ils n'entretiennent pas là des Prêtres pour y faire l'Office Divin; ils se contentent d'y venir lorsqu'on ouvre l'Eglise à tous les Chrétiens, & alors ils y font leurs Priéres selon leur Rite. Les Coptes ont aussi là leur demeure, & ils y ont encore un Prêtre qui prie seul, allume les Lampes, & va faire en son tems les encensemens ordinaires dans le Sanctuaire de ce S. Temple; il subsista plus par la charité des Peres de la Terre-Sainte, que par les Aumônes de sa Nation qui est fort pauvre. L'Evêque quand il y en a un, & les autres Prêtres viennent se joindre à lui les jours qu'on donne entrée à tout le monde dans l'Eglise, & ils célébrent l'Office Divin à leur mode. Les Peres de l'Observance de S. François y célébrent l'Office Divin nuit & jour. Ils ont un appartement assez grand, & le plus commode de tous ceux qui sont en ce Saint Lieu. Ils y ont un Réfectoire pour eux & pour les Pélerins, de petits Magazins, des Chambres en assez bon nombre, & la meilleure partie de la Galerie d'en haut, dont il a déja été parlé. Les Grecs qui ont la plûpart de ces Sacrés Lieux, y sont aussi logés fort au large, & commodément, à l'entour du Chœur de l'Eglise qui leur appartient; c'est un Chœur fort vaste, il a sa grand' porte vers le S. Sépulcre. Il est tout entouré de Chaires de Menuiserie pour les Religieux & les Prêtres. Le Siége Patriarchal est au haut du côté de l'Epître. Il y en a un autre beaucoup moindre du côté opposé, & c'est sans doute la place de l'Archevêque, ou du Vicaire Général, qui préside dans l'absence du Patriarche. L'Autel est séparé & caché à la maniére des Grecs par une grande Cloison dorée, & ornée de diverses peintures. On voit là comme un second Chœur qui est parfaitement orné. On voit sur la muraille des deux côtés de l'Autel les Images de S. Pierre & de St. Paul: celle de S. Pierre est du côté de l'Evangile, & celle de S. Paul du côté de l'Epître avec cette inscription en Lettres Latines: *Gratiâ Dei sum id quod sum, & Gratia ejus in me vacua non fuit*. S. Pierre en avoit une, mais elle est tombée, ou on l'a enlevée. Il y a cinq places principales dans ce second Chœur qu'on dit être les Siéges des cinq Patriarches, à savoir celui de Rome, de Constantinople, d'Aléxandrie, d'Antioche, & de Jérusalem.

Celui de Rome est plus élevé, & semble dominer les autres. C'est un Thrône tout-à-fait beau, d'un bois éclatant, enrichi de Nacres de Perle depuis le haut jusqu'en bas. Il est couronné d'un petit Dôme qui sert de Tabernacle au S. Sacrement, on y voit le S. Ciboire où il se conserve. Il y a au milieu du premier Chœur un Chandelier de Cuivre en forme de Couronne d'une grandeur extraordinaire, sous lequel est un trou creusé dans une pierre que les Grecs reverent fort. Ils disent que c'est le milieu du Monde, & ils lui appliquent ce passage des Pseaumes, *Operatus est Salutem in medio Terræ*. Dieu a opéré le Salut au milieu de la Terre.

Les Grecs, outre le beau & vaste Chœur dont ils sont en possession, se sont encore saisis d'un Autel qui est dressé près de sa principale Porte, & vis-à-vis le S. Sépulcre. Ils ont permission d'y célébrer la Messe tous les Samedis. Cet Autel a été la cause de grandes & furieuses querelles. Le Saint Sépulcre comme l'Ecriture [a] nous l'apprend est creusé dans le Roc vif, c'est une espéce de petite Chambre quarrée par dedans, haute de huit pieds un pou-

[a] *Joan.* 19, 41.

dans la Région Tamnitique, & ailleurs il écrit en ces termes: *Rama quæ & Aarima, ubi sedit Abimelech, sicut in Libro Judicum scriptum est, quæ nunc appellatur Remphtis; est autem in Diospoleos, & à plerisque Arimathæa nunc dicitur.* Rama qui s'appelle aussi Aarima, où Abimelech a demeuré comme il est écrit dans le Livre des Juges est nommée à présent *Remphtis*, elle est dans le District de *Diospolis*, & la plûpart aujourd'hui disent que c'est *Arimathia*. L'autorité seule d'un Saint si savant qui a visité avec tant de soin tous les lieux de la Terre-Sainte, qui y a passé une bonne partie de sa vie, qui s'est informé avec tant d'exactitude de la Tradition, & qui avoit une intelligence si parfaite de l'Ecriture est capable de l'emporter par-dessus toutes les raisons qu'on allègue, & plutôt que de contredire ce Saint en cela, je dirai que le Sépulchre qu'on voit sur cette Montagne, n'est pas celui, où Samuël fut mis après sa mort, ou que s'il y a été, c'est qu'il y a été transporté pour quelque occasion que je ne sai pas. C'est peut-être parce que c'est le Mont de Silo, où Josué fit placer l'Arche, & le Tabernacle, & que ce Prophète l'ayant desservi si long-tems, & y ayant même exercé l'Office de Juge, lorsqu'il avoit le Gouvernement du Peuple de Dieu, on a cru y devoir mettre son Tombeau.

a Le P. Natt. Voyage de la Terre Ste. Liv. 4. ch. 21.

Si c'étoit là Ramatha [a], l'Ecriture ne diroit pas qu'Elcana en partoit en certains tems réglés, & qu'il montoit à Silo, pour y adorer, & y sacrifier, elle diroit qu'il y descendoit. Car il n'y a point de Lieu plus élevé en cette Contrée, & en quelque part qu'on mette Silo, il sera plus bas. L'Ecriture même, disant que ce vertueux Israélite montoit de sa Ville à Silo, nous déclare assez que Silo avoit une situation plus haute en toute manière. L'explication du nom est une raison assez foible. Rama a pu avoir dans sa Plaine une élévation d'Edifices, ou de dignités qui lui ait mérité ce nom. Il y a apparence que ce Lieu est Silo, il est dans une élévation telle, que lui donne l'Ecriture, & que les Auteurs lui attribuent. Josué voulant bien placer l'Arche, & le Tabernacle ne pouvoit pas choisir un endroit plus majestueux & plus commode. Il est comme au milieu de la Terre-Sainte, & sur une agréable Colline qui domine sur de grandes Plaines. Josué n'en pouvoit pas même prendre de plus propres pour son campement, après s'être retiré des Campagnes de Galgala. *Congregatique sunt omnes filii Israël in Silo, ibique fixerunt Tabernaclum testimonii.* Enfin Dieu l'ayant honoré de ce prodigieux Miracle par lequel il arrêta le Soleil dans sa course le fit considérer à ce Capitaine comme un Lieu de bénédictions. Ce fut donc là que Dieu choisit sa Maison on l'y venoit adorer, & c'étoit là qu'on lui offroit les Sacrifices que la Loi ordonnoit. C'étoit là où on venoit le consulter, & où il rendoit ses Oracles, tant que l'Arche y demeura. Josué y fit la distribution du reste de la Terre-Sainte à six Tribus qui n'avoient pas encore eu leur part, & il y reçut même la sienne. Il choisit là les Villes qui devoient servir de refuge, & il en donna quarante-huit aux Lévites pour leur demeure. Ce fut là que Samuël fut élevé dès son enfance, & consacré à Dieu par ses parens qui l'avoient obtenu par leurs Prières dans ce même endroit. A l'âge de douze ans il y eut la révélation de la destruction de la Maison du Grand Prêtre Heli, en punition de l'Indulgence avec laquelle il supportoit les crimes horribles de ses enfans, & il y reçut alors l'Esprit de Prophétie, & c'est peut-être plutôt pour cela que pour son Sépulchre que cette Montagne a son nom. L'Arche fut enlevée delà lorsque les Philistéens s'en rendirent Maîtres, ayant défait les Israélites, & tué Ophni & Phinées enfans de Heli qui la portoient. Le Tabernacle y demeura pourtant toujours, jusqu'au tems de David, qu'il fut transporté à Nobé, & depuis à Gabaon, & enfin dans le Temple de Salomon.

15. SÉPULCRE DE SARA. Abraham acheta des Enfans de Heth, qui habitoient à Hebron, un Sépulchre qu'il y avoit dans le Champ d'Ephrom fils de Sehor [b], & y enterra Sara. La Vulgate appelle le lieu de ce Sépulchre une Caverne double, *Speluncam duplicem*, soit à cause qu'elle comprenoit deux Chambres creusées dans le Roc, ou parce qu'il y avoit deux Tombeaux dans la même Caverne. Le Texte Hébreu la nomme Caverne de Macphela.

b Gen. 23.

16. SÉPULCRE, ou TOMBEAU DE NOTRE SEIGNEUR JESUS-CHRIST, sur le Mont Calvaire, au Nord & au Couchant de Jérusalem [c]. Ce Sacré Monument est sous un grand Dôme fait en figure de couronne qui se rétrecit par en haut. Il est formé de trente-une Solives de Cedre longues de soixante Palmes, fort droites, disposées en rond, qui s'approchant par leur bout le plus élevé font là un grand cercle de trente palmes de diamétre. C'est par-là que l'Eglise a presque tout son jour. Rien ne le couvre, on l'a seulement garni de fil d'Archal. On ne sait si ce Dôme est le même dont parle le Patriarche d'Alexandrie Eutichius que nos Arabes nomment *Said Ebn Batrik*. Il dit dans son Histoire que du tems du *Calife*, *Mamouä*, appellé autrement *Abdy Allah*, il fut réparé par Thomas, Patriarche de Jérusalem, qui trouva occasion de le faire faire sans en être empêché. Une extrême famine ayant obligé les Mahométans de sortir de la Sainte Ville, il crut qu'il devoit se servir de ce temps favorable à son dessein. Il alla lui-même en l'Isle de Cypre, choisir cinquante beaux Arbres tant Cedres que Pins: & un riche Homme d'Egypte nommé *Behan* lui fournit tout l'argent dont il eut besoin pour cette entreprise. Il fit mettre peu à peu, & avec le moins d'éclat qu'il put jusqu'à quarante Soliveaux, il fit couvrir ce Dôme de plomb; mais il fut enfin accusé devant

c Ibid. Liv. 2. c 13. 14. & 16.

devant le Calife qui le fit battre & emprisonner. Ses Adversaires l'accusoient d'avoir agrandi l'Eglise ; & il n'échapa de leurs mains que par le moyen que lui en fournit un Docteur Mahométan, mais moyennant mille écus d'Or qu'il demanda, & qu'il reçut de ce Prélat, avec une promesse que ses descendans auroient de l'Eglise la même distribution que les Prêtres & les Diacres. Pour revenir au Dôme, il est posé sur une muraille ronde, qui étoit autrefois enrichie des Images des Prophétes, des Apôtres, & d'autres semblables, faites de petites pierres de couleurs différentes rapportées & arrangées à la Mosaïque, dont on voit encore des restes. Cette muraille est soutenue de belles Arcades, & ces Arcades sont appuyées sur des Colonnes de Marbre, & des Pilastres qui en sont incrustés. Ces Colonnes, & ces Pilastres disposés en rond sont au nombre de vingt, & forment une grande Place ronde, d'environ vingt-six pieds de diamétre qui est toute pavée de Marbre, & au milieu de laquelle est le S. Sépulchre. Elles sont jointes les unes aux autres en Arcades, & elles soutiennent la Voute d'une Galerie qui régne autour de cette Place. Cette Galerie basse en a une autre au-dessus d'elle. L'une & l'autre est partagée aux diverses Nations Chrétiennes, qui font l'Office divin dans cette Eglise. Celle d'en haut est presque toute aux Chrétiens du Rite Romain. Les Arméniens en ont quelques Arcades du côté du Midi. Dans celle d'en bas de ce même côté du Midi étoient les Abissins; & on voit dans leur appartement le lieu d'où Sainte Marie Magdeleine, & Marie Mere de Joseph, & S. Jacques le Mineur, observerent l'endroit de la Sépulture de Notre-Seigneur, lorsqu'on l'y portoit. Cette Nation dans la suite se trouvant trop pauvre pour fournir aux contributions que le Turc exige, l'a abandonné, & les Grecs s'en sont emparés en payant pour eux. Ces Abissins étoient autrefois considérables en Jérusalem, ils étoient les seuls de tous les Chrétiens d'Orient, qui avoient le droit d'entrer dans le S. Sépulchre le Samedi Saint, & en apportoient ce feu prétendu miraculeux, que les Grecs, & les autres Orientaux venoient recevoir de leurs mains.

Autrefois ces mêmes Abissins entretenoient jour & nuit devant le Sépulcre une Lampe, où au lieu d'Huile ils ne mettoient que du Baume. Les Suriens ont leur petite demeure ensuite, mais à cause de leur pauvreté ils n'entretiennent pas là des Prêtres pour y faire l'Office Divin; ils se contentent d'y venir lorsqu'on ouvre l'Eglise à tous les Chrétiens, & alors ils y font leurs Priéres selon leur Rite. Les Coptes ont aussi là leur demeure, & ils y ont encore un Prêtre qui prie seul, allume les Lampes, & va faire en son tems les encensemens ordinaires dans le Sanctuaire de ce S. Temple; Il subsista plus par la charité des Peres de la Terre-Sainte, que par les Aumônes de sa Nation qui est fort pauvre. L'Evêque quand il y en a un, & les autres Prêtres viennent se joindre à lui les jours qu'on donne entrée à tout le monde dans l'Eglise, & ils célébrent l'Office Divin à leur mode. Les Peres de l'Observance de S. François y célébrent l'Office Divin nuit & jour. Ils ont un appartement assez grand, & le plus commode de tous ceux qui sont en ce Saint Lieu. Ils y ont un Réfectoire pour eux & pour les Pélerins, de petits Magazins, des Chambres en assez bon nombre, & la meilleure partie de la Galerie d'en haut, dont il a déja été parlé. Les Grecs qui ont la plûpart de ces Sacrés Lieux, y sont aussi logés fort au large, & commodément, à l'entour du Chœur de l'Eglise qui leur appartient; c'est un Chœur fort vaste, il a sa grand' porte vers le S. Sépulcre. Il est tout entouré de Chaires de Menuiserie pour les Religieux & les Prêtres. Le Siége Patriarchal est au haut du côté de l'Epître. Il y en a un autre beaucoup moindre du côté opposé, & c'est sans doute la place de l'Archevêque, ou du Vicaire Général, qui préside dans l'absence du Patriarche. L'Autel est séparé & caché à la maniére des Grecs par une grande Cloison dorée, & ornée de diverses peintures. On voit là comme un second Chœur qui est parfaitement orné. On voit sur la muraille des deux côtés de l'Autel les Images de S. Pierre & de St. Paul: celle de S. Pierre est du côté de l'Evangile, & celle de S. Paul du côté de l'Epître avec cette inscription en Lettres Latines: *Gratiâ Dei sum id quod sum, & Gratia ejus in me vacua non fuit.* S. Pierre en avoit aussi une, mais elle est tombée, ou on l'a enlevée. Il y a cinq places principales dans ce second Chœur qu'on dit être les Siéges des cinq Patriarches, à savoir celui de Rome, de Constantinople, d'Aléxandrie, d'Antioche, & de Jérusalem.

Celui de Rome est plus élevé, & semble dominer les autres. C'est un Thrône tout-à-fait beau, d'un bois éclatant, enrichi de Nacres de Perle depuis le haut jusqu'en bas. Il est couronné d'un petit Dôme qui sert de Tabernacle au S. Sacrement, on y voit le S. Ciboire où il se conserve. Il y a au milieu du premier Chœur un Chandelier de Cuivre en forme de Couronne d'une grandeur extraordinaire, sous lequel est un trou creusé dans une pierre que les Grecs reverent fort. Ils disent que c'est le milieu du Monde, & ils lui appliquent ce passage des Pseaumes, *Operatus est Salutem in medio Terræ.* Dieu a opéré le Salut au milieu de la Terre.

Les Grecs, outre le beau & vaste Chœur dont ils sont en possession, se sont encore saisis d'un Autel qui est dressé près de sa principale Porte, & vis-à-vis le S. Sépulcre. Ils ont permission d'y célébrer la Messe tous les Samedis. Cet Autel a été la cause de grandes & furieuses querelles. Le Saint Sépulcre comme l'Ecriture [a] nous l'apprend est creusé dans le Roc vif, c'est une espéce de petite Chambre quarrée par dedans, haute de huit pieds un pou-

[a] *Joan.* 19, 41.

ce depuis le bas jusqu'à la Voute, longue de six pieds un pouce, & de quinze pieds dix pouces de large. La Porte qui regarde l'Orient n'a que quatre pieds de haut sur deux pieds, & quatre pouces de large. Cette Porte se fermoit par une Pierre du même Roc que celui du Tombeau, & c'est sur cette Pierre que les Princes des Prêtres appliquérent leur Sceau, & que les saintes Femmes craignoient de ne pouvoir remuer [a]. *Quis revolvet nobis Lapidem ab ostio Monumenti?* Enfin c'est sur cette Pierre que l'Ange s'assit après que Jésus-Christ fut sorti du Tombeau. Le Lieu sur lequel on mit le Corps de Notre-Seigneur occupe tout un côté de cette Grotte. C'est une Pierre élevée de terre de deux pieds quatre pouces, longue de cinq pieds onze pouces, & large de deux pieds huit pouces, posée en long d'Orient en Occident. Elle subsiste aujourd'hui; mais toute incrustée d'un Marbre blanc. Pour donner plus de grace à ce Sépulcre, Joseph d'Arimathie lui avoit fait faire une entrée, & comme une Antichambre dans la Roche même toute ouverte par le dedans. De sorte que de dehors on voyoit la Porte étroite du Sépulcre, & la grosse Pierre qui la bouchoit, & qui fut renversée par l'Ange le jour de la Résurrection. A présent tout cela paroît un peu autrement à cause des divers ornemens dont on l'a enrichi. On a taillé, arrondi, le bas de la Roche où est le S. Sépulcre. Ce Sanctuaire paroît de dehors comme une Chapelle, & ce dehors est orné de neuf petites Arcades qui n'ont pas beaucoup de saillie hors d'œuvre, & qui sont soutenues par dix Colonnes de même matiére proportionnées à la petitesse du Lieu. Les Coptes pendant le bannissement des Peres de S. François trouvérent moyen de bâtir une Chapelle qui subsiste encore, elle y est attachée. Ils y célébrent la Ste. Messe, & ils y font aux grandes Fêtes l'Office Divin selon leur Rite. Le haut du Sépulcre est ouvert de trois ou quatre trous, pour donner à la fumée des Lampes lieu de s'exhaler, & sur ces trous on a élevé un petit Dôme extrêmement bien travaillé, porté par douze petites Colonnes jointes deux à deux, d'où sont formées six Arcades. On prétend qu'elles ont été taillées du Mont Sinaï, & données par les Grecs. Les mêmes Grecs allument dans l'intervalle de ces Arcades plusieurs Lampes, & comme ce Dôme est entre leurs mains, ils prétendent que toute la Terrasse de ce Sacré Monument leur appartient, & qu'ils ont seuls le droit de l'orner. Cette Entrée, ou Antichambre du S. Sépulcre, dont on a parlé, est maintenant plus fermée qu'elle n'étoit au tems de Notre-Seigneur; car elle est fermée d'une muraille, & d'une belle Porte de menuiserie: elle est beaucoup plus grande que le S. Sépulcre, & elle tient près de vingt personnes à genoux qui de-là voyent l'ouverture qui y donne entrée, & selon même la situation où l'on est, l'on découvre cet adorable Sanctuaire ou en tout, ou en partie. Tout ce Lieu aussi-bien que le S. Sépulcre est rempli de Lampes que diverses Nations Chrétiennes y allument selon le Privilège qu'elles en ont eu de la PORTE. Après que Joseph d'Arimathie, & Nicodème eurent descendu de la Croix le Corps du Sauveur, & qu'ils l'eurent lavé, & embaumé selon la coutume, ils le portérent en ce Sépulcre, qui n'est éloigné que de dix à douze pas de l'endroit où Notre-Seigneur apparut à Ste. Marie Magdeleine. On l'a marqué sur le pavé d'une Table de Marbre blanc, de figure ronde, ornée à l'entour à la Mosaïque d'un Ouvrage agréable, fait de petites pièces de différentes couleurs. Il y a deux Lampes d'argent suspendues au-dessus. L'une est entretenue par les Religieux Latins, à qui ce Sanctuaire appartient, & l'autre par les Arméniens. De ce lieu on va à la Chapelle où les Peres de l'Observance de S. François célébrent l'Office Divin, devant que d'y entrer on en laisse une autre petite à main droite qui est consacrée à la mémoire de cette Apparition. La Chapelle des Peres est belle & grande, on croit qu'elle est bâtie à l'endroit où étoit la maison du Jardinier qui cultivoit le Jardin dans lequel S. Joseph d'Arimathie avoit fait creuser le Sépulcre, où il mit le Corps du Sauveur. Il y a trois Autels, celui du milieu est le plus enfoncé. Au milieu du pavé de cette Chapelle on montre une Table ronde de Marbre gris, qui est à présent brisée en petites pièces, où l'on tient que Ste. Hélène fit apporter les trois Croix qu'elle trouva dans la fondriére du Calvaire. Ce S. Sépulcre est dans une Eglise de même nom, qui fait partie d'une plus grande qui contient encore celle de l'Invention de la Croix, & celle du Calvaire. Celle du S. Sépulcre est plus grande, & plus étendue que ces deux derniéres. Elle est de la figure d'un long Ovale dans son enceinte, & formée en Croix au-dedans, dont on voit la forme dans le long, & le travers de la Voute. Sa Porte est haute, quarrée, & à deux battans. Elle est toujours fermée, & il y a un Officier du Grand-Seigneur qu'on appelle le Metoualli, ou l'Intendant, qui a charge de l'ouvrir, & de la garder. Il en a les Clefs, & il les donne à une personne de condition qui a le droit d'être à l'ouverture; c'est un Droit héréditaire que le Calife Æumar accorda à cette Famille lorsqu'il conquit Jérusalem. Cette ancienne, & illustre Maison s'appelle Beyt Elasoûad, la *Maison du Noir*; elle a part à l'argent que les Pélerins sont obligés de donner pour avoir permission d'entrer dans l'Eglise. Ceux qui ne sont pas de Jérusalem donnent chacun par tête cinq ou six écus, mais les Francs en payent seize. Quand on a payé une fois en cette maniére, on entre après sans rien donner toutes les fois qu'on ouvre la Porte. Cette Porte a dans ses deux battans deux ou trois trous garnis de fer, par où l'on parle aux Chrétiens des diverses Nations qui sont enfermés dans l'Eglise pour y célébrent l'Office Divin, chacun dans leur district, & selon leur Rite; c'est par là aussi qu'on leur apporte leurs vivres, & leurs

[a] *Marc.* 16. 3.

leurs autres nécessités. Elle est ornée de cinq Colonnes de Marbre assez belles qui entourent un Pilier qui la sépare d'une autre Porte de même forme qui est à présent murée. La Corniche qui regne sur l'une & sur l'autre représente en petit Relief quelques Mystères de la Vie de Notre-Seigneur. La première chose qui se présente en entrant dans l'Eglise est la Pierre de l'Onction. Ce nom lui a été donné parce que ce fut en cet endroit que Joseph d'Arimathie apporta le Corps de Notre-Seigneur. Ce lieu de l'Onction est couvert d'une Pierre de Marbre blanc de la grandeur d'un homme de haute taille. Elle est entourée d'un Balustre de fer élevé de terre environ d'un pied. Il y a huit ou neuf Lampes d'argent qui pendent, & sont allumées au-dessus de ce Sanctuaire, & une entr'autres que la Couronne de France a donnée. Il y a apparence que c'étoit là autrefois l'entrée du Jardin de Joseph d'Arimathie, & qu'ayant descendu de la Croix le Corps de Notre-Seigneur, il l'apporta là avec Nicodème & S. Jean pour l'y embaumer en repos & sans être troublé de personne. L'on voit au-dessus de l'Eglise du S. Sépulcre une petite Mosquée de Mahométans sur la Terrasse, derriére le Dôme qui couvre le Sacré Tombeau de Notre-Seigneur. Le Santon ou le Religieux Mahométan qui l'entretient y a aussi sa demeure, & il a vûe dans l'Eglise par de petites Fenêtres, d'où il peut voir la plûpart des Cérémonies qu'y pratiquent les Nations Chrétiennes, chacune selon leur Rite.

17. SEPULCRE DE LA STE. VIERGE[a].

[a] Le P. *Nau*, Hist. de la Terre-Ste. L. 3. ch. 2.

Il est dans une Eglise que l'on rencontre au-delà du Pont du Torrent de Cédron, au pied de la Montagne des Olives. On se rend d'abord dans un grand Quarré enfoncé, qui est pavé de belles pierres, & qui lui sert de parois. Le Portail n'a rien d'auguste, mais on trouve à l'entrée de l'Eglise un Escalier magnifique, fort large, & fort droit, couvert d'une belle Voute, & qui est d'environ cinquante dégrez par où l'on descend à ce Sanctuaire. Les Pélerins les plus dévots le descendent pour l'ordinaire en chantant les Litanies de la Vierge. Etant arrivé au bas de l'Escalier on détourne à main gauche vers l'Orient. Comme ce Saint Lieu ne reçoit de lumière que par la Porte qui est au haut, & par un petit Soupirail qui est derriére le Saint Sépulcre, on se trouve d'abord dans une obscurité, mais l'œil s'y accoutume bien-tôt, & découvre le Sacré Tombeau, où la Mere des Vivans, & de la Vie même, a semblé être sous l'empire de la Mort. C'est-là pourtant qu'elle en a glorieusement triomphé. Ce Saint Monument est entouré de quatre épaisses murailles qui soutiennent une petite Voute, dont il est couvert, & qui forment une Chapelle qui ne peut tenir que trois ou quatre personnes à la fois. On y dit la Messe sur le même lieu, où a reposé le Corps de la Ste. Vierge. Il est tout revêtu de Marbre, & on allume dessus quantité de Lampes. On n'y met rien pourtant de précieux; parce que cette Eglise étant entre les mains des Mahométans, qui y ont aussi leur lieu de Priéres, & qui en gardent les Clefs, ce seroit vouloir perdre ce qu'on y mettroit de riche, & se faire une infinité de procès. Il n'y a guère de Nations Chrétiennes qui n'ayent leur Autel en ce Sacré Temple pour y honorer, selon leur Rit, le Sépulcre de celle dont tous les Peuples du Monde doivent admirer les grandeurs, & publier le bonheur, *Beatam me dicent omnes Generationes*. Les Grecs ont le leur au bout de l'Eglise derriére cet auguste Tombeau. Les Suriens ont le leur vis-à-vis une des deux Portes du Sépulcre qui est ouverte du côté du Septentrion. L'autre Porte est à l'Occident, & auprès il y a un Autel qui servoit autrefois aux Arméniens, mais ils ont obtenu à force d'argent de l'Empereur des Turcs le Privilège de dire la Messe dans le Sépulcre même une fois la semaine, c'est le Mercredi. L'Autel des Géorgiens est au bas du Grand Escalier par où l'on descend dans l'Eglise, celui des Abissins est au Septentrion à l'opposite, celui des Coptes est dans la Nef même, & a en face le S. Sépulcre, & au devant il y a un Puits d'où l'on tire d'excellente eau qu'on boit par dévotion. Les Catholiques Latins sont les mieux partagés, car ils ont le Tombeau même de la Vierge pour leur Autel, & ce sont eux qui y entretiennent jour & nuit les Lampes qui y sont allumées. Le lieu de la Priére des Mahométans est au-dessus vis-à-vis ce dévot Sanctuaire. Ils ont fait là une Niche dans la muraille, vers laquelle ils se tournent quand ils y prient. Du côté de l'Autel des Abissins, au bout de l'Eglise, qui répond à l'Escalier, on voit une grande ouverture dans la muraille semblable à celle que les Religieuses en Europe ont à leur Chœur pour avoir vûe dans l'Eglise. L'Empereur Théodose au rapport de *Saïd Ebn Batrik* est le premier Fondateur de cette Eglise; mais Kosroès l'ayant ruïnée elle demeura long-tems dans ses ruïnes, qui sans doute n'ont été relevées que par la pieté des Princes Croisés, au moins cet Historien, qui les a précédés seulement d'un Siècle, témoigne qu'elles ne l'étoient pas encore de son tems.

Il y a dequoi s'étonner que les anciens Auteurs[b] qui ont écrit à dessein, & avec exactitude des divers Lieux de la Terre Ste. ne parlent point du Sépulcre de la Vierge; mais il faut considerer qu'en leur tems ce Sacré Monument étoit caché sous Terre par les ruïnes de la Ville de Jérusalem, qui furent jettées-là, & qui comblérent cet endroit de la Vallée de Josaphat; & que comme ils n'ont traité que des Lieux qu'on voyoit, & qu'on visitoit de leur tems, ils n'ont dit mot de celui-ci, parce qu'il ne paroissoit point & qu'il étoit alors inconnu aux Pélerins. Quoiqu'il en soit, on ne peut pas raisonnablement douter de la vérité de ce Sanctuaire dont tant de SS. Peres, & d'anciens Docteurs de l'Eglise font mention, comme Damascène, André de Créte, Siméon le Métaphraste, & au-

[b] Ibid.

tres que toutes les Nations du Monde reconnoissent, selon la Tradition qu'ils ont reçue de leurs Ancêtres. En remontant le grand Escalier du Sépulcre de la Sainte Vierge, on trouve d'abord à main droite une assez grande Chambre sans aucune Lumiére. On ne sait ce que c'étoit, & l'on ne peut le deviner.

De ce même côté après avoir remonté environ vingt-deux degrés on rencontre la Chapelle de St. Joseph, qui est, à ce qu'on dit, le lieu de sa Sépulture. Le vénérable Bede en fait mention. Il n'est pourtant pas si proche de celui de la Vierge que quelques Auteurs l'ont écrit, quoiqu'il soit dans la même Eglise.

18. SEPULCRES DE S. JOACHIM, & de STE. ANNE; ils sont de l'autre côté de l'Escalier dans une Chapelle plus haute de trois ou quatre degrés, & plus ouverte que celle de S. Joseph. On dit la Messe sur ces Tombeaux; celui de S. Joachim regarde l'Orient, & celui de Ste. Anne est tourné au Septentrion.

☞ Il y a deux Traditions sur la Sépulture de la Sainte Vierge, comme il y en a deux sur le Lieu de sa mort. Ceux qui tiennent qu'elle suivit S. Jean l'Evangéliste à Ephèse, & qu'elle y mourut, prétendent qu'on voyoit encore son Tombeau en 431. lors du Concile d'Ephèse, & ce sentiment est bien marqué dans le Concile [a]. L'autre sentiment qui la fait mourir à Jérusalem, & qui fait voir son Tombeau n'est pas moins suivi. Juvénal Evêque de Jérusalem, & qui ne pouvoit ignorer ce qui s'étoit passé au Concile d'Ephèse, puisqu'il y assistoit, écrivit à l'Impératrice Pulchérie, & à l'Empereur Marcien, qui lui demandoient des Reliques de la Sainte Vierge, que l'on montroit son Tombeau à Gethsémani près de Jérusalem [b], mais qu'il étoit vuide. On ajoûte que l'Empereur ayant appris cela, fit apporter ce Tombeau à Constantinople avec un Suaire que l'on avoit mis dedans, & qu'il le fit poser vers l'an 455. dans la nouvelle Eglise de Notre-Dame des Blaquernes.

On ne laisse pas depuis ce tems-là de soutenir tantôt qu'il est à Jérusalem [c], dans la Vallée de Josaphat, & chacun en donne une Description différente [d]; mais tout cela ne décide de rien, & ne peut persuader.

19. SEPULCRE DE ZACHARIE. Il se voit à vingt pas du Torrent de Cédron près du Sépulcre [e] d'Absalon, à la gauche au pied du Mont des Olives. C'est le Sépulcre de Zacharie fils de Barachie qui fut tué par les Juifs entre le Temple & l'Autel. Il est de figure quarrée; & à chaque face il y a quatre Colonnes, qui soutiennent un Chapiteau Pyramidal, le tout travaillé dans le Roc vif.

☞ SEPULTURE; Mot François, qui signifie le Lieu où l'on enterre les Morts; & il répond en quelque sorte à celui de Sépulcre. Voyez SEPULCRE.

Les Hébreux ont toujours eu un grand soin de la Sépulture des morts. Parmi eux être privé de la Sépulture étoit un des plus grands deshonneurs que l'on pût faire à un homme. On ne refusoit ce devoir à personne, pas même aux Ennemis. Mais on ne l'accordoit à ceux qui se donnoient la mort [f] qu'après le coucher du Soleil; & on croyoit que leurs Ames étoient précipitées dans l'Enfer. Ce grand soin des Sépultures venoit de la grande persuasion où ils étoient de l'Immortalité de l'Ame [g].

Il n'y avoit rien de déterminé pour le lieu de la Sépulture des Morts. On voyoit des Tombeaux dans la Ville, on en voyoit sur les Chemins, dans les Jardins, dans les Montagnes. Ceux des Rois de Juda étoient dans Jérusalem [h].

Les Juifs appellent le Cimetiére la Maison des Vivans [i] pour marquer leur Créance de l'Immortalité de l'Ame, & de la Résurrection; & lorsqu'ils y arrivent portant un Corps mort [k], ils s'adressent à ceux qui y reposent déja, comme s'ils étoient encore vivans, & leur disent: Beni soit le Seigneur qui vous a créés, nourris, élevés, & enfin tirés du Monde par justice. Il fait le nombre de vous tous, & il vous ressuscitera dans le tems. Beni soit le Seigneur qui fait mourir, & qui rend la vie.

Leur respect pour les Tombeaux va jusqu'à bâtir des Synagogues, & des Lieux de priére près de ceux des grands hommes, & des Prophêtes. Ils ont des Synagogues près des Tombeaux d'Ezéchiel, de Zacharie, de Mardochée, & d'Ester. Ils vont prier auprès des Sépulcres.

On ne remarque dans l'Antiquité aucun exemple d'Epitaphe mis sur les Tombeaux des Hébreux. Quant aux Juifs d'aujourd'hui, voici la Formule de leurs Epitaphes: Cette Pierre est placée à la Tête de N. fils de N. qui a été enterré le jour de N. l'an N. Qu'il repose dans le Jardin d'Eden, avec tous les Justes qui y sont dès le commencement. Amen: Amen; Selach. Ou bien, que son Ame soit liée dans le Jardin d'Eden: Amen: Amen: Amen; Selach. Mais ces Formules ne sont ni anciennes, ni uniformes.

SEPULVEDA, Ville d'Espagne [l], dans la Castille Vieille, à quelques lieues de Ségovie, en tirant au Sud-Ouest. Cette petite Ville, bien fortifiée par la Nature, est située sur une hauteur au milieu de divers Rochers escarpés; & la petite Riviére de Duraton, qui mouille ses murailles, lui tient lieu de Fossés. Elle étoit autrefois beaucoup plus considérable, & plus grande qu'elle n'est aujourd'hui. On l'appelloit anciennement *Segobriga*: dans la suite on lui donna le nom de *Sepulvega*, dont on a fait *Sepulveda*. Au voisinage de cette Ville, & un peu au-dessous est un Bourg fameux nommé *Pedraça de la Sierra*. Il est situé au bord de la même Riviére de Duraton, & célèbre par deux endroits; premièrement pour avoir été la Patrie de l'Empereur Trajan; en second lieu parce qu'il est défendu par un Château, dans lequel François Dauphin de France, & Henri son frere, fils du Roi François I. furent détenus prisonniers l'es-

482 SEP. SEQ. SER.   SER.

l'espace de quatre ans. Ce Château est extrêmement fort, & d'un accès très-difficile.

SEPUS. Voyez SIPUNTUM.

SEPYRA, Ville de Syrie, sur le Mont Amanus. Cicéron se rendit maître de cette Ville, comme il le dit lui-même au quinzième Livre de ses Epitres [a].

[a] M. Catoni.

SEQUANA, nom Latin de la Riviére de Seine; César & Ptolomée disent SEQUANA, Strabon SEQUANUS, & Etienne le Géographe *Secoanus*. Cette Riviére, selon César [b], faisoit, avec la Marne, la séparation entre les Gaulois & les Belges. Voyez SEINE.

[b] Bel. Gal. Lib. 1.

SEQUANI, Peuples de l'ancienne Gaule. Du tems de César [c] ils faisoient partie de la Celtique; mais Auguste les mit sous la Belgique; ce qui paroît par les Descriptions de Ptolomée & de Pline. César [d] dit encore que le Mont Jura les séparoit des Helvétiens: *A lacu Lemano ad Montem Juram, qui fines Sequanorum ab Helvetiis dividit*.... D'un autre côté, les bornes de leur Pays s'étendoient jusqu'au Rhein, à ce que dit Strabon [e]: Ἔθνος Σηκουανῶν συνάπτον Ῥήνῳ πρὸς ἕω; *Gens Sequanorum attingit ab Oriente Rhenum*; & Strabon peut avoir pris cela, selon sa coutume, de César [f], qui remarque que les Celtes *attingunt a Sequanis*, & *Helvetiis Flumen Rhenum*, & que le Rhein [g] *per fines... Sequanorum.... citatus fertur*. A la vérité on pourroit dire que les *Rauraci*, & les *Tribocci*, qui habitoient certainement sur le Rhein, empêchoient les *Séquaniens*, de s'étendre jusqu'à ce Fleuve; mais on peut dire que le Rhein bornoit originairement leur Pays, avant que les Germains les eussent éloignés des bords de ce Fleuve; car on voit qu'Arioviste leur enleva la troisième & la meilleure portion de leur Pays, & sans doute celle qui étoit la plus voisine du Rhein. Ammien Marcellin [h] étend aussi les *Séquaniens* jusqu'à ce Fleuve; mais il suivoit l'usage de son tems, il y avoit une Province appellée *Maxima-Sequanorum*, & dans laquelle on comprenoit non seulement les *Sequani*, mais encore les *Helvetii*, & les *Rauraci*. Enfin le Pays des *Séquaniens*, selon Tacite, étoit d'un autre côté limitrophe de celui des *Ædui*. Ptolomée [i] donne quatre Villes aux *Séquaniens*, savoir:

[c] Ibid.
[d] Ibid. c. 8.
[e] Lib. 4.
[f] Bel. Gal. L. 1. c. 1.
[g] Lib. 4. c.
[h] Lib. 15. c. 27.
[i] Lib. 2. c. 9.

| *Dittatium*, | *Equestris*, |
| *Visontium*, | *Avanticum*. |

SER, Ville de la Tribu de Nephtali [k].

[k] Josué, 19. 25.

SERA, Ville de la Sérique: Ptolomée [l] lui donne le Titre de Métropole. Le nom moderne est Cambalech, selon Niger, & Sindinfu, selon Mercator; & Ortelius [m] croit que cette Ville *Sera* est la même qu'Ammien Marcellin appelle *Pheræ*.

[l] Lib. 6. c. 16.
[m] Thesaur.

SERA D'ALCOBA, Montagnes du Portugal [n], dans la Province de Beira. Toute la Côte qui s'étend entre Porto & Coimbre n'a guère plus de trois lieues de large. Elle est bornée à l'Orient par une chaîne de hautes Montagnes, qui s'étendent de l'une de ces Villes à l'autre,

[n] Délices de Portugal, p. 724.

& plus avant au Midi depuis Coimbre jusqu'à Tomar. Le Chemin de Porto à Lisbonne est dans une longue Plaine bornée par ces Montagnes. En le traversant on voit une Campagne charmante, bien cultivée & bien peuplée. Cette chaîne de Montagnes est fort large, & s'étend du Diocèse de Coimbre dans celui de Viseu, & s'avance jusqu'à celui de Lamego, où elle se joint au Mont Muro. Les Anciens lui avoient donné le nom d'*Alcoba*, & ce nom lui est demeuré jusqu'à présent parmi les Portugais qui l'appellent SIERA D'ALCOBA. Ces Montagnes sont fécondes en Sources abondantes, qui forment diverses Riviéres, dont les unes se jettent dans le Duero, d'autres dans le Vouga, & quelques autres dans le Mondego.

SERA D'ANCAON, Montagnes du Portugal [o], dans la Province de Beira. La Chaîne de Montagnes, appellée Sera d'Alcoba, près de Coimbre, semble se diviser en deux Branches dont l'une s'étend droit au Midi de Coimbre jusqu'à Tomar, l'espace de douze lieues, & l'autre tourne à l'Orient, & s'étend entre les deux Riviéres de Mondego, & de Zezere, jusque vers la Source de la derniére. La première Chaîne de Montagnes étoit nommée anciennement *Tapiæus Mons*, & aujourd'hui *Ansidianus*, ou *Sera d'Ançaon*, du nom d'un Bourg qui s'y trouve. On traverse des chemins fort rudes & fort pierreux dans ces Montagnes; & à quatre lieues de Coimbre, on voit un Bourg nommé Rabaçal, *Rapaciale*, au-dessus duquel est la partie la plus haute de ces Montagnes, qui retient encore l'ancien nom; car on l'appelle *Porto Tapiao*. Quatre lieues plus avant on arrive à *Alvia-Sera*, la derniére Place de la Province; & en faisant cette Route on voit un Rocher d'où il sort une Fontaine si grosse dès sa Source, qu'il n'y a point de Ruisseau qui lui soit comparable. Le Lieu se nomme *Alcabeque*. Pour aller de Coimbre à Rabaçal on laisse sur la droite *Condeja à Velba*, petite Place, où l'on ne voit presque autre chose que des ruïnes, & des masures, tristes restes de l'ancienne *Conimbrica*.

[o] Ibid. p. 730.

SERACA. Voyez SARACA.
SERACENI. Voyez SIRACES.
SERACHUS. Voyez SATRACHUS.

SERACS, Ville de Corassane: Mr. Petis de la Croix, dans son Histoire de Timur-Bec [p], la met à 94. d. 30′. de Longitude, sous les 36. d. 30′. de Latitude.

[p] Liv. 2. c. 37.

SERÆ. Voyez SERES.

SERAÏ, Mr. Petis de la Croix dit [q] Ville Capitale de Capchac, sur le Volga. C'est où les Rois Tartares de Decht-Barca, qui est le nom Arabe de Capchac faisoient leur résidence. Elle est située à 81. d. de Longitude, sous les 52. d. de Latitude.

[q] Liv. 3. c. 60.

SERAÏ-OURDAM, Palais des Rois de Gété à Aïmal-Goujou, selon Mr. Petis de la Croix [r].

[r] Ibid. L. 3. c. 5.

SERAÏ [s], signifie une Maison, mais une Maison grande, & ample, un Palais. C'est le nom du Palais du Grand-Seigneur qu'on

[s] Beshier, Rem. sur Ricaut T. 1. p. 62.

SER. SER.

qu'on appelle mal-à-propos Serrail, car il s'écrit Seraï en Turc, mais l'usage l'a emporté. Les Palais des Bachas, & des autres Grands de la Porte prennent aussi ce nom. C'est aussi le nom qu'on donne à ces Hôtelleries publiques, où vont loger les Caravanes, car on les appelle Caravanserai, ou Carvan-Seraï. Quelques-uns écrivent ce nom par un k. d'autres, comme Thévenot dans son Voyage des Indes, écrivent QUERVAN-SERAÏ. Un usage vicieux a prévalu, & décidé pour SERRAIL lorsqu'il s'agit d'un Palais des Souverains Orientaux, & sur-tout de ceux où leurs femmes sont enfermées. Voyez SERRAIL.

^a *Davity*, Isle de Java. SERAMBAYE, ou SURUBAY, Ville des Indes [a], dans l'Isle de la Grande Java. Elle est située sur un petit Fleuve, & a son Roi particulier.

^b *D'Herbelot, Bibliot. Or.* SERANDAH, nom d'une Isle de la Mer d'Oman, qui est du nombre de celles que les Arabes appellent, Raneg [b]. Le Scherif Al Edrissi dit dans la septième Partie de son premier Climat, que cette Isle regarde les Côtes de Berberah & de Zing, c'est-à-dire du Pays des Cafres, & de Zanguebar, & qu'elle a douze cens milles de tour, ce qui conviendroit assés à l'Isle de Madagascar. Ainsi l'Isle de Serandah ne seroit pas la même que celle de Serandib, quoique cet Auteur dise, qu'elle porte plusieurs espèces de Plantes aromatiques, & que l'on y fait la Pêche des Perles, ce qui convient mieux néanmoins à l'Isle de Serandib, qui est Zeïlan, qu'à celle de Madagascar.

^c *Ibid.* SERANDIB [c], nom de la plus fameuse Isle de la Mer, que les Arabes appellent la Mer de Erkend, qui est l'Océan Indique, ou Oriental. Le Schérif Al Edrissi lui donne 80. Parasanges de longueur, & autant de largeur, & le Géographe Persien la met entre l'Equateur & le premier Climat, & fort proche de la Côte des Indes, ce qui fait assés connoître que cette Isle est la même que celle de Ceïlan, ou Zeïlan; en effet le nom de Dib, ou Div, signifiant en Langue Indienne, une Isle, celui de Serandib, ne signifie autre chose que l'Isle de Seran, ou Selan.

Tous les Géographes Orientaux sont d'accord, que l'on trouve dans cette Isle toute sorte de Iavakit, c'est-à-dire de Pierres précieuses de couleur; & que dans une de ses Vallées on y tire de terre une espèce de Diamant avec lequel on grave & l'on coupe toutes les autres Pierres les plus dures. Les Arabes appellent cette espèce de Diamant, Sundabeg, ou Sunbadag. C'est le Smyris des Grecs, que nous appellons l'Emerille. Le Belour, ou Berille, qui est, selon les Orientaux, le plus parfait Crystal de Roche, se forme aussi dans ces Montagnes.

Il y a dans la même Isle deux espèces d'Animaux, que les Arabes appellent, Dabat Almisk, & Dabat Alzobadat, c'est-à-dire les Animaux dont on tire le Musc, & la Civette, & que les Arbres, nommés Al Arz, & Nargil, qui sont le Cedre & le Cocos, y croissent abondamment, avec celui que les Arabes nomment Al O'ud, qui est le Xylaloé des Grecs, que nous appellons ordinairement le Bois d'Aloés.

L'on remarquera ici, que les Orientaux ne font aucune mention de l'Arbre de Cannelle, qui ne croît que dans cette Isle, soit qu'il ne s'y trouvât pas encore de leur tems, & qu'il y ait été transporté d'ailleurs, comme de la Chine, ce qui a fait donner à cet Arbre le nom de Dar Tchin en Orient, mot qui signifie Bois de la Chine, ou qu'il faille entendre cet Arbre sous le nom de Nargil.

Le Schérif Al Edrissi dit que les Chinois faisoient un très-grand Trafic dans l'Isle de Serandib, ce qui favorise assés l'origine du mot Dar Tchin, & il ajoûte que le Roi de cette Isle avoit toujours dans son Conseil, quatre Indiens, quatre Chrétiens, & quatre Musulmans, & tenoit en forme de Sceptre, une Idole dans sa main, couverte de Pierreries d'un prix inestimable.

Le même Auteur écrit que la Ville Capitale de cette Isle, dans laquelle le Roi fait sa résidence, porte le nom d'Agna, & que nombre considérable des autres Villes du Pays, monte jusqu'à douze, desquelles il rapporte les noms, qui sont entièrement inconnus à nos Voyageurs, & aux Géographes Modernes.

Les noms de ces Villes sont, Marnabas, Parisçouri, Abadi, Makhoulon, Humeri, Calmadhi, Sambedouna, Sandouri, Scri, Combeli, Barissala, & Marouba.

Il y a presque au milieu de cette Isle, une Montagne fort élevée, que les Mariniers voient de fort loin sur Mer. Les Arabes l'appellent Rahoun. C'est cette même Montagne que les Portugais ont nommée, *El Pico de Adam*, la Montagne d'Adam, à cause d'une Tradition communément reçue, non-seulement dans les Indes, mais encore dans tout l'Orient, qui porte qu'Adam y a été enterré.

Mais il y a une autre Tradition rapportée dans le Caherman Nameh, qu'Adam fut rélégué dans l'Isle de Serandib, après qu'il eut été chassé du Paradis Terrestre, & selon quelques-uns même, le Paradis y étoit, & Caherman Catel voulant laisser à la Postérité un Monument qui marquât la naissance de Sam Neriman son fils, fit bâtir une Ville dans la grande Plaine qui est au pied de la Montagne, où Adam étoit enterré, & qu'il la nomma, *Khorrem*, lieu de joie & de plaisirs, tels que les Grecs & les Latins ont cru qu'étoient les Champs Elysiens.

Le Schérif Al Edrissi écrit dans la 8e. Partie de son premier Climat, qu'il y a vis-à-vis de l'Isle de Serandib dans le Continent des Indes, des Lacs que les Arabes appellent, Agbab, dans lesquels plusieurs grandes Riviéres se rendent, où les Vaisseaux entrent & portent ainsi leurs Marchandises bien avant dans les Terres; & il remarque aussi que l'Isle de Rami est fort proche de celle de Serandib.

Il y a quelques Orientaux, qui donnent le nom de Serandil, à l'Isle de Serandib; mais il paroît

paroît plutôt qu'on la doive nommer Serandivl. En effet le mot de Divl, signifie plutôt en Indien, une Isle, que celui de Dib, ce qui se peut prouver par le nom de la Ville de Diu, que l'on appelle plus souvent dans les Indes Diul, & Deïbul, selon les Arabes, à cause qu'elle est située dans une Isle, ou presqu'Isle sur le Rivage de la Mer, où le Fleuve Indus se décharge.

SERAPIONIS PORTUS & PROMONTORIUM, Port & Promontoire de l'Ethiopie, sous l'Egypte. Ptolomée [a] les place entre *Essina Emporium* & *Tonice Emporium*. Le Texte Grec au lieu de *Serapionis*, lit *Sarapionis*.

[a] Lib. 4. c. 7.

SERAPIU, Lieu d'Egypte, au delà du Nil. Il est marqué dans l'Itinéraire d'Antonin, entre *Hero & Clismo*, à dix-huit milles de la première de ces Places, & à cinquante milles de la seconde. Dans une Route qui va de *Serapiu* à *Peluse*, le même Itinéraire écrit *Serapio*, au lieu de *Serapiu*; & un MS. lit *Seraphin*. C'étoit peut-être un Temple de *Serapis*.

SERASPERE, Ville de la Petite Arménie. Ptolomée [b] la compte au nombre des Villes de la Préfecture *Rhauena* & l'éloigne de l'Euphrate. Le MS. de la Bibliothéque Palatine lit *Seractere* pour *Seraspere*.

[b] Lib. 5. c. 7.

SERAVAL, ou SERRA-VALLE. Voyez SERRA-VALLE.

SERBERIA, Lieu d'Angleterre. Ortelius [c] dit qu'il est parlé de ce Lieu dans la Vie de l'Archevêque St. Anselme.

[c] Thesaur.

SERBETES, ou SERBETIS, Fleuve de la Mauritanie Césarienne: son Embouchure est placée par Ptolomée [d], entre *Modunga* & *Cisse*. Villeneuve croit que c'est le *Sardabala* de Pomponius Mela & de Pline; & le nom moderne est *Miron*, selon Castald, & *Hued-Icer*, selon Marmol.

[d] Lib. 4. c. 2.

1. SERBI, Peuples de la Sarmatie Asiatique. Ils habitoient selon Ptolomée [e] avec les *Orinæi* & les *Vali* entre les Monts *Céraunien*s & le Fleuve *Rha*. Pline [f] les met au nombre des Peuples qui habitoient aux environs des Palus Méotides.

[e] Lib. 5. c. 9.
[f] Lib. 6. c. 7.

2. SERBI [g], Peuples que Cedrène met quelque part vers la Dalmatie: il ajoûte qu'on leur donnoit aussi le nom de Scythes.

[g] Ortelii Thesaur.

SERBINUM, Ville de la Basse Pannonie. Elle étoit éloignée du Danube, selon Ptolomée [h]. Voyez SERVITIUM.

[h] Lib. 2. c. 16.

SERBONIS. Voyez SIRBONIS.

SERCHIO, Riviére d'Italie [i]. Elle prend sa source dans la partie Méridionale de l'Etat de Modène au Mont Apennin, & coule au Nord au Sud, traversant la Vallée de *Carfargnana*, ensuite l'Etat de Luques, où elle arrose la Ville de ce nom, puis la partie Occidentale du Pisan, où elle se jette dans la Mer de Toscane, environ à six milles au-dessus de l'*Arno*. Dans son cours elle reçoit diverses petites Riviéres, entr'autres celle de *Lima*. Le *Serchio* est l'*Æsaris*, l'*Anser* ou l'*Auser* des Anciens.

[i] Magin, Carte du Territ. de Florence.

SERDICA. Voyez SARDICA.

SERE, Lieu de l'Afrique propre, selon quelques anciennes Editions de l'Itinéraire d'Antonin. Au lieu de SERE les derniéres lisent BASE. Quoiqu'il en soit, ce Lieu se trouvoit sur la route de Carthage à Aléxandrie, entre *Borge* & *Thebunte*, à vingt-cinq milles du premier de ces Lieux & à trente milles du second.

SERECOURT, Village de France, au Duché de Bar, Office de la Marche. L'Eglise Paroissiale est sous le titre de St. Mansui. Il en dépend une Eglise ou Hermitage dédié à Ste. Pétronille. Cette Paroisse a pour Annexe le Village de Morizecourt, où se trouvent le Château & le Prieuré de Deuilly.

1. SEREGIPPE, Gouvernement de l'Amérique Méridionale au Bresil [k], sur la Côte Orientale, entre la Capitainerie de *Fernambuc*, & celle de la Baye de Tous-les-Saints. Il est assez peuplé & fertile & s'étend entre la Riviére de St. François au Nord, & *Rio-real* au Midi, ayant à l'Orient la Mer du Nord, & à l'Occident des Peuples inconnus, si ce n'est des *Obacatiares*, Peuples qui habitent dans les Isles, & aux environs de la Riviére de St. François. Les Naturels du Pays nomment cette Contrée *Ciriciji*, ou *Cirijis*. Le nom sous lequel nous la connoissons vient de la Ville de *Seregippe del Rey*, qui en est la Capitale, ou de la Riviére de *Seregippe* qui l'arrose.

[k] De l'Isle, Atlas.

2. SEREGIPPE, Riviére de l'Amérique Méridionale au Bresil. Elle prend sa source au Gouvernement de *Seregippe* qu'elle arrose d'Occident en Orient. Elle mouille dans sa course la Bourgade de St. Antoine; & va se jetter dans la Mer du Nord, entre les Embouchures des petites Riviéres de *Guaratiba* & de *Vazabaris*.

3. SEREGIPPE, SEREGIPPE DEL REY, ou ST. CHRISTOPHE [l], Ville de l'Amérique Méridionale au Bresil, & la Capitale du Gouvernement auquel elle donne son nom. Cette Ville située sur la Rive Septentrionale [m] de la Riviére de *Vazabaris*, est sept lieues dans les Terres au-dessus de son Embouchure, & à onze lieues de *Rio-real*. Quelques-uns ont écrit qu'il se trouve quelques Veines d'argent dans le Territoire de *Seregippe*.

[l] Ibid.
[m] De Lect, Descr. des Indes-Oc.

SEREN, Ville de l'Ethiopie sous l'Egypte, selon Pline [n].

[n] Lib. 6. c.

SERENA (la), Ville de l'Amérique Méridionale au *Chili*, dans l'Evêché de *Sant'Jago*. Cette Ville qui est la premiére du Gouvernement du *Chili*, & la plus proche du Pérou, fut bâtie par le Gouverneur *Valdivia* l'an 1554. dans la Vallée de *Coquimbo*; c'est ce qui fait que les Espagnols l'appellent aussi souvent *Coquimbo*, du nom de la Vallée. Elle est assez près de la Mer du Sud, & à 30. digrez de la Ligne du côté du Midi, selon Herrera, qui a remarqué que le Solstice d'Eté y tombe l'onzième de Décembre: que son plus long jour est de 14. heures; & que le Solstice d'Hiver y arrive l'onzième de Juin. Du côté du Nord elle est à soixante lieues de la Ville de St. Jacques. Elle a un Port fort grand & fort commode; il est dans une Baye qui a beaucoup d'étendue, & situé environ à deux lieues de la Ville. C'est

[29.]

SER.   SER.

C'est là où l'on décharge les Navires. Il y a une assez grande Rivière qui arrose ses Campagnes & rend fertile son Territoire, qui rapporte toutes sortes de Fruits & de Grains. Cette même Rivière passe aussi dans la Ville, ce qui fait que l'on y trouve abondamment tout ce qui est nécessaire à la vie, y ayant beaucoup de Vin, de Bled, de Viande, de Poisson. Il n'y pleut pas quatre fois par an; ce qui n'empêche pas que les récoltes ne soient fort abondantes.

On trouve dans le Pays plusieurs Mines d'Or, & entr'autres à sept lieues de la Ville, il y a une Montagne d'où les Espagnols ont déja tiré beaucoup de ce précieux Métal. On dit aussi qu'il y a une autre Montagne où il se trouve des Mines de Cuivre. Lopez-Vas rapporte que la Ville a plus de deux cens Maisons, en effet il y a apparence qu'elle est assez peuplée, par ce que nous apprend l'Histoire de la fameuse Expédition navale de François Drac, nous y lisons que les Anglois étant entrés dans le Port de *Coquimbo*, & y ayant jetté l'Ancre pour faire de l'eau, plus de trois cens Cavaliers & deux cens hommes de pied, sortirent de la Ville, & obligèrent les Anglois de se retirer dans leurs Navires. Ce Pays étoit autrefois fort peuplé par les Naturels du Pays; mais maintenant il est presque desert, car les Espagnols, soit dans le tems de leur Conquête, soit depuis par les travaux des Mines, ont presque détruit tous les Habitans; de sorte que les Mines d'Or & de Cuivre sont abandonnées, n'y ayant pas du monde pour y travailler.

[a] *De l'Isle Atlas.*

SERENEGAR, ou **SIRINAGAR**,[a] Ville d'Asie, dans les Etats du Grand Mogol, au Royaume de Siba, dont elle est la Capitale. Il y en a qui la prennent pour l'ancienne Canagora.

SERENT, Bourg de France, dans la Bretagne, Recette de Vannes. Ce Bourg est très-peuplé.

SERES, Peuples d'Ethiopie: Héliodore[b] les compte entre les Blemyes, & Lucain[c] les place vers les sources du Nil. Ou ces Peuples étoient différens des Habitans de la Sérique, ou il faut dire qu'Héliodore & Lucain se sont trompez dans la description de leur Pays & on pourroit aussi faire à peu près le même reproche à Pausanias qui en parle de cette manière[d]: La Soie qui se file dans le Pays des Séres ne vient pas d'une Plante comme en Elide. Ils ont une espéce à Soie dans le Pays des Séres nommée un *Sére*, & que les Séres eux-mêmes nomment tout autrement. Cet Insecte est deux fois plus gros que le plus gros Scarabée, du reste il ressemble à ces Araignées qui font leur toile sous des Arbres, & il a huit pieds comme elles. Les Séres élevent de ces Vers à Soie dans des Lieux où le froid & le chaud ne se font pas sentir. L'ouvrage de ces petits Animaux consiste en des filets de Soie fort déliés qu'ils roulent autour de leurs pieds. On les nourrit de panis durant quatre ans, la cinquième année (car ils ne vivent pas plus long tems) on leur donne à manger du Roseau verd dont ils sont fort friands, ils s'en engraissent & crévent après. Quand ils sont morts, on tire de leurs entrailles une grande quantité de filets de Soie. Il passe pour constant que l'Isle SERIA est dans la partie la plus reculée de la Mer Rouge. Cependant j'ai ouï dire à quelques gens que c'étoit non la Mer Rouge, mais le Fleuve Sérés, qui formoit cette Isle, de la même manière que le Delta en Egypte est tout environné du Nil & non d'aucune Mer. Les Séres & ceux qui habitent les Isles adjacentes, comme Abasa & Sacéa, sont réputés Ethiopiens. Quelques-uns croient néanmoins que ce sont des Scythes, qui sont venus se mêler avec les Indiens. Pour concilier en quelque sorte Héliodore, Lucain & Pausanias avec Ptolomée & divers autres Auteurs qui mettent les Sérés dans l'Asie, il faudroit dire que les premiers en plaçant ces Peuples dans l'Ethiopie n'entendoient pas parler de l'Ethiopie de l'Afrique, mais de l'Ethiopie Asiatique, & que ces Sérés étoient réputés Ethiopiens, parce qu'ils étoient venus de la Sérique s'établir dans l'Ethiopie Asiatique. Voyez SERICA.

[b] Lib. 9.
[c] Lib. 1. v. 20. & Lib. 6. v. 292.
[d] Lib. 6. c. 26. Traduct. de Mr. l'Abbé *Gedoyn*.

SERESOLA. Voyez TOLETUM.

SERET, SERETH, ou MOLDAWA, Rivière de la Turquie en Europe[e]. Elle a sa source dans la Transylvanie, passe dans la Moldavie, où elle arrose Soczowa & Targorod, & entrant ensuite dans la Valaquie, elle y reçoit le Missovo & le Bardalach, après quoi elle se va jetter dans le Danube, un peu au-dessous d'Aniopoli.

[e] *Baud. Dict.*

SERETIUM, Ville de la Dalmatie. Dion Cassius[f] dit que Tibère avoit échoué dans le Siège de cette Ville; mais que les Romains la prirent ensuite.

[f] *Lib. 56. p. 579.*

SERF, & SIRF, nom d'une Nation que les Latins ont appellée[g], *Servi, Serbi, Sorabi*, & *Zirfi*. Nous l'appellons Serviens & Rasciens. Ces Peuples habitent maintenant dans la Moësie Supérieure, dans le Pays des anciens Triballes; mais ils sont venus des Palus Méotides, & ont eu pendant long-tems des Princes, qui portoient le titre de Despotes. Ils ont pénétré autrefois jusques dans la Lusace & dans la Misnie, Provinces des Saxons en Allemagne, & firent des entreprises jusques dans la Thrace, où ils tentérent de reprendre Andrinople, l'an 767. de l'Hégire, mais ils furent défaits, & le Lieu de leur défaite conserve encore aujourd'hui le nom de Sirf Singouni, qui signifie en Langue Turque, *la déroute des Serviens*. C'étoit sous le Régne de Morad Gazi, qui est Amurat I. Sultan des Turcs.

[g] *D'Herbelot, Biblioth. Or.*

SERFINO. Voyez SERFO.

SERFO, ou SERFOU, Isle de l'Archipel[h], connue des anciens Grecs & Romains, sous le nom de *Seriphos*, ou *Seryphos*, que les François & les Hollandois nomment *Sériphe*, les Anglois *Serfanto*, & les Italiens *Serfino*. Le Périple de Scylax & Strabon la mettent au nombre des Cyclades; mais Etienne le Géographe la compte entre les Sporades. Elle est située

[h] *Dapper, Descr. de l'Archipel, p. 356.*

tuée à 36. d. 56. de Latitude Septentrionale. Son Cap Méridional est situé à cinq lieues au Sud-Ouest du Cap Méridional de l'Isle de *Zira*, & son Cap Nord-Ouest est à six ou sept lieues au Sud-Est de l'Isle de St. George d'Arbore, ou Chapeau de Cardinal. Elle a l'Isle de *Fermenia* au Septentrion, celle de *Zira* du côté du Nord-Est, *Delos* à l'Orient, *Ziphanto* au Sud-Est, *Milo* vers le Midi, & le Pays de la Morée à la distance de dix-huit ou vingt lieues du côté du Couchant. On lui donne trente milles d'Italie de circuit, au rapport de Mr. Baudrand, quarante, suivant Bordonius, & cinquante, selon Porcachi. Cependant Pline dit qu'elle n'a que douze milles de tour.

Elle a une double Baye, de telle maniére qu'il faut traverser la première, pour entrer dans l'autre qui est par derrière. Il y a une petite Ville bâtie dessus, & près de la Ville un petit Port. L'avant-Baye a d'abord trente brasses de profondeur, qui plus avant diminuent à vingt, & l'arrière-Baye en a dix, qui diminuent à sept en avançant vers la Ville. Porcachi place aussi un Port à son côté Méridional, & plus avant dans les terres une Ville.

Elle est habitée par des Grecs, qui y ont plusieurs Eglises. Il y a aussi un Cloître dédié à St. Michel, à qui ces Insulaires attribuent plusieurs Miracles, qu'ils assurent avoir été faits dans ce Cloître.

C'est un petit Pays plein de Montagnes, & par conséquent rude & tout couvert de pierres & de Rochers. Il semble même que Tacite n'en fait qu'une Roche, lors qu'il parlant de l'Orateur Cassius Sévère, qui y avoit été relégué, il dit qu'après avoir été dépouillé de ses biens & que le feu & l'eau lui eurent été interdits, il devint vieux sur le Rocher de Sériphe. Séneque parle de cette Isle & de celle de Sciathos, comme si c'étoient des Lieux deserts & des Isles incultes ; & le Scholiaste d'Aristophane la nomme une Isle très-chetive.

Les Poëtes ont feint que cette Isle fut remplie de pierres & de Rochers, par une rencontre assez singulière. Ils disent que Persée ayant été enfermé dans un Coffre, avec sa Mere Danaé, & jetté dans la Mer par Acrise son Ayeul & Pere de sa Mere, il en fut retiré par un Pêcheur appellé Dictis, qui avoit jetté ses Filets à côté de cette Isle. Ils ajoutent qu'il y fut nourri & élevé, & qu'étant devenu grand & y ayant apporté la tête de Méduse, une des Gorgones, il la montra un jour à ces Insulaires, & les changea en pierres, pour se venger de ce qu'ils avoient été les Instrumens de la violence que Polydecte leur Roi avoit faite à sa Mere, en l'épousant contre sa volonté.

L'on y trouve des pierres d'Aimant, qui ne sont pas si bonnes que celles, qu'on tire des autres Mines ou Carrières. Car elles ne font pas décliner l'éguille du Cadran ou de la Boussole, bien que les Vaisseaux en approchent de fort près.

On tient que les Grenouilles n'y crient point, & qu'étant transportées ailleurs elles ont leurs cris ordinaires. C'est delà qu'est venu le Proverbe, *Rana Seriphia*, Grenouille de Sériphe, pour marquer un homme qui ne sait ni parler ni chanter.

Aujourd'hui on ne recueille presque point à Serfo, de Bled [a] ni de Vin, & on n'y voit que très-peu d'Arbres. Il y a du Bétail en quantité pour un lieu aussi aride que l'est celui-là. Ces Animaux ne broutent que les Herbes, & les Arbrisseaux, qui s'échappent çà & là entre les Rochers. Cependant ils ne sont point maigres, & leur toison est fort belle & fort fine. Il croît aussi à Seripho d'excellent Safran. A certains tems de l'année, on y voit une multitude prodigieuse de grosses Perdrix rouges telles que sont toutes celles des Isles, où il est rare d'en trouver de grises. L'Isle a encore des Mines de Fer, & deux très-belles Mines d'Aimant.

L'Isle est gouvernée pour le spirituel par un Vicaire de l'Evêque de Siphanto. Sa Jurisdiction s'étend sur 5. ou 6. Paroisses fort pauvres & fort mal entretenues. A deux lieues du Bourg se trouve le Monastère de St. Michel habité par cent Caloyers. Quand nous y allames, nous n'y trouvames que le seul Abbé, les Religieux étant occupés au dehors, partie à la quête dans les Isles voisines, partie à la garde des Troupeaux & au Labourage. Il est bon de remarquer ici, que quoiqu'en France on comprenne tous les Moines Grecs sous le nom de Caloyers, il n'en est pas de même en Gréce, il n'y a que les Freres, qui s'appellent ainsi, car pour ceux qui sont Prêtres, ils se nomment Jéromonaches.

SERGENTIUM, Ville de Sicile. Elle est marquée dans les Terres par Ptolomée [b].

SERGENITZA [c], Siège Episcopal dont il est parlé dans les Réponses des Patriarches d'Orient.

SERGIANUM, Ville de la Toscane : il en est fait mention dans l'Edit du Roi Didier.

SERGIOPOLIS, Ville de l'Euphratense, à cent-vingt-six Stades de Sura du côté du Nord, selon Procope [d], qui dit au second Livre de la Guerre contre les Perses, qu'elle étoit située dans un Champ appellé *le Champ barbare*. Il ajoute que Cosroës, après la prise de Sura, soit par humanité, ou par avarice, ou par complaisance pour une femme nommée Euphémie, qu'il avoit prise parmi les autres Captives de la Ville, & qu'il avoit épousée ensuite, à cause de sa beauté, résolut de traiter favorablement les Citoyens de Sura. Il envoya pour ce sujet à Sergiopolis, Ville de l'obéissance des Romains, laquelle a pris son nom de ce Sergius si célèbre parmi les Chrétiens. Il fit offrir à Candide qui en étoit Evêque de lui remettre entre les mains pour deux cens marcs d'Or douze mille prisonniers. Candide s'étant excusé sur ce qu'il n'avoit point d'argent, Cosroës se contenta qu'il en fît sa promesse, & lui rendit les prisonniers. Candide s'obligea par de grands Ser-

[a] Lettres Edif. t. 6. p. 130.

[b] Lib. 3. c. 4.
[c] Ortelii Thesaur.

[d] Cap. 5.

Sermens, à payer les deux cens marcs d'Or dans un an; & il ajouta de lui-même qu'en cas qu'il y manquât dans ce tems-là, il consentoit de payer le double & de perdre son Evêché. Ainsi il reçut les prisonniers sur sa promesse. Dans un autre endroit, Procope dit [a] : Il y a dans l'Euphratése une Eglise de St. Serge, qui est honoré avec tant de pieté par ceux du Pays, qu'ils ont donné son nom à leur Ville, en l'appellant Sergiopole. Ils l'avoient autrefois entourée d'une muraille, qui étoit fort basse & qui n'étoit qu'aussi forte qu'il faloit pour soutenir l'attaque des Sarrasins; car ils ne savent point faire de Siège, & une muraille de boue suffit pour les arrêter. Depuis ce tems-là l'Eglise est devenue fort célèbre par la richesse de ses ornemens; ce qui a porté Justinien à entourer la Ville d'une muraille très-solide, à amasser de l'eau dans les réservoirs, à y bâtir des maisons, des portiques, des galeries & d'autres ouvrages semblables, qui contribuent plus que les autres à la décoration des Villes. Cosroès brûlant autrefois d'envie de la prendre, l'assiégea avec une puissante Armée; mais la solidité des murailles & des tours l'obligea à lever le Siège.

[a] Ædif. l. 2. c. 9.

SERGIUM, Voyez DAPHNE', N°. 4.

SERGUNTIA, Voyez SEGONCIA.

SERGNI, ou SERGNA, Ville d'Italie [b], au Royaume de Naples, dans le Comté de Molisse. Cette Ville qui est assez jolie étoit Evêché dès l'an 402. sous la Métropole de Capoue. On la connoissoit alors sous son ancien nom d'*Æsernia*, ou *Isernia*.

[b] Commainville. Table des Evêchez.

SERI, ou SERY, *Siriacum*, Lieu de France, dans la Picardie, au Pays de Vimeu, Diocèse d'Amiens, Election d'Amiens. Il y a une Abbaye de Prémontrez, dite de Séri; elle est située sur la Bresle, entre Eu & Aumale, & auprès de Blangi: elle a été fondée en 1221. par Guillaume de Cayeu. Cette Abbaye rapporte cinq à six mille Livres à l'Abbé.

SERIA, Voyez JULIA-FAMA, & SEREN.

SERIANA, Ville de Syrie, dans la Chalcidie. Il y a dans l'Itinéraire d'Antonin une Route de Doliche à Seriana en cet ordre:

Doliche	
Cyrrhon	M. P. XXIIII.
Minnizam	M. P. XXIIII.
Beroam	M. P. XX.
Chalcida	M. P. XV.
Andronam	M. P. XXVII.
Serianem	M. P. XVIII.

SERICA, ou SERUM REGIO, Contrée de l'Asie: Ptolomée [c] la joint à la Scythie, au delà de l'Imaüs. Les Séres habitoient cette Contrée, voyez SERES. Ptolomée la borne au Nord & à l'Orient par des Terres inconnues, au Midi par une partie de l'Inde au delà du Gange, & à l'Occident par la Scythie au delà de l'Imaüs; ce qui répond à peu près à la partie Septentrionale de la Chine ou au Cathay. Tous les Auteurs ne s'accordent pas sur cette position, la plûpart néanmoins mettent les Séres dans l'Orient. Horace dit [d]:

[c] L. 6. c. 16.

[d] Lib. I. Oda 12.

> . . . *Subjectos Orientis oris*
> *Seras & Indos.*

Pomponius Mela [e] approche assez de la position de Ptolomée: *Primos hominum accepimus ab Oriente Indos, Seres, Scythas. Seres media ferme Eoæ partis incolunt, Indi & Scythæ ultima.* Cependant au lieu de placer les Séres au milieu, il auroit du les mettre à l'extrémité, parce qu'ils habitoient au delà des Scythes. Voici les Villes que Ptolomée marque dans la Sérique:

[e] Lib. I. c.

Damna,	*Palliana*,
Piada,	*Thogara*,
Asmiræa,	*Abragana*,
Throna,	*Danata*,
Issedon Serica,	*Orosana*,
Aspacæa,	*Ottorocora*,
Drosachæ	*Solana*,
Sera Metropolis.	

SERICUS, Voyez TAURUS.

1. SERIGNAC, Bourg de France dans l'Agenois, Election d'Agen.

2. SERIGNAC, Bourg de France dans la Bretagne, Recette de Quimper.

SERIGNAN, Ville de France, dans le Bas Languedoc, Recette de Beziers. Cette petite Ville où l'on ne compte pas plus de quinze-cens Habitans est un Siège particulier de l'Amirauté.

SERIGNE', Bourg de France, dans le Poitou, Election de Fontenay.

SERIGNY, *Seriniacum*, ou *Serigneium*, Paroisse de France, dans le Perche, Election de Mortagne. L'Eglise est sous l'Invocation de St. Remy, & à la nomination du Doyen de l'Eglise Métropolitaine de Tours. Hugues de Rotour, Chévalier, Seigneur du lieu, disputa le Patronage, avec la Dixme & le Cimetiére, au Chapitre de Tours, en quoi il étoit appuyé de Guérin de Lonrey comme Seigneur Suzerain. L'affaire fut portée au Pape Anastase IV. qui commit Gérard II. Evêque de Séez pour la juger. Hugues ne voulant point le reconnoître, ce Prélat ne laissa pas d'investir le Chapitre de Tours des choses contestées; ce qui fut approuvé du Chapitre de Séez. Il en donna acte à Engilbaud Archevêque de Tours, & Hugues de Rotour convint aussi-tôt après, qu'il n'y avoit aucun droit; ce que Rotrou III. Comte du Perche attesta en 1156. du tems d'Adrien IV. qui avoit déja confirmé le jugement de Gérard.

SERIIR-El-LAN, Ville de Perse, à 63. d. 15'. de Longitude, sous les 45. d. 15'. de Latitude.

SERILLAC, Bourg de France, dans le Limousin, Election de Limoges. Il est considérable par le nombre de ses Habitans.

SERIMUM, Ville de la Sarmatie-Euro-

SER.

[a] Lib 3. c. 6. ropéenne : Ptolomée [a] la met au voisinage du Borysthène.

[b] De l'Isle Atlas. SERIN, ou SERAIN [b], Riviére de France. Elle a sa source au Diocése d'Autun, dans le Bailliage d'Arnay-le-Duc, aux Confins du Bailliage de Saulieu ; & prenant son cours vers le Nord Occidental, elle traverse ce dernier Bailliage, sépare celui d'Avalon de celui de Semur, traverse ensuite le Comté de Noyers, puis coule aux Confins des Diocéses de Langres & d'Auxerre, & entre enfin dans la Campagne pour aller se jetter dans l'Yonne, entre Auxerre & Joigny. Elle ne reçoit aucune Riviére considérable. Les principaux Lieux qu'elle arrose sont, Mont-réal, Noyers, Chablys & Ligny-le-Château.

SERINCOURT, Paroisse de France dans la Champagne, Election de Rheims, sur un Ruisseau nommé le Chaudion, qui se rend dans la Riviére d'Aisne. Ce lieu est distant de deux lieues de Château-Porcien, de trois de Rethel, d'une lieue de Chaumont, & de deux de Sevigny ; on y suit la Coûtume de Vermandois, & celle de Rheims en particulier. Il dépend du Gouvernement de Château-Porcien ; la Taille y est personnelle. La Cure est à la nomination du Commandeur de Boncourt & Serincourt, qui en est le Seigneur & Patron. Il y a Haute, Moyenne & Basse Justice. Il y a pour Annexes, Forêt-le-Sazy & Chamotaigne. Les Habitans sont Laboureurs & Manœuvres.

[c] Lib 12. c. 8. SERINDÆ, Peuples d'Asie, selon Ammien Marcellin [c]. Au lieu de *Serindæ*, Mr. de Valois lit SERENDIVI ; & il est du sentiment de Bochart, qui veut que les SERENDIVI soient les Habitans de l'Isle de Ceilan, qui est appellée *Serandib* par les Arabes.

[d] Cap 1. ex. 24. SERINUM [d], On lit au quatriéme Livre des Stratagêmes de Frontin, que sous le Consulat de *Publius Valerius* le Sénat ordonna que l'Armée qui avoit été vaincue près de la Ville ou du Fleuve de Siris seroit conduite à Serinum, s'y retrancheroit & demeureroit tout l'Hyver sous les Tentes. Cependant il y a des MSS. qui au lieu de Serinum lisent *Firmum*.

[e] Magin Atlas. Ital. SERIO, Riviére d'Italie [e]. Elle prend sa source dans le Bergamasc, aux Confins de la Val-Teline, & prenant son cours du Nord au Midi, elle traverse en serpentant le Bergamasc, où elle donne son nom à la Vallée Seriana : elle entre ensuite dans le Cremasco, où après avoir arrosé la Ville de Crême & reçu les eaux de la Communa, elle se jette dans l'Adda un peu au-dessus de Picighittona.

SERION, Voyez SIRION.

[f] Lib. 4. c. 7. SERIPALA, Ville de l'Inde en deçà du Gange ; Ptolomée [f] la compte au nombre des Villes qui étoient à l'Orient du Fleuve *Namadus*.

SERIPHUS, Isle de l'Archipel, & l'une des Cyclades. Elle est fort connue des Anciens. Tacite [g] la nomme SAXUM-SERIPHIUM. Elle n'étoit pourtant pas deserte ; car Hérodote dit que les Sériphiens & les Siphniens furent presque les seuls

[g] Ann. Lib. 4. c. 21.

SER.

des Insulaires qui prirent le parti des Grecs contre Xerxès. Ovide [h] a fait mention de cette Isle en ces termes.

[h] Metam. Lib. 5. v. 241.

Inde cava circumdata nube Seriphon
Deserit a dextra Cythno Gyaroque relictis.

Et dans un autre endroit [i] il lui donne l'Epithète de *Plana* :

[i] Lib. 7. v. 464.

. . . . *Planamque Seriphon.*

On appelle aujourd'hui cette Isle SERFO. Voyez ce mot.

SERIPPO, Ville d'Espagne, dans la Bétique selon Pline [k].

[k] Lib. 3. c. 1.

SERIR-ALDHEHEB, le Trône d'Or, Nom d'un Pays, ou Province qui s'étend entre le Pont-Euxin & la Mer Caspienne, où est située la Ville de Derbend, que les Turcs appellent, *Demir Capi*, La Porte de fer.

[l] D'Herbelot, Biblioth. Or.

La raison qui a fait donner le nom de Trône d'Or à cette Province, vient de ce que Nouschirvan Kesra, Roi de Perse de la quatriéme Dynastie, nommée des Sassaniens, ou des Khosroës, ayant fait achever la grande muraille commencée par Aléxandre le Grand, qui séparoit les Peuples Septentrionaux de Khozar & de Kip-Chak, qui sont les Scythes Hyperboréens, d'avec les Provinces du reste de l'Asie, y établit un Marzuban, c'est-à-dire un Gouverneur de la Marche, ou Frontiére, auquel il accorda le Privilége de s'asseoir sur un Trône d'Or, en considération de l'importance du Poste qu'il gardoit.

Cette Muraille dont il est ici parlé, est la même que celle qui est nommée, Sedd Jagioug. V Magioug. Elle fut bâtie dans les Ouvertures & Détroits du Mont Caucase, Lieux que les Persans ont accoutumé d'appeller, Derbend, des Barriéres, & les Turcs, Demir Capi, des Portes de fer.

Ebn Schuhnah dit, que Marvan surnommé Hemar, conquit ce pays-là l'an 121. de l'Hégire, sous le Kalifat de Hescham, dixiéme Kalife de la Race des Ommiades, & s'avança bien avant dans le Pays de Khozar. Khondemir écrit aussi la même chose. Cette Province fait aujourd'hui partie du Schirvan, ou Médie, & appartient au Roi de Perse.

SERISABIS, Voyez SARISABIS.

SERISOLS, Bourg de France, dans le Haut-Languedoc, Recette de Rieux. Ce Lieu est fort peuplé.

SERIULA, Siège Episcopal, sous la Métropole de Séleucie, selon Ortelius, qui cite Guillaume de Tyr.

SERKAICHE, Ville de Perse [m]. Les Géographes du Pays la placent à 90. d. 15'. de Longitude, sous les 32. 50'. de Latitude. Il se fait dans cette Ville quantité d'Ouvrages d'osier, que l'on transporte en Turquie.

[m] Tavernier, Voyage de Perse.

SERKASS, Ville de Perse [n]. Elle est selon les Géographes du Pays à 85. d. 35'. de Longitude sous les 32. 50'. de Latitude. Cette Ville est agréable,

[n] Ibid.

ble, tant par son assiette que par l'abondance de ses belles eaux.

SERKE, Ville d'Ethiopie [a], au milieu des Montagnes, dans un beau Vallon. Cette Ville est jolie, & a cinq à six cens Maisons fort propres, quoiqu'elles ne soient bâties que de Cannes d'Inde. A la sortie de Serke, on trouve un petit Ruisseau qui sépare l'Ethiopie du Royaume de Sennar.

[a] Lettres Edif. tom. 4. p. 51.

SERLEY, Paroisse de France, dans la Bourgogne, au Bailliage de Chalon, Recette de St. Laurent. Ce Lieu est situé sur une élévation. Il y passe un petit Ruisseau qui a peu d'eau en Eté. C'est un Pays de Broussailles.

SERMAISE, Bourg de France dans la Champagne, Election de Vitry. Ce Bourg, qui est très-peuplé & situé sur la Rivière de Saux, à trois lieues de St. Dizier, & à quatre de Vitry, a une Mairie Royale qui ressortit au Bailliage de Vitry-le-François. Il y a auprès une Fontaine minérale froide dont les eaux sont spécifiques pour guérir, ou du moins pour soulager beaucoup ceux qui sont attaquez de la Gravelle. Elles sont vitrioliques, sulphureuses & contiennent un peu de fer.

SERMAIZE, Bourg de France dans la Beauce, Election de Dourdan.

SERMAIZES, Bourg de France, dans l'Orléanois, Election de Pithiviers.

SERMAM-COMAGUM. On trouve ces mots dans la Table de Peutinger. Ce devoit être un Lieu de l'Aquitaine; mais, dit Ortelius [b], Mr. Velser & moi cherchons quel Lieu ce pouvoit être.

[b] Thesaur.

SERMANTISON, Bourg de France, dans l'Auvergne, Election de Clermont.

SERMEGHON, Ville de Perse [c]. Les Géographes du Pays la marquent à 87. d. 37'. de Longitude, sous les 37. d. 32'. de Latitude. Son terroir quoiqu'assez fertile produit peu de fruits.

[c] Tavernier Voyage de Perse.

SERMENRAÏ [d]. On appelle ainsi vulgairement une Ville de l'Iraque Arabique, qui est d'Assyrie ou la Chaldée, que l'on devroit nommer Sermenraa, ou Serramenraa, mot composé de trois, qui signifie, celui qui la voit se réjouit.

Cette Ville est située sur la Rive Orientale du Tigre, & a de Longitude 72. d. 30. m. & 34. d. de Latitude Septentrionale, dans le quatrième Climat selon les Tables Arabiques. Les uns disent qu'elle s'appelloit autrefois, Semirah, Ville bâtie par Schabour Dhoulakraf: mais Khondemir n'est pas de ce sentiment. Car il dit dans la Vie de Motassem, huitième Kalife de la Race des Abbassides, que ce Prince ayant une forte inclination pour les jeunes Esclaves Turcs, en fit acheter un très-grand nombre, qui remplirent en peu de tems toute la Ville de Bagdet.

Il choisit pour cet effet un Lieu nommé Cathoul, éloigné environ de dix ou douze lieues de Bagdet, & y fit bâtir l'an 220. de l'Hégire, une Ville qu'il nomma Samara, que l'on appelle aussi Asker, à cause du Camp de la Milice Turquesque qu'il y établit. C'est de cette nomination que les derniers Imaus de la Race d'Ali sont surnommés Askeri, à cause, ou de la naissance qu'ils y prirent, ou de leurs Sépulcres qui y sont; & c'est dans cette même Ville d'Asker, ou de Sermenraï, que le Mahadi est caché, & d'où il doit sortir à la fin des tems, selon le sentiment des Schiites, ou Sectateurs d'Ali.

[d] D'Herbelot, Biblioth. Or.

Le Kalife Motavakkel quitta la Ville de Sermenraï, & transporta le Siège du Khalifat en la Ville de Giafariah, qu'il avoit fait bâtir; mais Montasser son fils, qui lui succéda, retourna à Sermenraï.

SERMIDO, Bourgade d'Italie, au Duché de Mantoue, sur le bord du Pô, à la droite, un peu au-dessus de l'Embouchure de *Cano nuovo*.

SERMIERES, Bourg de France, dans la Champagne, Election de Rheims. Plusieurs Hameaux dépendent de ce Bourg.

SERMIO, Voyez SIRMIO.

SERMIONE, Ville d'Italie [e], dans l'Etat de Venise, au Veronèse sur une petite Presqu'Isle qui avance dans le Lac de la Garde vers le milieu de la Côte Méridionale.

[e] Magin. Atlas Ital.

SERMITIUM, Ville de l'Isle de Corse: Ptolomée [f] la marque dans les Terres. On croit que c'est présentement la Bourgade nommée *Sannutio*.

[f] Lib. 3. c. 2.

SERMIUM, Voyez SIRMIUM.

SERMONEM, Ville de l'Espagne Tarragonnoise. L'Itinéraire d'Antonin la marque sur la route de Laminium à Saragosse; entre *Cera* & *Saragosse*, à neuf-milles du premier de ces Lieux & à dix-neuf-milles du second. Surita croit que ce mot est corrompu, & qu'au lieu de *Sermonem* il faudroit lire *Ad Molem*; car on voit, dit-il, sur cette route à dix-huit milles au-dessus de Saragosse, une ancienne & magnifique Levée qui donna sans doute son nom à la Ville.

SERMONETA, Bourgade d'Italie [g], dans la Campagne de Rome, à quatre milles au Midi Oriental de Segni & environ à six milles au Midi, d'Agnani. Cette Bourgade est située sur une Colline avec titre de Duché, & elle appartient aux Gaëtans, qui possèdent presque toute la Campagne, laquelle est inondée & remplie de Marécages, qui rendent l'air fort mauvais; cette Campagne est ce que les Anciens appelloient le *Palus Pomptine*. Pline dit que de son tems on y voyoit cinq Villes; mais à peine y a-t-il présentement quelques Fermes dans les Bois & dans les Prairies, qui ne laissent pas d'être d'un revenu considérable à la Famille Gaëtana.

[g] Magin, Carte de la Campagne de Rome.

SERMONS, & FARAMANS, Bourg de France dans le Dauphiné, Election de Vienne.

SERMUR, Bourg de France, dans le Limousin, sur les frontières de l'Auvergne, Election de Combrailles. Ce Bourg situé sur une haute Montagne est le Chef lieu d'une Châtellenie; & l'on y voit un Prieuré de l'Ordre de St. Benoît. Les terres sont médiocres. Elles produisent du

490 SER. SER.

du Seigle, de l'Avoine & du Bled noir. Il y a un petit Commerce de Bestiaux, de Brebis & de Moutons. Quelques-uns de ses Habitans vont travailler dans les Provinces du voisinage.

SERMUTA, Ville de la Cappadoce, dans le Pont Galatique: Ptolomée [a] la marque dans les Terres. Le MS. de la Bibliothéque Palatine lit *Sermusa*.

[a] Lib. 5. c. 6.

SERMYLIA, ou SERMYLA; Ville de la Macédoine, dans la Chalcidie prés du Mont Athos. Hérodote [b] place cette Ville sur le Golphe Toronée. Thucydide [c] & Etienne le Géographe font aussi mention de SERMYLIA.

[b] Lib. 7. c. 123.
[c] Lib. 5.

SERNAY, Ville de France, dans la Haute-Alsace, au Bailliage de Tam. Louis XIV. donna cette Seigneurie à la Maison de Schomberg.

SERNICIUM, Ville d'Italie: L'Itinéraire d'Antonin la met sur la route de Milan à la Colonne en prenant par le *Picenum*. Elle se trouve entre *Aufidena Civit.* & *Bovianum Civit.* à vingt-huit milles de la première de ces Places & à dix-huit milles de la seconde. Aujourd'hui les meilleures Editions lisent *Æsernia*, au lieu de *Sernicium*.

SERNINUS-VICUS, Lieu d'Italie, sur le chemin d'Aquilée à Boulogne, selon l'Itinéraire d'Antonin, qui le marque entre *Vicus Varianus* & *Modeni*, à vingt milles de la première de ces Places, & à vingt-trois milles de la seconde. Léander veut que ce soit aujourd'hui Sermito, ou Sermido, Voyez SERMIDO.

SERONGE [d], Ville des Indes, sur la route de Surat à Agra, entre San Kaira & Magalkisera, à douze Cosses du premier de ces Lieux, & à six du second. Seronge est une grande Ville dont la plûpart des Habitans font Marchands Banianes, & Artisans qui y demeurent de pere en fils; ce qui est cause qu'il y a quelques Maisons de pierres & de briques. Il s'y fait un grand Négoce de toutes sortes de Toiles peintes qu'on appelle *Chites*, dont tout le menu Peuple de Perse & de Turquie est habillé, & dont on se sert en plusieurs autres Pays pour des Couvertures de lit & pour des Nappes à manger. On fait de ces mêmes Toiles en d'autres Lieux qu'à Seronge; mais les couleurs n'en sont pas vives, & elles s'en vont en les lavant plusieurs fois. C'est le contraire de celles de Seronge; car plus on les lave, plus elles deviennent belles. Il y passe une Riviére, dont l'eau a la vertu de donner cette vivacité aux couleurs; & pendant la Saison des pluyes qui durent quatre mois, les Ouvriers impriment leurs Toiles, selon que les Marchands étrangers leur en donnent la mesure, parce que dès que les pluyes ont cessé, plus l'eau de la Riviére est trouble, & le plutôt qu'on peut laver les Toiles, les couleurs tiennent davantage, & en sont plus vives.

[d] Tavernier, Voyage des Indes Liv. 1. ch. 4.

Il se fait aussi à Seronge une sorte de Toile qui est si fine, que quand elle est sur le Corps on voit toute la Chair, comme si elle étoit à nud. Il n'est pas permis aux Marchands d'en transporter, &

le Gouverneur les envoye toutes pour le Serrail du Grand-Mogol, & pour les Principaux de la Cour. C'est dequoi les Sultanes & les Femmes des Grands Seigneurs se font des Chemises & des Robes pour la chaleur; & le Roi & les Grands se plaisent à les voir au travers de ces chemises fines & à les faire danser ainsi habillées.

On compte cent & une Cosses de Brampour à Seronge. Elles sont plus grandes que celles de Surate à Brampour; car le Carosse met une heure & quelquefois jusqu'à cinq quarts d'heure à faire une de ces Cosses. Dans ces cent lieues de Pays on marche des journées entiéres dans de fertiles Campagnes de Bled & de Ris, qui ressemblent fort aux Campagnes de la Beausse en France; car c'est rarement qu'on y trouve des Bois; & de Seronge à Agra le Pays est presque de même nature. Comme les Villages sont fort près les uns des autres, on voyage à son aise, & on fait les journées comme l'on veut.

SEROTA, Ville de la Pannonie: L'Itinéraire d'Antonin la marque entre *Lentuli* & *Marinianæ*, à trente-deux milles du premier de ces Lieux & à vingt milles du second.

1. SERPA, Ville de la Lusitanie: L'Itinéraire d'Antonin la marque sur la route d'*Esuris* à *Pax-Julia*, entre *Ebora* & *Fines*, à treize milles du premier de ces Lieux, & à vingt milles du second. Il y en a qui veulent que cette Ville subsiste encore aujourd'hui, qu'elle conserve son ancien nom sans aucun changement, & que ce soit la Ville Serpa, qui fait l'Article suivant. Ils se fondent sur une ancienne Inscription, trouvée auprès des Murailles de cette Ville, & où on lit entre autres ces mots FABIA PRISCA SERPENSIS. Mais comme ni l'ordre de la route de l'Itinéraire d'Antonin ni le nombre des milles ne s'accordent pas avec ce sentiment, on peut aisément croire que cette Inscription a pu être transportée dans le Lieu d'où elle a été déterrée.

On voit dans la *Bibliothéque Choisie* de Mr. le Clerc [e] des remarques sur quelques Médailles Espagnoles avec des Caractères Phéniciens, trouvées dans l'Andalousie. Il y a une de ces Médailles qu'on juge qui peut avoir du rapport à la Ville *Serpa*; & c'est la onzième en nombre. Voici la remarque qui la concerne.

[e] Tom. II. p. 127. & suiv.

„ Je crois que la XI. Médaille où l'on
„ voit d'un côté un homme qui se charge
„ d'Oranges par devant & par derriére
„ a été frappée à *Serpa* Ville de la Béti-
„ que sur l'*Anas*, & dont il est fait men-
„ tion dans l'Itinéraire d'Antonin, dans
„ l'Anonyme de Ravenne, & dans une Ins-
„ cription de Gruter p. DCLXXXII, 7.
„ où elle est nommée FABIA PRISCA SER-
„ PENSIS. Elle a conservé ce même nom
„ jusqu'à présent. Je me persuade qu'il
„ faut lire dans le revers סרפא Serpa.
„ Il n'y a que la premiére lettre qui puisse
„ faire de la difficulté, à cause de la dif-
„ férence qu'il y a entre elle & le Samech
„ Hébreu,

„ Hébreu, aussi-bien que le Samaritain
„ dont il n'y a ici que le trait de dessus
„ marqué. Mais il se peut faire, Mon-
„ sieur, que sa figure ne soit pas bien
„ achevée dans votre Médaille, ou que
„ quelques-uns écrivissent ainsi cette
„ lettre, pour abréger, comme on le
„ voit en plusieurs autres, qui sont plus
„ simples & plus dégagées que les lettres
„ communes des Samaritains. La seconde
„ lettre est clairement un *Resch*, la
„ troisième un *Pe*, ou un *Pi* Grec, qui
„ est venu de la figure Phénicienne, &
„ la quatrième un *Aleph*.

„ Le second mot est beaucoup plus
„ difficile à déchiffrer, quoique les let-
„ tres en soient claires. Il y a visiblement
„ חוח en caractères Hébreux, excepté
„ que le *Beth* est un peu autrement fait.
„ Ce mot ne se trouve en aucune Langue
„ Orientale, au moins que je sache.
„ Comme je vois que la dernière lettre,
„ qui est un *Beth*, est plus grande que les
„ autres, je la prendrois pour une lettre
„ double, selon l'usage des Inscriptions
„ Romaines, où l'on remarque souvent
„ la même chose, & le premier *Hheth*
„ pour la première lettre d'un mot
„ qu'elle signifie par abréviation. Je le
„ rois donc חכב חרס *hheres hhobeh*, & le
„ sens de ces trois mots seroit *le Soleil*,
„ (car c'est ce que veut dire חרס *hheres*)
„ aime Serpa. Aussi voit-on sur cette
„ Médaille la figure Hiéroglyphique de
„ cet Astre. On peut dire que le Soleil
„ aime les lieux auxquels il fait produire
„ d'aussi beaux fruits, que le sont les
„ Citrons & les Oranges.

Hosce legunt fructus, propter quos Phœbus amavit;
Vilia fert nostrum nil nisi poma solum.

On ne peut rien assûrer positivement de la signification des lettres détachées & dont chacune signifie un mot, à moins que l'autre côté de la Médaille, ou la suite ne détermine clairement le sens. Mais on ne doit pas trouver étrange que dans ces caractères Phéniciens, on suppose qu'une lettre peut signifier un mot ; premièrement parce que ces Médailles ont été frappées en Espagne, sous l'Empire Romain, & que les Espagnols pouvoient suivre en cela la coutume des Romains ; secondement parce qu'on a remarqué la même chose dans les Médailles Juives en caractères Phéniciens où l'on voit שש pour שנה שלישית *Schanah Schlischith*, ou שישית *Schischith*; c'est-à-dire la quatrième, ou la sixième année.

Je laisse à d'autres à prononcer sur la solidité de ces conjectures. Je me bornerai à remarquer: Premièrement que s'il est vrai que l'ancienne SERPA étoit sur l'Anas elle étoit différente de la Ville que nous connoissons aujourd'hui sous le nom de SERPA, puisque celle-ci se trouve à une lieue de la Guadiana, qui est l'Anas des Anciens: Secondement qu'il n'est pas vrai que l'ancienne SERPA soit nommée FABIA PRISCA SERPENSIS, dans l'Inscription en question; ce seroit d'une Fille morte en faire une Ville. Ces deux mots FABIA & PRISCA, sont le nom & le surnom de la Fille de Priscus & de Fabia, & SERPENSIS est le nom National, qui nous apprend que la Fille à l'honneur de laquelle a été dressée cette Inscription, étoit de la Ville de SERPA: En troisième lieu que quoique la Ville SERPA d'aujourd'hui conserve le nom de l'ancienne, on n'en peut pas conclure qu'elle soit dans la même place, comme je l'ai déja dit au commencement de cet Article.

2. SERPA, Ville de Portugal [a], dans l'Alentejo, au Midi de Moura. Cette Ville, qui, selon quelques-uns, est ancienne, a retenu son nom tout entier sans le moindre changement, & on prétend le voir par l'Epitaphe suivante qu'on a trouvée près des murailles de cette Ville:

D. M. S.
FABIA. PRISCA. SERPENSIS.
C. R. ANN. XX.
H. S. E. S. T. T. L.
C. GEMINICUS. PRISCUS. PATER.
ET. FABIA. CADILLA. MATER.
POSUERUNT.

[a] Délices de Portugal, p. 800.

La Ville de Serpa est bâtie sur une hauteur fort rude, & pleine de Rochers, à une lieue de la Guadiana, à trois journées de Lisbonne, & à demi-journée des Confins de l'Andalousie. Comme c'est une Ville frontière, on a eu soin de la fortifier, & l'on y entretient d'ordinaire une Garnison de deux Compagnies. La Campagne est fort agréable tout à l'entour: elle est plantée de petites Forêts, de Figuiers & d'Oliviers. Cette Ville est sur la grande Route de Lisbonne à Cadix, ou dans l'Andalousie. Pour aller de Serpa à Lisbonne, on laisse Beja sur la gauche, & l'on s'arrête à un gros Bourg nommé Cubas. De Cubas jusqu'à Aldea-Gallega, il y a dix-sept lieues de chemin. Toute cette Route n'est pas des plus agréables. On ne rencontre presque par-tout qu'un chemin sablonneux, & desert, où il y a quelques pauvres Hôtelleries à quatre ou cinq lieues les unes des autres. Quand on veut passer de Serpa dans l'Andalousie, on trouve d'abord la Sierra-Morena, dans laquelle il faut grimper jusqu'à un Village, nommé Balmego où la Montagne commence à s'abaisser, & d'où l'on entre dans cette grande Province. Il est arrivé il y a environ cent ans qu'il ne plut point sur cette Montagne durant l'espace de quatorze ans entiers. Cela produisit une si grande sécheresse que toutes les Sources d'eau y tarirent, & l'on n'y auroit pas pu trouver le moindre Puits, ni la moindre goutte d'eau. La Terre s'entrouvrit en divers endroits, le feu se mit aux Forêts, qui étoient sèches comme des allumettes, & l'embrasement devint si furieux qu'il fondit les Miniéres d'or & d'argent, qui étoient cachées dans les entrailles de la Terre. On voyoit encore les fentes, & les crevasses de la Terre long-tems après ce prodigieux accident.

Au Midi de Serpa eſt Mertola. Voyez l'Article précédent.

SERPENT (Riviére au), Riviére de l'Amérique Septentrionale, au Pays des Sioux, ou Nadoueſſis de l'Eſt. Elle ſe jette dans la Riviére de Tchauta ou Deba du Pays des Mendeouacaton, près du Lac de Buade.

SERPENTERA, ou FICARIA, Iſle de la Mer Méditerranée [a], ſur la Côte de l'Iſle de Sardaigne, à l'Orient du Cap de Carbonera.

[a] Van Keulen Carte de la Sardaigne.

SERRÆ, Métropole dont il eſt parlé dans les Decrets des Patriarches. Cédréne & Nicétas en font auſſi mention. Il paroît, dit Ortelius, que cette Métropole étoit quelque part dans la Vallée de Tempé, aux environs de Lariſſe, & de Berrhoée. Dans les Conciles d'Epheſe & de Chalcédoine, ajoute-t-il, ce Siège eſt marqué dans la Première Macédoine; & Leunclavius veut que le nom moderne ſoit Serres. Mr. l'Abbé de Commainville qui écrit SERROÆ, en parle ainſi: Serroæ, Ville aſſez bonne de la ſeconde Macédoine, dans l'Exarchat de ce nom, ſur la Mer Blanche, vers l'Embouchure du Stromone, qu'on a érigée en Archevêché honoraire qui ſubſiſte encore à préſent. Dans un autre endroit il remarque que SERRÆ, aujourd'hui Seres, étoit Evêché dans le cinquième Siécle, & Archevêché dans le neuvième.

SERRAIL, Ville de la Turquie en Europe, & la Capitale du Royaume de Boſnie. Il y en a qui l'appellent Saraio: Mr. de l'Iſle la nomme Bosna-Serai; dans ſa Carte de la Hongrie de 1703. & Maglai dans la Hongrie qu'il publia en 1717. Elle eſt ſituée à la droite de la Riviére de Boſna. A une demie-journée de cette Ville [b] on voit un Monaſtère nommé Notre-Dame du plomb, dans lequel ſe trouve un Tableau fort ancien de la Ste. Vierge. On le porte quelquefois en Proceſſion à trois quarts de lieues delà, dans l'endroit où il a été trouvé, & alors on y voit pour l'ordinaire une grande multitude de Chrétiens tant Catholiques que Grecs, pour être témoins des Miracles qu'on dit qui s'y opérent.

[b] Deviry, Boſnie.

SERRAIN [c], Ville de l'Arabie Heureuſe; elle eſt éloignée d'Haly de dix-neuf Paraſanges du côté du Nord. C'eſt, dit Allebad, une petite Ville proche de Gioddah, dans les Quartiers de la Mecque. Alazizy dit que Serrain eſt ſur le bord de la Mer, éloignée de la Mecque de quatre grandes journées de chemin. Selon Edriſſi on trouve près de Serrain le Bourg Yalamlam qui eſt un Oratoire, & un rendez-vous des Pélerins du Yemen, qui vont à la Mecque.

[c] Abulfeda, Deſcr. de l'Arabie Heureuſe.

SERRANA, ou SERRANO, Iſle de l'Amérique Septentrionale [d], dans la Mer du Nord, entre la Jamaïque & les Côtes de Nicaragua. Son circuit n'eſt que de deux lieues. Le nom de Serrana lui fut donné par un Gentilhomme Eſpagnol nommé Serrano qui du tems de l'Empereur Charles-Quint fut jetté par une furieuſe Tempête ſur les Côtes de cette Iſle. Son Vaiſſeau ſe briſa contre les Rochers, cependant il ſe ſauva à la nage, mais dans toute l'Iſle qu'il parcourut d'un bout à l'autre, & qui a deux lieues de tour, il ne trouva aucun Arbre, pas un brin d'herbe, ni une goutte d'eau. Preſſé par la faim il prit quelques Ecreviſſes ſur le bord de la Mer, il s'en nourrit pendant pluſieurs jours; ayant enſuite vu de groſſes Tortues qui ſortoient de la Mer, & qui venoient ſe promener ſur la Terre, il trouva le moyen de les tuer. Il vécut de cette façon pendant trois ans n'ayant d'autres alimens que ces Ecreviſſes, & ces Tortues, ſe ſervant des écailles de ces derniéres pour conſerver l'eau de pluye. Au bout de trois ans un autre infortuné échappé au naufrage, aborda dans cette Iſle. Cette Compagnie adoucit beaucoup les peines, & le chagrin de Serrano; il paſſa avec ce Compagnon encore quatre ans dans cette Iſle. A la fin un Vaiſſeau Eſpagnol qui paſſa là par hazard le reçut à bord, & le conduiſit en Eſpagne. Son Compagnon mourut ſur Mer, pour lui il arriva en Eſpagne, & comme il paroiſſoit un homme extraordinaire ayant du Poil par tout le Corps comme un Ours, & que la Barbe, & les Cheveux lui venoient juſqu'à la ceinture on le conduiſit en Allemagne pour le préſenter à l'Empereur qui lui donna quatre mille huit cens Ducats à prendre au Pérou, mais il n'en profita pas, car il mourut en allant à Panama.

[d] Coronelli Iſolario.

SERRANT, Mr. Corneille dit [e]: Château de France dans l'Anjou, en Latin Serrantinum. Il eſt ſitué près de la Loire & n'eſt éloigné d'Angers que de quatre lieues du côté de Nantes. Ce Château a titre de Comté, & mérite d'être vu.

[e] Dict.

SERRAPILLI, Peuples de la Pannonie: Pline [f] dit qu'ils habitoient ſur le Drave.

[f] Lib. 3. c. 25.

1. SERRAVALLE, ou SARRAVALLE, Bourg d'Italie [g], au Duché de Milan, aux Confins du Tortonéſe, & de l'Etat de Gènes, à la gauche de la Riviére de Scrivia. Ce Bourg donne ſon nom à un petit Territoire, qui eſt comme enclavé dans l'Etat de Gènes.

[g] Magin, Atlas Ital.

2. SERRAVALLE, Ville d'Italie, dans l'Etat de Veniſe, au Treviſan, à deux milles au Nord-Eſt de Cenéda. C'eſt une petite Ville fort agréable, & le ſéjour ordinaire de l'Evêque de Cenéda.

1. SERRE, Riviére de France [h], dans la Champagne. Elle a ſa Source dans la Thiérasſche, aſſez près de Liart, & prenant ſon cours d'Orient en Occident elle arroſe Rouvroi, g. Roſoi, g. Moncornet, g. Marle, g. Creci, d. Novion-le-Comte, d. & va ſe jetter dans l'Oiſe à la Fere.

[h] De l'Iſle, Atlas.

2. SERRE, SERRA, Ville de France dans le Dauphiné, Election de Romans. Cette petite Ville eſt à quatre lieues de St. Marcellin.

SERRE LIONNE, Riviére d'Afrique, dans la Haute Guinée à la Côte de Malaguette, ſous les 8. d. 25'. de Latitude Septentrionale [i], & par les 359. d. 40'. de Longitude. C'étoit la borne qui ſéparoit les Conceſſions des Compagnies de

[i] Voyage du Chevalier des Marchais en Guinée, t. I. p. 45. & ſuiv.

de Sénégal, & de Guinée, avant qu'elles fuſſent réunies à la grande Compagnie, qui fait aujourd'hui presque tout le Commerce maritime du Royaume de France. Cette Riviére eſt une des plus conſidérables de l'Afrique. On donne à ſon Embouchure quatre lieues de largeur. Deux Caps fameux la bornent; celui de la *Vega* eſt au Nord; le Cap *Tagrin*, *Lido* ou de *Serre-Lionne* eſt au Sud. Ils forment une Baye ſpacieuſe au fond de laquelle coule la Riviére de Serre-Lionne, ainſi appellée parce qu'elle vient des Montagnes des Lions; car c'eſt ce que ſignifie le mot Portugais ou Eſpagnol *Sierra-Lionæ*, ou *Sierra de los Liones*, la Montagne des Lions. Tous les environs de cette Baye ſont un des meilleurs Pays de toute l'Afrique. La Terre y eſt d'une reſſource, & d'une fertilité prodigieuſe; parce qu'outre la grande Riviére elle eſt arroſée de quantité de gros Ruiſſeaux, & de Riviéres même aſſez conſidérables, dans lesquelles on pourroit établir un très-grand Commerce, ſi leurs lits étoient plus navigables, ou que leurs Embouchures fuſſent plus acceſſibles, & moins ſemées de Bancs de Sable & de Rochers. Les Riviéres les plus fréquentées par les Négocians malgré les difficultés qu'on trouve à y entrer, ſont celles des Pierres, de Caſcais, de Pichel, des Palmes, de Pongne, de Camgranée, de Caſſe, de Caroeannes, de Capac, & de Tambaſine, dont la plûpart viennent des Montagnes qui coupent le Pays du Nord au Sud, & qui ſe joignent enſuite à celle de Serre-Lionne. On les appelle les Montagnes de Machemala.

On a auſſi donné le nom de TAGRIN, & de MITOUBA à la Riviére de Serre-Lionne. Il eſt bon d'être averti de ces noms différens afin de ne pas faire trois Riviéres d'une ſeule & même Riviére. Ce qui peut avoir donné occaſion à cette multiplicité de noms, c'eſt que l'entrée de la Riviére de Serre-Lionne eſt occupée du côté du Nord par des Bancs, & du côté du Sud par des Iſles, qui la partagent & qui en font trois Bras. Ceux du Nord & du Sud ſont nets & profonds: on y navige en ſûreté. De groſſes Barques, & des Bâtimens plus conſidérables les peuvent remonter jusqu'à près de quatre-vingt lieues. On y trouve depuis ſix Braſſes d'eau jusqu'à ſeize. Le Canal du milieu eſt tellement rempli de Bancs, & de Rochers qu'il eſt impraticable.

Lorsqu'on eſt entré dans la Grande-Baye, & qu'on a dépaſſé la petite Iſle appellée St. André, on voit que la Côte du Cap *Tagrin*, ou de *Serre-Lionne* forme pluſieurs Bayes dont les ouvertures ſont au Nord-Oueſt. La quatrième, qui eſt la plus voiſine de l'entrée de la grande Riviére, ſe nomme encore aujourd'hui la Baye de France. C'eſt la meilleure, la plus ſûre & la plus commode pour faire du bois, & de l'eau. Auſſi la Tradition conſtante de tout le Pays eſt que les premiers Négocians de Normandie, s'y étoient établis, y avoient un Comptoir & y faiſoient tout le Commerce qui étoit avantageux, & très-conſidérable. On montre encore la place de leur Comptoir auprès d'une des trois Fontaines ſi recherchées de tous ceux qui trafiquent dans le Pays, à cauſe de l'abondance de leurs eaux, & de leur bonté. Les Négres, qui habitent les environs de cette Baye, & bien avant dans les Terres, ont conſervé pour les François une affection toute particuliére. Ils ont appris de leurs Ancêtres les biens qu'ils ont reçus des Marchands de cette Nation. Ils en ont encore aujourd'hui la mémoire toute fraîche, & ne ſouhaitent rien avec plus de paſſion que de leur voir reprendre leurs premiers Établiſſemens. Les Vaiſſeaux François qui y abordent l'expérimentent tous les jours. Ces Peuples ne manquent jamais de leur demander s'ils viennent pour s'établir parmi eux; & quand on leur fait eſpérer qu'on y viendra, ils diſent: *Bon, bon, le Pays eſt à vous; venez, nous ſommes amis*. Il ne faut pas s'étonner s'ils parlent François. Ils ont conſervé de pere en fils la Langue Françoiſe, & ſe font un devoir de l'enſeigner à leurs enfans. On peut mouiller dans la Baye de France, à demi-portée de Mouſquet de Terre vis-à-vis des Fontaines, à ſeize Braſſes de fond de baſſe Mer. Si l'on faiſoit un Etabliſſement fortifié dans cet endroit, les Vaiſſeaux pourroient s'approcher de Terre encore davantage, & être en ſûreté contre les attaques des Ennemis.

La Riviére de Serre-Lionne, ſépare deux Royaumes. Celui du Nord s'appelle Boulon, & celui du Sud, Bouré. Le Bourg, où demeure le Roi de Bouré eſt à huit lieues de l'Embouchure de la Riviére ſur ſon bord Méridional. Elle ſe rétrécit beaucoup en cet endroit; où elle n'a que deux lieues de largeur. A cinq ou ſix lieues plus haut, elle n'en a qu'une, & diminue toujours à meſure qu'on la remonte. Son bord Méridional eſt couvert de grands Arbres, & d'une infinité de Palmiers de toute eſpèce. On y fait du Vin de Palme excellent, & en quantité; & comme les Habitans en conſument beaucoup, il n'y en a jamais de perdu. Il y a peu de Riviéres auſſi poiſſonneuſes que celle-ci. Cette abondance de poiſſon y attire quantité de Crocodiles, qui ſont d'étranges Pêcheurs.

Le Lit de cette Riviére renferme quantité d'Iſles d'un terrein parfaitement bon, gras & profond, qui produit de lui-même & presque ſans culture tout ce qui eſt néceſſaire à la vie: Grains, Fruits, Arbres, Racines; tout y vient en perfection, & d'une excellente qualité. Mais ce qu'on ne ſauroit eſtimer aſſez; c'eſt que l'air y eſt très-pur, & qu'on n'y eſt point ſujet à ces maladies violentes & dangereuſes qui régnent à la Côte de Guinée, & qui ont fait périr tant d'Européens. On trouve dans toutes ces Iſles une quantité incroyable de Palmiers de toute eſpèce. On y fait auſſi du Vin excellent. Les Naturels du Pays ſont grands Buveurs: les Européens les veulent imiter; mais comme ils ne ſont pas du tempérament de ces Inſulaires, il leur

leur en coûte cher & souvent la vie. Ces Isles sont presque toutes bordées de Mangles. Ce sont des Palissades naturelles pour les Lieux qui en sont environnés; & il n'est pas aisé de les forcer pour peu qu'on veuille les défendre. Ce Bois est excellent pour brûler, & pour faire du Charbon. Il est compacte, dur & pesant, & ne laisse pas de croître assés vite & de multiplier beaucoup, parce que ses branches ou rejettons étant arrivés à une certaine hauteur, se courbent d'eux-mêmes vers la Terre ou l'eau, où le pied est planté, & jettent des filamens qui prennent racine, & produisent un autre jet, qui devient Arbre & pousse des branches qui font la même chose que celles dont ils viennent.

SERRENSIS, ou SERTENSIS, Siège Episcopal d'Afrique, dans la Mauritanie Césariense, selon la Notice des Evêchés de cette Province. Dans la Conférence de Carthage [a] *Proculus* est qualifié *Episcopus Plebis loci Serrensis*. La même Conférence, outre cet Evêque qui étoit Catholique, en nomme deux autres Donatistes, savoir *Gaudentius* [b] & *Salustius* [c] à chacun desquels elle attribue le titre de *Zertensis Episcopus*. Cependant comme il est dit que le premier n'avoit point d'Adversaire, on peut dire qu'un de ces Donatistes étoit Evêque de *Zerta* en *Numidie*, Ville qui donna le nom au Concile de Zerta, *Concilium Zertense*, tenu après la Conférence de Carthage, & dont la Lettre aux Donatistes se trouve parmi celles de St Augustin [d]. Peut-être l'autre Evêque Donatiste, au lieu de *Zertensis* doit-il être dit *Zemtensis Episcopus*, & alors son Siège auroit été dans la Province Proconsulaire, car on trouve ce nom au bas de la Lettre des Evêques de cette Province, dans le Concile de Latran, sous le Pape Martin.

SERREPOLIS, Ville de Cilicie: Ptolomée [e] la marque sur la Côte entre *Mallus* & *Aegae*. Le MS. de la Bibliothéque Palatine lit *Setraepolis*, pour *Serrepolis*, & Villeneuve veut que ce soit la Ville Cassiopolis de Pline.

1. SERRES, ou CERES, Ville de la Turquie en Europe, dans la Macédoine [f], au Quartier appellé Jamboli, dans les terres, au Midi Occidental & assez près de Tricala. Cette Ville que l'on prend pour l'ancienne *Apollonia Mygdoniae* est médiocrement grande; & c'est le Siège d'un Archevêché.

2. SERRES, Voyez SERRE, N°. 2.

3. SERRES, SERRAE, ou SERRUM, Ville de France, dans le Dauphiné, Election de Gap. Cette petite Ville se trouve dans les Montagnes, à cinq lieues de Sisteron. Elle forme deux Collectes pour les deniers du Roi.

4. SERRES, Paroisse du Duché de Lorraine, Office de Luneville. L'Eglise est sous le titre de Ste. Libaire; & il y a une Chapelle sous celui de Ste. Barbe. Dans le Château on voit une autre Chapelle dédiée à St. Sébastien & à Ste. Catherine. Les Minimes ont un Couvent près de ce Château. Ils y furent fondés en 1588. par Jean de Lenoncourt. C'est le premier Couvent de leur Ordre en Lorraine.

SERRETES, Peuples de la Pannonie. Ils habitoient sur le Drave, selon Pline [g].

SERRIE'RES, *Serreria*, Bourg de France, dans le Haut-Vivarais, Recette de Viviers. Ce Bourg qui est très-peuplé est situé sur le Rhône, à cinq lieues au dessous de Vienne, au bas d'une Montagne.

SERRIN. Voyez SERRAIM.

SERRIUM, ou SERRHIUM, Promontoire & Montagne de Thrace sur la Mer Ægée. Hérodote [h] nous apprend que la Ville Zona étoit située sur ce Promontoire. Pomponius-Mela [i] Pline [k] & Appien [l] parlent aussi de ce Promontoire. Il paroît qu'il étoit sur la Côte des Ciconiens Dorisques, & qu'il formoit l'Embouchure de l'Hebrus du côté de l'Occident. On lisoit autrefois dans Pomponius-Mela *Seriphion*, au lieu de *Serrium*. Isaac Vossius croit que cet Ancien avoit écrit *Zerynthium* & que ce Promontoire avoit été ainsi appellé du nom de Caverne de Zerynthe qui se trouvoit dans cette Montagne. Martianus Capella écrit *Spartium* pour *Serrhium*; c'est une faute.

SERRORUM MONTES, Ortelius [m] dit: Montagnes qu'Ammien Marcellin [n] place quelque part dans la Dace, au voisinage du Danube. Il ajoute qu'Accurse lit *Succorum*, au lieu de *Serrorum*. Mr. de Valois est aussi pour *Succorum*, & on lit dans cet endroit d'Ammien Marcellin [o] que le Pays des *Succi* [*Succorum Angustiae*] faisoit la séparation entre la Thrace & la Dace.

SERSELLY, petite Ville d'Afrique, au Royaume d'Alger, dans le Tenez, à neuf lieues de la Ville d'Alger, du côté de l'Occident, avec un Port & une Citadelle. On prend cette Ville pour l'ancienne *Rusubricari*, & *Rusicibar*.

SERSER, Ville de l'Ierack, à trois lieues de Bagdad, entre cette Ville & celle de Coufa. C'est le premier gîte où vont les Pélerins de la Mecque, en partant de Bagdad. Mr. Petis de la Croix [p] dit qu'il y passe une petite Rivière qui se décharge dans l'Euphrate.

SERTE, Desert d'Afrique, au Zahara [q]. Il a au Couchant celui d'Augele, au Midi le Royaume de Gaogao, & l'Egypte au Levant. On y voit encore les vestiges des anciens Murs de Cyréne que Marmol croit être ce qu'on appelle aujourd'hui Serte.

SERTEÏTANUS. Siège Episcopal d'Afrique, dans la Mauritanie Sitifense, selon la Notice des Evêchés de cette Province. On trouve dans la Conférence de Carthage [r] un certain Maximianus qualifié *Episcopus Serteïtanus*.

SERTES, Bourg de France, dans le Dauphiné, Election de Gap.

SERTOPOLIS. Voyez BERSAN.

SERU, Dapper [s] dit: En allant du Septentrion au Midi, ou en remontant le Nil, depuis les Côtes Maritimes jusqu'au Caire, on trouve deux Places fort anciennes,

ciennes, savoir, Seru & Raskaillis, fort proches l'une de l'autre, & l'on vient ensuite à *Masur*, ou *Masura*.

SERVAN, Ville de la Province de Segestan [a], située à deux Journées de distance de Sistan, qui est la Capitale de cette Province.

[a] D'Herbelot, Biblioth. Or.

La Ville de Servan est fort petite; mais son Territoire est fort fertile en toute sorte de fruits, qui sont rares dans la Province de Segestan. Le Géographe Persien place cette Ville dans le troisième Climat.

SERVERETTE, Bourg de France, dans le Bas-Languedoc, Recette de Mende.

SERVESTON, Ville de Perse. Tavernier [b] dit qu'elle est à 78. d. 15'. de Longitude, sous les 29. d. 15'. de Latitude. Il ajoute qu'il y a autour de cette Ville de très-bonnes terres labourables, & de très-beaux Jardinages.

[b] Voyage de Perse, Liv. 3.

SERVIE [c], Province de la Turquie en Europe, entre le Danube au Nord, l'Albanie & la Macédoine au Sud, la Bulgarie à l'Est, & la Bosnie à l'Ouest. Elle peut avoir du Septentrion au Midi environ trente-huit lieues & presque une fois autant d'Orient en Occident. Cette Province que les Turcs appellent *Serpilati*, fit partie de la Mesie, de l'Illyrie & de la Pannonie. Elle appartint dans la décadence de l'Empire Romain aux Serviens venus de la Sarmatie Asiatique, & eut dans la suite ses Despotes particuliers dont quelques-uns ont dépendu des Rois de Hongrie. Le dernier nommé Lazare fut pris dans une Bataille où son Armée fut taillée en pièces par Amurath I. dans le quatorzième Siècle. Le nom commun des Despotes étoit Lazare ou Eléasar. Quoique quelques-uns ayent avancé que ce Prince Turc mourut dans cette Bataille [d], la commune opinion est que Michel Cabilovits Domestique de Lazare, ayant feint de lui apporter de fort grands présens fut amené devant lui, & que dans le tems qu'on croyoit qu'il alloit lui baiser la main il tira de sa manche un Poignard dont il lui donna un coup si terrible qu'Amurath expira un moment après. On rapporte que depuis cet accident aucun n'est conduit devant le Sultan, que deux Capigi Bachi, ou Chefs des Portiers, ne le soutiennent sous les bras, ou que l'un d'eux ne prenne sa manche droite & l'autre la gauche. D'autres prétendent, que c'est Bajazeth Second qui a introduit cette coutume à cause qu'il avoit été blessé par un Dervis ou Religieux Turc qui s'étoit approché de lui sous prétexte de lui demander l'aumône. Bajazeth qui regna après Amurath, au préjudice de Jacob son fils aîné que l'on étrangla, vengea la mort de son pere sur les Triballiens Peuples de Servie & il n'épargna dans sa fureur que ceux que la fuite en garantit. Les Hostilités de Moïse l'un de ses fils qui prit Sendérovie, si-tôt que la mort de son frere Soliman, qu'il fit étrangler pour finir leurs différens, l'eut laissé sans Concurrent, obligérent le Despote de Servie à secourir Ma-

[c] La Forêt de Bourgon, Géogr. t. 2. p. 632.

[d] Hist. & Descr. du Royaume de Hongrie, Liv. 4.

homet, l'un des autres fils de ce Prince Turc. Celui-ci informé que l'on n'aimoit pas son frere, quitta la Boutique d'un Faiseur de cordes de Luth, chez qu'il étoit nourri secretement avec apparence qu'il vivroit un jour de ce Métier-là, pour se retirer auprès du Prince de Caramanie. Il fit encore alliance avec l'Empereur de Constantinople, & par le secours de ces trois Princes il vint à bout d'occuper le Trône des Ottomans. Amurath Second qui lui succéda pour se mettre hors d'état d'avoir besoin du secours du Despote de Servie, dépouilla de cette Principauté George Bulcovits qui la possédoit, quoiqu'il en eût épousé la fille nommée Marie ou Irène, & par un surcroît de cruauté il fit brûler les yeux aux deux fils de George qu'il mit dans l'impossibilité d'avoir des enfans. Il n'y eut que Belgrade qui lui résista, cette Place n'étant venue au pouvoir des Turcs que sous Soliman Second qui la prit en 1521.

SERVIERE, Bourg de France, dans le Bas-Languedoc, Recette de Mende.

SERVIEZ, Bourg de France, dans le Haut-Languedoc, Recette de Castres.

SERVILIA-VILLA, AD VILLAM SERVILIAM, ou AD VILLAM SERVILIANAM, Lieu d'Afrique: l'Itinéraire d'Antonin le marque sur la route de Cirta à Hippone Royale, entre *Aquæ Tibilitanæ*, & Hippone Royale, à quinze milles du premier de ces Lieux & à vingt-cinq milles du second. La Table de Peutinger compte trente milles de *Serviliana Villa* à Hippone.

SERVILII-VACIÆ-VILLA, Lieu d'Italie, sur le Golphe de Cumes, Senéque, [e] en parle, & c'est aujourd'hui, à ce qu'on croit, *Lago Colluccia*.

[e] Lib. 7. Epist. 56.

SERVITIUM, Ville de la Pannonie, selon la Notice des Dignitez de l'Empire. L'Itinéraire d'Antonin, dont les divers MSS. lisent *Servitti*, *Serunti*, *Servitei*, ou *Servito*, marque cette Ville sur la route de Sirmium à Salonæ, entre *Urbate* & *Ad Ladios*, à vingt-quatre milles de chacun de ces Lieux. Cette Ville étoit sur le bord de la Save.

SERVON, Ville de Perse [f]. Les Géographes du Pays la mettent à 79. d. 15'. de Longitude sous les 32. d. 10'. de Latitude. C'est une petite Ville, dont le terroir produit du Vin en abondance, des Dattes & autres fruits.

[f] Tavernier, Voyage de Perse.

SERVONIA. Voyez SIRBONIS.

SERUS, Fleuve de l'Inde en deçà du Gange. Ptolomée [g] place l'Embouchure de ce Fleuve sur le Grand Golphe, au Midi d'Aganagara. Il ajoute que ce Fleuve se formoit de deux sources qui étoient dans le Mont Semanthinus. Mercator dit que le nom moderne est Coromaran.

[g] Lib. 7. c. 1.

SERY, Bourg de France, dans la Champagne, Election de Rheims, dans le Bailliage de Château-Porcien. Ce Lieu est situé sur le Ruisseau de Plumeron, à neuf lieues de Rheims, deux de Rethel & de Château-Porcien. La Cure vaut mille Livres de revenu; elle est à la nomination de l'Archevêque de Rheims, elle a pour Annexes Couverci-la-Maimaison,
&

& Beaumont en Avaux. Le terroir produit des Froments & des Chanvres ; il y a cinq ou six Arpens de Vignes, quelques Prairies affez belles, un Bois nommé le Bois d'Avaux, qui contient environ cent Arpens. La Terre n'est qu'un simple Fief. Le Commerce principal du Lieu consiste en Froment & en Toile, qui se debitent à Rhetel & à Rheims. Les Lettres s'adressent à Rethel.

SERY-AUX-PREZ, *Seriacum in Pratis*, Abbaye de France, dans la Picardie, au Diocèse d'Amiens. C'est une Abbaye de l'Ordre de Prémontrez, & de la Réforme ; elle a été fondée en 1221. par Guillaume de Cayeu & Gérard d'Abbeville, Seigneur de Boubers, & de Boullencourt ; elle vaut neuf mille Livres. L'Abbé en tire cinq mille. Cette Abbaye est à trente-quatre lieues de Paris.

SESAMUM. Voyez AMASTRIS.

SESANIUM, Ville de l'Ethiopie, sous l'Egypte : Pline [a] la met sur la Côte.

[a] Lib. 6. c. 29.

SESARASII, Peuples de l'Epire. Strabon [b] les dit originaires de l'Illyrie. On croit que ce sont les *Daffaretii* de Tite-Live.

[b] Lib. 7. p. 326.

SESARETHUS, Ville de l'Epire. Etienne le Géographe la donne aux *Taulantii*.

SESARGA, Isle de la Mer Pacifique, & l'une de celles qu'on nomme *les Isles de Salomon*. Elle n'a rien de considérable qu'une Montagne de son même nom & qui est un Volcan.

SESATÆ, Peuples qu'Arrien dans son Périple de la Mer Erythrée met aux confins de la Chine.

SESCAN, Lac de la Petite Tartarie en Europe, appellé aussi *Seschan*, ou *Suka-Mozzy*, anciennement *Buge*, *Byces* & *Byce*. C'est un grand Lac qui sépare la Tartarie de Nogais de la Crimée, & se décharge dans la Mer de Zabache par un Canal qui est fort court, n'étant séparé du Golphe de Nigropoli, que par un Isthme de demi-lieue sur lequel la Ville de Precop est située.

SESECRIENÆ, Isles de l'Océan Indien, en deçà du Gange. Elles étoient selon le Périple d'Arrien [c] aux environs de la Côte de la Limyrique.

[c] 2. Peripl. p. 30.

SESEIN, Village de Syrie environ à dix lieues de Seyde. On voit tout auprès une petite Riviére [d], qui en se précipitant du haut de la Montagne en bas, forme une belle Cascade de plus de mille pieds de haut. Au bas de cette chûte commence une belle Plaine très-agréable, plantée par-tout de beaux Arbres, qui mettent à couvert de l'ardeur du Soleil un grand nombre de Villages, habitez par les Druzes & les Maronites, qui occupent cette charmante Vallée. Après avoir parcouru des yeux tout ce beau Pays, qui fait un contraste si agréable, avec les différentes croupes du Mont Liban, on est curieux d'une Grotte, où l'on dit que l'Emir Facardin demeura caché pendant trois ans, pour se dérober à la poursuite des Turcs. Cette Grotte est si profonde, que personne jusqu'à présent n'a pu aller

[d] Lucas, Voyage en 1714. t. 1. p. 343.

jusqu'au bout, ou plutôt, n'a pas osé s'y hazarder, parce qu'elle est coupée par une infinité de routes, dont on ignore les issues.

SESIA, ou SESSIA [e] ; Riviére d'Italie dans le Milanez. Elle prend sa source dans les Alpes, aux Confins du Valais. Elle traverse la Vallée à laquelle elle donne son nom, & coule ensuite aux Confins du Piémont & du Milanez, pour aller se décharger dans le Pô, au-dessous de Casal. Les principaux Lieux qu'elle arrose sont Borgo di Sesia, Romagnano & Verceil.

[e] Magin Atlas Ital.

SESINDIUM, Ville de l'Inde, selon Etienne le Géographe.

SESMARUS, Fleuve de la Gaule Belgique. Il en est fait mention dans la Vie de St. Remacle. On croit que c'est aujourd'hui la Riviére de Semoy dans le Luxembourg.

SESSA, Bourgade d'Italie [f] ; au Royaume de Naples, dans la Terre de Labour, à cinq milles au Nord-Ouest de Carinola, avec Evêché suffragant de Capoue. Quelques-uns lui donnent le titre de Ville. Elle appartient au Duc qui en prend le nom. Quoiqu'elle soit assez grande [g], à la regarder par l'enceinte de ses murailles, elle est bien déchue de l'état où on l'a vue autrefois. Ainsi son Antiquité la rend plus considérable qu'aucune autre chose, car on veut que ce soit l'ancienne *Suessa*, où les Pométiens se retirérent, après que Tarquin le Vieux les eut chassez de leur Patrie, & dès ce tems-là on la nomma *Suessa*. Les Aruncés s'y refugiérent aussi lorsqu'ils eurent été vaincus par le Consul Titus Manlius, qui donna du secours aux Sidicins leurs Ennemis. Elle fut aussi une des principales Villes des Volsques, & enfin elle se soumit aux Romains qui en firent une Colonie quatre cens quarante ans après la fondation de leur Ville. Elle a soutenu plusieurs Guerres Etrangéres & Civiles, & se rétablit peu à peu du tems des Empereurs Adrien & Antonin, ce que font connoître les anciennes Inscriptions qu'on y a trouvées.

[f] La Forêt de Bourges, Géogr. t. 2. p. 546.
[g] Corn. Dict. Journal d'un Voyage de France & d'Italie.

SESSITES, Fleuve de la Gaule Transpadane : Pline [h] le compte au nombre des Fleuves les plus considérables, qui se jette dans le Pô. Ce Fleuve est nommé *Senza* par Léander, *Sesia* par Scudus & *Siccia* par Merula.

[h] Lib. 3. c. 16.

SESSURIANA PORTA. Voyez GABUS.

SESTENSIS, Siège Episcopal d'Afrique, dans la Mauritanie Tingitane. Il en est parlé dans la Notice des Evêchés de cette Province. Mr. Dupin [i] soupçonne qu'il est question de la Ville Septem, dont Procope parle dans plus d'un endroit, que les Arabes nomment *Sebta*, & que nous connoissons aujourd'hui sous le nom de Ceuta.

[i] Geogr. Sacra Africæ.

SESTERTIUM, Lieu hors de Rome. Plutarque dit [k] qu'on y jettoit dans ce Lieu les têtes de ceux qu'on avoit fait mourir par l'ordre des Empereurs.. Il paroît par la Vie de St. Cyprien que ce Lieu étoit à quatre milles de Rome.

[k] In Galba.

SES-

SES.

SESTIANÆ. Voyez au mot ARÆ, l'Article ARÆ-SESTIANÆ.

SESTIARIA EXTREMA, Promontoire d'Afrique dans la Mauritanie Tingitane. Ptolomée [a] le marque sur la Côte de la Méditerranée entre *Tæniolonga* & *Ryssadirum*. Il y avoit sur ce Promontoire une Ville que Caftald nomme *Galba*.

[a] Lib. 4. c. 1.

SESTII-ARÆ. Voyez au mot ARA l'Article ARÆ-SESTIANÆ.

SESTINATES, Peuples de l'Italie dans l'Umbrie [b]. Leur Ville étoit un Municipe à la source de l'Issaurus, ou Pisaurus. Ce Municipe étoit célèbre, comme le témoignent diverses Inscriptions anciennes.

[b] Plin. Lib. 3. c. 14.

SESTINUM. Voyez SESTINATES.

SESTIUM, Ville d'Italie, dans l'Oenotrie, selon Etienne le Géographe, qui dit qu'elle étoit dans les Terres. Gabriel Barri croit que c'est aujourd'hui *Saracena*.

1. SESTO, Château de la Turquie en Europe, dans la Romanie, sur la Côte du Bosphore de Thrace. On le prend communément pour l'ancienne Sestus; mais selon les conjectures du Chevalier Wheler, qui a été sur les lieux, cette ancienne Ville devoit être à une lieue de l'endroit où est ce Château, & vis-à-vis des ruïnes de l'ancienne Abydos.

SESTO, Ville d'Italie, dans le Milanez, à la gauche du Tesin [c], dans l'endroit où il sort du Lac Majeur.

[c] Magin, Atlas Ital.
[d] Ibid.

SESTOLA, Ville d'Italie [d], au Duché de Modène dans le Frignano, dont elle est la principale Place. Elle est grande & bien peuplée, & l'on y entretient une Garnison, avec un Gouverneur.

SESTRE, Bourgade d'Afrique, dans la Haute Guinée, sur la Côte de Malaguette, vers le Cap de Palmos. On la nomme quelquefois *Paris*, à cause qu'en 1366. les François y avoient fondé une Colonie & bâti un Fort qu'ils ont abandonné. Ce Bourg est appellé communément le GRAND SESTRE, à la différence du PETIT SESTRE, situé sur la même Côte au Couchant du Grand.

1. SESTRI, Ville d'Italie, au Domaine de Gênes. Cette Ville s'appelle *Sestri di Levante* [e] pour la distinguer d'une autre Sestri, qu'on nomme *Sestri di Ponent* Elle est distante de trente milles ou environ de Gênes. Elle est petite, mais elle a été autrefois plus considérable qu'elle n'est aujourd'hui. Elle sert pourtant encore de résidence à l'Evêque de Brugnano. Les Jacobins y ont un Couvent, petit à la vérité, mais très-joli & très-propre.

[e] Labat Voyage d'Espagne & d'Italie t. 2. p. 73.

Environ 11. à 12. milles à l'Est-Sud-Est de la Pointe de Portofin [f], est une grosse Pointe qui paroît comme une Isle, derrière laquelle est la Ville de Sestri de Levante qui donne son nom à cette Pointe. Entre la Pointe de Portofin & Sestri du Levant, il y a un grand enfoncement, & la Côte est fort haute. Presque à moitié chemin de l'une à l'autre on voit une petite Ville nommée Chaune, & deux milles plus à l'Est, il y a un grand Village qu'on appelle l'Avagne : entre les deux passe une petite Rivière. Du côté du Nord de la Pointe de Sestri, il y a un grand enfoncement, & une Plage de sable, où l'on pourroit mouiller par les Vents d'Est-Sud-Est, mais il ne faudroit pas s'y laisser surprendre par les Vents de Nord-Ouest.

[f] Michelot, Port. de la Médit. p. 94.

2. SESTRI, Ville d'Italie, au Domaine de la République de Gênes. Cette Ville s'appelle *Sestri di Ponente* pour la distinguer de celle *di Levante* [g]. Elle est à six milles à l'Occident de Gênes.

[g] Labat Voyage d'Espagne & d'Italie t. 2. p. 73.

SESTUS, Ville du Chersonnése de Thrace, sur la Côte de l'Hellespont, & au milieu de cette Côte vis-à-vis de la Ville d'Abydus. L'espace entre ces deux Villes est de sept à huit Stades. Cette Ville fut fameuse par les Amours d'Héro & de Léandre; & c'est delà qu'elle est appellée Σηστὰς Ἡρώ, *Sestias Héro*, [h] par Musée [i], qui un peu auparavant décrit ainsi cette Ville.

[h] Vers. 24.
[i] Vers. 16.

Σηϛὸς ἔην καὶ Ἄβυδος ἐναντίον ἐγγύθι Πόντε,
Γείτονες εἰσὶ πόληες,

*Sestus erant & Abydus e regione posita prope Mare.
Vicina sunt Oppida.*

Lucain [k] en parlant du Pont de Xerxès dit :

[k] Lib. 2. v. 674.

Europamque Asiæ, Sestonque admovit Apollo.

Thucydide [l] en parlant de Strombichide remarque que ce Chef des Athéniens étant venu à Abydus & ne pouvant engager les Habitans à se rendre, ni les réduire par la force, navigea vers le rivage opposé & mit une Garnison dans Sestus pour être maître de l'Hellespont. Pomponius-Mela [m] place aussi ces deux Villes à l'opposite l'une de l'autre : *Est & Abydo objacens Sestos, Leandri amore nobilis*. Le nom National étoit Sestius, selon Etienne le Géographe; & nous avons une Médaille de Gordien avec ce mot ΣΗΣΤΙΩΝ. Sestus & Abydus sont aujourd'hui les fameuses Forteresses des Dardanelles.

[l] Lib. 8. p. 588.
[m] Lib. 2. c. 2.

Il y a dit, Procope [n], à l'opposite d'Abyde une Ville fort ancienne nommée Seste, qui est commandée par une Colline, & qui n'avoit autrefois ni fortifications ni murailles. L'Empereur Justinien y a fait bâtir une Citadelle, qui est de très-difficile accès, & qui passe pour imprénable.

[n] Ædif. L. 4. c. 10.

SESUNII. Voyez SESUVII.

SESUVII, Cité Maritime de la Gaule Celtique, dans l'Armorique, selon César [o], qui la nomme avec celles des Peuples *Veneti, Unelli, Osismii, Curiosolitæ, Aulerci & Rhedones*. Marlian [p] dit que quelques-uns veulent que la Cité des *Sesuvii* soit la même que celle des *Exisini*, dont il fait une Ville Episcopale de la Province de Tours. Il auroit bien du marquer quels Auteurs il entend par ce mot *Quelques-uns*, & il auroit du en même tems nous dire si c'est dans les Anciens ou dans les Modernes qu'il a trouvé un Peuple nommé *Exisini*, que j'avoue ne point connoître. Ortelius [q] qui a copié Marlian, sans trop l'examiner, corrompt premièrement le mot *Sesuvii* en celui de

[o] Bel. Gal. L. 2. c. 24.
[p] Descr. Galliæ Populorum, &c.
[q] Thesaur.

Rrr *Sesu-*

Sesuuii; ensuite il ajoute, que la Ville Episcopale *Exifini* s'appelle vulgairement *Exisnis*. C'est donner une nouvelle Enigme pour expliquer la première. On voit bien pourtant qu'il est question du Siège de St. Pol de Léon, qu'on ôte aux *Osismii*, ou *Oximii* Peuples les plus célèbres entre les Armoriques, pour le donner aux *Sesuvii*, qui ont été à peine connus du tems de César. Pour moi je ne puis comprendre la raison de cette surprenante préférence; car outre qu'il est démontré que le Siège Episcopal des *Osismiens* ou *Oximiens* fut établi à St. Pol de Léon dans le sixième Siècle, je ne trouve pas plus de rapport entre *Oximii* ou *Osismii*, & *Sesuvii*, qu'entre *Exisni* & *Sesuvii*. Quant au prétendu vulgaire *Exisnis*; je ne sai ce que c'est, à moins qu'Ortelius ne prétende parler du vulgaire Bas-Breton, ce que je ne déciderai pas. Voici ce que Nic. Sanson observe sur le mot SESUVII dans ses Remarques sur la Carte de l'ancienne Gaule [a].

[a] D'Ablancourt les Comment. de César. p. 49.

,, Ce nom SESUVII, dit-il est, fort
,, corrompu chez les Anciens. César
,, tout le premier les appelle une fois *Sesuvios*, une autre fois *Essuos*: & semble
,, les faire bien différens; faisant mention
,, de *Sesuvii* entre les Villes maritimes, &
,, mention de *Essui* parmi les Peuples Belges. *Lib. 2. Eodem tempore à P. Crasso*
,, *quem cum Legione una miserat ad Venetos,*
,, *Unellos, Osismios, Curiosolites, Sesuvios,*
,, *Aulercos, Rhedones, quæ sunt maritimæ Civitates, Oceanumque attingunt, certior factus est, omnes eas Civitates in deditionem,*
,, *potestatemque P. Romani esse redactas.* En
,, mesme tems de la part de Crassus qu'il
,, avoit envoyé avec une Légion dans les
,, P. de Vennes, de Rennes, de toute la
,, Basse-Bretagne, de Coûtances, de Séez,
,, (qu'il appelle ici *Sesuvii*) qui sont Etats
,, maritimes, & sur l'Océan, il eut avis
,, que tous ces Etats étoient réduits en
,, la puissance des Romains. Et *Lib. 5.*
,, parlant des Peuples où il envoye hyverner ses Légions, *Unam in Morinos ducendam C. Fabio Legato dedit, alteram in*
,, *Nervios Q. Ciceroni, tertiam in Essuos*,
,, *L. Roscio, quartam Rhemis cum T. Labieno in confinio Trevirorum hiemare jussit:*
,, *tres in Belgio collocavit:* Il donne une
,, Légion à C. Fabius pour la conduire
,, dans les Morins; une autre à Q. Cicero
,, pour les Nerviens; la troisième à L.
,, Roscius pour les *P. Essui*: il commanda
,, que la quatrième passât l'Hyver avec Labienus dans le Rhémois, & sur les confins de ceux de Trèves: il en mit trois
,, dans le *Belgium*, (la Picardie:) Et de ces
,, deux passages les *Sesuvii* sont entre les
,, Villes Maritimes, & il semble que les
,, *Essui* soient entre les Belges: & sans
,, doute de César mal entendu Pline en
,, a fait ses Peuples *Hassi* ou *Hessi* dans la
,, Belgique, & *Etesui* dans la Gaule Celtique ou Lyonnoise, où sont les Cités
,, Maritimes. Mais voici que César nous
,, montre que ses *Essui* ne sont pas près de
,, *Morini*, de *Nervii*, de *Treviri*, du
,, *Belgium*, en un mot des Belges, là où
,, il avoit mis la plûpart de ses Légions.

,, *Atque harum omnium Legionum Hiberna*,
,, *præter eam, quam L. Roscio in pacatissimam, & quietissimam partem ducendam dederat, millibus passuum C. continebantur.*
,, Et les quartiers d'Hyver de toutes ces
,, Légions étoient compris dans la distance
,, de cent mille pas, excepté de celle,
,, qu'il avoit donnée à L. Roscio, pour la
,, mener dans un Pays tranquille, & où
,, il n'y avoit aucune apparence de guerre. Il dit que toutes les Légions étoient comprises dans la distance de
,, cent mille pas ou de quarante lieues,
,, horsmis celle qu'il avoit donnée à L.
,, Roscius. Et incontinent après il montre
,, celle-ci tout proche, ou plûtôt entre
,, les Cités Maritimes: *Ab L. Roscio Legato, quem Legioni XIII. præfecerat, certior est factus, magnas Galliarum Copias earum Civitatum, quæ Armoricæ appellantur, oppugnandi sui causa convenisse, neque longius M. Passuum 8. ab Hibernis suis abfuisse,* &c. Il fut averti par L. Roscius,
,, à qui il avoit donné le commandement
,, sur la troisième Légion (il devoit ajouter, & qu'il avoit envoyé dans les *P. Essui*) que les forces de toutes les Cités Armoriques (ou Maritimes) s'étoient assemblées pour l'attaquer, & qu'elles s'étoient approchées à huit mille pas de
,, son Camp. Et ainsi Roscius étant envoyé dans les *P. Essui*, la position de
,, ce Peuple se reconnoît en ce que dès
,, que sa Légion y eut pris ses quartiers
,, d'Hyver, les Villes Armoriques ou
,, Maritimes, entre lesquelles sont les
,, *Sesuvii*, s'assemblent & prennent les
,, armes pour l'attaquer. De tous ces
,, passages, je trouve que *Essui* & *Sesuvii*,
,, ne sont qu'un même Peuple, dont les
,, noms sont corrompus l'un de l'autre, &
,, peut-être l'un & l'autre de *Sessui*, ou
,, de *Sessuvii*: & ce qui est fâcheux, les
,, autres anciens Ecrivains ne les varient
,, pas moins. Pline, comme nous avons
,, dit, en fait *Hessi*, ou *Hesui*: Ptolomée
,, met *Arvii*: la Notice des Provinces &
,, Cités de la Gaule, *Saii* & *Saiæ*: tous ces
,, différens noms néanmoins n'étant qu'une
,, même chose.

SET, nom que Davity [b] donne à une Riviere qui arrose le Diarbec. On l'appelloit, dit-il, anciennement *Sascoras*. Elle passe à l'Est de Caramit, s'enfle beaucoup en Hyver, & court fort rapidement vers Asanchif & Gezire; après quoi elle va se perdre dans l'Euphrate.

[b] Mésopotamie.

SETABIS & SETABITANI. Voyez SÆTABIS.

SETÆ, Peuples de l'Inde: Pline [c] dit que leur Pays produisoit beaucoup d'argent.

[c] Lib. 6. c. 19.

SETÆNA, Lieu fortifié aux environs de l'Illyrie, selon Cédrène & Curopalates citez par Ortelius [d].

[d] Thesaur.

SETÆUM, petite Contrée d'Italie, dans la Calabre, aux environs de la Ville de Sybaris, selon Etienne le Géographe, qui dit que le Rocher appellé *Petra Setæa* en avoit pris son nom. Gabriel Barri croit que cette Contrée étoit au voisinage de la Ville S. Mauro, Evêché de la Calabre & qui n'est aujourd'hui qu'un simple Village.

SETA-

SET. SET.

[a] Lib. 19. c. 6.

SETANIA CEPA, Pline [a] fait entendre que les Grecs cultivoient une sorte d'Oignon ainsi appellée du nom du Lieu d'où elle avoit été apportée, ou du nom du Lieu où elle croissoit.

SETANTIORUM PORTUS, Port de la Grande-Bretagne: Ptolomée [b] marque ce Port sur la Côte Occidentale de l'Isle, entre les Golphes *Moricambe* & *Belisama.* Camden croit que c'est le Lac appellé *Wynander-Meer.*

[b] Lib. 2. c. 3.

1. SETE, Ville de la Bithynie selon Etienne le Géographe.

2. SETE, Voyez SETTE.

3. SETE, Province d'Afrique, dans la Basse-Ethiopie, au Royaume de Lovango, à seize lieues de Majumba. Elle a la Mer au Couchant, & porte le nom d'une Riviére qui l'arrose. C'est un Pays qui produit du gros & du petit Millet, des Batatases, du Vin de Palme & du Bois rouge que les Habitans nomment *Tacoel.* Il y en a de deux sortes; le moindre s'appelle *Quines*; c'est de celui-là que les Portugais achetoient. Le meilleur est le plus pesant, le plus dur & le plus rouge. Les Habitans de Lovango trafiquent de ce Bois, & ceux de Sette, du Pays desquels il vient, ne négocient point autre chose. Les Marchands le vont acheter chez eux & le portent à Majumba. On coupe ce bois en morceaux de cinq ou six pieds de long, de neuf pouces de large & de trois d'épaisseur. Les Habitans vivent de Millet, de Bannanas & de Chasse qui n'y est pas chére; on y trouve aussi des Poulets & des Boucs; mais non pas en quantité. Entre le Cap de Sette & le Cap de Lopez-Gonzalvez est la Province de *Gobbi.*

SETEIA ÆSTUARIUM, Golphe de la Grande-Bretagne. Il est placé par Ptolomée [c] sur la Côte Occidentale de l'Isle, entre le Golphe *Belisama* & l'Embouchure du Fleuve *Tisobis.* C'est présentement *Deemouth*, ou l'Embouchure de la Dée, selon Camden.

[c] Lib. 2. c. 3.

SETELSIS, Ville de l'Espagne Tarragonoise. Ptolomée [d] qui la place dans les terres la donne aux *Jaccetani.*

[d] Lib. 2. c. 6.

SETH, Desert d'Afrique, dans la Nigritie. Dapper [e] dit: Au Midi du Royaume de Barno, & au Couchant de celui de Madra est le Desert de Seth, qui a certains Pays qui portent de l'Or. Ce Desert est borné à l'Occident & au Sud par le Royaume de Dauma.

[e] Descript. de l'Afrique p. 226.

SETHIM, Contrée du Pays des Moabites selon les LXX. Il en est parlé au Livre des Nombres [f] & Josephe écrit *Sittim.* Les mêmes LXX. dans le sixième Chapitre de Michée écrivent *Schœne* au lieu de *Sethim.* Cette Contrée ou ce Lieu étoit près du Jourdain, vis-à-vis de la Ville de Jéricho, au pied de la Montagne de Phegor. Ce fut là que les Israélites se souillérent avec les filles des Moabites & particuliérement au Culte idolâtre de *Beel-Phegor.* Ce fut aussi de ce même endroit que Josué envoya des Espions pour reconnoître la Ville de Jéricho.

[f] 25. 1.

SETHOSIS. On donnoit anciennement ce nom à l'Egypte, selon Joséphe [g].

[g] Contra Manethonem.

SETHRAITES, Voyez SETHREITES.

SETHREITES-NOMUS, Nome d'Egypte. C'étoit selon Strabon [h] l'un des dix Nomes que comprenoit le Delta. Ptolomée [i] qui écrit SETHRAITES NOMUS le place à l'Orient du Fleuve *Bubasticus* & nomme sa Métropole H'ρακλέους μικρὰ πόλις, *Herculis parva urbs.* Le MS. de la Bibliothéque Palatine porte *Sethroites*; & c'est ainsi que lisent Pline & Etienne le Géographe; Voyez SETHRUM.

[h] Lib. 17. p. 804.
[i] Lib. 4. c. 5.

SETHROITES; Voyez l'Article précédent.

SETHRUM, ou SETHRON; Ville d'Egypte, selon Etienne le Géographe, qui dit que le nom National étoit *Sethroites.* Elle devoit être dans le Nome *Sethroites*; & c'étoit apparemment la même que l'*Herculis parva urbs* de Ptolomée; voyez SETHREITES-NOMUS.

1 SETIA, Ville d'Italie, dans le Latium, aujourd'hui *Sezza.* C'étoit selon Tite-Live [k] une Colonie Romaine, voisine de celle de *Norba*: *Privernates Norbam extremo, atque Setiam, finitimas Colonias Romanas, incursione subita depopulati sunt.* Dans le Livre des Colonies, elle est comprise au nombre des trente. Tite-Live [l] qui ajoute que c'étoit un Municipe le place sur la Voye Appienne: *Consul per Appiæ Municipia, quæque propter eam viam sunt Setiam, Soram, Lavinium præmisit.* Cette Ville étoit située sur le haut d'une Montagne; ce qui a fait que Martial lui a donné l'Epithéte de *Pendula* [m]. Le même Poëte dit dans un autre endroit [n]:

[k] Lib. 7.
[l] Lib. 26. c. 18.
[m] Lib. 4. Epigr. 64.
[n] Lib. 10. Epigr. 74.

Nec quæ paludes delicata Pomptinas
Ex arce clivi spectat uva Setini.

On recueilloit beaucoup de Vin dans le Territoire de Setia; & [o] *Silius Italicus* fait l'éloge de ce Vin:

[o] Lib. 8. v. 378.

At quos ipsius Mensis seposta Lyæi
Setia, & incelebri miserunt valle Velitræ.

Les Habitans de Setia étoient appellez SETINI, & la Ville elle-même se trouve nommée *Setia Colonia*, dans une Inscription rapportée par Mr. Spon [p]: PATRONO FABRUM COLONIÆ SETINÆ.

[p] p. 179.

Cette Ville conserve son ancien nom. Elle est située sur une Montagne, dans la Campagne de Rome, entre Sermonette & Piperno; mais aujourd'hui son terroir a changé de nature [q], il ne produit presque rien du tout. L'on remarque parmi les Bois dont ces Montagnes sont présentement couvertes beaucoup de ces Plantes appellées *Ficus indica.* Il y en a qui s'élevent jusqu'à la hauteur de trente, ou quarante pieds, & qui font un tronc de la grosseur d'un homme. Les Lauriers & les Myrtes sont là communément dans les Hayes, & on commence à trouver assez fréquemment les Orangers en pleine terre. Proche de Setia au Village de Casenuove on rencontre un fort grand Marais, sur lequel on peut s'embarquer, pour aller droit à Terracina.

[q] Misson, Voyage d'Italie, t. 1. p. 268.

2. SE-

2. SETIA; Ville d'Espagne, dans la Bétique: Ptolomée [a] qui la place dans les terres la donne aux Turdules.

[a] Lib. 2. c. 4.

3. SETIA, Ville de l'Espagne Tarragonnoise. Elle étoit dans les terres, & chez les Vascones selon Ptolomée [b]. C'est la Ville *Sitia* de Pline.

[b] Ibid. L. 2. c. 6.

4. SETIA, Province & Ville de l'Isle de Candie: Voyez SETTIA.

SETIDA, Ville de l'Espagne Bétique: Ptolomée [c] la place dans les terres & la donne aux Turdetains.

[c] Lib. 2. c. 4.

SETIDAVA, Ville de la Germanie: Ptolomée [d] la marque dans le Climat Septentrional.

[d] Lib. 2. c. 11.

SETIENA, Forteresse de la Gaule Narbonnoise: C'est Avienus qui en parle.

SETIENSIS, Ville de l'Afrique propre: elle est mise par Ptolomée [e] au nombre des Villes qui étoient au Midi d'Adrumete.

[e] Lib 4. c. 3.

SETIUM, Voyez SIGIUM.

SETOVIA, Ville de la Dalmatie, selon Appien [f].

[f] in Illyr.

SETRECHUS, Voyez SATRACHUS.

SETTE, ou SETE; Cap de France sur la Côte de Languedoc, au Midi du Lac de Maguelone & de la petite Ville de Frontignan sous le Régne de Louis le Grand [g]. On a formé un Port à Sette où le fond est de bonne tenue, & où les Bâtimens sont suffisamment à couvert du Cap de Sette. On a pour cela prolongé ce Cap par une Jettée au bout de laquelle on a planté un Fanal. De l'autre côté on a bâti une autre Jettée, & par-là on a formé le Port qu'on voit aujourd'hui. Ces Jettées ni les autres précautions qu'on prit n'empêchent pas que, lorsque la Mer est agitée, elle ne jette beaucoup de Sable dans le Port & qu'elle ne le comblât même, si la Province n'avoit établi un Fonds pour l'entretenir à quatorze ou quinze pieds de profondeur. Ce Port n'est que pour les Galéres & les petits Bâtimens qui y sont fort à couvert. C'est le commencement du fameux Canal de Sette ou de Languedoc, qui va se rendre dans la Garonne à Toulouse.

[g] Piganiol Descr. de la France, t. 4. p. 209.

SETTE-IRMANOS, Isle de l'Océan Ethiopien [h], entre les Maldives & l'Isle de Madagascar. Elles ont été découvertes par les Portugais, qui les ont nommées Os SETTE IRMANOS, c'est-à-dire *les sept Freres*, à cause qu'il y en a sept, une grande & six petites, toutes également desertes. A l'Orient de ces Isles on en voit un Peloton d'autres, que quelques-uns appellent Os TRES IRMANOS, *les trois Freres*, & d'autres *Osters Irmanos*; ce qui signifie *les Freres Orientaux*.

[h] Baudrand Dict.

SETTENIL, Ville d'Espagne, dans le Royaume de Grenade [i], aux frontiéres de l'Andalousie, à l'Occident de Munda, en Latin *Septenilium*. Cette petite Ville dont la structure & la situation est tout-à-fait merveilleuse, se trouve sur une Montagne, qui n'est que Rocher, & les Maisons pour la plûpart y sont taillées dans le Roc. Le Terrein des environs est entiérement inculte, & ne fournit autre chose que des Pâturages, où l'on nourrit du Bétail.

[i] Délices d'Espagne, p. 521.

1. SETTIA [k], Province de l'Isle de Candie du côté de l'Occident dans l'endroit que l'on appelle Isthme: elle n'a pas plus de douze milles d'étendue. De ce même côté de l'Occident elle confine avec la Province de Candie: du côté du Septentrion elle est bornée par le Fleuve Istrona: au Midi elle a le Fleuve St. Zacharie & les Monts Coscites; & à l'Orient elle a le Cap ou le Promontoire de Salomon, & le Cap Xacro que les Anciens nommoient *Ampelus*; ces Caps sont baignez de la Mer de Scarpanto. Le Cap S. Sidero, ou Sunio dans la même Mer s'étend davantage du côté de l'Orient.

[k] Coronelli Isolario. p. 221.

2. SETTIA, Ville de l'Isle de Candie & le Chef-lieu de la Province de même nom, située au Septentrion sur le bord de la Mer. Cette Ville est bien différente de ce qu'elle étoit autrefois, lorsqu'on l'appelloit *Cytheum*. Les ruïnes de ses Murailles ne sont plus que les Vestiges de sa grandeur passée. Son Château qui étoit assés considérable fut détruit par les Vénitiens en 1651. de sorte que maintenant elle est sans défense. Cette Ville conserve encore le titre d'Evêché; elle n'a pourtant point d'Evêque, étant maintenant entre les mains des Turcs.

SETTON PULO, Isle de l'Océan Indien. Elle est au bout Nord-Ouest [l], de Banda, à environ cinq lieues. Cette Isle est inhabitée, & personne même n'ose y aller parce que les Insulaires croient que le Diable y habite.

[l] Voyage de la Campag. des Indes Orientales, tom. 2.

SETUBAL, Ville de Portugal dans l'Estremadoure au Midi du Tage. Setubal que quelques-uns appellent mal à propos Saint-Ubes [m], est une Ville nouvelle bâtie des ruïnes d'une plus ancienne nommée Cetobriga, qui étoit un peu plus avant au Couchant où l'on adoroit Jupiter Ammon dans le tems du Paganisme. On a trouvé dans ses Masures les restes d'un vieux Temple, & la tête d'un Belier qui étoit le Symbole de cette fausse Divinité. Setubal est situé à la tête du petit Golfe que la Marée forme à l'Embouchure du Zadaon. Elle s'est accrue par rapport à la commodité de son Port, par la fertilité de son Terroir, par la richesse de sa Pêche, par la fécondité de ses Salines. Il s'y fait une très-grande quantité de beau Sel blanc, que les Vaisseaux Marchands viennent charger pour porter dans les Pays du Nord, on y prend quantité de poissons qu'on transporte en divers Lieux du voisinage, & le Commerce y est florissant, tellement que Setubal depuis deux cens ans en çà est devenue une Ville considérable. On a eu soin de la bien fortifier, en la fermant de bonnes Murailles avec cinq Bastions & deux demi Bastions du côté de Terre; & deux Bastions du côté de la Mer: outre un petit Fort nommé de St. Philippe construit sur une éminence à un quart de lieue de la Ville. A l'entrée du Port on a élevé un autre Fort nommé S. Jago de Outaon de quatre Bastions avec une Plateforme où l'on peut mettre du Canon, &

[m] Délices de Portugal, p. 777.

une

SET. SEU. SEU.

une Tour garnie d'une nombreuſe Artillerie. Cette Ville eſt ſituée au bout d'une Plaine de deux lieues de longueur, extrêmement fertile en Grains, en Vin, & en Fruits. Cette Plaine eſt bornée au Nord par un rang de Montagnes qui ſont chargées de belles Forêts de Pins, & de divers autres Arbres. On y voit particuliérement une eſpèce d'Arbriſſeau qui porte la graine dont on fait la teinture d'Ecarlate. Au Couchant de Setubal la terre fait un Promontoire avancé dans la Mer, qui préſente deux cornes, l'une au Nord du côté du Tage, & l'autre au Midi du côté de l'Océan appellé par les Anciens *Promontorium Barbarium*, & par les Modernes Cap de Eſpichel. Ce Promontoire eſt un Rameau des Montagnes dont je viens de parler, qui s'étendent en long juſques-là. Les Rochers de ces Montagnes ne ſont preſqu'autre choſe que des Carriéres d'un fort beau Jaſpe, blanc, verd, incarnat, & de diverſes autres couleurs dont on fait des Colomnes, qui reçoivent une poliſſure ſi admirable qu'elles renvoyent les Images comme des miroirs. Au Couchant de Setubal eſt Cezimbra (Cecimbrica) petite Ville près du Cap d'Eſpichel ſur l'Océan avec un Château aſſez bien fortifié. Au Nord-Eſt de Setubal on voit *Palmela* ſituée ſur le panchant de la Montagne & accompagnée d'un Château qui eſt bâti ſur le Roc.

SETUCIS. La Table de Peutinger marque un Lieu de ce nom dans la Gaule Belgique.

SETUBIA, ou SETUVIA; Voyez SEGOVIA.

SETUNDUM, Ville de l'Ethiopie ſous l'Egypte. Pline [a] la nomme parmi les Villes qui étoient ſituées le long du Nil.

[a] Lib. 6. c. 30.

SETZ, Ville de la Baſſe Hongrie, dans le Comté de Baran, à la droite du Danube ſur la Route de *Bude* & *Petri-Varadin*, entre *Botoſeck* & *Mobarz*. Edouard Brown [b] dans ſon Voyage de Vienne à Lariſſe dit que Setz eſt une très-grande Ville, dans laquelle il a remarqué les ruïnes d'un vieux Château, & une paliſſade en rond ſur le haut d'une Montagne. Cette Ville eſt nommée Secziu par Mr. de l'Iſle [c].

[b] Pag 53.

[c] Atlas.

SEU, Deſert d'Afrique dans la Nigritie. Dapper [d] dit que ce Deſert eſt borné au Septentrion par la partie du Deſert de Seth, où l'on trouve des Mines d'Or, à l'Orient par Dauma, au Midi par des Montagnes inconnues & à l'Occident par le Royaume de Borno.

[d] Deſcr. de l'Afrique, p. 226.

SEVACES, Peuples du Norique. Ils habitoient ſelon Ptolomée [e] dans la partie Occidentale de la Province, en commençant dès le Septentrion.

[e] Lib. 2. c. 14.

SEVATUM, Nom que *W. Lazius* donne à la Ville de *Schwatz* en Autriche; mais il ne dit point dans quel Auteur il a trouvé ce mot *Sevatum*, à moins que ce ne ſoit la Ville *Sebatum* de l'Itinéraire d'Antonin.

SEUDRE, petite Riviére de France dans la Saintonge. Elle arroſe Saujon & Mornac, traverſe les Marais Salans de Marennes, & ſe jette dans la Mer près de cette Ville, & vis-à-vis la pointe Meridionale de l'Iſle d'Oleron. C'eſt plutôt un Bras de Mer qu'une Riviére, puisqu'elle n'eſt navigable que par le ſecours des Marées. Toutefois elle eſt extrêmement commode pour tous les Lieux des environs; parce qu'elle donne entrée, quatre lieues avant dans les terres, à des Vaiſſeaux de deux à trois cens Tonneaux. Le Cardinal de Richelieu qui projettoit un grand Etabliſſement dans la Saintonge, avoit réſolu de faire conduire à ſes dépens un Canal de l'extrémité de la Seudre, jusqu'à la Gironde, dans un eſpace, lequel auroit été de quatre lieues au plus. Il eſpéroit être bien-tôt rembourſé de ſes frais, par le grand uſage que l'on en auroit fait. Car l'expérience eſt certaine que les Vaiſſeaux, qui ſortent de Bourdeaux, ſont obligez de perdre ordinairement beaucoup de tems à attendre les Vents, ſoit à Royan ſoit à Verdon; ce qui n'arriveroit pas, ſi la faculté de ce Canal leur épargnoit la peine de doubler la Pointe qui eſt à l'Embouchure de la Gironde. Mais de quelque utilité que ce Canal puiſſe être au Commerce, l'idée s'en eſt perdue depuis la mort de ce grand Miniſtre.

SEUDREORUM. Ces Peuples [f] ſont ſeulement connus par une Médaille de l'Impératrice Fauſtine & ſur laquelle on lit ce mot: Σευδρεων *Seudreorum*.

[f] Goltzii Theſaur.

1. SEVE, Village de France [g], près de Paris, & fameux par le Paſſage de la Riviére de Seine qu'on y traverſe ſur un Pont de bois de vingt & une Arches, qui embraſſe les deux Bras de la Riviére. Perrault de l'Académie Royale des Sciences avoit projetté un Pont de bois d'une ſeule Arche de trente Toiſes de Diamétre, qu'il propoſa de faire conſtruire. Le trait de l'Arche eſt une portion de cercle ferme & ſolide. Il auroit été compoſé de dix-ſept aſſemblages de pièces de bois, qui poſés en coupe l'un contre l'autre ſe devoient ſoûtenir en l'air par la force de leur figure, plus aiſément que n'auroient fait des Pierres de taille, qui ont beaucoup de peſanteur. Cette ingénieuſe invention auroit eu l'avantage de ne point incommoder la Navigation. Ce Pont n'auroit jamais été endommagé par les Glaces, & par les grandes eaux, & on auroit pû le rétablir ſans que le Paſſage en eût été empêché.

[g] Piganiol, Deſcr. de la France, t. 2. p. 659.

2. SEVE, Riviére de France, dans la Normandie, au Diocéſe de Coûtances. Elle naît auprès de Périers, paſſe au Pont de Séve, coule entre Nay & Blehou, reçoit enſuite les Riviéres de St. George, & du Pleſſis, paſſe à Baute, deſcend entre Anvers & Appeville, & ſe perd dans la Riviére d'Aire, après un cours de quatre lieues.

SEVENE. Voyez ZZEUENE.

SEVEND, Mr. Petis de la Croix dit [h] Riviére entre celle de Terk, & celle de Coï en Derbend. Elle ſe décharge dans la Mer Caſpienne.

[h] Hiſt. de Timur-Bec. L. 4. c. 52.

1. SEVENNES, ou CEVENNES, *Cebennæ*, Montagnes de France, au Bas-Languedoc qui régnent dans les Diocéſes d'Alaix,

SEV.

d'Alaix, d'Usez, de Mende, & d'une partie du Vivarais: ces Montagnes sont de difficile accès, & cependant très-peuplées. Les Peuples en sont fort remuans, c'étoit la retraite des Huguenots sous les Régnes précédens: aussi la plûpart sont-ils encore Calvinistes dans le cœur. Ils se sont révoltés à diverses fois: mais la plus considérable a été sous le Régne dernier vers 1703. ils ruïnoient les Eglises, & massacroient indifféremment les Ecclésiastiques, & les Laïcs, Hommes, Femmes, & Enfans Catholiques: il auroit été difficile de les réduire, si l'on n'avoit eu la précaution, quelque tems auparavant, de traverser leurs Montagnes par un grand nombre de Chemins royaux. Il n'a pas moins fallu que la valeur, & la prudence du Maréchal de Villars pour en venir à bout. César dans ses Commentaires appelle ces Montagnes *Mons Cebenna*, & dit que cette Montagne sépare les Helviens des Auvergnats [a], parce qu'en ce tems-là les Peuples du Gevaudan, & du Velay (qui sont véritablement séparés du Vivarais par les Sevennes) étoient dans la dépendance des Auvergnats. Tous les autres Latins, comme le Poëte Lucain, Mela, Pline & Ausone appellent ces Montagnes *Cebenna*, ou *Cebenna*, en François Cevennes, mais les Grecs, comme Strabon & Ptolomée, l'écrivent avec la Lettre *M*, *Cemmeni*; il n'y a entre les Latins que *Festus Avienus*, qui au premier Livre de son Traité des Côtes Maritimes, écrit ce mot avec la Lettre M, en parlant du Pays des Cevennes, qu'il nomme *Regionem Cimmenicam*, & qu'il dit être éloignée de la Mer & voisine du Rhône.

[a] Longuerue, Descr. de la France, Part. 1. p. 263.

SEVENVOLDEN. On donne ce nom à la partie Méridionale de la Frise. C'est un des trois Quartiers qui composent la Seigneurie de Frise & il a titre de Comté. Ce nom Sevenvolden veut dire les Sept Forêts. Aussi n'y a-t-il dans ce Pays-là que des Bois & des Marais qui le rendent d'un accès très-difficile. Les Habitans y font un grand Trafic de Tourbes.

SEVERAC L'EGLISE, Bourg de France dans le Rouergue, Election de Milhaud, avec titre de Comté. Ce Bourg n'est guère peuplé. Il y a dans la Paroisse une Forêt nommée VIMAC, contenant cent cinquante Arpens: elle est plantée de Sapins.

SEVERAC LE CHATEL, petite Ville de France dans le Rouergue, Election de Milhaud, avec titre de Duché.

SEVERAK, Ville de la Turquie en Asie, sur la Route d'Alep à Tauris par Diarbekir, & Van. Elle est entre Arzlan-Chaye & Bogazi, selon Tavernier [b], qui la place sur une petite Riviére qui se jette dans l'Euphrate. Severak est environnée d'une grande Plaine au Nord, au Couchant & au Midi, mais du côté du Levant, dès qu'on est à une lieue de la Ville, la Campagne n'est qu'une Roche fort dure, qui continue plus de quatre lieues. Le Chemin où passent les Chevaux, les Mules & les Chameaux est taillé dans la Roche, comme un Canal

[b] Voyage de Perse, Liv. 3. c. 3.

SEV.

profond de deux pieds & large d'autant; on prend dans ce Lieu là demi piastre pour chaque charge de Cheval.

SEVERESSE. Mr. Corneille dit [c] Torrent dangereux en France, dans le Dauphiné. Ce Torrent, ajoute-t-il, roule ses eaux dans la Vallée de Gaudemar où le Soleil n'entre jamais, & se perd à Andrac, environ un quart de lieue au-dessous d'Aspres, au Pont dit de Severesse.

[c] Dict.

SEVERIA. Voyez SABARIA.

SEVERIA-OLYMPIA; On trouve dans le Trésor de Goltzius une Médaille de l'Empereur Sévére avec ces mots Σευερεία Ολυμπία. Ortelius soupçonne que cette Ville étoit en Afrique.

SEVERIACUM, Lieu de la Gaule: Fortunat en parle dans la Vie de St. Germain.

SEVERIANA. Voyez SEBERIANA.

SEVERIE, Province de l'Empire Russien [d], dans la Moscovie, avec titre de Duché. Elle est bornée au Nord, partie par le Grand Duché de Smolensko, partie par celui de Moskov ; à l'Orient par la Principauté de Vorotinsk, & par le Pays des Cosaques ; au Midi encore par ce même Pays, & à l'Occident par le Duché de Czernigove. La Séverie appartenoit anciennement à des Princes descendus du Grand Démétrius, & Basile les en dépouilla. Sigismond III. l'incorpora à la Pologne; mais elle a été depuis cédée à la Russie, comme faisant partie du Palatinat de Smolensko. La partie Méridionale de cette Province est occupée par une Forêt, longue de vingt-quatre lieues d'Allemagne; on voit aussi beaucoup de Bois dans la partie Septentrionale. Les Riviéres les plus remarquables sont la Dubica, ou Riviére d'Ubiecz, la Deszna, & la Riviére de Nevin. Les principaux lieux de ce Duché sont:

[d] De l'Isle, Atlas.

Novogrodek,	Serensk,
Demetriowicz,	Belesk,
Poczop,	Branski,
Rudohop,	Caraczef,
Stari-Zaugra,	Siefsk,
Novo Serpskoy Gorodok,	Krupice,
Starodub.	Putiol.

SEVERINI COENOBIUM [e], Monastère que Paul Diacre met aux Confins des Oneriques *in Onericorum Finibus*, & le Bord du Danube. Ortelius [f] croit que ce Monastère retient son ancien nom. Il ajoute que Leunclavius nomme ce même Monastère *Zuerim*, & que Lazius l'appelle *Siferingen*. Selon ce dernier Siferingen est à un grand mille de Vienne ; & au lieu de lire *Onericorum* avec Paul Diacre, il lit *Noricorum*.

[e] Longobard. c. 12.
[f] Thesaur.

SEVERUS-MONS, Montagne d'Italie dans la Sabine. Virgile en parle au septième Livre de l'Ænéide [g]:

[g] Vers. 713.

Qui Tetricæ horrentes Rupes, Montemque Severum,
Casperiamque colunt.

Sève-

Severus, dit Festus, est le nom propre de cette Montagne, qui, selon Leander, conserve encore cet ancien nom; car il veut qu'on la nomme *Monte Severo*.

SEVIA, Lieu de l'Arabie Deserte, selon Ptolomée [a], qui le place aux Confins de la Mésopotamie.

[a] Lib. 5. c. 19.

SEVIGNAC, Bourg de France, dans la Bretagne [b], au Diocèse de St. Malo, avec titre de Marquisat, à neuf ou dix lieues de Rennes, & à huit de St Brieu. Sa Jurisdiction est la même que celle du gros Bourg de Boons, qui n'en est éloigné que d'une lieue. Il y a eu autrefois à Sevignac un très-fort Château; mais il est présentement tout ruiné.

[b] Corn. Dict. Mémoires MSS.

SEVIGNY, Bourg de France, dans la Champagne, Election de Rheims.

1. SEVILLE, Ville d'Espagne [c] dans l'Andalousie, Capitale d'un Royaume particulier du tems des Maures. Elle est une des premières, & des plus considérables Villes d'Espagne en toute façon. On y voit de la grandeur, de l'étendue, de la magnificence, de grandes richesses, de superbes Bâtimens, & de belles Eglises: elle porte le titre de Cité Royale, de Capitale d'un beau Royaume. Elle tient le premier rang dans l'Eglise par la dignité de Métropole dont sa Cathédrale est revêtue; le Commerce y est florissant par le moyen du grand Fleuve *Guadalquivir*, qui baigne ses Murailles; & les Flotes des Indes y viennent apporter les Trésors de ces Pays éloignés. Seville est située dans une vaste Plaine à perte de vûe sur la Rive gauche du Guadalquivir; dans l'Antiquité elle portoit le nom d'*Hispalis*, ou *Spalis*; les Maures, qui n'ont point de p, en font *Ibilia*, ou *Isbilia*, & delà est venu par corruption le nom de Séville. Elle est fort grande, de figure ronde, ceinte de belles & de hautes Murailles, flanquées de Tours avec des Barbacanes, & fermée de douze Portes. Les Rues y sont étroites; mais les Maisons y sont belles, construites à la Moresque, & mieux bâties que celles de Grenade & de Cordoue. Elle a divers Fauxbourgs, dont le plus considérable est celui de Triana, qui est à l'autre bord du Fleuve.

[c] Don Juan Alvarez de Colmenar, Délic. d'Espagne & de Port. t. 3. p. 418.

Pour commencer la description de cette grande Ville par les Bâtimens Sacrés, l'Eglise Cathédrale, qui est vers le milieu de la Ville est la plus belle, & la plus régulièrement bâtie, qui soit dans toute l'Espagne. Sa Route est extrêmement haute, soûtenue de chaque côté par deux rangs de beaux, & de magnifiques Piliers, longue de cent soixante & quinze pas, & large de quatre-vingts. Ses Chapelles sont bâties à l'antique; & derrière le Maître-Autel il y en a une grande, qui porte le nom de *Nuestra Seignora de Los Reyes*, Notre-Dame des Rois, bâtie par le Roi Ferdinand le Saint, qui y est enseveli, avec son fils Alphonse le *Sage*, & la Reine Béatrix sa femme, à ses deux côtés, & ses deux enfans au-dessous. Son Tombeau est couvert de Satin rouge, & chargé de trois Colonnes. L'Image de Notre-Dame y est en Sculpture, fabriquée par des Anges comme on croit: au-dessus du milieu de la Chapelle, s'eleve une belle & grande Lanterne de vitres toutes peintes, qui sert à l'éclairer, outre deux Fenêtres, qui donnent du jour à l'Autel, où est la Notre-Dame. C'est-là qu'on la garde avec soin, couverte toujours de trois Rideaux, & on ne la découvre qu'aux bonnes Fêtes. L'Autel est tout doré & bordé de superbes Colonnes de Jaspe.

Il y a deux Sacristies, dont l'une, qui est la plus grande, & ronde, est remplie d'un très-grand nombre de beaux & de riches ornemens, rangés par ordre dans des Layettes. La muraille est coupée en façon de Niche jusqu'à la voute, qui est chargée d'une Lanterne de la même manière, que la Chapelle. C'est dans ces Niches que sont les Ornemens & les Vases sacrés; & à côté des Niches s'élevent de grands Piliers avec des Enjolivemens travaillés en feuillages. On y montre diverses Reliques, comme une épine de la Couronne de Notre-Seigneur, teinte d'une goûte de son sang, une Sainte Véronique, & plusieurs autres. Le Ciboire, ou la Custode, où l'on porte le S. Sacrement à la Fête-Dieu, est d'une grosseur extraordinaire, d'argent massif, du poids de dix-sept cens cinquante Livres, tellement qu'il faut plus de vingt hommes pour la porter; & elle est si artistement travaillée, que la beauté de l'Ouvrage dispute le prix à la richesse de la matière. Au fond de la Sacristie il y a un beau Tabernacle, & au milieu une fort belle Fontaine à quatre Tuyaux. Delà l'on passe par une petite Galerie toute pavée de Marbre, peinte & dorée, dans une grande Sale quarrée, ornée d'un Lambris fort riche, & de quantité de Statues avec des Sièges autour: c'étoit autrefois le lieu de l'Assemblée du Chapitre; mais aujourd'hui il s'assemble dans une autre Sale, de figure ovale, pavée de Marbre. On dit chaque jour trois cens Messes par obligation dans cette Eglise; & comme les Chanoines, qui doivent la desservir, ne sont pas en assés grand nombre pour pouvoir en dire tant, ils sont obligés de remettre à des Chantres gagés le soin de louer Dieu. Quelques Prêtres des autres Eglises, & des Religieux font cet Office pour eux, & chaque Messe, qu'ils disent, est taxée à deux Reaux, qu'on leur donne.

Au dehors de l'Eglise règne tout à l'entour une espèce de grande Galerie, où l'on monte par un beau Perron de sept ou huit degrés, bordée au côté de la Rue de grands Piliers entrelasses d'une grosse chaîne de Fer; c'est une promenade fort agréable tout autour de ce bel Edifice.

Vers le milieu de l'Eglise est le Clocher, qui est une chose merveilleuse. Il est d'une hauteur extraordinaire, bâti tout entier de Briques, percé de grandes Fenêtres, qui donnent du jour à la montée: composé de trois Tours l'une sur l'autre avec des Galeries & des Balcons, & peint & doré par dehors. L'Escalier a la montée si douce, & si imperceptible, qu'on peut aller en Mule, à Cheval, & en Chaise roulante, jusqu'au plus haut, d'où l'on découvre toute la Ville & la Campagne: on y voit vingt-quatre grosses Cloches, & cette inscription. TURRIS FORTISSIMA NOMEN DOMINI. Le nom du Seigneur est une forte Tour. Le Clocher finit en Dôme, & on voit au-dessus une Statue de Bronze représentant la Foi, qui tient un Guidon à la main, dont le mouvement marque les changemens du Vent. Lorsque Philippe III. mourut, on érigea dans cette Eglise à son honneur un beau Monument, dont le nom & l'invention est venue d'Italie; on le nomme un *Catafalco*: c'est un Ouvrage de Menuiserie, de forme quarrée, où l'on fait l'Office mortuaire pour l'Ame de ce Prince.

J'ai déja remarqué, que l'Eglise de Séville est revêtue de la Dignité de Métropole; l'Archevêque, dont le Siège est fort ancien, a pris quelquefois le titre de Primat d'Espagne. Ce Prélat a six-vingts mille Ducats de revenu, la Fabrique de l'Eglise en a trente mille, & quarante Chanoines ont chacun trente mille Reaux.

Outre l'Eglise Cathédrale il y en a encore plusieurs autres, particuliérement en diverses Maisons Religieuses; on y compte quatre-vingts cinq Bénéfices & trois mille cinq cens Chapellenies. Le Convent de S. François est le plus beau de tous, orné d'une très-belle Place Publique, qui est au devant avec une agréable Fontaine. Il est partagé en trois parties, où demeurent cent soixante Religieux & cent quarante Etrangers du même Ordre. Le Bâtiment est fort grand, orné d'un Portique, qui passe pour être plus riche, & plus beau que celui de l'Escurial. L'Eglise est bâtie à l'antique, & l'on y voit diverses Chapelles, dont la plus remarquable est celle des Biscayens. Le Cloître est soûtenu de Piliers de Marbre du côté du Jardin, & embelli de bons Tableaux. Le Jardin est orné de plusieurs Figures, planté d'Orangers, & de Myrtes, & arrosé par une grande Fontaine, comme un grand Réservoir quarré. Quatre grands Lions de Bronze, placés aux quatre Coins, jettent l'eau par la gueule, & au milieu l'on voit un Enfant assis sur quatre Dauphins, qui jettent aussi de l'eau. Près de ce Couvent des Religieux de S. François est l'Eglise de S. Bonaventure, laquelle est à eux. Sa Voute est peinte, dorée & azurée, représentant le Ciel. On y voit sur quatre Piédestaux les Statues de quatre Papes, qui ont été de leur Ordre. Cette Eglise n'est pas grande, mais elle est jolie.

Le Couvent, qui tient le second rang pour la beauté, est celui de *Nuestra Señora de la Merced*, Notre-Dame de la Merci. Il appartient à des Religieux, qu'on appelle de la Merci, parce qu'ils s'occupent à faire des œuvres de Miséricorde, rachetant les Chrétiens, qui sont captifs parmi les Infidèles: cet Ordre fait beaucoup d'honneur à l'Eglise Catholique, par cette Institution charitable. Leur Maison est remarquable pour les Peintures qu'on voit dans un Portique représentant l'Origine, & les Commencens de leur Ordre. Elle est composée de trois grands Cloîtres, dont deux sont contigus l'un à l'autre. Le grand est orné tout à l'entour de beaux Tableaux à Quadres dorés, & couverts de Rideaux de Tafetas: celui qui est du côté du Jardin est soûtenu de grands Piliers de Marbre, entre lesquels on voit un Escalier de Marbre, large de cinq pas, qui conduit aux Dortoirs: il est fait en quarré & se partage en deux Montées, qui vont aux deux Cloîtres, dont on parle à l'endroit, où elles se rencontrent; elles forment un beau Quarré, qui est voûté & bordé de Balcons dorés. L'Eglise est belle, & on y a sur le Grand Autel une Image de la Ste. Vierge, couverte de trois Rideaux, qui est une pièce à voir.

Le Monastère des Dominicains tient le troisième rang. Le Cloître est de la même façon, que celui des Cordeliers. On voit dans l'Eglise, qui porte le nom de S. Paul, un Crucifix si bien peint au naturel, qu'il semble être en relief. Les Religieuses ont les Couvens, qui ne sont guères moins beaux que ceux des Religieux.

L'Université de Séville est belle & illustre par plusieurs savans hommes, qu'elle a produits: elle a été fondée avec l'autorité du Pape & du Roi par Rodrigue Fernandez de *Santaella*, natif de *Carmona*, & Chanoine de Séville, savant homme, qui a beaucoup écrit. Il laissa onze Collégiatures, & quatre Chapellenies; mais elle s'est fort accrue depuis sa mort; & les Rois lui ont accordé les mêmes Priviléges, qu'à celles de Salamanque, d'Alcala & de Valladolid. Elle a toujours pour Patron quelque Grand Seigneur. Le Bâtiment, qu'on appelle *El Collegio Major*, n'est pas loin du Palais Royal & des murailles de la Ville. Outre ce Collége, il y en a un autre, qu'on appelle de S. Thomas, appartenant aux Freres Prêcheurs, fondé au XV. Siècle par Diego Dossa Archevêque de Séville & Précepteur de l'Infant D. Juan fils des Rois Catholiques Ferdinand & Isabelle. Ce Collége fut bâti des restes d'un Palais, qui étoit à Marie de Padilla Maîtresse du Roi D. Pedro le *Cruel*, & on voit encore quelque chose de l'ancien Edifice: il est la demeure de vingt Collégiaux.

Les Jésuites enseignent aussi dans leur Maison, comme ils le font en France, mais avec une Méthode un peu différente. Leur Fondateur S. Ignace est revêtu d'une Robe, & d'un Manteau de velours noir avec une riche broderie d'or, relevée d'un doigt, & parsemée de Pierres précieuses, travaillée par un de leur Société. L'Eglise, où leurs Ecoliers entendent la Messe, est de figure ovale, ornée d'un grand nombre de Tableaux avec un petit Balcon doré, fait en Galerie, qui régne tout à l'entour. On voit sur le Portail des figures de ceux de la Société, qui ont souffert la mort pour la maintien de la Foi.

L'Eglise de S. Salvador servoit autrefois de Mosquée aux Maures, aussi est-elle bâtie à la Moresque, faite en Arcades soute-

soutenues par des Piliers, qui forment plusieurs Portiques.

Au Midi de la Ville, près de l'Eglise Cathédrale, est le Palais Royal appellé communément Alcaçar, qui passe au jugement de quelques Connoisseurs pour un Ouvrage incomparable. Il est bâti en partie à l'antique par les Maures, & en partie à la moderne par le Roi D. Pedro, surnommé *le Cruel*, avec cette différence, que l'antique est plus beau que le moderne. Il a bien un mille d'étendue, flanqué de Tours, bâties de grosses pierres taillées en quarré, qu'on dit avoir été tirées des ruïnes d'un vieux Temple d'Hercule, qui étoit dans la Paroisse de S. Nicolas. Les Maures y ont laissé beaucoup de Monumens & d'Inscriptions en leur Langue, qu'on voit encore aujourd'hui sur le plâtre. On entre d'abord dans une Cour, où régnent des Portiques de toutes parts, avec une grande quantité de Piliers, qui soutiennent les Corps de Logis, dont la Pierre est ouvragée à jour d'un travail admirable. Les Chambres sont toutes dorées, & l'on y remarque une Sale, qui sert de Chapelle, dont la Frise est composée des Portraits des Rois d'Espagne en petit. Les appartemens des étages d'enhaut sont incrustés d'un Marbre précieux, & faits en voute. On montre là une Chambre, où le Roi D. Pedro, dont la mémoire a été justement flétrie par l'Epithéte de *Cruel*, fit massacrer ses freres. Ce Roi, qui vivoit au milieu du XIV. Siècle, étoit d'ailleurs bon Justicier, & on en compte divers exemples, dont on se contentera de rapporter le plus singulier. Il aimoit à courir de nuit par les Rues, se divertissant à ces jeux de Princes, que le Lecteur entend assés, & qui ne plaisent, qu'à ceux qui les font: mais une belle nuit il fut rencontré par un Savetier, qui le frotta vigoureusement, & ce Roi brutal, au lieu de dissimuler, tua ce pauvre homme. La Justice fit des perquisitions pour découvrir les auteurs du meurtre. Une vieille femme découvrit le Roi, l'ayant reconnu dans l'obscurité, au bruit de ses jambes, dont les os craquetoient en marchant. Les Magistrats allérent là-dessus trouver le Roi, qui avoua le fait & fit couper la tête à son effigie pour satisfaire par une ombre de justice. On voit encore à Séville cette Statue sans tête au coin de la rue, où le meurtre fut commis.

Pour revenir au Palais Royal, on y voit par-tout l'Aigle Impériale avec la Devise de Charles-Quint: PLUS ULTRA, *plus outre*. A l'endroit, où a été la partie du vieux Palais, qu'on a démolie, sont les Jardins, partagés en divers Parterres, entrecoupés de plusieurs Allées carrelées, arrosés par quantité de Fontaines diversement ouvragées, bordés de palissades d'Orangers, & de Jasmins, plantés de Bosquets d'Arbres fertiles en fruits exquis, embellis de trois belles Grottes, & accompagnés d'un fort bel Etang, qu'on trouve à l'entrée, dans lequel il y a d'ordinaire quelques Cignes.

La Bourse, où les Marchands s'assemblent, bâtie derriére l'Eglise Cathédrale, pour traiter des affaires de leur Négoce est digne de la curiosité d'un Voyageur. Autrefois les Marchands Bourgeois & Etrangers s'assembloient dans les Galeries de l'Eglise Cathédrale; mais comme le Clergé croit terriblement contre cet usage, comme contre une profanation punissable de tous les foudres Ecclésiastiques, Philippe II. leur accorda la permission l'an 1583. de lever un demi pour cent sur toutes les Marchandises, qui venoient des Pays étrangers, afin de bâtir une Bourse. Don Juan Herreira fameux Architecte Espagnol, en donna le dessein, qui coûta seul mille Ducats; & le lieu, où elle est, en coûta soixante & cinq mille d'achat, & on a été plus de soixante ans à la bâtir. Elle est faite en quarré, d'Ordre Toscan, & composée de quatre Corps de Logis: chaque Façade a deux cens pieds de longueur, avec trois Portes, & dix-neuf Fenêtres à chaque étage. Elle est à deux étages, dont celui d'enhaut sert pour les Consuls, & pour y rendre la Justice: on y monte par un Escalier très-bienfait. Les appartemens ne sont autre chose, que de grandes Sales lambrissées, & richement dorées, où les Marchands traittent ensemble des affaires du Commerce. Au devant de la Bourse il y a une belle & grande Place, pavée fort proprement, & une Promenade en façon de Galerie, fermée d'un rang de Piliers entrelacés de chaînes, qui régnent tout à l'entour.

J'ai déja remarqué, qu'il y a un beau Fauxbourg, à l'autre bord du Guadalquivir, nommé *Triana*. Pour y aller on passe ce Fleuve sur un grand Pont de Batteaux, qu'on y entretient faute d'autre, parce qu'il seroit inutile d'en faire un de bois, ou de pierre, à cause du Sable que la Marée y apporte en quantité, & qui venant à s'amonceler le ruïneroit avec le tems.

A l'entrée du Fauxbourg est la Maison de l'Inquisition, qui est un Bâtiment antique. Il y a un Cours où l'on va se mener: on voit à l'entrée une belle Fontaine, avec deux hautes Colomnes de pierres, chargées de deux Statues, qui représentent Hercule, & Jule-César, dont le premier passe pour le Fondateur, & le second pour le Restaurateur de Séville. C'est à cette pensée, que fait allusion un Distique Latin, qu'on lit sur la porte de la Carne:

Condidit Alcides, renovavit Julius Urbem,
Restituit Christo Fernandus Tertius Heros.

Toute la Ville va prendre le frais en Eté dans ce Cours; il se fait comme un Jeu de Mail double, partagé en deux Allées de grands Arbres fort beaux, avec de petits Fossés remplis d'eau. La porte de la Carne, dont je viens de parler, conduit à une grande Boucherie appellée *El Matadero*, qui par une sage Politique a été mis hors de la Ville, & où l'on égorge ge chaque jour soixante & dix Bœufs, sans compter le menu Bétail. Avant que de les égorger, on les fait combattre contre les Dogues, afin que leur chair en soit plus tendre.

On voit encore dans le Fauxbourg de Triana un Couvent de Chartreux nommé *Las Cuevas*, fermé de murailles, où demeurent dix-sept Religieux qui sont tous de qualité, & ont chacun plusieurs Valets pour les servir. L'Eglise n'est pas grande, non plus que le reste: aux deux côtés de l'Autel sont les Sépulchres de Marbre des *Riberas* Fondateurs du Couvent. On y montre un des deniers, dont fut vendu Notre-Seigneur, qui est une petite Médaille, où l'on voit un visage, qu'on dit être de Jules-César. Les Pauvres étrangers reçoivent tous les jours dans cette Maison un Poisson apprêté, trois petits Pains, & une petite mesure de Vin.

Les Augustins, dont la Maison est aussi hors de la Ville, ont un Cloître fait de la même manière, que ceux des Cordeliers, & des Dominicains, & incrusté de quarreaux peints, qu'on nomme *Talaveras*. Les Ducs d'Arcos y ont des Sépulchres de Marbre dans l'Eglise sous le Grand Autel. On voit aussi hors de la Ville un Hôpital, nommé de la *Sangre*, fondé par un Duc d'*Alcala* pour de pauvres femmes.

Rentrant dans la Ville par le Pont, on voit à l'entrée du Port, qui est grand & spacieux, le long du bord du Guadalquivir, une grande Place nommée l'*Arenal*, où on décharge les Marchandises, à l'un des côtés de la Douane, & à l'autre, ce qu'on appelle la Maison de l'Or, où on met l'argent, qui vient des Indes.

Toutes les Marchandises, qui viennent par la Mer, sont déchargées à *S. Lucar de Barrameda*, sur des Bâteaux d'une grandeur médiocre, pour les conduire à Séville, le Guadalquivir ne pouvant porter de plus gros Bâtimens.

La Casa de la Contratacion de las Indias a un grand nombre d'Officiers, dont le pouvoir est fort ample, n'étant permis à qui que ce soit de mettre un Bâteau en Mer sans leur permission. On y tient Registre de toutes les Marchandises, qu'on envoie aux Indes, & de celles qu'on en apporte, afin que le Roi ne soit pas fraudé de ses droits. On appelle de cette Chambre au Consul Souverain des Indes, qui est établi à Madrid.

La Maison de Ville est assés belle, ornée par dehors de quantité de Statues, avec une très-grande Place au devant; au milieu de laquelle on voit une Fontaine d'une beauté singulière. C'est un Bâtiment antique, dont la Sale, où les Conseillers s'assemblent, est toute tendue de Drap d'Or, & la voûte dorée avec l'Aigle Impériale & la devise de Charles-Quint, qu'on voit par-tout.

Près de cette Maison est le Palais de la Justice. On voit à un autre endroit une Place, où l'on tient Marché, qui est toute plantée de beaux Orangers.

On compte six-vingts Hôpitaux dans Séville, la plûpart richement rentés, dont le plus considérable est près du Cours: on y donne à chaque malade ses mets particuliers, selon l'ordonnance des Médecins, n'étant pas permis de leur en refuser un seul, quoiqu'il puisse coûter. Il y a des Chambres séparées pour les Gentilshommes, & pour les Etudians de l'Université.

Il faudroit un Volume entier pour décrire exactement Séville. Son antiquité est le moindre endroit, par où elle se distingue; on croit qu'elle a été bâtie par les Phéniciens, qui l'appellérent *Spala*, d'un mot qui signifie une Plaine; on l'estime plus grande que Madrid, & on y voit plus de Carosses que dans cette Ville Royale, bien qu'elle ne soit pas tout à fait si peuplée. On y comptoit il n'y a pas longtems vingt-quatre mille familles Bourgeoises, & trois mille dans le Fauxbourg de *Triana*. La commodité de sa situation sur le Guadalquivir, dans le voisinage de la Mer, la rend une des plus riches Villes de l'Espagne, aussi fournit-elle seule au Roi deux millions d'Or par an. Lorsque la Flote d'argent est arrivée des Indes, il y a plus de six cens hommes occupés à la Monnoye. Elle arrive d'ordinaire aux mois d'Août & de Septembre, & repart au mois d'Avril. D'autre côté le Pays est extrêmement fertile en Vin, en Bled, & généralement en tout ce que la Terre produit pour les besoins, & pour les délices de la vie. Mais l'huile est la chose, que l'on y a le plus en abondance; hors de la Ville au bord Occidental du Fleuve, il y a un grands Bois d'Oliviers, qui a trente mille pas d'étendue.

Le Guadalquivir est abondant en poisson, & la Marée, qui remonte deux lieues au-dessus de Séville, y en jette quantité de la Mer, comme des Aloses & des Esturgeons. Tous ces avantages font dire aux Espagnols, *Quien no ha visto Sevilla, no ha visto maravilla*; Qui n'a pas vu Séville, n'a pas vu de Merveille. Mais l'un des plus merveilleux Ouvrages qu'on y voit, est un magnifique Aqueduc, de six lieues de long, que les Mores ont bâti, par le moyen duquel on fait venir l'eau non seulement de *Carmona*, mais l'on y conduit aussi toutes les Fontaines de la Campagne d'alentour, tellement qu'il en fournit abondamment à toute la Ville. On appelle les Canaux de cet Aqueduc, *Los Cannos de Carmona*. Du tems des Romains on y voyoit une autre Merveille, non pas de l'Art, mais de la Nature, dont on ne parle plus aujourd'hui. C'étoit un Puits où l'eau s'élevoit au-dessus de la Marée, & baissoit quand elle montoit.

Tout ce Pays étoit extrêmement peuplé du tems des Maures. Le Roi Ferdinand le *Saint* qui prit Séville sur eux l'an 1248. trouva dans son Gouvernement jusqu'à cent mille Villes, Bourgs, où Villages, qui se rendirent à lui. Encore aujourd'hui

Sé-

Séville a dans sa Jurisdiction près de deux cens, soit petites Villes, soit Bourgs, sans compter les Villages. Le Peuple de Séville est assés honnête & civil, mais la Populace y est fort mutine & fort libertine, comme elle l'est dans toutes les grandes Villes. Quelques Voyageurs ont trouvé que les femmes y sont fort galantes, & moins cruelles qu'à Madrid, pourvû qu'on ait de l'argent: mais cela n'est pas particulier à Séville. Par tout Pays,

> La Clef du Coffre fort, & des Cœurs est la même,
> Si ce n'est celle des cœurs,
> C'est du moins celle des faveurs.

Cependant les Maris y ont beaucoup plus de pouvoir sur leurs femmes, & ils les traitent avec plus dureté, que l'on ne fait dans le reste de l'Espagne. Le Commerce des Indes & de l'Afrique fait qu'on se sert à Séville d'Esclaves, qui sont marqués au nez, ou à la joue. Ces misérables se vendent, & s'achetent à prix d'argent, comme des Bêtes; on les fait travailler à ce qu'on veut; ils embrassent d'ordinaire la Religion Chrétienne, pour rendre leur condition moins dure, mais cela ne leur est pas souvent d'un grand usage pour avoir un sort plus doux.

Mariana Historien Espagnol nous apprend que dans le VI. Siècle, il se faisoit tous les ans un Miracle surprenant dans un certain Lieu des environs de Séville, nommé *Osset*, que quelques-uns croient être le Fauxbourg de cette Capitale appellé *Triana*. Le Jeudi Saint l'Evêque des Catholiques (auxquels les Goths Ariens donnoient le nom de Romains) fermoit les Fonts Baptismaux, les scelloit en présence du Peuple; & le Samedi suivant veille de Pâques, jour auquel on avoit accoûtumé de baptiser les Catéchumènes, ils se trouvoient pleins d'eau, sans qu'on sût d'où elle venoit. Theudésile Roi des Goths, & Arien, jaloux de l'avantage que les Catholiques tiroient de ce Miracle signalé, & soupçonnant qu'il y eût de la fraude, mit des Sentinelles près de l'Eglise; & ne découvrant rien, il fit tirer un large fossé tout autour de vingt-cinq pieds de profondeur, pour voir si l'eau n'étoit point portée par des Canaux souterrains; mais il ne vit pas sa curiosité satisfaite, il fut assassiné pendant qu'il faisoit travailler à cet Ouvrage environ l'an 550. Le Pere Maimbourg qui rapporte ce Fait dans son Histoire de l'Arianisme, y ajoute deux circonstances considérables, que je n'ai pas trouvées dans Mariana. La première, que lorsque le dernier Catéchumène étoit baptisé, cette eau miraculeuse manquoit tout à coup. L'autre que l'an 573. les Espagnols ayant mis la Fête de Pâques au 21. de Mars & les François au 8. d'Avril, le Ciel se déclara pour les derniers, & les Fonts d'*Osset* ne se remplirent que le 15. d'Avril.

L'an 1565. on déterra un grand nombre de Monumens anciens, & de Sépulcres dans un Fauxbourg de Séville, nommé *el Tablado*; l'un étoit un Cercueil de plomb de forme ovale, dans lequel se trouvoit une Phiole de verre, aussi de forme ovale, pleine d'os & de cendres, avec trois Urnes lacrymales de verre, ce qui apparemment avoit été la sépulture de quelque Payen, aussi-bien qu'un autre Tombeau couvert d'une large pierre quarrée avec cette Inscription barbare:

> NOME VIXIT ANNO ET MENSIBUS
> VIII. DIEBUS XII.
> H. S. E. S. T. T. L.
> NOME FUIT NOMEN HÆSIT NASCENTI
> CUSUCCIA.
> UTRAQUE HOC TITULO NOMINA
> SIGNIFICO.
> VIXI PAROM, DULCISQUE FUI
> DUM VIXI PARENTI.
> HOC TITULO TEGEOR DEBITA
> PERSOLVI.
> QUIQUE LEGIS TITULUM SENTIS
> QUAM VIXERINT PAROM
> HOC PETO NUNC DICAS, SIT TIBI
> TERRA LEVIS.

Il y avoit en ce Lieu un grand nombre de Sépulcres, pratiqués sous terre, & construits de briques en façon de voute, comme une espèce de Catacombes. On y trouva divers Monumens de Chrétiens, entr'autres deux Tombeaux de femmes, qui semblent avoir été des Religieuses, construits chacun d'une grosse pièce de Marbre, taillée en quarré, l'un avec cette Inscription:

> PAULA EXCLSA FOEMINA FAMULA XPI.
> VIXIT ANNOS XXIV. MENSES DUO
> RECESSIT IN PACE DIE XVI. KAL.
> FEBRUARIAS ERA DLXXXV.

L'autre avec celle-ci:

> CEREVELLA EXCLSA FOEMINA, FAMULA
> XPI. VIXIT ANNOS PL. MUS XXXV.
> RECESSIT IN PACE III. KAL. FEBRUA-
> RIAS DC.

Cela signifie que la première étoit morte l'an de N. S. 585. & l'autre l'an 600.

A une lieue de Séville on voit les ruïnes d'un vieux Château, d'une étendue surprenante, bâti sur une Colline au bord du Guadalquivir; on l'appelle *St. Juan del Forache*. Les Masures de cet Edifice; & les Inscriptions anciennes, qu'on y a trouvées font voir, que ç'avoit été un Ouvrage des Goths. Dans un autre endroit, & à la même distance de Séville, on voit les Masures d'un Théâtre, & d'une Ville ancienne que le Vulgaire appelloit *Sevilla la Vieja*. Les Savans croyent que c'est l'ancienne *Italica*, qui a donné la naissance à l'Empereur Adrien, & selon quelques-uns, au Poëte *Silius Italicus*. On y a déterré divers Monumens antiques, qui confirment cette pensée, & sur-tout une Médaille de Tibère

Tibére avec cette Légende: DIVI. AUG. MUNIC. ITALIC. PERM: & du tems de Ferdinand le Saint Conquérant du Royaume de Séville, le Village, qui est dans ce lieu-là, retenoit encore quelques traces de son ancien nom, étant appellé *Talca*. Dans le lieu, où se voyent ces ruïnes, on trouve un beau Cloître dans l'Eglise duquel il y a un Autel tout d'Albâtre, qui n'a guères son pareil dans l'Europe. Entre Séville la Vieille & la Nouvelle, à demi-lieue de celle-ci est un Couvent de l'Ordre des Hiéronymites, autour duquel on voit au lieu de murailles une belle enceinte d'Allées, formée par des Orangers & des Cyprès. Dans l'Eglise il y a un Saint Laurent en fer & en bois, si artistement travaillé qu'on lui voit toutes les veines.

a Vayrac, Etat présent de l'Espagne, tom. 2. Liv. 4. pag. 348. & suiv.

Les longues disputés que les Métropolitains [a] de Séville ont eues touchant la préséance font connoître que cette Eglise est des plus anciennes & des plus illustres de toute l'Espagne; mais cela ne prouve pas qu'elle ait été fondée du tems des Apôtres, comme le prétend Rodrigue Cano dans son Traité des Grandesses de la Vile de Séville, & que S. Pie qu'il dit avoir été martyrisé l'an 64. de la venue de J. C. à Peniscola, où il se trouva à la tenue d'un Concile, ait été son premier Evêque. Il y a même des raisons très-fortes, qui font voir que cette Tradition est apocryphe. Car s'il étoit vrai, qu'ils eût jetté les fondemens de cette Métropole, les Prélats, qui l'ont possédée, n'auroient pas manqué de mettre sur les rangs pour disputer l'ancienneté à l'Eglise de Tolède, ce qu'ils n'ont jamais osé mettre en avant: cela fait voir clairement, que dans les premiers siécles on n'a pas cru, que cette Eglise dût son érection à ce Fondateur. D'ailleurs il n'est pas vraisemblable que dans l'espace de deux cens quatorze ans on ne trouvât quelques vestiges des Evêques, qui lui auroient succédé: cependant on ne trouve de Mémoire que d'un certain Jean, qui vivoit en 278. comme il paroît par une Lettre qui est inserée dans les Décrétales, que Saint Eutyche Pape lui écrivit conjointement avec tous les autres Evêques de la Bétique au sujet d'une Hérésie qui s'y étoit élevée contre le Mystère de l'Incarnation, surquoi Jean l'avoit consulté, pour savoir de quelle maniére il se devoit comporter à l'égard de ces Hérétiques. L'Inscription de cette Lettre est conçue en ces termes: *Charissimis Fratribus Joanni, & omnibus per Boeticam Provinciam constitutis Episcopis, Eutychanus Servus Servorum Dei, in Domino salutem*.

Ce qui ne laisse aucun doute sur la Dignité de cette Eglise, c'est qu'elle prenoit dans le troisième Siècle le Titre de *Sainte Jérusalem*, comme il paroît par le premier Concile de Mérida & par le premier de Séville; Titre, qui ne s'accordoit qu'aux Eglises Métropolitaines.

Les Maures ayant fait de Séville la Capitale d'un des plus beaux Royaumes d'Espagne, il n'y a pas lieu de douter que cette Eglise se ne ressentît des cruels effets de l'horreur que ces Infidèles faisoient paroître pour la Religion Chrétienne, & qu'elle ne se vît ensévelie sous ses ruïnes, jusqu'à ce que Saint Ferdinand la rétablit, après qu'il eut conquis Séville, & qu'il la décora du Titre d'Archevêché par la permission, qu'il en obtint du Pape.

Quoiqu'il en soit, c'est une des plus considérables Eglises d'Espagne, soit qu'on la regarde par rapport à son ancienneté, ou par rapport à ses richesses. Son Chapitre est composé d'onze Dignités, qui sont le Doyen, l'Archidiacre de *Séville*, le Trésorier, le Chantre, l'Archidiacre de *Carmona*, l'Archidiacre de *Niella*, l'Ecolâtre, l'Archidiacre de *Xérez*, l'Archidiacre d'*Esija*, le Prieur, l'Archidiacre de la *Reyna*, lesquels ont tous le droit de porter la Mitre les jours de Fêtes solemnelles. De 40. Chanoines, de 40. Prébendiers, de 20. Sémi-Prébendiers, de 20. Chapelains, qui sont à la nomination du Chantre avec approbation du Chapitre, & 20. autres Chapelains qui sont obligez d'assister aux heures du Chœur.

Ce Chapitre est un des plus célébres & des plus riches de la Chrétienté par les grands Priviléges, dont il jouit. Il nomme par la voie du concours à 11. Cures, & établit un Visiteur pour en faire la visite de deux ans en deux ans, lequel prescrit & ordonne ce qu'il juge nécessaire pour la Discipline Ecclésiastique; & lorsqu'il s'agit de quelque affaire grave, il en fait son rapport au Chapitre pour en décider sans l'intervention de l'Archevêque.

Il nomme huit Chapelains, qui sont destinés pour porter le Dais, lorsqu'on porte le Saint Sacrement aux malades. Il est Administrateur conjointement avec l'Archevêque, du revenu de la Fabrique de l'Eglise, qui monte à 40000. Ducats, & a inspection sur tous ceux, qui en font la régie. Il nomme cinq Chapelains, qui sont préposés pour faire observer le silence dans l'Eglise pendant l'Office Divin, & deux Porte-verges, qui servent par Semaine.

Le même Chapitre est Patron du Couvent de *l'Incarnation*, & nomme un Chanoine pour en faire la visite, dont la commission dure quatre ans. Il l'est encore de l'Hôpital du *Cardinal Jean Cervantes*, & nomme un Visiteur, qui fait la fonction de sa Charge conjointement avec les Prieurs *de Sainte Marie de las Cuevas* de l'Ordre des Chartreux & du Couvent de l'Ordre de Saint Jérôme. Il préside dans le Bureau du Collége de Boulogne; & nomme à trois places Collégiales. Il est Patron de l'Hôpital de Sainte Marthe.

L'Archevêque établit l'Alcayde, ou Concierge de la Tour de l'Eglise Métropolitaine, lequel a soin de la Porte, & y a logement. Mais le Chapitre est Seigneur de tout le reste, jusqu'aux Cloches, dont le le Sonneur est à la nomination du Chantre avec l'agrément du Chapitre.

Il y a dans l'enceinte de l'Eglise, ou dans le Cloître 22. Chapelles, où se disent tous les jours les trois cens Messes, dont il a été parlé ci-devant, & on fait état qu'il s'y consume pendant ce tems-là, durant le cours de l'année 20000. livres de cire, & autant d'huile en 240. Lampes d'argent qui brûlent continuellement sans compter 22. autres qui sont dans la Chapelle, qu'on appelle *des Rois.* Le Cierge Paschal pese 2000. livres. Outre le nombre des Messes, dont on vient de parler, il se dit encore 365. Grandes Messes, & 12000. basses pour le repos des Ames des Bienfaiteurs.

Le Diocèse s'étend sur 5. Cités, sur 748. Villes, Bourgs ou Villages, qui sont distribués en 47. Vicairies, qui comprennent 234. Paroisses, 3. Eglises Collégiales, qui sont celles *de Saint Salvador de Séville, de Xérez* & *d'Ossuna,* 611. Bénéfices simples, & 14000. Chapellenies, qui sont à la nomination de diverses personnes.

L'Archevêché de Séville a pour Suffragant les Evêchés de Cadix, Guadix & de Canaries.

2. SÉVILLE, Ville de l'Amérique Septentrionale [a], dans l'Isle de la Jamaïque. Elle est située vers le bout Occidental de l'Isle, assés près de la Mer. Il y a une Eglise Cathédrale qualifiée du titre d'Abbaye, & dont Pierre Martyr d'Anglery, qui a écrit les Affaires des Indes a été Abbé. Cette Ville éloignée de douze lieues de celle de Melitta est la plus considérable de la Jamaïque.

[a] De Laet, Descr. des Indes Occid. Liv. I. c. 15.

SEVILLY, Abbaye de France dans la Touraine, de l'Ordre de St. Benoît, & de la Congrégation de Saint Maur. Cette Abbaye a été fondée par les Seigneurs de Montsoreau, & les Comtes d'Anjou, à qui les Abbés rendoient autrefois hommage. Il n'y a que trois Religieux, qui ont avec l'Abbé trois à quatre mille Livres pour tout revenu. Ce Lieu est célèbre dans Rabelais.

SEVINI. Voyez SABINI.

SEVINUS. Voyez SEBINUS.

SEUMARA, Ville de l'Ibérie. Strabon [b] dit qu'elle étoit bâtie sur un Rocher au bord de l'Aragus au-dessous de la jonction de ce Fleuve avec le Cyrus à seize Stades de la Ville Harmozica.

[b] Lib. 11. p. 501.

SEUVO MONS, Montagne de la Scandinavie ou Scandie: Pline [c] en fait une Montagne immense, égale aux Monts Riphées. Tous les Géographes [d] s'accordent à dire que Pline désigne par-là cette longue Chaîne de Montagnes, qui s'étend en forme de croissant depuis l'extrémité Septentrionale de la Scandinavie, & vient finir au Promontoire Cimbrique après avoir traversé toute cette grande Péninsule. Cette Montagne est connue aujourd'hui sous différens noms [e]. Une partie entr'autres est appellée *Skars*: on donne à une autre le nom de *Sula*, & à une autre celui de *Doffrasiel*.

[c] Lib. 4. c. 13.
[d] Ortelius, Cluverius, Spener, Cellarius, &c.
[e] Cluver. Germ. Ant. L. 3. c. 37.

SEURBI. Voyez SEURI.

1. SEURE, Riviére de France, dans le Poitou. Elle prend sa source à Seure en Poitou, trois lieues au-dessus de St. Maixant, commence à porter Batteau à Niort, reçoit la Vendie à une lieue & demie au-dessus de Marans, au-dessous duquel elle va se jetter dans la Mer séparant le Poitou de l'Aunix. On l'appelle assez souvent SEURE NIORTOISE, pour la distinguer de la Nantoise.

2. SEURE, ou SEVRE NANTOISE, Riviére de France. Elle a sa source dans le Poitou près du Château de la Forêt, & assez près de l'Abbaye de Lapsic. Elle passe à la Pomeraye, ensuite à Mortaigne & à Tiffanges, & delà à Clisson en Bretagne, après quoi elle tombe dans la Loire prés de Nantes.

SEURE, SEURRE, *Surregium*, Ville de France, dans la Bourgogne [f], sur une petite élévation au bord de la Saone. On lui donna le nom de Bellegarde lorsque Loüis XIII l'érigea en Duché-Pairie en faveur de Roger de Bellegarde. Cette petite Ville qui est agréablement située est entourée de belles & grandes Praires. Sa longueur est de six cens pas, & sa largeur de trois cens. On lui donne demi-lieue de circuit, en y comprenant les trois Fauxbourgs & le Parc qui les avoisine. La Seigneurie en appartient aujourd'hui à la Maison de Bourbon-Condé. Seure est du Diocèse de Besançon & n'a qu'une seule Paroisse qui est dédiée à St. Martin. Il y a un Couvent d'Augustins, un de Capucins, un de Religieuses de Ste. Claire, un d'Ursélines, un Hôpital desservi par des Religieuses, & un Collége regenté par des Augustins.

[f] Piganiol, Descr. de la France, t. 3. p. 489.

SEURI, Peuples de l'Espagne Tarraconnoise: Ptolomée [g] qui les place à l'Occident de l'Asturie, leur donne deux Villes, savoir, *Talamina* & *Aquæ Quintianæ*. Le MS. de la Bibliothéque Palatine lit *Seburri* au lieu de *Seuri*. Ces Peuples sont sans doute les SEURBI de Pline.

[g] Lib. 2. c. 6.

SEUTLUSA, Isle que Pline [h] nomme parmi celles qui sont au voisinage de celle de Rhodes. C'est l'Isle *Teutlussa* d'Etienne le Géographe.

[h] Lib. 5. c. 31.

SEVENBERG, ou SEVENBERGE, petite Ville des Pays-Bas dans la Hollande à trois lieues de Breda & à deux de Willemstad.

SEX, EX, SEXI, ou SEXTI, car ce mot s'écrit différemment, Ville de l'Espagne Bétique. Pline [i] donne à cette Ville le surnom de *Firmum Julium*; & les Habitans sont appellés *Exitani* par Strabon. On croit que c'est présentement Velez-Malaga.

[i] Lib. 3. c. 1.

SEXANA, Ville de Sicile, selon Ortelius [k], qui cite le Lexicon de Phavorin.

[k] Thesaur.

SEXAVA, petite Ville de Perse [l], à cinq Journées de Com, sur la route ordinaire de Tauris à Ispahan, en passant par Zangan, Sultanie & autres Lieux. Elle se trouve après le Château de Khiara. Ses Cara-

[l] Tavernier, Voyage de Perse, Liv. 1. c. 6.

Caravanseras, quoique simplement bâtis de terre & fort petits, sont néanmoins fort propres & commodes, & le nombre supplée au défaut de la grandeur. Le Terroir des environs porte d'excellentes Noix. Du reste cette Ville est toute entourée de vastes Deserts.

SEXONA. Voyez XIOXONA.
SEXSOLITÆ. Voyez EXOBIGYTÆ.
SEXTÆ, Lieu de la Grande-Bretagne. C'est la Notice des Dignités de l'Empire qui en fait mention.

SEXTANI, Peuples de la Gaule Narbonnoise, selon Pomponius Mela [a], qui leur donne la route de la Ville d'Arles.

[a] Lib. 2. c. 5.

SEXTATIO, Ville de la Gaule Narbonnoise: L'Itinéraire d'Antonin la marque sur la route de l'Italie en Espagne, entre *Ambrussum* & *Forum Domitii*, à quinze milles de chacun de ces Lieux. Dans une autre route le même Itinéraire écrit *Sextantio*, & cette derniere orthographe est peut-être la meilleure; car on lit dans Théodulphe [b]:

[b] Paræneft ad Judic. v. 132.

Inde Nemausiacas sensim properamus ad arces.
Quo spatiosa Urbs est, resque operosa satis;
Hinc Magdalena habuit lævam, Sextantio dextram;
Hic scabris podiis cingitur, illa Mari.

L'Itinéraire de Jérusalem écrit *Sostantione*, mot qui est encore plus corrompu que *Sextatione*, mais qui approche néanmoins du nom moderne *Soustantion*. Voyez SOUSTANTION.

SEXTIÆ AQUÆ. Voyez AIX, N°. 1.
SEXTI, [c] Lieu de l'Afrique propre, à six milles de Carthage. C'est le Lieu où St. Cyprien fut martyrisé. Le Martyrologe Romain & Paul Diacre en font mention.

[c] Ortelii Thesaur.

SEXTILI FUNDUS, Lieu d'Italie, dans le Latium, au voisinage de la Ville de Fundi. Cicéron parle de ce Lieu au quatorzième Livre de ses Epîtres à Atticus [d].

[d] Epist. 6.

SEXTANTA PRISTIS. Voyez TIRISTA.

SEY, Bourg de France [e], dans la Franche-Comté, qu'on appelle communément SEY SUR SAONE, parce qu'il est situé sur cette Riviere à une grande lieue au-dessus de Port-sur-Saone. Ce Lieu qui n'étoit autrefois qu'un bon Village ou une bonne Paroisse est devenu considerable par un Pont de quatorze ou quinze Arcades que le Roi Louis XIV. y fit construire. Mrs. de Listenay qui en sont Seigneurs font leur résidence dans un Château entouré de l'eau d'un Canal. C'est un Bras de la Saone qui passe par derriere pour la commodité d'une grosse Forge à fer. Il y a dans ce Bourg un Marché toutes les Semaines; & quelques Foires dans le cours de l'année.

[e] Corn. Dict. Mémoires dressés sur les Lieux en 1707.

SEYA, ou SEA, Ville de Portugal [f], dans la Province de Beïra, au Couchant de Linharès; en Latin *Sena*. Cette petite Ville est située au pied du Mont Herminio entre cette Montagne & le Mondego. On voit delà les sommets de ces Montagnes, qui sont toûjours blanches

[f] Délices de Portugal, p. 733.

de neige, même au milieu de l'Eté.
SEYDE. Voyez SEIDE.
SEYSSEL, Ville de France [g], à l'extrémité du Bugey; sur le Rhône qui sépare cette Ville en deux. Les gens du Pays disent qu'elle est fort ancienne, mais sans preuve; car on n'en trouve rien avant le douzième Siècle. C'est dans ce Lieu que se fit l'accord entre l'Evêque de Geneve & le Comte de Génevois l'an 1124. touchant les Droits que ce Prélat avoit sur ce Comté. Dans le treizième Siècle. Amédée IV. étant à Seyssel lui donna de grands Privilèges qui furent confirmés par les Comtes & les Ducs de Savoye ses Successeurs & même par Henri IV. Roi de France, l'an 1604. après l'échange de la Bresse. Le Marquis d'Aix qui porte le nom de Seyssel, ayant obtenu du Duc Charles Emanuel l'Inféodation de Seyssel, qu'il fit ériger en Comté par le Duc, les Habitans s'y opposerent, & obtinrent la révocation de cette aliénation, à cause qu'il avoient un Privilège du Duc Philibert Emanuel, de ne pouvoir être démembrés du Domaine du Prince.

[g] Longuerue, Descr. de la France, Part. 1. p. 301.

Quoiqu'il paroisse que Seyssel appartenoit au Comte de Savoye au treizième Siècle, du tems du Comte Amé IV. néanmoins le Château ou la partie de Seyssel qui étoit situé sur la Rive gauche du Rhône appartenoit au Comte de Génevois, n'ayant été pris sur le Comte Guillaume III. Comte de Génevois, par le Prince Edouard de Savoye fils du Comte Amédée, que l'an 1320. C'est en ce Lieu-là que le Rhône commence à être navigable, & où se décharge tout le Sel, qui vient de la Méditerranée, & qu'on distribue dans plusieurs Pays.

1. SEYNE, petite Ville de France, dans la Haute Provence, vers les confins de la Vallée de Barcelonette & du Dauphiné, sur une petite Riviere qui se jette dans la Durance.

2. SEYNE, Bourg de France, dans la Provence, Viguerie de Toulon à une lieue au Midi Occidental de la Ville de ce nom, sur le bord de la Rade de la même Ville, où il a un Port.

1. SEZANNE, *Sezanna*, ou *Sezania*, Ville de France, dans la Brie [h], quoique dans le Diocèse de Troyes. Il n'en est fait aucune mention sous les deux premieres Races, mais seulement sous la troisième. Elle étoit fondée avant la fin du onzième siècle & sujette alors à Hugues, Seigneur de Broyes en Latin *Brecarum*, comme on le voit par la Vie de St. *Blitharius*, vulgairement *Blier*, Hermite Ecossois, ou plutôt *Hibernois*, écrite il y a plus de cinq cens cinquante ans. Sezanne fut ensuite unie au Domaine du Comté de Troyes, comme on le voit de Henri Comte Palatin de Troyes de l'an 1162. Ce Domaine de Sezanne fut réuni à la Couronne avec la Champagne. Mr. Baugier [i] dit que la Ville de Sezanne est située entre la Champagne & la Brie, dans une belle Plaine qui n'est point bornée du côté de la Champagne, mais qui est entourée

[h] Longuerue, Descr. de la France, Part. 1. p. 37.

[i] Mémoires de Champagne par M. Baugier, pag. 371.

tourée du côté de la Brie de Collines, où il croît d'assez bon Vin. Elle a quatre principales Portes & une fausse Porte. Ses Murailles sont assez bonnes, & elle a trois Fauxbourgs assez grands. Elle est arrosée d'une petite Riviere qui prend sa source à un quart de lieue de Sezanne, de laquelle les Habitans ont trouvé moyen de faire entrer une partie dans la Ville au travers des Fossez par des manieres d'auges faites de gros bois de Chêne soutenues par d'autres grandes piéces de bois. Ces eaux font tourner plusieurs Moulins dans la Ville & aux environs, & elles en sortent par un Canal pareil à celui par lequel elles y sont entrées. Cette petite Riviére à laquelle quelques-uns donnent le nom d'Auges, & qui en effet n'en a point, reçoit la Riviére de Pleurs au-dessous du Village de ce nom à deux lieues & demie ou environ de Sezanne, & va se jetter dans la Riviére d'Auch au-dessus d'Anglure. On ne sait point en quel tems cette Ville a été bâtie, & l'on croit par tradition que son enceinte, telle qu'elle est à présent, n'étoit autrefois que celle du Château, dont on voit encore quelques restes aux environs des Fauxbourgs. Ce Comté est mouvant du Roi à cause de son Château du Louvre à Paris. Il a été autrefois donné en mariage à des Princes du Sang de la Branche d'Orléans, & la Place qui est au bas de l'Auditoire où l'on rend la Justice, porte encore le nom de Place d'Orléans. Les Comtes d'Alais Ducs d'Angoulême & le Duc de Joyeuse ont été les derniers qui en ont joui. Le Duc de Joyeuse ayant été tué au Siège d'Arras, le Domaine de Sezanne revint à la Couronne ; il fut donné ensuite par engagement au Maréchal de Fabert ; & ensuite possédé par le Marquis de Beuvron, du Chef d'Angélique de Fabert son épouse, auparavant Veuve du Marquis de Genlis. Depuis, ce Domaine a été vendu au Marquis de Plancy Guenegaud. En 1423. ou 1424. le Comte de Salisbery, Général de l'Armée d'Angleterre sous le Régne de Charles VII. prit & brûla la Ville de Sezanne ; & le 20. Mai 1632. jour de l'Ascension de Notre-Seigneur, cette Ville & ses Fauxbourgs furent entiérement réduits en cendres, & on l'a rebâtie depuis ce tems.

2. SEZANNE, Bourg de France, dans le Dauphiné, au Briançonnois, au pied du Mont Genèvre, à trois lieues à l'Orient de Briançon ; sur la Route de cette Ville à Pignerol. Il y en a qui le prennent pour l'ancienne *Scingomagus*.

SEZERIS, Ville quelque part au Voisinage de la Mésopotamie, selon Nicetas cité par Ortelius [a].

[a] Thesaur.

1. SEZZA, ou SESSA ; Voyez SESSA.
2. SEZZA, SESSA, ou SUESSA ; Voyez SUESSA.

S F.

[b] Coronelli Carte de l'Isle de Candie.

1. SFACCHIA, ou MONTI SPACCHIOSI. Montagnes de l'Isle de Candie [b], au Territoire de la Canée, en tirant vers le Midi. Ces Montagnes s'étendent vers la petite Ville de *Castel Sfacchia* ; & c'est où habitent les Sfacchiotes, Peuples qui passent pour belliqueux.

2. SFACCHIA, petite Ville de l'Isle de Candie [c] au Territoire de la Canée, sur la Côte du Pays des Sfacchiotes, au Nord de *Ponta Macri*.

[c] Ibid.

3. SFACCHIA, (Castel) Château de l'Isle de Candie [d], au Territoire de la Canée, qui est la partie Occidentale de l'Isle. Il est sur la Côte du Pays des Sfacchiotes, *Porto Lutro*, à l'Occident de la Ville de Sfacchia.

[d] Ibid.

SFASFERIENSIS, Siège Episcopal d'Afrique, dans la Mauritanie Césariense, selon la Notice des Evêchez de cette Province.

SFETIGRADO, petite Ville de la Turquie en Europe [e], dans l'Albanie, aux Confins de la Macédoine. Les Turcs la nomment *Siurgice*. Elle est fortifiée, & on la trouve, à vingt lieues de Croye vers l'Orient Méridional.

[e] Baudrand, Dict.

S G.

SGORA [f], Lieux quelque part dans l'Asie, sur le bord de la Mer. C'est Curopalate qui en fait mention.

[f] Ortelii Thesaur.

S'GRAVEMOER, Seigneurie du Pays-Bas [g], dans la Hollande, sur les Confins du Brabant-Hollandois, au bord de la Riviére de Dunge, à une lieue & demie de S. Gertrudenberg.

[g] Dict. des Pays-Bas.

S'. GRAVENDAEL, Village des Pays-Bas, dans l'Isle de Beyerlant.

S'. GRAVENDALE : Voyez DALEM.

S'. GRAVENHAGUE ; Voyez la HAYE.

S'. GRAVESENDE, Village des Pays-Bas, dans la Hollande, au Delfland, à une lieue de l'Embouchure de la Meuse, & à trois petites lieues de Delft. Ce Village qui est gros & ancien a été autrefois le séjour des Comtes de Hollande. Il étoit environné de murailles qui ne subsistent plus. Il s'y fait d'excellens Fromages.

S H.

SHADTWIEN, ou SHOTWIEN ; Ville d'Allemagne, aux Confins de la Haute Stirie & de l'Autriche. C'est, dit Edouard Brown [h] une Place très-forte, située entre des Rochers sur le passage des Montagnes. Les Maisons qui sont bâties sur les côtés des Rochers sont inaccessibles ; mais le Sommet des Montagnes, d'où on peut découvrir toute la Campagne des environs, peut fort bien servir de Sentinelles. Cette Ville que quelques-uns appellent *Claustra Austriæ* est environnée de Montagnes ; & a une Porte à chaque bout. Elle a aussi un petit Ruisseau qui descendant de toutes ces Montagnes vient se rendre dans la Ville par dessous la muraille.

[h] Voyage de Vienne.

☞ Edouard Brown a corrompu le nom de cette Ville, que les Allemands écrivent SCHAIDWYN.

SHAF-

SHAFTESBURY, Voyez SCHAFTSBURY.

a Délices de la Gr. Br. p. 1603. SHANON, Rivière d'Irlande [a] : Elle prend sa Source dans un Lac nommé *Allen* ou *Allyn*, vers le milieu du Comté de Letrim, & long d'environ neuf milles. Le Shanon en sortant de ce Lac coule du Nord au Sud, & sépare la Connacie de la Momonie. Il rencontre ensuite un Lac nommé Rée, entre le Comté de Roscomon d'une part, & les Comtez de Longford & de West-Meath de l'autre. En sortant de ce Lac il continue son cours au Sud & tourne ensuite au Sud-Ouest, où il trouve encore un autre grand Lac nommé Derg, entre les Comtez de Galloway & de Tipperary. Quand il a traversé ce Lac il coule au Sud jusqu'à Limmerick; mais en chemin faisant il rencontre une Cataracte, qui le fait tomber de fort haut au-dessus de la même Ville. De Limmerick il coule à l'Ouest, & forme un troisième Lac semé d'une infinité d'Isles. Il se resserre après cela pour aller se jetter dans l'Océan. Cette Rivière est par-tout large & profonde; de sorte qu'elle seroit navigable tout le long de son cours, sans la Cataracte dont j'ai parlé. Cependant il ne seroit pas impossible de lever cet obstacle, & de donner un Canal uni à la Rivière, si on vouloit en faire la dépense.

b De l'Isle Atlas. SHAPOR, ou SHAPOUR [b] Ville de l'Inde, dans les Etats du Grand-Mogol, au Royaume de Berar. Quelques-uns veulent que ce soit la Ville Sora de Ptolomée.

'S. HEERENBERG, Comté des Pays-Bas, dans le Comté de Zutphen.

SHEFFEUD, Voyez SHEAFIELD.

'S. HERTOGENBOSCH, Voyez BOIS-LE-DUC.

'S. HERTOGENDALE, Abbaye de Filles, dans les Pays-Bas, au Brabant, & dans le Quartier de Louvain.

'S. HERTOGEN-EYLAND, Prieuré de Filles, dans les Pays-Bas, au Brabant & dans le Quartier de Louvain, à une lieue & demie de la Ville de ce nom.

'S. HERTOGENRAD, Voyez ROLDUC.

c Délices de la Gr. Br. p. 1423. SHAPINS, ou SIAPINS; Isle de la Mer d'Ecosse [c], & l'une des Orcades, vis-à-vis la partie Orientale de Mainland. Elle est longue de six milles & large de trois. Son Terroir est fertile comme celui des autres Isles du Voisinage, & elle a un Port qui est fort bon. Il y a dans cette Isle une Eglise Paroissiale.

d Ibid. p. 226. SHEAFIELD, Bourg d'Angleterre [d], dans Yorck Shire, sur le Derby, au-dessus de Rotherham, Ce Bourg est fort beau. Toutes ses Maisons sont bâties de pierre de taille, & l'on y voit un vieux Château assez fort, & quantité de Forges, où l'on travaille le fer, qui se tire des Mines du voisinage. On fait à Sheafield les meilleurs Couteaux d'Angleterre, & un très-grand Trafic de bled.

e Ibid. p. 258. SHEALS-TINNEMOUTH, ou TINMOUTH-CASTLE [e]; Ville d'Angleterre dans le Northumberland. C'est une Place forte, à l'Embouchure de la Tyne qui lui donne son nom. Du tems des Saxons on l'appelloit *Tunna-Ceaster* & les Anciens l'avoient nommée *Tunnecellum*. Elle est défendue par un Château magnifique & très-bien fortifié, situé sur un Rocher battu de la Mer, & inaccessible de deux côtez. Les Romains y tenoient une Escadre, pour s'opposer aux descentes des Ecumeurs de Mer, & pour faire aussi quelques courses sur l'Ennemi, en cas de besoin.

f Abulfeda, Descrip. de l'Arabie Heureuse. SHEBAN, ou SCHIBAN [f] Ville de l'Arabie Heureuse au Pays d'Hadramout, ce qui fait qu'elle s'appelle aussi Hadramout. SHEBAN, ou SCHIBAM est aussi le nom d'une rude Montagne, sur laquelle sont situés plusieurs Villages, & où il y a des terres cultivées. C'est une des plus renommées Montagnes de l'Yemen, sur laquelle on a bâti une Forteresse. Sheban est comme la Capitale du Pays d'Hadramout ; on compte soixante-un Parasanges, & d'autres onze Stations entr'elle & Sanaa, & une Station de Sheban à Damar. Cette Montagne, suivant Alazizy, est extrêmement peuplée, quoiqu'elle soit d'un très-difficile accès. On y trouve de la Cornaline, de l'Agathe, & d'autres pareilles Pierres d'une grande beauté. Le Cherif Edrisi remarque qu'il y a deux Villes en Hadramout, l'une appellée Tarim, & l'autre Sheban ; que Sheban est une Forteresse presque imprenable, bien munie, & située sur la Montagne de même nom, & il ajoute que sur cette Montagne il y a plusieurs Villages, des Champs cultivés, & des Eaux courantes.

SHEPE-HAVEN, ou SHIPHAVEN, Port ou petit Golphe d'Irlande dans le Comté de Dunghal, sur la Côte Septentrionale, au Couchant du Lac de Swillie, dont il n'est séparé que par un petit Cap.

g Délices de la Gr. Br. p. 844. SHEPEY [g], Isle d'Angleterre. La Rivière du Medway ayant quitté Rochester, se partage en deux Branches, dont l'une nommée *West-Swale*, coule à l'Occident, & l'autre appellée *Est-Swale*, coule à l'Orient ; & toutes deux ensemble forment une Isle qu'on nomme Shepey. Elle peut avoir environ sept lieues de tour, son Terroir est fertile, & sur-tout abondant en Pâturages, mais elle manque de Bois. On y voit deux ou trois Villages remarquables, entr'autres Minster ; où l'on a trouvé du Bitume & du Vitriol ; & Queensborough bon & gros Bourg, la principale Place de l'Isle, avec un Château bâti dans le XV. Siècle par le Roi Edouard III. La Pointe du Nord-Ouest, nommée Shirnasso, ou Sheer-nesse, est occupée par un Château, qui défend l'entrée du Medway & de la Tamise. On dit qu'il n'y a point de Taupes dans cette Isle, & que même celles qu'on y apporte d'ailleurs n'y peuvent pas vivre.

SHERBORN, Bourg d'Angleterre dans Yorkshire, à quatre lieues au Midi de la Ville d'Yorck. Il est situé sur une petite Rivière

SHE. SHI. SHO. SHO. SHR. 513

a Etat de la Gr. Br. p. 127. & 129.
b Délices de la Gr. Br. T. III. p. 717.

Rivière de même nom, & se distingue par son Marché & par son Ecole publique.

SHERBURN, Bourg d'Angleterre [b], dans Dorsetshire, vers le Nord de la Vallée de *White-Hart*. Le nom de ce Bourg qui est considérable est corrompu de l'ancien *Schreburn*, qui signifie une Fontaine claire & nette. C'a été autrefois une Ville Episcopale, dont Adelme fut fait le premier Evêque l'An 703. Dans le XI. Siècle Herman, Evêque de *Suning*, ayant été appellé à la Chaire Episcopale de Sherburn, unit ces Evechez, & des deux n'en fit qu'un ; & dans la suite sous Guillaume le Conquérant, l'Evêché fut transféré à *Salisbury*; mais le Bourg de Sherburn est demeuré aux Evêques. Un d'entre eux nommé Roier y construisit un Château, dans la partie Orientale, vers l'endroit où il y avoit un beau Vivier. Mais le Vivier a été desseché il y a déja long-tems, & l'Espace qu'il occupoit est couvert d'une belle Prairie. Mylord Digby possède le Château de Sherburn.

c Ibid. p. 1383.

SHINN, ou SIN, Lac d'Ecosse [c], dans la Province de Sutherland. Il est le plus considérable de tous les Lacs de cette Province, au Sud-Ouest de laquelle il est situé. On lui donne quatorze milles de longueur; mais il est fort étroit, n'ayant guère plus de douze à quinze compas dans sa plus grande largeur. Il est parsemé de quelques petites Isles remplies de Gibier à poil & à plume. Il se décharge par un Canal ou une Rivière qui en tire le nom de Shinn, & qui après un petit cours de six milles, se jette dans le Golfe de Taine, vis-à-vis de l'Embouchure du Charroun. On a remarqué que ni le Lac ni la Rivière de Shinn, ne se gelent jamais. Le Lit de la Rivière est rompu au milieu de son cours, par une Cataracte, où l'eau se précipite d'un haut Rocher dans un Creux profond avec grand fracas. Il s'y trouve une riche Pêche de Saumons. Le Lac de Shinn sert comme de borne entre les deux grandes Forêts de Dirry-Moir & de Dirry-Meanach. Dans la première, au Nord-Ouest du Lac, il se trouve une Montagne nommée Arkill, où les Cerfs ont tous la queuë fourchuë naturellement, de la longueur de trois pouces : c'est à cette marque qu'on les distingue d'avec tous les autres. La Forêt de Dirry-Meanach, est au Sud-Ouest du Lac Shinn, dans la Baronnie de Gruids, où il se trouve des Montagnes de Marbre. La Rivière de Shinn traverse une Vallée nommée Brachart qui a vingt-deux milles de long.

d Ibid. p. 368.

SHIREWOOD, Forêt d'Angleterre [d], dans Nottinghamshires. Elle est presque au milieu de ce Comté & nourrit quantité de Cerfs & de Daims. On y voit naître diverses Rivières comme le Meden, le Mann, & l'Idle, qui prennent toutes trois le chemin du Nord.

e Voyage d'Alep à Jérusalem, en 1697.

SHOGGLE, Ville de Syrie au bord de l'Oronte [e], qu'on traverse sur un Pont de treize Arcades. Elle est grande ; mais désagréable par le peu de netteté de ses rues. On y voit un très-beau Kan, fondé par le second Cuperli, Grand Visir,

avec un revenu suffisant pour fournir aux Voyageurs une portion raisonnable de pain, de bouillon & de viande, que ceux qui en souhaitent trouvent toujours prête. Le même Cuperli a fait ajouter à ce Kan du côté de l'Occident un autre quarré pour l'entretien d'un certain nombre de pauvres. La Rivière est assez large devant cette Ville, & cependant si rapide, qu'elle fait tourner de grandes roues, dont on se sert pour enlever l'eau par sa propre force.

SHOTWIEN, Voyez SHADTWIEN.

1. SHREWSBURY, ou SHROPSHIRE [f]; Province d'Angleterre, en Latin *Salopiensis Comitatus*. Elle a pour bornes, au Midi la Rivière de Temde, qui la sépare des Comtez de Radnor, de Hereford, & d'une partie de celui de Worcester : à l'Orient le même Comté de Worcester & celui de Stafford ; au Nord la Province de Chester ; & à l'Occident une partie du Pays de Gâles, savoir les Provinces de Denbigh & du Montgommery. Elle est étendue du Nord au Sud de la longueur de trente-cinq milles, large de vingt-cinq, & sa circonférence est de cent trente-cinq. Elle contient environ 890. mille Arpens de terre. On la partage en quinze Hundreds ou Quartiers ; il s'y trouve une Ville, quinze gros Bourgs à Marché, vingt-trois mille, deux cens quatre-vingt quatre Maisons, & cent soixante-dix Eglises Paroissiales. Il y a cinq Places qui ont droit de députer au Parlement, Shrewsbury, la Capitale, Bishops-Castle, Bridgenorth, Ludlow & Wenlock. Les Comtez de Shrewsbury, de Bridgewater, de Stafford, de Bradford, le Vicomte Weymouth, & quelques autres Seigneurs ont divers beaux Palais, & de magnifiques Maisons de Campagne dans cette Province. Elle est arrosée d'un assez bon nombre de Rivières. La Saverne qui vient du côté de Mongomery, la traverse par le milieu, de l'Ouest à l'Est & au Sud-Ouest, faisant une infinité de tours & de courbures. Elle reçoit au Nord les Rivières de Worse & de Terne, & celle-ci en engloutit une autre nommée Rodden. Au Midi la Saverne ne reçoit rien que la petite Rivière de Mêle. Mais la Rivière de Temde, qui arrose les Frontières Méridionales de l'Orient à l'Occident, est grossie par les eaux de la Clune, du Corve, & de Rea, après quoi elle entre dans le Comté de Worcester. Cette Province étoit anciennement habitée par deux Peuples : Les Cornaviens possédoient la partie qui est au Nord & au Nord-Est de la Saverne, & les Ordovins avoient l'autre partie. Les Villes & Bourgs où l'on tient Marché sont

f Délices de la Gr. Br. p. 395.

Shrewsbury ou Salop, Capitale,	
Bishops-Castle,	Whitchurch,
Bridgenorth,	Newport,
Ludlow,	Dragton,
Wenlock,	Wem,
Ellismere,	Church-Stretton,
Wellington,	Hodnet,

Ttt Cle-

Clebury, Shefnall, Oswestry.

2. SHREWSBURY, Ville d'Angleterre [a], dans la Province de même nom sur la Saverne. Cette Ville se nomme autrement SHROWSBURY, tire son nom du Saxon Scrobbes-hirig, d'où les Normands ont fait Sloppes-bury, & les Latins, *Salopia*. Les Bretons ou Gallois l'appellent Pengwern, à cause d'un Bois d'Aûnes qu'il y avoit là. Cette Ville est l'une des plus belles, des plus peuplées, des plus riches, & des plus Marchandes du Royaume. Elle est située à cent cinquante milles de Londres, dans une Presqu'isle que forme la Saverne, l'environnant de trois côtés & approchant ses deux bords de si près, qu'il s'en faut peu qu'elle ne soit une Isle entière ; & il ne reste qu'un petit Espace au Nord, qui fait l'Isthme entre les deux Lits de la Riviére. La Ville est sur une Colline, dont le fond est rougeâtre, fermée de bonnes Murailles qui ont dix-sept cens pas de circuit, composée de cinq grandes Paroisses, partagée de belles & de larges Rues, & ornée de divers Edifices tant sacrez que séculiers. Deux Ponts de pierre servent à entrer dans la Ville, l'un à l'Orient, l'autre à l'Occident, & l'on voit en particulier un vieux Château, construit sur le haut de la Colline au-dessus de la Ville au Nord, sur l'Isthme qui est à la tête de la Presqu'isle. Il fut bâti dans le XI. Siécle par Roger de Montgommery, à qui Guillaume le Conquérant avoit donné cette Ville. Le grand Commerce qui se fait dans cette Ville, y apporte beaucoup de richesses : ce qui la rend si florissante, est le voisinage du Pays de Galles. Les Habitans de cette Isle sont en partie Anglois & en partie Gallois, qui entendent également les deux Langues, & par-là Shrewsbury est le Centre & le Bureau de Commerce de tout le Pays de Galles. Les Gallois y apportent leurs Cottons, leurs Draps, & leurs Bas d'Estame, & reçoivent du Malt en échange. Les Habitans eux-mêmes s'appliquent aux Manufactures, & envoyent leurs Frises dans les autres Provinces du Royaume. Mylord Charles Talbot auparavant Comte de Shrewsbury reçut le titre de Duc du Roi Guillaume, avec la dignité de Sécrétaire d'Etat.

[a] *Délices de la Gr. Br. p. 398.*

S I.

SIABAN, SCHIBAN, ou SHEBAN, Voyez SHEBAN.

SIACHA, Marais d'Italie, selon Tzetzes [b], qui dit que lorsque les feuilles des Arbres tomboient, au lieu de surnager elles alloient à fond. Ce qu'il ajoute, que ce Marais étoit au voisinage du Pays des Cimmériens n'est pas trop propre à confirmer la merveille qu'il annonce.

[b] *Chiliad. 12. No. 448.*

SIADA, Voyez SIATA.

SIÆ, Ville de la Grande Arménie selon Ptolomée [c].

[c] *Lib. 5. c. 13.*

SIAGATHURGI, nom d'un Peuple dont parle Etienne le Géographe qui cite le Périple de Martian.

SIAGON, Voyez RAMATHLECHI.

SIAGUL, Ville de l'Afrique propre : Ptolomée [d] la marque sur le bord de la Mer entre *Neapolis, Colonia* & *Aphrodisium*. On croit que c'est aujourd'hui la Ville de Suze.

[d] *Lib. 4. c. 3.*

SIAHA, Canton de la Ville de Jérusalem où demeuroient les Nathinéens, ou les Serviteurs du Temple. I. Esdr. XI. 21.

SIAHCOUEH, ou SIAH-KUK [e] : Ce mot signifie en Langue Persienne, la Montagne Noire. C'est le nom de différens Lieux.

[e] *D'Herbelot, Biblioth. Or.*

Le premier est une Chaîne de Montagnes, qui s'étend depuis le Desert du Khorassan jusqu'au Pays de Ghilan, qui est sur la Mer Caspienne.

Le second lieu, qui porte le nom de Siah-Couch, est une Isle de la Mer Noire, ou plutôt des Palus Méotides, à l'Embouchure du Douna, ou Tanaïs qui appartient à la Province que les Arabes appellent Khozar, qui fait partie de la Russie & de la Petite Tartarie.

Albergendi écrit dans son sixième Climat, que cette Isle joint le Pays d'Azak, qui est celui des Cozaques. C'est pourquoi il y a grande apparence que cet Auteur, aussi-bien que les autres Géographes Orientaux prennent le Douna pour le Dnieper, qui est le Borysthène, à l'Embouchure duquel est la Ville que les Turcs appellent aujourd'hui Sia-Coueh, & nos Géographes Ocziacou. Cependant le même Albergendi dit, que la Ville d'Assaf, ou Assof, est dans cette Isle, ce qui a plus de rapport au Tanaïs qu'au Borysthène.

SIAKANIEN, Ville de la Chine [f] sur la Route du Voyage que les Hollandois firent de Canton à Peking, à la gauche de la Riviére de Kiam, au-dessous de Kinnungan. Elle est au pied d'une Montagne, dont la Pointe élevée panche un peu du côté de la Province de Honan. Ses murailles enferment une bonne partie d'une Montagne voisine qui se laboure, & est fertile. Il y a un fort grand & fort ancien Pagode où les Chinois vont en Pélerinage de toutes parts. Les Rues, qui sont la plûpart pavées de Cailloux, sont fort tortues, & vont en montant sur la Côte de la Montagne. On y voit deux Arcs de Triomphe qui sont construits de pierres grises, & fort beaux. Mais la plûpart des Maisons des Habitans ont été détruites par les Tartares, qui la prirent trois fois durant la guerre. Elle a encore été prise trois fois dans les derniers Troubles, par des Brigands qui l'ont encore plus mal-traitée que les Tartares.

[f] *Route des Hollandois à Peking, p. 6.*

SIALA, Ville de la Cappadoce. Elle est placée dans la Préfecture Tyanitide par Ptolomée [g].

[g] *Lib. 5. c. 6.*

SIALETÆ. Voyez COBLALETÆ & SELLETICA.

1. SIAM, Royaume d'Asie [h]. Selon les plus justes observations qui ayent été faites jusqu'à présent, ce Royaume s'étend depuis

[h] *Gervaise Hist. de Siam. p. 1.*

depuis environ le septième degré de Latitude Septentrionale jusqu'au dix-neuvième. Il a au Septentrion le Láos, à l'Orient Keo & Camboye, au Midi le grand Golphe auquel il donne son nom, & au Couchant la Terre de Malaca. Sa longueur qui se prend du Septentrion au Midi est à peu près de deux cens vingt lieues, dans les endroits où elle n'est point coupée par les Etats voisins. Sa largeur est d'un peu plus de cent lieues dans sa plus grande étendue; mais elle n'est guère de plus de vingt lieues dans sa plus petite.

L'Histoire des Siamois est pleine de Fables, & les Livres en sont rares, parce qu'ils n'ont point, dit-on, l'usage de l'impression; car il n'est pas beaucoup croyable qu'ils affectent de cacher leur Histoire, comme le prétendent quelques-uns, puisque les Chinois, dont les Siamois semblent se piquer de suivre l'exemple en bien des choses, ne sont pas si jaloux de la leur.

Le premier Roi des Siamois eut nom *Pra-poat bonne fourittep pennatui fonanne bopitra*. Le premier lieu où il tint sa Cour s'appelloit *Tch'ai pappe Mahànacon*, dont on ignore la situation. Dix autres Rois lui succéderent, le dernier desquels nommé *Ipoia sanne Thora Thesma Teperat*, transféra son Siège Royal à la Ville de *Tasoo Nacorà Loüang*, qu'il avoit fait bâtir, & dont la situation est aussi inconnue. Le douzième Roi après celui-ci, dont le nom fut *Pra Pro Noome Thele Seri*, obligea tout son Peuple à le suivre à Lacontaï Ville sur une Riviére, qui descend des Montagnes de Láos, & se jette dans le Menam un peu au-dessous de Porselouc, d'où Lacontaï est éloignée de 40. à 50. lieues: mais ce Prince ne se tint pas toujours là; il vint bâtir & habiter la Ville de Pipeli sur une Riviére dont l'Embouchure est à deux lieues au Couchant de la plus Occidentale Embouchure du Menam. Quatre autres Rois lui succéderent, dont Rhamatilondi le dernier des quatre commença de bâtir la Ville de Siam, & y établit sa Cour. *Ramatilondi* est le vingt-cinquième depuis, il vivoit en l'année 1689. Ainsi les Siamois, qui prétendent que leur premier Roi étoit en l'année 755. comptent 52. Rois en l'espace de 934. années.

On prétend que le Pere de ce dernier Roi fut un Usurpateur qui s'empara du Sceptre après avoir fait mourir le Roi légitime & tous les Princes du Sang Royal excepté deux dont on n'a point eu de nouvelles. Une circonstance de cette Usurpation est assés remarquable; l'Usurpateur entra à main armée dans le Palais, força le Roi à l'abandonner, & à se réfugier dans un Temple, & ayant ensuite tiré ce malheureux Prince de ce refuge, il le ramena au Palais, & le fit déclarer déchu de la Couronne, & indigne de régner, par cela même qu'il avoit quitté le Palais. A cet Usurpateur succéda son Frere, parce que le Fils, alors sans doute jeune, ne put, ou n'osa lui disputer la succession, & se mit en sûreté dans le Cloître inviolable de Talapoin, & prit l'Habit de l'Ordre: mais dans la suite, il déposséda son oncle.

Les Siamois parlent deux sortes de Langues, la Vulgaire qui est toute simple, & en monosyllabes, & sans conjuguaison ni déclinaison; & une autre qu'on appelle Langue Balie, enrichie d'inflexion de mots, comme les Langues Européennes. Le termes de Religion & de Justice, les noms des Charges, & tous les ornemens de la Langue vulgaire, sont empruntés de la Balie: les Chansons aussi; & il semble de-là, que quelque Colonie étrangere se soit habituée autrefois au Pays de Siam. Mais c'est un raisonnement que l'on pourroit faire de toutes les Contrées des Indes: puisqu'elles ont toutes deux Langues.

On prétend que les Loix des Siamois leur viennent du Pays de Láos, & c'est parce, sans doute, qu'il y a de la conformité entre les Loix de Láos & celles de Siam, comme il y en a entre leurs Religions. Cela ne prouve pas, que l'un de ces Royaumes ait donné sa Religion & ses Loix à l'autre, puisque tous les deux peuvent les avoir puisées dans une Source commune. Quoiqu'il en soit, on veut à Siam, que ce soit Láos, qui leur ait donné de Loix, & même des Rois: on veut à Láos, que leurs Rois, & la plûpart de leurs Loix viennent de Siam.

La figure des Siamois est Indienne, leur tein est mêlé de rouge & de brun, leur nez court & arrondi par le bout, les os du haut de leur joue gros & élevés, leurs yeux fendus un peu en haut, leurs oreilles plus grandes que les nôtres, en un mot, ils ont tout les traits de la physionomie Indiénne & Chinoise, leur contenance naturellement accroupie, comme celle des Singes, dont-ils ont beaucoup de maniéres, entr'autres une passion extraordinaire pour les enfans. Le Roi de Siam lui-même, prend ce singulier plaisir d'en élever un plus grand nombre, jusques à l'âge de sept à huit ans, après quoi, l'air enfantin les quittant, il leur ôte ses bonnes graces.

La Ville de Siam est peu habitée, quoiqu'elle soit grande, & le Pays l'est encore moins. Les différentes Nations qui habitent cette Ville, & qu'on veut être au nombre de quarante, occupent des Quartiers différents. Il faut croire que la Nation ne veut pas un plus grand Peuple, puisqu'on le compte tous les ans, & qu'on le charge d'Impôts & de Corvées. Suivant ce compte, on a dit, qu'il y avoit dans la grande étendue de tout ce Pays-là, dix-neuf cens mille ames seulement.

Les Siamois ont des bois propres à construire des Vaisseaux: mais comme ils n'ont point de Chanvre, leurs Cordages sont d'une écorce verte qui est sur le Coco, & leurs voiles de Nattes de gros Jonc. De tels agrés ne vallent pas les nôtres à beaucoup près: mais leurs voiles ont cet avantage, qu'elles reçoivent mieux le Vent, lorsqu'il n'est pas contraire à la Route.

Ils ont aussi des Bois propres à bâtir des Maisons, à la Menuiserie, & à la Sculpture. Il y en a de léger, & de fort pesant, d'aisé à fendre, & d'autre qui ne se fend point, quelque Clou, & quelque Cheville qu'il reçoive. On appelle ce dernier Bois-Marie en Europe, c'est le meilleur de tous, pour les Coudes des Navires. Celui qui est pesant & dur, est appellé Bois de fer, assés connu dans les Isles de l'Amérique: l'on assûre qu'à la longue il ronge le Fer. Les Arbres y sont si droits & si hauts, qu'un seul suffit à faire un Bâteau ou Balon, comme parlent les Portugais, de seize à vingt Toises de longueur. Ils creusent l'Arbre & en élargissent la capacité par la chaleur du feu: relevent les côtés par un bordage d'une planche de même longueur: enfin ils attachent aux deux bouts une proue, & une poupe fort haute un peu recourbées en dehors, qu'ils ornent de Sculpture & de Dorure, & de quelque pièce de rapport de pièces de Nacre de perle.

Ce qu'il y a de singulier c'est qu'aucun des Arbres de l'Europe ne se trouve dans le Royaume de Siam, & point de Meurier par conséquent. On n'y voit pas même de Lin; toutes les toiles y sont de Coton qui y est fort commun; & les Siamois préferent ces toiles aux nôtres, par cette raison, que le Coton ne se refroidit pas par la chaleur, comme fait la Toile de Lin ou de Chanvre, & n'est donc par sujette à causer des indispositions & des Maladies.

Nul autre Pays n'a plus que celui de Siam, la réputation d'être riche en Mines, & la grande quantité d'Idoles, & d'autres Ouvrages de fonte qu'on y voit, est une preuve qu'on les a mieux cultivées anciennement qu'on ne le fait à présent. L'Or dont la Superstition a orné leurs Idoles presque sans nombre, & les Lambris & les Combles de leurs Temples, prouvent aussi la richesse de ces Mines. On découvre encore tous les jours des Puits creusés, & les restes de quantité de Fourneaux.

Il y a dans le voisinage d'une Ville de ce Royaume appellée de Louvo une Montagne de Pierre d'Aimant. Il y en a une autre près de Jonsalam, Ville qui n'est séparée de la Côte de Siam, que de la portée de la voix humaine: mais l'Aimant qu'on tire de Jonsalam, perd sa force dans trois ou quatre mois; peut-être en est-il de même de celui de Louvo.

On trouve de l'Agate fort fine dans les Montagnes, & on voit entre les mains des Talapoins, qui s'occupent en secret à ces recherches, des pièces de Saphirs & de Diamants sortant de la Mine.

On trouve aussi quelques Mines de Fer, qu'on fait fondre, & non forger. Aussi les Siamois n'ont que des Ancres de bois pour leurs Galéres, auxquelles ils attachent des pierres, pour les faire couler à fond. Ils n'ont, ni épeingles, ni éguilles, ni cloux, ni ciseaux, ni Serrures, & n'emploient par conséquent pas un clou à bâtir leurs Maisons, quoiqu'elles soient toutes de bois: leurs Fermetures sont des Cadenas, qui leurs viennent du Japon, dont les uns sont de Fer & fort bons, & les autres de Cuivre très-mauvais.

Les Siamois font de mauvaise poudre à Canon, parce, dit-on, que le Salpêtre est très-mauvais lui-même: on le tire des Rochers où il se forme de la fiente de Chauvesouris, Animaux qui sont très-grands, & en très-grand nombre par toutes les Indes; mais que ce Salpêtre soit bon, ou qu'il soit mauvais, le Roi de Siam ne laisse pas, que d'en vendre beaucoup aux Etrangers.

Les Terres du Pays de Siam, ne sont point du tout pierreusees, à peine y trouve-t'on un Caillou, & l'on croit que ce Pays, s'est formé peu à peu de la Terre argilleuse, que les eaux des pluyes ont entraînée des Montagnes; delà on juge, que ce Limon est la véritable cause de la fertilité du Royaume. Les Lieux élevés, sont arides, & brûlés du Soleil; l'Inondation annuelle de la Campagne, fait à Siam la sûreté & l'abondance de la récolte de Ris; tandis que les autres Pays des Indes, sous la Zone Torride, sont sujets à la Sécheresse, aux Insectes, & à tant d'autres accidents, qu'il arrive souvent qu'ils sont privés de toute récolte pendant plusieurs années, sans compter les maladies contagieuses & pestilentielles, qui sont presque toujours la suite de la Sécheresse, & de la Stérilité.

Si l'Inondation engraisse les Terres d'un côté, elle fait mourir les Insectes de l'autre; du moins une partie, car il en reste toujours une quantité qui incommodent beaucoup. Ce qu'il y a de surprenant, c'est que les Animaux de Siam semblent instruits par la Nature à éviter les inondations. Les Oiseaux qui ne perchent pas en Europe, comme les Perdrix & les Pigeons, perchent en ce Pays-là; & les Fourmis doublement prudentes font leurs nids & leurs magasins, sur les Arbres. Partie de ces Fourmis sont blanches, & elles gâtent tout, jusques aux Livres qu'elles percent d'outre en outre. Les Missionnaires sont obligés, pour conserver les leurs, d'en enduire les couvertures, & sur trenche d'un peu de Cheyram, qui n'empêche pas qu'on ne les ouvre, & qui leur donne même de la beauté, par l'éclat des glaces qu'il leur communique.

Les Siamois commencent leur Année le premier de la Lune de Novembre ou de Décembre, suivant de certaines Règles. Ils ne marquent par toûjours les années par leur nombre, mais par des noms qu'ils leur donnent, car ils se servent du Cycle de 60. années comme les autres Orientaux. Ce Cycle de 60. années, est une révolution de 60. années, comme une Semaine est une révolution de sept jours; & ils ont des noms pour les années du Cycle, comme nous en avons pour les jours de la Semaine. Leurs mois sont de trente jours chacun, leurs années de douze mois, excepté que de trois il y en a une de treize. Ils n'ont que trois Saisons, l'Hyl'Hyver, le petit Eté, & le grand Eté. Celui-ci dépouille les Arbres, comme l'Hyver dépouille les nôtres. Leurs Semaines n'ont point de nom, mais ils comptent les sept jours par les Planetes, & ces jours répondent aux nôtres ; c'est-à-dire, que le Lundi pour nous, est aussi Lundi pour eux ; mais le jour y commence plutôt que chez nous d'environ six heures. Les deux premiers de leurs mois, qui répondent à peu près à nos mois de Décembre & de Janvier, font tout leur Hyver, les troisième, quatrième, & cinquième leur petit Eté, & les sept ou huit autres leur grand Eté. Ainsi ils ont l'Hyver en même tems que nous, parce qu'ils sont au Nord de la Ligne comme nous ; mais leur plus gros Hyver est, pour le moins, aussi chaud que notre plus grand Eté. Leur Hyver est sec, & leur Eté pluvieux : sans cette merveille, la Zone Torride seroit sans doute inhabitable : ainsi pendant l'Hyver, le Soleil étant au Midi de la Ligne, ou vers le Pole Antarctique, les Vents de Nord régnent toujours, & tempérent l'air jusqu'à le rafraîchir sensiblement. Pendant l'Eté, lorsque le Soleil est au Nord de la Ligne, & à plomb sur la tête des Siamois, les Vents de Midi, qui soufflent toujours, y causent des pluyes continuelles, ou du moins font, que le tems y est toujours tourné à la pluie. C'est cette Règle éternelle des Vents, qui fait que les Vaisseaux, ne peuvent presque arriver à la Barre de Siam, pendant les six mois des Vents de Nord, & qu'ils ne peuvent presqu'en sortir, pendant les six mois des Vents de Midi.

On ne trouve pas dans le Pays de Siam, quoi qu'on y entende la culture des Jardins, & qu'on y fasse venir des Légumes & des Racines, on n'y trouve pas, dis-je, celles de ce Païs-ci. Point d'Oignons, d'Aulx, de grosses Raves, de Persil, d'Oseille &c. Les Roses n'y ont point d'odeur ; le Jasmin y est si rare, qu'il n'y en a que chez le Roi. A la place de nos Fleurs & de nos Plantes, qui sont inconnues aux Siamois, ils en ont de très-particuliéres, & très-agréables par leur beauté & par leur odeur : elles ont sur-tout de celles-ci, pendant la nuit ; d'où l'on peut juger, que la chaleur du jour, en dissipe les esprits. On a planté dans le Jardin du Roi quelque Vigne, qui, par cette même raison, prise de la trop grande chaleur du Climat, n'a donné que peu de mauvaises grapes, dont le grain est petit & d'un goût amer ; & quand on a planté de la Vigne Muscat, l'espèce a dégéneré dès la seconde année, & n'a produit que du Raisin ordinaire.

L'eau pure est la boisson ordinaire des Siamois, ils la parfument pour lui donner du goût, & comme c'est de l'eau de Riviére chargée de bourbe, & peut-être de mauvais sucs qu'elle prend dans les Terres lors des inondations, on ne peut la boire, qu'après trois semaines ou un mois qu'elle se trouve posée & filtrée dans de grands Vases où on la met ; sans quoi, elle cause des dyssenteries, tant elles sont corrosives.

Ils boivent du Thé, & très-volontiers du Vin, lorsqu'ils en ont, quelque défendu qu'il leur soit par leur Morale, & boivent encore des Liqueurs qu'ils appellent Tari & Neri, qu'ils tirent de deux espèces d'Arbres appellés Palmites, qui ont de grandes feuilles comme le Palmier. La manière de recueillir cette boisson est de faire le soir une incision à l'écorce de l'Arbre près du tronc, & d'y appliquer une Bouteille, qui se trouve pleine le lendemain. On peut aussi recueillir ces liqueurs pendant le jour : mais on dit alors qu'elles sont aigres, & qu'on ne s'en sert que pour du Vinaigre. Le Tari se tire d'une espèce de Cocotier sauvage, & le Neri de l'Arequier, sorte d'Arbre dont le fruit appellé l'Areq, & par les Siamois Plon, est une espèce de gros gland qui n'a pourtant point cette demi-coque de bois, où tiennent nos glands.

Ils boivent encore des Eaux-de-Vie, & préférent les fortes aux autres. Ils en font de Ris, & la frelatent souvent avec de la chaux.

Enfin ils prennent du Caffé qui leur vient de l'Arabie.

Ils aiment le fruit plus que toute autre chose : ils en mangent tout le long du jour. Mais aux Oranges, aux Citrons & aux Grenades près, il n'y a à Siam aucun de nos fruits. Du reste, tout y est à si bon marché qu'un homme y vit communément pour deux liards par jour.

Ils ne font pas non plus obligés à une grande dépense pour les habits, ni pour leurs logemens, & leurs ameublemens. Ils ne s'habillent presque point ; ils vont nuds-piés, & nues têtes, & se contentent pour la bienséance seulement de s'entourer les reins & les cuisses d'une pièce de toille peinte, qu'on appelle Pagne. Leurs Maisons sont à un seul étage, jusqu'au Palais du Roi même, & construites seulement de bois, & leur meubles répondent parfaitement à la simplicité des Maisons : la plûpart des lits consistent en une Natte de Jonc. Les Tables sont sans pié, toujours sans nappes ni serviettes, ni cuilliers, ni fourchettes, ni couteaux. On sert les morceaux tous coupés. Point d'autres sièges, que de Nattes de jonc : point de Tapis de pié. Les Riches ont des Coussins pour s'apuïer ; mais ils n'en usent pas pour s'asseoir dessus, non pas même le Roi. Tout ce qui est chez nous d'étoffe de soye ou de laine, est chez eux de toile de Coton. Leur Vaisselle est, ou de Porcelaine ou d'Argile. Le Bois simple ou vernissé leur fournit tout le reste. Chacun y bâtit sa Maison par soi-même ou par ses Esclaves : la Scie & le Rabot sont donc les meubles de tout le monde. Les meubles du Roi sont à peu près les mêmes ; mais plus riches & plus précieux. Quant à leur nourriture, ils mangent moins que nous à cause de l'Eté presque continuel : leur nourriture ordinaire est le Ris & le Poisson. La Mer leur donne de petites Huîtres très-déli-

délicates, de très-bonnes petites Tortues, des Ecrevisses de toute taille, & d'excellens Poissons dont les espèces nous sont inconnues. Ils préférent le poisson sec & mal salé au frais; le pourri ne leur déplaît pas, non plus que les œufs couvés, les Sauterelles, les Rats, les Lezards, & la plûpart des Insectes: la Nature tournant sans doute leur appetit aux choses, dont la digestion leur est plus facile. Leur sausses sont simples, un peu d'eau avec des épices, de l'Ail, de la Ciboule, ou quelque petite herbe de bonne odeur.

Le Pays n'est pas propre à élever des Chevaux, soit que les Pâturages soient grossiers, soit que les Habitans ne sachent pas les dresser. Il n'y a non plus, ni Anes ni Mulets, & tout se réduit aux Bœufs, aux Busles, & aux Eléphans, qui sont montés indifféremment. La Chasse des derniers est libre à tout le monde; mais, on n'y va que pour les prendre, & jamais pour les tuer. Les femelles sont pour le service ordinaire, les mâles sont réservez pour la Guerre. Il y a toujours un Eléphant de garde au Palais du Roi, tout enharnaché & prêt à monter. A l'endroit où il est mis de garde, il y a un échafaut, qui est à plein pié de l'Appartement du Roi; afin que de l'échafaut, en hors, le Roi puisse le monter.

L'Usage des Siamois, n'est pas, de permettre aux filles la conversation des garçons. Les Meres les châtient, quand elles les y surprennent: mais les filles ne laissent pas de s'échapper, quand elles peuvent; & cela ne leur est pas impossible sur la fin du jour. On a accoutumé de les marier fort jeunes, de même que les garçons, & souvent elles ont des enfans dès l'âge de douze ans, & quelquefois plûtôt. On se dispense de raporter les formalités qu'on observe dans les mariages, le détail en seroit trop long; on ajoûte seulement, que la plus grande dot, à Siam, est de cent Catis, vallant quinze mille Livres de France; & comme il est ordinaire que le bien de l'Epoux est égal à celui de l'Epouse, il s'ensuit, qu'à Siam la plus grande fortune des deux nouveaux Epoux, ne passe pas dix mille écus.

Les Siamois peuvent avoir plusieurs femmes, quoiqu'ils estiment, que ce seroit mieux fait de n'en avoir qu'une; mais les gens riches affectent plus par faste & par grandeur, que par débauche d'en prendre un nombre. Tout ce qu'il y a de curieux, c'est que, dans ce nombre, il y en a toujours une, qui est la principale de toutes, qu'on appelle la grande femme; les autres appellées petites femmes sont pourtant légitimes, comme permises par les Loix; mais elles sont soumises à la principale. D'ailleurs il est remarquable, qu'elles sont toutes achetées, & conséquemment Esclaves, & delà leurs enfans appellent leur Pere Pô Tcháou, c'est-à-dire Pere Seigneur; au lieu que les enfans de la principale l'appellent simplement Pô, c'est-à-dire, Pere. Les Successions sont pour cette femme principale, & ensuite pour ses enfans, qui héritent de leurs parens, par portion égale: les petites femmes, & leurs enfans peuvent être vendus par l'Héritier qui leur donne ce qu'il trouve bon, ou qui ne leur donne rien.

Le Mari est naturellement le Maître du divorce; mais rarement le refuse-t-il à sa femme, lorsqu'elle le demande: il lui rend sa dot, & ils partagent leurs enfans en cette maniere. La mere a le premier, le troisième, le cinquième; & tous les autres en rang impair, & par-là, s'il n'y a qu'un enfant, cet enfant est pour elle; que si le nombre des enfans est impair, la femme en a un de plus, que le Mari. Sans doute qu'on a jugé que la mere en auroit plus de soin, ou que les ayant portés dans ses flancs, & les ayant nourris de son Lait, il semble qu'elle y a un plus grand droit que le pere: c'est aussi peut-etre parce qu'on a trouvé, qu'étant la partie la plus foible, elle a plus de besoin que le Mari du secours de ses enfans.

La puissance du Mari est si despotique dans sa famille, qu'il peut vendre des Enfans & ses femmes à l'exception de sa Femme principale qu'il a droit seulement de répudier. Les Veuves héritent du pouvoir de leurs Maris, avec cette restriction pourtant, qu'elles ne peuvent vendre les enfans qu'elles ont en rang pair, si les Parens du pere défunt s'y opposent. Après le divorce le pere & la mere peuvent vendre les enfans, qui leur sont échus en partage. Mais les parens ne peuvent tuer leurs enfans, ni les Maris tuer leurs femmes; parce qu'en général, tout meurtre est défendu à Siam.

L'éducation des enfans amene tout le Peuple à la politesse, & à la droiture. Il suffira, pour en donner une juste idée, de dire ici, que les peres & proches Parens répondent des fautes des enfans, & qu'ils ont part aux châtimens qu'ils viennent à mériter. On les oblige même de les livrer quand ils ont failli. Et quoique le fils s'en soit enfui, il ne manque jamais de se venir livrer lui-même, s'il apprend que le Prince inquiéte, à son occasion, son pere, sa mere, ou quelqu'autre parent, même collatéral, si ce parent est plus vieux que lui, & qu'il lui doive du respect. N'est-ce pas-là une grande preuve de l'amour des enfans Siamois, envers leurs Parens?

Les Siamois conçoivent aisément & nettement, leurs reparties sont vives & promptes, leurs objections sont justes. Ils imitent d'abord, &, dès le premier jour, ils sont passablement bons Ouvriers: de-là, on espére qu'un peu d'étude va les rendre très-habiles, soit dans les Arts, soit dans les Sciences; mais leur paresse invincible détruit tout d'un coup ces espérances. Il ne faut donc pas s'étonner s'ils n'inventent rien, ni dans ceux-là, ni dans celles-ci.

Ils ignorent totalement la Médecine & la Chirurgie. L'Anatomie est pour eux de l'Algèbre, & les opérations manuelles, sur les Corps humains, leur sont également étrangères, jusques aux simples saignées.

gnées. Ils s'en tiennent à certains nombres de Receptes, qu'ils ont apprises de leurs Ancêtres, & n'y changent jamais rien, quelque Symptomes que les Maladies fassent paroître: ils en guérissent pourtant beaucoup par les qualités naturelles des Siamois, qui les préservent de beaucoup de maux difficiles à guérir.

Les Vices sont honteux parmi les Siamois, ils ne les excusent, ni comme plaisanterie, ni comme supériorité d'esprit. Celui qui se trouve tant soit peu au-dessus de la lie du Peuple, loin de s'enivrer, a honte de boire même de l'Araq: l'Adultère est rare à Siam non pas tant parce que le Mari a droit de se faire Justice, & de tuer sa femme en flagrant délit, ou de la vendre à son choix, que parce que les femmes n'y sont corrompues, ni par l'oisiveté, ni par le luxe des habits ou de la Table, ni par le Jeu, ni les Spectacles. Tous les Mariages n'y sont pas tous chastes; mais du moins tout autre amour plus déréglé que celui des femmes, y est sans exemple.

La jalousie n'est chez les Siamois qu'un pur sentiment de gloire, & ce sentiment est plus grand en ceux qui sont les plus élevés en dignité. Il ne laisse pas de se trouver des femmes des Grands, qui prennent des plaisirs secrets quand elles peuvent, & qui risquent pour cela leur gloire & leur vie. On dit qu'il y en a eu des exemples parmi les femmes du Roi, quelque renfermées qu'elles soient, & que ce Prince les punit d'une maniére extraordinaire; il les soumit premièrement à un Cheval accoutumé, dit-on, à l'amour des femmes, & ensuite il les fit mourir. Quant aux filles des Particuliers, les Peres les vendent à un certain homme qui a droit de les prostituer pour de l'argent, moyennant un certain Tribut qu'il paye au Roi, & les Maris vendent aussi à ce même homme, celle de leurs femmes qu'ils ont convaincue d'infidélité.

Le peu de respect envers les Vieillards, y est rare: la menterie envers les Supérieurs y est punie par les Supérieurs même, & le Roi de Siam la punit encore plus sévèrement que tout autre: l'union des familles y est telle, qu'un fils qui voudroit plaider contre ses parens y passeroit pour un Monstre. Aussi Personne en ce Pays-là ne craint-il ni les mariages, ni le nombre des enfans; l'intérêt ne divise point les familles, & la pauvreté n'y rend point le mariage onéreux. Les parens n'y souffrent pas que leurs parens demandent l'Aumône, ils nourrissent charitablement ceux de leur famille, qui par leur bien & leur travail ne peuvent se nourrir. La mendicité y est honteuse, & à celui qui mendie, & à toute sa famille.

Mais le Vol y est encore plus honteux que la mendicité, non-seulement au Voleur même, mais à ses parens. Les plus proches n'osent s'intéresser pour un homme prévenu de Vol; cela n'est pas étrange, puisqu'on peut vivre à si bon marché, & que les Maisons, sont beaucoup moins sûres, que nos plus mauvais Coffres dans des Chambres ouvertes. Néanmoins comme il n'y sauroit avoir de véritable vertu hors du Christianisme, les Siamois ne refusent guère un Vol qui s'offre à eux, & l'on peut dire proprement de leur Pays, que l'occasion fait le Larron. Cela est si vrai, que l'un des Officiers de l'un des Magasins du Roi de Siam, lui ayant volé quelque chose, ce Prince ordonna qu'on lui fît avaler quatre onces d'argent fondu: l'exécution faite, celui qui eut ordre d'ôter de la gorge de ce malheureux les quatre onces d'argent, ne put s'empêcher d'en dérober une partie, & il fut condamné au même supplice. Enfin un troisième s'y exposa encore en prenant une partie de l'argent qu'il tira de la gorge du dernier mort. Le Roi étonné d'une telle manie lui fit grace, en disant que s'il ne pardonnoit une fois, il feroit périr tous ses Sujets. Tout ce qu'il y a de plus recommandable dans les mœurs des Siamois, c'est la grande bonne foi avec laquelle ils font toute sorte de Commerce, malgré l'avarice qui est leur vice essentiel, & qui les porte à l'usure. Mais si d'un côté leurs Loix n'y ont point pourvu, on peut dire de l'autre qu'ils n'amassent des richesses que pour les enfouir, & qu'ils ne savent pas s'en servir. Aussi ils ne font, ni Contrats Publics, ni Testaments, & n'ont-ils presque jamais de Procès civils; mais seulement des criminels, occasionnés la plûpart par la Calomnie, que leurs haines sécrétes & leurs vengeances les excitent de publier, & que la facilité qu'ils trouvent dans les Juges autorise en quelque manière: parce que c'est dans les procès, que ces Juges tirent, comme en Europe, les moyens de vivre, & de s'enrichir.

Leur amitié est infidèle, ils se la promettent pourtant éternelle; & c'est en bûvant de la même Eau-de-Vie dans la même tasse, ou en goûtant du Sang l'un de l'autre, comme faisoient les anciens Scythes, & comme les Chinois, & autres Nations le pratiquent. Il est pourtant vrai, qu'en général, ils ont plus de modération que nous.

La différence qu'il y a des Esclaves du Roi à ses Sujets de condition libre, c'est que ceux-là sont toujours occupés à des travaux personnels, & sont nourris, au lieu que ceux-ci ne lui doivent de travail, que six mois de l'année, & se nourrissent eux-mêmes.

Généralement tout le Peuple sans distinction, est une Milice, où Chaque particulier est enrollé: tous sont Soldats, & doivent six mois de service par an à leur Prince: c'est à lui à les armer, & à leur fournir des Eléphans ou des Chevaux, s'il veut qu'ils soient Cavaliers, mais c'est à eux à s'habiller & à se nourrir. Comme ce Prince n'employe jamais tous ses Sujets dans son Armée, & que souvent il ne met point d'Armée en Campagne, il employe à tel travail, ou à tel service qu'il lui plaît, pendant six mois par an, ceux de ses Sujets qu'il n'employe pas à la Guerre. Et pour que personne n'échappe au Service, on tient un compte exact du Peuple, qu'on divise en Gens de main droite, & en Gens de main gauche, pour que chacun sâche les

fonc-

fonctions auxquelles il doit s'attacher.

Tous les Offices quels qu'ils soient sont Héréditaires, par une Loi de l'Etat, & la vénalité des Charges n'y est pas permise : mais la moindre faute du Pourvû, le bas âge de l'Héritier, ou le caprice du Prince peuvent ôter les Offices aux Familles, même sans récompense ; & l'on voit peu de Charges se perpétuer, sur-tout celles qui approchent le plus du Maître.

Nul Officier n'a de gages, il a seulement le logement, & quelquefois le Prince les honore de certains petits meubles, comme Boëtes d'or, ou d'argent, Armes, Chevaux, & Buffles : ou bien il leur donne quelques Corvées des Esclaves, & quelques Terres labourables ; mais toutes ces choses revenant au Roi avec l'Office, font qu'il est l'Héritier ou semble l'être de ces Officiers. Le seul gain des Offices consiste donc dans les concussions, & il s'en commet ; parce que tous les Officiers sont d'intelligence à piller. Par-là, la corruption & le mal sortent d'où le remede devroit venir : le Commerce des presens y est public, autant qu'ordinaire ; les moindres Officiers donnent aux plus grands à titre de respect, & les Juges même ne sont pas punis pour en avoir acheté des Parties, si d'ailleurs on ne le convainc d'injustice.

Le Droit Public de Siam est écrit en trois Volumes, le premier contient les Noms, les Fonctions, & les Prérogatives de tous les Offices ; les deux autres, sont des Recueils, & des Constitutions des anciens Rois. Il n'est pas possible d'avoir un Exemplaire de ces trois Livres, encore moins d'en avoir une Traduction ; & la difficulté d'en savoir le contenu est d'autant plus grande, que les Siamois n'osent presque pas ouvrir la bouche sur quoique ce soit de leur Pays.

Le Royaume de Siam est divisé en Haut & en Bas. Le Haut est vers le Nord, & contient sept Provinces que l'on nomme par ses Capitales de Porselouc, de Sanquetouc, de Locontaï, de Campeng-Pet, de Coconrépina, de Péchebonne, & de Pitchiaï. A Porselouc ressortissent immédiatement dix Jurisdictions, à Sanquelouc huit, à Locontaï sept, à Campeng-Pet dix, à Coconrépina cinq, à Péchebonne deux, & à Pitchiaï sept. Et outre cela il y a, dans le Haut Siam, vingt-une autres Jurisdictions, auxquelles nulle autre Jurisdiction ne ressortit ; mais qui ressortissent à la Cour, & sont autant de petites Provinces.

On compte dans le Bas Siam, c'est-à-dire dans la partie Méridionale du Royaume les Provinces de Jor, de Patane, de Ligor, de Tinasserim, de Chantebonne, de Pételong ou Bordelong, & de Tchiaï. De Jor dépendent immédiatement sept Jurisdictions, de Patane huit, de Ligor vingt, de Tinasserim douze, de Chantebonne sept, de Pételong huit, & de Tchiaï deux ; & outre cela il y a encore dans le Bas Siam treize petites Jurisdictions, qui sont comme autant de Provinces particuliéres, qui ne ressortissent qu'à la Cour, & auxquelles nulle autre Jurisdiction ne ressortit. La Ville de Siam a sa Province à part au Cœur de l'Etat, entre le Haut & le Bas Siam.

Tout Tribunal de Judicature n'a proprement qu'un seul Officier, puisqu'il n'y a que le Chef ou Président qui ait voix délibérative, & que tous les autres Officiers n'ont que voix consultative, selon l'usage de la Chine & autres Etats voisins. Mais la Prérogative la plus importante du Président, est d'être le Gouverneur de tout son ressort, & de commander même les Garnisons, s'il y en a, à moins que le Prince n'en ait disposé autrement par ordre exprès. De-là il est arrivé, que comme d'ailleurs ces Charges sont héréditaires, il n'a pas été difficile, à une partie de ces Gouverneurs les plus puissans, & les plus éloignés de la Cour, de se soustraire tout-à-fait, ou en partie à la Domination Royale. Tel est le Gouverneur de Jor, à qui les Portugais donnent le nom de Roi. Jor est la Ville la plus Méridionale de Siam. Elle est située sur une Riviére, qui a son Embouchure au Cap de Sincapura, & qui forme un fort bon Port. Tel encore a été le Gouverneur de Patane, dont le Peuple comme celui d'Achem dans l'Isle de Sumatra, sous la Domination d'une Femme, qu'ils élisent toûjours dans une même Famille, & toûjours vieille, afin qu'elle n'ait pas besoin de Mari ; & au nom de laquelle les plus acrédités gouvernent. Les Portugais lui ont donné aussi le nom de Reine : & pour toute redevance elle envoye au Roi de Siam de trois en trois ans, deux petits Arbres, l'un d'or, l'autre d'argent, & l'un & l'autre chargés de fruits ; mais elle ne doit aucun secours à ce Prince dans ses guerres.

Ces Gouverneurs & sur-tout ceux qui sont sur les Frontiéres s'arrogent tous les Droits de la Souveraineté ; ils levent sur les Peuples des deniers extraordinaires, & font toute sorte de Commerce sous le nom d'un Secrétaire ou de quelque Domestique.

La Chasse & le Sel sont libres par tout le Royaume, & le Roi n'y a mis ni défense ni impôts.

Ils ont un seul & même stile pour tous les procès. On n'a pas même imaginé de diviser les matiéres en Civiles & en Criminelles, soit parce qu'il y a toûjours quelque châtiment contre le perdant, même en fait purement Civil, soit parce que les procès en matiere purement Civile y sont très-rares.

Tout procès devroit finir en trois jours, & il y en a qui durent trois ans.

C'est devant le Greffier que les Parties disent leurs raisons ; le Greffier les écrit. Quand les Parties ne se sentent pas propres par elles-mêmes de déduire leurs raisons, elles se font assister par quelqu'un ; mais il faut que ce quelqu'un, qui en cela fait l'Office de Procureur ou d'Avocat, soit au-moins Cousin-germain de celui pour lequel il parle, autrement il seroit puni, & ne seroit pas écouté.

Quand les preuves ordinaires ne sont pas suffisantes, on a recours à la Question

tion; & si l'accusation est grave, cette Question est donnée rigoureusement, & en plusieurs maniéres; ou bien on se sert des preuves qu'on appelle de l'Eau & du Feu, ou de quelques autres également superstitieuses.

Pour la preuve du Feu on bâtit un Bucher dans une fosse, de façon que la surface de Bucher soit à niveau des bords de la fosse. Ce Bucher est long de cinq brasses & larges d'une. Les deux Parties y passent à pieds nuds d'un bout à l'autre, & celui qui n'en a pas la plante des pieds offensée gagne son procès. Mais comme ils sont accoûtumés à aller nuds pieds, & qu'ils en ont la plante fort dure & comme accornie, il est assés ordinaire que le feu les épargne, pourvû qu'ils appuyent bien le pied sur les charbons; car le moyen de se brûler c'est d'aller vîte & légerement.

Quelquefois la preuve du Feu se fait avec de l'huile, ou d'autre matiére bouillante, dans laquelle les Parties passent la main. Un François à qui un Siamois avoit volé de l'étaim, se laissa persuader faute de preuve, de mettre sa main dans de l'étaim fondu, & il l'en retira presque consumée. Le Siamois se tira d'affaires sans se brûler, & fut renvoyé absous. Mais six mois après ayant eu un autre procès, il fut convaincu du vol dont le François l'avoit accusé.

La preuve de l'Eau se fait de la maniére qu'on va le dire. Les deux Parties se plongent dans l'eau en même tems, se tenant chacun à une Perche le long de laquelle ils descendent; & celui qui demeure plus long tems sous l'eau est censé avoir bonne cause.

Ils ont une autre preuve qu'on appelle de Vomitifs. On fait prendre aux Parties le même nombre de pilules; & la marque du bon droit, est de les garder dans l'Estomac sans les rendre.

Toutes ces sortes de preuves se font devant les Juges, & devant le Peuple; & si les deux Parties sortent également bien, ou également mal de l'une d'elles, on a recours à une autre. Le Roi employe aussi ces preuves dans ses Jugemens; mais outre celles ci-dessus, il livre quelquefois les Parties aux Tigres, & celle que ces Bêtes épargnent pendant un certain tems est censée innocente. Que si les Tigres les devorent toutes deux, elles sont toutes deux estimées coupables. Si au contraire ils ne veulent ni de l'une ni de l'autre, on a recours à une nouvelle preuve, ou bien on attend que les Tigres se déterminent à dévorer l'une des Parties, ou toutes les deux. Du reste la constance avec laquelle les Siamois souffrent ce genre de mort est incroyable, quand on considére leur peu de courage à la Guerre.

On peut relever appel des Sentences, & comme il y a plusieurs Provinces qui ressortissent l'une de l'autre, il y a quelquefois jusqu'à trois & quatre appels.

Mais dès qu'il doit y avoir peine de mort, la décision en est réservée au Roi seul. Nul autre ne peut infliger une peine capitale, s'il ne lui en donne expressément le pouvoir; & il n'y a presque point d'exemple qu'il le donne, excepté à des Juges extraordinaires qu'il envoye quelquefois dans les Provinces, soit pour des cas particuliers, soit pour faire justice sur les lieux de tous les crimes dignes de mort.

La peine du Vol est la condamnation au double, & quelquefois au triple, par portions égales envers le Juge & envers la Partie. Mais ce qu'il y a de singulier, c'est qu'on étend la peine du Vol sur toute possession injuste en matiére réelle; de sorte que lorsqu'on est évincé d'un Héritage par procès, on rend non-seulement l'Héritage à la Partie, mais on en paye encore le prix, moitié au Juge, moitié à la Partie.

L'Art Militaire est fort ignoré à Siam: les Siamois sont peu portés à ce Métier. L'Imagination quelque vive qu'elle soit dans les Pays trop chauds, n'est pas plus propre au courage, que l'Imagination lente des Pays trop froids. Il ne faut que la vûe d'une Epée nue pour mettre en fuite cent Siamois: Il ne faut même que le ton assûré d'un Européan, qui porte une Epée à son côté, ou une Canne à sa main, pour leur faire oublier les ordres les plus exprès de leur Supérieur.

L'opinion de la Métempsychose leur inspire l'horreur du sang, & leur ôte l'esprit de guerre. Ils ne songent qu'à faire des Esclaves. Si les Péguans leurs voisins, entrent d'un côté sur leurs Terres, ils entrent de l'autre dans celles du Pégu, & les deux Partis emmenent des Villages entiers en captivité.

Que si les Armées se rencontrent, on ne tire pas les uns contre les autres, mais plus haut & en l'air. Cependant comme ils tâchent de faire retomber les coups perdus sur les Ennemis, afin qu'ils en puissent être atteints, s'ils ne se retirent, l'un des deux Partis ne tarde pas à prendre la fuite, pour peu qu'il sente pleuvoir les traits ou les balles. Lorsqu'il est question d'arrêter des Troupes qui viennent sur eux, ils tirent plus bas qu'il ne faut, afin que si les Ennemis approchent, ce soit leur faute de s'être mis à portée d'être blessés ou tués. *Ne tuez point* est l'ordre que le Roi de Siam donne à ses Troupes, quand il les envoye en Campagne; ce qui ne veut pas dire qu'on ne tue pas absolument, mais qu'on ne tire pas droit sur les Ennemis.

Les Siamois n'ont que très-peu d'Artillerie: quelques méchans Canons de fer battu à froid, & quelques autres qu'un Portugais de Macao leur a fondus, font toutes leurs Machines.

Comme ils n'ont point de Chevaux, (car qu'est-ce que deux mille Chevaux tout au plus qu'on dit que Roi fait nourrir?) leurs Armées ne consistent qu'en Eléphans, & en Infanterie nue à la mode du Pays, & mal armée.

Quant aux Siéges, ils en sont tout-à-fait incapables, aussi n'attaquent-ils jamais de vive force une Place, tant soit peu fortifiée, mais seulement par trahison, en quoi ils excellent, ou bien par la faim,

faim, si les Assiégés ne peuvent avoir de vivres.

Ils sont encore plus foibles sur Mer que sur Terre. A peine le Roi a-t-il cinq ou six Vaisseaux fort petits, dont il se sert principalement pour la Marchandise ; & quelquefois il les arme pour une course contre ses Voisins ; mais les Officiers & les Matelots, sont tous Européens. D'ailleurs l'intention du Roi n'est pas qu'on tue personne: mais seulement qu'ils usent de toutes sortes de supercheries & d'adresses pour faire des prises. Il a encore cinquante ou soixante Galéres, dont les Ancres sont de bois, & qui ne sont au fond que de médiocres Bâteaux à un Pont, qui portent chacun jusqu'à cinquante ou soixante hommes, soit pour ramer, soit pour combattre. Ces hommes se prennent par Corvées, & il n'y en a qu'un à chaque rame, qui est fort courte, & qui n'atteindroit pas à l'eau, si elle n'étoit tenue presque toute droite.

Les Finances du Roi consistent en Droit de Douane sur les Marchandises qui arrivent dans le Royaume, & en un Droit annuel sur les Terres labourables, & généralement sur tous les fruits qui sont recueillis. Il a outre cela des Jardins & des Terres qu'il fait cultiver en divers endroits de ses Etats : les Revenus des Amendes & Confiscations, six mois de Corvées par an de chacun de ses Sujets, & enfin, les Revenus de son Commerce considérable sur la plûpart des choses rares, dont le Peuple ne peut se mêler, sans encourir des peines.

Les Palais du Roi de Siam, ont trois enceintes, & celui de la Ville de Siam les si éloignées l'une de l'autre, que l'entredeux forme de vastes Cours : ce que renferme l'enceinte intérieure, savoir le Logement du Roi, quelques Cours & quelques Jardins, s'appelle Vang en Siamois. Le Palais entier & toutes ses enceintes s'appelle Prassat quoiqu'en dise Vliet dans sa Relation, où il traduit le mot de Prassat par celui de Trône. Les Siamois n'entrent ni ne sortent jamais du Vang, qu'ils ne se prosternent, & ils ne passent point devant le Prassat, si le fil de l'eau les emportant ne les y force, parce que quand cela leur arrive, ils sont accueillis d'une grèle de Pois, que les gens du Roi tirent sur eux avec des Sarbacannes.

Les Portes du Palais sont toujours fermées, & derrière chacune est un Portier, qui a des armes ; mais qui les laisse dans sa loge. Si quelqu'un heurte, il en avertit l'Officier qui commande dans les premières enceintes, & sans la permission duquel personne n'entre ni ne sort : mais personne n'entre armé ni après avoir bu de l'Araq ; pour se bien assûrer, qu'aucun homme yvre n'y entre, l'Officier visite & sent à la bouche de tous ceux qui se présentent.

Il y a dans les deux premières enceints, un petit nombre de Soldats desarmés & accroupis. Ce sont de ces Bras-peints dont il a été parlé. L'Officier qui les commande, & qui est Bras-peint lui-même, s'appelle Oncarac, & lui & eux sont les exécuteurs de la Justice du Roi ; comme les Officiers & les Soldats des Cohortes Prétoriennes étoient les exécuteurs de la Justice des Empereurs Romains.

Quant à la Chambre du Roi, les véritables Officiers en sont les Femmes ; puisqu'il n'y a qu'elles, qui puissent y entrer. Elles l'habillent, & le servent à Table : elles sont son lit & sa cuisine ; mais personne que lui-même, ne touche, ni ne passe rien par-dessus sa tête, dans le tems qu'on l'habille. Les Pourvoyeurs portent les Provisions aux Eunuques, & ceux-ci, les donnent aux Femmes. Celle qui fait la Cuisine, n'employe le sel & les épices, que par poids, afin de n'en mettre jamais ni plus ni moins. On peut croire que cet usage est plutôt une loi de Médecin, que d'attention de cette femme.

Les Filles ne succédent point à la Couronne, à peine les regarde-t-on comme libres. Ce seroit le Fils aîné de la Reine qui y devroit succéder par la Loi : mais parce que les Siamois ont de la peine à concevoir qu'entre des Princes à peu près de même rang, le plus vieux se prosterne devant le plus jeune, il arrive souvent qu'entre Freres, quoiqu'ils ne soient pas tous fils de la Reine, & qu'entre Oncles & Neveux, le plus avancé en âge est préféré, ou plutôt, c'est la force qui en décide presque toujours.

La Grandeur des Rois, dont l'autorité est despotique, est de faire contre tous, & contre leurs propres Freres tout ce qu'ils veulent. Ils estropient les leurs en plusieurs façons : ils leur font ôter ou débiliter la vûe par le feu, les rendent impotens par dislocations des membres, ou hebetés par des breuvages. En un mot l'idée d'un grand Roi dans le Pays, n'est pas qu'il se rende terrible à ses Voisins, mais bien à ses Sujets. Il y a pourtant quelque différence entre le malheur que ce Gouvernement cause à ceux-ci, que le bas Peuple est moins malheureux, que ne le sont les Grands. L'ambition mene à l'esclavage, l'obscurité & la bassesse menent à la liberté & aux douceurs de la vie. Le Ministère est orageux dans ce pays-là, non par la seule inconstance naturelle qui peut se trouver dans le Prince : mais parce que les voyes sont ouvertes à tout le monde pour porter leurs plaintes au Prince ; malgré l'extraordinaire respect qu'on a pour lui, respect qu'on fonde sur cette fausse prévention qu'il a une Ame céleste & divine, aussi élevée au-dessus des autres Ames, par sa nature & par son mérite, que la condition Royale paroît plus heureuse que celle des autres hommes.

Un Ambassadeur n'est par tout l'Orient qu'un Messager des Rois : il ne représente point son Maître. On l'honore peu en comparaison des respects qu'on rend à la Lettre de créance dont il est porteur.

Un Ambassadeur Etranger qui arrive à Siam est arrêté à l'entrée du Royaume, jusqu'à ce que le Roi en ait reçu l'avis. Il ne peut pas non plus entrer dans la Capitale, qu'il n'aille d'abord à l'Audience,

ni

ni demeurer dans la Capitale après l'Audience de Congé.

Dans toutes sortes d'affaires, les Indiens sont lents à conclure à cause de la longueur de leur Conseil, & de leurs Usages dont ils ne se départent jamais. Ils ont beaucoup de flegme & de dissimulation. Ils sont insinuans dans leurs paroles, captieux dans leurs Ecritures, fourbes autant qu'on puisse l'être. La louange que les Femmes & les Courtisans donnent au Roi, quand ils veulent le tromper, c'est de lui dire, non pas qu'il est un Héros, ou le plus grand Capitaine du Monde, mais qu'il a toujours été plus fin que tous les Princes avec qui il a affaire. Ils ne s'engagent par Ecrit que le moins qu'ils peuvent. Ils vous recevront plutôt dans un Port, ou dans une Place: ils vous la livreront plutôt, qu'ils ne conviendront avec vous, par un Traité en bonne forme, de vous la livrer.

Tous les Principes de Morale se réduisent à cinq Préceptes négatifs, à peu près les mêmes dans tous les Cantons des Indes. Ne rien tuer. Ne rien dérober. Ne commettre aucune impureté. Ne point mentir. Ne point boire de liqueur qui enyvre.

On donne à tous ces Préceptes beaucoup d'étendue, comme on le peut voir dans De la Loubere Tom. I. p. 381.

SIAM, Ville d'Asie au Royaume de même nom sur la Rivière de Menam à quelques lieues au-dessus de son Embouchure.

a Gervaise Hist. du Roy. de Siam p. 41.

Cette Capitale est appellée par les Siamois *Meüang Syouthia*, & par les Etrangers *Juthia* & *Odiaa* qui sont des noms que les Chinois leur ont donnez; les Etrangers l'appellent Siam, du nom du Royaume auquel même ils l'ont donné, car il est tout-à-fait inconnu aux Naturels du Pays, qui ne lui en donnent point d'autre que celui de *Meüang-Croug-Thép Maanacone*, ce qui signifie Royaume qui a grande force, peut-être que de *Syouthia* les Européans ont fait à leur fantaisie ce mot de Siam. Cette Ville est d'une grande réputation dans toutes les Indes; *Chaou-Thông*, c'est-à-dire le Roi d'Or, la fonda il n'y a guère plus de deux cens ans. Elle est située dans une Isle fort agréable, qui peut avoir environ sept lieues de circuit: en y comptant le Palais du Roi elle n'a guère plus de deux lieues d'enclos: sa figure est plus ovale que ronde; elle est fermée d'une muraille de brique qui tombe en ruïne, mais le Roi en fait faire une plus belle qui n'est pas encore achevée. Le terrain en est inégal, & sujet aux inondations: on pourroit néanmoins sans beaucoup de peine remédier à cet inconvénient en applanissant les éminences, & en transportant sur les Quays la terre qu'on en tireroit; la grande Rivière bat ses murailles du côté du Midi, de l'Orient & de l'Occident, & entrant dans la Ville par trois grands Bras qui la traversent de bout en bout, elle en fait, pour ainsi dire, une autre Venise; on peut dire même que la situation en est beaucoup plus avantageuse, si les Bâtimens n'en sont pas si magnifiques; car les Canaux, qui forment le Bras de cette Rivière qui l'arrose, sont fort longs, fort droits, & assez profonds pour porter les plus grands Bâteaux. Cette Ville est divisée par Quartiers & par Rues, comme celles d'Europe; les Européans appellent ces Quartiers Camps, & les Siamois les nomment Bâne; celui du Roi est le plus beau à cause des grandes Places, des Promenades, des Maisons des Mandarins, & des Pagodes qui l'environnent.

Le Palais du Roi est bâti dans la partie la plus Septentrionale de la Ville, & fermé d'une double Muraille de Brique, qui est toûjours fort bien entretenue: il peut avoir environ une demi-lieue de circuit; plusieurs Cours de différentes grandeurs le partagent. Dans quelques-unes de ces Cours on voit les Ecuries des Eléphans, qui sont plus ou moins belles, selon la différence du rang & de la dignité de ces Animaux; car chacun sait qu'ils ne sont pas tous egaux, ni servis de la même manière. On ne sauroit croire jusqu'où va l'application des Valets qui en ont soin nuit & jour, ils sont auprès d'eux pour veiller à leurs nécessitez, & pour chasser les Mouches qui pourroient les incommoder. Comme les Relations qui ont précédé cette Histoire ont parlé entr'autres choses de la Vaisselle d'Or dans laquelle mange l'Eléphant blanc, si bien distingué des autres par la considération que toute la Cour a pour lui, & par l'honneur qu'il a d'être logé le plus proche de l'Appartement du Roi, je n'en dirai rien davantage.

Les Officiers de la Maison du Roi sont logez dans les deux premières Cours, & dans les autres on voit encore quelques vieux Appartemens des anciens Rois, qu'on respecte comme des Lieux sacrez: plusieurs rangées d'Arbres en rendent le séjour assez agréable; il y a même quelques Pagodes, qui, toutes anciennes qu'elles sont, ne laissent pas d'y faire un assez bel effet.

L'Appartement du Roi est dans la dernière Cour, il est nouvellement bâti, & l'Or, qui y brille en mille endroits, le distingue aisément de tous les autres: il est en forme de Croix, du milieu de laquelle s'éleve sur le Toit une haute Pyramide à divers étages, qui est la marque des Maisons Royales; toute sa Couverture est d'étain, & il n'y a rien de mieux travaillé que la Sculpture dont il est orné de tous côtez.

L'Appartement de la Princesse Reine sa fille & de ses Femmes, qui en est le plus proche, paroît par les dehors assez magnifique: il a vûe, aussi-bien que celui du Roi, sur de grands Jardins bien plantez; les Allées y sont entrecoupées de petits Ruisseaux qui y donnent de la fraîcheur, & qui, par le doux murmure qu'ils font en coulant, invitent au sommeil ceux qui se reposent sur l'herbe toujours verte, dont ils sont bordez.

Hors du Palais on voit à la gauche

sur le bord de la Riviére de grands Magazins, où l'on renferme les Balons du Roi, on y en compte plus de cent cinquante, qui sont tous aussi superbes que ceux qui parurent à l'entrée de l'Ambassadeur de France. A la droite on voit un grand Parc, dans lequel on amenoit autrefois les Eléphans sauvages, pour les dompter en présence de la Famille Royale, qui prenoit ce plaisir des fenêtres d'un petit Château qui n'en est pas éloigné.

Il y a un autre Quartier dans la Ville qui est destiné aux Etrangers, où demeurent les Chinois, les Mores, & quelques Européans : on y voit des Maisons de brique assés bien bâties, il y en a même des rues toutes entiéres : il est très-peuplé & c'est l'endroit du Royaume où se fait le plus grand Commerce; tous les Vaisseaux y abordent, parce que la Riviére y forme un grand Bassin très-commode pour les radouber, & tous les jours on y en bâtit de nouveaux.

Le troisième Quartier, qui est celui des Naturels du Pays, est le plus grand de tous, il est habité par quantité d'Artisans : on y voit plusieurs grandes rues remplies de Boutiques des deux côtés, & de grandes Places pour les Marchez. Ces Marchez se tiennent tous les jours, soir & matin : ils sont abondamment fournis de Poisson, d'Oeufs, de Fruits, de Légumes, & d'une infinité d'autres choses; mais on n'y vend point de Viande. La multitude du Peuple, qui s'y trouve, est si grande qu'on a quelquefois bien de la peine à y passer. La plûpart des Rues sont bordées de beaux Arbres qui sont d'une grande commodité pour les Passans, car dans toutes les heures du jour ils y trouvent une ombre fort agréable; il y en a qui sont pavées de briques, & d'autres qui ne le sont point. Comme cette Ville est entrecoupée par plusieurs Ruisseaux, il a été nécessaire de bâtir des Ponts : il y en a cinq ou six de briques faits en Arcade, qui sont assez beaux, & assez commodes; mais il y en a d'autres faits de Cannes qui sont si étroits & si peu solides, qu'il est difficile d'y passer sans danger, ou du moins sans peur de tomber dans l'Eau.

Au reste elle est si peuplée, que, quand le Roi y est, elle pourroit bien fournir soixante mille hommes d'âge à porter les armes : & ce nombre pourroit doubler si l'on y comprenoit ceux qui habitent les Villages qui sont de l'autre côté de la Riviére, & que l'on peut regarder comme ses Fauxbourgs; mais ce qui contribue le plus à la beauté & à la magnificence de cette Ville, c'est la vûe de plus de cinq cens Pagodes que l'on trouve disperfées de tous côtez, & qui, par le nombre des Statues dorées qu'elles renferment, donnent aux Etrangers qui n'y sont pas encore accoutumés une fort grande idée de ses richesses.

a Lib. 4. c. 16.

SIAMBIS, Isle que Pline *a* met au nombre de celles qui sont sur la Côte de la Grande-Bretagne. Camden croit que c'est l'Isle *Sena* de Pomponius Mela, & dit qu'on la nomme présentement Sayn.

b Amb. des Holl. p. 551.

SIAMPU, Village de la Chine *b* entre le Canal Royal & la Riviére Jaune. C'est un Village très-considérable, & à l'entrée duquel on trouve d'abord une Ecluse solide, qu'on passe aisément, quoique les Chinois veuillent que le pas soit extrêmement dangereux. Ce Lieu s'étend si loin qu'on n'en peut trouver le bout dans une journée. Il est orné tout le long du Canal de très-beaux Bâtimens & de magnifiques Temples. Il jouït du Privilège des Villes, & est honoré d'un Bureau Impérial, où l'on reçoit le Péage de toutes les Denrées qui vont sur le Canal. L'un des Commis de ce Bureau ayant vu arriver huit gros Vaisseaux, qui étoient à la suite de l'Ambassade de Hollande, & ne pouvant se persuader qu'ils fussent seulement chargez des présens de la République à l'Empereur, voulut les visiter; mais pendant sa visite il avoua, voyant la vérité de ce qu'on lui avoit dit, que son obéissance aux Loix de son Maître pourroit bien lui coûter la vie.

SIAN, petit Royaume d'Afrique *c* dans la Basse Ethiopie, au voisinage de ceux de Chelicie & d'Ampaza. Il est gouverné par un Prince Mahométan Vassal des Portugais. Comme ceux-ci ne donnent point liberté de conscience aux Habitans, les Musulmans trouvent leur joug rude, & font tous leurs efforts pour se mettre sous la protection du Turc; mais ces efforts leur coûtent quelquefois bien cher.

c Dapper, Descr. d'Afrique, p. 401.

SIANG, Ville de la Chine *d*, dans la Province de Quangsi, au Département de Lieucheu seconde Métropole de la Province. Elle est de 8. d. 21'. plus Occidentale que Peking, sous les 25. d. 2'. de Latitude Septentrionale. Cette Ville est munie d'une Forteresse, & est proche d'une Montagne *e*, appellée Xintang, qui a sur son sommet un Lac poissonneux & fort agréable, renfermé & ceint de tous côtés d'Arbres & de fleurs. Les Habitans disent que ces Hommes immortels, nommés par eux Xinsiens, vont souvent s'y divertir.

d Atlas Sinens.

e Amb. des Holl. à la Chine, c. 52.

SIANGCHING, Ville de la Chine *f*, dans la Province de Honan, au Département de Caifung, première Métropole de la Province. Elle est de 3. d. 47'. plus Occidentale que Peking, sous les 34. d. 53'. de Latitude Septentrionale.

f Atlas Sinens.

SIANGHENG, Ville de la Chine *g*, dans la Province de Xansi, au Département de Lugan quatrième Métropole de la Province. Elle est de 4. d. 29'. plus Occidentale que Peking, sous les 37. d. 25'. de Latitude Septentrionale.

g Ibid.

SIANGHIANG, Ville de la Chine *h*, dans la Province de Huquang, au Département de Changxa, huitième Métropole de la Province. Elle est de 5. d. 19'. plus Occidentale que Peking, sous les 28. d. 32'. de Latitude Septentrionale.

h Ibid.

SIANGLING, Ville de la Chine *i*, dans la Province de Xansi, au Département de Pingyang, seconde Métropole de la Province. Elle est de 6. d. 7'. plus Occidentale que Peking, sous les 37. d. 12'. de Latitude Septentrionale.

i Ibid.

SIANGT'AN, Ville de la Chine *k*, dans

k Ibid.

S I A.   S I A.   525

dans la Province de Huquang, au Département de Changxa huitième Métropole de la Province. Elle eſt de 5. d. 3'. plus Occidentale que Peking, ſous les 28. d. 30'. de Latitude Septentrionale.

SIANGXAN, Ville de la Chine [a], dans la Province de Chekiang, au Département de Ning'po, neuvième Métropole de la Province. Elle eſt de 6. d. 0'. plus Orientale que Peking, ſous les 29. d. 18'. de Latitude Septentrionale.

[a] Atlas Sinenſ.

SIANGYANG, Ville de la Chine [b], dans la Province de Huquang, où elle a le rang de troiſième Métropole. Elle eſt de 5. d. 33'. plus Occidentale que Peking, ſous les 32. d. 28'. de Latitude Septentrionale. Elle eſt voiſine de la Rivière de Han, & embellie [c] d'un magnifique Palais bâti par un Roi de la Famille de Taiminga. Le Territoire de cette Ville quoique raboteux à cauſe du nombre des Montagnes qu'il renferme ne laiſſe pas d'être aſſez fertile & riche. Il eſt pourtant défendu aux Habitans d'ouvrir des Mines; mais ils font un fort grand Trafic de l'Or qu'ils puiſent avec liberté & abondamment dans les Rivières. Ce Territoire abonde en Perdrix, & on y trouve beaucoup de vieux Pins propres à faire des Colonnes ſelon l'Architecture des Chinois. On y voit entr'autres Montagnes celle de Vutang, renommée pour vingt-ſept ſommets qui s'élèvent vers le Ciel, pour trente-ſix Côteaux, qui vont en montant, & pour vingt-quatre Lacs ou Etangs qui abondent en poiſſon. On y trouve auſſi divers Temples magnifiques & des Couvens de Sacrificateurs, qui reçoivent leurs Statuts de ceux du Mont Tientai dans la Province de Chekien, & qui s'adonnent inceſſamment à la Contemplation.

[b] Ibid.

[c] Amb. des Holl. à la Chine, c. 52.

Il y a ſept Villes ſous la Métropole de Siangyang; ſavoir

Siangyang,	Caoyang,
Iching,	Coching,
Nanchang,	Quanghoa,
	Kiun ☉.

SIANGYN, Ville de la Chine [d], dans la Province de Huquang, au Département de Changxa, huitième Métropole de la Province. Elle eſt de 5. d. 5'. plus Occidentale que Peking, ſous les 29. d. 13'. de Latitude Septentrionale.

[d] Atlas Sinenſ.

SIANTICUM, Ville du Norique, ſelon Ptolomée [e]. C'eſt apparemment la Ville Santicum de l'Itinéraire d'Antonin.

[e] Lib. 2. c. 14.

SIAO, Cité de la Chine [f], dans la Province de Kiangnan, au Département de Siucheu, quatrième grande Cité de la Province. Elle eſt de 0. d. 15'. plus Occidentale que Peking, ſous les 35. d. 3'. de Latitude Septentrionale.

[f] Atlas Sinenſ.

SIAO-CHE, Bourgade de la Chine [g]. C'eſt une groſſe Bourgade à ſix lieues de Kien-Tchang ſur la Route de Sing-Tchin-Hien. Les Habitans ſont de bonnes gens, francs, ſincères, & vivans dans une grande innocence. Comme Siao-Che eſt ſur le bord de la Rivière, les hommes y ſont preſque tous Pêcheurs. On eſt ſurpris en entrant dans la Bourgade de ne rencontrer perſonne & de ne voir que des enfans aux portes. C'eſt que les femmes ſont renfermées dans les Maiſons, où elles travaillent, tandis que les Maris ſont occupés à la Pêche, ou à cultiver leurs Champs, qu'ils labourent deux ou trois fois l'année. Il y a une Maiſon, qu'ils appellent la Sale des Ancêtres; c'eſt la plus belle de toute la Bourgade, elle eſt commune à tous les Habitans parce que s'étant fait depuis long-tems une coutume de ne point s'allier hors de leur Pays, ils ſont tous parens aujourd'hui & ont les mêmes Ayeux.

[g] Lettres Edif. t. 5. p. 226.

SIAOCHING, Fortereſſe de la Chine [h], dans la Province de Xantung, au Département de Ning'cing, première Fortereſſe de la Province. Elle eſt de 1. d. 54'. plus Orientale que Peking, ſous les 37. d. 35'. de Latitude Septentrionale.

[h] Atlas Sinenſ.

SIAOCHINGFAN, Fortereſſe de la Chine [i], dans la Province de Queicheu, au Département de Queiyang, première Métropole de la Province. Elle eſt de 11. d. 2'. plus Occidentale que Peking, ſous les 25. d. 32'. de Latitude Septentrionale.

[i] Ibid.

SIAOCU, eſt un Mont qui fait partie d'une Montagne de la Chine [k], voiſine de la Ville de Hoeichu compoſée de trente-deux Monts fort élevés. Celui de Siaocu a deux ſommets forts élevés près la Ville de Soſung. On prétend que ſur ce Mont on révère une Chinoiſe, qui avoit nourri, pendant long-tems, une haine implacable au Sexe Feminin, & qui pour cela avoit été changée en homme.

[k] Amb. des Holl. p. 161.

SIAOLUNGFAN, Fortereſſe de la Chine [l], dans la Province de Queicheu, au Département de Queiyang première Métropole de la Province. Elle eſt de 11. d. 15'. plus Occidentale que Peking, ſous les 25. d. 30'. de Latitude Septentrionale.

[l] Atlas Sinenſ.

SIAOPINGSA, Fortereſſe de la Chine [m], dans la Province de Queicheu au Département de Sintien, ſeconde Ville Militaire de la Province. Elle eſt de 10. d. 59'. plus Occidentale que Peking, ſous les 26. d. 24'. de Latitude Septentrionale.

[m] Ibid.

SIAOXAN, Ville de la Chine [n], dans la Province de Chekiang, au Département de Xaohing, huitième Métropole de la Province. Elle eſt de 3. d. 16'. plus Orientale que Peking, ſous les 30. d. 13'. de Latitude Septentrionale.

[n] Ibid.

1. SIARA, Ville de la Cappadoce, ou de l'Arménie Mineure. Elle ſe trouve dans l'Itinéraire d'Antonin ſur la Route de Sebaſtopolis à Céſarée, entre *Veriſſa* & *Sebaſtia*, à douze milles de la première de ces Places & à trente-ſix milles de la ſeconde. Tous les MSS. s'accordent à lire en cet endroit *Siara*, ſi ce n'eſt celui de Naples qui porte *Siriara*. Cependant dans une autre Route du même Itinéraire, on lit *Phiaraſi*, ou *Fiaraſi*; de ſorte qu'on ne ſauroit décider quelle eſt la véritable Orthographe. Il ſe pourroit faire néanmoins que ce ſeroit la Ville *Phiara* de Ptolomée, laquelle il place dans la Sargau-

garaufène Préfecture de la Cappadoce, mais qui fut dans la fuite ajoutée à l'Arménie.

2. SIARA, Capitainerie de l'Amérique Méridionale [a], au Bréfil, fur la Côte Septentrionale, entre la Capitainerie de Maragnan, & celle de Rio-Grande. Les Portugais y ont deux Forterefles, l'une au Nord joignant la petite Ville de Siara. Elle eft bâtie fur une petite Montagne, au côté droit du Port, qui n'eft propre que pour de petits Navires. Au bas de la Montagne fur laquelle eft fituée cette Fortereffe, paffe une petite Rivière auffi nommée SIARA. A l'Orient de cette premiére Fortereffe eft le Fort de St. Luc fitué fur la Côte, à l'Embouchure d'une petite Rivière, entre *Rio-Buranduba* & *Porto das Oncas*. La Partie Orientale de cette Capitainerie n'appartient pas aux Portugais: ce font les Pays de Dele & Petaguei. Du côté du Midi, les Portugais s'étendent jufqu'à la Nation des Tapuyes. Il arrive tous les ans dans les Ports de la Capitainerie de Siara quelques petits Bâtimens qui emportent du Coton, du Cryftal, d'autres fortes de Pierres, du Bois auffi de diverfes fortes, & du Sucre. Les Sauvages de cette Côte font grands & laids de vifage. Ils ont les cheveux longs, les oreilles percées & pendantes prefque jufque fur les épaules. Leur peau fe teinte en noir excepté depuis les yeux jufqu'à la bouche.

3. SIARA, ou SIARE. Lorfqu'en navigeant, les Habitans des Ifles Maldives [b], font furpris des Vents contraires, ils font des Vœux à celui qui commande aux Vents; ces Peuples ne l'appellent pas Dieu, mais Roi. Il n'y a aucune de leurs Ifles où l'on ne trouve un Siare, comme ils appellent, qui eft un Lieu dédié au Roi des Vents. Ces Siares font dans un endroit écarté; ceux qui font échapés du danger & vont faire leurs Offrandes qui font des petits Bâteaux faits exprès. Ils les rempliffent de Parfums, de Gommes, de Fleurs, & de Bois odoriférant. On brûle les Parfums, & on jette les petits Bâteaux dans la Mer, après y avoir mis le feu. Ces Peuples croient auffi qu'il y a un Dieu de la Mer; ils lui rendent des honneurs particuliers. Lorfqu'ils ont de la peine à mettre à flot leurs Navires, ou leurs Galéres, ils tuent des Coqs, & des Poules, les jettent dans la Mer au-devant du Navire ou du Bâteau, dont ils veulent fe fervir. Lorfqu'ils font en Mer, ou à la Pêche, ils font auffi des prières au Roi de la Mer. Ils ont une appréhenfion extraordinaire de fâcher, & d'offenfer ces Rois des Vents & de la Mer. Quand ils font fur Mer, ils ne regardent jamais derrière eux, & ils n'ofent pas cracher du côté du Vent, de peur qu'il ne fe fâche. Tous leurs Bâteaux, Barques & Navires, font dédiés à ces Puiffances des Vents, & de la Mer, & quand ils font deffus ils leur portent autant de refpect qu'à leurs Temples. Ils honorent encore les Rois des autres Elémens, & ils eftiment beaucoup certains Caractères qu'ils appellent *Tavide*; ils les portent deffous leurs habits, dans de petites Boëtes que les plus riches font faire d'or, ou d'argent; ils en portent au bras, au col, aux pieds, felon le mal qu'ils ont; enfin ils en portent pour toutes chofes tant offenfives que défenfives, même pour aimer, ou pour être aimé, pour guérir, ou pour rendre malade. Ils achetent ces Caractères de ceux qui leur fervent de Médecins dans leurs maladies. Ces Médecins paffent parmi eux pour Sorciers & Magiciens. Ils ne fe fervent guère de remedes, car ils croient que tout leur mal eft caufé par le Diable, c'eft pour cela qu'ils l'invoquent, lui offrent des Fleurs, & lui préparent des Feftins de toutes fortes de Viandes & de Breuvages, qu'ils mettent dans les lieux écartés, où ils les laiffent fe confumer. Ils ont auffi coutume de tuer des Coqs, & des Poules en fe tournant du côté du Sépulchre de Mahomet, & en priant le Diable d'accepter leurs Offrandes & de les guérir. Ils appellent cette Sorcellerie *Cauveri*.

SIARUM, [c] ancien Municipe d'Espagne dans la Bétique, felon Ambroife Moralès, qui fe fonde fur une Infcription antique. Il ajoute que le Lieu fe nomme préfentement *Carragatin* & qu'on le voit entre Seville & Utrera.

SIASUR. Voyez ZITURON.

SIATUTANDA, Ville de la Germanie: Ptolomée [d] la marque dans le Climat le plus Septentrional. Il y en a qui veulent que ce foit préfentement *Sciltwoldt*, ou *Sideburen*, dans la Province de Groningue.

SIAVANA, Ville de la Grande Arménie, felon Ptolomée [e].

SIAZUR, nom d'un Lieu que Cédréne met au voifinage de la Perfe [f]. Il en parle dans la Relation de la Guerre d'Heraclius contre Cosroès.

1. SIBA, Rivière de la Grande Tartarie [g], & qui s'appelloit autrefois Altai. Elle a fa Source vers les Frontières des Callmoucks, dans les Montagnes de la Branche du Caucafe à quarante-trois dégrés de Latitude, au Sud des Sources de la Rivière de Jeniféa, & courant de-là à l'Eft-Nord-Eft, elle vient fe perdre vers le Nord des Deferts de Goby au Sud-Sud-Eft de la Source de la Rivière d'Orchon. Les bords de la Rivière de Siba font préfentement habités par les Moungales de l'Oweft; il y a même un petit Chan de cette Nation qui fait ordinairement, fon féjour aux environs de cette Rivière, & qui eft maintenant fous la protection de la Chine.

2. SIBA, Province de l'Empire du Mogol [h]. Elle a celle de Nagraent au Nord, le Royaume du Grand Tibet à l'Orient, les Provinces de Gor & de Jamba au Midi, & celle de Pengab à l'Occident. Dans la Partie Septentrionale de cette Province, on voit un grand Lac d'où fort le Gange; & dans la Partie Méridionale on trouve la Ville & le petit Royaume de Sirinagar.

SIBACENA, Contrée de la Grande Arménie: Ptolomée [i] dit qu'elle étoit voifine du Mont Paryades. Le MS. de la Biblio-

Bibliothéque Palatine lit *Syracene*, au lieu de *Sibacena*.

SIBÆ, Peuples de l'Inde, selon Strabon [a], Arrien [b] & Etienne le Géographe [c]. Ce sont les Ibæ de Diodore de Sicile [d] & les Sabæ de Denys le Periégéte.

[a] Lib. 25. p. 688.
[b] In Indic.
[c] Lib 17.
[d] Vs. 1141.

SIBAPOLIS, Siméon le Métaphraste parle d'une Ville de ce nom dans la Vie de Ste. Fébronie. Cette Ville étoit aux confins de l'Assyrie.

SIBARÆ, Peuples de l'Inde, selon Pline [e].

[e] Lib. 6. c. 20.

SIBARI. Voyez Sybaris.
1. SIBARIS. Voyez Sarabris.
2. SIBARIS. Voyez Sybaris.

SIBDA, Ville de la Carie : c'étoit selon Pline [f] une des six Villes qu'Alexandre le Grand mit dans la dépendance de la Ville d'Halicarnasse. Etienne le Géographe parle aussi de la Ville de Sibda.

[f] Lib. 5. c. 29.

SIBEN, Bourg d'Allemagne dans le Tirol [g], à trois lieues de Brixen, sur la Riviére d'Eysocko. Ce n'est aujourd'hui qu'un méchant Bourg qu'on dit avoir été Evêché autrefois. On prétend que son Siège Episcopal fut transféré à Brixen dans le sixiéme, ou dans le septiéme Siècle.

[g] Commainville, Table des Evêchez, au mot *Brixen*.

SIBERENA, Ville d'Italie : Etienne le Géographe la donne aux Oenotriens. On a des Médailles anciennes avec ce mot, Σιβηρηνή, selon Ortelius, qui croit que c'est la Ville Σεβηρινη de Cédrène. Gabriel Barri dit que le Vulgaire ignorant la nomme présentement *S. Severina*. Cependant elle s'appelloit déja de la sorte dès le tems de Constantin Porphyrogènete, où on lit [h] πολισμάτιον τῆς ἁγίας Σευρήνης καὶ ὁ Κρότων, *Oppidum S. Severinæ & Croton*. Le même Barri, dit que les Vins qui croissoient dans le Territoire de *Siberena* sont appellés *Severiniana vina* par Pline [i] mais il est, je pense, le seul qui trouve une faute dans cet endroit de Pline. Cluvier n'a pas été beaucoup plus heureux, quand il a proposé une correction à peu près pareille dans ce passage de Tite-Live [k] : *Velis tum forte Romanus veniebat : sed circa Crotonem Sibarimque suppleverat remigio naves*. Il veut qu'on lise, *circa Crotonem Siberinamque*. Aucun Editeur n'a encore profité de son avis.

[h] Lib. 2. Them. 10.
[i] Lib. 14. c. 6.
[k] Lib. 26. c. 39.

SIBERIE, Contrée de l'Empire Russien, & qui comprend la Partie la plus Septentrionale de cet Empire, & même de l'Asie. Elle est bornée à l'Orient par la Mer du Japon, au Midi par la Grande Tartarie, à l'Occident par la Russie, dont elle est séparée par le commencement du Mont Caucase, & au Septentrion par la Mer Glaciale ; en sorte que la Sibérie, dans l'état où elle est, peut environ huit-cens lieues d'Allemagne dans sa plus grande étendue d'Occident en Orient, & trois-cens lieues à peu près du Midi au Nord. Comme ce vaste Pays est situé entre les cinquante & les soixante & dix degrés de Latitude, il ne peut pas manquer de faire bien froid dans ses parties Septentrionales, d'autant plus qu'il n'y a rien qui couvre cet Quartiers contre la violente Bise du Nord, qui y régne presque pendant les trois-quarts de l'année ; parce qu'à mesure que l'on avance vers les bords de la Mer Glaciale, les Montagnes de ce Pays d'ailleurs fort élevé s'applanissent insensiblement ; de manière que ce ne sont plus à la fin que de vastes Plaines couvertes de petits Sapins, & autres Arbrisseaux, & entrecoupées de tems en tems de quelques Côteaux de peu de hauteur, qui laissent une entière liberté, à ce terrible Vent de pénétrer jusque dans les Cantons les plus reculés de la Sibérie. Voici de quelle manière ce Pays a été découvert & soumis à l'Empire Russien.

Il y a dans la Moscovie un Peuple qu'on appelle les Enfans d'Aniconius, ou Anica [l]. Ils sont issus d'un Païsan qui se nommoit Anica. Cet homme qui étoit fort riche en terres, demeuroit proche de la Riviére de Witsogda, qui se décharge dans celle de Duna ; & cette derniere, qui après avoir reçu l'autre, coule près de cent lieues, va se rendre dans la Mer Blanche, proche de la Ville d'Archangel, ou St. Michel l'Archange.

[l] Voyage de la Comp. des Indes Orient. tom. I. pag. 115.

Anica avoit plusieurs Enfans, qu'il pouvoit tous laisser riches des biens qu'il possédoit ; mais il ne pouvoit se contenir, ni résister à l'envie qu'il avoit de devenir encore plus puissant. Ils voulut savoir quel étoit le Pays où demeuroient des gens, qui venoient tous les ans trafiquer en Moscovie, & qui y apportoient de belles Pelleteries, & diverses autres sortes de Marchandises. Ces gens parloient une Langue étrangère : leurs habits, leur Religion, & leurs manieres étoient différentes de celles des Moscovites ; ils se nommoient Samoédes, & se donnoient encore quelques autres noms.

Ils descendoient tous les ans avec leurs Marchandises sur la Riviére de Witsogda, & trafiquoient avec les Russiens & les Moscovites dans les Villes d'Ozoeil, & d'Ustinga sur la Duna, où étoit alors l'Etape de toutes les Marchandises, & surtout de la Pelleterie.

Le Païsan Anica pressé du desir de savoir d'où ces gens venoient & où étoit situé le Païs qu'ils habitoient, où il croyoit qu'on pouvoit s'enrichir extrêmement, vû la belle Pelleterie qu'on en apportoit tous les ans, traita secrétement avec quelques-uns d'entr'eux. En conséquence de ce Traité il envoya avec eux dix ou douze de ses Valets & de ses Esclaves, & leur commanda de bien observer tous les endroits où ils passeroient, les manières de vivre qui s'y pratiquoient, les mœurs des Habitans, leurs demeures, & généralement tout l'état du Païs, pour lui en faire un rapport exact.

Les Domestiques d'Anica étant de retour, rendirent compte à leur Maître de ce qu'ils avoient vu. Il leur ordonna de n'en rien communiquer à personne, & pour les engager à se taire, il les traita fort favorablement.

L'année suivante il y en envoya un plus grand nombre, avec quelques-uns de ses parens, à qui il donna diverses Marchandises de peu de valeur, comme de la Ver-

Verroterie, des Sonnetes, & autres Merceries d'Allemagne. Ceux-ci examinérent toutes choses, ainsi qu'avoient déja fait les précédens, & voyagérent jusques à la Riviére d'Oby, traversant des Deserts & des Riviéres, qui sont les uns & les autres fort fréquents en ce Païs-là. Leur procédé avec tous les Samoïedes fut honnête, & il y en eut quelques-uns avec qui ils contractérent des alliances particuliéres, par le moyen de quoi ils connurent plus distinctement, que la Pelleterie étoit à fort bon marché en ce Pays-là; & qu'il y avoit lieu de s'enrichir extrêmement par ce Commerce. Ils prirent une connoissance plus particuliére des manieres de vivre des Samoïedes. Ils virent qu'ils n'avoient point de Villes, mais qu'ils étoient assemblés par troupes: qu'ils vivoient ensemble fort paisiblement, & qu'ils étoient gouvernés par quelques-uns des plus anciens d'entr'eux. Ils étoient mal propres à l'égard du manger & du boire. Ils vivoient de chasse, ne connoissant ni pain, ni bled. La plûpart tiroient fort bien de l'Arc. Les Arcs étoient d'un bois pliant, & ils mettoient dessus des pierres pointues, qu'ils aiguisoient exprès, ou des arrêtes de poisson, avec quoi ils tuoient le Gibier & les Bêtes dont il y avoit abondance.

Ils se servoient aussi d'arrêtes de poisson au lieu d'aiguilles pour coudre, & de petits nerfs de certains Animaux au lieu de fil, joignant, par ce moyen les unes aux autres, les peaux dont ils étoient couverts, & dont la fourrure ou le poil étoit l'Eté en dehors sur eux, & l'Hyver en dedans. Ils couvroient leurs Hutes de peaux d'Elan & d'Amphibies, qu'ils estimoient moins que les autres.

Les Envoyez d'Anica ayant bien remarqué toutes ces choses, s'en retournérent chargés de Pelleteries des plus riches chez leur Maître, qu'ils informérent de tout ce qu'il desiroit savoir. Anica se contenta de trafiquer & de faire trafiquer ses parens en ce Pays-là pendant quelques années. Ces gens qui furent appellés Aniconiens devinrent extrêmement riches, & achetérent quantité de Terres. Tous leurs Compatriotes s'étonnérent des prodigieuses fortunes qu'ils faisoient, ne sachant à quoi les attribuer. Ils firent bâtir des Eglises à leurs fraix, dans leurs Villages, & même ils en firent bâtir une dans la Ville d'Ozoeil sur la Riviére de Witsogda, le long de laquelle ils habitoient, qui étoit toute entiére de belle pierre de taille blanche. Enfin ils avoient tant de bien qu'ils ne savoient qu'en faire.

Mais ils ne laissérent pas de faire des réflexions sur l'inconstance de la fortune, & de craindre, qu'après les avoir tant favorisés, elle ne leur tournât le dos, ainsi qu'elle a coutume de faire. Ce n'est pas qu'ils n'eussent lieu d'espérer qu'ayant toujours vêcu avec leurs Compatriotes, & négocié avec les Etrangers sans offenser, tromper, ou insulter personne, à quoi ils prenoient bien garde, ils seroient moins sujets aux révolutions que ceux qui en usent moins bien; mais ils prévoyoient prudemment que quelque soin qu'ils se donnassent, il leur seroit bien difficile de se maintenir en Moscovie, où l'on tient, selon un commun dire, que qui n'a point d'Amis à la Cour, ne doit pas être regardé comme un Homme. En effet, un homme qui en ce Pays-là est pourvu de quelques belles qualités, ou qui a quelque avantage extraordinaire, quel qu'il puisse être, est envié de tout le monde, & sujet à être calomnié à la Cour; & s'il n'y a point d'Amis pour le soutenir, il ne manque pas d'être accablé, & de succomber à quelque heure que ce soit, fut-il le plus honnête homme du monde, & le plus équitable.

Les Aniciens se voyant si riches, avoient bien pensé à se faire un appui auprès de l'Empereur. Ils avoient la protection de Boris Goddenoof, qui étoit un des principaux Seigneurs de la Cour, beau-frere de l'Empereur Fedor Ivanowitz, qui étoit alors sur le Trône; & Boris fut élu après sa mort, ainsi qu'on le voit dans l'Histoire des Guerres de Moscovie.

Il prirent la résolution de se confier à Boris après l'avoir prévenu par des présens, ainsi qu'ils avoient accoutumé de faire. Ils lui dirent qu'ils vouloient lui découvrir une chose, qui seroit fort utile à l'Empire: Boris leur prêta volontiers l'oreille, & leur fit encore plus de caresses qu'il ne leur en avoit jamais fait. Ils lui firent le recit de ce qu'ils avoient fait pour reconnoître le Pays des Samoïedes & de Sibérie: ils l'entretinrent de tout ce qu'ils y avoient remarqué, & lui firent voir combien d'avantages & de richesses la Moscovie pourroit tirer de ces Pays-là. Mais ils ne lui déclarérent point qu'ils y étoient allés d'abord, & y avoient trafiqué secretement, ni qu'ils y avoient gagné des richesses prodigieuses.

Boris charmé de cette découverte, & brûlant d'envie d'en savoir encore d'avantage, résolut de faire des enquêtes exactes au sujet de ce qui lui avoit été proposé. Il assûra les Aniciens qu'il les chérissoit comme ses propres Enfans. Il leur fit donner des Patentes par l'Empereur par où la possession de leurs Terres étoit affectée à leur Postérité, sans contradiction, afin que tous leurs Biens fussent héréditaires à perpétuité dans leurs Familles, sans en payer aucun Tribut dès à présent & à l'avenir. Il les fit conduire dans son Traîneau par les Rues de Mosco, où ils se trouvérent pendant l'Hyver, qui est une grande faveur parmi les Moscovites, & sur-tout de la part d'un grand Prince, tel qu'étoit Boris qui gouvernoit tout l'Empire.

Tout ce qui avoit été découvert à Boris, il le communiqua à l'Empereur, qui en fut fort satisfait, & lui donna pouvoir de faire ce qu'il jugeroit à propos. Ce Seigneur ne s'endormit pas, il employa quelques Capitaines & quelques Gentilshommes qui étoient pauvres, & qui dépendoient de lui, & leur donna ordre d'aller avec les Aniconiens. Il les fit habiller

biller magnifiquement & en Ambassadeurs: il leur donna quelques Soldats, & leur mit entre les mains certaines choses de peu de valeur pour les préfenter au Peuple vers lequel ils étoient envoyez. Il leur ordonna de bien examiner les passages, les Riviéres, les Bois, & tous les autres lieux, & d'en prendre les noms: il recommanda fur-tout de traiter ces Peuples avec beaucoup de douceur, & d'avoir de grands égards pour lui dans leur conduite. Ils eurent auffi charge de remarquer les lieux qui feroient propres à bâtir des Forterefles; & de tâcher d'amener avec eux quelques-uns des Habitans.

Ces Ambaffadeurs partirent de Mofco en fort bon équipage, tant à l'égard des vêtemens que des armes, & pourvus d'argent & de préfens, & fe rendirent à Witfogda chez les Aniconiens, qui leur donnérent des Gens de leur famille, de leurs Enfans, de leurs Amis, & de leurs Domeftiques pour aller avec eux. Lorsqu'ils furent arrivés aux Lieux où ils étoient envoyez, ils firent toutes les remarques qu'on leur avoit ordonnées, & beaucoup d'amitiés & de careffes aux Peuples. Les préfens qu'ils donnérent, qui n'étoient que de peu de valeur, furent reçus comme très-confidérables, parce qu'ils paroiffoient tels aux yeux de ceux qui n'en connoiffoient pas le prix. On les recevoit même avec des acclamations de joie, & on fe jettoit aux pieds de ceux qui les préfentoient, des habits desquels on admiroit la richeffe, comme n'ayant jamais rien vu qui en aprochât; jusque-là qu'on étoit prêt à les prendre pour les Dieux.

Les Mofcovites étoient obligés de fe fervir de Truchemens, & pour cet effet ils trouvérent ceux des Samoïedes, qui avoient fait des Voyages en Mofcovie, & eu du commerce avec les Païfans, où ils avoient appris la Langue. Par cette voie ils leur parlérent de l'Empereur de Mofcovie, & leur firent entendre qu'il étoit comme un Dieu en Terre, & même que c'en étoit un parmi les hommes. Enfin ils dirent tant d'autres chofes capables d'exciter la curiofité, que ces bonnes Gens defirérent ardemment de voir ce qu'on rapportoit; & ceux qui leur parloient n'ayant eu pour but que de les amener là, ils furent bien-tôt d'accord enfemble, d'autant plus que les Mofcovites offrirent de laiffer quelques-uns de leurs Gens en ôtage, & pour apprendre la Langue du Pays.

Ces maniéres d'agir gagnérent la plûpart des Gens au deçà de la Riviére d'Oby; ils fe foumirent à l'Empereur, & fe laiffèrent taxer, s'engageant de payer tous les ans à l'Empire de Mofcovie un Tribut par tête pour tous les hommes & pour les Enfans même, dès qu'ils commenceroient à tirer de l'Arc, favoir chacun un couple de peaux de Martre-Zibeline, qui étoient celles qu'ils eftimoient les moins; mais qui étoient fi eftimées parmi les Mofcovites, qu'on peut dire qu'elles n'avoient point de prix. Ils promirent de payer ce Tribut à ceux qui feroient commis pour le recevoir, & ils n'y manquérent pas.

Après cela les Mofcovites pafférent de l'autre côté de la Riviére d'Oby, & traverférent plus de 200. lieues de Pays. Ils virent dans ce Voyage plufieurs efpèces d'Animaux rares, & qui leur étoient inconnus, de belles Fontaines, des herbages admirables, de beaux Bois, & divers Samoïedes, dont les uns étoient montés fur des Elans, les autres affis dans des Traîneaux tirés par des Rennes, ou par des Chiens qui couroient auffi vîte que des Cerfs. Enfin ils virent plufieurs chofes extraordinaires, & dont il y en eut qui leur donnérent de l'admiration; & ils tinrent des Mémoires de tout ce qu'ils avoient vu, ainfi qu'il leur avoit été ordonné.

Au retour ils prirent avec eux ceux des Samoïedes qui voulurent bien les fuivre volontairement, laiffant de leur part quelques Mofcovites fur le Lieu plus pour apprendre la Langue que pour fervir d'ôtage.

Lorfqu'ils furent arrivez à Mofco, ils firent leur rapport à Boris, & ce Prince en informa l'Empereur. La vûe des Samoïedes fut un rare Spectacle pour les Mofcovites. On leur ordonna de tirer de l'Arc, & ils le firent avec tant de juftefle, qu'on les en admira. Ils mettoient un fort petit Denier dans un Arbre, & alloient fe placer fi loin, que tout ce qu'ils pouvoient faire c'étoit de l'appercevoir, & leurs fléches portoient contre le Denier autant de fois qu'ils tiroient.

D'un autre côté ces hommes fauvages regardoient avec étonnement les Habitans de Mofco, leur maniére de vivre, & diverfes autres chofes qu'ils n'étoient pas accoutumés de voir. Mais ils ne regardoient l'Empereur qu'avec crainte & refpect. La magnificence de fes habits les frappoit. Ils étoient furpris de le voir tantôt à cheval, tantôt dans un Caroffe fuperbe, tiré par plufieurs Chevaux, environné d'une multitude de grands Seigneurs, auffi très-richement vêtus.

Ils ne faifoient pas moins d'attention aux Gens de Guerre, à leurs Fufils, à leurs habits rouges, à leur maniére d'aller par Troupes, & à la quantité qui environnoit l'Empereur toutes les fois qu'il fortoit, n'étant pas ordinairement moins de quatre cens hommes autour de fa perfonne. Ils entendoient avec admiration le fon des Cloches, dont il y a beaucoup en Mofcovie. Ils confidéroient les Boutiques, & toutes les chofes qui y étoient. Enfin ils croyoient être tranfportez dans un Lieu habité par des Dieux, & ne defiroient de retourner parmi leurs Compatriotes que pour leur faire le récit des chofes qu'ils avoient vues & ouïes. Ils eftimoient heureux ceux qui avoient l'honneur d'être fous l'obéïffance d'un tel Prince, qui étoit plutôt un Dieu qu'un homme, & étoient ravis de pouvoir être mis en ce rang. Ils trouvoient d'un goût admirable les chofes qui leur étoient fervies à manger, & avouoient qu'il y avoit bien de la différence entre la bonne chére qu'ils faifoient, & la chair crue des Bêtes, & les Poiffons fecs

qu'ils

qu'ils avoient coutume de manger.

Ce qu'il y eut de plus important, fut qu'ils promirent à l'Empereur de le reconnoître pour leur Seigneur, & de porter tous les Samoïedes à le reconnoître aussi. Ils le priérent de leur faire la grace de leur envoyer des Gouverneurs pour les conduire & pour faire lever les Tributs. Pour ce qui est de leur Idolâtrie, on ne mit pas alors ce point sur le Tapis: on les laissa faire selon leur ancienne coutume; mais on leur auroit fait aisément embrasser la Religion Chrétienne, s'il étoit allé parmi eux des Docteurs capables de les instruire. Il y a même beaucoup d'apparence que les Moscovites n'auroient pas été engagés dans de longues & fâcheuses guerres.

Après un succès si favorable, les Aniconiens furent regardez de bon œil à la Cour. On leur accorda beaucoup de Priviléges & d'Immunités. On leur donna quelques Places situées proche de leur Pays & assez considérables: si bien qu'ils possèdent cent lieues de terrain en divers endroits le long des Riviéres de *Duna*, de *Witsogda*, & de *Soebna*; & ils sont demeurez riches dans tous les Lieux où ils se sont répandus, se maintenant encore aujourd'hui, sans qu'il ait été révoqué aucun de leurs Priviléges.

Au reste, il fut résolu dans le Conseil de l'Empereur, qu'on bâtiroit des Forteresses le long de la Riviére d'*Oby*, & en rase Campagne dans les endroits qui seroient les plus propres; & qu'on y tiendroit des Garnisons: qu'on y enverroit un Gouverneur Général, à qui on donneroit ordre de bien examiner le Pays, d'y pénétrer le plus avant qu'il seroit possible, & de l'incorporer à l'Empire. Toutes ces choses ont été exécutées. Les Forteresses ont été bâties du bois qui s'est trouvé sur le Lieu, & avec des rangées de grosses poutres qu'on a garnis de terre. On y envoye des Colonies, en sorte qu'en plusieurs endroits, il y a des Habitans qui composent des Eglises entiéres, & qui sont Polonois, Tartares, Russiens, & d'autres Nations.

Outre ceux qui y sont allés volontairement, on y a condamné comme à un éxil des Assassins, des Traîtres, des Voleurs, &, pour ainsi dire, l'écume des hommes; & ceux qui avoient mérité la mort. Les uns y étoient d'abord retenus prisonniers, les autres étoient en liberté & avoient la permission de s'établir, selon que les crimes qu'ils avoient commis étoient plus ou moins atroces. Ainsi on y a bâti peu à peu des Villes assez grandes qui ont été habitées de toute sorte de Gens; & maintenant les choses y sont sur un tel pied, qu'il y a assés d'Eglises, de Forteresses, & de Villes pour égaler un Royaume. Il faut pourtant avouer que ce qui a contribué à ce soudain accroissement, a été la Franchise qu'on à accordée, & le Dom Gratuit qu'on a fait des Terres; avantages qui y ont attiré de toutes parts des Gens pauvres, qui travailloient à subsister ailleurs.

Cette grande étendue de Pays, s'appelle aujourd'hui la Sibérie, & l'on y a bâti une Ville qui se nomme Siber. Dans les premiers tems qu'on faisoit ces Etablissemens, ce nom de Sibérie, prononcé à Mosco, étoit l'effroi & la terreur de Garnemens, car tous ceux qu'on découvroit étoient aussi-tôt envoyés à Sibirdam. Mais maintenant ce Châtiment est devenu commun, & en même tems si peu rigoureux, au prix de ce qu'il étoit alors, que dès que quelque Seigneur ou Gentilshommé tombe dans la disgrace de l'Empereur, on l'envoye avec toute sa Famille, pour un certain tems, faire pénitence en Sibérie, & on lui donne là quelque Gouvernement, jusqu'à ce que la colére de l'Empereur soit appaisée. Cependant cette peine quoiqu'infiniment plus douce que d'autres, est toujours un assez grand supplice, pour ceux qui ne trouvent point de salut ailleurs qu'à la Cour.

Voici maintenant la Route qu'on tient de Moscovie en Sibérie, autant qu'on peut la savoir à travers le silence que les Moscovites gardent là-dessus par la crainte de punition; car on assure qu'on ne verroit pas tranquillement, à la Cour de cet Empire, que les Sujets développassent aux Etrangers les Secrets de leur Pays.

Route de Sibérie.

De *Witsogda Soil*, où habitent les Aniconiens, on remonté cette Riviére jusqu'à une petite Ville nommé Javinisco, habitée par les Moscovites. Il y a dix-sept jours de chemin de la Ville de Soil jusque-là, & il faut traverser des Bois & des Riviéres.

De Javinisco, on met trois Semaines pour venir à une Riviére nommée Ne-em, c'est-à-dire, Muette, à cause de la tranquilité de son cours entre les Bois. Lorsqu'on a navigé environ cinq jours sur cette Riviére avec des Bâteaux, ou des Radeaux, on est obligé de transporter par terre, pendant une lieue, les Marchandises & les Hardes qu'on a, parce que le Ne-em prend un cours différent de la route. Afin donc d'aller par le plus court, on fait une lieue par terre, puis on se rembarque sur une Riviére, nommée la Wyssera, qui tombe des Rochers que les Moscovites nomment Camena, & qui sont dans les mêmes Montagnes Jœgoria.

On descend cette Riviére pendant neuf jours, & l'on vient à une petite Ville nommée Soil-Camscoi, qui a été bâtie en ce Lieu-là pour la commodité des Voyageurs, qui sont obligés de poursuivre leur Voyage par terre. Pour la Wyssera, elle continue son cours, & entre enfin dans une autre Riviére qu'on appelle Cam, qui passe sous la Ville de Viatea en Moscovie, & se décharge dans la grande Riviére de Rha, ou Volga, qui se rend dans la Mer Caspienne par soixante-dix Bouches.

Après qu'on s'est reposé à Soil-Camscoi, il vient des gens qui vous aménent des Chevaux, car ce Pays-là est bien habité, & il y a beaucoup de Villages & de Bétail, les Habitans étant Russiens & Tartares. Ces Gens prennent le Bagage, le chargent sur les Chevaux, & vous menent presque tout le chemin par des Montagnes

gnes couvertes de Sapins, de Palmiers, & d'autres Arbres. Il faut traverser deux Riviéres nommées Soyba & Coofna, qui sont dans ces Montagnes, & qui coulent toutes deux au Nord. Les Montagnes qui suivent se divisent en trois parties, & sont différentes des autres auxquelles elles touchent. Il y a de fort beaux Bois, bien plus épais que sur les premiéres, & des Pacages merveilleux. Pendant deux jours de chemin elles s'appellent Coofvinscoy-Camen. Pendant deux autres jours elles se nomment Cirginscoy-Camen; & après quatre autres jours de chemin, Potvinscoy-Camen.

Ensuite on vient à une Ville nommée Vergateria. Ces trois Montagnes sont proprement des Deserts, où viennent des Tartares, & des Samoïedes qui ne font que chasser pour les Moscovites. Les Montagnes de Potvinscoy-Camen sont les plus hautes, étant couvertes de neige en plusieurs endroits, & environnées de nuées. Le Voyage y est fort fatiguant, mais quoique le pié en soit très-bas, la pente n'en est pas fort rude, & l'on descend peu à peu.

Lorsqu'on est arrivé à Vergateria, il faut y séjourner jusqu'au Printems; parce que la Riviére qui y passe, qu'on nomme Toera, a peu d'eau tout le reste de l'année, comme étant proche de sa source; mais au Printems les neiges qui fondent, la grossissent tellement qu'on y peut naviger avec des Bâteaux & des Barques. Cette Ville de Vergateria est la premiére Ville de Sibérie & n'est bâtie que depuis trente ans, non plus que beaucoup d'autres. Cependant elle ne laisse pas que d'être bien peuplée, & les Habitans y cultivent la Terre comme l'on fait en Moscovie.

Il y a un Gouverneur qui tous les ans envoye quantité de grains & d'autres provisions dans tous les autres Lieux de la Sibérie par les Riviéres qui y sont, & il en fait pourvoir les Forteresses & tous les autres endroits où il y a des Garnisons. Il en envoye aussi au-delà de l'Oby dans les Forts & Places où l'on tient des Soldats Moscovites, car jusqu'à présent on n'y a pas encore bâti, & les Samoïedes ne vivent que de chasse.

Cette Riviére de Toera ci-dessus mentionnée, on la descend pendant cinq jours, & l'on vient dans une Ville nommée Japhanim, qui n'est bâtie & peuplée que depuis douze ou treize ans.

A Japhanim on se rembarque sur la même Riviére, qui après deux jours de chemin, serpente extrêmement, si bien qu'il faut souvent traverser le Pays pour ratraper la Riviére, afin de prendre un plus court chemin. Les environs de cette Riviére sont habités par des Tartares & des Samoïedes, qui y entretiennent du Bétail dont ils vivent. Ils ont aussi des Bâteaux.

Enfin de la Riviére de Toera, on entre dans une autre grande Riviére qu'on appelle Tabab, à peu près à deux cens lieues de Vergateria, sur laquelle on va jusqu'à Tinen, Ville bien peuplée, bâtie aussi depuis environ trente ans. En Hyver il y a beaucoup de gens qui prennent des Traîneaux à Saphanim pour aller en douze jours à Tinnen, Place où il se fait présentement un grand Trafic de Pelleteries entre les Moscovites, les Tartares, & les Samoïedes: & ce Lieu-là est commode pour ceux qui ne veulent passer que six mois en Voyage. Mais il y en a qui veulent pénétrer plus avant, & qui passent bien au-delà de la Riviére d'Oby tant à l'Est qu'au Sud.

De Tinnen on va jusqu'à Tobolsca, Capitale des Villes de Sibérie, où est le séjour du Vice-Roi. C'est-là que toutes les Villes envoyent chaque année leurs Tributs, aussi-bien celles qui sont au-delà de l'Oby, que celles qui sont en deçà; & quand tous les Tributs y sont assemblés, on les envoye à Mosco sous une bonne Escorte. Le Gouverneur est sévère, & tous les autres Gouverneurs de la Samoïede & de Sibérie sont obligés d'obéir au Vice-Roi. Il se fait aussi un grand Trafic des Marchandises qu'on apporte de Moscovie. Il y vient même des Tartares du Sud, & du fond de la Tartarie, & plusieurs autres différens Peuples; & cet abord augmente à mesure que la réputation du Pays s'étend; ce qui est un grand avantage pour les Moscovites, d'autant plus qu'ayant acquis ce grand Pays sans guerre, & l'ayant incorporé à leur Empire avec douceur, & du consentement des Habitans, il semble qu'il n'ont rien à craindre, parce que les Peuples leur sont très-affectionnés, & il y a des Eglises par-tout.

Cette Ville de Tobolsca, Capitale de Sibérie, est située d'un côté sur le bord d'une grande Riviére nommée Irtis, qui vient du Sud, & qui a un cours aussi rapide que le Danube. Elle se décharge dans le Fleuve d'Oby, & on croit que ces deux Riviéres ont leur source dans le même Pays. La Riviére de Tobol, d'où la Ville tire son nom, coule de l'autre côté de la Place.

Dans le Tobol se rend une autre Riviére, qui vient du Nord, & qui tombe du haut d'une Montagne proche des Côtes de la Mer. Les Sauvages la nomment Taffa, & les Moscovites ont depuis onze ans bâti sur ses bords une Ville nommée Pohem. Il y ont envoyé une Colonie tirée de Sibérie, & prétendent y faire un grand Etablissement, à cause de la beauté & de la fertilité du Pays. Il y a d'ailleurs de beaux Bois, remplis de Bêtes sauvages, de Léopards, de Loups Cerviers, de Renards, & de Martes-Zibelines.

Cette Ville est à quinze journées de Tobolsca. La Riviére d'Irtis se jette aussi dans l'Oby, à quinze journées de la même Ville par le Nord. Autrefois il y avoit une Ville à son Embouchure qui se nommoit Olscoygorod; mais elle a été détruite par Ordre des Gouverneurs de Sibérie, sans qu'on en ait su la raison. C'est peut-être à cause du froid, ou parce qu'elle étoit trop proche de la Mer, de peur qu'il n'arrivât quelque désordre ou quelque changement de ce côté-là. Mais comme la Riviére d'Oby se sépare en deux, & qu'un de ses Bras, s'écartant, environne un grand espace de terre & forme une Isle, puis va retomber dans le premier & plus grand Canal, on a bâti dans cette Isle une Ville à la place qui a été ruïnée. Elle s'appelle Zergolt; & est située environ cinquante lieues plus avant dans les Terres, que n'étoit la premiére.

En remontant la Riviére au-dessus de Zergolt, on ne met que peu ou presque point de Voiles aux Barques, soit qu'il n'y vente effectivement presque point, soit que le Vent ne puisse servir à cause de la hauteur des Terres, quoique l'Oby soit par-tout un gros Fleuve & fort large. On y tire donc les Bâteaux à la Cordelle, ainsi qu'on a coutume de faire dans toutes les Riviéres de Moscovie. De Zergolt, on remonte deux cens lieues, & l'on vient à une Forteresse nommée Noxinscoy, qui est bâtie depuis vingt-quatre ans, que le Grand Gouverneur envoya des gens pour reconnoître le Pays, & chercher des lieux propres à être cultivés, afin d'y bâtir des Villes. Cet endroit ayant paru agréable, sain, & sous un Climat assés chaud, fertile, & rempli de diverses sortes de Bêtes & de Volatiles, on y bâtit le Fort de Noxinscoy, & l'on y mit une Garnison. Il est situé au Sud-Ouest. Il y a des Habitans jusqu'à former une nombreuse Eglise. On leur a recommandé de reconnoître de plus en plus le Pays vers le Climat le plus chaud, & de gagner par la douceur les Habitans qu'ils y trouvent afin d'étendre par cette voye la domination de l'Empereur au long & au large. Ces gens s'étant souvent assemblés par troupes, & ayant avancé plus de quatre cens lieues dans le Pays, y ont trouvé d'admirables endroits, de beaux Paysages, mais point d'hommes. C'est un Pays desert.

Ceux qui remontérent il y a vingt ans la Riviére d'Oby, encore deux cens lieues plus haut, y trouvérent un Pays à souhait & fort chaud, auquel il n'y a rien à redire, où il y a peu d'Hyver, ou presque point. A leur retour ils furent mandés à Mosco, où régnoit alors Boris Goddenoof, qui ayant été informé de tout, prit cette affaire à cœur. Aussi-tôt il ordonna que le Gouverneur de Sibérie y envoyeroit des gens pour bâtir une Ville. Dabord on y fit une Forteresse & quelques Maisons, & depuis on a continué; en sorte que maintenant il y a une belle Ville nommée *Toom*, parce qu'ils apprirent dans la suite que ce même endroit avoit été habité par des Tartares qui en faisoient leurs lieux de plaisirs, & qui avoient un Roi nommé *Altyn*. Cette nouvelle Ville a été souvent attaquée par divers Peuples, qui se tiennent à l'entour sous des Tentes, ou en rase Campagne; mais maintenant elle est si puissante, qu'elle ne craint plus rien; & il y a bien de l'apparence qu'en peu de tems elle pourra, avec ses dépendances, passer pour un petit Royaume.

Entre la Forteresse de Noxinscoy, & cette Ville de Toom en Sibérie, on découvre tous les jours, en pénétrant dans le Pays, divers Peuples, qui se donnent le nom d'*Ostacby*, & qui s'unissent volontiers avec les Samoïedes, les Moscovites, & les Tartares de Sibérie; & en sont traités avec douceur. Il y en a même qui leur apportent de l'Or. Ils ont divers Rois, qui sont comme ceux des Indiens, c'est-à-dire comme les petits Rois des Indes Orientales, & non comme les Grands. En un mot les Moscovites s'étendent tellement de ce côté-là, qu'on en est surpris en le voyant, ou quand on l'entend dire.

Il y a aussi plusieurs Forteresses & Châteaux entre l'Oby & l'Irtis, qui furent bâtis dans ce tems-là, ou qui l'ont été depuis, & lorsque Tobolsca le fut. Ces Places sont déja fort riches, & sont peuplées de Tartares, de Moscovites, & de Samoïedes civilisez. L'une se nomme Tara, & à la hauteur où elle est, les Riviéres d'Oby & d'Irtis, coulent à dix journées de chemin l'une de l'autre. Une autre s'appelle Jorgoet, ou Jorgout qui est bâtie depuis vingt-cinq ans, aussi-bien que Besou & Mangansoiscoy-Garad. Ces trois Villes sont plus hautes vers le Sud, & les Habitans tâchent encore tous les jours de faire des découvertes à l'Ouest de l'Oby.

Au-deçà de ce Fleuve sont les Villes de Tobolsca, Sibir ou Sibier, Beresai, & plusieurs autres, toutes sur les bords de diverses Riviéres, & l'on en bâtit encore tous les jours. Mais les Villes de Narim & de Toom sont de l'autre côté de l'Oby. Les Habitans se servent de Rennes pour leurs Traîneaux, & de Chiens qui courent fort vîte, dont la plûpart sont nourris de Poisson, parce qu'ils croyent que cela leur donne de la force. Le Poisson qu'ils leur donnent est le plus souvent de la Raye séche. Pour la Ville de Jargoet, elle est située, ainsi qu'il a été dit, dans une Isle que l'Oby forme.

De Narim en montant vers l'Est, il y a sur une Riviére nommée Telt, une Forteresse à qui on a donné le nom de Comgofscoy, où l'on entretient Garnison. Il y a dix-huit ans que les Habitans de ce petit Fort & de la Ville de Narim, reçurent ordre des Gouverneurs de Sibérie, de s'en aller avec des Traîneaux & des Chevaux du côté de l'Est pour découvrir s'il y avoit d'autres Peuples. Ils cheminérent pendant trois Semaines, prenant leur route droit à l'Est par de grands Deserts, trouvant pourtant presque par-tout un beau Pays, & des Arbres admirables avec diverses Riviéres. Au bout de trois Semaines, ils virent quelques Hutes en rase Campagne, & trouvérent des hommes assemblés, qui ne s'effrayérent point à la vûe des Moscovites, parce que ceux-ci avoient pour Guides des Samoïedes & des Tartares, qui même avoient peut-être fait autrefois ce chemin, & conversé avec les Habitans de ce Pays-là.

En arrivant on fit beaucoup de caresses à ces Habitans. Les Tartares & les Samoïedes n'entendoient pas leur langage. Néanmoins ils en comprenoient quelque chose,

chose, si bien qu'ils entendirent qu'ils se nommoient *Tingoësy*, & qu'ils habitoient le long d'une Riviére nommée Jeniséa, qui étoit plus grande que l'Oby: que leur origine venoit du Sud-Est; mais qu'ils ne savoient pas précisément d'où c'étoit. Ils avoient un double menton, c'est-à-dire une grosseur qui s'étendoit du menton à la gorge, & en parlant ils gloussoient comme des Coqs-d'Inde. Les Samoïedes étoient ceux qui les entendoient le mieux, leur langage ayant quelque rapport avec celui des Tingoëses.

A l'Est de ce grand Fleuve de Jeniséa, il y a de hautes Montagnes, quatre desquelles jettent du Souphre; mais en deçà vers l'Ouest, est un Pays-bas, beau, couvert d'agréables pacages, d'Arbres de divers fruits, qu'on n'avoit point encore vus, & de quantité de Volatiles. Le Jeniséa, se déborde au Printems, à peu près comme fait le Nil en Egypte, & couvre plus de soixante-dix lieues de Pays, pendant lequel tems les Tingoëses passent de l'autre côté du Fleuve, & se tiennent sur les Montagnes jusqu'à ce que l'Eau se soit retirée, qu'ils retournent ensuite dans ce beau Pays avec leur Bétail.

Les Tingoëses sont gens paisibles & doux. Ils se soumirent volontiers aux Gouverneurs de la Sibérie, à quoi ils furent portés par les Samoïedes, qui leur dirent qu'ils étoient comme des Dieux. On ne put remarquer alors qu'elle étoit leur Religion, & on n'a pu l'apprendre depuis, les Moscovites étant trop négligens, & ne faisant pas à tous égards ce qu'ils pourroient faire.

Il ne faut pas être surpris du reste que le Weigats soit extrêmement rempli, & pour ainsi dire bouché de Glaces vers le Nord, parce que les Fleuves d'Oby & de Jeniséa, y en charrient une quantité prodigieuse, de même qu'une infinité d'autres Riviéres qui s'y déchargent, & dont on ignore les noms. Ils y entraînent même des Bois entiers, & c'est ce qui fait qu'on trouve sur le Weigats beaucoup de Bois floté. Dailleurs le froid est aussi âpre dans les Détroits de la Nouvelle Zemble qu'en aucun autre lieu du Monde: si bien que le froid & le peu d'étendue du Détroit causent nécessairement cet effet, que les Glaces qui y sont charriées de tant d'endroits s'y accumulent, s'y amoncelent, s'y gèlent ensemble, & se prennent en sorte, qu'il y en a des Bancs qui ont cinquante ou soixante brasses d'épais.

Les Moscovites qui alloient à la découverte, passérent au-delà du Fleuve de Jeniséa; mais ils tirérent à l'Est, & n'oférent pas beaucoup se hazarder vers le Sud. Ils avoient pris avec eux quelques Tingoëses, qui leur dirent qu'il y avoit plus avant au Sud, divers Peuples qui leur étoient inconnus, & qui étoient gouvernés par des Rois, qui avoient souvent guerre entr'eux, ainsi qu'on le leur avoit fait entendre.

N'ayant donc point trouvé peuplé le Pays qu'ils virent, ils s'en retournèrent après quelques journées de chemin, & recommandérent aux Tingoëses de faire de nouvelles recherches. Ceux-ci le leur promirent & firent alliance avec eux. Les Moscovites ayant fait leurs Présens, laissérent parmi eux quelques-uns de leurs gens & quelques Samoïedes & Tartares.

L'année suivante, les Tingoëses, ayant envoyé un certain nombre d'entr'eux à l'Est pour reconnoître le Pays, ils allérent plus loin qu'ils n'étoient allés l'année précédente, & trouvérent une grande Riviére, non pas pourtant si grande que le Jeniséa; mais elle ne rouloit pas moins rapidement. Ils marchérent pendant quelques jours sur ses bords, où enfin ils virent des hommes qu'ils joignirent, & en ayant fait quelques-uns prisonniers, ils ne purent entendre leur langage. Cependant par signe, ils crurent comprendre que ces gens-là leur disoient, qu'il tonnoit souvent de l'autre côté, parce qu'ils proféroient Om Om, & qu'il y avoit multitude d'hommes. En montant la Riviére ils disoient Pesida, d'où les Tingoëses & les Tartares conclurent que c'étoit le nom de la Riviére. Mais par ces mots Om Om, les Moscovites prétendoient qu'ils vouloient parler du bruit des Cloches. En s'en retournant ils emmenérent avec eux leurs prisonniers, qui moururent en chemin, soit de frayeur, soit à cause du changement d'air: on en fut fort fâché. A leur arrivée ils dirent que c'étoient des gens puissans, robustes & bien faits de Corps, qui avoient de petits yeux, le visage plat, & la couleur d'un brun jaunâtre. Les Moscovites, qui étoient en Sibérie, ayant été informés de ces choses par les Samoïedes, qui venoient du Pays des Tingoëses, eurent une fort grande envie d'aller faire une nouvelle recherche. Ils demandérent des gens au Gouverneur, qui leur en donna, & même des Soldats, & leur commanda de mener avec eux des Tingoëses, des Samoïedes, & des Tartares. Ainsi ils partirent au nombre environ de sept cens hommes, passérent la Riviére d'Oby, & traversérent le Pays des Samoïedes & des Tingoëses, qui leur montroient le chemin. Pour leur nourriture ils la trouvoient sur leur route, où ils tuoient des Oiseaux, des Rennes, des Chévres, & d'autres Animaux, & prenoient du Poisson, tout le Pays étant entrecoupé de Riviéres.

Ils arrivérent aux bords de la Riviére de Pésida, où ils dressérent des Tentes, & y séjournérent jusqu'au Printems, parce qu'ils vouloient voir la Riviére ouverte, & que cette Saison n'étoit pas éloignée; mais ils n'osoient passer le Pésida, à cause de ce qu'ils avoient compris leur avoir été dit au premier voyage, & qu'ils entendoient un bruit de Cloches. D'ailleurs quand le Vent venoit droit de l'autre côté de la Riviére, on entendoit aussi quelquefois un bruit confus de voix d'hommes, & des hennissemens de Chevaux. Ils découvroient même des Voiles, quoique rarement, & croyoient que les Bâtimens descendoient la Riviére. Ces Voiles étoient quarrées, ainsi qu'elles le sont aux Indes.

Cependant ils ne découvrirent point d'hommes au-deçà de la Riviére où ils étoient. Les Eaux furent fort hautes au Printems; mais on n'en recevoit point d'incommodité, parce que les Terres étoient hautes des deux côtez. Au mois d'Avril & de Mai le Pays leur parut admirable, & ils en furent tous réjouïs. Ils y virent quantité de Simples & d'Herbages rares, des Fleurs, des Fruits, des Arbres, des Bêtes & des Oiseaux. Mais les Moscovites n'étant pas curieux, ils y firent moins d'attention que d'autres n'auroient fait. Cette Nation, fort grossiére, ne pense qu'à son profit.

Quand l'Eté fut venu ils se mirent en chemin, marchant doucement, si-bien qu'ils n'arrivérent en Sibérie qu'en Automne. Ils firent le rapport de ce qu'ils avoient vu, & l'affirmérent par Serment.

Le récit de toutes ces choses ayant été fait à Mosco, l'Empereur Boris & toute la Cour, eurent fort grande envie qu'on fit encore une plus grande & plus exacte perquisition. Pour cet effet on fut d'avis de faire partir l'année suivante des Ambassadeurs avec des Présens, & de les faire accompagner par des Tartares, des Samoïedes & des Tingoëses, pour passer la Riviére de Pésida, & voir ce qui pouvoit être au-delà. On leur devoit donner Pouvoir de traiter alliance avec les Rois, Peuples & Souverainetés où s'en trouvoit; mais sur-tout ils avoient charge de bien observer & examiner tout ce qu'ils verroient, & d'en faire des Mémoires; car dans la persuasion où on étoit qu'on avoit ouï des sons de Cloches, on espéroit faire des grandes découvertes. Mais tous ces projets s'évanouïrent à la naissance des troubles qui survinrent en Moscovie, & qui ont été suivis de si grandes Guerres.

On croit que cette Riviére de Pésida se termine, où si l'on veut commence de ce côté-là, le Royaume de Cathai, qui confine à la Chine & aux Indes.

Les Troubles de Moscovie cependant n'empêchérent point les Gouverneurs de la Sibérie d'entreprendre un nouveau Voyage; & plusieurs Habitans & Bourgeois voulurent en être. Mais lorsqu'ils eurent approché la Riviére de Pésida, ayant entendu fort distinctement un bruit de voix d'hommes, & de sons de Cloches, les Tingoëses n'étant pas d'avis de passer la Riviére, personne ne voulut se hazarder de le faire; & se contentérent de remarquer en deçà quelques flammes que poussoient les Montagnes Sulphureuses, de s'en approcher pour prendre un peu de Soufre, & quelques pierres d'Or qu'ils y trouvérent aussi, & qui leur firent juger, qu'il pouvoit y avoir de riches Mines en ce Pays-là.

Le Vice-Roi fit aussi construire, il y a quelque tems, des Barques couvertes, pour les faire descendre au Printems à la Mer par l'Embouchure de l'Oby, & aller ensuite le long des Côtes jusques à l'Embouchure de la Riviére de Jeniséa. Ces Barques devoient entrer dans cette Embouchure, & remonter le Fleuve pendant deux journées. Outre cela il envoya des gens par terre sur les bords du même Fleuve, pour y séjourner jusqu'à ce qu'elles fussent arrivées, ou pour les y attendre un an entier, après quoi il leur étoit permis de s'en retourner.

Ceux qui devoient s'embarquer avoient un Commandant nommé Luca, qui devoit aussi-bien que ceux qu'il commandoit, observer tout, & dessiner les Aspects & les Gissemens des Côtes. Tous ces Voyageurs par Terre & par Mer ayant exécuté ce qu'on leur avoit ordonné, se rencontrérent effectivement dans le Jeniséa, ou plutôt dans son Embouchure, parce que ceux qui étoient allés par terre, avoient fait des Radeaux & construit quelques petits Bâteaux, sur lesquels ils avoient mis des gens, qui étoient descendus jusqu'à cette Embouchure, où ils trouvérent les autres. Tout ce qu'ils virent s'accordoit fort bien avec les conjectures du Viceroi. Mais comme le Commandant Luca étoit mort en chemin, aussi-bien que quelques autres des principaux, ils trouvérent à propos de se séparer, & de se retirer par le chemin qui les avoit amenés.

De retour, ils firent au Gouverneur un récit bien circonstancié, qu'il envoya à Mosco, où il fut enfermé tout cacheté dans la Trésorerie, pour y rester jusqu'à la fin des Guerres. Il y a toute apparence que cette Relation est perdue; car on n'en a jamais parlé.

Il y a une autre grande Riviére nommée Taas qui se rend dans l'Oby, & qui semble venir d'un grand Bois assés proche du Jeniséa, d'où sort aussi une autre Riviére, pas éloignée de cette précédente, qui tombe dans le Jeniséa. Ainsi de l'Oby on peut, par cette premiére Riviére, voyager au travers du Pays des Samoïedes, & ne faire que deux lieues par terre, pour se rendre sur les bords d'une autre Riviére nommée Torgalf, & descendre là avec le cours de l'eau dans le Jeniséa, cette Riviére de Torgalf étant fort propre à naviger, & ayant été découverte depuis peu par les Samoïedes & les Tingoëses.

Il n'y a pas de doute que si on pouvoit passer par le Weigats, ou Pechora, ou on assure qu'il y a un bon Port & des vivres, on découvriroit plusieurs beaux Pays du Continent, & d'agréables Isles. Il peut être même, & cela n'est pas sans vraisemblance, que l'Amérique vers la Chine, est jointe aux autres Parties du Monde, par quelque Pointe, ou Langue de Terre, ainsi que l'Asie l'est à l'Afrique proche de la Mer Rouge. Personne au moins n'a dit jusqu'à présent, que cela soit ou ne soit pas.

Mais quand bien même il y auroit une séparation, on peut conclure qu'elle ne peut-être grande; autrement on ne pourroit comprendre que l'Amérique fût peuplée quelque grande étendue qu'elle ait, puisque le premier homme ayant été créé en Asie, & n'y ayant eu aucun Bâteau avant

avant l'Arche de Noé, personne n'auroit pu y aller.

Ce Pays est présentement occupé [a] par trois sortes d'Habitans, savoir 1°. par des Peuples Payens qui sont les anciens Habitans du Pays, 2°. par des Tartares Mahométans qui sont ceux sur lesquels les Russes l'ont conquis; 3°. par les Russes qui en sont à présent les Maîtres. Les Peuples Payens qui habitent dans la Sibérie sont divisés en plusieurs Nations dont les principales sont les *Wogulitzes*, les Samoyedes qui habitent entre l'Oby, & la Lena vers la Mer Glaciale, & qui sont appellés *Samoyedi Mantzela* pour les distinguer des autres Samoïedes qui habitent vers la Côte Septentrionale de la Russie, depuis les bords Occidentaux de la Guba Tassaukoya jusqu'aux environs de la Ville d'Archangel, & la Riviére Dwina. Ces gens-là sont les plus stupides, & les plus pauvres de toute la Sibérie; leur extérieur tient beaucoup de celui des Callmoucks à l'exception qu'ils ne sont pas si bienfaits, ni si grands qu'eux, qu'ils ont de vilaines bouches à lévres pendantes, & qu'ils sont extrêmement pesans. Les Ostiakes habitent au Sud des Samoïedes vers les soixante degrés de Latitude, depuis les Montagnes qui séparent la Russie de la Sibérie jusqu'à la Riviére de Jeniséa; les gens de cette Nation sont à peu près faits comme les Russes, mais ils sont communément d'une taille au-dessous de la moyenne; on prétend qu'ils sont issus d'une partie des Habitans de la Province de Welika-Permia en Russie qui poussés par leur attachement à l'Idolâtrie quittérent leur Pays, & vinrent s'établir en ces Quartiers, du tems qu'on introduisit le Christianisme en cette Province; du moins assure-t-on que la Langue des Ostiakes a encore présentement beaucoup de conformité avec le Jargon des Habitans de la Province de Permia, & nulle connexion au contraire avec les Langues des autres Peuples Payens de la Sibérie leurs voisins; ensorte qu'ils sont obligés de se servir d'Interprêtes pour parler avec eux. Les Toungouses occupent une grande partie de la Sibérie Orientale; ils sont divisés en quatre Branches. 1°. Les *Podkamena Toungousi*, qui habitent entre la Riviére de Jeniséa & celle de la Lena au Nord de la Riviére d'Angara. 2°. Les *Sabatski Toungousi*, qui habitent entre la Lena, & le fond du Golfe de Kamtzchatka vers les soixante degrés de Latitude au Nord de la Riviére d'Aldan, 3°. Les *Olenni Toungousi*, qui habitent vers les Sources de la Lena & de la Riviére d'Aldan au Nord de la Riviére d'Amur, 4°. Les *Conni Toungousi*, qui habitent entre le Lac Baikal, & la Ville de Nerzinskoy & le long de la Riviére d'Amur. Les *Jakuti* qui habitent vers le long de la Lena; ces gens sont à peu près faits comme les Toungouses, & sont les seuls d'entre les Peuples Payens de la Sibérie qui se servent de Rennes pour y monter; on prétend qu'ils ont plus d'esprit, & par conséquent plus de malice aussi que les autres Peuples Payens de ce Continent.

[a] Hist. des Tatars, p. 485.

Les *Jukagri* qui habitent vers les bords de la Mer Glaciale, à l'Est de l'Embouchure de la Lena; ceux-ci ne sont pas fort différens des Samoïedes, cependant ils ne sont pas tout-à-fait si stupides ni si laids qu'eux. Les *Tzuktzchi* & *Txchalatzki*. Les *Kamtzchadales*. Ceux de cette Nation sont beaucoup plus civilisés & mieux faits que leurs voisins du Nord, aussi sont-ils mieux nourris & mieux couverts qu'eux; ils arment la pointe de leurs Javelots & de leurs Fléches d'un crystal fort tranchant au lieu d'acier, ce qui fait des blessures fort difficiles à guérir. Les *Buratti* qui habitent au Sud de la Riviére d'Angara entre la Jeniséa & la Selinga, & sont une sorte de Moungales; ces gens se nourrissent de leur Bétail, & sont d'une taille haute, & robuste, mais bien moins basanés que les autres Moungales. Les *Barabinski* qui sont une sorte de Callmoucks, & habitent dans les Plaines entre la Riviére d'Irtis & l'Oby. Ces gens sont en partie sous la domination du Contaisch, & en partie sous celle de la Russie; ils vivent de l'Agriculture, de leur Bétail, & de la Chasse; mais comme il y a beaucoup de Pelleteries dans les Contrées que ceux qui sont sous la domination de la Russie habitent, ils payent la plus grande partie de leur Capitation en Pelleteries. De ces Nations il n'y a que les *Wogulitzes*, les *Barabinski*, les *Buratti*, les *Kamtzchadales*, & les *Olutorski* qui ayent des Habitations fixes. Tous les autres Peuples de ce Pays vivent sous des Hutes; ils demeurent pendant l'Hyver dans les Forêts, cherchant leur nourriture à la chasse: & dans l'Eté ils vont chercher les bords des Riviéres pour s'entretenir de la Pêche; les peaux des poissons sont leur habillement d'Eté, & les peaux des Elans, & des Rennes leur servent au même usage en Hyver. L'Arc & la Fléche, un Couteau, une Hache, avec une Marmite font toutes leurs Richesses, & les raclures d'un certain Bois leur tiennent lieu de lit de plume pour se coucher; les Rennes & les Chiens leur servent de Chevaux, & leur sont même de meilleur usage dans l'Hyver que ne le pourroient être ces derniers, à cause qu'ils peuvent marcher sur la neige, qui est quelquefois d'une pique de hauteur, sans s'y enfoncer comme le feroit un Cheval; & en cette sorte quatre Chiens tirent fort bien un Traîneau chargé de trois cens livres pesants pendant six à huit lieues d'Allemagne. Ces Traîneaux sont extrêmement légers, ayant quatre à cinq Aunes de longueur, & autant de largeur qu'il leur en faut pour qu'un homme y puisse coucher : ce sont principalement les Samoïedes, & les Jukagri qui se servent de Rennes devant leurs Voitures, car le reste de ces Peuples n'y employent ordinairement que des Chiens. Par tout le Nord de la Sibérie on n'a point d'autre commodité pour aller d'un endroit à l'autre en Hyver que la Poste aux Chiens qui a ses Jams ou relais réglés de distance en distance, tout comme nos Postes les mieux réglées les

fau-

fauroient avoir, & à mesure que le Voyageur est pressé, on augmente le nombre des Chiens de l'Attelage de son Traîneau. C'est par la même voye que les Commis du Trésor de la Sibérie vont recevoir en Hyver, dans les endroits marqués pour cela en chaque Gouvernement, les Contributions de ces Peuples en Pelleteries, selon la qualité des Cantons qu'ils habitent; pour cet effet on a bâti en ces endroits des Maisonnettes de bois, où les Commis viennent se rendre dans l'Hyver accompagnés de quelques Cosacques, & alors tous les Chefs de Famille du ressort de chaque Bureau y accourent en foule, pour leur apporter la quantité de Pelleteries à laquelle chaque Famille est taxée, afin de n'être point sujets aux extorsions de ces Commis en cas de quelque retardement. De tous ces Peuples, & de diverses autres Nations moins considérables, qui sont répandues dans la Sibérie, il n'y a que les *Tzchalatzki*, les *Tzucktzchi*, les *Olutorski*, les *Kurilski* qui occupent la pointe du Sud du Pays de Kamtzchatka, & les *Kilaki* qui habitent au Nord de l'Embouchure de la Riviére d'Amur, qui ne payent point de contribution jusqu'ici à la Russie; tous les autres Peuples de ce vaste Continent la payent sans exception, selon la nature des différens Cantons qu'ils occupent. Leur Religion consiste pour la plûpart en quelque honneur qu'ils rendent au Soleil, à la Lune & dans le Culte de leurs Idoles. Tous ces différens Peuples ont ordinairement deux sortes d'Idoles, sçavoir les Publiques qui sont en vénération à tout un Peuple, & les Particuliéres que chaque Pere de Famille se fait lui-même pour leur adresser ses dévotions. Les unes & les autres ne sont communément que des Buches arrondies, à un bout desquelles on a pratiqué un rond pour marquer la tête avec un nez, une bouche & des yeux fort grotesquement façonnés : cependant quelques-uns de ces Peuples ont des Idoles publiques d'une assés belle fonte, qui leur doivent être venues de la Chine. Les Idoles particuliéres sont quelquefois sujettes à être étrangement maltraitées par ces gens, lorsqu'ils ont lieu de croire qu'elles ne prennent pas assés soin de leur petite Fortune, car on leur fait en ces occasions tous les affronts imaginables, jusqu'à les traîner par la boue la corde au col, & à les jetter dans le feu, ou dans la Riviére; mais lorsque ces pauvres gens croyent avoir à se louer de la protection de leurs Idoles, il n'y a point d'honneur dont ils ne les comblent à leur manière, en les couvrant de peaux de Renards noirs & de Zibelines, & en les plaçant en l'endroit le plus honorable de leurs Cabanes; ils leur frottent alors la bouche avec de la graisse de poisson & leur présentent du sang tout chaud de quelque Bête fraîchement tuée comme pour leur servir de boisson. Ce qu'on a répandu dans le Monde du commerce que quelques-uns de ces Peuples doivent avoir avec le Diable, n'est qu'une pure fiction, qui doit son origine à la grande stupidité de ces pauvres gens, & plus encore à l'ignorance de la plûpart de ceux qui les fréquentent; cependant il est certain qu'il y a beaucoup de gens parmi eux qui prennent le nom de Sorciers, mais ce ne sont que des fourbes qui abusent de la simplicité de ces Peuples pour en attraper quelques présens. Au reste tous ces Peuples vivent entièrement dans l'état de Nature sans autres Loix que celles que les Peres prescrivent à leur Famille. Ils prennent tout autant de femmes qu'ils en peuvent nourrir, & ne se mettent guères en peine du jour du lendemain; ils acquitent fort soigneusement les dettes qu'ils peuvent contracter, & ne font jamais de mal à personne à moins que l'on ne commence par leur en faire; ils ont une grande attention à rendre les derniers honneurs à leurs Morts, selon la coutume de chaque Peuple, & sont d'une grande résignation sur les différens accidents de la vie. Comme la nourriture qu'ils sont accoutumés de prendre est fort mal saine, & pour la plûpart crue, ils sont furieusement tourmentés par des maladies Scorbutiques, qui mangent les parties attaquées comme une espèce de gangrene & infectent une partie après l'autre jusqu'à ce que la mort s'ensuive ; les Samoïedes sur-tout, & les Ostiakes sont fort sujets à ces maladies, mais la plûpart d'entre eux n'y cherchent aucun remede, & se voyent pourrir fort tranquillement de corps vivant, parce qu'ils disent n'avoir aucune connoissance de la Médecine. Les Tartares Mahométans sont la 2e. partie des Habitans présens de la Sibérie : ils sont de la postérité de ceux de cette Nation qui étoient en possession de ce Pays, lorsque les Russes vinrent en faire la Conquête, dont la plus grande partie aima mieux se soumettre à ces nouveaux Maîtres, que de suivre la fortune desespérée de leur Chan. Ces Tartares habitent pour la plûpart aux environs de Tobolskoy, & du côté de la Ville de Tuméen, & vivent de l'Agriculture, & du Commerce qu'ils font avec les Boucháres & les Callmoucks. Ils occupent un grand nombre de Bourgades & de Villages le long de l'Irtis, de la Tobol, & ils ont le libre Exercice de la Religion Mahométane par toute la Sibérie ; enfin ils jouïssent de la protection de la Russie, de même que les Sujets naturels de cet Empire. Les Tartares Mahométans de la Sibérie ne sont pas à beaucoup près si laids que les autres Tartares Mahométans, & ont des femmes fort jolies ; leur habits sont fort peu différens de ceux des Russes, & ils témoignent en toutes occasions beaucoup d'attachement au Gouvernement présent de Sibérie ; ils ont quelques Mursés parmi eux qui sont comme leurs Chefs. Le plus puissant d'entre ces petits Princes s'appelle Schabanoff, & fait son séjour dans un Bourg d'environs sept-cens Maisons à quatre Werfts de Tobolskoy ; il a plus de vingt milles Familles Tartares sous son obéïssance, & l'on prétend qu'il y a en tout plus de cent milles Familles de Tartares Mahométans éta-

établies dans la Sibérie. Les Russes qui font la 3e. partie des Habitans présens de la Sibérie sont venus s'y établir depuis que ce Pays est sous l'obéissance de la Russie, & le nombre s'en est tellement accru en si peu de tems, qu'ils y ont bâti plus de trente Villes depuis leur arrivée en ce Pays, outre plus de deux mille Bourgades & Villages qu'ils occupent présentement en différens Cantons de ce vaste Continent. Ce nombre seroit encore bien plus grand si les mêmes Woywodes inhumains, dont les mauvais traitemens les obligent de quitter leur Patrie, ne les attendoient aussi dans la Sibérie, où ils croyent même avoir un droit acquis de fouler le Peuple comme bon leur semble, à cause qu'ils sont hors des yeux de la Cour, & dans un Pays de Conquête. Toutes les Villes & Villages de la Sibérie sont bâties de bois à la manière ordinaire de la Russie, & les Fortifications, que la plûpart de ces Villes ont, sont pareillement faites de bois, ce qui a été assés bon jusqu'ici contre des Peuples qui n'avoient aucune connoissance des armes à feu; mais depuis que la poudre à Canon commence à être connue aux Callmoucks, & que les Chinois n'entrent plus en Campagne sans un bon train d'Artillerie, on sera obligé de fortifier les Villes Frontières à la manière Européenne. La Partie Septentrionale de la Sibérie ne produit aucune sorte de grains ni de fruits, ensorte que tout ce qui est au Nord de soixante degrés de Latitude Septentrionale est tout-à-fait inculte. Et les Russes qui sont établis dans le peu de Villes qui se trouvent de ce côté sont obligés de tirer les grains dont ils peuvent avoir besoin pour leur subsistance, dès autres Quartiers plus situés vers le Midi, qui sont extrémement fertiles, nonobstant que le froid ne laisse pas d'y être encore fort pénétrant. Les Cantons les plus cultivés dans la Sibérie sont jusqu'à présent les environs de la Rivière de Tobol, de la Nevia, de l'Iseet, de l'Ischim, & de la Tebenda, à l'Ouest de l'Irtis, de même que les Rives de ce Fleuve depuis Tobolskoy jusqu'au Sud de la Ville de Tara, tous ces Quartiers étant couverts de Villages & de Bourgades à cause de la grande fertilité du Pays. Les environs de la Ville de Tomskoy à l'Est de l'Oby, de même que les Rives de la Jenisea, depuis la Ville d'Abakan jusqu'à la Ville de Jeniseiskoy sont pareillement bien cultivés, comme tous les environs du Lac Baikal depuis la Ville d'Ilimskoy, laquelle est au Nord de la Rivière d'Angara jusqu'à la Ville de Nerzinskoy sur la Rivière de Schilka, & depuis la Ville de Selinginskoy jusqu'au Nord de celle de Kirenskoy près de la Lena; enfin toute la Partie Méridionale de la Sibérie est d'une fertilité merveilleuse, & n'a besoin que d'être cultivée pour produire abondamment tout ce qui peut être nécessaire à l'entretien de la vie. Les Pâturages y sont excellens, & les Rivières fourmillent de toute sorte de Poissons. Les Mines n'y manquent pas non plus, témoin les Mines d'Argent auprès de la Ville d'Argoun, les Mines de Cuivre auprès de Nerzinskoy, & les Mines de Fer d'Uktus & de Congour vers les Frontières du Royaume de Casan auxquelles on travaille actuellement. Toute la Sibérie est pleine de Bêtes dont les peaux sont bonnes pour être employées à des fourrures de même que de toutes sortes de Gibier, & il est notable que vers les bords de la Mer Glaciale toutes les Bêtes deviennent blanches comme de la neige dans l'Hyver, de même qu'une partie des Oiseaux. C'est uniquemenr dans la Sibérie, & les Provinces qui en dépendent, qu'on trouve les Renards noirs & les Zibelines, de même que les Gloutons, & les plus belles peaux d'Hermines & de Loups Cerviers en viennent pareillement; on y trouve aussi des Castors en abondance, & ceux de Kamtzchatka entr'autres sont d'une grandeur toute extraordinaire. Comme toutes ces Pelleteries sont fort précieuses & rares, il n'est permis à qui que ce soit d'en faire Négoce; mais les Habitans du Pays, qui en ont, sont obligés de les porter aux Commis du Trésor qui les doivent payer à un certain prix réglé; mais cela donne occasion à toute sorte d'avanies; cependant il ne laisse pas de sortir par an une quantité prodigieuse de ces sortes de Pelleteries de la Sibérie par la connivence de ceux qui sont payés pour en empêcher la sortie; car on visite en plusieurs endroits ceux qui sortent de la Sibérie pour entrer en Russie, afin d'empêcher qu'ils n'emportent point de Pelleteries de prix avec eux qui soient neuves, mais une petite gratification accommode tout cela: avec les autres moindres Pelleteries il est permis aux Habitans de négocier comme bon leur semble. Toute la Sibérie est à présent sous l'obéissance de la Russie depuis environ cent trente ans; ce qui arriva à cette occasion. Il y avoit sous le Régne du Czar Ivan Wasilowitz un Colonel des Cosacques du Don appellé Jermak Timofewitz, qui après avoir longtems rodé aux environs de l'Occa, & du Wolga avec quelques mille Cosacques, pillant & ravageant toutes les Villes & Villages des environs de-là, se trouva enfin tellement pressé par un grand nombre de Troupes qu'on envoya de tous côtés à ses trousses, que ne pouvant regagner les Habitations des Cosacques, dont on avoit eu soin de le couper, il fut obligé, après avoir perdu en plusieurs rencontres la plûpart de ses gens, de remonter les Rivières de Kama, & de Susawaya pour tâcher de se mettre à couvert de la punition qu'il savoit bien être due à ses actions. Dans cette situation desespérée il proposa à un certain Strobinoff qui avoit beaucoup de Terres aux environs de la Rivière de Susawaya, que s'il vouloit lui donner des Bâteaux, & des gens pour aider aux siens à traîner ces Bâteaux de l'autre côté des Montagnes, il descendroit la Tura avec les huit cens Cosacques qui lui restoient encore, & verroit s'il pourroit s'emparer des Villes d'On-Zigidin, & Sibir, appellées maintenant Tuméén,

Y y y &

& Tobolskoy qui étoient les seules qui fussent pour lors dans la Sibérie. Strobinoff craignant de mettre cet homme au desespoir en cas qu'il lui refusât ce qu'il souhaitoit de lui, & trouvant d'un autre côté son avantage dans l'éloignement des Tartares Mahométans de ces Frontiéres, accepta la proposition, & l'assista généreusement de tout ce qui pouvoit lui être nécessaire en cette occasion. Avec cette assistance Jermak Timofewitz descendit la Tura avec ses Cosacques, surprit la Ville d'On-Zigidin appellée présentement Tuméen, & alla de s'emparer de la Ville de Sibir ou Tobolskoy, chassa Kutzium-Chan qui y régnoit pour lors, & fit son fils prisonnier: mais considérant ensuite qu'il lui seroit impossible de se maintenir avec si peu de monde, contre tant de milliers de Tartares Mahométans, dès qu'ils seroient revenus de la premiére surprise, il envoya le fils de Kutzium-Chan appellé Altanaï-Sultan à Moscow, & offrit sa Conquête à la Cour de Russie en expiation de ses Crimes, ce qui ayant été accepté tout incontinent, Jermak eut son Pardon, & l'on détacha incessamment un bon nombre de Troupes pour se mettre en possession de ce Pays, & depuis ce tems-là les Russiens se sont toujours étendus de plus en plus dans la Sibérie jusqu'à ce qu'ils ont enfin gagné le rivage de la Mer du Japon. Jermak Timofewitz perdit la vie peu de tems après une si belle expédition, car voulant descendre l'Irtis avec quelques Bâteaux il fut surpris dans la nuit par un gros parti de Tartares qui le tailla en pièces avec la plûpart de ses gens; & comme c'étoient les Cosacques qui avoient fait cette Conquête, on voulut leur en laisser tout l'honneur; ainsi à mesure qu'on y envoya des Troupes elles furent incorporées dans les Cosacques, & c'est par cette raison que toute la Milice de la Sibérie porte encore à présent le nom de Cosacques. La Sibérie est présentement partagée en autant de Gouvernemens qu'il y a de Villes en ce Pays, chaque Ville ayant son Woywode, qui commande en Chef dans toute l'étendue du ressort de cette Ville sous les ordres du Gouverneur Général, qui fait sa résidence à Tobolskoy; ce dernier Poste est un des plus honorables & des plus profitables en même tems de toute la Russie, & la Cour y nomme ordinairement des personnes de la premiére distinction, mais depuis que le dernier Gouverneur Général de ce Pays Knees Czerkaski a demandé son rappel en 1722. on a trouvé à propos d'y envoyer seulement un Vice-Gouverneur. Comme l'argent est fort rare dans la Sibérie, tous les vivres & les autres marchandises du cru du Pays y sont à grand marché, & tout le Négoce qu'on y fait est conclu par maniére de troc en recevant Marchandises pour Marchandises selon l'évaluation dont les Parties peuvent convenir. La Monnoye de Russie est la seule qui a cours dans ce Continent; l'Or & l'Argent qui y viennent de la Chine, de même que l'Or en poudre que les Bouchares y apportent en tems de paix, n'y sont reçus que comme des Marchandises. Le Gouvernement Spirituel dans la Sibérie est confié à un Métropolitain du Culte Grec, tel qu'il est reçu en Russie, qui fait sa résidence à Tobolskoy. L'on prétend aussi qu'il y a en Sibérie un certain Peuple appellé par les Russes *Pestraya Orda*, c'est-à-dire la *Tribu Pie*, à cause qu'on assure que ces gens ont naturellement de grandes taches noires sur tout le Corps, & dans le visage, comme les peuvent avoir nos Chevaux, & autres Bestiaux pies; mais il y a aussi plusieurs personnes qui croient que tout ce qu'on débite à ce sujet n'est que fiction.

SIBERINA. Voyez SIBERENA.

SIBERIS, Fleuve de la Galatie, selon Ortelius [a] qui cite Siméon le Metaphraste. Voyez MAZANIA. [a] Thesaur.

SIBI. Voyez IBI.

SIBINI, Peuples de Germanie: Strabon [b] les compte au nombre de ceux que subjugua Marabodus. [b] Lib. 7. p. 290.

SIBILIORUM-CIVITAS, Ville de l'Asie Mineure, dans la Lycaonie. Il est fait mention de cette Ville dans le sixiéme Concile de Constantinople.

SIBMA. Voyez SABAMA.

SIBONITE, ou SILBONITA, ou SIMONITE, Région de delà le Jourdain [c]. On [c] Joseph. n'en fait pas bien la situation. Peut-être de Bello, étoit-ce un Canton, dont la Capitale étoit L. 3. c. 2. Silbon: mais Silbon n'est pas connue.

SIBORA, Ville de la Cappadoce: l'Itinéraire d'Antonin la marque sur la Route de *Tavia* à *Sebastia*, entre *Pardosena* & *Agriane*, à vingt-cinq milles de la premiére de ces Places, & à vingt milles de la seconde.

SIBRITÆ. Voyez TENESIS.

SIBRIUM, Ville de l'Inde, en deça du Gange: Ptolomée la donne aux Drilophylites.

SIBRUM, Fleuve de l'Asie Mineure dans la Lycie, selon Panyasis, cité par Etienne le Géographe.

SIBUTZATES, Peuples de la Gaule Aquitanique. César [d] les met au nombre [d] Bell. de ceux qui se soumirent à Crassus. On Gall. L. 3. ne les connoît point d'ailleurs, à moins que ce ne soient les mêmes qui soient appellés SIBYLLATES, par Pline [e]. Du reste [e] Lib. 4. c. ces derniers sont aussi peu connus que les 19. premiers.

SIBY, Ville de l'Arabie Heureuse. Pline [f] dit que les Grecs appellent cette Vil- [f] Lib. 6. c. le *Apate*. Peut-être est-ce la Ville *Appa* 28. de Ptolomée. Il y a des Exemplaires de Pline qui lisent *Sybi*, au lieu de *Siby*.

SIBYLLA. Voyez POSSESSIO.

SIBYLLÆ. Voyez SIBYLLES.

SIBYLLÆ-ANTRUM, Grotte ou Caverne d'Italie, dans la Campanie, au Pays des Cimmériens. Virgile, Procope & Agathias parlent de cette Caverne, qui est appellée aujourd'hui *Caverna della Sibylla*, ou *Grotta della Sibylla*, selon Léander. Voyez CIMMERII, N°. 2.

SIBYLLÆ-VALLIS, Vallée de l'Asie propre, dans l'Eolie, selon Ortelius [g] qui [g] Thesaur. cite

cite le Poëte Gratius. Comme ce dernier fait l'Eloge du Lin qui croissoit dans cette Vallée, & que Pline vante le Lin de Cumes, Ortelius en conclud que la Vallée de la Sibylle étoit au voisinage de Cuma Ville de l'Eolie. Pour que cette conséquence fût vraissemblable, il faudroit que Pline eût prétendu parler de la Ville de Cuma en Asie, ou que du moins il n'eût pas décidé de quelle Ville de ce nom il entendoit parler. Mais il paroît que Pline entend la Ville de Cumes en Italie dans la Campanie; ainsi la remarque d'Ortelius tombe d'elle-même. Voici le passage de Pline [a]: *Est sua gloria & Cumano [Lino] in Campania, ad Piscium & Alitum capturam.*

[a] Lib. 19. c. 1.

SIBYLLATES. Voyez SIBUZATES.

☞ SIBYLLES, L'Ecriture ne parle en aucun endroit des Sibylles [b], & tout ce qu'on en dit est si peu certain que nous ne croyons pas devoir mettre beaucoup de tems à en traiter. Le nom de Sibylle est Grec [c], selon la plûpart des Etymologistes, & il signifie le Conseil de Dieu. Les Sibylles étoient, dit-on, parmi les Payens ce que les Prophetes & les Prophetesses étoient parmi les Hébreux. Elles prédisoient l'avenir, & annonçoient aux Peuples des vérités importantes. On en compte ordinairement dix. 1°. La Cuméenne; 2°. la Cumane; 3°. La Persique; 4°. l'Hellespontique; 5°. la Libyque; 6°. la Samienne; 7°. la Delphique; 8°. la Phrygienne; 9°. la Tiburtine; 10°. l'Erythréenne.

[b] Dom Calmet.

[c] Σιβύλλη quasi Σιοῦ Βελὴ Jovis, Consilium. Σ. Σ. Laconicè pro θιὸς.

Saint Clément d'Alexandrie [d] cite comme de S. Paul ces paroles: prenez en main les Livres des Grecs, lisez les Sibylles, & voyez ce qu'elles disent de l'unité d'un Dieu, & comme elles annoncent l'avenir, & vous y trouverez clairement le Fils de Dieu. Plusieurs anciens Peres ont cité des Vers attribués aux Sibylles & en ont tiré des Argumens favorables à notre Religion. Mais les plus sages & les plus habiles Critiques sont persuadés aujourd'hui que ces Vers ont été composés après coup; & qu'ils ne furent jamais des Sibylles. On peut voir sur ce sujet Blondel, des Sibylles; Casaubon contre Baron. *Exercit.* I. *Sectione* 10. *c.* 11. Erasm. Schmith, *Dissert. de Sibyllis*; M. Du Pin, *Proleg. de la Bible*; Servatius Gallæus, *Sibyllina Oracula*. Amstelod. 1689. Item *Dissertationes de Sibyllis* du même. Amstelod. 1688. Platon [e], Aristote [f], Varron, Denys d'Halicarnasse, Cicéron, Tite-Live parlent des Sibylles avec honneur. Virgile avoit sans doute pris des Vers Sibyllins, ce qu'il dit de la naissance du Messie, car on ne peut guères appliquer à d'autres ces Vers de l'Eglogue IV.

[d] Clem. Alex. Lib. 6. Strom.

[e] Plato in Phædro.
[f] Aristot. de admirandis.

Ultima Cumæi venit jam Carminis ætas.
Magnus ab integro Sæclorum nascitur ordo.
Jam redit & Virgo, redeunt Saturnia regna:
Jam nova progenies cælo demittitur alto.

C'est de la même source que Suétone [g] a pris qu'au tems de Vespasien il y avoit

[g] Sueton. in Vespas.

une opinion constamment & généralement reçue dans tout l'Orient, que la Destinée avoit decreté qu'environ ce tems-là viendroient de la Judée ceux qui auroient l'Empire du Monde. Joseph l'Historien qui vivoit, comme l'on sait, du tems de Vespasien [h], cite dans son Histoire un passage des Sibylles qui parloient du Déluge. S. Clément d'Alexandrie [i] assure que Saint Paul dans ses Prédications citoit quelquefois les Livres Sibyllins & y renvoyoit les Gentils. Les anciens Peres de l'Eglise, comme S. Justin le Martyr, Athénagore, Théophile d'Antioche, Tertullien, Lactance, Eusébe, S. Jérôme, S. Augustin & les autres s'en sont servis utilement contre les Payens, & le fréquent usage qu'ils en faisoient leur fit donner par quelques-uns le nom de Sibyllistes [k].

[h] Joseph. Ant. L. I. c. 5.
[i] Clemens Alex. L. 6. Strom.

[k] Vide Origen. cont. Cels. L. 7.

En voilà plus qu'il n'en faut pour nous autoriser à rapporter ici en peu de mots ce qu'on dit de ces fameuses & anciennes Prophétesses. Leur Vie & le tems auquel elles ont vécu ne nous est pas bien connu. La plus fameuse de toutes, est celle à qui les Grecs ont donné le nom d'Erythrée, parce qu'elle étoit née à Erythre en Ionie, & comme elle quitta son pays, & vint s'établir à Cumes en Italie, les Latins lui ont donné le surnom de Cuméenne. St. Justin le Martyr assure qu'on prétendoit qu'elle étoit Babylonienne d'origine, & fille de Bérose l'Historien de Chaldée; qu'étant venue, on ne sait comment, dans la Campanie, c'est là qu'elle rendoit ses Oracles dans une Ville nommée Cumes, qui est à six milles de Bayes. J'ai vu l'endroit, ajoute-t-il, c'est un grand Oratoire taillé dans le Roc qui doit avoir donné beaucoup de peine à faire, car il est très-bien travaillé & fort spacieux. Là, à ce que me dirent les Habitans du Lieu, qui le tiennent par tradition de pere en fils, cette Sibylle rendoit ses réponses [l]. Ils me montrérent au milieu de la Grotte trois endroits creux taillés aussi dans le Roc, où ils disent qu'elle se baignoit après les avoir remplis d'eau, qu'ensuite s'étant habillée elle se retiroit dans l'appartement le plus enfoncé de la Grotte qui étoit une espèce de Cellule aussi taillée dans le Roc, & que s'y posant sur un Siège élevé qui l'avançoit vers le milieu, elle y prononçoit ses Oracles, voilà ce que dit St. Justin de l'Antre de la Sibylle de Cumes. [m] On assûre qu'on l'a vu au même état, jusqu'en 1539. qu'un grand tremblement de Terre secoua toute la Campanie, & jetta du fond de la Mer à Pouzolles des Montagnes de sable, de gravier, & d'une matiére bitumineuse qui abîmérent cet Antre de la Sybille. Si celle dont nous venons de parler est fille de Bérose le Babylonien, il faut qu'elle ait vécu depuis le Régne d'Aléxandre le Grand. Virgile la fait vivre du tems du Siège de Troye, puisqu'Enée venant en Italie la visita & la consulta. D'autres la mettent au tems de Tarquin le Superbe dernier Roi de Rome. Denys d'Halicarnasse, Aulugelle Lactance [n], & quelques autres racontent que sous le Regne de ce Prince, il vint à Ro-

[l] Dom Calm. Suppl. au Dict.

[m] Onuphrius, Lib. de Sibyllis, & Carminibus Sibyllinis.

[n] Dionys. Halicorn. l. 4. Aul. Gell. l. 1. c. 19. Lactant. de Fals. Re. lig. l. 1. c. 6.

540 SIB. SIB. SIC.

à Rome une femme étrangére, qui offrit au Roi neuf Volumes des Oracles des Sibylles, dont elle demandoit trois cens pièces d'Or. Tarquin ne voulant pas lui donner cette somme, elle en brûla trois des neuf, & lui offrit les six qui lui restoient pour le même prix. Tarquin la renvoya comme une folle & se moqua d'elle. Elle en brûla encore trois en sa présence, & lui demanda s'il vouloit lui donner ces trois cens pièces d'Or des trois qui lui restoient. Un procédé si extraordinaire fit soupçonner à Tarquin, qu'il y avoit là dedans du mystère. Il envoya chercher les Augures pour savoir leur sentiment; ils répondirent qu'ils trouvoient par certains signes, que ce qu'il avoit méprisé étoit un présent des Dieux; que c'étoit grand dommage qu'il n'eût pas acheté les neuf Volumes; ils le presserent de donner à cette femme ce qu'elle demandoit pour les trois qui restoient. Il le fit, la femme livra ses Livres, avertit qu'on les conservât précieusement, & qu'ils contenoient la destinée de Rome. Après ces paroles elle se retira & on ne sait ce qu'elle devint. Tarquin fit mettre ces trois Volumes en une espèce de Coffre de pierre dans une Voute souterraine au Temple de Jupiter Capitolin, & en commit la garde à deux personnes de la première qualité de Rome, avec défense de laisser faire lecture ni tirer copie de ces Livres, sans des ordres exprès du Roi. Après l'abolition de la Royauté à Rome on continua d'avoir pour les Livres des Sibylles le même respect, & les Romains en firent un des plus grands ressorts de leur Politique, faisant accroire au Peuple tout ce qu'ils jugeoient à propos comme tiré de ces Livres qu'on ne consultoit, & qu'on n'ouvroit jamais qu'en vertu d'un Decret du Sénat. Pendant les Guerres Civiles de Marius, & de Sylla [a], le feu ayant pris par hazard au Capitole, les Livres Sibyllins furent consumés par les flammes. Quelques années après le Capitole étant rétabli le Consul Scribonius Curion proposa au Sénat de rétablir les Vers des Sibylles. On apprit qu'il y avoit quelques Vers de la Sibylle Erythréenne dans la Ville d'Erythré sa patrie. On députa trois Sénateurs qui y firent un Recueil d'environ mille Vers Grecs, qui passoient pour les Prophéties de cette Sibylle; ils les rapporterent à Rome, & on en fit en même tems divers Recueils en différens autres lieux [b]. Le tout fut déposé au Capitole en la place de ceux qui le feu avoit consumés; mais comme il s'en trouvoit plusieurs copies, & que chaque Particulier ajoutoit à son exemplaire tout ce qu'il jugeoit à propos, les Romains, pour conserver à ces Livres quelque crédit, firent défense sous peine de mort aux Particuliers d'en garder des copies: ces ordres furent mal observés; & Auguste au commencement de sa Dignité de Grand Pontife renouvela les anciennes défenses, & ayant fait une sérieuse recherche de ces exemplaires, & les ayant fait examiner avec beaucoup de rigueur, il fit brûler tous ceux dont on découvrit la supposition, & fit mettre le reste avec ce qui étoit deja au Capitole. Dans la suite Tibére [c] en fit encore une nouvelle révision; & on condamna au feu plusieurs Volumes, & ces Oracles Sibyllins eurent cours jusque vers l'an 399. qu'ils furent entiérement détruits.

Voici ce qui donna occasion à cet événement. Quelque tems auparavant on avoit fait courir à Rome une Prophétie tirée, disoit-on, des Livres Sibyllins [d], qui portoit, que la Religion Chrétienne fondée par les Secrets magiques de Pierre ne dureroit que trois cens soixante-cinq ans, après quoi elle seroit anéantie. Ce terme tomboit en l'an 398. qui est le 368. depuis l'Ascension de Jésus-Christ, cependant la Religion Chrétienne étoit alors aussi florissante que jamais. L'Empereur Honorius prenant donc occasion de cette malice des Payens ordonna l'année suivante à Stilicon de faire brûler tous les Livres des Sibylles, ce qui fut exécuté en 399. & on abattit jusqu'aux fondemens le Temple d'Apollon où ces prétendues Prophéties étoient gardées. Cela n'a pas empêché qu'on n'ait vu depuis & qu'on ne trouve encore aujourd'hui un Recueil de Vers Grecs en huit Livres qu'on appelle les Oracles des Sibylles, mais ce n'est ni l'ancien Livre des Sibylles connu à Rome depuis Tarquin le Superbe, ni le Recueil qui fut fait un peu après les Guerres Civiles de Marius & de Sylla, ni même celui qu'Auguste réforma & purgea. Celui que nous avons renferme une partie des Oracles Sibyllins, comme du tems d'Auguste, & encore depuis; mais le reste est une rapsodie composée par quelque Chrétien, qui a voulu imposer au Public par le nom ancien des Sibylles; mais il l'a fait avec si peu d'esprit & de précaution, que l'imposture saute aux yeux à chaque pas. Par exemple, il fait dire à la Sibylle qu'elle étoit femme d'un des trois fils de Noé [e], & qu'elle avoit été avec lui dans l'Arche, pendant tout le Déluge. L'Auteur se déclare lui-même Chrétien dans un endroit, qui commence par ces mots [f] *Nos igitur Christi de Stirpe creati*. Il parle de l'Incarnation, de la Naissance, de la Circoncision, de la Résurrection & de l'Ascension de Jésus-Christ, aussi clairement, que les Evangélistes. Il décrit le Regne de Jésus-Christ sur la Terre [g] suivant l'idée des Millenaires; il donne la suite des Empereurs Romains [h], selon l'ordre de leur Succession depuis Jules-César jusqu'à Antonin le Pieux, & à l'adoption de Marc Aurèle, & de Lucius Verus. Tout cela prouve, que ces Livres, en l'état où nous les avons, ont été composés vers le milieu du second Siècle de l'Eglise.

SIBYRTUS, Ville de l'Isle de Créte, selon Etienne le Géographe, qui cite le treizième Livre de Polybe. Meursius [i] croit que c'est la Ville SUBRITA que Ptolomée place dans les terres. Il ajoute que l'Evêque de ce Siège est nommé Cyrille dans le Concile de Chalcédoine, & Théodore dans le second Concile de Nicée.

SICADION. Voyez RHONDE.

SICAM-

[a] Plutarch. in Sylla. Dionys. Halicarn. L. 40.

[b] Lactant. de Falsa Religione, L. 6 & de ira Dei C. 22.

[c] Tacit. Annal. 6. Justin. Mart. Apol.

[d] Dio Cassius L. 57. Tacit. Annal. Lib. 6.

[e] Lib. Sibyll. L. 3. in fine

[f] Ibidem L. 8.

[g] Ibidem L. 2. & 3.

[h] Ibidem Lib. 5.

[i] Cretæ

SICAMBRI, Peuples de la Germanie. Leur nom est différemment écrit dans les anciens Auteurs. César dit ordinairement SICAMBRI, quoique dans quelques MSS. on lise SIGAMBRI. Suétone, Florus, Horace, Martial, Sidonius Apollinaris & Claudien lisent assez généralement SICAMBRI. Strabon, Plutarque & Tacite disent SUGAMBRI & Appien SUCAMBRI. S'il y avoit un choix à faire, il faudroit peut-être se déterminer pour SIGAMBRI, Orthographe suivie par quelques MSS. de César, par Ptolomée & par Dion Cassius, dont les deux derniers écrivent SYGAMBRI. D'ailleurs on convient que ces Peuples furent ainsi nommés du Fleuve Sigus ou Segus. Ils s'avancérent delà vers le Rhein; car du tems de César [a] ils étoient voisins de ce Fleuve: *Sicambri, qui proximi sunt Rheno.* Ils étendirent ensuite leurs limites jusqu'au Weser. Ce fut un Peuple puissant & nombreux, le plus considérable des Istevons, & qui passoit pour le plus belliqueux de la Germanie. On sait la réponse fiére qu'ils firent à l'Officier que César leur avoit envoyé, pour leur demander qu'ils lui livrassent la Cavalerie des Usipétes, qui s'étoit retirée sur leurs terres. Ils lui dirent que l'Empire Romain finissoit au Rhein, & qu'il n'avoit rien à voir dans la Germanie. César outré de cette réponse fit faire un Pont sur ce Fleuve. L'ouvrage fut achevé en dix jours. L'Armée Romaine marcha contre les Sicambres, qui se retirérent dans les Bois, résolus de s'y défendre s'ils y étoient attaqués. Mais César n'ayant osé l'entreprendre se contenta de ravager leurs terres, après quoi il repassa le Rhein & fit rompre le Pont qu'il y avoit fait construire. Les Sicambres paroissent avoir été partagés en trois Nations; celle des Usipétes; celle des Tenctéres & celle des Bructéres. Les Usipétes ayant été chassés de leur Pays par les Cattes, furent errans durant quelque tems: une partie passa dans les Gaules où elle fut défaite par César; ceux qui échappérent après le combat s'étant joints aux autres, vinrent s'établir dans cette Contrée des Sicambres, qui forme présentement le Comté de la Marck & une partie de la Westphalie. Ils furent subjugués par Drusus, & ne voulurent pas suivre les Sicambres dans la Gaule Belgique. Les Tenctéres ayant été chassés de leur Pays, comme les Usipétes, par les mêmes Ennemis, eurent la même destinée, & s'arrêtérent avec eux dans les Pays des Sicambres, qui leur en assignérent une assez grande étendue entre les Usipétes, les Bructéres & les Ubiens; ce qui forme à présent partie de la Westphalie & du Duché de Berg, & quelque peu du Comté de la Marck. Ils passoient pour les meilleurs Cavaliers de la Germanie. C'étoit leur passion; & on remarque dans l'Histoire qu'ils aimoient tellement les Chevaux que l'aîné des enfans avoit le Privilège de choisir le Cheval que son Pere avoit le plus aimé. Les Suéves les chassérent de ce Pays; ce qui les obligea de passer le Rhein & de se réfugier parmi les Ménapiens. Les Bructéres habitérent originairement entre les Angrivariens & les Chamaves. Ils étoient divisez en Grands & Petits. Ceux-là occupoient partie de l'Over-Issel & les Evêchés de Munster & de Paderborn: les Petits demeuroient vers la source de l'Ems dans une partie du Duché de Paderborn & dans les Comtés de Lippe & de Rietberg. Ce Pays avoit été habité auparavant par les Juhons. Les Angrivariens & les Chamaves s'étant emparés des terres des Bructéres; ceux-ci vinrent occuper la Contrée des Sicambres, qui s'étendoit le long de la Rivière *Segus*, & qui renferme aujourd'hui partie du Duché de Berg, de l'Archevêché de Trèves & de la Weteravie. *Segodunum*, qu'on prétend être Siégen, étoit leur demeure la plus remarquable. Ces trois Peuples auxquels d'autres se joignirent quittérent le nom de SICAMBRES vers la décadence de l'Empire Romain pour prendre celui de FRANCS. Ils occupoient alors tout ce qui étoit entre l'Océan & le Meyn: & comme le Pays étoit extraordinairement peuplé, une partie passa dans la Gaule Belgique, & y jetta les fondemens de la Monarchie Françoise; les autres demeurérent dans la Germanie & furent distinguez par le surnom de Francs Orientaux; c'est d'eux qu'est dérivé le nom de Franconie, qui étoit la France Orientale, dont une partie a conservé le nom de Franconie.

SICAMBRIA. Du tems de Matthias, Roi de Hongrie, en creusant à Bude la Vieille, ou *Alt-Offen* [b], les fondemens du Palais de la Reine Béatrix, on trouva l'Inscription suivante, qui fait mention d'une Colonie de Sicambres, établie par les Romains dans cet endroit, & qui donna son nom à la Ville: *Legio Sicambrorum hic præsidio collocata, Civitatem ædificaverunt, quam ex suo nomine Sicambriam vocaverunt.*

SICAMINUM, autrement EPHA, ou KIPHA, ou CAÏPHA, Ville au pied du Mont Carmel, du côté du Midi sur la Méditerranée, vis-à-vis Ptolomaïde, qui n'en est éloignée que de la largeur de son Port.

SICANDIO. Voyez RHONDE.
SICANDRUS. Voyez SICENDUS.
SICANE, Ville de l'Espagne, selon Etienne le Geographe.

1. SICANI, Peuples d'Italie: Pline [c] les met dans la première Région. Virgile [d] les appelle *Veteres Sicani*: surquoi Servius remarque que c'est avec raison que ce Poëte leur donne le titre d'Anciens, puisqu'ils habitoient dans le Pays, où fut dans la suite bâtie la Ville de Rome, & d'où ils avoient été chassés par les Aborigénes.

2. SICANI, Peuples d'Espagne. Denys d'Halicarnasse nous apprend que ces Peuples après avoir été chassés par les Liguriens passérent dans la Sicile. Voyez SICANUS.

1. SICANIA. Voyez SICILIA.
2. SICANIA. Voyez SICANUS, Nº. 2.
1. SICANUS, Fleuve d'Espagne. Thucydide [e] dit que les Ibériens chassés des bords du Fleuve Sicanus par les Liguriens, passérent en Sicile, & appellérent cette Isle *Sicania* du nom du Fleuve qu'ils

avoient

[a] Bel. Gal. L. 6. c. 35.
[b] Ortel. Thesaur.
[c] Lib. 3. c. 5.
[d] Æneid. Lib. 8.
[e] Lib. 6. ineunte.

avoient été forcez d'abandonner. C'est de cet événement que parle Silius Italicus dans ces Vers:

Post dirum Antiphatæ Sceptrum & Cyclopia regna,
Vomere verterunt primum nova rura Sicani.
Pyrene misit Populos, qui nomen ab amne
Abscitum patrio Terræ imposuere vacanti.

Thucydide ajoute que les SICANI habitoient de son tems dans la partie Occidentale de la Sicile. On croit que le Fleuve Sicanus d'Espagne est le même que le *Sicoris*. Voyez SICORIS.

2. SICANUS, Fleuve de Sicile : Etienne le Géographe, qui cite Apollodore, remarque que ce Fleuve couloit près d'Agrigentum, & que la Contrée voisine se nommoit SICANIA. Hesyche fait mention d'une Ville de Sicile appellée Σικάνη & d'une Contrée à laquelle il donne le nom de Σικάνη.

SICAPHA, Ville de l'Afrique propre. *a Lib. 4. c. 3.* Elle est comptée par Ptolomée *a* au nombre des Villes qui étoient entre les deux Syrtes.

SICCCA-VENERIA, Ville de l'Afrique propre, selon quelques-uns, & de la Numidie, selon d'autres. L'Itinéraire d'Antonin la marque sur la route d'Hippone Royale à Carthage dans cet ordre:

Hippone Regio			
Tagaste	M.	P.	LIII.
Naraggara	M.	P.	XXV.
Sicca Veneria	M.	P.	XXXII.
Musti	M.	P.	XXXIIII.

Dans une autre route, le même Itinéraire écrit simplement SICON.

Musti			
Siccam	M.	P.	XXXII.
Naraggara	M.	P.	XX.

b Jugurth. c. 56. c Lib. 5. c. 3. d Lib. 4. c. 3. e Lib. 2. c. 24. de Bel. Vand. Salluste *b* & Pline *c* écrivent aussi simplement SICCA; mais Ptolomée *d*, la Table de Peutinger & Procope *e* y joignent le Surnom de VENERIA. Ce dernier ajoute qu'elle étoit à trois journées de Carthage. Comme le nom de cette Ville se trouve dans divers Auteurs sans être accompagné de son Surnom, on pourroit demander si on ne la nommoit point aussi quelquefois simplement VENERIA. Il sembleroit presque que Solin en auroit usé de la sorte; car on y lit : *Clypeam Civitatem Siculi extruunt & Aspida primum nominant. Veneriam etiam, in quam Veneris Erycinæ religiones transtulerunt.* Cependant comme il joint cette VENERIA avec Clypea, on pourroit douter qu'il voulut parler de *Sicca-Veneria*; & il y auroit plutôt lieu de croire qu'il seroit question du Temple *Aphrodisium*, qui étoit entre Clypea & Hadrumete. *Sicca-Veneria* étoit un Siège Episcopal, Voyez SICCENSIS.

SICCATHORIUM, Ville de la Libye intérieure : Ptolomée *f* la place vers la Source du Fleuve Bagrada. *Lib. 4. c. 6.*

SICCHI, Voyez SINDI.

SICCENNI, Siège Episcopal d'Afrique, dans la Province Proconsulaire; car la Conférence de Carthage *g* porte que ce Siège étoit voisin de celui de Sinuar. Peut-être, dit Mr. Dupin, est-ce le même Siège que celui dont l'Evêque est appellé dans St. Augustin *h Maximinus Sinitensis*, ou *Sinicensis*. *g No. 132. h Lib. 2. de Civit. Dei, c. 8.*

SICCENSIS, Siège Episcopal d'Afrique, dans la Province Proconsulaire, selon la Conférence de Carthage *i*, où *Fortunatianus* est qualifié *Episcopus Ecclesiæ Siccensis*. Le Siège de cet Evêché étoit dans la Ville de *Sicca*; Voyez SICCA-VENERIA. *i No. 139.*

SICCESITANUS, Siège Episcopal d'Afrique, dans la Mauritanie Césariense, selon la Notice des Evêchez de cette Province. Dans la Conférence de Carthage *k Martinus* est qualifié *Episcopus Siccesitanus*. *k No. 197.*

SICELEG, Ville qu'Achis Roi de Geth donna à David *l* pendant le tems de sa retraite dans les Terres des Philistins, & qui, depuis ce tems, demeura toûjours en propre aux Rois de Juda. Les Amalécites la prirent & la pillérent en l'absence de David. Josué l'attribua à la Tribu de Siméon *m*. Eusébe dit qu'elle est dans la partie Méridionale du Pays de Canaan. Les Hébreux la nomment Ziklag, ou Tryklag. Cette Ville & toute la Contrée voisine sont aujourd'hui bien desertes *n*. Les Lieux habitez ne sont que de chetifs Hameaux dans des Montagnes couvertes de Forêts. Les Paysans y recueillent beaucoup de Sené qu'ils vont vendre en Egypte, à Ramatha & ailleurs. *l 1. Reg. 27. v. 5. Au du Monde 2947. avant J. C. 1053. avant l'Ere Vulgaire 1057. m Josué, c. 19. v. 5. n Le P. Roger, Liv. 1. ch. 10.*

1. SICELIA, Voyez SICILIA.

2. SICELIA-CÆSAREA, Ville d'Afrique, dans la Mauritanie. Xiphilin nous apprend que c'étoit la Patrie de l'Empereur Macrin *o*. *o In Vita Macrini.*

SICELIBA, Voyez SICILIBA.

SICEMUS, Ville de l'Arabie : c'est Etienne le Géographe qui en parle.

SICENDUS, Lac de la Thessalie selon Pline *p*. Au lieu de Sicendus quelques MSS. portent *Sicændus* & d'autres *Sigandrus*. *p Lib. 8. c. 58.*

SICENUS, Voyez SICINUS.

SICEUM, Ville de la Galatie, à douze milles d'Anastasiopolis, selon Ortelius qui cite Siméon le Métaphraste dans la Vie de St. Théodore Archimandrite.

SICHELSTEIN, Seigneurie d'Allemagne *q*, dans la Principauté de Calemberg. Elle confine au Bas Langraviat de Hesse, & Henri le *Lion* l'obtint, après que les Biens de Bodon, qui en étoit Seigneur, eurent été confisquez. On condamna ce Bodon à mort pour avoir tué sa Femme, qui étoit de l'illustre Maison de Ziegenberg. Herman Landgrave de Hesse, ayant voulu se l'approprier, Othon le *Mauvais*, Duc de Brunswig, l'obligea de renoncer aux droits qu'il prétendoit y avoir, & même d'en quitter les Armes. *q D'Ausfred, Géogr. Anc. & Mod. t. 3.*

SICHEM, SICHAR, NEAPOLIS, ou NAPLOUSE, comme on l'appelle aujourd'hui. C'est une Ville de la Samarie. Les Hébreux lui donnoient par mocquerie le nom de Sichar, qui en Hébreu signifie l'Yvrognerie; & Isaïe chap. 28, v. 1. appelle

les

les Ifraélites d'Ephraïm Siccorim, Yvrognes. *Væ Coronæ superbiæ, ebriis Ephraïm.* ce qui avoit donné lieu aux Juifs de changer le nom de Sichem en Sichar. Josué[a] attribua cette Ville à la Tribu de Benjamin : elle étoit dans les Montagnes de cette Tribu. Jacob avoit acheté un Champ au Voisinage de cette Ville, qu'il donna par préciput à Joseph son fils, qui y fut enterré[b]. L'on voyoit près de la même Ville, la Fontaine, ou le Puits de Jacob[c] auprès duquel Jésus-Christ eut une conversation avec une Femme Samaritaine. Depuis la ruïne de Samarie par Salmanasar, Sichem fut la Capitale des Samaritains, & elle l'étoit encore du tems du Grand Alexandre[d]. Elle étoit à quarante milles de Jérusalem, & à cinquante deux milles de Jéricho. Villibalde, qui écrivoit au huitième Siècle, parle encore d'une Eglise qui étoit bâtie sur le Puits ou la Fontaine de Jacob. Phocas qui écrivoit au douzième Siècle n'en dit pas un mot.

[a] *Josué* c. 17. v. 7. & c. 20. v. 7.
[b] *Ibid.* c. 24. v. 32.
[c] *Jean.* c. 15. v. 5.
[d] *Antiq.* L. 11. c. 8.

SICHII, CARII, MURICI; Peuples qu'Ortelius[e], qui cité Procope[f], place aux environs du Norique & de la Pannonie. Mr. Cousin a lu dans Procope[g] *Stisçii* pour *Sichii*; *Carni* pour *Carii*, & *Norici* pour *Murici.* Voici de quelle manière il traduit cet endroit de son Auteur : Les premiers (Peuples) qui se rencontrent au delà du Golphe Adriatique sont les Grecs surnommez Epirotes, qui s'étendent jusqu'à Epidhame, qui est une Ville maritime. On entre delà dans une Contrée qu'on appelle Prébale. Ensuite est la Dalmatie, la Liburnie, l'Istrie & les Terres des Vénitiens qui ne finissent qu'à Ravenne. Tous ces Peuples habitent proche de la Mer. Plus loin sont les SCISCIENS, les Suéves, non pas ceux qui relevent des François, mais d'autres qui occupent les Terres les plus éloignées du Pays. Par delà sont les CARNIENS & les NORIQUES, qui ont à leur droite les Habitans de la Dace & de la Pannonie, lesquels se répandent jusques sur le bord de l'Istre & comptent au nombre de leurs Villes celles de Singidone & de Sirmium. Au commencement de la Guerre tous ces Peuples qui sont hors du Golphe Ionique relevoient des Goths.

[e] *Thesaur.*
[f] *Gothor. Lib.* 1.
[g] *Cap.* 15.

SICHINO, Isle de la Mer Ægée[h], entre celle de Milo à l'Occident, & Amorgo proche de Policandro ; en Latin, *Sicinus*, ou *Sicenus*. Elle n'a pas plus de cinq à six lieues de tour. Ce n'est proprement qu'une Montagne, mais qui ne laisse pas de produire le meilleur froment de l'Archipel. Il n'y a que deux Villages qui sont sur le haut de cette Montagne, & peuplez seulement de Laboureurs & de Paysans, qui ne vivent que du rapport de leurs Terres. Comme il n'y a aucun Port considérable dans l'Isle de Sichino, il n'y a aussi aucun trafic.

[h] *Hist. des anciens Ducs de l'Archipel, Liv.* 3.

SICHRACENE, Contrée de l'Hyrcanie. Ptolomée[i] la marque au-dessous du Pays des Astabenes. Les Exemplaires Latins lisent SYRACENE, au lieu de SICHRACENE.

[i] *Lib.* 6. c. 9.

SICIÆ-BALNEÆ[k], Gellius parle de ces Bains[l] où il dit s'être promené avec Phavorin.

[k] *Ortelii Thesaur.*
[l] *Lib.* 3. c. 1.

SICIGNANO, Bourgade d'Italie, au Royaume de Naples, dans la Principauté Citérieure, sur une Montagne qu'on prend pour l'*Alburnus-Mons* des Anciens.

SICILA, Village connu par la mort de l'Empereur Alexandre Sévère qui y fut assassiné par quelques-uns de ses Soldats. Il n'est pas aisé de fixer la Province où se trouvoit ce Village. Lampridius dit qu'Alexandre Sévère s'étant arrêté avec peu de gens dans la Grande-Bretagne, ou, selon l'opinion de quelques-uns, dans la Gaule, en un Village nommé SICILA, il y fut massacré par des Soldats : Eutrope dit aussi que ce Prince fut assassiné dans la Gaule ; ce qui a donné à quelques-uns lieu de croire qu'il étoit alors dans l'Armorique ou Petite Bretagne. Cependant Orose, Eusèbe, & Cassiodore soutiennent qu'il fut tué auprès de Mayence dans un Village appellé SICILIA. D'ailleurs Dion Cassius fait mourir ce Prince de maladie, & Hérodien lui fait finir ses jours par la main du Bourreau.

SICILE, Isle de la Mer Méditerranée, la plus considérable par sa grandeur, & par sa fertilité entre les Isles de cette Mer, en Latin SICILIA. Voyez ce mot. Elle est située entre l'Italie & l'Afrique, bien qu'avec distance inégale, vû qu'elle est seulement séparée de la première par le petit Détroit ou Fare de Messine, qui n'a que trois milles d'Italie de large, c'est-à-dire entre le Cap de Faro de cette Isle, & le lieu de Sciglio, ou pointe du Cheval de Calabre ; ce qui est le plus court trajet de l'Afrique est de quatre-vingt milles, c'est-à-dire entre le Cap Boco, ou Marsala de cette Isle, & celui de Tunis, ou Cap Bona en Afrique.

Elle peut avoir six cens trente milles de tour. Sa longueur prise de l'Est à l'Ouest du Fare au Cap Boco, est d'environ cent quatre-vingt, & sa largeur du Midi au Nord d'environ cent trente-trois milles, d'autant qu'elle commence au Cap Passaro sous la hauteur de 35. Degrez 15. Minutes, & finit à 37. Degrez 30. Minutes de Latitude.

Sa forme est triangulaire, dont chaque Angle fait une pointe ou un Cap. Celui qui regarde l'Italie a été nommé par les Anciens *Pelorus*, & aujourd'hui Capo del Faro. Celui qui regarde la Morée, *Pachynum*, aujourd'hui Capo Passaro. Et celui qui regarde l'Afrique, *Lilybæum*, aujourd'hui Capo di Dico.

Elle est divisée en trois Provinces, qu'on nomme Vallées, dont l'une s'appelle Val di Demona, l'autre Val di Noto, & la troisième Val di Mazara. Celle de Demone commence au Cap de Faro, & embrassant une partie du Nord & du Levant, est bornée au Levant par la Rivière de Jarreta, & au Nord par celle de Termini, ou Torto, ou Fiume grande. Cette Province comprend les Villes de Messine, Melazzo, Cefalu, Taormina, qui sont Maritimes, & autres dans le Pays, jusqu'au nombre de cent trente-quatre. Les
Habi-

Habitans de cette Province, suivant le dénombrement, montent à trois cens mille deux cens quarante-deux Ames.

Celle de Noto, commence à la Riviére de Jarreta, & s'étendant au dedans, & passant la Ville d'Enna, ou de Castro-Giovanni, descend avec la Riviére de Salso, anciennement Gela, & finit à Leocata, comprenant les Villes de Catania, Augusta, Syracuse, Noto, Lentin, Carlentin, & autres au nombre de cinquante, contenant avec le reste de la Province deux cens quarante-neuf mille huit cens quatre-vingt-quinze Ames selon le dénombrement.

Celle de Mazara contient tout le reste, comprenant les Villes de Palerme, Trapano, Termini, Marsala, Mazara, Cirgenti, Xaca, Licate & autres jusqu'au nombre de cent & deux, contenant avec la Province trois cens vingt-trois mille six cens & sept Ames.

Les principales Riviéres sont *Cantara*, ou *Cantaro*, *l'Alabus*, ou *Onobola* des Anciens: la *Jarreta*, anciennement *Teria*, ou *Symæthus*, selon quelques-uns qui prennent la *Teria* pour la Riviére de St. Léonard: le *Judicel* pris pour l'Anenan: les Riviéres de *Patti*, & d'*Oliviero*, prises pour *Timethe* & *Helicon*: *Rosmarino*, anciennement *Chida*: *Termini*, prise pour l'Himére du côté du Nord, comme *Salso* est pour cette autre Himére du côté du Sud: *Armiraglio*, anciennement *Eleutheros*: *Jato*, pris pour le *Bathis*: la Riviére de St. Barthelemy, autrefois *Crinisus*: le *Drago*, anciennement *Agragas*: la Riviére de *Terra-Nova*, prise par quelques-uns pour le *Gela*: *Abisso*, anciennement l'*Elorus*: puis *Belice*, *Molina*, *Camarina*, & *Porcari*, prises pour les Riviéres de *Hypsa*, *Monalus*, *Iporus*, & *Pantachus*.

La principale Montagne est celle de *Mongibello*, anciennement *Ætna*, renommée pour sa hauteur, ses Forêts, sa Neige perpétuelle, & le Feu qu'elle jette d'ordinaire avec force cendres. Le tour de cette Montagne est de septante milles. Du Levant au Midi elle est couverte de Vignes, & du Couchant au Nord de Bois pleins de Bêtes sauvages.

Le Mont S. Julien, anciennement *Eryx*, & vulgairement Mont de *Trapani*, est près de Palerme. Du côté du *Ponent* on voit le Mont *Pelegrin*, & devers le Levant le Mont *Gerbin*: vers Termini du Levant le Mont S. *Caloiro*: & au-dessus de *Cefalu* le Mont de *Madonia*: Puis près de *Messine* il y a du côté du Midi deux hautes Montagnes, savoir de *Namari*, & de *Scuderi*, pleines de Cavernes, & du côté du Nord celles de *Riccio* & de *Ciccia*. Enfin dans l'Isle il y a peu de Villes éloignées de la Mer, qui ne soient assises sur des Montagnes.

Ces Montagnes sont abondantes en Sources d'eau douce, & la Plaine n'en est pas dépourvue. Il s'y trouve force Bains d'eau chaude, tiède, souffrée, & d'autres sortes, propres à la guérison de plusieurs maux.

Son Terroir est des meilleurs; mais il y a cette différence entre ses Vallées, que celles de *Noto* & de *Mazara* portent force Bleds, mais peu de Fruits & d'Arbres, & que la Vallée de Demone a plus de Forêts & d'Arbres fruitiers, que les deux autres Vallées, qui sont d'ailleurs moins pourvues de grains.

Il y a tant de gras Pâturages près de *Catania*, que la graisse étouffe les Bêtes qu'on y mène paître, si l'on n'y prend garde. La quantité de Grains que produisoit cette Isle, lui donnoit autrefois le nom de Grenier du Peuple Romain: & effectivement elle rend en certaines années cent pour un. Il y vient quantité de Fruits excellens de toute sorte, & presque de toutes les Plantes & Simples, dont on se sert pour la Médecine; quantité de Vins, d'Huiles, de Sucres, & une telle quantité de Meuriers blancs, pour nourrir les Vers à Soie, qu'on tire tous les ans du Port de Messine plus de sept cens grosses Bales de Soie. Il y a aussi abondance de Saffran, qui surpasse en bonté celui d'Italie, quantité de Fromage & de Laine.

Quelques Auteurs assûrent qu'il y a de Mines d'Or, d'Argent, de Plomb & de Fer. Il s'y trouve de l'Alum, du Vitriol, du Souffre, & quantité de Salpêtre. Il y a des Montagnes pleines de Mines de Sel, principalement près d'Enna ou Castro-Giovanni, de *Camerate*, & de Nicosie, outre celui de l'Eau de la Mer, qui se congéle dans des Fossez faits exprès près de Martale, Trapani, Camerani, & d'autres lieux.

Il s'y engendre aussi du *Lapis Lazuli*, des Agates, des Emeraudes, & certaine Pierre grise & luisante, tachée au milieu de blanc & de noir, qui a une particuliére vertu contre les piquûres des Araignées & des Scorpions. On tire près de Gruterie quantité de Berils, du Jaspe rouge marqueté de blanc & de verd, & du Porphyre rouge mêlé de même de taches blanches & vertes. La Mer voisine de Messine & de Trapani fournit à ses Habitans abondance de Corail & de Poisson par-tout, particuliérement de Tons, qu'on pêche en nombre incroyable près de Trapani, de Palerme, de Melazzo, Cafeledi, Solante, & par tout ce côté-là. Près de Messine on y fait aussi grosse pêche, principalement des Anguilles du Fare, qui sont fort estimées, & du Poisson nommé par les Habitans *Pesce-Spada*, c'est-à-dire Poisson-Epée. Les Anciens même faisoient grand état de ce Poisson pour sa délicatesse sous le nom de *Xiphia*. On doit encore remarquer que les Abeilles de Sicile font quantité de Miel & de Cire: le Miel Hybléen de cette Isle ayant toujours été le plus estimé.

Le Pape Eugène III. reconnut Roger & tous ses Successeurs pour Roi de Sicile & de Jérusalem, & pour Seigneur de la Calabre, de la Pouille, & de Tarente. Il leur donna une Jurisdiction absolue & indépendante, Ecclésiastique & Temporelle. Le Roi fait donc un Juge Ecclésiastique, avec un Avocat & un Procureur Fiscal Séculiers, qui composent le Tribunal de la Monarchie, qui s'appelle en effet

SIC.

effet de ce nom (Tribunal de la Monarchie). Le Juge exerce la même Jurisdiction en Sicile, que le Légat du Pape exerce sur les Ecclésiastiques à Naples, indépendemment du S. Siège. Autrefois ce même Juge étoit séculier : il est Ecclésiastique à présent : aussi ce Juge étoit regnicole. Les Espagnols l'ont annexé à leur Nation.

La Domination des Rois de Sicile, s'étend non seulement sur le Royaume de Jérusalem, sur la Principauté de Tarente, & sur les Comtez de la Pouille & de la Calabre : mais encore sur toutes les Isles de la Sicile même, à trente lieues, à la ronde.

L'Isle de Malthe a été donnée par Charles-Quint, en qualité de Roi de Sicile, à l'Ordre de S. Jean de Jérusalem ; l'Evêque de cette Isle est suffragant d'un des Archevêchez de Sicile.

Il y a en Sicile une Abbaye de Ste. Lucie, qui par sa fondation Royale donne le titre de Grand-Aumônier du Roi à celui qui en est pourvû.

La nomination à tous les Bénéfices de Fondation Royale, tant Evêchez qu'Archevêchez, Abbayes & autres, appartient au Roi ; ceux d'Espagne avoient accoutumé de nommer alternativement à ces Bénéfices, un Sicilien, & un Espagnol.

La Sicile est, comme on l'a déja vû, située dans la Mer Méditerranée, entre l'Italie & l'Afrique : Elle est baignée des Mers Méditerranée & Adriatique. Elle a trois Promontoires, l'un s'appelle Cap Passaro, qui regarde la Grèce, le second Capo Boïo, qui regarde l'Afrique, & le troisième le Faro, qui regarde l'Italie.

Elle est, comme on l'a aussi vû, divisée en trois Provinces ou Vals, qu'on appelle Val de Noto, Val de Mazara, & Val de Demone.

Le Climat est le meilleur du monde : l'Air le plus pur & le plus sain de toute l'Europe, & l'on y respire un Printems continuel.

Palerme, Messine, & Catane sont les trois Villes Capitales du Royaume, chacune dans sa Province. Les Rois y font principalement leur séjour.

Les Villes où il y a Port de Mer, sont Messine, Agoste, Syracuse, Trapani, Palerme & Melasse.

Il y a près de soixante mille Ames dans Messine. Sa situation & son grand Port entre l'Orient & l'Occident la rendent fort avantageuse pour le Commerce. C'est un Port franc, où il y a de très-grands Magasins pour les Marchandises, & des Quartiers pour les Marchands Turcs & Juifs, qui y peuvent venir en grand nombre. Le Prince Philibert de Savoye y fit faire un Quay magnifique enrichi d'une superbe Architecture de la longueur de plus de mille pas d'Italie, qui fait l'admiration de toute l'Europe.

Catane est distinguée tant par sa Noblesse, d'où les plus illustres Maisons du Royaume tirent leur origine, que par son Université & ses Académies publiques. On

SIC. 545

a rebâti cette Ville qui avoit été ruïnée par un grand tremblement de terre, qui fit périr environ vingt-six mille Ames. On y en compte aujourd'hui seize mille.

Il y a quatorze mille Ames à Syracuse, seize à Trapani.

A l'égard des Villes qui sont dans le Continent, celle de Nicosia renferme vingt-quatre mille Ames ; celle de Girgento quatorze ; celle de Mazara, & celle de Cartagironne tout autant. L'on ne parle pas de plusieurs autres Villes situées sur les Côtes & dans le Continent, de la plûpart desquelles on ne sauroit dire au juste le nombre des Habitans, ayant été dépeuplées ; on se contente de dire qu'il y a en récompense plusieurs Terres Seigneuriales où l'on compte depuis douze, jusqu'à cinquante mille Ames.

En plusieurs Villes, le Sénat a l'administration de la Police ; les Citoyens de chaque Ville s'élisoient autrefois, tous les ans, un certain nombre de Sénateurs d'Epée à la manière des Romains, dont ce privilège tiroit son origine ; mais après certains troubles de Messine, le Vice-Roi ôta la forme de l'Election, & se rendit maître de la faire, afin de détruire les brigues, les dissensions & les troubles qui arrivoient toutes les années à l'occasion de ces Elections. Le reste des Villes est gouverné par des Elus du Vice-Roi, tout comme les Terres & Villages dépendant des Seigneurs.

Ce fut Roger Roi de Jérusalem, premier Monarque de Sicile, qui après avoir défait & chassé les Sarrasins, qui étoient dans le Royaume, le divisa en trois parties. Il se reserva la première pour lui-même, afin que les revenus le soutinssent dans la Dignité Royale. Il donna la seconde au Clergé, dont il fonda tous les Archevêchez, Evêchez, Abbayes : fonda plusieurs Chapitres & Dignitez Ecclésiastiques. Toutes ces Fondations subsistent encore, plusieurs étant en Fiefs, & chargées de fournir & entretenir un certain nombre de Troupes, ou Infanterie, ou Cavalerie. La troisième partie fut partagée à ses Gens de Guerre, chacun selon son mérite, l'érigeant en Fief comme ci-dessus.

Les Siciliens se donnèrent dans la suite au Roi Pierre d'Arragon, à condition de les maintenir dans leurs Privilèges, honneurs & prérogatives ; qu'il ne pourroit établir sur eux aucun Impôt sans le consentement du Parlement, non pas même lever aucunes Troupes.

Le Roi s'obligea d'entretenir douze Galéres ; & le Parlement tout autant au nom de l'État. Ce dernier se chargea encore d'autres dépenses & réparations, pour le Service du Roi & de la Patrie.

Tous ces Privilèges sont aujourd'hui emportés, à l'exception de ne pas lever des Troupes.

Le Parlement est composé des trois Ordres du Royaume, savoir de l'Ordre Militaire, qui comprend tous les Barons : l'Ordre Ecclésiastique, qui renferme tous les Archevêques, Evêques, Abbez,
Zzz Prieurs,

Prieurs, &c. Chefs de Couvens; & l'Ordre Domanial, qui comprend toutes les Villes Royales.

Quand le Roi a besoin d'argent, il fait convoquer le Parlement, dans une Ville choisie par le Vice-Roi. Ceux qui composent les deux premiers Ordres, n'y pouvant assister en personne, y envoyent leurs Procureurs; & l'Ordre Domanial y envoye ses Députés, excepté la Ville de Palerme, & celle de Catane, qui y envoyent leurs Ambassadeurs.

Quand le Parlement est ainsi assemblé, on fait la demande de la part du Roi, & le Parlement accorde ordinairement la somme de trois cens mille écus, qui sont payés par le moyen des Taxes sur tous les Sujets du Royaume. Lorsque l'on veut mettre des Impôts, le Parlement donne son consentement, pour les payer pendant un tems. Dans ces occasions le Parlement propose au Roi plusieurs Loix qui regardent le Bien public, il demande aussi quelque grace, ou Privilège qu'il accorde ordinairement ; & ce sont là les Loix du Royaume, qu'on appelle *Constitutioni*, & *Capitoli del Regno*.

La Sicile est gouvernée selon le Droit Romain, les Loix du Royaume, celles que les Rois ont faites, & selon la Coûtume particulière des Villes. Toutes les fois que le Parlement s'assemble, les trois Ordres élisent plusieurs Députez, qui durent jusqu'à une nouvelle Convocation.

Le Prince Buaterra, comme premier Baron du Royaume, ne quitte point sa Députation. Les Députez forment une espèce de Sénat, qu'on appelle la Députation du Royaume, & qui a le soin de faire observer tous les Privilèges & Prérogatives ; & de faire exécuter tout ce qui a été ordonné par le Parlement, comme les Dons-gratuits & autres.

Chaque Ville a son Patrimoine qui consiste en certains Impôts, Gabelles & Fonds de terre, sur lesquels on prend de quoi fournir aux frais du Sénat, des Elûs, des Officiers, & autres Dépenses extraordinaires.

On faisoit autrefois régulièrement tous les ans un Dénombrement de tous les Sujets du Royaume, pour faciliter les Taxes; mais depuis la Guerre de Messine de l'an mil six cens soixante-quatorze, on ne fait plus ce Dénombrement, parce que plusieurs Familles qui demeuroient dans les Villes maritimes, & à Messine même, furent obligées de se retirer dans le Continent sur les Terres des Seigneurs. Ces Terres se trouvèrent par-là considérablement peuplées ; mais quoique cette augmentation dût faire supporter aux Seigneurs des Taxes proportionnées au nombre de leurs Vassaux, puisqu'elle leur produisoit un profit extraordinaire par la consommation & la vente de leurs denrées, ils ont trouvé le moyen de retenir ces Familles refugiées, & d'en attirer d'autres, en leur accordant leur protection contre leurs Créanciers, & contre ceux même qui pouvoient les inquiéter à l'occasion de leur conduite, & de leurs crimes.

Par cette raison les Villes maritimes en sont beaucoup moins peuplées ; d'ailleurs elles se trouvent beaucoup plus chargées, parce que les Impôts se payant toujours tels qu'elles les payoient avant la Guerre de mil six cens-soixante-quatorze, que la Taxe en avoit été faite, il y a moins de Personnes pour les payer ; & conséquemment ils ne peuvent qu'être plus forts.

Les Rois de Sicile, ont un revenu d'environ cent mille écus, que produisent les Permissions accordées à un chacun, de manger du laitage & des œufs en Carême. Ces Permissions ne sont accordées qu'en considération d'un Présent que ceux qui les demandent sont obligez de faire sous le titre d'Aumône. Toute la question est donc de bien ménager ces sortes de permissions : mais il faut savoir que la Concession du Pape, qui donne ce droit d'indulgence aux Rois de Sicile, veut que le Produit des Permissions soit employé à faire la Guerre aux Infidelles. On l'employe aujourd'hui à l'entretien des Galères.

Tout le Clergé, tant le Séculier que le Monastique, jouît du droit de franchise pour l'entrée de toutes sortes de Marchandises, & de denrées de leurs Biens & de leurs Terres ; de là chaque Famille a quelque Ecclésiastique pour fils ou pour proche parent, & ne paye rien : mais ce qu'il y a de plus extraordinaire, c'est qu'un Ecclésiastique qui n'est attaché par le Sang à aucune Famille, vend son droit de franchise à ceux des Séculiers qui n'ont point d'Ecclésiastique.

La Ville de Palerme est la seule du Royaume où l'on bat Monnoie : encore y fabrique-t-on rarement des espèces d'Or ou d'Argent faute de matière ; ce qui en a causé une grande disette dans le Pays, & a obligé d'y recevoir les Monnoies étrangères.

Les Finances de Sicile sont administrées par un nombre infini de personnes, soit à Palerme, soit aux autres endroits du Royaume.

Le Tribunal du Patrimoine a l'administration générale de tous les Domaines du Roi. Ce Tribunal est composé d'un Président, de six Juges, trois de Robe, & trois d'Epée, que l'on appelle Maîtres des Comptes, d'un Avocat, d'un Procureur Fiscal, & d'un Conservateur, tous élus par le Roi & perpétuels : ils ont beaucoup d'Officiers sous eux pour les assister & les soulager.

Chaque Maître a son Département dans les Finances. L'un est Intendant des Galères pour tout ce qui les regarde, l'autre de la réparation des Ponts & des Tours qui servent à la sûreté des Côtes : celui-là pour les Gages des Régens & Officiers du Conseil ; celui-ci pour les Douanes, Fermes, &c. Et quoique chacun ait son Département, il ne peut rien décider, ni ordonner, sans être approuvé de ses Confreres, qui composent le Tribunal du Patrimoine. Ce Tribunal juge de toutes les causes qui regardent les Domaines du Roi.

Il y a dans chaque Ville du Royaume un Intendant, homme d'Epée, qu'on appelle *Secreto*, qui ajuge les Fermes du Domaine dans sa dépendance, & qui fait le recouvrement des sommes qui en proviennent : il exige les Douanes, & tout ce qui vient des confiscations aussi dans son ressort ; & rend compte du tout au Tribunal du Patrimoine.

Ces places de *Secreto* sont des Charges que le Tribunal vend au profit du Roi. Il y a un Maître Secreto du Royaume qui a l'Intendance sur les autres Secretos. Ceux-ci lui rendent compte, & s'ils commettent quelque malversation, le Maître Secreto doit veiller à la punition.

Il y a dans chacune des trois Parties ou Provinces du Royaume, trois Receveurs Généraux qu'on appelle Précepteurs. Ils font chacun dans leur Département le recouvrement du Produit des Bulles, ou de la Concession au sujet des Indulgences & permissions de manger des œufs & du laitage en Carême.

Les Habitans de Messine jouïssoient de plusieurs Privilèges, & de certains Biens patrimoniaux, que les Rois ont trouvé à propos de leur ôter ; & depuis qu'ils n'en jouïssent plus, il y a d'établi dans cette Ville, un Conseil qu'on nomme la Jointe, composé d'un Président appellé *Capo della Giunta*, d'un Avocat, & d'un Procureur Fiscal, & d'un Conservateur. La Jointe a la même Jurisdiction dans Messine, que le Tribunal du Patrimoine a à Palerme ; d'ailleurs les Charges qui la composent sont toutes de Robe, & sont données gratis par le Roi.

Il y a en Sicile une Charge que le Roi vend, & qui ordinairement est remplie par un homme d'Epée. On l'appelle Portolan Général de toute la Sicile. Il choisit un nombre d'Officiers que l'on nomme Vice-Portolans, qui servent sous ses Ordres dans toutes les Villes maritimes du Royaume. Ses Fonctions sont de veiller sur tous les Bleds, tant de transport d'une Ville à une autre, que de ceux qui sortent du Royaume ; il en donne toutes les permissions suivant l'ordre qu'il en reçoit, ou du Vice-Roi, ou du Tribunal du Patrimoine. Ces permissions pour transporter les Bleds dans les Pays étrangers, ne laissent pas de produire des sommes immenses aux Vice-Rois.

Toutes personnes possédant des Biens Ecclésiastiques ou Temporels, sont obligées, sans distinction de rang & de qualité, d'établir leur séjour dans le Royaume, pour y consommer leurs revenus, suivant une Loi, faite par rapport aux Domaines Royaux, & au Bien public. Mais cette Loi n'étant pas bien exactement observée aujourd'hui, les Propriétaires de ces Biens tirent en Argent, à ce qu'on prétend, la troisième partie des revenus de la Sicile, & la transportent dans les Pays étrangers où ils font leur résidence ; ce qui cause une grande disette d'espèces d'Or & d'Argent.

Les Vice-Rois n'étoient autrefois que trois ans en Sicile ; mais depuis l'année mil six cens soixante-quatorze que la Guerre de Messine donna lieu au renversement de presque toutes les Loix, ils y restent jusqu'à sept ans tout au moins, ce qui leur donne le moyen d'étendre leur autorité jusqu'à l'infini ; & il s'ensuit que quoique le Pays soit plus chargé d'Impôts qu'il ne l'étoit autrefois, les Rois retirent beaucoup moins qu'ils ne faisoient de leur Domaine.

Il y a dans chaque Ville un Présidial, que l'on appelle Magistrat dans les Places de Guerre. Il est composé d'un Gouverneur, de trois Juges, d'un quatrième pour les Appellations, & d'un Fiscal. Dans les autres Villes il est composé d'un Capitaine, de trois ou deux Juges, d'un pour les Appellations & d'un Fiscal dans les Causes criminelles. Les Capitaines & Gouverneurs n'y ont point de part.

Les Parties peuvent appeller aux Juges des Appellations ; & ensuite aux Cours Souveraines.

Les Gouverneurs des Villes, ou Places d'Armes, sont élus par le Roi, & sont perpétuels : les Capitaines & les Juges par le Vice-Roi, proposés par le Protonotaire du Royaume, qui est la même chose que Chancelier, & sont annuels.

Il y a un Tribunal, qu'on appelle la Grande Cour, qui est composé d'un Président, & de trois Juges pour le Civil. A l'égard du Criminel, il est composé du même Président, de trois autres Juges, d'un Avocat, & de quatre Procureurs Fiscaux, qui sont perpétuels. On change les Juges tous les deux ans. Quand ces places viennent à vaquer, le Vice-Roi propose au Roi, un nombre de personnes qu'il croit les plus capables de les remplir, & le Roi en nomme un. Souvent l'argent est préféré au mérite.

Le Président du Tribunal de la Grande Cour, doit nommer tous les trois ans plusieurs Commissaires, qu'on appelle Sindicateurs, Gens de Robe, & qu'il envoye par tout le Royaume, pour examiner toutes les Procédures des Magistrats des Sénats, & généralement de tous les Officiers de Justice, pour voir s'il n'y a point de malversations, soit dans le Civil, soit dans le Criminel ; & quand ils trouvent de mauvaises procédures, ils les rapportent au Tribunal de la Grand'Cour Criminelle, qui, après en avoir pris connoissance, punit les coupables. Mais comme les Vice-Rois se sont emparés du droit de nommer ces Sindicateurs, on ne voit guères de malversations punies.

Ce même Président de la Grand'Cour nomme un Capitaine d'Armes ordinaire, & plusieurs extraordinaires, dans chaque partie du Royaume ; ces Capitaines sont chargés de purger leur Département de tous les Bannis & Scélérats ; commandant pour cet effet, des Compagnies à Cheval à la solde du Roi. Mais comme ces Cavaliers sont pour la plûpart des Scélérats eux-mêmes, auxquels, pour la plûpart, on a accordé grace, pour les employer ainsi, parce qu'ils connoissent les voyes par lesquelles les Brigandages & les Assassinats

nats se commettent, il arrive que le remede est pire que le mal ; car outre qu'ils soutiennent les Brigands, avec lesquels ils partagent les Vols, ils commettent encore impunément les crimes les plus énormes. Tout ce donc qu'on pourroit faire pour arrêter ce desordre, ce seroit de remettre en vigueur la Loi du Royaume par laquelle les Officiers de Justice sont obligés de payer de leur Bourse, tous les Vols qui se font, par Assassinats, ou autrement, dans l'étendue de leurs Jurisdictions.

Toutes les Eglises & les Chapelles du Royaume, qui sont en très-grand nombre dans chaque Ville & même à la Campagne, jouïssent des Priviléges & des Immunités qui causent encore un desordre affreux par l'abus que l'on en fait, parce que les Méchans & les Coupables y trouvent un refuge assuré contre la Justice, & se multiplient à l'infini : d'autant mieux qu'ils vivent ainsi dans l'impunité, en commettant de nouveaux Vols & Assassinats ; en sorte qu'au grand scandale de la Religion, les Lieux consacrés au Service de Dieu sont devenus des Cavernes de Voleurs.

Il n'y a point d'Appel en matiére criminelle ; mais le Vice-Roi accorde quelquefois la révision du Procès, par les trois Présidens & les Consulteurs, & à l'égard des Sentences civiles, on en peut appeller au Tribunal du Consistoire.

Ce Tribunal est composé d'un Président perpétuel, & de trois Juges qui ne subsistent que deux ans. On peut appeller aussi de leurs Sentences, selon la nature du Procès, aux causes de Légats, c'est-à-dire à la Grand'Cour criminelle, & s'il est question des Fiefs, on en appelle au Conseil souverain, qui est celui du Roi.

Il y a aussi un Magistrat qu'on appelle Auditeur Général, que le Vice-Roi établit avec un Avocat Général, & un Procureur Fiscal. Sa Jurisdiction est séparée de toutes les autres. Il prend connoissance de toutes les affaires civiles & criminelles, en ce qui concerne la Maison du Vice-Roi & tous les Gens de Guerre. Cette Jurisdiction ne souffre point d'Appel, si ce n'est quelquefois par-devant le Consulteur. Les Jugemens de cette Jurisdiction, sont fort sujets à caution, parce que tous ceux qui en dépendent sont favorisez. Cela fait que chacun, jusqu'aux personnes de distinction, achetent des Lettres Patentes de ceux qui ont droit d'en donner, pour se mettre à couvert des poursuites civiles & criminelles, comme Officiers ou Soldats, quoiqu'ils ne soient ni l'un ni l'autre.

On trouve encore un autre Magistrat, qu'on appelle Auditeur des Galéres, établi par le Général des Galéres, avec un Avocat, & un Procureur Fiscal. Cette Jurisdiction est aussi séparée des autres : toutes les affaires civiles & criminelles, de toutes les personnes généralement qui servent sur les Galéres, s'y traitent, & s'y décident ; & il arrive d'un tel arrangement, que la Justice est très-fort dérangée.

Mais voici une autre Jurisdiction encore séparée des autres. C'est l'Amirauté, composée d'un Magistrat, nommé & pourvu par le Grand Amiral des Mers de Sicile, d'un Avocat, & d'un Procureur Fiscal. Ce sont les causes Civiles & Criminelles de tous ceux qui sont dans la Marine, que cette Jurisdiction décide.

Il y a aussi une Charge de Consulteur, qui est donnée gratuitement par le Roi. Ce Consulteur a droit d'entrer dans tous les Tribunaux du Royaume, & de prendre connoissance généralement de toutes les affaires ; & quand il s'apperçoit de quelque abus il en fait son rapport au Vice-Roi pour y remedier. Le pourvu de cette Charge est toujours homme de Robe, & il a ordinairement du mérite.

La Charge de Protonotaire, se donne par le Roi, mais moyennant finance. Ce Protonotaire expédie les Lettres Patentes de toutes les Charges du Royaume qui sont données par le Vice-Roi, auquel il propose plusieurs sujets capables de remplir celles qui sont annuelles, & il reçoit le serment de fidélité de ceux qui sont pourvus même par le Roi.

Tous les Archevêques & Evêques ont chacun leur Jurisdiction Ecclésiastique. Les Ecclésiastiques peuvent appeller de leurs Procédures & Sentences au Tribunal de la Monarchie.

Il y a, outre tout ce qu'on a dit, le Tribunal de l'Inquisition, composé de deux Inquisiteurs, d'Avocats, de Procureurs Fiscaux, de plusieurs Secrétaires, & d'une infinité d'Officiers Supérieurs & Inférieurs. Ce Tribunal a des Commissaires avec leurs Cours & Officiers, dans tous les endroits du Royaume. Ceux qui remplissent toutes les Charges & Offices de l'Inquisition, jouïssent & leurs Maisons aussi des Priviléges qui y sont attachés, & sont les Gens les plus distingués parmi la Noblesse, les Bourgeois, & les Gens les plus riches du Royaume. Ils ne reconnoissent point d'autre Tribunal, & la multitude en est si grande qu'elle emporte une bonne partie de la Monarchie.

Le Roi donne toutes les Charges de Robe gratuitement. Celles qui sont perpétuelles tirent des appointemens, & les autres qui ne sont que pour un certain tems n'en ont aucuns. Mais généralement tant ceux qui ont des gages, que ceux qui n'en ont point, payent une certaine somme au Roi, qu'on appelle *Mezza Annata*.

Il y a une Charge de Médecin de la Sicile, qu'on appelle *Protomedico del Regno*. Il est obligé de demeurer auprès du Roi, ou en son absence auprès du Vice-Roi : d'examiner si l'air de la Résidence Royale est bon ou mauvais : d'aller de tems en tems visiter tout le Royaume, pour voir si le Public est bien servi par tous les Médecins, Chirurgiens, Apotiquaires, & Droguistes, à la reserve de la Ville de Catane, & de ses dépendances, où le premier Professeur en Médecine a droit de faire la visite. Mais comme cette Charge s'achete, c'est ordinairement de riches Ignorans qui la remplissent.

Le

Le Royaume de Sicile est un des plus forts qu'il y ait au Monde, par sa situation naturelle, qui le met à couvert de l'insulte de ses Ennemis, la Mer le rendant presque inaccessible de toutes parts, soit par la hauteur de ses Dunes, soit par les Bancs de Sable, & les Ecueils qui l'environnent. Aussi n'a-t-on pas vu que ce Royaume ait été conquis, si la plus grande partie de ses Habitans n'a consenti à la Conquête. Les Carthaginois furent Maîtres de la Partie qui regarde l'Afrique; mais ils ne purent jamais s'emparer de l'autre; quelques efforts qu'ils fissent par Mer & par Terre, quoiqu'il y eût alors une guerre intestine & continuelle parmi les Tyrans qui la gouvernoient. Les Romains, dont la sage conduite doit servir d'exemple, ne commencerent la Conquête de l'Univers, qu'après avoir subjugué la Sicile, qui leur donna le moyen de faire des Armées Navales, & de se rendre maîtres des Mers Adriatique & Méditerranée: delà ils porterent leurs armes en Afrique, & obligérent ainsi Annibal d'abandonner l'Italie; & Jules-César ayant pris la même Route, défit les Armées de Scipion & de Caton, qui soutenoient le parti de Pompée. Roger Roi de Jérusalem, & premier Monarque de Sicile, conquit, par le moyen de ce Royaume, Tripoli, & plusieurs Provinces de l'Afrique, & mit en contribution le Royaume de Tunis. Enfin ce n'est que par la Sicile, que Charles-Quint a poussé ses Conquêtes en Afrique, dont les Espagnols conservent encore aujourd'hui quelque reste.

La Sicile est très-propre à la Navigation. Les Habitans entendent fort bien la Marine & ont du courage & de la vigueur. Sa situation est heureuse pour le Commerce dans toute l'Europe: les François, les Anglois, & les Hollandois peuvent prendre chez elle toute forte de Marchandises, tant de celles qu'elle produit, que de celles qui viennent du Levant.

On peut voir à l'Article SICILIA par quels Peuples cette Isle a été originairement habitée.[a] Ces Peuples se maintenoient chacun sous leur Gouvernement particulier; & aucun Prince ne les avoit eus tous sous son obéïssance, avant la domination des Romains, qui y furent appellés par les Mamertins ou Messinois, contre Hiéron, Roi de Syracuse, & les Carthaginois ses Alliés. Après plusieurs combats ceux-ci furent obligés de quitter la partie & de songer à la conservation de leur propre Pays; & les Romains demeurérent Maîtres de ce friand Morceau dont ils tirérent dans la suite de grands avantages. Dans la décadence de leur Empire, vers l'an 440. la Sicile devint la proye des Vandales. Ils en furent chassés par Bélisaire Général de Justinien, Empereur d'Orient, en 535.; ses Successeurs la conservérent jusque vers l'an 828. que les Sarrasins d'Afrique s'en empárérent par la trahison d'Euphemius, sous l'Empire de Michel II. dit le *Bégue*. En 1074. Robert Guiscard les soumit & prit le titre de Comte de Sicile. Roger son fils en fut

[a] *La Forêt de Bourgon, Géogr. t. 2. p. 574.*

déclaré Roi par le Pape Innocent III. le 24. Juillet 1139. Constance fille de Roger III. porta le Royaume de Naples & de Sicile dans la Maison de Suabe, par son mariage avec l'Empereur Henri VI. en 1186. Après la mort de Conrad leur petit-fils en 1257. Mainfroy son frere Bâtard[b] fut reconnu pour son héritier; mais Charles de France, frere de St. Louïs, Comte d'Anjou, de Provence, &c. ayant été investi du Royaume de Naples & de Sicile par le Pape Clément IV. en 1265. défit & tua Mainfroy l'année suivante; & fit couper la tête à Conradin fils de Conrad, le 26. Octobre 1269. Pierre III. Roi d'Aragon, qui avoit épousé Constance fille de Mainfroy, fit égorger tous les François en 1282. le jour de Pâques, au premier coup du son de Vêpres, d'où ce massacre a été appellé depuis les *Vêpres Siciliennes*. Cette Catastrophe commença les fameuses querelles des deux Maisons d'Anjou & d'Arragon, dont l'Histoire est si remplie. La derniére eut l'avantage, se maintint en possession & chassa les François qui n'ont pu depuis remettre le pied dans ces deux Royaumes, si l'on en excepte la révolte des Napolitains, qui appellérent à leur secours Henri de Lorraine, second du nom Duc de Guise, en 1647. Après la mort de Charles II. Roi d'Espagne Philippe V. son Successeur fut mis en possession des deux Couronnes de Naples & de Sicile; mais les affaires des François étant sur leur déclin en Italie, l'Archiduc Charles, aujourd'hui Empereur, se rendit Maître du Royaume de Naples en 1706. sous le titre de Roi d'Espagne, & le posséda jusqu'à la Paix d'Utrecht que les Alliés donnérent la Sicile au Duc de Savoye, qui porta le titre de *Roi de Sicile*; mais l'Espagne ayant attaqué ce Royaume, les Piémontois appellérent les Autrichiens à leur secours. Le Traité de Londres disposa alors de ce Royaume en faveur de l'Empereur qui céda au Duc de Savoye le Royaume de Sardaigne & promit les Successions de Toscane, de Parme & de Plaisance à l'Infant Don Carlos, que la derniére Guerre vient de mettre en possession des Royaumes de Naples & de Sicile, sous le titre de *Roi des deux Siciles*, savoir de la Sicile en deçà du Phare, & de la Sicile au-delà du même Phare.

[b] *Ibid. p. 537.*

La Mer appellée communément MER DE SICILE, est la partie de la Mer Ionienne, qui est au Midi de la Calabre, & qui baigne la Côte Orientale du Royaume de Sicile.

1. SICILIA, Isle de la Mer Méditerranée, près de la Côte d'Italie, dont elle n'est séparée que par un Détroit auquel elle donnoit son nom, & qu'on appelle aujourd'hui le Phare de Messine. Elle est si voisine de l'Italie que plusieurs des Anciens ont cru qu'elle avoit été jointe au Continent, & que quelque tremblement de Terre, ou l'effort des deux Mers l'en avoit séparée, *Sicilia*, dit Pomponius Mela[c], *Ut ferunt, aliquando Continens & agro Bruttio adnexa.* Virgile[d] se sert de la

[c] *Lib. 2. c.*
[d] *Æneid. 3. v. 414.*

la même expression *ferunt* :

> *Hæc loca vi quondam, & vasta convulsa ruina*
> *Dissiluisse ferunt, quum protinus utraque Tellus*
> *Una foret Venit medio vi Pontus, & Undis*
> *Hesperium Siculo latus abscidit.*

La manière incertaine, dont parlent ces deux Auteurs les plus modestes des Anciens, a été cause que plusieurs ont regardé ce prétendu événement comme une Fable. En effet la Mer a la même furie qu'elle a toujours euë: les tremblemens de Terre sont les mêmes qu'autrefois, & l'on ne voit point arriver de si grands changemens; de plus le rivage est muni de côté & d'autre de tant de Rochers & de Promontoires, qu'il n'est guère croyable que cette disposition soit un effet du hazard. Cependant il y a des Auteurs qui assurent positivement que la Sicile a été anciennement jointe au Continent. On diroit que Silius Italicus [a] a été témoin du changement qu'il décrit de la sorte :

a Lib. 14. v. 11.

> *Ausonia pars magna jacet Trinacria Tellus ;*
> *Ut semel expugnante Noto, & vastantibus undis,*
> *Accepit freta cœruleo, propulsa Tridente.*
> *Namque per occultum cæca vi Turbinis olim*
> *Impactum Pelagus laceratæ viscera Terræ*
> *Discidit, & medio perrumpens arva profundo*
> *Cum Populis pariter convulsas transtulit Urbes.*

Pline [b] parle aussi affirmativement que Silius Italicus: *Sicilia*, dit-il, *quondam Bruttio agro cohærens, mox interfuso Mari avulsa*; & Mr. le Fèvre [c] en a été tellement persuadé qu'il s'est glorifié d'avoir trouvé dans Eustathe [d] le tems où s'est faite cette séparation. Il en met l'époque au tems d'*Acaste* fils d'*Æolus* régnoit en Sicile, & ajoûte qu'Eole vivoit alors, & que ce fut lorsque les Israélites sortirent d'Egypte. C'est dommage qu'Eustathe ne soit pas plus ancien, & que Mr. le Fèvre n'ait pas eu d'autres preuves à nous donner.

b Lib. 3. c. 8.
c Lib. 1. Epist. 14.
d Ad Perieg. vers. 474.

Soit que cette séparation ait été faite réellement, soit qu'elle ait été imaginée comme tant d'autres Traditions anciennes, la Sicile étoit si voisine de l'Italie que Florus lui donne le titre de *suburbana Provincia*. Cette proximité étoit même si grande qu'on entendoit des deux côtez, comme le remarque Silius Italicus [e], le chant des Coqs & le cri des Chiens :

e Lib. 14. v. 20.

> *Sed spatium, quod dissociat consortia Terræ,*
> *Latratus fama est. (sic arcta intervenit unda)*
> *Et matutinos Volucrum transmittere cantus.*

Pline donne quinze cens pas de largeur au Détroit qui sépare l'Italie de la Sicile: Strabon [f] dit que du Promontoire *Cœny à Posidonium*, on comptoit quelque chose de plus ; mais Agathamère [g] dit que le trajet du Promontoire *Pelorum* en Italie étoit d'onze Stades; ce qui approche un peu plus du sentiment de Pline.

f Lib. 6.
g Lib. 1. c. 5.

Cette Isle a été connue sous différens noms, qui lui ont été donnez, ou à raison de sa situation, ou à cause des Peuples qui l'ont habitée. Les noms les plus usitez sont ceux de TRINACRIA, TRIQUETRA, SICANIA, SICILIA. Ce dernier nom a été employé par divers Auteurs, entr'autres par Pline [h] qui lui donne la préférence sur toutes les autres Isles : *Ante omnes* (Insulas est) *claritate Sicilia*. Elle est appelée SICANIA par Thucydide, & par plusieurs Auteurs TRINACRIA, ou TRIQUETRA, à cause de sa Figure triangulaire, ou à cause de ses trois principaux Promontoires. Le nom TRINACRIA est cependant plus usité chez les Poëtes que chez les autres: Virgile dit [i] :

h Lib. 3. c. 8.
i Æneïd. L. 3. v. 440.

> *Trinacria fines Italos mittere relicta.*

Dans un autre endroit on lit [k] :

k Vers. 581.

> . . . . *intremere omnem*
> *Murmure Trinacriam, & Cælum subtexere fumo.*

Et ailleurs il en fait un adjectif [l] :

l Vers. 384.

> . . . *Trinacria lentandus remus in unda.*

Silius Italicus, comme on l'a vu plus haut, dit TRINACRIA TELLUS ; & Ovide [m] TRINACRIS :

m Fast. 4. v. 419.

> *Terra tribus scopulis vastum procurrit in Æquor*
> *Trinacris e positu nomen adepta loci.*

Dans un autre endroit on lit [n] :

n Metam. Lib. 5. v. 346.

> *Vasta giganteis ingesta est Insula membris*
> *Trinacris.*

Il y en a qui écrivent *Trinacia* Τρινακία ; & *Trinacis* Τρινακίς. De ce nombre sont Denys le Periégète & Eustathe. Strabon [o] remarque que la Sicile fut d'abord appelée *Trinacria*, & ensuite *Trinacis*, afin de rendre la prononciation du mot plus douce. Cette différente façon d'écrire a été cause qu'on a donné à ce nom une double origine: Τρινακρία ἐκλήθη ἤτως, ἤ ὅτι τρεῖς ἄκρας ἔχει, ἢ ὅτι θρίνακι ἐςὶν ὁμοία, *Trinacria ita vel a tribus promontoriis dicta, vel quod tridenti similis est*.

o Lib. 6.

J'ai deja dit que Pline avoit donné à la Sicile le nom de *Triquetra*: Horace [p] s'est servi du même nom :

p L. 2. Satyr. 6.

> . . . . *Quid? militibus promissa, Triquetrâ*
> *Prædia Cæsar, an est Itala Tellure daturus ?*

Silius Italicus [q] dit aussi :

q Lib. 5. v. 490.

> *Huc Ætnæa cohors, Triqueteris quam miserat oris*
> *Rex, Arethusa: tuus . . . .*

Les *Sicani*, Peuples d'Espagne [r], en passant dans cette Isle lui donnérent le nom de SICANIA ; & les *Siculi*, Peuples d'Italie, en se retirant dans cette même Isle occasionnérent le nom de SICILIA ; ce que Silius Italicus exprime dans les vers qui suivent [s] :

r Dionys. Halicar. l. 1. p. 17.
s Lib. 14. v. 33.

> . . . . *Cyclopia regna*
> *Vomere verterunt primum nova rura Sicani,*
> *Pyrene misit Populos . . . . .*

&

SIC. SIC.

[a] Vers. 37. & plus bas [a]:

> Mox Ligurum pubes, Siculo duttore novavit
> Possessis bello mutata vocabula regnis.

On compte aussi parmi les anciens Habitans de l'Isle, les Lestrygons, Peuples d'Italie, & dont Silius Italicus [b] fait mention dans ces Vers:

[b] Lib. 14. v. 127.

> Prima Leontinos vastarunt prælia campos,
> Regnatam diro quondam Lestrygone Terram.

La Sicile a encore été peuplée en différens tems par diverses Colonies Grecques venues de Naxos, de Chalcidie, de Corinthe & de plusieurs autres endroits. Les Carthaginois même occupérent la plus grande partie de l'Isle. Ce mélange de Peuples a été cause qu'Apulée [c] a donné aux Siciliens l'Epithéte de *Trilingues*, parce qu'il se parloit trois différentes Langues chez eux; savoir la Grecque, la Carthaginoise & la Langue Latine. Voici la Description de cette Isle selon Ptolomée [d]:

[c] Lib. 11.

[d] Lib. 3. c. 4.

Sur la Côte Occidentale:
- Falacrium Promont.
- Mylæ,
- Eliconis Fluv. Ostia,
- Tyndarium,
- Tymethi Fluv. Ostia,
- Agathyrium,
- Alontium,
- Chydæ Fluv. Ostia,
- Calacta,
- Alæsa,
- Alete,
- Monali Fluv. Ostia,
- Cefaloedis,
- Himeræ Fluv. Ostia,
- Thermæ Himeræ Civit.
- Olutis,
- Eleutheri Fluv. Ostia,
- Panormus,
- Bathys Fluv. Ostia,
- Cetaria,
- Drepanum,
- Emporium Segestanum,
- Ægitharsus Extrema.

Sur la Côte Méridionale:
- Acithii Fluv. Ostia.
- Lilybæum Civit. & Promont.
- Selenuntis Fluv. Ostia.
- Mazaræ Fluv. Ostia.
- Pintia,
- Sossi Fluv. Ostia,
- Isburi Fluv. Ostia.
- Heraclea,
- Hypsæ Fluv. Ostia.
- Agragantinum Emporium,
- Himeræ Fluv. Ostia,
- Ipori Fluv. Ostia,
- Bucra Extrema,
- Caucana Portus,
- Motycani Fluv. Ostia,
- Odysseuma, ou Ulyxia Promont.
- Pachynum Promont.
- Phœnicus Portus,
- Orini Fluv. Ostia,
- Longum Promont.
- Chersonnesus,
- Syracusæ Colonia,

Sur la Côte Orientale:
- Alabi Fluv. Ostia,
- Taurus Promont.
- Pantachi Fluv. Ostia,
- Catana Colonia,
- Symethi Fluv. Ostia,
- Tauromenium Colonia,
- Argenum Promont.
- Messena in Freto.
- Capytium.
- Abacæna,
- Imichara,
- Tissa,
- Aleta,
- Centuripæ,
- Dymethus,
- Ætna,
- Agurium,
- Herbita,
- Sergentium,
- Hydra,
- Leontium,
- Erbessus,
- Ncetum,
- Menæ,
- Paciorus,
- Asserus,
- Enna,

Dans les Terres:
- Petra,
- Megara,
- Hybla,
- Engium,
- Cotyrga,
- Cacyrum,
- Acreæ,
- Schera,
- Triocla,
- Agragas,
- Motuca,
- Segesta,
- Legum,
- Entella,
- Ancrina,
- Phthinthia,
- Gela,
- Camarina,
- Elorus,
- Ina,
- Elcethium.

Montagnes:
- Ætna,
- Cratas.

Peuples:
- Messenii,
- Orbitæ,
- Catanæi,
- Segestani,
- Syracusi.

Isles au voisinage de la Sicile:
- Didyme, Insula,
- Hicesia, Ins.
- Ericodes, Ins.
- Phænicodes, Ins.
- Lipara Insula & Civitas,
- Evonymos, Ins.
- Strongyle, Ins.
- Ustica Insula & Civitas,
- Osteodes, Ins.
- Phorbantia, Ins.
- Ægusa, Ins.
- Sacra, Ins.
- Pacenia, Ins.
- Æoli, Ins.

2. SICILIA, triple Colline de l'Attique, au voisinage d'Athènes, selon Suidas.

das. Pausanias [a] fait aussi mention de cette Colline. Il dit que les Athéniens ayant consulté l'Oracle de Dodone, il leur conseilla d'aller s'établir en Sicile; mais que cette Sicile étoit une petite Colline peu distante d'Athénes; & que les Athéniens prenant l'Oracle dans un autre sens portérent la guerre fort loin de leur Pays & jusqu'à Syracuse.

[a] Lib. 8. c. 12.

3. SICILIA. Il y avoit un Lieu de ce nom à Rome, dans le Palais, J. Capitolin en parle dans la Vie de Pertinax [b]. Ce Lieu devoit être au-delà de la Galerie.

[b] Cap. 11.

4. SICILIA, Isle de la Gréce. Etienne le Géographe la met aux environs du Péloponnése.

5. SICILIA, Isle dont parle Euripide [c]. Sibilinus son Commentateur veut que cette Isle fût entre la Chalcide & l'Aulide. Peut-être est-ce la même que la précédente.

[c] In Phœnissis.

6. SICILIA, Ælien, Eustathe, Suidas, le Scholiaste de Théocrite, St. Jérôme, le Concile de Constantinople tenu sous Constantin le Grand, & Etienne le Géographe, donnent le nom de Sicile à une certaine portion de l'Italie; principalement à la partie voisine de l'Isle de Sicile. Cela n'est pas sans fondement; car Thucydide [d] plus ancien que tous ces Auteurs, dit que les Sicules chassez par les Opices passérent de ce Quartier dans la Sicile; & si nous nous en rapportons à Servius & à Denys d'Halicarnasse, nous dirons que les Sicules furent la première Nation qui habita originairement le Pays où on bâtit depuis la Ville de Rome, & qu'ils habitérent aussi divers autres Cantons de l'Italie. Ces mêmes Peuples selon Pline [e] occupérent une partie de la Contrée qui fut appellée *Gallia Togata*, après l'arrivée des Gaulois en Italie. Enfin Tite-Live [f] met dans la Campanie des Villes qu'il appelle *Siculæ Urbes*. Il n'en faut pas davantage pour justifier Etienne le Géographe des reproches que lui font Casaubon [g] & Pintaut [h]. Jovien Pontanus remarque, au sixième Livre de son Histoire de Naples, qu'il y a encore en Italie des Lieux qui conservent le nom des anciens Sicules.

[d] Lib. 6.
[e] Lib. 3. c. 13. & 14.
[f] Lib. 23.
[g] Ad. 6. Strab.
[h] Ad Melam in Sinuessa.

SICILIA-MINOR. Voyez Naxos.
SICILIÆ UMBILICUS. Voyez Pergus.

SICILIBBENSIS, Siège Episcopal d'Afrique, dans la Province Proconsulaire, selon la Conférence de Carthage [i], où Quadratianus est dit *Episcopus Plebis Sicilibbensis*. On est bien fondé à dire que ce Siège étoit dans la Province Proconsulaire; car *Prætextatus Sicilibbensis Episcopus*, se trouva en 419. au Concile de Carthage parmi les Evêques de cette Province, & Satius à *Sicilibba* opina dans le Concile de Carthage tenu sous St. Cyprien. La Ville où étoit le Siège de cet Evêché est nommée *Sicilibra* dans l'Itinéraire d'Antonin & *Siciliba* dans l'Anonyme de Ravenne. Voyez Sicilibra.

[i] No. 198.

SICILIBRA, Ville de l'Afrique propre: l'Itinéraire d'Antonin la marque à vingt-neuf milles de Carthage, entre *Unuca* & *Vallis*, à sept milles du premier de ces Lieux & à quinze milles du second, dans cet ordre:

A Carthagine

Unuca,   M. P. XXII.
Sicilibra,   M. P. VII.
Vallis,   M. P. XV.

Cette Ville étoit un Siège Episcopal connu sous le nom de Sicilibra, dans le Recueil des Conciles. Voyez Sicilibbensis.

SICILIOTÆ. Voyez Italiotæ.

SICIMA, Ville de la Palestine, dans la Samarie selon Joséphe [k], qui entend par-là la Ville de Sichem. Voyez Sichem.

[k] 12. Ant. c. 7. v. t. Bel. Ind. c. 2.

SICIMINA, & Papinus, Montagnes d'Italie dans la Gaule Cispadane. Tite-Live [l] en parlant de ces Montagnes fait entendre qu'elles étoient aux environs des Champs appellés *Macri Campi*, aujourd'hui *Valle di Montirone*, selon Léander.

[l] Lib. 45. c. 12.

SICINI-PORTUS. Voyez Lucini.

SICINUS, selon Ptolomée [m], Sicenus selon Strabon, & Sycinus, selon Pline [o]; Isle de la Mer Ægée & l'une des Cyclades, à l'Occident de l'Isle d'Ios. Pline nous apprend qu'elle se nommoit auparavant *Oenoe*. Ses Habitans sont appellés Sicinites, par Diogène Laërce [p].

[m] Lib. 3. c. 15.
[n] Lib. 10. p. 484.
[o] Lib. 4. c. 12.
[p] In Solone.

Ἔιην δή τότ᾿ ἐγὼ Φολεγάνδριος ἤ Σικινίτης,
Utinam olim fuerim Pholegandrius aut Sicinites.

S'il en faut croire les Fables des Poëtes, Thoas, Roi de Lemnos & fils de Bacchus avoit été garanti par sa fille du malheur où tous les autres hommes de Lemnos, avoient été enveloppés. Il fut poussé dans l'Isle dont il est ici question, & il y épousa la Nymphe Oenoe, ou Oenoïs, de laquelle il eut un fils appellé Sicinus, qui donna son nom à l'Isle. On la nomme aujourd'hui Sichino, ou Sicino; mais elle est désignée dans les Cartes Marines sous les noms de *Zetine*, *Setine*, ou *Setin*; Voyez Sichino.

Près de la Côte Méridionale de cette Isle, il y en a une petite qui semble lui être jointe; mais l'espace qui est entredeux est assez large, pour y prendre sa route même en louvoyant. Au côté Occidental on trouve un petit Golphe avec quelque verdure; & l'on peut mouiller sur un bon fond de vingt, vingt-deux & trente brasses d'eau.

SICLI, ou Sichili, Ville de l'Isle de Sicile [q], dans le Val de Noto à l'Occident de la Ville de ce nom, environ à trois lieues, avec titre de Baronnie. Elle est située à la gauche d'une petite Riviére environ à moitié chemin entre l'Embouchure de cette Riviére & la Ville de Modica.

[q] De l'Isle Atlas.

SICOBASILISCES, Sicos-Basilisses, Sicos-Basilisse, Sicos-Basilisces, Sicos-Basiliscos, ou Sicos-Basilicos, Lieu de l'Ar-

SIC   SIC   553

l'Arménie. Il eſt marqué dans l'Itinérai-   SICULOTÆ, Peuples de la Dalmatie,
re d'Antonin, ſur la route de *Germanicia* ſelon Ptolomée & Pline [h] ce dernier dit *Lib. 2. c.*
à *Edeſſa*, en prenant par *Doliche* & par qu'ils étoient partagez en vingt-quatre Dé- *17.*
Zeugma; & il s'y trouve entre *Germanicia* curies.   *b Lib. 3. c.*
& *Doliche*, à vingt milles de la première   SICULUM MARE. Voyez Auso- *22.*
de ces Places & à dix milles de la ſecon- NIUM-MARE.
de. Il pourroit ſe faire qu'aucune des   SICUM, Ville de l'Illyrie, dans la
Orthographes ſous leſquelles ce Lieu eſt Dalmatie, ſur la Côte: Ptolomée [i] la mar- *Lib. 2. c.*
déſigné dans les divers MSS. ne ſeroit la que entre *Scardona* & *Salonæ*, & Pline [k] *17.*
véritable, & qu'il faudroit écrire Sy- nous apprend que l'Empereur Claude y *k Lib. 3. c.*
cos-BASILISSES: car il y a apparence qu'il envoya des Soldats Vétérans. Sophien *22.*
avoit été ainſi appellé à cauſe de l'abon- veut que ce ſoit préſentement *Sebenico*.
dance des Figues qu'on y recueille; & A-   SICYONE, Ville du Péloponnéſe, dans
a Lib. 3. thenée [a] parle d'une eſpéce de Figue nom- l'Achaïe propre & dans les terres près de
Deipn. c. 4. mée Συκοβασιλεῖα. C'eſt le ſentiment de l'*Aſopus*. Cette Ville autrefois puiſſante
Mr. Weſſeling.   & qui eut ſes propres Rois, devint enſui-
    SICOBOTES, Peuples que Capitolin te Libre; & durant la Guerre des Villes
ſemble placer dans la Scythie Européenne. de la Gréce fut tantôt ſoumiſe aux Athé-
Voyez SIGIPEDES.   niens, tantôt opprimée par les Lacédé-
    SICONII, mot corrompu dans Strabon moniens. Demoſthenes, dit Juſtin [l], *Sicyo-* *l Lib. 13.*
pour ICONII. Voyez ICONII, & VOCONTII. *nam, Argos & Corinthum, ceterasque Civita-* *c. 5.*
    SICOPOLIS, Capitolin dit qu'on a *tes eloquentia ſua Athenienſibus junxit*; &
donné pendant quelque tems ce nom à la on lit dans Thucydide [m] que les Lacédé- *m Lib. 5. p.*
b Ortelii Ville de Capoue [b].   moniens τὰ ἐν Σικυῶνι ἐς ὀλίγης κατέστησαν, 397.
Theſaur.   SICORIS, Fleuve d'Eſpagne. Il ſé- *ſtatum in Sicyone ad paucos redegerunt*. Quoi-
paroit les *Ilergetes* des *Lacetani*. Céſar, que la Ville de Sicyone fût dans l'Achaïe,
Pline, Dion-Caſſius & Vibius Sequeſter comme le marque Pline [n]; cependant elle *n Lib. 4. c. 5.*
en font mention; & il eſt à croire que c'eſt ſe trouve avoir été quelquefois compriſe
c Lib. 6. de ce Fleuve que prétend parler Thucy- dans l'Argolide, & elle y étoit renfermée
ineunte. dide [c] lorſqu'il fait venir des bords du du tems de Pauſanias [o], qui dit: „Du *o Lib. 8. c. 1.*
Fleuve *Sicanus* en Eſpagne, les Sicaniens „côté de Lechée les Corinthiens ſont
qui allérent s'établir en Sicile. Ce Fleu- „bornez par les Sicyoniens, qui de ce
ve fut plus connu du tems de la Guerre „côté-là ſont les plus reculez de tous les
Civile. Lucain le décrit ainſi en parlant „Peuples de la Domination d'Argos". Il
d Lib. 4. v. de la Ville Ilerda bâtie ſur ſes rives [d]. ajoute tout de ſuite: „Au-deſſus de Si-
11.   „cyone c'eſt l'Achaïe qui s'étend juſqu'au
     Colle tumet modico, lenique excrevit in altum „rivage de la Mer". Tite-Live [p] la met *p Lib. 32. c.*
     Pingue ſolum tumulo: ſuper hunc fundata vetuſta auſſi dans l'Achaïe: *Legatis ad Achæos miſ-* *19.*
     Surgit Ilerda manu; placidis prælabitur undis *ſis, Sicyone datum eſt Concilium*. Les Ou-
     Heſperios inter Sicoris non ultimus Amnes, vriers de Sicyone le diſputoient à ceux
     Saxeus ingenti quem Pons amplectitur arcu, de Corinthe pour la perfection des Ouvra-
     Hibernat paſſurus aquas. ges; & c'eſt delà que les *Souliers de Sicyo-*
    ne étoient paſſez comme en proverbe. Ils
Ce Fleuve ſe nomme préſentement étoient ſi galants qu'il n'étoit pas permis
Segre, & les Catalans l'appellent *Agua* à un homme d'un caractère grave de les
naval.   porter; ce que Ciceron [q] fait voir par *q Lib. 1. De*
    SICULENSII, Peuples de l'Iſle de Sar- l'exemple de Socrate.   *Orat. c. 54.*
e Lib. 3. c. 3. daigne, ſelon Ptolomée [e].   Cette Ville nommée préſentement BA-
    SICULES, Peuples de la Tranſylvanie, SILICA, ou BASILICO, étoit encore conſi-
appellez dans leur Langue *Szekhely* & en dérable lorſque les Vénitiens étoient Maî-
langage Raſcien *Zeckeli*, du nom des tres de la Morée [r]; mais ce n'eſt plus à *r Wheler,*
Lieux que ces Peuples, Scythes d'origine, préſent qu'un monceau de ruïnes, où il *Voyage*
habitérent à l'extrémité de la Tranſylva- n'y a plus que trois Familles de Turcs & *d'Athénes,*
nie, après avoir été chaſſez de la Panno- autant de Chrétiens. On dit dans le Pays *Liv. 3.*
nie. Ils s'étendent vers les Confins de la que cette déſolation eſt arrivée par la Peſ-
Moldavie, de la Pologne, de la Ruſſie & te il y a environ quatre-vingts ans, & que
de la Valaquie. Leur Pays eſt diviſé en ce fleau avoit été regardé comme un châ-
ſept Territoires, qu'ils nomment Tribu- timent de Dieu ſur les Turcs, qui avoient
naux Siciliens; ſavoir, *Sepſi*, *Orbai*, profané une Egliſe Chrétienne en la chan-
Kezdi, *Cſik*, d'où depend *Gyirgyo*, *Kaſ-* geant en Moſquée. On ajoute que le
zon, *Maros*, *Uduardhely*; on y en ajoûte en- Vaivode qui avoit ordonné ce changement
core deux autres qui ſont: *Marcus-Zeck* & tomba mort par terre la première fois
Aranias-Keck. La Province que ces Peu- qu'on y lut l'Alcoran; ce qui fut ſuivi
ples habitent eſt auſſi nommée *Sicules*, & d'une telle contagion, qu'en fort peu de
les Allemands l'appellent *Zeckonland*. tems la Ville ſe trouva déſerte, ſans avoir
    SICULETUM. Voyez TIBUR. pu être repeuplée depuis. Elle eſt ſituée
    SICULI. Voyez SICILIA & SICANI. ſur une Montagne, à une lieue du Gol-
f De l'Iſle,   SICULIANO, ou SICULIANA [f], Ville phe de Lépante, & la Rivière *Aſopus* paſ-
Atlas. de l'Iſle de Sicile, dans le Val Mazzara, ſe au-deſſous du côté de l'Orient, où il y a
à la gauche de *Fiume di Cani*, environ à quelques Moulins à poudre. Il y reſte
deux milles de la Côte. C'eſt l'ancien- quantité de ruïnes anciennes & modernes.
ne CENA. On voit entr'autres la Muraille de la Cita-
                                               A a a a   delle

delle, plusieurs Eglises avec quelques Mosquées; & assez loin de la Citadelle du côté de l'Occident on voit une Masure appellée *le Palais des Rois.* Cet Edifice paroît fort ancien, & il n'étoit pas de brique. Le Chevalier Wheler auroit été tenté de le prendre pour un Bain à cause de quelques Canaux qui sont sous la Muraille pour y porter de l'eau. On trouve derriére & assez loin de-là une Montagne formée en croissant & qui pourroit être artificielle. C'étoit un Théâtre, ou un Stade. Il y a dans cette Montagne quantité de Cavernes & de Voutes souterraines.

SICYONIA, Contrée du Péloponnèse, dans l'Achaïe propre. Strabon [a] dit que le Fleuve Nemée la séparoit du Territoire de Corinthe : Tite-Live [b] dit la même chose ; & Ptolomée [c], qui remarque qu'on la nomma d'abord *Micone* & ensuite *Ægiali*, lui donne deux Villes ; savoir *Phlius*, & *Sicyone*, toutes deux dans les Terres.

Voici ce que les Sicyoniens racontoient eux-mêmes de leur origine selon Pausanias [d]. ,, Ils veulent, dit-il, qu'Egialée, ,, originaire de leur Pays, en fut le premier ,, Roi ; que sous son regne cette partie du ,, Péloponnèse qui s'appelle encore au- ,, jourd'hui l'Egiale prit sa dénomination, ,, que dans cette Contrée il bâtit en rase ,, campagne la Ville d'Egialée, avec une ,, Citadelle, qui occupoit tout le terrain, ,, où ils ont à présent un Temple de Mi- ,, nerve ; qu'Egialée fut pere d'Europs, ,, dont naquit Telchis qui eut pour fils ,, Apis ". Cet Apis devint si puissant avant l'arrivée des Pélops à Olympie que tout le Pays qui est renfermé dans l'Isthme prit le nom d'Apia. Les Descendans d'Apis furent Thalxion son fils, Egyre fils de Thalxion, Thurimaque fils d'Egyre ; & Leucippe fils de Thurimaque. Leucippe n'eut qu'une fille qui s'appelloit Chalcinie, & qui eut un fils de Neptune. Leucippe prit soin de ce fils, & lui laissa son Royaume en mourant. Ce fils se nommoit Pérate, & fut pere de Plemnée de qui l'on raconte des choses tout-à-fait incroyables ; car on dit qu'il ne pouvoit élever aucun enfant ; que ceux qu'il avoit mouroient presque en naissant ; que Cérès touchée de son malheur vint elle-même à Egialée, & se présenta à Plemnée comme une Etrangére qui demandoit à nourrir le petit Orthopolis qui venoit de naître ; qu'en effet elle l'éleva si bien qu'Orthopolis eut une fille nommée Chrysorte, qui aimée d'Apollon eut de lui Coronus, lequel fut pere de Corax, & ensuite de Lamedon [e]. Corax étant mort sans enfans, Epopée qui étoit venu de Thessalie peu de tems auparavant, s'empara du Royaume, & ce fut, dit-on, sous son regne qu'une Armée ennemie entra pour la première fois dans ce Pays qui jusques-là n'avoit jamais été troublé par aucune Guerre. Voici quel fut le sujet de celle-ci. Antiope fille de Nyctée étoit alors célèbre dans toute la Gréce pour sa rare beauté, même on la disoit fille non de Nyctée, mais du Fleuve Asope qui arrose les Terres des Platéens &

[a] Lib. 8.
[b] Lib. 23. c. 15.
[c] Lib. 3. c. 15.
[d] Lib. 2. c. 5. Trad. de M l'Abbé Gedoyn. p. 156.
[e] Ibid. 7. c. 6.

des Thébains. Soit qu'Epopée l'eût demandée en mariage, ou qu'amoureux de cette Princesse il voulût satisfaire sa passion à quelque prix que ce fût, le fait est qu'il l'enleva. Les Thébains bien résolus de venger cet affront marchérent aussi-tôt contre lui ; le Combat fut sanglant ; Nyctée y reçut une blessure mortelle : Epopée remporta la Victoire, mais il fut blessé aussi. Nyctée s'étant fait reporter à Thèbes, & sentant sa fin approcher laissa l'administration du Royaume à son frere Lycus ; car le Royaume appartenoit à Labdacus son Pupille, fils de Polydore, & petit-fils de *Cadmus*; il donna aussi la Tutele du jeune Prince à *Lycus*, mais en le conjurant de venger sa mort, de combattre Epopée avec de plus grandes forces, & de punir Antiope si elle tomboit entre ses mains. Cependant Epopée ne songeoit qu'à rendre des actions de graces aux Dieux pour le succès de ses Armes, & à bâtir un Temple à Minerve. Quand le Temple fut achevé, il pria la Déesse de lui faire connoître par quelque Signe si la consécration lui en avoit été agréable, & l'on dit qu'incontinent après sa Priére on vit naître un Olivier à la Porte du Temple, mais peu de jours ensuite Epopée ne laissa pas de mourir de sa blessure qu'il avoit négligée. Sa mort mit fin à la Guerre ; car Lamédon qui lui succéda remit Antiope entre les mains de *Lycus* : on la ramena à Thèbes, & ce fut en y allant & proche d'Eleuthère qu'elle se délivra de deux Enfans, dont elle étoit grosse, surquoi *Asius* fils d'Amphiptolème fit les Vers suivans.

La charmante Antiope eut pour pere Asopus,
Pour Amant Epopée & Jupiter lui-même,
Pour Enfans deux Héros, Amphion & Zetus.

Lamédon n'eut pas plutôt pris possession du Royaume qu'il songea à se marier ; il épousa Pheno Athénienne fille de *Clytius*. Dans la suite se voyant attaqué par deux puissans Ennemis, Archander & Architele, tous deux fils d'*Achéus*, il fit venir Sicyon de l'Attique pour lui aider à soutenir la Guerre contr'eux, & afin de se l'attacher davantage il lui fit épouser sa fille Zeuxippe. Par ce mariage Sicyon acquit lui-même le Royaume, & ce fut sous son regne que tout le Pays changeant de nom fut appellé la Sicyonie, & que la Ville qui s'appelloit autrefois Egialée se nomma Sicyone. Au reste les Sicyoniens prétendent que leur Roi Sicyon, étoit né non de Marathon fils d'Epopée, mais de Metion fils d'Erecthée, & *Asius* est aussi de cette opinion ; mais Hésiode fait Sicyon fils d'Erecthée, & *Ibycus* le fait fils de Pélops. On convient qu'il lui laissa une fille appellée Chthonophyle, qui aimée de Mercure en eut un fils nommé Polybe. Ensuite elle épousa Phlyas fils de *Bacchus*, dont naquit Andromas. Polybe regna à son tour, & maria sa fille Lysianasse à *Talaüs* fils de Bias, & Roi des Argiens. Environ ce tems-là Adraste chassé d'Argos se réfugia à Sicyone auprès de Polybe, & y regna même après lui. Mais ce Prince ayant

ayant été rappellé dans sa patrie, *Janiscus* petit-fils de ce *Clytius* qui avoit donné sa fille à Lamédon, vint de l'Attique & occupa le Trône de Sicyone. Il eut pour Successeur *Phestus* qui passoit pour fils d'Hercule. *Phestus* s'étant transplanté en Crète par le Conseil de l'Oracle, on dit que Zeuxippe fils d'Apollon & de la Nymphe *Syllis* lui succéda; celui-ci regna jusqu'à sa mort. Après lui Hippolyte fils de Rhopale, & petit-fils de *Phestus* obtint le Royaume. Agamemnon lui déclara la Guerre, & marchoit déja pour venir attaquer Sicyone, lorsqu'Hippolyte craignant un si puissant Ennemi prit le parti de se soumettre. Son fils Lacestadès fut son Successeur. Ce fut sous son Régne que Phalcès fils de *Témenus* à la tête d'une troupe de Doriens se rendit maître de la Ville de Sicyone par surprise durant la nuit; cependant comme le Roi descendoit d'Hercule, non-seulement Phalcès ne lui fit aucun mauvais traitement, mais il partagea même le Royaume avec lui. Depuis ce tems-là les Sicyoniens sont devenus Doriens, & ont commencé à faire partie des Etats d'Argos. ^a La Ville d'Egialée étoit alors située dans une Plaine. *Demétrius* fils d'Antigonus la rasa & en bâtit une autre, qu'il joignit à l'ancienne Citadelle, & c'est celle qui subsiste aujourd'hui. Les Sicyoniens, continue Pausanias, sont à présent misérables, & fort différens de ce qu'ils étoient autrefois. D'en vouloir rechercher la cause, c'est peut-être ce qui ne nous est pas permis; il vaut donc mieux se contenter de celle qu'Homére donne de la décadence de tant d'autres Villes.

^a Ibid. c. 7. p. 159.

Du puissant Jupiter la Volonté suprême.

Ils étoient déja réduits à cet état de foiblesse, lorsque par surcroît de malheur ils furent affligés d'un tremblement de terre qui fit de leur Ville une Solitude, & renversa beaucoup de Monumens, & d'Edifices publics qui étoient d'une grande beauté. Le même accident a ruiné plusieurs Villes de la Carie & de la Lycie, & l'Isle de Rhodes sur-tout en a été si fort ébranlée que la prédiction de la Sibylle ne s'est trouvée que trop accomplie. Sur le chemin de Corinthe à Sicyone l'on voit le Tombeau d'un Penthatle Messénien nommé *Lycus*, quel que puisse avoir été ce *Lycus*, car l'on ne trouve aucun Messénien de ce nom-là qui ait eu l'honneur du Penthatle, ni même qui ait remporté aucun prix aux Jeux Olympiques; son Tombeau n'est qu'un petit Tertre, & à cette occasion il est bon de dire que les Sicyoniens enterrent leurs Morts d'une manière assez convenable. Ils jettent le Corps dans une fosse, & le couvrent de terre, ils construisent un petit Mur qui regne tout-à-l'entour; puis ils élevent quatre Colomnes qui soutiennent un Toit fait en forme d'aîles déployées & panchées comme la couverture de nos Temples: ils ne mettent aucune Inscription sur la Sépulture, mais en rendant les derniers devoirs au Mort ils l'appellent seulement par son nom sans y ajouter celui de son pere, ensuite ils lui disent le dernier Adieu. Après le Tombeau de *Lycus* au-delà du Fleuve Asope l'on rencontre à main droite la Ville d'Olympion; à gauche, mais plus avant dans les Terres est le Tombeau d'Eupolis Poëte Athénien, qui a fait des Comédies. En avançant vers la Ville on voit sur le grand chemin le Tombeau de Xenodice morte en couche. Ce Tombeau n'est pas fait comme les autres, car on a voulu qu'il fût orné de peintures. Plus loin est le Monument que les Sicyoniens ont élevé en l'honneur de ceux qui ont péri à Pellène, à Dyme Ville d'Achaïe, à Megalopolis, & auprès de Sélasie. Près de la Porte on voit un Antre où il y a une Fontaine, l'eau ne vient point de dessous terre, mais elle coule du haut de la Caverne; aussi l'appellent-ils l'eau pendante. Dans la Citadelle, poursuit Pausanias, il y a un Temple de la Fortune surnommée *Acréa*, & auprès un autre Temple des Dioscures; les Statues de ces Divinités sont de bois dans l'un & dans l'autre. Le Théâtre est au bas de la Citadelle. Sur le devant il y a une Statue d'homme qui tient un Bouclier, on assûre que c'est *Aratus* fils de *Clinias*. Derrière le Théâtre est un Temple dédié à *Bacchus*, la Statue du Dieu est d'or & d'yvoire; il est accompagné de Bacchantes faites de Marbre blanc; on prétend que c'étoient des Femmes consacrées à *Bacchus*, & inspirées par ce Dieu. Les Sicyoniens, ajoute encore Pausanias, ont plusieurs Statues qu'ils renferment dans une espèce de Sacristie. Mais chaque année durant une certaine nuit ils les tirent de ce lieu pour les porter dans le Temple; ils allument des Flambeaux afin d'éclairer la Cérémonie & chantent des Hymnes composées en vieux langage. La Statue qu'ils nomment le *Bacchéus* tient le premier rang à cette Procession; c'est une Statue qu'ils croient avoir été consacrée par Andromadas fils de Phlias; ensuite paroît le *Lysius* autre Statue que Phanès, disent-ils, transporta de Thèbes à Sicyone par ordre de la Pythie; il est certain que Phanès vint à Sicyone en même tems qu'Aristomaque fils de Cléodée, mais pour avoir négligé d'accomplir un certain Oracle, il ne put rentrer dans le Péloponèse aussi-tôt qu'il se l'étoit proposé. En descendant du Temple de *Bacchus* dans la Place on trouve à main droite le Temple de Diane, surnommée *Limnéa*. Ce Temple est si vieux qu'il n'a plus de toit. La Statue de la Déesse y manque aussi, & l'on ne sait si elle a été transportée ailleurs, où si elle a péri par quelqu'accident. Dans la Place il y a un Temple dédié à la Persuasion; & voici la raison que l'on en apporte. On dit qu'Apollon & Diane ayant tué Python vinrent à Egialée pour se faire purifier, mais qu'on leur y fit une si grande frayeur, qu'ils furent obligés de passer en Crète & d'avoir recours à Cramanor. En effet on voit à Sicyone un endroit qu'on appelle encore aujourd'hui *la Peur*. On ajoute qu'aussi-tôt

Aaaa 2

la Ville d'Egialée fut frappée de la peste, & que les Devins consultés répondirent que ce fleau ne cesseroit point qu'Apollon & Diane n'eussent été appaisés; qu'en conséquence de cet Oracle on envoya sept jeunes Garçons, & autant de jeunes Filles en habit de Supplians sur le bord du Fleuve Sythas; que le Dieu & la Déesse se laissèrent fléchir à leurs prières & qu'ils voulurent bien revenir dans la Citadelle de Sicyone. C'est la raison pourquoi l'on a consacré ce Temple à la Persuasion dans le lieu même où Apollon & Diane s'étoient arrêtés en rentrant dans la Ville, & encore à présent, ajoute Pausanias, ils pratiquent la même Cérémonie tous les ans; car le jour de la Fête du Dieu, ils envoyent des jeunes Enfans sur le bord du Fleuve, & tirent du Temple d'Apollon les Statues des deux Divinités pour les porter dans le Temple de la Persuasion, d'où ensuite ils les reportent où elles étoient. Ce Temple est dans la Place, & l'on dit qu'anciennement *Prœtus* l'avoit fait bâtir dans ce lieu, parce que ses Filles y avoient été guéries de leur frenésie. L'on tient pour certain que Méléagre y suspendit la Lance dont il avoit percé le Sanglier de Calydon; & que la Flute de Marsyas y fut aussi consacrée; car on dit qu'après le malheur qui arriva à ce Silène sa flute tomba dans le Fleuve Marsyas, que delà elle passa dans le Méandre, & du Méandre dans l'Asope qui la jetta sur le Rivage, où un Berger l'ayant ramassée la consacra ensuite à Apollon, mais toutes ces Offrandes ont été brûlées avec l'ancien Temple. Celui que j'ai vu, dit Pausanias, & la Statue qui y est, sont modernes; & c'est Pytoclès qui en a fait la Consécration. [a] Auprès du Temple de la Déesse Pitho, ou de la Persuasion, il y a un Palais destiné aux Empereurs Romains; c'étoit autrefois la Maison de Cléon le Tyran; car du tems que la Ville Basse subsistoit, Clisthène fils d'Aristonyme & petit-fils de Myron s'empara du Gouvernement, & Cléon en fit autant dans la Ville Neuve. Devant sa Maison l'on voit le Monument héroïque d'*Aratus*, de tous les Grecs de son tems celui qui a fait de plus grandes actions; en voici quelques-unes. Après que Cléon fut mort, les Principaux de la Ville eurent une si furieuse passion de dominer que l'on y vit deux Tyrans tout à la fois, savoir Timoclidas & Euthydème. Le Peuple les ayant chassés, donna le Gouvernement à Clinias pere d'*Aratus*; mais quelques années ensuite Clinias étant mort, Abantidas usurpa la souveraine Autorité. Sous son Regne soit, de gré, ou de force quitta sa patrie & s'éloigna; Abantidas fut tué par ses propres Citoyens; aussi-tôt Paséas son pere se mit à sa place; mais Nicoclès le fit périr, & s'empara lui-même du Gouvernement. Ce fut alors qu'*Aratus* conçut le dessein d'être le Libérateur de sa patrie; pour cela il ramasse tout ce qu'il peut d'illustres Exilés comme lui, il leve quelques Milices à Argos, & s'étant approché de Sicyone pendant la nuit il surprend une partie de la Garnison, force l'autre & entre dans la Ville. Le jour venu il se met à la tête des Peuples court au Palais de Nicoclès, & s'en rend le Maître sans beaucoup de peine. Cependant le Tyran lui échappe & se sauve; dès qu'*Aratus* le voit en fuite, il remet le Gouvernement entre les mains du Peuple, fait rendre aux Exilés tout leur bien, Maisons & Terres, en paye le prix à ceux qui les avoient achetés, satisfait tout le monde & pacifie la Ville qui un moment auparavant étoit pleine de discordes. Les Macédoniens étoient alors formidables à toute la Gréce sous l'autorité d'*Antigonus* Tuteur du jeune Philippe fils de *Démétrius*. *Aratus* engage ses Compatriotes, tous Doriens qu'ils étoient, à s'unir avec les Achéens, & à envoyer des Députés aux Etats d'Achaïe. A ces Etats il est déclaré Généralissime, & aussi-tôt il marche contre les Locriens d'Amphisse, entre dans le Pays des Etoliens & y exerce toutes sortes d'hostilités. Corinthe avoit été obligée de recevoir Garnison Macédonienne, *Aratus* entreprend de l'en délivrer; il attaque les Macédoniens sans leur donner le tems de se reconnoître, les défait, & tue Persée leur Commandant qui avoit été Disciple du Philosophe Zenon fils de Mnasée. Corinthe ayant ainsi secoué le joug, les Epidauriens, les Trœzéniens qui habitent le long des Côtes d'Argos, les Mégaréens qui sont au-delà de l'Isthme, tous ces Peuples entrerent dans la Ligue d'Achaïe, ce qui determina Ptolomée à y entrer lui-même. Sur ces entrefaites les Lacédémoniens sous la conduite de leur Roi Agis fils d'Eudamidas prennent Pellène d'emblée; *Aratus* y accourt, livre bataille aux Lacédémoniens, les met en fuite, les poursuit, traite enfin avec eux, & les oblige à abandonner leur nouvelle conquête & à s'en retourner dans leur Pays. Ce grand homme après avoir réglé les affaires du Péloponnèse avec tant de succès, ne crut pas devoir souffrir que les Macédoniens fussent plus long-tems les Maîtres du Pirée, de Munychie, de Salamine, & de Sunium, car ils avoient des Garnisons dans toute ces Places. Comme il n'étoit guères possible de les en déloger par la force, Aratus gagna Diogène qui commandoit dans ces Postes, & l'engagea à les rendre moyennant cent cinquante talens dont Aratus lui-même donna la sixième partie aux Athéniens. Il persuada aussi à Aristomaque, qui s'étoit fait Tyran d'Argos, de rendre aux Argiens leur liberté. Mais l'homme ne réussit jamais dans toutes ses entreprises, Aratus en est un Exemple; car dans la suite il fut lui-même forcé de faire alliance avec les Macédoniens, & voici comme cela arriva: [b] Cléomène fils de Léonidas, & petit-fils de Cléonyme ne se vit pas plutôt le maître de Sparte, qu'il voulut imiter Pausanias, se faire comme lui le Tyran de son Pays & se mettre au-dessus des Loix. Plus entreprenant que Pausanias, & moins craintif, il se laissa emporter à son audace naturelle, & ne tarda guères à exécuter tous ses desseins; car ayant gagné les Ephores il empoisonna

[a] Ibid. c. 8. p. 163.

[b] Ibid. c. 9. p. 165.

SIC.   SIC.   557

poisonna Eurydamidas encore enfant, mais qui régnoit conjointement avec lui. Après ce Crime il transporta la Couronne à Euclidas son propre frere ; ensuite il dépouilla les Sénateurs de leur autorité, en créa d'autres sous un autre nom, & leur laissa seulement un vain titre. Bientôt après son ambition le portant à de plus grandes choses, & même à subjuguer toute la Gréce, il déclara la guerre aux Achéens, soit qu'il crût qu'après les avoir soumis il les feroit aisément entrer dans ses vûes, ou qu'il voulût seulement les empêcher de s'opposer à ses desseins. Les ayant donc attaqués auprès de Dyme Ville au-dessous de Patras, il les battit & remporta une grande Victoire sur eux. Les Achéens avoient pour Général Aratus qui dans cette conjoncture voyant que tout étoit à craindre pour la cause commune, & en particulier pour Sycione sa patrie, ne balança pas à implorer le secours d'Antigonus. Cléomène venoit d'irriter ce Prince en violant ouvertement le Traité de paix qu'il avoit fait avec lui, & sur-tout en chassant les Mégapolitains de leur Ville ; c'est pourquoi les Achéens n'eurent pas de peine à l'attirer dans leur parti. Dès qu'ils le virent entré dans le Péloponnèse ils se joignirent à lui, & marchèrent contre Cléomène qu'ils défirent entiérement ; ensuite profitans de leur Victoire ils saccagérent Sélasie, & prirent même Lacédémone. Après cette expédition Antigonus & les Achéens rétablirent à Sparte le Gouvernement Républicain. Quant aux Enfans de Léonidas, tel fut leur sort. Euclidas périt dans le combat ; pour Cléomène il se retira en Egypte auprès de Ptolomée, dont il fut bien reçu, mais peu de tems après ayant voulu soulever les Egyptiens contre leur Roi, il fut arrêté & mis en prison, d'où pourtant il se sauva, & s'enfuit à Aléxandrie. Là ayant excité de nouveaux troubles, comme il se vit sur le point d'être pris, il se poignarda lui-même, & finit ainsi ses jours. Les Lacédémoniens ne furent pas fâchés de sa mort qui les délivroit de la servitude ; ils cessèrent d'être gouvernés par des Rois, & à cela près ils conservérent la même forme de Gouvernement qui subsiste encore aujourd'hui. A l'égard d'Aratus, Antigonus l'honora toujours de son amitié, & lui témoigna toute l'estime & la reconnoissance que méritoient ses grandes actions & ses services ; mais Philippe étant venu à régner, il ne trouva pas bon qu'Aratus se mêlât de blâmer la manière impérieuse dont il gouvernoit ses Sujets, ni qu'il s'opposât à bien des choses qu'il faisoit fort inconsidérément ; de sorte que lassé de ses remontrances il fit empoisonner ce grand homme, qui ne se défioit pas d'une pareille lâcheté. Aratus mourut à Egion, & son Corps fut porté à Sicyone, où on lui érigea un Monument qui subsiste encore. Philippe en usa de même à l'égard d'Euryclide, & de Micon, deux Orateurs d'Athènes qui avoient beaucoup de crédit sur l'esprit du Peuple ; il se défit d'eux par le Poison. Il ne savoit pas qu'un chagrin mortel devoit un jour lui servir à lui-même de Poison ; ce fut néanmoins ce qui arriva, car de deux fils qu'il avoit, Persée le Cadet empoisonna son frere Démétrius, & Philippe en fut si touché qu'il mourut de chagrin. Après le Tombeau d'Aratus on trouve un Autel dédié à Neptune Isthmien ; on voit aussi deux Statues, l'une de Jupiter *Melichius*, & l'autre de Diane *Patroa*, toutes les deux fort grossiéres, & sans art ; la première est faite en forme de Pyramide, & l'autre taillée comme une Colonne. Au même endroit il y a un Sénat & un Portique qui porte encore le nom de Clisthène son Auteur, car c'est Clisthène qui l'a fait bâtir, & il l'a enrichi des dépouilles qu'il avoit remportées sur les Ennemis dans la guerre qu'il fit conjointement avec les Amphictyons contre les Cirrhéens. Au milieu de la Place publique il y a un Jupiter en bronze fait par Lysippe, & auprès une Statue de Diane qui est toute dorée. Aux environs on voit un Temple d'Apollon *Lycéus* ; ce Temple tombe en ruïnes, & n'a rien qui soit digne de curiosité. Quant au surnom du Dieu, voici la raison que l'on en donne. On dit que les Loups devenus plus furieux qu'ils ne sont d'ordinaire, se jettoient sur les Troupeaux, & les dévoroient sans qu'on pût les en empêcher ; qu'Apollon indiqua aux Sicyoniens une espèce de bois sec, dont l'écorce mélée avec de la viande faisoit mourir les Loups, qu'ils pratiquérent ce remede, & que les Loups moururent tous ; ils conservent encore de ce bois dans le Temple, mais aucun d'eux, même de ceux qui sont les plus versés dans l'Histoire de leur Pays, ne sait de quel Arbre est ce bois. Près de-là vous voyez plusieurs Statues de Bronze rangées de suite, ils croient, dit Pausanias, que ce sont les Filles de Prœtus ; cependant si l'on en juge par l'Inscription, ce sont d'autres femmes. L'on voit aussi un Hercule en Bronze de la façon de Lysippe excellent Statuaire de Sicyone & un Mercure *Agoréus*. [a] Dans le Lieu d'Exercice près le Marché il y a un Hercule en Marbre, c'est un Ouvrage de Scopas. Le Temple du Dieu est ailleurs. Toute l'enceinte de cette espèce d'Académie est destinée aux Exercices qu'apprennent les Jeunes gens, aussi ne l'appelle-t-on point autrement que le Gymnase. Au milieu est le Temple d'Hercule ; on y voit une Statue de bois d'un goût antique, & c'est Laphaës de Phliasie qui l'a faite ; Hercule y est honoré d'un culte tout particulier. On raconte à ce sujet que Phestus étant venu à Sicyone, il remarqua que les Sicyoniens honoroient Hercule simplement comme un Héros & se contentoient de faire son Anniversaire ; il le trouva mauvais, & il ordonna qu'à l'avenir ils lui sacrifieroient dans les formes. Depuis ce tems-là ils égorgent un Agneau, & en rôtir le ventre sur l'Autel ; ils mangent une partie de la Victime suivant l'usage des Sacrifices, & offrent l'autre à Hercule comme à un Héros ; de sorte qu'il est révéré aujourd'hui comme un Dieu,

[a] Ibid. c. 10. p. 168.

& comme un Héros. Ils ont inſtitué en ſon honneur deux jours de Fête, dont ils appellent le premier l'Onomate & le ſecond l'Héraclée. Du Temple d'Hercule on va à celui d'Eſculape; dans le Parvis de celui-ci on trouve à main gauche deux Chapelles qui ſe joignent, dans l'une eſt la figure du Sommeil, mais il n'en reſte plus que la tête; l'autre eſt conſacrée à Apollon, & il n'y a que les Prêtres du Dieu qui ayent permiſſion d'y entrer. Sous le Portique qui eſt devant le Temple on conſerve un os de Baleine d'une grandeur prodigieuſe. Derriére eſt la figure du Songe, & tout auprés celle du Sommeil qui endort un Lion: ils donnent à celle-ci le ſurnom d'Epidotès. A l'entrée du Temple vous voyez d'un côté une Statue de Pan aſſis, de l'autre une Diane qui eſt debout. Dans le Temple ce qui s'offre d'abord à vos yeux, c'eſt un Eſculape, mais ſans barbe, cette Statue eſt d'Or & d'Yvoire, & c'eſt un Ouvrage de Calamis; le Dieu tient d'une main un Sceptre, & de l'autre une Pomme de Pin. Les Sicyoniens diſent que ce Dieu leur eſt venu d'Epidaure ſous la forme d'un Dragon, dans un Char attelé de deux Mulets, & conduit par Nicegore Sicyonienne, mere d'Agaſiclès, & femme d'Échétimus. Pluſieurs autres Statues de grandeur médiocre ſont ſuſpendues à la Voute; il y en a une entr'autres qui eſt aſſiſe ſur un Dragon, & qui, ſi l'on les en croit, repréſente Ariſtodama la mere d'Aratus, qui, ſelon eux, eut pour Pere Eſculape; c'eſt tout ce que ce Temple contient de remarquable. Celui de Vénus n'en eſt pas loin; la premiére Statue eſt celle d'Antiope; car ils prétendent que les Enfans d'Antiope étoient originaires de Sicyone, que pour cela leur mere vint s'y établir, & ſe regarda toûjours comme liée de conſanguinité avec les Sicyoniens; perſonne au reſte n'entre dans le Temple de Vénus, excepté une femme, qui en qualité de Sacriſtine s'oblige à n'avoir aucun commerce avec ſon mari, & une jeune Vierge qui en eſt la Prêtreſſe, & dont le Sacerdoce ne dure qu'un an; ſa fonction eſt d'apporter les Cuvettes & les Vaſes néceſſaires au Sacrifice d'où elle prend ſon nom. Les autres peuvent voir & adorer la Déeſſe du Seuil de la porte, mais ſans entrer plus avant. La Déeſſe eſt aſſiſe; c'eſt Canachus de Sicyone qui a fait cette Statue, le même qui a fait l'Apollon Didyméen pour la Ville de Milet, & l'Apollon Iſménien pour celle de Thébes. La Vénus dont je parle eſt d'Yvoire & d'Or, elle a ſur la tête une eſpéce de Couronne terminée en pointe qui repréſente le Pole, elle tient d'une main un Pavot & de l'autre une Pomme. Ils lui offrent en Sacrifice les cuiſſes de toutes ſortes de Victimes, à la réſerve du Porc qui ne lui eſt pas agréable; les autres parties de la Victime ſe brûlent avec du bois de Geniévre; mais pour les cuiſſes on les fait rôtir avec des feuilles de Pédéros. Pline [a] dit que le Pédéros eſt une eſpéce de branche-urſine, en Latin Acanthus. C'eſt une Plante qui croît à l'air aux environs du Temple, & nulle part ailleurs, ni même dans aucun autre endroit de la Sicyonie. Ses feuilles ſont plus petites que celles du Hêtre, plus grandes que celles de l'Yeuſe, de la même figure que les feuilles de Chêne, noirâtres d'un côté, blanches de l'autre, en un mot pour la couleur aſſés ſemblables aux feuilles du Peuplier blanc. Delà on paſſe dans un Lieu d'Exercice, & en y allant on trouve le Temple de Diane Phéréenne ſur la gauche; la Statue de la Déeſſe eſt de bois: on dit qu'elle a été apportée de Pherés, d'où elle a pris ſon nom. Pour le Lieu d'Exercice, c'eſt Clinias qui l'a fait bâtir, & les Jeunes Gens y ſont inſtruits encore aujourd'hui; on y voit une Statue de Marbre blanc, dont le haut eſt un Buſte de Diane, & le reſte repréſente un Hercule de figure quarrée, comme ces Hermès ou Mercures qui ſont ſi communs. [b] Lorſque l'on prend le chemin du côté de la Porte, que l'on appelle Sacrée, l'on trouve auprés de cette Porte un Temple de Minerve qui fut autrefois conſacré par Epopée, & qui, ſoit pour la grandeur, ſoit pour la magnificence, l'emportoit beaucoup ſur tous les Edifices de ce Siécle-là; mais le tems n'a épargné que ſa réputation, car ce Temple a été brûlé par le feu du Ciel, & l'on n'y voit qu'un ſeul Autel que la foudre n'ait pas endommagé & qui ſubſiſte dans le même état qu'il étoit du tems d'Epopée. Devant cét Autel eſt la Sépulture du Héros; auprés de ſon Tombeau l'on a rangé les Statues de ces Dieux que l'on appelle Préſervateurs, auxquels les Sicyoniens font des Sacrifices avec les mêmes Cérémonies que les Grecs ont accoutumé de pratiquer pour détourner d'eux les maux qu'ils appréhendent. On trouve enſuite deux Temples, l'un bâti, à ce qu'ils diſent, par Epopée, en l'honneur de Diane & d'Apollon, l'autre bâti, & conſacré à Junon par Adraſte; il ne reſte aucune Statue ni dans l'un ni dans l'autre; mais au fond du Temple de Junon le même Adraſte a élevé deux Autels, dont l'un eſt dédié à Pan, & l'autre au Soleil. En deſcendant du côté de la Campagne on rencontre le Temple de Cérès; ils aſſûrent que c'eſt Plemnée qui l'a conſacré en actions de graces de ce que la Déeſſe avoit bien voulu nourrir & élever ſon fils. Du Temple de Junon bâti par Adraſte, il n'y a pas loin à celui d'Apollon Carnéen, dont il ne reſte preſque rien autre choſe que quelques Colonnes; les murs, & le toit ont été détruits par le tems, & il en eſt de même du Temple de Junon Prodomie, que Phalcès fils de Téménus conſacra autrefois pour avoir la Déeſſe favorable dans ſon entrepriſe contre la Ville de Sicyone. Quand on va de Sicyone à Phliunte, ſi l'on ſe détourne d'environ dix Stades, on trouvera ſur la gauche le Bois de Pyrée. Le chemin qui mene à Titane eſt de quelques ſoixante Stades, il eſt fort étroit, & à cauſe de cela peu commode pour les Voitures. Quand on a fait environ vingt Stades, & que l'on a paſſé l'Aſope qui eſt à gauche,

[a] L. 22. c. 34.
[b] Ibid. c. 11. p. 176.

on

on trouve un Bois sacré fort épais, où il y a un Temple dédié à ces Déesses que les Athéniens appellent du nom de Sévéres, & les Sicyoniens du nom d'Euménides. Ils observent tous les ans un jour de Fête en leur honneur. Ils prennent pour Victimes des Brebis pleines, & les immolent; ils usent d'Hydromel dans leurs Libations, & au lieu de Couronnes ils employent des Fleurs détachées; ils honorent à peu près de même les Parques, qui ont leurs Autels à découvert dans ce Bois. Si on repasse l'Asope & que l'on reprenne le grand Chemin l'on se trouve bien-tôt au haut d'une Montagne, où les gens du Pays disent que Titan faisoit autrefois sa demeure, ils croyent qu'il étoit frere du Soleil & que de son nom ce lieu a été appellé Titane. Le sens de cela est sans doute que Titan étoit un homme appliqué à étudier les Saisons, pour savoir en quel tems il falloit semer & planter, quel degré de chaleur, ou quel Aspect de Soleil est nécessaire pour l'accroissement, & pour la maturité de chaque fruit; c'est apparemment ce qui a donné lieu de dire qu'il étoit frere du Soleil. Quoiqu'il en soit, quelque tems après lui Aléxanor fils de Machaon, & petit-fils d'Esculape vint en Sicyonie, & bâtit à Titane un Temple en l'honneur d'Esculape. On a planté autour un Bois de Cyprès; les environs du Temple sont habités par plusieurs personnes & sur-tout par les Ministres du Dieu. Quant à la Statue qu'on y voit, on ne sauroit dire de quelle matière elle est, ni qui l'a faite, si ce n'est Aléxanor lui-même; elle est couverte d'une Tunique de Laine blanche, & d'un Manteau par-dessus, de sorte qu'il n'y a que le visage, les mains, & les bouts des pieds qui paroissent. Il en est de même de la Statue d'Hygeïa qui est auprès, car on ne la voit pas facilement, tant elle est cachée soit par la quantité de Cheveux, dont quelques femmes dévotes lui ont fait un Sacrifice, soit par les morceaux d'Etoffe de soye dont on l'a parée. Quiconque entre dans ce Temple pour y faire sa priere, est obligé d'adresser ensuite ses Vœux à la Déesse Hygeïa. Aléxanor, & Evémérion ont aussi là leurs Statues: tous les jours après le coucher du Soleil on honore la mémoire du premier, comme d'un Héros, & l'on rend des honneurs divins à l'autre. Cet Evémérion, comme l'on croit, est le même que les Pergaméniens autorisés par un certain Oracle nomment Télesphore, & les Epidauriens Acosius. La Déesse Coronis a aussi sa Statue, elle n'est pas exposée aux yeux du Public; mais après qu'ils ont sacrifié aux Dieux avec les Victimes ordinaires, qui sont le Taureau, l'Agneau & le Porc, ils tirent cette Statue du Lieu où l'on la garde, ils la portent dans le Temple de Minerve, & là ils lui rendent leurs hommages. Du reste ils ne se contentent pas de couper les cuisses des Victimes, comme dans les autres Sacrifices; mais ils font rôtir à terre les Victimes toutes entiéres à la reserve des Oiseaux qu'ils brûlent sur l'Autel. Au haut du Temple, sur le Fronton, on voit Bacchus, Hécate, Vénus, Cérès & la Fortune; toutes ces Statues sont de bois, mais le Dieu en une de Marbre sous le nom d'Esculape Gortynien. Les Dragons sacrez que l'on nourrit dans le Temple font d'abord quelque frayeur à ceux qui y entrent; mais en leur jettant à manger on les appaise, & on n'a plus rien à craindre. Au dehors, & dans le Parvis du Temple on voit une Statue de bronze d'un certain *Granianus de Sicyone*, qui aux Jeux Olympiques remporta deux fois le prix du double Stade, le premier en courant tout nud, & le second en courant avec son Bouclier. Il y a aussi à Titane un Temple de Minerve, où l'on porte tous les ans la Statue de *Coronis*; celle de Minerve est de bois & fort ancienne: on dit qu'elle a été frappée de la Foudre. En descendant du haut de la Montagne, on trouve un Autel consacré aux Vents, à qui une certaine nuit de chaque année un Prêtre fait des Sacrifices; il pratique aussi autour de quatre Fosses quelques Cerémonies secrettes propres à appaiser la fureur des Vents, il chante en même tems quelques Vers magiques, dont l'on dit que Médée se servoit dans ses enchantemens. Si l'on prend le chemin qui mene de Titane à Sicyone, le long du rivage on voit à gauche un Temple de Junon qui n'a plus ni toit ni Statue. On croit que ce Temple fut autrefois consacré par *Prœtus* fils d'*Abas*. Plus loin en tirant vers le Port des Sicyoniens, si l'on se détourne un peu pour voir les *Aristonautes*, c'est ainsi que l'on nomme l'Arsenal de Pellène, on trouvera à gauche, & presque sur le chemin un Temple de Neptune. Mais si l'on prend le grand Chemin entre les terres, on ne sera pas long-tems sans côtoyer l'Elinon, & ensuite le Scytas, deux Fleuves qui vont tomber dans la Mer. Le Pays des Sicyoniens est borné de ce côté-là par la Phliasie, dont la Capitale Phliunte est à quarante Stades de Titane. De Sicyone à Phliunte le Chemin est tout droit.

1. SIDA, ou SIDE, Ville de l'Asie Mineure, dans la Pamphylie, sur le bord de la Mer. Ptolomée [a] la marquée immédiatement après l'Embouchure de l'Eurymédonte; mais Strabon met un Fleuve entre deux. Cependant, comme il ne nomme point ce Fleuve, il y a apparence qu'il n'étoit pas considérable. Il ajoute que Side étoit une Colonie des Cuméens, & qu'on y voyoit un Temple de Minerve. Le Périple de Scylax fait aussi de Side une Colonie des Cuméens, & lui donne un Port. Ciceron [b], Tite-Live [c] & Pausanias [d] parlent aussi de cette Ville: & le dernier remarque que le Melas couloit aux environs. Les Notices Ecclésiastiques divisent la Pamphylie en deux parties; *Sida* étoit la Métropole de l'une & *Perga* la Métropole de l'autre. Dans Polybe le nom National est Σιδίτης, & Σιδήτης dans Etienne le Géographe. Cette derniére Orthographe est préférée sur les Médailles anciennes de cette Ville. Le Sénat Romain écrivit aux Habitans de *Sida*, en faveur

[a] Lib. 5. c. 5.
[b] Lib. 3. Epist. 6. ad Attic.
[c] Lib. 37. c. 23.
[d] Lib. 8. c. 28.

SID.

veur des Juifs [a], afin qu'ils les regardassent comme un Peuple ami & allié. La Ville de *Sida*, *Side*, ou *Sydy* est aujourd'hui presque toute ruïnée, & nommée *Scandalor*, ou *Canelobora*, selon Thevet & Molet, & *Chirisonda*, selon Niger. C'étoit autrefois le Siège d'un Archevêché, & on croit que ce fut la Patrie d'Eustathe, qui fut un de ses plus illustres Prélats. Il vivoit dans le quatrième Siècle & fut tiré malgré lui en 324. du Siège de Berythe, pour être mis sur celui d'Antioche, après la mort de St. Philogone. Quoique la vie toute régulière & toute sainte qu'il menoit le dût mettre à couvert de la Calomnie, ses Ennemis subornérent une femme publique, qui soutint avec serment à ce St. Evêque qu'elle avoit eu un Enfant de lui, &, sur cette fausse accusation, ils le firent exiler à Trajanopolis, Ville de la Thrace. Il y mourut après avoir donné des exemples surprenans de patience & de sainteté ; ce qui l'a fait mettre au rang des Saints. Cet Eustathe étoit différent de celui dont nous avons des Commentaires sur Homére & sur Denys le Periégète.

2. SIDA, Ville du Péloponnèse, selon Pausanias [b]. C'étoit une Ville ancienne, & elle avoit été appellée *Sida* du nom d'une des filles de *Danaüs*. Ortelius [c] soupçonne que ce pourroit être la même chose que *Sidus*, Village du Territoire de Corinthe ; voyez SIDUS.

3. SIDA. Nicéphore Calliste connoît un Village de ce nom dans la Palestine, environ à quinze cens Stades de Césarée de Palestine.

SIDACA, Ville de Lycie, selon Etienne le Géographe.

SIDÆ, Lieu de la Bœotie. Athénée [d] qui en fait mention place ce Lieu aux confins du Territoire des Athéniens.

SIDALA, Ville de la Grande Arménie, selon Ptolomée [e]. Le MS. de la Bibliothéque Palatine lit *Sedala* au lieu de *Sidala*.

SIDARISO, Bourg de la Morée, dans la Tzaconie, entre *Misstra* & *Malvasia*, à peu près à égale distance de ces deux Villes [f]. On prend ce Bourg pour l'ancienne *Gerenia*.

SIDARUS. Etienne le Géographe connoît une Ville & un Port de ce nom.

SIDAYA, ou SIDAYE, Ville des Indes, dans la grande Isle de Java, sur la Côte Septentrionale de cette Isle. Davity [g] dit que cette Ville est forte, ceinte de Murailles, & la Résidence du Roi de Surambaye. Il ajoûte qu'on ne voit devant le Port aucune Défense contre la Mer, qui a dix brasses de profondeur avec un fond bourbeux ; de sorte que dans un tems de tempête, on n'y sauroit demeurer à l'ancre.

Mr. Reland dans sa Carte de l'Isle de Java, nomme cette Ville SYDAYE, & la marque à l'Orient & assez près de Touban.

SIDDIN, Lieu de la Palestine, au voisinage de la Mer Morte. Il est parlé de ce Lieu au quatorzième Chapitre de la Genèse. S. Jérôme rend *Sedim* par *Vallis*-

SID.

Silvestris. Voyez au mot VALLÉE l'Article Vallée du Bois. C'est le *Puits du Bitume* de Josephe [h].

1. SIDE. Voyez SIDA.

2. SIDE, Lieu de l'Asie Mineure dans la Troade, selon Strabon [i]. Casaubon croit que ce mot est corrompu. Je voudrois bien savoir, dit-il, en quel endroit de la Troade étoit le mont SIDA. En attendant que quelqu'un me le montre je soutiendrai qu'il faut lire *Ida*. Tout homme sage, ajoute-t-il, sera de mon sentiment s'il jette les yeux sur cet autre passage de Strabon [k]: Ἡ ἀπὸ τοῦ Λέκτου ῥάχις, ἀνατείνουσα πρὸς τὴν Ἴδην, ὑπέρκειται τῶν πρώτων τοῦ κόλπου μερῶν, ἐν οἷς πρῶτον τοὺς Λέλεγας ὁ ποιητὴς ἱδρυμένους πεποίηκεν.

SIDEBUREN, ou SIDDEBUIREN [l], Bourgade des Pays-Bas, dans la Seigneurie de Groningue, au Quartier de Fivelingo, vers les confins de l'Oldampt. Il y en a qui prennent ce Lieu pour l'ancienne *Siatutanda*.

SIDELA, Ville de l'Asie Mineure, dans l'Ionie, selon Etienne le Géographe.

SIDEN, Etang de l'Inde : Pline [m] qui cite Ctesias, dit que tout y va à fond & que rien n'y surnage. Le R. Pere Hardouin remarque, qu'Antigonus Carystius [n] dit la même chose de cet Etang. Quelques MSS. de Pline consultés par Ortelius portoient *Siderin* au lieu de Siden. Ce dernier ajoute que cet Etang, comme l'a remarqué Hermolaüs, est appelle *Silia* par Strabon, Silla par Diodore de Sicile, *Sila* par Arrien, & que les SILEI habitoient dans ce Quartier.

1. SIDENA, Ville de l'Asie Mineure dans la Lycie, selon Etienne le Géographe. Le nom de cette Ville est corrompu dans Cédrène, qui écrit *Sidema* pour *Sidena*.

2. SIDENA, Contrée du Pont de la Cappadoce. Strabon y met une Ville [o] nommé SIDEN, qui lui donnoit son nom. Les Habitans de cette Ville sont appellez SIDENI par Pline [p].

3. SIDENA, Ville de la Troade, sur le Granique. Elle étoit ruïnée du tems de Strabon [q].

1. SIDENI. Voyez SIDENA.

2. SIDENI, Peuples de la Germanie. Ils habitoient sur l'Oder, selon Ptolomée [r], & il y en a qui veulent que leur Pays fut dans le Territoire de Stetin.

SIDENISTA. Voyez SIDA.

SIDENUM FLUMEN, Fleuve du Pont, dans la Themiscyrène. Pline [s] dit que ce Fleuve mouilloit la Ville Polemonium.

SIDERA ou SIDRA, Isle de l'Archipel, près de la Côte de la Morée, entre les Golphes de Napoli & d'Engia [t], anciennement *Calauria*. Strabon donne à cette Isle trente Stades qui font à peine une lieue de circuit, & la sépare de la Terreferme par un Détroit de quatre Stades, ce qui s'accorde avec ce qu'en dit Pline qui la place à cinq cens pas du Continent. Il y avoit anciennement dans cette Isle un Temple consacré à Neptune. Il étoit en si grande vénération parmi les Grecs, que les Macédoniens s'étant rendus maîtres de de la Gréce en conservérent le Droit de refuge en son entier. Ce fût en considération de ce Temple que l'Isle fut appellée *Posidonia* du mot Grec Ποσειδῶν qui signifie Neptune.

Diane y étoit aussi révérée d'une manière fort particulière, & c'est pour cela qu'elle est appellée dans Ovide la *Calaurienne Diane*. Cependant les Poëtes racontent que Calaurie appartenoit à Latone, & Delos à Neptune, mais qu'ensuite ils les changerent entr'eux, d'où étoit venu le Proverbe, *pour Delos Calaurie*, qu'on appliquoit à ceux qui récompensoient un Bienfait par un Bienfait à peu près égal; ou qui rendoient la pareille.

Cette Isle est encore célèbre par la mort de Démosthène, le plus fameux de tous les Orateurs Grecs, qui étoit natif d'Athènes, & qui s'étoit enfui dans cette Isle après la mort d'Alexandre, comme dans un asyle assuré contre les poursuites d'Antipater, à cause du Temple de Neptune dont nous avons parlé.

a Ortelii Thesaur. SIDERAS [a], nom d'un Lieu que Zonare & Cédrène mettent aux confins de la Bulgarie & de la Romanie. Le dernier s'appelle aussi *Siderocastrum*, Σιδερόκασ-
b Lib. 21. τρον. L'Histoire Miscellanée [b] le met dans la Romanie.

SIDERIS. Voyez SIDEN.

c De Wit, Atlas. SIDERO, Cap de l'Isle de Candie [c] sur la Côte Orientale de l'Isle, au Territoire de Sittia. C'est une longue Pointe qui s'avance vers le Nord Oriental. Le long
d Dapper, Archipel. de ce Cap [d] la Mer a vingt-quatre & vingt-six Brasses de profondeur; sur un fond plein de Corail rouge, où l'on peut mouiller & se tenir à l'Ancre en toute sûreté. Il y en a qui donnent à ce Cap le nom de *S. Isidoro*, ou de *S. Sidero*.

e De l'Isle Atlas. SIDEROCAPSA, petite Ville de la Turquie en Europe [e], dans la Macédoine, au Midi des ruïnes d'Emboli, & au Nord Occidental de Bolina, à quelque distance du Golphe de Contesse. On la nommoit anciennement *Chrysites*, ou *Chrysitis*. Du tems de Philippe Pere d'Aléxandre le Grand on trouva près de ce Lieu une Mine qui rendoit mille Talens d'Or. Le Grand-Seigneur en tire encore neuf ou dix mille Ducats tous les mois, & on dit qu'il y a dans la Montagne cinq ou six cens Fourneaux appartenans à divers Particuliers qui font travailler à ces Mines.

SIDEROPELUM, Ville de l'Asie Mineure, selon l'Histoire Miscellanée citée par Ortelius.

f Lib. 8. SIDEROPOLICHNA, Ville du Péloponnèse. C'est Chalcondyle qui en parle [f].

g Lib. 2. c. 11. SIDERORYCHIA, c'est-à-dire *Mine de Fer*, Lieu de la Germanie; Ptolomée [g] le marque au Midi du Pays des Quades près de la Forêt appellée *Luna*.

h Lib. 35. c. 48. SIDETÆ, Peuples de l'Asie Mineure dans la Pamphylie, selon Tite-Live [h]. Ils prenoient leur nom de la Ville SIDA,
i I. Alex. comme le remarque Etienne le Géographe: ce sont les SIDITÆ d'Arrien [i]. Il est fait mention de ces Peuples sur une Médaille rapportée dans le Trésor de Goltzius; on y lit ce mot Σιδητῶν.

SIDETANI. Voyez HEDETANI.

SIDICES, Peuples de la Médie, selon Ortelius qui cite Ptolomée [k]; mais la plûpart des Exemplaires de cet ancien Géographe portent SIDICES. Ces Peuples habitoient dans la Choromithrène. *k Lib. 6. c. 2.*

SIDICINUM. Voyez TEANUM.

SIDIRUS, Lieu de l'Asie Mineure, dans la Phrygie, au voisinage de la Ville de Trallis. C'étoit la Patrie de Chéremon, qui, à ce que dit Agathias [l], engagea par ses prières l'Empereur Auguste à rétablir la Ville de Trallis qu'un tremblement de terre avoit renversée. Du tems d'Agathias on voyoit à Sidirus un Autel très-ancien, sur lequel on avoit élevé autrefois la Statue de Chéremon; mais Agathias ajoute qu'il n'y vit point cette Statue. *l Lib. 2.*

SIDODONA, petite Ville de la Perside, ou de la Caramanie. C'est, dit Arrien [m], un méchant trou qui manque de tout. Voyez SIDONIA. *m In Indicis.*

SIDOLOUCUM, ou SIDOLEUCUM, Ville de la Gaule Lyonnoise. Elle est placée dans l'Itinéraire d'Antonin sur la route de *Lugdunum* à *Gessoriacum*, entre *Augustodunum* & *Aballone*, à vingt-sept milles de la première de ce Places & à vingt-quatre milles de la seconde. Le même Itinéraire à la distance des milles ajoute celle des lieues dans l'ordre suivant:

Augustodunum	M. P. XXIII.	Leugas XXII.
Sidoloucum	M. P. XXVII.	Leugas XVIII.
Aballone	M. P. XXIIII.	Leugas XVI.

C'est ainsi qu'il faut lire dans l'Itinéraire d'Antonin, quoique la plûpart des Exemplaires prennent ces Lieues pour des Légions. L'erreur est venue de Surita dont l'opinion imaginaire & contraire aux MSS. a été suivie aveuglément, jusqu'à ce que Mr. de Valois [n] ait reconnu la faute. Cette correction est confirmée par la Table de Peutinger, qui donne le même nombre de lieues, entre les Places dont il est question: *Autessioduro* 22. *Aballo* 16. *Sidoloco* 18. *Augustodunum* 29. Ammien Marcellin écrit SEDELAUCUM, mot qui est étrangement corrompu dans les anciennes Editions de cet Historien. On lit SEDELOCUS dans l'Epître d'Amulon Evêque de Lyon à Théobold, & SEDILOCUS dans le Martyrologe Romain, où l'on trouve ces mots, le 8. des Kalendes d'Octobre: *In Augustiduno Civitate, Vico Sediloco Natalis Sanctorum Andocii, Tyrsi*. Le nom moderne est *Saulieu*. *n Ad Am. Mar. Lib. 16. c. 2.*

SIDON, Ville de la Phénicie, dans la Syrie, à vingt-quatre milles de Sour, autrefois Tyr, à trente-cinq milles de Barut, & à cinquante de Damas. Cette Ville fut fondée par Sidon [o] fils aîné de Chanaan. Strabon [p] met Sidon à quatre cens Stades de Béryte & à deux cens de Tyr. La plûpart dérivent le nom de Sidon de l'Hébreu, ou du Syrien *Zada* [q] qui signifie pêcher. Josué [r] la nomme Sidon la Grande, par excellence, d'où quelques-uns [s] ont pris occasion de dire que de son tems il y avoit deux Sidon, une Grande *o Dom Calm. Dict.* *p Lib. 16.* *q Piscari.* *r Josue 11. 8.* *s Vide Hieronym. Onomast. in Cana.*

Bbbb &

& l'autre Petite: mais aucun Géographe n'a fait mention d'une seconde Sidon distinguée de la Grande. Josué assigna Sidon à la Tribu d'Aser: [a] mais cette Tribu ne put s'en mettre en possession. Elle est située sur la Méditerranée dans une belle Campagne, à une journée de Panéas [b], ou des Sources du Jourdain, ayant un bon Port. Abulfeda la met à soixante-six milles, ou vingt-deux lieues de Damas. Cette Ville a été de tout tems fameuse par son Commerce. On l'appelle aujourd'hui *Zaïde*, ou *Seïde*. On montre quelques Médailles de Sidon, où l'on voit d'anciens Caractères Hébreux dont se servoient les Juifs avant la Captivité de Babylone. Les principales Divinitez des Sidoniens étoient Baal & Astarté, ou le Soleil & la Lune. Ils adoroient aussi Hercule. Les Hébreux ont souvent imité l'Idolâtrie des Phéniciens, sur-tout depuis qu'Achab Roi d'Israël eut épousé Jézabel [c] fille d'Ethbaal Roi de Sidon. Il est très-souvent fait mention de cette Ville dans l'Ecriture.

Maara des Sidoniens, *Maara Sidoniorum*. Josué 13. 4. Ville apparemment assez près de Sidon. D'autres croient que c'étoit une Caverne. La Ville de Sidon avoit son Roi. La méchante Jézabel, qu'Achab épousa, étoit fille de Sidon appelé Ethbaal, & l'Ecriture marque ce fait, comme un des plus énormes crimes qu'il ait commis. Un excellent Interprète croit que Didon, que Virgile a rendue si fameuse par son Enéïde, étoit la Sœur ou la Cousine de cette méchante Princesse. D'autres Auteurs disent qu'elle étoit de Tyr.

Les Sidoniens furent un des fléaux que Dieu employa pour punir & relever les Israëlites de leurs desordres. Nabuchodonosor leur fit la guerre, comme aux autres, & les mena captifs en Babylone. Aléxandre les domta aussi, prit la Ville, en ôta le Gouvernement à Straton, qui y commandoit de la part de Darius, & le donna à un nommé *Abdolominus*, qui étoit Jardinier; mais d'une Famille fort illustre.

Ces anciens Peuples de Seyde ou de Sidon, avoient un grand génie pour les Arts. Ce sont eux qui ont trouvé l'Art de faire le Verre, à ce que prétend Mr. Bochart dans son Phaleg, & celui des Toiles délicates de fin lin. Ils étoient encore meilleurs Charpentiers que Tisserans, & furent occupez à tailler & parer les Cédres, qui furent employez au Temple de Salomon, & à celui que rebâtirent les Juifs à leur retour de leur Captivité de Babylone.

Dans les Guerres Saintes, Seyde fut prise par Baudouin I. assisté du Roi de Norwége & de sa Flote. Ce ne fut qu'après de rudes combats. Il l'avoit assiégée déja dès l'an 1108.; mais les Sidoniens l'en écarterent à force d'argent. L'an 1109. y étant retourné, & étant prêt de donner l'assaut, l'Armée Navale des Habitans, venue d'Acre, & de Tripoly, l'obligea de lever le Siège. Il y fut attaqué par 40000. Infidelles, mais il les contraignit de se retirer, quoiqu'il n'eût avec lui que 4000. Fantassins, & 500. Chevaux.

Baudouïn IV. en chassa aussi Saladin: mais il fut vaincu à son tour par ce Prince, dans la Plaine de Sidon, & il y pensa périr l'an 1179.

Les Soldans d'Egypte & de Damas ruinérent cette Ville l'an 1253. Ils y tuérent 800. Chrétiens, & en mirent 400. aux fers. Saint Louïs la rétablit un peu après. On rapporte qu'il y fit cette action si Chrétienne, de charger sur ses épaules les Corps morts de ses Sujets, & de les porter au Sépulcre, les ayant trouvez abandonnez dans la Campagne où les Ennemis de la Foi les avoient tuez.

Les Templiers après la prise d'Acre, s'y retirérent, pour se défendre dans le Château qui est dans la Mer; mais se voyant menacez d'une puissante Flote Ennemie, ils se retirérent à Tortoze, & de là en Cypre.

Seyde à présent n'est plus que de médiocre grandeur. Sa situation semble assez belle, car elle est bâtie sur un penchant qui s'avance dans la Mer du côté du Septentrion, & est placée dans une grasse & riche Campagne, bornée à l'Orient & au Midi d'agréables Montagnes, qui sont dans un éloignement assez juste pour former une belle vûe.

Il y avoit du tems de l'Emir Facredin, un Port bien commode. Ce Prince le fit combler pour empêcher que les Galéres du Grand-Seigneur ne prissent la coûtume de s'y retirer, & pour se délivrer de la peur trop bien fondée qu'elles lui donnoient. Il n'y a plus que les Bâteaux qui y mouillent l'ancre, les Navires prennent fond plus loin, & se couvrent d'un Rocher qui forme une Isle près de la Ville. Ce Port est défendu à son ouverture par un vieux Château élevé sur un Roc que la Mer entoure, & qui est joint à la Ville par un Pont assez long; mais si étroit que trois Personnes en beaucoup d'endroits n'y peuvent pas passer aisément de front. C'est une foible défense que ce Château, ses Tours ni ses Murailles n'étant pas à l'épreuve de nos Canons. Il y en a une partie de ruinée par ceux d'un Corsaire depuis environ soixante-cinq ans. Saint Louïs s'y retira, surpris par une Armée de Sarrazins, qui se retirérent après quelque foible insulte, & après avoir pillé la Ville.

Toutes les marques considérables de l'ancienneté de cette Ville consistent en quelques Colomnes abattues. Elles sont de Marbre, ou d'une matiére encore plus précieuse. On les voit dans les Jardins & dans les Chemins, & on y trouve encore plusieurs petits morceaux d'Ouvrages travaillez à la Mosaïque. Le tour des Murailles n'est presque fait que de Maisons attachées les unes aux autres; à peine y voit-on quelques Tourelles. Au lieu le plus élevé il y a un Château; c'est peu de chose, & il est abandonné aux Chévres qui y broutent l'herbe & les Arbrisseaux qui y croissent dessus. L'Emir Facredin y avoit commencé un assez grand & beau Palais, mais sa mort a laissé l'Ouvrage imparfait, les Turcs ayant pris le Gouvernement ne se sont pas piquez de l'achever.

Les Chrétiens du Rite Grec ont dans cette

[a] *Josué* 19. 28. *Judic.* 1. 31.
[b] *Joseph. Antiq. L.* 5. C. 2.
[c] 3. *Reg.* 17. 31.

SID. SID.

cette Ville une petite Eglise gouvernée par un Evêque, qui permet aux Religieux Francs de prêcher dans son Eglise.

Les Chrétiens Maronites, Nation toute Catholique, ont leur Eglise sur une Montagne à une petite lieue de la Ville. Elle est dédiée au Prophète Elie, & ne consiste qu'en une Tour de pierres mises les unes sur les autres jusqu'à la hauteur de six ou sept piez, & un petit Autel, sans aucune voute. Il y en a qui disent que Notre-Seigneur se reposa sur cette Montagne lorsqu'il passa par les Terres des Sidoniens.

Bien que Sidon fût échue en partage aux Israélites de la Tribu d'Azer, ils ne la possédérent pourtant jamais, n'ayant pu en chasser les Idolâtres. On y adoroit particuliérement cette Astarté, à qui Salomon devenu fol & comme Athée, en devenant impudique, dressa des Autels.

Seyde a été honorée de la présence de Saint Paul, & nous voyons dans les Actes des Apôtres, que lorsqu'on le conduisoit à Rome il y passa, & y fut reçu avec beaucoup de charité par les Chrétiens qui y étoient. Mais la gloire de cette Ville c'est d'avoir vu le Fils de Dieu, & de l'avoir ouï louer la Foi de la Cananée, & lui accorder ce qu'elle desiroit. On en trouve un Monument dans un Jardin de la Ville du côté de l'Orient. C'est une belle Colonne de Porphyre, couchée par terre & abandonnée. On y voit aussi plusieurs pierres bien taillées. Les Turcs ont dans le même Jardin une petite Mosquée.

Les François faisoient autrefois un grand Négoce à Seyde, aujourd'hui ce n'est plus cela; ils n'y vont que peu, parce que les Concussions qu'on prétend qu'ils y ont souffert de la part des Turcs, les en ont éloignés dès le commencement peu à peu, & enfin les ont rebutés.

SIDONA, Contrée du Pont Cappadocien selon Ptolomée *a*. Strabon écrit SIDENA; Voyez ce mot.

a Lib. 5. c. 6.

SIDONES, Peuples de la Germanie: Ptolomée *b* les place entre les *Luti-Buri* & les *Cogni* au Midi des premiers & au Nord de ceux-ci. Ces Peuples habitoient entre l'Oder & la Vistule.

b Lib. 2. c. 11.

1. SIDONIA, Ville de la Troade selon Etienne le Géographe.

2. SIDONIA & DREPANE. On lit ces mots dans Silius Italicus *c*; mais les meilleurs MSS. portent *Sidonias Drepane*, & alors SIDONIAS devient le Surnom de la Ville de *Drepanum* en Sicile, ainsi appellée parce qu'elle avoit été fondée par les Carthaginois nommez quelquefois Sidoniens à cause de leur première origine. Heinsius & Drakenborck aiment mieux lire SIDONIOS DREPANE; & dans ce cas Silius Italicus entendroit les Carthaginois, ou Sidoniens qui auroient reçu du secours des Habitans de *Drepanum*.

c Lib. 14. v. 269.

3. SIDONIA, ou MEDINA-SIDONIA; Ville d'Espagne, dans l'Andalousie, à une journée & demie de Gibraltar, & à sept lieues du Port de Ste. Marie. Cette Ville étoit *d* autrefois le Siège d'un Evêché, qui a été transféré à Cadix. Le Pape Urbain IV. consentit à cette translation, érigea l'Eglise de Ste. Croix de Cadix en Cathédrale & envoya ses Ordres à l'Evêque d'Avila pour faire tout ce qui étoit requis en pareille occasion. La Bulle est datée de Viterbe le dix des Calendes de Septembre, le second de son Pontificat, c'est-à-dire en 1263. mais étant mort avant que cette affaire fût achevée, son Successeur Clément IV. fit expédier une nouvelle Bulle au même Evêque d'Avila, avec ordre exprés de faire cette translation incessamment & nonobstant opposition ou appellation quelconque. Cette Bulle est datée de Pérouse le quatre des Nones de Février, l'an premier de son Pontificat, en 1265. Cette translation ne put cependant être terminée qu'en 1267. C'est depuis ce tems-là, que Cadix a été reconnue pour Ville Episcopale, & que Sidonia a cessé de l'être. Voyez MEDINA-SIDONIA.

d Labat Voyage d'Espagne & d'Italie t. I. p. 127.

SIDONIORUM-INSULA, Isle du Golphe Persique. Strabon *e* dit que ce fut une Colonie venue de cette Isle qui fonda la Ville de Sidon en Phénicie. Il ajoute qu'on disputoit si c'étoit des Habitans de cette Isle dont Homère avoit voulu parler dans ce Vers:

e Lib. 16. p. 784.

Αἰθίοπας δ' ἱκόμην καὶ Σιδονίας, καὶ Ἐρέμβους.
Veni & ad Aethiopes & Sidonios & Erembos.

Ortelius *f* croit que cette Isle est la Sidodona d'Arrien.

f Thesaur.

SIDONIUM-MARE, Voyez SYRIACUM-MARE.

1. SIDRA, Golphe d'Afrique sur la Côte de la Barbarie *g*, entre *Tripoli* & *Barca*. C'est un grand Golphe appellé anciennement *Syrtis magna*. Le nom moderne lui est venu de la petite Isle de SIDRA qui est au fond. On voit dans ce Golphe les Seches ou Basses de Barbarie qui sont dangereuses.

g Baudrand, Dict.

2. SIDRA, ou SIDERA. Voyez SIDERA.

SIDRO, Cap de Gréce, dans la Livadie, en Latin *Cynosura*, & *Doriscum Promontorium*. Il est à l'Embouchure de la Riviére d'Asopo, dans le Golphe de Négrepont.

SIDRONA, Ville de l'Illyrie, dans la Liburnie: Ptolomée *h* la marque dans les Terres. Le nom moderne est Belas selon Niger: Voyez STRIDON.

h Lib. 2. c. 17.

SIDUMANIUS, un MS. de Ptolomée consulté par Ortelius écrit ainsi le nom de la Riviére *Idumania*. Voyez IDUMANIA.

1. SIDUS, Bourgade du Territoire de Corinthe, selon Etienne le Géographe, qui en fait aussi le Port de la Ville de Mégare. Cette Bourgade étoit dans la Mégaride selon Pline *i*.

i Lib. 4. c. 7.

2. SIDUS, Bourgade de l'Asie Mineure dans l'Ionie: Etienne le Géographe la place au Voisinage de la Ville de Clazomène.

3. SIDUS, Bourgade qu'Etienne le Géographe met au Voisinage de la Mer Erythrée, ou bien prés de quelque Ville nommée *Erythra*. Voici le passage en question, καὶ ἄλλη τῆς Ἐρυθρᾶς.

4. SI-

564 SID. SIE.   SIE.

4. SIDUS, Lieu de l'Asie Mineure dans la Pamphylie, selon Etienne le Géographe. Ce Lieu est aussi connu d'Athénée [a].

[a] Lib. 3.

SIDUSA, Isle de l'Asie Mineure : Pline [b] la place sur la Côte de l'Ionie : Thucydide [c] fait aussi mention de cette Isle. Etienne le Géographe écrit SIDUSSA & en fait une Ville.

[b] Lib. 5. c. 31.
[c] Lib. 8. p. 360.

SYDIMA. Voyez SOLYMA.

SIE, Ville de la Chine [d] dans la Province de Honan, au Département d'Iuning, huitième Métropole de la Province. Elle est de 2. d. 15′. plus Occidentale que Peking, sous les 33. d. 30′. de Latitude Septentrionale.

[d] Atlas Sinens.

SIEGBOURG, SIGBERG, ou SIGENBERG, Ville d'Allemagne, au Duché de Berg, sur la Rive droite de la Riviére de Sieg, un peu au-dessus de l'endroit où cette Riviére reçoit celle d'Agger. Voyez SIGENBERG.

SIEGEN, Ville d'Allemagne dans la Vetteravie [e] sur une Riviére de même nom avec un beau Château. Elle donne le Surnom à une Branche de la Maison de Nassau. La Principauté de Siegen, qui avec celles de Dillenbourg & de Hadamar formoit autrefois le Comté de Dillenbourg renferme plusieurs Bailliages où sont les petites Villes d'Herborn sur la Dille, d'Hayer & de Freudenberg.

[e] D'Audiffred, Géogr. t. 3. La Forêt de Bourgon, Géogr. t. I.

SIEGO, Ville de la Chine [f], dans la Province d'Iunnan, au Département de Lingan, troisième Métropole de la Province. Elle est de 14. d. 53′. plus Occidentale que Peking, sous les 24. d. 15′. de Latitude Septentrionale.

[f] Atlas Sinens.

SIEMIUM, Siège Episcopal, dont parle St. Athanase [g], qui nomme l'Evêque de ce Siège Domnes.

[g] Tom. II. Epist. ad solitariam vitam agentes.

SIENE, Ville située vers les Frontiéres d'Ethiopie [h], entre Thèbes & les grandes Cataractes du Nil. On l'écrit ordinairement avec un Y, Syéne. Ezechiel [i] la met à l'extrémité de l'Egypte opposée au Pays de Chus : *A Turre Syenes, usque ad terminos Chus.* Or le Pays de Chus est dans l'Arabie Pétrée, vers le fond de la Mer Rouge. Mais on peut aussi traduire l'Hébreu [k] de cette sorte : *Depuis Migdol jusqu'à Syéne, & jusqu'aux Frontiéres de Chus.* Le Pays de Chus étoit aussi l'Ethiopie proprement dite, qui est au-dessus & au Midi de Siéne, qui est la derniére Ville d'Egypte. Migdol signifie une Tour, & on trouve une Ville de ce nom dans Moïse [l]. Dans le Chapitre 30, v. 6. Ezéchiel met encore Migdol & Siéne comme les deux extrémitez de l'Egypte : *A Turre Sienes, gladio cadetis in ea*, où, selon l'Hébreu [m], depuis Migdol jusqu'à Siéne, &c. Joseph [n] donne deux mille Stades de long à l'Egypte, depuis Péluse jusqu'à Siéne. Quant à la Ville de Siéne, elle est fort connue chez les Anciens [o], qui en parlent comme de la derniére Ville de l'Egypte, en tirant vers l'Ethiopie. Pline dit qu'elle est dans une Péninsule, sur le Bord Oriental du Nil, qu'elle a mille pas de circuit, & qu'il y a une Garnison Romaine. Strabon [p] dit qu'il y avoit trois Cohortes Romaines pour empêcher les irruptions des Ethiopiens. Il ajoute qu'il y a dans cette Ville un Puits, où le Soleil paroît à plomb, & sans faire aucune ombre à Midi, lorsqu'il est vers le commencement du Signe de l'Ecrevisse. Pline [q] en parle aussi :

[h] Dom Calmet, Dict.
[i] c. 29, 10, 30, 6.
[k] ממגדל סונה ועדי גבול כוש
[l] Exod. 14. 2.
[m] ממגדול סונה
[n] De Bello Lib. 5. c. 11.
[o] Strab. Ptolom. Herod. Plin. Stephan. & alii.
[p] Lib 17.
[q] Lib. 2. c. 73.

Solstitii die medio nullam umbram jacit.

Et Lucain [r] :

. . . Umbras nusquam flectente Syene.

[r] Lib. 2. v. 587.

SIENKIN, Ville de la Chine [s] dans la Province de Chekiang, au Département de Taichu, dixième Métropole de la Province. Elle est de 4. d. 6′. plus Orientale que Peking, sous les 28. d. 32′. de Latitude Septentrionale.

[s] Atlas Sinens.

SIENLIEU, Ville de la Chine [t], dans la Province de Fokien, au Département de Hinghoa, septième Métropole de la Province. Elle est de 2. d. 10′. plus Orientale que Peking, sous les 25. d. 28′. de Latitude Septentrionale.

[t] Ibid.

1. SIENNE, Ville d'Italie [u] dans la Toscane, & la Capitale du Siennois, à neuf milles de Monte Pulciano, à onze de Florence & à dix-huit de Pérouse. Pline l'appelle *Colonia Senensis*, & Tacite *Colonia Seniensis*, & Plebs *Séniensium*. Le nom de *Sena* lui est pareillement donné par Caton, par l'Itinéraire d'Antonin, & par Ptolomée. Ce dernier la met au nombre des Villes de la Toscane. Volaterran nous dit qu'ayant examiné le sentiment de ceux qui croyent que Ptolomée n'avoit jamais parlé de la Ville de Sienne, & que cette prétendue *Sena* avoit été ajoutée, il avoit eu envie de s'éclaircir de ce doute, que pour cela il avoit eu recours aux Tables Grecques de cet Auteur, & qu'il y avoit vu que la Ville de Sienne étoit une Colonie des Romains, comme on peut voir dans le Livre des Colonies où cette Ville est appellée *Colonia Sanienfis*. Il y a lieu de croire que les Gaulois Sénonois ayant été chassés par les Romains bâtirent cette Ville, & c'est sans doute le sentiment de Polybe, quand il dit que les Gaulois Sénonois établirent une Colonie qu'ils appellérent *Sena*, du nom de celle qu'ils avoient déja établie près de la Mer Adriatique. Ce sentiment est appuyé par Godefroi dans son Livre intitulé, *la Mémoire de toutes les choses*, lorsqu'il dit que les Gaulois Sénonois bâtirent cette Ville dans le tems qu'ils avoient pour Chef Brennus. Polycarpe dans son sixième Livre des Chroniques dit la même chose, & il ajoute qu'ils bâtirent cette Ville pour la demeure de ceux qui étoient les plus vieux, & qui avoient besoin de repos. Le même Auteur rapporte que ce fut 382. ans devant la venue de Notre-Seigneur. Le sentiment de *Biondo* dans son *Italia illustrata* me paroît fort extraordinaire, car il dit qu'on ne trouve aucun ancien Historien qui parle de cette Ville, & il assure, avoir lu dans le Monastère de S. George d'Alega à Venise un vieux Livre qui porte que la Ville de Sienne fut bâtie par le Pape Jean Huitième & par six Habitans de

[u] Leandro Alberti Ital. p. 57. verso, & seq.

SIE. SIE.

six Diocèses différens, savoir de *Perugia*, *Chiusi*, *Arezzo*, *Fiesoli*, *Fiorenza*, *Volterra*, & qu'à cause de ces six Habitans elle fut appellée Siéne.

Je crois que cela est une Fable, puisque j'ai fait voir que les Anciens parlent de cette Ville. Pour ce qui est de ces six Diocésains, Volaterran, à mon avis, y a fort bien répondu dans ses Commentaires, quand il dit qu'il se peut bien faire que le Pape Jean Huit ayant érigé cette Ville en Evêché, & lui ayant donné pour Diocèse les six Villes dont nous avons parlé, il lui ait donné en même tems le titre de Ville selon l'usage de l'Eglise Romaine ; mais il ne s'ensuit pas delà que ce Pape l'ait bâtie. Cela se confirme par certaines Inscriptions que l'on lit en Marbre dans l'Eglise d'Arezzo. Il y en a une d'une Donation faite par le Tribun Zenobius fils de Landric, Sénateur Romain, Homme riche & puissant en 370. sous le Pontificat de Damase. On voit une autre Inscription qui parle de la Fondation de l'Eglise de Ste. Marie que le même Zenobius fit bâtir auprès du Château de Sienne. On peut voir encore aujourd'hui cet endroit à Sienne auprès de la Porte de S. Marc, vers la Place qu'on appelle le vieux Château. L'on y découvre encore quelques ruines de Murailles, & quelques Souterrains. On trouve aussi dans l'Eglise d'Arezzo une Inscription qui dit que les Romains ont bâti le Château de Sienne, mais on doit entendre que les Romains ne firent que le rétablir & l'agrandir, afin de pouvoir y loger leurs Colonies ou les Habitans qu'ils y avoient envoyés, puisque nous avons vu que les Gaulois Sénonois l'avoient déja bâti.

a Labat, Voyage d'Italie, t. 3.

La Ville de Sienne [a] est située sur une Colline & fort bien bâtie ; mais ses Rues sont incommodes, parce qu'il faut sans cesse monter & descendre. Les Carosses y doivent être de peu d'usage ; & il y a même beaucoup d'endroits qui leur sont inaccessibles. D'un autre côté cette situation fait que les Maisons jouïssent d'un plus grand air & plus pur ; & comme elles ne se dérobent point l'air les unes aux autres, il y a peu de Villes au Monde plus saines & moins sujettes aux maladies. Les Rues sont toujours très-propres. Elles sont pavées de Briques mises de champ ; & pour peu qu'il pleuve ou qu'on lâche les Fontaines, qui sont en grand nombre dans toute la Ville, il est impossible qu'il y reste aucune ordure.

b Misson, Voyage d'Italie, t. 2.

La Cathédrale [b] quoique bâtie à la Gothique est un Edifice, dont la beauté est d'autant plus remarquable, que tout est achevé. Elle est entièrement revêtue de Marbre, en dehors & en dedans, & les ornemens de son Architecture sont des plus beaux en leur espèce. Tout autour de la Nef, en dedans, il y a un Corridor, où sont les Statues des Papes. Le Pavé est de Marbre blanc & noir, raporté dans le Chœur en manière de Marqueterie, ou de Mosaïque. Cet Ouvrage a été commencé par le *Duccio* & fut achevé par Dominique *Beccafumi*. La partie qui est la plus près du Chœur est la mieux conservée ; on y voit le Sacrifice d'Abraham, & le passage de la Mer Rouge. La Voute de l'Eglise est azurée & parsemée d'Etoiles d'or. De l'Eglise on entre de plein pied dans le Lieu où étoit autrefois la Bibliothéque pour y voir les belles Peintures à Fraisque qui représentent toute l'Histoire du Pape Pie Second. Le dessein est de Raphaël, mais la Peinture est de la main de Pietro Perugin son Maître, du Bernardin, & du Pinturicchio.

La grande Place s'appelle Banda. Sa figure est ovale. Elle est creuse dans son milieu, & il semble qu'on en ait voulu faire un Amphithéâtre ou un Bassin pour représenter quelque Combat Naval. La Ville sans le secours d'aucune Rivière a des Fontaines en assès grand nombre, & assès abondantes pour remplir cette Place à une certaine hauteur. On prétend que la figure de cette Place donne la commodité à tous ceux qui y sont de se voir les uns les autres. Le Palais de la Communauté qui est comme l'Hôtel de Ville est dans cette Place. Il est grand & bien bâti. On y fait voir aux Etrangers une grande Sale où s'assemble, ou pour parler plus juste, où s'assembloit autrefois le Grand Conseil. Elle est ornée de bonnes Peintures. Il y a dessous des Loges, ou Arcades, où s'assemblent les Nouvellistes, & autres gens desœuvrés dont le nombre est toujours très-grand. C'est-là que les Partisans des Couronnes se battent à coups de langues & rarement à coups d'Epée, parce que cela est étroitement défendu, & que quand la fureur les pousse jusqu'à cette extrémité, elle se calme aussi-tôt qu'ils regardent sur les Lames de leurs Epées, le Commandement de Dieu, *Non occides*.

Qu'on n'infère cependant pas delà que les Siennois ne sont pas braves. Ils le sont & l'ont toujours été. Les Histoires sont pleines des marques de valeur qu'ils ont données. On sait avec quelle fermeté ils aidérent au Maréchal de Montluc à soutenir le Siège de leur Ville, qui a été un des plus opiniâtrés dont on ait entendu parler, & les Espagnols qui les ont réduits en sont bien plus redevables à la mesintelligence, & aux divisions qui étoient dans la Ville, qu'à leur bravoure, & à la force de leurs armes.

Il y a assès près du Palais de la Communauté une haute Tour, qu'on appelle la Mangiana. Elle est quarrée, fort simplement bâtie de brique. Elle est trop petite pour avoir jamais été d'un grand usage pour la défense de la Ville, & comme elle est dans un lieu bas, elle ne paroît que du côté de la Porte, par laquelle on sort pour aller à Rome. Elle renferme l'Horloge de la Ville. Je crois que c'à toujours été son véritable & unique usage.

La Fontaine magnifique, qui est dans la même Place, mérite d'être vue : outre qu'elle donne une quantité prodigieuse de très-bonne eau, elle a tous les ornemens que les Architectes les plus habiles, les Sculpteurs, & les Fondeurs les plus experts ont pu inventer. Le fameux Jacques de la Quervia, ou du Chêne, a taillé en Marbre, ou jetté

jetté en fonte la plûpart des Figures, & des Ornemens de Bronze, qui y sont placés avec sagesse & majesté, aussi-bien que les douze Anges de Bronze, qui sont autour du Grand Autel de la Cathédrale. Il faut avouer qu'on ne peut assés louer les Italiens du soin d'orner leurs Villes, & de les pourvoir d'eau, non-seulement pour le nécessaire, mais encore pour la propreté & le plaisir, & pour remédier aux maladies. Cette Maîtresse Fontaine n'est pas seule, on en voit en beaucoup d'endroits, mais elles ne sont pas de la magnificence de celle-ci.

L'Ordre de St. Dominique a un Couvent magnifique à une extrémité de la Ville, dans une grande & belle Place, qu'on appelle le Champ Royal. L'Eglise est ancienne & encore dans le goût Gothique, mais du plus beau, & elle est ornée de manière, qu'il semble qu'on n'ait conservé le Gothique, que pour faire paroître davantage ce qu'on y a ajouté de nouveau. Le Grand Autel est isolé, & orné de deux Statues de Marbre, d'une excellente manière, qui représentent, l'une l'Illustre Ste. Catherine de Sienne, & l'autre Ste. Magdelaine. On conserve dans cette Eglise le Chef de la première de ces Saintes dans un Reliquaire précieux, & quantité d'autres Reliques. L'Eglise & les Chapelles ont des Tableaux des meilleurs Peintres anciens & modernes, & le Couvent, qui est fort riche & fort grand, est orné de tout ce qui peut convenir à l'état des Religieux, qui l'habitent. Il est sorti de cette Maison de grands hommes, tant dans la piété, que dans les Sciences.

Il n'y a guères d'Ordres Religieux, qui n'ayent des Maisons dans cette Ville, & toutes bien bâties avec des Eglises magnifiques. Ce qui fait voir que la piété a été de tout tems le Caractère des Siennois : aussi cette Ville a-t-elle le bonheur d'avoir donné bien des Saints à l'Eglise, & au Monde de très-grands personnages en tout genre. Cinq Papes y ont pris naissance, Aléxandre III. Pie II. & Pie III. Paul V. & Aléxandre VII. Un grand nombre de Cardinaux, d'Evêques, de Docteurs, de Jurisconsultes, de Philosophes & de Médecins, de Naturalistes, d'Historiens, & d'Orateurs célèbres. Mais ce qui la rend encore plus recommandable, c'est le nombre des grands Saints, qui en sont sortis, entre lesquels l'Eglise révere S. Bernardin de l'Ordre de St. François, Ste. Catherine, & le Bienheureux Ambroise de celui de St. Dominique, le Bienheureux Columbin Fondateur des Jésuates ; les Fondateurs des Chanoines Réguliers de St. Sauveur, & des Moines du Mont Olivet, & quantité d'autres qu'il seroit trop long de rapporter ici.

La Maison, où demeuroient les parens de Ste. Catherine de Sienne, a été changée en un Oratoire, & on a fait de sa Chambre une Chapelle, où les Peintures, les Stucs, les Sculptures, & les Dorures brillent de tous côtés.

Les Siennois sont d'une délicatesse extrême sur le point d'honneur ; en cela on peut dire qu'ils outrent la matière, & c'est, à ce qu'on dit, à l'exemple des Florentins, quoique d'ailleurs assés peu amis. C'est une coutume dans ce Pays qui est passée comme en Loi, qu'une femme d'honneur, qui a reçu un affront, quelque innocente qu'elle puisse être, demeure deshonorée de manière qu'elle n'ose plus paroître dans le monde ; il faut qu'elle se résolve dès ce moment fatal à ne plus mettre le pié hors de sa Maison ou à quitter sa Famille, & à se retirer dans un Couvent pour le reste de ses jours. On voit assés à combien d'inconvéniens cette coutume est sujette, & qu'on en peut abuser pour couvrir bien des crimes. On a peut-être eu une bonne fin en l'établissant ; mais on n'a pas prévu, ni empêché les suites funestes qu'elle pouvoit avoir.

Du reste on a remarqué que les hommes & les femmes à Sienne sont communément bien-faits & beaux, qu'ils ont le teint fleuri, la chair vermeille, & qu'ils ont beaucoup d'esprit. Ils sont propres aux Sciences, & aux Arts : ils y réussissent presque sans peine ; ils parlent naturellement avec éloquence & pureté : ils s'expriment nettement & n'ont point cette prononciation gutturale des Florentins, qui rend leur manière de parler si desagréable, quoique très-pure en elle-même. Les Siennois se piquent de Politesse & de Franchise. Ils aiment les Etrangers, & comme ils trouvent leur avantage à les attirer chés eux, ils ont pour eux beaucoup plus d'égards qu'on n'en a dans bien d'autres Villes d'Italie. Ils ont accordé de grands Privilèges à ceux qui y viennent étudier ; car il y a une Université fameuse pour toutes sortes de Sciences.

Sienne imita les autres Villes ses voisines, qui s'érigèrent en Républiques sur le démembrement de l'Empire Romain. Elle & les autres, comme Florence, Pise, Bologne, Ferrare, & bien d'autres jouiroient encore de leur Liberté, ce Trésor si précieux, si au lieu de se faire la guerre les unes aux autres, ou d'embrasser le parti des Guelphes ou des Gibelins, elles se fussent unies pour défendre leur Liberté contre ceux qui y auroient voulu donner atteinte ; mais l'émulation & la jalousie les brouillèrent d'abord, & les armèrent les unes contre les autres. Il se forma ensuite des Partis entre leurs propres Citoyens. Les plus puissans après avoir opprimé ceux qui l'étoient moins s'armèrent les uns contre les autres, & leurs guerres intestines les ont à la fin tous ruinés, & rendus sujets ou à quelqu'un de leurs Concitoyens, ou à des Etrangers. Durant ces démêlés les Siennois remportèrent de grands avantages sur leurs Ennemis. Ils défirent entr'autres les Florentins près du Fleuve Arbia, à quatre milles de Sienne, ils leur tuèrent trois mille hommes, & en firent quatre milles prisonniers qu'ils conduisirent à Sienne. Les Florentins épouvantés par une défaite si générale, & ne comptans pas de se pouvoir défendre dans la suite, abandonnèrent pour la plûpart leur Ville & allèrent

s'éta-

s'établir à Bologne, à Lucques, & en d'autres endroits. Le jour de S. Jacques en 1526. les Siennois défirent encore l'Armée des Florentins qui étoit venue assiéger leur Ville pour y faire rentrer *Petruccio*, & plusieurs Nobles qui avoient été chassés. Les Florentins mis en fuite laissèrent entre les mains des Siennois quinze grosses pièces d'Artillerie, & plusieurs autres armes & Bagages. Cette Ville conserva sa liberté jusqu'à ce que *Pandolfo Petruccio* s'en rendit Maître par surprise; ce Tyran la gouverna jusqu'à sa mort, en y exerçant plusieurs cruautés, & en faisant tuer plusieurs Nobles, même de ceux qui étoient ses parens, & ses amis. Après sa mort le Peuple chassa ses enfans, une partie de la Noblesse, & recouvra ainsi sa première Liberté qu'elle conserva pendant long-tems sous la protection de l'Empereur. Mais enfin elle passa sous la puissance de Côme premier. Duc de Toscane. Philippe second Roi d'Espagne, à qui son Pere avoit donné l'Investiture de Sienne, comme Fief de l'Empire, s'ennuya de la longue guerre que cet Etat lui avoit causée avec la France; & songea à le céder au Pape Paul IV., & aux Caraffes ses parens. Côme à qui cet Etat donnoit depuis long-tems dans la vûe feignit que le Pape le vouloit détacher des Espagnols, & qu'il n'étoit pas fort éloigné lui-même de se joindre aux François, & de cette manière il engagea Philippe à lui céder Sienne pour payement des sommes qui lui étoient dûes.

Les Grands Ducs de Toscane ont laissé à la Ville de Sienne quelque petite ombre de son ancienne Souveraineté. Ils ont conservé au Chef de la Police le titre de Gonfalonier; mais ils se sont réservé l'autorité toute entière. Le Gouverneur de la Ville & de l'Etat qui est toujours un Prince du Sang, n'en lâche à cet Officier que ce qu'il juge à propos, selon l'exigence des cas, sans que cela puisse diminuer en façon quelconque la dépendance entière, où on les a réduits. C'est aussi pour les y contenir plus aisément, que le Grand Duc Cosme I. fit bâtir une Citadelle aussitôt qu'il en fut Maître. Elle est autant bien située qu'elle le peut être pour le Pays. Le Seigneur Gonfalonier paroît toujours vêtu de noir avec un assés beau Manteau d'Ecarlate, ayant avec lui cinq ou six Valets en Juste-au-corps & Manteaux galonnés avec l'Epée au côté.

Le Pape Nicolas II. célébra dans la Ville de Sienne le Concile Général où il fut décidé que l'Election des Papes n'appartenoit qu'aux Cardinaux, comme l'on voit dans la vingt-troisième Distinction du Decret. Cent & trente Evêques se trouvèrent à ce Concile. Cette Ville a donné la naissance à plusieurs grands Personnages qui se sont distingués par leur Science, & par leur piété, entr'autres à St. Bernardin qui a rétabli l'Ordre des Freres Mineurs, & qui depuis a été canonizé par le Pape Nicolas V. Ste. Catherine naquit aussi à Sienne. Elle étoit du Tiers Ordre des Freres Prêcheurs: après avoir mené une sainte vie elle mourut à Rome & fut enterrée dans l'Eglise de Ste. Marie de la Minerve. Elle fut mise au rang des Saints par le Pape Pie Second. Le Bienheureux Ambroise Bianco de l'Ordre des Prêcheurs, le Bienheureux Jean Colombina Fondateur de l'Ordre des Jésuates prirent aussi naissance à Sienne; de même que le Pape Aléxandre III. qui combattit avec une grande patience, & triompha par la sainteté de sa vie, des quatre Antipapes que Frédéric Barberousse avoit fait élire; comme on le peut voir dans Platine, Biondo, & Sabellico. Cette Ville a encore donné à l'Eglise deux autres Papes; savoir Pie Second, & Pie Troisième, tous deux de la Famille de Piccolomini. Le premier auparavant d'être arrivé au Pontificat portoit le nom d'Eneas Silvius. Il étoit très-savant, & très-éloquent, & ce fut sa vertu qui l'éleva à la première Dignité du Monde Chrétien. Il nous a laissé plusieurs beaux Ouvrages, un Recueil de Lettres, & de Discours, & un petit Ouvrage où il dispute de la Donation de Constantin à l'Eglise: cet Ouvrage n'est pas achevé, il a laissé outre cela une Description de l'Europe & quelques Histoires. Platine a écrit sa Vie. Le Pape Pie III. étoit le neveu de celui-ci, il fut aussi très-savant & très-prudent: il n'occupa pas long-tems la Chaire de S. Pierre; il mourut regretté de tout le monde. Tous les deux ont été enterrés à S. Pierre de Rome dans la Chapelle de S. André. Sienne a aussi donné plusieurs Cardinaux à l'Eglise, entr'autres Alfonse fils de Pandolfo Petruccio dont nous avons déja parlé. Ce Cardinal Alfonse eut une fin bien malheureuse après avoir été assés heureux dans le commencement. Etant encore fort jeune il fut fait Cardinal par Jule Second. Après la mort de ce Pape, les Cardinaux s'assemblèrent suivant leur coutume à S. Pierre, où ils eurent bien de la peine à s'accorder, parce que les jeunes Cardinaux vouloient faire un Pape qui fut jeune & ils y réussirent ayant élu Jean de Médicis. Le Cardinal Alfonse annonçant au Peuple le nouveau Pape, comme c'est l'usage, ne put s'empêcher de témoigner la joye qu'il avoit de cette Election; car après avoir dit: Nous avons pour Pape Jean de Médicis ci-devant Diacre, & maintenant nommé Léon X., il ajouta & vivent les Jeunes. Comme ce Cardinal étoit entré le premier dans le complot d'élire un jeune Pape, dans l'espérance de mener une vie plus libre, il fut aussi des premiers à se réjouir de cette Election; mais il ne fut pas des derniers à s'en repentir, car les Siennois ayant chassé son frere Borguese qui s'étoit presque rendu Maître de la Ville, il en eut un chagrin mortel, sur-tout après qu'il eut appris que le Pape Léon y avoit donné les mains. Il regarda le procédé de Léon comme une ingratitude sans exemple; il chercha à s'en venger, mais inutilement, car le Pape le prévint ayant donné ordre de l'arrêter, & de l'amener à Rome sous bonne & sûre Garde, ce qui fut exécuté. Le Pape ne se contenta pas

de

de s'être assûré de sa personne, car aussi-tôt qu'il fut arrivé à Rome il le fit mettre au Château S. Ange, où après plusieurs chagrins & plusieurs miséres il finit malheureusement ses jours. Il y a encore eu le Cardinal Rafaël de la Famille de Petruccio, & de celle de Piccolomini il y a eu Jean neveu de Pie Trois. Ce ne fut qu'en considération de son rare mérite que Léon X. l'éleva à la Dignité de Cardinal. Ces deux Cardinaux ne vêcurent pas long-tems, aussi-bien que le Cardinal Jérôme Gienuzzo, qui donna des marques de sa prudence & de son intégrité pendant tout le tems qu'il fut Auditeur de la Chambre Apostolique. Il seroit bien difficile de pouvoir rapporter en détail tous les Evêques & les Archevêques que cette Ville a donnés à l'Eglise, outre le nombre presqu'infini des grands Hommes qui y ont pris naissance. Ceux qui se sont les plus distingués sont entr'autres Ugo excellent Philosophe & très-habile Médecin, Fréderic Petruccio savant Jurisconsulte, Thomas Domo appellé ordinairement le Docteur de la Vérité, *Mariano Socino* qui fut un prodige de Sciences, ayant excellé dans la Géométrie, dans la Musique, dans la Poësie, dans l'Art d'Orateur, dans la Philosophie, dans la Jurisprudence, & dans l'Agriculture. Avec tant de rares qualités ce grand Homme avoit lieu de se plaindre de l'avare Nature qui avoit caché, pour ainsi dire, un si grand Esprit dans un petit Corps mal-fait & mal-bâti. Barthélemi son fils se rendit aussi très-savant dans l'Etude de la Jurisprudence, les Ouvrages qu'il nous a laissés sont des preuves assûrées de sa profonde érudition ; Bolgaremo, si connu par son éloquence & par son savoir, & quantité d'autres qu'il seroit trop long de citer étoient aussi de Sienne.

Le Territoire de cette Ville est très-bon ; il rapporte du Bled, du Vin en quantité, & plusieurs sortes de Fruits. Les Terres qui sont près de la Mer, que l'on appelle ordinairement *Maremma*, produisent beaucoup de Grains. Ces Lieux pourtant ne sont guères habités sur-tout en Eté à cause du mauvais air qui occasionne plusieurs maladies pendant les Chaleurs de cette Saison.

Il y a une bonne Citadelle à Sienne, & quinze ou vingt Tours quarrées comme à Viterbe. Celle qu'on nomme la *Mangiana* passe pour être haute ; mais il n'y a que les gens qui n'en ont guère vu d'autres qui fassent cette remarque.

La Ville de Sienne porte pour Armes la fameuse Louve, allaitant les Enfans Jumeaux. On y voit cette Louve en divers endroits sur une Colomne. Cela vient de ce que quelques-uns ont écrit que Sienne avoit été bâtie par les Enfans de Remus.

[a] *Corn. Dict.* 2. SIENNE, Rivière de France [a] dans la Normandie, au Cotentin, vers le Midi du Diocèse de Coûtances. Elle a sa source dans la Forêt de St. Sever, passe par Bois-Benastre & Saint Maour des Bois, & ayant reçu Celesne au-dessus de Ste. Cecile, elle coule par Ville-Dieu, & grossie du Ruisseau de Bordes, elle va arroser les Jardins & les Prairies de l'Abbaye de la Bloutière : ensuite elle prend à droite la Rivière de la Roche, passe Lorbe-Haye, & augmentée des eaux de la Giese, qui a pris en passant le Ruisseau de Cheffrêne, elle continue son cours à Sourdeval, & de-là coule entre la Haye-Comtesse & Hambie, où elle reçoit Hambiote, déja grossie d'un petit Ruisseau, qui a sa source dans le Bois de Hambie, & dans lequel on trouve beaucoup d'Ecrevisses. La Sienne coule ensuite à Batain & à Cavray où le Ruisseau de Brente se perd, & au-dessous dans la Paroisse de Ver, la Rivière d'Airou qui grossit beaucoup la Sienne & le Ruisseau de Quillebec ; après cela elle passe aux Moulins de St. Nicolas à l'Orient de Cerence, continue son cours jusqu'au Lieu qu'on appelle le Pont de l'Epine, qui est entièrement ruïné, & dont il ne reste aucuns vestiges. Enfin la même Rivière enflée de plusieurs Ruisseaux sans nom, passe entre Sey & Saint Louet, entre Creteville & Trelly, entre Hienville & Coutriére, entre Montchaton & Orval, au Pont d'Hienville, au Pont-neuf, sous lequel est une belle Pêcherie de Saumons, & de-là sous le Pont de la Roque, où elle reçoit la Sone, pour aller se perdre dans la Mer du Havre.

SIENNOIS, Province d'Italie, dans la Toscane, avec titre de Duché. Le Siennois, comme la Ville de Sienne sa Capitale, a été sujet à de terribles changemens avant qu'il jouït de sa liberté, que les Espagnols lui enlevérent vers le milieu du seizième Siècle. Ils vendirent ce Pays peu de tems après au Grand Duc Côme, à la reserve du Canton appellé *delli Presidii*. Cette Province qui fait maintenant un des titres du Grand-Duc de Toscane, a plus de soixante-cinq milles du Nord au Sud, & presque autant de l'Est à l'Orient. Ses bornes au Septentrion sont le Duché de Florence ; au Midi la Méditerranée, à l'Orient le Perugin, l'Orvietano & le Duché de Castro, & à l'Occident une partie du même Duché de Florence & de la même Mer, dite *Mer de Toscane*. Ses principaux Lieux sont :

Sienne,	Monte-Alcino,
Massa,	Pienza,
Castiglione,	Sanquirico,
Buviana,	Foana,
Grosseto,	Radicofani,
	Chiusi.

SIERQUE, ou SCIRCK, Ville de France [b], dans la Lorraine, au Bailliage Allemand. Cette Ville avec trente Villages appartient à la France en vertu du Traité de Vincennes de l'an 1661., qui a été confirmé par tous ceux qui l'ont suivi, on a même applani les difficultés qu'il y avoit, & terminé les différends entre les Habitans des deux Dominations par le nouveau Traité de 1718. Le Duc Charles de Lorraine ayant été dépouillé de ses Etats par Louïs XIII. conserva long-tems cette

[b] *Longuerue, Descr. de la France, p. 153. 2. part.*

cette Place, où il avoit établi le Siège de sa Cour Souveraine de Lorraine, c'est-à-dire pour quelques Lieux qui le reconnoissoient encore. Ce ne fut que quelques années après que Sirque fut pris par les François; ils devoient le rendre comme le reste de la Lorraine, mais le Duc Charles céda cette Place à la France par le Traité de l'an 1661. Quinze ans après, Louis XIV. voyant que cette Place étoit foible, & qu'elle n'étoit pas en état de résister à l'Armée de ses Ennemis, la fit démanteler.

Meurisse dans l'Histoire des Evêques de Metz rapporte que Thierri ou Théodoric de Lorraine ayant été élu Evêque de Metz l'an 1173., Matthieu Duc de Lorraine donna, le jour même de l'Election de son fils, le Château de Sirque à perpétuité à l'Eglise de Metz. Les Evêques remirent la propriété de cette Place au Duc de Lorraine; mais ils s'en reservérent la Seigneurie Directe, car on voit dans les Archives de l'Evêché de Metz que le Château de Sirque étoit tenu en Fief de cet Evêché par les Ducs de Lorraine, comme le Duc Matthieu II. le reconnut l'an 1247. du tems de l'Evêque Jacques de Lorraine frere du Duc Matthieu. Cent ans après, ce Droit fut encore reconnu par la Duchesse Marie de Blois Tutrice de son fils le Duc Jean I. Depuis ce tems-là les Ducs de Lorraine n'ont plus relevé de l'Eglise de Metz pour le Château de Sirque, & le Roi de France qui est aux droits de ces Princes jouït de la même Place en toute Souveraineté, & propriété.

☞ SIERRA, Mot que les Espagnols employent pour signifier un Pays Montagneux, dont les cimes des Montagnes sont semblables aux dents d'une Scie. Il y a de ces *Sierras* dans plusieurs endroits de l'Espagne; mais la Castille Nouvelle est entr'autres partagée en plusieurs *Sierras*, ou Pays Montagneux, dont chacun a son surnom particulier. Voici une Liste des principales *Sierras* de l'Espagne.

1. SIERRA, petite Province d'Espagne [a] dans la Castille Nouvelle. Elle est à l'Orient, & a été ainsi nommée parce qu'elle est un Pays de Montagnes, ce qui fait qu'elle n'est pas si peuplée que les autres. Dans la partie la plus Septentrionale de cette Province, on voit Molina située à trois lieues des Frontiéres d'Arragon, dans un Pays de Pâturages où l'on nourrit de grands Troupeaux, & particulièrement des Brebis qui portent une laine fort précieuse. C'étoit autrefois une Seigneurie possédée par des personnes du Sang Royal; mais dans la suite elle a été à la Couronne, & Philippe Quatre a ordonné qu'à l'avenir elle seroit inaliénable. Près de Molina, tirant au Sud-Ouest, on rencontre Caracosa, ou Caracena, Capitale d'un Marquisat situé dans une Campagne fertile.

2. SIERRA-D'ALCARAZ. Voyez dans cette Liste l'Article. SIERRA-MOLINA.

3. SIERRA DE GUARA, Montagne d'Espagne [b], c'est une Branche des Pyrénées, vers les Confins du Roussillon, & de la Catalogne.

4. SIERRA DE JASQUIVEL, Montagnes d'Espagne dans le Guipuscoa; c'est une Branche des Pyrénées, qui environne du côté de Terre la Ville de Fontarabie. Ces Montagnes de Jasquivel sont très-hautes.

5. SIERRA-LIONE, ou SIERRA-LIONA. Ce sont les vrais noms du Pays auquel les François ont donné par corruption le nom de SERRE-LIONNE. Les Portugais l'appellérent *Sierra* à cause des hautes Montagnes qu'on y voit; & ils le surnommérent *Lione*, ou *Liona*, parce que ces Montagnes sont habitées par un grand nombre de Lions. Voyez SERRE-LIONNE.

6. SIERRA - MOLINA, Montagnes d'Espagne [c], au - dessous de Moncayo (*Mons Caunus*); cette Montagne forme une autre Branche qu'on appelle le Mont Orospeda. Il s'éleve insensiblement & prend le nom de Sierra-Molina, près de laquelle le Tage prend sa Source: & s'étendant au Midi, on l'appelle Sierra d'Alcaraz, d'où le Guadalquivir sort, puis tournant au Sud-Ouest il traverse le Royaume de Grenade, & va jusqu'au Détroit de Gibraltar; c'est sur ce Détroit qu'est le fameux Mont Calpé à l'opposite du Mont Abila qui est en Afrique.

7. SIERRA - MORENA, Montagne d'Espagne [d]. Elle commence à l'extrémité de la Castille Nouvelle, au Sud-Est, & s'étend douze lieues en largeur dans l'Estramadoure, & dans la Manche d'un côté; & dans les Royaumes d'Andalousie & de Grenade de l'autre; & sépare ces Provinces les unes des autres. Le chemin est fort rude & raboteux parmi cette Montagne. On n'y voit presque par-tout que des Roches, où croissent quantité de Romarins & d'autres Plantes odoriférantes. Au pied de cette Montagnes se trouve un Bourg nommé *El Convento de Calatrava*, qui est le principal Lieu de la dépendance des Chevaliers de cet Ordre. Il est situé dans une Plaine abondante en Vin, en Gibier, en Bled, & en Troupeaux. Il y a dans le voisinage un autre Bourg nommé Miguelturra situé dans une Plaine extrêmement fertile en Blé, en Vin & en Huile, & où l'on nourrit une grande quantité de Troupeaux. Plus bas tirant vers le Midi on en trouve deux autres, l'un nommé *Elviso* au Sud-Est, situé aussi au pied de la Sierra-Morena, où est la grande Route de Tolède à Grenade, l'autre au Sud-Ouest, nommé *Almodavar del Campo*. Il est aussi situé au pied de la Sierra-Morena dans une Vallée fort agréable, où l'on trouve des Mines d'argent: il a un bon Château, qui lui sert de défense. Comme ces deux derniers Bourgs, & celui qui s'appelle *El Convento*, sont tous trois situés au pied de la *Sierra-Morena*, & que néanmoins ils sont plus avancés vers le Nord l'un que l'autre, on peut voir par-là comme à l'œil les diverses sinuosités de cette grande Montagne. Il y a aussi une partie de cette Montagne, qui

[a] Délices d'Espagne, p. 355.

[b] Ibid. p. 30.

[c] Ibid. p. 32.

[d] Don Juan Alvarez de Colmenar. Délic. d'Espagne & de Port. t. 2. p. 360.

Cccc est

est dans le voisinage de la Ville de Caslona, connue sous le nom de *Castulo*, ou *Castalo*, qui a tiré son nom de cette Ville en s'appellant *Saltus Castulonensis*. Quand on veut passer de la Ville de Serpa dans l'Andalousie, on trouve d'abord la *Sierra-Morena*, dans laquelle il faut grimper jusqu'à un Village, nommé Balmeguo, où la Montagne commence à s'abbaisser, & d'où l'on entre dans cette grande Province. Il est arrivé il y a plus de cent ans, qu'il ne plût point sur cette Montagne durant l'espace de quatorze ans entiers. Cela produisit une si grande sécheresse, que toutes les Sources d'eau y tarirent, & qu'on n'y auroit pas pu trouver le moindre Puits, ni la moindre goûte d'eau. La Terre s'entrouvrit en divers endroits, le feu se mit aux Forêts, qui étoient séches comme des Allumettes, & l'embrasement devint si furieux, qu'il fondit les Miniéres d'or & d'argent, qui étoient cachées dans les entrailles de la Terre. On voyoit encore les fentes & les crevasses de la Terre long-tems après ce prodigieux accident.

8. SIERRA-NEVADA, Montagne d'Espagne [a], au Royaume de Grenade. On l'appelle ainsi parce qu'elle a toujours ses sommets couverts de neiges. Elle est à onze milles de la Ville de Grenade, entre laquelle & la Mer elle est située. Son circuit est de quinze lieues. C'est cette Montagne, qui sépare le Royaume de Grenade d'avec celui de Murcie, & elle est une des plus hautes de l'Espagne.

[a] *Davity, Grenade.*

9. SIERRA-NEVADA, Montagne de l'Amérique Septentrionale, dans la Castille d'or. Son étendue est d'environ quarante lieues, & on lui en donne deux de hauteur. Son sommet est toujours couvert de neiges, même dans les plus grandes chaleurs de l'Eté, qui sont excessives dans ce Pays-là, à cause qu'il est peu éloigné de la Ligne Equinoctiale. Il y a des Mémoires qui portent qu'une partie des Côtes, & les Plaines qu'on voit au pied de cette Montagne sont habitées par une espéce de Pygmées, qui ne sortent point des bornes de leur Terroir, & qui n'ont aucun commerce avec ceux qui ne sont point de leur taille. Ils vont, dit-on, se cacher dans des Cavernes, quand ils apperçoivent quelque autre homme, & vivent de pain de Millet, se faisant une boisson de cette sorte de grain, ou avec la racine d'un Arbrisseau appellé *Magure*.

10. SIERRA-D'OCCA. Voyez OCCA, N°. 2.

11. SIERRA-SEGURA, nom que l'on donne aujourd'hui au Mont Orospeda, où le Guadalquivir prend sa Source à l'extrémité Orientale de l'Andalousie.

1. SIERRAS DE COGOLLO, Montagnes d'Espagne [b], dans la Castille Vieille; on les trouve au sortir de Burgos, & elles sont aussi hautes que celles qu'on passe, quand on vient dans cette Ville. Des précipices affreux les rendent fort dangereuses, outre qu'elles sont très-hautes & très-droites.

[b] *Délices d'Espagne, p. 187.*

2. SIERRAS DE RONDA, Montagnes d'Espagne [c], au Royaume de Grenade le long des Frontiéres de l'Andalousie. Ces Montagnes sont extrêmement rudes & fort hautes; ce ne sont presque par-tout que Roches qui s'étendent au long, & au large jusqu'à la Mer.

[c] *Ibid. p. 522.*

3. SIERRAS DE S. ADRIEN, Montagnes d'Espagne [d], dans le Guipuscoa. A quatre lieues de S. Sebastien, en tirant au Midi, on trouve la Ville de Tolosa, ou Tolosetta. On y va par un chemin pavé entre des Montagnes fort hautes, & tout aussi hautes que le reste des Pyrénées. On les appelle Sierras de S. Adrien, & elles s'étendent depuis S. Sebastien jusqu'à l'extrémité de la petite Province d'Alava, qu'elles séparent de la Castille Vieille. On passe près de l'Oria, Riviére ou plutôt Torrent large & impétueux, qui court parmi ces Rochers avec un grand fracas, & fait tourner un très-grand nombre de Moulins à Forges: on y prend de fort bon Poisson, & entr'autres d'excellentes Truites. De tems en tems on la passe sur des Ponts de pierre, & elle est bordée de Jardins, de Vergers, & de Figuiers. Les sommets des Montagnes sont couverts de quelques Hutes d'Hermites qui se sont retirés du Monde, & les Vallées sont pleines de Brebis qui ont de la laine comme les Boucs.

[d] *Ibid. p. 86.*

SIEUGIN, Ville de la Chine [e], dans la Province de Quangsi, au Département de P'inglo, quatrième Métropole de la Province. Elle est de 7. d. 0'. plus Occidentale que Peking, sous les 25. d. 26'. de Latitude Septentrionale.

[e] *Atlas Sinens.*

SIFALBAHR [f], nom d'une Contrée la plus Méridionale de la Province de Fars ou Perse proprement dite. Elle comprend plusieurs Bourgades & de fort grands Pâturages, quoique l'air y soit extrêmement chaud, selon le Géographe Persien.

[f] *D'Herbelot, Biblioth. Or.*

SIFANTO, Isle de l'Archipel. Les Anciens tant Grecs que Latins l'ont connue sous le nom de SIPHNOS, ou SIPHANOS [g], & elle est encore nommée par corruption *Sifanto*, *Sifanno*, ou *Siphano*. Les Italiens l'appellent *Sifana*, & les Cartes Marines la désignent ordinairement sous le nom de *Sifanto*. Elle avoit auparavant été appellée MEROPE, ou MEROPIA & ACIS; mais elle reçut ensuite de *Siphnos*, fils de *Sunius*, le nom de *Siphnos* qu'elle porta depuis. Strabon la place près de l'Isle de Cimole, & Etienne le Géographe aux environs de l'Isle de Créte. Dans les Cartes Marines on la trouve située à deux lieues au Nord-Est de l'Isle de Cimole, à trois au Sud-Est de celle de Sériphe, & à quatre à l'Occident de Paros. Pline lui donne vingt-huit mille pas de circuit, qui ne font que sept lieues d'Allemagne; mais les Géographes modernes veulent qu'elle ait quarante milles d'Italie de circuit, ou dix lieues d'Allemagne.

[g] *Dapper, Descrip. de l'Archipel, p. 357.*

Il y a dans l'Isle de Sifanto neuf ou dix Villages. Son terroir produit quantité d'excellens fruits. On y voit de très-belles femmes, & il y a un grand Monastère, où presque toutes les filles des Isles de l'Archipel, viennent faire leurs Vœux quand

quand elles prennent le parti de la Religion. Porcachi y place une Ville sur le côté Oriental avec un Golphe appellé par les Italiens *Golpho Schinosi*. Il met aussi un Port au côté Méridional, & il dit qu'autrefois il y avoit une Ville auprès de ce Port. Le Port de Sifanto se trouve à l'Orient du Cap Méridional, entre ce Cap & une petite Isle. Les Vaisseaux y peuvent mouiller sur douze, treize, quatorze & quinze Brasses, & on peut avec une corde les amarrer au rivage de la petite Isle. Ce Port est bon & commode, soit qu'on y entre du côté de l'Occident, soit qu'on y aborde du côté de l'Orient. Il y a un Ruisseau & une belle Fontaine. On y trouve des Pierres d'Aimant, & outre cela une sorte de Pierre qu'on peut tourner & creuser aisément ; de sorte qu'on en fait des Pots & de la Vaisselle pour cuire les alimens & les servir sur la Table. Ce qu'elle a de plus singulier c'est qu'elle devient dure & noire en la frottant avec de l'huile chaude, quoiqu'elle soit naturellement fort tendre & fort molle.

Le Dieu Pan étoit autrefois révéré dans cette Isle comme on le peut juger encore aujourd'hui par les débris du Temple qui lui étoit consacré.

Les anciens Habitans, passoient pour être fort industrieux, sur-tout en l'Art de faire des Gobelets, qui étoient si bien & si industrieusement travaillés, qu'on ne parloit que des Gobelets de Siphnos.

Jamais l'Etat de ces Insulaires ne fut si florissant que du tems de Cambyses, fils de Cyrus, Roi de Perse. Siphnos passoit alors pour la plus riche des Isles de l'Archipel. On y avoit découvert des Mines d'or & d'argent si considérables, que de la dixme qu'on en tira & qu'on porta au Temple d'Apollon à Delphes, on en forma un des plus riches Trésors qu'on ait peut-être jamais vus. Le reste fut partagé entre les Habitans, qui par ce moyen devinrent fort riches.

Après qu'ils eurent ramassé tous ces Trésors, ils consultérent l'Oracle, pour savoir s'ils en demeureroient long-tems les Maîtres. L'Oracle leur répondit, qu'ils eussent à se garder de la Troupe de Bois & du Héraut rouge, lors que le Prytanée & le Marché de Siphnos seroient blancs.

Dans ce tems-là leur Prytanée & leur Marché étoient bâtis de Marbre blanc de Paros. Cependant ils ne purent pas comprendre le sens de l'Oracle, ni même lorsque les Samiens, qui étoient en guerre avec Polycrate, furent venus avec une Flote leur demander du secours.

Ils n'y furent pas plutôt arrivés, qu'ils leur envoyérent des Hérauts sur un de leurs Vaisseaux. C'étoit alors la coutume de les peindre en rouge, & il paroissoit visiblement que c'étoit ce que leur avoit prédit l'Oracle, lorsqu'il leur avoit recommandé de se garder de la Troupe de Bois & du Héraut rouge. Lorsque ces Hérauts y furent arrivez, ils leur demandérent dix Talens à prêter au nom de leurs Maîtres ; mais les Principaux d'entre eux l'ayant refusé, les Samiens se mirent à ravager leur Isle. Ce que ces Insulaires ayant appris, ils se mirent en Campagne, & leur allérent livrer combat ; mais ayant été vaincus & plusieurs des leurs ayant été pris, ils furent contraints de les racheter pour la somme de cent Talens.

1. SIGA, Fleuve de la Mauritanie Césariense : Ptolomée [a] marque son Embouchure entre la Ville Siga & l'Embouchure du Fleuve Asarath. Ce Fleuve est appellé *Tenne* par Castel, *Rio de Aresgol* par Ambroise Moralès, & *Testene* par Marmol qui ajoute qu'on le nomme aussi *Rio d'Aresgol*, c'est-à-dire de la Riviére d'Aresgol.

[a] Lib. 4. c. 2.

2 SIGA, Ville de la Mauritanie Césariense, Ptolomée [b] qui la place entre le Port *Gypsaria* & l'Embouchure du Fleuve Siga, lui donne le titre de Colonie. Strabon [c] nous apprend que cette Ville fut détruite par les Romains, & que le Palais de Syphax y étoit. Pline qui dit la même chose, ajoute, que cette Ville se trouvoit à l'opposite de celle de Malaca. Ce n'étoit qu'une petite Ville du tems de Pomponius Mela [d], qui l'appelle *Parva Urbs*. L'Itinéraire d'Antonin lui donne le titre de Municipe, & la marque entre *Portu Caecili* & *Portu Sigensi*, à quinze milles du premier de ces Lieux & à trois milles du second. Le nom moderne est *Humain*, selon Castel, *la Guardia*, selon Olivier & *Aresgol*, selon Marmol. Voyez ARESGOL.

[b] Ibid.
[c] Lib. 17. p. 830.
[d] Lib. 1. c. 5.

SIGALA, Ville de l'Inde en deçà du Gange. Ptolomée [e] la donne aux Mandrales, & la marque dans les terres.

[e] Lib. 7. c. 1.

SIGAN, Ville de la Chine [f], dans la Province de Xensi, où elle a le rang de premiére Métropole de la Province. Elle est de 8. d. 18'. plus Occidentale que Peking, sous les 35. d. 50'. de Latitude Septentrionale. Elle fut nommée Sigan par la Famille de Taiminga ; & est située dans une Contrée fort agréable [g]. Ses murailles sont si fortes & si magnifiques, que les Habitans disent en raillant que leur Ceinture est d'or. Il y a sur ces murailles quantité de Tours fort élevées, & très-artistement fabriquées. Ses Bâtimens sont très-anciens & superbes ; ils ont été pour la plûpart érigés par les Familles Impériales de Cheva, Cina, & Hana, qui y faisoient leur séjour. Son Aspect en augmente la beauté, car quoiqu'elle soit située au Midi & sur le bord de la Riviére de Guei, elle va pourtant un peu en montant, & les Edifices s'élevant ainsi les uns sur les autres, elle montre un Amphithéâtre des plus superbes. La Riviére contribue aussi beaucoup à son embellissement, de même qu'à sa commodité. Il y a sur le Couchant un Vivier nommé Viyang, renfermé de murailles de trente Stades de circuit. On compte sept superbes Palais bâtis sur les eaux de ce Vivier, & dix-sept Sales, ou Théatres voutez, où l'on représente des Batailles Navales par récréation. On y voit aussi les Sépulcres des Empereurs Cavus, Venius, Vui, & de quelques autres ; & enfin onze beaux Temples de Marbre.

[f] Atlas Sinens.
[g] Ambassade des Hollandois à la Chine.

Au Midi de la Ville il y a un Lac raisonna

sonnablement grand, nommé Fan, qui vient du cours de plusieurs Riviéres. On en trouve un autre à l'Orient, & au Sud-Est il y en a aussi un; mais il est artificiel, & n'est formé que par des Canaux qui ont été menés du Fleuve de Guei. L'Empereur Hiaovus le fit faire, & l'embellit d'un Palais fort remarquable par une enceinte de Jardins & de petits Bois. C'est là où il avoit accoutumé de se divertir, & de traiter ses Amis. Il fit aussi creuser un Lac au Sud-Ouest de la Ville, nommé Quenming, où il instruisoit ses Sujets à escrimer, & à se battre à outrance, comme s'ils se fussent rencontrés dans des Combats. Au Midi il fit faire un autre Lac, nommé Silen, pour se reposer après de pareils exercices. On dit qu'il y a dans ce Lac un grand Poisson de pierre, qu'il y fit mettre, & qu'il fit cacher sous les eaux, comme si c'eût été un Ecueil, afin que les Pilotes passans par dessus apprissent à éviter les Brisans & les Bancs de sable. On prétend que ce même Poisson a accoutumé de faire un cri effroyable quand il doit pleuvoir. Les Habitans assûrent encore que l'Empereur songea quelquefois en dormant, qu'il avoit pris ce Poisson avec l'hameçon, qui demandoit & imploroit son assistance; que le lendemain il trouvoit véritablement ce Poisson pris; & que se souvenant de son songe il le laissoit aller. Ils content enfin que ce même Empereur retournant de la pêche, trouva deux Perles, (que cette Nation appelle Myngyve, ou Pierres de Clair de Lune, parce qu'elles croissent comme cet Astre, & comme on assûre que fait la Pierre Sélenite), & que les maniant il dit voilà le Present que m'a fait le Poisson, en reconnoissance de la liberté que je lui ai donnée. Voyez SIGNANFOU.

On compte jusqu'à trente-six Villes dans le Territoire de Sigan; savoir

Sigan,	Hoayn,
Hienyang,	Gueinan,
Hingping,	Puching,
Linchang,	Conan,
Kingyang,	Xaniang,
Caoling,	Xanguan,
Hu,	Yao ⊙,
Lantien,	Sanyven,
Livo,	T'ungquon,
Xang ⊙,	Fuping,
Chingan,	Kien ⊙,
Tung ⊙,	Fungciven,
Chaoye,	Uucung,
Hoyang,	Jungxeu,
Ching Ching,	Fuen ⊙,
Pexui,	Xunhoa,
Hanching,	Xanxui,
Hoa ⊙,	Changuu.

SIGANA, Ville de l'Atachossie, selon Ptolomée [a]. Le MS. de la Bibliothéque Palatine lit *Sigara* pour *Sigana*.

[a] Lib. 6. c. 20.

SIGANIA, Fleuve de la Themiscyrhène. C'est Pline [b] qui en parle. Il y a apparence que c'est le même Fleuve qu'Arrien appelle *Singames* & qu'il met dans la Colchide.

[b] Lib. 6. c. 4.

SIGARA. Voyez SIGANA.
SIGARAN MONS. Voyez SIGORUM.
SIGATHA, Ville de la Libye, selon Etienne le Géographe, qui cite le dix-septième Livre de Strabon.
SIGDELES. Voyez SYLINA.
1. SIGE, Ville de la Troade: Etienne le Géographe la distingue de *Sigeum*.
2. SIGE, ou SIEGE, Riviére d'Allemagne. Elle prend sa source, dans les Etats de la Maison de Nassau, où elle arrose Siegen; elle traverse ensuite une partie des Pays de Cologne & de Berg, passe à Sigemberg, & grossie des eaux de l'Agger qu'elle reçoit, elle se décharge dans le Rhein, à une lieue au-dessus de Bonne. On croit que c'est le *Segus* des Anciens. Voyez SEGUS.
SIGELLO, ou SIGILLO [c], Château d'Italie, dans la Marche d'Ancone, à huit ou neuf milles à l'Orient d'Eugubio. Il y en a qui le prennent pour l'*Helvillum* des Anciens.

[c] Magin; Atlas Ital.

SIGEN. Voyez SIEGEN.
SIGENBERG. Voyez SIEGBOURG.
SIGENSIS-PORTUS, Port de la Mer Méditerranée, sur la Côte de la Mauritanie Césarienne. L'Itinéraire d'Antonin le marque entre *Siga* & *Camarata*; à trois milles de la première de ces Places & à douze milles de la seconde. C'est ce que Ptolomée appelle l'Embouchure du Fleuve *Siga*.
SIGERTIDIS. Voyez TESARIOTI.
SIGES, Bourgade d'Espagne, dans la Catalogne, sur la Côte, entre Tarragone & Barcelone. Villeneuve veut que ce soit l'ancienne *Suburb*. Je ne trouve point SIGES dans la Carte de la Catalogne par Jaillot.
SIGESTERICA-CIVITAS, Ville de la Gaule. Il en est fait mention dans le second Concile de Mâcon. C'est sans doute la même que SEGESTERORUM-CIVITAS, aujourd'hui *Sisteron*.
SIGETH, ou ZIGHET. Voyez ZIGHET.
SIGEUM, Promontoire, Ville & Port de l'Asie Mineure, dans la Troade, immédiatement après la Ville de *Rhoeteum*. La Ville de *Sigeum*, étoit ruïnée du tems de Strabon [d]; ce qui fait que peu d'Auteurs parlent de cette Ville. Pline [e] dit : *In Promontorio quondam Sigeum Oppidum*. Ptolomée [f] marque le Promontoire Sigeum entre l'Embouchure du Scamander, & *Alexandria Troas*. On comptoit soixante Stades de ce Promontoire à celui de *Rhoeteum*, en prenant le long du rivage. C'est aujourd'hui le Cap *Janitzari*. On y trouve un Village [g] que les Grecs appellent *Troias*. Il contient trois cens feux ou environ. Tous les Habitans sont Grecs, & vivent de la vente de leurs denrées, qui sont des Bleds & des Vins, des Safrans, des Melons & d'autres fruits. Tout y est à si grand marché qu'on y a quinze poules pour une Piastre, qui vaut un écu de notre Monnoie. La douzaine d'œufs n'y coûte qu'un sol. Ce fut à Sigée, si l'on en croit Cicéron & quelques autres Anciens, qu'Alexandre en voyant le Tombeau d'Achille s'écria : *Trop heureux Héros, qu'Ho-*

[d] Lib. 13. p. 595.
[e] Lib. 5. c. 30.
[f] Lib. 5. c. 2.
[g] Spon; Voyage de l'Archipel.

SIG.   SIG.   573

qu'Homère ait chanté tes exploits! Cependant Pomponius Mela, Pline & Solin placent ailleurs qu'à Sigée le Tombeau d'Achille. La Ville de Sigée a été autrefois Episcopale: elle est aujourd'hui ruïnée.

SIGIA. Voyez TROJA.

SIGINDUNUM, Ville de la Haute Mœsie. Elle est comptée par Ptolomée[a] parmi les Villes qui étoient sur le bord du Danube, & marquée dans l'Itinéraire d'Antonin sur la Route de *Rimini* à *Byzance*, entre *Taurunum* & le Mont d'Or, à quatre milles du premier de ces Lieux & à vingt-quatre milles du second. Ce même Itinéraire, comme les autres Auteurs Latins, savoir l'Itinéraire de Bourdeaux, la Table de Peutinger, la Notice des Dignitez de l'Empire, & Jornandés[b], écrivent SINGIDUNUM. Cependant dans le Jornandés de l'Edition de Grotius, on lit SINGIDONUM, & dans Aurelius Victor, *Incola agri Singidonensis Provinciæ Pannoniæ*. Ce dernier place cette Ville dans la Pannonie, ou à cause qu'elle en étoit très-voisine, ou parce que quelques-uns ont étendu la borne de la Pannonie au-delà de *Singidunum*. Les Grecs varient beaucoup pour l'Orthographe de ce nom. Ptolomée[c] écrit Σιγγίδουνον, Procope[d] Σιγγηδὼν & πόλις Σιγγηδόνος, Theophylacte[e] Σιγγηδῶν, Philostorge[f] Σεγγιδῶν.

Singedon selon Procope étoit la premiére & la plus ancienne Ville bâtie dans ce Quartier-là. Les Barbares en étant devenus Maîtres par la suite du tems la raserent: Justinien la fit rebâtir & la rendit plus forte & plus magnifique qu'elle n'avoit jamais été. On croit que c'est aujourd'hui *Zenderin* dans la Servie.

SIGINNI, Peuples d'Asie: Strabon[g] dit qu'ils avoient les mêmes mœurs que les Perses. Quelques anciens Exemplaires lisent Σίγγινοι pour Σίγυνοι; mais cette derniére Orthographe paroît la meilleure; car il y a apparence que ce sont les mêmes Peuples qu'Hérodote[h] appelle *Sigynæ*, & dont il rapporte à peu près les mêmes choses que Strabon attribue aux *Siginni*. Cependant Hérodote semble mettre les *Sigynæ* sur le Danube, & par conséquent en Europe, quoique Strabon place les *Siginni* en Asie.

SIGIPEDES, Peuples dont parle Trebellius Pollion[i]. Peut-être sont-ce les mêmes que les SICOBOTES de Capitolin.

SIGIPLOSII. Voyez GIPLONSII.

SIGISTAN, SIGESTAN, SAGESTAN, SITZISTAN & SISTON[k], Province de Perse, au Midi de celle de Sablustan. C'étoit autrefois la demeure des Peuples appellez *Drangæ*. Cette Province est ceinte de tous côtez d'une haute Montagne. Elle a été la Patrie du Grand Rustan si célèbre dans les Histoires du Pays, & qui est presque le seul Héros des Romans Persans. Les principales Villes de cette Province sont,

Sistan,   Chaluk,
      & Ketz.

SIGIUS-MONS, Montagne de la Gaule Narbonnoise, sur la Côte de la Mer Méditerranée, selon Strabon[l]. Au lieu de *Sigius* Ptolomée[m] écrit SETIUS: & il y a apparence que cette Orthographe doit l'emporter sur celle de Strabon; car, comme le remarque Mr. Paulmier, le nom subsiste encore présentement, cette Montagne étant appellée *lou Cap de Sete* dans le Pays.

SIGIUS, Ville d'Italie, sur la Côte de l'Ausonie: Appien[n] dit que cette Ville fut prise par les Ausoniens.

SIGLURIA. Voyez SYNCERIUM.

SIGMANUS. Voyez IGMANUS.

SIGMARINGEN, Bourg d'Allemagne[o], dans la Suabe, à la droite du Danube un peu au-dessus de Scheer, avec un petit Territoire qui dépend des Princes de Hohen-Zollern. L'Empereur Charles V. donna Sigmaringen au Comte Charles arriére petit-fils d'Eitel Fréderic I. Prince de Hohen-Zollern, qui laissa deux fils d'Anne Fille de Frederic, Marquis de Bade-Douslac. Eitel-Frederic IV. qui étoit l'aîné fit la Branche de Hechingen, & Charles II. son puîné, fit celle de Sigmaringen, dont Maximilien fils de Mainrad, fut créé Prince de l'Empire par l'Empereur Ferdinand II. en 1673. L'Empereur Leopold nomma le Prince Maximilien pour Président de la Chambre Impériale. Tous les Princes de la Maison de Hohen-Zollern font Catholiques & Vicaires de l'Electeur de Brandebourg pour la Charge de Grand Chambellan de l'Empire. Charles I. ordonna par son Testament que tous ses Descendans en prendroient la qualité; mais qu'il n'y auroit que le plus âgé qui pourroit faire les fonctions de cette Charge au Sacre de l'Empereur & aux autres Cérémonies.

SIGNANFOU, Ville de la Chine, dans la Province de Xensi, où elle a le rang de première Métropole. L'Atlas Chinois du Pere Martini écrit SIGAN au lieu de SIGNANFOU; voyez SIGAN. J'ajouterai ici quelques particularitez que fournit le Pere le Comte dans ses Mémoires sur l'Etat présent de la Chine[p]. La Ville de Signanfou, à ce qu'il dit, a trois lieues de tour. Il a eu la curiosité lui-même de la mesurer, & il n'étoit pas difficile d'en venir à bout, parce que les quatre pans de murailles qui enferment la Ville ont été tirez au cordeau. Les Fossez en partie secs & en partie pleins d'eau, en sont très-beaux: les murailles sont fort larges & fort élevées, aussi-bien que les Tours quarrées qui les flanquent; les remparts sont extrêmement larges, & les Portes, au moins quelques-unes, très-magnifiques & semblables à celles de Pekin. La Ville est partagée en deux par une muraille de terre, qui la coupe presque d'un bout à l'autre. D'un côté sont les Tartares qui en font la principale Garnison; car dans l'autre partie qu'habitent les Chinois, il ne laisse pas d'y avoir beaucoup de troupes. On y voit encore un vieux Palais où habitoient les anciens Rois de la Province, puissants non-seulement par l'étendue du Pays dont ils étoient les Maîtres; mais principalement par la valeur des Peuples qui leur obéïssoient; car de toutes les Provinces de la Chine il n'y en a aucune, dont les Habitans soient plus durs au travail, d'une taille plus avantageuse, plus robustes & plus determinez. Pour les Maisons elles sont, selon la coutume de la Chine, fort basses & assez mal bâties: les Meubles y sont moins propres que dans les Provinces du Midi, le Vernis grossier, la Porcelaine plus rare, & les Ouvriers moins adroits.

Cette Ville [a] est encore remarquable par une découverte heureuse qui y fut faite dans le dernier Siècle. En 1625. comme on creusoit les fondemens d'un Edifice près de Signanfou, ou Siganfu, les Ouvriers rencontrèrent une Table de pierre de la longueur de plus de neuf empans, de la largeur de quatre & de l'épaisseur d'un ou davantage. Une des extrémités de cette Pierre aboutissoit en forme de Pyramide, dont l'aiguille avoit deux empans de hauteur, & à la base un autre empan. Sur la face de cette Pyramide étoit une Croix bien formée, les bouts de laquelle finissoient en Fleur de Lis, semblable à celle qu'on trouva gravée sur le Tombeau de l'Apôtre St. Thomas dans la Ville de Meliapour, telle qu'on les figuroit autrefois en Europe, & comme on en voit encore à présent quelques-unes. Cette Croix étoit couverte & entourée de certains nuages, avec trois lignes écrites au pied, tirées de travers, formées comme trois grandes Lettres, de celles dont on se sert communément à la Chine, & si nettement & si distinctement empreintes qu'on les pouvoit facilement lire. Tout le dessus de cette grande Pierre étoit aussi gravé de semblables Lettres, quoique toutes ne fussent pas d'une même grandeur, & qu'il y en eût quelques-unes d'étrangères dont on n'eut pas sitôt la connoissance.

A peine les Chinois eurent-ils découvert & nettoyé ce précieux Monument d'une vénérable Antiquité, qu'ils coururent à la Maison du Gouverneur pour lui en donner avis. Le Gouverneur s'étant transporté sur le Lieu, & ayant examiné cette Croix, la fit élever sur un beau piédestal, couvrir d'un toit appuyé sur des piliers par les côtez, afin de la garentir des injures du tems, & de la tenir exposée à la vûe des Peuples, qui ne pouvoient se lasser de regarder cet auguste Monument de la Religion de leurs Ancêtres. Enfin l'Empereur en ayant été informé, & s'étant fait donner une copie de l'Inscription, ordonna que l'on conservât avec soin ce précieux dépôt dans un Pagode, où il est encore à présent, assez proche du Lieu où il avoit été trouvé à un quart de lieue de la Ville de Signansou.

Parmi les Lettres qui appartiennent à la Langue Chinoise, il y en a plusieurs qui représentent les noms des Prêtres, & des Evêques qui florissoient dans ce tems-là dans le Royaume. Il y en a d'autres qui n'ont pas été si-tôt connues, parce qu'elles sont Grecques & Hébraïques, qui ne disent & ne contiennent que les noms de ces mêmes Personnages; ce qui sans doute fut fait à dessein, afin que si par hazard quelque Etranger n'avoit pas la connoissance des caractères du Pays il pût du moins comprendre les autres.

„ En passant par Conchin, continue le
„ Pere Alvarez de Semedo, je fus à
„ Cranganor, qui est la Résidence de
„ l'Archevêque, pour consulter le Pere
„ Antoine Fernandez sur l'interprétation
„ de ces Lettres, sachant combien il est
„ versé dans la lecture des Livres des
„ premiers Chrétiens de St. Thomas: Il
„ m'assura que c'étoient des caractères Syriaques, semblables à ceux dont ils se
„ servent encore présentement".

Quant à l'Inscription, l'Ecriture va du haut en bas, sur le côté plat de la Pierre, avec des Lettres propres mises en ligne, à la façon des Chinois, & outre cela il y a trois lignes au pied de la Croix, comme je l'ai déja remarqué, & chacune de ces lignes est de trois Lettres qui signifient:

„ I. PROLOGUE fait par un Prêtre du Royaume de Judée, nommé Kim-lim.

Le reste de l'Inscription, conçue en termes pompeux & magnifiques porte ce qui suit:

„ II. O combien véritable & profond
„ est l'Eternel, & incompréhensible très-
„ Spirituel. A l'égard du passé il est sans
„ commencement; pour le tems à venir
„ il est sans fin & possède toujours la mê-
„ me persection. Il prit le Néant & en
„ fit le Tout. Il est le Principe trin & un
„ sans aucun vrai Principe. Le Seigneur
„ Olooyu, il forma les quatre parties du
„ Monde en figure de Croix. Il mêla le
„ Chaos & en tira les deux Principes. Il
„ causa du changement dans l'Abyme, &
„ le Ciel & la Terre parurent. La Nature
„ étoit au commencement pure & exemp-
„ te des Passions desordonnées, & le Cœur
„ net sans déréglement des Appetits.

„ III. L'Homme vint après à tomber
„ dans les tromperies du Diable, qui ca-
„ cha sous le voile de ses paroles le mal
„ qu'il avoit projetté, & corrompit l'inno-
„ cence du premier Homme. De cette
„ source sortirent trois cens soixante-cinq
„ Sectes, lesquelles pour être en si grand
„ nombre se chassoient les unes les autres;
„ & de toutes il s'en fit un rets pour pren-
„ dre le monde. Les unes choisirent les
„ Créatures, & les reconnurent pour des
„ Divinitez. Les autres se précipitèrent
„ dans cette Erreur que toutes choses ne
„ sont rien, & qu'elles doivent se réduire
„ à rien. Quelques-uns firent des Vœux
„ & offrirent des Sacrifices à la Fortune.
„ Quelques autres firent semblant de suivre la Vertu pour tromper le monde.
„ L'Entendement esclave des erreurs &
„ la Volonté des passions devinrent entiè-
„ rement obscurcis. Les Hommes che-
„ minoient sans parvenir à aucun terme:
„ Le monde se consommoit dans un misérable embrasement, l'homme multiplioit les ténèbres, & les ténèbres luy firent perdre le bon chemin, marchant long-
„ temps à tastons sans trouver la Vérité.

„ IV. Alors le Messie une des trois personnes

[a] Le P. Alvarez de Semedo, Hist. de la Chine, de la Trad. de L. Coulon.

„ sonnes cacha sa majesté, & se fit voir
„ au Monde se faisant Homme. Un Ange
„ vint annoncer le Mystère; & une Vier-
„ ge enfanta le Saint. Une Etoile apparut
„ pour donner avis de sa naissance, &
„ ceux du Royaume de Pozu allérent lui
„ offrir le tribut conformément à ce qu'en
„ avoient prophétisé les vingt-quatre
„ Saints. Il publia aux hommes la très-
„ pure Loi; il purifia les Coutumes,
„ il redressa la Foi, il nettoya le Monde,
„ il perfectionna la Vertu, & fonda les trois
„ Vertus sur cette perfection : il ouvrit le
„ chemin de la Vie, & ferma celuy de la
„ Mort. Il fit naître la clarté du Jour &
„ & dissipa l'obscurité de la Nuit : il défit
„ l'obscure Principauté des Ténébres abba-
„ tant toutes les forces du Diable, & se-
„ courut miséricordieusement le Monde
„ dans le naufrage, afin que les hommes
„ se rangeassent sous la domination de la
„ clarté. Enfin après avoir ainsi achevé
„ ses Ouvrages il monta aux Cieux environ
„ le Midi. Il nous resta vingt-sept Li-
„ vres de l'Ecriture Sainte. La porte fut
„ ouverte à la conversion par le moyen
„ de l'Eau qui lave & purifie: ses Minis-
„ tres se servoient de la Croix : jamais ils
„ ne sejournoient plus longtemps en un
„ lieu qu'en l'autre, pour pouvoir éclai-
„ rer tout le Monde. L'ayant ainsi réduit
„ à l'union, ils mirent les hommes dans le
„ bon chemin par leurs exemples, & leurs
„ ouvrirent l'entrée de la Vie & de la
„ Gloire.

„ V. Ses Disciples laissoient croistre
„ leur barbe, & en cela ils se montroient
„ semblables aux autres hommes pour
„ l'extérieur : mais ils se coupoient les
„ cheveux jusques à la racine sur le som-
„ met de la teste, pour témoigner qu'ils
„ s'étoient dépouillez des affections inté-
„ rieures. Ils n'avoient point de Valets,
„ les Grands & les Petits estans parmi eux
„ d'une esgale condition, ils ne recevoient
„ point de presens des hommes ; au con-
„ traire ils distribuoient leurs Biens aux
„ Pauvres. Ils jeusnoient & veilloient
„ pour assujettir la Chair à l'Esprit. Ils
„ offroient sept fois le jour des Sacrifices
„ de Loüange pour le soulagement des
„ Vivans & des Morts. Ils sacrifioient
„ de sept en sept jours, & se purifioient
„ à dessein de recevoir l'Innocence sain-
„ te. Il n'y a point de nom qui convien-
„ ne à la vraye Loy, & qui puisse digne-
„ ment expliquer son excellence : néan-
„ moins à faute d'autres, nous la nommons
„ la Loy de Charité. La Loy ne peut pas
„ être appellée grande si elle n'est sainte,
„ & la sainteté est indigne de ce nom, si
„ elle n'est entièrement conforme à ce
„ qu'enseigne la Loy, & ainsi la Sainteté
„ est conforme à la Loy, & la Loy à la
„ Sainteté.

„ La Loy ne s'étend qu'à la faveur des
„ Roys & les Roys ne s'agrandissent
„ qu'en recevant la Loy, quand les Roys
„ & la Loy sont d'accord, le Monde est
„ bientost esclairé : Ce fut à cette occa-
„ sion qu'au temps que le Roy Taizum
„ ven hoam, qui gouvernoit le Royaume
„ avec une prudence & sainctété non pa-
„ reilles, qu'un homme d'une éminente
„ vertu nommé Olopuen, vint icy des
„ Quartiers de la Judée, & soubs la con-
„ duite des nuées apporta la vraye Doc-
„ trine : & arriva à la Cour l'an de Chim-
„ quom Kiemsu, le Roy commanda à son
„ Colao Fauv Kizulim d'aller au devant
„ luy jusques à l'Occident, & de le traiter
„ comme son Hoste avec toute sorte de
„ caresses. Il fit venir la Doctrine en son
„ Palais & cognoissant la vray Loy com-
„ manda puissamment qu'elle fût preschée
„ par tout son Royaume, & ensuite fit
„ publier un Escrit de sa main Royale con-
„ tenant ce qui suit.

„ VI. La vraye Loy n'a point de nom
„ déterminé. Ses Ministres courrent de
„ tous costez pour l'enseigner au Monde,
„ & leur seule prétention est de se rendre
„ utiles aux Sujets de ce Royaume Tacin.
„ Cet Olopuen personnage d'une rare
„ vertu n'est venu de si loin dans notre
„ Royaume pour autre dessein que pour
„ apporter la Doctrine & les Images.
„ Ayant soigneusement examiné, ce qu'il
„ a proposé nous l'avons trouvé fort ex-
„ cellent & sans beaucoup de bruit, qui a
„ son principal fondement depuis la Créa-
„ tion du Monde. Sa Doctrine est suc-
„ cinte dont la verité n'est point establie
„ sur une vaine apparence, mais qui por-
„ te avec soy, le Salut & l'utilité des
„ hommes : & partant il est convenable
„ qu'elle soit publiée en nostre Royaume.
„ Il commanda donc aux Mandarins de
„ cette Cour de Ninfam de luy bastir une
„ grande Eglise avec vingt-un Ministres,
„ affoiblissant la Monarchie de Cheu Ola-
„ ofu Chef de la Secte des Tauzu qui se
„ retira sur un Chariot noir vers l'Occi-
„ dent. Le grand Tam, & le Tao estant
„ esclairés du flambeau de la Foy, le Saint
„ Evangile parvint à la Chine, & en peu
„ de temps le Roy fit peindre son Image
„ sur les murailles du Temple où il esclate,
„ & sa Mémoire esclatera éternellement
„ dedans le Monde.

„ VII. Conformément aux Mémoires
„ des Empires de Ham & de Guei, le
„ Royaume Tacin confine du costé du
„ Midi à la Mer Rouge, du Nort aux
„ Montagnes des Perles, du Couchant à
„ la Forest des feuilles par les Saints; &
„ du Levant à ce lieu de Cham fum & à
„ l'eau Morte. La Terre porte le Baume,
„ les Perles & les Escarboucles, on n'y
„ void point de Larrons, tous jouïssent
„ d'une profonde paix. On ne recognoist
„ dans le Royaume que l'Evangile & ses
„ Charges ne sont données qu'aux Ver-
„ tueux. Les Maisons sont spacieuses,
„ & tout est illustre par le bon ordre &
„ par les bonnes coustumes qui s'y ob-
„ servent.

„ VIII. Le grand Empereur Caozum
„ fils de Taizum continua glorieusement
„ le dessein de son Ayeul, augmentant &
„ ornant les Ouvrages de son pere ; & à
„ ces fins il ordonna qu'on bastiroit dans
„ toutes ses Provinces, des Eglises, &
„ qu'Olopuen auroit le tiltre d'Evesque

de

,, de la grande Loy, par laquelle le Royaume de la Chine fut gouverné en paix, & les Eglises se remplirent entiérement des prospérités de la Prédication.

,, IX. Lauximelie, les Bonzes de la Secte des Pagodes descouvrirent leur violence, blasphemans contre cette nouvelle & sainéte Loy en ce Lieu de Thumcheu, & l'année Sien Tien quelques particuliers de Singan s'en mocquérent & des mespris & des risées.

,, X. Alors un des Chefs des Prestres nommé Jean avec un autre de grande vertu appellé Kielie, & d'autres Prestres de réputation du mesme Pays destachez des choses de la terre, reprirent l'excellent Rets & continuérent le filet qui s'estoit desjà rompu. Le Roy Hivenzum Chituo commanda à cinq petits Roys de venir en personne à l'heureuse Maison, & d'ériger des Autels. Alors en l'année de Tien Pao, la Colomne de la Loy qui avoit été abbatüe pour quelque temps commença de s'élever. Le Roy Taciam Kium commanda à Caolie Sié, de mettre dans les Eglises les Portraits des cinq Roys ses Ayeulx, & de cent autres Vivans pour honorer cette Solemnité. Les grandes barbes du Dragon, bien qu'elles soient éloignées, peuvent toucher avec la main leurs Arcs & leurs Espées. La Clarté qui rejaillit de ces Portraits fait paroistre qu'ils sont presens. En la troisième année de Tien Pao, le Prestre Kieho fut aux Indes, qui vint à la Chine, sous la conduite d'une Etoile, & suivant le Soleil vint trouver l'Empereur. Celuy-cy commanda que Jean & Pol, avec d'autres Prestres eussent à s'assembler pour exercer les Saintes Oeuvres à Kim Kim qui est un Lieu dans le Palais. Alors les Lettres Royaux richement ornées de Rouge & d'Azur furent mises par ordre sur des Tables dans les Eglises, & la plume du Roy remplit les Vœux, vola & rencontra le Soleil. Ses graces & ses faveurs égalèrent le faiste des Montagnes du Midi, & l'abondance de ses Libéralitez fut comparable au fond de la Mer de l'Orient. La Raison n'est jamais à rejetter, ce n'est pas une chose que les Saints ne pratiquent, & ce qu'ils font est digne de Mémoire. Pour cela le Roy Sozun ven Mim fit bastir des Eglises à Limpa & en cinq Citez. Il étoit doüé d'un excellent naturel qui ouvrit la porte à la Prospérité commune du Royaume, & qui firent ensorte que les affaires de l'Estat montérent à un haut poinct.

,, XI. Le Roy Taizum Venuu rappella le bon temps, faisant les choses sans travail. Il avoit coustume d'envoyer à toutes les Festes de la Nativité de Christ un Parfum céleste aux Eglises Royales, pour honorer les Ministres de cette Sainte Loy. Ce fut lors sans mentir que le Ciel communiqua la beauté & le profit au Monde, qui prodnisoit toutes choses abondamment. Ce Roy imitoit le Ciel, aussi sçavoit-il secourir ses Sujets.

,, XII. Le Roy Kienchum Xim xin Venuu descouvrit huit façons de gouverner pour la récompense des Gens de bien, & pour le chatiment des Mauvais : & neuf autres pour le rétablissement de l'Evangile. Prions Dieu pour lui sans honte. C'estoit un personnage de beaucoup de vertu, humble, amateur de la paix, & soigneux de pardonner à son Prochain, & d'assister tout le monde avec charité. Ce sont les marches & les degrez de notre Sainte Loy, faire que les Vents & les pluyes cessent en leur temps, que le Monde jouïsse du repos, que les hommes soient bien gouvernés, les choses bien establies, les Vivans marchent de bonne sorte, & que les Morts ayent leur contentement, tout cela naist de notre Loy.

,, XIII. Le Roy donna plusieurs tiltres honorables en sa Cour au Prestre Ysu grand Prédicateur de la Loy, & lui fit present d'un Habit rouge pour ce qu'il estoit paisible, & qu'il se plaisoit à faire du bien à tous. Il vint de loing à la Chine du Lieu Vamxe Chi chim. Sa vertu surpassa nos trois familles & amplifia parfaitement les autres Sciences. Il servit le Roy dans son Palais, & puis il fut couché sur le Livre Royal. Le Roytelet de Fuen Yam qui se qualifioit Chum xulim, & se nommoit Cozuy s'en servit au commencement dans la guerre qu'il eut en ces Contrées de Sofam. Le Roy Sozum commanda à Ysu d'assister avantageusement Cozuy par dessus les autres, & néanmoins il ne changea rien pour cela de sa façon de faire. Il estoit les Ongles & les Dents de la République, les Yeux & les Oreilles de l'Armée. Il sçavoit distribuer ses revenus & n'espargnoit rien. Il fit present d'un Poli à l'Eglise de Lintiguen, & de Tapis d'or à celle de Cieki; il répara les anciennes Eglises & restablit la Maison de la Loy, parant les chambres, & rendant les eurritoires resplendissans comme des flambeaux volans. Il s'affectionna de tout son pouvoir aux actions de charité; & particuliérement avoit-il coustume d'assembler tous les ans les Prestres des quatre Eglises & les servir de cœur, avec un honneste entretien durant cinquante jours. Il donnoit à manger aux Pauvres travaillez de la faim, il vestissoit les Nuds, il traitoit les Malades, & ensévelissoit les Morts.

,, XIV. Au temps de Taso nonobstant son espargne, l'on ne vid point de pareille bonté : ce n'est qu'au temps de cette Loy qu'on void de tels hommes portez à ces bonnes œuvres : & c'est aussi pour cela que j'ay gravé cette Pierre qui le tesmoigne.

,, Je dis donc que le vray Dieu n'a point de commencement, mais qu'il a toujours été le mesme sans trouble & sans altération. Il a esté le premier Ouvrier de la Création, qui a descouvert la Terre, & élevé les Cieux; une des trois Personnes s'est fait Homme pour le Salut éternel. Il a monté en

,, haut

„ haut comme le Soleil & a chassé les té-
„ nèbres, & en toutes choses a decouvert
„ la profonde Vérité.
„ XV. L'Illustre Roy effectivement le
„ premier des premiers Roys se servant
„ de l'opportunité a empêché l'invention.
„ Le Ciel s'est dilaté, & la Terre s'est es-
„ tenduë. Très-claire est notre Loy qui
„ au temps que Tam parvint à la Couron-
„ ne, restablit la Doctrine & fit bâtir les
„ Eglises, luy servit de Nasselle pour les
„ Vivans & pour les Morts, & donna le
„ repos à tout le monde.
„ XVI. Caozum imitant les exemples
„ & l'esprit de son Ayeul fonda de nou-
„ velles Eglises. Les riches Temples cou-
„ vrirent toute la Terre, & la vraye Loy
„ fut esclairée. Il donna un tiltre à l'E-
„ vesque & les hommes trouvèrent le
„ repos.
„ XVII. Le sage Roy Hicvinzum suivit
„ le vray chemin: les tables du Roy es-
„ toient splendides par l'esclat des Lettres
„ Royales qu'on y voyoit fleuries. Les
„ Portraits des Roys estoient élevez en
„ haut, & tout le Peuple les avoit en
„ vénération, & tous estoient en alle-
„ gresse.
„ XVIII. Sozum regnant vint en per-
„ sonne à l'Eglise, le saint Soleil jetta sa
„ lumière, & les heureuses nuées chassè-
„ rent l'obscurité de la nuict. La prospe-
„ rité s'assembla dans la Maison Royale,
„ les misères cessèrent, le feu des troubles
„ s'esteignit; la paix arresta les bruits,
„ & nostre Empire reprit une nouvelle
„ face.
„ XIX. Le Roy Taizun fut obéïssant,
„ & par ses Vertus il égala le Ciel & la
„ Terre, donnant la vie au Peuple, &
„ l'avancement aux affaires: il pratiqua
„ les œuvres de Charité & présenta des
„ parfums à l'Eglise, le Soleil & la Lune
„ s'unirent en sa personne.
„ XX. Le Roy Kienchum illustra la
„ Vertu pendant son Regne, & rendit la
„ paix avec les armes aux quatre Mers:
„ & avec les Lettres à dix mille Confins.
„ Comme un flambeau il éclaira le Secret
„ des hommes, & vid toutes choses com-
„ me dans un Miroir. Il reſuscita les
„ Barbares qui prirent la règle de sa
„ main.
„ XXI. Comme la Loy est grande &
„ parfaite, elle s'étend à toutes choses:
„ pour luy former un nom, je veux la
„ nommer Loy Divine. Les Roys sçau-
„ ront faire leur mestier. Moy qui suis
„ leur Vassal j'en fais un recit sur cette
„ Pierre précieuse pour recommander la
„ grande félicité.
„ XXII. Sous l'Empire du Grand Tam
„ en la seconde année de Kienchum, le
„ septième jour du mois d'Automne, cette
„ Pierre fut dressée, estant Evesque Nin-
„ ciu qui gouvernoit l'Eglise de la Chine.
„ Et le Mandarin nommé Liu Sicuyen
„ qualifié Chaoylam qui avant cette Char-
„ ge estoit Taicheusu Sic Kan Kiun, l'a
„ gravée de sa propre main.
Il paroît par cet ancien Monument que
la Religion Chrétienne est entrée à la
Chine l'an 631. après la naissance du Fils
de Dieu; mais cela n'empêche pas qu'elle
ne puisse y avoir été prêchée auparavant
par les Apôtres mêmes qui se répandirent
dans toute la Terre, comme parle l'Ecriture.
Il se peut faire qu'y ayant été apportée du
tems des Apôtres elle se soit perdue, &
que dans la suite, elle ait été rétablie,
comme il est arrivé aux Indes, où l'Apôtre
S. Thomas avoit porté la lumière de l'E-
vangile, qui s'y étant perdue y fut rétablie
environ l'an 800. dans la Cité de Mogo-
duen ou Patana, par un Chrétien Arménien nommé Thomas Chananéen. Celui-
ci ayant renouvellé l'ancienne Religion
répara les Eglises bâties par le S. Apôtre
& redressa des Autels; ce qui a donné sujet de croire sur la conformité des noms,
que tous les Bâtimens qu'on y voit sont
des Ouvrages du premier S. Thomas. Il
se peut faire que la même chose soit arrivée à la Chine & qu'après avoir reçu la
lumière de l'Evangile aussi-tôt qu'elle commença d'être annoncée au Monde, elle en
perdit tout-à-fait la mémoire jusqu'à l'E-
poque dont parle l'Inscription. Le tems
où se perdit la mémoire des Prédications
de S. Thomas dans la Chine est à peu près
celui où les Indes la perdirent aussi; & il
paroît, selon plusieurs conjectures, que
Thomas le Chananéen rétablit la Foi aux
Indes environ l'an 800. de notre Salut,
comme par le Monument dont il est question
nous apprenons qu'il y a huit cens
ans qu'elle fut prêchée dans la Chine; cela
fait voir en même tems que les Prédications des Missionnaires modernes ne font
pas le premier établissement de la Religion
Chrétienne à la Chine, mais plutôt son
rétablissement.

Quoique l'Histoire Chinoise en ait touché quelque chose, ç'a été néanmoins en
si peu de mots, & d'une manière si obscure, que jamais nous n'aurions eu la
consolation d'en être bien instruits sans la
découverte de cette Inscription, dont la
Providence a voulu se servir pour affermir plus solidement la Foi à la Chine.

SIGNANI, Peuples de l'Aquitaine se-
lon Ortelius [a], qui cite Pline [b]. Il y a [a] Thesaur.
des Exemplaires qui lisent SEXIGNANI. La [b] Lib. 4.
Pere Hardouin écrit Sexsignani & fait de c. 19.
ce mot non le nom d'un Peuple, mais le
surnom des Cocossates, à qui il fut donné parce qu'ils avoient six Enseignes en
Garnison dans leur Pays.

1. SIGNIA, Ville d'Italie, dans le
Latium, à quelques milles au Nord de
Norba. Tarquin le *Superbe* y envoya
une Colonie, comme nous le voyons dans
Tite-Live [c]: *Signiam Circejosque Colonos* [c] Lib. 1.
misit, præsidia Urbi futura terra marique. c. 55.
Le même Historien [d] ajoute que cette Co- [d] Lib. 2.
lonie fut augmentée & renouvellée sous c. 21.
les Consuls: *Signia Colonia, quam Rex*
Tarquinius deduxerat, suppleto numero Colo-
norum, iterum deducta est. Silius Italicus [e] [e] Lib. 8.
reproche à cette Ville la mauvaise qualité v. 379.
de son Vin:

. . . . *Spumans inimico Signia musto.*

Et

Et Martial [a] spécifie la mauvaise qualité de ce vin:

[a] Lib. 13. Epigr. 116.

Potabis liquidum Signina morantia ventrem.

Les Habitans de cette Ville sont appellez SIGNINI par Tite-Live [b] & par Pline [c]. Elle conserve son ancien nom à quelque changement près; car on la nomme *Segni*.

[b] Lib. 27. c. 10.
[c] Lib. 3. c. 5.

2. SIGNIA, Montagne de l'Asie Mineure, dans la Grande Phrygie. Pline [d] dit que la Ville d'Apamée étoit au pied de cette Montagne.

[d] Lib. 5. c. 19.

SIGNY, Abbaye de France [e] en Champagne, de l'Ordre de Cîteaux. Elle est située du côté de Meziéres, sur les Limites du Gouvernement de Champagne en tirant vers Rocroy. Elle fut bâtie par St. Bernard en 1134. des Bienfaits qu'il reçut de Thibault le Grand, Comte de Champagne: d'Anseline Comte de Ribemont: d'Ervy Comte de Château-Portien; de Clerembault Seigneur de Rosoy; & de Raoul, Seigneur du Tour. S. Bernard y mit des Moines qu'il tira de l'Abbaye d'Igny. Depuis le Concordat elle a eu des Abbés Commendataires. Elle vaut vingt mille Livres de rente à l'Abbé, & aux douze ou quinze Religieux, qui composent cette Maison, huit à dix mille Livres.

[e] Baugier, Mémoires Hist. de Champ. t. 2. p. 44.

SIGO, Ville de la Palestine, dans la Galilée, selon Joséphe [f]. L'Interprete Latin rend ce mot par *Sigoph*.

[f] Bel. Jud. L. 2. c. 25.

SIGOBRIGA, Voyez SEGOBRIGA.

SIGORUM [g], Montagne de la Mésopotamie; Sozoméne la place aux environs de la Ville de Nisibe. Cette même Montagne est appellée SIGARUM par Nicéphore Calliste.

[g] Ortelii Thesaur.

SIGRIANA, Contrée de la Médie selon Strabon [h], & Ptolomée [i].

[h] Lib. 11. p. 525.
[i] Lib. 6. c. 2.

SIGRIANI, Montagnes de l'Asie Mineure: Constantin Porphyrogénéte les place au voisinage de la Côte de la Propontide.

SIGRIUM, Voyez ARGENNUM, N°. 3.

SIGRUM, Port de l'Isle de Ténedos: Phavorin [k] dit qu'on y voyoit une Statue de Diane.

[k] Lexic.

SIGTUNA, SIGTUNE, SIGTUNIA, ou SICTUNA, Ville de Suéde dans l'Uplande, sur le bord du Lac Mäler, entre Stockholm & Upsal, mais plus près de cette derniére que de l'autre. C'est une très-ancienne Ville [l]. Jean Magnus croit que Siggon cinquiéme Roi de Suéde la fit bâtir, pour opposer une Barriére aux Courses des Finlandois & des autres Peuples de l'Orient accoutumez à venir ravager la Suéde. Adam de Brême au lieu de *Sigtuna* écrit *Sictona*, & prétend que les *Sitones* de Tacite avoient pris delà leur nom; ou peut-être lui avoient-ils eux-mêmes donné le leur. Du tems du Roi Eric, Adalvard prêcha l'Evangile à *Sigtuna*, mais il s'éleva à ce sujet une Sédition, dans laquelle ce Prince perdit la vie. Il y avoit autrefois dans cette Ville un célèbre Couvent de Dominicains, où ont été enterrez deux Archevêques d'Upsal,

[l] Zeiller, Descr. Sueciæ, p. 129.

savoir *Jerlerus* septiéme Archevêque, en 1260. & *Petrus Philippi* quatorziéme Archevêque en 1341.

SIGUA, Ville de la Grande Arménie. C'est Ptolomée [m] qui en fait mention.

[m] Lib. 5.

SIGUENZA, ou SIGUENÇA, Ville d'Espagne [n], dans la Castille Nouvelle. Cette Ville est considérable par son antiquité & pour être le Siége d'un Evêque suffragant de Toléde, qui a quarante mille Ducats de revenu. Elle est située au pied du Mont Atienca sur une Colline, dont le pié est mouillé par la Riviére de Henarès, qui prend sa Source près delà. Elle est très-bien fortifiée, ayant une bonne enceinte de Murailles, & un Château bâti au-dessus avec un Arsenal. Elle est aussi ornée d'une Université composée de quelques Colléges, & fondée en 1600. par Jean Lopez Archidiacre d'Almaçan, & Ami du Cardinal Ximenès. Quelques-uns ont crû qu'elle étoit l'ancienne Sagonte, mais la ressemblance du nom les a trompés: Sagonte étoit bien loin delà au Midi du Royaume, & notre *Siguença* s'appelloit *Seguntia*. Elle est aujourd'hui médiocrement grande; on y compte environ sept cens Feux. Le Bâtiment le plus considérable qui s'y voye, est d'Eglise Cathédrale. L'air y est froid en Hyver, mais la Nature y a pourvu en fournissant du Bois en abondance aux Habitans pour se chauffer. On y trouve aussi du Vin fort délicat. Près de cette Ville au Nord est *Atienca* petite Ville sur la Montagne du même nom: elle a des Fontaines qui lui donnent du Sel, des Champs qui lui rapportent du Bled, & des Pâturages où l'on nourrit du Bétail. Il n'y manque qu'un peu de Vin. A une demi-journée de *Siguença* on trouve *Fuenoaliente* (ce qui signifie *Fontaine chaude*) petit Bourg où se trouve la Source du Xalon.

[n] Délices d'Espagne p. 315.

SIGUITANUS, Siége Episcopal d'Afrique, apparemment dans la Mauritanie Césariense, où Ptolomée & l'Itinéraire d'Antonin mettent une Ville nommée *Siga Colonia*. Dans la Conférence de Carthage [o] Cresconius est qualifié *Episcopus Siguitanus*.

[o] N°. 209.

SIGUITENSIS, SIGUITENUS, ou SUGGITANUS, Siége Episcopal d'Afrique, dans la Numidie, selon la Notice des Evêchez de cette Province. Dans la Conférence de Carthage [p] Cresconius est dit *Episcopus Siguitensis*. La Table de Peutinger place dans la Numidie une Ville nommée *Sigus*, voisine de *Tigisis* & de *Cirtha*, & cette Ville est appellée *Sagus* dans l'Itinéraire d'Antonin qui la marque à vingt-cinq milles de *Cirtha*. Il y avoit aussi dans la Mauritanie Césariense une Ville appellée *Siga Colonia*; mais Cresconius étoit Evêque de Numidie, car il souscrit pour Gaudentius Evêque de Tigisis.

[p] N°. 197.

SIGULONES, Peuples de la Germanie: Ptolomée [q] dit qu'ils habitoient dans la partie Occidentale de la Kersonnése Cimbrique, au Nord des Saxons.

[q] Lib. 2. c. 11.

1. SIGUS, Fleuve que Nicétas met au voisinage de l'Hellespont: Voyez ESIGUS.

2. SI-

SIG. SIH.   SIH. SII. SIK. SIL.

2. SIGUS. Voyez Esigus.

SIGYMNI, Orphée cité par Ortelius met un Peuple de ce nom, sur le bord du Pont-Euxin, au voisinage de la Colchide.

SIGYNÆ, Peuples qui habitoient au de-là du Danube. Hérodote dit que les SIGYNÆ étoient les seuls Peuples de ces Quartiers-là que l'on connût de son tems; & qu'ils étoient habillez comme les Mèdes de qui ils se prétendoient descendus.

SIGYNÆ-LIGURES, Peuples qui habitoient au Nord de la Ville de Marseille, selon Hérodote [a]. Il y a des MSS. qui lisent Σιγύναι Λίβυες, au lieu de Σιγύναι Λίγυες.

[a] Lib. 5. p. 128.

SIGYNNI, Peuples qu'Apollonius [b], cité par Ortelius [c], place au voisinage des Marais du Danube. Ce sont les SIGYNÆ, d'Hérodote. Voyez SIGYNÆ.

[b] Lib. 4.
[c] Thesaur.

SIGINNUS, Ville d'Egypte, selon Etienne le Géographe, qui cite Ctésias.

SIHIANG, Ville de la Chine, dans la Province de Xensi, au Département de Hanchung, troisième Métropole de la Province. Elle est de 9. d. 12′. plus Occidentale que Peking, sous les 34. d. 0′. de Latitude Septentrionale.

SIHO, Ville de la Chine [d], dans la Province de Xensi, au Département de Cungch'ang, cinquième Métropole de la Province. Elle est de 10. d. 30′. plus Occidentale que Peking, sous les 36. d. 2′. de Latitude Septentrionale.

[d] Atlas Sinens.

SIHOA, Ville de la Chine [e], dans la Province de Honan, au Département de Caifung, première Métropole de la Province. Elle est de 2. d. 50′. plus Occidentale que Peking, sous les 34. d. 51′. de Latitude Septentrionale.

[e] Ibid.

SIHUN, ou SIHON, grand Fleuve d'Asie. Il sépare la Transoxiane du Pays de Geté, selon Mr. Petis de la Croix [f]. Ce Fleuve est le *Jaxartes* des Anciens. Mr. D'Herbelot [g] écrit *Sihoun*, & dit que les Arabes appellent ordinairement ce Fleuve *Nahar Khogend*, le Fleuve des Villes de *Sebasch* & de *Khogend*.

[f] Hist. de Timur-Bec. L. 1. c. 3.
[g] Biblioth. Or.

Les mêmes Arabes appellent en leur Langue toute l'étendue du Pays qui est compris entre le Fleuve de Sihoun, & de Gihoun, qui est le *Bactrus* ou l'*Oxus*, la *Province de Maouaralnahar* : c'est-à-dire ce qui est au-delà de la Rivière, & l'on entend alors l'*Oxus* & *Ouara* Alsioun, le Turquestan, à cause qu'il est au-delà du Sihoun. Ce n'est pas que le Turquestan ne soit souvent confondu avec le *Maouaralnahar*, & que l'on n'appelle indifféremment tout le Pays d'au-delà de l'*Oxus* du nom général de Touran.

Ahmed Ben A'rafchab, dans son Akhbar Timour, écrit que le Pays d'Ouara Sihoun, ou Pays d'au-delà du Sihoun, comprend les Pays de Mogul, de Cerah, & de Catha vers l'Orient, jusqu'à un mois de chemin au-delà du Maouaralnahar, & que Tamerlan envoya son fils Mohammed Solthan, qui bâtit une Ville nommée Ofchbarah avec un Château très-fort, dont la Garnison fit ensuite des courses bien avant vers l'Orient.

SIHOR, ou SICHOR. On croit que c'est une Ville dans la partie Occidentale de la Tribu d'Aser. Cet endroit ne doit pas être loin du Carmel. Mr. Reland, Palæst. L. 3. p. 730. conjecture que ce pourroit être la Ville ou le Fleuve des Crocodiles que Pline [h] & Strabon mettent dans ce Pays-là. Strabon [i] dit qu'elle est entre Ptolémaïde, & la Tour de Straton, en Césarée de Palestine. L'Hébreu lit Sichor Lebenath, & nous croyons que Lebenath est le Promontoire Blanc entre Ecdippe & Tyr [k]; & que Sichor est un Ruisseau de ce Canton-là. Sichor signifie trouble.

[h] Lib. 5. c. 19.
[i] Lib. 16.
[k] Plin. L. 5. c. 19.

SIIMODSUI, Ville du Japon [l], dans l'Isle de Niphon, Province de Bitsiu. Elle a au moins quatre cens Maisons, & elle est bâtie le long du Rivage, avec une Muraille de pierre de taille en trois différens endroits. Ce sont autant de portions de la Ville, chacune gouvernée par un Joriki. La Montagne au pied de laquelle est située la Ville a un rang d'Arbres de Matz plantés sur son Sommet.

[l] Kampfer, Hist. du Japon, t. 2. p. 277.

SIKE, Ville de la Chine [m], dans la Province de Suchuen, au Département de Xunking troisième Métropole de la Province. Elle est de 11. d. 3′. plus Occidentale que Peking, sous les 31. d. 15′. de Latitude Septentrionale.

[m] Atlas Sinens.

SIKI, Village de la Turquie en Asie [n], sur la Côte de la Propontide. Il est peu éloigné du Golphe de Montagnia, & appellé *Sequino* dans nos Cartes. Mais *Siki* est son véritable nom, & il l'a pris à cause que son terroir d'alentour est plein de Figuiers sauvages, & que *Siki* veut dire en Grec une Figue. Ce Village est grand, & il y a une Eglise que les Grecs appellent *Agios Stratigos*; & c'est le nom qu'ils donnent quelquefois à l'Archange Saint Michel, comme qui diroit le Saint Capitaine. Près du Rivage on découvre une Fontaine appellée *Christos* à laquelle ils attribuent des Miracles. Ils en nomment l'eau *Agiasma*, nom qu'ils donnent aussi à l'Eau-benite.

[n] Spon, Voy. du Levant. t. 1. L. 3.

SIKOKF, Province du Japon. Voyez JAPON.

SIL, Rivière d'Asie, en Latin *Sila*, selon Mr. Baudrand [o]. Elle naît aux Confins du Carduel, & après avoir traversé la Circassie, elle va se décharger dans la Mer de Zabache.

[o] Dict.

1. SILA, Forêt d'Italie dans le Bruttium, au Nord de la Ville de *Rhegium*, selon Strabon [p], qui dit qu'on y recueilloit une sorte de poix très-estimée, appellée de là *Pix Bruttia Sila*. Cette Forêt occupoit une partie de l'Apennin; ce qui fait que Pline [q] la nomme *Apennini Silva Sila*. Vibius Sequester [r] écrit *Syla Bruttiorum*, mais il devoit sans doute écrire *Sila*, comme Strabon & Pline. Ce dernier au seizième Livre de son Histoire Naturelle [s], décrit la poix que l'on recueilloit dans cette Forêt.

[p] Lib. 6.
[q] Lib. 3. c.
[r] In Nemorib.
[s] Cap. 11.

2. SILA, Ville dont Strabon [t] fait mention d'après Polybe, qui comptoit cinq-cens-soixante-deux milles depuis la Japygie jusqu'à la Ville de Sila. Ces deux Auteurs sont les seuls qui connoissent cette Vil-

[t] Lib. 6. p. 285.

Ville; & comme ils en parlent d'une maniére très-vague, il n'est pas possible de fixer sa situation.

3. SILA, & SILI, nom d'une des Isles de l'Océan Oriental [a], qui est aux extrémités de la Chine, entre la Ligne Equinoxiale, & le premier Climat. C'est ainsi qu'A'bdalmôal en parle dans sa Géographie Persienne.

[a] D'Herbelot, Bibliot. Or.

Il faut entendre ici, par la Chine, tout ce qu'il y a de Terre, ou de Mer au-delà des Indes à l'Orient. Car c'est le Gebal Camoroun, ou le Cap de Comorin, qui sépare l'Indostan d'avec la Chine, prise dans cette signification.

Il faut pourtant remarquer que l'Isle de Sérandib, est réputée pour être de la Mer des Indes, à cause de la proximité qu'elle a avec ce Cap, & que la Mer de la Chine ne commence à prendre ce nom, selon les Orientaux, qu'au Golfe de Bengale, qui est par delà l'Isle de Zeïlan.

SILACENI. Voyez SAGAPENI.

SILÆUM, Ville de l'Arabie Heureuse: Ptolomée [b] la marque dans les Terres. Le MS. de la Bibliothéque Palatine lit *Sylæum* pour *Silæum*.

[b] Lib. 6. c. 7.

SILAKA, Village, de l'Archipel [c], dans l'Isle de Thermia. Ce Village est bâti sur deux petites Collines, qui se font face l'une à l'autre, & qui sont séparées par un Torrent.

[c] Lettres Edifiantes t. 10. p. 355.

SILANA, Ville dont parle Tite-Live [d]: elle devoit être dans la Thessalie, ou dans la Macédoine.

[d] Lib. 36. c. 13.

SILANDUM, Ville de Lydie. Il est fait mention de cette Ville dans le Concile de Chalcédoine.

1. SILARUS, Fleuve d'Italie, aux Confins des Picentini & des Lucaniens. L'Embouchure de ce Fleuve faisoit, selon Strabon [e], la borne entre la Côte de la Mer de Tyrrhène & celle de la Mer de Sicile. Pline [f] dit que le Silarus fait le commencement de la troisième Région & du Pays des Lucaniens, & des Bruttiens. L'Orthographe du mot Silarus n'est pas uniforme dans tous les Auteurs. Virgile, Ptolomée, Pline, Silius Italicus & la Table de Peutinger disent *Silarus Fluvius*, ou *Silarum Flumen*: mais Pomponius Mela dit *Silerus*; & Lucain aussi-bien que Vibius Sequester écrivent *Siler*.

[e] Lib. 6.
[f] Lib. 3. c. 5.

2. SILARUS, Fleuve d'Italie dans la Gaule Cispadane. La Table de Peutinger marque ce Fleuve entre *Claterna* & *Forum Cornelii*.

3. SILARUS, Montagne d'Italie dans la Lucanie, selon Ortelius [g] qui cite Philargyre [h].

[g] Thesaur.
[h] Ad 3. Geogr. à In Indic.

SILAS, Fleuve de l'Inde. Arrien [i] rapporte d'après Mégasthène, que ce Fleuve sortoit d'une Fontaine de même nom, qu'il couloit par le Pays des Siléens, & que ses eaux étoient si legéres qu'on n'y pouvoit surnager. Voyez SIDEN.

SILBERBERG, petite Ville d'Allemagne [k], dans la Silésie, & dans la Principauté de Monsterberg, vers les Confins de la Bohême. Elle est située dans les Montagnes près de quelques Mines d'argent, ce qui a occasionné son nom.

[k] Jaillot, Atlas.

SILBIANI. Voyez SILBIUM.

1. SILBIUM, Ville d'Italie, dans la Japygie, selon Diodore de Sicile, qui dit que les Romains l'enlevérent aux Samnites. Cette Ville est appellée *Silvium* par d'autres Auteurs. Voyez SILVIUM.

2. SILBIUM, Ptolomée [l] marque une Ville de ce nom dans la Grande Phrygie. Voyez SYLIUM.

[l] Lib. 5. c. 2.

SILDA, Ville de la Mauritanie Tingitane: elle est placée dans les Terres par Ptolomée [m]. Peut-être faut-il lire GILDA, pour SILDA; car tous les Exemplaires de l'Itinéraire d'Antonin lisent GILDA, & Etienne le Géographe met une Ville de ce nom dans la Libye. Cette Ville étoit sur la Route de *Tocolosida* à *Tingis*, entre *Aquæ Daciæ*, & *Vopiscanæ* à douze milles du premier de ces Lieux & à vingt-trois milles du second.

[m] Lib. 4. c. 1.

SILCESTER, Ville d'Angleterre [n] au Comté de Southampton. Dans la partie de ce Comté la plus avancée au Nord on voit les ruïnes de cette ancienne Ville. Elle fut fondée dans le IV. Siécle par Constantin le Jeune, fils de Constantin le Grand, s'il en faut croire nos Historiens; & cela est confirmé par une Médaille qu'on y a déterrée, où l'on voit d'un côté la tête de ce Prince, & sur le revers un Bâtiment avec cette Legende, PROVIDENTIÆ CÆSS. Elle étoit la Capitale des Segontiens, de-là vient que les Bretons lui donnoient le nom de Caersegonte, & les Anciens l'appelloient *Vindonum*. Les Saxons la désolérent lorsqu'ils s'empérent de ce Pays-là, & les Danois achevérent de la ruïner, tellement que depuis lors elle n'a pas pu se relever, & elle est demeurée absolument inhabitée & deserte. Son étendue étoit assés considérable, puisqu'elle occupoit environ quatre-vingt Acres de terre, & c'est peut-être pour cette raison que les Saxons lui donnérent le nom de Selcestre, qui signifie grande Ville. On voit encore les murailles qui sont encore sur pied, quoiqu'à demi-ruïnées, & elles ont environ deux milles de tour. Une bonne partie de son enceinte a été réduite en champs:

[n] Délices de la Gr. Br. p. 77.

—————— *Nunc Seges est ubi Troja fuit*,

Et les Laboureurs ont remarqué que nonobstant que les Terres y soient assés fertiles, on y voit de longs Carreaux, où les Bleds ne sont pas si beaux que le reste, & que ces Carreaux se coupent en divers endroits, ce qui fait conjecturer que ce sont les endroits où étoient les Rues de la Ville. On y a trouvé quantité de Briques antiques, quelques Médailles & diverses Inscriptions Romaines, dont on n'a conservé que la suivante:

MEMORIÆ
FL. VICTORI
NÆ. T. TAM.
VICTOR. CONJUX
POSUIT.

On y voit encore ceci de remarquable, que

que du milieu des murailles de la Ville la Terre a produit des Chênes, dont les racines sont parmi les Pierres, & qui cependant se sont élevés à une grandeur & à une grosseur extraordinaire, on trouve à Silcester les traces ordinaires des Villes habitées par les Romains, je veux dire un grand Chemin Royal pavé, qui passant par des Lieux aujourd'hui deserts, & autrefois habités, cotoye les Frontiéres des Comtés de Berck & de Wilt, & aboutit à la Forêt de Chute, où, l'on en voit les débris en quelques endroits.

1. SILE, Ville de la Basse Egypte. L'Itinéraire d'Antonin la place sur la Route de *Serapium* à *Peluse*, entre *Thaubasium* & *Magdolum*, à vingt-huit milles de la premiére de ces Places & à douze milles de la seconde. Il y a apparence que *Sile* est la même que *Selæ* de l'Augustamnique, & dont l'Evêque nommé Alypius assista au premier Concile d'Ephése. On croit aussi que c'est la même Ville qui est nommée *Sella* dans les Notices.

2. SILE. Voyez SILIS.

SILEI-VICUS, Bourgade dont parle St. Jean Damascène dans la Vie de St. Etienne le Jeune. Il paroît que c'étoit un Lieu de l'Asie Mineure sur la Côte de la Lycie.

SILEMSILENSIS, Siège Episcopal d'Afrique, selon la Conférence de Carthage [a] où Crescenius est dit *Episcopus Silemsilensis*. On trouve qu'un Evêque qualifié *Episcopus Selemselitanus* assista en 397. au Concile de Carthage tenu sous Genethlius; & il paroît que cet Evêché étoit dans la Province Proconsulaire.

[a] N°. 201.

SILENCAI, & SILOUK [b], nom de la premiére Ville, ou Habitation du Turquestan, où Iliak fils de Japhet, faisoit sa demeure avec son Pere, selon Emir Khouand Schah.

[b] D'Herbelot, Biblioth. Or.

SILENI, Pline [c] met un Peuple de ce nom au voisinage du Fleuve Indus.

[c] Lib. 6. c. 20.

SILENIARUM-LITTUS, on trouve un rivage de ce nom dans Eschyle [d].

[d] In Persis.

SILENSIS, Siège Episcopal d'Afrique, dans la Numidie, selon la Notice des Evêchés de cette Province.

SILER. Voyez SILARUS.

SILÉSIE, en Allemand *Schlesien*, Contrée d'Allemagne, unie à la Bohéme, avec titre de Duché. Ce Duché l'un des plus grands de l'Europe est borné au Nord par le Marquisat de Brandebourg & par la Pologne: à l'Orient encore par la Pologne: au Midi partie par la Moravie, partie par la Hongrie; & au Couchant partie par la Basse Lusace, partie par la Bohême.

Il y a des Ecrivains qui se sont imaginé que les Silésiens sont les *Elysii* de Tacite [e]; mais c'est ne connoître ni l'origine des anciens Peuples, ni leurs migrations que de soutenir un pareil sentiment. Les premiers Peuples qui paroissent avoir habité la Silésie sont les Quades [f]. Les Sarmates Lechides leur succedérent & fixérent leur demeure dans le Pays. Dans ce tems-là on ne connoissoit point encore le nom des Silésiens & il n'est guère parlé d'eux que sous le Régne de Charlemagne, tems auquel les *Siusi*, ou comme d'autres lisent les *Sliusi*, ou *Silésiens*, attaquérent avec les Sclaves & les Bohêmes, les Frontiéres de l'Empire [g]. Ditmar de Merbourg parle d'un Canton appellé *Pagus Silensis*, par où l'on entend la Silésie.

[g] Annal. Francor. 869.

Ce Pays embrassa la Religion Chrétienlorsque Mieczislas regnoit en Pologne. Ce Prince en épousant la fille de Boleslas Roi de Bohême, embrassa la véritable Religion & l'établit dans la Pologne & dans la Silésie, qui demeura long-tems unie à la Pologne, & fut possédée par Lechus, par ses Descendans, & ensuite par les Piastes [h]. Hartknoch à la vérité tâche de prouver par le témoignage de Vincent Kadlube, que la Silésie, qu'il appelle mal à propos *Sileucia*, fut soumise aux Polonois par les armes de Boleslas Chrobrus, mais sans avoir recours à des témoignages fabuleux, on a plusieurs Piéces authentiques, qui font voir que dès le commencement du regne de Lechus la Silésie fit partie de la Pologne, & qu'elle formoit une espéce de République, qui avoit ses Priviléges particuliers. Melchior Goldast soutient que les Rois de Pologne relevoient des Empereurs d'Allemagne pour la Silésie, & que cette Province étoit un Fief de l'Empire, ce qui ne souffre point de difficulté depuis qu'elle est unie à la Bohême, qui, ainsi que les Provinces qui y sont jointes, releve de l'Empire.

[h] Henelius, Silesiog. c. 7.

Henri Duc de Breslaw, fut celui qui donna le commencement à l'union de la Silésie avec la Bohême, par le Traité qu'il fit à ce sujet avec le Roi Wenceslas en 1290. Traité qui fut confirmé par l'Empereur Rodolphe. Peu à peu les autres Princes de Silésie suivirent l'exemple du Duc de Breslaw, jusqu'à ce que tous se soumirent ensemble au Roi Jean de Luxembourg. La Cérémonie en fut faite solemnellement à Breslaw le Dimanche des Rameaux de l'an 1337. Dans la suite le Roi de Pologne Casimir, du consentement de la Diéte, renonça à la Silésie. Le Diplome de cette Cession est de l'an 1339. & a été publié par Goldast [i]. Cette Cession n'empêche pas que les Rois de Pologne ne se qualifient Ducs de Silésie.

[i] In Append Documentor. p. 40.

L'Oder partage la Silésie en Partie Orientale & Partie Occidentale; & dans toute son étendue ce Duché forme comme une grande Vallée, longue d'environ soixante milles d'Allemagne & large de vingt milles. Il est presque tout environné de Montagnes d'où sortent de tous côtez plusieurs petites Riviéres qui se rendent dans l'Oder. Celle-ci passe par le milieu de cette grande Vallée remplie de beaucoup de grosses Villes dont la Capitale est Breslau. Plusieurs de ces Villes sont qualifiées du titre de Duché, de Principauté, ou de Baronnie; & on peut dire en général qu'il n'y a point de Province où il y ait plus de Noblesse & plus de Places réguliérement fortifiées qu'en Silésie. Ainsi on y trouve quantité de Villes fortes, d'Arsenaux fournis de toutes sortes d'armes

[e] De Morib. Germ. 43. 5.

[f] Schurzfleisch, Disput. 19.

mes & de gens très-aguerris. Elle est fertile en Bleds, en grandes Forêts, qui abondent en Gibier, & en bons Pâturages, où l'on nourrit plus de Bétail qu'en aucun endroit de l'Allemagne. Les Riviéres fournissent du Poisson en quantité, & celle d'Oder facilite le Commerce du Pays qu'elle rend très-agréable. On y trouve aussi diverses Mines, & la Silésie qui a passé dans la Maison d'Autriche est un des meilleurs Pays que possède l'Empereur. Voici les Duchés & Baronnies qu'elle renferme :

Dans la partie Occidentale :
- Breslaw,
- Brieg,
- Neiss,
- Ratibor,
- Gegerndorff,
- Tropaw,
- Munsterberg,
- Scweidnitz,
- Jawer,
- Lignitz.

Dans la partie Orientale :
- Sugan,
- Glogaw,
- Wolaw,
- Trachemberg, *Bar.*
- Miltsch, *Bar.*
- Wartemberg, *Bar.*
- Olse,
- Oppelen,
- Teschen,
- Pleiss, ou Pless, *Bar.*

SILESTANTINA, Ville de l'Isle de Taprobane, selon Jornandès cité par Ortelius [a].
[a] Thesaur.

SILI, Peuples de l'Ethiopie sous l'Egypte. C'est Strabon [b] qui en parle. Comme personne ne doute que les SILI de Strabon ne soient les mêmes que les SIMI d'Agatharchis & de Diodore de Sicile, Casaubon seroit tenté d'adopter la seconde de ces orthographes.
[b] Lib. 16. p. 772.

SILIA. Voyez SIDEN.

SILIAN, Lac de Suède, dans la Dalécarlie [c]. Il est grand & reçoit la décharge de divers petits Lacs. La Riviere d'Ora, & le Dala Oriental se jette dans le Lac de Silian, dont les eaux sont portées à la Mer par la Riviére de Dala.
[c] De l'Isle Atlas.

SILICÉ, Ville de la Libye Intérieure : Ptolomée la marque près du Fleuve Bagradas.

SILICENSE FLUMEN, Fleuve de l'Espagne Bétique. Hirtius [d] fait entendre que l'ancienne Ségovie de la Bétique étoit bâtie sur le bord de ce Fleuve ; ce qui fait juger que ce pourroit être le Xenil.
[d] De Bel. Alex. c. 57.

SILICI-CLASSITÆ, Peuples d'Asie, au voisinage de la Mésopotamie, selon Pline [e] qui les surnomme CLASSITÆ pour les distinguer des SILICI-MONTANI, dont il parle dans le même Chapitre & qui habitoient les Montagnes. Quant au surnom *Classitæ*, on n'en sait point l'origine, à moins qu'on ne lise *Calachitæ* ; car Strabon & Ptolomée mettent dans ce Quartier sur le bord de la Mer une Contrée nommée *Calachene*, ou *Calakine* ; mais, dit le R. P. Hardouin, les MSS. de Pline lisent *Classis III*.
[e] Lib. 6. c. 26.

SILILIS. Voyez SELINUM.

SILINDIUM, Etienne le Géographe, qui cite Démetrius Scepsius, met près du Mont Ida dans la Troade une petite Ville du nom SILINDIUM.

SILINGI, Peuples d'entre les Wandales, dans l'Espagne Bétique. Ils furent exterminés par l'Empereur Honorius, selon Isidore [f]. Voyez SYLINGI.
[f] Gothor. & Wandal. Hist.

SILINUS, Fleuve du Péloponnèse dans l'Elide : Pausanias dit qu'il arrosoit le Territoire de Scillunte. C'est le *Sellenus* de Xénophon, & le *Selinus* de Strabon.

SILIS, Fleuve d'Italie, dans le Territoire de Venise : Pline [g] veut que ce Fleuve prenne sa source dans les Monts *Taurisani*. Ce Fleuve, selon Cluvier [h], retient son ancien nom, car on le nomme présentement *Sile*. Il a sa source dans une Plaine au-dessus de *Tarviso* qu'il arrose & partage en deux, & il y grossit son lit des eaux de plusieurs Ruisseaux & Riviéres. L'état présent de ce Fleuve oblige Cluvier de conclurre, qu'au lieu de *ex Montibus Taurisanis*, il faut lire dans Pline *ex Fontibus Tarvisanis*.
[g] Lib. 3. c. 18.
[h] Ital. Ant. Lib. 1. c. 18.

SILIS. Voyez SYLIS & TANAÏS.

SILISSUM, selon Curopalate, & HILISSUM, selon Nicéphore Calliste, Château de la Bulgarie. Voyez HILISSUM.

SILISTRIA, ou DORESTERO, Ville de la Turquie en Europe, dans la Bulgarie, près du Danube vis-à-vis l'Embouchure du Missovo [i], & la Capitale d'un Sangiacat, ou Gouvernement particulier. Cette Ville appellée anciennement *Durostorum* ou *Dorostorum* est assez grande, forte & défendue par une bonne Citadelle. Le Gouvernement qui porte son nom s'étend depuis celui de Nicopoli jusqu'à la Mer Noire, & renferme le Pays des Tartares de Dobruce & les Villes de Chiustenge, de Temiswar, de Varne, de Mesembria & autres. SILISTRIE, *Dorostolus* ou *Drystra*, dit Mr. de Commainville [k] a un Archevêché Honoraire du Rit Grec.
[i] Baudrand, Dict.
[k] Table des Evêchés.

SILLA, Fleuve de l'Inde, Diodore de Sicile [l] remarque que ce Fleuve sort d'une Montagne de même nom, & qu'il se perd ensuite dans la terre, sans avoir reçu les eaux d'aucun autre Fleuve. Voyez SIDEN.
[l] Lib. 2.

1. SILLERY (Marquisat de), en France dans la Champagne [m]. Cette Terre est à deux lieues de Rheims, sur la petite Riviére de Vesle. Elle appartenoit à feu M. Brulard de Sillery Marquis de Puiseux, Lieutenant Général des Armées du Roi, Gouverneur d'Huningue, ci-devant Ambassadeur en Suisse. Cette Terre relevoit autrefois du Comté de Nanteuil, mais depuis son erection en Marquisat elle releve du Roi à cause de la Tour du Louvre à Paris.
[m] Baugier, Mémoires Hist. de Champ. t. 2. p. 326.

M. de Puiseux est un arriére-petit-fils de Nicolas Brulard de Sillery Président au Parlement de Paris & Chancelier de France. Ce grand Homme fut envoyé en l'année 1589. par le Roi Henri III. en qualité de son Ambassadeur en Suisse, où le Roi Henri IV. son Successeur, qui connoissoit son mérite le renvoya en la même qualité en en 1595. Il le fit Président au Parlement en 1597. Il se trouva en 1598. à la Paix de Vervins, où il fut envoyé en qualité d'Ambassadeur Plénipotentiaire du même Prince. Le Roi l'envoya ensuite en Ambassade à Rome; ce fut dans ce Voyage, qu'il conclut le Mariage de Sa Majesté avec la Princesse Marie de Médicis. En 1602. il fut envoyé une troisième fois en Suisse, où il renouvella l'Alliance. A son retour, qui fut en 1604. Le Roi le fit Garde des Sceaux en titre d'Office, un an après Chancelier de Navarre, & enfin Chancelier de France le 10. Septembre 1607. Il en fit les fonctions jusqu'en 1616. qu'il remit les Sceaux au Roi Louis XIII. Il fut obligé de les reprendre au Mois de Janvier 1623. Il les rendit au commencement de Janvier de l'année suivante, & s'étant retiré au Château de Sillery, il y mourut le premier Octobre de la même année. Il descendoit d'une très-noble & très-ancienne Famille d'Artois, qui s'est rendue illustre dans la Robbe & dans les armes. Adam d'Héez & d'Agnès au Comté d'Artois, Chambellan du Roi Philippe I. fut le premier de sa Maison, qui vint s'établir en France. Il fut de la Croisade sous Godefroi de Bouillon; il revint en France après la Conquête de Jérusalem. Godefroi Brulard son fils en 1148. ou 1151. mourut en la guerre que Philippe Auguste eut contre Hugues de Bourgogne. Adam II. son fils, aussi Chambellan du Roi, fut au Siège d'Avignon, que tenoient les Hérétiques surnommés les Albigeois, que le Roi Louis VIII. fit en 1124. & après la réduction de la Place il fut assassiné par la fureur des Albigeois. Le Pape Honorius lui fit faire une Sépulture. Cette Famille a toujours possédé dans ce tems-là, dans le Royaume des Charges considérables, dans la Robbe & dans l'Epée comme premier Président du Parlement de Paris, Grands-Maîtres de l'Artillerie, Grands Thréforiers des Ordres du Roi.

2. SILLERY, Poste de l'Amérique Septentrionale, dans la Nouvelle France, à une lieue au-dessus de Quebec. Les Jésuites ont un Fort dans ce Lieu qui est habité par des Algonkins qu'on a vus autrefois au nombre de quinze cens. Cette Mission & Colonie a été fondée par Mr. le Commandeur de Sillery, dont elle porte le nom.

SILLEY LE GUILLAUME, Bourg de France, dans le Maine, à deux lieues de la Ville du Mans, vers le Couchant Septentrional.

SILLIA, Lieu de la Palestine, au voisinage de Césarée de Philippe, selon Ortelius [a], qui cite Guillaume de Tyr.

[a] Thesaur.

SILLITANUM. Voyez SILENSIS.

SILLITANUS, Siège Episcopal d'Afrique, dans la Numidie, selon la Notice des Evêchés de cette Province. Dans la Conférence de Carthage Faustinus est qualifié *Episcopus plebis Sillitanæ*.

SILLON, Lac d'Irlande, dans l'Ultonie [b]. Il sépare la Frontière Méridionale du Comté de Cavan de celle du Comté de

[b] Délices de la Gr. Br. p. 1600.

West-Meath. Au milieu de ce Lac on voit une Islette, où l'on a bâti un Château quarré nommé *Castle-Raghan*, qui l'occupe toute entière. Au Nord-Est de ce Lac, le Pays est coupé d'un rang de petites Montagnes de dix milles de longueur, & qui s'étendent depuis le Village de Kilkully, jusqu'à la petite Ville de Kels, dans le Comté d'Est-Meath. Le Terroir y est excellent soit pour la culture, soit pour les pâturages. Il s'y trouve aussi une Mine de Fer dans un Lieu nommé *Douballie*.

SILLY, Abbaye de France [c], dans la Normandie au Diocèse de Seez, dans le Territoire d'Argentan, entre la Ville de ce nom & celle d'Hièmes. Elle est de l'Ordre de Prémontré & située sur un Ruisseau, qui tombe dans l'Orne. Ce fut Drogon Officier de l'Impératrice Mathilde, Mere d'un Roi d'Angleterre, qui en fut le Fondateur en 1150. & cette même Princesse en augmenta le revenu par ses libéralitez.

[c] Corn. Dict.

SILLYUS, Ville de l'Asie Mineure, dans l'Ionie. Elle est placée aux environs de Smyrne par Etienne le Géographe.

SILO [d], Ville célèbre dans la Tribu d'Ephraïm, éloignée de douze milles [e], ou de quatre lieues de Sichem, selon Eusèbe, ou seulement de dix milles, selon Saint Jérôme. Elle étoit dans l'Acrabarène, selon l'un & l'autre. Du tems de Saint Jérôme [f], Silo étoit entièrement ruinée, & on n'y montroit plus rien de Sophon. 1. remarquable, que les fondemens de l'Autel des Holocaustes, qui y avoit été bâti. C'est à Silo que Josué [g] assembla le Peuple, pour faire le second partage de la Terre promise. C'est au même Lieu que l'on fixa le Tabernacle du Seigneur, lorsque le Peuple fut établi dans son Pays. Josué 19. v. 51. l'Arche & le Tabernacle du Seigneur demeurèrent à Silo depuis l'an du Monde 2560. qu'elle y fut fixée par Josué, jusqu'en l'an du Monde 2888. avant Jésus-Christ 1112. avant l'Ere Vulgaire 1116. [h] qu'elle fut prise par les Philistins du tems du grand Prêtre Héli. C'est à Silo [i] que Samuël commença à paroître. C'est-là que demeuroit le Prophète Ahias [k]. Jérémie avoit prédit que le Temple de Jérusalem seroit réduit au même état que Silo [l]. Après le retour de l'Arche du Pays des Philistins, au lieu de la reporter à Silo [m], on la déposa à *Cariathiarim*. M. Reland conjecture que c'est du nom de Silo, que Pausanias a pris occasion de dire [n], que Silenus compagnon de Bacchus étoit enterré dans la Palestine. Benjamin de Tudèle dit que de son tems on y montroit le Tombeau de Samuel. On voit sur les Médailles de Sichem ou Néapolis, Silène représenté: ce qui pourroit faire croire que c'étoit plutôt à Sichem, qu'à Silo, qu'on auroit cru voir le Tombeau de ce demi-Dieu.

[d] Dom Calmet, Dict.
[e] Josué, c.
[f] Hieron. in Sophon. 1. & in Epitaph. Paulæ.
[g] C. 18. v. 1, 2, 3.
[h] La même année 2560.
[i] 1 Reg. c. 4.
[k] 3 Reg. c. 14. v. 2.
[l] Jérém. c. 7 v. 12. 14. c. 26 v. 6. 9. m 1. Reg. c. 6. v. 21.
[n] Pausan L. 6. c. 24.

SILOE, SILOA, ou SILOAM, Fontaine aux pieds des Murs de Jérusalem du côté de l'Orient, entre la Ville & le Torrent de Cédron. S. Epiphane [o] écrit que Dieu accor-

[o] Epiphan. de Vita & Morte Prophet. p. 248

accorda cette Fontaine aux priéres du Prophête Isaïe: mais elle subsistoit long-tems avant ce Prophête; & il y a toute apparence que c'est la même que la Fontaine du Rogel, ou du Foulon qui est connue dans Josué [a], & dans le Livre des Rois [b]. La situation de la Fontaine du Rogel à l'Orient, & au pied des Murs de Jérusalem, de même que la Fontaine de Siloé, persuade que c'est la même Source; car il n'y en avoit pas plus d'une de ce côté-là. Joseph parle souvent des eaux de Siloé. Il dit [c], que quand Nabuchodonosor assiégea Jérusalem, cette Fontaine augmenta ses eaux, & que la même chose arriva pendant que Tite fit le Siége de cette Ville; en sorte qu'auparavant au lieu qu'on n'en pouvoit avoir qu'à peine avec de l'argent, pendant le Siége, elle en fournissoit abondamment à l'Armée Romaine, & qu'il en restoit encore pour arroser les Jardins.

[a] C. 15. v. 7.
c. 18. v. 16.
[b] 2 Reg. c. 17. v. 17.
3 Reg. c. 1. v. 9.

[c] Joseph. De Bello, L. 5. c. 26.

Isaïe [d] insinue que ses eaux couloient doucement, & sans bruit. Ce Peuple, dit-il, a méprisé les eaux de Siloé, qui coulent paisiblement, & je ferai venir sur lui les eaux de l'Euphrate, qui sont si rapides, & si abondantes &c. S. Jérôme [e] dit que la Ville de Jérusalem n'a que la seule Fontaine de Siloé, d'où elle tire ses eaux; & encore cette Fontaine ne coule-t-elle pas toujours: *Uno Fonte Siloe, & hoc non perpetuo utitur Civitas.* Mais anciennement il n'en étoit pas ainsi; au moins l'Ecriture ne nous en donne pas cette idée. St. Jérôme dit même que les eaux de Siloé rendoient la Vallée où elles couloient, très-agréable & très-délicieuse, parce qu'elle y arrosoient des Bois & des Jardins. Monconis [f] dit que l'eau de cette Fontaine est un peu salée, & n'est point de bon goût. Les Rabins [g] racontent que les Prêtres beuvoient de l'eau de Siloé lorsqu'ils avoient trop mangé de chair afin d'aider à la digestion. La salure dont parle Monconis y pouvoit contribuer. S. Jean parle de la Piscine de Siloé, nommée Betzaïda, ou plutôt Bethesda.

[d] C. 8. v. 6.

[e] In Jerem. c. 14.

[f] Monconis, Voyage de la Terre-Sainte, part. 2. p. 38.
[g] Rabin Natban in Aboth. c. 35.

Le Pere Nau parle ainsi de la Fontaine de Siloé dans son Voyage de la Terre-Sainte [h]. Il y a, dit-il, une Fontaine au bas du Village de Siloan, qui arrose des Jardins potagers, & qu'on croit être celle que l'Ecriture-Sainte nomme Rogel; car elle est dans la même situation qu'elle donne à celle-ci dans le Chapitre 15. & dans le 18. de Josué, qui mettent entr'elle & le Mont de Sion, où le Jébuséen habitoit, la Vallée du Fils de Ennom, qui est celle de Josaphat. Et c'est peut-être à cause qu'elle est au pié de la Montagne, que l'on l'appelle du nom de Rogel qui signifie pié. Achimaas & Jonathas les deux Espions de David se tinrent cachés là auprès, lorsqu'Absalom se rendit Maître de Jérusalem, & y attendirent la nouvelle de la résolution que ce méchant Prince prendroit contre le Roi son Pere. Ils l'y reçurent par cette fidelle Servante, que les Prêtres Sadoc & Abiathar leur envoyérent, aussi-tôt que Chusaï les eut informez de toute

[h] Lib. 3. ch. 13.

l'affaire. Ils choisirent la Fontaine la plus écartée, & qui étoit le plus sur le chemin, par où ils devoient promptement aller avertir David de tout ce qu'on auroit tramé contre lui. Ce fut aussi dans un Lieu voisin de cette Fontaine, nommé la Pierre de Johelet, qu'Adonias voulant se faire déclarer Roi devant la mort de David son Pere, & ravir la Couronne promise à Salomon, fit un régal à tous ses autres Freres, & à la plûpart des Grands de la Cour, & qu'il apprit la nouvelle que Salomon l'avoit prévenu, & s'étoit mis en possession du Trône Royal. Ce qui troubla toute la Fête, & obligea cet ambitieux Prince à courir au Temple, & à chercher un azyle au pié des Autels.

Au pié de la Montagne de Sion & à son Orient, l'on voit dans le Roc un Sépulcre, qu'on dit être celui d'Isaïe. C'est un trou profond & quarré qui y a été fait avec le Ciseau & le Marteau. Il n'a maintenant aucun ornement; mais il n'en devoit pas manquer autrefois, étant le Sépulcre du plus illustre & du plus qualifié de tous les Prophétes.

Ce grand Homme est illustre en tout. Son nom seul est l'abregé de toutes les Prophéties; car Isaïe dans la Langue Sainte signifie Jésus est Dieu, comme l'a remarqué un savant Interpréte. Il étoit Neveu de Roi, Cousin de Roi, & Beau-Pere de Roi, Fils d'Amos, qui étoit Frere du Roi Amasias, Cousin, & Beau-Pere de Manassés. Il a prophétisé pendant quatre-vingt-dix ans pour le moins, mais avec une force divine, & un zèle qui n'a point d'égal. Il a plus vu que tous les autres, & au dire de l'Ecclésiastique.... *Usque in sempiternum ostendit futura & abscondita antequam evenirent.* Le grand Esprit qui l'animoit, lui a fait voir les choses les plus éloignées. Il a découvert ce qui se doit faire jusqu'au fond de l'Eternité. Il a annoncé les Mystéres cachez, auparavant qu'ils arrivassent, & les a si nettement déclarez, qu'il semble ne dire pas ce qui se fera, mais ce qu'il a vû s'être fait; de sorte que S. Jérôme veut qu'on l'appelle plutôt un Evangéliste qu'un Prophéte. Il a intimé les Ordres de Dieu aux Rois & aux Princes avec un courage, qui lui a attiré leur haine. Le Roi Manassez son beau-fils ne put supporter ses avis & ses reproches salutaires. Il le fit scier avec une Scie de bois, disent les SS. Peres, & les Hébreux. Et pour cacher sa vengeance dénaturée, & son parricide sacrilege, d'un prétexte de Religion, il lui imposa d'avoir avancé un blasphême horrible en ces paroles couchées au Chapitre 6. de sa Prophétie: *Vidi Dominum sedentem super solium excelsum:* J'ai vu le Seigneur sur un Trône élevé; Et prétendant qu'en cela il avoit démenti Moïse & Dieu même, qui dit dans l'Exode, que nul Homme vivant ne le verra. On dit qu'étant dans le fort du supplice il eut soif, & que Dieu pour sa consolation fit descendre une Eau miraculeuse dans sa bouche, & que c'est à cause de cet envoi que Dieu lui fit, qu'on nomma ce Lieu

Lieu Siloé, car Siloé eſt un mot Hébreu qui ſignifie, *Envoyé*. Mais Saint Epiphane en apporte une autre raiſon, dont il ſera parlé à l'occaſion de la *Fontaine de Siloé*. On montre vis-à-vis le Sépulcre de ce Prophète l'endroit de ſon Martyre. Il en eſt éloigné d'un trait d'Arbalête, & marqué par un Arbre ſous lequel les Mahométans vont quelquefois faire leurs prières.

SILOE' (Tour de). Il eſt dit dans l'Evangile que la Tour de Siloé tomba ſur dix-huit hommes & les écraſa ſous ſes ruïnes. On croit que cette Tour étoit près de la Fontaine de Siloé dont nous venons de parler.

SILPHIOFERA, Contrée de l'Afrique, dans la Pentapole, ſelon Ptolomée [a]. [a Lib. 4. c. 4.

SILPIA, Ville de l'Eſpagne Tarragonoiſe. Tite-Live [b] en fait mention; & on croit que c'eſt la même qui eſt nommée *Helinga*, ou *Elinga* par Polybe. Voyez HELINGA. [b Lib. 28. c. 12.

SILPIUS. Voyez SILTIUS.

SILTIUS [c], Montagne voiſine de la Ville d'Antioche de Syrie, ſelon Euſtathe, qui remarque que le Lieu ou la Ville Ἰεπολις étoit ſur cette Montagne; voyez JOPOLIS, N°. I. Cédréne ajoute que dans la ſuite *Seleucus* y fit bâtir la Ville d'Antioche; mais il écrit Σίλπιος, *Silpius*, au lieu de Σίλτιος, *Siltius*, & c'eſt ainſi qu'écrit auſſi Suidas [d]. [c Ortelii Theſaur. [d In Voce Io.

SILVA *Herculi Sacra*, Forêt de la Germanie, entre le Weſer & l'Elbe. Tacite [e] qui en parle dans ſes Annales dit qu'elle étoit conſacrée à Hercule. Elle ne devoit pas être éloignée du Weſer. [e Lib. 2.

SILVA CANDIDA, Lieu d'Italie au Duché de Rome. C'étoit un Siège Epiſcopal dont l'Evêque paroît avoir aſſiſté à pluſieurs Conciles Romains [f]. Il eſt auſſi fait mention de cet Evêché dans quelques Chroniques [g]. Baronius nous apprend que SILVA CANDIDA étoit à dix milles de Rome, ſur la Voie Aurélienne; & par conſéquent dans la Toſcane. Elle eſt à préſent détruite, dit Ortelius [h], comme on le remarque dans la Carte du Royaume de Naples par Ligorius. [f In Contilior. opera. [g Chron. Sigiberti & Marcellini Comitis. [h Theſaur.

SILVA-CIMINIA, Forêt d'Italie, dans la Toſcane, au delà de la Ville de Perouſe par rapport à Rome. Tite-Live [i], qui marque la ſituation de cette Forêt, la décrit, dit que ſous le Conſulat de Q. Fabius & de C. Marcius Rutilus elle étoit auſſi impénétrable & auſſi affreuſe que la Forêt Hercynienne dans la Germanie, & qu'aucun Marchand juſque-là n'avoit oſé y paſſer. [i Lib. 9. c. 36. & 37.

SILVA MALITIOSA, Forêt d'Italie, dans la Sabine. Tite-Live [k] rapporte qu'il s'y donna une rude bataille entre le Roi Tullus & les Sabins. Quelques Critiques ont voulu lire *Silva Mulycuſa*, au lieu de *Silva Malitioſa*; mais outre que les anciennes Editions portent *Silva Malitioſa*, Denys d'Halicarnaſſe appelle cette Forêt τὴν ὕλην καλυμένην κακέργον; ainſi il n'y a rien à corriger dans cet endroit de Tite-Live. [k Lib. 1. c. 30.

SILVANECTES & SILVANECTUM, Ville de la Gaule Belgique. Cette Ville n'a point été connue des Anciens, ou plutôt ſon nom eſt étrangement défiguré dans leurs Livres [l]. Pline [m] met dans la Belgique *Sueſſiones Liberi*, *Ulmanetes Liberi*; car c'eſt ainſi que liſent tous les MSS. & toutes les Editions, avant celle d'Hermolaüs qui écrit *Ulbanectes*. On trouve dans Ptolomée immédiatement après les Nerviens, Σμμανέκτες, *Sumanectos*; cela ſe lit dans le MS. de la Bibliothéque Palatine qui ſupplée la Lacune des autres MSS. Grecs, & l'Interprête Latin écrit *Subanectos*. La plûpart des Géographes croient qu'il eſt queſtion dans cet endroit de Ptolomée des Peuples *Silvanectes*: Mr. de Valois n'eſt pourtant pas de ce ſentiment; mais il ne dit point en quel autre endroit il placeroit les *Silvanectes*. Ptolomée donne aux *Sumanecti*, ou *Subanecti*, une Ville nommée 'Ρατόμαγον, qui pourra être la même que l'*Auguſtomagus* des anciens Itinéraires, ſi l'on vient à convenir que les *Sumanectes* & *Silvanectes* ſont le même Peuple, comme je le croirois aiſément. Les mêmes Itinéraires placent AUGUSTOMAGUS, entre *Cæſaromagus* & *Sueſſiones*; ce qui fait voir que c'eſt la Ville de Senlis d'aujourd'hui, qui eſt appellée *Civitas Silvanectum* dans la Notice des Provinces des Gaules, & *Civitas Silvanectenſium* dans une autre Notice. Dans la Notice des Dignitez de l'Empire on lit: *Præfectus Lætorum gentilium Remos & Silvanectas Belgicæ ſecundæ*, où l'on voit que comme le nom des Peuples *Remi* eſt donné à la Ville de Rheims, de même le nom des Peuples *Silvanectes*, ou *Silvanectæ* eſt employé ſelon l'uſage de ces tems-là pour déſigner la Capitale *Auguſtomagus*, à préſent Senlis. Le Roi Guntheram ſe plaignit à Grégoire de Tours qui lui avoit été envoyé en Ambaſſade, de ce qu'on lui retenoit ſa part de la Ville de Senlis: *Pars mea de Urbe Silvanectenſi non redditur*. Voyez SENLIS. [l Cellar. Geogr. Ant. L. 2. c. 3. [m Lib. 4. c. 17.

SILVANI LAVACRUM, Bain d'Italie, dans la Campanie, ſelon Ammien Marcellin [n], qui eſt, je penſe, le ſeul des Anciens qui en parle. Il y avoit bien à Rome dans la treizième Région une *Fontaine de Silvain*, avec un Temple d'Hercule & de Silvain; mais le *Silvani-Lavacrum* devoit être dans la Campanie, s'il eſt vrai que le Texte d'Ammien Marcellin ſoit exact dans cet endroit. [n Lib. 28. c. 4.

SILVANI-LUCUS, Bois d'Italie dans la Toſcane. Virgile [o] le place près de la Riviére de *Cere*, aujourd'hui *Vacina*, & dit qu'il étoit conſacré au Dieu Silvain. [o Æneid. L. 8. v. 600.

SILVANIS. Voyez SYLVANIS.

SILVANO, Bourg d'Italie dans le Milanez [p], ſur la rive droite de la Riviére Corona, à demi-lieue de ſon Embouchure dans le Pô, à neuf ou dix milles de Tortone, en tirant vers le Nord. [p Magin. Atlas Ital.

SILVES, ou SILVA, Ville de Portugal [q], au Royaume des Algarves, au Couchant de Loule, un peu au-deſſus du bord de la Mer. Cette Ville a été autrefois plus conſidérable qu'elle ne l'eſt à préſent. La Situation en eſt tout-à-fait charmante [q Délic. d'Eſpagne, p. 812.

dans une Campagne qui eſt toute plantée de beaux Jardins, & de petites Forêts de bons Arbres fruitiers, tellement qu'elle eſt comme un petit Paradis terreſtre: auſſi a-t-elle le nom de Parayſo. Nonobſtant tous ces agrémens, elle n'eſt pas fort peuplée; & comme elle avoit été revêtue de la Dignité Épiſcopale aux dépens d'Oſſonoba, on l'en a auſſi dépouillée en 1590. pour en orner Faro. Au Sud-Oueſt de Silves l'Océan fait deux petites courbures en s'avançant dans les Terres à l'Embouchure de deux petites Riviéres, & la Marée y forme deux bons Ports de Barre, où les Vaiſſeaux peuvent entrer dans le tems de la pleine Mer. Ces deux Ports ſont *Villa Nova* de Portimaon, & Albor. Le plus Oriental des deux eſt *Villa Nova*. L'entrée en eſt aſſée aiſée parce que la paſſe eſt fort droite: l'autre qui eſt plus au Couchant, ſavoir Albor ou Alvor, a l'entrée plus difficile à cauſe des Rochers qui la bordent, & parce qu'elle eſt courbe, & que la Rivière y va en ſerpentant. Albor eſt un petit Bourg ſitué au fond du Golfe que forme le Port dont on vient de parler, & au milieu du Golfe paroît une petite Iſle élevée dont la partie la plus haute eſt une Eſplanade où l'on voit les ruïnes d'une Ville bâtie par les Mores. Ces ruïnes font connoître que la Ville a été magnifique. Les Anciens mettent dans ce Quartier de Pays un Port qu'ils nomment *Annibalis Portus*, le Port d'Annibal; comme ils en parlent d'une manière un peu vague ſans marquer les diſtances des Lieux, l'on ne peut pas bien déterminer, ſi par-là on doit entendre Albor, ou *Villa Nova* de Portimaon: ce qu'il y a de certain c'eſt qu'il faut entendre ou l'un ou l'autre. Le Bourg d'Albor eſt dans une vaſte Plaine où l'on recueille d'excellent Vin.

SILVI, Siège Épiſcopal de l'Aſie Mineure [a], dans la Pamphylie. Il en eſt parlé dans le Concile de Conſtantinople tenu ſous le Pape Damaſe I.

[a] *Ortelii Theſaur.*

SILVIA, Voyez SALVIA.

SILVIACUM, Village de la Gaule Belgique [b], dans le Territoire de Boulogne. Il eſt fait mention de ce Village dans la Vie de St. Wulmar & dans les Épîtres de St. Loup.

[b] *Ibid.*

SILVIANUM; Voyez SILVIUM.
SILVINI, Voyez SILVIUM.

SILVINIACUM, ou SILVINIACUS, Bourgade de France, aux Confins du Berry & de l'Auvergne, dont elle paſſoit pour être la borne, ſelon l'Auteur d'une des Vies de St. Maiol, cité par Mr. de Valois [c], qui dit que cette Bourgade avoit pris ſon nom de *Silvinus*. Pierre Maurice [d] nous apprend que quoique SILVINIACUS ne fût qu'une Bourgade ou un Village, *Villa*, ce Lieu ne ſe cédoit preſque à aucune Ville de France pour le nombre des Habitans. On voit auſſi [e] que SILVINIACUM, ou SILVINIACUS a été autrefois compté au nombre des Obédiences ou Prieurés de l'Ordre de Clugny, & qu'il avoit le quatrième rang entre les cinq grandes Celles ou Prieurés de ce même

[c] *Notit. Gal.* p. 516.
[d] *de Miracul.* L. 2. c. 31.
[e] *In Litteris Veterib. Epiſc. Romanor.*

Ordre. C'eſt préſentement SOUVIGNY, entre Bourbon l'Archembault & Moulins.

SILVIUM, Lieu d'Italie: l'Itinéraire d'Antonin le marque ſur la route de Benevent à Tarente, entre *Venuſia* & *Blera*, à vingt milles du premier de ces Lieux, & à treize milles du ſecond. Dans la route de *Benevent* à *Hydruntum* le même Itinéraire écrit AD SILVIANUM pour SILVIUM; & dans la Table de Peutinger on lit SILUTUM pour SILVIUM, ce qui eſt une faute. Strabon [f] donne SILVIUM aux *Peucetii*, & ſemble la placer dans les Terres. Les Habitans de cette Ville ſont nommez *Sylvini* par Pline [g]. *Silvium* ſelon Holſten étoit dans l'endroit où nous voyons aujourd'hui *il Gorgolione*.

[f] Lib. 6. p. 283.
[g] Lib. 3. c. 11.

SILURES, Peuples de la Grande-Bretagne. Pline [h] les étend juſqu'à la Mer d'Hibernie. Ptolomée [i], qui écrit SYLURES, ne leur donne que la Ville *Bullæum*, aujourd'hui *Buelth*; mais ſelon l'Itinéraire d'Antonin, ils devoient avoir encore *Ariconium*, *Iſca Silurum*, *Burium Bovium*, & peut-être *Gobannium*: le même Itinéraire leur donne encore *Venta Silurum*, & *Magnæ*, ou *Magæ*. Les Silures [k] paroiſſent être venus de l'Eſpagne en partie à cauſe de leur teint, qui étoit plus brun que celui des autres, & leurs cheveux courts & friſez, au lieu que les Gaulois & les autres Bretons étoient naturellement blonds; & à cauſe de leurs mœurs qui étoient un peu différentes de celles des autres. On ſait d'ailleurs que les anciens Cantabres ou Biſcayens, qui étoient fort appliqués à la Navigation, envoyérent des Colonies dans l'Iſle d'Irlande, & l'on préſume que les Silures étoient des deſcendans de ces Cantabres tranſplantés, qui avoient paſſé dans la grande Iſle de Bretagne, & s'y étoient établis. Oſtorius gagna ſur leur Roi Caraćtacus une Vićtoire complete & déciſive, prit priſonniers les Frères & la Fille de ce Roi; & celui-ci lui ayant été livré lui-même quelque tems après par la Reine Cartiſmandua, qui commandoit aux Brigantes, il les envoya tous à Rome.

[h] Lib. 4.
[i] Lib. 2. c. 3.
[k] *Délices de la Gr. Br.* p. 6. & 39.

SILURUS-MONS, Montagne qu'Avienus place vers l'Eſpagne Bétique. Ortelius ſoupçonne que ce pourroit être le Mont *Solorius* de Pline.

SILVUM, Ville de l'Aſie Mineure dans la Pamphylie: elle eſt placée dans les Terres par Ptolomée [l].

[l] Lib. 5.

SILYS. Les Scythes, ſelon Pline [m], donnoient dans leur Langue ce nom à deux Fleuves différens; ſavoir à celui que les Latins appelloient *Tanaïs*, & qui faiſoit la ſéparation de l'Europe & de l'Aſie, & au *Jaxartes*, qui tombe dans la Mer Hyrcanienne. Il ne faut donc pas s'étonner ſi les Soldats d'Aléxandre le Grand, lorſqu'ils furent arrivez ſur le bord du *Jaxartes* [n], donnérent à ce Fleuve le nom de *Tanaïs* [o]. D'ailleurs Arrien dit que le *Jaxartes*, ou Ὀρξάντης, ſelon le Grec, eſt auſſi appelé *Tanaïs*; car il connoît deux Fleuves de ce nom. Jornandès diſtingue pareillement deux Tanaïs, l'un qui vient des Monts Riphées & tombe dans les Palus

[m] c. 5.
[m] Lib. 6. c. 15.
[n] *Arrian.* L. 4. c. 15.
[o] *Q. Curtius.* L. 6. & 7.

lus Méotides, l'autre qui prend sa Source dans les Monts *Chrimi* & se perd dans la Mer Caspienne. Voyez TANAÏS & JAXARTES.

SIMÆTHII, Peuples de l'Isle de Sicile, selon Pline [a] : ils habitoient apparemment sur le bord du Fleuve *Simæthus*, & en avoient pris le nom.

[a] Lib. 3. c. 8.

SIMÆTHUS, selon Ptolomée & Ovide, SIMETOS, selon Vibius Sequester, & SIMÆTHUS, selon Strabon, Thucydide & Pline. C'est le nom d'un Fleuve de Sicile, qui, à ce que croit Cluvier, faisoit la borne, entre les *Leontini* & le Territoire de Catane. Ptolomée [b] marque mal-à-propos l'Embouchure de ce Fleuve entre Catane & *Tauromenium*; car Thucydide [c] met le Fleuve *Symæthus* auprès du Territoire, ou même dans le Territoire des *Leontini*; Servius [d] qui dit que ce Fleuve tiroit son nom du Fleuve *Symæthus*, ajoute qu'il couloit aux environs de *Palica*; ce qui est confirmé par Vibius Sequester; or les *Leontini* & *Palica* étoient au Midi de Catane, au lieu que *Tauromenium* étoit vers le Nord. Le nom moderne, selon Fazel & Aretius, est *S. Paulo*; & *Lazaretto* selon Leander. Ortelius quoi cite un Livre anonyme, qui contient une Description très-exacte de la Sicile, dit que la Source de ce Fleuve est appellée *Mucuba*, *Lucchiola*, *Canal-Calagno*, & *Fonte Ferrato*.

[b] Lib. 3. c. 4.
[c] Lib. 6. p. 455.
[d] Ad Æneid. L. 9. v. 584.

SIMAITANORUM CIVITAS, Ville de la Phrygie Pacatiane : Il est parlé de cette Ville dans le second Concile de Constantinople.

SIMANA, Ville de l'Asie Mineure, dans la Bithynie : Etienne le Géographe la place entre deux Fleuves.

SIMANCAS, en Latin *Septimanca*, Ville d'Espagne, au Royaume de Léon, sur le Douëro, à l'endroit où il reçoit la Pizuerga, à deux ou trois lieues de Valladolid. Elle est située dans un lieu un peu élevé, au bout d'une Plaine célèbre par un Vin blanc fort délicat qu'elle rapporte. On y voit un Château très-bien fortifié où le Roi Philippe Second fit mettre les Archives du Royaume en 1566. Les Habitans de cette Ville passent pour avoir beaucoup de cœur, & beaucoup d'habileté au maniment des armes.

[e] Délices d'Espagne, p. 150.

SIMARI, SEMIRUS, Bourg d'Italie, au Royaume de Naples [f], dans la Calabre Ultérieure, sur l'Alli, près du Golphe de Squillace, entre la Ville de Cantazaro & celle de Belcastro. Magin [g], qui écrit SIMORI, place ce Bourg sur la Rive gauche de l'Alli, environ à quatre milles dans les Terres.

[f] Baudrand, Dict.
[g] Atlas Ital.

SIMARRONS [h], Peuple de l'Amérique Septentrionale, dans le District de Guatimala. Ce sont des Négres qui étant trop durement traitez par leurs Maîtres, se sont enfuis de Guatimala & d'autres endroits, pour se retirer dans les Bois & dans les Montagnes, où ils demeurent avec leurs Femmes & leurs Enfans, sans que toute la puissance de Guatimala, ni des environs puisse les assujettir. Ils sortent souvent des Bois, pour attaquer ceux qui conduisent des Troupeaux de Mulets, & leur prennent du Vin, du Fer, des Habits, des Armes autant quils en ont besoin; mais ils ne font aucun mal à ceux qui conduisent les Mulets, ni à leurs Esclaves qui les suivent, & qui bien souvent se joignent aux *Simarrons* pour se mettre en liberté; ce qui fait qu'ils augmentent tous les jours, quoiqu'ils soient réduits à demeurer dans les Bois & dans les Montagnes. Voyez MARONS.

[h] Gage, Nouv. Relat. des Indes Occid. Part. 3. c. 2.

SIMAS, Lieu voisin de Constantinople, selon Pierre Gilles dans son Bosphore de Thrace.

SIMAÜ, ou SIMAUM, Ville de la Turquie en Asie, dans l'Anatolie. Cette petite Ville qui est Episcopale, dit Mr. Corneille [i], se trouve près de la Rivière de Sangari, à treize ou quatorze lieues de Nicée vers le Levant. Cette Ville, ajoute-t-il, étoit appellée anciennement *Sanaus*, & placée dans la Grande Phrygie. La Notice d'Hiéroclès met *Sanaus*, dans la Phrygie Capatiane, & lui donne le dixième rang parmi les Evêchés de cette Province.

[i] Dict.

SIMBAOE', Maison Royale de l'Empire du Monomotapa [k]. Elle est située dans une Plaine, bien avant dans le Pays, au milieu de plusieurs Mines. C'est comme une Forteresse quarrée, toute de pierres fort dures au dedans; elle en a au dehors d'une merveilleuse grandeur, bien taillées & jointes ensemble, sans chaux ni ciment. La Muraille est large de plus de vingt-cinq paumes; mais elle n'est pas haute à proportion. On voit sur la Porte de ce Bâtiment une Inscription, dont les Caractères ne sont connus de personne. Autour de ce Lieu il y en a plusieurs autres appellez aussi SIMBAOE; c'est-à-dire Cour, parce que c'est ainsi toutes les Maisons où l'Empereur de Monomotapa demeure. Les Habitans disent que la première est un Ouvrage du Diable, à cause qu'on ne trouve que des Maisons bâties de bois dans toute cette Contrée. Ils assurent que ce Bâtiment est plus accompli que le Fort des Portugais assis au Rivage de la Mer, & éloigné de cette Maison, en ligne droite, d'environ sept cens milles. Sanut dit que ce Pays pourroit être pris pour l'*Agizimbe* de Ptolomée. Il le conjecture tant par le rapport du nom de *Simbaoé*, avec *Agizimbe*, que par son assiette, qui n'est guère différente. L'Empereur de Monomotapa tient des Gardes dans ce Palais ou cette Maison, avec quelques-unes de ses Femmes.

[k] Davity, Empire de Monomotapa.

☞ Mr. D'Anville, dans sa Carte de l'Ethiopie Orientale, au lieu de *Simbaoé*, écrit ZIMBAOE', place cette Maison sur la Rivière de Sofala, au Royaume de ce nom, & dont le Roi se nomme Quiteve. Il ajoute que Zimbaoé est la Demeure du Quiteve.

SIMBERSKA-GORA, Ville de l'Empire Russien, dans la Tartarie Moscovite, au Pays des Tartares Nagay. La Situation de cette Place, dit Mr. Corneille [l], est fort avantageuse : l'air y est doux & lu vûe agréable. Le Grand-Tamerlan la détruisit & son coup d'essay fut de se rendre

[l] Dict.

rendre les Moscovites tributaires de cent mille Ducats, après leur en avoir fait payer trois cens mille autres pour les frais d'une Guerre, où ils s'étoient engagez par un pur droit de bienféance, & sans avoir reçu aucune injure de leurs Voisins, qui sont au-delà de Cazan & d'Astrakan, & qui eurent recours à la protection de ce Prince. Jean Struis, dans son troisième Voyage [a], dit qu'en l'an 1660. la tempête ayant arrêté dans ce lieu-là le Vaisseau, où il étoit, sans qu'on osât lever l'ancre, il alla se promener aux environs avec quelques-uns du même Vaisseau. Etant arrivez sur la Montagne d'*Arbuchim*, où il rapporte, qu'il y a eu autrefois une Ville du même nom, ils y trouvèrent une grosse Pierre, qui n'avoit rien de considérable qu'une Inscription en caractères à demi-usez. Un Moscovite vint à bout de les déchiffrer & y lut: *Qui que tu sois qui as le bonheur de me rencontrer, sache que ta fortune est faite si tu as la force de m'ébranler*. Quelques-uns ne crurent pas la chose impossible, & au péril d'être trompez, ils employérent quelque tems à rouler la Pierre de l'autre côté. Le fruit de leurs peines fut d'y trouver ces autres paroles: *Ce n'est pas la première fois que tu as pris de la peine inutilement*. Le Terroir leur parut fertile dans tous les endroits où la curiosité les conduisit. Cependant il étoit desert, & n'avoit point été habité depuis que Tamerlan y avoit tout mis à feu & à sang, pour se venger des Moscovites, qui avoient pillé & brûlé une de ses Villes frontières.

[a] Ch. 2.

SIMBRIVIUM. Voyez Simbruvium.

SIMBRUINA STAGNA, Lacs d'Italie, dans le Latium. L'Anio, selon Pline [b], traversoit trois Lacs fort agréables, dont il portoit les eaux dans le Tibre, & ces Lacs avoient donné le nom à un Lieu appellé *Sublaqueum*. Ces mêmes Lacs sont les *Simbruina Stagna* de Tacite [c] qui dit que Néron étant assis à Table près des Etangs Simbruins dans un Lieu nommé *Sublaqueum*, la foudre renversa sa Table & frappa ses Viandes. Il ajoute que cet accident arriva sur les Confins de Tibur.

[b] Lib. 3. c. 12.

[c] An. L. 14. c. 22.

SIMBRUINI COLLES, Collines d'Italie, dans le Latium: Tacite [d] nous apprend que l'Empereur Claude fit conduire jusqu'à Rome des Fontaines dont la source étoit dans les Collines appellées *Simbruini*, ou *Simbruvini Colles*. Voyez Simbruina-Stagna.

[d] An. L. 11. c. 13.

SIMBRUVIUM, Simbrivium, ou Simbrunium. On trouve ces trois Orthographes dans les divers MSS. de Silius Italicus, pour signifier les eaux des Lacs Simbruiens. Voyez l'Article Simbruina-Stagna. Voici le passage de Silius Italicus [e]:

[e] Lib. 8. v. 370.

Quique Anienis habent ripas, gelidoque rigantur
Simbruvio, rastrisque domant Æquicula rura.

SIMELA, ou Simylla. Voyez Simylla.

SIMENA, Ville de l'Asie Mineure, dans la Lycie, selon Pline [f], & Etienne le Géographe.

[f] Lib. 5. c. 27.

SIMENI, Peuples de la Grande-Bretagne: Ptolomée [g] leur donne une Ville nommée *Venta*. Il y en a qui croient que ces Peuples sont les Habitans de l'Hamshire; mais Camden soupçonne qu'il faut lire dans Ptolomée Iceni au lieu de Simeni.

[g] Lib. 2. c. 3.

SIMEON, est le nom d'un des Fils de Jacob & de Lia [h], & sa Postérité fit une des douze Tribus du Peuple de Dieu. Il naquit l'an du Monde 2247. avant *Jésus-Christ* 1753. avant l'Ere vulgaire 1757. & il étoit Frere uterin de Dina. Après que Sichem fils d'Hemor eut deshonoré Dina, Siméon & Levi [i] entrérent en armes dans Sichem, égorgérent tous les hommes qu'ils y trouvérent, & emmenérent leur Sœur dans la Maison de Jacob. On croit que Siméon fut un de ceux qui témoignérent plus d'animosité contre Joseph son frere, & qu'il avoit conseillé à ses freres de le tuer [k]. On fonde cette conjecture sur ce que Joseph le retint prisonnier en Egypte [l], & qu'il le traita avec plus de rigueur que ses autres freres. Jacob au lit de la mort [m] témoigna son indignation contre Siméon & Levi, & maudit la violence qu'ils avoient exercée contre les Sichémites: *A Dieu ne plaise*, dit-il, *que mon ame participe à leurs mauvais desseins, & que ma gloire entre jamais dans leur assemblée, parce que dans leur fureur ils ont tué un homme, & que dans leur ressentiment ils ont percé la muraille. Que leur fureur soit maudite, parce qu'elle est opiniâtre, & que leur colére soit en exécration, parce qu'elle est dure & cruelle. Je les diviserai dans Jacob, & je les disperserai dans Israël.*

[h] Genes. 30. 33.
[i] Ibid. 34. 25.
[k] Ibid. 37. 19.
[l] Ibid. 42. 25.
[m] Ibid. 49. 5.

En effet les Tribus de Siméon & de Levi furent dispersées dans Israël, puisque Levi n'y eut jamais de Lot ni de Partage fixe, & que Siméon ne reçut pour Partage qu'un Canton que l'on démembra de la Tribu de Juda, & quelques autres Terres qu'ils allérent conquérir dans les Montagnes de Seïr & dans le Desert de Gader. Le Targum de Jérusalem & les Rabbins suivis de quelques anciens Peres croyoient que la plûpart des Scribes & des Savans dans la Loi étoient de la Tribu de Siméon, & que comme ces personnes étoient répandues dans tout Israël, on vit par-là l'accomplissement de la Prophétie de Jacob, qui portoit que Siméon & Levi seroient dispersés parmi leurs freres. Judith semble approuver l'action de Siméon; mais elle n'approuve que son zèle, & non pas les autres circonstances de son action.

Le Testament des douze Patriarches porte que Siméon mourut âgé de cent vingt ans; que c'étoit un homme intrépide, impitoyable, dur; qu'il avoit conçu une forte aversion contre son frere Joseph, parce que Jacob son pere l'aimoit plus qu'aucun de ses autres fils; que Juda ayant mieux aimé vendre Joseph que le faire mourir, Siméon eut une telle colére contre Juda, qu'il l'auroit tué si Dieu ne l'en eût empêché, en permettant que sa main devint séche; que Siméon néanmoins s'étant humilié devant Dieu, le mouvement de la la main lui fut rendu au bout de sept jours. Cet Auteur ajoute que Siméon fut enterré à Hébron, & que ses fils l'y portérent en secret pendant la guerre des Egyptiens. Mais on sait quel fond on doit faire sur le témoignage d'un tel Livre.

Les fils de Siméon furent Samuel, Jamin, Ahod, Jachim, Sohar & Saül. Leurs descendans étoient au nombre de cinquante-neuf mille trois cens Combattans lorsqu'ils sortirent de l'Egypte; mais il n'en entra que vingt-deux mille deux cens dans la Terre promise. Les autres périrent dans le Desert à cause de leur murmure & de leur impiété. Le Partage de Siméon étoit au Couchant & au Midi du Lot de Juda, ayant la Tribu de Dan & les Philistins au Septentrion, la Méditerranée au Couchant, & l'Arabie Pétrée au Midi.

Cap. 19. „ Le second Partage, dit Josué, échu
„ par sort, fut celui des Enfans de Siméon
„ distingués selon leurs familles, & leur
„ héritage; qui se trouva au milieu de
„ celui des Enfans de Juda, fut Bersabée,
„ Sabée, Molada, Hasersual, Bala,
„ Asem, Eltholad, Bethul, Harma, Si-
„ celeg, Bethmarchaboth, Hasersusa,
„ Bethlebaoth, Sarohen, qui sont treize
„ Villes avec leurs Villages. Ain, Rem-
„ mon, Athar, Asan, quatre Villes a-
„ vec leurs Villages. Tous les Villages
„ des environs de ces Villes jusqu'à Baa-
„ lath, Beer, Ramath du côté du Midi.
„ C'est-là le Partage des Enfans de Si-
„ méon distingués selon leurs familles, qui
„ fut pris du Territoire que possédoient
„ les Enfans de Juda, parce qu'il étoit
„ trop grand pour eux. C'est pourquoi les
„ Enfans de Siméon prirent leur partage
„ au milieu de l'Héritage de Juda.

SIMERTÆ. Voyez MERTÆ.
SIMETOS. Voyez SIMÆTHUS.
SIMI. Voyez SILI.

SIMIDICCENSIS, Siège Episcopal d'Afrique, dans la Province Proconsulaire. Adeodatus est qualifié *Episcopus Plebis Simidiccensis* dans la Conférence de Carthage [a]; & dans le Concile de Carthage de l'an 419. comme dans le MS. des Canons de l'Eglise d'Afrique, aussi-bien que dans le MS. des Canons Ecclésiastiqués [b], ce même Adeodatus est dit *Simidicus Episcopus* & dans le Grec Σιμηδικίτης; de sorte qu'il y a faute dans l'Edition du P. Labbe, qui lit *Simituensis*, ou *Sumitensis*. C'étoit un des Légats de la Province Proconsulaire.

[a No. 135.]
[b Ex Dionys. Exiguo.]

SIMIE, SIMIOS, ou SIMIO, Isle de l'Archipel [c], entre celle Rhodes, & le Cap Crio. Cette Isle que les Anciens Grecs & Latins ont appellée *Syme*, fut nommée ainsi par rapport à la Fille de Jalysus qui avoit bâti en l'Isle de Rhodes la Ville de ce nom, car elle étoit auparavant appellée *Meta-Pontis*, & *Ægle*. Diodore tient Syme pour femme de Neptune, & veut que l'Isle en ait reçu son nom, bien qu'ensuite il fasse Halia, Sœur des Telchins, femme de Neptune.

[c Dapper, Descrip. de l'Archipel, p. 161.]

Cette Isle, que quelques Géographes nomment seulement un Rocher, paroît éloignée dans les Cartes Marines de quatre où cinq lieues d'Allemagne, Ouest-quart au Nord-Ouest, & Ouest-Nord-Ouest, de l'Isle de Rhodes par son bout Méridional; de deux & demie au Septentrion de l'Isle de Lamonia; & d'environ deux au Midi du Continent de la Natolie, étant située devant un Golfe de l'Asie Mineure appellé le Golfe de Messi, qui est fermé du côté du Nord-Ouest d'un Cap appellé Speo, & d'un autre du côté du Sud-Est appellé *Capo di Valpo*. Pline la place entre celle de Rhodes & la Ville de Cnidus ou Gnidus, qu'on nomme à présent *Gnido*, *Capo Crio*, ou *Stadia*, ancienne Ville de Carie Province de l'Asie Mineure, & située sur un Cap qui porte le même nom. Delà vient que Strabon & Etienne le Géographe à son exemple l'appellent une Isle de Carie.

Pline lui donne trente-sept mille cinq cens pas de circuit, qui font trente-sept milles & demi d'Italie, quoique Porcachi & Boschino ne le fassent que de trente milles. Elle a deux Ports, dont le plus Septentrional, fort large d'entrée, en sorte que les plus grands Vaisseaux y peuvent entrer commodément, est le meilleur. Pline semble néanmoins lui donner huit bons Ports. Il y a sur le bord de la Mer un Château fort; & on voit sur les Montagnes les Masures d'un vieux Château ruiné.

Cette Isle produit de très-bon Vin, & nourrit une grande quantité de Chévres, & de Boucs. Il y a apparence qu'elle étoit autrefois fertile en Grains; car on voit encore sur un des côtés de diverses Médailles fort anciennes, fabriquées par les anciens Grecs Habitans de cette Isle, la figure d'une Cérès couronnée d'Epics, & à l'autre côté une petite Javelle d'Epics; d'où l'on peut conjecturer l'abondance des Grains qu'elle produisoit.

Athénée raconte que Glauque le Dieu-Marin, fils de Polybe & d'Euboée, ou d'Arithedon & d'Alcyone, ayant ravi Syme, fille de Jalemus & de Dotis, passa avec elle en Asie, & vint habiter une certaine Isle deserte, près de Carie, qu'il appella ensuite du nom de sa femme. Diodore rapporte qu'elle n'étoit pas autrefois habitée, & que ceux qui en prirent les premiers possession, y étoient venus avec Triopas sous la conduite de Chthonius, fils de Neptune & de Syme, dont elle fut ainsi appellée. Nireus, fils de Charopus & d'Aglaïe, homme de fort belle stature qui amena du secours à Agamemnon pendant la Guerre de Troye, fut ensuite Roi de cette Isle, outre la Principauté de Cnidie qu'il possédoit. Mais après cette Guerre les Cariens, qui se trouvoient Maîtres de la Mer, en prirent possession. Une grande sécheresse, qui y regna ensuite, fit tant de ravage dans ses Plantes & dans ses Fruits, que ses Habitans se virent contraints de l'abandonner & d'aller faire leur demeure près d'*Uranium*. Ainsi elle demeura deserte & inhabitée jusqu'au tems que la Flote des Lacédémoniens & des Argiens y vint aborder;

Eeee 3   car

car alors elle acquit des nouveaux Habitans en cette manière : Un certain Naufus, Compagnon d'Hippotes, étant venu un peu trop tard avec plusieurs autres lors du partage des Terres où l'on procéda par fort, prit possession de l'Isle de Syme, qui étoit alors deserte. Ensuite quelques autres Peuples y étant venus aborder sous la conduite de Xuthus, ils y furent reçus dans la communauté de la Compagne & de la Ville, & jouïrent de l'Isle avec un droit égal. On dit que les Cnidiens & les Rhodiens avoient aussi quelque part en cette Colonie.

Homére fait mention de l'Isle de Syme après avoir parlé de celle de Rhodes, dans son second Livre de l'Illiade, & dit que Nireus Roi de l'Isle, fils d'Aglaïe & de Charopus, & le plus beau d'entre les Grecs après Achille, vint à la Guerre de Troye avec trois Vaisseaux d'égale grandeur, mais chargés de fort peu de monde.

Les Athéniens ayant été battus par les Lacédémoniens près de cette Isle, en un Combat Naval, où ils perdirent sept Vaisseaux, ces derniers y vinrent prendre Terre, & y dressérent un Trophée en mémoire de la Victoire qu'ils venoient de remporter sur leurs Ennemis.

L'Isle de *Simio*, ou de *Simie* est présentement habitée par un grand nombre de Grecs, qui sont extraordinairement bien dressés à plonger & à nâger dans la Mer, à quoi ils s'accoutument dès leur enfance, pour aller pêcher au fond de l'eau une grande quantité d'éponges, dont les environs de l'Isle sont remplis. Il y a même une Loi établie parmi ces Insulaires, qui défend aux jeunes hommes de se marier qu'ils ne puissent plonger vingt brasses au-dessous de l'eau, & y demeurer un certain espace de tems.

On bâtit à Syme de petites Fregates ou Fustes legéres, fort jolies, de neuf Bancs ou Rames, appellées *Simbequirs*, d'où quelques-uns ont aussi appellé l'Isle *Simbequirs* & autrement *Sumberchi*, qui semble un mot composé pour signifier Barque de Simie. Ces Bâtimens sont si légers à la Voile, & à la Rame, qu'il n'y a point de Vaisseau qui les puisse atteindre ; d'où vient qu'ils sont fort en usage en ces Quartiers-là, à cause que les Corsaires ne les peuvent jamais attraper, quelle adresse & quelle diligence qu'ils y employent. Mais quand la Tempête se leve, on est bien-tôt contraint d'approcher de Terre, & d'y attacher son Vaisseau.

Les Grecs qui se servent de ces Barques se tiennent tout le long de l'Eté à la Voile, navigeant continuellement d'une Isle à l'autre pour leur Négoce. En Hyver ils se retirent de nouveau dans leur Isle ou Rocher, avec tout ce qu'ils ont gagné dans leur Trafic.

Quelques-uns, comme Davity, prennent l'Isle de Syme des Anciens pour une fort petite Isle, située près de celle de Cos ou Lango, qu'on nomme à présent *Costile*. Elle avoit en quinze cens vingt-deux, que l'Isle de Rhodes fut prise par Soliman Empereur des Turcs, un Château bien fortifié & une Tour fort haute, d'où l'on pouvoit découvrir tous les Vaisseaux, qui étoient plus de quarante lieues en Mer. Lors donc qu'on en voyoit paroître quelqu'un, ces Insulaires de Costile en avertissoient ceux de Rhodes, la nuit en allumant des feux, & le jour en faisant élever des fumées. Il y a encore une grande & haute Isle vers le bout de celle de Simie qui regarde au Nord-Ouest.

Les Anciens ont de plus placé certaines Isles, appellées en Grec Araies ou Ares qui signifie des imprécations ou malédictions, entre l'Isle de Syme & la Ville de Gnidus, située sur le Continent de l'Asie Mineure & proprement dans la Carie. Car, comme le rapporte Athénée, quelque différend s'étant ému, après la mort de Triopas pere de Phorbas, entre ceux qui étoient venus aborder avec lui en la Contrée de Carie, les uns s'en retournérent à leur Maison ; les autres, qui demeurérent attachés aux intérêts & à la fortune de Phorbas, vinrent avec lui, allérent prendre terre à Jalysus, Ville de l'Isle de Rhodes ; & les autres, qui étoient unis à Périergus, s'allérent mettre en possession de la Ville de Camyrus. Sur quoi ce dernier se mit à vomir des imprécations contre Phorbas, & à le maudire, ce qui a donné à ces Isles le nom d'Ares, comme Athénée le rapporte.

SIMINENSIS, ou SIMMINENSIS. Voyez SEMINENSIS.

SIMINGITENSIS, ou SIMINGITANUS, Siège Episcopal d'Afrique, selon la Conférence de Carthage [a], où Restitutus est dit *Episcopus Plebis Simingitensis*. On trouve aussi que Crefconius, *Episcopus Plebis Simingitanæ*, souscrivit au Concile de Carthage de l'an 515. Mais cela ne nous dit point en quelle Province étoit ce Siège. [a] N°. 133.

SIMISÓ, Ville de Turquie en Asie [b] dans l'Anatolie, sur le bord de la Mer Noire à trente-trois lieues de la Ville de Sinope, vers le Levant. Les Anciens l'ont nommée *Amisus* & *Aminsus*. C'étoit la Métropole de l'Hélénopont. [b] *Baudrand Dict.*

SIMISTUTH, Ville de l'Afrique propre : Ptolomée [c] la marque dans la Nouvelle Numidie & la place dans les Terres, Le MS. de la Bibliothéque Palatine lit *Simischi* pour Simistuth. C'est la Ville *Simituense Oppidum* de Pline [d] & la *Simitu Colonia* de l'Itinéraire d'Antonin, où elle est marquée sur la route d'Hippone Royale à Carthage, entre *Ad Aquas*, & *Bussa Regia*, à cinq milles du premier de ces Lieux & à sept milles du second. Quelques MSS. de ce même Itinéraire lisent *Sumicto Colonia*, & d'autres *Simitu*, pour *Simittz Colonia*. Le nom de cette Ville est encore plus corrompu dans la Table de Peutinger où elle est appellée *Sunitu Colonia*. Adeodatus *Simituensis Episcopus*, qui assista au Concile de Carthage en 419. étoit Evêque de *Simistuth*, ou *Simetsu*, & l'on trouve dans la Conférence de Carthage [e] un Adeodatus qualifié *Episcopus Plebis Simidencis* que quelques-uns ont voulu confondre avec le premier ; mais ils font [c] *Lib. 4. c. 3.* [d] *Lib. 5. c. 4.* [e] N°. 155.

font différens, & il y a pareillement de la différence entre *Simidica* & *Simitu*. *Benenatus* que la Conférence de Carthage [a] appelle *Episcopus Plebis Simittensis*, étoit Evêque de *Simittu*, ou *Simistuth*.

[a] No. 126.

SIMMEREN, Ville d'Allemagne, dans le Bas Palatinat, à quatre lieues de Bacarah & de Bingen, & à cinq de Coblentz [b]. Elle est située sur une petite Riviére de même nom, & c'est la Capitale d'une Principauté qui donne voix & séance dans le Collége des Princes aux Diétes de l'Empire. Cette Ville avoit fait porter son nom à une Branche de la Maison Palatine, issue d'Etienne, fils de l'Empereur Robert, laquelle succéda à l'Electorat lorsque Othon Henri fut mort. Par le Testament de Fréderic IV. les Principautez de Simmeren & de Lautern furent laissées à Louïs Philippe, son fils puîné, avec les trois cinquièmes du Comté antérieur de Spanheim. L'Electeur Charles Louïs étant parvenu à la Régence prétendit que son Ayeul n'avoit pu disposer d'une si grande partie de ses Etats en faveur de ce Prince auquel il en disputa la possession. En 1654. les Etats de l'Empire, voulant prévenir les suites de ce Démêlé, réglérent que le Duc de Simmeren céderoit à l'Electeur Palatin la Principauté de Lautern, & le revenu d'une cinquième partie du Comté de Spanheim, avec les deux tiers du Bailliage de Stromberg. Cette Transaction fut changée quelque tems après, & on en fit une autre par laquelle l'Electeur Palatin, en rendant au Duc de Simmeren les deux tiers du Bailliage de Stromberg, seroit admis en possession de la Jurisdiction de cette cinquième partie de Spanheim, dont le revenu lui avoit été ajugé. Le Marquis de Bade s'y opposa, soutenant qu'il ne devoit reconnoître pour Coseigneur du Comté antérieur de Spanheim que le Duc de Simmeren; & il obtint une Commission de l'Empereur, en vertu de laquelle l'Electeur Palatin devoit être privé de la Jurisdiction. Ce dernier s'y étant opposé, il fut enfin stipulé par une nouvelle Convention faite à Creutzenach, que le Comté antérieur de Spanheim reconnoîtroit trois Seigneurs, l'Electeur Palatin pour une cinquième partie, le Duc de Simmeren & le Marquis de Bade, chacun pour deux autres cinquièmes. Louïs Herman, Duc de Simmeren, étant mort sans postérité le 24. Décembre 1673. l'Electeur Palatin hérita des deux cinquièmes du Comté antérieur de Spanheim, & du Duché de Simmeren.

[b] D'Audifred Géogr. t. 3.

La Principauté de Simmeren comprend les Bailliages de Simmeren, de Kirckberg & de Stromberg.

SIMMERSHAVEN, ou SIMMERSHAFN [c], Bourg de Suède, sur la Côte Orientale de la Province de Schonen, dans l'Irrestad, environ huit lieues au Midi de Christianstad, & à deux lieues vers le Nord de Sandhammer.

[c] De l'Isle, Atlas.

SIMMIOS, Temple de la Chine, dans l'Isle de Niphon. Le Temple de Simmios est situé dans une grande Cour, & au milieu d'un Bois agréable, à la gauche du Chemin de Sakkai. Un Torä fort exhaussé ou Porte de Temple de pierre & une large Allée menent les Curieux à un Pont élevé qui ressemble à une moitié de roue bâti sur un petit Ruisseau. On dit que ce Pont est fort antique: c'est pourquoi en mémoire des Histoires qui le rendent fameux, on fait tout ce qu'on peut pour le réparer, & l'entretenir sur pied. Il est fort difficile de passer dessus, mais pour la commodité des allans & des venans, on a bâti sur le même Ruisseau deux autres Ponts plus aisés à passer: au delà de ces Ponts est la Cour où les Temples sont bâtis. Le principal a deux Portes avec des Fenêtres fermées de Jalousies au milieu de la façade, par lesquelles les Japonnois regardent & se prosternent du côté où l'Idole de Dai Miosin est cachée. Ce Temple a ses côtés & ses chambres voisines, ornés de Peintures, & d'Ornemens parmi lesquels on voit une Carte du Monde où le Pays de Jesso est représenté comme contigu à la Grande Tartarie. A la droite du Temple il y a un endroit où les gens se reposent, & boivent une tasse de Thé; un peu plus loin il y a un Vivier avec un Pont de pierre où l'on nourrit du Poisson apprivoisé. Quand de ce Temple l'on prend le chemin de Tenosi, on tombe dans une grande Allée garnie de Lanternes, & bordée de Hayes des deux côtés, qui conduit à un autre Temple, dans la Cour duquel s'éleve une Tour quarrée, haute de huit étages, & couverte d'un pareil nombre de toits en pente, cizelés avec beaucoup d'art. Derrière cette Tour, un peu sur la gauche, est le principal Temple de Sotoktais, dont la Maîtresse Idole est élevée au milieu, & a une autre Idole à la droite, haute d'une aune & demie, environnée de Statues représentant les quatre Elémens, & couvertes d'un Drap double. Tout le haut du Temple est noirci par la fumée d'un grand nombre de Lampes qui y sont suspendues dedans & dehors. Près delà on voit un autre Temple long, qui contient cinq grandes Idoles élevées sur le Sol, & un grand nombre de petites au-dessus des grandes en divers rangs. Ce Temple n'est guères éloigné de l'endroit où passe une Source d'Eau Minérale chargée de fer, ou de vitriol: elle y a formé avec le tems un sédiment qui ressemble pour la figure à une Tortue, d'où on l'appelle l'Eau de Tortue de Mer. On voit auprès un Godet de bois de Bambouc, dont le Peuple se sert pour boire.

SIMMITTENSIS, Siège Episcopal d'Afrique, selon la Conférence de Carthage [d], où Benenatus est dit *Episcopus Plebis Simittensis*. Ce Siège étoit dans la Province Proconsulaire comme on le voit par Ptolomée & par l'Itinéraire d'Antonin. Dans la Notice de la Province Proconsulaire, il y a deux Sièges dont les noms approchent assez de celui dont il est ici question; savoir le Siège *Semminensis*, & celui de *Siminensis*. Voyez l'Article SIMISTUTH.

[d] No. 126.

1. SIMOÏS, Fleuve de l'Asie Mineure,

re, dans la Petite Phrygie. Il prenoit sa source au Mont Ida, & se jettoit dans le Xanthus, selon Pline [a]. Voyez SCAMANDER. Virgile [b] donne au Fleuve Simoïs l'Epithéte de rapide:

[a] Lib. 5. c. 30.
[b] Æneid. L. 5. v. 262.

Victor apud rapidum Simoenta sub Ilio alto.

Dans un autre endroit le même Poëte [c] dit que Vénus accoucha d'Enée sur le bord du Simoïs.

[c] Ibid. v. 473.

*Tunc ille Aeneas quem Dardanio Anchise,
Alma Venus Phrygii genuit Simoentis ad Undam?*

2. SIMOÏS, Fleuve de l'Isle de Sicile. Strabon [d] rapporte que selon quelques-uns Enée étant arrivé à Ægesta, ou Segesta, donna les noms de Scamander & de Simoïs, ou Simoeis, à deux Fleuves qui couloient aux environs de cette Ville. Le Simoïs couloit à la droite, & se joignoit au Scamander, avant que ce Fleuve mouillât la Ville de Segesta.

[d] Lib. 13. p. 608.

3. SIMOÏS, Fleuve de l'Epire, selon Virgile [e] qui lui donne l'Epithéte de *falsus.*

[e] Æneid. L. 3. v. 303.

. . . . Falsi Simoëntis ad Undam.

SIMOISIUS CAMPUS [f], Canton de l'Asie Mineure, dans la Petite Phrygie. Il prenoit son nom du Fleuve Simoïs qui l'arrosoit.

[f] Strabo, L. 12. p. 608.

SIMONIADA, Village de la Palestine aux confins la Galilée. Josephe [g] dit que ce Village étoit à soixante Stades du Canton appellé *Magnus Campus.*

[g] In Vita sua.

SIMONITIS, Contrée de la Palestine, à l'Orient de la Galilée, selon Josephe [h].

[h] Bel. Ind. L. 3. c. 21.

SIMONOSEKI, Ville du Japon, dans l'Isle de Niphon [i]. Elle est située sur un fameux Port au pied d'une Montagne dans la Province de Nagalto la plus Occidentale du Continent, ou pour mieux dire de la grande Isle de Nipon. Cette Ville contient quatre, ou cinq cens Maisons, bâties la plûpart sur les deux côtés d'une longue rue qui fait toute sa longueur, & qui n'a que peu de rues à côté. Presque toutes les petites rues coupent la grande, & s'y terminent. La Ville est pleine de Boutiques où l'on vend des Vivres & des Provisions pour les Navires qui en partent tous les jours en grand nombre ; c'est le Port ordinaire des Navires qui vont & viennent des Provinces Occidentales, ou Orientales. L'on y voit plusieurs Tailleurs de pierres, qui font des Ecritoires, des Boettes, des Assiettes, & plusieurs autres choses d'une pierre Serpentine grise & noirâtre, que l'on tire des Carriéres voisines de la Ville. L'on y remarque le Temple d'Amadais renommé dans tout le Japon; il fut bâti en mémoire de l'infortuné Feki en Fegue, Prince d'un grand courage & de bravoure, qui, malgré sa bonne conduite & son courage, eut le malheur d'être vaincu par son ennemi qui le força d'abandonner le Lieu de sa Résidence Osacca, & de s'enfuir à Fijungo. Le malheureux Empereur ne put se soutenir long-tems dans cette der-

[i] Kæmpfer, Hist. du Japon t. 2. p. 176. & suiv.

niére Place : poursuivi par son Ennemi il fut forcé encore de l'abandonner, & peu de tems après il perdit la vie. L'Histoire du Japon dit que Fegue voyant sa perte prochaine, & presque inévitable, envoya sept Navires chargez d'or & d'argent à la Chine où après sa mort on bâtit un magnifique Temple à sa Mémoire, & un autre, appellé à présent Amadais à Simonoseki pour conserver la Mémoire de la mort prématurée de son fils.

SIMONTHORNA, Ville de la Basse-Hongrie [k], au Comté de Tolna, & aux confins de celui d'Albe Royale. Cette Ville située sur la Sarwize [l] à deux lieues de Caposwar & à trois de Tolna, a un Fossé large de trente pas, environné en dehors d'un Marais d'une si grande étendue, que le Pont qui y sert de passage a près de trois cens pas de longueur. Le Château est bâti de pierres de taille, avec des Fortifications à l'antique. Le Prince Louïs de Bade reprit cette Place sur les Turcs en 1686. & ce fut par-là qu'il commença les Conquêtes qu'on lui vit faire avec une partie de l'Armée Chrétienne, après que les Impériaux se furent rendus Maîtres de Bude. Il la fit investir le 26. de Septembre par la Cavalerie & les Dragons, qui à la faveur des Roseaux qui sont fort hauts dans les Marais, dont Simonthorna est environné, s'avancérent & prirent leur poste jusque sur le bord du fossé. L'Infanterie qui parut un peu après sur une hauteur obligea la Garnison de demander à capituler. La Place se rendit à discrétion, & l'on y trouva seize Piéces de Canon de fonte & une de fer, douze cens Grenades & trente-cinq Tonneaux de poudre.

[k] De l'Isle, Atlas.
[l] Hist. & Descr. du Royaume de Hongrie, L. 3. 1688.

SIMORE, Abbaye de France dans la Gascogne [m], au Diocèse d'Auch, à cinq lieues de la Ville de ce nom vers le Midi, & à deux de Lombez du côté de l'Occident. C'est une Abbaye d'Hommes, de l'Ordre de St. Benoît. On y révére le Tombeau de St. Cerat.

[m] Corn. Dict.

SIMPRIVIUM. Voyez IMBRIVIUM.

SIMPSIMIDA, Ville de la Parthie : C'est Ptolomée [n] qui en parle.

[n] Lib. 6. c. 5.

SIMRAH, nom d'une Ville bâtie, ou fondée par Homaï, fille de Behaman, Reine de Perse. L'Auteur de Leb-Tarikh, dit que cette Ville a porté aussi le nom de Simrem, ou Semirem, & que c'est la même que l'on appelle aujourd'hui, Giarbadikan.

SIMUNDI. Voyez TAPROBANA, & PALESIMUNDUS.

SIMYLLA, Promontoire & Lieu d'Entrepôt, ou de Commerce dans l'Inde, en deçà du Gange : Ptolomée [o] les marque dans le Pays des *Sadini.* Dans un autre endroit il dit que ce Lieu d'Entrepôt est appellé TIMULA par les Indiens. Les MSS. Grecs de Ptolomée [p] & Arrien lisent Σίμυλλα, *Semylla*, au lieu de Σίμυλλα, *Simylla.*

[o] Lib. 7. c. 1.
[p] Lib. 1. c. 17.

SIMYRA, Ville de la Phénicie : Elle est marquée dans Ptolomée [q] entre l'Embouchure du Fleuve *Eleutherus*, & *Orthosia*, ainsi que dans Pline [r] & Pomponius Mela [s]. Ce dernier ne lui donne cependant que le titre de *Castella.* Etienne le Géographe qui écri-

[q] Lib. 5. c.
[r] Lib. 5. c. 20.
[s] Lib. 1. c. 12.

écrit SIMYRUS, en fait une Ville des Syriens. Le nom de cette Ville est corrompu dans Strabon, où on lit *Taxymira*, Ταξύμιρα; mais il paroît que c'est une faute de Copiste, qui a joint l'Article τὰ avec le nom Σύμιρα, ou plutôt Σίμυρα. Voyez TAXYMIRA.

SIMYRUS, Voyez SIMYRA.

1. SIN, Ville & Desert au Midi de la Terre-Sainte, dans l'Arabie Pétrée. Elle donnoit son nom au Désert de Sin dans le même Pays. L'Ecriture distingue deux Villes & deux Deserts de SIN, dont l'un est écrit simplement *Sin*, *Samech*, *Jod*, *Nun* [a], & l'autre *Sin*, ou *Tsin*, *Tzade*, *Jod*, *Nun* [b]. La première étoit plus près de l'Egypte & de la Mer Rouge. Les Hébreux étant sortis de cette Mer, se trouvérent dans le Desert de Sin [c], qui est entre Elim & Sinaï. C'est-là où Dieu leur fit pleuvoir la Manne.

La seconde étoit aussi au Midi de la Palestine, mais plus en tirant vers la Mer Morte. Cadès étoit dans le Desert de Sin [d]. C'est de ce Desert qu'on envoya des hommes, pour considérer la Terre promise [e]. C'est encore dans ce même Desert que Moïse & Aaron offensérent le Seigneur aux Eaux de contradiction [f]. Le Pays de Chanaan, & le Partage de Juda avoit pour limites, du côté du Midi, le Desert de Sin [g], ou Zina, comme il est nommé dans Josué XV 3.

2. SIN. Les Arabes appellent ainsi [h] ce que nous appellons la Chine; & c'est delà que les Latins appellent les Chinois, *Sinæ*, & *Sinarum Regio*, le Pays de la Chine. Mais les Persans & autres Orientaux l'appellent Tchin, & disent que ce Pays a tiré son nom d'un des fils de Japhet. Voyez ce qu'Emir Khouand Schah, appellé vulgairement Mirkhond, en dit dans la Généalogie de Ginghizkhan.

Tchin, ou Sin, étoit le fils aîné de Japhet fils de Noé, & fut le plus habile de tous ses freres, aussi eut-il le meilleur-partage. Car son Pere lui donna pour héritage, le grand Pays qui a tiré son nom de lui, & que nous appellons aujourd'hui la Chine.

Ce fut lui qui enseigna à ses Enfans la Peinture, la Sculpture, & l'Art de préparer la soye pour en faire plusieurs sortes d'Etoffes. En un mot on prétend que la plus grande partie des Ouvrages qui sont encore aujourd'hui en vogue dans la Chine, & dont tous les Etrangers font si grand état, sont de son invention.

Tchin eut pour fils aîné Marchin, aussi en général les Orientaux appellent la Chine Tchin & Marchin, de même que pour exprimer la Tartarie entiére, ils se servent des termes d'Iagioug, & Magioug, qui sont le Gog & le Magog de l'Ecriture Sainte. Il y a pourtant des Géographes qui prétendent qu'il faut entendre par le mot Tchin, la Chine Septentrionale, que plusieurs prétendent être la même que le Khatha, ou Khathaï, & que celui de Marchin marque la Chine Méridionale, en y comprenant la Cochinchine, le Tunquin, & le Royaume

d'Anan avec ceux de Siam & de Pégu.

Cette Chine Septentrionale est encore appellée par les Orientaux le Khotan, & la Tartarie plus Septentrionale, le Cara Khotan, le Khotan Noir, à cause de l'épaisseur de ses Forêts, & de l'air nébuleux & chargé de Frimats qui la couvrent.

Les anciennes Histoires de Perse disent, que Feridoun, Roi de la première Dynastie nommée des Pischdadiens, donna à son fils Tour, la Chine & le Turquestan pour son partage, & le qualifia du titre de Fagfour, qui est demeuré héréditaire aux Rois de ce Pays-là comme celui de Pharaon à ceux d'Egypte.

Ebn Alouardi écrit dans son Livre intitulé Kheridar Alägiaïb, que selon le rapport d'Abou Ishah Ibrahim, surnommé Alhageb, la largeur du Pays de la Chine, à la prendre depuis l'entrée du Golfe de Bengale jusques au Pays des Musulmans dans le Mavaralnahar, a trois mois de chemin d'étendue, & que sa longueur se doit prendre depuis l'Océan Oriental jusqu'en deçà du Tobut, ou Thebet, ce qui fait quatre mois entiers de chemin. Cet Abou Ishak, qui est encore surnommé Ebn Almeskin Alfarsi, étoit un des premiers Officiers d'un Roi de la Chine, sous la Dynastie des Princes de la Maison de Ginghizkhan, & il fit rapport à son Maître que dans tout le Pays de la Chine, non plus qu'aux Indes, par où il revint, il n'avoit trouvé, ni Figues, ni Raisins, ni Olives.

Le même Auteur, aussi-bien que le Géographe Persien, dit que la Ville de Khancou est la Capitale du Pays, & que c'est là que Fagfour fait sa résidence. Il nomme pourtant encore une autre Ville considérable dans ce Pays-là, appellée Schangiou & Zitoun, que d'autres Auteurs veulent être la Ville Royale; & le Scherif Al Edrissi écrit, que Khancou, & Giancou sont les principales Villes de la Chine, aussi-bien que celle qu'il appelle Loukin; mais Aboulfeda dit qu'il y a véritablement plusieurs grandes Villes dans ce Pays-là, mais que leurs noms n'étoient point encore venus à sa connoissance, non plus qu'à celle des Géographes Arabes qui l'avoient précédé.

L'on trouve cependant dans les Tables Géographiques de Nassireddin & d'Ulugbeg, la Ville de Pangiou pour Siège Royal des Rois de la Chine, sous la Longitude de 130. d. & 24. d. 15. m. de Latitude Septentrionale; & le même Aboulfeda, met Kambaleg dans le Pays de Khatha, qui est la Chine Septentrionale, sous le 144. & 124. d. de Longitude, & sous les 35. ou 46. d. de Latitude Septentrionale.

L'Emir Khouand Schah dit dans la Généalogie de Ginghiskhan, qu'il y avoit un Roi de la Race de Tatar qui régnoit dans la Chine, au tems d'Ogouzkhan; & que le Khakan Roi de Khatha, ou Chine Septentrionale, joignit ses Troupes à celles d'Afrasiab contre Caikhosrou Roi de Perse. Les mêmes Chinois secoururent aussi Caidoukhan contre les Peuples nommés Gialaïr.

Ffff

Ce grand Pays fut envahi par les Mogols ou Tartares de Ginghizkhan, sous Coblaï Câan. Ginghizkan, & ses Successeurs Coblaï Câan, Arik-Bouga, son frere Barakkhan, & autres le possédérent jusques environ l'an 700. de l'Hégire, qui est de J. C. 1300.

Il est fait mention du grand Mur de la Chine dans le Titre de Thamgag, & l'on peut voir aussi ce qui a été deja dit dans celui de Sedd Iagioug.

La dispersion des Juifs dans la Chine, & la retraite que les Manichéens y firent après la mort desastreuse de Manès leur Prophète peuplérent d'autant ce Pays-là.

L'Auteur de l'Humaioun Nameh, qui est le Livre de Kalilah, & Damnah, dit que Homaiounsal étoit autrefois un puissant Roi de Tchin & de Marchin, qui se faisoit respecter dans tout l'Orient, & que ce fut Khogesteh Raï son Visir, qui lui raconta ce qui s'étoit passé entre Dabschelim & Bidpaï. Quoique cette Histoire paroisse fabuleuse, elle fait néanmoins connoître l'estime, & la réputation qu'avoient les Chinois dès le tems de Nouschirvan Roi de Perse. Il paroît aussi par la même Narration, que les Chinois avoient reçu des Indiens la plus grande partie des Sciences, ce qui se confirme par la Vie de Confutius, dans laquelle on voit que ce grand Docteur des Chinois avoit été instruit dans la Philosophie par des Bramenes ou Docteurs Indiens.

a Atlas Sinens.
3. SIN, Ville de la Chine [a], dans la Province de Xantung, au Département de Tungchang, troisième Métropole de la Province. Elle est de 1. d. 6'. plus Occidentale que Peking, sous les 36. d. 46'. de Latitude Septentrionale.

b Atlas Sinens.
4. SIN, grande Cité de la Chine [b], dans la Province de Xansi, où elle a le rang de première grande Cité. Elle est de 4. d. 50'. plus Occidentale que Peking, sous les 27. d. 40'. de Latitude Septentrionale. L'Air de cette Ville est ordinairement

c Ambassade des Hollandois à la Chine p. 240.
plus épais & plus froid [c] qu'ailleurs, à cause de la hauteur des Montagnes qui l'environnent. Il y a trois superbes Temples, dont l'un a en garde une fort belle Bibliothéque, dans laquelle les plus anciens des Monarques de la Chine ont étudié.

d Lib. 6. c. 10.
1. SINA, Ville de la Margiane: elle est connue de Ptolomée [d]. Le Manuscrit de la Bibliothéque Palatine lit SENA pour SINA.

e Lib. 5. c. 6.
2. SINA, Ville de la Cappadoce: elle est mise par Ptolomée [e] dans la Préfecture de Cilicie. Voyez SIVA.

f Lib. 9.
3. SINA, Lieu de l'Isle de Lesbos, selon Ortelius, qui cite Strabon [f].

4. SINA, ou JUSTINIANOPOLIS, Ville de la Grande Arménie. Il en est fait mention dans le sixième Concile de Constantinople.

g Lib. 6. c. 9.
SINACA, Ville de l'Hyrcanie, selon Ptolomée [g]. Le MS. de la Bibliothéque Palatine lit SINICA pour SINACA.

SINADA, ou SINADE. Voyez SYNNADA.

SINÆ. Voyez SINARUM REGIO, & THINÆ.

SINÆI, Peuples de la Palestine, selon Josephe [h]. Les Sinéens habitoient près d'Arcé, dans le Mont-Liban: c'est où place St. Jérôme [i]. Strabon parle d'une Forteresse de Sinna dans ces mêmes Montagnes. L'Arabe entend par SINÆI les Habitans de Tripoli en Phénicie. Ces Peuples étoient les Descendans de Sinéen, ou Sinéus, l'un des fils de Chanaan, dont il est parlé au dixième Chapitre de la Genèse [k].

h Antiq. L. 1. c. 6.
i Quæst. Hebr. in Genes.
k Vers. 17.

SINÆUS & SINAÏ. Voyez MELANI.

SINAÏ, ou SINA, Montagne fameuse de l'Arabie Pétrée, sur laquelle Dieu donna la Loi à Moïse [l]. Elle est située dans une espèce de Péninsule, formée par les deux Bras de la Mer Rouge, dont l'un s'étend vers le Nord, & se nomme le Golfe de *Colsum*; l'autre s'avance vers l'Orient, & s'appelle le Golfe d'*Elan*, ou le Golfe *Elanitique*. Les Arabes appellent aujourd'hui *Sinaï Tor*, c'est-à-dire la Montagne par excellence, ou *Gibel Mousa*, la Montagne de Moïse. Elle est à 260. milles du Caire: & il faut ordinairement dix jours pour y arriver. Le Desert de Sinaï où les Israélites demeurérent campez près d'un an, & où Moïse érigea le Tabernacle de l'Alliance, est considérablement élevé sur le reste de la Contrée [m], & il y faut monter par un chemin très-âpre, dont la plus grande partie est taillée dans le Roc. On arrive sur un large espace de terre, qui est une Plaine environnée de tous côtez de Rochers & de Hauteurs, & longue à peu près de douze milles.

l Exod. c. 18. v. 20. c. 24. v. 16. c. 31. v. 18. c. 34. v. 2. 4. &c. Levit. c. 25. v. 1. c. 26. v. 45. &c.

m Copin; Voyage d'Egypte, c. 10.

Vers l'extrémité de cette Plaine, du côté du Septentrion, s'élevent deux hautes Montagnes, dont la plus élevée est Sinaï, & l'autre est Oreb. Ces deux Têtes d'Oreb & de Sinaï, montent fort droit, & n'occupent pas beaucoup de terrain en comparaison de leur extraordinaire hauteur. Celle de Sinaï est pour le moins d'un tiers plus haute que l'autre, & la montée en est beaucoup plus droite & plus difficile. Après qu'on est parvenu au sommet de la Montagne, on trouve qu'elle se termine en une place inégale & raboteuse, qui peut contenir soixante personnes. Sur cette hauteur est bâtie une petite Chapelle de Sainte Catherine, où l'on croit que le Corps de cette Sainte a reposé trois cens soixante ans; mais qu'ensuite on le transporta dans une Eglise qui est au pied de la Montagne. Près de cette Chapelle, coule une Fontaine dont l'Eau est extrémement fraîche. On la croit miraculeuse, n'étant pas concevable d'où pourroit venir de l'eau sur la croupe d'une aussi haute, & si stérile Montagne.

Oreb est au Couchant de Sinaï; en sorte qu'au Lever du Soleil l'ombre de Sinaï couvre entiérement Oreb. Outre la petite Fontaine, qui est tout au haut de Sinaï, il y en a encore une autre au pied de cette Montagne, ou de celle d'Oreb, qui fournit de l'eau au Monastère de Sainte Catherine. A cinq ou six cens pas de là, on montre une Pierre haute de quatre ou cinq

SIN. SIN. 595

cinq pieds, & large environ de trois, qu'on dit être celle dont Moïse fit fortir de l'eau. Sa couleur eſt d'un gris tacheté, & elle eſt encore plantée dans un eſpace de terre, où il ne paroît aucun autre Rocher. Cette Pierre a douze trous ou enfoncemens, qui ont près d'un pied de large, & d'où l'on croit que ſortit l'eau pour deſaltérer les Iſraélites.

Les Arabes [a] comptent entre les Enfans d'Iſraël, un nommé *Thor*, ou *Thour*, qui a donné ſon nom à la Montagne de Sinaï, qu'ils appellent Thour-Sinaï. Ils donnent auſſi le nom de Thour à la Ville, qui eſt au pied de la même Montagne, ſur le bord de la Mer Rouge. Mahomet commence le Chapitre de ſon Alcoran, intitulé *de la Figue*, par le ferment, *je jure par la Figue, par l'Olive, par le Mont-Sinaï, & par la Ville ſûre & fidelle*. La *Figue* marque une Montagne de la Paleſtine nommée *Thor-lina*, la Montagne de *Figue*: l'*Olive* marque le nom des Olives près de Jéruſalem: la *Ville Fidelle* eſt la Mecque. Sinaï eſt en grande vénération parmi les Muſulmans, à cauſe de la Loi que Dieu donna aux hommes ſur cette Montagne. Ils l'appellent auſſi quelquefois la Montagne de Moïſe.

[a] D'Herbelot, Biblioth. Or.

Il y a ſur cette Montagne un Monaſtère habité par des Moines Grecs, qui n'avoient autrefois qu'une Tour bâtie auprès du Buiſſon ardent de Moïſe. Ces Moines ſe trouvant expoſez aux courſes des Arabes, qui mangeoient chez eux tout ce qu'ils trouvoient de proviſions, & même juſqu'au pain conſacré de l'Euchariſtie, priérent l'Empereur Juſtinien de leur faire bâtir un Monaſtère bien fermé pour les mettre hors d'inſulte des Arabes. L'Empereur leur accorda leur demande; mais on dit qu'il fit mourir l'Architecte qui avoit choiſi ce Lieu pour le Monaſtère, à cauſe de la proximité du Buiſſon, & pour la commodité de l'eau.

L'on a donné à ce Monaſtère, & à la Montagne même le nom de Sainte Catherine, à cauſe d'une Tradition reçue dans le Pays, que le Corps de cette Sainte y avoit été tranſporté par les Anges.

Ce Monaſtère [b] eſt ſolidement bâti ayant de bonnes & fortes murailles. L'Egliſe eſt magnifique, c'eſt un Ouvrage de l'Empereur Juſtinien, ce que diſent les Religieux. Ils ſont au nombre de cinquante ſans compter ceux qui vont à la quête. Leur vie eſt très-auſtère ; ils ne boivent point de Vin, & ne mangent jamais de viande, même dans leurs plus grandes maladies. L'eau, qu'ils boivent, eſt excellente, elle vient d'une Source qui eſt au milieu du Monaſtère. On leur donne trois fois la Semaine un petit verre d'eau de vie, qu'on fait avec des Dattes. Ils jeûnent très-auſtèrement les quatre Carémes qui ſont en uſage dans l'Egliſe Orientale ; hors ce tems-là, on leur ſert à Table des Légumes & du Poiſſon ſalé. Ils ſe levent la nuit pour chanter l'Office Divin, & ils en paſſent la plus grande partie au Chœur. On y montre une Châſſe de Marbre blanc couverte d'un riche Drap

[b] Lettres Edifiantes, Tom. 4. pag. 87. & ſuiv.

d'or, dans laquelle eſt renfermé le Corps de Ste Catherine, qu'on ne voit point. On montre ſeulement une main de la Sainte, qui eſt fort deſſechée, & dont les doigts ſont pleins de bagues & d'anneaux d'or. L'Archevêque, qui eſt auſſi Abbé du Monaſtère, a ſous lui un Prieur dont le pouvoir eſt fort borné, quand l'Archevêque n'eſt pas abſent. Pour aller juſqu'au ſommet de la Montagne où Dieu donna les deux Tables de la Loi à Moyſe, il y a quatre mille degrez à monter. On y a bâti une Chapelle aſſez propre, on voit enſuite la Chapelle d'Elie. La Montagne voiſine eſt encore plus haute, c'eſt-là où le Corps de Ste. Catherine fût tranſporté par les Anges, après qu'elle eut été martyriſée.

SINANQUE, Abbaye de France, dans la Provence, au Diocéſe de Cavaillon, en Latin *Sinaqua*, ou *Sine aqua*. C'eſt une Abbaye d'Hommes de l'Ordre de Cîteaux. Elle fut fondée en 1148.

SINAPATINGA, Ville de l'Inde en deçà du Gange : Ptolomée [c] la compte parmi les Villes qui appartenoient aux *Cathæi*, & qui ſe trouvoient au voiſinage du Fleuve Indus. Le MS. de la Bibliothéque Palatine lit *Tiſapatinga*, pour *Sinapatinga*.

[c] Lib. 7. c. 1.

SINARUM REGIO, Contrée de l'Aſie & la derniére que marque Ptolomée [d] du côté de l'Orient. Il la borne au Nord par la Sérique : à l'Orient & au Midi par des Terres inconnues ; & à l'Occident partie par l'Inde d'au-delà le Gange, dont elle étoit ſéparée par une ligne tirée depuis le fond du grand Golphe juſqu'à la Sérique, partie par le Grand Golphe, & partie par le Pays des Ichthyophages Ethiopiens, compris auſſi ſous le nom général de SINÆ, ainſi que les Peuples *Samatheni*, *Acadræ*, *Aſpithræ* & *Ambathæ*. Voici la Deſcription de cette Contrée ſelon Ptolomée.

[d] Lib. 7. c. 3.

Sur la Côte, en prenant depuis la Frontiére de l'Inde :
- *Aſpithra Fluv. Oſtia*,
- *Fluvii Fontes*,
- *Bramma Civitas*,
- *Ambaſti Fluv. Oſtia*,
- *Fontes Fluvii*,
- *Rhabana Civitas*,
- *Seni Fluv. Oſtia*,
- *Notium Promont.*
- *Ferini Sinus interior receſſus*,
- *Satyrorum Promont.*
- *Sinarum Sinus*,
- *Cottiaris Fluv. Oſtia*, } Aux Ichthyophages Ethiopiens.
- *Fontes Fluv.*
- *Cattigara Sinarum ſtatio.*

Dans les Terres :
- *Acadra*,
- *Aſpithra*,
- *Cocconagara*,
- *Saraga*,
- *Thinæ*, *Metropolis*.

SINARUS, Fleuve de l'Inde : Arrien dit [e] que ce Fleuve ſe jettoit dans l'Hydaſpes. Voyez SARUS.

[e] In Indicis.

SINCAI, Ville de la Chine [f], dans la Pro-

[f] Atlas Sinenſ.

Ffff 2

Province de Honan, au Département d'Iuning, huitième Métropole de la Province. Elle eſt de 2. d. 29′. plus Occidentale que Peking, ſous les 34. d. 41′. de Latitude Septentrionale.

SINCAPOUR, Cap des Indes, à la Pointe de la Presqu'iſle de Malaca, à l'entrée du Détroit de ce nom, qu'on appelle quelquefois pour cette raiſon le Détroit de Sincapour.

SINCAR, Ville de la Médie : Ptolomée [a] la place dans les Terres.

[a] Lib. 6. c. 2.

1. SINCHANG, Ville de la Chine [b], dans la Province de Chekiang, au Département de Xaohing, huitième Métropole de la Province. Elle eſt de 3. d. 56′. plus Orientale que Peking, ſous les 29. d. 6′. de Latitude Septentrionale.

[b] Atlas Sinens.

2. SINCHANG, Ville de la Chine [c], dans la Province de Kiangſi, au Département de Xuicheu, dixième Métropole de la Province. Elle eſt de 2. d. 40′. plus Occidentale que Peking, ſous les 28. d. 49′. de Latitude Septentrionale.

[c] Ibid.

1. SINCHING, Ville de la Chine [d], dans la Province de Kiangſi, au Département de Kienchang, ſixième Métropole de la Province. Elle eſt de 0. d. 20′. plus Occidentale que Peking, ſous les 27. d. 55′. de Latitude Septentrionale.

[d] Ibid.

2. SINCHING, Ville de la Chine [e], dans la Province de Chekiang, au Département de Hangcheu, première Métropole de la Province. Elle eſt de 2. d. 42′. plus Orientale que Peking, ſous les 30. d. 2′. de Latitude Septentrionale.

[e] Ibid.

3. SINCHING, Ville de la Chine [f], dans la Province de Xantung, au Département de Cinan, première Métropole de la Province. Elle eſt de 1. d. 16′. plus Orientale que Peking, ſous les 47. d. 10′. de Latitude Septentrionale.

[f] Ibid.

4. SINCHING, Ville de la Chine [g], dans la Province de Peking, au Département de Paoting, ſeconde Métropole de la Province. Elle eſt de 0. d. 46′. plus Occidentale que Peking, ſous les 39. d. 20′. de Latitude Septentrionale.

[g] Ibid.

5. SINCHING, Ville de la Chine [h], dans la Province de Honan, au Département de Caifung, première Métropole de la Province. Elle eſt de 0. d. 40′. plus Occidentale que Peking, ſous les 35. d. 26′. de Latitude Septentrionale.

[h] Ibid.

SINCIANUS-PAGUS, Canton de la Germanie ſur le Rhein, ſelon Ortelius [i], qui cite le troiſième Livre de la Translation des Martyrs St. Marcellin & St. Pierre, par Eginhart. Il ajoute qu'il croit que c'eſt aujourd'hui SINSICH.

[i] Theſaur.

SINCIN, Ville de la Chine [k], dans la Province de Suchuen, au Département de Chingtu, première Métropole de la Province. Elle eſt de 12. d. 35′. plus Occidentale que Peking, ſous les 30. d. 24′. de Latitude Septentrionale.

[k] Atlas Sinens.

SINCIUM, ou SINTIUM, Lieu de la Baſſe Pannonie. L'Itinéraire d'Antonin en fait mention dans le Titre d'une Route marquée dans l'ordre, ou peut-être dans le deſordre ſuivant :

Iter ab Acinco Crumeroque caſtra conſtituta Sincio.	M. P. XLII.
Ulciſia caſtra.	M. P. IX.
Cirpi Manſio.	M. P. XII.
Ad Herculem caſtra.	M. P. XII.
Salva Manſio.	M. P. IX.

Simler a cru que le Titre de cette Route étoit corrompu ; d'autres jugent, ou que le nombre des milles d'Acincum à Caſtra conſtituta Acinco, a été négligé par les Copiſtes, ou que Caſtra conſtituta Sincio étoit la fin de la Route & que ce dernier Gîte comme le nombre des milles a été oublié par les Copiſtes ; mais comme dans cette Route la Somme totale des milles s'accorde avec les diſtances particuliéres, j'aimerois mieux ſuppoſer que la Route eſt bonne, & que le Copiſte aura ſimplement oublié dans le Titre la prépoſition per au-devant de Caſtra conſtituta Sincio. Ceux qui ſauront la véritable poſition de Sincium pourront parler plus affirmativement.

SINCLEER, ou SAIN-CLAIR [l], Château d'Ecoſſe, dans la Province de Cathness, ſur un petit Promontoire, à l'Orient de celui de Dangis-bay-head. Les Comtes de Sincleer ou Sain-Clair qui le poſſédent lui ont donné le nom de leur Famille, au lieu qu'auparavant il s'appelloit Gernigho, ou Kernigho, nom qu'on prétend être dérivé de celui des Cornabiens anciens Habitans du Pays. Le Château de Sincleer couvre une petite Baye, au fond de laquelle les mêmes Comtes ont un autre Château nommé Akergil, & ſur l'autre bord encore un troiſième Château appellé Keece, dans une ſituation auſſi agréable qu'on la peut ſouhaiter dans ce Pays-là.

[l] Délices de la Gr. Br. 6. p. 1400.

1. SINDA, Ville de l'Aſie Mineure, dans la Piſidie, ſelon Strabon [m] & Etienne le Géographe. Le premier la met aux Confins de la Cárie. La Notice d'Hiéroclès place Sinda dans la Pamphylie ; mais Berckelius & Holſten veulent qu'on liſe dans ces trois Auteurs Iſinda au lieu de Sinda. C'eſt, à ce qu'on croit, la même Ville qui eſt nommée Piſinda par Ptolomée, & encore la même que celle qui eſt appellée Iſionda par Polybe [n] & par Tite-Live [o]. Non-ſeulement cette opinion eſt appuyée ſur le rapport des noms ; mais encore ſur la ſituation du Lieu, quoique Tite-Live paroiſſe néanmoins placer Iſionda dans la Pamphylie propre ou ancienne.

[m] Lib. 12. p. 570.
[n] Legat 31.
[o] Lib. 38. c. 15.

2. SINDA, Ville de l'Inde au-delà du Gange ſelon Ptolomée [p] : elle étoit ſur la Côte du Grand Golphe, entre Corgatha & Pagraſa. Etienne le Géographe parle auſſi de cette Ville.

[p] Lib. 7. c. 2.

3. SINDA, Ville de la Sarmatie Aſiatique, ſur le Boſphore Cimmérien. Ptolomée [q] la place entre les Ports Syndicus & Bara. Voyez SINDI.

[q] Lib. 5. c. 9.

SINDÆ. Les Exemplaires Latins de Ptolomée [r] donnent ce nom à trois Iſles de la Mer des Indes ſituées au Midi des Iſles Baruſſæ, & qui ſont nommées Célèbes, Gilolo & Ambon par Mercator. Dans le Texte Grec de Ptolomée au lieu de Sindæ Inſulæ, on lit Anthropophagorum Inſulæ tres.

[r] Lib. 7. c. 2.

SIN-

SIN.

SINDAGA, Ville de la Parthie, selon Ptolomée [a].

a Lib. 6. c. 5.

SINDARUS, Voyez CYRRHUS N°. 3.

1. **SINDE**, ou SINDA, Village de la Phénicie, éloigné d'environ vingt Stades de la Ville de Tyr. Evagre [b] parle de ce Bourg dans son Histoire Ecclésiastique à l'occasion d'un Moine nommé Zosimas, natif de ce Lieu, & dont il rapporte diverses merveilles. Dans le même Chapitre Evagre parle du Monastère de Sinden où demeuroit Zosimas & qu'il dit être à cinq-cens Stades ou environ de la Ville de Césarée.

b Lib. 4. c. 7.

2. **SINDE**, ou INDE, Riviére des Indes dans les Etats du Grand-Mogol [c], en Latin *Indus*. Elle a sa Source aux Confins du petit Tibet, dans les Montagnes qui séparent ce Royaume de la Province de Nagracut. Sa Course est du Nord Oriental au Midi Occidental en serpentant. Elle sépare d'abord la Province de Cachemire, de celle de Bankich, traverse ensuite celles d'Atok, de Patane, de Moultan, de Buckor, & de Sinde ou Tata, où elle se jette dans la Mer des Indes, après s'être partagée en deux Branches principales, qui font les Bouches de l'Inde, & forment l'Isle qui se trouve à l'Embouchure de cette Riviére. Dans son cours elle reçoit les eaux de diverses Riviéres moins considérables, entr'autres les eaux du Nilab, d. du Cow, ou Behat, d. de la Lacca, d. du Ravis & du Van, ou Via, déja joints ensemble, g. du Chaul, ou Sietmegus, g. & de la Dimiadée, g. Elle arrose Atok, g. Moultan, g. Buckor, Candavil, d. Samand, g. Badhe, d. Calere, d. Sur le Bras droit de son Embouchure on voit Tata & Sindi, & sur le Bras gauche Nuraquimire.

c De l'Isle Atlas.

3. **SINDE**, ou TATA, Province des Indes, dans les Etats du Grand-Mogol [d]. Elle est bornée au Nord par la Province de Buckor, à l'Orient par celles de Jesselmere & de Soret, au Midi par la Mer, & à l'Occident par les Terres de la Perse. La Riviére d'Inde ou de Sinde qui lui donne son nom la traverse du Nord au Midi, & y a son Embouchure. C'est le Pays des Abindes nommez en leur Langue *Abind*: Les Arabes & les Persans l'appellent *Diu* [e], & les François, les Anglois, les Portugais & les Espagnols lui donnent le nom de Sinde. Plusieurs Ecrivains croient que c'est le Pays que Maffée appelle *Dulcinde*, & qu'il fait aboutir au Royaume de Cambaye du côté du Sud. Sa Capitale est *Tata*. Ce Pays est riche & fertile, & le Commerce y attire beaucoup d'Indiens & de Portugais. On y trouve quantité d'Ouvrages de fin Cotton que les Habitans appellent *Jorims*, & il y a grande abondance d'Huile, de Cotton & de Beurre. On envoye aussi de-là aux Indes par le moyen des Navires Portugais force Sucre candy, de la Poix résine, des Ouvrages de Cuir brochez de Soie de différentes couleurs, qui leur servent de Tapis & de Couvertures de Lits & de Table, des Etuis, des Boëtes & des Coffrets de diverses sortes de bois, marquetez de Nacres de Perles. Il descend par la Riviére

d Ibid.

e Davity, Etat du Grand-Mogol.

de Sinde beaucoup de Barques qu'on appelle *Kistes* & *Chapuses*, chargées d'une grande quantité de toiles de toutes sortes, de Sucre, d'Anis, & d'autres Marchandises qui viennent de Lahor, de Moultan, d'Agra, de Dely, de Mandou, de Sytoh, d'Utrad, & autres Lieux, & qu'on embarque à Bandel. Ce fut le Grand-Mogol Akebar qui fit la Conquête de ce Pays, ainsi que de ceux de Cachemire & de Gusurate. Les Peuples sont Mahométans. Mais comme la Capitale est une Ville d'un fort grand Commerce, il s'y trouve des Etrangers de toutes les autres Religions, & particuliérement des Chrétiens. Les principaux Lieux de la Province de Sinde, sont:

Tata,	Calere,
Dobil, ou Dioul,	Saruna,
Araba,	Mamehel,
Manhabere,	Nuraquimire,
Sarusan,	Scharma,
Badhe,	Lourebander,
Sindi,	Birun.

SINDESSUS, Ville de la Carie, selon Etienne le Géographe.

1. **SINDI**, Peuples de la Sarmatie Asiatique, comptez parmi ceux qui habitoient le Bosphore Cimmérien. Strabon [f] dit que les *Sindi* sont du nombre des *Mæoti*. Pomponius Mela [g] qui les nomme *Sindones*, les place au voisinage des Palus Méotides, & ajoute que la Ville de *Sindos*, appellée *Sinda* par Ptolomée, fut bâtie aux Confins du Pays des *Sindones* par les Laboureurs mêmes de ce Canton. Ces mêmes Peuples sont appellez Σινδοὶ, *Sinti*, dans le Périple de Scylax; mais comme il nomme le Port de ces Peuples Σινδικὸς Λιμὴν, *Sindicus Portus*, on peut corriger le premier de ces mots par le second.

f Lib. 11. p. 495.
g Lib. 1, c. 19.

2. **SINDI**, Peuples qui habitoient vers l'Embouchure du Danube, selon Apollonius & Flaccus citez par Ortelius [h].

h Thesaur.

SINDIA, Ville de l'Asie Mineure, dans la Lycie, selon Etienne le Géographe.

SINDIANI, Peuples Scythes dont parle Lucien: ils habitoient vers les Palus Méotides; & ils pourroient bien être les mêmes que les *Sindi*.

SINDICENUM, Voyez TEANUM.

SINDICIN, Ville d'Asie, dans la Tartarie, au Pays de Tenduc, selon Davity [i], qui cite Marco Polo [k]. Il s'y fait grande quantité de Camelots avec le Poil des Chameaux, des Draps d'or, de Soie & de Laine de diverses sortes, des Harnois de Chevaux &c. de tout ce qui est nécessaire aux Gens de guerre.

i Etats du Grand-Can. Liv. 1.
k c. 52. & 53.

SINDICUS PORTUS, Port de la Sarmatie Asiatique, sur la Côte du Bosphore Cimmérien, selon le Périple de Scylax [l], qui en fait une Ville Grecque. Ptolomée [m] qui écrit *Syndicus Portus* place aussi ce Port dans le Bosphore Cimmérien sur la Côte de la Mer Caspienne, entre *Hermonassa* & *Sinda Oppidum*.

l P. 31.
m Lib. 5. c. 9.

SINDIFIU, Ville d'Asie, dans la Tartarie, au Pays auquel elle donne son nom,

Ffff 3   Davi-

598   SIN.   SIN.

a Etats du Grand-Can. Davity [a] dit que ce Pays eſt ſur les Confins de Mangi ou de la Chine. Il ajoute qu'on fait à Sindifiu du Crêpe fort délié, & que cette Ville eſt traverſée de pluſieurs Rivières qui s'uniſſent hors de ſon Enceinte, & qui forment la grande Riviére de Quian.

SINDOCANDA, Ville de l'Iſle de Taprobane. Elle eſt marquée par Ptolomée [b] ſur la Côte Occidentale de l'Iſle, entre l'Embouchure du Fleuve *Soana* & le Port Priapidis.

b Lib. 7 c. 4.

SINDOMANA, Ville de l'Inde : Arrien [c] en fait la Capitale des Etats de Muſicanus.

c De Exped. Alex. Lib. 6.

SINDONÆI, Peuples de la Thrace, ſelon Etienne le Géographe, qui cite Hécatée : Ortelius [d] croit que ce ſont les *Sithonii* de Pline.

d Theſaur.

SINDONALIA, Contrée de l'Inde ſelon Strabon [e], qui dit qu'elle étoit habitée par les *Sabatæ*. Caſaubon ſoupçonne que cette Contrée des *Sabatæ* eſt celle que Diodore de Sicile appelle, τὴν χώραν τῶν ὀνομαζομένων Σαμβαζῶν.

e Lib. 15. p. 701.

SINDUM, Voyez SINTHUS.

SINE, SEINE, ou SENNE, Rivière des Pays-Bas [f]. Elle prend ſa ſource dans le Hainaut, entre Roeuls & Soignies, auprès du Village nommé l'Hermitage : Delà elle coule à Soignies, d. à Homes, d. à Eſtinkerke, g. à Kenaſt, g. à Tubiſe, g. à Halle, g. à l'Abbaye de Werſt, d. à Bruxelles, à Haren, d. à Vilvorden, à Wert, g. paſſe à demi-lieue de Malines, qu'elle laiſſe à droite, à Heſſen, & delà ſe perd dans la Dyle, au-deſſus du Château de Battelbroeck, à une grande lieue au-deſſous de Malines.

f Dict. Géogr. des Pays-Bas.

SINEAR, ou SENNAAR. Voyez SENNAAR.

1. SINERA, Ville de la Phénicie, ſelon Etienne le Géographe.

2. SINERA, Ville de la Petite Arménie : Ptolomée [g] la marque ſur le bord de l'Euphrate. Le MS. de la Bibliothéque Palatine lit *Sinibra*, au lieu de *Sinera*.

g Lib. 5. c. 7.

SINERVAS, Ville de la Petite Arménie : Elle ſe trouve dans l'Itinéraire d'Antonin ſur la Route de *Satala* à *Melitene*, entre *Carſagis* & *Analiba*, à vingt-huit milles du premier de ces Lieux, & à égale diſtance du ſecond. Je ſoupçonnerois que ce pourroit être la Ville *Sinera* de Ptolomée. Voyez SINERA.

SINES, ou SINEZ, Port de Mer dans le Portugal [h], ſur la Côte de l'Eſtremadoure, au Sud-Oueſt de S. Jago de Cacem. C'eſt un petit Peuple de Peſcheurs, à cauſe que la Peſche y eſt fort riche. On y entretient ordinairement une petite Garniſon de vingt-trois hommes avec une Artillerie aſſés nombreuſe.

h Délices de Portugal, p. 806.

SINFAN, Ville de la Chine [i], dans la Province de Suchuen au Département de Chingtu première Métropole de la Province. Elle eſt de 13. d. 13′. plus Occidentale que Peking, ſous les 30. d. 56′. de Latitude Septentrionale.

i Atlas Sinenſ.

SINFUNG, Ville de la Chine [k], dans la Province de Kiangſi, au Département de Cancheu, douzième Métropole de la Province. Elle eſt de 2. d. 12′. plus Occidentale que Peking, ſous les 25. d. 55′. de Latitude Septentrionale.

k Ibid.

SINGA, Ville de la Syrie. Ptolomée [l] la place dans la Commagène.

l Lib. 5. c. 15.

SINGÆ, Peuples de l'Inde, ſelon Pline [m].

m Lib. 6. c. 20.

SINGÆI, Peuples de la Gréce : Thucydide ſemble les placer aux Confins de la Macédoine & de la Thrace, & Ortelius ſoupçonne que ce ſont les Habitans de la Ville Singus dans la Chalcidice.

SINGAMES, Fleuve de la Colchide. Arrien [n] dit que ce Fleuve qui étoit navigable ſe trouvoit au voiſinage de celui de Tarfuras, dont il n'étoit éloigné que de ſix-vingt Stades. Peut-être eſt-ce le même qui eſt appellé *Sigania* par Pline.

n Peripl.

1. SINGAN, Ville de la Chine [o], dans la Province de Peking, au Département de Paoting, ſeconde Métropole de la Province. Elle eſt de 1. d. 8′. plus Occidentale que Peking, ſous les 39. d. 25′. de Latitude Septentrionale.

o Atlas Sinenſ.

2. SINGAN, Ville de la Chine [p], dans la Province de Honan, au Département de Honan, quatrième Métropole de la Province. Elle eſt de 5. d. 24′. plus Occidentale que Peking, ſous les 35. d. 52′. de Latitude Septentrionale.

p Ibid.

3. SINGAN, Ville de la Chine [q], dans la Province de Quangtung, au Département de Quangcheu, première Métropole de la Province. Elle eſt de 3. d. 49′. plus Occidentale que Peking, ſous les 22. d. 40′. de Latitude Septentrionale.

q Ibid.

4. SINGAN, Ville de la Chine, dans la Province de Chekiang, ſelon la Relation de l'Ambaſſade des Hollandois à la Chine [r] ; car le Pere Martini ne connoît point cette Ville. Cette Relation ajoute qu'il y a une Riviére, auſſi nommée Singan, qui roule ſes eaux avec violence, à travers les Rochers & les Vallées juſqu'à cette Ville, & qui lave les murailles de Hoeicheu, l'une des Capitales de la Province de Nankin. Cette Riviére ſe forme de quatre petits Ruiſſeaux, dont le premier vient des Montagnes de la Ville : le ſecond ſourd près de Hieuning, le troiſième proche de Wyen, & le quatrième à peu de diſtance de Cieki. Dans le chemin que cette Riviére fait juſqu'à Singan, on compte trois cens ſoixante précipices. Le plus dangereux n'eſt pas éloigné de la Ville de Hoeicheu.

r Chap. 39.

5. SINGAN, Riviére de la Chine. Voyez SINGAN N°. 4.

SINGARA, Ville de la Méſopotamie : Ptolomée [s] la place ſur le bord du Tigre. Pline [t] en fait la Capitale des Arabes *Rhetavi*. Cette Ville eſt auſſi connue d'Ammien Marcellin [u], & d'Etienne le Géographe, & elle eſt nommée *Singra* dans St. Athanaſe cité par Ortelius [x].

s Lib. 5. c. 18.
t Lib. 5. c. 24.
u Lib. 25. c. 7.
x Theſaur.

SINGARAS, Montagne de la Méſopotamie, ſelon Ptolomée [y], qui la place dans l'Acabene.

y Lib. 5. c. 18.

SINGARENA. C'eſt ainſi que Sextus Rufus & Pomponius Lætus écrivent le nom de la Ville de SINGARA. Voyez SINGARA.

SINGAS. Voyez MARSYAS.

SIN-

SINGHIN, & SINGOUN ADALAR, *Les Isles de la défaite*. Les Turcs appellent ainsi en leur Langue, les Isles que les Anciens ont appellées, Echinades, & que les Italiens nomment, le *Isole Curzolari*, qui sont situées à l'entrée du Golfe de Parras, ou de Lepante; les Turcs leur donnent ce nom à cause de la perte qu'ils y firent dans la Bataille de Lepante, qui fut donnée auprès de ces Isles.

SINGIDAVA, Ville de la Dace, selon Ptolomée [a]. Le nom moderne est, à ce qu'on prétend, *Enyed*, & en Allemand *Engetyn*.

[a] Lib. 3. c. 8.

SINGIDONUM. C'est ainsi que Jornandes, l'Histoire Tripartite, & Aurelius Victor écrivent le nom de la Ville SINGIDUNUM. Voyez ce mot.

SINGIDUNUM, SINGIDONUM CASTRA, ou SINGIDLINO CASTRA, selon les différens MSS. de l'Itinéraire d'Antonin. C'étoit une Ville de la Pannonie que ce même Itinéraire marque sur la Route d'Italie en Orient en passant par le Mont d'Or. Elle se trouve entre *Taurunum Classis*, & le Gîte appellé *Aureus Mons*, à quatre milles du premier de ces Lieux & à vingt-quatre milles du second. Ptolomée qui écrit Σιγινδῶνον, pour Σινγιδῶνον, met cette Place au nombre des Villes Méditerranées de la Haute Mysie; car, comme Pline nous l'apprend, la Mœsie fut ajoutée à la Pannonie. La Notice des Dignités de l'Empire qui écrit aussi *Singidunum* marque pareillement cette Ville dans la Mœsie. Procope au troisième Livre [b] de la Guerre contre les Goths appelle cette Ville Πόλιν Σιγγηδόνα, quoique le MS. de la Bibliothéque Royale lise Σιγγόνυν, apparemment pour Σιγγίδονυν; le même nom est corrompu dans Théodoret qui écrit Συγγίδονον, pour Σιγγίδονον. Théophylacte Simocatta n'a pas connu la situation de cette Ville qu'il dit entourée de deux Fleuves, la Save & la Drave. Cette Ville se trouvoit à une petite distance de la Save; mais elle étoit éloignée de la Drave. Holstein juge que *Singidunum* est à présent *Zendrin*.

[b] Cap. 33.

SINGILIA. Voyez SINGYLIA.
SINGILIUS. Voyez SINGULIS.
SINGINDUNUM, ou SINGIDUNUM. Voyez SINGIDUNUM.

SINGITICUS-SINUS, Golphe de la Macédoine, dans la Mer Ægée, selon Ptolomée [c]. Ce Golphe entroit fort avant dans les Terres entre la Chalcidie & la Paraxie, depuis le Promontoire *Nympheum* jusqu'à *Ampelus extrema*. Ptolomée en donne la Description suivante:

[c] Lib. 3. c. 31.

Nympheum Promont.   *Acanthus,*
Stratonice,   *Singus,*
Ampelus extrema.

SINGLE, ou CINCHAI, Ville de la Chine [d], dépendante de celle de Hokien. Elle est mouillée des Eaux de Guei, & n'est qu'à 10. Stades de Sinko. Son grand Fauxbourg, bien peuplé, pourroit aller du pair avec une bonne Cité. On voit à son côté Occidental un Temple fort élevé, entouré d'une forte muraille, d'un Jardin orné de riches Parterres, & d'un Verger plein de toutes sortes d'Arbres & de fruits. C'est un Cloître de Dames, qu'on dit être des plus illustres de la Nation Chinoise. Aucun homme n'en approche sous quelque prétexte que ce soit, parce, dit-on, que ces Dames n'ont choisi cette Retraite que pour se garantir des traits de l'amour.

[d] Amb. des Holl. p. 193.

A l'autre côté de la Ville on voit encore un très-beau Temple, proche duquel il y avoit trois Pyramides, érigées à l'honneur d'un de ses Gouverneurs, fort considéré pendant sa vie pour ses glorieuses actions.

SINGO, Ville de la Turquie en Europe [e], dans la Macédoine, sur la Côte du Golphe de *Monte Santo*, à la gauche en entrant, au Midi Oriental de Doori. Elle conserve le nom de l'ancienne *Singus* qui avoit donné le sien au Golphe appellé anciennement *Singiticus-Sinus*.

[e] De l'Isle, Atlas.

SINGOCK, ou SINGOCKO, c'est-à-dire l'Enfer [f]. On donne ce nom au Japon à une étendue d'eau bouillante qui dans la Province de Nanguesacque tombe, avec un grand bruit, d'une Montagne escarpée, & qui devint fameuse dans la persécution qu'on fit aux Chrétiens du Japon, dans le Siècle passé. On menoit les Chrétiens au haut de la Montagne, on les exposoit sur le bord du précipice, on leur demandoit s'ils vouloient abjurer la Religion Chrétienne, & comme ils en faisoient refus, on les précipitoit dans l'eau. Quelquefois lorsqu'ils étoient rendus à l'Etang bouillant, on y prenoit de l'eau avec des escopes de Navires, & on la leur jettoit sur le Corps peu à peu principalement sur les parties les plus tendres. On leur demandoit ensuite s'ils ne vouloient pas abjurer; & quand on voyoit qu'ils persévéroient; on les lioit, & on les jettoit dans l'eau. Les Japonois ne bornérent pas-là leur fureur. Un supplice si prompt leur parut trop doux. Ils posérent en différens endroits des poûtres sur les pointes des Rochers qui donnent sur l'eau, & dessus ces poûtres ils pratiquérent de petites Chambres, à peu près comme des Guérites, où un homme pouvoit se tenir debout, & dont les planches qui les couvroient par le haut n'étoient pas entiérement jointes. On mettoit sur ces Chambres du foin, ou d'autres herbes fraîches, ou des branches de halier jusqu'à l'épaisseur d'un pied & demi, pour augmenter la puanteur des vapeurs qui sortoient de l'eau, afin qu'elles incommodassent davantage les Chrétiens qu'on y renfermoit. Les Cloisons étoient bien jointes, & dès que les patiens y étoient entrés on fermoit la porte sur eux; mais on la rouvroit souvent pour voir s'il n'y en avoit point quelqu'un d'étouffé, ou qui dormît. On réveilloit ces derniers, afin qu'ils ne fussent pas un moment sans souffrir. Ceux qu'on voyoit dans une si grande foiblesse, qu'ils ne pouvoient plus vivre que quelques heures sans expirer dans ces Cachots suspendus, en étoient retirés, & on y laissoit ceux qui avoient encore quelque force jusqu'à ce qu'ils fussent au même état que les premiers, ou qu'ils eussent renié. C'est ainsi

[f] Voyage de la Compagnie, t. 10. p. 137.

600 SIN. SIN.

si que ces Chrétiens passoient les nuits; car le jour on les approchoit de l'eau, dont on prenoit avec de petites Escopes. Quelquefois on la jettoit sur eux la faisant tomber comme une petite pluye; quelquefois on la faisoit tomber présque goute à goute sur tous les endroits de leurs Corps, hormis sur la tête, & dans ces tourmens on leur demandoit sans cesse s'ils ne vouloient pas renier. L'extrême chaleur de l'eau n'étoit pas ce qu'il y avoit de plus cuisant dans ce supplice. Cette eau est d'une qualité si acre & si mordicante qu'elle s'insinue & pénétre jusqu'aux os. Elle pénétre même tout au travers du corps, lorsqu'on la jette dessus à grosses ondées. Il semble qu'elle soit mélée de matiéres sulphureuses & résineuses, ou de quelques autres matiéres approchantes. Il y a au Japon plusieurs autres eaux chaudes; mais il n'y en a point qui bouille avec tant de force, ni dont les bouillons s'élevent si haut. C'est à cause de sa qualité pénétrante que les Persécuteurs n'en font point, jetter sur la tête des Patiens parce qu'ils mourroient trop tôt. Il s'en est trouvé un bien petit nombre qui ayent pû supporter ce tourment trois jours entiers. Aussi mettoit-on entre les mains des Médecins ceux qui ayant été exposés le jour au tourment de l'eau & la nuit aux horribles vapeurs qu'elle exhale, s'en trouvoient tellement affoiblis qu'on craignoit qu'ils n'expirassent. On les fortifioit alors par des remedes qu'on leur faisoit prendre; & lorsqu'il leur étoit revenu quelque vigueur, on recommençoit la même torture; & il n'y en avoit presque point de ceux qui y étoient exposés, qui ne reniassent à la fin.

SINGONE, Ville de la Germanie: Ptolomée [a] la compte au nombre des Villes qui étoient voisines du Danube.

[a] Lib. 2. c. 11.

SINGOR, ou SINGORA [b], Ville des Indes, au Royaume de Siam, sur la Côte Orientale de la Presqu'isle de Malaca, entre la Ville de Patane & celle de Bordelon. Singor est située à l'Embouchure d'une petite Riviére qui se jette dans le Golphe de Patane.

[b] De l'Isle, Atlas.

SINGRA. Voyez SINGARA.

SINGRIUM, ou SIGRIUM. Voyez ARGENNUM.

SINGUI, Province de la Grande Tartarie [c], au Pays de Tangut, avec une Ville de même nom. Ananie dit qu'on l'appelloit anciennement Issedon Scithyca. On la trouve en partant de la Ville d'Ergimul, en tirant au Catay par le Sud-Est.

[c] Davity, Etats du Grand Can.

SINGUIMALU, Grande Ville d'Asie au Catay, à sept journées de Tundifu. Quelques-uns la nomment Sunzumalu. Elle est traversée du côté du Sud par une Riviére que les Habitans ont divisée en deux Branches, dont l'une court vers l'Orient & arrose le Catay, & l'autre du côté de l'Occident & va vers le Mangi, ou Pays de la Chine.

SINGULIS. Voyez SINGYLIA.

SINGUS, ou SINGOS, Ville de la Macédoine, dans la Chalcidie: Ptolomée [d] la marque sur le Golphe Singitique, au-

[d] Lib. 3. c. 13.

jourd'hui le Golphe d'Athos, & non le Golphe de Contessa, comme le dit le Pere Hardouin, sur l'endroit où Pline [e] parle de cette Ville qu'il place aux environs du Mont Athos. Les Habitans de cette Ville font appellés Σιγγαιοι, par Thucydide [f].

[e] Lib. 4. c. 10.
[f] Lib. 5. p. 356.

SINGYA, Ville de l'Asie Mineure, dans la Pamphylie, selon Etienne le Géographe.

[g] Thesaur.

SINGYLIA, Ortelius [g] qui cite Clusius dit que d'anciennes Inscriptions donnent ce nom à la Ville appellée aujourd'hui Antequera, qui est la Ville Singili de Pline, & l'Antiquaria de l'Itinéraire d'Antonin. Mais une autre Inscription ancienne, trouvée dans cette même Ville & rapportée par Gruter, suit l'Orthographe de Pline [h]. Voici cette Inscription:

[h] Pag. 437. No. 4.

GALLO MAXUMIANO
PROC. AUGG.
ORDO SINGILIENSIUM OB
MUNICIPIUM DIUTINA
BARBARORUM OBSIDIONE
LIBERATUM.

On trouve encore dans Gruter une autre Inscription où il est parlé de cette même Ville:

ORDO M. LIB. SING.

Elle tiroit apparemment son nom du Fleuve SINGULIS, & y mouilloit la Colonie Astigitana, surnommée Augusta Firma. C'est de cet endroit que ce Fleuve commençoit à être navigable. Le Singulis est aujourd'hui le Xenil suivant l'opinion commune.

SINHAR. Voyez SENNAR.

SINHIANG, Ville de la Chine [i], dans la Province de Honan, au Département de Gueihoei, troisième Métropole de la Province. Elle est de 3. d. 39'. plus Occidentale que Peking, sous les 36. d. 26'. de Latitude Septentrionale.

[i] Atlas Sinensis.

1. SINHING, Ville de la Chine [k], dans la Province d'Iunnan, au Département de Chinkiang, cinquième Métropole de la Province. Elle est de 14. d. 17'. plus Occidentale que Peking, sous les 24. d. 34'. de Latitude Septentrionale. Cette Ville est défendue par une Forteresse.

[k] Ibid.

2. SINHING, Ville de la Chine [l], dans la Province de Quantung, au Département de Chaoking, sixième Métropole de la Province. Elle est de 4. d. 55'. plus Occidentale que Peking, sous les 26. d. 6'. de Latitude Septentrionale.

[l] Ibid.

1. SINHO, Forteresse de la Chine [m], dans la Province de Chekiang, au Département de Chinxan première Forteresse de la Province. Elle est de 5. d. 29'. plus Orientale que Peking, sous les 38. d. 30'. de Latitude Septentrionale.

[m] Ibid.

2. SINHO, Ville de la Chine [n], dans la Province de Peking, au Département de Chinting, quatrième Métropole de la Province. Elle est de 1. d. 56'. plus Occidentale que Peking, sous les 31. d. 6'. de Latitude Septentrionale.

[n] Ibid.

1. SINHOA, Cité Militaire de la Chine,

S I N.   S I N.   601

ne ª, dans la Province d'Iunnan. Elle est située au Midi de la Province & n'est dans la dépendance d'aucune Ville. Les Soldats & les Bourgeois y vivent ensemble avec beaucoup de tranquillité. Assez près de cette Ville on voit le Mont Cheçung. Il est fameux par sa Fontaine d'eaux chaudes.

2. SINHOA, Ville de la Chine ᵇ, dans la Province de Huquang, au Département de Paoking, neuvième Métropole de la Province. Elle est de 6 d. 0'. plus Occidentale que Peking, sous les 28. d. 23'. de Latitude Septentrionale.

3. SINHOA, Forteresse de la Chine ᶜ, dans la Province de Queicheu, au Département de Liping, septième Métropole de la Province. Elle est de 8. d. 56'. plus Occidentale que Peking, sous les 27. d. 18'. de Latitude Septentrionale.

SINHOEI, Ville de la Chine ᵈ, dans la Province de Quantung, au Département de Quangcheu, première Métropole de la Province. Elle est de 4. d. 18'. plus Occidentale que Peking, sous les 22. d. 30'. de Latitude Septentrionale.

SINHORIUM, Lieu fortifié dans la Colchide, selon Ammien Marcellin ᵉ. Mr. de Valois remarque que le MS. de la Bibliothéque Royale lit SYNORIUM, & que cette Orthographe est préférable, parce que Strabon ᶠ a écrit que Mithridate bâtit soixante & quinze Châteaux pour y serrer ses Trésors, & que le plus considérable de ces Châteaux s'appelloit *Synoria*. Il étoit aux confins de la Grande & de la Petite Arménie. Ce même Lieu paroît appellé Σινόρυγα Φρούριον par Appien ᵍ, qui dit qu'on y gardoit le Trésor Royal. Le nom de Σινοριa est corrompu dans Plutarque ʰ en celui de Ἰνώρα.

SINIBRA. Voyez SINERA.

SINICA. Voyez SYNICENSIS.

1. SINING, Cité de la Chine ⁱ, dans la Province de Quantung, au Département de Loting, grande Cité de la Province. Elle est de 5. d. 29'. plus Occidentale que Peking, sous les 23. d. 23'. de Latitude Septentrionale.

2. SINING, Forteresse de la Chine ᵏ, dans la Province de Xensi, au Département d'Iungchang, première Forteresse de la Province. Elle est de 14. d. 6'. plus Occidentale que Peking, sous les 37. d. 20'. de Latitude Septentrionale.

3. SINING, Ville de la Chine ˡ, dans la Province de Quangsi, au Département de Nanning, septième Métropole de la Province. Elle est de 10. d. 13'. plus Occidentale que Peking, sous les 23. d. 30'. de Latitude Septentrionale. Cette Ville est munie d'une Forteresse.

4. SINING, Forteresse de la Chine ᵐ, dans la Province de Chekiang, au Département de Chinxan, première Forteresse de la Province. Elle est de 4. d. 30'. plus Orientale que Peking, sous les 27. d. 32'. de Latitude Septentrionale.

SINIGAGLIA, petite Ville d'Italie ⁿ, dans la Marche d'Ancone. Elle est à dix milles de Fano, à vingt-deux de Pesaro, & d'Ancone, entre l'une & l'autre Ville, & à trente-quatre d'Urbin, sur les rivages de la Mer, où une petite Riviére nommée Nigola, séparant la Ville Vieille d'avec la Nouvelle, fait une espèce de Port assés profond, mais capable seulement, d'un petit nombre de Bâtimens. Elle fut fondée par les Gaulois Sénonois & appellée *Senogallia*, quand ils allérent saccager Rome sous la conduite de Brennus. Cette Ville devint depuis Colonie Romaine. Elle est de Commerce, & il y a même une Juiverie. On y tient tous les ans une Foire franche à la Magdelaine, cependant il n'y a point de bonne eau, & l'on n'y boit ordinairement que du Vin dont le Territoire abonde, & qui est fort bon. La Ville d'elle-même est assés belle ; le Dôme, & l'Eglise St. Martin sont ce qu'il y a de plus remarquable. Dans une petite Eglise du Fauxbourg, il y a un Tableau de la Sépulture de Notre-Seigneur, de *Federic Barocci*, qui a peint aux Dominicains un Tableau de St. Hyacinte : les Rues sont assés belles, mais mal peuplées. La Ville-Neuve l'est plus que la Vieille, dans laquelle il n'y a que des Pêcheurs, des Matelots, & quelques Marchands. La Noblesse du Pays, & les gros Bourgeois demeurent dans l'autre. Outre la Riviére qui les sépare, on y voit encore la vieille Courtine qui est très-haute, de bonne maçonnerie, & de grosses pierres taillées avec ses Tours, qui sont grosses & massives, entr'autres les deux de la Porte qui regardent le Port intérieur. Il y a deux Ports, l'un dans la Ville, & l'autre hors les murailles. Sa Fortification est bonne, c'est un Octogone revêtu qui n'est irrégulier que du côté que la Mer l'approche de plus près. Les deux Bastions de la gauche n'ont qu'un flanc chacun & une face, prolongeant les deux faces opposées en ligne égale ils vont se rencontrer en Angle rentrant, aux deux côtés d'un gros Château, composé de quatre Tours massives & bien percées, avec leur Fossé & Contrescarpe, qui sont autant de flancs très-puissans pour la défense de ces deux lignes, qui autrement se seroient extrêmement foibles. Sinigaglia est dans un Territoire qui ayant été uni au Duché d'Urbin entra dans l'obéïssance de l'Eglise avec ce Duché sous le Pontificat d'Urbain VIII.

1. SINIS-COLONIA, Ville de la Petite Arménie: Ptolomée º la place dans la Melitène près de l'Euphrate. Il y en a qui veulent que ce soit le Fort *Colonia*, qui, selon Procope ᵖ, étoit dans cette Province sur le haut d'une Roche très-escarpée, & que Pompée avoit autrefois pris, fortifié, & nommé Colonie. Comme la longueur du tems l'avoit presque fait tomber en ruine, Justinien le fit réparer & distribua de grandes sommes d'argent aux Paysans d'alentour, tant pour construire de nouveaux Forts, que pour réparer ceux qui étoient déja construits.

2. SINIS, Lieu de l'Attique, selon Ortelius ᑫ qui cite Plutarque ʳ.

SINITENSIS, Siège Episcopal d'Afrique, dans la Numidie, selon la Notice des Evêchés de cette Province. Dans la Conférence de Carthage ˢ *Cresconius* est

Gggg   quali-

qualifié *Episcopus Sinitensis*. St. Augustin [a] nous apprend qu'il y avoit près d'Hippone Royale un Lieu nommé *Castellum Sinitense*; & dans sa cinquième Epître [b] il fait mention d'un certain Marcellin, Evêque de ce Lieu.

[a] Lib. 22. de Civit. Dei, c. 8.
[b] No. 4.

SINIVEN, Cité de la Chine [c], dans la Province de Xansi, au Département de Sin, première grande Cité de la Province. Elle est de 5. d. 10′. plus Occidentale que Peking, sous les 37. d. 30′. de Latitude Septentrionale.

[c] Atlas Sinens.

SINKICIEN, Ville de la Chine [d], dans la Province de Peking, au Département de Hokien, troisième Métropole de la Province. Cette petite Ville, que quelques-uns nomment CING, est située au côté Méridional du Fleuve Guei, dans une très-belle Plaine, à deux ou trois lieues de la Ville de Sanglo. On voit près de cette Ville la Montagne *Si*, dont le sommet qui s'étend en une longue & large Campagne, est fort estimé à cause de la fertilité & de la graisse de son Terroir, au milieu duquel est un très-beau Bourg, habité d'un grand nombre de Laboureurs.

[d] Amb. des Holl. à la Chine, c. 43.

SINKIN, Ville de la Chine [e], dans la Province de Quamsi, au Département de Linkiang ou Hiakyang, huitième Métropole de la Province. Elle est bâtie au côté droit de la Rivière de Can, au milieu de Collines très-fertiles, & égale presque en grandeur Hiakyang; mais non en beauté d'Edifices, qui y sont mal bâtis, & très-mal propres. On y voit seulement du côté de la Riviére, sur laquelle la Ville est bâtie, une haute & magnifique Porte embellie de fort beaux Ouvrages. L'abord de cette Ville est assés aisé par l'Embouchure de la Rivière. Le Port est aussi assés commode, & capable de contenir un bon nombre de Vaisseaux.

[e] Ibid. c. 29.

Il y a un Temple dans cette Ville, rempli d'Images & de Statues : parmi ces dernieres, on en voit une sans tête, qui a deux Corps & qui représente un Hermaphrodite : une seconde d'un certain Géant ; une troisième d'un Baladin vétu à la Chinoise ; & une quatrième d'un Géryon à une tête & deux Corps, pour marquer le Symbole de l'Amitié, qui joint deux volontés, & règle les mouvemens de plusieurs membres par un même sentiment.

Cette Ville a un Gouverneur, qui reçoit les Etrangers, & leur accorde le secours dont ils ont besoin, contre la férocité des Habitans, & contre leur avarice.

SINKOCIEN, ou HINGEI, Ville de la Chine [f], dans la Province de Peking, au Département de Hokien, troisième Capitale de la Province. Elle est à trente Stades de Sinkicien. Il y a de très-bons Remparts, & de bons Bastions : mais elle n'est pas fort peuplée ni fort marchande. On n'y voit ni superbes Temples, ni magnifiques Bâtimens ; mais seulement sur ces premiers quelques petites Figures de Grues volantes avec une pierre au pied, dont certaines ont deux & jusqu'à quatre têtes, que les Habitans du Pays croient veiller sur leur Ville & y apporter l'abondance.

[f] Amb. des Holl. p. 191.

Tout ce qu'on voit dans ce Lieu de plus considérable, c'est un Temple au pied des murailles & dans une très-agréable Plaine dont la beauté en richesses, & en Sculpture peut égaler les plus superbes du Royaume. Cet Ouvrage est divisé en trois Etages voutés, au côté desquels il y a plusieurs Portes & de belles Colomnes, qui soutiennent le toit du deuxième étage. Tout l'Edifice est si enrichi, & si couvert de feuillages, & de toutes les figures imaginables de Bêtes, qu'on le prend d'abord pour le Chef-d'œuvre de tout ce qu'il y a eu d'habile dans la Sculpture & dans la Peinture. Il s'en faut infiniment que le dedans ne réponde au dehors.

SINLO, Ville de la Chine [g], dans la Province de Peking, au Département de Chinting, quatrième Métropole de la Province. Elle est de 2. d. 23′. plus Occidentale que Peking, sous les 38. d. 58′. de Latitude Septentrionale.

[g] Atlas Sinens.

1. SINNA. Ptolomée [h] marque deux Villes de ce nom dans la Mésopotamie.

[h] Lib. 5. c. 18.

2. SINNA. Voyez SYNNA.

3. SINNA. Strabon [i] nomme ainsi une Retraite où des Brigans se retiroient près du Mont Liban.

[i] Lib. 16. p. 765.

SINNACA. Plutarque [k] & Appien [l] nomment ainsi un défilé qui se trouvoit dans les Montagnes de la Mésopotamie, au voisinage de *Carrhæ* près du Tigre, où il y avoit une Ville aussi nommée SINNACA, selon Strabon. Ortelius [m] soupçonne que ce pourroit être une des Villes que Ptolomée appelle SYNNA.

[k] In Crasso.
[l] In Parthicis.
[m] Thesaur.

SINNADE, Ville de la Turquie en Asie [n], dans l'Anatolie, vers la Source du Sarabat ; environ à quinze lieues d'Apamis du côté du Nord, en Latin *Sinnada*. C'étoit autrefois une Ville Archiépiscopale, & fort grande ; mais aujourd'hui elle est très-peu considérable.

[n] Baudrand, Dict.

SINNAUS, Lac d'Asie. Pline [o] dit que la grande quantité d'Absinthe qui croît aux environs de ce Lac rend ses eaux amères. Le Pere Hardouin remarque qu'au lieu de *Sinnaus* quelques MSS. portent *Sannaus*, d'autres *Annaus*, *Innaus*, ou *Amaus* ; & il semble soupçonner que ce Lac étoit voisin de la Ville de *Synaus*, que Ptolomée place dans la Grande Phrygie.

[o] Lib. 2. c. 103.

1. SINNING, Ville de la Chine [p], dans la Province de Quangtung, au Département de Quangcheu, première Métropole de la Province. Elle est de 4. d. 39′. plus Occidentale que Peking, sous les 22. d. 18′. de Latitude Septentrionale.

[p] Atlas Sinens.

2. SINNING, Ville de la Chine [q], dans la Province de Suchuen, au Département de Queicheu, sixième Métropole de la Province. Elle est de 9. d. 32′. plus Occidentale que Peking, sous les 31. d. 47′. de Latitude Septentrionale.

[q] Ibid.

SINOESSA, Ville de Sicile, selon Etienne le Géographe, qui entend sans doute la Ville de Sinuessa, située dans cette partie de l'Italie à laquelle quelques Auteurs ont donné le nom de Sicile.

SINONIA, Isle de la Mer de Tyrrhène,

SIN. SIN. 603

a Lib. 2. c. 7. ne, selon Pomponius Mela *a* & Pline *b*.
b Lib. 3. c. 6. On croit que c'est à présent l'Isle de *Sano-ne*, aux environs de Gaëte.

SINNIPSENSIS, Siège Episcopal d'A-
c No. 133. frique, selon la Conférence de Carthage *c*, où *Villaticus* est dit *Episcopus Plebis Sinnip-sensis*. On ignore de quelle Province étoit ce Siège.

SINNUARITENSIS, Siège Episcopal d'Afrique, selon la Conférence de Car-
d No. 132. thage *d*, où *Stephanus* est dit *Episcopus Plebis Sinnuaritensis*. Ce Siège étoit dans la Province Proconsulaire, selon la Notice des Evêchés de cette Province qui écrit *Sinnuarensis*, ou *Sinnarensis*: d'ailleurs Victor *Episcopus Municipii Sinna*, souscrivit au cinquième Concile Général avec les Evêques de la Province Proconsulaire.

1. SINOPE, Ville de l'Asie Mineure, dans la Paphlagonie, à quarante Stades d'*Armene*, selon Arrien, & à cinquante,
e Lib. 4. c. selon Strabon. Polybe *e* dit qu'elle étoit 57. située au commencement d'une Péninsule, dont elle occupoit l'Isthme large de deux Stades, & que le reste de la Péninsule demeuroit vuide. Strabon ajoute qu'à chaque côté de l'Isthme, il y avoit un beau Port. Cette Ville étoit si ancienne que
f Lib. 12. Strabon *f* ne fait point difficulté de re-
p. 545. monter son origine jusqu'au tems des Argonautes. Apollonius prétend qu'elle avoit pris le nom de la Fille d'Asopus, & même Valerius Flaccus semble dire qu'elle fut bâtie dans ce tems-là:

. . . . *Alta Carambis*
Raditur & magna Pelago tremit Umbra Sinopes.
Assyrios complexa Sinus stat opima Sinope.
Nympha prius blandosque Jovis qua luserat ignes.
Calicolis immota Procis.

S'il est vrai qu'on puisse donner à la Ville
g Cellar. de Sinope *g* cette ancienneté, elle fut
Geogr. Ant. dans le commencement assez peu considé-
Lib. 3. c. 8. rable. Elle reçut seulement son lustre des Milésiens, qui voyant la commodité du Lieu & l'imbécillité des Habitans s'emparèrent de Sinope & y envoyèrent une Colonie, ce qui fit que les Milésiens furent regardez comme les fondateurs de Sinope. Strabon dit positivement, ἔκτισαν αὐτὴν Μιλήσιοι, *Milesii eam* [Sinopen] *condiderunt*.
h Lib. 6. Xénophon *h* se contente de dire que les post Prin- Habitans de Sinope sont une Colonie de
cipium. Milésiens. On lit la même chose dans
i Lib. 14. Diodore de Sicile *i*, qui ajoute que cette
c. 32. Colonie située dans la Paphlagonie, acquit une grande autorité dans ces Quartiers-là. En effet sa puissance fut si grande qu'elle envoya des Colonies à Cérasunte & à Trapésunte, deux Villes célèbres dans le Pont. Elle devint Colonie Romaine, comme nous le voyons dans Strabon & dans Pline, & comme le prouvent diverses Médailles, sur l'une desquelles on lit: Col. Jul. Sinope. Une Médaille de Caracalla porte ces mots: C. J. Au. Sinope; c'est à dire *Colonia Julia Augusta Sinope*, & sur une Médaille de Geta il y a C.
k Commain- J. F. Sinopes, *Coloniæ Juliæ Felicis Sino-*
ville Table *pes*. Sinope *k* étoit Evêché dans le cin-
des Evê- quième Siècle sous la Métropole d'Amasie.
chés.

La position de Sinope *l* est si bien mar- *l* Tournefort,
quée dans Polybe & dans Strabon qu'il *Voyage du*
n'est pas permis d'ignorer que cette Ville *Levant. t.*
occupe l'Isthme d'une Presqu'isle d'envi- 2. p. 91
ron six milles de circuit, terminée par
un Cap considérable. Cependant Sinope
est représentée dans nos Cartes sur une Plage toute découverte, sans qu'on y remarque aucun Port, quoiqu'elle en ait deux fort bons, & bien décrits par Strabon. Une situation si avantageuse invita sans doute à y bâtir une Place. Les Habitans de Sinope entreprirent de fortifier toutes les avenues de leur Cap pour s'opposer aux entreprises de ce Mithridate, qui, suivant Polybe, descendoit d'un des sept Perses, qui firent mourir les Mages, & qui gouvernoit le Pays que Darius avoit donné pour récompense à ses Ancêtres sur la Côte du Pont-Euxin. C'étoit peut-être le même Mithridate Fondateur du Royaume du Pont. Quoiqu'il en soit, il ne faut pas le confondre avec le Grand Mithridate Eupator, fils de Mithridate Evergéte. Eupator nâquit à Sinope: il y fut élevé, il l'honora de ses bienfaits, la fortifia & la mit en état de résister à Murena Général de l'Armée Romaine, après que Sylla se fut retiré d'Asie. Enfin Mithridate fit Sinope la Capitale de ses Etats, & Pompée voulut qu'il y fût enterré. Pharnace fut le premier qui priva cette Ville de sa liberté. Ce Pharnace ne fut pas le fils du Grand Mithridate, mais son Ayeul; car suivant la Généalogie des Rois du Pont, dressée par Tollius, il y eut un Pharnace, qui fut pere de Mithridate Evergéte. Lucullus joignit Sinope aux conquêtes des Romains en délivrant cette Place du joug des Ciliciens, qui s'en étoient emparez sous prétexte de la conserver à Mithridate. Les Ciliciens, aux approches des Troupes Romaines, mirent le feu à la Ville & se sauvérent pendant la nuit: mais Lucullus que les véritables Citoyens regardoient comme leur Libérateur, entra dans Sinope & fit mourir huit mille Ciliciens, qui n'avoient pas fait la même diligence que les autres. Il rétablit les Habitans dans la possession de leurs biens, & leur rendit toutes sortes de bons offices, frappé de ce qu'il avoit vu en songe le fondateur de leur Ville le jour qu'il y fit son entrée. Les Romains y envoyérent une Colonie, qui occupa une partie de la Ville & de la Campagne. Cette Campagne est encore aujourd'hui telle que Strabon l'a dépeinte, c'est-à-dire que le terrein qui est entre la Ville & le Cap est rempli de Jardins & de Champs. Appien rapporte la prise de Sinope d'une autre manière: il convient néanmoins du songe & de la clémence de Lucullus. Ce Général, selon Plutarque, en poursuivant les Fuyards trouva sur le bord de la Mer la Statue d'Autolycus un des Argonautes, qui passoit pour être le Fondateur de la Ville de Sinope: les Fuyards n'avoient pas eu le tems d'embarquer cette Statue, Lucullus la fit enlever. C'étoit un bel Ouvrage auquel on rendoit des honneurs divins, &, suivant la croyan-

Gggg 2

ce des Peuples rendoit des Oracles. Il y a apparence que l'on frappa dans ce tems-là à Sinope la Médaille que Mr. de Tournefort a rapportée de ce Pays-là. D'un côté c'est une tête nue à la Romaine, & qui paroît être celle de ce Général : au revers c'est une Corne d'abondance qui marque les richesses que les Ports de Sinope y attiroient. Elle est placée entre les deux Bonnets de Castor & de Pollux ; & ces Bonnets qui sont surmontez d'autant d'Etoiles, nous apprennent que ces enfans de Jupiter & de Leda favorisoient la Navigation des Sinopiens. Les Colonies qu'ils avoient fondées marquent que leur puissance sur Mer s'étendoit bien loin. Mais il n'y a rien de plus glorieux pour cette Ville que les secours qu'elle donna au reste de l'Armée des Dix mille Lacédémoniens, dont la Retraite fait un des plus beaux morceaux de l'Histoire Grecque. Les Sinopiens affectérent même sous les Empereurs Romains de conserver à leur Ville le nom de Colonie Romaine. Patin nous a donné le Type de deux Médailles, dont les Légendes en font mention : l'une est à la tête de Caracalla, & l'autre à celle de Geta. Celle-ci a pour revers un Poisson, & rappelle naturellement l'idée du grand commerce de Poisson qu'on fait encore aujourd'hui dans cette Ville. Hormis les cables & les cordes qu'on y charge pour Constantinople, on n'y trafique qu'en Salines & en huile de Poisson. Les principales Salines sont les Maquereaux & les Pélamides ou jeunes Thons. Les Huiles se tirent des Dauphins & des Veaux de Mer. A l'égard de la Médaille de Caracalla, elle représente Pluton à demi couché sur un lit : sa tête est chargée d'un Boisseau ; un Aigle s'appuye sur le Poing de sa main gauche, & il tient de la droite une Haste pure ; c'est-à-dire une Lance sans fer. Tacite, après avoir parlé des prétendus Miracles de Vespasien, qui avoit rendu la vûe à un Aveugle, & fait marcher un Estropié dans la Ville d'Aléxandrie, raconte de quelle manière la Statue de Pluton ou du Jupiter de Sinope, fut transportée à Aléxandrie par ordre de Ptolomée premier Roi d'Egypte. Ce Prince envoya une célèbre Ambassade au Roi de Sinope appellé Scydrothemis, lequel gagné par des presens d'un grand prix, après avoir amusé les Ambassadeurs pendant trois ans, sous divers prétextes, permit enfin que le Dieu partît ; mais ce ne fut pas sans miracle. Pour satisfaire apparemment le Peuple qui envioit un si grand bonheur à l'Egypte, & qui appréhendoit les suites fâcheuses du départ de la Divinité ; on fit courir le bruit que le Temple étoit tombé, & que la Statue étoit venuë d'elle-même s'embarquer de son bon gré. Que ne dit-on pas quand on veut parler miracle ? Le bruit se répandit qu'elle avoit passé dans trois jours de Sinope à Aléxandrie. On lui dressa dans cette Ville un Temple magnifique, dans le même endroit où il y en avoit eu un autrefois consacré à Sérapis & à Isis. Le nom même de Sérapis lui en resta peut-

être pour cette raison ; car Eustathé remarque que le Dieu Sérapis des Egyptiens est le même que le Jupiter de Sinope.

Pharnace par sa révolte ayant obligé le Grand Mithridate son pere à se tuer, feignit d'être ami des Romains, & se contenta du Bosphore Cimmérien que Pompée lui accorda ; mais quelque tems après se flattant de pouvoir recouvrer les autres Royaumes de son pere, pendant que ce même Pompée & Jules César avoient mis en combustion tout l'Empire Romain, il leva le masque & prit plusieurs Villes des Côtes du Pont-Euxin. Sinope ne fut pas des derniéres. Il fut battu ensuite par César & obligé de rendre Sinope à Domitius Calvinus, qui eut ordre du Général de continuer la guerre contre Pharnace. On ne sait pas si la Ville fut maltraitée alors ; mais il est certain que les murailles en étoient encore belles du tems de Strabon, qui vivoit sous Auguste : celles d'aujourd'hui ont été bâties sous les derniers Empereurs Grecs. Elles sont à double rempart, défendues par des Tours la plûpart triangulaires & pentagones, qui ne présentent qu'un Angle. La Ville est commandée du côté de terre ; & il faudroit deux Armées Navales pour assiéger par Mer. Le Château est fort négligé aujourd'hui. Il y a peu de Janissaires dans la Ville où l'on ne souffre aucun Juif. Les Turcs qui se méfient des Grecs les obligent de loger dans un grand Fauxbourg sans défense. Si l'on ne trouve aucune Inscription ni dans la Ville ni dans les environs, en récompense, outre les morceaux de Colonnes de marbre qui sont enclavez dans les murailles, on en voit une prodigieuse quantité dans le Cimetiére des Turcs, parmi plusieurs Chapiteaux, Bases & Piédestaux de même espèce. Ce sont les restes des débris de ce magnifique Gymnase, du Marché & des Portiques dont Strabon fait mention, sans parler des anciens Temples de la Ville. Les eaux sont excellentes à Sinope, & aux environs, où l'on cultive des Oliviers d'une grandeur assez raisonnable. Mais quelque belle que soit cette Campagne, elle ne produit que des Plantes assez communes, si l'on en excepte une espèce d'Absinthe, qui naît dans le sable le long de la Marine, & qui, suivant les apparences, doit être l'*Absinthe Pontique* des Anciens.

Charatice Capitaine Mahométan surprit Sinope & la pilla, dans le dessein d'enlever les Tresors que les Empereurs y avoient mis en dépôt ; mais il fut obligé d'abandonner la Place, sans toucher aux richesses, sur l'ordre du Sultan son Maitre qui recherchoit l'amitié d'Alexis Comnène, & qui lui avoit envoyé un Ambassadeur. Le Gouvernement de la Ville fut donné à Constantin Dalastène parent de l'Empereur, & le plus grand Capitaine de ce tems-là. Lorsque les François & les Vénitiens se rendirent maîtres de Constantinople, Sinope tomba sous la puissance des Comnènes, & fut une des principales Villes de l'Empire de Trebizonde. Elle devint dans la suite une Principauté indé-

indépendante de Trebizonde ; & ce fut apparemment quelque Sultan qui en fit la Conquête, dans le tems qu'ils se répandirent dans l'Asie Mineure ; car Ducas rapporte que Mahomet II. étant à Angora en 1461. y fut salué & reçut les presens d'Ismaël Prince de Sinope, par les mains de son fils. Mahomet lui ordonna de faire savoir à son pere qu'il eût à lui remettre ses Etats. Le compliment étoit un peu dur ; mais la Flote Turque paroissant devant la Ville, fit prendre à Ismaël le parti d'obéir. Calchondyle assure qu'il fit un échange de sa Principauté avec la Ville de Philippopolis en Thrace, quoiqu'il y eût quatre cens Pièces d'Artillerie sur les remparts de Sinope. Par le même Traité Mahomet acquit Castamène Ville très-forte, qui dépendoit de la même Principauté. Les Turcs qui reprochent aux Chrétiens de se faire entr'eux de cruelles guerres, ne sont pas bien instruits de l'Histoire de leur Empire ; car les premiers Sultans n'ont pas fait difficulté de dépouiller les premiers Mahométans, dont les Terres étoient, comme l'on dit, à leur bienséance. Tout le monde sait qu'ils n'ont conquis l'Asie Mineure que sur des Princes de leur Religion, qui s'étoient érigez en petits Souverains aux dépens des Grecs.

On ne sauroit parler de Sinope, sans se souvenir du fameux Philosophe Diogène le Cynique ; ce Diogène dont Aléxandre admiroit les bons mots en étoit natif. On voit son Epitaphe sur un ancien Marbre à Vénise dans la Cour de la Maison d'Erizzo. Elle est au-dessous de la Figure d'un Chien, qui est sur son derriére ; & on peut la traduire ainsi :

Demande ; *Parle donc, Chien, de qui gardes-tu le Tombeau avec tant de soin ?* Réponse : *Du Chien.* Dem. *Qui étoit donc cet homme que tu appelles Chien ?* Rép. *C'étoit Diogène.* Dem. *D'où est-ce qu'il étoit ?* Rép. *De Sinope. C'est lui qui vivoit autrefois dans un Tonneau, & qui a présentement les Astres pour domicile.*

Au reste la Terre de Sinope, de laquelle Strabon, Dioscoride, Pline & Vitruve ont parlé, n'est pas verte, comme plusieurs personnes le croient, s'imaginant que la couleur verte, qu'on appelle *Sinople* en termes de Blason, en a tiré son nom. La Terre de Sinope est une espèce de Bol plus ou moins foncé, que l'on trouvoit autrefois autour de cette Ville, & que l'on y apportoit pour le distribuer. Ce qui marque que ce n'étoit autre chose que du Bol, c'est que les Auteurs qui viennent d'être citez, assurent qu'il étoit aussi beau que celui d'Espagne. Tout le monde sait qu'on trouve de très-beau Bol en plusieurs endroits de ce Royaume, où on l'appelle *Almagra* ; & ce Bol, suivant les apparences, est du Saffran de Mars naturel. Il se peut faire néanmoins qu'il y ait quelque espèce de terre verte dans la Campagne de Sinope ; car Calchondyle assure qu'il y a d'excellent Cuivre aux environs ; & Mr. de Tournefort croit que la terre verte que les Anciens nommoient *Theodotion* n'étoit proprement que du vert de gris naturel, tel qu'on le trouve dans les Mines de Cuivre.

Strabon, qui ne négligeoit rien dans ses Descriptions, remarque avec raison que les Côtes depuis Sinope jusqu'en Bithynie, sont couvertes d'Arbres, dont le bois est propre à faire des Navires ; que les Campagnes sont pleines d'Oliviers ; & que les Menuisiers de Sinope faisoient de belles Tables de Bois d'Erable & de Noyer. Tout cela se pratique encore aujourd'hui, excepté qu'au lieu de Tables, qui ne conviennent pas aux Turcs, ils employent l'Erable & le Noyer à faire des Sophas & à boiser, ou lambrisser des appartemens : ainsi ce n'est pas contre ce Quartier de la Mer Noire, qu'Ovide a déclamé avec tant de véhémence, dans sa troisième Lettre écrite du Pont à Rufin.

2. SINOPE, Fleuve de l'Asie Mineure, dans la Paphlagonie. Ortelius [a], qui cite Eustathe, dit que ce Fleuve couloit près de la Ville de Sinope. [a] Thesaur.

3. SINOPE, Riviére de France, dans la Basse Normandie, au Cotentin. Elle sort de plusieurs sources [b], dont la principale est vers Tamerville & passe par St. Germain de Tournebus : deux autres viennent du Bois de Rabe, & une autre du Bois de Montebourg. Le tout va tomber dans le Havre & Boccage de Quineville. [b] Corn. Dict. Vaudome, MS. Géogr.

SINOPIUM, Montagne d'Egypte. Elle étoit, selon Eustathe, au voisinage ou peut-être dans la Ville de Memphis ; car il dit *Sinopium Memphidis Mons.*

SINOPOLI, ou SILLO, Ville d'Italie, au Royaume de Naples, dans la Calabre Ultérieure, selon Mr. Corneille [c], qui ne cite point de Garand. Il ajoute que cette Ville est située dans les Montagnes à quatre milles de la Mer, près des Mines d'Or, d'Argent & de Fer. [c] Corn. Dict.

Magin dans sa Carte de la Calabre Ultérieure ne connoît ni Sinopoli, ni Silio. Je soupçonnerois que Mr. Corneille veut parler de la petite Ville de Stilo, sur le Cacino. Elle est effectivement dans les Montagnes, & environ à quatre milles de la Mer Ionienne.

SINOREGA, Lieu fortifié, dans l'Asie Mineure, selon Appien [d]. Ce pourroit être le Fort SINORIA, l'un des soixante & quinze que fit bâtir Mithridate Eupator & où il renfermoit ses Trésors. Le Fort de *Sinoria*, selon Strabon [e], étoit dans le Pont, aux Confins de la Grande Arménie. [d] In Mithridat. [e] Lib. 12. p. 555.

SINORIA, Voyez SINOREGA.

SINOS, Voyez SIVA.

SINOTIUM, Ville de l'Illyrie dans la Dalmatie. Il y avoit, selon Strabon [f], le Vieux & le Nouveau *Sinotium*, qui étoient du nombre des cinquante principales Villes que possédoient les Dalmates, & qu'Auguste réduisit en cendres. On ne sait point au juste en quel endroit de la Dalmatie étoit SINOTIUM. [f] Lib. 7. p. 315.

SINOUSA, Voyez ARNE.

SINP'ING, Ville de la Chine [g], dans la Province d'Iunnan, au Département de Lingan, troisième Métropole de la Province [g] Atlas Sinens.

vince. Elle est de 14. d. 15'. plus Occidentale que Peking, sous les 23. d. 42'. de Latitude Septentrionale.

SINQUIRIUM, ou comme porte le Grec de Denys d'Halicarnasse [a], SYNCERIUM, Poste d'Italie, aux Confins du Latium & du Pays des Herniques. Les Consuls dans l'année 245. de Rome munirent ce Poste, qui peut-être fut la même Ville que Plutarque appelle SIGLIURIA. On la fortifia de bonnes Murailles, & bâties à grands frais. Par-là Rome vouloit faire sentir à ses Ennemis que son Trésor n'étoit point épuisé, & elle vouloit opposer une Barriére aux courses des Latins & des Herniques.

[a] Lib. 5.

SINSII, Peuples de la Dace: Ptolomée,[b] les place au Nord des *Saldensi* & de quelques autres Peuples.

[b] Lib. 3. c. 8.

SINTACORA, Ville de la Presqu'isle de l'Inde [c], sur la Côte de Malabar, dans la Partie Septentrionale du Royaume de Canara, aux Confins du Royaume de Visapour. Elle est située sur un Cap à la gauche de l'Embouchure de la Riviére *Aliga*, vis-à-vis de l'Isle d'*Angediva*, entre *Goa* & *Onor*.

[c] De l'Isle Atlas.

1. SINTÆ, Peuples de l'Afrique propre selon Strabon [d]. Casaubon croit que ce sont les *Sentites* de Ptolomée; Voyez SENTITES.

[d] Lib. 2. p. 131.

2. SINTÆ, Peuples dont parle Strabon [e], qui cite Homére. Il laisse en doute si ces Peuples étoient les mêmes que les SAPÆI ou SAII de Thrace, qui habitérent autrefois l'Isle de Samos, ou si c'étoient des Peuples différens.

[e] Lib. 10. p. 457.

SINTAI, Ville de la Chine [f], dans la Province de Xantung, au Département de Cinan, premiére Métropole de la Province. Elle est de 1. d. 15'. plus Orientale que Peking, sous les 36. d. 19'. de Latitude Septentrionale.

[f] Atlas Sinens.

1. SINTHUS, Ville de la Macédoine, dans l'Amphaxitide, près du Golphe *Thermæus*, selon Etienne le Géographe, qui cite le septiéme Livre d'Hérodote, où on lit aujourd'hui *Sindus* pour *Sinthus*.

2. SINTHUS, Arrien [g] appelle ainsi le plus grand des Fleuves qui se jettent dans la Mer Erythrée, & Ptolomée donne le nom de SINTHUS à une des Bouches du Fleuve *Indus*. Il pouvoit se faire que cette Embouchure fût la plus grande de toutes; ce qui aura engagé à donner son nom au Fleuve.

[g] 2. Péripl. p. 21.

SINTI, Peuples qui habitoient au-dessus du Bosphore de Thrace, selon Polyen [h], & Orphée [i]. Il y a apparence, dit Ortelius [k], que ce sont les *Sindi* dont parlent d'autres Auteurs. Voyez l'Article suivant.

[h] Lib. 8.
[i] Argonaut.
[k] Thesaur.

SINTIA, Ville de la Macédoine, selon Etienne le Géographe & Orphée, qui la placent aux environs de la Thrace. Les Habitans de cette Ville sont appellez SINTI, ou SINTII par Thucydide [l]; & le Pays où elle étoit située est nommé SINTICE par Tite-Live [m] & par Ptolomée [n], qui y place trois Villes, savoir:

[l] Lib. 2. p. 169.
[m] Lib. 44. c. ult.
[n] Lib. 3. c. 33.

Tristolus,   Parœcopolis, Heraclea-Sintica.

SINTICA, ou SINTICE, Voyez SINTIA.

SINTIEN, Ville de la Chine [o], dans la Province de Queicheu, où elle a le rang de seconde Ville Militaire de la Province. Elle donne la Loi à quatre Forteresses, qui sont habitées par des Peuples fort rustiques [p]; mais qui ont cela de particulier qu'ils sont extrêmement tristes & affligés de la mort de leurs proches Parens, jusque là qu'ils se coupent les cheveux en signe de douleur. Plusieurs d'entr'eux, comme autrefois les Bardes, Peuples de la Thrace, préférent la mort à la vie, & disent que les pensées de la mort ne sont pas à rejetter, & que ces pensées en diminuent plutôt qu'elles n'en augmentent la crainte. Les quatre Forteresses en question sont:

[o] Atlas Sinens.
[p] Ambassade des Hollandois à la Chine, p. 278.

Siaopingsa,   Cheuping,
Paping,   Cheuhing,

SINTII, Peuples qui habitoient dans l'Isle de Lemnos selon Homére, Voyez LEMNOS.

SINTIUM, Voyez SINCIUM.

SINTOEUM, Lieu fortifié dans l'Arménie, selon Etienne le Géographe. Ortelius [q] soupçonne que ce Lieu étoit dans la Petite Arménie.

[q] Thesaur.

SINTRA, ou CINTRA, Ville & Montagne de Portugal [r] dans l'Estrémadoure. La Terre s'avance dans l'Océan bien loin au-delà de l'Embouchure du Tage & forme un Cap avancé que les Anciens ont appellé *Promontorium Lunæ*, ou *Promontorium Olisiponense*. C'est un Rameau d'une Montagne fort élevée, qui se présente de fort loin aux Vaisseaux, qui rasent cette Côte; on la nommoit autrefois *Mons Lunæ*; & aujourd'hui on l'appelle *Sintra*, ou *Cintra*. A l'un des côtez de la Montagne est une petite Ville qui porte le même nom, & qui est située derriére *Cascaes* à sept lieues de Lisbonne. Au Sommet de la Montagne on voit un beau Monastére de Religieux Hiéronymites dédié à *Nossa Senhora da Rocca*, c'est-à-dire à Notre-Dame du Roc, & accompagné d'une Eglise qui est un Lieu d'une grande dévotion, où l'on va faire des Neuvaines. Le Monastère & l'Eglise sont tous deux taillez dans le Roc. Les Religieux ont un petit Jardin, où il a fallu porter d'ailleurs toute la terre qu'on y voit. On jouit dans ce Lieu d'une vûe charmante. D'un côté on voit l'Océan, de l'autre le Tage, & des deux autres côtez le Continent, où de belles & de riches Campagnes s'offrent aux yeux & forment un Paysage agréable. Au pied de la Montagne, au-dessus du Cap, ou Promontoire, il y avoit anciennement un Temple dédié au Soleil & à la Lune. On en voit encore les ruïnes & quelques Colonnes chargées d'Inscriptions. Je n'en rapporterai qu'une:

[r] Délices de Portugal, p. 774.

SOLI

SOLI ÆTERNO LUNÆ
PRO ÆTERNITATE, IMPERII ET
SALUTE IMP. CAL. . . SEPTIMII
SEVERI ET IMP. AUG. CÆS. M.
AURELII ANTONINI
AUG. PII.
. . . . . CÆS.
ET JULIÆ AUG. MATRIS. CÆS.
DRUSIUS VALERIUS CÆLIANUS
VIATI USI AUGUSTORUM &c.

Du côté que la Montagne de Sintra regarde l'Océan, il y a un petit Village nommé COLLARES, auprès duquel est une Grotte fort ancienne & fort longue, au pied d'un Rocher battu des Flots de la Mer, & dans laquelle on dit qu'on a vu de tems en tems des Tritons ou Hommes marins jouans de leur Cornet, comme les Habitans de Lisbonne le firent savoir autrefois à Tibére par une Ambassade qu'ils lui envoyérent à ce sujet. Entre ce Village & la Montagne est la Vallée de Collares, la plus agréable, la plus délicieuse, & la plus fertile qui se puisse voir. Elle est longue d'une lieue, si bien cultivée, & si bien plantée d'Arbres, qu'elle nourrit presque toute la Ville de Lisbonne, par les Fruits, le Bled & le Vin qu'elle fournit. On y marche presque partout à l'ombre, & quand on s'y repose sous quelque Arbre, on se trouve d'abord couvert de Fleurs.

a Atlas Sinens.

SINTU, Ville de la Chine *a*, dans la Province de Suchuen, au Département de Chingtu, première Métropole de la Province. Elle est de 13. d. 2'. plus Occidentale que Peking, sous les 30. d. 55'. de Latitude Septentrionale.

b Audiffred, Géogr. Anc. & Mod. t. 3.

SINTZHEIM, ou SINSHEIM *b*, Ville d'Allemagne, dans le Creigow, Contrée de la Suabe à quatre ou cinq lieues d'Heidelberg du côté du Midi, & à pareille distance d'Hailbron vers l'Occident. Elle est située dans un Fond où aboutissent des Ruisseaux marécageux. Cette Ville étoit autrefois la Capitale du Creigow, & fut le Siège des anciens Comtes de ce nom, dont le dernier nommé Jean, ayant été élu Evêque de Spire, la donna à son Eglise avec les autres Villes & Places de son Comté, après que son frere fut mort sans Enfans. Le Maréchal de Turenne y défit en 1674. l'Armée Impériale que commandoit le Duc de Lorraine avec le Comte Caprara. Les François brûlérent cette même Ville en 1689.

SINUESSA, Ville d'Italie dans le Latium ajouté, aux Confins de la Campanie, au-delà du Liris sur le bord de la Mer. Tite-Live *c* lui donne le titre de Colonie Romaine. La Ville de Minturne, selon Strabon *d*, étoit entre celles de *Formies* & de *Sinæssa*. Pline *e* fait de *Sinuessa* la derniére Ville du Latium ajouté, & dit que quelques-uns l'avoient appellée *Sinope*; mais Tite-Live *f* fait entendre que *Sinuessa* prit ce nom, lorsque les Romains eurent envoyé une Colonie dans un endroit où l'on croyoit qu'avoit été *Sinope*,

c Lib. 10. c. 21.
d Lib. 5.
e Lib. 3. c. 5.
f Lib. 10. c. 21.

Ville Grecque : *Placuit ut duæ Coloniæ circa Vescinum & Falernum Agrum deducerentur : una ad ostium Liris Fluvii, quæ Minturna adpellata ; altera in Saltu Vescino, Falernum contingente Agrum, ubi Sinope dicitur Græca Urbs fuisse ; Sinuessa deinde ab Colonis Romanis adpellata.* Les Habitans de cette Ville sont appellez *Sinuessani*, ou *Populus Sinuessanus* par le même Historien, & SENUISANI dans une Inscription rapportée par Holsten *g*. Il y avoit au voisinage de cette Ville des Eaux minérales qui en prenoient le nom d'*Aquæ Sinuessanæ*, & auxquelles on attribuoit la vertu de remédier à la stérilité des femmes, & de remettre l'esprit aux hommes lorsqu'il étoit aliéné. Pline *h* met ces Eaux dans la Campanie & la Ville de *Sinuessa* dans le Latium ajouté. C'étoit des Bains d'eaux chaudes ; ce qui a fait que Silius Italicus *i* a donné à la Ville de *Sinuessa* l'Epithéte de *tepens*. Nous voyons dans Tacite *k* que l'Empereur Claude usa de ces Bains. On voit encore aujourd'hui les ruïnes de *Sinuessa*, & elles conservent le nom de la Ville. Voyez SUESSANÆ. Ptolomée appelle cette Ville SOESSA & la place près de la Mer. A peine trouve-t-on aujourd'hui les Vestiges de cette Ville ; il y a cependant près de Mont Dracon quelques ruïnes d'Edifices de même que vers le bord de la Mer où sans doute étoient les grandes Murailles du Port. Cette *Sinuessa* n'étoit pas la *Suessa* des Aurunzes. L'on voit aujourd'hui dans l'endroit où étoit autrefois *Sinuessa* une petite Forteresse qu'on appelle Monte Dracone, elle est à un mille de la Mer.

g Pag. 224.
h Lib. 31. c. 2.
i Lib. 8. v. 528.
k Lib. 12. c. 66.

SINUNIA, Ville de la Parthie, selon Ptolomée *l*. Le MS. de la Bibliothéque Palatine lit *Oenunia* au lieu de *Sinunia* ; & Ortelius croit que c'est la Ville *Genunia* d'Ammien Marcellin.

l Lib. 6. c. 5.

SINUS, ou SINOS. Voyez CNECEUS.

SINUS TRISTIS, nom que Solin donne au Lac Asphaltite. Voyez ASPHALTITE & MER MORTE.

SINXUI, Cité de la Chine *m*, dans la Province de Xansi, au Département de Ce, troisième grande Cité de la Province. Elle est de 5. d. 15'. plus Occidentale que Peking, sous les 36. d. 56'. de Latitude Septentrionale.

m Atlas Sinens.

SINY, Ville de la Chine *n*, dans la Province de Quantung, au Département de Caocheu, septième Métropole de la Province. Elle est de 5. d. 41'. plus Occidentale que Peking, sous les 23. d. 13'. de Latitude Septentrionale.

n Ibid.

1. SINYANG, Ville de la Chine *o*, dans la Province de Xensi, au Département de Hanchung, troisième Métropole de la Province. Elle est de 7. d. 54'. plus Occidentale que Peking, sous les 34. d. 5'. de Latitude Septentrionale.

o Ibid.

2. SINYANG, Ville de la Chine *p*, dans la Province de Honan, au Département d'Iuning, huitième Métropole de la Province. Elle est de 32. d. 22'. plus Occidentale que Peking, sous les 33. d. 20'. de Latitude Septentrionale. Sinyang est défendue par une Forteresse.

p Ibid.

SINYE

SINYE, Ville de la Chine [a] dans la Province de Honan, au Département de Nanyang, septième Métropole de la Province. Elle est de 5. d. 25′. plus Occidentale que Peking, sous les 33. d. 55′. de Latitude Septentrionale.

[a] Atlas Sinens.

SINYU, Ville de la Chine [b], dans la Province de Kiangsi, au Département de Linkiang, huitième Métropole de la Province. Elle est de 2. d. 22′. plus Occidentale que Peking, sous les 28. d. 30′. de Latitude Septentrionale.

[b] Ibid.

SINZITA, Ville de la Petite Arménie: Ptolomée [c] la place dans la Préfecture Muriane. Au lieu de *Sinzita* le MS. de la Bibliothéque Palatine porte *Sindita*.

[c] Lib. 5. c. 7.

SIODA, Ville de l'Albanie. Elle est mise par Ptolomée [d] au nombre des Villes situées entre le *Cyrrhus* & l'*Albanus*.

[d] Lib. 5. c. 12.

1. **SION**, ou **ZION**, Montagne sur laquelle le Temple du Seigneur fut bâti dans Jérusalem par Salomon, & où David bâtit la Cité de David, vis-à-vis & au Nord de l'ancienne Jébus [e] ou Jérusalem, qui occupoit le côté opposé à Sion. L'Ecriture met ordinairement le Mont Sion pour le Lieu où étoit le Temple ; mais dans la rigueur il étoit plûtôt sur le Mont Moria [f], qui étoit un des Côteaux qui composoient la Montagne de Sion. Mr. Reland [g] prétend que le Mont Sion étoit au Midi, & non pas au Septentrion de Jérusalem.

[e] Psal. 47. 3.
[f] 2. Par. 3. 1.
[g] Reland. Palæst. t. 2. p. 847. 848.

Le Pere Barthelemi Deschamps [h] décrit ainsi le Mont de Sion : l'Ecriture Sainte fait éclater ce sacré Mont de Sion comme une Pierre précieuse entre les autres Monts. Du tems des Jébuséens il y avoit une belle Forteresse avec une Ville ceinte de fortes Murailles & qui avoit plusieurs Portes & quantité de Tours. David l'ayant prise & établi sa Demeure Royale, & la rendit beaucoup plus forte qu'elle n'étoit auparavant. Il fit bâtir un riche Palais dans lequel Salomon tint ensuite sa Cour, de même que tous les autres Rois de la Judée. C'est pour cela que l'Ecriture Sainte l'appelle Château Royal, Maison & Thrône de David. Quelque tems après ayant été ruïné par les Guerres, Judas Machabée le fit rebâtir, & y fit construire des Tours & des Murailles si hautes, si fortes & si solides que, selon le témoignage de Joséphe, jamais il n'a pu être pris, que par la famine ; ce que l'Empereur Tite avoua lui-même après qu'il s'en fut rendu maître ; & qu'il eut vu la hauteur & l'épaisseur des Tours & des Murailles, la grosseur prodigieuse des pierres si bien jointes, & comme collées ensemble : *Ça a été*, dit-il, *le bras du Tout-Puissant, qui a combattu pour nous. Il n'y a que Dieu qui a chassé les Juifs de cette Forteresse ; car il n'y a point de force humaine qui soit capable d'abattre ni de renverser de telles Machines.* C'est aussi sur ce Mont que David & les autres Rois ont choisi leurs Sépultures. Salomon enferma de grandes Richesses dans le Sépulcre du Roi David son pere. Le Grand-Prêtre Hircan en emporta trois mille Talens. Hérode Ascalonite quelque tems après ayant voulu tenter la même chose, il en sortit une flamme qui brûla deux de ses Gens. Ce Prodige le remplit de frayeur, & lui fit quitter son entreprise, Joséphe, au l. 15. des Antiquités, rapporte le Fait en cette maniére. Hérode, dit-il, ayant dépensé tout son Argent, & sachant que Hircan son Prédécesseur avoit ouvert le Monument de David, où il avoit trouvé trois mille Talens, il crut qu'il devoit y en avoir beaucoup davantage, & que ce qui restoit suffiroit pour subvenir à ses besoins ; c'est pourquoi il s'en alla de nuit en cachette au Sépulcre de ce Roi, accompagné seulement de quelques-uns de ses plus affidez, parce qu'il ne vouloit point que cela vînt à la connoissance des Habitans de la Ville. Ayant ouvert ce Sépulcre, il n'y trouva rien sinon quelques Vases d'or qu'il emporta ; comme il cherchoit encore quelqu'autre chose, & comme il vouloit même fouiller dans les Tombeaux où étoient enfermez les Corps de David & de Salomon, il en sortit une flamme qui brûla deux Soldats de sa Garde, ce qui l'épouvanta de telle façon qu'il se retira : aussi-tôt pour l'expiation de son crime, il fit bâtir devant la Porte un très-superbe Monument de pierre blanche. Mais personne ne peut savoir de quel côté de la Montagne ces Sépulcres sont placés. Benjamin Juif dans son Itinéraire, écrit qu'il y a long-tems qu'ils sont cachez aux yeux des Hommes. Voici ce qu'en écrit cet Auteur. Le lieu des Sépulcres de David & de Salomon, dit-il, a été bouché depuis mille ans par le commandement du Patriarche des Chrétiens, de sorte qu'encore aujourd'hui il est ignoré, car le Temple de Sion étant venu à tomber, on tira des pierres hors des fondemens des anciennes Murailles de ce Mont pour le rebâtir, & tandis qu'on travailloit à les tirer, il arriva par cas fortuit que les Ouvriers ayant levé une des plus grosses pierres, ils découvrirent la porte d'un Antre, dans lequel étant entrez, ils arrivérent comme à un petit Bâtiment soutenu par des Colonnes de Marbre, où ils virent un riche Monument tout garni d'or & d'argent, devant lequel il y avoit une Table, sur laquelle étoit un Sceptre, & une Couronne d'or ; à gauche il y avoit aussi un Monument semblable au premier, mais ils ne purent pas savoir ce qu'ils contenoient. Comme ces Hommes voulurent par curiosité pénétrer plus avant, ils furent repoussez par un Tourbillon de Vent hors de la porte de cet Antre, où ils demeurérent couchez par terre, comme s'ils eussent été morts. Sur le soir ayant été éveillez par un autre Tourbillon, ils entendirent une Voix qui leur dit : *Levez-vous & sortez de ce Lieu*, ce qu'ils firent aussi-tôt en tremblant & saisis de frayeur ; ils allérent faire le recit au Patriarche de tout ce qu'ils avoient vu, & de ce qui leur étoit arrivé.

[h] Pag. 446.

Le Mont de Sion joint du côté du Midi la Cité de Jérusalem ; il étoit autrefois dans l'enceinte des murailles, mais aujourd'hui il est au dehors, du côté du Septen-

Septentrion, & presque d'une même égalité avec la Ville ; quoiqu'anciennement il ait été entouré de profondes Vallées. Ce Mont dont la beauté est tant vantée dans l'Écriture Sainte, est à présent tellement difforme qu'on ne jugeroit jamais qu'il y eût eu une Ville ; car, excepté le Cenacle de Notre Seigneur & la Maison de Caïphe, on n'y voit que de grands monceaux de pierre. Le Pere Nau [a] dans son Voyage de la Terre-Sainte décrit, comme il suit, le S. Cenacle, la Maison de Caïphe, & le Château de la Ville.

[a] Pag. 97. & suiv.

La partie du Mont Sion, dit-il, où étoit autrefois la Ville de David, est maintenant inhabitée & hors de Jérusalem, il n'y a plus que le S. Cenacle, la Maison de Caïphe, & le Château de la Ville : tout le reste se laboure, & se seme, à la reserve du côté le plus haut ; qui est au-dessus du S. Cenacle & de la Maison de Caïphe : la Providence a conservé ce côté-là aux Chrétiens pour leur Sépulture. Le Château de Jérusalem est bâti au Midi de cette Sainte Ville, près la Porte d'Elkhalil que nous nommons la Porte de Bethléem. Il y paroît être nouveau, & il y a apparence que le même Empereur des Turcs Soliman, qui a fait faire les murailles qu'on voit aujourd'hui à la Ville, a fait aussi rebâtir, ou fortifier ce Château ; il paroît avoir double rang de remparts. On voit ceux de dehors revêtus de belles pierres, ceux de dedans le sont aussi peut-être. Après tout, les Fortifications de cette Place qui est commandée d'un Lieu voisin font peu de chose. La Porte est dans la Ville : il ne paroît pas qu'il y en ait plus d'une. Du tems que les Chrétiens possédoient la Terre-Sainte, le Château de Jérusalem étoit en ce même endroit. On l'appelloit *Château Pisan*, parce, dit-on, que ceux de Pise y entretenoient & commandoient la Garnison. C'étoit aussi-là qu'étoit anciennement la Citadelle de Sion ; mais elle avoit bien plus d'étendue, & le Palais qu'y avoit David n'a pas été moins renommé par la perte funeste qu'il y fit de son innocence. Ce fut du haut de la terrasse où il se promenoit qu'il laissa échapper ce regard inconsidéré sur Bethsabée femme d'Urie. Ce fut là même que le Prophète Nathan l'ayant repris de la part de Dieu de l'adultére qu'il avoit commis, il reconnut sa faute. Les Etrangers n'entrent point dans le Château dont on vient de parler ; ils n'osent même le regarder avec quelque sorte d'attention, sans s'exposer à de mauvais traitemens, à cause du soupçon qu'ils donneroient de vouloir le reconnoître à mauvais dessein. Les Mahométans sont si passionnés à Jérusalem contre les Chrétiens, & principalement contre les Francs, que pour les moindres sujets ils leur font insulte. On passe promptement devant ce Lieu, & sortant de la Ville par la Porte de David, qui est celle du Mont-Sion, on va visiter la Maison de Caïphe qui en est proche. Elle est à présent changée en une Eglise que les Arméniens desservent. On entre d'abord dans une Cour par une Porte & on descend ensuite par quatre ou cinq degrez. On montre là un Oranger qu'on dit été planté au lieu, où se chauffoit S. Pierre avec les Valets, devant lesquels il eut honte de paroître Disciple de son Maître. On voit l'Image d'un Coq gravée sur une pierre plate, qu'on a placée dans une petite Niche, pratiquée dans la muraille qui fait la face de l'Eglise. L'Eglise est tournée à l'Orient comme toutes celles qu'ont les Chrétiens Orientaux. Elle est bâtie sur les ruïnes de celle que Ste. Hélène fit faire autrefois en mémoire des grandes choses qui s'y sont passées. Car ce fut là que le Sauveur fut envoyé à Caïphe par Anne son beau-pere.

On y tint le Conseil appellé *Sanedrin*, composé des Chefs des vingt-quatre Familles Sacerdotales, & des principaux Seigneurs de la Nation. On fit comparoître dans ce même endroit Notre-Seigneur J. C. pour y être jugé. Il y fut accusé par de faux témoins, traité de Blasphemateur, prononcé digne de mort, abandonné à l'insolence des Valets, & livré à la cruauté d'autant de Bourreaux. Enfin Notre-Seigneur souffrit tant de mal en ce lieu pendant cette nuit, que S. Jérôme dit qu'on ne saura qu'au jour du Jugement tout ce qu'il y endura d'opprobres & de peines. Il y a des Auteurs qui croient qu'il y fut même flagellé & attaché à une Colonne qui resta teinte de son sang. On la voyoit encore au tems de Ste. Paule, & on l'avoit mise au Portique de l'Eglise de la Montagne de Sion. S. Jérôme en parle aussi dans l'Epitaphe de cette vertueuse Dame. *In monte Sion ostendebatur illa Columna Ecclesiæ Porticum sustinens, infecta cruore Domini, ad quem vinctus dicitur & flagellatus.* D'où l'on peut remarquer que cette Colonne n'est pas celle où l'on flagella Notre-Seigneur chez Pilate. Car la Colonne qu'on voit à Rome à Sainte Praxéde est trop basse pour soutenir un Portique. On voit encore près de l'Autel, & du côté de l'Epître, le monument & l'endroit du Cachot, où après tant de tourmens Notre-Seigneur fut mis. C'est une petite Chambre quarrée, où il y a un Autel dressé. On y entre par une Porte fort basse & étroite. On n'y peut être que deux ou trois personnes à la fois. Il n'y a rien de remarquable en cette Eglise que le devant de l'Autel, où les Arméniens ont enfermé la grosse Pierre qui fermoit le Sépulcre du Sauveur, & sur laquelle l'Ange s'assit après l'avoir renversée le jour de la Résurrection. On dit qu'elle est-là toute entiere. On n'en voit pourtant que deux morceaux à chaque côté de l'Autel qu'on n'a point couvert de plâtre ou de chaux, comme tout le reste. Les Religieux de Jérusalem disent que les Arméniens la leur ont enlevée comme plusieurs autres choses, lorsqu'au tems de la Guerre que le Turc fit aux Chrétiens à la prise de Cypre ils furent tous mis en prison. Car alors les Arméniens furent les dépositaires de leur Sanctuaire, mais ils ne le furent pas avec toute la fidélité qu'on eût désiré ; ils se saisirent de plusieurs choses qu'on n'a jamais pu retirer. Un peu plus loin que la Maison de Caïphe, avançant quelques pas vers le Midi, on trouve ce Lieu auguste qu'on nomme le *Cenacle*. C'est un Sanctuaire mémorable de l'Ancien & du Nouveau Testament; car ce fut là que David plaça son Sépulcre; il est probable que ce fut près de ce Lieu que le même Roi fit faire le Tabernacle, où il plaça l'Arche d'alliance, lorsqu'ayant appris les bénédictions qu'elle avoit répandues sur le Levite Obed-Edom & sur toute sa Maison pendant trois mois qu'il eut le bonheur de la posséder, il desira y avoir part; l'ayant dans sa Ville & dans son Palais. Comme l'endroit où l'Arche avoit été mise étoit le plus saint du Palais, David voulut que celui de sa Sépulture en fût le plus proche qu'il seroit possible. On ne sait pas si ce Sanctuaire étoit dans la Maison de ce Disciple fortuné, qui prêta sa Sale au Sauveur du Monde, pour y manger l'Agneau Pascal la veille de sa Passion. Il étoit du moins tout joignant, & peut-être que ces paroles de S. Pierre, *Sepulcrum ejus est apud nos usque in hodiernam diem*, se doivent prendre à la rigueur de la lettre, & ne veulent pas seulement dire que le Sépulcre de David étoit encore alors en Jérusalem, où il se trouvoit, mais qu'il étoit dans l'endroit même de la Ville, où il logeoit avec ses freres les Apôtres. Quoiqu'il en soit, c'étoit une grande Maison, & la Maison d'un homme riche, comme il paroît par la grandeur & l'ameublement de la Sale Haute, où Notre-Seigneur fit la Pâque avec ses Disciples, *Cœnaculum grande Stratum*.

On tient qu'elle appartenoit à Jean Marc, qui se mit depuis à la suite de St. Paul & de S. Barnabé son Cousin, & qui s'employa avec eux aux travaux de l'Apostolat, & fut Evêque de Biblus en Phénicie, comme le dit le Martyrologe. C'étoit au moins un des Amis & des Disciples de Notre-Seigneur. On le voit par la manière dont lui parlérent de sa part S. Pierre & S. Jean. *Allez*, leur dit J. C. *dans la Ville chez un certain homme; & dites-lui: Le Maître dit; mon tems s'approche, je ferai la Pâque chez vous avec mes Disciples.* Jamais Maison ne fut plus honorée de Dieu que la sienne. J. C. y mit fin à toutes les figures de la Loi ancienne, dans la Cérémonie de l'Agneau Paschal qu'il y mangea avec ses Apôtres; & il y exerça son Ministère de Prêtre selon l'Ordre de Melchisédec, offrant à Dieu le Sacrifice de son Corps & de son Sang adorable sous les espèces du Pain, & du Vin. Après sa mort, le jour de sa Résurrection, il apparut dans cet endroit à ses Disciples; il leur présenta son Corps à toucher, & y mangea avec eux. Huit jours après il y retourna pour guérir l'aveuglement de S. Thomas, en l'obligeant de porter sa main dans ses playes. Ce fut là encore apparemment qu'il vint trouver ses Disciples le jour qu'il monta au Ciel. Ce même Lieu fut assigné par Notre-Seigneur à ses Disciples pour y faire une retraite de dix jours, & pour se disposer à recevoir le Saint Esprit. S. Mathias fut élu dans le Cenacle pour remplir la place du perfide Judas. C'étoit encore dans le Cenacle que les Disciples au nombre d'environ six-vingt étoient assemblés avec la Sainte Vierge & quelques femmes dévotes, lorsque le Saint Esprit descendit en forme de Langues de feu. Ce Saint Lieu devint la première Eglise Chrétienne; S. Jacques le Mineur y fut établi premier Evêque de Jérusalem; les sept premiers Diacres y furent ordonnés; le premier Concile y fut tenu. Enfin c'est à la porte de ce Cenacle que S. Pierre annonça l'Evangile pour la première fois & convertit trois mille personnes. Ste. Hélène orna l'Eglise de ce Saint Lieu, & y fit mettre la Colonne teinte du Sang de Notre-Seigneur J. C. Cette Colonne soutenoit le Portique de l'Eglise, qui au rapport de S. Cyrille étoit à deux étages. Depuis ayant été ruinée par les Infidelles, *Sancia*, Reine de Sicile, la releva, & la mit à peu près dans l'état où on la voyoit du tems que les Religieux Francs en étoient en possession. Elle est encore à deux étages, & dans sa longueur elle est terminée par un Dôme couvert de plomb d'une grandeur médiocre. On marque aux Pélerins qui sont assez heureux pour y entrer; tous les divers lieux, où l'on croit que se sont passés les Mystères, sans oublier même celui, où l'on fit rôtir l'Agneau Pascal; mais il y a apparence que ce sont plutôt les divers lieux, qu'on a consacrés à la Mémoire de ces merveilles, que les endroits véritables où elles se sont passées. Car il est vrai-semblable que le Cenacle, c'est-à-dire la Sale haute, où Notre-Seigneur mangea l'Agneau fut le lieu même, où il institua l'Eucharistie, & où S. Matthias fut élu, mais l'endroit, où l'on veut que soit descendu le S. Esprit est trop petit, & il ne peut pas contenir la moitié des six-vingt personnes, & davantage, qui étoient assemblées là, & qui eurent part à cette grace. Les Mahométans Gardiens de ce lieu n'y laissent entrer que fort rarement les Chrétiens, & encore se font-ils payer des sommes considérables. Il y a environ un siècle qu'un misérable Santon, c'est-à-dire un des faux dévots de Mahomet, ravit ce Sanctuaire à nos Religieux François. Il alla présenter Requête à la Porte Ottomanne, & remontrer que c'étoit une chose indigne de voir le Sépulcre du grand Roi, & admirable Prophète David, entre les mains des Chrétiens, & des Chrétiens Francs, qui le possédoient hors de la Ville dans un endroit avantageux, où ils pourroient introduire de nuit tant d'Ennemis qu'il leur plairoit, sans qu'on s'en apperçût & les rendre Maîtres de la Ville & du Château. Il n'en falloit pas beaucoup dire à des gens qui ne cherchent qu'un léger prétexte pour pouvoir nuire aux Chrétiens, & qui embrassent avec chaleur les moindres occasions. Il obtint donc aisément un haut commandement pour chasser les Religieux & y introduire les Mahométans. Le desir de tirer de l'argent des Religieux le faisoit plutôt agir que l'amour de sa Loi. Il les fonda même

sur

sur cet Article; mais ceux-ci qui jugeoient qu'il pourroit aisément faire venir un nouvel Ordre, & qu'ils perdroient leur argent le renvoyérent avec peu de satisfaction. Il ne fut pas long-tems à le leur faire ressentir; car en vertu du commandement qu'il avoit, il les mit hors du St. Cénacle. Les Religieux n'ont pu y entrer depuis ce tems-là, & ils n'y entreront jamais tant que les Turcs seront Maîtres de Jérusalem. Ils en ont fait une Mosquée, & ils ont changé le Couvent en un Hôpital pour les pauvres filles Orphelines, qui sont sans secours; par ce moyen ils ont rendu ce lieu inaliénable. Ils ne veulent pas même permettre qu'on approche de la Porte, ni qu'on arrête la vûe sur les Bâtimens. Dans ce cas on est exposé à leurs insultes, ou bien, ils vont chés les Religieux faire de grandes plaintes, & des menaces; & souvent on trouve qu'il vaut mieux les faire taire avec un peu d'argent, que d'avoir un procés avec eux. Cependant ils ne sont pas toujours de si mauvaise humeur. Quelquefois ils permettent aux Chrétiens de regarder ce lieu à leur aise. Dans la Place qui est au devant du Cénacle on voit une Cîterne qui est fort remarquable, si ce qu'on dit est vrai. On dit que ce fut-là que les Apôtres séparérent douze ans après la mort de Notre-Sauveur. A l'Occident & comme vis-à-vis de cette Maison, dans l'éloignement de trente ou quarante pas, étoit la Maison de S. Jean l'Evangéliste, où la Sainte Vierge demeuroit après l'Ascension du Sauveur. On n'en voit plus aucune marque, & on n'en connoît le lieu que par Tradition. La Sainte Vierge vêcut dans cette même maison jusqu'à la soixante & douzième année de son âge près de vingt-trois ans après la mort de son Fils. L'heure de sa sainte mort étant arrivée, tous les Apôtres qui vivoient alors y furent miraculeusement transportés des diverses Parties du Monde où ils travailloient. Sanut écrit qu'il y avoit près de-là une Eglise, où S. Jean le fils adoptif de la Sainte Vierge, & son heureux Chapelain, avoit coûtume de lui célébrer la Messe & de la communier. Il n'y a plus là ni Eglise ni Maison, on n'y voit que des Sépulcres. Tout le champ, qui s'étend depuis cet endroit & au-dessus de la Maison de Caïphe, a été accordé aux Chrétiens pour leur Sépulture. Ils y sont enterrés pêle-mêle de quelque Secte, & de quelque Nation qu'ils soient; ce qui ne se pratique point dans les autres endroits de la Terre Sainte, où les Francs, les Grecs, les Arméniens, les Syriens & les autres Nations, ont leur Quartier à part. En descendant on rencontre au-dessous du Cénacle à la portée d'un ou deux traits d'Arbaléte le lieu où se fit ce Miracle illustre dont parlent S. Jean Damascéne, Métaphraste, & Nicéphore. Un Prêtre Juif ayant appris qu'on portoit en terre la Ste. Vierge vint avec une indignation sacrilége frapper contre le cercueil pour le renverser. Mais, comme il y porta les mains, elles furent coupées par une vertu invisible, & elles demeurerent attachées à la Sainte Châsse. Sa peine lui fit connoître sa faute & le mérite de la Ste. Vierge. Comme il publioit l'un & l'autre & demandoit miséricorde, S. Pierre lui ordonna de joindre ses bras à ses mains & elles s'y remirent au même moment. Un peu plus bas, vers la Porte des Mégarebes, que quelques-uns veulent faire passer contre la vérité, pour la Porte Sterquilinaire, ou de la fiente, on voyoit, il ya quelques années, une espéce de Grotte qu'on a murée, où l'on dit que S. Pierre alla pleurer son Péché, & qu'autrefois il y avoit une Eglise qu'on nommoit du chant du Coq *Gallicantus*. Il n'y a pourtant pas apparence que du tems de S. Pierre cette Grotte fut comme elle est aujourd'hui. Elle étoit apparemment dans quelque maison de connoissance, où il s'alla cacher accablé de confusion & de douleur, ou bien c'étoit quelque lieu Public où se déchargeoient les ordures; car tout le Mont Sion étant alors bâti & peuplé, il n'y a guères d'apparence qu'on laissât une Grotte au milieu des Rues.

2. SION, Ville de la Tribu d'Issakar [a], elle est nommée Seon dans la Vulgate, Eusèbe & S. Jérome disent, qu'on voyoit de leur tems un lieu nommé Seon près le Mont Thabor.

[a] Josue, 19.

3. SION [b]. C'est un des noms du Mont Hermon. C'est apparemment de cette Montagne dont il est parlé dans le Ps. 132. 3. *Sicut ros Hermon, qui descendit in Montem Sion* [c]. L'union & la bonne intelligence des Prêtres & des Lévites, est aussi agréable que la rosée qui tombe sur Hermon & sur Sion, deux Montagnes contigues, & qui ne font que la même chaîne des Montagnes. Jésus fils de Sirach [d], parle aussi du Mont Hermon, sous le nom de Sion, *Quasi Cypressus in Monte Sion*, le Grèc, *in Monte Hermon*.

[b] Deut. 4. 48.
[c] L'Hébreu porte Zion.
[d] Ecclés. 34. 17.

4. SION, ou SYON, en Latin *Sedunum*, & en Allemand *Sitten*, Ville de Suisse [e], dans le Vallais, la Capitale du Département de Sion & de tout le Pays même; & comme dans le centre de l'un & de l'autre. Cette Ville est fort ancienne, son nom Latin lui vient des anciens Séduniens Habitans du Pays, & son nom Allemand d'une petite Rivière, qui la traverse, & qui sert à la tenir nette. Elle est située sur la rive droite du Rhône, & à quelque distance de ce Fleuve dans une belle Plaine, bordée d'un côté par deux Monts isolés, qui s'élevent au milieu de la Campagne & qui la commandent. Sur l'un de ces Monts on voit un Château fort, nommé *Valeria*, avec une Eglise dédiée à Ste. Catherine, & plusieurs belles Maisons, où demeurent les Chanoines de l'Eglise Cathédrale de Sion. L'autre Mont est aussi occupé par un Château fort, qu'on nomme *Tourbillon*, en Allemand *Turbelen*, qui appartient à l'Evêque. On descend de ce Château par des degrés fermés de murailles ou de Rochers de deux côtés, & on arrive à un autre Château, situé sur une petite hauteur, nommé *la Mayorie*, où les Evêques font ordinairement leur rési-

[e] Etat & Délic. de la Suisse, t. 4. p. 192.

résidence. Il appartenoit autrefois à des Gentilshommes, qui portoient le titre de Mayors de Sion; & un Evêque l'acheta de l'un d'eux dans le XIV. Siècle. Cette Forteresse ayant été consumée par le feu, Adrien de Riedmatten, Evêque de Sion, qui mourut en 1547. la rebâtit sous son Pontificat beaucoup plus belle qu'elle n'étoit auparavant. La Ville, qui est au pied de ces hauteurs, est unie, bien bâtie & assés propre. Les Habitans, qui parlent Allemand & Romand, l'ont fort embellie depuis un Siècle. On y voit plusieurs Eglises dont la plus remarquable est celle de Notre-Dame, qui est la Cathédrale. Près de la grande Porte on remarque un Marbre antique, à demi rongé, avec ce fragment d'Inscription Romaine à l'honneur de l'Empereur Auguste:

 .... P. CAESARI DIVI I.....
 ... UGUSTO , Cos., XI.....
 ... RIBUNITIA POSTETATE XV.
  PATRI PATRIAE
  .... TIFICI MAXIMO
*... As SEDUNORUM * Civitas.
  PATRONO.

Dans le Palais on voit l'Inscription suivante, qui, à ce que prétend M. Scheuchzer, n'avoit été rapportée par aucun Ecrivain:

 DEVOTIONE VIGENS
AUGUSTUS PONTIUS ÆDIS A Xº
 RESTITUIT PRÆTOR
LONGE PRÆSTANTIUS ILLIS
NOVAE PRISCAE STETERANT
TALIS RESPUBLICA QUERE
D. N. GRATIANO AUG. V. TNIR.
  COS.
Pontius Asci 000 Tus Vp. Pi.

La Ville de Sion est le Siège d'un Evêché fort ancien, qui s'est toujours étendu sur tout le Vallais. L'Evêque porte le Titre de Prince du St. Empire Romain, Evêque de Sion, Comte & Préfet du Vallais. Ces Prélats font ordinairement leur résidence dans le Château de la Mayorie; mais dans les chaleurs de l'Eté, ou dans des tems de contagion, ils vont loger dans celui de Tourbillon. Quoique l'Evêque porte le titre de Comte & Préfet du Vallais, il n'est pas cependant Prince absolu du Pays. Il préside dans les Etats avec une autorité à peu près semblable à celle du Doge de Venise. La Monnoye se bat à son coin, sous son nom, & à ses armes. Les Actes, & Instrumens publics & particuliers se font sous son nom; mais l'Autorité Souveraine est entre les mains de l'Assemblée Générale du Pays, qui est composée d'un certain nombre de Députés des sept Départemens. Les Evêques sont élus par les suffrages communs des Chanoines de la Cathédrale & des Députés des Départemens. Après l'Evêque, celui, qui tient le premier rang est le Baillif du Pays, qu'ils appellent *Landshauhtman* en Allemand, c'est à dire Capitaine du Pays. Il est le Juge absolu des causes Civiles, qui se portent par devant lui. Sa Charge dure deux ans; il est élu par l'Evêque, & par les Députés des Départemens, & ensuite confirmé publiquement par l'approbation de chaque Département.

La Ville de Sion [a] n'a point eu d'Evêques jusqu'à la fin du sixième Siècle, car dans la primitive Eglise on ne voit point d'autre Evêque que celui d'Octodorus Capitale des Peuples Veragres, laquelle a eu des Evêques dans les premiers Siècles, puisque Théodore Evêque d'Octodurus, assista au Concile d'Aquilée du tems de Saint Ambroise l'an 381. Constantius Evêque d'Octodurus assista au Concile d'Epaone sous Sigismond l'an 517., & Rufus Evêque du même Siège, assista sous le Roi Childebert au quatrième de la même Ville l'an 541. Trente-trois ans après Octodurus fut entièrement ruiné avec le Bas Vallais par les Lombards, qui envahirent ce Pays l'an 574., & furent ensuite défaits par les François.

L'Evêque Héliodore s'établit à Sion, (*Seduni*) qui avoit été préservé, & il signa l'an 585. au second Concile de Mâcon en qualité d'Evêque de Sion, (*Episcopus Sedunensis*).

Cet Evêché a toujours pour la Jurisdiction Ecclésiastique reconnu la Métropole de Tarentaise depuis que l'Evêque de cette Ville a été reconnu Métropolitain de la Province des Alpes Graïennes, & Pennines; car auparavant cette Province dépendoit de l'Archevêque de Vienne, en quoi il a été quelquefois troublé par l'Archevêque de Milan. Les Evêques de Sion furent reconnus Comtes de Vallais, & ils avoient un droit ancien sur le Gouvernement de ce Pays, dont la Préfecture avoit été donnée à S. Théodule Evêque de Sion, & à ses Successeurs par Charlemagne. Ceux du Pays, qui est de difficile accès, aimoient fort la Liberté, que leur situation leur donnoit le moyen de conserver; de sorte que s'étant opposés aux entreprises de quelques-uns de leurs Evêques, ils les réduisirent à l'état de simples Gouverneurs ou Magistrats, & ils ne furent plus Souverains quoiqu'ils eussent le Titre de Princes de l'Empire, qu'ils prennent encore bien qu'ils n'en soient plus Membres, qu'ils n'ayent aucune séance aux Diètes, & qu'ils ne doivent aucune obéissance à l'Empereur & aux Etats de l'Empire, ni aux Chambres Impériales, jouissant de la Franchise accordée au Corps Helvétique, & autorisée par le Traité de Westphalie.

L'Abbé de Saint Maurice qui prenoit la qualité de Prince de l'Empire fut obligé de se soûmettre à l'Evêque de Sion, & de le reconnoître non-seulement au Spirituel, mais au Temporel, comme Comte & Gouverneur du Valais; & par un Traité fait à Sallon on établit les Loix, & les Privilèges du Peuple & des Ecclésiastiques du Bas Vallais. L'Abbé a encore de bons revenus, & une Jurisdiction Temporelle & Spirituelle, mais il est obligé de reconnoître l'Evêque pour son Supérieur.

Au-dessus de Sion, en tirant vers les Alpes, on trouve les Villages de Grimsel, & de St. Germain, & le Mont Sanetsch,

[a] *Longueruë, Descr. de la France, Part. 2. p.* 304.

SIO.

hetfch, par où l'on va dans le Bailliage de Rougemont au Canton de Berne. De cette Montagne fort une Riviére nommée Morfe. Au-deſſus de cette Riviére, entre la Montagne & la Ville de Sion, on voit ſur des Roches élevées & preſque inacceſſibles les maſures de deux Fortereſſes, l'une appellée SEON & l'autre MONTARSE, OU MONTORGE. La première ſervit autrefois au Baron Antoine de la Tour à exercer ſa cruauté contre l'Evêque Guiſcard de Tavel qu'il précipita du haut en bas de ces Rochers en 1375. De l'autre côté du Rhône, vis-à-vis de Sion, eſt un Village nommé Bremis, où l'on voit un Couvent tout entier, avec Cave, Cuiſine, Réfectoire, Egliſe, Cellules, & autres appartemens, le tout taillé dans le Roc. Les Moines qui l'ont habité au commencement du ſeizième Siècle, y moururent tous dans peu de tems, ſans doute à cauſe de l'humidité du lieu; de ſorte que ce Couvent n'a point été habité depuis.

LE DÉPARTEMENT DE SION, eſt le ſeptième des Hauts Vallaiſans. Il a huit milles pas de longueur de haut en bas & un peu plus de largeur, la Vallée s'élargiſſant de plus en plus depuis Leuck, & s'avançant entre les Alpes par pluſieurs Vallons, qui forment autant de Branches. Dans le Vallais chaque Département a ſon Gouvernement ou ſa Juriſdiction à part, ſon Chef & ſon Conſeil, qui juge toutes ſortes de cauſes. Dans les Départemens de Goms, de Raren & de Leuck, ce Chef a le titre de Mayor, & dans les autres celui de Châtelain. Les Appels de tous les Départemens ſont portés par devant l'Aſſemblée Générale, ou comme ils l'appellent, *le Conſeil du Pays*, Landts-Rath. Cette Aſſemblée ſe tient ordinairement à Sion, dans le Château de la Mayorie, deux fois par an, dans les mois de Mai & de Décembre. Chaque Village y envoye deux & quelquefois trois Députés. L'Evêque de Sion ſe trouve dans l'Aſſemblée, & le Baillif recueille les ſuffrages. C'eſt-là qu'on traite les affaires d'Etat, qu'on élit les Baillifs du Bas-Vallais & autres gens d'Office & qu'on vuide les cauſes d'Appel en dernier reſſort.

5. SION, ou SCION, *Semita*; Paroiſſe de France, au Duché de Bar, dans le Bailliage de Vaudemont. Son Egliſe Paroiſſiale eſt ſous le titre de la Nativité de Notre-Dame. Les Lieux de Sexon & de Praye dépendent de cette Paroiſſe; & il y a un Couvent de Picpus fondé en 1627. par Charles VI. Duc de Lorraine.

SIONIA, Ville du Pont, ſelon Etienne le Géographe.

1. SIOR, Ville de la Tribu de Juda. Joſué 15. 54.

2. SIOR [a], Ville Capitale du Royaume de Corée, grande Presqu'Iſle de la Chine. Elle eſt dans la Province de Sengado, à une lieue d'une Riviére fort large, & le Roi y tient ſa Cour. Il y a dans beaucoup d'autres Villes du même Royaume pluſieurs Monaſtères de Moines qui pour tout Culte offrent deux fois le jour des parfums devant une Idole. Il

[a] *Corn. Dict. Relat. du Voy. d'un Vaiſſeau Holl. en 1670.*

y a auſſi dans Sior deux Cloîtres de Religieuſes, l'un rempli de perſonnes Nobles & de qualité, & l'autre de filles du commun, elles ſont toutes raſées, obſervent les mêmes Règles & font le même Service que les hommes. Le Roi & les Grands fourniſſent à ce qu'il faut pour leur entretien, & on leur a donné depuis trente ou quarante ans la liberté de ſe marier.

SIOSTA, Ville de la Dace Ripenſe. Il en eſt parlé dans la Notice des Dignitez de l'Empire [b].

[b] *Sect.*

SIOULE, Riviére de France [c], dans l'Auvergne. Elle prend ſon nom d'un Village nommé SIOULE, dans la Généralité de Riom, au-deſſus de Pont-Gibault qu'elle baigne, ainſi que Pont de Boucheu, Ebreuilles & St. Pourçain, après quoi elle va ſe perdre dans l'Allier, environ à quatre lieues au-deſſus de Moulins.

[c] *Juillot, Atlas.*

SIOUNE, Ville d'Afrique [d], dans la Barbarie, au Royaume de Tripoli dans les Montagnes de Derne. C'eſt une Ville aſſez grande, habitée par les Arabes du Pays & par les Négres, & qui eſt entourée d'eaux & de marécages. Sioune eſt une petite République, où les Habitans ont pour tous biens des Forêts de Palmiers, qui avec un peu de laitage & quelque peu d'orge leur donnent à vivre. Ils ne payent aucun Tribut. Tous les Arabes qui habitent à quatre-vingt lieues de-là y viennent tous les ans faire leurs proviſions de Dattes.

[d] *Lucas, Voy. d'Afrique, t. 2, p. 96.*

SIOUTH, ou SIUTH, Ville de la Haute Egypte, à demi-lieue du Nil du côté du Couchant & à ſoixante & dix du Caire, en Grec *Lycopolis*. C'eſt une des plus belles Villes, des plus grandes, des plus peuplées & des mieux bâties de la Haute Egypte. On la trouve au pied d'une Montagne ſtérile qui eſt à ſon Couchant. On y compte dix Moſquées & Minarets. Les Chrétiens Coptes [e], qui y ſont en très-grand nombre, peuvent monter à cinq cens Caraches, ou Chefs qui payent Tribut. Ils y ont un Evêque, & la petite Egliſe fort pauvre, dédiée à l'Abbé Dér, dont le Corps, avec celui de ſa ſœur Erázi, réputée Sainte, auſſi-bien que ſon frere, repoſent à Emſciúl, qui eſt un Village des dépendances d'Iſchmunein. C'eſt dans Siúth où l'on travaille les Toiles les mieux façonnées de toute l'Egypte. Elle eſt la Principale de cette Province, & la réſidence d'un Caſcief. Les Egliſes & Monaſtères des Chrétiens Coptes qui ſont dans cette Province, ſont ceux qui ſuivent.

[e] *Le P. Vanſleb, Rél. de l'Egypte. p. 363.*

L'Egliſe de Dorónke, dédiée aux trois Enfans de la Fournaiſe. Le Monaſtère de la Sainte Vierge, ſitué ſur la Montagne qui eſt derrière ce Village. L'Egliſe de Rife dédiée à Mari Coîte. Le Monaſtère de la Sainte Vierge, derrière ce Village, ſitué ſur la même Montagne. Celui de Sauvie, dédié à S. Athanaſe. L'Egliſe de Doveine dédiée à Saint Jean Baptiſte; mais il n'y reſte aujourd'hui, que le ſeul Autel, expoſé à l'air. Celle de Bagúr, dédiée à Saint Claude. Celle de Cateia, dédiée à Saint Philotée. Celle de Sciotbe, dédiée à Saint Moncure; mais qui eſt à préſent ruïnée.

Sur la haute Montagne qui est auprès de Siût, au Couchant, parmi un très-grand nombre de Grottes, taillées dans le Roc, il y en a une qui est coupée en façon d'Écurie; c'est pourquoi le Peuple la nomme *il Stabl*, ou l'Écurie: elle est si vaste, que mille Cavaliers s'y peuvent ranger en bataille commodément. Je ne l'ai pas vûe, nonobstant le grand desir que j'en avois; personne ne se voulant hazarder de m'y mener, crainte d'être mal-traitez du Cascief qui appréhende qu'on n'enleve les trésors, qu'on dit y être cachez. Cette même Montagne est toute remplie de Grottes, si belles & si vastes, qu'il a fallu un tems infini pour les tailler. J'entrai, dit le Sieur Lucas [a], dans quelques-unes de celles qui me parurent les plus curieuses, sur-tout dans une où il demeure une douzaine de familles de Chrétiens Coptes; qui y ont une Eglise taillée dans le Roc, avec trois Prêtres, & quelques Laïques pour la desservir. Cette petite République subsiste là depuis long-tems, & y jouît des Priviléges que les Empereurs Ottomans, qui conquirent l'Egypte, lui accordérent, en les délivrant de toutes sortes de Tributs & d'impositions, à condition seulement qu'ils exerceroient l'Hospitalité à l'égard des Turcs qui passeroient par cette Montagne. La Grotte où démeurent ces bonnes gens, présente d'abord un assez beau Portique, par où l'on entre dans une Cour, où l'on a taillé le Roc avec tant de propreté, qu'il ressemble à des murailles qu'on auroit élevées exprès. L'on a ménagé dans le même Roc plusieurs chambres & quelques allées, qui communiquent les unes aux autres. Voilà sans doute un Etablissement unique dans son espèce, & je ne crois pas qu'on pût en trouver un semblable dans le reste de l'Univers.

Dés que nous fumes arrrivés dans cette Grotte, continue le Sr. Lucas, on nous servit du pain, du fromage & du lait, & après ce petit repas, le Prêtre me proposa d'aller faire ma priere dans la Chapelle qui est dédiée à la Vierge J'y fus avec lui & j'eus le plaisir de voir plusieurs Souterrains très-vastes où ils mettent toutes leurs Provisions, & s'y cachent eux-mêmes, quand les Arabes des Lieux voisins entreprennent de les inquièter. Au sortir de là je me fis conduire à la Grotte où l'on entend ce bruit, elle n'est qu'à demi-quart de lieue de celle où demeurent les Coptes. Cette Grotte peut bien avoir trois cens pas de profondeur; mais il n'est pas possible de mesurer sa largeur, à cause de l'irrégularité des appartemens qu'on y a ménagez, & qui avancent ou reculent sans aucune symmétrie. Le Sr. Lucas ajoute: On me fit d'abord aller vers le lieu où l'on entend ce bruit extraordinaire, qu'on croit dans le Pays être l'effet de quelque Talisman, & que je jugeai sans beaucoup de peine, être causé ou par le Vent qui s'engage par quelques ouvertures dans ces vastes Rochers, ou plutôt par une chute d'eau qui tombe & se perd dans ces Gouffres. On pourroit demander ici aux Savans, par qui & en quel tems ont été taillées toutes ces Grottes qu'on trouve en si grand nombre dans la plûpart des Montagnes de la Thébaïde, sur-tout du côté du Levant ? N'étoit-ce pas l'habitation des premiers hommes, qui s'étant retirés en Egypte peu de tems après le déluge & ignorants encore l'Architecture, se servirent de ces demeures sombres, que la Nature avoit apparemment commencé à leur ménager ? Et ne peut-on pas les regarder avec raison, comme les premiéres Villes du Monde ? Car il ne faut pas s'imaginer que les Anachoretes, qui s'y retirérent dans les premiers tems de l'Eglise, les ayent taillées eux-mêmes; elles sont sans doute d'une antiquité bien plus reculée, & il a fallu une dépense infinie pour les faire.

Après avoir visité encore quelques autres Grottes, le Sr. Lucas descendit la Montagne & retourna à la Ville en traversant une Plaine sablonneuse, qui étoit, à ce qu'on assure, inondée autrefois par le Nil; mais ces eaux ayant pris un autre cours, elle est présentement stérile.

Lorsqu'on sort de cette Ville pour aller gagner le Nil, on trouve un Etang ou une Birque, comme on l'appelle dans le Pays, qui n'est jamais à sec, à cause des sources d'eau vive qui l'entretiennent. Les Habitans du Pays attribuent à cette eau une vertu fort singuliere, & c'est un usage reçu à Siouth, que les filles qui en ont bu, & qui viennent à se marier dans la suite, ne sont pas obligées à donner les marques équivoques, qu'on sait que les maris exigent en Egypte avec tant de rigueur.

Les Egyptiens avoient pratiqué autrefois près de cet Etang, un Canal pour répandre les eaux dans la Campagne voisine; on passe encore aujourd'hui ce Canal sur un Pont de Pierre.

SIPAO, Forteresse de la Chine [b], dans la Province de Queicheu, au Département de Ganxun quatrième grande Cité de la Province. Elle est de 12. d. 24'. plus Occidentale que Peking, sous les 25. d. 37'. de Latitude Septentrionale.

SIPARUNTUM, Ville de la Dalmatie: Ptolomée [c] la marque dans les terres.

SIPHÆ, Ville de la Bœotie. Elle étoit vers les confins de la Phocide, selon Ptolomée [d], & Thucydide [e] la met sur le bord de la Mer dans le Golphe *Cirsæus*. Dans la Dialecte Dorique, au lieu de Siphæ, on disoit Τιφαι, ou Τιφα; & c'est ainsi que Pausanias [f] écrit: si, dit-il, après être parti de Creusis par Mer, & après avoir passé Thisbé vous reprenez la route le long de la Côte, vous verrez sur le bord de la Mer une autre petite Ville nommée Tipha. Hercule y a un Temple, & sa Fête s'y célebre tous les ans comme à Thisbé. Les Tipheens, ajoute-t-il, se vantent d'être de tous les Peuples de la Bœotie ceux qui ont toujours entendu la Marine. Ils disent que Tiphys, à qui l'on confia la conduite du Navire d'Argos, étoit de Tipha, & ils montrent hors de la Ville un endroit où ils prétendent que ce Navire aborda en revenant de Colchos.

SIPHAN-

[a] Voyage d'Egypte.

[b] Atlas Sinens.

[c] Lib. 2. c.

[d] Lib. 3. c.

[e] Lib. 4. p. 303.

[f] Lib. 9. c. a. 32.

SIP.   SIP.

SIPHANTO. Voyez SIFANO, & SIPHNUS.

SIPHARE, Ville de l'Arie, selon Ptolomée [a].

[a] Lib. 6. c. 17.

SIPHNUS, Isle que Strabon compte au nombre des Cyclades. Pomponius Mela, Pline & l'Itinéraire d'Antonin [b] écrivent SIPHNOS. Ptolomée [c] place dans cette Isle une Ville à laquelle il semble donner le même nom Σίφνου νῆσος ἡ πόλις. Cette Ville s'appelloit *Apollonia*, selon Etienne le Géographe [d], qui dit dans un autre endroit [e] ou l'Isle de Siphnos est au voisinage de l'Isle de Crète; mais il se trompe; car tous les Auteurs s'accordent à la compter au nombre des Cyclades; Ptolomée la marque presque au milieu des Isles de ce nom; & je ne crois pas qu'aucun autre qu'Etienne le Géographe l'ait placée dans la Mer de Crète. On l'appelloit anciennement *Meropia*, selon Pline, & *Merope*, selon Etienne le Géographe. Les Habitans de cette Isle sont nommez SIPHNII dans Hérodote [f].

[b] Itiner. Maritim.
[c] Lib. 3. c. 15.
[d] In Verbo Ἀπολλωνία.
[e] In Verbo Σίφνος.
[f] Lib. 8. c. 46.

Les Siphniens avoient leur Trésor dans un endroit du Temple de Delphes, & voici la raison qu'en donne Pausanias [g]. Ils avoient, dit-il, des Mines d'or dans leur Isle; Apollon leur demanda le dixme du produit de ces Mines. Ils firent donc bâtir un Trésor dans le Temple de Delphes, & y déposèrent la dixme que le Dieu exigeoit. Mais dans la suite par un esprit d'avarice, ils cessèrent de payer ce Tribut, & ils en furent punis; car la Mer inonda leurs Mines & les fit disparoître. Cette Ville qu'on nomme aujourd'hui SIFANO, ou SIPHANTO, est sous un beau Ciel. On le trouve encore plus charmant, quand on arrive de Milo [h] où l'air est infecté de Vapeurs sulfureuses. On voit à Siphanto des Vieillards de 120. ans: l'air, les eaux, les fruits, le Gibier, la Volaille, tout y est excellent; les raisins y sont merveilleux, mais la terre qui les produit est trop forte, & les vins n'y sont pas délicats, ainsi l'on y boit ceux de Milo & de Santorin. Quoique l'Isle de Siphanto soit couverte de Marbre & de Granit, elle est pourtant des plus fertiles & des mieux cultivées de l'Archipel, elle fournit assez de grains pour les Habitans du Pays qui sont aujourd'hui de très-bonnes gens. Les mœurs de leurs Ancêtres étoient fort décriées. Quand on reprochoit à quelqu'un qu'il vivoit à la Siphantine, qu'il étoit homme de parole comme un Siphantin, c'étoit là dire de grosses injures, comme nous l'apprennent Etienne le Géographe, Hesychius & Suidas.

[g] Lib. 10. c. 11.
[h] Tournefort, Voyage du Levant, t. 1. p. 66.

Les Habitans de Siphanto s'appliquent à faire valoir leurs Huiles & leurs Capres. La Soye de l'Isle est très-belle, mais en petite quantité, & les toiles de Coton sont assez recherchées; ces toiles font de deux fortes, la Scamite & la Dimito. La Scamite est toute unie: la Dimite est croisée, beaucoup plus belle, plus forte & de plus grand debit. Ainsi l'on y consomme non-seulement le Coton du Pays; mais encore celui des Isles voisines. Le reste du Négoce de Siphanto ne roule que sur les Figues, les Oignons, la Cire, le Miel, le Sesame; on y travaille à des Chapeaux de paille, qui se vendent par tout l'Archipel sous le nom de Castors de Siphanto. Cette Isle où l'on compte plus de cinq mille Ames, fut taxée en 1700. à quatre mille Ecus pour la Capitation & pour la Taille réelle. Outre le Château situé sur une Roche au bord de la Mer, & peut-être bâti sur les ruïnes de l'ancienne *Apollonia*, il y a cinq Villages, *Artimone*, *Stavril*, *Catavati*, *Xambela*, & *Petali*; quatre Couvens de Caloyers, *Brici*, ou la Fontaine, *Stomongoul*, *Saint Chrysostôme*, & *Saint Hélie*; deux Couvens de Religieuses, l'un d'environ 20. Filles, & l'autre de 40. dans un Quartier appelé Camarea. Il y en vient quelquefois de l'Archipel pour y faire leurs Vœux; mais ces bonnes Filles ne sont pas trop Régulières. Pour ce qui est des Chapelles, il y en a 500. & 60. Papas qui ne disent la Messe qu'une fois l'année, le jour de la Dédicace de leurs Chapelles.

Les Ports de l'Isle sont Faro, Vati, Kitriani, Kironisso, & celui du Château. Faro a sans doute retenu le nom d'un ancien Phare, qui servoit à guider les Vaisseaux. On voit dans Goltzius une Médaille, où d'un côté est représentée une Tour avec un homme placé tout au haut. De l'autre côté est la tête de Jupiter selon Nonius; pour moi, dit Mr. de Tournefort, je crois plutôt que c'est celle de Neptune. Mr. Foucault Conseiller d'Etat, dont le Cabinet est le plus beau de France, après celui du Roi, a une Médaille de cette Isle; le Type est une tête de Gordien Pie, & le revers une Pallas en Casque, qui lance un Javelot. Les Ports de Siphanto étoient assez fréquentez il y a environ 50. ans: Basili riche Marchand de l'Isle attiré dans le Monastère de Brici y attiroit par son industrie des Vaisseaux de France & de Venise.

Siphanto étoit autrefois célèbre & riche par ses Mines d'Or & d'Argent; à peine sait-on aujourd'hui où elles se trouvent. Pour nous faire voir la plus fameuse, continue Mr. de Tournefort, on nous mena sur le bord de la Mer près de San Sosti Chapelle à demi ruïnée; mais nous ne vîmes que l'entrée de la Mine, & l'on ne put nous conduire plus avant, à cause des embarras & de l'obscurité du Lieu. Sa situation nous fit souvenir de ce que Pausanias en raconte. Hérodote parle d'un autre malheur que les Mines avoient attiré à cette Isle. Ceux parmi les Samiens qui avoient déclaré la guerre à Polycrate leur Tyran, se voyant abandonnés par les Lacédémoniens, après la levée du Siège de Samos s'enfuirent à Siphnos, où ils demandèrent à emprunter dix Talens. Siphnos étoit alors la plus riche de toutes les Isles, & l'on regardoit comme un grand Trésor la dixième partie de l'Or, & de l'Argent que l'on prenoit tous les ans sur le rapport des Mines, pour envoyer au Temple de Delphes. Cependant la proposition des Samiens fut rejettée; mais ils ravagèrent tout le Pays, après avoir mis en fuite tous les Habitans que l'on obligea

gea de donner cent Talens de rançon pour retirer leurs prisonniers. On prétend que la Pythonisse avoit prédit ce malheur : consultée par ceux de Siphnos, pour savoir si leurs Richesses se soutiendroient long-tems, elle répondit, qu'ils se donnassent bien de garde d'une Ambassade rouge dans le tems que leur Hôtel de Ville & leur Marché seroient tout blancs. Il semble que la Prophétie s'accomplit à l'arrivée des Samiens, dont les Vaisseaux étoient peints de rouge, suivant l'ancienne coûtume des Insulaires, chez qui le Bol est fort commun ; & l'Hôtel de la Ville de *Siphnos*, de même que le Marché, étoient revêtus de Marbre blanc.

Outre les Mines dont on vient de parler, le Plomb y est fort commun : les pluyes en découvrent presque par-tout. La Mine est grisâtre, lisse & rend du Plomb qui approche de l'Etaim. Lorsque les Paysans veulent chasser, ils vont la prendre dans les Champs & la fondent pour en faire de la Grénaille. Ce Plomb qui est comme une Cerufe naturelle se vitrifie facilement, & c'est ce qui rend excellentes les Marmites de l'Isle. Théophraste, Pline, Isidore, assurent qu'on tailloit à *Siphnos* au Ciseau des Pots à feu d'une certaine Pierre molle, lesquels devenoient noirs & très-durs, après qu'on les avoit échaudez avec de l'huile bouillante ; on estimoit aussi les Gobelets qui se fabriquoient dans cette Isle.

Il y a près de 50. ans qu'il vint des Juifs à *Siphanto* par ordre de la Porte, pour y examiner les Mines de Plomb ; mais les Bourgeois de cette Isle, craignant qu'on ne les contraignît d'y travailler, gagnèrent le Capitaine de la Galiotte qui avoit amené ces Juifs & que l'on avoit chargez de même pour conduire à Thessalonique. Cet Officier fit percer son Bâtiment & se sauva dans sa Chaloupe pendant qu'il couloit à fond. Quelques autres Juifs étant revenus à la charge n'en furent pas meilleurs Marchands. Les Siphantins pour s'en débarrasser tout de bon, donnèrent une somme d'argent à un Corsaire Provençal qui étoit à Milo, & qui perça à coups de Canon une seconde Galiotte chargée de Juifs & de Mine, si bien que les Turcs & les Juifs abandonnèrent cette entreprise.

Les Turcs n'osoient pas trop se montrer dans les Isles avant la retraite des Armateurs François, qui s'en alloient souvent les prendre par la barbe & les faire Esclaves sur les sommets des Montagnes. Les Grecs, qui favorisoient ces violences, venoient consoler les Musulmans & leur prêtoient de l'argent pour leur rançon. Nos Armateurs travailloient quelquefois à la conservation du Christianisme avec plus de succés que les Missionnaires les plus zélés : en voici un bel exemple. Il y a quelques années que dix ou douze Familles de Naxie embrassèrent la Loi de Mahomet : les Chrétiens du Rite Latin les firent enlever par des Armateurs, qui les emmenèrent à Malthe. Personne depuis ne s'est avisé de se faire Mahométan à Naxie. Les plus fameux Corsaires de l'Archipel n'avoient rien d'odieux que le nom de Corsaires. C'étoient des gens de qualité, & d'une valeur distinguée qui suivoient la mode de ce tems-là. N'a-t-on pas vu Mrs. de Valbelle, de Gardane, de Cologne devenir Capitaines & Chefs d'Escadre des Vaisseaux du Roi, après avoir fait la course contre les Infidelles ? Combien voit-on de Chevaliers ou de Commandeurs de Malthe soutenir en Levant le nom Chrétien sous le Pavillon de la Religion ? ces Messieurs rendent bonne Justice à ceux qui s'adressent à eux. Si un Grec insulte un Chrétien du Rite Latin, celui-ci n'a qu'à porter ses plaintes au premier Capitaine qui relâche dans le Port, le Grec est mandé, enlevé, s'il n'obéit pas, & bâtonné s'il a tort. Les Capitaines vuident les procès sans Avocats ni Procureurs. On porte les Papiers à bord, & l'on est condamné à payer en argent ou en coups de bâton : tout cela se fait gratuitement de la part des Juges. S'il y a quelques épices, c'est un muid de vin ou quelque veau gras.

L'Evêque de Milo est Evêque de Siphanto : il n'y tient qu'un Vicaire, & son Eglise est fort pauvre. L'Archevêque Grec est riche ; car il est Seigneur Spirituel des Isles de Nanfio, Policandro, Milo, Serpho, Mycone, Sikiho, Stampalia & Amorgos.

Les Dames de Siphanto pour conserver leur teint à la Campagne couvrent leur visage avec des Bandes de Linge qu'elles roulent si adroitement qu'on ne voit que leur bouche, leur nez & le blanc de leurs yeux, certainement elles n'ont pas l'air conquérant avec ce masque, & ressemblent plutôt à des Mumies ambulantes ; aussi sont-elles plus soigneuses d'éviter les Etrangers, que celles de Milo & de l'Argentière n'ont d'empressement à les accueillir.

Pour ce qui est des Antiquitez de l'Isle, elles y sont fort mal-traitées. En allant du Port au Château, près d'un Puits à gauche du chemin se voit un Tombeau antique, qui sert d'Auge pour faire boire les Animaux. C'est une Pièce de Marbre d'un grand goût, longue de six pieds huit pouces, sur deux pieds huit pouces de large, & deux pieds quatre pouces de hauteur. Ce Tombeau est orné de feuilles d'Acanthe, de Pommes de Pin & d'autres fruits. Tout auprès de ce Monument est une autre Pièce de Marbre enclavée dans le Mur, & qui étoit le reste de quelqu'autre Tombeau.

Au pied d'une Colline à quelques pas de-là, tout proche des ruïnes d'un ancien Temple, qui pourroit bien avoir été celui du Dieu Pan, anciennement adoré dans cette Isle, on voit encore un Tombeau de Marbre de huit pieds de long sur trois pieds quatre pouces de haut, & deux pieds huit pouces de large, mais les Ornemens en sont mesquins & sentent le Colifichet ; ce sont des Enfans qui tiennent des festons, d'où pend une grosse grappe de raisin. Le devant d'un semblable Tombeau est encastré dans la Façade d'une Maison de la grande rue du Bourg. Il y a une Inscription sur ce dernier, mais tout en est effacé, si ce n'est une partie du mot ΒΑΣΙΛΕ......

Au

Au Monaſtère de Brici tout près de la Maiſon, & d'une belle Source qui paſſe par un Puits, il y a un Tombeau de Marbre dont l'uſage eſt bien différent de celui auquel il étoit deſtiné, puisqu'il ſert d'Abbreuvoir. Ce Tombeau n'a que trois pieds huit pouces de longueur; mais quoique les ornemens en ſoient détruits, le tems a épargné trois Enfans ſur le devant, qui marquent bien que tout le reſte étoit d'une excellente main; ces Enfans ſoutiennent chacun le bout d'un feſton. Sur la Porte de la Ville par où l'on ſort pour aller au Port, ſont enclavés les Tronçons de deux Figures de Marbre d'une médiocre beauté; l'une eſt nue & l'autre drapée. A un coin d'une eſpèce de Tour quarrée, à gauche de la Porte du Château, ſe voit un Bas-Relief de Marbre que l'on prend pour l'Hiſtoire de Tobie; mais Mr. de Tournefort croit que c'eſt plutôt le débris de quelque Tombeau. On a maçonné dans le même Mur le reſte d'un Lion, qui ne montre que la tête & la Poitrine. Le fond de la Porte du Château eſt à deux Arcades ſoutenues par un Pilier de Marbre octogone, ſur lequel on lit en caractéres Gothiques MCCCLXV. MI SLCE. *Yandoly de Coronia*. Ce Seigneur, à ce qu'on dit, étoit de Bologne en Italie, Pere d'Otuly de Corogna, lequel donna ſa fille unique en Mariage à Angelo Gozadini Seigneur de Siphanto & de Thermie. Siphanto avoit été demembrée du Duché de Naxie; car il eſt certain que Marc Sanudo en fit la conquête & la joignit à ce Duché ſous Henri II. Empereur Latin de Conſtantinople. On voit chez le Vicaire de l'Egliſe Latine l'Acte par lequel Otuly de Corogna établit en 1462. une Rente en faveur de l'Egliſe du Château. La Famille des Gozadini a poſſedé Siphanto juſqu'au tems que Barberouſſe s'en rendit le Maître ſous Soliman II. Cette Famille ſubſiſte encore dans l'Iſle. On aſſure que la Fontaine publique qui eſt tout au fond de la Vallée qui conduit au Port, eſt un Ouvrage des plus anciens, & vient d'une Allée taillée dans le Roc à plus d'un mille de profondeur.

SIPHRIS, Ville qu'Ortelius [a], qui cite Procope [b] met à cent cinquante Stades d'Amida. Il ajoute qu'il croit que cette Ville étoit dans la Méſopotamie. Cependant Mr. Couſin dans ſa Traduction de Procope [c], dit que le Lieu nommé Siphrios n'étoit qu'à trente-ſix Stades d'Amida. *Siphris*, ou *Siphrios* eſt le même Lieu qui eſt appellé *Syfrea* par Marcellinus Comes.

1. SIPIA, Lieu du Péloponnèſe, dans l'Argie: Hérodote [d] le met auprès de la Ville de Tirynthe. Il y a des Exemplaires qui liſent *Sepia* au lieu de *Sipia*.

2. SIPIA, Lieu de la Gaule Lyonnoiſe, ſelon la Table de Peutinger citée par Ortelius [e].

SIPII, Peuples qu'Etienne le Géographe compte parmi les Habitans de la Thrace.

SIP'ING, Ville de la Chine [f], dans la Province de Honan, au Département d'Iuning, huitième Métropole de la Province. Elle eſt de 3. d. 26'. plus Occidentale que Peking, ſous les 34. d. 13'. de Latitude Septentrionale.

SIPING, Ville de la Chine [g], dans la Province de Quangſi, au Département de Suming, neuvième Metropole de la Province. Elle eſt de 12. d. 0'. plus Occidentale que Peking, ſous les 22. d. 48'. de Latitude Septentrionale.

SIPLUSIANUM, nom d'une Maiſon de Campagne, dont parle Sidonius Apollinaris [h]. Au lieu de *Sipluſianum*, Vinet lit *Pluſianum*, & un MS. conſulté par Ortelius porte *Pruſianum*. Ce Lieu, ajoute Ortelius [i], paroît avoir été aux environs de la Ville de Nîmes.

SIPONTE. Voyez SIPONTUM.

SIPONTUM, Ville d'Italie, dans la Pouille Daunienne, ſur la Côte de la Mer Adriatique, à l'Embouchure du Fleuve Garganus. Tite-Live & Pline écrivent *Sipontum*, Pomponius Mela & l'Itinéraire d'Antonin *Sipuntum*, & les Grecs & quelques Latins qui les ont ſuivis diſent *Sipus*. *Sipuntum*, dit Pomponius Mela, *vel, ut Graii dixere, Sipus*. Ptolomée & Etienne le Géographe liſent Σιποῦς. Lucain [k] décrit la ſituation de cette Ville dans ces vers:

> *Quas recipit Salapina Palus, & ſubdita Sipus*
> *Montibus; Auſoniam qua torquent frugifer Oram.*
> *Dalmatico Boreæ, Calabroque obnoxius Auſtro,*
> *Appulus Hadriacas exit Garganus in undas.*

Silius Italicus fait le nom de cette Ville indéclinable:

> . . . , *& Terram & Litora Sipûs.*

Sipunte fut, ſelon Tite-Live [l], une Colonie Romaine, qui dans la ſuite ſe trouvant affoiblie, fut augmentée & renouvellée [m]. Cette Ville ſubſiſta juſqu'au tems de Manfrede, qui voyant que l'Air y étoit malſain [n] à cauſe des Marais voiſins, & qu'elle n'avoit pas un bon Port, aſſigna aux Habitans une place où fut bâtie la Ville de Manfredonia. Le nom National eſt Σιπόντιος, ſelon Etienne le Géographe, & *Sipontinus*, ſelon les Latins; car on lit dans Ciceron [o] *in Sipontina ſiccitate collocari*, & dans Frontin [p], *Ager Canuſinus....Sipontinus*.

Au bord de la Mer, dit Leander [q], ſur un Rocher eſcarpé, au pied du Mont Gargan on découvre les débris de l'ancienne Ville de Siponte. Strabon dit que Diomède la bâtit, elle étoit à cent cinquante Stades où à vingt milles de Salapia. On n'y voit aujourd'hui que des ruïnes d'Edifices qui ſont cependant conjecturer que cette Ville étoit grande & belle. La grande Egliſe eſt preſque toute entière. On y avoit commencé une Chapelle de pierres de taille; mais elle n'a pas été achevée. Au bord de la Mer ſous les ruïnes des Edifices, il y a une Fontaine dont les eaux ſont fort claires, elles s'écoulent abondamment dans la Mer. Tite-Live en pluſieurs endroits, ſur-tout ſans le huitième &

---

[a] Theſaur.
[b] 1. Perſic.
[c] Ibid. L. 1. c. 8.
[d] Lib. 6.
[e] Theſaur.
[f] Atlas Sinenſ.
[g] Ibid.
[h] 2 Epiſtol.
[ad Doniſtum.]
[i] Theſaur.
[k] Lib. 5. v. 377.
[l] Lib. 34.
[m] Lib. 39. c. 23.
[n] Ricordanus Maleſpina, Hiſt. Florent. c. 148.
[o] Agvar. 2. c. 27.
[p] De Coloniis.
[q] Leandro Alberti. Ital. p. 248. verſo.

dans

dans le trente-cinquième Livre fait mention de cette Ville. Il dit que Spurius Posthumius rapporta au Sénat qu'ayant parcouru les Rivages de la Mer d'Italie il avoit trouvé deux Colonies desertes, à savoir Siponte au bord de la Mer Supérieure, & Buffento située sur les Rivages de la Mer Inférieure. Le Sénat en conséquence nomma L. Scribonius Libus, M. Titius, Cn. Bebius Panfilus pour y conduire de nouveaux Habitans. Cette Ville fut assés heureuse jusqu'au tems que les Sarrasins se rendirent maîtres de toute la Pouille, où ils demeurérent jusqu'à Charlemagne. Ils en furent enfin chassez, mais avant que d'abandonner le Pays ils saccagérent entiérement cette Ville. Les Habitans n'y furent pas épargnez, ces Barbares emportérent leurs richesses en Afrique. Ce sentiment n'est pas généralement suivi, car il y a qui disent que Siponte fut détruite par les différentes factions qui partagérent ses Habitans ; d'autres enfin prétendent qu'elle fut ruinée par les Tremblemens de terre. Peut-être tous ces malheurs ensemble l'ont réduite au triste état où on la voit aujourd'hui. Elle a eu de grands hommes pour Archevêques, entr'autres un Nicolas Perroto qui nous a laissé dans ses Ouvrages des marques de son érudition, & Jean Marie di Monte Cardinal d'une rare prudence & d'un grand savoir ; il parvint au Pontificat en 1550. le 8. de Février, il fut couronné le vingt-quatre du même mois, ayant pris le nom de Jule.

SIPPARA, Ville de l'Inde, au deçà du Gange : Ptolomée [a] la marque sur le Golphe auquel ce Fleuve donnoit son nom, entre *Cottobara*, & l'Embouchure du Fleuve Tyndis.

[a] Lib. 7. c. 1.

SIPPHARA, Ville de la Mésopotamie. Ptolomée [b] la compte au nombre des Villes qui étoient près de l'Euphrate.

[b] Lib. 5. c. 18.

SIPPORUM EPISCOPATUS, Siège Episcopal, dont fait mention Socrate dans son Histoire Ecclésiastique. Ortelius [c] croit que ce Siège étoit dans la Syrie.

[c] Thesaur.

SIPTE : Pausanias dit qu'à Olympie Ville de l'Elide, il y avoit vers le milieu de l'Altis, ou Bois Sacré, sous des Platanes un Trophée érigé par les Eléens Vainqueurs des Lacédémoniens ; qu'auprès de ce Trophée on voyoit une Statue dédiée par ceux de Mende en Thrace, & que par une Inscription gravée sur la cuisse du Thrace, on apprenoit que ceux de Mende s'étant rendus maîtres de Sipté en consacrérent les dépouilles à Jupiter. Sipté, ajoute Pausanias, étoit apparemment quelque Ville ou quelque Forteresse de Thrace.

SIPUS. Voyez SIPONTUM.
SIPYLINE. Voyez SIPYLUS.

SIPYLUM, Ville de l'Asie Mineure, & la Capitale de la Méonie, selon Pline [d] qui dit qu'on l'appelloit auparavant *Tantalis*. Il ajoute que de son tems ce n'étoit plus qu'un Lac ou Etang appellé *Sale*. Dans un autre endroit le même Auteur fait entendre que cette Ville fut premierement abimée dans la terre, & qu'ensuite le Mont Sipyle sur lequel elle avoit été bâtie, avoit eu le même sort : *Ipsa se condens Terra devoravit Cybotum altissimum Montem, cum Oppido Curite, Sipylum in Magnesia, & prius in eodem loco clarissimam Urbem quæ Tantalis vocabatur.* Pline met ici le Mont Sipyle dans la Magnésie, parce qu'il y avoit au pied de cette Montagne une Ville nommée *Magnesia Sipyli*. Strabon [f] rapporte ce même événement. Il dit que Sipyle qu'il surnomme *Idæa*, fut renversée, du tems de Tantale, & que les Marais du voisinage y formerent de grands Lacs. Il laisse pourtant en doute si par Sipyle il entend la Ville ou la Montagne. Voici le passage Καὶ Σίπυλος κατεςράφη, κατὰ τὴν Ταντάλε βασιλείαν, καὶ ἐξ ἑλῶν λιμναὶ ἐγένοντο. Dans le Livre douzième, Strabon [g] avertit qu'on ne doit pas regarder comme une fable ce qui étoit rapporté touchant le renversement de Sipyle, puisque de son tems on avoit vu la Ville de Magnésie être pareillement abimée. Pausanias [h] témoigne avoir vu à Sipyle le Tombeau de Tantale fils de Jupiter & de Pluto ; & c'est même, dit-il, un Tombeau très-remarquable. Quoique le Mont Sipyle eût été abimé dans la terre, selon Pline, il ne faut pas entendre cela de toute la Montagne, mais seulement d'une partie ; savoir de celle où avoit été bâtie la Ville de Sipyle.

[d] Lib. 5. c. 29.
[e] Lib. 11. c. 41.
[f] Lib. 1. p.
[g] Pag. 579.
[h] Lib. 2. c. 22.

1. SIPYLUS, Montagne de l'Asie Mineure, près du Méandre. Cette Montagne fut appellée anciennement *Ceraunius*, selon Plutarque [i]. Elle est mise dans la Lydie par Vibius Sequester, & dans la Lydie & dans la Phrygie par Hesyche. Voyez SIPYLUM, & SIPYLUS, N°. 2.

[i] Lib. de Flum. & Mont.

2. SIPYLUS, Montagne du Péloponnése, selon Ortelius [k] qui cite Pausanias [l] & qui a mal pris le sens de cet Auteur. Pausanias dans ses Achaïques [m] parle à la vérité du Mont Sipyle ; mais il ne le place pas dans le Péloponnése. Il prétend seulement appuyer par un exemple le récit qu'il vient de faire des malheurs de la Ville Hélice. „ Un pareil accident, dit-il, fit disparoître autrefois Idée, ou „ Midée, avec une autre Ville située sur „ le Mont Sipyle, & du côté sous Midée „ abima en se détachant de la Montagne, l'eau surmonta & forma une es-„ péce de Lac qu'on nomme Saloé. On „ voyoit, ajoute-t-il, les ruines d'une Ville „ au milieu de ce Lac, avant que l'eau „ les eût couvertes de limon, & les ruines d'Hélice paroissent encore aujour-„ d'hui quoiqu'à demi rongées par les „ eaux de la Mer. " Toutes ces circonstances nous font voir qu'il est question du Mont Sipyle dans l'Asie Mineure. Pausanias n'entend pas plus dans cet endroit faire du Mont Sipyle une Montagne du Péloponnése, que quand il dit [n] qu'on voit le Trône de Pélops au haut du Mont Sipyle, immédiatement au-dessus de la Chapelle dédiée à la Mere Plasténe, qu'on prend pour la Mere des Dieux, ou quand il dit [o] que les Magnésiens qui sont au Nord du Mont Sipyle, ont chez eux, sur la

[k] Thesaur.
[l] In Achaïcis.
[m] Cap. 24.
[n] Lib. 5. c. 13.
[o] Lib. 3. c. 22.

la roche Coddine une Statue de la même Déeſſe, qui eſt la plus ancienne de toutes, & qu'on diſoit avoir été faite par Brotée fils de Tantale, ou bien quand il dit [a] : Pour des Aigles blancs, j'en ai vu au Mont Sipyle, près d'un Marais nommé *le Marais* de Tantale.

[a] Lib. 8. c. 17.

SIQUIRICA, Bourgade de l'Amérique Méridionale, au Perou, à onze lieues de Caracollo & à ſoixante-ſix de Potoſi. Ce n'étoit anciennement qu'un Village, mais depuis que l'on y a trouvé des mines d'argent aſſez riches, ce lieu eſt devenu une Bourgade bien peuplée.

SIR, & SEIR, Nom d'une Ville des Curdes [b], ſituée proche de celle qui porte le nom de Scheherizour, ou Scheherzour, comme nous l'appellons. Les Habitans de cette Ville ayant embraſſé le Mahométiſme, & la Secte des Schiites, ou Alides, leurs voiſins de la même Nation, attaquérent, ſaccagérent, & brûlérent leur Ville l'an 341. de l'Hégire.

[b] D'Herbelot, Biblioth. Or.

2. SIR, Grande Ville fort peuplée & la Capitale des Illyriens, ſelon Suidas.

1. SIRA, Citerne qui n'étoit pas fort éloignée d'Hébron. 2. Reg. 3. 26.

2. SIRA, ou SIRO. Voyez SYROS.

SIRACELLA, Lieu de la Thrace. L'Itinéraire d'Antonin le marque ſur la Route de la Macédoine à Conſtantinople, entre *Cypſala* & *Apris*, à trente milles du premier de ces Lieux & à vingt & un milles du ſecond. Les MSS. varient beaucoup ſur l'Orthographe de ce nom. Il y en a qui liſent *Syraſcele*, & d'autres *Syraſcelia*, *Syraſcæle*, ou *Siracolla*.

SIRACENI, Peuple de la Sarmatie Aſiatique: Ptolomée [c] place leur Pays au Midi des Jaxamates. Il y a apparence que ce ſont les SIRACI de Strabon & les SIRACES de Polyæne.

[c] Lib. 5. c. 9.

SIRACES, Peuples dont parle Polyen [d], qui dit que Semiramis ayant appris dans le tems qu'elle prenoit le bain, que ces Peuples s'étoient ſoulevez; cette Reine, ſans ſe donner le tems de relever ſes cheveux, ni de ſe chauſſer, marcha ſur le champ pour aller réduire les rebelles. Voyez SIRACENI & SIRA.

[d] Lib. 8. in Semiramiſid.

SIRACHA, [e] Lieu de l'Aſie Mineure: Cédréne le place au delà du Fleuve Halys; mais il ne dit ni à quelle diſtance, ni à quelle hauteur.

[e] Ortelii Theſaur.

SIRACI, Peuples d'Aſie. Strabon [f] dit qu'ils habitoient vers les Monts Caucaſes. Dans un autre endroit du même Auteur [g], ces Peuples ſont nommez; & dans un autre [h] la ſituation de leur Pays que Strabon appelle *Siracena* eſt clairement déſignée; car il dit que le Fleuve Mermodas en ſe précipitant du haut des Montagnes traverſe le Pays des Amazones, la Siracéne & les Deſerts qui ſont entre-deux, & va ſe jetter dans le Palus Méotide: ainſi les Siraci habitoient ſur les bords du Mermodas, & aſſez près de ſon Embouchure. Voyez les Articles SIRACENI & SIRACES.

[f] Lib. 11. p. 492.
[g] Ibid. p. 506.
[h] Ibid. p. 504.

1. SIRADIE, Palatinat de la Grande Pologne [i]. Il eſt borné au Nord Oriental par le Palatinat de Lencicza: à l'Orient Méridional par le Palatinat de Sandomirz: au Midi Occidental par le Duché de Siléſie; & à l'Occident Septentrional par le Palatinat de Kaliſh. La Riviére de Warta, qui le traverſe du Midi au Nord en ſerpentant, le diviſe en deux parties, l'une Occidentale & l'autre Orientale. Il eſt gouverné par un Palatin qui en prend le nom, & par des Caſtelans [k]. C'étoit autrefois un Duché qui étoit l'appanage des Cadets de la Famille Royale. Le Palatinat de Siradie eſt partagé en quatre Territoires qui ſont ceux de

[i] De l'Iſle, Atlas.
[k] Andr. Cellarius, Deſc. Poloniæ, p. 219.

Siradie,	deck,
Scadeck, ou Sa-	Radomsko,
	Petricovie.

2. SIRADIE, ou SIRATZ [l], Ville de la grande Pologne, dans le Palatinat auquel elle donne ſon nom & dont elle eſt la Capitale. Cette Ville qui eſt la Réſidence du Palatin, ſe trouve dans une Plaine & au bord de la Warta. Les Tartares la pillérent en 1290. & les Bohêmes la réduiſirent en cendres en 1292. mais ils ne purent faire de mal au Château qui eſt ſitué dans des Marais. Les Chevaliers de l'Ordre Teutonique ont ravagérent la Pologne en 1331. brûlérent la Ville de Siradie, qui en 1447. fut encore affligée par un grand incendie.

[l] Ibid.

1. SIRÆ, Village du Péloponnèſe, dans l'Arcadie. Pauſanias [m] le met vers la fin du Bois de Soron ſur le Chemin de Sophis, un peu plus loin que les ruïnes d'un ancien Village que l'on nommoit Paüs. Il ajoute que le Village de Sirée bornoit les Clitoriens d'un côté & les Pſophidiens de l'autre.

[m] Lib. 8. c. 23.

2. SIRÆ, Lieu de la Macédoine, dans la Contrée Odomantique, ſelon Tite-Live [n]. Il y a apparence que c'eſt le même Lieu qui eſt nommé SIRES par Etienne le Géographe.

[n] Lib. 45. c. 4.

SIRAMNÆ, Peuples de l'Inde en deçà du Gange, ſelon Ptolomée [o]. Le MS. de la Bibliothéque Palatine lit *Rhamnæ*, au Lieu de *Siramnæ*.

[o] Lib. 7. c.

SIRANGÆ, Peuples de la Libye Intérieure. Ils ſont comptés par Ptolomée [p], au nombre des petites Nations qui s'étendoient depuis Gétulie juſqu'au Mont Mandrus.

[p] Lib. 4. c. 6.

SIRBES. Voyez XANTHUS.

1. SIRBI, Bourgade de la Turquie en Aſie, dans l'Anatolie, ſur une Riviére de même nom, qui deux lieues au-deſſous ſe jette dans la Mer Méditerranée. C'étoit anciennement une Ville Epiſcopale, ſous la Métropole de Myre, & qui portoit le nom de *Xanthus*, ou *Xanthopolis*. Voyez XANTHUS.

SIRBI, Peuples de la Sarmatie Aſiatique: Ptolomée [q] les place avec les *Orinæi* & les *Vali*, entre les Monts Cérauniens, & le Fleuve Rha.

[q] Lib. 5. c. 9.

SIRBITANUM-MONASTERIUM, Monaſtère, dont parle Iſidore [r]. Il y a apparence qu'il étoit en Eſpagne.

[r] De Scriptor. Eccle. fieſt.

SIRBITUM-REGIO, Contrée de l'Ethiopie ſous l'Egypte. Pline [s] qui dit que les Montagnes ſe terminoient dans ce Pays,

[s] Lib. 6. c. 30.

Pays, ajoute un peu plus bas, que quelques-uns comptoient douze jours de Navigation depuis *Meroe* jusqu'à *Sirbitum*. Les Sirbites pourroient être les Sirtibes de Ptolomée.

SIRBON. Le Lac Sirbon [a] connu dans les anciens Géographes, étoit entre la Palestine & l'Egypte sur la Mer Méditerranée, assés près du Mont Casius. Il avoit communication par un petit Bras avec la Méditerranée. Quelquefois on l'attribue à l'Egypte, quelquefois à la Judée, parce qu'il étoit entre ces deux Pays. Il y en a aujourd'hui qui croient que ce Lac est desseché ou rempli de sable. L'Ecriture ne le nomme nulle part; à moins que ce ne soit ce qu'elle entend par le Torrent d'Egypte. Voyez EGYPTE. Les Anciens ont écrit SIRBONIS & SERBONIS. Strabon [b] suit la première Orthographe lorsqu'il dit que le Lac Sirbonide est parallèle à la Mer & laisse entre-deux un petit Passage qui s'étend jusqu'au dégorgement de ce Lac. Il entend par ce Passage l'espace ou la Langue de Terre, qui se trouvoit entre la Mer & le Lac, & qui, selon son Calcul, avoit deux cens Stades en longueur sur cinquante de largeur. Diodore de Sicile [c], qui écrit SERBONIS, parle ainsi de ce Lac: Il y a, dit-il, au milieu de la Coele-Syrie & de l'Egypte, un Lac fort étroit; mais d'une profondeur étonnante. Sa longueur peut avoir deux cens Stades; & on l'appelle le Lac Serbon. Hérodote [d] en marquant la longueur de l'Egypte, l'étend depuis le Golphe Plinthinete jusqu'au Lac Serbonide, qui touche le Mont Casius. Si l'on s'en rapporte à la Fable, Typhon étoit couché au fond du Lac de Sirbon; aussi les Egyptiens appelloient-ils ce Lac, ou du moins l'Ouverture par laquelle il se déchargeoit dans la Mer, *le Soupirail de Typhon*. Plutarque [e] veut que le Lac ou Marais Sirbon fut un écoulement & un regorgement de la Mer Rouge, qui ayant traversé sous Terre le petit Isthme qui la sépare de la Mer Intérieure, sort dans cet endroit-là.

SIRCINIUM , *Serczin*, Bourgade de France, dans l'Artois [f], au Territoire d'Arras. C'est le Lieu où St. Leger Evêque de cette Ville fut tué. Le Lieu se nomme encore aujourd'hui *le Bois de St. Leger*.

SIREF, & SEÏREF, nom de la Ville la plus Méridionale de la Perse [g], située sous le 29. d. de Latitude Septentrionale, & sous le 81. de Longitude, selon les Tables Arabiques. Le Commentateur d'Alfragan écrit qu'elle est plus Orientale que Schiraz, d'un degré & 15. minutes. Elle appartient à un petit Pays de la Perse nommé Kourat-Ardeschir, & est bâtie au pied d'une Montagne fort proche de la Mer, qui fait un petit Golfe, que l'on nomme Nabed, où les Vaisseaux peuvent aborder.

Les Persans disent que cette Ville s'appelloit autrefois Schirab, & Schiraf & que l'Origine de ce nom vient de ce que Laïacaous Roi de Perse de la seconde Dynastie, dite des Caïanides, ayant été frappé du Tonnerre, rétablit sa santé en ce lieu par le moyen du lait & de l'eau, appellés, Schir, & Ab, par les Persans, qu'il prit en ce lieu-là.

Siref a été autrefois une Ville abondante en toutes choses, & fort marchande, à cause du Concours des Etrangers, quoique d'ailleurs son Terroir soit fort stérile, & l'Air qu'on y respire extrêmement chaud. Mais depuis que le Commerce s'est fait dans Kis, Isle du Golfe Persique, elle a été abandonnée & s'est peu à peu détruite.

SIREF, Lieu d'où l'on apportoit la Laque, selon Ortelius [h] qui cite Sérapion.

SIRENITIS. Voyez SIRITIS.

SIRENUM-SAXA. Voyez SIRENUSÆ.

SIRENUM PROMONTORIUM, Promontoire d'Italie sur la Côte de la Lucanie, vis-à-vis de l'Isle de Leucosia que la Mer en a détachée, selon Pline [i].

SIRENUSÆ, Isles sur la Côte de la Mer de Tyrrhène, selon Ptolomée [k] Strabon [l] nous marque plus précisément la position de ces Isles. Entre le Promontoire de Minerve & l'Isle de Caprée il n'y a, dit-il, qu'un Trajet; & quand vous avez tourné autour de ce Promontoire vous rencontrés des Isles seules, & pierreuses qu'on appelle SIRENUSÆ, SIRENES, ou SIRENIDES. Dans un autre endroit [m] il compte deux cens soixante Stades depuis les Isles SIRENUSÆ jusqu'au Fleuve Silarus. Il semble néanmoins ici donner le nom de *Sirenusæ* au Promontoire de Minerve, qui a pu être appellé ainsi à cause du voisinage de ces Isles, comme il avoit été nommé *Athenæum*, ou Promontoire de Minerve, à cause d'un Temple qu'Ulysse y avoit bâti à l'honneur de Minerve. Ces mêmes Isles sont appellées SIRENUM PETRÆ par Pomponius Mela [n], & SIRENUM SEDES par Pline [o]. Elles étoient au nombre de trois. Voyez ERANUSA. Il y en a qui comprennent un plus grand nombre d'Isles sous le nom d'Isles des Sirenes. Le Pere Coronelli [p], en compte huit. Au près de l'Isle de Procida qui n'est pas beaucoup éloignée de Pouzoles, on voit, dit-il, huit petites Isles, qui sont pleines de Rochers & desertes. Elles sont près l'une de l'autre; les Anciens les appelloient Sirenuses, ou les Isles des Sirenes parce que Parthenope, Lisie & Leucosie, trois fameuses débauchées, les avoient habitées. Ces femmes avoient toute la beauté, toutes les graces, & tous les agrémens imaginables, leurs voix étoient belles & mélodieuses. C'étoit aussi par tous ces artifices, & sur-tout par leurs chants qu'elles charmoient ceux qui passoient près de-là. Les Nautonniers qui n'étoient pas assés sur leurs gardes se trouvoient tellement épris d'amour, qu'ils ne pouvoient s'empêcher de descendre dans cette Isle fatale, où après des plaisirs illicites, ils éprouvoient la derniére misére. C'est pour cela que les Poëtes ont feint qu'Ulysse devant passer au près de ces Ecueils avoit eu la sage précaution de boucher avec de la cire les oreilles de ses Compagnons pour qu'ils n'entendissent point la voix de ces Sirenes. Les Poëtes disent

sent aussi qu'Ulysse lui-même se lia au mât du Navire pour être insensible aux chants de ces lascives Bacchantes. On dit que les anciens Habitans de ces Isles avoient coûtume d'adorer les Sirenes, & de leur offrir des Sacrifices; & même on veut que du tems d'Aristote il y eut encore dans ces Isles un Temple dédié aux Sirenes. L'une de ces Isles porte aujourd'hui le nom de *Galli*, ou *Galle*, elle est à cinq milles de l'Isle Caprée, l'autre qui est un peu au-delà du Cap de la Minerve n'a aucun nom, & la troisième qui est auprès s'appelle St. Pierre.

SIRES, Peuples de Thrace. Etienne le Géographe les place au-dessus de Bysance. Voyez SIRÆ.

SIRETI, Peuples dont il est fait mention sur une Médaille rapportée dans le Trésor de Goltzius, & sur laquelle on lit ce mot, ΣΙΡΗΤΩΝ. Ortelius [a] croit que c'est le même Peuple qui est appellé SIRES dans Etienne le Géographe.

[a] Thesaur.

SIRGIAN, ou SIRDGIAN, Nom d'une des principales Villes de Kerman [b], ou Caramanie Persienne. Elle est arrosée de plusieurs Canaux, & donne son nom à un petit Pays particulier, qui est compris dans la même Province de Kerman. Le Géographe Persien la place dans le troisième Climat, & les Tables Arabiques lui donnent 90. d. 20. m. de Longitude, & 29. d. 30. m. de Longitude Septentrionale.

[b] D'Herbelot, Biblioth. Or.

SIRIAN [c], Place des Indes, avec un Port qui passe pour le principal du Royaume de Pegu. En 1600. le Roi d'Arracan donna ce Port à Philippe Britto Portugais, lui permettant de le fortifier, & d'y bâtir une Ville, afin que les Peguans fugitifs & vagabonds s'y retirassent sous l'abri de la Forteresse, & par ce moyen repeuplassent le Pays. Il avoit aussi dessein d'y attirer le trafic des Portugais qui auroient en ce lieu-là un Gouverneur de leur Nation. Britto se hâta de bâtir la Forteresse. Elle n'avoit qu'une tranchée de bois quand cette permission lui fut donnée, & elle se trouva toute construite de pierre en 1602. Il y plaça force Artillerie, & la pourvut de munitions de guerre & de bouche. En même tems il fit bâtir une Ville, où dans le mois d'Octobre de la même année, il y avoit plus de quinze mille personnes des anciens Habitans de Pegu qui cultivoient la Terre. Quelque tems après, le Roi d'Arracan poussé par les Sarrasins ordonna à Britto de ruïner ce qu'il avoit fait, & Britto ne l'ayant pu adoucir ni par ses soumissions ni par ses présens envoya des Députés aux Rois de Tangu, de Jangoma, de Sion & de Prum pour faire alliance contre ce Prince. Ces Rois envoyérent les leurs à Goa, où Britto les conduisit. Il fit hommage du Royaume de Pegu entre les mains du Vice-Roi des Indes qui lui donna une Flote de seize Vaisseaux à rames avec laquelle, & celle de Bengala il faisoit en tout cent Voiles. Le Roi d'Arracan animé toujours contre Britto, vint mettre le Siège par Terre & par Mer devant la Forteresse de Sirian, & fut contraint de se retirer; mais l'an 1608. le feu s'y mit avec tant de violence que tout fut réduit en cendres. Britto commença aussi-tôt à la rebâtir en un lieu plus haut, & plus aisé à défendre que le premier, & Melchior Godigno qui arriva des Indes avec quatre Navires la pourvût de toutes les choses nécessaires. Le Roi d'Arracan étoit prêt d'aller attaquer cette nouvelle Citadelle avec une Armée nombreuse, lorsque son Palais, où étoient trois cens de ses Concubines, fut entièrement brûlé avec les préparatifs, qu'il avoit faits pour la guerre. Ce malheur qui rompit toutes ses mesures fut suivi d'un autre. Il eut nouvelle qu'un Navire qui lui venoit de Mazulipatan chargé de six cens Soldats Sarrasins avoit été frappé d'un coup de foudre, & abîmé sans qu'il se fût sauvé que dix personnes.

[c] Corn. Dict. Davity, Etats du Roi de Port. en Asie.

SIRICIS, Lieu de la Petite Arménie. Il est marqué dans l'Itinéraire d'Antonin sur la Route de Césarée à Melitène, entre Comana & Ptandari, à vingt-quatre milles du premier de ces Lieux, & à seize milles du second. Ce gîte n'est, je crois, connu d'aucun autre Auteur.

SIRIDUS MONS, Montagne où Glycas, qui cite Joséphe, dit que fut trouvée la Colonne de pierre que les Enfans de Seth avoient érigée avant le Déluge.

SIRIE. Voyez SYRIE.

SIRILIGI. Voyez SYLINGI.

SIRIKAN, Ville de la Chine, sur la Route des Hollandois à Peking [d], au bord de la Riviére de Kiam, à la droite. Cette Ville située dans un endroit fort commode est de la même grandeur que Siakanien. Du côté de la Riviére elle a une Porte bâtie de briques, très-haute & très-forte.

[d] Pag. 6.

SIRIMALAGA. Voyez SYRIMALAGA.

SIRIMIS. Voyez SIRMIS.

SIRION, Lieu de la Gaule Aquitanique: l'Itinéraire d'Antonin le marque sur la Route de Bourdeaux à *Argantomagum*, entre Bourdeaux & *Ussubium*, à quinze milles de la première de ces Places & à vingt milles de la seconde. La Table de Peutinger lit *Serione*, au lieu de *Sirione*, & ne met ce Lieu qu'à dix milles de Bourdeaux. L'Itinéraire de Bourdeaux à Jérusalem, ne diffère de l'Itinéraire d'Antonin qu'en ce qu'il compte seize lieues, au lieu de seize milles; ce qui ne fait pas une difficulté puisque ses lieues ne sont pas plus longues que les milles. On n'en est pas pour cela plus d'accord sur la véritable situation de ce Lieu. Ortelius & Alting veulent que ce soit présentément *Rions* sur le bord de la Garonne; mais Mr. de Valois prétend que c'est *Barsac*, au bord de la même Riviére, dans l'endroit où elle reçoit le Sirion. Mr. Wesseling incline pour ce sentiment.

SIRIPUR, Place des Indes, au Royaume de Bengale [e]. Elle est une des dépendances du grand Port de ce Royaume, & elle appartient à un Prince Payen. Les Portugais y ont eu une Forteresse, que les guerres du Roi d'Arracan les ont obligés

[e] Davity, Etats du Roi de Portugal en Asie.

gés d'abandonner. Le Pere Fernandès Jésuite y fit un grand fruit en 1599. qu'il y prêcha l'Evangile ; ce qui opéra la conversion de quantité d'Idolâtres.

1. SIRIS, Fleuve d'Italie dans la Lucanie, aujourd'hui *Sino*, *Senno*, ou *Sirio*. Son Embouchure est marquée sur la Côte du Golphe de Tarente près de la Ville de Siris qui étoit le Port de la Ville d'Héraclée. Strabon [a] dit qu'elle se trouvoit à vingt-quatre Stades de cette derniére Ville, à trois cens trente de Thurium, & à trois cens quarante de Tarente.

[a] Lib. 6. p. 264.

2. SIRIS, Ville d'Italie dans la Lucanie, à l'Embouchure du Fleuve Siris. Cette Ville, selon Strabon [b], fut fondée par les Troyens ; mais elle ne fut plus regardée que comme le Port de la Ville d'Héraclée, lorsque les Tarentins eurent fondé cette derniére Ville. Pline [c] se trompe donc, lorsqu'il dit qu'Héraclée fut pendant quelque tems appellée *Siris*. Héraclée & *Siris* étoient toutes deux situées entre les Fleuves *Aciris* & *Siris* ; la derniére à l'Embouchure du Fleuve de même nom & l'autre au bord de l'*Aciris*, mais à quelque distance de la Mer.

[b] Lib. 6. p. 264.
[c] Lib. 3. c. 11.

SIRITIS, ou SIRENITIS, Contrée d'Italie, dans la Lucanie. Ortelius [d] qui cite Strabon [e], & Athénée [f], dit qu'elle prenoit son nom de la Ville de Siris qui y étoit située. Cependant Strabon [g] par le mot *Siritis* paroît entendre simplement la Ville de *Siris*, qu'il connoît aussi sous cette derniére Orthographe.

[d] Thesaur.
[e] Lib. 6.
[f] Lib. 14.
[g] Lib. 6. p. 264. & 265.

SIRIUS, Fleuve d'Afrique : Etienne le Géographe le place près des Isles Phaselusses.

[h] Ortelii Thesaur.

SIRMIÆ [h], Siège Episcopal de la Gallo-Gréce, selon Isidore qui nomme l'Evêque de ce Siège Fotin, & ajoute qu'il donna le nom aux Fotiniens Hérétiques du quatrième Siècle. Fotin ou plutôt Photin fut lui-même Hérétique. Il disoit que Jésus-Christ étoit simplement un homme, & qu'il n'étoit pas Dieu ; c'est ce qu'avoit enseigné Paul de Samosate. Ortelius [i] reprend Isidore d'avoir dit SIRMIÆ pour SIRMIUM, & d'avoir mis ce Siège dans la Gallo-Gréce, au lieu de le mettre dans l'Illyrie. Ortelius ne seroit-il point lui-même reprehensible de placer SIRMIUM, dans l'Illyrie, au lieu de le mettre dans la Basse Pannonie ; quoique pourtant l'Illyrie dans un sens étendu se trouve avoir renfermé les deux Pannonies.

[i] Thesaur.

SIRMICH, ou SIRMISCH [k], Contrée du Royaume de Hongrie, dans l'Esclavonie, en Latin *Sirmiensis Comitatus*. Elle a pris son nom de la Ville de Sirmich, qui en est la Capitale, & s'étend au Midi le long de la Save qui la sépare de la Servie, & de la Rascie. Le Danube la borne à l'Orient, le Comté de Valpon au Septentrion, & celui de Posega à l'Occident. Il y avoit déja plus d'un Siècle que les Turcs possédoient cette Contrée quand les Imperiaux les en chassérent en 1668. Elle fut reprise sur eux quelque tems après, & les Turcs en sont encore aujourd'hui les Maîtres. La Ville de Sirmich appellée par quelques-uns Simag, & par ceux du Pays Szreino, Czreim, ou Schremnia, est située sur la Riviére de Bosweth au pied du Mont Arpareta à quinze milles d'Essek au Midi, & presqu'au milieu, entre Belgrade au Levant & Arcki au Couchant. Elle est aujourd'hui peu considérable. En 271. l'Empereur Claude y mourut de la peste qui s'étoit mise dans son Armée après les grandes Batailles qu'il gagna sur les Goths, les Scythes, & les Sarmates, & sur tous leurs voisins qui étant ligués contre l'Empire Romain avoient équipé jusqu'à six mille Vaisseaux, & mis sur pied une Armée de trois cens vingt mille hommes. Ces Victoires furent telles qu'il couvrit la Campagne de Corps de Barbares, le bord des Riviéres de leurs Lances, de leurs Boucliers & de leurs Epées, brûla ou fit couler à fond la plus grande partie de leurs Vaisseaux, dont l'autre partie périt par la Tempête, & plusieurs Rois avec leurs femmes. L'Empereur M. Aurelius Probus & M. Aurele, Valère Maximien qui regna avec C. Aurele Dioclétien, étoient natifs de la même Ville de Sirmium, ce qui lui avoit peut-être acquis le rang qu'elle a eu de Ville Impériale. Elle a été encore remarquable par le Siège Episcopal qui y fut établi plusieurs Siècles avant l'érection de ceux de Hongrie, parce qu'on reçut la Foi dans l'Esclavonie dès le tems de Trajan. Ce Siège fut occupé dans le quatrième Siècle par le malheureux Phetin qui renouvellant les Hérésies non-seulement de Paul de Samosate, & de Sabellius, mais aussi de Cerinthe, & d'Ebion, nioit la Divinité de J. C. & prétendoit qu'il avoit seulement commencé d'être, lorsqu'il fut conçu par la Sainte Vierge. On tint là-dessus deux Conciles à Sirmich même, l'un composé de seuls Catholiques, & l'autre de Semi-Ariens. Photin fut condamné dans l'un & dans l'autre, & il le fut dans le dernier avec une approbation générale au rapport de Socrate, & de Sozomène. L'Evêché de Sirmich est présentement sous la domination des Turcs qui ont entiérement ruïné la Ville ; desorte qu'il n'y a plus qu'un fort petit nombre d'Habitans. Outre cette Ville, que les Latins appellent *Sermium*, & *Sirmium*, nom dérivé de Sirmus Roi des Triballes, la Contrée qui en a pris le sien a encore pour Lieux principaux Peter-Waradin, Salankemen & Semlin. Voyez SIRMIUM.

[k] Corn. Dict. Hist. & Descr. du Royaume de Hongrie. L. 3. 1688.

1. SIRMIO, Péninsule d'Italie, dans la Gaule Transpadane, au Territoire de Vérone, dans le Lac *Benacus* du côté du Midi. Cette Péninsule charmante n'étoit pas la Patrie de Catulle, qui étoit né à Vérone, comme le disent Pline [l] & Eusèbe [m], mais il y avoit seulement une Maison de Campagne, ou une agréable retraite ; aussi ne l'appelle-t-il pas sa Patrie ; mais son domaine, & il s'en dit le Maître & non pas le Nourrisson. Voici de quelle manière il en parle [n] :

[l] Lib. 36. c. 6.
[m] In Chronic.
[n] Carm. 32.

Peninsularum Sirmio, Insularumque
Ocelle, quæscumque in liquentibus Stagnis
Marique vasto fert uterque Neptunus.
Quam te libenter, quamque latus invise.

Et

Et un peu plus bas il ajoute:

O quid solutis est beatius Curis!
Quum mens onus reponit, ac peregrino
Labore fessi venimus Larem ad nostrum,
Desideratoque adquiescimus lecto?
Hoc est, quod unum est pro laboribus tantis.
Salve, ô venusta Sirmio, atque hero gaude.

2. SIRMIO, ou SERMIO, Lieu d'Italie, dans la Gaule Transpadane. L'Itinéraire d'Antonin le marque entre *Brixia* & *Verona* à vingt-deux milles du premier de ces Lieux, & à vingt-trois milles du second. La position de ce Gîte convient assez avec celle de la Péninsule de même nom, si vantée par Catulle; de sorte qu'il ne faut pas le chercher ailleurs. Ce Lieu subsiste encore aujourd'hui, dans une Bourgade appellée SERMIONE, & qui conserve ainsi son ancien nom.

[a] *Ortelii Thesaur.*
[b] *Lib. 17. c. 28.*

SIRMIS [a], Village de Syrie, dans la Contrée Cynégique, selon Nicéphore [b] Calliste qui le place au voisinage d'Antioche. Ce même Historien écrit un peu plus bas SIRIMIS au lieu de SIRMIS; & on lit aussi SIRIMIS dans Evagre.

1. SIRMIUM, Ville de la Basse-Pannonie, sur la rive gauche de la Save, dans l'endroit où cette Rivière reçoit celle que les Anciens nomment *Bacuntius*. C'est la position que Pline [c] donne à la Ville de Sirmium. Il ajoute qu'elle étoit à quarante-cinq mille pas de Taurunum où la Save se mêloit avec le Danube. Ptolomée [d] place aussi Sirmium dans la Basse Pannonie & le compte au nombre des Villes qui étoient à quelque distance du Danube. Zosime [e] dit que Sirmium Ville de Pannonie est mouillée des deux côtez par un Fleuve qui a son Embouchure du côté du Midi; & il doit entendre par-là le Bacuntius de Pline, qui a son Embouchure dans la Save. Dans l'Itinéraire d'Antonin Sirmium est placée entre *Ulmi* & *Bassianae*, à vingt-six milles du premier de ces Lieux & à dix-huit milles du second. C'étoit une très-grande Ville, selon Hérodien [f], Πόλις μεγίστη, *Civitas maxima*; & c'étoit la Métropole de la Pannonie, comme nous le voyons aussi dans les Notices Ecclésiastiques. Plusieurs Empereurs y ont demeuré. Probus y nâquit & y fut tué; Théodose y fut élu Empereur; & nous avons diverses Loix datées de cette Ville, qui paroît avoir été Archevêché dès le quatrième Siècle. Elle fut ruinée par les Huns vers l'an 460. & n'est plus qu'un méchant Bourg d'Esclavonie, à deux lieues de la Save, où il y a un Evêché sous Colocza, que les uns disent établi par St. Etienne sur la fin du dixième Siècle, & dont les autres mettent l'Etablissement beaucoup plus tard. On voit dans Gudius [g] une ancienne Inscription avec ces mots: NATIONE PANNONIUS DOMU FLAVIA SIRMIO; & on lit dans la Notice des Dignités de l'Empire, *Flavia Augusta Sirmium*; ce qui nous apprend que cette Ville fut redevable de quelques bienfaits à la Maison Flavienne. Peut-être les Empereurs de cette Maison y envoyérent-ils une Colonie; du moins Mr. le Comte de Marsilly rapporte-t-il dans son Danube une ancienne Inscription, qui prouve que Sirmium étoit une Colonie Romaine DEC. COL. SIRMIENS.

[c] *Lib. 3. c. 25.*
[d] *Lib. 2. c. 16.*
[e] *Lib. 2. c. 18.*
[f] *Lib. 7. c. 2.*
[g] *Pag. 146.*

2. SIRMIUM, Ville d'Espagne, selon Siméon le Métaphraste cité par Ortelius [h].

[h] *Thesaur.*

SIRNA, Petite Isle de l'Archipel [i]; en Latin *Cyrnos*, ou *Syrnos*. Elle est entre celle de Nacsia & les Sdilles.

[i] *Baudrand, Dict.*

SIRNIDES INSULÆ, Isles de la Mer de Créte: Pline [k] les place au voisinage du Promontoire *Sammonium*.

[k] *Lib. 4. c. 12.*

SIROPTOLEMÆI REGIO. Voyez BATHANA.

SIROPUM, Village du Nome de Libye, selon Ptolomée [l].

[l] *Lib. 4. c.*

SIROS, Fleuve de l'Asie Mineure: Pline [m] semble le mettre dans la Bithynie.

[m] *Lib. 5. c. 32.*

SIROTH. Voyez SCYRATH.

SIRQUES, ou SCIERCK. Voyez SCIERCK.

SIRRHA, Ville de Thrace, selon Etienne le Géographe qui cite Théopompe.

SIRSBERG, Bourg du Duché de Lorraine, en Latin *Sigeberti-Castrum*. Ce Bourg y est bâti sur une Colline au confluent de la Sarre & du Nid, à deux lieues au-dessous de Vaudrevange.

SIRTH, Rivière du Pays de Turkestan. Elle a sa source dans les Montagnes [n] qui séparent les Etats du Contaisch Grand Chan des Callmoucks de la Grande Boucharie, à quarante-quatre dégrez, quarante minutes de Latitude, & à quatre-vingt-quinze dégrez de Longitude au Nord de la Ville de Samarkant; son cours est à peu près de l'Est à l'Ouest; ses bords sont fort agréables, & abondans en pâturages; après un cours d'environ cent lieues d'Allemagne elle se dégorge dans le Lac d'Arall, qui est situé sur les Frontières du Pays de Charass'm, & du Turkestan, à trois journées de la Mer Caspienne. On prétend que le sable de cette Rivière porte de l'Or, & on a même apporté un Echantillon en Russie qui s'est montré fort riche dans l'Essai que le feu Empereur en fit faire, mais l'événement a fait voir que ce prétendu sable d'or n'avoit jamais vu les bords de la Rivière de Sirth, & que ce n'étoit que d'une certaine sorte d'or en poudre qu'on trouve au Printems dans les coulées de ces hautes Montagnes, qui séparent les Etats du Grand Mogol d'avec les Bouchares & que ceux-ci apportent quelquefois en Siberie pour le troquer contre des Pelleteries.

[n] *Hist. Gen des Tatars p. 32.*

SIRTIANA. Voyez SCIRTIANA.
SIRTIBES. Voyez SIRBITUM.

SIRUELA, Bourgade d'Espagne, dans la Nouvelle Castille, à deux lieues de *Ciudad Real*. Il y en a qui la prennent pour l'ancienne *Salaria*.

1. SIS, nom d'une Ville de Cilicie [o], qui n'est pas fort éloignée de celle de Massissah, qui a été autrefois la Capitale de l'Arménie Mineure, que l'on appelloit autrefois, *Belad Lion*, le Pays de Léon, Roi d'Armenie, & *Belad Beni Lion*, le Pays de la Postérité de Léon, & aussi *Belad Sis*,

[o] *D'Herbelot, Biblioth. Or.*

le

le Pays de Sis, où il y avoit autrefois un Château très-fort & un Patriarche, ou Metropolitain Arménien.

Cette Ville fut ruïnée par Bibars Bondocdar Sultan des Mamelucs d'Egypte, l'an 664. de l'Hegire, sous le regne de Hatem, qui est appellé dans nos Histoires, Haïtoun, Roi d'Armenie.

2. SIS, c'est-à-dire, Eminence; Lieu entre Jérusalem & Engaddi, selon Josephe [a].

a Ant. Lib. 8. c. 1.

SISÆRÆUM-VINUM, Julius Pollux fait mention d'une espéce de Vin qu'Ortelius [b] croit avoir été ainsi nommé du Lieu où ce Vin se recueilloit.

b Thesaur.

SISAL, Port de l'Amérique Septentrionale [c], dans la Nouvelle Espagne, sur la Côte du Yucatan. C'est le Port de la Ville de Merida. Au devant de ce Port vers le Nord, sont des Basses que les Mariniers appellent *los Baixos de Sisal*. Elles sont à 21. d. 40′. de la Ligne, & s'étendent trois lieues en Mer Sud-Est & Nord-Ouest.

c De Laet, Descr. des Indes Oc. L. 5. c. 29.

SISALO, Ville d'Espagne: L'Itineraire d'Antonin la marque sur la route d'Emerita à Sarragosse en prenant par la Lusitanie. Elle étoit entre *Mirobriga* & *Carcuvium*, à treize milles de la premiére de ces Places, & à vingt milles de la seconde. Ce pourroit être la Ville Sisapone de Ptolomée. Voyez SISAPONE.

SISAN, Ville que Théodoret place aux confins de la Cilicie. C'étoit la patrie de St. Siméon Stylite. Voyez SESAM.

SISAPONE, Ville de l'Espagne Tarragonnoise: Ptolomée [d] la donne aux *Oretani*, & la place vers les confins de la Bétique. Strabon [e] qui distingue deux Villes nommées SESAPONA, dont l'une étoit appellée la Vieille & l'autre la Neuve, dit qu'on trouvoit beaucoup d'argent aux voisinage de l'une & de l'autre. Au lieu de SISAPONE, Pline [f] écrit SISAPO & remarque qu'il y avoit dans ce Lieu des Mines qui fournissoient un excellent Vermillon; mais il met Sisapo dans la Bétique. Le Pere Hardouin veut que ce soit aujourd'hui *Almaden* dans l'Andalousie, au-dessus de Séville.

d Lib. 2. c. 6.
e Lib. 3. p. 142.
f Lib. 33. c. 7.

SISAR, Fleuve de la Mauritanie Césarienese; son Embouchure est placée par Ptolomée [g] entre les Villes Chobat & Jarsath. C'est le Fleuve USAR de Pline.

g Lib. 4. c. 2.

1. SISARA, Marais de l'Afrique propre, selon Ptolomée.[h]

h Lib. 4. c. 3.

2. SISARA, Lieu d'Asie: Ammien Marcellin le place aux environs de Nisibis, & Ortelius [i] croit que c'est l'ancienne *Sisauranum* de Procope. Voyez SISAURANUM.

i Thesaur.

SISARACA, Ville d'Espagne Tarragonnoise: Ptolomée [k] la donne aux *Murbogi*.

k Lib. 2. c. 6.

SISARGA, Isle d'Espagne sur la Côte de la Galice.[l] Cette Isle qui n'est pas bien grande, se trouve à la droite en entrant dans la Coruna.

l Jaillot. Atlas.

SISAURANUM, Ville de Perse. Il y avoit dans la Perse, dit Procope [m], une Ville fort célèbre nommée Sisaurane, que Justinien avoit prise & rasée, & d'où il

m Ædif. L. 2. c. 4.

avoit emmené force gens de Cavalerie, avec Bliscane, qui les commandoit. Elle étoit, ajoute-t-il, à deux journées de Dara, & à trois milles de Rabdion. Dans son Histoire de la Guerre contre les Perses [n] Procope décrit de quelle maniére Belisaire s'empara au nom de l'Empereur Justinien de Sisaurane dont il ne fait qu'un Fort. Belisaire fut d'abord repoussé & perdit plusieurs de ses gens. Mais ayant appris que les Assiégés manquoient de vivres, il leur envoya une personne, qui par de belles paroles leur persuada de se rendre. Belisaire laissa aux Habitans qui étoient Chrétiens, & qui descendoient des Romains la liberté de se retirer où il leur plairoit. Les Perses & Bliscane leur Commandant furent envoyés à Constantinople. Belisaire fit ensuite raser les murailles du Château.

n Lib. 2. c. 19.

SISCIA. Voyez SYSCIA.

SISEK, ou SISSEK, Place de la Croatie [o], à la droite de la Save, au confluent de cette Riviére avec celle de Kulpa. On l'appella anciennement *Segesta* & *Scscia*. Amurath Sultan [p] des Turcs étant en guerre contre l'Empereur Rodolphe II. Assan Bacha assiégea Sisek vers l'an 1590. Elle étoit très-bien fortifiée, & passoit pour un poste des plus importans de la Chrétienté. Celui qui commandoit y tenoit toujours un bon nombre de Soldats choisis, & l'attaque des Ennemis ne l'étonna point: Assan l'ayant envoyé sommer de lui remettre la Place, il répondit qu'il y songeroit. Cette réponse obligea les Assiégeans à faire tonner le Canon, qui tira pendant sept jours sans faire qu'une ouverture de à huit pieds. Le Gouverneur voyant que les Turcs se préparoient à donner un assaut fit charger de chaines de Fer, de bales de mousquets & de clouds sept piéces de Canon qu'il avoit, & envoya dire au Général Turc, qu'il étoit dans la résolution de se rendre; mais qu'il le prioit de ne lui envoyer que des hommes de commandement pour prendre possession de la Place, afin qu'on ne put dire de lui qu'il n'avoit eu en tête que des gens peu considérables. Assan ravi d'emporter ce qu'il souhaitoit choisit un de ses Lieutenans pour aller trouver ce Gouverneur, & le fit accompagner de cinq cens Chevaux. Les Portes leur furent ouvertes & dès qu'ils furent entrez, les sept Canons commencerent à les foudroyer, en sorte qu'il n'en demeura plus de la moitié sur la place. Le reste périt par les Mousquets & autres armes des Soldats de la Garnison. Cela fut suivi de plusieurs Batailles, dans l'une desquelles Assan fut tué avec sept des principaux Officiers de son Armée.

o De l'Isle, Atlas.
p Corn. Dict. Du Verdier, Abrégé de l'Histoire Romaine, t. 8.

SISGOW, ou SISSGAW, Pays de Suisse [q], au Canton de Basle. Leistel est comme la Capitale de ce petit Pays, dont une partie appartient à l'Evèque de Basle. On y voit aussi la petite Ville de Sissach. Mr. Corneille [r], qui ne cite point de garant en cet endroit, met dans le Sisgow les Châteaux de Waldenbourg & de Liechstal, outre quelques Villages. Il ajoute que le Sisgow a titre de Landgraviat depuis 1416.

q Etats & Délices de la Suisse, t. 3. p. 41.
r Dict.

SISIGY-

SIS.

SISIGYLIS, Etienne le Géographe dit: Grande Ville près de la Celtique. Il ne la désigne pas autrement.

SISILA, Ville du Pont, selon la Notice des Dignitez de l'Empire.

SISILISCI. Voyez ZYDRITÆ.

SISILISON, Forteresse d'Asie, dans le Pays des Tzaniens. Procope, dans le Livre troisième des Edifices [a], dit que ce Fort étoit bâti dans un Lieu nommé *Cena*, qui étoit au milieu d'une rase Campagne en tirant vers l'Occident ; & que, comme le tems l'avoit ruïné, l'Empereur Justinien le fit réparer, & y mit une bonne Garnison.

[a] Cap. 6.

SISIMITHRÆ PETRA, Rocher d'Asie, dans la Sogdiane, selon Ortelius [b] qui cite Strabon [c], & ajoute qu'elle étoit de quinze Stades de hauteur. Ortelius a lu trop legerement Strabon qui ne dit point cela. Il met le Rocher de Sisimithra dans la Bactriane & non dans la Sogdiane. A la verité il est en quelque sorte douteux, si Strabon ne met point un autre Rocher de même nom dans la Sogdiane ; mais la bévûe d'Ortelius seroit toujours la même ; car Strabon dans ce cas donneroit trente Stades de hauteur à ce Rocher, & non quinze, comme le dit Ortelius. Le Rocher de Sisimithra, qui étoit dans la Bactriane, avoit quinze Stades de hauteur, quatre-vingt de circuit ; & au sommet il y avoit une Plaine de Terres labourables, capable de fournir du grain pour la nourriture de cinq mille hommes. Aléxandre s'étant rendu Maître de ce Lieu y trouva Roxane fille d'Oxyartes & l'épousa. Quant au Rocher de Sisimithra qui étoit dans la Sogdiane Strabon lui donne le double de hauteur.

[b] Thesaur.
[c] Lib. 11. p. 517.

SISIUM, Lieu fortifié dans la Cilicie, selon Cédrène & Guillaume de Tyr cités par Ortelius [d].

[d] Thesaur.

SISMARA. Voyez ISMARA.

SISMII. Voyez OSISINI.

SISOATRA, ou ZISOATRA. Voyez DIZOATRA.

SISOLENSES, Peuples d'Italie : Pline [e] les place dans la premiére Région.

[e] Lib. 3. c. 5.

SISOPA, Ville de la Haute Pannonie : Ptolomée [f] la compte parmi les Villes qui étoient éloignées du Danube.

[f] Lib. 2. c. 15.

SISSAC, Ville de Suisse, au Canton de Basle, dans le petit Pays de Sisgow [g], auquel elle communique son nom, & dont Leistel est néanmoins regardée comme la Capitale. La petite Ville de Sissac est située dans une Plaine, entre les Monts qu'on appelle *Ober und under Hawenstein*, c'est-à-dire Haut & Bas Hawenstein.

[g] Corn. Dict. Davity, Basle.

SISSOPOLI, Ville de la Turquie en Europe [h], dans la Romanie, anciennement *Apollonia*. Elle est située à dix lieues de Messembria, vers le Midi, sur une Presqu'Isle que la Mer Noire baigne. Au devant on voit deux petites Isles que les Pilotes Chrétiens appellent Isles de St. Jean & de St. François. Elles sont près du Cap de Limave. La Ville de Sissopoli est Archiepiscopale, mais fort mal peuplée.

[h] Baudrand, Dict.

SISTAN. Voyez SEGESTAN, & SISTON.

SISTERON, ou CISTERON, Ville de France, dans la Provence, avec Evêché, Bailliage & Senéchaussée. Cette Ville, bâtie sur la Durance, a été inconnue aux anciens Géographes Grecs & Latins, & aux autres Ecrivains qui ont vécu avant l'Auteur de l'Itinéraire d'Antonin, où l'on trouve *Secustro*, qu'on a depuis changé en *Segesterica* ; en sorte que dans le sixième Siècle [i], les Evêques qui ont assisté au Concile de France depuis celui d'Epaune tenu l'an 517. prennent tous le Titre d'Evêque *Civitatis Segestericæ*. Dans les bas Siècles, on a corrompu ce nom en *Sistarica* ; cette Ville a appartenu toujours aux Comtes de Forcalquier, & ce n'est qu'après le mariage de Garsende avec le jeune Alphonse, qu'elle a obeï aux Comtes de Provence. Les Rois de France, qui les représentent, sont seuls Seigneurs de Sisteron, où il y a depuis l'an 1635. un Siège de la Senéchaussée. La Ville est défendue par une Citadelle, qu'on regarde comme le Boulevart de la Province du côté des Alpes. Elle a droit de députer aux Etats, & aux Assemblées des Communautés, étant Chef d'un Bailliage qui est à présent d'assez grande étendue, parce qu'on y a joint plusieurs grandes Paroisses du Diocése de Gap, qui s'étend jusqu'au Fauxbourg de Sisteron, & au bout du Pont qu'elle a sur la Durance.

[i] Longuerue, Descr. de la France, Part. 1. p. 373.

La Ville de Sisteron est fortifiée par sa situation, & par une Citadelle qu'on y a fait pour la défendre. Il y a un Gouverneur, un Lieutenant de Roi, & un Major.

Le premier Evêque de Sisteron, qui me soit connu, dit Mr. Piganiol de la Force [k], est Valére, qui vivoit en 517. L'Eglise Cathédrale est sous le nom de la Ste. Vierge : son Chapitre est composé d'un Prevôt & d'onze Chanoines, dont les trois premiers sont l'Archidiacre, le Capiscol & le Sacristain. Outre les Chanoines, il y a encore dix Bénéficiers, dont deux font les fonctions de Curé. Je trouve dans ce Diocése quarante-six Paroisses en Provence, seize en Dauphiné, & deux dans le Comtat Venaissin. Parmi ces Paroisses celle de Forcalquier se dit Coca-thédrale, & a un Chapitre composé d'un Prevôt, d'un Sacristain, d'un Capiscol, de dix autres Chanoines, & de dix Bénéficiers. Les Abbayes de ce Diocése sont celles de Cruis & de Lure. La premiére fut fondée pour des Chanoines Réguliers de l'Ordre de St. Augustin, par Raymond Berenger, Comte de Provence & de Forcalquier. Elle fut unie à la Manse Episcopale en 1456. L'Abbaye de Lure qui est de l'Ordre de Cîteaux fut fondée en 1172.

[k] Descr. de la France, t. 4. p. 92.

Il y avoit anciennement auprès de Sisteron [l], une Ville nommée *Theopolis* ; mais ce n'est plus aujourd'hui qu'un Village appellé SAINT-GENIEZ, d'une Relique de ce Saint Martyr, qui fut apportée dans ce Lieu, & y fut placée dans une Eglise qui porte encore son nom.

[l] Ibid. p. 181.

SISTON, SISTAN, ou SEGESTAN. Voyez SEGESTAN.

SISTRONIANENSIS, Siège Episcopal d'Afrique, dans la Numidie, selon la Notice des Evêchés de cette Province.

SISUI, Lieu fortifié, dans la Cilicie, selon l'Histoire Miscellanée [a] citée par Ortelius [b].

[a] Lib. 20.
[b] Thesaur.

SIS VILAI'ETI, Le Pays de Sis [c]. C'est la Cilicie, & l'Arménie Mineure des Anciens, que les Turcs appellent aujourd'hui Caramanie. Plusieurs veulent que cette Ville soit l'ancienne Ville d'Issus, qui a donné le nom au Golfe d'Aiasso. Il y a aujourd'hui un lieu sur ce Golfe, appellé Paias, & Aïas, qui peut avoir tiré son nom d'Issus; & qui est assez éloigné de la Ville de Sis.

[c] D'Herbelot, Biblioth. Or.

SISYRBA. C'est l'un des noms que Strabon, selon Ortelius [d], donne à la Ville d'Ephèse; mais Strabon [e] dit seulement que quelques-uns des Ephésiens étoient appellés SISYRBITÆ, du nom de Sisyrba. Etienne le Géographe, qui fait de Sisyrba une partie de la Ville d'Ephèse, nous apprend qu'elle avoit pris son nom de l'Amazone Sisyrbe; & que le nom National étoit SISYRBITES.

[d] Ibid.
[e] Lib. 14. p. 633.

SISYS, ou SISYDES. La Chronique d'Eusèbe rapporte la fondation de cette Ville en Sicile; mais c'est une Ville imaginaire, & Ortelius [f] remarque, que dans un MS. de cette Chronique, qu'il a consulté, on lisoit Syde in Cilicia. Il aimeroit pourtant mieux lire Side in Pamphylia, & placer cette Ville aux Confins de la Cilicie; mais ces Provinces étoient voisines, & les Auteurs ont souvent accrû l'une aux dépens de l'autre.

[f] Thesaur.

SITA. Voyez SITACA.

SITACA, Ville de la Perside: Xénophon la met à quinze Stades du Tigre, au voisinage de la Ville de Babylone: Etienne le Géographe qui écrit SITACE, dit que le nom de la Contrée est SITACENE, & le nom National SITACENUS. Elle étoit voisine du Mont Zagrus; car Pline [g], en parlant du Laudanum, dit qu'il naissoit au delà du Pasitigris, sur le Mont Zagrus, aux Confins du Territoire de la Ville SITACE. Ortelius croit que c'est la même Ville qui est appellée Sita par Diodore de Sicile [h]. Il y a apparence que c'est le Territoire de cette Ville qui est nommé Sittacene dans Ptolomée & dans Pline, & Sitacene dans Strabon. Voyez SITTACENE.

[g] Lib. 12. c. 17.
[h] Lib. 17.

SITACENE. Voyez SITACA.

SITACINI. Voyez SITTACENE.

SITACOS, Fleuve de la Perside, selon Arrien [i].

[i] In Indicis

SITALCA. Voyez SARASA.

SITANA, Ville de l'Espagne Tarragonnoise. C'est Sextus Avienus qui en parle. André Schottus soupçonne que ce pourroit être la même que Sedetana, Sedetania, ou Sedentana.

SITAPHIUS. Voyez SITTAPHIUS.

SITENSIS, Siège Episcopal d'Afrique, dans la Mauritanie Césarienfe, selon la Notice des Evêchés de cette Province. Dans la Conférence de Carthage [k] Saturnus est qualifié Episcopus Sitensis.

[k] No. 198.

SITHA, Ville de la Mésopotamie: Zosime semble la placer entre Dacira & Megia. Voyez ZITHA.

[l] Lib. 3. c. 15.

SITHENI, Peuple qui habitoit sur le bord de la Mer Rouge, selon Etienne le Géographe, qui cite le Périple de Martian d'Héraclée.

1. SITHON, Montagne de la Thrace, selon Servius [m] cité par Ortelius [n]. Voyez SITHONIA.

[m] In Bucolic.
[n] Thesaur.

2. SITHON, Ovide [o] donne ce nom à une Isle de la Mer Ægée: il dit qu'elle fut vendue par Arnès.

[o] 7. Metamor.

SITHONIA. Etienne le Géographe appelle ainsi une partie de la Thrace. Elle tiroit son nom de Sythonius Roi des Odomantes. Cette Contrée étoit située au-dessus du Golphe Toronaicus; & l'on y comptoit trois Villes, savoir Olynthe, Mecyberne & Torone. Hérodote [p] dit que la Contrée où étoient situées les Villes Grecques Torona, Galepson, Sermyla, Mecyberna, & Olynthus, étoit appellée de son tems Sithonia. C'est sans doute des neiges des Montagnes de cette Contrée dont parle Virgile dans ces Vers:

[p] Lib. 7. c. 122.

Nec sic frigoribus mediis Hebrumque bibamus,
Sithoniasque nives, Hyemis subeamus aquosæ.

SITHONII, Peuples de Thrace: Pline [q] les place sur le bord du Pont-Euxin, & dit qu'Orphée avoit pris naissance chez eux.

[q] Lib. 4. c. 11.

1. SITIA, Ville d'Espagne: Pline [r] lui donne voix dans l'Assemblée de Cordoue. C'est la Ville Setia de Ptolomée. Voyez SETIA.

[r] Lib. 3. c. 1.

2. SITIA, ou SETIA, anciennement *Citeum*, Ville de l'Isle de Candie, sur la Côte Septentrionale, près de son extrémité Orientale, tout joignant une Baye, ou un Golphe de même nom. Elle est à quelque distance, à l'Occident, de trois petites Isles ou Rochers appellez *Janizari*, à quatre-vingt milles à l'Orient de la Ville de Candie, sur un terrein raboteux, qui avance en Mer comme une Langue de Terre, & qui est environnée d'eau de presque tous les côtez. Cette Ville n'a point de Port, mais seulement une Rade découverte, que les Italiens nomment *Spiacchia*, où les Vaisseaux ne peuvent guères être en sûreté, à cause des Vents du Nord qui y soufflent ordinairement. Elle étoit, du tems des Vénitiens, une Ville Episcopale, dont l'Evêque étoit suffragant de l'Archevêque de la Ville de Candie.

Le Territoire de cette Ville, appellé par les Italiens *il Territorio di Setia*, est séparé de celui de Candie par la Rivière de Mirto, & est fort raboteux, à cause des Montagnes & des Côteaux dont il est rempli. Il comprend un Château avec une petite Isle murée, appellée *Hierapetra*, ou *Gierapetra*, & soixante & dix petits Villages ou Hameaux, appellez par les Italiens *Casalia*; voilà l'étendue de son ressort. Il y avoit, du tems des Vénitiens, un Gouverneur, qui y commandoit avec le titre de *Rettore*.

SI-

SIT. SIT. 627

SITICUM, Ville d'Italie, selon Etienne le Géographe, qui dit que le nom National est SITICENI. L'Orthographe de ce nom est vicieuse, ou il n'est pas dans son rang.

SITIFIS, Ville de la Mauritanie Césariense, & ensuite la Capitale d'une des Mauritanies à laquelle elle donna son nom. C'étoit une Ville considérable & illustre, comme on le voit par l'Itinéraire d'Antonin, où elle est nommée SITIFI, & par la Table de Peutinger, où ce nom est corrompu en celui de STCIFI, ou par la faute des Copistes, ou par celle des Graveurs. Ammien Marcellin [a] écrit aussi SITIFIS ; & c'est la SITIPHA COLONIA de Ptolomée. Ce fut principalement dans le moyen âge que SITIFIS devint célèbre, & qu'elle donna son nom à la Mauritanie Sitifense, dont elle devint la Métropole. Plusieurs Routes y aboutissoient comme dans les plus grandes Villes. On compte entre autres celles de Carthage, de Lambaesa, de Lamasba & de Theveste. Voici un fragment de la dernière, afin de connoître la situation de cette Ville :

[a] Lib. 28. Sub finem & Lib. 19. c. 23.

Theveste,
- - - -
- - - -
Tamugadi,
Lambesem,   M. P. XIV.
Diana,   M. P. XXXII.
Novam Petram,   M. P. XIV.
Gemellas,   M. P. XXII.
Sitifi.   M. P. XXV.

Sitifis étoit Evêché dès le cinquième Siècle. C'est aujourd'hui un Village du Royaume d'Alger, dans la Province de Bugie, & qui est connu sous le nom de Stefe.

1. SITIMACHAS [Lacs des], Lacs de l'Amérique Septentrionale, entre les Bouches du Mississipi. On en compte six au milieu des Marécages, qui se trouvent entre ces Bouches ; & ils prennent le nom du Peuple qui en est le plus voisin & qui y fréquente davantage.

2. SITIMACHAS, Peuple de l'Amérique Septentrionale dans la Louisiane, entre les Bouches du Mississipi, au bord Oriental de la Baye de l'Ascension, à la décharge du Bras Occidental de ce Fleuve.

SITIOENTA, Ville de la Basse-Moesie : Ptolomée [b] la marque au voisinage du Danube. Le MS. de la Bibliothéque Palatine lit *Sitiotenta* pour *Sitioenta*. Si nous en croyons Niger le nom moderne est *Tulza*.

[b] Lib. 3. c. 10.

SITIOGAGUS, Fleuve de la Perside. Pline [c] le compte au nombre des Fleuves qui se jettent dans le Golphe Persique.

[c] Lib. 6. c. 23.

SITIPENSIS, Siège Episcopal d'Afrique, selon la Conférence de Carthage [d], où *Argyrius* est dit *Episcopus Sitipensis*. On ignore de quelle Province étoit ce Siège.

[d] No. 215.

SITIPHA, Colonie de la Mauritanie Césarienne, selon Ptolomée [e]. Le MS. de la Bibliothéque Palatine porte *Sittici Colo-*

[e] Lib. 4. c. 2.

nia, au lieu de *Sitipha Colonia* : Voyez SITIFIS.

SITIPHIS. Voyez SITIFIS.

SITIVENSIS ECCLESIA, Eglise d'Afrique. Il en est parlé dans la Lettre de Saint Augustin au Comte Boniface ; mais apparemment qu'il faut lire *Sitifensis*, ou *Sitiphensis*.

SITIUM. On trouve ce nom dans Frontin [f]. Q. Fabius Maximus dans son cinquième Consulat se trouvant avoir af-faire en même tems à quatre Nations soulevées ; savoir les Gaulois, les Umbriens, les Etruriens & les Samnites, commanda aux Troupes qui étoient restées dans Rome de marcher vers Sitium ; & à cette nouvelle les Etruriens & les Umbriens, s'étant retirez pour aller sauver leurs Terres, Fabius & son Collègue Décius vinrent aisément à bout du reste. On voit par-là que Sitium devoit être aux Confins de l'Etrurie & de l'Umbrie, ou du moins dans l'une de ces deux Contrées. Modius au lieu de *Sitium* lit *Clusium* ; dans ce cas il seroit question d'une Ville de l'Etrurie.

[f] Strat. Lib. 1. c. 8.

SITOMAGUM, ou SITOMAGUS, Ville de la Grande-Bretagne : l'Itinéraire d'Antonin la marque sur la Route de *Venta Icenorum* à Londres, entre *Venta Icenorum* & *Cambretonium*, à trente-deux milles du premier de ces Lieux, & à vingt-un milles du second. On croit que c'est aujourd'hui *Thetford*, en *Nord-Folcksbire*. Il paroît que c'est la même Ville que la Table de Peutinger appelle SINOMAGUM.

SITON, Ville de la Thessalie, selon Etienne le Géographe. Voyez ITONE.

SITONE, Ville de la Macédoine : Pline [g] la met au voisinage du Mont Athos. Il y a apparence que c'est la même Ville que Sénèque [h] appelle *Sitonia*.

[g] Lib. 4. c. 10.
[h] In Hercule Oetæo.

SITONES, Tacite [i] nomme ainsi l'un des trois principaux Peuples qui habi-toient la Scandinavie. Les Sitons, dit-il, sont voisins des Suions ; &, quoique dans tout le reste ils leur soient semblables, il y a pourtant cette différence, que c'est une femme qui commande chez eux, tant ils dégénèrent non-seulement de la liberté, mais encore de la servitude. Ils habitoient au-delà du Mont Sevo [k], qui les séparoit des Suions. Ceux-ci s'étendoient à l'Orient, & les Sitons étoient bornez à l'Occident & au Midi par l'Océan. Les Anciens n'ont point marqué distinctement en combien de Peuples se divisoit la Nation des Sitons. Cependant comme Ptolomée place les *Chadini* dans la partie Occidentale de la Scandinavie, on ne peut guère se dispenser de les mettre au nombre des Sitons. Les *Bergii* de Pline peuvent aussi être compris sous ce nom général, de même que les Habitans de l'Isle de *Nerigon*. Dans la suite le nom des Sitons fut changé en celui de Normands qui leur fut commun avec les Suions ; & on vint enfin à les appeller Norvégiens, nom sous lequel ils sont encore connus aujourd'hui. Ces Peuples, dit Mr. d'Audiffred [l], vivoient dans un grand déréglement, avant que Norus, fils d'Humblus, Roi de Suède les eût subjuguez. Il les ramena par sa dou-

[i] Germ. c. 44. & 45.
[k] Spener, Not. Germ. ant. Lib. 4. c. 7.
[l] Anc. Géogr. t. 1.

Kkkk 2

douceur & par son adresse, & leur imprima d'abord la crainte des Dieux. Il leur fit une sorte de Religion ; & afin de les mieux retenir dans le devoir, il leur prescrivit des Loix, leur apprenant par des instructions & par des exemples à régler leur vie. La mort de ce Prince fit naître plusieurs petits Royaumes, dont le partage causa de grands différends ; de sorte que les Sitons lassez des Guerres Civiles, abandonnérent leur Pays, & commencérent à courir les Mers sous le nom de Norvégiens.

SITOPHAGI. Voyez MEGASA.

SITOUY, Rivière de l'Amérique Septentrionale, dans la Louisiane. C'est le Bras Méridional par lequel la Rivière des Akansas se jette dans le Mississipi, à dix-huit lieues au Nord de l'Ancepercée, & à sept lieues au Midi du Bras Septentrional de la même Rivière des Akansas.

SITTACA. Voyez SITACA.

SITTACENE, Contrée d'Asie dans l'Assyrie. Ptolomée [a] la place près de la Susiane. Pline [b] qui dit qu'on appelle aussi cette Contrée *Arbelitis & Palæstine*, lui donne des bornes fort étendues : *Inter has gentes atque Mesenen Sittacene est, eadem Arbelitis & Palæstine dicta.* Cependant les autres Auteurs distinguent la Sittacene de l'Arbelitide. Dans le Chapitre 26. Pline met la Sittacène la Susiane & la Persie, au Nord de la Médie. Strabon [c] écrit SICETANE, au lieu de SITTACENE. Il nous apprend que pour aller de Babylone à Suse, on traversoit toute cette Contrée. Dans le Livre précédent il dit qu'originairement on l'appelloit Sittacène ; mais que dans la suite on lui donna le nom d'Apolloniatide.

[a] Lib. 6. c. 1.
[b] Lib. 6. c. 27.
[c] Lib. 16.

SITTACENI, Peuples d'Asie dans la Sarmatie Asiatique. Strabon [d] les met au nombre des Peuples qui habitoient sur le bord des Palus Méotides.

[d] Lib. 11. p. 415.

SITTAPHIUS, Ptolomée nomme ainsi un Champ de l'Afrique propre, & le met au Midi du Pays des Peuples *Subaberes*. Le MS. de la Bibliothéque Palatine lit SITAPHIUS, au lieu de SITTAPHIUS.

[e] Samson, Atlas.

SITTARD, Ville d'Allemagne [e], au Duché de Juliers, & aux confins de celui de Limbourg. Cette petite Ville située sur une petite Rivière, environ à une lieue de la Meuse, & à sept lieues au Midi de Ruremonde fut presque toute ruinée en 1677.

SITTEBERIS, Ville de l'Inde, au-deçà du Gange, selon Ptolomée [f].

[f] Lib. 7. c. 2.

SITTI, Vallée de l'Isle de Candie, remarquable pour son assiette & pour sa fertilité. Elle est entre des Montagnes fort hautes & rudes, & n'a que deux entrées très-étroites & très-difficiles, qu'un petit nombre de gens peut garder & défendre contre une grande Armée. Le dedans a plusieurs Fontaines, Arbres, Vignes, & Champs labourables ; de sorte que cette Vallée peut nourrir plusieurs milliers d'hommes. Cette Vallée est, selon les apparences, ce que le Pere Coronelli, dans sa Carte de l'Isle de Candie, nomme *Campo Sihitti*. Dans ce cas la Vallée de Sitti seroit dans la partie Orientale du Territoire de Candie.

SITTIANI. Voyez CIRTA.

SITTICI. Voyez SITIPHA.

SITTINGBORN, Bourg d'Angleterre [g], au Comté de Kent, à quinze milles de Cantorbery. Ce Bourg tire tout son lustre du grand nombre de monde qui y passe ; car il est sur la grande Route de Londres. A quatorze milles de Sittingborn on trouve la Ville de Rochester.

[g] Délices de la Gr. Br. p. 826.

SITTOCATES, Fleuve de l'Inde. Arrien [h] le compte au nombre de ceux qui se jettent dans l'Indus.

[h] In Indicis.

SITUA, Ville d'Asie dans la Paphlagonie, selon Ptolomée [i]. Le MS. de la Bibliothéque Palatine porte TITUA, au lieu de SITUA.

[i] Lib. 5. c. 4.

SIVA, Ville de la Cappadoce. Ptolomée [k] la marque dans la Préfecture de Cilicie. Cette Ville est appellée *Sina* dans le MS. de la Bibliothéque Palatine. C'est peut-être la Ville *Sinos*, de l'Itinéraire d'Antonin.

[k] Lib. 5. c. 6.

1. SIVAS, Ville de la Turquie, en Asie, dans l'Anatolie, à deux journées de Tocat vers le Midi. Sivas est Chef-Lieu d'un Gouvernement d'où dépend Tocat, qui est cependant une Ville plus considérable. Il y a à Sivas un Bacha & un Janissaire Aga. Les Grecs de cette Province payent quatre milles Billets de Capitation. Sivas, selon la Tradition du Pays, est l'ancienne Ville de Sebaste, que Ptolomée & Pline placent dans la Cappadoce. Elle est peu de chose aujourd'hui, & ne seroit presque pas connue si le Bacha n'y faisoit sa résidence. Ducas qui a écrit l'Histoire Bysantine, depuis Jean Paléologue jusqu'à Mahomet II. assûre que Bajazet prit Sivas en 1394. Tamerlan l'assiégea peu de tems après, & d'une manière très-singulière. Il fit creuser les fondemens des murailles de la Place, & les fit soutenir par des pièces de bois, à mesure, qu'on en tiroit des pierres. Les Ouvriers passoient par des souterrains, dont l'ouverture étoit à plus d'un mille de la Ville, sans que les Habitans en eussent aucun soupçon. Lorsque l'ouvrage fut fini, il les fit sommer de se rendre. Ces pauvres Assiégez, qui ne savoient pas le risque qu'ils couroient, parce qu'ils ne voyoient pas leurs murailles endommagées, crurent qu'ils pouvoient se défendre encore quelque tems ; mais ils furent bien étonnez de les voir tomber tout d'un coup, après qu'on eut mis le feu aux pièces de bois qui les soutenoient. On entra dans la Ville, & le carnage fut épouvantable ; ceux qui en échappérent périrent par un supplice inconnu jusqu'à ce tems-là. On les garota de telle sorte, que la tête se trouvant engagée entre les cuisses, le nez répondoit à leur fondement ; dans cette attitude on les jettoit par douzaine dans des fosses qu'on couvroit de planches, & ensuite de terre, pour les laisser mourir à petit feu. La Ville fut rasée, & on ne l'a pas rétablie depuis, quoiqu'elle ait conservé sa Dignité.

[l] Tournefort, Voyage du Levant. t. 2. p. 174.

Les

SIV.   SIV.   629

[a D'Herbelot, Biblioth. Or.] Les Tables Arabiques a lui donnent (à Sivas) 71. d. 30. m. de Longitude, & 39. d. 30. m. de Latitude Septentrionale, dans le 15. Climat, & dans le Pays de Roum, qui est proprement la Natolie, sous la même Latitude que Céfarée de Cappadoce, qui est plus à l'Occident de deux degrez & demi de Longitude.

Les Histoires Turques portent, qu'elle a été bâtie par Alæddin Caïobad, Sultan des Selgiucides de la Dynastie de Roum. Mais il y a apparence, qu'elle fut seulement rétablie & réparée par ce Sultan. Car cette Ville est fort ancienne.

Sivas fut prise par les Mogols, ou Tartares l'an 640. de l'Hégire, sur le Sultan Gaïatheddin Caïkhosrou, Sultan des Selgiucides de Roum. Mais comme cette Ville se rendit par composition, les Mogols donnèrent la vie aux Habitans, & se contentèrent de la piller, & d'en démolir les murailles.

2. SIVAS, Contrée de la Turquie en Asie, dans l'Anatolie & l'un des Gouvernemens Généraux, ou Berglerbeglics de l'Anatolie. Elle est entre les Gouvernemens de l'Anatolie, de la Caramanie, de Marasch, d'Erzerum, de Trebizonde & la Mer-Noire. La plus grande partie de l'Amasie d'aujourd'hui, & de l'ancienne Cappadoce, s'y trouve renfermée. Le Sr. Ricaut dans son Etat présent de l'Empire Ottoman [b], écrit LIVAS, au [b Liv. 3.] Lieu de SIVAS, & compte dans le Gouvernement de ce Beglerbeg,

Sangiacs,	Ziamets,	Timars.
Livas,	48.	928.
Amasia,	19.	249.
Tcharum,	16.	310.
Buzadic,	15.	731.
Demurki,	1.	310.
Gianic,	7.	348.
Arbkir,	2.	153.

Cela fait 108. Ziamets & 3029. Timars.

Les Gebelus des Zaims font	432.
Les Timariots & leur Geblus font	6058.
En tout	6490.
Le revenu pour leur entretien fait	13087327.

SIVATA, Ville de l'Asie Mineure, [c Lib. 5. c. 4.] dans la Galatie, selon Ptolomée [c].

SIUCHEU, Ville de la Chine [d], dans [d Atlas Sinens.] la Province de Suchuen, où elle a le rang de quatrième Métropole de la Province. Elle est de 12. d. 26′. plus Occidentale que Peking, sous les 29. d. 13′. de Latitude Septentrionale. Cette Ville est arrosée des Fleuves de Kiang & de Mahu [e], [e Ambassade des Holland. p. 254] qui y mêlent leurs eaux à l'Orient, & apportent une grande commodité aux Habitans qui y trafiquent. Au Couchant elle est mouillée d'un Lac qui a 40. Stades de longueur. Ses Bâtimens sont considérables: son Territoire, quoique rude, est cependant fertile & abondant en toute sorte de grains & de fruits. Il y a partout grand nombre de Roseaux ou Canes d'Indes, & beaucoup de Perroquets, & autres Oiseaux parlans.

Anciennement le Territoire de cette Ville fut appellé *Jungcheu* par les Rois de Sui, la Forteresse de T'anga lui donna le nom de *Nanki*; & il reçut de celle de Sunga le nom qu'il porte aujourd'hui. Il y a dix Villes dans le Département de cette Métropole, savoir

Siucheu,	Changning,
Kingfu,	Junlien,
Fuxun,	Cung,
Nanki,	Cao,
Hinguen,	Lungchang.

2. SIUCHEU, Cité de la Chine [f], [f Atlas Sinens.] dans la Province de Kiangnan, où elle a le rang de quatrième grande Cité. Elle est de 2. d. 3′. plus Orientale que Peking, sus les 35. d. 30′. de Latitude Septentrionale. Le Fleuve jaune, qui partage la Province en deux parties, coule au voisinage de Siucheu, qui est une Place considérable par sa situation aux confins de quatre Provinces. Elle a dans son Département quatre Cités qui sont

Siao,	Fung,
Tangxan,	Poi,

Au Nord-Est de cette Ville on voit un Pont fait de trente-cinq grands Navires attachez ensemble avec de très-grosses chaînes de fer. La Ville de Siucheu est encore remarquable parce que ce fut-là que le premier de la Famille de Hana s'ouvrit le chemin pour s'emparer de l'Empire, après s'être rendu Maître de la Cité de Poi.

SIVEH, petit Pays de l'Isle de Mada- [g Flacourt, gascar [g]. Il s'étend en droite ligne l'espace Hist. de l'Isle de Madagascar, ch. 14.] de quatre lieues le long de la Mer. Ce Pays est fort pauvre & stérile, & il n'y a qu'en quelques endroits dans les Bois que l'on trouve de l'eau douce. Les Habitans sement rarement des Pois & des fèves, ne vivant que de Laitage, de racines, de fruits, & sur-tout de celui de Tamarin. Pour empêcher qu'il ne leur agace les dents, ils le broyent avec des cendres & en font des pelotes qu'ils avalent. De même, pour ôter l'acidité du Citron, ils le salent quand ils en veulent manger; la plûpart le font cuire dans le feu, comme on fait cuire une pomme, & ils le mangent avec du sel.

SIVEL. Voyez SUEL.

SIVEN, Ville de la Chine [h], dans la [h Atlas Sinens.] Province de Peking, au Département d'Iungping, huitième Métropole de la Province. Elle est de 1. d. 30′. plus Occidentale que Peking sous les 40. d. 30′. de Latitude. Cette Ville est une Forteresse considérable par sa grandeur, par sa force, par le nombre de ses Habitans, & par sa garnison. Les autres Forteresses de la Province dépendent en quelque sorte

Kkkk 3   de

de celle Siven, qui leur fournit des Soldats pour leur garde. On tire des Monts voisins du Marbre, du Porphyre & du Cryſtal très-luiſant.

a Atlas Sinens.

SIUENPING, Ville de la Chine [a], dans la Province de Chekiang, au Département de Chuchen, ſeptième Métropole de la Province. Elle eſt de 2. d. 41′. plus Orientale que Peking, ſous les 28. d. 25′. de Latitude Septentrionale.

SIVERSHAUSEN, Bourgade d'Allemagne, dans la Baſſe Saxe & dans l'Evêché de Hildesheim, à une petite diſtance de Peina, ſelon Mr. Corneille [b] qui ne cite point ſon Garant: Jaillot [c] met cette Bourgade dans le Duché de Lunebourg, aux confins de l'Evêché de Hildesheim, entre les Riviéres d'Awe & de Fuſe; & il écrit SWERSHAUSEN au lieu de Sivershauſen. Ce Lieu eſt remarquable par la Bataille ſanglante qui s'y donna le 7. de Juillet 1553. entre Albert Margrave de Brandebourg & Maurice Electeur de Saxe. Le premier y fut défait & Maurice y reçut pluſieurs bleſſures, dont il mourut peu de jours après.

b Dict.
c Atlas.

SIVERTOUN, Bourg d'Ecoſſe [d], dans le Comté de Cuningham, ſur le bord de la Rivière d'Aunock, environ à ſix milles d'Irrwin, en tirant vers l'Orient.

d Blaew, Atlas.

SIVITA, Iſle de la Mer Ionienne, près de l'Albanie, ſur la Côte Méridionale l'Iſle de Corfou. C'eſt l'Iſle *Sibota*, ou *Sybota* des Anciens.

SIUKEN, Ville de la Chine [e], dans la Province de Xanſi, au Département de Taiyven première Métropole de la Province. Elle eſt de 5. d. 0′. plus Occidentale que Peking, ſous les 38. d. 17′. de Latitude Septentrionale.

e Atlas Sinens.

SIUL, Lac de la Chine [f], dans la Province d'Iunnan. Ce Lac ſur lequel eſt bâtie la Ville de Chao, renferme trois Montagnes, qui forment trois Iſles, & neuf Golphes ou Détroits, ſans compter quelques autres Iſlettes, toutes plates & fertiles, qu'il environne. Il produit la grande Riviére de Moſaie, qui après avoir diſtribué ſes eaux à la Province d'Iunnan, les porte au Royaume de Tunking, groſſies de celles de pluſieurs autres Riviéres.

f Ambaſſade des Holl. à la Chine.

SIUM, Ville que Jornandès met au voiſinage de la Thrace. Quelques Exemplaires portent *Phtium*, au lieu de *Sium*.

SIUN, Ville de la Chine [g], dans la Province de Peking, au Département de Faming, ſeptième Métropole de la Province. Elle eſt de 3. d. 0′. plus Occidentale que Peking, ſous les 36. d. 30′. de Latitude Septentrionale.

g Atlas Sinens.

SIVORANGUM, nom d'une Maiſon de Campagne, dont parle Sidonius Apollinaris [h]. Vinet lit *Vorangum*, & un MS. conſulté par Ortelius porte *Voroangum*. Il paroît que cette Maiſon de Campagne étoit au voiſinage de la Ville de Niſmes.

h 2. Epiſtol. ad Domitium.

SIUPH, Ville d'Egypte. Hérodote [i] dit qu'elle étoit de la Tribu Saïtaine, & que c'étoit la patrie du Roi Amaſis.

i Lib. 2.

SIUR, Port de l'Afrique propre, dans le Golphe de Numidie. Ptolomée [k] le marque entre le Petit Col-

k Lib. 4, c. 3.

lops, & les Promontoires d'Hippus.

SIVRANA, Forteresse de l'Eſpagne [l] dans la Catalogne, à l'Orient, & ſur la même Riviére que Pobledo. Elle eſt ſituée dans les Montagnes parmi des Rochers, qui en rendent l'accés fort difficile. Ce Château a ſervi long-tems de priſon à un Prince de Salerne, qui devint enſuite Roi de Naples ſous le nom de Charles II.

l Délices d'Eſpagne, p. 594.

SIVRAY, ou CIVRAY, Ville de France, dans le Poitou [m], ſur la Charente, à trois lieues de ſa ſource, & à dix de la Ville de Poitiers, ſur le chemin d'Angoulême. L'Egliſe Paroiſſiale de cette petite Ville eſt dédiée à St. Nicolas. Outre cette Egliſe, elle a un Couvent de Capucins, & un de Religieuſes Urſulines. Les Religionnaires y étoient autrefois en très-grand nombre, à cauſe d'un Temple qu'ils y avoient. Il y a à Sivray une Sénéchauſſée Royale. Cette Ville eſt le Chef-lieu d'un Comté auquel elle donne ſon nom, & qui eſt compoſé de cinq Baronnies qui ſont,

m Corn. Dict. Mémoires MS.

Sivray, Aulnay,
Chiſay, Melle,
Uſſon.

Le Comté de Sivray eſt un Domaine de la Couronne, & Membre du Comté de Poitou.

SIU'U'EN, Ville de la Chine [n], dans la Province de Quangtung, au Département de Luicheu, neuvième Métropole de la Province. Elle eſt de 7. d. 3′. plus Occidentale que Peking, ſous les 20. d. 40′. de Latitude Septentrionale.

n Atlas Sinenſ.

SIWAS. Voyez SIVAS.

SIXAN, Fortereſſe de la Chine [o], dans la Province de Queicheu, au Département de Liping, ſeptième Métropole de la Province. Elle eſt de 8. d. 34′. plus Occidentale que Peking, ſous les 26. d. 27′. de Latitude Septentrionale.

o Ibid.

SIXENA, Village d'Eſpagne dans l'Arragon, au Comté de Ribagorça, ſur la Riviére d'Alcana, à cinq lieues de Balbaſtro vers le Couchant. [p] Il y a dans ce Village un célébre Monaſtère de Filles, Ordre de St. Jean de Jéruſalem; ce fut la Reine Sancha, fille d'Alphonſe, Roi de Caſtille, femme d'Alphonſe ſecond Roi d'Arragon, ſurnommé le *Chaſte*, qui fonda un Monaſtère de Dames de l'Ordre de S. Jean de Jéruſalem, pour y recevoir les pauvres Demoiſelles. Cette Maiſon fut richement dotée par ſes libéralités. Ainſi ceux-là ſe trompent très-certainement, qui ont fait Raymond Berenger Grand-Maître, Fondateur de ce Monaſtère en 1365.; mais cette gloire eſt due à un autre Raymond Berenger, qui porte la qualité de Proviſeur des Freres de S. Jean, & qui vivoit en 1188. qui eſt l'année que cette Maiſon fut fondée. Après la mort du Roi Alphonſe, mari de Sancha, cette Princeſſe ſe retira avec ſa fille Douce dans ce Monaſtère. Elles y prirent l'Habit de même que quelques autres Dames du Sang Royal. Blanche, fille de Jacques ſecond, Roi d'Arragon, a été Supérieure dans ce Monaſtè-

p Hiſtoire des Ordres Milit. p. 253. t. 2.

re; il a été bâti en un Lieu spacieux, & ceint de murailles en forme de Citadelle. La Prieure a son Palais à part, richement orné. Ces Dames portent une Croix blanche, & la Prieure a la Grand'Croix sur l'estomac. Quand elle meurt on fait ses obsèques pendant sept jours, ensuite on rompt le Seau de ses Armes. Les Dames d'Arragon & de Catalogne, qui entrent dans cette Maison, doivent être d'une Race si illustre & si ancienne, qu'il ne soit pas nécessaire de faire preuves de Noblesse. Les autres les font à la maniére des Chevaliers. Quand ces Dames sont au Chœur, elles portent de grands Manteaux, & un Sceptre d'argent à la main. La Prieure confére tous les Bénéfices Cures de ses Terres, & donne l'Obédiance à tous les Prêtres. Elle visite ses Terres avec les Dames ses Assistantes, & se trouve aux Chapitres Provinciaux de l'Ordre en Arragon, où elle a séance & voix comme les Chevaliers. Ces Dames sont obligées par leur Institut de seconder par leurs priéres, & de travailler autant que leur sexe le leur peut permettre, à l'exaltation de la Foi Catholique. La formule dont on se sert pour recevoir les Dames de cet Ordre a quelque chose de fort particulier. Voici comme en parle le Commandeur de Naberat, dans l'instruction qu'il nous a laissée sur ce sujet. Après avoir beni ses Habits & le Voile de la future Professe, & lui avoir fait quelques questions, le Recevant lui présente un Chapelet, lui disant: ,, Prenez ,, ce Rosaire au nom de Dieu Pere, Fils, ,, & S. Esprit avec lequel, vous prierez ,, pour l'augmentation de cette Sacrée ,, Religion, pour la prospérité de Monseigneur le Sérénissime Grand-Maître ,, & de tous les Freres Chevaliers, pour la ,, Victoire contre le Turc, les Infidelles, ,, & les Persécuteurs de l'Eglise de Dieu; ,, & offrirez l'ame à Dieu, & le corps ,, aux fatigues de ce Monde pour le service ,, de Notre-Seigneur J. C. & Dieu ,, vous en fasse la grace. La pureté de ,, ce Rosaire signifie que la Religieuse doit ,, être pure & nette de tout vice, car ,, l'honnêteté est toujours accompagnée ,, de quatre Vertus, savoir la Prudence, la ,, Justice, la Force & la Tempérance: ,, réveillez-vous, ma Sœur, & ne dormez ,, point aux vices; mais soyez vigilante ,, à la Foi de J. C. en la bonne ,, & louable renommée & attentive ,, aux Priéres & Oraisons." La nouvelle Professe ayant entendu la Messe & communié, on l'interroge sur les Points suivans: 1. Si elle a fait Vœu dans quelqu'autre Religion. 2. Si elle a conclu mariage avec quelque homme. 3. Si elle doit quelque grosse somme d'argent. 4. Enfin si elle a commis quelque homicide. On lui déclare ensuite que si elle a quelqu'un de ces défauts, & qu'on l'aura découvert, on la chassera honteusement de l'Ordre; mais que si elle en est exempte on la reçoit benignement. Le Recevant ajoute: ,, Selon la reforme de nos Statuts ,, nous ne vous promettons autre chose ,, que pain & eau, & humble vêtement."

Après plusieurs autres cérémonies la Sœur fait ses Vœux en ces termes: *Je N. promets & fais Vœu à Dieu tout-puissant, & à la Vierge Marie sa Mere immaculée, & à S. Jean Baptiste notre Patron, d'observer ponctuellement obédience à quelque Religieuse que ce soit de l'Ordre, qui par la Religion me sera donnée pour Supérieure, vivre sans propre & être chaste, selon la Règle de la dite Religion.* On lui marque ensuite quelques-unes de ses obligations. ,, Outre l'obéïssance, ,, lui dit-on, nous voulons que vous soyez ,, attentive à l'Oraison & par ce direz ,, tous les jours le grand Office selon l'ordre ,, de la Sainte Eglise, du Concile de ,, Trente, usage & coûtume de ce Couvent, ,, & cent cinquante *Paters*, ou le ,, petit Office de Notre-Dame, ou des ,, Morts pour chaque Frere ou Sœur qui ,, viendra à mourir." Ce qu'il y a de plus touchant dans cette cérémonie, est ce qu'on dit à la Religieuse en lui montrant le Manteau à pointes. ,, C'est votre ,, Habit, lui dit-on, c'est la forme de votre ,, pénitence: ceci vous représente la ,, très-dure & âpre vie de notre Patron ,, S. Jean Baptiste. Ceci représente son ,, habit lequel étoit de peau de Chameau, ,, signifiant que nous devons laisser le ,, tems de péché, & sans empêchement ,, suivre la Vertu." En faisant voir les bras du Manteau à la Sœur, on dit: ,, ce ,, sont les bras qui vous restraindront & ,, lieront, signifiant que vous serez restrainte ,, & liée de la vraye obéïssance de ,, votre Supérieure, & à l'observance des ,, œuvres de l'Hospitalité." En montrant la Croix du Manteau à la nouvelle Professe on lui fait entendre que c'est le Signe de la vraye Croix, & on lui commande de le porter continuellement sur ses habits pendant sa vie. ,, Cette Croix blanche, ,, lui dit-on, signifie que toutes nos œuvres ,, doivent être pures, nettes, & ,, blanches. Ces huit pointes signifient ,, les huit Béatitudes qui nous sont promises, ,, si nous portons ce signe au cœur. ,, A cet effet, la vous mettons sur le côté ,, gauche, afin que l'ayez toujours sur ,, votre cœur; & avec icelle vous devez ,, vous ensevelir." Le Cordon de ce Manteau est très-mystérieux, car on y voit représentez la plûpart des Instrumens de la Passion de Notre-Seigneur. ,, Ce Cordon, ,, lui dit-on, représente que souvent ,, nous devons nous souvenir de la très-âpre ,, mort & passion de Notre-Sauveur ,, J. C.; ce qui serre le Manteau signifie ,, la corde avec laquelle J. C. fut lié: ,, ce sont les fouets, ceci est la colonne ,, & l'éponge, & ceci est la Croix en laquelle ,, pour l'amour de nous il prit mort ,, & passion." Enfin en lui liant le Cordon au col on lui dit: ,, Prenez donc, ma ,, Sœur, le joug de Notre-Seigneur J. C. ,, lequel est beaucoup leger & qui vous ,, conduira à la vie éternelle." Puis on lui met le Voile sur la tête en prononçant ces paroles: *Accipe Soror Sanctum Velum Virginitatis quod te conducat ad vitam æternam in Sæcula Sæculorum Amen*. C'est-à-dire: Recevez, ma Sœur, le Saint Voile de

la

632 SIX. SIZ.

la Virginité qui vous conduise à la vie éternelle aux Siècles des Siècles, Amen.

SIXMILEWATER, Riviére d'Irlande [a], dans la Province d'Ulster. Elle arrose le Comté d'Antrim où elle se jette dans le Lac de Neaugh. La Ville de Connor, ou Conner, est située à l'Embouchure de cette petite Riviére.

[a] Délices de la Gr. Br. p. 1573. & p. 1577.

SIXUS, Ville qu'Etienne le Géographe donne aux *Mastieni*, qui paroissent des Peuples d'Afrique.

SIZALISCA, Riviére de Gréce, dans la Livadie [b], anciennement *Plistus*. Elle a sa source près des ruines de Delphes, & se décharge dans le Golphe de *Salona*, qui est une partie de celui de Lépante. Mr. Spon dans son Voyage de la Gréce [c] donne un autre sentiment touchant la source de cette Riviére. En décrivant le Mont Parnasse, il dit qu'après avoir visité la cime des deux troupes de cette Montagne, & s'être avancé cinq ou six milles vers le Nord au milieu des fonds de Vallons & de Bocages des Pins fort agréables, il entra dans une Plaine de sept à huit milles de tour, toujours cependant sur la Montagne. Il y vit une des plus belles Sources du monde, qui pousse deux ou trois bouillons de la grosseur de la tête, & fait en sortant un ruisseau de sept à huit pieds de large, qui roule deux ou trois cens pas parmi les cailloux, & se va jetter dans un Etang au milieu de la Plaine. Les Grecs appellent cette Fontaine *Drosenigo*. L'eau en est fraîche, & aussi bonne à boire que celle de Delphes. Elle coule toute l'année; mais elle a moins d'eau au Printems qu'à l'ordinaire. L'Etang se déborde de tems en tems par les pluyes, & par l'abondance de cette Fontaine. Il se décharge par un autre ruisseau qui en sort, & se va engouffrer par une ouverture étroite sous le Rocher. On tient, poursuit Mr. Spon, que c'est la même eau qui ressort

[b] Baudrand, Dict.

[c] Liv. 4.

SIZ.

au-dessous de *Castri*, & qui fait la petite Riviére de SIZALISCA. ,, Nous vîmes, ,, ajoute-t-il, l'endroit; mais le lit du ,, ruisseau étoit à sec, si ce n'est qu'il y ,, avoit un peu d'eau sous le gravier."

SIZARA, ou ZIZARA. Etienne le Géographe dit que les Syriens appelloient ainsi la Ville de Larisse de Syrie.

SIZUN, Isle de France [d], sur la Côte de la Bretagne, au Diocèse de Quimper à trois lieuës de la Terre-ferme. Elle est à fleur d'eau, & à tout moment en danger d'être submergée. On n'y recueille que de l'Orge, & même en si petite quantité, qu'à peine suffit-il pour nourrir les Habitans trois mois de l'année. Les Habitans ne vivent le reste du tems que de Racines & de Poisson. Malgré sa stérilité la salubrité de l'air, & la liberté avec laquelle on y vit, font qu'elle est habitée. Vers le milieu du dernier Siècle les Habitans de cette Isle n'avoient *ni Prêtre*, *ni Sacrifice*, *ni Sacrement*. Ce fut le P. Maunoir Jésuite, qui, par une Mission qu'il y fit, les tira de l'ignorance & de l'irréligion dans lesquelles ils vivoient. Mr. Corneille dit, dans son Dictionnaire Géographique, qu'on trouve encore dans cette Isle un grand nombre de Médailles anciennes, ce qui fait connoître qu'elle a été autrefois considérable; mais, comme il ne cite aucun garant, & que je n'ai rien ouï dire de semblable, je ne sai si on doit l'en croire sur sa parole. Mr. Corneille ajoute que ce qui la rendoit sur-tout fameuse étoit l'Oracle d'une Divinité, dont neuf Prêtres étoient consultez par les Peuples. L'Isle de Sizun est d'un accès fort difficile, & l'on n'y peut arriver qu'en passant un Bras de Mer extrêmement dangereux, appellé le *Raz de l'Isle*.

[d] Piganiol, Descr. de la France, t. 5. p. 240.

SIZYGES, Peuple de la Sérique. Ptolomée [e] le place vers le Nord, entre des Peuples Anthropophages & les *Annibi*.

[e] Lib. 6. c. 16.

www.ingramcontent.com/pod-product-compliance
Lightning Source LLC
Chambersburg PA
CBHW071226300426
44116CB00008B/929